❑ 민사소송법 [제11판] (2025년) 추록 ❑

정동윤 · 유병현 · 김경욱

- 아래 정오표는 본 교과서 11판이 출간된 뒤인 2025년 10월에 나온 '추심명령과 당사자적격의 상실'과 관련된 대법원 전원합의체 판결[大(全)判 2025. 10. 23, 2021 다 252977]이 본 교과서의 많은 곳에 직접적으로 영향을 미쳐 불가피하게 그 내용을 반영하기 위해 작성되었음(오탈자 2개 포함).
- 수정된 부분은 밑줄을 그어 표시하였음.

〈아 래〉

- 145면 상1째줄, 번호 추가

나아가 → ② 나아가

- 243면 상11째줄, 내용 삭제

'채권추심명령을 받은 압류채권자(民執 229 II)(각주2)' 부분을 삭제 및 243면 각주 2) 번 삭제

- 243면 하1번째줄, 내용 추가

(행권이 있는 경우)로서는 채권추심명령을 받은 압류채권자(民執 229 II),[1] 채권질의 질권자

1) 종전 판례에 따르면 **채권에 대한 압류 및 추심명령이 있으면** 채무자는 피압류채권에 대한 이행소송을 제기할 당사자적격을 상실하며(大判 2000. 4. 11, 99 다 23888), 이러한 법리는 국가가 국세징수법에 의한 체납처분으로 채무자의 제3채무자에 대한 채권을 압류한 경우에도 마찬가지라고 하였다(大判 2009. 11. 12, 2009 다 48879). 이러한 대법원의 입장은 **大(全)判 2025. 10. 23, 2021 다 252977에 의해 모두 변경되었다.** 즉 위 2025년 대법원 전원합의체 판결(다수의견)에 따르면 채무자의 제3채무자에 대한 채권에 추심명령이 있더라도 채무자가 제3채무자를 상대로 피압류채권에 관한 이행의 소를 제기할 **당사자적격을 상실하지 않는다고 한다.** 이때 채권압류명령은 제3채무자에게 송달된 때 효력이 발생하는데, 그 효력 발생 전에 이미 생긴 이자나 지연손해금에는 그 효력이 미치지 않는다(大判 2015. 5. 28, 2013 다 1587); 참고로 한 가지 언급할 것은, 금전채권에 대한 압류 및 추심명령은 강제집행 절차에서 압류채권자에게 채무자의 제3채무자에 대한 채권을 추심할 권능만을 부여하는 것으로서 강제집행절차상의 환가처분의 실현행위에 지나지 아니하며, 이로 인하여 채무자가 제3채무자에 대하여 가지는 채권이 압류채권자에게 이전되거나 귀속되는 것이 아니라는 것이다. 따라서 추심권능은 그 자체로 독립적으로 처분하여 환가할 수 있는 것이 아니어서 압류할 수 없는 성질의 것이고, 이에 대한 압류명령은 무효라고 보아야 한다(大判 2019. 12. 12, 2019 다 256471).

▪ 329면 하2째줄 ~ 330면 11째줄까지 내용 삭제

'다만 채무자가 ~ 볼 수 있기 때문이다(각주1)' 부분 삭제

▪ 330면 하5-하6째줄 사이에 내용 추가

4) 추심의 소 제기와 관련하여 종전 대법원 판례는 채무자가 제3채무자를 상대로 이행의 소를 제기하여 법원에 계속되어 있는 상태에서 압류채권자가 제3채무자를 상대로 추심의 소를 제기하는 것은 중복된 소제기에 해당하지 아니한다고 하였다. 그 이유는 채무자의 제3채무자에 대한 채권에 대하여 압류 및 추심명령이 있으면 압류 및 추심명령을 받은 압류채권자만이 제3채무자를 상대로 압류된 채권의 이행을 구하는 소를 제기할 수 있고, 채무자는 그 채권에 대하여 제3채무자를 상대로 이행의 소를 제기할 당사자적격을 상실하게 되므로 압류 및 추심명령이 있는 채권에 대하여 채무자가 제기한 이행의 소는 부적법한 소로서 본안에 관하여 심리・판단할 필요 없이 각하되어야 하기 때문이라는 것이었다(大判 2008. 9. 25, 2007 다 60417). 이에 종전 판례는 채무자가 제기한 이행소송의 계속 중에 압류채권자가 추심의 소를 제기하더라도 제3채무자에게 불합리하게 과도한 이중 응소의 부담을 지우고 본안 심리가 중복되어 당사자와 법원의 소송경제에 반한다거나 판결의 모순・저촉의 위험이 크다고 볼 수 없다고 하였다.[2]

이러한 판례의 태도는 2025년 대법원전원합의체 판결에 의해 변경되었는데, 이에 따르면 채무자의 제3채무자에 대한 채권에 관하여 추심명령이 있는 경우에도 채무자가 제3채무자를 상대로 피압류채권에 관한 이행의 소를 제기할 당사자적격을 상실하지 아니한다고 한다.[3] 또한 위 전원합의체 판결의 다수의견에 대한 보충의견에 따르면 채무자가 먼저 이행의 소를 제기하여 소송계속 중인 상태에서 추심채권자가 추심의 소를 제기하는 경우뿐만 아니라 이미 추심의 소가 계속 중인 상태에서 채무자가 동일한 피압류채권에 관하여 제3채무자를 상대로 이행의 소를 제기하는 것은 모두 중복된 소 제기에 해당하여 부적법하다고 한다. 나아가 압류 및 추심명령이 있더라도 채무자가 당사자적격을 상실하지 않으므로 채무자가 제3채무자를 상대로 이행의 소를 제기하여 받은 확정판결의 기판력은 추심채권자에게 미치고, 추심채권자가 추심소송에서 받은 확정판결의 기판력은 채무자에게 미친다는 점(218 III)에서, 어느 한 추심채권자가 추심소송에서 받은 확정판결의 기판력은 채무자를 통해 다른 추심채권자에게도 미치게 된다고 한다. 따라서 결론적

2) 大(全)判 2013. 12. 18, 2013 다 202120.
3) 大(全)判 2025. 10. 23, 2021 다 252977.

으로 어느 한 추심채권자의 추심소송 계속 중 다른 추심채권자가 동일한 소송물에 관해 제기한 추심의 소는 실질적으로 동일한 사건이므로 중복제소에 해당하여 부적법하다고 한다.[4] 다만 2025년 대법원전원합의체 판결에서 언급하고 있는 추심명령과 관련된 중복제소의 문제와 기판력이 어느 범위까지 미치는지의 문제는 위 전원합의체 판결의 다수의견에 대한 보충의견에서 제시된 것이므로 앞으로 구체적 사건과 관련된 판례의 발전 추이를 지켜볼 필요가 있다.

- 330면 하5째줄, 번호 변경

4) → 5)

- 377면 하4째줄, 번호 추가

반하며(각주6), 원고가 → 반하며(각주6), iii) 원고가

- 873면 하9째줄, 내용 추가

ii) 동일한 채권에 대해 → ii) 종래 우리 판례의 태도에 따르면 ① 추심채권자가 추심소송에서 받은 확정판결의 기판력은 소송 결과와 관계없이 채무자에게 미치며(218 III), ② 압류 및 추심명령에 따라 당사자적격을 상실한 채무자가 이행소송에서 받은 확정판결의 기판력은 변론종결 전에 압류 및 추심명령을 받은 채권자에게는 미치지 않지만 변론종결 후 압류 및 추심명령을 받은 채권자에게는 미치며(218 I), ③ 동일한 채권에 대해 .... (이하 생략)

- 874면 각주 2)에 내용 추가

2) 아래에서 소개하는 2025년 대법원 전원합의체 판결이 나오기 전까지의 우리 대법원 판례의 취지에 따르면 여러 명의 ..... (이하 생략)

- 874면 상4째줄 내용 추가

때문이다.각주1) 각주2) 다만 2025년 대법원 전원합의체 판결[5]의 다수의견에 대한 보충의견에 따르면, 채무자의 제3채무자에 대한 채권에 관하여 압류 및 추심명령이 있더라도 채무자는 당사자적격을 상실하지 않으므로 특별한 사정이 없는 한 채무자가 제3채무자를 상대로 이행소송에서 받은 확정판결의 효력은 소송결과와 관계없이 추심채권자에게 미치며, 추심채권자가 추심소송에서 받은 확정판결의

4) 大(全)判 2025. 10. 23, 2021 다 252977에서 「6. 다수의견에 대한 대법관 이흥구, 대법관 이숙연의 보충의견, 나. 1)」 참조.

5) 大(全)判 2025. 10. 23, 2021 다 252977.

기판력은 채무자에게 미친다고 한다(218 III). 따라서 어느 한 추심채권자가 추심소송에서 받은 확정판결의 기판력은 채무자를 통하여 다른 추심채권자에게 미치게 되는 것이다(이는 추심명령이 이루어진 시기가 변론종결 전인지, 후인지를 불문한다).[6] 다만 이러한 법리는 위 2025년 전원합의체 판결의 다수의견에 대한 보충의견에서 제시된 것에 불과하므로 앞으로 구체적 사건에서의 판례의 발전 추이를 지켜볼 필요가 있다.

· **1078면 상1째줄, 내용 추가**

확정재판에 대한 이의의 소(破 171, 463, 464)각주1), 여러 사람의 압류채권자에 의한 추심소송[7] 등을 들 수 있다.

· **1078면 상5~6째줄, 내용 삭제**

'여러 사람이 압류채권자에 의한 추심소송(民執 249)' 부분 삭제

· **1129면 상1~2째줄, 각주 추가**

집행채권자의 추심의 소(民執 227, 229)의 채무자[8]

· **1138면 상9째줄, 내용 추가**

나아가 2025년 대법원 전원합의체 판결의 다수의견에 대한 보충의견에 따르면, 채무자가 피압류채권에 관하여 제기한 이행의 소에 참가하는 추심채권자, 추심채권자가 제기한 추심소송에 참가하는 채무자, 어느 한 추심채권자가 제기한 추심소송에 참가하는 다른 추심채권자는 모두 공동소송참가를 할 수 있다고 한다.[9]

---

6) 따라서 위 대법원 전원합의체 판결의 다수의견에 대한 보충의견에 따르면 "누가 소를 제기하든 그 확정판결은 채무자, 추심채권자 및 다른 추심채권자들에게 변론종결 전후와 소송결과를 불문하고 기판력이 미치므로 소송 창구가 일원화되고 확정판결 사이에 모순·저촉이 발생할 우려가 없으며 제3채무자의 응소 부담도 최소화된다"라고 한다.

7) 다만 大(全)判 2025. 10. 23, 2021 다 252977의 다수의견에 대한 보충의견에 따르면, 추심명령이 이루어진 시기가 변론종결 전인지 후인지를 불문하고 어느 한 추심채권자가 추심소송에서 받은 확정판결의 기판력은 채무자를 통하여 다른 추심채권자에게 미치게 된다고 한다. 다만 이러한 법리는 위 2025년 전원합의체 판결의 다수의견에 대한 보충의견에서 제시된 것에 불과하므로 앞으로 판례의 발전 추이를 지켜볼 필요가 있다.

8) 大(全)判 2025. 10. 23, 2021 다 252977의 다수의견에 대한 보충의견에 따르면, 채무자가 피압류채권에 관하여 이행의 소를 먼저 제기하면 추심채권자가 그 소송에 공동소송참가 또는 공동소송적 보조참가를 할 수 있으며, 추심채권자에 의해 추심의 소가 먼저 제기되면 채무자가 공동소송참가 또는 공동소송적 보조참가를 할 수 있다고 한다. 나아가 어느 한 추심채권자가 제기한 추심소송에 다른 추심채권자는 (위 2025년 전원합의체 판결에 의한 판례 변경과 상관없이) 공동소송참가를 할 수 있다.

9) 大(全)判 2025. 10. 23, 2021 다 252977.

民事訴訟法

[제11판]

鄭 東 潤
庾 炳 賢
金 慶 旭

法 文 社

Civil Procedure

Eleventh Edition

DONG-YOON CHUNG
Professor of Law, Emeritus, Korea University

BYUNG-HYUN YOO
Professor of Law, Korea University

KYENG-WOOK KIM
Professor of Law, Korea University

2025
Bobmunsa
Pajubookcity, Korea

제11판 머리말

제10판이 출간된 지 2년 만에 제11판을 출간하게 되었다. 그동안 민사소송법 관련 법령 및 규칙의 개정과 새로운 대법원 판례의 축적이 있었고, 이를 교과서에 반영하고자 개정작업을 진행하게 되었다. 현재의 법학전문대학원 교육체계에서는 보다 신속하게 개정 법령과 중요 판례를 교육 현장에 반영해야 할 필요성이 지속적으로 제기되고 있으나, 현실적인 제약으로 충분히 응하지 못하는 점은 늘 아쉬움으로 남는다.

이번 제11판에서는 지난 2년간의 민사소송법 관련 주요 법령 개정사항과 새로운 대법원 판례들을 충실히 반영하였다. 특히 2024년 3월 1일부터 도입된 항소이유서 제출강제주의는 민사소송법의 이론과 실무에 중대한 의미를 가지는 변화이며, 이에 항소이유서 제도도입의 의미, 그 제출과 미제출의 효과, 항소이유서 제출로 인한 항소심 심판 대상과 범위 등에 관해 관련 법률과 대법원 규칙을 참고하여 자세히 분석·설명하였다.

그 외에도 이번 개정작업을 하면서 다음과 같은 내용을 보완하거나 새롭게 개설하였다. 먼저, 소장접수보류제도, 제한능력자의 소송능력, 소송대리권의 범위, 소송기록 열람 제한 및 개인정보 보호 강화 조치, 재판상 자백의 인정 기준 등 기존 교과서에서 논의하고 있었던 내용들을 보다 알기 쉽게 정리하였다. 또한 현대형 소송에서의 일단의 추정과 간접반증, 특히 의료과오소송과 관련한 우리 판례의 최근 경향과 그 이론적 기초에 대해서도 설명을 보충하였으며, 화해조서의 효력과 관련하여 창설적 효력 및 형성력이 미치는지에 관한 문제도 보다 명확히 정리하였다.

국제적 동향과 관련해서는 각국의 집단소송제도 가운데 특히 도이칠란트의 자본투자자-표본절차법(Kapitalanleger-Musterverfahrensgesetz, KapMuG)상의 표본절차 및 소비자 권리의 집단적 행사를 위한 법률(Gesetz zur gebündelten Durchsetzung von Verbraucherrechten, VDuG)상의 표본확인소송제도가 최근 모두 전면 개정된바, 그 주요 개정내용을 소개하고 우리 제도와의 비교에 참고할 수 있도록 하였다.

이번 개정작업에는 고려대학교 대학원 박사과정에 재학 중인 임효정 양과 석사과정에 재학 중인 김주명 양이 각주 수정과 교정 작업 등에서 큰 도움을 주었다. 두 분의 성실한 노력에 깊이 감사드리며 앞으로 학문적으로도 크게 성장하기를 기대한다.

또한 법문사 편집부의 헌신적인 도움에 감사드린다. 촉박한 출간 일정 속에서도 신속하고도 세심한 편집작업을 통해 원고가 무사히 출간될 수 있도록 배려해 주셨다. 이 자리를 빌려 깊은 감사의 뜻을 전한다.

2025년 8월

고려대학교 법학전문대학원 연구실에서

공저자 정동윤, 유병현, 김경욱 삼가 씀

제10판 머리말

제9판이 출간된 지 1년밖에 지나지 않았는데 다시 제10판을 출간하게 되어 독자들에게 죄송스럽게 생각한다. 그럼에도 제10판의 출간을 강행하게 된 것은 2023년 상반기에 민사소송법은 물론 소액사건심판법, 소촉법, 소비자기본법, 사물관할규칙 등의 개정이 있었으며, 지난 1년간 많은 의미 있는 대법원 판례들이 나와 이들을 교과서에 반영할 필요성을 느꼈기 때문이다.

이번 제10판에서 반영한 중요한 법령 개정 내용을 살펴보면, 우선 원고가 소권을 남용하여 청구가 이유 없음이 명백한 소를 반복적으로 제기하는 것에 대응하기 위해 민사소송법을 개정하여 소송구조 제외대상의 추가(128 Ⅱ), 피고에 대한 직권 공시송달(194 Ⅳ), 원고에 대한 500만 원 이하의 과태료 제재(219의2), 소장접수보류(248 Ⅱ, Ⅲ)에 관한 근거 규정을 신설하였으며, 특히 소장접수보류를 위한 구체적인 기준설정을 위해 민사소송법 등 인지법과 민소전자문서법을 같이 개정(민사소송등 인지법 13 Ⅱ, Ⅲ; 민소전자문서법 9 Ⅱ, Ⅲ)한 것을 들 수 있다.

그 밖에도 사물관할규칙 제4조를 개정하여 가정법원 및 그 지원 합의부의 제1심 심판범위를 소송목적의 값이 5억 원을 초과하는 다류 가사소송사건 등으로 상향 조정하고, 특히 소송목적의 값이 2억 원을 초과하는 다류 가사소송사건 등에 대한 항소 또는 항고사건을 고등법원이 심판하도록 하였으며, 소액사건심판법을 개정하여 판결서에 이유를 기재하지 아니할 수 있도록 하였던 특칙에 대한 예외를 인정하였다(少審 11의2 Ⅲ 但). 또한 소촉법을 개정하여 공시송달에 의한 지급명령이 가능한 금융기관을 추가하였으며(訴促法 20의2 Ⅰ ⑥의2, ⑳), 소비자기본법을 개정하여 소비자분쟁조정과 동일한 원인에 기한 소송절차가 동시에 진행하는 경우 소송절차나 조정절차를 중지할 수 있는 근거(64조의4 Ⅰ, Ⅲ)를 마련하였다.

나아가 2022년 하반기부터 2023년 5월 중순까지 선고된 대법원 판례를 반영하였으며, 독자들이 본서를 보다 쉽게 이해할 수 있도록 소송목적의 값, 소송능력, 소촉법상의 지연손해금, 소송절차의 중단의 예외 부분에 설명을 보충하였다.

이번 개정 작업에는 고려대학교 박사과정 이정민 양과 석사과정 이지호 양이 여러모로 도움을 주고 또한 노고를 아끼지 않았다. 두 분의 노고에 감사하며, 앞으로 두 분이 학문적으로 크게 성장하기를 기대한다. 그리고 법문사 편집부의 헌신적 도움에도 감사드린다. 새 학기를 앞둔 바쁜 시기임에도 불구하고 신속하면서도 세심한 노력을 기울여 주시었다. 이 자리를 빌려 깊은 감사의 뜻을 표한다.

2023년 8월

고려대학교 법학전문대학원 연구실에서

공저자 삼가 씀

제9판 머리말

제8판이 출간된 지 약 2년이 지남에 따라 그동안 개정된 법률과 새로이 나온 판례들을 반영할 필요가 있어 제9판을 출간하게 되었다.

이번 제9판에 반영한 법령 개정사항 중 중요한 몇 가지를 살펴보면, 2020년에 있었던 개정사항으로는 전자문서, 전자서명 등을 규율하고 있는 「전자서명법」, 「민사소송 등에서의 전자문서 이용 등에 관한 법률(민소전자문서법)」 및 「전자문서 및 전자거래 기본법(전자문서법)」의 개정 사항 중 증거법과 관련된 일부 내용, 「민사소송법」의 개정을 통한 열람·복사의 대상이 되는 판결서를 '선고된 사건의 판결서'로 확대한 개정 사항(163의2) 등을 들 수 있다. 2021년 이후에 있었던 개정사항으로는 COVID-19의 확산을 계기로 재판의 지연방지, 국민의 재판받을 권리보장과 사법접근성 확대를 위해 「민사소송법」에 도입한 영상재판방식에 의한 영상기일과 인터넷화상장치를 이용한 증인신문을 위한 근거조항의 신설(287의2, 327의2), 「채무자회생 및 파산에 관한 법률」의 개정을 통한 개인회생절차의 개시신청을 위한 개인채무자의 총채무액 한도의 상향 조정(破 579 ①), 「국제사법」의 전부 개정을 통한 외국적 요소를 가진 사건에 대한 일반관할, 사무소·영업소 소재지 등의 특별관할, 재산소재지의 특별관할, 반소·합의·변론·전속관할 등에 관한 총칙 규정들(國私 3~15)과, 물권·지식재산권·채권·친족·상속·어음수표·해상 등 유형별 사건에 관한 국제재판관할 규정(國私 24 이하)의 신설, 「민사 및 가사소송의 사물관할에 관한 규칙」의 개정을 통한 단독사건의 기준상향(소송목적의 값이 5억 원 이하인 사건)과 고액단독사건의 부활을 들 수 있다.

또한 새로이 반영한 대법원 판례들 중 관심을 끄는 것으로는, 예컨대 보험회사가 먼저 보험수익자를 상대로 제기하는 소극적 확인의 소의 확인의 이익을 긍정하였던 종전 대법원 판례의 태도를 유지한 대법원전원합의체 판결[大(全)判 2021. 6. 17, 2018다257958, 257965], 항소장 부본을 송달할 수 없는 경우 보정명령과 항소장각하명령을 하여야 한다는 종전의 법리를 유지한 대법원전원합의체 결정[大(全)決 2021. 4. 22, 2017마6438], 편면적 대세효가 있는 회사관계소송의 공동소송형태를 민사소송법 제67조가 적용되는 필수적 공동소송으로 파악한 종전 대법원의 태도를 유지한 대법원전원합의체 판결[大(全)判 2021. 7. 22, 2020다284977], 지연손해금에 다시 지연손해금의 지급을 인정한 대법원 판결(大判 2022. 4. 14, 2020다268760) 등을 들 수 있다.

그 밖에도 독자들의 이해를 돕기 위해 소송행위의 추후보완을 위한 요건 중의 하나인 '책임질 수 없는 사유가 없어진 날'의 의미, 기판력의 주관적 범위 등 개별 쟁점들에 관해서도 설명을 보충해 보았다.

이번 개정작업에는 고려대학교 박사과정의 이정민 양이 각주와 교정 작업 등에서 많은 도움을 주었다. 그리고 법문사 편집부는 바쁜 시기에도 불구하고 신속하면서도 정확한 일 처리가 될 수 있도록 만전을 기해 주셨다. 위 모든 분들께 이 자리를 빌려 깊은 감사의 뜻을 표한다.

2022년 8월

고려대학교 법학전문대학원 연구실에서

공저자 삼가 씀

제8판 머리말

지난 2019년 3월에 출간된 제7판 이후 민사소송법 자체에 관한 법률개정은 없었다. 그럼에도 이번 개정판을 간행하게 된 것은 그동안 다수의 민사소송법 관련 법률·규칙들의 개정이 있었으며 또한 주의를 기울일만한 의미있는 많은 판례들이 나와 이를 반영해야할 필요성을 느꼈기 때문이다.

먼저 중요한 법령 개정 몇 가지를 지적하면, 2019년 1월 민사소송 등 인지규칙 제18조의3의 신설을 통해 2018년 대법원전원합의체 판결을 통해 허용된 "새로운 방식의 확인소송(시효중단을 위한 재판상 청구 확인소송)"의 소가를 그 대상인 전소 판결에서 인정된 권리의 가액의 10분의 1로 정하였으며, 그 권리의 가액이 3억 원을 초과하는 경우에는 소가를 3억 원으로 보았다. 2019년 5월에는 소촉법 제3조 제1항에서 규정하고 있는 지연손해금의 법정이율이 대통령령의 개정으로 15%에서 12%로 인하되어 2019. 6. 1.부터 시행되었다.

2020년 2월에는 중재법 제40조가 개정되어 정부의 보조금을 지급받는 상사중재기관(대한상사중재원)의 지정권자로서 종전의 산업통산자원부장관 외에 법무부상관을 추가하였으며, 같은 달에 민사조정법도 크게 개정되어 조정의 목적에서 '상호양해'를 삭제하고 조정절차에서 조정담당판사의 조사대상을 '사실과 증거조사'에서 '사실조사'로 한정하는 등의 구체적인 개정사항을 담았다. 같은 해 3월에는 법원조직법이 개정되어 지금까지 사실상 승진의 개념으로 운용되었던 고등법원 부장판사 직위를 폐지하였으며, 6월에는 코로나 바이러스로 인한 국가적 재난상황을 맞아 민사소송규칙을 개정하여 재판장 등이 당사자와 변론의 준비를 위한 협의를 함에 있어 인터넷 화상장치를 이용할 수 있는 방법을 추가하였으며, 당사자가 법정에 직접 출석하기 어려운 특별한 사정이 있는 경우에는 모든 당사자의 동의를 얻으면 인터넷 화상장치를 이용하여 변론준비기일을 열 수 있도록 하였다.

다음 2019년 이후 많은 대법원 판례가 나왔는데, 특히 2004년 이후 2014년에 이르기까지 대법원은 손해배상채권의 양수인이 참가승계의 신청을 하자 양도인이 피고에게 채권양도의 통지를 하고 탈퇴하고자 하였으나 피고의 동의를 얻지 못하여 탈퇴하지 못한 경우, 원고의 청구와 참가인의 청구는 통상공동소송의 형태라고 하였는데, 大(全)判 2019. 10. 23, 2012다46170는 이와 같은 권리승계형 승계참가의 경우 승계로 인해 중첩된 원고와 승계참가인의 청구 사이에는 필수적 공동소송에 관한 민사소송법 제67조가 적용된다고 판시하여 기존 판례의 입장을 변경하였다. 이에 관한 우리 대법원의 종전의 견해의 내용과 새로운 판결의 의미는 물론 판례 변경의 이유에 관해 상세히 설명하였다. 그 밖에도 시효중단을 위한 후소를 허용하였던 종래 판례의 내용과 시효중단을 위한 후소가 전소 판결확정 후 10년이 지나 제기된 경우의 법률관계, 행정부 산하의 조정위원회에 의한 조정의 효력으로 민법상의 화해계약과 동일한 효력의 의미, 장래 부당이득금의 계속적·반복적 지급을 명하는 사실심 판결의 주문 표시방법 등에 관한 새로운 판례를 소개하고 이들에 대한 자세한 설명을 덧붙여 보았다.

나아가 상임조정위원제도와 법원연계조정제도, 국제재판관할, 이송, 일부청구, 소의 이익, 참고인의견진술서제도 등과 관련하여 설명을 보충하거나 관련 정보를 업데이트하였다.

이번 개정 작업으로 이 책을 읽는 독자들이 민사소송법의 개별 쟁점들을 보다 잘 이해할 수 있기를 기대한다.

이번 개정 작업은 김경욱 교수께서 주도하였으며, 각주와 교정 작업 등에서 고려대학교 법학박사 김동현 군의 도움이 매우 컸다. 그리고 법문사 편집부의 예상현 과장은 지난 판에서와 마찬가지로 이 책의 편집을 총괄하여 주시었다. 두 분의 헌신적 도움에 감사드린다.

2020년 8월

고려대학교 법학전문대학원 연구실에서

공저자 삼가 씀

제7판 머리말

재판에 대한 관여 의혹으로 전직 대법원장이 구속되는 등 인권보호의 최후의 보루인 사법부가 건국 이후 가장 심각하게 안팎으로 시련을 겪고 있는 현실이 안타깝다. 사법부의 독립을 수호하려면 국민의 적극적인 지지가 필요하지만, 그것 못지않게 사법부 스스로가 이를 지키려는 노력과 각오를 결연히 하여야 한다. 그럼에도 불구하고 일부이기는 하지만 사법부 구성원이 사법부의 권위와 독립을 헐어버리는데 앞장서는 것처럼 비춰지는 작금의 세태가 참으로 가슴 아프다. 이 위기를 슬기롭게 극복하여 법이 지배하는 나라를 만드는데 우리 모두 힘을 모아야 할 것이다.

이번 판은 제6판 이후의 법령과 판례의 변경을 반영한 것이다.

먼저 법령의 개정을 보면, 민사소송 관련 서류의 본인확인 방법으로 인정되었던 "기명날인"을 "기명날인 또는 서명"으로 개정하였고(2017년 민사소송법), 한정승인·포기신고의 수리에 관한 가정법원의 사무와 미성년 자녀가 없는 당사자 사이의 협의이혼절차에 관한 가정법원의 사무를 사법보좌관의 업무로 추가하여 법관의 업무경감을 꾀하였고, 지식재산권 관련 소송의 담당법원에 국제재판부 설치하였으며(2017년 법원조직법), 개인회생의 변제기간을 5년에서 3년으로 단축하였다(2017년 채무자회생 및 파산에 관한 법률).

다음 새 판례의 발생과 구 판례의 변경 등은 2018년 12월 말까지 공표된 것을 반영하였는데, 특히 주목할 것은 시효중단을 위한 방법으로 새로운 형태의 확인의 소를 인정한 대법원 2018. 10. 18. 선고 2015다232316 전원합의체 판결이다. 본서에서는 이 판결을 자세히 소개하였다. 이 판결에 대하여는 찬반의 평석이 팽팽하게 대립하고 있으며, 앞으로도 많은 논의가 필요하다고 본다.

그 밖에도 종전에 설명이 부족하거나 불분명한 부분을 많이 보완하였다. ADR 에 관한 설명 중 중재관련 부분, 무변론 판결, 특별재판적 중 재산소재지, 사무소·영업소 소재지, 등기·등록지, 의무이행지에 관한 내용 등이 그러하다. 나아가 외국법원의 확정판결의 승인과 관련하여 우리 법률에서 손해의 3배까지 징벌적 손해배상을 명할 수 있도록 허용하고 있는 점을 언급하였고, 새로이 독일에서 시행된 자본투자자-표본절차법 상의 표본절차(Musterverfahren)와 민사소송법 상의 표본확인소송(Musterfeststellungsklage)에 관하여 소개하였으며, 소송비용액확정절차에서 사법보좌관의 처분에 대한 이의신청절차에 대한 설명을 보완하였다.

이번 개정작업에도 고려대학교 법학박사 김동현 군과 이윤희 양의 도움이 매우 컸다. 그리고 법문사 편집부의 예상현 과장은 이 책의 편집을 총괄하여 주셨다. 위 세 분의 도움에 감사를 드린다.

2019년 2월

고려대학교 법학전문대학원 연구실에서

공저자 삼가 씀

제6판 머리말

이 판은 제5판이 간행된 이후에 새로이 제정되거나 개정된 법령의 내용을 반영하고 아울러 2017년 6월경까지의 대법원판례를 소개하고 있다.

법원조직법의 개정으로 특수법원인 회생법원이 신설된 것은 파산·회생사건이 급증하는 추세를 반영한 것이며, 관할의 합리화를 꾀하기 위하여 관련되는 여러 대법원규칙을 개정하여 소액사건의 범위, 다류 가사소송사건의 관할법원, 단독사건의 항소심의 관할법원 등을 조정하였다.

소촉법상의 지연손해금의 법정이율이 개정되고 일반 금융기관의 이자가 대폭 인하된 것을 계기로 하여, 구체적으로 '항쟁하는 것이 타당하다고 인정'되어 고율의 지연손해금을 벗어날 수 있는 경우가 어떠한 경우인가가 매우 중요한 관심사가 되었으므로, 이 문제에 관하여 학설과 판례의 변화를 살펴보았다. 그리고 상고심의 개편과 상고심에서의 변호사강제주의에 관한 논의를 간략하게 살펴보았고, 비변호사대리, 일부청구의 소멸시효 중단, 법원사무관 등의 공시송달처분에 대한 불복방법, 자유심증주의와 관련하여 확신의 주체와 정도, 상계의 항변에 관한 판단, 편취판결에 대한 실체법상의 구제수단, 상소불가분의 원칙, 반사적 효력과 유사필요적 공동소송, 예비적·선택적 공동소송, 참가승계에 있어서 전주가 탈퇴하지 않는 경우의 소송관계 등 많은 쟁점에 관하여 설명을 보충하였다.

이번 개정작업의 결과로 학생들이 민사소송법을 더 잘 이해하고 더 많은 친숙감을 가지게 되기를 기대한다. 이 개정작업에는 고려대학교 법학박사 김동현군과 고려대학교 박사과정의 이윤희 양이 여러 모로 도와주고 또 노고를 아끼지 아니하였다. 두 분의 협력에 감사하며, 앞으로 두 분이 학문적으로 크게 성장하기를 기대한다.

2017년 9월 1일
고려대학교 연구실에서
공저자 정동윤, 유병현, 김경욱 삼가 씀

제5판 머리말

제4판이 나온 후에 민사소송절차에 관하여 많은 법령개정이 이어져 왔고, 판례의 발전 또한 눈부시게 이루어졌으며, 연구논문도 많이 발표되었다.

제5판은 이러한 변화를 반영하여 책의 내용을 일신한 것이다.

개정시기와 무관하게 중요한 개정사항을 살펴보면, 제한능력자의 소송능력을 명확히 하였고, 단독판사의 사물관할을 대폭적으로 확대하였으며, 지식재산권에 관한 소송의 전문성 및 효율성을 제고하기 위하여 전속관할을 정하는 한편 소송당사자의 재판받을 권리를 보장하기 위한 소송이송을 인정하였다. 손해발생 사실은 인정되나 구체적 손해액 산정이 어려운 사건에서 손해의 공평·타당한 분담을 통한 손해배상제도의 이상과 기능을 실현하고자 법원은 변론 전체의 취지와 증거조사의 결과에 의하여 인정되는 모든 사정을 종합하여 상당하다고 인정되는 금액을 손해배상 액수로 정할 수 있게 하였으며, 법원은 일정한 경우에 비디오 등 중계 장치에 의한 증인신문을 할 수 있고, 감정증인 등이 수소법원 법정에 직접 출석하지 않고서도 비디오 등 중계 장치에 중계시설을 통하거나 인터넷 화상 장치를 이용하여 신문절차를 진행할 수 있도록 하였다. 나아가 실체적 본안판단과 무관한 일부 형식적·부수적 절차판단 업무인 공시송달과 각종 형식적 보정명령은 법원사무관 등이 이를 일차적으로 담당하게 하는 한편, 누구든지 확정된 사건의 판결서를 인터넷 등 전자적 방법으로도 열람 및 복사할 수 있도록 하였다. 외국법원의 판결 외에 결정 등 재판도 승인이 대상으로 하면서 승인의 요건을 명확히 하였다.

소송절차의 각 국면에서 새로운 판례가 많이 집성된 것도 민사소송을 연구하는 법학도에게는 큰 자양제라고 할 수 있다.

제5판을 펴냄에 있어서는 고려대학교 법학전문대학원의 김경욱 교수께서 새로운 공저자의 하나로 참여하시었다. 귀중한 조언을 많이 하셨고, 책의 내용을 전면적으로 검토 보완하시었으며, 개개의 판례의 내용과 각주에 이르기까지 상세하게 분석하여 주시었다. 다른 공저자인 유병현 교수께서는 학교 보직으로 인하여 시간상의 제약이 있었지만 중요한 논점에 관하여 함께 의견을 나누었다. 위 두 분의 노력으로 이 책이 보다 충실한 체계서로 발전하게 된 것을 기쁘게 생각한다.

신 판례와 각주 등의 정리를 위하여 고려대학교 대학원에서 민사소송법을 전공한 대법원사법정책연구원 김정환 박사, 법무부 법무자문위원회 자문위원 김동현 박사가 바쁜 업무 중에도 크게 도움을 주었고, 고려대학교 대학원 박사과정에 재학 중인 이윤희 양은 색인과 마지막 교정작업 등 힘든 일을 도맡아 수고를 하여 주었다. 위 여러 분의 노고에 진심으로 감사를 드린다.

이 책의 초판부터 함께 고생하셨던 편집부 이재필 상무께서 퇴임을 하시었다. 앞으로 더욱 건강하게 노후를 즐기시기 바란다. 제5판부터는 새로 편집부 예상현 과장께서 이 책을 맡아주시기로 하였다. 이 자리를 빌어 감사하며, 큰 협력을 기대한다.

2016년 5월

공저자를 대표하여

정동윤 삼가 씀

제4판 머리말

제3판과 제3판 보정판이 나온 지 여러 해가 지났다. 제4판은 그 동안 국내외 민사소송법학계에서 논의된 중요한 논점과 민사소송절차에 관련된 법규의 개정 및 판례의 발전 등을 반영하기 위하여 마련한 것이며, 모든 면에서 새 시대에 맞는 새롭고 풍부한 내용을 담으려고 노력하였다.

2011년 개정 민법은 종래의 무능력자 제도를 성년후견제도로 완전히 개편하고 제한능력자를 보호하기 위한 여러 장치를 도입하였다. 아울러 그 동안 거의 이용되지 않았던 친족회 제도도 폐지하였다. 그런데 실체법인 민법을 개정하면서 이에 관한 절차법인 민사소송법을 함께 개정하지 아니한 탓으로 실체법과 절차법 사이에 괴리가 많이 생기고 서로 조화되지 않는 조문이 남아 있게 되었으며, 마땅히 법률에 규정하여야 할 사항이 조문화되지 아니하여 중요한 문제가 해석론에 맡겨지는 결과로 되었다. 제한능력자의 소송능력을 둘러싸고 백가쟁명식으로 다투어지는 것은 이 때문이다. 법적 안정성을 위하여 하루 속히 입법의 보완이 이루어져야 할 것이다.

그 동안 소송법상의 여러 문제에 관하여 국내외적으로 많은 학문적 연구가 행하여졌고, 민사소송법학의 영원한 과제 중의 하나인 소송물론에 있어서도 새로운 판결례와 연구업적이 발표되었다. 특히 유럽연합 법원에 의하여 발전되어 온 이른바 핵심설은 유럽연합 가입국의 국내 사건에 관하여도 적용되는 사례가 있고, 도이칠란트에서는 일부 사건에 한하지만 사실관계를 중시하고 그것을 바탕으로 하여 소송물의 개념을 재구성하는 판결례도 나오고 있는 실정이므로, 이러한 현상을 하나의 흐름(사실관계 일지설)으로 정리하여 보았다. 그리고 종전 대법원 판결례 중 해석이 어려웠던 사례, 예컨대 진정명의의 회복을 위한 소유권이전등기청구 사건 등을 새로운 입장에서 해석해 보려고 시도하였다.

또한 상소제도에 관한 외국의 제도 개혁도 간략하게 소개하였다. 도이칠란트에서는 원칙적으로 보통항고를 없애버렸고, 허가상고의 목적을 기본문제의 해명, 법 발전 및 판결의 통일 확보에 두고 있는데, 이것은 우리나라의 상고제도를 정비함에 있어서 깊이 고뇌하여야 할 화두라고 생각한다.

민사소송절차에 관하여 대법원과 하급심법원에 의하여 많은 중요한 판결례가 집적된 것은 실무자는 물론 민사소송을 연구하는 법학도에게도 좋은 자양제이다. 이러한 판결례도 충실하게 반영하려고 노력하였다.

이번 개정판이 나오기까지 많은 분들의 도움을 받았다. 새로운 성년후견제도와 제한능력자의 소송능력과 관련하여 연세대학교 법학전문대학원 교수이시며 대한민국학술원 회원이신 김상용 교수의 친절한 코멘트를 받았고, 고려대학교 법학전문대학원 김경욱 교수는 소송물론과 법령의 개폐 및 새로운 판결례에 관하여 자문을 하여 주었다. 고려대학교 법학연구원 김정환 박사, 변호사 홍영호, 고려대학교 법학박사 과정에 있는 김동현 군과 이윤희 양은 대법원 판결례의 수집과 정리를 위하여 진력하였고, 법문사 편집부 이재필 상무님은 항상 그러하듯이 이번에도 본인의 책이 빛나도록 편집에 만전을 기하여 주셨다. 위 모든 분들에게 이 자리를 빌려 깊은 감사의 뜻을 표한다.

2014. 5.

공저자 정동윤 · 유병현 씀

제3판 머리말

2002년 개정 민사소송법에서 제1심 소송절차의 틀을 개편하면서, 피고가 답변서를 제출하면 원칙적으로 사건을 변론준비절차에 부치도록 하였다. 이것은 변론기일의 심리의 집중을 꾀하기 위함이었다. 그런데 제도의 시행결과 사건의 성질을 고려하지 않고 획일적으로 변론준비절차를 거치게 하는 것은 오히려 심리의 효율을 떨어뜨리고 절차의 중심이 변론기일인지 변론준비절차인지 구별하기 어렵게 되는 문제가 있었다. 그리하여 2008년 말에 민사소송법을 개정하여 사건에 관하여 원칙적으로 변론기일을 정하되 변론의 준비가 필요한 사건만 변론준비절차에 부치도록 하였다. 이미 2007년에 대법원은 민사소송규칙을 개정하여 사건을 변론준비절차로 가는 것과 변론기일로 가는 것으로 미리 분류하여 관리하도록 하였고, 변론준비절차 및 항소심의 운영에 관한 여러 보완규정을 새로 두었다. 또한 2007년에 민사소송법에 권리구제·학술연구 등을 위한 일반 제3자의 소송기록 열람권을 새로 설치하였다. 본서는 이러한 민사소송법과 민사소송규칙의 개정 및 그 사이 새로 나온 주요 판례를 반영하였다. 본서는 초학자도 쉽게 민사소송법을 이해할 수 있게 하는 것을 첫째의 목표로 삼고 있으나 그 내용과 자료의 충실을 꾀하는 작업을 소홀히 하지 않고 있다.

금년부터 법학전문대학원이 새로 개원하면서 법학교육방법론에 관해서 많은 논의가 있다. 그러나 대륙법체계를 취하는 우리 법의 사정상 종래의 이론체계서의 역할은 여전히 중요하다고 생각한다.

새 판의 신속한 출간을 위하여 모든 정성을 다해주신 법문사 이재필 이사님, 정현성 부장님, 그리고 이번에도 세심한 노력을 기울여주신 김용석 과장님께 진심으로 감사드린다.

2009. 2.

정동윤·유병현

제2판 머리말

초판의 출간 이후 새로 제정된 법률의 내용과 새로운 판례를 반영하여 제2판을 출간하게 되었다. "독촉절차에서의 전자문서의 이용 등에 관한 법률"의 도입으로 인터넷에 의한 지급명령신청이 가능해졌는데, 이것은 IT기술을 응용한 전자문서를 이용한 재판절차의 첫 시도라는 점에서 매우 의미가 깊다. 또한 소비자기본법에 의하여 독일식의 소비자 단체소송제도가 도입되었는데, 증권관련집단소송법에 의하여 증권거래분야에서 미국식의 대표당사자소송제도가 이미 도입·시행되고 있는 터라, 우리나라는 비록 제한된 범위이긴 하지만 집단소송의 대표적인 두 가지 제도인 대표당사자소송(class action)과 단체소송(Verbandsklage)을 모두 이용하고 있는 최초의 국가가 된 셈이다. 이들 새로 도입된 제도들은 우리 민사소송법의 내용을 풍부하게 하는 데 크게 기여할 것으로 기대된다.

이번 제2판에서는 실무상 제3자의 소송참가의 경우에 보조참가, 공동소송적 보조참가, 공동소송참가의 구별이 문제되는 경우가 있음을 고려하여 그 설명의 순서를 여기에 맞추었다. 또한 처음 공부를 시작한 학생들에게 다소 부담이 된다고 염려되는 상세한 설명은 작은 글씨로 변경하여 학생들이 자기 형편에 따라 공부할 수 있도록 배려하였다. 그리고 초판에서 발견된 오자·탈자 등을 고치고, 설명이 매끄럽지 않은 부분은 바로잡았다.이 책의 개정은 많은 학생과 강호제현이 마음을 모아 초판의 부족한 점을 지적하여준 덕택으로 가능하였다. 그 분들에게 진심으로 감사의 뜻을 전하고 싶다. 또한 교정에 정성을 다해준 사법연수원생 김소헌 양과 고려대학교 석사과정 김지영 양의 노고를 치하한다. 또한 신속한 출간을 위하여 애써주신 법문사의 이재필 이사님, 정현성 부장님, 그리고 김용석 씨께 감사드린다.

2007. 3. 8.

고려대학교 법과대학 연구실에서

정동윤·유병현

머 리 말

새 민사소송법이 제정되어 시행에 들어간 지 3년 가까운 세월이 흘렀다. 새 법에 대한 신중한 연구와 검토를 하다보니 훌쩍 시간이 지나갔다. 뒤늦게나마 새 민사소송법에 관한 체계서를 출간하게 된 것을 매우 기쁘게 생각한다. 이제 학생들이 한결 편하게 강의를 들을 수 있을 것 같아 홀가분하다. 그동안 새 법의 문제점이 드러나고 많은 해석론 또한 등장하였다. 이들을 폭넓게 반영할 수 있었기에 이 책의 내용을 좀더 풍부하게 만들 수 있었다.

과거 우리나라의 민사소송법 체계서는 민사소송법을 그 조문 순서대로 설명을 하였기 때문에, 이제 막 공부를 시작하여 소송절차에 대한 기초적 이해도 생기지 아니한 초학자들에게 필수적 공동소송, 참가적 효력, 청구의 병합 등등 생소한 개념을 홍수처럼 접하게 하였고, 이는 필경 민사소송법에 대한 흥미를 잃게 하는 결정적 이유가 되었다. 이러한 사정을 고려하여 이 책에서는 한 사람의 원고와 한 사람의 피고 사이에 한 개의 청구를 둘러싸고 전개되는 가장 단순한 소송절차를 제1심·상소심·재심의 순서로 민사소송의 일생에 맞추어 설명하였다. 그리하여 민사소송법을 공부하려는 사람들로 하여금 먼저 민사소송법의 기초를 이해하게 한 다음에, 청구가 복수인 경우와 당사자가 복수인 경우에 생기는 특수한 문제를 익히도록 함으로써, 부담을 느끼지 않고 자연스럽게 민사소송법을 터득할 수 있도록 하였다. 이러한 체계는 구 민사소송법의 해설을 담았던 옛 저서(정동윤, 「민사소송법」, 법문사, 2000)에서부터 우리나라에서 처음으로 채택한 것이었다. 저자(著者)들은 강의를 통하여 이 설명방법이 좋다는 확신을 얻었기 때문에, 새 책에서도 그 체계를 따른 것이다. 최근에 이러한 체계를 택하는 유서(類書)들이 늘어나고 있는데, 이는 매우 반갑고 고무적인 일이다.

그리고 이 책에서는 개개의 소송절차 중 특히 학생들이 이해하기 어려워하는 부분은 더욱 쉽고 자세하게 설명하려고 노력하였다. 또한 새 법에서 법전상의 용어를 한글로 순화시킨 것에 부응하여, 민사소송법 이론을 설명할 때 사용되는 용어로서 어법에 맞지 않는 것도 우리말로 새롭게 바꾸었다.

최근에 여러 가지 새로운 민사소송법 관련 법률들이 쏟아져 나오고 있다.

또한 많은 중요한 판례들이 하루가 다르게 쌓이고 있다. 올 들어 '민사집행법 중 개정법률'(2005. 1. 27, 법률 제7358호)을 필두로 하여, '채무자회생 및 파산에 관한 법률'(2005. 3. 31, 법률 제7428호), '법원조직법 일부개정법률'(2005. 3. 24, 법률 제7402호), '증권관련집단소송법 일부개정법률'(2005. 3. 10, 법률 제7387호) 등이 공포되었다. 이 책은 이러한 법률들을 모두 반영하였다. 또한 민사소송법에는 그 어느 법보다 판례가 중요한 점을 감안하여, 대법원판결은 이 책 출간 직전의 2005년 3월 24일자 선고분까지 인용하였다.

저자들은 앞으로도 이 책에 더욱 참신하고 충실한 내용을 담기 위하여 끊임없이 노력할 것이다. 그러한 의미에서 지금의 출간은 하나의 출발점에 불과하다.

끝으로 이 책이 나오기까지 도와주신 여러분들께 감사드린다. 먼저, 열정적으로 교정 및 색인작업을 하여준, 고려대학교 대학원의 제자 이세은・엄상현・최대일・김동현・김준범(사법연수원생)・박서화・나형준・김주현・박종혁(사법연수원생)・강기영・오승목・이온복군의 노고를 치하한다. 이들은 인용된 판례와 법조문을 일일이 다시 검색・확인까지 하는 등, 정확한 책을 만들기 위하여 헌신적으로 애써주었다. 또한, 오랫동안 기다려 주신 법문사 배효선 사장님께 감사드리며, 조기출간을 위해 끈기 있게 진력하여 주신 법문사 이재필 이사님, 정현성 부장님, 그리고 김용석씨께 감사드린다.

2005. 4. 18.

고려대학교 법과대학 연구실에서

정동윤・유병현

차　　례

제 2 편 訴訟의 開始

제 3 편 訴訟의 審理

제 3 장 審理의 內容 (468~685)

제 4 편 訴訟의 終了

제 5 편 裁判에 대한 不服申請

제6편 複合的 訴訟形態

제 7 편 略式訴訟 및 特殊救濟節次

参考文獻

著者	書名	發行年度	引用略語
【韓 國 書】			
姜玹中	제8판 민사소송법	2023	姜
강현중	민사소송법 강의	2013	강현중
金祥源	判例實務 民事訴訟法	1971	金祥
金容旭	全訂版 民事訴訟法	1988	金容
金容秦	第3版 民事訴訟法	2005	金秦
金洪奎・姜泰源	第3版 民事訴訟法	2014	金/姜
김홍엽	제12판 민사소송법	2024	김홍엽
민일영・김능환	註釋 民事訴訟法(Ⅰ)~(Ⅶ)	2012	주석 민소(Ⅰ)~(Ⅶ)
朴商鎰	新民事訴訟法(上)	1963	朴
박재완	제4판 민사소송법강의	2021	박재완
方順元	民事訴訟法(上)	1987	方
손한기	민사소송법	2021	손한기
宋相現・朴益煥	新訂7版 民事訴訟法	2014	宋/朴
李明燮	新民事訴訟法	1985	李明
李時潤	제17판 신민사소송법	2024	李時
李英燮	新民事訴訟法(上)(第7改訂版)	1972	李英
전대규	제2판 채무자 회생법	2018	전대규
田炳西	第4版補正 民事訴訟法	2003	田
전병서	제5판 강의 민사소송법	2025	전병서
정영환	제3판 신민사소송법	2023	정영환
전원열	제3판 민사소송법강의	2022	전원열
韓宗烈	民事訴訟法(上)	1993	韓
한충수	제3판 민사소송법	2021	한충수
胡文赫	제15판 민사소송법	2024	胡
洪起汶	民事訴訟法	2005	洪
金祥源・朴禹東 李時潤・李在性	註釋 民事訴訟法(Ⅰ)~(Ⅴ)	1991	註釋民訴(Ⅰ)~(Ⅴ)
金祥源・朴禹東 李時潤・李在性	註釋 新民事訴訟法(Ⅰ)~(Ⅶ)	2004	新註釋民訴(Ⅰ)~(Ⅶ)
【日 本 書】			
伊藤 眞	民事訴訟法(第4版)	2011	伊藤

伊藤 眞	民事訴訟法(第4版補訂版)	2014	伊藤(2014)
井上治典 伊藤 眞 佐上善和	これからの民事訴訟法	1984	井上＝伊藤＝佐上
上田徹一郎	民事訴訟法(第4版)	2004	上田
	民事訴訟法(第7版)	2011	上田(2011)
兼子 一	新修民事訴訟法體系(增補版)	1965	兼子
吉野正三郎	集中講義民事訴訟法	1990	吉野
小山 昇	民事訴訟法(五訂版)	1989	小山
齊藤秀夫	民事訴訟法概論(新版)	1982	齊藤
新堂幸司	新民事訴訟法(第2版)	2001	新堂
高橋宏志	重點講義 民事訴訟法 上・下		高橋 上・下
谷口安平	口述民事訴訟法	1987	谷口
中野貞一郎	現代民事訴訟法入門	1985	中野
中野貞一郎 松浦 馨 鈴木正裕	新民事訴訟法講義	1998	中野＝松浦＝鈴木
林屋禮二	民事訴訟法概要	1991	林屋
三ケ月章	民事訴訟法(法律學全集)	1959	三ケ月
三ケ月章	民事訴訟法(第2版) (法律學講座雙書)	1985	三ケ月, 雙書
吉村德重 竹下守夫 谷口安平	講義民事訴訟法(第2版)	2001	吉村＝竹下＝谷口
兼子 一 等 編	條解民事訴訟法	1986	兼子, 條解民訴
齊藤 編	第2版 注解民事訴訟法(1)～(8)	1991～1993	齊藤, 注解民訴 (1)～(8)
新堂幸司 小島雁武司	注釋民事訴訟法(1)～(9)	1991～1996	新堂, 注釋民訴 (1)～(9)
菊井維大 村松後夫	全訂民事訴訟法(全訂版追補版) Ⅰ, Ⅱ, Ⅲ	1984～1989	菊井＝村松 Ⅰ, Ⅱ, Ⅲ
三ケ月章 等 編	民事訴訟法の爭點	1979	爭點
同	民事訴訟法の爭點(新版)	1988	新爭點
小山 昇 等 編	演習民事訴訟法	1987	演習民訴
新堂幸司 等 編	民事訴訟法判例百選 Ⅰ	1992	百選 Ⅰ
同	民事訴訟法判例百選 Ⅱ	1992	百選 Ⅱ
鈴木忠一 三ケ月章 監修	實務民事訴訟法講座 1～10	1969～1970	實務民訴 1～10
鈴木忠一 三ケ月章 監修	新實務民事訴訟講座 1～14	1981～1982	新實務民訴 1～14

新堂幸司 等 編 講座民事訴訟 1~7 1984~1985 講座民訴 1~7

【獨 逸 書】

Arens/Lüke	Zivilprozessrecht, 8. Aufl.	2003	Arens
Baur/Grunsky	Zivilprozessrecht, 11. Aufl.	2003	Baur
Blomeyer	Zivilprozessrecht, 2. Aufl.	1985	Blomeyer
Bruns	Zivilprozessrecht, 2. Aufl.	1979	Bruns
Grunsky	Grundlagen des Verfahrensrechts, 2. Aufl.	1974	Grunsky
Henckel	Prozessrecht und materielles Recht	1970	Henckel
Jauernig	Zivilprozessrecht, 28. Aufl.	2003	Jauernig
Jauernig/Hess	Zivilprozessrecht, 30. Aufl.	2011	Jauernig(2011)
Musielak	Grundkurs ZPO, 7. Aufl.	2004	Musielak ZPO
Musielak	Kommentar zur Zivilprozessordnung, 3. Aufl.	2002	Musielak Komm
Musielak	Die Grundlagen der Beweislast im Zivilprozess	1975	Musielak
Musielak/Stadler	Grundfragen des Beweisrechts	1984	Musielak/Stadler
Rosenberg/Schwab/Gottwald	Zivilprozessrecht, 16. Aufl. Zivilprozessrecht, 17. Aufl.	2004 2010	Rosenberg Rosenberg(2010)
Schellhammer	Zivilprozess, 11. Aufl.	2004	Schellhammer
Schlosser	Zivilprozessrecht Ⅰ, 2. Aufl.	1992	Schlosser
Schneider	Beweis und Beweiswürdigung, 3. Aufl.	1978	Schneider
Zeiss	Zivilprozessrecht, 9. Aufl.	1997	Zeiss
Baumbach/Lauterbach/Albers/Hartmann	Zivilprozessordnung, 61. Aufl.	2003	Baumbach/Lauterbach
Lüke/Wax	Münchener Kommentar zur ZPO Bd. Ⅰ~Ⅲ, 2. Aufl.	2000	MünchKomm
Stein/Jonas/Pohle	Kommentar zur ZPO, 22. Aufl.	2002~2004	Stein/Jonas
Thomas/Putzo	Zivilprozessordnung, 25. Aufl. Zivilprozessordnung, 34. Aufl.	2003 2013	Thomas/Putzo Thomas/Putzo(2013)
Zöller	Zivilprozessordnung, 23. Aufl.	2002	Zöller

【英 美 書】

Cound, Friedenthal, Miller, Sexton & Hershkoff	Civil Procedure: Cases and Materials, 9th ed.	2005	Cound, Friedenthal, Miller & Sexton
Green	Basic Civil Procedure	1979	Green
Green & Nesson	Problems, Cases and Materials on Evidence, 2nd ed.	1983	Green & Nesson
Grenig & Gleisner	eDiscovery & Digital Evidence	2014	Grenig & Gleisner
Friedenthal, Kane & Miller	Civil Procedure, 4th ed.	2005	Friedenthal, Kane & Miller
James, Hazard & Leubsdorf	Civil Procedure, 5th ed.	2001	James, Hazard & Leubsdorf
Kane	Civil Procedure in a Nutshell(6th ed.)	2011	Kane
Klonoff	Class Actions and other Multi-Party Litigation	1999	Klonoff
Landers & Martin	Civil Procedure, 2nd ed.	1988	Landers & Martin
Langen & Henderson	Civil Procedure, 3rd ed.	1983	Langen & Henderson
Lawson	Remedies of English Law, 2nd ed.	1980	Lawson
McCormick	Evidence, 5th ed.	1999	McCormick
Mueller & Kirkpatrick	Federal Evidence, 4th ed.	2015	Mueller & Kirkpatrick
Riskin & Westbrook	Dispute Resolution and Lawyers, 2nd ed.	1997	Riskin & Westbrook
Rosenberg,	Elements of Civil Procedure	1986	Rosenberg
Weinstein, Smit & Korn	Cases and Materials, 4th ed.		Weinstein, Smit & Korn
Siegel	New York Practice, 3rd ed.	1999	Siegel
Wright et al.	Federal Practice & Procedure, 3rd ed.	2015	Wright et. al.
Wright & Kane	Federal Courts, 6th ed.	2002	Wright

略 語 表

1. 法令의 略語

가등	가족관계의 등록 등에 관한 법률
家訴	家事訴訟法
個情	개인정보보호법
公職選擧	公職選擧法
國民司共	國際民事司法共助法
國私	國際私法
勤基	勤勞基準法
디자인	디자인보호법
民	民法
民訴	民事訴訟法
民費	民事訴訟費用法
民印	民事訴訟 등 印紙法
民調	民事調停法
民執	民事執行法
法組	法院組織法
辯	辯護士法
不登	不動産登記法
非訟	非訟事件節次法
商	商法
商標	商標法
上告特例法	上告審節次에 관한 特例法
消基	消費者基本法
少審	소액사건심판법
訴促法	訴訟促進 등에 관한 特例法
手	手票法
信	信託法
實用	實用新案法
어	어음法
資市	資本市場과 金融投資業에 관한 法律
自賠法	自動車損害賠償保障法
민소전자문서법	민사소송 등에서의 전자문서 이용 등에 관한 법률
製責法	製造物責任法
仲	仲裁法
證集	證券關聯 集團訴訟法

執	執行官法
特	特許法
破	債務者 回生 및 破産에 關한 法律
行訴	行政訴訟法
憲	憲法
憲裁	憲法裁判所法
刑	刑法
刑訴	刑事訴訟法
家訴規	家事訴訟規則
民訴規	民事訴訟規則
民印規	民事訴訟 등 印紙規則
사물관할규칙	민사 및 가사소송의 사물관할에 관한 규칙
少審規	少額事件審判規則
전자소송규	민사소송 등에서의 전자문서 이용 등에 관한 규칙
FRCP	Federal Rules of Civil Procedure

民事訴訟法은 그대로 條文만 적었고, 그 밖의 法令略語는 慣用의 略語에 의하였다.

(예) 451 Ⅰ ①: 민사소송법 제451조 제1항 제1호; 65 前: 제65조 前文; 79 Ⅰ 前段: 제79조 제1항 前段; 本: 本文; 但: 但書

2. 判例의 略語

大判 1983. 3. 22, 82 다카 1810, 集 31. 2. 民 43	大法院 1983. 3. 22 宣告, 82 다카 1810 判決, 대법원판결집, 제31권, 제2집, 민사 43면.
日最判 1950. 11. 17, 民集 4. 11. 603	日本最高裁判所 1950. 11. 17 宣告判決, 最高裁判所民事判例集, 第4巻, 第11號, 603面.
BGHZ 40, 1.	Entscheidungen des Bundesgerichtshofs in Zivilsachen, Band 40, Seite 1.

3. 雜誌 등의 略語

公報	法院公報
辯協	大韓辯護士協會誌
新聞	法律新聞
民商	民商法雜誌(日本)
民訴雜誌	民事訴訟法雜誌(日本)
判時	判例時報
判タ	判例タイムズ(日本)
NJW	Neue Juristische Wochenschrift
JuS	Juristische Schulung
JZ	Juristenzeitung
AcP	Archiv für die civilistische Praxis

ZZP	Zeitschrift für Zivilprozess

4. 기 타

FS	Festschrift
Rdn.	Randnummer

제 1 편
序　　論

본편에서는 민사소송과 민사소송법의 개념을 살펴보기로 한다. 즉, 민사소송은 어떠한 제도이고, 다른 절차와는 어떻게 구별되며, 어떠한 목적에 이바지하는가, 또 민사소송법은 어떠한 연혁을 가지고 발전하여 왔고, 실체법에 비하여 어떠한 특질을 가지고 있는가 하는 등의 문제를 검토하여 보기로 한다.

제 1 장 民事訴訟

제 1 절 民事紛爭의 解決方法

1) 인간은 사회를 이루어 공동생활을 하고 있으므로 인간사회에는 여러 가지 분쟁이 생기게 마련이다. 금전소비대차, 매매대금 · 유가증권의 지급, 토지 · 건물의 임대차, 고용관계, 교통사고로 인한 손해배상 등 경제생활에 관련된 분쟁, 부부 · 친자 사이의 신분관계를 둘러싼 분쟁 등이 그 예이다. 이처럼 사법상의 권리 또는 법률관계를 둘러싸고 발생하는 분쟁을 민사분쟁(民事紛爭) 또는 사적분쟁(私的 紛爭)이라고 한다.

민사분쟁이 발생한 경우에 이를 해결하는 방법에는 여러 가지가 있는데, 이들 방법은 역사적으로 오랜 세월에 걸쳐 발전되어 왔다. 원시사회에서는 분쟁이 발생하면 당사자의 자력구제(自力救濟)(self-help; Selbsthilfe)에 의하여 문제를 해결하였다. 즉, 권리의 침해를 받은 개인이 스스로 자기의 권리를 옹호하여야 하였고, 때로는 가족과 씨족이 이를 도와주었으나, 최후에는 실력에 의하는 수밖에 없었다. 따라서 자력구제에 의하는 경우에는 권리자가 반드시 승리한다는 보장이 없고 힘이 강한 사람이 정당한 것으로 되어버리므로, 권리가 실현되지 못하는 수가 많았다. 이러한 현상은 법적 평화를 크게 해치는 결과를 가져왔으므로, 국가가 형성되면서 국가는 원칙적으로 자력구제를 금지하고 법질서의 유지를 스스로 떠맡게 되었다.[1] 즉, 국가는 법원이라는 재판기관을 설치하고 국가의 공권력에 의하여 민사분쟁을 강제로 해결하는 방법을 마련하고, 모든 국민이 이를 이용할 수 있도록 하였으니, 이것이 바로 민사소송절차인 것이다. 이처럼 분쟁의 해결방법은 자력구제로부터 국가구제(國家救濟)(Staatshilfe)로 발전하였고, 국가가 권리보호를 독점하게 되었다(staatlicher Rechtsschutzmonopol).[2] 그러나 수없이 발생하는 민사분쟁을 오

1) Jauernig, §1 I 1.
2) Arens, Rdn. 1.

로지 민사소송만에 의하여 공권적으로 해결하는 것은 경제적·시간적·사회적으로 최선의 방법이 아니므로, 각국에서는 그 밖에 화해·조정·중재 등 여러 가지 자주적·자치적인 소송대체분쟁해결방법(Alternative Dispute Resolution: ADR)을 허용하고 있다.

2) 분쟁해결방법으로서 민사소송의 특색은 그것이 일반적·강제적·공권적이라는 데에 있다. 즉, 민사소송은 특별히 한정된 사건에 대한 구제수단이 아니라 어떠한 경우에도 이용할 수 있다는 점에서 일반적이고, 화해·조정·중재 등 소송외의 분쟁해결방법과 달리 상대방의 의사에 반하여도 분쟁해결을 강제할 수 있다는 점에서 강제적이며, 또 궁극적으로는 국가의 재판권에 기초를 두고 있다는 점에서 공권적이다.[1)]

제2절 民事訴訟의 概念

민사소송(民事訴訟; civil procedure; Zivilprozess; procédure civile)은 글자 그대로 민사에 관한 소송이다. 이를 나누어 설명하면 다음과 같다.

1. 대 상

민사소송은 민사사건, 즉 민법·상법 등 사법에 의하여 규율되는 대등한 주체들 사이의 생활관계로부터 발생하는 사건을 그 대상으로 한다. 대등한 당사자 사이의 생활관계에 관한 사건(민사사건)은 경제 또는 신분에 관한 분쟁으로 나타난다. 이처럼 사법상의 법률관계에 관한 분쟁을 그 대상으로 하는 점에서 민사소송은 다른 소송(형사소송, 행정소송, 선거소송)과 구별된다.

사인은 대등하므로 사인들 사이의 생활관계로부터 발생하는 사건은 그것이 법률상의 쟁송(法組 2 I)에 해당하는 한 모두 민사소송의 대상이 된다. 법률상의 쟁송에 해당하기 위해서는 당사자 사이에 구체적인 권리 또는 법률관계에 관한 분쟁이 존재하여야 하고, 그것이 재판을 통하여 궁극적으로 해결될 수 있는 것이어야 한다(자세한 것은 訴의 利益에 관한 설명 참조). 따라서 단순한 사실의 진정(眞正) 여부에 관한 분쟁(예컨대 단군(檀君)이 실존하였다는 사실의 확인을 구하는 것)은 원칙적으로 민사소송의 대상

1) 吉村=竹下=谷口, 8면.

이 되지 아니하고(증서의 진정 여부를 확인하는 소가 유일한 예외이다. 250), 추상적으로 법률·명령·규칙 등의 효력 또는 해석을 다투는 것(예컨대 民訴 461은 위헌임의 확인을 구하는 것)도 민사소송의 대상이 되지 아니한다.

국가와 사인 사이의 분쟁도 그것이 대등한 관계로부터 발생되는 것(예컨대 관청이 관리하는 건물의 임대차계약에 관한 분쟁)이라면 민사소송의 대상이 된다. 그러나 국가가 공권력의 주체로서 국민을 대하는 법률관계에 관한 분쟁은 행정소송의 대상이 된다.

2. 과　　제

민사소송은 사법상의 권리관계의 확정·실현 및 보전을 그 과제로 하고, 이에 따라 판결절차·강제집행절차 및 보전절차로 나누어진다.

3. 성　　질

민사소송은 하나의 소송이다. 소송(訴訟; procedure; Prozess; procédure)이라 함은 넓은 의미로는 국가기관(특히 법원)이 분쟁을 강제적으로 해결하기 위하여 대립하는 이해관계인을 당사자로 관여시켜 행하는 법적 절차를 가리키고, 여기에는 판결절차 이외에 강제집행절차·도산절차 등이 포함되지만, 좁은 의미로는 소의 제기로부터 종국판결에 이르기까지의 재판상의 절차, 즉 판결절차만을 가리키며, 보통 좁은 의미로 사용된다.

소송은 두 개의 관점에서 관찰할 수 있다.

1) 첫째, 소송은 법원과 당사자의 소송행위의 총체로 이루어지는 절차(Verfahren)이다. 즉 소송은 소의 제기로부터 종국판결에 이르기까지 법원·당사자, 그 밖의 소송관계인의 행위의 연쇄로 구성되는 하나의 절차이고, 그것은 법규에 의하여 규율되는 법적 절차이다. 이 절차를 구성하는 각개의 행위는 선행행위가 후행행위의 기초가 되고, 후행행위는 선행행위의 총체에 의하여 형성된 소송상태를 바탕으로 하여 전개된다. 이처럼 소송은 각 소송행위가 인과관계를 이루면서 서로 엇물린 쇠사슬처럼 발전하므로, 일단 진행된 절차는 이를 가능한 한 유지시켜야 하고 후행행위가 겹겹이 얹혀진 뒤에 선행행위의 효력을 부정하는 것은 회피하여야 할 필요가 생긴다(소송절차의 안정). 민사소송절차의 내용은 법정되어 있어서, 당사자의 합의에 의하여 이를 변경할 수 없는 것이 원칙이다(임의소송의 금지). 이것은 재판권이 공정하게 행사되는 것을 확보하고, 법원에 계속된 다수·다양한 사건을 정형적·집단적으로 처리하는 것을 가능하게 하기 위한 조치이다.

이처럼 소송은 판결이라는 목표를 향하여 전진하는 하나의 절차이지만, 소송과 절차가 반드시 동일한 것은 아니다. 왜냐하면 하나의 절차에 여러 개의 소송이 병합될 수 있기 때문이다.[1] 예컨대 반소 또는 중간확인의 소를 제기한 경우, 변론을 병합한 경우, 공동소송의 경우가 그러하다.

---

1) Rosenberg, §1 Ⅱ.

2) 둘째, 소송은 법원과 당사자 사이에 성립하는 하나의 법률관계(法律關係; Rechtsverhältnis)이다.

i) 소송을 소송주체들 사이의 법적으로 규율된 관계, 즉 하나의 법률관계로 풀이하는 견해를 **소송법률관계설**이라고 한다. 일찍이 '뷜로우'(Oskar Bülow)에 의하여 주장된 견해로서,[1] 이 견해에 의하면 소가 제기되면 소송주체 사이에 구체적인 법률관계가 발생한다고 한다. 이에 반하여 '골트슈미트'(James Goldschmidt)에 의하여 비롯된[2] **소송법률상태설**에서는 소송을 하나의 법률관계로 보는 것은 부당하다고 비판한다. 즉, 당사자는 소송에서 확정적인 권리와 의무를 부담하는 것이 아니라, 단순히 승소할 것이라는 기대와 패소할지도 모른다는 부담을 지는데 불과하므로, 이는 권리와 의무의 법률관계가 아니라 기대와 부담의 관계인 법률상태(Rechtslage)에 불과하다고 한다. 그리하여 소송의 개시단계에서는 한낱 불확실한 기대에 그쳤던 것이 판결단계에서 확정적인 권리로 발전된다고 한다.

ii) 이처럼 소송법률관계설은 소송을 정태적(靜態的)으로 파악하여 소송주체 사이에 성립하는 법률관계로 보는 것에 대하여, 소송법률상태설은 이를 동태적(動態的)으로 파악하여 발전적인 법률상태라고 본다. 소송에 의하여 소송주체 사이에 성립하는 관계를 확정적인 권리의무의 법률관계로 볼 것이냐, 아니면 승소할지도 모른다는 기대(가망)와 패소할지도 모른다는 부담(위구)의 법률상태로 볼 것이냐는 매우 어려운 문제이다. 우리나라와 일본의 통설은 소송법률상태설이었으나,[3] 판례[4]와 도이칠란트의 통설[5]은 소송법률관계설이다. 소송법률상태설이 소송을 동태적으로 파악하는 이점은 있으나, 소송에 의하여 성립하는 법원과 당사자들 사이의 관계는 이를 법률관계로 풀이하여야 할 것이다.[6] 왜냐하면 소송수행의 각개의 단계는 법률상태일 수 있지만, 전체로서의 민사소송은 하나의 법률관계이기 때문이다.[7]

그런데 소송법률상태설은 소송법률관계설에 대하여 다음 두 가지 이유로 비판을 가하고 있다. 즉 첫째로, 소송당사자에게는 의무가 아니라 부담만이 과하여지므로 의무를 전제로 하는 법률관계설은 부당하다고 한다. 그러나 법률관계를 권리·의무관계로 이해하는 것은 너무 좁은 해석이고(예컨대 인척관계는 권리·의무관계는 아니지만 법률관계이다), 또 法이 당사자에게 의무를 과하는 경우도 있음을 간과하여서는 안 된다(예컨대 신의칙에 의한 소송수행의무(1 Ⅱ), 문서제출의무(344), 사실관계와 증거에 대한 사전조사·정리의무(民訴規 69조의 2), 변론준비절차에서 쟁점과 증거의 정리에 협력할 의무(民訴規 70), 첫 변론기일에 변론이 종결되도록 협력할 의무(287 Ⅰ), 진실의무·소송촉진의무 등). 둘째로, 소송법률관계설은 소송행위에 의하여 당사자 사이에 권리·의무가 발생하는 것을 인정하므로, 소송행위에 사법행위(법률행위)적 성격을 부여하

1) Oskar Bülow, *Die Lehre von den Prozesseinreden und die Prozessvoraussetzungen*, 1868.
2) James Goldschmidt, *Der Prozess als Rechtslage*, 1925.
3) 方, 40면; 李英, 25면; 齋藤, 注解民訴(1), 120면.
4) 大判 1990. 5. 11, 89 다카 15199.
5) Rosenberg, §2; Blomeyer, §11; Jauernig, §32.
6) 同旨: 李時, 7면; 齋藤, 注解民訴(1), 121면.
7) Rosenberg, §2 Ⅰ 2; Stein/Jonas, Rdn. 232.

는 결과로 되어 부당하다고 비판한다. 그러나 법률행위가 아니면서도 권리의무를 발생·변경시키는 것이 얼마든지 있고(예컨대 불법행위, 사실행위, 이행지체, 적극적 채권침해 등), 당사자 사이의 권리의무에는 사법상의 그것 외에 소송법상의 권리의무도 있으므로, 소송법률관계설이 소송행위를 사법행위로 본다고 인정하는 것은 옳지 못하다. 이러한 점에 비추어 소송법률관계설에 대한 비판은 타당하지 않다고 생각한다.

소송법률관계설은 무수한 개별적 소송행위와 소송상태로 구성되는 소송을 통일적으로 이해하는 것을 가능하게 하여 주는 점에 그 의의가 있다. 예컨대 소의 주관적 및 객관적 병합(공동소송과 청구의 병합)은 소송법률관계의 복수로 이해할 수 있고, 소송승계는 소송법률관계의 통일적 승계로 파악할 수 있는 것이다. 그러나 소송법률관계라고 하는 관념에 대하여 그 창시자인 '뷜로우'가 부여하려고 하였던 것과 같이 지나치게 큰 의미를 부여할 것은 아니고 또 이 관념이 소송법의 체계화를 위하여 반드시 중대한 역할을 하는 것은 아니라는 점을 유의하여야 한다.[1]

iii) 소송을 소송주체 사이에 성립하는 법률관계로 파악하는 경우에 다음으로 문제되는 것은 어떠한 소송주체 사이에 그러한 법률관계가 성립하느냐 하는 점이다. 이에 관하여는 원고와 피고 사이에서만 그러한 법률관계가 성립한다고 보는 **일면관계설**(Kohler), 법원과 원고 및 법원과 피고 사이에서 성립한다고 보는 **이면관계설**(Hellwig), 법원과 원고 및 법원과 피고 사이는 물론, 원고와 피고 사이에서도 소송법률관계가 성립한다고 보는 **삼면관계설**(Bülow, Wach) 등이 대립하고 있으나, 삼면관계설이 가장 많은 지지를 받고 있다.[2]

iv) 소송법률관계는 공법적인 법률관계로서, 소송의 대상이 되고 있는 사법상의 법률관계와 명백히 구별하여야 한다. 그리하여 예컨대 이행청구권이 없음에도 불구하고 이행의 소를 제기한 경우나, 권리관계의 부존재확인을 구하는 소극적 확인의 소의 경우에도 소송법률관계는 성립한다. 또한 사법상의 법률관계의 승계가 있어도 소송법률관계의 승계가 없을 수 있고, 반대로 사법상의 법률관계의 승계가 없이 당사자적격만을 다른 사람에게 이전하는 것이 가능하다(임의적 소송담당 참조).

제 3 절 民事訴訟의 限界

민사소송의 개념을 명백히 하기 위해서는 한편으로는 민사소송이 공권력을 행

1) 자세한 것은 Rosenberg, §2 I 2.
2) 大判 1990. 5. 11, 89 다카 15199; Rosenberg, §2 II 1; Jauernig, §32 III.

사하지 않는 다른 분쟁해결방법과 어떻게 다르며, 다른 한편으로는 다같이 공권력을 행사하는 분쟁해결방법인 다른 소송 및 비송사건과 어떻게 구별되는가를 밝혀 보아야 한다.

Ⅰ. 民事訴訟과 다른 訴訟

소송에는 민사소송 이외에 형사소송, 행정소송, 가사소송 및 선거소송 등이 있다.

1. 刑事訴訟

1) 형사소송(刑事訴訟)은 사인에 대한 국가의 형벌권의 행사에 관한 사건(형사사건)을 대상으로 하는 점에서 민사사건을 대상으로 하는 민사소송과 구별된다. 그리고 민사소송은 사익에 관한 절차이므로 당사자주의에 의하고 있으나, 형사소송은 공익에 관한 절차이므로 직권주의에 의하고 있다.

2) 이처럼 양자는 대상과 절차를 달리하여 독립적 성격을 가지고 있으므로, 같은 증거에 관하여 형사법원과 민사법원 사이에 그 가치판단을 달리할 수 있다.[1] 다만 형성판결 등 대세적 효력이 있는 민사판결은 형사법원을 구속하며,[2] 관련된 형사판결에서 인정된 사실은 민사나 행정소송에서 유력한 증거자료가 되므로 특별한 사정이 없는 한 이와 반대되는 사실을 인정하여서는 아니된다.[3]

3) 그러나 이처럼 민사소송과 형사소송을 별개의 독립적인 것으로 하여 두면, 소송경제에 반하고 같은 증거에 대하여 상이한 평가가 되어 재판이 모순될 염려가 있다. 따라서 신체상해와 관련하여 손해배상청구의 민사소송과 상해죄의 형사소송이 모두 계속되고 있을 때에는 양자를 통일적으로 처리할 필요가 있다. 그리하여 소송촉진 등에 관한 특례법에서는 형사소송에 부대(附帶)하여 민사책임을 물을 수 있는 배상명령제도를 규정하고 있다(訴促法 25 이하). 이것은 도이칠란트의 형사소송에서 인정되는 부대소송(附帶訴訟; Adhäsionsprozess)과 유사한 제도이다(제7편 제5장의 설명 참조).

---

1) 大判 1966. 12. 20, 66 다 1834; 1968. 4. 23, 66 다 2499.

2) 方, 52면; 金/姜, 49면; 齋藤, 注解民訴(1), 113면.

3) 大判 2021. 10. 14, 2021 다 243430; 2000. 9. 8, 99 다 58471 등. 검찰의 무혐의결정에서 인정된 사실은 그러하지 아니하다(大判 1995. 12. 26, 95 다 21844).

2. 行政訴訟

1) 행정소송(行政訴訟)은 행정법상의 법률관계에 관한 사건(행정사건)을 대상으로 하는 점에서 민사사건을 대상으로 하는 민사소송과 구별된다. 행정사건은 형벌권 이외의 행정권의 행사, 그 밖의 공법상의 권리관계에 관한 사건이다. 우리나라에서는 행정사건도 일반법원인 행정법원에서 심리한다(사법국가주의, 憲 101, 行訴 9).

2) 행정소송은 행정사건의 특수성에 비추어 임의적 행정심판전치주의(行訴 18),[1] 관련청구의 병합(行訴 10), 피고적격의 처분청 한정(行訴 13), 제척기간의 제한(行訴 20), 집행부정지(執行不停止)(行訴 23), 직권탐지주의(行訴 26),[2] 사정판결(行訴 28), 취소판결의 기속력(行訴 30), 제3자에 의한 재심청구(行訴 31), 거부처분취소판결의 간접강제(行訴 34) 등 절차상의 특칙을 두고 있으나,[3] 그 이외의 사항에 관하여는 민사소송법의 규정을 준용하고 있다(行訴 8 II). 따라서 행정소송은 특별민사소송절차로서의 일면을 가지고 있다.

3) 어느 사건이 행정사건인가 민사사건인가에 따라 행정소송법의 적용을 받는가 아닌가가 결정되므로 양자의 구별이 중요하다. 그런데 이 구별은 쉽지 않고, 당사자의 한 쪽이 국가나 공공단체인 경우에는 더욱 그러하다. 판례에 의하면 행정주체로서의 관청이 공권력의 주체로서 국민을 대하는 경우 및 단순한 경제활동의 주체로서 국민을 대하지만 공공복지와 밀접한 관련이 있는 경우에는 이를 행정사건으로 처리하여야 하고, 행정주체가 경제활동의 주체로서 국민을 대하고 그것이 공공복지와 밀접한 관련이 없어서 사사로운 국민 상호간의 경제활동과 아무런 차이가 없는 때에는 민사사건으로 처리하여야 한다고 한다.[4] 그리하여 예컨대 국공유재산의 처분에 관한 분쟁,[5] 국가배상법에 의한 손해배상청구, 징발로 인한 손실

---

1) 다만, 명문의 규정에 의해 필요적 전치주의가 적용되는 처분으로는, 예컨대 (i) 공무원에 대한 징계, 그 밖에 본인의 의사에 반하는 불리한 처분 등(국가공무원법 16 I; 교육공무원법 53 I; 지방공무원법 20조의2), (ii) 국세기본법 · 관세법 · 지방세기본법 상의 처분(국세기본법 56 II; 관세법 120 II; 지방세기본법 98 III, 다만 지방세의 경우에는 심사청구제도가 없다), (iii) 도로교통법 상의 각종 처분(도로교통법 142) 등을 들 수 있다.

2) 다만 판례는 행정소송에 있어서 직권주의가 가미되어 있다고 하더라도 여전히 변론주의를 기본구조로 하고 있다고 하거나(大判 2001. 1. 16, 99 두 8107; 2003. 4. 25, 2003 두 988; 1992. 8. 14, 91 누 13229), 기록상 현출되어 있는 사항은 직권으로 증거조사가 가능하다고 한다(大判 1994. 4. 26, 92 누 17402; 2010. 2. 11, 2009 두 18035) (本書 '직권탐지주의'에 관한 설명 참조).

3) 자세한 것은 李尙圭, 「改稿 新行政爭訟法」(1994), 255면 이하 참조.

4) 大判 1961. 10. 5, 4292 行上 6; 1962. 2. 22, 4294 行上 173.

5) 大判 1974. 7. 16, 74 누 97; 1976. 12. 28, 75 누 240. 단, 귀속재산의 처분에 관한 사건은 행정사건이다.

보상금청구,[1] 농지분배에 관한 사건,[2] 공공단체직원의 퇴직금 등 급여청구,[3] 전화가입계약[4] 등은 민사사건이라고 한다. 그러나 공유수면매립법에 의한 손실보상금청구,[5] 공무원의 연금청구[6] 등은 행정사건이다.

4) 민사소송에서 청구의 당부를 판단할 때 행정처분의 효력과 적법성이 그 선결문제로 되는 수가 있다. 이 경우에 민사법원이 행정처분의 무효와 위법을 심사하고, 이를 전제로 하여 민사사건을 처리할 수 있는가가 크게 다투어지고 있다.

행정처분이 당연무효인 경우에는 행정소송절차에 의하지 않고 민사법원이 이를 심리할 수 있으며, 따라서 조세부과처분이 당연무효인 경우에는 민사법원이 그 부당이득반환을 명할 수 있다(통설 · 판례).[7] 이때 조세부과처분이 당연무효가 되기 위해서는 그 처분에 중대한 하자가 있는 것만으로는 부족하고 그 하자가 객관적(외형적)으로 명백한 것이어야 한다.[8]

이에 반하여 행정처분이 당연무효는 아니고 단순히 위법임에 그치는 경우에도 민사법원이 그 행정처분의 위법을 심사할 수 있는가에 관하여는 견해가 백중하게 대립하고 있다. 일부 학자는 행정행위의 공정력(公定力) 및 행정소송법 제11조를 근거로 하여 소극설을 주장하고 있으나,[9] 다른 학자는 행정행위의 공정력을 행정행위의 적법성의 추정으로 이해하는 것을 반대하거나 실체적 필요에 의하여 적극설을 주장하고 있다.[10] 판례는 부당이득반환청구사건에서 행정처분이 적법하게 취소되지 않는 한 그 효력을 부인할 수 없다는 등 원칙적으로 소극설을 취하고 있으

1) 大判 1970. 3. 10, 69 다 1886.

2) 大判 1960. 8. 8, 4291 行上 111.

3) 大判 1967. 11. 14, 67 다 2271.

4) 大判 1982. 12. 28, 82 누 441.

5) 大判 1997. 10. 10, 96 다 3838.

6) 大判 1987. 12. 8, 87 다카 2000.

7) 大判 1995. 4. 28, 94 다 55019.

8) 大判 1995. 4. 28, 94 다 55019; 판례에 따르면 "일반적으로 과세대상이 되는 법률관계나 소득 또는 행위 등의 사실관계가 전혀 없는 사람에게 한 과세처분은 그 하자가 중대하고도 명백하다고 할 것이지만, 과세대상이 되지 아니하는 어떤 법률관계나 사실관계에 대하여 이를 과세대상이 되는 것으로 오인할 만한 객관적인 사정이 있는 경우에 그것이 과세대상이 되는지의 여부가 그 사실관계를 정확히 조사하여야 비로소 밝혀질 수 있는 경우라면 그 하자가 중대한 경우라도 외관상 명백하다고 할 수 없어 그와 같이 과세 요건사실을 오인한 위법의 과세처분을 당연무효라고 볼 수 없다"고 한다(大判 2002. 9. 4, 2001 두 7268).

9) 李尙圭, 「新行政法論」(新版, 1993), 408면; 李在性, "民事訴訟에 있어서의 先決問題로서의 行政行爲의 效力," 「民事裁判의 諸問題 Ⅰ」, 309면 이하; 金鐵容, "國家賠償法 제2조에서 정한 賠償責任의 要件," 「韓泰淵博士華甲紀念論文集」, 545면 이하 등 참조.

10) 胡, 62면; 金南辰, 「行政法 Ⅰ」(제6판, 1998), 306면 이하; 金祥源, "行政行爲의 公定力과 그것이 訴訟에 미치는 영향," 「民事裁判의 諸問題 Ⅰ」, 328면 이하; 徐元宇, "先決問題審理와 國家賠償訴訟," 「月刊考試」, 1983. 9, 112면 이하; 朴鈗炘, 「最新行政法講義(上)」(改訂版, 1985), 112면.

나,[1] 국가배상법에 의한 손해배상청구사건에서 행정처분이 행정청이나 행정소송에 의하여 취소되지 않고 효력이 있는 경우에도 민사법원은 그 행정처분의 위법을 이유로 청구를 인용할 수 있다고 하여 제한적으로 긍정설을 취하고 있다.[2] 후자는 먼저 행정처분의 취소판결을 얻은 다음에 민사상의 손해배상청구를 하는 경우의 번거로움을 덜어주려는 취지이다.

5) 행정소송법 제10조는 행정처분의 취소소송과 그 처분에 관련되는 손해배상 등 청구소송이 각각 다른 법원(행정법원과 민사법원)에 계속되고 있는 경우에는 직권으로 또는 당사자의 신청에 따라 민사법원은 사건을 행정법원으로 이송할 수 있도록 하고, 또 취소소송에서 사실심의 변론을 종결할 때까지 손해배상 등 청구소송을 병합하여 제기할 수 있도록 하여, 하나의 분쟁을 둘러싼 민사소송과 행정소송을 한꺼번에 해결할 수 있도록 배려하고 있다.

6) 단순한 민사사건을 행정사건으로 오해하여 당사자가 이에 관하여 행정법원에 소를 제기한 경우, 또는 그 반대로 행정사건을 민사사건으로 오해하여 이에 관하여 민사법원에 소를 제기한 경우에는 행정소송법 제7조에 의하여 관할법원으로 이송하여야 한다. 보다 구체적으로 살펴보면, 원고가 '고의 또는 중대한 과실 없이'[3] 행정소송사건을 민사소송으로 잘못 제기한 경우, 수소법원이 그 행정소송에 대한 관할을 동시에 가지고 있다면 이를 행정소송으로 심리·판단하여야 하고, 관할을 동시에 가지고 있지 않다면 해당 소송이 이미 행정소송으로서의 소송요건을 결하고 있음이 명백하여(예컨대, 행정소송으로서의 전심절차 및 제소기간을 도과하였거나 행정소송의 대상이 되는 처분 등이 존재하지도 아니한 상태에 있는 등) 행정소송으로 제기되었더라도 어차피 부적법하게 되는 경우가 아니라면 이를 부적법 각하할 것이 아니라 이송하여야 한다.[4][5] 다만 특히 행정소송법상 항고소송으로 제기해야 할

1) 大判 1999. 8. 20, 99 다 20179 등.

2) 大判 1972. 4. 28, 72 다 337.

3) 행정소송법 제7조는 "민사소송법 제34조 제1항의 규정은 원고의 고의 또는 중대한 과실 없이 행정소송이 심급을 달리하는 법원에 잘못 제기된 경우에도 적용한다."라고 규정하고 있는데, 이는 행정소송에서 다른 심급 사이에서도 사건이송이 가능하도록 하기 위해 특별히 규정된 것이라고 한다. 다만 민사소송에서 심급을 달리하는 경우에도 이송이 가능하다고 보는 것이 일반적 견해인 만큼, 위 행정소송법 제7조의 '고의 또는 중대한 과실'이라는 요건은 매우 좁게 해석되어야 할 것이다: 하명호, 「행정쟁송법」 제5판, 2021, 45면.

4) 大判 2023. 6. 29, 2021 다 250025; 2021. 2. 4, 2019 다 277133; 2020. 10. 15, 2020 다 222382; 2018. 7. 26, 2015 다 221569; 2017. 11. 9, 2015 다 215526.

5) 원고가 고의나 중대한 과실 없이 행정소송으로 제기하여야 할 사건을 민사소송으로 잘못 제기하고 단독판사가 제1심판결을 선고한 경우에도 그에 대한 항소사건은 고등법원의 전속관할이다(大判 2022. 1. 27,

사건을 민사소송으로 잘못 제기하였으나 수소법원에 항고소송에 대한 관할이 있는 경우에는, 항고소송으로서의 소송요건을 갖추지 못했음이 명백하여 항고소송으로 제기되었더라도 어차피 부적법하게 되는 경우가 아니라면, 법원은 항고소송으로 소 변경을 하도록 석명권을 행사하여 행정소송법이 정하는 절차에 따라 심리·판단하여야 한다.[1)]

3. 家事訴訟

1) 가사소송(家事訴訟)은 가사소송법에 규정된 가사소송사건(家訴 2 Ⅰ ① 가류·나류·다류 사건)을 같은 법의 규정에 따라 심판하는 절차를 가리킨다. 가사소송의 대상이 되는 사항은 혼인관계, 부모와 자의 관계, 입양관계의 무효·취소·존재 여부 확인 등 신분관계에 관한 분쟁 및 이에 관련된 손해배상청구와 원상회복청구 등 한정된 범위의 재산관계의 분쟁이다. 가사소송절차에 관하여는 가사소송법에 특별한 규정이 없으면 원칙적으로 민사소송법의 규정을 적용한다(家訴 12). 다만 전체적으로 본인출석주의(家訴 7)가 강제되고, 가류 및 나류 사건에 관하여는 처분권주의와 변론주의가 제한되고(家訴 12 但, 17), 나류 및 다류 사건에 관하여는 조정전치주의가 적용되는 점(家訴 50) 등에 비추어, 가사소송절차는 비송적 성격을 띠고 있다. 따라서 가사소송사건은 특별민사소송사건이다.

2) 가사소송법은 위에서 말한 가사소송사건 외에 가사비송사건 및 가사조정에 관하여도 규정하고 있다. 가사소송법은 종래 소송사건으로 처리하던 많은 사항(부부동거, 유아인도, 상속재산분할 등)을 비송사건화하였다(마류 비송 사건 참조). 가사비송사건에 관하여는 비송사건절차법을 준용한다(家訴 34). 가사비송사건에는 대심적 구조를 가지지 않는 라류 사건과 대심적 구조를 가지는 마류 사건이 있다. 마류 가사비송사건에 관하여는 조정전치주의가 적용된다(家訴 50). 가사조정에 관하여는 민사조정법을 준용하고 있는데(家訴 49), 가사조정은 사실의 사전조사(家訴 56), 분쟁의 평화적 해결을 위한 모든 이익의 고려(家訴 58) 등 비송적 성격을 가지고 있다.

3) 가사사건 중의 가사소송사건과 일반 민사사건의 구별기준을 어디에서 구할

2021 다 219161).

1) 大判 2020. 4. 9, 2015 다 34444; 2020. 1. 16, 2019 다 264700.

것인가는 입법론상 문제가 되는데, 가사소송법은 가족법관계사건 중 주로 신분관계에 관한 것으로서 법원의 직권개입이 필요한 사건을 가사소송사건으로 하고(당사자의 임의처분이 불가능한 사건을 가류로, 그것이 일부 가능한 사건을 나류로 함), 그 이외의 분쟁은 이를 일반 민사사건으로 하였다.[1] 그리하여 상속과 유언에 관한 사건은 원칙적으로 일반 민사사건으로 하고,[2] 다만 비송적 성격이 있는 것만 가사비송사건으로 남겼다.[3] 그리고 병합심리의 편의를 위하여, 신분관계의 민사소송사건(가류와 나류)과 관련된 재산관계의 일반 민사사건을 가사사건화 하였다(다류).[4]

4) 일반 민사사건을 가사사건으로 오해하여 가정법원에 소를 제기하거나 또는 그 반대의 경우에는 관할위반을 이유로 하여 관할법원에 사건을 이송하여야 한다(家訴 2 Ⅰ. 13 Ⅲ. 35 Ⅱ).[5] 가사소송법은 가사사건을 가정법원의 전속관할로 규정하여(家訴 2 Ⅰ), 가정법원의 전문법원으로서의 성격을 강화하였다.[6]

4. 選擧訴訟

넓은 의미의 선거소송(選擧訴訟)은 선거와 당선의 효력을 다투는 소송이다. 선거의 효력을 다투는 것을 선거소송, 당선의 효력을 다투는 것을 당선소송이라고 한다(公職選擧 222, 223).

5. 憲法訴願

헌법소원(憲法訴願)은 공권력의 행사 또는 불행사로 인하여 헌법상 보장된 기본권(재산권 포함)을 침해받은 사람이 법원의 재판을 제외하고 헌법재판소에 심판을 청구하는 것이다. 다만 다른 법률에 규정된 구제절차를 모두 거친 뒤에 청구하여야 한다(憲裁 68). 헌법소원에는 권리구제형(憲裁 68 Ⅰ)과 위헌심사형(憲裁 68 Ⅱ)이 있다.

---

1) 徐廷友, "새 家事訴訟法의 槪說," 朴秉豪敎授還甲紀念, 「家族法學論叢」(1991), 669면 이하 참조. 신분관계 존부의 확정에 관한 소송은 민법이나 가사소송법에 규정되지 아니한 경우도 허용되므로, 양친자관계 존부확인의 소도 허용된다는 판례는 大判 1993. 7. 16, 92 므 372.

2) 상속의 회복, 상속권쟁송 중의 재산관리에 관한 처분(舊家審 2 Ⅰ 을류 아, 자), 상속의 무효, 유언의 무효(舊人訴 2 ⑨, ⑩) 등 참조.

3) 家訴 2 Ⅰ② 가. 라류사건 중 30 내지 44; 동항 ② 나. 마류사건 중 9, 10 등 참조.

4) 자세한 설명은 "가사소송관계법령의 주요내용과 그 시행에 따른 유의사항"(1991. 1. 3. 송무심의 제1호), 公報 890. 39면 이하 참조.

5) 大決 1980. 11. 25, 80 마 445.

6) 가사소송법 제정 이전의 판례는 가정법원의 관할을 임의관할로 보았다(大判 1980. 4. 22, 79 다 2141 등).

Ⅱ. 民事訴訟과 非訟事件

1. 序 說

사법상의 법률관계에 관한 사항으로서 법원이 처리하는 것에는 민사소송 이외에 비송사건(非訟事件)이 있다.[1] 비송사건이 무엇이고 민사소송과 어떻게 구별되느냐 하는 문제는 민사소송법상의 난제(難題)의 하나로 되어 있다. 그 이유는 오랜 세월에 걸쳐 잡다한 내용의 사건이 필요가 있을 때마다 비송사건의 체계 속에 하나씩 하나씩 포함되어 왔기 때문에, 이들 모두에 공통되는 특징을 한마디로 추출할 수 없기 때문이다. 그리하여 비송사건은 "입법자의 실험장"(Experimentierfeld des Gesetzgebers)이라고까지 극언되고 있다.[2]

2. 非訟事件의 本質

1) 비송사건의 본질이 무엇인가에 관하여는 견해가 구구하다.[3]

① **語義說** 비송사건의 말뜻으로부터 그 개념을 도출하려는 견해이다. 로마법과 도이칠란트에서는 비송사건을 임의적 재판권이라고 표현하고 있는데, 이로부터 비송사건은 당사자가 임의로 국가권력에 복종하는 경우임에 반하여, 소송사건은 피고가 소송에 응할 것을 강제당하는 경우라고 보는 견해가 있다(불강제설). 또 우리나라와 일본에서는 법원이 관장하는 사건 가운데 소송이 아닌 것은 모두 비송이라고 생각하는 견해가 있다(비소송설).

② **目的說** 비송사건의 목적에 따라 그 개념을 정립하려는 견해이다. 여기에도 그 목적을 무엇으로 보느냐에 따라 여러 분파가 있다. 예컨대 '바흐'(Wach)에 의하면, 비송사건은 사법질서의 형성(사권의 설정·이전·변경)을 목적으로 함에 반하여, 소송사건은 사법질서의 유지와 확정(사권의 확정 및 유지)을 목적으로 한다고 하고(사권형성설), '슈미트'(Schmidt)에 의하면, 비송사건은 장래 발생할 침해를 예방하는 것을 목적으로 함에 반하여, 민사소송은 법률질서에 대한 현재의 침해에 대한 원상회복을 목적으로 한다고 한다

---

1) 비송사건이라는 말은 프랑스의 procédures non contentieuses(非訴訟節次)를 본따 일본 사람이 창안한 것인데, 로마법과 도이칠란트에서는 임의적 재판권(jurisdictio voluntaria, jurisdictio gratiosa; frei-willige Gerichtsbarkeit)이라고 표현하고 있고, 오스트리아에서는 소송사건 외의 절차(Verfahren außer Streitsachen)라 하고 있다. Habscheid, *Freiwillige Gerichtsbarkeit*(7. Aufl., 1983), S. 19; 三ケ月, 雙書, 21~22면.

2) Habscheid, *a.a.O.*, S. 2.

3) 상세는 Habscheid, *a.a.O.*, S. 18 ff.; 兼子, 條解民訴, 14면 이하, 17면 참조.

(침해예방설).[1]

③ **對象說**　　비송사건의 대상으로부터 비송의 본질을 이끌어내려는 견해이다. 여기에도 여러 분파가 있으나, 대표적인 '렌트'(Lent)의 견해에 의하면, 비송사건은 사인들 사이의 생활관계에 대한 국가의 후견적 개입 내지 권리의 배려(Rechtsfürsorge)를 대상으로 함에 반하여, 소송사건은 원고의 피고에 대한 권리주장(법적 분쟁)을 대상으로 한다고 한다. 즉, 법원이 민사에 관한 사항을 처리할 때 그 판단의 기준이 법률에 명문으로 규정되어 있어서 법원이 단순히 그 법률을 적용하는 데 그치는 경우는 소송사건이고, 그 판단을 법원의 합목적적 재량에 일임하여 법원이 가장 합목적적이라고 생각하는 바에 따라 처리하도록 맡겨져 있는 경우는 비송사건이라고 한다. 말하자면 민사소송은 민사사법이요, 비송사건은 민사행정이라고 한다. 우리나라의 통설이다.[2]

④ **實定法說**　　비송사건의 본질을 실질적으로 탐구하는 것을 단념하고 입법자가 명백히 비송사건절차에 의할 것으로 한 사건은 비송사건이고, 그렇지 아니한 사건은 소송사건이라고 한다. 실정법의 규정에 따라 양자를 구별하므로 **실정법설** 또는 **법규설**이라 부른다.[3]

2) 생각건대 비송사건의 일부에 임의적 요소가 있음은 사실이지만(공증 · 등기), 성년후견개시의 심판(民 9 I, 家訴 2 ② 가 1))과 같이 강제적 요소를 가진 것도 있으므로 불강제설은 타당하지 않다. 그리고 소송사건에도 형성판결과 같이 사권을 형성하는 것이 있는 반면, 비송사건에도 부동산임대차등기와 같이 사권을 확인하는 것이 있으므로 사권형성설에도 문제가 있다. 또 소송사건에도 가압류 · 가처분같이 예방적인 것이 있는 반면에, 비송사건에도 후견인의 변경(家訴 2 I ② 가 18))과 같이 이미 발생한 권리침해에 대한 대응을 목적으로 하는 것이 있으므로 침해예방설도 옳지 못하다. 그리고 비송사건의 대상이 되는 사항도 입법자가 어떤 통일된 개념에 따라 결정한 것이 아니고 순전히 합목적적 고려에 따라 결정한 것이므로 대상설도 완전하지 못하다. 그러므로 비송사건의 실질적 개념을 하나로 정의하는 것은 불가능하고, 결국은 실정법의 규정에 따라 양자를 구별할 수밖에 없을 것이다. 도이칠란트의 통설 역시 실정법설을 취하고 있다.[4]

---

1) Wach, *Handbuch des Deutschen Zivilprozessrecht*(1885), S. 47 ff.; Schmidt, *Lehrbuch des Deutschen Zivilprozessrechts*(2. Aufl., 1906), S. 162.

2) 方, 53면; 李時, 15면; 金/姜, 55면; 宋/朴, 31면; Lent, *Deutsche Notarzeitschrift*(1950), S. 320; Brehm, *Freiwillige Gerichtsbarkeit*(1987), S. 34 ff.

3) 그 밖에 비송사건과 소송사건의 차이를 목적달성을 위한 수단의 차이에서 구하려고 하는 견해(수단설)가 있다. 이에 의하면 민사소송은 청구권의 기판력 있는 확정과 집행을 수단으로 함에 반하여, 비송사건은 권리의 확정에 봉사하지도 않고 집행의 문제도 없다고 한다.

4) Habscheid, *a.a.O.*, S. 22.

3. 非訟事件節次의 特色

1) 이처럼 비송사건을 소송사건과 구별하는 통일적인 이론적 기준을 찾아내기는 어렵지만, 비송사건에는 비송사건절차법이 적용되고 비송사건절차법은 민사소송법과는 다른 원칙에 의하여 지배되므로, 비송사건절차의 특성에 비추어 어느 사항이 그러한 특칙에 의하여 지배되는 데 적합한가 하는 관점으로부터 거꾸로 비송사건의 범위를 정하는 것이 편리하다.[1)]

2) 비송사건절차는 민사소송절차에 비하여 훨씬 덜 엄격하게 짜여져 있다. 즉, 민사소송절차는 소에 의하여 개시되고, 공개법정에서 구술변론을 열어 당사자 양쪽을 대립시켜 대등하게 주장·증명할 기회를 부여하고(대심의 원칙), 원칙적으로 당사자가 제출한 자료만을 재판의 기초로 하며(변론주의), 엄격한 증명에 의하고, 실체법의 구속을 받으며, 판결이라는 신중한 재판에 의하여 응답하고, 이에 대하여 항소 및 상고라는 두 번의 불복신청을 허용하고 있다. 이에 반하여 비송사건절차는 신청 또는 심판청구에 의하여 개시되고(非訟 9, 家訴 36), 구술변론이 요구되지 않아 공개·대심의 구조를 취하지 않고(非訟 13)(다만 마류 가사비송사건은 대심의 구조를 취한다. 家訴 48), 필요가 있으면 법원이 재판의 기초자료를 직권으로 탐지할 수 있으며(직권탐지주의)(非訟 11),[2)] 심문은 공개하지 아니하고(非訟 13), 검사가 사건에 관하여 의견을 진술하고 심문에 참여할 수 있다(非訟 15). 또한 자유로운 증명으로 족하고, 재판의 내용에 관하여 법원의 재량의 여지가 많고, 일단 행한 재판도 기판력이 없으므로 부당하다고 인정되면 취소·변경이 자유로이 인정된다(非訟 19). 재판의 형식도 간략한 결정에 의하고(非訟 17), 이에 대한 불복신청도 항고의 형식에 의한다(非訟 20). 이처럼 비송사건에 대하여는 절차면에서 소송사건과 명확한 차이를 두고 있으므로, 이러한 절차에 의할 것이 요구되는 사건은 비송사건으로 할 수 있는 것이다.

4. 訴訟事件의 非訟化와 그 限界

그런데 최근에는 소송사건의 비송화현상이 나타나서, 소송사건과 비송사건의

---

1) 新堂, "訴訟と非訟," 爭點, 12면 참조.

2) 예컨대 가사비송사건인 재산분할사건(家訴 2 Ⅰ 나 (2) ④)에서 재산분할의 대상은 직권으로 사실조사를 하여 포함시키거나 제외시킬 수 있다(大判 1999. 11. 26, 99 므 1596).

이론적 구별을 더욱 어렵게 만들고 있다. 소송의 비송화라 함은 종전에 소송으로 처리하던 사건을 비송의 영역으로 옮겨 처리하는 현상을 가리킨다.

1) 그러면 소송의 비송화는 왜 발생하는가? 어떠한 사항을 비송사건으로 할 것인가는 시대와 나라에 따라 다르다. 과거의 자유주의적 법치국가로부터 복지국가로 전환됨에 따라 사인의 생활관계에 대한 국가의 후견적 관여의 정도가 높아지게 되고, 생활관계가 복잡·다양해짐에 따라 요건사실을 법률에 획일적으로 정하여 놓고 구체적 사건에 이를 일도양단(一刀兩斷)적으로 적용하기보다는 분쟁당사자의 개개의 구체적 사정을 비교고량(比較考量)하여 구체적 사건에 알맞은 탄력성 있는 해결을 요구하는 사건이 증가하고 있다. 이러한 역사적 추이에 수반하여 비송사건의 영역이 확대되는데, 이것은 한편으로는 비송사항의 신설(新設)을 통하여, 다른 한편으로는 소송의 비송화를 통하여 이루어지고 있다. 상법개정에 따른 단주(端株)의 임의매각허가의 신청(非訟 83) 및 가사소송법의 제정에 의한 마류 비송사건(家訴 2 I ② 나)의 신설 등은 전자의 예이고, 종래 소송사건으로 되어 있던 약혼·이혼 등의 가사소송사건을 가사소송법에 의하여 비송사건적으로 처리하게 된 것(家訴 8. 10. 17)은 후자의 예이다. 이러한 경향은 더 나아가 순수한 소송사건의 처리에도 영향을 주고 있으니, 그것은 실체법상의 권리·의무의 규정방식에 관하여 현장의 법관에게 많은 재량을 주게 됨에 따라(民 104, 398 II, 840 ⑥; 住宅賃貸借保護法 7) 이를 둘러싼 분쟁을 해결할 때 사회정의와 형평 그 밖의 일체의 사정이 고려되어 비송적 요소가 작용하고 있음을 간과할 수 없다(家訴 58, 家訴規 93, 商 379, 行訴 28 등 참조).

2) 그러나 비송사건의 영역의 확대 내지 소송의 비송화에는 스스로 한계가 있다. 비송사건절차에서는 공개·대심의 구조를 취하지 않는 것이 원칙이므로(非訟 13), 소송사건을 비송사건화 할 때에는 헌법이 보장하는 '재판을 받을 권리'(憲 27 I. 109)가 침해되지 않도록 유의하여야 한다.[1] 일본 최고재판소는 헌법이 보장하는 공개재판을 받을 권리는 순수한 소송사건에 한하여 보장되는 것이고, 비송사건에 관하여는 공개의 대심판결을 하지 않아도 위헌은 아니라고 하고 있다.[2] 그리고 권리의무의 존재 여부의 확정은 순수한 소송사건이고, 그 권리의무의 구체적 내용(이행의 시기·장소·모습 등)의

1) 三ケ月, "訴訟事件の非訟化とその限界," 實務民訴 7, 3면 이하; 鈴木忠一, 「非訟·家事事件の研究」(1979), 259면 이하 각 참조.

2) 日最判 1965. 6. 30, 民集 19. 4. 1114.

형성은 비송사건이라고 한다. 그러므로 공개·대심의 구조를 취하여야 할 사건은 이를 비송사건으로 할 수 없는 것이다. 다만 가사소송법은 종래 소송사건으로 다루어오던 대심의 구조를 가지고 있는 일정한 사건을 마류 가사비송사건으로 규정하면서, 이 경우에는 특별한 사정이 없는 한 사건관계인에 대한 심문을 요구하고 있다(家訴 48).[1)]

5. 非訟法院과 訴訟法院 사이의 移送

비송사건절차법에 의하여 처리하여야 할 사건을 보통의 민사소송절차에 의하여 소를 제기하거나 또는 그 반대의 경우에 이를 어떻게 처리할 것인가가 문제된다. 판례는 이를 부적법각하 하여야 한다는 입장이었으나[2)] 2023년에 대법원은 수소법원이 당사자에게 석명을 구하여 당사자가 비송사건으로 처리해 주기를 바라는 의사도 포함되어 있음이 확인된다면, 당사자의 소 제기를 비송사건 신청으로 보아 재배당 등을 거쳐 비송사건으로 심리·판단하여야 하고, 그 비송사건에 대한 토지관할을 가지고 있지 않을 때에는 관할법원에 이송하는 것이 타당하다고 하였다.[3)] 소송사건이든 비송사건이든 다같이 통상의 민사법원의 재판권에 속하는 것으로서, 위의 경우에 재판권에 흠이 있는 것은 아니므로, 마치 직무관할을 위반한 경우와 같이 보아 민사소송법 제34조를 유추하여 이를 관할법원에 이송함이 타당할 것이다.[4)] 가사소송법은 가사비송에 관하여 이송을 요구하고 있다(家訴 35 Ⅱ, 13 Ⅲ). 도이칠란트의 통설·판례도 이와 같다.[5)]

6. 非訟事件의 具體的 例

현재 비송사건으로 취급되고 있는 사항은 i) 민사비송사건으로서 법인에 대한 감독, 신탁, 재판상의 대위(代位), 보존·공탁·보관과 감정에 관한 사건 및 등기(非訟 32 이하), ii) 상사비송사건으로서 회사에 대한 감독, 상법상의 경매의 허가, 사채(社債), 청산에 관한 사건, iii) 과태료 사건(非訟 247 이하) 등이 있으며, iv) 가사비송사건으로서 가사소송법 제2조 제1항 소정의 라·마류 비송사건(라류 가사비송사건은 비대심적 구조를 가진 것이고, 마류 가사비송사건은 대심적 구조를 가진 것이다. 家訴 48) 등이 있다.[6)] 가사소송법 제2조 소

1) 마류 가사비송사건이 비송화의 한계 내인가에 관하여 의문을 제기하는 견해로서는 李時, 16면 참조.
2) 大判 1963. 12. 12, 63 다 449.
3) 大判 2023. 9. 14, 2020 다 238622.
4) 同旨: 李時, 16면; 宋/朴, 31면; 姜, 186면; 胡, 71면; 大決 1980. 11. 25, 80 마 445 참조.
5) BGHZ 40, 1; BGH NJW 1974, 494; Rosenberg, §11 Ⅲ 1 a).
6) 과거의 양육비지급청구도 가사비송사건이라는 것은 大(全)決 1994. 5. 13, 92 스 21.

정의 나류 및 다류 소송사건에 대한 조정(家訴 50 I)도 성질상 비송사건에 속한다. v) 그 밖에 공유물분할청구, 경계확정의 소와 같은 이른바 형식적 형성의 소와 공시최고신청사건도 형식은 민사소송으로 처리되지만, 실질은 비송사건이라고 풀이되고 있다.[1] 이들은 법률행위에 대한 협력을 통한 권리의 설정(공증·등기), 사람에 대한 보호와 권리의 보장(家訴 2 I, 가사비송사건), 법률관계의 청산에 대한 협력(회사의 청산, 상속재산·부부공유재산의 분할) 등을 임무로 한다. 이처럼 현재 매우 잡다한 사건이 비송사건으로 처리되고 있으므로, 이를 순화하려는 움직임이 있다.[2]

Ⅲ. 民事訴訟과 訴訟代替紛爭解決方法(ADR)

1. 總　說

민사소송이 민사분쟁을 해결하기 위한 유일한 수단이 아니라고 함은 이미 앞에서 지적하였다. 원래 민사분쟁은 당사자의 자주적 해결에 맡겨도 좋은 사건이고 또 가능한 한 자주적으로 해결하는 편이 그 후의 당사자 사이의 생활관계를 원만하게 유지하는 데 유리하다. 그리하여 예로부터 당사자 사이의 합의에 의하여 분쟁을 해결하거나 당사자 사이의 자주적 해결을 도와주기 위한 여러 제도가 발달하였다. 화해·조정·중재·상담 등이 그것이다. 이들을 소송대체분쟁해결방법(alternative dispute resolution: ADR)이라고 한다. 이들은 어느 것이나 당사자 양 쪽의 자유의사에 의한 자주적 분쟁해결방법이라는 점에서 국가권력에 의한 강제적 분쟁해결방법인 민사소송과 구별된다. ADR로 약칭되는 소송대체분쟁해결방법은 분쟁해결의 비법률화(de-legalization), 비형식화(de-formalization), 비전문화(de-professionalization)를 꾀하는 점에 그 특징이 있다. ADR은 분쟁해결의 비용을 줄이고 국가 전체의 민사분쟁을 해결하는 데 크게 기여한다는 점에서 긍정적인 면이 있는 반면에, 양보하는 사람이 손해를 보는 예가 많아 국민의 준법정신이나 법치주의의 이념을 퇴색시키고, 또 국민의 재판을 받을 권리를 침해할 염려가 없지 않다. 미국에서는 1970년대 중반부터 이른바 ADR 운동(ADR Movement)이 전개되어서 ADR이 법원에서뿐만 아니라 민간차원에서도 널리 발전하였다. 미국의 법원에서는 중재(judicial arbitration; non-binding arbitration), 조정(mediation) 및 다양한 형태의 ADR이 운영되고 있다. 법원 밖의 ADR은 이웃간의 작은 분쟁을 해결하기 위해 설치된 이웃분쟁해결센터(Neighborhood Justice Center; Community Mediation Center)를 중심으로 발전하였다. 이웃분쟁해결센터에서는 조정을 주로 이용하며, 사건과 관련하여 대부분 법원과 긴밀한 협력관계를 갖고 있고, 자원봉사자들이 조정위원으로 활동한다. 오늘날 미국의

1) 형식적 형성의 소는 소송사건도 아니고 비송사건도 아니며 제3의 절차에 속한다는 견해가 있다. 鈴木正裕, "訴訟と非訟," 演習民訴, 36면 이하.

2) 도이칠란트의 비송사건절차법의 개정 움직임에 관하여는 Schlosser, Rdn. 12 참조.

ADR은 단순히 소송을 대체하는 것이 아니라 소송과 나란히 하는 또 하나의 분쟁해결시스템으로 자리매김하고 있다. 일본은 ADR의 이용을 장려하기 위하여 ADR기본법(재판외분쟁해결절차의 이용의 촉진에 관한 법률, 2004)을 제정하였다. 도이칠란트는 750유로(EURO) 이하의 재산권에 관한 분쟁, 상린관계에 관한 재산권에 관한 분쟁, 개인의 명예훼손에 관한 분쟁 등은 분쟁조정기관에서 분쟁해결을 시도한 뒤에 소를 제기하도록 함으로써, 작은 사건은 조정전치주의를 취하고 있다(EGZPO 15a I).[1] 우리나라에서도 최근 ADR에 관한 관심이 높아지고 있다. 법원의 부담경감, 국민의 접근(access)의 간편성 등 ADR이 가지는 긍정적 효과와, 실체적 정당성, 절차적 정의의 침해가능성 등 ADR에 수반되는 문제점을 비교형량하여, ADR을 활용할 영역을 결정하는 지혜가 요망된다.

2. 和解(settlement; Vergleich)

자주적 분쟁해결방법 중에 가장 전형적인 것이다. 여기에는 사법상의 화해와 재판상의 화해가 있고, 후자는 다시 제소전화해와 소송상의 화해로 나눈다. 사법상의 화해(재판외의 화해)는 당사자가 서로 양보하여 당사자들 사이의 분쟁을 끝낼 것을 약정하는 것이고(民 731 이하), 계약의 일반적 요건을 구비하면 유효하다. 소송상의 화해는 일단 소송이 개시된 뒤에 당사자가 서로 양보하여 합의한 내용을 법원에 진술하여, 재판에 의하지 않고 소송을 종료시키는 것이고(220), 제소전화해는 소송계속 전에 당사자가 법원에 출석하여 화해를 하는 것이다(385 이하). 재판상의 화해가 조서에 기재되면 확정판결과 같은 효력이 있다(220). 재판상의 화해에는 법원이 관여하지만, 당사자의 합의를 필요로 하므로 자주적 분쟁해결방법에 속한다.[2] 2002년 민사소송법에서는 화해의 활성화를 위해서 서면에 의한 화해제도(148 Ⅲ)와 화해권고결정제도(225)를 새로 두었고, 2005년 소촉법 개정을 통해 형사피고사건에서 민사상 다툼에 관해 합의할 수 있는 화해제도(소촉법 36)를 신설하였다.[3]

3. 調停(mediation, conciliation; Schlichtung)

1) 제3자가 분쟁당사자를 중개하고 양 쪽의 주장을 절충하여 화해에 이르도록 알선·협력하는 것을 말한다.[4] 조정에는 법원에 의한 조정과 행정부 산하기관에 의한 조정이 있다.

---

1) 도이칠란트는 법원의 부담을 완화하고 신속·저렴한 분쟁해결을 위하여, 1999년 12월 15일 「법원외분쟁해결촉진에 관한 법률(Das Gesetz zur Förderung der außergerichtlichen Streitbeilegung)」을 민사소송법시행법(Gesetz, betreffend die Einführung der Zivilprozeßordnung; EGZPO)의 일부(§15a)로 제정공포하여 2000년 1월 1일부터 시행하고 있다. 이 법은 도이칠란트 각 州의 법률에 따라 州의 지방법원에서 조정전치주의를 채택할 수 있도록 하는 것을 내용으로 하는 것이다.

2) 그 밖의 자세한 것은 本書의 재판상의 화해에 관한 설명 참조.

3) 도이칠란트는 1991년 사법간소화법(司法簡素化法)에 의하여 변호사화해(Anwaltsvergleich)라는 제도를 도입하였다(獨民訴 1044 b).

4) 2010. 5. 1.부터 서울중앙지방법원은 민사사건에서 조기조정제도(Early Mediation)를 시행하여, 법원의 심리가 개시되기 전에 당사자와 민간 조정위원들이 대화를 통해 분쟁의 종국적 해결을 시도할 수 있는

전자는 조정담당판사, 상임조정위원, 조정위원회 또는 수소법원에 의하여 행하여진다. 후자는 행정부 산하의 각종 조정위원회에 의하여 행하여지는데, 조정위원회는 공무원, 해당 분야의 전문가 등으로 구성된다. 조정에는 조정위원회가 개입하지만, 분쟁당사자들의 합의에 의하여 화해가 성립되어야만 조정이 성립하므로 그것은 자주적 분쟁해결방법의 하나이다.

2) 법원에 의한 조정으로는 민사조정(民事調停法), 가사조정(家訴 49 이하), 광해조정(鑛業法 81) 등이 인정되고 있다. 민사조정에 관한 기본법으로서 민사조정법(1990. 1. 13. 법률 제4202호)이 있다.[1] 이에 따르면 조정은 지방법원, 지방법원지원, 시·군법원이 관할하며(民調 3), 당사자의 신청 또는 수소법원의 직권에 의한 조정회부결정에 의해 개시된다. 2009. 2. 6. 민사조정법의 개정으로 **상임조정위원제도**가 도입되었으며, 상임 조정위원은 변호사 자격이 있는 사람으로서 대법원규칙으로 정하는 일정한 경력을 가진 사람 중에서 법원행정처장이 위촉한다(民調 10 I).[2] 나아가 법원행정처장은 효율적인 조정사무 처리를 위해 필요한 경우 **조정센터**를 설치할 수 있는데, 이러한 조정센터는 상임 조정위원이 직무를 수행할 각급 법원에 설치한다(조정위원규칙 2조의4 I, II).[3]

이에 조정사건은 i) 조정담당판사가 스스로 조정하거나, ii) 조정담당판사가 상임 조정위원 또는 조정위원회로 하여금 조정하게 하거나(民調 7 II 本), iii) 수소법원이 항소심 판결 선고 전까지 조정에 회부한 사건으로서 스스로 조정하는 것이 적절하다고 인정한 사건은 수소법원이 처리한다(民調 7 III). 특히 당사자의 조정신청이 있는 때에는 조정위원회로 하여금 조정하게 하여야 하는데(民調 7 II 但), 조정위원회는 조정장 1명과 조정위원 2명으로 구성되며, 조정장은 조

기회를 부여하고 있다. 변론개시 후 이루어지는 기존의 수소법원조정 방식에 비해 i) 소장접수 후 변론개시 전의 기간에 집중적으로 조정이 이루어지도록 함으로써 소송절차지연의 위험이 적고, ii) 조정의 강제성이 완화되고 법원의 사건부담을 경감시키며, iii) 민간 조정위원들이 사실상 조정의 전 과정을 주도하여 신속한 분쟁해결 및 조정에 대한 당사자의 만족도를 높이고 소송비용의 부담경감이 기대된다. 이러한 제도는 특히 법원연계조정제도를 통해 운용되고 있는데, **법원연계조정**이란 법원이 민사조정에 회부하는 사건을 관련 외부분쟁해결기관으로 보내어 조정을 진행하도록 한 다음 그 결과를 사무수행보고서의 형식으로 보고하도록 하고, 그 보고에 따라 합의가 성립되었다면 법원이 '조정을 갈음하는 결정'을 하고, 합의가 성립되지 않으면 소송으로 진행하는 제도이다. 서울중앙지방법원은 2010년 대한상사중재원, 서울지방변호사회 조정중재센터와 외부연계조정업무를 개시하여, 2020년 2월 현재 서울중앙지방법무사회, 콘텐츠분쟁조정위원회, 공정거래조정원, 저작권위원회, 한국거래소, 기독교화해중재원, 한국소비자원, 고려대, 성균관대, 중앙대, 서울대, 서울시 가맹사업·대리점거래 분쟁조정협의회, 한국인터넷진흥원, 소비자자율분쟁조정위원회, 의료분쟁조정중재원, 대한불법화해중재원, 중소기업기술분쟁조정·중재위원회 등 총 19개 기관과 연계하고 있다.

1) 이는 과거에 차지차가조정법(폐지), 소액사건심판법, 간이절차에 의한 민사분쟁사건처리특례법(폐지)에 의하여 산발적으로 인정되던 각종의 민사분쟁에 관한 조정을 통합하여 규정한 것이다.

2) 2017. 3. 31. 개정된 조정위원규칙 제2조의2 제2항에 따르면, 상임 조정위원은 ① 통산하여 10년 이상 (i) 판사·검사·변호사의 직에 있었거나, (ii) 변호사의 자격이 있는 사람으로서 국가기관, 지방자치단체, 국·공영기업체, 정부투자기관 그 밖의 법인에서 법률에 관한 사무에 종사한 사람, (iii) 변호사의 자격이 있는 사람으로서 공인된 대학의 법률학 조교수 이상의 직에 있던 사람, 또는 ② 변호사 자격이 있는 사람으로서 민사조정위원 또는 가사조정위원으로 3년 이상 활동한 사람 중에서 위촉한다.

3) 2020년 7월 현재 서울법원(서울중앙지방법원), 수원법원(수원고등법원), 부산법원(부산고등법원), 대전법원(대전고등법원), 대구법원(대구고등법원), 광주법원(광주고등법원), 서울동부지방법원, 서울남부지방법원, 서울서부지방법원, 서울북부지방법원, 의정부지방법원, 인천지방법원 등 12개 법원에 조정센터가 설치되어 있으며, 서울법원 9명, 서울동부 2명, 서울남부 3명, 서울북부 2명, 서울서부 2명, 의정부 2명, 인천 2명, 수원 2명, 대전 2명, 대구 2명, 부산 4명, 광주 2명의 상임 조정위원이 있다.

정담당판사 또는 상임조정위원이 된다.

다만 수소법원 조정의 경우에는 수소법원의 재판장이 조정장이 된다. 따라서 수소법원이 사건을 조정에 부치는 경우에는 i) 수소법원이 스스로 조정하거나, ii) 수소법원의 재판장이 조정장이 되는 조정위원회에서 조정하게 하거나, iii) 사건을 조정담당판사에게 보낼 수 있다. 대법원은 민사 및 가사조정에 관한 각종 업무처리기준을 정하기 위해 '민사 및 가사조정의 사무처리에 관한 예규'(재민 2001-8)[1]를 두고 있다.

또한 2021년에 변론준비 · 심문 · 변론기일에서 영상재판을 허용하는 민사소송법 규정(287의2)이 신설된 것을 계기로(후술하는 제3장 제2절 '변론' 참조), 민사조정규칙에 영상 조정기일에 관한 규정(民調規 6의2), 영상 조정사무수행에 관한 규정(民調規 6의3) 및 영상 조정위원 의견청취에 관한 규정(民調規 12 Ⅱ)이 신설되어(2021. 10. 29. 대법원규칙 제3002호, 2021. 11. 18.부터 시행) 조정절차에서도 비디오 등 중계장치에 의한 중계시설을 통하거나 인터넷 화상장치를 이용하여 조정기일(영상조정기일)을 여는 것이 가능하게 되었다.

당사자 사이에 합의된 사항이 조서에 기재되어 조정이 성립되면 재판상의 화해와 같은 효력을 가지므로(民調 28, 29), 판례에 따르면 당사자 사이에는 기판력이 발생하고, 이러한 효력은 조정조서의 내용에 포함된 조정참가인이 당사자가 된 법률관계에도 미친다.[2] 합의가 성립하지 않거나 당사자 사이에 성립된 합의의 내용이 적당하지 아니한 경우 또는 피신청인이 조정기일에 불출석한 경우 조정담당판사는 상당하다고 인정하는 때에는 직권으로 당사자의 이익이나 그 밖의 모든 사정을 고려하여 사건의 공평한 해결을 위한 「**조정을 갈음하는 결정**」을 할 수 있는데(民調 30, 32), 이를 강제조정이라 부른다. 조정을 갈음하는 결정에 대하여 당사자가 그 조서의 정본이 송달된 날부터 2주일 이내에 이의신청을 하는 경우에는 조정신청을 한 때에 소가 제기된 것으로 본다(民調 36 Ⅰ③). 이에 따라 개시된 민사소송절차에서는 조정절차에서의 당사자 또는 이해관계인의 진술을 원용하지 못한다(民調 23). 소송절차와 비송절차는 구별되어야 하기 때문이다.[3]

한편 민사조정법에서 규정하고 있는 특별한 조정으로서 독촉절차에서 채무자의 이의신청이 있는 경우 채권자의 선택에 따라 독촉절차가 소송절차가 아닌 조정절차로 이행되는 경우가 있다. 즉 독촉절차에서 법원이 지급명령을 발령하고, 채무자가 지급명령의 송달 후 2주 이내에 이의신청을 하면 지급명령을 발령한 법원이 인지의 보정을 명하게 되는데(473 Ⅰ),

---

1) 2015. 10. 19. 개정, 재판예규 제1547호.

2) 大判 2014. 3. 27, 2009 다 104960, 104977(조정조서에 확정판결의 당연무효 등의 사유가 없는 한 그 내용이 강행법규에 위반되어도 조정조서의 무효를 주장할 수 없다. 준재심절차에 의하여 구제는 가능하다). 그 밖에도 소송계속 중 조정이 성립한 경우, 조정의 효력이 소송물 이외의 권리관계에도 미치기 위해서는 그 권리관계가 조정조항에 특정되거나 조정조서 중 청구의 표시 다음에 부가적으로 기재됨으로써 조정조서의 기재내용에 의하여 소송물인 권리관계가 되었다고 인정할 수 있어야 한다(大判 2017. 4. 26, 2017 다 200771; 2013. 3. 28, 2011 다 3329; 2007. 4. 26, 2006 다 78732).

3) 大判 2009. 11. 12, 2009 다 42635; 다만 가사조정의 경우에는 그러하지 아니하다(家訴 49 단서); 김홍엽, 17면 참조.

이때 채권자가 인지를 보정하는 대신[1] 해당기간 이내에 **조정으로의 이행**을 신청할 수 있는 것이다(民調 5의2 I). 이는 2012년 민사조정법의 개정[2]을 통해 도입된 것으로서 종전의 독촉절차에서는 채무자가 적법한 이의신청을 하면 지급명령을 신청한 때 소가 제기 된 것으로 보아 통상의 소송절차로 이행하는 방법밖에 없었으나, 소송경제적 측면에서 당사자가 조정으로 분쟁을 해결할 수 있도록 절차선택권을 확대한 것이다. 채권자의 조정으로의 이행신청이 적법하다면 지급명령을 신청한 때에 이의신청된 청구목적의 값에 관하여 조정이 신청된 것으로 본다(民調 5의2 Ⅲ).

3) 행정부 산하의 조정위원회에 의한 조정으로서는 소비자분쟁조정위원회(消基 60),[3] 의료분쟁조정위원회(의료사고피해구제및의료분쟁조정등에관한법률 19 I), 하도급분쟁조정협의회(하도급거래 공정화에 관한 법률 24의6 Ⅴ), 금융분쟁조정위원회(금융위원회의설치등에관한법률 51), 한국저작권위원회(저작권법 112), 건설분쟁조정위원회(건설산업기본법 69, 78 Ⅳ), 환경분쟁조정위원회(환경분쟁조정법 4)에 의한 조정 등이 있다. 언론중재위원회(언론중재및피해구제등에관한법률 18)에 의한 중재결정도 그 실질은 조정이다. 이들 위원회에 의하여 조정이 성립된 경우에, 그 조정조서에 재판상의 화해와 같은 효력이 인정되는 경우도 있다(消基 67 Ⅳ, 의료사고피해구제및의료분쟁조정등에관한법률 36 Ⅳ, 37 Ⅳ, 금융위원회의설치등에관한법률 56, 저작권법 117 Ⅱ, 언론중재및피해구제등에관한법률 23, 건설산업기본법 78 Ⅳ, 환경분쟁조정법 33 Ⅱ). 그러나 이처럼 행정부 산하의 조정위원회에 의한 조정에 대하여 재판상의 화해와 같은 효력을 부여한다는 것은 법리상 문제가 있다.[4] 과거 국가배상법 제16조는 조정의 실질을 갖는 국가배상심의회의 배상결정에 재판상의 화해와 같은 효력을 부여했으나, 법관에 의한 재판을 받을 권리를 침해한다는 이유로 위헌결정을 받았다.[5] 건축분쟁조정위원히, 집합건물분쟁조정위원회 및 약관분쟁조정협의회의 조정에는 당사자 사이에 조정조서와 동일한 내용의 합의가 성립된 것과 같은 효력만 인정되며(건축법 96 Ⅳ, 집합건물의소유및관리에관한법률 52의9 Ⅱ, 약관의규제에관한법률 28 I),[6]

---

1) 지급명령신청서에 붙이는 인지 금액과 조정신청의 수수료는 소장에 붙이는 인지 금액의 10분의 1로 동일하다(民印 7 Ⅱ, 민사조정규칙 3 I).

2) 2012. 1. 17. 일부 개정, 법률 제11157호, 2012. 4. 18.부터 시행.

3) 2023년 소비자기본법 제68조의4를 신설하여(2023. 6. 20. 법률 제19511호, 2023. 12. 21.부터 시행), 소비자기본법 제58조 또는 제65조 제1항에 따라 소비자분쟁조정위원회에 분쟁조정이 신청된 사건에 대하여 신청 전 또는 신청 후 소가 제기되어 소송이 진행 중일 때에는 **수소법원이** 조정이 있을 때까지 **소송절차를 중지**할 수 있도록 하였다(68의4 I). 이에 따라 소송절차가 중지되면 조정위원회는 해당 사건의 조정절차를 재개한다(68의4 Ⅱ). 그 밖에도 조정위원회는 조정이 신청된 사건과 동일한 원인으로 다수인이 관련되는 동종·유사 사건에 대한 소송이 진행 중인 경우에는 **조정위원회의 결정으로 조정절차를 중지**할 수 있다(68의4 Ⅲ).

4) 同旨: 李時, 22면.

5) 憲裁決 1995. 5. 25, 91 헌가 7. 이에 따라 국가배상법 제16조는 삭제되었다. 다만 판례는 민주화운동 관련자 명예회복 및 보상 등에 관한 법률 제18조 제2항에 따라 재판상 화해의 성립이 의제되는 범위와 관련하여 동조의 입법목적상 신청인이 보상심의위원회의 보상금 등 지급결정에 동의한 때에는 동법 제18조 제2항에 따라 위자료를 포함하여 그가 보상금 등을 지급받은 민주화운동과 관련하여 입은 피해 일체에 대하여 민사소송법의 규정에 의한 재판상 화해와 동일한 효력이 발생한다고 한다(大判 2014. 3. 13, 2012 다 45603). 나아가 大(全)判 2015. 1. 22, 2012 다 204365는 민주화운동과 관련하여 수사기관의 불법행위로 범죄사실을 자백하고 그에 기하여 유죄판결을 받고 복역하였다가 그 후 재심절차에서 무죄판결이 확정된 경우, 신청인이 위원회의 보상금 등 지급결정에 동의한 때에는 수사기관의 불법행위에 의한 복역으로 신청인이 입은 정신적 손해에 대하여까지 재판상 화해와 동일한 효력이 발생한다고 보았다.

6) 구상금분쟁심의위원회(현 자동차사고 과실비율 분쟁심의위원회)의 확정된 조정결정은 조정결정 주문

노동위원회에 두는 조정위원회의 조정은 단체협약과 동일한 효력을 가진다(노동조합및노동관계조정법 61 Ⅱ)(이에 관하여는 재판상 화해에 관한 설명도 참조).

4. 仲裁(arbitration; Schiedsgerichtsbarkeit)

1) 양 당사자가 그들 사이의 분쟁을 사인인 제3자(중재인)의 판정에 따라 해결하기로 합의(중재계약)하고, 이에 기하여 중재인이 행하는 심판절차를 말한다. 분쟁을 강행적으로 해결하는 방법이고, 말하자면 일종의 사적 재판이라는 점에서, 양 당사자가 서로 양보하여 분쟁을 해결하는 화해나 조정과 구별된다. 그러나 당사자 사이에 중재계약의 존재를 필요로 하는 점에서 역시 자주적 해결방법이라고 말할 수 있다. 중재는 간이·신속하고 비용이 저렴한 분쟁해결방법이고, 특별한 전문지식과 경험을 필요로 하는 분야, 특히 국제적인 상사거래와 관련된 분쟁의 해결에 적합하므로 그 이용도가 매우 높다. 최근 국가 간의 투자협정(BIT)이나 자유무역협정(FTA)을 체결하면서 상대국의 협정상의 의무위반으로 인해 투자가가 손해를 입은 경우 관련 분쟁(투자자-국가 분쟁, ISD)을 국제중재기구(세계은행 산하의 민간기구인 국제투자분쟁해결센터, ICSID가 대표적이다)에서 해결하는 것으로 하는 중재합의조항을 두는 경우가 많으며, 이미 우리나라도 관련 분쟁으로 수차례 제소된 바 있다.[1)]

2) 상사분쟁에 관한 상설중재기관으로는 중재법에 따라 법무부장관 또는 산업통상자원부장관이 지정한 사단법인 **대한상사중재원**이 있다(仲 40). 대한상사중재원은 대법원장의 승인을 얻은 국내중재규칙과 국제중재규칙을 마련하고 있다(仲 41). 그 밖에도 2016년 「중재산업진흥에 관한 법률(2016. 12. 27. 제정, 법률 제14471호, 2017. 6. 28.부터 시행)」이 제정되어 국내 및 국제분쟁 해결 수단으로서 중재를 활성화하고 우리나라가 중재 중심지로 발전할 수 있도록 중재산업 진흥을 위한 기반조성을 위해 노력하고 있다. 이 법률에 따르면 법무부장관은 중재산업의 진흥을 위하여 5년마다 중재산업 진흥 기본계획을 수립·시행하여야 하며(중재산업진흥에 관한 법률 3), 중재산업 진흥 기반조성을 위한 각종 사업을 추진하고(동법 4), 중재전문인력의 효율적인 양성방안(동법 6)·국제중재

과 같은 내용의 합의가 성립한 것과 동일한 효력을 가지게 되는데[구상금분쟁심의에 관한 상호협정 28 I: 이 상호협정은 보험업법 제125조에 근거하여 2007년 금융감독위원회(현 금융위원회)의 인가를 받았음], 대법원은 이러한 상호협정에 따른 조정결정이 확정되더라도 당사자 사이에 법률관계를 종국적으로 정하는 효력이 없어 소송에서 법원을 구속하지 않는다고 한 판단은 잘못된 것이라고 하였다: 大判 2019. 8. 14, 2017다 217151.

1) 한국－벨기에 투자보장협정 위반을 이유로 미국계 사모펀드 론스타 벨기에 자회사가 외환은행 인수와 관련하여 ICSID에 제기한 ISD(2012년 11월), 한국－네덜란드 이중과세회피협약 위반을 이유로 아부다비 국영석유투자회사인 IPIC의 네덜란드 자회사인 '하노칼 인터내셔널 B.V'가 현대오일뱅크 매각과 관련하여 ICSID에 제기한 ISD(2015년 5월), 한국－이란 투자보장협정 위반을 이유로 "이란계 가전업체 엔텍합그룹이 대우일렉트로닉스 인수와 관련하여 유엔국제상거래법위원회(UNCITRAL) 중재규칙에 따라 제기한 ISD(2015년 9월), 미국 헤지펀드 엘리엇매니지먼트(2018년 7월)와 미국계 사모펀드 메이슨캐피탈(2018년 9월)이 2015년에 있었던 삼성물산과 제일모직 합병과 관련하여 UNCITRAL 중재규칙에 따라 제기한 ISD, 스위스 승강기 제조회사인 쉰들러 홀딩 아게가 현대엘리베이터의 경영권 방어 목적의 유상증자와 전환사채 발행을 한국 정부가 제대로 감독하지 않았다며 UNCITRAL 중재규칙에 따라 제기한 ISD(2018년 10월) 등이 그 예이다.

의 유치 촉진하기 위한 시책(동법 7)을 마련하여야 한다.

3) 중재에 관한 기본법으로 중재법(1966. 3. 16. 法律 제1767호)이 있다. 우리 중재법은 국내외의 상사분쟁을 중재를 통해 신속히 해결하기 위해 1999년 전면 개정(1999. 12. 31. 전부개정, 법률 제6083호, 1999. 12. 31.부터 시행)된 후 수차례의 개정과 2016년 대규모의 개정[1]을 통해 UNCITRAL 모델법을 적극 수용하였다. 중재합의에서 특정 장소를 분쟁해결지로 합의를 하였다면 이는 특별한 사정이 없는 한 중재지를 정한 것으로 본다.[2] 중재법에 따르면 중재합의는 독립된 합의 또는 계약에 중재조항을 포함하는 형식으로 할 수 있으며(仲 8 Ⅰ), 중재계약이 존재함에도 불구하고 소를 제기한 경우에는 피고는 중재계약의 항변을 주장할 수 있고, 이 때에는 그 소는 소의 이익이 없는 것으로서 부적법각하된다(仲 9 Ⅰ).[3] 중재판정에는 법원의 확정판결과 같은 효력이 인정된다(仲 35). 다만 중재법 제36조 제2항의 요건을 갖춘 경우 당사자는 중재판정의 정본을 받은 날부터 3개월 이내에 법원에 중재판정 취소의 소를 제기하여 불복할 수 있다(仲 36).

4) 중재판정은 중재판정 취소사유 등과 같은 승인 거부사유가 없으면 승인되는데, 당사자의 신청이 있는 경우 법원은 중재판정 승인결정을 할 수 있다(仲 37 Ⅰ).[4] 중재판정에 따른 집행을 위해서는 당사자의 신청에 따라 법원의 집행결정을 받아야 한다(仲 37 Ⅱ). 당사자의 승인신청 또는 집행신청이 있으면 법원은 변론기일 또는 당사자 쌍방이 참여할 수 있는 심문기일을 열어야 하며, 승인결정 또는 집행결정에는 이유를 적어야 한다(仲 37 Ⅳ. Ⅴ). 법원의 승인결정 또는 집행결정에 대해서는 즉시항고를 할 수 있다(仲 37 Ⅵ). 중재판정의 주문형식이나 기재방식이 우리나라 판결과 다소 상이하다 하더라도 집행국인 우리나라 법원은 확정재판 등에 의한 집행과 같거나 비슷한 정도의 법적 구제를 제공하는 것이 바람직하며, 특히 중재판정의 성립 이후 민사집행법상의 청구이의 사유가 발생하여 중재판정문에 따른 강제집행을 허용하는 것이 우리나라 법의 기본적 원리에 반하는 경우 법원은 '공공질서 위반(외국 중재판정의 승인 및 집행에 관한 협약 5 Ⅱ ⑤)'에 해당하는 것으로 보아 그 중재판정의 집행을 거부할 수 있다.[5] 또한 「외국 중재판정의 승인 및 집행에 관한 협약(뉴욕협약)」을 적용받는 외국 중재판정의 승인 또는 집행은 이 협약에 따르지만, 위 협약의 적용을 받지 아니하는 외국 중재판정의 승인 또는 집행에 관해서는 외국판결의 효력과 집행에 관한 민사소송법 제217조, 민사집행법 제

1) 2016. 5. 29. 일부개정, 법률 제14176호, 2016. 11. 30.부터 시행.

2) 중재지는 다른 약정이 없는 한 중재절차의 준거법을 정하는 기준이 되며, 국내중재판정과 외국중재판정을 구분하는 표지가 된다(仲 2): 大決 2024. 6. 27, 2024 마 5904.

3) 중재항변의 근거가 되는 중재합의는 '**전속적 중재합의**'를 의미하는데, 중재조항의 해석을 통해 장래 분쟁을 중재에 의해 해결하겠다는 합의가 인정되는 한 그 중재조항에 중재기관, 준거법, 중재지가 명시되어 있지 않더라도 유효한 중재합의가 될 수 있으며, 중재조항의 일부 문언이 모호하거나 상충되는 등 다소간의 흠결이 있어도 유효한 중재합의가 아니라고 단정할 수 없다(大判 2025. 1. 23, 2024 다 243172).

4) 2016년 중재법 개정 전에는 중재판정의 승인 · 집행이 판결절차로 이루어졌으나 보다 신속한 절차진행을 위해 결정절차로 바뀌었다.

5) 大決 2024. 11. 28, 2023 마 6248.

26조 제1항 및 제27조를 준용한다(仲 39).

5. 相 談

행정기관·소비자보호단체 등 각종의 공·사단체가 국민이나 소비자 등으로부터 받은 고충을 관계 있는 상대방에게 전달하고, 그가 가진 행정상의 권력 내지 사실상의 힘을 이용하여 분쟁을 해결하는 방법이다. 행정기관에 의한 민원상담, 소비자단체에 의한 피해해결 상담(消基 28 I ⑤) 등이 그 예이다. 이것 역시 상대방의 동의를 전제로 하므로 자주적 분쟁해결방법의 하나이다.

제4절 民事訴訟의 目的과 裁判을 받을 權利

1. 民事訴訟의 目的

1) 국가는 도대체 무엇 때문에 민사소송이라는 제도를 두어 국민으로 하여금 이를 이용하게 하고 있는 것일까? 이것이 민사소송제도의 목적 내지 임무에 관한 문제이며, 소권론(訴權論)과 함께 민사소송법학의 출발점으로서 예로부터 논의되어 오고 있다.

이 문제에 관하여는 첫째로, 국가가 사인의 자력구제(自力救濟)를 금지하는 대상(代償)으로서 사인의 권리를 보호하여 주지 않으면 안 되므로 민사소송제도를 두고 있다고 하는 견해가 있다. 이는 민사소송을 사인의 권리보호를 위한 제도로 본다. 사권의 보호 외에 법적 평화의 유지까지 언급하는 수가 많다. **권리보호설**(**사권보호설**)이라 불린다.[1] 둘째로, 국가는 스스로 제정한 민·상법 등의 사법질서를 유지하고 그 실효성을 확보하기 위하여 소송제도를 두고 있다고 하는 견해가 있다. 이 견해에서는 민사소송을 국가의 사법질서의 유지를 위한 제도라고 풀이한다. **사법질서유지설**이라고 한다. 셋째로, 사인들 사이의 생활관계에서 발생하는 분쟁을 강제로 해결하는 데에 민사소송의 목적이 있다고 하는 견해가 있다. 이것은 민사소송을 사적 분쟁의 해결을 위한 제도로 본다. **분쟁해결설**이라고 한다.[2] 넷째로, 민사소송의 목적을 사권보호, 사법질서유지 또는 분쟁해결의 어느 하나로 한정하는 것은 민사소송제도의 일면만을 보는 데 지나지 않는다고 비판하고, 권리보호와 사법질서의 유지의 양자 또는 권리보호·사법질서유지 및 분쟁해결 모두가 민사소송의 목적이라고 풀이하는 견해가 있다. **다원설**이라 불린다.[3] 끝으로 소송은 당사자 사이의 분쟁에 관한 여러 과정(소송과정, 소송 전 과정, 소송 외 과정) 중의 한 장면에 지나지 않고, 그들 사이에 공

---

1) 李英, 18면; Rosenberg, §1 Ⅲ.
2) 金/姜, 33면; 兼子, 25면 이하; 林完圭, "民事訴訟理論의 再構成을 위한 試論," 辯協, 1988. 3., 4면.
3) 李時, 4면; 方, 20면; Jauernig, §1 Ⅲ; Arens, Rdn. 4.

평하고 평등한 다툼의 장을 제공하고 논쟁 내지 토론의 절차를 보장하는 것이 바로 민사소송의 목적이라고 보는 견해가 있다.[1] 신당사자주의 내지 '절차보장의 제3의 물결'이론을 주장하는 일본 학자들의 견해이며, **절차보장설**이라 불린다.

2) 연혁적으로 살펴보면, 19세기초에는 개인주의적 야경국가관의 반영으로 권리보호설이 발아하여 이 견해가 거의 당연한 것으로 받아들여졌다. 그런데 이 견해는 소송절차에서 당사자주의를 강조한 결과 소송의 지연 등의 병폐를 가져왔다. 그리하여 이에 대한 반성과 아울러 전체주의적 국가관이 등장함에 수반하여 사법질서유지설이 대두되었고, 이 견해는 분쟁해결설이 출현하기까지 지배적인 견해로 군림하였고, 소송절차에서 공익을 강조하였다. 그러나 사법질서유지설은 국가의 법질서유지를 전면에 내세우는 나머지 권리보호를 구하는 당사자를 소송절차의 단순한 객체로 전락시킬 위험이 있고, 전체주의적 국가관을 반영한 것으로서 부당하다는 비판을 받았다. 국민 개개인을 위하여 법질서가 존재하는 것이고, 그 반대로 법질서를 위하여 개개인이 존재하는 것이 아닌 점에 비추어 보면 사법질서유지설의 문제점을 쉽게 알 수 있을 것이다. 그 뒤 나치즘의 몰락과 함께 사법질서유지설은 그 세력을 잃게 되었다. 이에 이어 등장한 분쟁해결설은 당사자들 사이에 법적 분쟁이 있음을 전제로 하여 이를 해결하기 위하여 민사소송제도가 존재한다고 설명하지만, 분쟁이 없는데도 소송이 있을 수 있고, 또 소송에 의하지 않고도 분쟁이 해결될 수 있음을 간과하고 있다. 그리고 분쟁해결설은 민사소송이 사법의 미발달시대에도 있었음을 근거로 하여 재판의 필요성은 사법의 존재를 초월한 전법률적 요청이라고 하고 있는바, 이는 법치국가주의에 저촉되는 요인이 된다고 비판을 받는다. 그리고 다원설은 민사소송제도의 목적을 통일적으로 파악하는 것을 곤란하게 하므로, '이론의 무덤'이라고까지 극언되고 있다.[2] 일본에서 주장되고 있는 절차보장설은 당사자 사이에 공평하고 평등한 논쟁의 장을 제공하는 것만으로 민사소송의 목적이 모두 달성되는 것으로 보고 있으나, 이 견해는 스포츠적 소송관에 치우쳐서 당사자에게 실질적 정의와 구체적 타당성을 구현시키는 바른 내용의 판결을 준다고 하는 민사소송의 중요한 기능을 도외시하는 데에 그 난점이 있다.[3]

3) 생각건대 민사소송제도의 목적은 **사권의 보호**에서 이를 구하는 것이 옳다.[4] 제2차대전 후의 자유민주주의헌법이 국민의 기본권으로서 재판을 받을 권리를 보장한 것도 소송을 통하여 사권의 보호를 꾀하려고 하는 정신의 표현이라고 볼 수 있을 것이다. 물론 사권의 확정과 실현, 즉 사권의 보호를 통하여 분쟁도 해결되고 국가의 법질서도 유지된다. 그러나 분쟁의 해결이나 사법질서의 유지를 하나의 독립적인 목적으로 볼 필요는 없지 않을

---

1) 井上正三, "訴訟内における紛爭當事者の役割分擔," 民訴雜誌 27, 185면; 井上治典, "手續保障の第三の波(一)(二)," 法學教室 28・41면, 29・19면 등.

2) 松浦, "民事訴訟は何だろうか," 判時 806. 8・11면.

3) 吉野, "民事訴訟における新當事者主義の擡頭," 判タ 522, 4면 이하; 小林, "手續保障の第三の波說の一疑問," 判タ 524, 17면 이하 참조.

4) 도이칠란트에서도 권리보호설이 부활하고 있다. Rosenberg, §1 Ⅲ; Grunsky, S. 6.

까? 왜냐하면 분쟁의 해결이나 권리의 만족은 권리의 확정에 수반하는 결과에 지나지 않고, 또 소송을 통하여 권리를 보호하는 과정에서 사법질서의 유지에 봉사하게 되기 때문이다. 그리고 사권의 보호를 철저히 하려면 한편으로는 당사자 사이에 공평하고 대등한 상쟁·논쟁의 장을 제공하여야 하지만, 다른 한편으로는 법원의 후견적 역할도 완전히 배제할 수 없으므로, 절차의 보장도 사권을 보호하기 위한 하나의 수단으로서의 의미를 가진다고 할 수 있다. 이 사권보호설에 대하여 이것은 개인주의적 소송관에 입각한 견해라고 비판하면서, 사회적 소송관에 서서 법관에게 자유로운 활동영역을 허용하려고 하는 주장이 있으나, 법관을 '사회의 엔지니어'(Sozialingenieur) 또는 '사회의 의사'(Sozialarzt)로 보아 그를 법의 구속으로부터 해방시키려고 하는 것은 법치주의의 기반을 동요시킬 우려가 있고, 비송의 영역에서는 몰라도 적어도 소송의 영역에서는 받아들이기 어려운 주장이 아닌가 한다.[1)]

2. 裁判을 받을 權利(訴權)

1) 국가가 자력구제를 금지하고 권리보호를 독점하고 있는 것에 대응하여 국민 개개인은 국가에 대하여 사적 분쟁에 관한 재판을 요구할 권리를 가진다(憲 27 I). 이처럼 개인이 소를 제기하여 재판을 받는 관계를 그의 권능으로 보아 소권(訴權; Klagerecht)이라 부른다. 그런데 이러한 권리를 인정할 것인가, 그 권리의 내용은 무엇인가, 그것은 어떠한 요건 아래 인정되는가를 둘러싸고 예로부터 많은 이론이 전개되어 왔다. 이러한 논의를 소권론이라고 하며, 소송제도의 목적론과 밀접하게 관련되어 있다.[2)]

2) 원래 로마의 '악치오'(*actio*)법체계하에서는 개별적인 이익정형마다 판결획득의 요건이 정하여져 왔고, 그 요건하에서만 소송이 허용되었기 때문에, 사법상의 권리 안에 소권이 매몰되어 있고, 양자는 분리할 수 없는 관계에 있었다. 그러다가 19세기 중엽에 '악치오'로부터 청구권이 분리되고, 후자가 순수한 실체법상의 개념으로 독립함에 따라, 이 사권과 소를 제기하여 판결을 구할 수 있는 권리와의 관련을 묻게 되었고, 여기에서 소권은 실체법과 소송법을 가교하는 수단으로서 논의되기 시작하였다. 처음에는 소권을 사권(특히 청구권)의 단순한 부속물 또는 사권의 침해에 의하여 발생하는 변형물로 보는 **사법적 소권설**이 제창되었지만, 이행소송 이외에 확인소송의 유형이 인정되면서 권리의 존재를 전제로 하지 않는 채무부존재확인의 소가 나타나자 이 설은 자취를 감추었다. 이어서 19세기말 이후에 개인의 국가에 대한 소권개념이 발달함에 따라 소제기를 사권으로부터 분리하여 사권과는 별개인 국가에 대한 공권으로 보는 **공법적 소권설**이 등장하였다. 그런데 공법적 소권설의 내부에도 다시 여러 가지 분파가 있어서 격한 논쟁을 벌였다. 처음에는 단지 소를 제기하여 소송절차를 개시시키고 심리를 거쳐 어떠한 내용이든 판결을 구하는 권리가 소권이라고 보는

---

1) Jauernig, §1 Ⅲ 2 참조.

2) 상세는 伊東 乾, "訴權," 爭點, 8면 이하 참조.

추상적 소권설이 주장되었다. 이 설에 의하면 소 각하 판결을 받더라도 소권은 만족되므로 소권의 내용은 매우 공허한 것이 되어버린다. 그리하여 이러한 추상적인 내용의 것은 권리라고 부를 가치도 없고 단순한 소제기의 자유에 불과하다는 비판을 받게 되었다. 여기에서 소권은 일정한 구체적 내용을 가지고, 특히 자기에게 유리한 판결(승소판결)을 구하는 권리라고 하는 **구체적 소권설**(**권리보호청구권설**, Rechtsschutzanspruch)이 등장하여 이것이 학계를 석권하였다. 이 설은 사권의 보호를 소송의 목적으로 보는 견해와 관련이 있다. 이 설은 승소판결의 요건을 상세히 분석하여 실체적 권리보호요건 이외에 소송적 권리보호요건이 있음을 밝혀 내고, 그 내용으로서 권리보호의 자격, 권리보호의 이익(필요) 및 당사자적격이 필요함을 명백히 하였다. 이것은 이 설이 세운 커다란 공적이지만, 오늘날은 민사소송법학이 공유하는 재산이 되어 버렸다. 이 설에 대하여는 상대방에게도 자기의 주장을 관철할 수 없는 개인이, 법원에 대하여 자기의 주장대로 승소의 판결을 하여 달라고 권리로서 요구한다는 것은 지나치며, 또 피고로부터 반대신청이 없어도 법원은 청구기각 또는 소각하의 판결을 할 수 있는데, 이것은 피고에게 유리한 판결을 구할 권리가 없기 때문이라는 비판이 가하여진다. 이 설은 그 뒤 쇠락하였다가 최근에 이르러 부활의 움직임을 보이고 있다.[1] 구체적 소권설에 이어 **본안판결청구권설**이 등장하였다. 이 설에서는 추상적 소권설은 내용이 너무 공허하고, 구체적 소권설은 그 요구가 지나치다고 하여, 양설의 중간에서 본안판결을 청구할 수 있는 권리(꼭 승소판결까지는 요구하지 않는다)를 소권의 내용으로 본다. 본안판결에 의하여 분쟁해결의 실체적 기준이 확정되므로, 이 설은 분쟁해결을 민사소송의 목적으로 보는 견해와 관련되어 있다. 우리나라의 다수설이며,[2] 일본의 유력설이다. 이 설에 대하여는 청구기각이 판결을 받아도 소권이 만족된다고 하는 것은 이상하다는 비판이 가하여진다. 최근 도이칠란트에서는 소권을 법원에 대하여 구체적 상황과 단계에 따라 법률상 필요한 행위를 요구할 수 있는 권리라고 보는 **사법행위청구권설**(Justizgewährungsanspruch)이 다수설로 되어 있다.[3] 이 설은 소송의 목적을 법질서의 유지에 있다고 보는 견해와 관련되어 있고, 판결뿐만 아니라 법에 따른 기일의 지정과 소상의 송달을 구할 권리, 시간에 관하여 사실적·법률적 측면에서 심리하여 줄 것을 구할 권리 등을 모두 포함한다고 한다. 이 설에 의하면 법에 적합한 판결이기만 하면 소각하판결도 소송법질서의 유지에 이바지하므로, 이 설은 추상적 소권설의 재생이라는 면이 있다. 앞에서 말한 바와 같이 도이칠란트에서는 최근에 권리보호청구권설이 재등장하여(**신권리보호청구권설**), 이들과 사법행위청구권설 사이에 논쟁이 계속되고 있다. 그 밖에 일본에는 소권이란 과장된 권리의식에서 나온 환상에 지나지 않는나는 **소권부정설**이 있다.[4]

3) 생각건대 소권론이 과거처럼 민사소송이론에서 중요성을 가지고 있는 것은 아니지

1) Blomeyer, §1 Ⅲ; Schwab, Zur Wiederbelebung des Rechtschutzanspruchs, ZZP 81, 412.
2) 方, 279면; 李英, 29면; 金/姜, 288면; 宋/朴, 206면; 金容, 145면.
3) Rosenberg, §3; Jauernig, §36.
4) 三ケ月, 11면 이하; 同, "裁判を受ける權利," 演習民訴, 3면 이하.

만, 소송법과 실체법의 가교를 시도하고, 소송법이론을 심화시켜 소송요건론을 전개한 공적은 지대하다. 그리고 오늘날에도 민사소송제도의 존재목적을 탐구할 때에 역시 이론적 가치를 가지는 것을 부정할 수 없다. 그러므로 소권을 쉽게 부정할 것은 아니다. 헌법 제27조는 국민에게 재판을 받을 권리를 보장하고 있다. 이것은 자력구제를 금지한 대상(代償)으로 국민은 국가에 대하여 소송에 의한 분쟁의 해결을 요구할 수 있음을 규정한 것이다(또한 憲裁 68 참조). 소권과 재판청구권은 역사적으로 발생의 경로를 달리하기는 하지만, 양자가 공통의 사상적 기반에 서있는 것은 부정할 수 없다. 그러므로 국민이 재판제도를 통하여 사법적 보호를 구할 수 있는 권리가 소권이며, 그 내용은 판결뿐만 아니라 판결에 이르기까지의 여러 가지 행위를 요구할 수 있는 것이라고 본다(**사법행위청구권설**).[1] 그리하여 소송의 목적을 사권의 보호에서 구하는 입장에서도 소권을 사법행위청구권으로 풀이하는 것은 가능하다.

제 5 절　民事訴訟의 理想과 信義則

Ⅰ. 序　說

민사소송제도가 사권을 보호하고 이에 곁들여 사법질서의 유지와 분쟁의 해결에 이바지한다는 본래의 목적을 충실히 수행하기 위해서는 재판을 적정·공평·신속하고 경제적으로 처리하여야 한다. 그러므로 민사소송의 이상으로서는 적정·공평·신속·경제를 들 수 있다. 민사소송법은 제1조 제1항에서 "법원은 소송절차가 공정하고 신속하며 경제적으로 진행되도록 노력하여야 한다"라고 규정하여 이러한 이상을 선언하고 있고, 미국 연방민사소송규칙(Federal Rules of Civil Procedure) 제1조도 "이 규칙은 모든 소송에서 공정·신속하며 경제적인 재판(just, speedy and inexpensive determination)을 얻을 수 있도록 해석하여야 한다"고 규정하여 같은 정신을 나타내고 있다. 그러나 민사소송은 법원과 당사자, 그 밖의 소송관계인의 협력을 통하여 진행되므로 당사자들의 협력이 없이는 그 목적을 이상적으로 수행할 수 없다. 그리하여 민사소송법은 제1조 제2항에서 "당사자와 소송관계인은 신의에 따라 성실하게 소송을 수행하여야 한다"라고 규정하여 당사자들의 소송행위

1) 同旨: 李時, 229면.

를 지배하는 대원칙으로서 신의성실의 원칙을 내세우고 있고, 그 밖에도 이 원칙을 구체화한 개별적 규정을 두고 있다.

Ⅱ. 民事訴訟의 理想－適正·公平·迅速·經濟

1. 適　正

적정이라 함은 재판의 내용이 올바르고 과오가 없는 것이다. 즉, 사실의 인정이 진실에 부합하고 법의 해석적용이 정당한 것을 말한다. 이를 위하여 헌법과 민사소송법은 심급제도 및 재심제도, 변호사대리의 원칙(87), 소송심리에 관한 구술주의·직접주의(134, 204), 석명권·지적의무(136), 교호신문제도(327), 직권증거조사(292), 전속관할, 합의제, 법관의 자격제한과 신분보장제도 등을 두고 있다.

2. 公　平

공평이라 함은 양 당사자를 평등하게 취급하고, 또 이익이 되는 사항을 주장할 수 있는 기회를 균등하게 부여하는 것을 말한다. 따라서 법관은 중립적 지위에 서서 어느 한 쪽 당사자에게 치우침이 없이 불편부당(不偏不黨)하게 처신하여야 한다. 법관의 제척·기피·회피(41 이하), 대리인제도, 변론주의, 심리의 공개(憲 109, 法組 57), 쌍방심리주의(134, 憲 11), 준비서면에 적지 아니한 사실의 주장금지(276), 소송절차의 중단·중지(233 이하), 제3자의 소송참가(71 이하) 등은 공평의 이상에 봉사하는 제도이다.

3. 迅　速

신속이라 함은 소송의 완결을 가능한 한 빨리 행하는 것이다. 아무리 적정·공평한 재판이라 하더라도 신속하지 못하면 실효성이 없어서 재판의 거부와 다름이 없다(Justice delayed is justice denied). 소송의 지연은 각 나라의 민사소송이 안고 있는 현대의 병폐이며, 각국은 신속한 재판을 확보하기 위하여 많은 노력을 기울이고 있다. 신속한 재판을 받을 권리는 국민의 기본권의 하나이다(憲 27 Ⅲ). 이를 위하여 민사소송법과 규칙에는 i) 소송절차의 직권진행주의, ii) 소송의 지연을 목적으로 하는 제척·기피신청의 각하(45), iii) 변론의 집중(272), 소장과 답변서의 기재 충실화(254 Ⅳ·256 Ⅳ), 변론준비제도(272 이하), 준비서면의 주장사실에 대한 증거방법의 기재의무화(274 Ⅱ),

변론준비절차에서의 증거조사(281), 적시제출주의 및 시기에 늦은 공격·방어방법의 각하(146, 149), 공격·방어방법의 제출기간의 제한(裁定期間, 147), iv) 신속한 기일지정(258 Ⅱ), 기일의 변경 및 연기의 제한(民訴規 41), 판결선고기간의 법정(199), v) 가집행의 선고(213), vi) 소송절차를 지연시키는 청구의 변경 및 반소제기의 불허(262, 269), vii) 소송절차를 지연시키는 보조참가의 불허(71 但), 필수적 공동소송인의 추가와 피고의 경정(68, 260), viii) 독촉절차, 제소전화해절차(385 이하, 462 이하) 등이 규정되어 있고, 특별법상으로는 소구채권(訴求債權)의 지연손해금의 인상(訴促法 3), 소액사건심판절차(少審)가 규정되어 있다.

4. 經 濟

경제라 함은 소송에 필요한 법원과 당사자의 비용을 가능한 한 적게 하고, 자금능력이 없는 사람도 소송제도를 쉽게 이용할 수 있도록 배려하는 것이다. 이러한 이상을 구현하기 위하여 민사소송법에서는 소송구조제도(128 이하), 소송비용의 국고대납제(民訴規 20, 21), 변호사보수의 소송비용산입(109), 청구의 병합(253), 사물관할(法組 7 Ⅳ, 32), 소송의 이송(34, 35, 36), 소송절차에 관한 이의권의 포기·상실에 의한 흠의 치유제도(151), 중복된 소제기의 금지(259) 등을 두고 있고, 특별법에서는 상고심절차에 관한 특례법에 의한 심리불속행제도, 소액사건심판법에서의 구술에 의한 소제기(少審 4)·상고제한(少審 3) 등을 규정하고 있다.

5. 네 가지 理想의 實現

위에서 말한 네 가지의 이상은 소송제도에 불가결한 것이지만, 국가의 자금능력, 법관의 정원, 법관의 지적 능력의 한계 등의 제약이 있으므로, 이들을 동시에 모두 실현시키는 것은 매우 어렵고, 또 서로 모순되는 일도 있다. 예컨대 구체적인 소송의 경우에는 적정·공평과 신속·경제는 서로 충돌하는 수가 많다. 이러한 때에는 그 시점의 시대적 상황을 종합적으로 고려하여 상충하는 이상을 합리적으로 조정하여 소송제도를 운영하여야 할 것이다.[1] 그러나 재판의 생명은 적정·공평의 유지에 있으므로 이것이 신속·경제보다는 우선되어야 할 것이다.

우리나라의 현실에서는 법관의 증원과 부담경감, 변론의 집중, 증거수집제도의 개선, 소송대체분쟁해결방법(ADR)의 생활화 등을 통하여 위 네 가지 이상의 실현

1) James, Hazard & Leubsdorf, §1. 1.

을 위하여 노력하여야 할 것이다.

Ⅲ. 信義則 — 當事者와 訴訟關係人에게 요구되는 行動原理

1. 總 說

1) 민사소송상 신의성실의 원칙(Treu und Glauben)이라 함은 당사자와 소송관계인이 상대방의 신뢰를 헛되이 하지 않도록 신의에 따라 성실하게 소송을 수행하여야 한다는 원칙을 말한다(1 Ⅱ). 신의칙은 처음에는 채권법의 분야에서 제창되고, 이어 사법을 지배하는 원칙으로 인정되다가(民 2 Ⅰ), 급기야 사법과 공법, 실체법과 절차법을 막론하고 모든 법영역을 통하여 나타나는 고차원적인 법이념으로 승인되기에 이르렀다. 민사소송법의 영역에서는 처음에는 사법관계와 소송관계의 본질적 차이에 얽매여 신의칙의 일반적 적용을 부정하는 견해가 지배적이었으나, 오늘날에 와서는 이를 민사소송법의 원리로 인정하는 것이 통설·판례의 입장으로 되었으며,[1)] 1990년 개정법률로 이에 관한 명문의 규정을 두게 되었다(1 Ⅱ).[2)]

2) 민사소송법에는 신의칙을 구체화한 규정이 적지 않게 포함되어 있다. 소송의 지연을 목적으로 함이 분명한 제척·기피신청의 각하규정(45 Ⅰ), 실기한 공격·방어방법의 각하규정(149), 소송구조의 취소규정(131), 권리의 신장이나 방어에 불필요한 행위로 인한 소송비용을 승소당사자에게 부담시키는 규정(99), 종국판결이 선고된 뒤에 소를 취하한 경우의 재소(再訴)금지규정(267 Ⅱ), 자백취소를 원칙적으로 불허하는 규정(288 但), 문서제출명령불응시의 불이익에 관한 규정(349), 증명방해의 경우의 불이익에 관한 규정(350) 등이 이에 해당한다. 그리고 특별법상으로도 소액사건심판법의 적용을 받기 위한 분할청구의 불허규정(少審 5의 2)이 있다. 이러한 단편적 규정들만으로는 신의칙이 적용되어야 할 모든 경우를 규율할 수 없으므로, 민사소송법은

---

1) 大判 1973. 6. 5, 69 다 1228; 1974. 9. 24, 74 다 767; 1983. 5. 24, 82 다카 1919.

2) 1990년 개정법률이 제1조 후단에서 "당사자와 관계인은 신의에 좇아 성실하게 이에 협력하여야 한다"라고 규정하였던 것을, 2002년 새 법은 제1조 제2항에서 "당사자와 소송관계인은 신의에 따라 성실하게 소송을 수행하여야 한다"라고 규정하였다. '관계인'을 '소송관계인'으로 바꾸어, 신의성실이 요구되는 사람이 누구인가를 분명히 하고, '협력하여야' 한다라는 표현을 '수행하여야' 한다라고 고쳐서, 신의칙이 당사자 및 소송관계인의 법원에 대한 일반적인 협력의무를 뜻하는 것이 아니라, 일반적인 기본이념임을 명확히 하였다. 또한 법원의 책무인 민사소송의 이상(1 Ⅰ)과 당사자에게 요구되는 신의칙(1 Ⅱ)을 별개의 항으로 나누어 규정하여, 조문의 체제를 정비하였다.

이에 관한 일반조항을 두고, 신의칙이 민사소송의 전편에 걸쳐 적용되는 대원칙임을 명백히 하고 있다.[1)]

3) 신의칙과 앞에서 말한 민사소송의 이상과의 관계를 보면, 당사자와 소송관계인이 신의칙에 따라 소송수행을 함으로써 법원은 비로소 민사소송의 네 가지 이상을 실현할 수 있게 된다. 이처럼 신의칙은 당사자와 소송관계인의 행동원칙으로서, 법원이 위 이상을 실현하는 것을 도와주는 기능을 한다. 여기의 소송관계인에는 대리인, 보조참가인, 증인, 감정인, 조사의 촉탁을 받은 공공기관 등 단체가 포함된다.

4) 민사소송의 신의칙에 관하여는 그 적용범위, 권리남용과의 관계, 위반의 효과 및 그 발현형태를 둘러싸고 다툼이 있다.[2)]

2. 信義則의 適用範圍

(1) 信義則의 補充性

신의칙은 일반조항이므로 개별규정이나 특정 해석이론에 의하여 타당한 결과를 얻을 수 없는 경우에 한하여 보충적·예외적으로 적용할 것인가, 아니면 설명적 개념으로서 개별규정이나 특정 해석이론에 의하여 해결할 수 있는 경우에도 추가적으로 적용할 수 있는가이다. 판례와 다수설은 양자의 구별이 쉽지 않고, 종래의 이론에 의한 해석이 무리인 경우도 있으므로 보충성의 원칙을 그렇게 엄격하게 요구하고 있지는 않다. 그리하여 예컨대 소취하계약에 반하여 소취하를 하지 않는 경우와 같이 계약의 해석 또는 소의 이익으로 해결할 수 있는 문제도 신의칙의 적용범위로 보고 있다.[3)]

(2) 信義則의 適用主體와 相對方

신의칙은 당사자는 물론 소송관계인에게도 적용된다(民訴 1 II). 문제는 신의칙이 당사자등 사이에서만 작용하는가, 당사자등과 법원 사이에서도 작용하는가 하는 점

---

1) 이에 관한 비판적 견해로는 胡文赫, "民事訴訟에 있어서의 信義誠實의 原則,"「民事訴訟制度」, 法務部, 法務資料, 제103집, 36면 이하 참조.

2) 상세한 것은 정영환, 125면 이하; 梅善夫, "民事訴訟における信義則," 新爭點, 44면 이하; 谷口安平, "民事訴訟における信義則," 新堂, 注釋民訴(1), 47면 이하 참조.

3) 예컨대 大判 1993. 5. 14, 92 다 21760 등.

이다. 일부 학설은 법원과 당사자의 관계는 일방적인 권력주체와 그 권력에 복종하는 사람 사이의 관계이므로 여기에는 신의칙이 작용할 여지가 없고, 당사자의 신의성실에 반하는 행위에 대하여는 소의 이익의 흠 또는 소송상의 권능의 남용으로서 배척하면 족하다고 한다.[1] 그러나 다수설은 당사자등 상호간 및 당사자등과 법원 사이의 모두에 신의칙이 적용되는 것으로 풀이한다. 다만 당사자들 사이의 신의칙은 양자간의 형평을 확보하기 위한 것이므로 상대방의 원용을 기다려 법원이 이를 참작하면 되지만, 당사자·법원 사이의 신의칙은 법원이 직권으로 이를 고려하여야 하는 점에서 차이가 있다고 한다.[2]

3. 信義則과 權利濫用의 관계

신의칙과 권리남용의 법리는 중복적용되는가? 민법상으로는 양자의 중복적용을 인정하는 견해와 인정하지 않는 견해로 나누어지고 있다. 이에 대응하여, 민사소송법상으로도 권리남용은 신의칙의 발현형태로 보아 양자의 중복적용을 인정하는 견해와 신의칙은 특별한 권리의무에 의하여 결부된 사람 사이를 지배하는 원칙이고, 권리남용은 그러한 관계에 서지 않는 사람 사이의 원칙인데, 소송은 법원과 대립당사자 등 세 주체들 사이의 특별결합관계이므로 여기에는 오로지 신의칙만이 적용된다고 하는 견해[3]가 대립하고 있다. 생각건대 신의칙이니 권리남용이니 하는 일반조항이 적용되는 영역은 매우 다양하므로 양자의 중복적용을 인정하는 편이 좋을 것이다.

4. 信義則의 發現形態

신의칙의 발현형태는 이를 일정한 유형으로 나누어 고찰할 수도 있고, 소송의 구체적 국면별로 고찰할 수도 있으나, 여기에서는 전자의 방법론에 따라 다음 네 가지 유형으로 나누어 설명한다.

(1) 訴訟狀態의 不當形成의 排除

당사자 한 쪽이 간사한 술책을 이용하여 소송법규에 해당하는 상태를 고의로

---

1) Blomeyer, §30 IX; 竹下守夫, "訴訟行爲と信義則,"「判例演習講座 民事訴訟法」, 143면; 민사소송법 제1조의 규정체계상, 제1항은 법원의 책무에 관한 규정이고, 제2항은 당사자 등에 대한 신의칙 적용규정이라는 견해로는, 김홍엽, 22면.

2) 中野貞一郎, "民事訴訟における信義則および禁反言," 爭點, 42면.

3) 山木戸克己, "民事訴訟と信義則," 末川古稀紀念, 「權利の濫用(中)」, 265면; 松浦 馨, "當事者行爲の規制原理としての信義則," 講座民訴 4, 251면.

만들어 소송법규의 부당한 적용을 꾀하거나 또는 이와 반대로 그러한 상태의 발생을 고의로 방해하여 소송법규의 적용을 부당히 회피하는 경우에는 신의칙에 의하여 그 효과가 부정된다. 가장 전형적인 예는 관할원인을 부당취득하는 이른바 재판적(裁判籍)의 도취(盜取)이지만,[1] 소액사건심판법의 적용을 받기 위하여 채권을 소액으로 분할하여 청구하는 경우(少審 5의 2), 외국인이 소송비용의 담보제공의무(117)를 모면하기 위하여 내국인을 내세워 소를 제기하는 경우, 주소있는 자를 행방불명자인 것처럼 조작하고 공시송달로 소송을 진행하는 경우[2] 등이 이에 해당한다. 대법원은 변호사甲과 乙사찰이 소송위임계약과 관련하여 전주지방법원으로 관할합의를 한 후, 甲이 乙사찰에 대해 성공보수금지급청구소송을 제기하면서 관할만을 발생시킬 목적으로 乙사찰의 대표단체인 丙재단을 공동피고로 추가하여 丙재단의 주소지를 관할하는 서울중앙지방법원에 소를 제기한 사안에서, 甲의 위와 같은 행위는 관할선택권의 남용으로서 신의칙에 위반하여 허용될 수 없으므로 관련재판적에 관한 민사소송법 제25조는 적용이 배재된다고 하였다.[3] 다만 소송상태의 부당형성의 배제에 대하여는 해당 법규의 해석(脫法行爲)으로서 처리하는 편이 낫다고 하는 비판이 있다.

(2) 先行行爲와 矛盾되는 擧動의 禁止(訴訟上의 禁反言)

1) 한 쪽 당사자가 소송에서 과거에 일정 방향의 태도를 취하였기 때문에, 상대방이 이를 신뢰하고 자기의 소송상의 지위를 구축하였더니, 뒤에 와서 종전의 태도와 모순되는 거동으로 나오는 경우에는 신의칙에 의하여 후행의 모순거동의 효력이 부정된다. 이것은 선행행위와 모순되는 거동(*Venire contra factum proprium*)의 금지원칙 내지 금반언(estoppel)의 원칙이 소송법에 반영된 것이다. 예컨대 과거에 어떤 사실에 기하여 소를 제기하고 그 사실의 존재를 극력 주장·증명한 사람이 그 후 상대방으로부터 그 사실의 존재를 전제로 하는 별개의 소를 제기당하자 태도를 일변하여 위 사실의 존재를 부정하는 경우,[4] 이미 행한 소송상의 합의

1) 大決 2011. 9. 29, 2011 마 62. 서울民地判 1988. 10. 12, 88 가합 39479(원고들이 수차례 동일한 소의 제기와 취하를 반복하면서 주민등록지를 옮긴 것이 그들의 생활근거를 옮기기 위한 것이 아니라 피고회사가 소송을 수행하기에 용이하지 아니한 법원에 관할을 창출하기 위한 것이라면 이러한 원고들의 행위는 이른바 재판적의 도취 또는 관할원인 부당취득으로서 신의성실의 원칙에 반한다고 할 것이다).

2) Rosenberg/Schwab/Gottwald(17. Aufl. 2010), §65 Ⅶ, Rdn. 50; BGH NJW 71, 2226; RGZ 78, 391 f.

3) 大決 2011. 9. 29, 2011 마 62.

4) 大判 1995. 1. 24, 93 다 25875(송달이 부적법하다며 추후보완항소를 제기하여 이것이 받아들여졌으나 항소가 이유없다고 기각되자, 상고를 제기하면서 자기의 추후보완항소는 부적법하였다고 주장하는 것은

에 반하는 거동을 하는 경우(예컨대 부제소계약에 반하여 소를 제기하거나 소취하계약에 반하여 소송을 계속 유지하는 경우)와 같다.[1][2] 그러나 이것은 직접적으로는 계약의 효력 내지 소의 이익의 문제로 다루면 족하다고 하는 반대설이 있다.[3] 또 판결이유 중의 판단에 불가쟁의 구속력을 인정하는 근거로서 신의칙을 원용할 수도 있다(후술하는 기판력의 객관적 범위에 관한 설명 참조).[4]

2) 소송상의 금반언의 적용요건은 선행행위와 후행행위의 모순, 선행행위에 대한 상대방의 신뢰 및 후행행위에 의한 상대방의 불이익 등이다. 그러나 위 세 가지 요건이 구비되었다고 하여 항상 금반언의 원칙이 적용되는 것은 아니며, 이것은 별도의 고찰을 요한다.

3) 소송상의 금반언의 적용범위는 문제이다. 왜냐하면, 민사소송법은 자백의 취소의 제한 등 일정한 경우에는 선행행위와 모순되는 거동을 직접 제한·배제하고 있으나(149 Ⅰ, 151, 266 Ⅱ, 285 Ⅰ, 288), 변론의 일체성의 원칙을 취하는 한도 안에서는 선행행위와 모순되는 거동을 허용하고 있기 때문이다. 따라서 금반언의 적용범위는 한편으로는 모순행위를 허용하는 경우에 선행행위를 신뢰한 상대방이 입을 불이익과 모순행위를 배척하는 경우에 행위자가 입을 불이익을 비교하여 전자가 후자보다 더 보호할 가치가 있는 경우에 긍정하여야 할 것이고, 다른 한편으로는 문제로 되는 권리관계의 성질을 고려하여 당사자들 사이의 형평보다 실체적 진실에 알맞은 해결이 필요한 경우에는 금반언의 원칙은 후퇴하여야 할 것이다. 그리하여 예컨대 혼인관계와 같은 신분관계를 둘러싼 소송에서는 실체적 진실에 따라 해결되어야 하므로 금반언의 원칙은 적용할 수 없다고 생각한다.[5]

신의칙상 허용되지 않는다). 그 밖에도 大判 1994. 7. 28, 92 다 7726; 日最判 1973. 7. 20, 民集 27. 7. 890 참조.

1) 李時, 33면; Rosenberg, §65 Ⅶ 2; Zeiss, §33 Ⅲ 2; 大判 1993. 5. 14, 92 다 21760.

2) 그 밖에도 의료재단의 회생절차에서 의료기계를 리스해 준 리스회사가 회생절차에서 회생담보권자로서의 권리를 적극적으로 행사하면서, 해당 의료재단이 그 기계를 계속 이용하는 것을 전제하는 회생계획에 이의를 제기하거나 그 인가결정에 즉시항고를 하지 않음으로써 해지권 및 환취권 행사를 통해 위 기계의 인도를 요구하지 않을 것과 같은 태도를 보였다면, 위 리스회사가 리스계약에서 정한 바에 따라 리스계약을 해지하고 환취권을 행사하는 것은 신의성실의 원칙에 위반될 여지가 있다는 것이 판례이다(大判 2022. 10. 14, 2018 다 210690).

3) 胡, 52면; 中野, "民事訴訟における信義則および禁反言," 爭點, 43면 참조.

4) 李時, 656~657면; Jauernig, §63 Ⅲ 2.

5) 同旨: 李時, 34면; 金容, 15~16면; 日東京高判 1965. 11. 18, 高民時報 16. 11. 225.

(3) 訴訟上의 權能의 失效

1) 당사자 한 쪽이 소송상의 권능을 오랫동안 행사하지 않고 방치하여 상대방에게 이를 행사하지 않으리라는 정당한 기대가 발생하고, 상대방이 이 기대에 따라 행동하고 있는 경우에는 그 후에 이르러 권능을 행사하여도 신의칙상 그 권능은 이미 실효(失效; Verwirkung)된 것으로서 허용되지 아니한다.

앞에서 말한 금반언의 원칙이 적극적으로 자기의 의사에 기한 선행행위에 의하여 나타난 외관을 신뢰한 것을 보호하려고 함에 반하여, 여기에서 설명하는 실효의 원칙은 소극적으로 부작위의 결과로 생긴 외관을 상대방이 신뢰한 것을 보호하려고 하는 것이다. 따라서 실효를 인정하기 위해서는 그 이전의 단계에서 권리행사를 하여야 할 규범적 필요성이 있어야 한다.[1)]

2) 실효의 원칙이 어느 경우에 적용되느냐가 문제이다. 우선 기간의 정함이 없는 각종의 신청(통상항고나 이의)에 관하여 실효의 원칙이 적용됨에 관하여는 별로 다툼이 없다.[2)] 판례도 기간의 정함이 없는 항소권,[3)] 노사 간의 고용관계에 관한 분쟁[4)]에 이 원칙이 적용될 수 있다고 보았다. 그러나 소를 제기할 수 있는 권능(소권) 자체에 관하여도 실효를 인정할 것인가에 관하여는 다툼이 있다. 소권은 중요한 공권의 하나이고 또 법치국가의 이념을 떠받드는 기능을 하고 있으므로, 소권 자체의 실효는 이를 부정하고,[5)] 도리어 다음에 설명하는 소권의 남용의 문제로 다루어야 할 것이다. 다만 소송의 대상인 실체법상의 권리 자체가 실효된 경우에는 그것을 소송에 의하여 주장하는 것은 허용되지 않는다.[6)]

---

1) 竹下, "判決理由中の判斷と信義則," 山木戶教授還曆紀念, 「實體法と手續法の交錯(下)」, 83면 참조.

2) 李時, 34면; Rosenberg, §65 Ⅶ 3; 中野=松浦=鈴木, 26면.

3) 大判 1996. 7. 30, 94 다 51840(허위의 주소로 소송서류가 송달되도록 하여 자백간주로 승소판결을 받은 사안. 이 경우에는 판결의 송달이 무효이므로 항소기간이 진행하지 아니한다고 보았다).

4) 大判 2000. 4. 25, 99 다 34475(해고된 근로자가 아무런 이의의 유보나 조건 없이 퇴직금을 수령한 후 6년 4개월 후에 해고의 효력을 다투는 소를 제기하는 것은 신의칙이나 금반언의 원칙에 위배된다고 함); 유사한 취지로는, 大判 1993. 5. 25, 91 다 41750(의원면직일로부터 9년); 2005. 10. 28, 2005 다 45827(의원면직일로부터 5년); 1990. 11. 23, 90 다카 25512(해고당한 후 회사가 변제공탁한 퇴직금 등을 조건 없이 수령한 후 동종업체에 취업하여 3년 가까이 지나 제기한 해고무효확인청구); 다만 해고의 효력을 다투는 사정이 있음이 엿보이는 때에는, 명시적인 이의를 유보함이 없이 퇴직금을 수령해도 일률적으로 해고의 효력을 인정하였다고 보아서는 안된다는 것으로는, 大判 2005. 11. 25, 2005 다 38270; 1996. 3. 8, 95 다 51847; 2003. 10. 10, 2001 다 76229.

5) 同旨: 宋/朴, 21면; Rosenberg, §65 Ⅶ 3; 中野, 前揭論文, 45면.

6) Rosenberg, §92 Ⅲ 2.

(4) 訴訟上의 權能의 濫用의 禁止

1) 소송상의 권능에 관하여도 이것을 인정한 법의 취지에 반하여 다른 목적을 위하여 남용하는 것은 허용되지 아니한다. 이 권리남용의 금지도 신의칙의 발현형태의 하나이다. 이것은 소송상의 권능 자체는 존속하고 있는 점에서 그것이 소멸되어 버리는 실효의 경우와 구별된다. 소송행위의 무효의 주장이 신의칙에 위반되는 경우, 예컨대 소송상의 화해가 오래 전에 이행되었는데, 뒤에 와서 형식적 흠을 내세워 그 무효를 주장하는 것 역시 허용되지 아니한다.

2) 기피권의 남용(45 I),[1] 상소권의 남용, 청구가 이유 없음이 명백한 소의 반복적 제기(219의 2) 등이 대표적인 예이며, 이처럼 취효적 소송행위가 남용으로 인정되는 경우에는 소의 이익이 없는 것으로서 각하된다.[2] 대법원은 최종심인 대법원에서 여러 차례에 걸쳐 같은 이유로 재심청구가 기각되었음에도 불구하고 이미 배척된 이유를 들어 최종 재심판결에 대하여 다시 재심청구를 거듭하는 것,[3] 학교법인의 경영권 양도결의에 따라 법인 이사직을 사임한 후 오로지 학교법인이나 현 이사로부터 다소의 금품을 지급 받을 목적으로 이사회결의부존재확인의 소를 제기하는 것,[4] 사실상의 1인회사의 대표이사직에 있던 주주가 주권발행 전에 주식을 양도하고, 그 양수인들이 회사의 부채를 정리하고 경영한 지 7·8년이 지난 후에, 주권발행 전의 주식양도이었음을 이유로 그 주식양도의 효력을 다투고, 그 양도 후의 주주총회결의의 무효확인을 구하는 소를 제기하는 것,[5] 대여금채권이 없음에도 불구하고 있는 양 허위증언을 하여 다른 사람으로 하여금 법원을 기망하여 승소의 확정판결을 얻도록 협력한 사람이 위 다른 사람에 대하여 약정에 의한 돈의 지급을 구하는 것,[6] 선박소유자인 회사에 의하여 편의치적(便宜置籍)을 위하여 설립된 회사가 그 선박의 소유권을 주장하여 제3자이의의 소를 제기하는 것,[7] 진실한 신분관계를 귀속시키는 것이 오히려 자녀의 복리에 현저히 반하게 되는 특별한 사정

1) 大決 1981. 2. 26, 81 마 14.
2) Rosenberg, §65 Ⅶ 4.
3) 大判 1999. 5. 28, 98 재다 275 등.
4) 大判 1974. 9. 24, 74 다 767.
5) 大判 1983. 4. 26, 80 다 580.
6) 大判 1983. 5. 24, 82 다카 1919.
7) 大判 1988. 11. 22, 87 다카 1671.

이 있음에도 친생자관계존재확인의 소를 제기하는 것[1] 등은 모두 신의칙에 반한다고 하여, 소권의 남용을 불허하고 있다.[2]

그러나 판례는 집합건물의 대지소유자는 대지사용권 없이 전유부분을 소유하면서 대지를 무단점유하는 구분소유자에 대하여 그 전유부분의 철거를 구할 수 있으며, 1동의 집행건물 중 일부 전유부분만을 떼어내어 철거하는 것이 사실상 불가능하다고 하더라도 이는 집행개시의 장애요건에 불과하므로 대지 소유자의 건물철거청구가 권리남용에 해당하지 않는다고 한다.[3]

5. 信義則違反의 效果

1) 신의칙에 위반되는지 여부는 당사자의 주장이 없어도 법원이 직권으로 조사하여야 한다는 견해가 있으나,[4] 전술한 바와 같이 그것이 당사자들 사이에서 작용하는가, 법원에 대한 관계에서 작용하는가에 따라 다르다고 본다. 즉 당사자와 법원 사이에서는 법원의 직권조사사항이나, 당사자들 사이에서는 상대방의 원용을 기다려 참작하면 충분할 것이다.

2) 신의칙위반의 행위에 대하여는 소송법적 효과와 실체법적 효과가 발생한다.

i) 소송법상으로는 그 행위의 종류에 따라 효과가 다르다. 즉 여효적 소송행위가 신의칙에 위반될 때에는 무효(유효성의 문제)로 되고(예컨대 신의칙에 반하여 관할의 합의를 이끌어낸 때), 취효적 소송행위가 신의칙에 위반될 때에는 부적법(적법성의 문제)하게 되므로 법원에 의하여 배척(각하)된다(예컨대 소의 제기나 기피신청이 권리남용에 해당된 때). 신의칙에 반하는 소송행위를 간과하고 판결하였을 때에는 그 판결이 확정되기 전에는 상소로 취소할 수 있으나, 확정된 뒤에는 위법·유효한 판결로 된다.[5]

ii) 실체법상으로는 그것이 위법행위로서 손해배상책임을 발생시킬 수 있고(판결의 부당취득 등을 생각하여 보라),[6] 경우에 따라서는 그 행위가 무효로 되거나 또는 금지청구의 대상이 될 수 있다.

---

1) 大判 2025. 4. 24, 2022 므 15371.
2) 그 밖의 예로서 大判 1988. 10. 11, 87 다카 113; 大決 1992. 6. 9, 91 마 500 참조.
3) 大判 2021. 7. 8, 2017 다 204247.
4) 李時, 37면; 姜, 97면; 田, 50면. 직권조사사항이 아니라 직권으로 판단하는 것이라는 견해는 胡, 54면.
5) 同旨: 李時, 38면; 田, 50~51면.
6) Rosenberg, §2 Ⅴ, §65 Ⅶ.

3) 특히 원고가 소권(항소권을 포함)을 남용하여 '청구가 이유 없음이 명백한 소를 반복적으로 제기하는 경우'에는 법원이 결정으로 500만 원 이하의 과태료에 처하도록 하는 규정이 2023년 민사소송법 개정을 통해 신설되었다(219의2).

제 6 절 民事訴訟節次의 種類와 進行經過

Ⅰ. 總 說

민사소송절차는 민사소송의 목적을 효과적으로 달성하기 위하여 소송절차에 여러 가지 유형을 설정하고 여기에 상이한 역할을 담당시키고 있다. 그리하여 민사소송절차는 통상절차와 특별절차 및 양자의 부수절차로 크게 나누어진다. 이러한 소송절차의 분화는 자주적 분쟁해결방식의 생활화와 함께 분쟁해결방식을 다양화하여 분쟁의 해결을 촉진시키려고 하는 목적을 가지고 있다.[1] 여기에서는 위 각 절차의 특징과 판결절차의 진행과정을 간단히 살펴본다.

Ⅱ. 通常訴訟節次

통상소송절차는 보통의 민사사건에 적용되는 소송절차로서, 이것은 다시 판결절차와 강제집행절차로 나누어진다.

판결절차(Erkenntnisverfahren)는 원고가 소로 주장하는 권리관계의 존재 여부를 관념적으로 확정하는 절차이다. 소에 의하여 개시되고 법원의 판결에 의하여 종료되는 것이 보통이므로 판결절차라 부르는 것이다. 판결절차는 다시 제1심, 항소심 및 상고심의 절차로 나뉜다. 제1심의 절차라도 합의부의 절차와 단독판사의 절차 사이에는 소송대리인(88) 등 몇 가지 차이가 있다. 본서는 이 판결절차를 주된 대상으로 한다.

강제집행절차(Zwangsvollstreckungsverfahren)는 판결절차에서 확정된 권리의 내

1) 中野, 16면 이하; 上田, 1~16면 참조.

용을 국가의 강제력에 의하여 사실적으로 실현하는 절차이다. 채권자의 신청에 의하여 개시되고, 이를 취급하는 기관(집행기관)도 판결절차를 담당하는 기관(수소법원)과 다르다.

과거에는 판결절차와 강제집행절차가 민사소송법에서 함께 규율되었으나, 2002년 민사소송법의 제정을 계기로 하여 판결절차는 민사소송법에서 강제집행절차는 민사집행법에서 각각 따로따로 규율받게 되었다.

Ⅲ. 特別訴訟節次

특별소송절차는 사건의 성질이나 소송목적의 값에 의하여 구별되는 특수한 민사사건에 한하여 적용되는 소송절차로서, 여기에는 다음과 같은 것이 있다.

1. 簡易訴訟節次(略式訴訟節次)

통상소송절차에 비하여 절차가 간이화되어 있는 점이 특색이며, 여기에는 소송목적의 값이 3,000만 원을 초과하지 아니하는 금전 그 밖의 대체물이나 유가증권의 일정한 수량의 지급을 목적으로 하는 민사사건(소액사건)에 적용되는 소액사건심판절차와, 금액의 제한없이 간이·신속하게 집행권원을 얻게 하는 독촉절차의 두 가지가 있다(자세한 것은 약식소송절차 참조).

2. 家事訴訟節次

혼인·친자 등의 신분관계의 확정·형성을 목적으로 하거나 이에 관련된 민사사건(가사소송사건)에 관하여 적용되는 특별한 소송절차이다. 가류 및 나류 가사소송사건은 공익에 관계가 있고 또 제3자에 대하여도 판결의 효력을 미치게 하여 사건을 획일적으로 처리할 필요가 있으므로, 소송에 등장하지 않는 제3자의 이해를 고려하기 위하여 직권탐지주의를 채택하고 있다(家訴 17, 21). 가사소송법에 그 절차가 규정되어 있다(앞의 가사소송에 관한 설명 참조).

3. 倒産節次

도산절차(bankruptcy proceedings, insolvency proceedings; Insonvenzverfahren)는

채무자가 무자력 상태에 빠져 다수의 채권자의 채권을 만족시킬 수 없게 된 경우에 채권자 사이에 공평을 꾀하고 나아가 채무자의 재건을 위하여 특별히 마련된 소송절차이다. 여기에는 채권자들 사이의 공평을 꾀하면서 채무자의 재건책을 강구하는 재건형(再建型)과 채무자의 총재산을 모든 채권자를 위하여 공평하게 청산하는 청산형(淸算型)의 두 가지가 있다. 재건형에 속하는 도산절차로서는 회생절차, 개인회생절차가 있고, 청산형에 속하는 도산절차로서는 파산절차가 있다. 원래 도산관계법은 화의법(1962. 1. 20. 법률 제997호), 회사정리법(1962. 12. 12. 법률 제1214호), 파산법(1962. 1. 20. 법률 제998호)으로 나누어져 시행된 바 있고, 2004년에는 개인채무자회생법(2004. 3. 23. 법률 제7198호)이 추가되었다. 그러다가 2005년에는 이러한 법률들이 모두 '채무자회생 및 파산에 관한 법률'(2005. 3. 31. 2005. 3. 31. 법률 제7428호. 2006. 4. 1. 시행)이라는 하나의 법률로 통합·개선되었다. 새 법률에서는 화의절차는 폐지되고 회생절차로 단일화되었으며, 국제도산절차(破 628~642)가 새로 규정되었다.

i) **회생절차**(reorganization)는 재정적 어려움으로 파탄에 직면해 있는 채무자(개인을 포함)에 대하여 이해관계인의 법률관계를 조정하여 채무자 또는 그 사업의 효율적인 회생을 도모하는 절차이다(破 34~293). 흔히 법정관리라고 말한다. 과거에는 회사정리법에서 규정하였으며 그 이용대상을 주식회사에 한정하였으나, 새 법률에서는 이러한 제한이 없다.

ii) **파산절차**(liquidations)는 채무자의 자력이 불충분하여 모든 채권자의 채권을 만족시킬 수 없는 경우에 채권자의 개별적인 소송이나 강제집행을 배척하고 채무자의 모든 재산으로부터 모든 채권자가 채권액의 비율에 따라 공평하게 만족을 받게 하는 절차이다(破 294~578). 과거에는 파산법에서 규정하였다.

iii) **개인회생절차**(adjustments of debts of an individual with a regular income)란 재정적 어려움으로 인하여 파탄에 직면하고 있는 개인채무자로서 장래 계속적으로 또는 반복하여 수입을 얻을 가능성이 있는 사람에 대하여 채권자 등 이해관계인의 법률관계를 조정함으로써 채무자의 효율적 회생과 채권자의 이익을 도모하는 절차이다(破 579~627). 총 채무액이 무담보채무의 경우에는 10억 원, 담보부채무인 경우에는 15억 원 이하인 개인채무자가 **3년**[1]을 초과하지 않는 기간 동안(破 579 ①, 611 Ⅴ)(2021. 4. 20. 법률 제18084

1) 다만 채무자 회생 및 파산에 관한 법률 제614조 제1항 제4호의 요건(청산가치보장)을 충족하기 위해 필요한 경우 등 특별한 사정이 있는 경우에는 변제개시일부터 5년을 초과하지 아니하는 범위에서 변제기간을 정할 수 있다(破 611 Ⅴ 但)(2017. 12. 12. 법률 제15158호, 2018. 6. 13.부터 시행).

호, 2021. 4. 20.부터 시행) 일정한 금액을 변제하면 나머지 채무를 면제받을 수 있다. 과거에는 개인채무자회생법에서 규정하였다.

Ⅳ. 附隨節次

통상소송절차와 특별소송절차의 기능을 충분히 발휘하게 하기 위하여 위 양 절차에 부수되어 있는 절차이다. 부수절차에는 다음과 같은 것이 있다.

1. 證據保全節次

증거보전절차는 판결절차(소액사건심판절차 포함)에서 정식의 증거조사의 시기까지 기다리다가는 어떤 증거의 조사가 불가능하거나 곤란하게 될 염려가 있을 때에 미리 그 증거를 조사하여 그 결과를 보전하기 위한 절차이다(375 이하). 판결절차를 개시하기 전에도 가능하다.

2. 假押留 · 假處分節次

가압류 · 가처분절차는 현상을 방치하면 뒤에 승소판결을 얻어도 이에 의한 강제집행이 불가능하거나 현저하게 곤란하게 될 염려가 있는 경우에 판결이 있을 때까지의 잠정조치로 현상의 변경을 금하거나 일정한 법률관계를 형성하는 등의 방법으로 장래의 강제집행의 보전을 꾀하는 절차이다. 그러므로 이를 집행보전절차 또는 보전소송이라고도 한다. 금전채권에 관한 집행보전을 목적으로 하는 가압류(Arrest)절차와 금전채권 이외의 채권의 집행보전을 목적으로 하는 가처분(einstweilige Verfügungen)절차로 나누어진다.

3. 그 밖의 부수절차

판결절차에 부수하는 것으로서 소송비용액의 확정절차(110 이하), 강제집행절차에 부수하는 것으로서 집행문부여절차(民執 29 이하), 재산명시절차(民執 61 이하)가 있으며, 그 밖에 결정 · 명령에 대한 항고절차(439 이하) 등이 있다.

V. 判決節次의 進行經過 - 訴訟의 一生

본서에서는 주로 판결절차를 다루고 있으므로, 판결절차가 어떠한 경로를 거쳐 진행되는가를 개관하는 것은 구체적인 문제의 이해를 위하여 매우 유익하다.[1)]

1) 우선 판결절차는 소의 제기가 있어야 개시된다. 소는 원고가 피고를 상대로 하여 관할권이 있는 법원에 제기한다. 그러므로 누가 원고가 되고 누가 피고가 되며 또 어느 법원에 소를 제기하여야 하는가를 결정하여야 한다. 이것이 소송의 주체에 관한 문제이고, 원·피고를 당사자, 소를 제기 받은 법원을 수소법원이라 한다. 소에는 원고가 무엇에 관하여 어떠한 내용의 판결을 구하는가가 나타난다. 이 심판의 객체에 관한 문제가 소송물에 관한 논의이다.

2) 소의 제기는 소장을 제출하여 하는 것이 보통이다. 소장이 제출되면 재판장은 소장을 심사하고 흠이 있으면 상당한 기간을 정하여 보정하도록 명하며(재판장은 법원사무관등으로 하여금 이러한 보정명령을 하게 할 수 있다), 그 기간 안에 흠을 보정하지 아니하면 소장을 각하한다(소장각하명령). 소장이 적법하면 법원은 소장의 부본을 피고에게 송달하고, 피고는 이를 송달 받은 때부터 30일 이내에 답변서를 제출하여야 한다. 피고가 그 기간 안에 답변서를 제출하지 아니하면 변론 없이 원고승소판결이 선고될 수도 있다(무변론판결). 피고가 답변서를 제출하면, 법원은 변론기일을 열어 소송의 심리에 들어가게 된다. 만일 변론의 준비가 필요하면 변론준비절차를 거쳐 변론기일을 연다. 원고와 피고는 각각 자기에게 유리한 사실상 및 법률상의 주장을 하고, 이를 뒷받침하기 위한 증거를 제출한다. 이러한 원·피고의 활동을 변론이라고 한다. 법원은 당사자가 제출한 증거를 조사하여 원·피고의 주장이 정당한가 아닌가를 심리하게 된다. 이에 관한 문제는 변론, 소송행위, 증거법 등에서 다루게 된다.

3) 소송의 심리가 끝나면 법원은 본안판결인 청구인용판결 또는 청구기각판결로써 원고의 청구에 대한 판단을 내리게 된다. 그러나 소에 민사소송법이 규정하고 있는 소송요건의 흠이 있으면 본안판결을 할 수는 없고, 소가 부적법하다 하여 각하한다(부적법각하판결). 물론 법원의 판결에 의하지 않고 원고의 소취하, 원고의 청구포기, 피고의 청구인낙, 또는 원·피고간의 소송상의 화해에 의하여 소송이 종료되는 수도 있다. 이 단계에서 소송이 종료되는 여러 가지 방법을 다루고, 재판, 특히 판결에 관련된 여러 문제를 다루게 된다.

---

1) 영미의 예에 관하여는 James, Hazard & Leubsdorf, §1. 16 ff.; Cound, Friedenthal, Miller & Sexton, p. 3 ff.를, 도이칠란트의 예에 관하여는 Blomeyer, §3; Schlosser, Rdn. 20 ff.를 각 참조.

4) 이렇게 하여 제1심의 절차가 종료되는데, 제1심판결에 대하여 원·피고가 불복을 하지 않으면 소송절차는 여기에서 끝나버린다. 그러나 어느 한 쪽이 제1심판결에 대하여 불복을 하게 되면 항소·상고 등 상소심절차로 이행하게 된다. 그리하여 대법원에서 최종적으로 상고심판결이 선고되면 기나긴 소송사건의 일생은 종언을 고하게 된다. 다만 특별한 사유가 있을 때에는 재심에 의하여 판결의 효력을 깨뜨릴 수 있다.

판결이 확정되었음에도 불구하고 피고가 임의로 채무를 이행하지 아니할 때에는 국가의 강제력에 의하여 이를 실현시킨다. 이 절차를 강제집행이라고 하는데, 이는 본서에서 취급하지 아니한다.

5) 민사소송의 전형적인 유형은 한 사람의 원고가 한 사람의 피고를 상대로 하여 한 개의 소송물을 둘러싸고 전개되는 것이지만, 때로는 원고나 피고가 여러 사람이거나 소송물이 여러 개인 경우가 있다. 이처럼 당사자나 소송물이 복수인 소송형태를 복합소송 또는 소의 주관적 병합·객관적 병합이라고 한다.

본서에서는 위에서 설명한 판결절차의 진행경과에 맞추어 민사소송의 여러 문제를 살펴보기로 한다.

제 2 장 民事訴訟法

제 1 절 民事訴訟法의 意義

민사소송법(Zivilprozessrecht)이라는 말은 형식적 의의와 실질적 의의의 두 가지 뜻으로 쓰인다. 형식적 의의의 민사소송법은 민사소송법이라고 불리는 법전을 가리키며, 실질적 의의의 민사소송법은 민사소송절차를 규율하는 법규의 총체를 말한다. 그러므로 실질적 의의의 민사소송법에는 소송의 주체인 법원과 당사자, 소송심리의 대상과 절차, 재판의 요건과 효과에 관한 일체의 법규가 포함된다.

실질적 의의의 민사소송법의 법원(法源)은 다음과 같다.

헌법에도 민사소송에 관계 있는 규정이 많다. 인간으로서의 존엄과 가치의 보장에 관한 제10조, 무기평등의 원칙에 관한 제11조, 재판을 받을 권리에 관한 제27조, 재판의 공개에 관한 제109조, 법원·법관·재판에 관한 제5장 등이 그것이다.

법률로서는 형식적 의의의 민사소송법전 이외에 민사집행법, 증권관련집단소송법, 소비자기본법, 개인정보보호법, 법원조직법, 집행관법, 변호사법, 공증인법, 변리사법, 가사소송법, 행정소송법, 소액사건심판법, 상고심절차에 관한 특례법, 소송촉진 등에 관한 특례법, 국가를 당사자로 하는 소송에 관한 법률, 민사소송비용법, 민사소송 등 인지법, 국제사법, 인지첩부 및 공탁제공에 관한 특례법, 원격영상재판에 관한 특례법, 채무자회생 및 파산에 관한 법률, 중재법, 민사조정법, 특허법, 해난사고심판법, 국제민사사법공조법, 민사소송 등에서의 전자문서이용 등에 관한 법률, 민법·상법(184~193) 중의 절차적 규정 등이 있다.

국제조약으로서는 헤이그송달협약(2000. 1. 13. 가입), 인권에 관한 세계선언(6 등), 국제인권규약 B규약(14) 등이 있다.

대법원규칙으로서는 민사소송규칙, 민사집행규칙, 가사소송규칙, 소액사건심판규칙, 민사 및 가사소송의 사물관할에 관한 규칙, 민사소송비용규칙, 변호사보수의 소송비용산입에 관한 규칙, 민사소송 등 인지규칙, 민사조정규칙, 정정보도 등 청구사건 심판규칙, 소송촉진 등에 관한 특례규칙, 독촉절차에서의 전자문서이용 등에 관한 규칙 등이 있다. 대법원규칙은 헌법 제108조에 의하여 대법원이 제정하는 것으로서 법률에 저촉되지 아니하는 범위 안에서 효력이 있다.

실질적 민사소송법의 법원으로서는 위에서 말한 제정법만을 들고 있는 것이 보통이지만, 민사소송에 관하여도 관습법의 성립은 가능하고 또 대법원판례는 법규는 아니지만 매우 중요한 기능을 가진다.[1)]

제2절 民事訴訟法의 性質

민사소송법은 공법·민사법·절차법이다.

Ⅰ. 公法으로서의 民事訴訟法

민사소송법은 국가기관인 법원이 국민에 대하여 재판권을 행사하는 방법과 한계를 규율하는 법이므로 공법(öffentliches Recht)에 속한다. 물론 민사소송법 중에는 사인인 당사자의 행위(예컨대 관할의 합의, 소의 제기, 자백)에 관한 규정이 적지 않게 포함되어 있으나, 이러한 행위도 법원과의 관계에서 인정되는 것이므로, 이것이 민사소송법의 공법으로서의 성질을 좌우하지는 아니한다. 그리고 민사소송법이 공법이라고 하여 그것을 해석할 때 당사자의 사적 이익을 완전히 무시하여야 하는 것은 아니다.

Ⅱ. 民事法으로서의 民事訴訟法

민사소송법은 대등한 사인들 사이의 생활관계에서 발생하는 분쟁과 이해의 대립을 처리하기 위한 법률이고, 이 점에서 민법·상법 등의 사법과 그 대상을 공통으로 하고 있으며, 양자는 함께 민사법(Zivilrecht)이라는 영역을 구성한다(형사법과 대립한다).

---

1) 민사소송에서 판례법의 기능에 관하여는 新堂, 55면 이하 참조.

Ⅲ. 節次法으로서의 民事訴訟法

1) 민사소송법은 사법상의 권리의무의 확정·실현을 위한 절차를 규율하는 법이므로 절차법(law of procedure, adjective law; Verfahrensrecht)에 속한다. 민·상법 등의 사법은 어떠한 경우에 누구에게 어떠한 권리의무가 발생·변경·소멸하는가, 즉 권리의무의 실체를 규율하는 법이고 재판의 내용의 기준이 된다. 이에 반하여 민사소송법은 절차를 어떻게 진행시키고 어떻게 사실인정의 자료를 수집하며 어떠한 방식으로 재판을 할 것인가를 규율하는 법이고, 권리의무의 확정·실현의 절차, 즉 소송의 형식면을 규율하는 기능을 가진다. 이러한 각각의 기능에 착안하여 사법을 실체법, 민사소송법을 절차법(형식법)이라고 말한다.

2) 그러나 사법은 실체법이고, 소송법은 절차법이라고 하는 구별은 일반적·체계적 고찰에 의한 것이고, 개별적·구체적으로 살펴보면, 민·상법의 규정도 확인의 이익, 당사자적격 등을 판단하는 기준으로 고려될 때에는 절차법적 기능을 담당하는 것이고, 반대로 민사소송법의 규정도 재심사유의 존재 여부를 판단하는 경우나 상고심이 원심의 소송절차위반을 판단하는 경우에는 재판의 내용의 기준이 되어 실체법적 기능을 수행하는 것이므로 양자의 구별은 상대적임을 주의하여야 한다.

3) 실체법과 절차법은 별개의 법체계를 이루어 대립하고 있지만, 양자는 모두 소송에 의한 분쟁해결의 규범으로서 공통된 목적을 가지고 있으므로, 양자 사이에는 서로 영향을 미치는 경우가 적지 않다. 즉, 실체법상 사적 자치에 맡겨져 있는 생활영역에서 발생하는 분쟁에 관하여는 소송법에서도 처분권주의·변론주의가 인정되어 사적 자치의 이념을 존중하고 있고, 실체법상 제한능력자에 대하여는 소송법상으로도 소송무능력자로 취급하여 보호하고 있으며, 실체법상 재산의 귀속주체가 관리처분권을 상실한 경우에는 소송법상으로도 그 재산을 둘러싼 소송에 관하여 당사자적격을 부정하고 있는 따위이다. 위에서 살펴본 실체법과 소송법 사이의 대립과 상응을 이론적으로 체계화하여 그 진부를 통일적으로 해명하는 것은 소송법학이 안고 있는 가장 큰 과제 가운데 하나이다.[1)]

실체법과 소송법의 관계를 어떻게 파악하느냐에 따라 민사소송법상의 많은 논점에 관하여 현저한 견해의 대립이 있다. 도이칠란트 보통법시대에는 소송을 실체법상의 권리, 특히 청구권의 실행절차에 불과한 것으로 보았고, 그리하여 소송법은 실체법의 조법(助法)이며, 수단적·기술적 규정을 넘지 못한다고 생각하는 것이 일반적이었다. 그러나 그 뒤에는 이에 대한 반동으로 소송법의 독자성을 강조하여, 소송이란 실체법의 간섭을 허용하지 않는 소송법의 독점영역이라고 보고, 소송법과 실체법의 관계를 완전히 절단시킨 소송법 먼

---

1) Henckel, *Prozessrecht und materielles Recht*(1970); 兼子 一, 「實體法と訴訟法」(1957) 등 참조.

로(Monroe)주의가 득세한 때도 있었다. 그러나 이 두 견해는 모두 극단적인 것이어서 받아들일 것이 못되지만, 양자의 관계를 어떻게 보느냐에 따라 소권, 소송물, 사법행위와 소송행위, 기판력의 본질 등 기초적인 문제에 관하여 학설이 여러 가지로 갈라지는 계기가 됨을 주의하여야 한다.

4) 실체법과 절차법을 구별하는 실익은 다음과 같은 점에 있다. 첫째로 법률의 개정이 있는 경우에, 실체법은 불소급(不遡及)을 원칙으로 함에 반하여, 절차법은 오히려 소급 적용하는 것이 합목적적이다. 둘째로, 외국적 요소를 가진 사건에서 외국법의 적용에 관하여 실체법은 외국법을 적용할 경우가 많으나, 절차법은 모두 법정지법(*lex fori*)에 의한다. 셋째로, 상고심에서 소송법규의 위반은 강행규정이 아닌 한, 상고인이 상고이유로 지적한 점만을 판단하면 되지만(431·434), 실체법에 관하여는 임의규정을 포함하여 그 해석적용의 당부를 항상 직권으로 심사하여야 한다.

제 3 절 民事訴訟法規의 種類와 解釋

Ⅰ. 訴訟法規의 種類

소송법규는 법원·당사자, 그 밖의 소송관계인에게 그 준수를 요구하는 정도에 따라 그것에 위반한 행위나 절차의 효력이 달라진다. 이러한 기준에 따라 소송법규를 다음과 같이 분류할 수 있다.

1. 效力規定과 訓示規定

효력규정은 이에 위반하면 그 행위나 절차의 효력에 영향을 미치는 규정이고, 훈시규정은 이에 위반하여도 그 행위나 절차의 효력에 아무런 영향을 미치지 아니하는 규정이다.[1] 소송법규는 대부분 효력규정이지만 법원의 행위에 관한 규정, 특히 그 직무를 정한 규정 중에는 훈시규정이 적지 아니하다. 훈시규정의 예는 판결선고의 기간(199), 판결선고의 기일(207 Ⅰ), 판결송달의 기간(210 Ⅰ), 변론기일의 지정(258), 항소기록의 송부기간(400), 상고이유서·답변서의 송달기간(428 Ⅱ) 등을 비롯하여 매우 많다. 효력규정은 다시 강행규정과 임의규정으로 나뉜다.

---

1) 大決 1982. 1. 15, 81 그 19; 1984. 8. 23, 84 마 454.

2. 强行規定과 任意規定

1) 강행규정은 법원과 당사자의 의사나 태도에 의하여 그 구속을 배제할 수 없는 성질의 규정이다. 이에 위반한 행위나 절차는 무효이며, 법원은 직권으로 그 위반 여부를 조사하지 않으면 안 된다. 소송제도의 기초를 유지하거나 당사자의 기본적인 이익을 보장하는 등 고도의 공익적 요청에 기한 규정이 이에 해당한다. 예컨대 법원의 구성, 법관의 제척, 전속관할, 심판의 공개, 불변기간,[1] 당사자능력, 소송능력(다만 소송능력의 흠은 적법한 추인에 의하여 치유할 수 있다) 등에 관한 규정이 그것이다.

강행규정에 위반한 행위나 절차가 무효라고 하더라도 이를 문제삼을 수 있는 시기나 방법은 별도의 고찰을 요한다. 왜냐하면 소송법규는 종국판결을 목표로 하여 여러 개의 행위가 앞뒤로 연결되어 진행되는 소송절차를 규율의 대상으로 하고 있으므로, 이러한 절차의 진행단계에 따라 그 무효를 인정하여도 좋은가를 따져 보아야 하고, 실체법에서와 같이 평면적으로 다룰 것이 아니기 때문이다. 이러한 절차의 안정성의 요청 때문에, 판결 전의 강행법규 위반은 독립하여 무효로 보아 배척하여야 하지만, 일단 판결이 선고되면, 판결 자체의 당연무효의 주장은 허용되지 아니하므로, 그 이전의 위반은 상소의 이유로서 주장할 수 있는 이외에는 문제로 할 수 없고, 나아가 판결이 확정되면 재심사유에 해당하는 경우 이외에는 강행법규 위반을 주장할 수 없게 된다.

2) 임의규정은 당사자의 의사나 태도에 의하여 그 구속을 어느 정도 완화·배척할 수 있는 성질의 규정이다. 주로 당사자의 소송수행상의 편의를 꾀하고 그 이익을 보호하는 것을 목적으로 하는 규정이 이에 해당한다. 다만 소송법에서는 소송절차의 획일성·안정성이 요구되기 때문에, 임의규정이라고 하여도 사법상의 임의규정같이 철저하지는 못하다. 임의규정의 구속을 완화하는 방법에는 다음 두 가지가 있다.

첫째는 당사자들 사이의 합의에 의하여 임의규정과 다른 내용을 정하는 것이다(소송상의 합의). 사법상으로는 임의규정에 관하여는 당사자의 합의에 의하여 얼마든지 이와 달리 정할 수 있지만, 소송법상으로는 다수의 사건을 획일적으로 처리하고 절차의 안정을 꾀하여야 하므로 당사자의 합의에 의하여 임의로 소송절차를 변경하

1) 大判 1972. 5. 9, 72 다 379; 2002. 11. 8, 2001 다 84497.

는 것은 원칙적으로 허용되지 아니한다. 이를 임의소송의 금지 또는 편의소송의 금지(Kein Konventionalprozess)라고 한다. 따라서 소송법상으로는 계약자유의 원칙은 인정되지 아니하며, 다만 법이 허용하는 범위 안에서만 당사자의 합의에 의하여 임의규정과 달리 정할 수 있다. 법이 명문으로 인정하고 있는 것으로서는 관할의 합의(29), 불항소의 합의(390 I 但, II) 등이 있고, 법에 명문이 없는 경우로서는 부제소(不提訴)의 합의,[1] 소취하의 합의,[2] 부집행(不執行)의 합의,[3] 증거계약의 일부가 허용되는 것으로 풀이되고 있다(소송상의 합의에 관한 설명 참조).

둘째는 소송법규의 위반이 있더라도 이로 인하여 불이익을 받는 당사자가 이의를 하지 아니하면 그 흠이 치유되도록 하는 것이다(소송절차에 관한 이의권의 포기 및 상실). 이것은 당사자가 적극적으로 임의규정과 다른 합의를 하는 것이 아니라 임의규정에 위반하는 행위가 있는 경우에 상대방이 소극적·방관적 태도를 취하면 그 위반을 문제삼지 않는 것이다. 이러한 형태의 임의규정은 소송법에 특유한 것이다. 여기에서는 법원이 직권으로 그 위반 여부를 조사할 필요는 없고 당사자가 이의를 제기한 경우에 한하여 그 위반을 고려하면 된다. 예컨대 당사자의 소송행위의 방식,[4] 법원의 기일통지·송달·증거조사의 방식[5] 등에 관한 규정이 이에 해당한다(소송절차에 관한 이의권에 관한 설명 참조).

Ⅱ. 訴訟法規의 解釋

1) 소송법규의 해석도 대체로 법의 해석에 관한 일반적 방법론에 따른다. 따라서 법규의 문언에 충실하고(문리해석), 다른 법규와의 의미관련을 고려할 뿐만 아니라(논리해석), 전체와의 관련에서 법규의 의미와 목적을 명확히 하여야 한다(목적론적 해석). 그리고 유추해석과 반대해석이 인정되는 것도 실체법을 해석할 때와 마찬가지이다.[6]

---

1) 大判 1968. 11. 5, 68 다 1665; 1999. 3. 26, 98 다 63988.
2) 大判 1965. 4. 13, 65 다 15; 1982. 3. 9, 81 다 1312.
3) 大判 1996. 7. 26, 95 다 19072.
4) 大判 1964. 6. 2, 63 다 879; 1993. 3. 23, 92 다 51204.
5) 大判 1962. 12. 27, 62 다 704; 1984. 4. 24, 82 므 14.
6) 李時, 44면; Rosenberg, §7 Ⅱ.

2) 그러나 소송법은 법원과 당사자의 행위의 연쇄에 의하여 진행되는 절차를 규율하고 있고, 많은 사건을 집단적으로 처리하는 제도이므로, 이러한 특색에 따라 그것을 해석할 때에도 실체법을 해석할 때와 다른 원칙이 요청되는 것은 당연하다. 즉, 민사소송은 법원과 당사자의 각 행위가 재판이라는 공통의 목표를 향하여 순차적으로 행하여지는 절차이고, 선행행위를 전제로 하여 후행행위가 행하여지는 관계로, 선행행위의 효력을 부정하면 이를 전제로 하여 행하여진 무수한 후행행위가 모두 쓸모 없게 되므로, 될 수 있으면 이미 진행한 절차를 존중하려고 한다(절차안정의 요청). 또 법원은 다수의 사건을 가능한 한 신속히 처리하여야 하므로, 개개의 사건의 개성을 고려할 수 없고 이들을 집단적·획일적으로 처리할 수밖에 없다(획일적 처리의 요청). 이러한 절차의 안정성 및 획일성의 요청 때문에 소송법규를 해석할 때에는 실체법의 그것에 비하여 형식주의적 경향이 강하다. 그러나 이러한 경향에 대하여 최근에는 신당사자주의의 입장에서 각 당사자의 이익을 고려하여 해석하여야 한다는 주장이 많이 나오고 있다.[1)]

3) 그리고 소송법은 적정·공평·신속·경제를 그 이념으로 하므로 이를 달성할 수 있도록 합목적적으로 해석하여야 하고, 민사소송절차는 헌법의 요청에서 유래하는 것을 포함한 여러 가지 기본원칙에 의하여 지배되므로 이들을 고려하여 합헌적 해석을 하여야 한다.[2)]

제 4 절 民事訴訟法의 適用範圍

우리 민사소송법의 효력이 미치는 범위는 시간적·장소적·인적 및 물적으로 제한되어 있다.

1) 金/姜, 37면.

2) 李時, 44면; Thomas/Putzo, Einl. VI. 민사재판의 헌법적 보장을 체계적으로 다룬 문헌으로서는 中野, 11면 이하 참조.

Ⅰ. 時間的 限界

민사소송법규가 개정된 경우에 신법과 구법 가운데 어느 법규를 적용할 것인가가 문제된다. 양자의 적용범위를 정하는 법률을 시제(時際)민사소송법(intertemporales Prozessrecht)이라고 한다. 실체법에서는 기득권을 존중하여 생활관계의 안정을 꾀하기 위하여 법률불소급의 원칙이 채택되고 있다. 그러나 소송법에서는 실체법에서와 같은 불안정이 생길 염려가 없을 뿐만 아니라 기술적으로 구법시에 계속된 사건에 대하여도 획일적으로 새 법을 적용하는 쪽이 집단적 처리를 위하여 더욱 합리적이다. 그리하여 소송법의 영역에서는 소급효를 인정하는 것이 원칙이다. 다만 구 법시에 이미 완결되어 있던 소송행위(예컨대 송달행위. 증거조사 행위)는 구 법에 따른 효력을 계속 유지한다. 그렇지 아니하면 당사자의 기대에 반하고, 절차의 안정을 해할 뿐만 아니라 소송경제에도 어긋나기 때문이다(2002년 시행 民訴附則 2 참조). 그리고 새 법이 구 법에 비하여 당사자에게 불리한 경우에는 구 법에 의한 구제를 허용하는 것이 타당하지만, 대개는 입법으로 이에 관한 규정을 두고 있다(2002년 시행 民訴附則 3~5 참조).

Ⅱ. 場所的 限界

민사소송은 국가권력(司法權)의 작용 중의 하나이므로, 법원소재지의 법률(법정지법, *lex fori*)의 지배를 받는 것이 원칙이다.

따라서 우리나라의 법원에 계속되어 있는 민사소송사건에 대하여는 당사자가 내국인인가 외국인인가 또 소송물의 내용이 무엇인가를 묻지 않고 모두 우리나라의 민사소송법이 적용된다. 우리나라의 법원이 외국의 사법기관의 촉탁을 받아 민사소송사건의 송달·증거조사를 하는 경우에도 우리나라의 민사소송법에 따른다. 그러므로 우리 국내의 민사소송사건에 대하여는 외국의 민사소송법이 적용되지 않는 것이 원칙이다.

위와 반대로 외국의 법원에 계속되어 있는 민사소송사건에 대하여는 그 법정지법인 외국의 민사소송법이 적용된다. 그러나 외국의 법원에서 외국의 민사소송법에 따라 행하여진 소송행위가 우리나라에서 어떠한 효력을 인정받는가 하는 문제는 우리 민사소송법에 의하여 결정된다(217, 民執 27 참조). 우리나라의 법원이 외국의 사법기관에 촉탁하여 송달·증거조사를 하게 하는 경우에는, 외국의 사법기관은 그 나라의 민사소송법에 따라 하여야 하지만, 그 나라의 민사소송법에 위반하여 이들 행위가 행하여지더라도 그것이 우리 민사소송법에 의하여 적법한 것으로 인정되면, 우리나라에서는 그 효력이 있다(296 II).

Ⅲ. 人的 및 物的 限界

우리나라의 법원이 민사재판권을 행사하는 경우에는 반드시 우리 민사소송법을 적용할 것이므로, 민사소송법이 적용되는 사람 및 사건의 범위는 우리의 민사재판권이 미치는 인적 및 물적 한계의 문제로 귀착된다. 따라서 이 문제는 법원의 재판권을 다루는 곳에서 설명하기로 한다.

제 5 절 民事訴訟法의 沿革과 改正

Ⅰ. 民事訴訟法의 沿革

우리나라는 일세지하에 있던 동안에는 조선민사령(1912. 3. 18. 制令 제7호)에 의하여 일본민사소송법을 약간 수정하여 의용하였고, 8·15 해방 후에는 군정법령 제21호에 의하여 일정시의 민사소송법을 그대로 사용하였다. 그 뒤 1948년 대한민국정부가 수립된 후에도 당시의 헌법 제100조에 의하여 위 의용(依用)민사소송법의 효력은 지속되었다. 그러나 남의 나라의 민사소송법을 빌어 쓰는 것은 부끄러운 일이었으므로, 정부수립 후에 법전편찬위원회를 구성하여 오랜 기간에 걸쳐 민사소송법의 초안을 기초하였고, 이것이 국회에서 통과되어 1960년 4월 4일 법률 제547호로 공포되고 1960년 7월 1일부터 시행되었다.

이 민사소송법은 의용일본민사소송법을 기초로 한 것이고, 일본 민사소송법은 도이칠란트 민사소송법을 계수한 것이므로,[1] 우리나라의 민사소송법은 도이칠란트법의 계보에 속한다고 말할 수 있다. 그 뒤 1961년 9월 1일에 미국의 교호신문제도를 도입한 부분적 개정이 있었고, 1963년 12월 13일 상고에 관한 부분적 개정을 거친 뒤에, 1990년 8월말까지

1) 新堂, 40면 이하 참조.

그대로 적용되었다.

그러나 그 동안에도 특별법에 의하여 민사소송법의 규정이 보완되거나 개정된 일은 적지 아니하였다. 민사소송에 관한 임시조치법(1961. 6. 21. 법률 제628호. 폐지됨), 간이절차에 의한 민사분쟁사건처리특례법(1970. 12. 13. 법률 제2254호. 폐지됨), 소액사건심판법(1973. 2. 24. 법률 제2547호), 소송촉진 등에 관한 특례법(1981. 1. 29. 법률 제3361호) 등이 그것이다. 그리고 1983년 9월 1일에 제정된 민사소송규칙(2002. 6. 28. 全文改正)에도 민사소송법을 보완하는 많은 세칙(細則)을 두고 있으며, 그 밖에도 많은 대법원규칙이 제정되었다.

Ⅱ. 1990年 改正法律

법무부는 1984년 4월 법조실무계와 법학계의 전문가로 민사소송법개정특별분과위원회를 구성하여 민사소송법개정법률안을 작성하여 1988년 12월 8일 국회에 제출하였으며, 1989년 12월 19일 이를 통과시켰다. 개정법률은 1990년 1월 13일 법률 제4201호로 공포되어 1990년 9월 1일부터 시행되었다.

1990년의 개정민사소송법은 판결절차와 강제집행절차의 양 쪽에 대하여 많은 획기적 개정을 행하였다. 우선 민사소송의 이상과 신의칙을 명문화하였고, 소송당사자의 편익을 도모하기 위하여 소송절차의 이용기회를 확대하고(상고심 문호의 확대 등), 법률을 모르는 당사자를 보호하기 위한 장치를 강화하고(석명권의 강화 등), 당사자의 경제적 부담을 경감시키고(소송구조의 확대 등), 소송의 신속과 공정을 도모하였으며(제척·기피의 남용금지 등), 심리의 효율화·합리화를 꾀하고(집중심리주의의 선언 등), 법원의 업무경감을 꾀하였다(서명의 기명 대체 등). 그 밖에 독촉절차·공시최고절차 및 소액심판절차도 개선하였다.

Ⅲ. 1994年 司法制度改革法律

대법원은 1993년 사법제도 개혁에 착수하여 6개의 개정법률안을 만들었다, 이 개정법률안들은 1994년 7월 14일 국회를 통과하고 7월 27일 공포되었다. 이른바 사법제도개혁법률은 법원조직법 중 개정법률, 상고심절차에 관한 특례법, 행정소송법 중 개정법률, 각급법원의 설치와 관할구역에 관한 법률 중 개정법률, 각급법원판사정원법 중 개정법률 및 법관의 보수에 관한 법률 중 개정법률, 형사소송법 중 개정법률 등이다. 그 중요한 내용은 다음과 같다.

첫째, 새로운 법원을 창설하였다. 지방법원급의 행정법원(法組 3 Ⅰ ③)과 고등법원급의 특허법원(法組 3 Ⅰ ⑥)을 신설하였으며, 지방법원·가정법원의 사무의 일부를 처리하기 위한 시·군법원

(法組 3 Ⅱ)을 신설하였다. 또 고등법원의 부로 하여금 그 관할구역 안의 지방법원소재지에서 사무처리를 할 수 있도록 하였다(法組 27 Ⅳ). 그리고 종래 하나의 지방법원을 민사지방법원과 형사지방법원으로 구분할 수 있었던 제도를 폐지하여 서울민사지방법원과 서울형사지방법원을 서울지방법원으로 통합하였다(法組 3 Ⅰ 但 삭제).

둘째, 행정소송과 특허소송을 합리화하였다. 종래 고등법원이 제1심으로 행정소송사건을 다루던 것을 고쳐서 지방법원급의 행정법원이 이를 담당하도록 하여, 행정소송사건에 관하여도 3심제를 채택하였고, 행정심판의 전치를 임의적인 것으로 바꾸었다(行訴 18 Ⅰ). 또한 특허소송 등에 관하여도 종래 특허청의 심판 및 항고심판을 거쳐 대법원에 상고하게 함으로써 법원의 심판이 단심에 그쳤었는데, 이제는 특허청의 심판을 거친 후 특허법원이 제1심으로 이를 심리한 후 대법원에 상고하게 함으로써 2심제를 채택하였다(法組 28의 4, 14).

셋째, 상고심절차를 개편하였다. 대법원은 상고의 제한을 목적으로 하여 1981년 3월 1일 '소송촉진 등에 관한 특례법'을 제정하여 상고허가제를 시행하였다가, 1990년 민사소송법 개정시에 위 특례법 중 상고제한에 관한 부분도 폐지하여 시행하였다. 그러나 다시 1994년 9월 1일부터 '상고심절차에 관한 특례법'에 의하여 심리불속행제로 상고를 제한하였다.

넷째, 판사 등 법원구성원을 개편하였다. 먼저 법관에 관하여 보면, 예비판사제도를 신설하고(法組 42의 2), 법조경력이 7년 미만인 판사는 변론을 열어서 판결하는 사건에 관하여 단독으로 재판할 수 없고 합의부의 재판장이 될 수 없도록 하며(法組 42의 3), 법관의 직급을 단순화하여 대법원장·대법관과 판사의 직급만을 인정하였다(法組 42). 다음, 법관 이외의 법원직원에 관하여 기술심리관을 특허법원에 두고(法組 54의 2), 사법보좌관을 두어 종래의 법원조사관·가사조사관 및 소년조사관을 흡수하였으며, 판사의 사무 중 재판 이외의 사무를 행하게 하였다(法組 54). 또한 종래의 정리를 법정경위로 개칭하였다(法組 64). 끝으로, 판사회의(法組 9의 2), 법관인사위원회(法組 25의 Ⅱ)를 두기로 하고, 판사 및 예비판사의 근무평정제도를 도입하였다(法組 44의 2).

다섯째, 법원의 지위와 권한의 강화를 꾀하였다. 대법원장에게 입법의견제출권을 보장하였고(法組 9 Ⅲ), 법원이 예산을 편성할 때 사법부의 독립성과 자율성이 존중되도록 하였으며(法組 82 Ⅱ), 다른 국가기관에 대한 법관의 파견근무를 엄격하게 제한하였다(法組 50).

Ⅳ. 2002年 改正法律(新民事訴訟法)

대법원은 1995년부터 민사소송법에 관한 전면적·획기적 개정작업에 착수하여 1999년 2월 28일 종래의 민사소송법을 두 개로 나눈 민사소송법개정법률안과 민사집행법제정법률안을 만들어 법무부에 송부하였다. 법무부는 이 안들을 다시 손질하여 2000년 10월 16일 국회에 제출하였고, 이들은 2001년 12월 16일 국회를 통과하였다. 그리하여 민사소송법 중 개정법률은 2002년 1월 26일 법률 제6626호로, 민사집행법은 같은 날 법률 제6627호로 각각 공포되어, 모두 2002년 7월 1일부터 시행되었다.

이처럼 과거의 하나의 민사소송법은 판결절차에 관한 '민사소송법'과 강제집행절차 및 보전처분절차에 관한 '민사집행법'의 두 개의 법으로 분리되었다. 그리고 판결절차에 관하여도 많은 개정과 보완이 있었다.

2002년 민사소송법의 주요 내용을 보면, 첫째, 심리의 충실과 효율을 꾀하기 위하여 제1심 소송구조를 대폭 개편하였다. 즉 피고의 답변서제출의무를 인정하여, 피고가 소장 부본을 송달 받고 30일 이내에 답변서를 제출하지 아니하면, 변론 없이 원고 승소판결을 선고할 수 있도록 하고, 변론준비절차를 서면준비절차와 변론준비기일로 나누면서 단독·합의사건을 불문하고 이를 원칙적으로 거쳐야 하는 절차로 하여 철저히 변론을 준비한 뒤에만 변론을 열도록 하고 있다. 그리하여 피고가 답변서를 낸 뒤에는 원칙적으로 서면준비절차를 거쳐 쟁점과 증거를 정리하고, 필요하면 변론준비기일까지 열어서 변론준비가 충분히 된 뒤에, 집중적인 변론기일을 열도록 하였다. 변론준비기일을 마친 뒤에는 원칙적으로 새로운 공격·방어방법을 제출하지 못하도록 하는 실권적 효력이 생기도록 하고, 수시제출주의를 적시제출주의로 바꾸어 제1심 위주의 집중심리를 도모하고 있다.

둘째, 효율적이고 충실한 증거조사를 위하여, 문서제출명령제도에서 문서제출의무를 증인의무와 같이 일반의무로 확대하였고, 증인신문에서는 증언을 확보하기 위한 수단으로 감치제도를 도입하였으며, 당사자신문의 보충성을 폐지하였다.

셋째, 변론 없이 하는 판결(무변론판결)·공시송달에 의한 판결·자백간주에 의한 판결 등의 경우에는 판결이유를 간략히 기재할 수 있도록 하고, 정기금판결에 대한 변경의 소를 새로 두었으며, 서면에 의한 청구의 포기·인낙과 화해를 인정하였고, 화해권고결정제도를 도입하였다.

넷째, 상소심절차에서는 가집행선고에 대한 독립적 상소를 할 수 없고, 상고심에서 참고인의 진술을 들을 수 있으며, 특별항고이유를 제한하였고, 재심절차에서는 재심요건 및 재심사유에 관한 중간판결을 할 수 있도록 하여 소송경제를 꾀하고 있다.

다섯째, 다수당사자소송과 관련하여 예비적·선택적 공동소송을 새로 만들었으며, 보조참가에서 직권으로도 참가이유를 조사할 수 있도록 하고, 소송절차를 현저히 지연시키지 않아야 참가할 수 있도록 하며, 판례·학설에 의하여 인정되던 공동소송적 보조참가를 명문으로 규정하고, 독립당사자참가에서 편면참가를 인정하였다.[1)]

끝으로, 새 법에서는 법률용어를 한글로 순화하려고 노력하여 문장구조가 개선되고, 용어에서도 많은 변화가 있었다. 예컨대 '응소관할'이 '변론관할(30)'로, '필요적 공동소송'이 '필수적 공동소송(67)'으로, '의제자백'이 '자백간주(150)'로, '재판의 탈루,' '판단유탈'이 '재판

1) 2002년 민사소송법의 그 밖의 주요 내용은 유병현, "개정민사소송법의 주요내용," 「고시계」, 2002. 3. 4면 이하 참조.

의 누락(212),' '판단누락(451 Ⅰ ⑨)'으로, '책문권'이 '소송절차에 관한 이의권(151)'으로, '채무명의'가 '집행권원(132, 民執 22 등)'으로 각각 바뀌었다. 또한 건물에 대하여 사용되던 '명도'라는 용어는 '인도' 속으로 흡수되었다(舊民訴 690, 民執 258 참조).

Ⅴ. 2008年까지의 改正法律

2007년에는 제3자에 대한 소송기록열람 · 신청권을 인정하였다. 즉 당사자나 소송관계인에게만 소송기록열람을 허용하던 것을 권리구제 · 학술연구 · 공익적 목적이 있으면 일반인에게도 열람을 허용하는 것(162 Ⅱ~ Ⅴ)으로 하였다. 아울러 문서의 송부촉탁에 대한 협력의무(352의 2)를 신설하였다(2007. 5. 17. 법률 제8438호). 또한 전문심리위원제도(164의 2~8)를 새로 두었다(2007. 7. 13. 법률 제8499호). 첨단분야의 소송에 대처하기 위함이다.

2008년에는 변론준비절차를 다시 임의절차화 하였다(2008. 12. 26. 법률 제9171호). 즉 재판장은 피고가 답변서를 제출하면 바로 변론기일을 정하고, 변론의 준비가 필요하면 사건을 변론준비절차에 부치도록 하였다(258 Ⅰ · Ⅱ, 279 Ⅰ). 변론준비절차 회부를 탄력적으로 할 수 있도록 함으로써 심리의 효율을 꾀하고 변론기일 중심으로 재판을 운영하기 위함이다. 이것은 2002년 민사소송법에 채택하였던 변론준비절차 중심의 제도가 소기의 성과를 내지 못하였기 때문이다.

Ⅵ. 集團訴訟制度와 電子訴訟制度의 導入

2004년에는 「증권관련 집단소송법(2004. 1. 20. 법률 제7074호)」이 제정되어 2005. 1. 1.부터 시행됨으로써 우리나라에 집단소송의 시대가 열렸으며, 2006년 전부개정된 「소비자기본법(2006. 9. 27. 법률 제7988호)」에서 소비자단체소송제도가 도입(2008. 1. 1. 부터 시행)되었고, 또한 2011년에는 「개인정보 보호법(2011. 3. 29. 법률 제10465호)」이 제정되어 개인정보단체소송제도(2011. 9. 30. 부터 시행)가 도입되었다.

2010년에는 「민사소송 등에서의 전자문서이용 등에 관한 법률」이 제정되었다. 이것은 과거에 「독촉절차에서의 전자문서이용 등에 관한 법률」에 의하여 독촉절차에 한하여 전자문서를 이용하던 것을 민사소송 전반에 관하여 전자문서의 이용을 확대한 것으로서 우리나라의 발전된 IT기술을 소송절차에 접목한 획기적 조치이다. 2010년 민소전자문서법에 의한 전자소송은 현재 매우 활발하게 이용되고 있다.

Ⅶ. 2016年까지의 改正法律

1. 2010년에는 원고의 소송비용에 대한 담보제공의무의 범위를 확대하고, 법원이 직권으로도 이를 명할 수 있도록 하였다(117 Ⅰ·Ⅱ)(2010. 7. 23. 법률 제10373호). 2011년에는 지식재산 기본법(2011. 5. 19. 법률 제10629호)의 제정을 계기로 민사소송법 제24조 및 제36조의 지적재산권을 지식재산권으로 개칭하였으며(2011. 5. 19. 법률 제10629호), 누구든지 판결이 확정된 사건의 판결서를 인터넷 그 밖의 전산정보처리시스템을 통한 전자적 방법 등으로 열람 및 복사할 수 있도록 하여 확정판결서의 일반인 공개제도를 신설(163의 2)하였다(2011. 7. 18. 법률 제10859호. 2015. 1. 1.부터 시행). 나아가 2012년에는 민사조정법의 일부 개정을 통해 독촉절차에서 법원의 지급명령에 대해 채무자가 이의신청을 한 경우 채권자의 신청에 따라 독촉절차가 통상의 소송절차로 이행(472 Ⅱ)하는 대신 조정절차로 이행될 수 있는 장치(民調 5의 2)를 마련하였다(2012. 1. 17. 법률 제11157호. 2012. 4. 18.부터 시행).

2. 2014년에는 두 차례 민사소송법개정이 있었는데, 첫 번째는 외국재판의 승인요건을 강화하고 법원이 그 요건충족에 관해 직권으로 조사하도록 하는 규정을 신설하고(217 Ⅰ ④. Ⅱ), 손해배상에 관한 확정재판 등이 대한민국의 법률 또는 대한민국이 체결한 국제조약의 기본질서에 현저히 반하는 결과를 초래할 경우에는 해당 확정재판 등의 전부 또는 일부를 승인할 수 없도록 한 것이다(217의 2)(2014. 5. 20. 법률 제12587호. 2014. 5. 20.부터 시행). 두 번째는 법원사무관등이 공시송달을 할 수 있도록 한 것(194)과 재판장이 법원사무관등으로 하여금 소장 및 항소장보정명령(254 Ⅰ, 399 Ⅰ· 400 Ⅱ, 402 Ⅰ)을 할 수 있도록 한 것이다(2014. 12. 30. 법률 제12882호. 2015. 7. 1.부터 시행). 그 밖에도 「은행법」에 따른 은행 등이 채권자가 되어 행사하는 대여금, 구상금, 보증금 및 그 양수금 채권에 대하여 지급명령을 신청하는 경우에는 공시송달에 의한 절차진행이 가능하도록 소촉법 상 규정을 신설(訴促法 20의 2)하였다(2014. 10. 15. 법률 제12780호. 2014. 12. 1부터 시행).

3. 2015년에 있었던 민사소송법 개정은 지식재산권 분쟁해결(침해소송)에 대한 법원의 전문성 및 효율성 제고를 위해 이루어졌다. 이는 지식재산권을 '특허권 등[1]의 지식재산권'과 '특허권 등을 제외한 지식재산권'으로 나누고, 특히 전자에 관한 소를 제기하는 경우에는 일반적 토지관할 규정에 따른 관할법원 소재지를 관할하는 고등법원이 있는 곳의 지방법원을 전속관할로 하는 규정(서울은 서울중앙지방법원)을 신설하였다(24 Ⅱ). 나아가 이러한 전속관할규정에도 불구하고 서울중앙지방법원에는 선택적 중복관할을 인정하였으며(24 Ⅲ), 현저한 손해 또는 지연을 피하기 위해 필요한 경우에는 법원의 직권 또는 신청에 의해 그 소송의 전부 또는 일부를 이송(36 Ⅲ)할 수 있도록 하였다(2015. 12. 1. 법률 제13521호, 2016. 1. 1.부터 시행)[2] 또한 전자, 즉 '특허권

---

1) 이는 특허권, 실용신안권, 디자인권, 상표권, 품종보호권을 의미한다(24 Ⅰ).

2) 위 후자에 관한 소의 개정내용에 관해서는 후술한다[本書 제2편 제2장 제3절 제2관 제1항 Ⅲ(토지관

등의 지식재산권'에 관한 침해소송의 항소심을 특허법원의 전속관할로 변경하기 위해 법원조직법을 개정(法組 28의 4)하였다(2015. 12. 1. 법률 제13522호, 2016. 1. 1.부터 시행). 그 밖에도 소촉법 제3조 제1항에서 규정하고 있는 지연손해금의 법정이율이 대통령령(소송촉진 등에 관한 특례법 제3조 제1항 본문의 법정이율에 관한 규정)의 개정으로 20%에서 15%로 인하되었다(2015. 9. 25. 개정, 대통령령 제26553호, 2015. 10. 1.부터 시행).

4. 2016년 2월에 있었던 민사소송법 개정은, 2011년 민법 개정[1)]에 따라 2013년 7월 1일부터 금치산·한정치산 제도가 폐지되고 성년후견제도가 시행되고 있으므로 이러한 민법의 개정취지를 민사소송법에 반영하고 사회적 약자에 대한 소송수행지원의 강화를 위한 것이었다. 구체적인 개정 내용은, i) 제한행위능력자에 대한 소송능력의 확대, ii) 법정대리인의 소송행위에 대한 감독 강화, iii) 특별대리인 제도의 강화(신청권자 및 선임사유의 확대, 의사무능력자를 위한 특별대리인 제도의 신설), iv) 진술보조인 제도의 신설 등이다(2016. 2. 3. 법률 제13952호, 2017. 2. 4.부터 시행). 3월에도 민사소송법이 일부 개정되었는데, 그 중의 하나는 그 동안 지식재산권과 공정거래 분야에서 인정이 되어오던 '상당한 손해액 인정' 제도를 민사소송법에 도입한 것이며(202의 2), 다른 하나는 비디오 등 중계장치 등에 의한 증인·감정인·감정증인의 신문 및 감정촉탁시의 감정서설명 제도의 도입(327의 2, 339의 3, 340 但, 341 Ⅲ)과 그 밖의 감정제도의 개선[감정인의 자기역량 고지의무(335의 2 Ⅰ)·감정위임 금지의무(335의 2 Ⅱ) 신설, 감정진술에 대한 당사자의 의견진술기회 부여(339 Ⅲ), 직권에 의한 감정인신문(339의 2 Ⅰ) 등]에 관한 것이다(2016. 3. 29. 법률 제14103호, 2016. 9. 30.부터 시행). 그 밖에도 사법인력의 효율적 운용을 위해 이행권고결정절차를 사법보좌관의 업무로 추가하였다(法組 54 Ⅱ ①)(2016. 3. 29. 법률 제14104호, 2016. 7. 1.부터 시행). 12월에는 보다 공정하고 효율적인 구조조정절차를 담당하도록 하기 위해 법원조직법을 개정하여 도산전문법원인 회생법원을 도입하였으며(2016. 12. 27. 법률 제14470호, 2017. 3. 1.부터 시행), 이로써 통상재판기관이 대법원·고등법원·특허법원·지방법원·가정법원·행정법원 및 회생법원으로 7종류가 되었다. 2016년에는 중요한 의미를 가지는 대법원규칙의 개정도 수차례 있었는데, i) 사물관할규칙 제3조 제1호의 개정으로 소송녹석의 값이 2억 원을 초과(종전 5,000만 원)하는 다류 가사소송사건은 가정법원 합의부의 관할로 되었으며(2016. 2. 19. 대법원규칙 제2640호, 2016. 7. 1.부터 시행), ii) 사물관할규칙 제4조가 삭제되어 단독사건의 항소심이 지방법원 본원 합의부로 일원화(종전에는 소송목적의 값이 1억 원을 초과하는 지법단독판사의 제1심 판결에 대한 항소사건을 고등법원이 담당하였음)되었다(2016. 9. 6. 대법원규칙 제2674호, 2016. 10.1.부터 시행). 그 밖에도 iii) 소액사건심판규칙이 개정되어 1998. 3. 1.부터 약 19년간 소액사건의 기준이 되었던 2,000만 원이 3,000만 원으로 상향 조정되었다(2016. 11. 29. 대법원규칙 제2694호, 2017. 1. 1.부터 시행).[2)]

할)].

1) 2011. 3. 7. 일부개정(법률 제10429호), 2013. 7. 1.부터 시행.

2) 민사소송규칙도 몇 차례 개정이 있었는데, 2016년 개정사항 중 중요한 몇 가지를 살펴보면, i) 민사재판에서 효율적이면서 충실한 심리를 도모하기 위해 사실심의 준비서면(民訴規 제69조의4)과 상고심의 상고이유서·답변서(民訴規 제133조의2)를 적정한 분량(30쪽 이내)으로 제한하는 방안을 마련하였고(2016. 8. 1, 대법원규칙 제2670호, 2016. 8. 1.부터 시행), ii) 민사소송절차의 적법성과 투명성을 확보하고 국민의

Ⅷ. 2018年까지의 改正法律

2017년 민사소송법 개정은 실생활에서 서명이 점차 보편화되고 있는 추세에 따라 지금까지 민사소송 관련 서류의 본인확인 방법으로 인정되었던 '기명날인'을 '기명날인 또는 서명'으로 개정하여 "서명"을 추가한 것이다(2017. 10. 31. 법률 제14966호, 2017. 10. 31.부터 시행).[1] 이에 판사나 법원사무관등은 변론조서에 기명날인 또는 서명을 하며(153), 신청, 그 밖의 진술을 법원사무관등의 앞에서 말로 한 경우 법원사무관등은 신청 또는 진술의 취지에 따라 조서 또는 그 밖의 서면을 작성한 뒤 기명날인 또는 서명하여야 한다(161). 또한 소송에 관한 각종 증명서의 교부신청에 의해 교부되는 재판서·조서의 정본·등본·초본에는 그 취지를 적고 법원사무관등이 기명날인 또는 서명하여야 하며(162 Ⅵ), 제소전화해가 성립한 경우 법원사무관등은 조서에 당사자, 법정대리인, 청구의 취지와 원인, 화해조항, 날짜와 법원을 표시하고 판사와 법원사무관등이 기명날인 또는 서명하여야 한다(386).

2017년에는 민사소송절차와 관련된 법원조직법도 다시 개정되었는데, (i) 법원의 업무 중 비송적·형식적 절차에 해당하는 「가사소송법(2 Ⅰ ② 가 32)」에 따른 상속의 한정승인·포기 신고의 수리와 한정승인취소·포기취소 신고의 수리절차에서의 가정법원의 사무(法組 54 Ⅱ ④, 사법보좌관규칙 2 Ⅰ ⑱)와 미성년 자녀가 없는 당사자 사이의 「가족관계의 등록 등에 관한 법률(75 Ⅰ·Ⅳ)」에 따른 협의이혼절차에서의 가정법원의 사무(法組 54 Ⅱ ⑤, 사법보좌관규칙 2 Ⅰ ⑲)를 사법보좌관의 업무로 추가하여 법관의 업무를 경감시켰으며,[2] (ii) 전문성 제고와 국제적 사법접근성의 강화를 위해 지식재산권 관련소송 담당법원에 국제재판부를 설치하고, 특허법원이 심판권을 가지는 사건과 민사소송법 제24조 제2항 및 제3항에 따른 소의 제1심 사건을 담당하는 법원은 당사자의 동의를 얻어 당사자가 법정에서 외국어로 변론하는 것을 허가할 수 있도록 하였다(法組 62의2 Ⅰ). 나아가 특허법원장 및 민사소송법 제24조 제2항에서 정한 지방법원의 장은 이러한 허가가 있는 사건(국제사건)을 특정한 재판부(국제재판부)로 하여금 전담하게 할 수 있도록 하였다(法組 62의2 Ⅱ).[3][4]

사법신뢰도를 제고하기 위하여 당사자나 대리인의 기일 외 진술 등 부적법한 소송행위 금지에 관한 명시적인 규정(民訴規 제17조의2)을 마련하였으며(2016. 9. 6, 대법원규칙 제2675호, 2016. 9. 6.부터 시행), iii) 2016. 10. 1.부터 사물관할규칙 제4조가 삭제됨에 따라 비변호사대리의 기준이 되었던 동조의 관련 내용(소송목적의 값이 1억 원)을 민사소송규칙 제15조에 수용하는 개정(2016. 9. 6, 대법원규칙 제2675호, 2016. 10. 1.부터 시행)이 있었다. 나아가 2017년에도 2017. 2. 4.부터 진술보조인제도(민사소송법 제143조의2)가 시행됨에 따라 법에서 위임하거나 시행에 필요한 사항을 민사소송규칙 30조의2에서 구체적으로 정하였다(2017. 2. 2, 대법원규칙 제2711호, 2017. 2. 4.부터 시행).

1) 다만 판결서에는 여전히 판결한 법관이 서명날인하도록 하고 있음을 유의해야 한다(208 Ⅰ, Ⅳ). 형사소송법은 이미 2007. 6. 1.에 유사한 내용의 개정을 행하였다.

2) 2017. 12. 12. 개정, 법률 제15152호, 2018. 7. 1.부터 시행(法組 부칙 1 但).

3) 2017. 12. 12. 개정, 법률 제15152호, 2018. 6. 13.부터 시행(法組 부칙 1 本).

4) 그 밖에도 2018년에는 판사의 정년퇴직 시기를 연 2회로 정하면서, 판사 정기인사 시기를 고려하여

나아가 2017년에는 회생 가능한 채무자의 조속한 생산활동 복귀를 위해 채무자회생 및 파산에 관한 법률을 개정하여 종전 5년을 초과하지 못하도록 규정하고 있었던 개인회생의 변제기간을 3년을 초과하지 못하는 것으로 단축하였다.[1)]

Ⅸ. 2020年까지의 改正法律

2019년에는 민사소송법에 대한 직접적인 개정은 없었으나, 민사소송절차에 직접적으로 영향을 미치는 중요한 규정들의 개정이 있었다. 이들을 먼저 살펴보면, i) 2019. 1. 19.「민사소송 등 인지규칙(대법원규칙 제2827호, 2019. 1. 29.부터 시행)」[2)]의 개정이 있었다. 전소에서 승소·확정된 원고 측이 제기하는 시효중단을 위한 재소(이행의 소)와 관련하여 2018년 대법원전원합의체는 판결을 통해[3)] 이행의 소 외에 재판상 청구가 있다는 점에 대해서만 확인을 구하는 "**새로운 방식의 확인소송**"이 허용됨을 선언하였다. 이 판결에 대한 후속조치로 대법원은 민사소송 등 인지규칙 제18조의3을 신설하여 위 새로운 방식의 확인소송을 「**시효중단을 위한 재판상 청구 확인소송**[4)]」이라 칭하고, 그 소가를 그 대상인 전소 판결에서 인정된 권리의 가액(이행소송으로 제기할 경우에 해당하는 소가)의 10분의 1로 정하였으며, 그 권리의 가액이 3억 원을 초과하는 경우에는 소가를 3억 원으로 보았다. 이러한 규정의 신설로 '시효중단을 위한 재판상 청구 확인소송'의 소가의 상한액은 소액인 3천만 원이 되었으며, 인지액은 최고 14만 원(民印 2 I)이 되었다. ii) 2019. 5. 21. 소촉법 제3조 제1항에서 규정하고 있는 지연손해금의 법정이율이 대통령령의 개정으로 **15%에서 12%로 인하**되었다(2019. 5. 21.개정, 대통령령 제29768호, 2019. 6. 1.부터 시행).[5)] iii) 2019년 3월 1일부터 수원고등법원이 새로이 설치되어 운영에 들어갔다.[6)] iv) 2020년 코로나 바이러스로

그 구체적 시기를 1월 31일, 7월 31일로 정하는 법원조직법 일부 개정(2018. 3. 20, 법률 제15490호, 2018. 3. 20.부터 시행)이 있었다.

1) 다만 동법 제614조 제1항 제4호의 요건(청산가치보장)을 충족하기 위해 필요한 경우 등 특별한 사정이 있는 경우에는 위 변제기간을 5년까지도 정할 수 있다(破 611 Ⅴ 但).

2) 이 규칙은 공포한 날(2019. 1. 29.)부터 시행하되, 2018년 10월 18일 이후 제1심에 최초로 접수되는 사건부터 적용한다(民印規 부칙).

3) 大(全)判 2018. 10. 18, 2015 다 232316.

4) 법원행정처가 각급법원에 제시한 청구취지의 기재례는 다음과 같다. 예시 ①「원고와 피고 사이의 ○○법원 ○○○○.○○.○○. 선고 ○○○○가합○○○○ 사건의 판결에 기한 채권의 소멸시효 중단을 위하여 이 사건 소의 제기가 있었음을 확인한다」 예시 ②「원고와 피고 사이의 ○○법원 ○○○○.○○.○○ 선고 ○○○○가합○○○○ 사건의 판결로 확정된 채권의 소멸시효 중단을 위한 재판상의 청구가 있음을 확인한다.」

5) 이 영 시행 당시 법원에 계속 중인 사건으로서 제1심의 변론이 종결된 사건에 대한 법정이율은 종전의 15%가 적용된다(소송촉진 등에 관한 특례법 제3조 제1항 본문의 법정이율에 관한 규정 부칙 2 Ⅰ) 나아가 이 영 시행 당시 법원에 계속 중인 사건으로서 제1심의 변론이 종결되지 아니한 사건에 대한 법정이율은 2019년 5월 31일까지 발생한 분에 대해서는 종전의 규정에 따르고, 2019년 6월 1일 이후 발생하는 분에 대해서는 이 영의 개정규정에 따른다(동 규정 부칙 2 Ⅱ).

6) 물론 이는 2014. 3. 18. 개정된「각급 법원의 설치와 관할구역에 관한 법률」제2조 제1항, 별표1에 따라 2019. 3. 1.부터 시행된 것이다(2014. 3. 18. 개정, 법률 제12419호, 2019. 3. 1.부터 시행).

인한 국가적 재난상황을 맞아 민사소송규칙을 개정하여 재판장등이 당사자와 변론의 준비를 위한 협의를 함에 있어 인터넷 화상장치를 이용할 수 있는 방법을 추가하였으며(民訴規 70 Ⅴ), 당사자가 법정에 직접 출석하기 어려운 특별한 사정이 있는 경우에는 모든 당사자의 동의를 얻으면 인터넷 화상장치를 이용하여 변론준비기일을 열 수 있도록 하였다(民訴規 70 Ⅴ)(2020. 6. 1. 개정, 대법원규칙 제2900호, 2020. 6. 1.부터 시행).[1)]

그 밖에도 2020년 2월에는 법관의 정치적 중립성과 독립성을 제고하기 위해 법원조직법을 개정(2020. 2. 4. 법률 제16959호, 2020. 2. 4.부터 시행)하여 대통령 비서실 소속의 공무원으로서 퇴직 후 3년, 법관으로서 퇴직 후 2년이 지나지 않으면 각각 법관이나 대통령 비서실의 직위에 임용될 수 없도록 하였다(法組 43 ④, 50의2). 같은 달 중재법 제40조가 개정되어 정부의 보조금을 지급받는 상사중재기관(대한상사중재원)의 지정권자로서 종전의 산업통산자원부장관 외에 법무부장관을 추가하였다(2020. 2. 4. 개정, 법률 제16918호, 2020. 2. 4.부터 시행). 이는 법무부장관이 중재산업의 진흥을 위해 5년마다 중재산업진흥기본계획을 수립·시행할 것을 규정한 「중재산업 진흥에 관한 법률(2016. 12. 27. 제정, 법률 제14471호, 2017. 6. 28.부터 시행)」이 제정·시행되고 있음에 기인하는 것이다.

2020년 2월에는 민사조정법도 크게 개정(2020. 2. 4. 개정, 법률 제16910호, 2020. 3. 5.부터 시행)되었는데, i) 당사자 일방이 상대방의 청구를 전부 인정하는 조정도 가능하다는 점에서 민사조정법 제1조 조정의 '목적'에서 '상호양해'를 삭제하고, 민사분쟁을 '조정절차에 따라 당사자의 자주적·자율적 분쟁 해결 노력을 존중하면서 적정·공정·신속하고 효율적으로 해결'하는 것으로 개정하였고, ii) 조정절차에서의 사실관계조사가 소송절차에서와 같은 수준으로 행해질 필요가 없다는 점에서 조정담당판사의 조사대상을 '사실과 증거조사'에서 **'사실조사'로 한정**하였으며(民調 22, 43), iii) 조정을 갈음하는 결정을 함에 있어 종래와 같이 선행 조정절차를 거칠 것을 요구하면서도 조정담당판사가 직권으로 당사자의 이익이나 그 밖의 모든 사정을 고려하여 결정할 수 있도록 하였으며(民調 30), iv) 조정절차에서 변호사대리의 원칙을 배제하고 기록 등의 비밀기재부분의 열람·복사 등을 신청할 수 있는 주체를 당사자로 한정하였고(民調 38 Ⅰ), v) 조정 전의 처분 위반자에 대한 제재를 30만 원 이하의 과태료에서 500만 원 이하의 과태료로 상향 조정하였으며(民調 42 Ⅰ), 그 밖에도 vi) 조정제도의 활성화를 위하여 많은 조정제도를 개선하였다(예를 들어 民調 7 Ⅵ, 10 Ⅲ Ⅳ, 11 Ⅱ, 19 Ⅱ, 32).

2020년 3월에는 전면적 법조일원화와 평생법관제의 정착에 따라 법원조직법을 개정(2020. 3. 24.개정, 법률 제17125호, 2021. 2. 9.부터 시행)하여 지금까지 사실상 승진의 개념으로 운용되어왔던 **고등법원 부장판사 직위를 폐지**(法組 27 Ⅱ을 삭제하고 관련 규정을 모두 개정함)함으로써 대등한 지위를 가진 판사들로 구성된 재판부에서

1) 그 밖에도 대법원은 2020. 6. 26. 민사소송규칙을 다시 개정하여 '듣거나 말하는 데 장애가 있는 사람'이 장애가 없는 사람과 실질적으로 동등한 수준의 사법절차를 이용할 수 있도록 하기 위해, 「듣거나 말하는 데 장애가 있는 사람을 위한 속기, 녹음, 녹음에 준하여 이루어지는 녹화 및 통역에 드는 비용은 사전에 예납할 필요가 없도록 하고(民訴規 19 Ⅰ ② ③, Ⅲ, 33 Ⅰ), 이러한 비용은 국고에서 지급하고 소송비용에는 산입하지 않도록 하였다(民訴規 19의 2)(2020. 6. 26. 개정, 대법원규칙 제2905호, 2020. 6. 26.부터 시행)」.

보다 충실한 심리가 이루어질 수 있도록 하였다. 나아가 법관의 정치적 중립성 보장을 위해 일정한 정치활동을 한 사람은 일정 기간이 경과하지 않으면 법관으로 임용될 수 없도록 하는 규정을 법관임용결격사유에 추가(法組 43 I ⑤ ⑥ ⑦, II)하였으며, 법원의 윤리감사업무가 독립적이며 전문적으로 이루어질 수 있도록 윤리감사관의 설치근거 규정(法組 71의 2)을 신설하였다.

2020년 6월에는 전자서명법을 전부 개정(2020. 6. 9. 전부 개정, 법률 제17354호, 2020. 12. 10.부터 시행)하여 그동안 시장에서 독점적 지위를 누리고 있었던 공인인증서 및 그에 기초한 공인전자서명 개념을 삭제하여 다양하고 편리한 전자서명수단에 대한 국민의 선택권을 보장하였으며, 과학기술정보통신부장관이 고시한 전자서명인증업무 운영기준을 충족하는 전자서명인증사업자가 제공하는 전자서명(전자서명법 제2조 제2호에 따른 전자서명)이 서명, 서명날인 또는 기명날인으로서의 효력을 가지도록 하였다(전자서명법 3, 7, 8, 9, 10, 18 등). 같은 날 전자문서 및 전자거래 기본법(전자문서법)도 개정(2020. 6. 9. 법률 제17353호, 2020. 12. 10.부터 시행)하여 전자문서의 법적 효력 및 전자문서를 서면으로 볼 수 있는 요건을 명확히 하였다(전자문서법 4, 4의2).

2020년 12월에는 민사소송법 개정이 있었는데, 이는 2015년부터 시행된 '확정판결서'의 일반인 공개규정(163의2)(2011. 7. 18. 법률 제10859호, 2015. 1. 1.부터 시행)을 개정하여, 재판의 공개라는 헌법상의 요청에 부응하고 판결의 공정성과 투명성을 확보하며 사법부에 대한 국민의 신뢰회복을 위해 열람·복사의 대상이 되는 판결서를 '선고된 사건의 판결서(확정되지 아니한 판결서를 포함)'로 확대하고, 또한 재판부가 대법원규칙으로 정하는 바에 따라 판결서에 기재된 문자열 또는 숫자열이 검색어로 기능할 수 있도록 판결서를 제공할 것을 규정한 것이다(2020. 12. 8. 법률 제17568호, 2023. 1. 1.부터 시행). 또한 구 「경찰법」이 「국가경찰과 자치경찰의 조직 및 운영에 관한 법률」로 전부 개정되면서, 동 법률 부칙 제7조 제24항에서 「민사소송법」 제177조 제3항, 제342조 제2항, 제366조 제3항 후단, 제311조 제4항 중 "국가경찰공무원"을 "경찰공무원"으로 개정하였으며(2020. 12. 22. 법률 제17689호, 2021. 1. 1.부터 시행), 동 법률 부칙 제7조 제25항에서 「법원조직법」 제60조 제목, 같은 조 제1항 및 제2항 중 "국가경찰공무원"을 각각 "경찰공무원"으로, 제61조 제2항 중 "국가경찰공무원으로"를 "경찰공무원으로"로 개정하였다(2020. 12. 22. 법률 제17689호, 2021. 1. 1.부터 시행).

X. 2021年 改正法律

2021년 민사소송법 개정은 2020년 초부터 시작된 COVID-19의 확산을 계기로 재판의 지연방지, 국민의 재판받을 권리보장과 사법접근성 확대를 위해 영상재판방식(비디오 등 중계장치에 의한 중계시설을 통하거나 인터넷 화상장치를 이용)에 의한 **영상기일**(변론준비기일, 심문기일 및 변론기일)을 열기 위한 근거조항의 신설(287의2)과 증인신문의 방식에 인터넷 화상장치를 이용한 신문을 추가(327의2)한 것이다(2021. 8. 17. 법률 제18396호, 2021. 11. 18.부터 시행). 또한 이러한 민사소송법의 개정에 발맞추어 민사소송규칙에 영상기일의 신청 및 동의, 영상

기일의 실시, 개정의 장소 및 심리의 공개에 관한 규정을 신설하고(民訴規 73의2 내지73의4), 이중 일부(民訴規 73의3)를 비디오 등 중계장치 등에 의한 증인신문에 준용(民訴規 95의2)하는 한편, 감정에 증인신문에 관한 규정들이 준용(民訴規 104)된다는 점에서 기존 '비디오 등 중계장치 등에 의한 감정인신문 등'에 관해 규정(民訴規 103의2)을 삭제하였다. 나아가 조정절차에서도 영상기일을 열 수 있도록 하기 위해 민사조정규칙을 개정하여 영상 조정기일에 관한 규정(民調規 6의2), 영상 조정사무 수행에 관한 규정(民調規 6의3) 및 영상 조정위원 의견청취에 관한 규정(民調規 12 Ⅱ)을 신설하였다(2021. 10. 29. 대법원규칙 제3002호, 2021. 11. 18.부터 시행).

2021년 4월에는 채무자회생 및 파산에 관한 법률을 개정하여 개인회생절차의 개시를 신청할 수 있는 개인채무자의 총 채무액을 기존 무담보채무 5억 원 이하, 담보부채무 10억 원 이하에서 각각 10억 원, 15억 원으로 상향 조정하였다(破 579 ①)(2021. 4. 20. 법률 제18084호, 2021. 4. 20.부터 시행).

2021년 12월에는 법원조직법을 개정하여, 법관 인용 시 다양한 경력을 가진 법조인이 충원될 수 있도록 판사의 임용에는 성별, 연령, 법조경력의 종류 및 기간, 전문분야 등 국민의 다양한 기대와 요청에 부응하기 위한 사항을 적극 반영하도록 하였으며(法組 42 Ⅱ), 법원행정처로 하여금 판사 임용 과정과 결과 및 임용제도 개선 상황을 매년 국회 소관 상임위원회에 보고하도록 하였다(法組 42 Ⅳ)(2021. 12. 21. 법률 제18633호, 2021. 12. 21.부터 시행). 또한 법조일원화제도에 따라 충분한 사회적 경험과 전문성을 확보하기 위해 신규판사임용에 요구하였던 최소 법조경력 '5년 이상'의 적용 시기를 2021년 말에서 2024년 말까지로 3년 유예하고, '7년 이상'의 적용 시기를 2025년 말에서 2028년 말까지로 늦추었다(2011. 7. 18. 법률 제10861호, 法組 부칙 2: 2021. 12. 21. 개정).

XI. 2023年까지의 改正法律

2022년 1월에는 국제사법을 전부 개정하여, 국제재판관할을 결정함에 있어 일반원칙인 '실질적 관련성'의 판단기준을 구체화하고(國私 2), 일반관할, 사무소·영업소 소재지 등의 특별관할, 재산소재지의 특별관할, 반소·합의·변론·전속관할 등에 관한 총칙 규정들(國私 3~15)과, 물권·지식재산권·채권·친족·상속·어음수표·해상 등 유형별 사건에 관한 국제재판관할 규정들(國私 24 이하)을 신설하였다(2022. 1. 4. 법률 제18670호, 2022. 7. 5.부터 시행). 또한 같은 달에 제1심 재판의 충실하면서도 신속한 심리를 도모하고자 사물관할규칙도 개정(2022. 1. 28. 대법원규칙 제3028호, 2022. 3. 1.부터 시행)하여 소송목적의 값이 5억 원 이하인 사건을 단독판사의 관할로 정하였다(사물관할규칙 2). 나아가 소송목적의 값이 소 제기 당시 또는 청구취지 확장 당시 2억 원을 초과한 민사소송사건에 대한 지방법원 단독판사의 제1심 판결·결정·명령에 대한 항소 또는 항고사건을 고등법원이 심판하는 것으로 정하여 고액단독사건의 개념을 부활시켰다(사물관할규칙 4).

2023년 1월에는 다시 사물관할규칙을 개정(2023. 1. 31. 대법원규칙 제3088호, 2023. 3. 1.부터 시행)하여, i) '소송목적의 값이 5억 원(종전 2억 원)을 초과하는 다류 가사소송사건' 등으로 가정법원 및 그 지원 합의부의 제1심 심판범위를 상향 조정하였으며(사물관할규칙 3), ii) '소송목적의 값이 소 제기 당시 또는 청구취지 확장 당시 2억 원을 초과한 다류 가사소송사건' 등에 대한 가정법원 단독판사의 제1심 판결 · 결정 · 명령에 대한 항소 또는 항고사건을 고등법원이 심판하도록 하였다(사물관할규칙 4 Ⅱ).

2023년 3월에는 소액사건심판법을 개정(2023. 3. 28. 법률 제19281호, 2023. 3. 28.부터 시행)하여, 판결서에 이유를 기재하지 아니할 수 있도록 하였던 특칙(少審 11의2 Ⅲ)에 대한 예외를 인정하여, 특별히 당사자에 대한 설명이 필요한 경우에는 청구를 특정함에 필요한 사항 및 주문의 정당함을 뒷받침하는 공격방어방법에 관한 판단 요지를 판결서의 이유에 기재하도록 노력할 의무를 부과하였다(少審 11의2 Ⅲ 但).

2023년 3월과 6월에는 소촉법 제20조의2를 개정하여 공시송달에 의한 지급명령이 가능한 금융기관에 「상호저축은행법」에 따른 상호저축은행(訴促法 20의2 Ⅰ ⑥의2)(2023. 3. 28. 법률 제19280호, 2023. 9. 29.부터 시행)과 「중소기업진흥에 관한 법률」에 따른 중소벤처기업진흥공단(訴促法 20의2 Ⅰ ⑳)(2023. 6. 13. 법률 제19433호, 2023. 9. 29.부터 시행)을 추가하였다.

2023년 4월에는 원고가 소권을 남용하여 청구가 이유 없음이 명백한 소를 반복적으로 제기하는 것에 대응하기 위해, 민사소송법을 개정(2023. 4. 18. 법률 제19354호, 2023. 10. 19.부터 시행)하여, i) 소송구조 제외 대상의 추가(128 Ⅱ), ii) 피고에 대한 직권 공시송달(194 Ⅳ), iii) 원고에 대한 500만 원 이하의 과태료 제재(219의2), iv) 소장접수보류(248 Ⅱ·Ⅲ)에 관한 근거 규정을 신설하였다. 이러한 민사소송법 개정과 발맞추어 민사소송법 등 인지법(2023. 4. 18. 법률 제19353호, 2023. 10. 19.부터 시행)과 민소전자문서법(2023. 4. 18. 법률 제19352호, 2023. 10. 19.부터 시행)도 같이 개정하여 종이소송뿐만 아니라 전자소송에도 적용되는 소장접수보류를 위한 구체적인 기준을 설정하였다(민사소송등 인지법 13 Ⅱ·Ⅲ; 민소전자문서법 9 Ⅱ, Ⅲ).

2023년 6월에는 소비자기본법 제64조의4를 신설하여(2023. 6. 20. 법률 제19511호, 2023. 12. 21.부터 시행), 소비자분쟁조정과 동일한 원인에 기한 소송절차가 동시에 진행되는 경우 수소법원이 소송절차를 중지(64의4 Ⅰ)하거나 조정위원회의 결정으로 조정절차를 중지(64의4 Ⅲ)할 수 있는 근거 규정을 마련하였다.

2023년 7월에는 개인정보보호를 강화하기 위해 민사소송법을 개정하였는데, '비밀보호를 위한 열람 등의 제한'을 규정하고 있는 민사소송법 제163조 제2항 이하를 개정하여 소송관계인의 생명 또는 신체에 대한 위해의 우려가 있다는 소명이 있는 경우 법원이 해당 소송관계인의 신청에 따라 결정으로 소송기록의 열람 · 복사 · 송달에 앞서 주소 등 해당 소송관계인이 지정한 개인정보가 당사자를 포함하여 제3자에게 공개되지 아니하도록 보호조치를 할 수 있도록 하였다(2023. 7. 11. 법률 제19516호, 2025. 7. 12.부터 시행).

2023년 8월에는 소장등의 접수를 보류할 수 있는 법적 근거를 신설하는 「민사소송 등 인지법」 및 「민사소송법」이 각 개정됨에 따라 개정 법률에서 대법원규칙에 위임한 사항을 정하고, 관련 규정을 정비하기 위해 민사소송 등 인지규칙을 개정하였다(2023. 8. 31. 대법원규칙 제3103호, 2023. 10. 19부터 시행).

XII. 2024年 이후의 改正法律

2024년 1월에는 i) 민사소송법을 개정(2024. 1. 16. 법률 제20003호, 2025. 3. 1.부터 시행)하여 민사소송절차에도 항소이유서 제출강제주의를 도입하였다(400 Ⅲ, 402의2, 402의3). 이에 따르면 항소장에 항소이유를 적지 아니한 항소인은 항소기록 접수의 통지를 받은 날부터 40일 이내(1회에 한하여 1개월 연장 가능)에 항소이유서를 법원에 제출하여야 하며(402의2 Ⅰ, Ⅱ), 항소인이 위 제출기간 내에 항소이유서를 제출하지 아니한 때에는 항소법원은 '항소이유서 미제출에 따른 항소각하결정'을 하여야 한다(402의3 Ⅰ). 이러한 제도 도입에 발맞추어 민사소송 등 인지법 제14조 제1항 제6의2호가 신설되어 '항소이유서 미제출에 따른 항소각하결정'이 내려진 경우에는 항소인은 항소장에 붙인 인지액의 2분의 1에 해당하는 금액의 환급을 청구할 수 있게 되었다(2024. 1. 16. 법률 제20003호, 부칙 3). ii) 대법원은 민사소송규칙 제126의2를 개정하여 항소이유서 제출강제주의의 도입에 따른 개정 법률시행을 위한 사항과 항소이유 중심의 항소심 심리를 구현하기 위하여 필요한 사항(항소이유서에 기재할 항소이유, 피항소인의 답변서제출, 항소심의 증거신청 등)을 정하였다. iii) 소송촉진 등에 관한 특례법 제20조의2 제1항을 개정하여 공시송달에 의한 지급명령이 가능한 금융기관에 「소상공인 보호 및 지원에 관한 법률」에 따른 소상공인시장진흥공단(訴促法 20의2 Ⅰ ㉑)(2024. 1. 16. 법률 제20006호, 2024. 4. 17.부터 시행)을 추가하였다.

2024년 10월에는 「법원조직법」을 개정하여 판사 임용을 위한 법조 경력 요건을 10년에서 5년으로 완화하고, 20년 이상의 법조경력이 있는 사람을 특정 재판사무만을 담당하는 판사로 임용할 수 있도록 하였다(法組 42 Ⅱ). 또한 원칙적으로 법조 경력 10년 미만인 판사는 변론을 열어 판결하는 사건에 관하여 단독으로 재판할 수 없으며 합의부의 재판장이 될 수 없도록 하였다(法組 42의3 Ⅰ, Ⅱ)(2024. 10. 16. 법률 제20465호, 2024. 10. 16.부터 시행).

2024년 11월에는 감정절차를 원활하게 진행하기 위해 민사소송규칙 제38조의11을 신설하여(2024. 11. 29. 대법원규칙 제3167호, 2025. 1. 1.부터 시행) 「전문심리위원규칙」에 따라 위촉된 감정관리위원 중에서 전문심리위원을 지정하여 감정절차의 관리업무를 수행하게 할 수 있도록 하였다.

2025년 6월에도 **민사소송규칙**을 개정(2025. 6. 26. 대법원규칙 제3216호, 2025. 7. 12.부터 시행)하였는데, 이는 2023년 7월에 있었던 민사소송법 개정(2023. 7. 11. 법률 제19516호, 2025. 7. 12.부터 시행)을 통해 법원이 소송기록의 열람·복사·송달에 앞서 소송관계인의 개인정보에 대해 보호조치를 취할 수 있게 되었는데, 2025. 7. 개정 법률의 시행을 앞두고 위 개정 법률에서 위임한 사항과 시행에 필요한 사항을 정하기 위한 것이다. 같은 취지에서 **민사집행규칙**(2025. 6. 26. 대법원규칙 제3217호, 2025. 7. 12.부터 시행)도 개정하여, 민사집행과 보전처분 절차에서 개인정보에 대한 보호조치를 결정할 때에는 법원은 집행의 목적을 달성하기 위해 필요한 경우 「민사소송규칙」 제38조 제3항에서 정하고 있는 보호조치 대상인 개인정보의 범위를 공개 상대방에 따라 달리 정할 수 있도록 하였다(民執規 18의3).

2024년부터 10월부터 「각급 법원의 설치와 관할구역에 관한 법률」이 자주 개정되었는데, 10월 개정으로 세종특별자치시에 세종지방법원을 설치하도록 하였으며(2024. 10. 16. 법률 제20464호, 2031. 3. 1.부터 시행), 12월 개정으로 인천광역시에 **인천고등법원**을 설치(2028. 3. 1.부터)하고, 대전광역시, 대구광역시 및 광주광역시에 각각 **회생법원**을 설치(2026. 3. 1.부터)하도록 하였다(2024. 12. 20. 법률 제20605호, 2026. 3. 1.부터 시행). 2025년 3월 개정으로는 인천지방법원 북부지원의 설치 시행일을 2028. 3. 1.로 연기하고, 창원가정법원의 설치 시행일을 2029. 3. 1.로 연기하였다(2025. 3. 6. 법률 제20772호, 2025. 3. 6.부터 시행).

회생법원의 증설과 함께, 2024년 12월에는 채무자회생법을 개정하여 회생법원의 전속관할의 기준이 되는 채무자의 보통재판적이나 주된 사무소나 영업소 등(破 3 I)의 소재지가 충청북도인 경우에는 채무자의 도산사건을 대전회생법원에도 신청할 수 있도록 하고, 전북특별자치도・제주특별자치도인 경우에는 광주회생법원에도 신청할 수 있도록 하였으며(破 3 XII, XIII)(2024. 12. 20. 법률 제20577호, 2026. 3. 1.부터 시행), 파산선고를 받은 채무자 등의 구인불응죄를 삭제하고(개정전 破 653) 구인의 명을 받고 그 사실을 알면서 정당한 사유 없이 출석하지 아니한 때에는 500만 원 이하의 과태료를 부과하는 것으로 형벌 규정을 완화하였다(2024. 12. 20. 법률 제20577호, 2025. 6. 21.부터 시행).

2025년 「각급 법원 판사 정원법」을 개정하여, 「법원조직법」 제5조 제3항 본문에 따른 각급 법원 판사의 수를 3,584명으로 하였다(2025. 1. 7. 법률 제20659호, 2025. 1. 7.부터 시행).

XIII. 民事訴訟法의 課題

2002년의 민사소송법은 종래에 민사소송법의 과제로 되어 왔던 사항의 대부분을 반영하였다. 그리하여 민사분쟁에 관하여 신속하고 공정한 해결을 꾀할 수 있는 법적 토대가 구축되었다고 말할 수 있다.

그러나 2002년 개정으로 인하여 민사소송법의 모든 문제가 말끔히 해결된 것은 아니다. 우선 당초에 개정대상으로 거론되었던 사항 중의 상당수가 개정법률에 포함되지 못하였다. 고등법원 이상의 적극적 당사자에 대한 변호사강제주의, 상고심 구조개편을 포함한 사실심, 특히 제1심 강화방안 등이 그 대표적인 예이다.

그 밖에 변론준비절차의 효율성을 제고하기 위하여 미국의 증거개시제도(discovery)의 전면적 도입이 검토되어야 하고, 소액다수의 피해자들을 위한 집단소송제도가 전면적으로 마련되어야 한다. 아울러 관련된 분쟁의 일회적 해결을 위하여 제3자의 소송인입제도가 보완되어야 할 것이다.

또한 소송에 의하지 아니한 민사분쟁의 해결방법(ADR)을 적극 개발·활용하도록 노력하여야 한다.

그리고 현대의 정보통신기술, 인터넷 관련 기술의 획기적인 발전을 민사소송절차에 반영하여 변호사는 물론 본인소송의 개별당사자도 쉽게 전자소송을 이용할 수 있는 시스템의 개선과 인터넷 화상장치 등을 통해 당사자나 그 대리인이 법원에 출석할 필요 없이 법원과 쟁점을 정리하고 절차를 협의할 수 있는 효율적인 변론준비절차 개선방안 등이 필요하다 할 것이다.

제 2 편

訴訟의 開始

소송절차는 소의 제기에 의하여 개시된다. 소에는 누가 누구를 상대로 하여 어느 법원에 어떠한 사항에 관하여 어떠한 내용의 심판을 구하는 것인가가 담겨진다. 즉 소송의 주체인 법원과 당사자 및 심판의 객체인 소송물이 포함된다. 그러므로 본편에서는 먼저, 소의 제기는 어떠한 방식에 의하는가, 소란 무엇이고 어떠한 종류가 있는가 등 일반적인 문제를 살펴본다. 다음, 수소법원은 어떻게 구성되고 권한을 행사하며, 당사자는 어떠한 능력을 가져야 하고 어떻게 결정되는가 등 소송의 주체에 관한 문제, 그리고 소송물은 어떻게 특정되고 그 동일성은 어떠한 기준에 의하여 판단하는가 등 소송의 객체에 관한 문제를 고찰하여 본다. 이어서 소가 제기되면 어떠한 효과가 발생하는가를 검토하기로 한다.

제 1 장 訴의 提起

제 1 절 訴의 槪念

Ⅰ. 訴의 意義

소(訴; action at law, suit in equity; Klage; demande)는 원고가 법원에 판결을 통한 권리보호를 하여줄 것을 요구하는 소송행위(신청)이다.[1] 그런데 권리보호의 요구는 구체적으로는 원고가 피고를 상대방으로 하여 법원에 대하여 특정한 청구(소송물)의 당부에 관한 심판을 요구하는 형식에 의한다. 그러므로 결국 소란 원고가 법원에 대하여 특정한 청구(소송물)의 당부에 관한 심판을 통하여 권리보호를 하여줄 것을 요구하는 신청이라고 말할 수 있을 것이다. 이를 나누어 설명하면 다음과 같다.

1) 소에 의하여 제1심의 소송절차(판결절차)가 개시된다. 그러므로 형식적으로 보면 소는 소송절차의 개시형식을 뜻한다. 이처럼 소가 없으면 소송이 없다(Kein Zivilprozeß ohne Klage)는 원칙을 불고불리의 원칙이라고 한다. 법원은 소의 제기를 기다려 신청된 사항에 한하여 심리하고 판단하는 것이다.

2) 소의 내용으로서는 소송의 주제와 심리의 객제가 포함된다. 소는 첫째로 심판을 할 법원, 둘째로 원고와 피고, 셋째로 심판의 대상인 소송물(소송상의 청구)을 특정·표시하는 임무를 가진다.[2] 그러므로 소에 의하여 누가 누구를 상대로 어느 법원에 무엇에 관하여 어떠한 내용의 심판을 구하는가가 명백하게 된다(249 참조).

소의 내용으로 가장 중요한 것은 소송상의 청구(소송물)이므로, 이를 강조하는

---

1) 李時, 210면; Rosenberg, §91 Ⅰ; Blomeyer, §34 Ⅰ; Baur, Rdn, 97; Jauernig, §38 Ⅰ; Thomas/Putzo, §253 Vorbem. Ⅰ. 이 정의는 민사소송의 목적에 관하여 사권보호설을 취하는 견해를 전제로 하고 있다. 분쟁해결설의 입장에서는 "판결에 의한 분쟁해결의 요구"라고 정의한다(金/姜, 190면 참조).

2) Baur, Rdn. 97; Jauernig, §38 Ⅰ.

나머지 소와 청구를 동의어(同義語)인 것처럼 사용하는 수가 있다. 예컨대 청구의 변경을 소의 변경이라 하고, 청구의 병합을 소의 객관적 병합이라고 하는 따위이다. 그러나 엄격하게 말하면 청구는 소의 일부분을 구성하는 데 불과하다.

3) 소는 법원에 대하여 권리보호를 요구하는 소송행위이며, 그 성질은 신청(Antrag)의 일종이다. 따라서 소는 사법상의 법률행위와 같이 효과의사에 기하여 법률효과가 발생하는 것은 아니며,[1] 또 피고에 대한 것이 아니라 법원에 대한 소송행위이다.[2] 그러나 심판의 대상이 무엇인가는 피고에 대하여 중요한 의미가 있으므로, 피고에게 방어의 기회를 부여하기 위하여 소의 내용을 적은 소장은 이를 피고에게 송달하고 있다.

4) 소에 대하여는 법원이 판결로 응답을 하여야 한다. 소는 소송절차를 개시시키고 판결은 그것을 종료시킨다. 그러므로 소에 의하여 개시되고 판결을 목적으로 하여 진행하는 절차를 그 시발점에 착안하여 소송절차(Klageverfahren)라 부르기도 하고 또는 그 종착점에 착안하여 판결절차(Urteilsverfahren, Entscheidungsverfahren)라고 부르기도 한다. 그리하여 소와 판결은 밀접한 상호관계를 가진다.

법원은 원고가 소의 내용으로서 주장한 소송물의 당부에 관하여 심리하고 판결을 하게 되는데, 그러기 위해서는 먼저 소가 일정한 적법요건(소송요건)을 구비하여야 한다. 따라서 소송요건에 흠이 있는 때에는 법원은 소송물의 당부(본안)에 관한 판단에 들어가지 않고 소 자체가 부적법하다고 하여 각하의 판결을 한다. 이 소각하의 판결은 소송판결이다. 그리고 소송요건이 구비되어 있으면, 소송물 자체의 당부에 관하여 심리를 하고, 그것이 정당하다고 인정되면 원고를 승소시키는 청구인용의 판결을 하고, 만일 그것이 정당하다고 인정되지 아니하면 원고를 패소시키는 청구기각의 판결을 하게 된다. 청구인용의 판결과 청구기각의 판결은 모두 본안판결에 속한다. 이처럼 소에 대한 법원의 응답인 판결에는 소각하, 청구인용 및 청구기각의 세 가지 형태가 있다(일부승소 판결은 청구인용과 청구기각이 결합된 형태이다. 예컨대 금1억 원 지급청구의 소를 제기하였는데 금5천만 원 지급판결이 선고된 경우). 소의 제기가 있으면 법원이 판결로 응답하여야 한다는 것을 당사자의 입장에서 보면 소의 제기에 의하여 원고에게 판결청구권이 발생한다고 할 수 있고, 이는 재판청구권의 일종이다(訴權論 참조).

---

1) 소의 제기에 의하여 소멸시효의 진행이 중단되는 것은 원고의 의사에 기한 것이 아니다.

2) Rosenberg, §91 I 4.

Ⅱ. 訴의 種類

소는 여러 가지 기준에 의하여 분류할 수 있다. 즉, 소제기의 모습·시기 및 청구의 내용에 따라 이를 분류할 수 있는데, 그 가운데 가장 중요한 것은 청구의 내용에 따른 분류이다.

1. 청구의 내용에 의한 분류

소는 청구(심판의 형식을 포함한)의 내용에 따라 이행의 소, 확인의 소 및 형성의 소의 세 개로 나누는 것이 보통이다. 연혁적으로는 이행의 소가 가장 오랜 역사를 가지고 있고, 오늘날에도 가장 많이 이용되고 있는 소송형식이다. 확인의 소는 19세기말 도이칠란트 민사소송법에서 처음으로 인정되었고, 형성의 소는 이보다 늦게 20세기에 와서 비로소 인정된 것이다.[1] 같은 실체법상의 권리관계에 관하여 이행·확인 또는 형성의 소를 제기하는 것도 가능하다.

(1) 履行의 訴

(가) 의 의

이행의 소(coercive remedy; Leistungsklage, Verurteilungsklage)는 피고에 대한 특정한 이행청구권의 존재를 주장하여, 그 확인과 이에 기한 이행을 명하는 판결을 구하는 소이다. 원고가 주장하는 이행청구권의 강제적 관철에 이바지하는 소이며, 이행청구권의 확정과 피고에 대한 이행명령(Leistungsbefehl)의 두 가지를 목적으로 한다.

(나) 종 류

이행의 소는 이행청구권의 내용에 따라 여러 가지로 나누어진다. 금전의 지급을 구하는 것과 물건의 인도를 구하는 것이 가장 많지만, 그 밖에 의사표시를 구하는 것, 작위·부작위 또는 인용(認容)을 구하는 것 등도 있다. 금전의 지급은 정기적으로 명할 수도 있다(家訴 68 Ⅰ ① 참조). 의사표시·작위·부작위를 구하는 이행의 소는 종래의 금전의 지급, 물건의 인도를 구하는 것과는 집행의 면에서 차이가 있다. 그런데 최근에는 권리의식의 발달과 여러 가지 공해에 대한 대책으로 금지청구라

1) 李時, 211면; 三ケ月, 雙書, 50면; 飯倉, "訴を三類型に限定することの要否," 爭點, 138면 이하.

고 하는 부작위청구소송(Unterlassungsklage)이 새로운 형태의 이행의 소로서 많이 제기되고 있다.[1] 부작위청구소송은 계약상·법률상의 부작위청구권에 의하여 지지되어야 하지만, 명문상의 부작위청구권이 인정되지 않을 경우(예컨대 사법상의 자유를 침해하는 경우)에도 부작위청구소송을 인정할 수 있을 것이다.[2] 이행의 소의 내용이 되는 이행청구권은 채권에 기한 것이든 물권에 기한 것이든 묻지 않으며,[3] 사법상의 청구권은 물론 공법상의 청구권이라도 민사소송사항이면 상관이 없다.

이행의 소는 다시 변론을 종결할 때에 이행기를 넘겼는가 아닌가에 따라 현재의 이행의 소와 장래의 이행의 소로 나누어진다. 장래의 이행의 소는 미리 청구할 필요가 있어야 제기할 수 있다(251).

(다) 이행의 소의 이익과 소송물 현재의 이행의 소는 원칙적으로 소의 이익이 인정되나, 장래의 이행의 소는 미리 청구할 필요가 있는 경우에 한하여 소의 이익이 인정된다(자세한 것은 소의 이익에 관한 설명 참조). 이행의 소의 소송물은 이행을 구할 수 있는 법적 지위의 주장과 이를 뒷받침하는 사실관계이다(자세한 것은 소송물에 관한 설명 참조).

(라) 이행의 소에 대한 응답 이행의 소에 대한 법원의 응답은 경우에 따라 다르다.

① 소각하판결의 기판력 이행의 소의 소송요건에 흠이 있는 경우에는 소를 부적법각하하는 소송판결을 한다. 이 판결은 그 소송요건의 부존재를 확정하며, 이 점에 관하여 기판력이 발생한다. 따라서 이 판결은 확인판결의 일종이다.

② 이행판결의 집행력과 기판력 소송요건을 구비하고, 나아가 원고의 청구가 이유 있는 경우에는 이행을 명하는 이행판결(Leistungsurteil)을 한다. 이행판결은 피고에 대한 이행명령을 포함하고 있으므로 집행권원으로 되어 집행력이 발생한다. 그리하여 피고가 판결내용을 임의로 이행하지 아니할 때에는 원고는 강제집행을 신청할 수 있다. 이행의 소의 주된 목적은 이 집행력을 획득하는 데에 있다. 그러나 이행판결은 동시에 이행청구권의 존재를 확인하며, 이 점에 관하여 기판력

---

1) 자세한 것은 Zeuner, "Gedanken zur Unterlassungs- und negativen Feststellungsklage," *FS Dölle* (1963) I, S. 295; Blomeyer, §35 Ⅳ; Schellhammer, Rdn. 229 ff. 참조.

2) Blomeyer, §35 Ⅳ 2; BGHZ 27, 284, 289 등.

3) 프랑스와 영미에서는 주는 채무(donner; give)와 하는 채무(faire; do or undo)를 구별한다. Lawson, *Remedies of English Law*(2nd ed., 1980), p. 13 참조.

이 발생한다. 이처럼 이행판결에는 집행력을 창설하는 형성적 요소와 이행청구권의 존재를 확정하는 확인적 요소가 있으므로, 이행의 소의 논리적 파악을 둘러싸고 여러 가지 견해가 주장되고 있음은 뒤에서 설명하는 바와 같다.

③ **청구기각판결의 기판력** 원고의 청구가 이유 없는 경우에는 청구기각의 판결을 한다. 이것은 이행청구권의 부존재를 확인하고, 이 점에 관하여 기판력이 발생하므로, 하나의 확인판결에 지나지 아니한다.

(2) 確認의 訴

(가) 의 의 확인의 소(declaratory remedy; Feststellungsklage)라 함은 특정한 권리 또는 법률관계의 존재 여부 혹은 법률관계를 증명하는 서면의 진정 여부를 주장하여 이를 확인하는 판결을 구하는 소이다. 판결내용의 강제적 실현을 예정하지 않고 오로지 법률관계의 공권적 확정을 통하여 분쟁을 해결하려고 하는 소의 유형이다. 이 소가 국민들의 준법정신이 상당한 수준에 이르러서야 인정된 것은 그 때문이다.

(나) 종 류 어느 토지의 소유권의 확인을 구하는 경우와 같이 권리 또는 법률관계의 존재의 확인을 구하는 적극적 확인의 소(positive od. bejahende Feststellungsklage)와 일정한 채무가 없다는 것의 확인을 구하는 경우와 같이 권리 또는 법률관계의 부존재의 확인을 구하는 소극적 확인의 소(negative, verneinende od. abwehrende Feststellungsklage)가 있다. 그리고 독립된 확인의 소와 중간확인의 소(264)가 있는데, 전자가 보통이다. 확인의 소는 권리 또는 법률관계의 존재 여부를 확인의 대상으로 하는 법률관계존부확인의 소가 원칙이지만, 예외적으로 법률관계를 증명하는 서면(예컨대 유언서, 정관 등)이 진정하게 작성되었는가 아닌가의 사실을 확인의 대상으로 하는 수도 있다(청구적격으로서 뒤에 자세히 설명한다). 이를 증서의 진정 여부를 확인하는 소(250, 증서진부확인의 소, Klage auf Feststellung der Echtheit order Unechtheit einer Urkunde)라고 한다.

(다) 기 능 확인판결에는 기판력만 있고 집행력 등은 없으나, 나름대로 중요한 기능을 가진다. i) 확인의 소는 권리의무의 존재 여부를 확정함으로써 이에 관한 분쟁을 해결함과 동시에 그 이후의 권리침해의 재발을 예방하는 기능을 가진다. 이 예방적 기능(Abwehrfunktion)은 소극적 확인의 소에서 한층 더 발휘된다.[1)]

---

1) Blomeyer, §37 Ⅰ.

ii) 확인의 소는 소유권 그 밖의 물권 등 절대권의 존재 확인, 임대차·고용 등 계속적 법률관계의 존재 여부 확인 및 친자관계 등 신분관계의 존재 여부 확인의 경우에 큰 역할을 한다.[1] 이 경우에 이행의 소로는 이들 권리관계로부터 파생하는 개개의 청구권을 주장할 수 있을 뿐이지만(예컨대 소유권에서 파생하는 소유물반환청구권), 확인의 소에 의하면 이들 권리관계를 전체로서 확인 받을 수 있으므로 이를 둘러싼 분쟁의 전체적 해결을 꾀할 수 있기 때문이다. iii) 또한 확인의 소는 청구권의 액수(額數)를 확정할 수 없어서 이행의 소를 제기할 수 없는 경우에 청구권의 존재를 확정 받음으로써 소멸시효의 중단을 꾀할 수 있다.

(라) 사실상 혼인관계 존부확인의 소의 법적 성질 가사소송법은 제2조 제1항 1호 나목 나류의 첫 번째 사항으로 사실상 혼인관계 존부확인의 소를 규정하고 있는데, 그 법적 성질이 과연 이름대로 확인의 소에 속하는가가 문제된다.

이에 관하여는 i) 혼인에 관한 합의의 존재 여부를 확인함을 내용으로 하는 법률관계존부확인의 소라고 하는 견해,[2] ii) 혼인신고의 의사표시를 구하는 이행의 소라고 하는 견해, iii) 사실관계의 존부확인의 소라고 하는 견해[3] 등이 주장되고 있다.

그러나 이것은 경우를 나누어 살펴보아야 할 것이다. 즉, 사실상 혼인관계의 부존재확인청구는 확인의 소에 속하지만, 사실상 혼인관계의 존재확인청구는 법률혼의 창설을 목적으로 하는 형성의 소로 풀이하여야 한다.[4] 왜냐하면 사실상 혼인관계 존재확인의 판결이 확정되면 청구인이 일방적으로 혼인신고를 하여 법률혼을 창설할 수 있기 때문이다(家登 72).[5]

(마) 확인의 소의 이익과 소송물 확인의 소는 그 대상이 현재의 구체적인 권리 또는 법률관계이고, 즉시확정의 이익이 있으며, 위험·불안제거에 유효·적절한 수단일 때에 소의 이익이 인정된다(자세한 것은 소의 이익에 관한 설명 참조). 확인의 소의 소송물은 특정한 권리 또는 법률관계의 존재 여부에 관한 주장이다(자세한 것은 소송물에 관한 설명 참조).

---

1) 大判 1995. 3. 28, 94 므 1447; 1995. 11. 14, 95 므 694 등 참조.
2) 方, 278면; 宋/朴, 195면; 金容, 134면.
3) 韓, 278면.
4) 同旨: 李時, 213면; 金/姜, 285면; 李明, 199면.
5) 대법원은 이를 창설적 신고로 보나(大判 1973. 1. 16, 72 므 25), 보고적 신고로 보아야 한다. 金疇洙, 「親族相續法」(第4全訂版, 1991), 233면.

(바) 확인의 소에 대한 응답

① 소각하판결의 기판력　　확인의 소가 그 소송요건에 흠이 있어서 부적법한 경우에는 소각하의 판결을 하며, 이것은 소송요건의 부존재를 확정하는 기판력이 있다.

② 확인판결 및 청구기각판결의 기판력　　소송요건이 구비된 경우에 확인의 소에 대한 청구인용의 판결은 원고의 주장대로 권리관계의 존재 여부를 확정하는 효력이 있고, 청구기각의 판결은 원고가 주장하는 권리관계의 부존재(적극적 확인의 소의 경우) 또는 존재(소극적 확인의 소의 경우), 즉 원고주장과 반대의 권리관계를 확정하는 효력이 있다. 어느 것이나 법률관계의 존재 여부를 확정하고, 그 판단에 기판력이 발생한다. 이처럼 확인의 소에 대한 판결은 선언적 효력만을 가진다.

(3) 形成의 訴

(가) 의　의　　형성의 소(constitutive remedy; Gestaltungsklage)는 법률관계의 변동(발생·변경·소멸)을 일으키는 일정한 법률요건(형성권)[1]의 존재를 주장하여, 그 변동을 선언하는 판결을 구하는 소이다. 창설의 소 또는 권리변동의 소라고도 부르며, 법률관계의 변동을 목적으로 한다.

(나) 法定主義　　형성의 소는 소에 의하여 법원에 법률관계의 변동을 청구할 수 있다고 명문으로 규정되어 있는 경우에 한하여 인정된다. 이를 형성의 소 법정주의(Grundsatz vom numerus clausus der Gestaltungsklagen)라고 한다.[2)3)]

사법의 세계에는 사적자치의 원칙이 적용되기 때문에, 사법상의 법률관계의 변동은 법률행위, 그 밖의 법률요건사실이 있으면 당연히 발생하는 것이 보통이다. 따라서 이 경우에는 권리관계의 변동을 구하는 소를 제기할 필요가 없다. 특히 취소권·해제권과 같은 실체법상의 형성권의 경우에는 권리자의 일방적 의사표시만으로 법률관계가 변동된다. 그러나 이와 달리 형성권 가운데는 권리자로 하여금

---

1) 형성요건, 형성원인이라고 한다. 자세한 것은 鈴木正裕, "非訟事件と形成の裁判," 新實務民訴 8, 12면 이하; 兼子, 條解民訴, 765면 이하 참조.

2) Schlosser, Rdn. 205; 大判 1993. 9. 14, 92 다 35462.

3) 단체의 대표자 등에 대한 해임을 청구하는 소는 형성의 소에 해당하고, 이를 허용하는 법적 근거가 없는 경우(예를 들어 민법상 조합의 청산인에 대한 해임청구권을 피보전권리로 한 경우) 대표자 등에 대한 집무집행정지와 직무대행자선임을 구하는 가처분 신청은 가처분에 의하여 보전될 권리관계가 존재한다고 볼 수 없어 허용되지 않는다고 한다(大決 2020. 4. 24, 2019 마 6918).

법률요건에 해당하는 사실의 존재를 소로써 주장시키고, 법원이 그 존재를 인정하여 법률관계의 변동을 선언하는 판결을 하고, 이 판결(형성판결)이 확정되어야만 비로소 변동의 효과가 발생하도록 규정되어 있는 경우가 있다(형성소권). 이것은 한편으로는 법률관계의 변동을 곤란하게 하고 또 변동의 유·무를 명확히 하여 법률관계의 안정을 꾀하고,[1] 다른 한편으로는 이 경우의 판결의 효력을 제3자에게 미치게 함으로써 다수의 이해관계인 사이에 법률관계를 획일적으로 처리하게 하기 위함이다. 이처럼 법률이 개별적으로 법률관계의 변동방식을 규정하고 있는 것에 따른 소가 바로 형성의 소이다.

(다) 종 류　　형성의 소는 그 목적·성질에 따라 실체법상의 형성의 소, 소송법상의 형성의 소 및 형식적 형성의 소로 나눌 수 있다.[2]

① **實體法상의 形成의 訴**　　실체법상의 법률관계의 변동을 목적으로 하는 소이다. 여기에는 혼인의 취소, 이혼, 입양의 취소, 파양, 친생부인, 인지청구 등(家訴 2 I 나류 사건)의 가족법상의 형성의 소, 회사의 설립무효, 합병무효, 주주총회결의의 취소·변경, 신주발행무효 등의 회사법상의 형성의 소, 항고소송 중의 취소소송, 선거·당선무효소송, 위헌제청(憲裁 45, 47 II), 헌법소원(憲裁 74 III~ V, 47 II) 등 헌법재판소법상의 형성의 소가 있다.

실체법상의 형성의 소인가 아닌가에 관하여 다툼이 있는 것들이 있다.

i) 혼인의 무효, 입양의 무효, 이혼의 무효 등의 청구(家訴 2 I 가류 사건)에 관하여 통설은 이를 실체법상의 형성의 소에 속한다고 풀이하지만, 이들의 무효는 반드시 소에 의하지 않더라도 주장할 수 있으므로 형성의 소가 아니라 확인의 소라고 보는 견해도 있다.[3]

ii) 주주총회결의무효확인의 소의 성질에 관하여 상법학자 중에는 확인의 소로 보는 이가 많고,[4] 판례도 그러하지만,[5] 결의무효확인판결의 효력이 제3자

---

1) Schlosser, Rdn. 203.

2) 그러나 이러한 분류에 의문을 제기하는 견해도 있다. 新堂, 183면; 中野=松浦=鈴木, 31면. 그리고 도이칠란트에서는 이러한 분류를 하고 있지 않다. Rosenberg, §94 II; Jauernig, §34 III; Baur, Rdn. 106; Arens, Rdn. 136.

3) 新堂, 179면; 姜, 333면; 金疇洙, 「親族相續法」(第4全訂版, 1991), 142면; 김홍엽, 251면.

4) 徐燉珏, 「第三全訂商法講義(上卷)」(1985), 374면; 孫珠瓚, 「第5訂增補版商法(上)」(1994), 659~660면; 李範燦, 「改訂商法講義」(1979), 160면.

5) 大判 1962. 5. 17, 4294 民上 1114; 1993. 8. 18, 91 다 14369; 1993. 8. 18, 91 다 39924.

에게도 미치는 점(商 190, 380)에 비추어 형성의 소라고 풀이하여야 할 것이다.[1] 주주총회결의부존재확인의 소의 성질에 관하여 대법원은 이를 표현결의(表見決議)와 비결의(非決議)의 둘로 나누고, 비결의의 경우는 상법 제190조의 적용범위 외의 확인의 소로서 그 판결의 효력은 소급한다고 판시한 일이 있으나,[2] 1995년 개정상법(1995. 12. 29. 법률 제5053호)은 결의부존재확인판결의 경우에 상법 제190조 본문만을 준용하여 판결의 소급효를 인정할 수 있게 되었으므로(商 380), 소급효에 얽매여 확인의 소로 풀이할 필요는 없고 표현결의·비결의를 구별하지 말고 모두 형성의 소로 풀이하여야 할 것이다.

iii) 채권자취소소송(사해행위취소소송)의 성질에 관하여도 다양한 견해의 대립이 있다.

a) 이 문제에 대한 해답은 채권자취소권(民 406)의 성질을 무엇으로 보느냐에 달려 있다. 첫째로, 채권자취소권은 사해행위의 취소를 내용으로 하는 형성권이라고 풀이하는 견해(**형성권설**)에서는 채권자취소소송을 형성의 소로 보고 있고,[3] 둘째로 채권자취소권은 채무자로부터 일탈한 재산을 반환시키는 것을 목적으로 하는 청구권이라고 보는 견해(**청구권설**)에서는 채권자취소소송은 일탈한 재산의 반환을 구하는 이행의 소라고 풀이한다.[4] 셋째로 채권자취소권은 사해행위의 취소와 일탈재산의 회복의 양 쪽을 목적으로 하는 권리라고 풀이하는 **절충설**(**병합설**)에서는 채권자취소소송은 사해행위의 취소를 구하는 형성의 소와 일탈재산의 반환을 구하는 이행의 소가 병합된 것으로 본다. 넷째로 채권자취소권은 사해행위 자체의 취소나 일탈재산 자체의 반환을 목적으로 하는 권리가 아니라, 일탈재산에 대한 집행가능성을 회복하는 권리 내지 책임법적 무효의 효과를 발생시키는 권리(일종의 형성권)로 보는 견해(**책임설**)에서는 채권자취소소송은 책임법적 무효의 효과를 발생시키는 형성의 소와 일탈재산에 대한 강제집행의 수인(受認)을 구하는 이행의 소가 결합된 것으로 본다.[5]

b) 채권자취소소송의 성질을 어떻게 보느냐에 따라 그 판결의 효력, 소의 피고, 청구취지와 판결주문의 내용이 달라진다.

우선 판결의 효력을 보면, 형성권설에 의하면 그 판결은 채무자와 수익자 사이 및 수익자와 전득자 사이의 법률행위를 모두 취소하고, 그 행위의 효력을 소급적으로 무효로 함에 반하여(절대적 무효), 청구권설에 의하면 채무자와 수익자 사이 및 수익자와 전득자 사이의 법률행위의 효력에는 아무 영향이 없다. 절충설은 취소에 중점을 두느냐 반환청구에 중

---

1) 同旨: 李時, 215면. 자세한 것은 鄭東潤, 「會社法」(제7판, 2003), 374면 참조. 反對: 姜, 334면.

2) 大判 1992. 8. 18, 91 다 14369.

3) 三ケ月, 雙書, 61면은 사해행위취소의 소는 진정한 형성의 소가 아니라 유사형성의 소라고 한다.

4) 李在性, "詐害行爲取消訴訟의 性質," 李在性 判例評釋集 Ⅱ, 138면 이하.

5) 자세한 것은 庾炳賢, 「債權者取消訴訟에 관한 研究: 强制執行과 관련하여」, 고려대 법학박사학위논문(1994), 144면 이하; 金亨培, 「債權總論」(1992), 456면.

점을 두느냐 혹은 그 중간적 입장을 취하느냐에 따라 다시 견해가 갈라지지만, 우리나라의 통설[1]과 판례[2]는 양자를 고르게 보는 중간적 절충설을 취하고 있고, 이 견해에서는 취소의 효과는 악의의 수익자나 전득자에 대한 관계에서만 상대적으로 발생하고(상대적 무효), 채무자와 수익자 사이 및 수익자와 전득자 사이의 법률행위에는 미치지 아니한다. 책임설에 의하면 판결의 효력은 책임법적으로만 취소의 효과를 가지므로 일탈재산에 대한 집행가능성의 회복을 가져올 뿐이요, 사해행위의 효력 자체를 취소하거나 일탈재산의 반환을 가져오지는 아니한다.

다음으로 소의 피고를 보면, 형성권설에서는 채무자와 수익자(악의의 전득자 포함)의 양자가 피고로 되지만, 청구권설에 의하면 재산반환의 상대방인 수익자 또는 전득자만이 피고로 되고 채무자는 피고가 아니다. 취소의 상대적 무효를 주장하는 절충설도 청구권설과 마찬가지로 수익자 또는 전득자만을 피고로 하여야 한다고 한다.[3] 책임설도 이와 같다.[4]

끝으로 청구취지와 판결주문의 내용을 보면 형성권설에서는 반드시 사해행위의 취소를 적어야 함에 반하여, 청구권설에 의하면 이를 적을 필요가 없고, 일탈재산의 반환을 구하여야 한다. 절충설에 의하면 원칙적으로 취소와 반환(원상회복)의 양 쪽을 구하여야 한다(채무면제 등의 경우에는 취소만으로 족하다). 책임설에 의하면 책임법적 취소와 강제집행의 수인을 구하여야 한다.

c) 종래의 통설은 민법 제406조가 "그 취소 및 원상회복을 법원에 청구할 수 있다"라고 규정한 것을 근거로 하여 절충설을 취하여 왔다. 그러나 종래의 절충설은 취소의 효과가 상대적으로 발생한다는 이른바 상대적 무효의 이론을 내세우고 있어서, 채권자와 수익자 사이에서만 취소의 효력이 발생하고, 채무자와 수익자 사이 및 수익자와 전득자 사이의 법률행위는 여전히 유효하므로, 취소의 결과 일탈재산이 채무자에 반환된다고 하더라도 취소의 효과는 채무자에게 미치지 아니하므로(예컨대 부동산의 등기명의가 수익자로부터 채무자에게 회복된다고 하더라도 채권자에 대한 관계에서는 위 부동산은 여전히 수익자의 소유이다), 채권자와 채무자 사이에서 이루어지는 채무자의 책임재산에 대한 강제집행은 이론적으로 설명할 수 없다는 난점이 있다. 따라서 채무자의 사해행위에 의하여 책임재산이 수익자 또는 전득자에게 귀속된 상태에서 그 재산을 취소채권자의 강제집행의 대상으로 삼을 수 있게 하는 책임설(일탈재산의 귀속의 회복을 꾀하지 않고 일탈재산의 책임법상의 지위의 회복만을 꾀한다)이 채권자취소권제도의 목적을 달성하기 위하여 필요한 최소한을 요구하는 이론으로서 타당하다고 생각한다.[5] 종래의 통설은 수익자 또는 전득자의 소유로 된 재산을 채무자가 반환 받아 채무자의 소유로 되돌아와야만 강제집행의

1) 郭潤直, 전게서, 232면.

2) 大判 1961. 11. 9, 4293 民上 263; 1962. 2. 15, 61 다 378; 2004. 8. 30, 2004 다 21923; 2014. 6. 12, 2012 다 47548; 2015. 11. 17, 2012 다 2743(따라서 채무자의 수익자에 대한 채권양도가 사해행위로 취소되어도 채무자가 그 채권을 취득하여 권리자로 되는 것은 아니므로 채권자는 채무자를 대위하여 제3채무자에게 그 채권의 지급을 청구할 수 없다).

3) 大判 1967. 12. 26, 67 다 1839; 2004. 8. 30, 2004 다 21923.

4) 金亨培, 전게서, 457면.

5) 同旨: 상게서, 428면.

대상이 된다는 점을 출발점으로 하면서, 취소의 효과를 제도의 목적을 달성하는 데 필요한 최소한의 범위에 한정하기 위하여, 재산의 반환과 상대적 무효의 이론을 결합시켰으나, 재산의 귀속을 그대로 둔 채 강제집행을 할 수 있다면 재산의 반환을 고집할 필요는 없다(재산의 가치가 채권의 가치보다 훨씬 큰 경우를 생각하여 보라). 다만 책임설을 취하기 위해서는 특정 재산에 대한 강제집행의 수인을 구하는 이른바 책임의 소(Haftungsklage)[1]와 같은 소송유형이 인정되어야 할 터인데, 우리나라에서 그것이 가능한지, 또 그 집행방법이 무엇인지가 숙제로 남는다.[2]

d) 그 밖에 채권자취소권을 반드시 소에 의하여 행사하여야 하는가가 문제된다. 민법학자들은 민법 제406조가 "…그 취소 및 원상회복을 법원에 청구할 수 있다"라고 규정한 것을 근거로 하여, 채권자취소권은 소에 의하여만 행사할 수 있다고 풀이한다.[3] 이에 반하여 소송법학자들은 채권자취소권과 같은 성질을 가지는 파산절차상의 부인권이 항변에 의하여 행사될 수 있는 점(破 I 396)을 근거로 하여, 채권자취소권을 반드시 소에 의하여 행사하여야 하는 것은 아니고 항변으로써도 주장할 수 있다고 본다.[4] 판례는 소를 제기하는 방법으로만 채권자취소권을 행사할 수 있다고 한다.[5] 판례의 입장을 지지한다.

② 形式的 形成의 訴 외형상으로는 소송의 형식을 취하지만 실질적으로는 비송사건에 속하는 형성의 소이다. 공유물분할청구(民 269),[6] 아버지의 결정청구(民 845, 家訴 2 I 1. 나. 나류 ⑤, 27), 명예회복을 위하여 적당한 조치를 구하는 소송(民 764), 경계확정소송,[7] 법정지상권상의 지료결정청구[8] 등이 이에 해당한다. 다만 경계확정소송은 이를 소유권의 범위의 확인을 구하는 소로 구성하려는 유력한 견해가 있다.[9]

일반적으로 형성의 소에서는 형성요건을 법률에 규정하여 놓고 그 요건에 해당

---

1) Rosenberg, §93 I 3.

2) 이에 관한 설명으로는 庾炳賢, 전게학위논문, 176~247면 참조.

3) 金旱培, 선게서, 455면; 郭潤直, 「債權總論」(再全訂版, 1983), 245면; 金疇洙, 「債權總論」(1984), 215면.

4) 姜, 335면; 新堂, 181면.

5) 大判 1962. 2. 8, 4294 民上 722; 1998. 3. 13, 95 다 48599.

6) 공유물분할의 소에 있어서 법원은 공유관계나 그 객체인 물건의 제반 상황을 종합적으로 고려하여 합리적인 방법으로 지분비율에 따른 분할을 명하여야 하는 것이고, 재판에 의한 공유물분할은 현물분할의 방법에 의함이 원칙이나 현물분할이 불가능하거나 그것이 형식상 가능하다고 하더라도 그로 인하여 현저히 가격이 감손될 염려가 있을 때에는 공유물의 경매를 명하여 대금을 분할하는, 이른바 **대금분할의 방법**에 의하여야 한다(大判 1999. 6. 11, 99 다 6746); 또한 공유관계의 발생원인과 공유지분의 비율 및 분할된 경우의 경제적 가치, 분할 방법에 관한 공유자의 희망 등의 사정을 종합적으로 고려하여 당해 공유물을 특정한 자에게 취득시키는 것이 상당하다고 인정되고, 다른 공유자에게는 그 지분의 가격을 취득시키는 것이 공유자 간의 실질적인 공평을 해치지 않는다고 인정되는 특별한 사정이 있는 때에는 공유물을 공유자 중의 1인의 단독소유 또는 수인의 공유로 하되 현물을 소유하게 되는 공유자로 하여금 다른 공유자에 대하여 그 지분의 **적정하고도 합리적인 가격을 배상시키는 방법**에 의한 분할도 현물분할의 하나로 허용된다(大判 2004. 10. 14, 2004 다 30583).

7) 大判 1993. 10. 8, 92 다 44503; 1993. 11. 23, 93 다 41792.

8) 大判 2003. 12. 26, 2002 다 61934.

9) 大判 1970. 6. 30, 70 다 579는 경계확정소송을 2종으로 구분한다. 小室直人, "境界確定訴訟の再檢討," 中村古稀, 「民事訴訟法理」(1965), 144면; 佐佐木, "土地境界確定訴訟," 演習民訴, 279면 이하 참조. 건물의 경계는 확인의 소의 대상이며 토지경계확정의 소의 대상이 될 수 없다는 판례는 1997. 7. 8, 96 다 36517.

하는 사실이 있으면 법원이 법률의 규정에 따라 형성판결을 하는 것이므로, 법원의 판단작업은 이행의 소, 확인의 소의 경우와 마찬가지로 법의 적용작용으로서의 성격을 가진다. 그런데 형식적 형성의 소의 경우에는 형성요건을 법률에 구체적으로 규정하지 않고, 구체적으로 어떠한 내용의 권리관계를 형성할 것인가를 법관의 자유재량에 맡기고 있다. 이것은 현장의 법관을 신뢰하고 그가 일체의 사정을 고려하여 가장 합리적이라고 판단하는 바에 따라 권리관계를 형성하도록 하는 것이 타당하다고 생각하였기 때문이다. 그러므로 여기에서의 법관의 작업은 법의 적용작용이라기보다는 합목적적 처분행위의 성격이 강하다. 그러나 이들 사건에서도 당사자들 사이의 이해관계가 예리하게 대립하므로, 법은 당사자에게 대등하게 변론할 수 있는 기회를 부여하기 위하여 이것을 소송사건의 형식으로 다루도록 한 것이다. 이러한 점에 착안하면 실체법상 및 소송법상의 형성의 소를 구속적 형성의 소, 형식적 형성의 소를 재량적 형성의 소라고 부를 수 있을 것이다.[1] 그러므로 형식적 형성의 소의 경우에는 법원은 당사자의 주장의 내용이나 범위에 구속되지 아니하여 처분권주의가 적용되지 않고,[2] 당사자 사이에 다툼이 있는 한 법원은 반드시 재판을 하여야 하므로 청구기각이 있을 수 없으며, 항소심에서도 불이익변경금지의 원칙이 적용되지 않는다.[3]

③ **訴訟法上의 形成의 訴**　소송법상의 법률관계의 변동을 구하는 소이다. 즉 재판이나 이에 준하는 행위 또는 그들의 효력의 변경 또는 취소를 구하는 소이다. 변경의 소(252), 재심의 소(451), 준재심의 소(461), 중재판정취소의 소(仲 36), 제권판결에 대한 불복의 소(490) 등이 이에 해당한다. 청구이의의 소(民執 44), 제3자이의의 소(民執 48), 집행문부여에 대한 이의의 소(民執 45) 등 집행법상의 이의의 소의 성질에 관하여는 다툼이 있으나, 판례는 이를 형성의 소로 보고 있다.[4] 다만 소송법상의 형성의 소에 대하여는 그것은 대세효(對世效)가 없고, 소제기권자(출소권자)도 제한되지 않는 등 실체법상의 형성의 소와는 성질이 다르므로 이를 구제소송(救濟訴訟)[5] 또는 소송법상 인정된 특수한 소의 유형[6]이라고 주장하는 견해가 있다.

---

1) Schlosser, Rdn. 208.

2) 大判 1968. 3. 26, 67 다 2455; 2004. 10. 14, 2004 다 30583.

3) 日最判 1963. 10. 15, 民集 17. 9. 1220. 反對: 小室, 前揭論文, 115면 이하; 竹下, 判批, 法協 82. 4. 123; 2021. 8. 19, 2018 다 207830.

4) 大判 1971. 12. 28, 71 다 1008; 1977. 10. 11, 77 다 1401; 1996. 11. 22, 96 다 37176.

5) 三ケ月, 60면.

6) 新堂, 183면.

④ **그 밖의 分類** 그 밖에도 형성의 소는 그 내용에 따라 적극적 형성의 소와 소극적 형성의 소로 나눌 수 있다.[1] 전자는 법률관계를 창설하는 내용을 가진 것이고, 후자는 법률관계를 소멸시키는 것을 내용으로 하는 것이다. 대부분의 형성의 소는 소극적 형성의 소이다. 이혼, 혼인의 취소·무효, 회사의 설립무효, 주주총회결의의 취소, 재심 등이 이에 해당한다. 적극적 형성의 소로서는 인지청구(認知請求), 아버지의 결정청구, 통상실시권허락(通常實施權許諾)의 심판(特許 138) 등이 있다.

또한 형성의 소는 그 판결의 효력이 소급하는지 여부에 따라 장래의 형성의 소와 소급적 형성의 소로 나누어진다. 대부분의 형성의 소의 경우에는 형성판결의 확정을 기다려 장래에 향하여만(*ex nunc*) 형성의 효력이 발생한다. 그러나 때로는 형성판결의 효력이 과거의 일정시점까지 소급하는(*ex tunc*) 경우가 있다. 예컨대 혼인의 무효, 친생부인, 재심이나 항고소송, 특허무효심판(特許 133), 형벌법규에 관한 위헌결정(憲裁 47 Ⅱ) 등이 그러하다.

(라) **형성의 소의 이익과 소송물** 형성의 소의 대상은 소에 의하여만 법률관계를 변동시킬 수 있는 형성권(형성소권)에 한정된다(청구적격으로서 뒤에 자세히 설명한다). 형성의 소는 법률에 규정이 있는 경우에만 인정되므로 소의 이익이 인정되는 것이 원칙이지만, 특별한 경우에는 소의 이익이 부정되는 수가 있다(자세한 것은 소의 이익에 관한 설명 참조). 형성의 소의 소송물은 형성을 구할 수 있는 법적 지위의 주장과 이를 뒷받침하는 사실관계이다(자세한 것은 소송물에 관한 설명 참조).

(마) **형성의 소에 대한 응답**

① **소각하판결의 기판력** 형성의 소가 소송요건에 흠이 있어서 부적법한 경우에는 소각하판결을 하며, 이것은 소송요건의 부존재를 확정하는 기판력이 있다.

② **형성판결의 형성력, 형성판결 및 청구기각판결의 기판력** 형성의 소가 이유 있다고 하여 청구를 인용하는 형성판결은 그것이 확정되면 법률관계를 변동시키는 효력인 형성력이 발생한다. 실체법상의 형성을 선언하는 판결의 형성력은 대세적 효력을 가지므로, 누구든지 형성의 결과를 승인하지 않으면 안 된다.

형성판결에 형성권의 존재를 확정하는 기판력이 발생하는가에 관하여 형성의

---

1) Schlosser, Rdn. 206.

효과의 발생과 함께 형성권은 목적을 달성하여 소멸하므로, 기판력을 인정할 여지가 없다고 하는 부정설도 있으나,[1] 이를 긍정하는 통설·판례[2]가 타당하다. 왜냐하면 형성판결이 확정된 뒤에 기준시에 형성권이 존재하지 아니하였음을 전제로 한 손해배상청구 등을 배척하기 위하여는 여기에 기판력을 인정할 필요가 있을 뿐만 아니라, 기판력은 국가의 판단으로부터 생기는 독자의 힘으로서 모든 판결에 고유한 것이기 때문이다. 이에 반하여 형성의 소에 대하여 청구가 이유 없다고 하는 청구기각판결은 형성권의 부존재를 확인하는 확인판결이고, 형성권의 부존재에 관하여 기판력을 갖는다.

③ **형성판결이 확정되기 전의 효력** 형성의 소의 대상인 법률관계는 법원이 형성을 선언하는 판결(형성판결)을 선고하고 그것이 확정되어야만 변동되기 때문에, 형성판결이 확정되기까지는 누구도 법률관계의 변동을 주장할 수 없고, 따라서 현재의 법률관계를 존중하여야 한다. 그리하여 형성요건, 예컨대 혼인의 무효사유가 존재하더라도 형성판결이 확정되기까지는 누구도 무효를 주장할 수 없고, 항변이나 다른 소의 선결문제로서도 그 무효를 주장할 수 없다. 이 점이 형성의 소에 공통된 표지(標識)이다. 마치 행정처분에 공정력 내지 구성요건적 효력이 인정되는 경우와 같다.[3]

(4) 3分說에 대한 다른 견해

1) 이처럼 소를 청구의 내용에 따라 3분하려는 통설에 대하여 몇 가지 이설이 주장되고 있다. 그 첫째는 확인의 소가 모든 소의 기본형이고, 이행의 소와 형성의 소는 확인의 소의 특수형에 불과하다고 보는 견해이고,[4] 그 둘째는 소를 확인의 소와 형성의 소로 2분하려는 견해로서, 이에 의하면 이행의 소는 집행력의 창설을 목적으로 하는 소송상의 형성의 소의 일종이라고 한다.[5] 그 셋째는 통설이 인정하는 3종의 소 이외에 제4의 유형으로서 이른바 구제(救濟)의 소를 인정하는 견해가 있다.[6]

2) 우선 확인의 소만을 인정하는 견해에 관하여 보면, 이행의 소는 청구권의 존재 여

---

1) 柳宅馨, 「新民事訴訟法研究」, Ⅰ, 127면; 三ケ月, 48, 50~52면.

2) 大判 1981. 3. 24, 81 다 1887.

3) 金南辰, 「行政法 Ⅰ」(제4판, 1992), 288, 293면 이하 참조; 李尙圭, 「新行政法論(上)」(新版, 1993), 402면 이하.

4) 方, 278면; 李英, 222면 이하; 兼子, 144면; Rödig, *Die Theorie des gerichtlichen Erkenntnisverfahrens*(1973), S. 63 ff.

5) Schlosser, *Gestaltungsklagen und Gestaltungsurteile*, 1966.

6) 三ケ月, "執行に對する救濟," 民訴研究 Ⅱ, 61면.

부를 확정하는 확인의 기능이 있지만, 청구권의 확정은 강제집행의 요건인 집행권원을 얻기 위한 전제조작이고, 그 본질적인 기능은 집행권원을 얻는 데에 있고, 또 형성의 소는 형성요건의 존재 여부에 관한 확인의 효과가 있다고 인정하더라도(이를 부정하는 견해도 있다), 나아가 법률관계를 창설·변경·소멸시키는 효과가 있으므로, 어느 것이나 단순히 권리관계의 존재 여부를 확정하는 선언적 효과밖에 없는 확인의 소와 다른 독자적 기능을 가지고 있음을 부정할 수 없다. 다음으로 이행의 소를 형성의 소의 일종으로 보는 견해는 이행판결과 형성판결 사이에 결정적인 차이가 있음을 간과하고 있다. 왜냐하면 이행판결은 실체법상의 권리에 따라 이행명령을 함을 목적으로 함에 반하여, 형성판결은 기존의 법률관계에 권리창설적으로 직접 개입하는 것이기 때문이다. 또한 2분설의 논리를 관철하면 확인의 소도 기판력의 형성을 목적으로 하는 형성의 소로 보아야 하므로, 이 견해는 철저하지 못하다. 끝으로 3종의 소 이외에 구제의 소를 인정하는 4분설은 청구이의의 소(民執 44), 재심의 소(451) 등 종래 소송법상의 형성의 소로 분류하여 오던 소송유형 및 행정소송의 항고소송(行訴 4)은 확인적 기능과 형성적 기능의 양자를 함께 지니고 있으므로 이를 새로운 형태인 구제의 소로 분류하는 것이 타당하다고 주장한다. 이 견해는 소송법상의 형성의 소가 실체법상의 형성의 소와 다른 점이 있다는 것을 밝힌 공적은 있으나, 그 개념의 외연(外延)이 어디까지인가 불명하고 또 얼마나 실익이 있는지 의문이다. 이행·확인 및 형성의 소의 세 가지가 역사적으로 형성되어 온 것은 이들이 각각 독자적 기능을 가지고 있기 때문이며, 따라서 통설인 3분설이 타당하다.

2. 소제기의 형태·시기에 의한 분류

소는 소제기의 모습에 따라 단일의 소(한 사람의 원고가 한 사람의 피고를 상대로 하여 한 개의 청구에 관하여 심판을 구하는 소)와 병합의 소(원고 혹은 피고가 복수인 소 혹은 청구가 복수인 소)로 나누어지고, 다시 소제기의 시기 또는 다른 소송절차와의 관련 여부에 따라 독립의 소(다른 소송절차와 관계없이 새로운 소송절차를 개시시키는 소, 독립하여 제기하는 소)와 소송중의 소(이미 개시된 소송절차와 관련하여 그것과 동일 절차 안에서 병합심리를 구하는 소, 係爭中의 訴)로 나누어진다. 소송중의 소로서는 청구의 변경(262), 중간확인의 소(264), 반소(269), 당사자참가(79), 공동소송참가(83) 등이 있다. 소송중의 소는 병합의 요건(65, 253)을 구비하여야 한다.

Ⅲ. 訴와 請求

민사소송법은 소와 청구를 구별하고 있다. 앞에서 말하였듯이 소는 법원에 대하여 권리보호(심판)를 요구하는 소송행위이고, 청구는 소의 중요한 내용을 이룬다. 그런데 청구라고 하는 말이 다의적(多義的)으로 쓰이므로, 경우에 따라서는 소와 청구의 구별이 곤란하여진다.

대체로 청구라는 말은 광협(廣狹)의 두 가지 의미로 쓰인다. 좁은 의미로는 원고의 피고에 대한 권리주장을 가리키고, 넓은 의미로는 위 좁은 의미의 청구에 대한 심판의 요구(신청)를 첨가한 의미로 쓰인다. 예컨대 '청구의 인낙'이라고 할 때에는 청구라는 말이 좁은 의미로 쓰여진 것이고(왜냐하면 원고의 법원에 대한 요구를 피고가 인낙할 수는 없기 때문이다), '청구의 취지,' '청구인용,' '청구기각'이라고 할 때에는 청구가 넓은 의미로 사용된 것이다. 이처럼 피고에 대한 권리(이익)주장만을 문제로 할 때에는 좁은 의미의 청구, 법원에 대한 재판요구를 포함한 의미로 쓰일 때에는 넓은 의미의 청구라고 구별하는 것이 일반적이다. 여기에서 주의할 것은 좁은 의미의 청구는 원고의 피고에 대한 권리주장이지만, 그것이 실체법상의 권리주장(사법행위)은 아니고, 법원에 향하여 하는 소송행위라고 하는 점이다. 그리고 넓은 의미의 청구는 좁은 의미의 청구 외에 법원에 대한 심판요구를 포함하고 있어서, 이것과 소의 구별이 문제되는데, 앞에서 설명한 바와 같이 청구는 소에 대한 관계에서는 그 내용을 이루고 있고(249 I 참조), 소는 엄격한 형식이 법정되어 있어서 청구에 대하여 외면형식이라고 말할 수 있으며, 또 소에는 청구 이외에 소송의 주체가 포함되는 개념이므로, 양자는 관념적으로 구별할 수 있다.[1]

제 2 절 訴의 提起

Ⅰ. 訴提起의 方式

1. 총 설

소송절차는 소의 제기에 의하여 개시된다. 그런데 소의 제기는 소장을 법원에 제출하는 방법에 의하는 것이 원칙이지만, 특정한 사건에 관하여는 말로 소를 제기하는 것(口述提訴)이 예외적으로 인정되고 있고, 그 밖에 일정한 경우에는 소를 제기한 것으로 보는 수도 있다.

2. 통상의 방식－소장제출주의

1) 소의 제기는 소장(訴狀; complaint; Klageschrift)이라는 서면을 작성하여[2] 법

1) 자세한 것은 新堂, 266면; 齋藤, 115면; 三ケ月, 74면 이하; 中野＝松浦＝鈴木, 35면.

2) 소송서류의 용지는 특별한 사유가 없는 한 A4용지(210㎜×297㎜)를 세워서 쓴다(民訴規 4 Ⅱ). 법원이 작성하는 문서는 A4용지를 세워서 위 여백 45㎜, 아래 여백 30㎜, 좌우 여백 20㎜로 하여야 하므로(법원재판사무처리규칙 6 Ⅱ), 당사자가 제출하는 문서도 이에 따라야 할 것이다. 그러나 당사자가 규격에 어

원에 제출하는 방식에 의하는 것이 원칙이다(248). 소장에는 법률이 정한 사항을 기재하고(249 I), 그 작성자인 원고 또는 그 대리인이 기명날인 또는 서명을 하여야 하며(249 II·274), 소송목적의 값(소값, 訴價)에 따라 인지(현금이나 신용카드 등으로 납부한 경우에는 그 증명서)를 붙여야 한다(인지액이 1만 원 이상인 때에는 현금납부, 民印規 27). 다만 국가를 당사자로 하는 소송의 경우에 국가는 인지를 붙이지 아니한다(인지첩부및공탁제공에관한특례법 2).

2) 그리고 피고에게 송달하기 위하여 피고의 수만큼의 부본(副本)을 첨부하여야 하고(民訴規 48), 송달비용을 미리 내야 한다(116, 19 I, 民訴規 ①).

그 밖에도 피고가 소송무능력자일 때에는 법정대리인, 법인인 때에는 대표자, 법인 아닌 사단이나 재단인 때에는 대표자 또는 관리인의 자격을 증명하는 서면을 첨부하여야 한다. 또한 당사자가 가지고 있는 문서로서 소장에 인용한 것은 그 사본을 붙여야 한다(249 II, 254 IV, 275). 그러므로 부동산에 관한 사건은 그 부동산의 등기부등본, 친족 · 상속관계사건은 가족관계기록사항에 관한 증명서, 어음 · 수표사건은 그 어음 · 수표의 사본을 첨부하여야 하고, 아울러 증거로 될 문서 가운데 중요한 것의 사본을 붙여야 한다(民訴規 63). 또한 토지에 관한 소를 제기할 때에는 소송목적의 값을 계산하기 위하여 개별공시지가가 기재된 토지대장등본을 제출하여야 한다(民印規 I, 8 II, 9).

3) 소장은 법원에서 접수담당공무원에게 제출한다. 다만, 원고 또는 그 대리인 자신이 제출할 필요는 없고, 사자(使者) 또는 우편에 의하여 제출하여도 상관이 없다. 접수공무원은 정당한 이유 없이 접수를 거절하지 못하지만, 접수된 소장의 보완에 관하여 필요한 사항을 지적하고, 보완을 권고할 수 있다(民訴規 5).

4) 소의 제기는 서면에 의하는 외에 전자문서로도 할 수 있다. 우리나라는 인터넷의 발달에 발맞추어 2010. 3. 24. 법률 제10183호로 민사소송 등에서의 전자문서 이용 등에 관한 법률을 제정시행하면서 전자문서를 이용한 소의 제기도 허용하였다. 이것은 2006년 전자문서를 이용한 지급명령의 신청을 허용(2006. 10. 27 법률 제8057호, 독촉절차에서의 전자문서이용에 관한 법률: 이는 2014년 개정된 '민사소송 등에서의 전자문서이용 등에 관한 법률' 부칙 제2조에 의해 폐지됨)한 데 이어 전자강국답게 전자소송제도를 도입한 것으로서 당시로서는 매우 획기적인 일이었다. 동 법률은 민사소송법, 가사소송법, 행정소송법, 특허법(제9장에 한정), 민사집행법, 채무자 회생 및 파산에 관한 법률, 비송사건절차법 및 이들 법률을 적용하거나 준용하는 법률에 따른 절차에 적용되는

긋나는 용지에 작성한 소송서류를 제출하였더라도, 법원은 접수를 거부할 수 없다(법원행정처 간, 「민사소송규칙해설」, 2002, 12면).

데(3⑧ ①~), 그 구체적인 적용시기에 관해서는 민사소송 등에서의 전자문서 이용 등에 관한 규칙 별표2로 정하고 있다.[1] 다만 법원행정처장은 시·군법원의 사건에 대해서는 그 적용시기를 달리 정할 수 있다.[2]

---

1) 절차별 전자소송의 적용시기: 별표2(2014. 4. 3 개정).

적용일	절차를 정한 법률	사건의 범위
2011.5.2.	「민사소송법」, 「민사조정법」, 「특허법」(제9장에 한정한다)	본안 사건 및 조정신청사건
2012.1.2.	「민사소송법」, 「민사조정법」, 「특허법」(제9장에 한정한다)	「민사소송법」제2편 제4장, 제6편에 따른 사건을 제외한 모든 사건
2013.1.21.	「가사소송법」	제63조, 제6편에 따른 사건을 제외한 모든 사건
	「행정소송법」	모든 사건
2013.7.29.	「가사소송법」	제3편에 따른 사건 중 2013. 7. 1.부터 시행되는 제도에 관한 사건
2013.9.16.	「민사소송법」	제2편 제4장, 제6편에 따른 사건
	「민사집행법」	제4편에 따른 보전처분 신청사건과 그에 부수하는 보전처분 이의·취소 신청사건, 제소명령 신청사건, 담보에 관한 신청사건, 등기 또는 등록의 기입을 촉탁하거나 재판서 정본을 송달하는 방법으로 집행하는 보전처분의 집행취소 신청사건 및 선박가압류에 따른 감수·보존처분 신청사건
	「가사소송법」	제63조에 따른 사건 중 2015. 3. 22.까지 법이 적용되지 아니하는 「민사집행법」 제4편의 사건에 관한 규정을 준용하는 사건을 제외한 사건
2014.4.28.	「채무자회생 및 파산에 관한 법률」	모든 사건
2015.3.23.	「민사집행법」	2015. 3. 22.까지 법이 적용되지 아니하는 모든 사건
	「가사소송법」	제6편에 따른 사건, 제63조에 따른 사건 중 2015. 3. 22.까지 법이 적용되지 아니하는 「민사집행법」 제4편의 사건에 관한 규정을 준용하는 사건
	「비송사건절차법」과 같은 법을 준용하는 법률	모든 사건

2) 전자문서를 이용하는 **전자소송의 절차**를 보면, 대법원 전자소송포털 홈페이지(ecfs.scourt.go.kr)에 접속을 한 후, 대법원규칙(민사소송 등에서의 전자문서 이용 등에 관한 규칙)이 정하는 바에 따라 사용자등록을 하고, 전자소송 동의를 하고, 소장·증거서류 등을 전자문서로 제출하고, 기명·날인 또는 서명은 전자서명으로 대신하고, 인지대·송달료 등을 온라인에서 직접 납부하며, 상대방의 답변서·준비서면 등을 비롯하여 법원의 판결문을 전자적 방법으로 송달받는다. 소장, 답변서, 준비서면 그 밖에 이에 준하는 서류가 전자문서로 등재되어 있는 경우 그에 따른 변론은 당사자가 말로 중요한 사실상 또는 법률상 사항에 대하여 진술하거나 법원이 당사자에게 말로 해당사항을 확인하는 방식으로 하되, 컴퓨터 등 정보처리능력을 갖춘 장치에 의하여 전자문서를 현출한 화면에서 필요한 사항을 지적하면서 할 수 있다. **전자통지**는 전자우편이 전자우편주소로 전송된 때 또는 문자메시지가 휴대전화번호로 전송된 때 효력이 생긴다. 전자문서는 전산정보처리시스템에 전자적으로 기록된 때에 접수된 것으로 보며, 송달받을 자가 등재된 전자문서를 확인한 때 또는 그 등재사실을 통지한 날부터 1주 이내에 확인하지 아니하는 때에는 등재사실을 통지한 날부터 1주가 지난 날에 송달된 것으로 본다(민사소송 등에서의 전자문서 이용 등에 관한 법률 11 Ⅳ). 이와 관련하여 대법원은 "전자소송의 등록사용자가 전자우편주소와 휴대전화번호를 전자소송시스템에 입력한 경우에는 등록사용자의 별다른 요청이 없는 한 반드시 전자우편과 문자메시지 양자의 방법으로 전자문서의 등재사실을 통지하여야 하고, 그 등재된 전자문서가 등록사용자의 미확인으로 송달 간주되는 시기는 전자우편과 문자메시지 양자 모두의 방법으로 등재사실이 통지된 날부터 1주가 지난 날이라고 보아야 한다"(大決 2013. 4. 26, 2013 마 4003)라고 판시하였다. 법원행정처장은 **이용수수료**를 당사자가 납부할 인지액, 송달료 그 밖에 소송행위에 필요한 비용 상당액에, 신용카드·직불카드 또는 금융기관 계좌이체를 이용하여 납부하는 경우에는 1000분의 35를, 그 외의 결제수단을 이용하는 경우에는 1000분의 80을 곱하여 산정한 금액의 범위 안에서 전자소송포털에 공고한다(민사소송 등에서의 전자문서 이용 등에 관한 규칙 41 Ⅱ)(인지액은 10% 감액 받음: 民

5) 원고가 소권을 남용하여 특히 국가기관이나 공무원 등을 상대로 청구가 이유 없음이 명백한 소[1]를 인지를 첩부하지 아니하고 반복적으로 제기하는 경우[2]에 대응하기 위한 방법 중의 하나로 2023년 민사소송법 개정을 통해 **소장접수 보류제도**가 마련되었다(2023. 4. 18. 법률 제19354호, 2023. 10. 19.부터 시행). 이에 따르면 법원은 소장·참가신청서·재심소장 또는 준재심소장(이하 '소장등'이라 한다)(이는 판례에 의해 그 **대상이 확대**되었다)[3]에 붙이거나 납부한 인지액이 「민사소송 등 인지법」 제13조 제2항 각 호에서 정한 최소금액[4]에 미달하면서, i) 소장등을 제출한 자가 동일인을 대상으로 반복하여 소장등을 제출한 전력이 있고, 그 소(訴) 등에 대하여 각하판결 또는 소장각하명령 등을 받은 적이 있는 경우, ii) 소장등에 기재된 내용으로는 상대방의 인적사항 또는 청구의 취지가 특정되지 않아 소송 절차를 진행하기 곤란할 것이 명백한 경우, iii) 소장등에 기재한 청구의 취지와 원인에 욕설, 비속어 등의 표현이 포함되어 있고, 그 정도가 사회통념상 용인되는 수준을 넘어서는 경우, 또는 iv) 그 밖에 위 3가지 사유에 준하는 경우(民印規 4의2)에는 그 접수를 보류할 수 있다(248 Ⅱ). 법원의 소장접수 보류 후 당사자가 최소액의 인지를 납부하여 소장이 접수되면 소장이 제출된 때에 소가 제기된 것으로 본다(248 Ⅲ). 또한 위 '소장등'이 전산정보처리시스템을 이용하여 전자문서의 형태로 제출된 경우에는 접수사무를 담당하는 법원사무관등은 위의 접수 보류 사유(민사소송등 인지법 13 Ⅱ)가 없으면 그에 대하여 전산정보처리시스템에 전자적으로 접수확인을 하여야 한다. 이 경우 접수확인을 받은 '소장등'은 전산정보

印 16 Ⅰ).

1) 소(訴)뿐만 아니라 상소, 즉시항고와 재항고 및 소송구조신청 등의 반복적 제기도 문제된다. 특히 소송구조신청과 관련해서 판례는 인지보정명령에 따른 보정기간 중에 소송구조신청이 있으면 원칙적으로 그에 대한 기각결정이 확정될 때까지 인지미첩부를 이유로 소장등에 대한 각하명령을 할 수 없도록 하고 있으므로(大決 2008. 6. 2, 2007 무 77), 소권 남용적 소제기 등에는 항상 소송구조신청이 뒤따르게 된다.

2) 이는 청구취지가 불명확하고 청구원인이 비논리적인 소의 제기, 예를 들어 원고가 피고의 직권남용, 소송사기, 무능에 대한 확인과 그로 인한 손해의 배상을 구하면서, 인지대와 송달료를 납부하지 않고 법원의 인지보정명령에 소송구조신청을 하고, 법원의 소송구조기각결정이나 각하결정에 대해 즉시항고를 하면서 재차 소송구조신청을 하여 소송 상대방의 경제적·정신적 피해는 물론 사법기능의 혼란을 야기하는 경우이다. 우리나라에서는 1명이 이와 같은 방법으로 2018년 11,595건, 2019년 20,778건, 2020년 23,0367건의 사건을 법원에 접수시켜 소권을 극단적으로 남용한 사례가 있었으며, 이를 계기로 민사소송법에, 소송구조 제외대상의 추가(128 Ⅱ), 소장등의 접수보류(248 Ⅱ. Ⅲ), 피고에 대한 직권공시송달(194 Ⅳ), 소권남용을 남용한 원고에 대한 500만 원 이하의 과태료 제재(219의2) 등의 제도를 도입하게 된 것이다: 정승연, 「소권남용대응방안에 관한 연구(사법정책연구원 보고서)」, 2022, 6~8면.

3) 새로 도입된 규정의 목적과 취지에 따르면, 반복하여 제기된 소에 대한 각하판결 또는 소장각하명령에 대한 불복절차에 부수하여 제출하는 소송구조 등이 신청서나 항고장 및 재항고장 등에 대해서도 접수보류를 할 수 있다는 것이 판례의 태도이다(大決 2024. 11. 5, 2024 카기 172).

4) **접수 보류 인지 최소금액**은 다음과 같다: 소송목적의 값이 3천만 원 이하인 경우에는 1**천 원**, 3천만 원 초과 5억 원 이하인 경우에는 1**만 원**, 5억 원을 초과하는 경우에는 5**만 원**(民印 13 Ⅱ).

처리시스템을 이용하여 제출된 때 접수된 것으로 본다(민소전자문서법 9 Ⅱ).

또한 접수를 보류할 수 있는 소장이나 신청서 등에 형식적으로 법원의 접수인 날인이 된 경우에도 그것이 업무상 착오나 오류에 의한 것인 경우에는 그와 관계없이 접수를 보류할 수 있다.[1)]

3. 특별한 방식

(1) 口述 또는 任意出席 등에 의한 訴提起

소액사건(소송목적의 값 3,000만 원 이하)은 말(구술)로 소를 제기할 수 있다. 말로 소를 제기하는 경우에는 원고가 법원사무관등의 앞에서 진술하여야 하고, 이 경우에 법원사무관등은 제소조서(提訴調書)를 작성하고 기명날인하여야 한다(少審 4). 가사비송사건의 심판청구도 말로 할 수 있다(家訴 36 Ⅱ). 또 소액사건에서는 당사자 양쪽이 임의로 법원에 출석하여 소송에 관하여 변론할 수 있고, 이 경우에 소의 제기는 말로 한다(少審 5).

말로 하는 소의 제기와 관련하여 문제되는 것은 전화 또는 전보에 의한 소의 제기가 가능한가이다. 전화에 의한 소제기는 말로 소를 제기할 때 법원사무관등의 앞에서 진술하도록 한 취지에 비추어 허용되지 않는다고 생각하며,[2)] 전보에 의한 소의 제기는 전보가 기재된 서면을 소장에 해당하는 것으로 보아 유효하다고 풀이한다.[3)] 팩시밀리(fax)에 의한 소의 제기도 허용된다고 본다.[4)] 물론 이 경우에 원고나 대리인의 기명날인이 없고, 소정의 인지가 붙어 있지 않으나, 기명날인이 없더라도 발신인이 누구인가가 적혀 있는 한 인적 동일성은 확인할 수 있고,[5)] 또 인지는 뒤에 보정이 가능하기 때문이다. 전보와 팩시밀리에 의한 소의 제기는 시효기간 등의 종료가 임박하였을 때에 중요하다. 도이칠란트의 통설·판례도 이를 유효로 풀이하고 있다.[6)]

1) 大決 2024. 11. 5, 2024 카기 172.
2) 同旨: 李時(제4판), 232면.
3) 同旨: 李時(제4판), 232면.
4) 同旨: 李時(제4판), 232면.
5) 大判 1974. 12. 10, 74 다 1633은 날인이 없는 소장도 유효하다고 한다.
6) Baur, Rdn. 108; Zeiss, §45 Ⅰ; BGH JZ 53, 179; BGH 65, 10; BGH 87, 63.

(2) 소장 이외의 서면의 제출

소송중의 소는 소장에 준하는 서면을 제출함으로써 제기된다. 즉 청구의 변경(262 Ⅱ)의 경우에는 청구변경신청서, 중간확인의 소(264 Ⅰ)의 경우에는 중간확인의 소장, 반소(269, 270)의 경우에는 반소장, 당사자참가(79, 72)의 경우에는 각각 당사자참가신청서 및 공동소송참가신청서를 제출한다. 이 경우에 위 서면의 제출에 의하여 소의 제기가 완료되느냐, 아니면 변론에서 진술함으로써 완료되느냐에 관하여 다툼이 있으나, 위 서면은 소장에 준하는 것이므로 그 제출에 의하여 완료된다고 풀이하는 견해가 타당하다.[1] 이 경우는 소장제출주의의 변형에 불과하기 때문이다.

(3) 소제기의 간주

소장이라는 서면을 제출하지 아니하였으나, 다음의 경우에는 소가 제기된 것으로 본다. 즉 i) 독촉절차에 의한 지급명령에 대하여 채무자가 이의신청을 한 경우(473), ii) 제소전화해가 불성립이 된 후 당사자가 소제기신청을 한 경우(388), iii) 조정을 하지 아니하기로 하는 결정이 있거나 조정이 성립되지 아니한 것으로 종결된 경우 또는 조정을 갈음하는 결정이 이의신청에 의하여 효력을 상실한 경우(民調 36) 등에는 각각 지급명령을 신청한 때, 제소전화해를 신청한 때, 조정신청을 한 때에 소가 제기된 것으로 보아, 소송절차로 이행된다.

(4) 형사소송절차의 배상명령신청

재산적 피해를 수반하는 일정한 범죄(상해 · 폭행치사상, 과실치사상, 절도 · 강도, 사기 · 공갈, 횡령 · 배임, 손괴 등)의 피해자나 그 상속인은 범죄로 인하여 발생한 직접적인 물적 피해 및 치료비손해에 관하여 제1심 또는 제2심의 형사공판절차에서 손해의 배상을 신청할 수 있는데(訴促法 25 이하), 이 배상명령의 신청은 소의 제기와 동일한 효력이 있다(訴促法 26 Ⅷ 참조)(이에 관하여는 제7편 제5장 참조).

Ⅱ. 訴狀의 記載事項

소장에는 원고 · 피고 및 청구(소송물)를 구체적으로 적는다. 이에 의하여 누가

1) 同旨: 方, 323면.

누구에 대하여 무엇에 관하여 어떠한 판결을 구하는가가 명백하여진다. 소장에는 그 밖에도 여러 가지 사실을 적을 수 있다. 소장은 간결한 문장으로 분명하게 작성하여야 한다(民訴規 4 Ⅰ).

1. 필수적 기재사항

소장으로서 효력을 가지기 위해서는 반드시 명확하게 적지 않으면 안 되는 사항이다. 만일 여기에 흠이 있으면, 재판장은 보정명령을 하고, 보정명령을 받고도 원고가 보정하지 않으면 재판장은 명령으로 소장을 각하하여야 한다(소장각하명령 254). 필수적 기재사항으로서는 소송의 주체, 심판의 객체, 심판의 형식의 특정에 필요한 사항이 규정되어 있다(249 Ⅰ).

(1) 당사자 및 법정대리인의 표시

당사자는 원고와 피고를 가리키는데, 이들이 누구인가를 특정할 수 있을 정도로 적어야 한다. 자연인의 경우에는 성명과 주소를, 법인의 경우에는 상호 또는 명칭과, 본점 또는 주된 사무소의 소재지를 적는 것이 보통이다(민사소송규칙은 간이·신속한 통지를 위하여 당사자의 주소 이외에도 전화번호·팩시밀리번호·전자우편(E-mail) 주소 등의 연락처를 적도록 하고 있다(民訴規 2 Ⅰ ②)). 그러나 이것으로 불충분할 경우에는 본적·직업·연령·별명·아호(雅號) 등에 의하여 보충하여야 한다. 일정한 자격에 의하여 당사자로 된 사람일 경우에는 그 자격(예컨대 파산관재인)도 적어야 한다. 특정한 사람을 적어야 하므로 단순히 '갑의 상속인,' '○번지의 토지의 소유자' 따위로 적는 것은 당사자를 표시한 것이라 할 수 없다.

당사자가 소송무능력자인 경우에는 그 법정대리인을, 법인 등의 단체인 경우에는 그 대표자를 표시한다(249).[1] 소송대리인의 표시는 필수적 기재사항은 아니지만, 송달의 편의상 이를 적어야 한다(民訴規 2 Ⅰ ②). 당사자와 법정대리인의 표시는 소송계속이 종료할 때까지 언제든지 보충·정정할 수 있다.[2] 또 피고를 잘못 지정한 것이 명백한 때에는 제1심의 변론을 종결할 때까지 경정(更正)할 수 있고(260), 필수적 공

---

1) 교육위원회에 관한 분쟁에서는 당사자를 '서울특별시 대표자, 서울특별시 교육위원회 교육감 ○○○'이라 표시한다(大判 1978. 4. 11, 78 다 131).

2) 大判 1966. 3. 29, 66 다 204; 사해행위취소를 청구하는 소장의 당사자란에 피고로 표시한 자와 청구원인에서 피고로 지칭한 자가 일치하지 않는 경우, 법원은 원고에 대하여 명확히 피고를 특정하도록 보정명령을 발함으로써 모순적이거나 불분명한 상황을 해소하여야 한다는 것이 판례이다(大判 2017. 6. 15, 2015 다 231238).

동소송인 가운데 일부가 누락된 때에는 제1심의 변론을 종결할 때까지 추가할 수 있다(68).

(2) 請求의 趣旨

(가) 의 의 청구의 취지라 함은 어떠한 분쟁에 관하여 어떠한 방식의 해결을 구하는가를 나타내는 소의 결론부분이다. 그것은 심판의 객체와 심판의 형식을 특정하는 두 가지 목적을 가지고 있다. 이에 의하여 원고가 어떠한 권리 또는 법률관계에 관하여 어떠한 범위에서 어떠한 종류의 판결을 구하는가가 명백하여진다. 원고의 청구가 인용되는 경우에는 판결주문의 내용으로 표현된다. 소장의 청구취지란에는 그 밖에 소송비용의 부담과 가집행선고의 신청을 적는 것이 보통이다.

(나) 간결·명확한 기재 청구취지는 심판의 내용을 간결하고 명확하게 표시하여야 한다. 그러므로 이행·확인·형성의 소 중 어느 것을 바라며(권리보호의 형식, 소의 종류), 그 내용은 무엇인지(권리보호의 범위, 법률효과)를 밝혀야 한다. 청구취지의 특정 여부는 직권조사사항이므로 이것이 특정되지 않은 경우에는 피고의 이의여부와 무관하게 법원은 직권으로 보정을 명하고, 보정에 응하지 않으면 소를 각하하여야 한다.[1]

i) 이행의 소의 경우에는 그 판결에 의하여 강제집행이 가능하도록 그 요구되는 이행의 내용을 정확하게 표시하여야 한다. 예컨대 금전의 지급을 구하는 경우라면 "피고는 원고에게 금 50,000,000원을 지급하라"와 같이 그 금액을 숫자로 명시하여야 하고,[2] 단지 시가 상당의 손해금이라든가 신분 상당의 생활비라고 적는 것만으로는 불충분하다. 다만 금전의 성질(대여금인가, 약속어음금인가 따위)을 적을 필요는 없다. 또 특정물의 인도를 구하는 경우라면 그 물건을 구체적으로 특정하여 표시하여야 한다. 예컨대 건물의 인도를 구하는 경우에는 "피고는 원고에게 서울특별시 중구 세종대로 9길 42 지상 목조 기와지붕 단층 주택 1동 80㎡를 인도하라"와 같이 지번(地番), 구조, 층수, 용도, 면적 등을 적어야 한다.

ii) 확인의 소의 경우에는 "원고의 피고에 대한 2005. 5. 5.자 금전소비대차계약에 기한 금 50,000,000원의 채무 및 이에 대한 이자, 그 밖의 채무는 존재하

---

1) 大判 2017. 11. 23, 2017 다 251694.

2) 도이칠란트에서는 확실한 금액을 알 수 없는 경우에 이른바 단계적 소(Stufenklage, 獨民訴 254)와 법원에게 금액의 확정을 위임하는 것이 허용되고 있다. Baur, Rdn. 109, 110; Rosenberg, §97 Ⅱ 3 b).

지 아니함을 확인한다"와 같이 확인할 대상인 특정한 권리 또는 법률관계와 그에 대하여 존재 여부의 확인을 구한다는 취지를 적어야 한다.

iii) 형성의 소의 경우에는 "원고와 피고는 이혼한다"와 같이 형성의 대상인 권리관계와 그에 대하여 어떠한 내용의 변동을 구하는가를 명백히 적어야 한다.

(다) 확정적인 심판요구 청구에 관한 심판을 확정적으로 요구하여야 한다. 도이칠란트 민사소송법은 "확정적인 신청"(ein bestimmter Antrag)이라고 하여 이를 명문으로 규정하고 있다(獨民訴 253 Ⅱ ②). 따라서 피고에게 자금능력이 있는 경우에 한하여 판결을 구한다든가, 일정한 시기까지 판결을 구한다든가 하는 식으로 조건부 또는 기한부로 판결을 요구하는 것은 절차의 안정을 해치므로 원칙적으로 허용되지 아니한다. 다만 당해 소송절차 안에서 밝혀질 사실을 조건으로 하여 청구취지를 적는 예비적 신청(Eventualantrag)은 소송절차의 안정을 해칠 염려가 없기 때문에 허용된다. 예컨대 예비적 청구(제1차로 매매대금의 지급을 구하면서, 만일 매매계약이 무효일 경우에 대비하여 인도한 매매목적물의 반환을 구하는 것)나 예비적 반소(원고가 매매로 인한 소유권이전등기를 청구하는 경우에 원고의 청구가 인용될 때를 대비하여 피고가 반소로 잔금의 지급을 구하는 것) 및 예비적 공동소송(70. 매수인의 대리인과 계약한 매도인이 제1차적으로 매수인에 대하여 매매대금의 지급을 구하고, 제2차적으로 무권대리로 되는 경우에 대비하여 대리인에 대하여 지급을 구하는 것)이 그러하다.

(라) 소송물이론과 청구취지 청구취지는 소송물의 범위를 결정하는 기준이 되므로, 청구취지가 달라지면 소송물도 달라지는 것이 원칙이다. 그러나 소송물이 청구취지만으로 특정되는가 또는 청구원인인 사실도 함께 고려하여야 하는가에 관하여는 소송물이론에 따라 결론이 달라진다(자세한 것은 소송물의 특정에 관한 부분 참조).

(3) 請求의 原因

(가) 의 의 청구의 원인이라는 말은 여러 가지 의미로 사용된다.

좁은 의미로는 소장의 필수적 기재사항인 청구의 원인을 가리킨다. 이것은 청구(소송물)를 특정함에 필요한 사실관계, 즉 청구를 다른 것과 오인·혼동시키지 않을 정도의 사실을 말한다.

넓은 의미로 청구의 원인이라고 할 때에는 위에 말한 좁은 의미의 청구원인을 포함하여 소송에서 다투어지는 권리관계의 발생원인에 해당하는 사실, 즉 법률요건사실을 가리킨다. 예컨대 이행의 소에서는 이행청구권의 발생원인사실, 소유권확인의 소에서는 소유권의 취득원인사실, 형성의 소에서는 형성원인에 해당하는 사실이다. 소장에는 좁은 의미의 청구원인에 해당하는 사실만을 적으면 적법하지만, 실무에서는 더 나아가 넓은 의미의 청구원인에 해당하는 사실까지 적는 것이 보통이다(임의적 기재사항). 그 이유는 소장은 준비서면의 기능을 함께 가질 수 있기 때문이다(249 Ⅱ).

그 밖에 청구원인은 액수(額數)를 제쳐놓고 권리의 성립에 관한 요건을 의미하는 말로 쓰이는 수가 있으나(중간판결의 일종인 원인판결의 대상인 청구원인. 201 참조), 이는 여기에서 말하는 청구원인과 그 뜻이 다르다.

(나) 사실 기재의 정도 소송물에 관한 논쟁 이전에 발생한 문제로서, 원고는 어느 정도의 사실을 청구원인으로서 적어야 하는가에 관하여 이른바 식별설(동일인식설)과 이유기재설(사실기재설)의 대립이 있다.

i) **식별설**(정확하게는 '개정된 식별설,' verbesserte Individualisierungstheorie)은 청구의 동일성을 인식하는 데 필요한 범위, 즉 그 대상인 권리 또는 법률관계를 다른 권리 또는 법률관계로부터 식별하는 데 필요한 사실(협의의 청구원인사실)을 적으면 족하다고 보는 견해이고, **이유기재설**(Substantiierungstheorie)은 청구를 이유 있게 하기 위하여 필요한 일체의 사실(예비적 주장까지 포함하여 광의의 청구원인사실)을 적어야 한다고 풀이하는 견해이다. 적시제출주의를 채택하고 있는 현행법하에서는 소장은 심판의 대상인 청구를 명확히 하면 충분하고, 청구를 이유 있게 하는 사실은 피고가 청구를 인낙하지 않는 경우에 한하여 뒤에 공격방법으로 주장할 수 있고(146), 준비서면에 적어도 좋기 때문에(274 Ⅰ ④), 식별설이 타당하다. 이유기재설은 소장에 청구원인으로서 적어야 할 사실과 승소를 위하여 필요한 사실을 혼동하고 있다. 따라서 오늘날에는 이유기재설은 극복되었다고 말할 수 있고, 이것은 소송물에 관한 신·구이론에 공통된 통설로 되어 있다.[1] 그러나 실무에서는 소장에 광의의 청구원인사실을 적는 것이 보통이며(民訴規 62), 이 경우에는 소장이 준비서면의 구실도 겸한다(249 Ⅱ). 일본의 일부 학자는 식별설은 구소송물이론의 소산이고, 신소송물이론의 등장과 함께 도이칠란트에서 이유기재설이 재생한 듯이 설명하고 있으나,[2] 의문이다.[3]

ii) 식별설에 의하는 경우에 구체적으로 청구원인으로서 어떠한 사실을 적어

---

1) 金/姜, 122면; 李時, 281면; Jauernig, §37 Ⅱ 4; Rosenberg, §97 Ⅱ 1 b); Blomeyer, §43 Ⅱ 3. 이설: Zeiss, §46 Ⅰ 2 b).

2) 新堂, 189~190면; 三ケ月, 104~106면 참조.

3) 도이칠란트에서 신소송물이론을 지지하는 Jauernig, Rosenberg, Blomeyer 등의 저술을 참조.

야 하는가? 이는 권리관계의 종류에 따라 다르다. 즉, 물권과 같은 절대권의 경우에는 권리의 주체와 내용이고, 채권과 같은 상대권의 경우에는 주체와 내용 외에 권리의 발생원인도 적어야 한다. 왜냐하면 절대권의 경우에는 같은 권리가 같은 사람에게 경합하여 존재할 수 없음에 반하여, 상대권의 경우에는 같은 내용의 권리가 여러 개 있을 수 있기 때문이다(예컨대 갑이 을에게 2004. 5. 5., 2005. 5. 5., 2006. 5. 5의 소비대차계약에 따른 대여금채권을 가질 수 있다).[1)]

(다) **法的 推論의 필요 여부** 청구의 원인으로서는 위에서 말한 사실을 적으면 족하고, 이 사실관계를 법적으로 평가하여 법률적 용어로 표현할 필요는 없다.[2)] 구식별설(alte Individualisierungstheorie)에서는 한때 이를 요구한 일이 있으나, 이것은 '법률은 법원이 안다'(*jura novit curia*)는 원칙에 반하므로 오늘날은 극복된 견해이다.[3)] 따라서 원고가 구체적인 사실관계에 기한 법률효과를 법률적 용어로 표현하였다고 하더라도 법원은 이에 구속되지 아니한다.[4)] 예컨대 원고가 사용대차라고 표현하였더라도 법원이 심리한 결과 임대차로 판단되는 경우에는 임대차라고 할 수 있다.[5)]

(라) **訴訟物理論과 請求原因** 소송물의 특정을 위하여 청구취지 외에 청구의 원인을 적어야 하는가 하는 문제는 소송물이론에 따라 다르지만, 일지설(일원설)을 제외한 나머지 설에서는 이를 요구하고 있다(자세한 설명은 소송물의 특정에 관한 부분으로 미룬다).

2. 任意的 記載事項

소장에 기재를 하지만, 소장의 효력과는 관련이 없으므로, 소장각하명령의 대상이 아닌 사항들이다. 즉 소장에는 필수적 기재사항 외에도 사건의 표시(예컨대 '대여금 청구의 소'), 증명방법, 덧붙인 서류, 작성한 날짜, 법원 등을 적는다. 그 밖에도 관할원인 등 소송요건의 기초가 될 사실, 청구를 이유 있게 하기 위한 사실(공격방법)과 이들을 뒷받침할 증거방법, 피고가 주장할 것이 명백한 방어방법에 대한 진술 등을 적는다(249 Ⅱ, 274, 民訴規 62). 이들을 적도록 하는 것은 소장이 준비서면의 용도를 겸하도록 하여, 소송의 집중과 신속을 꾀하기 위함이다.

---

1) 方, 321면; Rosenberg, §97 Ⅱ 1 b).
2) Schellhammer, Rdn. 148.
3) Jauernig, §37 Ⅱ 4.
4) 李時, 281면.
5) 大判 1994. 12. 2, 93 다 31672 참조.

제 3 절 訴提起에 대한 法院의 措置와 被告의 對應

Ⅰ. 總 說

소가 제기되면 법원은 이 소송사건을 담당할 특정한 재판부를 결정한다(사건 배당). 그리고 사건을 담당하기로 결정된 재판부는 소장의 형식적 사항을 심사하여 흠이 있으면 보정시키고, 흠이 없으면 피고에게 소장 부본을 송달한다. 소제기의 사실을 알게 된 피고로서는 여기에 대처할 자기의 태도를 결정한다. 만일 피고가 원고의 청구를 다투게 되면(답변서의 제출), 법원은 소송의 대상인 청구에 관하여 변론준비절차를 거치거나 또는 바로 본격적인 심리에 들어가게 된다.

Ⅱ. 訴提起에 대한 法院의 조치

1. 사건의 배당

소장등을 접수한 법원은 접수일자·접수번호를 기재하고 기록을 편성하여 사무분배의 정함에 따라, 소송사건을 특정한 재판부(소송법상의 법원이며, 단독판사 또는 합의부)에 배당한다.

2. 재판장등[1]의 소장심사

(1) 심사의 시기·대상

1) 소송사건이 배당되면, 재판장은 먼저 소장의 형식적 사항을 심사한다. 소장심사의 시기는 소송요건의 구비여부 및 청구의 당부를 판단하는 것보다 선행되어야 하는 것이 원칙이다.[2] 다만 소장심사의 단계에서 보정이 불가능한 소송요건의 흠을 발견한 경우에는 소장의 보정명령(예컨대 인지 보정명령 등)을 선행시킬 필요 없이 곧바로 소각하의 판결을 하는 것이 소송경제의 원칙에 합치할 것이다(219 참조).[3]

---

1) 종전에는 소장심사 및 그 보정명령이 재판장에 의해서만 이루어졌으나 2014년 12월 민사소송법 개정으로 재판장의 관여 하에 법원사무관등도 할 수 있게 되었는데, 이를 민사소송법 제254조 표제에서 「재판장등의 소장심사권」으로 나타내고 있다. 구체적인 내용은 아래 보정명령에 관한 설명 참조.

2) 大決 1969. 8. 28, 69 마 375.

2) 심사의 대상이 되는 사항은 첫째로 소장이 필수적 기재사항(249 Ⅰ)을 구비하고 있는가, 둘째로 소장에 소정의 인지가 붙어 있는가 등 형식적 사항에 한정된다. 소송요건의 구비 여부[1]와 청구의 당부는 재판장의 소장심사의 대상이 아니다. 그러나 재판장은 소장을 심사하면서 원고에 대하여 청구의 원인사실에 대응하는 증거방법을 구체적으로 적어 내도록 명할 수 있다. 원고가 소장에 인용한 서증의 사본을 붙이지 아니한 때에는 그 사본을 제출하도록 명할 수 있다(254 Ⅳ). 이처럼 임의적 기재사항에 대하여 보정명령을 할 수 있도록 한 것은 원고로 하여금 소장을 제출할 때부터 변론을 준비하도록 하여 소송의 신속 및 변론의 집중을 꾀하기 위함이다.[2]

(2) 補正命令

1) 심사의 결과 소장에 흠이 있으면 재판장은 상당한 기간을 정하여 그 보정을 명하여야 한다(254 Ⅰ).[3] 이를 보정명령이라 하는데, 재판장은 법원사무관등으로 하여금 이러한 보정명령을 하게 할 수 있다(254後 Ⅰ). 이는 2014년 민사소송법 개정[4]으로 재판장이 실체적 본안에 관한 심리에 집중할 수 있도록 하기 위해 형식적·정형적으로 이루어지는 각종 형식적 보정명령을 재판장의 관여 하에 법원사무관등이 담당할 수 있도록 한 결과이다. 청구취지가 특정되지 아니한 경우,[5] 청구원인의 기재가 없는 경우, 붙인 인지가 부족한 경우 등에서 보정명령이 내려질 수 있다.[6] 다만 청구의 원인사실에 대응하는 증거방법을 구체적으로 적지 아니한 경우, 소장에 인용한 서증의 사본을 첨부하지 아니한 경우에는 재판장만이 이를 적어내거나

---

3) 同旨: 李時, 284면.

1) 大決 1973. 3. 20, 70 마 103.

2) 2002년 새 법이 민사소송규칙상의 제도(舊民訴規 49의 2)를 민사소송법에 편입시킨 것이다.

3) 종전 우리 실무에 따르면 인지보정명령 없이 인지를 붙이지 않았다는 것을 이유로 소장각하명령을 하는 것은 위법하고(大判 1975. 9. 23, 75 다 1109), 청구취지 특정에 대한 보정명령 없이 청구취지 불특정을 이유로 소를 각하하는 것도 위법(大判 2014. 3. 13, 2011 다 111459)하다는 점에서, 원고가 소권을 남용하여 청구가 이유 없음이 명백한 소를 반복적으로 제기하는 경우 법원은 반드시 보정명령을 거칠 수밖에 없어 원고의 반복적 부당소송에 효과적으로 대응할 수 없었던 것이 현실이었다. 이러한 문제점에 대응하기 위해 2023년 민사소송법을 개정(2023. 4. 18. 법률 제19354호, 2023. 10. 19.부터 시행)하여, i) 소송구조 제외대상의 추가(128 Ⅱ), ii) 피고에 대한 직권 공시송달(194 Ⅳ), iii) 원고에 대한 500만 원 이하의 과태료 제재(219의2), iv) 소장접수보류(248 Ⅱ, Ⅲ; 民印 13 Ⅱ, Ⅲ; 민소전자문서법 9 Ⅱ, Ⅲ)에 관한 근거 규정을 신설하게 된 것이다.

4) 2014. 12. 30. 개정, 법률 제12882호, 2015. 7. 1.부터 시행.

5) 大判 1959. 10. 8, 4291 民上 844; 1981. 9. 8, 80 다 2904.

6) **소장에 청구의 특정이 가능한 정도**로 청구취지 및 원인이 기재되어 있다면, 비록 그것이 불명확하여 파악하기 어렵다 하더라도 그 후에는 **석명권 행사의 문제**가 되고 민사소송법 제254조 제1항의 소장심사의 대상이 되지는 않는다고 할 것이다. 이러한 석명권 행사에 의하여도 원고의 주장이 명확하게 되지 않는 경우에는 비로소 원고의 청구를 기각할 수 있다(大決 2004. 11. 24, 2004 무 54).

제출하도록 명할 수 있다(254Ⅳ).

2) 보정명령을 할 때에는 보정기간을 지정하여야 한다. 따라서 보정기간을 지정하지 아니한 보정명령은 부적법하다.[1] 보정기간은 불변기간(不變期間)이 아니므로,[2] 보정기간이 경과하였더라도 소장각하명령이 있기 전이라면 보정할 수 있다.

3) 보정명령을 발할 수 있는 시기에는 제한이 없고, 변론이 개시된 뒤에는 물론 상소심에서도 보정명령을 발할 수 있다.[3]

4) 재판장의 보정명령에 대하여는 독립하여 이의신청이나 항고를 할 수 없다.[4]

(3) 補正의 效力

보정명령에 응하여 보정을 하면, 부족한 인지를 보정한 때에는[5] 소장을 제출하였을 때에 소급하여 적법한 소장을 제출한 것으로 보아야 한다.[6] 그러나 청구의 내용이 특정되지 아니하여 이를 보정한 때에는 보정시에 소장이 제출된 것으로 풀이하여야 할 것이다.[7] 보정명령에 대하여는 독립하여 이의신청이나 항고를 할 수 없으며, 보정기간의 연장신청에 대한 허용 여부는 재판장의 재량에 속한다.[8]

(4) 訴狀却下命令

1) 원고가 보정기간 이내에 보정을 하지 않는 경우에는 재판장은 명령으로 소장을 각하하여야 한다(254Ⅱ). 이를 소장각하명령이라고 한다. 소장각하명령은 소장을

---

1) 大決 1980. 6. 12, 80 마 160.

2) 大決 1978. 9. 5, 78 마 233.

3) 大判 1969. 12. 26, 67 다 1744; 2002. 11. 26, 2002 다 48719.

4) 大決 1967. 11. 30, 67 마 1096; 1969. 12. 19, 69 마 500.

5) 판례는 상소인이 인지의 보정명령에 따라 인지액에 해당하는 현금을 수납은행에 납부하면서 잘못하여 인지로 납부하지 않고 송달료로 납부한 경우에는 인지 보정의 효과가 발생하지 않으나, 그 경우에도 인지액을 잘못 납부한 상소인에게 다시 인지를 보정할 수 있는 기회를 부여하여야 한다고 하였다(大決 2021. 3. 11, 2020 마 7755).

6) 日最判 1956. 4. 10, 民集 10. 4. 367. 인지보정명령에 따라 인지상당액을 은행에 현금납부한 경우에는 현금납부시 인지보정의 효과가 발생하는 것이지 인지납부에 대한 영수필확인서를 법원에 제출하였을 때가 아니다(大決 1997. 9. 22, 97 마 1731).

7) 金/姜, 124면; 李時, 286면. 모든 경우에 소장제출시에 소급하여 효력이 있다는 견해는 宋/朴, 253면; 胡, 114면.

8) 大決 1969. 12. 19, 69 마 500; 인지보정명령은 소장 또는 상소장 각하명령과 함께 상소심의 심판을 받는 중간적 재판의 성질을 가지는 것으로 특별항고의 대상도 아니다(大決 2015. 3. 3, 2014 그 352).

수리할 수 없다고 하여 반환하는 취지이므로, 소장을 접수한 다음에 소가 부적법하다고 하여 각하하는 판결과는 다르다.[1] 다만 청구의 원인사실에 대응하는 증거방법의 기재·제출 및 소장에 인용한 서증의 사본의 제출명령에 불응한 경우에도 소장을 각하할 것인가는 문제이다. 이것에 불응하여도 소장 전체가 부적법하다고 보기는 어려우므로, 소장의 각하는 불가능하다고 본다.[2] 따라서 재판장의 소장보정명령의 대상과 소장각하명령의 대상은 구별하여야 한다.

2) 재판장이 언제까지 소장각하권을 가지는가에 관하여는 다툼이 있다. 이에 관하여는 소장송달시, 즉 소송계속발생시까지라는 설[3]과 변론개시시까지라는 설[4]이 대립하고 있다. 전설은 일단 소장의 송달로 소송계속이 발생하여 피고가 소송에 관여하는 이상 소장각하명령으로 소송계속을 소멸시킬 수는 없다는 것이고, 후설은 소송경제를 꾀하기 위함이라고 한다. 생각건대 변론이 열리기 전에는 재판장으로 하여금 쉽게 소장을 각하할 수 있도록 하는 것이 소송경제에 부합할 뿐만 아니라 불필요한 소송에 응하여야 하는 피고의 노력도 덜게 하는 것이다. 다만 일단 변론이 열리면 합의부원 전원이 심리에 관여하므로, 그 뒤에는 재판장 단독으로 처리할 수 없다고 보아야 한다. 따라서 후설에 찬성한다. 그리하여 변론이 개시된 뒤에 소장의 흠이 발견되면 판결로써 소를 각하하여야 한다. 판례는 한 때 후설의 입장이었으나,[5] 이제는 전설의 입장을 취하고 있다.[6] 앞에 말한 바와 같이 변론이 개시된 뒤에도 재판장의 보정명령권은 소멸하지 아니한다.[7]

(5) 卽時抗告

소장각하명령에 대하여는 즉시항고를 할 수 있다(254 Ⅲ). 다만 대법원은 인지보정명령을 받고 보정기간 이내에 보정을 하지 아니하여 재판장이 소장각하명령을 한 경우에 원고가 즉시항고를 하면서 부족한 인지를 보정하였더라도 그 흠이 보정되는 것은 아니므로, 항고심에서 소장각하명령을 경정할 수 없다고 하는데,[8] 항고심

1) 소장에 일단 대표자의 표시가 되어 있다면, 설령 그 표시에 잘못이 있다고 하더라도 이를 정정 표시하라는 보정명령을 하고 그에 대한 불응을 이유로 소장을 각하하는 것은 허용되지 않는다. 이러한 경우에는 판결로써 소를 각하할 수 있을 뿐이다(大決 2013. 9. 9, 2013 마 1273).

2) 同旨: 李時, 286면.

3) 方, 347면; 李英, 253면; 金/姜, 124면; 胡, 115면.

4) 李時, 286면; 宋/朴, 319면.

5) 大決 1973. 10. 26, 73 마 641.

6) 大決 1981. 11. 26, 81 마 275; 2020. 1. 30, 2019 마 1199.

7) 李時潤, 註釋民訴(Ⅲ), 538면.

의 성격(제1심의 續審으로서의 성격)에 비추어 의문이다.[1]

3. 訴狀 副本의 送達

1) 재판장이 소장을 심사한 결과 형식적 사항에 흠이 없는 소의 제기가 있다고 인정되는 경우 및 보정에 의하여 소장이 방식에 맞게 된 때에는, 법원은 소장의 부본을 피고에게 송달한다(255 Ⅰ).[2] 소장 부본이 피고에게 송달됨으로써 소송계속의 효과가 발생하고, 그 다음날부터 지연손해금의 법정이율이 연 12%로 인상된다(訴促法 3 Ⅰ).

2) 소장에 적힌 피고의 주소가 잘못되어 송달할 수 없는 경우에는 재판장은 원고에게 상당한 기간[3]을 정하여 주소보정을 명하고, 보정이 불가능하거나 보정에 응하지 아니할 때에는 소장각하명령을 하여야 한다(255 Ⅱ). 원고가 보정을 못한 이유가 피고의 주소를 알 방법이 없었던 때문이라도 상관이 없다.[4] 원고가 피고의 주소를 알 수 없는 경우에는 그 사유를 소명하여 공시송달을 신청할 수 있다(194). 판례는 원고가 공시송달신청을 하면서 제출한 소명자료, 그 동안의 송달 결과, 특히 법정경위 작성의 송달불능보고서의 내용을 종합하면 공시송달의 요건에 해당한다고 볼 여지가 충분함에도 공시송달 신청에 대해 아무런 결정을 하지 아니한 채 주소보정 흠결을 이유로 소장각하명령을 하는 것은 위법하다고 하였다.[5] 그러나 아무런 사유의 소명 없이 단순히 소재불능이라는 이유로 공시송달을 신청하여도 소장각하명령을 막을 수는 없다.[6]

4. 피고의 答辯書提出義務와 無辯論判決

(1) 답변서제출의무

공시송달이 아닌 방법으로 소장 부본을 송달받은 피고는 원고의 청구를 다투는

---

8) 大(全)決 1968. 7. 29, 68 사 49; 大決 1996. 1. 12, 95 두 61.

1) 日最判 1956. 4. 10, 民集 10. 4. 367은 보정을 인정한다.

2) 법원이 소장부본의 공시송달을 명하였으면서 정작 이를 누락한 채 절차를 진행하여 판결이 선고되고, 피고가 추완항소의 항소이유서와 준비서면을 통해 소장부본이 송달되지 않았음을 명시적으로 지적하였다면 항소심 법원은 소장부본을 다시 송달하여야 한다(大判 2011. 4. 28, 2010 다 108388).

3) 여기에서 "상당한 기간"이라 함은 항소인이 상대방의 주소를 알아내어 보정하거나, 또는 상대방의 주소를 조사하여 보았으나 알 수 없어서 공시송달을 신청하는 데 필요한 적절하고도 합당한 기간을 가리킨다(大決 1991. 11. 20, 91 마 620, 621).

4) 大決 1968. 9. 24, 68 마 1029.

5) 大決 2003. 12. 12, 2003 마 1694.

6) 大決 1958. 12. 18, 4291 民再抗 155.

경우에는 30일 이내에 답변서를 제출하여야 한다(256 Ⅰ). 법원은 소장부본을 송달하면서 피고에게 답변서제출의무를 알려야 한다(256 Ⅱ). 실무상으로는 소송절차안내서를 보내고 있다. '답변서제출의무'는 답변서제출단계에서부터 당사자가 변론을 미리 준비하도록 하고 법원은 미리 당사자의 다툴 의사를 확인할 수 있도록 하여 소송의 경제 및 신속을 꾀하기 위한 제도이다. 따라서 당사자는 다투는 취지의 답변서를 낼 때에도 단순히 형식적으로 "원고의 청구취지 및 청구원인사실을 전부 부인한다"는 식의 기재를 하여서는 아니 된다. 민사소송규칙은 답변서에는 청구취지에 대한 답변, 소장에 적힌 각각의 사실들에 대한 인정 여부, 피고의 항변과 이를 뒷받침하는 구체적인 사실, 증거방법 등을 적고, 증명이 필요한 사실에 관한 중요한 서증의 사본 등까지 덧붙이도록 하고 있다(民訴規 65 Ⅰ. Ⅱ). 이러한 사항들이 누락된 답변서가 제출되면 재판장은 법원사무관등으로 하여금 답변서의 보정을 촉구하게 할 수 있다(民訴規 65 Ⅲ).

(2) 무변론판결

1) 피고가 소장 부본을 받은 날부터 30일 이내에 답변서를 제출하지 아니하거나(257 Ⅰ 本), 청구의 원인이 된 사실을 모두 자백하는 취지의 답변서를 제출하고 따로 항변하지 아니하는 경우(257 Ⅱ)에는 변론 없이 판결을 할 수 있다. 다툴 의사가 없는 피고에게는 변론을 열 필요가 없이 바로 원고승소판결을 선고할 수 있는 것이다. 다만 (i) 피고가 공시송달의 방법으로 소장의 부본을 송달받은 경우(256 Ⅰ 但), (ii) 직권으로 조사할 사항이 있는 경우, (iii) 판결이 선고되기까지 피고가 원고의 청구를 다투는 취지의 답변서를 제출한 경우(257 Ⅰ 但)에는 무변론판결을 할 수 없다. 따라서 제1심 법원이 피고의 답변서 제출을 간과한 채 무변론 판결을 선고하였다면 이는 법률에 어긋나는 것이므로 항소법원은 제1심 판결을 취소하여야 한다(417). 이때 항소심 법원은 반드시 사건을 제1심 법원으로 환송하여야 하는 것은 아니므로[1] 직접 다시 판결할 수 있다.[2]

2) 무변론판결이라고 하더라도 반드시 원고 전부승소판결이 내려져야만 하는 것은 아니며, 예를 들어 지연손해금의 이율이나 기산점에 관한 주장이 부당한 경

1) 大判 2013. 8. 23, 2013 다 28971.
2) 大判 2020. 12. 10, 2020 다 255085.

우에는 일부기각판결도 가능하다고 할 것이다.[1)]

3) 피고가 답변서를 제출하지 않았지만 소장에 기재된 원고의 주장 자체로 소가 부적법하거나 청구가 이유 없는 경우에 법원이 무변론의 원고패소판결을 할 수 있는지 문제된다. 이에 관해서는, (i) 민사소송법 제257조가 무변론판결을 원고승소판결로 한정하고 있지 않다는 점에서 보정의 여지가 없으면 소각하나 청구기각의 원고패소판결을 해야 하며 그것이 소송경제에 부합한다는 견해,[2)] (ii) 변론주의의 예외는 명문의 규정이 있어야만 가능하므로 법률상의 명문의 규정이 없는 한 무변론 원고청구기각판결은 허용되지 않는다는 견해,[3)] (iii) 주장 자체로 이유 없는 청구를 한다고 해서 소장을 각하할 수는 없는 것처럼 소장에 기재된 내용만으로 변론 없이 소각하 또는 청구기각의 판결을 할 수 없다는 견해[4)] 등이 대립하고 있다. 2002년 민사소송법이 무변론판결제도를 도입하면서 다툼이 없는 사건에 관해 불필요한 변론기일을 열지 않고 서면심리만으로 재판을 종결하여 소송경제를 꾀하고, 다툼이 있는 사건만을 변론에 회부하여 변론의 실질화를 도모하고자 한 점에 비추어 보면, 무변론의 원고패소판결은 허용되지 않는다고 보는 것이 타당할 것이다. 우리 판례도 무변론판결은 원고의 청구를 인용하는 경우에만 가능하다는 입장이다.[5)]

5. 辯論期日의 지정 또는 辯論準備節次로 회부

재판장은 피고가 원고의 청구를 다투는 답변서를 제출한 경우에는 그 부본을 원고에게 송달하고(256Ⅲ), 바로 변론기일을 정한다(258Ⅰ本). 다만 주장과 증거를 미리 정리할 필요가 있는 경우에는 사건을 변론준비절차에 부친다(258Ⅰ但). 변론준비절차에 부친 경우에는 재판장(또는 수명법관·수탁판사)은 기간을 정하여 당사자로 하여금 준비서면, 그 밖의 서류를 제출하게 하거나 당사자 사이에 이를 교환하게 하고 주

1) 李時, 289면; 한충수, 254면.

2) 李時, 289면. 이 견해는 소액사건심판법 제9조 제1항, 민사소송법 219조, 제413조를 근거 규정으로 들고 있다.

3) 김홍엽, 359면: 법률상의 명문의 규정에 의해 무변론 청구기각판결이 가능한 예로는, 소액사건이 소장·준비서면, 기타 소송기록에 의하여 청구가 이유 없음이 명백한 경우(少審 9 I)를 들 수 있다.

4) 한충수, 254면.

5) 大判 2017. 4. 26, 2017 다 201033(이 판결에서 대법원은 명확한 이유를 제시함이 없이, 무변론판결은 원고의 청구를 인용할 경우에만 가능하고, 원고의 청구가 이유 없음이 명백해도 무변론의 청구기각판결은 허용되지 아니한다고 판시하고 있다).

장사실을 증명할 증거를 신청하게 한다(280). 재판장등은 변론준비절차를 진행하는 동안에 주장 및 증거를 정리하기 위하여 필요하다고 인정하는 때에는 변론준비기일을 열어 당사자를 출석하게 하여 직접 말로 쟁점을 정리할 수 있다(282 Ⅰ, 民訴規 70의 2). 변론준비절차가 끝난 경우에는 재판장은 바로 변론기일을 정한다(258 Ⅱ).

Ⅲ. 訴提起에 대한 被告의 대응

소장 부본이 피고에게 송달되면 소송계속(Rechtshängigkeit)의 상태가 발생하므로, 피고로서는 원고가 소로써 요구하는 청구에 관하여 태도를 결정하지 않으면 안 된다.

첫째로 원고의 청구를 다투지 않고 그대로 인정하는 경우에는 위에서 설명한 바와 같이, 답변서를 제출하지 않거나 원고의 청구원인사실을 전부 인정하는 답변서를 제출하여 변론 없이 패소판결을 받을 수 있다(256·257). 또한 원고의 청구를 인낙할 수도 있다.

둘째로 원고의 청구를 다투는 경우에는 청구기각의 판결을 구하고, 원고의 소가 부적법한 경우에는 소각하의 판결을 구할 수 있다.

셋째로 원고의 청구를 다툴 뿐만 아니라, 나아가 원고에 대하여 스스로 청구를 하고자 하는 경우에는 반소를 제기할 수 있다.

넷째로 원고와 서로 한 걸음씩 양보하여 분쟁을 해결하고자 할 경우에는 소송상의 화해를 할 수 있다.

첫째와 넷째의 경우에는 소송이 종료되지만, 둘째와 셋째의 경우에는 소송요건 또는 소송상의 청구에 관하여 본격적인 심리가 행하여진다.

제 2 장 受訴法院

제 1 절 法院의 組織

Ⅰ. 法院의 意義

법원이라는 말은 실정법상 여러 가지 의미로 사용되고 있다. 넓은 의미로는 법관·법원사무관·집행관, 그 밖의 법원직원을 포함한 사법관서(司法官署)를 뜻하고, 좁은 의미로는 민사재판권을 행사하는 재판기관, 즉 합의부와 단독판사를 뜻한다. 전자를 국법상의 의미의 법원, 후자를 소송법상의 의미의 법원이라고도 부른다. 경우에 따라서는 사법관서의 청사(廳舍)를 가리키기도 한다. 법원조직법에서는 대체로 전자의 의미로 쓰이고 있고, 민사소송법에서는 주로 후자의 의미로 쓰이고 있다.

Ⅱ. 法院의 種類

민사사건을 담당하는 민사법원으로서는 대법원·고등법원·지방법원이 있고, 지방법원의 사무의 일부를 처리하기 위하여 지원과 시·군법원이 있다(지원과 시·군 법원은 지방법원과 별개의 법원이 아니다. 法組 3 Ⅱ). 가정법원은 가사소송사건인 가사소송법 제2조 제1항 제1호 가류·나류·다류 사건을 처리하는 범위 안에서 민사법원으로 기능하며,[1] 행정법원도 민사소송사건에 해당하는 행정소송법 제10조 제1항 관련청구소송을 처리하는 범위 안에서 민사법원에 속한다고 본다. 그 밖에 법률이 헌법에 위반되는지 여부가 민사재판의 전제가 된 경우에는 법원은 헌법재판소에 제청하여 그 심판에 의하여 재판하여야 하므로(憲 107 Ⅰ), 그 범위 안에서는 헌법재판소가 민사재판에 관여하는 결과로 된다.

---

1) 가정법원은 고유한 의미의 소송을 다루는 곳이 아니므로 민사법원에 속하지 않는 것으로 보는 견해로는 方, 82면; 李英, 41면.

이들 민사법원 사이에는 계층이 있어서 심급제도를 이루고 있다(직무관할에 관한 설명 참조). 고등법원 · 특허법원(1998. 3. 1. 新設) · 지방법원 · 가정법원 · 행정법원(1998. 3. 1. 新設) · 회생법원(2017. 3. 1. 新設)과 지방법원 및 가정법원의 지원, 시 · 군법원(1995. 9. 1. 新設)을 총칭하여 각급 법원이라고 한다(각급법원의설치와관할구역에관한법률 1 참조).

Ⅲ. 法院의 構成

1. 裁判機關의 구성

관서로서의 법원은 법관과 법원직원(법원관리관 · 법원이사관 · 법원부이사관 · 법원서기관 · 법원사무관 · 기술심리관 · 사법보좌관 · 법정경위 등)으로 조직되지만, 여기에서 중요한 것은 재판기관으로서의 법원의 구성이다. 재판기관으로서의 법원은 법관만으로 구성된다. 우리나라의 재판기관은 직업법관(Berufsrichter, gelehrter Richter)만으로 구성되고, 명예직법관(ehrenamtlicher Richter) 내지 아마추어법관(Laienrichter)이 참여하지 않는다. 민사사건에서는 영미에서 인정되는 배심제도(jury system)나 도이칠란트에서 상사부에 인정되는 명예직법관제도를 받아들이지 아니하였기 때문이다.

2. 合議制와 單獨制

1) 재판기관을 구성하는 방법에는 합의제와 단독제의 두 가지가 있다. 대법원 · 고등법원 · 특허법원 및 행정법원은 모두 합의제이고, 지방법원과 가정법원 및 그 지원은 단독제를 원칙으로 하고 합의제를 예외로 하고 있으며, 시 · 군법원은 단독제를 취하고 있다. 이를 나누어 설명하면,

i) 대법원에는 대법관 전원(대법원장 포함 13인)의 3분의 2 이상으로 구성되는 합의체(전원합의체라 부른다)와 대법관 3인 이상으로 구성되는 부를 두고 있다. 전원합의체는 ① 명령 또는 규칙이 헌법에 위반함을 인정하는 때, ② 명령 또는 규칙이 법률에 위반함을 인정하는 때, ③ 종전에 대법원에서 판시한 헌법 · 법률 · 명령 또는 규칙의 해석 · 적용에 관한 의견, 즉 판례를 변경할 필요가 있음을 인정하는 때, ④ 부에서 재판함이 적당하지 아니함을 인정하는 때, ⑤ 부를 구성하는 법관 사이에 의견이 일치하지 아니한 때에 심판하며(法組 7 I), 부는 위 전원합의체의 소관사항을 제외

하고 대법원에 계속중인 모든 사건을 심판한다. 대법원장은 필요하다고 인정하는 경우에는 특정한 부로 하여금 행정·조세·노동·군사·특허 등 사건을 전담하여 심판하게 할 수 있다(法組 7 Ⅱ).

ii) 고등법원[1]·특허법원·행정법원에서는 판사 3인으로 구성된 합의부에서 심판권을 행사한다(法組 7 Ⅲ, 27).

iii) 지방법원·가정법원·회생법원과 지방법원 및 가정법원의 지원, 가정지원이 제1심으로 심판하는 경우에는 원칙적으로 단독판사가 심판하지만(法組 7 Ⅳ), 예외적으로 합의심판을 요할 때에는 판사 3인으로 구성된 합의부에서 심판한다(法組 7 Ⅴ, 30 Ⅰ). 그리고 지방법원 또는 가정법원이 제2심으로 심판하는 경우에는 지방법원본원 합의부·가정법원본원 합의부 또는 일부 지방법원지원 합의부·가정법원지원 합의부가 심판하며(法組 32 Ⅱ, 40 Ⅱ)[2], 회생법원 합의부도 회생법원단독판사의 판결·결정·명령에 대한 항소 또는 항고사건을 제2심으로 심판한다(法組 40의 7 Ⅱ).

2) 항소심 사건의 관할 법원에 관해 살펴보면, 지방법원 합의부의 제1심 판결·결정·명령에 대한 항소 또는 항고사건과 지방법원단독판사의 제1심 판결·결정·명령에 대한 항소 또는 항고사건 중 대법원규칙(사물관할규칙)으로 정하는 사건은 **고등법원의 관할**이며(法組 28 ① ⓛ), 지방법원 단독판사의 판결·결정·명령에 대한 항소 또는 항고사건 중 위 대법원규칙으로 정하는 사건을 제외한 사건은 **지방법원 본원 합의부**(춘천지방법원 강릉지원 합의부 포함)**의 관할**이다(法組 32 Ⅱ). 이때 대법원규칙은 사물관할규칙을 말하는데, 2022. 1. 28일 개정된 동 규칙(2022. 3. 1. 시행) 제2조는 소송목적의 값이 5억 원 이하인 사건은 단독판사가 관장하도록 하면서(따라서 5억 원 초과는 합의부사건), 동 규칙 제4조 제1항 제1호는 소송목적의 값이 소제기 당시 또는 청구취지 확장 당시 2억 원을 초과한 민사소송사건[3]에 대한 지방법원 단독판사의 제1심 판결·결정·명령에 대한 항소 또는 항고사건을 고등법원이 심판하는 것으로 정하였다. 요컨대 개정 사물관할규칙은 1심 단독사건을 소액단독(3,000만 원 이하),[4] 중액단독(3,000만 원

---

1) 고등법원의 부는 관할구역 안의 지방법원 소재지에 설치할 수도 있다(원외재판부)(法組 27 Ⅳ).

2) 법원조직법은 춘천지방법원·춘천가정법원 강릉지원에는 제2심 합의부를 두도록 규정하고 있다(法組 32 Ⅱ, 40 Ⅱ). 지방법원 본원으로부터 원거리에 거주하는 국민의 편의를 도모하고자 함이다.

3) 이러한 사건을 본안으로 하는 민사신청사건 및 이에 부수하는 신청사건(가압류, 다툼의 대상에 관한 가처분 신청사건 및 이에 부수하는 신청사건은 제외)의 경우에도 마찬가지이다(사물관할규칙 4 Ⅰ ②).

4) 소액사건심판법 제2조 제1항에 따른 소액사건은 현재 3,000만 원 이하를 기준으로 하고 있다(少審規

초과 2억 원 이하), 고액단독(2억 원 초과 5억 원 이하) 사건으로 나누면서, 고액단독 사건의 항소심을 고등법원이 담당하도록 한 것이다(사물관할규칙 2, 4).[1)]

나아가 2023년 사물관할규칙이 추가로 개정(2023. 1. 31. 대법원규칙 제3088호, 2023. 3. 1.부터 시행)되어, i) 소송목적의 값이 소 제기 당시 또는 청구취지 확장 당시 2억 원을 초과한 다류 가사소송사건, ii) 「가사소송법」 제2조 제1항 제2호 나목 '4) 사건(「민법」 제839조의2 제2항에 따른 재산 분할에 관한 처분)' 중 청구목적의 값이 소 제기 당시 또는 청구취지 확장 당시 2억 원을 초과한 사건, iii) 다류 가사소송사건과 「가사소송법」 제2조 제1항 제2호 나목 '4) 사건'을 병합한 사건으로서 그 소송목적의 값과 청구목적의 값을 더한 금액이 소 제기 당시 또는 청구취지 확장 당시 2억 원을 초과한 사건, iv) 위 3가지 사건을 본안으로 하는 가사신청사건 및 이에 부수하는 신청사건(가압류, 다툼의 대상에 관한 가처분 신청사건 및 이에 부수하는 신청사건은 제외)에 대한 가정법원 단독판사의 제1심 판결·결정·명령에 대한 항소 또는 항고사건을 고등법원이 심판한다(사물관할규칙 4 Ⅱ).

3) 합의제(Kollegialgerichte)와 단독제(Ein-Mann-Gerichte, Alleinrichter)를 비교하여 보면, 합의제에서는 각 법관의 능력이 상승됨과 아울러 그 주관성이 배제되므로 충실한 심리를 하여 공정·타당한 재판을 할 수 있음에 반하여, 단독제에서는 법관의 책임감을 강하게 하고 기민한 활동에 의한 신속한 사건처리를 기할 수 있는 장점이 있다. 또 합의제는 외부의 압력을 배제하는 데 도움을 주고, 단독제는 국가의 예산을 절감할 수 있다. 이처럼 합의제와 단독제는 각각 상이한 장점을 가지고 있으므로, 대체로 제1심 법원에서는 단독제를 채택하고, 상소심에서는 합의제를 채택하는 것이 세계 각국의 경향이다.

3. 合議制의 機能分擔

합의제의 재판기관은 3인 이상의 법관으로 구성되므로, 판결, 그 밖의 사건의 처리상 중요한 사항의 재판은 구성원인 법관이 합의하여 그 과반수의 의견으로 결정한다(法組 66 Ⅰ). 합의에 관한 의견이 3설 이상 나뉘어 각각 과반수에 달하지 못한 때에는 액수(額數)에 관하여는 과반수에 달하기까지 최다액(最多額)의 의견의 수

1의2)(2016. 11. 29. 대법원규칙 제2694호, 2017. 1. 1.부터 시행).

1) 2015. 1. 28. 개정된 사물관할규칙(2015. 2. 13. 시행) 제2조는 소송목적의 값이 2억 원 이하인 사건을 단독사건으로 규정하면서, 동 규칙 제4조는 소송목적의 값이 1억 원을 초과하는 지방법원 단독판사의 제1심 판결·결정·명령에 대한 항소 또는 항고사건(고액단독사건)을 고등법원이 심판하는 것으로 하고 있었다. 이러한 사물관할규칙은 2016. 9. 6. 다시 개정(2016. 10. 1. 시행)되어 동 규칙 제4조가 삭제됨으로 인해 단독사건의 항소심이 지방법원 본원 합의부로 일원화되었는데, 2022년 개정으로 고등법원이 제2심인 고액단독사건의 개념이 부활하게 된 것이다.

에 순차 소액(少額)의 의견의 수를 가하여 그 중 최소액(最少額)의 의견에 의한다(法組 66 Ⅱ①). 대법원의 전원합의체에서, 과반수 결정사항에 관하여 2설이 나누어져 각 설이 과반수에 이르지 못한 때에는 원심판결을 변경할 수 없다(法組 66 Ⅲ).

합의제의 경우, 위에서 말한 사항 이외의 사항에 관하여는 사무처리의 분담을 정하여 활동의 원활을 꾀하고 있다. 이러한 목적을 위하여 재판장, 수명법관 및 주심법관의 제도가 있다.

(1) 裁判長

합의제 법원에서는 구성법관 중의 한 사람이 재판장(Vorsitzender)이 된다. 법조 경력 10년 미만인 판사는 합의부의 재판장이 될 수 없다(法組 42의 3 Ⅱ).[1] 재판장은 합의를 할 때는 다른 배석법관과 동등한 표결권을 갖지만, 그 밖에 합의체를 대표하거나 또는 단독으로 행사할 수 있는 권한을 가지고 있다. ⓐ 합의체의 대표기관으로서 행사하는 권한으로서는 변론의 지휘, 법정경찰권(法組 58 Ⅰ. Ⅱ), 석명권(136), 석명준비명령(137), 판결의 선고(206), 증인의 신문(329) 등이 있고, ⓑ 합의체로부터 독립하여 행사하는 권한으로서는 수명법관의 지정·촉탁(139), 기일의 지정·변경(165), 공시송달명령(194 Ⅲ), 소장심사 및 소장각하명령(254), 그 밖에 집행법상의 여러 조치(民執 32, 46 Ⅲ, 312 등)가 있다. 전자에 속하는 재판장의 활동에 대하여 당사자의 이의가 있을 때에는 합의체가 결정으로 재판하지만(138), 후자에 속하는 권한을 행사하는 경우에는 직접 상급법원에 의한 판단을 받는다(254, 392, 439).

(2) 受命法官

합의체는 구성법관 중의 한 사람에게 법률에 규정된 사항의 처리를 위임할 수 있나. 이를 수명법관(beauftragter Richter)이라고 한다. 수명법관은 재판장이 지정하며(139), 화해의 권고(145), 화해권고결정(225), 변론준비절차(280 Ⅲ), 법원 밖에서의 증거조사(297) 등을 처리한다. 수명법관의 재판에 대하여 불복하는 당사자는 수소법원(합의체)에 이의를 신청할 수 있다(441).

수명법관과 구별하여야 할 것에 수탁판사가 있다. 수탁판사(ersuchter Richter)는

---

1) 법조 경력 10년 미만인 판사는 변론을 열어 판결하는 사건에 대해 단독으로 재판할 수 없다(法組 42의 3 Ⅰ). 다만 대법원장은 각급 법원에 위 기준을 충족하는 판사가 부족하여 재판 업무 수행에 중대한 차질이 우려되는 등 불가피한 경우에는 기간을 정하여 그 소속 판사로 하여금 위 기간의 제한을 받지 아니하고 단독으로 재판할 것을 허가할 수 있다(法組 42의3 Ⅲ).

수소법원이 같은 급의 다른 법원에 일정한 사항의 처리를 촉탁한 경우(139 Ⅱ, 145 Ⅰ, 297 등)에 그 촉탁한 사항을 처리하는 단독판사를 말한다. 수탁판사는 수명법관과는 달리 수소법원의 구성원이 아니나, 수소법원으로부터 위탁을 받아 일정한 사항을 처리하는 점에서는 수명법관과 같으므로, 수탁판사가 한 재판이나 처분은 수명법관이 한 것과 마찬가지로 취급된다(332, 441).

(3) 主審法官

합의부에 배당된 사건에 관하여는 구성법관 중의 하나가 주심으로 지정된다. 주심법관은 담당한 사건기록의 검토, 합의의 준비 및 합의결과에 따른 판결문의 작성에 임한다.

Ⅳ. 法院의 構成員

관서(官署)로서의 법원은 법관과 법관 이외의 법원직원에 의하여 구성된다.

1. 法 官

(1) 法官의 種類와 任命資格

법관에는 대법원장, 대법관 및 판사가 있다(憲 105, 法組 4, 5, 41, 42).

(가) 대법원장 · 대법관　대법원장과 대법관은 20년 이상 판사 · 검사 · 변호사, 변호사 자격이 있는 사람으로서 국가기관, 지방자치단체, 공공기관의 운영에 관한 법률 제4조에 따른 공공기관, 그 밖의 법인에서 법률에 관한 사무에 종사한 사람, 변호사 자격이 있는 사람으로서 공인된 대학의 법률학 조교수 이상으로 재직한 사람으로서 45세 이상 된 사람 가운데에서 임용된다(法組 42). 대법원장은 국회의 동의를 얻어 대통령이 임명하고, 대법관은 대법원장의 제청에 의하여 국회의 동의를 얻어 대통령이 임명한다(憲 104, 法組 42 Ⅰ).

대법원장의 임기는 6년으로서 중임할 수 없고, 정년은 70세이다. 대법관의 임기는 6년으로서 연임할 수 있고, 정년은 70세이다(憲 105, 法組 45 Ⅳ).

대법원에는 사건의 심리 및 재판에 관한 조사연구업무를 담당하게 하기 위하여 재판연구관을 둔다. 재판연구관은 판사로 보한다(法組 24).

(나) 대법원장 · 대법관 이외의 법관(판사) 판사는 5년 이상 판사 · 검사 · 변호사, 변호사의 자격이 있는 사람으로서 국가기관 · 지방자치단체 · 공공기관의 운영에 관한 법률 제4조에 따른 공공기관, 그 밖의 법인에서 법률에 관한 사무에 종사한 사람, 변호사의 자격이 있는 사람으로서 공인된 대학의 법률학 조교수 이상으로 재직한 사람 중에서 인사위원회의 심의를 거치고 대법관회의의 동의를 받아 대법원장이 임명한다(憲 104 Ⅲ, 法組 41, 42 Ⅱ 前段). 이 경우 충분한 사회적 경험과 연륜을 갖춘 판사에 의한 재판이 이루어질 수 있도록 20년 이상의 법조 경력이 있는 사람을 특정 재판사무만을 담당하는 판사로 임용할 수 있다(法組 42 Ⅱ 後段). 또한 다양한 경력을 가진 법조인을 판사로 충원하기 위해 판사의 임용에는 성별, 연령, 법조경력의 종류 및 기간, 전문분야 등 국민의 다양한 기대와 요청에 부응하기 위한 사항을 적극 반영하여야 하며(法組 42 Ⅳ), 법원행정처는 판사 임용 과정과 결과 및 임용제도 개선 상황을 매년 국회 소관 상임위원회에 보고하여야 한다(法組 42 Ⅴ)(2024. 10. 16. 법률 제20465호, 2024. 10. 16.부터 시행). 사법연수원장 · 고등법원장 · 특허법원장 · 법원행정처차장 · 지방법원장 · 가정법원장 · 행정법원장과 회생법원장은 법조경력이 15년 이상인 사람 가운데에서 대법원장이 임명한다(憲 104, 法組 44 Ⅱ). 판사의 보직은 대법원장이 행한다(法組 44 Ⅰ). 법관의 인사에 관한 대법원장의 자문기관으로 법관인사위원회가 있다(法組 25의 2).

판사의 임기는 10년으로서 연임할 수 있고, 정년은 65세이다(憲 105, 法組 45 Ⅳ).[1)]

(2) 法官의 獨立

법관은 헌법과 법률에 의하여 그 양심에 따라 독립하여 심판한다(憲 103). 이 법관의 독립(Unabhängigkeit der Richter)은 재판권의 적정 · 공평한 행사를 보장하고 국민의 신뢰를 확보하기 위하여 인정되는 것이다.

법관의 독립에는 물적 독립과 인적 독립이 있다. 물적 독립(sachliche Unabhängigkeit)이란 법관의 직무상 독립을 가리킨다. 그것은 법관이 헌법 · 법률 및 양심에만 구속될 뿐, 다른 국가기관(국회, 행정부), 소송당사사, 사회적 · 정치석 세력(정당 · 사회단체 · 일반국민) 및 사법부 내부의 상급심으로부터 독립함을 뜻한다(憲 103). 이처럼 법관은 오로지 헌법 · 법률 및 양심에만 구속되기 때문에, 다른 소송절차에서 다른 법관이 법률문제

1) 2018년 3월 판사의 정년퇴직 시기가 연 2회로 조정되었으며 그 구체적인 시기는 판사 정기인사 시기를 고려하여 1월 31일, 7월 31일로 정해졌다(2018. 3. 20. 개정, 법률 제15490호, 2018. 3. 20.부터 시행).

에 대하여 내린 판단, 즉 선례(precedent; Präjudizien)에 구속되지 아니한다(선례로부터의 자유).[1] 다만 상급법원이 취소·환송한 사건에서 판시한 해석은 그 사건에 관하여 하급심을 기속한다(law of the case)(法組 8, 民訴 436 Ⅱ).

인적 독립(persönliche Unabhängigkeit)이란 법관의 신분상 독립을 가리키며, 이를 달성하기 위하여 법관인사의 독립, 법관의 자격제, 법관의 임기·연임 및 정년제와 법관의 신분보장을 규정하고 있다(憲 104, 101 Ⅲ, 106). 법관의 신분보장을 보면, 법관은 탄핵 또는 금고 이상의 형의 선고에 의하지 아니하고는 파면되지 아니하며, 징계처분에 의하지 아니하고는 정직·감봉 또는 불리한 처분을 받지 아니한다(憲 106 Ⅰ). 여기에서 말하는 '불리한 처분'에는 보직의 강등, 본인의 의사에 반하는 전근(이른바 좌천)도 포함된다고 본다(獨基本法 97 Ⅱ 참조). 다만, 법관이 중대한 심신상의 장해로 인하여 직무를 수행할 수 없을 때에는 법률이 정하는 바에 의하여 퇴직하게 할 수 있다(憲 106 Ⅱ).[2]

법관의 인적·물적 독립을 보장함으로써 재판의 독립이 가능하게 된다.

2. 法官 이외의 法院職員

법관 이외의 법원공무원으로서는 재판사무에 종사하는 법원사무관등, 재판연구관 및 재판연구원, 사법보좌관, 조사관, 기술심리관, 법원경위 등이 있고, 사법행정사무에 종사하는 여러 직급의 일반직 및 기능직공무원이 있다.

(1) 法院事務官 等

1) 법원서기관·법원사무관·법원주사·법원주사보(이하 법원사무관등이라 부른다)는 대법원과 각급 법원에 배치되어 있는 단독제의 기관으로서, 심판에의 참여, 사건에 관한 조서·기록의 작성·보관·송부(40, 50, 152, 175, 400), 송달사무(175), 소송비용의 계산(115), 소송상의 사항의 공증(175, 499), 집행문의 부여(民執 29) 등 재판의 부수사무를 처리하는 권한을 가진다. 구술(口述)의 녹취(錄取), 그 밖의 서류의 작성·변경에 관하여는 법관의 명을 받는다(152).

2) 법원사무관등의 처분(예컨대 소송기록열람의 거절처분: 162, 집행문부여의 거절처분: 民執 29)에 대하여 불복이 있는 사람은

---

1) 李時, 75면; Jauernig, §8 Ⅴ 2; Zeiss, §7 Ⅳ.
2) 법원조직법상의 판사의 연임발령제외사유는 같은 법 제45조의 2 제2항 참조.

그 소속법원에 이의신청을 할 수 있고, 이에 대하여는 소속법원이 결정으로 재판한다(223).

(2) 司法補佐官

사법보좌관은 대법원과 각급 법원에 배치되어, 대법원규칙이 정하는 바에 따라 민사소송법 및 소촉법에 따른 소송비용액·집행비용액 확정결정절차, 독촉절차, 공시최고절차, 소액사건심판법에 따른 이행권고결정절차에서의 법원의 사무를 담당하고, 민사집행법에 따른 집행문부여절차, 재산조회절차, 채무불이행자명부등재절차, 부동산·동산·자동차 등에 대한 강제경매절차, 금전채권 외의 채권에 기초한 강제집행절차, 담보권실행 등을 위한 경매절차, 제소명령절차, 가압류·가처분의 집행취소절차 등의 사무를 담당하는 기관이다(法組 54 Ⅰ. Ⅱ). 이러한 사무는 본래 법관의 사무이었으나, 법관의 업무부담을 덜고 사법인력을 효율적으로 활용하기 위하여 2005년 법원조직법의 개정을 통하여 사법보좌관의 사무로 하였다. 도이칠란트의 사법보좌관제도(Rechtspfleger)를 본딴 것이다. 사법보좌관은 법원사무관등으로 일정기간 이상 근무한 사람 가운데에서 대법원규칙이 정하는 사람이 된다(法組 54 Ⅳ). 법관의 감독을 받아 업무를 수행하며, 사법보좌관의 처분에 대하여는 대법원규칙이 정하는 바에 따라 법관에 대하여 이의신청을 할 수 있다(法組 54 Ⅲ).

(3) 裁判研究官과 裁判研究員

재판연구관은 대법원장의 명을 받아 대법원에서 사건의 심리 및 재판에 관한 조사연구업무를 담당하는 재판보조기관이다(法組 24 Ⅱ). 재판연구관은 판사로 보하거나 3년의 기간 내에서 판사가 아닌 자를 임명할 수 있으며(法組 24 Ⅲ), 대법원장은 다른 국가기관·공공단체·교육기관·연구기관 기타 필요한 기관에 대하여 소속 공무원 및 직원을 재판연구관으로 파견근무를 요청할 수 있다(法組 24 Ⅴ).

재판연구원(속칭 law clerk)은 각급법원에서 소속법원장의 명을 받아 사건의 심리 및 재판에 관한 조사연구, 그 밖에 필요한 업무를 수행하는 재판보조기관이다(法組 53의2 Ⅰ. Ⅱ). 재판연구원은 변호사자격이 있는 사람 중에서 3년 내의 기간을 정하여 대법원장이 임명한다(法組 53의2 Ⅲ. Ⅳ).[1)]

---

1) 2017. 1. 1. 이후에 채용된 재판연구원부터 3년의 범위에서 기간을 정하여 채용하며, 그 정원은 2018년까지 200명, 2022년까지 300명의 범위에서 대법원규칙으로 정하도록 하였다(2011. 7. 18. 개정, 법률 10861호의 부칙 제3조와 제4조를 2018. 3. 20.에 개정함). 다만 2017. 12. 12. 개정, 법률 제15152호, 부칙

(4) 調査官

조사관은 대법원과 각급 법원에 배치되어, 법관의 명을 받아 법률 또는 대법원 규칙이 정하는 사건에 관한 심판에 필요한 자료의 수집·조사 그 밖에 필요한 업무를 담당한다(法組 54의 3 Ⅰ, Ⅱ). 대법원장은 다른 국가기관에 그 소속공무원을 조사관으로 파견근무시키도록 요청할 수 있다(法組 54의 3 Ⅲ).

(5) 技術審理官

기술심리관은 특허법원에 배치되어 특허소송(특허법 186 Ⅰ, 실용신안법 35 및 디자인보호법 75의 규정에 의한 소송)의 심리에 참여할 수 있는 재판보조기관이다. 기술심리관이 소송의 심리에 참여하는 경우에는 재판장의 허가를 얻어 기술적인 사항에 관하여 소송관계인에게 질문을 할 수 있고, 재판의 합의에서 의견을 진술할 수 있다. 대법원장은 특허 등 관련 국가기관에 대하여 그 소속 공무원을 법원의 기술심리관으로 근무하게 하기 위하여 파견근무를 요청할 수 있다. 기술심리관의 자격·직제 및 그 수, 그 밖의 필요한 사항은 대법원규칙으로 정한다(法組 54의 2).

(6) 法院警衛

법원경위는 대법원과 각급 법원에 배치되어 법정에서 소송관계인의 인도, 법정의 정돈, 그 밖에 법관이 명하는 사무나 대법원장이 정하는 사무를 집행하는 사람이다(法組 64 Ⅱ). 집행관을 사용하기 어려운 사정이 있을 때에는 법원의 명에 의하여 법정경위가 소송서류의 송달사무를 행한다(法組 64 Ⅲ).

(7) 通譯官

통역관은 대법원과 각급 법원에서 외국어의 통역에 종사하는 사람이다(法組 53, 民訴 143).

3. 法院職員 이외의 裁判事務 從事者

법관이나 법원직원과 같이 법원의 구성원은 아니지만, 법원과 밀접한 관련을 가지고 재판사무를 돕는 사람들이 있다.

제1조 단서에 의해 2018. 7. 1.부터 시행; 그 후 재판연구원의 정원을 규정한 「재판연구원 규칙」 제2조는 2018. 12. 31., 2019. 12. 26., 2023. 1. 31., 2024. 1. 25., 2025. 1. 23.의 개정을 거쳐 2025년 현재 480명이 정원이다.

(1) 執行官

집행관(Gerichtsvollzieher)은 지방법원과 지방법원지원에 배치되어 재판의 집행, 서류의 송달 기타의 사무에 종사하는 단독제의 국가기관이다(法組 55). 집행관은 10년 이상 법원주사보, 등기주사보, 검찰주사보 또는 마약수사주사보 이상의 직에 있던 사람 가운데에서 지방법원장이 임명한다(執 3). 집행관의 처분에 대하여는 집행에 관한 이의신청에 의하여 집행법원에 불복을 할 수 있다(民執 16).

집행관은 국고(國庫)로부터 봉급을 받지 않고 사건의 취급에 따른 수수료를 받으나, 실질적 공무원에 속한다. 따라서 집행관의 위법집행으로 인하여 손해를 입은 경우에는 국가배상법에 의하여 국가에 대하여 손해배상을 청구할 수 있다.[1) 집행관이 당사자로부터 수수료를 받는 것은 여러 가지 폐해를 낳고 있으므로, 집행관을 법원직원으로 삼는 문제를 검토하여야 한다. 도이칠란트는 이러한 개혁을 단행하였다(獨法組 154).

(2) 專門審理委員

전문심리위원은 전문적 지식이 요구되는 첨단분야(첨단산업분야 · 지적재산권 · 국제금융등)에 관련된 사건에서 재판의 전문성을 보완하기 위하여 관련분야의 전문가로서 소송절차에 참여하는 사람을 말한다(164의 2~8). 전문심리위원제도는 2007년 민사소송법 개정(2007. 7. 13. 법률 제8499호, 2007. 8. 14.부터 시행)을 통해 도입되었으며, 이에 발맞추어 「민사소송규칙」에도 전문심리위원에 관한 규정들이 신설되었다(民訴規 38의2 내지 38의11). 나아가 전문심리위원의 후보자관리, 상임전문심리위원의 위촉, 감정관리위원의 위촉 및 상임전문심리위원 및 감정관리위원 선발위원회의 구성 등을 규율하는 「전문심리위원규칙(2024. 11. 29. 대법원규칙 제3168호, 2025. 1. 1.부터 시행)」을 두고 있다.[2) 법원행정처장이 전문적 지식과 경험을 가진 사람 중에서 전문심리위원후보자를 정하여 그 명단을 관리한다(전문심리위원규칙 2 Ⅰ). 전문심리위원은 전문적 지식을 필요로 하는 소송절차에서 당사자의 신청이나 직권으로 소송절차에 참여하는데(164의 2 Ⅰ), 서면 또는 구술로 설명하거나 의견을 진술할 수 있다(164의 2 Ⅱ). 전문심리위원에게는 제척 및 기피제도가 준용된다(164의 4). 전문심리위원은 재판장의 허가를 받아 기일에 당사자, 증인

---

1) 大判 1968. 5. 7, 68 다 326. 집행관에게 제1차적 책임을 인정하고 있던 구 민사소송법 493은 1990년 개정법으로 삭제되었다.

2) 전문심리위원제도와 관련된 사무처리요령에 관해서는, 「전문심리위원의 소송절차 참여에 관한 예규(재일 2007-2)」(2025. 3. 25. 개정, 재판예규 제1909호, 2025. 3. 25.부터 시행).

또는 소송관계인에게 직접 질문을 할 수도 있으나(164의 2 Ⅲ), 재판의 합의에는 참여할 수 없다(164의 2 Ⅱ但). 전문심리위원이 법정에 직접 출석하기 어려운 특별한 사정이 있는 경우에는 법원은 당사자의 의견을 들어 전문심리위원으로 하여금 비디오 등 중계장치에 의한 중계시설을 통하거나 인터넷 화상장치를 이용하여 설명·의견진술·소송관계인에 대한 질문을 하게 할 수 있다(民訴規 38의10).

(3) 辯護士

1) 단독판사가 심판하는 일부 사건을 제외한 일반 민사사건에서는 변호사(Rechtsanwalt)가 아니면 소송대리인이 될 수 없기 때문에(87), 변호사는 민사소송에서 매우 중요한 의미를 가지고 있다. 그러나 변호사는 당사자의 충실한 봉사자에 그쳐서는 아니 되고, 독자적인 책임하에 사리에 맞는 도움을 주기 위하여 당사자로부터의 내적 독립성이 필요하다.[1] 그리하여 변호사법은 변호사의 지위에 관하여 변호사는 공익성을 지닌 법률전문직으로서 독립하여 자유롭게 그 직무를 행한다고 규정하고 있다(辯 2). 변호사의 자격은 사법시험에 합격하여 사법연수원의 소정 과정을 마친 사람 및 판사 또는 검사의 자격이 있는 사람 또는 변호사시험에 합격한 사람에게 주어진다(辯 4).

2) 변호사는 당사자 그 밖의 관계인의 위임 또는 공공기관의 위촉 등에 의하여 소송에 관한 행위 및 행정처분의 청구에 관한 대리행위와 일반 법률사무를 행한다(辯 3). 따라서 변호사는 선량한 관리자의 주의의무를 가지고 위임사무를 처리하여야 한다. 변호사는 반대의 특약이 없는 한 위임사무의 처리와 관련하여 보수청구권을 가진다(辯 19).[2]

(4) 檢 事

검사(Staatsanwalt)는 제한된 경우에 한하여 민사소송에 관여한다. 즉, 가사소송에 의하여 처리되는 혼인관계 및 부모와 자와의 관계에 관한 사건(家訴 24 Ⅲ, 27 Ⅳ, 31, 33)에서는 검사가 직무상의 당사자로서 관여하고, 또 국가를 당사자로 하는 소송에서 법무부장관의 지정을 받으면 검사가 소송수행자로서 소송에 관여한다(국가를당사자로하는 소송에관한법률 3). 그

---

1) 李時, 83면; Jauernig, §16 Ⅰ.
2) 大判 1976. 5. 25, 75 다 1637.

밖에 법무부장관은 법원의 벗(*amicus curiae*)으로서 국가의 이익 또는 공공의 복리에 중대한 관계가 있는 국가소송 및 행정소송에 관하여는 법원의 허가를 얻어 검사로 하여금 법원에 대하여 법률적 의견을 제출하게 할 수 있다(同法 4).

(5) 公益法務官

공익법무관은 병역을 마치지 아니한 변호사자격자 중에서 군복무를 갈음하여 법률구조법인, 법무부소속기관 또는 각 검찰청에 배치되는 법무부소속의 전문직 공무원이다(공익법무관에관한 법률 2 ①, 3, 9). 공익법무관은 극히 제한된 범위 안에서 민사소송에 관여한다. 즉 국가를 당사자로 하는 소송에서 법무부장관의 지정을 받아 소송수행자로서 소송에 관여하고, 법원의 벗으로서 법원에 대하여 법률적 의견을 제출할 수 있을 뿐이다(국가를당사자로하는소송에관한법률 3 Ⅰ, 4, 공익법무관에관한법률 2 ③, 9).

(6) 警察公務員

국가의 경찰공무원은 일부 소송절차에서 재판의 공조기관이 된다. 즉 감정인이 시설물 안에 들어가려다 저항을 받거나(342), 법원이 검증을 하려다 저항을 받은 때(366 Ⅲ) 또는 송달기관이 송달하는데 필요한 때(176 Ⅲ)에는 경찰공무원에게 원조를 요청할 수 있다.

Ⅴ. 法官의 除斥·忌避·回避

1. 意　　義

법관의 제척·기피·회피는 구체적 사건과 인적·물적으로 특수한 관계에 있는 법관을 그 사건의 직무집행으로부터 배제시키는 제도이다. 재판의 공정과 재판에 대한 국민의 신뢰를 확보하기 위함이다. 공정한 재판을 보장하기 위하여 헌법과 법률로 법관의 임용자격과 임용방법을 엄격히 정하고 법관이 독립을 보장하고 있지만, 이러한 일반적인 배려만으로는 충분하지 않으므로, 더 나아가 구체적 사건에서 특수한 관계로 공정한 재판을 객관적으로 기대할 수 없는 경우를 고려하여 이 제도를 두고 있는 것이다.

제척(除斥; Ausschluss, Ausschließung)은 법정사유가 있으면 법관이 법률상 당연히 직무집행을 할 수 없는 것이고, 기피(忌避; Ablehnung)는 제척사유 이외에 재판의 공정을 의심할 만한 사유가 있는 때에 당사자의 신청에 따른 재판에 의하여 직무집행으로부터 배제되는 것이고, 회피(回避; Selbstablehnung)는 법관 스스로 직무집행을 피하는 것이다.

법관에 관한 제척·기피·회피제도(41 이하)는 법원사무관등 및 전문심리위원에게도 준용된다(50, 164의 5 Ⅰ). 집행관의 제척에 관하여는 따로 규정이 있다(執 13).

2. 除 斥

(1) 除斥의 原因

법관의 제척원인은 민사소송법 제41조에 열거되어 있다. 이를 크게 나누어 보면, 법관과 사건 당사자와의 인적 관계로 인한 경우(1호, 2호, 4호)와 법관과 사건과의 물적 관계로 인한 경우(3호, 5호)가 있다. 전자의 경우의 당사자에는 원·피고뿐만 아니라 보조참가인과, 소송담당의 경우의 이익귀속주체(예컨대 파산재단에 관한 소송에서 파산관재인 이외에 이익귀속주체인 파산선고를 받은 사람)도 포함된다고 풀이한다. 이렇게 보는 것이 편파적이고 불공평한 재판의 의혹을 피하려고 하는 제도의 취지에 맞기 때문이다.

1) 법관 또는 그 배우자나 배우자이었던 사람이 사건의 **당사자**가 되거나 사건에 관하여 당사자와 **공동권리자·공동의무자** 또는 **상환의무자**의 관계에 있는 때.[1] 여기에서 사건은 현재 계속중인 사건을 가리키고,[2] 공동권리자·공동의무자는 공유자, 연대채무자 또는 주채무자와 보증인과 같이 그 사건에서 다투어지는 법률관계에 법률상의 이해관계가 있는 것을 가리키며, 단순히 사실적·경제적·간접적 영향을 받는 경우(예컨대 법관이 당사자인 회사의 주주 또는 채권자인 경우)는 여기에 포함되지 않는다. 상환의무자란 어음법·수표법에 의한 상환의무자(소구의무자) 및 재상환의무자(재소구의무자)(어 43·77, 手 39)를 가리킨다.

2) 법관이 당사자와 **친족관계**에 있거나 그러한 관계에 있었을 때. 친족의 범위는 민법의 규정에 따른다(民 777).

---

1) 법관이 종중의 종중원인 경우에는 당사자와 공동권리자·공동의무자의 관계에 있는 자에 해당한다(大判 2010. 5. 13, 2009 다 102254).

2) 大判 1965. 8. 31, 65 다 1102.

3) 법관이 사건에 관하여 **증언**이나 **감정**을 하였을 때.

4) 법관이 사건당사자의 **대리인**이었거나 대리인이 된 때. 여기서 대리인은 임의대리인이건 법정대리인이건 묻지 아니한다.

5) 법관이 불복사건의 **이전 심급의 재판에 관여**하였을 때. 여기에서 이전 심급의 재판에 관여하였을 때가 무엇을 뜻하는가가 문제이다. i) '이전 심급'(또는 전심)이라 함은 직접 또는 간접의 하급심을 가리키며,[1] 여기에는 판결절차뿐만 아니라 결정절차도 포함된다. 그러므로 취소·환송 또는 이송 후의 절차에서 이전의 같은 심급(환송전 원심)의 절차(다만, 대법원의 파기환송판결의 경우에는 436 Ⅲ에 의하여 배제됨), 재심절차에서 그 대상인 확정판결을 한 소송,[2] 청구이의소송에서 그 대상인 확정판결을 한 소송, 본안소송에서 가압류·가처분재판, 본안소송에서 이전에 바로 그 본안소송의 재판장에 대한 기피신청에 관한 재판,[3] 이의신청으로 통상소송절차로 이행된 경우에 독촉절차 등은 어느 것이나 이전 심급에 해당하지 아니한다. ii) 불복사건의 이전 심급의 '재판'에는 직접 불복의 대상이 된 하급심의 종국판결뿐만 아니라 이와 함께 상급심의 판단을 받는 중간적 재판도 포함된다.[4] iii) 그리고 '관여하였다' 함은 최종변론과 판결의 합의 및 판결의 작성에 관여한 것을 가리킨다. 따라서 단순히 변론준비절차에 관여하거나 변론을 지휘하고 증거조사를 하거나, 소송지휘상의 재판에 관여하거나 또는 판결의 선고에만 관여한 경우는 이전 심급의 재판에 관여한 것으로 되지 아니한다.[5] 또 다른 법원의 촉탁에 의하여 이전 심급의 재판에 관여한 때에도 제척사유가 되지 아니한다(41 但 ⑤).

(2) 除斥의 效果

법관에게 제척의 원인이 있으면 법률상 당연히 그 사건에 관한 일체의 직무를 행할 수 없다. 그 법관과 당사자가 제척원인이 있는 것을 알았든 몰랐든 그 효과가 발생한다.

제척의 원인이 있는 한 법관의 종국판결선고 전의 소송행위는 본질적인 절차상

1) 大判 1965. 6. 25, 64 다 522.
2) 大判 1979. 11. 27, 79 사 7; 2000. 8. 18, 2000 재다 87.
3) 大決 1991. 12. 27, 91 마 631.
4) 大判 1997. 6. 13, 96 다 56115.
5) 大判 1973. 11. 27, 73 다 763; 1997. 6. 13, 96 다 56115.

의 흠이 있으므로 소송법상 무효이다. 제척의 원인이 있는 법관이 판결 자체에 관여하였을 때에는 상고이유가 되고(424 Ⅰ ②), 그 판결이 확정되었을 때에는 재심사유가 된다(451 Ⅰ ②). 다만 소송중에 제척의 신청을 하였으나 제척의 원인이 없다 하여 배척하는 결정이 확정되면, 같은 사유를 가지고 상소나 재심의 사유로 삼을 수 없다(392 但). 또 그 법관이 판결의 선고에만 관여하였을 때에는 판결에 관여한 것이 아니어서 상소·재심사유로 되지 아니한다고 생각한다.[1)]

(3) 除斥의 裁判

제척의 원인이 있는 법관이 사건에 관하여 직무를 행하고 있는 때에는 법원은 직권으로 또는 당사자의 신청에 따라 제척의 재판을 한다(42). 제척의 효과는 법률상 당연히 발생하는 것이요, 재판에 의하여 발생하는 것이 아니므로 제척의 재판은 확인적 재판의 성질을 가지며, 제척의 재판 이전에 한 소송행위도 소송법상 무효이다. 제척의 재판절차는 기피의 재판절차와 같다(44~48).

3. 忌 避

(1) 忌避의 原因

1) 제척원인 이외에 법관에게 공정한 재판을 기대하기 어려운 사정이 있는 때에는 기피신청의 사유가 된다(43 Ⅰ). 한정되어 있는 제척원인을 구체적으로 보충하는 의미를 가진다. 여기에서 '법관에게 공정한 재판을 기대하기 어려운 사정'이라 함은 우리 사회의 평균적인 일반인의 관점에서 볼 때, 법관과 사건과의 특별한 관계(법관과 당사자 사이의 특수한 사적 관계 또는 법관과 해당 사건 사이의 특별한 이해관계)에 비추어 법관이 불공정한 재판을 할 수 있다는 의심을 할 만한 객관적인 사정이 있고, 그러한 의심이 단순한 주관적 우려나 추측을 넘어 합리적인 것이라고 인정될 수 있는 경우를 말한다. 따라서 평균적 일반인으로서의 당사자의 관점에서 이와 같은 의심을 가질 만한 객관적인 사정이 있는 경우에는 실제로 법관에게 편파성이 존재하지 않거나 헌법과 법률이 정한 바에 따라 공정한 재판을 할 수 있는 경우에도 기피가 인정될 수 있다.[2)]

2) 구체적으로는 법관이 당사자의 한 쪽과 약혼중인 경우, 사건의 승패에 경제

---

1) 反對: 方, 146면.
2) 大決 2019. 1. 4, 2018 스 563; 1992. 12. 30, 92 마 783.

적으로 특별한 이해관계를 가지는 경우, 당사자의 한 쪽과 친구이거나 원수인 경우 등에는 기피원인이 된다. 그러나 기일의 연기신청을 각하하거나 자기의 증거신청을 각하하는 등 소송지휘에 불만이 있다든가 또는 재판장의 변경에 따라 당사자 한 쪽이 소송대리인을 교체하였다든가[1] 하는 따위는 그것만으로는 기피사유에 해당하지 않는다. 같은 종류의 사건에 관하여 판결을 한 일이 있거나[2] 법률의 해석에 관한 견해를 발표한 일이 있는 것[3]도 기피원인이 되지 못하고, 또 법관의 능력·건강·신조·품행 등 법관의 적격성에 관한 일반적 사정은 탄핵·징계의 사유는 될지언정 기피원인이 되지 못한다. 소송대리인이 법관의 장인인 경우가 기피원인에 해당하는가가 문제되는데, 우리나라의 일반 감정에 비추어 긍정하여야 할 것이다.[4]

(2) 忌避의 申請

1) 기피의 신청은 서면 또는 말로 하며(161), 합의부의 법관에 대한 기피는 그 합의부에, 수명법관·수탁판사 또는 단독판사에 대한 기피는 그 법관에게 이유를 밝혀 신청하여야 한다(44Ⅰ).

2) 기피하는 이유와 소명방법은 신청한 날로부터 3일 이내에 서면으로 제출하여야 한다(44Ⅱ).

3) 기피신청은 법관에게 기피할 이유가 있다는 것을 알았을 때 지체 없이 하여야 한다. 만일 기피할 이유가 있음을 알면서도 그 법관 앞에서 본안에 관하여 변론하거나 변론준비기일에서 진술을 한 때에는 원칙적으로 기피권을 상실한다(43Ⅱ). 이것은 기피권을 포기하는 의사가 있는 것으로 추인되기 때문이다.

(3) 忌避申請에 대한 裁判

(가) 기피신청을 받은 법관의 각하결정　기피신청이 그 신청방식(44)에 어긋난 경우와 소송의 지연을 목적으로 하는 것이 분명한 경우에는 기피신청을 받은 법원 또는 법관 자신이 결정으로 이를 각하하여야 한다(45Ⅰ).

---

1) 大決 1992. 12. 30, 92 마 783.
2) 大判 1993. 6. 22, 93 재누 97.
3) 大決 1982. 11. 5, 82 마 637.
4) 同旨: 李時, 89면.

(나) 소속법원 합의부의 결정 기피신청이 방식에 맞거나 소송지연과 무관한 경우에는 기피신청을 받은 법관의 소속 법원 합의부[1]가 기피신청에 대하여 결정으로 재판하여야 한다(46 Ⅰ). 이 때 기피를 당한 법관은 지체 없이 기피신청에 대한 의견서를 제출하여야 한다(45 Ⅱ). 기피신청을 받은 법관은 위 재판에 관여하지 못하고, 의견을 진술할 수 있을 뿐이다(46 Ⅱ).[2] 기피신청을 당한 법관의 소속 법원이 그 법관을 제외하고 합의부를 구성하지 못하는 경우에는 바로 위의 상급법원이 결정하여야 한다(46 Ⅲ). 대법원의 경우에는 상급법원이 없으므로 대법관 모두, 또는 법원조직법 제7조 제1항 본문에 정한 합의체를 구성할 수 없는 수의 대법관을 동시에 기피신청하는 것은 법률상 허용되지 아니한다.[3]

(다) 재판에 대한 불복신청 기피신청에 정당한 이유가 있다고 하는 결정에 대하여는 불복할 수 없다(47 Ⅰ). 그러나 기피신청을 각하 또는 기각한 결정에 대하여는 즉시항고를 할 수 있다(47 Ⅱ). 기피신청을 각하한 결정에 대한 즉시항고에는 집행정지의 효력이 없다(47 Ⅲ).

(4) 忌避申請과 訴訟節次의 停止

1) 기피신청이 있는 때에는 그 재판이 확정될 때까지 소송절차를 정지하여야 한다(48 本). 그러나 기피신청이 각하된 때 또는 종국판결을 선고하거나 긴급을 요하는 행위를 하는 때에는 그러하지 아니하다(48 但).

2) 종국판결의 선고가 허용되므로, 변론종결 후에 기피신청이 있더라도 이를 무시하고 판결을 선고할 수 있다.[4]

3) 긴급을 요하는 행위를 하는 것은 위법이 아니므로, 그 행위를 한 뒤에 기피신청이 이유 있다는 결정이 확정된 경우라도 그 행위의 효력은 유효하다.[5] 긴

---

1) 합의부가 여럿 있는 법원에서는 어느 합의부 법관에 대한 기피신청사건을 다른 합의부가 담당한다는 것을 미리 사무분담으로 정하여 놓는 경우가 많다고 한다(법원실무제요, 민사소송[I], 2017, 80면).

2) 법원이 기피신청을 당한 법관이 제출한 의견서(45 Ⅱ)에 대하여 판단하지 아니하고, 기피신청을 당한 법관의 의견진술절차(46 Ⅱ 但)를 거치지 아니하였다 하여도 심리미진의 위법은 아니다(大決 1992. 12. 30, 92 마 783).

3) 大決 1966. 3. 15, 64 주 1; 1966. 6. 2, 64 주 2.

4) 大判 1996. 1. 23, 94 누 5526.

5) 方, 151면.

급을 요하는 행위란 예컨대 증거보전, 가압류·가처분, 집행정지명령 따위를 가리킨다. 기피신청이 있은 뒤에 긴급을 요하지 않는 행위를 하면 위법인데, 뒤에 기피신청이 이유 없다고 하는 재판이 확정된 경우에 그 흠이 치유되는가가 문제된다(이유 있다는 결정이 확정되면 행위가 위법한 것은 당연하다). 이에 관하여는 무조건적으로 치유된다고 하는 적극설[1]과 절대로 치유되지 아니한다는 소극설[2]이 대립하고 있으나, 긴급을 요하지 않는 행위에 관하여 신청인이 충분한 소송행위를 한 경우에 한하여 치유된다고 풀이한다(절충설).[3] 왜냐하면 기피신청에 관한 재판이 진행하는 동안에는 신청인은 절차에 관여하는 것을 강요당하지 아니하므로, 이에 관여하지 아니하였다고 하여 불이익을 받는 것은 부당하기 때문이다. 판례는 적극설[4]을 따른 것도 있지만 소극설[5]을 따른 것도 있다.

(5) 忌避權의 濫用으로 인한 訴訟遲延에 대한 豫防策

1990년 개정법 이전에는 방식에 맞는 기피신청이 있으면 기피신청이 어떠한 이유로 인한 것인가를 불문하고 소송절차가 정지되었고, 기피신청이 부적법하다고 각하된 경우에조차도 즉시항고를 하면 그 재판이 확정될 때까지 소송절차가 정지되었으므로, 기피신청이 소송지연책으로 남용될 수 있었다. 그리하여 1990년 개정법은 소송촉진 등에 관한 특례법 제5조를 수용하여, 소송지연을 목적으로 하는 기피신청은 신청을 받은 법원 또는 법관이 직접 이를 각하할 수 있도록 하고(45 I), 기피신청이 방식위배 또는 소송지연을 이유로 각하된 경우에는 그 재판의 확정과 관계없이 소송절차는 정지되지 아니하며(48 但), 즉시항고로 불복하여도 집행정지의 효력은 없도록 하였다(47 III).

4. 回　避

법관이 스스로 제척 또는 기피의 원인이 있다고 인정하는 경우에는 사법행정상의 감독권이 있는 법원의 허가를 얻어 자발적으로 회피할 수 있다(49). 여기에서 감독권이 있는 법원은 법관 소속의 법원장·지원장·부장을 뜻한다.

회피의 허가는 사법행정상의 처분이고 재판이 아니므로 제척 또는 기피의 원인을

1) Rosenberg, §25 II 6 b); Thomas/Putzo, §47 2.
2) 方, 151면.
3) 同旨: 李時, 92면; 新堂, 72면; 中野＝松浦＝鈴木, 64면.
4) 大判 1978. 10. 31, 78 다 1242.
5) 大判 2010. 2. 11, 2009 다 78467, 78474(피고의 기피신청에도 변론기일을 진행시켜 쌍방불출석의 효과를 발생시킨 절차상 흠결이 뒤에 그 기피신청을 각하하는 결정이 확정되었다는 사정만으로 치유된다고 할 수 없다고 하였다).

확정하는 효력이 없다. 따라서 기피의 원인이 있다고 하여 회피한 법관이 그 후 직무를 집행하여도 그 직무행위가 소송법상 위법으로 되지는 아니한다.

제 2 절 民事裁判權

Ⅰ. 意 義

구체적 사건(법률적 쟁송사건)을 재판에 의하여 처리하는 국가권력을 재판권(Gerichtsbarkeit)이라고 한다. 이는 입법권·행정권에 대립하는 관념으로서 사법권이라고도 부른다. 이 가운데 민사소송을 처리하는 권능을 특히 민사재판권(Zivilgerichtsbarkeit)이라 일컫는다. 여기에는 권리 또는 법률관계에 관하여 이행·확인·형성의 판결을 하는 권리인 관념적 형성의 권한과 강제집행을 하는 권리인 사실적 형성의 권한 외에, 이에 부수하여 송달·공증·제재조치 등을 하는 여러 권한이 포함된다.

그런데 우리나라의 민사법원이 어떠한 범위 안의 사람 또는 사건에 대하여 민사재판권을 행사할 수 있는가를 외국의 재판권과의 관계에서 명백히 하여 둘 필요가 있다. 보통 외국적 요소를 가지는 사건에서 문제로 되며, 국제민사소송법의 과제로 되어 있다.

Ⅱ. 民事裁判權의 對人的 制約(人的 範圍)

1) 민사재판권은 국가의 대인주권 때문에 원칙적으로 대한민국 안에 있는 모든 사람에게 미친다. 대통령도 예외가 아니다. 다만 국제법상의 원칙에 의하여 면제권(immunity; Immunität)[1]이 인정되고 있는 사람에 대하여는 우리 재판권이 미치지 아니한다.

① **外國國家** 외국국가는 민사관계에서 다른 나라의 재판권에 따르지 않는다고 하는 원칙을 주권면제(sovereign immunity) 내지 국가면제(state immunity)

1) 과거에는 치외법권(extraterritoriality)이라고 불렀으나, 이는 잘못된 것이고, 하나의 허구이다. 柳炳華, 國際法 Ⅱ(1988), 379면 이하 참조.

라고 하는데, 이것은 국제사회에서 각 국가는 동등한 지위에 있는 실체이므로, 한 나라는 다른 나라에 대하여 어떠한 권한도 행사할 수 없다고 하는 생각을 기초로 하고 있다.[1] 다만 그 범위에 관하여는 외국국가는 일체의 사건에 관하여 민사재판권에 따르지 않는다고 하는 **절대적 면제주의**(absolute theory of immunity)와 일정한 범위 안에서 외국국가도 다른 나라의 민사재판권에 따라야 한다는 **제한적 면제주의**(restrictive theory of immunity)의 대립이 있다. 과거에는 오랫동안 절대적 면제주의가 국제적으로 통용되었고, 우리 대법원도 이 입장을 취하고 있었다.[2] 그러나 절대적 면제주의하에서는 외국국가가 계약을 위반하여도 아무런 책임을 지지 않는 불합리가 발생하므로, 20세기초에 이르러 점차 이를 제한하는 제한적 면제주의가 득세하게 되었고,[3] 대법원도 제한적 면제주의를 취하고 있다.[4]

제한적 면제주의하에서는 어떠한 사항에 관하여 재판권의 면제를 인정할 것인가를 둘러싸고 견해의 대립이 있으나, 국가의 행위를 권력행위 내지 공법적 행위(*acta jure imperii*, sovereign or public acts)와 상업행위 내지 사법적 행위(*acta jure gestionis*, commercial or private acts)로 나누어, 국가의 권력행위 내지 공법적 행위에 한하여 재판권의 면제를 인정하는 견해가 유력하다. 그러나 위 두 행위를 구별하는 기준에 관하여도 견해가 나뉘고 있고, 행위의 성질을 기준으로 하여 그것이 국가만이 할 수 있는 성질의 것인가 사인도 할 수 있는 것인가에 따라 구별하는 **행위성질기준설**이 많은 지지를 얻고 있다. 대법원은 미군에 고용되어 있던 대한민국 국민이 미국을 상대로 제기한 해고무효확인청구사건[5]에서, "우리나라의 영토 내에서 행하여진 외국의 사법적 행위가 주권적 활동에 속하는 것이거나 이와 밀접한 관련이 있어서 이에 대한 재판권의 행사가 외국의 주권적 활동에 대한 부당한 간섭이 될 우려가 있다는 등의 특별한 사정이 없는 한, 외국의 사법적 행위에 대

---

1) James, Hazard & Leubsdorf, §2. 16. Chief Justice Marshall in the Schooner Exchange v. M'Faddon, 11 U.S. (7 Cranch) 116, 3 L. Ed. 287(1812).

2) 大決 1975. 5. 23, 74 마 281.

3) 상세한 것은 Lowenfeld, *International Litigation and Arbitration*, p. 574 ff.; 澤木＝青山, 「國際民事訴訟法の理論」, 147면 이하 참조.

4) 大(全)判 1998. 12. 17, 97 다 39216; 2023. 4. 27, 2019 다 247903(외국 대사관이 옆집 토지 경계를 침범하여 그 부속토지로 사용하고 있는 사건에서 원고의 차임상당의 부당이득반환청구를 '건물철거 및 그 부지인도청구'와 동일하게 취급하여 우리나라 법원의 재판권을 부정하여서는 아니된다고 하였다: 이 사건은 외교관계에 관한 비엔나협약 제31조 제1항에서 '외교관은 공관의 목적을 위하여 파견국을 대신하여 소유하고 있는 부동산에 관한 소송에 대하여 접수국의 민사 및 행정재판관할권으로부터 면제를 향유한다'라고 규정하고 있는 것과 관련된다).

5) 大(全)判 1998. 12. 17, 97 다 39216.

하여는 당해 국가를 피고로 하여 우리나라의 법원이 재판권을 행사할 수 있다고 할 것이다"고 하고, 이 사건 고용계약 및 해고행위의 법적 성질 및 주권적 활동과의 관련성을 살펴본 다음에 이를 바탕으로 하여 재판권의 유무를 판단하여야 한다고 설시하여, 행위성질기준설을 취하고 있다. 다만 대법원은 주한미군사령부에 근무하는 乙(대한민국에 거주)에 대해 가지급물반환채권을 가지는 甲이 丙국가(미국)를 제3채무자로 하여 乙이 丙에 대해 가지는 퇴직금 및 임금 등에 대하여 채권압류 및 추심명령을 신청한 사건에서, 제3채무자는 집행당사자가 아님에도 채권압류 및 추심명령이 있으면 이에 복종하게 된다는 점에서 제3채무자를 외국으로 하는 채권압류 및 추심명령에 대한 재판권 행사는 외국을 피고로 하는 판결절차의 재판권 행사보다 더욱 신중히 행사될 것이 요구된다고 하면서, 해당 국가가 우리 법원의 강제집행에 대해 명시적으로 동의하였거나 재판권 면제 주장을 포기한 것으로 볼 수 있는 경우 등에 한하여 우리나라 법원이 재판권을 가진다고 하고, 이러한 재판권이 인정되지 않으면 그 추심명령에 기초한 추심금 소송에 대한 재판권 역시 인정되지 않는다고 하였다.[1)]

② **外國의 元首와 外交使節 및 그 隨行員과 家族** 외국의 원수와 외교사절 및 그 수행원과 가족은 우리 민사재판권에 따르지 아니한다. 따라서 당사자로서 재판이나 집행을 받지 않고 또 제3자로서 증인이나 감정인의 의무도 부담하지 아니한다.

③ **領事館員과 그 事務職員** 영사관원과 그 사무직원은 그 직무수행 중의 행위에 대하여 주재국의 재판권으로부터 면제된다.

④ **國際機構, 그 代表者 및 職員** 국제기구 및 그 대표자와 직원도 민사재판권의 면제를 받는다.

⑤ **駐韓美軍** 주한미군도 한미행정협정(SOFA)[2)]에 의하여 공무집행중의 불법행위에 관하여는 우리나라의 민사재판권이 미치지 아니한다. 따라서 주한미군의 공무집행중의 불법행위로 인하여 손해를 입은 한국인은 국가배상법에 따라 대한민국을 피고로 하여 소를 제기하여야 한다(同協定 23 V). 그러나 '계약에 의한 청구권

---

1) 大判 2011. 12. 13, 2009 다 16766.

2) 대한민국과 아메리카합중국간의 상호방위조약 제4조에 의한 시설과 구역 및 대한민국에서의 합중국군대의 지위에 관한 협정을 가리킨다.

(contractual claim)'의 실현을 위한 소는 계약 당사자인 미합중국을 상대로 제기할 수 있는데(同協定 23 V), 계약에 의한 청구에는 계약의 당사자인 미합중국에 대한 계약의 이행청구와 계약불이행을 원인으로 한 손해배상청구뿐만 아니라, 계약의 체결 및 이행 사무를 담당하는 미합중국 군대의 구성원이나 고용원 등이 계약의 체결 및 이행과 직접 관련하여 행한 불법행위를 원인으로 한 계약상대방의 손해배상 청구도 포함된다.[1)]

다만 면제권을 가지는 사람이라도 그 소속국과의 조약에 의하여 우리나라의 재판권에 따르게 되는 수도 있고, 특정한 사건에 관하여 그 특권을 포기할 수도 있다. 면제권을 가지는 사람이 스스로 대한민국의 법원에 소를 제기한 때에는 재판권의 면제를 포기한 것으로 풀이되므로 우리나라의 법원은 그 사건에 관하여 재판권을 가진다.[2)] 이 경우 면제권의 포기의 효과는 그 사건 및 그에 부수하는 소송에만 미치고, 강제집행에 당연히 응하여야 하는 것은 아니다.

2) 다른 한편 우리나라의 민사재판권은 주권의 속인적 성격에 기하여 대한민국의 국적을 가진 사람이면 설령 그가 대한민국의 영역 밖에 있는 경우에도 그에게 미친다. 다만 그가 외국에 거주하고 있는 경우에는 그 나라의 협력이 없으면 강제력에 의하여 우리 민사재판권을 행사할 수 없을 뿐이다. 이것 역시 우리 재판권의 한계이다.[3)]

Ⅲ. 民事裁判權의 對物的 制約(物的 範圍)

민사재판권의 물적 범위의 문제는 이른바 국제재판관할권의 문제이다.

1. 國際裁判管轄權의 意義

민사사건 가운데 외국적 요소(Auslandsbeziehungen)를 가지는 것, 예컨대 외국인을 당사자로 하는 소송, 외국에 있는 물건에 관한 소송, 외국에서 발생한 불법행위로 인한 손해배상청구소송 등에 관하여 우리나라의 법원이 민사재판권을 가지

1) 大判 1997. 12. 12, 95 다 29895.
2) 日本東京地判 1955. 12. 23, 下級民集 6. 12. 2679, 續百選, 8면 참조.
3) 吉村＝竹下＝谷口, 96면.

는가 또는 외국의 법원이 민사재판권을 가지는가 하는 것이 문제된다. 이처럼 외국적 요소를 가진 사건에 관하여 국가를 단위로 하여 어느 나라의 법원이 재판권을 행사할 것인가 하는 것이 국제재판관할권(internationale Zuständigkeit)의 문제이다.[1] 프랑스에서는 이를 일반관할권(compétence générale)이라고 한다.

국제재판관할권은 어떠한 조건 아래 '우리나라의 법원이 전체로서' 외국적 요소를 가진 사건에 관하여 재판권을 가지는가 하는 문제이므로, 다음의 여러 문제와 이를 구별하여야 한다.[2] 첫째로 국제재판관할권은 우리나라의 재판권이 어떠한 사람에게 미치는가 하는 민사재판권의 인적 범위의 문제와 구별하여야 한다. 앞에 말한 바와 같이 면제권을 가지는 사람을 제외하고는 우리나라에 있는 모든 사람에게 민사재판권이 미친다. 둘째로 국제재판관할권은 외국적 요소를 가진 사건에 관하여 우리나라의 법원이 어느 나라의 실체법(준거법)을 적용할 것인가 하는 문제와 구별하여야 한다. 이 문제에 대한 해답을 주는 것이 국제사법이다. 셋째로 국제재판관할권은 외국적 요소를 가진 사건에 관하여 우리나라의 법원이 어느 나라의 소송법을 적용할 것인가 하는 문제와 구별하여야 한다. 우리나라의 법원이 재판권을 가지는 경우에는 법정지법(*lex fori*)의 원칙에 의하여 우리나라의 민사소송법이 적용된다. 넷째로 국제재판관할권은 토지관할과 구별하여야 한다. 국제재판관할권과 토지관할은 대체로 일치하여, 우리나라의 법원이 토지관할을 가지는 사건에 관하여는 국제재판관할권을 가지는 것이 원칙이지만,[3] 양자는 개념상 구별된다. 즉, 국제재판관할권은 전체로서의 우리나라의 법원이 재판을 할 권한이 있는가 하는 문제임에 반하여, 토지관할은 우리나라의 법원이 민사재판권을 가지는 경우에 우리나라의 법원 가운데 어느 특정한 법원이 이를 처리할 것인가의 문제이기 때문이다.[4] 다섯째로 국제재판관할권은 민사재판권의 장소적 제약과 구별하여야 한다.[5]

요컨대 국제재판관할권이 우리나라 법원에 인정되면, 우리나라의 법원은 우리나라의 민사소송법을 적용하고 또 우리나라의 국제사법을 적용하여 사건을 처리하

---

1) 상세는 崔公雄, "國際訴訟에서의 裁判管轄權," 宇玄 金辰博士華甲記念, 「現代比較法의 諸問題」(1987), 1면 이하; 姜玹中, "國際民事訴訟法," 「司法行政」, 1987. 4., 45면 이하; 池原秀雄, "國際的 裁判管轄權," 新實務民訴 7, 3면 이하; 池原秀雄＝平塚 眞, "涉外訴訟における裁判管轄," 實務民訴 6, 3면 이하.

2) Baur, Rdn. 69 ff.; Zeiss, §5 Ⅰ, Ⅲ, Ⅳ.

3) Rosenberg, §20 Ⅱ 1.

4) Jauernig, §6 Ⅱ 1; Zeiss, §8 Ⅲ 참조.

5) Rosenberg, §20 Ⅰ; Zeiss, §5 Ⅰ.

게 된다.[1] 이처럼 국제재판관할권은 국제법상의 문제가 아니라 국내법인 민사소송법의 문제이므로, 국제재판관할권이라는 용어보다는 국가관할권이라는 표현이 더 적절하다는 견해도 있다.[2]

2. 國際裁判管轄權의 發現形態

1) 국제재판관할권은 직접 또는 간접적인 형태로 나타난다.[3] 전자는 소의 제기의 경우로서, 우리나라의 법원이 위 소송사건에 관하여 국제재판관할권이 있는가 하는 것이요, 이를 자국의 국제재판관할권(eigenstaatliche internationale Zuständigkeit), 재판(심리)관할권(Entscheidungszuständigkeit) 또는 직접적 일반관할권(compétence générale directe)이라고 한다. 후자는 외국판결의 승인의 경우로서, 외국의 법원이 우리나라의 법에 의하여 국제재판관할권이 있는가 하는 것이요, 이를 외국의 국제재판관할권(fremdstaatliche internationale Zuständigkeit), 승인관할권(Anerkennungszuständigkeit) 또는 간접적 일반관할권(compétence générale indirecte)이라고 한다.

2) 국제재판관할권도 전속관할과 임의관할로 나누어진다. 전속적 국제재판관할권이 외국법원에 있는 경우에는 우리나라의 법원은 사건에 대하여 본안판결을 할 수 없다. 예컨대 부동산에 관한 소송은 그 소재지국의 법원이 전속적 국제재판관할권을 가진다. 이에 반하여 혼인에 관한 소송은 임의관할에 속한다.

3. 國際裁判管轄權決定의 基本理念

국제재판관할권의 문제는 본래 국가들 사이의 합의에 의하여 성립하는 국제민사소송법이 있다면 이에 의하여 규율하는 것이 적당하겠지만, 현재의 국제사회에는 이러한 의미의 국제민사소송법이 많지 않고, 또 국가들 사이에 일반적으로 승인된 법칙도 없다. 다만 유럽공동체 안에서는 이에 관한 몇 개의 조약이 있다.[4] 그리하여 각 국가는 스스로 자기 나라의 재판권의 한계를 정하고 있다.

최근까지 우리나라에서는 국제사법(2001. 4. 7. 법률 제6465호 섭외사법에서 변경됨)에 이에 관한 원칙규정만을 두

1) Jauernig, §6 Ⅱ 2; Zeiss, §8 Ⅳ.

2) Schutze, *Deutsches Internationales Zivilprozessrecht*(1985), S. 32.

3) Jauernig, §6 Ⅲ; Zöller, Anm. E. Ⅲ. IZPR 등 참조.

4) '민사 및 상사사건의 국제재판관할과 외국판결의 승인 · 집행에 관한 EC협약'(1968, 일명 브뤼셀협약) 및 루가노협약(1988) 등.

고(同法 2), 구체적인 것은 해석론에 맡기고 있었다. 그런데 입법이나 해석으로 국제재판관할을 결정할 때 작용하는 국제민사소송법의 기본이념에는 다음과 같은 세 가지 흐름이 있다.[1)]

첫째로 자기 나라의 국제재판관할권을 결정할 때에는 아무런 국제적 배려를 할 필요가 없이 오로지 자기 나라와 자기 국민의 이익만을 고려할 것이라는 입장이다. 이른바 **국가주의**의 입장으로서, 예컨대 당사자가 프랑스인이면 항상 프랑스의 재판권을 인정하는 프랑스민법 제14조·제15조의 규정 및 이를 확장하는 프랑스 판례가 그 전형적인 예이다.

둘째로 국제재판관할권을 대인주권 및 대물주권 등 국가주권의 저촉문제로 보아 국제법상의 원칙에 따라 결정하려는 입장이 있다. 이것은 **국제주의**의 입장으로서, 예컨대 부동산을 직접목적으로 하는 권리관계의 소송에 관하여 그 소재지국 법원의 전속관할을 인정하고, 또 혼인사건과 같은 신분관계의 소송에 관하여 당사자의 본국의 관할을 인정하면서 이를 국가의 영토주권 또는 대인주권으로 설명하는 것은 이 이념의 발현이다.

셋째로 각 국가의 재판기관은 국제적으로 협력하여 국제적 교섭으로부터 발생하는 민사·상사사건의 재판기능을 분담하여야 하며, 국제재판관할권의 결정은 국제사회에서 재판기능을 각국의 재판기관 사이에 분배하는 것에 다름 아니라고 하고, 결국 그것은 재판관할권을 장소적으로 분배하는 점에서 국내민사소송법상의 토지관할권의 분배와 본질적으로 다를 바가 없다고 하는 견해가 있다. 이것은 **보편주의**의 입장으로서 국제주의와 일맥상통하는 점이 없지 아니하나, 주권의 기준에 의하는 것이 아니라 민사소송법의 기본이념인 적정·공평·신속·경제적인 재판운영을 위하여 어느 나라의 법원이 사건을 다루는 것이 가장 합리적인가를 기준으로 하는 점에서 국제주의와 구별된다.

위 세 가지 입장 가운데서 보편주의의 입장이 민사소송법의 이념에 가장 가까운 견해라고 생각한다.[2)]

4. 國際裁判管轄權의 基準

그러면 우리나라에서는 구체적으로 어떠한 기준에 의하여 국제재판관할권을 인

1) 姜玹中, 전게논문, 47면 이하 참조.
2) 이것이 일본국제사법학계의 통설로 되어 있다. 青山, "國際的裁判管轄權," 爭點, 50면 참조.

정할 것인가?

(1) 原則的 基準

1) 국제재판관할에 관한 명문의 규정이 없었던[1] 과거 우리나라에서의 학설[2]과 판례[3]는 외국적 요소를 가진 사건에 관하여 우리 민사소송법이 규정하는 보통재판적 또는 특별재판적이 우리나라에 있으면, 이것은 국제재판관할권이 있다는 것을 전제로 하고 있는 것으로 보아, 토지관할(재판적)에 관한 규정으로부터 거꾸로 국제재판관할권의 존재를 추지(推知)할 것이라고 하였다(**역추지설**). 이 견해는 앞에 말한 국가주의 내지 국제주의의 입장을 전제로 하였다.

그러나 이 역추지설은 국제재판관할권의 존재가 국내관할권의 전제가 되어 있다는 논리관계를 무시하고 있을 뿐더러, 각국의 국제재판관할권을 국제적 요청에 대한 고려가 없이 각국이 순전히 국내적인 입장에서 독자적으로 자유로 정한 국내민사소송법상의 토지관할의 규정에 따라 결정하므로 합리성을 결여하고 있고, 또 실제상 어느 나라에도 국내재판적이 없으면 국제재판관할권도 없고, 여러 나라에 국내재판적이 있으면 국제재판적도 여럿이 되어 재판관할권의 과부족을 가져온다는 결점이 있다.

2) 그리하여 각 나라 사이에 사람과 물자의 거래가 빈번하고 대량화한 오늘날에는 외국적 요소를 가진 사건에 관하여 어느 나라에서 재판하는 것이 사건의 적정한 해결에 도움을 주고, 양당사자에게 공평하며, 또 능률적·경제적인가 하는 외국적 요소를 가진 사건의 재판에서 요구되는 이상을 고려하여 조리에 따라 국제재판관할권을 결정하여야 한다는 견해(**관할배분설·수정유추설**)가 유력하게 주장되었다.[4] 이 견해에 의하면 국내의 토지관할 규정은 국제재판관할권을 정함에 있어서 유추 또는 참작되는 데 불과하다. 이 견해에 대하여는 예측가능성이 없다든가, 법적 안정성을 해한다는 비판이 가하여지고 있다.

3) 최근에 이르기까지 위 두 입장을 절충한 새로운 견해가 많은 지지를 받고 있었다.[5] 이러한 새로운 흐름은 i) 역추지설에 따라 국내토지관할규정을 기본으로 하면서 그 결과가 재판의 적정·공평·신속 등 소송법의 기본이념에 반하는 '특별한 사정'이 있는 때에는 국제재판관할권을 부정하여야 한다는 입장(**수정역추지설, 특별사정설**),[6] ii) 국내토지관할규정

1) 도이칠란트의 경우에는 국내 토지관할 규정이 국제재판관할도 동시에 규율하는 이중기능(Doppelfunktion)을 가지고 있다는 점에서, 도이칠란트법을 계수하면서 우리 입법자가 이러한 국제적인 고려를 의식적으로 배제하지 않았다면 우리나라에서도 토지관할규정의 이중기능을 인정할 수 있다는 견해로는, 석광현, "국제재판관할의 몇 가지 문제점", 「인권과 정의」 제262호, 1998, 37면.

2) 李英燮, 註釋民訴(上), 61면; 최공웅, "국제재판관할 원칙에 관한 재론", 「법조」, 1998. 8., 9면.

3) 大判 1972. 4. 20, 72 다 248(우리나라 회사와 일본 회사 간의 차관협정 및 그 협정의 중개에 대한 보수지급 약정이 일본에서 체결되었다고 하더라도 그 중개인의 영업소가 우리나라에 있다면 다른 사정이 없는 한 그 중개보수금 청구사건에 대해 우리나라의 법원에 재판관할권이 있다고 하였다); 大判 1988. 10. 25, 87 다카 1728도 같은 취지이다.

4) 姜玹中, 전게논문, 48면.

5) 상세는 澤木=靑山, 「國際民事訴訟法の理論」(1987), 47면 이하 참조.

의 기능을 재점검하되, 반드시 이에 얽매이지는 않고, 사건과 우리나라와의 관련의 밀접성을 중심으로 하여 전체적으로 이익형량을 행하여 유연하게 대응하여야 한다는 입장(**유형적 이익형량설**),[1] iii) 국내토지관할규정을 떠나서 독자적인 사건유형을 구성하고 그 각각에 관하여 우리나라의 관할을 인정하기 위한 요건을 정립하되, 구체적 사건의 특별한 사정을 고려하려고 하는 입장(**신유형설**)[2] 등이 있다.

이익형량설은 예측가능성과 법적 안정성을 꾀할 수 없다는 난점이 있고, 신유형설은 모든 사건을 포괄할 수 있는 유형을 구성하는 것이 과연 가능한가 하는 의문을 낳는다.

4) 위에 설명한 제 견해는 민사소송법의 토지관할규정에 직접·간접으로 의거하는 역추지설, 관할배분설 및 수정역추지설과 민사소송법을 떠나서 여러 요소를 독자적으로 고려하려고 하는 이익형량설 및 신유형설로 양분할 수 있다. 보편주의의 정신을 살릴 수 있다는 점에서 관할배분설이 타당하다고 생각한다. 그리고 관할배분설도 궁극적으로는 민사소송법의 규정을 존중하는 것이므로 법적 안정성을 도외시하는 것은 아니라고 본다. 그러나 종래 판례는 수정역추지설을 취하여 왔다.[3]

5) 2001년에 제정된 **국제사법**은 국제재판관할의 일반원칙을 선언하고 있다(國私 2). 즉, 우리나라의 법원은 우리나라와 실질적 관련성이 있는 당사자 또는 분쟁이 된 사안에 대하여 국제재판관할권을 갖는데, 이러한 실질적 관련성의 유무는 국제재판관할의 배분의 이념에 부합하는 합리적 원칙에 따라서 결정하여야 한다고 한다(國私 2 Ⅰ). 또한 법원은 국내법의 관할규정을 참작하여 국제재판관할권의 유무를 판단하되, 위 취지에 비추어 국제재판관할의 특수성을 충분히 고려하여야 한다고 한다(國私 2 Ⅱ). 여기서 '실질적 관련성'이란 우리나라 법원이 재판관할권을 행사하는 것을 정당화할 정도로 당사자나 분쟁대상이 우리나라와 관련성을 갖는 것을 말한다.[4] 이러한 실질적 관련성이 있다고 하여 우리나라의 재판관할권을 인정한 사례로는, 한국에 주소를 두고 영업을 하는 자가 미국의 도메인 이름 등록기관에 등록·보유하고 있는 도메인 이름에 대한 미국의 국가중재위원회의 이전 판정에 불복하여 제기한 소송사건,[5] 우리나라 회사가 일본 회사에게 러시아에서 선적한 냉동청어를 중국에

---

6) 李時, 64면.

1) 石黑一憲, "涉外事件における訴の提起," 講座民訴 2, 72면.

2) 道垣內正人, 判評判時 1129, 203면.

3) 大判 1995. 11. 21, 93 다 39607; 1992. 7. 28, 91 다 41897; 2000. 6. 9, 98 다 35037(국제재판관할은 당사자 사이의 공평, 재판의 적정·신속을 기한다는 기본이념에 따라 조리에 의하여 이를 결정함이 상당하다 할 것이고, 이 경우 우리나라의 민사소송법의 토지관할에 관한 규정 또한 위 기본이념에 따라 제정된 것이므로 기본적으로 위 규정에 의한 재판적이 국내에 있을 때에는 섭외사건에 관한 소송에 관하여도 우리나라에 재판관할권이 있다고 인정함이 상당하다고 하였다).

4) 법무부, 「국제사법해설」(2001), 24면.

5) 大判 2005. 1. 27, 2002 다 59788[한국에 주소를 두고 영업을 하는 사람(원고)이 미국 소재 회사(NSI)에 도메일이름을 등록하였는데, 미국 법인(피고)의 신청으로 개시되어 통일 도메인이름 분쟁해결정책(Uniform Domain Name Dispute Resolution Policy, UDRP) 및 그 절차규정에 따라 내려진 미국 국가중재위원회(NAF)의 판정에 의하여 등록자 명의가 이전된 경우, 미국 법인(피고)을 상대로 그 반환(원상회복)을 구하기 위하여 제기한 소송에 관하여 대한민국 법원에 재판관할권이 있다고 보았다].

서 인도하고 제기한 정산금청구사건[1] 김해공항 근처에서 발생한 중국민항기 추락사고로 사망한 승무원의 유가족이 중국 항공사를 상대로 제소한 손해배상 청구사건,[2] 일제시대 징용자가 일본 미쓰비시사를 상대로 하여 제소한 손해배상 및 임금 청구사건,[3] 베트남전에 참전한 고엽제 피해군인이 미국 다우케미칼사를 상대로 제소한 손해배상 청구사건,[4] 일본국에 주소를 둔 재외동포가 일본국에 주소를 둔 다른 재외동포를 상대로 제소한 대여금청구사건,[5] 중국인이 과거 중국에서 다른 중국인에게 빌려준 대여금을 우리나라에 거주하면서 제소한 대여금청구사건[6] 등이 있다.

이처럼 실질적 관련성을 기준으로 삼은 국제사법의 규정의 취지는 국내법의 토지관할 규정을 참작하면서 국제재판관할의 배분의 이념에 따라 재판관할을 정하여야 한다는 것이요, 국내법의 토지관할을 기준으로 국제재판관할을 정하고 특단의 사정이 있으면 이를 부인한다는 의미가 아니다. 판례도 이러한 취지에 따라, 국제재판관할을 결정함에 있어 소송당사자의 개인적 이익(공평, 편의, 예측가능성)뿐만 아니라 법원 및 국가의 이익(재판의 적정, 신속, 효율 및 판결의 실효성)도 함께 고려해야 하며, 이러한 다양한 이익 중 어떠한 이익을 보호할 것인지 여부는 개별 사건에서

1) 大判 2008. 5. 29, 2006 다 71908, 71915.

2) 大判 2010. 7. 15, 2010 다 18355.

3) 大判 2012. 5. 24, 2009 다 22549.

4) 大判 2013. 7. 12, 2006 다 17539.

5) 大判 2014. 4. 10, 2012 다 7571(채권의 발생이 대한민국 내 개발사업과 관련이 있고, 가압류된 피고 소유 부동산이 위 개발사업의 부지이고, 대여금의 수령 및 사용 장소가 대한민국이라는 점 등에서 실질적 관련이 있다고 보았다).

6) 大判 2019. 6. 13, 2016 다 33752: 다만 이 사건에서 대법원은 국제사법 제2조 제2항이 동조 제1항에서 정한 실질적 관련성을 판단하는 구체적인 기준 또는 방법으로 국내법의 관할 규정을 제시한다고 하면서, "민사소송법 관할 규정은 국제재판관할권을 판단하는 데 가장 중요한 판단 기준으로 작용한다. 다만 이러한 관할 규정은 국내적 관점에서 마련된 재판적에 관한 규정이므로 국제재판관할권을 판단할 때에는 국제재판관할의 특수성을 고려하여 국제재판관할 배분의 이념에 부합하도록 수정하여 적용해야 하는 경우도 있다."라고 판시하였다. 이러한 판결에 관해서는, (i) 민사소송법 관할규정이 국제재판관할권을 판단하는데 "가장" 중요한 판단기준으로 작용한다고 판시한 것은 다소 지나친 면이 있으나, 국내 토지관할규정들을 그대로 국제재판관할규칙으로 사용할 수 있는 것과 국제적인 고려에 의해 수정하여 국제재판관할규칙으로 사용할 수 있는 것으로 구분함으로써, 국제사법 제2조 제2항의 취지를 처음으로 제대로 설시한 판결이라는 견해(석광현, "국제사법 제2조 제2항을 올바로 적용한 2019년 대법원 판결의 평석: 일반관할과 재산소재지의 특별관할을 중심으로", 「국제거래와 법」 통권 제29호, 2020, 141~142면)와 (ii) '실질적 관련성'에 대한 기준설정의 노력을 과거의 "수정역추지설"로 회귀시키는 듯한 인상을 줄 수 있다는 견해(김홍엽, "2019년 분야별 중요판례분석 ⑤민사소송법", 법률신문, 2020. 2. 20., 12면)가 대립하고 있다. 위 판결에서 사용하고 있는 "가장 중요한 판단기준"이라는 표현에서 "가장"이라는 표현을 삭제하는 것이 불필요한 오해를 줄이는 방법이라 생각한다(김경욱, "2019년 민사소송법 중요 판례 분석", 「안암법학」 통권 제60호, 2020, 378면).

위 (i)의 견해에 따르면 앞서 살펴본 '도메인 사건', '냉동청어사건', '일본 재외동포사건'의 경우에는 대법원이 '토지관할에 대한 적절한 고려 없이' 모든 사정을 종합하여 실질적 관련성을 판단함으로써 국제사법 제2조의 입법취지를 제대로 반영하지 못하고 있다고 한다. 같은 취지로는, 한애라, "국제사법 제2조 및 자연인, 법인의 국제재판 일반관할 조항의 개정방향", 「국제사법연구」 제19권 제1호, 2013, 370면도 참조.

위에서 살펴본 바와 같이 "민사소송법 관할 규정을 국제재판관할권을 판단하는 데 가장 중요한 판단 기준으로 언급하고 있는 가장 최근의 판례로는, 大判 2021. 3. 25, 2018 다 230588(甲 중국 회사 등이 乙 주식회사가 중국법에 따라 설립한 丙 중국 회사와 물품공급계약을 체결하고 丙 회사에 물품을 공급한 후 그 물품대금의 일부를 받지 못하자, 乙 회사를 상대로 위 물품대금 채무에 대한 연대책임을 주장하며 대한민국 법원에 그 지급을 구하는 소를 제기한 사안에서, 제반 사정에 비추어 위 소는 대한민국과 실질적 관련이 있다고 한 사례).

법정지와 당사자의 실질적 관련성 및 법정지와 분쟁이 된 사안과의 실질적 관련성을 객관적인 기준으로 삼아 합리적으로 판단하여야 한다고 했다.[1)]

6) 2001년 도입된 국제사법 제2조에 대해서도 국제재판관할의 일반원칙으로 '실질적 관련의 원칙'을 선언함에 그치고 있어 구체적인 지침으로서의 기능에 한계가 있다는 비판이 제기되어 왔다.[2)] 이에 판례·외국의 입법례 등을 참고하여 외국적 요소가 있는 법률관계에 대한 분쟁해결의 예측가능성과 효율성을 높이기 위해 '실질적 관련성' 판단기준을 구체화하고 다양한 국제재판관할에 관한 총칙 규정과 유형별 사건에 관한 국제재판관할 규정을 도입한 「국제사법 전부 개정 법률안」이 2018. 11. 국회에 제출되었으나 20대 국회의 임기만료로 폐기되었다. 법무부는 동일한 개정안을 2020. 8. 국회에 다시 제출하였고, 이는 2021. 12. 9. 국회 본회의를 통과하고 2022. 1. 4. 공포되어 동년 7. 5. 발효되었다(2022. 1. 4. 전부 개정, 법률 제18670호, 2022. 7. 5.부터 시행).

구체적인 다수의 국제관할규정의 신설에도 불구하고 개정 국제사법이 모든 법률관계에 관한 완전한 규정 체계를 가질 수 없다는 점에서 '실질적 관련성' 요건을 규정하였던 종전 제2조는 그대로 유지되었다. 즉 2022년 개정 국제사법 제2조는 '**일반원칙**'이라는 표제 하에 종전 규정을 보다 구체화하여, (i) 당사자 또는 분쟁이 된 사안이 대한민국과 실질적 관련이 있는 경우에 대한민국 법원이 국제재판관할권을 가지며, (ii) 법원이 실질적 관련의 유무를 판단함에 있어 당사자 간의 공평, 재판의 적정, 신속 및 경제를 꾀한다는 국제재판관할 배분의 이념에 부합하는 합리적인 원칙에 따라야 함을 명시하였다(國私 2 I). 또한 국제사법이나 그 밖의 대한민국 법령 또는 조약에 국제재판관할에 관한 규정이 없는 경우, 대한민국 법원은 국내법의 관할 규정을 참작하여 국제재판관할권의 유무를 판단하되, 실질적 관련성을 요구하는 국제사법 제2조 제1항의 취지에 비추어 국제재판관할의 특수성을 충분히 고려하여야 한다(國私 2 II). 그러므로 우리나라의 주권을 강조하는 나머지 우리나라에 인적·물적으로 아무런 관련이 없는 사건에 대해서까지 재판권을 행사하여서는 아니 되고, 다른 나라의 이해에만 관련된 사건에 관하여는 그 나라의 재판권의 행사

1) 大判 2019. 6. 13, 2016 다 33752; 2015. 2. 12, 2012 다 21737(특히 제조물책임 소송에서 손해발생지의 외국 법원에 국제재판관할권이 있는지 여부는 제조업자가 사고발생지역의 외국 법원에 제소될 것임을 합리적으로 예견할 수 있을 정도로 제조업자와 손해발생지 사이에 실질적 관련성이 있는지를 고려하여야 한다고 한다); 그 밖에도 2008. 5. 29, 2006 다 71908, 71915; 2005. 1. 27, 2002 다 59788.

2) 2018. 11. 23.에 제출된 국제사법 전부 개정 법률안(의안번호 16788), 제안이유 참조; 석광현, 「국제사법해설」, 2013, 71~72면; 李時 62면; 한충수, 933면.

를 존중하여야 할 것이다. 다만 2022년 국제사법의 개정을 통해 명문으로 다수의 구체적인 국제재판관할 규정이 신설되었으므로 이러한 일반원칙 규정에 의한 국제재판관할의 인정은 자제되어야 할 것이다.

나아가 개정 국제사법은 '**국제재판관할권의 불행사**'에 관한 제12조를 신설하였는데, 이에 의하면 국제사법에 따라 대한민국 법원에 국제재판관할이 있는 경우에도 대한민국 법원이 국제재판관할권을 행사하기에 부적절하고 국제재판관할이 있는 외국법원이 분쟁을 해결하기에 더 적절하다는 예외적인 사정이 명백히 존재하는 경우에는, 피고의 신청에 의하여 대한민국 법원은 본안에 관한 최초의 변론기일 또는 변론준비기일까지 소송절차를 결정으로 중지하거나 소를 각하할 수 있다(다만, 당사자가 합의한 국제재판관할이 대한민국 법원에 있는 경우에는 그러하지 아니하다)(國私 12 I). 이와 같이 소송절차를 중지하거나 소를 각하하기 전에 법원은 원고에게 진술할 기회를 주어야 하며, 법원의 중지 결정에 대해 당사자는 즉시항고를 할 수 있다(國私 12 II, III).

(2) 具體的 基準

1) 2022년 개정 국제사법하에서는 **피고주소지의 원칙**(actor sequitur forum rei: 원고는 피고의 재판적에 따른다)을 근간으로 하면서도, 보다 효율적인 분쟁해결을 위해 위 원칙을 보완・발전시켜 피고의 일상거소지,[1] 사무소・영업소 소재지・재산소재지 등에 국제재판관할권을 인정하는 규정을 두게 되었다.

i) 대한민국에 **일상거소**(habitual residence)가 있는 사람에 대한 소에 관하여는 대한민국 법원에 국제재판관할이 있으며, 일상거소가 어느 국가에도 없거나 일상거소를 알 수 없는 사람의 거소가 대한민국에 있는 경우에도 마찬가지이다(國私 3 I). 이를 **일반관할**(general jurisdiction)이라고 하는데, 이는 민사소송법상 보통재판적에 해당하는 개념으로서 2022년 국제사법의 개정을 통해 도입되었다. 국제적 정합성을 고려하여 보통재판적의 기준이 되는 '주소(3 I)'를 대신하여 '일상거소'라고 하는 개념을 사용한다. 법인 또는 단체에 대한 소의 경우에는 그 주된 사무소・영업소 또는 정관상의 본거지나 경영의 중심지가 대한민국에 있거나 그 법인 또는 단체가 대한민국 법에 따라 설립되었다면 대한민국 법원에 국제재판관할이 인정된다(國私 3 III).

---

1) 2001년 개정된 국제사법(2001. 4. 7, 법률 제6465호)은 '주소'를 '상거소'로 바꾸었다. 상거소는 법적 개념인 주소(民 18 I)와 달리 사실적 개념이나, 주소와 마찬가지로 정주의사를 요건으로 하지 아니한다. 장기간에 걸쳐 지속적으로 거주할 필요가 있다는 점에서 거소와 구별된다(大判 2006. 5. 26, 2005 므 884 참조). 2022년 개정 국제사법은 이를 다시 '일상거소'라고 바꾼 것이다.

ii) 대한민국에 사무소·영업소가 있는 사람·법인 또는 단체에 대한 대한민국에 있는 사무소 또는 영업소의 업무와 관련된 소는 대한민국 법원에 제기할 수 있다(國私 4 Ⅰ). 또한 대한민국에서 또는 대한민국을 향하여 계속적이고 조직적인 사업 또는 영업활동을 하는 사람·법인 또는 단체에 대하여 그 사업 또는 영업활동과 관련이 있는 소를 제기하는 경우에도 대한민국 법원에 국제재판관할이 인정된다(國私 4 Ⅱ). 이를 **사무소·영업소 소재지 등의 특별관할**(special jurisdiction)이라 한다. 이는 외국법인 등에 대한 보통재판적을 규정한 민사소송법 제5조 제2항과 사무소 또는 영업소가 있는 곳의 특별재판적을 규정한 동법 제12조를 국제재판관할에서도 그대로 받아들일 것인가의 문제와 관련되는데, 2022년 개정 국제사법은 후자만을 특별관할의 하나로 받아들인 것이다.[1]

iii) 부동산을 목적으로 하는 소송은 그 소재지국의 국제재판관할권에 전속한다는 것이 여러 나라에서 일반적으로 승인되고 있는 원칙이다. 또한 민사소송법은 우리나라에 주소가 없는 외국인에 대한 재산권에 관한 소는 청구의 목적 또는 담보의 목적이나 압류할 수 있는 재산이 우리나라에 있을 때에는 재산소재지의 법원에 제기할 수 있도록 하고 있다(11).[2] 이와 마찬가지로 국제사법도 **재산권에 관한 소**는 (i) 청구의 목적 또는 담보의 목적인 재산이 대한민국에 있는 경우 또는 (ii) 압류할 수 있는 피고의 재산이 대한민국에 있는 경우(다만, 분쟁이 된 사안이 대한민국과 아무런 관련이 없거나 근소한 관련만 있는 경우 또는 그 재산의 가액이 현저하게 적은 경우는 제외한다) 대한민국 법원에 제기할 수 있도록 하고 있다(國私 5). 특히 '압류할 수 있는 피고의 재산'과 관련하여 종전 우리 판례는 원고의 청구가 피고의 재산과 직접적인 관련이 없는 경우에는 그 재산이 대한민국에 있게 된 경위, 재산의 가액, 원고의 권리구제 필요성과 판결의 실효성 등을 고려하여 국제재판관할권을 판단해야 한다고 하였는데,[3] 2022년 개정 국제사법은 이러한 판례의 취지를 고려하여 예외 사유를 인정하면서 압류할 수 있는 피고의 재산이 대한민국에 있는 경우에는

---

1) 우리 판례는 오래 전부터 전자를 국제재판관할(2022년 개정 국제사법 제3조의 일반관할)의 근거로 인정하고 있었다: 大判 2000. 6. 9, 98 다 35037.

2) 이를 인정하는 이유는 승소판결을 얻으면 이를 집행하여 재판의 실효성을 거둘 수 있기 때문이다: 大判 1988. 10. 25, 87 다카 1728.

3) 大判 2019. 6. 13, 2016 다 33752: "피고의 재산이 대한민국에 있다면 당사자의 권리구제나 판결의 실효성 측면에서 대한민국 법원의 국제재판관할권을 인정할 수 있다. 그러나 그 재산이 우연히 대한민국에 있는 경우까지 무조건 국제재판관할권을 인정하는 것은 피고에게 현저한 불이익이 발생할 수 있다. 따라서 원고의 청구가 피고의 재산과 직접적인 관련이 없는 경우에는 그 재산이 대한민국에 있게 된 경위, 재산의 가액, 원고의 권리구제 필요성과 판결의 실효성 등을 고려하여 국제재판관할권을 판단해야 한다."

원칙적으로 재산소재지의 특별관할을 인정하고 있다.[1]

2) 피고가 국제재판관할이 없음을 주장하지 아니하고 본안에 대하여 변론하거나 변론준비기일에서 진술하면 대한민국 법원에 그 사건에 대한 국제재판관할이 생긴다(**변론관할**)(國私 9).

또한 국제거래를 하는 당사자는 장래의 분쟁이 발생할 것에 대비하여 미리 국제재판관할권에 관한 전속적 합의를 하여 두는 경우가 많다는 점에서 개정 국제사법은 일정한 법률관계로 말미암은 소에 관하여 당사자가 국제재판관할의 합의(**합의관할**)를 할 수 있는 근거규정을 신설하였다(國私 9). 다만 그 합의가 (i) 합의에 따라 국제재판관할을 가지는 국가의 법(준거법의 지정에 관한 법규를 포함한다)에 따를 때 그 합의가 효력이 없는 경우, (ii) 합의를 한 당사자가 합의를 할 능력이 없었던 경우, (iii) 대한민국의 법령 또는 조약에 따를 때 합의의 대상이 된 소가 합의로 정한 국가가 아닌 다른 국가의 국제재판관할에 전속하는 경우 또는 (iv) 합의의 효력을 인정하면 소가 계속된 국가의 선량한 풍속이나 그 밖의 사회질서에 명백히 위반되는 경우[2]에는 효력이 없다(國私 8 Ⅰ).

국제재판관할의 합의는 서면[전보(電報), 전신(電信), 팩스, 전자우편 또는 그 밖의 통신수단에 의하여 교환된 전자적(電子的) 의사표시를 포함한다]으로 하여야 하며(國私 8 Ⅱ. Ⅱ), 국제재판관할의 합의가 전속적인지 여부는 당사자가 결정할 사항이지만 그것이 분명하지 아니한 경우에는 합의로 정해진 관할은 **전속적인 것으로 추정한다**(國私 8 Ⅲ). 국제재판관할의 합의가 당사자 간의 계약 조항의 형식으로 되어 있는 경우 계약 중 다른 조항의 효력은 합의 조항의 효력에 영향을 미치지 아니한다(國私 8 Ⅳ). 외국의 법원을 전속적인 국제관할법원으로 정하는 합의에 관해서는 후술한다(합의관할에 관한 설명 참조).[3]

그 밖에도 개정 국제사법은 부양사건(國私 60), 상속사건(國私 76)에서는 예외적으로 합

---

1) 재산소재지 특별관할의 인정에 '법적 분쟁의 충분한 내국관련성'이 필요하다는 견해로는, 석광현, "국제사법 제2조 제2항을 올바로 적용한 2019년 대법원 판결의 평석: 일반관할과 재산소재지의 특별관할을 중심으로", 「국제거래와 법」 통권 제29호, 2020, 147면.

2) 전속적인 관할 합의가 현저하게 불합리하고 불공정한 경우에는 그 국제관할합의는 공서양속에 반하는 법률행위에 해당하여 무효라고 한다: 大判 1997. 9. 9, 96 다 20093; 2001. 3. 25, 2001 다 53349.

3) 판례에 따르면, 대한민국 법원의 관할을 배제하고 **외국의 법원을 관할법원으로 하는 전속적인 국제재판관할의 합의가 유효하기 위해서는**, i) 해당 사건이 대한민국 법원의 전속관할에 속하지 않을 것, ii) 지정된 외국법원이 그 외국법상 해당 사건에 대하여 관할권을 가질 것, iii) 해당 사건이 그 외국법원에 대하여 합리적인 관련성을 가질 것, iv) 그와 같은 전속적인 관할합의가 현저하게 불합리하고 불공정하여 공서양속에 반하는 법률행위에 해당하지 않을 것이 요구된다고 한다(大判 2023. 4. 13, 2017 다 219232).

의관할과 변론관할을 인정하고 있지만, 실종선고 등 사건의 특별관할(國私 24), 혼인 · 친생자 · 입양관계 및 부모 · 자녀간의 법률관계에 관한 사건의 특별관할(國私 56. 57. 58. 59), 후견 · 가사조정사건의 관할(國私 61. 62), 유언에 관한 사건(國私 76 Ⅳ) 및 선박소유자등의 책임제한사건의 관할(國私 89)에 관한 규정에 따라 국제재판관할이 정하여지는 사건에는 합의관할과 변론관할을 인정하지 않고 있다(國私 13).

3) 2022년 개정 국제사법 「제6장 채권」에서 통상의 계약 · 소비자계약 · 근로계약 · 불법행위에 관한 소의 특별관할에 관해서도 규정을 신설하였다(國私 41~44).

i) 오래전 우리 대법원은 우리나라 회사와 일본국 회사간의 차관협정 및 그 협정의 중개에 대한 보수금지급 약정에 따른 중개보수금(仲介報酬金) 청구소송에서 중개보수금채무가 지참채무임을 근거로 의무이행지인 채권자의 영업소 소재지인 대한민국에 국제재판관할권을 인정하였다.[1] 이러한 대법원의 입장에 대해 국제재판관할에 의무이행지 관할을 인정하는 것은 사실상 원고관할(forum actoris)을 인정하는 것이 되어 부당하다 등이 비판이 제기되었는데, 2022년 개정 국제사법은 물품공급계약, 용역제공계약과 같은 일부 전형적 계약에만 의무이행지 관할을 제한적으로 인정하고, 다른 형태의 계약과 관련해서는 의무이행지 관할을 합의하지 않은 경우에는 의무이행지 관할을 인정하지 않는 것으로 정하였다.[2] 이에 개정 국제사법 제41조에 따르면, **통상의 계약에 관한 소**는 (i) 물품공급계약의 경우에는 물품인도지, (ii) 용역제공계약의 경우에는 용역제공지 또는 (iii) 물품인도지와 용역제공지가 복수이거나 물품공급과 용역제공을 함께 목적으로 하는 계약의 경우에는 의무의 주된 부분의 이행지가 대한민국에 있는 경우 대한민국 법원에 제기할 수 있다. 이러한 계약 외의 계약에 관한 소는 청구의 근거인 의무가 이행된 곳 또는 그 의무가 이행되어야 할 곳으로 계약당사자가 합의한 곳이 대한민국에 있는 경우 대한민국 법원에 제기할 수 있다(國私 41).

ii) 소비자가 자신의 직업 또는 영업활동 외의 목적으로 체결하는 계약으로서, (i) 사업자가 계약체결에 앞서 소비자의 일상거소지국에서 광고에 의한 거래권유 등 직업 또는 영업활동을 행하거나 소비자의 일상거소지국 외의 지역에서 소비자의 일상거소지국을 향하여[3] 광고에 의한 거래의 권유 등 직업 또는 영업활동

1) 大判 1972. 4. 20, 72 다 248.
2) 석광현, "국제사법 개정안 소개", 「국제사법 전부개정법률안 공청회」, 2018, 60면.

을 행하고 그 계약이 사업자의 직업 또는 영업활동의 범위에 속하는 경우, (ii) 사업자가 소비자의 일상거소지국에서 소비자의 주문을 받은 경우 또는 (iii) 사업자가 소비자로 하여금 소비자의 일상거소지국이 아닌 국가에 가서 주문을 하도록 유도한 경우에는, 대한민국에 일상거소가 있는 **소비자**는 계약의 상대방(사업자)에 대하여 대한민국 법원에 소를 제기할 수 있다(國私 42 I). 위와 같은 소비자계약의 경우에 소비자의 일상거소가 대한민국에 있는 경우에는 **사업자**가 소비자에 대하여 제기하는 소는 대한민국 법원에만 제기할 수 있다(國私 42 II). 그 밖에도 소비자계약을 체결하면서 하는 국제재판관할의 합의는, (i) 분쟁이 이미 발생한 후 국제재판관할의 합의를 한 경우 또는 (ii) 국제재판관할의 합의에서 대한민국 법원 외에 외국법원에도 소비자가 소를 제기할 수 있도록 한 경우에만 효력이 있다(國私 42 III).

iii) 사회·경제적 약자인 근로자를 보호하기 위해 2022년 개정 국제사법은 종전 국제사법상의 근로계약에 특칙(구 국제사법 28)을 그대로 유지하였다. 즉 개정 국제사법은 근로자가 대한민국에서 일상적으로 노무를 제공하거나 최후로 일상적 노무를 제공한 경우에는 사용자에 대한 **근로계약에 관한 소**를 대한민국 법원에 제기할 수 있다. 근로자가 일상적으로 대한민국에서 노무를 제공하지 아니하거나 아니하였던 경우에 사용자가 그를 고용한 영업소가 대한민국에 있거나 있었을 때에도 마찬가지이다(國私 43 I). 다만 사용자가 근로자에 대하여 제기하는 근로계약에 관한 소는 근로자의 일상거소가 대한민국에 있거나 근로자가 대한민국에서 일상적으로 노무를 제공하는 경우에는 대한민국 법원에만 제기할 수 있다(國私 43 II). 또한 근로계약을 체결하면서 하는 국제재판관할의 합의가, (i) 분쟁이 이미 발생한 경우 또는 (ii) 국제재판관할의 합의에서 대한민국 법원 외에 외국법원에도 근로자가 소를 제기할 수 있도록 한 경우에만 효력이 있음(國私 43 III)은 앞서 살펴본 소비자계약에서의 그것과 같다.

iv) 불법행위에 관한 소의 특별관할(國私 44)

민사소송법상 불법행위지의 특별재판적(18)은 행위지와 결과발생지가 다른 경우 양쪽 모두에 인정된다는 것이 일반적 견해인데, 개정 국제사법은 행위지와 결과발생지의 국제재판관할을 모두 명문으로 인정하면서, 특히 결과발생지의 경우에는 그곳에서의 결과발생을 예견할 수 없었던 경우에는 국제재판관할을 인정하지 않는

---

3) 이는 인터넷을 통한 소비자계약을 고려한 것으로서, "지향된 활동기준(targeted activity criterion)"을 도입한 것이라고 한다: 석광현, "국제사법 개정안 소개", 「국제사법 전부개정법률안 공청회」, 2018, 61면.

것으로 하였다. 즉 개정 국제사법 제44조에 따르면 **불법행위에 관한 소**는 그 행위가 대한민국에서 행하여지거나 대한민국을 향하여 행하여지는 경우 또는 대한민국에서 그 결과가 발생[1)]하는 경우 대한민국 법원에 제기할 수 있게 된 것이다. 이 때, 피고가 불법행위의 결과가 대한민국에서 발생할 것을 예견할 수 없었다는 점을 증명하면 국제재판관할이 부정된다(國私 44). 지식재산권 침해사건(침해행위를 대한민국에서 한 경우, 침해의 결과가 대한민국에서 발생한 경우 또는 침해행위를 대한민국을 향하여 한 경우)의 경우에는 결과발생지가 복수인 경우 대한민국에서 발생한 결과에 대해서만 대한민국 법원에 소를 제기할 수 있는데(國私 39 I 但), 불법행위에 관한 소의 경우에는 이와 같은 재판관할에 관한 양적 제한이 없다.

4) 대법원은 오래 전부터 외국인 사이의 가사소송사건에 관하여는 특단의 사정[2)]이 없는 한 피청구인의 주소가 우리나라에 있어야 우리나라에서 재판할 수 있다고 하였으며,[3)] 외국인인 원·피고의 상거소가 모두 우리나라에 있고 그 혼인생활의 대부분이 우리나라에서 형성되었다면[4)] 그 이혼청구는 우리나라와 실질적 관련성이 있으므로 그에 관한 재판관할권은 (구)국제사법 제2조 제1항의 규정에 의하여 우리나라 법원에 있다고 하였다.[5)] 또한 2021년에는 비로소 국제재판관할권에 관한 (구)국제사법 제2조가 가사사건에도 동일하게 적용됨을 밝히면서, 가사사건에 대해 대한민국 법원이 재판관할권을 가지려면 대한민국이 해당 사건의 당사자 또는 분쟁이 된 사안과 실질적 관련이 있어야 한다고 하였다.[6)]

이러한 판례의 태도에서 한 걸음 더 나아가 2022년 개정 국제사법은 **좁은 의미의 가사사건**(가사소송 및 가사비송사건)과 관련하여 「제7장 친족」에서 혼인(國私 56)·친생자(國私 57)·입양(國私 58) 및 부모·자녀간의 법률관계 등에 관한 사건의 특별관할(國私 59)과 부양(國私 60)·후견(國私 61) 및 가사조정사건의 특별관할(國私 62)에 관한 구체적인 규정들을 신설하였다. 이곳에서는 가사사건 중 혼인관계에 관한 사건의 특별관할에 관해서만 살펴본다.

---

1) 2022년 국제사법의 개정을 통해 행위지와 결과발생지 모두에 대해 '불법행위지에 관한 소의 특별관할'이 인정되면서, 종래 불법행위지법만을 준거법으로 정하고 있었던 구 국제사법 제32조도 같이 개정되어 현행 국제사법 52조는 "불법행위는 그 행위를 하거나 그 결과가 발생한 곳의 법에 따른다"라고 규정하고 있다.

2) 예를 들어 이혼청구의 상대방에게 행방불명 기타 이에 준하는 사정이 있거나 상대방이 적극적으로 응소하여 그 이익이 부당하게 침해될 우려가 없다고 보여지는 경우를 들 수 있다(大判 1988. 4. 12, 85 므 71).

3) **피고주소지법주의**: 大判 1975. 7. 22, 74 므 22; 1988. 4. 12, 85 므 71; 大決 1994. 2. 21, 92 스 26.

4) 미합중국 국적의 남자(원고)가 대한민국 국적의 여자(피고)와 대한민국에서 혼인 후, 미합중국 국적을 취득한 피고와 거주기한을 정하지 아니하고 대한민국에 거주하다가 피고를 상대로 이혼, 친권자 및 양육자 지정 등을 청구한 사안이다.

5) 大判 2006. 5. 26, 2005 므 884.

6) 大判 2021. 2. 4, 2017 므 12552; 2021. 10. 28, 2019 므 15425.

2022년 개정 국제사법 제56조 제1항에 따르면 **혼인관계에 관한 사건**에 대해서는 (i) 부부 중 한쪽의 일상거소가 대한민국에 있고 부부의 마지막 공동 일상거소가 대한민국에 있었던 경우, (ii) 원고와 미성년 자녀 전부 또는 일부의 일상거소가 대한민국에 있는 경우, (iii) 부부 모두가 대한민국 국민인 경우 또는 (iv) 대한민국 국민으로서 대한민국에 일상거소를 둔 원고가 혼인관계 해소만을 목적으로 제기하는 사건의 경우에는 대한민국 법원에 국제재판관할을 인정한다. 이러한 규정은 자연인의 이동성 증가에 대한 고려와 특히 피고를 위한 충분한 법적 안정성의 확보를 기초로 하면서도 원고 측의 이익을 위해 **원고관할**(forum actoris)을 인정하는 방향으로 입법되었다. 위 (i), (ii), (iv)에 관한 내용이 원고관할을 인정한 것이라 할 수 있다.[1] 또한 종래 우리 판례는 가사사건에서 국적관할을 인정하는데 소극적이었는데 개정 국제사법은 가까운 법원에서 소송을 진행할 당사자의 이익과 신분관계를 정확히 공시할 국가의 이익을 고려하여 위 (iii)에서 **국적관할**을 허용하였다. 나아가 혼인관계에 관한 사건의 특별관할 규정에 따라 국제재판관할이 정해지는 사건에는 합의·변론관할이 적용되지 아니함은 앞에서 살펴본 바와 같다(國私 13).

5) 그 밖에도 2022년 개정 국제사법은 반소관할(國私 7), 전속관할(國私 10), 국제적 소송경합(國私 11), 보전처분의 관할(國私 14), 비송사건의 관할(國私 15)에 관한 구체적인 총칙 규정을 신설하였다.

또한 국제재판관할에 관한 각칙과 관련해서는 앞에서 설명한 제6장(**채권**)과 제7장(**친족**)의 규정 이외에도, 제2장(**사람**)에서 실종선고 등 사건의 특별관한(國私 24), 사원 등에 대한 소의 특별관할(國私 25), 제5장(**지식재산권**)에서 지식재산권 계약에 관한 소의 특별관할(國私 38), 지식재산권 침해에 관한 소의 특별관할(國私 39), 제8장(**상속**)에서 상속 및 유언에 관한 사건의 관할(國私 76), 제9장(**어음·수표**)에서 어음·수표에 관한 소의 특별관할(國私 79), 제10장(**해상**)에서 선박소유자 등의 책임제한사건의 관할(國私 89), 선박 또는 항행에 관한 소의 특별관할(國私 90), 공동해손에 관한 소의 특별관할(國私 91), 선박충돌에 관한 소의 특별관할(國私 92), 해난구조에 관한 소의 특별관할(國私 93)에 관한 규정들이 신설되었다.

---

1) 석광현, “국제사법 개정안 소개”, 「국제사법 전부개정법률안 공청회」, 2018, 68면.

(3) 管轄의 競合

국제재판관할권은 경합할 수 있다. 국제재판관할권의 경합은 적극적인 형태(여러 국가의 법원이 재판관할권을 가지는 형태)와 소극적인 형태(어느 국가의 법원도 재판관할권을 가지지 않는 형태)로 발생한다. 적극적인 관할권경합이 있는 경우 당사자는 자기에게 유리한 판결을 얻기 위하여 forum shopping(법정의 편의적 선택)을 하게 되고, 법원은 관할이 있음에도 불구하고 forum non conveniens(편리하지 아니한 법정)의 이론[1]에 의하여 국제재판관할권을 배척하는 수가 있다. 예컨대 내국인 상호간에 외국에 있는 부동산에 관한 물권에 관하여 소송을 하는 경우가 이에 해당한다. 2022년 개정 국제사법은 "대한민국에 있는 부동산의 물권에 관한 소 또는 부동산의 사용을 목적으로 하는 권리로서 공적 장부에 등기나 등록이 된 것에 관한 소"는 대한민국 법원의 전속관할로 정하고 있다(國私 10 I ③).

소극적인 관할권경합의 경우에는 긴급관할권 또는 보충관할권(Not－od. Ersatzzuständigkeit)에 의하여 그 국가에 토지관할권이 없음에도 불구하고 국제재판관할권이 인정된다. 예컨대 관할권 있는 외국의 법원이 관할권을 거부하는 경우가 이에 해당한다.[2]

이러한 관할의 경합과 관련된 문제로서 2022년 개정 국제사법 제11조는 **국제적 소송경합**(국제적 중복제소)[3]에 관한 규정을 신설하였다. 이에 따르면 ① 같은 당사자 간에 외국법원에 계속 중인 사건과 동일한 소가 대한민국 법원에 다시 제기된 경우에는, 외국법원의 재판이 대한민국에서 승인될 것으로 예상되는 경우에는 대한민국 법원은 직권 또는 당사자의 신청에 의하여 결정으로 **소송절차를 중지**할 수 있다. 다만, (i) 전속적 국제재판관할의 합의에 따라 대한민국 법원에 국제재판관할이 있는 경우, (ii) 대한민국 법원에서 해당 사건을 재판하는 것이 외국법원에서 재판하는 것보다 더 적절함이 명백한 경우에는 그러하지 아니하다(國私 11 I). 당사자는

1) 'an inconvenient court'의 라틴어. 원고가 적법한 관할법원에 소를 제기하였더라도 더 편리한 관할법원이 있으면 피고의 신청에 의하여 소를 각하할 수 있도록 하는 영미법상의 원칙이다. Piper Aircraft Co. v. Reyno, 454 U.S. 235, 102 S.Ct. 252, 70 L.Ed.2d. 419(1981) 참조.

2) 대법원은 우리나라 회사가 일본 회사에게 러시아에서 선적한 냉동청어를 중국에서 인도하기로 한 사안과 관련하여 가장 실질적 관련이 있는 중국 법원이 소를 각하하자 우리나라 법원에 실질적 관련성을 인정할 수 있다고 하였다(大判 2008. 5. 29, 2006 다 71908, 71915).

3) 다만 2022년 개정 국제사법은, 예를 들어 외국에서 이행소송을 제기당할 가능성이 있는 당사자가 소송전략적으로 먼저 국내에 채무부존재확인소송을 제기하고 이를 상대방에게 화해를 강요하는 수단으로 사용하는 것을 막는 명시적 장치를 두고 있지 않다: 석광현, "국제사법 개정안 소개", 「국제사법 전부개정법률안 공청회」, 2018, 68면.

이러한 대한민국 법원의 중지 결정에 대해 즉시항고를 할 수 있다(國私 11 Ⅱ). 나아가 대한민국 법원은 대한민국 법령 또는 조약에 따른 승인 요건을 갖춘 외국의 재판이 있는 경우 같은 당사자 간에 그 재판과 동일한 소가 대한민국 법원에 제기된 때에는 그 소를 각하하여야 한다(國私 11 Ⅲ).

Ⅳ. 民事裁判權의 場所的 制約(場所的 範圍)

1) 민사재판권은 영토주권의 원칙에 의하여 자국의 영토에 한정된다. 따라서 법원은 자기 국가 안에서만 활동할 수 있다. 그리하여 소송절차중에 외국에서의 행위, 예컨대 소송서류의 송달 또는 증인의 신문이 필요한 때에는 외국의 공공기관에 그러한 행위의 처리를 촉탁할 수 있다. 이를 사법공조(Rechtshilfe)라고 하는데, 이에 관한 절차는 국제민사사법공조법(1991. 3. 8. 法律 제4342호)이 규정하고 있다.

2) 사법공조 여부는 이에 관한 조약이 없는 한 촉탁을 받은 국가의 호의에 달려 있다. 미국은 미국과 사법공조조약을 체결하지 아니한 국가에 대하여도 사법공조에 응할 의사를 일방적으로 표명하였다.[1] 사법공조에 관하여는 헤이그민사소송협약(1954. 3. 1.),[2] 헤이그송달협약(1965. 11. 1.),[3] 헤이그증거주사협약(1970. 3. 18.)[4] 등이 있다.[5] 우리나라는 헤이그송달협약[6]과 헤이그증거조사협약[7]에 가입하고 있다.

헤이그송달협약에 따라, 법원은 동 협약의 회원국에 거주하는 당사자에게는 민·상사 사건의 재판상·재판외 문서를 외교경로를 거치지 아니하고 각 회원국이 임의로 지정한 중앙당국(Central Authority: 외국의 외무부, 법무부, 대법원 등. 우리나라는 법원행정처)을 직접 경유하여 송달할 수 있다. 또한 각 회원국에 거주하는 대한민국 국민에게는 우리나라의 대사·공사 또는 영사를 통하여 직접 송달할 수 있다(同協約 8). 그리고 송달 받을 사람 또는 증인신문을 받을 사람이 '영사관계에 관한 비엔나협약'에 가입한 외국에 거주하는 대한민국 국민인 경우에는 우리나라의 대사·공사 또는 영사를 통하여 송달할 수 있다(國民司共 5 Ⅱ ①).

---

1) 李時潤, "外國에 訴訟書類의 送達과 證據調査를 위한 司法共助," 法曹 77, 10면.

2) '민사소송절차에 관한 협약'(Convention Relating to Civil Procedure).

3) '민사 또는 상사의 재판상 및 재판외 문서의 해외송달에 관한 협약'(Convention on the Service Abroad of Judicial and Extrajudicial Documents in Civil or Commercial Matters).

4) '민사 또는 상사의 해외증거조사에 관한 협약'(Convention on the Taking of Evidence Abroad in Civil or Commercial Matters).

5) Rosenberg, §21 Ⅱ.

6) 2000. 1. 13. 가입. 2000. 8. 1.부터 발효. 총 43개국 가입.

7) 동 협약가입안 2009. 12. 7. 국회 통과. 2010. 2. 12. 발효. 총 47개국 가입.

헤이그송달협약에 가입되어 있지 아니하거나 우리나라와 사법공조조약이 체결되지 아니한 국가로 직접 소송서류를 송달할 때에는 그 외국이 호의적으로 촉탁에 응하지 않으면 공시송달(194 이하)에 의할 수밖에 없다(외국에서 하는 송달에 관한 설명 참조).

헤이그증거조사협약에서 증거조사방식은 ① 각 체약국에서 지정한 중앙당국에 증거조사를 촉탁하는 촉탁서방식, ② 자국의 외교관 또는 영사관원에 의하여 외국 거주 자국민에 대한 증거조사를 하는 방식, ③ 자국의 외교관 또는 영사관원에 의하여 외국에 있는 그 외국국민 또는 제3국 국민에 대한 증거조사를 하는 방식, ④ 수임인(소송대리인)에 의한 증거조사방식 등이 있는데, ③과 ④는 전면 유보하였다. ③의 경우는 우리나라 국민이 외국의 외교관 또는 영사관원으로부터 증거조사를 받는 것은 법 감정상 문제가 있다는 점, 우리 외교관, 영사관원에 의하여 접수국 내지 제3국 국민에 대한 증거조사를 실시할 가능성은 거의 없다는 점 등을 고려한 것이다. ④의 경우는 우리나라에서 증거개시절차(discovery)를 인정하지 않는 것이 그 이유이다.

그 밖에도 우리나라는 호주,[1] 중국,[2] 몽골[3]과 민사사법공조조약을 체결하고 있다.

V. 裁判權에 흠이 있는 경우의 效果

1. 訴訟要件

재판권의 존재는 소송요건의 하나이다. 따라서 사건이 인적·물적으로 우리나라의 재판권에 속하지 아니하는 때에는 소는 부적법한 것으로서 각하된다. 재판권의 존재는 법원의 직권조사사항이고 그 판단의 자료는 직권으로 탐지하여야 한다.[4] 재판권의 흠을 간과한 본안판결은 당사자가 상소로 취소를 구할 수 있다. 그러나 판결이 확정된 뒤에는 재심사유에 해당하지 아니하므로 취소를 구할 여지가 없다. 다만 이러한 판결은 재판권이 미치지 않는 사람에 대하여 선고된 것이므로, 그 내용상의 효력(기판력·집행력·형성력 등)이 발생할 수 없다는 의미에서 무효이다.[5]

2. 裁判權이 면제되는 사람에 대한 特則

1) 소송요건은 소의 적법요건이므로, 소송요건에 흠이 있는 소일지라도 소장부본을 피

---

1) 1999. 9. 1. 체결, 2000. 1. 16. 발효. 호주는 헤이그송달협약에 가입하지 아니하였다.
2) 2003. 7. 7. 체결, 2005. 4. 27 발효.
3) 2009. 12. 7. 조약비준동의안이 국회를 통과함.
4) 新堂, 59면; 中野=松浦=鈴木, 78면; 吉村=竹下=谷口, 75면.
5) 李時, 66면; 新堂, 59면; 中野=松浦=鈴木, 71면; Jauernig, §6 I 2 a).

고에게 송달하여야 하고 소송계속의 효과도 발생한다. 그러나 재판권의 면제를 받는 사람, 예컨대 외교사절에 대하여 소가 제기된 경우에는 사정이 다르다. 재판권의 면제를 받는 사람은 재판 자체를 받지 아니하므로, 이들을 피고로 하여 소를 제기한 경우에는, 그들이 면제권을 갖고 있는 것이 확실한 한 소장 부본의 송달조차 하여서는 아니 된다. 왜냐하면 송달의 실시도 재판권의 행사이기 때문이다. 소장의 전달·수령이 사실상 행하여져도 재판권의 면제를 포기하고 소송에 응할 것인가 아닌가를 확인하기 위하여 사실상 통지를 한다는 의미밖에 없고, 법률상 유효한 송달이 아니다. 이 경우에는 엄밀하게 소송계속의 효과도 발생하지 아니한다. 따라서 면제권을 가지는 사람에 대하여 소가 제기되면 재판장의 명령으로 소장을 각하하여야 한다는 것이 대법원의 입장이다.[1] 다만 사실상 소장 부본이 전달된 때에는 법원이 소를 각하하여야 한다.[2] 재판권의 면제를 받는 사람인지 아닌지가 불분명할 때에는 이에 관하여 변론하여야 하고, 그러기 위해서는 소장 부본의 송달이 필요할 것이다. 변론의 결과 재판권의 흠이 판명되면 판결로써 소를 각하하여야 한다.[3]

2) 면제권을 가지는 사람에 대한 강제집행 역시 부적법하고 무효이다. 또한 이들을 증인이나 감정인으로 부를 수도 없다.[4] 다만 그들이 스스로 소를 제기하는 것은 상관없고, 또 파견국이 면제권을 명시적으로 포기한 경우에는 이들에 대한 소의 제기도 허용된다. 그러나 면제권의 포기는 판결절차에 관해서만 유효하므로, 강제집행절차에 관해서는 별도의 포기가 있어야 한다.[5]

제 3 절 管　　轄

제 1 관 總　　說

Ⅰ. 管轄의 意義

1) 민사소송에 의하여 처리하여야 할 사건은 무수하게 많다. 그러므로 이들 사건을 하나의 법원이 모두 처리할 수는 없다. 그리하여 우리나라에는 전국에 걸쳐

1) 大決 1975. 5. 23, 74 마 281.
2) 新堂, 59면.
3) Jauernig, §6 Ⅰ 2 a).
4) 李時, 68면; Jauernig, §6 Ⅰ 2 b).
5) Jauernig, §6 Ⅰ 2 d).

많은 종류와 수의 법원이 설치되어 있고, 이들이 여러 관점에 의하여 위 사건을 분담하여 처리하고 있다. 이처럼 법원 사이의 재판권 행사의 분담을 정하는 것을 관할(Zuständigkeit)이라고 한다. 이것을 각 법원의 입장에서 보면, 각자가 행사할 수 있는 재판권의 범위를 의미하므로 이를 관할권이라고도 부른다. 또 이것을 특정 사건의 입장에서 보면, 그 사건을 재판할 수 있는 법원은 어느 법원인가를 정한 것이 관할이며, 이 법원을 관할법원이라 한다.

2) 관할권은 재판권과 전혀 다른 개념이다. 재판권은 우리나라의 모든 법원을 일체로 보아, 전체로서의 우리나라의 법원이 외국법원과의 관계에서, 어떠한 사람 또는 사건에 관하여 재판을 할 수 있는가의 문제임에 반하여, 관할권은 재판권의 존재를 전제로 하여 이것을 어느 법원으로 하여금 행사시킬 것인가 하는 문제이다. 프랑스에서는 여기에서 말하는 관할권을 특별관할권(compétence speciale)이라고 하여, 국제재판관할권을 가리키는 일반관할권과 구별하고 있다.

3) 관할은 또한 사무분담(Geschäftsverteilung)과 구별하여야 한다. 관할은 다른 법원과의 관계에서 특정한 법원의 직무범위를 정하여 놓은 것임에 반하여, 사무분담은 동일한 법원(司法官署로서의 법원) 안의 여러 재판기관 사이(합의체 상호간, 단독판사 상호간)에서 특정 재판기관이 어떠한 사건을 취급할 것인가를 정하여 놓은 것이다.

Ⅱ. 管轄制度를 인정한 理由

전국에 법원이 하나밖에 없다면 전국에서 발생하는 모든 민사사건을 그 법원이 모두 처리하여야 하므로, 사건의 심리가 번잡하고 신속한 사건처리가 불가능하여진다. 뿐만 아니라 소송당사자로서는 소액(少額)의 사건을 위해서도 먼 곳에 있는 법원에 출석하여야 하므로 소송경제에 반하고 매우 불편하다. 또 소송사건의 처리를 위하여 하나의 심급의 법원만을 둔다면, 사실인정과 법령해석의 잘못을 시정할 기회가 없으므로 재판의 적정을 꾀할 수 없다.

그리하여 전국에 심급이 동일하거나 다른 여러 법원을 설치하고, 특정 민사사건이 발생한 경우에 이것을 어느 법원에서 심판 받아야 하는가를 미리 결정하여 둘 필요가 있으며, 또한 사건의 경중(輕重)에 따라 단독판사와 합의부 사이의 어느 법원에서 심판을 받아야 할지를 정하여야 하므로, 관할제도를 둔 것이다.

Ⅲ. 管轄의 種類

관할은 여러 기준에 의하여 분류할 수 있다.

1. 관할의 발생사유(근거)에 의한 분류

이 기준에 의하면 관할은 법정관할, 지정관할 및 당사자의 거동에 의한 관할로 분류된다. 법정관할(gesetzliche Zuständigkeit; *forum legale*)은 법률의 규정에 의하여 직접 발생하는 관할이고, 이것은 다시 직무(직분)관할, 사물관할 및 토지관할로 나누어진다. 지정관할(Zuständigkeit infolge gerichtlicher Bestimmung; *forum judiciale*)은 법원의 재판(결정)에 의하여 발생하는 관할이다. 당사자의 거동에 의한 관할(Zuständigkeit infolge Parteiverhaltens; Prorogation; *forum prorogatum od. conventionale*)은 당사자의 합의나 피고의 변론 등 당사자의 거동에 의하여 발생하는 관할이며, 전자를 합의관할, 후자를 변론관할이라고 한다.

2. 관할이 갖는 소송법상의 효과에 따른 분류

1) 이 기준에 의하여 관할은 전속관할과 임의관할로 나누어진다. 전속관할(ausschließliche Zuständigkeit)은 법정관할 가운데 어느 사건에 관하여 특정 법원만이 관할권을 가지는 경우를 가리킨다. 재판의 적정·신속 등 고도의 공익적 요구에 따라 전속관할을 인정하고 있다. 전속관할의 경우에는 다른 관할을 일체 배제하므로, 다른 일반규정에 의한 관할과의 경합이 생길 여지가 없고, 소송의 이송도 할 수 없다. 임의관할(nichtausschließliche Zuständigkeit)은 전속관할이 아닌 나머지의 법정관할을 말하고, 이것은 주로 당사자의 편의와 공평을 고려하여 정한 것이다. 따라서 임의관할의 경우에는 당사자의 의사 또는 태도에 의하여 법률의 규정과 다른 관할을 발생시킬 수 있으며(합의관할, 29), 피고가 관할권 없는 법원에서 이의 없이 본안에 관하여 변론하면 그 법원에 관할권이 생긴다(변론관할, 30). 그리고 임의관할위반의 흠은 제1심판결의 선고로 치유된다(411 本).

2) 직무관할은 성질상 원칙적으로 전속관할이지만, 사물관할과 토지관할은 법률이 명문으로 전속관할로 규정한 경우에 한하여 전속관할이며, 그렇지 아니한 경우에는 임의관할이다.

3. 재판권의 작용에 의한 분류(직무관할)

재판권에는 여러 가지 작용이 있다. 이들 작용을 어느 종류의 법원의 직무(직분)로서 분담시킬 것인가를 정하는 것을 직무관할 또는 직분관할이라고 한다. 직무관할의 개념은 판결절차, 강제집행절차, 가압류 · 가처분절차, 그 밖의 일체의 사법활동에 관하여 문제된다. 이에 관하여는 뒤에 상세하게 설명한다.

제 2 관 各種의 管轄

제 1 항 法定管轄

Ⅰ. 職務管轄

1. 意 義

직무관할 또는 직분관할(funktionelle Zuständigkeit)은 재판권의 여러 가지 작용을 어느 종류의 법원의 직무권한(직분)으로서 분담시킬 것인가를 정하여 놓은 것이다. 따라서 분담의 기준은 법원의 활동(작용)의 종류이다.

2. 受訴法院과 執行法院의 職務管轄

민사소송은 판결절차 · 강제집행절차 · 보전절차 등으로 크게 나누어지는데, 민사소송법은 각각 다른 법원이 그 직무권한으로서 이들 각 절차를 담당하여 처리하도록 규정하고 있다.

1) 판결절차는 수소법원(Prozessgericht)의 직무관할에 속한다. 수소법원이라 함은 특정 사건이 판결절차의 대상으로서 장차 계속될 예정이거나([62]), 현재 계속되

어 있거나(297, 298), 또는 과거에 계속되어 있었던(民執 260, 261) 법원을 가리킨다. 가압류 · 가처분절차 등 보전절차도 수소법원의 직무관할에 속한다(民執 278, 301). 또한 증거보전절차(375, 376), 강제집행절차 가운데 재산명시절차, 채무불이행자명부 등재절차(民執 61 이하) 및 작위 · 부작위청구권에 관한 강제집행(民執 260, 261) 등도 수소법원의 직무관할에 속한다.

2) 강제집행절차는 집행법원(Vollstreckungsgericht)과 집행관의 직무관할에 속한다. 집행법원은 강제집행을 할 수 있는 권한이 부여되어 있는 법원으로서, 부동산과 채권 그 밖의 재산권에 대한 금전집행 및 집행관에 대한 감독(民執 16)을 관장한다. 집행법원의 업무는 원칙적으로 사법보좌관이 담당한다(法組 54, 사법보좌관규칙 2).

3. 地方法院 合議部 · 單獨判事 및 司法輔佐官의 職務管轄

간이한 사항이나 급속을 요하는 사항은 지방법원 단독판사 또는 시 · 군법원판사의 직무관할에 속한다. 제소전 화해절차(385), 수탁판사가 행하는 증거조사(297 I), 시 · 군법원판사가 담당하는 화해 · 독촉 및 조정에 관한 사건(法組 34 I ②) 등이 그러하다. 이에 반하여 신중한 판단을 요하는 사항은 지방법원 합의부의 직무관할에 속한다. 예컨대 지방법원판사에 대한 제척 · 기피신청에 관한 재판(法組 32 I ⑤), 증권관련집단소송(證集 4)과 소비자단체소송(消基 71) 및 개인정보단체소송(個情 52), 정정보도청구(언론중재 및 피해구제 등에 관한 법률 26 V), 개인이 아닌 채무자에 대한 회생 · 파산사건(破 3 V) 등(法組 32 I ⑥)이 이에 해당한다.

그 밖에도 법원조직법 제54조는 법원의 업무 중 대법원규칙(사법보좌관규칙 2)으로 정하는 업무를 사법보좌관이 담당하도록 하고 있다. 이에는 「민사소송법」 및 「소송촉진 등에 관한 특례법」에 따른 소송비용액 · 집행비용액 확정결정절차, 독촉절차, 공시최고절차와 「소액사건심판법」에 따른 이행권고결정절차[1]에서의 법원의 사무, 「주택임대차보호법」 및 「상가건물 임대차보호법」상의 임차권등기명령절차에서의 법원의 사무 등이 해당한다.

지방법원 합의부와 단독판사의 직무관할은 뒤에서 설명하는 지방법원 합의부와 단독판사의 사물관할과 구별하여야 한다.

---

1) 이행권고결정절차는 독촉절차와 마찬가지로 실질적 쟁송성이 희박하고 형식적 절차 사무인 점에서 한정된 사법인력을 보다 효율적으로 운용하기 위해 2016년에 법원조직법 일부개정에 의해 새로이 사법보좌관의 업무로 추가된 것이다(2016. 3. 29, 법률 제14104호, 2016. 7. 1.부터 시행).

4. 審級管轄

1) 판결절차 안에서 법원이 어느 심급으로서 활동하는 것을 정한 것을 심급관할이라고 한다. 우리나라는 제1심 위에 상소심으로서 항소심과 상고심의 두 단계를 두어 3심제를 채택하고 있다. 제1심은 지방법원 합의부나 지방법원 단독판사가 담당한다(法組 7 Ⅳ. Ⅴ, 32 Ⅰ). 지방법원 단독판사의 심판에 대한 항소심은 지방법원 본원 및 일부 지원 합의부(항소부)[1]이며(法組 32 Ⅱ), 지방법원 합의부의 심판에 대한 항소심은 고등법원이다(법원조직법 제28조의4 제2호에 따라 특허법원의 권한에 속하는 사건은 제외. 法組 28 ①, 28의 4 ②). 항소심이 지방법원 합의부이든 고등법원이든 상고심은 대법원이다.

2) 제1심은 소의 제기에 의하여 개시되고, 상소심은 상소의 제기(상소장의 제출)에 의하여 개시되며, 각 심급은 종국판결의 송달에 의하여 종료된다. 상소를 제기하기 전에는 종국판결이 송달된 뒤라도 아직 원심법원에 소송이 계속되어 있다. 따라서 원심법원은 가압류·가처분명령을 발할 수 있고 증거보전절차를 행할 수도 있으며,[2] 당사자는 소의 취하(266) 등의 의사표시를 원심법원에 하여야 한다.

5. 직무관할의 소송법상 의의

직무관할은 비약상고의 합의가 인정되는 경우(390 Ⅰ 但)를 제외하고는 항상 전속관할이다. 따라서 직무관할에 위반된 판결은 위법하고 상소에 의하여 취소할 수 있다(424 Ⅰ ③).

Ⅱ. 事物管轄

1. 意　　義

사물관할(sachliche Zuständigkeit)이라 함은 같은 지역을 관할하는 제1심의 지방법원(또는 지원) 단독판사와 합의부 사이에 관할의 분담을 정한 것을 말한다. 지방법원 단독판사와 합의부는 조직상 같은 법원 안에 있어도 소송법상으로는 별개의

---

1) 춘천지방법원 강릉지원에는 제2심 합의부를 둔다(法組 32 Ⅱ, 40 Ⅱ).
2) 李時, 99면; Blomeyer, §Ⅱ 2 a).

법원이므로, 사건의 난이도(難易度)를 고려하여 그 관할을 구별하고 있다. 사건(사물)의 성질 또는 금액을 기준으로 관할을 나누므로, 사물관할이라고 부른다. 재산권의 소에 관한 사물관할을 정하는 기준은 소송목적의 값(현재는 5억 원)이다. 사물관할은 임의관할이므로, 합의관할(29)이나 변론관할(30)에 의하여 달라질 수 있다.[1] 오늘날 이른바 재정합의사건과 재정단독사건의 제도에 의하여 사물관할의 의의는 크게 퇴색하였다. 법원조직법은 지방법원은 단독판사가 심판하는 것을 원칙으로 하고 있고(法組 7 Ⅳ), 합의부는 예외로 규정하고 있다(法組 32).[2] 대법원의 부는 상고심 사건을 다루므로, 이들이 관장할 사건은 사물관할을 규정한 것이 아니다.

2. 合議部의 管轄

복잡한 사건은 지방법원 합의부의 관할로 하고 있다. 법원조직법 제32조와 민사 및 가사소송의 사물관할에 관한 규칙(이하 사물관할규칙이라 약칭한다)에 규정되어 있다.

(1) 소송목적의 값이 5억 원을 초과하는 민사사건

재산권의 소로서 소송목적의 값(訴價)을 계산하여 정할 수 있는 경우에는 소송목적의 값이 5억 원을 넘는 사건은 합의부사건으로 한다(사물관할규칙 2 本). 예컨대 5억 100원의 대여금반환청구의 소와 같다. 소송목적의 값 5억 원을 기준으로 사건의 경중을 정하고 있는 것이다.

가사사건의 경우에는, i) 소송목적의 값이 5억 원을 초과하는 다류 가사소송사건(예컨대 이혼을 원인으로 하는 손해배상청구사건)(사물관할규칙 3 ①), ii) 「가사소송법」 제2조 제1항 제2호 나목 '9) 사건', '10) 사건' 및 '4) 사건' 중 청구목적의 값이 5억 원을 초과하는 사건(동조 ②),[3] iii) 다류 가사소송사건과 「가사소송법」 제2조 제1항 제2호 나목 '4) 사건'을 병합한 사건으로서 그 소송목적의 값과 청구목적의 값을 더한 금액이 5억 원을 초과하는 사건(동조 의2 ②)이 가정법원 및 가정법원지원의 합의부의 관할에 속한다(2023. 1. 31. 대법원규칙 제3088호, 2023. 3. 1.부터 시행).

---

1) 新堂, 83면.

2) 대법원예규는 합의부 구성원도 단독판사가 될 수 있도록 하고 있다(법관의사무분담및사건배당에관한 예규 3 Ⅲ).

3) 「가사소송법」 제2조 제1항 제2호 나목 '9) 사건'은 「민법」 제1008조의2 제2항 및 제4항에 따른 기여분의 결정, '10) 사건'은 「민법」 제1013조 제2항에 따른 상속재산의 분할에 관한 처분, '4) 사건'은 「민법」 제839조의2 제2항에 따른 재산 분할에 관한 처분과 관련된 사건을 말한다.

(2) 소송목적의 값을 산출할 수 없는 재산권의 소

재산권의 소로서 소송목적의 값을 산출할 수 없는 것은 복잡한 사건으로 보아 합의부의 관할로 하고 있으며(사물관할규칙 2), 그 소송목적의 값은 5,000만 원으로 본다(民印 2 Ⅳ, 14, 民印規 18의 2). 상호사용금지청구의 소(商 23), 선박소유자 등의 책임제한절차개시신청사건(商 752, 선박소유자등의책임제한절차에관한법률 9, 27),[1] 낙찰자지위확인의 소[2] 등이 여기에 속한다. 회사관계소송 가운데 소송목적의 값을 산출할 수 없는 것으로는 주주의 대표소송(商 403), 이사의 위법행위유지청구의 소(商 402), 회사에 대한 신주발행유지청구의 소(商 424) 등이 있는데(民印規 15 Ⅰ), 이들도 합의부의 관할에 속하나, 그 소송목적의 값은 1억 원으로 본다(民印 2 Ⅳ, 14, 民印規 18의 2). 특허법원의 전속관할에 속하는 사건(民印規 17의 2) 및 무체재산권에 관한 소중 금전의 지급이나 물건의 인도를 목적으로 하지 아니하는 사건(民印規 18)도 여기에 해당한다(民印規 18의 2).

(3) 비재산권의 소

경제적 이익을 목적으로 하지 않는 비재산권의 소도 합의부의 관할로 하고 있으며(사물관할규칙 2), 그 소송목적의 값은 5,000만 원으로 본다(民印 2 Ⅳ, 14, 民印規 18의 2). 해고무효확인소송(民印規 15 Ⅳ), 초상권 · 명예권 · 기타 인격권[3]에 관한 소송 등이 여기에 해당한다.[4] 회사의 설립 또는 총회의 결의의 효력을 다투는 소송, 회사의 장부열람청구소송 등과 같은 상법의 규정에 의한 회사관계소송(商 184, 185, 328, 380, 381, 445, 466 Ⅰ, 522, 572 등)(民印規 15 Ⅱ) 및 이에 준하는 회사 이외의 단체에 관한 소송(民印規 15 Ⅲ), 소비자단체소송 · 개인정보단체소송(民印規 15의 2) 등도 비재산권상의 소로서 합의부의 관할에 속하지만, 그 소송목적의 값은 1억 원으로 본다(民印 2 Ⅳ, 14, 民印規 18의 2).

가류 · 나류 가사소송사건(혼인무효, 이혼사건 등)은 비재산권상의 소이나, 가정법원 단독판사

---

1) 大決 1998. 4. 7, 97 마 832.

2) 大判 1994. 12. 2, 94 다 41454.

3) 판례는 변호사 정보 제공 웹사이트 운영자가 변호사들의 개인신상정보를 기반으로 변호사들의 '인맥지수'를 산출하여 공개하는 서비스를 제공한 행위는 변호사들의 개인정보에 관한 인격권을 침해하는 위법한 것이라고 하였다. 다만 위 운영자가 대법원 홈페이지에서 제공하는 '나의 사건검색' 서비스를 통해 수집한 사건정보를 이용하여 변호사들의 '승소율이나 전문성 지수 등'을 제공하는 서비스를 한 행위는 변호사들의 개인정보에 관한 인격권을 침해하는 위법한 행위로 평가할 수 없다고 하였다[大(全)判 2011. 9. 2, 2008 다 42430].

4) 명예회복을 위한 적당한 처분을 구하는 소(民 764)는 그 처분에 통상 소요되는 비용을 산출할 수 있는 경우에는 그 비용을 소송목적의 값으로 하고, 그 비용을 산출하기 어려운 경우에는 비재산권상의 소로 본다(民印 14).

의 관할에 속한다(사물관할규칙 3).[1]

(4) 재정합의사건

단독판사의 관할에 속하는 사건이라도 합의부에서 심판할 것으로 결정하여 심판할 수 있다(法組 32 Ⅰ①). 이것을 재정합의사건이라 한다. 이를 결정하기 위하여 재정결정부가 설치되어 있다(법관의사무분담및사건배당에관한예규 12. 이하 사건배당예규라 약칭한다). 이것은 소송목적의 값을 기준으로 할 때는 단독판사의 관할에 속하는 사건이라 할지라도 중한 사건인 경우에는 합의부에서 처리하기 위함이다.[2] 사건배당 전에는 재정결정부가 재정합의결정을 하고, 사건이 배당된 뒤에는 단독판사의 소속 합의부가 있을 때는 소속 합의부가, 소속 합의부가 없을 때는 단독판사의 회부에 의하여 재정결정부가 결정한다(사건배당예규 12 Ⅰ. 13 Ⅱ. Ⅳ).

(5) 관련청구

본소가 합의부의 사물관할에 속하는 경우에는 반소(269), 중간확인의 소(264), 독립당사자참가(79) 등의 관련된 청구는 설사 그 소송목적의 값이 5억 원 이하이더라도 본소와 함께 합의부의 관할에 속한다.

법원조직법은 지방법원판사에 대한 제척·기피사건을 지방법원 합의부가 심판한다고 규정하고 있으나(法組 32 Ⅰ⑤), 이는 사건의 성질에 따른 사물관할을 정한 것이라기보다는 공익적 견지에서 인정한 직무관할로 보아야 한다.[3] 이를 사물관할로 보면 합의관할·변론관할이 인정되는 결과로 되어 부당하다.

3. 單獨判事의 管轄

제1심 민사소송사건 가운데에서 위에서 설명한 합의부의 관할사건을 제외한 모든 사건은 단독판사의 사물관할에 속한다(法組 7 Ⅳ).

---

1) 가사비송사건도 가사소송법 제2조 제1항 제2호 나목 9), 10) 사건 및 4) 사건 중 청구목적의 값이 5억 원을 초과하는 사건을 제외하고는 단독판사의 관할에 속한다(사물관할규칙 3 ②).

2) 재정합의사건으로 할 수 있는 사건은 다음과 같다. i) 선례나 판례가 없는 사건 또는 선례나 판례가 서로 엇갈리는 사건, ii) 사실관계나 쟁점이 복잡한 사건, iii) 사회에 미치는 영향이 중대한 사건, iv) 동일 유형의 사건이 여러 재판부에 흩어져 통일적이고 시범적인 처리가 필요한 사건, v) 전문지식이 필요한 사건, vi) 그 밖에 사건의 성격상 합의체로 심판하는 것이 적절한 사건(사건배당예규 12 Ⅰ).

3) 同旨: 李時, 101면. 反對: 方, 97면; 金/姜, 151면; 宋/朴, 87면.

(1) 소송목적의 값이 5억 원 이하인 민사사건

소송목적의 값이 5억 원을 넘지 않는 사건은 단독판사의 관할이다(사물관할규칙 2 本). 마찬가지로 소송목적의 값이 5억 원 이하인 다류 가사소송사건은 가정법원 단독판사의 관할에 속한다(사물관할규칙 3 ①)(2023. 1. 31. 대법원규칙 제3088호, 2023. 3. 1.부터 시행).

소송목적의 값이 3,000만 원 이하인 민사사건 가운데 금전, 그 밖의 대체물이나 유가증권의 일정한 수량의 지급을 목적으로 하는 경우(소액사건)에는 단독판사의 사물관할에 속하지만, 소액사건심판법의 적용을 받는다(少審 2 Ⅰ, 少審規 1의 2). 시・군법원의 관할구역 안의 소액사건은 시・군법원판사의 사물관할에 속한다(法組 34 ①).[1]

(2) 어음금・수표금청구사건 등

어음금・수표금청구사건은 금액의 제한없이 단독판사의 사물관할에 속한다(사물관할규칙 2 但 ①). 사물관할규칙상으로는 '약속어음금'이라고 규정되어 있으나, '환어음금'도 포함되는 것으로 본다. 이들 사건은 신속한 처리가 필요하고 사안의 내용이 단순하거나 정형적이기 때문이다.

또한 같은 이유에서, 은행 등 금융기관, 보험・증권회사 등이 원고인 대여금・구상금・보증금 청구사건(사물관할규칙 2 但 ②), 자동차손해배상청구사건・근로자의 업무상재해로 인한 손해배상청구사건 등과 이에 관한 채무부존재확인사건(사물관할규칙 2 但 ③)도 금액의 제한 없이 단독판사의 사물관할에 속한다.

(3) 재정단독사건

합의부는 합의부의 관할에 속하는 사건이라도 내용이 단순하거나 유형이 정형적인 경우에는 단독판사가 심판할 것으로 결정할 수 있다(사물관할규칙 2 但 ④, 사건배당예규 12 Ⅱ). 이것을 재정단독사건이라 한다. 사건배당 전에는 재정결정부에서 결정하나, 배당 후에는 그 합의부가 합의부 구성원 중에서 담당판사를 지정하여 단독사건으로 심판하도록 재정단독결정을 할 수 있다(사건배당예규 13 Ⅰ).

민사소송법은 독촉사건(466), 증거보전사건(376), 제소전 화해사건(385)을, 민사집행법은 가압류・가처분사건(民執 278, 301)을, 민사조정법은 민사조정사건(民調 7)을 원칙적으로

---

1) 단독판사의 사물관할에 속하는 사건의 **항소심관할**에 관한 내용은 本書 제2편 제2장 제1절 Ⅲ 참조.

지방법원 단독판사(조정담당판사)의 관할로 규정하고 있으나, 이것 역시 직무관할을 정한 것으로 풀이하여야 될 것이다.[1)]

4. 訴訟目的의 값

(1) 意 義

소송목적의 값(소가)[2)]이라고 함은 원고가 소로써 보호를 구하는 권리 또는 법률관계에 관하여 가지는 경제적 이익을 금전으로 평가한 값을 가리킨다. 민사소송법 제26조에서 말하는 '소로 주장하는 이익'이 이에 해당한다. 소송목적의 값은 사물관할을 정하는 기준이 될 뿐만 아니라, 소장 그 밖의 신청서에 붙이는 인지액 및 변호사보수를 산정하는 기준이 된다(사물관할규칙 2, 民印 2, 변호사보수의소송비용산입에관한규칙 3).

(2) 소송목적의 값의 算定方法

1) 소송목적의 값은 원고가 소로 주장하는 이익을 기준으로 계산하여 정한다(26). 원고가 소로 주장하는 이익이란 원고가 승소하면 받을 직접적인 이익을 말하며, 사건의 복잡성이나 심판의 난이(難易)와는 관계가 없다. 이익의 평가는 객관적 가치에 의하여야 하며 원고의 주관적 감정은 고려되지 않는다(民印規 6). 상환이행청구의 경우에는 반대급부를 공제하지 아니하고 소송목적의 값을 산정하며, 일부청구의 경우에는 그 일부만이 소송목적의 값으로 된다. 조건부 또는 기한부채권의 경우에는 숫자상의 금액이 기준이 된다.[3)]

2) 소송목적의 값을 계산하여 정하는 구체적인 방법은 민사소송 등 인지규칙에 분쟁의 대상이 된 물건·권리 및 소송물에 따라 자세히 정해놓고 있다(民印 2 Ⅲ).

예컨대 금전의 지급을 구하는 소송의 경우에는 그 청구금액이 소송목적의 값이 된다(民印規 12 ③). 그리고 토지가 소송의 목적물건인 경우에 토지의 값은 「부동산 가격공시에 관한 법률」에 의한 개별공시지가에 100분의 50을 곱하여 산정한 금액으로 정하는데(民印規 9 Ⅰ),[4)] 소유권에 기하여 이전등기를 구하는 소송의 경우에는 그 토지 값을, 소유권에 기하여 토지의

---

1) 反對: 方, 99면; 金/姜, 152면.

2) 과거에는 '소송의 목적의 가액'이라고 불렀으나 2002년 민사소송법은 '소송목적의 값'으로 그 명칭을 변경하였다.

3) RG 118, 323.

4) 건물의 값은 「지방세법 시행령」 제4조 제1항 제1호·제1호의2의 방식에 의하여 산정한 시가표준액(이 경우 같은 법 시행령 제4조 제1항 제1호의 오피스텔, 제1호의2의 건축물은 건물로 한다)에 100분의 50을 곱한 금액으로 한다(民印規 9 Ⅱ).

도를 구하는 소송의 경우에는 그 토지의 값의 2분의 1을 각 소송목적의 값으로 한다(民印規 13 ①. 12 ⑤ 가). 또한 물건에 대한 소유권의 값은 그 물건의 값으로 하는데(民印規 10 Ⅰ), 확인의 소의 경우에는 그 소유권의 값이 소송목적의 값으로 된다(民印規 12 ①).

재산권의 소로서 소송목적의 값을 계산하여 정하기 어려운 경우나, 비재산권의 소의 경우처럼 소송목적의 값을 산출하기가 곤란하거나 불가능한 때에는 그 값을 5,000만 원 또는 1억 원으로 보고 있다(26 Ⅱ, 民印 2 Ⅳ, 民印規 18의 2, 사물관할에 관한 설명 참조).

(3) 算定의 標準時期 및 管轄의 變動

소송목적의 값을 계산하여 정하는 표준시기는 소를 제기한 때이다(民印規 7). 관할은 소를 제기한 때를 표준으로 정하여지므로(33), 소송 도중에 소송물 자체는 변동이 없이 그 값이 증감(예컨대 계쟁부동산가격의 등락 등)되더라도 관할에 영향이 없다. 그리고 합의부에 계속중에 소를 일부 취하하거나 청구의 변경(청구취지의 감축)에 의하여 소송목적의 값이 5억 원 이하로 감소되어도 단독판사에게 사건을 이송할 필요가 없다. 그러나 단독판사에 사건이 계속중에 청구의 변경(청구취지의 확장)에 의하여 소송목적의 값이 5억 원을 초과하게 된 때에는 변론관할(30)이 생기지 아니한 한 사건을 합의부로 이송하여야 한다. 당사자의 사물관할의 이익을 보호하여야 하기 때문이다. 다만 단독판사의 사건에 대한 항소심의 소송계속중에 합의부의 사물관할에 속하는 청구로 청구가 변경되더라도 그 항소심의 관할에는 영향이 없다.[1] 항소심의 심급관할은 제1심법원의 존재에 의하여 결정되는 전속관할이기 때문이다.[2]

(4) 請求를 併合한 경우의 소송목적의 값

(가) 合算의 原則 하나의 소로 여러 개의 청구를 하는 경우에는 그 여러 청구의 값을 모두 합하여 소송목적의 값을 정한다(27 Ⅰ). 그러나 값을 합하여 계산하는 것은 여러 개의 청구가 경제적으로 별개 독립의 이익을 가진 경우에 한한다(民印規 19).

i) 하나의 소로 여러 개의 비재산권을 목적으로 하는 청구를 병합한 때에는 당연히 각 청구의 소송목적의 값을 합하여 계산한다. 다만 청구의 목적이 하나의 법률관계인 때에는 하나의 소로 본다(비재산권의 청구의 병합. 民印規 22). 그리고 ii) 하나의 소로 비재산권을 목적으로 하는 청구와 재산권을 목적으로 하는 청구를 병합한 때에는 각 청

1) 大判 1970. 6. 30, 70 다 743.
2) 大判 1992. 5. 12, 92 다 2066.

구의 소송목적의 값을 합산한다(재산권의 청구와 비재산권의 청구의 병합. 民印規 23 Ⅰ). 그러나 하나의 소로 비재산권을 목적으로 하는 소송과 그 소송의 원인된 사실로부터 발생하는 재산권의 소송을 병합한 때에는 액수가 많은 소송목적의 값에 의한다(民印 2 Ⅴ).[1] 또한 iii) 여러 개의 비재산권을 목적으로 하는 청구와 그 원인된 사실로부터 생기는 재산권을 목적으로 하는 청구를 하나의 소로 제기하는 때에는 비재산권을 목적으로 하는 청구의 소송목적의 값의 합산액과 재산권을 목적으로 하는 청구의 소송목적의 값 중 액수가 많은 소송목적의 값으로 한다(民印規 23 Ⅱ).

(나) **合算의 예외** 하나의 소로 여러 개의 청구를 하는 때라도 i) 여러 개의 청구의 경제적 이익이 동일하거나 중복되는 때에는 합하여 계산하지 않으며, 그 중복되는 범위 안에서 흡수되고, 그 중 가장 액수가 많은 청구의 값을 소송목적의 값으로 한다(중복청구의 흡수. 民印規 20). 예컨대 청구의 선택적 병합이나 예비적 병합, 또는 여러 사람의 연대채무자에 대한 청구 등의 경우에는 그 중 액수가 많은 청구의 값이 소송목적의 값으로 된다. 소유권의 확인을 구하고 또 그 물건의 인도를 구하는 경우에도 그 중 최고액을 소송목적의 값으로 하면 충분할 것이다.[2] ii) 그리고 하나의 청구가 다른 청구의 수단에 지나지 않을 때에는 특별한 규정이 있는 경우를 제외하고 그 값은 소송목적의 값의 계산에 넣지 아니한다. 다만 수단인 청구의 값이 주된 청구의 값보다 액수가 많을 경우에는 그 많은 액수를 소송목적의 값으로 한다(수단인 청구의 흡수. 民印規 21). iii) 또한 과실(이자 등 법정과실 포함)·손해배상(지연이자, 지연손해금 포함)·위약금 또는 비용의 청구가 소송의 부대목적이 되는 때에는 그 값은 소송목적의 값의 계산에 넣지 아니한다(부대청구의 불산입. 27 Ⅱ). 이것은 계산을 간명하게 하기 위한 것이다.

(다) **개별소송시의 합산** 위에 설명한 원칙들은 하나의 소로 여러 개의 청구를 병합한 경우에만 적용된다. 따라서 하나의 소로 병합하여 제기할 수 있는 청구를 여러 개의 소로 나누어 제기하는 경우에는 각각 별도로 소송목적의 값을 계산하여 정한다(民印規 24).

---

1) 大決 1994. 8. 31, 94 마 1390(해고무효확인청구와 그 해고가 무효임을 전제로 한 임금지급청구).
2) 日最判 1972. 12. 26, 判時 722. 62.

Ⅲ. 土地管轄

1. 意義와 種類

(1) 意 義

1) 토지관할(örtliche Zuständigkeit)이라 함은 소재지를 달리하는 같은 종류의 제1심 법원 사이에 재판권의 분담을 정한 것이다. 즉 전국에 있는 많은 법원 가운데 어느 법원에 소를 제기할 수 있는가를 정하는 것이 토지관할이다. 각 법원은 그 직무집행의 지역적 한계로서 법원이 있는 위치에 따라 법률(각급법원의설치와관할구역에관한법률)에 의하여 정해진 관할구역(Gerichtsbezirk)을 가지고 있는데, 사건이 어느 법원의 토지관할에 속하는가는 그 사건의 당사자나 소송물이 그 법원의 관할구역과 일정한 관계가 있는가 없는가에 따라 결정된다. 이처럼 토지관할의 발생원인이 되는 관할구역 안의 관련지점(사건과 人的·物的으로 관련이 있는 지점)을 재판적(Gerichtsstand)이라고 한다.

2) 지방법원지원과 시·군법원은 조직상 독립된 법원은 아니지만 '독립된 관할구역'을 가진다(각급법원의설치와관할구역에관한법률 참조). 토지관할은 같은 종류의 법원 사이에 사건을 분담시키는 기능을 할 뿐만 아니라, 국제재판관할권의 범위를 정할 때에도 중요한 기준이 된다(國私 2 참조).

(2) 裁判籍의 種類

재판적은 사건의 당사자와의 관련(住所 등) 등에 의하여 인정되는 인적 재판적(persönlicher Gerichtsstand)과 사건의 소송물과의 관련(義務履行地 등)에 의하여 인정되는 물적 재판적(sachlicher Gerichtsstand)으로 나누어진다. 또한 재판적은 특정인에 대한 일체의 소송사건에 관하여 인정되는 보통재판적(allgemeiner Gerichtsstand)과 한정된 종류·내용의 사건에 관하여만 인정되는 특별재판적(besonderer Gerichtsstand)으로 나뉜다. 특별재판적은 다시 다른 사건과 관계없이 그 사건에 관하여 독립적으로 인정되는 독립재판적과 다른 사건과 관련되어 비로소 인정되는 관련재판적으로 나누어진다. 보통재판적은 언제나 인적 재판적이지만, 특별재판적은 인적 재판적일 경우도 있고 물적 재판적인 경우도 있다.

(3) 裁判籍의 競合

경우에 따라서는 하나의 사건에 관하여 여러 개의 재판적이 경합하여 존재한다. 이 재판적의 경합은 특별재판적이 여러 개 공존함으로써 발생하는 수가 많다. 이 경우에는 원고는 그 가운데 하나를 마음대로 선택할 수 있다(선택관할).[1] 그러나 하나의 법원에 소를 제기하였다고 하여 다른 법원의 관할권이 소멸되는 것은 아니며, 다만 다른 법원에 소를 제기하면 중복된 소제기(259)가 되어 부적법할 뿐이다.

2. 普通裁判籍

민사소송법은 피고의 보통재판적이 있는 곳의 법원에 모든 사건의 소를 제기할 수 있음을 규정하고 있다(2). 이것은 '원고는 피고의 재판적을 따른다' (*actor sequitur forum rei*)는 로마법상의 일반원칙에 따른 것이다. 원고가 소로 주장하는 권리의 존재 여부는 판결의 확정으로 비로소 알 수 있는 것이므로, 소의 제기단계에서는 피고의 편의와 이익을 존중하는 것이 당사자 사이의 형평에 맞기 때문이다.

보통재판적은 피고가 어떠한 법주체인가에 따라 다르다.

(1) 자연인(사람)

1) 사람(자연인)의 보통재판적은 원칙적으로 주소에 따라 정한다. 그러므로 일체의 사건에 관하여 피고의 주소지 법원에 소를 제기할 수 있다(피고 주소지주의 원칙). 주소가 없거나 주소를 알 수 없는 때에는 거소에 따라 보통재판적을 정하며, 거소가 일정하지 아니하거나 거소도 알 수 없으면 마지막 주소에 따라 정한다(3). 주소나 거소의 개념은 민법상의 개념이다(民 18, 19). 따라서 주소란 '생활의 근거되는 곳'을 의미한다(民 18). 마지막 주소시의 관할법원에 소를 제기하는 경우에는 공시송달(194)에 의하게 된다.

2) 우리나라의 대사·공사, 그 밖에 외국의 재판권행사대상에서 제외되는 대한민국 국민에 대하여 우리나라에서 소를 제기하려는 경우에 우리나라에 주소·거소 등 보통재판적이 없으면, 보충적으로 대법원 소재지가 보통재판적이 된다(4). 따라서 서울중앙지방법원에 소를 제기할 수 있다.

---

1) 大決 1966. 1. 26, 65 마 1167.

(2) 법인 등

1) 원칙적으로 그 주된 사무소 또는 영업소가 있는 곳에 따라 정하고, 사무소와 영업소가 없는 경우에는 이들의 주된 업무담당자의 주소에 따라 정한다(5 I).

2) 외국법인, 그 밖의 사단 또는 재단의 경우에는 한국에 있는 사무소, 영업소 또는 한국에 있는 업무담당자의 주소에 따라 정한다(5 II). 판례는 이를 국제재판관할로까지 확대하여 풀이하고 있다. 즉 이 경우에 외국법인의 대한민국 지점의 영업에 관한 것이 아닌 분쟁에 대하여도 증거수집의 용이성이나 소송수행의 부담 정도 등 구체적인 제반 사정을 고려하여 그 소송에 응할 것을 강제하는 것이 당사자간의 적정·공평·신속 등 민사소송의 이념에 비추어 보아 심히 부당한 결과에 이르게 되는 특별한 사정이 없는 한, 우리 법원의 관할권이 인정된다는 입장이다.[1)]

(3) 국 가

소송에 관하여 국가를 대표하는 관청(법무부장관)이 있는 곳 또는 대법원 소재지에 소를 제기할 수 있다(6). 즉 수원지방법원 안양지원이나 서울중앙지방법원이 토지관할을 갖는다.

3. 特別裁判籍

특정 사건에 관하여 특별히 인정되는 특별재판적에는 보통재판적과 함께 경합하여 인정되는 것과(7~24), 보통재판적을 갈음하여 인정되는 것(전속관할)이 있다(民執 21, 278, 303). 이하 독립재판적과 관련재판적으로 나누어 설명한다.

(1) 獨立裁判籍

1) 민사소송법 제7조 내지 제24조에서 규정하고 있는 독립재판적은 당사자 사이의 공평, 소제기의 편의, 변론과 증거조사의 편의 등을 고려하여 인정되고 있다. 보통재판적과 하나 또는 여러 개의 독립재판적이 동시에 존재하는 경우에는 원고가 임의로 선택하여 소를 제기할 수 있다. 다만 이로 인하여 피고주소지주의원칙이 무색하여질 염려가 있으므로, 민사소송법은 원고가 임의로 선택하여 소제기한

---

1) 大判 2000. 6. 9, 98 다 35037.

법원에서 소송에 응하는 것이 피고에게 현저한 손해가 있게 되는 경우에는 법원의 직권 또는 피고의 신청으로 소송을 이송할 수 있도록 하여(35), 당사자 사이의 형평을 도모하고 있다(소송의 이송에 관한 설명 참조).

2) 독립재판적은 몇 개의 그룹으로 나눌 수 있다. 그 첫째는 일반적인 의미를 가지는 것으로서, 근무지의 재판적(7), 거소지의 재판적(8), 선원·군인·군무원에 대한 재판적(10), 재산소재지의 재판적(11), 사무소·영업소 소재지의 재판적(12) 등이 있고, 둘째는 물권법의 영역에 속하는 것으로서, 부동산소재지의 재판적(20), 등기·등록지의 재판적(21) 등이 있고, 셋째는 채권법의 영역에 속하는 것으로서, 의무이행지의 재판적(8), 불법행위지의 재판적(18)이 있으며, 넷째로 상속법의 영역에 속하는 것으로서, 상속·유증 등의 재판적(22·23)이 있고, 다섯째는 상법의 영역에 속하는 것으로서, 어음·수표지급지의 재판적(9), 선적소재지의 재판적(13), 선박소재지의 재판적(14), 사원 등에 대한 재판적(15~17), 해난구조지의 재판적(19) 등이 있고, 그 밖에 지식재산권과 국제거래에 관한 재판적(24)이 있다.

① **근무지**(7) 사무소 또는 영업소에 계속하여 근무하는 사람을 피고로 하여 소를 제기하는 경우에는 그 사무소 또는 영업소를 관할하는 법원이 관할법원이다. 주소지를 떠나서 사무소나 영업소에 근무하는 사람에 대하여는 사무소나 영업소의 업무에 관한 것이 아니더라도(12 참조) 근무지에서 소를 제기할 수 있도록 함으로써 당사자 양 쪽 모두의 편의를 고려하고 있다.

② **거소지**(8 前) 재산권에 관한 소는 피고의 거소지의 법원에 제기할 수 있다. 보통재판적으로서 거소지는 주소를 알 수 없는 경우에 비로소 재판적으로 되지만, 특별재판적으로서는 재산권에 관한 한 독립된 재판적으로 된다. 따라서 재산권에 관한 소송에서는 원고는 피고의 주소지법원(보통재판적)과 거소지법원(독립재판적) 중 하나를 임의로 선택하여 소를 제기할 수 있다. 주소지에 비하여 쉽게 알 수 있는 거소지를 재판적으로 정하여 원고의 편의를 꾀하고 있다.[1] 그 밖에 재산권상의 소의 경우에는 신분적 특수성을 고려하여 거소지와 다름이 없는 곳을 재판적으로 정하고 있는 경우도 있다. 즉 선원을 피고로 하는 경우에는 선적(船籍)이 있는 곳의 법원에, 군인·군무원을 피고로 하는 경우에는 군사용 청사가 있는 곳

1) 李時, 109면.

또는 군용선박의 선적이 있는 곳의 법원에 각각 소를 제기할 수 있다(10 II I.).

③ **재산소재지**(11) 대한민국에 주소가 없거나 알 수 없는 사람에 대하여 재산권에 관한 소를 제기하는 경우에는 청구의 목적 또는 담보의 목적이나 압류할 수 있는 피고의 재산이 있는 곳의 법원에 제기할 수 있다. 이는 생활근거지가 국내에 있지 않은 자에 대한 원고의 권리실현의 편의를 위해 인정되는 것이다. 피고가 국내에 주소가 없거나 주소를 알 수 없는 경우에는 거소나 마지막 주소지에 보통재판적이 생기게 되는데(3 但), 이러한 보통재판적에 경합하여 특별재판적을 인정한 것이다. 특히 압류할 수 있는 '피고의 재산'과 관련하여, 그것이 소유권, 점유권, 기타 유체물을 목적으로 하는 물권인 경우에는 그 유체물의 소재지, 물건의 인도를 목적으로 하는 채권인 경우에는 그 물건의 소재지, 유가증권으로 화체된 채권(무기명채권, 지시채권 등)인 경우에는 그 증권의 소재지, 일반 금전채권인 경우에는 제3채무자의 보통재판적 소재지(民執 224 II)에 특별재판적이 인정된다.[1]

④ **사무소 · 영업소 소재지**(12) 사무소 또는 영업소의 업무와 관련이 있는 사항을 이유로 사무소 또는 영업소가 있는 사람을 피고[2]로 하여 소를 제기하는 경우에는 사무소 또는 영업소가 있는 법원이 관할법원이 된다. 업무와 관련된 소송의 심리를 쉽게 하고자 함이다. 이때의 업무는 영리행위는 물론 공익사업이나 행정사무 등을 포함하는 넓은 개념이며, 업무에 관한 소에는 업무 자체에 따른 법률관계뿐만 아니라 그 업무에 부수하여 발생하는 불법행위 · 부당이득의 청구, 업무를 위한 고용관계 · 물건의 인도나 사용에 관한 청구 등이 그 대상이 될 수 있다.[3] 여기에서의 사무소 · 영업소는 주된 사무소 또는 영업소일 필요는 없으며, 지배인이 있는 지점과 같이 독립하여 업무의 전부 또는 일부가 총괄적으로 처리되는 장소라면 족하다.[4] 따라서 이러한 재판적은 지점이 있는 대기업이나 외국기업[5]을 상대로 그 지점소재지에서 소를 제기할 수 있도록 한다는 점에서 유용하다.[6]

---

1) 주석 민소(I), §11, 184면.

2) 영업소가 원고에게 속하는 경우에는 사무소 · 영업소가 있는 곳의 특별재판적을 적용할 수 없다(大決 1980. 6. 12, 80 마 158).

3) 주석 민소(I), §12, 185면.

4) 다만 업무의 성질상 본점만이 취급할 수 있는 것에 관한 소송에 관해서는 지점에 특별재판적이 인정되지 않는다(大決 1967. 9. 20, 67 마 560).

5) 미합중국 하와이주의 법률에 의해 설립된 외국법인의 서울 사무소에서 근무하던 외국인 직원들이 부당해고를 이유로 손해배상청구를 한 사건에서 사무소 · 영업소가 있는 곳의 특별재판적을 인정하여 국내에 재판관할권이 있다고 한 사례는, 大判 1992. 7. 28, 91 다 41897.

6) 李時, 111면.

⑤ **부동산 소재지**(20) 부동산에 관한 소는 부동산이 있는 곳의 법원에 제기할 수 있다. 부동산에 관한 소는 부동산에 관한 권리를 목적으로 하는 소로서, 부동산에 관한 물권을 주장하는 경우와 채권을 주장하는 경우의 두 가지가 있다. 물권의 예로는 소유권 또는 점유권의 확인의 소, 소유권 또는 점유권에 기한 인도청구의 소, 등기말소청구의 소 등을 들 수 있다. 채권의 예로는 매매계약이나 임대차계약에 기한 부동산의 인도청구의 소나 이전등기청구의 소 등이 있다. 매매대금이나 임대료의 지급청구 등은 부동산에 관한 권리를 목적으로 하는 것이 아니므로 여기에 해당하지 아니한다.

⑥ **등기 · 등록지**(21) 등기 · 등록에 관한 소를 제기하는 경우에는 등기 또는 등록할 공공기관이 있는 곳의 법원에 제기할 수 있다. 등기 · 등록에 관한 서증을 조사하기가 편리한 점을 고려하였다. 등기절차의 이행을 구하는 소가 대표적이다.[1] 또한 부동산등기의 신청에 협조할 의무의 이행지는 제21조에 규정된 등기할 공공기관이 있는 법원이라 할 것이고 원고의 주소지를 그 의무이행지로 볼 수 없다는 것이 판례의 태도이다.[2]

⑦ **의무이행지**(8後) 재산권에 관한 소는 의무이행지의 법원에 제기할 수 있다. 이때의 의무이행지는 계약상의 의무이행은 물론 상대방 있는 단독행위, 불법행위, 부당이득, 사무관리에 기한 의무이행 등 법률의 규정에 의한 경우도 포함된다.[3] 민법은 채무의 성질 또는 당사자의 의사표시로 변제장소를 정하지 아니한 경우 특정물의 인도는 채권성립 당시에 그 물건이 있던 장소에서, 그 이외의 채무는 그 이행지를 **채권자의 현 주소** 또는 **현 영업소**(영업에 관한 채무의 변제의 경우)로 정하고 있으므로(지참채무의 원칙. 민 467), 결국 가장 보편적이면서도 중요한 금전채권의 이행과 관련하여 채권자라고 주장하는 사람의 주소지에 특별재판적을 인정한 것으로 된다. 상법도 '채권자의 지점'에서의 거래로 인한 채무이행의 장소가 그 행위의 성질이나 당사자의 의사표시에 의해 특정되지 아니한 경우 특정물 인도 외의 채무이행은 그 지점을 이행장소로 본다(商56)고 하여 같은 취지이다.[4] 예컨대 매매대금지급청구소송의 독립재

1) 부동산에 관한 소송에서는 부동산 소재지와 등기지가 일치하는 것이 일반적이고, 부동산이 있는 곳에 독립재판적이 인정되므로, 등기 · 등록지의 재판적을 인정할 실익은 적다(註釋民訴(Ⅰ), 149면).

2) 大決 2002. 5. 10, 2002 마 1156.

3) 李時, 106면; 姜 168면.

4) '채무자의 지점'에서의 거래의 경우에는 민법 제467조 제2항 단서에 의해 그 채무이행은 채권자의 현

판적은 원고의 주소지가 된다. 따라서 피고의 보통재판적 소재지 법원 즉 피고의 주소지 법원을 관할법원으로 정한 민사소송법(2, 3, 5)의 취지가 대부분 상실될 수밖에 없다.[1)2)] 이 경우에는 '손해나 지연을 피하기 위한 소송의 이송' 규정(35)을 적극 활용하여 당사자 사이의 형평을 꾀하여야 할 것이다(소송의 이송에 관한설명 참조).

⑧ **불법행위지**(18) 불법행위에 관한 소는 불법행위지의 법원에 제기할 수 있다. 피해자가 피해를 입은 뒤 바로 소를 제기할 수 있도록 하고, 증거의 수집이 쉽다는 점을 고려한 것이다. 불법행위지와 결과발생지가 다른 경우에는 양 쪽 모두에 재판적이 인정된다. 여기에서의 불법행위에는 민법 제750조에 기한 경우에 한정하지 아니하고 무과실책임을 지는 특수불법행위, 특별법상의 손해배상책임(예컨대 국가배상법 1, 自賠法 3, 광업법 91)까지도 포함된다.[3)] 또한 불법행위로 인한 손해배상과 관련하여 제기되는 채무부존재확인의 소는 불법행위지의 법원에 제기할 수 있다.[4)]

⑨ **어음·수표의 지급지**(9) 어음·수표에 관한 소는 지급지의 법원에 제기할 수 있다. 주채무자, 배서인 등 여럿의 어음상의 채무자를 피고로 하여 소를 제기하는 경우의 편의를 위하여 지급지 법원의 관할을 인정하였다.

⑩ **지식재산권·국제거래**(24) 2015년 민사소송법 제24조의 개정[5)]을 통해 지식재산권을 통상 '산업재산권'으로 불리우는 '특허권, 실용신안권, 디자인권, 상표권, 품종보호권(이하 "특허권 등"이라 한다)'과 '특허권 등'을 제외한 지식재산권(저작권법상의 저작권, 저작인접권, 부정경쟁방지법에 따른 부정경쟁행위와 영업비밀침해 등)[6)]으로 나누어 이에 관한 독립재판적을 따로 규정하였다. 즉 **특허권 등을**

영업소에서 하여야 한다(김홍엽, 77~78면); 판례는 위 '현 영업소'는 변제 당시를 기준으로 그 채무와 관련된 채권자의 영업소로서 주된 영업소(본점)에 한정되지 않고 그 **채권의 추심 관련 업무를 실제로 담당하는 영업소**까지 포함된다고 한다. 따라서 영업에 관한 채무의 이행을 구하는 소는 제소 당시 채권 추심 관련 업무를 실제로 담당하는 채권자의 영업소 소재지 법원에 제기할 수 있다(大決 2022. 5. 3, 2021 마 6868).

1) 도이칠란트 민사소송법은 우리와 마찬가지로 의무이행지의 독립재판적을 규정하고 있으나(獨民訴 29 II), 도이칠란트 민법이 추심채무(獨民 269 I) 또는 송부채무의 원칙(獨民 270)을 취하므로, 채무의 이행을 구하는 소송에서 채무자의 주소지가 독립재판적으로 되기 때문에 우리와 같은 문제가 없다. 도이칠란트 민법은 특별한 약정이 없거나 채무의 성질로 알 수 없는 경우에는 계약체결시의 채무자의 주소지가 의무이행지인 것으로 규정하고 있다(獨民 269 I). 또한 금전채무의 경우에는 채무자가 비용과 위험을 부담하는 송부채무의 원칙을 취한다(獨民 270).

2) 따라서 의무이행지의 특별재판적을 계약으로 이행지를 정한 경우로 제한하는 법개정이 필요하다는 견해로는, 胡, 180면.

3) 李時, 107면.

4) 大決 2011. 7. 14, 2011 그 65.

5) 2015. 12. 1. 개정, 법률 제13521호, 2016. 1. 1.부터 시행.

6) 그 밖에도 반도체설계법에 따른 배치설계권, 농수산물품질관리법에 따른 지리적 표시권 등도 포함될 수 있다.

제외한 지식재산권과 국제거래에 관한 소를 제기하는 경우에는 민사소송법 제2조 내지 제23조의 규정에 따른 관할법원 소재지를 관할하는 고등법원이 있는 곳의 지방법원에도 제기할 수 있다. 다만 이러한 소를 서울고등법원이 있는 곳의 지방법원에 제기하는 경우에는 서울중앙지방법원으로 한정된다(24Ⅰ). 고등법원 소재지의 지방법원에는 전문재판부가 설치되어 있으므로, 이들 사건을 전문재판부에서 심판할 수 있도록 하기 위함이다. 예컨대 전주지방법원 군산지원이 특허권 등을 제외한 지식재산권에 관한 소송에서 의무이행지(8) 등으로 관할법원이 되는 경우에, 군산시를 관할하는 광주고등법원이 있는 광주광역시의 광주지방법원도 관할법원이 된다.

특허권 등의 지식재산권에 관한 소[1]를 제기하는 경우에는 산업재산권에 관한 전문성을 고려하여 민사소송법 제2조부터 제23조까지의 규정에 따른 관할법원 소재지를 관할하는 고등법원이 있는 곳의 지방법원의 **전속관할**로 하며, 이때 서울고등법원이 있는 곳의 지방법원은 서울중앙지방법원으로 한정된다(24Ⅱ). 다만 이러한 전속관할에도 불구하고 당사자는 그 선택에 따라 특허권 등의 지식재산권에 관한 소를 서울중앙지방법원에도 제기할 수 있다(중복관할의 인정)(24Ⅲ). 한편 소송당사자의 편의성과 사법 접근성을 보장하기 위해 특허권 등의 지식재산권에 관한 소를 관할하는 법원은 전속관할임에도 불구하고 현저한 손해 또는 지연을 피하기 위하여 필요한

〈지식재산권에 관한 소송의 관할(2015. 12. 1. 개정, 2016.1.1. 시행)〉

<table>
<tr><th colspan="3">소송의 종류</th><th>1심</th><th>2심</th><th>3심</th></tr>
<tr><td rowspan="3">침해소송</td><td>개정전</td><td>지식재산권에 관한 침해소송</td><td>– 지방법원 및 그 지원
– 고등법원 소재 지방법원에도 제기가능(부가적·경합적 토지관할 인정).</td><td>고등법원 또는 지법합의부</td><td rowspan="3">대법원</td></tr>
<tr><td rowspan="2">개정후(2016.1.1. 시행)</td><td>특허권 등을 제외한 지식재산권</td><td>– 지방법원 및 그 지원
– 고등법원 소재 지방법원에도 제기가능(부가적·경합적 토지관할 인정), 다만 서울은 서울중앙지방법원에 한정</td><td>고등법원 또는 지법합의부</td></tr>
<tr><td>특허권 등의 지식재산권</td><td>– 고등법원 소재 지방법원(전속관할), 다만 서울은 서울중앙지법에 한정
– 또는 서울중앙지방법원(선택적 중복관할을 인정)</td><td>특허법원</td></tr>
<tr><td colspan="3">지식재산권에 관한 심결취소소송: 개정 없음</td><td>특허심판원</td><td>특허법원(제1심, 法組 28의4 ①)</td><td>대법원</td></tr>
</table>

1) 이에는 특허권 등 지식재산권 침해를 이유로 한 금지·폐기·신용회복 등 청구나 손해배상청구소송은 물론 특허권 등의 실시계약에 기초한 실시료지급 청구소송, 특허권 등의 이전·말소등록 청구소송, 전용·통상실시권 등 설정 유무, 귀속 등에 관한 소송, 직무발명·고안·디자인에 대한 보상금 청구소송 등도 포함된다(서울高決 2016. 5. 24, 2016 나 2016427).

때에는 직권 또는 당사자의 신청에 따른 결정으로 민사소송법 제2조부터 제23조까지의 규정에 따른 지방법원으로 사건을 이송할 수 있다(36Ⅲ). 판례에 따르면, 특허 관련 분쟁(등록무효심판청구 및 등록무효의 소)을 합의에 의해 종결시키고 난 후 합의서에서 정한 위약벌의 지급을 구하는 소,[1] 특허발명의 공동발명자라고 주장하면서 특허발명에 관한 직무발명보상금 중 자신의 지분에 해당하는 금액에 대한 보관금의 반환을 구하는 소는 그 심리 및 판단에 지식재산권에 관한 전문지식이나 기술에 대한 이해가 필요하다는 점에서 민사소송법 제24조 제2항에서 규정하는 특허권 등의 지식재산권에 관한 소로 보아야 하며, 이에 대한 항소사건은 특허법원의 전속관할에 속한다고 한다.[2]

3) 의무이행지나 불법행위지의 재판적(8, 18)과 같이, 재판적이 그 소송에서 원고가 주장하는 청구권의 실체법상의 성질에 착안하여 정하여진 경우에는, 어느 범위의 권리관계에까지 이들 관할이 인정되는가가 문제된다. 예컨대 계약상의 의무(물건의 인도의무)의 이행지와 이를 갈음하는 부당이득반환의무 또는 손해배상의무의 이행지가 다른 경우에, 계약의무의 이행지의 법원은 권리자가 부당이득반환청구권이나 손해배상청구권을 주장하여 소를 제기한 때에도 관할권을 가지는가, 또 불법행위지의 법원은 채무불이행에 기한 손해배상청구권을 주장한 경우에도 관할권을 가지는가 하는 것이 문제된다. 일본의 통설은 이를 부정하여 왔고,[3] 우리나라의 판례도 물건인도의 의무이행지로서 관할권이 있다고 하여 그 계약해제를 전제로 한 보증금반환채무와 위약금채무에 관한 관할권이 있는 것은 아니라고 하여 이를 부정하고 있다.[4] 그러나 이렇게 풀이하는 것은 심리의 중복과 판결의 모순을 가져올 염려가 있으므로 관할권을 긍정하여야 할 것이다.[5]

(2) 關聯裁判籍

(가) 의 의 관련재판적(Gerichtsstand infolge Sachzusammenhangs)이라 함은 다른 사건과 관련하여 인정되는 재판적을 뜻한다. 민사소송법 제25조의 경우 이외에도 독립당사자참가(79), 중간확인의 소(264), 반소(269) 등에서 각각 관련재판적이

1) 大判 2024. 10. 31, 2024 다 228906, 2024 다 228913.
2) 大判 2024. 3. 28, 2023 다 309549.
3) 菊井＝村松(舊版), Ⅰ, 39, 53면.
4) 大決 1963. 9. 26, 63 마 10.
5) 同旨: 兼子, 82, 84면; 新堂, 67~68면; 三ケ月, 258~259면. 一部同旨: 宋/朴, 90면. 反對: 李時, 107면.

인정된다. 그 가운데서 제25조가 규정하는 경우가 가장 중요하므로, 보통 관련재판적이라고 하면 이 경우를 가리킨다.

민사소송법 제25조가 규정하는 관련재판적은 하나의 소로 여러 개의 청구를 하거나(청구의 병합) 당사자가 여럿인 경우에(공동소송), 그 중 하나의 청구 또는 공동소송인 중 한 사람에 대한 관할권이 있으면 본래 관할권이 없는 다른 청구 또는 다른 공동소송인에 대하여도 관할권이 생기는 것을 말한다(25). 예컨대 원고가 피고를 상대로 하여 약속어음금청구와 매매대금청구를 위 어음의 지급지를 관할하는 A법원에 제기한 경우에, A법원은 본래 관할권이 없는 매매대금청구에 대하여도 관할권을 가진다. 또는 갑이 각각 다른 곳에 주소를 둔 을, 병을 상대로 을의 주소지의 A법원(피고의 보통재판적 소재지: 2, 3)에 공유물분할청구의 소를 제기한 경우, A법원은 병에 대하여도 관할권을 가진다.

(나) 취 지 청구의 병합의 경우에 관련재판적을 인정한 것은 이에 의하여 원고로서는 청구의 병합을 쉽게 할 수 있어 편리하고, 피고로서는 어차피 그 법원에 출석하여 소송에 응하지 않으면 안 되므로 이와 병합심리되는 다른 청구에 대하여 관할을 인정하여도 특별한 불이익이 없고 도리어 여러 개의 법원에서 별도로 소송에 응하는 것보다 편리하며, 법원으로서도 당사자 사이의 분쟁을 통일적으로 해결할 수 있으므로 소송경제를 꾀할 수 있기 때문이다. 또한 공동소송의 경우에 관련재판적을 인정한 것은 당사자들 사이에 실질적인 관련성이 있는 경우에 이를 같은 절차에서 한꺼번에 해결할 수 있어 원고와 피고 모두에게 편리하며, 법원으로서도 당사자 사이의 분쟁을 일거에 해결함으로써 재판의 통일과 소송경제를 꾀할 수 있기 때문이다.

(다) 적용범위

① 적용대상 관련재판적은 토지관할에 관하여 적용되고, 사물관할에는 그 적용이 없다(사물관할은 제27조에 의한다). 제25조는 제2조 내지 제24조의 규정에 의하여 1개의 청구에 대하여 관할권이 있는 법원이라고 규정하고 있으나, 법원이 토지관할권을 가지는 원인을 민사소송법 제2조 내지 제24조의 규정에 한정시킬 필요는 없고, 합의관할·변론관할 또는 지정관할에 의하여 관할권을 가지는 경우도 마찬가지로 풀이하여야 한다(通說). 다만 다른 법원의 전속관할에 속하는 청구에 관하여는 민사소

송법 제25조가 적용되지 아니한다(31).

② **청구의 병합의 경우** 하나의 소로써 여러 개의 청구를 병합한 경우, 즉 소의 객관적 병합의 경우에 인정된다. 여기의 병합에는 원시적 병합뿐만 아니라 후발적 병합(청구의 변경)도 포함된다.

③ **공동소송의 경우** 공동소송인 사이에 실질적 관련성이 있는 경우에는 당사자 한 사람에 대하여 특정 법원에 관할권이 있으면 다른 공동소송인에 대하여도 그 법원에 관할권이 있다. 공동소송인이 될 수 있는 경우로서 민사소송법 제65조는 첫째 소송목적이 되는 권리·의무가 여러 사람에게 공통되는 경우, 둘째 소송목적이 되는 권리의무가 사실상 법률상 같은 원인으로 생긴 경우, 셋째 소송목적이 되는 권리·의무가 같은 종류의 것이고 사실상 법률상 같은 종류의 원인으로 생긴 경우를 들고 있는데, 제25조 제2항은 첫째와 둘째의 경우만 관련재판적을 인정하고 있다. 공동소송인들 사이에 실질적인 관련성(關聯性)이 있어야 주요한 공격방어방법을 공통으로 하여서 같은 법원에서 함께 다툴 실익이 있기 때문이다. 대법원은 원고가 관할만을 발생시킬 목적으로 본래 제소할 의사가 없는 자를 공동피고로 추가하여 그 공동피고의 주소지를 관할하는 법원에 소를 제기한 사안에서 이는 관할선택권의 남용으로서 신의칙에 위배되므로 관련재판적에 관한 규정을 적용할 수 없다고 하였다(신의칙에 관한 설명 참조).[1]

공동소송인에 대한 관련재판적은 1990년 개정민사소송법으로 새로 두었다. 그 이전에는 병합청구에 관하여만 관련재판적이 인정되었으므로, 공동소송의 경우에도 적용되는가에 관하여 다툼이 있었다. 그리하여 이 경우에도 제한없이 같은 규정이 적용된다고 하는 견해(**적극설**),[2] 그 적용이 없다고 하는 견해(**소극설**)[3] 및 공동소송을 두 가지 경우로 나누어, 각 피고에 대한 청구 사이에 실질적인 관련성이 있는 경우, 즉 민사소송법 제65조 전문의 경우에는 적용되지만, 그러한 관련성이 없는 경우, 즉 민사소송법 제65조 후문의 경우에는 적용되지 않는다는 견해(**절충설**)[4] 등으로 견해가 갈라져 있었다. 1990년 개정민사소송법은 제65조의 전문의 경우에 관련재판적을 인정함으로써 절충설을 채택하였다.[5]

---

1) 大決 2011. 9. 29, 2011 마 62.

2) 朴, 73면.

3) 方, 120면; 李英, 60면; 韓, 85~86면; 과거 판례의 태도이기도 하다(大決 1980. 9. 26, 80 마 403; 1977. 11. 9, 77 마 284).

4) 李時潤, 「全訂版 民事訴訟法」(1984), 93~94면; 金/姜, 108면; 金容, 52면.

5) 1990년 개정민사소송법 전에 판례는 소극설을 취하였다(大決 1980. 9. 26, 80 마 403).

제 2 항 當事者의 擧動에 의한 管轄

Ⅰ. 合意管轄

1. 意 義

합의관할(合意管轄; vereinbarte Zuständigkeit)이라 함은 당사자 사이의 합의에 의하여 생긴 관할을 말한다(29). 법정관할 가운데 전속관할을 제외한 나머지는 모두 당사자의 공평 및 소송수행상의 편의를 고려하여 규정한 것이므로, 당사자 양쪽이 이와 다른 관할을 원할 때에는 이를 허용하여도 상관이 없고, 또 이에 의하여 법원 사이의 사건부담의 균형이 크게 깨어질 염려도 별로 없다. 이러한 이유로 합의관할을 인정하고 있다.

관할의 합의는 보통 기본이 되는 사법상의 계약과 함께 체결되고, 최근에는 보통거래약관 속에 관할합의의 조항이 포함되는 수가 많다. 그러나 관할합의가 사법상의 계약과 별개로 독립하여 체결되는 수도 있다.

관할의 합의를 너무 넓게 인정하면 경제적 강자가 그에게 편리한 재판적을 강요하여 약자에게 불리하게 될 염려가 있으므로, 도이칠란트 민사소송법은 1974년의 개정을 통하여 합의관할을 원칙적으로 불허하는 방향으로 선회하였다.[1] 우리 법은 관할합의의 자유의 원칙을 취하면서도 약관에 의한 관할합의와 관련하여 '약관의 규제에 관한 법률'에서 경제적 약자인 고객을 보호하기 위하여, (i) 고객에게 부당하게 불리한 소송제기 금지조항 또는 재판관할의 합의조항, (ii) 상당한 이유 없이 고객에게 입증책임을 부담시키는 약관 조항은 **무효**라고 하고 있다(約規 14).[2] 또한 소비자 보호를 위하여 할부거래에 관한 법률(44)과 방문판매 등에 관한 법률(53)

---

1) 獨民訴 38 참조. 자세한 것은 Jauernig, §11; Rosenberg, §37; 유병현, "관할합의의 규제: 약관에 의한 관할합의를 중심으로," 「민사법학」, 제19호(2001. 3.), 262면 이하 참조.

2) 사업자의 영업소 관할 지방법원으로 전속적 관할합의를 하는 내용의 약관조항이 고객에 **부당하게 불리하여 무효**이기 위해서는 그 약관조항이 고객에게 다소 불이익하다는 것으로는 부족하고, 사업자가 거래상의 지위를 남용하여 약관조항을 작성·사용하여 건전한 거래질서를 훼손하는 등 고객에게 부당하게 불이익을 주었다는 점이 인정되어야 한다. 또한 전속적 관할합의의 약관조항이 고객에게 부당한 불이익이 되는지 여부는, 그 약관조항에 의해 고객에게 생길 수 있는 불이익의 내용과 불이익 발생의 개연성, 당사자의 거래과정에 미치는 영향, 관계 법령의 규정 등 제반 사정을 종합하여 판단해야 한다(大決 2008. 12. 16, 2007 마 1328).

에서는 각각 소비자의 주소지 지방법원(주소가 없는 경우에는 거소를 관할하는 지방법원)을 전속관할로 정하여, 관할합의를 허용하지 아니한다.[1] 그리고 국제사법에서는 국제재판관할의 합의의 경우에 소비자 및 근로자 보호를 위하여 일정한 제한을 두고 있다(國私 42 Ⅲ·43 Ⅲ).

2. 要 件

(1) 제1심 법원의 임의관할에 관한 것일 것(29 Ⅰ)

사물관할 및 토지관할의 한 쪽 또는 양 쪽에 한하여 합의할 수 있고, 전속관할의 규정이 있는 경우(31) 및 상급심의 관할(심급관할도 전속관할이다)에 관하여는 관할의 합의가 인정되지 아니한다.

(2) 일정한 법률관계로 말미암은 소에 관한 것일 것(29 Ⅱ)

합의의 대상이 되는 소송이 어떠한 법률관계에 관한 것인지 예측할 수 없을 때에는 피고의 관할의 이익을 해할 염려가 있기 때문이다. 법률관계의 특정의 정도는 기본인 법률관계를 명확하게 하는 것이면 된다. 따라서 장래의 모든 소송이라고 하는 식으로 막연하게 정하는 것은 허용되지 않지만, 특정한 매매계약이나 임대차계약으로부터 발생하는 일체의 분쟁이라고 하는 것은 상관이 없다. 그 분쟁의 구체적 모습(대여금청구 소송 따위)까지 명시하는 것은 요구되지 않는다.

(3) 管轄法院을 特定할 것

1) 합의의 취지로부터 관할법원을 특정할 수 있어야 한다. 반드시 1개의 법원일 필요는 없다. 전국의 모든 법원이라고 정하는 것 또는 원고에게 관할법원의 지정을 위임하는 것[2]은 피고의 관할의 이익을 박탈하므로 허용되지 아니한다. 반대로 모든 법원의 관할을 배제하는 합의는 부제소의 합의이거나 외국법원의 재판권에 따르기로 하는 합의로 풀이할 수 있을 것이다.[3]

2) 관할을 정하는 경우에는 법정관할 외에 관할법원을 부가하는 부가적(경합적) 합의와 특정한 법원에 한하여 관할권을 인정하는 전속적 합의[4]의 두 가지 형태가

---

1) 그 밖에도 통신판매업자의 거래에 관해서는 소비자의 주소지가 전속관할이다(전자상거래등에서의 소비자보호에 관한 법률 36).

2) 大決 1977. 11. 9, 77 마 284.

3) 同旨: 李時, 120면; 金/姜, 176면; 姜, 177면. 이를 무효로 풀이하는 견해로는 宋/朴, 103면이 있다.

4) 전속적 관할합의에 전속적 국제재판관할합의까지 포함된 것으로 볼 수는 없다는 판례: 大判 2008. 3.

있다. 어느 것인지 불분명할 때에는 합의의 해석에 의할 수밖에 없다. 법정의 관할법원 중 어느 하나를 특정하거나 또는 배제하는 경우에는 전속적 합의이고, 그렇지 않은 경우에는 부가적 합의라고 풀이하는 견해(통설[1]·판례[2])와, 관할합의는 당사자의 이익을 위하여 인정되는 것이므로 당사자에게 유리하도록 항상 부가적 합의로 보아야 한다는 견해가 있다.[3] 그러나 개별적으로 관할의 합의를 하면서 특정한 법원을 관할법원으로 정할 때에는 이를 전속적 합의라고 풀이하는 것이 당사자의 의사에 합치할 것이다.[4] 다만 보통거래약관 등과 같이 사업자(기업)가 고객(소비자)과의 관계에서 부합계약의 방법으로 사실상 일방적으로 관할합의를 한 경우에는 이를 부가적 합의로 풀이하여 소비자의 권익을 보호하여야 할 것이다.

3. 方式과 時期

(1) 합의는 書面으로 하여야 한다(29 Ⅱ).

이것은 당사자 사이의 합의를 명확히 함으로써 합의 그 자체에 대한 분쟁을 방지하기 위한 것이다. 신청과 승낙이 별개의 서면으로 행하여져도 상관이 없고 또 그것이 동시에 행하여질 필요도 없으며, 신청 당시에 상대방이 특정되어 있을 필요도 없다. 따라서 어음발행인이 어음면상에 장래의 소지인에 대하여 합의의 청약을 기재하고, 뒤에 소지인이 이를 승낙하면 양자 사이에 관할의 합의가 성립한다.[5] 전자문서에 의한 합의도 유효한 것으로 볼 것이다.[6]

(2) 합의의 시기에 관하여는 특별한 제한이 없다.

소의 제기 전에 하는 것이 보통이지만, 사건에 관하여 법정관할권이 있는 법원에 소가 제기된 뒤에 합의를 하게 되면, 합의에 의하여 관할권을 박탈할 수 없기 때문에(33), 그것은 손해나 지연을 피하기 위하여 이송(35)을 신청하는 전제로서의

13, 2006 다 68209.

1) 李時, 120면; 兼子, 90면; 三ケ月, 254면; 齋藤, 注解民訴(1), 155면.

2) 大判 2008. 3. 13, 2006 다 68209.

3) 韓宗, 156면.

4) 브뤼셀협약은 항상 전속적 관할합의로 풀이한다(동협약 17). 미국의 판례는 관할조항에 '전속적으로(exclusively)'라는 표현이 들어 있지 않을 경우에는 당사자의 의사해석의 문제로 풀이하면서, '해야 한다(shall)'라고 표현한 경우에는 '할 수 있다(may)'라고 표현한 경우와는 달리 전속적 합의가 있는 것으로 볼 수 있다고 한다[ASM Communications, Inc. v. Allen, 656 F. Supp. 838(S.D.N.Y. 1987)]. 각 견해에 대한 자세한 소개와 비판은 유병현, 전게논문, 278면 이하 참조.

5) 日大判 1921. 3. 15, 民錄 27. 434.

6) 日本은 명문으로 유효성을 인정하고 있다(日民訴 22 Ⅲ).

의미밖에 없다.

4. 效 力

(1) 법정관할의 변경

1) 합의에 의하여 합의의 내용대로 관할이 변경된다. 부가적 합의이면 그 법원에 관할권이 발생하고, 전속적 합의이면 다른 법정관할은 배제된다. 그러나 법률상의 전속관할은 아니므로, 다른 합의에 의하여 이를 변경할 수 있고, 다른 법원에 소를 제기하여도 피고가 이의 없이 본안에 관하여 변론하면 변론관할이 생길 수 있다. 그리고 합의된 법원은 손해나 지연을 방지하기 위하여 다른 법정관할법원에 사건을 이송할 수 있다(35).

2) 약관의 내용 중 '고객에 대하여 부당하게 불리한 재판관할의 합의조항'은 무효이다(約規 14). 대법원은 사업자가 자신의 주된 사무소 소재지 법원을 관할법원으로 정한 관할합의조항에 관하여, 그 관할합의가 사업자의 거래상의 지위의 남용으로 인한 것이고 건전한 거래질서를 훼손하는 것이면 무효라고 본다.[1]

(2) 效力의 主觀的 範圍

1) 합의의 효력은 당사자 사이에서만 발생하고 제3자에게는 미치지 않는 것이 원칙이다. 따라서 채권자와 주채무자 사이의 관할의 합의는 보증인에게 미치지 아니한다.[2] 그러나 당사자의 권리를 행사하는 데 지나지 않는 파산관재인이나 채권자대위권을 행사하는 채권자는 합의에 구속되고 당사자의 포괄(일반)승계인(예컨대 상속인)도 합의의 효력을 받는다.

2) 소송물의 특정(특별)승계인에게도 합의의 효력이 미치는가에 관하여는 다툼이 있다. 통설은 관할의 합의가 소송법상의 합의이기는 하나, 실체적으로 보면 그 권리관계에 부착된 권리행사의 조건과 같은 것이므로, i) 그 권리관계가 당사자 사

---

1) 大決 2009. 11. 13, 2009 마 1482; 2008. 12. 16, 2007 마 1328. 다만, 大決 1998. 6. 29, 98 마 863에서는 관할합의의 구체적 사정에 관하여 판단하지 아니한 채 무효로 보고 있다. 약관심사자문위원회(공정거래위원회 산하)에서도 사업자가 자기의 주된 사무소 소재지를 관할법원으로 정한 경우에는 무효로 보고 있으며, 설령 그것이 부가적 합의로 풀이되어도 무효라는 입장이다. 자세한 설명은 유병현, 전게논문, 281면 이하 참조.

2) 채권자와 보증인 사이의 관할합의도 주채무자에게 미치지 않는다(大判 1988. 10. 25, 87 다카 1728).

이에서 그 내용을 자유로 정할 수 있는 것이면(예컨대 指名債權),[1] 승계인은 변경된 권리관계를 승계한 것으로 보아 여기에 합의의 효력이 미치고, ii) 그 권리관계의 내용이 법률상 정형화되어 있고, 당사자가 자유로 변경할 수 없는 성질의 것이면(예컨대 物權, 어음債權 등),[2] 정형적인 권리의 내용을 신뢰한 승계인을 보호하여야 하므로 승계인은 그 합의에 구속되지 않는 것으로 본다.[3]

5. 性　　質

1) 관할의 합의는 관할의 변경이라는 소송법상의 효과의 발생을 목적으로 하는 소송계약이다.[4] 따라서 관할의 합의에는 소송능력이 필요하다(통설).[5] 그러므로 미성년자가 사법상의 계약의 체결에 관하여 법정대리인의 동의를 얻었을 경우에도 이와 동시에 체결된 관할의 합의에 관하여는 다시 법정대리인의 추인을 얻어야 한다.

2) 관할의 합의는 사법상의 계약과 동시에 체결되는 수도 있지만, 이 경우에도 사법상의 계약과는 별개의 소송계약이다. 따라서 동시에 체결된 사법상의 계약이 취소되거나 해제되어도 관할의 합의의 효력이 당연히 그 영향을 받는 것이 아니고, 오히려 사법상의 계약이 효력을 상실하는 경우에 관할의 합의가 의미를 가지는 수도 있다.

3) 관할의 합의는 재판 외에서 체결되고 또 상대방에 대한 것이요 법원에 대한 것이 아니므로, 소송절차를 형성하는 전형적인 소송행위와는 다르고, 도리어 사법상의 법률행위에 유사하다. 따라서 합의에 의사표시의 흠 등이 있으면 민법의 규정을 유추적용하여야 한다(통설).

6. 國際裁判管轄의 合意

1) 외국의 법원을 전속적인 관할법원으로 정하는 합의는 우리나라의 재판권을 배제하는 합의이다. 우리 판례에 따르면 이러한 전속적 국제재판관할의 합의는 i)

1) 大決 2006. 3. 2, 2005 마 902(지명채권).
2) 大決 1994. 5. 26, 94 마 536(근저당권설정자와 근저당권자 사이의 관할 합의는 부동산 양수인에게 미치지 아니한다).
3) 李時, 122면; 金/姜, 169~170면; 宋/朴, 104면.
4) 다른 견해에 대하여는 Baumbach/Lauterbach, §38 2 A. 참조.
5) 사법상의 행위능력으로 족하다는 설: 吉村=竹下=谷口, 82면; 三ケ月, 287면.

해당 사건이 대한민국 법원의 전속관할에 속하지 않으며, ii) 지정된 외국법원이 그 외국법상 해당 사건에 대하여 관할권을 가지며, iii) 해당 사건이 그 외국법원에 대하여 합리적인 관련성을 가질 것이 요구되며, iv) 그와 같은 전속적인 관할합의가 현저하게 불합리하고 불공정하여 공서양속에 반하는 법률행위에 해당하지 않은 경우에만 유효하게 된다고 하였다.[1]

만약 당사자가 이러한 전속적 국제재판관할의 합의에 반하여 우리나라의 법원에 소를 제기한 경우에 이것을 어떻게 취급할 것인가가 문제된다. 2022년 개정 국제사법에 따르면, 당사자 간에 일정한 법률관계로 말미암은 소에 관하여 외국법원을 선택하는 전속적 합의가 있는 경우 대한민국 법원에 그 소가 제기된 때에는 그 법원은 해당 소를 각하하여야 한다. 다만, i) 국제재판관할 합의가 국제사법 제8조 제1항에서 규정하고 있는 무효사유(합의에 따라 국제재판관할을 가지는 국가의 법에 따를 때 그 합의가 효력이 없는 경우, 합의를 한 당사자가 합의를 할 능력이 없었던 경우, 대한민국의 법령 또는 조약에 따를 때 합의의 대상이 된 소가 합의로 정한 국가가 아닌 다른 국가의 국제재판관할에 전속하는 경우 또는 합의의 효력을 인정하면 소가 계속된 국가의 선량한 풍속이나 그 밖의 사회질서에 명백히 위반되는 경우)로 인해 효력이 없는 경우, ii) 대한민국 법원에 변론관할이 발생하는 경우, iii) 국제재판관할 합의에 따라 국제재판관할을 가지는 국가의 법원이 사건을 심리하지 아니하기로 하는 경우 또는 iv) 합의가 제대로 이행될 수 없는 명백한 사정이 있는 경우에는 그러하지 아니하다(國私 8 Ⅴ). 이러한 사정을 판단함에 있어서는 우리나라의 재판권에 전속하는 사건인데도 소를 각하한다면 그것은 우리 주권의 포기이고, 외국의 법원이 수리하지 않을 염려가 있는 사건을 각하하는 것은 재판의 거부가 될 수 있음을 고려해야 할 것이다.

2) 합의의 방식은 특정한 나라의 법원을 관할법원으로 명시적으로 지정하는 당사자의 일방이 작성한 서면(예컨대 선하증권)에 기하여 합의가 이루어지면 충분하다. 서면에 의한 합의에는 전보(電報), 전신(電信), 팩스, 전자우편 또는 그 밖의 통신수단에 의하여 교환된 전자적 의사표시가 포함된다(國私 8 Ⅱ).

3) 앞에서 말한 바와 같이(민사재판권의 대물적 제약에 관한 설명 참조) 소비자계약 또는 근로계약을 체결하면서 하는 국제재판관할의 합의는, i) 분쟁이 이미 발생한 후 국제재판관할의 합의를 한 경우 또는 ii) 국제재판관할의 합의에서 대한민국 법원 외에 외국법원에도 소비자 또는 근로자가 소를 제기할 수 있도록 한 경우에만 효력이 있다(國私 42 Ⅲ. 43 Ⅲ).[2]

1) 大判 2023. 4. 13, 2017 다 219232; 2004. 3. 25, 2001 다 53349; 1997. 9. 9, 96 다 20093.

이는 부당한 관할합의로부터 소비자와 근로자를 보호하기 위함이다.

Ⅱ. 辯論管轄

1. 意 義

변론관할(Zuständigkeit infolge rügeloser Einlassung)은 피고가 관할위반을 다투지 아니하고 본안에 대하여 변론하여 생기는 관할(30)이다.[1] 관할권이 없는 법원에 소가 제기되어도 피고가 이를 다투지 않고 변론한 이상 관할의 합의가 있었던 것과 마찬가지로 보아 그 법원에 관할이 생기도록 한 것이다. 만일 피고가 본안에 대한 변론을 한 뒤에도 관할위반의 항변을 제출할 수 있다면, 그것은 소송경제에 반하고, 피고는 자기에게 유리한 시기를 선택하여 항변할 수 있으므로 형평에 반하기 때문이다(소송경제와 무기평등).[2]

2. 要 件

(1) 원고가 관할권이 없는 제1심 법원에 소를 제기하였을 때

변론관할은 제1심의 토지관할 및 사물관할에 관하여 인정되고, 또 달리 법정의 전속관할법원이 없는 경우에 한하여 인정된다(31).[3] 이 점은 합의관할의 경우와 같다.

(2) 피고가 이의 없이 본안에 대하여 변론하였을 것

변론관할은 피고가 관할위반의 항변을 제출하지 아니하고 본안에 대하여 변론하거나 변론준비기일에서 신술한 때에 발생한다.

1) 피고가 관할위반의 항변을 제출하면 변론관할이 발생하지 아니한다. 관할위반의 항변은 반드시 적극적·명시적으로 할 필요는 없고, 관할문제를 유보하고 본안에 관하여 변론하여도 변론관할은 생기지 아니한다.

---

2) 大判 2023. 4. 13, 2017 다 219232.

1) 본래 응소관할이라 하였는데 2002년 개정법으로 변론관할로 바뀌었다.

2) Musielak ZPO, §39 Rdn. 1.

3) 大判 1960. 5. 12, 4292 民上 273.

2) 본안에 대하여 변론한다고 함은 소송물, 즉 청구의 당부에 관하여 진술하는 것을 말한다. 소송요건의 흠을 이유로 하여 소각하의 신청을 하거나, 법관에 대하여 기피의 신청을 하거나 또는 변론기일변경의 신청을 하는 것은 이에 해당되지 아니한다. 피고가 청구기각의 판결만을 구하고, 구체적인 답변을 다음 기일로 미루는 경우에 관하여는 다툼이 있으나, 이것은 청구가 이유 없다고 하여 그 배척을 구하는 취지이므로, 본안에 대한 변론에 해당한다고 본다(통설).[1]

3) 본안에 대한 변론 또는 진술은 관할위반임을 알고 할 필요는 없으나, 말로 현실적으로 하는 것이 필요하다. 그러므로 본안에 대한 변론을 적은 준비서면을 제출하였더라도 기일에 현실로 출석하여 진술하지 않는 한 변론관할이 발생하지 아니한다. 이것은 피고가 준비서면만 제출하고 결석하여 준비서면의 기재사항이 진술간주되는 경우(148, 286)에도 같다.[2] 피고는 관할위반의 법원에 출석할 의무가 없기 때문이다. 다만 피고가 결석하였기 때문에 원고가 소장등에 적은 관할원인사실에 관한 주장을 피고가 자백한 것으로 되어 관할을 긍정하는 일은 있을 수 있다(그러나 이것은 변론관할이 아니다).

3. 效　　果

피고의 변론에 의하여 본래 관할권이 없었던 법원에 관할권이 발생한다. 관할권이 발생하는 시점은 관할위반의 항변을 제출하지 않고 본안에 대하여 변론하는 때이고, 따라서 그 후에는 관할위반의 항변을 제출할 수 없다. 변론관할은 그 사건에 한하여 발생하므로, 소의 취하 또는 각하 후에 다시 소를 제기하는 경우에는 그 효력이 없다.

본소가 단독판사 사건인데, 반소가 합의부 사건인 경우, 반소피고인 원고가 관할위반의 항변을 하지 아니하고 본안에 대하여 변론하면, 그 단독판사에게 관할권이 생긴다(269 Ⅱ 但).

1) 反對: 金/姜, 171면.
2) 大決 1980. 9. 26, 80 마 403.

제 3 항 指定管轄

1. 意　義

지정관할(angeordnete Zuständigkeit, gerichtlich bestimmte Zuständigkeit)이라 함은 관할의 지정이라는 재판(결정)에 의하여 생기는 관할을 말한다[28]. 재정관할이라고도 한다.

법은 관할에 관하여 상세하게 규정하고 있지만, 구체적 사건에 관하여 관할이 명백하지 아니한 경우가 발생한다. 이러한 경우에는 관계 있는 법원에 공통되는 바로 위의 상급법원이 결정으로 관할법원을 정하여 문제를 해결하며, 이것을 관할의 지정이라고 한다.

제1심법원의 토지관할 · 사물관할에 관하여 주로 문제되지만, 제2심법원에 관하여도 관할의 지정이 가능하며, 전속관할에 관하여도 그것이 가능하다.

2. 指定原因

(1) 裁判權 行使不能의 경우

관할법원이 법률상 또는 사실상 재판권을 행사할 수 없는 때이다. 예컨대 관할법원의 법관 모두에 관하여 제척원인이 있거나 회피를 하여 법률상 직무를 행할 수 없을 때(법률상의 불능) 또는 관할법원의 법관 모두가 질병으로 직무를 행할 수 없을 때(사실상의 불능) 등이 이에 해당한다.

(2) 管轄區域이 분명하지 아니할 때

법원의 관할구역이 분명하지 아니한 때, 즉 구체적 사건에 관하여 그것이 어느 법원의 관할구역에 속하는지 결정할 수 없는 때를 말한다. 예컨대 항공기나 열차 안에서 일어난 불법행위, 관할원인(예컨대 불법행위)의 소재지가 경계선에 걸쳐 있는 경우 등이 이에 해당한다.

(3) 지방법원과 가정법원 사이의 관할이 불분명할 때

사건이 가정법원과 지방법원 중 어느 법원의 관할에 속하는지 명백하지 아니한

때를 말한다(家訴 3).[1]

3. 指定節次

1) 관할의 지정은 관계된 법원 또는 당사자의 신청에 의하며, 관계된 법원과 공통되는 바로 위의 상급법원이 결정으로 한다(28 I). 지방법원과 가정법원 사이의 관할의 지정은 관계된 법원과 공통되는 고등법원이 한다(家訴 3 I).

2) 관할지정의 신청은 소제기 전 또는 후에 할 수 있다. 소제기 후의 사건에 관하여 관할지정의 신청이 있은 경우에는 그 신청에 대한 결정이 있을 때까지 소송절차를 정지하여야 한다. 다만 긴급한 필요가 있는 행위를 하는 경우에는 그러하지 아니하다(民訴規 9).

3) 관할지정의 결정에 대하여는 불복할 수 없다(28 II). 그러나 관할지정신청을 기각한 결정에 대하여는 항고할 수 있다(439). 관할지정 또는 지정신청기각의 결정 정본은 소제기 전의 사건에 관하여는 신청인에게, 소제기 후의 사건에 관하여는 소송계속법원 및 당사자 모두에게 각각 송달하여야 한다(民訴規 8 II).

4. 指定의 效力

1) 관할의 지정결정이 있으면 지정된 법원에 관할권이 창설된다. 지정된 법원은 지정결정에 구속되지만, 원고가 법원을 기망하여 관할지정을 받은 경우에는 그 구속력이 없다.[2]

2) 소송이 계속된 법원이 아닌 다른 법원이 관할법원으로 지정된 경우에는 그 법원의 법원사무관등은 바로 그 결정 정본과 소송기록을 지정된 법원에 보내야 한다(民訴規 8 III).

---

1) 고유필수적 공동소송에서 공동소송인에게 공통된 재판적이 없는 경우에 관련재판적을 인정하지 않는 과거의 판례·통설의 입장에서는 이 경우에도 관할의 지정에 의하여 관할법원을 정하여야 한다고 하였다(方, 131면; 李英, 61면. 反對: 日最判 1956. 10. 31, 民集 10. 1398). 그러나 1990년 개정민사소송법에 의하면 관련재판적이 인정되므로(25 II), 관할의 지정은 필요하지 않다.

2) RG 154, 302 f.

제 3 관 管轄權의 調査

Ⅰ. 調査의 必要－職權調査

소를 제기 받은 법원이 관할권을 가지는 것은 그 소의 내용인 청구의 당부에 관하여 본안판결을 하기 위하여 구비하여야 할 적법요건인 소송요건의 하나이다. 따라서 소를 제기 받은 법원은 피고로부터 관할위반의 항변이 없더라도 관할권의 유무를 조사할 의무를 진다. 관할권의 유무는 그에 관한 의문이 있을 때에는 언제든지 조사할 수 있고 상급심에서도 이를 할 수 있다.[1] 다만 임의관할의 경우에는 이에 위반하여 본안판결을 하였더라도 그 흠을 항소심에서 주장할 수 없으므로 (411), 이에 관한 조사는 제1심에 한한다.

Ⅱ. 調査의 方法·資料

관할권의 존재에 관하여 이익을 가지는 원고는 상대방이 관할을 다투는 한 관할원인인 사실을 주장·증명할 수 있지만, 앞에 말한 바와 같이 관할권의 존재는 소송요건 중의 하나이므로 법원은 직권으로 조사할 수 있다(직권조사사항, 32). 이때에 전속관할에 관하여는 관할의 원인사실의 유무를 법원이 적극적으로 탐지할 직책이 있으나(직권탐지사항), 임의관할은 당사자가 변경할 수 있는 성질의 것이므로, 당사자 사이에 다툼이 없으면 증명을 요하지 않고 관할을 인정하여도 좋다(변론주의).[2]

Ⅲ. 調査의 限度

1) 관할에 관한 조사는 관할을 정하는 데에 필요하고도 충분한 한도 안에서 한다. 이 경우에는 원칙적으로 모든 종류의 관할을 고려하여 그 가운데 하나라도 있

1) Rosenberg, §39 Ⅰ 4.

2) 同旨: 李英, 65면; 李時, 126면; 金/姜, 172면; Rosenberg, §39 Ⅰ 3.

으면 된다.

2) 관할을 정하는 사실이 동시에 본안의 내용과 관련되는 경우, 즉 관할이 청구권의 법적 성질에 따라 정하여지는 경우에는 원고의 주장사실을 토대로 하여 관할의 유무를 판단하면 충분하고, 더 나아가 그 사실의 존재 여부를 확인하기 위하여 본안심리까지 다할 필요는 없다. 바꾸어 말하면 관할의 판단은 본안의 판단과는 분리되고, 원고가 청구를 이유 있게 하기 위하여 주장한 사실이 존재한다고 가정하여 관할의 유무를 결정한다.[1] 예컨대 원고가 불법행위지의 재판적(18)에 기하여 소를 제기한 경우에는 원고가 주장하는 불법행위가 있다고 가정하고, 그 불법행위지가 법원의 관할구역 안에 있는가 없는가를 판단하면 된다.

다만 재판적의 발생 원인에 관해 다툼이 있는 경우, 예컨대 의무이행지의 재판적(8)에 기하여 소를 제기한 경우에 피고가 의무이행지에 관한 합의를 다투는 경우, 불법행위지의 재판적(18)에 기하여 소를 제기한 경우에 피고가 불법행위지가 법원의 관할구역 안이 아니라고 다투는 경우에는 증거조사를 하여야 한다.[2] 이 경우에 관할을 발생시키는 특별한 사실, 예컨대 불법행위지가 수소법원의 관할구역 안에 존재한다는 사실은 원고가 증명하여야 한다.[3]

Ⅳ. 管轄決定의 時期

1) 관할권의 존재는 소송요건의 하나로서 본안판결을 하기 위한 요건이므로, 사실심의 변론종결당시에 관할권이 있으면 족하다. 따라서 소를 제기할 때에 관할이 없는 경우에도 그 뒤에 관할원인이 발생하면 관할위반은 치유된다. 예컨대 청구취지의 확장·감축이나 청구의 추가적 병합에 의하여 사물관할이 생기는 경우 또는 피고가 주소·거소를 이전하여 토지관할이 생기는 경우와 같다.

2) 그러나 민사소송법은 소를 제기한 때에 관할이 있으면 충분한 것으로 규정하고 있다(33). 그리하여 관할은 소를 제기한 때를 표준으로 하여 정해지며, 이를 소제기에 의한 관할의 항정(*perpetuatio fori*)이라고 한다. 따라서 소를 제기한 뒤에

---

1) 大決 1966. 1. 5, 65 마 998.
2) 李時, 121면; Rosenberg, §39 Ⅰ 2 c) 참조.
3) Rosenberg, §39 Ⅰ 2 c).

피고의 주소가 변경되거나 소송목적의 값이 변동된 경우에도 관할위반으로 되지 아니한다.[1] 본안의 관할법원에 가압류 또는 가처분신청을 한 경우(民執 278, 303)에 뒤에 본안사건이 계속되지 않더라도 가압류 또는 가처분에 대한 관할에 영향이 없는 것도 마찬가지의 이유에서이다.[2]

3) 이상 요컨대 관할권은 소를 제기한 때에 존재하거나, 사실심의 변론을 종결할 때에 존재하면 된다.

Ⅴ. 調査의 結果

1) 관할권이 존재하는 경우에는 법원은 그대로 심리를 진행시킨다. 당사자 사이에 관할권의 존재 여부에 관하여 다툼이 있으면 법원은 중간판결(201)이나 종국판결의 이유에서 이에 관한 판단을 한다.

2) 관할권이 없는 경우에 법원은 본안에 관하여 재판할 수 없고, 사건을 결정으로 관할법원에 이송하여야 한다(34 Ⅰ). 본안의 청구가 이유 없음이 명백한 경우에도 마찬가지이다. 관할법원이 전혀 없을 때에는 판결로 소를 각하하여야 한다.[3] 관할권이 없으면 본안판결을 할 수 없지만, 소송경제를 위하여, 소송요건의 흠을 이유로 한 본안 전의 판결, 예컨대 소송능력, 대리권의 흠, 재판권의 흠 등을 이유로 한 소각하의 판결은 할 수 있다고 생각한다(219).[4] 형식적으로는 관할원인이 있지만, 실제로는 원고가 사술(詐術)을 써서 관할원인인 사실을 조작한 경우에도 법원은 관할권을 부정하여 소송을 이송하거나 소를 각하하여야 한다.

3) 관할권이 없는 법원이 한 본안판결의 효력은 관할이 전속관할인가 임의관할인가에 따라 다르다. 임의관할의 경우에는 그 흠을 제2심에서 다툴 수 없으므로(411),[5] 관할위반의 흠은 제1심판결에 의하여 치유되지만, 전속관할의 경우에는 상소

---

1) 大決 1970. 1. 8, 69 마 1097; 大判 1979. 11. 13, 79 다 1404.

2) 大判 1963. 12. 12, 4293 民上 824. 그 밖에도 소액사건인지 여부는 소제기시를 기준으로 결정되므로 여러 소액사건을 병합하여 소액사건을 초과하여도 소액사건임에는 변함이 없고, 따라서 상고도 제한(少審 3)된다(大判 1992. 7. 24, 91 다 43176).

3) 方, 135면.

4) 方, 135면; 金/姜, 173면; 齋藤, 73면; 新堂, 61면.

5) 大決 1997. 12. 26, 97 마 1706.

심에서도 이를 다툴 수 있고(411 I ③, 424), 상소심에서 관할위반을 인정하면 원심판결을 취소하고 사건을 관할법원으로 이송하여야 한다(419, 436). 그러나 전속관할을 위반한 경우에도 재심사유는 되지 아니하므로, 판결이 확정되면 그 흠은 당연히 치유된다.

제 4 관 訴訟의 移送

Ⅰ. 意 義

1) 소송의 이송(Verweisung)이라 함은 어느 법원에 일단 계속된 소송을 그 법원의 결정에 의하여 다른 법원으로 옮기는 것을 말한다. 소송사건을 기준으로 하여 관찰하면, 소송절차의 진행중에 법원이 변경되는 것이다. 이것은 관할위반의 경우에 언제나 소를 부적법하다고 하여 각하한다면, 원고는 재소로 인하여 시간·노력·비용을 이중으로 들여야 할 뿐만 아니라, 시효중단이나 제척기간 준수의 효력을 상실할 염려가 있으므로, 이를 구제하여 소송경제를 꾀하고, 또 관할위반이 아닌 경우라도 사건을 심리하는 데 보다 편리한 법원으로 하여금 심리하게 함으로써 당사자 사이의 형평을 꾀하고 소송경제를 도모하기 위한 것이다.

2) 이송에는 제1심에서의 이송(34, 35 II, 36, 269) 이외에 상소심에서의 이송(416, 436)이 있다. 그 밖에 상급심에서 원심으로 사건을 환송하는 것(418, 436)도 넓은 의미에서는 이송의 개념에 포함된다.

3) 이송은 같은 법원 안에서 사물관할을 같이하는 단독판사 사이 또는 합의부 사이에 사건을 보내는 이부(移部)와 구별하여야 한다(같은 법원이라도 사물관할을 달리하는 단독판사와 합의부 사이의 사건의 송부는 이송에 해당한다).[1] 또한 이송은 재판의 일종이므로, 사실행위로서 소송기록을 다른 법원으로 보내는 이른바 소송기록의 송부와도 구별하여야 한다.

여기에서는 제1심에서의 이송에 관하여만 설명한다.

---

1) 지방법원과 지방법원지원 사이의 사건의 송부는 그 토지관할(관할구역)이 다르기 때문에 이송이다. 李時, 127면 참조.

Ⅱ. 移送의 原因

제1심의 이송은 다음의 경우에 인정된다.

1. 管轄違反에 의한 移送

법원은 사건에 대하여 관할권이 없다고 인정하는 경우에는 결정으로 이를 관할법원에 이송하여야 한다(직권에 의한 이송: 34 Ⅰ).

(1) 事物管轄·土地管轄의 違反

사물관할이나 토지관할의 위반이 있는 경우에는 이를 관할법원으로 이송하여야 한다. 다만 예외적으로 지방법원 합의부는 그 관할에 속하지 않는 단독판사의 관할사건이라도 상당하다고 인정할 때에는 이를 이송하지 않고 스스로 심판할 수 있다(34 Ⅲ). 그리고 임의관할을 위반한 경우에는 변론관할이 생길 여지가 있으므로, 먼저 소장을 피고에게 송달하여 보고 피고가 관할위반의 항변을 하면 그 때에 사건을 관할법원에 이송하여야 한다. 소송의 전부가 그 관할에 속하지 않는 때에는 그 전부를 이송하여야 하지만, 청구병합의 경우에 청구의 일부만이 전속관할 위반인 때에는 그 일부만을 이송하면 된다(임의관할인 경우에는 관련재판적(25 Ⅰ)으로 구제된다). 지급명령의 신청에 관할위반이 있는 경우에는 각하한다(465).

(2) 審級管轄의 違反

심급관할을 위반한 경우에도 사건의 이송이 가능한가에 관하여는 다툼이 있다.

(가) 제1심 소를 제기할 법원을 그르친 경우 예컨대 지방법원에 제기할 민사소송을 고등법원을 제1심으로 하여 제기한 경우이다. 이 경우에는 민사소송법 제34조를 적용하여 사건을 관할권 있는 하급심법원으로 이송하여야 할 것이다.[1)]

(나) 상소할 법원을 그르친 경우 첫째, 상소장을 제출할 법원을 그르친 경우, 예컨대 상고장을 원심법원인 서울고등법원에 제출할 것(397 Ⅰ 참조)을 대법원에 잘못 제출한 경우이다. 이 점에 관하여 심급관할은 자동으로 결정되는 것이며, 관할권이

---

1) 同旨: 李時, 128면; 姜, 184면.

없는 법원에 대한 상소에 의하여 상소의 효력이 발생할 수 없고, 이송의 규정은 그 조문의 위치로 보아 제1심의 관할위반에만 적용된다고 하는 이유로 소송의 이송을 부정하는 견해가 있다.[1] 대법원은 소송기록을 송부하는 방법으로 처리하면서, 상소장이 적법한 법원에 접수된 때를 기준으로 상소기간 준수 여부를 따질 것이라고 한다.[2] 그러나 관할위반으로 인한 불이익을 가능한 한 구제하려고 하는 법의 취지에 비추어, 이 경우에도 민사소송법 제34조를 유추적용하여, 이송을 긍정하여야 할 것이다.[3] 둘째, 상소장에 상소할 법원을 잘못 표시한 경우, 예컨대 서울중앙지방법원 항소부(합의부)를 항소법원으로 표시하여 항소를 제기하여야 하는데, 잘못하여 서울고등법원을 항소법원으로 표시하여 항소를 제기한 경우, 법원은 상소장의 표시 여부에 관계없이 적법한 관할법원으로 소송기록을 송부하여야 한다.[4] 법원이 상소장에 잘못 기재된 대로 소송기록을 송부한 경우에, 송부받은 법원은 적법한 관할법원으로 사건을 이송하여야 한다.[5]

(다) 재심의 소를 제기할 법원을 그르친 경우 재심은 재심을 제기할 판결을 한 법원의 전속관할이다(453 I). 그런데 민사소송법 제451조 제3항에 의하면, 항소심에서 사건에 대하여 본안판결을 한 때에는 제1심 판결에 대하여 재심의 소를 제기하지 못한다(자세한 것은 재심에 관한 설명 참조). 그리하여 재심의 소를 항소심 법원에 제기하여야 하는데, 잘못하여 제1심 법원에 제기한 경우에, 제1심 법원이 이를 항소심법원으로 이송할 수 있는가가 문제된다. 대법원은 재심사유가 항소심판결에 관한 것으로 인정되거나 재심사유가 제1심판결과 항소심판결에 공통된 경우에 한하여 이송을 긍정

1) 方, 137면.

2) 大判 1981. 10. 13, 81 누 230; 大決 1985. 5. 24, 85 마 178; 1992. 4. 15, 92 마 146; 大判 2003. 3. 28, 2002 다 73067(제1심법원이 창원지방법원 통영지원인데 항소장을 창원지방법원으로 우편제출한 경우). 다만 서울고등법원에 상고장을 제출하려는 의사를 분명히 가지고 있었으나 착각하여 동일한 청사 안에 있는 서울지방법원에 상고장을 접수시키고 접수담당 공무원도 이를 간과하여 접수한 경우, 소송기록 송부에 관계없이 상고장을 제출한 날을 기준으로 하여 상고제기기간 준수 여부를 가려야 한다는 판례는 大決 1996. 10. 25, 96 마 1590.

3) 同旨: 姜, 185면; 金/姜, 175면; 宋/朴, 110면.

4) 특별항고만 허용되는 경우에, 당사자가 특별항고라는 표시와 항고법원을 대법원이라고 표시하지 아니하였더라도 항고장을 접수한 법원은 그 소송기록을 대법원에 송부하여야 한다는 판례는 大決 1986. 11. 7, 86 마 895; 1995. 7. 12, 95 마 531 등.

5) 통상항고가 허용되는 경우에, 당사자가 '특별항고장'이라는 제목하에 '대법원 귀중'이라고 기재한 서면을 제출하였고, 원심법원이 이를 특별항고로 보고 대법원에 기록송부를 한 경우에, 이를 통상항고를 제기한 것으로 보고 항고법원으로 이송한 판례는 大決 1997. 3. 3, 97 으 1. 대법원에 준재심신청을 하였으나 그 준재심사유가 주장 자체나 소송기록에 의하여 제1심재판장의 명령에 관한 것이 분명하다면 이는 준재심신청인이 신청서에 준재심의 대상인 결정을 잘못 적어 낸 것이므로 제1심법원으로 이송하여야 한다는 판례는 大決 2002. 12. 9, 2001 재마 14.

한다.[1] 그러나 이 경우에는 무조건 이송을 인정하여야 할 것이다.

(3) 종류가 다른 법원 사이의 이송

소송의 이송이 다른 종류의 법원 사이에서도 가능한가가 문제된다. 원래 관할 문제는 같은 종류의 법원 사이에 사무를 나누는 표준의 문제이므로, 다른 종류의 법원 사이에는 관할위반에 의한 이송이 있을 수 없다는 견해가 있으나,[2] 이송제도의 취지에 비추어 다른 종류의 법원 사이의 이송을 긍정하여야 할 것이다.[3]

(가) 家事訴訟　가사소송사건임에도 불구하고 일반 민사법원에 소를 제기한 경우 또는 그 반대로 일반 민사사건임에도 불구하고 가정법원에 소를 제기한 경우에는 이를 가정법원 또는 일반 민사법원으로 이송하여야 한다(家訴 13 Ⅲ).[4]

(나) 非　訟　비송사건에 해당함에도 불구하고 소의 형식으로 민사소송절차에 따라 소를 제기한 경우 또는 그 반대로 소송사건을 비송사건절차에 따라 비송법원에 신청한 경우에 관하여 판례는 종래 이를 부적법각하하여야 한다는 입장이었으나,[5] 2023년에 그 견해를 바꾸어 수소법원이 당사자에게 석명을 구하여 사건을 비송으로 처리해 주기를 바라는 의사가 확인된다면 재배당을 거쳐 비송사건으로 처리하고, 수소법원이 그 비송사건에 대한 토지관할을 가지고 있지 않은 경우에는 관할법원에 이송하여야 한다고 하였다.[6] 소송과 비송의 한계가 불분명한 점에 비추어 이송을 긍정하여야 할 것이다.[7] 가사소송법은 가사비송사건에 관하여 이를 명문으로 규정하고 있다(家訴 35 Ⅱ, 13 Ⅲ).

(다) 行政訴訟　행정사건을 민사사건으로 오해하여 민사법원에 소를 제기하거나 또는 민사사건을 행정사건으로 오해하여 행정법원에 소를 제기한 경우에 이송을 하여야 한다(行訴 7). 대법원은 행정소송으로 제기하여야 할 사건을 민사소송으로 잘못 제기한 경우, 수소법원으로서는 만약 그 행정소송에 대한 관할도 동시에 가지고 있다면 행정소송으로 심리・판단하여야 하고, 관할을 가지고 있지 않다면

---

1) 大(全)判 1984. 2. 28, 83 다카 1981; 大決 1995. 6. 19, 94 마 2513.
2) 方, 136면.
3) 同旨: 李時, 129~130면; 金/姜, 175면.
4) 大判 1965. 12. 21, 65 므 44; 大決 1980. 11. 25, 80 마 445(가사소송법 제정 이전의 판례).
5) 大判 1963. 12. 12, 63 다 449.
6) 大判 2023. 9. 14, 2020 다 238622.
7) 同旨: Rosenberg, §11 Ⅲ 1 a); BGH 40, 1; 李時, 130면; 姜, 186면.

관할법원으로 이송할 것이라고 한다.[1)]

2. 審判의 便宜에 의한 移送

법원은 사건이 그 관할에 속함을 인정하는 경우에는 이를 심리하는 것이 원칙이나, 예외적으로 이를 이송할 수 있는 경우가 있다.

(1) 손해나 지연을 피하기 위한 이송

1) 하나의 소송에 관하여 여러 개의 관할법원이 경합하는 때에는 원고는 그 가운데 하나를 마음대로 골라 소를 제기할 수 있다. 이 때에 선택된 관할을 선택관할이라고 한다. 그런데 원고가 선택한 법원이 반드시 그 사건의 심판에 가장 적합한 것은 아니다. 그리하여 그 법원에서 심리를 하는 것이 피고에게 현저한 손해를 입히거나 또는 소송의 진행을 현저하게 지연시키는 경우에는, 법원은 이를 피하기 위하여 직권 또는 당사자의 신청에 따른 결정으로 소송의 전부나 일부를 다른 관할법원에 이송할 수 있다(35, 家訴 13 Ⅳ). 다만 그 법원의 전속관할에 속하는 사건은 전속관할이 경합하는 경우를 제외하고는 이를 이송할 수 없다(35 但. 다만 특허권 등의 지식재산권에 관한 소송의 이송은 예외이다. 36 Ⅲ).

2) 현저한 손해 또는 지연을 피하기 위한 필요가 있는가 어떤가는 법원이 자유재량으로 판단한다.[2)] 전자는 피고의 이익을 고려한 사익적 규정임에 반하여, 후자는 소송심리의 편의를 위한 공익적 규정이다. i) 현저한 손해란 피고쪽의 소송수행상의 부담을 의미한다. 예컨대 공동피고의 1인이 현저하게 먼 곳에 거주하기 때문에 소송에 응하는 데에 부당하게 많은 비용이 소요되는 경우가 이에 해당한다. 판례는 원고 쪽의 부담도 아울러 고려하여 판단하여야 한다고 하면서, 피고의 약 4분의 3이 지방에 거주한다는 이유로 서울에 제기된 소송을 지방으로(광주지방법원 순천지원) 이송신청한 사건에서 이송을 불허하고 있다.[3)] ii) 현저한 지연이란 사실심리에 시간과 노력이 크게 소요되어 소송을 크게 지연시켜 법원의 부담을 가중시키는 것을 말한

---

1) 大(全)判 1996. 2. 15, 94 다 31235; 大判 1997. 5. 30, 95 다 28560; 大(全)判 2009. 9. 17, 2007 다 2428 등.

2) 大決 1964. 3. 28, 63 마 32.

3) 大決 1998. 8. 14, 98 마 1301; 2007. 11. 15, 2007 마 346(다만 판례는 "이송사유의 존부는 이송 여부에 따른 쌍방 당사자의 부담의 증감관계, 심리의 대상과 방법 및 그에 따른 법원의 심리상의 편의 등 여러 사정을 종합적으로 비교·교량하여 결정"해야 한다고 하면서, 여기서 말하는 '현저한 손해'는 주로 피고측의 소송수행상의 부담을 의미하지만 원고측의 손해도 도외시되어서는 아니 되기 때문에 "피고측이 소송을 수행하는 데 많은 비용과 시간이 소요된다는 사정만으로는 법 제35조에서 말하는 현저한 손해 또는 소송의 지연을 가져올 사유가 된다고 단정할 수 없다."고 하였다).

다. 예컨대 다툼의 대상인 물건이 다른 관할법원의 관할구역 안에 있고, 그 검증·감정의 필요가 예상되고, 관계증인의 대부분이 그곳에 살고 있는 경우가 이에 해당한다.[1] 불법행위로 인한 손해배상청구사건이 피고의 주소지법원에 소제기되었지만, 증인들의 대부분이 불법행위지에 있고, 증거서류도 그곳에 있는 경우도 이에 해당하는 것으로 볼 수 있으나, 판례는 이 경우에도 이송을 불허하고 있다.[2]

3) 이 제도는 영미법상의 forum non conveniens[3](편리하지 아니한 법정)가 성문화된 미국법상의 transfer제도[4]와 궤를 같이 한다. 민사소송법이 피고의 보통재판적 소재지 법원을 관할법원으로 정하면서(2) 의무이행지의 특별재판적을 인정하고 있는데(8), 민법상 지참채무의 원칙을 취하고 있으므로(民 II 467), 채권자라고 주장하는 원고의 주소지 또는 영업소 소재지 법원에 소의 제기가 가능하게 된다. 따라서 소를 제기할 때의 원·피고의 지위를 고려하여 보통재판적을 규정한 입법취지가 무색하여질 수 있으므로, 본조의 이송제도를 적극 활용할 필요가 있다.[5]

4) 전속적 합의관할의 경우에 본조에 의한 이송이 가능한가에 관하여 문제의 여지가 있지만, 현저한 지연을 피한다는 공익상의 필요가 있을 때에 한하여 합의의 효력을 부정하고 다른 본래의 관할법원에 이송할 수 있다고 생각한다.[6]

(2) 지식재산권 등에 관한 소송의 이송

'특허권 등'[7]을 제외한 지식재산권[8]과 국제거래에 관한 소에 대해서는 고등법원 소재지의 지방법원(서울은 서울중앙지방법원에 한정)에도 독립재판적을 인정하고 있다(24 I). 따라서 그러한 소가 제기된 경우 법원은 직권 또는 당사자의 신청에 따른 결정으로 소송의 전부 또

---

1) 日靜岡地判 1952. 6. 24, 要旨集 民訴 I, 344면.

2) 大決 1963. 9. 27, 63 마 16 등 다수.

3) 本書의 국제재판관할권에 관한 설명 중 '관할의 경합'에 관한 설명 참조.

4) forum non conveniens원칙이 성문화된 미국 연방대법원의 제도이다. 즉 더 편리한 법원이 있거나, 또는 관할권 없는 법원에 소를 제기한 경우에 적법한 법원으로 이송할 수 있는 것을 말한다. 28 USCA §§1404, 1406(a) 참조.

5) 일본의 1996년 개정민사소송법은 '소송의 지연을 피하거나 당사자 사이의 형평을 꾀할 필요가 있을 때'에 이송이 가능하다고 규정함으로써 본조의 이송제도의 활성화를 도모하고 있다(日民訴 17). 이에 관한 자세한 설명은 유병현, "관할합의의 규제: 약관에 의한 관할합의를 중심으로," 「민사법학」, 제19호(2001), 292면 이하 참조.

6) 同旨: 李時, 132면; 金/姜, 177면. 일본의 1996년 개정민사소송법에서는 이 경우에도 당사자 사이의 형평을 꾀하기 위하여 이송이 가능함을 명문화하고 있다(日民訴 20, 17).

7) 특허권, 실용신안권, 디자인권, 상표권, 품종보호권을 의미한다(24 I). 독립재판적에 관한 설명 참조.

8) 예를 들면 저작권법에 따른 저작권, 저작인접권, 부정경쟁방지법에 따른 부정경쟁행위와 영업비밀침해, 반도체설계법에 따른 배치설계권, 농수산물품질관리법에 따른 지리적 표시권 등이 이에 해당한다.

는 일부를 그 독립재판적이 있는 곳의 법원으로 이송할 수 있다(36 Ⅰ). 전문재판부에서 집중적으로 사건을 처리할 수 있도록 하기 위해서이다. 이송을 원활하게 할 수 있도록 하기 위하여, 제35조에서와 같은 이송요건(현저한 손해나 지연을 피하기 위한 필요)은 두지 않고 있다. 다만 이송하면 소송절차를 현저히 지연시키는 경우에는 이송하지 아니할 수 있다(36 Ⅰ 但).

특허권 등의 지식재산권에 관한 소에 대해서는 고등법원 소재지의 지방법원(서울은 서울중앙지방법원에 한정)에 전속관할을 인정하면서도 서울중앙지방법원에 중복관할을 인정하고 있다(24 Ⅱ·Ⅲ). 이는 특허권 등에 관한 소송의 전문성 및 효율성을 제고하기 위해 2015. 12. 1.에 민사소송법 개정으로 신설된 것인데, 전속관할로 됨으로 인한 소송당사자의 피해를 방지하고 사법접근성을 완화하여 소송당사자의 재판받을 권리를 보장하기 위해 이송을 인정하고 있다. 즉 특허권 등의 지식재산권에 관한 소를 관할하는 법원(고등법원 소재지의 지방법원 또는 서울중앙지방법원)은 현저한 손해 또는 지연을 피하기 위하여 필요한 때에는 직권 또는 당사자의 신청에 따른 결정으로 소송의 전부 또는 일부를 민사소송법 제2조부터 제23조까지의 다른 보통재판적이나 독립재판적이 있는 곳의 지방법원으로 이송할 수 있다(36 Ⅲ).[1] 다만 이송의 요건으로 '현저한 손해'나 '지연을 피하기 위한 필요'를 요구하고 있는 점에서 이를 요건으로 하지 않는 특허권 등을 제외한 지식재산권에 관한 소의 경우와 구별된다.

(3) 지방법원 단독판사의 재량이송

지방법원단독판사는 소송이 그 관할에 속하는 경우라도 상당하다고 인정할 때에는 소송의 전부 또는 일부를 같은 지방법원 합의부에 이송할 수 있다(34 Ⅱ). 상당한가 아닌가는 사안의 복잡성·곤란성 기타 여러 가지 사정을 고려하여 단독판사가 자유재량으로 결정한다.[2] 소액사건일지라도 본조에 의하여 지방법원 합의부로 이송할 수 있다.[3]

3. 反訴提起에 의한 移送

본소가 단독사건인 경우에 피고가 반소로 지방법원 합의부의 사물관할에 속하는 청구를 한 경우에는 본소와 반소를 모두 합의부에 이송하여야 한다(269 Ⅱ). 이것은

1) 민사소송법 제24조와 마찬가지로 동법 제36조도 2015. 12. 1.에 개정되었으며, 2016. 1. 1.부터 시행되고 있다.

2) 大決 1966. 8. 30, 66 마 324.

3) 大決 1974. 8. 1, 74 마 71.

반소에 관한 사물관할의 이익을 보호하기 위한 것이다. 다만 2002년 민사소송법은 반소에 관하여 변론관할이 발생한 경우에는 이송을 하지 않을 수 있도록 하고 있다(269但Ⅱ). 제269조 제2항을 의무규정으로 볼 때 변론관할의 성립 여부가 문제되므로, 이점을 분명히 한 것이다.

Ⅲ. 移送의 節次

1. 移送節次의 開始

1) 관할위반에 의한 이송은 법원의 직권에 의하고(34Ⅰ, 家訴13Ⅲ), 심판의 편의에 의한 이송, 반소의 제기에 의한 이송은 법원의 직권 또는 당사자의 신청에 따라 한다(34Ⅱ, 35, 36, 269Ⅱ, 家訴13Ⅳ).[1]

2) 심판의 편의에 의한 이송, 반소제기에 의한 이송 등 관할위반 이외의 원인에 의한 이송의 경우에는 명문으로 당사자에게 이송신청권이 인정된다(34Ⅱ, 35, 36Ⅲ, 269Ⅱ). 그런데 판례는 관할위반으로 인한 이송의 경우에는 민사소송법 제34조 제1항에 명문의 규정이 없으므로 직권으로 이송결정을 하는 것이고 당사자에게 이송신청권이 없다고 한다. 따라서 당사자가 이송신청을 하더라도 그것은 법원의 직권발동을 촉구하는 의미밖에 없으며, 그 당연한 결과로서 당사자의 이송신청에 대하여는 법원이 그 허가 여부의 재판을 할 필요가 없고, 설사 법원이 불필요함에도 불구하고 이송신청을 거부하는 결정을 하여도 당사자는 이에 대하여 즉시항고나 특별항고 등 일체의 불복을 할 수 없다고 한다.[2] 이에 대하여 i) 관할권 있는 법원에서 피고의 재판을 받을 이익을 보호하고, ii) 다른 경우에 소송의 이송신청권이 인정되는 것과의 균형상 피고에게 이송신청권을 인정하여야 한다는 견해가 있다.[3] 생각건대 민사소송법 제34조 제1항이 관할위반의 경우에 법원이 직권으로 소송의 이송을 하도록 규정한 것은 피고의 관할이익을 보호하여야 할 법원의 책무를 규정한 것이지 피고의 이송신청권을 부정한 것이라고 볼 수 없다.[4] 따라서 피고의 이송신

---

1) 다만 부적법각하될 것이 명백한 경우에는 이송할 필요가 없다. 大(全)判 2009. 9. 17, 2007 다 2428.
2) 大(全)決 1993. 12. 6, 93 마 524; 大決 1996. 1. 12, 95 그 59.
3) 李時, 131면.
4) 大(全)決 1993. 12. 6, 93 마 524의 반대의견.

청권과 즉시항고권(39 참조)을 인정함이 타당하다고 본다.[1)]

2. 裁判의 形式과 不服方法

1) 이송의 재판은 결정으로 한다(34, 39, 家訴 13 Ⅴ). 다만 상소심에서 원심판결을 취소 또는 파기하고 관할법원에 사건을 이송하는 때에는 판결로 한다(419, 436). 이송결정은 변론을 거쳐서 하여야 할 것이라는 견해가 있으나,[2)] 반드시 변론을 열 필요는 없을 것이다(134 Ⅰ 但).[3)] 다만 민사소송규칙은 심판의 편의에 의한 이송의 경우에는, 당사자의 신청에 의할 때에는 상대방에게 의견진술의 기회를 주어야 하고(民訴規 11 Ⅰ), 직권에 의할 때에는 당사자의 의견을 들을 수 있다고 규정하고 있다(民訴規 11 Ⅱ). 왜냐하면 그 경우의 이송은 소제기한 법원에 관할권이 있음에도 불구하고 일정한 요건에 따라 다른 관할법원으로 이송하는 것이므로, 당사자에게 의견진술의 기회를 보장하여야 하기 때문이다(136 Ⅳ 참조).

2) 이송결정과 이송신청을 기각하는 결정에 대하여는 즉시항고를 할 수 있다(39, 家訴 13 Ⅴ).[4)] 이때 이송결정에는 직권에 의한 이송결정(34 Ⅰ)과 직권 또는 당사자의 신청에 의한 이송결정(34 Ⅱ, 35)이 모두 포함된다.[5)] 다만 판례에 따르면 **이송신청을 기각하는 결정**이란 당사자에게 이송신청권이 있는 경우만을 가리키므로,[6)] 관할위반에 의한 이송의 경우가 이에 해당하지 아니함은 앞에서 말한 바와 같다. 따라서 당사자에게 이송신청권이 인정되지 않는 한 항고심에서 당초의 이송결정이 취소되었다고 하더라도 이에 대한 이송 신청인의 재항고는 허용되지 않는다는 것이 판례의 태도이다.[7)]

---

1) 일본은 1996년 개정민사소송법에서 당사자의 이송신청권과 즉시항고권을 인정하였다(日民訴 16 Ⅰ, 21).

2) 金/姜, 178면.

3) 同旨: 李時, 133면. 도이칠란트에서는 변론없이 이송결정을 할 수 있다(獨民訴 281 Ⅱ 2).

4) 도이칠란트에서는 원칙적으로 이송결정에 대한 불복이 허용되지 않는다(獨民訴 §281 Ⅱ). Thomas/Putzo, §281 Rdn. 11, 13.

5) 주석, 신민사소송법(1), 제1판, 242면.

6) 大(全)決 1993. 12. 6, 93 마 524; 大決 1996. 1. 12, 95 그 59.

7) 大決 2018. 1. 19, 2017 마 1332.

Ⅳ. 移送의 效果

1. 移送裁判의 羈束力

이송결정은 그것이 확정되면 이송의 원인 및 이송을 받은 법원의 관할권에 관하여 이송 받은 법원을 기속한다(38 Ⅰ). 따라서 이송을 받은 법원은 사건을 다시 다른 법원에 이송하지 못한다(38 Ⅱ). 이것은 소극적인 권한쟁의나 재이송에 따른 소송의 지연을 방지하기 위한 취지이다.[1]

i) 문제는 전속관할에 위반한 경우에도 이송결정의 기속력(구속력)을 인정할 것인가인데, 민사소송법 제38조가 전속관할의 경우를 제외하지 않고 있고 또 재이송에 따른 소송지연을 방지하기 위한 공익적 요청은 이 경우에도 마찬가지로 요구되므로, 이를 긍정하여야 할 것이다.[2] 판례도 전속관할의 규정에 위반한 이송결정도 기속력을 갖는다고 하고 있다.[3] 다만 심급관할을 위반한 이송결정의 기속력은 이송 받은 같은 심급의 법원과 하급심법원에만 미치고, 상급심법원에는 미치지 않는다고 한다. 만일 상급심법원에도 이송결정의 기속력이 미친다면 당사자의 심급의 이익이 박탈되고, 이송 받은 법원이 대법원인 경우에는 사실자료를 제출할 수 없어서 사실확정이 불가능하기 때문이다.[4]

ii) 또 하나의 문제는 이송 후 당사자 사이의 관할의 합의에 의하여 사건을 본래의 이송법원 또는 제3의 법원으로 보낼 수 있는가인데, 이를 부정하여야 할 것이다.[5] 다만 이송결정 후에 원고의 청구변경이나 피고의 반소제기에 의하여 사물관할에 변동이 생긴 때 또는 현저한 손해나 지연을 피하기 위한 새로운 필요가 생긴 때에는 다시 다른 법원으로 사건을 이송할 수 있다.[6]

2. 訴訟係屬의 移轉

1) 이송결정이 확정된 때에는 소송은 처음부터 이송을 받은 법원에 계속된 것

1) 大決 1995. 5. 15, 94 마 1059.
2) 同旨: 李時, 134면; 金/姜, 179면; Rosenberg, §39 Ⅱ 2 e). 反對: 方, 142면; 宋/朴, 115면.
3) 大決 1995. 5. 15, 94 마 1059, 1060; 2023. 8. 31, 2021 다 243355.
4) 大決 1995. 5. 15, 94 마 1059, 1060.
5) Rosenberg, §39 Ⅱ 2 f) 참조.
6) Rosenberg, §39 Ⅱ 2 e).

으로 본다(40 I). 이것은 소제기에 의한 시효중단, 기간준수의 효과를 유지시키기 위한 것이다.[1)]

2) 이송결정 이전에 이송법원이 행한 소송행위의 효력이 이송 뒤에도 존속하는가가 문제된다. 일부 학설은 관할위반에 의한 이송과 그 이외의 이송의 경우를 구별하여, 전자의 경우에는 이송결정에 의하여 이송 전의 소송행위가 취소된 것으로 보고, 후자의 경우에는 이송법원에 본래 관할권이 있었으므로 이송 전의 소송행위의 효력이 그대로 지속된다고 풀이한다.[2)] 그러나 민사소송법 제40조 제1항이 관할위반에 의한 이송의 경우에도 소송계속의 일체성을 인정하고 있고, 더욱이 제37조가 이송결정 확정 후에도 이송법원이 긴급한 처분을 할 수 있도록 한 점에 비추어 보면 관할위반에 의한 이송의 경우에도 이송 전의 소송행위가 그 효력을 유지한다고 풀이하여야 할 것이다.[3)] 다만 변론의 갱신절차(204 II)를 밟아야 한다.

3. 訴訟記錄의 送付와 緊急處分

이송결정이 확정된 때에는 이송결정을 한 법원의 법원사무관등은 그 결정의 정본을 소송기록에 붙여 이송 받을 법원에 보내야 한다(40 II). 전자소송의 경우에는 전자기록은 전자적으로 이관하고, 함께 보관하는 종이기록이 있으면 그것은 직접 보낸다(민소전자문서규칙 40 I). 이송결정이 확정된 때라도 소송기록을 송부할 때까지 사이에는 시간적 공백이 있을 수 있으므로, 이 경우에 급박한 사정이 있는 때에는 이송법원은 직권으로 또는 당사자의 신청에 따라 필요한 처분을 할 수 있다(37). 예컨대 가압류·가처분·증거보전 등이 이에 해당한다.

---

1) 도이칠란트 민사소송법은 이송을 받는 법원이 소송기록의 송부를 받은 때로부터 이송 받은 법원에 소송이 계속한 것으로 보되(281 II 4), 이송 법원과 이송 받은 법원에서의 절차를 통일적인 것으로 보아(도이칠란트 法院費用法 9), 같은 결과를 인정한다.

2) 李英, 69면; 新堂, 81면.

3) 李時, 134~135면; 金/姜, 180면; 도이칠란트의 통설이다. Baur, Rdn. 56; Arens, Rdn. 94 등 참조.

제 3 장 當 事 者

제 1 절 總 說

당사자는 법원과 더불어 소송절차를 이끌어 가는 소송주체의 하나이다. 당사자에 관하여는 그 개념, 지위, 능력(당사자능력, 소송능력, 변론능력) 및 자격(당사자적격 내지 소송수행권) 등 여러 가지 이론적·실제적인 문제가 있다. 여기에서는 그 가운데서 당사자의 개념 및 지위의 문제만을 설명하고, 나머지는 절을 바꾸어 고찰하기로 한다.

Ⅰ. 當事者의 槪念

1. 意 義

1) 당사자(Partei)라 함은 자기의 이름으로 권리보호(판결·강제집행 등의 재판권의 행사)를 요구하거나 요구받은 사람을 말한다. 이를 판결절차에 국한하여 말한다면, 자기의 이름으로 소를 제기하거나 제기당하여 판결의 명의인(名義人)이 되는 사람을 가리킨다. 당사자는 자기의 이름으로 권리보호를 요구하거나 요구받으면 족하므로 소송에서 다투어지는 실체법상의 권리의무의 수체일 필요는 없다. 그러므로 당사자의 개념은 실체법상의 권리로부터 완전히 분리되어 있다. 이처럼 순형식적으로 또는 소송법상으로 당사자의 개념을 정하는 것을 형시적 당사자개념(formcllcr Parteibegriff)이라고 하며,[1] 오늘날에는 형식적 당사자개념이 통설로 되어 있다.

2) 그러나 역사적으로 19세기 말엽까지의 도이칠란트에서는 소송에서 다투어지는 권리관계의 주체가 당사자라고 하는 실질적 당사자개념(materieller Par－teibegriff)이 지배적이었다.[2] 그런데 이 설에서는 다른 사람의 권리의무에 관하여 제3자가 소송수행권을 가지는 제3자의 소송담당의 경우, 또는 다른 사람 사이의

1) Henckel, *Parteilehre und Streitgegenstand im Zivilprozess*(1961), S. 15. ff.
2) Henckel, *op. cit.*

권리관계의 확인의 소의 경우에 당사자의 지위를 설명할 수 없었으므로, 형식적 당사자개념이 지배하기에 이르렀다.

3) 통설인 형식적 당사자개념에 대하여는 그 내용이 너무 공허하여 당사자를 둘러싼 문제가 모두 개별적 문제에서 처리되도록 맡겨져야 하므로 비생산적이고, 분쟁과 무관한 모든 제3자의 소송을 허용하여야 되는 난점이 있다는 비판이 가하여지고 있다. 그리하여 보다 실질적인 의미를 가지는 당사자개념을 정립하여야 한다고 하면서, 분쟁재산에 관하여 실체법상의 관리처분권을 가지는 사람을 당사자로 보는 기능적 당사자개념(funktioneller Parteibegriff), 그 소송에서 해결하여야 할 분쟁의 실질적 주체로서 소송에 등장하는 사람을 당사자로 보는 견해 및 종래의 개념적인 당사자의 결정방식을 버리고 당사자의 지위에 결합되어 있는 효과를 누구에게 귀속시키는 것이 적당한가의 관점으로부터 귀납적으로 당사자개념을 결정할 것이라는 견해들이 주장되고 있다.[1)] 위의 각 견해는 설득력을 가지는 부분도 있으나, 아직은 일반적인 지지를 받지 못하고 있다.

2. 訴訟關係人과의 구별

실제로 소송행위를 하는 사람이 반드시 당사자인 것은 아니다. 대리의 경우에는 현실로 소송을 수행하는 대리인이 아니라 본인이 당사자이다. 왜냐하면 대리인은 다른 사람인 본인의 이름으로 소송을 수행하기 때문이다. 또 자기의 이름으로 소송에 관여하지만, 자기의 이름으로 판결을 요구하거나 요구받는 것이 아니어서 판결의 명의인이 되지 못하는 보조참가인이나, 자기의 이름이 나타나지 않고 다른 사람의 이름으로 받은 판결의 효력을 받을 뿐인 사람(예컨대 제3자의 소송담당의 경우의 이익귀속주체)도 당사자가 아니다.

3. 呼 稱

당사자의 호칭은 민사소송절차의 종류에 따라 각각 다르다. 판결절차의 제1심에서는 원고(plaintiff; Kläger), 피고(defendant; Beklagter)라 하고, 항소심절차에서는 항소인(appellant; Berufungskläger), 피항소인(appellee; Berufungsbeklagter)이라 하며, 상고심절차에서는 상고인(appellant; Revisionskläger), 피상고인(appellee; Revisionsbeklagter)이라고 부른다. 또 반소절차에서는 반소원고·반소피고라 부른다. 독촉절차, 강제집행절차, 가압류·가처분절차에서는 채권자·채무자 또는 신청

1) 상세는 福永有利, "民事訴訟における正當な當事者に關する研究," (2)·(3), 「關西法學論集」, 17. 1. 3; 伊東 乾, "訴訟當事者の概念と確定," 中田還曆, 「民事訴訟の理論(上)」 참조.

인·피신청인이라 부르며, 제소전화해절차, 증거보전절차, 소송비용액확정절차에서는 신청인·상대방이라 부른다.

4. 概念의 效用

당사자는 소송법률관계의 주체로서 소송절차에 관여하고, 판결의 명의인이 되어 판결의 효력을 받으므로, 소송상 중요한 의의를 가진다. 그 밖에도 당사자에게 여러 가지 소송상의 효과가 결부되어 있다. 즉 당사자는 재판적(2 이하), 제척원인(41), 소송비용의 부담(98), 소송비용의 담보(117), 소송절차의 중단(233), 사건의 동일성(259, 267 Ⅱ), 증인능력(당사자와 법정대리인은 증인이 될 수 없다) 등을 정하는 표준이 된다.

Ⅱ. 二當事者對立主義

1) 소송에는 항상 서로 대립하는 두 당사자가 존재하여야 한다. 이를 양 당사자대립의 원칙 또는 2당사자대립주의(Zweiparteienprinzip od. -system)라고 한다.[1] 민사분쟁은 보통 두 사람 사이에 이익이 대립하는 형태를 취하고 있으므로, 이를 처리하는 절차인 민사소송절차도 그 양 쪽을 소를 제기하는 사람(원고)과 소를 제기당한 사람(피고)으로서 이에 관여시키고, 그들에게 각각 유리한 주장과 증명을 할 수 있는 지위와 기회를 보장하며, 이들에 대하여 판결을 한다는 구조를 취하고 있다. 이처럼 민사소송은 두 당사자의 대립을 필요로 하는 점에서 편면적인 비송사건과 구별된다.

2) 민사소송에는 두 당사자의 대립이 필요하므로, 원고와 피고의 인격이 동일하여서는 아니 된다. 이를 자기소송의 금지원칙(Verbot des Insichprozesses)이라고 한다. 따라서 누구도 자기 자신을 상대로 하여 소를 제기할 수 없고, 같은 회사의 본·지점 또는 지점 사이의 소송은 부적법하며,[2] 원고와 피고가 같은 사람으로 될 때, 예컨대 소송계속중 당사자 한 쪽의 지위를 상속이나 법인의 합병에 의하여 다른 쪽이 승계한 때[3]에는 당사자의 혼동에 의하여 소송은 종료된다. 또한 당사자

---

1) Rosenberg, §40 Ⅲ. 영미의 adversary system은 2당사자대립주의에 당사자주의가 가미된 개념이다.
2) Rosenberg, §40 Ⅲ 1.
3) 도이칠란트의 판례는 이 경우 소가 부적법하다고 한다. BGH 81, 2299.

한 쪽이 부존재하게 되는 때(소송물을 승계할 사람이 없을 때), 예컨대 이혼소송의 한 쪽 당사자가 소송계속중 사망한 때에도 소송은 종료된다.[1] 주식회사의 이사가 회사를 상대로 하여 주주총회결의취소의 소를 제기할 경우에는 그 이사는 실체법상의 취소권자로서 소를 제기하는 것으로 풀이하여야 할 것이다(통설). 그러나 이 경우에 이사가 소송담당자라고 하는 견해 및 회사가 회사를 상대로 하여 소송을 하는 것이라고 하는 견해도 있다.[2] 판례는 이사가 주식회사의 의사결정기관인 이사회의 구성원이고 의사결정기관 구성원으로서의 지위는 일신전속적이어서 상속의 대상이 되지 않는다는 이유로, 이사가 주주총회결의 취소의 소를 제기하였다가 소송계속 중 또는 사실심 변론종결 후에 사망하면 소송이 중단되지 아니하고 그대로 종료한다고 한다.[3]

또 원고와 피고는 서로 대립하는 지위에 있으므로, 한 쪽이 다른 쪽의 대리인이나 공동소송인 또는 보조참가인이 될 수 없고, 한 사람이 당사자 양 쪽을 대리할 수 없다.

3) 원고든 피고든 당사자의 수가 꼭 한 사람이어야 하는 것은 아니고, 당사자의 한 쪽 또는 양 쪽이 여러 사람일 수가 있다. 이를 공동소송이라고 한다. 공동소송의 경우에도 원고와 피고가 양 쪽으로 나누어 대립하는 것은 원고와 피고가 각 한 사람인 경우와 차이가 없다. 그러나 2당사자대립주의의 예외로서 세 사람 이상의 당사자가 서로 대립·항쟁하고, 그 사이의 분쟁을 몇 개의 2당사자대립의 소송으로 분해하지 않고, 하나의 소송에서 일거에 해결하는 경우가 있다. 이것은 다면소송으로서 독립당사자참가(79)에서 그 예를 볼 수 있다.

Ⅲ. 當事者의 法的 地位－當事者權(節次的 基本權)

1. 當事者平等의 原則

헌법 제11조는 "모든 국민은 법 앞에 평등하다"고 규정하고 있다. 이 평등의 원칙(Gleichbehandlungsgrundsatz)은 소송의 당사자 사이에도 적용되어, 소송에서 서로 대립하는 당사자는 평등한 입장에 서지 않으면 안 되고, 소송상의 권능이 평

1) 大判 1982. 10. 12, 81 므 53; 1985. 9. 10, 85 므 27.
2) 상세한 것은 Jauernig, §18 Ⅵ 참조.
3) 大判 2019. 2. 14, 2015 다 255258.

등하게 보장되지 않으면 안 된다. 이처럼 평등의 원칙이 소송에 적용되는 경우에 이를 당사자평등의 원칙(Prinzip der Parteiengleichheit) 또는 무기평등의 원칙(Prinzip der Waffengleichheit)이라고 한다.[1)]

무기평등의 원칙은 여러 가지 모습으로 나타난다. 당사자는 평등한 방법으로 대우받으며, 같은 조건에서는 같은 소송법상의 권리를 가진다. 법관의 불편부당(不偏不黨)을 보장하기 위한 기피권, 소송구조신청권, 소송기록열람권, 상소권 등은 모두 그 발현이지만, 가장 중요한 것은 당사자권 또는 절차적 기본권이다.

2. 當事者權(節次的 基本權)

1) 당사자가 소송의 주체인 지위에서 절차상 인정받는 여러 가지 권리와 권능을 통일적으로 파악하여 일본에서는 이를 당사자권이라고 부르고 있다.[2)] 이에 의하면 당사자권은 소송의 절차에 관한 권리와 소송의 내용(실체)에 관한 권리로 크게 나누어지고, 전자에는 i) 소송절차의 진행면에서 당사자의 이익을 옹호하기 위한 권리로서, 기일지정신청권(165 Ⅰ), 기일통지를 받을 권리(167), 소장과 판결의 송달을 받을 권리(255 Ⅰ, 210) 등, ii) 기일에 법원이 행하는 소송지휘의 불비를 보충하고 시정하는 권리로서, 구문권(求問權)(136 Ⅲ), 소송절차에 관한 이의권(151) 등, iii) 그 밖에 이송신청권(34 Ⅱ, 35), 제척·기피신청권(41, 42, 43), 소송기록열람권(157, 162) 등이 있고, 후자에는 i) 처분권주의에 포섭되는 여러 권리(판결을 구할 사항과 범위를 특정하고, 소의 취하, 청구의 포기·인낙, 화해 등 소송물을 처분하는 권능), ii) 소송상 문제되는 사항에 관하여 자료를 제출하고 의견을 진술하며, 그러한 기회를 박탈당하지 않고 재판을 받을 권리(변론권, 증명권),[3)] iii) 재판에 대하여 불복을 신청할 수 있는 권리(특히 상소권) 등이 있다고 한다.[4)] 이 가운데 가장 중요한 것은 대론권(변론권 및 증명권)과 불복신청권이며, 이러한 여러 권리를 인정하고 있는 것을 절차보장이라고 말한다.

2) 종래에도 소송절차 안에서 당사자에게 일정한 권리가 보장되어 있다고 하는 인식은 있었지만, 이것이 당사자권이라는 통일된 개념 아래 명확하게 된 것은 오래지 않은 일이다. 일본에서는 처음에는 소송절차와 비송절차의 차이를 설명하기

---

1) Blomeyer, §15; Rosenberg, §40 Ⅳ.

2) 그 효시를 이룬 것은 山木戸, "訴訟における當事者權," 民商法 39. 4·5·6(1959), 770면 이하이다. 住吉, "民事訴訟法における當事者權," 「演習民訴」, 77면 이하 참조. 또 法人의 當事者權에 관하여는 本間, "法人の代表者," 演習民訴, 222면 이하 참조.

3) 大判 1997. 5. 30, 95 다 21365(증명권을 인정).

4) 中野=松浦=鈴木, 194면.

위하여 이 이론이 주장되고, 소송절차에서는 당사자권이 보장되어야 하므로 함부로 소송의 비송화를 추진하여서는 아니 된다고 하였다.[1] 그 다음에는 소송절차 안의 법원과 당사자 사이에서 수직적으로 당사자권, 특히 변론권의 보장이 역설되었고, 여기에 당사자에게 판결의 기판력이 미치는 근거가 있는 것이라고 설명되었다.[2] 이처럼 당사자권이라는 개념은 소송의 비송화의 한계를 설정하여 주고, 당사자에게 판결의 기판력이 미치는 근거로서 원용되어 왔다.[3] 그러다가 세 번째로 당사자에 의한 절차형성이라는 관점에서, 구체적인 소송절차에서 원·피고는 서로 역할분담을 추구하면서 수평적인 관계에서 대등한 절차보장을 받아야 한다고 주장되기에 이르렀다.[4] 당사자권에 관한 위의 발전단계를 일본에서는 절차보장의 제1파(波)·제2파·제3파라고 부르기도 한다. 절차보장의 제3의 물결을 신당사자주의[5] 또는 신절차보장[6]이라고도 한다.

3) 도이칠란트에서는 위 당사자권에 해당하는 권리가 법적 심문청구권(Anspruch auf rechtliches Gehör)으로서 헌법에 의하여 보장되고 있다(獨憲法 103 I 참조). 법적 심문청구권의 주된 내용은 당사자에게 재판의 기초가 되는 사실관계를 진술할 기회가 보장되어야 하고, 모든 쟁점에 관하여 적어도 한 번은 심문의 기회가 주어져야 한다는 등 변론권 및 이를 보장하기 위한 절차상의 여러 권리이다.[7] 도이칠란트에서는 법적 심문청구권이 침해되면 상소의 이유가 되고, 더욱이 상소를 마친 뒤에도 헌법재판소에 소를 제기(訴願)하는 길이 남아 있다. 헌법재판소에서 소원이 이유 있다고 인정하면 원판결을 파기·환송한다. 그리하여 도이칠란트에서는 법적 심문청구권의 내용과 그 보장을 둘러싸고 활발한 연구와 논의가 이루어지고 있다.

4) 위에서 살펴본 일본의 당사자권과 도이칠란트의 법적 심문청구권은 미국의 적법절차(due process of law)에 상응하는 절차권이라고 말할 수 있다. 우리 헌법은 평등의 원칙(憲 11)을 선언하고, 법률에 의한 재판을 받을 권리와 신속한 재판을

1) 山木戸의 前揭論文 참조.
2) 新堂, 85면; "民事訴訟は誰のためにあるか," 判タ 221, 17면.
3) 佐上, "當事者權という概念の效用," 爭點, 66면 참조.
4) 井上治典, "手續保障の第3の波」(一)," 法學敎室 28, 42(1983).
5) 吉野, "民事訴訟における新當事者主義の擡頭," 判タ 522, 4면.
6) 小林, "手續保障の第3波說への一疑問," 判タ 524, 17면.
7) Blomeyer, §16; Rosenberg, §85; Jauernig, §29; 張晳朝, 「民事訴訟에 있어서의 法的聽問請求權」, 1990년도 고려대 법학석사학위논문 참조.

받을 권리(憲 27) 및 심리와 판결의 공개를 요구할 권리(憲 109)를 보장하고 있으므로, 우리나라에서도 당사자는 소송절차의 주체로서 그 지위에 상응한 대우를 받을 절차적 기본권이 있다고 풀이하여야 할 것이고,[1] 민사소송법에 규정된 개개의 권리는 그러한 통일적인 권리가 구체적으로 발현된 것으로 이해하는 것이 가능할 것이다.[2] 만일 당사자의 절차적 기본권이 근본적으로 침해된 상태에서 판결이 선고되었다면, 당사자는 대리권에 흠이 있는 경우에 준해서 상소(424 Ⅰ ④) 또는 재심(451 Ⅰ ③)으로 구제를 받을 수 있다.[3] 또한 그러한 확정판결로 강제집행이 실시된 경우에는 그 판결을 재심으로 취소하지 않고도 불법행위에 기한 손해배상청구를 할 수 있다.[4] 그러나 재판 자체에 대한 헌법소원은 허용되지 아니한다(憲裁 68).

여기에서 한 걸음 더 나아가 생각할 것은 소송에 중대한 관심을 가지고 있는 제3자에게도 그들의 이해에 상응한 절차보장을 꾀할 필요가 있는가 하는 점이다. 이들에게 분쟁의 진행경과를 알려주고, 소송절차에 참여하거나 재판에 대한 불복을 신청하는 길을 마련하여 주는 방안 등이 검토되어야 할 것이다.[5] 가사소송법 제21조 제2항에 의한 제3자의 소제기권과 채권자대위소송에서 채무자의 절차보장[6]은 그러한 정신의 발현이다.

제 2 절 當事者의 確定

Ⅰ. 確定의 意義

1) 당사자의 확정(Bestimmung der Partei)이라 함은 현실의 소송에서 누가 당사자인가를 명확히 하는 것을 가리킨다. 따라서 이것은 누가 당사자로 될 수 있는 일반적인 능력이 있느냐 하는 당사자능력의 문제와 구별하여야 하고, 또 구체적인 소송사건에서 누가 당사자로서 소송을 수행하고 본안판결을 받을 수 있는 자격이

---

1) 中野, "民事裁判と憲法," 講座民訴 1, 12면 이하; 中野, 25면 이하 참조.
2) 同旨: 李時, 141면.
3) 大(全)判 1995. 5. 23, 94 다 28444 등 참조.
4) 大判 2001. 11. 13, 99 다 32899.
5) 佐上, 前揭論文, 68면 이하 참조.
6) 大(全)判 1975. 5. 13, 74 다 1664.

있느냐 하는 당사자적격의 문제와도 구별하여야 한다. 당사자가 확정되어야 당사자능력 등의 문제를 검토할 수 있다.

2) 당사자의 확정은 또한 당사자의 특정과 구별하여야 한다. 당사자를 확정하는 주체는 법원이며, 법원에 의한 당사자의 확정은 원고에 의한 당사자의 특정을 전제로 한다. 원고는 사적 자치, 당사자주의의 발현으로서 누구를 분쟁의 상대방으로서 소송절차에 끌어들일 것인가를 결정한다.[1] 소장의 필수적 기재사항(249)으로서 당사자를 적도록 요구하는 이유가 바로 여기에 있다.

이처럼 원고에 의하여 소장에서 당사자로 특정된 사람을 법원이 해석에 의하여 찾아내어 확정하는 작업, 즉 그 특정된 주체가 일정한 기준에 비추어, 소송상 당사자로서의 지위와 권능을 가지는 사람과 일치하는가 여부를 판정하는 작업이 당사자의 확정이며,[2] 법원은 확정된 당사자에 대하여 심판을 하는 것이다.

Ⅱ. 確定의 必要性과 訴訟法上의 效果

1) 당사자는 소송의 주체 가운데 하나이며, 심판은 당사자 사이에서 진행된다. 따라서 법원은 소송의 모든 과정에 걸쳐 당사자에게 절차에 참여할 기회(소장의 송달, 기일의 통지, 변론의 허용 등)를 부여하여야 하고, 심리가 종결되면 당사자를 명의인(名義人)으로 하여 판결을 하여야 한다. 뿐만 아니라 누가 당사자인가는 인적 재판적(2 등), 제척원인(41), 기판력·집행력의 주관적 범위(218), 절차의 중단·수계(233 이하), 사건의 동일성(259. 267 Ⅱ), 증인능력 등의 판단기준으로 되고, 당사자능력·소송능력·당사자적격도 현실로 당사자로 되어 있는 사람에 관하여 판정하여야 한다. 따라서 법원은 절차를 개시할 때 누가 당사자인가를 확정할 필요가 있고, 또 절차가 종료된 뒤에 판결의 효력을 누구에게 귀속시킬 것인가를 판단하기 위하여도 누가 당사자였는가를

1) 종래의 통설은 당사자의 특정은 원고의 책임에 속하는 것으로 보아왔다. 그런데 일본에서는 절차보장의 제3의 물결이론을 주장하는 학자들에 의하여 새로운 견해가 주장되었다. 즉 이들에 의하면, 분쟁주체를 특정하는 책임을 원고에게만 부담시키는 것은 부당하고, 원고가 소제기 전에 가능한 조사를 다하였지만 피고 쪽의 협조거부로 이를 특정할 수 없는 경우에는 그 내부사정을 명확히 하는 것은 도리어 피고의 책임에 속한다고 한다(분쟁주체특정책임설, 井上=伊藤=佐上, 33, 34, 39면). 생각건대 당사자는 소송물과 함께 소의 내용을 이루므로, 이를 특정하는 것은 원고의 책임에 속한다고 풀이하는 통설이 타당하다. 절차보장의 제3의 물결이론이 제기한 문제는 당사자표시의 정정 또는 당사자변경의 이론에 의하여 해결하면 될 것이다.

2) 井上=伊藤=佐上, 42, 44면.

명확히 할 필요가 있는 것이다.

2) 이처럼 소송의 개시시부터 당사자의 확정이 필요하므로 법원은 직권으로 누가 당사자인가를 조사하여야 한다. 만일 원고에 의한 당사자의 특정이 불충분한 경우에는 법원은 이를 분명히 하기 위하여 석명(釋明)을 하여야 한다. 조사를 다하여도 당사자가 분명하지 아니하거나 실재(實在)하지 아니하는 경우에는 소를 부적법각하하여야 한다. 조사의 결과 당사자표시에 착오가 있음이 인정되는 경우에는 당사자표시의 정정 또는 임의적 당사자변경(260)을 석명할 수 있을 것이다.[1] 또 조사의 결과 당사자가 아닌 제3자가 소송절차에 관여하고 있는 것이 판명된 때에는 그를 소송에서 배제하여야 한다. 법원이 당사자의 확정을 게을리 하여 판결이 선고된 경우의 효과에 관하여는 뒤의 개별적 문제를 다룰 때에 설명하기로 한다.

3) 당사자확정이론에 의하여 구체적으로 해결하여야 할 문제로서는 당사자로 될 사람을 소장에 잘못 기재하거나 다른 사람으로 잘못 안 경우(*falsa demonstratio*)에 이를 정정할 수 있는가, 다른 사람이 성명을 도용하여 소송을 한 경우(성명도용소송), 죽은 사람을 상대로 한 소송임이 판명된 경우 및 법인격부인의 경우에 누가 당사자로 되는가 등이다. 이들 경우에 당사자의 확정은 당사자의 판정기준 및 그 사후처리기준으로서 중요한 기능을 하며, 또 그것은 당사자의 변경과 밀접한 관련이 있다.

Ⅲ. 確定의 基準 및 時期

1. 確定의 基準

1) 일찍이는 소송에서 다투어지는 권리 또는 법률관계의 주체인 사람을 당사자로 보려는 견해(**실체법설**)도 있었으나 이것은 실질적 당사자개념을 전제로 한 것으로서 오늘날 거의 극복된 견해이다. 왜냐하면 권리관계의 주체가 아닌 제3자도 다른 사람의 권리관계에 관하여 당사자로서 소송수행권을 가지는 경우(제3자의 소송담당)가 있고, 다른 사람들 사이의 권리관계에 관한 확인의 소도 가능하기 때문이다. 그리하여 근래에는 i) 원고 또는 법원의 의사를 기준으로 할 것이라는 **의사설**, ii) 소송절

1) 표시정정의 석명만을 인정하는 견해로서는 李時, 143~144면.

차에서 당사자로서 행동하거나 당사자로서 취급된 사람을 당사자로 보는 **행동설**(**거동설**), iii) 소장의 기재를 합리적으로 해석하여 당사자를 결정할 것이라는 **표시설** 등의 견해가 주류를 이루고 있다.

그 밖에 일본에서는 i) 소송상 나타난 모든 징표를 참작하여 그에게 해결을 주는 것이 가장 적절하다고 인정되는 실체법상의 분쟁주체를 포착하여 그 사람을 당사자로 할 것이라는 적격설,[1] ii) 지금부터 절차를 진행시키는 경우에 누구를 당사자로서 취급할 것인가를 생각하는 경우와 이미 진행한 절차를 되돌아보고 그 절차의 당사자는 누구였는가를 생각하는 경우를 구별하여, 전자의 경우에는 획일적 처리의 요청을 중시하여 표시설을 취하고, 후자의 경우에는 절차의 안정과 소송경제의 요청을 중시하여 그 분쟁에 관한 당사자적격을 가지는 사람으로서 그 때까지의 절차의 결과를 귀속시켜도 좋을 정도로 절차에 관여할 기회가 현실로 주어졌던 사람을 당사자로 풀이할 것이라는 **규범분류설**,[2] iii) 원고의 의사, 소장의 표시, 당사자적격 등 각종의 징표를 함께 이용하여 결정할 것이요, 원고에 관하여는 행동설을, 피고에 관하여는 첫째 원고의 의사, 둘째 적격, 셋째 소장의 표시가 기준으로 된다고 하는 견해(**병용설**)[3] 및 iv) 분쟁주체의 특정에 관한 행위책임이라는 고찰방법을 도입하여 그 책임분배에 기하여 당사자를 정하여야 한다는 견해(**분쟁주체특정책임설**)[4] 등이 주장되고 있다.

2) 생각건대 누가 당사자인가를 확정하는 기준은 명확하여야 한다. 그런데 의사설은 누구의 의사를 표준으로 하느냐의 문제가 있고 또 내심의 의사는 다른 소송관계인이 이를 명확히 알 수 없다는 난점이 있다. 행동설에 관하여도 어떠한 행동을 할 때에 당사자다운 행동을 한 것으로 볼 수 있느냐의 문제가 있고 또 소송수행은 반드시 본인이 하는 것도 아니므로 그 기준이 매우 모호하다. 따라서 가장 명확한 기준을 제공하는 표시설이 타당하며, 이것이 우리나라의 통설이다. 다만 표시설을 따르는 경우에도 소장의 당사자란의 기재뿐만 아니라, 청구의 취지·원인 그 밖의 일체의 기재사항을 참작하여 합리적으로 소장의 기재를 해석하여 당사자를 결정하여야 한다(**실질적 표시설, 수정된 표시설**).

판례는 실질적 표시설을 원칙으로 하고 있다.[5] 다만 소제기 이전에 피고가 사

---

1) 伊東 乾, "訴訟當事者の概念・確定," 中田還曆, 「民事訴訟・理論」, (上)(1969).

2) 新堂, 87면 이하.

3) 石川 明, "當事者の確定と當事者適格との交錯," 法敎(2期), 6號.

4) 佐上善和, "當事者確定の機能と方法," 講座民訴 3, 63면. 이것은 당사자확정의 문제를 소송에서 분쟁주체를 특정하여 그 사람을 당사자의 지위에 둠에 관하여 누가 책임을 지는가라는 분쟁주체특정책임의 분배의 문제로서 다루고, 그 책임은 원칙적으로 원고에게 있지만, 경우에 따라서는 피고에게 있는 수도 있다고 한다. 종래 당사자의 확정을 법원의 인식작용으로 풀이하여 왔음에 대하여, 이 견해는 당사자에게 분쟁주체의 특정책임이 있다고 보는 점에 특징이 있다.

5) 大判 1996. 12. 20, 95 다 26773; 2003. 3. 11, 2002 두 8459 등; 2017. 6. 15, 2015 다 231238.

망한 것을 알지 못하고 사망자를 피고로 하여 소를 제기한 경우에 한하여, 의사설을 취하고 있다. 즉 이 경우에 만일 원고가 피고의 사망사실을 알았더라면 그 상속인을 피고로 할 의사였다고 풀이하여, 피고의 표시를 사망자로부터 그 상속인으로 정정하는 것을 허용하고 있다.[1)]

2. 確定의 時期

누가 당사자인가는 소제기시 또는 소제기 후 곧 판단하여야 한다고 생각한다(통설). 그런데 최근 절차보장의 제3의 물결이론을 주장하는 일본학자들은 종래의 통설을 비판하면서 원고가 소제기 전에 가능한 조사를 다 하였지만 피고 쪽의 협조거부로 분쟁주체를 특정할 수 없는 경우, 예컨대 본인인가 법정대리인인가, 회사인가 대표자 개인인가, 법인격부인의 경우에 신·구 회사의 어느 것인가를 알 수 없거나, 법인의 대표자가 교체된 경우 등에는 원고는 상대방을 특정하지 않은 채 이를테면 상호 또는 상점이름만 기재하여 소를 제기하여도 되고, 이 경우에 그 내부사정을 명확히 하는 것은 도리어 피고의 책임에 속하며, 따라서 법원에 의한 당사자확정의 시기도 소제기시로 한정할 필요는 없고 변론종결시에 최종적으로 확정되는 것도 가능하다고 한다.[2)]

생각건대, 당사자의 개념은 소제기시부터 여러 가지 문제의 판단기준이 되고 또 소의 내용을 이루므로 원칙적으로 소제기의 단계에서 확정되어야 할 것이다. 절차보장의 제3의 물결이론에서 말하는 여러 문제는 당사자표시의 정정이나 당사자변경의 이론에 의하여 해결하면 될 것이다.

Ⅳ. 當事者의 表示와 그 訂正

1) 당사자는 개별적으로 특정될 수 있도록 명확하게 표시되어야 한다. 따라서 성명미상자, 혹은 관계자 등으로 막연하게 표시하여서는 안 되고, 이러한 경우에는 그 소송은 당사자가 특정되지 아니하여 부적법하므로 각하된다.[3)] 상호로 표시하는 경우에는 상호의 보유자인 상인을 표시한 것으로 풀이할 수 있을 것이다.[4)]

2) 소장의 당사자란의 기재, 청구취지 및 청구원인 등에 의하여 당사자로 해석

1) 大判 1969. 12. 9, 69 다 1230; 1983. 12. 27, 82 다 146; 大決 2006. 7. 4, 2005 마 425. 反對: 김홍엽, 114면.
2) 井上=伊藤=佐上, 33, 34, 39면 등.
3) Rosenberg, §41 Ⅰ.
4) Rosenberg, §41 Ⅱ 3; Zeiss, §20 Ⅲ.

되는 사람이 잘못 표시되거나 부정확하게 표시된 경우에는 당사자의 동일성을 해치지 않는 범위 안에서 당사자표시의 정정(Berichtigung)이 허용된다. 회사의 상호가 바뀐 것을 모르고 구 상호로 표시하여 소를 제기하였다가 새 상호로 정정하는 것 역시 허용된다. 그리하여 당사자의 부정확한 표시는 해를 주지 않는다(*falsa demonstratio non nocet*)고 말할 수 있다.

3) 당사자의 표시정정은 어디까지나 당사자의 동일성이 유지되는 범위 안에서만 가능하다. 예컨대 피고를 파산선고를 받은 채무자로부터 파산관재인으로 바꾸는 것이나, 원고를 권리능력 없는 사단인 부락의 일부 구성원으로부터 부락 자체로 고치는 것은 허용되지 않는다.[1)] 그러므로 당사자의 기재를 변경함으로써 새로운 사람이 당사자로서 소송에 가입하게 되면, 이것은 이미 당사자표시의 정정(Berichtigung der Parteibezeichnung)이 아니라 당사자의 변경(Parteiänderung)이 된다. 당사자표시의 정정과 당사자의 변경의 차이는 당사자의 동일성이 변경되느냐에 있다. 즉 당사자의 표시를 갑에서 을로 바꾸는 경우에 지금까지의 절차진행과정에서 을이 당사자였다고 보이면 그것은 표시의 정정이고, 반대로 갑이 당사자였다고 보이면 그것은 당사자의 변경이다.[2)] 단순한 당사자표시정정의 경우에는 정정 이전의 소송상태를 그대로 계속하여 절차를 진행할 수 있음에 반하여, 당사자변경의 경우에는 새로운 당사자에게 종전의 소송상태를 그대로 계속시키는 것이 부당하여 이를 제한하거나 새로운 당사자의 이익을 보장하기 위한 조치가 요구되므로, 이 양자의 구별은 매우 중요하다(당사자변경에 관하여는 뒤에 따로 설명한다). 당사자표시정정신청이 있는 경우 법원은 당사자를 확정한 후 원고가 정정신청한 당사자 표시가 확정된 당사자의 올바른 표시이며 동일성이 인정되는지 여부를 살피고, 그 확정된 당사자로 표시를 정정하는 조치를 취하여야 한다.[3)]

4) 판례는 당사자가 사실관계나 법리를 잘못 이해하여 **당사자능력**이 없는 사람을 당사자로 잘못 표시한 경우(예컨대 대한민국 대신에 내부기관에 불과한 각 행정기관을 당사자로 표시한 경우)에, 소장에 기재된 표시, 청구의 내용과 원인사실 등 소장의 전체 취지를 합리적으로 해석하여 보면 당사자능력이 있는 사람이 당사자로 확정되는 것이므로, 그 경우 당사자능력이 없는 사

1) 大判 1994. 5. 24, 92 다 50232.
2) 新堂, 91면; 中野=松浦=鈴木, 98면 이하.
3) 大判 2021. 6. 24, 2019 다 278433.

람을 당사자능력이 있는 사람으로 바꾸는 표시정정이 허용된다고 한다.[1] 또한 채무자의 사망사실을 알면서도 일단 그를 피고로 기재하여 소를 제기하고 그 후 바로 사실조회를 통해 상속인을 확인하고 피고표시정정신청을 한 사안에서 상속인으로의 표시정정을 허용하고 당초 소장제출 시에 소멸시효중단의 효력이 생긴다고 하였다.[2] 그러나 소장에 당사자능력이 없는 사람이 당사자로 표시된 경우에, 소장의 전체 취지를 합리적으로 해석한다고 하여도, 당사자능력이 없는 사람이 당사자로 확정될 수 있는 것은 아니다. 따라서 소장의 전체 취지를 합리적으로 해석한 결과, 확정된 당사자가 당사자능력이 없는 사람이면, 임의적 당사자변경제도(260)를 이용하여 당사자를 변경하는 것이 타당할 것이다[3](자세한 것은 임의적 당사자변경에 관한 설명 참조).

그 밖에도 판례는 당사자능력은 있지만 **당사자적격**이 없는 자를 당사자로 잘못 표시한 경우에도 표시정정을 허용하고 있다. 즉 대법원은 개인 채무자인 甲에 대한 회생절차에서 甲을 관리인으로 본다는 내용의 회생절차개시결정이 있은 후 乙이 甲을 상대로 소를 제기한 사안에서, 관리인 甲으로 당사자표시정정의 보정명령을 내리지 않고 당사자적격이 없다는 이유로 소를 각하한 것은 위법하다고 하였으며,[4] 甲이 주식회사 ○○(회생채무자) 명의로 등록된 상표권의 등록취소를 구하는 사안에서, 甲이 주식회사 ○○에 대한 정리절차개시결정(현재의 회생절차개시결정)이 된 사실을 알았더라면 그 관리인을 상대로 청구하였을 것으로 짐작된다고 하면서 이 사건은 심판청구서상 피심판청구인의 표시를 당사자적격이 없는 자로 잘못 표시한 것에 지나지 않으므로 법원은 석명권을 행사하여 피심판청구인을 명확히 확정한 다음, 피심판청구인의 표시를 관리인으로 보정하게 하는 조치를 취해야 한다고 하였다.[5][6]

1) 大判 1996. 10. 11, 96 다 3852; 1999. 11. 26, 98 다 19950; 2001. 11. 13, 99 두 2017; 2019. 11. 15, 2019 다 247712.

2) 大判 2011. 3. 10, 2010 나 99040.

3) 同旨: 胡, 249면.

4) 大判 2013. 8. 22, 2012 다 68279; 2019. 11. 15, 2019 다 247712.

5) 大判 1999. 1. 26, 97 후 3371; 1995. 1. 12, 93 후 1414도 같은 취지이다.

6) 판례는 회생회사인 甲 주식회사가 乙 마을회를 상대로 손해배상 등을 구하는 소를 제기하면서 당사자적격이 없는 회생회사를 원고로 표시하였는데, 소송계속 중 회생법원이 丁을 甲 회사의 관리인으로 선임하고 그 후 甲이 제출한 소송위임장의 위임인란에 甲 회사의 관리인인 丁의 인영이 찍혀 있다면, 법원은 甲 회사에 석명을 구하여 회생절차 개시 여부와 시기를 밝히도록 하고, 필요한 경우 당사자표시정정 등을 통해 당사자확정의 조치를 취한 후 심리·판단해야 한다고 하였다(大判 2024. 5. 30, 2024 다 218572).

V. 姓名盜用訴訟의 當事者

1) 성명도용소송(차명소송)[1]은 예컨대 갑이 을 모르게 함부로 을 이름으로 소를 제기하여 소송을 수행하거나 또는 갑이 함부로 을 이름으로 을에 대한 소송에 응하는 경우와 같이, 다른 사람의 성명을 무단히 이용하여 소를 제기하거나 소송에 응하는 것을 가리킨다. 이 경우에는 성명을 도용한 사람과 도용당한 사람 중 누가 당사자인가가 문제된다.

2) 소송계속중에 피고쪽의 도용 사실이 판명되면 법원은 도용자를 소송에서 배제하고 진정한 피고(피도용자)에게 기일을 통지하여야 한다. 그리고 원고 쪽에 도용이 있는 경우에는 피도용자가 추인하지 않는 한 소를 각하하고, 도용자에게 소송비용을 부담시켜야 한다(108).

3) 그러나 법원이 성명도용의 사실을 간과하고 본안판결을 선고한 때에는 이 판결의 효력이 피도용자에게 미치는가가 문제된다. 표시설에 의하면 원고 쪽을 도용하였는가 피고 쪽을 도용하였는가를 묻지 않고 당사자는 피도용자이므로, 판결의 효력은 피도용자에게 미친다. 이에 반하여 행동설에 의하면 도용자가 당사자로 되므로 판결의 효력은 피도용자에게 미치지 아니한다. 그리고 의사설에 의하면 피고 쪽이 도용된 경우에는 피도용자가 당사자로 되고, 원고 쪽이 도용된 경우에는 도용자의 의사에 따라 역시 피도용자가 당사자로 되어, 판결의 효력은 모두 피도용자에게 미치게 된다.

병용설에 의하면 원고 쪽의 도용의 경우에는 도용자가, 피고 쪽의 도용의 경우에는 피도용자가 각각 당사자로 되어 피고 쪽 도용의 경우에만 판결의 효력이 피도용자에게 미친다. 또 규범분류설에 의하면, 이제부터 절차를 진행시키려고 하는 단계에서는 피도용자가 당사자로 되지만, 도용자의 소송수행에 기하여 본안판결을 내려도 피도용자는 절차상 소송수행의 지위와 기회가 보장되지 아니하였으므로 판결의 효력은 피도용자에게 미치지 않는 것으로 된다.

4) 어떻든 판결의 효력이 피도용자에게 미치는 경우에는 무권대리인이 대리권을 행사한 경우와 같이 보아 판결의 확정 전에는 상소에 의하여(424 I ④), 그 확정 뒤

1) 흔히 성명모용(冒用)소송이라고 한다. 冒는 거짓으로 쓴다는 뜻이다.

에는 재심의 소를 제기하여(451 Ⅰ ③) 판결의 효력을 배제하여야 한다. 대법원은 표시설의 입장에서 이러한 결론을 시인하고 있다.[1] 다만 대법원은 원고가 제3자와 공모하여 소장에 피고의 주소를 허위로 기재하고, 제3자가 피고의 성명을 도용하여 소송서류의 송달을 받음으로써, 피고가 소송계속의 사실을 알지 못하게 하여, 원고승소판결을 받은 경우에는 그 판결은 피고에 대한 관계에서 송달이 없는 것이므로 확정되지 않고, 따라서 항소를 제기하여 판결의 효력을 다툴 수 있다고 한다[2](자세한 것은 판결의 효력 중 판결편취에 관한 설명 참조).

판결의 효력이 피도용자에게 미치지 않는다고 풀이하는 견해에서도 외관상으로는 자기에게 불리한 판결이 있으므로, 상소 또는 재심에 의하여 판결의 취소를 구할 이익이 있다고 하는 한편, 자기에게 판결의 효력이 미치지 않는 것을 전제로 하여 청구에 관한 이의의 소(民執 44)도 제기할 수 있다고 한다.[3]

Ⅵ. 死亡한 사람을 被告로 하는 訴訟의 當事者

피고가 소제기 전에 죽은 경우, 소제기 후 소송계속 이전에 죽은 경우 및 소송계속 이후에 죽은 경우로 나누어 살펴본다. 이 가운데서 당사자의 확정과 관련되는 것은 앞의 두 가지 경우이다.

1. 소제기 이전에 사망한 경우

1) 소송계속 중 사망사실을 알게된 경우

상대방이 이미 죽은 것을 알지 못하고 죽은 사람을 피고로 표시하여 소를 제기한 경우에 누가 피고로 되는가? 소송대리인에게 사건을 의뢰한 뒤에 당사자가 죽었으나 그 사실을 알지 못하고 죽은 사람을 원고로 하여 소를 제기한 경우[4]에는 반대로 누가 원고인가가 문제된다.

---

1) 大判 1964. 11. 17, 64 다 328.

2) 大(全)判 1978. 5. 9, 75 다 634. 그러나 참칭대표자에게 소송서류를 송달하게 하여 당사자가 소송계속의 사실을 알지 못한 경우에는 그 참칭대표자가 적극적으로 소송행위를 한 바 없더라도 제451조 제1항 제3호의 재심사유로 된다(大判 1994. 1. 11, 92 다 47632).

3) 新堂, 89면.

4) 이러한 경우에도 판례는 소의 제기는 적법하고 시효중단 등 소제기의 효력은 상속인에게 귀속된다고 한다(大判 2016. 4. 29, 2014 다 210449).

표시설에 의하면, 죽은 사람이 당사자로 되어 한 쪽 당사자가 실재(實在)하지 않는 소로 되며,[1] 이것은 법인격이 소멸된 법인을 상대로 하여 소를 제기한 경우에도 마찬가지이다. 당사자가 실재하는 것은 소송요건의 하나(당사자능력)이므로, 법원은 당사자가 죽은 사람인지 아닌지를 직권으로 조사하여 피고가 죽은 사람임이 판명된 경우에는 원고에게 이를 알려야 한다. 원고는 피고의 경정제도(260)를 이용하여 피고를 그 상속인(또는 존속회사·신설회사)으로 변경할 수 있다. 피고의 경정 또는 피고표시의 정정이 없는 경우에는 법원은 판결로 소를 부적법각하하여야 한다.

의사설에 의하면, 원고는 피고가 죽은 줄 알았다면 그 상속인을 피고로 할 의사였던 것으로 볼 수 있으므로, 피고의 표시를 죽은 사람으로부터 그 상속인으로 정정할 수 있게 된다. 대법원도 이 경우에 한하여 의사설을 취하여 당사자표시의 정정을 허용하고 있으나,[2] 그 시기는 제1심까지로 한정하고 있다.[3] 또한 사망자의 상속인이라 함은 실제로 상속을 하는 사람을 가리키므로 제1순위의 상속인이 상속을 포기한 경우에는 그 다음 순위의 상속인으로 당사자표시의 정정을 할 수 있다고 한다.[4]

생각건대 대법원이 당사자표시정정을 허용한 것은 과거에는 임의적 당사자변경이 불가능하던 상황(당시에 대법원은 해석론에 의한 임의적 당사자변경은 허용하지 아니하였다. 자세한 것은 임의적 당사자변경에 관한 설명 참조)에서 당사자의 보호와 소송경제를 꾀하려고 하는 취지에서 나온 것이었다. 그런데 1990년 개정민사소송법으로 임의적 당사자변경(피고의 경정)을 허용하고 있으므로(260), 이제는 표시설로 일관하면서 임의적 당사자변경제도를 활용하여 문제를 해결함이 마땅하다. 그러나 개정법 이후에도 판례는 여전히 당사자표시정정을 이용하도록 하는 입장이다.[5]

피고의 경정에 의할 경우에는 피고경정신청서를 냈을 때 비로소 소제기의 실체법상의 효과가 생긴다고 보아야 하는가 하는 문제가 있다(265 참조).[6] 그런데 사망자와 상속인은 실질

---

1) 이미 사망한 자와 그 상속인을 공동원고로 표시하여 손해배상청구의 소가 제기된 경우, 사망자 명의로 제기된 소 부분은 부적법 각하되어야 하며, 이러한 사망자 명의의 소제기로써 상속인이 사망한 당사자의 손해배상청구권 중 자신의 상속분에 대해서 함께 권리를 행사한 것으로 볼 수는 없다고 한다(大判 2015. 8. 13, 2015 다 209002).

2) 大判 1969. 12. 9, 69 다 1230; 1971. 6. 30, 69 다 1840; 1983. 12. 27, 82 다 146. 이미 정리절차(회생절차)가 개시된 회사를 상대로 상표등록취소심판청구를 하면서 '회사'를 피고로 한 경우에, 심판청구인이 정리절차개시 사실을 알았다면 그 '관리인'을 피심판청구인으로 표시하였을 것이므로, 피심판청구인을 관리인으로 표시정정할 수 있다는 판례로는 大判 1995. 1. 12, 93 후 1414.

3) 大判 1974. 7. 16, 73 다 1190.

4) 大決 2006. 7. 24, 2005 마 425.

5) 大決 2006. 7. 24, 2005 마 425. 판례는 사망사실을 알면서 사망자를 피고로 기재한 경우에도 상속인으로 표시정정을 할 수 있다고 본다(大判 2011. 3. 10, 2010 다 99040).

6) 大決 2006. 7. 24, 2005 마 425는 표시정정으로 보아 처음 사망자를 상대방으로 하여 소장을 제출하였을 때에 시효중단효가 생긴다고 보았고, 그 원심인 서울高決 2005. 4. 20, 2004 라 693은 피고의 경정으

적으로 동일한 분쟁주체이므로 피고의 경정에 의하는 경우에도 이때에는 예외적으로 소장 제출시에 소제기의 실체법상의 효과가 생기는 것으로 풀이함이 타당하다.[1] 또한 민사소송법에서 소장 부본의 송달시가 아니라 소장의 제출시에 소제기의 실체법상의 효과가 생기도록 하고 있는 것(265)은, 피고가 원고의 권리행사의 사실을 알았는지 여부에 관계없이, 원고가 권리를 행사하는 사실이 객관적으로 명확하게 된 시점을 중요시하는 입장이라고 할 수 있다. 이 점은 소장부본 송달시에 비로소 소제기시에 소급하여 소제기의 실체법상의 효과가 생기도록 하고 있는 도이칠란트 민사소송법의 입장과 다르다(동법 167). 이러한 점을 고려할 때에도 제265조에도 불구하고 소제기 전 사망한 피고를 경정하는 경우에는 예외적인 해석이 가능하다고 볼 수 있다. 한편 대법원 2009. 10. 5. 선고 2009 다 49964 판결에서는 사망자를 상속인으로 바꾸면서 피고경정의 방법을 이용한 것을 탓하지 아니하면서, 다만 그 실질은 표시정정이므로 시효중단의 효과는 사망자에게 소를 제기한 때에 발생한다고 보았다.

2) 간과후 본안판결한 경우

만일 법원이 당사자가 죽은 사람임을 간과하고 본안판결을 하였을 때에는 소장의 표시에 따라 죽은 사람이 당사자이므로(표시설 또는 실질적 표시설) 그 판결이 확정되어도 기판력 등의 효력이 발생하지 아니하여 위 판결은 당연무효이고,[2] 따라서 그 판결에 대한 상속인의 소송수계신청, 상소 또는 재심은 허용되지 않는다는 것이 **판례**[3]이다. 이러한 것은 소제기 후 소장부본이 송달되기 전에 피고가 사망한 경우에도 마찬가지이다.[4] 그러나 무효인 판결도 판결의 외형을 가지고 있으므로 악용될 여지가 있기 때문에, 상소·재심으로 취소할 이익이 있다고 생각한다(판결의 무효 참조).[5]

3) 상속인이 현실적으로 소송을 수행한 후 판결이 선고된 경우

문제는 죽은 사람을 피고로 표시하여 소를 제기한 경우에 죽은 사람의 상속인이 소장을 수령하고 죽은 사람의 이름으로 소송대리인을 선임하는 등 상속인이 **현실적으로 소송을 수행**한 때에는 그 판결의 효력이 상속인에게 미칠 수 있는가이다. 행동설·적격설은 물론 의사설·병용설에 의하여도 이 경우에 원고는 상속인을 피

로 보아 상속인으로의 경정신청서를 냈을 때 시효중단효가 생긴다고 보았다.

1) 유병현, "임의적 당사자변경의 한계", 「민사소송 Ⅱ」(1999), 240면.

2) 大判 2017. 5. 17, 2016 다 274188; 2015. 1. 29, 2014 다 34041(대립당사자주의가 무시되고 실질적 소송관계가 없다는 점에서 판결은 당연무효이다); 1982. 4. 13, 81 다 1350. 사망한 자를 채무자로 한 보전처분도 무효: 大判 2006. 8. 24, 2004 다 26287(가압류); 大判 2002. 4. 26, 2000 다 30578(가처분).

3) 大判 1971. 2. 9, 69 다 1741(항소); 1994. 1. 11, 93 누 9606(상고); 1994. 12. 9, 94 다 16564(재심).

4) 大判 2015. 1. 29, 2014 다 34041; 이러한 법리는 사망자를 채무자로 한 지급명령에도 적용되며, 따라서 회생절차의 관리인을 채무자로 하는 지급명령의 발령 후 그 정본의 송달 전에 회생절차폐지결정이 확정된 경우에도 그 지급명령은 당연무효이다(大判 2017. 5. 17, 2016 다 274188).

5) 사망한 자에 대한 가처분은 이의신청적격이 있다는 판례는 大判 2002. 4. 26, 2000 다 30578.

고로 할 의사이었으므로 상속인을 피고로 풀이할 수 있을 것이다. 규범분류설에 의하여도 현실적으로 상속인이 절차에 관여하였으므로 그가 당사자로 된다. 이상 여러 설에 의하면 판결의 효력은 상속인에게 미친다. 이에 반하여 표시설에 의하면 피고는 어디까지나 죽은 사람이므로 문제이지만, 이 경우에는 신의칙에 의하여 상속인에게 소송수행의 결과나 판결의 효력을 인수시키는 것이 타당할 것이다.[1)]

2. 소송계속 전에 사망한 경우

소를 제기한 뒤, 소장 부본이 피고에게 송달되어 소송계속이 발생하기 전에 피고가 사망한 경우에는 소를 제기할 때에 피고가 생존하였다는 점에서 앞의 경우와 다르지만, 2당사자대립구조는 소송계속시에 필요한 것이므로, 이 경우는 소제기 전에 사망한 경우와 같이 취급하면 될 것이다.[2)] 위 기간에 원고가 사망한 경우에는 상속인이 소송을 수계하여야 할 것이다(233 유추).

3. 소송계속 후에 사망한 경우

소송계속 후에 피고가 죽은 경우에는 당사자의 지위는 상속인에게 법률상 당연히 승계되고, 소송절차는 민사소송법 제233조에 의하여 상속인 등이 소송절차를 수계할 때까지 중단된다. 이 경우에는 일단 당사자가 피고로 확정되었던 것이므로 당사자확정의 문제는 없다. 이 경우에 법원이 피고의 사망사실을 간과하고 선고한 판결의 효력이 문제되는바, 소제기 이전에 당사자가 죽은 경우와는 달리 위 판결은 당연무효는 아니고, 확정 전이면 상소, 확정 후이면 재심에 의하여 취소할 수 있을 뿐이라고 생각한다(424 Ⅰ ④, 451 Ⅰ ③ 유추).[3)] 대법원도 같은 입장이다[4)](소송절차정지의 효과에 관한 설명 참조).

4. 변론종결 후에 사망한 경우

당사자가 변론을 종결한 뒤에 죽은 때에는 소송절차는 중단되지만 판결의 선고

---

1) 日最判 1966. 7. 14, 民集 20. 6. 1173, 百選(第2版), 100면 참조.

2) 판례도 같은 입장이다(大判 2017. 5. 17, 2016 다 274188). 나아가 이러한 법리는 사망자를 채무자로 한 지급명령에 대해서도 그대로 적용된다고 한다.

3) 同旨: 趙寬行, "當事者의 死亡으로 訴訟節次가 中斷된 것을 看過하고 한 判決의 效力," 「民事裁判의 諸問題」, 8. 696, 707면; 李時, 149면; Rosenberg, §125 Ⅳ 3. 反對: 胡, 252면.

4) 大(全)判 1995. 5. 23, 94 다 28444. 소송물인 권리관계가 승계할 수 없는 성질의 것이면 소송절차는 종료되고, 이를 간과하고 죽은 사람 이름으로 판결을 선고하면 당연무효이다(大判 1995. 4. 7, 94 다 4332).

는 가능하다(247 I). 그러나 판결의 송달은 중단이 해소된 뒤에 하여야 한다. 이 경우에도 죽은 사람이 피고로 확정되었던 것이므로 당사자확정의 문제는 없다. 이 때 법원이 죽은 사람 이름으로 한 판결은 상속인에 대한 판결로서 유효한 것은 당연하다. 당사자가 판결이 확정된 뒤에 죽은 때에는, 상속인은 변론을 종결한 뒤의 승계인으로서 그 판결의 기판력을 받는다(218 I)(기판력의 주관적 범위에 관한 설명 참조).

Ⅶ. 法人格無視(否認)의 경우의 當事者

1) 법인격무시(부인)이론은 회사의 독립된 법인격 그 자체는 인정하면서 특정한 법률관계에 한하여 회사의 법인격을 무시하고 그 배후에 있는 실체(社員·母會社)를 포착하여 구체적으로 타당한 해결을 꾀하려고 하는 이론이다. 영미의 판례법에 의하여 형성된 이론으로서 오늘날 각국에서 널리 받아들여지고 있고,[1] 판례도 이를 인정하고 있다.[2]

그런데 특정한 회사의 법인격이 부인되어야 할 사건에 관하여 민사소송을 제기한 경우에는 그 사건의 피고는 누구이며, 소송물은 몇 개이고, 판결의 효력은 누구에게 미치는가 등 여러 가지 법률문제가 등장한다.[3] 여기에서는 그 가운데 당사자의 확정에 관한 문제만을 다루기로 한다.

갑 회사가 실은 그 대표자 을의 개인기업에 지나지 않는 경우[4] 또는 갑 회사와 별개로 그 상호를 변경한 을 회사가 설립되었지만 갑 회사의 영업재산을 그대로 유용하고 상호·대표이사·영업목적·종업원 등도 갑 회사와 동일한 경우 등에는 갑 회사와 을 개인 또는 을 회사 사이의 업무·재산의 상호혼융, 갑 회사의 채무면탈을 목적으로 한 회사제도의 남용 등이 인정되어, 앞의 예의 갑 회사, 뒤의 예의 을 회사의 법인격이 무시될 수가 있고, 이 때에는 갑과 을은 같은 것으로 취급된다. 그리하여 갑 회사에 대한 채무에 관하여 을 개인 또는 을 회사의 재산에 추급할 수 있다.[5]

1) 상세한 것은 鄭東潤, 「會社法」(제7판, 2003), 21면 이하 참조.

2) 大判 2001. 1. 19, 97 다 21604.

3) 상세한 것은 今中利昭, "法人格否認の法理と民事訴訟," 演習民訴, 96면 이하; "民事訴訟法における法人格否認の法理," 爭點, 46면 이하 참조.

4) 大判 2023. 2. 2, 2022 다 276703.

5) 회사 설립과 관련된 개인의 자산 변동 내역 등을 종합적으로 살펴보아, 회사와 개인이 별개의 인격체임을 내세워 회사 설립 전 개인의 채무 부담행위에 대한 회사의 책임을 부인하는 것이 **심히 정의와 형평에 반한다고 인정**되는 때에는 회사에 대하여 회사 설립 전에 개인이 부담한 채무의 이행을 청구하는 것도 가

2) 위 경우에 누구를 피고로 할 것인가? 법인격이 무시되는 갑 회사(전례) 또는 을 회사(후례)가 당사자로 될 수 있는 점에 관하여는 의문의 여지가 없다. 왜냐하면 법인격무시이론은 회사의 법인격 그 자체는 일반적으로 인정하고, 특정한 법률관계에서만 마치 그것이 없는 것처럼 취급하는 것이기 때문이다. 이 경우에 무시되는 법인격의 배후자(전례의 을)를 동시에 당사자로 하는 것도 가능하다. 법인과 배후자를 동시에 피고로 하는 경우의 소송형태에 관하여는 통상공동소송설과 유사필수적 공동소송설이 대립하고 있으나, 법률상 합일확정의 필요는 없으므로 통상공동소송으로 보아야 할 것이다(67 참조).[1]

소제기시에는 부인되는 권리주체(회사)를 피고로 하였는데, 소송계속중에 그 배후자를 피고로 하는 경우에 당사자의 변경이 있는가, 또 그 방법은 무엇인가에 관하여 견해가 갈라지고 있다. 즉, 이 경우에는 i) 당사자의 변경에 의하여야 한다고 풀이하는 견해(**임의적 당사자변경설**), 원칙적으로 임의적 당사자변경에 의할 것이지만 위 두 번째 예의 경우에는 **당사자표시정정**에 의할 것이라는 견해,[2] 상대방인 회사로부터 배후자로 참가·인수승계의 방법에 의하여야 한다는 견해(**소송승계설**), ii) 그 실질이 전후 동일하므로 하나의 실체가 당사자로 된다는 견해(**단일체설**), 소송절차상 두 개의 소송주체로 인정되지만 복합적 소송당사자라고 불러야 할 다수당사자소송이고, 배후자는 처음부터 당사자의 지위에 있었던 것으로 보는 견해(**복합적 당사자설**) 및 iii) 배후자의 명확한 동의가 없는 한 배후자에 대하여 새로이 별소를 제기하여야 한다는 견해(**별소제기설**) 등이 있다. 생각건대 부인되는 권리주체와 그 배후자가 형식적으로는 별개의 법인격이지만 실질적으로는 일체성을 가지고 있어서 이를 조정할 필요성이 있는 점, 절차의 안정성과 명확성을 꾀하여야 한다는 점 등을 고려하면 소송승계에 준하여 처리하는 것이 타당할 것이다.[3] 위 두 번째 예의 경우, 즉 을 회사가 갑 회사의 채무를 면탈할 목적으로 설립된 것에 불과

능하다고 한다(大判 2021. 4. 15, 2019 다 293449). 大判 2024. 3. 28, 2023 다 265700(기존회사와 채무면탈을 위해 설립된 신설회사가 별개의 법인격을 갖는다고 주장하는 것은 신의성실의 원칙상 허용될 수 없다고 한다). 이러한 법리는 채무면탈을 목적으로 회사가 새로 설립된 경우뿐만 아니라 같은 목적으로 기존회사의 법인격이 이용되는 경우에도 적용될 수 있다는 것이 판례의 태도이다(여기에는 회사가 이름뿐이고 실질적으로는 개인기업에 지나지 않은 상태로 될 정도로 형해화된 경우와 회사의 법인격이 형해화될 정도에 이르지 않더라도 개인이 회사의 법인격을 남용하는 경우가 있을 수 있다고 한다): 大判 2023. 2. 2, 2022 다 276703.

1) 大判 2002. 1. 19, 97 다 21604에서는 법인과 배후자를 통상공동소송의 형태로 피고로 삼았다.

2) 李時, 144면.

3) 同旨: 中野, 91면.

하여 법인격을 남용하는 것으로 인정되는 경우에는 당사자표시정정에 의할 것이라는 견해는 을 회사에 대한 판결의 효력은 갑 회사에게도 미친다고 본다. 왜냐하면 그 경우 갑 회사는 민사소송법 제218조 제1항의 '청구목적물의 소지자'이기 때문이라는 것이다.[1] 그러나 절차의 안정성・명확성을 중시하는 판결절차 및 강제집행절차의 특성상 을 회사에 대한 판결의 기판력 및 집행력의 범위가 갑 회사에게까지 확장되는 것은 아니라고 본다.[2]

제3절 當事者能力

Ⅰ. 意 義

1) 당사자능력(Parteifähigkeit)이라 함은 민사소송의 당사자로 될 수 있는 일반적 능력을 말한다. 민법상 권리능력에 대응하는 개념이다. 판결절차에서는 원고・피고 또는 참가인이 될 수 있는 능력이고, 강제집행절차・독촉절차・보전절차에서는 채권자・채무자가 될 수 있는 능력이다.

2) 당사자능력은 소송사건의 내용・성질과 관계없이 일반적으로 판정되는 능력・자격이라는 점에서, 소송사건의 내용을 이루는 특정 청구와의 관계에서 이에 관하여 본안판결을 구할 수 있는 자격인 당사자적격과 다르며,[3] 또 현실의 소송에서 누가 당사자인가를 결정하는 당사자확정의 문제와도 다르다.

3) 당사자능력의 문제와 당사자실재의 문제는 엄밀히 보면 구별된다. 당사자능력이 없는 단체는 존재하고 당사자로 되며, 당사자능력을 둘러싼 싸움에서는 당사자능력까지 인정되고, 그에 대하여 내려진 판결은 일단 유효하지만 무효로 할 수 있다. 이에 반하여 당사자가 부존재하는 경우에는 무(無)로서 당사자로 될 수 없고, 그에 대하여 내려진 판결은 당연무효이다.[4]

---

1) 姜(제5판), 125면.
2) 同旨: 大判 1995. 5. 12, 93 다 44531.
3) 당사자능력은 모든 소송물에 공통된 당사자적격이라고 설명할 수도 있다. 新堂, 110면.
4) Rosenberg, §43 Ⅰ 3.

Ⅱ. 當事者能力을 가지는 사람

1. 序 說

소송법상으로 권리의무의 귀속을 둘러싸고 다투는 당사자가 되기 위해서는 먼저 실체법상으로 권리의무의 귀속주체가 될 수 있는 사람이어야 한다. 여기에서 실체법상의 권리능력에 대응하여 당사자능력이라는 관념이 나타나고, 사법상의 권리능력을 가지는 사람은 소송물의 여하에 불구하고 당사자능력을 가진다고 하는 원칙(51)이 도출되는 것이다. 그러나 사법상의 권리능력과 소송상의 당사자능력은 반드시 일치되는 것은 아니다. 왜냐하면 소송상의 필요에 의하여 사법상의 권리능력이 없는 사람에게 당사자능력을 부여하는 경우가 있기 때문이다(52 참조). 전자, 즉 사법상 권리능력을 가지기 때문에 소송상 당사자능력을 가지는 사람을 실질적 당사자능력자라 하고, 후자, 즉 사법상 권리능력은 없으나 소송상 당사자능력이 인정되는 사람을 형식적 당사자능력자라고 한다.

2. 實質的 當事者能力者

사법상 권리능력을 가지는 사람은 모두 당사자능력을 가진다(51).

(1) 자연인

1) 자연인은 모두 당사자능력을 가진다(民 3). 연령 · 성별 · 국적의 구별이 없다. 따라서 외국인은 물론이고, 외교사절과 같이 면제권을 가지는 사람도 당사자능력을 가진다.[1)]

2) 태아도 상속 · 유증 · 사인증여 · 불법행위로 인한 손해배상청구권 등에 관하여는 이미 출생한 것으로 보므로(民 1000 Ⅲ. 1064. 562. 762), 이 관계의 소송에서는 태아인 채로 모(母)를 법정대리인으로 하여 당사자로 될 수 있다. 태아가 사산한 때에는 소급하여 당사자능력도 소멸한다고 생각하며(**해제조건설**),[2)] 이 때에는 계속중의 소는 당사자가 없게 되므로 각하하여야 한다. 만일 판결 후에 사산한 때에는 판결이 무

---

1) 李時, 147면; 姜, 209면; 胡, 242면. 예컨대 '도롱뇽'은 당사자능력이 없다(大決 2006. 6. 2, 2004 마 1148).

2) 同旨: 李時, 151면; 註釋民訴(Ⅰ), 243~244면; 金/姜, 195면; 姜, 208면; 胡, 242면.

효로 된다. 그러나 판례와 일부 학설은 이 경우에 태아인 채로는 당사자능력을 부인하고, 다만 태아가 살아서 출생한 때에는 출생시기가 과거로 소급한다고 한다(**정지조건설**).[1)]

3) 자연인은 사망에 의하여 당사자능력을 상실하지만, 파산을 하여도 이를 상실하지는 않는다.

(2) 법 인

1) 법인도 당사자능력을 가진다(民 34). 외국법인도 마찬가지이다. 법인이 해산 또는 파산되어도 청산 또는 파산의 목적범위 안에서는 아직 존속하는 것으로 보므로(民 81, 破 298, 商 245), 그 범위 안에서 당사자능력을 가진다. 따라서 청산법인은 청산종결등기가 되어도 청산사무가 남아 있으면 당사자능력이 있다.[2)] 청산사무가 종결되면 당사자능력을 잃는다.[3)]

2) 국가, 지방자치단체, 영조물법인이나 공공조합 등 공법인도 민법상의 권리능력을 가지므로 당사자능력이 있다. 그러나 국가의 기관에 불과한 행정청은 행정소송에서는 피고능력이 있지만(行訴 13), 민사소송에서는 당사자능력이 없다. 국가의 입법기관인 국회나 사법기관인 법원도 마찬가지이다.[4)] 지방자치단체의 하부행정구역에 불과한 읍·면은 당사자능력이 없다.[5)]

3) 법인의 지점은 독립적인 인격자가 아니므로 당사자능력이 없다.[6)] 법인 산하의 부속기관도 마찬가지이다. 따라서 전국버스운송조합연합회의 부속기관에 불과한 전국버스운송조합연합회 공제조합은 당사자능력이 없다.[7)]

---

1) 大判 1976. 9. 14, 76 다 1365.
2) 大判 2005. 11. 24, 2003 후 2515.
3) 大判 1980. 4. 8, 79 다 2036; 1997. 4. 22, 97 다 3408.
4) 大判 1961. 10. 5, 4292 行上 63.
5) 大判 2002. 3. 29, 2001 다 83258. 지방자치법 제2조 참조.
6) 大判 1982. 10. 12, 80 누 495.
7) 大判 1991. 11. 22, 91 다 16136.

3. 形式的 當事者能力者

(1) 總 說

단체의 결성과 재단의 설립은 개개인의 자유에 속하지만, 이들이 법인격을 취득하기 위해서는 주무관청의 허가를 받거나 법정의 절차를 거치는 것이 필요하다(民 32, 33. 商 172). 이것은 법률관계를 명확히 하고 국가의 감독권을 행사하기 위한 것이다. 그러나 이러한 절차는 번거롭기 때문에 많은 단체나 재단이 법인격을 취득하지 아니한 채 거래를 하거나 사회활동을 하고 있고, 이와 관련하여 분쟁이 발생하기 마련이다. 이 때에 제3자가 단체 등을 상대로 하여 소를 제기하거나 또는 단체 등이 스스로 소를 제기하는 경우에는 소송 외의 교섭주체를 그대로 소송에서도 상대로 삼는 것이 편리하고 실제적이다. 왜냐하면 만일 이들에게 당사자능력을 인정하지 아니하면 제3자로서는 누구를 상대로 할 것인가를 탐색하여야 되므로 번잡스럽고 불편하기 때문이다. 여기에서 민사소송법은 법인격이 없더라도 대표자·관리인이 정하여져 있어서 대외적으로 하나의 실체로 나타나는 사단 또는 재단에게 당사자능력을 인정하고 있다(52).[1)]

(2) 法人 아닌 社團

1) 법인 아닌 사단이라 함은 일정한 목적을 위한 다수인의 결합체로서, 구성원의 가입·탈퇴·사망에 관계없이 지속적으로 존속하고, 내부적으로 단체의 의사결정과 업무집행을 위한 기관이 구성되어 있으며, 대외적으로 단체를 대표할 대표자가 정해져 있는 것을 가리킨다.[2)] 또한 사단법인의 하부조직의 하나라고 하더라도 스스로 이러한 단체로서의 실체를 갖추고 독자적인 활동을 하고 있다면 해당 사단법인과는 별개의 독립된 비법인사단으로 볼 수 있다.[3)]

2) 예컨대, 종중·문중,[4)] 사찰[5)]·불교신도회[6)]·교회,[7)] 수리계(水利契)[8)]·보중

---

1) 그 밖에도 정정보도청구사건의 경우에는 당사자능력이 없는 기관 또는 단체라도 하나의 생활단위를 구성하고 보도내용과 직접적인 이해관계가 있는 때에는 그 대표자가 정정보도를 청구할 수 있다(언론중재 및 피해구제 등에 관한 법률 14 Ⅳ).

2) 大判 1967. 1. 31, 66 다 2334; 1994. 6. 28, 92 다 36052; 2018. 8. 1, 2018 다 227865(노인요양원이나 노인요양센터는 노인의료복지시설로서 법인이 아님이 분명하고, 대표자 있는 비법인 사단 또는 재단도 아니므로 원칙적으로 민사소송에서 당사자능력이 인정되지 않는다).

3) 大判 2022. 8. 11, 2022 다 227688.

4) 大判 1988. 11. 22, 87 다카 2810. 종중의 대표자선임방법: 大判 1992. 12. 11, 92 다 18146. 종중의

(洑中),[1] 자연부락(마을),[2] 아파트입주자대표회의,[3] 주택법상의 주택조합,[4] 회사채권자들이 조직한 청산위원회,[5] 설립중의 회사,[6] 집합건물의 관리단[7] 등이 이에 해당한다. 동창회 · 학회 등도 그러하다. 주민단체 · 소비자단체 등도 위의 요건을 갖추면 법인 아닌 사단으로 보아야 할 것이다. 그러나 농지위원회 · 천주교회[8] 등은 이에 해당하지 아니한다.

3) 판례에 따르면, 종중 · 문중 등과 같이 자연적으로 성립하는 사단은 특별한 조직행위가 없어도 당사자능력이 인정된다.[9][10] 그러나 일반적으로는 사단으로서 실체를 갖추는 조직행위가 있어야 당사자능력을 가질 수 있다. 따라서 어떤 단체가 외형상 목적, 명칭, 사무소 및 대표자를 정하고 있다고 하더라도 사단의 실체를 인정할 만한 조직, 재정적 기초, 총회의 운영, 재산의 관리 기타 단체로서의 활동에 관한 증명이 없는 이상 이를 법인 아닌 사단으로 볼 수는 없다.[11]

성립요건: 1998. 7. 10, 96 다 488.

5) 大判 1988. 3. 22, 88 다카 1489; 大決 1992. 1. 23, 91 마 581.

6) 大判 1991. 10. 22, 91 다 26072.

7) 大判 1962. 7. 12, 62 다 133; 1991. 11. 26, 91 다 30675. 교회가 특정교단에 소속되어 있더라도 독립된 법인 아닌 사단이다(大(全)判 2006. 4. 20, 2004 다 3775). 비법인사단인 교회는 스스로 원고가 되어 교인총회 결의의 존재를 주장하는 교인을 상대로 그 결의의 부존재확인의 소를 제기할 수 있다(大判 2024. 11. 28, 2023 나 245287).

8) 大判 1967. 12. 26, 67 다 2302.

1) 大判 1995. 11. 21, 94 다 15288.

2) 大判 1999. 1. 29, 98 다 33512; 2004. 1. 29, 2001 다 1775.

3) 大判 1991. 4. 23, 91 다 4478.

4) 大判 1994. 6. 28, 92 다 36052; 2006. 7. 13, 2004 다 7408. 설립인가를 받지 못한 주택조합도 비법인사단이다(大判 1998. 6. 26, 97 누 2801).

5) 大判 1996. 6. 28, 96 다 16582.

6) 大判 1992. 2. 25, 91 누 6108.

7) 大判 2022. 4. 28, 2021 다 306904.

8) 內部的으로 의사결정기관이 없고 대표자도 없으며 자기 재산도 없기 때문이다(大判 1966. 9. 20, 63 다 30).

9) 大判 1998. 7. 10, 96 다 488; 고유 의미의 종중은 특별한 조직행위를 필요로 하지 않으며, 일부 종원을 임의로 그 종원에서 배제할 수도 없다. 또한 공동선조의 후손 중 특정 범위 내의 종원만으로 조직체를 구성하여 활동하는 경우는 본래 의미의 종중으로 볼 수 없고, **종중 유사의 권리능력 없는 사단**(종중 유사단체)이 된다. 이러한 단체가 일정한 권리를 주장하는 경우에는 그 권리 귀속의 근거가 되는 법률행위나 사실관계 등이 발생할 당시 종중 유사단체가 성립하여 존재하는 사실과 당해 종중 유사단체에 권리가 귀속되는 근거가 되는 법률행위 등 법률요건이 갖추어져 있다는 사실을 증명하여야 한다: 大判 2020. 10. 15, 2020 다 232846; 2020. 4. 9, 2019 다 216411; 2019. 2. 14, 2018 다 264628.

10) 소송 중 종중이 공동선조를 변경하는 것은 당사자변경에 해당하여 허용될 수 없으나 종중의 실체에 관하여 당사자가 주장하는 사실관계의 기본적 동일성이 유지된다면 당사자변경은 아니다(大判 2016. 7. 7, 2013 다 76871).

11) 大判 1997. 9. 12, 97 다 20908(북한반공애국투사유족회에 당사자능력을 부정); 1999. 4. 23, 99 다 4504(급조된 채권단에 당사자능력을 부정).

(3) 法人 아닌 財團

1) 법인 아닌 재단이라 함은 계속적인 목적에 제공된 재산의 집단으로서 출연자 자신으로부터 독립하여 존재하며, 대외적으로 이를 관리하는 관리인이 정하여져 있는 것을 가리킨다.[1] 예컨대 대학교장학회,[2] 유치원,[3] 보육원, 감화원 등이 이에 해당한다.

2) 이에 반하여 학교는 교육시설의 명칭에 불과하고, 공·사립을 불문하고 법인 아닌 재단이 아니다.[4] 따라서 학교에 관한 분쟁에서는 이를 설립한 주체(국가, 지방자치단체, 학교법인, 개인)를 당사자로 삼아야 한다.[5]

(4) 民法上의 組合

1) 문제는 민법상의 조합도 법인 아닌 사단으로서 당사자능력이 인정되는가이다. 민법상의 조합도 사회적으로 하나의 단체로서 활동하고 있고, 조합재산이 목적재산으로서 조합원 개인의 재산으로부터 독립되어 관리되고 있으며, 대표자의 정함이 있다는 점을 근거로 하여 여기에 당사자능력을 인정하는 견해(**긍정설**)가 적지 않다.[6] 도이칠란트에서도 조합의 실질을 가지는 합명회사와 합자회사(도이칠란트법상 법인이 아님)에 대하여 명문으로 당사자능력을 인정하고 있다(獨商 124, 125, 161 II). 그러나 조합과 사단은 그 성질이 전혀 상이한 단체이다. 사단은 단체의 전일성(단체성)이 뚜렷함에 반하여, 조합은 구성원의 개성이 뚜렷하고 단체의 전일성이 없기 때문이다. 그러므로 민법상의 조합을 민사소송법 제52조의 법인 아닌 사단에 포함시켜 그에게 당사자능력을 인정하는 것은 무리라고 생각한다(**부정설**).[7] 대법원판례는 부정설을 따른다.[8] 도이칠란트에서도 명문의 규정이 없는 민법상의 조합에 대하여는 당사자능력을 부정하는 것이 통설이다.[9]

---

1) 大判 1957. 12. 5, 4290 民上 244.

2) 大判 1961. 11. 23, 4293 行上 43.

3) 大判 1969. 3. 4, 68 다 2387.

4) 학교는 일반적으로 법인도 아니고 대표자 있는 법인격 없는 사단 또는 재단도 아니기 때문에, 원칙적으로 민사소송에서 당사자능력이 인정되지 않는다. 이러한 법리는 비송사건에서도 마찬가지이다(大決 2019. 3. 25, 2016 마 5908).

5) 학교의 당사자능력을 부정한 사례: 大判 1987. 4. 14, 86 다카 2479(사립대학교 학장); 1997. 9. 26, 96 후 825(경북대학교); 2001. 6. 29, 2001 다 21991(서울대학교); 2017. 3. 15, 2014 다 208255.

6) 金/姜, 199~201면; 姜, 212면; 新堂, 94면 이하; 日最判 1962. 12. 18, 民集 16. 12. 2422.

7) 同旨: 方, 166면; 李英, 74면; 李時, 156면.

8) 大判 1984. 2. 14, 83 다카 1815(동백홍농계); 1991. 6. 25, 88 다카 6358(원호대상자광주목공조합).

2) 민법상의 조합에 대하여 당사자능력을 부정하는 경우에는 조합관계소송에서 누구를 당사자로 하여야 하는가가 문제이다. 이 때에는 조합원 모두가 공동으로 소송을 하는 방법(고유필수적 공동소송), 민사소송법 제53조의 선정당사자제도를 활용하는 방법 및 업무집행조합원이 조합원으로부터 소송수행권을 수여받아 자기의 이름으로 소송을 수행하는 방법(임의적 소송담당)[1] 등이 가능할 것이다. 또한 대법원은 어음에 기명날인을 할 때 대표조합원이 조합명과 대표자격을 표시하고 총조합원을 대리하는 방법(갑 조합 대표자 을)의 유효성을 인정하고 있는바,[2] 이러한 대리방법을 소송에 관하여 허용하면 소송절차를 간소화할 수 있을 것이다.[3]

3) 다만 어느 단체에 조합이라는 이름이 붙었다고 하여 그것의 실질이 모두 조합인 것은 아니라는 점을 주의하여야 한다. 예컨대 농업협동조합, 수산업협동조합은 명칭은 조합이지만 법률상으로는 법인이다(農協 3, 水協 4).

(5) 소송상 취급

법인 아닌 사단 또는 재단이 원고 또는 피고로 되는 경우에는 소송에서 법인과 마찬가지로 취급된다. 따라서 보통재판적에 관하여는 민사소송법 제5조 제1항이, 대표자의 소송상 지위에 관하여는 같은 법 제64조가 적용된다. 또 법인 아닌 사단 또는 재단이 직접 판결의 명의인이 되고, 그에게 직접 권리·의무가 귀속한다는 취지로 판결할 수 있다. 위 한도 안에서는 본래 권리능력이 없는 법인 아닌 사단 또는 재단이 개별소송을 통하여 권리능력을 인정받는 결과로 된다. 그리하여 판결의 효력은 법인 아닌 사단 또는 재단에만 미치고 사단의 구성원이나 재단의 출연자에게는 미치지 아니하며(그러나 그 구성원도 사단의 책임을 다툴 수는 없게 된다),[4] 강제집행도 사단 또는 재단의 재산에 대하여만 행하게 된다. 사단 또는 재단의 재산이 대표자의 개인명의 또는 구성원의 공동명의로 되어 있는 때에는 민사집행법 제25조, 제31조를 준용하여 승계집

---

9) Rosenberg, §43 Ⅱ 4 참조.

1) 大判 1984. 2. 14, 83 다카 1815; 1997. 11. 28, 95 다 35302; 2001. 2. 23, 2000 다 68924.

2) 大判 1970. 8. 31, 70 다 360.

3) 이것은 民法 제709조의 업무집행조합원의 대리권에 소송대리권도 포함된 것으로 보아 업무집행조합원을 법률상의 대리인(87 전단)으로 보는 방법이다. 이 경우 본인을 표시하는 방법으로 전 조합원이 아닌 조합 자체를 이용할 수 있다면 매우 간편할 것이다. 同旨: 李時, 157면; 上田, "組合·訴訟·執行," 「契約法大系」, Ⅴ, 139면.

4) 大判 2005. 6. 23, 2004 다 3864(화해조서).

행문을 부여받아 집행할 수 있다.

Ⅲ. 訴訟法上의 意義와 흠의 效果

1. 訴訟要件

당사자능력의 존재는 소송요건 중의 하나이다. 따라서 법원은 언제든지 직권으로 당사자능력의 유무를 조사하여야 한다. 법인이 아닌 사단이나 재단이 당사자가 된 경우에는 정관·규약, 그 밖에 그 당사자의 당사자능력을 판단하기 위하여 필요한 자료를 제출하게 할 수 있다(民訴規 12).[1] 법원은 당사자능력의 흠을 인정한 때에는 판결로써 소를 각하하여야 한다. 판례는 소장에 표시된 당사자에게 당사자능력이 인정되지 않을 때에는 소장 전체의 취지를 합리적으로 해석한 결과 당사자능력이 인정되는 사람이 있으면, 그 당사자능력자로 당사자의 표시를 정정하도록 명하여야 한다고 한다.[2] 그러나 이 경우는 당사자를 변경하도록(260) 석명권을 행사함이 타당하다.[3] 원고에게 당사자능력이 없어서 소를 각하하는 경우에는 사실상 대표자 또는 관리인으로서 그 소를 제기하였던 사람에게 소송비용을 부담시켜야 할 것이다(108의 유추). 당사자능력이 있는지 여부는 사실심의 변론을 종결할 때를 기준으로 판단하여야 한다.[4] 따라서 소의 제기 당시에는 당사자능력이 없었으나 소송계속중에 이를 취득한 경우, 예컨대 어느 단체가 당사자능력을 취득한 경우에는 그 흠이 치유된다. 이 경우에 법률상 당연히 치유의 효과가 발생하는가, 당사자능력을 취득한 사람의 추인을 요하는가가 문제되지만, 전자의 해석을 따른다.[5]

---

1) 법원으로서는 판단의 기초자료인 사실과 증거를 직권으로 탐지할 의무까지는 없다 하더라도, 이미 제출된 자료들에 의하여 그 **대표권의 적법성에 의심**이 갈만한 사정이 엿보인다면 상대방이 이를 구체적으로 지적하여 다투지 않더라도 법원은 이에 관하여 **심리·조사할 의무**가 있다(종중의 경우: 大判 2021. 11. 11, 2021 다 238902; 2022. 4. 14, 2021 다 276973; 집합건물의 관리단의 경우: 大判 2022. 4. 28, 2021 다 306904).

2) 大判 1996. 10. 11, 96 다 3852(순천향교수습위원회를 순천향교로); 1999. 11. 26, 98 다 19950(전국운수노동조합 전북지부 정읍미화분회를 전라북도 항운노동조합으로). 그 밖에도 2001. 11. 13, 99 두 2017 등. 제59조를 유추하여 표시정정할 것이라는 견해로 李時, 158면.

3) 一部 同旨: 胡, 249면.

4) 大判 1991. 11. 26, 91 다 30675; 1997. 12. 9, 97 다 8547; 2021. 6. 24, 2019 다 278433.

5) 同旨: 金/姜, 147면; Jauernig, §19 Ⅲ 2.

2. 訴訟行爲의 有效要件

당사자능력은 소송행위의 유효요건이다. 따라서 당사자능력이 없는 사람의, 또는 이에 대한 소송행위는 무효이다. 다만 여기에서 말하는 무효는 유동적 무효(schwebende Unwirksamkeit)이므로, 뒤에 당사자능력을 취득한 당사자의 추인에 의하여 유효로 될 수 있다.

3. 當事者能力에 관한 다툼

소송절차중에 당사자능력에 관하여 당사자 사이에 다툼이 있으면 법원은 이를 조사한 다음에 당사자능력이 있다고 인정할 때에는 중간판결 또는 종국판결의 이유에서 이를 판단하고, 당사자능력이 없다고 인정할 때에는 종국판결로 소를 각하하여야 한다.

당사자능력의 유무가 다투어지고 있는 당사자(예컨대 권리능력이 확정되지 아니한 단체)라도 당사자능력의 유무에 관한 다툼에 관하여는 변론을 할 수 있고, 그 범위 안에서는 당사자능력이 인정된다. 그리고 이 당사자가 상소를 제기한 경우에는 조사결과 당사자능력이 부정된다고 할지라도 상소는 적법한 것으로 취급된다. 그러므로 당사자능력에 관한 다툼에 관하여는 당사자능력이 없는 사람도 당사자능력을 가지는 셈이다.[1] 당사자능력에 관하여는 본안판결을 요구하는 사람이 증명책임을 진다.[2]

4. 訴訟係屬中의 當事者能力의 喪失

소송계속중에 당사자가 사망 또는 합병 등에 의하여 당사자능력을 상실한 경우에는 승계인이 있으면 이들이 당사자로 되어 소송을 승계하고, 이들이 실제로 소송에 관여할 때까지 소송절차가 중단된다(233, 234, 238). 그러나 소송물이 승계할 성질의 권리관계가 아닌 때(예컨대 이혼소송의 당사자인 부부의 한 쪽이 사망한 때)에는 두 당사자 중 한 쪽 당사자가 없게 되므로 소송절차는 당연히 종료된다.

1) 李時, 158~159면; Jauernig, §19 Ⅲ; Grunsky, S. 251; Zeiss, §22 Ⅲ 3.
2) Rosenberg, §43 Ⅴ 4.

5. 當事者能力의 흠을 간과한 判決의 效力

당사자능력이 없는 사람에 대하여 당사자능력이 없음을 간과하고 본안판결을 한 경우에 이 판결의 효력이 문제된다.

1) 당사자능력의 흠을 간과한 판결이 유효한가에 관하여, 우리나라의 통설은 이 경우는 당사자가 전혀 부존재하는 경우와는 다르므로 당연무효가 되는 것이 아니라고 한다.[1] 이에 반하여 우리나라와 일본의 유력설은 이것을 무효의 판결이라고 본다.[2] 생각건대 당사자능력의 흠이 다투어지는 것은 주로 일정한 조직을 갖춘 단체 또는 재단이 법인 아닌 사단 또는 재단에 해당하는지 여부가 문제되는 경우이다. 이 경우에는 비록 당사자능력은 없더라도 어느 정도 실체를 갖춘 조직체가 있고, 이 조직체가 소송을 수행하여 판결이 선고되었으므로 이를 무효라고 하기는 어렵다고 본다. 이에 반하여 당사자가 부존재하는 경우, 예컨대 갑녀(甲女)가 자기의 애견(愛犬)이 구타당하였음을 이유로 애견을 원고로 하여 가해자를 상대로 손해배상청구의 소를 제기하였는데, 법원이 애견 '황초롱'을 자연인인 줄 알고 본안판결을 한 경우에는 2당사자 대립구조가 존재하지 않으므로 그 판결은 당연무효라고 풀이하여야 할 것이다.[3] 대법원도 소제기 이전에 사망한 사람을 당사자로 표시한 판결은 당연무효로 보고 있다.[4]

2) 당사자능력의 흠을 간과한 판결이 확정되기 전이면 상소에 의하여 이를 취소할 수 있다. 왜냐하면 이것은 소송요건의 흠을 간과한 위법한 판결이기 때문이다. 다만 판례는 당연무효인 판결은 상소의 대상이 될 수 없다는 전제하에, 소제기 전에 사망한 사람을 당사자로 한 판결에 대한 상소를 불허하고 있다.[5]

3) 당사자능력의 흠을 간과한 판결이 확정된 뒤에 그 흠을 재심사유로 할 수 있는가에 관하여 우리나라와 일본의 통설은 이를 부정한다.[6] 그 이유는 당사자능력이 없는 사람도 일단 사회생활단위로서 소송상 행동하여 판결을 받은 것이기 때

1) 方, 111면; 李英, 75면; 李時, 154면.
2) 胡, 252면; 新堂, 97면; 中野=松浦=鈴木, 104면; 小山, 89면; 吉村=竹下=谷口, 98면.
3) 同旨: 李時, 154면; 姜, 214면; Rosenberg, §43 Ⅰ 3, Ⅴ 6.
4) 大判 1994. 1. 11, 93 누 9606; 2017. 5. 17, 2016 다 274188.
5) 大判 1994. 1. 11, 93 누 9606; 2015. 1. 29, 2014 다 34041.
6) 李時, 159면; 金/姜, 202~203면; 宋/朴, 132~133면; 金容, 72면; 姜, 214면.

문에 다시 재심의 소로써 다툴 이익이 없다는 것이다. 그러나 도이칠란트의 통설은 이 경우에 재심을 허용하고 있다.[1] 생각건대, 당사자능력이 없는 단체, 예컨대 조합의 실질을 가지는 단체에 대하여 본안판결이 확정된 경우에는 이 단체에 대한 강제집행을 저지하기 위한 수단이 필요하다. 이러한 필요를 충족시키기 위해서는 당사자능력의 흠을 간과한 판결에 대하여도 재심을 허용하여야 할 것이고, 그 실정법적 근거로서는 민사소송법 제451조 제1항 제3호(유추)를 들 수 있을 것이다. 판례는 소제기 전에 사망한 사람을 당사자로 한 판결에 대한 재심은 상소에서와 마찬가지 이유로 허용될 수 없다고 보고 있다.[2] 그러나 무효인 판결도 유효한 것으로 악용될 염려가 있으므로 상소·재심으로 취소할 이익이 있다고 봄이 타당하다.

4) 소송계속중 당사자가 사망 또는 합병 등에 의하여 당사자능력을 상실하여 소송절차는 중단되었는데(233), 법원이 이를 간과하고 종전의 당사자를 그대로 당사자로 표시하여 판결한 경우에는 소제기 전에 사망한 사람을 당사자로 하여 판결한 경우와는 달리, 당사자의 사망으로 상속인이 당사자의 지위를 법률상 당연히 승계(當然承繼)하여 2당사자 대립구조는 존재한다. 그러므로 그 판결은 유효하다.[3] 다만 그 판결에는 소송승계인의 절차에 참여할 권리를 침해한 위법이 있다. 따라서 당사자는 상소 또는 재심으로 그 판결의 취소를 구할 수 있다(424 Ⅰ ④, 451 Ⅰ ③ 類推)[4](소송절차의 정지에 관한 설명 참조).

제 4 절 訴訟能力

Ⅰ. 意 義

소송능력(Prozessfähigkeit)이라 함은 소송당사자(또는 보조참가인)로서 스스로 또는 임의대리인을 통하여 유효하게 소송행위를 하거나, 또는 이를 받기 위하여 필요한 능력을 말한다.[5] 이것은 민법상의 행위능력에 대응하는 것으로서, 소송법상

1) Rosenberg, §43 Ⅴ 6; Zeiss, §22 Ⅱ 2.
2) 大判 1994. 12. 9, 94 다 16564.
3) 反對: 胡, 250면.
4) 大(全)判 1995. 5. 23, 94 다 28444.
5) Zeiss, §23 Ⅰ; Jauernig, §20 Ⅰ.

의 행위능력(prozessuale Geschäftsfähigkeit)이라고 말할 수 있다. 그리하여 소송능력이 없는 사람은 법정대리인에 의하여 대리되지 않으면 안 된다[55]. 소송무능력자 제도는 소송에서 자기의 이익을 충분히 주장·옹호할 능력이 없는 사람을 보호하기 위한 것이다. 일반적으로 소송수행은 거래행위보다 복잡하고 또 이를 제대로 못하는 경우에는 중대한 불이익이 따른다. 따라서 소송법은 소송능력을 갖추지 못한 사람은 스스로 또 임의대리인을 통하여도 소송행위를 할 수 없도록 하였다.

1. 訴訟能力이 필요한 사람

소송능력은 당사자(또는 보조참가인)로 소송행위를 하기 위하여 필요한 능력이다. 따라서 다른 사람의 대리인으로 소송행위를 할 경우에는 소송능력이 필요하지 않다(民 117). 그러므로 미성년자라도 법원의 허가를 얻으면 단독판사가 심리·판단하는 사건에서 소송대리인이 될 수 있다(88, 民訴規 15). 다만 소송능력이 없는 사람은 법정대리인이 될 수 없다(民 937 참조).

마찬가지 이유로 단순히 증거방법으로서 증인신문 또는 당사자신문을 받거나 검증의 대상으로 되는 경우에는 소송능력이 필요하지 않다.

2. 訴訟能力이 필요한 訴訟行爲

소송능력은 소송절차 안의 소송행위뿐만 아니라 소송전·소송외의 소송행위(예컨대 관할의 합의, 소송대리권의 수여행위 등)에도 필요하다. 이들 행위를 하기 위해서 행위능력이 아니라 소송능력이 필요한 이유는 이들 행위가 소송절차 전체에 영향을 주고 있고, 그 효력의 유무가 처음부터 명확하여야만 소송절차의 안정을 꾀할 수 있기 때문이다. 소송능력이 필요한 소송행위의 주요한 것으로서는 소와 같이 재판을 구하는 신청행위, 재판을 위한 자료를 제출하는 행위, 절차상의 효과의 발생을 주목적으로 하는 의사표시(자백, 소의 취하, 청구의 포기·인낙, 소송상의 화해) 등이 있다.

3. 意思能力과의 관계

소송행위를 하거나 받기 위해서는 행위자에게 의사능력이 있어야 한다. 소송능력은 소송행위를 하는 데 필요한 일반적인 기준에 지나지 아니하므로 소송능력자라도 의사능력이 없는 경우가 있다. 예컨대 성년자라도 12, 3세 정도의 지능밖에 없는 심신박약자는 의사능력이 없다. 의사능력이 없는 사람이 한 소송행위는 무효이다. 다만 의사무능력자를 보호하기 위하여 그의 상소제기행위는 유효라고 풀이하여야 할 것이다.[1] 의사무능력자에 대하여 소를 제기하려고 하는 사람은 특별대리인의 선임을 신청할 수 있다(62의 2).[2]

Ⅱ. 訴訟能力者와 訴訟無能力者

1. 訴訟能力과 行爲能力

1) 소송능력은 소송법상의 능력으로서 소송법이 독자적 입장에서 그 유무를 결정할 수 있는 것이지만, 현행법은 특별한 규정이 없으면 민법 그 밖의 법률에 의하도록 하였다(51). 이것은 원칙적으로 행위능력을 기준으로 하여 소송능력을 결정한다는 취지이다. 따라서 완전한 행위능력을 가진 자는 원칙적으로 소송능력을 가진다.

2) 그러나 소송행위는 재판의 공정·신속·경제에 이바지하는 행위로서 공익의 지배를 받고, 사법상의 법률행위와 달리 독립하여 효과를 발생시키는 것이 아니라 소송절차의 일환을 이루고 전후 연결되어 효과를 발생시키며, 그 결과에 따른 불이익이 매우 중대하다(예컨대 패소판결의 기판력)는 등의 특색이 있다. 그리하여 소송행위에는 법률행위보다 고도의 신중과 판단력이 필요하다. 따라서 법률행위를 할 수 있는 민법상 행위능력과 소송행위를 할 수 있는 소송법상 소송능력을 언제나 같은 평면에서 다룰 것은 아니고, 행위능력이 인정된다고 하여 소송능력도 당연히 인정된다고 풀이할 것은 아니다.

3) 외국인의 행위능력은 그 본국법에 의하므로(國私 13 Ⅰ), 그 소송능력도 본국법을 기준으로 한다. 그러나 외국인을 내국인 이상으로 보호할 필요는 없으므로, 본국법상 소송무능력자라도 대한민국의 법률에 의하여 소송능력이 있는 때에는 소송능력자로 본다(57).

---

1) 日最判 1954. 6. 11, 民集 8. 6. 1055; 新堂, 100면.

2) 2016. 2. 3, 법률 제13952호, 2017. 2. 4.부터 시행; 大判 1993. 7. 27, 93 다 8986; 大決 1984. 5. 30, 84 스 12.

2. 制限能力者의 訴訟能力

(1) 總 說

민법상 행위능력이 제한되는 제한능력자에는 미성년자(民 4), 피성년후견인(民 9, 10 I) 및 피한정후견인(民 13) 등이 있다.[1] 제한능력자는 능력이 제한되는 한도에서는 소송능력이 없다. 제한능력자가 법정대리인의 동의를 얻어서 단독으로 유효한 법률행위를 할 수 있는 경우에도 소송행위는 법정대리인에 의해서만 할 수 있다(55 本). 소송무능력자를 철저하게 보호하고 소송절차의 안정을 도모하기 위해서이다.

(2) 未成年者의 訴訟能力

1) 미성년자는 행위능력의 제한을 받는 자로서 행위능력보다 고도의 판단력을 요하는 소송능력은 없다(55). 따라서 법정대리인인 친권자 또는 미성년후견인에 의하여서만 소송행위를 할 수 있다(55; 민 911, 928, 938 I). 민법상으로는 미성년자가 법정대리인의 동의를 얻어 법률행위를 할 수 있지만, 소송법상으로는 이 경우에도 소송능력이 인정되지 아니함을 주의하여야 한다.

2) 미성년자가 독립하여 법률행위를 할 수 있는 경우에는 예외적으로 소송능력을 가진다(55 I ①). 즉 미성년자가 법정대리인의 허락을 받아 영업에 관한 법률행위를 하는 경우(商 6; 民 8)에는 그 허락받은 범위 안에서 소송능력이 인정된다. 또 미성년자가 혼인한 때에는 성년자로 보므로(民 826의 2), 이 때에는 완전하게 소송능력을 가진다. 다만 법정대리인이 범위를 정하여 처분을 허락한 재산은 미성년자가 임의로 처분할 수 있으나(民 6), 그 재산에 관한 소송에서는 소송능력이 인정되지 아니함을 주의하여야 한다. 왜냐하면 처분이 허락된 재산의 범위를 탐색하는 것이 번잡하여 소송절차의 안정을 해하기 때문이다.[2]

3) 근로기준법은 미성년자가 단독으로 근로계약의 체결 및 임금의 청구를 할

---

1) 김상용, 민법총칙(제2판, 2013), 150~151면 참조. 2013년 시행 개정 민법에 제한능력을 도입하면서 그에 관한 소송능력은 민사소송법에 동시에 규정한 것(일본 민소 31, 32)이 아니라 나중에 규정하였다. 그 사이에는 민법 부칙(2, 3)으로, 다른 법령에서 금치산 또는 한정치산을 인용한 경우 성년후견 또는 한정후견을 인용한 것으로 본다고 규정하여 해결하였다. 2016년 2. 3. 법률 제13952호로 개정된 민사소송법은 2017. 2. 4.부터 시행되었다.

2) 同旨: 姜, 232면; 兼子, 條解民訴, 127면; 菊井＝村松, Ⅰ, 257면.

수 있다고 규정하고 있으므로(勤基 67, 68), 이에 관련된 소송에서 미성년자가 소송능력을 가지는가가 문제된다. 이 문제에 관하여는 근로계약으로부터 발생하는 모든 소송에서 소송능력을 인정하는 견해, 임금청구소송에 한하여 소송능력을 인정하는 견해[1] 및 근로기준법 제65조는 법정대리인의 대리권을 제한한 것일 뿐 미성년자에게 행위능력을 인정한 것은 아니며 제66조의 임금청구는 엄밀한 의미의 법률행위가 아니라는 이유로 미성년자의 소송능력을 부정하는 견해 등이 대립하고 있다. 첫째의 견해에 찬성한다.[2] 대법원은 임금청구소송에 관하여 미성년자의 소송능력을 인정하고 있는데,[3] 그것이 미성년자의 행위능력을 임금청구소송에 한정하는 것인지는 불명하다.[4]

4) 소송무능력자인 미성년자에 대하여 급속하게 소를 제기하려는 사람은 법원에 특별대리인의 선임을 신청할 수 있다(62).

(3) 被成年後見人의 訴訟能力

1) 피성년후견인은 소송무능력자이다. 따라서 법정대리인인 피성년후견인에 의하여서만 소송행위를 할 수 있다. 피성년후견인은 질병, 장애, 노령, 그 밖의 사유로 인한 정신적 제약으로 사무를 처리할 능력이 지속적으로 결여되어 법원의 재판으로 행위능력의 제한을 받는 사람이다(民 9). 따라서 행위능력보다 고도의 능력인 소송능력은 원칙적으로 인정되지 아니하는 것이다.

2) 피성년후견인의 행위 중 가정법원이 취소할 수 없다고 정한 행위(民 10 II, III)에 관하여는 피성년후견인에게 소송능력이 있다. 이는 가정법원이 정하는 취소할 수 없는 법률행위의 범위가 후견등기로 공시되는 점, 피성년후견인의 자기결정권 존중의 필요성 등을 고려한 것이다. 다만, 일용품의 구입 등 일상생활에 필요하고 그

---

1) 方, 183면.

2) 同旨: 李時, 170~171면.

3) 大判 1981. 8. 25, 80 다 3149.

4) 과거에는 가사소송에 관한 한 소송무능력자일지라도 의사능력이 있으면 법정대리인의 동의를 얻어 소송행위를 할 수 있다는 특례가 인정되었다(舊人訴 29, 35, 37, 52, 55). 이 특례는 주로 혼인에 관하여 의미가 있었으나, 민법개정으로 혼인하면 성년자로 보게 되어(民 826의 2), 혼인에 관한 한 의미가 없게 되었고, 그 밖에는 실제로 거의 이용되지 아니하였으므로, 가사소송법은 위 특례를 인정하지 아니하였다(徐廷友, "家事訴訟法解說," 新聞 1996. 14면 참조). 따라서 가사소송의 경우에도 소송무능력자는 법정대리인에 의하여만 소송행위를 할 수 있다(家訴 23, 28, 31)(日本의 논의에 관하여는 山木戶克己, 「人事訴訟法」, 99면 참조).

대가가 과도하지 아니한 법률행위는 민법상으로는 취소할 수 없는 행위이지만(民 10 Ⅳ), 민사소송법상으로는 그 기준이 명확하지 아니하므로 피성년후견인의 소송능력이 인정되지 아니한다(55 Ⅰ ②).[1] 따라서 이때에는 성년후견인이 피성년후견인의 소송행위를 대리하여야 한다. 피성년후견인의 보호와 소송절차의 안정을 위함이다.[2]

(4) 被限定後見人의 訴訟能力

피한정후견인은 원칙적으로 행위능력자이므로 소송능력도 있다. 그러나 가정법원이 한정후견인의 동의를 받아야 한다고 정한 행위의 범위 내(民 13 Ⅰ)에서는 소송능력이 없다. 이때에는 대리권 있는 한정후견인[3]에 의해서만 소송행위를 할 수 있다(55 Ⅱ).[4]

(5) 訴訟節次의 中斷 與否

소송계속 중에 당사자가 성년후견개시 또는 한정후견개시의 심판을 받아 (민 9, 12) 소송능력을 잃은 때에는 소송절차는 중단된다(235).

Ⅲ. 訴訟法上의 意義와 흠의 效果

1. 訴訟行爲의 有效要件

1) 소송능력은 개개의 소송행위의 유효요건이다. 따라서 소송무능력자가 스스로 하거나 또는 받은 소송행위는 모두 무효이다. 예컨대 소송무능력자에 의한 소의 제기, 소의 취하, 청구의 포기·인낙 등은 그 효력이 없고, 기일에 무능력자가 출석하여 변론을 하려고 하는 경우에는 그의 소송행위를 배척하고 기일에 불출석한 것으로 처리한다. 소송무능력자에게 할 송달은 법정대리인에게 하여야 하며

---

1) 同旨: 김홍엽, 182면. 반대: 李時, 170면. 이에 관한 자세한 논의는, 김경욱, "2015년 민사소송법 개정안의 주요내용과 쟁점," 「민사소송」, 제19권 제2호, 2015, 17~18면.

2) 同旨: 김홍엽, 182면.

3) 바로 피성년후견인의 법정대리인이 되는 성년후견인의 경우(民 938)와 달리 한정후견인은 가정법원이 대리권수여의 심판을 한 경우에만 법정대리권을 가진다는 점(民 959의 4 Ⅰ)에서 '대리권 있는 한정후견인'으로 규정하게 된 것이다. 김경욱, 전게논문, 22~23면.

4) 동의유보 범위 내에서의 피한정후견인은 행위능력이 없으므로 당연히 소송능력이 없고, 동의유보가 없는 피한정후견인도 사무를 처리할 능력이 부족한 자이고 소송능력은 행위능력보다 고도의 신중과 판단력을 요구하므로 소송능력을 부정하는 것이 옳다고 본다. 이에 비해 피특정후견인과 임의후견인은 완전한 행위능력자이기 때문에 원칙적으로 소송능력을 가진다. 다만 이들도 각각 후원이 필요한 행위와 조력을 받고 싶어하는 사무에 관해서는 그 의사를 존중하여 소송능력을 제한하는 것이 옳다고 본다.

(179), 소송무능력자 본인에 대한 송달은 무효이다.[1] 다만, 소송무능력자도 본인이 제기한 소를 취하할 수 있다. 소송무능력자의 소송행위는 처음부터 무효이며, 민법상의 무능력자의 법률행위와 같이 취소할 때까지 유효한 것이 아니다. 이것은 소송절차의 안정을 꾀하기 위한 것이다. 다만 여기에서 무효라고 하는 것은 이른바 유동적 무효(schwebende Unwirksamkeit)이고 절대적 무효(nichtig)는 아니므로, 무능력자의 소송행위가 법원에 대한 신청행위(예컨대 訴)일 때에는 법원은 이에 대하여 응답을 하여야 한다.

2) 소송무능력자의 소송행위나 그에 대한 소송행위는 뒤에 능력을 취득한 본인이나 법정대리인이 추인할 수 있다. 추인에 의하여 지금까지 무효이었던 소송행위가 소급적으로 유효하게 된다. 추인의 방법은 법원 또는 상대방에 대하여 명시의 의사표시로 할 수 있을 뿐만 아니라, 묵시적으로 추인이 있었던 것으로 인정되는 수도 있다(예컨대 미성년자가 성년이 되어 그대로 소송을 수행하는 경우). 추인의 범위는 과거의 소송수행을 일체로서 불가분적으로 하여야 하며, 절차중의 개개의 행위를 선택하여 이것만을 추인할 수는 없다. 소송행위는 전후 서로 관련되어 있기 때문에 이를 분할하는 것은 적절하지 않고, 또 이것을 인정하면 그 뒤의 절차가 복잡하여질 염려가 있기 때문이다. 그러므로 소송의 혼란을 가져올 염려가 없는 경우에는 일부 추인도 가능하다(예컨대 소의 취하를 제외한 나머지 일체의 행위를 추인).[2] 추인을 할 수 있는 시기는 흠있는 행위가 확정적으로 배척되기 전까지, 예컨대 소각하의 판결이 확정되기까지이며, 상고심이나 재심단계에서도 할 수 있다.

2. 訴訟要件

1) 소송능력은 소송요건의 하나이다. 따라서 소를 제기할 때부터 소송능력이 없는 경우에는 변론을 종결할 때까지 당사자가 이를 보정하지 않는 한, 소를 부적법각하하여야 한다.

2) 소송능력은 소송요건에 속하므로 법원은 언제든지 그 존재 여부에 관하여 직권으로 조사할 수 있다. 조사결과 소송능력의 흠이 인정될 때에는 법원은 기간을 정하여 보정을 명하고(59 前), 보정이 없을 때에는 무능력자의 소송행위를 배척하

---

1) 도이칠란트 민사소송법은 송달의 무효를 명문으로 확인하고 있다(동법 170 I).
2) 大判 1973. 7. 24, 69 다 60 참조.

여야 한다. 만일 보정을 기다리자면 지연으로 인하여 손해가 발생할 염려가 있는 때에는 일시적으로 소송행위를 하게 할 수 있다(59後). 이것은 집행정지, 급속을 요하는 증거조사 따위를 가능하게 하기 위한 것이나, 뒤에 추인을 받지 못하면, 이것 역시 무효가 된다.

3. 訴訟係屬中의 訴訟能力의 取得과 喪失

1) 소를 제기할 때 또는 소장의 송달을 받을 때에는 소송능력이 없었으나 소송계속중에 능력을 취득한 경우(예컨대 미성년자가 성년자로 된 경우)에는 그는 지금까지의 소송행위를 전체로서 추인하여 무효인 소송행위를 소급적으로 유효로 할 수 있다. 법정대리인도 무능력자가 하거나 받은 소송행위를 추인할 수 있다.

2) 소를 제기할 때 또는 소장을 송달받을 때에는 소송능력이 있었으나 소송계속중에 이를 상실한 경우(예컨대 당사자가 성년후견개시의 심판을 받은 경우)에는 소가 각하되는 것이 아니라 소송절차가 법정대리인에 의하여 수계될 때까지 중단될 뿐이다(235).

4. 訴訟能力에 관한 다툼

소송능력의 존재 여부에 관하여 당사자 사이에 다툼이 있는 경우에는 소송능력의 조사에 관한 범위 안에서는 그 소송능력이 문제되어 있는 당사자에 대하여도 일단 소송능력이 있는 것으로 취급하여야 한다. 따라서 그 당사자에 대한 송달도 유효하고, 그 당사자도 소송능력의 존재 여부에 관하여 변론할 수 있고, 신청을 할 수도 있으며, 소송능력이 없다고 하여 소를 각하한 판결에 대하여는 상소할 수 있다.[1] 또한 소송능력의 흠을 간과한 본안판결에 대하여도 상소할 수 있으며,[2] 그 상소를 취하할 수도 있다.[3] 그러므로 소송무능력자가 소를 제기하거나 소장의 송달을 받고 소송에 관여하여 내려진 종국판결에 대하여 무능력자가 항소한 경우에는 항소만을 부적법하다 하여 각하할 것이 아니라, 소송절차 전체를 종합적으로 관찰하여 제1심이 부당하게 무능력을 간과한 때에는 항소를 인용하여 제1심판결을 취소하고 스스로 소를 각하하여야 하고(항소를 각하하면 제1심판결이 확정되어 부당하게 된다), 제1심이 이미 소송능력

1) BGHZ 86, 186.
2) BGH NJW 82, 2070.
3) 일본 판례는 소송무능력자가 소송능력을 다투기 위해 항소를 제기할 수는 있지만 그 항소의 취하는 허용되지 않는다고 본다(日最判 1964. 6. 11. 民集 8. 6. 155.).

의 흠을 이유로 하여 소를 각하한 때에는 항소가 이유 없다고 하여 이를 기각하여야 할 것이다.[1)]

5. 訴訟能力의 흠을 간과한 判決의 效力

소송능력의 흠을 간과하고 소송능력이 없는 사람의 소송행위에 기하여 행하여진 종국판결의 효력에 관하여는 다툼이 있다. i) 무능력자가 승소한 경우에 그 상대방은 소송능력의 흠을 주장하여 상소나 재심을 제기할 수 없다.[2)] 무능력자제도는 무능력자 본인을 보호하기 위한 것이기 때문이다. ii) 무능력자가 패소한 경우에도 그 판결은 당연무효는 아니라고 하는 것이 국내외의 통설이다.[3)] 그리고 소송무능력자에 대한 판결의 송달은 무효이므로 상소기간(396 I·425)이 진행하지 않는다. 따라서 소송능력을 간과한 흠은 상소로 다투면 된다.[4)] 판결이 확정된 경우(판결의 선고로 확정되는 상고기각 판결 등)에는 재심의 소로 다툴 수 있다. 민사소송법 제424조 제1항 제4호, 제451조 제1항 제3호의 '법정대리권의 흠'에는 법정대리인에게 대리권이 없었던 경우뿐만 아니라, 법정대리인에 의해서만 소송행위를 하여야 할 경우에 그에 의하여 대리되지 아니한 경우도 포함되기 때문이다.[5)] 다만 판결 이후라도 적법한 추인이 있으면, 상소·재심의 이유가 없게 된다(424 I ③ II, 451 但). iii) 법원이 소송능력의 흠을 간과한 것이 아니라 명백히 소송능력의 존재를 긍정한 경우에는 소송무능력자에 대한 판결의 송달로도 상소기간은 진행하지만, 상소를 제기하지 않아 판결이 확정되어도 재심의 소를 제기하여 다툴 수 있다[6)](소송무능력자의 절차적 기본권을 보호하기 위해 451 I 但 적용 배제).

---

1) 제1심판결을 취소하고 사건을 제1심으로 환송하여야 한다는 견해도 있다.

2) 同旨: 李時, 174면; 姜, 236면.

3) 정당한 절차보장이 행하여지지 아니하였으므로 무효라는 견해는 新堂, 104면이 있다.

4) 大判 2020. 6. 11, 2020 다 8586(소송무능력자에 대한 공시송달의 효력 부정).

5) 도이칠란트의 판례(BGHZ 200, 9 등)와 통설은 도이칠란트 민사소송법이 소송능력의 흠을 재심사유로 규정하고 있고(동법 579 I ④) 이 경우에는 재심의 소의 보충성도 인정하지 않고 있음(동법 579 II)을 이유로, 법원이 소송무능력자임을 간과하고 그에게 송달한 경우에는 불복기간이 진행한다고 본다. 따라서 소송무능력자는 상소나 재심을 선택적으로 이용할 수 있다. 자세한 것은 유병현, "소송무능력자에 대한 송달의 효력과 구제방법," 「민사소송」, 제27권 제2호, 2023, 11면 이하.

6) BGHZ 84, 24. 반대: Rosenberg, §44 IV 6.

제 5 절 辯論能力

Ⅰ. 意 義

변론능력(Postulationsfähigkeit)이라 함은 법원에 출정하여 법원에 대하여 유효하게 소송행위를 할 수 있는 능력을 말한다.[1] 연술능력(演述能力)이라고도 한다. 따라서 상대방에 대한 상소권의 포기나 제3자에 대한 소송고지 등의 경우에는 변론능력이 요구되지 아니한다.

소송능력은 오로지 당사자 본인을 보호하기 위한 제도임에 반하여, 변론능력은 소송절차의 원활·신속한 진행을 꾀하고, 사법제도의 건전한 운용을 돕기 위한 것이다.

Ⅱ. 辯論能力者와 辯論無能力者

1) 변론능력자

우리나라는 일반적으로 본인소송을 인정하고 있으므로, 소송능력자는 원칙적으로 변론능력을 가진다. 그러나 변호사강제주의를 취하는 나라에서는 변호사에 한하여 변론능력이 인정되므로, 소송능력자라도 반드시 변호사를 대리인으로 선임하여 소송행위를 하지 않으면 안 된다. 우리나라에서는 증권집단소송, 소비자단체소송, 개인정보단체소송 및 헌법소송에 한하여 변호사강제주의가 채택되고 있다(證集 5 Ⅰ, 消基 72, 個情 53, 憲裁 25 Ⅲ).

1990년 민사소송법 개정안에서는 고등법원 이상의 적극적 당사자에 한하여 변호사강제주의를 채택하였으나, 국회심의과정에서 삭제되었다. 2002년 민사소송법개정안에서도 처음에는 고등법원 이상의 적극적 당사자에게 변호사강제주의를 적용하였으나[2] 최종안에서는 삭제되었다. 2014년 11월에는 상고심절차의 적극적 당사자에 한하여 변호사강제주의를 채택하고 변호사를 선임할 자력이 없는 상고인을 위해 국선대리인 또는 공선대리인 제도의

1) Blomeyer; §8 Ⅳ 1; Jauernig, §21 Ⅲ 3.

2) 그 내용은 대법원, 고등법원에 소 또는 상소를 제기한 사람은 변호사를 소송대리인으로 선임하여야만 본안에 관한 소송행위를 할 수 있다는 것이었는데, 본인이 변호사 자격을 가지고 있는 경우에는 직접 소송행위를 할 수 있도록 하였고, 그 시행시기는 변호사의 수를 고려하여 2004년 3월 1일부터 하는 것이었다.

도입을 시도한 민사소송법 일부개정법률안이 국회에 제출되었으며,[1] 2014년 12월에는 상고심구조개편에 관한 논의와 맞물려 대법원과 별도의 상고법원을 설치하고 대법원이 심판하는 사건에는 변호사강제주의 및 국선대리인 제도를 도입하는 것을 내용으로 하는 민사소송법 일부개정법률안이 국회에 제출되었으나[2] 모두 아무런 성과를 거두지 못하였다.[3] 2017년 6월에는 상고심 당사자 양측의 변호사강제주의를 규정한 민사소송법 개정안이 국회에 제출되었다(개정안 424조의 2 Ⅰ).[4] 2017년 개정안에 따르면 변호사를 소송대리인으로 선임하여야 하는 사람이 변호사를 선임하지 아니한 때에는 재판장은 일정한 기간을 정하여 변호사를 소송대리인으로 선임할 것을 명령하여야 한다(개정안 424조의 2 Ⅲ). 이러한 명령을 받고도 소송대리인을 선임하지 않거나 국선대리인 선임신청을 하지 않으면 상고인에 대해서는 재판장이 명령으로 상고장을 각하하고, 상고인의 상대방에 대해서는 청구의 포기·인낙을 하는 것으로 추정하도록 하였다(개정안 424조의 2 Ⅳ, Ⅴ). 또한 상고심절차의 당사자가 변호사를 대리인으로 선임할 자력이 없는 경우에는 상고법원에 국선대리인을 선임하여 줄 것을 신청할 수 있다(개정안 제424조의3).

2) 변론무능력자

민사소송법은 다음의 경우에는 예외적으로 소송능력자라도 변론능력을 가지지 않는 것으로 규정하고 있다.

① **진술금지의 재판** 법원이 석명(136 Ⅰ)을 구하더라도 당사자 또는 대리인이 소송관계를 명료하게 하기 위하여 필요한 진술을 할 수 없는 때에는 법원은 이들의 진술을 금지할 수 있는데(144 Ⅰ), 이 경우에는 그 당사자 또는 대리인은 변론능력이 없다. 이 경우에 법원은 변호사의 선임을 명할 수 있다(144 Ⅱ).[5] 대리인에게 진술을 금지하거나 또는 변호사의 선임을 명한 때에는 본인에게 그 취지를 통지하여야 한다(144 Ⅲ). 선정당사자에게 진술을 금지하고 변호사선임을 명한 경우에는 그 취지를 선정자들에게 통지하여야 한다(144 Ⅲ 유추).[6]

② **변호사대리의 원칙** 변호사 아닌 사람은 원칙적으로 다른 사람의 소송에 소송대리인이 될 수 없으므로(87), 이것은 변호사 아닌 사람에 대한 변론능력의

---

1) 2014. 11. 11. 민사소송법 일부개정법률안(윤상현 의원 대표발의), 의안번호 12394(2015. 5. 6.에 법률안이 철회됨)

2) 2014. 12. 19. 민사소송법 일부개정법률안(홍일표 의원 대표발의), 의안번호 13139(임기만료로 폐기됨)

3) 2019년 특허법 개정을 통해 특허심판에서는 국선대리인을 선임할 수 있는 근거를 마련하였다(特 139의 2)(2019. 1. 8., 일부개정, 법률 제16208호, 2019. 7. 9.부터 시행).

4) 2017. 6. 15. 민사소송법 일부개정법률안(나경원 의원 대표발의), 의안번호 7409.

5) 大決 2023. 12. 14, 2023 마 6934("법원은 청구의 종류와 내용, 본안소송의 진행 경과, 소장 및 답변서 등을 통해 제출한 공격방어방법의 주요 내용, 증명책임 부담에 따른 증거신청 내역 및 변론기일에서의 진술내용 등을 종합하여" 진술금지 또는 변호사선임명령을 할 필요가 있는지 여부를 판단하여야 한다).

6) 大決 2000. 10. 18, 2000 마 2999.

제한이라고 할 수 있다.[1]

3) 진술보조를 받는 자

2016년 민사소송법 개정(2017. 2. 4. 부터 시행)을 통해 현실적으로 변론능력 또는 진술능력이 부족한 사람들을 위한 진술보조제도가 신설되었다. 이는 소송능력은 있으나 질병, 장애, 연령 그 밖의 사유로 인한 정신적·신체적 제약으로 소송관계를 분명하게 하는데 필요한 진술을 하기 어려운 당사자가 법원의 허가를 받아 진술을 도와주는 사람(진술보조인)과 함께 출석하여 진술할 수 있도록 한 것이다(143의 2 Ⅰ). 과거 의용 민사소송법 제88조에서 유사한 규정을 두고 있었으며, 형사소송법상의 '신뢰관계에 있는 자의 동석 제도'(刑訴 163의 2, 276의 2 Ⅰ, 244의 5)나 성폭력범죄의 처벌 등에 관한 특례법 제35조 이하의 '진술조력인 제도'에서 유사한 예를 찾아볼 수 있다. 진술보조 제도는 소송능력이나 의사능력은 있지만 의사소통이 원활하지 않은 청각·시각장애인, 발달장애인 등이 심리적 안정 상태에서 진술하는 것을 돕거나 그 의사를 대신 전달하는 것을 목적으로 하기 때문에, 이는 낮은 수준이라도 대리를 의미하는 것은 아니며, 다만 의사소통을 지원하는 제도라는 점에서 진술보조인은 본인의 의사를 정확히 전달할 수 있는 사람이어야 한다. 이에 진술보조인의 자격 및 소송상의 지위와 역할, 법원의 허가요건·절차 등 허가와 취소에 관한 사항은 대법원규칙으로 정하고 있는데(143의 2 Ⅲ), 이에 따르면 듣거나 말하는데 장애가 없는 사람으로서, ① 당사자의 배우자, 직계친족, 형제자매, 가족, 그 밖에 동거인으로서 당사자와의 생활관계에 비추어 상당하다고 인정되는 경우, ② 당사자와 고용, 그 밖에 이에 준하는 계약관계 또는 신뢰관계를 맺고 있는 사람으로서 그 사람이 담당하는 사무의 내용 등에 비추어 상당하다고 인정되는 경우에는 법원의 허가를 받아 진술보조인이 될 수 있다(民訴規 30의 2 Ⅰ).[2] 다만 법원은 언제든지 진술보조인에 의한 진술보조에 대한 허가를 취소할 수 있다(143의 2 Ⅱ).

---

1) 이를 변론능력의 제한으로 보지 않는 견해로서는 新堂, 109면 참조. 민사소송법 제135조 제2항의 발언금지를 당한 사람과 우리말을 하지 못하거나 듣거나 말하는 데 장애가 있는 사람(143 Ⅰ)도 변론무능력자로 보는 견해가 있다(方, 188면 이하; 李時, 175면; 宋/朴, 150면).

2) 진술보조인은 변론기일에 당사자 본인과 동석하여, ① 당사자 본인의 진술을 법원과 상대방, 그 밖의 소송관계인이 이해할 수 있도록 중개하거나 설명하는 행위, ② 법원과 상대방, 그 밖의 소송관계인의 진술을 당사자 본인이 이해할 수 있도록 중개하거나 설명하는 행위를 할 수 있다. 이 때 당사자 본인은 진술보조인의 행위를 즉시 취소하거나 경정할 수 있다(民訴規 30의 2 Ⅲ).

Ⅲ. 訴訟法上의 意義와 흠의 效果

1) 변론능력은 당사자능력·소송능력과는 달리 소송요건은 아니고, 소송행위의 유효요건일 뿐이다. 따라서 변론무능력자의 소송행위는 무효(unwirksam)이지만, 변론능력자의 추인 또는 소송행위의 반복에 의하여 치유될 수 있다.[1)]

2) 변론능력이 없는 사람이 소송에 관여하는 경우에는 법원은 그를 배제하고, 그 소송행위를 무시할 수 있다. 당사자 또는 변호사가 아닌 대리인에게 진술금지의 재판을 하는 때(144 Ⅰ)에는 새 기일을 정하는데, 법원은 이 경우에 세 가지로 대응할 수 있다. 첫째로 변호사의 선임을 명하였는데도 소 또는 상소를 제기한 적극적 당사자가 위 새 기일까지 변호사를 선임하지 아니하는 때에는 법원은 **결정으로 소 또는 상소를 각하**할 수 있고, 이 결정에 대하여는 즉시항고가 허용된다(144 Ⅳ·Ⅴ).[2)] 다만 법원이 대리인에게 진술을 금하고 변호사선임을 명하였으나 본인에게 그 취지를 통지하지 아니한 경우에는 소 또는 상소를 각하할 수 없다.[3)] 둘째로 새 기일에 그 당사자 또는 대리인이 거듭 출석한 때에는 **기일에 결석한 것으로 취급**할 수 있다. 셋째로 법원은 변론무능력자의 소송관여를 배척하지 않고 이를 **묵과**할 수도 있는데, 그 때에는 그 소송행위는 유효하다. 왜냐하면 이 때에는 그의 변론능력을 인정한 것으로 풀이할 수 있기 때문이다.

3) 변론능력의 흠을 간과한 판결도 위법한 것이 아니므로, 이에 대하여는 상소 또는 재심에 의하여 그 취소를 구할 수 없다. 변론무능력은 법원의 결정에 의하여 비로소 인정되는 것이며, 그것은 소송의 원활·신속을 목적으로 하는 제도이기 때문이다.[4)] 그리고 변호사 아닌 사람의 대리행위도 당연무효는 아니라고 생각한다(자세한 것은 대리인의 설명으로 미룬다).[5)]

---

1) Rosenberg, §45 Ⅱ 4; Thomas/Putzo, §78 Rdn. 2. '치유할 수 없이 무효'(unheilbarwirkungslos)라고 설명하는 견해도 있으나(李時, 177면; Arens, Rdn. 119; Jauernig, §21 Ⅲ 3), 추인은 인정한다(Jauernig, *op. cit.*).

2) 이것은 1990년 개정민사소송법이 신설한 대응방법이다.

3) 大決 2000. 10. 18, 2000 마 2999.

4) 方, 189면; 李時, 178면.

5) 李時, 206~207면; 兼子, 131면; 齋藤, 注解民訴(1), 467면 등.

제 6 절 當事者適格

Ⅰ. 概 念

1. 總 說

당사자적격이라 함은 특정한 소송물에 관하여 당사자로서 소송을 수행하고 본안판결을 구할 수 있는 자격을 말한다. 영미법상의 standing에 해당한다. 당사자는 자기의 이름으로 권리보호를 요구하거나 요구받는 사람이고, 소송물의 내용을 이루는 권리관계는 반드시 당사자의 것이어야 하는 것은 아니다. 따라서 당사자적격을 가지는 사람은 자기 또는 다른 사람의 권리에 관하여 자기의 이름으로 소송수행을 할 수 있는 권리를 가지는 것이라고 말할 수 있다.[1)] 당사자적격을 이처럼 그 자격을 가지는 사람의 권능으로 파악할 때에는 소송수행권(Prozessführungsbefugnis)이라고 한다. 당사자적격을 가지는 사람을 보통 '정당한 당사자'(richtige Partei)라고 부른다.[2)]

당사자적격은 민사소송법에서 가장 난해한 개념 중의 하나이다.[3)] 당사자적격의 문제는 당사자와 관련하여 설명하는 수가 많지만, 이것은 소송요건의 하나이므로, 소의 이익의 문제로 다루는 학자도 적지 않다. 또한 당사자적격이라는 개념 자체가 불필요하다고 하는 주장도 있다.[4)]

2. 當事者確定과의 구별

당사자적격은 누가 당사자로 되어야 하는가의 문제이다. 따라서 현실의 소송에서 누가 당사자인가 하는 문제인 당사자확정과 구별하여야 한다. 현재 당사자로 되어 있는 사람이 반드시 당사자적격을 가지고 있는 것은 아니다. 즉 절차를 진행시킬 때에는 먼저 당사자를 확정하고, 이어서 그 확정된 당사자가 당사자적격을

---

1) Schellhammer, Rdn. 1063.

2) 학자에 따라서는 당사자적격과 정당한 당사자를 구별하여, 후자를 본안적격의 문제로 이해하는 경우도 있다. Schellhammer, Rdn. 1063.

3) Schellhammer, Rdn. 1059.

4) Grunsky, S. 266 ff.

가지는가를 따지게 된다.

3. 當事者能力 · 訴訟能力과의 區別

당사자능력은 어떤 사람이나 조직체가 당사자가 될 수 있는가의 문제이고, 소송능력은 그가 독자적으로 소송수행을 할 수 있는가의 문제로서, 이들은 개개의 사건 · 소송물과는 무관하게 일반적으로 정하여지는 인격적 능력임에 반하여, 당사자적격은 그가 당사자로서 소송수행을 할 자격이 있는가의 문제로서 당사자의 인격적 특성(persönliche Eigenschaft)이 아니라, 특정한 소송물과의 관계에서 구체적으로 정하여지는 자격에 불과하다. 당사자능력과 소송능력의 당사자적격에 대한 관계는 권리능력과 행위능력의 관리처분권(Verfügungrecht)에 대한 관계와 같다.[1)]

4. 本案適格과의 關係

당사자적격은 실체법상의 권리와는 무관하게 소송법적으로 정하여지는 개념이다. 따라서 실체법에 따라 결정되는 본안적격(Sachlegitimation)과 엄격히 구별하여야 한다. 본안적격은 원고가 주장된 권리 또는 법률관계의 귀속자인가의 문제로서, 실체법상의 권리의무의 문제이며, 소의 내용인 청구의 이유 유무의 문제에 속함에 반하여, 당사자적격은 주장된 권리의 귀속과는 관계없이 당사자가 될 자격이 있느냐의 문제로서 소의 적법 여부의 문제에 속한다. 이처럼 당사자적격은 형식적 당사자개념과 밀접한 관련이 있다.

Ⅱ. 當事者適格을 가지는 사람 – 일반적인 경우

일반적으로는 소송에서 다투어지는 권리 또는 법률관계의 존재 여부에 관하여 법률상의 이해가 대립하는 사람이 당사자적격을 가진다. 즉 본안판결에 의하여 보호될 법적 이익의 귀속주체가 정당한 원고(원고적격자)이고, 그 법적 이익에 관하여 원고와 대립관계에 있는 사람이 정당한 피고(피고적격자)이다. 보통은 소송물의 내용을 이루는 권리 또는 법률관계의 주체가 그러한 법적 이익을 가지므로 정당한 당사자가 되지만, 다른 사람의 권리관계의 확인을 구하는 소송에서와 같이 권리

---

1) Rosenberg, §46 Ⅰ 1.

또는 법률관계의 주체가 아닌 사람이 당사자적격을 가지는 수도 있다.

이제 각 소송유형에 관하여 당사자적격자를 살펴보면 다음과 같다.

1. 履行의 訴

이행의 소의 경우에는 자기의 이행청구권을 주장하는 사람이 원고적격을 가지고, 원고에 의하여 그 의무자라고 주장된 사람이 피고적격을 가진다.[1)2)] 이처럼 이행의 소에서는 주장 자체에 의하여 당사자적격이 긍정되고, 실제로 이행청구권자나 의무자일 필요는 없다. 그리하여 예컨대 허위채권을 주장하여 이행의 소를 제기한 사람도 원고적격을 가진다. 따라서 본안심리의 결과 원고가 이행청구권자가 아님이 판명된 경우에는 청구기각의 본안판결을 하여야 하고, 당사자적격이 없다고 하여 소각하의 판결을 하여서는 아니 된다. 결국 이행의 소의 당사자적격의 문제는 본안심리(청구의 당부)에 흡수되어 버린다.[3)] 다만 판례는 등기의무자(등기명의인이거나 그 포괄승계인)나 등기에 관한 이해관계가 있는 제3자가 아닌 사람을 상대로 한 등기말소절차의 이행을 구하는 소는 당사자적격이 없는 사람을 상대로 한 부적법한 소이며,[4)] 진정한 등기명의의 회복을 위한 소유권이전등기청구는 현재의 등기명의인을 상대로 하여야 하고 현재의 등기명의인이 아닌 자는 피고적격이 없다고 한다.[5)]

또한 등기부상 진실한 소유자의 소유권에 방해되는 허무인 또는 실체가 없는 단체 명의의 부실등기가 존재하는 경우, 소유자는 그러한 허무인 또는 실체가 없는 단체 명의로 **실제 등기행위를 한 자**를 상대로 등기행위자를 표상하는 허무인 또는 실체가 없는 단체 명의 등기의 말소를 구할 수 있다고 한다.[6)]

---

1) 大判 1977. 8. 23, 75 다 1676; 1989. 7. 25, 88 다카 26499; 1995. 11. 28, 95 다 18451.

2) 제3자를 위한 계약에서 제3자는 채무자(낙약자)에 대하여 계약의 이익을 받을 의사를 표시한 때에 채무자에게 직접 이행을 청구할 수 있는 권리를 취득(民 539)하게 되며, 요약자는 제3자를 위한 계약의 당사자로서 원칙적으로 제3자의 권리와는 별도로 낙약자에 대하여 제3자에게 급부를 이행할 것을 요구할 수 있는 권리를 가진다. 따라서 호텔 구분소유자들로 구성된 甲 관리단과 위 호텔의 공중위생관리법상 영업자인 乙 주식회사가 '甲 관리단이 새로운 위탁운영사를 선정하면 乙 회사는 호텔 영업을 완전히 종료하고, 그 영업신고 명의를 새 위탁운영사로 변경하여 주기로 하는 내용'의 합의를 하고, 이에 따라 甲 관리단이 선정한 새로운 위탁운영사 丙 주식회사가 乙 회사를 상대로 영업권 양수의 의사를 표시하였다면, 丙 회사는 제3자로서 乙 회사에 대하여 영업자 지위승계신고절차 이행의 소를 제기할 수 있고, 요약자인 甲 관리단 역시 乙 회사에 대하여 丙 회사 앞으로 영업자 지위승계신고절차를 이행할 것을 구할 소의 이익이 있는 것이다(大判 2022. 1. 27, 2018 다 259565).

3) 大判 1987. 4. 28, 86 다카 1757; 1989. 7. 25, 88 다카 26499; 1999. 2. 26, 98 다 17831.

4) 大判 2020. 8. 20, 2018 다 241410, 241427; 1994. 2. 25, 93 다 39225; 마찬가지로 등기명의인이 아닌 사람을 상대로 권리변경등기나 경정등기에 대한 승낙의 의사표시를 청구하는 소는 당사자적격이 없는 사람을 상대로 한 부적법한 소라고 한다(大判 2015. 12. 10, 2014 다 87878).

5) 大判 2017. 12. 5, 2015 다 240645(왜냐하면 이러한 청구는 이미 자기 앞으로 소유권을 표상하는 등기가 되어 있었거나 법률에 따라 소유권을 취득한 자가 진정한 등기명의의 회복을 위해 하는 것이기 때문이다).

2. 確認의 訴

확인의 소에서는 소송에서 다투어지는 권리 또는 법률관계에 관하여 확인의 이익을 가지는 사람이 원고적격을 가지고, 이에 대하여 대립하는 이익을 가지는 사람이 피고적격을 가진다. 원고가 그 다투어지는 권리관계의 주체이어야 하는 것은 아니고, 다른 사람들 사이의 법률관계에 관하여도 확인을 구할 수 있다. 이처럼 확인의 소에서는 당사자적격의 문제는 확인의 소의 이익의 문제에 흡수되어 버린다(자세한 것은 소의 이익에 관한 설명 참조).[1]

3. 形成의 訴

1) 형성의 소의 경우에는 보통 이를 인정하는 법규 자체에 원고 또는 피고로 될 사람을 명문의 규정으로 정하고 있으며, 이 경우에는 여기에서 정하여진 사람이 원고 또는 피고로서 적격을 가진다(民 817, 818, 847, 863, 885; 商 236, 328, 376, 445; 家訴 23, 24, 27, 33). 이것은 실체법상의 형성의 소의 경우에는 판결의 효력이 제3자에게 확장되므로, 소송절차에 관여하지 아니한 제3자의 절차권을 보장하기 위하여, 소송물과의 관계에서 가장 충실하게 소송수행을 할 수 있다고 기대되는 사람을 당사자로 정하고, 이 법정된 사람만이 당사자적격을 가지도록 한 것이다.

2) 그러나 형성의 소라도 법률이 당사자적격에 관하여 명문의 규정을 두고 있지 아니한 경우가 있다. 예컨대 주주총회결의의 취소·무효확인 또는 부존재확인의 소(商 376, 380)의 피고, 이사해임의 소(商 385)의 피고 등과 같다. 이 경우에는 판결의 효력의 확장을 받는 제3자의 절차권 보장을 고려하여, 그 소송물에 관하여 가장 강한 이해관계를 가지고 있고 충실한 소송수행을 기대할 수 있는 사람만이 당사자적격을 가진다고 본다. 그리하여 예컨대 이사해임의 소의 피고는 이사와 회사의 양쪽으로 하여야 할 것이고,[2] 주주총회결의의취소·무효확인·부존재확인의 소는 회사를 피고로 하여야 할 것이다.[3] 다만 판결의 효력이 제3자에게 확장되는 경우에는 제3자의 이익보호를 위하여 처분권주의와 변론주의의 제한, 직권탐지주의의 채용

6) 大判 2019. 5. 30, 2015 다 47105.

1) 新堂, 191, 199면은 이에 대한 예외를 인정한다.

2) 鄭東潤, 「會社法」(제7판, 2003), 390면.

3) 상게서, 367, 375면; 大判 1982. 9. 14, 80 다 2425.

(家訴 12, 17), 소송의 공고와 제3자의 소송참가의 허용(商 187, 404), 제3자에 의한 재심의 허용(商 406, 行訴 31) 등의 방책이 강구되는 일이 많다.

3) 판례는 전술한 바와 같이 채권자취소소송의 성질에 관하여 형성의 소와 이행의 소의 양 쪽의 성질을 가진다는 절충설을 취하면서, 취소의 효과가 상대적으로만 발생한다는 이유로, 채권자취소소송에서 수익자 또는 전득자만 피고적격을 가진다고 한다.[1]

Ⅲ. 當事者適格을 가지는 사람－특수한 경우

1. 제3자의 訴訟擔當의 경우

(1) 총 설

소송에서 다투어지는 권리의무의 주체를 갈음하여 또는 그와 함께 제3자가 당사자적격을 가지는 수가 있다. 이 경우에 제3자가 받은 판결의 효력은 권리의무의 주체에 미치지만 그들 주체가 당사자로서 자기의 이름으로 소송수행을 하는 것은 아니므로 대리관계와는 다르다. 그리하여 이를 제3자의 소송담당(Prozessstandschaft des Dritten)이라고 부른다.[2] 당사자로 되는 쪽에서 보면 다른 사람의 권리의무에 관하여 당사자로서 소송을 수행할 수 있는 권능(소송수행권)이 주어진 경우이다.

일반적으로는 소송에서 다투어지는 권리의무의 주체가 당사자적격을 가지므로 제3자의 소송담당은 예외적으로 허용될 뿐이다. 여기에는 법률상 당연히 인정되는 것(법정소송담당)과 본래의 권리의무의 주체의 권한수여에 의하여 소송수행권을 취득하는 것(임의적 소송담당)의 두 경우가 있다.

(2) 法定訴訟擔當

법정소송담당(gesetzliche Prozessstandschaft)은 법률의 규정에 의하여 제3자가 당연히 소송수행권을 가지는 것이다. 이것은 그 근거에 따라 다시 두 가지로 나누어진다.

---

1) 大判 1967. 12. 26, 67 다 1839; 2004. 8. 30, 2004 다 21923.

2) 이 용어는 Kohler가 창안한 것이다. Kohler, Iher. Jb. 24, 187(319)(Blomeyer, §41 Ⅰ에서 중인함). 우리나라에서는 소송신탁이라고 부르는 일도 있으나 적당하지 않다.

(가) 擔當者를 위한 法定訴訟擔當

1) 제3자에게 자기의 이익 또는 자기가 대표하는 사람의 이익을 위하여 소송에서 다투어지는 권리의무에 관한 관리처분권이 인정된 결과 소송수행권이 부여된 경우이다. 이것은 다시 i) 제3자가 권리주체인 사람을 갈음하여 배타적으로 소송수행권을 가지는 경우와 ii) 권리주체인 사람과 병행하여(함께) 소송수행권을 가지는 경우로 나누어진다. 담당자를 위한 소송담당은 권리의무의 귀속주체의 이익을 보호하는 것을 주된 목적으로 하지 않고, 소송담당자 자신 또는 그와 마찬가지의 지위에 있는 제3자(다른 채권자, 다른 주주 등)의 이익을 보호하는 것을 직접 목적으로 하는 점에 특색이 있다.

2) 제3자가 배타적으로 소송수행권을 가지는 경우(피담당자에게는 소송수행권이 없는 경우)로서는 파산재단에 관한 소송에서 파산관재인(破 359),[1] 회생절차가 개시된 채무자의 재산에 관한 소송에서 관리인(破 78), 채권추심명령을 받은 압류채권자(民執 229 II),[2] 유언집행자(民 1101),[3] 주한미군에 대한 손해배상청구소송에서 미군을 갈음하는 대한민국(대한민국과아메리카합중국간의상호방위조약제4조에의한시설과 구역 및대한민국에서의합중국군대의지위에관한협정의시행에관한특례법 2) 등이 있다. 이 경우에는 권리의무의 귀속주체인 사람은 공동소송적 보조참가(78)를 하여 자기의 이익을 보호할 수 있다.

3) 제3자가 권리의무의 주체인 사람과 함께 소송수행권을 가지는 경우(피담당자에게도 소송수행권이 있는 경우)로서는 채권질의 질권자(民 353), 채권자대위소송을 하는 채권자(民 404),[4] 대표소송

1) 채무자에 대한 파산선고로 파산재단을 관리·처분하는 권한이 파산관재인에게 귀속되므로 파산재단에 관한 소송에서 파산관재인이 당사자적격을 가진다. 그러나 파산선고 후 파산폐지결정이 내려지고 그대로 확정되면 채무자가 당사자적격을 회복하게 되는데, 이러한 사정은 직권조사사항이다(大判 2017. 2. 9, 2016 다 45946).

2) **채권에 대한 압류 및 추심명령**이 있으면 채무자는 피압류채권에 대한 이행소송을 제기할 **당사자적격**을 **상실**한다(大判 2000. 4. 11, 99 다 23888). 이때 채권압류명령은 제3채무자에게 송달된 때 효력이 발생하는데, 그 효력 발생 전에 이미 생긴 이자나 지연손해금에는 미치지 않는다(大判 2015. 5. 28, 2013 다 1587); 참고로 한 가지 언급할 것은, 금전채권에 대한 압류 및 추심명령은 강제집행 절차에서 압류채권자에게 채무자의 제3채무자에 대한 채권을 **추심할 권능만을 부여**하는 것으로서 강제집행절차상의 환가처분의 실현행위에 지나지 아니하며, 이로 인하여 채무자가 제3채무자에 대하여 가지는 채권이 압류채권자에게 이전되거나 귀속되는 것이 아니라는 것이다. 따라서 **추심권능**은 그 자체로 독립적으로 처분하여 환가할 수 있는 것이 아니어서 압류할 수 없는 성질의 것이고, 이에 대한 **압류명령은 무효**라고 보아야 한다(大判 2019. 12. 12, 2019 다 256471).

3) 大判 1999. 11. 26, 97 다 57733; 2001. 3. 27, 2000 다 26920.

4) 채권자대위소송에서 보전될 채권자의 채무자에 대한 권리가 인정되지 않으면 채권자가 채무자의 제3채무자에 대한 권리를 행사할 당사자적격이 없게 된다는 판례로는, 大判 1991. 6. 11, 91 다 10008; 2005. 9. 29, 2005 다 27188; 피대위자인 채무자가 실존인물이 아니거나 사망한 사람인 경우에는 피보전채권을 인정할 수 없어 소가 부적법하다는 판례로는, 大判 2021. 7. 21, 2020 다 300893; 채권자가 채무자와의 사이에서 피보전권리에 관한 소송에서 패소확정판결을 받았으면 피보전권리의 보전의 필요성이 없으므로 채

을 하는 주주(商 403),[1] 공유자 모두를 위하여 보존행위를 하는 공유자(民 265) 등이 있다.[2] 이 경우에는 권리의무의 귀속주체인 사람은 공동소송참가[3] 또는 공동소송적 보조참가를 하여 자기의 이익을 보호할 수 있으며, 제3자에 의한 소송고지가 요구되는 경우도 있다(民 405 Ⅰ, 商 404 Ⅱ, 民執 238 등).

(나) 權利義務의 歸屬主體(被擔當者)를 위한 訴訟擔當－職務上의 當事者

1) 일정한 권리의무에 관한 분쟁의 해결이 필요함에도 불구하고 그 권리의무의 귀속주체에 의한 소송수행이 불능 또는 곤란하거나 부적당한 때에 이에 관한 소송을 가능하게 하기 위하여 법률상 일반적으로 위 귀속주체의 이익을 보호할 직무에 있는 사람이 소송수행을 하는 경우이다. 이 경우에 소송담당을 하는 사람을 직무상의 당사자(Partei kraft Amtes)라고 한다. 예컨대 혼인 · 인지 · 친자관계사건에서 본래의 적격자가 죽은 뒤에도 소송을 가능하게 하기 위하여 당사자로 되는 검사(民 849, 864, 865, 家訴 24 Ⅲ, 27 Ⅳ, 33 Ⅱ), 피성년후견인의 친생부인의 소의 원고로 되는 성년후견인(民 848 Ⅰ), 해난구조료채무자를 위하여 당사자로 되는 선장(商 894 Ⅱ) 등이 이에 해당한다.

2) 직무상의 당사자에 해당하는가 아닌가에 대하여 다툼이 있는 것으로서는 유언집행자(民 1101), 상속재산관리인(民 1053), 파산관재인(破 359) 등이 있다.[4] 통설 · 판례는 유언집행자[5]와 파산관재인[6]을 담당자를 위한 법정소송담당자로 보지만, 이를 직무상의

권자대위소송은 부적법하다는 판례로는, 大判 2002. 5. 10, 2000 다 55171. 이러한 판례의 입장을 기초로, 제3채무자는 채권자의 채무자에 대한 권리의 발생원인이 된 법률행위의 무효, 소멸사실을 주장하는 것이 가능하고, 이 경우 법원은 제3채무자의 주장을 고려하여 채권자의 권리가 인정되는지 여부에 관해 직권으로 심리 · 판단하여야 한다는 판례로는 大判 2015. 9. 10, 2013 다 55300.

다만 채권자는 채무자의 권리를 행사하는 것이 아니라 **자기의 실체법상의 권리**인 채권자대위권을 행사하는 것이므로, 채권자대위소송은 제3자의 소송담당과는 무관하다는 견해로는 胡, 272면.

1) 상법 제403조 제2항에 따른 서면에 기재되어야 하는 '이유'에는 권리귀속주체인 회사가 제소 여부를 판단할 수 있도록 책임추궁 대상 이사, 책임발생 원인사실에 관한 내용이 포함되어야 한다. 다만 이러한 내용이 다소 개략적으로 기재되어 있더라도, 회사가 그 서면에 기재된 내용, 이사회의사록 등 회사 보유 자료 등을 종합하여 책임추궁 대상 이사, 책임발생 원인사실을 구체적으로 특정할 수 있다면, 그 서면은 상법 제403조 제2항에서 정한 요건을 충족하였다고 보아야 한다(大判 2021. 5. 13, 2019 다 291399). 나아가 주주가 대표소송에서 주장한 이사의 손해배상책임이 위 서면에 적시된 것과 차이가 있으나 위 서면의 책임발생 원인사실을 기초로 하면서 법적 평가만을 달리한 것이라면 그 대표소송은 적법하다(大判 2021. 7. 15, 2018 다 298744).

2) 집합건물의 공용부분이나 대지를 정당한 권원 없이 점유하는 사람에 대하여 1차적으로 **구분소유자**가 각각 또는 전원의 이름으로 부당이득반환청구의 소를 제기할 수 있다. 또한 **관리단**도 관리단집회의 결의나 규약에서 정한 바에 따라 위 불법점유자를 상대로 부당이득반환청구소송을 할 수 있다는 것이 판례의 태도이다(大判 2022. 9. 29, 2021 다 292425); 大判 2022. 6. 30, 2021 다 239301.

3) 판례는 주주의 대표소송에 회사가 참가하는 것은 공동소송참가라고 본다(大判 2002. 3. 15, 2000 다 9086).

4) 상세한 것은 Rosenberg, §40 Ⅱ; Jauernig, §18 Ⅴ 4; 中野＝松浦＝鈴木, 176면; 鈴木, "代理と職務上の當事者," 演習民訴, 207면 이하 참조.

당사자로 보는 견해, 대리인으로 보는 견해, 목적재산 내지 파산재단의 대표자로 보는 견해도 있다. 상속재산관리인은 상속인의 법정대리인으로 보는 견해가 유력하지만(판례),[1] 이를 직무상의 당사자,[2] 목적재산의 대표기관으로 보는 견해도 있다.[3]

(3) 任意的 訴訟擔當

(가) 의 의　　임의적 소송담당(gewillkürte Prozessstandschaft)이라 함은 본래의 권리의무의 귀속주체의 권한수여에 의하여 제3자가 소송수행권을 가지는 것이다. 현행법에서 명문의 규정에 의하여 임의적 소송담당이 인정되고 있는 예로서는 선정당사자제도(53) 및 금융기관의 연체대출금의 회수위임을 받은 한국자산관리공사(한국자산관리공사 설립 등에 관한 법률 26 I) 등이 있다. 어음의 추심위임배서(어 18)에서 피배서인이 이에 해당하는가에 관하여는 다툼이 있다.[4] 이들 명문의 규정에 의하여 인정된 경우 이외에 일반적으로 임의적 소송담당이 허용되는가, 만일 허용된다면 그 조건과 범위는 어떠한가에 관하여는 많은 논란이 있다.

(나) 허용의 한계　　법률행위에 의하여 소송수행권을 수여하는 임의적 소송담당은 변호사대리의 원칙(87) 및 소송신탁의 금지(信 6)를 우회적으로 위반하는 방법[5]이 될 염려가 있고, 또 피담당자의 절차보장을 고려하여야 하므로, 이를 무조건 인정할 수는 없다. 그러나 당사자가 여럿인 경우에 그 중의 한 사람을 소송당사자로 삼아 소송수행을 하게 하면, 피담당자와 상대방에게 편리하고 또 법원의 소송운영도 간편하므로, 임의적 소송담당의 허용범위를 확대하여야 할 필요성이 있다. 그리하여 i) 변호사대리의 원칙과 소송신탁을 금지하는 법의 취지를 위반할 염려가 없고, ii) 피담당자의 절차권이 실질적으로 보장되며, 또 iii) 이를 인정할 합리적 필요가 있을 때에는 임의적 소송담당이 허용된다고 풀이하여야 할 것이다.[6]

---

5) 大判 1999. 11. 26, 97 다 57733; 2001. 3. 27, 2000 다 26920.

6) 大判 2002. 7. 12, 2001 다 2617. 그러나 大判 1990. 11. 23, 88 다카 26987에서는 파산관재인은 회사를 실질적으로 대리 내지 대표한다고 설시하고 있다.

1) 大決 1967. 3. 28, 67 마 155; 大判 1976. 12. 28, 76 다 797. 판례는 재산상속인의 손재가 분명하지 아니한 상속재산에 관한 소송의 정당한 피고는 상속재산관리인이라고 한다(大判 2007. 6. 28, 2005 다 55879).

2) 姜, 249면.

3) 日最判 1972. 11. 9, 民集 26. 9. 1566.

4) 정동윤, 「어음 · 수표법」(제4정증보판, 2001), 511면 참조.

5) 소송행위를 하게 하는 것을 주목적으로 하는 채권양도의 경우, 신탁법 제7조가 유추적용되어 무효이다(大判 2004. 3. 25, 2003 다 20909).

6) 우리나라의 판례와 통설은 피담당자의 절차보장을 요구하고 있지 않다. 大判 1984. 2. 14, 83 다카

그러면 구체적으로 어떠한 경우에 **합리적 필요성**이 인정되는가? 대체로 ① 소송담당자가 다른 사람의 권리관계에 관한 소송에 대하여 자기 고유의 이익(ein eigenes rechtliches Interesse)을 가질 때 및 ② 소송담당자가 소송수행권을 포함한 포괄적인 관리처분권을 가지고, 권리의 귀속주체에 못지 않게 그 권리관계에 관하여 지식을 가질 정도로 관여하고 있는 때 등이 이에 해당한다고 할 수 있다. ①의 예로서는 예컨대 갑이 을로부터 양수한 부동산에 관하여 병으로부터 소유권에 기한 반환청구(추탈청구)를 받은 때에 을이 매도인으로서의 담보책임을 지지 않기 위하여 갑으로부터 권한을 받아 소송수행을 하는 때, 또는 유한회사가 그 자본의 85%에 해당하는 지분을 가진 대사원에게 유한회사의 채권에 관한 소송수행권을 부여하는 때 등을 들 수 있다. 또한 ②의 예로서는 예컨대 민법상의 조합의 재산에 관한 소송에서 업무집행조합원, 계금채권·채무에 관한 소송에서 계주 등이 있다. 판례는 i) 집합건물의 관리단과 관리인으로부터 관리업무를 위임받은 위탁관리업자가 구분소유자 등을 상대로 관리비청구를 하는 경우,[1] ii) 집합건물의 관리단으로부터 공용부분 변경에 관한 업무를 위임받은 입주자대표회의가 구분소유자들을 상대로 공용부분 변경에 따른 비용을 청구하는 경우,[2] iii) 민법상 조합의 업무집행조합원이 조합재산에 관한 소송에 관하여 조합의 결의 등으로 조합원으로부터 임의적 소송신탁을 받은 경우[3]에는 자기의 이름으로 소송을 수행하는 것을 허용하고 있다.

(다) 임의적 소송담당자의 지위 임의적 소송담당이 유효한 경우에 임의적 소송담당자가 자기 자신에 대한 이행을 청구할 수 있는가, 아니면 본래의 권리의 귀속주체에 대한 이행만을 청구할 수 있는가는 실체법에 따라 결정된다. 채무자가 소송담당자에게 면책적으로 이행할 수 있는 경우에는 소송담당자는 자기 자신에 대한 이행을 청구할 수 있다.[4]

2. 고유필수적 공동소송의 경우

고유필수적 공동소송(67)에서는 공동소송인 모두가 공동으로 원고가 되거나 피

1815; 李時, 165면; 金/姜, 208면; 方, 173면.

1) 大判 2022. 5. 13, 2019 다 229516; 2016. 12. 15, 2014 다 87885, 87892.

2) 大判 2017. 3. 16, 2015 다 3570.

3) 大判 1984. 2. 14, 83 다카 1815; 1997. 11. 28, 95 다 35302; 2001. 2. 23, 2000 다 68924.

4) Zeiss, §19 Ⅶ 2 b).

고가 되지 않으면 당사자적격이 없다. 이 경우에는 관계자 모두가 결합하여야 비로소 소송수행권이 인정되고, 각자 단독으로는 소송수행권을 갖지 못하므로 공동소송인의 추가가 허용된다(68).

3. 단체의 내부 분쟁의 경우

어떤 단체와 제3자 사이의 소송에서는 단체 자체가 당사자적격을 가지므로 특별한 문제가 없다. 그러나 단체의 내부에서 분쟁이 발생한 경우, 예컨대 단체의 결의의 무효·부존재확인, 단체의 대표자의 확인 등을 구하는 경우에 누가 당사자적격을 가지는가가 문제된다.

이 경우 원고적격에 관하여는 법률에 특별한 규정이 있으면 그에 따른다(예컨대 주주총회결의취소의 소의 경우 주주·이사·감사, 商 376).[1] 법률에 명문의 규정이 없는 경우(예컨대 주주총회결의무효·부존재확인의 소, 商 380)에는 확인의 이익이 있는 한 단체 내부의 사람이건 외부의 사람이건 원고적격이 있는 것으로 본다(통설·판례).[2]

그리고 피고적격에 관하여 통설·판례는 법인이나 단체 자체를 피고로 하여야 한다고 한다.[3] 이것은 법인이나 단체를 피고로 하지 아니하면 판결의 효력이 그에게 미치지 아니하여 확인의 이익이 없기 때문이라고 한다. 그러나 이 경우에 단체가 제3자의 기대에 어긋나지 않게 충실히 소송수행을 할 수 있는가 의문이라고 하여 반대이익을 가지는 사람, 예컨대 무효확인을 구하는 결의에 의하여 선출된 이사 등을 피고로 하여야 하다는 견해[4] 및 단체와 반대이익을 가지는 사람을 공동피고로 하여야 한다는 견해[5] 등이 유력하게 주장되고 있다. 생각건대 이 경우에는 단체 자체는 필수적인 피고이고, 반대이익을 가지는 사람은 여기에 소송참가를 할 수 있다고 풀이하는 것이 좋을 것이다. 반대이익을 가지는 사람을 반드시 공동피고로 하는 것(고유필수적 공동소송)까지 요구할 필요는 없다고 생각한다(유사필수적 공동소송).[6]

---

1) 주주총회결의취소소송의 계속 중 원고가 주주의 지위를 상실하면 상법 제376조에 따라 당사자적격을 상실하는데(大判 2011. 2. 10, 2010 다 87535), 이러한 점은 원고가 자신의 의사에 반하여 주주의 지위를 상실한 경우에도 마찬가지이다(大判 2016. 7. 22, 2015 다 66397).

2) 大判 1980. 10. 27, 79 다 2267.

3) 大判 1973. 12. 11, 73 다 1553; 1982. 9. 14, 80 다 2425; 1998. 11. 27, 97 다 4104; 2024. 1. 4, 2023 다 244499(단체의 임원 또는 당선인 등의 지위의 적극적 확인을 구하는 단체 내부의 분쟁에 있어서 피고가 되는 자는 그 청구를 **인용하는 판결이 선고될 경우 승소판결의 효력이 미치는 단체 자체**이다).

4) 新堂, 200면.

5) 姜, 219면.

6) 同旨: 上田, 222~223면.

Ⅳ. 當事者適格의 訴訟法上 意義

1. 訴訟要件

당사자에게 당사자적격이 있다는 것은 소의 이익의 내용을 이루고 있다. 소의 이익의 존재는 소송요건의 하나이므로 당사자적격이 없는 경우에는 소가 부적법하여 본안판결을 할 필요가 없이 이를 각하하여야 한다. 법원은 당사자적격의 존재 여부를 직권으로 조사하여야 하며,[1] 이를 판단하는 자료는 변론주의의 원칙에 따라 수집한다. 당사자적격은 소송행위의 유효요건은 아니다.

2. 訴訟係屬中의 當事者適格의 상실

소송계속중에 당사자적격을 상실한 때에는 당사자 사이에서 본안판결을 할 의의가 없어진다. 그러므로 종래의 소송수행을 승계시킬 제3자가 있는 경우에는 그에게 소송을 승계시키는 문제가 발생한다.

3. 當事者適格에 관한 다툼

당사자적격의 존재 여부에 관하여 당사자 사이에 다툼이 있는 경우에 이를 긍정할 때에는 중간판결 또는 종국판결의 이유에서 판단하고, 이를 부정할 때에는 소각하의 종국판결을 한다.

4. 當事者適格의 흠을 간과한 本案判決의 效力

당사자적격의 흠이 문제되는 것은 당사자적격이 일반적으로 인정되는 경우가 아닌 경우에 한한다. 당사자적격이 없는 것을 간과하고 행한 본안판결은 상소에 의하여 이를 취소할 수 있으나, 그것이 확정되면 재심사유는 되지 아니한다. 그러나 당사자적격이 없는 사람이 받은 본안판결은 그 소송의 당사자 사이에서만 효력이 있을 뿐이고, 고유필수적 공동소송의 경우나 그 판결의 효력이 일반 제3자에게 미치는 경우에는 다른 사람에게 기판력·형성력 등이 미치지 않으며, 또 소송담당의 경우에는 권리의 귀속주체에게 판결의 효력이 미치지 않는다. 그러한 의미에서

---

1) 大判 2009. 4. 23, 2009 다 3234.

이 판결은 무효이다.[1)]

5. 訴訟擔當과 旣判力의 擴張

소송담당자가 받은 판결의 효력이 권리의무의 귀속주체에게 확장되는가는 경우에 따라 다르다. 담당자를 위한 법정소송담당 중 담당자가 배타적으로 소송수행권을 가지는 경우, 직무상의 당사자인 경우 및 임의적 소송담당의 경우에는 담당자가 받은 판결의 효력이 권리의무의 귀속주체에도 미친다(民執 218 Ⅲ, 25). 왜냐하면 만일 이 경우에 판결의 효력이 확장되지 않는다면 권리주체인 사람은 재판권으로부터 면제되는 결과로 되어 부당하기 때문이다. 이에 반하여 담당자를 위한 법정소송담당 중 담당자가 권리주체인 사람과 병행하여 소송수행권을 가지는 경우에는 권리주체인 사람에게 절차권이 보장된 때에 한하여 판결의 효력이 그에게 확장된다. 대법원 판례는 채권자대위소송의 판결의 기판력은 채무자가 대위소송이 제기된 사실을 알았을 경우에 한하여 채무자에게 미친다고 하여, 이러한 법리를 명백히 하고 있다.[2)]

소송담당자가 받은 판결에서 당사자적격의 존재 여부까지 확정되는 것은 아니므로, 권리의 귀속주체는 별소에서 담당자에게 당사자적격이 없었다는 점을 주장하여 그 판결의 효력이 자기에게 미치지 않는다고 다툴 수 있다.

Ⅴ. 現代型 紛爭의 當事者適格

공해소송·환경소송·소비자소송 등 현대사회에서 새로이 등장하는 이른바 현대형 소송에서는 개개인에게는 소액인 손해가 수많은 사람에 걸쳐 대량으로 발생한다.[3)] 이러한 분쟁에서는 누가 당사자가 되어 소송을 수행할 것인가가 문제된다. 왜냐하면 개개의 피해자가 원고로 되는 것은 그 손해액이 근소(僅少)하고 증명이 곤란하여 이를 기대하기 어렵기 때문이다. 이에 대처하는 제도로서 평균적인 피해자에게 대표자격(당사자적격)을 인정하는 영미의 대표당사자소송(class action)과 일

1) 李時, 167면; 金/姜, 209면; Rosenberg, §49 Ⅳ 5; Jauernig, §22 Ⅴ. 다만 大判 1978. 10. 10, 78 다 473은 다른 취지이다.

2) 大(全)判 1975. 5. 13, 74 다 1664; Rosenberg, §46 Ⅴ. 2, 3 b) 참조. 채권자대위소송은 대위채권자의 실체법상 고유한 권리에 기한 것으로서 채무자의 소송과는 무관하므로, 기판력은 아예 문제되지 않는다는 견해로 胡, 266면.

3) 현대형소송의 특수문제를 체계적으로 다룬 문헌으로서 中野, 127면 이하 참조.

정한 단체에게 당사자적격을 인정하는 도이칠란트의 단체소송(Verbandsklage) 등이 있고,[1] 일본에서는 일정한 지역에서 집단분쟁을 처리하기 위하여 상대방과 교섭하는 등 분쟁해결을 위한 행동을 하여온 사람은 분쟁관리권을 가지고, 이 분쟁관리권자에게 그 지역의 주민을 위하여 소송을 수행할 수 있는 당사자적격이 인정된다고 하는 견해(분쟁관리권설)가 주장되었다.[2] 일본 개정민사소송법(1996)에서는 소송계속중 당사자 아닌 사람이 자기와 공동의 이익을 가지는 당사자를 자기를 위한 선정당사자로 선정할 수 있도록 하여 소액다수의 피해자들이 효율적 권리구제를 받을 수 있도록 하였다(日民訴 30 Ⅲ).

우리나라에서는 대표당사자소송과 집단소송의 양 제도를 종합한 집단소송법안이 법무부안으로 작성된 바 있으나 국회에 상정되지 아니하고 폐기되었다(1996년). 그 뒤 다시 증권사기로 인한 피해구제를 위하여 미국의 대표당사자소송에 기초한 증권관련집단소송이, 소비자피해구제와 개인정보보호를 위하여 도이칠란트의 단체소송에 기초한 단체소송이 각각 별개의 법률에 의하여 도입되었다(증권관련집단소송법, 소비자기본법, 개인정보보호법)(자세한 것은 선정당사자에 관한 설명 참조).

제7절 當事者의 能力의 補充과 擴大 — 訴訟上의 代理人

제1관 總 說

Ⅰ. 代理人의 槪念

소송상의 대리인(Stellvertreter im Prozess)이라 함은 당사자를 갈음하여 당사자의 이름으로 소송행위를 하거나 소송행위를 받는 사람을 가리킨다. 따라서 다른

1) 상세는 법무부, 「美國集團訴訟의 發展」, 法務資料, 제91집(1991); 同, 「獨逸團體訴訟에 관한 研究」, 제94집(1991); Cappelletti–Garth, "The Protection of Diffuse, Fragmented and Collective Interests in Civil Litigation," *in Habscheid, Effektiver Rechtsschutz und verfassungsmäßige Ordnung*(1983), S. 117; Urbanczyk, *Zur Verbandsklage im Zivilprozess*(1981); *Koch, Prozessführung im öffentlichen Interesse* (1983) 등 참조.

2) 伊藤 眞, 「民事訴訟の當事者」(1978), 112면; 小雁武司, "住民團體·消費者團體の當事者能力," 新實務民訴 Ⅰ, 279면 이하 등 참조. 日最判 1985. 12. 20, 判時 1181. 77은 이를 부정.

사람의 소송행위를 전달하는 사람(예컨대 소장을 제출하는 법무사)이나 다른 사람에 대한 소송행위를 사실상 수령하는 사람(186 Ⅰ의 송달보조자 등)은 대리인이 아니고 사자(使者)에 불과하다. 또 다른 사람의 권리·법률관계에 관하여 자기의 이름으로 소송수행을 하는 소송담당자나 선정당사자는 당사자이고 대리인이 아니다.

Ⅱ. 代理의 許容性과 必要性

소송행위는 원칙적으로 대리가 가능한 행위이므로 대리가 널리 인정된다(구 로마法이나 게르만法에서는 소송상의 대리가 허용되지 아니하였다). 그리하여 신분행위와 같이 실체법상 대리가 허용되지 않는 행위일지라도 이를 목적으로 하는 소송에서는 대리가 허용된다.

자기 자신만으로는 유효하게 소송행위를 할 수 없는 소송무능력자에게는 그 능력을 보충하기 위하여 대리인이 불가결하지만, 이러한 무능력자가 아닌 경우에도 소송수행은 전문가로서의 경험이 없이는 곤란하므로 소송상의 대리를 인정할 실제적 필요가 있는 것이다. 우리나라는 증권관련집단소송, 소비자단체소송, 개인정보단체소송 및 헌법소송을 제외하고는 이른바 변호사강제주의를 채택하고 있지 아니하므로, 당사자가 대리인을 선임하는가 아닌가는 그의 자유에 맡겨져 있다. 그러나 지방법원합의부 이상의 법원에서는 대리인을 선임하는 예가 많다. 그 밖에 법원이 당사자의 변론을 금지한 경우(144 Ⅰ)에도 대리인을 선임할 필요가 있다.

Ⅲ. 代理人의 種類

소송상의 대리인은 다음과 같이 나눌 수 있다. 소송상의 대리인과 소송대리인은 구별하여야 한다.

1. 法定代理人과 任意代理人

이것은 본인의 의사에 의한 것인가에 따른 구별이다. 법정대리인(gesetzlicher Stellvertreter)은 본인의 의사와 관계없이 법률의 규정 또는 법원의 재판에 의하여 정하여지는 대리인이고, 임의대리인(gewillkürter Stellvertreter)은 본인의 의사에 의하여 선임되는 대리인이다.

법정대리인은 실체법상의 법정대리인(51)과 소송법상의 특별대리인(62, 378)으로 나누어진다. 법인 등 단체의 대표자는 법정대리인에 준하여 취급된다(64). 임의대리인에는 소송위임에 의한 소송대리인과 법률에 의한 소송대리인이 있다. 대리인의 선임이 법률상·재판상 요구되어 있는 경우에도 본인의 의사에 기하여 선임되는 때(144 Ⅱ)에는 역시 임의대리인에 속한다.

2. 包括代理人과 個別代理人

이것은 대리권의 범위에 따른 구별이다. 포괄대리인은 소송행위 전반에 관하여 포괄적인 대리권을 가지는 대리인이고, 개별대리인은 개개의 소송행위에 관하여만 대리를 할 수 있는 대리인이다. 소송상의 대리인은 포괄대리인인 것이 원칙이다. 소송상의 대리인 가운데 포괄적 대리권을 가지는 임의대리인을 특히 소송대리인이라 부른다. 개별대리인의 예로서는 송달영수의 대리권만을 가지는 교도소·구치소의 소장(182), 송달영수인(184)을 들 수 있다.

제 2 관 法定代理人

Ⅰ. 意義 및 種類

법정대리인은 본인의 의사에 의하지 않고 대리인이 된 사람이다. 이것은 스스로 소송수행을 할 수 없는 소송무능력자의 이익을 보호하기 위한 제도이다. 법정대리인에는 실체법상의 법정대리인과 소송법상의 특별대리인 외에 개개의 소송행위의 법정대리인(181, 182)이 있다. 또 법인, 그 밖의 단체(52)가 소송행위의 당사자로 된 때에는 그 대표자가 소송행위를 하는데, 여기에는 무능력자의 법정대리인에 관한 규정이 준용된다(64).

Ⅱ. 實體法上의 法定代理人

실체법상 법정대리인의 지위에 있는 사람은 소송법상으로도 법정대리인이 된다

(51). 그리하여 미성년자의 친권자(民 909, 911) 또는 미성년후견인(民 928), 성년후견인(민 9, 10, 929, 938) 또는 대리권 있는 한정후견인(민 12, 13, 959의 4)은 소송법상 법정대리인이다. 그 밖에 민법에 규정된 특별대리인은 소송법상의 법정대리인이 된다. 법인과 이사, 친권자와 자 사이의 이익상반행위에 관하여 법원이 선임하는 특별대리인(民 64, 921) 외에 부재자의 재산관리인(民 22~26), 상속재산관리인(民 1053),[1)] 친생부인의 소에서 친권자인 모가 없는 때의 특별대리인(民 847) 등이 이에 해당한다. 유언집행자(民 1101)는 소송담당자로 보아야 할 것이다.[2)]

Ⅲ. 訴訟法上의 特別代理人

소송법의 규정에 의하여 법원이 선임하는 법정대리인이다. 여기에는 소송무능력자를 위한 특별대리인(62), 증거보전절차의 특별대리인(378) 및 강제집행절차의 상속인을 위한 특별대리인(民執 52 Ⅱ) 등이 있으나, 여기에서는 소송무능력자의 특별대리인에 관하여만 설명한다.

1. 要件 · 利用範圍

1) 소송무능력자(미성년자, 피성년후견인 또는 동의유보 범위 내에서의 피한정후견인)가 원고가 되어 소송행위를 하고자 하는데, i) 법정대리인이 없거나(예컨대 양친이 모두 사망하고 후견인이 정하여지지 아니한 때) 법정대리인에게 소송에 관한 대리권이 없는 경우, ii) 법정대리인이 사실상 또는 법률상 장애로 대리권을 행사할 수 없는 경우, iii) 법정대리인의 불성실하거나 미숙한 대리권 행사로 소송절차의 진행이 현저하게 방해받는 경우에는 그 친족 · 이해관계인, 대리권 없는 성년후견인, 대리권 없는 한정후견인, 지방자치단체의 장 또는 검사는 소송절차가 지연됨으로써 손해를 볼 염려가 있다는 것을 소명하여 수소법원[3)]에 특별대리인을 선임하여 주도록 신청할 수 있다(62 Ⅰ). 또 소송무능력자를 상대로 소송을 하고자 하는 사람도 같은 요건이 충족된다면 수소법원에 특별대리인을 선임하여 주도록 신청할 수 있다(62 Ⅰ).

---

1) 大決 1967. 3. 28, 67 마 155; 大判 1976. 12. 28, 76 다 797.

2) 유언집행자에 관하여는 법정대리인으로 보는 견해가 많지만(方, 254면; 李英, 88면), 이를 소송담당자로 보아야 할 것이다. 同旨: 李時, 178면; 姜, 249면; 大判 1999. 11. 26, 97 다 57733; 日最判 1956. 9. 18, 民集 10. 7. 1106. 鈴木, "代理と職務上の當事者," 演習民訴, 207면 이하 참조.

3) 이때의 수소법원은 본안사건이 장래에 계속될 또는 이미 계속되어 있는 법원을 의미한다(大決 2024. 2. 15, 2023 마 7226).

이 제도는 소송무능력자나 그 상대방에게 권리행사의 길을 열어주기 위한 것이다.

2) 이처럼 소송무능력자를 피고로 하거나 원고로 할 경우이어야 하고, 소송무능력자에게 법정대리인이 없거나, 법정대리인은 있지만 그에게 소송에 관한 대리권이 없거나 대리권을 행사할 수 없는 때 또는 소송절차의 진행이 현저하게 방해될 정도로 불성실하거나 미숙하게 대리권을 행사하는 경우이어야 하며, 또한 지연됨으로써 손해를 받을 염려가 있어야 한다. 여기에서 대리권을 행사할 수 없는 때에는 법률상의 장애(예컨대 利益相反事項(民 921)에 관한 소송을 하는 때)[1]가 있는 경우뿐만 아니라 사실상의 장애(예컨대 장기여행·질병 따위)도 포함된다.[2] 여기에 사실상의 장애를 포함시킬 것인가에 관해 해석상 다툼이 있었는데[3] 2016년 민사소송법 개정(2017. 2. 4.부터 시행)을 통해 명문으로 사실상의 장애를 포함시켰다. 또한 소송무능력자의 법정대리인의 부실한 소송수행으로 소송무능력자의 이익을 충분히 대변하지 못하는 경우 종전에는 가정법원에 후견인 변경신청을 하는 방법 이외에는 법정대리인의 소송수행을 배제할 수 있는 방법이 없었다는 점에서[4] 2016년 민사소송법 개정을 통해 법정대리인의 불성실하거나 미숙한 대리권 행사로 소송절차의 진행이 현저하게 방해받는 경우를 특별대리인 선임요건으로 추가한 것이다.[5] 그 밖에도 지연됨으로써 손해를 받을 염려가 있다 함은 시효중단의 필요, 가압류·가처분의 필요가 있는 경우 등을 가리키나, 너무 엄격하게 풀이하여서는 안 된다.

3) 이 제도의 취지에 비추어보면, 상속인을 알 수 없는 상속재산에 관하여 상속재산관리인이 선임되지 아니한 경우, 법인, 그 밖의 단체에 대표자[6] 또는 관리인이 없는 경우에도 특별대리인의 선임을 인정할 수 있을 것이다.[7][8]

---

1) 예를 들어 수인의 미성년자와 그 친권자가 공유물분할의 소의 당사자(공동피고)가 된 경우, 공유물분할에 관한 절차는 그 성질상 공유자들 사이에 이해의 대립이 생길 우려가 있으므로 미성년자마다 특별대리인을 선임하여 소송행위를 하게 해야 한다(大判 2024. 7. 11, 2023 다 301941).

2) 方, 255면; 宋/朴, 243면; 李時, 181~182면.

3) 포함된다는 견해로는 李時, 182면; 정동윤·유병현, 민사소송법, 제4판, 2014, 211면; 김홍엽, 195면; 포함불가의 견해로는 新註釋民訴(Ⅰ), 349면.

4) 이는 시간이 오래 걸리며, 특히 미성년자가 사용할 수 없는 방법이다.

5) 김경욱, "2015년 민사소송법 개정안의 주요내용과 쟁점", 「민사소송」, 제19권 제2호, 2015, 34~35면.

6) 다만 조합에 감사가 있으면 조합장이 없거나 조합장이 대표권을 행사할 수 없어도 특별대리인을 선임할 수 없다(大判 2015. 4. 9, 2013 다 89372).

7) 大決 1962. 12. 20, 62 마 21; 大判 1992. 3. 10, 91 다 25208(비법인사단과 그 대표자 사이의 이익이 상반되는 사항에 관한 소송행위에 있어서 대표자에게 대표권이 없게 되고, 달리 위 대표자를 대신하여 비법인사단을 대표할 자가 없는 경우이다).

8) 특별대리인은 법인의 대표자가 대표권을 행사할 수 없는 흠을 보충하기 위한 제도라는 점에서, 특별

4) 특히 성년후견이나 한정후견과 같은 상시적인 후견이 아니라 법적 분쟁이 발생한 경우 일회적으로만 지원을 받고자 하는 의사무능력자(성년후견개시결정을 아직 받지 않은 사람이다)의 보호를 위해 2016년 민사소송법 개정(2017. 2. 4. 부터 시행)을 통해 의사무능력자를 위한 특별대리인 제도가 신설되었다. 이에 의하면 의사능력이 없는 사람을 상대로 소송행위를 하려고 하거나 의사능력이 없는 사람이 소송행위를 하는 데 필요한 경우에는 제한능력자를 위한 특별대리인 선임의 요건(62)을 갖춘 경우 특별대리인 선임을 신청할 수 있다(62의2 I). 다만 피특정후견인, 임의후견을 받는 본인이 후견개시 후에 의사무능력자가 될 수 있다는 점에서, 민사소송법 제62조에서 특별대리인 선임신청권자로서 규정하고 있는 대리권 없는 후견인 이외에도 특정후견인, 임의후견인도 의사무능력자를 위한 특별대리인 선임 신청을 할 수 있도록 하였다(62의2 I 但).

2. 選任節次

1) 특별대리인은 직권 또는 신청에 의하여 선임되며, 선임신청은 수소법원에 한다(62 II I.). 신청인은 지연됨으로써 손해를 받을 염려가 있음을 소명하여야 한다(62 I). 선임재판은 결정의 형식으로 한다(62 IV).[1] 인선(人選)은 법원에서 하지만, 선임되어도 취임의 의무는 없다. 다만 변호사는 정당한 이유가 없으면 취임을 거부하지 못한다(辯 27).

2) 법원은 소송계속 후 필요하다고 인정하는 경우 직권으로 선임된 특별대리인을 개임(改任)하거나 해임(解任)할 수 있다(62 II). 당사자의 개임신청은 법원의 직권발동을 촉구하는 의미밖에 없다.[2] 특별대리인의 선임·개임·해임의 결정은 특별대리인에게 송달하여야 한다(62 IV).

3. 權　　限

특별대리인은 그 선임된 소송사건에 관하여 법정대리인과 같은 권한을 가진다.

대리인이 선임된 후 소송절차가 진행되던 중에 법인의 대표자 자격이나 대표권에 있던 흠이 보완되었다면 특별대리인에 대한 수소법원의 해임결정이 있기 전이라 하더라도 그 대표자는 법인을 위하여 유효하게 소송행위를 할 수 있다(大判 2011. 1. 27, 2008 다 85758).

1) 舊民訴 58 V는 '명령'이라고 하였는데, 그것은 과거에 재판장의 명령으로 하던 것을 무비판적으로 계승한 것이었으므로, 2002년 민사소송법은 '결정'으로 바꾸었다.

2) 大決 1969. 3. 25, 68 그 21.

따라서 소송행위 외에 공격방어방법으로 필요한 때에는 사법상의 실체적 권리도 행사할 수 있다.[1] 다만 개정 민법상 후견인은 포괄적 대리권을 가지는 것이 아니라 개별적 사안에 따라 대리권의 범위를 달리하기 때문에, 특별대리인이 소송행위를 하기 위하여서는 후견인과 같은 권한을 받도록 하였던 것(2016년 개정 전 62 Ⅳ)을 특별대리인은 대리권 있는 후견인과 같은 권한이 있는 것으로 개정하였다(62 Ⅲ 前: 2017. 2. 4.부터 시행). 나아가 2016년 민사소송법 개정으로 「법정대리인의 불성실하거나 미숙한 대리권 행사로 소송절차의 진행이 현저하게 방해받는 경우(62 Ⅰ ③)」가 특별대리인 선임요건으로 추가되어 법정대리인과 특별대리인이 동시에 존재할 수 있게 되었다. 이에 이들 사이의 권한충돌의 문제를 해결하기 위해 특별대리인의 대리권의 범위에서 법정대리인의 권한은 정지되도록 하였다(62 Ⅲ 後).[2] 특별대리인에게는 보수를 지급하며, 그 보수, 선임 비용 및 소송행위에 관한 비용은 소송비용에 포함된다(62 Ⅴ).

Ⅳ. 法定代理人의 權限－法定代理權

1. 代理權의 範圍

법정대리인의 대리권의 범위는 소송법에 특별한 규정이 없으면 민법, 그 밖의 법률에 따른다(51). 그리하여 i) 친권자는 일체의 소송행위를 할 수 있다. ii) 후견인(미성년후견인 · 대리권 있는 성년후견인 · 대리권 있는 한정후견인)이 소송행위를 할 때에는 후견감독인[3]이 있으면 그의 동의를 받아야 한다(民 950). 다만 상대방의 소제기 또는 상소에 관하여 수동적 행위를 하는 경우에는 후견감독인의 동의를 받을 필요가 없다(56 Ⅰ). 이것은 상대방의 불편을 제거하기 위한 것이다. 후견인이 판결에 의하지 않고 소송을 종료시키는 행위, 즉 소의 취하, 화해, 청구의 포기 · 인낙(認諾) 또는 소송탈퇴를 할 때에는 후견감독인의 동의를 얻어야 한다(56 Ⅱ 本). 다만 후견감독인이 없는 경우에는 사전에 **가정법원**으로부터 특별한 권한을 받아야 한다(56 Ⅱ 但).[4] iii) 의사무능력자를 위한 특별대리인

1) 大判 1993. 7. 27, 93 다 8986.

2) 김경욱, 전게논문, 37면.

3) 2013. 7. 1.부터 시행되고 있는 우리 민법은 친족회 제도를 폐지하고(民 960 이하 삭제) 후견감독인 제도를 도입하였다. 종전의 친족회가 필수적 감독기관이었음에 반해 후견감독인은 임의적 감독기관이다(民 940의 2부터 940의 4까지, 959의 5, 959의 10).

4) 당초 정부의 개정안 제56조 제3항에 따르면 후견감독인이 없는 경우 수소법원은 소의 취하 등의 행위가 본인의 이익을 명백히 침해한다고 인정할 때에는 결정으로 허가하지 아니할 수 있도록 하였는데, 국회 논의과정에서 후견감독인이 없는 경우에는 예외 없이 가정법원으로부터 특별한 권한을 받는 것으로 바뀌었

이 소의 취하, 화해, 청구의 포기·인낙 또는 소송탈퇴를 하는 경우 **수소법원**은 그 행위가 본인의 이익을 명백히 침해한다고 인정할 때에는 그 행위가 있는 날부터 14일 이내에 결정으로 이를 허가하지 아니할 수 있다. 앞에서 설명한 미성년후견인 등의 경우(56 Ⅱ)와 달리 수소법원이 소취하 등에 개입할 수 있으며, 특별대리인이 행한 소취하 등의 효력이 발생한 후 수소법원의 불허가 결정이 날 경우에 대비하여 불허가 결정기간을 14일 이내로 정하였다. 이러한 법원의 결정에 대해서는 불복할 수 없다(62의2 Ⅱ 後). iv) 민법상의 특별대리인인 법정대리인(民 64, 921, 22~26, 1053, 847)은 관계되는 소송에서 일체의 소송행위를 할 수 있다. v) 제한능력자·의사무능력자를 위한 소송법상의 특별대리인(62, 62의 2)은 대리권 있는 후견인에 준한다(62의 2 Ⅲ, 62 Ⅰ). 다만 특별대리인의 대리권의 범위에서 법정대리인의 권한이 정지(62 Ⅲ 後)되는 것은 앞에서 살펴본 바와 같다.

2. 共同代理

법정대리인이 여러 사람일 때, 친권을 함께 행사하는 부모(民 909)나 회사의 공동대표(商 208 Ⅱ, 389 Ⅲ, 562)와 같이 공동대리의 정함이 있는 경우에는 공동대리인들이 공동으로 하여야 할 소송행위의 범위가 문제된다.

1) 먼저, 대리인이 하는 소송행위(능동대리)는 원칙적으로 공동으로 하여야만 본인에게 효력이 있다고 본다. 그리하여 소나 상소의 제기, 소나 상소의 취하, 화해, 청구의 포기·인낙, 소송탈퇴 등은 제56조 제2항에 따라 대리인이 특별한 권한(후견감독인의 동의)을 받을 필요가 있는 것과 균형을 맞추기 위하여 모두가 명시적으로 공동으로 하여야 유효하지만(**제56조 제2항 유추설**), 이들 이외의 소송행위는 단독으로 하여도 다른 대리인이 묵인하는 경우(예컨대 한 사람의 대리인에 의한 답변서의 제출, 변론, 자백 등에 관하여 다른 대리인이 곧 이의를 제출하지 않는 경우)에는 공동으로 한 것으로 인정할 수 있을 것이다.[1] 각 대리인의 변론내용이 모순될 때에는 본인에게 더 이익이 되는 쪽을 인정하면 될 것이다.[2] 다만 이 경우에 민사소송법 제

다. 다만 이러한 개정이 i) 후견인의 전문성·공정성에 대한 신뢰를 기초로 후견감독인을 임의기관으로 한 민법의 개정취지(윤진수·현소혜, 「2013년 개정 민법 해설」, 131~132면)에 부합하는 것인지, ii) 국회에서의 논의의 초점이 법원개입의 범위(당초 정부 개정안에 따르면 법정대리인의 배신행위가 명백한 경우에 한하여 수소법원이 개입할 수 있다)가 아닌, 개입하는 법원이 수소법원인지 가정법원인지에 방점을 두었던 것은 아닌지 의문이다.

1) 모든 능동적 소송행위를 공동으로 하여야 한다는 견해로서는 方, 258면.

2) 同旨: 李時, 184면.

67조를 준용하여 공동대리인 가운데 한 사람의 행위가 본인에게 유리하면 효력이 있으나, 본인에게 불리한 때에는 공동대리인 모두가 함께 할 때에만 효력이 있다는 견해(**제67조 준용설**)도 있다.[1)]

2) 다음, 상대방의 소송행위를 수령하는 것(수동대리)은 단독으로 할 수 있다(商 208 Ⅱ. 389 Ⅲ. 562 Ⅳ). 또 송달도 공동대리인 가운데 한 사람에게 하면 충분하다(180).

3. 代理權의 存在 · 消滅

(1) 대리권의 증명

법정대리권은 소송행위의 유효요건이고, 절차의 안정 · 명확을 꾀할 필요가 있으므로, 법정대리권이 있는 사실 또는 소송행위를 위한 권한을 받은 사실은 서면으로 증명하여야 한다(58 Ⅰ). 법원은 그 서면을 소송기록에 붙여야 한다(58 Ⅱ).[2)]

(2) 대리권의 소멸원인

법정대리권의 소멸원인은 민법, 그 밖의 법률에 의한다(51). 본인의 사망, 대리인의 사망 · 성년후견 개시 또는 파산(민 127, 2011. 3. 7. 개정민법 부칙 3), 본인의 소송능력취득, 법정대리인의 자격상실(民 924, 925, 927, 939, 940), 특별대리인의 해임 · 종임(62 Ⅳ, Ⅱ, 民 22, 1055) 등이 그것이다.

(3) 대리권소멸의 통지

1) 소송절차가 진행되는 중에 법정대리권이 소멸한 경우에는 소송능력을 취득 · 회복한 본인 또는 신 · 구 대리인 가운데 어느 한 사람이 이를 상대방에게 통지하지 아니하면 소멸의 효력을 주장하지 못한다(63 Ⅰ 本). 따라서 대리권의 소멸 후 통지가 있기까지는 소송절차의 중단(235)의 효과가 생기지 아니하며, 구 대리인의 또는 그에 대한 상대방의 소송행위는 무효로 되지 아니한다. 상대방이 소멸사유의 발생을 알든 모르든, 또 모르는 데 대하여 과실이 있든 없든 이를 불문하고 유효하다.[3)] 이것은 절차의 안정 · 명확 및 획일적 처리를 꾀하기 위한 것이다. 이것은 법정대리인에 관한 규정이 준용되는 법인의 대표자의 경우뿐만 아니라(64), 임의대

1) 姜, 253면.

2) 소송대리위임장을 제출한 이상 법원의 잘못으로 기록에 편철되지 않아도 소송대리인의 대리행위는 유효: 大判 2005. 12. 8, 2005 다 36298.

3) 大判 1969. 12. 17, 68 다 1629. 反對: 新堂, 119면(상대방이 알고 있는 경우에는 대리권이 소멸하고 소송절차는 중단된다고 풀이한다).

리인의 경우에도 적용된다(97).

판례는 법인의 대표자가 대표권이 소멸되었어도 대표권소멸의 통지가 있기 전에는 소송절차상으로는 그 대표권이 소멸되지 않은 것으로 보아야 하므로, 대표권 소멸사실의 통지가 없는 상태에서 구 대표자가 한 소의 취하는 설령 상대방이 그 대표권의 소멸사실을 알고 있었다고 하더라도 유효하다고 보았다.[1)]

소송절차의 안정성·명확성의 요청상 대리권의 소멸사실은 법원도 알고 있어야 하므로, 민사소송규칙은 대리권의 소멸통지를 한 사람은 그 취지를 법원에 서면으로 신고하도록 하고 있다(民訴規 13 Ⅰ).

2) 대리인의 대리권이 소멸된 뒤에도 그 사실이 상대방에게 통지되기 전까지는 소송절차상으로는 여전히 구 대리인이 대리권을 가지는 것으로 취급되기 때문에 그 소멸사실이 통지되기 전에 구 대리인이 소송행위를 하면, 본인이 손해를 입을 염려가 있다. 특히 상대방 당사자가 구 대리인(대표자)의 대리권(대표권)이 소멸된 사실을 알았다고 하더라도 그 소멸사실이 통지되기 전에는 소송절차상으로는 대리권이 소멸된 것이 아니므로, 구 대리인(대표자)이 상대방과 통모하여 소의 취하 등 소송물을 처분하는 행위를 하는 경우에도 유효하다고 볼 수밖에 없는 문제점이 있다.[2)] 그러므로 2002년 새 법은 법정대리인의 대리권 소멸사실을 법원이 아는 경우에는 구 대리인이 제56조 제2항의 행위, 즉 소송물을 처분하는 행위(소의 취하, 화해, 청구의 포기·인낙, 소송탈퇴)는 할 수 없도록 하였다(63 Ⅰ 但).[3)]

3) 대리인이 사망하거나 성년후견 개시심판을 받은 경우에는 통지를 할 수 없으므로, 사망·성년후견 개시심판시에 대리권소멸의 효과가 발생한다. 대리인이 파산한 경우에도 그 통지를 기대할 수 없으므로 마찬가지이다.[4)]

Ⅴ. 法定代理人의 訴訟上 地位

법정대리인은 당사자가 아니므로 소송행위의 효과는 모두 본인에게 귀속하고

1) 大(全)判 1998. 2. 19, 95 다 52710.

2) 大(全)判 1998. 2. 19, 95 다 52710 참조.

3) 구법하에서 대리권이 소멸된 사실을 법원이 알고 있어도 상대방에게 통지하지 않은 이상 대리권은 존속한다고 본 판례로는 大判 1995. 2. 18, 94 다 49311.

4) 新堂, 131면.

(다만 107 Ⅰ, Ⅱ 참조), 재판적(2, 3, 7)과 제척원인(41 ①, ②) 등도 본인을 기준으로 한다. 그렇지만 당사자인 본인의 능력을 보충하는 대리인이기 때문에 당사자에 준하여 취급을 받는 수도 있다. 즉, 소장 및 판결에는 당사자와 함께 반드시 기재되어야 하고(208, 249), 송달은 법정대리인에게 하여야 하며(179), 본인이 출석하여야 할 경우에는 본인을 갈음하여 출석하고(140 Ⅰ ①, 145 Ⅱ), 그 소송에서는 증인능력이 없으므로 당사자신문의 규정을 준용하는(372) 등이 그 예이다. 그 밖에 법정대리인이 사망하거나 대리권을 상실한 때에는 당사자가 사망하거나 소송능력을 상실한 때와 같이 소송절차가 중단된다(235).

Ⅵ. 法人 등의 代表者

1. 代表者의 意義

법인 또는 법인 아닌 사단·재단의 소송행위는 그 대표자에 의하여 한다. 법인 등의 대표자는 법정대리인에 준하여 취급된다(64).

여기에서 대표자라 함은 법인 등의 대표기관으로서, 그 법인 등의 이름으로 자기의 의사에 기하여 행위를 하는 사람이고, 그 행위의 효과가 법인 등에 귀속하는 관계에 있는 사람을 가리킨다. 누가 대표자인가는 실체법에 따라 정하여진다.

2. 代表者로 되는 者

(1) 私法人, 法人아닌 社團

민법상의 법인의 경우에는 이사이고(民 59), 주식회사의 경우에는 대표이사(商 389)·청산인(商 542, 255)·대표이사직무대행자(商 408)이며, 유한회사의 경우에는 이사(商 562)이다.[1)]

법인 아닌 사단의 일종인 종중·문중의 경우에는 특별한 종중규약이 없으면 종장·문장(종장·문장이 없으면 항렬이 가장 높고 나이가 가장 많은 사람－연고항존자－이 종장·문장이 된다)이 그 종중원인 성년 이상의 사람을 소

---

1) 법인이 당사자인 경우, 법인의 대표자가 없거나 대표자에게 소송에 관한 대리권이 없는 경우 또는 법인의 대표자가 사실상 또는 법률상 장애로 대표권을 행사할 수 없는 경우에, 이해관계인 등은 소송절차가 지연됨으로써 손해를 볼 염려가 있다는 것을 소명하여 수소법원에 **특별대리인 선임 신청**을 할 수 있다(64, 62 Ⅰ). 이때 수소법원은 본안사건이 장래에 계속될 또는 이미 계속되어 있는 법원을 의미한다고 한다(大決 2024. 2. 15, 2023 마 7226: 이 사건에서는 피고 회사의 유일한 등기이사의 직무가 법원의 직무집행정지가처분 결정으로 정지되었다).

집하여 출석자의 과반수의 결의로 선임하는 사람이 종중대표자가 된다.[1)]

(2) 公法人

국가가 민사소송의 당사자로 될 때에는 법무부장관이 국가를 대표한다(국가를당사자로하는소송에관한법률 2). 행정소송 중 취소소송은 처분 등을 행한 행정청을 피고로 한다(行訴 13). 다만 국가의 대표자인 법무부장관이나 행정청의 장은 직접 소송수행을 하지 않고 소송수행자에게 이를 담당시킬 수 있다. 이를 지정대리인이라고 한다(국가를당사자로하는소송에관한법률 3, 5). 이들은 뒤에서 설명하는 법률에 의한 소송대리인으로서, 소송대리인의 선임 이외의 모든 소송행위를 할 수 있다(同法 7). 외국을 당사자로 하는 소송에서는 당사국의 외교사절이 대표자로 된다(외교관계에관한비엔나협약 3 Ⅰ (a)).

서울특별시 · 광역시 · 특별자치시 · 도 · 특별자치도 · 시 · 군 · 자치구 등 지방자치단체가 당사자로 되는 소송에서는 시장 · 도지사 · 군수 · 구청장 등이 지방자치단체를 대표한다(地自 2, 106, 114). 다만 교육 · 학예에 관하여는 서울특별시 · 광역시 및 도의 교육감이 그 지방자치단체를 대표한다(지방교육자치에관한법률 18 Ⅱ).[2)]

3. 代表者의 權限

1) 법인 등의 대표자의 권한은 실체법의 규정에 따라 정하여진다(51). 그리하여 민법상의 법인의 이사는 법인의 일체의 사무에 관하여 대표권을 가지고(民 59), 이에 대한 제한은 등기하지 아니하면 제3자에게 대항할 수 없다(民 60).[3)] 주식회사의 대표이사는 주식회사의 영업에 관하여 재판상 · 재판외의 모든 행위를 할 권한이 있으며(商 389, 209 Ⅰ), 정관이나 이사회규칙 등으로 대표권을 제한하여도 선의의 제3자에게 대항하지 못한다(商 389, 209 Ⅱ). 따라서 이들은 모든 소송행위를 할 수 있다. 이때 법인의 대표자에게 대표권이 없는 경우 법원은 보정할 수 없는 명백한 사정이 있지 않는 한 기간을 정하여 보정하도록 명하여야 하며, 이러한 보정은 항소심에서도 할 수 있다.[4)]

---

1) 大判 2010. 12. 9, 2009 다 26596. 이사선임결의의 무효확인청구소송에서는 그 대표이사에게 대표권이 있다[大(全)判 1983. 3. 22, 82 다카 1810; 1987. 6. 23, 86 다카 2654].

2) 그리하여 '서울특별시, 교육상 대표자, 서울특별시 교육감'이라고 표기한다. 시 · 군 · 자치구 등 기초자치단체가 교육 · 학예에 관하여 당사자능력을 가지는가가 문제된다(지방교육자치에관한법률 2 참조).

3) 大判 1975. 4. 22, 74 다 410.

4) 大判 2024. 4. 12, 2023 다 313241; 적법한 대표자 자격이 없는 비법인 사단의 대표자가 사실심에서 한 소송행위를 상고심에서 적법한 대표자가 추인할 수 있다는 판례로는, 大判 1997. 3. 14, 96 다 25227.

2) 주식회사의 이사선임결의의 무효나 취소 또는 이사해임의 소가 제기된 경우에 당사자의 신청에 의하여 가처분으로써 법원에 의하여 선임되는 이사직무대행자는 회사의 상무에 속하는 행위만 할 수 있고, 상무에 속하지 아니하는 행위를 하려면 법원의 허가를 얻어야 한다(商 408). 회사의 상무라고 함은 회사가 영업을 계속할 때 통상의 업무범위에 속하는 사무를 가리킨다.[1] 따라서 대표이사 직무대행자는 회사의 소송대리인을 선임하고 그 보수계약을 체결하거나 반소제기를 위임하는 행위 등을 할 수 있다. 그러나 법원의 허가가 없는 한 상대방 당사자의 소송대리인의 보수지급약정을 할 수 없으며,[2] 항소의 취하,[3] 청구의 인낙[4] 등을 할 수 없다.

3) 법인 아닌 사단의 대표자가 준총유관계에 속하는 비법인사단의 채권·채무관계에 관한 소를 제기하기 위하여서는 사원총회의 결의를 거쳐야 한다(民 I 276).[5]

4) 법인의 대표자의 대표권이 소멸된 경우에는 본인 또는 대리인이 상대방에게 소멸된 사실을 통지하지 아니하면 소멸의 효력을 주장하지 못하나, 법원에 대표권의 소멸사실이 알려진 뒤에는 그 대표자는 소의 취하, 청구의 포기·인낙, 소송상 화해, 소송탈퇴 등을 하지 못함은 앞에서 설명한 바와 같다(64, 63).

제 3 관 訴訟代理人

Ⅰ. 意義 및 種類

본인의 의사에 기하여 대리권이 수여되는 임의대리인 가운데 중요한 것은 소송

1) 상세는 鄭東潤, 「會社法」(제7판, 2003), 398면 이하 참조.

2) 大判 1989. 9. 12, 87 다카 2691.

3) 大判 1975. 5. 27, 75 다 120.

4) 大判 1982. 4. 27, 81 다 358. 종업원이 회사로부터 지급받을 출장비 대신에 부동산을 대물변제받기로 한 약정에 따라 회사에게 그 소유권이전등기절차의 이행을 구하는 소송에서, 회사의 대표이사 직무대행자가 법원으로부터 적법한 기일통지를 받고도 변론기일에 출석하지 아니하여 자백간주로 승소하였고, 또 그에 대하여 위 직무대행자가 항소를 제기하지 아니하여 그 판결이 확정되었으므로, 비록 위 직무대행자의 위와 같은 행위로 인하여 청구를 인낙하는 것과 같은 효과를 가져왔다고 하더라도 그 부동산이 회사의 기본재산이거나 중요한 재산에 해당한다고 볼 수 없다면, 회사의 직무대행자의 위 일련의 행위는 회사의 상무행위에 해당한다(大判 1991. 12. 24, 91 다 4355).

5) 大判 1999. 12. 10, 98 다 36344; 大(全)判 2005. 9. 15, 2004 다 44971.

수행을 위한 포괄적 대리권이 부여된 사람이다. 이처럼 소송수행을 위한 포괄적 대리권을 가지는 임의대리인을 소송대리인이라 부른다. 이들은 개개의 소송행위를 위한 대리권만을 가지는 임의대리인(예컨대 송달영수행위의 대리권만을 가지는 송달영수인(184), 화해를 위한 대리인 따위)과 구별된다. 소송대리인에는 특정 사건의 소송수행을 위하여 대리권을 수여받은 소송위임에 의한 소송대리인과 법률에 의하여 본인을 위하여 일정한 범위의 업무에 관하여 일체의 재판상의 행위를 할 수 있도록 인정된 법률에 의한 소송대리인의 두 가지가 있다. 보통 소송대리인이라고 하면 전자를 가리킨다.

Ⅱ. 訴訟委任에 의한 訴訟代理人

1. 代理人의 資格

(1) 변호사대리의 원칙

소송위임에 의한 소송대리인은 변호사(또는 법무법인)가 아니면 안 된다(87). 이것을 변호사대리의 원칙이라고 한다. 우리나라는 헌법재판절차(憲裁 25 Ⅱ·Ⅲ), 증권관련집단소송(證集 5 Ⅰ. 원·피고 양측) 및 소비자·개인정보단체소송(消基 72·個情 53. 원고측)을 제외하고는 변호사강제주의를 채택하지 아니하였으므로 당사자 본인이 소송수행을 할 수 있지만, 대리인을 선임하는 때에는 원칙적으로 변호사가 아니면 안 된다. 이것은 법률지식이 없는 당사자의 이익을 보호하고 소송브로커의 발생을 억압하여 소송절차의 원활·확실을 꾀하기 위한 것이다.

(2) 변호사대리의 원칙의 예외

단독판사가 심리·재판하는 사건 가운데 그 소송목적의 값이 일정한 금액 이하인 사건에서는 당사자와 일정한 범위 안의 친족관계에 있는 사람, 또는 당사자와 고용관계에 있는 사람은 법원의 허가를 받으면 변호사가 아니더라도 소송대리인이 될 수 있다(88. 民訴規 15). 소송대리 허가신청은 서면으로 하여야 하며(民訴規 15 Ⅲ), 법원은 언제든지 허가를 취소할 수 있다(88 Ⅲ). 이와 같이 비변호사대리가 가능한 경우를 구체적으로 살펴보면 다음과 같다.

1) 단독판사가 심리 · 재판하는 사건

(가) 사물관할규칙 제2조 단서에 해당하는 사건

사물관할규칙 제2조 단서는 (i) 수표금 · 약속어음금 청구사건, (ii) 은행 등 금융기관, 보험 · 증권회사 등이 원고인 대여금 · 구상금 · 보증금 청구사건, (iii) 자동차손해배상보장법에서 정한 자동차 · 원동기장치자전거 · 철도차량의 운행 및 근로자의 업무상재해로 인한 손해배상 청구사건과 이에 관한 채무부존재확인사건, (iv) 단독판사가 심판할 것으로 합의부가 결정한 사건을 소송목적의 값과 관계없이 단독판사의 사물관할에 속하는 것으로 규정하고 있는데, 이들 사건은 변호사가 아닌 사람도 법원의 허가를 받아 소송대리인이 될 수 있다(民訴規 15 I ①).

(나) 단독사건 중 소송목적의 값이 1억 원 이하인 사건

소송목적의 값이 소제기 또는 청구취지 확장(변론의 병합 포함) 당시 1억 원 이하인 민사소송사건 또는 이러한 사건을 본안으로 하는 신청사건 및 이에 부수하는 신청사건에서도 비변호사대리가 허용된다(民訴規 15 I ②). 다만 비변호사대리에 관한 법원의 허가 후 사건이 청구취지의 확장이나 변론의 병합 등을 통해 소송목적의 값이 1억 원을 초과하게 된 경우에는 당초의 소송대리허가결정은 위법하게 되어 법원은 그 허가를 취소하고 당사자 본인에게 그 취지를 통지하여야 한다(民訴規 15 IV). 이때의 허가 취소는 의무적인 것으로서 사유가 있으면 반드시 허가를 취소하여야 하며, 본인에 대한 통지는 본인이 소송을 수행하거나 새로운 소송대리인을 선임할 수 있는 시간과 기회를 주기 위한 것이다.[1)]

한때 민사소송규칙에 의하여 단독판사가 심리하는 재판(당시 소송목적의 값이 1억 원 이하) 중 소송목적의 값이 8,000만 원을 초과하지 아니하는 사건은 비변호사대리를 인정하였으나, 2010. 12. 13.에 개정(2011. 1. 1. 부터 시행)된 민사소송규칙 제15조 제1항은 단독판사가 재판하는 사건은 모두 비변호사대리를 인정하였다(당시 사물관할규칙 제4조가 삭제됨). 그 후 민사소송규칙 제15조 제1항과 사물관할규칙 제4조는 2015. 1. 28.에 다시 개정 및 복원되어(2015. 2. 13. 부터 시행) 소송목적의 값이 2억 원 이하인 단독판사가 심리하는 사건 중 소송목적의 값이 1억 원을 초과하지 아니하는 사건(소위 '고액단독사건'이 아닌 경우)은 비변호사대리를 허용하는 것으로 하였다. 2016. 9. 6.에 사물관할규칙 제4조는 다시 폐지되었으나 민사소송규칙 제15조 제1항 제2호에 가 · 나목을 신설(대법원규칙 제2675호, 2016. 10. 1.부터 시행)하여 위 사물관한 규칙 제4조의 내용을 그대로 수용함으로써 2015년 민사소송규칙의 개정으로 '소송목적의 값이 1억 원을

1) 법원행정처, 「민사소송규칙해설」(2002), 33면.

초과하지 아니하는 사건'에 비변호사대리를 허용하였던 것을 현재도 그대로 유지하고 있다.

(다) 비변호사 소송대리인의 범위

단독판사가 심리·재판하는 사건과 관련하여 변호사가 아니지만 법원의 허가를 받아 소송대리인이 될 수 있는 사람은, (i) 당사자의 배우자 또는 4촌 안의 친족으로서 당사자와의 생활관계에 비추어 상당하다고 인정되는 경우, 또는 (ii) 당사자와 고용, 그 밖에 이에 준하는 계약관계를 맺고 그 사건에 관한 통상사무를 처리·보조하는 사람으로서 그 사람이 담당하는 사무와 사건의 내용 등에 비추어 상당하다고 인정되는 경우에 해당하여야 한다(民訴規 15 Ⅱ).

2) 소액사건에서는 법원의 허가 없이도 당사자의 배우자·직계혈족·형제자매는 소송대리인이 될 수 있다(少審 8).

3) 민사조정사건에서는 변호사 아닌 사람이 조정담당판사의 허가를 얻어 당사자의 대리인이 될 수 있다(民調規 6 Ⅱ). 그러나 원칙적으로 비송사건절차법이 적용되는 조정절차와 소송절차는 준별되므로 조정절차의 대리인은 조정절차가 소송절차로 이행된 경우에는 그 자격을 상실한다(재판예규 제1525호)[1].

4) 가사소송사건에서는 합의사건·단독사건을 가리지 않고 변호사 아닌 사람도 재판장의 허가를 받아 대리인이 될 수 있다(家訴 7 Ⅱ).

5) 형사소송절차에 부대하여 청구하는 배상명령의 신청사건에서는 법원의 허가를 받아 피해자의 배우자·직계혈족·형제자매가 소송행위를 대리할 수 있다(訴促法 27).

6) 산업재산권에 관한 심판청구에서는 변리사도 소송대리인이 될 수 있다(辯理 8). 변리사에게 허용되는 소송대리의 범위는 특허심판원의 심결에 대한 심결취소소송에 한정되고 침해금지청구 또는 손해배상청구 등 민사사건[2]의 소송대리는 허용되지 아니한다.[3]

그 밖에도 비송사건에서는 소송능력자이면 소송대리인이 될 수 있다(非訟 6). 또한 법무사는 법원에 제출하는 서류 및 법원의 업무에 관련된 서류와 등기·등록신청에 관련된 서류

---

1) 민사조정절차에 관련된 여러 의문점에 대한 검토의견(재민 95-1), 2015. 4. 8. 개정 및 시행.

2) 2016. 1. 1.부터 특허권 등의 지식재산권에 관한 침해소송의 항소심은 종래 고등법원 및 지방법원 합의부로 부터 특허법원의 전속관할로 변경되었다(2015. 12. 1. 개정 법원조직법 제28조의 4).

3) 大判 2012. 10. 25, 2010 다 108104. 또한 憲裁決 2012. 8. 23, 2010 헌마 740 참조.

의 작성 및 제출대행, 등기·공탁사건의 신청대리뿐만 아니라,[1] 민사집행법에 의한 경매사건과 국세징수법 그 밖의 법령에 의한 공매사건에서의 재산취득에 관한 상담, 매수·입찰신청의 대리도 할 수 있다(법무사법 2). 그리고 개업공인중개사는 경매 또는 공매대상 부동산에 대한 권리분석 및 취득의 알선과 매수·입찰신청의 대리를 할 수 있다(공인중개사법 14 II).

2. 訴訟代理權

(1) 代理權의 授與(訴訟委任)

1) 소송대리권은 본인의 권한수여에 의하여 발생한다. 특정 사건에 관하여 소송대리권을 수여하는 본인의 권한수여행위(수권행위)를 소송위임이라고 한다. 소송위임은 위임계약과 함께 행하여지는 일이 많지만, 이와는 별개의 단독행위인 소송행위이다. 즉 소송대리권은 소송위임에 의하여 생기지만, 소송대리인의 성실의무와 비용상환청구권, 보수청구권은 위임계약(民 680 이하)에 의하여 생긴다.[2]

2) 소송위임을 하기 위해서는 본인에게 소송능력이 있어야 한다. 따라서 미성년자는 법정대리인에 의하여서만 소송위임을 할 수 있다(51).

3) 대리권 수여의 방식은 자유이며, 서면 또는 말로 할 수 있다. 권한수여행위는 보통 인쇄된 소송위임장에 필요한 사항을 기재하여 대리인에게 교부함으로써 한다. 권한수여의 의사표시는 대리인에 대하여 하는 것이 원칙이지만, 법원 또는 상대방에 대하여도 할 수 있다.

4) 소송대리인은 그 대리권의 존재와 범위를 서면으로 증명하지 않으면 안 된다(89 I). 서면으로 증명하도록 하는 이유는 장차 절차가 진행되는 도중에 소송대리권에 관한 분쟁이 발생하는 것을 방지하기 위해서이다. 따라서 이미 행한 대리행위의 효력이 문제될 때에는 서면이 아닌 다른 증거방법에 의하여도 대리권을 증명할 수 있다.

대리권을 증명하는 서면이 소송위임장과 같이 사문서인 때에는 법원은 공증인, 그 밖의 공증업무를 보는 사람(공증사무소)의 인증을 받도록 소송대리인에게 명할 수 있

---

1) 법무사법이 법무사가 아닌 비자격자에게 등기신청 등의 대리를 허용하지 않는 것은 위헌이 아니다. 憲裁決 2003. 9. 25, 2001 헌마 156.

2) 변호사가 처리의무를 부담하는 사무의 범위는 권한수여행위가 아니라, 변호사와 의뢰인 사이의 위임계약의 내용에 의하여 정하여진다(大判 1997. 12. 12, 95 다 20775).

다(89Ⅱ).[1] 그러나 당사자가 법원에 출석하여 말로 소송대리인을 선임하고 법원사무관등이 이를 조서에 적어 놓은 경우에는 서면증명이나 인증이 필요 없다(89Ⅲ). 대리권을 증명하는 서면은 소송기록에 붙여야 한다(97Ⅱ·58).[2]

(2) 代理權의 範圍

(가) 包括性 소송대리인은 위임을 받은 사건에 한하여 소송대리권이 있다. 그러나 대리인이 원칙적으로 변호사인 점 및 절차의 원활한 진행의 필요성에 비추어, 대리권의 범위를 포괄적인 것으로 법정하고, 이를 제한할 수 없도록 하였다(90Ⅰ·91). 이에 반하는 제한은 무효이다. 다만 변호사가 아닌 소송대리인의 경우에는 제한이 인정된다(91但).

(나) 法定範圍 소송대리인은 위임을 받은 사건의 소송수행을 위하여 필요한 일체의 소송행위를 할 수 있다. 즉, 소의 제기, 청구의 변경, 중간확인의 소의 제기, 상대방의 반소 및 제3자의 소송참가에 대한 방어, 소송비용액 확정신청[3] 등을 할 수 있고, 그 소송에 관한 강제집행, 가압류·가처분[4] 등도 할 수 있다(90Ⅰ). 또 이를 위하여 공격·방어방법을 제출할 수 있음은 물론이고, 그 전제로서 실체법상의 권리를 행사할 수 있다. 법률이 특히 변제영수권을 규정한 것(90Ⅰ)은 하나의 예시에 불과하다.

(다) 特別한 權限授與事項 법은 중대한 결과를 가져오는 사항은 본인의 의사를 존중하기 위하여 특별한 권한을 받도록 하였다. 이러한 특별한 권한을 받아야할 사항으로는 반소의 제기, 상소의 제기 또는 취하, 대리인의 선임 따위가 있다(90Ⅱ). 실무상 소송위임장에 일정한 특별권한수여사항은 부동문자(不動文字)로 인

---

1) 인증명령을 할 것인지 여부는 법원의 재량사항이지만, 상대방이 대리권의 존재 여부를 다투고 기록상 위임장이 진정하다고 믿을 만한 뚜렷한 증거가 없는 경우에는 법원은 대리권의 증명에 관하여 인증명령을 하거나 달리 진정하게 소송대리권을 위임한 것인지 여부를 심리하는 등 대리권의 흠 여부에 관하여 조사하여야 하며, 인증명령에도 대리권을 증명하지 못하면 소송대리권의 흠을 이유로 부적법각하할 수 있다(大決 1997. 9. 22, 97 마 1574).

2) 소송대리위임장이 제출된 이상 법원의 실수로 그것이 기록에 편철되지 아니하여도 대리행위는 유효하다(大判 2005. 12. 8, 2005 다 36298).

3) 大決 2023. 11. 2, 2023 마 5298(소송비용액 확정절차는 본안소송에 부수되는 사후 절차이다).

4) 본안소송을 수임한 변호사는 그 소송을 수행하는 데 필요한 강제집행이나 보전처분을 할 수 있는 소송대리권을 가지지만, 의뢰인에 대한 관계에서 당연히 그 권한에 상응한 위임계약상의 의무까지 부담하는 것은 아니며, 위임계약상의 의무는 변호사와 의뢰인 사이의 위임계약의 내용에 의하여 정하여진다(大判 1997. 12. 12, 95 다 20775: 의뢰인이 처분금지가처분신청을 위임한 바가 없으면, 변호사가 가처분신청의 필요성에 대한 설명을 하고 필요한 조치를 취할 의무가 없다고 함).

쇄되어 있는 것이 일반적이다.[1] 판례는 그러한 특별권한수여도 예문(例文)은 아니며 효력이 있다고 한다.[2]

① **반소의 제기**(90 ① Ⅱ) 그러나 반소제기에 대하여 소송에 응하는 것은 특별한 권한을 받을 필요가 없다(90 Ⅰ).

② **소송물을 처분하는 소송행위**(90 ② Ⅱ) 소의 취하, 화해, 청구의 포기 · 인낙, 소송탈퇴 등이다. 소의 취하에 대한 동의에는 특별한 권한을 받지 않아도 된다.[3] 판례는 소송상의 화해나 청구의 포기에 관한 특별한 권한이 수여되어 있다면 그러한 소송행위의 전제가 되는 소송물인 권리의 실체법상 처분이나 포기에 대한 권한도 수여되었다고 볼 수 있다고 한다.[4]

③ **상소의 제기 · 취하**(90 ③ Ⅱ) 상소의 제기가 특별한 권한수여사항으로 되어 있으므로, 소송대리권은 심급마다 별개로 수여되어야 한다고 풀이하는 것이 통설 · 판례이다.[5] 상소의 제기에 대하여 소송에 응하는 것도 특별한 권한수여사항으로 본다(반대 견해가 있음).[6] 이를 심급대리의 원칙이라고 한다. 소송대리권을 수여받은 심급 안에서 소송대리인의 소송대리권의 존속기간은 수임한 소송사무가 종료하는 시기인 그 심급의 판결을 송달받은 때까지이다.[7] 다만 항소제기에 필요한 권한을 받지 못한 소송대리인이 항소장을 제출하였다고 하더라도 당사자 또는 적법한 소송대리인이 항소심에서 본안에 관하여 변론한다면, 이를 항소제기행위의 추인으로 보아 항소가 적법하게 제기된 것으로 볼 수 있다.[8] 상소제기의 권한 수여가 있으면 소송대리인은 상소심 절차의 소송수행을 할 수 있고, 판결이 확정될 때까지 소송대리권은 존속한다. 이에 관해 판례는 상소장 제출로 소송대리권이 소멸한다는 입장이나,[9] 소송대리권의 포괄성(90) 및 당사자의 의사를 고려할 때 의문이다.[10]

1) 과거에는 소송위임장 양식에 '일체'의 특별권한수여사항이 기재되어 있었으나, 대한변호사협회는 공정거래위원회의 권고에 따라 2010. 2부터 '소송위임장 표준양식'을 개선하여, '소 · 상소의 취하, 청구의 포기 · 인낙, 소송탈퇴' 등 불리한 결과를 야기할 수 있는 사항은 당사자가 ○, ×로 선택할 수 있도록 하였다.

2) 大判 1984. 2. 28, 84 누 4.

3) 大判 1984. 3. 13, 82 므 40.

4) 大判 1994. 3. 8, 93 다 52105; 大決 2000. 1. 31, 99 마 6205.

5) 大判 1965. 7. 13, 65 다 1013; 大決 2000. 1. 31, 99 마 6205. 反對: 李時, 196면.

6) 상소의 제기만을 특별한 권한수여사항으로 규정하고 있으므로, 반대해석으로 상소에 대해 소송에 응하는 행위는 통상의 소송대리권에 포함된다고 보는 견해로는 李時, 196면.

7) 大決 2000. 1. 31, 99 마 6205. 상소에 관한 특별한 권한수여가 없더라도 패소판결을 받은 경우에는 판결의 내용과 상소하는 때의 승소가능성을 설명할 의무가 있다(大判 2004. 5. 14, 2004 다 7354).

8) 大判 2020. 6. 25, 2019 다 246399.

9) 大判 2010. 12. 23, 2007 다 22859; 2016. 4. 29, 2014 다 210449; 2016. 9. 8, 2015 다 39357.

사건이 상급심에서 취소(파기)·환송되었을 경우에는 환송 전 원심의 소송대리인의 대리권이 부활한다는 것이 판례의 입장이다. 그리하여 판례는 상고심으로부터 파기·환송받은 항소심에서, 환송 전 항소심의 소송대리인에게 한 송달은 적법한 것으로 본다.[1] 따라서 만일 이 경우 소송대리인이 판결정본을 송달받고도 당사자에게 그 사실을 알려 주지 아니하여 당사자가 그 판결정본의 송달사실을 모르고 있다가 상고제기기간이 경과된 이후에 비로소 그 사실을 알게 되었다고 하더라도 민사소송법 제173조의 당사자가 책임질 수 없는 사유로 불변기간을 지킬 수 없었던 경우에 해당한다고 볼 수 없다고 한다(추후보완상소가 불가능하다).[2] 판례의 입장은 심급대리의 원칙뿐만 아니라 환송받은 사실심은 종전의 변론을 속행하는 점을 고려한 것으로 보인다.[3] 그러나 그러한 판례의 태도는 i) 취소(파기)·환송된 뒤의 변론의 재개·속행은 통상적인 경우의 변론의 재개·속행과는 달리 심급이 다른 상급심을 거쳐 변론이 재개·속행된다는 점, ii) 의뢰인인 당사자와 변호사 사이의 신뢰관계는 이미 소멸하였다는 점, iii) 당사자에게 소송대리인이 있는 경우에는 그 대리인을 통하여 비로소 절차권을 보장받을 수 있다는 점 등을 고려하면 의문이다. 판례는 상고심에서 파기·환송된 사건이 다시 상고되었을 경우에는 심급대리의 원칙 때문에 항소심의 소송대리인은 소송대리권을 상실하게 되지만, 환송 전의 상고심의 소송대리인의 대리권은 부활하지 않는다고 본다.[4]

재심사건은 별개의 사건이므로 이에 관하여는 다시 소송위임을 받아야 한다.[5]

④ **복대리인(復代理人)의 선임**(90④Ⅱ) 본인과 소송대리인은 신뢰관계에 있기 때문이다. 복대리인은 직접 본인의 대리인으로 된다.

(3) 個別代理의 原則

1) 같은 당사자를 위하여 여러 소송대리인이 있는 때에는 각자가 당사자를 대

---

10) 자세한 설명은 유병현, "대표권 소멸과 소송절차 중단시점, 그리고 상소제기 특별수권의 범위,"「민사소송」, 제26권 제1호, 2022, 154면 이하.

1) 大判 1966. 12. 27, 66 다 2129; 1984. 6. 14, 84 다카 744; 따라서 위임사무의 범위에서 환송 후의 사건을 제외하는 약정의 존재 등의 특별한 사정이 없는 한 소송대리인은 환송 후 소송사무까지 처리해야만 위임사무의 종료에 따른 보수를 청구할 수 있다(大判 2016. 7. 7, 2014 다 1447).

2) 大判 1984. 6. 14, 84 다카 744.

3) 환송 또는 이송받은 사건의 변론조서는 환송전 법원 또는 이송한 법원에서 한 변론의 차수에 이어서 표시한다(법원행정처,「2019 상소기록 검토 매뉴얼」 증보개정판, 2019, 74면).

4) 大決 1996. 4. 4, 96 마 148.

5) 大決 1991. 3. 27, 90 마 970.

리한다(93Ⅰ). 당사자가 이와 다른 약정을 하여도 그것은 본인과 대리인 사이의 내부 관계에 그치고, 법원이나 상대방에 대하여 그 효력이 없다(93Ⅱ). 이 점이 법정대리인의 경우와 다르다.

2) 여러 소송대리인의 소송행위가 서로 모순되는 경우에는 그들 소송행위가 동시에 행하여졌는가, 이시(異時)에 행하여졌는가에 따라 그 효력이 다르다. 그리하여 전자의 경우에는 그 어느 것도 효력이 없지만, 후자의 경우에는 앞의 행위의 철회가능성에 따라 구별된다. 즉 앞의 행위가 철회될 수 있는 것이면 뒤의 행위에 의하여 철회된 것으로 볼 수 있으므로 뒤의 행위가 유효하지만, 앞의 행위가 철회될 수 없는 것일 때에는 앞의 행위가 유효하다.

3) 소송서류의 송달은 여러 소송대리인 가운데 한 사람에게 하면 되지만, 송달받을 대리인 한 사람을 지정하여 신고한 때에는 지정된 대리인에게 송달하여야 한다(180, 民訴規 49).

4) 변호사보수를 소송비용에 산입하는 경우에는 여러 소송대리인이 있더라도 한 사람으로 계산한다(109Ⅱ).

(4) 代理權의 消滅

(가) 소멸되지 아니하는 경우

i) 소송위임의 경우에는 위임사무의 목적 · 범위가 명확하고 변호사가 수임인임을 고려하여 민법에 대한 특칙을 두고 있다. 그리하여 민법과는 달리 당사자의 사망, 소송능력의 상실, 당사자인 법인의 합병에 의한 소멸, 당사자인 수탁자의 신탁임무의 종료, '법정대리인의 사망 · 소송능력의 상실 또는 대리권의 소멸이나 변경'으로 인하여(95), 또한 일정한 자격이 있는 사람으로서 자기의 이름으로 남을 위하여 소송당사자로 된 사람(소송담당자)이 그 자격을 잃더라도(96) 소송대리권은 소멸되지 아니한다. 그리고 이 경우에 소송대리인이 있는 한 소송절차는 중단되지 아니하다가(95 ①, 238), 심급대리의 원칙상 종국판결이 소송대리인에게 송달되면 그 때에 소송대리권이 소멸하므로 소송절차가 중단된다.[1] 이때 상소는 소송수계절차(233Ⅰ)를 밟은 다음에 제기하는 것이 원칙이다. 만일 소송대리인에게 상소제기의 특별한 권

1) 大判 1963. 5. 30, 63 다 123; 2016. 9. 8, 2015 다 39357.

한 수여가 있다면 판결이 송달되더라도 소송절차는 중단되지 아니하며 판결의 확정으로 소송대리권은 소멸한다. 상소제기의 특별한 권한 수여가 있는 소송대리인이 상소를 제기한 경우에는 상소심 절차의 대리권이 있으므로 판결의 확정으로 대리권이 소멸한다고 보아야 한다. 다만, 판례는 이 경우 소송대리인의 대리권은 상소제기와 동시에 소멸하고 소송절차가 중단된다고 한다.[1) 2)]

ii) 당사자가 소송대리인에게 소송위임을 하였으면 소 제기 전에 사망 등의 사유가 있어도 소송대리권은 소멸하지 아니하고, 원고 소송대리인은 사망자의 명의로 소를 제기할 수 있고,[3)] 피고 소송대리인은 소장 부본을 송달받을 수 있다. 이러한 소송대리인의 소송행위의 효과는 상속인에게 귀속된다.[4)] 당사자가 소송대리인에게 소송위임을 하고 소송계속 중 사망한 경우에는 당사자 지위의 당연승계로 인하여 사망자의 소송대리인은 새로이 수권을 받을 필요 없이 상속인의 소송대리인으로서 상속인들 모두를 위하여 소송을 수행할 수 있으며, 사망자를 당사자로 표시하여 판결을 받았다고 하더라도 그 판결의 효력은 상속인들 모두에게 미친다. 또한 판결서에 사망자의 공동상속인 중 일부만을 당사자로 표시하였어도 진정한 상속인 모두에게 그 효력이 미친다.[5)]

iii) 위와 같이 공동상속인 중 일부만을 당사자로 표시하여 선고된 판결의 경우에 상소제기의 특별한 권한 수여가 있는 소송대리인이 판결서에 표시된 당사자 명의로 상소를 제기하여도 진정한 상속인 모두에 대해서 상소제기의 효력이 있다. 따라서 상소심판결이 확정된 경우에는 판결의 경정(211)으로 판결서의 당사자 표시를 정정할 수 있다. 그러나 판례는 누락된 당사자에 대하여는 상소제기로 소송절차가 중단되므로 누락된 당사자에 관하여 상소심에 소송수계 신청을 하여 중단된 절차를 속행하여야 한다고 한다.[6)]

(나) 소멸사유 민법과 같은 소멸사유로서는 대리인의 사망·성년후견 개시심

---

1) 大判 2010. 12. 23, 2007 다 22859; 2016. 4. 29, 2014 다 210449; 2016. 9. 8, 2015 다 39357.

2) 소송대리인이 상소제기에 관한 특별수권을 받았으나 실제로 소송대리인이 아닌 당사자 본인이 상고장을 작성하여 제출한 경우, 소송대리인은 상고장과 관련한 보정명령을 수령할 권능이 없으므로 항소심 법원이 위 소송대리인에게 보정명령을 송달한 것은 부적법하여 송달의 효력이 발생하지 않는다고 한다(大決 2024. 1. 11, 2023마7122).

3) 大判 2016. 4. 29, 2014다210449.

4) Rosenberg, §43 III 1; BGHZ 121, 263, NJW 1993, 1654.

5) 大判 2010. 12. 23, 2007 다 22859; 大決 2023. 8. 18, 2022 그 779.

6) 大決 2023. 8. 18, 2022 그 779.

판 · 파산(民 ② 127), 위임의 종료(民 128), 해임 · 사임(民 689), 본인의 파산(民 690) 등이 있다. 이 경우에는 본인 또는 대리인이 대리권의 소멸사실을 상대방에게 통지하여야 비로소 소멸의 효력을 주장할 수 있으나,[1] 법원이 소멸사실을 안 뒤에는 소송물을 처분하는 소송행위를 하지 못함은 법정대리인에 관하여 이미 설명한 것과 같다(97, 63). 다만 대리인의 사망 · 성년후견 개시심판 · 파산의 경우에는 통지를 요하지 아니한다. 이 때에는 대리인에 의한 통지를 기대하는 것은 무리이고, 소송대리권의 포괄적 성격상 본인에게 통지를 기대하는 것도 타당하지 않기 때문이다.[2] 또한 법정대리인의 경우와 마찬가지로, 대리권의 소멸통지를 한 사람은 그 취지를 법원에 서면으로 신고하여야 한다(民訴規 17, 13 Ⅰ).

(다) 변호사자격의 상실 변호사자격의 상실로 인하여 대리권이 소멸되는가에 관하여는 다툼이 있으나, 본인의 이익을 위하여 소멸된다고 풀이한다.[3]

3. 代理人의 地位

(1) 제3자인 지위

소송대리인은 그 소송의 당사자가 아니므로, 판결의 효력을 받지 아니하며(다만 참조 107), 법정대리인과는 달리 증인 · 감정인이 될 수 있다.

(2) 소송수행자인 지위

실제로 소송수행을 하는 사람의 선의 · 악의, 고의 · 과실 등이 소송법상의 효력에 영향을 미치는 경우(예컨대 43 Ⅱ, 77, 149, 173, 268 Ⅲ, 285, 451 Ⅰ)에는 이러한 사유의 유무는 우선 대리인을 표준으로 하여 결정하여야 한다(民 116 Ⅰ 참조). 그러나 본인의 고의 · 과실이 대리인의 부지의 원인으로 인정되는 때에는 본인은 대리인의 부지 또는 책임 없음을 자기의 이익으로 원용할 수 없다고 풀이한다(民 116 Ⅱ 참조).[4]

---

1) 大判 1995. 2. 28, 94 다 49311.

2) 新堂, 166면. 그러나 이 경우는 법정대리권이 소멸된 경우와는 달리 본인이 통지할 수 있으므로 통지를 필요로 한다는 견해로는 新堂, 注釋民訴(2), 388면.

3) 이 때에도 통지를 요한다는 견해: 新堂, 165면. 통지를 요하지 아니한다는 견해: 新堂, 注釋民訴(2), 390면. 姜, 274면; 소송대리권이 소멸하지 아니한다는 반대견해로는 李時, 199면.

4) 兼子, 136면; 三ケ月, 202면; 新堂, 166면 등 日本의 通說.

(3) 본인의 지위

1) 소송대리인을 선임하여도 본인은 소송수행권을 잃지 아니한다. 그리하여 소송대리인이 있더라도 소송관계를 분명하게 하기 위하여 본인이 출석명령을 받는 일도 있다(석명처분. 140 ①). 변론준비기일에서는 당사자를 출석하게 하여 주장과 증거를 정리한다(282 I). 소송대리인이 있음에도 불구하고 본인에게 판결정본을 송달하는 것은 위법하지는 않지만,[1] 적절한 업무처리방법은 아니다. 미국 연방민사소송규칙과 도이칠란트 민사소송법에서는 송달은 소송대리인에게 함을 명문으로 규정하고 있다(FRCP §5(b)(1): 獨民訴 172).

2) 소송대리인이 권한범위 안에서 한 행위는 본인이 한 것과 같은 효력이 있지만, 본인이 소송대리인과 함께 출석하여 소송대리인의 사실상의 진술을 곧 취소하거나 경정한 때에는 그 효력이 없다(94). 이를 당사자의 경정권(更正權; Widerruf und Berichtigung)이라고 한다. 이것은 사실관계는 본인이 더 잘 알고 있다는 데 그 이유가 있으며, 법정대리인도 경정권을 행사할 수 있다. 경정의 대상은 구체적인 사실관계에 한하고 법률상의 의견, 경험칙에 관한 진술은 포함되지 아니한다. 신청이나 소송물을 처분하는 행위 역시 사실상의 진술에 해당하지 아니한다. 경정은 지체 없이 하여야 한다. 경정을 하면 대리인의 진술은 없었던 것으로 된다.

(4) 변호사의 보수

1) 소송대리인으로서의 변호사는 당사자와 위임관계에 있으므로(통설), 위임의 본래의 취지에 따라 선량한 관리자의 주의의무로 위임사무를 처리하여야 한다(民 681). 변호사는 당사자와의 사이에 보수약정을 하는 것이 보통이며, 위 약정에 따라 보수를 청구할 수 있는 것이 원칙이다. 그러나 약정한 보수액이 변호사의 노력 · 시간, 위임인의 사회적 지위, 보수결정의 주체(위임인인가, 수임인인가, 협의에 의한 것인가), 그 밖의 제반사정에 비추어 지나치게 높은 경우에는 신의칙에 비추어 상당한 액을 초과하는 금액은 청구할 수 없다.[2]

2) 당사자와 보수약정을 하지 아니한 경우에도 승소의 판결 또는 이와 동일시할 사유로 사건이 해결된 경우에는 무보수의 특약이 없는 한 사건이 어려운 정도, 소송물가액, 승

---

1) 大判 1964. 5. 12, 63 아 37; 1970. 6. 5, 70 마 325.

2) 大判 1972. 2. 29, 71 다 2722; 1991. 12. 13, 91 다 8722; 2002. 4. 12, 2000 다 50190. 상당한 액을 정할 때에는 소속변호사회의 보수규정이 참고자료가 되었으나, 동규정은 공정거래위원회의 시정권고로 2001. 1. 1. 삭제되었다.

소로 인하여 당사자가 얻는 이익, 그 밖의 제반사정을 고려하여 상당한 보수금을 청구할 수 있다.[1]

3) 변호사보수 중 대법원규칙이 정하는 범위 안의 것은 소송비용에 산입된다(변호사보수의소송비용산입에관한규칙).[2] 이에 따라 소송비용에 산입되는 변호사보수는 당사자가 보수계약에 의하여 지급한 또는 지급할 보수액(**지급보수액**)의 범위 내에서 각 심급단위로 소송목적의 값에 따라 「별표」의 기준에 의하여 산정한다. 예를 들어 소송목적의 값이 2,000만 원을 초과하여 5,000만 원까지인 경우에는 200만 원+(소송목적의 값−2,000만 원)×8/100에 따른 금액, 5억 원을 초과하는 경우에는 1,340만 원+(소송목적의 값−5억 원)×0.5/100에 따른 금액이 된다(동규칙 3 I). 다만 (i) 가압류, 가처분 명령의 신청(변론 또는 심문을 거친 경우에 한함), 그 명령에 대한 이의 또는 취소의 신청사건(동규칙 3 II)과, (ii) 피고의 전부자백 또는 자백간주에 의한 판결과 무변론 판결, 이행권고결정의 경우에는 위 「별표」의 기준에 의한 금액의 2분의 1이 소송비용에 산입된다.

Ⅲ. 法律에 의한 訴訟代理人

1. 특징 · 자격

1) 법률에 의한 소송대리인은 일정한 사건의 소송수행을 위하여 특별히 선임되는 것이 아니라, 법령상 당연히 일정한 업무에 관한 포괄적 대리권이 수여되어 있고, 소송대리권도 그 일부로서 포함되어 있기 때문에, 그 업무에 관련된 소송에서 당연히 소송대리권을 가지는 사람이다. 그러나 일정한 업무에 관한 포괄적 대리권을 가지는 지위에 서기 위해서는 본인의 선임을 필요로 하므로 임의대리인의 하나이다. 요컨대 위 지위를 취득하기 위해서는 본인의 선임을 요하지만, 일단 위 지위에 서게 되면 법률에 의하여 당연히 소송대리권을 가지는 점에서, 법령상의 소송대리인은 임의대리인의 하나이지만, 소송위임에 의한 소송대리인보다는 법정대리인에 가까운 특이한 존재이다. 지배인(商 11), 선박관리인(商 765), 선장(商 749), 농업협동조합 · 수산업협동조합 등의 전무 · 상무(農協 56, 水協 59) 등이 전형적인 예이지만, 그 밖에 국가를 당사자로 하는 소송의 지정대리인(국가소송수행자)(국가를당사자로하는소송에관한법률 7), 특수은행의 대리인(韓銀 35, 産銀 15, 輸出入銀 15, 中小企銀 30), 농협 · 수협중앙회의 대리인(農協 131, 水協 136), 근로복지공단의 대리인

---

1) 大判 1970. 8. 31, 70 다 1069; 1981. 7. 28, 80 다 2485; 1995. 12. 5, 94 다 50229.

2) 大決 1995. 6. 23, 95 쿠 3(특허사건의 상고심에서의 변리사비용은 상환청구의 대상이 되는 소송비용이 아니다).

(산업재해보상보험법 23), 한국자산관리공사 사장이 지명한 임직원(한국자산관리공사 설립 등에 관한 법률 23)도 이에 해당한다. 민법상의 조합의 업무집행조합원이 이에 해당하는가에 관하여는 다툼이 있으나, 민법 제709조의 업무집행의 대리권에는 소송행위의 대리권도 포함되어 있다고 풀이되므로 이를 긍정하여야 할 것이다.[1)]

2) 법률에 의한 소송대리인의 자격은 실체법에서 정하고 있으며, 반드시 변호사일 필요는 없다.[2)] 왜냐하면 법률에 의한 소송대리인의 대리권의 근거는 본인이 그를 신뢰하여 일정한 범위의 업무를 맡긴 데 있기 때문이다.

2. 訴訟代理權

1) 법률에 의한 소송대리인의 소송대리권은 그 지위에 따른 법정권한의 일부로서 인정되는 것이므로, 그 지위에서 취급하는 업무에 관한 일체의 사건에 미치고, 특정한 사건에만 한정되지 아니한다. 따라서 대리권의 증명도 그 지위에 있다는 증명(예컨대 지배인이면 상업등기부의 등본)을 제출하면 된다.

법원은 지배인 · 선장 등 법률상 소송대리인의 자격 또는 권한을 심사할 수 있고, 그 심사에 필요한 때에는 그 소송대리인 · 당사자 본인 또는 참고인을 심문하거나 관련 자료를 제출하게 할 수 있다(民訴規 16 Ⅰ). 심사결과, 법률에 의한 소송대리인이 그 자격 또는 권한이 없다고 인정되는 때에는 재판상 행위를 금지하고 당사자 본인에게 그 취지를 통지하여야 한다(民訴規 16 Ⅱ). 예컨대 채권관리업무 담당직원에 불과한 사람을 형식상 지배인으로 등기하여 소송행위를 하는 등 법률에 의한 소송대리인제도를 남용하는 경우에는 그 사람의 재판상 행위를 금하여야 한다.

2) 이들의 대리권의 범위는 법률에 의하여 정하여지는데(92), 대개는 재판상 일체의 행위를 할 수 있다(商 11, 765, 749 등 참조). 실체법상 공동대리가 인정되는 경우(예컨대 商 12)에는 소송상으로도 공동대리가 인정된다.

3) 법률에 의한 소송대리인의 대리권은 실체법상의 지위가 소멸됨으로써 소멸한다. 당사자인 권한수여자 쪽의 사망 등에 의한 소송대리권 불소멸의 특칙(95. 96)은

---

1) 同旨: 李時, 187면; 郭潤直, 「再全訂版 債權各論」(1984), 496면.

2) 郭潤直, 전게서, 496면은 법률에 의한 소송대리인과 소송위임에 의한 소송대리인의 자격상의 차이를 간과하고 있다.

법률에 의한 소송대리인에 적용되지 아니한다. 왜냐하면 위 특칙은 변호사가 수임자임을 고려한 것이기 때문이다. 대리권의 소멸은 상대방에게 통지하여야 소송절차상 그 효력을 주장할 수 있다(97, 63).

3. 代理人의 地位

1) 법률에 의한 소송대리인도 그 수행하는 소송에서는 제3자인 지위에 있으므로 증인능력이 있다. 이 경우의 본인은 소송위임에 의한 소송대리인을 둔 경우와 같은 지위에 선다.

2) 법률에 의한 소송대리인은 변호사에게 다시 소송위임을 할 수 있다. 이 경우에는 법령상의 소송대리인은 법정대리인과 마찬가지의 지위에 있으므로 소송위임에 의한 소송대리인이 한 사실상의 진술에 관하여 경정권을 가진다(94 참조). 국가소송수행자는 소송대리인을 선임할 수 없다(국가를당사자로하는 소송에관한법률 7).

제 4 관 代理權의 訴訟法上의 意義

1. 訴訟要件

(1) 대리권의 명확성 · 획일성

소송상의 대리에서는 절차의 원활 · 안정을 꾀할 필요가 있으므로, 민법상의 대리에 비하여 대리권의 존재 · 범위에 관한 획일성 · 명확성이 요구되고 있다. i) 대리권의 서면에 의한 증명(58, 89), ii) 대리권소멸의 통지(97, 63), iii) 대리권의 범위에 관한 규정(51, 90) 등은 그러한 요구에 의한 것이다.

(2) 訴訟要件

소의 제기, 소장송달의 단계에 대리권이 존재하여야 하는 것은 소송요건의 하나이다.[1] 대리권의 존재 여부는 법원의 직권조사사항이고,[2] 법원은 항상 그 존재

---

1) 大判 1964. 5. 12, 63 다 712.

2) 大判 2002. 5. 14, 2000 다 42908(종중대표자의 대표권 유무는 직권조사사항이므로 대표자를 선임한 총회의 소집사실 유무는 자백의 대상이 될 수 없다).

여부를 조사하여 무권대리인의 소송관여를 배척하여야 한다. 다만 보정이 가능하면 보정명령을 발하고, 일시 소송행위를 하게 할 수도 있다(59, 97). 무권대리인이 제기하거나 무권대리인에 대하여 제기한 소는 대리권의 흠이 보정되지 않는 한 부적법하므로 이를 각하하여야 한다. 이 경우에 소송비용은 원고의 무권대리인이 부담하는데(107 II, 108), 그 무권대리인이 소송위임에 관하여 중대한 과실이 없는 경우에는 소의 제기를 그에게 위임한 자가 부담해야 한다.[1] 법원은 무권대리인에게 소송비용을 부담하도록 하는 경우에는 무권대리인이 판결선고 전에 이미 사임한 경우에도 그에게 재판결과를 통지하여야 하며, 무권대리인은 재판의 형식에 관계없이 즉시항고 또는 재항고에 의해 비용부담재판에 대해 불복할 수 있다.[2]

(3) 代理權의 흠을 간과한 判決의 效力

대리권이 없음을 간과하여 본안판결을 하여도 그것이 당연무효는 아니고, 본인에 대하여 효력이 미친다(위법 · 유효한 판결). 그러므로 본인은 판결이 확정되기 전에는 상소(절대적 상고이유. 424 I ④)에 의하여, 확정된 뒤에는 재심(451 I ③) 또는 추후보완상소(173)에 의하여 그 판결의 취소를 구할 수 있다(자세한 것은 재심에 관한 설명 참조).

2. 訴訟行爲의 有效要件

1) 대리인의 또는 대리인에 대한 소송행위의 효과가 당사자에게 귀속되기 위해서는 대리인에게 대리권이 있어야 한다. 이처럼 대리권의 존재는 소송행위의 유효요건이다. 따라서 무권대리인의 행위는 본인에게 효력이 없다(유동적 무효). 다만 당사자 본인이나 보정된 소송대리인이 추인하면 행위를 한 때에 소급하여 유효로 된다(60, 97).[3] 이는 대리권의 흠결이 있는 자가 조정을 갈음하는 결정에 관한 이의신청을 한 후 당사자나 보정된 대리인이 이의신청 행위를 추인하는 경우에도 마찬가지이다.[4]

2) 추인의 방법에는 제한이 없고, 명시적으로는 물론, 묵시적으로도 할 수 있

---

1) 大決 2016. 6. 17, 2016 마 371.

2) 大決 2016. 6. 17, 2016 마 371.

3) 예를 들어 미성년자의 법정대리인에게 법정대리권이 흠결된 경우(大判 2024. 7. 11, 2023 다 301941), 법인의 대표자에게 대표권이 없는 경우(大判 2024. 4. 12, 2023 다 313241)에는 법원은 기간을 정하여 보정을 명하여야 할 의무가 있으며 이러한 보정은 항소심에서도 가능하다는 것이 판례의 태도이다.

4) 大判 2023. 7. 13, 2023 다 225146.

다. 추인의 시기에는 제한이 없으며, 상급심에서도 할 수 있고(424 II),[1] 확정된 뒤에도 할 수 있다(451 I 但). 추인은 원칙적으로 소송행위의 전체에 대하여 포괄적으로 하여야 한다.[2] 다만 소송의 혼란을 일으킬 염려가 없고 소송경제상으로 적절할 때에는 일부의 추인도 유효하다(예컨대 소의 취하를 제외하고 나머지 소송행위 전체를 추인하는 경우).[3] 이 모든 것은 소송능력이 없는 경우와 같다.

3. 表見代理의 인정 여부

1) 소송행위에 관하여도 표현대리가 인정되는가가 문제된다. 소송절차의 안정성, 소송행위의 명확성의 요청상 원칙적으로 소송행위에는 실체법상의 표현대리에 관한 규정이 준용될 수 없다고 봄이 타당하다. 대법원도 공정증서가 집행권원으로서 효력을 갖도록 공증인 앞에서 하는 강제집행승낙의 의사표시(예컨대 이행지체가 있으면 즉시 강제집행을 하여도 이의가 없다는 의사표시. 民執 56 ④)에 관하여 표현대리가 문제된 사건에서, 위 의사표시는 소송행위이므로 표현대리의 법리가 적용될 수 없다고 하였다.[4]

2) 소송법상의 법정대리인(51), 예컨대 미성년자의 친권자 또는 후견인이 권한을 넘거나 대리권 소멸 후에 대리행위로서 소송행위를 한 경우(공동친권자 중의 한 사람이 상대방의 동의 없이 공동명의로 변호사에게 소송위임을 한 경우)에도 표현대리가 성립하지 아니한다. 앞에 말한 이유 이외에도 소송무능력자의 보호를 꾀하여야 하기 때문이다.

3) 법인 등의 대표자에 관하여 표현대리의 법리가 적용되는가에 대하여 다툼이 있다. 이것은 법인을 상대방으로 하여 소를 제기할 경우에 등기부상의 대표자를 대표자로 믿고 기재하였는데, 실제는 그가 진정한 대표자가 아니었던 때에 특히 문제된다. i) **소극설**은 소송행위는 거래행위가 아니므로 절차의 안정을 중시하여야 하는 점, 법인이 진정한 대표자에 의하여 재판을 받을 권리를 박탈당하여서는 아니 되는 점, 대표권의 존재는 직권조사사항이라는 점, 표현지배인에 관하여 상법

---

1) 항소제기의 수권이 흠결된 소송대리인이 항소장을 제출하더라도 당사자 또는 적법한 소송대리인이 항소심에서 본안에 관하여 변론하였다면 이로써 그 항소제기 행위를 추인하였다고 할 것이어서, 그 항소는 당사자가 적법하게 제기한 것으로 된다: 大判 2020. 6. 25, 2019 다 246399.

2) 大判 2008. 8. 21, 2007 다 79480.

3) 大判 1973. 7. 24, 69 다 60.

4) 大判 1983. 2. 8, 81 다카 621; 2001. 2. 23, 2000 다 45303. 추인의 의사표시도 공증의 방식에 의하여야 한다(大判 2006. 3. 24, 2006 다 2803).

제14조 제1항 단서에서 소송행위가 제외되고 있는 점 등을 이유로 하여 표현대리의 성립을 부정한다. ii) 이에 반하여 **적극설**은 소송도 거래행위와 무관하지는 않은 점, 등기를 게을리 한 법인을 보호하기 위하여 상대방에게 불이익을 강요하는 것은 불공평한 점, 외관존중의 사상은 소송행위에도 적용되어야 하는 점 등을 논거로 한다. 판례는 소극설의 입장이다.[1] 생각건대 일반적으로는 소극설이 타당하지만, 법인이 고의로 부실의 등기를 한 경우에는 이를 신뢰한 상대방을 보호하여야 하지 않을까(商 39 참조)? 법인 자신에게 귀책사유가 있기 때문이다.[2]

4. 雙方代理의 효력

민법상으로 자기계약 또는 쌍방대리가 금지되는 것(民 124)과 마찬가지로, 소송에서도 당사자의 한 쪽이 상대방을 대리하거나, 같은 사람이 당사자 양 쪽의 대리인을 겸하는 것은 허용되지 아니한다(통설 · 판례).[3] 소송행위의 대부분은 법원에 대하여 하는 것이므로, 외형상으로는 쌍방대리가 되지 않는 것처럼 보이지만, 소송수행과정을 전체로 관찰하면, 당사자의 이해가 대립하므로 쌍방대리를 금지할 필요가 있다.

(가) 法定代理人의 경우 법정대리에서 쌍방대리에 해당하는 경우에 관하여는 대개 실체법상 법정대리권의 제한으로 규정되어 있다(民 921, 64, 269, 398, 商 199, 564 Ⅲ). 소송법상으로도 이들 규정의 적용례로서 처리하고, 이에 위반한 소송행위는 무권대리행위로 취급하여야 할 것이다. 소송법상의 특별대리인도 이에 준한다.

(나) 任意代理人의 경우(변호사법 제31조 위반) 임의대리인 가운데 법률에 의한 소송대리인에는 민법 제124조를 적용하여 처리하고, 소송위임에 의한 소송대리인은 보통 변호사이기 때문에 변호사법 제31조 위반행위로 된다.

1) 변호사는 그 직무수행에 고도의 직업윤리가 요구된다. 그리하여 변호사법

---

1) 주식회사의 대표이사직에서 사임한 사람은 사임과 동시에 회사의 대표권을 상실하므로 특별한 사정이 없는 한 그 사임 이후에 회사의 대표이사 자격으로 한 법률행위는 회사에 대해 효력이 없으며, 이는 대표이사직에서 사임한 후 그 사임등기가 경료되지 아니한 때에도 마찬가지라고 한다(서울고등법원 2016. 4. 26, 2014 나 54788); 그 밖에도 표현대리가 소송행위에 적용될 수 있을 것인지와 관련하여, 공정증서가 채무명의로서 집행력을 가질 수 있도록 하는 집행인낙 표시는 공증인에 대한 소송행위로서 이러한 소송행위에는 민법상의 표현대리 규정이 적용 또는 준용될 수 없다는 것이 판례의 태도이다(大判 1994. 2. 22, 93 다 42047); 日最判 1982. 11. 26, 民集 36. 11. 2296.

2) 同旨: 李時, 205면.

3) 大判 1965. 3. 15, 64 다 1691.

제31조는 의뢰자의 이익을 보호하고 변호사의 직무의 공정과 품위를 유지하기 위하여 일정한 사유가 있는 때에는 그 직무를 행할 수 없도록 하고, 이에 위반하면 징계처분을 하도록 규정하고 있다(辯 90, 91).

2) 변호사법 제31조에서 수임을 제한하고 있는 사건은 ① 당사자 한 쪽으로부터 상의(相議)를 받아 그 수임을 승낙한 사건의 다른 쪽이 위임하는 사건,[1] ② 수임하고 있는 사건의 다른 쪽이 위임하는 다른 사건(수임하고 있는 사건의 위임인이 동의한 때는 제외) 및 ③ 공무원·조정위원 또는 중재인으로서 직무상 취급한 사건 등이다.

예컨대 해상에 표류중인 을 소유의 나일론어망을 갑이 습득·횡령하였다는 점유이탈물횡령사건에서 피고인 갑의 변호인이 되어 변론을 한 후에, 피해자 을이 갑에 대하여 제기한 위 나일론습득으로 인한 손해배상청구소송사건에서 을의 소송대리인으로서 소송수행을 하는 것,[2] 제1심의 원고소송대리인이 제2심의 피고소송대리인으로서 소송행위를 하는 것[3] 등은 ①에 해당하고, 건물의 철거소송인 전소에서 피고의 소송대리인이었던 사람이 같은 건물의 철거소송인 후소에서 원고의 소송대리인으로서 소송행위를 한 경우[4]는 ②에 해당하며, 판사로서 항소심변론에 관여하였던 사람이 변호사로서 그 재심사건을 수임하여 소송대리를 한 것,[5] 합동법률사무소 명의로 공정증서가 작성된 경우에 그 소속구성원인 변호사가 그 공정증서의 사건에 관하여 소송행위를 하는 것[6] 등은 ③에 해당한다.

3) 변호사법 제31조에 위반한 소송행위의 효력이 문제된다. 이에 관하여는 절대무효설, 유효설 및 절충설(추인설·이의설)이 대립하고 있다. i) **절대무효설**은 변호사를 준사법기관으로 보고 본조의 공익적 측면을 강조하여 본조 위반의 대리행위를 절대무효라고 보고 있으나, 의뢰자에게 불측의 손해를 입힐 염려가 있다. ii)

---

1) 동일한 사건인지 여부는 분쟁의 실체가 동일한지 여부로 결정하며, 소송물의 동일성 여부나 민사·형사 등 절차의 동일성과는 관련이 없다(大判 2003. 11. 28, 2003 다 41791).

2) 大決 1962. 12. 27, 62 두 12. 법무법인의 구성원 변호사가 형사사건의 변호인으로 선임된 그 법무법인의 업무담당변호사로 지정되어 그 직무를 수행한 뒤에, 같은 쟁점의 민사사건에서 위 형사사건의 피해자 쪽에 해당하는 상대방 당사자를 위한 소송대리인으로서 직무를 수행하는 것도 금지되며, 위 법무법인이 해산한 뒤라도 변호사 개인의 지위에서 그와 같은 민사사건을 수임하는 것도 금지되는데, 민사사건의 변호사가 먼저 진행된 형사사건에서 피고인을 위한 변론에 직접 관여한 바 없다고 하더라도 마찬가지이다(大判 2003. 5. 30, 2003 다 15556).

3) 大判 1962. 4. 26, 4294 民上 676.

4) 大判 1970. 6. 30, 70 다 809.

5) 大判 1971. 5. 24, 71 다 556.

6) 大(全)判 1975. 5. 13, 72 다 1183.

유효설은 변호사를 당사자의 사적 대리인으로 보고 본조를 의뢰인을 보호하기 위한 훈시규정으로 보아 본조 위반에 대하여는 징계로 대처할 것이고 소송행위의 효력에는 영향이 없다고 한다. 그러나 이 견해는 현재 우리나라에서 변호사징계를 기대하기 어려울 뿐 아니라 상대방 변호사의 위반행위에 의한 불이익을 배제할 수 없다는 난점이 있다. iii) **절충설**은 본조의 목적이 의뢰인의 이익보호와 변호사의 직무공정·품위유지의 양 쪽에 있다고 보는 견해로서, 그 중 **추인설**은 본조 위반의 행위는 무권대리행위로서 본인의 추인(또는 양 쪽의 허락)이 있으면 유효하다고 한다. 이 견해는 본조 위반에 의하여 손해를 입는 것은 보통 상대방인데 본인의 추인이 있으면 상대방이 다툴 수 없게 된다는 난점이 있다. **이의설**은 본조 위반의 사실을 알거나 알 수 있는 경우에 지체 없이 이의를 주장하지 아니하면 본인이나 상대방 모두 소송절차에 관한 이의권의 포기·상실에 의하여 위반행위의 무효를 주장할 수 없다고 하는 견해이다. 이 견해가 타당하다고 생각한다. 판례는 유효설[1]과 추인설[2]을 따른 것도 있으나 주류적 입장은 이의설[3]을 취하고 있다.

5. 변호사대리의 원칙을 위반한 경우의 효과

변호사 아닌 사람이 소송위임을 받아 소송수행을 하는 경우에는 법원은 변호사 아닌 사람의 소송관여를 배세하여야 한다(辯 109 ①). 만일 법원이 이를 간과하여 이미 변호사 아닌 사람이 소송행위를 하거나 변호사 아닌 사람에 대하여 소송행위가 행하여진 경우에 그 소송행위의 효력이 문제된다. 이것은 법무사의 변호사활동, 징계처분중의 변호사 또는 등록이 말소된 변호사의 활동과 관련하여 문제된다.

이 문제에 관하여는 소송대리인의 자격은 일종의 변론능력의 제한으로 볼 수 있다고 하여 이에 위반한 소송행위를 당연무효로 풀이하여서는 안 된다는 견해가 유력하다. 그러나 이것은 경우를 나누어 살펴보아야 할 것이다. 우선 대리인이 변호사자격이 전혀 없는가 그것이 정지되어 있는가를 고려하여야 하고, 다음에 그러한 사정을 본인이 알고 있었는가 전혀 몰랐는가를 참작하여 결정하여야 할 것이다. 그리하여 변호사업무정지중의 변호사에 의한 소송행위는 이를 무효로 할 필요

---

1) 大判 1957. 7. 25, 4290 民上 213.

2) 大判 1970. 6. 30, 70 다 809.

3) 大(全)判 1975. 5. 13, 72 다 1183; 大判 1995. 7. 28, 94 다 44903; 2003. 5. 30, 2003 다 15556(사실심변론 종결시까지 이의를 제기하지 않았다면 제31조 제1호에 위반한 소송행위도 소송법상 완전한 효력을 가진다).

까지는 없다고 하겠으나, 변호사등록이 말소된 사람이나 법무사, 소송브로커 등에 의한 소송행위는 이를 무효라고 보아야 할 것이다.[1] 그리고 본인이 대리인의 변호사자격 없음을 알지 못한 경우에는 본인의 이익을 고려하여 본인 또는 정식의 대리인에 의한 추인을 인정하여야 하겠지만, 본인이 그러한 사실을 알고 있었던 경우, 예컨대 변호사 사무원 출신인 사람을 형식상 지배인으로 선임·등록하고 소송을 수행시키는 경우에는 절대적으로 무효이고 추인의 여지가 없다고 풀이하여야 할 것이다.[2]

1) 日最判 1967. 9. 27, 民集 21. 7. 1955; 1968. 6. 21, 民集 22. 6. 1297.
2) 大判 1978. 5. 9, 78 다 213; 1978. 12. 26, 78 도 2131.

제 4 장 訴訟上의 請求

제 1 절 總 說

Ⅰ. 訴訟上의 請求(訴訟物)의 槪念

1) 소송상의 청구(prozessualer Anspruch) 또는 소송물(Streitgegenstand)이라 함은 민사소송에서 심판의 대상이 되는 기본단위(구체적 사항), 즉 소송의 객체를 가리킨다. 민사소송은 원고의 소에 기하여 구체적 사건에 관하여 심리를 행하고 판결로써 응답을 하는 절차이다. 그러므로 소·심리 및 판결을 통하여 소송에는 항상 특정한 대상이 있게 마련이다. 이러한 소송의 객체가 바로 소송물이다.

2) 민사소송법은 소송물을 나타내기 위하여 '소송물'(民執 48 Ⅱ), '소송목적'(26, 67, 79, 83, 民印 2, 사물관할규칙 2), '소송목적인 권리의무'(65, 81, 82)라는 용어를 쓴 경우도 있으나, '청구'라는 말을 가장 흔히 사용한다(249, 253, 262~263, 269, 220 등 다수). 그런데 이 청구는 실체법상의 청구와 다른 개념이므로, 강학(講學)상으로는 이를 '소송상의 청구'라고 한다. 민사소송법이 소송물을 지칭하기 위하여 청구라는 표현을 쓰게 된 것은, 과거에는 청구권에 기한 이행의 소가 대부분이었으므로, 도이칠란트 민사소송법이 소송물을 지칭하기 위하여 청구라는 말을 전용(轉用)(Verwendung)하였던 것을 그대로 계수하였기 때문이다. 그러나 이행의 소 이외에 확인의 소와 형성의 소가 인정되고 있는 오늘날에도 소송물을 청구라고 표현하는 것은 문제가 있다.[1] 보통은 소송상의 청구와 소송물을 같은 뜻으로 사용하지만,[2] 학자에 따라서는 양자를 구별하여 사용하는 수도 있다.[3]

---

1) 왜냐하면 확인의 소는 청구권 이외의 권리를 대상으로 할 수 있고, 더욱이 소극적 확인의 소는 청구권의 부존재를 목적으로 할 수도 있으며, 형성의 소는 청구권을 대상으로 하지 않기 때문이다.

2) Schlosser, Rdn. 414.

3) 이들에 의하면 소송물은 피고에 대한 관계에서 주장되는 권리 또는 법률관계 자체를 가리키고, 소송상의 청구는 법원에 대한 심판형식의 지정도 포함한 개념이라고 한다. 이렇게 보면 소송물에 관한 원고의 주장이 소송상의 청구가 된다. 吉村＝竹下＝谷口, 57면; 中野＝宋浦＝鈴木, 132면.

3) 소송물은 소송의 객체이므로, 소송에서 다투어지고 있는 권리관계의 목적물(소송의 목적물), 즉 다툼의 대상인 물건(계쟁물건)과 구별하여야 한다. 예컨대 토지인도청구소송에서는 인도청구권 또는 인도청구를 할 수 있는 법적 지위가 있는가 아닌가가 심판의 대상으로서 소송물을 구성하며, 인도의 목적물인 특정 토지가 소송물은 아니다.

Ⅱ. 訴 및 權利主張과 訴訟物(請求)

1. 訴와 訴訟物

소는 소송물에 관하여 법원에 대하여 심판을 구하는 신청이므로, 소송물은 소의 내용을 이루고, 소는 소송물을 법원에게 제출하는 방법이요 소송물을 감싸고 있는 외부형식이라고 말할 수 있다(訴와 請求에 관한 설명 참조).

2. 權利主張과 訴訟物－訴訟物의 方向

(1) 권리주장의 方向

소송물의 방향에 관하여는 **권리주장설**(Rechtsbehauptung)과 **요구설**(Begehren)이 대립하고 있다.[1] 전자에 의하면 소송물은 상대방에 대한 권리주장이고, 후자에 의하면 소송물은 법원에 대하여 특정한 권리보호형식(이행 · 확인 · 형성의 어느 하나)의 판결을 요구하는 것이다. 이 대립은 소송물이라는 개념의 구성요소로서 권리보호형식(Rechtsschutzform), 즉 이행 · 확인 · 형성 중 어느 판결을 구하는가가 포함되는가에 관한 것이다. 권리주장설은 이를 부정하고, 요구설은 이를 긍정한다. 예컨대 원고가 피고에 대하여 5,000만 원의 청구권을 가지고 있는 경우에 원고는 피고에 대하여 위 청구권의 확인을 구할 수도 있고 또 그 이행을 구할 수도 있다. 요구설에 의하면 위 양자는 권리보호의 형식이 다르므로 소송물이 다르지만, 권리주장설에 의하면 양자는 피고에 대한 동일한 권리주장이므로 이를 구별하기 어렵게 된다. 그러나 권리주장설에서도 위 두 경우에 소송물이 다르다는 것을 인정하고 있고, 그 근거로서 권리주장은 법률효과주장(Rechtsfolgebehauptung)과 절차주장

---

1) 권리주장설로서는 金/姜, 192면 이하, 요구설로서는 Rosenberg, §95 Ⅳ 1; Thomas/Putzo, Einl. Ⅱ. 5 참조.

(Verfahrensbehauptung)으로 구성되는데, 위 두 경우에는 법률효과주장은 같으나 절차주장이 다르므로 별개의 소송물이 된다고 설명한다.

생각건대, 소송은 사법상의 권리관계에 관한 다툼이므로 소송물(청구)은 상대방에 대한 주장이라고 하는 측면을 가진다(좁은 의미의 청구). 청구의 인낙에 의하여 소송이 종료되는 것은 소송물이 상대방에 대한 권리주장의 측면을 가지고 있기 때문이다. 그러나 동시에 소송물은 법원에 대하여 특정한 재판을 요구하는 것으로서 법원에 대한 주장이라는 측면도 있다(넓은 의미의 청구). 이것은 청구의 인용 또는 기각이라는 용어법에 잘 나타나 있다. 그렇다면 청구(소송물)는 권리주장이라는 면에서 상대방에 대한 주장임과 동시에, 법원에 대한 심판요구라는 면에서 법원에 대한 주장이라는 양면을 가진다고 할 수 있을 것이다.[1] 어떻든 소송물의 방향에 관한 요구설과 권리주장설의 대립은 논쟁의 실익이 없을 뿐더러, 소송물에 관한 신·구 이론과 무관하여 오늘날의 소송물논쟁의 초점 밖에 있다고 할 수 있다.[2]

(2) 권리주장의 상대성

민사소송은 특정 당사자 사이에서 개개의 분쟁을 해결하는 것이므로, 소송물은 항상 특정 원고로부터 특정 피고에 대한 관계에서 권리를 주장하는 구조를 취하게 마련이다. 따라서 당사자가 다르면 소송물도 다르게 된다. 그리하여 같은 물건에 대한 소유권확인청구소송이라도 상대방이 다르면 소송물은 별개이고, 고유필수적 공동소송의 경우에는 당사자가 복수이므로 소송물도 복수라고 본다.[3]

Ⅲ. 訴訟物槪念의 訴訟法上 機能

소송물은 심판의 대상으로서 소송절차의 모든 국면에서 중요한 기능을 하고 있다. 따라서 소송물에 관한 논의는 민사소송법에서 매우 중요하다고 할 수 있다.[4] 소송물의 개념은 첫째로 소송절차의 개시와 관련하여 관할의 결정 및 심판의 대상

---

1) 同旨: 吉村＝竹下＝谷口, 76~77면.

2) 李時潤, 「訴訟物에 관한 硏究」(1977), 27면 참조; 三ケ月, 74면 이하.

3) 中野＝宋浦＝鈴木, 36면. 소송물이 한 개라고 보는 견해로는 兼子, 384면.

4) 소송물에 관한 논의는 소송절차의 중심상(eine Zentralfigur des Prozesses)(Schwab, "Der Stand der Lehre vom Streitgegenstand im Zivilprozess," *JuS*, 1965, 81; Zeiss, §44, Ⅰ) 또는 소송법의 축점(軸點)(Angelpunkt des Prozessrechts)(Grunsky, S. 26)이라고도 표현된다.

과 범위를 특정(처분권주의)하는 데 기준이 되고, 둘째로 소송절차의 진행과정에서 청구의 병합, 청구의 변경, 중복소송 등을 판단하는 기준이 되며, 셋째로 소송절차의 종결과 관련하여 소취하 후의 재소금지(再訴禁止), 판결주문의 작성, 기판력의 객관적 범위 등을 정할 때 기준이 된다. 뿐만 아니라 소제기에 따른 시효중단의 범위, 제척기간의 준수의 범위 등 실체법상의 효과를 따질 때에도 소송물이 기준이 된다.

제 2 절 訴訟物論爭

Ⅰ. 總 說

소송물을 둘러싸고 많은 논의가 있어 왔다. 이 소송물에 관한 논의를 소송물논쟁이라고 한다. 소송물논쟁을 가리켜 개념법학의 총아(寵兒)(Lieblingskind der Begriffsjurisprudenz)[1] 또는 개념법학의 말기현상[2]이라고 비판하는 학자도 있으나, 소송물개념이 가지는 실제적 중요성에 비추어 이를 외면하거나 그 가치를 과소평가하는 것은 잘못이다.

소송물에 관한 논의는 1925년 '로젠베르크'(Leo Rosenberg)[3]가 이를 문제로 삼은 이래 오늘날까지 계속되고 있다. 소송물논쟁은 제2차 세계대전 이후의 도이칠란트 민사소송법학계에서 가장 많이 논의된 문제 중의 하나이다.[4] 그리고 극단적으로 말하면 소송물에 관하여 완전히 견해의 일치를 보이고 있는 학자는 단 둘도 없는 상태이다.[5]

소송물논쟁의 테마는 세 가지로 요약된다. 첫째는 소송물의 정의(Definition) 또는 방향에 관한 것이다. 즉, 소송물은 피고에 대한 권리주장인가, 법원에 대한 특정한 판결의 요구인가 하는 문제이다. 그러나 이것은 어느 견해를 취하든 실제적

---

1) Ekelöf, "Der Prozessgegenstand," *ZZP* 85, 145.
2) Baur, *Studien zum einstweiligen Rechtsschutz*(1967), S. 97.
3) Rosenberg, "Die Veränderung des rechtlichen Gesichtspunkts im Zivilprozess," *ZZP* 49, 3855.
4) Schwab, "Gegenwartsprobleme der deutschen Zivilprozessrechtswissenschaft," *JuS*, 1976, 69.
5) Nikisch, "Zur Lehre vom Streitgegenstand im Zivilprozess," *AcP* 154, 271.

차이가 별로 없으므로, 오늘날에는 논의의 실익이 없고, 앞에서 서술한 바와 같이 소송물논쟁의 관심 밖으로 밀려났다고 말할 수 있다. 둘째는 소송물의 범위 또는 개별화(Individualisierung)의 기준에 관한 것이다. 즉, 소송물의 단복 · 이동을 결정하는 기준은 무엇인가(소송물의 내용은 무엇인가)에 관한 논의이며, 이것이 현재의 소송물논쟁의 핵심을 이루고 있다. 이에 관하여는 구실체법설, 소송법설 및 신실체법설이 대립하고 있고, 소송법설은 다시 이지설과 일지설로 나누어지고 있다. 최근에는 사실관계를 중시하는 소송법설이 대두하고 있다. 셋째는 소송물개념의 상대성(Relativität)에 관한 것이다. 이것은 소송물의 개념을 소송절차의 지배원리(변론주의인가 직권탐지주의인가), 소의 종류(이행, 확인, 형성의 어느 소인가) 및 소송물의 기능국면(청구의 병합, 중복소송, 청구의 변경, 기판력의 객관적 범위)을 불문하고 통일적으로 구성할 것이냐, 아니면 위의 각 요소를 고려하여 개별적으로 이를 구성할 것이냐에 관한 문제이다. 아래에서는 둘째와 셋째의 테마에 관하여 차례로 살펴보기로 한다.

Ⅱ. 訴訟物의 單複 · 異同의 決定基準

1. 序 說

1) 소송물의 단복 · 이동(동일성)을 결정하는 기준에 관하여는 역사적으로 다양한 견해가 주장되어 왔다. 이들 학설을 대별하면, 한편으로는 실체법과 관련하여 소송물의 개념을 구성하는 견해와 실체법과 절연한 채 순수하게 소송법적 측면에서 소송물을 파악하는 견해로 나뉘고, 다른 한편으로는 소송물을 특정하기 위하여 필요한 청구취지(신청)와 청구원인사실(사실관계)의 양자를 동등하게 중시하는 견해와 양자 중 어느 하나의 요소만을 중시하는 견해로 나눌 수 있다.

2) 소송물론의 역사적 발전과정은 실체법과 소송법의 교차의 측면에서 관찰할 수 있다. 처음에는 소송상의 청구(소송물)를 실체법상의 청구권 자체와 동일시하거나 실체법상의 청구권의 주장으로 이해하였다. 이것은 소송물의 개념을 실체법상의 권리와 관련하여 이해하는 견해이다. 다음에는 소송상의 청구는 실체법상의 청구권과는 별개의 것이며 그것은 순수하게 소송법상의 요소(청구취지와 청구원인사실의 양자 또는 청구취지 하나)로 구성하여야 한다는 견해로 발전하였다. 셋째로 소송상의 청구를 다시 실체법상의 청구권과 결합시키되, 실체법상의 청구권의 개념 자체를 수정하여 그 수정된 의미의

청구권의 주장을 소송물로 보는 견해가 주장되었다. 넷째로 소송물을 실체법과 무관하게 소송법적 요소로 구성하되, 종래와 달리 청구원인사실만이 중요하다고 보는 견해이다.

첫째 견해는 **구실체법설**(舊實體法說, die ursprüngliche materiellrechtliche Theorie)로서, 우리나라와 일본에서는 구 소송물이론이라 일컬어지고 있다. 둘째 견해는 소송법설(訴訟法說, die prozessuale Theorie)로서, 우리나라와 일본에서는 신 소송물이론이라고 불린다. 여기에는 청구취지(신청)와 청구원인사실(사실관계)의 양자에 의하여 소송물을 구성하려는 **이지설**(二肢說, die zweigliedrige Streitgegenstandslehre) 내지 이원설(二元說)과 청구취지만이 소송물의 요소로서 의미가 있다고 보는 **일지설**(一肢說, die eingliedrige Streitgegenstandslehre) 내지 일원설(一元說)이 있다. 시기적으로는 이지설이 먼저 주장되었고, 뒤에 일지설이 출현하였으나, 현재 양설이 공존하고 있다. 종래의 일지설은 정확하게 말하면 신청(청구취지) 일지설이라 할 수 있다. 셋째 견해는 **신실체법설**(新實體法說, die neue materiellrechtliche Theorie)로서, 첫째 견해의 발전형태라고 할 수 있다. 넷째 견해는 가장 최근에 도이칠란트와 유럽연합의 법원에 의하여 일부 분야에서 채택된 견해로서 사실관계를 중시하며, 둘째 견해의 연장이라고 할 수 있다. 이 견해는 앞의 청구취지 일지설과 구별하여 사실관계(청구원인사실) 일지설이라 부를 수 있을 것이다. 넷째 견해에 속하는 유럽연합법원의 견해를 흔히 핵심설(核心說; Kernpunkttheorie)이라고 부른다.

3) 소송물의 발전과정은 또한 소송물의 구성요소로서 청구취지와 청구원인사실을 어떻게 평가하는가의 관점에서 고찰할 수 있다. 민사소송법 제249조 제1항은 소장의 필수적 기재사항으로서 청구취지와 청구원인사실을 요구하고 있다. 지금까지의 소송물론은 위 두 가지 요소를 대등하게 대우하는 견해로부터 청구취지를 더 중시하는 방향으로 발전하여 왔다고 할 수 있다. 그런데 최근에 이르러 이와 반대로 청구원인사실을 더 중시하는 견해가 등장하고 있다.

구실체법설은 소송물을 표현하는 수단인 청구취지와 청구원인사실에 같은 비중을 두었고, 이의 발전형태인 신실체법설 역시 양자를 대등하게 보고 있다. 소송법설 중 이지설은 청구취지와 청구원인사실 양자에 의하여 소송물을 구성하는 당연한 결과로 양자를 대등하게 취급하였다. 이에 반하여 소송법설 중 일지설은 청구취지만이 소송물의 구성요소가 되고 청구원인사실은 청구취지를 보완하는 의미밖에 없다고 본다. 이것은 위 두 요소 중 청구원인사실을 격하하고 청구취지만을 소송물의 요소로 중시하는 견해이다[신청(청구취지) 일지설]. 그런데 최근 도이칠란트 등 대륙법계의 국가나 유럽연합에서 비록 일부사항에 한정되지만 청구원인사실만으로 소송물을 구성하는 견해(핵심설)가 등장하였다[사실관계(청구원인사실) 일지설]. 이는 매우 획기적인 변화이며, 소송물론의 발전과정에서 큰 의미를 가진다고 본다.

4) 아래에서 각 학설의 내용을 간단히 설명하면서, 구체적으로 다음 다섯 가지의 사례의 경우에 각각 어떠한 차이가 있는가 살펴보기로 한다.

① 같은 사실관계에 기한 불법행위와 채무불이행으로 인한 손해배상청구
② 같은 사실관계에 기한 소유권과 임대차계약종료에 의한 인도청구
③ 같은 부동산에 관한 매매계약과 취득시효의 완성을 원인으로 한 소유권이전등기청구
④ 어음채권과 원인채권(매매대금채권)의 이행청구
⑤ 같은 혼인관계에 관한 부정한 행위와 악의의 유기를 원인으로 한 이혼청구(民 840 ①, ②)

2. 舊實體法說(舊訴訟物理論)

1) 이 설은 실체법상의 권리 또는 법률관계의 주장을 소송물로 보는 견해이다.[1] 이 설에 의하면 **'실체법상의 권리의 주장=소송물'**이라는 등식이 성립하므로, 소송물의 단복·이동(單複·異同)은 실체법상의 권리의 단복·이동에 따라 결정된다. 그리하여 실체법상의 권리가 달라지면 소송물도 따라서 달라진다. 그런데 실체법상의 권리는 적용되는 법조마다 달라지므로, 결국 적용되는 실체법의 법조가 달라지면 소송물도 달라지는 결과가 된다. 다만 실체법상의 권리의 단복·이동은 주장된 사실에 법규를 적용하여 객관적으로 결정하는 것이므로, 원고가 법적인 술어(術語, 또는 用語)로 이를 표현하는 것은 필요하지 않고, 또 법원은 원고가 행한 법적 추론에 구속되지 아니한다. 그리하여 예컨대 원고가 소비대차라고 주장하여도 법원은 당사자가 주장한 사실을 기초로 하여 준소비대차를 인정할 수 있다(*jura novit curia*).[2]

1) 일찍이는 실체법상의 청구권 자체를 소송물로 보는 견해도 있었으나, 청구권과 관계가 없는 형성의 소가 인정되고, 절대권 및 법률관계의 확인의 소가 인정되며, 더욱이 실체법상의 청구권의 부존재의 확인을 구하는 소극적 확인의 소가 인정됨에 따라 이 견해는 유지될 수 없게 되었다.

2) 일찍이는 원고가 주장하는 법률적 관점이나 법률적 성질결정도 소송물의 구성요소가 된다는 견해도 있었으나(Hellwig 등 구식별설의 입장), 오늘날에는 원고가 법률적 성질결정까지 밝힐 필요는 없는 것으로 본다(李時潤, 전게서, 30면 이하; 李時, 283면; 宋/朴, 300면; Jauernig, §37 II 4; 吉村=竹下=谷口, 62면 등 참조). 사용대차인지 임대차인지는 법원이 판단할 수 있다는 취지의 판례는 大判 1994. 12. 2, 93 다

2) 앞에서 말한 다섯 개의 예에서는 각각의 적용법조가 다르므로 실체법상의 권리가 다르고, 따라서 소송물이 서로 다른 것으로 된다. 따라서 예컨대 불법행위로 인한 손해배상청구소송의 계속중에 채무불이행으로 인한 손해배상청구를 별개의 소로 제기하여도 중복된 소제기로 되지 않고, 1개의 소송에서 양 쪽을 주장하는 경우에는 청구의 병합(선택적 병합)이 되고, 한 쪽을 다른 쪽으로 변경하면 청구의 변경이 되며, 한 쪽에서 패소하여도 그 기판력은 다른 쪽에 미치지 아니한다.

구실체법설은 도이칠란트 민사소송법의 기초자들과 '헬비히'(Hellwig), '렌트'(Lent) 등에 의하여 대표된 견해로서, 현재 우리나라와 일본의 판례는 이 입장을 취하고 있다.[1] 학설로서는 과거에 우리나라와 일본의 통설이었으나,[2] 오늘날에는 그 세력을 잃었고, 도이칠란트에서도 그 추종자가 별로 없는 실정이다.[3]

3) 구실체법설에 대하여는 다음과 같은 비판이 가하여지고 있다. 즉 i) 구실체법설은 실질적으로 같은 분쟁을 여러 개의 소송물로 세분(細分)하는 것을 허용하고, 따라서 분쟁의 일회적 해결의 요청에 반한다. 예컨대 청구권경합 또는 형성권경합의 경우에는 실체법상 복수의 청구권 또는 형성권이 성립하므로, 필연적으로 그와 같은 수의 소송물이 성립하게 된다. 따라서 교통사고로 화물을 멸실당한 화주가 불법행위와 채무불이행을 주장하여 손해배상 5,000만 원을 청구하는 경우에는 소송물은 두 개로 된다. 이것은 피고나 국가의 입장에서 보면 불편하고 비경제적이다. ii) 구실체법설은 이론적으로도 여러 가지 어려운 점이 있다. 즉 위에서 예로 든 경우 불법행위는 이유 있고 채무불이행은 이유 없다고 하면, 원고는 그가 구하는 5,000만 원을 모두 달성함에도 불구하고 청구를 일부는 인용하고 일부는 기각하여야 한다는 기이한 결론에 이른다. 또한 불법행위에 관한 심리가 종결되면 법원은 그에 관하여 일부판결을 할 수 있는 것으로 되는데, 이 경우 원고는 자기가 구하는 바를 모두 달성하여 잔부판결을 받을 여지가 없는 것을 어떻게 설명할 수 있는가 문제이다. 그리고 이 경우에 양 청구가 모두 이유 있으면 이중의 이행판결을 하지 않을 수 없는데, 이것은 불합리하다. 왜냐하면 이 경우에는 하나의 급여(5,000만 원)밖에 시인되지 않기 때문이다. iii) 여기에서 종래의 구실체법설은 이중의 이행판결을 회피하기 위하여 선택적 병합이라는 방법을 채용하였으나, 선택적 병합도 또한 문제이다. 이것은 경합하는 두 개의 청구권을 소송물로서 동시에 주장하는 경우에는 한 쪽의 청구는 다른 쪽의 청구가 인용되는 것을 해제조건으로 하여 심판을 구하는 것으로 보는 것이다. 그러나 선택적 병합이라는 방법을 채택하더라도 만일 병합된 양 청구가 모두 이유 있다고 하는 경우에는 양 청구에 관한 소송계속이 모두 소멸한다는 기묘한 결과를 가져온다는 점에 이론적 난점이 있다. 보

31672(계약서 명칭이 사용대차계약이나, 이를 임대차계약으로 판단함).

1) 예컨대 大判 2002. 2. 8, 2001 다 17633.

2) 方, 284면 등 참조.

3) 일본에서 이 설을 지지하는 입장으로는 伊藤 眞, 「民事訴訟法」(제3판, 2004), 171면.

다 근본적으로, 선택적 병합은 청구권경합의 경우에 여러 개의 청구권을 인정하고 각각에 관하여 심판을 구한다는 구실체법설의 출발점과는 모순되는 것이 아닐 수 없다.[1)]

3. 訴訟法說(新訴訟物理論)

이 설은 구실체법설의 난점을 극복하기 위하여 소송물과 실체권의 관련을 절단하고, 소송물은 소송법적 요소인 신청(Antrag)과 사실관계(Sachverhalt)의 양자에 의하여, 또는 신청만으로 구성된다고 보는 견해이다. 이 견해는 실체권과 분리된 소송법적 내용을 가진 소송물의 개념을 정립하였으므로 소송법설이라 불린다. 이 견해에서는 실체법상의 권리(청구권, 형성권 등)는 소송물식별의 기준이 되지 않고, 소송물이 이유 있는가를 판단할 때 전제가 되는 법적 관점 또는 법적 근거에 지나지 아니한다. 즉, 실체법상의 권리는 소송물의 구성요소가 아니고, 소송물을 떠받치는 공격·방어방법 내지 재판규준의 지위로 한 단계 격하된다. 소송법설은 다시 다음의 두 가지로 나누어진다.

(1) 二肢說(二元說, 二分肢說, 二節的 訴訟物理論)

1) 이 설은 **신청**(우리 법상의 청구취지에 해당)과 **사실관계**(우리 법상의 청구원인에 해당)의 두 가지 소송법적 요소에 의하여 소송물이 구성된다고 하는 견해이다. 다만 여기의 사실관계를 어떻게 파악하느냐가 문제인데, 이 설에서는 실체법상의 권리 또는 법률관계를 발생 또는 구성하는 데 필요한 사실을 뜻하는 것으로 좁게 풀이하지 않고, 이보다 훨씬 넓게 사회적·역사적으로 볼 때 하나라고 할 수 있는 일련의 사실관계를 뜻하는 것으로 풀이한다.[2)]

2) 이 설은 일찍이 '로젠베르크'(Leo Rosenberg)가 제창한 것으로서, 오늘날 도이칠란트의 다수설[3)] 및 판례의 주류[4)]로 되어 있다. 이제 이 견해에 따라 앞에 든 다섯 가지의 사례를 살펴보면, ①·②·⑤의 경우에는 사실관계가 하나이므로 소송물은 하나이고,

---

1) 이러한 불합리를 제거하기 위하여 구실체법설 중에는 불법행위에 기한 손해배상청구와 채무불이행에 기한 손해배상청구가 경합하는 경우에, 계약법이 불법행위법에 대하여 특별법에 해당한다고 하여 계약법상의 청구권만 성립한다고 보는 견해(법조경합설)가 있다(兼子, 166면). 그러나 이 견해는 실제상·이론상 문제가 있고, 청구권경합과 법조경합의 한계가 불분명한 난점이 있다.

2) 李時潤, 전게서, 46면 이하. 역사적 개별현상설과 전체로서의 생활관계설이 대립하고 있다.

3) Stein/Jonas, Rdn. 291; Baumbach/Lauterbach; Schönke/Kuchinke; Thomas/Putzo; Rosenberg; Arens; Zeiss; Lüke 등.

4) BGHZ 7, 268; BGHZ 79, 245, 248 f.; BGH NJW 1981, 2306; BGH NJW 1983, 388, 389; BGH NJW 1983, 2032 f.; BGH NJW 1989, 393 f. 등.

③ · ④의 경우에는 사실관계가 상이하므로 소송물은 두 개이다. 따라서 예컨대 불법행위로 인한 손해배상청구소송이 계속되어 있는 동안에 채무불이행으로 인한 손해배상청구를 별개의 소로 제기하면 중복된 소제기에 해당하고, 1개의 소송에서 양 쪽을 주장하여도 청구의 병합이 되지 아니하며(공격 · 방어방법의 복수에 지나지 않는다), 한 쪽을 다른 쪽으로 변경하여도 청구의 변경이 아니고, 한 쪽을 주장하여 패소하면 다른 쪽에도 그 기판력이 미친다.

3) 이 설을 취하는 경우에는 하나의 사실관계 또는 생활경과(Lebensvorgang)로부터 동일한 목적을 가진 여러 개의 실체법적 청구권이나 형성권이 발생하는 경우(사례 ① · ② · ⑤의 경우)에는 소송물의 단일을 기할 수 있어서 구실체법설의 난점을 피할 수 있는 장점이 있다. 그러나 여러 개의 사실관계 또는 생활경과로부터 동일한 목적을 달성하기 위한 여러 개의 청구권 또는 형성권이 발생하는 경우(예컨대 ③ · ④의 경우)에는 소송물의 단일을 꾀할 수 없고, 따라서 이 경우에는 여전히 구실체법설과 똑같은 난점이 있다고 비판을 받는다. 즉, 후자의 경우에도 실체법상으로는 1회의 급여(형성)밖에 인정되지 아니하는데 소송법상으로는 두 개의 소송물을 인정하게 되어 부당하다고 한다. 한편 구실체법설의 진영(陣營)에서는 이지설을 취하는 경우에는 법원이 가능한 모든 법적 관점을 심리하여야 하므로 법원의 부담이 가중된다고 비판한다.

(2) **一肢說**(一元說, 申請一本說, 一節的 訴訟物理論)

1) 이 설은 소송물은 오로지 **신청**만에 의하여 구성되고, 사실관계는 소송물의 구성요소가 아니라고 보는 견해이다. 원고가 소로써 달성하려는 목적은 신청(청구취지)에 선명하게 나타나므로, 신청이야말로 분쟁의 진실한 대상이라고 한다. 그리하여 소송물의 단복 · 이동은 오직 청구취지만에 의하여 결정하게 되고, 따라서 소송물의 개념을 가장 포괄적으로 파악한다.

2) 이 설은 '슈바프'(Schwab) 교수 등에 의하여 지지를 받고 있는 도이칠란트의 유력설[1]이며, 도이칠란트 판례 중의 일부가 한 때 이를 따랐던 일이 있다.[2]

일지설에 의하면, 소송물의 단복 · 이동은 신청만에 의하여 결정되므로, 신청이 하나일 때는 실체법상 하나의 사실관계로부터 같은 목적을 가지는 여러 개의 권리가 발생하는 경우(청구권과 형성권의 경합)는 말할 것도 없고, 실체법상 여러 개의 사실관계로부터 같은 목적을 가지는 여러 개의 권리가 인정되는 경우에도 소송물은 하나가 된다. 그리하여 같은 목적이 추구되는 경우에는 그 사실관계나 권리가 복수이더라도 소송물은 하나뿐이다. 이

---

1) Schwab, Der Streitgegenstand im Zivilprozess. 1954; Bötticher. *FS Leo Rosenberg*, 1949, 73 ff.

2) BGH 37, 371; BGH(GS) NJW 1972, 1235. 상세는 鄭東潤, "訴訟物의 識別基準에 관하여: 韓國 및 獨逸의 判例를 중심으로," 午堂 朴禹東先生華甲紀念, 「民事裁判의 諸問題」, 제8권(1994), 617면 참조.

견해에 따라 앞의 다섯 가지 사례를 살펴보면, 사실관계가 하나인 ①·②·⑤의 경우는 말할 것도 없고, 사실관계가 두 개인 ③·④의 경우에도 소송물은 하나밖에 없는 것으로 된다.

다만 일지설에서 말하는 신청만으로써는 소송물의 단복·이동을 결정할 수 없는 경우가 있다. 즉, 금전 또는 대체물의 지급청구의 경우에는 같은 당사자들 사이에 같은 내용의 청구권이 중복하여 성립될 수 있으므로, 신청만으로는 소송물의 개수를 알 수 없다. 예컨대 원고는 2012. 5. 5. 피고에게 금5,000만 원을 대여하였고, 2013. 5. 5. 피고에게 물건을 매도하고 금5,000만 원의 매매대금채권을 취득하였는데, 원고가 위 양자를 합하여 피고에게 1억 원의 금전의 지급을 구하는 경우에는 외관상은 한 개의 신청이지만, 실제로는 두 개의 신청이 포함되어 있고, 이 경우에 신청이 두 개인지의 여부는 원고가 주장하는 사실관계에 의하여 비로소 밝혀진다. 그러나 일지설은 이 경우에도 사실관계는 신청의 해석을 위하여 필요할 뿐이지, 그것이 소송물의 구성요소가 되는 것은 아니라고 한다.

3) 일지설에 대하여는 i) 이 견해를 따를 때에는 소송물의 개념이 너무 포괄적이고, 판결의 기판력이 미치는 범위가 너무 넓어서 당사자의 구제에 불충분하다는 강력한 비판이 가하여지고 있다. 그리하여 일지설을 취하는 학자도 기판력에 관한 한 그들의 입장을 후퇴시켜 이지설에 가까운 해석을 하고 있다. 즉 제출한 사실자료의 범위 안에서 주장한 법률효과의 존재 여부에 대한 판단에만 기판력이 생긴다는 것이다.[1] 그러나 이것은 이론의 일관성을 유지하지 못하는 흠이 있다. 일본의 신소송물이론은 기판력을 포함하여 모든 국면에서 대체로 일지설의 입장을 취하고 있다.[2] ii) 또 일지설에서는 사례 ④의 경우에는 여러 개의 사실관계로부터 같은 목적을 가지는 여러 개의 청구권이 발생하는 것이므로 소송물을 하나로 보아야 한다고 하는데, 이 경우에 어음채권과 매매대금채권이 별개로 양도될 수 있는 점, 어음채권과 매매대금채권이 각각 다른 사람에게 귀속되어 있을 때 어음채권이 시효소멸한 뒤에 매매대금채권의 행사를 허용할 필요가 있는 점 등에 비추어 보면, 위 사례의 경우 두 개의 청구권이 같은 목적을 가지고 있다고 하는 전제 자체가 문제이며 (두 개의 청구권이 한 사람에게 귀속되어 있는 때에만 같은 목적을 가지고 있다고 말할 수 있을 것이다), iii) 사실관계가 신청의 해석을 위하여 필요할 뿐이고 소송물의 구성요소가 아니라고 하는 주장은 현실을 도외시하는 강변(强辯)이라고 하는 느낌을 지울 수 없다. iv) 그리고 일지설을 취하는 경우에는 법원이 가능한 모든 법적 관점을 고려하여 심리하여야 하므로 부담의 증대를 가져온다는 문제점이 있으며, 변론주의 원칙상 법원은 당사자가 주장한 사실을 기초로 심리할 수밖에 없음을 간과하고 있다.

---

1) 李時, 655, 665면.

2) 자세한 것은 鈴木, "訴訟物論争の回顧と現象," 新版争點, 174면 참조. 二肢說로는 三ケ月와 染野가 있다. 다만 小室直人은 旣判力의 범위를 訴訟에 제출된 자료에만 미친다고 한다. 同人, "訴訟對象と旣判力對象," 「大阪市立大學 法學雜誌」 9, 3·4(1963).

4. 新實體法說

1) 이 설은 실체법상의 청구권 또는 형성권의 개념 자체를 수정하여, 이 수정된 의미의 실체법상의 권리의 주장을 소송물로 보는 견해이다. 이 설은 구실체법설과 소송법설의 대립을 지양하기 위하여 등장한 것으로서, 논자(論者)에 따라 그 내용이 일정하지는 않지만, 다음과 같은 공통점을 가진다. 즉, 소송법설이 소송물개념을 실체법상의 권리로부터 분리시켜 소송법 먼로(Monroe)주의적으로 흐른 점을 비판하고, 소송물의 개념을 다시 실체법상의 권리에 결합시키되, 청구권경합이나 형성권경합의 경우에 발생하는 구실체법설의 난점을 극복하여 합목적적인 소송물개념을 구성하려고 한다는 점이다. 그리하여 이른바 청구권경합이나 형성권경합의 경우에 종래와는 달리 실체법상 하나의 청구권 또는 형성권만이 성립하는 것으로 이론구성을 하려고 한다. 신실체법설은 소송물개념을 실체법상의 권리와 결부시키는 점에서 구실체법설과 유사하지만, 실체법상의 청구권 또는 형성권의 개념을 수정한 점에서 구실체법설과 다르다.

2) 신실체법설은 주로 이행의 소를 중심으로 하여 논의되어 왔다. 이제 이행의 소의 소송물을 중심으로 하여 구실체법설과 신실체법설의 차이를 살펴보자. 구실체법설의 기초가 되고 있는 전통적인 청구권이론에서는 로마법의 '악치오' (*actio*)의 영향을 받아 하나의 청구법규에서 하나의 실체법상의 청구권이 발생하는 것으로 보아 왔으나, 신실체법설에서는 이를 '악치오'식 법적 사고의 잔재라고 비판하고, 새로운 청구권의 개념을 구성하고 있다. 신실체법설의 내용은 논자에 따라 다르지만, 그 중요한 것은 다음과 같다.

① **處分對象으로서의 請求權** '헨켈'(Henckel)교수는 실체법상의 청구권을 여러 기능으로 분해하여, 그 가운데 처분대상(Verfügungsobjekt)으로서의 경제적 기능을 소송물 결정의 기준으로 삼는다. 그리하여 관념적으로 여러 개의 별개청구권(논리사고적 존재로서의 청구권)이라 생각되는 경우에도 처분대상(양도대상)으로서 한 개밖에 생각되지 아니하면 사회적 실재로서의 권리(실재적 청구권)는 하나뿐이고, 소송물도 하나라고 한다.[1] 이에 의하면 사례 ①의 경우에는 하나의 양도대상이므로 소송물은 하나이고, 사례 ④의 경우에는 분리하여 양도가 가능하므로 소송물은 별개이다.

---

1) Henckel, *Parteilehre und Streitgegenstand*(1961) 참조.

② **統一的 請求權** 하나의 생활사실이 복수의 법규 아래에 포섭되는 경우에도 실체법질서가 특정한 1회의 급여만을 시인하는 데 불과한 때에는 진실로 법적으로 보호할 이익, 즉 실체적 급여청구권은 한 개밖에 성립되지 않고, 이것이 소송물이라고 한다. 즉, 청구권이란 일정한 급여요구권 또는 요급권(要給權; Verlangenkönnen)을 뜻한다고 한다. 그리하여 종래 청구권경합(Anspruchskonkurrenz)으로 파악되어 온 사례의 대부분은 실은 청구권의 기초가 되는 청구권규범의 경합(Anspruchsnormenkonkurrenz)에 지나지 않고, 급여는 1회밖에 구할 수 없으므로 각 법조를 초월한 한 개의 통일적(일체적) 청구권이 존재한다고 한다. 이 통일적 청구권의 발생·범위·성질·처분·소멸 등에 관하여는 경합하는 규범 전부가 적용되고, 그 사이에 모순이 있을 때에는 원칙적으로 채권자에게 유리하게 결정하여야 하고, 다만 그렇게 풀이하면 우위에 있는 규범의 목적이 실현되지 않는 경우에는 예외라고 한다. 그러나 복수의 사실관계로부터 여러 개의 청구권이 발생하는 경우에는 청구권이 경합되고 따라서 소송물이 복수라고 한다. 그리하여 사례 ①의 경우에는 2회의 급여가 허용되는 것은 아니므로 손해배상청구권은 하나이지만, 사례 ③·④의 경우에는 상이한 사실관계에서 상이한 법효과를 가지는 청구권이 발생하므로 청구권이 두 개라고 본다. 이 견해는 '게오르기아데스'(Georgiades), '니키쉬'(Nikisch), '라렌츠'(Larenz), '에써'(Esser), '그룬스키'(Grunsky) 등에 의하여 주장되고 있으며,[1] 비교적 많은 지지를 받고 있다.

③ **기 타** 그 밖에도 급여의 동일 또는 법적 지위의 동일에 의하여 소송물의 동일을 결정하려는 견해가 있다.[2]

3) 이행의 소에 관하여 발전되어 온 신실체법설의 결론을 형성의 소에 관하여도 그대로 적용할 수 있는가에 관하여는 견해가 통일되어 있지 않다. 예컨대 여러 개의 이혼원인에 기하여 이혼을 구하는 경우(이른바 형성권경합)에 소송물이 하나인가 여러 개인가에 관하여, '니키쉬'와 '그룬스키'는 소송물이 하나라고 봄에 반하여, '헨켈'은 소송물이 여러 개라고 한다.[3] 그런데 최근 일본에서는 형성소송의 소송물구성에 관하여도 이행소송의 소송물에서와 똑같은 입장을 취하려는 견해가 나타나고 있다. 이들은 형성권과 형성권규범의 관계를 목적론적으로 재검토할 필요가 있다고 한다. 예컨대 이혼소송에서는 일정한 혼인관계의 소멸이 다투어지고 있으므로, 그 소송물은 그 일정한 혼인관계에 관한 이혼으로서 1개의 이혼권의 성부(成否)를 둘러싼 다툼으로 이를 구성할 수 있으며, 이렇게 함으로써 신분관계의 안정을 꾀하는 것이 합리적이라고 주장한다. 그리하여 개개의 이혼원인마다 이혼권을 분단(分斷)할 필요는 없고, 일정한 혼인관계에 관한 이혼으로서 특정되는 한 개의 포괄적·통일적

---

1) 상세한 것은 李時潤, 전게서, 63면 이하, 76면 이하 등; 金亨培, "請求權規範競合論,"「高大法學論集」, 20(1982), 209면. 구체적 문제의 해결은 논자에 따라 차이가 있다.

2) Stein/Jonas(Schumann), Einl. Rdn. 277 ff. 四宮和夫의 전규범통합설도 이에 속한다. 鈴木, 前揭論文, 註 23, 新版爭點, 174면; 吉村=竹下=谷口, 83면 이하 등 참조.

3) Schwab, Der Stand der Lehre vom Streigegenstand im Zivilprozess, *JuS*. 1965, 84 f.; Grunsky, S. 39 f. 도이칠란트는 그 후 입법에 의하여 이혼사유를 하나로 통일하였다(BGB 1565).

인 이혼권을 구성하여 이를 이혼소송의 소송물로 삼아야 한다고 한다.[1]

4) 신실체법설에 대하여는 소멸시효, 증명책임, 책임의 범위, 상계의 허용 여부 등에 관하여 해결할 수 없는 난점에 봉착하게 된다는 비판이 가하여지고 있다. 예컨대 불법행위로 인한 손해배상책임과 채무불이행으로 인한 손해배상책임이 경합하는 경우에 하나의 청구권이 발생한다고 하면, 그 청구권의 소멸시효기간은 얼마인가가 문제된다.

5. 事實關係 一肢說(청구원인사실 일지설; 핵심설)

1) 이 설은 소송물은 오로지 **사실관계**(청구원인사실)만에 의하여 구성되고, 신청(청구취지)은 소송물의 구성요소가 아니라고 보는 견해이다. 당사자들이 관심을 가지고 있는 것은 구체적 사실관계를 둘러싼 분쟁의 해결이므로, 분쟁의 대상은 핵심적 사실관계라고 본다.[2]

2) 이 견해는 도이칠란트의 법원이 부양료소송에 관한 판결의 기판력과 관련하여 채택하고 있고, 유럽연합법원이 확인의 소와 이행의 소의 중복소송 여부의 판단을 위하여 채용하는 견해이다.

도이칠란트의 법원은 부양료의 확정과 지급을 구하는 최초의 부양료청구의 소와 뒤에 부양료의 증감을 청구하는 변경의 소는 이행의 소와 형성의 소로서 권리보호형식이 다르지만 부모의 이혼과 이에 따른 양육료의 지급이라는 넓은 의미의 기본적인 사실관계는 동일하다는 점에 착안하여, 전후 양소는 청구취지가 상이함에도 불구하고 동일한 소송물을 가진다고 본다.[3] 마찬가지로 최초의 부양료지급판결 이후에 부양료의 지급을 받고 있는 자녀가 부양료의 증액을 구하는 변경의 소와 부양료를 지급하고 있는 부모가 부양료의 감액을 구하는 변경의 소는 청구취지가 상이함에도 불구하고 동일한 소송물이라고 풀이한다.[4]

유럽연합법원은 소송물을 구체적인 신청(청구취지) 내지 권리보호의 목적과 분리하여 파악하고, 그 결과 핵심에 있어서 동일한 사실관계로부터 발생하는 법률효과에 관한 분쟁이면 신청의 형식이 다르더라도 모두 동일한 소송물을 구성하는 것

---

1) 上村明廣, "訴訟物論争の回顧と展望,"「岡山法學」, 21. 2(1971), 54면 이하.

2) 이에 관한 자세한 내용은, 정동윤, "소송물론의 진화－이른바 핵심설을 중심으로－",「민사재판의 제문제」 제23권(2015), 795면 이하.

3) OLG Düsseldorf FamRZ 1994, 1535; BGH FamRZ 1980, 1099, 1100; Thomas/Putzo, ZPO(34. Aufl., 2013), §323 Rn. 2.

4) BGH FamRZ 1997, 488.

으로 본다(**핵심설**; Kernpunkttheorie).[1] 그리하여 양 절차에서 사실관계가 핵심에 있어서 동일한가 아닌가가 결정적이고 양 절차의 형식적 동일성(청구취지의 동일)은 문제되지 아니한다. 그러므로 동일한 청구권에 관하여 먼저 이행의 소가 제기되고 뒤에 소극적 확인의 소가 제기된 경우는 물론, 먼저 소극적 확인의 소가 제기되고 뒤에 이행의 소가 제기된 경우에도 양소의 소송물은 동일하여 이중소송에 해당한다고 본다(종래에는 먼저 이행의 소가 제기되고 후에 소극적 확인의 소가 제기된 경우에만 이중소송에 해당하다고 풀이하였다).[2] 도이칠란트 연방대법원도 유럽연합 법원의 핵심설을 받아들인 경우가 있다.[3]

6. 訴訟物論의 展望

사실관계 일지설은 소송물론의 발전과정에서 큰 의미를 가진다고 본다. 사실 민사분쟁의 초점은 어떠한 사건이 발생한 때에 이를 둘러싸고 전개되므로 진실로 중요한 것은 청구원인사실이라고 말할 수 있다.

영미의 민사소송에서는 처음부터 쟁점인 사실관계를 중시하여 왔고, 이러한 사상은 소장의 기재사항과 기판력의 범위에 관한 논의에서 잘 나타난다. Field 법전[4]에 의한 소장에는 「소인을 구성하는 사실의 명확하고 간결한 진술」(a plain and concise statement of the facts constituting a cause of action)과 구제의 요구(a demand of the relief)를 기재하도록 요구하였고, 소답서면(pleading)에 관한 미국 연방민사소송규칙 제8조 (a)는 구제청구(a claim for relief)를 요구하는 소답서면에는 「간결하고 명확한 청구의 진술」(a short and plain statement of the claim)과 구제에 대한 요구(a demand for the relief sought)를 기재하도록 요구하고 있다. 여기의 청구(claim)는 소인(a cause of action)과 유사한 개념인데,[5] 소인이란 「하나 또는 여러 구제 권리를 주는 사실의 집단」(a group of facts that give rise to one or more rights of relief)이므로,[6] 사실관계에 터잡은 개념임을 알 수 있다.

---

1) Rosenberg/Schwab/Gottwald, Zivilprozessrecht(17. Aufl., 2010), §92 Rd. 19.

2) EuGHE 1994. I−5460(1994. 12. 06 Tatry/Maciej Rataj 사건. 먼저 소극적 확인의 소, 뒤에 이행의 소); EuGHE 1987, 4861(1987. 12. 08 Gubisch/Palumbo 사건. 먼저 이행의 소, 뒤에 소극적 확인의 소) 등 참조.

3) Rosenberg/Schwab/Gottwald, Zivilprozessrecht(17. Aufl., 2010), §92 Rd. 21. BGHZ 134, 201, 210(1997).

4) 1848년 뉴욕 민사소송법전(흔히 그 기초자의 이름을 따서 Field Code라 부름)을 가리킨다.

5) Siegel, New York Practice(2nd ed., 1991), pp. 305~306: Field, Kaplan & Clermont, Civil Procedure(7th ed., 1997), pp. 39~40. 그러나 양자가 완전히 동일한 것은 아니라고 한다.

6) James, Hazard & Leubsdorf, Civil Procedure(4th ed., 1992), §3. 11.

기판력의 범위에 관하여는 좁게 전소의 권리나 이익이 후소에 의하여 침해될 여지가 있는가라는 기준에 의하는 견해와 넓게 동일한 거래(transaction)에서 발생한 분쟁인가 아닌가라는 기준에 의하는 견해(the transactional approach, the same-transaction test)가 있는데, 최근에는 후자의 견해가 지배적이고,[1] Restatement (Second) of Judgments도 이를 따르고 있다. 여기의 transaction은 「주요사실의 자연적 집적 또는 공통적 핵심」(a natural grouping or common nucleus of operative facts)을 가리킨다.[2] 그러므로 여기에서도 사실관계가 중요함을 인정하고 있다.

일본에서도 중복소송과 관련하여 소송물이 동일하지 않더라도 권리관계의 기초가 되는 사실관계가 동일하고 중요한 법률요건이 동일하거나 쟁점이 동일하면 사건의 동일성을 인정하는 견해가 있는데,[3] 이는 사실관계의 동일을 전제로 소송물의 개념을 넓게 파악하는 흐름과 일맥상통한다.

이러한 국제적 환경과 사고를 바탕으로 하여 최근 도이칠란트 등 대륙법계의 국가나 유럽연합에서 일부의 소송현상에 한정되지만 청구원인사실만으로 소송물을 구성하는 견해와 핵심설이 등장한 것은 매우 획기적인 변화이다. 장기적으로는 소송물의 개념의 이해가 이러한 방향을 지향하여야 하지 않을까 전망하여 본다.[4]

7. 判例의 立場

1) 대법원판례는 철저한 구실체법설의 입장에 서 있다고 말할 수 있다. 그리하여 i) 상법 제135조(운송계약 불이행)에 의한 손해배상청구와 불법행위로 인한 손해배상청구는 별개의 소송물이므로 이를 동시에 주장하면 청구의 선택적 병합이 되고,[5] ii) 불법행위를 원인으로 한 손해배상청구에 대하여 채무불이행을 원인으로 한 손해배상을 명하는 것은 당사자가 신청하지 아니한 사항을 판결한 것이므로 처분권주의에 반하여 위법하며,[6] iii) 어음(수표)채권과 원인채권은 별개의 소송물이므로 그 중 하나를 주장하다가 다른 것으로 바꾸는 것은 청구의 변경이 되며,[7] iv) 소유권

1) Friedenthal, Kane & Miller, Civil Procedure(4th ed., 2005), p. 658 ff.

2) Friedenthal, Kane & Miller, Ibid., p. 666; Restatement Second of Judgment §24, comment b (1982).

3) 伊藤 眞, 민사소송법(제4판, 2011), 218면; 上田徹一郎, 민사소송법(제7판, 2011), 147면; 新堂幸司, 신민사소송법(1998), 195면 등.

4) Gottwald, Streitgegenstand und Sinnzusammenhänge, Symposium Schwab, 2000; Wernecke, Die Einheitlichkeit des europäischen und des nationalen Begriffs vom Streitgegenstand, 2003 등 참조.

5) 大判 1959. 2. 19, 4290 民上 571; 1962. 6. 21, 62 다 102.

6) 大判 1963. 7. 25, 63 다 241; 1989. 1. 28, 88 다카 9982; 2014. 1. 16, 2013 다 69385.

이전등기청구를 하면서 전소에서 매매를 등기원인으로 주장하여 패소한 뒤에, 후소에서 취득시효의 완성을 등기원인으로 주장하는 경우에, 양 소의 소송물은 다르므로 전소판결의 기판력은 후소에 미치지 아니하고,[1] v) 원고가 매매를 원인으로 한 소유권이전등기를 청구한 데 대하여 양도담보계약을 원인으로 한 소유권이전등기를 명하는 것은 처분권주의에 반하여 위법하다고 하고,[2] vi) 이혼소송에서는 민법 제840조 소정의 각 이혼사유마다 소송물이 별개이고,[3] 재심의 소의 소송물은 각 재심사유마다 다르고,[4] vii) 저작인격권과 저작재산권은 각 독립적인 권리로 파악하여야 하므로 이에 기한 청구는 각 별개의 소송물이 되며,[5] viii) 부당이득반환청구권과 불법행위로 인한 손해배상청구권은 소송법적으로 소송물을 달리하므로, 채권자가 우연히 손해배상청구의 소를 먼저 제기하는 바람에 과실상계 등의 법리에 따라 그 승소액이 제한된 경우 그로써 제한된 금액에 대한 부당이득반환청구권의 행사가 허용된다고 하였다.[6] 또한 ix) 계약명의신탁 약정이 무효임을 주장하면서 신탁자가 수탁자(매수인)를 상대로 제기하는 부당이득반환청구와 신탁자가 부동산의 매도인을 대위하여 제기하는 소유권이전등기말소청구는 소송물이 다르며,[7] x) 공동불법행위자 중 1인의 보험자가 피해자에게 손해배상금을 모두 지급한 경우, 위 보험자가 가지는 다른 공동불법행위자의 보험자에 대한 구상권과 피보험자의 다른 공동불법행위자들의 보험자들에 대한 구상권을 대위 취득하는 보험자대위권(商 682)은 별개의 권리이며,[8] xi) 신체상해로 인한 손해배상을 청구하는 경우에는 적극적 재산상손해, 소극적 재산상손해 및 정신상손해(위자료)의 세 가지로 소송물이 나누어진다[9]고 한다.

2) 이처럼 대법원은 소송물을 극단적으로 분단하여 이를 좁게 파악하는 입장을 고수하면서도, 예외적으로 소송물의 개념을 약간 넓게 해석하는 판결을 낸 경우도

---

7) 大判 1961. 11. 2, 4293 民上 325; 1965. 11. 30, 65 다 2028; 1966. 3. 22, 65 다 2635.

1) 大判 1968. 3. 19, 68 다 123; 1981. 1. 13, 80 다 204. 하나의 소송에서 등기원인으로 매매를 주장하다가 취득시효완성을 추가로 주장하는 것은 공격방법의 추가가 아니라 청구의 추가적 병합이라는 판례는 大判 1997. 4. 11, 96 다 50520.

2) 大判 1992. 3. 27, 91 다 40696.

3) 大判 1963. 1. 31, 62 다 812; 2000. 9. 5, 99 므 1886.

4) 大判 1970. 1. 27, 69 다 1888.

5) 大判 2013. 7. 12, 2013 다 22775.

6) 大判 2013. 9. 13, 2013 다 45457.

7) 大判 2024. 7. 11, 2023 다 316820, 316837.

8) 大判 2024. 9. 27, 2024 다 249729.

9) 大判 1976. 10. 12, 76 다 1313; 2002. 9. 10, 2002 다 34581.

있다. i) 그 하나는 같은 주주총회결의의 효력을 다투기 위한 결의무효확인청구와 결의부존재확인청구는 모두 법률상 유효한 결의의 효과가 현재 존재하지 아니함을 확인받고자 하는 점에서 같은 것이라는 취지의 것이요,[1] 이는 철저한 구실체법설의 입장을 일부 완화한 것이라 볼 수 있다. ii) 다른 하나는 신체상해로 인한 손해배상청구의 경우에 제1심에서 재산상 손해에 대하여는 전부 승소하였으나 위자료에 대하여는 일부 패소한 원고가 패소한 위자료 부분에 대하여만 항소하였더라도 항소심에서 재산상 손해에 대하여도 청구의 확장을 할 수 있다고 하는 것이다.[2] 대법원은 그 이유로서 이 경우에는 어차피 사건 전부의 확정이 차단되고 소송물 전부가 항소심에 계속되게 되었고, 더욱이 불법행위로 인한 손해배상에서 재산상 손해와 위자료는 단일한 원인에 근거한 것인데 편의상 이를 별개의 소송물로 분류하고 있는 데 지나지 않기 때문이라고 한다. 이 판결은 신체상해로 인한 손해배상청구의 소송물이 적극적 재산상손해, 소극적 재산상손해 및 위자료의 세 가지로 구성된다고 하는 점을 전제로 하면서도 이 세 가지는 하나의 뿌리를 가지므로 통합될 수 있다는 가능성을 시사하고 있다.

3) 그러나 약간의 동요에도 불구하고 대법원판례의 기본적 입장은 구실체법설임에 변화가 없다.

대법원이 1992. 2. 25. 선고 91 누 6108 판결을 계기로 하여 일지설을 정면으로 받아들였다고 해석하는 견해가 있으나,[3] 의문이다. 왜냐하면 위 판결은 "이 사건과 같은 과세처분무효확인소송의 경우 소송물은 권리 또는 법률관계의 존부확인을 구하는 것이며, 이는 청구취지만으로 소송물의 동일성이 특정된다"고 하는 부분만 보면 일지설로 해석할 수 있는 여지가 없지 아니하나, 그 앞 부분과 연결하여 보면, 위 판결은 조세부과처분무효확인청구와 같은 확인의 소에서는 청구취지만으로 소송물이 특정된다고 하는 뜻이며, 확인의 소의 소송물이 청구취지만으로 특정된다고 하는 점은 구실체법설에서도 이론이 없기 때문이다.[4]

---

1) 大判 1983. 3. 22, 82 다카 1810; 유사한 취지에서, 주주총회결의 부존재확인의 소가 그 제소기간 내에 제기되어 있다면, 주주총회결의 취소의 소를 위한 소정의 제소기간이 경과한 후 위 소를 동일한 하자를 원인으로 주주총회결의 취소의 소로 변경하거나 추가한 경우에는 제소기간을 준수한 것으로 보아야 한다는 판례는, 大判 2003. 7. 11, 2001 다 45584.

2) 大判 1994. 6. 28, 94 다 3063.

3) 李時, 262~263면.

4) 鄭東潤, 전게논문, 617면 참조. 종래의 같은 취지의 판례로는 大判 1988. 6. 28, 87 누 1009.

8. 私 見

생각건대 소송물논쟁의 직접적인 계기를 이룬 것은 청구권경합 및 형성권경합의 경우에 구실체법설의 입장에 따라 여러 개의 청구권 또는 형성권마다 별개의 소송물이 성립하는 것으로 보아 분쟁을 부자연스럽게 나눔으로써 발생하는 난점을 극복하려는 자각(自覺)이었다. 그러나 이 논쟁의 배후에는 논자의 소송관이 깊이 관련되어 있음을 부정할 수 없다. 즉, 구실체법설은 소송물을 가능한 한 작게 구분함으로써 법원의 권한을 축소시키고 당사자의 지배권한을 확대하려는 자유주의적·개인주의적 소송관의 산물임에 반하여, 소송법설과 신실체법설은 실질적으로 하나의 분쟁은 가능한 한 1회에 해결함으로써 소송제도의 합리적 운영을 꾀하고, 소송제도가 가지는 사회적 의의를 강조하는 사회국가적·복지국가적 소송관과 관련되어 있는 것이다. 사회가 복잡하여지고 국가의 후견적 개입이 요청되는 오늘날에는 극단적인 개인주의적 소송관은 시대적 조류에 어긋나는 것이 아닌가 한다. 이러한 소송관의 문제를 도외시하더라도 소송물이론에 관하여 어떠한 견해를 취할 것인가 하는 문제는 궁극적으로는 법정책적인 평가문제(rechtspolitisch beeinflusste Wertungsfrage)로 귀착된다.[1] 분쟁을 일거에 포괄적으로 해결할 수 있도록 넓은 소송물개념을 택하는 것은 공익에 봉사한다. 왜냐하면 그것은 같은 분쟁에 관하여 반복하여 국가의 사법기관을 이용하는 것을 방지하기 때문이다. 그러나 다른 한편 그것은 원고의 사익에 반한다. 왜냐하면 분쟁의 1회적 해결은 당사자의 사권실현의 기회를 적게 하거나 배제하기 때문이다. 따라서 위 상반되는 이익을 고려하여 소송물의 개념을 결정하여야 할 것이다. 그렇다면 위 양 이익을 적절하게 조화할 수 있는 이지설의 입장이 타당하지 않을까 생각한다. 구실체법설은 분쟁을 너무 작게 분단함에 반하여, 일지설은 소송물을 너무 넓게 파악하기 때문이다. 소장에 반드시 청구취지와 청구원인을 적도록 한 민사소송법 제249조 제1항과 청구의 변경은 청구취지 또는 청구원인의 변경이라고 규정한 제262조는 이러한 해석을 뒷받침한다. 신실체법설도 이지설과 비슷한 결론에 도달하고 있고, 또 소송은 실체권의 관철에 봉사하는 제도라는 점에서 소송물을 실체권과 결부시켜야 한다는 주장[2]은 설득력이 있지만, 신실체법설은 아직 그 내용이 확립되어 있지 않고 또 소멸시효·증명

1) Jauernig, §37 Ⅶ 2.
2) Grunsky, S. 32.

책임 등 해결하기 어려운 난제에 봉착하므로 이를 선뜻 따르기 어렵다고 생각된다. 도이칠란트의 판례가 구실체법설을 버리고 이지설을 채택하였고, 한 때 부분적으로 일지설에 가담하였다가 다시 이지설로 굳어졌으며, 도이칠란트의 다수설이 이지설을 따르고 있음은 결코 우연이 아니다.

다만 확인의 소와 이행의 소의 중복소송 여부를 판단함에 있어서는 청구취지의 동일 여부라는 형식적 판단에 얽매이지 말고 사실관계를 중시하여 판단하는 사실관계 일지설의 입장이 보다 합리적이 아닐까?[1] 그리고 변경의 소의 소송물은 전소의 소송물과 같다고 보는 통설적 입장은 청구취지의 차이를 무시하고 소송물의 개념을 구성하는 것이어서 사실관계 일지설과 궤를 같이하는 것이라 할 수 있다.

요컨대 일반론으로서는 소송법설 중 **이지설**이 타당하지만, 일부 영역에서는 당사자의 권리가 침해되지 않는 범위 내에서 사실관계 일지설에 의하여 문제를 해결하는 것이 합리적이지 않을까 생각한다. 주주총회결의의 효력에 관한 대법원판결[2]과 진정명의 회복을 위한 이전등기청구에 관한 대법원판결[3]은 이러한 입장에서 긍정적으로 풀이할 수 있을 것이다.

Ⅲ. 訴訟物槪念의 相對性·可變性의 問題

소송물개념을 모든 경우에 차별 없이 두루 적용할 수 있도록 통일적으로 구성할 수 있는가에 관하여는 다툼이 있다. 다수설은 통일적인 소송물개념을 인정한다(통일적 소송물개념론, einheitlicher Streitgegenstandsbegriff). 그러나 일부 학설은 경우를 나누어 개별적으로 소송물개념을 상이하게 구성하는 것이 합리적이라고 주장한다. 이것이 소송물개념의 상대성(相對性)(Relativität) 내지 가변성(可變性)(Variabilität)의 문제이다. 이처럼 상대적 또는 가변적 소송물개념(relativer od. variabler Streitgegenstandsbegriff)을 주장하는 견해는 어느 경우에 다른 취급을 할 것인가에 따라 다음과 같이 두 가지로 나누어 볼 수 있다.

첫째는, 절차를 지배하는 원리에 따라, 변론주의가 지배하는 절차와 직권탐지

---

1) Friedenthal, Kane & Miller, Civil Procedure(4th ed., 2005), p. 667 참조(기판력에 관한 거래행위설은 강제적 청구병합원칙과 같다고 본다).

2) 大判 1983. 3. 22, 82 다카 1810; 2003. 7. 11, 2001 다 45584.

3) 大判 2001. 9. 20, 99 다 37894.

주의가 지배하는 절차로 나누어, 각 절차의 소송물의 개념을 상이하게 구성하려는 견해이다. '야우어니히'(Jauernig) 교수는 직권탐지주의가 지배하는 절차에서는 변론주의가 지배하는 절차에서보다 더 넓고 포괄적인 소송물개념을 취하여야 한다고 주장한다.[1] 이 견해는 변론주의가 지배하는 민사소송절차에서 기판력의 범위가 넓어지는 것을 경계하여 당사자를 보호하려는 점에서 일리가 없지 않지만, 변론주의인가 직권탐지주의인가는 소송자료의 수집에 관한 것으로서 소송물의 개별화와 직접 관련이 있는 것은 아니므로, 이 견해는 타당하지 않다.[2]

둘째는, 소송절차의 국면에 따라 소송물의 개념을 다르게 구성하려는 견해가 있다. 소송물개념은 청구의 병합, 청구의 변경, 중복된 소제기, 기판력의 범위 등 여러 가지 문제를 해결하는 데 기준이 된다. 그리하여 예컨대 청구의 병합이나 청구의 변경에서는 가능한 한 소송물의 개념을 넓게 정하는 반면, 기판력의 범위에 관하여는 가능한 한 이를 좁게 정할 것이라는 견해[3]가 유력하게 주장되고 있다.[4] 도이칠란트의 판례가 과거에 한 때 일지설을 취하면서도 기판력에 관하여는 이지설에 가까운 견해를 취한 것도 마찬가지이다. 우리나라와 일본의 신소송물론자도 기판력에 관하여는 소송물의 해석을 달리하고 있다.[5]

생각건대, 소송물의 상대성을 강조하는 견해는 소송물의 개념이 소송절차의 각 국면에서 수행하는 역할을 명백히 한 공적이 있다. 그러나 모든 경우에 통용되는 통일적인 소송물개념이 가능하다면 그 편이 나을 것이다. 이지설과 사실관계 일지설의 입장을 관철하는 한 통일적 소송물개념을 취하여도 특별한 불합리는 발견되지 아니하므로, 소송물의 상대성에는 찬성할 수 없다.[6]

---

1) Jauernig, *Verhandlungsmaxime, Inquisitionsmaxime und Streitgegenstand*(1967).

2) Rosenberg, §95 Ⅳ 3; Thomas/Putzo, Einl. Ⅱ 3 e).

3) Baumgärtel, Zur Lehre vom Streitgegenstand, *JuS*, 1974, 73 ff.; Stein/Jonas(Schumann), Einl. Rdn. 283, 285 ff.

4) 자세한 것은 Stein/Jonas(Schumann), Einl. 283, 285 ff.; Schlosser, Rdn. 421; 文字 浩, "訴訟物概念の役割," 争點, 172면 이하 등 참조.

5) 李時, 273~274면; 新堂, 220~221면.

6) 同旨: 胡, 134면; Rosenberg, §95 Ⅵ 3; Arens, Rdn. 160.

제 3 절 訴訟物의 特定

Ⅰ. 特定의 必要性

소송물은 소송에서 심판의 대상이고, 소송절차의 개시로부터 종료에 이르기까지 여러 가지 소송행위가 이에 유기적으로 결부되어 있다. 즉, 법원은 심판의 신청이 적법한 한 그 신청에 포함되어 있는 소송물의 전부에 관하여 재판하여야 하고 그 중 일부를 누락시키는 것은 허용되지 않으며(212 Ⅰ), 또 소송물의 범위를 넘거나 소송물로서 주장된 것과 다른 권리관계에 관하여 판결할 수 없다(203). 또 사물관할 · 토지관할의 유무, 청구의 병합(253, 26, 27), 중복된 소제기의 금지(259), 청구의 변경(262), 재소금지(267 Ⅱ), 기판력의 객관적 범위(216), 반소의 허용 여부(269 Ⅰ), 일부판결의 가능 여부(200) 등은 모두 소송물을 기준으로 하여 결정된다.

소송물이 특정되어야만 법원은 이에 관한 판단을 최종의 목표로 하여 변론과 증거조사 등 심리를 효율적으로 이끌어 나갈 수 있고, 원 · 피고도 이를 중심으로 하여 공격 · 방어활동을 전개하여 나갈 수 있는 것이다. 따라서 소송물의 특정은 법원 · 원고 · 피고 모두에게 중요한 의미를 가지고 있다.

Ⅱ. 特定의 責任과 時期

(1) 소송물은 소의 본질적 내용을 이루는 것이고, 또 민사소송은 처분권주의에 의하여 지배되므로(203), 소송물의 특정은 원고의 권한인 동시에 책임이다.

(2) 소송물은 소송의 최초의 단계에서 특정되지 않으면 안 되므로, 원고의 소제기행위, 즉 원칙적으로 소장에서 특정되어야 한다. 피고의 진술에 의하여 소송물이 바뀌는 수는 없으므로, 피고의 진술은 소송물의 특정과 무관하다.[1] 소장의 필수적 기재사항으로서 청구의 취지와 청구의 원인을 기재하도록 요구하고 있는 것(249 Ⅰ)은 소송물을 특정하기 위한 것이다. 다만 청구의 취지만에 의하여 소송물이 특정되는

1) 절차의 전개에 응하여 피고 쪽에도 청구를 특정할 의무가 있다는 견해도 있다. 井上=伊藤=佐上, 52면.

가, 청구의 원인까지 고려하여 소송물이 특정되는가에 대한 해답은 소송물이론에 따라 다르다.

Ⅲ. 特定의 程度

1. 事實關係의 記載程度

소송물의 특정을 위하여 기재하여야 할 사항은 그 소송물을 다른 소송물로부터 식별하는 데 필요한 정도로써 충분하고(**식별설, 동일인식설**), 소송물을 이유 있게 하기 위하여 필요한 모든 사실을 기재할 필요(**이유기재설, 사실기재설**)는 없다. 이 점은 소송물이론과 관계없이 오늘날 일반적으로 시인되고 있다.[1)]

2. 法律關係의 性質決定의 要否

원고의 청구를 어떠한 권리관계로서 판단할 것인가는 법원의 직책이다(법률은 법원이 안다. *iura novit curia*). 따라서 원고는 청구의 취지 및 원인에 의하여 객관적으로 특정한 청구임을 명확히 하면 충분하고, 다투어지는 권리 등의 성질을 법적인 술어(術語)로 표현하는 것, 즉 소송물을 뒷받침하는 법적 근거(Rechtsgründe)를 인용(引用)하는 것은 필요하지 않다.[2)]

3. 原告主張의 法的 觀點에 法院이 拘束되는가?

소송물의 특정과 관련하여 원고가 그 주장한 사실을 특정한 법적 관점(rechtlicher Gesichtspunkt)에서만 심리하여 줄 것을 법원에 요구할 수 있는가가 문제된다. 다시 말하면 원고는 특정한 법적 관점을 소송물의 구성요소로 삼을 수 있는가의 문제이다. 일부 학설은 구실체법설에서는 원고가 주장하는 법적 관점이 소송물의 구성요소를 이룬다고 설명하고 있다.[3)] 그러나 민사소송절차에서는 "나에게 사실을 말하라, 그러면 너에게 권리를 주리라"(*da mihi factum, dabo tibi ius*)고 하는 원칙이 타당하므로, 법원은 법률의 적용을 자유롭게 할 수 있으며, 원고가 주

1) Jauernig, §37 Ⅱ 3; Zeiss, §44 Ⅳ 1.
2) Zeiss, §44 Ⅴ 2; 中野=松浦=鈴木, 135면.
3) 宋/朴, 231면 이하; 李時, 263면.

장하는 법적 관점에 구속되지 아니한다.[1] 이것은 오늘날 일반적으로 시인되는 결론이고, 구실체법설에서도 마찬가지이다.[2] 원고에게 법률적 성질결정까지 요구하였던 것은 과거의 구식별설의 유물이고, 이는 이미 극복된 견해이다.[3]

Ⅳ. 訴의 種類에 따른 訴訟物의 特定

청구를 특정하는 방법은 소송물을 어떻게 구성하는가, 즉 소송물개념에 따라 다르고, 또 소의 종류에 따라 다르다. 다만 여기에서 주의할 것은 소송물의 특정에 사실관계(청구원인)가 필요하다고 하여 반드시 그것을 소송물의 요소로 보는 것은 아니라는 점이다.

1. 履行의 訴

이행의 소의 소송물의 특정방법은 소송물이론에 따라 크게 다르다.

1) **구실체법설**에 의하면, 실체법상의 청구권마다 소송물이 별개이므로, 급여의 목적이 표시되는 데 불과한 청구취지만으로는 소송물이 특정될 수 없고, 그것이 어떠한 청구권의 주장인가를 식별하기 위해서는 다시 그 발생원인인 구체적 사실도 참조하여야 한다. 예컨대 5,000만 원의 지급 또는 특정물의 인도를 구하는 청구취지에 의하여 청구의 내용은 알 수 있지만, 같은 내용의 급여를 구하는 복수의 청구권이 존재할 수 있으므로, 청구의 원인에 의하여 이를 구별하여야 한다고 한다. 즉, 금전의 지급에 관하여는 계약상의 청구권인가, 불법행위에 의한 손해배상청구권인가 또는 부당이득반환청구권인가, 특정물의 인도에 관하여는 계약상의 청구권인가, 점유청구권인가, 본권청구권인가 등 구체적인 청구권의 발생원인사실을 기재함으로써 그것을 다른 것과 구별할 수 있다고 한다.

2) **소송법설** 및 **신실체법설**의 주류에 의하면, 이행의 소 가운데 특정물의 인도 및 작위·부작위의 청구의 경우에는 청구의 취지에서 그 특정물 및 작위·부작위

---

1) Zeiss, §44 Ⅴ 2.

2) 日最判 1959. 9. 22, 民集 13. 11. 1451; 方, 213면; 兼子, 166면.

3) Jauernig, §37 Ⅱ 4. 대법원은 과거에 한 때 원고주장의 법적 관점에 법원이 구속되는 듯한 오해를 불러일으키는 판결을 하였다(大判 1958. 2. 13, 4290 民上 676 참조). 반대의 취지로는 大判 1966. 7. 19, 66 다 509; 1966. 10. 11, 66 다 409; 1977. 6. 7, 75 다 2287; 1994. 12. 2, 93 다 31672 등이 있다.

의 대상인 행위를 표시함으로써 소송물이 특정된다고 보므로, 청구원인에 의한 보충은 불필요하다고 한다.[1] 이에 반하여 금전 또는 대체물의 일정 수량의 인도청구의 경우에는 같은 당사자 사이에 같은 내용의 이행의무가 중첩하여 성립할 가능성이 있으므로, 청구원인에 의한 특정이 필요하게 된다.[2]

3) 소송물에 관하여 어떠한 이론을 취하든 **부동산소유권이전등기청구**의 소송물은 청구취지만으로 특정된다. 그것은 부동산등기법이 등기신청에 등기원인과 그 연월일의 기재를 요구하므로(不登 24 Ⅱ, 登規 43 Ⅰ 不⑤), 청구취지에 등기원인(매매 · 취득시효)이 구체적으로 표시되기 때문이다.

2. 形成의 訴

형성의 소의 소송물의 특정방법은 특정물의 이행의 소의 경우와 유사하다. 즉,

1) **구실체법설**에 의하면 청구의 취지에서 형성의 내용(이혼, 주주총회의 결의의 취소, 원판결의 취소 등)을 명확히 하고, 청구의 원인에서 형성권(형성요건, 형성원인)의 발생원인사실(부정행위, 악의의 유기, 소집절차의 흠, 재심사유 등)을 기재함으로써 특정된다.

2) **일지설**에 의하면, 청구취지에서 형성의 내용을 표시함으로써 소송물은 특정되고, 청구원인으로 개개의 형성권을 기재하여도 그것은 소송물을 뒷받침하는 공격방법에 지나지 않는다고 한다.[3]

3) **이지설** 및 **신실체법설**에 의하면, 청구취지 외에 청구원인(예컨대 재심사유)까지 기재하여야 소송물이 특정되는 것이 보통이다.[4]

3. 確認의 訴

1) 확인의 소의 소송물은 청구취지만으로 특정되고 청구원인에 의한 보충은 필

---

1) 이지설에 의하면, 청구취지에 기재된 신청이 하나의 사실관계에 기한 것인가, 복수의 사실관계에 기한 것인가를 판별하기 위하여 청구원인사실을 고려하여야 하지만, 특정물의 인도의 경우에는 언제나 사실관계는 하나로 볼 수 있으므로, 일지설과 같은 결론이 된다.

2) 中野＝松浦＝鈴木, 136면; 吉村＝竹下＝谷口, 60~61면.

3) 中野＝松浦＝鈴木, 136면; 吉村＝竹下＝谷口, 61면.

4) Jauernig 교수는 이지설을 주장하면서도, 형성의 소의 소송물은 직권탐지주의하에서는 신청만으로, 변론주의하에서는 신청과 사실관계의 양자에 의하여 특정된다고 한다. Jauernig, §37 Ⅷ 2.

요없다고 풀이하는 것이 통설이다. 그리하여 예컨대 소유권확인청구에서 청구원인으로 소유권취득원인(매매·취득시효)을 기재하여도 이는 청구를 이유 있게 하기 위한 공격·방어방법에 불과하다고 한다. 그 이유는 확인의 소에서는 소송물로 주장된 권리관계가 청구취지에 직접 표시되기 때문이라고 한다. i) **구실체법설**에서는 청구취지에 구체적인 권리관계가 나타나므로 더 나아가 청구원인에 의한 보충은 불필요하다고 하고[1] **신실체법설**도 마찬가지이다. ii) **일지설**에서도 확인의 소는 권리를 확정함으로써 장래의 분쟁의 발생을 예방하려고 하는 것이므로, 그 청구취지에는 구체적인 실체법상의 권리가 표시되어야 한다는 이유로 이 결과를 인정하고 있다. iii) 그리고 **이지설**에서도 절대권(예컨대 소유권)이나 법률관계의 확인의 경우에 관하여는 청구취지만으로 소송물이 특정된다고 하는 견해를 표명하는 학자가 많다.[2] 그리하여 확인의 소의 소송물에 관한 한 소송물이론에 따른 차이는 별로 없다고 일반적으로 설명되고 있다.

2) 그러나 자세히 살펴보면 확인의 소의 소송물의 특정에 관하여 청구취지만으로 족하다는 견해 이외에 그 특정을 위하여 항상 청구취지 외에 청구원인의 기재가 필요하다는 견해[3] 및 절대권의 확인의 경우에는 청구취지만으로 충분하나, 청구권의 확인의 경우에는 청구원인에 의한 보충이 필요하다는 견해 등도 있다.

필자는 통설의 견해가 타당하다고 생각한다.[4] i) 우선 청구권의 확인의 경우에 관하여 보면, 우리나라에서는 "○년 ○월 ○일 체결된 원·피고 사이의 소비대차에 기한 금○만 원의 대여금채권은 존재하지 아니함을 확인한다"라고 청구취지를 적고 있어서, 청구취지에 청구권의 발생원인사실까지 표시되는 것이 보통이므로, 청구취지 외에 따로 청구원인의 도움이 없어도 소송물이 특정된다. ii) 다음 절대권의 확인에 관하여 보면, 예컨대 "○○토지는 원고의 소유임을 확인한다"라는 소유권의 확인은 청구취지만으로 특정된다. 이 경우에는 일물일권주의에 의하여 특정물과 그에 대한 권리를 기재하면 충분하고, 청구원인의 기재는 불필요하다. 청구

1) 다만 어느 토지에 관하여 몇년 동안의 사용권이 있음의 확인을 구하는 경우에는 그 사용권이 지상권인지 지역권인지 임차권인지 청구원인에 의하여 그 발생원인을 밝혀야 특정된다고 하는 견해가 있다(兼子, 164면). 그러나 이러한 확인의 소가 적법한지는 의문이다(三ケ月, 111면 참조). 金/姜, 270면; 李時潤, 전게서, 197면.

2) Jauernig, §37 Ⅷ 3; Zeiss, §44 Ⅳ 2.

3) 胡, 145면.

4) 同旨: 李時, 270면.

원인에는 매매·취득시효 등 소유권의 취득원인이 기재되는데, 이는 확인하려는 권리(소유권)의 성질에 아무 영향을 주지 못한다. 왜냐하면 그 토지를 매수한 경우의 소유권과 이를 시효취득한 경우의 소유권이 달라지는 것은 아니기 때문이다.[1] 이러한 해석은 일견 이지설의 입장과 배치되는 듯하지만, 절대권의 확인의 경우에는 절대권의 속성에서 나오는 것이고, 상대권의 확인의 경우에는 청구취지 안에 청구원인에 기재할 사항이 포함되어 있기 때문이며, 확인의 소에 한하여 소송물을 달리 구성하는 것이 아님을 주의하여야 한다.

제 4 절 각종의 訴의 訴訟物

Ⅰ. 履行의 訴의 訴訟物

이행의 소의 소송물은 소송물이론에 따라 다르다. 구실체법설에 의하면 실체법상의 급여청구권 자체의 주장을 가리키고, 일지설에 의하면 급여를 구할 수 있는 법적 지위(受給權)의 주장으로서 실체법과 관계없이 소송법적으로 파악되고 있다.[2] 신실체법설에 의하면, '실체법상 진실로 보호할 만한 가치가 있는 법적 지위=실체적 급여청구권'이라는 형태로 목적론적으로 재구성된 청구권의 주장을 소송물로 본다. 이지설에 의하면 청구취지에 나타난 급여를 구할 수 있는 법적 지위의 주장과 이를 뒷받침하는 청구원인의 사실관계의 양자에 의하여 소송물이 구성된다.

Ⅱ. 確認의 訴의 訴訟物

1) 확인의 소의 소송물은 청구취지에 표시된 권리 또는 법률관계의 주장이라고 보는 것이 우리나라의 통설이다. 실체법상의 권리의 주장을 소송물로 보는 구실체법설의 입장에서는 이것은 당연한 것이지만, 소송물의 개념을 실체법상의 권리와 분리하여 소송법적으로 구성하는 소송법설에서도 확인의 소는 권리 또는 법률관계

1) Jauernig, §37 Ⅷ 3; Zeiss, §44 Ⅳ 2 b); Henckel, *a.a.O.*, 282 ff.
2) 李時, 264면; 金/姜, 261면; 宋/朴, 234면.

의 공권적 확정을 통하여 분쟁의 해결을 꾀하는 것이므로 그 소송물은 실체법상의 권리를 주장하는 형태로 특정되어야 한다고 한다.

도이칠란트와 우리나라의 학자 중에는 이지설의 입장을 관철하여 확인의 소의 소송물도 청구취지와 청구원인의 사실관계의 두 요소에 의하여 결정된다고 하는 이가 있다.[1] 그러나 절대권의 확인의 경우에는 청구취지에 표시된 실체법상의 권리의 주장이 소송물인데, 이는 절대권의 속성에 기인한 것이며, 청구권의 확인의 경우에는 청구취지에 나타난 신청과 사실관계의 양자에 의하여 소송물이 구성된다고 함은 전술한 바와 같다. 따라서 통설이 타당하다고 생각한다.

2) 확인의 소에서는 원고가 주장한 권리의 법적 성질에 법원이 구속된다고 하면서, 예컨대 원고가 지상권의 확인을 구하는 경우에는 설사 법원이 그것을 임차권으로 인정하더라도 곧바로 임차권의 확인을 할 수 없고, 원고가 청구취지를 변경하지 않는 한 청구를 기각할 수밖에 없으며, 이 점이 이행의 소나 형성의 소의 경우와 다르다는 견해가 있으나,[2] 확인의 소의 경우에도 원고가 청구취지에서 밝힌 법률적 성질이 소송물의 본질적 요소는 아니며, 법원이 이에 구속되는 것은 아니라고 생각한다.[3] 왜냐하면 확인의 소의 목적은 자기의 법적 지위에 대한 불안·위협을 제거하기 위한 것이요, 자기가 가지고 있는 권리가 실체법상 어떠한 성질의 권리인지 의문을 풀려고 하는 것이 아니며,[4] 또 법률은 법원이 알기 때문이다(*iura novit curia*).[5]

Ⅲ. 形成의 訴의 訴訟物

형성의 소의 소송물은 소송물이론에 따라 다르다. 구실체법설에 의하면, 그것은 실체법상의 형성권(재판상 형성하여야 하는 형성권) 그 자체의 주장이고, 일지설에 의하면 형성을 구할 수 있는 법적 지위의 주장으로서 소송법적으로 파악되고 있으며,[6] 신실체법설에 의하면 '실체법상 진실로 보호할 만한 가치가 있는 법적 지위=형성권'이라는

1) 胡, 145면.
2) 三ケ月, 42, 111면 등.
3) 李時, 270면; 小山, 148면. 일본의 신소송물이론에서는 예외적인 입장이고, 구소송물이론에서는 兼子의 설이다.
4) 李時, 270면; 李時潤, 전게서, 199면.
5) 坂口, "債務不存在確認請求の特定," 「演習民訴」, 308면 이하 참조.
6) 李時, 270면; 金/姜, 271면.

형태로 목적론적으로 재구성된 형성권의 주장이 소송물이다. 이지설에 의하면 청구취지에 표시된 형성을 구할 수 있는 법적 지위의 주장과 이를 뒷받침하는 청구원인인 사실관계의 양자에 의하여 소송물이 구성된다.

Ⅳ. 不動産引渡請求訴訟의 訴訟物

1. 占有請求權과 本權請求權의 關係

갑이 을을 상대로 하여 점유권과 소유권에 기하여 특정 토지의 인도를 구하는 경우에 소송물이 하나인가 둘인가가 문제된다. **구실체법설**에 의하면, 점유회수청구권(民 204)과 소유물반환청구권(民 213)의 주장이 각각의 소송물이므로,[1] 두 개의 소송물이 선택적으로 병합되어 있는 것으로 본다. 소송법설 중 **이지설**에 의하면 동일한 사실관계에 기한 하나의 신청이므로 소송물은 하나이고, **일지설**에 의하는 경우에는 급여를 구할 수 있는 법적 지위의 주장으로서의 신청이 하나이므로 역시 소송물은 하나이다.[2] **신실체법설**에 의하는 경우에도 이 경우에 실체법상 하나의 통일된 반환청구권이 성립할 뿐이고, 점유청구권은 본권청구권에 흡수되는 것으로 풀이하여 소송물은 하나인 것으로 본다. 이처럼 소송법설과 신실체법설이 소송물을 하나로 구성하는 데 대하여, 구실체법설은 민법 제208조가 점유의 소와 본권의 소는 서로 영향을 미치지 아니한다고 규정한 것을 근거로 하여 비판을 하고 있다. 그러나 민법 제208조는 점유청구권과 본권청구권이 별개로 성립한다는 것을 나타낼 뿐이다. 이 두 청구권이 한 개의 소로서 동시에 주장될 때에는 실체법상으로는 1회의 급여밖에 시인되지 아니하므로, 소송물은 하나이며, 두 개의 법적 관점이 주장되고 있을 뿐이다.

2. 所有權에 기한 返還請求權과 契約上의 返還請求權의 關係

갑이 을에게 자기 소유의 점포를 임대하였다가 임대차계약종료 후에 을을 상대로 하여 소유권 및 임대차계약종료를 원인으로 점포의 인도를 구하는 경우에 소송물은 하나인가 둘인가? **구실체법설**에 의하면, 소유권에 기한 반환청구권과 계약상의 반환청구권의 주장은 별개의 소송물이다. 다만 계약상의 반환청구권에 관하여는 차임연체 등 채무불이행으로 인한 해지, 무단 전대에 의한 해지, 합의해지, 임대차기간종료 등의 원인이 있는 때에 계약종료에 의한 한 개의 반환청구권이 있는가, 아니면 각 원인마다 반환청구권이 달라지는가에 관하여는 견해가 갈라지고 있다.[3] 소송법설 중 **이지설**에 의하면 하나의 사실관계에 기한 신

---

1) 大判 1996. 6. 14, 94 다 53006.

2) 李時, 267면; 金/姜, 260면.

3) 金祥源, "賃貸借契約解止로 인한 家屋明渡請求權과 訴訟物,"「判例・實務民事訴訟法」(1971), 266면 이하 참조.

청이므로 소송물은 하나이고, **일지설**에 의하면 급여를 구할 수 있는 법적 지위의 주장으로서의 신청이 하나이므로 역시 소송물은 하나이다.[1] **신실체법설**에 의하면, 하나의 통일적인 반환청구권의 주장이 소송물이 된다. 다만 신실체법설 가운데 처분대상으로서의 청구권을 주장하는 학자 중에는 두 개의 소송물을 인정하는 이도 있다.

Ⅴ. 不動産登記請求訴訟의 訴訟物

부동산등기청구는 이전등기청구와 말소등기청구로 나누어 고찰하는 것이 편리하다.

1. 所有權移轉登記請求의 경우

구실체법설을 따르는 대법원판례에 의하면, 소유권이전등기청구에서 소유권취득원인인 매매와 시효취득,[2] 대물변제와 양도담보,[3] 대물변제예약과 매매계약,[4] 매매와 다른 약정[5] 마다 소송물이 별개라고 보고 있다. 소송법설 중 **이지설**에 의하면 취득원인이 하나의 사실이냐 별개의 사실이냐에 따라 소송물의 개수가 결정되며, 매매와 시효취득은 사실이 다르므로 소송물이 다르게 된다. **일지설**에 의하면 소송물은 하나이고, 취득원인은 공격방어에 그치는 것으로 풀이된다.[6] **신실체법설**은 두 개의 사실관계에 기한 두 개의 소송물로 구성하는 견해와 1회의 급여를 목적으로 하는 하나의 소송물로 풀이하는 견해로 갈라진다.

2. 所有權移轉登記抹消請求의 경우

구실체법설을 따르는 대법원판례는 소유권이전등기청구의 경우와는 달리 소유권이전등기말소청구의 소송물은 당해 등기의 말소등기청구권의 주장이고, 그 동일성식별의 표준이 되는 청구원인은 당해 '등기원인의 무효'에 국한되어, 등기무효의 원인으로서 무엇을 주장하든 소송물은 항상 하나이고, 개개의 무효원인은 공격방법의 차이에 지나지 않는다고 한다.[7] 대법원은 말소등기청구의 실체법상 근거를 소유물방해제거청구권에 구하고 있으므로, 위와 같은 결론에 이른다.[8] **일지설**에 의하면, 말소등기를 구할 수 있는 법적 지위는 하나

1) 李時, 256면.

2) 大判 1968. 3. 19, 68 다 123; 1997. 4. 11, 96 다 50520.

3) 大判 1959. 12. 10, 4291 民上 614.

4) 大判 1997. 4. 25, 96 다 32133.

5) 大判 1996. 8. 23, 94 다 49922. 그 밖에 분재와 증여(大判 1969. 1. 21, 68 므 43).

6) 李時潤, 전게서, 188면; 同, 214면.

7) 大判 1980. 9. 9, 80 다 1020; 1981. 12. 22, 80 다 1548; 1999. 9. 17, 97 다 54024. 異趣旨: 大判 1972. 11. 28, 72 다 1791.

8) 다만 피담보채권의 소멸을 원인으로 근저당권 설정등기 말소청구를 하는 경우, 이를 **소유권에 기하여** 원인무효를 이유로 근저당권 설정등기 말소를 청구하는 경우와 **근저당권 설정계약상의 권리에 기하여** 원상회복으로 근저당권 설정등기의 말소를 구하는 경우는 그 청구원인이 다르다는 점에서 소송물이 다르다는 것이 판례의 태도이다: 大判 1993. 9. 14, 92 다 1353; 1988. 9. 13, 86 다카 1332; 大(全)判 1994. 1. 25,

이므로 소송물은 하나이다.[1] **이지설**에 의하면 무효의 원인이 하나의 사실관계로부터 발생하였는가 아닌가에 따라 달라질 것이지만, 대개는 하나의 사실관계로 평가될 것이다. **신실체법설**에 의하면, 통일된 하나의 말소청구권이 성립하는가에 따라 달라질 것이다.

3. 眞正名義回復을 위한 所有權移轉登記請求와 抹消登記請求

어떠한 소송물이론에 의하든 같은 부동산에 관한 이전등기청구와 말소등기청구는 별개의 소송물을 구성하는 것이 원칙이다. 대법원은 이미 자기 앞으로 소유권을 표상하는 등기가 되어 있었거나 법률에 의하여 소유권을 취득한 자가 진정한 등기명의를 회복하기 위한 방법으로 현재의 등기명의인을 상대로 그 등기의 말소를 구하는 외에 진정한 등기명의의 회복을 원인으로 한 소유권이전등기절차의 이행을 직접 구하는 것도 허용하면서,[2] 이전등기청구와 말소등기청구는 어느 것이나 진정한 소유자의 등기명의를 회복하기 위한 것으로서 실질적으로 그 목적이 동일하고, 두 청구권 모두 소유권에 기한 방해배제청구권으로서 그 법적 근거와 성질이 동일하므로 그 소송물은 실질상 동일한 것으로 보았다.[3] 이 판결에 대하여는 소송물이론과 관련하여 다양한 해석론이 주장되었다.[4]

그러나 진정명의의 회복을 위한 이전등기말소청구와 이전등기청구는 모두 진정한 소유자에 의한 등기명의의 회복을 목적으로 하고 소유물방해배제청구권을 기초로 하고 있다는 점에서 기본적인 사실관계가 같다. 그러므로 사실관계 일지설의 입장에서 보면 양 청구는 그 청구취지의 차이에도 불구하고 소송물은 동일한 것으로 평가할 수 있을 것이다.

Ⅵ. 어음金請求訴訟과 原因債權請求訴訟의 訴訟物

갑이 을에게 금전을 대여하고 을로부터 같은 금액의 약속어음을 발행교부 받은 경우와

---

93 다 16338.

1) 李時潤, 전게서, 188면.

2) 大(全)判 1990. 11. 27, 89 다카 12398.

3) 大(全)判 2001. 9. 20, 99 다 37894.

4) 이충상, 「진정명의회복을 위한 소유권이전등기청구와 기판력」, 저스티스(2002. 4. 통권 제66호), 154~156면; 김홍엽, 「소유권이전등기의 말소등기청구소송과 진정명의회복을 위한 이전등기청구소송에 있어서 기판력의 문제」, 법조(2002. 1. 통권 제544호), 203~204면; 김오수, 「진정명의회복을 위한 소유권이전등기청구와 기판력의 문제」, 민사재판의 제문제(제9권, 1997), 271~278면; 김상수, 「말소등기청구소송과 진정명의회복을 원인으로 한 이전등기청구소송의 소송물」, 쥬리스트(제377호, 2002), 44~46면; 유병현, 「기판력과 진정명의회복을 위한 소유권이전등기청구소송」, 고려법학(제39호, 2002), 308면; 송명호, 「기판력의 문제를 중심으로 한 진정명의회복을 위한 소유권이전등기청구에 관한 고찰」, 법조(통권 제566호, 2003. 11), 149면; 김황식, 진정명의회복을 위한 소유권이전등기청구권의 허부, 민사판례연구(Ⅳ), 33~46면; 정영환, 「민사소송법에 있어서 선결·모순관계－대법원 2001. 9. 20. 선고, 99다37894 전원합의체 판결 등을 중심으로－」, 하촌 정동윤 선생 고희기념, 21세기 상사법·민사소송법의 과제, 631~659면; 김명수, 「전소인 소유권이전등기말소청구소송의 확정판결의 기판력이 후소인 진정명의회복을 원인으로 한 소유권이전등기청구소송에 미치는지 여부」, 대법원판례해설(제38호, 2002); 박일환, 「진정한 등기명의회복을 위한 이전등기청구권에 관한 고찰」, 재판자료(제43집) 등 참조.

같이, 어음채권과 원인채권이 경합하는 경우에 소송물의 개수가 매우 어려운 문제로 되어 있다. **구실체법설**에 의하면 이 경우에 두 개의 소송물을 인정하고, 하나의 소에 병합하면 선택적 병합이 된다고 한다. 소송법설 중 **이지설**에 의하면, 원인계약과 어음의 발행은 별개의 사실이므로, 소송물이 별개인 것으로 취급된다. **일지설**에 의하면 일정한 금액의 지급을 구할 수 있는 법적 지위(受給權)는 1개이므로 소송물은 하나라고 한다.[1] **신실체법설**은 각각의 청구권규범의 목적내용(어음의 무인성·증명책임 등)이 이질적이라는 이유로 두 개의 소송물로 보는 견해와 이 경우에 한 개의 급여요구권(통일적인 청구권)을 구성하여 그 주장으로서 한 개의 소송물을 인정하는 견해로 나누어진다.[2]

Ⅶ. 損害賠償請求訴訟의 訴訟物

(1) 불법행위로 인한 손해배상청구와 채무불이행으로 인한 손해배상청구의 관계

임차인의 중과실에 의한 임차 가옥의 소실(燒失), 열차기관사의 과실에 의한 탈선·전복사고 등 하나의 생활사실이 불법행위와 채무불이행의 구성요건을 동시에 충족하는 경우에 관하여, **구실체법설**은 청구권경합을 인정하여, 하나의 소에서 두 청구권을 주장하면 소송물이 복수인 것으로 풀이한다(이 경우를 法條競合으로 보아 채무불이행으로 인한 청구권의 주장만이 소송물로 된다는 견해도 있다).[3] 소송법설에 의하면, **이지설·일지설** 모두 소송물은 한 개로 된다. **신실체법설**도 하나의 생활사실에 기한 손해배상이라는 한 개의 통일적인 손해배상청구권을 구성하므로, 소송물은 하나가 된다.[4]

(2) 손해의 항목과 소송물

교통사고 등 신체·생명침해로 인한 손해배상청구소송에서 소송물은 전체로서 한 개인가, 피해법익마다 달라지는가, 아니면 이를 몇 개의 그룹으로 나눌 것인가에 관하여 아직 정설이 없다. 그리고 이 점에 관한 해답은 소송물에 관한 신·구이론과 논리필연적·일의적인 관련은 없다. 구실체법설에는 피해법익(피해자권리)마다 소송물을 구분하는 견해, 재산적 손해와 정신적 손해로 이분하는 견해, 가해행위가 1개이면 원칙적으로 소송물을 1개로 보는 견해, 사회적으로 1개의 분쟁으로 보이는 경우에는 소송물은 1개라고 보는 견해 등이 있으나, **대법원판례**는 적극적 재산상손해, 소극적 재산상손해 및 정신상손해(위자료)의 세 개의 소송물로 구성된다는 3분설을 취하고 있고,[5] 최근 세 개 사이의 엄격한 구별을 완

1) 李時, 258면.

2) 吉村＝竹下＝谷口, 67면; 中野＝松浦＝鈴木, 156~157면 참조.

3) 이 두 청구는 별개의 소송물이므로, 법원은 원고가 행사하는 청구권에 관하여 다른 청구권과는 별개로 그 성립요건과 법률효과의 인정 여부를 판단하여야 한다. 계약 위반으로 인한 채무불이행이 성립한다고 하여(이 사건에서는 부동산중개인으로서의 선량한 관리자의 주의의무위반) 그것만으로 바로 불법행위가 성립하는 것은 아니다(大判 2021. 6. 24, 2016 다 210474).

4) 吉村, “損害賠償請求訴訟の訴訟物,” 「演習民訴」, 260면 이하 참조.

5) 大判 1976. 10. 12, 76 다 1313; 2002. 9. 10, 2002 다 34581.

화한 것도 있다.[1] 그러나 일본 최고재판소는 구실체법설을 따르면서도 이 경우에 소송물은 한 개로 본다.[2] 소송법설이나 신실체법설에 의하면 가해행위의 개수나 사회적 분쟁의 개수에 따라 소송물을 구성하는 경향이 있고, 따라서 이 경우에는 소송물은 한 개가 된다.

(3) 기판력의 標準時 후에 나타난 후유증에 따른 손해배상청구

소송물이론에 관하여 어느 견해를 취하든 후유증에 따른 손해배상청구를 인정하고 있으나, 다만 그 이론구성에는 여러 가지 주장이 있다. 즉, 일부청구·잔부청구로 보는 것(**잔부청구설**), 전소의 소송물은 기준시에 예측할 수 있었던 손해에 한정되므로, 예측할 수 없었던 후유증은 기준시 후의 새로운 사실에 기한 소송물로 보는 것(**별개소송물설**), 전소판결의 차단효(실권효)는 당사자가 제출할 수 있었던 사실자료의 범위 안에서 발생하므로, 후유증의 주장은 차단되지 않는다고 하는 것(**기판력의 시적 한계설**) 등이 있다. 별개소송물설이 타당하다고 본다.[3]

Ⅷ. 離婚訴訟의 訴訟物

1) 갑이 법률상의 처인 을을 버리고 병녀와 동거하고 있는 경우에, 을은 부정한 행위와 악의의 유기를 이혼원인으로 하여 이혼을 청구할 수 있다(民 840 ①②). 이 경우에 소송물을 어떻게 구성할 것인가가 문제된다. **구실체법설**에 의하면 이혼원인마다 소송물이 다르다. 소송법설 중 **이지설**에 의하면 신청은 같고 또 역사적·사회적으로 하나의 사실관계로 평가할 수 있으므로 소송물은 한 개이며, **일지설**에 의하는 경우에도 형성을 구할 수 있는 법적 지위의 주장인 신청이 하나이므로(실체법질서가 1회의 형성밖에 허용하지 않는다), 역시 소송물은 하나이다. **신실체법설**은 청구권경합을 중심으로 하여 논의되어 왔으나, 이행의 소의 소송물에 관한 사고방식을 형성권경합의 경우에도 적용한다면, 이 경우의 소송물은 하나로 보게 될 것이다. 그러나 이 경우에 형성원인마다 소송물을 별개로 보는 학자도 있다.

2) 이혼소송과 혼인취소소송과의 관계에 관하여 양자는 다같이 장래를 향한 혼인관계의 해소를 구하는 점에서 같으므로 소송물도 같다고 하는 것이 일지설의 입장이나,[4] 전자는 혼인관계의 후발적인 해소사유에 의한 것이요, 후자는 원시적인 해소사유에 의한 것이

1) 大判 1994. 6. 28, 94 다 3063[원고가 재산상 손해(소극적 손해)에 대해 전부 승소하고 위자료에 대해서는 일부 패소하였는데, 원고가 원고패소부분에 불복하는 형식으로 항소를 제기하여 사건 전부가 확정차단되고 소송물 전부가 항소심에 계속되게 된 경우, "불법행위로 인한 손해배상에 있어 재산상 손해나 위자료는 **단일한 원인**에 근거한 것인데 편의상 이를 별개의 소송물로 분류하고 있는 것에 지나지 아니한 것이므로 이를 실질적으로 파악하여, 항소심에서 위자료는 물론이고 재산상 손해에 관하여도 청구의 확장을 허용하는 것이 상당하다."라고 하였다].

2) 日最判 1973. 4. 5, 民集 27. 3. 419.

3) 大判 1980. 11. 25, 80 다 1671.

4) 李時, 271면.

므로, 이지설에 의하면 별개의 소송물이다. **구실체법설**에 의하여도 형성원인이 다르므로 소송물은 별개이다.

Ⅸ. 株主總會의 決議의 效力을 둘러싼 訴訟의 訴訟物

상법은 주주총회의 결의의 효력을 다투는 소송의 유형으로서 결의취소의 소(商 376), 결의무효확인의 소 및 결의부존재확인의 소(商 380)와 부당결의취소·변경의 소(商 381)의 네 가지를 규정하고 있다. 이 가운데 부당결의취소·변경의 소는 특별이해관계인의 구제방법으로서 특히 인정된 것이므로, 나머지 세 개의 소와 그 성격을 달리한다. 그리하여 주주총회결의의 효력을 다투는 세 가지의 소의 소송물이 무엇이고, 그것들이 서로 어떠한 관계에 있는가가 문제된다.[1]

(1) 결의취소의 소의 소송물

구실체법설에서는 개개의 취소사유마다 별개의 소송물을 구성하는 것으로 보는 경향이 있고, 소송법설·신실체법설에서는 특정한 결의마다 한 개의 소송물을 구성하는 것으로 보는 경향이 있다. 그러나 이 경우에도 소송물이론과 논리필연적인 관련이 있지는 않다. 그리하여 예컨대 구실체법설을 취하는 일본의 '가네코'(兼子 一) 교수는 취소 자체의 주장이 포괄적으로 하나의 소송물을 구성한다고 하고 있고,[2] 일반적으로 이지설을 취하는 일본의 '미카츠키'(三ケ月) 교수는 소집절차의 흠과 결의방법의 흠을 세분하여 서로 고립된 역사적 사실이 별개의 취소사유를 구성하는 때에는 소송물이 다르다고 보고 있으며,[3] 이지설을 취하는 도이칠란트의 '야우어니히'(Jauernig) 교수는 취소사유마다 소송물이 별개라고 한다.[4] 취소의 소의 소송물을 어떻게 구성하느냐 하는 문제는 소제기기간경과 후에 새로운 취소사유의 추가가 가능하냐 하는 문제와 관련이 있다. 일본판례는 이를 부정한다.[5]

(2) 결의무효확인의 소의 소송물

이 경우에는 일정한 일시에 행하여진 주주총회의 결의의 무효확인의 주장이 소송물이므로, 소송물은 하나이며, 무효의 원인은 공격방법에 불과한 것으로 보는 것이 일반적이다. 다만 이 소의 성질이 확인의 소인지 형성의 소인지에 관하여는 다툼이 있다.

(3) 결의부존재확인의 소의 소송물

이 경우에는 일정한 일시에 행하여진 주주총회의 결의의 부존재확인의 주장이 소송물

1) 谷口, 「株主總會の決議を爭う訴訟の訴訟物」, 演習民訴, 269면 이하 참조.
2) 兼子, 165면.
3) 三ケ月, "訴訟物再考," 民訴法硏究 7. 28.
4) Jauernig, §37 Ⅷ 2.
5) 日最判 1976. 12. 24, 民集 30. 11. 1076.

이며, 결의마다 소송물이 별개인 것으로 본다.[1)]

(4) 결의취소 · 무효확인 · 부존재확인의 소의 상호관계

같은 결의에 관한 결의취소 · 결의무효확인 및 결의부존재확인의 소는 각각 소송물이 다르다고 하는 것이 종래의 통설이었다. 그런데 유력설은 위 세 가지 소는 모두 흠 있는 결의에 의하여 발생한 효력을 장래에 향하여 없애는 것을 목적으로 하므로 이들은 소송의 목적을 같이 하고 있다고 하여 소송물은 한 개라고 본다(소송물일원론).[2)] 대법원도 결의무효확인의 소와 결의부존재확인의 소의 소송물이 같은 것으로 보고, 법률상 부존재로 볼 수밖에 없는 결의에 대하여 원고들이 그 결의의 무효확인을 청구하고 있다고 하여도 이는 부존재확인의 의미로 무효확인을 청구하는 취지라고 풀이하여야 한다고 하였다.[3)] 또한 결의취소의 소는 결의의 날부터 2월 이내에 제기하여야 하나(商 376), 부존재확인의 소가 2월 이내에 제기되었다면, 같은 흠을 원인으로 하여 2월 후 결의취소의 소로 청구를 변경 또는 추가한 경우에도 부존재확인의 소의 제기시에 소제기기간을 준수한 것으로 보아야 한다고 하였다.[4)] 같은 결의에 대한 취소, 무효 또는 부존재확인은 모두 결의의 효력을 없애는 것을 목적으로 하고, 같은 결의를 대상으로 하고 있다는 점에서 핵심적 사실관계가 동일하다. 사실관계 일원론의 입장에서는 세 소송의 소송물은 동일한 것으로 평가된다. 이처럼 결의취소의 소, 결의무효확인의 소 및 결의부존재확인의 소를 통틀어 소송물이 하나라고 풀이하는 경우에는 당사자가 소의 선택을 잘못한 경우에 이를 구제할 수 있어서 편리하다.

X. 一部請求의 訴訟物

1. 一部請求의 意義

일부청구(Teilklage)라 함은 수량적으로 나눌 수 있는 급여를 목적으로 하는 채권, 특히 금전채권을 원고가 임의로 분할하여 그 일부를 청구하는 것을 말한다. 일부청구는 원고가 법원의 법적 견해를 탐지하여 소송비용을 절약하려는 목적으로 이용되며, 특히 손해배상청구소송을 할 때에는 시험소송으로서 일부청구를 인정할 필요성이 많다.

---

1) 결의부존재확인의 소는 1984년 개정상법에 의하여 결의무효확인의 소와 같은 성질의 것으로 명문으로 규정되었지만, 상법개정 전에 이미 대법원판례에 의하여 같은 결과가 인정되어 왔다(大判 1982. 9. 14, 80 다 2425).

2) 李時, 271면; 坂井, "株主總會の決議を目的とする訴の性質," 「會社と訴訟(上)」, 277면; 霜雁, "總會決議の取消・無效を主張する訴訟の訴訟物," 實務民訴 5, 3면 이하.

3) 大判 1983. 3. 22, 82 다카 1810.

4) 大判 2003. 7. 11, 2001 다 45584.

일부청구에 관하여는 그것이 적법한가, 이 경우의 소송물은 채권의 전부인가, 일부인가 등 여러 가지 문제가 발생한다. 이들 문제에 관한 논의를 일부청구 논쟁이라고 하며, 이 논쟁은 한편으로는 소송물론에 관한 이론적 측면을 가지지만, 다른 한편으로는 분쟁의 1회적 해결의 요청이라는 공익적 요청과 분할청구에 관한 원고의 편의(소송비용의 절약)라는 국민의 권리보호의 요청 중 어느 것에 중점을 둘 것인가 하는 정책적 고려에도 관련되어 있다. 따라서 일부청구에 관하여 어떠한 입장을 취하는가 하는 것과 소송물논쟁에 관하여 어떠한 입장을 취하는가 하는 것은 서로 관련은 있지만 일의적(一義的)인 대응관계를 이루고 있지는 아니함을 주의하여야 한다.

2. 一部請求의 許容性

일부청구의 허용성에 관하여는 학설이 나누어지고 있다.

일부청구 긍정설은 소송 외에서 채권의 일부 행사가 인정되는 점, 상계의 항변(일부상계)이 인정되는 점, 처분권주의하에서는 소송물의 특정은 원고의 권한이며 책임이라는 점, 손해배상청구소송에서 손해의 예측이 곤란한 점 등을 근거로 하여 일부청구를 허용하고 있고, 다만 극단적인 분할청구는 소권의 남용으로 처리하면 된다고 한다. 긍정설 안에도 두 개의 분파가 있으니, 첫째는 **전면적 긍정설**로서, 원고가 일부청구임을 명시한 경우(명시적 일부청구, offene Teilklage)는 물론, 일부청구임을 명시하지 아니한 경우(묵시적 일부청구, verdeckte Teilklage)에도 일부청구는 인정되고, 후소로 잔부청구를 할 수 있다는 견해이고, 둘째는 **제한적 긍정설**(명시적 일부청구설)로서, 원고는 일부청구임을 미리 명시하여야 하고,[1] 이를 명시하지 아니한 경우에는 전부청구로 인정되므로, 잔부청구는 허용되지 않는다는 견해이다(원고는 일부청구임을 명시하여야 하고, 명시하지 아니한 경우에는 원고의 주장모습에 따라 일부청구인가 전부청구인가를 판단할 것이라는 견해도 이와 유사하다).[2] 우리나라의 통설[3]·판례[4]는 제한적 긍정설을 취하고 있고, 도이칠란트의 통설은 전면적 긍정설에 가깝다.

이에 반하여 **일부청구 부정설**은 일부청구는 심판의 범위를 명확하게 특정하여

---

1) 일부청구임을 명시하는 방법은 반드시 전체 손해액을 특정하여 그 중 일부만을 청구하는 취지임을 밝힐 필요는 없고, 일부와 잔부를 구별하여 그 심리의 범위를 특정할 수 있는 정도로 표시하여 전체 손해의 일부로서 우선 청구하고 있음을 밝히는 것으로 족하다고 한다(大判 2016. 6. 10, 2016 다 203025; 2016. 7. 27, 2013 다 96165; 1986. 12. 23, 86 다카 536).

2) 日最判 1957. 6. 7, 民集 11. 6. 948.

3) 李時, 269면; 金/姜, 264면.

4) 大判 1982. 5. 25, 82 다카 7; 1982. 11. 23, 82 다카 845.

야 한다는 원칙에 저촉될 뿐만 아니라, 피고에게는 반복된 소송에 응하는 데 따른 불편을 주고 법원에게는 반복된 심리로 인한 부담을 가중시킨다는 이유로 이를 허용하지 않는다. 부정설에도 두 가지 입장이 있으니, 첫째는 **전면적 부정설**로서, 이는 일부청구의 명시 여부와 관계없이 언제나 일부만을 소구하여도 그것은 전부청구로서 소송물은 채권 전부라고 보고, 일부청구 후의 잔부청구를 허용하지 않는다.[1] 둘째는 **제한적 부정설**로서, 채권의 이행기가 다른 때와 같이 일부가 다른 부분과 구별되는 경우 및 전부청구를 하는 데에 법적 장애가 있는 때 등을 제외하고는 일부청구가 허용되지 않는다고 한다.

생각건대 일부청구의 허용 여부는 분쟁의 일회적 해결의 요청과 원고의 분할청구의 이익 및 당사자의 절차권보장 등을 종합적으로 고려하여 결정하여야 하고,[2] 그러한 관점에서 보면 명시적 일부청구의 경우에만 일부청구를 허용하는 통설·판례의 입장이 타당하다고 여겨진다. 일부청구가 허용되는 경우에는 그 일부만이 독립된 소송물이 된다.

3. 一部請求에 관련된 法律問題

일부청구와 관련하여 해결하여야 할 법률문제가 매우 많다. 즉 일부청구의 계속중 잔부를 별소로 청구할 수 있는가, 일부청구에 의한 시효중단의 효력은 어디까지 미치는가, 일부청구에 대한 판결의 기판력은 잔부청구에도 미치는가, 일부청구에 대한 과실상계는 어떻게 처리할 것인가, 일부청구에 관하여 전부 승소한 후 청구의 확장을 위하여 항소할 수 있는가 등이 문제되고, 나아가 후유증에 의한 손해배상청구 및 사정변경에 따른 추가청구는 일부청구와 어떻게 관련되는가가 또한 문제된다.[3]

(1) 일부청구와 중복된 소제기

일부청구가 계속중에 잔부청구를 하는 것은 중복된 소제기에 해당하는가 또 별소로서 잔부청구를 할 수 있는가에 관하여는 견해가 갈라지고 있다.

---

1) 兼子, "確定判決後の殘額請求,"「民事法硏究」, 391면 이하; 三ケ月, 107, 108면.

2) 당사자의 절차권보장을 둘러싸고 추상적 절차보장설(新堂), 구체적 절차보장설(井上＝吉村), 실체관계적 절차보장설(上田) 등이 대립하고 있다. 上田, 180~182면; 江藤, "一部請求と殘額請求,"「新爭點」, 186, 188~189면 등 참조.

3) 孫漢琦,「一部請求의 訴訟上取扱에 관한 硏究」, 1991년도 연세대 법학박사 학위논문 참조.

i) 일부청구가 계속중에 있는 경우에는 같은 소송절차 안에서 청구취지의 확장에 의하여 잔부청구를 할 수 있으므로, 별소로써 잔부청구를 하는 것은 중복된 소제기에 해당되어 부적법하다고 하는 견해가 있다(**중복소송설**). 우리나라의 다수설[1]의 입장이다.

ii) 일부청구가 제기되어 있는 경우에는 그 범위 안에서 소송계속의 효과가 발생하므로 잔부청구를 하여도 중복된 소제기에 해당하지 않는다는 견해가 있다(**독립소송설**). 우리나라의 유력설[2]이며, 일본의 다수설·판례의 입장[3]이다.

iii) 일부청구가 계속중에 잔부청구를 별소로 제기하여도 중복된 소제기는 아니로되, 일부청구가 사실심에 계속중인 경우에 별소로 청구하는 것은 소권의 남용이므로, 이부, 이송, 변론의 병합으로 절차의 단일화를 꾀하여 보고, 그것이 잘 안 될 때에는 후소를 각하하여야 한다는 견해가 있다(**단일절차병합설**).[4]

iv) 명시적 일부청구의 경우에는 그 일부만이 소송물이므로 잔부청구를 별소로 제기하여도 중복된 소제기에 해당하지 않지만, 묵시적 일부청구의 경우에는 채권의 전부가 소송물이므로 별소로 잔부청구를 하는 것은 중복된 소제기에 해당한다고 보는 견해가 있다(**명시적 일부청구설**).

생각건대, 명시적 일부청구 긍정설의 입장에 서는 경우에는 제4설이 타당하다. 다만 명시적 일부청구의 경우에도 별소로 잔부청구를 하기보다는 전소청구의 확장에 의하는 것이 바람직스러울 것이다. 판례는 일찍이 제1설의 입장을 취하였으나,[5] 뒤에 이르러 제4설로 바뀌었다.[6]

(2) 一部請求에 의한 時效中斷의 범위

일부청구의 경우에 그 일부청구에 포함된 채권 부분에 대하여 시효중단의 효력이 미치는 것은 말할 나위도 없지만 잔부채권에 대하여도 시효중단의 효력이 미치는가에 관하여는 다툼이 있다. 이 문제에 관하여는

---

1) 方, 354면; 李英, 256면; 宋/朴, 286면.
2) 金容, 193면; 胡, 162면.
3) 中野＝松浦＝鈴木, 185면.
4) 李時, 303면.
5) 大判 1976. 10. 12, 76 다 1313; 1977. 3. 22, 76 다 839.
6) 大判 1985. 4. 9, 84 다 552. 다만 명시적 일부청구가 사실심에 계속중일 때에는 별소의 잔부청구는 소권의 남용이라는 판례(부수의견)로는 大判 1996. 3. 8, 95 다 46319.

i) 명시적 일부청구의 경우와 묵시적 일부청구의 경우를 가리지 않고 시효중단의 효력은 실제로 청구한 그 일부에만 미친다고 하는 견해가 있다(**일부중단설**). 원고에게 가장 불리한 견해이고, 시효중단의 효력이 미치는 범위를 가장 좁게 풀이하는 견해이다. 과거 우리 대법원판례의 주류적 입장이지만,[1] 그 이론적 근거가 미약하다.

ii) 일부청구의 경우에는 권리 위에 잠자고 있지 않다는 점이 나타나고 있으므로 명시적인가 아닌가를 묻지 않고 그 권리관계의 전부에 대하여 시효중단의 효력이 미친다고 하는 견해가 있다(**전부중단설**). 일본의 유력설로서,[2] 원고에게 가장 유리한 견해이다.

iii) 명시적 일부청구의 경우에는 그 일부만이 소송물이므로 시효중단의 효력은 그 일부에 한하여 발생하지만, 묵시적 일부청구의 경우에는 채권의 동일성이 인정되는 범위 안에서는 그 전부에 대하여 시효중단의 효력이 발생한다고 보는 견해가 있다(**절충설**). 우리나라의 다수설[3]·판례[4]의 입장이다(일본 판례의 입장도 같다[5]).

명시적 일부청구에 한하여 이를 독립된 소송물로 보는 명시적 일부청구긍정설(**명시적 일부청구설**)을 취하는 한, 이론적으로는 제3설(**절충설**)이 수미일관하다. 그러나 시효제도의 취지에 비추어 보면 제2설(**전부중단설**)이 실제적으로 가장 타당하다고 생각한다. 다만 대법원은 원고가 장차 신체감정결과에 따라 청구금액을 확장할 것을 전제로 우선 재산상 및 정신상 손해금 중 일부를 청구하여온 사건에서, 이것은 일부청구가 아니라는 이유로 시효중단의 효력은 소장에서 주장한 손해배상채권의 동일성의 범위 안에서 채권 전부에 대하여 미친다고 설시하고 있어[6] 판례의 입장이 일관되지 않은 것처럼 보인다. 그러나 이러한 판례의 취지는 시효중단과 관련하여 절충설을 취하여 원칙적으로 명시한 일부에 대해서만 시효중단의 효력을 인정하면서도, 일부만을 먼저 청구하게 된 취지를 살펴 '일부만을 청구해도 채권 전부에 관하여 판결을 구하는 것으로 해석되는' 예외적인 경우에는 특별히 그 채권의 동일성의 범위 내에서 전부에 관하여 시효중단의 효력을 인정하는 것으

1) 大判 1967. 5. 23, 67 다 529; 1975. 2. 25, 74 다 1557; 1976. 2. 24, 75 다 1240.
2) 新堂, 161면; 中野=松浦=鈴木, 189면.
3) 方, 357면; 李時, 309면; 金/姜, 314면.
4) 大判 2012. 11. 15, 2010 두 15469; 1992. 4. 10, 91 다 43695.
5) 日最判 1970. 7. 24, 民集 24. 7. 1177.
6) 大判 1992. 12. 8, 92 다 29924.

로 볼 수 있을 것이다.[1] 나아가 이러한 법리는 신체훼손으로 인한 손해배상청구사건에서 뿐만 아니라 특정 불법행위로 인한 손해배상채권에 대한 지연손해금청구에도 마찬가지로 적용된다는 것이 판례의 태도이다.[2]

iv) 원고가 소장에서 청구의 대상으로 삼은 채권의 일부만을 청구하면서 소송의 진행경과에 따라 앞으로 청구금액을 확장하겠다는 뜻을 표시하고 그 소송의 종료 전에 **실제로 청구금액을 확장한 경우**(소제기 당시부터 채권 전부에 대해 판결을 구한 것으로 해석할 수 있다)에는 소제기 당시부터 채권 전부에 관해서 시효중단의 효력을 인정할 수 있다.[3] 원고가 실제로 청구금액을 **확장하지 않은 경우** 또는 채권의 특정 부분을 청구범위에서 **명시적으로 제외한 경우**에는, 위 확장하지 않은 부분(채권 전부에 관하여 판결을 구한 것으로 볼 수 없으므로)[4] 또는 청구범위에서 명시적으로 제외한 부분(애초부터 소의 제기가 없었던 것과 마찬가지이므로)[5]에 대해서는 재판상 청구로 인한 시효중단의 효력이 발생하지 아니하지만, 이는 최고로서의 효력은 있는 것으로 보아 채권자는 당해 소송이 종료된 때부터 6월 내에 재판상의 청구 등 민법 제174조의 조치를 취함으로써 나머지 부분에 대한 소멸시효를 중단시킬 수 있다.[6]

(3) 一部請求에 대한 判決의 旣判力의 範圍

가분채권의 일부청구에 대하여 판결한 경우에 그 판결의 기판력이 잔부청구에도 미치는가가 크게 문제된다. 이 문제에 관한 해답은 일부청구의 허용성에 관하여 어떠한 견해를 취하는가에 달려 있다. 그리하여

i) 일부청구부정설에 의하면, 일부청구를 하여도 그 소송물은 채권 전부이므로 일부청구에 대한 판결의 기판력은 원고가 주장한 채권의 전부에 미치고, 따라서 잔부청구를 하는 것은 기판력에 저촉된다고 한다.

ii) 명시적 일부청구는 물론 묵시적 일부청구의 경우에도 일부청구임을 인정하는 견해에 의하면, 일부청구에 대한 판결의 기판력은 당연히 그 일부에 대하여

1) 大判 1992. 4. 10, 91 다 43695.
2) 大判 2001. 9. 28, 99 다 72521.
3) 大判 2023. 10. 12, 2020 다 210860, 210877.
4) 大判 2020. 2. 6, 2019 다 223723.
5) 大判 2022. 5. 26, 2020 다 206625; 2021. 6. 10, 2018 다 44114.
6) 大判 2020. 2. 6, 2019 다 223723; 2022. 5. 26, 2020 다 206625; 2021. 6. 10, 2018 다 44114(판례에 따르면 소를 제기하면서 장차 청구금액을 확장할 뜻을 표시한 채권자는 장래에 나머지 부분을 청구할 의사를 가지고 있는 것이 일반적이며, 다른 특별한 사정이 없는 한 당해 소송이 계속 중인 동안에는 나머지 부분에 대하여 권리를 행사하겠다는 의사가 표명되어 최고에 의해 권리를 행사하고 있는 상태가 지속되고 있는 것으로 보아야 한다고 한다).

만 발생하고, 따라서 잔부청구에 대하여는 기판력이 미치지 않는다고 한다.[1)]

iii) 명시적 일부청구와 묵시적 일부청구를 구별하여 전자의 경우에만 일부청구임을 인정하는 통설·판례에 의하면, 명시적 일부청구의 경우에는 소송물은 그 일부이므로 잔부에는 기판력이 미치지 아니하나, 묵시적 일부청구의 경우에는 소송물은 그 전부이므로 잔부청구를 하는 것은 기판력에 저촉되어 부적법하다.[2)] 나아가 최근 대법원은 의료사고에 따른 손해배상청구소송(전소)에서 '향후 치료비는 향후 소송 시 신체감정 결과에 따라 확정하여 청구한다'는 취지를 밝힌 경우 이를 명시적 일부청구에 해당하는 것으로 파악하여 전소 확정판결의 기판력이 위 향후 치료비 청구에 미치지 않는다고 하였다.[3)]

일부청구의 허용성에 관하여 앞에서 말한 이유로 제3설에 찬성한다. 도이칠란트에서 일부 견해는 일부청구를 한 원고가 승소하였는가, 패소하였는가에 따라 잔부청구에 대한 기판력을 달리 풀이하고 있다.[4)]

(4) 後遺症에 의한 損害賠償請求와 一部請求理論

불법행위의 경우에 전소에서 예측하지 못하였던 후유증에 의한 손해가 발생하는 일이 종종 있다. 이 경우에 후유증에 의한 손해배상청구를 허용하기 위한 근거로서 일부청구의 이론을 원용하는 경우가 있다(**잔부청구설**).[5)] 그러나 일부청구이론은 전체로서 소구가능한 한 개의 채권을 분할하여 소구(訴求)할 수 있는가의 문제이고, 후유증에 의한 손해배상청구는 전소의 표준시에 객관적으로 예측할 수 없었던 손해이기 때문에 소구할 수 없었던 것을 후소에서 소구할 수 있는가의 문제로서, 양자는 그 국면을 달리한다. 그러므로 전소에서 객관적으로 예측할 수 없었던 후유증에 의한 손해는 표준시까지 배상을 청구할 수 있었던 손해가 아니라 오히려 표준시 이후에 발생한 새로운 사유로 인한 손해로서 새로운 소송물을 구성하는 것으로 풀이하여야 할 것이다(**별개소송물설**).[6)] 어느 견해에 의하든 후유증에 기한 추가청구는 인정되고 있으며, 대법원도 이를 새로운 소송물로 보아 긍정하고 있다.[7)]

---

1) 胡, 821면.
2) 大判 1989. 6. 27, 87 다카 2478; 2000. 2. 11, 99 다 10424; 2016. 6. 10, 2016 다 203025; 2016. 7. 27, 2013 다 96165.
3) 大判 2016. 7. 27, 2013 다 96165.
4) Jauernig, §63 Ⅱ; Zeiss, §71 Ⅲ 3, 4. 이에 관한 소개로 胡, 823면 이하 참조.
5) 新堂, 229면.
6) 同旨: 李時, 266, 659면.

(5) 기타의 問題

(가) 一部請求와 相計 또는 過失相計 일부청구에 대하여 상계 또는 과실상계를 하는 경우에 그 방법이 문제가 된다. 이에 관하여는 **외측설**과 **안분설**의 대립이 있다. 전자는 채권의 전액을 산정하여 그 금액을 기준으로 하여 여기에서 상계 또는 과실상계를 하는 방법이다. 상계한 뒤에 남은 잔액이 청구권을 초과할 때에는 청구권의 범위 안에서 인용하고, 잔액이 청구액에 미달할 때에는 잔액대로 인용하게 된다. 후자는 일부청구액을 기준으로 하여 여기에서 상계 또는 과실상계를 하는 방법이다. 이에 의하면 청구금액의 전액이 인정되는 예가 없게 된다. 판례는 외측설을 따르고 있다.[1)]

(나) 一部請求에서의 請求趣旨擴張과 請求의 變更 일부청구에서 전부청구로 청구취지를 확장하는 경우에 청구의 변경이 되는가가 문제이다. 이에 관하여 일부학설은 청구원인의 변경이 없다는 이유로 청구의 변경이 아니라고 한다.[2)] 그러나 이 경우에는 청구취지의 변경이 있고 피고가 예기하지 않았던 판결을 받을 가능성이 있으므로 청구의 변경(추가적 변경)이 있는 것으로 보아야 할 것이다.[3)] 판례도 이와 같다.[4)]

(다) 一部請求에서의 全部 勝訴와 上訴의 利益 전부 승소한 원고는 청구취지의 확장을 위하여 상소할 수 없는 것이 원칙이다(형식적 불복설). 명시적 일부청구의 경우에는 원고가 별소로 잔부청구를 할 수 있으므로 청구취지의 확장을 위한 상소를 인정할 필요가 없다. 그러나 묵시적 일부청구의 경우에는 판례·통설에 의하면 원고는 뒤에 잔부청구를 할 수 없다. 그러므로 이 경우에는 형식적 불복설에 대한 예외를 인정하여 원고는 청구취지의 확장을 위한 항소를 할 수 있다고 풀이하여야 할 것이다(판례).[5)]

(라) 一部請求와 事情變更으로 인한 追加請求 이에 관하여는 '변경의 소'에 관한 설명 참조.

---

7) 大判 1980. 11. 25, 80 다 1671; 2007. 4. 13, 2006 다 78640; 井上, "確定判決後の殘額請求," 爭點, 181면 이하 참조.

1) 大判 1976. 6. 22, 75 다 819; 1984. 3. 27, 83 다 323; 1991. 1. 25, 90 다 6491.

2) 李英, 243면.

3) 同旨: 方, 218면; 李時, 851면.

4) 大判 1966. 9. 20, 66 다 1014.

5) 大判 1997. 10. 24, 96 다 12276 등. 同旨: 李時, 851면.

제 5 장 訴提起의 效果

제 1 절 總 說

소의 제기에 의하여 소송법상 및 실체법상 여러 가지 효과가 발생한다. 소송법적으로는 소송의 주체인 법원과 당사자 및 심판의 객체인 소송물이 우선 특정되고, 이 특정된 사건이 특정 법원에서 심판되는 상태가 뒤따른다. 이 상태를 소송계속이라고 한다. 실체법적으로는 시효중단을 비롯한 몇 가지의 효과가 발생한다.

제 2 절 訴訟係屬

Ⅰ. 意 義

소송계속(訴訟係屬; Rechtshängigkeit, Gerichtshängigkeit)이라 함은 특정 청구에 관하여 특정 법원에 판결절차가 현실적으로 존재하는 상태, 즉 특정 사건이 특정 법원에서 판결절차로 심판되고 있는 상태를 가리킨다.

소송계속은 사건이 판결절차에서 심판되는 것이므로, 판결절차 이외의 절차(예컨대 강제집행절차, 가압류·가처분절차, 조정절차, 중재절차)에서 심리되어도 소송계속이 되지 아니한다. 제소전화해절차와 독촉절차에 관하여는 다툼이 있으나, 이는 판결절차로 직접 이행할 수 있으므로 이 경우에도 소송계속이 있다고 본다(통설).[1]

소송계속은 판결절차가 현존하면 성립하므로, 그 소가 소송요건을 구비하였는가의 여부를 묻지 아니한다. 따라서 소송무능력자가 제기한 소나 관할권 없는 법원에 제기된 소에 의하여도 소송계속이 발생한다.

---

1) 제소전화해의 경우에는 소제기신청시에 소송계속이 발생한다는 견해로는 李時, 297면이 있다.

소송계속은 특정한 청구(소송물)에 관하여만 성립하므로, 청구 이외의 공격·방어방법으로서 주장된 권리관계, 예컨대 상계의 항변에 관하여는 소송계속이 발생하지 아니한다.

Ⅱ. 發生時期

소송계속의 발생시기에 관하여는 명문의 규정이 없으므로 학설이 나누어져 있다. 소장의 제출시라고 하는 견해(**소장제출시설**)는 시효중단의 시기에 관한 민사소송법 제265조를 근거로 삼고 있으나, 이것은 소제기에 따르는 사법상의 효과이므로, 소송법상의 효과를 그와 동일하게 볼 이유는 없다. 소송법률관계는 법원·원고 및 피고의 3자 간의 관계이므로 소송계속은 소장이 피고에게 송달된 때에 발생한다고 풀이하여야 할 것이다(**소장송달시설**, 통설·판례).[1] 그런데 최근에는 소송계속의 발생시기를 일반적으로 논할 필요는 없고, 소제기에 관련된 개개의 효과에 따라 개별적으로 논하면 충분하다는 견해(**개별적 판단설**)가 주장되고 있다.[2] 그러나 소송계속이 문제되는 경우가 많으므로 이를 통일적으로 결정하는 통설과 판례가 타당하다고 생각한다.

Ⅲ. 終了事由

소송계속의 원칙적인 종료사유는 판결의 확정이다. 따라서 판결이 선고되어도 상소가 제기되면, 상소심에 여전히 소송계속이 있게 된다. 소송계속은 그 밖에 소장의 각하(소장송달 후 변론개시 전),[3] 이행권고결정 또는 화해권고결정의 확정, 재판상 화해 혹은 청구의 포기·인낙조서의 작성, 소의 취하 등에 의하여도 소멸한다.

Ⅳ. 效 果

1) 소송계속이 발생하면 첫째로 법원·당사자 및 소송물이 일단 특정되고, 둘

---

1) 大判 1989. 4. 11, 87 다카 3155; 1990. 4. 27, 88 다카 25274.

2) 新堂, 155면.

3) 재판장이 변론을 개시할 때까지는 소장을 각하할 수 있다는 견해를 전제로 한다. 同旨: 李時, 286, 296면; 宋/朴, 281면; 大決 1973. 10. 26, 73 마 641. 피고가 소장을 송달받은 뒤에는 소를 각하하여야 한다는 견해로는 金/姜, 128면; 姜, 355면; 胡, 115면.

째로 그 소송에 관하여 소송참가(71, 79, 81, 82, 83) · 소송고지(84)가 가능하여지며, 셋째로 관련청구의 재판적이 발생하며(독립당사자참가(79), 반소(269) 및 중간확인의 소(264), 소의 변경(262) 등), 넷째로 중복된 소제기의 금지(259)의 효과가 발생한다. 이 가운데 가장 중요한 것은 중복된 소제기의 금지이므로 다음에 자세히 설명하고, 그 밖의 효과는 각각 관련되는 곳에서 다루기로 한다.

2) 소송계속의 효과로서 법원 · 당사자 및 소송물이 일단 특정된다고 하는 점에 관하여는 반대설이 있다.[1)] 그러나 비록 소제기 후에 소송의 이송이 가능하고, 피고의 경정이나 필수적 공동소송인의 추가가 가능하며(68, 260), 또 청구의 변경이 인정되지만, 법원의 관할은 소를 제기한 때를 표준으로 하여 정하고(33),[2)] 당사자의 변경은 이를 허용한다고 하더라도 엄격한 요건이 요구되고 있으며(소송승계는 法定事由가 있을 때 허용된다), 청구의 변경은 청구의 기초에 변경이 없는 한도에서 인정된다(262). 그렇다면 소송계속이 발생한 시점에서 이들이 일단 특정되는 것을 부정할 수 없을 것이다.[3)]

제 3 절 重複된 訴提起의 禁止

Ⅰ. 意 義

법원에 이미 소송계속이 생긴 사건에 대하여는 당사자는 다시 소를 제기하지 못한다(259). 이를 중복된 소제기의 금지 또는 이중소송금지의 원칙이라고 한다.[4)]

중복된 소제기를 허용하는 경우에는 피고로서는 이중의 소송수행을 강요당하고 법원으로서도 중복하여 심판하여야 하므로 소송경제에 반할 뿐만 아니라, 같은 사건에 관하여 서로 모순되는 판결이 나올 위험이 있다. 이것을 막기 위하여 중복된 소제기를 금지하는 것이다.

---

1) 方, 348면; 李時, 296면.

2) 관할은 소제기시에 결정되므로, 관할의 恒定은 소장송달시 발생하는 소송계속의 효과가 아니라고 볼 수도 있으나, 도이칠란트에서는 이를 소송계속의 효과로 보는 데 다툼이 없다. Rosenberg, §100 Ⅲ 2; Jauernig, §40 Ⅰ 2 등 참조.

3) 同旨: 新堂, 158면.

4) 민사소송법 제259조에서 금지하는 것은 같은 사건을 둘러싼 이중소송의 계속이고 소제기 자체는 아니며, 같은 절차 안에서 병합처리되는 한 별소제기 자체는 허용된다고 하는 견해가 유력하게 주장되고 있다. 이 견해에서는 '이중소제기의 금지' 대신에 '이중소송의 금지'라는 표현을 쓰고 있다. 住吉 博, "二重起訴禁止の範圍と效果," 爭點, 150면.

Ⅱ. 要　　件

중복된 소제기에 해당하려면 소송계속되어 있는 사건(전소)과 같은 사건에 관하여 별소(후소)가 제기되어야 한다. 즉, 전소가 계속되어 있는 동안에 별소가 제기되고, 전소와 후소의 사건이 같아야 한다. 사건이 같으려면 소송의 주체인 당사자가 같고, 심판의 객체인 청구(소송물)가 같아야 한다.

1. 主體的 要件－當事者의 同一

1) 전소와 후소의 당사자가 같아야 한다. 다만 원고와 피고가 뒤바뀌어도 동일성에는 영향이 없다. 예컨대 갑이 을을 상대로 하여 대여금반환청구의 소를 제기하여 계속중에 을이 갑을 상대로 하여 위 대여금채무의 부존재확인청구의 소를 제기하는 경우와 같다. 이에 반하여 당사자가 다르면 사건은 같지 않다. 예컨대 갑이 을을 상대로 하여 가옥소유권확인청구의 소를 제기하여 계속중 갑이 병을 상대로 하여 같은 가옥의 소유권확인청구의 별소를 제기하는 경우에는 양 쪽 소의 사건이 다르다.

2) 양 쪽 소의 당사자가 다르더라도 한 쪽 소의 당사자가 다른 쪽 소의 판결의 효력을 받는 경우(218 Ⅰ·Ⅲ), 즉 소송당사자와 실질적 이익귀속자의 경우에는 사건이 같다. 예컨대 선정당사자와 선정자가 각각 소를 제기한 경우, 사실심의 변론을 종결한 뒤에 소송물을 양수한 사람이 같은 권리에 관하여 소를 제기한 경우 등에는 중복된 소제기에 해당한다.

3) **채권자대위소송**의 경우에는 판결의 효력과 관련하여 문제가 된다. 첫째로 채권자대위권에 기하여 **채권자**가 소를 제기한 뒤에 **채무자**가 같은 내용의 후소를 제기한 경우에는 ① 채무자의 후소는 언제나 중복된 소제기에 해당한다는 것(**긍정설**)이 판례의 일관된 입장이다.[1] ② 이와는 달리 채무자는 대위소송이 계속중임을 알았을 때에 한하여 기판력을 받으므로,[2] 이 경우에 한하여 같은 사건임을 인정하여야 하고, 채무자가 대위소송이 계속중임을 몰랐을 경우에는 이를 알려 소송참가

1) 大判 1974. 1. 29, 73 다 351; 1977. 2. 8, 76 다 2570; 1995. 4. 14, 94 다 29256.
2) 大(全)判 1975. 5. 13, 74 다 1664.

의 기회를 제공하고 각하하여야 한다는 견해(**제한적 긍정설**)가 있다.[1] ③ 또한 채권자대위소송에서 채권자는 채무자의 권리를 행사하는 것이 아니라 자기의 실체법상의 권리인 채권자대위권을 행사하는 것으로 보고, 채권자의 대위소송과 채무자의 소송은 서로 소송물이 다르며 기판력 또한 양자가 서로 미치지 아니하므로 양자는 중복된 소제기의 관계에 있지 아니하다는 견해가 있다(**부정설**).[2] 생각건대 중복된 소제기의 금지는 모순되는 판결을 방지하는 등 기판력과는 다른 기능을 가지고 있으므로 판례의 입장이 타당하다.[3] ③의 견해는 채권자의 대위소송이 계속중에 채무자가 소를 제기하면, 대위소송의 변론을 종결할 때를 기준으로 볼 때 채권자대위권의 행사요건인 '채무자가 채권을 행사하지 않을 것'이라는 요건이 불비되어 있으므로, 실체법상 대위권행사요건의 불비로 전소청구가 기각될 것이라고 한다.[4] 그러나 대위채권자의 소송이 채무자의 소제기라는 우연한 사정으로 인하여 달라진다는 것은 소송절차의 안정을 해하는 것으로 용인될 수 없다. 따라서 판례의 입장이 타당하다.

둘째로, **채무자**가 제3채무자에 대하여 자기의 권리에 관한 소를 제기하여 계속 중 **채권자**가 대위소송을 제기한 경우에도 중복된 소제기에 해당한다는 것이 종래 판례의 태도였다.[5] 다만 최근에는 채권자가 대위권을 행사할 당시 이미 채무자가 권리를 재판상 행사하였다면 설시 채무자가 패소의 본안판결을 받았거나,[6] 그 소를 취하하였다 하더라도[7] 채권자는 채무자를 대위하여 채무자의 권리를 행사할 당사자적격이 없다고 하는 것이 판례의 태도이다.[8] 이에 관하여는 위 ③의 견해에 입각하여 민법 제404조 제1항의 '채무자가 채권을 행사하지 않을 것'이라는 대위권 행사요건의 불비로 후소를 청구기각하여야 한다는 견해도 있다.[9] 다만 채무자가 제3채무자를 상대로 이행의 소를 제기하여 법원에 계속되어 있는 상태에서 압

1) 李時, 299면; 金/姜, 304면.
2) 胡, 157면 이하.
3) 同旨: 姜, 357면; 한충수, 258면.
4) 胡, 158면.
5) 大判 1981. 7. 7, 80 다 2751.
6) 大判 1992. 11. 10, 92 다 30016; 1993. 3. 26, 92 다 32876; 2020. 6. 25, 2019 다 218684.
7) 大判 2016. 4. 12, 2015 다 69372.
8) 그 밖에도 大判 2009. 3. 12, 2008 다 65839; 2018. 10. 25, 2018 다 210539(다만 비법인사단인 채무자 명의로 제3채무자를 상대로 한 소가 제기되었으나 사원총회의 결의 없이 총유재산에 관한 소가 제기되었다는 이유로 각하판결이 내려지고 확정된 경우에는 채무자가 스스로 제3채무자에 대한 권리를 행사한 것으로 볼 수 없다고 하였다).
9) 胡, 159면.

류채권자가 제3채무자를 상대로 추심의 소를 제기하는 것은 중복된 소제기에 해당하지 않는다. 왜냐하면 채무자의 제3채무자에 대한 금전채권 등에 대하여 압류 및 추심명령이 있으면 민사집행법 제238조, 제249조 제1항에 따라 압류 및 추심명령을 받은 압류채권자만이 제3채무자를 상대로 압류된 채권의 이행을 청구하는 소를 제기할 수 있고, 채무자는 압류 및 추심명령이 있는 채권에 대하여 제3채무자를 상대로 이행의 소를 제기할 당사자적격을 상실하므로, 압류 및 추심명령이 있는 채권에 대하여 채무자가 제기한 이행의 소는 부적법한 소로서 본안에 관하여 심리·판단할 필요 없이 각하하여야 하기 때문에(大判 2008. 9. 25, 2007 다 60417), 이 경우에는 제3채무자에게 불합리하게 과도한 이중 응소의 부담을 지우고 본안 심리가 중복되어 당사자와 법원의 소송경제에 반한다거나 판결의 모순·저촉의 위험이 크다고 볼 수 없기 때문이다.[1)]

셋째로, **채권자대위소송이 계속중에 다른 채권자**가 같은 채권에 관하여 다시 채권자대위의 소를 제기한 경우에는 중복된 소제기에 해당한다(판례).[2)] 이에 관하여는 기판력과 일관성을 유지하기 위하여 채무자가 대위소송을 하는 것을 알았을 때에 한하여 다른 채권자의 소송이 이중소송이 된다는 견해가 있고,[3)] 위 ③의 견해에 입각하여 이중소송이 아니라는 견해도 있다.[4)]

넷째로, 채권자대위소송과 다른 채권자에 의한 동일한 제3채무자에 대한 **추심소송**(民執 229 Ⅱ, 249)이 별소로 제기되어 진행되는 경우에도, 양 소의 판결의 기판력은 모두 채무자에 미치므로, 이중소송이 된다. 다만 양 소가 병합심리되는 경우에는 심리와 판결의 통일을 꾀할 수 있으므로 이중소송금지의 취지에 어긋나지 않는다.[5)]

4) **채권자취소소송**(사해행위취소소송)의 경우에 어느 한 채권자가 채권자취소의 소를 제기한 경우에 다른 채권자가 제기한 소가 중복된 소제기인가가 문제된다. 채권자취소권은 채권자대위권과는 달리, 채권자취소권의 요건을 갖춘 각 채권자가 고유의 권리로서 채무자의 재산처분행위를 취소하고 그 원상회복을 구할 수 있는 것이므로, 각 채권자가 동시에 또는 이시에 채권자취소 및 원상회복의 소를 제기

---

1) 大(全)判 2013. 12. 18, 2013 다 202120.
2) 大判 1989. 4. 11, 87 다카 3155; 1990. 4. 27, 88 다카 25274; 1998. 2. 27, 97 다 45532.
3) 李時, 299면.
4) 胡, 157면.
5) 日最判 1970. 6. 2, 民集 24. 6. 447.

하여도 이들 소송은 중복된 소제기가 아니다(판례).[1]

2. 客體的 要件－請求(訴訟物)의 同一

1) 종래의 통설·판례는 중복된 소제기의 객관적 요건으로서 청구(소송물)의 동일성을 요구하였고, 따라서 소송물이 다르면 사건은 같지 않은 것으로 보았다. 그리고 소송물이 같은가 아닌가의 기준은 소송물이론에 따라 다르므로, 어떠한 소송물이론을 취하는가에 따라 중복된 소제기에 해당하는 범위가 달라지게 마련이다. 예컨대 같은 사실관계에 기하여 채무불이행을 원인으로 하는 손해배상청구의 소를 제기하여 계속중에 불법행위를 원인으로 하는 손해배상청구의 별소를 제기하는 경우에, 구실체법설에 의하면 소송물이 다르므로 중복된 소제기에 해당하지 아니하나, 이지설·일지설·신실체법설에 의하면 소송물이 같으므로 중복된 소제기에 해당한다(그 밖의 예에 관하여는 소송물이론에 관한 설명 부분 참조). 그러나 소송물의 전제를 이루는 선결문제에 관하여 소를 제기하더라도 같은 사건이 되지 아니한다(예컨대 소유권이전등기말소청구소송이 계속되는 동안에 제기한 소유권확인의 소).

2) 소송물의 동일성과 관련하여 이중소송에 해당하는지 여부가 특히 다투어지는 문제에 다음과 같은 것들이 있다.

i) 첫째로 심판형식의 차이가 사건의 동일성에 영향을 미치는가가 문제된다. 이것은 같은 청구권에 관한 (적극적 또는 소극적)확인청구의 소와 (원고 또는 피고의) 이행청구의 소가 중복된 소제기에 해당하는가를 둘러싸고 특히 문제된다. 일반적으로는 심판형식(권리보호의 형식, 즉 이행·확인·형성의 소 가운데 어느 것인가의 문제)이 다르면 소송물이 다른 것으로 본다(訴訟物의 方向에 관한 설명 참조). 그런데 이행판결은 이행청구권의 존재를 확정하는 효력이 있고, 그 한도 안에서는 이행청구권의 확인판결과 같은 기능을 가지고 있기 때문에 문제가 된다. 이 문제에 관하여는 견해의 대립이 있다. **제1설**은 이행청구가 이행기를 넘기지 아니하였다는 이유로 청구기각되는 경우에도 그 청구권에 관한 확인청구는 가능하다는 것을 근거로 하여 양 소는 항상 같은 사건이 아니라고 한다. **제2설**은 이와 반대로 양 소는 항상 같은 사건이라고 한다. 먼저 이행청구의 소를 제기하고

---

1) 大判 2005. 11. 25, 2005 다 51457. 또한 어느 한 채권자가 동일한 사해행위에 관하여 채권자취소 및 원상회복청구를 하여 승소판결을 받아 그 판결이 확정되었다는 것만으로는 그 후에 제기된 다른 채권자의 같은 청구가 권리보호의 이익이 없어지게 되는 것은 아니고, 그에 기하여 재산이나 가액의 회복을 마친 경우에 비로소 다른 채권자의 채권자취소 및 원상회복청구는 그와 중첩되는 범위 안에서 권리보호의 이익이 없게 된다(大判 2003. 7. 11, 2003 다 19558; 2005. 3. 24, 2004 다 65367).

뒤에 확인청구의 소를 제기하는 경우에는 이행청구에 확인청구가 포함되어 있기 때문에 중복된 소제기가 되고, 먼저 확인청구의 소를 제기한 경우에는 같은 소송절차에서 청구취지를 변경하여 이행청구를 할 수 있고 구태여 이행청구의 별소를 제기할 필요가 없으므로 이를 같은 사건으로 보아야 한다고 한다. **제3설**은 위 두 견해의 중간적인 입장으로서, 확인의 소를 먼저 제기하고 뒤에 이행청구의 별소를 제기하는 경우에는 확인판결로 강제집행을 할 수 없어서 이행청구의 필요가 있으므로 중복된 소제기에 해당하지 않는 것으로 본다. **제4설**은 청구취지가 다르므로 이중소송이 문제될 수 없으며, 확인의 소의 보충성 때문에 이행의 소가 계속되면 확인의 소는 전후를 불문하고 권리보호의 자격의 결여로 각하된다고 한다.[1] 우리나라의 통설은 제2설이나,[2] 도이칠란트의 통설·판례는 제3설이다.[3] 대법원도 제3설을 취하고 있다.[4] 그러나 같은 청구권에 관한 확인의 소와 이행의 소는 기본적인 사실관계가 동일하므로 어느 소가 먼저 제기되었는가를 불문하고 중복소송에 해당한다고 본다(사실관계 일치설의 입장). 최근 유럽연합법원은 연합 내 여러 국가 간의 판결의 모순을 방지하기 위하여 동일한 청구권에 관한 확인의 소와 이행의 소는 핵심적 사실관계가 동일하므로 소제기의 순서에 관계없이 모두 중복소송에 해당한다고 보고 있다.[5]

ii) 둘째로 같은 권리관계에 관한 원고의 적극적 확인청구의 소와 피고의 소극적 확인청구의 별소가 같은 사건인가이다. 이 경우 피고의 소극적 확인청구는 원고청구의 기각을 구하는 것 이상의 의미가 없으므로, 양 청구는 같은 사건이다. 그러나 같은 권리관계에 관한 원고의 적극적 확인청구와 피고의 적극적 확인청구는 같은 사건이 아니다. 왜냐하면 후자의 경우에는 전소의 기각판결이 피고의 소유권을 확인하는 것이 아니기 때문이다.[6]

---

1) 胡, 165면.

2) 方, 353면; 李英, 256면; 金/姜, 309면; 宋/朴, 285면.

3) BGH 7, 271; Rosenberg, §100 Ⅲ 1 c); Jauernig, §40 Ⅱ 2.

4) 대법원은 손해배상채무에 대한 부존재확인소송이 계속되는 동안에 그 채무의 이행을 구하는 반소가 제기되어도 본소가 부적법하게 되는 것은 아니라고 본다(大判 1999. 6. 8, 99 다 17401); 다만 이행의 소의 계속 중에 채무부존재 확인의 소가 제기된 사안에서 대법원은 그 청구원인이 서로 다르다면 중복제소에 해당하지는 않지만 후소는 확인의 이익이 없어 부적법하다고 하였다(大判 2001. 7. 24, 2001 다 22246).

5) EuGHE 1994. I−5460(1994. 12. 06 Tatry/Maciej Ratai 사건. 먼저 소극적 확인의 소, 뒤에 이행의 소); EuGHE 1987, 4861(1987. 12. 08 Gubisch v. Palumbo 사건. 먼저 이행의 소, 뒤에 소극적 확인의 소) 등 참조.

6) Jauernig, §40 Ⅱ 2. 판례는 채권자가 채무인수자를 상대로 제기한 채무이행청구소송(전소)과 채무인수자가 채권자를 상대로 제기한 원래의 채무자의 채권자에 대한 채무부존재확인소송(후소)은 그 청구취지와 청구원인이 서로 다르므로 이중소송에 해당하지 아니하나, 후소는 소의 이익이 없다고 한다(大判 2001. 7. 24, 2001 다 22246).

iii) 셋째로 같은 채권의 수량적 일부를 전소로서 청구하고 그 잔부를 후소로 청구하는 경우에 중복된 소제기에 해당하는가이다. 앞에서 설명한 바와 같이 명시적 일부청구의 경우에는 이론적으로 중복된 소제기에 해당하지 않는다고 보아야 할 것이지만, 이 경우에도 잔부청구는 청구취지의 확장에 의하는 것이 바람직스럽다(자세한 것은 一部請求에 관한 설명을 참조).

iv) 넷째로 **상계의 항변**으로 주장한 채권에 관하여 별소나 반소로서 이행청구를 하는 경우 또는 그 반대의 경우가 중복된 소제기에 해당하는가가 문제된다. 전술한 바와 같이 소송계속은 특정한 소송물에 관하여만 성립하므로, 공격·방어방법을 이루는 선결적 법률관계나 항변으로 주장한 권리에 관하여는 소송계속이 발생하지 아니한다. 이 원칙에 따르면 피고가 동시이행의 항변 또는 유치권의 항변으로 주장한 채권을 별소 또는 반소로 청구하는 경우, 소유권에 기한 이행의 소(예컨대 이전등기말소청구)의 계속중에 그 선결문제인 소유권확인의 소를 별소로 청구하는 경우 등에는 중복된 소제기에 해당하지 아니한다.

그러나 상계의 항변의 경우에는 그 판단에 기판력이 인정되어(216 II), 보통의 방어방법이나 항변과 달리 취급하고 있기 때문에, 이중소송 여부를 판단하는 경우에 이를 보통의 공격·방어방법과 같은 예로 취급하여도 좋은가가 문제되는 것이다. 이 문제에 관하여 i) 우리나라의 다수설[1]과 판례[2]는 상계의 항변은 어디까지나 하나의 방어방법이고 소송물이 아니라는 이유로, 상계의 항변으로 주장한 자동채권을 별소 또는 반소로 청구하여도 중복된 소제기에 해당하지 않는다고 한다(**적극설**).[3] 그러나 ii) 상계로 주장한 채권의 존재 여부의 판단에는 기판력이 미치는 것을 근거로 하여 판결의 모순을 방지할 필요가 있다고 하여, 이 경우에 중복된 소제기의 금지를 유추하여야 한다는 견해도 있으며(**소극설**),[4] iii) 두 사건을 이부, 이송 등으로 병합하여 심리하고, 그것이 불가능하면 소송지휘를 통해 한 쪽의 변론

---

1) 方, 351면; 李英, 252면; 宋/朴, 284면; 한충수, 262면.

2) 大判 1975. 6. 24, 75 다 103.

3) 또한 판례는 상계의 항변을 제출할 당시 이미 자동채권과 동일한 채권에 기한 소송을 별도로 제기하여 계속중인 경우, 사실심의 담당재판부로서는 전소와 후소를 같은 기회에 심리·판단하기 위하여 이부, 이송 또는 변론병합 등을 시도함으로써 기판력의 저촉·모순을 방지함과 아울러 소송경제를 도모함이 바람직하였다고 할 것이나, 그렇다고 하여 특별한 사정이 없는 한 별소로 계속중인 채권을 자동채권으로 하는 소송상 상계의 주장이 허용되지 않는다고 볼 수는 없다고 하였다(大判 2022. 2. 17, 2021 다 275741; 2001. 4. 27, 2000 다 4050).

4) 姜, 362면; Rosenberg, §105 Ⅳ 2.

을 중지할 수 있을 것이고(후술하는 도이칠란트 민사소송법 제148조 참조) 어느 한 쪽 소송에서 판결이 먼저 확정되면 다른 소송에서 이를 기판력의 문제로 다루면 된다는 견해[1]도 있다. 생각건대 상계의 항변을 한 경우에 그것이 판결에서 받아들여질 것인가 아닌가는 분명하지 아니하므로, 이에 대하여 전면적으로 별개의 청구를 배척하는 것은 피고의 권리보호를 외면하는 것이 되어 부당하다. 그러므로 원칙적으로 적극설에 의하되, 판결의 모순을 피하기 위하여 자동채권의 청구는 별소에 의할 수는 없고 이미 계속중인 소송에서 반소를 제기하는 방법에 의하도록 함이 타당하다.[2] 다만 처분권주의의 원칙상 법원이 적극적으로 반소제기를 요구할 수는 없을 것이다.

도이칠란트 민사소송법은 상계로 주장된 채권에 관하여 별소가 제기되었을 때에는 어느 한 쪽의 변론을 중지할 수 있도록 규정하여(獨民訴 148), 이를 입법적으로 해결하고 있다.

3) 이처럼 종래의 통설·판례는 이중소송의 객관적 요건으로서 소송물의 동일성을 고집하여 왔다. 그런데 최근에는 이를 수정하여 소송물이 같은 경우뿐만 아니라, 이보다 넓게 양 소의 사실관계 또는 자료가 동일하거나 공통된 경우도 이에 해당한다고 하여, 중복된 소제기의 금지원칙을 확대하려는 시도가 있다. 여기에는 사건의 동일성의 기준을 청구의 기초의 동일성에서 구하는 견해[3] 및 쟁점효이론에 입각하여 양 소의 주요한 쟁점이 공통되는 경우에는 사건이 같은 것으로 처리하려는 견해[4] 등이 있다.[5] 예컨대 매매의 효력이 주요한 쟁점인 경우에 매수인이 목적물의 소유권확인청구를 하고 있는 동안에 별소로서 목적물의 인도청구를 하는 때, 매수인이 목적물의 소유권확인청구의 소를 제기하여 계속중에 매도인이 별소로서 위 매매의 무효를 이유로 소유권이전등기말소청구의 소를 제기하는 때, 소유권에 기한 토지의 인도청구소송에서 항변으로 주장한 임차권의 존재가 주요한 쟁점인 경우에 피고가 임차권의 확인을 구하는 별소를 제기한 때 등이 그러하다고 한다. 이 경우에는 같은 소송절차에서 심판을 구하지 않고 별소를 제기하면 공통된 쟁점(예컨대 매매의 효력)에 관한 중복심리 및 판단의 모순의 위험이 있기 때문에 별소는 중복된 소제기의 금지에 해당한다고 한다. 또한 전소가 청구의 변경이 불가능한 상고심에 계속중인 때에도 그 결말을 기다려 새로운 소를 제기하여야 한다고 한다. 이것은 소송물의 전제를 이루는 선결문제에까지 중복된 소제기의 금지를 확대하려는 시도로서 주목할 만하다. 그러나 이 경우에 양소

---

1) 胡, 167면(이러한 문제를 중복제소가 되는지 여부로 미리 판단해서는 안 된다고 한다).
2) 同旨: 李時, 300면; 金/姜, 309면.
3) 住吉 傳, "重複訴訟禁止原則の再構成,"「法學硏究」, 77. 4. 5. 6. 95면 이하(1970).
4) 新堂, 157면 이하.
5) 상세한 것은 住吉 博, "二重起訴禁止の範圍と效果," 爭點, 150면; 加藤哲夫, "二重起訴の範圍と效果," 新爭點, 158면 참조.

의 핵심적 사실관계가 동일하면 청구취지가 다르더라도 소송물이 같은 것으로 보아, 중복소송의 객관적 요건이 충족되는 것으로 풀이할 수 있을 것이다(사실관계 일치설).[1]

3. 전소가 계속되어 있는 동안에 후소를 제기할 것

1) 전후 양 소가 모두 소송계속중이어야 한다. 전소와 후소의 판별기준은 소송계속의 발생시기(소장 부본 송달시)의 선후이다.[2] 전소가 소송요건을 구비하지 못하여 부적법하더라도 상관이 없다.[3] 소송계속중에 소송의 목적인 권리의무(소송물)가 승계되어 승계인이 상대방 당사자에 대하여 새로운 소를 제기하였는데, 참가승계(81)나 인수승계(82)에 의하여 승계인이 이미 계속중인 전소송을 승계하게 되면, 승계의 상대방에 대한 새로운 소는 중복된 소제기가 된다.

2) 양 소는 반드시 독립의 소이거나 단일의 소이어야 하는 것은 아니다. 후소가 다른 청구와 병합되어 있거나, 다른 소송에서 청구의 변경,[4] 반소 또는 소송참가(79. 83)에 의하여 제기되어도 상관이 없다. 다만 후소가 전소의 소송절차 안에서 반소의 방법으로 제기된 때에는 중복된 소제기가 되지 아니한다.[5] 왜냐하면 이 경우에는 심판의 중복과 판결의 모순이 생기지 않기 때문이다. 후소의 변론을 종결할 때까지 전소가 취하되거나 각하되면 후소는 중복된 소제기로 되지 아니한다.[6]

3) 전소와 후소의 법원(司法官署로서의 법원)이 같거나 다르거나 상관이 없다. 그러나 여기의 법원은 우리나라의 법원을 가리키는 것으로 본다.

Ⅲ. 效　　果

1. 訴訟要件

전소와 후소가 같은 사건일 때에는 후소가 금지되므로, 중복된 소제기에 해당

1) 同旨: EuGHE 1994. I－5460(1994. 12. 06 Tatry/Maciej Ratai 사건); EuGHE 1987, 4861(1987. 12. 08 Gubisch v. Palumbo 사건) 등 참조.

2) 大判 1992. 5. 22, 91 다 41187.

3) 大判 1998. 2. 27, 97 다 45532.

4) 추가적 변경이 있는 경우, 추가된 소의 소송계속의 효력은 청구변경신청서를 상대방에게 송달하거나 변론기일에 이를 교부한 때 생긴다(大判 1992. 5. 22, 91 다 41187).

5) 新堂, 197면; 兼子, 176면.

6) 大判 2021. 5. 7, 2018 다 259213; 2017. 11. 14, 2017 다 23066.

하는 경우에는 소의 이익에 흠이 있게 된다. 소의 이익의 존재는 소송요건의 하나이므로, 중복된 소제기에 해당하는 것은 소극적 소송요건(소송장애)의 하나로 된다. 그러므로 법원은 중복된 소제기에 해당하는가의 여부를 직권으로 조사하여야 하고, 만일 이에 해당하면 직권으로 후소를 부적법 각하하여야 한다. 다만 사건이 같더라도 기록이 분실되었기 때문에 기록의 재편(再編)을 위하여 같은 법원에 후소를 제기하면 중복된 소제기가 아니다.[1]

2. 重複된 訴提起를 간과한 判決의 效力

중복된 소제기에 해당함을 간과하고 후소에 대하여 본안판결을 한 경우에는 위법하므로 당사자는 상소에 의하여 취소를 구할 수 있다. 그러나 일단 판결이 확정되면, 전소가 아직 계속중이더라도 판결의 효력이 발생하고,[2] 재심사유로 되지도 아니한다. 이 경우에는 후소의 부적법은 문제로 되지 않고, 도리어 후소판결의 기판력이 전소를 구속하게 된다.[3] 전소와 후소의 판결이 모두 확정되고 그 내용이 저촉될 때에는 재심의 소에 의하여 취소되기까지에는 전소판결이 우선한다는 견해[4]와 후소판결(뒤에 확정된 판결)이 우선한다는 견해[5]가 대립하고 있다. 어느 것이 먼저 제기되었는가에 관계없이 뒤에 확정된 판결이 재심의 소에 의하여 취소된다(451 Ⅰ ⑩). 생각건대, 기판력 있는 전소판결과 어긋나는 후소판결이 그대로 확정된 경우에도 전소판결의 기판력이 실효되는 것이 아니고 재심의 소에 의하여 후소판결이 취소될 때까지 전소판결과 후소판결은 어긋나는 상태대로 그냥 기판력을 갖는 것이라고 본다(판례. 이에 관하여는 기판력의 시적범위에 관한 설명 참조).[6]

3. 외국법원과의 중복된 소제기의 금지

외국법원에 계속되어 있는 사건의 판결이 우리나라에서 승인(217)을 받을 가능성이 있는 경우에, 같은 사건에 관하여 우리나라에서 소제기하는 것이 중복된 소제기로서 금지되

---

1) 大判 1955. 11. 24, 4288 民上 356. 다만 다른 법원에 제기한 경우는 전소의 기록이 분실되어도 같은 사건이 된다(大判 1981. 3. 24, 80 다 1888).

2) 大判 1968. 4. 16, 68 다 122.

3) 중복된 소제기의 금지 원칙에 위배되어 제기된 소에 대한 판결이나 그 소송절차에서 이루어진 화해라도 확정된 경우에는 당연무효가 아니다(大判 1995. 12. 5, 94 다 59028).

4) Rosenberg, §100 Ⅲ 1 d).

5) 方, 355면; 李時, 305면.

6) 大判 1997. 1. 24, 96 다 32706.

는가가 문제된다. 이에 관하여는 i) 외국소송의 소송물과의 동일성의 판단 및 외국판결의 승인가능성에 대한 예측곤란 등을 이유로 하여 중복된 소제기에 해당하지 않는다는 견해(**소극설**), ii) 국제적으로 모순되는 판결에 의하여 당사자가 입을 피해의 방지와 사법충돌의 회피를 이유로 하여 우리나라에서 외국판결이 승인될 가능성이 예측되는 때에는 중복된 소제기에 해당된다고 하는 견해(**적극설**)[1] 및 위 양 설을 절충하여 외국과 내국 중 어느 것이 적절한 법정지인가를 고려하여 사건별로 이중소송의 여부를 따지자는 견해(**절충설**) 등이 대립하고 있다. 적극설이 타당하며, 국제사법도 그러한 입장이다(國私 11).

제 4 절 實體法上의 效果

Ⅰ. 總 說

1) 소가 제기되면 실체법상으로 권리를 유지하거나 권리를 강화 또는 증대하는 효과가 발생한다. 시효의 중단과 법률상의 기간준수는 권리를 유지하는 효과에 속한다. 선의점유자의 악의의 간주(民 Ⅱ 197), 지연손해금채권의 이율의 인상(訴促法 3), 재상환청구권의 소멸시효기간의 개시(어 Ⅲ 70) 등은 피고의 책임을 확대하거나 원고의 의무를 감축하는 등 권리를 강화·증대하는 효과에 해당한다.

그러나 이들 효과의 발생·소멸은 반드시 소송계속과 일치하지는 않는다. 예컨대 시효중단과 제척기간준수의 효과는 소장제출시에 발생하지만(265), 악의의 간주나 재상환청구권의 소멸시효기간은 소장송달시에 발생한다.

2) 원고가 소장 중에 피고에 대하여 법률행위의 취소, 계약의 해제, 상계 등의 의사표시를 기재한 경우에는 소장의 송달에 의하여 그 효력이 발생하지만, 이것은 소장을 통하여 상대방에 도달함으로써 의사표시의 효력이 발생한 것일 뿐 소제기에 따른 실체법상의 효과는 아니다. 여기에서는 시효의 중단과 법률상의 기간준수의 효과에 관하여만 설명한다.

---

1) 李時, 306면. 도이칠란트의 지배적 처리방식이다.

Ⅱ. 時效의 中斷

1. 訴提起에 의한 時效中斷의 根據

이에 관하여는 권리자가 권리 위에 잠자고 있지 않으며, 확고하게 권리를 행사하는 점에 근거를 구하는 견해(**권리행사설**)와 권리관계의 존재 여부가 판결로 확정됨으로써, 계속된 사실상태가 법적으로 부정되는 점에 근거를 찾는 견해(**권리확정설**)가 대립하고 있다. 또한 후설을 취하면서도 권리관계의 확정은 기판력을 가지는 확정일 필요는 없고 쟁점효에 의한 확정으로 충분하다는 견해[1]와 채무자의 승인에 의한 시효중단의 경우와 균형을 맞추기 위하여 판결이유를 포함하여 판결 중에서 시효의 추정력을 깨뜨릴 정도의 확정이 있으면 좋다는 견해[2] 등도 유력하게 주장되고 있다. 판례는 권리행사설을 따르고 있는 것으로 보인다.[3]

2. 權利保護의 形式

1) 소를 제기하면, 권리보호의 형식을 묻지 않고 시효중단의 효력이 발생한다. 이행의 소를 제기하는 경우에 시효가 중단되는 것은 말할 나위도 없다. 판례는 가압류도 가압류채권자의 권리행사가 가압류를 신청한 때 시작되기 때문에 민사소송법 제265조의 '재판상 청구'와 유사하게 가압류를 신청한 때 시효중단의 효력이 생긴다고 보았고,[4] 채권자가 채무자의 제3채무자에 대한 채권을 압류하는 경우에는 그 압류 당시 피압류채권이 소멸하여 부존재하는 경우에도 압류집행을 함으로써 그 집행채권의 소멸시효는 중단된다고 한다.[5]

2) 채권자가 적극적 채권확인의 소를 제기하는 경우는 물론, 상대방이 제기하는 채무부존재확인의 소에 응하여 다투는 경우에도 시효중단의 효력이 인정된다(통설 · 판례).[6] 상대방의 소극적 확인의 소에 응하는 경우의 시효중단시기에 관하여는 채권자가 그 권리를 주장한 때라는 견해와 채무자가 소를 제기한 때라는 견

1) 新堂, 160면.
2) 幾代通, 民法總則, 562면.
3) 大判 2011. 11. 10, 2011 다 54686.
4) 大判 2017. 4. 7, 2016 다 35451.
5) 大判 2024. 5. 30, 2021 다 301688(이는 체납처분으로서의 채권압류에 있어서도 마찬가지이다).
6) 大(全)判 1993. 12. 21, 92 다 47861.

해가 대립하고 있으나, 전자로 풀이하여야 할 것이다.[1] 상대방이 제기한 청구이의의 소에 응하는 경우도 마찬가지이다.[2]

3) 권리 자체의 이행이나 확인을 구하는 경우는 아니지만, 소멸시효 대상인 권리가 발생한 기본적 법률관계를 기초로 하여 다른 권리를 소의 형식으로 주장하는 경우에도 권리 위에 잠자는 것이 아님을 표명한 것으로 볼 수 있을 때에는 시효중단효가 있다. 예컨대 매매계약에 기한 건축주명의변경청구는 소유권이전등기청구권에 대한 소멸시효중단효가 있다.[3]

4) 형성의 소(예컨대 경계확정의 소)에도 중단의 효력이 있다. 그러나 행정소송은 사권을 재판상 행사하는 것이 아니므로 시효중단의 효력이 발생하지 아니한다.[4] 다만 과세처분의 취소·무효확인의 소는 예외적으로 중단의 효력이 있다.[5]

3. 時效가 中斷되는 權利의 範圍

1) 원칙적으로 소송물로서 주장된 권리관계에 관하여만 시효중단의 효력이 발생한다. 그러므로 시효중단되는 권리의 범위는 소송물이론에 따라 달라진다. 예컨대 구실체법설을 따르는 판례에 의하면, 기존채권의 지급을 위하여 수표가 수수된 경우에 기존채권에 대한 소의 제기는 수표금채권에 대한 시효중단의 효력이 없다.[6] 다만 판례에 따르면 채권자가 가분채권의 일부분을 피보전권리인 청구채권으로 주장하여 채무자의 재산에 대해 가압류한 경우에는 그 청구채권 부분에만 시효가 중단되며, 가압류청구금액으로 채권의 원금만 기재되어 있다면 그 부대채권(이자나 지연손해금 채권 등)에 대해서는 시효가 중단되지 아니한다고 한다.[7]

---

1) 同旨: 李時, 307면.

2) 日大判 1942. 1. 28, 民集 21. 37.

3) 大判 2011. 7. 14, 2011 다 19737.

4) 大判 1979. 2. 13, 78 다 1500; 1979. 6. 12, 79 다 573.

5) 大(全)判 1992. 3. 31, 91 다 32053. 고소나 고소에 의한 형사재판의 개시는 배상명령의 신청이 없는 한 소멸시효중단사유인 재판상의 청구가 아니다(大判 1999. 3. 12, 98 다 18124).

6) 大判 1967. 4. 25, 67 다 75. 상법 제399조에 기한 손해배상청구의 소의 제기는 일반 불법행위에 기한 손해배상청구권의 소멸시효에 영향을 미치지 아니하며(大判 2002. 6. 14, 2002 다 11441), 신탁자가 계약명의신탁 약정이 무효임을 주장하면서 매도인을 대위하여 수탁자를 상대로 소유권이전등기말소청구를 한다고 하여 신탁자의 수탁자에 대한 매매자금 상당의 부당이득반환채권의 소멸시효가 중단되지는 않는다(大判 2024. 7. 11, 2023 다 316820, 316837).

7) 大判 2024. 10. 25, 2024 다 233212.

2) 소송물로 되지 아니한 권리관계, 예컨대 공격·방어방법으로서 주장된 권리관계에 관하여는 시효중단의 효력을 인정하지 않는 것이 종래의 학설의 입장이었으나, 판례와 유력설은 일정한 경우에는 소송물로 되지 아니한 권리관계에 관하여도 시효중단의 효력을 인정하고 있다. 즉

i) 판례는 토지소유권에 기한 인도청구 또는 등기청구의 소는 물론, 소유권 침해의 경우에 그 소유권을 기초로 하여 하는 방해배제·손해배상 또는 부당이득반환청구의 소는 위 토지에 대한 피고를 위한 소유권의 취득시효의 진행을 중단시키는 효력이 있고,[1] 파면처분무효확인의 소(또는 고용관계 존재확인의 소)는 그 고용관계에서 발생하는 보수채권의 소멸시효의 중단사유가 된다고 한다.[2] 그러나 판례는 시효취득을 원인으로 하는 소유권이전등기청구의 소에 대하여 피고가 청구기각을 구하면서 그 목적부동산이 피고의 소유라고 다투는 것(소송에 응한 행위)은 시효중단의 사유가 될 수 없다는 입장을 취하다가,[3] 이를 변경하였다.[4]

ii) 학설상으로는 기본적 법률관계의 확인의 소는 이로부터 발생하는 개개의 청구권에 대한 시효중단의 효력이 있다는 견해[5] 또는 소송물을 이루는 권리관계를 판단할 때 주요한 쟁점이 된 권리관계에 대하여도 시효중단을 인정하는 견해[6] 등이 주장되고 있다.

생각건대 단지 공격·방어방법으로서 주장된 권리관계일지라도 그것이 청구를 인용하거나 배척하기 위한 전제로서 주장되고 그것이 받아들여져서 청구인용 또는 기각의 판결이 선고된 경우에는 이들 권리관계에 관하여도 시효중단의 효력을 인정하여야 옳다.[7] 따라서 판례가 시효취득을 원인으로 한 소유권이전등기청구의 소

1) 大判 1979. 7. 10, 79 다 569; 1995. 10. 13, 95 다 33047; 1997. 3. 14, 96 다 55211.

2) 大判 1978. 4. 11, 77 다 2509; 유사한 판례로는 1994. 5. 10, 93 다 21606(교직원의 학교법인 상대의 의원면직처분무효확인청구의 소는 교직원의 급여청구의 한 실현수단이 될 수 있으므로 소멸시효의 중단사유로서의 재판상 청구에 해당한다).

3) 大判 1971. 3. 23, 71 다 37; 1974. 11. 12, 74 다 416.

4) 大(全)判 1993. 12. 21, 92 다 47861; 다만 "점유자가 소유자를 상대로 소유권이전등기 청구의 소를 제기하면서 그 청구원인으로 '취득시효 완성'이 아닌 **'매매'를 주장**하고, 소유자가 이에 응소하여 원고 청구기각의 판결을 구하면서 원고의 주장 사실을 부인하는 경우에는, 이는 원고 주장의 매매 사실을 부인하여 원고에게 그 매매로 인한 소유권이전등기청구권이 없음을 주장함에 불과한 것이고 소유자가 자신의 소유권을 적극적으로 주장한 것이라 볼 수 없으므로 시효중단사유의 하나인 재판상의 청구에 해당한다고 할 수 없다."고 하였다(大判 1997. 12. 12, 97 다 30288).

5) 일본판례는 이 경우 시효중단사유가 된다고 한다. 日最判 1967. 11. 13, 民集 22. 12. 2510.

6) 新堂, 160면.

7) 同旨: 中野=松浦=鈴木, 189면.

에서 피고가 이를 다투면서 목적물이 피고의 소유라고 주장한 경우에 시효중단의 효력을 인정한 것은 지극히 타당하다.[1)]

3) 일부청구의 시효중단 범위에 관하여 전술한 바와 같이 판례는 명시한 일부에 대하여만 시효중단의 효력이 미친다고 풀이하고 있으나, 어느 경우에나 권리의 전부에 시효중단의 효력이 미친다고 풀이하는 것이 옳다.

4. 發生과 消滅

소의 제기(재판상의 청구)에 의한 시효중단의 효과는 소를 제기한 때, 즉 소장 제출시에 발생한다(265). 소송중의 소의 경우에는 소장에 준하는 서면을 법원에 제출한 때에 그 효력이 발생한다(265). 구술제소(口述提訴)의 경우에는 법원사무관등의 면전에서 진술한 때라고 풀이한다. 이처럼 소제기시에 중단의 효과를 인정하는 이유는 법원이 소장송달의 절차를 지연시킴으로써 소장송달 전에 시효가 완성하는 것을 방지하기 위한 것이다(도이칠란트 민사소송법에서는 소장의 송달시에 중단의 효과: 동법 253 I, 261 I). 당사자가 소송대리인에게 소송을 위임하고 사망하였는데 그 소송대리인이 이를 모르고 소를 제기하였다면 이러한 소는 적법하고 소제기로 인한 시효중단의 효력은 상속인에게 귀속한다는 것이 판례이나.[2)]

소의 제기에 의한 시효중단의 효과는 소의 취하, 소의 각하 또는 청구의 기각에 의하여 소급하여 소멸한다(民 170 I).[3)] 그러나 소송의 이송에 의하여서는 소멸하지 아니한다(40 I). 그리고 권리승계인의 참가승계가 있는 경우에는 소송이 계속된 시초에 소급하여 시효중단의 효력이 생긴다(81). 시효중단의 효과는 재판이 확정될 때까지 지속되며, 재판이 확정되면 그 때부터 새로이 시효기간이 진행된다(民 178 II, 165).

---

1) 소송에 응한 행위만으로 시효중단의 효과가 발생하는 것은 아니고 소송에 응한 행위로서 변론에서 시효중단을 주장하거나 또는 이러한 취지가 포함되어 있다고 볼 만한 주장을 하여야 한다(大判 2003. 6. 13, 2003 다 17927). 시효중단의 효과가 발생하는 시점은 피고가 현실적으로 권리를 행사하여 응소한 때이다(大判 2005. 12. 23, 2005 다 59383; 2010. 8. 26, 2008 다 42416, 42423). 피고가 재심의 소를 제기한 경우에는 재심의 소를 제기한 때에 시효중단의 효과가 발생한다(大判 1998. 6. 12, 96 다 26961).

2) 大判 2016. 4. 29, 2014 다 210449.

3) 이 경우에 6월 이내에 소의 제기, 파산절차참가, 압류 또는 가압류, 가처분을 한 때에는 시효는 최초의 소제기로 인하여 중단된 것으로 본다(民 170 II).

Ⅲ. 法律上의 期間遵守

1. 法律上의 期間의 意義

여기에서 법률상의 기간이라 함은 권리나 법률상태를 보전하기 위하여 일정한 기간 안에 소를 제기하여야 하는 기간을 말한다. 소제기기간(출소기간), 그 밖의 청구를 위한 제척기간 등이 이에 해당한다. 점유의 소의 제기기간(民 203 Ⅲ, 205 Ⅱ·Ⅲ, 206 Ⅱ), 경계선부근건축의 변경·철거청구권의 기간(民 242 Ⅱ), 채권자취소소송의 소제기기간(民 406 Ⅱ), 혼인취소청구의 기간(民 819~823) 등 신분관계소송의 소제기기간, 주주총회결의 취소소송의 소제기기간(商 376 Ⅰ) 등 회사관계소송의 소제기기간, 행정처분의 취소·변경 등을 구하는 항고소송의 소제기기간(行訴 20), 재심의 소의 소제기기간(456) 등 그 예가 매우 많다.

2. 期間遵守의 範圍

1) 법률상의 기간준수의 효력이 미치는 것은 원칙적으로 소송물로서 주장된 권리관계에 한한다. 따라서 소송물이론에 의하여 그 범위가 달라지는 것은 불가피하다.

2) 일부청구의 경우에 기간준수의 효과가 발생하는 범위는 시효중단에 관하여 설명한 바와 같다. 그리하여 판례는 일부청구의 경우에는 청구한 범위 안에서만 제척기간이 준수되는 것으로 본다.[1)]

3. 訴提起期間의 訴訟法上 意義

소제기기간(출소기간)이 정하여져 있는 경우에는 그 기간 안에 소를 제기하여야 하는 것은 소가 적법하기 위한 요건, 즉 소송요건의 하나이다. 따라서 법원은 직권으로 소제기기간의 준수 여부를 조사하여야 한다. 만일 소제기기간을 넘긴 때에는 그 흠을 보정하는 방법이 없으므로 변론 없이 소를 부적법각하할 수 있다(219).

소제기기간이 정하여져 있는 행정소송에 이와 관련 있는 원상회복·손해배상 기타 재산상의 청구를 병합청구하는 경우(行訴 10)에는 본래의 소송인 행정소송이 적법

---

1) 大判 1971. 9. 28, 71 다 1680, 集 19. 3. 民 2.

한 것을 전제로 한다. 따라서 본래의 소송이 소제기기간을 경과하였으면 이와 병합된 청구도 부적법하게 된다.[1] 다만 이 경우에 관련청구를 각하할 것[2]이 아니라, 관할민사법원으로 이송하여야 할 것이다.

4. 效果의 發生과 消滅

법률상의 기간준수의 효과가 발생하는 시기 및 그 소멸은 시효중단에 관하여 설명한 것과 같다.

Ⅳ. 遲延損害金의 法定利率의 引上

1) 소촉법은 **금전채무의 이행**을 명하는 판결을 선고할 경우에는 지연손해금의 법정이율은 소장등이 채무자에게 송달된 다음날로부터 연 100분의 40 이내의 범위에서 은행법에 의한 은행이 적용하는 연체금리 등 경제여건을 감안하여 대통령령이 정하는 이율(연 12%)에 의하도록 하고 있다(訴促法 3 I).[3] 2003. 6. 1.부터 연 20%로 유지되어 오던 지연손해금의 법정이율은 지나친 고율의 지연손해금으로 인한 국민의 재판받을 권리의 침해 우려, 채권자의 소송지연 등의 문제가 꾸준히 지적되어오다가 2015. 10. 1.부터 15%,[4] **2019. 6. 1.부터 12%**로 낮추게 된 것이다.[5] 이와 같

---

1) 大判 1981. 2. 10, 80 누 317.

2) 大判 1980. 4. 22, 78 누 90.

3) 본래 소촉법 제3조 제1항에서 '대통령령으로 정하는 이율'로만 규정하고 그 이율의 상한이나 하한에 대한 아무런 기준을 제시하지 아니하였다가, 그 조항은 헌법재판소에 의하여 위헌결정(憲裁決 2003. 4. 24, 2002 헌가 15)을 받았고, 그 후 위임의 범위를 위와 같이 구체적으로 정하는 개정이 있었다(2003. 5. 10. 개정, 법률 제6868호, 2003. 6. 1. 시행). 또한 같은 법에 의한 대통령령(소송촉진등에관한특례법 3 I 의 법정이율에 관한 규정)에 의하여 정하는 이율도 연 2할 5푼에서 연 2할로 변경되었다. 한편 구 소촉법(1998. 1. 13, 법률 제5507호로 개정되기 전의 것)은 '이자제한법의 범위 안에서 대통령령으로 정하는 이율'로 규정하고 있었으며, 헌법재판소에 의하여 합헌결정을 받은 바 있다(憲裁決 2000. 3. 30, 97 헌바 49). 따라서 2003년 개정법률 시행 당시 법원에 계속중인 사건의 지연손해금의 법정이율은 1998. 1. 13.(위헌결정을 받은 법률의 시행시기)부터 위 개정법률이 시행되기 전인 2003. 5. 31.까지는 민사법정이율인 연 5푼의 비율로, 2003. 6. 1.부터 완제일까지는 위 개정법률에 따른 연 2할의 비율로 하였다(大判 2003. 6. 13, 2001 다 28336).

4) 「소송촉진 등에 관한 특례법 제3조 제1항 본문의 법정이율에 관한 규정(2015. 9. 25. 전부개정, 대통령령 제26553호, 2015. 10. 1.부터 시행)」. 다만 이 대통령령의 시행 당시 법원에 계속 중인 사건으로서 (i) 제1심의 변론이 종결된 사건에 대해서는 종전의 20%가 그대로 적용되고(부칙 2 I), (ii) 제1심의 변론이 종결되지 아니한 사건에 대해서는 2015년 9월 30일까지는 20%, 2015년 10월 1일 부터는 15%가 적용된다(부칙 2 Ⅱ). 판례는 항소심에서 피고가 새로 반소를 제기하였고 그 반소가 개정 규정 시행 이후에 변론이 종결된 경우에도 위 부칙 제2조 제2항이 적용된다고 한다(大判 2016. 4. 29, 2015 다 77595, 77601). 항소심에서 새로 추가한 청구가 개정 규정 시행 후 변론이 종결된 경우에도 마찬가지이다(大判 2017. 3. 30, 2016 다 253297).

은 고율의 법정이율은 원래 금전채권자의 소 제기 후에도 상당한 이유 없이 채무를 이행하지 않고 있는 악의적인 채무자에 대해 불이익을 가함으로써 채권자의 실손해를 배상하고 채무불이행 상태의 유지 및 소송의 불필요한 지연을 막고자 도입된 것이다.[1)2)]

다만 지연손해금은 채무의 이행지체에 대한 손해배상이라는 점에서 소촉법 제3조 제1항의 실질은 금전채무의 불이행으로 인한 손해배상의 범위를 정하는데 있으므로 본래의 채권채무관계의 준거법이 외국법인 경우에는 이 규정이 적용되지 않는다고 할 것이다.[3)]

나아가 이러한 소촉법에 따른 지연손해금이 '금전채무의 이행'을 명하는 판결을 전제로 한다는 점에서, 금전채무에 관하여 채무자가 제기한 **채무부존재확인의 소**에서 채무의 존재가 일부 인정되어 이에 대한 확인판결이 선고된다고 하더라도 지연손해금 산정에 대하여 소촉법 제3조의 법정이율을 적용할 수 없다.[4)] 따라서 甲과 乙 사이의 판결에서 지급을 명한 금액 중 확정된 지연손해금의 일부에 대한 채권을 丙이 양수한 뒤, 丙이 乙을 상대로 위 양수금과 그에 대한 소촉법상의 지연손해금을 청구하였다가, 丙이 양수금 원본을 청구에서 제외하고 그 돈에 대한 소촉법상의 지연손해금만을 청구하는 것으로 청구취지를 변경한다면, 지연손해금 발생의 원인이 된 원본에 관하여 이행판결을 선고할 수 없게 되어 이 경우에도 역시 소촉법 제3조에 따른 법정이율을 적용할 수 없게 된다.[5)6)]

2) 금전채무의 지연손해금채무는 금전채무의 이행지체로 인한 손해배상채무로서 '**이행기의 정함이 없는 채무**'에 해당하므로, 확정된 지연손해금에 대해 채권자로부터 이행청구를 받은 때로부터 채무자는 지체책임을 부담하게 된다.[7)] 또한 판결

---

5) 「소송촉진 등에 관한 특례법 제3조 제1항 본문의 법정이율에 관한 규정」 2019. 5. 21., 일부개정, 대통령령 제29768호, 2019. 6. 1.부터 시행.

1) 大判 2010. 9. 30, 2010 다 50922(이 판례는 "금전채무불이행자에 대한 '처벌'을 입법 목적의 하나로 한다"라고 하고 있다); 大(全)判 1987. 5. 26, 86 다카 1876.

2) 그 밖에도 소촉법상의 지연손해금은 상소권의 남용방지, 사실심 판결 선고 후의 채무자의 신속한 이행이 기여한다고 한다(憲裁決 2000. 3. 30, 97 헌바 49).

3) 大判 2012. 10. 25, 2009 다 77754.

4) 大判 2021. 6. 3, 2018 다 276768.

5) 大判 2022. 3. 11, 2021 다 232331; 2010. 9. 30, 2010 다 50922; 2021. 6. 3, 2018 다 276768.

6) 의무를 위반한 수탁자가 부담하는 신탁재산의 원상회복 의무는 그 편입 대상인 원물이 금전인 경우라도 단순히 금전의 급부를 목적으로 하는 금전채무와는 구별하여야 하므로, 신탁법 제43조 제1항에 따른 **신탁재산의 원상회복**을 원인으로 금전채무의 전부 또는 일부의 이행을 명하는 판결을 선고할 경우에는 달리 특별한 약정이 없는 한 민법과 그 특별규정인 소송촉진 등에 관한 특례법 제3조 제1항에 정한 이율에 따른 지연손해금의 지급을 명할 수 없다는 것이 판례의 태도이다(大判 2020. 9. 3, 2017 다 269442).

에 의해 권리의 실체적인 내용이 바뀌는 것은 아니므로 이행판결이 확정된 지연손해금의 경우에도 채권자의 이행청구가 있으면 지체책임이 발생한다.[1)2)] 따라서 판례에 따르면 채권자가 이행확정판결을 받은 채권의 시효중단을 위한 재소를 제기하면서 확정판결에 따른 원금, 원금에 대한 '확정 지연손해금' 및 이에 대한 지연손해금을 청구하는 경우, '확정 지연손해금'에 대한 지연손해금채권은 채권자가 위 재소로써 '확정 지연손해금'을 청구해야만 비로소 발생하는 채권으로서 전소의 소송물인 원금채권이나 확정 지연손해금채권과는 별개의 소송물이라 할 것이므로, 채무자는 확정 지연손해금에 대하여도 이행청구를 받은 다음 날부터 지연손해금을 별도로 지급하여야 한다.[3)]

이러한 판례의 태도에 따르면 지연손해금에 다시 지연손해금의 지급을 인정하는 것이 되는데, 이는 고율의 지연손해금에 대한 복리를 허용하는 결과가 되어 소송당사자에게 과중한 부담이 될 것으로 보인다.

3) 한편 소촉법 제3조 제2항에 따르면「채무자에게 그 이행의무가 있음을 선언하는 사실심(事實審) 판결이 선고되기 전까지 채무자가 그 이행의무의 존재 여부나 범위에 관하여 **항쟁(抗爭)하는 것이 타당**하다고 인정되는 경우[4)]에는 그 타당한 범위에서」위 12%의 이율을 적용하지 아니하도록 하고 있다. 판례에 따르면 항쟁하는 것이 타당(상당)하다고 인정되는 경우란 "이행의무의 존부나 범위에 관하여 항쟁하는 채무자의 주장에 상당한 근거가 있는" 경우를 말하며,[5)] 채무자가 항쟁함이 상당한 것인지의 여부는 "당해 사건에 관한 법원의 사실인정과 그 평가에 관한 문제"라고 하였다.[6)] 다만 실무상 제1심 법원은 원고가 전부 승소한 경우에는 소장부본 송달 다음 날부터, 일부만 승소한 경우에는 제1심 판결 선고일 다음날부터[7)] 제1심판결에서 인용된 금액의 일부가 항소심에서 취소되어 그 부분 청구가 기각되었다면 항소심 판결 선고일 다음

7) 大判 2022. 4. 14, 2020 다 268760; 2021. 5. 7, 2018 다 259213; 2010. 12. 9, 2009 다 59237; 2004. 7. 9, 2004 다 11582.

1) 大判 2022. 3. 11, 2021 다 232331.

2) 원금채권과 금전채무불이행의 경우에 발생하는 지연손해금채권은 별개의 소송물이다(大判 2005. 4. 29, 2004 다 40160; 2009. 6. 11, 2009 다 12399; 2022. 4. 14, 2020 다 268760.

3) 이때 이율은 신소에 적용되는 법률이 정한 이율을 적용하여야 한다: 大判 2022. 4. 14, 2020 다 268760.

4) 2009. 11. 2. 개정 전 소촉법 제3조 제2항은 "항쟁함이 상당하다고 인정되는 때"라는 표현을 사용하고 있었으며 최근의 판례에서도 여전히 이러한 용어를 사용하는 것으로 보인다.

5) 大判 2005. 2. 17, 2004 다 50341; 2016. 9. 8, 2016 다 22844; 2020. 8. 20, 2019 다 14110, 14127, 14134, 14141; 2024. 6. 13, 2024 다 225723.

6) 大判 2006. 2. 24, 2005 다 38614; 1998. 7. 14, 96 다 17202; 大(全)判 1987. 5. 26, 86 다카 1876.

7) 大判 2000. 2. 25, 99 다 20155.

날부터[1] 소촉법상의 이율을 적용한 지연손해금을 인정하고 있다. 또한 1987년 대법원 전원합의체판결에 의하면 법문상의 '타당(상당)한 범위'란 채무자가 항쟁함이 상당한 '이행의무의 범위'가 아니라 항쟁함이 상당한 '기간의 범위'를 말한다고 하였으나,[2] 아래에서 설명하는 바와 같이 2016년에 이와는 다른 취지의 판례가 나와 주목을 끈다.[3]

그동안 대법원은 채무자가 항쟁함이 타당(상당)한지 여부를 판단함에 있어 큰 폭의 입장변화를 보여왔다. 소촉법 제정 후 초기에 대법원은 피고가 이행의무의 존부나 범위에 관하여 항쟁함이 상당하다고 인정되면 "상당한 기간의 범위"와 상관없이 사실심판결 선고 후에도 소촉법 제3조 제1항을 적용하지 않을 수 있는 것으로 파악하였으나,[4] 위에서 언급한 1987년 전원합의체판결에 의해 변경되었다. 즉 1987년 전원합의체판결에 의하면 사실심 판결선고 전이기만 하면 법원은 변론에 나타난 모든 사정을 참작하여 소촉법 제3조 제1항의 적용을 배제할 수 있는 범위를 정할 수 있다고 하면서, 채무자가 당해 사건의 사실심에서 항쟁할 수 있는 기간은 당해 사건의 사실심판결선고시로 보아야하고, 그 선고시 이후에는 어떤 이유로든지 그 적용을 배제할 수 없다고 하였다.[5]

그 후 우리 판례는 주로 판결의 결과를 비교하여, 제1심이 인용한 청구액을 항소심이 그대로 유지하는 경우에는 항쟁의 상당성을 인정하지 않고 있으며,[6] 항소심에서 제1심의 인용액보다는 적고 피고의 불복 범위보다는 많은 범위에서 원고의 청구를 인용하는 경우 항소심 최종 승소금액에 대해 항소심 판결 선고일 다음 날부터 소촉법상의 법정이율이 적용된다고 하였다.[7] 또한 제1심의 원고승소판결이 피고의 항소로 항소심에서 전부 취소된 후 상고심에서 원고승소취지로 파기환송되어 환송 후 항소심에서 원고의 청구가 인용된 경우에 '피고의 주장이 환송 전 항소심에 의해 받아들여진 적이 있을 정도'였다면 **적어도 그 판결이 파기되기 전까지는** 피고가 항쟁함이 상당한 근거가 있었다고 하여 환송판결 선고시까지는 소촉법 제3조 1항의 지연손해금을 적용할 수 없다고 하였다.[8] 같은 취지에서 대법원은, 1심에서 이행의무의 존부와 범위를 다투는 피고의 주장이 받아들여졌으나 항소심에서 배척(원고청구인용)된 경우에는 그 항소심판결선고 시까지는 소촉법 제3조 제1항의 지연손해금을 적용할 수 없다고 하였다.[9][10] 다만 2016년에는 제1심에서 원

1) 大判 1999. 3. 23, 98 다 61951; 2009. 12. 24, 2009 다 40738, 40745; 2024. 10. 8, 2021 다 255464.

2) 大(全)判 1987. 5. 26, 86 다카 1876; 大判 1998. 7. 14, 96 다 17202.

3) 大判 2016. 9. 8, 2016 다 22844.

4) 大判 1986. 3. 11, 85 다카 229; 1984. 7. 10, 84 다카 365.

5) 大(全)判 1987. 5. 26, 86 다카 1876.

6) 大判 2022. 4. 28, 2022 다 200768; 2013. 4. 26, 2011 다 50509; 2002. 9. 10, 2002 다 34581.

7) 大判 2002. 4. 23, 2000 다 9048.

8) 大判 2024. 6. 13, 2024 다 225723; 2024. 6. 27, 2024 다 219629; 2005. 2. 17, 2004 다 50341; 2012. 3. 29, 2011 두 28776; 1999. 4. 9, 98 다 61968; 1998. 7. 14, 96 다 17202: 1997. 5. 9, 97 다 6988.

고의 손해배상청구가 일부인용(피고의 책임을 손해액의 40%로 한정)되었으나 항소심에서 원고의 청구 전부가 기각되었고 상고심에서 2심판결을 파기하여 파기환송된 뒤 환송 후 항소심에서 피고가 주위적으로 손해배상책임의 성립을 다투고 예비적으로 손해배상책임의 범위를 다툰 사건에서, **파기환송후 항소심판결 선고일까지** 피고가 항쟁함에 상당한 이유가 있음을 인정하였다.[1] 이러한 2016년 판례는 구체적인 이유를 밝히고 있지 않아 명확히 단언하기는 어렵지만, 소촉법 제3조 제2항 법문상의 "그 타당한 범위"를 앞에서 살펴본 1987년 대법원 전원합의체 판결과는 달리, 채무자가 항쟁함이 상당한 '이행의무의 범위'까지 포함하여[2] 파악한 새로운 취지의 판례가 아닌가 생각한다. 소촉법 제3조 제2항의 획일적이고 기계적 적용이 아닌 개별 사건에 보다 적합한 실질적 판단에 따른 적용의 결과라 할 것이다.

4) 소촉법 제3조 제1항 단서는 장래의 이행을 청구하는 소(251)의 경우에는 위 12%의 법정이율이 적용되지 아니한다는 것을 규정하고 있다. 이에 따라 판례는 i) 수급인의 공사대금청구사건에서 수급인이 건물의 인도를 위한 이행제공을 하지 않는 경우 그와 동시이행관계에 있는 공사대금 지급의무에 대해 도급인은 이행지체책임이 없으므로 위 공사대금에 대한 건물인도일 이후의 지연손해금에 대해서는 소촉법상의 법정이율이 아닌 민법상의 연 5%의 법정이율이 적용되어야 한다고 하였고,[3] ii) 채권자취소소송에서 가액배상의무는 그 판결이 확정되어야 비로소 발생한다는 점에서 그 판결이 확정된 다음 날부터 이행지체책임을 지게 되므로 이곳에서도 소촉법상의 이율이 아닌 민법상의 연 5%의 법정이율이 적용되어야 한다고 하였다.[4][5]

---

9) 大判 2017. 2. 9, 2016 다 258544; 2016. 4. 15, 2015 다 251645(판례는 1심에서 피고의 주장이 받아들여졌으므로 그것이 취소된 항소심판결 선고 시까지 항쟁하는 채무자의 주장에 타당한 근거가 있다고 인정하였다); 大判 2014. 8. 20, 2014 다 26521; 2014. 4. 10, 2013 다 52073, 52080; 2013. 9. 12, 2013 다 30356; 2013. 4. 11, 2012 다 106713; 2010. 7. 8, 2010 다 21696; 2007. 12. 27, 2007 다 70285; 1998. 5. 8, 97 다 50725.

10) 환송 후 원심이 새로운 사정을 이유로 환송 전 원심판결과 같은 내용의 판결을 선고하였으나, 채무자의 주장이 환송판결에서 받아들여진 적이 있을 정도였던 경우, **환송 후 원심판결 선고 전까지는** 채무자가 이행의무의 존부 등에 관하여 항쟁하는 것에 타당한 근거가 있었다고 본 大判 2020. 11. 26, 2019 다 2049도 같은 취지이다.

1) 大判 2016. 9. 8, 2016 다 22844.

2) 大(全)判 1987. 5. 26, 86 다카 1876의 소수의견은 다수의견이 소촉법 제3조 제2항의 "그 상당한 범위 안에서"(현재는 "그 타당한 범위에서")를 "채무자가 항쟁함에 상당한 기간의 범위"만으로 해석하면서 채무자가 당해 사건의 사실심에서 항쟁할 수 있는 기간을 당해 사건의 사실심판결선고시까지로 한정한 것을 비판하면서, 법문상의 "그 상당한 범위 안에서"를 "법원이 상당하다고 인정하는 항쟁의 범위와 법원이 상당하다고 인정하는 기간의 범위 안에서"로 해석해야 한다고 하고, 이를 통해 특례규정이율 적용의 배제여부는 물론 그 적용배제의 기간도 법원이 재량으로 정할 수 있어야 한다고 주장하였다. 이러한 소수의견은 위 2016년 판례와 그 맥을 같이 하는 것이 아닌가 생각한다.

3) 大判 2002. 10. 25, 2002 다 43370.

4) 大判 2009. 1. 15, 2007 다 61618; 2002. 3. 26, 2001 다 72968.

5) 같은 취지의 판결로는, 大判 2001. 9. 25, 2001 므 725, 732("법원이 이혼과 동시에 재산분할로서 금전의 지급을 명하는 판결을 하는 경우 그 금전지급채무에 관하여는 그 판결이 확정된 다음날부터 이행지

체책임을 지게 되고, 따라서 소송촉진등에관한특례법 제3조 제1항 단서에 의하여 같은 조항 본문에 정한 이율이 적용되지 아니한다."); 大判 2014. 9. 4, 2012 므 1656("당사자가 이혼 성립 후에 재산분할 등을 청구하고 법원이 재산분할로서 금전의 지급을 명하는 판결이나 심판을 하는 경우에도, 이는 장래의 이행을 청구하는 것으로서 분할의무자는 금전지급의무에 관하여 판결이나 심판이 확정된 다음 날부터 이행지체책임을 지고, 그 지연손해금의 이율에 관하여는 소송촉진 등에 관한 특례법 제3조 제1항 본문이 정한 이율도 적용되지 아니한다.")가 있다.

제 3 편

訴訟의 審理

원고가 소를 제기하면, 법원은 소장을 피고에게 송달하고 변론준비절차를 거친 뒤 변론기일을 연다. 피고가 원고의 청구를 그대로 인정하거나, 원고와 피고가 화해 · 조정 등으로 분쟁을 종식시키지 않는 한, 법원은 소송에 대하여 심리를 하여야 한다.

소송의 심리라 함은 법원이 소에 대한 응답, 즉 판결을 하기 위하여 그 기초가 되는 소송자료(주로 사실과 증거)를 수집하는 것을 말하며, 민사소송절차의 중심적인 위치를 차지한다. 근대국가는 공정하고 신속 · 경제적인 재판을 확보하기 위해서 여러 가지 소송심리의 원칙을 발전시켜 왔다.

심리의 대상으로 되는 것은 소송요건과 본안요건이다. 그리고 소송의 심리는 그 내용 면에서 두 개의 구성부분으로 이루어진다. 그 하나는 소송당사자가 사건에 관한 사실을 주장하고 이를 뒷받침하는 증거를 제출하는 과정으로서, 이를 변론이라 부른다. 다른 하나는 법원이 당사자에 의하여 제출된 증거를 조사하여 당사자가 주장한 사실의 진정 여부를 판정하는 과정으로서, 이를 증거조사라고 부른다. 전자는 당사자의 소송행위가 중심을 이루고, 후자는 이른바 증거법에 속하는 문제이다.

또한 법원은 심리절차를 진행하기 위하여 여러 가지 문제를 배려하여야 한다. 예컨대 심리를 행할 기일은 언제로 할 것인가, 심리는 언제 종결할 것인가, 어떠한 사유가 있는 경우에 심리를 정지할 것인가 등이 그것이다.

그러므로 본편에서는 소송심리의 기본원칙을 비롯하여, 심리의 대상, 심리의 내용을 이루는 변론과 증거조사 등을 설명하고, 이어서 심리절차의 진행과 정지에 관하여 고찰하기로 한다.

제 1 장 審理의 基本原則

제 1 절 總　說

근대국가는 민사소송이 지향하고 있는 적정·공평·신속하고 경제적인 재판을 확보하기 위하여 여러 가지 소송심리의 기본원칙을 발전시켜 왔다. 이러한 원칙을 일반적으로 절차의 기본원칙(Verfahrensgrundsätze) 또는 소송주의(Prozessmaximen)라고 부른다. 이러한 절차의 기본원칙으로서 어떠한 사항을 포함시킬 것인가에 관하여 반드시 견해가 일치되어 있지는 않지만, 보통 다음에 설명하는 여러 원칙을 들고 있다.[1)]

이러한 절차의 기본원칙은 몇 개의 그룹으로 나눌 수 있다. 첫째는 공정한 재판을 보장하기 위한 헌법의 규정으로부터 도출되는 원칙으로서, 말하자면 헌법상의 원칙(Verfassungsgrundsätze)에 속하는 것이다. 공개주의, 쌍방심리주의 등이 이에 해당한다. 둘째는 절차상의 합목적성의 견지로부터 요청되는 원칙으로서, 합리적인 재판진행을 꾀하는 원칙이다. 직접심리주의, 구술심리주의, 적시제출주의 및 집중심리주의 등이 이에 속한다. 셋째는 소송심리에서 법원과 당사자 사이에 어떻게 그 역할을 분담시킬 것인가에 관련된 원칙이다. 처분권주의, 변론주의 및 직권진행주의 등이 이에 해당한다.

이러한 원칙들은 민사소송법이 어떠한 문제에 관하여 침묵하고 있는 경우에 이를 해결하는 지침을 제공하여 주는 기능을 수행한다.[2)]

제 2 절 訴訟審理의 方式에 관한 憲法上의 要請

공정한 재판제도를 수립·확보하는 것은 근대국가가 안고 있는 가장 중요한 임무 가운데 하나이다. 그런데 공정한 재판을 이룩하기 위해서는 재판의 결론이 내용적으로 정당할 뿐만 아니라, 소송심리의 방식 자체가 공정하고 공평하여야 한

---

1) 이들 원칙 외에 자유심증주의(Baur, Rdn. 49, 50), 법관의 석명의무와 당사자의 진실의무(Zeiss, §28, 33; Blomeyer, §19)를 드는 학자도 있다. 상세한 것은 Stein/Jonas, Anm. 3, vor §128.

2) Grunsky, S. 16 f.; Stein/Jonas, Anm. 4, vor §128.

다. 공정한 재판이 이루어져야만 재판에 대한 국민의 신뢰를 얻을 수 있으며, 반대로 재판에 의한 권리실현이 보장되지 않으면 국민의 기본적 인권이 침해되는 결과로 된다. 그러므로 민사소송에서 소송심리의 방식을 합리적으로 확립하는 것은 재판의 정당성의 근거가 될 뿐 아니라 기본적 인권의 보장에도 공헌하는 역할을 한다. 그리하여 오늘날에는 민사소송법뿐만 아니라 헌법에서도 민사소송의 심리방식에 관하여 규정하고 있는 것이 일반적이고, 나아가 국제조약(世界人權宣言 8, 10; 市民的 및 政治的 權利에 관한 國際條約) 등도 이에 관하여 규정하고 있는 실정이다. 이러한 추세에 따라 우리 헌법도 민사소송의 심리방식에 관하여 다음과 같은 원칙을 규정하고 있다.

Ⅰ. 公開(審理)主義

1. 意 義

공개심리주의(Grundsatz der Öffentlichkeit)라 함은 소송의 심리와 재판을 일반 공중(公衆)이 누구라도 방청할 수 있는 상태에서 실시하는 원칙을 말한다(憲 109, 法組 57 Ⅰ). 이것은 심리의 방청을 허용하지 않는 밀행주의(密行主義)에 대응하는 개념이다. 이 주의는 심리의 경과와 재판의 결과를 일반 국민에게 알림으로써 재판의 공정을 꾀함과 아울러 사법에 대한 국민의 신뢰를 확보하기 위한 목적을 가지고 있다. 이처럼 일반 공중에게 공개하는 것을 다음에 말하는 당사자공개와 구별하기 위하여 일반공개주의라고도 한다.

2. 現行法上의 公開主義의 內容

1) 헌법 제109조는 "재판의 심리와 판결은 공개한다"라고 규정하고 있다. 여기에서 재판이라 함은 소송사건의 재판만을 뜻하며(그러므로 비송사건은 제외된다), 심리라 함은 수소법원에서 변론기일에 행하는 변론을 가리킨다. 따라서 일련의 민사소송절차 가운데서 변론과 판결의 선고만이 공개되고, 그 밖의 부수적인 절차(변론준비절차, 법원 밖의 증거조사절차, 재판의 합의)에 관하여는 공개가 요구되지 아니한다.

2) 위에 말한 공개주의에 대하여는 예외가 인정되고 있다. 즉, 법원은 국가의 안전보장 또는 안녕질서를 방해하거나 선량한 풍속을 해칠 염려가 있을 때에는 재

판의 심리에 한하여 결정으로 이를 공개하지 아니할 수 있다(憲 109 但, 法組 57 Ⅰ 但). 공개를 하지 아니할 경우에도 재판장은 적당하다고 인정되는 사람의 재정을 허가할 수 있다(法組 57 Ⅲ). 그러나 재판의 선고는 언제든지 공개하여야 한다. 재판의 심리를 공개하지 아니할 때에는 이유를 밝혀야 한다(法組 57 Ⅱ).

3. 當事者公開

공개에는 일방공중의 방청을 허용하는 일반공개 외에 당사자 등 이해관계인에 한하여 심리에의 참여(167, 169), 소송기록의 열람 또는 등사(162) 등을 허용하는 당사자공개(Parteiöffentlichkeit)가 있다. 이것은 구체적으로 변론과 증거조사의 기일에 적법하게 통지를 받고 참여할 기회가 보장되는 것이다.

당사자공개는 공개심리주의에 근거하는 것이 아니라 뒤에 설명하는 쌍방심리주의의 발현이고, 재판을 받을 권리의 구체적 내용을 이룬다. 따라서 일반공개가 금지되는 경우에도 당사자공개는 요구되는 일이 많다.

4. 法廷公開와 百萬人公開

일반공개에는 두 가지 유형이 있다. 단순히 법정만을 공개하는 것을 법정공개라고 하고, 일반공개의 원칙을 철서히 하여 보도기관을 매개로 하여 심리의 경과를 모든 국민에게 알리는 것을 백만인공개라고 한다. 오늘날에는 일반공개가 백만인공개로 발전하기 쉽지만, 이것은 개인의 프라이버시(privacy)와 영업비밀을 침해할 염려가 있으므로, 법원조직법은 법정 안에서는 재판상의 허가 없이 녹화, 촬영, 중계방송 등의 행위를 하는 것을 금지하고 있다(法組 59).

5. 公開主義의 違反

변론을 공개하여야 할 경우에 공개하지 않고 심리하여 행한 판결은 그 이유만으로 상고이유가 된다(424 Ⅰ ⑤). 변론의 공개 여부, 공개를 하지 아니한 경우의 이유는 변론조서의 필수적 기재사항이다(153 ⑥).

Ⅱ. 雙方審理主義

1. 意 義

쌍방심리주의 또는 쌍방심문주의(Grundsatz des gegenseitigen Gehörs, Anspruch auf beiderseitiges rechtliches Gehör; Audiatur et altera pars)라 함은 소송의 심리에서 당사자 양 쪽에게 평등하게 진술할 기회를 주는 원칙을 말한다. 법원이 단지 한 쪽 당사자만을 심문하여 판단한다면 다른 쪽 당사자는 뜻밖의 공격에 의한 희생을 당할 염려가 있으므로, 공평한 재판을 확보하기 위하여서는 양 쪽 당사자를 평등하게 취급할 필요가 있는 것이다. 이 요청에서 나온 원칙이 쌍방심리주의이며, 이를 당사자평등의 원칙 또는 무기평등의 원칙(Grundsatz der Waffengleichheit)이라고도 한다.

도이칠란트에서는 이것을 당사자가 법원에 대하여 자기의 진술을 경청하여 달라고 요구할 수 있는 권리로 파악하여 이를 법적 심문청구권(Anspruch auf rechtliches Gehör)이라고 부르고, 헌법에서 국민의 기본권의 하나로 규정하고 있다(獨憲法 103 I). 이것은 인간의 소송상 원권(prozessuales Urrecht des Menschen)[1]이며, 소송상의 기본권(prozessuales Grundrecht)[2]이라고 일컬어지고 있다. 이것은 당사자에게 공정한 절차(ein faires Verfahren)를 보장하려는 것으로서,[3] 미국의 적법절차(due process of law)에 대응하는 절차권이다.

2. 現行法上의 雙方審理主義의 內容

1) 평등의 원칙(憲 11), 인간의 존엄과 가치(憲 10) 및 재판을 받을 권리(憲 27) 등이 소송에 적용되는 경우에 그것은 쌍방심리주의(무기평등의 원칙)로 나타난다. 특히 소송사건에 관한 판결절차에서는 이 원칙이 강하게 요청된다. 이러한 헌법상의 요청에 따라 민사소송법은 쌍방심리주의를 보장하기 위한 많은 규정을 두고 있다. 즉 당사자 양 쪽의 절차권을 보장하여야 할 요청이 강한 판결절차에서는 당사자 양 쪽을 동시에 출석시켜 변론과 증거조사를 행하는 필수적 변론의 방식(134 I 本)을 취하

---

1) Jauernig, §29 Ⅰ; BVerfGE 55, 6.
2) BVerfGE 9, 55.
3) Jauernig, §29 Ⅱ.

고 있는데, 이 필수적 변론이야말로 쌍방심리주의의 정신이 가장 잘 나타난 제도이다. 그 밖에 소송절차의 중단·중지(233 이하), 상소의 추후보완(173), 대리인제도(51, 59 이하)와 대리권의 흠을 이유로 하는 상소 또는 재심의 구제(424 Ⅰ ④·451 Ⅰ ③) 등도 쌍방심리주의의 구체적 표현이다. 이 쌍방심리주의에 의하여 당사자는 절차권을 보장받게 된다.

2) 그런데 우리 민사소송법은 당사자 양 쪽에게 평등하게 소송절차에 참여할 수 있는 기회를 보장하는 데 그치고 있으므로, 아직 당사자 양 쪽이 실질적으로 평등한 취급을 받지는 못하고 있는 실정에 있다. 당사자 양 쪽의 평등을 실질적으로 보장하기 위해서는 양 쪽이 평등하게 증거를 획득할 수 있어야 하는데, 현실적으로는 그렇지 못하고, 특히 현대형 분쟁에서는 구조적으로 증거가 편재하여 있는 것이 문제이다. 이러한 문제에 대처하기 위해서는 문서제출명령이나 모색적(摸索的) 증명의 적극적 활용 또는 '디스커버리'(discovery)제도의 도입 등을 검토하여야 할 것이다.

3) 위에서 말한 쌍방심리주의에는 일정한 한계가 있다. 즉 간이·신속한 해결을 요하는 절차에서는 일방심리주의가 채택되고 있다. 그리하여 결정으로 완결할 사건에서는 임의적 변론에 의하게 되므로(134 Ⅰ 但) 쌍방심리주의가 요구되지 아니한다. 강제집행절차도 마찬가지이다. 독촉절차와 가압류·가처분절차에서는 우선 채권자의 신청만에 기하여 재판하는 점에서 일방심리가 행하여지지만, 이에 대하여 채무자의 이의가 있으면 쌍방심리의 절차로 이행하게 된다.

3. 雙方審理主義의 違反

쌍방심리의 원칙에 위반한 경우, 예컨대 본인[1]·대리인이 출석할 기회가 없이 패소의 판결을 받은 경우에는 대리권의 흠을 이유로 하여 상소 또는 재심을 청구할 수 있으며(424 Ⅰ ④·451 Ⅰ ③), 추후보완상소를 제기할 수도 있다(173).[2]

1) 大(全)判 1995. 5. 23, 94 다 28444 등.
2) 大判 1996. 5. 31, 94 다 55774 등.

제3절 訴訟審理의 方式에 관한 合目的性의 追求

민사소송의 심리방식에 관하여 절차상의 합목적성의 견지로부터 요청되는 원칙으로서는 다음과 같은 것들이 있다.

Ⅰ. 口述(審理)主義

1. 意 義

구술(심리)주의(Grundsatz der Mündlichkeit)라 함은 법원과 당사자의 소송행위, 특히 변론과 증거조사는 말로 하여야 하며, 말로 한 진술만이 판결의 기초로 될 수 있다고 하는 원칙을 가리킨다.[1] 구술주의의 본래의 내용은 후자이고, 전자는 후자를 표현하는 수단에 지나지 아니한다. 이에 대하여 말 대신에 서면만을 이용하는 원칙을 서면(심리)주의(Grundsatz der Schriftlichkeit)라고 한다.

2. 長短點

구술주의와 서면주의는 각각 장단점이 있다. 즉 구술주의는 이를 듣는 사람에게 신선한 인상을 주고, 진술에 명료하지 않거나 모순되는 점이 있으면 곧 석명하여 명확히 보충할 수 있으므로 당사자의 진의를 파악하는 데 편리하며, 또 공개주의·직접주의와 결합시키기 쉬운 장점이 있다. 그러나 반면에 구술의 진술이나 청취의 결과는 망각하기 쉽고, 사실관계가 복잡할 때에는 청취의 결과를 정리하기 어려우며, 또 상급심에서 하급심의 판결을 재심사하는 데 어려움을 겪게 되는 단점이 있다. 대체로 서면주의는 구술주의와 반대의 장단점을 가진다. 즉, 서면주의에 의하면, 진술이 확실하고 그 보존·재확인이 용이하다는 장점이 있는 반면에, 기록이 방대하여져서 읽는 데 시간이 걸리고 쟁점이 흐려져서 변론을 집중하는 데 불편하며, 합의제의 내실 있는 운영이 어려워지는 단점이 있다. 그리하여 소송절차의 전체를 구술주의와 서면주의의 어느 하나로 일관하는 것은 불가능하므로, 심리

---

1) Rosenberg, §80 Ⅱ; Jauernig, §27 Ⅱ; Arens, Rdn. 25.

가 합리적으로 행하여지도록 절차의 국면에 따라 어느 주의를 채택할 것인가를 결정하여야 한다.

3. 現行法의 態度

현행법은 구술주의를 원칙으로 하면서, 그에 따른 결점은 서면주의로 보완하고 있다.

(1) 口述主義의 原則

역사적으로 보면 도이칠란트 보통법시대에는 서면주의가 채택되었으나, 프랑스 혁명 후에는 공개주의가 요청됨에 따라 이와 결합하기 쉬운 구술주의가 각국에서 채택되기에 이르렀다. 그리하여 우리나라에서도 구술주의가 원칙으로 되고 있다. 우리 현행법의 구술주의의 원칙은 필수적 변론의 제도에 가장 잘 표명되어 있다. 즉, 당사자 양 쪽은 소송에 관하여 법원에서 구술변론을 하여야 하고(134 Ⅰ),[1] 말로 진술한 자료만이 판결의 기초로 되며,[2] 판결은 그 기본이 되는 변론에 관여한 법관이 하여야 한다(204 Ⅰ). 또 증거조사(331, 339, 368, 373)와 판결의 선고(206)도 말로 한다. 민사소송규칙에서도, 변론은 말로 하여야 하며, 법원은 변론에서 당사자에게 중요한 사실상・법률상 쟁점에 관하여 의견을 진술할 기회를 주어야 하며(民訴規 28), 당사자 본인이 변론에서 이미 충분한 의견진술의 기회를 가졌거나 그 밖의 특별한 사정이 있는 경우가 아니라면 변론종결 전에 재판장의 허가를 받아 최종의견을 진술할 수 있음을 밝히고 있다(民訴規 28의 3 Ⅰ).

(2) 口述主義의 例外

현행법은 구술주의의 단점을 보완하기 위하여 예외적으로 서면의 작성을 요구하거나 그 이용을 허용하고 있다. 첫째로, 심판의 기초가 되는 중요한 소송행위, 즉 소・상소・재심의 제기, 소・상소의 취하, 청구의 변경, 참가 등에 관하여는 확실을 기하기 위하여 서면에 의할 것을 요구하고 있다(248, 425, 456, 262 Ⅱ, 266 Ⅲ, 393 Ⅱ, 72, 79). 둘째로, 복잡한 사실관계나 정치한 법률론을 말로 진술하면 이해하기 곤란하므로 이를 요령있게 정리하기 위하여 준비서면(272)과 상고이유서(427) 등을 제출시키고 있다. 셋째

1) 법문에는 단순히 '변론'이라고 하고 있으나, 이것은 말로 하는 변론을 가리키는 것으로 풀이된다.

2) 大判 2001. 12. 14, 2001 므 1728(항소취지확장서를 제출하였어도 진술되거나 진술간주되지 아니하면 법원의 판단자료가 될 수 없다).

로, 변론기일이 반복됨에 따라 당사자나 증인의 진술 등을 포함한 재판자료가 망각되고 불확실하게 되는 것을 방지하기 위하여 변론기일에는 변론조서(152, 153)를, 변론준비기일에는 변론준비기일조서(283)를 작성하게 하였다. 넷째로, 상급심이 하급심의 절차·증거평가·판단 등을 심사하여 심급제도의 목적을 달성하기 위하여 재판에는 재판서를 작성하도록 하였다(208, 224). 다섯째로, 사실심리가 필요 없는 상고심절차(430)와 결정으로 완결할 사건(134 I 但)에 관하여는 서면심리를 원칙으로 하고 있다. 그 밖에도 많은 예외가 인정되고 있다(29 II, 58, 85, 155, 272, 310, 少審 4, 9, 11).

4. 口述主義의 形骸化

위에서 본 것처럼 우리나라는 법률상으로는 구술주의가 원칙으로 되어 있으나, 실제로는 당사자들이 "준비서면대로 진술한다"라는 말로 그쳐버리는 일이 보통이므로, 구술변론은 형해화(形骸化)되고 있다.

2002년 개정 민사소송법은 변론준비절차를 강화하여 서면준비절차(280)와 변론준비기일(282)을 마련하고, 서면준비절차에서 양 당사자가 준비서면을 반복하여 교환하여 주장과 증거를 정리한 뒤에, 변론준비기일을 거쳐서, 또는 바로 변론기일이 열리도록 하였다. 따라서 변론을 충분히 준비하여 집중된 변론기일을 열게 되면(287 I), 변론이 활성화되어 구술주의가 좀더 본래의 모습대로 구현될 수 있을 것이다. 특히 서면준비절차(280)만 거쳐 변론기일이 열리는 경우에는 당사자가 준비서면의 내용을 진술하여야 그것이 판결의 기초가 될 수 있는데, 이 때의 진술은 종전처럼 형식적인 진술이 아니라 구체적인 진술이 되어야 할 것이다. 2008년 12월의 민사소송법 일부개정을 통해 변론준비절차는 원칙적인 절차에서 2002년 민사소송법 개정 전과 같은 예외적인 절차로 되돌아가기는 했지만(258 I, 279), 민사소송규칙은 변론준비기일에서 당사자는 말로 변론준비에 필요한 주장과 증거를 정리하여 진술해야 하고, 법원도 당사자에게 말로 해당사항을 확인하여 정리하여야 함을 규정하고 있다(民訴規 70의 2).

영미에서는 구술주의가 본래의 모습대로 시행되고 있다. 도이칠란트에서는 주기일(Haupttermin)제도를 두어 구술주의를 철저히 하고 있다.

5. 口述主義의 違反

구술주의가 요구되는 경우에 이에 위반하는 경우, 예컨대 필수적 변론을 거치지 않고 판결한 경우에는 소송절차가 위법하므로 상소에 의하여 취소를 구할 수 있지만 재심사유는 되지 아니한다.[1)]

Ⅱ. 直接(審理)主義

1. 意 義

직접(심리)주의(Grundsatz der Unmittelbarkeit)라 함은 수소법원이 변론의 청취와 증거조사를 직접 행하는 원칙을 말한다. 다른 사람(수명법관이나 수탁판사)이 심리한 결과를 보고받고 이에 기하여 재판을 하는 간접(심리)주의에 대응하는 원칙이다. 직접주의는 개념상 구술주의와 구별하여야 한다. 직접주의·간접주의는 구술주의·서면주의의 어느 것과도 결합될 수 있다. 말로 한 진술이라도 수소법원 이외의 사람에게 하면 간접심리가 되는 것이고, 서면에 의한 진술이라도 수소법원이 직접 읽으면 직접심리가 되기 때문이다. 그러나 직접주의는 구술주의와 결합하기 쉽고, 말하자면 구술주의의 동행자이다.

2. 長 短 點

직접주의는 판결을 하는 법관이 직접 심리대상에 접촉하므로 변론내용을 이해하고 사건의 진상을 파악하기 쉬운 장점이 있다. 그러나 반면에 사건이 복잡화하고 심리가 장기화하면 그 동안 직접심리에서 얻은 체험이 불명확하게 되고, 또 법관의 교대로 인하여 이를 완전히 관철할 수 없다는 단점이 있다. 그리하여 현실적으로는 양 제도의 장단점을 고려하여 이를 함께 이용할 필요가 있다.

3. 現行法의 態度

도이칠란트 보통법시대에는 서면에 의한 간접심리가 행하여졌으나, 1877년 도

---

1) Zeiss, §30 Ⅳ; Baur, Rdn. 45.

이칠란트제국 민사소송법은 절차의 활성화를 위하여 직접주의를 채용하였고, 우리 현행법도 직접주의를 원칙으로 하고 있다. 그러나 이를 관철할 수 없으므로 약간의 예외를 인정하고 있다.

(1) 直接主義의 原則

민사소송법은 "판결은 기본이 되는 변론에 관여한 법관이 하여야 한다"고 규정하여(204 Ⅰ), 직접주의의 원칙을 명백히 하고 있다. 여기에서 말하는 '기본이 되는 변론'에는 당사자의 소송행위뿐만 아니라 법원의 증거조사도 포함된다. 그리고 소송심리중에 합의부 법관의 반수 이상 또는 단독판사가 바뀐 경우에 종전에 신문한 증인에 대하여 당사자가 변론에서 다시 신문을 신청하거나(204 Ⅲ), 증거보전절차에서 신문한 증인을 다시 신문하고자 신청한 때에는 법원은 그 신문을 하여야 하는데(204 Ⅲ, 384), 이것도 증거조사에서의 직접주의를 규정한 것이다. 또한 새 법에서는 변론준비절차에서 재판장등이 주장과 증거를 정리하기 위하여 필요한 범위 안에서 증거조사를 할 수 있되, 원칙적으로 증인신문과 당사자신문은 할 수 없도록 하여(293), 직접주의를 관철시키고 있다. 그 밖에도 변론준비절차는 재판장 또는 수명법관, 수탁판사에 의하여 진행되므로(280 Ⅱ~Ⅳ), 변론준비기일을 마친 뒤의 변론기일에서 당사자는 변론준비기일의 결과를 진술하여야 한다(287 Ⅱ).

(2) 直接主義의 例外

여기에는 다음 두 가지가 있다.

1) 법관이 바뀐 경우에 하는 변론의 갱신절차이다. 직접주의를 관철하려면 심리 도중에 법관이 바뀐 경우에는 새로운 법관 앞에서 변론과 증거조사를 다시 한 번 되풀이하여야 하지만, 이것은 소송경제에 반하고 또 합의부의 법관 중 일부가 바뀐 경우에는 교대되지 아니한 법관에 대한 관계에서 종전의 변론과 증거조사의 효력을 잃게 하므로 부당하다. 그리하여 이 경우에는 새 법관 앞에서 당사자가 종전의 변론결과를 진술하면 충분한 것으로 하였다(204 Ⅱ). 이를 변론의 갱신이라고 한다. 다만 변론준비기일이 진행되는 도중에 변론준비기일을 진행하는 재판장 또는 수명법관 등이 바뀐 경우에는 변론준비의 결과를 갱신할 필요는 없다(286의 204 Ⅱ의 不準用).

변론갱신의 법적 성질에 관하여 통설은 당사자가 법관에 대하여 직접 종전의 변론결과를 진술하는 점을 강조하여 직접주의를 의제하는 수단 또는 직접주의의 형식을 만족시키기 위한 보고라고 보고 있으나, 이 경우에는 다른 사람인 종전의 법관이 한 심리의 결과를 당사자의 보고에 의하여 재판의 기초로 삼는 것이므로 그 한도 안에서 간접심리가 행하여지는 것으로 보는 견해도 있다. 어떻든 현재의 실무관행에서는 변론의 갱신절차는 변론의 갱신이라고 변론조서에 기재하는 것으로 그칠 뿐, 종전의 변론결과를 구체적으로 진술하지 않고 있어서 극히 형해화되어 가고 있다.

그리고 변론의 갱신절차를 밟지 않았더라도 변론을 종결할 때에 당사자 양 쪽이 이의 없이 소송관계를 표명하고 변론을 한 경우 또는 항소심에서 제1심변론의 결과를 진술한 경우에는 그 위법은 치유된다고 하는 것이 판례의 입장이며,[1] 소액사건의 경우에는 간이·신속한 처리를 위하여 법관이 바뀌더라도 변론의 갱신 없이 판결할 수 있다(少審 9 Ⅱ).

2) 수명법관 또는 수탁판사에 의한 증거조사이다. 법원은 필요하다고 인정할 때에는 법원 밖에서의 증거조사를 수명법관이나 수탁판사에게 시킬 수 있다(297). 또한 변론준비절차에서는 허용되지 아니하는 증인신문과 당사자신문도 제313조의 예외사유가 있으면 실시할 수 있다(281 Ⅲ). 그리고 외국에서 시행할 증거조사는 그 나라에 주재하는 우리나라의 대사·공사·영사 또는 그 나라의 관할 공공기관에 촉탁한다(296). 이들 경우에는 남이 행한 증거조사의 결과를 판결의 기초로 삼으므로 간접심리가 행하여지는 것이다.

(3) 直接主義의 違反

직접심리주의에 위반하여 변론에 관여하지 아니한 법관이 판결한 경우는 법률에 의하여 판결법원을 구성하지 아니한 때(424 Ⅰ①, 451 Ⅰ①)에 해당하므로 상소 및 재심에 의하여 취소를 구할 수 있다.[2]

---

1) 大判 1963. 8. 22, 63 다 316; 1968. 7. 2, 68 다 37.
2) 大判 1972. 10. 31, 72 다 1570.

Ⅲ. 適時提出主義

1. 意　義

1) 적시제출주의라 함은 당사자가 소송자료(사실 및 증거), 즉 공격·방어방법을 소송의 정도에 따라 적절한 시기에 제출하여야 한다는 원칙을 말한다(146). 구법에서는 공격·방어방법은 변론의 종결에 이르기까지 어느 때라도 제출할 수 있다는 '수시제출주의(隨時提出主義)'를 취하였으나, 제1심 위주의 집중심리를 꾀하기 위하여 적시제출주의를 채택하게 되었다.

2) 소송자료의 종류(청구원인, 항변사실, 재항변사실, 증거의 제출 등)에 따라 그 제출단계를 정하고(예컨대 원고의 주장과 증거제출이 제1단계, 피고의 답변·항변과 증거제출이 제2단계, 증거조사가 제3단계), 그 단계가 끝나면 더 이상 소송자료를 제출할 수 없도록 실권시키는 주의를 동시제출주의 또는 법정서열주의(Grundsatz der gesetzlichen Reihenfolge od. Eventualmaxime)라고 한다. 원래 동시제출주의는 소송의 지연을 방지하고 심리를 집중시키기 위한 것이었는데, 일정한 단계가 지나면 더 이상 재판자료를 제출할 수 없는 실권의 효과가 따르므로 중요한 자료를 제출하지 못하여 부당한 판결을 받는 수가 있고, 또 당사자로서는 실권의 불이익을 입지 않기 위하여 가정주장과 가정항변을 무수히 제출하고 필요 없는 증거까지 모두 제출하여, 소송심리가 도리어 늦어지고 소송기록이 걷잡을 수 없이 방대하여지는 결과를 가져왔다. 이러한 결점을 극복하기 위하여 수시제출주의가 채택되었다. 그러나 이 제도하에서는 변론의 종결까지 언제나 재판자료를 제출할 수 있고, 특히 항소심을 속심으로 운영하는 소송구조 하에서는 당사자가 재판자료의 제출을 서두르지 않는 결과 소송의 지연과 제1심 경시의 풍조를 가져왔다(항소심을 사후심(입법례: 오스트리아)으로 하면 제1심변론종결시까지만 소송자료를 제출할 수 있다). 여기에서 수시제출주의의 폐해에 대한 대책이 필요하게 되었다. 그리하여 도이칠란트는 이미 1976년 간소화개정법률(Vereinfachungsnovelle, 1976)로 적시제출주의를 채택하였고(獨民訴 282 Ⅰ), 일본도 1996년 개정법률로 적시제출주의로 바꾸었다(日民訴 156).

3) 우리나라는 2002년 민사소송법으로 제1심 변론의 집중을 꾀하기 위하여, 공격·방어방법의 제출시기에 관하여 적시제출주의를 취하였을 뿐만 아니라(146), 변론준비절차를 강화하여, 원칙적으로 변론준비절차에서 주장과 증거를 정리한 뒤에

변론기일을 열되, 변론준비절차중 변론준비기일까지 거친 경우에는 변론준비기일의 종결로 인한 실권적 효력의 제재를 받도록 하고(285), 이 효과는 항소심까지 유지되도록 하였다(410). 다만 2008년 개정 민사소송법에 의해 변론준비절차가 예외적인 절차가 되었음은 앞에서 살펴본 바와 같다(구술주의에 관한 설명 및 후술하는 변론준비절차에 관한 설명 참조).

2. 適時提出主義의 内容

(1) 適時提出主義의 原則

공격·방어방법은 소송의 정도에 따라 적절한 시기에 제출하여야 한다(146). 항소심은 제1심의 속심(續審)이므로, 당사자는 항소심의 변론종결에 이르기까지 소송의 정도를 고려하여 적절한 시기에 소송자료를 제출하여야 한다. '적절한 시기'인가 아닌가는 '소송의 정도'를 기준으로 판단하게 된다. 소송의 정도란 소송절차의 단계 또는 과정을 뜻한다고 풀이된다. 소송의 제1단계는 소장·답변서를 제출·교환하는 단계이며(249, 254, 256, 274, 民訴規 65), 제2단계는 필요하면 준비서면을 교환하고 주장과 증거를 정리하는 단계이다. 제2단계까지는 원칙적으로 변론준비절차에서 이루어진다(279, 280, 282). 늦어도 변론준비절차가 종료될 때까지 원칙적으로 모든 공격·방어방법이 제출되어야 한다(285). 제3단계는 본격적인 변론의 단계이며, 쟁점정리의 결과를 진술하고(287), 바로 증거조사가 시작되고(287),[1] 증인신문 등이 집중적으로 행하여진다(293). 물론 이러한 단계는 동시제출주의에서와 같이 엄격한 것은 아니나, 당사자는 각 단계 및 심급을 고려하여 적절한 시기에 공격·방어방법을 제출하여야 할 것이다.

도이칠란트 민사소송법에는 항소심에서는 항소이유서 제출기간(항소장 제출 후 2월) 안에 원칙적으로 항소이유서를 통해서만 새로운 공격·방어방법을 제출할 수 있도록 하는 제도가 있다(獨民訴 520). 항소이유서 제출기간이 지난 뒤에 새로운 공격·방어방법을 제출하려면 그 제출이 소송의 완결을 지연시키지 아니하거나 제출의 지연에 관한 면책사유를 소명하여야 한다(獨民訴 530).[2] 2002년 새 법의 대법원 원안(原案)에는 항소이유서제도가 포함되어 있었으나 채택되지 아니하였고, 2025년 민사소송법 개정을 통해 비로소 우리 민사소송법에 도입되었다(2024. 1. 16. 법률 제20003호, 2025. 3. 1.부터 시행).

민사소송법에는 적시제출주의의 실효성을 확보하기 위한 구체적인 수단으로 몇

---

1) 주장과 증거를 정리하기 위하여 필요한 증거조사는 변론준비절차에서 실시된다(281 Ⅲ).
2) 자세한 것은 유병현, "민사항소심에서 변론의 갱신권의 제한," 「법조」, 1999. 11., 125면 이하 참조.

가지 제도가 마련되어 있다.

(2) 失機한 攻擊·防禦方法의 却下(149 I)

당사자가 고의 또는 중대한 과실로 공격 또는 방어방법을 뒤늦게 제출한 때에는 법원은 직권 또는 당사자의 신청에 따라 이를 각하할 수 있다. 이것은 간접적으로 공격·방어방법의 적시제출을 촉구하는 제도이다. 구 법에서 이것은 수시제출주의를 제한하는 제도이었으나, 크게 활용되지 않았다.

(가) 각하의 요건

다음 세 가지 요건이 필요하다.

① 시기에 늦게 제출되었을 것 시기에 늦었다고 함은 변론의 경과로 보아 보다 일찍 제출할 수 있었고 또 제출할 기회가 있었음에도 불구하고 이를 제출하지 아니한 경우를 가리킨다.[1] 항소심에서 제출된 공격·방어방법이 시기에 늦었는가 아닌가를 판정할 때에는 항소심만을 표준으로 할 것이 아니라, 제1심·제2심의 전 과정을 통하여 판정하여야 한다.[2] 이것이 항소심을 속심구조로 하고 있는 우리 민사소송법의 체계에 맞고, 또 공격·방어방법의 조기제출을 유도할 수 있기 때문이다. 서면준비절차에서 정하는 준비서면이나 증거신청의 제출기간(280 I)도 시기에 늦었는지 여부에 대한 하나의 기준이 된다.

② 당사자에게 고의 또는 중대한 과실이 있을 것 고의 또는 중대한 과실은 본인 또는 대리인의 어느 한 편에 있으면 된다. 고의 또는 중대한 과실의 유무는 본인의 법률적 지식의 정도와 공격·방어방법의 종류, 내용과 법률구성의 난이도, 소송의 진행경과 등을 종합적으로 고려하여 판정하여야 한다.[3] 예컨대 본인소송에서 관련성을 모르고 제출이 늦어진 경우에는 중과실이 있다고 하기 어렵고, 상계의 항변이나 가정항변은 최초에 제출하기를 기대하기 어렵기 때문이다. 항소심에 이르러 동일한 쟁점에 관한 대법원판결이 선고되자 그 판결의 취지를 토대로 새로운 주장을 제출한 경우에도 중대한 과실을 인정하기 어렵다(판례).[4]

---

1) 나아가 판례는 상대방과 법원에 새로운 공격·방어방법을 제출하지 않을 것이라는 신뢰를 부여하였는지 여부도 고려되어야 한다고 한다(大判 2017. 5. 17, 2017 다 1097).

2) 大判 1962. 4. 4, 4294 民上 1122; 2017. 5. 17, 2017 다 1097.

3) 大判 2017. 3. 30, 2016 다 51989.

4) 大判 2006. 3. 10, 2005 다 46363; 다만 대법원은 4차에 걸친 1심 변론기일과 항소심의 1차 변론기일까지 주장을 하지 않다가 항소심 2차 변론기일(마지막 변론기일)에서야 주장하는 것은 적시제출주의를 어

③ 소송의 완결을 지연시킬 것 소송의 완결을 지연시킨다고 함은 그 공격·방어방법을 심리하면 각하할 때보다 소송의 완결이 지연되는 것, 즉 그것이 없으면 곧 변론을 종결시킬 수 있는 단계에 있음을 뜻한다(절대설, absolute Theorie, 도이칠란트의 통설·판례[1]). 따라서 그 기일에 즉시 조사할 수 있는 증거의 신청(재정증인)이나, 다음 기일에 심리할 사항이 남아 있어서 어차피 다음 기일을 열어야 할 경우의 증거신청 등은 이에 해당하지 아니한다.[2] 이에 대하여, '소송의 완결의 지연'이란 적시에 공격·방어방법이 제출되었다고 가정한 경우보다 소송의 완결이 지연되는 경우를 뜻한다고 풀이하는 견해(상대설, relative Theorie)도 있다.[3] 이 견해에 의하면 재정하지 아니한 증인의 신문을 신청하는 경우에도 그 증인이 해외여행중이기 때문에 적시에 신청하였더라도 어차피 조사할 수 없었을 때에는 소송의 완결을 지연시키지 않는 것으로 된다. 생각건대, 만일 제때에 제출하였더라면 지연되지 않았을지 여부를 증명하기란 어려운 일이므로, 절대설이 타당하다고 본다.

당사자의 공격·방어방법을 각하하지 아니한 채 증거조사까지 마친 경우에는 더 이상 소송의 완결을 지연할 염려는 없으므로, 그 공격·방어방법을 새삼스럽게 각하할 수는 없다.[4]

(나) 각하의 대상 당사자의 공격·방어방법이다. 그러므로 당사자의 주장·항변·증거신청 따위가 이에 해당하고, 원고의 청구, 피고의 반소청구, 청구의 변경 등 본안의 신청은 이에 해당하지 아니한다. 문제는 요증사실에 관한 유일한 증거방법도 실기하였다고 각하할 수 있느냐 하는 점이다(290 但 참조). 학설은 첨예하게 대립하고 있다.[5] 생각건대, 유일한 증거방법이라고 하여 예외를 인정하면 제1심의 존재를 무의미하게 만들고 소송촉진을 꾀하기 어려우므로, 이것 역시 각하의 대상이 된다고 풀이한다.[6] 판례의 주류도 같다.[7]

기어 고의 또는 중대한 과실로 공격방법을 뒤늦게 제출하여 소송의 완결을 지연시킨 경우로 보았다(大判 2014. 5. 29, 2011 두 25876).

1) BGH NJW 1989, 719(720). 절대적 지연개념이 헌법에 합치한다는 도이칠란트 헌법재판소 판례로는 BVerfG 1991, 2275.

2) 同旨: 李時, 371면; 大判 2000. 4. 7, 99 다 53742.

3) 胡, 472면.

4) 大判 1994. 5. 10, 93 다 47615.

5) 肯定: 李時, 371면; 金/姜, 406면. 反對: 方, 437면; 宋/朴, 349면; 胡, 473면.

6) 日最(大)判 1955. 4. 27, 民集 9. 5. 582 참조.

7) 大判 1968. 1. 31, 67 다 2628; 1969. 4. 19, 69 다 67 등.

(다) 각하의 절차 직권 또는 당사자의 신청에 따라 한다. 각하를 함에는 독립된 결정으로 하거나 종국판결의 이유 중에서 판단하거나 하면 된다. 각하결정에 대하여는 독립하여 항고할 수 없고, 종국판결과 함께 상급심의 판단을 받는다(392). 그런데 당사자의 각하신청은 법원의 소송지휘권이라는 직권의 발동을 촉구하는 것이므로, 설사 법원이 각하신청을 배척하더라도 불복신청이 허용되지 아니한다.

(라) 각하의 재량성 각하의 요건이 갖추어졌을 때에는 법원이 반드시 각하하여야 하는가에 대하여, 민사소송법 제149조는 소송촉진을 위한 공익적 규정이라는 이유로 이를 긍정하는 견해도 있으나,[1)] 각하 여부는 법원의 재량에 속한다고 본다(통설). 시기에 늦은 공격·방어방법이 각하되지 않는 경우라도 그 때문에 소송을 지연시킨 당사자는 승소에도 불구하고 증가된 소송비용을 부담하는 불이익을 입을 수 있다(100).

(3) 裁定期間과 失權的 效力

1) 재판장은 특정한 사항에 관하여 주장을 제출하고 증거를 신청할 기간을 정할 수 있으며(재정기간), 당사자가 그 기간을 넘긴 때에는 정당한 사유를 소명하지 아니하는 한 제출할 수 없다(147). 이것은 공격·방어방법의 적시제출을 직접적으로 촉구하고, 집중심리를 꾀하기 위하여 2002년 민사소송법이 신설한 제도이다. 다만 공격·방어방법의 제출기간이 부당하게 짧게 되는 것을 방지하기 위하여 재판장이 재정기간을 정함에 있어서는 당사자의 의견을 들어야 한다(147 I). 구법에서는 재판장이 준비서면의 제출기간을 정할 수 있다고만 규정하고 있었는데(舊民訴 247 II), 그것은 재정기간제도에 흡수되었다.

2) 당사자는 공격·방어방법의 제출기간을 넘겼더라도 정당한 사유로 제출하지 못하였다는 것을 소명하면 주장을 제출하거나 증거를 신청할 수 있다(147 II 但). 따라서 재정기간이 지난 후에 생기거나 알게 된 사실이나 증거는 새로이 제출할 수 있다.

3) 재정기간제도는 서면준비절차의 진행을 위하여 재판장이 정하는 준비서면 등의 제출기간과는 구별된다. 즉 서면준비절차에서 재판장은 제출기간을 정하여 당사자에게 준비서면 등의 제출 및 증거의 신청을 하게 하는데(280 I. II), 이 경우 제

1) 宋/朴, 350면.

출기간을 준수하지 아니하면 그것은 변론준비절차의 종결사유가 되며(284 Ⅰ②), 제출하지 아니한 공격·방어방법은 실기한 공격·방어방법으로 각하될 수도 있다(149). 이에 대하여 제147조의 재정기간제도는 서면준비절차를 비롯하여 절차의 어느 단계에서든 이용될 수 있으며, 재판장이 특정한 사항에 관하여 당사자의 의견을 들어 공격·방어방법의 제출기간을 정하고, 당사자가 기간을 넘기면 자동으로 실권적 효력이 생긴다.

재정기간제도는 실권적 효력(285 참조)을 갖지 아니하는 서면준비절차에서 큰 효용을 가질 수 있을 것이다.

(4) 변론준비기일을 종결한 뒤의 失權的 效力(285)

변론준비절차에서 변론준비기일까지 거친 경우에는 그 때까지 제출하지 아니한 공격·방어방법은 원칙적으로 변론에서 제출할 수 없다(285). 그 효과는 항소심에도 미친다(410).

(5) 석명에 응하지 않는 攻擊·防禦方法의 却下(149 Ⅱ)

취지가 명료하지 아니한 공격·방어방법을 제출하고서도 당사자가 석명에 응하지 않은 경우(136 참조)와 석명할 기일에 출석하지 아니한 경우(137 Ⅰ, 140 ①)에도 실기한 공격·방어방법과 같은 절차로 각하된다.

(6) 中間判決의 내용과 저촉되는 주장의 제한

중간판결(201)을 한 경우에는 그 기속력 때문에 그 심급에서는 그 판단사항에 관한 공격·방어방법을 제출할 수 없게 된다.[1]

(7) 訴狀의 기재의 충실화 및 답변서제출의무

재판장은 소장을 심사하면서 필요하다고 인정하는 경우에는 원고에게 청구이유에 대응하는 구체적인 증거방법을 적도록 명하고 소장에 인용한 서증의 사본을 제출하도록 명할 수 있다(254 Ⅳ). 또한 피고는 소장 부본을 송달받은 날부터 30일 이내에 답변서를 제출하여야 하며, 법원은 답변서가 제출되지 아니하면 변론 없이 판

1) 상고이유서 제출기간이 지난 뒤에 새로운 상고이유를 주장하여도 고려하지 아니하는 것(427~429)을 적시제출주의를 실현하기 위한 수단으로 보는 견해가 많다. 그러나 적시제출주의는 변론을 종결할 때까지의 문제인데, 상고이유서를 제출하지 아니한 때에는 '변론 없이' 상고를 기각하여야 하기 때문에 의문이다.

결할 수 있다(256, 257). 이것은 소장 및 답변서제출단계에서부터 변론을 준비하게 하여 적시제출주의를 구현하기 위함이다.

3. 適時提出主義의 適用範圍

적시제출주의는 직권조사사항에 관하여는 적용되지 아니한다(285 I ③, 434, 家訴 12 등 참조). 이 경우에는 당사자의 태만을 이유로 공격·방어방법을 각하하여 소송절차의 신속을 기하기보다는 실체적 진실을 발견하는 것이 더 중요하기 때문이다.

Ⅳ. 集中審理主義(繼續審理主義)

1. 意　　義

법원이 수리한 다수의 사건을 처리하는 방식으로서 집중심리주의와 병행심리주의가 있다. 집중심리주의(Konzentrationsgrundsatz)는 하나의 사건에 관하여 집중적으로 변론을 행하면서 심리하여 판결까지 마친 다음에 다음 사건의 심리에 들어가는 원칙이다. 하나의 사건에 대하여 계속하여 심리하는 것이므로 이를 계속심리주의라고도 한다. 이에 반하여 법원이 동시에 다수의 사건을 병행하여 심리하는 것을 병행심리주의라고 한다. 이 경우에는 개개의 사건에 대한 심리가 일정한 기간 동안 계속하여 실시된다.

2. 長 短 點

사건의 심리를 위하여 소요되는 노력·시간·비용 등은 어느 방식에 의하든 이론적으로는 같은 것으로 생각된다. 그러나 병행심리방식에 의하면, 기일과 기일 사이가 길어서 법관의 기억이 흐려지기 때문에 재판은 기록한 자료에 기하여 하게 되고(따라서 구술주의의 장점이 없어지고 실질적으로 서면주의가 되어 버린다), 기일이 돌아올 때마다 기록을 보아야 하므로 노력·시간의 손실이 많으며, 또 심리가 오래 걸리면 그 사이에 법관의 교체가 많게 된다(그리하여 실질적으로 간접주의가 되어 버린다)고 하는 결점이 있다. 이에 비하여 집중심리주의에 의하면 짧은 시일 안에 사건의 전모(全貌)가 일거에 해명되고, 법관도 그 사건에만 정력(精力)을 집중할 수 있으므로, 심증의 형성이 쉽고 사건의 처리가 능률적으로 되어, 신선한 인상에 기하여 올바른 재판을 할 수 있다. 그리고 구술주의·직접주의의 장점도 충분히 살릴 수 있다는 이점도 있다.

3. 現行法의 態度

민사소송법 제272조는 "변론은 집중되어야 하며, 당사자는 변론을 서면으로 준비하여야 한다."라고 규정하여, 집중심리주의를 변론의 기본원칙으로 선언하고 있다. 집중심리주의는 원래 1990년 개정법 제245조에 의하여 최초로 선언되었는데, 이것은 종래의 재판실무가 병행심리주의에 의하여 온 관행을 타파하고 신속하고 적정한 재판을 도모하려는 의지를 반영한 것이었다. 다만 당시에는 합의사건을 심리하는 경우에 필요하다고 인정하는 때에 한하여 변론준비절차를 명할 수 있었다(구법 253). 그런데 2002년에 개정된 민사소송법은 집중심리주의를 채택하면서 재판장은 변론 없이 판결하는 경우 외에는 바로 사건을 변론준비절차에 부쳐야 한다고 규정하여(동법 258. 279 이하), 변론준비절차를 원칙으로 삼았다. 그런데 2008년 개정법에 의하면 재판장은 피고의 답변서가 제출되면 곧바로 변론기일을 정하도록 하고 다만 필요한 경우에만 사건을 변론준비절차에 부치도록 하여(258 I), 변론준비절차를 임의적·예외적인 것으로 규정하였던 1990년의 모습으로 되돌아갔다. 2008년의 개정에 대하여는 성급하고 불합리한 개정이라고 하는 비판과 절차의 운영에 탄력성을 부여한 적절한 개정이라는 평가가 대립하고 있다. 앞으로의 법원실무의 성과에 따라 어느 견해가 옳았는지 판가름 나게 될 것이다.

현행법상 집중심리주의와 관련된 구체적인 내용은 다음과 같다.

(1) 적시제출주의와 재정기간

수시제출주의를 적시제출주의로 바꾸고(146), 수시제출주의의 제한규정이었던 실기한 공격·방어방법의 각하규정을 적시제출주의의 실효성을 확보하기 위한 규정으로 존치시킴과 아울러(149), 공격·방어방법의 적시제출을 위하여 법원이 적극적 역할을 할 수 있도록 공격·방어방법의 제출기간을 정할 수 있는 재정기간제도를 신설하였다(147).

(2) 소장의 충실화

소장심사 단계에서부터 재판장의 소장심사권을 강화하여 변론을 충실히 준비하기 위한 조치를 취할 수 있도록 하고 있다. 즉, 재판장은 소장을 심사하면서 필요하다고 인정하는 경우에는 원고에게 청구하는 이유에 대응하는 증거방법을 구체적으로 적어내도록 명할 수 있으며, 원고가 소장에 인용한 서증의 사본을 붙이지 아니하는 경우에는 이를 제출하도록 명할 수 있다(254 Ⅳ). 이것은 구 법하에서 민사소송규칙에 있던 것(舊民訴規 49의 2)을 민사소송법으로 규정한 것이다.

(3) 답변서제출의무와 무변론판결

피고에게 답변서제출의무를 부과하고 무변론판결제도를 도입하여, 피고로 하여금 답변서 제출 단계부터 다툴 의사를 분명히 밝히고 변론의 준비를 하도록 하고 있다. 즉 피고는 소장 부본을 송달받은 날부터 30일 이내에 답변서를 제출하여야 하며(256), 만일 제출하지 아니하면, 법원은 피고가 청구의 원인이 된 사실을 자백한 것으로 보고 변론 없이 원고 승소판결을 선고할 수 있다(257 Ⅰ).

(4) 변론준비절차

피고가 답변서를 제출하면, 쟁점의 정리가 필요한 경우에는 재판장의 주재하에 변론준비절차가 열린다(258 Ⅰ). 변론준비절차는 다시 서면준비절차와 변론준비기일로 구성되는데, 원칙적으로 서면준비절차에서 당사자가 준비서면을 제출하고 증거를 신청하여 주장과 증거를 정리하도록 하고(281), 필요한 범위 안에서 증거조사도 할 수 있도록 허용하였다(281 Ⅲ). 또한 변론준비절차를 진행하는 동안에 필요하다고 인정할 때에는 당사자를 출석시켜 변론준비기일을 열도록 하고 있다(282). 과거에는 실무상 변론을 충분히 준비하지 아니하고 소장 부본의 송달과 함께 변론기일을 지정하고 바로 변론이 실시되었기 때문에, 변론기일은 준비서면의 교환의 장에 지나지 아니하였고, 당사자는 상대방의 대응태도에 따라 그때그때 산발적으로 변론을 하였다. 변론준비절차는 이러한 폐단을 시정하려는 제도이다. 변론준비기일을 마치면 원칙적으로 더 이상 새로운 공격·방어방법을 제출할 수 없는 실권적 효력이 생긴다(285).

(5) 집중심리기일

변론준비절차를 마친 뒤의 변론기일은 집중적으로 실시하여 원칙적으로 1회로 종결할 수 있도록 하여야 하며, 당사자는 이에 협력하여야 한다(287 Ⅰ). 또한 변론준비절차를 거친 사건이 심리에 2일 이상이 소요되면, 가능한 한 종결에 이르기까지 매일 변론을 진행하여야 한다(民訴規 72).

(6) 집중증거조사

당사자신문과 증인신문은 변론준비절차를 마친 뒤의 기일에서 집중적으로 실시하여야 하며(281 Ⅲ·293), 이를 위한 증인의 효율적인 확보수단으로 감치제도를 도입하였다(311). 아울러 민사소송규칙은 증인신문과 당사자신문은 일괄하여 신청하여야 한다고 하면서(民訴規 75), 효율적인 증인신문을 위하여 진술서제도를 채택하였다(民訴規 79).

제 4 절 訴訟審理에서 法院과 當事者의 役割分擔

제 1 항 總 說 ― 當事者主義와 職權主義의 交錯

Ⅰ. 當事者主義와 職權主義의 意義

민사소송절차는 법원과 당사자가 참여하여 일정한 법 원칙에 따라 역할과 책임을 분담하면서 진행된다. 그런데 이 때에 주로 당사자가 역할을 분담하고 책임을 지는 원칙, 즉 소송심리의 주도권을 당사자에게 주는 것을 당사자주의(Parteiherrschaft)라고 하고, 이와 반대로 주로 법원이 그 임무를 가지는 원칙, 즉 소송심리의 주도권을 법원에게 주는 것을 직권주의(Offizialmaxime)라고 한다.

Ⅱ. 兩主義의 沿革과 立法例

법원과 당사자 사이에 민사소송절차에 관한 책임을 분배하는 원칙은 각 시대의 이데올로기와 각국의 입법례에 따라 일정하지 않다. 18세기말의 프러시아법에서는 심리의 절차면은 물론 내용면에서도 극단적인 직권주의가 채택되었다. 그러나 프랑스혁명 후에 자유방임주의와 야경국가관이 등장함에 따라 1806년의 프랑스 민사소송법과 이를 따른 1877년의 도이칠란트제국 민사소송법은 절차면과 내용면의 양 면에서 당사자주의를 채택하였다. 그러다가 당사자주의하에서 소송절차의 지연이 현저하여지고 또 당사자의 실질적 능력을 고려하지 않고 소송진행을 당사자에게 방임하면 도리어 적정한 재판을 기할 수 없다는 점이 밝혀지고, 아울러 복지국가적 발상이 등장하면서 법원의 역할이 중시되어 직권주의가 강화되었다. 1895년의 오스트리아 민사소송법 및 그 후 개정된 도이칠란트 민사소송법과 일본 민사소송법은 이러한 입장을 취하고 있다.

Ⅲ. 現行 民事訴訟法의 態度

우리 민사소송법은 위에서 말한 역사적 변천에서 최후의 단계에 서 있는 도이칠란트 및 일본의 민사소송법을 계수한 것이므로 당사자주의와 직권주의가 서로 교착(交錯)하여 지배하고 있다. 민사소송을 내용면과 절차면으로 나눈다면, 소송심리의 내용면의 주도권은 당사자에게 주어져 있고(처분권주의, 변론주의), 절차면의 주도권은 법원에 주어져 있다(직권진행주의)고 말할 수 있다. 즉, 민사소송법은 법원에게는 절차의 주재자로서의 역할을 부여하고 이를 신속하게 진행시키는 책임을 지우고 있고, 당사자에게는 판결을 위한 자료를 제공하여 사건의 내용을 명확하게 하는 역할을 맡기고 있다. 그러나 이와 동시에 법원이 절차를 주재할 때 당사자 쪽에서 독촉과 이의를 신청할 수 있도록 하고(소송절차에 관한 이의권, 소송의 진행·지휘에 관한 각종의 신청권이 그 예이다), 당사자가 변론활동을 할 때 법원 쪽에서 당사자에게 작용하여 정확한 자료를 얻어낼 수 있도록 하고 있다(석명권은 그 예이다). 그리하여 소송절차는 법원과 당사자의 공동작업의 과정이라고 말할 수 있다.

제 2 항 處分權主義

Ⅰ. 意　　義

1) 처분권주의(Dispositionsgrundsatz)라 함은 소송절차의 개시, 심판의 대상과 범위 및 소송절차의 종료 등에 대하여 당사자가 처분권을 가지고 이들에 관하여

자유로이 결정할 수 있는 원칙을 말한다(203). 당사자가 소송물에 관하여 처분자유(Verfügungsfreiheit) 또는 처분능력(Verfügungsbefugnis)을 가지므로, 이를 당사자처분권주의라고도 부른다. 이에 반하여 법원이 이들을 결정하는 것을 직권주의(Amtsverfahen, Offizialmaxime)(협의)라고 한다. 처분권주의는 사적 자치의 소송법적 측면(prozessuale Seite der Privatautonomie)이라고 할 수 있다.[1] 즉 재산관계를 둘러싼 분쟁은 그 주체인 당사자가 자유로이 처분할 수 있는 법률관계에 관한 것이므로, 이에 관하여 소송절차를 이용할 것인가, 어느 범위에서 심판을 구할 것인가도 당사자의 자율적인 판단에 맡기는 것이다.

2) 처분권주의는 널리 소송의 진행과 소송자료의 수집에 관하여 당사자에게 처분 또는 지배권능을 인정하는 것도 포함하여 당사자주의와 같은 뜻으로 쓰이는 일도 있으나, 전자는 당사자진행주의, 후자는 변론주의라 부르며, 좁은 의미의 처분권주의와 구별하는 것이 보통이다. 즉, 변론주의는 소송자료의 수집의 책임을 당사자에게 부과시키는 것으로서 소송물과는 아무런 관계가 없고, 당사자진행주의는 소송절차의 진행에 관한 것이므로 소송물에 관한 처분권주의와 구별하여야 한다.[2]

II. 處分權主義의 內容

처분권주의는 소송을 할 것인가 말 것인가 및 소송을 한다면 무엇에 관하여 다툴 것인가(ob und worüber gestritten wird)에 관한 처분권을 당사자에게 부여하는 것이므로 다음 세 가지를 그 내용으로 한다. 즉, 소송을 할 것인가 아닌가와 관련하여 소송절차의 개시와 종료를 결정할 수 있고, 무엇에 관하여 다툴 것인가와 관련하여 소송물, 즉 심판의 대상과 범위를 결정한다.

1. 訴訟節次의 開始

1) 민사소송은 당사자의 소제기에 의하여 비로소 개시된다. "원고 없는 곳에 법관 없다"(Wo kein Kläger, da kein Richter)든가, "법관은 직권으로 하여서는 아니

1) Jauernig, §24 I ; Arens, Rdn. 6.

2) 다만 Rosenberg 교수는 처분권주의는 이미 계속중인 소송물에 대한 처분자유만을 뜻하는 것이고, 절차를 개시시키는 것은 처분권주의의 문제가 아니라 소송진행에 속하는 문제라고 한다. Rosenberg, §79 I 2.

된다"(*Ne procedat judex ex officio*)는 법언(法諺)은 이를 가리킨다. 상소심절차와 재심절차도 당사자의 상소 및 재심의 소 제기행위를 필요로 하고 직권으로 개시되지 않는다. 가압류, 가처분절차 및 강제집행절차도 당사자의 신청이 있어야 개시된다(民執 4, 279, 301). 가사소송과 행정소송[1]도 마찬가지이다.

2) 다만 부수적 재판은 당사자의 신청을 기다리지 않고 직권으로 할 수 있는 예외적인 경우가 있다. 소송비용의 재판(104, 105, 212 Ⅱ), 가집행의 선고(213 Ⅰ), 판결의 경정(211 Ⅰ), 재판의 누락이 있는 경우의 추가판결(212 Ⅰ), 화해권고결정(225) 및 이행권고결정(少審 5의 3), 배상명령(訴促法 25), 소송구조(128 Ⅰ) 등이 그 예이다.[2] 다만 소송비용의 구체적인 부담액을 결정하는 소송비용확정의 재판은 당사자의 신청이 있어야 한다(110).

2. 審判의 對象과 範圍의 決定

1) 심판의 대상과 범위는 당사자가 결정하고 법원은 이에 구속된다. 그리하여 법원은 당사자가 신청하지 아니한 사항에 대하여는 판결하지 못한다(203). 이것은 당사자가 신청한 것과 별개의 사항(etwas anderes)에 대하여 판결할 수 없다는 것 및 당사자가 신청한 범위를 넘어서 판결하여서는 아니되고(nicht mehr), 신청한 범위 안에서만 판결하여야 한다는 것을 의미한다.[3] 상소심[4]과 재심에서도 당사자가 불복한 범위 안에서만 심리 · 판단한다(407 Ⅰ, 415, 425, 431, 459). "법관은 신청한 범위를 넘어서는 아니된다"(*Ne eat iudex ultra petita partium*).

2) 당사자가 신청한 사항에 법원이 구속되는 것은 원고에게 심판의 최종목표를 특정하여 한정하는 권능을 인정하기 때문이지만, 그것은 피고에게는 방어의 목표를 명확히 하는 기능을 갖는다. 원고든 피고든 신청사항을 고려하여 소송상 공격 · 방어의 정도를 결정하게 된다. 그러므로 법원이 당사자의 신뢰에 반하여 신청하지 아니한 사항을 판결하게 되면, '예상외의 뜻밖의 재판'을 받게 되어, 불이익을 받는 당사자의 '재판을 받을 권리'가 실질상 침해된다.[5] 따라서 법원이 심리결과

1) 大判 1999. 5. 25, 99 두 1052.

2) 도이칠란트는 혼인 및 친자관계소송에서 법원의 직권에 의한 절차의 개시를 인정하고 있다(獨民訴 616, 617, 640).

3) 판례(大判 2013. 3. 14, 2010 다 42624, 42631)도 유류분반환청구권의 행사로 인하여 생긴 목적물의 이전등기의무나 인도의무 등의 이행을 소로써 구하는 경우 법원은 유류분권리자가 특정한 대상과 범위를 넘어서 그 청구를 인용할 수 없다고 하였다; 2020. 1. 30, 2015 다 49422.

4) 상소심에서는 특히 불이익변경금지의 원칙으로 된다(415).

당사자가 신청하지 아니한 다른 사항(예컨대 A토지의 인도를 구한 경우에 B토지의 인도) 또는 신청한 범위를 넘는 소송물(예컨대 금 1억 원의 지급을 구하였으나 금 2억 원이 인정되는 경우)이 인정되어도, 원고가 청구의 변경을 하지 않는 한(예컨대 A토지의 인도청구를 B토지의 인도청구로 바꾸거나, 금 1억 원 지급청구를 금 2억 원 지급청구로 바꾸는 것), 이를 인용할 수는 없다.

구체적으로 살펴보면 다음과 같다.

(1) 審判의 形式·順序

1) 원고는 심판의 형식, 즉 이행·확인·형성 가운데 어느 판결을 구하는가를 지정하여야 하며, 법원은 여기에 구속된다. 그러므로 예컨대 원고가 이행판결을 구하는데, 법원이 확인판결을 하는 것은 허용되지 아니한다.

2) 원고는 심판의 순서를 정할 수 있으며, 이 경우에는 법원은 이 순서에 구속된다. 그리하여 청구의 예비적 병합의 경우에는 법원은 먼저 주된 청구에 대하여 심판하여야 하고, 그것이 이유 없을 때에 비로소 예비적 청구에 대하여 심판할 수 있다.[1] 따라서 예컨대 갑이 을에 대하여 제1차로 매매계약에 기한 자동차 인도를 구하고, 제2차로 매매계약이 무효라면 이미 지급한 매매대금의 반환을 구한다고 신청하였을 경우, 법원이 위 자동차인도청구에 대하여 판단하지 않고 곧바로 대금반환판결을 하면 처분권주의에 위반된다. 예비적 공동소송(70)의 경우에는 법원은 주된 피고와 예비적 피고에 대한 청구를 동시에 심판하되 주된 피고에 대한 청구가 이유 없을 때 비로소 예비적 피고에 대한 청구를 인용할 수 있다. 예컨대 대리인과 계약을 체결한 사람이 제1차로 본인에 대하여 계약의 이행을 구하고, 제2차로 대리권의 흠에 대비하여 무권대리인에 대한 계약의 이행(民 135)을 구하는 경우에, 법원은 제1차 피고인 본인에 대한 청구가 이유 없을 때 비로소 예비적 피고인 무권대리인에 대한 청구의 인용 여부를 판단할 수 있다.

(2) 訴訟物의 異同

법원은 원고가 심판을 구할 소송물과 다른 소송물에 대하여 판결할 수 없다. 소송물이 다른가 아닌가는 소송물이론에 따라 결론이 달라진다. **구실체법설**을 따르는 판례에 의하면, 매매목적물이 옥파종자인데 보통파종자를 인도하여 매수인이 매도인에 대하여 불법행위로 인한 손해배상청구를 한 데 대하여, 법원이 채무불이

---

5) 李時, 330면; 新堂, 288면.

1) 大判 1959. 10. 15, 4291 民上 793.

행을 원인으로 손해배상책임을 인용한 경우에는 처분권주의에 위반된다.[1] 그러나 **소송법설**이나 **신실체법설**에 의하면, 이 경우에 소송물이 하나로서 다르지 아니하므로 처분권주의에 반하지 아니한다. 피고가 약속어음의 공동발행인임을 주장하여 어음금청구를 한 데 대하여, 어음보증인임을 인정하여 어음금청구를 인용하는 것도 구실체법설에 의하면 민사소송법 제203조의 위반이지만,[2] 그 밖의 소송물이론에 의하면 처분권주의에 반하지 아니한다. 이혼청구(民 840)를 당사자가 주장하는 이혼원인과 다른 원인사실에 근거하여 인용하는 경우, 소유권상실로 인한 손해배상을 구하는 원고의 청구에 대해 당사자가 주장한 바 없는 소유권보존등기 말소등기절차 이행의무의 이행불능으로 인한 손해배상책임을 인정한 경우[3]도 같다.

(3) 訴訟物의 量的 範圍

(가) 양적 상한 원고는 자기가 구하는 구제의 양적 상한을 청구취지에서 특정하여 명시하여야 하고, 법원은 그 범위를 넘어 판결할 수 없다. 금전지급청구에 관하여 말하면, 원고는 그 금액을 명시하여야 하며(예컨대 "피고는 원고에게 발생한 일체의 손해를 배상하라"와 같은 청구취지는 허용되지 아니한다),[4] 법원은 당사자가 청구한 금액을 초과하여 지급을 명할 수 없다.

판례는 신체상해로 인한 손해배상청구소송의 소송물은 적극적 재산상 손해·소극적 재산상 손해 및 정신상 손해(위자료)의 세 개라고 하고, 그 어느 것도 원고가 요구한 한도를 넘을 수 없다고 한다.[5] 따라서 예컨대 원고가 금 3,000만 원 지급청구를 하면서, 적극적 손해 1,000만 원, 소극적 손해 1,000만 원, 정신적 손해 1,000만 원의 지급을 구한 경우에, 법원이 원고가 구한 대로 총 금 3,000만 원의 지급판결을 하였더라도, 적극적 손해의 인용 부분이 당사자가 신청한 범위를 넘어서 금 2,000만 원이라면, 처분권주의에 위반된다. 또한 판례는 이자청구소송의 경우에는 그 소송물이 원금·이율 및 기간의 세 요소에 의하여 정하여진다고 보고, 그 가운데 어느 것도 원고가 주장하는 기준을 넘을 수 없다고 한다.[6] 논리적으로는

---

1) 大判 1963. 7. 25, 63 다 241; 1989. 11. 28, 88 다카 9982.

2) 日最判 1960. 4. 12, 民集 14. 5. 825.

3) 大(全)判 2012. 5. 17, 2010 다 28604(국가 명의로 소유권보전등기가 경료된 토지의 일부에 관하여 甲 명의의 소유권이전등기가 경료되었는데, 원고 乙이 국가와 甲을 상대로 소를 제기하여, 국가는 乙에게 말소등기절차를 이행할 의무가 있고, 甲 명의의 소유권이전등기는 등기부 취득시효 완성을 이유로 유효하다는 취지의 판결이 확정되자, 乙이 국가를 상대로 손해배상을 구한 사안이다).

4) 도이칠란트는 이른바 단계적 소(Stufenklage)에 관하여는 금액의 명시를 요구하지 아니한다(獨民訴 254).

5) 大判 1976. 10. 12, 76 다 1313.

6) 大判 1960. 9. 29, 4293 民上 18. 판례는 금전채무불이행으로 발생한 원본채권과 지연손해금채권도

이러한 요소들에 의해 손해액이나 이자액이 정해질 수밖에 없는 것은 부정할 수 없으나, 관련 분쟁에서 손해의 총액 또는 이자의 총액이 분쟁 당사자의 최종적인 관심사이고 분쟁의 핵심적인 내용이라는 점에서 이러한 판례의 태도는 의문이다.

원고가 수량적으로 가분인 채권의 일부만을 청구한 경우(예컨대 금 1억 원의 채권이 있는데, 그 중 금 1,000만 원의 지급청구를 하는 경우)에는 법원은 이 요구된 액수를 초과하여 인용하는 판결을 할 수 없다. 일부청구를 인정할 것인가, 일부청구를 인용하는 판결의 기판력이 잔부청구에 미치는가, 과실상계는 어떠한 방법으로 할 것인가 등에 관하여는 전술한 바와 같이 다툼이 있다(일부청구에 관한 설명 참조).

(나) 일부인용 법원이 원고가 신청한 소송물의 범위 안에서 일부인용 판결을 하는 것은 처분권주의에 반하지 아니한다. 이것이 보통 원고의 의사에 합치하기 때문이다. 구체적으로 문제되는 것은 다음과 같다.

첫째로, **분량적인 일부인용**의 경우에는 처분권주의에 위반하지 않는다. 예컨대 금 5,000만 원의 대여금청구에 대하여 금 3,000만 원을 인용하는 경우, 채무부존재확인소송에서 원고주장의 금액보다 적은 금액의 부존재를 확인하는 경우,[1] 소유권이전등기청구에 대하여 지분이전등기를 인용하는 경우,[2] 등기의 전부말소청구에 대하여 원고의 공유지분에 응한 일부말소만을 인용하는 경우[3] 등은 모두 허용된다.

같은 취지에서 판례는, i) 채권자가 채무자 및 제3채무자를 상대로 부진정연대채무관계가 있음을 전제로 연대하여 금전을 지급할 것을 구하였는데[4] 법원이 피고들에게 중첩관계가 아닌 개별적인 지급책임을 인정한 것은 처분권주의에 위반된다고 하였으며,[5] ii) 채권자가 채무자가 건물에서 '퇴거'할 것을 구하였는데 법원이 채무자에게 건물의 '인도'를 명하는 것은 처분권주의에 반하며,[6] 원고가 피고들에 대해 개별적으로 각 금원의 지급을 구하였는데 법원이 아무런 주장이 없었던 부진정연대채무관계에 있음을 전제로 피고들에게 연대하여 지급할 것을 명하는 것은 처분권주의 위반이라고 하였다.[7] 다만 한 가지 주의할 것은 위 iii)의 경우는, 甲이 乙 보험회사의 보험모집인인 丙의 권유에 따라 다른 회사와의 보험

별개의 소송물이라고 한다(大判 2009. 6. 11, 2009 다 12399).

1) 大判 1982. 11. 23, 81 다 393.

2) 大判 1974. 9. 24, 73 다 1894.

3) 日最判 1969. 5. 29, 判時 560. 44.

4) 甲이 乙을 상대로 자신의 인수대금 채권을 행사하는 청구와 제3채무자 丙을 상대로 위 채권을 피보전채권으로 하여 乙의 채권을 대위행사하는 청구를 한 사안이다.

5) 大判 2014. 7. 10, 2012 다 89832.

6) 大判 2024. 6. 13, 2024 다 213157("건물의 '인도'는 건물에 대한 현실적·사실적 지배를 완전히 이전하는 것을 의미하고, 민사집행법상 인도 청구의 집행은 집행관이 채무자로부터 물건의 점유를 빼앗아 이를 채권자에게 인도하는 방법으로 한다. 한편 건물에서의 '퇴거'는 건물에 대한 채무자의 점유를 해제하는 것을 의미할 뿐, 더 나아가 채권자에게 점유를 이전할 것까지 의미하지는 않는다").

7) 大判 2013. 5. 9, 2011 다 61646.

계약을 해지하고 乙과 새로운 보험계약을 체결하였는데, 이는 丙의 잘못된 설명에 기한 것이라는 이유로 乙에게는 납부한 보험료 상당액, 丙에 대하여는 종전 보험계약의 해지로 인한 손실금 상당액의 각 지급을 구한 사안에서, 법원이 아무런 주장이 없었던 부진정연대채무관계에 있음을 전제로 「피고들(乙과 丙) 모두에게 위 보험료 상당액과 손실금 상당액 모두에 대해 연대하여(각자) 지급할 것」을 명하였다는 점이다.

둘째로, 무조건의 이행청구에 대하여 조건부의 이행판결을 하는 경우, 예컨대 단순이행청구에 대하여 **상환이행(相換履行)의 판결**을 하는 것은 원고의 신청범위 안에 속하는 것이 보통이다. 그러므로 원고의 단순이행청구에 대하여 피고의 유치권항변이나 동시이행항변이 이유 있을 때에는 원고가 반대의 의사표시를 하지 않는 한 원고의 채무이행과 상환으로 피고에게 이행판결을 한다.[1)][2)] 저당권설정등기나 양도담보의 목적으로 한 소유권이전등기는 채무자가 피담보채무를 먼저 변제한 뒤가 아니면 그 말소를 구할 수 없는 것이 원칙이므로 채무변제와 상환으로 말소등기를 구하는 것은 허용되지 아니하지만,[3)] 남아 있는 피담보채무의 금액에 관하여 다툼이 있거나 담보목적임을 다투는 경우에는 예외적으로 확정된 잔존채무의 변제를 조건으로 하여 등기의 말소를 명할 수 있다(**선이행판결**: 소의 이익에 관한 설명 참조).[4)] 상속채권자가 상속인에 대하여 상속채무의 이행을 청구하는 경우에 한정승인의 항변이 있으면 "상속재산의 한도에서 지급하라"는 판결을 하여야 한다.[5)]

다만 판례는 토지임대차 종료를 이유로 임대인(원고)이 건물철거 및 부지인도청구를 하고 임차인이 적법하게 **건물매수청구권을 행사**한 사안에서 위 원고의 청구에는 건물매수대금 지급과 동시에 건물명도를 구하는 청구가 포함되어 있지 않다고 하면서(따라서 법원은 곧바로 상환이행판결을 해서는 안된다) 법원은 이에 관해 석명하고 원고가 석명에 응하여 청구취지를 변경하면 지상물 인도의 판결을 해야 한다고 하였으며,[6)] 주주들이 법원의 허가를 받아 개최한 주주총회에서 선임된 감사 甲을 乙 주식회사가 임용계약체결을 거부하여 甲이 乙 회사를 상대로 **감사 지위의 확인**을 구하는 소를 제기하였는데, 대법원의 환송 후 항소심의 심리 도중 甲의 임기가 만료되어 후임 감사가 선임된 사안에서, 법원은 과거에 일정 기간 동안 피고의 감사지위에 있었음에 대한 확인을 구할 이익이나 필요성이 있는지를 석명하고, 그에 관한 의견을 진술하게 하거나 청구취지를 변경할 수 있는 기회를 주고, 석명에 응하여 청구취지를 변경한 경우에는 그에 따른 재판을 하여야 한다고 하였다(적극적 석명의 허용성에 관한 설명 참조).[7)] 또한 판례는 같은 취지에서 원고

1) 大判 1969. 11. 25, 69 다 1592(유치권항변); 1979. 10. 10, 79 다 1508(동시이행항변).

2) 동시이행판결의 채무자는 그 집행력의 배제를 구하는 청구이의의 소에서 채권자가 반대의무의 이행 또는 이행제공을 하지 않았다는 주장을 청구이의의 사유로 내세울 수 없다(大判 2024. 6. 13, 2024 다 231391).

3) 大判 1969. 9. 30, 69 다 1173; 1981. 5. 26, 80 다 1629.

4) 大判 2024. 11. 28, 2024 다 271825; 2023. 11. 16, 2023 다 266390; 1987. 4. 14, 86 다카 981; 1988. 1. 19, 85 다카 1792; 1996. 11. 12, 96 다 33938.

5) 大判 2003. 11. 14, 2003 다 30968.

6) 大(全)判 1995. 7. 11, 94 다 34265.

7) 大判 2020. 8. 20, 2018 다 249148(원고로서는 종전 청구를 그대로 유지하여 부적법 각하 판결을 받는 것 보다 현재의 권리나 법률상 지위 등에 영향을 미칠 수 있는 과거의 감사 지위에 대한 확인판결이라

가 자신의 토지에서 공로로 통행하기 위해 피고의 토지 일부에 관해 주위토지통행권 확인(民219)을 구한 사안에서, 법원이 원고가 청구한 부분과 다른 토지 부분(이는 원고가 청구한 부분과 대부분 겹치지만 정확히 일치하지는 않는다)에 대해 주위토지통행권이 인정된다고 판단하는 경우, 법원은 원고가 종전의 청구를 유지할 것인지 여부를 석명하여 원고가 그 청구취지를 변경해 오면 인용판결을 하여 분쟁의 1회적 해결을 꾀하여야 한다고 하였다.[1]

셋째로, 현재의 이행청구에 대하여 조건불성취나 이행기미도래를 이유로 하여 **장래의 이행판결**을 하는 것은 원고의 의사에 반하지 아니하면 일부인용으로서 허용된다. 반대로 장래의 이행판결을 구함에 대하여 현재의 이행판결을 하는 것은 신청사항을 초과한다는 문제가 있다.

(다) 예 외 형식적 형성의 소의 경우에는 법원은 예외적으로 원고가 주장하는 양적 상한에 구속되지 아니한다. 그 이유는 형식적 형성소송은 그 실질이 비송사건이기 때문이다. 예컨대 경계확정의 소에서 법원은 원고가 주장하는 경계선에 구속되지 않고, 원고가 주장하는 것보다 더 유리한 경계선을 인정하여도 무방하다.[2] 공유물분할청구소송에서도 법원은 원고가 주장하는 분할방법에 구속되지 아니한다.[3] 따라서 법원은 재량에 따라 공유관계나 그 객체인 물건의 제반상황을 고려하여 공유자의 지분비율에 따른 합리적인 분할을 하면 되며, 원칙적으로 현물로 분할하여야 하나, 현물로 분할할 수 없거나 현물로 분할을 하게 되면 현저히 그 가액이 감손될 염려가 있는 때에는 물건의 매각을 명하여 대금분할을 할 수도 있다.[4][5]

3. 訴訟節次의 終了

1) 원고는 소를 취하함으로써 소송을 종료시킬 수 있다. 상소의 취하, 재심의 소의 취하[6]도 할 수 있다. 그리고 상소권의 포기는 물론, 상소권포기계약, 불상소의 합의, 소취하의 합의도 인정된다. 또 원고는 소송물의 부존재를 자인하는 청구

도 받겠다는 의사를 가진다고 보는 것이 합리적이기 때문이다).

1) 大判 2024. 11. 14, 2023 다 311160.

2) 大判 2021. 8. 19, 2018 다 207830; 1993. 11. 23, 93 다 41792. 경계확정의 소의 본질을 소유권의 범위에 관한 다툼으로 보는 견해에서는 원고가 요구하는 경계선보다 유리한 선을 인정할 수 없다고 한다. 新堂, 293면.

3) 大判 1968. 3. 26, 67 다 2455; 1991. 11. 12, 91 다 27228.

4) 大判 1993. 12. 7, 93 다 27819.

5) 또한 불법행위의 피해자가 후유장애로 장래에 계속적으로 치료비나 개호비 등을 지출하여야 하는 경우에 정기금 지급과 일시금 지급 중 어느 방식으로 손해배상청구를 할 것인지는 원칙적으로 피해자가 선택할 수 있다. 다만 식물인간 등의 경우와 같이 그 후유장애의 계속기간이나 잔존여명이 단축된 정도 등을 확정하기 곤란하여 일시금 지급방식에 의한 손해배상이 사회정의와 형평의 이념에 비추어 현저하게 불합리한 결과를 초래할 우려가 있다고 인정될 때에는 피해자가 **일시금 지급을 청구**하였더라도 법원이 재량에 따라 **정기금 지급을 명하는 판결**을 할 수 있다(大判 2021. 7. 29, 2016 다 11257).

6) 다만 판례는 '재심대상판결 및 제1심판결을 각 취소한다'는 조정조항은 법원의 형성재판 대상으로서 당사자가 자유롭게 처분할 수 있는 권리에 관한 것이 아니라고 한다(大判 2012. 9. 13, 2010 다 97846).

의 포기에 의하여, 피고는 그 존재를 자인하는 청구의 인낙에 의하여, 그리고 원·피고는 서로 양보하여 소송상의 화해를 함으로써 각각 판결에 의하지 않고 소송을 종료시킬 수 있다.

소의 취하는 심판의 신청을 철회함으로써 실체적 법률관계에 영향을 미치지 않고 소송을 종료시키는 것임에 반하여, 청구의 포기·인낙이나 소송상의 화해는 분쟁을 실체적으로 해결하는 것이다.

2) 소송물이 공익에 관련되어 있어서 그 처분의 자유가 인정되지 아니하는 가사소송사건(가류 및 나류)과 행정소송사건에서는 소의 취하는 가능하나, 청구의 포기·인낙 또는 소송상의 화해가 인정되지 아니한다(家訴 12, 行訴 26, 29). 다만 가사소송에서는 가사소송법 제12조가 민사소송법 제220조의 '청구의 인낙'만 그 준용을 배제하고 있으므로, 청구의 포기는 가능하다는 견해도 있다.[1]

회사의 설립무효·취소소송(商 184), 주주총회결의의 취소·무효·부존재확인소송(商 376, 380) 등 회사관계소송은 사익에 관련된 소송이나, 원고의 승소판결에 대세적 효력이 인정된다. 따라서 청구의 인낙 또는 소송상의 화해를 할 수는 없다. 그러나 원고패소판결에는 대세적 효력이 없으므로 청구의 포기는 가능하다고 본다.[2] 주주의 대표소송에서는 법원의 허가를 얻어야 소의 취하, 청구의 포기·인낙, 화해를 할 수 있다(商 403 Ⅵ). 증권관련집단소송에서는 원고승소판결에 해당하는 청구의 인낙을 제외하고, 소의 취하, 청구의 포기, 화해는 법원의 허가를 얻어야 한다(證集 35 Ⅰ). 소비자 단체소송 및 개인정보 단체소송에서는 원고패소판결에 대세적 효력이 있으므로(消基 75; 個情 56), 청구의 포기는 허용되지 아니한다.

Ⅲ. 處分權主義 違反의 效果

1) 같은 사실관계에 기하여 불법행위를 원인으로 하여 손해배상청구를 하였는데, 법원이 채무불이행을 원인으로 하여 손해배상청구를 인용하는 판결을 한 경우(구실체법설의 입장에서), 또는 甲 부동산의 인도청구를 하였는데 乙 부동산의 인도를 명하는 판결을 한 경우와 같이 처분권주의에 위반한 판결은 위법하므로 확정 전에는 상소에

1) 否定: 方, 545면; 李時, 339면. 肯定: 金/姜, 613면; 宋/朴, 487면.

2) 同旨: 金/姜, 614면; 李時, 339면; 宋/朴, 487면.

의하여 취소할 수 있다. 다만 상소심절차에서 원고가 청구를 변경하여 판결의 내용에 따른 신청을 하게 되면, 적법한 판결로 된다. 처분권주의에 위반한 판결이 확정된 경우에 재심사유로 되는지 또 그 판결의 효력이 어떠한지가 문제이다. 생각건대 처분권주의의 위반은 재심사유로 규정되어 있지는 않다(451 참조). 소송물이론에 따라 소송물이 달라지는 경우(앞의 불법행위와 채무불이행의 경우)에는 처분권주의에 위반하더라도 그 판결을 당연무효라고 할 수는 없을 것이다.[1] 그런데 전혀 소송물이 다르고, 원고가 신청하지 아니한 바를 인용한 경우(위의 인도목적물이 잘못된 경우)의 효력에 관하여는 어느 이론에 의하든 의문이 있다. 이 경우에 판결경정사유(211)가 있으면 판결의 경정결정을 할 것이지만, 그렇지 않으면 보통으로는 원고가 이에 따른 강제집행을 할 리가 없으므로 그 판결은 사실상 무용지물이 아닐까?

2) 처분권주의의 위반은 판결의 내용(소송행위의 내용)에 관한 것이고, 소송절차에 관한 것(소송행위의 형식·요건·시기·장소 등)이 아니므로, 소송절차에 관한 이의권(151)의 대상이 되지 아니한다.

제 3 항 辯論主義

I. 意 義

변론주의(辯論主義; Verhandlungsmaxime)[2]라 함은 재판의 기초가 되는 자료인 사실과 증거(소송자료)의 수집·제출을 당사자의 권능과 책임으로 하는 주의를 말한다. 즉 판결의 기초가 되는 소전제(小前提)인 주요사실을 당사자가 주장하고, 이를 뒷받침하는 증거의 신청도 당사자가 하여야 한다는 원칙이다. 이와 반대로 소송자료의 수집·제출이 법원의 직책으로 되어 있는 것을 직권탐지주의(Untersuchungsgrundsatz od. Inquisitionsmaxime)라고 한다.[3] 변론주의는 넓은 의미로는 처분권주의를 포함하는 뜻으로 쓰이는 일도 있으나, 본래는 소송자료의 수집에 한하는 원칙

1) 同旨: 李時, 339면.

2) 변론주의(Verhandlungsmaxime)라는 말은 1901년 도이칠란트 민사소송법학자인 '괴너'(Gönner)에 의하여 최초로 사용되었다. 그런데 모든 소송에서 변론이 되므로 이 용어는 그 원칙의 내용에 관하여 아무런 암시를 하지 못한다는 점이 지적되고 있다(Baur, Rdn. 40). 그리하여 최근에는 제출주의(Beibringungsgrundsatz)라는 말이 많이 쓰인다(Arens, Rdn. 14).

3) 변론주의와 직권탐지주의의 중간으로서 Instruktionsgrundsatz가 있다. 이것은 사실은 당사자가 주장하여야 하지만, 그에 대한 증거조사는 법원이 직권으로 하는 형태이다. Blomeyer, §14 I 3.

이다.

변론주의는 "민사소송의 최고원칙"(oberster Grundsatz der Prozessordnung)이라고까지 말하여지고 있는[1] 대원칙이지만, 민사소송법에는 이를 명시하는 직접적인 규정은 없고, 민사소송법에 산재한 여러 규정(149, 287, 150 I, 208, 203, 292)과 직권탐지주의의 채택을 명시한 특별법상의 규정(家訴 12·17, 少審 10, 行訴 26)으로부터 간접적으로 이 원칙을 이끌어 낼 수 있다.[2]

Ⅱ. 根據와 機能

1) 민사소송에서 변론주의가 채택되는 근거에 관하여는 여러 견해의 대립이 있다.[3] i) 민사분쟁은 사적 자치의 원칙이 지배하는 재산관계에 관한 것이므로, 이를 다루는 민사소송에서도 당사자에 의한 자주적 해결이 바람직하고, 따라서 소송자료의 수집도 당사자의 책임에 맡길 필요가 있다고 하여, 변론주의는 대상사건의 성질에 따른 것이요, 민사소송의 본질에서 나오는 것이라고 하는 견해(**본질설**)[4]와, ii) 민사분쟁에 가장 이해관계가 깊은 당사자는 자기에게 유리한 자료를 최대한의 노력을 기울여 수집할 터이므로, 이들에게 소송자료의 제출책임을 지우는 것이 진실을 발견하는 데 적합하다고 하여, 변론주의는 당사자의 이기심을 이용하여 효율적으로 진실을 발견하는 데 편리하기 때문에 인정되는 수단이라고 하는 견해(**수단설**)[5] 등이 대표적이지만, 그 밖에 iii) 당사자에 의하여 변론에 나타난 사실과 증거만을 재판의 기초로 하는 것이 양 쪽 당사자에게 예상 밖의 판결을 방지하고 나아가 절차권을 보장하게 되기 때문이라고 하는 견해(**절차보장설**), iv) 사적 자치·진실발견·기습공격의 방지·재판의 공정성에 대한 신뢰성의 확보 등 여러 가지 근거에서 나온 역사적 소산이라고 보는 견해(**다원설**)[6] 등이 있다. 변론주의의 근거에 관한 학설대립의 배경에는 학자들의 이데올로기와 소송관의 차이가 숨어 있다. 생각건대, 수단설은 직권탐지주의와의 차이를 충분히 설명하지 못한다. 왜냐하면 직권탐지주의하에서도 별개의 형태로 진실의 발견이 추구되고 있기 때문이다. 절차보장설은 변론주의를 채택하는 경우에 달성되는 결과, 즉 변론주의의 기능을 그 근거로 오해하고 있다(원인과 결과의 역전). 다원설은 일견 모든 학설의 대립을 지양한 것 같지만 기본적인 이념을 내세우지 않는 점에서 아쉬움이 있다. 민사소송

---

1) RGZ 151, 93, 98.

2) 상세한 것은 吳容鎬, "辯論主義에 관한 考察," 溫山方順元先生古稀記念, 「民事法의 諸問題」(1984), 365면 이하 참조.

3) 상세한 것은 中野=松浦=鈴木, 166면 이하; 小林, "辯論主義の現代的意義," 講座民訴 4, 91면 이하 참조.

4) 姜, 459면.

5) 金/姜, 374면.

6) 李時, 340면; 宋/朴, 352면.

의 대상은 당사자의 사적 자치가 허용되는 재산관계의 분쟁이므로, 그에 관한 소송에서도 재판의 기초로 되는 사실과 증거를 재판의 무대에 제출할 것인가 아닌가는 당사자의 결정에 맡겨야 할 것이다. 그러한 의미에서 본질설이 옳다고 본다.

변론주의의 근거를 어디에서 구하느냐에 따라 공지의 사실에 반하는 자백의 효력(본질설에 의하면 법원을 구속하지만, 수단설에 의하면 그렇지 않다), 석명권의 범위(본질설보다 수단설이 석명권의 범위를 넓게 인정한다), 진실의무의 평가(본질설은 형식적 진실로 만족하는 경향이 있고, 수단설은 실체적 진실을 요구하게 된다)[1] 등 구체적인 문제를 해결할 때 차이가 있다.

2) 변론주의는 다음과 같은 기능을 가진다. 즉 당사자가 변론에서 제출한 사실과 증거만이 재판의 기초로 되고, 당사자 사이에 다툼이 없는 사실에 대하여는 법원이 구속되므로, 그것은 소송자료의 면에서 쟁송의 내용을 당사자가 자주적으로 형성하는 기능을 가지고(쟁송내용의 자주적 형성), 변론에 나타난 것이 아니면 판결의 기초로 삼을 수 없으므로 당사자가 예상하지 못한 자료에 기한 판결을 방지하는 기능을 가지며(예상외판결의 방지), 법원이 중립의 지위에서 당사자가 제출한 자료에 기하여 판결을 하므로 공정한 재판에 대한 신뢰를 확보하는 기능을 가진다(공정한 재판에 대한 신뢰확보). 또한 당사자의 이기심을 자극하여 경제적 · 합목적적으로 진실을 발견하는 기능도 가진다(진실의 발견).[2]

Ⅲ. 辯論主義의 內容

1. 總　　說

변론주의의 내용은 보통 다음의 세 가지 명제로 요약된다. 즉, 첫째로 법원은 당사자가 주장하지 아니한 사실을 판결의 기초로 삼아서는 아니되고, 둘째로, 당사자 사이에 다툼이 없는 사실(자백한 사실)은 그대로 판결의 기초로 하여야 하며, 셋째로, 당사자 사이에 다툼이 있는 사실을 인정하는 경우에는 반드시 당사자가 제출한 증거에 의하여야 한다는 것이다. 첫째의 명제는 사실자료의 제출에 관한 것이요, 둘째와 셋째는 사실자료의 확정, 즉 증거의 획득에 관한 것이다. 그리하여 변론주의하에서는 당사자가 주장한 사실만이 법원에 의하여 고려될 수 있고(사실의 주장책임), 당사자가 스스로 사실에 대한 증명의 필요성, 즉 어떠한 사실을 증명하여야 하는가를 결정하고, 그리하여 상대방이 다투는 사실만 증명하면 되고 상대방이

1) Rosenberg는 변론주의＝형식적 진실, 직권탐지주의＝실질적 진실이라고 이해하는 것은 잘못이라고 한다. §78 Ⅰ 5 참조.

2) 上田, 286~288면.

다투지 않는 사실은 증명할 필요가 없으며(자백의 구속력), 또 다투는 사실의 확정에 필요한 증거는 당사자가 지정한다(증거의 신청). 이를 나누어 설명하면 다음과 같다.

2. 事實의 主張責任

변론주의에 의하면 법원은 당사자가 주장하지 아니한 사실을 판결의 기초로 삼을 수 없다. 이것은 주요사실에 관하여 당사자에게 주장책임이 있음을 뜻한다.

(1) 主張責任의 意義

당사자는 판결의 기초로서 고려되기를 원하는 사실을 주장할 권능과 책임이 있다. 법원은 당사자의 사실에 관한 주장에 구속되고, 법관이 사적으로 알고 있는 사실을 고려할 수 없다. 따라서 당사자가 주장하지 아니한 사실은 이를 판결의 기초로 삼을 수 없다. 예컨대 피고가 상계항변을 한 사실이 없는데 상계를 인정하거나,[1] 소멸시효의 항변을 하지 아니하였는데 시효소멸되었다고 판단하거나,[2] 증여를 주장하였을 뿐인데 공동상속으로 인정한 것,[3] 조합장의 자격유지요건의 불충족(도시정비법 41 Ⅰ 後)을 주장하였는데 조합장의 선임 자격요건의 불충족(동법 41 Ⅰ 前)을 이유로 조합장 지위 부존재확인청구를 받아들이는 것[4] 등은 모두 변론주의에 위반하여 위법이다. 그러나 과실상계는 예외적으로 법원이 직권으로 할 수 있다(판례).[5] 그 결과로 당사자는 자기에게 유리한 사실을 주장하지 아니하면 마치 그 사실이 없는 것으로 취급되어 불이익한 판단을 받게 된다. 이처럼 어느 사실을 주장하지 아니함으로써 당사자가 입는 불이익을 주장책임(Behauptungslast)이라고 한다. 그러므로 변론주의에 의하면 당사자가 사실에 관한 주장책임을 진다고 말할 수 있다. 법원에 현저한 사실에 관하여도 주장책임이 있는가에 관하여 판례·학설이 갈라지고 있으나, 진

---

1) 大判 1963. 2. 14, 62 다 1760; 2009. 10. 29, 2008 다 51359.

2) 大判 1966. 9. 20, 66 다 1032; 1991. 7. 26, 91 다 5631; 나아가 판례는 특정의 채권에 대한 소멸시효의 항변을 한 경우에는 청구원인을 달리 하는 채권에 대한 소멸시효 완성의 항변은 포함된 것으로 볼 수는 없다고 한다(大判 2013. 2. 15, 2012 다 68217). 또한 같은 취지에서 채무불이행으로 인한 손해배상청구권에 대한 소멸시효 항변에는 불법행위로 인한 손해배상청구권에 대한 소멸시효 항변이 포함되어 있지 않다고 한다(大判 1998. 5. 29, 96 다 51110).

3) 大判 1987. 12. 8, 87 다카 663.

4) 大判 2022. 2. 24, 2021 다 291934.

5) "과실상계 사유에 관한 사실인정이나 비율을 정하는 것은 형평의 원칙에 비추어 현저히 불합리하다고 인정되지 않는 한 사실심의 전권사항에 속한다"는 것이 판례이다: 大判 2024. 6. 27, 2021 다 243362; 2020. 12. 24, 2017 다 51603; 2018. 7. 12, 2016 다 202299: 2017. 6. 8, 2016 다 249557; 2016. 4. 12, 2013 다 31137; 1998. 2. 27, 97 다 24382.

실에 합치하는 재판을 위하여 주장불요설이 타당하다고 본다.[1]

(2) 主要事實 · 間接事實 · 補助事實의 區別과 主張責任의 適用

주장책임은 주요사실에 대하여만 적용되고 간접사실이나 보조사실에 대하여는 인정되지 아니한다.

(가) 주요사실의 의의 소송에서 문제되는 여러 가지 사실은 주요사실 · 간접사실 및 보조사실로 나누어지는데,[2] 이 가운데 주요사실(Haupttatsachen, unmittelbar erhebliche Tatsachen)은 권리의 발생 · 변경 · 소멸이라는 법률효과의 판단에 직접 필요한 사실이다. 그러므로 이를 직접사실이라고도 하고, 또 법률효과를 정하고 있는 법규의 구성요건(Tatbestandsmerkmal)에 해당하는 사실이기 때문에 요건사실이라고도 불러왔다. 그러나 최근에는 요건사실과 주요사실을 구별하는 견해가 많아지고 있다. 엄격하게 말하면 요건사실은 실체법규에 의하여 법률효과의 발생요건으로 규정되어 있는 사실이고, 주요사실은 **요건사실에 해당하는 구체적 사실**이라고 구별할 수 있다. 예컨대 민법 제598조에 의한 대여금반환청구권의 발생을 주장하는 경우에는 i) 대주와 차주간의 소비대차의 합의, ii) 금전 기타 대체물의 수수가 소비대차계약의 성립요건을 이루는 요건사실이고,[3] a) 갑이 을과 사이에 2005. 5. 5. 소비대차의 약정을 하고, b) 같은 날 금 1,000만 원을 교부하였다고 하는 위 요건에 해당하는 구체적 사실이 주요사실(또는 직접사실)이다. 채무의 변제, 매매계약의 취소, 불법행위의 성립을 주장하는 경우에도 각 요건에 해당하는 사실이 주요사실이다.[4] 그러나 이렇게 엄격하게 구별하지 않고 쓰이는 경우도 많다.

(나) 간접사실과 보조사실 간접사실(mittelbar erhebliche Tatsachen)은 주요사실의 존재 여부를 추인하는 데 이바지하는 사실을 말한다. 주요사실의 존재 여부를 간접적으로 추인하게 하므로 이를 간접사실이라 부르며, 징빙(徵憑)(Indizien)이라고도 한다. 예컨대 피고는 금전적으로 매우 곤궁한 상태에 있었는데 원고 주장

---

1) 肯定: 大判 1965. 3. 2, 64 다 1761; 李時, 495면; 宋/朴, 357면. 否定: 大判 1963. 11. 28, 63 다 493; 方, 464면; 金/姜, 380면.

2) Rosenberg, §114 I 3; 中野=松浦=鈴木, 200면 이하.

3) '반환시기가 지난 것'도 요건사실이나 실무상 명백하므로 그 주장(적시)을 생략하는 것이 보통이다.

4) 일본의 야마키도 교수는 "요건사실은 일반적 생활관계에 타당하는 유형적 사실이고, 이것을 나타내는 개념은 법적 개념이다. 이에 대하여 주요사실은 구체적 사실이고, 이것을 나타내는 개념은 사실적 내지 경험적 개념이다"라고 하여 양자를 구별하여야 한다고 주장한다(山木戸克己, "自由心證と擧證責任,"「大阪學院法學硏究」, 1. 1 · 2, 106면 참조).

의 일시부터 갑자기 그 곤궁이 해소되었다는 사실은 원고 주장의 소비대차계약의 존재를 간접적으로 추인케 하는 사실이다. 피고의 알리바이, 재판 외의 자백 등도 그 예이다. 보조사실(Hilfstatsachen)은 증거방법의 증거능력과 증거력(증거가치)에 관한 사실이다. 예컨대 증인이 얼간이라는 사실, 증인이 피고의 약혼자라는 사실, 증인이 전에 위증죄로 유죄판결을 받았다는 사실, 서증이 위조되었다는 사실 따위가 이에 해당한다.

주장책임은 주요사실에 한하여 인정되고, 간접사실과 보조사실에는 적용되지 아니한다(통설·판례). 따라서 간접사실은 당사자가 변론에서 주장하지 아니하였더라도 증거에 의하여 이를 인정할 수 있다. 그 이유는 간접사실·보조사실은 실질적으로 주요사실의 존재 여부를 추인하게 하는 점에서 보통의 증거와 같은 작용을 하므로, 만일 간접사실에도 주장책임이 적용된다고 하면, 법관이 간접사실에 터잡아 자유심증주의에 따라 판단하는 것을 제약하게 되어 합리적인 판단을 방해하기 때문이다. 따라서 주요사실과 간접사실의 구별은 변론주의(주장책임)의 적용 여부를 결정하는 기준으로서 매우 중요하다. 양자의 구별은 나아가서 법원의 소송운영(석명권 행사)과 당사자의 소송활동(주장·증명)에 있어서 지침이 된다.

(다) 판례상의 주요사실 판례도 변론주의는 주요사실에 대하여만 적용이 있고, 간접사실과 보조사실에 대하여는 그 적용이 없음을 인정하고 있다.[1] 그리하여 소멸시효완성의 항변,[2] 이행불능의 항변,[3] 동시이행의 항변[4] 등은 모두 주요사실에 관한 항변으로 당사자의 주장(항변)이 없는데 이를 기초로 하여 청구를 배척하여서는 아니된다고 한다. 대리인에 의한 계약체결의 사실은 주요사실이므로 당사자의 주장이 필요하고,[5] 소멸시효의 기산점은 주요사실이므로 당사자가 주장하지 않은 때를 기산점으로 할 수 없다.[6] 그러나 취득시효의 경우에 점유의 시기와 권원은 요건사실인 점유기간과 자주점유를 추인케 하는 간접사실이므로 법원은 이에 관한 당사자의 주장에 구속되지 아니한다고 한다.[7] 그리고 취득시효를 주장하는

1) 大判 1993. 9. 14, 93 다카 28379; 2002. 6. 28, 2000 다 62254.

2) 大判 1991. 7. 26, 91 다 5631; 다만 어떤 시효기간(민법 또는 상법에 따른 소멸시효기간)이 적용되어야 하는지에 관한 주장은 사실에 관한 주장이 아니라 법률의 해석·적용에 관한 의견의 표명이므로 변론주의가 적용되지 않으므로 법원이 직권으로 판단할 수 있다(大判 2017. 3. 22, 2016 다 258124).

3) 大判 1996. 2. 27, 95 다 43044.

4) 大判 1990. 11. 27, 90 다카 25222.

5) 大判 1990. 6. 26, 89 다카 15359; 1996. 2. 9, 95 다 27998.

6) 大判 1971. 4. 30, 71 다 409; 1995. 8. 25, 94 다 35886.

7) 大判 1997. 2. 28, 96 다 53789(점유권원); 1998. 5. 12, 97 다 34037(점유시기). 부동산의 점유취득

사람이 원고가 되어 소를 제기하는 경우에, 소송에 응하는 것으로 시효중단을 원하는 피고는 소송에 응하는 행위 이외에 시효중단의 주장 또는 이러한 취지가 포함되었다고 볼 만한 주장을 하여야 한다.[1] 또 신체사상으로 인한 손해배상사건의 소극적 재산상손해로서 일실이익을 계산하여 정할 때에, 계산의 기초인 월수입, 월 생활비, 가동연한[2] 등은 주요사실이지만, 현가계산의 방식인 호프만식 또는 라이프니쯔식은 간접사실이므로, 법원은 당사자가 호프만식으로 계산할 것을 주장하는 경우에도 라이프니쯔식으로 계산할 수 있다고 한다.[3] 피해자의 기대여명도 주요사실이라고 한다.[4] 그리고 부동산을 매수하게 된 경위[5] 또는 교통사고의 경위에[6] 관한 사실은 간접사실이므로 당사자의 주장과 다르거나 주장이 없더라도 법원이 증거에 의하여 이를 인정할 수 있다. 과실상계를 할 때에 피해자의 과실은 당사자의 주장이 없더라도 법원이 직권으로 참작할 수 있는 간접사실이다.[7]

(라) 주요사실·간접사실의 구별기준에 대한 새로운 견해 종래의 통설·판례는 주장책임은 주요사실에 한하여 적용된다고 보고, 주요사실과 간접사실의 구별기준을 법규의 구조 속에서 찾았다(**법규기준설**). 즉 법률이 규정하는 구성요건에 해당하는 구체적 사실을 주요사실이라 하고, 그 이외의 사실을 간접사실이라고 보았다.

그런데 위 법규기준설에 대하여는 많은 비판이 가하여지고 있다. 첫째로, 통설이 주요사실에 한하여 당사자의 주장을 요구하는 것은 주요사실은 소송상 중요한 사실이고, 간접사실은 소송상 중요하지 않은 사실이라는 전제에 서 있는데, 실제의 소송에서는 간접사실이 더 중요한 기능을 하는 경우가 많다는 것이다. 즉 실제로는 주요사실을 직접 증명할 수 없는 경우가 많은데, 이 경우에는 간접사실로부터 주요사실을 추정할 수밖에 없기 때문에,[8] 여기에서는 간접사실에 의하여 소송의 승패가 결정된다는 것이다. 특히 최근 문제로

시효가 완성되어도 먼저 이전등기를 마친 제3자에게는 이를 주장할 수 없으므로 이 경우에는 시효취득을 주장하는 사람이 임의로 기산점을 선택하거나 소급하여 20년 이상 점유한 사실만 내세워 시효완성을 주장할 수 없고 법원이 재판자료에 의하여 신성한 점유개시시기를 인정하고 이에 따라 시효취득 주장의 당부를 판단한다(大判 1993. 10. 26, 93 다 7358). 이에 관한 자세한 설명은 胡, 452면 참조.

1) 大判 1997. 2. 28, 96 다 26190.

2) 현재 육체노동의 가동연한은 경험칙상 만 65세이다: 大(全)判 2019. 2. 21, 2018 다 248909; 2021. 3. 11, 2018 다 285106.

3) 大判 1983. 6. 28, 83 다 191.

4) 大判 2018. 10. 4, 2016 다 41869.

5) 大判 1977. 1. 11, 76 다 2038.

6) 大判 1979. 7. 24, 79 다 879.

7) 大判 1987. 11. 10, 87 다카 473; 1996. 10. 25, 96 다 30113.

8) 판례는 보험약관에서 '피보험자 등의 고의에 의한 사고'를 면책사유로 규정하고 있어 '고의'에 의한 사고인지가 문제 되는 사건에서, "고의와 같은 내심의 의사는 이를 인정할 직접적인 증거가 없으면 사물의 성질상 고의와 상당한 관련성이 있는 간접사실을 증명하는 방법에 따라 할 수밖에 없고, 무엇이 상당한 관련성이 있는 간접사실에 해당할 것인가는 사실관계의 연결 상태를 논리와 경험칙에 따라 합리적으로 판단하여야 한다"라고 판시하였다(大判 2024. 7. 25, 2020 다 289743).

되는 공해소송, 제조물책임소송 등 이른바 현대형 소송에서 주요사실인 인과관계를 직접 증명하는 것이 곤란하여, 간접사실에 의존할 수밖에 없는데, 이 때 당사자가 주장하지도 아니한 간접사실에 의하여 인과관계를 인정하여 버리면 당사자에게 예상외의 재판이 되어 부당하다는 것이다. 둘째로, 법규 중에 일반조항 또는 추상적 개념이 쓰인 경우, 예컨대 '신의성실,' '정당한 사유,' '과실' 등의 경우에 종래의 통설에 의하면 '과실' 또는 '정당한 사유' 자체를 주요사실로 보는데, 이 경우에 "과실이 있다"고 주장만 하면 충분한가 하는 점이다. 즉 과실이 있다는 데 해당하는 사실로서는 과속, 음주운전, 전방주시태만 등 여러 가지가 있고, 당사자가 '음주운전'인가 아닌가를 둘러싸고 다투었는데, 법원이 당사자가 전혀 변론한 바 없는 '과속'을 인정하고 이에 기하여 판결을 할 수 있다고 하면 이것 역시 예상 밖의 판결을 허용하게 된다는 것이다. 셋째로, 법규의 구조상 주요사실과 간접사실의 구별 기준이 애매하고, 현실적으로 양자를 구별하기가 힘들다는 것이다.

이처럼 법규의 구성요건을 기준으로 하여 주요사실을 이끌어내고, 이 주요사실에 대하여만 주장책임을 인정하는 종래의 통설은 여러 가지 문제점을 가지고 있으므로, 이 문제를 해결하기 위하여 여러 가지 견해가 주장되고 있다. 이들 새로운 이론은 매우 다양하지만, 여기에서는 종래의 통설의 두 가지 요소 가운데 어느 것을 깨뜨리려고 하는 것인가에 따라 다음 두 가지로 나누어 설명하겠다. 첫째는 주장책임이 주요사실에 관하여만 적용된다고 하는 원칙은 유지하면서, 주요사실의 구별기준 또는 범위를 재조정하려고 하는 견해이다. 여기에는 다시 '정당한 사유' 또는 '과실' 등 일반조항 내지 추상적 개념의 경우에 한하여 음주운전 또는 과속 등 구체적인 사실(종래의 간접사실)을 준주요사실로 보아 이것은 당사자의 주장이 없으면 판결의 기초로 삼을 수 없다고 하는 견해(**일반조항 또는 준주요사실적용설**)[1]와, 주요사실·간접사실의 구별기준을 새로이 정립하여, 법원의 심리의 편의, 당사자의 변론의 지침(예상외의 판결의 예방) 등을 고려하여 이익형량의 견지에서 구체적인 사실관계의 유형에 따라 무엇이 주요사실인가를 결정하여야 한다는 견해(**기준재구성설 또는 개별판단설**)[2]가 있다. 둘째는 주요사실·간접사실의 구별기준을 유지하면서, 간접사실에 관하여도 주장책임을 인정하려는 견해이다. 여기에도 다시 소송의 승패에 영향을 주는 중요한 사실이면 주요사실·간접사실 모두 당사자의 주장을 요하고, 반대로 그렇지 아니한 주요사실·간접사실은 모두 주장이 필요 없다고 하는 견해(**중요사실주장설**)[3]와, 더 나아가서 주요사실이든 간접사실이든 판결의 기초를 삼으려면 모두 당사자의 주장을 요한다고 하는 견해(**전사실주장설**)[4]가 있다. 생각건대 기준재구성설과 중요사실주장설은 그 기준이 명확하지 못하고, 전사실주장설은 주장책임의 범위를 너무 확대한다는 점에서 문제가 있다. 소송수행의 목표를 명확히 하기 위하여 구체적인 요건사실은 원칙적으로 변론주의가 적용되는 주요사실이라고 보아 종래의 법규기준설의 틀을 유지하되, 추상적인 요건사실의 경우에

1) 倉田卓次, "一般條項と證明責任," 法教2期 5, 71면; 山木戸克己, 前揭論文, 108면; 三ケ月, 雙書, 197면.
2) 新堂, 288면; 石田 穰, 「民法と民事訴訟法の交錯」, 30면.
3) 鈴木, "主要事實·間接事實," 新版民訴演習 I, 221면.
4) 竹下, "辯論主義," 演習民訴, 370면.

는 그 요건사실 자체가 아니라 앞에 말한 준주요사실에 관하여 변론주의가 적용된다고 풀이하여야 할 것이다(**준주요사실적용설**). 이 견해가 비교적 많은 지지를 받고 있다.[1)]

어떻든 여기에서 말하는 주요사실과 간접사실 등의 구별은 증거법에서 직접증거와 간접증거의 구별과 동일한 기준에 의함을 주의하여야 한다.

(3) 주장책임의 분배와 주장공통의 원칙

(가) 주장책임을 지는 사람 어느 당사자가 어느 주요사실에 대한 주장책임을 지는가를 정하는 것이 주장책임의 분배이다. 주장책임은 시간적, 논리적으로 증명책임에 선행하는 관계에 있다. 주요사실을 주장하였는데, 상대방이 이를 다투는 경우에 비로소 증명책임의 문제가 대두되기 때문이다. 주장책임은 주요사실에 관하여 증명책임을 지는 사람이 부담하는 것이 원칙이므로 주장책임의 분배는 증명책임의 분배와 일치한다. 증명책임분배기준에 관한 통설·판례에 따르면, 각 당사자는 자기에게 유리한 법규의 요건사실에 관한 증명책임을 부담한다(**규범설**). 즉 법규는 권리발생의 근거가 되는 권리근거규범과 이에 반대되는 권리장애·권리소멸(멸각)·권리저지규범으로 나누어지는데, 권리를 주장하는 사람은 그에게 유리한 권리근거규범에 해당하는 요건사실(권리근거사실)에 관한 증명책임이 있고, 그 권리를 부인하는 상대방은 권리장애·권리소멸·권리저지규범에 해당하는 요건사실(권리장애사실: 통정허위표시 등 계약의 무효사유; 권리소멸사실: 채무의 변제, 면제, 계약의 취소, 해제, 소멸시효완성; 권리저지사실: 기한의 유예, 유치권의 항변, 동시이행의 항변)에 관한 증명책임이 있다. 따라서 주장책임의 분배의 경우에도 원고는 권리근거사실에 관하여, 피고는 권리장애·소멸·저지의 사실에 관하여 각각 주장책임을 진다(자세한 것은 증명책임에 관한 설명 참조).

(나) 주장공통의 원칙 변론주의는 법원과 당사자 사이의 역할분담문제이므로 그 사실이 주장되어 있기만 하면 주장책임을 지는 당사자가 주장을 하였는가를 묻지 않고, 이를 판결의 기초로 삼을 수 있다.[2)] 즉 법원은 당사자가 주장한 사실을 항상 그 주장자에게 유리한 판단의 자료로 삼아야만 하는 것은 아니다. 따라서 어

---

1) 李時, 345면. 이 견해에 의하면, 일반조항의 경우에는 '구체적인 사실'이 주요사실로 되는 것이지만, 요건사실과 주요사실을 동일하게 볼 수도 있는 다른 경우와는 달리 이 경우에는 구성요건의 요소가 되는 사실을 주요사실로 보는 것이므로, 이를 구별하여 '준주요사실'이라 부른다(倉田卓次, 「民事實務と證明論」, 1987, 259면). 이 입장을 취하면서도 준주요사실이라는 용어를 사용하지 아니하는 견해도 있다(菊井=村松, I, 695면).

2) 大判 1990. 6. 26, 89 다카 15359.

느 당사자가 자발적으로 자기에게 불리한 사실을 진술한 경우(선행자백)에는 이 사실에 기하여 그에게 불리한 판결을 하여도 무방하다. 이를 주장공통의 원칙이라고 한다.

(4) 訴訟資料와 證據資料의 峻別

주장책임이 인정되는 결과로 소송자료(Prozessstoff)와 증거자료(Beweisstoff)는 준별된다. 당사자의 변론으로부터 얻은 재판의 자료(사실의 주장과 증거의 신청)를 소송자료, 증거조사로부터 얻은 재판의 자료를 증거자료라고 부른다.[1] 특정한 증거방법(예컨대 증인)에 대한 증거조사의 실시는 변론주의 원칙상 당사자의 증거의 신청이 있어야 할 수 있지만(예컨대 증인 신문의 신청), 그 증거방법에 대한 증거조사 결과 얻은 자료인 증거자료(예컨대 증인 신문의 결과)는 당사자가 이미 주장한 사실의 확정을 위한 자료로 되는 것에 불과하다. 따라서 증거조사과정에서 밝혀진 사실은 변론에서 별도로 주장하지 않는 한 판결의 기초가 되는 사실(주요사실)로 될 수 없다.[2] 예컨대 증인이 채무를 변제하였다는 증언을 하고 법원이 이를 믿는다고 하더라도, 피고가 변제의 사실을 주장하지 않는 한 법원은 변제의 사실을 인정할 수 없다. 만일 증거자료를 판결의 기초로 삼는다면, 당사자는 여기에 관하여 다툴 기회가 보장되어 있지 않았으므로, 예상외의 뜻밖의 재판을 받을 수밖에 없다.

(5) 主張事實과 認定事實의 不一致의 許容

당사자가 주장하지 아니한 사실은 법원이 판결의 기초로 삼을 수 없다는 원칙을 너무 철저하게 관철하는 경우에는 구체적으로 타당한 해결을 꾀할 수 없는 경우가 있기 때문에, 법원은 다음과 같은 방법으로 이의 해결을 꾀하고 있다.

(가) 간접적 주장 실제는 당사자에 의한 명시적 주장은 없었지만 해석에 의하여 그 주장이 있었던 것으로 간주하는 것이다(소송자료와 증거자료의 준별의 완화). 즉 당사자가 법원에 서증을 제출하며 그 증명취지를 진술함으로써 서증에 기재된 사실을 주장하거나 그 밖에 당사자의 변론을 전체적으로 관찰하여 간접적으로 주장한 것으로 볼 수 있는 경우에도 주요사실의 주장이 있는 것으로 보아야 한다.[3] 이처럼 해석에 의하여 주장한

1) 광의로는 소송자료라는 말은 증거자료를 포함하여 재판자료와 같은 의미로 쓰이는 수도 있다. 中野=松浦=鈴木, 170면.

2) 大判 1987. 2. 24, 86 다카 443.

3) 大判 2001. 12. 14, 2001 다 53714; 2002. 11. 8, 2002 다 38361; 2006. 2. 24, 2002 다 62432; 2006.

것으로 간주하는 것은 당사자에게 예상하지 못한 재판을 방지한다는 관점에서, 법원이 인정한 사실에 관하여 당사자가 현실로 방어활동을 하였든가 또한 방어활동을 한 것으로 보아도 무리하다고 말할 수 없는 경우에만 허용된다고 보아야 할 것이다.

판례는 자기가 신청한 증인신문사항에 기재된 사실[1]이나, 이익으로 원용한 감정서나 서증에 기재한 사실[2]은 이를 주장한 것으로 본다. 또한 변제공탁을 하였다는 취지의 공탁서를 제출한 경우에는 변제를 주장한 것으로 보며,[3] 어음금청구소송에서 제권판결을 제출한 경우에는 어음의 무효를 주장한 것으로 인정한다.[4]

판례가 간접적 주장을 인정하는 것에 대하여는 i) 심판의 범위의 불명확, 법원의 심리부담의 가중, 상대방 당사자의 방어권침해의 염려 등의 문제가 있으므로, 석명권의 행사로 직접적 주장을 유도하여야 할 것이라는 견해,[5] ii) 석명권을 행사하되, 변론 전체의 취지나 증명활동으로 보아서 당사자가 진술할 의사가 충분히 짐작될 경우에 한한다는 견해가 있다.[6] iii) 대법원은 석명권을 행사하지 않고도 간접적 주장을 판결의 기초로 할 수 있다고 보면서, 간접적 주장이 있음에도 이를 판결의 기초로 삼지 않은 경우에는 판단누락 또는 석명의무의 위반으로 본다.[7] iv) 생각건대, 당사자의 변론을 전체적으로 관찰하여 명백히 간접적으로 주장한 것으로 볼 수 있어서 상대방의 방어권 행사의 기회가 충분히 보장된 경우에는 석명권을 행사할 필요 없이 이를 판결의 기초로 삼을 수 있으나, 그렇지 아니한 경우에는 이에 관하여 석명권을 행사하여 주장사실을 명확히 한 다음, 이를 판결의 기초로 삼아야 할 것이다. 최근의 판례도 이러한 경향으로 보인다.[8]

(나) 주장의 포함 사실의 주장은 반드시 명시적이어야 하는 것은 아니고, 당사자의 주장 취지에 비추어 그러한 주장이 포함되어 있는 것으로 볼 수 있다면, 재판의 기초로 삼을 수 있다.[9] 예컨대 당사자가 자기의 납품거부행위가 채무불이행이 되지 아니하여 손해배상의무가 없다고 주장하였다면 불안의 항변(民 II 536)

6. 30, 2005 다 21531; 2017. 9. 12, 2017 다 865[원고의 청구원인에 관한 주장이 불분명하여 피고가 그 주장이 무엇인지 석명을 구하면서 가정적으로 항변(청구원인이 불법행위에 기한 손해배상청구라면 소멸시효가 완성되었다고 항변)한 경우에도 주요사실에 대한 주장이 있다고 보았다].

1) 大判 1969. 9. 30, 69 다 1326; 1987. 9. 8, 87 다카 982(訴狀에서 자기가 직접 매수한 사실을 주장하고 있으나 증인신문을 신청하여 자기의 조부(祖父)가 자기를 대리하여 매수한 사실을 증명하고 있는 경우 대리행위에 관한 간접적 진술이 있는 것으로 보았다).

2) 大判 1969. 6. 30, 69 다 360(원고가 피고에 의하여 벌채(伐採)된 입목이 91개라고 주장하였으나 벌채된 입목이 141개라고 한 감정인의 감정결과를 원용한 경우에는 이를 주장한 것으로 보았다).

3) 大判 2002. 5. 31, 2001 다 42080.

4) 大判 1980. 12. 9, 80 다 2432; 1987. 9. 8, 87 다카 982, 公報 811, 29면.

5) 李時, 343면.

6) 胡, 458면.

7) 大判 2002. 5. 31, 2001 다 42080.

8) 大判 2007. 7. 26, 2007 다 19006(대법원은 건물의 소유권을 취득하였음을 전제로 건물의 인도를 구하는 청구에는 그 건물을 원시취득한 매도인을 대위하여 건물의 인도를 구하는 취지가 포함되어 있다고 볼 수 없다고 하였다).

9) 大判 1996. 2. 9, 95 다 27998.

을 한 것으로 보고,[1] 단순히 대리의 주장을 한 경우에도 거기에 대행적 대리(대리인이 자신의 이름으로 본인을 위하여 법률행위를 한 경우. 民 115)의 주장이 포함되어 있는 것으로 보는 것 등이다.[2][3] 그러나 유권대리와 표현대리는 주요사실이 다르므로, 유권대리에 관한 주장 속에 표현대리에 관한 주장이 포함되어 있다고 볼 수는 없고,[4] 강박에 의한 의사표시로서 당연무효라는 주장 속에 강박에 의한 의사표시로서 취소한다는 주장이 당연히 포함되어 있다고 볼 수 없다.[5]

(다) 다소의 차이의 허용　당사자의 주장사실과 다소의 차이가 있는 사실을 인정하여도 변론주의에 어긋나는 것으로 보지 않는 것이다. 실제의 소송에서는 당사자의 기억이 희미하여지거나 표현의 잘못으로 인하여 당사자가 주장한 사실과 법원이 증거에 의하여 인정한 사실 사이에 다소의 차이가 있을 수 있다. 이처럼 다소의 차이가 허용된다고 하여도 그 허용되는 범위는 당사자에게 예상하지 못한 재판의 염려가 없는 경우에 한한다. 즉 그 사실의 인정에 의하여 불이익을 받는 당사자가 그 사실에 관하여 현실로 방어활동을 하였든가 또는 방어활동을 하였다고 보아도 무방한 경우에만 다소의 차이가 있는 사실의 인정이 허용된다.[6]

3. 自白의 拘束力

(1) 意　義

변론주의하에서는 사실의 증명의 필요성을 당사자가 결정한다. 따라서 당사자 사이에 다툼이 없는 사실[자백한 사실(288)과 자백간주된 사실(150)]은 증거조사를 할 필요 없이 그대로 판결의 기초로 삼아야 한다. 설사 법원이 다툼이 없는 사실과 반대의 심증을 얻었다고 하더라도 그에 반하는 사실을 인정할 수 없다.[7] 이를 자백의 구속력이라 한다.

---

1) 大判 1995. 2. 28, 93 다 53887.
2) 大判 1995. 2. 28, 94 다 19341; 1995. 2. 9, 95 다 27998.
3) 대법원은 해당 건설근로자가 소송 상대방과의 고용관계를 주장하는 경우 그러한 주장 안에 설령 고용관계가 인정되지 않는다고 하더라도 근로기준법 제44조의2에 따른 직상 수급인으로서의 책임을 묻는 취지가 포함되어 있는지 여부 등을 신중하게 살펴보아야 한다고 한다(大判 2021. 6. 10, 2021 다 217370).
4) 大判 1983. 12. 13, 83 다카 1489.
5) 大判 1996. 12. 23, 95 다 40038.
6) 姜, 470면; 新堂, 290면.
7) 大判 1983. 2. 8, 82 다카 1528.

(2) 自白의 對象

자백의 대상이 되는 사실은 주요사실에 한하며, 간접사실이나 보조사실에 대하여는 자백의 구속력이 인정되지 아니한다.[1] 만일 간접사실이나 보조사실에 대하여도 자백의 성립을 인정하면, 이것은 간접사실로부터 주요사실을 추인하거나 증거력을 평가할 때에 법관의 자유심증을 제약하는 결과로 되어 부당하기 때문이다. 다만 간접사실에 대한 자백의 구속력을 인정하려는 견해도 있고, 통설·판례[2]는 문서의 진정성립에 관한 자백은 보조사실에 관한 자백임에도 불구하고 그 구속력을 인정한다(자세한 것은 재판상의 자백에 관한 설명 참조). 현저한 사실에 반하는 자백은 구속력이 없다.[3]

4. 證據의 申請

변론주의하에서는 증거방법의 결정도 당사자가 한다. 그리하여 당사자 사이에 다툼이 있는 사실의 인정에 쓰일 증거방법은 원칙적으로 당사자가 신청하여야 한다. 법원은 당사자가 신청한 증거로서 심증을 얻을 수 없을 때 보충적·예외적으로 직권증거조사를 할 수 있다(292, 341, 367). 증거신청은 어느 당사자가 하였든 문제되지 아니한다. 이를 증거공통의 원칙이라고 한다. 간이·신속을 요하는 소액사건(소송목적의 값이 3,000만 원 이하인 금전 그 밖의 대체물이나 유가증권의 일정한 수량의 지급을 목적으로 하는 제1심사건)에서는 직권증거조사가 원칙이다(少審 10).

앞에서 설명한 바와 같이, 당사자가 특정한 증거방법에 대한 증거조사를 신청하여 얻는 증거조사결과는 증거자료이고, 이에 대한 평가는 법관의 자유심증주의(202)에 의하는 것이므로, 변론주의가 적용되는 소송자료(주장한 사실과 신청한 증거방법 자체)와는 구별하여야 한다.

Ⅳ. 辯論主義의 適用範圍

변론주의는 소송자료의 수집에 관한 원칙이므로, 그 적용내상은 구체적인 사실관계(주요사실)에 한한다. 따라서 단순한 법률상 주장,[4] 주장된 사실관계를 기초로 한

1) 大判 1994. 11. 4, 94 다 37868 등.

2) 大判 1988. 12. 10, 88 다카 3083 등.

3) 大判 1959. 7. 30, 4291 民上 551.

4) 어떤 권리의 소멸시효기간에 관한 주장은 단순한 법률상의 주장에 불과하여 변론주의의 적용대상이 되지 않고 법원이 직권으로 판단할 수 있다고 한다(大判 2013. 2. 15, 2012 다 68217).

법률의 적용과 수집된 증거의 가치평가는 변론주의와 관계가 없다. 법률의 적용과 증거의 평가는 법관의 고유한 직책에 속하고, 따라서 법원은 이에 관한 당사자의 주장이나 그들 사이에 일치된 의사에 구속되지 아니한다. 다만 자백은 예외적인 경우가 있다. 즉 매매, 증여, 소유권 등과 같이 단순하고 일반적으로 알려진 법개념을 이용하여 진술하는 경우에는 법률상 개념을 사용하여 사실을 진술하는 경우라고 볼 수 있으므로 자백의 대상이 된다(자세한 것은 재판상의 자백에 관한 설명 참조). 사실인정의 전제가 되는 경험법칙도 법규와 마찬가지로 변론주의의 영역 밖에 있다.

Ⅴ. 辯論主義의 補完·修正

변론주의는 본래 자유주의의 소산(所産)(ein Kind des Liberalismus)이었고,[1] 그것은 당사자 사이의 소송수행능력의 평등을 전제로 하고 있다. 그런데 19세기 후반에 실체법의 영역에서 자유주의가 여러 가지 수정을 경험하게 되고 실제로 소송당사자의 능력이 같지 않다는 사실을 깨닫게 되자, 소송법의 영역에서도 변론주의에 여러 가지 수정과 보완을 가하게 되었다. 그리하여 당사자 사이의 능력의 불균형을 시정하기 위한 법원의 협력조치로서 석명권 또는 석명의무를 확대하고, 지적의무를 신설하였으며, 다른 한편 허위의 사실을 주장함으로써 법원의 판단을 혼란에 빠뜨리는 것을 막기 위하여 당사자에게 진실의무를 부과하기에 이르렀다. 그 밖에 대리인 선임명령(144)·직권증거조사(292)도 같은 목적에 이바지하는 제도이다.

1. 眞實義務

1) 진실의무(Wahrheitspflicht)라 함은 자기가 진실에 반하는 것으로 알고 있는 사실을 주장하여서는 아니되고, 또 진실에 맞는 것으로 알고 있는 상대방의 주장을 다투어서도 아니된다고 하는 당사자의 소송법상의 의무를 가리킨다. 그러므로 진실의무는 주관적인 정직의 의무이며, 자기가 알고 있는 바에 반하여 주장을 하거나 상대방의 주장을 다투어서는 아니될 의무이다.

2) 변론주의가 사실관계의 해명을 당사자의 권능에 맡기고 있다고 하여 당사자

---

1) Arens, Rdn. 21.

가 허위의 사실을 주장하고 허위의 증거를 제출하는 자유까지 허용하는 것은 아니다. 진실의무는 변론주의의 탈선가능성을 방지하여 적정한 재판을 꾀하기 위하여 인정되는 것이며,[1] 우리 민사소송법 제1조에 규정된 신의성실의 원칙의 하나의 발현으로 이해할 수 있다.[2] 민사소송법에는 이를 명시한 규정은 없으나, 제363조(문서의 진정성립 부인에 대한 제재), 제370조(당사자신문에서 허위의 진술에 대한 제재) 등은 진실의무의 일반적 존재를 전제로 한 개별규정이라고 할 수 있다.[3] 외국의 입법례에는 진실의무를 명문으로 규정한 것들이 있다(오스트리아民訴 178 I, 獨民訴 138 I).

3) 소송대리인이 변호사인 경우에는 진실의무가 더 강하게 요구된다. 변호사는 공공성을 띤 법률전문직이므로 윤리성이 요구되고(辯 2), 그 직무를 행할 때 진실을 은폐하거나 허위의 진술을 하여서는 아니된다(辯 20 II).

4) 진실의무에 위반한 경우의 법률효과에 관하여도 이를 직접 정하는 법규는 없다. 다만 소송비용의 부담(99), 과태료의 부과(363 I), 변론 전체의 취지(202)로서 불리한 영향을 받을 수 있고, 민법상 불법행위로 인한 손해배상책임(民 750)을 질 수 있으며, 또는 형사상 소송사기죄(刑 347)[4]의 사유로 된다.

그러나 실제로는 진실의무가 잘 지켜지고 있지 않은 실정이다. 이러한 점에 비추어 진실의무에 위반한 소송행위는 부적법한 것으로 처리하고, 진실의무에 반한 진술은 이를 참작하지 말아야 한다고 하여, 진실의무위반에 독자적 효과를 인정하려는 견해가 주장되고 있다.[5] 이 견해에 의하면, 예컨대 상대방의 주장사실을 다투는 진술이 진실의무에 위반될 때에는 그 진술은 부적법하여 배척되므로 상대방의 주장사실을 명백히 다투지 아니한 것으로 되어, 자백간주(150)가 성립한다.

---

1) 李時, 347면.
2) 新堂, 292면.
3) 同旨: 方, 394면; 李時, 347면; 金/姜, 385면.
4) 大判 1998. 2. 27, 97 도 2786(적극적 소송당사자인 원고뿐만 아니라 방어적인 위치에 있는 피고라 하더라도 허위내용의 서류를 작성하여 이를 증거로 제출하거나 위증을 시키는 등의 적극적인 방법으로 법원을 기망하여 착오에 빠지게 한 결과 승소확정판결을 받음으로써 자기의 재산상의 의무이행을 면하게 된 경우에는 그 재산가액 상당에 대하여 사기죄가 성립).
5) 山木戸, "辯論主義の法構造," 中田還曆記念, 「民事訴訟の理論」(下), 17면 참조.

2. 釋 明 權

(1) 總 說

(가) 의 의 석명권(釋明權; Aufklärungsrecht)이라 함은 소송관계를 분명하게 하기 위하여 당사자에게 사실상 또는 법률상의 사항에 대하여 질문을 하거나 증명을 촉구하고(136 Ⅰ. Ⅱ), 나아가 당사자가 간과하였음이 분명하다고 인정되는 법률상의 사항에 관하여 의견을 진술할 기회를 주는(136 Ⅳ) 법원의 권능을 말하며, 질문권(Fragerecht)이라고도 한다.

(나) 근거와 기능 소송자료의 수집·제출책임을 당사자에게 부여하는 것은 양 당사자에게 충분한 소송수행능력이 있고 또 그 능력이 대등할 것을 전제로 하고 있다. 그러나 현실에서는 당사자가 충분한 소송수행능력을 갖지 못하거나 양 당사자의 능력에 차이가 있으며, 이러한 연유로 변론에 나타난 당사자의 신청이나 진술이 불명료하거나 앞뒤 모순되거나 또는 불충분한 경우가 있다. 이 때에 소송자료의 수집을 당사자의 책임으로 돌리고 그대로 방치하면 본래 승소하여야 할 사람이 패소하는 사태가 발생하여 적정한 재판을 할 수 없다. 뿐만 아니라 당사자가 명백히 간과한 법률상의 사항을 기초로 하여 아무런 예고도 없이 예상 밖의 판결을 내리면 당사자에게 뜻밖의 타격을 가하게 되어 부당하다. 그리하여 이 경우에는 법원이 소송지휘권의 한 작용으로서 당사자의 신청·주장 등의 불충분한 점을 보완하여 변론을 보다 완전하게 하도록 협력하고, 당사자가 명백히 간과한 법률상의 사항에 관하여 의견을 진술할 기회를 부여할 필요가 있다. 이처럼 변론주의를 형식적으로 적용하는 데서 발생하는 불합리를 시정하여, 적정하고 공평한 재판을 꾀하려고 하는 것이 바로 석명권이다. 그것은 '사회적 법치국가'의 이념의 발현이며, '변론주의의 결함을 시정하는 대헌장(Magna Carta)'이라고 할 수 있다.[1] 석명권은 법원의 권능인 동시에, 적정하고 공평한 재판을 꾀하기 위한 법원의 의무이기도 하다(통설). 이를 법원의 의무라고 볼 때에 석명의무(Aufklärungspflicht)라고 부른다.[2] 오늘날에 와서는 석명의 권능면보다는 의무면이 더 강조되고 있다.

---

1) 李時, 353면; 奈良, "釋明權と釋明義務の範圍," 實務民訴 1, 203, 204면; Rosenberg, §78 Ⅲ 1 참조.

2) 도이칠란트에서는 석명의무를 표현하기 위하여 Aufklärungspflicht 외에 Hinweispflicht, Frage-und Hinweispflicht 등 다양한 용어가 쓰이고 있다. Stein/Jonas, §139, Rdn. 5 참조.

(다) 처분권주의와 석명권 석명권·석명의무는 보통 변론주의의 보완·수정원리로서 논의되지만, 처분권주의의 보완·수정원리로서도 작용한다. 법원은 당사자가 신청하지 아니한 사항에 대하여는 판결하지 못하는데(203), 청구의 취지(신청)와 원인에 모순·불명료가 있는 경우에 석명권을 행사하여 이를 바로잡지 않으면 신청하지 아니한 사항에 대하여 판결하는 결과로 될 염려가 있기 때문이다.

석명권이 행사되는 모습은 변론주의의 영역과 처분권주의의 영역에서 서로 다르다. 변론주의는 특정한 소송물에 관하여 당사자에 의하여 소가 제기된 뒤에 그 소송절차 안에서 소송자료를 수집하는 과정의 문제이고, 법원은 이에 기하여 적정한 판결을 하지 않으면 안 되므로, 재판자료의 수집을 당사자에게만 내맡길 수 없고, 따라서 비교적 강도높은 석명권의 행사가 요구된다. 이에 반하여 처분권주의는 당사자가 소를 제기할 것인가, 심판의 대상은 무엇으로 할까, 일단 제기한 소를 그만 둘 것인가 등 당사자의 자기결정에 관한 문제이고 실체법상의 사적 자치의 원칙의 소송상 반영이므로, 여기에서는 석명권을 행사할 경우에 법원이 비교적 소극적 자세를 가지게 된다.[1]

(라) 석명권의 강화 종래에는 석명의무의 내용으로서 사실상과 법률상의 사항에 관한 질문을 하거나 증명을 촉구하는 것(136 I. II)만을 규정하고 있었으나, 1990년 개정민사소송법은 도이칠란트 민사소송법(獨民訴 278 III)에 따라 당사자가 명백히 간과한 것으로 인정되는 법률상의 사항에 관하여 의견진술의 기회를 부여하는 것을 포함시킴으로써(136 IV), 석명의무를 강화하였다(프랑스의 신민사소송법 16도 이를 계수하였다). 본서에서는 편의상 1990년 개정시에 추가된 석명의무의 내용을 특히 지적의무(Hinweispflicht)라 하고, 종래의 석명의무를 전통적 의미의 석명의무, 좁은 의미의 석명의무 또는 단순히 질문의무(Fragepflicht)라 부르기로 한다.[2]

(2) 釋明權의 行使

(가) 행사주체 석명권은 소송지휘권의 하나이므로 합의부에서는 재판장이, 단독판사의 경우에는 그 판사가 이를 행사한다(136 I). 합의부원은 재판장에게 알리고 이를 행사할 수 있다(136 II). 또한 재판장은 당사자에게 미리 설명 또는 증명하거나 의견을 진술할 사항을 지적하고 변론기일 이전에 이를 준비하도록 명할 수 있다(석명준비명령)(137). 위에서 말한 재판장이나 합의부원의 조치에 대하여 당사자는

1) 上田, 300~301면.
2) 이 용어법이 일반적인 것은 아니다. 지적의무 또는 질문의무라는 말로 넓은 의미의 석명의무를 표현하는 학자도 있다.

이의를 제기할 수 있고, 이의를 신청한 때에는 법원은 결정으로 재판한다(138). 이 경우에 기피신청의 사유가 있을 수도 있다. 당사자에게는 석명권이 없으나 필요한 경우 재판장에게 상대방에 대하여 설명을 요구하여줄 것을 요청할 수 있다(136 Ⅲ). 이를 당사자의 구문권이라 한다.

(나) 행사방법 석명권을 행사하는 방법에는 변론 또는 변론준비절차에서 질문하거나(136 Ⅰ·Ⅱ, 286), 당사자가 명백히 간과한 법률상의 사항을 지적하는 것(136 Ⅳ, 286) 및 석명처분(140) 등이 있다.

석명권을 행사할 때에는 법관은 불편부당하게 처신하여야 한다. 석명권행사의 결과가 당사자에게 불이익한 경우에는 그 불이익을 배제할 주장을 할 기회를 주어야 하며, 그러한 기회를 주지 않고 그 당사자에게 예기하지 않은 불이익한 판단을 한다면 석명권행사의 정당한 관계를 일탈하여 위법하다.[1)]

(다) 불응시의 조치 법원의 석명에 대하여 당사자가 반드시 응하여야 할 의무는 없다. 다만 이에 불응한 때에는 주장·증명책임의 원칙에 따라 주장·증명이 없는 것으로 취급되어 불리한 재판을 받을 염려가 있고, 또 공격·방어방법의 취지가 불명료하여 석명을 하였는데도 이에 불응하는 경우에는 그 공격·방어방법이 각하되는 불이익을 받을 수 있다(149 Ⅱ).

(3) 釋明의 對象

석명권에 기하여 법원이 석명할 대상은 사실상과 법률상의 사항으로 나누어진다. 전통적 의미의 석명권은 사실상과 법률상의 사항의 양자를 대상으로 하고 있고, 사실문제에 중점이 있었는데, 1990년 개정법에서 추가된 지적의무는 법률상의 사항, 즉 법률적 관점만을 대상으로 하고 있다(136 Ⅰ과 Ⅳ를 대비). 지적의무는 종래의 석명권·석명의무를 법적 측면에서 한층 강화·확대한 것이다. 그러므로 석명권의 대상은 신청(청구취지), 주장(청구원인), 증명 및 법률적 관점이다. 그리하여

i) 청구취지가 불분명, 불특정 또는 법률상 불가능한 경우에는 이를 석명하여 원고가 소송의 목적을 달성하는 데 적절한 것으로 정정시켜야 하고,

ii) 주장이 불분명·모순·불충분·부적당한 경우에는 이를 석명하여 사실면

---

1) 大判 1964. 4. 28, 63 다 735.

과 법률면에서 정리 · 해명하여야 한다.

iii) 다툼이 있는 사실에 관하여 증명이 없는 경우에는 그 증명을 촉구하여야 하고,

iv) 법률적 관점에 관하여 당사자가 명백히 간과한 것으로 인정되는 경우에는 당사자에게 의견진술의 기회를 주어야 한다.

(4) 釋明權의 範圍

(가) 총 설 석명권은 적절한 범위 안에서 행사하여야 한다. 왜냐하면 그 행사를 게을리 하면 법원이 불친절하다는 비난을 받게 되고, 그 반대로 그 행사가 지나치면 당사자가 이에 끌려 사실을 왜곡하여 진상의 파악을 해칠 염려가 있고, 또 상대방 당사자로부터 편파적인 심리를 한다는 비난을 받을 염려가 있기 때문이다. 그러나 유감스럽게도 석명권행사의 범위를 명확하게 정하는 구체적 기준을 정립하는 것은 거의 불가능하고, 아직 어느 누구도 이에 완전히 성공하지는 못하였다. 왜냐하면 법원이 석명권을 행사할 필요가 있는 상황은 당사자 · 대리인의 역량, 사건의 종류 · 난이도, 소송의 진행상황 등에 따라 천차만별이기 때문이다.

석명권의 범위를 고찰할 때에는 소극적 석명과 적극적 석명의 구별이 유용한 도구가 될 수 있다. i) 소극적 석명이라 함은 당사자가 사건에 관하여 필요한 신청과 주장을 하고 있지만, 거기에 불명료한 점, 불완전한 점, 전후 모순되는 점 등이 있는 경우에 이를 지적하여 정정 · 보완하는 기회를 주고, 또는 다툼이 있는 사실에 대한 증거의 제출을 촉구하는 것을 가리킨다. 이것은 요컨대 소송관계를 명료하게 하기 위한 석명이다. ii) 이에 반하여 적극적 석명이라 함은 당사자가 사건에 관하여 필요한 신청이나 주장을 하지 않고 있는 경우에 새로운 신청이나 주장을 추가하도록 시사하는 석명이다. 구체적으로는 새로운 신청을 시사하는 것, 새로운 주장, 즉 새로운 공격 · 방어방법의 제출을 시사하는 것 및 요증사실에 관하여 구체적으로 새로운 증거방법의 제출 또는 반증의 제출을 촉구하는 것이다.

(나) 소극적 석명의 허용 소극적 석명이 석명권의 범위 안에 속한다고 함에 관하여는 다툼이 없다.

① **청구취지** 청구취지가 불분명 · 불특정하거나 법률상 불가능 · 부적당한 경우 또는 그 청구원인과 서로 맞지 아니함이 명백한 때에는 원고가 소로써 달성

하려는 진정한 목적이 무엇인가를 석명하여 청구취지를 바로잡아야 한다.[1] 예컨대 당사자가 계약이 동업계약이라고 주장하면서 동업계약과 같은 조합계약에서 허용되지 않는 '계약의 해지 또는 해제'에 의한 원상회복이나 손해배상 등을 구하는 경우에는 당사자에게 석명을 구하여 의견진술의 기회를 주어야 하며,[2] 청구의 변경의 경우에 변경된 청구와 구 청구의 관계가 불분명할 때에는 교환적인가 또는 추가적인가에 관하여 석명을 하여야 하고,[3] 매매무효확인청구의 경우에는 과거의 사실관계의 확인청구라고 하여 각하할 것이 아니라, 현재의 권리나 법률관계의 확인을 구하는 취지인가를 석명하여야 한다.[4] 또한 권리의 존재 여부 확인청구에서 원고가 주장하는 권리의 내용과 그 권리를 표현하는 내용이 일치하지 아니하여 적절하지 못한 명칭을 사용하는 경우에는 석명권을 행사하여 이를 바로 잡아야 하므로, 미등기무허가건물을 매수하여 점유하는 사람이 제3자를 상대로 건물이 자기의 소유임의 확인을 구하는 경우에, 그것이 소유권에 준하는 사용 · 수익 · 처분의 권리가 있음의 확인을 구한다는 취지라고 보인다면, 석명권을 행사하여 그 청구취지를 바로잡게 하여야 한다.[5] 또한 새로운 피고에 대한 청구를 추가하는 경우에, 예비적 공동소송인지 선택적 공동소송인지 분명하지 아니하면, 석명권을 행사하여 이를 명확히 하여야 한다.

② **청구원인** 청구원인사실의 주장이 불분명 · 불완전 · 모순 · 부적당한 경우에는 이를 석명하여 사실면과 법률면에서 정리 · 해명하여야 한다. 예컨대 대위행사 하는 피고에 대한 말소등기청구권의 귀속주체와 피고에 대한 피대위자의 말소등기청구의 권원에 모순이 있는 경우 석명권을 행사하여야 하며,[6] 토지소유자임을 주장하면서 그 전보배상(塡補賠償)을 구하는 것은 모순이므로, 그것이 불법점거로 인한 손해배상을 구하는 취지인지 석명하여야 하고,[7] 손해배상의 청구원인이 불분명한 경우,[8] 국가의 손해배상청구권을 대위취득하였거나 양수하였다면 구상금

---

1) 大判 2001. 11. 13, 99 두 2017; 2014. 3. 13, 2011 다 111459.

2) 大判 2024. 9. 27, 2024 다 224645, 224652(大判 1994. 5. 13, 94 다 7157 참조).

3) 大判 2003. 1. 10, 2002 다 41435; 2014. 6. 12, 2014 다 11376.

4) 大判 1966. 3. 15, 66 다 17.

5) 大判 1992. 11. 10, 92 다 32258.

6) 大判 2017. 3. 30, 2016 다 51989(甲의 채권자가 甲 · 乙 사이의 증여계약, 乙과 丙 사이의 매매계약이 모두 통정허위표시에 해당하여 무효하고 주장하면서, 甲과 乙을 순차 대위하여 피고(丙의 상속인)를 상대로 (원인무효의 등기명의자인) 乙에게 소유권이전등기에 관한 말소등기절차의 이행을 구한 경우).

7) 大判 1966. 6. 9, 66 다 615.

8) 大判 1982. 11. 23, 82 다카 1120. 그러나 판례는 손해배상청구의 근거가 계약책임인지 불법행위책임

을 지급하면서 제출한 대위증서들을 별개의 청구원인으로 주장하는지 불분명한 경우에는 이를 석명하여야 한다.[1] 인접토지와의 경계에 새로 담장을 설치할 것을 요구하면서 민법 제237조 제1항(새로운 담장설치에 관한 협력의무 이행청구)이 아닌 민법 217조(매연 등에 의한 인지에 대한 방해금지)를 근거로 제시한다면 석명권을 행사하여 청구원인이 되는 법적 근거에 관해 의견진술의 기회를 주어야 하며,[2] 주장과 제출증거의 내용이 모순되는 경우,[3] 다툼있는 사실을 증명하기 위하여 제출한 증거가 당사자의 부주의 또는 오해로 인하여 불완전·불명료한 경우에는[4] 이를 지적하고 시정을 촉구(보충할 수 있는 기회부여를 포함)할 석명의무가 있다. 또한 어떠한 법률효과를 주장하면서 요건사실의 일부를 빠뜨렸을 때에는 그 보완을 위한 석명이 필요하다.[5] 예컨대 쌍무계약의 해제를 주장하면서 자신의 채무이행의 제공과 상대방에 대한 이행의 최고에 관하여 아무런 언급이 없으면 이에 관하여 석명하여야 한다.[6]

③ **증 명** 다툼 있는 사실에 대하여 증명이 없는 경우에는 증명책임이 있는 당사자에게 그 증명을 촉구하여야 한다.[7] 예컨대 변제의 항변이 있는 경우에 이에 대하여 증명촉구도 하지 아니한 채 판결을 선고하는 것은 위법하다.[8] 또한 손해배상청구소송에서 손해의 발생사실이 인정되면 그 손해액에 대한 증명을 촉구하여 이를 심리·판단하여야 한다.[9] 만일 당사자가 증명촉구에 불응할 뿐만 아니라 명백히 증명을 하지 않겠다는 의사를 표시한 경우에는 그대로 청구를 기각할 수 있다.[10]

다만, 다툼이 있는 사실에 관하여 증명되지 아니하면 모든 경우에 증명촉구를 하여야 하는 것은 아니다. 소송의 정도로 보아 당사자가 무지, 부주의나 오해로 말미암아 증명을 하지 않는 것이라고 명백히 인정되는 경우에 한하여 증명책임이 있는 당사자에게 주의를 환기시키는 것이며, 이 때 당사자 본인소송인가, 변호사대

인지 불명확한 경우에는 민사소송법 제136조 제4항의 지적의무를 행사할 것이라고 한다(大判 2009. 11. 12, 2009 다 42765).

1) 大判 2024. 10. 25, 2022 다 243550.
2) 大判 2023. 4. 13, 2021 다 271725.
3) 大判 1971. 11. 15, 71 다 1934
4) 大判 2021. 6. 10, 2021 다 211754; 2021. 3. 11, 2020 다 273045; 2005. 7. 28, 2003 후 922.
5) 大判 2005. 3. 11, 2002 다 60207.
6) 大判 1963. 7. 25, 63 다 289.
7) 大判 1986. 11. 25, 86 므 67.
8) 大判 1972. 5. 30, 72 다 393.
9) 大判 1983. 7. 26, 83 다카 716; 1997. 12. 26, 97 다 42892; 2016. 11. 24, 2014 다 81511 등 확립된 판례이다.
10) 大判 1994. 3. 11, 93 다 57100.

리소송인가 등을 고려하여 판단하여야 한다.[1)]

(다) 적극적 석명의 허용성 여부와 그 한도

1) 적극적 석명이 석명권의 범위 안에 속하는가에 관하여는 다툼이 있다. 판례와 통설은 적극적인 석명은 변론주의에 반하고 석명권의 범위를 일탈하는 것으로 풀이하고 있다.[2)] 따라서 당사자로 하여금 새로운 신청[3)] 또는 주장[4)]을 하게 하거나, 구체적인 증거방법을 들어 증거신청을 촉구하는 것[5)]은 허용되지 아니한다.

예컨대 i) 토지소유권의 확인을 구한 경우에 왜 소유권이전등기청구를 구하지 않느냐고 석명하는 것[6)]은 허용되지 아니한다. 소송물에 관하여 구소송물이론을 취하는 판례의 입장에 따르면, 소유권에 기한 반환청구를 하는데, 점유권에 기한 반환청구를 하는지를 석명할 의무가 있는 것은 아니며,[7)] 부당이득반환청구를 하였는데, 불법행위로 인한 손해배상청구도 하는지를 석명할 필요는 없다. ii) 또한 당사자가 주장하지도 아니한 법률효과에 관한 요건사실이나 새로운 공격방어방법을 시사하여 그 제출을 권유하는 것은 허용되지 아니하므로,[8)] 당사자가 변제, 시효중단 또는 시효완성의 항변을 하지 않고 있는 경우에 법원이 이를 석명할 의무는 없다.[9)] iii) 그리고 다툼의 대상이 되는 사실에 대한 증명(증거조사의 신청)은 당사자가 하는 것이므로, 법원이 구체적으로 증명방법까지 제시하여 증거신청을 종용하는 것은 석명권의 범위를 일탈한다.[10)]

2) 위와 같은 종래의 판례와 통설과 달리, 일정한 범위 안에서 적극적 석명을 허용하는 견해와 무제한적으로 적극적 석명을 허용하는 견해가 있다. 전설에 의하

---

1) 大判 1989. 7. 25, 89 다카 4045; 1998. 2. 27, 97 다 38442.

2) 대법원은 법원의 석명권 행사는 당사자의 주장에 모순·불완전·불명료한 점을 지적하여 정정·보충의 기회를 주고 증거제출을 촉구하는 것을 그 내용으로 하는 것으로서 당사자가 주장하지도 아니한 법률효과에 관한 요건사실·독립된 공격방어방법을 시사하여 그 제출을 권유하는 행위는 석명권 행사의 한계를 일탈하는 것이라고 하였다(大判 2013. 4. 26, 2013 다 1952; 2000. 10. 10, 2000 다 19526; 2004. 3. 12, 2001 다 79013).

3) 大判 1996. 2. 9, 95 다 27998; BGH 7, 211/12.

4) 大判 2001. 10. 9, 2001 다 15576 등.

5) 大判 1964. 11. 10, 64 다 325.

6) 大判 1966. 7. 26, 66 다 1039.

7) 大判 1996. 6. 14, 94 다 53006. 등기부취득시효의 주장에 점유취득시효의 주장이 포함되어 있는지 석명할 필요가 없다(大判 1997. 3. 11, 96 다 49902).

8) 大判 2001. 10. 9, 2001 다 15576 등.

9) 大判 1969. 1. 28, 68 다 1467(취득시효); 2001. 10. 9, 2001 다 15576(변제); 2010. 10. 28, 2010 다 20532(시효중단).

10) 大判 1964. 11. 10, 64 다 325.

면, 적극적 석명은 원칙적으로 허용되지 아니하지만, 사안(事案)의 적정한 해결을 위하여 필요한 신청이나 주장이 없는 경우, 또는 종전의 신청이나 주장을 그대로 유지하면 패소할 것이 틀림없는 것으로 예상되어 승패가 뒤바뀌게 되는 경우 등에는 새로운 신청이나 주장을 하도록 암시하거나 그 신청이나 주장의 변경을 촉구하는 석명 및 당사자가 증명책임을 부담하는 사항에 관하여 증명을 하지 아니한 경우에 증명을 촉구하는 석명 등은 모두 법원의 석명권의 범위 안에 들어간다고 한다. 이것은 말하자면 제한부 적극적 석명을 허용하는 견해이다.[1] 후설에 의하면, 석명권을 남용한 경우에도 그것은 위법한 것이 아니고(부당의 문제가 생길 뿐이라고 한다), 따라서 석명권의 행사에 어떠한 기준을 설정하는 것 자체가 이론적으로 무의미하며, 법적으로는 석명권은 무제한적으로 행사할 수 있다고 한다.[2]

3) 생각건대 법원이 적극적 석명을 할 수 없다고 풀이하는 통설에서도, 법원이 석명권을 남용하여 적극적 석명을 하고, 당사자가 석명에 따라 새로운 신청이나 주장을 한 경우에 법원이 이 새로운 신청이나 주장을 받아들여 판결을 하더라도, 그 판결은 적법하고 상급법원은 이를 취소할 수 없다고 풀이하는 것이 사실이다. 왜냐하면 만약 이 판결을 위법하다고 하면, 석명을 신뢰한 당사자의 이익이 침해되기 때문이다. 무제한 적극적 석명을 허용하는 견해는 위의 이론을 한 걸음 전진시킨 것이라고 할 수 있다. 그러나 제한부 적극적 석명을 허용하는 경우에는 그 허용되는 석명권의 범위가 어디까지인가가 불명하고, 무제한 적극적 석명이 가능하다는 견해는 변론주의의 원칙을 무시하는 것이 되어 부당하다고 아니할 수 없다.

판례는 지상물의 소유를 목적으로 한 토지임대차의 임대인이 그 임차인에 대하여 지상물철거 · 토지인도를 청구한 데 대하여, 임차인이 지상물매수청구권(民 643. 283)을 행사하고 그 대금의 지급이 있을 때까지 지상물의 인도를 거부한다는 항변을 제출한 경우에, 법원은 임대인이 종전의 청구를 계속 유지할 것인지, 아니면 대금지급과 상환으로 지상물의 인도를 청구할 의사가 있는 것인지를 석명할 의무가 있고, 임대인이 그 석명에 응하여 청구를 변경한 때에는 지상물인도판결을 하여야 한다고 하고 있다.[3] 판례는 종전에는 건물철거 · 토지인도청구 속에는 건물인도청구가

1) 金/姜, 391면 이하; 李時, 353면 이하.
2) 奈良, "釋明權と釋明義務の範圍," 實務民訴 I, 203면 이하.
3) 大(全)判 1995. 7. 11, 94 다 34265.

포함되어 있지 아니하므로, 그 경우 청구를 기각하여야 한다고 하여오다가,[1] 석명권의 행사로 청구를 변경하게 하여 결말을 내는 것이 원·피고의 의사에 부합하고, 소송경제상 합리적이라는 이유로 그 입장을 변경하였다.[2] 또한 같은 취지에서 대법원은, 법원의 허가를 받아 개최된 주주총회에서 감사를 선임하였는데 회사가 임용계약체결을 거부하여 그 감사가 회사를 상대로 감사지위확인의 소를 제기하는데 그 소송계속 중 감사의 임기가 만료되고 후임 감사가 선임된 사안에서, 법원은 과거에 일정 기간 동안 피고의 감사 지위에 있었음에 대한 확인을 구할 이익이나 필요성이 있는지 석명하고, 이에 관한 의견을 진술하게 하거나 청구취지를 변경할 기회를 주어야 한다고 하였다.[3] 이는 판례가 예외적으로 적극적 석명을 인정한 경우라 할 것이다.

(라) 지적의무

① **총 설**　　법원은 당사자가 간과하였음이 분명하다고 인정되는 법률상의 사항에 관하여 당사자에게 의견을 진술할 기회를 부여하여야 한다(136 Ⅳ). 지적의무는 도이칠란트 민사소송법이 1977년 개정시에 신설(新設)한 이른바 지적의무 또는 시사의무(Hinweispflicht)의 제도(獨民訴 278 Ⅲ; 현재는 139 Ⅱ)를 도입한 것이다.

② **취 지**　　지적의무는 의외의 재판(Überraschungsentscheidung)으로부터 당사자를 보호하려는 데 그 목적이 있다.[4] 법원은 당사자가 간과하거나 중요하지 않다고 생각하였지만 재판의 기초로 삼으려고 하는 법률적 관점(rechtlicher Gesichtspunkt)에 대하여 특히 지적을 하여 당사자로 하여금 재판 전에 그에 관한 입장을 취할 기회를 부여하여야 한다. 그렇게 함으로써 소송자료를 제1심에서 충분히 제출하게 하여 상소제기의 충동을 줄이는 부수적인 목적도 달성할 수 있는 것이다. 지적의무는 헌법상의 평등의 원칙(憲 11) 및 정당한 재판을 받을 권리(憲 27 Ⅰ)를 바탕으로 하고 있다. 지적의무의 도입으로 인하여 신소송물이론의 입지가 강화되었다고 평가하는 견해가 있다.[5] 그러나 지적의무는 신소송물이론에서뿐만 아니라 구소송물이론(구실

1) 大判 1972. 5. 23, 72 다 341.

2) 지적의무(136 Ⅳ)를 이행한 것이라는 견해는 胡, 486면(일본 판례는 건물철거·토지인도청구 속에 건물인도청구가 포함되어 있으므로 청구의 변경 없이 건물인도판결을 할 수 있다는 입장이다. 日最判 1958. 6. 6, 民集 12. 9. 1384).

3) 大判 2020. 8. 20, 2018 다 249148.

4) Stein/Jonas, §278 Rdn. 24; Thomas/Putzo, §278 3 a); Rosenberg, §78 Ⅲ 1 d); Schellhammer, Rdn. 472; Jauernig, §25 Ⅶ 6.

체법설)에서도 의미가 있는 제도이다.

③ **종래의 석명의무와의 관계** 지적의무는 체계적으로 전통적인 석명의무에 속하며 법률상의 사항에 관하여 종래의 석명의무를 한층 명백히 하고 강화한 것이다.[1] 당사자가 간과한 법률적 관점에 근거하여 당사자가 예상하지 못한 의외의 재판을 하여서는 아니된다고 하는 것은 이미 종래의 석명의무에서도 도출되는 결론이며,[2] 실제로 도이칠란트 연방대법원은 1977년 지적의무에 관한 규정이 신설되기 전에도 종래의 석명의무에 관한 규정에 근거하여 동일한 해석을 이끌어 낸 일이 있다.[3] 그리하여 도이칠란트에서는 지적의무는 종래의 석명의무 외에 근본적으로 새로운 것을 도입한 것은 아니라고 설명되고 있다.[4] 그러나 우리나라의 판례는 종래 석명의무의 범위를 도이칠란트처럼 넓게 풀이하지 아니하였으므로, 지적의무의 신설은 종래와 다른 '새로운 내용을 추가한 것'으로 보아야 할 것이다.

그렇다면 구체적으로 종래의 석명의무와 지적의무는 어떠한 차이가 있는가? 종래의 석명의무는 사실상과 법률상의 사항에 관한 것이지만 사실문제에 중점이 있었던 것임에 반하여, 지적의무는 법률상의 사항, 즉 법률적 관점에 관한 것이며,[5] 종래의 석명의무를 법적 측면에서 확대한 것이라 말할 수 있다.[6]

④ **요 건** 지적의무는 당사자가 명백히 간과한 것으로 인정되는 법률상의 사항에 관하여 발생한다.

i) 법률상의 사항을 대상으로 한다. 여기에서 법률상의 사항이라 함은 법률적 관점을 가리키지만, 모든 자질구레한 법률적 관점이 모두 지적의무의 대상이 되는 것은 이니고 기본적이고 주요한 법률적 관점만이 문제된다.[7]

이지설을 따르는 도이칠란트 판례에 의하면 당사자가 생각하는 것과 다른 법규의 적용, 당사자의 생각과 다른 청구권발생근거의 인용(예컨대 계약 대신 부당이득, 위험책임 대신 불법행위 등), 당사자와 다른 계약유형의 적용(예컨대 도급계약 대신 매매계약), 당사자는 국내법의 적용을 예상하고 있는데 외국법을 적용하는 경우, 계약무효 또는 해제의 주장에 대하여 취소규정을 적용하

5) 李時, 360면; 胡, 494면.
1) Stein/Jonas, §278 Rdn. 25; Thomas/Putzo, §278 3.
2) Schellhammer, Rdn. 472; Stein/Jonas, §278 Rdn. 25.
3) Schellhammer, Rdn. 487; BHG NJW 76, 474 u. VersR 67, 1095.
4) Stein/Jonas, §278 Rdn. 25; Schellhammer, Rdn. 487.
5) Stein/Jonas, §278 Rdn. 25.
6) Thomas/Putzo, §278 3 a).
7) Stein/Jonas, §278 Rdn. 32; Schellhammer, Rdn. 487.

거나, 사기에 관하여 변론이 있었으나 착오를 인정하려는 경우 등이 여기에 해당한다. 그러나 **구실체법설**에 의할 때에는 그 범위가 훨씬 제한될 수밖에 없다.

대법원은 공사대금의 지급을 구하면서 그 채권이 중재신청으로 소멸시효가 중단되었다는 당사자의 주장에 소멸시효 중단사유인 '청구(民 168 ①)'의 주장이 포함되어 있는지 여부를 석명하여야 하며,[1] 임가공계약에 따라 수행한 작업에 하자가 있어 손해를 입었다고 주장하면서 이행이익 상당의 손해(계약이 완전히 이행된 것과 동일한 경제적 이익. 民 535 Ⅰ 但)와 신뢰이익 상당의 손해(계약이 이행되리라 믿고 지출한 비용. 民 535 Ⅰ 本)에 대한 배상을 모두 청구하였는데, 법원이 청구취지 변경 없이 주장을 변경한 것으로 보아 손해배상액을 산정했다면 석명의무위반이 된다고 하였다.[2][3] 또한 甲종중이 '정기 대의원회가 총회를 갈음한다'고 정한 규약에 따라 대의원회의의 의결을 거쳐 손해배상청구를 한 사안에서 위 **규약의 무효 여부, 소의 적법성 여부**에 관해 의견진술의 기회를 주지 않고 소가 부적법하다고 하는 것은 석명의무위반이라 하였고,[4] 법적 근거와 요건사실에 대한 증명책임이 다른 보험자대위권(商 682)과 보증인의 피보증인에 대한 구상권(民 425 Ⅱ)을 혼용하여 금전지급을 명하는 것은 석명 또는 지적의무 위반이라고 하였다.[5] 또한 상해보험에서 보험수익자를 피보험자의 '법정상속인'이라고만 지정하고 피보험자가 사망하자 보험회사가 상속인이 여러 명임에도 그 중 한 사람에게만 보험금 지급채무의 부존재확인을 구하는 소를 제기한 사안에서, 원고가 소송계속 중 피고 추가신청을 하면서 "피고는 그 상속분의 범위 내에서만 보험금을 청구할 수 있다"는 주장을 하지 않은 것은 부주의 또는 오해로 명백히 법률상의 사항을 간과한 것으로 법원은 적극적으로 석명권을 행사했어야 한다고 하고,[6] 도난수표의 취득에 관하여 중과실의 유무만 다투어졌고, 제권판결이 사건에 미치는 영향에 관하여는 논의가 없었는데, 제권판결의 소극적 효력에 기하여 원고패소판결을 한 것은 석명의무를 다하지 못한 것이라고 하였고,[7] 손해배상청구에서 그 법률적 근거를 **계약책임으로 구성할지 불법행위책임으로 구성할지는** 증명책임이 달라지는 중대한 법률적 사항이므로 당사자가 이를 명시하지 않았는데 바로 불법행위책임을 묻는 것은 지적의무위반으로 위법하다고 한다.[8]

---

1) 大判 2023. 10. 12, 2020 다 210860, 210877.

2) 大判 2023. 7. 27, 2023 다 223171, 223188.

3) 명백히 간과한 법률적 사항의 다른 예로서, 대법원은 연대보증인 가운데 1인이 자기의 부담부분을 초과하여 변제하여 다른 연대보증인에게 구상을 하였는데, 법원이 구상권 행사의 가능 여부를 판단하기 위한 연대보증인들의 부담부분 산정방법을 잘못 적용한 사건과 관련하여 법원은 주채무의 총액이 얼마인지, 상대방이 변제한 주채무의 이자가 그 총액에 들어가는지 등에 관해 적절히 석명하는 조치를 취했어야 한다고 하였다(大判 2024. 10. 25, 2024 다 232066, 232073).

4) 大判 2022. 8. 25, 2018 다 261605.

5) 大判 2022. 4. 28, 2019 다 200843.

6) 大判 2017. 12. 22, 2015 다 236820, 236837: 제1심 법원은 피고 추가신청에 대해 아무런 결정을 하지 않은 채 원고 패소판결을 선고하였고, 2심 법원은 "피고의 보험금청구권이 상속분 범위 내로 제한되어야 한다"는 주장을 추가하기 위한 원고의 변론재개신청을 받아들이지 않고 원고의 항소를 기각하였다.

7) 大判 1995. 4. 14, 94 다 59950.

8) 大判 2009. 11. 12, 2009 다 42765.

또한 강제집행절차에서 피고가 아직 배당금을 수령하지도 않았는데, 원고가 부당이득반환의 법리를 오해하여 배당금 상당의 금원에 대한 부당이득반환을 구하며 청구원인과 모순되는 청구취지를 주장하는 경우에는, 원고에게 오로지 금원의 반환을 구하는 것인지 배당금지급채권의 반환을 구하는 취지도 포함된 것인지에 관하여 석명을 구하고 이러한 법률상의 사항에 관하여 의견진술의 기회를 주어야 한다고 한다.[1] 그리고 **자기 앞으로 소유권이전등기가 된 바가 없어서** 진정명의회복을 위한 소유권이전등기가 허용되지 아니함에도 불구하고 제1심의 소유권이전등기말소청구소송에서 승소판결을 받은 사람이 항소심에서 진정명의회복을 위한 소유권이전등기청구로 청구의 변경을 신청한 경우, 법원은 청구변경신청에 법률적 모순이 있음을 지적하고 원고에게 의견진술의 기회를 주어야 한다고 한다.[2]

법률적 관점은 절차법상으로도 문제될 수 있다. 예컨대 관할권을 인정하는 근거로서 다른 규정을 인용하거나 시기에 늦은 공격·방어방법으로 각하하려는 경우가 그러하다. 대법원은 당사자 사이에서 채권압류 및 추심명령의 송달여부만이 다투어진 경우에 그 경정결정의 송달 여부에 관하여 아무런 언급이 없이 경정결정이 피고에게 송달되지 아니하였다는 이유로 원고패소판결을 하는 것은 당사자가 전혀 예상하지 못한 법률적 관점에 기한 예상외의 재판으로서 원고에게 불의의 타격을 가한 것이어서 위법하다고 한다.[3] 또한 가등기 및 가등기 이전의 부기등기의 말소를 구하는 소송에서, 피담보채권의 발생 여부에 대한 쟁점에 관하여만 심리가 된 경우에, 법원이 피고적격 및 부기등기의 말소방법 등의 문제를 재판의 기초로 삼기 위해서는 원고에게 이 점에 관하여 변론을 하게 하고, 필요한 경우 청구취지 등을 변경할 기회를 주었어야 할 것이라고 한다.[4] 그리고 이사의 임기만료후 제기된 이사지위확인의 소송 계속 중 새로운 이사가 선임되자 이사임기만료 후 일정기간 이사의 지위에 있었음에 대한 확인을 구하는 것으로 청구취지를 변경한 사안에서, 법원이 **과거의 법률관계에 대한 확인의 이익이나 필요성에 대한 석명** 없이 바로 소를 각하하는 경우,[5]

---

1) 大判 2002. 1. 25, 2001 다 11055. 판례는 법원이 약속어음의 발행지 기재의 흠을 이유로 원고청구기각의 판결을 하면서 발행지 기재에 흠이 있다는 피고의 주장에 대하여 원고에게 의견진술의 기회를 주지 아니한 것은 위법하다고 한다. 大判 1995. 11. 14, 95 다 25923. 그러나 大(全)判 1998. 4. 23, 95 다 36466에서는 발행지의 기재가 없어도 국내어음으로 인정되면 그 어음은 효력이 있다고 판례변경.

2) 大判 2003. 1. 10, 2002 다 41435; 그 밖에도 건물철거 및 토지인도청구를 받은 피고가 유증을 원인으로 한 소유권이전등기절차의 이행을 원고에게 구할 수 있음을 전제로 신의칙 위반 주장을 한 적이 없어 그것이 쟁점으로 다투어진 적이 없는데, 법원이 석명권을 행사하지도 않고 유증을 이유로 원고의 청구를 신의칙 위반으로 판단하는 것은 석명의무위반이라는 판례(大判 2021. 9. 16, 2021 다 200914, 200921), 손해배상청구소송의 심리과정에서 도급·사용자책임 등이 있는지 여부만이 다투어졌을 뿐 피고가 환경정책기본법 제31조 제1항에 의한 책임을 지는지 여부는 쟁점이 된 바 없음에도 법원이 이 규정에 의한 손해배상책임을 인정한 것은 석명의무위반이라는 판례(大判 2008. 9. 11, 2006 다 50338), 소유권에 기해 건물인도청구를 구하는데 그 건물의 원시취득자인 매도인을 대위하여 청구한 것으로 인정하는 것은 위법이라는 판례(大判 2007. 7. 26, 2007 다 19006, 19013) 등도 이와 관련된 것이다.

3) 大判 1994. 6. 10, 94 다 8761.

4) 大判 1994. 10. 21, 94 다 17109(가등기 명의자인 가등기 양도인을 상대로 가등기말소를, 가등기 양수인을 상대로 가등기이전의 부기등기의 말소를 구한 소송의 경우에, 가등기말소청구는 양수인만이 피고적격자이고 부기등기는 가등기의 말소로 직권으로 말소되는 것이므로, 그 청구취지를 가등기양수인을 상대로 한 가등기말소청구로 변경하여야 한다). 지적의무의 대상이 아니라는 견해로는 胡, 501면.

5) 大判 2022. 6. 16, 2022 다 207967.

당사자들이 **부제소 합의의 효력이나 그 범위**에 관해 다투지 않았는데 법원이 직권으로 부제소 합의의 위반을 이유로 소를 각하하는 경우,[1] 일부 지분의 상속을 주장하면서 채권자대위소송을 제기하였는데 채권자가 주장하는 지분을 초과하는 부분에 관해 보전의 필요성이 없다는 이유로 소를 각하하는 경우,[2] **청구취지가 특정되지 않은 것**을 간과한 채 당사자들이 본안에 관해 공방을 하고 있는데도 보정의 기회를 주지 않고 소를 각하하는 경우,[3] 종중의 대표자를 정정하는 당사자표시정정신청서가 제출되고 기존 소송행위를 추인하는 취지라고 주장한 사안에서 위 새로운 대표자가 당사자표시정정신청서 제출 당시 적법한 대리권이 있다고 볼 증거가 부족하는 이유로 소를 각하하는 경우[4]는 석명의무를 다하지 못하여 위법하다고 한다.

법률적 관점과 사실적 관점은 밀접하게 관련되어 있지만, 법문이 명백하게 '법률상의 사항'으로 제한하고 있고 또 도이칠란트의 입법과정에 비추어 사실적 관점에 대하여는 지적의무가 없다고 본다.[5]

ii) 재판의 결과에 영향이 있는 것이어야 한다.

재판의 결과에 영향이 있다고 함은 법원이 그 법률적 관점을 기초로 하여 재판을 하려고 하는 것, 환언하면 그것이 없다면 재판의 결과가 달라지리라는 것을 뜻한다. 우리 법문상으로는 명백하지 아니하나, 도이칠란트 민사소송법은 이 점을 명백히 하고 있다. 재판이 여러 가지 양립 가능한 이유를 기초로 하고 있는 경우에는 그 가운데 하나에 관하여도 지적의무가 있다. 왜냐하면 상급심에서는 그 하나만이 청구를 이유 있게 하는 유일한 근거라고 생각하고 있는데, 만일 하급심에서 그에 관하여 지적을 하지 아니하였다면, 이는 당사자에게 예상외의 재판을 하는 결과가 되기 때문이다. 부수적 의견(obiter dicta)이나 재판에서 미결로 둔 법률문제에 관하여는 지적의무가 없다.[6] 변론이 종결될 때까지는 재판에서 어느 법률적 관점을 따르지 알 수 없으므로, 법원은 재판에 영향을 미칠 수 있는 모든 법률적 관점에 대하여 지적의무를 이행하여야 한다. 여기에서 말하는 재판이란 재판기관의 판단을 가리키며, 소송지휘적 재판은 이에 포함되지 아니한다.[7]

1) 大判 2013. 11. 28, 2011 다 80449.
2) 大判 2014. 10. 27, 2013 다 25217.
3) 大判 2014. 3. 13, 2011 다 111459.
4) 大判 2022. 4. 14, 2021 다 276973.
5) 도이칠란트의 입법과정에 대하여는 Stein/Jonas, §278 Rdn. 26, 37 참조.
6) Stein/Jonas, §278 Rdn. 38.
7) Stein/Jonas, §278 Rdn. 41.

iii) 당사자가 명백히 간과한 것이어야 한다.

a) 지적의무는 의외의 재판으로부터 당사자를 보호하려는 것이므로, 법원이 어느 당사자도 다루지 아니한 법률적 관점을 가지고 해결하려고 할 때에는, 당사자가 이를 간과한 것으로 보아야 하는 것이 원칙이다.[1] 한 쪽 당사자가 그 법률적 관점을 다루었으나 상대방이 그대로 있었을 경우에는 상대방이 이를 재판의 결과에 영향이 없는 것으로 오인하였을 가능성이 많다.[2] 어떻든 그 법률적 관점이 명백히 또는 적어도 실질상 변론의 대상이 되었던 경우에는 법원의 지적의무는 없다. 명백히 간과하였는가 여부를 판단할 때에는 본인소송인가 변호사대리소송인가가 고려되어야 한다. b) 그리고 당사자가 오해·부주의 또는 법률적 지식의 부족으로 법률적 관점에서 보아 명백히 모순되거나 불명료한 주장을 하는 경우에도, 법원은 당사자에게 이를 지적하여 의견을 진술할 기회를 주어서 그것을 정정할 수 있도록 하여야 한다.[3]

⑤ 내용과 범위

i) 지적의무의 내용은 당사자에게 의견진술의 기회를 주어야 하는 것이다. 지적의무의 상대방은 그 법률적 관점이 불리하게 작용하는 당사자이다. 법원이 그 법률적 관점에 관한 학설의 대립이나 법원 자신의 견해를 미리 밝힐 필요는 없다. 또한 법원이 당사자와 포괄적인 법률적 토론(Rechtsgespräch)을 하여야 하는 것도 아니다. 더욱이 법원이 판결의 선고 전에 변론에서 판결의 내용을 미리 알려주어야 하는 것도 아니다. 당사자의 의견진술은 법원이 지정한 그 변론기일에 하여야 하는 것이 원칙이고, 그를 위하여 변론기일의 속행을 구할 수 있는 권리가 당연히 발생하는 것은 아니다. 그리고 책임 있는 사유로 결석한 당사자에게는 의견진술의 기회를 부여하지 않아도 된다. 다만 법원이 지적한 법률상의 사항에 대하여 당사자에게 즉시 의견진술을 요구할 수 없다고 인정되는 경우에는 새로운 변론기일을 지정하여야 한다. 의견진술은 말로 할 기회를 주면 족하고, 준비서면에 의하여 준비할 기회를 주어야 하는 것은 아니다.[4] 변론을 종결한 뒤에 지적의무가 필요하나

1) 大判 1994. 6. 10, 94 다 8761.
2) 大判 2002. 3. 29, 2001 다 41353(원고가 주장하였으나 피고가 변론할 기회를 갖지 못한 법률적 쟁점에 대한 예상외의 재판은 위법).
3) 大判 2003. 1. 10, 2002 다 41435(허용되지 않는 청구로 교환적 변경을 신청한 경우).
4) Stein/Jonas, §278 Rdn. 60.

는 것을 발견하였을 때에는 법원은 직권으로 변론을 재개하여야 한다.

ii) 지적의무의 범위는 석명의무의 범위와 똑같이 문제된다. 당사자가 명백히 간과한 것으로 인정되는 법률상의 사항에 관하여는 반드시 지적을 하여야 하므로, 이것은 법률상의 사항에 관한 한 법원에게 적극적 석명을 허용할 뿐 아니라 이를 의무화한 것이라 할 수 있다. 그러나 지적의무는 당사자에 의하여 특정된 소송물과 제출된 사실자료의 범위 안에서, 즉 당사자에 의하여 제출된 분쟁의 이해관계의 범위 안에서만 존재한다(소송물의 개념은 소송물이론에 따라 다르다). 그리하여 **소송법설**을 따르는 도이칠란트에서는 당사자가 불법행위를 원인으로 손해배상을 청구한 경우에 지적의무를 이행하고 새로운 법률적 관점인 계약불이행을 원인으로 한 손해배상을 명할 수 있으나, **구실체법설**에서는 그것이 불가능하다(새로운 신청이므로 적극적 석명의 문제로 된다). 지적의무는 부수적 채권(Nebenforderung)만에 관련된 때에는 적용되지 않는다고 풀이한다(獨民訴 278 Ⅲ 참조). 왜냐하면 부수적 채권에 관하여는 당사자는 보통 큰 관심을 가지지 않기 때문이다. 부수적 채권이란 이자, 비용 따위를 가리킨다.[1] 그러나 부수적 채권이라도 예외적으로 당사자에게 본질적인 문제로 될 때에는 법원은 이에 대하여 지적의무를 지게 된다.[2]

(5) 釋明處分

1) 법원은 변론중에 질문·증명촉구 등에 의하여 석명권을 행사하는 외에 소송관계를 명료하게 하기 위하여 일정한 처분을 할 수 있다(140). 이 처분은 어디까지나 변론의 내용을 이해하고 사건의 내용을 파악하기 위한 것이므로, 다툼의 대상이 되는 사실을 인정하기 위한 증거자료를 수집하는 증거조사와는 그 목적을 달리한다. 따라서 석명처분의 결과로 얻은 자료는 단지 변론 전체의 취지로서 참작될 수 있을 뿐이고, 곧바로 증거자료로 되지는 아니한다. 그러나 당사자가 이를 원용하면 증거자료로 될 수 있다.

2) 석명처분으로서는 당사자 본인 또는 법정대리인의 출석을 명하여 직접 사정을 청취하는 일, 소송서류 또는 소송에 인용한 문서 기타의 물건으로서 당사자가 가지고 있는 것을 제출하게 하는 일, 당사자 또는 제3자가 제출한 문서, 그 밖의 물건을 법원에 유치하는 일, 검증을 하고 감정을 명하는 일, 필요한 조사를 촉탁

---

1) Stein/Jonas, §278 Rdn. 45.
2) Stein/Jonas, §278 Rdn. 46.

하는 일 따위를 할 수 있다(140 Ⅰ). 검증·감정과 조사의 촉탁에는 증거조사에 관한 규정을 준용한다(140 Ⅱ).

(6) 釋明義務의 違反과 上告理由

앞에서 말한 바와 같이 석명권은 법원의 권능이자 의무이다. 제1심에서 당사자가 신청·주장·증명을 제대로 하지 못하여 패소한 경우에, 항소심에서는 이를 다시 시정할 기회가 있다(다만 실권적 효력의 제한이 있다. 149, 285 등). 그러나 법률심인 상고심에서는 이것이 불가능하다. 따라서 법원이 석명을 게을리 하였기 때문에 소송관계를 명확히 하지 못하여 패소한 경우에 이것을 상고이유로 하여 원심판결의 파기를 구할 수 있는가 하는 것이 문제로 된다. 이것은 석명권과 석명의무의 관계를 어떻게 보느냐에 따라 달라진다. 일부의 학설은 석명권은 법원의 권능이고, 이를 행사하느냐의 여부는 법원의 재량에 속하므로, 석명권의 불행사는 상고의 대상이 되지 않는다고 한다(**소극설**).[1] 이에 반하여 판례와 대부분의 학설은 일정한 경우에는 석명의무가 존재하고, 이에 위반하면 판결이 위법하게 되어 상고이유로 된다고 풀이한다. 다만 석명의무를 긍정하는 견해는 다시 석명권과 석명의무의 범위를 동일한 것으로 보아, 석명권의 불행사가 모두 상고이유가 된다고 보는 견해(**적극설**)[2]와 석명의무의 범위가 석명권의 범위보다 좁은 것으로 보아, 석명권의 행사를 중대하게 게을리 하여 심리가 현저히 조잡하게 된 경우에만 상고이유로 된다는 견해(**절충설**)[3]로 나누어진다.

생각건대, 석명권의 불행사가 위법한가 여부의 판단은 사실심의 변론을 종결한 뒤에 상고심에서 하는 판단으로서, 현재의 소송상태를 그대로 시인할 것이냐 아니냐의 판단이다. 따라서 사실심이 보다 적절한 판단을 할 가능성이 있다는 것만으로는 부족하고, 사실심이 석명권을 행사하였더라면 보다 적절한 판단을 하였으리라는 강도의 개연성이 있을 때에 한하여 비로소 위법하다고 할 수 있다. 그렇다면, 석명에 관한 사실심과 상고심의 기준은 다르다고 하겠고, 석명권의 범위보다 석명의무의 범위가 좁다고 하겠다. 그리하여 석명권의 행사를 중대하게 게을리 하여 심리가 객관적으로 볼 때 자의(恣意)적으로 되었다고 인정되는 경우에 한하여 석

1) 盧永斌, "釋明權과 辯論主義," 「司法行政」, 1968. 5, 20면.
2) 方, 386면; 李英, 143면.
3) 李時, 353~354면; 金/姜, 395면; 宋/朴, 367면.

명의무위반은 소송절차의 위반으로서 상고이유(423, 上告特 例法 4 Ⅰ ⑤)가 된다고 본다.[1] 만일 석명권의 불행사가 판결결과에 영향이 있는 한 모두 상고이유가 된다고 하면, 상고심이 사실심의 전권사항(專權事項)인 사실인정에 지나치게 간섭하여 법률심으로서의 성격이 무색하여지고 그 부담이 과중하게 되며, 반대로 석명권의 불행사가 전혀 상고의 대상이 되지 못한다고 하면, 석명권이 가지는 변론주의에 대한 보완기능을 살릴 수 없게 되기 때문이다.

Ⅵ. 辯論主義에 대한 비판－協同主義의 문제

변론주의의 타당성 자체에 대하여 근본적으로 비판을 가하는 견해들이 있다. 어떤 학자는 변론주의는 사실에 대한 당사자의 처분권을 잘못 상정하고 있고, 과거의 사고를 무비판적으로 받아들인 견해로서 소송의 실제에 맞지 않는다고 하고,[2] 다른 학자는 변론주의에 대하여는 이미 무수한 제한이 가하여져서 변론주의의 일반적 타당성을 더 이상 운위할 수 없게 되었다고 하며,[3] 또 다른 학자는 사회국가의 원리에 입각하여 변론주의 대신에 이제는 양 당사자와 법원이 협력하여 소송자료를 수집하는 이른바 협동주의(Kooperationsmaxime)로 나아가야 한다고 주장한다.[4] 그러나 이러한 견해들은 사실자료의 수집에 관한 법원의 협력을 과대평가한 것이요, 법원이 직권으로 사실을 수집할 수 없다는 본질적인 원칙은 그대로 유지되고 있다는 사실을 간과하고 있다. 민사소송이 당사자의 이익을 둘러싼 민사분쟁을 해결하는 것이라면 변론주의 그 자체의 기본골격은 오늘날도 여전히 타당성을 가진다.[5]

---

1) 도이칠란트에서는 지적의무위반의 경우에는 나아가 법적 심문청구권의 침해로서 헌법소원의 대상이 된다.

2) Bomsdorf, *Prozessmaximen und Rechtswirklichkeit*(1971), S. 279 ff.

3) Zettel, *Der Beibringungsrundsatz*(1977), S. 140 ff.

4) 吳容鎬, 전게논문, 387면; Wassermann, *Der soziale Zivilprozess*, 1978.

5) Jauernig, §25 Ⅷ 3.

Ⅶ. 辯論主義의 排除－職權探知主義와 職權調査

1. 職權探知主義

(1) 意 義

직권탐지주의(Untersuchungsgrundsatz, Inquisitionsmaxime)라 함은 재판에 필요한 사실과 증거의 수집책임을 당사자에게 맡기지 않고 법원이 맡는 주의를 가리킨다. 이것은 변론주의에 반대되는 원칙이다.

변론주의와 대비하여 직권탐지주의의 내용을 살펴보면, 다음의 세 가지 명제로 요약할 수 있다. 즉 첫째로 법원은 당사자가 주장하지 아니한 사실도 소송자료로 채용할 수 있고(주장불요), 둘째로 당사자 사이에 다툼이 없는 사실일지라도 소송자료로 채용하지 않을 수 있으며(자백의 구속력의 배제), 셋째로 증거조사를 할 때에도 법원은 당사자가 제출(신청)한 증거 외에 얼마든지 직권으로 다른 증거를 조사할 수 있다(직권증거조사). 변론주의에서 보충적으로만 직권증거조사가 허용되는 것과는 크게 다르다.

(2) 適用範圍

일반적으로 직권탐지주의의 대상으로 되는 사항은 공익에 관련이 있고, 그 판결의 효력이 당사자 사이뿐만 아니라 널리 제3자에게 미치는 성질의 사항이다.[1] 이러한 경우에 소송자료의 수집을 당사자에게만 맡기는 것은 소송에 관여하지 않은 제3자와 공공의 이익을 해할 염려가 있기 때문에, 법원이 적극적으로 소송자료의 수집에 발 벗고 나서는 것이다.

1) 현행법상으로 직권탐지주의가 채용되고 있는 전형적인 예는 가사소송사건이다(家訴 12. 17).[2] 행정소송사건에도 직권탐지주의가 적용된다. 다만 판례는 행정소송사건에서도 원칙적으로 변론주의가 적용되고, 직권탐지주의를 규정한 행정소송법 제26

---

1) Grunsky, S. 165.

2) 인지소송은 부와 자 사이에 사실상의 친자관계의 존재를 확정하고 법률상의 친자관계를 창설함을 목적으로 하는 소송으로서 친족·상속법상 중대한 영향을 미치는 인륜의 근본에 관한 것이고 공익에도 관련되는 중요한 것이기 때문에 이 소송에서는 직권주의를 채용하고 있는 것이므로 당사자의 증명이 충분하지 못할 때에는 가능한 한 직권으로도 사실조사 및 필요한 증거조사를 하여야 한다(大判 2002. 6. 14, 2001 므 1537; 2015. 6. 11, 2014 므 8217).

조는 변론주의의 일부 예외규정에 불과한 것으로 본다. 따라서 행정소송사건에서도 자백의 구속력을 인정한다(행정소송법 제8조에 의한 민사소송법 제288조의 준용).[1] 또한 기록에 나타난 사항에 관하여만 당사자가 주장하지 아니한 사실도 판결의 기초로 삼을 수 있고[2] 직권증거조사를 할 수 있으며,[3] 적극적 석명은 허용되지 아니한다고 본다.[4]

그 밖에 헌법재판사건·선거소송사건에도 직권탐지주의가 적용된다(憲裁 31·40, 公職選擧 221,227, 228). 소송절차는 아니지만 비송사건(非訟 11)[5]과 특허심판사건(特 159)에도 직권탐지주의가 적용된다.

2) 회사관계소송에서는 원고가 승소하는 경우에 그 승소판결의 효력이 널리 일반 제3자에게 미친다(商 190). 그리하여 회사관계소송의 심리를 직권탐지주의에 의할 것인가가 다투어진다. 일부 학설은 이를 긍정하지만,[6] 회사관계소송에서는 소의 제기를 공고하며(商 187, 240, 328), 판결의 효력을 받을 제3자가 공동소송참가(83)를 할 기회가 보장되어 있고, 원고패소의 효력은 당사자 사이에서만 미치므로, 일반적으로는 변론주의에 의하는 것이 타당할 것이다.[7] 다만 회사의 설립무효·취소소송에서 사정판결을 할 경우(商 189)에, 회사의 현황과 제반사정에 관하여만은 직권탐지에 의하여야 한다.

3) 보통의 민사소송에서도 공익에 관한 사항은 직권탐지주의에 의하여 판단되는 수가 있다. 예컨대, 소송요건 가운데 공익성이 높은 일부 사항(예컨대 재판권의 존재, 전속관할), 법규,[8] 경험법칙, 외국법 및 관습법의 존재에 관하여는 직권탐지주의에 의한다.[9]

---

1) 大判 1992. 8. 14, 91 누 13229; 1994. 4. 26, 92 누 17402; 행정소송에 있어서 직권주의가 가미되어 있다고 하더라도 여전히 변론주의를 기본구조로 한다는 것으로는, 大判 2001. 1. 16, 99 두 8107. 다만 직권조사사항(大判 1990. 10. 10, 89 누 4673; 2003. 4. 25, 2003 두 988)이나 사실에 대한 법적 평가(大判 2000. 12. 22, 2000 後 1542)는 제외.

2) 大判 1997. 10. 28, 96 누 14425. 조세부과권의 소멸시효중단사유가 기록상 현출되어 있다면 과세관청의 시효중단에 관한 명시적인 항변이 없더라도 법원은 행정소송법 제26조에 따라 직권으로 심리판단하여야 한다(大判 1987. 5. 26, 86 누 130).

3) 大判 1994. 10. 11, 94 누 4820.

4) 大判 2000. 3. 23, 98 두 2768.

5) 大判 1999. 11. 26, 99 므 1596(재산분할사건은 가사비송사건이므로[家訴 2 Ⅰ 나. (2) ④], 법원은 당사자의 주장에 구애되지 아니하고 재산분할의 대상이 무엇인지 직권으로 사실조사를 하여 포함시키거나 제외시킬 수 있다).

6) 李英, 198면.

7) 同旨: 李時, 350~351면; 金/姜, 383면; 宋/朴, 370면.

8) 大判 1981. 2. 10, 80 다 2189.

9) 李時, 335면; Rosenberg, §78 Ⅳ 1.

(3) 職權探知主義下에서의 當事者의 地位

(가) 처분권주의의 제한 직권탐지주의를 취하는 절차에서는 당사자에게 청구의 포기·인낙, 재판상의 화해 등을 하는 권능이 없다. 이것은 당사자의 의사에 의하여 재판의 내용을 좌우하는 것이 되어 부당하기 때문이다.

(나) 공격·방어방법의 제출시기의 무제한 공격·방어방법의 제출시기에 관한 제한(실기한 공격·방어방법의 각하: 149, 변론준비기일 종료 후의 실권효: 285 등)은 당사자만이 소송자료의 제출책임이 있는 것을 전제로 하여 그 제출을 신속히 하도록 촉구하기 위한 규정이므로, 직권탐지주의하에서는 그 적용이 없다.

(다) 절차권의 보장 직권탐지주의하에서도 당사자는 재판을 구할 것인가 아닌가 또 무엇에 관하여 재판을 구할 것인가 및 소를 취하할 권능 등 처분권주의의 중요한 내용을 이루는 권능을 가지고 있으므로, 여전히 소송의 주체인 지위를 잃지 아니한다. 따라서, 당사자로서의 절차보장이 요구되므로, 양 당사자에게 그 이익을 주장하기 위하여 공격·방어방법을 다할 수 있도록 충분한 기회를 주어야 한다. 그리하여 법원이 직권으로 탐지한 사실 및 증거조사의 결과는 당사자에게 이를 제시하고 그 의견을 듣지 아니하면 판결의 자료로 이용할 수 없다고 생각한다.[1)]

2. 職權調査

(가) 의 의 직권조사(Prüfung von Amts wegen)의 개념에 관하여는 다툼이 있다.

1) 통설에 의하면, 직권조사란 당사자의 신청 또는 이의에 의하여 지적되지 아니하더라도 법원이 반드시 직권으로 조사하여 적당한 조치를 취하는 것을 말하고, 그 대상인 사항을 직권조사사항이라고 한다. 그러므로 이것은 당사자의 신청이 있어야만 그 사항을 심리할 수 있다는 원칙(이를테면 신청주의·처분권주의)의 대립개념으로 이해되고 있다. 이 견해에 의하면 직권조사는 변론주의 및 직권탐지주의(판단의 전제인 사실과 증거를 당사자가 제출하느냐 법원이 직권으로 탐지하느냐)와는 그 기능하는 국면이 서로 다르다. 그 결과 직권조사는 직권탐지주의와 변론주의의 어느 것과도 결합될 수 있게 된다. 예컨대 국제재판관할권의 경우에는 당사자가

---

1) 일본은 명문으로 이를 규정하고 있다. 日人訴 14 但, 日行訴 24 但 참조.

심리를 신청하지 아니하여도 법원은 이를 심리하여야 하고, 나아가 그 기초로 되는 사실을 직권으로 탐지하여야 한다. 이에 반하여 소의 이익이나 당사자적격, 임의관할 등의 경우에는 당사자의 신청이 없더라도 법원이 이를 심리하여야 하지만, 더 나아가 이를 뒷받침하는 사실을 법원이 직권으로 탐지할 필요는 없다.[1)]

2) 이에 반하여 직권조사는 직권탐지주의와 변론주의의 중간적 성격을 가지는 제3의 심리방식이라고 하는 견해가 있다(우리나라, 도이칠란트, 일본의 유력설).[2)] 즉 이에 의하면, 직권조사의 경우에는 첫째로, 법원은 당사자가 제출한 사실만을 고려할 수 있고, 스스로 사실을 탐지할 수 없다(주장책임. 이 한도 안에서는 변론주의가 적용된다). 둘째로, 당사자는 사실에 대한 증명의 필요성을 결정하지 못한다. 그리하여 당사자들 사이에 다툼이 없는 사실도 법원을 구속하지 못하고, 법원은 의심이 있는 경우에는 당사자가 자백한 사실에 관하여도 증거조사를 할 수 있고 또 하여야 한다(자백의 구속력의 배제. 이 한도 안에서는 직권탐지주의가 지배한다). 셋째로, 다툼이 있는 사실을 인정할 때에는 당사자가 제출한 증거에 의하여야 하고, 법률에 의하여 허용되는 범위 안에서만 직권으로 증거조사를 할 수 있다고 한다(이 한도 안에서는 변론주의가 통용된다).

3) 생각건대 민사소송법 제285조 제1항과 제434조에서 말하는 직권조사사항에는 그 판단의 자료를 법원이 직권탐지주의에 의하여 수집하는 경우도 포함되어 있는 점, 유력설은 직권조사와 변론주의 · 직권탐지주의의 기능국면이 다른 것을 간과하고 있는 점에서, 통설의 해석이 타당하다. 그리하여 직권조사사항은 직권으로 문제로 삼아 판단한다는 것을 의미하고, 그 판단의 기초로 되는 사실과 증거를 직권으로 수집하는 것이 아님을 유의하여야 한다.

직권조사사항의 경우에는 소송절차에 관한 이의권의 포기(151)를 할 수 없고, 자백의 대상이 되지 아니하며,[3)] 공격 · 방어방법의 제출시기에 제한이 없다(실기한 공격 · 방어방법의 각하규정(149)의 적용배제, 변론준비기일의 종결로 인한 실권적 효력의 배제(285 Ⅰ ③)). 또한 피고가 답변서를 제출하지 아니하더라도 직권조사사항이 있으면 변론없이 하는 판결(무변론판결)을 할 수 없다(257 但).

---

1) 판례는 기판력의 저촉 여부와 같은 권리보호요건(기판력의 본질에 관한 모순금지설의 입장)의 존재 여부의 경우에는 그 요건 유무의 근거가 되는 구체적인 사실은 당사자의 주장이 없는 한 법원이 이를 고려할 수 없고, 다툼이 있는 사실은 당사자의 증명을 기다려 판단하여야 한다고 하였다(大判 1981. 6. 23, 81 다 124).

2) 李時, 337면; Arens, Rdn. 20; Grunsky, S. 200; Zeiss, §27 Ⅴ; Jauernig, §25 Ⅹ 등 참조.

3) 예컨대 종중의 대표자에게 대표권이 있는지 여부는 소송요건에 관한 것으로서 직권조사사항이므로 대표자를 선임한 총회의 소집사실은 자백의 대상이 될 수 없다(大判 2002. 5. 14, 2000 다 42908).

(나) 적용범위 직권조사의 대상이 되는 중요한 사항으로서는 i) 권리구제의 적법성에 관한 사항, 즉 소송요건(이른바 항변사항은 제외), 상소요건 또는 재심요건 등이 있다.[1) ii) 그 밖에 강행규정의 준수의 유무, 사건에 적용할 실체법규의 탐색, 제척원인의 유무(41), 변론공개의 유무(424 I ⑤) 등도 직권조사사항에 해당한다. iii) 판례에 나타난 예를 보면, 신의칙 또는 권리남용, 과실상계, 채권자취소권 행사기간의 준수여부, 비법인사단 대표자의 대표권 유무, 부제소 합의에 위배된 소의 적법여부(다만 부제소 합의의 효력이나 그 범위에 관해 당사자에게 먼저 의견진술의 기회를 준 경우에 한함), 신원보증인의 책임한도, 정신적 손해배상(위자료)의 액수,[2) 제척기간의 준수 여부, 소송계속의 유무 따위가 있다.[3)][4)]

(다) 자유로운 증명 직권조사사항은 일반적으로 자유로운 증명으로 족하다(다수설).[5) 그러나 소송요건과 상소요건 등은 엄격한 증명에 의하여야 한다(자세한 것은 후술한다).

3. 辯論主義·職權探知主義와 處分權主義·職權調査

변론주의와 직권탐지주의는 일단 개시된 소송절차 안에서 판결의 기초로 되는 재판자료를 수집할 때 당사자와 법원 중 누가 주도적 책임을 지는가의 문제로서 절차 안의 문제이다. 이에 반하여 처분권주의는 소송절차의 개시, 심판대상의 결정 및 소송의 종료에 관한 것이요, 직권조사는 심리의 개시와 심판대상의 결정에 관한 것으로서 어느 것이나 절차 밖의 문제라고 말할 수 있다. 이처럼 변론주의·직권탐지주의와 처분권주의·직권조사는 그 작용하는 국면이 다르다. 이들 네 가지 원리는 여러 가지 조합을 이루어 실제의 심리에 모습을 나타낸다.[6)

이들 조합의 형태는 당사자주의를 관철하는 ① 처분권주의+변론주의의 형(통상의 민사소송, 소송요건 중의 항변사항 등), 직권주의를 관철하는 ② 직권조사+직권탐지주의의

---

1) 大判 1983. 5. 24, 83 누 21.

2) 다만 위자료의 산정에 법관의 자의가 허용되는 것은 아니며, 이에는 “그 시대와 일반적인 법 감정에 부합될 수 있는 액수가 산정되어야 한다는 한계가 당연히 존재하므로, 그 한계를 넘어 손해의 공평한 분담이라는 이념과 형평의 원칙에 현저히 반하는 위자료를 산정하는 것은 사실심법원이 갖는 재량의 한계를 벗어난 것이 된다.”: 大判 2017. 11. 9, 2013 다 26708, 26715, 26722, 26739; 大(全)判 2013. 5. 16, 2012 다 202819.

3) 大判 1961. 12. 7, 4294 民上 174; 1989. 9. 29, 88 다카 17181; 1995. 12. 22, 94 다 56999(신의칙·권리남용); 1996. 10. 25, 96 다 30113; 2011. 7. 14, 2011 다 21143(과실상계); 2012. 4. 12, 2011 다 110579(제소기간); 2024. 4. 12, 2023 다 313241; 2011. 7. 28, 2010 다 97044(비법인사단 대표자의 대표권); 2013. 11. 15, 2011 다 80449(부제소 합의); 1981. 9. 8, 81 다카 276(신원보증); 2004. 7. 9, 2003 므 2251(위자료); 1996. 5. 14, 95 다 50875; 2013. 4. 11, 2012 다 64116; 2019. 6. 13, 2019 다 205947(제척기간); 1982. 1. 26, 81 다 849(소송계속).

4) 판례에 따르면 “외국적 요소가 있는 사건의 경우 준거법과 관련한 주장이 없더라도 법원으로서는 적극적으로 석명권을 행사하여 당사자에게 의견을 진술할 수 있는 기회를 부여하거나 필요한 자료를 제출하게 하는 등 그 법률관계에 적용될 국제협약 또는 국제사법에 따른 준거법에 관하여 심리·조사할 의무가 있다”고 한다(大判 2022. 1. 13, 2021 다 269388; 2025. 3. 27, 2021 다 242185).

5) 李時, 480~481면; 金/姜, 383면. 反對: Rosenberg, §78 V 2 c).

6) 上田, 288~289면; 染野=森, “職權調査,” 演習民訴, 402~403면 등 참조.

형(소송요건 중 고도의 공익성을 가지는 것, 예컨대 당사자의 실재, 재판권, 전속관할), 당사자주의와 직권주의를 혼합한 ③ 처분권주의+직권탐지주의의 형(가사소송, 행정소송, 헌법재판), ④ 직권조사+변론주의의 형(소의 이익, 당사자적격, 임의관할, 당사자능력, 소송능력, 소송대리권[1] 등) 등 매우 다양하다. 다만 위 네 가지 원리 중의 어느 하나가 일부 제한되어 결합되는 수도 있다. 예컨대 위 ③의 경우에는 청구의 인낙(家訴 12), 청구의 포기, 소송상의 화해 등이 인정되지 않는다.

제 4 항 職權進行主義

Ⅰ. 意 義

직권진행주의(Amtsbetrieb od. Offizialbetrieb)라 함은 소송절차를 진행하는 주도권이 법원의 수중에 있는 것을 말하고, 이와 반대로 그 주도권이 당사자의 수중에 있는 것을 당사자진행주의(Parteibetrieb)라고 말한다. 소송절차의 진행이란 구체적으로 말하면 심리를 위한 기일을 지정하고, 기일에 소송관계인에게 기일통지서 또는 출석요구서[2]를 송달하고, 기일을 변경하며, 기일에 심리를 주재하고 정리하는 따위의 활동을 가리킨다.

역사적으로 고찰하여 보면 1806년의 프랑스 민사소송법은 '법관직의 순수성유지'를 위하여 극단적인 당사자진행주의를 취하였으나, 1877년의 도이칠란트 민사소송법은 당사자진행주의와 직권진행주의의 혼합형태를 취하였다. 그런데 당사자진행주의의 강조는 소송지연을 초래하였으므로 1895년에 제정된 오스트리아 민사소송법은 직권진행주의를 택하였고, 이것은 그 뒤 각국의 민사소송법의 개정에 큰 영향을 주었다. 그리하여 도이칠란트의 1976년의 간소화개정법(Vereinfachungsnovelle)은 직권진행주의의 방향으로 기울었고, 프랑스는 1965년의 정령(décre)을 거쳐 1975년의 새 민사소송법에서 법관의 광범한 소송지휘권을 규정하였다.[3] 우리 민사소송법은 일찍부터 직권진행주의를 취하고 있다.

---

1) 대표권의 유무가 소송요건으로 법원의 직권조사사항이라 하여도 그 판단의 기초자료가 되는 사실과 증거를 직권으로 탐지하여야 하는 것은 아니다(大判 1966. 9. 20, 66 다 1163).

2) 새 법은 소환장을 '통지서' 또는 '출석요구서'로 바꾸어 부른다. 전자는 출석의무가 없는 경우(변론기일통지서 등)이고, 후자는 출석의무가 있는 경우(증인출석요구서 등)이다.

3) Blanc et Viatte, Nouveau Code de Procédure Civile commenté dans l'ordre des articles(1980) 참조.

직권진행주의를 법원의 권능의 면에서 파악하면 소송지휘권이 된다. 그러나 직권진행은 소송지휘권의 일부분에 불과함을 주의하여야 한다.[1]

Ⅱ. 法院의 役割 – 訴訟指揮權

1. 槪　念

소송지휘권은 소송심리를 신속·공평·충실히 행하기 위하여 법원이 소송절차를 주재하는 권능을 가리킨다. 소송에는 이해가 상반되는 양 당사자가 대립하고 있으므로, 소송절차의 진행을 효율적·합리적으로 하기 위해서는 법원이 이를 감시하고 정리하는 행위가 필요하다. 이러한 법원의 행위를 소송지휘(Prozessleitung)라 하는데, 이 소송지휘를 하는 법원의 권한이 소송지휘권인 것이다. 법원이 소송지휘를 잘 하는가 아닌가에 따라 구체적 사건의 해결이 잘 되는가 아닌가가 좌우되므로 이것은 매우 중요한 기능을 가진다.

2. 內　容

소송지휘는 종국판결 이외의 법원의 소송행위의 전부라고 말할 수 있을 정도로 넓은 개념이지만, 그 가운데 주요한 것은 다음과 같다.[2]

(가) 절차의 진행을 꾀하는 행위　기일의 지정·변경(165), 기간의 신축(伸縮)과 부가기간의 결정(172), 소송절차의 중지·속행(246, 244) 등.

(나) 심리의 정리를 위한 조치　변론의 제한·분리·병합(141), 변론의 종결·재개(142, 198), 재량이송(35) 등.

(다) 심리의 촉진을 위한 조치　변론준비절차로 회부(258), 준비서면·요약준비서면의 제출명령(147, 278, 280), 공격·방어방법의 제출시기의 제한(147), 실기한 공격·방어방법의 각하(149) 등.

(라) 절차의 합법적 진행을 확보하는 조치　소장·상소장의 각하(254, 402, 425), 관할법원으로 이송(34), 부적법한 소 또는 상소의 각하(219, 413, 425) 등 부적법한 소송행위의

---

1) Rosenberg, §77 Ⅲ 1.
2) 자세한 것은 Rosenberg, §62 Ⅱ 참조.

배척 등.

(마) 기일에서 소송행위의 정리 변론의 지휘(135), 법정경찰권(法組 58~61) 등. 변론의 지휘란 당사자 · 증인 등 관계인에게 발언을 명하고 허가하고 금지하는 것 등을 말한다.

(바) 소송관계를 분명하게 하는 조치 석명권 및 지적의무의 행사(136), 석명처분(140) 등.

(사) 소송의 해결방법에 관한 조치 화해권고(145), 화해권고결정(225 I), 증거결정 과정에서 불필요한 증거신청의 각하, 명백히 이유 없는 청구나 주장을 취하 또는 철회시키는 것 등.

3. 主體 및 形式

1) 소송지휘권의 주체는 원칙적으로 법원이다(140, 145). 그러나 변론 및 증거조사중의 지휘는 재판장이 법원을 대표하여 행사한다(135~137, 327, 329, 330). 이러한 재판장의 조치에 대하여 당사자가 이의를 제기한 때에는 법원(합의체)이 이에 관하여 재판한다. 그 밖에 재판장은 합의체로부터 독립하여 소송지휘권을 행사하는 경우가 있다(165 I, 191, 194, 254). 수명법관 또는 수탁판사도 권한받은 사항을 처리하는 관계에서는 소송지휘권을 가진다(165 II, 197, 332).

2) 소송지휘권은 사실행위로 행사하는 경우도 있지만(예컨대 변론이나 증거조사중의 지휘 등), 재판의 형식을 취하는 경우도 있다(예컨대 출석 · 제출 등의 명령, 변론의 제한 · 분리 · 병합, 변론의 재개 등). 재판의 형식을 취하는 경우에 법원의 지위에서 할 때는 결정이고, 재판장 · 수명법관 · 수탁판사의 지위에서 할 때는 명령이다. 다만 재판의 형식을 취하는 경우에도 그 내용은 절차의 진행이나 심리방법에 관한 조치이고, 일정한 사항에 관하여 확정적인 판단을 내리는 것이 아니다. 따라서 그것이 불필요 · 부적당하다고 인정되는 때는 언제든지 스스로 이를 취소할 수 있다(222, 87 II).

Ⅲ. 當事者의 地位

아무리 직권진행주의라고 하여도 당사자는 소송의 주체로서 법원에게 일정한 소송지휘상의 조치를 요구할 수 있는 경우가 있고, 또 법원이 주재하는 절차의 진행이 합법적인가를 감시할 수 있는 권능을 가진다.

1. 當事者의 申請權

소송지휘는 법원의 권한에 속하기 때문에, 당사자가 이에 관하여 법원에 신청을 하여도 그것은 법원의 직권발동을 촉구하는 의미밖에 없다. 따라서 법원은 이를 받아들이지 않는 경우에도 일일이 그 판단을 표시할 필요가 없다.

그러나 법률은 소송지휘가 당사자의 이해에 중대한 영향을 미치는 문제에 관한 것인 경우에는 예외적으로 당사자에게 소송지휘에 관한 신청권을 인정하고 있다. 이 경우에는 당사자로부터 신청이 있으면, 법원은 이에 대하여 재판을 하여야 하고, 또 많은 경우에는 이 재판에 대한 불복신청도 인정되고 있다. 예컨대 심판의 편의에 의한 소송이송(34 Ⅱ·Ⅲ. 35. 36), 구문권(求問權)(136 Ⅲ), 시기에 늦은 공격·방어방법의 각하(149), 기일의 지정(165), 중단절차의 수계(241) 등이 이에 해당한다.

2. 訴訟節次에 관한 異議權

(1) 의 의

소송절차에 관한 이의권(Rügerecht)이라 함은 법원이나 상대방 당사자의 소송행위가 소송법규에 위배되는 경우에 이에 대하여 당사자가 이의신청을 하고 그 무효를 주장할 수 있는 권능을 말한다.[1] 2002년 새 법 이전에는 책문권(責問權)이라 하였다. 법률은 법원과 당사자의 소송상의 행위에 관하여 요건과 형식을 규정하고 있는 경우가 많다. 따라서 법원과 당사자는 이 요건과 형식을 준수하여야 하고, 특히 법원은 절차의 주재자인 만큼 법규의 위배가 있는 경우에는 이 행위를 전제로 하여 소송절차를 진행시켜서는 아니된다. 그러나 법원이 절차위배의 사실을 간과하고 절차를 진행시키는 일도 있으므로, 이 경우에 이러한 법규의 준수에 대하

1) 따라서 많은 학자는 소송행위의 흠의 치유와 관련하여 소송절차에 관한 이의권을 설명하고 있다. 金/姜, 353면.

여 이해관계를 가지는 당사자에게 절차법 위배를 감시하는 권능을 부여한 것이 바로 소송절차에 관한 이의권이다.

(2) 적용범위

1) 소송절차에 관한 이의권의 대상이 되는 것은 '소송절차에 관한 규정'에 위배되는 행위이다(151). 소송절차에 관한 규정이라 함은 법원과 당사자의 소송행위의 형식 · 요건 · 시기 · 장소 등에 관한 규정을 말한다.[1] 예컨대 소의 제기나 청구의 변경의 방식, 소송참가의 방식, 소송고지의 방식, 증인신문의 장소, 변론기일의 통지, 증거조사의 방식 따위가 그것이다.

2) 이에 반하여 소송행위의 내용이나 소송상의 주장에 관한 규정은 소송절차에 관한 이의권의 대상이 되지 않는다. 예컨대 석명권, 증거의 평가, 처분권주의 등에 대한 위배는 소송절차에 관한 이의권의 대상이 아니다. 또한 소송절차에 관한 이의권은 법원과 상대방 당사자의 절차법규 위배행위에 대한 것이므로, 자기 자신의 행위는 소송절차에 관한 이의권의 대상이 되지 아니한다.

(3) 포기와 상실

(가) 총 설 소송절차에 관한 이의권은 소송법상 두 가지 의미를 가진다. 하나는 소송절차에 관한 이의권을 적극적으로 행사하여 절차위배의 소송행위의 효력을 무효로 만드는 것이요, 다른 하나는 소송절차에 관한 이의권을 행사하지 않고 있으면 절차위배의 흠이 치유되어 그 소송행위가 유효하게 되는 것이다. 소송절차에 관한 이의권이 소송법상 중요한 의미를 가지는 것은 오히려 후자의 경우이다. 소송절차는 종국판결을 향하여 진행하는 법원과 당사자의 일련의 소송행위로 구성된다. 이러한 소송행위 가운데 일부가 소송법규에 위배되었는데도 그것이 문제되지 않고 소송절차가 상당히 진행된 다음에, 뒤에 이르러 그 절차위배를 이유로 그 위배된 행위 이후의 모든 행위를 언제나 무효로 할 수 있게 한다면 소송절차의 안정은 도저히 기할 수 없다. 이러한 경우에 그 절차위배로 불이익을 입는 당사자가 불이익을 감수한다면 이를 문제삼을 필요가 없고, 또 그가 절차위배를 알고도 지체없이 소송절차에 관한 이의권을 행사하지 아니한 경우에는 이를 실권시켜 절차

---

1) Rosenberg, §68 I.

의 안정을 꾀할 필요가 있다. 이처럼 당사자가 스스로 소송절차에 관한 이의권의 행사를 포기하는 것을 소송절차에 관한 이의권의 포기(Rügeverzicht)라고 하고, 당사자가 지체 없이 소송절차에 관한 이의권을 행사하지 아니하여 이를 상실하는 것을 소송절차에 관한 이의권의 상실(Verlust des Rügerechts)이라고 한다(151).

(나) 대 상　i) 소송절차에 관한 이의권의 포기·상실이 허용되는 것은 소송절차에 관한 규정 중 임의규정의 위배뿐이다. 임의규정은 오로지 당사자의 소송수행상의 이익을 보장하기 위한 규정으로서 당사자의 편의를 목적으로 하고 있는 것이다. 예컨대 소제기나 청구변경의 방식에 위배한 경우,[1] 기일통지를 하지 않은 경우,[2] 소송서류를 송달하지 아니한 경우(판결은 제외), 증거조사의 방식이 잘못된 경우(예컨대 문서의 사본에 의한 증거조사: 355 I 참조)[3] 등이 이에 해당한다.

ii) 이에 반하여 재판의 적정, 소송의 신속 등 공익에 관련이 있는 강행규정에 위배된 경우에는 설사 그것이 소송절차에 관한 규정이라도 소송절차에 관한 이의권의 포기·상실이 허용되지 아니한다. 직권조사사항이 대표적이다. 예컨대 소송요건(항변사항은 제외), 상소요건, 재심요건, 불변기간의 준수,[4] 판결의 송달,[5] 법관의 제척, 법원의 구성 등이 이에 해당한다.

(다) 포기의 방식과 상실의 요건　i) 소송절차에 관한 이의권의 포기는 변론 또는 준비절차에서 법원에 대한 일방적 진술로 한다. 법원 밖에서 상대방에 대하여 하더라도 그 효력이 없다. 포기는 명시적 또는 묵시적으로 할 수 있다. 예컨대 기일통지서의 송달이 없었는데도 당사자가 기일에 출석하면 묵시의 포기가 있는 것으로 볼 수 있다. 소송절차에 관한 이의권은 절차위배가 있는 때에 비로소 발생하므로 사전의 포기는 있을 수 없고, 이를 인정하면 임의소송의 금지원칙에 저촉된다.

ii) 소송절차에 관한 이의권의 상실은 당사자가 절차위배를 알았거나 알 수 있었을 경우에 지체 없이 이의하지 아니함으로써 발생한다. 반드시 본인에 한하지 않고 대리인이 알거나 알 수 있었을 경우도 포함된다. 지체 없이란 절차위배를 알

1) 大判 1993. 3. 23, 92 다 51204(서면에 의하지 아니한 청구취지의 변경); 2011. 2. 24, 2009 다 33655(청구기초의 동일성 결여).
2) 大判 1984. 4. 24, 82 므 14.
3) 大判 1996. 3. 8, 95 다 48667.
4) 大判 1972. 5. 9, 72 다 379.
5) 大判 2002. 11. 8, 2001 다 84497.

거나 알 수 있었을 때의 직후의 기회(변론기일 또는 변론준비기일)를 가리킨다. 이 경우에 포기의 의사는 필요하지 않고, 단순히 이의하지 아니함으로써 충분하다.

(라) **효 과** 소송절차에 관한 이의권을 포기하거나 상실하면 소송절차에 위배된 소송행위의 흠이 치유되어, 그 소송행위는 처음부터 완전히 유효하게 된다. 다만 법원의 행위에 관하여 당사자 양 쪽에게 소송절차에 관한 이의권이 발생한 경우에는, 양 쪽이 모두 이를 포기 또는 상실한 때에 흠이 치유된다.

제 2 장 審理의 對象

제 1 절 總 說

소가 제기되면 법원은 이에 대하여 판결로 응답하여야 한다. 그런데 법원이 판결로 응답을 하기 위해서는 먼저 원고의 소에 대하여 심리를 하여야 한다. 이 경우에 법원의 심리의 대상이 되는 것은 다음의 두 가지이다.

첫째는 원고의 소가 적법한가 여부이다. 법원은 원고의 소가 적법한 경우에만 이를 받아들여 원고가 소로 구하는 청구(소송물)의 당부(당부)에 관한 판단을 할 수 있고, 소 자체가 부적법한 경우에는 청구의 당부에 관한 판단에 들어갈 필요가 없이 소를 각하하는 소송판결을 한다. 이처럼 법원에 의한 제1단계의 심리의 대상이 되는 소의 적법요건이 이른바 소송요건이다. 이 단계는 소의 적법성(Zulässigkeit)을 심리하는 단계이다.

둘째는 원고가 소로 권리보호를 구하고 있는 청구의 당부이다. 청구의 당부에 관한 판단을 본안에 관한 판단이라고 한다. 소가 소송요건을 구비하여 적법한 것으로 인정되면, 법원은 제2단계로 소의 내용을 이루는 청구가 정당한가 아닌가에 관하여 심리하게 된다. 이 본안에 관한 심리는 다시 두 단계로 구성된다. 처음 단계는 원고의 청구가 이치에 맞느냐 하는 것이다. 이것은 원고가 주장하는 사실이 그대로 인정되는 경우에 원고의 청구가 정당하냐의 문제이다.[1] 만일 원고의 청구가 주장 자체에 의하여 이유 없을 때에는 원고의 주장사실의 진실 여부를 따질 필요 없이 원고의 청구를 기각하여야 한다. 예컨대 원고가 현행법이 인정하지 않는 법률효과를 주장하는 경우(도박자금의 청구, 이행지체를 원인으로 한 위자료청구 등)가 이에 해당한다. 이것은 청구의 논리정연성(유리성, 有理性; Schlüssigkeit)을 심리하는 단계이다. 원고의 청구가 논리적일 때에만 법원은 다음 단계의 심리로 들어가게 된다. 다음 단계는 원고의 청구가 이유 있느냐 하는 것이다. 즉 원고의 청구가 사실과 증거에 의하여 뒷받침되어 있느냐 하는 것이다. 원고의 청구가 이유 있으면 원고의 청구를 인용하는 승소판결을 하고, 그것이 이유 없으면 이를 기각하는 패소판결을 하며, 일부만 이유 있을 때에는 일부승소의 판결을 하게 된다. 이들 판결은 모두 청구의 당부에 관한 본안판결이다. 이것은 청구의 이유구비성(Begründetheit)을 심리하는 단계이다.

이처럼 소가 그 목적을 달성하기 위하여는 두 개의 대상(소송요건, 본안의 청구)에 대하여 세 단계의 심리를 통과하여야 한다. 그리고 본안청구의 당부에 관한 심리와 관련하여

1) Thomas/Putzo, Vorbem, Ⅳ B. 1 vor §253; Blomeyer, §34 Ⅱ 2.

소송요건, 독립된 공격·방어방법, 중간의 다툼 또는 청구의 원인이 독립된 심리의 대상이 되는 수가 있다. 이 때에는 청구에 관한 종국판결과 별도로 중간판결을 할 수 있다(201).

제 2 절 訴訟要件

I. 意 義

1) 소송요건(Prozessvoraussetzungen)이라 함은 訴가 적법한 취급을 받기 위하여 구비하여야 할 사항, 즉 소의 적법요건(Zulässigkeitsvoraussetzungen)을 말한다. 그런데 법원은 소가 적법하여야만 본안(本案; 사건의 본래의 안건), 즉 청구의 당부에 관하여 심리·판단할 수 있으므로, 소송요건은 본안심리 및 본안판결의 요건(Sachverhandlungs- und Sachurteilsvoraussetzungen)이라고 할 수 있다. 다만 여기에서 본안심리의 요건이라고 함은 소송요건의 흠이 밝혀지면 더 이상 본안심리를 하지 말고 소각하의 판결을 하여야 한다는 뜻이요, 소송요건의 구비가 확인된 뒤에야 비로소 본안심리를 할 수 있다는 뜻은 아니다(실제로는 소송요건에 관한 심리와 본안에 관한 심리가 동시에 진행되는 수가 많다).

2) 최근 위와 같은 종래의 통설에 대하여 이의를 제기하고, 소송요건을 새로운 각도에서 정의하려는 견해가 주장되고 있다. 이들은 소송요건을 판결선고요건[1] 또는 소의 성공요건[2]으로 정의하거나 또는 소송요건은 그 흠이 소송조각사유일 뿐[3]이라고 한다. 그러나 뒤에 설명하는 바와 같이 이들 견해에는 동조할 수 없다(소송요건의 심리순서 참조).[4]

3) 소송요건은 소가 전체로서 적법한 취급을 받기 위하여 필요한 요건이므로, 개개의 소송행위의 적법요건(예컨대 소송고지·보조참가의 요건)과는 구별되어야 한다. 또 소송요건에 흠이 있더라도 소의 제기는 가능하고 소송은 성립되므로, 소송요건은 소제기요건도

---

1) Rimmelspacher, *Zur Prüfung von Amts wegen im Zivilprozess*(1966).

2) Grunsky, SS. 323~327.

3) 坂口裕英, "訴訟要件と訴訟阻却(抗辯)事由," 兼子還曆記念, 「裁判法の諸問題」(中)(1970) 참조.

4) 상세한 것은 鄭東潤, "訴訟要件에 관한 一考," 溫山方順元先生 古稀記念, 「民事法의 諸問題」(1984), 287면 이하 참조(본서에서는 일부 의견을 수정함).

소송성립요건도 아니다.[1)]

이처럼 소송요건이라는 용어는 오해를 불러일으킬 수 있으므로 적절하지 못한 표현이지만, 달리 이를 대치(代置)할 만한 용어가 없으므로 그대로 관용되고 있다. 소송요건에 관한 문제는 민사소송법학의 주된 관심 중의 하나이다.

Ⅱ. 각개의 訴訟要件

어떠한 사항이 소송요건인가에 관하여는 소송법에 통일적인 규정이 없고, 여러 곳에 개별적으로 산재되어 있거나 해석에 의하여 정하여지므로, 아직 이에 관하여 견해의 통일을 보지 못하고 있다. 그러나 이들 몇 개의 무리로 나눌 수 있다.

1. 法院에 관한 것

1) 청구 및 당사자(피고)에 관하여 재판권이 있을 것. 재판권의 인적 및 물적 범위에 관한 문제이다.

2) 법원이 사건에 관하여 관할권이 있을 것. 토지관할 · 사물관할 · 직무관할이 모두 문제된다.

2. 當事者에 관한 것

1) 당사자가 실재(實在)하고 당사자능력이 있을 것.

2) 당사자가 소송능력을 가질 것. 만일 소송능력이 없으면 적법한 내리인에 의하여 대리될 것(대리권의 존재). 소 제기의 단계로부터 변론을 종결할 때까지 소송능력에 흠이 있으면 소는 부적법하다.

3) 당사자가 당사자적격을 가질 것.

4) 원고가 소송비용의 담보를 제공할 필요가 없을 것. 그 필요가 있을 때에는 원고가 필요한 담보를 제공할 것(117, 403 Ⅶ, 商 176 Ⅲ. 등).

1) Hellwig, *Klagrecht und Klagmöglichkeit*(1905), S. 55는 소제기요건으로, Oskar Bülow, *Die Lehre von den Prozesseinreden und die Prozessvoraussetzungen*(1868), S. 6는 소송성립요건으로 설명하고 있다. 또 大判 1955. 9. 6, 4288 行上 59; 1955. 9. 23, 4288 行上 64도 그러한 표현을 쓰고 있다.

3. 訴訟物에 관한 것

1) 청구가 민사소송사항일 것.[1]

2) 청구가 권리보호의 자격이 있을 것, 즉 소를 제기할 수 있는 것일 것.[2]

3) 청구에 관하여 권리보호의 필요 또는 이익이 있을 것.[3] [4]

4. 特殊訴訟에 관한 것

1) 병합의 소나 소송중의 소에서는 각기 그 필요한 요건을 구비할 것(예컨대 공동소송, 청구의 병합, 청구의 변경 등).

2) 소의 제기기간이 정하여져 있는 소는 그 기간을 지킬 것. 예컨대 주주총회 결의취소의 소는 결의의 날로부터 2월 안에 제기하여야 한다(商 376).

Ⅲ. 訴訟要件의 機能

위에서 열거한 소송요건은 여러 가지 기능을 수행한다. 혹은 우리 사법권의 한계를 획정하고(예컨대 재판권), 혹은 소송의 주체와 객체를 특정하고(예컨대 당사자의 실재, 당사자적격, 권리보호의 자격 등), 혹은 재판의 적정을 확보한다(예컨대 심급관할, 토지관할, 권리보호의 이익 등).

Ⅳ. 種　　類

소송요건은 이를 몇 개의 기준에 따라 분류할 수 있다.

1. 積極的 要件과 消極的 要件

전자는 그 존재가 소송요건으로 되는 것이고, 후자는 그 부존재가 소송요건으

1) 이것을 법원에 관한 소송요건으로 분류하는 견해가 많다. 李時, 222면; Rosenberg, §96 Ⅱ 1 c) 참조.

2) 소제기의 가능성(Klagbarkeit)은 소송요건의 하나로 보는 것이 통설이지만, 이를 본안의 이유 유·무의 문제로 보는 견해도 있다. Blomeyer, §35 Ⅱ; Jauernig, §33 Ⅳ 3.

3) 그 밖에 소제기행위의 적식성도 소송요건의 하나로 보는 것이 도이칠란트의 통설이다. 그러나 이것은 소제기행위의 유효요건에 불과하다는 반대설도 있다(Rosenberg, §96 Ⅱ 3 참조).

4) 중복소송이나 재소금지에 저촉되지 않을 것 및 기판력에 저촉되지 않을 것을 소송물에 관한 소송요건으로 열거하는 견해가 많다(李時, 222면; 金/姜, 298면; 宋/朴, 201면; 姜, 58면 등). 그러나 이들은 모두 권리보호의 이익(소의 이익)에 속하는 것이기 때문에, 본서에서는 중복을 피하기 위하여 따로 열거하지 아니하였다.

로 되는 것이다. 재판권·관할권·당사자능력 등 소송요건의 대부분은 전자에 해당하지만, 권리보호의 이익에 속하는 기판력·중복된 소제기·중재계약 등은 후자에 해당한다.

2. 職權調査事項과 抗辯事項

전자는 피고의 항변을 기다리지 않고 법원이 직권으로 조사하여 고려할 사항으로서 소송요건의 대부분이 이에 속한다. 후자는 피고가 주장하지 않는 한 법원이 고려하지 않는 사항이다. 이를 방소항변 또는 소송장애사항(Prozesshindernisse)[1] 이라고도 한다. 이에 속하는 것으로서는 중재계약(仲 I 9)의 존재, 소송비용의 담보제공(117)의 흠, 부제소계약의 존재[2] 등이 있다.

3. 訴의 利益에 속하는 事項

소송요건 가운데에서 소송물에 관한 권리보호의 자격, 권리보호의 필요 또는 이익과 당사자에 관한 당사자적격은 넓은 의미의 소의 이익에 속하는 사항으로서, 그 밖의 소송요건과는 달리 청구의 내용과 밀접한 관련을 가진다. 그리하여 이를 소권의 요건으로서 논하는 학자도 있다.[3] 당사자적격에 관하여는 이미 당사자론에서 설명한 바 있으므로, 여기에서는 권리보호의 자격과 필요(이익)에 관하여 일반적인 소송요건과 별도로 뒤에 따로 설명하기로 한다.

Ⅴ. 調　　查

1. 조사의 개시 — 직권조사사항과 항변사항

소송요건의 대부분은 분쟁의 합리적·효과적 해결을 꾀하기 위하여 공익상 인정된 것이므로 원칙적으로 법원이 직권으로 조사하여야 한다(직권조사사항). 이에 반하여

---

1) 항변사항을 소송장애사항(소송장애사유, Prozesshindernisse)이라고 부르는 견해에 의하면(松本=上野, 201면; 中野=松浦=鈴木, 349면; Rosenberg, §96), 소송장애사항은 소송요건의 일부가 아니라 소송요건(Prozessvoraussetzung)과 구별되는 별개의 사항이다. 이 견해에 따르면, 소송장애사항과 소극적 소송요건은 각각 항변사항과 직권조사사항이라는 점에서 구별된다.

2) 다만 판례는 부제소 합의의 효력이나 그 범위에 위반하여 제기된 소는 권리보호의 이익이 없고 신의칙에도 어긋나는 것이므로 법원은 당사자에게 의견진술의 기회를 준 뒤에 직권으로 소의 적법여부를 판단할 수 있다고 한다(大判 2013. 11. 28, 2011 다 80449).

3) 新堂, 204, 208면 이하 참조.

당사자의 이익을 주안으로 하여 소송요건으로 인정된 사항, 예컨대 중재계약(仲 9 I), 소송비용의 담보제공(117), 부제소계약 등은 당사자의 주장을 기다려 조사하면 된다(항변사항). 중재계약과 소송비용 담보제공의 항변은 본안에 관한 변론 이전에만 제출할 수 있다(仲 9 Ⅱ, 民訴 118).[1)]

2. 조사의 자료수집 - 직권탐지주의와 변론주의

1) 소송요건에 관한 조사는 항변사항 이외에는 법원의 직권에 의하여 개시되지만, 소송요건의 존재 여부를 판단하기 위한 자료는 법원이 직권으로 수집하는 경우(직권탐지주의)와 당사자가 제출한 자료에 의존하는 경우(변론주의)가 있다. 직권탐지주의와 변론주의 중 어느 방법에 의하는가는 각 소송요건이 가지는 공익성의 강도에 따라 결정된다. 직권탐지주의에 의할 것으로서는 재판권의 유무, 전속관할, 당사자의 실재(實在) 등이 있다.[2)]

그 밖의 대부분의 소송요건, 예컨대 소의 이익(권리보호의 자격과 이익), 당사자적격,[3)] 임의관할, 당사자능력, 소송능력, 소송대리권 등은 직권조사사항이지만 그 존재 여부의 판단을 위한 자료수집은 변론주의에 의한다. 따라서 당사자가 제출한 자료만으로 그 요건의 존재여부를 판단하면 된다(자세한 것은 직권조사에 관한 설명 참조).

2) 소송요건의 조사자료의 수집에 관하여 변론주의형과 직권탐지형 등으로 나누는 종래의 통설과는 달리, 직권탐지를 인정하는 것은 타당하지 않다는 견해도 있다.[4)] 또한 위 두 가지 형 이외에 당사자가 제출한 사실·증거에 한하되 당사자 사이의 자백에 구속되지 않는 제3의 유형(직권심사·직권조사)을 인정하는 견해가 있다.[5)] 이에 의하면 종래의 통설에서 변론주의형에 귀속시키는 소의 이익, 당사자적격 등은 제3의 유형에 속한다고 하며, 재판권, 소송대리권 등이 직권탐지형에 속하고, 임의관

---

1) 중재계약에 대한 반대 입장: 정동윤, "중재계약의 항변의 제출시기," 「민사재판의 제문제」, 7, 686면 이하.

2) 당사자능력, 소송능력, 소송대리권 등도 직권탐지주의에 의하여야 한다는 견해로는 金/姜, 299면; 中野=松浦=鈴木, 350면.

3) 채권자가 제기한 채권자대위소송에서 제3채무자는 채무자가 채권자에 대해 가지는 항변권이나 형성권을 가지고 채권자의 채무자에 대한 권리를 다툴 수는 없지만, 채권자 권리의 발생원인이 된 법률행위의 무효, 권리소멸 등의 사유로는 다툴 수 있다. 이 경우 법원은 제3채무자의 주장을 고려하여 채권자의 채무자에 대한 권리의 인정여부를 직권으로 심리·판단하여야 한다(大判 2015. 9. 10, 2013 다 55300).

4) 胡, 362면.

5) 姜, 62면; 鈴木, 月刊法敎 1, 94면 등.

할이 변론주의형에 속한다고 한다.

3. 조사의 절차와 증명책임

소송요건은 대부분이 직권조사사항이다. 그런데 직권조사사항은 자유로운 증명에 의할 수 있는 것이므로(다수설), 소송요건의 존재 여부를 인정할 때에도 자유로운 증명으로 족한가 하는 것이 문제된다. 도이칠란트의 판례는 이를 긍정하고 있다.[1] 그러나 소송요건의 존재 여부는 실체법상의 요건에 못지않게 중요하기 때문에 원칙적으로 엄격한 증명을 요한다고 생각한다.[2]

소송요건에 관한 증명책임은 그것이 직권조사사항인가 항변사항인가에 따라 다르다. 전자에서는 본안판결을 요구하는 사람, 즉 원고가 증명책임을 지고,[3] 후자에서는 피고가 증명책임을 부담한다.[4]

4. 존재 여부의 판정시기

1) 법원은 소송의 단계를 묻지 않고 소송요건에 관하여 의문이 있을 때에는 언제든지 이를 조사할 수 있지만, 소송요건은 본안판결의 요건이고, 판결은 사실심의 변론을 종결할 때를 기준으로 권리 또는 법률관계의 존재 여부를 확정하므로, 소송요건의 존재 여부의 판정시기(표준시)는 원칙적으로 사실심의 변론을 종결할 때이며(통설), 상고심의 심리를 종료할 때가 아니다.[5] 따라서 소제기 당시에는 소송요건에 흠이 있어도 사실심의 변론을 종결할 때까지 이를 구비하면 적법한 소로 되고, 반대로 소제기 당시에는 소송요건이 구비되어 있었지만 사실심이 변론종결 이전에 소멸되었으면 소는 원칙적으로 부적법하여진다. 다만 이에 대한 예외로서 i) 관할권의 존재 여부는 소를 제기할 때를 표준으로 하고(33), ii) 당사자능력 · 소송능력 · 법정대리권이 소송계속중에 소멸하면 소송중단사유가 됨에 불과하다(233, 235).

2) 문제는 사실심의 변론을 종결한 뒤에 생긴 사실로 인하여 변론을 종결할 때에 흠이 있었던 소송요건이 구비되었거나 또는 반대로 구비되었던 소송요건에 흠

---

1) BGH NJW 1987, 2875 = ZZP 101, 294.
2) 同旨: Rosenberg, §112 Ⅱ 3; Blomeyer, §66 Ⅱ 3; 反對: 李時, 223, 491면.
3) 大判 1997. 7. 25, 96 다 39301.
4) 李時, 224면; Thomas/Putzo, Vorbem. Ⅲ A. vor §253; Jauernig, §33 Ⅴ 2.
5) Thomas/Putzo, §253 Vorbem 11; BGH NJW 80, 520 등.

이 있게 된 경우에, 법률심인 상고심이 이들 기준시 이후의 사실을 고려하여 소송요건의 구비 여부를 새로 판단하여야 할 것인가이다. 종래의 통설은 소송요건은 본안판결요건이므로 그 판단의 기준시는 사실심의 변론을 종결할 때이고 따라서 그 후의 사정은 고려할 것이 아니라고 보았다.[1] 그러나 사법권의 한계를 획정하는 등 소송요건이 가지는 기능에 비추어 보면, 사실심의 변론을 종결한 뒤에 생긴 사실은 상고심에서 이를 고려하여야 옳다고 본다.[2] 대법원은 적법한 소가 상고심에 계속중 소의 이익에 흠이 있게 된 경우 그 소는 부적법하다고 본다.[3] 그리고 사실심에서 비법인사단의 대표자의 대표권에 흠이 있어서 소각하판결이 된 경우에, 상고심에서 적법한 대표자가 종전의 소송행위를 추인하면, 그 소는 적법하게 된다고 한다.[4] 이는 대표권 또는 대리권의 흠에 대한 추인의 시기에 제한이 없기 때문에 나오는 당연한 귀결이다(424 Ⅱ·, 451 Ⅰ·).[5]

5. 조사의 순서

소송요건을 조사할 때 가장 문제로 되는 것은 그 조사의 순서이다. 이 조사의 순서는 첫째로 본안요건과의 사이에서 문제되고, 둘째로 소송요건 상호간에서 문제된다.[6]

(1) 소송요건과 본안요건의 심리순서

1) 민사소송법은 소송요건의 조사를 본안의 조사에 선행하여 실시하여야 한다고 규정하고 있지 아니하므로, 실제로는 소송요건의 조사와 본안요건(청구의 이유 유무)의 심리가 병행하여 진행된다. 그리하여 소송요건의 조사가 완료되지 않은 동안에 본안의 심리가 먼저 완료되어 청구가 이유 없음이 판명되는 수가 있다. 이 경우에 법원은 소송요건의 조사를 그만두고 곧바로 청구기각의 판결을 할 수 있는가가 문제된다.

2) 이 문제에 대한 해답은 소송요건의 본질을 어떻게 이해하는가에 달려 있다. 그리하

---

1) 사실심에서 당사자능력의 흠을 이유로 부적법각하된 후 상고심에서 흠이 보정되었어도 고려될 수 없다는 일본 판례는 日最判 1967. 6. 30, 判時 493. 36.

2) 同旨: 上田, 200면.

3) 大判 1996. 2. 23, 95 누 2685; 2003. 1. 10, 2002 다 57904; 2020. 1. 16, 2019 다 247385.

4) 大判 1997. 3. 14, 96 다 25227; 2024. 4. 12, 2023 다 313241.

5) 이 경우에 한하여 상고심의 심리종료시가 소송요건의 존재 여부의 기준시가 된다는 견해는 田, 222면.

6) 상세는 片野, "訴訟要件," 演習民訴, 359면 이하 참조.

여 소송요건을 본안심리 및 본안판결의 요건으로 보는 종래의 통설에 의하면 소송요건의 존재가 의심스럽거나 소송요건의 흠이 확인된 이상 본안판결을 선고할 수 없는 것으로 된다. 그리하여 소송요건은 반드시 본안판결에 앞서 조사하여야 하고, 소송요건의 존재가 확인되어야만 비로소 본안판결을 할 수 있다고 한다. 그리고 이것은 본안판결이 원고승소인 경우는 물론 원고패소인 경우도 마찬가지이다.

3) 그런데 이러한 통설에 대하여 최근 도이칠란트와 일본에서 유력한 반대설이 주장되고 있고, 우리나라에도 그 동조자가 출현하고 있다. 이러한 반대설은 다시 몇 개의 유형으로 나누어 볼 수 있다. 첫째는 청구기각의 경우에 한하여 소송요건과 본안요건과의 사이에 심리순서상의 우열을 완전히 철폐하고 양자를 완전히 같은 평면에 두는 견해이고, 둘째는 역시 원고청구기각의 경우에 한하는 점은 앞의 견해와 같으나, 소송요건을 그 의미에 따라 구별하여 일정한 소송요건에 한하여 본안요건과의 사이에 심리순서상의 차별을 배제하는 견해이며, 셋째는 청구기각인가 청구인용인가를 가리지 않고 소송요건을 본안요건에 앞서 우선 심리할 필요가 없다고 하는 견해이다.

첫째의 견해는 도이칠란트의 '림멜스파혀'(Rimmelspacher)에 의하여 주장된 것으로서, 그는 소송요건을 판결선고요건(Urteilserlassvoraussetzung) 또는 승소판결의 발령요건으로 보고, 그리하여 소송요건의 존재 여부가 아직 다투어지고 있는 동안에라도 청구의 이유 없음이 먼저 증명되면 곧바로 청구를 기각할 수 있다고 한다.[1] 이들은 청구기각의 본안판결을 할 수 있음에도 불구하고 부질없이 소송요건의 존재 여부의 조사를 위하여 시간과 비용을 들여 절차를 속행하는 것은 법원과 피고에게는 물론 원고에게도 무용한 짓이고, 소송요건의 목적에도 맞지 않는다고 주장한다.

둘째의 견해는 도이칠란트의 '그룬스키'(Grunsky)와 일본의 '스즈키'(鈴木正裕), '신도'(新堂幸司) 등에 의하여 주장되고 있다. '그룬스키'는 소송요건을 소송상의 승소요건(성공요건, Erfolgsvoraussetzung)으로 이해하고, 그것은 실체법상의 승소요건(성공요건)인 본안요건과 아무런 차이가 없다고 한다.[2] 그리하여 청구의 이유 없음이 이미 확정된 경우에는 소의 적법성에 관한 심리를 그만둔 채 청구를 기각하는 것은 아무 상관이 없다고 한다. 다만 그는 소송요건을 당사자의 이익에만 관련된 것과 일반적 공익에 관련된 것으로 구별하여, 후자의 요건은 법원이 직권으로 조사하여야 하므로 본안요건의 심리에 선행하여야 하지만, 전자의 요건은 이를 반드시 본안심리에 앞서 조사할 필요가 없다고 한다. 그리고 전자에 속하는 소송요건으로서 사물관할, 토지관할, 당사자적격, 방소항변(妨訴抗辯) 등을 들고 있다.[3] 일본의 '신도'와 '스즈키'는 소송요건을 본안심리 및 본안판결의 요건으로 보는 전통적 개념에 따르면서도, 피고의 이익보호와 무익한 소송의 배제를 주된 목적으로 하는

1) Rimmelspacher, Zur *Prüfung von Amts wegen im Zivilprozess*(1966).

2) 소의 성공요건(Erfolgsvoraussetzung)은 소의 적법요건과 이유요건(본안요건)을 합친 개념이다. Wieser, *Das Rechtsschutzinteresse des Klägers im Zivilprozess*(1971), §1A 참조.

3) Grunsky, SS. 323~327; Schlosser, Rdn. 301 ff.

소송요건에 한하여는 그 존재 여부가 불분명한 경우에도 용이하게 청구의 이유 없음을 판단할 수 있는 때에는 청구기각의 본안판결을 할 수 있다고 하며,[1] 국내에도 이에 동조하는 학자가 있다.[2] 이러한 예외적인 소송요건으로서는 방소항변, 임의의 토지관할, 당사자능력, 권리보호의 자격과 이익(소의 이익) 등을 들고 있다.

셋째의 견해는 일본의 '사카구치'(坂口裕英)에 의하여 제창된 것이다. 그는 소송요건은 그 흠이 본안의 청구가 이유 없는 것과 아울러 소송조각사유라고 풀이하고, 그리하여 소송요건은 그 흠이 명확하게 되어야 비로소 법원이 권리를 확인할 가치(Prozesswürdigkeit)가 부정되고 그 소가 배제되는 것이므로, 그 흠이 소송에서 명확하게 되기까지 사이에는 청구기각이든 청구인용이든 가리지 않고 본안판결을 할 수 있다고 한다. 환언하면 소송요건이란 본안판결을 하기 이전에 적극적으로 그 존재가 명확히 되어야 할 사항이 아니라, 소극적으로 그 부존재가 명확히 되어야 비로소 본안판결을 조각하는 사유라고 본다.[3]

4) 그러나 위에서 말한 반대설은 그 독창성에도 불구하고 이를 지지할 수 없다. 왜냐하면 관할권이 없는 법원에서 심리하는 것은 본래 그 사건을 심리할 법관으로부터 그 고유의 권한을 빼앗는 것이 되어 부당하고, 재판권이 미치지 않는 사람에 대하여 본안판결을 하여도 이는 무효인바, 무효인 판결을 회피하려면 소송요건을 먼저 심리하여야 한다. 또 당사자능력이 없는 사람에 대한 본안판결은 무효일 수가 있고, 소송능력 또는 대리권이 없음에도 본안판결을 한다면 쌍방심리주의에 반한다. 그리고 소의 이익에 해당하는 기판력 있는 판결이 있음에도 불구하고 같은 사건에 대하여 청구기각의 판결을 한다면, 전의 확정판결과 저촉되어 재심사유가 된다(451 I ⑩). 이러한 이유로 소송요건은 공익에 관한 것이든 사익에 관한 것이든 묻지 않고 이를 먼저 심리하여야 한다는 종래의 통설이 타당하다고 생각한다.[4]

(2) 소송요건 상호간의 심리순서

여러 개의 소송요건의 존재 여부에 관하여 의문이 있을 때에 그 소송요건들을 어떠한 순서에 따라 심리할 것인가에 관하여 특별한 규정이 없으므로, 이 점에 관하여도 견해가 여러 가지로 갈라지고 있다. 종래의 통설은 일반적·추상적인 요건으로부터 구체적 요건으로 나아가고, 본안의 판단과 밀접하게 관련되는 권리보호

---

1) 鈴木正俗, "訴訟要件と本案要件との審理順序," 民商 57. 4. 507(1968); 新堂, 165면. 다만 확정판결의 무효나 재심사유에 해당하는 것과 재판절차의 종류를 결정하는 것 등의 소송요건은 본안판결의 전제요건으로 본다.

2) 金/姜, 300면; 姜, 81면 등 참조.

3) 坂口裕英, "訴訟要件と訴訟阻却(抗辯)事由," 兼子還暦記念, 「裁判法の諸問題(中)」(1970) 참조.

4) 大判 1955. 7. 21, 4288 民上 168. 통설·판례에 따르되, 부제소특약, 소의 이익 등 무익한 소송을 배제시킬 목적의 소송요건에 대해서는 그 존재 여부의 심사를 뒤로 미루고 청구기각의 종국판결로 사건을 종결시켜도 무방할 것이라는 견해로는 李時, 225면.

의 자격·이익과 당사자적격 등의 요건의 조사는 최후에 할 것이라고 한다.[1] 그러나 소송경제를 꾀하기 위하여 가장 쉽고 빠르게 확정할 수 있는 소송요건을 먼저 심리하여야 할 것이다.[2] 그런데 '소송요건에 관한 판단을 위한 소송요건'은 없으므로, 소송요건 상호간의 심리순서를 어겼다고 하여 그 소송판결이 위법한 것은 아니다.[3]

Ⅵ. 調査의 結果

1) 조사의 결과 소송요건을 구비하고 있는 경우에는 그대로 심리를 계속하여 본안판결을 한다. 그러나 당사자 사이에 그 존재 여부에 관하여 소송상 다툼이 있는 경우에는 이에 대한 판단은 중간판결(201) 또는 종국판결의 이유에서 한다. 피고가 소송요건에 흠이 있다고 주장하는 것을 실무상 본안전 항변이라고 하지만, 방소항변을 제외하면 피고의 주장이 없어도 고려할 수 있고, 또 방소항변도 원고의 주장과 양립할 수 있는 것은 아니므로 그것은 항변의 성질을 가지지 않는다(법원의 직권조사를 촉구하는 의미에 지나지 아니한다).

2) 조사의 결과 소송요건의 흠이 명백하여지면, 법원은 그 이상 심리를 계속하지 않고 종국판결로써 소를 부적법하다 하여 각하하여야 한다. 다만 소송요건의 흠이 있더라도 그것이 보정할 수 있는 것이면 우선 보정을 명하여야 하고, 이에 응하지 아니할 때에 비로소 각하하여야 한다. 그러나 예외적으로 관할위반의 경우에는 관할법원으로 사건을 이송하고(34 Ⅰ), 병합의 소나 소송 중의 소의 경우에 필요한 요건을 갖추지 못하였을 때에는 변론을 분리한 다음 독립된 소로 취급하여야 한다.

3) 소송요건의 흠을 간과하고 본안판결을 한 경우에는 그 판결은 위법하므로, 확정 전이면 상소에 의하여 취소할 수 있으나(다만 임의관할의 위반은 예외이나. 411 本), 확정된 뒤에는 재심사유에 해당하는 경우에 한하여 재심에 의하여 취소할 수 있다(예컨대 소송능력·대리권의 흠 등 451 Ⅰ ③). 확

1) 方, 303~304면; 金/姜, 301면; Bruns, Rdn. 148 d.
2) 同旨: 李時, 224면; Zeiss §41 Ⅶ.
3) 자세한 것은 정동윤, 전게논문, 295면 이하; Schlosser, Rdn. 305 참조.

정된 판결이 무효인 경우도 있다(예컨대 재판권의 흠).

이와 반대로 소송요건이 구비되었는데도 그것에 흠이 있는 것으로 오인하여 소를 각하한 판결은 상소에 의하여 다툴 수 있다. 이 때에 상소법원은 원칙적으로 원심판결을 취소하고 사건을 원심으로 환송하여야 한다(418, 425).

제 3 절 訴의 利益

제 1 관 槪 念

1) 소의 이익이라 함은 소송상의 청구(소송물)에 관하여 본안판결을 구하는 것을 정당화시킬 수 있는 이익 또는 필요를 말한다. 당사자가 민사소송제도를 이용하기 위하여서는 이것을 이용할 만한 정당한 이익 또는 필요성이 있어야 한다. 이것은 민사소송제도에 필연적으로 내재하는 요청이고, 이에 의하여 법원은 진실로 본안판결을 필요로 하는 사건에만 그 정력을 집중할 수 있고, 또 상대방 당사자로서는 불필요한 소송에 대응하지 않으면 안 되는 불이익을 제거할 수 있다. 이처럼 소의 이익은 국가의 이익과 당사자의 이익을 보호하기 위하여 본안판결을 받을 만한 필요가 없는 사건을 걸러내기 위한 기능을 하는 유용한 개념이다.

2) 넓은 의미의 소의 이익은 다음 세 가지의 형태로 나타난다. 첫째는 청구의 내용이 본안판결을 받기에 적합한 일반적인 자격이 있어야 하며(이를 권리보호의 자격 또는 청구적격이라고 한다), 둘째로 원고가 청구에 대하여 판결을 구할 만한 현실의 필요성 또는 이익이 있어야 하며(이를 권리보호의 필요 또는 이익이라고 한다), 셋째로 당사자가 본안판결을 받기에 적합한 적격을 가져야 한다(이를 당사자적격이라고 한다). 앞의 두 가지는 청구의 측면에서 본 객관적 이익이고, 세 번째 것은 당사자의 측면에서 본 주관적 이익이다. 그리하여 넓은 의미로 소의 이익이라고 하면, 권리보호의 자격(Rechtsschutzfähigkeit) 또는 청구적격(Klagbarkeit),[1] 권리보호의 필요 또는 이익(Rechtsschutzbedürfnis od. Rechtsschutzinteresse)과 당사자적

---

1) 권리보호의 자격과 청구적격(소제기가능성)은 동의어로 쓰인다. Bruns, Rdn. 129, S. 169; Stein/Jonas, Einl. Ⅲ D 2(b), Rdn. 217; 中野=松浦=鈴木, 118면; 齋藤, 163면 등 참조.

격(Prozessführungsbefugnis)의 세 가지를 모두 포함하는 개념으로 쓰이지만, 일반적으로 소의 이익이라 하면 권리보호의 자격(청구적격)과 권리보호의 필요 또는 이익의 두 가지, 즉 청구에 관한 객관적 이익만을 가리키는 뜻으로 쓰인다. 그리고 가장 좁은 의미로 소의 이익이라고 할 때에는 권리보호의 필요 또는 이익만을 가리킨다.

다만 여기에서 주의할 것은 이처럼 소의 이익의 발현형태를 3분하는 것은 이해의 편의를 위한 것으로서, 관념적으로는 일단 위 분류가 가능하지만, 실제로는 세 문제가 서로 밀접하게 관련되어 있어서 그 한계가 명확하지 않다는 점이다. 예컨대 확인의 소에서는 청구적격 및 권리보호의 이익과 당사자적격이 불가분의 관계에 있다. 어떻든 이들은 모두 소송요건에 속하고 그 소송상의 취급에도 차이가 없으므로 어떠한 사항이 세 가지 중의 어디에 속하는가를 굳이 명확히 할 필요는 별로 없다.

3) 소의 이익에 관하여는 첫째로 도대체 소의 이익이라는 개념 자체가 꼭 필요한가, 그것은 어떠한 기능을 가지고 있는가 하는 기본적 의문이 제기되고 있고, 둘째로 소의 이익의 본질이 무엇인가, 셋째로 소의 이익에는 어떠한 사항이 포함되는가, 그리고 끝으로 소의 이익을 소송상 어떻게 취급할 것인가 등의 문제가 있다. 그리하여 소의 이익의 문제는 소송법상 가장 논쟁이 심하였던 테마 중의 하나라고 일컬어지고 있다.[1)]

4) 소의 이익은 소송요건의 하나이지만, 청구의 내용에 관하여 개별적으로 본안판결을 구할 정당한 필요가 있는가를 따지는 것으로서, 사건의 내용과 관계가 없는 다른 소송요건과는 달리 구체적인 청구와 밀접한 관련을 가지고 있다. 소송요건은 소권논쟁을 통하여 발전하여 왔고 소권논쟁의 중심적 문제로서 논의되어 왔다. 특히 권리보호청구권설을 주장하는 학자들이 권리보호청구권의 요건으로서 이를 정치하게 연구·분석하였다. 그리하여 소의 이익을 소권적 이익,[2)] 정당한 이익,[3)] 권리보호요건,[4)] 보호의 필요요건[5)] 등으로 표현하기도 한다. 그러나 청구적격이라는 용어는 소의 이익의 하나의 발현형태인 이른바 권리보호의 자격을 가리키는 표현이므로, 이것을 소의 이익과 동의어로 사용하는 것[6)]은 적당하지 않을 것이다.

1) Grunsky, S. 3.
2) 宋/朴, 205면; 新堂, 168면.
3) 李英, 228면.
4) 李時, 227면.
5) 方, 305면; 宋/朴, 206면.
6) 金/姜, 276면.

제2관 本 質

소의 이익이라는 개념을 인정하는 이유는 무엇이고, 그것은 어떠한 이익을 보호하기 위한 것인가 하는 소의 이익의 본질에 관하여는 다양한 견해가 주장되고 있다.

1) 많은 학자들은 민사소송의 목적론과 결부하여 소의 이익의 본질을 논하고 있다.[1] 즉, 민사소송의 목적이 권리보호에 있다고 풀이하는 경우에는, 소의 이익은 권리보호를 구하는 사람의 자의(恣意)를 회피하려고 하는 것이고, 그것은 객관적 · 소송법적인 가치판단에 의하여 권리보호를 받는 데 적당하고 권리보호를 필요로 하며 또 그 가치가 있는 경우에만 인정된다고 하여, 이를 당사자의 이익(사익)의 측면에서 포착하게 된다. '슈테판'(Stephan)은 이러한 견해를 대표한다.[2] 이에 반하여 소송의 목적이 사법질서의 유지에 있다고 풀이하는 경우에는, 소의 이익은 국가가 그 재판권을 행사할 때 충분한 권리보호의 필요가 있다고 인정되는 사람을 위하여서만 이를 발동하기 위하여 요구되는 것이라고 하여, 이를 국가의 이익(공익)의 측면에서 파악하게 된다. '쇤케'(Schönke)는 이러한 견해를 가지고 있다.[3] 또 소송의 목적이 분쟁의 해결에 있다고 풀이하는 경우에도, 소의 이익은 국가의 입장에서 보아 사건을 취급하여 분쟁을 공권적으로 해결할 필요가 있는가를 결정하기 위하여 요구되는 것이고, 여기에서도 국가의 이익이라는 관점에서 소의 이익의 유무를 판단하게 된다. '미카즈키'(三ケ月 章) 교수는 이러한 견해를 가지고 있다.[4] 이처럼 민사소송의 목적에 관하여 **권리보호설**을 취하는 경우에는 소의 이익에 관하여 당사자의 사익을 강조하고, **사법질서유지설**과 **분쟁해결설**을 취하는 경우에는 소의 이익에 관하여 국가의 이익을 강조하게 되는 경향이 있다.

그러나 소의 이익이라는 개념은 소송목적론과 결부하지 않으면 설명할 수 없는 성질의 것은 아니다. 일부 학자는 이를 신의성실의 원칙 위반 내지 소권의 남용으로 설명하고 있으나,[5] 소의 이익의 문제가 이것으로 모두 설명될 수는 없을 것이다.

2) 생각건대 특정 소송목적론과 결부하여 소의 이익을 논할 때에는 소의 이익에 나타나는 이해의 일면만을 강조하는 나머지 포괄적 이해를 방해할 염려가 있다. 그러므로 소의 이익의 본질은 당사자의 사익 또는 국가의 공익의 어느 한 쪽

---

1) Wieser, *Das Rechtsschutzinteresse des Klägers im Zivilprozess*(1971), §4 참조.
2) Stephan, *Das Rechtsschutzbedürfnis*(1967).
3) Schönke, Das Rechtsschutzbedürfnis, AcP 150, 216(1949).
4) 三ケ月 章, "權利保護の資格と利益," 「民事訴訟法研究」, Ⅰ(1962).
5) Zeiss, §43 Ⅱ; Kuchinke/Schönke/Schröder/Niese, *Zivilprozessrecht*(9. Aufl., 1969), §33 Ⅳ(S. 150).

만을 강조하면서 이해할 것이 아니라, 이들 이익이 동시에 작용하는 국면으로 이해하여야 할 것이다. 그리하여 소의 이익은 첫째로 원고에게는 그가 주장하는 권리를 재판에 의하여 보호받을 수 있는 길을 열어주는 개념으로 작용하고 있으므로, 원고가 권리보호를 받을 만한 정당한 이익이 있는 경우에는 그것이 부정되지 않도록 그 개념을 정립하여야 하고,[1] 둘째로 피고에게는 불필요한 소송에 응하지 않으면 안 되는 불이익을 제거하는 동시에, 이와 거꾸로 이왕 소가 제기된 기회를 이용하여 청구기각판결을 얻음으로써 분쟁을 자기에게 유리하도록 종국적으로 해결하는 이익을 보호하여야 하고, 셋째로 법원에 대하여는 정말로 본안판결을 필요로 하는 사건에 한하여만 그 정력을 집중하고 그러한 필요가 없는 사건은 쉽게 배척할 수 있도록 하는 역할을 가진다고 말할 수 있을 것이다. '비이저'(Wieser)를 비롯한 많은 학자도 이와 같은 견해를 가지고 있다.[2]

제 3 관 具體的 內容

Ⅰ. 序　說

구체적으로 어떠한 사항이 소의 이익의 내용을 이루는가, 그리고 이것을 어떠한 체계에 따라 설명할 것인가에 관하여는 아직도 완전한 견해의 통일을 보지 못하고 있다. 우리나라와 일본의 통설은 소의 이익을 각종의 소(이행·확인·형성의 소)에 공통되는 것과 특수한 것으로 나누어 설명하는 것이 일반적이다. 그러나 구체적으로 살펴보면 논자 사이에 많은 차이가 있는 것을 발견할 수 있다. 예컨대 법률상의 소제기 금지사유인 중복된 소제기(259), 재소(267 Ⅱ), 중재계약 후의 직소(仲 9 Ⅰ)와 소송에 의한 해결을 억제하는 사유인 기판력 있는 판결이 있거나 부제소특약·소취하계약이 있는 경우에 관하여는 이들을 소송요건으로 분류하는 견해,[3] 그 중 기판력 있는 판결이 있는 경우만을 소송요건으로 하고 나머지는 소의 이익으로 설명하는 견해,[4] 그 모두를 소의 이익으로 설명하는 견해,[5] 소송요건과 소의 이익

1) Wieser, a.a.O., §5; 宋/朴, 277면; 新堂, 173~174면; 山木戸克己, "訴の利益の法的構造," 吉村追悼論集, 「手續法の理論と實踐」(下)(1981), 51면 이하 참조.

2) 소의 이익을 너무 넓게 요구하면 국민의 재판청구권을 부당하게 박탈하는 결과가 되므로 주의하여야 한다. 그러나 소의 이익을 인정하는 것 자체가 재판을 받을 권리를 침해하는 위헌의 제도는 아니다. 李時, 227면; 日最判 1960. 12. 7, 民集 14. 13. 2964.

3) Rosenberg, §96 Ⅱ 3; 三ケ月, 299~300면; 吉村＝竹下＝谷口, 47~48면.

4) 宋/朴, 212면.

5) 新堂, 175~176면; 小山, 232~233면.

의 양자에 모두 포함시키는 견해[1] 등으로 견해가 갈라지고 있다. 또한 소제기가능성(Klagbarkeit) 내지 청구적격을 이행의 소에만 특유한 것으로 보는 견해도 적지 않다.[2] 여기에서는 청구적격을 각종의 소에 공통된 것으로 설명하되 그 구체적인 문제는 각종의 소에 관하여 개별적으로 검토하기로 하며, 법률상의 소제기 금지사유와 소송에 의한 해결을 억제하는 사유는 이를 소송요건의 하나로서가 아니라 소의 이익의 내용으로 설명하기로 한다. 이것들은 구체적인 청구와 밀접히 관련되어 있기 때문이다.[3] 다만 이를 어디에 포함시키느냐에 따라 별다른 차이가 생기지는 아니한다.

Ⅱ. 각종의 訴에 공통된 訴의 利益

각종의 소에 공통된 소의 이익으로서는 다음과 같은 것이 있다.[4]

1. 請求가 法律上의 爭訟에 해당할 것

원고의 청구가 법률을 적용하여 판단할 구체적인 권리 또는 법률관계에 관한 것이어야 한다. 이것은 법원조직법 제2조 제1항에서 규정한 '법률상의 쟁송'이 민사소송상으로 나타난 모습이다.

1) 권리 또는 법률관계에 관한 것이어야 하므로, 단순한 사실의 존재 여부에 관한 다툼[5]은 증서의 진정 여부를 확인하는 소(250)를 제외하고는 허용되지 않는다.

2) 구체적인 권리 또는 법률관계를 대상으로 하여야 하므로, 구체적인 이익분쟁과 관계가 없이 추상적인 법령의 해석과 효력을 다투는 소송, 예컨대 법령의 유권해석을 구하는 소송은 허용되지 않는다.

법규적용의 적정성 또는 공익의 보호를 목적으로 하는 객관적 소송은 민중소송 및 기관소송과 같이 법률에 의하여 특별히 인정되는 경우(行訴 46)를 제외하고는 허용

1) 方, 302, 306면; 李時, 229, 230면 이하; 金/姜, 276, 285면.

2) Thomas/Putzo, Anm. 33. vor §253; Blomeyer, §35 Ⅱ; Zeiss, §41 Ⅱ 3 d); MünchKomm/Lüke, Anm. 9, 22, vor §253.

3) 자세한 것은 鄭東潤, "訴의 利益," 蘇山文仁龜博士華甲記念, 「現代經濟法學의 課題」(1987), 1035면 이하 참조.

4) 도이칠란트에서는 심리의 순서에 차이가 생길 수 있다.

5) 예를 들면 종중의 대동보나 세보에 기재된 사항의 변경이나 삭제(大判 1992. 10. 27, 92 다 756), 종중 규약 중 일부 규정의 무효확인(大判 2011. 9. 8, 2011 다 38271)을 구할 소의 이익은 없으며, 종중 내에서 단순한 제사주재자의 자격에 관한 시비나 종원 중 누가 제사를 주재할지와 관련하여 제사주재자지위의 확인을 구할 법률상의 이익은 없다(大判 2012. 9. 13, 2010 다 88699).

되지 않는다.

3) 법원의 권한에 속하는 사항이어야 하므로(法組 2 I), 통치행위나 정치문제와 같이 입법부 또는 행정부의 전권(專權)에 속하는 사항은 사법심사의 대상이 되지 않는다. 다만 구체적으로 어느 사항이 사법권의 범위 안에 속하는가에 관하여는 다툼이 있다.[1] 나아가서 단체의 내부분쟁으로서 그 자치에 맡겨야 할 사항은 사법심사의 대상이 되지 않는다. 정당 안의 다툼,[2] 종교단체 안의 순수한 신앙상의 다툼[3] 등이 이에 해당한다.

2. 法律上 訴의 提起를 금지하는 사유가 없을 것

같은 사건에 관하여 달리 소송계속이 없어야 하고(259), 또 재소금지에 해당하지 않아야 한다(267 II). 또 중재계약이 있는 경우에는 이에 따라야 하며, 이를 무시하고 소를 제기하는 것은 허용되지 아니한다(仲 9 I).[4] 특히 장래 분쟁을 중재에 의해 해결한다는 중재합의가 인정된다면 특별한 사정이 없는 한 당사자 사이의 특정한 법률관계로부터 생기는 모든 분쟁을 중재에 의해 해결하기로 정한 것으로 본다.[5]

3. 訴訟에 의한 解決을 억제하는 사유가 없을 것

특정 권리에 관하여 부제소특약[6]이 없어야 한다. 이 경우에 피고에 의하여 이

---

1) 판례는 계엄을 심사의 대상이 아니라고 한다(大判 1981. 4. 28, 81 도 874). 그러나 司法審査가 가능하다는 견해로서는 李時, 231~232면 참조.

2) 서울民地判 1987. 7. 20, 87 카 30864

3) 특정인을 장로로 선출한 결의의 무효확인(2015. 4. 23, 2013 다 20311); 교인에 대한 장로면직 및 출교처분의 무효확인(大判 1983. 10. 11, 83 다 233), 위임목사 청빙승인결의의 무효 및 목사안수결의의 무효를 확인하는 교단의 총회판결(大判 2014. 12. 11, 2013 다 78990)은 사법심사의 대상이 되지 않는다고 한다. 나아가 종교단체의 징계결의의 효력의 유·무는, 종교단체 소정의 징계절차를 전혀 밟지 아니하였다거나 징계사유가 전혀 존재하지 아니한다는 등 무효사유가 없는 한, 법원이 판단할 수 없다(大判 1992. 5. 22, 91 다 41026). 종교단체의 징계결의라 하더라도 그 효력의 유무가 구체적인 권리 또는 법률관계에 관한 청구의 당부를 판단하기 위한 전제로 문제되고, 그 효력에 대한 판단이 종교교리의 해석과 관련이 없는 경우에는 그 당부를 판단하여야 한다(大判 1992. 5. 22, 91 다 41026: 피고들이 원고 종단으로부터 치탈도첩 또는 승적의 제적이라는 징계를 받았으므로 사찰을 점유·관리할 권원을 상실하였다 하여 그 명도를 청구한 경우에는, 구체적인 권리 또는 법률관계를 둘러싼 분쟁이 존재하고, 또한 그 청구의 당부를 판단하기에 앞서 위 징계의 당부를 판단할 필요가 있으므로, 법원으로서는 그 판단의 내용이 종교 교리의 해석에 미치지 아니하는 한 위 징계의 당부를 판단하여야 한다). 그 밖에도 大判 2006. 2. 10, 2003 다 63104 참조.

4) 大判 1991. 4. 23, 91 다 4812 및 개정중재법(9 II)은 중재계약의 항변은 본안에 관한 변론 전에 제출하여야 한다고 하나, 의문이다. 자세한 것은 鄭東潤, "仲裁契約의 抗辯의 提出時期," 「民事裁判의 諸問題」, 7, 686면 이하 참조.

5) 大判 2007. 5. 31, 2005 다 74344; 2011. 12. 22, 2010 다 76573.

6) 마찬가지로 부제소합의가 있었던 채권을 피보전채권으로 한 사해행위취소청구는 인용될 수 없다(大判 2012. 3. 29, 2011 다 81541). 다만 대법원은 부제소합의에 위배된 소의 적법여부는 직권조사사항이라고

합의의 존재가 주장·증명되거나(사법계약설의 입장) 또는 그 밖에 당사자에 의하여 법원에 보고되면(소송계약설의 입장) 소송절차에 의한 해결이 불필요한 경우에 해당하므로 소의 이익이 없는 것으로서 소는 각하된다.[1] 소취하계약[2]이 있는 경우(사법계약설의 입장소송계약설에 따르면 소송종료선언. 자세한 것은 소송계약에 관한 설명 참조) 및 같은 사건에 관하여 기판력 있는 판결이 있는 경우도 마찬가지이다(기판력의 본질에 대하여 모순금지설을 취할 때: 전소판결이 승소판결인 경우. 자세한 것은 기판력의 본질에 관한 설명 참조).

4. 信義則에 반하는 訴提起가 아닐 것

신의칙에 반하여 소를 제기하는 경우에는 소권의 남용으로 인정되어 소의 이익이 부정된다. 이행의 소의 예로서 한 개의 채권을 여러 개로 나누어 소액사건심판법의 적용을 받으려고 하는 경우(少審 5의 2),[3] 확인의 소의 예로서 이사로서의 직무집행의사는 없이 다소의 금액을 지급받을 목적만으로 이사회결의부존재확인의 소를 제기한 경우,[4] 형성의 소의 예로서 제권판결에 대한 불복의 소 또는 혼인무효확인의 소를 부당한 목적의 추구를 위하여 권리남용적으로 제기한 경우[5] 등에는 소의 이익이 없다.

Ⅲ. 履行의 訴의 利益

1. 總　　說

이행의 소의 경우에는 이행청구권이 중심문제로 되어 있고, 그 권리의무의 주체와 급부의 내용이 명확하므로 원칙적으로 이행청구권을 주장하는 것 자체에 의하여 소의 이익이 인정된다. 그리하여 이행의 소에서는 소의 이익이 크게 문제되지는 아니한다. 그러나 장래의 이행의 소에 관하여는 특별한 소의 이익이 요구된다.

하면서, 이를 이유로 부적법 각하의 판단을 하면서 당사자에게 의견진술의 기회를 주지 않으면 석명의무위반이라고 하였다(大判 2013. 11. 28, 2011 다 80449).

1) 大判 1968. 11. 5, 68 다 1665; *Schlosser, Einverständliches Parteihandeln im Zivilprozess*(1968), S. 53.

2) 大判 1982. 3. 9, 81 다 1312.

3) 그러나 소권의 남용으로 인정되지 않는 한 일부청구는 허용된다. 그 밖의 예로서 大判 1983. 5. 24, 82 다카 1919 참조.

4) 大判 1974. 9. 24, 74 다 767.

5) 大判 1987. 4. 28, 86 므 130; RG 155, 75; BGHZ 30, 140.

2. 請求適格

1) 이행의 소의 대상이 될 수 있는 것은 청구권(Anspruch)이다. 그 청구권의 내용이 무엇인가는 문제되지 아니한다. 금전지급청구권·물건인도청구권은 물론, 작위·부작위청구권이나 의사표시의 이행을 구하는 청구권이라도 상관이 없다.[1]

2) 이행의 소의 대상이 될 수 있는 청구권은 원칙적으로 변론을 종결할 당시에 이행기를 넘긴 청구권이지만, 민사소송법 제251조의 특별한 요건하에서는 이행기에 이르지 아니한 청구권도 이행의 소의 대상이 될 수 있다. 예컨대 장래의 부당이득반환청구가 이에 해당한다.[2] 조건부청구권도 청구적격이 있으며 대상청구(代償請求)(장래 강제집행이 불가능한 경우를 대비한 전보배상으로서 소송의 목적물의 가액상당의 금전의 지급을 구하는 것)가 그 적례(適例)이다.[3] 그러나 단순히 장래에 성립할 가망이 있음에 불과한 청구권은 이행의 소의 청구적격이 없다.[4]

3) 청구권이라도 재판상 청구할 수 없는 것, 예컨대 자연채무는 청구적격이 없다. 문제는 유아인도청구(幼兒引渡請求)인데, 가사소송법은 이것을 가사비송사건의 하나로 규정하여(家訴 2 I 마류 ③) 비송사건화하였다.[5]

4) 강행법규에 위반된 청구는 청구적격이 없다고 풀이하는 것이 판례의 입장이지만,[6] 이것은 청구권의 존재를 부정하는 사유이므로 본안의 이유요건으로 보아야 할 것이다.[7]

5) 앞에서 말한 바와 같이 사실의 존재 여부에 관한 다툼은 소송의 대상이 되지 않는다. 따라서 대동보(大同譜)상의 등재금지의 청구는 청구적격이 없다.[8](등재금지의 약정이 있는 경우 제외)[9] 또 통설과 판례는 임야·토지·가옥대장상의 명의말소청구,[10] 지적도의

---

1) 낙약자가 요약자의 이행청구에 응하지 아니하면 특별한 사정이 없는 한 요약자는 낙약자에 대하여 제3자에게 급부를 이행할 것을 소로써 구할 이익이 있다(大判 2022. 1. 27, 2018 다 259565).

2) 大(全)判 1975. 4. 22, 74 다 1184.

3) Bruns, Rdn. 130 b.

4) Bruns, Rdn. 130 b; Rosenberg, §92 Ⅱ 2 c).

5) 일본은 이것을 유아에 대한 친권행사에 관한 방해배제의 소로서 허용하고 있다. 日最判 1963. 9. 19, 民集 17. 8. 968.

6) 大判 1955. 2. 17, 4287 民上 107.

7) 同旨: 新堂, 175면.

8) 大判 1975. 7. 8, 75 다 296.

경계오류정정신고 이행청구[1] 등은 사실에 관한 다툼이므로 소의 이익이 없다고 한다.[2] 그러나 이들 다툼은 사실에 관한 것이기 때문에 소의 이익이 없는 것이 아니라, 이 경우에는 소유권에 대한 방해가 되지 아니하여 소유물방해제거청구권이 성립하지 않기 때문에 청구기각을 하여야 옳을 것이다. 이에 반하여 골프장클럽회원명부의 명의개서청구[3]와 임대아파트에 관한 건물임차권 명의변경청구,[4] 건축허가서의 명의변경청구,[5] 다방영업허가 명의변경청구,[6] 철거보상금을 지급하기로 되어 있는 무허가건물에 관한 건물대장상의 소유자 명의변경청구 또는 명의말소청구[7] 등은 소의 이익이 있다.

3. 權利保護의 必要

(1) 現在의 履行의 訴

사실심의 변론을 종결할 때까지 이행기에 이른 청구권의 이행을 구하는 소에서는 권리보호의 필요를 특별히 증명할 필요가 없이 그것이 인정되는 것이 원칙이다. 왜냐하면 이 소의 원고는 자기의 권리의 실행을 위하여 집행력 있는 집행권원을 필요로 하는데, 보통의 경우에는 이행판결만이 그러한 집행권원으로서 고려될 수 있기 때문이다.[8] 그러므로 소제기에 앞서 채무자에게 이행을 최고하고 채무자가 이를 거절하는 것이 필요한 것은 아니다(다만 원고가 피고에게 이행청구를 하였더라면 즉시 지급하였을 것이라고 인정되는 경우에는 원고가 승소하면서도 소송비용을 부담하게 될 뿐이다. 99).

그러나 위 원칙에 대하여는 몇 가지 예외가 있다.

1) 원고가 더 간편한 법적 절차에 의하여 그 목적을 달성할 수 있는 경우, 즉 보통의 소 이외에 특수한 절차가 마련되어 있는 경우에는 권리보호의 필요가 없다. 예컨대 소송비용액확정절차(110 이하)[9]에 의하지 않고 소송비용의 상환을 구하는 소,[10]

9) 大判 1998. 2. 24, 97 다 48418.
10) 大判 1979. 2. 27, 78 다 913.
1) 大判 1965. 12. 28, 65 다 2172.
2) 李時, 230~231면; 宋/朴, 279면.
3) 大判 1986. 6. 24, 85 다카 2469.
4) 大判 1986. 2. 25, 85 다카 1812.
5) 大判 2009. 2. 12, 2008 다 72844.
6) 大判 1997. 4. 25, 95 다 19591.
7) 大判 1991. 11. 22, 91 다 21244; 1992. 4. 28, 92 다 3847; 1998. 6. 26, 97 다 48937.
8) Grunsky, S. 394.

승계집행문에 의하여 강제집행할 수 있음에도 불구하고 채권자의 승계인이 채무자를 상대로 하여 또는 채권자가 채무자의 승계인을 상대로 하여 이행을 구하는 소, 등기권리자가 등기절차에서 등기의무자의 주소에 관한 자료를 첨부정보로 제공하여 등기신청을 할 수 있음에도 피고의 주소가 등기기록상 주소로 기재된 판결을 받기 위해 전소의 상대방이나 그 포괄승계인을 상대로 동일한 소유권이전등기를 구하는 소[1] 따위가 이에 해당한다. 피담보채무가 소멸된 경우에는 근저당권설정등기의 말소만을 구하면 되고 채무자의 추가를 내용으로 하는 근저당권변경의 부기등기 말소를 구하는 소는 권리보호의 이익이 없다. 근저당권변경의 부기등기는 주등기인 근저당권설정등기에 종속된 것으로서 주등기가 말소되면 부기등기는 직권으로 말소되기 때문이다.[2] 또 외국판결·중재판정이 있는 경우에는 집행판결을 구할 것이고(民執 26, 仲 37 Ⅰ), 이행의 소를 제기하는 것은 권리보호의 필요가 없다고 본다. 집행법상의 각종 불복신청에 관하여도 같다.

2) 급여가 이미 실현되었거나 그 실익이 없는 때에는 권리보호의 필요가 부정된다. 예컨대 저당권설정등기의 말소청구소송의 계속중에 그 저당권이 실행되어 저당권설정등기가 말소되었을 때,[3] 이미 취소된 영업허가증의 반환청구,[4] 폐쇄된 등기용지에 기재된 등기사항의 말소청구[5] 따위가 그러하다.

3) 이미 이행의 확정판결을 얻은 경우에는 원칙적으로 새로운 이행의 소를 제기할 이익이 없다(기판력의 본질에 관한 모순금지설의 입장을 취할 경우. 기판력의 본질에 관한 설명 참조).[6] 그러나 판결의 정본·원본이 모두 소멸한 때,[7] 시효중단의 필요가 있는 때, 또는 판결의 내용이 특정되지 아니하여

---

9) 다만 소송비용 부담의 재판이 이루어진 후 채무자가 파산면책(破 556)을 받은 경우에는 특별한 사정이 없는 한 소송비용액확정을 구할 권리보호의 이익이 없다는 것이 판례의 태도이다(大決 2023. 12. 21, 2023 마 6918).

10) 大判 1979. 2. 27, 78 다 1820; 2000. 5. 12, 99 다 68577.

1) 大判 2017. 12. 22, 2015 다 73753.

2) 大判 1988. 3. 8, 87 다카 2585; 2000. 10. 10, 2000 다 19526.

3) 大判 1961. 7. 20, 4293 民上 599; 2003. 1. 10, 2002 다 57904. 소유권이전등기말소청구소송의 계속중 그 소유권이전등기가 말소된 경우도 같다(大判 2005. 5. 27, 2004 다 67806)

4) 大判 1956. 5. 3, 4288 民上 179.

5) 大判 1978. 11. 28, 78 다 1485. 이에 대한 評釋으로서 金鼎鉉, "登記簿閉鎖와 그 權利回復," 「司法行政」, 1980. 10~1981. 2.

6) 회생절차에서 신고된 회생채권에 대해 **이의가 없는 때**에는 채권이 신고한 내용대로 확정되고(破 166 ①) 확정된 회생채권을 회생채권자표에 기재한 때에는 그 기재는 확정판결과 동일한 효력이 있으므로(破 168) 계속 중이던 회생채권에 관한 소송은 소의 이익이 없어 부적법하게 된다(大判 2020. 3. 2, 2019 다 243420).

7) 大判 1958. 3. 20, 4290 民上 851; 1981. 3. 24, 80 다 1888, 1889.

집행을 할 수 없는 경우[1]에는 예외적으로 권리보호의 필요가 인정된다. 그리고 집행증서를 가지고 있더라도 급여의무에 관하여 기판력이 없으므로, 기판력을 얻기 위하여 이행의 소를 제기할 이익은 인정된다.

특히 위에서 언급한 '시효중단의 필요가 있는 때'와 관련하여 우리 대법원은 이미 오래 전부터 승소확정판결을 받은 당사자가 동일한 상대방을 상대로 전소와 동일한 청구의 소를 다시 제기하면 이러한 후소는 권리보호의 이익이 없어 부적법하지만, 확정판결에 의한 채권의 소멸시효기간인 **10년의 경과가 임박한 경우** 그 시효중단을 위한 소는 소의 이익이 있다고 하여 왔다.[2] 나아가 이러한 경우에는 후소가 전소 확정판결의 내용에 저촉되어서는 아니 되므로, 후소 법원은 그 확정된 권리를 주장할 수 있는 모든 요건의 구비여부에 관해 다시 심리할 수 없다고 하였다.[3] 이러한 판례의 태도는 2018년 대법원 전원합의체의 다수의견으로 재확인되었으며,[4] 그 후 약 3개월 후 대법원은 별개의 다른 전원합의체 판결을 통해 시효중단을 위한 재소와 관련하여 이행소송 외에 전소 판결로 확정된 채권의 시효를 중단시키기 위한 '재판상의 청구'가 있다는 점에 대해서만 확인을 구하는 형태의 '**새로운 방식의 확인소송**'을 허용하였다(기판력의 작용 부분 설명 참조).[5][6]

그 밖에도 시효중단을 위한 후소가 제기된 경우 후소 판결의 기판력은 후소의 변론종결시를 기준으로 발생하므로 전소의 변론종결 후에 발생한 변제·상계·면제·소멸시효의 완성 등과 같은 채권소멸사유는 후소의 심리대상이 되며, 심리 결과 이에 관한 피고의 항변이 인정되면 법원은 원고의 청구를 기각하여야 한다. 따

1) 大判 1972. 2. 22, 71 다 2596; 1998. 5. 15, 97 다 57658(前 소송에서 승소한 원고가 받은 우사철거와 부지인도판결은 잘못된 감정서에 따른 것으로서 그 판결에 기해서는 강제집행이 불가능하며, 새로이 그 면적과 위치를 특정하여 제기한 후소에는 전소의 기판력이 미치지 아니한다).

2) 大判 1987. 11. 10, 87 다카 1761; 2006. 4. 14, 2005 다 74764.

3) 예를 들면, 전소인 약속어음금청구소송에서의 원고의 약속어음 소지여부(大判 1998. 6. 12, 98 다 1645); 전소인 구상금청구소송에서의 보증보험계약서의 진정성립 여부(大判 2010. 10. 28, 2010 다 61557); 전소인 양수금청구소송에서의 채권양도의 대항요건 구비여부(大判 2018. 4. 24, 2017 다 293858).

4) 大(全)判 2018. 7. 19, 2018 다 22008: 이 전원합의체 판결의 소수의견은 (i) 채권은 '소멸'을 전제로 하는 한시성을 기본적 성질로 하고 있다는 점에서 채권이 만족될 때까지 시효소멸을 방지하는 것은 채권의 본질과 민법 규정에 어긋나며, (ii) 승소확정판결이 존재하면 그 기판력 때문에 민법 제170조상의 재판상 청구는 다시 주장할 수 없는 시효중단사유로 보는 것이 논리적이라는 등의 의견을 제시하면서 시효중단을 위한 재소를 허용할 수 없다고 했으나 받아들여지지 않았다.

5) 大(全)判 2018. 10. 18, 2015 다 232316.

6) 더 나아가 2019년 대법원은 민사소송 등 인지규칙 제18조의3을 신설하여 '**시효중단을 위한 재판상 청구 확인소송**'의 소가를 그 대상인 전소 판결에서 인정된 권리의 가액(이행소송으로 제기할 경우에 해당하는 소가)의 10분의 1로 하며, 그 권리의 가액이 3억 원을 초과하는 경우에는 이를 3억 원으로 본다고 하여, 이러한 새로운 방식의 확인소송의 소가의 상한액을 소액인 **3천만 원**으로 정하였다(2019. 1. 29. 개정, 대법원규칙 제2827호, 2019. 1. 29.부터 시행).

라서 후소 법원은 전소 판결확정 후 소멸시효가 중단된 적이 있어 새로이 진행된 소멸시효기간의 경과가 임박하지 않아 시효중단을 위한 재소의 이익을 인정할 수 없다는 등의 특별한 사정이 없는 한, 후소가 전소 판결확정 후 **10년이 지나 제기**되었다 하더라도 이를 곧바로 소의 이익의 흠결로 소각하해서는 아니 되고, 채무자인 피고의 항변에 따라 원고의 채권이 소멸시효 완성으로 소멸하였는지에 관한 본안판단을 하여야 한다.[1)]

4) 판결절차는 분쟁의 관념적 해결절차라는 점에서 강제집행절차와 별개의 독자적 존재의의를 가지기 때문에 급여의 실현이 불가능하거나 현저하게 곤란한 때에도 권리보호의 필요가 없다고 할 수 없다. 따라서 채무자가 자금능력이 없는 경우의 대여금청구의 소, 가수의 공연을 구하는 소도 소의 이익이 있다.[2)] 순차로 여러 사람에게 마쳐진 소유권이전등기의 말소를 청구하는 소송에서 최후의 등기명의자에 대하여 패소확정판결을 받았더라도 새로이 동의를 얻을 수 있으므로(不登 57 I 참조), 그 앞의 등기명의자에 대한 말소청구는 소의 이익이 인정된다.[3)] 다만 예를 들어 의사의 진술을 명하는 판결이 확정되어 의사의 진술이 간주(民執 263 I)되어도 어떠한 법적 효과도 발생하지 않는 경우(예를 들어 의무 없는 자에게 의안에 찬성할 것을 지시하는 의사의 진술을 구하는 경우)와 같이 이행을 구할 아무런 실익이 없어 법률상 이익이 부정되는 경우에는 소의 이익이 부정된다고 할 것이다.[4)]

또한 채권에 관하여 변제금지의 가처분이 있는 경우[5)]와 채권이 압류 또는 가압류된 경우[6)]에도 채무자는 제3채무자에 대한 강제집행에 의하여 만족을 받을 수 없을 뿐 이행청구는 소의 이익이 있다. 다만 **소유권이전등기청구권에 대해 가압류**[7)]가 되어 있는 경우에는 채무자가 제3채무자를 상대로 이전등기청구의 소를 제

1) 大判 2019. 1. 17, 2018 다 24349: 이에 관한 자세한 논의는 김경욱, "2019년 민사소송법 중요 판례 분석", 「안암법학」 제60호, 2020, 395면 이하 참조.

2) 부부간의 동거청구는 과거에는 인사소송사건(舊人訴 2 ③)에 속하였으나, 가사소송법은 이를 가사비송사건으로 변경하였다(家訴 2 I 마류 ①).

3) 大判 1983. 3. 8, 80 다 3198; 1998. 9. 22, 98 다 23393; 2017. 9. 12, 2015 다 242849. 다른 취지: 大判 1981. 9. 8, 80 다 2511.

4) 大判 2016. 9. 30, 2016 다 200552(피고가 피고를 대표하는 협의회 위원들에게 회의 소집을 요구하고 의안에 찬성할 것을 지시하는 의사의 진술을 구하는 소를 제기하는데 그 위원들이 피고의 요구나 지시에 따를 위무가 있지 않은 경우).

5) 日最判 1958. 6. 19, 民集 12. 1562.

6) 大判 1989. 11. 24, 88 다카 25038; 2002. 4. 26, 2001 다 59033; 日最判 1973. 3. 13, 民集 27. 344. 상세는 鄭東潤, "假押留된 債權의 履行請求," 서울辯護士會 刊, 「辯護士」19(1989), 109면 이하 참조. 다만 국세징수법 제41조에 의한 압류의 경우에는 예외이다. 大判 1983. 3. 8, 82 다카 889; 1989. 1. 17, 87 다카 2931.

7) 가처분이 있는 경우에도 이와 마찬가지이다(大判 2011. 8. 18, 2009 다 60077).

기하기 위해서는 **가압류의 해제를 조건**으로 해야만 한다. 왜냐하면 소유권이전등기를 명하는 판결은 의사의 진술을 명하는 판결이므로 이것이 확정되면 채무자는 일방적으로 이전등기를 신청할 수 있고 제3채무자는 이를 저지할 방법이 없기 때문이다.[1] 다만 소유권이전등기청구권이 가압류되어 있다는 사정은 피고 측의 항변사유에 해당하며, 그 변제금지의 효력을 받는 제3채무자로서는 채무자 또는 그 채무자를 대위한 자로부터 제기된 소유권이전등기 청구소송에 응소하여 가압류사실을 주장하고 자신이 송달받은 가압류결정을 제출하는 방법으로 증명하여야 할 의무가 있다. 만일 제3채무자가 고의 또는 과실로 응소하지 아니하여 판결이 선고·확정되어 채무자 및 제3자에게 소유권이전등기가 경료되어 채권자가 손해를 입었다면 제3채무자는 불법행위로 인한 손해배상책임을 지게 된다.[2]

(2) 장래의 이행의 소

장래에 이행할 것을 청구하는 소는 변론을 종결할 때까지 이행할 상태에 이르지 아니한 이행청구권을 주장하는 것이므로, 원칙적으로 권리보호의 필요가 없다. 그러나 이행기를 넘기지 아니한 채권이라도 그 채무의 이행기에 이르러서 채무자가 채무를 이행하지 않을 것이 명백히 예상되는 경우(예컨대 원금과 그 지급완료시까지의 이자)에는 채권자로 하여금 속수무책으로 이행기에 이르기까지 기다리게 하여 비로소 그 이행기에 이른 부분에 한하여 이행의 소를 제기하게 할 것이 아니라, 그 이행기를 넘기기 전이라도 미리 장래에 이행할 채무의 이행기에 이행할 것을 청구하는 확정판결을 받아 두었다가 이행기가 되면 즉시 강제집행을 할 수 있도록 하게 할 필요가 있다. 그리하여 법은 예외적으로 **'미리 청구할 필요가 있는 때'**에 한하여 권리보호의 필요를 인정하고 있다(251).[3][4] 따라서 '미리 청구할 필요가 있는 때'라 함은 채무자의 언동,

---

1) 大(全)判 1992. 11. 10, 92 다 4680; 2011. 8. 18, 2009 다 60077; 같은 취지에서 주식양도청구권에 대해 압류나 가압류가 된 경우에도 채무자는 제3채무자를 상대로 그 주식의 양도를 구하는 소를 제기할 수 있는데, 이때 해당 주식이 주권발행전 주식인 경우에는(주권발행 전이라도 회사성립 후 또는 신주의 납입기일 후 6개월이 지나면 주권의 교부 없이 지명채권의 양도에 관한 일반원칙에 따라 당사자의 의사표시만으로 주식을 양도할 수 있다. 大判 2018. 10. 25, 2016 다 42800 참고) 그 **주권발행 전 주식의 양도를 명하는 판결**은 의사의 진술을 명하는 판결에 해당하고 그 판결이 확정되면 채무자는 일방적으로 주식 양수인의 지위를 갖게 되고, 제3채무자는 이를 저지할 방법이 없으므로, 법원은 가압류의 해제를 조건으로 하지 않는 한 이를 인용해서는 안 된다(大判 2021. 7. 29, 2017 다 3222, 3239); 그 밖에도 취득시효 완성으로 인한 소유권이전등기청구권을 피보전권리로 하는 부동산처분금지가처분 등기가 마쳐진 후에 가처분채무자로부터 소유권이전등기를 넘겨받은 제3자를 상대로 그 이전등기가 원인무효라는 사유를 들어 가처분채권자가 가처분채무자를 대위하여 제3자 명의 소유권이전등기의 말소를 청구할 수 있다는 것이 판례이다(大判 2017. 12. 5, 2017 다 237339).

2) 大判 1999. 6. 11, 98 다 22963.

3) 大(全)判 1975. 4. 22, 74 다 1184.

이행의무의 목적 · 성질 등에 비추어 장래 이행의무가 현실화될 때에 제때에 이행을 하지 아니할 염려가 있다고 예상되는 경우를 가리킨다.[1] 이에 판례는 장래에 이행기가 도래하는 채권의 채무불이행 사유의 존속시점이 불확실하여 **변론종결 당시에 확정적으로** 채무자가 책임을 지는 기간을 예정할 수 없다면 장래의 이행을 명하는 판결을 할 수 없다고 한다.[2] 다만 이행기에는 채무자에게 자금능력이 없게 되어 집행이 곤란해진다든가 또는 이행불능에 빠질 사정이 있다는 것만으로는 미리 청구할 필요가 있다고 할 수 없다.[3] 구체적으로 말하면,

1) 정기에 이행하지 아니하면 의미가 없는 정기행위(民 545)의 경우나 이행지체에 의한 손해가 중대한 경우(예컨대 생활비의 지급채무)에는 미리 청구할 필요가 있다.

2) 의무자가 이미 의무의 존재 · 이행기 · 조건 등을 다투고 있어서 이행기에 이르러 즉시 이행이 기대될 수 없는 경우에도 미리 청구할 필요가 있다.[4][5]

3) 계속적 · 반복적 이행을 요하는 경우에 현재 이행기에 이른 부분이 불이행된 이상 장래의 부분도 이행을 기대할 수 없으므로, 현재의 분과 아울러 장래의 분도 미리 청구할 필요가 있다. 예컨대 시가 타인소유의 토지들을 도로부지로 점유 · 사용하면서도 이에 대한 임료 상당의 부당이득금의 반환을 거부하고 있으며, 그로 인한 계속적 · 반복적 이행의무에 관하여 현재의 이행기 도래분에 대하여 그 이행을 하지 아니하고 있다면, 그 토지들에 개설된 도로의 폐쇄에 의한 시의 점유

---

4) 판례는 장래이행의 소가 적법하기 위해서는, (i) 청구권 발생의 기초가 되는 법률상 · 사실상 관계가 변론종결 당시 존재하여야 하고, (ii) 그 상태가 계속될 것이 확실히 예상되어야 하며, (iii) 미리 청구할 필요가 인정되어야만 한다고 한다(大判 2023. 3. 13, 2022 다 286786).

1) 장래의 부당이득반환청구 — 긍정: 大判 1993. 3. 9, 91 다 46717; 大(全)判 1975. 4. 22, 74 다 1184. 부정: 大判 1991. 10. 8, 91 다 17139.

2) 大判 2018. 7. 26, 2018 다 227551: 임차인 甲이 임대인 乙에게 임차보증금 반환을 구하는 소를 제기하여 조정이 성립하였는데, 甲이 조정 성립을 전후하여 건물에서 퇴거하면서 丙에게 건물 열쇠를 건네주어 건물을 점유 · 사용하게 하였고, 이에 乙이 甲을 상대로 조정 성립 다음 날부터 건물 인도 완료일까지 부당이득 또는 손해배상의 지급을 구한 사안에서, 丙이 甲의 양해를 얻어 건물 점유 및 그 인도를 거부하고 있고 甲이 여전히 乙에게 건물에 대한 인도의무를 부담하고 있는 이상, 甲의 불법행위로 인한 乙의 손해는 건물을 인도받을 때까지 계속해서 발생할 것이 확정적으로 예정되어 있다고 볼 수 있어 장래이행판결의 요건을 갖춘 것으로 판단한 사례.

3) 大判 2000. 8. 22, 2000 다 25576.

4) 大判 2004. 1. 15, 2002 다 3891.

5) 상가건물의 임대인이 임차인을 상대로 임대차계약기간 만료를 이유로 건물인도청구를 하였는데 임차인이 계약갱신요구권을 행사하자 장래이행의 소로서 계약갱신요구권 행사에 따른 10년의 임대차기간이 만료하면 건물을 인도할 것을 구하는 예비적 청구를 추가한 사안에서, 건물 인도의무의 이행기가 도래하더라도 임차인의 임의이행을 기대할 수 없는 경우에 해당하는 등 예비적 청구에 관하여 '미리 청구할 필요'가 있다고 단정할 수 없다고 하였다(大判 2023. 3. 13, 선고 2022 다 286786).

종료일[1])까지의 이행기도래분에 대하여도 시가 그 채무를 자진하여 이행하지 아니할 것이 명백히 예견되므로, 토지소유자로서는 장래에 이행기에 이를 부당이득금 부분에 대하여도 미리 청구할 필요가 있다.[2]) 다만 최근 대법원은 장래의 부당이득금의 계속적·반복적 지급을 명하는 사실심 판결의 주문에서 자주 사용되고 있었던 '원고의 소유권 상실일까지'라는 표시는, 소유권변동여부를 수소법원이 아닌 다른 기관(집행문 부여기관, 집행문 부여 명령권자, 집행기관)의 판단에 맡길 수 없으며, 이러한 기재가 확정된 이행판결의 집행력에 영향을 미칠 수 없는 무의미한 기재라는 이유로 이행판결의 주문 표시로는 바람직하지 않다고 하였다.[3])

4) 원금의 지급청구에 병합하여 원금의 완납에 이르기까지의 지연이자와 손해금을 구하는 경우 및 토지·가옥의 인도청구에 병합하여 인도하기까지의 임료 또는 임료상당손해액의 지급을 구하는 경우는 현재의 이행의 소에 장래의 이행의 소를 병합하는 것인데, 이 경우에 현재의 이행의 소인 주된 청구가 다투어지는 이상 장래의 이행의 소인 나머지의 이행도 기대할 수 없으므로 미리 청구할 필요가 있다. 목적물의 인도청구에 그 집행불능에 대비한 대상청구(代償請求)를 병합하여 제기하는 것 역시 장래의 이행의 소를 병합하는 것인데, 이 경우에도 미리 청구할 필요가 인정된다.[4])

5) 선이행이 있어야 이행청구권이 발생하는 경우에 선이행을 조건으로 하는 이행청구소송은 원칙적으로 허용되지 아니한다. 그러나 예컨대 저당채무자가 저당채무의 변제를 조건으로 하는 저당권설정등기의 말소청구의 소 또는 양도담보설정자가 피담보채무의 변제를 조건으로 하는 소유권이전등기의 말소청구의 소

---

1) 이 판례는 원래 "점유종료일 또는 그 토지소유자가 토지들에 대한 소유권을 상실하는 날까지"라는 표현을 사용하고 있으나, 아래에서 소개하는 大判 2019. 2. 14, 2015 다 244432에서 '원고의 소유권 상실일까지'라는 표시가 이행판결의 주문 표시로서 부적절하다고 판시하여 이곳에서도 관련 내용을 삭제하였다.

2) 大判 1994. 9. 30, 94 다 32085. 다만 의무불이행사유의 존속여부가 변론종결 당시에 확정적으로 예정할 수 없어 장래이행을 명하는 판결을 할 수 없다고 한 경우로는, 大判 2002. 6. 14, 2000 다 37517(유치권행사의 방법으로 계쟁토지를 점유하면서 그 토지를 사용·수익하고 있는 자를 상대로 '토지를 인도하는 날'까지 부당이득반환을 청구한 경우); 大判 1991. 10. 8, 91 다 17139(사유지를 시가 도로로 사용하고 있어 시가 위 '토지를 매수할 때까지' 차임 상당 부당이득반환을 청구한 경우).

3) 大判 2019. 2. 14, 2015 다 244432.

4) 大判 1960. 5. 19, 4292 民上 682; 大判 2006. 3. 10, 2005 다 55411(부동산소유권이전등기 말소청구에 부가하여 이를 대신할 전보배상을 미리 청구); 大判 2011. 1. 27, 2010 다 77781(乙의 丙에 대한 소유권이전등기청구권이 X 세무서에 의해 압류된 경우, 甲의 乙에 대한 소유권이전등기청구는 위 압류의 해제를 조건으로 해야만 가능한데 乙이 무자력이라면 압류를 해제할 수 없어 乙의 甲에 대한 소유권이전등기의무가 이행불능 또는 집행불능이 될 가능성이 있으므로 이에 대비하여 甲은 부동산소유권 이전등기청구에 부가하여 이를 대신할 전보배상을 미리 청구할 수 있다고 한 사례).

등은 상대방이 피담보채무액을 다투든가 담보의 목적임을 다투든가 하여 채무자가 변제하여도 즉시 말소를 기대할 수 없는 경우에는 미리 청구할 필요가 있다고 본다(처분권주의에 관한 설명 참조).[1)]

6) 형성의 소에 병합하여 형성의 효과에 따라 발생하는 권리의 이행을 청구하는 경우에 미리 청구할 필요가 인정되는가가 문제된다. 판례는 공유물분할청구와 병합하여 분할판결이 날 경우에 대비하여 분할부분의 급여청구를 하는 것을 불허한다.[2)] 그러나 양육자지정청구와 함께 하는 양육비지급청구는 미리 집행권원을 확보할 필요가 있는 때에는 가능하다고 한다.[3)]

(3) 부작위청구소송

부작위청구소송에 관하여 특별한 권리보호의 필요가 요구되는가에 관하여는 다툼이 있다. 일부 학설은 부작위청구소송의 경우에는 반복의 위험(Wiederholungsgefahr) 또는 범행의 위험(Begehungsgefahr)이 있는 경우에만 권리보호의 필요가 인정된다고 주장한다.[4)] 그러나 이미 침해가 있은 다음에 반복적 침해의 방지를 구하는 경우의 반복의 위험이나, 아직 침해행위는 없었지만 앞으로 있을지 모를 침해를 예방하기 위한 부작위청구(이른바 예방적 부작위청구의 소, vorbeugende Unterlassungsklage)의 경우의 범행의 위험은 모두 실체법상의 부작위청구권의 성립요건으로 보아야 하므로, 이것을 부작위청구소송에 특유한 권리보호의 필요라고 풀이하여서는 안 될 것이다.[5)]

Ⅳ. 確認의 訴의 利益

1. 總 說

확인의 소의 경우에는 확인의 대상이나 주체에 관하여 논리적으로 아무런 제약이 없으므로 소의 이익이 특히 문제된다. 연혁상으로도 소의 이익이라는 개념은 확인의

1) 大判 1983. 5. 10, 81 다 548; 1996. 11. 12, 96 다 33938. 채권담보를 목적으로 하는 가등기의 경우에 피담보채무의 액수에 다툼이 있는 경우 가등기말소를 미리 청구할 필요가 있다(大判 2003. 5. 30, 2003 다 14713).
2) 大判 1969. 12. 29, 68 다 2425. 같은 취지에서, 大判 2013. 9. 13, 2012 다 36661.
3) 大判 1988. 5. 10, 88 므 92.
4) Bruns, Rdn. 130 d; 三ケ月, 62면.
5) Rosenberg, §92 Ⅰ 2; BGH GRUR 1963, 218.

소가 일반적으로 인정됨에 따라 정말 법원에서 확인을 받아야 할 사건을 가려내기 위한 수단으로서 발생하였고, 이것이 다른 유형의 소로 확대되어 나아간 것이다.[1)]

이행의 소나 형성의 소의 경우에는 원칙적으로 소의 이익이 존재한다는 전제에서 출발하지만, 확인의 소의 경우에는 이와 반대로 소의 이익이 있는 경우에만 그것이 허용된다. 이행의 소와 형성의 소의 경우에는 원고는 현상의 변경을 원하고, 그것은 피고가 반대하는 한 법원의 판결을 통하여만 목적을 달성할 수 있음에 반하여, 확인의 소는 현재의 권리 또는 법률관계의 확인만을 구하는 것이고, 보통의 사람은 법원의 개입 없이도 법률관계로부터 발생하는 의무를 인정하는 것이므로, 이러한 권리 또는 법률관계에 관하여 법원이 확인하여야 할 필요는 원칙적으로 없기 때문이다.[2)] 그리하여 확인의 소는 소의 이익이 있는 경우에만 허용되는 것이다.

2. 請求適格

확인의 소의 대상은 현재의 구체적인 권리의무 또는 법률관계가 아니면 안 된다. 이것은 확인의 소의 대상이 논리적으로 무한하므로 법원이 이를 심리·판단할 대상을 한정하기 위한 요청에서 나온 것이다. 이를 나누어 설명하면,

(1) 확인의 소는 **권리의무** 또는 **법률관계**에 관하여만 허용된다.

1) 그 권리관계의 종류는 묻지 아니한다. 청구권은 물론 절대권·계속적 법률관계 등도 그 대상이 된다. 단순한 사실의 확인을 구하는 확인의 소는 원칙적으로 허용되지 아니한다. 예컨대 자연현상·역사적 사실 및 학설의 타당성 여부에 관한 확인은 허용되지 아니한다. 종손(宗孫)임의 확인을 구하는 소,[3)] 지번(地番)·지적(地籍)의 확인청구,[4)] 전국여성단체연합회의 회장임의 확인을 구하는 소,[5)] 통일교가 기독교의 종교단체인가 여부의 확인을 구하는 소,[6)] 제사주재자지위의 확인을 구하는 소,[7)] 교인에 대한 장로면직 및 출교처분의 무효확인을 구하는 소[8)] 등은 모두 사실관계의 확인을 구하는 소로서 부적법하다.

1) 新堂, 180면; 吉村=竹下=谷口, 51면.
2) Grunsky, S. 397.
3) 大判 1961. 4. 13, 4292 民上 940.
4) 大判 1977. 10. 11, 77 다 408.
5) 大判 1959. 9. 10, 4291 民上 93.
6) 大判 1980. 1. 29, 79 다 1124.
7) 大判 2012. 9. 13, 2010 다 88699.
8) 大判 1983. 10. 11, 83 다 233.

다만 2018년 대법원은 시효중단을 위한 재소와 관련하여 권리자가 재판상 권리주장을 통해 권리 위에 잠자는 것이 아님을 표명한 것으로 볼 수 있을 경우에는 널리 시효중단사유로서 재판상 청구로 인정할 수 있다는 점을 전제로 하여, 전소에서 이행확정판결을 받은 채권의 시효중단을 위한 후소는 전소와 동일한 이행청구일 필요가 없으며, 따라서 전소판결로 확정된 채권의 시효중단을 위한 **'재판상의 청구'가 있다는 점에 대한 확인**을 구하는 형태의 '새로운 방식의 확인소송'이 허용된다고 한다. 이러한 판결의 다수의견에 의하면 시효중단을 위한 후소를 이행의 소로 한정하면, (i) 채권자가 의도하지도 않은 청구권의 실체심리를 진행해야 하며, (ii) 채무자는 후소에서 전소 판결에 대한 청구이의사유의 조기 제출을 강요받으며, (iii) 후소의 적법성이 전소 확정 후 10년의 경과가 임박하였는지와 같은 불명확한 기준에 의해 좌우되며, (iv) 집행권원의 추가발생으로 이중집행의 위험이 높아지며, (v) 시효중단을 위한 후소가 채권의 관리·보전행위임에도 그 소송비용을 패소한 피고에게 부담[1]시키는 등 많은 문제점이 야기될 수 있으므로 '새로운 방식의 확인소송'을 시효중단을 위한 재판상 청구의 새로운 유형으로 추가할 필요가 있다고 한다.[2] 이러한 '새로운 방식의 확인소송'은 원고가 재판상의 청구를 하였다는 다툼 없는 사실을 확인[3]하기 위한 확인의 소를 인정하자는 것으로서, 이러한 소송과 관련해서는 (i) 단순한 사실의 확인을 구하는 확인의 소의 예외적인 경우에 해당할 수 있는지, (ii) 새로운 방식의 확인소송은 입법을 통해서만 받아들일 수 있는 사항은 아닌지 등 많은 추가적인 논의가 필요할 것으로 사료된다('새로운 방식의 확인소송'의 소가 산정을 위한 '민사소송 등 인지규칙 제18조의3(시효중단을 위한 재판상 청구 확인소송)'의 신설(2019. 1. 29. 시행)에 관해서는 후술하는 '기판력의 작용' 부분의 설명을 참조할 것).

2) 사법상의 권리관계에 한하지 않고, 소송법상의 권리관계나 공법상의 권리관계(민사소송 사항일 때)라도 상관이 없다. 예컨대 민사집행법 제33조의 집행문부여의 소는 집행문부여의 요건 내지 집행력의 현존을 확인하는 확인의 소의 일종이다. 또 구 군사원호보상법 제15조의 가료대상자 확인청구는 민사상의 확인의 소에 의하여야 한다.[4] 그러나 경매절차 자체의 무효확인은 허용되지 않는다. 이 경우에는 경매절차의 무효를 원인으로 하여 현존의 법률관계의 존재 여부 확인을 구하여야 한다.[5]

---

1) 따라서 다수의견은 시효중단을 위한 후소의 소송비용은 채권자가 부담해야 한다고 한다.

2) 大(全)判 2018. 10. 18, 2015 다 232316.

3) 이는 "전소 판결로 확정된 채권에 관하여 시효중단을 위한 재판상의 청구가 있었다는 점에 대한 확인"을 구하는 것인데, 위 전원합의체 판결의 다수의견에 대한 이기택 대법관의 보충의견에 의하면 "전소 판결로 확정된 채권에 대하여 시효중단을 위한 조치가 있었는지 여부에 따라 장래 그 채권의 시효소멸 여부, 즉 채권의 존부라고 하는 법적 효과가 파생되어 나오므로, 시효중단을 위한 조치의 유무는 단순한 '사실'의 문제가 아닌 '권리 또는 법률관계'의 문제"라고 한다.

4) 大判 1966. 10. 31, 66 누 132. 다만 대법원은 이것이 공법상의 권리관계가 아니라고 한다.

5) 大判 1982. 2. 9, 81 다 294; 2018. 5. 30, 2014 다 9632(근로자에 대한 대기처분 후 6개월 동안의 보직 미부여를 이유로 내려진 자동해임처분의 당부는 비록 과거의 법률관계이지만 대기처분의 무효 여부에

3) 원고의 권리 또는 원·피고 사이의 법률관계에 한하지 않고, 권리보호의 필요가 있는 한 당사자 한쪽과 제3자 사이 또는 제3자 상호간의 법률관계라도 상관이 없다.[1] 예컨대 토지의 전차인이 토지소유자로부터 별개로 그 토지의 사용권을 취득하였다고 주장하는 사람에 대하여 토지사용권(전차권)의 확인을 구하는 경우,[2] 상대적 불확지 변제공탁의 피공탁자 중 1인의 공탁물출급청구권에 대해 채권압류 및 추심명령을 받은 추심채권자가 자기의 이름으로 다른 피공탁자를 상대로 공탁물출급청구권이 추심채권자의 채무자에게 있음을 확인한다는 확인의 소를 제기하는 경우,[3] 저당권설정등기가 마쳐진 부동산을 매수한 새 소유자가 저당권자를 상대로 하여 그 토지의 구 소유자에 대한 저당채권의 부존재확인을 구하는 경우, 2번 저당권자가 1번 저당권자와 저당권설정자를 상대로 하여 1번 저당권의 부존재확인을 구하는 경우 등이 이에 해당한다.

4) 권리의무 또는 법률관계에 대한 확인의 소의 예외로서, 법률이 사실의 확인소송을 인정하는 경우가 있는데, 이것은 법률관계를 증명하는 서면이 진정한지 아닌지를 확정하기 위한 소로서, 증서의 진정 여부를 확인하는 소(증서진부확인의 소)(²⁵⁰)이다. i) 법률관계를 증명하는 서면이라 함은 그 내용에 의하여 직접적으로 법률관계의 존재 여부가 증명될 수 있는 것을 가리킨다.[4] 예컨대 정관·유언서·계약서·유가증권 따위이다. 판례는 대차대조표나 회사의 결산보고서,[5] 세금계산서,[6] 영수증[7] 등은 이에 해당하지 않는다고 한다. ii) 眞正 여부라 함은 그 서면이 작성자라고 주장되는 사람의 의사에 따라 작성되었는가 아닌가의 사실을 가리킨다.[8] 따라서 그 서면에 기재된 내용이 객관적 진실에 합치하는가 여부는 증서의 진정 여부를 확인하는 소의 대상이 될 수 없다.[9] iii) 이 소는 원고의 권리 또는 법률상의 지위의 위험·불안이 오로지 그 서면의 진정 여부에 달려 있는 경우에만

관한 확인판결을 통해 현재의 권리 또는 법률상의 지위에 대한 위험이나 불안을 제거할 수 있기 때문에 그 무효확인을 구할 법률상의 이익이 있다).

1) 大判 2005. 4. 29, 2005 다 9463; 2017. 3. 15, 2014 다 208255.
2) 日最判 1930. 7. 14, 民集 9. 730.
3) 大判 2011. 11. 10, 2011 다 55405.
4) 大判 2002. 12. 14, 2001 다 53714.
5) 大判 1967. 3. 21, 66 다 2154.
6) 大判 2001. 12. 14, 2001 다 53714.
7) 大判 2007. 6. 14, 2005 다 29290.
8) 日最判 1952. 11. 20, 民集 6. 10. 1004.
9) 大判 1989. 2. 14, 88 다카 4710.

소의 이익이 인정된다(뒤에 설명하는 '즉시 확정의 이익' 참조). 그러므로 서면에 의하여 증명되는 법률관계에 관하여 당사자 사이에 다툼이 없거나 법률관계가 소멸하면 소의 이익이 없다.[1] 서면의 진정 여부뿐만 아니라 그 밖의 점, 예컨대 그 서면으로 행한 법률행위의 효력에 관하여도 다툼이 있는 때에는 보통의 권리관계의 확인의 소에 의하여야 한다.[2]

(2) 권리의무 또는 법률관계는 **특정**되고 **구체적**이어야 한다. 즉 법령의 유·무효, 법령해석의 당부의 확인을 구하는 소는 허용되지 아니한다.[3] 이것은 소송은 법률적 쟁송이므로 사건성이 있어야 하고, 따라서 구체적 사건과 관련이 있어야만 되기 때문이다. 그리하여 예컨대 평화적인 집회 및 시위행렬을 자유로이 할 수 있는 공법상의 권리의 확인을 구하는 소,[4] 법인의 성립의 확인을 구하는 소, 행정청의 내부적 사무처리내규의 효력을 다투는 소[5] 등은 권리보호의 자격이 없다.

(3) 권리의무 또는 법률관계는 **현재의 것**이어야 한다.

1) 따라서 과거의 권리·의무 또는 법률관계의 확인은 허용되지 아니한다. 과거의 법률관계의 확인을 구하더라도 그 뒤에 법률관계가 변동되었을 가능성이 있으므로 그다지 의미가 없기 때문이다. 그리하여 과거의 특정 시점을 기준으로 한 채무부존재확인청구,[6] 이미 저당권의 실행으로 말소된 저당권설정등기의 무효확인청구의 소,[7] 새로이 이사가 선임된 경우에 과거의 이사선임결의의 무효확인을 구하는 소,[8] 해임 또는 사임함으로써 이미 지위를 상실한 이사에 관한 이사선임결의의 무효확인의 소,[9] 세금납부 후에 조세부과처분의 무효 또는 부존재확인을 구하는 소,[10] 변론을 종결할 때 정년이 지난 후의 해고무효확인의 소,[11] 상고심 계속 중 정년이 도래한 근로자지위확인의 소[12] 등은 부적법하다. 다만 징계처분에서 정한 2

1) 大判 1967. 10. 25, 66 다 2489.
2) 大判 1967. 10. 25, 66 다 2489; 1991. 12. 10, 91 다 15317; 日最判 1967. 12. 21, 判時 510. 45.
3) Rosenberg, §93 Ⅱ 1 b).
4) 大判 1961. 9. 28, 4294 行上 50.
5) 大判 1961. 5. 1, 4292 行上 55.
6) 大判 1996. 5. 10, 94 다 35565.
7) 大判 1964. 6. 23, 64 다 97.
8) 大判 1976. 10. 26, 76 다 1771; 1983. 9. 27, 83 다카 938.
9) 大判 1996. 12. 10, 96 다 37206. 임기만료된 이사가 제기한 이사회결의의 무효확인의 소도 같다(大判 2005. 3. 25, 2004 다 65336).
10) 大判 1981. 1. 13, 80 누 424; 1983. 7. 12, 83 누 83.
11) 大判 1996. 10. 11, 96 다 10027; 2004. 7. 22, 2002 다 57362.
12) 大判 2023. 4. 27, 2021 다 229588; 2024. 7. 25, 2022 다 217728, 217735.

월의 징계기간이 도과하였다고 하더라도 징계처분의 무효 여부에 관한 확인판결을 받음으로써 징계기간 동안 미지급 임금청구권의 존부에 관한 현재의 권리 또는 법률상 지위에 대한 위험이나 불안을 제거할 수 있는 경우에는 과거의 법률관계인 징계처분에 대하여 예외적으로 확인의 이익이 있다.[1)]

2) 다만 과거의 '기본적 법률관계'는 예외이다. 즉 과거의 법률관계라고 하더라도 그로부터 현재의 법률상태에 영향을 미치는 여러 가지 법률관계가 계속 발생하여, 현재의 권리 또는 법률관계의 개별적 확정만으로는 분쟁의 발본적 해결을 꾀할 수 없고, 도리어 이들 권리 또는 법률관계의 기초로 되어 있는 과거의 기본적 법률관계를 확정하는 것이 현재의 분쟁을 직접적·발본적으로 해결하는 데 가장 적절하고 필요하다고 인정될 때에는 예외적으로 확인의 소의 대상으로 삼을 수 있다.[2)] 또 과거의 법률행위라도 그것이 현재의 권리 또는 법률관계를 성립시키는 전제로 되어 있는 경우도 마찬가지이다. 주주총회결의무효확인(商 380) 등 사단(社團)관계소송, 혼인[3)]·입양무효확인[4)] 등 신분관계소송이나 행정소송의 경우에 그러한 예를 볼 수 있다.

3) 또한 과거의 권리의무 또는 법률관계의 확인을 구하여 왔더라도 그 진의(眞意)가 그로부터 발생한 현재의 법률관계의 존재 여부의 확인을 구하는 것으로 인정되는 경우에는 권리보호의 자격이 있다(석명권을 행사하여 청구취지를 정정시켜야 할 경우도 있다). 판례는 징계면직처분의 무효확인을 구하는 것은 과거의 법률행위인 징계면직 그 자체의 무효확인을 구하는 것으로 볼 것이 아니라 그 징계처분이 무효임을 전제로 원고가 현재 피고의 직원인 신분관계를 계속 유지하고 있다는 확인을 내포한 청구로 이해하여야 할 것이라고 하였으며,[5)] 매매계약의 무효확인을 구하는 소는 과거의 법률행위인 계약

---

1) 大判 2010. 10. 14, 2010 다 36407.

2) 李時, 245면; 新堂, 184면.

3) 大(全)判 2024. 5. 23, 2020 므 15896(과거의 법률관계인 혼인관계 자체의 무효 확인을 구하는 편이 관련된 분쟁을 한꺼번에 해결하는 유효·적절한 수단일 수 있으므로, 특별한 사정이 없는 한 혼인관계가 이미 해소된 이후라고 하더라도 혼인무효의 확인을 구할 이익이 인정된다). 이 전원합의체 판결에 의해서 '단순히 여자인 청구인이 혼인하였다가 이혼한 것처럼 호적상 기재되어 있어 불명예스럽다는 사유는 청구인의 현재 법률관계에 영향을 미치는 것이 아니고, 이혼신고로써 해소된 혼인관계의 무효 확인은 과거의 법률관계에 대한 확인이어서 확인의 이익이 없다.'고 본 대법원 1984. 2. 28, 선고 82 므 67 판결 등은 이 판결의 견해에 배치되는 범위에서 변경되었다.

4) 大判 1978. 7. 11, 78 므 7(협의이혼 후의 혼인무효확인); 1995. 3. 28, 94 므 1447(사실혼배우자 한쪽의 사망 후 사실혼관계존부확인); 1995. 9. 29, 94 므 1553(협의파양 후의 입양무효확인).

5) 大判 1990. 11. 23, 90 다카 21589. 다만 임용기간 만료 전에 행하여진 직위해제 또는 면직처분에 대하여 임용기간 만료 후에 그 무효확인을 구하는 것은, 직위해제 또는 면직처분이 무효이더라도 신분을 회

자체의 무효확인을 구하는 것으로 볼 것이 아니라 이를 현재 그 계약에 기인한 채권・채무가 존재하지 아니함의 확인을 구하는 취지라고 해석할 것이라고 하였다.[1] 또한 판례는 이사 모두의 임기가 만료되고 후임 이사가 선임된 바가 없다면, 구 이사는 후임 이사가 선임될 때까지 종전의 직무를 수행할 수 있으므로, 그 경우에는 구 이사를 선임한 이사회결의의 무효확인을 구할 법률상 이익이 있으며,[2] 고등학교 재학 중 받은 징계 자체는 과거의 법률관계라고 하더라도 징계무효확인을 구하는 소는 학교생활기록부 기재사항과 밀접하게 관련된 현재의 권리 또는 법률상 지위에 대한 위험이나 불안을 제거하기 위한 유효・적절한 수단에 해당하므로 확인을 구할 법률상 이익이 인정된다고 하였다.[3]

4) 마찬가지로 장래의 권리의무 또는 법률관계도 확인의 소의 대상이 되지 못한다. 장래의 법률관계를 현재 확정하여 보았자 장래의 변동가능성이 항상 존재하므로 그 의미가 별로 없기 때문이다. 그러므로 아직 생존하고 있는 사람의 재산에 대한 상속권확인청구,[4] 아직 생존하고 있는 사람의 유언무효확인청구[5] 등은 허용되지 아니한다. 다만 조건부권리나 기한부권리는 장래의 권리와는 달리 확인의 소의 대상이 될 수 있다.[6]

3. 權利保護의 必要

확인의 소는 즉시확정의 법률상의 이익이 있고 또 그것이 가장 유효적절한 수단일 때에 권리보호의 필요가 인정된다.

(1) 卽時確定의 利益

즉시확정에 관한 법률상의 이익(rechtliche Interesse an alsbaldiger Feststellung)에 관하여 우리 민사소송법에는 명문의 규정은 없지만(도이칠란트 민사소송법 제256조는 이를 규정하고 있다), 일반적으로 필요한 것으로 인정되고 있다.[7] 이것은 원고의 권리・의무 또는 법적 지위에 위

복할 수 없으므로, 과거의 법률관계에 대한 확인청구에 지나지 아니하여, 소의 이익이 없다[大(全)判 2000. 5. 18, 95 재다 199].

1) 大判 1965. 2. 4, 64 다 1492.
2) 大判 1998. 12. 23, 97 다 26142.
3) 大判 2023. 2. 23, 2022 다 207547.
4) BGH NJW 1962, 1723.
5) OLG Köln JW 1930, 2064.
6) Bruns, Rdn. 131 c; Arens. Rdn. 128; Rosenberg, §93 II 3.

험·불안이 현존하고, 이것을 제거하기 위하여 확인판결에 의하여 즉시 확정하여야 할 법률상의 이익이 있는 것을 뜻한다. 그러므로 판례는 건축물대장이 생성되지 않은 건물에 대하여 소유권보존등기를 마칠 목적으로 지방자치단체를 상대로 제기한 소유권확인청구의 소는 당사자의 법률상 지위의 불안 제거에 별다른 실효성이 없는 것으로서 확인의 이익이 없어 부적법하다 하였다.[1] 또한 토지의 원소유자가 택지를 내왕하는 모든 사람에게 무상통행의 권한을 부여하였다는 사실을 알면서 해당 토지를 취득한 토지소유자를 상대로 지방자체단체가 배타적 사용·수익권의 부존재확인을 구한 사안과 관련하여, 이러한 권리행사의 제약은 채권적인 것에 불과하여 구체적 상황에 따라 토지소유자가 수인해야 하는 권리행사상 제약의 내용과 범위가 달라질 수 있어 일반적으로 토지소유자에 대하여 배타적 사용·수익권이 존재하지 않는다는 취지의 확인을 구하는 것은 당사자 또는 제3자 사이의 권리관계 불안이나 위험을 제거할 수 있는 유효·적절한 수단이 될 수 없으므로 확인의 이익이 없다고 하였다.[2]

1) **법률상의 이익**이 있어야 하므로, 단순히 감정적·경제적 이익만으로는 부족하다. 그러므로 주주[3]는 회사와 제3자 사이에 체결된 영업양도계약의 무효확인을 구할 수 없다.[4] 또한 반사적 이익만을 가진 사람도 즉시확정의 이익이 없다.[5] 여기에서 말하는 법률상의 이익은 보통은 실체법상의 이익이고, 보조참가의 이익보다는 더 크고 직접적이어야 한다.

2) 법률상의 이익에 **위험·불안이 현존**하여야 한다. 이러한 사태는 피고가 원고의 권리 또는 법률관계를 부인·침해하거나 그와 상용(相容)되지 않는 권리를 주

7) 大判 1982. 12. 28, 80 다 731.

1) 大判 2011. 11. 10, 2009 다 93428(건축물대장이 생성되지 않은 건물에 대해서는 소유권확인판결을 받아도 그 판결은 구 부동산등기법 제131조 제2호에 해당하는 판결이라고 볼 수 없어 이를 근거로 건물의 소유권보존등기를 신청할 수 없다고 본 사례); 다만 토지대장상 토지소유자의 채권자는 소유권보존등기의 신청을 위해 토지소유자를 대위하여 국가를 상대로 소유권확인을 구할 이익이 있다고 한다(大判 2019. 5. 16, 2018 다 242246).

2) 大判 2012. 6. 28, 2010 다 81049.

3) 주주는 회사의 경영에 이해관계를 가지지만, 회사의 재산관계에 대해서는 단순히 사실상·경제상 또는 일반적·추상적인 이해관계만을 가지며, 구체적 또는 법률상의 이해관계는 가지지 않는다(大判 2016. 7. 22, 2015 다 66397; 大決 2001. 2. 28, 2000 마 7839).

4) 大判 2022. 6. 9, 2018 다 228462, 228479; 1979. 2. 13, 78 다 1117; 학교법인의 감사는 그 직무수행권에 기하여 이사회 결의의 무효 확인을 구할 이익을 가진다고 한다(大判 2015. 11. 27, 2014 다 44451).

5) 大判 1982. 12. 28, 80 다 731.

장하는 경우에 발생한다. 그러므로 현재 금전채무가 없다는 점에 대하여 당사자 사이에 다툼이 없는 경우와 같이,[1] 당사자 사이에 권리관계에 관하여 아무런 다툼이 없으면 원칙적으로 즉시확정의 이익이 없다.[2] 그러나 시효의 중단이 필요한 때, 가족관계부 등 공부상의 기재를 정정하기 위하여 확정판결이 필요한 때에는 상대방이 다투지 않더라도 즉시확정의 이익이 인정된다.[3] 그리고 친족은 친자관계 존부확인의 소의 이익을 가지며,[4] 저당권자는 경매절차 기타 채권실행절차에서 유치권의 부존재확인을 소로써 구할 수 있다.[5]

3) 위 불안·위험을 제거하기 위하여 **즉시확정이 필요**하여야 한다. 따라서 유언자의 생존중에 수증자(受贈者)에 대하여 유언의 무효확인을 구하는 소는 즉시 확정되어야 하는 현실적 필요가 없으므로 허용되지 아니하고,[6] 추정상속인은 피상속인의 생전에 피상속인 소유의 개개의 재산에 관한 권리가 없으므로 양친과 제3자 사이의 부동산매매무효확인을 구함에 관하여 즉시확정의 이익이 없다.[7]

(2) 確認訴訟에 의하는 것의 適否(確認의 訴의 補充性)

확인의 소가 원고의 법적 지위의 불안 또는 위험을 제거하기 위하여 가장 유효적절한 수단이어야 한다.[8] 이것은 분쟁의 해결수단으로서 확인의 소에 의하는 것이 적합한가 아닌가의 문제이다. 따라서 확인판결보다 더 발본색원적인 수단이 있는 경우 또는 확인의 소에 의하지 않고 목적을 달할 수 있는 경우에는 확인의 소의 권리보호의 필요가 부정된다. 그리하여

---

1) 大判 2023. 6. 29, 2021 다 277525.

2) 大判 1959. 10. 15, 4292 民上 428; 2009. 1. 15, 2008 다 74130(1심에서 다투다가 항소심에서 다투지 아니하여도 소의 이익이 있다).

3) 大判 1979. 4. 10, 78 다 2399; 1980. 11. 11, 79 다 723.

4) 大(全)判 1981. 10. 13, 80 므 60.

5) 大判 2011. 12. 22, 2011 다 84298; 2020. 1. 16, 2019 다 247385(경매절차에서 유치권이 주장되면 낮은 가격에 입찰이 이루어져 근저당권자의 배당액이 줄어들 위험이 있으며, 경매절차에서 유치권이 주장되지 아니한 경우에는 담보목적물이 매각되어 그 소유권이 이전됨으로써 근저당권이 소멸하였더라도 채권자는 유치권의 존재를 알지 못한 매수인으로부터 민법 575조, 578조 제1항, 제2항에 의한 담보책임을 추급당할 우려가 있기 때문이다).

6) 日最判 1956. 10. 4, 民集 10. 10, 1229.

7) 日最判 1955. 12. 26, 民集 9. 14. 2082.

8) 大判 2005. 12. 12, 2003 다 55059; 2015. 6. 11, 2015 다 206492; 2022. 6. 16, 2022 다 207967; 2022. 12. 15, 2019 다 269156(보증보험계약 상의 보험금이 아직 지급되지 않은 상태에서 보험계약자와 피보험자 사이에 주계약에 따른 채무의 존부와 범위에 관하여 다툼이 있는 경우, 주계약의 채무자이기도 한 보험계약자로서는 우선 그 계약상 채권자인 피보험자를 상대로 주계약에 따른 채무부존재확인을 구하는 것이 분쟁을 해결하는 가장 유효적절한 방법일 수 있다).

1) 이행청구권에 기한 이행의 소가 가능함에도 불구하고 그 청구권에 관하여 확인을 구하는 것은 원칙적으로 허용되지 아니한다.[1] 직접 이행판결을 구하는 편이 강제집행도 가능하고 분쟁해결에 더 적절하기 때문이다. 이를 이행판결에 대한 **확인판결의 보충성**(Subsidiarität der Feststellungsklage)이라 말할 수 있지만,[2] 이 보충성이 절대적인 것이 아님을 주의하여야 한다. 그리하여 이행판결이 있는 청구권에 관하여 시효중단의 필요가 있는 때, 또 확인판결만 있어도 피고가 이행할 것을 기대할 수 있는 때(예컨대 피고가 국가 또는 공공단체인 경우)에는 예외적으로 권리보호의 필요가 인정된다.[3] 그리고 기본적인 권리의무 또는 법률관계로부터 파생되는 이행청구권(예컨대 소유권과 소유권에 기한 반환청구권)에 관하여 이행의 소가 가능한 경우에도 기본적인 권리(위 예의 소유권)에 관하여 확인의 소를 제기할 수 있다.[4] 이것은 기본적인 권리관계로부터 파생될 가능성이 있는 모든 분쟁을 예방하는 기능이 있기 때문이다. 또 기본이 되는 권리관계의 확인청구와 함께 그 파생되는 청구권에 기한 이행의 소를 아울러 제기하여도 상관이 없다.[5] 다만 계약이나 법률행위의 무효를 전제로 하여 부당이득반환청구·손해배상청구 등 이행의 소를 제기할 수 있음에도, 그 계약이나 법률행위의 무효확인을 구하는 것은 권리보호의 필요가 없다.[6] 판례는 근저당권설정등기의 말소를 구하는 것 외에, 피담보채무의 부존재 확인을 구하는 것,[7] 유한회사의 이사가 감액된 보수의 지급을 구하는 대신 사원총회의 보수감액결의의 무효확인을 구하는 것은 확인의 이익이 없다고 하였다.[8][9]

1) 大判 2023. 12. 21, 2023 다 275424; 1980. 3. 25, 80 다 16, 集 28. 1. 民 188; 2006. 3. 9, 2005 다 60239; 2019. 5. 16, 2016 다 240338(甲이 乙 주식회사를 상대로 자신이 주주명부상 주식의 소유자인데 위조된 주식매매계약서에 의해 타인 앞으로 명의개서가 되었다며 주주권 확인을 구한 사안에서, 甲이 乙 회사를 상대로 직접 자신이 주주임을 증명하여 명의개서절차의 이행을 구할 수 있으므로, 甲의 주주권 확인청구는 甲의 권리 또는 법률상 지위에 현존하는 불안·위험을 제거하는 유효·적절한 수단이 아니거나 분쟁의 종국적 해결방법이 아니어서 확인의 이익이 없다고 하였다).

2) Schlosser, Rdn. 201.

3) Rosenberg, §92 Ⅲ 1 c); Blomeyer, §37 Ⅲ a) 등 참조.

4) 반대로, 예컨대 소유권이전등기말소청구소송에서 패소확정판결을 받고 다시 소유권확인의 소를 제기하여도 소의 이익이 있다(大判 2002. 9. 24, 2002 다 11847).

5) 大判 1971. 5. 24, 71 다 519.

6) 大判 1982. 3. 23, 82 누 476. 다른 취지의 것으로서 大判 1982. 10. 26, 82 다 108.

7) 大判 2000. 4. 11, 2000 다 5640. 反對: 안철상, "근저당권피담보채무부존재확인청구의 소와 확인의 이익," 민사재판의 제문제, 제1권, 934면 이하.

8) 大判 2017. 3. 30, 2016 다 21643.

9) 그 밖에도 판례는 다른 어촌계 업무구역과의 중복을 이유로 어업면허가 거부 또는 취소되어도 항고소송의 방법으로 다툴 수 있으므로 어업권 취득 전에 어촌계가 다른 어촌계를 상대로 업무구역의 확인을 구할 이익이 없으며(大判 2017. 7. 11, 2017 다 216271), 청구이의의 소를 제기하여 파산면책의 효력에 기한 집행력의 배제를 구할 수 있으므로 면책된 채무에 대해 집행권원을 가진 채권자를 상대로 면책확인을 구할

마찬가지로 형성의 소가 가능한 때에는 그에 의할 것이므로, 그 형성원인(형성권)의 확인을 구하는 소는 권리보호의 필요가 없다. 예컨대 이혼청구가 가능한데 이혼권의 확인을 구하는 소는 허용되지 아니한다.

2) 자기의 권리의 적극적 확인이 가능할 때에는 그 확인을 구할 것이고 상대방의 권리의 **소극적 확인**을 구할 것이 아니다. 전자가 보다 유리하고 발본적인 해결방법이기 때문이다.[1] 다만 원고가 목적물의 점유와 등기를 모두 가지고 있는 경우,[2] 또는 원고에게 내세울 소유권이 없고 피고의 소유권이 부인되면 그로써 원고의 법적 지위에 대한 불안이 제거되는 경우[3]에는 상대방의 소유권에 관한 소극적 확인의 소도 예외적으로 허용된다. 또한 판례에 따르면 보험계약의 당사자 사이에 계약상 채무의 존부나 범위에 관하여 다툼이 있는 경우, 그로 인한 법적 불안을 제거하기 위해 보험회사는 먼저 보험수익자를 상대로 소극적 확인의 소를 제기할 확인의 이익이 있다.[4]

3) 현재 진행 중인 소송절차 내에서 재판되는 것이 예정되어 있는 사항에 관하여 별개의 소로서 확인을 구하는 것은 권리보호의 필요가 없다. 예컨대 소송대리권의 존재 여부는 그 소송절차 안에서 심판하고 종국판결의 이유나 중간판결에서 판단하면 충분하므로 별소에 의한 확인은 허용되지 아니하고,[5] 그 밖의 소송요건

확인의 이익이 없으며(大判 2017. 10. 12, 2017 다 17771; 2019. 3. 14, 2018 다 281159), 甲 소유의 부동산에 乙 명의의 소유권이전등기청구권가등기가 마쳐진 후 가압류등기를 마친 丙이 乙의 가등기가 담보목적 가등기인지 확인을 구한 사안에서, 만약 위 가등기가 담보가등기임에도 乙이 청산절차를 거치지 않고 본등기를 마친다면 丙은 甲을 대위하여 본등기의 말소를 구하고 자신의 가압류등기를 회복시킬 수 있다는 점에서 丙의 청구에 확인의 이익을 인정할 수 없다고 하였다(大判 2017. 6. 29, 2014 다 30803).

1) 소유권에 관하여 大判 1965. 5. 25, 65 다 256; 2016. 5. 24, 2012 다 87898. 소유권이전등기청구권에 관하여 大判 1995. 10. 12, 95 다 26131; 2004. 3. 12, 2003 다 49092; 같은 취지에서 독립당사자참가인이 전속계약상의 소속사 지위를 원고로부터 인수하였다고 주장하면서 자신과 피고 사이의 전속계약의 존재확인을 구하지 않고 원고에게 원·피고 사이에 전속계약이 존재하지 않는다는 확인을 구할 확인의 이익이 없다고 하였고(大判 2012. 6. 28, 2010 다 54535, 54542), 원고가 피고에 대해 골프장 회원지위의 확인을 구하고, 참가인이 원고에 대해서는 회원권에 대한 권리부존재확인을, 피고에 대해서는 회원권에 관한 권리확인 및 회원권 양도를 원인으로 한 명의개서절차의 이행을 구하는 경우는 설령 원고에 대한 확인의 소에서 참가인이 승소판결을 받는다고 해도 원고에 대한 참가인의 권리가 확정되는 것도 아니고 판결의 효력이 제3자에게 미치는 것도 아니라는 점에서 확인의 이익이 없다 하였다(大判 2014. 11. 13, 2009 다 71312, 71329, 71336, 71343).

2) 상표권에 관하여 日最判 1964. 11. 26, 民集 18. 9. 1990 참조.

3) 大判 1984. 3. 27, 83 다카 2337(매수인의 대리인이 대리권을 남용하여 매수인과 매수인외 2인 이름으로 이전등기를 한 경우에, 위 2인에 대한 각 1/3 지분권 이전등기말소 및 부존재확인청구를 한 경우).

4) 大(全)判 2021. 6. 17, 2018 다 257958, 257965(이 전원합의체판결의 반대의견에 의하면 보험계약자, 피보험자, 보험수익자 등이 보험사고 여부나 보험금의 범위에 관하여 다툰다는 사정만으로 보험회사가 보험계약자 등을 상대로 제기한 소극적 확인의 소는 특별한 사정이 없는 한 국가적·공익적 측면에서 형평에 반하는 소송제도의 이용에 해당하여 확인의 이익이 없다고 한다).

5) 日最判 1953. 12. 24, 民集 7. 1644.

의 존재 여부에 관한 다툼도 마찬가지이다.

4) 확인의 소의 특수형태인 중간확인의 소(264)에서는 권리보호의 필요를 따로 증명할 필요가 없다. 왜냐하면 이 경우에는 소송상태로부터 이미 권리보호의 필요가 있다는 것이 나타나고 있기 때문이다.[1)]

5) 신분관계 또는 단체의 대표기관인 지위에 다툼이 있는 때에는 이로부터 다수의 이해관계인에 걸쳐 여러 가지 분쟁이 파생될 것으로 예상되고, 또 그 분쟁은 이해관계인 사이에 획일적으로 해결될 것이 필요하므로, 그 신분 또는 지위관계에 관한 확인을 구하는 소는 그 판결의 효력이 미치는 당사자 사이에서는 권리보호의 필요가 있다.[2)] 예컨대 종교단체의 대표자임의 확인청구[3)] 따위가 그러하다. 이 경우 분쟁을 해결하는 가장 유효적절한 수단이 되기 위하여서는 단체 자체를 피고로 하여야 한다. 왜냐하면 단체 구성원 개인을 피고로 할 경우에는 단체에게 판결의 효력이 미치지 아니하므로(218 I), 분쟁을 근본적으로 해결하는 유효적절한 수단이 될 수 없기 때문이다. 따라서 종중 대표자라고 주장하는 사람은 종중을 상대로 대표자 지위의 적극적 확인을 구하여야 한다.[4)] 또한 법인의 임원선임결의의 무효·부존재를 이유로 임원취임등기의 무효를 주장하는 사람은 그 등기의 원인이 되는 임원선임결의의 무효 또는 부존재확인의 소를 제기하여야 하며(非訟 64, 66 I, 234 I ②, II 참조), 임원취임등기의 무효확인을 구하는 소를 제기할 것이 아니다.[5)]

4. 當事者適格

확인의 소에서는 앞에서 말한 청구적격과 권리보호의 필요가 특정한 원고와 피고 사이의 분쟁에 관하여 그 해결의 필요성과 특정한 소송물에 대한 확인판결의 해결방법으로서의 적절성을 문제로 삼고 있기 때문에, 그러한 의미의 확인의 이익이 인정될 때에는 당사자적격도 있는 것이 원칙이다. 그리하여 당사자적격의 문제

---

1) Rosenberg, §98 Ⅲ 4 b); Bruns, Rdn. 131 e.

2) 新堂, 182면.

3) 日最判 1969. 7. 10, 民集 23. 8. 1423.

4) 大判 1998. 11. 27, 97 다 4104; 2015. 2. 16, 2011다 101155; 2011. 2. 10, 2006 다 65774; 2018. 3. 15, 2016 다 275679(피고 개인을 상대로 A회사의 사내이사의 지위에 있지 아니하다는 확인판결을 받아도 그 확인판결은 A회사에 미치지 아니하므로 이사 지위에 관한 분쟁을 근본적으로 해결하는 유효적절한 수단이 될 수 없어 확인의 이익이 없다고 한다).

5) 大判 2006. 11. 9, 2006 다 50949.

는 확인의 이익의 판단에 포함되어 버린다.[1)]

Ⅴ. 形成의 訴의 利益

1. 總 說

형성의 소는 법률이 규정한 경우에만 허용되고, 법률이 그러한 형성의 소를 인정하고 있다는 사실 자체에 의하여 이미 소의 이익이 인정된다는 판단을 한 것으로 풀이되므로, 소의 이익이 문제되는 경우는 드물다. 그러나 형성의 소에 관하여도 예외적으로 권리보호의 필요가 부정되는 수가 있다.

2. 請求適格

형성의 소는 형성소권(Gestaltungsklagerecht)에 관하여만 허용된다. 형성권에는 두 가지 종류가 있다. 그 하나는 당사자의 일방적 의사표시에 의하여 법률관계를 변동시킬 수 있는 것으로서 해제권·취소권·상계권 등이 그것이다. 이러한 형성권은 확인의 소의 대상은 될 수 있으나, 형성의 소의 대상은 되지 못한다. 다른 하나는 법원으로 하여금 형성요건의 존재 여부를 심리하게 한 뒤에 판결에 의하여 비로소 법률관계를 변동시킬 수 있는 것이다. 이것은 소를 통하여서만 법률관계를 변동시킬 수 있는 형성권으로서 이를 형성소권이라 부르기도 한다. 이 형성소권만이 형성의 소의 대상이 될 수 있다.

3. 權利保護의 必要

형성의 소는 법정의 경우에만 인정되므로 법규가 이를 인정하고 있는 경우에는 원칙적으로 권리보호의 필요가 있다.[2)] 그러나 드물기는 하지만 예외적으로 권리보호의 필요가 부정되는 경우가 있다.

1) 소송 전 또는 소송 중의 사정의 변화에 의하여 형성의 필요가 없게 된 경

---

1) 당사자적격이 독립적인 의미를 가질 여지가 있음을 역설하는 견해로서는 新堂, 181면 참조.

2) **토지경계확정의 소**는 인접한 토지의 경계가 불분명하여 그 소유자들 사이에 다툼(예컨대 지적도의 기점을 잘못 선택하는 등 기술적인 착오로 지적도상 경계가 진실한 경계선과 다르게 작성되었다는 다툼을 포함)이 있다는 것만으로 권리보호이익이 인정된다(大判 2021. 8. 19, 2018 다 207830).

우에는 권리보호의 필요가 없다.

i) 형성판결에 소급효가 인정되지 않고 장래에 향하여만 형성의 효과가 발생하는 경우에는 형성의 대상이 소멸하면 권리보호의 필요가 소멸한다. 예컨대 이혼소송중에 협의이혼이 성립하거나 또는 부부의 한 쪽이 사망한 경우, 또는 회사설립무효 또는 취소의 소송중에 회사가 해산한 경우[1]가 그러하다. 또 이사선임의 주주총회결의취소소송의 계속중에 그 이사가 퇴임한 경우에도 권리보호의 필요가 없는 것이 원칙이다.[2] 그리고 채권자가 채무자의 부동산에 관한 사해행위를 이유로 수익자를 상대로 사해행위취소를 청구하는 경우에 그 법률행위가 해제 또는 해지되어 원래의 재산상태로 이미 복귀되었다면, 그 채권자취소소송은 권리보호의 이익이 없다.[3]

ii) 다만 형성판결이 소급효를 가지는 경우에는 형성대상이 소멸하여도 권리보호의 필요가 소멸되지 않는 일이 많다. 예컨대 협의이혼으로 혼인관계가 해소된 경우에도 혼인무효확인청구(형성의 소로 볼 경우)는 권리보호의 필요가 있다.[4]

iii) 주주총회결의의 형식적 흠을 원인으로 하여 결의취소의 소를 제기한 경우에 회사에서 형식적 흠이 없는 새로운 결의를 하면 결의취소의 소의 권리보호의 필요가 있는가가 문제된다. 도이칠란트에서는 이 경우 권리보호의 필요가 없는 것으로 법정하였다(獨株 244). 우리나라에서도 마찬가지로 풀이하여야 할 것이다.[5]

2) 원고가 형성의 소에 의하지 않고 더 간편한 방법으로 같은 목적을 달성할 수 있는 경우에도 권리보호의 필요가 없다. 예컨대 피고가 원고에 의하여 요구되는 법률효과의 발생에 협력할 용의가 있어서 소가 필요 없는 경우가 그러하다.[6] 마찬가지로 다른 권리구제절차에 의하는 것이 더 효과적인 경우에도 권리보호의 필요가 없다. 예컨대 지상물을 철거할 것과 이에 응하지 않으면 대집행한다는 내용의 계고처분을 하고 그에 따라 대집행이 완료된 경우에는, 철거명령의 위법을 이유로

---

1) 일본판례는 반대이다. 日最判 1938. 12. 24, 民集 17. 2721(회사의 계속, 청산인의 선임방법에 차이가 있다. 합명회사가 문제).

2) 日最判 1970. 4. 2, 民集 24. 4. 223.

3) 大判 2008. 3. 27, 2007 다 85157; 2013. 5. 9, 2011 다 75232; 大(全)判 2015. 5. 21, 2012 다 952.

4) 大判 1978. 7. 11, 78 므 7.

5) 大判 1995. 2. 24, 94 다 50427; 2024. 7. 11, 2024 다 222861("주식회사가 적법한 절차에 따라 소집, 의결한 주주총회에서 하자 있는 종전의 결의를 그대로 추인하거나 재차 동일한 안건에 대한 결의를 한 경우에는 … 특별한 사정이 없는 한 설령 종전의 결의에 어떠한 하자가 있었다고 할지라도 종전의 하자 있는 결의에 대하여 부존재나 무효확인 또는 그 취소를 구할 소의 이익이 없다").

6) Grunsky, S. 396.

손해배상을 구함은 모르되 계고처분의 취소청구는 권리보호의 필요가 없다.[1] 집행법상의 각종의 불복신청도 집행이 종료된 뒤에는 권리보호의 필요가 없다.

제 4 관 訴의 利益의 訴訟上 取扱

1) 소의 이익은 소송요건 중의 하나이다(통설). 그러므로 소의 이익은 본안심리 및 본안판결의 요건이고 그 존재 여부는 직권으로 조사하여야 하며, 소의 이익이 없을 때에는 소는 부적법하므로 판결로 이를 각하하여야 한다(통설). 이것은 소송판결의 하나이다. 현재의 대법원판례도 이와 같다.[2]

이와는 달리 일찍이 유력하였던 **권리보호청구권설**에서는 소권이란 승소판결을 소구하는 권리(권리보호청구권)로 보고, 소의 이익은 사법상의 권리의 존재와 함께 원고의 권리보호청구권의 요건으로 풀이하여, 소의 이익이 없는 때에는 청구기각의 판결을 하여야 하고, 소각하의 판결을 하여서는 안 된다고 하였으며, 사법상의 권리의 부존재가 먼저 판명된 때에는 소의 이익의 존재 여부에 관한 판단을 제쳐 두고 곧바로 청구기각의 판결을 할 수 있다고 하였다.

그리고 도이칠란트의 통설은 소의 이익을 소송요건의 하나로 보고 있으면서도, 다른 소송요건과는 달리 소의 이익의 경우에는 본안에 관한 심리·판단을 하기 전에 반드시 그 존재 여부를 먼저 심리할 필요는 없고, 실체법상의 권리의 부존재가 먼저 밝혀진 경우에는 실체법상의 이유에 의하여 그 청구를 기각할 수 있다고 한다.[3] 다만 소의 이익의 흠과 청구의 이유 없음이 모두 판명된 때에는 소를 부적법각하하여야 한다고 한다.[4]

우리나라에도 소의 이익의 존재가 아직 판명되지 아니한 채 실체법상 원고의 청구가 이유 없음이 명백하여지면 청구기각의 본안판결을 내려도 무방하다는 견해가 있고,[5] 대법원판례도 초기에는 소의 이익이 없는 경우에 청구기각의 판결을 선고하여야 한다고 판시한 것이 있었다.[6]

2) 생각건대 소의 이익은 청구의 내용과 밀접한 관련이 있고, 그 점에서 다른 소송요건과 구별되는 것이 사실이다. 그러므로 이를 다른 소송요건과 구별하여 취급하는 도이칠란트의 통설은 상당한 근거를 가진다. 그러나 논리적으로는 소의 이익도 다른 소송요건과 똑같이 소가 적법하기 위한 요건 가운데 하나이므로, 본안

1) 大判 1993. 6. 8, 93 누 6164.
2) 大判 1980. 12. 23, 79 수 1; 2006. 3. 9, 2005 다 60239; 2024. 6. 13, 2018 다 261322.
3) Grunsky, S. 391 f.; Jauernig, §35 I.
4) Jauernig, §35 I.
5) 金/姜, 290면.
6) 大判 1955. 9. 6, 4288 行上 59.

에 들어가서 청구의 당부에 관한 판단을 하기에 앞서서 그 존재가 확정되지 않으면 안 된다. 그렇다면 소의 이익의 유무는 청구의 이유유무에 관한 본안판단에 앞서서 이를 심리하여야 하고, 그것이 없을 때에는 소를 부적법하다고 하여 각하하여야 한다는 통설·판례의 입장이 타당하다고 생각된다.[1]

제 5 관 訴의 利益에 대한 批判

소의 이익은 그것이 없는 경우에는 소를 부적법하다고 하여 각하시키는 기능을 하고 있고, 그것은 보통의 소송요건과는 달리 별개의 독립된 기능을 가지고 있는 것으로 이해되어 왔다. 그런데 최근에 소의 이익이 가지는 이러한 기능에 회의를 품고, 일반적인 소송요건 이외에 따로 소의 이익이라는 개념을 인정할 필요가 없다는 다른 견해가 주장되고 있다.

1) 이러한 반론의 대표자는 '알로리오'(Allorio) 교수이다. 그에 의하면 소의 이익(권리보호의 필요)의 이론은 전혀 필요하지 아니할 뿐만 아니라, 도리어 유해하다고 한다. 법률이 어떠한 소송행위를 규정하고 있으면 그 소송행위는 적법한 것이므로, 더 나아가 그 행위가 적법하기 위한 요건 또는 이익을 따질 필요가 없다고 한다. 즉 법률이 일정한 보호를 주려고 규정하고 있으면, 거기에는 이미 권리보호의 이익 또는 필요가 존재한다는 점에 관한 가치판단이 포함되어 있으므로, 그 보호에 관한 이익을 새삼스럽게 문제로 삼는 권리보호의 필요의 이론은 불필요하다고 한다.[2] 예컨대 현재의 이행의 소에 관하여 보면 채권이 존재하고 기한을 넘겼으면 바로 권리보호의 필요가 인정되는 것이고, 그렇지 아니한 경우(채권이 존재하지 않고 기한을 넘기지 아니한 경우)에는 이유구비성이 없는 것이므로, 채권의 존재와 기한의 도래는 권리보호의 필요가 아니라 본안의 문제에 속하고, 형성의 소에 관하여는 법률상태의 변동이 소송(형성판결)에 의하여 이루어진다는 사실 자체에 권리보호의 필요가 포함되어 있으므로, 그것은 독자적인 소송상의 요건이 아니라 실체권의 한 측면에 지나지 않는다고 한다. 끝으로 확인의 소에 관하여도 권리가 불확실한 경우에 확인의 이익이 있다는 종래의 견해를 반박하면서, 불확실하지 아니한 권리에 관하여도 기판력을 얻기 위하여 확인판결이 가능하다고 하고, 불확실하지 아니한 권리에 관하여 확인판결을 내릴 수 없다고 하면 그것은 원고에게 확인의 이익이 없기 때문이 아니라, 원고의 이익이 법관의 활동을 요구할 만큼 중대한 것으로 인정되지 않기 때문이고, 결국 그 이익은 권리로 인정될 정도에 이르지 않았기 때문이라고 한다. 이처럼 '알로리오'는 종래 소의 이익의 문제로 다루어 오던 것을 본안의 이유구비성의 문제로 풀이하거나 또는 항상 소의 이익이 있는 것으로 풀이함

1) 당사자적격이 없는 부적법한 소를 각하하지 않고 청구기각을 하여도 청구의 본안에 기판력이 생기는 것은 아니라는 판례는 大判 1993. 7. 13, 92 다 48857.

2) Allorio, Rechtsschutzbedürfnis, ZZP 67, 321 ff.

으로써, 소의 이익의 흠으로 권리보호가 부정되어야 할 경우는 없는 것으로 결론짓고 있다.[1)]

소의 이익의 개념에 대한 또 하나의 비판은 그 개념이 불명확하여 소송절차를 불확실하게 한다는 것이다.[2)]

2) 생각건대, '알로리오'의 비판은 소의 이익이 꼭 필요한 분야가 어느 것인가를 음미할 수 있는 기회를 제공한 공적이 있다. 그러나 소의 이익이라는 개념이 수행할 기능이 전혀 없다고 하는 주장은 지나치다. 예컨대 소송비용의 지급을 구하는 이행의 소를 제기한 경우에는 이행청구권이 존재하고 이행기를 넘겼음에도 불구하고 권리보호의 필요가 없는 것이므로, 소의 이익이라는 개념은 역시 필요한 개념이고 민사소송에서 중요한 기능을 수행한다는 점을 긍정하지 않을 수 없다. 그리고 소의 이익이라는 개념이 불확실하기는 하지만, 이것은 일반조항이 가지는 숙명일 것이다.[3)]

제 4 절 請求의 當否

소송요건이 구비되어 소가 적법한 것으로 인정되는 경우에는 법원은 나아가 원고가 소로써 구하는 청구의 당부에 관하여 심리하게 된다. 청구의 당부야말로 원고가 바라는 본래의 안건이므로 이에 관한 판결, 즉 원고의 청구가 정당하다고 인정하는 청구인용판결과 그것이 부당하다고 배척하는 청구기각판결을 본안판결이라고 하고(청구의 일부인용 · 일부기각의 판결도 같다), 이에 관한 심리를 본안심리라고 한다.

이처럼 본안심리 및 본안판결의 대상이 되는 것은 소송상의 청구, 즉 소송물이다. 소송물의 개념과 그 동일성의 결정기준에 관하여는 이미 앞에서 설명하였다. 이 본안심리는 논리정연성(Schlüssigkeit)과 이유구비성(Begründetheit)의 두 단계를 거쳐 이루어진다. 논리정연성이 없는 경우에는 원고의 주장사실의 진위를 따질 필요도 없이 청구기각의 판결을 한다(주장 자체로 이유가 없다). 논리정연성이 있는 경우에 비로소 원고의 청구가 이유 있는가 없는가, 즉 원고주장사실의 진위에 대하여 본격적인 심리에 들어간다. 이 부분의 심리가 가장 중요한 것임은 말할 나위도 없고, 앞으로 설명하는 심리의 내용도 주로 이에 관한 것이다(소송요건의 심리도 마찬가지이지만).

---

1) 오스트리아의 '뵘'(Böhm)도 비슷한 주장을 하고 있다. Böhm, Die Lehre vom Rechtsschutzbedürfnis, *Österr. JBL*, 1974. 1. 참조.

2) Stein/Jonas(Leipold), Bem. Ⅷ 3(Rdn. 231), vor §128; Blomeyer, §30 X.

3) Zeiss, §43 Ⅲ. 참조.

제 3 장 審理의 內容

제 1 절 總 說

1) 소송의 심리는 소에 대한 응답, 즉 판결을 하기 위하여 그에 필요한 여러 가지 자료를 수집하는 것을 그 내용으로 한다. 소에 대한 응답으로서의 판결은 소송요건의 존부와 청구의 당부에 관한 결론적 판단인데, 이것은 원고가 소를 제기하였을 때 바로 가능한 것이 아니고, 사건에 관한 여러 가지 자료, 특히 사건에 관한 사실과 증거를 수집하고 이를 정리한 연후에야 가능한 것이다. 심리는 이들 필요한 자료를 수집하는 단계를 말하며, 판결을 준비하는 절차로서 기능한다. 소송의 심리는 변론과 증거조사의 두 부분으로 구성된다. 변론(mündliche Verhandlung)이라 함은 당사자가 사건에 관한 사실을 주장하고 증거를 제출하는 행위를 가리키고, 증거조사(Beweisaufnahme)라 함은 법원이 당사자에 의하여 제출된 증거를 조사하여 당사자가 주장한 사실의 진위(眞僞)를 판정하는 행위를 가리킨다. 따라서 소송의 심리는 소송주체의 행위를 기준으로 하여 보면, 당사자의 변론과 법원의 증거조사의 두 부분으로 이루어지는 것이다.

2) 이른바 현대형 소송의 등장은 소송의 심리에 관한 전통적인 이론에 대하여 여러 가지 반성을 강요하고 있다. 우선 변론에 관련한 문제로서는 전통적인 변론주의, 특히 주요사실과 간접사실의 준별에 대한 비판 내지 의문이 제기되고 있고, 석명의무의 강화가 강조되고 있다. 다음 증거조사에 관련된 문제로서는 증명의 정도를 둘러싸고 공해소송에 관하여 개연성설과 역학적 증명의 이론이 주장되고 있고, 증명책임을 둘러싸고 규범설에 대한 비판과 아울러 증명방해, 모색적 증명, 표현증명 내지 일단(일응)의 추정, 간접반증, 증명책임전환의 이론이 역설되고 있으며, 나아가 사안해명의무의 이론까지 주장되고 있다. 우리는 이들 새로운 이론이 제시하는 문제점을 겸허하게 받아들이고 그 해결책을 모색하여야 한다.

제 2 절 辯　　論

제 1 관 總　　說

Ⅰ. 辯論의 槪念

1) 변론 또는 구술변론(mündliche Verhandlung)이라는 말은 여러 가지 의미로 사용된다. 가장 좁은 의미로는 당사자가 마주앉아 수소법원에 소송자료, 즉 사실과 증거를 제출하는 행위를 가리키며, 구체적으로는 당사자가 본안의 신청을 하고, 이를 뒷받침하는 공격·방어방법(법률상의 진술, 사실상의 진술, 증거의 신청)을 제출하고, 그 밖의 진술을 하는 것을 말한다(134, 219, 272). 이 의미의 변론은 당사자의 소송행위만을 뜻한다. 이보다 조금 넓은 의미로는 위에서 말한 당사자의 소송행위 외에 법원의 증거조사까지 포함하는 의미로 쓰인다(135, 148, 159, 207). 가장 넓은 의미로는 당사자의 소송행위, 법원의 증거조사뿐만 아니라, 법원의 소송지휘, 판결의 선고까지 포함하는 뜻으로 사용된다(141, 142, 152, 154, 158, 204). 이처럼 변론은 소송행위의 측면에서 파악되지만, 그것이 가장 넓은 의미로 쓰일 때에는 소송행위의 절차 또는 소송심리의 방식 자체를 의미하게 된다.[1)]

2) 변론은 당사자 양 쪽을 대립·관여시키는 형식으로 행하여지므로, 이러한 대립구조를 취하지 않고 관계인에 대하여 아무런 방식 없이 개별적으로 서면 또는 말(구술)에 의한 진술의 기회를 주고 이를 청취하는 것을 심문이라고 하여 이와 구별한다(134 Ⅱ). 심문은 아무리 여러 번 반복하여도 변론으로 되지 아니한다.

Ⅱ. 辯論의 必要性

민사소송법은 원칙적으로 변론에 의하여 재판할 것을 규정하고 있다(134 Ⅰ). 이처럼 변론의 필요성을 규정한 것은 오랜 역사적 경험의 결과이다. 앞에서 설명한 공

1) 金/姜, 400면; 新堂, 412면; 中野=松浦=鈴木, 196면.

개주의 · 쌍방심리주의 · 구술주의 · 직접주의 등의 여러 원칙은 변론의 방식에 의한 재판으로 가장 잘 시행될 수 있고, 또 변론을 통한 재판방식이 사람들을 가장 잘 설득시킬 수 있는 우수한 심리방법이기 때문이다. 그리하여 민사소송법은 변론을 기본으로 하면서, 필요한 범위 안에서 이를 제한하는 탄력적 운영을 꾀하고 있다.

Ⅲ. 辯論의 種類

변론에는 필수적 변론과 임의적 변론이 있다.

1. 필수적 변론(notwendige od. obligatorische Verhandlung)

1) 이것은 변론을 여는 것이 법률상 요청되는 경우이며, 두 가지 내용을 가진다. 즉, 변론을 열지 않으면 판결을 할 수 없고, 변론에서 진술되거나 또는 이에 현출된 것(직권증거조사의 결과, 수명법관 · 수탁판사에 의한 증거조사의 결과)만이 재판자료로 된다고 하는 것이다. 소 또는 상소에 대하여는 종국판결로 응답하여야 하는데, 이처럼 판결로 재판할 경우에는 원칙적으로 필수적 변론에 의하여야 한다(134 I).

2) 필수적 변론의 원칙에 대하여는 변론을 열지 않고도 종국판결을 할 수 있는 예외가 인정되고 있다. 이러한 예외는 i) 피고가 공시송달이 아닌 방법으로 소장부본을 송달받은 날로부터 30일 이내에 답변서를 제출하지 아니하거나, 청구의 원인이 되는 사실을 모두 자백하는 취지의 답변서를 제출하여 변론 없이 판결(무변론판결)을 하는 때(257), ii) 소송요건이나 상소요건에 보정할 수 없는 흠이 있어 소 또는 상소를 각하하는 판결을 하는 때(134 Ⅲ, 219, 124, 413, 425), iii) 원칙적으로 서면심리에 의하여 판결을 하는 상고심(430 I)(소송관계를 분명히 하기 위하여 변론을 열어 참고인의 진술을 듣는 경우를 제외, 430 Ⅱ), iv) 소송비용담보제공의 결정을 받고도 소정기간 안에 담보를 제공하지 아니하여 각하판결을 하는 때(124), v) 소액사건에서 소송기록에 의하여 청구가 이유 없음이 명백하여 청구기각의 판결을 하는 때(少審 9 I) 등에 인정된다. 이러한 경우에는 굳이 번거롭게 변론을 열 필요가 없기 때문이다.

3) 변론을 열고서도 서면상의 진술을 재판의 기초로 할 수 있는 예외적인 경우도 있다. 이것은 당사자 한 쪽이 변론기일에 출석하지 아니하거나 출석하여도 본

안변론을 하지 아니하는 때에 그가 제출한 소장·답변서, 그 밖의 준비서면에 적은 사항을 진술한 것으로 보는 경우(148)에 인정된다. 이것은 당사자의 결석에 대처하기 위한 것이다.

2. 임의적 변론(freigestellte od. fakultative Verhandlung)

1) 이것은 변론을 여는 것이 법원의 재량에 속하는 경우이다. 결정으로 재판할 사건은 신속한 처리가 요청되므로 변론을 열 것인가 아닌가는 법원의 재량에 맡겨져 있다(134 I 但). 그리하여 이를 임의적 변론이라고 부른다. 임의적 변론에 의할 사건의 예로서는 관할의 지정(28), 제척·기피신청에 대한 재판(46), 특별대리인의 선임(62), 소송비용액의 확정(110, 113, 114), 판결의 경정(211), 항고법원의 재판(134 I 但) 등을 들 수 있다. 이 경우에는 변론을 열더라도 그것은 서면심리를 보충하기 위한 것에 지나지 아니하므로, 당사자가 제출한 서면은 변론에 의한 자료와 동격으로 재판자료가 된다. 다만 결정사건이라도 판결절차의 심리 자체 안에서 행하여지는 것(예컨대 소송능력에 흠이 있는 경우의 보정명령, 59; 소송비용담보제공결정, 120; 석명처분, 140; 변론의 제한·분리·병합, 141; 실기한 공격방어방법의 각하, 149; 청구변경의 불허가, 263; 문서제출명령, 347 등)은 당연히 변론에 의하여 심리·재판된다.

2) 변론을 열지 않는 경우에는 소송기록에 의하여 서면심리만으로 재판할 수 있다. 그러나 이 경우에도 법원은 서면심리를 보충하기 위하여 당사자, 이해관계인, 그 밖의 참고인을 심문할 수 있다(134 II). 심문(審問; Gehör)이라 함은 당사자, 그 밖의 이해관계인에게 일정한 방식 없이 서면 또는 말로 진술할 기회를 주는 절차를 말한다. 심문은 기일을 정하여 당사자에게 통지할 필요도 없고, 또 절차를 공개할 필요도 없으며, 또 당사자 한 쪽 또는 당사자 이외의 이해관계인 등에게만 그 기회를 주어도 되는 점에서 변론과 다르다. 심문의 여부는 법원의 재량이지만, 한편으로는 심문이 요구되는 경우가 있고(예컨대 인수승계결정시 당사자와 제3자 심문, 82; 증언거부재판시 당사자심문, 317; 제3자에 대한 문서제출명령시 제3자 또는 그가 지정하는 사람의 심문, 347 III; 그 밖에 民執 167, 232, 262 등), 다른 한편으로는 심문이 금지되는 경우가 있다(지급명령, 467; 압류명령, 民執 226).

2021년 민사소송법 개정으로 재판장·수명법관 또는 수탁판사는 상당하다고 인정하는 때에는 당사자의 신청 또는 동의가 있는 경우 비디오 등 중계장치에 의한 중계시설을 통하거나 인터넷 화상장치를 이용하여 **심문기일**을 열 수 있게 되었다(287의2 I)(2021. 8. 17. 법률 제18396호, 2021. 11. 18.부터 시행).[1)]

---

1) 이러한 심문기일은 당사자가 그 기일에 출석하여 진행된 것으로 보며, 그 절차와 방법 등에 관해서는

3) 임의적 변론에 의한 사건에서는 변론을 열지 않는 경우는 물론, 변론을 여는 경우에도 재판의 형식은 결정인 것이 원칙이다.[1)]

제 2 관 辯論의 準備

Ⅰ. 辯論의 準備의 必要性

변론기일에 변론을 신속하고 완전하게 실시하기 위해서는 이에 대한 사전의 준비가 필요하다. 이러한 변론준비의 제도로서는 준비서면과 변론준비절차의 두 가지가 규정되어 있다. 변론주의에서는 상대방의 대응태도에 따라 주장·증명의 내용이 달라지므로, 서로 사전에 상대방의 주장·증명의 내용을 알고 이에 대한 응답의 준비를 하고 변론에 임하는 것이 필요하다. 준비서면은 각각의 주장·증명의 내용을 기재한 서면으로서, 기일 전에 이를 제출·교환케 함으로써 사전에 이에 대한 응답의 준비를 하게 하는 제도이다. 변론준비절차는 여기에서 한 걸음 더 나아가 사전에 쟁점을 명확히 하고 필요한 자료를 정리하기 위한 절차이다. 우리나라에서는 과거에 변론준비제도로서 '준비절차'의 제도가 있었으나 거의 운용되지 아니 하였다. 그리하여 2002년 민사소송법은 피고에게 답변서제출의무를 부여하고 (256), 서면에 의한 변론준비절차와 변론준비기일로 이루어지는 '변론준비절차'를 원칙적으로 거치도록 하였다. 그러나 2008년 개정법은 다시 변론준비절차를 임의적인 것으로 고쳤다(258).

민사소송규칙 제73조의3(영상기일의 실시)을 준용한다(287의2 Ⅲ).

1) 과거에 보전처분(가압류·가처분)신청사건에서는 변론을 열 것인가 여부를 법원의 재량으로 하면서도 일단 변론을 연 경우에는 판결로 재판하도록 하였다(舊民執 280 Ⅰ, 281 Ⅰ, 301). 그러므로 이 경우의 변론은 필수적 변론의 성질을 가진다고 풀이 되었다(보전처분신청사건에서는 판결로 재판할 것인가, 결정으로 재판할 것인가가 법원의 재량에 맡겨져 있었다). 또한 보전처분에 대한 불복절차인 이의·취소절차에서는 반드시 변론을 열어 판결로 재판하였다(舊民執 286 Ⅱ, 288 Ⅱ, 301). 그러나 보전처분절차를 판결절차로 운영하는 것은 신속한 권리구제를 꾀하는 데 장애가 되었다. 그리하여 개정민사집행법(2005. 1. 27, 법률 제7358호)은 보전처분의 발령절차에서든 이의·취소절차에서든 변론의 유·무와 관계없이 모두 '결정'으로 재판하도록 하였다(民執 281 Ⅰ, 286 Ⅲ, 288 Ⅲ, 301).

Ⅱ. 準備書面

1. 意 義

1) 준비서면(vorbereitende Schriftsätze)이라 함은 당사자가 변론에서 진술할 사항을 기재하여 법원에 제출하는 서면을 말한다. 이것은 변론에 앞서 변론의 내용을 상대방에게 예고하고 법원에게 알려, 변론을 효율적으로 만드는 기능을 가진다.

2) 준비서면인지 아닌지는 서면의 내용에 의하여 정하여지며, 그 표제에 따라 좌우되는 것은 아니다. 그리하여 소장·상소장에 임의적 기재사항으로서 공격·방어방법이 적혀 있으면 그 한도 안에서는 준비서면의 성격을 가지고 (249 Ⅱ·398), 반대로 준비서면에 기일지정의 신청, 수계신청 등이 적혀 있으면 그 부분은 준비서면이 아니고 신청으로서의 효력을 가진다. 준비서면 가운데서 피고나 피상소인이 본안의 신청을 기재하여 최초로 제출하는 것을 특히 답변서라고 부른다. 2002년 민사소송법은 답변서 제출단계에서 피고의 다툴 의사를 확인하고 변론을 준비하게 하기 위하여, 피고에게 답변서제출의무를 부과하고 있다(256).

2. 準備書面의 記載事項

1) 준비서면의 기재사항은 법률에 규정되어 있다(274). 그것은 i) 누가 언제 어느 사건에 관하여 이를 제출하는가에 관한 형식적 사항(당사자의 성명·명칭 또는 상호와 주소, 대리인의 성명과 주소, 사건의 표시, 작성한 날짜, 법원의 표시 등)과, ii) 자기가 제출하려고 하는 공격·방어방법(법률상·사실상의 진술 및 증명을 위한 증거방법 등), 상대방의 청구와 공격·방어방법에 대한 진술(부인, 증거항변) 및 부속서류의 표시 등이다(274 Ⅰ).[1] 신법에서는 변론의 쟁점을 명확히 하고 심리의 효율을 높이기 위하여, 사실상의 주장을 증명하기 위한 증거방법과 상대방의 증거방법에 대한 의견(서증의 인부 등)을 반드시 적도록 하였다(274 Ⅱ).[2] 구 민사소송규칙의 내용을 반

1) 2016. 9. 30 개정 민사소송규칙에 의하면 준비서면의 분량은 재판장등과 당사자 사이에 다른 합의가 없는 한 30쪽을 넘어서는 안되며, 재판장등은 이를 어긴 당사자에게 30쪽 이내로 줄여 제출하도록 명할 수 있다(民訴規 69의 4 Ⅰ, Ⅱ).

2) 준비서면에 증거방법을 표시하거나 증거의 신청을 기재한 경우에 그 부분이 준비서면에 해당하느냐 않느냐가 문제된다. 단순히 증거방법을 표시한 데 그치는 경우에는 준비서면으로서의 기능에 반하지 않는다(獨民訴 130 ⑤ 참조). 그런데 증거방법의 표시에 그치지 않고 한 걸음 더 나아가 증거의 신청까지 기재

영한 것이다(舊民訴規 54).

2) 준비서면에는 당사자 또는 대리인이 기명날인 또는 서명[1]하여야 한다(274 Ⅰ).[2] 당사자가 가지고 있는 문서로서 준비서면에 인용한 것은 준비서면에 그 등본을 붙여야 하고, 문서의 일부를 필요로 하는 때에는 초본을 붙이고, 문서가 많을 때에는 그 문서를 표시하면 된다. 상대방이 요구하면 문서의 원본을 보여주어야 한다(275). 외국어로 작성된 문서에는 번역문을 첨부하여야 한다(277).

3. 準備書面의 交換

지방법원 합의부 이상의 절차에서는 변론은 준비서면의 교환에 의하여 준비하여야 한다(272 Ⅰ). 그러나 지방법원 단독판사의 절차는 간소화를 꾀하기 위하여 원칙적으로 준비서면의 교환에 의한 준비가 필요하지 않다. 다만 상대방이 준비하지 아니하면 진술할 수 없는 사항에 관하여는 예외적으로 준비서면에 의한 준비가 요구되고 있다(272 Ⅱ). 여기에서 준비란 예고된 변론내용에 대하여 어떻게 응답할 것인가를 준비하는 것이다.

1) 준비서면의 교환은 법원을 통하여 한다. 따라서 준비서면은 그 기재사항에 대한 상대방의 준비기간을 두고 제출하여야 하며, 법원은 상대방에 그 부본을 송달하여야 한다(273). 민사소송규칙은 새로운 공격방어방법이 적힌 준비서면은 기일 개시 7일 전까지 송달이 가능하도록 제출하여야 한다고 하고 있다(民訴規 69의 3). 상대방의 준비기간을 두지 않고 준비서면이 제출되어 송달되었는데 상대방이 출석하지 아니한 경우, 또는 개정일(開廷日)에 법정에서 준비서면이 제출되어 상대방에게 송달된 경우 등에는 새로운 공격·방어방법을 주장할 수 없다고 새겨야 할 것이다(276 참조).

2) 재판장은 당사자의 의견을 들어 특정한 사항에 관한 주장을 기재한 준비서

되어 있는 경우에 관하여 통설은 그것이 소송상의 신청의 하나라고 하여 그 부분은 준비서면이 아니라고 한다(金/姜, 459면; 新堂, 315면). 그러나 증명이라고 하는 공격·방어방법의 제출은 증거의 신청에 의하지 않을 수 없고(따라서 공격·방어방법에는 증거의 신청을 포함시키는 것이 보통이다), 또 민사소송법 제276조의 '사실'에는 일정한 범위의 증거의 신청을 포함시키는 것이 타당하므로, 준비서면에 증거신청을 기재한 경우에는 한편으로는 신청서로서(161), 다른 한편으로는 공격·방어방법을 기재한 준비서면으로서의 의미를 가진다고 보아야 할 것이다.

1) 2002년 민사소송법은 소송의 편의를 도모하기 위하여 서명도 가능하게 하였다.

2) 날인이 없다고 하여 무효로 되지는 않는다(大判 1978. 12. 26, 77 다 1362).

면의 제출기간을 정할 수 있다(147 Ⅰ). 이를 준비서면제출명령이라고 한다. 구 법하에서는 준비서면제출명령제도를 별도로 규정하였으나(舊民訴 247 Ⅱ), 2002년 민사소송법에서는 법원이 당사자의 의견을 들어 일정한 공격방어방법의 제출시기를 정할 수 있는 재정기간제도(147)가 도입됨에 따라 위 규정을 삭제하고 재정기간제도에 흡수하였다.

3) 준비서면을 여러 차례에 걸쳐 제출함으로써 공격·방어방법의 요지를 파악하기 어려운 경우에 변론종결에 앞서 재판장은 종전의 준비서면을 갈음하는 요약준비서면의 제출을 명할 수 있다(278).[1] 2002년 민사소송법이 구 민사소송규칙상의 제도를 반영한 것이다(舊民訴規 54의 2 참조).

4. 準備書面의 효과

준비서면의 제출 여부에 따라 일정한 이익과 불이익이 따른다.

(1) 提出의 效果

(가) 진술간주 준비서면은 변론을 준비하기 위한 것이요, 변론을 갈음하는 것은 아니므로 이를 제출하는 것만으로는 부족하고, 이를 변론에서 진술하여야만 판결의 기초인 소송자료로 삼을 수 있는 것이 원칙이다.[2] 그러나 준비서면을 제출하였으면, 그 제출자가 변론기일 또는 변론준비기일에 불출석한 경우에도 그 기재사항을 진술한 것으로 볼 수 있다(148, 286).

(나) 자백간주 준비서면에 적은 사항은 상대방이 불출석한 경우에도 이를 주장할 수 있다. 이 경우에는 불출석한 상대방은 준비서면에 적힌 사실을 명백히 다투지 아니하는 것으로 취급된다(150 Ⅲ, 286 Ⅰ).

(다) 실권적 효력의 배제 변론준비기일이 종결되면 공격방어방법의 제출이 제한되는데, 변론준비절차 전에 제출한 준비서면에 적힌 사항은 변론준비기일에서 제출하지 아니하였더라도 변론에서 주장할 수 있다. 다만 변론준비절차에서 철회되거나 변경된 경우에는 그러하지 아니하다(285 Ⅲ).

1) 요약준비서면에는 특정 부분을 참조하는 뜻을 적는 방법으로 소장, 답변서 또는 이미 제출한 준비서면의 전부 또는 일부를 인용하여서는 안된다(民訴規 69의 5).

2) 大判 1960. 9. 15, 4292 民上 96; 1983. 12. 27, 80 다 1302.

(라) 소취하에 대한 동의권 피고가 본안에 관한 사항을 적은 준비서면을 제출한 뒤에는 소의 취하에 피고의 동의를 요한다(266 Ⅱ).

(마) 피고경정에 대한 동의권 피고가 본안에 관하여 준비서면을 제출한 경우에는 피고의 동의를 얻어야 피고를 바꿀 수 있다(260 Ⅰ 但).

(바) 형성권의 효력발생 준비서면에 공격·방어방법으로서 사법상 형성권(예컨대 취소권·해제권)의 행사의 의사표시를 기재하고 그것이 상대방에 송달된 경우에 소송절차의 존속과 관계없이(예컨대 소송이 소의 취하, 소각하 등으로 종료된 때 등) 사법상의 효과가 발생하는가 여부에 대하여 다툼이 있다. 형성권행사의 사법상 효과는 상계권을 제외하고는 원칙적으로 소송절차와 의존관계가 없다고 풀이하여야 할 것이다(자세한 것은 형성권의 소송상 행사에 관한 설명을 참조).

(2) 不提出의 效果

(가) 준비서면에 적지 아니한 효과

① **예고 없는 사실의 주장금지** 제272조에 의하여 준비서면에 의한 변론의 준비가 요구되는 경우(합의사건 및 단독사건 중 상대방이 준비하지 아니하면 진술할 수 없는 사항)에는 준비서면에 적지 아니한 사실은 상대방이 출석하지 아니한 때에는 변론에서 주장할 수 없다. 다만 준비서면의 제출을 요하지 아니하는 단독사건의 경우(272 Ⅱ 本)에는 그러하지 아니하다(276). 따라서 결석한 당사자에 대한 자백간주의 효과도 미리 예고한 사항을 한도로 발생한다. 결석한 상대방은 예고되지 아니한 주장에 대하여는 응답할 기회가 주어지지 아니하였기 때문에 이 사실을 자백한 것으로 간주하는 것(150 Ⅲ, Ⅰ)은 불공평하고 쌍방심리주의의 요청에 반하기 때문이다(다만 변론준비기일에서는 이러한 제한이 없다. 276이 준용되지 않음. 286).

i) 그러나 상대방이 충분히 예상할 수 있는 사항은 예외이다. 왜냐하면 이러한 사실은 그 진술을 허용하여도 불공평하지 않기 때문이다. 상대방의 주장사실에 대한 부인이나 알지 못한다(不知)는 진술은 그 예라고 할 수 있다.

ii) 여기에서 말하는 주장할 수 없는 '사실'에 사실상의 주장 외에 증거의 신청도 포함되는가에 관하여는 다툼이 있다. 증거조사에의 참여와 증거조사의 결과에 대한 진술은 사실인정에 중대한 영향을 미치므로, 당사자로부터 그러한 기회를 박탈하는 것은 공평하지 않다는 이유로, 여기의 사실에는 증거의 신청도 포함된다고 풀이하는 것이 일반적이다(**적극설**).[1] 그러나 상대방이 알고 있거나 충분히 예상할 수 있는 사정이 있으면 증거의 신청을 허용하여도 불공평하지 아니하므로, 이러한 증거신청은 여기의 사실에서 제외된다고 풀이하여야 할 것이다(**절충설**).[1]

iii) 법률상의 진술은 사실에 관한 것이 아니므로 여기에서 말하는 사실에 포함되지 아니한다.

iv) 2002년 민사소송법에 따르면 단독 · 합의사건을 불문하고 답변서를 제출하도록 하고 있고(256), 나아가 변론준비절차를 거치는 경우에는 단독 · 합의사건을 불문하고 준비서면을 교환하여야 하므로(280Ⅰ), 결국 모든 사건이 준비서면에 의한 준비가 필요한 것으로 되었다. 그러나 이것과 제276조의 효과는 별개이다. 따라서 제272조에 의하여 준비서면에 의한 변론의 준비가 필요 없는 단독사건의 경우에는 답변서제출의무가 인정되든, 변론준비절차 때문에 준비서면의 제출이 요구되든, 변론기일에 상대방이 결석한 경우도 준비서면에 적지 아니한 사실을 주장할 수 있다고 풀이된다. 다만 단독사건 중 변론준비절차에 회부되는 사건은 대부분 '상대방이 준비하지 아니하면 진술할 수 없는 사항'(272Ⅱ但)으로서 준비서면에 의한 변론의 준비가 필요한 경우(276)에 해당할 것이다.

② **속행기일의 지정** 상대방이 불출석한 경우 출석한 당사자가 준비서면에 기재되지 아니한 사실을 주장하려면 속행기일의 지정을 구하고, 그 때까지 준비서면을 제출하여야 한다. 이 때 법원은 속행기일의 지정을 하여야 한다. 그렇지 않고 변론을 종결하여 버리면 불출석한 상대방을 그가 출석한 경우보다 더 유리하게 취급하는 결과가 되기 때문이다.

③ **소송비용의 부담** 상대방이 출석한 경우에는 준비서면에 기재되지 아니한 사실 또는 이에 모순되는 사실도 주장할 수 있다(구술주의). 그러나 상대방은 예고를 받지 아니하였기 때문에 즉시 답할 수 없고, 이 때문에 변론의 속행이 필요하게 된 경우에는 그로 인한 소송비용은 그가 승소하더라도 그에게 부담시킬 수 있다(100).

(나) 裁定期間과 失權的 效力 재판장이 기간을 정하여 특정한 사항에 관한 주장을 기재한 준비시면의 제출을 명한 경우(준비서면제출명령)(147Ⅰ)에, 당사자가 이 기간을 넘긴 때에는 정당한 사유를 소명한 경우 이외에는 그 주장을 제출할 수 없다(147Ⅱ).

---

1) 方, 427면; 李英, 265면.
1) 同旨: 李時, 386면; 金/姜, 459면; 日最判 1952. 6. 17, 民集 6. 6. 595.

(다) 답변서제출의무와 변론 없이 하는 판결(무변론판결) 피고는 원고의 청구를 다투는 경우에는 소장부본을 송달(공시송달의 경우는 제외)받은 날로부터 30일 이내에 답변서를 제출하여야 하며(256), 법원은 피고가 답변서를 제출하지 아니한 때에는 청구의 원인이 된 사실을 자백한 것으로 보고 변론 없이 판결할 수 있다(257). 피고가 청구의 원인이 되는 사실을 모두 자백하는 취지의 답변서를 제출한 때에도 마찬가지이다(257Ⅱ).

Ⅲ. 辯論準備節次

1. 意 義

변론준비절차(Vorbereitungsverfahren)는 변론이 효율적이고 집중적으로 실시될 수 있도록 주장(쟁점)과 증거를 정리하기 위한 변론의 예행절차이다(279Ⅰ).

1) 변론준비절차는 변론기일에 앞서 선행될 수 있는 절차이다. 구법(2002년 개정법 이전)에서는 합의사건의 경우에 법원이 필요하다고 인정하는 때에 한하여 준비절차를 열도록 하였으나, 별로 활용되지 못하였다. 따라서 특별히 변론을 준비함이 없이 소장부본의 송달과 동시에 변론기일을 지정하고 변론을 진행하였으므로, 집중적인 심리가 어려웠다. 이러한 문제점을 극복하기 위하여 2002년 개정법에서는 피고에게 답변서의 제출의무를 인정하고 원칙적으로 단독·합의사건을 불문하고 변론준비절차에서 주장과 증거를 정리한 뒤에 변론기일을 열도록 하였다. 그런데 사건의 경중에 관계없이 일률적으로 변론준비절차를 거치도록 하는 것은 오히려 심리의 효율을 떨어뜨리는 문제가 있었다. 또한 본인소송의 경우에는 변론준비절차에서 효율적인 변론의 준비를 기대하기 어려웠다. 그러므로 2008년 개정법에서는 법원은 준비서면이 제출되면 바로 변론기일을 지정하며, 필요한 경우에 사건을 변론준비절차에 부칠 수 있도록 함으로써, 변론준비절차를 탄력적으로 운영할 수 있도록 하였다(258Ⅰ).[1]

---

1) 아울러 절차의 중심이 변론기일에 있음을 명확히 하기 위하여 第279조의 "당사자의 주장과 증거를 정리하여 소송관계를 뚜렷하게 하여야 한다"를 "당사자의 주장과 증거를 정리하여야 한다"로 바꾸었다.

2) 변론준비절차는 주장과 증거를 정리하기 위한 절차이다. 주장과 증거를 정리하기 위하여 필요할 때는 증거결정 및 증거조사도 할 수 있다(281). 종래에는 증거의 정리만 가능하였는데, 2002년 민사소송법은 적극적으로 증거결정 및 증거조사도 할 수 있게 하였다.

3) 변론준비절차는 서면에 의한 변론준비절차(280)와 변론준비기일(282)로 나누어진다. 재판장등은 서면에 의한 변론준비절차에서 주장과 증거가 정리되면 곧바로 변론기일을 정하여야 한다. 그러나 주장과 증거를 더 정리할 필요가 있을 때는 당사자를 출석하게 하여 변론준비기일을 열 수 있다(280, 282, 258).

4) 변론준비절차는 변론의 준비를 목적으로 하는 예행절차이고 변론 자체는 아니다. 그러므로 변론준비기일까지 거쳤더라도 변론준비절차에서 제출된 소송자료를 판결의 기초로 삼기 위해서는 변론에서 이를 변론준비기일의 결과로서 진술하여야 한다(287 Ⅱ). 이처럼 변론준비절차는 변론의 일부는 아니지만, 성질에 반하지 않는 한 변론에 관한 규정이 여기에 준용된다(286).

2. 변론준비절차의 개시

1) 재판장은 피고가 원고의 청구원인사실을 다투는 취지의 답변서를 제출하면 사건을 검토하여 바로 변론기일을 지정하되(258 Ⅰ 本), 주장과 증거의 정리가 필요한 경우에는 변론준비절차에 부친다(258 Ⅰ 但). 사건의 신속한 진행을 위하여 필요한 경우에는 변론준비절차에 부침과 동시에 변론준비기일을 미리 지정하여 두고 기간을 정하여 준비서면의 교환 및 증거의 신청을 하게 할 수도 있다(民訴規 69 Ⅲ).

2) 재판장은 변론이 진행되는 동안에도 특별한 사정이 있으면 언제든지 이를 변론준비절차에 돌릴 수 있다(279 Ⅱ). 특별한 사정이란 청구의 변경, 반소의 제기 등으로 사건이 복잡해져서 쟁점과 증거를 더 정리할 필요가 있는 경우를 말한다. 제1심에서 변론준비절차를 거쳤어도 특별한 사정이 있으면 항소심에서 변론준비절차를 여는 것이 가능하다(408, 410, 279 Ⅱ). 그러나 상고심에서는 사실심리를 하지 아니하므로, 변론준비절차가 허용되지 아니한다. 제1심판결이 무변론판결인 경우(257)에는 항소심에서 바로 변론기일을 정하여야 하지만, 필요한 경우에는 변론준비절차에 부칠

수 있다(408·258 Ⅰ). 소액사건의 경우에도 변론준비절차를 거칠지 여부는 법원의 선택사항이다(少審 7 Ⅰ).

3. 변론준비절차의 실시

(1) 변론준비절차의 진행

(가) 진행자 원칙적으로 재판장이 진행한다(280 Ⅱ). 그러나 재판장은 합의사건의 경우 합의부원을 수명법관으로 지정하여 담당하게 할 수 있고(280 Ⅲ), 단독사건·합의사건을 불문하고 필요하다고 인정하면 다른 판사에게 촉탁할 수도 있다(수탁판사. 280 Ⅳ).

(나) 재판장등의 일반적 권한 변론준비절차에는 변론에 관한 대부분의 규정이 준용된다. 따라서 재판장등(재판장, 수명법관, 수탁판사)은 변론절차에서와 같이 소송지휘권을 가지고(135), 석명권을 행사할 수 있으며(136, 137, 140), 변론준비절차의 종결에 앞서 요약준비서면의 제출을 명할 수 있으며(278), 종결된 변론준비절차를 재개할 수도 있다(142). 소송의 정도에 관계없이 화해를 권고할 수 있고(145, 286), 화해권고결정을 할 수도 있다(225~232). 그런데 재판장이 사건을 변론준비절차에 붙여도 사건 그 자체는 여전히 수소법원에 계속되어 있으므로, 재판장등은 종국판결, 중간판결은 물론 소송의 이송, 청구변경·반소·참가·소송수계 등의 허용 여부에 관한 결정 등 수소법원의 권한에 속하는 사항에 관하여는 재판을 할 권한이 없다.[1] 재판장등이 변론준비절차에서 한 소송지휘에 관한 재판과 조치(136, 137)에 대하여 불복이 있는 때에는 당사자는 수소법원에 이의를 신청할 수 있다(138).

(다) 당사자의 협력의무 재판장등은 변론준비절차에서 쟁점과 증거의 정리, 그 밖에 효율적이고 신속한 변론진행을 위한 준비가 완료되도록 노력하여야 하며, 당사자는 이에 협력하여야 한다. 당사자는 변론진행의 준비를 위하여 필요한 사항에 관하여 상대방과 협의할 수 있고, 재판장등도 협의를 권고할 수 있다(民訴規 70 Ⅰ. Ⅱ). 또한 재판장등도 당사자와 변론의 준비와 진행 및 변론에 필요한 시간에 관한 협의를 할 수 있는데(民訴規 70 Ⅲ), 이러한 협의는 당사자의 의견을 들어 기일을 열지 않고도 양 당사자와 동시에 통화를 하거나 인터넷 화상장치를 이용하여 할 수 있다

---

1) 다만 단독사건의 경우에 재판장인 단독판사가 변론준비절차를 직접 주재하는 경우에는 수소법원과 재판장이 일체를 이루므로, 변론의 공개를 요하지 아니하는 재판, 즉 청구의 변경의 허용 여부에 대한 재판, 보조참가의 허용 여부의 결정, 소송수계신청에 대한 각하결정 등을 할 수 있다고 본다. 新堂, 437면 참조.

(民訴規 70 Ⅴ). 재판장등이 당사자와 준비서면의 제출방법(횟수 · 분량 · 제출기간 · 양식) 등에 관하여 합의를 한 경우에는 당사자는 그 합의에 따라 준비서면을 제출하여야 한다(民訴規 70 Ⅳ).

(라) 증거결정과 증거조사　변론준비절차를 진행하는 재판장등은 변론의 준비를 위하여 필요하다고 인정하면 증거결정(증거의 채택 여부의 결정)을 할 수 있다(281 Ⅰ). 합의 사건의 경우 재판장등의 증거결정에 대한 당사자의 이의신청에 대하여는 법원이 결정으로 재판한다(281 Ⅱ·138). 그리고 재판장등은 당사자의 주장과 증거를 정리하기 위하여 필요한 범위 안에서 증거조사도 할 수 있다(281 Ⅲ). 다만 증인신문과 당사자신문은 직접주의, 공개주의의 요청상 원칙적으로 허용되지 않지만, 증인이나 당사자가 정당한 사유로 변론기일에 출석할 수 없거나 변론기일에 출석하려면 상당한 비용 또는 시간이 소요될 때, 그 밖에 상당한 이유가 있는 경우로서 상대방이 이의를 제기하지 아니하는 때 등(313)에는 예외적으로 허용된다(281 Ⅲ). 그러므로 재판장등은 증거의 정리를 할 때 필요한 경우에는 당사자로 하여금 상대방이 제출한 서증에 대하여 의견(서증의 인부)을 진술하게 할 수 있으나, 문서의 성립에 다툼이 있고 증인신문을 하여야 이를 확정할 수 있는 경우에는 그 문서의 증거조사는 할 수 없다. 재판장등이 준비절차에서 증거결정 및 증거조사를 할 때는 민사소송법에서 정한 법원 또는 재판장의 직무를 행한다(281 Ⅳ).

(마) 적시제출주의와 재정기간　변론준비절차에도 적시제출주의(146)와 실기한 공격방어방법의 각하규정(149)이 적용된다(287). 또한 재판장은 서면에 의한 변론준비절차든 변론준비기일이든 어느 단계에서도 일정한 공격방어방법의 제출시기를 정할 수도 있다(147·287).

(2) 서면에 의한 변론준비절차

1) 피고가 답변서를 제출하면, 법원은 기간을 정하여 당사자로 하여금 준비서면, 그 밖의 서류를 제출하게 하거나 당사자 사이에 이를 교환하게 하고 주장사실을 증명할 증거를 신청하게 하는 방법으로 변론준비절차를 진행한다(280).[1]

---

1) 대법원은 적시제출주의를 구현하기 위해서는 증인에 대한 조사를 제외한 모든 증거신청 및 증거자료의 현출은 원칙적으로 변론준비기일 이전에 마쳐야 한다고 한다. 자세한 것은 법원행정처 간, 「민사재판운영실무」(2002), 96면 참조.

2) 실무상으로는 원고의 소장을 제외하고 양 당사자가 각 2회씩의 준비서면을 교환하도록 하는 것을 원칙으로 한다. 즉 ① 피고의 답변서, ② 원고의 반박준비서면, ③ 피고의 재반박준비서면, ④ 원고의 재재반박준비서면의 순서로 진행된다. 준비서면의 제출기한은 대략 3주로 한다. 서면공방의 횟수는 사건의 난이도에 따라 탄력적으로 조정할 수 있다.[1)]

3) 서면에 의한 변론준비절차에서 주장과 증거가 정리되면 변론준비절차를 종결할 수도 있다(282 참조). 당사자가 법원이 정한 기간 이내에 준비서면 등을 제출하지 아니하거나 증거의 신청을 하지 아니하는 때에는 변론준비절차를 종결할 수 있다(284 Ⅰ ②). 다만 변론의 준비를 계속하여야 할 상당한 이유가 있는 경우에는 그러하지 아니하다(284 Ⅰ 但). 사건이 변론준비절차에 부쳐진 뒤 변론준비기일이 지정됨이 없이 4월이 지난 때에는 재판장등은 즉시 변론준비기일을 지정하거나 변론준비절차를 끝내야 한다(282 Ⅱ). 절차의 지연을 막기 위한 훈시규정이다.

(3) 변론준비기일

(가) 변론준비기일의 진행

1) 재판장등은 서면에 의한 변론준비절차를 거쳤어도 주장과 증거를 더 정리할 필요가 있다고 인정되면, 변론준비기일을 지정하고 당사자를 출석하게 하여 말로 정리할 수 있다(282 Ⅰ, 民訴規 70의 2). 당사자를 출석하게 하는 것은 당사자가 사건의 내용을 가장 잘 알고 있으므로 효율적으로 주장과 증거를 정리할 수 있기 때문이다. 당사자의 출석의무는 소송대리인 유·무를 불문하고 법원의 출석명령으로 생긴다. 사실관계파악에 당사자의 출석이 큰 도움이 되지 않는 사건(예컨대 교통사고 구상금사건, 법령의 해석이 쟁점이 되어 있는 사건 등)에서는 당사자 본인의 출석을 명할 필요가 없다. 당사자 본인이 출석명령에 불응한 경우에는 변론 전체의 취지로 불리한 판단을 받을 수 있다.[2)] 당사자는 재판장등의 허가를 얻어 제3자와 함께 출석할 수도 있다(282 Ⅱ). 이것은 효율적인 쟁점정리를 위하여, 회사의 실무책임자와 같이, 당사자를 위하여 사무처리를 하거나 보조하는 관계자를 출석시킬 수 있도록 하기 위함이다. 변론준비기일은 공개하지 않으나

---

1) 상게서, 85면 이하. 여기서 원고의 소장은 제외하고 피고의 답변서는 포함시키는 이유는 실무상 소장에는 요건사실만 기재되는 경우가 일반적인 데 대하여, 답변서에는 새 법과 새 규칙에 따르면 원고의 주장에 대한 구체적인 진술이 적혀있기 때문이다(256, 274, 民訴規 65).

2) 법원행정처 간, 「민사재판운영실무」(2002), 166면.

(공개법정이 아닌 곳에서 열린다), 변론에 관한 규정이 준용된다(286).

2020년 초부터 시작된 COVID-19의 확산을 계기로 2021. 11. 18.부터 재판장·수명법관 또는 수탁판사는 상당하다고 인정하는 때에는 당사자의 신청을 받거나 동의를 얻어 비디오 등 중계장치에 의한 중계시설을 통하거나 인터넷 화상장치를 이용하여 **변론준비기일**을 열 수 있다(287의2 I)(2021. 8. 17. 법률 제18396호, 2021. 11. 18.부터 시행). 이러한 변론준비기일은 당사자가 그 준비기일에 출석하여 진행된 것으로 보며, 그 절차와 방법 등에 관해서는 민사소송규칙 제73조의3(영상기일의 실시)을 준용한다(287의2 Ⅲ).

2) 당사자는 변론준비기일이 끝날 때까지 변론에 필요한 주장과 증거를 정리하여 제출하여야 한다(282 Ⅳ). 주장과 증거의 정리·제출은 말로 한다(民訴規 70의 2). 당사자는 재판장등 앞에서 소의 취하(266 Ⅲ), 청구의 포기·인낙과 화해(220)를 할 수도 있다. 구 법하의 준비절차에서도 청구의 포기·인낙과 화해를 할 수 있다고 해석론상 인정되었으나, 새 법은 변론준비절차 단계에서 쟁점과 증거가 정리되면 분쟁이 자발적으로 해결될 가능성이 크다는 것을 고려하여, 이를 명문화하였다(220).

3) 재판장등은 변론준비기일이 끝날 때까지 변론의 준비를 위하여 석명권의 행사(136), 석명준비명령(137), 석명처분(140) 등 필요한 모든 처분을 할 수 있다(282 Ⅴ).

4) 변론준비기일에는 법원사무관등이 참여하여 기일마다 조서를 작성한다. 여기에는 절차의 경과뿐만 아니라 당사자의 공격·방어방법 및 이에 대한 상대방의 응답을 기재하고, 특히 증거에 관한 진술을 명확히 기재하여야 한다(283 I). 변론준비기일의 조서에는 변론조서의 규정이 준용된다(283 Ⅱ, 152~159).

(나) **당사자의 결석** 원칙적으로 변론기일의 결석에 관한 규정이 준용된다(286, 148, 268)('당사자의 변론기일결석'에 관한 설명 참조). 다만 변론준비기일은 변론기일을 준비하기 위한 것이므로, 당사자의 결석으로 변론의 준비를 기대하기 어려운 경우에는 변론준비절차를 종결하고 변론기일을 지정할 수 있다(284 I ③, Ⅱ). 구체적으로 설명하면 다음과 같다.

i) 당사자의 한 쪽(소송대리인 포함)이 변론준비기일에 출석하지 아니한 때에는 출석한 당사자의 진술(276조의 제약이 없으므로 준비서면으로 예고하지 아니한 사항도 진술 가능)과 결석한 당사자가 제출한 준비서면이 있으면 이를 진술한 것으로 보고(286, 148), 이 양자를 기초로 하여 변론을 준비한다. 만일 변론의 준비를 계속하여야 할 상당한 이유가 없다면 변론준비기일을

종결하고 변론기일을 지정할 수 있다(284 Ⅰ ③, Ⅱ).

ii) 당사자의 양 쪽이 변론준비기일에 출석하지 아니하거나 출석하더라도 진술하지 아니한 때에는 재판장등은 다시 기일을 정하여 당사자 양 쪽에게 기일통지를 하여야 한다. 당사자 양 쪽이 위 새 기일 또는 그 후의 기일에 결석하거나 출석하더라도 진술하지 아니한 때에는 1월 안에 기일지정의 신청을 하지 아니하면 소의 취하가 있는 것으로 본다. 위 기일지정신청에 의하여 정한 기일 또는 그 후의 기일에 당사자 양 쪽이 결석하거나 출석하더라도 진술하지 아니한 때에는 소의 취하가 있는 것으로 본다(286, 268).

그러나 만일 당사자 양 쪽의 결석으로 변론의 충분한 준비를 기대하기 어려운 경우에는 별도로 기일을 지정하지 아니하고 변론준비절차를 종결하고 변론기일을 지정할 수 있다(284 Ⅰ ③, Ⅱ).

(다) 변론준비기일의 종결

1) 변론준비기일은 준비목적(주장과 증거의 정리)이 달성된 경우 및 당사자가 결석한 경우(284 Ⅰ ③) 등에 재판장등에 의하여 종결된다. 그러나 일단 변론준비기일의 종결을 선언한 뒤에도 변론이 개시되기 전에는 재판장등은 재량에 의하여 변론준비기일을 재개할 수 있다(286, 142).

2) 사건을 변론준비절차에 부친 뒤 6월이 지난 때에도 변론준비기일을 종결한다(284 Ⅰ ①). 소송의 지연을 막기 위함이다.

4. 변론준비절차종결의 효과

(1) 종결의 효과

(가) 서면에 의한 변론준비절차로 종결된 경우

① **변론에 상정**　　이미 제출한 소장, 답변서, 준비서면 등이 판결의 기초가 되기 위해서는 구술주의 · 직접주의의 요청상 당사자가 이를 변론에서 진술하여야 한다(287 Ⅱ).

② **실권적 효력**　　서면에 의한 변론준비절차만으로 변론준비절차가 끝나고 변론기일이 지정된 경우에는 실권적 효력의 제재는 없다. 다만 재판장이 특정한 사

항에 관한 주장의 제출 또는 증거의 신청기간을 정한 경우에는 정당한 사유가 없는 한 이 기간을 넘겨 주장의 제출 또는 증거의 신청을 할 수 없을 뿐이다(147).

(나) 변론준비기일로 종결된 경우

① **변론에 상정**　　당사자는 변론에서 변론준비기일의 결과를 진술하여야 한다(287 II). 변론준비기일결과의 진술은 당사자가 정리된 쟁점 및 증거조사 결과의 요지 등을 진술하거나, 법원이 당사자에게 해당사항을 확인하는 방식으로 할 수 있다(民訴規 72의 2). 이에 의하여 변론준비기일의 결과가 소송자료로 된다.

② **실권적 효력**　　변론준비기일에 제출하지 아니한 공격방어방법은 원칙적으로 그 뒤의 변론에서 주장하지 못한다(285 I 本). 이것은 변론의 집약화라는 변론준비절차의 목적을 달성하기 위한 것이다. 소송자료를 제출할 수 없게 되는 실권적 효력은 항소심에도 미친다(410). 그러므로 변론준비절차를 거친 사건은 적시제출주의가 변론준비절차 안에서뿐만 아니라(286조에 의한 146조의 준용), 변론의 전체에 걸쳐 적용되는 것이다. 법원이 실권적 효력에 위반한 경우, 예컨대 변론에서 새로운 진술을 받아들여 판결의 기초로 삼은 경우에는 상대방은 상소로써 다툴 수 있다(149의 却下와 다르다).

다만 변론에서 새로운 주장을 하는 것을 완전히 배제하면 판결의 기초가 불충분한 경우도 있으므로 다음의 경우에는 예외가 인정된다. 즉, i) 현저히 소송을 지연시키지 아니하는 때(예컨대 재정증인의 신문신청, 상대방이 성립을 인정하는 서증의 제출), ii) 중대한 과실없이 변론준비절차에서 제출하지 못하였음을 소명한 때(예컨대 새로이 발견한 증인에 대한 신문신청),[1] iii) 직권조사사항(예컨대 소송요건의 흠) 등이다(285 I). iv) 소장 또는 변론준비절차 전에 제출한 준비서면에 적힌 사항(285 III)도 변론에서 제출할 수 있다. 다만 변론준비절차에서 주장을 정리한 결과로 철회되거나 변경된 것은 제출할 수 없다(285 III 但).[2] 그 밖에 직권탐지주의에 의하는 절차에는 실권적 효력이 인정되지 아니한다(家訴 12).

(2) 변론기일의 실시

1) 서면에 의한 변론준비절차로 변론준비절차가 끝난 경우(변론의 준비가 되었거나 284 I ②, 282 II의 사유가 있을 때) 또는 변론준비기일이 종결된 경우(변론의 준비가 되었거나 284 I ①, ③의 사유가 있을 때)에, 재판장은 바로 변론기일을 지

---

1) 중대한 과실을 부정한 사례: 大判 2006. 3. 10, 2005 다 46363(항소심에서 동일한 쟁점에 대한 대법원판결이 선고되자 그 판결을 토대로 새로운 주장을 제출한 경우).

2) 日最判 1960. 2. 12, 民集 14. 2. 196.

정하고 이를 당사자에게 통지하여야 한다(258 Ⅱ). 변론준비기일을 종결하고 변론기일을 지정하는 때에는 당사자의 의견을 들어야 한다(民訴規 72 Ⅱ).

2) 법원은 변론기일(증거조사기일을 포함하는 광의의 변론기일)에 변론준비절차에서 정리된 결과에 따라서 바로 증거조사를 하여야 한다(287 Ⅲ). 대개는 변론준비절차에서는 할 수 없었던 증인신문, 당사자신문 위주로 증거조사가 실시될 것이다.

3) 법원은 첫 변론기일을 마친 뒤에는 바로 변론을 종결할 수 있도록 하여야 하며, 당사자는 이에 협력하여야 한다(287 Ⅰ). 사건의 심리에 2일 이상이 소요되는 때에는 가능한 한 종결에 이르기까지 매일 변론을 진행하여야 한다. 특별한 사정이 있어 변론기일을 따로 정하는 경우에도 가능한 한 최단기간 안의 날짜로 정하여야 한다. 지정된 변론기일은 사실과 증거에 관한 조사가 충분하지 않다는 이유로 변경할 수 없다(民訴規 72 Ⅰ, Ⅲ).

제 3 관 辯論의 實施

제 1 항 辯論의 內容

피고가 답변서를 제출하지 않거나 청구의 원인이 된 사실을 모두 자백하는 취지의 답변서를 제출하여 무변론 판결을 하는 경우가 아니라면 법원은 바로 변론을 열어야 한다. 변론준비절차가 종결된 경우에도 마찬가지이다. 변론은 재판장이 지정한 변론기일에 재판장의 지휘하에 행하여진다(165, 135). 앞에서도 말하였듯이 변론은 가장 좁은 의미로는 당사자가 마주앉아 수소법원에 대하여 판결의 신청을 하고, 소송자료, 즉 사실과 증거를 제출하는 행위를 뜻한다.

이러한 당사자의 변론의 내용은 구체적으로 말하면 원·피고가 자기에게 유리한 판결을 구하는 본안의 신청과 이를 뒷받침하기 위한 주장 및 증명을 하는 공격·방어방법으로 구성된다.

Ⅰ. 本案의 申請

(1) 本案의 申請

1) 변론은 먼저 원고가 소장에 기재된 청구의 취지를 진술하고, 이에 대하여 피고가 청구의 인낙을 하지 않는 한 반대신청(소각하 또는 청구기각판결의 신청)을 함으로써 시작된다. 이처럼 당사자가 본안에 관한 종국판결을 구하는 진술을 본안의 신청(Sachantrag) 또는 공격 · 방어(Angriff od. Verteidigung)라고 말한다.

다만 소송요건의 구비는 직권조사사항이므로 피고의 소각하의 신청이 없더라도 법원은 소송요건에 흠이 있으면 소를 각하하여야 하고, 또 원고의 본안의 신청(청구)이 이유 없는 때에는 청구기각의 판결을 하여야 하는 것이 법원의 직책이므로 피고의 청구기각의 신청이 꼭 필요한 것은 아니다.

2) 소송비용의 재판(104)이나 가집행의 선고(213)도 종국판결의 주문에 기재하므로 이에 관한 신청도 본안의 신청이라고 할 수 있으나, 이는 직권으로 할 수 있는 것이므로 그 신청이 불가결한 것은 아니다.

(2) 申請一般

(가) 신청의 의의 · 종류 신청이라 함은 당사자가 법원에 대하여 재판 · 증거조사 · 송달 등 일정한 행위를 구하는 행위이며, 의사통지의 성질을 가진다. 신청은 본안의 신청과 소송상의 신청으로 나누어진다. 본안의 신청(Sachantrag)은 청구에 관하여 종국판결을 구하는 신청이고, 소송상의 신청(Prozessantrag)은 소송절차의 진행상 파생하거나 부수적인 사항에 관하여 법원의 행위를 구하는 신청이다. 소, 소각하 또는 청구기각의 신청은 전자에 속하고,[1] 제척 · 기피신청, 이송신청,[2] 공시송달신청, 기일지정신청, 증거조사의 신청 등은 후자의 예이다.

(나) 法院의 응답 신청은 법원에 대하여 일정한 행위를 요구하는 것이므로 법원은 이것을 판단하여 응답을 주어야 한다. 그 판단은 신청이 적법한가 아닌가, 적법하다면 이유 있는가 없는가이고, 이유가 있으면 신청한 행위를 하여 응답한다.

---

1) 피고의 소각하 및 청구기각의 신청을 소송상의 신청으로 보는 견해가 있다. 李時, 398면.
2) 이송신청을 본안의 신청으로 보는 견해로서는 Baumbach, §281 Rdn. 18.

다만 소송상의 신청 가운데에는 당사자에 신청권이 인정되지 않는 것도 있고, 이 경우에는 신청은 법원의 직권발동을 촉구하는 데 지나지 아니하므로 법원이 응답할 의무가 없고, 또 응답을 하여도 당사자는 이에 대하여 불복을 신청할 수 없다(예컨대 변론의 제한·분리·병합, 141; 변론의 재개, 142; 조사의 촉탁, 294 등).

(다) **方 式** 신청은 특별한 규정(소장·항소장제출주의, 248, 264, 397 등)이 없으면 서면 또는 말로 할 수 있다(161 I).

(라) **撤 回** 신청을 하느냐 아니하느냐는 당사자의 자유이므로, 일단 신청을 하여도 법원이 요구된 행위(재판, 증거조사 등)를 할 때까지는 이것을 철회할 수 있다(예외로 소취하는 재판이 있은 뒤에도 인정된다. 267 II). 그러나 신청에 의하여 상대방이 유리한 지위를 취득한 뒤에는 신청의 철회가 제한된다(예컨대 소송에 응한 뒤의 소취하, 266 II). 신청을 철회하면 처음부터 신청이 없었던 것으로 된다(다만 본안에 관한 종국판결이 선고된 뒤 소취하의 경우는 재소금지의 제한, 267 II).

(마) **附 款** 신청은 확정적이어야 하므로 소송외적 조건이나 기한 등 부관을 붙일 수 없다(자세한 것은 소송행위의 부관 참조).

Ⅱ. 攻擊·防禦方法

1. 意 義

원고는 자기의 본안신청(공격)을 피고가 다투는 경우에는 자기의 본안신청을 뒷받침할 소송자료를 제출하게 된다. 예컨대 자기의 청구를 이유 있게 하기 위하여 법률상·사실상의 주장을 하고, 상대방의 주장에 대한 인부를 하고, 증거를 신청하고, 상대방의 증거신청에 대하여 증거항변을 한다. 이처럼 원고가 자기의 본안신청을 뒷받침하기 위하여 제출하는 일체의 소송자료를 공격방법(Angriffsmittel)이라고 한다. 이에 반하여 피고가 자기의 반대신청(방어)을 뒷받침하기 위하여 제출하는 일체의 소송자료를 방어방법(Verteidigungsmittel)이라고 한다. 예컨대 원고의 청구가 이유 없다고 하는 부인, 항변, 소송요건의 존재 여부나 개개의 소송행위의 효력과 방식의 당부에 관한 진술 등이 이에 해당한다. 공격·방어방법 가운데에서 가장 중요한 것은 주장(진술)과 증명(증거신청)이다. 이에 반하여 원고의 청구의 변경이나 피고의 반소는 그 자체가 새로운 본안의 신청이고 공격·방어방법이 아니다.

2. 主張(陳述)

주장은 신청을 뒷받침하기 위하여 자료를 제출하는 행위이며, 관념의 통지의 성질을 가진다. 진술이라고도 한다. 주장에는 법률상의 주장(Rechtsbehauptung)과 사실상의 주장(tatsächliche Behauptung)이 있으며, 후자는 전자를 뒷받침하는 관계에 있다.

(1) 法律上의 主張

(가) 意 義　넓은 의미로는 법규의 존재 여부·해석적용에 관한 의견의 진술도 포함되지만, 이것은 법원의 주의를 촉구하고 참고자료로 됨에 그친다. 좁은 의미로는 구체적인 권리관계의 존재 여부에 관한 자기의 인식·판단의 보고인 진술을 말한다. 예컨대 가옥인도청구소송에서 가옥의 소유권이 원고에게 있다는 주장이나, 대여금청구소송에서 원고에게 대여금채권이 있다는 주장이 이에 해당한다. 판례에 따르면 어떤 권리의 소멸시효기간이 얼마나 되는지에 관한 주장은 법률상의 주장에 불과하여 법원이 직권으로 판단할 수 있다고 하였다.[1] 피고 쪽에서 하는 법률상의 주장을 특히 권리항변이라고 부른다. 예컨대 가옥인도청구소송에서 원고의 소유권은 인정하지만 자기에게 임차권이 있다고 주장하거나, 대여금청구소송에서 피고가 상계권을 주장하는 따위가 그것이다.

(나) 相對方의 對應　당사자의 법적용상의 의견진술은 법원을 구속하지 아니한다. 당사자의 법률상의 주장에 대하여 상대방이 이를 인정하는 경우의 효과는 그 법률상의 주장이 소송물 자체에 관한 것이냐, 소송물의 존재 여부의 전제문제에 관한 것이냐에 따른다. 전자의 경우에는 청구의 인낙이 되고(원고의 대여금채권의 주장을 피고가 인정하는 경우), 후자의 경우에는 권리자백이 된다(가옥인도청구권의 존재 여부의 전제인 소유권을 피고가 인정하는 경우). 법률상의 주장에 대하여 상대방이 다투는 경우에는 이를 뒷받침할 사실을 주장하여야 한다.

(2) 事實上의 主張

(가) 意 義　구체적인 사실의 존재 여부에 관한 자기의 인식·판단의 보고인 진술을 말한다. 사실은 주요사실·간접사실 및 보조사실로 구별된다.

---

1) 大判 2023. 12. 14, 2023 다 248903.

(나) 原告의 事實上의 主張 먼저 원고가 자기의 소송상의 청구를 뒷받침하기 위하여 자기에게 주장·증명책임이 있는 사실, 즉 청구원인사실을 주장한다. 예컨대 가옥인도청구소송에서 원고의 소유권이 다투어지면 원고는 소유권을 발생시키는 사실로서 그 토지를 매수한 사실을 주장하고, 대여금청구사건에서 대여금채권이 다투어지면 원고는 대여금채권을 발생시키는 사실, 즉 소비대차의 합의와 금전의 수수(授受)라는 사실을 주장한다.

(다) 相對方의 對應 원고의 사실상의 주장에 대하여 피고는 다음의 여러 가지 방법으로 대응할 수 있다. 즉, 피고는 원고의 주장사실을 부인하든가,[1] 모른다(부지)고 진술하든가, 인정하든가(자백), 침묵하든가의 태도를 취한다. 알지 못한다고 진술하는 경우에는 원고의 주장사실을 다툰 것으로 추정하고(150 Ⅱ), 침묵하는 경우에는 원고의 주장사실을 명백히 다투지 아니하여 자백한 것으로 본다(자백간주)(150 Ⅰ). 또 피고는 원고의 주장사실을 인정하면서 원고가 주장하는 권리의 발생을 방해하거나 그 권리를 소멸시키거나 또는 권리의 행사를 저지하는 효과를 규정한 실체규범(권리장애규범, 권리소멸규범, 권리저지규범)의 요건사실(주요사실)을 주장할 수도 있다. 이를 항변(Einrede)이라고 한다. 예컨대 대여금청구사건에서 대여금채권에 관한 원고의 주장사실을 인정하면서 이를 변제한 사실을 주장하거나 소멸시효의 완성을 주장하는 것이 이에 해당한다. 항변사실은 원고의 소송상의 청구를 이유 없게 하기 위하여 피고가 주장·증명책임을 지고 있는 사실이다.

피고의 항변사실에 대한 원고의 태도는 원고의 주장사실에 대한 피고의 태도와 마찬가지이다. 즉, 피고의 항변사실을 부인하든가, 알지 못한다고 다투든가, 인정하든가, 침묵하든가 할 수 있고, 또 항변사실을 인정한 다음에 반대규범의 요건사실을 주장할 수도 있다. 예컨대 피고의 소멸시효의 완성의 항변에 대하여 가압류에 의한 시효의 중단을 주장하는 것과 같다. 이를 재항변(Replik)이라고 한다.

원고의 재항변에 대한 피고의 태도도 마찬가지이고 재재항변(Duplik)을 할 수도 있다. 예컨대 가압류가 취소되어 소멸시효중단의 효력이 소멸하였음을 주장하는 것과 같다.

---

1) 판례는, 甲은 乙 회사의 계약위반을 이유로, 乙 회사는 甲의 계약위반을 이유로 각각 전속계약의 해지를 주장하는 경우와 같이, 당사자가 주장하는 법률효과가 동일하더라도 주장하는 법률요건이 다른 경우에는 당사자 사이에 법률관계에 관한 다툼이 없다고 할 수 없다고 하였다(大判 2017. 3. 9, 2016 다 256968, 256975).

(라) 方 式 주장은 법원에 대하여 말로 하여야 한다(134 I. 204).

(마) 撤 回 어느 사실을 주장하느냐 않느냐는 당사자의 자유이므로, 일단 주장한 것도 철회할 수 있고, 또 전에 다투었던 것을 인정하여도 상관이 없다. 다만 이러한 주장의 변경·철회는 변론 전체의 취지로서 불리한 판단의 자료가 될 수 있으며, 또 주장에 의하여 상대방이 이미 유리한 지위를 취득한 후에는 주장의 철회가 제한된다(재판상 자백의 철회. 288 但).

(바) 附 款 사실상의 주장은 단순하여야 하므로, 소송외적 조건이나 기한 등 부관을 붙일 수 없다(자세한 것은 소송행위의 부관 참조).

3. 證明(立證)과 證據抗辯

1) 사실상의 주장이 다투어지는 경우에는 증거에 의하여 이를 증명하여야 한다. 이처럼 특정 증거방법에 대한 조사를 요구하여 법관으로 하여금 사실상의 주장에 관하여 확신을 얻도록 하는 행위를 증명(입증; 거증) 또는 증거신청(Beweisführung)이라고 한다. 증거신청은 증거조사를 구하는 행위라는 점에서 신청의 일종이지만, 사실상의 주장을 뒷받침하는 기능을 가지고 있기 때문에 이를 공격·방어방법의 하나로 포함시키고 있는 것이다.

2) 증거항변(Beweiseinrede)이라 함은 상대방이 제출하는 증거에 관하여 신청절차의 부적법, 증거능력·증거력의 흠 등을 주장하여 신청의 각하 또는 증거조사결과의 불채용을 구하는 것을 가리킨다. 예컨대 증거방법이 요증사실과 관련이 없다든가, 서증이 위조되었다든가, 증인이 심신미약자이어서 증언의 신빙성이 없다는 따위의 진술이다.

4. 獨立된 攻擊·防禦方法

1) 다른 공격·방어방법과 관계없이 분리·독립시켜 심리할 수 있는 공격·방어방법을 가리킨다. 이 경우에는 그 하나만으로 독립되어 소송상의 청구를 유지 또는 배척하기에 충분하다. 예컨대 소유권확인소송에서 원고가 소유권취득원인사실로서 매매·증여·시효취득을 주장하는 경우는 독립된 공격방법의 예이고, 대여금청구소송에서 피고가 대여금채무의 소멸원인사실로서 변제·상계·소멸시효를

주장하는 경우는 독립된 방어방법의 예이다.[1]

2) 독립된 공격 · 방어방법은 중간판결에 의하여 판단하는 것이 가능하다(201).

5. 否認과 抗辯

부인(Bestreiten, Leugnen, Leugnung)과 항변(Einrede)은 모두 상대방의 사실상의 주장을 배척하는 사실상의 주장이고, 이 점에서는 같다. 그러나 부인과 항변은 증명책임을 비롯하여 여러 가지 점에서 차이가 있으므로 이를 구별하여야 한다.

(1) 否 認

부인은 원 · 피고를 가리지 않고 상대방이 증명책임을 지는 사실을 부정함으로써 상대방의 주장을 배척하는 진술이다. 부인에는 상대방의 주장사실이 진실이 아니라고 단순히 부정하는 단순부인(schlichtes Bestreiten)과 상대방이 주장하는 사실과 양립할 수 없는 별개의 사실을 주장하여 부정하는 이유부 부인(motiviertes Leugnen)이 있다. 이유부 부인은 이를 적극부인(積極否認) 또는 간접부인(間接否認)이라고도 한다. 예컨대 원고가 피고에게 소비대차로 금전을 대여하였다고 주장함에 대하여, 피고가 그러한 사실이 없다, 금전을 받은 일이 없다라고 진술하는 것은 단순부인이고, 원고로부터 금전을 받은 일은 있으나 그것을 차용한 것이 아니라 증여로 받았거나 부양료조로 받았다고 진술하는 것은 적극부인이다. 적극부인은 항변과 혼동하기 쉬우나 구별하여야 한다.

(2) 抗 辯

(가) 의 의　항변은 피고가 자기에게 증명책임이 있는 사실을 적극적으로 주장함으로써[2] 원고의 청구를 배척하기 위한 진술이다.[3] 그런데 피고에게 증명책임이 있는 사실(항변사실)은 이른바 반대규범의 요건사실로서, 원고에게 증명책임이 있는 기본규범의 요건사실(청구원인사실)과 양립하는 별개의 사실이다. 그러므로

---

1) 소송상 **상계 항변**은 그 수동채권의 존재가 확정되는 것을 전제로 하여 행하여지는 일종의 예비적 항변으로서 상대방의 **동의 없이 이를 철회**할 수 있으며, 먼저 제기된 소송의 제1심에서 상계 항변을 제출하여 제1심 판결로 본안에 관한 판단을 받았다가 항소심에서 상계 항변을 철회하였더라도 이는 소송상 방어방법의 철회에 불과하여 민사소송법 제267조 제2항의 재소금지원칙이 적용되지 않으므로, 그 자동채권과 동일한 채권에 기한 소송을 별도로 제기할 수 있다(大判 2022. 2. 17, 2021 다 275741).

2) 中野=松浦=鈴木, 330면; 吉村=竹下=谷口, 207면.

3) Rosenberg, §104 Ⅱ 2, 3; Jauernig, §43 Ⅳ; Zeiss, §52 Ⅱ 3.

항변이란 원고가 권리의 발생근거가 되는 기본규범(Grundnorm), 즉 권리근거규범(rechtsbegründende Norm)의 요건사실을 주장함에 대하여, 피고가 위 사실을 인정하면서 이와 양립할 수 있는 반대규범(Gegennorm)의 요건사실을 별개로 주장함으로써 원고의 청구를 배척하려고 하는 진술을 가리킨다.

민사소송법학에서 말하는 항변은 민법상의 항변권과 구별하여야 한다. 동시이행의 항변권, 보증인의 최고·검색의 항변권 등 민법상의 항변권은 민법상의 청구권에 대한 이행거절권을 의미함에 반하여, 소송법상의 항변은 원고의 청구를 이유 없게 하기 위하여 제출되는 방어방법을 가리킨다.

(나) 종 류 반대규범은 그 효과에 따라 권리장애규범, 권리소멸규범 및 권리저지규범으로 나누어지므로(자세한 것은 증명책임의 분배기준에 관한 설명 참조), 반대규범의 요건사실을 주장하는 항변도 다음의 세 가지로 분류된다.

첫째로, 권리장애적 항변(rechtshindernde Einreden)은 원고가 주장하는 권리가 처음부터 성립될 수 없게 하는 사실을 주장하는 것이다. 예컨대 의사능력의 흠, 강행법규의 위반 등 법률행위의 무효사유가 이에 해당한다. 권리장애규범과 권리근거규범의 구별은 매우 어렵다.

둘째로, 권리소멸(멸각)적 항변(rechtsvernichtende Einreden)은 원고가 주장하는 권리가 일단 성립된 뒤에 이를 소멸시키는 사실을 주장하는 것이다. 예컨대 변제·상계·면제, 소멸시효의 완성, 계약의 해제, 의사의 흠으로 인한 취소 따위가 이에 해당한다.

셋째로, 권리저지적 항변(rechtshemmende Einreden)은 원고가 주장하는 권리가 발생하여 존속하고 있으나 그 권리의 행사를 저지시킬 수 있는 권리를 주는 사실을 주장하는 것이다. 따라서 이행거절권만이 이에 해당한다. 예컨대 유치권의 항변, 보증인의 최고·검색의 항변, 동시이행의 항변 등이 이에 해당한다. 이 경우에는 민법상의 항변권이 성립하는 것만으로는 부족하고, 소송상 또는 소송외에서 이를 행사하여야 한다. 다만 유치권의 항변이나 동시이행의 항변이 이유 있을 때에는 다른 항변의 경우와 같이 청구기각의 판결을 할 것이 아니라 상환이행의 판결을 하여야 한다.

(다) 형 태 항변은 제한부 자백과 가정적 항변(예비적 항변)의 두 가지 형태로 행하여질 수 있다. 전자는 상대방의 주장사실을 인정하고 나서, 이에 부가하여

이와 양립할 수 있는 별개의 사실을 진술하는 형태이고, 후자는 상대방의 주장사실을 다투면서 예비적으로 항변을 제출하는 형태이다. 예컨대 피고가 금전의 차용사실을 인정하면서 이를 변제하였다고 진술하는 것은 전자에 해당하고, 금전의 차용사실을 다투면서 설사 차용하였다고 하더라도 시효소멸하였다고 진술하는 것은 후자에 해당한다.

(라) 소송상의 항변 통설은 항변의 개념 속에 소의 부적법각하를 구하기 위한 진술까지 포함시키는 결과 앞에서 설명한 본래의 항변을 본안의 항변 또는 실체법상의 효과에 관한 항변이라고 하고, 이와 별개로 이른바 소송상의 항변 또는 실체법상의 효과에 관계없는 항변을 인정한다. 이에 의하면 소송상의 항변은 청구의 실체관계(청구의 이유구비성)와는 아무런 관계가 없는 항변이며, 여기에는 본안전항변과 증거항변이 있다고 한다.

통설이 말하는 본안전항변은 원고가 제기한 소에 소송요건의 흠이 있어서 소가 부적법하다는 피고의 주장이다. 그러나 소송요건의 대부분(재판권, 당사자능력, 소의 이익 따위)은 직권조사사항으로서 피고의 주장이 없더라도 법원이 직권으로 고려하여야 하므로 이것은 법원의 직권발동을 촉구하는 것에 지나지 않고, 따라서 엄밀한 의미의 항변이라고 보기 곤란하다. 또 소송요건 가운데 피고의 주장을 기다려 비로소 고려되는 사항, 예컨대 중재계약(仲 I 9), 소송비용담보제공(109)의 항변(방소항변)도 원고의 주장과 양립할 수 있는 것은 아니므로, 항변이라고 할 수 없다.[1)]

증거항변은 앞에 말한 바와 같이 상대방의 증거신청에 대하여 그것이 부적법·불필요 또는 증거능력이 없다는 이유로 각하를 구하거나 혹은 증명력(증거력)이 없다는 이유로 증거조사결과의 불채용을 구하는 진술이다. 그러나 증거신청의 채용 여부는 법원의 직권에 속하고, 증거력의 평가는 법원의 자유심증에 의하므로, 이것도 엄밀한 의미의 항변은 아니다.

(3) 否認과 抗辯의 구별

(가) 구별의 필요성 첫째로, 증명책임의 면에서, 부인의 경우에는 부인의 대상으로 된 사실에 관하여 상대방이 증명책임을 짐에 반하여(원고의 금전대여의 주장사실을 피고가 다투는 경우에는 상대방인 원고가 부인당한 대여사실을 증명하여야 한다), 항변의 경우에는 이것을 주장하는 사람이 스스로 항변사실에 관하여

1) 진정한 의미의 항변이라고 하는 견해로서는 李時, 404면 참조.

증명책임을 진다(원고의 금전대여의 주장에 대하여 피고가 변제의 항변을 하는 경우에는 항변을 제출한 피고가 변제사실을 증명하여야 한다).

둘째로, 판단의 필요의 면에서, 부인의 경우에는 판결이유에서 이에 대한 판단을 요하지 아니하나, 항변의 경우에는 원고의 청구가 인용될 때에는 판결이유에서 이를 배척하는 판단을 요한다.

(나) 구별의 기준 첫째로, 양립가능성의 면에서, 부인의 경우에는 상대방의 주장사실과 이론적으로 양립할 수 없음에 반하여, 항변의 경우에는 상대방의 주장사실과 논리적으로 양립하는 것이 가능하다. 따라서 부인의 경우에 피고의 답변태도는 '아니요'(no; nein)이지만, 항변의 경우에는 '예, 그러나'(yes, but; ja, aber)이다.

둘째로, 택일성(擇一性)의 면에서, 부인의 경우에는 상대방의 주장사실이 있을 때에 이를 부인할 것인가[알지 못한다(부지)는 진술도 같다] 또는 인정(자백)할 것인가(침묵도 같다)의 둘 중의 하나의 태도를 취하여야 하므로 택일적이다. 그러나 항변의 경우에는 이를 할 것이냐 아니냐는 당사자의 자유에 속한다.

셋째로, 별개주장의 필요성의 면에서, 부인의 경우 중 단순부인을 할 때에는 아니다·모른다 등 다투기만 하면 되고 별개의 주장이 필요 없으며, 적극부인을 할 때에는 별개의 주장이 필요하다. 이에 반하여 항변의 경우에는 언제나 별개사실에 관한 주장이 필요하다.

제 2 항 當事者의 訴訟行爲

앞에서 변론의 내용으로서 설명한 본안의 신청과 공격·방어방법인 주장·증명 등은 변론과정에서 당사자에 의하여 행하여지는 소송행위의 하나이다. 그러므로 여기에서는 소송행위, 특히 당사자의 소송행위 일반에 관하여 살펴보기로 한다.

Ⅰ. 訴訟行爲의 意義

1) 널리 소송행위(Prozesshandlung)라고 하면 소송절차를 구성하고 발전시키는 소송주체의 행위를 가리킨다. 그런데 소송주체에는 법원과 당사자 그 밖의 소송관계인이 있으므로, 소송행위는 법원의 소송행위와 당사자 그 밖의 소송관계인의 소

송행위로 나누어진다. 이 가운데 법원의 소송행위는 재판, 증거조사, 소송지휘 등과 같은 국가행위로서 사인인 당사자의 소송행위와 전혀 다른 법적 규율을 받고 있으므로, 법원의 소송행위와 당사자의 소송행위를 통틀어 고찰하는 것은 적당하지 않다. 당사자주의(처분권주의·변론주의)가 지배하는 민사소송은 주로 당사자의 소송행위에 의하여 그 절차가 진행되므로, 아래에서는 당사자의 소송행위만을 다루기로 하고, 재판 등 법원의 소송행위는 다른 곳에서 설명하기로 한다.

2) 당사자의 소송행위의 의의에 관하여는 세 가지의 견해가 대립하고 있다.[1] 즉, 소송법상의 효과를 발생시키는 행위는 모두 소송행위라고 보는 견해(**효과설**), 그 행위의 요건과 효과 양자가 소송법에 의하여 규율되는 행위가 소송행위라고 보는 견해(**요건 및 효과설**)[2] 및 소송법상의 효과의 발생을 그 본래의 주요한 효과로 하는 행위만이 소송행위라고 보는 견해(**주요효과설**) 등이 그것이다.[3]

소송법이 그 행위의 요건과 효과의 양자를 모두 규율하고 있는 경우(예컨대 소의 취하, 266, 267)에 그것이 소송행위임에는 의문이 없다. 그러나 이 경우만을 소송행위로 보는 요건 및 효과설은 그 개념이 너무 좁아서 부당하다. 왜냐하면 소송법이 그 효과만을 규정하고 요건에 관하여 명문의 규정을 두지 아니한 경우(예컨대 청구의 포기·인낙, 220)도 있는데, 이러한 행위도 소송행위로 보아야 하기 때문이다. 그러나 다른 한편 소송법상의 효과를 발생하는 행위를 모두 소송행위로 보는 효과설은 그 개념이 너무 넓어 내용이 공허한 흠이 있다. 왜냐하면 어떠한 행위는 소송법상의 효과와 실체법상의 효과를 모두 발생시키는데, 이러한 행위를 모두 소송행위라고 보는 것은 곤란하기 때문이다. 예컨대 소송이 계속되는 동안에 소송물인 권리관계의 목적물을 매각하는 행위(예컨대 건물철거소송 중에 건물의 양도)는 소유권이전·매매대금채권 등 실체법상 매매에 따르는 효과 외에 소송물에 관한 분쟁주체인 지위의 이전, 즉 양수인이 소송참가를 할 수 있다는 소송법상의 효과도 발생하는데, 위 예에서 목적물의 매매를 소송행위로 볼 수는 없다. 그렇다면 소송행위란 그 행위의 주요 불가결한 본래적 효과가 소송법의 영역에서 발생되는 행위를 가리킨다고 풀이하는 주요효과설이 타당하다고 하겠

1) 자세한 것은 Baumgärtel, *Wesen und Begriff der Prozesshandlung einer Partei im Zivilprozess* (1957), S. 42 ff.; Rosenberg, §63 Ⅳ; Henckel, SS. 28~29 참조.

2) 方, 418면; 李時, 410면; 宋/朴, 316면.

3) 소송행위는 정태적이 아니라 동태적으로 파악하여야 한다는 견해(동태적 통합설)가 있다. 김용진, 실체법을 통해 본 민사소송법(제5판, 2008), 512면.

다.[1] 그리하여 어느 행위가 소송법상의 효과와 실체법상의 효과를 모두 발생시키는 경우에는 그 가운데 어느 것이 주요 불가결한 본래적 효과이고, 그 효과가 없으면 그 행위를 생각할 수 없는가를 따져서 그 행위가 소송행위인가 사법행위인가를 결정하여야 할 것이다. 예컨대 소의 제기에는 소송계속이라고 하는 소송법상의 효과 외에 시효의 중단이라는 실체법상의 효과도 있는데, 이 경우에는 소송법상의 효과가 그 본래적 효과이므로 이를 소송행위로 보는 것이다.

다만 주요효과설에 따르는 경우에도 구체적인 경우에 무엇이 주요효과인가의 판단이 반드시 명백한 것은 아니다. 예컨대 피고가 변론에서 상계를 한다든가(형성권의 소송상 행사), 또는 소송 외에서 원·피고가 소를 취하하기로 합의한 경우(소송상의 합의)에 이것이 사법행위인가 소송행위인가가 다투어진다(뒤에 설명함).

Ⅱ. 訴訟行爲의 種類

1. 總 說

당사자의 소송행위는 여러 가지 기준에 의하여 분류할 수 있다. 행위의 시기와 장소에 따라 소송 전의 소송행위(관할의 합의, 중재계약, 소송위임 등), 소송계속중 소송 외의 소송행위(선정당사자의 선정, 소취하계약 등) 및 소송절차 내 특히 변론에서의 소송행위(본안의 신청, 공격·방어방법의 제출행위)로 나누어지고, 행위의 내용에 따라 신청·주장·증명 및 소송법률행위로 나누어지며, 행위의 성질에 따라 의사의 통지(신청), 관념의 통지(주장, 대리권소멸의 통지 등), 의사표시(소송법률행위) 및 사실행위(서증·준비서면의 제출 등)로 나누어진다. 그리고 행위의 목적 내지 기능에 따라 취효적(取效的) 소송행위와 여효적(與效的) 소송행위로 나누어진다. 아래에서는 이 가운데에서 행위의 내용 및 목적에 따른 분류를 자세하게 설명하기로 한다.

2. 申請·主張·證明 및 訴訟法律行爲

이 구별은 소송행위의 내용에 따른 것이다. 신청·주장 및 증명에 관하여는 이미 앞에서 설명하였다.

소송법률행위(Prozessrechtsgeschäft)는 소송법상의 법률효과의 발생을 목적으로

---

1) 同旨: 金/姜, 421면; Jauernig, §130 Ⅳ.

하는 의사표시이다.[1] 여기에는 단독행위와 소송상 합의(소송계약)가 있다. 소송법률행위로서 그 밖에 합동행위를 인정할 것인가에 관하여는 다툼이 있다. 단독행위로서는 소 및 상소의 취하(266 Ⅰ, 393), 소취하에 대한 동의(266 Ⅱ), 소송절차에 관한 이의권의 포기(151), 상소권의 포기(394, 425) 등이 있고, 소송상 합의로서는 관할의 합의(29), 불항소합의(390 Ⅰ 但) 등이 있으며, 합동행위를 인정하는 견해에서는 그 예로서 소송상의 화해를 들고 있다.[2] 이 가운데 소송상의 합의에 관하여는 다음에 따로 설명하기로 한다.

3. 取效的 訴訟行爲 · 與效的 訴訟行爲

이 구별은 '골트슈미트'(Goldschmidt)에 의하여 제창된 것으로서,[3] 소송행위의 목적 내지 기능에 따른 분류이다.[4]

(1) 取效的 訴訟行爲(Erwirkungshandlung)

이것은 법원(또는 다른 기관, 예컨대 법원사무관)에 대하여 특정한 재판(또는 다른 사법활동)을 할 것을 요구하는 행위 및 이를 뒷받침하기 위한 자료를 제출하는 행위를 가리킨다. 이것은 판결절차에서 가장 중요한 소송행위이다.

취효적 소송행위에는 신청 · 주장 및 증명의 세 가지가 있다. 취효적 소송행위의 특징은 이들이 그 의도한 효과를 직접 독자적으로 달성할 수 없고, 재판, 그 밖의 법원의 행위가 개재하여야 비로소 소기의 효과를 달성한다는 데 있다. 취효적 소송행위에 대하여는 그 적법성(Zulässigkeit)과 이유구비성(Begründetheit)의 두 단계의 평가를 하게 되며, 법원이 이에 대한 응답을 하여야 한다.

(2) 與效的 訴訟行爲(Bewirkungshandlung)

이것은 취효적 소송행위 이외의 모든 소송행위를 뜻하며, 법원의 행위를 개재시키지 아니하고 직접 소송법상의 효과를 발생시키고, 일정한 법률상태를 창설한다.

여효적 소송행위에는 의사표시인 소송법률행위(소취하, 상소의 취하, 관할의 합의 등), 의사의 통지

---

1) 소송법률행위의 개념에 대하여 비판적인 견해로서는 Rosenberg, §64 Ⅲ 참조.

2) 方, 546면; 金/姜, 428면; Baumgärtel, *a.a.O.*, S. 198, 200 Anm. 115.

3) Goldschmidt, Prozess als Rechtslage(1925), S. 364.

4) 일본의 新堂 교수는 이 분류를 약간 변경하여 재판의 취득을 목적으로 하는 행위와 그러한 목적이 없거나 이와 아울러 보다 구체적인 목적을 가지는 행위로 나눈다. 新堂, 298면.

(준비서면에 의한 공격·방어방법의 예고, 송달의 영수), 관념의 통지(소송대리인선임신고, 소송고지 등) 및 사실행위(준비서면의 제출 등) 등 네 가지가 있다.[1] 여효적 소송행위에 대하여는 그 유효성(Wirksamkeit)의 평가를 하게 되는데, 특히 소송전·소송외의 여효적 소송행위에 의하여 이미 발생한 법효과가 상대방에 의하여 무시되거나 다투어질 때(예컨대 소송 밖에서 소취하계약을 한 원고가 소취하를 하지 아니할 때)에 법원으로 하여금 그 효과를 고려하게 하기 위하여서는 이것을 소송에 이끌어 들이는 진술(취효적 소송행위)이 필요하며(피고가 소취하계약이 있음을 주장하여야 한다), 이 때에 비로소 그 여효적 소송행위의 유·무효를 판단받게 된다. 무효인 여효적 소송행위는 그 뒤의 소송절차에서 고려되지 아니한다.

(3) 취효적 소송행위임과 동시에 여효적 소송행위인 소송행위

어떠한 소송행위는 취효적 소송행위임과 동시에 여효적 소송행위인 수가 있다. 예컨대 소의 제기는 소송물에 관하여 소송계속상태를 가져오는 여효적 소송행위임과 동시에 재판을 구하는 취효적 소송행위이고, 상소의 제기도 이심의 효력을 가져오는 여효적 소송행위임과 동시에 상소심의 재판을 구하는 취효적 소송행위이다. 그러나 이들 행위의 주된 성질은 취효적 소송행위이다.

(4) 취효적 소송행위와 여효적 소송행위의 구별 및 그 실익

1) 취효적 소송행위는 신청·주장 및 증명을 하는 행위이고, 여효적 소송행위는 그 이외의 소송행위이다.

2) 취효적 소송행위는 특정한 재판을 요구하는 행위 및 이를 뒷받침하는 자료를 제출하는 행위이므로, 재판이 개재되어야 비로소 본래의 목적을 달성하고 재판을 떠나서는 독립적인 의미가 없음에 반하여, 여효적 소송행위는 재판의 개재 없이 직접 소송법상의 효과를 발생시킨다.

3) 취효적 소송행위에 대하여는 적법성과 이유구비성의 두 단계의 평가를 거쳐 반드시 법원의 응답이 있으나, 여효적 소송행위에 대하여는 유효성(유·무효)의 평가가 있을 뿐이고, 무효인 경우에는 그 뒤의 소송에서 법원에 의하여 고려되지 아니한다. 특히 소송전·소송외의 여효적 소송행위에 의하여 이미 발생한 법적 효과가 상대방에 의하여 무시되거나 다투어지면 상대방 당사자에 의한 소송상의 진술,

1) 취효적 소송행위에도 의사의 통지(신청)와 관념의 통지(주장)가 있다.

즉 취효적 소송행위가 있어야만 법원이 그 여효적 소송행위의 유·무효를 판단하게 된다.

4) 취효적 소송행위는 재판을 떠나서는 의미가 없으므로 재판이 있을 때까지는 이를 자유로 철회할 수 있는 것이 원칙이다. 여효적 소송행위는 그 자체로서 소송법상의 효과를 발생시키므로 이를 철회할 수 없는 것이 원칙이다.

5) 취효적 소송행위는 전형적인 소송행위로서 절차의 안정을 위하여 민법의 의사표시의 흠에 관한 규정이 준용되지 아니함에 반하여, 여효적 소송행위 중 소의 취하, 청구의 포기·인낙 등 소송종료행위에 관하여는 의사표시의 흠에 관한 민법 규정을 준용하여도 무방하다는 유력한 견해가 주장되고 있다.

이처럼 취효적 소송행위와 여효적 소송행위의 구별은 그 행위에 대한 평가의 형식, 철회가능성 및 의사표시의 흠에 관한 규정의 준용 등에서 실익이 없지 아니하나, 그 실제적 의의를 과대평가할 것은 아니다.[1)]

4. 訴訟上의 合意(訴訟契約)

(1) 意 義

소송상의 합의(Vereinbarung im Prozess) 또는 소송계약(Prozessvertrag)이라 함은 당사자(또는 장차 당사자로 될 사람)가 현재 또는 장래의 특정한 민사소송에 대하여 일정한 영향을 미치는 법효과의 발생을 목적으로 행하는 합의를 말한다. 소송계약은 소송전 또는 소송외에서 당사자 사이에 이루어진다.

소송상의 합의에 관하여는 과연 이러한 합의(계약)는 적법한가, 만일 적법하다면 그것은 어떠한 성질과 효과를 가지며, 소송상 어떻게 취급할 것인가가 문제된다.[2)]

(2) 適法性

1) 법률이 명문으로 규정하고 있는 소송상의 합의가 적법한 것임은 의문의 여지가 없다. 민사소송법과 민사집행법은 관할의 합의(29), 담보제공방법에 관한 합의(122但), 담보물변환의 합의(126但), 기일변경의 합의(165 II), 불항소합의(390 I 但), 부동산의 매

---

1) Zeiss, §35 Ⅳ 2 c).

2) Teubner, Prozessverträge, Zulässigkeit, Abschluss und Wirkungen, *MDR*(1988), 730.

각조건의 합의(民執 110), 배당에 관한 채권자 사이의 합의(民執 150) 등을 규정하고 있고, 그 밖에 중재계약(仲 3 ①) 등이 다른 법령에 의하여 인정되고 있다.

2) 법령에 명문의 규정이 없는 소송계약이 허용되는가가 문제된다. 일찍이는 임의소송의 금지(소송절차의 방식은 당사자의 합의에 의하여 변경할 수 없다)의 원칙을 강조한 나머지 명문의 규정이 없는 소송계약은 모두 적법하지 아니한 것으로 풀이하는 견해가 지배적이었다. 그러나 처분권주의 · 변론주의 등 당사자주의가 행하여지는 범위 안에서는 당사자가 특정한 소송행위(예컨대 소의 제기, 소의 취하, 자백, 증거의 제출 등)를 할 것인가 아닌가는 그 자유에 속하므로, 명문의 규정이 없는 소송계약의 적법성을 일률적으로 부정하는 것은 부당하다.

그리하여 오늘날에는 i) 처분권주의 · 변론주의가 행하여지는 범위 안에서, ii) 당사자가 그 합의의 법효과를 명확히 예측하고(그 합의에 의하여 받을 불이익을 알거나 알 수 있을 때) 합의한 때에는 그 소송계약의 적법성을 인정하고 있는 것이 일반적이다. 따라서 공익상 인정된 강행규정을 변경하거나 배제하려는 합의, 예컨대 증거의 평가(증거력계약)나 소송요건에 관한 합의는 무효이지만, 부제소계약,[1] 소취하 또는 상소취하계약,[2] 증거계약(자백계약 · 증거제한계약 · 중재감정계약) 및 집행계약 등은 적법한 것으로 인정된다.

(3) 法的 性質과 效果

1) 법률에 명문규정은 없지만 적법성이 인정되는 소송계약은 그 법적 성질이 사법상의 계약인가 소송법상의 계약인가가 다투어진다. 이것은 소송상의 합의에 의하여 어떠한 법적 효과가 발생하는가의 문제와 결부되어 논의되는 수가 많다.[3] 소송계약의 효과로서는 '의무부과효과(義務賦課效果)'(verpflichtende Wirkung)와 '처분효과(處分效果)'(Verfügungswirkung)가 문제된다. 전자는 상대방에게 작위 또는 부작위의 의무를 지우는 효과, 예컨대 소취하계약의 경우에는 소를 취하할 작위의무, 부제소계약의 경우에는 소를 제기하지 아니할 부작위의무를 지우는 것이다. 이 경우의 작위 · 부작위의무는 사법상의 의무로 보는 것이 일반적이지만, 소송법상의 의무로 보는 견해도 있다. 후자는 '변동효과(變動效果)'라고도 하는데, 이것은 소송계속의 소멸(소취하계약의 경우)과 같이 소송계약에 의하여 직접 발생하는 소송법상의 효과를 가리킨다.

---

1) 大判 1968. 11. 5, 68 다 1665.
2) 大判 1982. 3. 9, 81 다 1312.
3) 方, 419면; 李時, 412면 이하; 金/姜, 426면 이하; 上田, "訴訟契約," 演習民訴, 339면 이하 참조.

2) 소송계약을 사법상의 계약으로 풀이하는 **사법계약설**에 의하면, 소송계약에 의하여 소송법상의 효력은 발생할 수 없고, 다만 사법상의 작위・부작위의무만이 발생한다고 하여, 여기에 의무부과효과만을 인정한다. 이 견해에 의하면 소취하의 합의의 경우에는 원고에게 소취하의무만이 발생할 뿐이다. 이 설은 소송계약에 따른 작위・부작위의무를 이행하지 않는 경우의 구제방법에 따라 다시 두 가지로 견해가 갈라진다. 그 하나는 이 경우에 의무의 이행을 소구(訴求)하여 승소판결을 받아 강제집행을 할 수 있고, 만일 강제집행이 불가능한 때에는 손해배상을 청구할 수 있다는 견해이고(**고전적 사법계약설**), 다른 하나는 다른 쪽 당사자에게 항변권이 발생하고, 이 항변권을 행사하면 법원이 이에 대응하는 일정한 조치를 취하여야 한다는 견해이다(**발전적 사법계약설**, **항변권발생설**). 후자의 견해에 의하면, 예컨대 소취하의 합의의 경우에는 원고에게 소를 취하할 사법상의 작위의무가 발생하고, 원고가 이에 위반하여 소를 취하하지 아니할 때에는 피고가 항변으로서 합의의 존재를 증명하면 권리보호의 이익이 없는 것으로서 소를 각하하여야 한다고 한다.

3) 이에 반하여 소송계약을 소송법상의 계약으로 풀이하는 **소송계약설**에 의하면, 소송계약은 직접 소송법상의 효과를 발생시키고, 소송상태를 변동시킨다고 하여, 여기에 소송법상의 처분효과를 인정하고 의무부과효과는 원칙적으로 부정한다. 이들은 소송법상의 처분효과를 적극적인 처분효과(positive Verfügungswirkung)와 소극적인 처분효과(negative Verfügungswirkung)로 나눈다. 전자는 관할의 합의와 같이 새로운 소송상태를 창설하는 효과이고, 후자는 상소포기의 합의와 같이 종래의 소송상태를 소멸시키는 효과이다. 이 견해에 의하면 예컨대 소취하의 합의의 경우에는 소취하의무를 발생시키는 것이 아니라 직접 소송관계의 소급적 소멸이라는 소송법상의 효과가 발생하므로, 법원은 소취하의 합의에 의하여 소송이 종료되었음을 선언하여야 한다(합의의 효력이 발생하는 구체적인 시기는 당사자가 법원에서 이를 원용하는 때이다).

4) 또한 발전적 사법계약설과 소송계약설의 대립을 지양하여, 소송계약을 소송법상의 계약으로 보면서도 그로부터 처분효과뿐만 아니라 소송법상의 의무부과효과도 아울러 발생한다는 견해도 있다.[1] 이 **발전적 소송계약설**에 의하면 소취하합의의 경우에는 원고는 소를 취하할 소송법상의 의무도 부담한다고 한다. 작위・부

1) Rosenberg, §66 Ⅱ; Blomeyer, §30 Ⅷ 4; 竹下, "不提訴の合意と訴取下契約," 爭點, 156면.

작위의무가 사법상의 의무가 아니라 소송계약으로부터 발생하는 소송법상의 의무라고 보는 점이 사법계약설과 다르다. 이들이 이처럼 소송상의 합의를 소송계약으로 보면서도 거기에 의무부과효과를 인정하는 이유는 소송상의 합의가 합의대로 이행되는 경우를 설명하기 위하여서는 이러한 의무를 상정할 필요가 있고, 또 소극적인 처분효과를 가져오는 소송상의 합의에 위반하는 경우에 손해배상청구가 가능하게 되기 때문이다(예컨대 항소권포기계약에 위반하여 항소를 제기하였다가 패소한 경우에는 그 동안의 소송지연으로 인한 손해배상을 청구할 수 있다).

5) 우리나라의 통설·판례는 발전적 사법계약설(항변권 발생설)을 취하고 있고,[1] 도이칠란트의 통설은 소송계약설을 취하고 있다. 생각건대 고전적 사법계약설은 그 구제방법이 간접적이고 우회적이어서 부당하고, 발전적 사법계약설은 사법상의 작위·부작위의무가 발생한다고 하면서도 그 의무가 작용하는 장면(場面)은 거의 없고, 항변권의 발생요건에 지나지 아니하며, 당사자는 그 합의에 따른 효과를 직접 이끌어 내기를 기대하는데, 항변권만으로는 그러한 당사자의 기대를 충족시킬 수 없는 난점이 있다. 그렇다면 소송계약은 직접 소송법상의 처분효과를 발생시킨다는 소송계약설이 기본적으로 타당하다고 본다.[2] 다만 소송계약은 소송법상의 계약으로 본다고 하더라도 여기에 소송법상의 처분효과만을 인정할 것이 아니라, 의무부과효과도 인정하여야 할 것이다(**발전적 소송계약설**). 왜냐하면 소송상의 합의가 합의대로 이행되는 경우의 설명 및 이에 위반하는 경우의 손해배상청구를 가능하게 하기 위하여서는 이러한 의무를 상정하여야 하기 때문이다.[3] 이처럼 소송계약을 소송법상의 계약으로 보면서도 거기에 처분효과 외에 소송법상의 작위·부작위의무도 인정하는 견해는 도이칠란트 및 일본의 유력설이다.[4] 소송계약설에 대하여는 소송법에 아무런 규정이 없는 소송상의 합의를 소송법에서 요건과 효과를 규정한 전형적인 소송행위와 같이 취급하여 무리라는 비판이 가하여지고 있고,[5] 발전적 소송계약설에 대하여는 소송행위로부터 사법상의 작위·부작위의무가 생겨나는 것을 설명할 수 없다는 난점이 지적되고 있다.[6] 그러나 소송계약설이 소송상의 합의를 전형적인 소송행위

1) 大判 2018. 5. 30, 2017 다 21411("당사자 사이에 항소취하의 합의가 있는데도 항소취하서가 제출되지 않는 경우 상대방은 이를 항변으로 주장할 수 있고, 이 경우 항소심법원은 항소의 이익이 없다고 보아 그 항소를 각하함이 원칙이다."); 1968. 11. 5, 68 다 1665; 1982. 3. 9, 81 다 1312; 方, 420면; 李英, 229면; 李時, 397면; 金祥, 306면.

2) 同旨: 金/姜, 427면; Rosenberg, §66 Ⅱ; Blomeyer, §30 Ⅶ 4.

3) 柏木邦良, "訴取下の合意," 續百選, 98면 이하.

4) Rosenberg, §66 Ⅱ, Blomeyer, §30 Ⅷ 4; 竹下, "不起訴の合意と訴取下契約," 爭點, 156면.

5) 李時, 412면.

와 모든 면에서 똑같이 취급하는 것은 아니고, 또 소송상의 합의에서 도출되는 작위의무는 소송법상의 의무이고 사법상의 의무가 아니며, 전형적인 소송행위인 전속적 관할의 합의에서도 작위의무를 도출할 수 있다고 풀이되므로, 이 비판은 타당하지 않다.[1]

6) 소송계약설 내지 발전적 소송계약설을 취하는 경우에 문제되는 것은 소송상의 합의의 효과가 발생하는 계기(법원이 당연히 고려할 것인가, 당사자의 신청·항변을 기다려 고려할 것인가), 시점(계약시인가, 주장시인가, 법원이 대응조치를 한 때인가) 및 법원의 대응(예컨대 소취하계약의 경우에 소각하를 할 것인가, 소송종료선언을 할 것인가) 등이다.

i) 소송계약은 소송전 또는 소송외에서 이루어지므로, 그것이 법원에 의하여 고려되기 위하여는 당사자에 의하여 그 존재가 주장되어야 한다.[2]

ii) 소송계약에 의한 소송법상의 효과가 발생하는 시기는 계약을 체결한 때가 아니라, 법원이 그 존재를 인정하고 이에 대응하는 조치를 취한 때라고 풀이한다.[3] 그러한 의미에서 소송상의 합의의 처분효과는 법원이 고려할 때까지는 잠재적인 의미를 가진다고 생각한다.[4]

iii) 소송계약의 존재가 법원에 의하여 인정된 경우에 법원은 소취하합의에 의한 소송종료선언을 하여야 한다.

(4) 有效要件

(가) 能力·代理權 소송계약설에 의하면 소송능력과 소송상의 대리권이 필요하지만, 사법계약설에 의하면 행위능력과 민법상의 대리권으로 족하다.

(나) 意思의 흠 민법의 법률행위에 관한 규정이 유추적용된다. 판례에 따르면 소취하 합의의 의사표시는 민법 제109조에 따라 법률행위의 내용의 중요 부분에 착오가 있는 때에는 취소할 수 있다고 한다.[5]

(다) 條件·期限 소송절차 외에서 행하는 소송상의 합의에는 조건과 기한을 붙일 수 있다.

---

6) 姜(제5판), 445면.
1) 同旨: 竹下, "不起訴の合意と訴取下契約," 爭點, 157면.
2) Stein/Jonas, vor §128 Rdn. 216.
3) 三ケ月, 434면.
4) Hellwig, Zur Systematik des zivilprozessrechtlichen Vertrages(1968), S. 62 ff.
5) 大判 2020. 10. 15, 2020 다 227523, 227530.

(5) 合意의 效力이 미치는 範圍

(가) 主觀的 範圍 소송상의 합의는 당사자의 포괄(일반)승계인에게도 미친다. 채권의 특정승계의 경우에도 마찬가지이다. 그러나 물권의 특정승계의 경우에는 그 효력이 미치지 아니한다.[1)]

(나) 客觀的 範圍 소송상의 합의는 대상으로 된 특정 분쟁에 한하여 그 효력이 미친다. 그 분쟁의 해결방법이 소에 한정되는가, 소송외의 분쟁해결방법(조정·화해)까지 포함하는가는 합의의 해석에 의하여 결정한다. 합의 후에 당사자 사이의 법률관계가 변동된 때에는 합의의 효력이 미치지 않는다.[2)]

(6) 不提訴契約(不提訴合意)

법률에 명문의 규정이 없는 소송계약 중 소취하계약 내지 상소취하계약, 증거계약 및 집행계약에 관하여는 각각 해당하는 곳에서 설명하기로 하고 여기에서는 부제소계약에 관하여만 언급한다.

(가) 意 義 부제소계약은 일정한 법적 분쟁에 관하여 법원에 소를 제기하지 않기로 약정하는 사인 사이의 합의이다. 소송상의 합의의 대표적 예의 하나이다.

(나) 許容範圍 부제소계약이 허용되는 범위는 국민의 재판청구권(憲27)과 당사자처분권주의를 고려하여 정하여야 한다. 그리하여 i) 부제소계약은 일정한 범위의 법적 분쟁을 대상으로 하여야 하고, 장래 발생할 일체의 분쟁에 관하여 소를 제기하지 않기로 하는 합의는 소권 일반의 포기로서 선량한 풍속 기타 사회질서에 반하여 무효이다.[3)] 또한 ii) 부제소계약은 그에 따르는 불이익을 명확하게 예측할 수 있고[4)] 당사자에게 결단의 자유가 보장된 상태에서 이루어져야 한다. 따라서 강자의 압력에 의하거나 불이익을 예측할 수 없는 상태에서 행한 합의는 무효이다. 끝으로, iii) 당사자가 실체적 권리를 포기할 수 있는 범위 안이어야 한다.[5)] 그러므로 예컨대 최종 퇴직시 발생하는 퇴직금청구권에 대하여 사전에 부제소계약을 하는

---

1) Rosenberg, §66 VI; Blomeyer, §30 Ⅷ 5; Teubner, *a.a.O.*, S. 726 f.

2) 상세한 것은 竹下, "訴訟契約の研究," (1)~(3), 「法學協會雜誌」, 80. 1. 4, 81. 4. 참조.

3) 大判 2002. 2. 22, 2000 다 65086.

4) 大判 2001. 9. 4, 2001 다 9496(예상하지 못한 후유증으로 인한 손해에 대하여는 그 합의의 효력이 미치지 않는다).

5) 大判 1999. 3. 26, 98 다 63988(특정 법률관계에 관한 것으로서 처분할 수 있는 권리이며 합의시에 예상할 수 있는 상황에 관한 것이어야 한다).

것은 무효이다.[1]

(다) 效 果　부제소계약이 존재하는 경우에는 법원은 소를 각하하여야 한다는 데 견해가 일치하고 있다. 발전적 사법계약설(항변권 발생설)에 의하면 위 합의가 존재하면 권리보호의 이익이 없게 되어 소각하를 하여야 하고,[2] 소송계약설 내지 발전적 소송계약설에 의하면 권리보호의 자격 또는 재판권(소권)의 흠으로 인하여 소각하를 하여야 한다. 다만 부제소계약은 법원의 직권조사사항은 아니고 수익자인 피고의 항변사항이다(방소항변).

Ⅲ. 訴訟行爲의 法的 規律

1. 總　說

소송행위는 한편으로는 사익의 실현을 위한 것이지만, 다른 한편 국가의 소송제도 안에서 행하여지며 공익의 지배를 받는다. 또 소송행위는 사법행위(예컨대 매매)와 같이 그 자체가 독립하여 효과를 발생하는 것이 아니라 소송절차의 일부를 구성하고 있으며, 보통 다른 소송행위를 전제로 하고 있고 재판을 목표로 하고 있으므로, 다른 소송행위와 합하여 비로소 의미를 가지는 수가 많다(예컨대 소의 제기는 심리·재판 등 뒤따르는 여러 소송행위가 있어야 의미를 가진다).

그리하여 사법행위에 대한 소송행위의 특질을 강조하게 되면, 소송행위에는 원칙적으로 사법법규가 적용되지 않는다는 결론에 이르게 된다. 그러나 소송행위 가운데에서 소송전·소송외의 행위는 소송절차를 조성(組成)하지 않고, 또 소송을 종료시키는 행위는 그 뒤에 다른 소송행위가 뒤따르지 아니하므로, 이 두 가지 소송행위는 사법행위와 유사한 상황에 있고, 또 법체계상 사적 자치의 원칙을 존중하게 되면 소송행위도 원칙적으로 사법법규의 규율을 받는다는 결론에 이르게 된다. 종전에는 앞의 견해가 지배적이었으나,[3] 최근에는 뒤의 견해가 유력하게 주장되고 있다.[4] 소송행위에 대한 법적 규율에서 문제되는 것들은 다음과 같다.

---

1) 大判 1998. 3. 27, 97 다 49732. 퇴직 후에는 가능하다(大判 1996. 6. 14, 95 다 3350). 행정소송에서 소권은 개인의 국가에 대한 공권이므로 당사자의 합의로써 이를 포기할 수 없다(1995. 9. 15, 94 누 4455).

2) 大判 1968. 11. 5, 68 다 1665; 1989. 7. 25, 89 다카 968; 1992. 3. 10, 92 다 589; 1993. 5. 14, 92 다 21760; 2012. 4. 13, 2011 다 46036.

3) 大判 1980. 8. 26, 80 다 76; 李時, 412면; Rosenberg, §65.

4) Grunsky, S. 207; Arens, *Willensmängel bei Parteihaiandlungen im Zivilprozess*(1968).

2. 人的 要件

소송행위가 유효하기 위하여서는 권리능력·행위능력 대신에 당사자능력·소송능력이 필요하다. 다만 소송전·소송외의 행위 가운데 관할의 합의 그 밖의 소송계약에 관하여는 그것이 사법상 계약과 합체하여 행하여지므로 행위능력이 있으면 족하다는 견해도 있다.[1] 소송행위가 대리인에 의하여 행하여질 때에는 대리권이 있어야 한다. 소송행위에 표현대리의 법리가 적용되는가에 관하여는 논란이 있다. 소극설이 다수설·판례이지만, 법인이 고의로 부실한 등기를 한 경우에 관하여 적극설이 유력하게 주장되고 있음은 전술한 바와 같다(무권대리·표현대리에 관한 설명 참조).

3. 方式과 效力發生

소송행위의 방식과 효력발생은 그 소송행위가 변론에서 행하여지는가 변론 외에서 행하여지는가에 따라 다르다.[2] 그것이 변론에서 행하여지는 경우에는 법원에 대하여 말로 하는 것이 원칙이다(134 I). 이 경우에 상대방에 대하여 기일통지서가 적법하게 송달된 때에는 상대방이 불출석하여도 소송행위는 유효하다. 변론 외에서 행하는 경우에는 서면으로 하되 법원에 이를 제출하고 상대방에게 송달됨으로써 효력을 발생한다. 소(248), 반소(269), 청구의 변경(262 II), 중간확인의 소(264 II), 독립당사자참가(79 II), 항소(397), 상고(425), 재심(455)과 소취하(266 III), 항소취하(393 I), 상고취하(425), 재심취하(455), 소송고지(85) 등이 그 예이다.

4. 解　　釋

소송행위는 반드시 명시적인 언어를 요구하지 아니하고 적절한 행동을 통한 표시도 허용되기 때문에, 소송행위에 관하여도 해석이 가능하고, 또 해석을 필요로 한다. 일정한 경우에는 민사소송법이 해석의 기준을 규정하고 있다. 예컨대 관할권 없는 사건에서 피고가 이의 없이 본안에 관하여 변론한 때에는 소송에 응할 의사가 있는 것으로 보아 그 법원에 관할권이 생기는 것으로 하고 있다(30). 그 밖의

---

1) 三ケ月, 286~287면.

2) 민사소송절차의 적법성과 투명성 확보라는 정책적 관점에서 민사소송규칙은 당사자나 대리인이 기일 외에서 구술, 전화, 휴대전화 문자전송 등의 방법으로 사실상 또는 법률상 사항에 대하여 진술하는 등과 같은 부적법한 소송행위를 금지하고 있으며(民訴規 17의 2 I), 재판장은 이를 어긴 당사자나 대리인에게 주의를 촉구하고 기일에서 그 위반사실을 알릴 수 있도록 하고 있다(民訴規 17의 2 II).

경우에는 법원은 당사자의 행위의 의미를 탐구하여야 한다.[1] 당사자의 의사가 분명하지 아니한 경우에는 법원은 흔히 석명권을 행사하여 그 의미를 명백히 한다. 민법상의 의사표시에 관한 해석원칙은 일반적인 타당성이 있으므로 소송상의 의사표시와 그 밖의 소송행위의 해석에도 유추적용할 수 있다. 그리하여 수령을 요하는 의사표시는 수령자의 입장에서 해석하여야 하고, 수령자가 알거나 알 수 있었던 사정만이 고려될 수 있다.[2]

5. 意思의 흠과 訴訟行爲의 取消·撤回

소송행위에 의사의 흠(Willensmängel)이 있는 경우에 이를 어떻게 취급할 것인가에 관하여 민사소송법에는 일반적인 규정이 없다. 그리하여 이 경우에 의사의 흠에 관한 민법의 규정을 유추적용할 수 있는가가 다투어지고 있다.

(1) 取消의 可否

1) 통설은 소송행위는 법원에 대하여 하는 것이 보통이고, 연속하는 소송절차를 이루고 있는 것이므로 절차의 안정을 꾀할 필요가 있고, 또 공적인 진술로서 명확을 기하기 위하여 표시주의·외관주의로 관철하여야 한다는 이유로, 소송행위에 대하여는 민법의 의사의 흠에 관한 규정을 유추적용할 수 없다고 풀이하여 왔다. 그리고 취효적 소송행위는 이를 자유로 철회할 수 있고, 또 사기·강박 등에 의한 소송행위는 민사소송법 제451조 제1항 제5호를 유추하여 소송절차 안에서 취소할 수 있으므로 소송행위에 대하여는 굳이 의사의 흠에 관한 사법규정을 유추적용할 필요도 없다고 한다.[3] 그리하여 이들은 허위표시·사기·강박·착오가 있더라도 소송행위의 효력에는 아무런 영향이 없다고 한다.

2) 그러나 유력한 견해는 각 소송행위에 관하여 개별적으로 그 특성을 고려하면서 구체적으로 이익을 형량하여 의사의 흠의 문제를 검토하여야 한다고 주장한다. 그리하여 도이칠란트의 '아렌스'(Arens) 교수는 소의 취하, 상소의 취하, 청구

1) 소송행위의 해석은 표시주의·외관주의에 의하여야 하지만 획일적·형식적으로 할 것이 아니라 당사자의 주장 전체를 고찰하고 당사자의 의사를 참작하여 객관적·합리적으로 하여야 한다(大決 2002. 4. 22, 2002 그 26). 같은 취지에서, 불상소합의를 표시한 문언이 불분명하다면 소극적으로 해석하여야 한다는 것으로 大判 2002. 10. 11, 2000 다 17803; 2015. 5. 28, 2014 다 24327, 24334, 24341, 24358, 24365, 24372.

2) Rosenberg, §64 Ⅲ; Arens, Rdn. 209.

3) 方, 422면; 金/姜, 434면.

의 포기 · 인낙 등은 자주적 분쟁해결행위로서 그 뒤에 다른 절차가 연속 발전하는 일이 없으므로, 이는 전형적 소송행위인 절차구성행위가 아니고, 따라서 소송절차의 안정을 꾀하기 위한 표시주의 · 외관주의를 관철시킬 필요가 없다고 하는 이유로, 의사의 흠에 관한 민법의 규정을 유추적용할 수 있다고 주장하고 있고,[1] 일본의 통설은 소송전 · 소송외의 소송법률행위(관할의 합의, 대리권의 수여, 불항소합의, 증거계약 등)는 소송절차와 직접 관련이 없고, 또 소송절차를 종료시키는 행위(소의 취하, 청구의 포기 · 인낙, 소송상의 화해)는 그 뒤에 다른 소송행위가 연속되지 아니하며, 모두 소송절차의 안정과 무관하므로, 이들 소송행위에 대하여는 예외적으로 의사의 흠에 관한 민법규정을 유추적용할 수 있음을 인정하고 있다.[2]

3) 우리나라의 판례는 종래의 통설과 같이 일반적으로 소송행위에는 의사의 흠에 관한 민법의 규정이 적용되지 아니한다고 보고, 이 원칙을 소의 취하, 상소의 취하, 소송상의 화해에 관하여도 관철하고 있다.[3] 다만 소송행위가 사기 · 강박 등 형사상 처벌을 받을 다른 사람의 행위로 말미암아 이루어진 경우에는 사기 · 강박 등에 관하여 유죄판결이 확정되고 그 소송행위가 그에 부합되는 의사 없이 외형적으로만 존재하는 때에 한하여 민사소송법 제451조 제1항 제5호를 유추하여 그 소송행위의 효력을 부인할 수 있다고 하고,[4] 혹은 유죄의 확정판결을 기다리지 않고 곧바로 무효라고 한다.[5] 그러나 사기 · 강박에 의한 소송행위의 경우에 그에 관한 유죄의 확정판결이 난 후에야 그 행위를 취소할 수 있다고 풀이하는 것은 취소를 인정하는 실익의 대부분을 잃게 하여 문제이고,[6] 또 이를 당연무효라고 보는 이론적 근거도 불분명하다.

4) 생각건대 소송절차를 구성하는 전형적인 소송행위에 대하여는 의사의 흠에 관한 민법의 규정을 유추적용할 수 없다. 왜냐하면 만일 이에 대하여 취소를 인정하면 절차의 안정성을 해하기 때문이다. 이 점에 관한 한 현재 아무런 다툼이 없다.

---

1) Arens, *Willensmaängel bei Parteihandlungen im Zivilprozess*(1968).

2) 中野=松浦=鈴木, 270면.

3) 大判 1979. 5. 15, 78 다 1094(소송상 화해); 1979. 12. 11, 76 다 1829; 1980. 8. 26, 80 다 76(항소취하); 1997. 10. 24, 95 다 11740(소취하).

4) 大判 1984. 5. 29, 82 다카 963.

5) 大判 1985. 9. 24, 82 다카 312(연금상태에서 강요와 폭행을 당하는 등 형사책임이 수반되는 타인의 행위로 소취하한 경우).

6) 일본판례는 유죄의 확정판결을 요구하지 않는다. 日最判 6. 25, 民集 25. 4. 640, 百選 Ⅱ, 166면.

다음 소송전·소송외의 소송행위는 소송절차 밖에서 이루어지는 것이므로 그 취소를 허용하여도 소송절차의 안정을 해할 염려가 없다. 따라서 소송전·소송외의 소송행위에 대하여는 의사의 흠에 관한 민법의 규정을 유추적용하여 그 취소를 허용하여야 하며, 이렇게 풀이하는 것이 현재의 다수설이다.[1)]

끝으로 소송절차를 종료시키는 소송행위에 관하여 통설은 i) 청구의 포기·인낙 및 재판상 화해는 준재심(461)에 의하지 않고는 취소할 수 없는 점, ii) 소취하 등에 사기·강박이 있는 경우에는 민사소송법 제451조 제1항 제5호를 유추하여 취소가 가능하므로 의사의 흠에 관한 민법의 규정을 유추적용할 필요가 없는 점, iii) 착오로 인한 소송행위의 취소를 허용하는 것은 소송절차의 안정을 해한다는 점을 논거로 하여 의사의 흠에 관한 민법규정의 유추적용을 부정한다. 청구의 포기·인낙 및 재판상의 화해에 대하여 준재심을 규정한 민사소송법 제461조는 우리나라에만 특유한 것으로서 위헌적인 규정이다(자세한 것은 재판상의 화해 부분 참조). 사기·강박 등에 의한 소송행위의 경우에 민사소송법 제451조 제1항 제5호를 유추하여 재심에 의하지 않고 이를 취소할 수 있다고 풀이하는 것은 결과적으로 사기·강박에 의한 소송행위의 취소를 인정하는 것이요, 다만 그 근거가 민법규정이 아니라 민사소송법 규정이라고 강변하는 것에 지나지 않는다. 착오로 인한 소송행위는 문제이다. 청구의 포기·인낙 및 재판상의 화해와 같이 법원이 관여하는 소송종료적 소송행위는 석명권의 행사 등에 의하여 민법상 착오이론을 적용할 여지가 별로 없을 것이다. 그러나 소나 상소의 취하의 경우에는 착오에 의한 취소를 인정하여야 하지 않을까?[2)] 따라서 소송절차를 종료시키는 소송행위에 관하여도 의사의 흠에 관한 민법 규정의 유추적용을 인정하는 '아렌스'교수의 견해를 지지한다.

최근에는 대법원도 소송행위가 소송당사자의 기망행위에 의하여 야기된 경우에는 기망행위를 한 당사자의 소송절차의 안정을 보호할 필요는 없는 것이며 그 소송절차 중에서 소취하행위의 효력을 판단 받는 한 법원에 대한 관계에서도 그 소송절차의 안정을 해할 우려가 없다고 하면서, 피고 쪽 당사자나 대리인이 재소(再訴)가 금지된 항소심에 이르러 소송진행과정을 모르고 있던 원고 중의 일부를 기망하여 소를 취하하게 한 경우에는 형사상처벌 받을 사기행위로서 그 원고는 소취하의 의사표시를 취소할 수 있다고 하였다.[3)]

---

1) 姜, 114면. 反對: 大判 1997. 10. 10, 96 다 35484(소송 전 소송위임행위의 취소 불가).
2) 反對: 大判 2004. 7. 9, 2003 다 46758(소의 취하).

(2) 撤回·訂正·補充의 可能性

1) 취효적 소송행위는 재판을 떠나서는 독립적인 의미가 없으므로 원칙적으로 재판이 있을 때까지 자유로 이를 철회·정정 또는 보충할 수 있다. 이것은 처분권주의와 변론주의가 적용되기 때문이다. 그리하여 신청·주장과 증거의 신청은 철회할 수 있고(예컨대 266), 당사자는 소송대리인의 사실상 진술을 취소·경정할 수 있다(94). 다만 소송행위의 철회·정정이 허용되는 시기는 특별한 규정이 없는 한 사실심의 변론을 종결할 때까지이다.[1] 이에 반하여 여효적 소송행위는 법원의 행위가 개입되지 아니하고 직접 소송상의 효력을 발생하므로 절차의 원활한 진행과 상대방의 절차의 이익을 고려하여 원칙적으로 임의로 철회할 수 없다. 예컨대 청구의 포기·인낙, 화해, 소의 취하, 상소의 취하 등이 그러하다.

2) 그러나 취효적 소송행위의 철회자유의 원칙에는 제한이 있다. 즉, 그 당사자에게 불리한 소송행위나 또는 상대방에게 일정한 법률상의 지위가 취득된 소송행위는 이를 자유로 철회할 수 없다. 예컨대 재판상의 자백, 증거신청에 기하여 이미 증거조사가 개시된 경우, 소제기에 대하여 피고가 소송에 응한 경우 따위가 그러하다.

다만 소송행위의 철회제한의 경우에도 다음 사유가 있을 때에는 예외가 인정된다. 즉 첫째로, 민사소송법 제451조 제1항 제5호의 재심사유가 있을 때이다. 형사상 처벌받을 다른 사람의 행위로 말미암아 소송행위가 이루어진 때에는 판결이 확정되기를 기다려 재심의 소를 제기할 것이 아니라, 그 소송절차 안에서 민사소송법 제451조 제2항의 요건을 요하지 않고 그 소송행위의 효력을 부정하는 것이 소송경제에 맞는다(예컨대 자백의 철회). 판례 중에는 유죄판결의 확정을 요구하는 것이 있으나,[2] 그것이 문제임은 전술하였다. 둘째로 상대방의 동의가 있는 때이다. 피고의 동의에 의한 소취하(266 Ⅱ), 상대방의 동의에 의한 자백의 철회, 증거조사개시 후 상대방의 동의에 의한 증거신청의 철회가 인정되는 것은 그 예이다. 셋째로, 자백이 진실에 반하고 착오로 인한 것일 때에는 이를 철회할 수 있다(288 但).

---

3) 大判 2004. 4. 27, 2003 다 31619.
1) 大判 1960. 8. 18, 4292 民上 905.
2) 大判 1984. 5. 29, 82 다카 963.

6. 附款(條件과 期限)

소송행위에 부관, 즉 조건과 기한을 붙일 수 있는가가 문제이다. 이 문제는 소송상의 큰 요청인 소송절차의 안정이라는 관점에서 고찰하여야 한다.

(1) 條 件

1) 소송행위의 조건이란 소송행위의 효력의 발생 또는 소멸을 장래의 불확실한 사실의 성립 여부에 의존시키는 부관을 말한다.

2) 일반적으로 소송행위, 특히 절차형성적 소송행위는 조건에 친하지 않은 행위라고 풀이되고 있다. 왜냐하면 조건의 성취 여부가 미확정인 동안에는 소송행위의 유 · 무효가 불안정한 상태에 있어서 소송절차의 정상적인 진행을 꾀할 수 없기 때문이다. 그러나 이 문제는 그 조건이 소송외적인가 소송내적인가를 구별하여 고찰하여야 한다. 먼저 소송외적 조건(außerprozessuale Bedingung)은 소송행위의 효력의 발생을 소송외에서 장래발생할 불확실한 사정에 의존케 하는 것으로서, 이는 법원과 상대방의 지위, 나아가 절차의 진행 자체를 불확실 · 불안정하게 하므로 허용되지 아니한다. 예컨대 제3자의 승낙을 조건으로 하여 소를 제기하는 따위이다.

3) 이에 반하여 소송내적 조건(innerprozessuale Bedingung)은 소송진행중에 판명될 사실을 조건으로 하는 것으로서 이것은 절차의 안정성을 해할 염려가 없으므로 허용된다. 이처럼 소송내적 조건을 붙인 소송행위로서는 예비적 신청(Eventualantrag)과 예비적 주장이 중요하다.

예비적 신청은 제1차의 신청이 기각되는 경우에 대비하여 제2차의 신청을 하는 것이다. 예컨대 청구의 예비적 병합(예컨대 제1차로 매매대금의 지급을 구하고, 제2차로 만일 매매계약이 무효라면, 인도한 매매목적물의 반환을 구하는 것)이나 예비적 반소(본소청구가 인용되거나 기각되는 때를 대비하여 조건부로 반소청구를 하는 것)가 이에 해당한다.

예비적 주장 또는 가정적 주장은 하나의 주장이 부정되는 경우에 대비하여 같은 목적을 달성하기 위하여 이와 양립하거나, 또는 양립하지 아니하는 다른 주장을 하는 것이다. 예컨대 원고가 부동산에 관한 소유권확인소송에서 소유권의 취득원인으로서 우선 매매를 주장하고, 그것이 인정되지 아니하면 예비적으로 시효취득을 주장하는 따위이다. 마찬가지로 예비적 항변, 가정적 항변은 하나의 항변이 부정되는 경우에 대비하여 같은 목적을 달성하기 위하여 다른 항변을 하는 것이다. 예컨대 피고가 우선 변제의 항변을 하고, 이것이 인정되지 아니하면 시효소멸의 항변을 하는 것이다.

신청과 주장 이외에 소송법률행위에 조건을 붙이는 것은 이에 의하여 절차 전체가 불안정하게 되는 경우에는 허용되지 아니하지만, 이에 해당하는가 아닌가는 개별적으로 검토하여 결정하여야 한다.[1] 판례는 재판상의 화해를 소송행위로 보면서도 실권의 조건을 붙이는 실효조건부 화해(제3자의 이의가 있으면 화해의 효력을 소멸시키도록 하는 것)의 유효성을 인정하고 있다.[2]

(2) 期 限

소송행위의 기한이란 소송행위의 효력의 발생 또는 소멸을 장래 발생하는 것이 확실한 사실의 성립에 의존케 하는 부관을 말한다. 소송행위에 기한을 붙이는 것을 허용하면, 당사자가 마음대로 소송행위의 효력의 발생·소멸시기를 정할 수 있게 되어 절차의 진행이 불안정하게 되고, 또 소송자료도 확정할 수 없게 되므로, 어느 경우에도 기한은 허용되지 아니한다.

Ⅳ. 訴訟行爲의 흠과 그 除去·治癒

1. 흠 있는 소송행위의 의의

(1) 당사자의 소송행위에 대한 평가로서는 성립·불성립, 유효·무효, 적법·부적법, 이유의 유·무 등 네 가지가 있다.

1) 성립·불성립은 소송행위가 소송법에 의하여 요구되고 있는 정형(定型)에 적합하게 행하여졌는가 아닌가(소송행위로서의 개념요소를 충족하고 있는가 아닌가)의 평가이다. 예컨대 소는 소장을 법원에 제출하여 제기하는 것이므로(248), 법관의 자택으로 편지를 내는 경우에는 소는 성립하지 아니한다. 소송행위가 불성립인 경우에는 그 이상의 평가의 대상이 없으므로, 흠의 치유나 법원에 의한 배척 등의 문제가 아예 발생하지 아니한다. 소송행위가 성립하여 존재하면 그 다음 단계의 평가가 뒤따른다.

---

1) 金/姜, 435면 참조.
2) 大判 1988. 8. 9, 88 다카 2332.

2) 유효 · 무효는 성립한 소송행위가 그 행위의 본래의 효과를 발생할 수 있는가 아닌가의 평가이다. 소송행위로서 성립이 되어도 의사능력 · 당사자능력 · 소송능력 · 대리권에 흠이 있는 경우, 소송절차에 관한 효력규정에 위반하여 행하여진 경우에는 그 소송행위는 무효이다(예컨대 소송무능력자의 소송행위, 피고가 소송에 응한 뒤에 그의 동의 없이 한 소취하 따위가 그것이다).[1] 전자의 경우는 추인에 의하여 유효로 할 수 있고(60, 61, 97), 후자의 경우에 그 규정이 임의규정에 해당할 때에는 소송절차에 관한 이의권의 포기 · 상실에 의하여 유효로 될 수 있다(151). 무효인 소송행위의 취급은 일정하지 아니하다. 법원이 무시할 수 있는 것(소의 취하가 무효인 경우)과 배척하여야 하는 것(소의 제기가 무효인 경우)이 있고, 또 중간재판으로 판단하여야 하는 것과 종국판결의 이유에서 판단하는 것도 있다. 또 무효행위의 전환이 인정되는 수도 있다.[2]

3) 적법 · 부적법은 소송행위가 유효인 것을 전제로 하여 그 내용을 판단하는 것(신청이 이유 있는가, 신청의 이유 유무를 판단하기 위하여 주장을 고려할 필요가 있는가)이 소송법상 허용되는가 아닌가의 평가이다.[3] 적법 · 부적법은 취효적 소송행위에 한하여 그것이 유효한 경우에 더 나아가 행하는 판단이다. 예컨대 유효한 소나 상소가 소송요건이나 상소요건을 구비하고 있는가, 공격 · 방어방법이 시기에 늦게 제출되었는가 아닌가(149)의 판단이다. 부적법한 소송행위는 법원이 이를 각하하여야 한다.[4]

4) 이유 있다 · 이유 없다는 적법한 행위의 내용이 실체법 내지 소송법에 비추어 시인되는가 않는가의 판단이다. 그 내용이 인정되는 경우에는 법원은 이유 있다(신청의 경우에는 청구인용)는 판단을 하고, 요구된 행위를 하여야 한다. 이에 반하여 그 내용이 인정되지 아니하는 경우에는 이유 없다(신청의 경우에는 청구기각)는 판단을 하고, 요구된 행위를 배척하여야 한다.

(2) 성립 · 불성립과 유효 · 무효는 모든 소송행위에 관하여 문제로 된다. 그런데 취효적 소송행위는 법원에 대하여 재판, 그 밖의 일정한 행위를 요구하는 소송행위이므로, 그 행위가 유효인 경우에는 더 나아가 그 행위의 적법 · 부적법의 판

---

1) 자세한 것은 石川 明, "訴訟行爲の評價," 演習民訴(上), 298면 이하 참조.

2) 자세한 것은 상게서 참조.

3) 학자에 따라서는 적법 · 부적법의 판단이 유효 · 무효의 판단에 앞서는 것으로 보고 있다. 상게서, 296면 참조.

4) 이에 대한 반대설로서는 伊東 乾, "訴訟行爲の瑕疵," 講座民訴 2, 345면 참조.

단을 요하고, 그것이 적법한 경우에는 그 내용에 관하여 이유의 유·무를 판단한다. 이에 반하여 여효적 소송행위에 관하여는 성립·불성립과 유효·무효의 판단으로 족하다. 어떻든 위에 말한 네 가지의 평가와 관련하여 소송행위의 흠이라고 하면 널리 소송행위가 불성립, 무효, 부적법하거나 이유 없는 경우라고 말할 수 있지만, 그것이 성립하지 아니한 경우에는 소송행위라고 말할 수 없고, 이유가 없는 경우는 소송법 고유의 문제가 아니므로, 이 두 가지 경우는 제외하는 것이 타당하다. 그렇다면, 흠 있는 소송행위는 소송행위의 능력·방식 및 내용에 관한 절차규정에 위반하여 행하여진 부적법하거나 무효인 소송행위라고 말할 수 있을 것이다.[1]

2. 흠 있는 訴訟行爲의 效力

법원은 당사자로 하여금 소송절차를 준수하도록 배려할 일반적인 책임이 있으므로, 당사자의 소송행위가 소송절차에 관한 규정에 위반하여 흠이 있게 되는 경우에는 이를 다시 하도록 요구하거나 정정·보충을 요구하여야 한다(59, 61, 97, 219, 254, 255, 402, 425). 그러나 이것이 불가능할 때에는 다음 구별에 따라 처리하여야 한다. 즉, 흠 있는 소송행위가 취효적 행위인 경우에는 그것은 소기의 효과를 거둘 수 없고, 이것을 부적법하다고 하여 각하하여야 하며(예컨대 不適法한 訴), 여효적 행위인 경우에는 그것은 무효이고, 그 후의 절차에서 무시(불고려, 不顧慮; unbeachtlich)하게 된다[2](예컨대 상대방의 동의없는 소취하). 각하되든 무시되든 그것은 그 소송행위에 흠이 없었더라면 취득하였을 본래의 효과가 발생하지 않는 점(무효인 점)에서는 같다.[3]

3. 흠의 제거·치유

소송행위는 소송절차의 일환을 이루므로 거기에 흠이 있는 경우에는 절차의 안정을 위하여 그 본래의 효과가 발생하지 않도록 하는 것이 필요하지만, 반면에 소송행위가 뒤에 이르러 무효가 됨으로써 절차의 진전이 뒤집혀지는 것도 바람직스럽지 못하다. 그리하여 소송행위는 민법상의 법률행위의 무효와는 반대로, 그것에 흠이 있어 무효인 경우에도 그 흠을 제거하는 것, 그 흠의 효력을 일정한 한도에

---

1) Jauernig, §30 Ⅸ; Rosenberg, §67 Ⅰ; Blomeyer, §33 Ⅱ.
2) Jauernig, §30 Ⅸ.
3) 三ケ月, 雙書, 363면.

서 다툴 수 없게 하는 것, 무효의 전환의 법리에 의하여 유효화 하는 것 등이 인정되고 있다.

(1) 흠의 제거

(가) 흠 없는 소송행위의 반복 당사자의 소송행위는 원칙적으로 철회할 수 있으므로, 흠 있는 소송행위를 철회하고 흠 없는 소송행위를 함으로써 흠을 제거할 수 있다. 다만 행위에 관하여 기간의 정함이 있는 때에는 그 기간을 준수하여야 한다(예컨대 항소제기가 부적법한 경우에 이를 철회하고 항소제기기간 안에 다시 적법한 항소를 제기할 수 있다). 그러나 이것은 새로운 소송행위이고, 흠 있는 소송행위의 치유는 아니다. 이 경우에는 새로운 행위를 한 때로부터 효력이 있다.

(나) 소급적 추인 추인(Genehmigung)은 불완전한 소송행위를 사후에 확정적으로 유효하게 만드는 일방적 의사표시이다. 소송행위에 필요한 능력이나 대리권이 흠결된 경우에는 추인을 함으로써 소송행위를 한 때에 소급하여 유효로 할 수 있다(60. 61. 97). 추인의 시기는 묻지 아니하며, 판결이 선고된 뒤(424 Ⅱ)나 판결이 확정된 뒤(451 Ⅰ ③)라도 상관이 없다.[1] 추인에 의하여 흠은 소급적으로 제거된다.[2]

(다) 보 정 보정이라 함은 소송행위가 그 유효요건을 구비하지 못하고 있는 경우에 뒤에 이를 보충함으로써 이를 유효하게 하는 것을 가리킨다. 즉, 소장·항소장·상고장 등에 형식적 요건이 구비되어 있지 아니한 경우에는 당사자가 자발적으로 또는 법원·재판장의 명령(보정명령)을 받아 이를 정정 또는 보충할 수 있다(254. 255). 보정은 보정기간 안에 하여야 하며, 보정기간 안에는 흠 있는 소송행위라도 법원은 이를 배제할 수 없다.

(2) 흠의 치유

위에서 설명한 흠 없는 소송행위의 반복이나 추인·보정은 적극적으로 흠을 제거(Beseitigung)하는 것이다. 그런데 흠 그 자체는 제거되지 아니하였으나, 그에 따르는 무효의 효과가 더 이상 발생하지 아니하여 유효로 취급되는 경우가 있다.

---

1) 항소제기의 수권이 흠결된 소송대리인이 항소장을 제출하더라도 당사자 또는 적법한 소송대리인이 항소심에서 본안에 관하여 변론하면 그 항소 제기 행위를 추인한 것이 되어, 그 항소는 당사자가 적법하게 제기한 것으로 된다: 大判 2020. 6. 25, 2019 다 246399.

2) 적법한 대표자 자격이 없는 비법인 사단의 대표자가 한 소송행위는 후에 대표자 자격을 적법하게 취득한 대표자가 추인하면 그 행위 시에 소급하여 효력을 가지게 되며, 이러한 추인은 상고심에서도 할 수 있다: 大判 2019. 9. 10, 2019 다 208953.

이를 소송행위의 흠의 치유(治癒)(Heilung)라고 한다. 흠 있는 소송행위의 치유라는 말은 넓은 의미로는 앞에 말한 흠의 제거도 포함되어 쓰이지만, 정확하게 말하면 광의의 치유와 협의의 치유(흠 자체는 존속하지만 그 효과를 문제 삼을 수 없게 되는 경우)는 구별하여야 한다. 협의의 흠의 치유의 경우에는 흠은 무시(unbeachtlich)되게 된다. 이것은 다음 두 가지 경우에 발생한다.[1)]

i) 판결의 확정에 의하여 그것에 선행하는 소송행위의 흠은 문제로 되지 않는 경우가 있다. 이것은 당사자의 소송행위는 재판을 목적으로 하여 진행되고 재판을 떠나서는 의미가 적기 때문에, 재판을 더 이상 취소할 수 없게 되면 그 기초인 소송행위도 이와 별도로 유·무효를 따질 필요가 없기 때문이다.

ii) 소송절차에 관한 이의권(Rügerecht)의 포기·상실에 의하여 흠 있는 소송행위가 소급적으로 유효로 취급되는 경우가 있다. 이것은 소송절차에 관한 임의규정의 위반이 있을 때에 인정된다. 다만 소송절차에 관한 이의권의 포기·상실은 당사자의 소송행위뿐만 아니라, 일정한 한도 안에서는 법원의 소송행위에 관하여도 인정된다.[2)]

4. 무효행위의 전환

무효행위의 전환(Umdeutung, Konversion)이란 흠 있는 소송행위가 유사한 소송법상의 효과를 발생하는 다른 소송행위의 요건을 갖춘 경우에 그 다른 소송행위로서의 효력을 인정함으로써 당사자가 의도한 목적을 달성하려고 하는 것이다. 어느 범위 안에서 무효인 소송행위의 전환을 인정할 것인가는 어려운 문제이지만, 절차상의 과오로 당사자가 권리를 잃게 되고 그것이 매우 가혹하여 소송법이 규제하려는 취지에 반한다고 인정되는 경우에 이를 인정할 여지가 있다.[3)] 무효행위의 전환은 법원의 의무이므로 이에 위반할 때에는 상고이유가 된다.[4)] 예컨대 특별항고

1) Rosenberg, §67 Ⅲ 2.

2) 소송행위의 흠의 제거·치유의 형태로서 위에 설명한 것 외에 소송행위의 추후보완을 드는 견해가 있다(小山, 210면). 소송행위의 추후보완이란 소송행위에 관하여 일정한 기간이 정하여져 있는 경우에, 그 기간을 넘긴 뒤에 그 소송행위를 하여도 마치 법정기간중에 한 것과 동일한 효력을 인정하여 주는 제도이다(173). 일반적으로 소송행위의 흠이란 이미 행하여진 소송행위에 무효·부적법의 사유가 있는 것임에 반하여, 소송행위의 추후보완은 소송행위가 행하여지지 않고 있다가 뒤에 행하여지는 것이고, 추후보완이 인정되면 뒤에 행하여진 소송행위는 처음부터 무효가 아닌 것이요, 소송행위를 하지 아니한 것이 부적법·무효의 평가대상은 아니므로, 양자는 관념적으로 구별하여야 할 것이다.

3) 李時, 417면; 三ケ月, 雙書, 365면.

4) Rosenberg, §67 Ⅱ.

(449)의 대상인 불복할 수 없는 결정·명령(예컨대 강제집행정지결정 또는 집행정지신청기각결정)에 대하여 항고법원에 일반항고를 한 경우에는 이를 대법원에 특별항고를 한 취지로 보아, 항고법원이 대법원에 소송기록을 송부하는 것,[1] 항소기간을 넘겨서 항소를 한 경우에 상소기간을 넘긴 것이 책임 없는 사유에 의한 것으로 인정되면 이를 추후보완항소(173)로 인정하는 것,[2] 당사자가 변론종결 후 추가로 주장·증명을 제출한다는 취지를 기재한 서면과 자료를 제출한다면 이를 변론재개신청으로 보는 것,[3] 독립당사자참가신청의 요건에 흠이 있는 경우에 보조참가신청으로 보는 것[4] 따위가 그것이다.

V. 形成權의 訴訟上 行使

1. 문 제 점

상대방의 권리주장에 대하여 사법상의 형성권(취소권·해제권·상계권·건물매수청구권 등)을 행사하는 모습에는 두 가지가 있다. 그 하나는 소송전·소송외에서 이를 행사한 뒤에 소송에서 그 사법상의 효과를 공격·방어방법으로 주장하는 것이요, 다른 하나는 소송상 비로소 이들 형성권을 행사하는 동시에 이를 공격·방어방법으로 주장하는 것이다. 전자에 관하여는 특히 문제되는 바가 없으나, 후자에 관하여는 다툼이 있다. 그 다툼의 핵심은 이처럼 사법상의 형성권을 변론에서 공격·방어방법으로서 행사한 경우에 어떠한 효과가 발생하는가에 있다. 즉, 이 경우에도 소송외에서 형성권을 행사한 경우와 똑같이 사법상의 효과가 발생하는가, 아니면 단순히 소송법상의 효과밖에 발생하지 아니하는가가 문제된다. 왜냐하면 소송이 소의 취하나 소각하 등, 본안판결에 이르지 않고 종료된 경우, 또는 형성권의 소송상 행사가 시기에 늦은 공격·방어방법으로서 각하된 경우(149)에 그 형성권의 행사가 실체법상 효과를 가지는가 아닌가가 실제적으로 중요한 의미를 가지기 때문이다. 이 문제에 대한 해답은 형성권의 소송상 행사의 법적 성질을 어떻게 풀이하는가에 달려있다. 이와는 달리 형성권을 소송외에서 행사하고 그 결과를 소송상 공격·방어방법으로 주장하

1) 大決 1981. 8. 21, 81 마 292. 또한 이미 취소되어 실효된 1심판결에 대하여 판결의 경정을 신청한 경우에는 항소심판결에 대한 경정신청으로 보고 항소심으로 이송하여야 한다(大決 2002. 4. 22, 2002 그 26).

2) 大判 1980. 10. 14, 80 다 1795.

3) 大判 2013. 4. 11, 2012 후 436.

4) 大判 1960. 5. 26, 4292 民上 524.

는 경우에는 그 뒤 소송의 운명이 어떻게 되었든 또 그것이 시기에 늦었다고 하여 각하되더라도 그 실체법상의 효과에는 아무런 영향이 없고, 이 점에 관하여는 아무 다툼이 없다.

2. 소송상의 형성권행사의 법적 성질

소송상으로 비로소 형성권을 행사하는 경우에 그 행위의 법적 성질이 무엇이냐에 관하여는 학설이 여러 가지로 갈라진다.

(1) 倂存說(Doppeltatbestandstheorie)

이 설은 외관상으로는 하나의 행위처럼 보이지만, 실은 상대방에 대하여 사법상의 형성권을 행사하는 의사표시(사법행위)와 이에 의하여 발생한 사법상의 효과를 법원에 대하여 진술하는 행위(소송행위)의 두 개의 행위가 병존하고 있는 것으로 풀이한다. 사법행위의 존재를 인정하므로 **사법행위설**(Zivilistische Theorie)이라고도 부른다. 이 견해는 도이칠란트와 일본의 통설이었으며, 우리나라에도 이를 따르는 학자가 있고,[1] 판례도 해제권에 관하여는 이 입장을 취하고 있다.[2]

이 설에 의하면 사법행위와 소송행위의 요건·방식 및 효과는 각각 사법과 민사소송법에 의하여 결정되어야 하고, 그 사이에 의존관계가 없다. 따라서 소가 취하되거나 각하되는 경우 또는 형성권행사의 주장이 시기에 늦은 공격·방어방법으로서 각하되는 경우에도 사법상으로는 취소·해제 등의 효과가 그대로 존속한다.

(2) 訴訟行爲說(Prozessuale Theorie)

이 설은 소송상의 형성권행사는 공격·방어방법이므로, 하나의 행위로서 순수한 소송행위이고, 사법행위는 포함되어 있지 않다고 본다. 이 설에 의하면 소송상 형성권행사의 요건과 효과는 오로지 민사소송법에 의하여 결정되어야 한다. 우리나라의 소수설이다.[3]

이 설에 의하면, 소송상의 형성권행사는 사법상의 효력은 없고, 소가 취하되거나 각하되면 이미 발생하였던 소송상의 효과만 소멸한다. 그리고 사법상의 효과는 판결로서 인정된 경우에만 발생한다고 한다.

1) 李英, 154면; 李明, 387면 이하.
2) 大判 1982. 4. 11, 80 다 916.
3) 方, 416면; 金容, 263면; 韓, 193면.

(3) 兩性說(Doppelnaturtheorie)

이 설은 소송상의 형성권행사는 외관상으로 하나의 행위임에 그치지 않고 실제로도 하나의 행위인데, 다만 사법행위적 성격과 소송행위적 성격을 겸유(兼有)하고 있는 것으로 본다. 이를 **절충설**이라고도 한다. 이 설에 의하면 실체법상의 효과와 소송상의 효과가 서로 의존관계에 있으므로, 어느 한 쪽의 무효는 다른 쪽의 무효를 가져온다. 그리고 소송상의 형성권행사가 조서에 기재되지 아니하거나 각하되는 경우 또는 소가 각하되거나 취하되는 경우에는 사법행위로서의 효력도 발생하지 아니한다. 한때 도이칠란트의 유력설이었으나 오늘날은 거의 망각된 이론이다.

(4) 新併存說

이 설은 기본적으로는 병존설의 입장을 취하면서도 상계권의 경우에는 당사자의 의사를 중시하여, 상계권행사의 의사표시가 소송행위로서의 의미를 상실한 때(예컨대 소의 취하·각하, 공격·방어방법의 각하)에는 그 사법상의 효과도 발생하지 않는 것으로 풀이하는 견해이다. 현재 우리나라의 통설이다.[1] 다만 그 이론적 근거에 관하여는 다시 여러 가지로 견해가 갈라진다. 혹은 법원이 형성권의 주장에 대하여 판단을 하지 아니하였기 때문이라고 하고,[2] 혹은 일부무효의 이론(民 137, BGB 139)을 빌려서 소송행위가 무효인 때에는 사법행위도 무효로 되기 때문이라고 하며,[3] 혹은 그 형성권이 소송상 허용되지 않는 시점에서 행사되어 무효이기 때문이라고 하고,[4] 혹은 소송상의 형성권행사는 그것이 공격·방어방법으로서 법원의 판단을 받을 때에만 그 사법상의 효과를 발생케 하려는 조건부의사표시이기 때문이라고 하고,[5] 혹은 형성권행사의 의사표시가 철회되었기 때문이라고 한다.[6]

3. 各說의 比較·批判

1) 사법행위설(병존설)과 소송행위설 사이에는 다음과 같은 차이가 있다.

---

1) 李時, 408면; 金/姜, 452면; 姜, 642면; 宋/朴, 326면; 전병서, 142면. 다만 이러한 견해들은 상계의 항변이 실기한 방어방법으로 각하된 경우에 한정하고 있다.

2) 불판단설: BGHZ, 16, 124(140).

3) 무효설: Rosenberg, §105 Ⅲ 2 a).

4) 실기설: Henckel, Materiellrechtliche Folgen der unzulässigen Prozessaufrechnung, *ZZP* 74, 165, 174 ff.

5) 조건설: 李時, 408~409면.

6) 철회설: 河野, "相殺の抗辯とその實體法上の效果," 法政硏究 39. 1, 141면.

i) 소가 각하되거나 취하되는 경우 또는 형성권행사의 주장이 시기에 늦은 공격·방어방법으로서 각하되거나 그 주장을 철회하는 경우에, 전자에 의하면 형성권행사의 사법행위로서의 효력이 잔존하지만, 후자에 의하면 그 효력은 발생하지 아니한다.

ii) 전자에 의하면 소송상의 형성권행사는 상대방이 출석한 경우에 상대방에 대하여 행하여야 하지만, 후자에 의하면 적법한 송달이 있는 한 상대방이 불출석한 경우에도 법원에 대하여 행할 수 있다.

iii) 전자에 의하면 소송상의 형성권행사는 소송절차의 중단·중지중에도 가능하나, 후자에 의하면 그것이 불가능하다.

iv) 주장(소송행위)은 예비적·가정적으로 할 수 있으므로, 후자에 의하면 예비적·가정적 행사가 가능하지만(예컨대 예비적 상계의 항변), 전자에 의하면 그것이 불가능하다(民 493 I 後).

v) 전자에 의하면 소송상 형성권의 행사는 의사표시의 흠을 이유로 이를 취소할 수 있으나, 후자에 의하면 이를 취소할 수 없는 것이 원칙이다.

2) 생각건대 **사법행위설**은 소의 취하·각하 등의 경우에도 소송상 행사된 형성권의 사법상 효과가 예외 없이 그대로 남는다고 보는 점에 결정적인 난점이 있다. 예컨대, 피고가 소송상 상계의 항변을 하였는데, 법원이 시기에 늦은 방어방법이라고 하여 이를 각하였다고 하자. 피고로서는 원고가 청구한 소구채권을 지급하여야 하는 한편, 자기의 반대채권(자동채권)은 상계에 의하여 이미 소멸하였으므로 원고에게 이를 청구할 수 없게 되는 불합리가 있다. 한편 **양성설**은 현행 법제가 실체법과 소송법을 체계적으로 분리하고 있음에 비추어 모순이 있다. 또, **소송행위설**에 의하면 위에 말한 사법행위설과 같은 실제적 난점은 없는 대신에, 다음과 같은 이론적 난점이 있다. 즉, 이 설에 의하면 법원이 피고의 상계의 항변을 받아들여 원고의 청구를 기각하는 경우에만 상계의 사법상 효과가 발생한다고 하는데, 그렇다면 위 청구기각판결은 일종의 형성판결로 보아야 한다. 그러나 이것은 형성판결의 일반원칙에 반한다. 뿐만 아니라 상계의 항변이 상계의 사법상 효과를 발생하지 않는다면 왜 피고에게 유리한 재판자료가 되는지를 설명할 수 없고, 또 상계는 실체법상의 권리인데 왜 그 요건과 효과가 소송법에 따라야 하는가도 의문이다.

이렇게 본다면 사법행위설의 실제적 난점과 소송행위설의 이론적 난점을 아울러 극복할 수 있는 **신병존설**이 타당하다고 생각된다. 이것은 당사자의 의사를 합리적으로 해석하여 소송상의 형성권행사가 가지는 효과를 판단하기 때문이다.[1] 당사자로서는 소의 취하 등의 경우에 형성권행사의 사법적 효과가 존속하기를 바라는 수가 있고(예컨대 형성권행사의 제척기간이 정하여져 있는 해제권·취소권의 경우. 民法 572, 573, 580, 582 등 참조), 상계권 이외의 형성권의 경우에 이것이 도리어 당사자의 의사에 합치한다고 생각된다.[2] 따라서 소송상의 형성권행사는 소송행위와 사법행위의 두 개의 행위로 이루어지고, 소의 취하 등 소송행위로서의 효력을 상실한 경우에도 그 사법상의 효과는 그대로 존속하는 것이 원칙이지만, 상계권의 경우에는 형성권이 행사된 구체적 정황과 당사자의 의사를 합리적으로 해석하여, 그 사법적 효과가 소송행위의 효력과 운명을 같이하는 것으로 처리하여야 할 것이다. 그리하여 상계권행사의 경우만은 그것이 공격·방어방법으로서 법원의 판단을 받는 것을 정지조건으로 하여 사법상의 효과도 발생한다고 풀이할 수 있다고 본다. 다만 이렇게 풀이할 때에는 상계의 의사표시에는 조건을 붙이지 못한다는 民法 제493조 제1항 후문이 문제되는데, 이 경우에는 소송중에 행하여지므로 그에 대한 예외를 이룬다고 해석할 수 있을 것이다.[3] 대법원도 2013년에 소송상 상계권의 행사와 관련하여 소송상 상계항변은 통상 수동채권의 존재가 확정되는 것을 전제로 하는 일종의 예비적 항변임을 전제로, 소송상 상계항변이 있었으나 소송절차 진행 중에 조정이 성립하여 수동채권의 존재에 관해 **실질적인 판단**이 이루어지지 않았다면 상계항변의 사법상 효과가 발생하지 않는다고 하였고,[4] 2014년에는 그 표현을 바꾸어 "소송상 방어방법으로서의 상계항변은 … 소송상 상계의 의사표시에 의해 확정적으로 효과가 발생하는 것이 아니라 당해 소송에서 수동채권의 존재 등 상계에 관한 법원의 **실질적 판단**이 이루어지는 경우에 비로소 실체법상 상계의 효과가 발생한다"라고 판시하여 신병존설(조건설)의 입장임을 명확히 나타내고 있다.[5][6]

---

1) 同旨: 李時, 408면; 金/姜, 452면; 宋/朴, 326면; 姜, 642면; Schlosser, Rdn. 325.

2) 同旨: 大判 1982. 5. 11, 80 다 916(해제권); 上田, 294면; 上谷, "訴訟における形成權の行使," 爭點, 217~218면.

3) Schlosser, Rdn. 325.

4) 大判 2013. 3. 28, 2011 다 3329.

5) 大判 2014. 6. 12, 2013 다 95964.

6) 同旨: 李時, 408면; 김홍엽, 508면.

제 3 항 辯論의 過程

Ⅰ. 辯論의 經過

1) 변론은 재판장이 변론기일을 정하고 이를 당사자 양 쪽에게 통지한 후(258 Ⅱ·165 Ⅰ), 공개법정에서 행한다. 다만 2021년 개정법률(2021. 8. 17. 법률 제18396호, 2021. 11. 18.부터 시행)은 COVID-19의 확산을 계기로 **비대면 방식**에 의한 재판절차를 확대하여, 교통의 불편 또는 그 밖의 사정으로 당사자가 법정에 직접 출석하기 어렵다고 인정되는 경우 법원은 당사자의 신청을 받거나 동의를 얻어 비디오 등 중계장치에 의한 중계시설을 통하거나 인터넷 화상장치를 이용하여 변론기일을 열 수 있으며, 이 경우 법원은 심리의 공개에 필요한 조치를 취하여야 한다(287의2 Ⅱ).[1] 기일은 사건과 당사자의 이름을 부름으로써 시작된다(169). 변론은 재판장이 지휘한다(135).

i) 먼저 원고가 소장에 적힌 청구취지에 기하여 본안의 신청을 한다. 이에 대하여 피고는 청구의 인낙을 하거나 원고와 사이에 화해가 이루어지지 않는 한, 소각하 또는 청구기각의 판결을 구하는 반대신청을 한다. ii) 원고는 신청으로 주장한 권리관계의 발생사실을 주장하고, 이에 대하여 피고는 자백·부인·부지(알지 못함)·침묵 또는 항변으로써 대응한다. 피고의 항변에 대하여 원고는 다시 자백·부인·부지·침묵 또는 재항변으로 대항한다. iii) 원고와 피고는 자기가 주장한 사실이 상대방에 의하여 다투어지는 경우에는 이에 관한 증서를 제출하고, 법원은 당사자가 제출한 증거를 조사한다. iv) 법원은 당사자의 주장과 증명이 충분하다고 판단되면 변론을 종결하고 선고기일을 정하여 판결을 선고한다.

2) 법원은 변론기일에 앞서서 변론준비절차를 열고 여기에서 쟁점과 증거를 정리하고 증거조사까지 실시할 수 있다. 이 경우에 변론기일은 이미 실시한 변론준비절차의 결과를 진술하면서 열리게 된다(287 Ⅱ. 서면준비절차만 거친 경우에는 이미 제출한 소장, 답변서, 준비서면 등을 진술하여야 한다). 변론기일은 변론준비절차에서 하지 못한 증인신문과 당사자신문 위주로 실시하게 된다

1) 이러한 변론기일은 당사자가 그 기일에 출석하여 진행된 것으로 보며, 그 절차와 방법 등에 관해서는 민사소송규칙 제73조의3(영상기일의 실시)을 준용한다(287의2 Ⅲ).

(287 Ⅲ, 집중증거조사기일). 당사자 본인은 변론에서 이미 충분한 의견진술의 기회를 가진 경우가 아니라면 변론이 종결되기 전에 재판장의 허가를 받아 최종의견을 진술할 수 있다(民訴規 28의 3 Ⅰ). 종국판결을 하기에 충분하게 심리가 된 경우에는 변론을 종결하는데, 충분한 준비를 바탕으로 집중적으로 변론을 실시하여 첫 변론기일로 기일을 종결할 수 있도록 하여야 한다(287 Ⅰ). 1회의 기일로 변론을 종결하기 어려울 때에는 가능한 종결에 이르기까지 매일 변론을 진행하여야 하며, 변론기일을 따로 정하는 경우에도 가능한 한 최단기간 안의 날짜로 진행하여야 한다(民訴規 72 Ⅰ). 변론을 종결한 뒤에도 필요하다고 인정할 때에는 직권으로 변론을 다시 열 수 있다(142).[1)]

3) 비디오 등 중계장치에 의한 중계시설을 통하거나 인터넷 화상장치를 이용한 기일(287의2 Ⅰ, Ⅱ에 따른 변론준비기일, 심문기일 및 변론기일, 이하 **'영상기일'이라 한다**)의 실시에 관해서는 민사소송규칙에서 상세히 규정하고 있다(民訴規 73의2 내지 73의4).

i) 영상기일의 신청은 기일에서 하는 경우를 제외하고는 서면으로 하여야 하며, 이 경우 신청의 대상이 되는 영상기일의 종류와 신청의 이유를 밝혀야 한다(民訴規 73의2 Ⅰ). 영상기일의 신청이 있는 경우 '재판장등 또는 법원'[2)]은 지체 없이 영상기일의 실시 여부를 당사자에게 통지하여야 한다(民訴規 73의2 Ⅲ). 당사자는 서면으로 영상기일의 신청을 취하하거나 동의를 철회할 수 있다. 다만, 양 쪽 당사자의 신청 또는 동의에 따라 영상기일이 지정된 이후에는 상대방의 동의를 받아야 한다(民訴規 73의2 Ⅴ). ii) 영상기일은 당사자, 그 밖의 소송관계인을 비디오 등 중계장치에 의한 중계시설에 출석하게 하거나 인터넷 화상장치를 이용하여 지정된 인터넷주소에 접속하게 하고, 영상과 음향의 송수신에 의하여 법관, 당사자, 그 밖의 소송관계인이 상대방을 인식할 수 있는 방법으로 한다(民訴規 73의3 Ⅰ). 특히 인터넷 화상장치를 이용하는 경우 영

---

1) 당사자의 변론재개신청을 받아들일지 여부는 원칙적으로 법원의 재량에 속하지만, 당사자에게 책임을 지우기 어려운 사정으로 주장·증명을 제출할 기회를 제대로 갖지 못하였고, 그 주장·증명의 대상이 판결의 결과를 좌우할 수 있는 관건적 요증사실에 해당하는 경우 등과 같이, 당사자에게 변론을 재개하여 그 주장·증명을 제출할 기회를 주지 않은 채 패소의 판결을 하는 것이 **절차적 정의에 반하는 경우**에는 법원은 **변론을 재개하고 심리를 속행할 의무**가 있다. 또한 법원이 사실상 또는 법률상 사항에 관한 **석명의무나 지적의무 등을 위반한 채 변론을 종결**하였는데 당사자가 그에 관한 주장·증명을 제출하기 위하여 변론재개신청을 한 경우 등과 같이 사건의 적정하고 공정한 해결에 영향을 미칠 수 있는 소송절차상의 위법이 드러난 경우에는, 사건을 적정하고 공정하게 심리·판단할 책무가 있는 법원으로서는 그와 같은 소송절차상의 위법을 치유하고 그 책무를 다하기 위하여 **변론을 재개하고 심리를 속행할 의무**가 있다(大判 2021. 3. 25, 2020 다 277641; 2022. 4. 14, 2021 다 305796).

2) 민사소송법 제287조의2 제1항의 재판장등(재판장·수명법관 또는 수탁판사) 또는 같은 조 제2항의 법원을 의미한다.

상기일에 지정된 인터넷 주소에 접속하지 아니한 때에는 불출석한 것으로 보며(다만 당사자가 책임질 수 없는 사유로 접속할 수 없었던 때에는 그러하지 아니하다)(民訴規 73의3 Ⅴ), 영상기일을 실시한 경우 그 취지를 조서에 적어야 한다(民訴規 73의3 Ⅷ). iii) 영상기일은 법원 청사 내의 적당한 장소에서 열되, 법원장의 허가가 있는 경우 법원 청사 외의 장소에서 열 수 있다(民訴規 73의4 Ⅰ). 특히 영상변론기일(287조의 2 Ⅱ)을 법정에서 열지 아니하는 경우에는 ① 법정 등 법원 청사 내 공개된 장소에서의 중계 또는 ② 법원행정처장이 정하는 방법에 따른 인터넷 중계 중 하나의 방법으로 심리를 공개하여야 한다. 다만, 「법원조직법」 제57조 제1항 단서에 의해 비공개 결정을 한 경우에는 그러하지 아니하다(民訴規 73의4 Ⅱ).

Ⅱ. 辯論의 制限·分離·倂合

당사자는 관련성 있는 분쟁에 관하여 소를 병합하여 제기할 수도 있고(청구의 병합, 공동소송), 각각 분리하여 별개의 소로 제기할 수도 있다. 그런데 이것이 소송의 심리를 복잡하게 만드는 수도 있으므로, 법원은 심리를 정리하기 위하여 변론의 제한·분리 또는 병합을 명하거나 또는 그 명을 취소할 수 있다(141). 이것은 모두 법원의 재량에 따른 소송지휘권의 재판(결정)이므로, 당사자는 이에 대하여 불복을 신청할 수 없다.[1)]

1. 辯論의 制限

1) 하나의 소에 여러 개의 청구가 병합되어 있는 경우 또는 하나의 소송에 여러 개의 변론·증거조사를 할 사항이 있는 경우(예컨대 여러 개의 독립된 공격·방어방법 또는 소송요건의 존재 여부가 다투어지고 있는 경우)에 그 가운데 하나의 청구 또는 하나의 사항에 한하여 심리를 집중시키는 것을 말한다. 이것은 중간판결을 할 경우(201, 454) 및 변론의 분리가 허용되지 않는 경우에 이용된다.

2) 제한된 사항의 심리만으로 판결을 할 정도에 이르면(예컨대 소송요건의 흠이 인정되는 때) 나머지 사항을 더 심리할 필요없이 변론을 종결한다. 그렇지 않은 경우(예컨대 소송요건의 흠이 인정되지 아니하는 때)에는 중간판결을 하거나 또는 변론의 제한을 취소하고 다른 사항에 대한 변론을 명한다.

1) 大判 1959. 5. 25, 4290 行上 180은 반대이다.

2. 辯論의 分離

1) 하나의 소로써 여러 개의 청구가 병합심리되고 있는 경우, 예컨대 청구의 병합(소의 객관적 병합), 공동소송, 본소와 반소 등의 경우에 법원이 그 가운데 어느 청구를 별개의 소송절차에서 심리할 것을 명하는 조치이다. 병합된 청구가 다른 청구와 관련성이 없어서 이들을 병합심리하는 것이 도리어 심리를 복잡하게 하고 소송을 지연시키는 원인이 될 때에 변론의 분리가 이용된다. 다만 변론을 분리하면 분리된 각 청구에 대하여 따로 판결을 하여야 하므로, 필수적 공동소송, 예비적·선택적 공동소송, 독립당사자참가, 청구의 예비적 병합 또는 선택적 병합과 같이 별개로 판결을 할 수 없는 사건에서는 변론의 분리가 허용되지 아니한다.

2) 변론이 분리되어도 관할에 영향이 없으며(33), 분리 전의 증거자료는 분리 후의 양 절차에서 그대로 증거자료가 된다.

3. 辯論의 併合

1) 동일한 관서(官署)로서의 법원에 별개로 계속되고 있는 여러 개의 청구를 하나의 소송절차에서 심리할 것을 명하는 조치이다. 같은 당사자 사이의 청구에 한하지 않고 다른 당사자 사이의 청구라도 상관없다. 변론의 분리와 반대의 현상이다. 그 결과로 여러 개의 단독소송이 청구의 병합이나 공동소송으로 된다. 이것은 관련성 있는 분쟁에 관하여 재판의 모순·저촉을 피하고 증거조사를 공통으로 행함으로써 심리의 반복을 생략할 수 있는 이점(利點)이 있다. 이 경우에는 청구가 병합심리되므로 청구의 병합의 요건(253)을 구비하여야 한다. 변론을 병합할 것인지 여부는 법원의 재량에 속하지만, 병합이 요구되는 경우도 있다(商 188, 328, 376 등).

2) 변론이 병합된 경우에 병합 전에 각 사건에 대하여 행한 증거조사의 결과가 병합 후에 그대로 증거자료로 되는가가 문제이다. 이에 관하여는 세 가지 학설이 대립하고 있다. 첫째, 증거조사의 조서(증인신문조서)를 하나의 서증으로 보아 조사하여야 한다는 견해이고, 둘째는 당사자의 원용(援用)에 의하여 증거조사의 결과 그 자체가 증거자료가 된다고 하는 견해(書證으로서가 아니라 證言자체가 증거자료가 된다)이며, 셋째는 당사자의 원용이 없이 그대로 증거자료가 된다고 하는 견해이다. 같은 당사자 사이에서는 그대로 증

거자료가 되는 것으로 보아도 아무런 문제가 없으나, 당사자가 다른 사건이 병합되어 공동소송으로 된 경우에는 병합 이전의 다른 사건의 증거조사에 참여할 기회가 없었으므로, 그 당사자의 원용을 기다려 증거자료로 할 수 있다고 본다.[1)]

3) 변론의 병합과 구별할 것으로서 변론의 병행이 있다. 이것은 여러 개의 청구를 하나의 소송절차에 병합하지 아니하고 각각의 소송절차로 놓아두고 다만 심리만을 동시에 진행하는 것이다. 여러 개의 청구 사이에 병합을 할 만큼의 관련성(253)은 없으나, 쟁점이 공통된 경우 등 같은 종류의 사건의 심리에 이용된다.

Ⅲ. 辯論의 一體性

변론은 1회의 기일에 종료되지 않고 여러 회의 기일에 걸쳐 행하여지더라도 마치 하나의 기일에 동시에 행하여진 것으로 관념된다. 이를 변론의 일체성이라고 한다. 이것은 수시제출주의를 취하던 구 법 시절(舊民訴 136)에 특히 그 의미가 있었다. 그러나 적시제출주의(146)를 취하는 새 법에서도 여전히 의미가 있다. 왜냐하면 적시제출주의에 의한다고 하더라도 변론이 여러 번 열리는 것은 가능하기 때문이다. 또한 변론의 일체성은 사실심인 제1심과 제2심의 변론기일 전체를 통틀어 인정된다. 항소심이 제1심의 속심(續審)이기 때문이다. 다만 변론의 일체성은 소송자료로서 적법하게 제출되었을 것을 전제로 하므로, 적절한 시기에 제출되지 못하여 실권된 공격방어방법(147, 149, 285)은 당연히 변론의 일체성의 범위 밖이며, 그 한도에서는 변론의 일체성이 제한된다.

Ⅳ. 辯論調書

1. 의 의

변론조서(Protokoll)는 변론의 경과를 명확히 기록하여 두기 위하여 법원사무관 등이 작성하는 조서이다. 이것은 소송절차가 어떻게 행하여졌는가를 명확히 함으로써 나중에 이에 관한 분쟁이 일어나지 않도록 하여 절차의 안정을 꾀하는 한편,

1) 同旨: 李時, 420면; 姜, 443면.

다른 법원, 특히 상급법원에서 원심판결의 당부(當否)를 심사하는 것을 가능하게 하여 준다. 변론조서 이외에 법원·수명법관 또는 수탁판사가 주재하는 다른 기일(변론준비기일, 심문기일, 현장검증 등 법정외 증거조사기일, 화해기일, 조정기일)의 조서가 있으며, 여기에는 변론조서에 관한 규정이 준용된다(160, 民調 38 Ⅰ, 民訴規 37 Ⅱ).

2. 법원사무관등의 기일참여 및 조서작성

1) 법원사무관등은 원칙적으로 변론기일에 참여하여 기일마다 조서를 작성하여야 한다(152 Ⅰ 本).[1] 변론조서에 관한 규정이 준용되는 변론준비기일이나 그 밖의 기일, 즉 화해기일, 조정기일, 심문기일, 현장검증 등 증거조사기일의 경우에도 마찬가지이다.

2) 그러나 기일의 종류에 따라서는 재판장과 당사자가 타협안의 도출을 위하여 장시간 토론하고 최종적인 결과만을 조서에 기재하면 충분한 경우도 있으므로, 새법은 예외적으로 법원사무관등의 참여 없이 기일을 열 수 있는 경우를 규정하고 있다(152 Ⅰ 但, Ⅱ). 그리하여 첫째, 변론기일과 변론준비기일의 경우에는 변론을 녹음하거나 속기하는 경우, 그 밖에 이에 준하는 특별한 사정(녹화, 화상재판 등)이 있는 경우에는 법원사무관등을 기일에 참여시키지 않을 수 있다(152 Ⅰ 但). 변론기일과 변론준비기일의 중요성을 고려하여 변론의 진행내용을 명확하게 파악할 수 있는 경우에 한하여 예외를 인정하고 있다. 둘째, 변론기일과 변론준비기일 이외의 기일의 경우에는 재판장이 필요하다고 인정하는 경우에는 법원사무관등을 기일에 참여시키지 아니할 수 있다(152 Ⅱ). 화해기일이나 조정기일 등의 경우에는 적절한 화해·조정안을 만드는 것이 주된 문제이므로, 법원사무관등의 참여제외요건을 완화하여 규정하고 있다.

3) 법원사무관등을 참여시키지 않고 기일을 진행한 경우에는 법원사무관등은 그 기일이 끝난 뒤에 재판장의 설명에 따라 조서를 작성하고, 그 취지를 조서에 덧붙여 적어야 한다(152 Ⅲ). 재판장의 허가를 받아 녹음테이프 또는 속기록을 조서의 일부로 삼을 수도 있다(民訴規 36 Ⅰ).

---

1) 구 법에서는 법원사무관등은 기일마다 조서를 작성하여야 한다고만 규정하였으나(舊民訴 141), 조서를 작성하는 법원사무관등은 그 기일에 참여한 사람이어야 하였으므로, 2002년 민사소송법은 주의적이지만 법원사무관등의 기일참여의 근거를 명확히 하였다.

3. 기재사항

변론조서의 기재사항으로서는 변론의 방식에 관한 형식적 기재사항과 변론의 요지를 중심으로 한 실질적 기재사항이 법정되어 있다.

1) 형식적 기재사항으로서는 민사소송법 제153조 각호의 사항을 기재하고, 작성자인 법원사무관등이 기명날인 또는 서명하고, 재판장도 그 기재내용을 인증하기 위하여 기명날인 또는 서명하여야 한다. 과거에는 서명날인이 요구되었으나, 법원의 업무경감을 위해 1990년에 기명날인으로, 2017년에 기명날인 또는 서명[1]으로 바뀌었다. 재판장이 기명날인 또는 서명할 수 없는 사유가 있는 때에는 합의부원이 그 사유를 적은 뒤에 기명날인 또는 서명하여야 하며, 법관 모두가 기명날인 또는 서명할 수 없는 사유가 있는 때에는 법원사무관등이 그 사유를 적으면 된다(153 但). 1·2·5호와 같은 중요사항을 빠뜨린 경우 및 재판장 또는 법원사무관등의 기명날인 또는 서명이 없는 경우에는 조서가 무효로 된다. 기명만 있고 날인이 없는 경우에는 문제인데, 판례는 재판장의 날인이 없는 때에는 무효이지만,[2] 법원사무관등의 날인이 없는 때에는 판결의 당부에 영향이 없다고 한다.[3]

2) 실질적 기재사항으로서는 당사자의 변론, 증거조사의 결과, 재판의 선고 등을 기재하여야 하지만, 변론의 내용 자체는 법관이 직접 청취하여 알고 있으므로 조서에는 그 요지만을 기재하면 된다. 변론의 요지에는 변론의 실질적 내용의 요지가 포함된다.[4] 다만 다음의 사항은 중요하므로 이를 명확히 기재하여야 한다. 즉, i) 화해, 청구의 포기·인낙, 소의 취하와 자백, ii) 증인·감정인의 선서와 진술, iii) 검증의 결과, iv) 재판장이 적도록 명한 사항과 당사자의 청구에 따라 적는 것을 허락한 사항, v) 서면으로 작성되지 아니한 재판(예컨대 기일의 지정·변경, 변론의 분리·병합·종결, 제149조에 의한 각하의 재판), vi) 재판의 선고 등이다(154). 실질적 기재사항을 빠뜨려도 조서가 무효로 되지는 않는다.

---

1) 2017. 10. 31. 개정, 법률 제14966호, 2017. 10. 31.부터 시행.

2) 大決 1961. 6. 22, 4294 民再抗 12; 1965. 4. 28, 65 마 205.

3) 大判 1957. 6. 29, 4290 民上 13.

4) 同旨: 宋/朴, 331면. 反對: 姜, 449면. '변론의 요지'의 의의에 관하여는 변론의 진행에 관한 외부적 경과의 요지인가, 변론의 실질적 내용의 요지인가의 다툼이 있다.

3) 조서에 적을 사항은 대법원규칙이 정하는 바에 따라 생략할 수 있다(155 Ⅰ本).[1] 즉 소송이 소·상소의 취하(취하간주 포함), 청구의 포기·인낙, 화해(화해권고결정 포함)·조정 등의 경우와 같이 판결에 의하지 않고 완결된 때에는 법원사무관등은 재판장의 허가를 받아 증인·당사자 본인 및 감정인의 진술과 검증결과의 기재를 생략할 수 있다(民訴規 32 Ⅰ). 이 경우에는 다음 단계나 상소심절차를 위하여 변론의 진행을 명확히 기재하여야 한다는 조서의 기능이 불필요하기 때문이다. 조서의 기재생략은 당사자에게 통지하여야 하는데, 당사자가 통지받은 날로부터 1주 안에 이의를 제기하면 생략한 부분을 다시 조서에 적어야 한다(民訴規 32 Ⅱ. Ⅲ), 또한 화해, 청구의 포기·인낙, 소의 취하 자체에 관한 기재와 자백, 변론의 방식에 관한 규정의 준수에 관한 기재는 중요한 사항이므로 생략할 수 없다(155 Ⅱ).

4. 기재방식

1) 변론조서는 실무상 기본적 변론조서, 증거조사에 관한 조서 및 증거목록으로 나누어 작성하고 있다(법원공문서규칙). 조서에는 서면·사진 기타 법원이 적당하다고 인정한 것을 인용하고 소송기록에 덧붙여 조서의 일부로 할 수 있다(156).

2) 법원은 필요하다고 인정하는 경우에는 직권 또는 당사자의 신청으로 변론의 전부 또는 일부를 녹음 또는 속기하도록 명할 수 있으며(159 Ⅰ),[2] 그 경우 녹음테이프와 속기록은 조서의 일부로 삼으며, 소송기록과 함께 보관하여야 한다(159 Ⅱ, 民訴規 34 Ⅰ). 조서의 일부로 보관된 녹음테이프에 대해서는 당사자와 이해관계를 소명한 제3자가 법원사무관등에게 재생하여 들려줄 것을 신청할 수 있다(民訴規 34 Ⅱ).[3]

구 법상으로도 이러한 규정이 있었으나, 당시에는 중요하거나 복잡한 사건에 관하여 당사자의 변론이나 증인 등의 진술을 자세하게 기록으로 남겨두자는 데 있었다. 그러나 2002년 민사소송법은 집중심리주의를 도입하면서 조서 기재의 부담을 경감시키면서도 변론의 내용을 보존하기 위한 방편으로 위 제도를 활용하고자 제도를 정비하였다.

그리하여 i) 구 법의 조문순서를 바꾸어(舊民訴 148 Ⅰ 참조), 법원이 필요하다고 인정하는 경우에

---

1) 구 법에서는 단독사건에 한하여 특례를 두었으나(舊民訴 144), 새 법은 단독·합의사건을 가리지 않고 구체적인 범위를 대법원규칙에 위임하고 있다.

2) 소액사건은 2013. 5. 1.부터, 일반사건은 2015. 1. 1.부터 법정녹음에 의한 변론기록방안이 시행되고 있다.

3) 조서작성의 편의를 위해 녹음한 것은 그러하지 아니하다(大決 2004. 4. 28, 2004 스 19).

는 직권으로 녹음 또는 속기를 명하는 것을 원칙적인 것으로 하고 당사자의 신청에 의하는 것을 부차적인 것으로 규정하였다(159 Ⅰ). ii) 그러나 녹음이나 속기만으로는 산만하여 변론의 요지를 파악하기 어려운 경우가 있으므로, 당사자의 신청이 있거나 대법원규칙으로 정하는 때에는 녹음테이프나 속기록의 요지를 정리하여 조서를 작성하도록 하고 있다(159 Ⅲ). 그에 따라 민사소송규칙은 요약조서(民訴規 36 Ⅱ), 속기록 또는 녹취서(民訴規 35)가 작성된 경우를 제외하고, 상소가 제기되거나 법관이 바뀐 때에는 녹음테이프의 요지를 정리하여 조서를 작성하도록 하고 있다(民訴規 36 Ⅲ). 조서가 작성된 경우에는 더 이상 녹음테이프와 속기록을 남겨둘 이유가 없으므로, 재판이 확정되거나 양 쪽 당사자의 동의가 있으면 녹음테이프와 속기록을 폐기할 수 있도록 하고 있다. 또한 당사자가 폐기한다는 통지를 받은 때부터 2주 이내에 이의를 제기하지 아니하면 폐기에 동의한 것으로 보도록 함으로써, 폐기의 편의를 꾀하고 있다(159 Ⅳ). iii) 또한 민사소송규칙은 과학기술의 발달에 따라 새로운 기록매체가 소송절차에 활용될 것에 대비하여, 녹화테이프, 컴퓨터용자기디스크, 광디스크, 그 밖에 이와 비슷한 방법으로 음성이나 영상을 녹음 또는 녹화하여 재생할 수 있는 매체를 이용하여 녹음 또는 녹화하는 때에도 녹음테이프나 속기록과 마찬가지로 취급하도록 하고 있다(民訴規 37 Ⅰ).

5. 關係人에 대한 公開와 訂正

1) 조서는 관계인이 신청하면 그에게 읽어주거나 보여주어야 한다(157). 이는 조서의 기재의 정확성을 담보하기 위한 것이다.

2) 조서에 적힌 사항에 관하여 관계인이 이의를 제기한 때에는 그것이 이유 없다고 인정될 때에는 조서에 그 취지를 적어야 한다(164). 이 때에 법원사무관등의 처분에 대한 이의(223)로 처리할 것은 아니다.[1] 이의가 정당하다고 인정하면 조서의 기재를 정정한다. 조서의 기재에 명백한 오류가 있을 때에는 판결의 경정(211)에 준하여 정정할 수 있다.[2]

6. 證 明 力

1) 조서가 무효가 아닌 한 변론방식에 관한 규정이 지켜졌다는 것은 오로지 조서로만 증명할 수 있고, 이에 관하여 다른 증거방법을 보충한다든가 또는 반증을 들어 다툴 수 없다(158). 다만 조서가 없어진 때에는 그러하지 아니하다(158 但). 그리하여 조서에 기재가 있으면 그 사실은 있는 것처럼 인정되고 기재가 없으면 그 사실

---

1) 大決 1975. 12. 8, 75 마 372; 1989. 9. 7, 89 마 694 등.
2) 金祥源, 註釋民訴(Ⅱ), 194면.

은 없는 것으로 인정된다. 이처럼 조서에만 증거능력과 증명력(증거력)을 부여하여 일종의 법정증거주의를 채택한 이유는 절차를 둘러싸고 분쟁이 파생하여 본래의 사건의 심리를 지연시키는 폐단을 막는 한편, 조서의 정확성을 담보하기 위한 여러 가지 제도적 장치(조서에 관한 앞의 설명 참조)가 마련되어 있기 때문이다.

조서의 증명력은 변론의 방식에 관하여만 인정된다. 변론의 방식이라 함은 변론의 외부적 형식을 말하며, 구체적으로는 변론의 일시 및 장소, 변론의 공개 유·무, 관여법관,[1] 당사자와 대리인의 출석 여부,[2] 판결의 선고일자[3]와 선고사실, 변론결과의 진술[4] 등을 가리킨다.

2) 이에 반하여 변론의 내용, 증인의 진술 등(재판의 선고를 제외한 실질적 기재사항. 154)은 변론의 방식에 관한 사항이 아니므로, 조서의 기재는 하나의 증거로 되는 데 불과하고, 다른 증거방법으로 번복할 수 있다. 다만 조서의 정확성에 관하여는 여러 가지 담보가 있으므로, 조서의 기재는 특별한 사정이 없는 한 강력한 증명력을 가진다.[5]

V. 訴訟記錄

1. 意　　義

특정 사건에 관하여 법원이 작성한 서류(예컨대 판결의 원본 또는 정본, 변론조서, 증거목록, 송달보고서 등)와 당사자 그 밖의 소송관계인이 법원에 제출한 서류(소장, 답변서, 준비서면, 증거신청서, 그 밖의 신청서) 등을 한데 철한 장부를 말한다. 소송기록은 법원사무관등이 보관한다.

2. 法院에 의한 訴訟記錄의 이용

소송기록은 종전의 절차를 알 수 있게 한다. 즉, 법관이 바뀐 경우 새로운 법관, 소송이 이송된 경우 이송을 받은 법원의 법관, 사건이 상소된 경우 상소심 법원의 법관 등은 소송기록을 통하여 그때까지의 소송절차를 알 수 있다.

1) 大判 1963. 11. 28, 63 누 166.
2) 大判 1972. 2. 29, 71 다 2770; 1982. 6. 8, 81 다 817.
3) 大判 1972. 2. 29, 71 다 2770.
4) 日最判 1956. 4. 13, 民集 10. 4. 388.
5) 大判 2001. 4. 13, 2001 다 6367 등.

3. 當事者 등에 의한 訴訟記錄의 利用

(가) 당사자와 이해관계인의 소송기록의 열람 등

1) 당사자나 이해관계를 소명한 제3자는 대법원규칙(재판기록열람수수료등에관한규칙)이 정하는 바에 따라, 소송기록의 열람 · 복사,[1] 재판서 · 조서의 정본 · 등본 · 초본의 교부 또는 소송에 관한 사항의 증명서의 교부를 법원사무관등에게 신청할 수 있다(162). 이에 의하여 당사자나 이해관계인은 소송의 진행상황이나 대리인의 활동상황을 알 수 있다. 2002년 민사소송법에서는 재판서와 조서 이외의 소송기록에 관하여는 열람 · 복사만 허용하고 정본 · 등본 · 초본 등의 교부는 제한하고 있다. 재판서나 조서 이외의 소송기록은 열람 · 복사만 허용하면 충분하기 때문이다(刑訴 45 참조). 재판서 · 조서의 정본 · 등본 · 초본에는 법원사무관등이 그 취지를 적고 기명날인 또는 서명하여야 한다(162 Ⅵ).[2]

2) 당사자와 제3자의 소송기록열람권이 언제부터 발생하는가가 문제된다. 소장이 상대방에게 송달되어 소송계속이 발생한 때에는 물론 가능하겠지만, 소장이 접수된 때로부터 이를 인정할 필요가 있을 것이다.

(나) 권리구제 · 학술연구 등을 위한 소송기록열람

소송과 관련이 없는 제3자도 권리구제 · 학술연구 · 공익적 목적을 위해서는 소송관계인의 동의를 얻으면 소송기록열람을 신청할 수 있다(162 Ⅱ 本, Ⅲ). 다만 변론의 공개가 금지된 경우에는 소송기록 열람도 허용되지 아니한다(162 Ⅱ 但). 사법절차의 투명성을 보장하기 위하여 2007년에 도입된 제도이다. 소송관계인의 동의를 얻도록 한 것은 사생활의 비밀을 보호하기 위함이다. 소송관계인이란 당사자 또는 법정대리인, 참가인, 증인 등을 말한다(民訴規 37의 3). 제3자가 열람 · 복사한 소송기록은 열람신청의 범위 안에서만 이용할 수 있다. 따라서 소송기록을 열람 · 복사한 사람은 열람 · 복사에 의하여 알게 된 사항을 이용하여 공공의 질서나 선량한 풍속을 해하거나 관계인의 명예나 생활의 평온을 해하는 행위를 하여서는 아니 된다(162 Ⅳ).

---

1) 구 민사소송법은 속기록, 녹음테이프에 대한 등본 · 초본의 청구도 따로 규정하고 있었으나(舊民訴 151 Ⅲ), 2002년 법은 그것을 소송기록의 열람 · 복사에 포함시키는 취지로 그에 관한 규정은 삭제하였다.

2) 구 법에서는 법원의 인(印)도 찍어야 하도록 하였으나(舊民訴 151 Ⅱ), 업무의 간소화를 도모하고 전산화가 가능하도록 하기 위하여 2002년 법에서는 이를 생략하였다.

(다) 비밀보호를 위한 열람 등의 제한

1) 법원은 당사자의 신청에 따른 결정으로, 소송기록 중 비밀이 적혀 있는 부분의 열람 등을 신청할 수 있는 사람을 당사자로 한정할 수 있다(163 I: 비밀 기재부분의 열람 등의 제한). 이것은 당사자뿐만 아니라 제3자도 소송기록의 열람·복사 등을 신청할 수 있기 때문에, 소송기록을 통하여 당사자의 사생활의 비밀 또는 중요한 영업비밀이 침해되는 것을 막기 위함이다. 2002년 민사소송법이 새로이 도입한 것이다. 영업비밀의 보호에 관하여는 그 밖에도 제출 자체를 사전에 회피하기 위한 제도로 영업비밀에 관한 사항에 대하여 증언을 거절할 권리(315 I ②), 문서제출의무로부터의 면제(344 I ③ 다. II ①) 등이 있는데, 소송기록 등의 열람제한은 법원에 일단 제출한 영업비밀을 제3자로부터 보호하기 위한 것이라는 점에 의미가 있다.[1)] 비밀보호를 위하여 소송기록의 열람 등이 제한될 수 있는 구체적인 사유는 첫째, 소송기록 중에 당사자의 사생활에 관한 중대한 비밀이 적혀 있고, 제3자에게 비밀기재부분의 열람 등을 허용하면 당사자의 사회생활에 지장이 클 우려가 있는 때, 둘째, 소송기록 중에 당사자가 가지는 영업비밀(부정경쟁방지및영업비밀보호에 관한법률 2 ②에 규정된 영업비밀)이 적혀 있는 때 등이다. 당사자는 이러한 사유를 소명하여야 한다(163 I 前).

2) 위 '비밀 기재부분의 열람 등의 제한' 이외에도 법원은 **소송관계인**의 생명 또는 신체에 대한 위해의 우려가 있다는 소명이 있는 경우, 해당 소송관계인의 신청에 따라 결정으로 소송기록의 열람·복사·송달에 앞서 주소 등 해당 소송관계인이 지정한 개인정보가 당사자를 포함하여 제3자에게 공개되지 아니하도록 보호조치를 할 수 있다(163 II). 이는 개인정보호의 강화를 위해 2023년 민사소송법 개정(2023. 7. 11. 법률 제19516호, 2025. 7. 12.부터 시행)을 통해 도입된 것이다(163 II: 개인정보 기재부분의 열람 등의 제한).[2)]

3) 소송기록의 열람 등의 제한 신청이 있는 경우에는 그 신청에 관한 재판이

---

1) 우리나라가 회원국인 WTO의 무역관련지적재산권협정(WTO/TRIPs; The Agreement on Trade Related Aspects of Intelledtual Property Rights. 1995년 발효, 우리나라는 2000. 1. 1.부터 협정이행의무 발생)에서 규정하고 있는 영업비밀보호에 관한 규정(제34조 제3항, 제42조, 제43조 제1항)이 입법의 한 계기가 되었다. 자세한 것은 법원행정처 간, 「민사소송법개정내용해설」(2002), 76면 이하 참조.

2) 민사소송법 제163조 제2항에서 말하는 개인정보는, i) 주소, ii) 주민등록번호(외국인등록번호 포함), iii) 전화번호(휴대전화번호 포함), iv) 팩시밀리번호, v) 전자우편주소를 말한다(民訴規 38 III)(2025. 6. 26. 대법원규칙 제3216호, 2025. 7. 12부터 시행). 다만 민사집행과 보전처분 절차에서 개인정보에 대한 보호조치를 결정할 때에는 법원은 집행의 목적을 달성하기 위해 필요한 경우 이러한 개인정보의 범위를 공개 상대방에 따라 달리 정할 수 있다(民執規 18의3)(2025. 6. 26. 대법원규칙 제3217호, 2025. 7. 12.부터 시행).

있을 때까지 당사자 또는 제3자는 개인정보 기재부분 또는 비밀 기재부분의 열람 등을 신청할 수 없다(163 Ⅲ). 당사자 또는 소송관계인의 신청만으로 당사자와 제3자의 열람 등이 제한되는 강력한 효과가 생긴다. 따라서 신청 단계에서 과도한 제한신청이나 제한신청의 남용을 막고 제한의 범위를 명확히 할 필요가 있으므로, 민사소송규칙은 열람 등의 제한신청은 소송기록 가운데 비밀이 적혀 있는 부분 또는 개인정보 기재부분을 특정하여 서면으로 하도록 하고 있다(民訴規 38 Ⅰ). 또한 법원의 열람 등의 제한결정도 소송기록 가운데 비밀이 적혀 있는 부분 또는 개인정보 기재부분을 특정하여 하여야 한다(民訴規 38 Ⅱ)(2025. 6. 26. 대법원규칙 제3216호, 2025. 7. 12부터 시행). 열람 등을 제한하는 결정에 대하여는 불복이 허용되지 아니하나, 제한신청을 기각하는 결정에 대하여는 즉시항고를 할 수 있다(163 Ⅴ).

4) 열람 등을 제한하는 결정이 확정된 뒤에도 열람 등의 제한사유가 존재하지 아니하거나 소멸되었음을 이유로 소송기록을 보관하고 있는 법원은 이해관계를 소명한 당사자 또는 제3자의 신청에 의하여 열람 등의 제한결정을 취소할 수 있다(163 Ⅳ). 열람 등의 제한신청을 기각한 결정 또는 열람 등 제한결정의 취소신청에 관한 결정에 대하여는 당사자 또는 제3자는 즉시항고를 할 수 있다(163 Ⅴ). 열람 등 제한결정의 취소결정은 확정되어야 효력이 있다(163 Ⅵ).

(라) 선고된 사건의 판결서의 열람 · 복사

1) 누구든지 판결이 선고된 사건의 판결서(확정되지 아니한 사건에 대한 판결서를 포함하며, 「소액사건심판법」이 적용되는 사건의 판결서, 심리불속행 및 상고이유 부제출로 인한 상고기각 판결서는 제외)를 인터넷, 그 밖의 전산정보처리시스템을 통한 전자적 방법 등으로 열람 및 복사할 수 있다. 이는 2015년부터 시행된 '확정판결서'의 일반인 공개규정(163의 2)(2011. 7. 18. 법률 제10859호, 2015. 1. 1.부터 시행)을 개정하여, 재판의 공개라는 헌법상의 요청에 부응하고 판결의 공정성과 투명성을 확보하며 사법부에 대한 국민의 신뢰회복을 위해 열람·복사의 대상이 되는 판결서를 '확정된 사건의 판결서'에서 '선고된 사건의 판결서(확정되지 아니한 판결서를 포함)'로 확대한 것이다. 다만, 변론의 공개를 금지한 사건의 판결서로서 대법원규칙으로 정하는 경우에는 열람 및 복사를 전부 또는 일부 제한할 수 있다(163의 2 Ⅰ).

2) 위 열람 및 복사의 대상이 되는 판결서는 대법원규칙으로 정하는 바에 따라 판결서에 기재된 문자열 또는 숫자열이 검색어로 기능할 수 있도록 제공되어야

한다(163의 2 Ⅱ)(2020. 12. 8. 법률 제17568호, 2023. 1. 1.부터 시행).[1)]

3) 법원사무관등이나 그 밖의 법원공무원은 위 열람 및 복사에 앞서 판결서에 기재된 성명 등 개인정보가 공개되지 아니하도록 대법원규칙으로 정하는 보호조치를 하여야 하며, 이러한 개인정보 보호조치를 한 법원사무관등이나 그 밖의 법원공무원은 고의 또는 중대한 과실로 인한 것이 아니면 위 열람 및 복사와 관련하여 민사상·형사상 책임을 지지 아니한다(163의 2 Ⅲ. Ⅳ).

4) 판결서를 열람 및 복사한 사람은 열람·복사에 의하여 알게 된 사항을 이용하여 공공의 질서 또는 선량한 풍속을 해하거나 관계인의 명예 또는 생활의 평온을 해치는 행위를 하여서는 아니된다(163의 2 Ⅴ).

제 4 관 辯論의 終結·再開

1) 법원은 변론과 증거조사 등을 통하여 사건의 내용이 재판하기에 충분할 만큼 해명되었다고 인정하거나 또는 더 이상 사실관계의 해명이 불가능하다고 판단할 때에는 변론을 종결하고(실무에서는 결심(結審)이라고 부른다), 즉시 또는 단기간 안에 선고기일을 지정하여 판결을 선고하게 된다.

2) 그러나 법원은 일단 변론을 종결한 뒤이라도 심리가 미진하다고 인정되거나 새로운 증거가 발견되거나 기타 필요가 있을 때에는 언제든지 재량에 의하여 변론을 다시 열도록 명할 수 있다(142). 변론을 재개할 것인가 아닌가는 법원의 직권에 속하고, 당사자에게는 신청권이 없다. 그러므로 변론재개신청은 법원의 직권발동을 촉구하는 의미밖에 없고, 법원은 재개신청에 대한 허용 여부의 결정을 할 필요가 없다.[2)] 다만 재개신청의 사유로서 i) 재심사유를 제출하였을 때,[3)] ii) 청구의 결론을 좌우하는 관건적 요증사실을 재개사유로 한 때[4)] 및 iii) 재개를 하지 아니하면

1) 이는 재판부가 선고된 사건의 판결서의 공개를 용이하게 하고 판결서를 컴퓨터 등을 통해 검색이 가능한 형태로 제공하도록 하게하기 위한 것이다.

2) 大判 1992. 9. 25, 92 누 5096; 2004. 7. 9, 2004 다 13083; 2005. 3. 11, 2004 다 26997.

3) 同旨: 李時, 421면; Rosenberg, §107 Ⅲ 9.

4) 大判 1982. 6. 22, 81 다 911; 1996. 2. 9, 95 다 2333; 2013. 4. 11, 2012 후 436.

절차적 정의에 반할 때,[1] iv) 법원의 석명의무·지적의무 등의 위반으로 사건의 적정하고 공정한 해결에 영향을 미칠 수 있는 소송절차상의 위법이 드러난 경우[2]에는 재개의무가 있다. 변론을 재개한 때에는 재판장은 특별한 사정이 없는 한 재개결정과 동시에 변론기일을 지정하여야 한다(民訴規 43). 소송의 지연을 막기 위함이다.

제 5 관 當事者의 辯論期日缺席

Ⅰ. 總 說 — 辯論期日缺席의 意義

1) 당사자가 변론을 소홀히 한 경우에 대하여 민사소송법은 두 가지 방법으로 대처하고 있다. 하나는 공격·방어방법의 제출을 게을리 하거나 석명에 응하지 않거나 변론준비절차에서 충분한 주장을 하지 아니한 경우에 적시제출주의에 의하여 새로운 공격·방어방법이나 주장의 제출을 불허함으로써 당사자에게 불이익을 가하는 것이고, 다른 하나는 변론기일에 당사자가 출석하지 아니한 경우에 일정한 불이익을 가하는 것이다. 전자에 관하여는 적시제출주의의 부분에서 이미 설명하였으므로, 여기에서는 후자에 관하여만 설명한다.

2) 근대민사소송제도가 채택하고 있는 변론에 의한 심리방식은 당사자가 변론에 출석하는 것을 당연한 전제로 하고 있다. 그런데 현실에서는 당사자 한 쪽이 결석하는 일도 있고, 당사자 양 쪽이 모두 결석하는 일도 있다. 그리하여 법은 변론기일에 당사자가 출석하지 아니한 경우에 대비한 처리방법을 규정하고 있다.

3) 여기에서 당사자의 결석(기일의 태만, 불출석; 기일의 해태, 변론의 해태)[3]이라 함은 당사자가 적법한 기일통지를 받고도 변론기일에 출석하지 아니하거나, 출석하여도 변론하지 아니하는 것을 가리킨다. i) 기일결석의 효과는 필수적 변론이 요구되는 경우에만 적용된다. 임의적 변론에서는 그 적용이 없다. ii) 당사자가 적법

---

1) 大判 2024. 11. 14, 2024 다 238392; 2019. 11. 28, 2017 다 244115; 2019. 9. 10, 2017 다 258237; 2013. 4. 11, 2012 후 436; 日最判 1981. 9. 24, 民集 35. 6. 1088; BGH 27, 163.

2) 大判 2011. 7. 28, 2009 다 64635.

3) 구 법에서는 '기일의 해태' 또는 '변론의 해태'라고 불렀으나, 새 법은 '해태'를 '게을리 하다' 또는 '소홀'로 바꾸었으므로 그에 따라 '당사자의 결석' 또는 '변론기일결석'으로 바꾸어 설명한다.

한 기일통지(167 참조)를 받고도 출석하지 아니한 경우이어야 한다. 따라서 송달불능이거나 송달을 하지 아니한 경우는 기일결석으로 되지 않는다. 전화·팩시밀리·전자우편 등 대법원규칙이 정하는 간이한 방법으로 기일통지를 한 경우에도 기일결석의 불이익을 줄 수 없다(167, 民訴規 45). iii) 기일은 변론기일을 가리킨다. 증거조사기일(295)과 선고기일(207 Ⅱ)은 포함되지 않는다. 그러나 변론준비기일은 포함된다(286). iv) 결석에는 출석하지 아니한 경우 외에 출석을 하여도 변론을 하지 아니한 경우(268 Ⅰ 참조) 및 출석하더라도 진술금지의 재판을 받거나(144), 퇴정명령(退廷命令)을 받거나, 또는 임의로 퇴정한 경우가 포함된다. 청구기각의 판결만을 구하고 사실상의 진술을 하지 아니한 경우는 문제이지만, 본안의 신청을 한 것이므로 변론을 한 것으로 보아야 할 것이다.[1] 단순히 기일변경을 구한 데 그친 경우는 법원의 직권발동을 촉구하는 것일 뿐이지만, 소송상의 신청을 함으로써 변론을 한 것으로 볼 수 있을 것이다.[2] v) 결석이 되기 위하여서는 당사자와 대리인(복대리인 포함)이 모두 결석하여야 한다.[3] vi) 당사자의 결석 여부는 사건과 당사자를 불러 기일이 시작된 때(169)부터 변론이 끝날 때까지를 기준으로 하여 판단한다. 사건과 당사자를 불러 당사자 양 쪽이 출석하지 아니한 사실이 밝혀졌으나 법원이 변론에 들어가지 않고 기일을 연기한 경우도 당사자의 결석으로 되는가가 문제이다. 판례는 이 경우에도 결석의 효과가 발생한다고 보고, 조서에 연기의 기재가 있어도 그것은 무의미하다고 한다.[4]

Ⅱ. 한 쪽 當事者의 缺席

1. 缺席裁判主義와 對席裁判主義

변론기일에 당사자 한 쪽이 결석한 경우의 처리방법에 관하여는 결석재판주의와 대석재판주의의 대립이 있다. 전자는 결석자에게 전면적으로 불리한 판결(패소판결)을 하여 절차를 종료시키고, 뒤에 결석자가 이의를 신청하면 원상회복을 허용하여 변론을 속행하는 방법이고, 후자는 결석자에게 일정한 진술 또는 자백의 효

1) 反對: 李時, 428면.
2) 反對: 李時, 428면.
3) 大判 1982. 6. 8, 81 다 817.
4) 大判 1982. 6. 22, 81 다 791.

과를 간주하고, 이 간주된 대석적 변론(對席的 辯論)에 따라 판결을 하는 방법이다. 결석재판주의를 취하면 결석판결과 이의신청이 반복되어 현저하게 소송을 지연시키는 폐단이 있으므로, 현행 민사소송법은 대석재판주의를 취하고 있다. 결석재판주의는 도이칠란트 민사소송법의 입장이다(獨民訴 330 이하).

2. 陳述看做

(1) 의 의

한 쪽 당사자가 소장·답변서, 그 밖의 준비서면을 제출한 채 변론기일에 출석하지 아니하거나 출석하고서도 변론하지 아니한 때에는 그가 제출한 서면에 적혀 있는 사항을 진술한 것으로 보고 출석한 상대방에게 변론을 명할 수 있다(148 I). 이를 진술간주(진술의제)라고 한다. 이것은 당사자 한 쪽이 함부로 결석하여 기일이 공전(空轉)되는 것을 막고, 기일에 출석하기 위하여 시간·노력과 비용을 낭비한 상대방의 손실을 보상하려는 데에 그 목적이 있다. 이 제도는 결석한 당사자가 제출한 서면에 적힌 사항을 진술한 것으로 보는 것이므로, 형식적으로는 구술주의의 원칙을 따르고 있는 것처럼 보이지만, 실질적으로는 서면심리주의가 지배하는 것이나 다름이 없다.

(2) 요 건

1) 원고 또는 피고가 변론기일에 출석하지 아니하여야 한다. 여기의 변론기일에는 최초의 변론기일뿐만 아니라 속행기일도 포함된다.[1] 또 제1심의 기일은 물론 항소심의 기일도 포함된다. 그리고 제148조의 진술간주효과는 합의사건과 단독사건을 가리지 않으며, 원고와 피고에게 다같이 적용된다. 그러나 실제로는 원고가 결석한 경우에는 피고가 항변을 하지 아니하여 양 쪽 결석(쌍방불출석)으로 처리되도록 유도하는 것이 보통이므로, 본조는 피고가 결석한 경우에 많이 적용된다.

2) 진술간주가 되는 서면은 제1심에서는 소장·답변서 그 밖의 준비서면에 기재한 사항이고, 항소심에서는 항소장·답변서, 그 밖의 준비서면에 기재한 사항이다.

1) 大判 1988. 2. 23, 87 다카 961.

(3) 효 과

(가) 심리의 진행 한 쪽 당사자가 결석한 경우에 그가 제출한 서면을 진술간주할 것인가, 아니면 기일을 연기할 것인가는 법원의 재량에 달려 있다. 다만 출석한 당사자만으로 변론을 진행할 때에는 대석재판(對席裁判)의 틀을 유지하기 위하여 결석한 당사자가 그 때까지 제출한 서면에 기재한 사항을 진술한 것으로 보아야 한다.[1]

이를 구체적으로 살펴보면, 원고가 출석하지 아니한 경우에 피고가 변론을 원할 때에는 원고가 제출한 소장, 그 밖의 준비서면을 진술간주하고 피고에게 변론을 명하거나 또는 기일을 연기하고, 피고가 출석하지 아니한 경우에는(원고가 변론을 하지 아니하면 양 쪽 결석(쌍방불출석)으로 되므로 원고가 변론을 원하지 않는 경우는 드물다)피고가 제출한 답변서 그 밖의 준비서면을 진술간주하고 원고에게 변론을 명하거나 또는 기일을 연기한다. 이처럼 변론의 진행은 서면에 기재된 사항이 진술간주되는 것을 제외하고는 당사자 양 쪽이 출석한 경우와 마찬가지이다.

(나) 출석자의 주장사실에 대한 결석자의 답변 출석자의 주장사실에 대한 결석자의 답변은 결석자의 준비서면의 기재에 따라 결정한다. 결석자가 준비서면에서 명백히 다투지 아니하거나 준비서면을 제출하지 아니한 때에는 결석자는 출석자의 주장사실을 자백한 것으로 본다(자백간주: 150 Ⅲ). 결석자가 준비서면에서 상대방의 주장사실을 다투고 있는 것으로 인정되는 경우에는 출석자의 준비서면에 기재되어 있는 증거의 신청을 채택할 수 있고(290, 276), 증거조사를 할 수 있다.

(다) 변론의 속행·종결 한 쪽 당사자가 결석한 기일에서 진술간주에 의하여 재판을 할 수 있을 정도로 사건이 해명되면 변론을 종결한다.

이에 반하여 변론과 증거조사가 그 기일에 완결되지 아니한 경우에는 속행기일을 지정한다. 또 출석자가 준비서면에 기재하지 아니하였기 때문에 그 기일에 제출할 수 없었던 사실과 증거의 신청을 위하여도(276. 합의사건 및 단독사건 중 미리 준비하지 아니하면 상대방이 진술할 수 없는 사항은 준비서면에 기재하지 아니한 사항은 상대방이 결석하면 진술하지 못한다. 준비서면에 관한 설명 참조) 속행기일을 지정하여야 한다.

(4) 한 계

1) 결석자의 준비서면에 상대방의 주장사실을 인정한다는 기재가 있는 경우에

---

1) 大判 2008. 5. 8, 2008 다 2890.

이를 진술간주하면 자백간주가 성립하는가 재판상의 자백이 성립하는가에 관하여 다툼이 있으나, 준비서면의 기재를 진술한 것으로 보므로 재판상의 자백이 성립하는 것으로 풀이한다.[1)]

2) 결석한 피고가 답변서, 그 밖의 준비서면에 청구의 포기·인낙의 의사표시를 적고 공증사무소의 인증을 받아 제출하여 그 서면이 진술간주되면, 그 서면의 취지에 따라 청구의 포기 또는 인낙이 성립된 것으로 본다(148 II). 또한 결석한 당사자가 준비서면에 화해의 의사표시를 적어서 공증사무소의 인증을 받아 제출하고 상대방 당사자가 변론기일에 출석하여 그 화해의 의사표시를 받아들인 때에는 화해가 성립된 것으로 본다(148 III).

이것은 2002년 민사소송법이 새로 도입한 것이다. 구 법하에서는 결석한 피고가 제출한 답변서에 '원고의 청구를 인낙한다'라는 기재가 있었던 경우에 이를 진술간주하면 청구의 인낙이 성립하는가에 관하여 다툼이 있었다. 청구의 인낙은 확정판결과 같은 효력이 있고(220), 통상적인 불복절차가 아닌 준재심으로만 다툴 수 있으므로(461) 당사자에게는 매우 중요한 의사표시라고 할 수 있기 때문이다. 판례는 부정설을 따르고 있었으나,[2)] 이것은 피고의 의사에 반하고, 이 경우에 피고에게 억지로 소송을 수행케 한 다음 패소하게 할 필요는 없으므로 청구의 인낙을 인정하여야 한다는 것이 통설의 입장이었다. 새 법은 당사자의 법정출석의 부담을 덜고 당사자의 의사에 의한 소송종료를 촉진시키기 위해서 청구의 포기뿐만 아니라 청구의 인낙, 나아가서는 소송상 화해까지 서면에 의하여 할 수 있도록 하는 한편, 그러한 의사표시의 중요성을 고려하여 공증사무소의 인증을 받도록 하였다. 따라서 새 법하에서는 인증받은 준비서면이 아닌 한 진술간주로 청구의 인낙이 성립할 수 있다고 해석할 여지는 사라졌다.[3)]

3) 판례는 준비서면에 서증을 첨부하여 제출한 경우에, 준비서면을 진술하더라도 서증에 대한 증거신청의 효력은 없다고 한다. 서증의 신청은 변론준비기일 또는 변론기일에 직접 제출하는 방식에 의하여 하여야 하기 때문이다.[4)]

4) 원고가 관할권 없는 법원에 소를 제기하였는데 결석한 피고의 답변서에 본안에 관한 사실이 기재되어 있는 경우에 이를 진술간주하면 변론관할이 발생하는

---

1) 同旨: 李時, 432면; 大判 2015. 2. 12, 2014 다 229870.

2) 大判 1982. 3. 23, 81 다 1336; 1993. 7. 13, 92 마 23230.

3) 인증받는 것의 불편 때문에 실효성에 의문이라는 견해로는 李時, 433면.

4) 大判 1991. 11. 8, 91 다 15775. 이는 준비서면에 서증의 인부(認否)를 기재토록 하여 서증조사를 빨리 마치려는 제도(274 II)와 부합하는지 의문이라는 견해는 李時, 433면.

가가 문제된다. 피고로서는 관할권 없는 법원에 출석할 의무가 없으므로 설사 법원이 피고의 답변서를 진술간주하였더라도 변론관할이 생기지 않는 것으로 본다. 판례도 부정설을 취하고 있다.[1)]

3. 自白看做

(1) 意 義

1) 공시송달에 의하지 않은 방법으로 기일통지서를 받은 당사자가 아무런 서면도 제출하지 아니하고 출석하지 아니한 경우에는 출석한 당사자가 주장한 사실을 자백한 것으로 본다(150 Ⅲ). 이를 자백간주(의제자백[2)])라 한다. 특히 피고가 공시송달에 의하지 않은 적법한 기일통지서를 받았음에도 불구하고 변론기일에 출석하지 아니하고 준비서면도 제출하지 아니한 경우에는 출석한 원고가 주장한 사실을 다투지 아니한 것으로 보므로,[3)] 원고의 주장사실에 의하여 원고의 청구가 인정되는 한 법원은 변론을 종결하고 자백간주에 의하여 원고승소의 판결을 할 수도 있다.

2) 2002년 민사소송법에 따르면 피고에게 답변서제출의무를 부과하여, 피고가 답변서를 제출하지 아니하거나 청구의 원인이 되는 사실을 모두 자백하는 취지의 답변서를 제출하고 따로 항변하지 아니하는 때에는 원고가 소장에서 주장한 청구의 원인이 된 사실을 자백한 것으로 간주하고 변론 없이(변론기일의 지정이나 기일통지 없이) 원고승소판결을 선고할 수 있다(257 本 Ⅰ). 이것은 구 법하에서 피고가 답변서를 제출하지 아니하여도 일단 변론기일을 열고 원고로 하여금 진술하게 한 다음 결석한 피고의 자백간주로 원고승소판결을 선고하였던 것과는 다르며, 다툴 의사가 없는 피고에 대한 절차를 간소화한 것이다. 이것은 필수적 변론주의의 예외요, 대석재판주의(對席裁判主義)의 예외를 인정한 것이다.

(2) 要 件

당사자가 공시송달에 의하지 아니한 기일통지서를 받아야 한다. 당사자의 절차권을 보장하기 위한 것이다. 일단 적법한 기일통지서를 받고도 변론기일에 출석하

---

1) 大決 1980. 9. 26, 80 마 403.

2) 구 법하에서는 '의제자백'이라 하였다.

3) 공시송달로 진행된 제1심에서 원고의 청구가 기각되었다고 하더라도 '피고가 원고의 청구원인을 다툰 것으로 볼 수 없으므로' 원고가 항소한 항소심에서 공시송달이 아닌 방법으로 송달받은 피고가 다투지 아니한 경우에는 자백간주가 성립된다는 것이 판례이다(大判 2018. 7. 12, 2015 다 36167).

지 아니하여 자백간주의 효과가 생긴 이후에 새 기일통지서가 송달불능되어 공시송달을 하게 되었더라도 이미 발생한 자백간주의 효과는 상실되지 않는다.[1)]

(3) 效 果

상대방이 주장한 사실을 자백한 것으로 본다. 자백간주는 원·피고 어느 쪽이 결석한 경우이든 모두 인정된다. 그러나 실제로는 원고가 결석하고 피고가 출석한 경우에는 소취하간주(쌍불취하간주)의 효과를 노려 피고가 변론하지 않고 퇴정하는 것이 보통이므로, 피고가 결석한 경우에 주로 문제된다. 자백한 것으로 간주하는 것이므로, 결석한 당사자가 뒤에 출석하여 다투면 자백의 효과는 소멸한다(자세한 설명은 '증명의 필요'에 관한 설명 참조).

Ⅲ. 양 쪽 當事者의 缺席

1. 총 설

1) 양 쪽 당사자가 변론기일에 출석하지 않는 경우에는 변론을 진행할 수 없으므로 소송지연을 막기 위하여 이에 대한 대책이 필요하다. 따라서 법에서는 양 쪽 당사자가 총 2회 결석하고 1월 이내에 기일지정신청을 하지 않거나 총 3회 결석한 경우에는 소를 취하한 것으로 보고 있다(268 Ⅰ·Ⅱ. Ⅲ). 상소심에서는 상소를 취하한 것으로 본다(268 Ⅳ).

2) 민사소송법의 이러한 태도는 1990년 개정법에 의한 것이다. 그 이전에는 양 쪽 당사자가 2회 결석하면 소의 취하가 있는 것으로 보고, 다만 두 번째 결석이 당사자의 '책임없는 사유'로 인한 때에는 그 사유가 없어진 날로부터 2주 안에 기일지정을 신청할 수 있을 뿐이었다. 그런데 당시의 판례는 위 '책임없는 사유'를 홍수·친상 등 매우 엄격하게 해석하여, 당사자가 구제받지 못하는 경우가 많았다. 그리하여 1990년 개정법은 사유 여하를 묻지 않고[2)] 기일지정신청을 할 수 있도록 하여, 소의 취하가 간주됨으로 인하여 당사자가 입을 피해를 최소한으로 줄이는 입법을 하였다.

3) 양 쪽 당사자가 변론기일에 출석하지 아니하거나 출석하여도 변론하지 않는 경우의 처리방법에 관하여는 각국의 입법 예가 다르다. 일본의 경우는 양 쪽 당사자가 1회 결석하

---

1) 大判 1988. 2. 23, 87 다카 961.

2) 법무부개정안에서는 이를 '상당한 사유'로 완화하였는데, 국회에서는 사유를 묻지 않는 것으로 바꾸었다.

고 1월 이내에 기일지정신청을 하지 아니하거나 연속하여 2회 결석하면 소의 취하가 있는 것으로 보는 것으로 하고 있고(日民訴 263), 도이칠란트의 경우에는 양 쪽 당사자가 결석하면 기록에 의한 재판(Entscheidung nach Lage der Akten), 연기(새 기일의 지정) 또는 소송절차의 휴지 중 어느 하나를 선택할 수 있도록 한다(獨民訴 251a).

2. 양 쪽 당사자의 1회 결석－새 변론기일의 지정

1) 양 쪽 당사자가 변론기일에 1회 출석하지 아니하거나 출석하더라도 변론하지 아니한 때에는 재판장은 다시 기일을 지정하여 양 쪽 당사자에게 통지하여야 한다(268 I). 다만 판결의 선고(207 II)나 증거조사(295)는 당사자가 결석하여도 이를 할 수 있다.[1)]

2) 이 경우에 사건이 판결을 하기에 충분히 성숙하였으면 법원은 새 기일을 지정하지 않고 변론을 종결하여 소송기록에 의하여 판결할 수 있을까? 일반적으로는 사건이 판결할 만큼 성숙되지 아니하여 기일이 새로 지정되는 것인데, 새 기일에 양 쪽 당사자의 변론이 없는데도 사건이 재판할 만큼 성숙되었다고 하여 변론을 종결하는 것은 이상하다고 느껴지므로, 소송기록에 의한 재판을 부정하는 견해도 있으나,[2)] 단순히 기록의 검토를 위하여 연기되는 경우도 있는 실정에 비추어 소송기록에 의한 재판을 부정할 이유는 없다고 생각한다.[3)]

3. 양 쪽 당사자의 2회 결석－기일지정신청이 없으면 소의 취하 간주

양 쪽 당사자가 다시 지정된 새 변론기일 또는 그 뒤에 열린 변론기일에 다시 출석하지 아니하거나 출석하였다 하더라도 변론하지 아니한 때에는 1월 이내에 기일지정의 신청을 하지 아니하면 소를 취하한 것으로 본다(268 II). 이를 나누어 설명하면 다음과 같다.

1) 양 쪽 당사자가 2회에 걸쳐 변론기일에 결석하여야 한다.

i) 결석이 연속적일 필요는 없다. 즉, 두 번째의 결석이 첫 번째 결석이 있은

---

1) 판례는, 변론기일에 당사자가 변론을 하고 증인신문을 신청하므로 법원이 증인신문을 위한 속행기일을 지정하여 고지한 경우에 그 증거조사를 법정 밖에서 하는 것이 아닌 한 그 고지된 기일은 변론기일이라고 하였다(大判 1966. 1. 31, 65 다 2296).

2) 李時, 430면.

3) 日最判 1966. 11. 22, 民集 20. 9. 1914, 續百選 60 事件 참조.

후 새로 지정된 기일에 있어야 하는 것은 아니고, 새 기일 이후의 기일에 결석하여도 상관이 없다.

ii) 같은 심급에서 같은 종류의 기일에 두 번 결석하여야 한다. 따라서 제1심에서 1회, 제2심에서 1회 도합 2회의 결석이 있더라도 소를 취하한 것으로 보지 않는다. 또 환송 전후의 절차에 걸쳐 2회의 결석이 있는 경우에도 소를 취하한 것으로 보지 않는다.[1] 또 변론준비기일에 1회, 변론기일에 1회의 결석이 있어도 같은 종류의 절차가 아니므로 소는 취하된 것으로 보지 않는다.[2]

iii) 같은 소가 유지되는 상태에서 두 번 결석하여야 한다. 따라서 청구의 교환적 변경이 있는 경우에는 변경 후의 청구는 새로운 사건이므로, 교환 전후에 걸쳐 1회씩 결석한 때에도 소의 취하는 없는 것으로 보아야 한다.[3]

iv) 두 번째 결석한 것이 당사자의 책임 있는 사유에 기인한 것인가 아닌가는 묻지 아니한다.

v) 양 쪽 당사자가 적법한 송달을 받았어야 한다. 적법한 송달인 한 당사자가 공시송달에 의한 기일통지를 받고 결석한 경우에도 소를 취하한 것으로 본다.[4]

2) 1월 이내에 기일지정신청을 하지 않아야 한다. 기일지정신청을 하지 않는 것을 정지조건으로 하여 소의 취하로 간주한다. 따라서 1월 이내에 기일지정신청을 하면 소를 취하한 것으로 보지 않는다. 이 기간은 불변기간이 아니므로 기일지정신청의 추후보완은 허용되지 않는다.[5]

4. 기일지정신청 후의 양 쪽 당사자의 결석－소의 취하 간주

양 쪽 당사자가 기일지정신청에 의하여 정한 기일 또는 그 후의 기일에 출석하지 아니하거나 출석하더라도 변론하지 아니한 때, 즉 양 쪽 당사자가 모두 3회 결석한 때에는 확정적으로 소의 취하가 있는 것으로 본다(268 Ⅲ). 당사자가 2회 결석한

1) 大判 1973. 7. 24, 73 다 209.

2) 大判 2006. 10. 27, 2004 다 69581.

3) 同旨: 李時, 431면.

4) 판례는 당사자의 주소지가 아닌 본적지에 송달하여 보고 송달불능되자 공시송달로 절차가 진행된 사건에서, 송달은 유효하나 부적법하므로 소취하간주의 효과가 생기지 아니한다고 하였다(大判 1997. 7. 11, 96 므 1380).

5) 大決 2022. 3. 17, 2020 다 216462; 1992. 4. 21, 92 마 175.

뒤에 법원이 직권으로 정한 새 기일, 또는 그 후의 기일에 결석한 경우도 같다.[1] 세 번째의 결석이 당사자의 책임 있는 사유에 기인하였건 아니건 상관이 없다.

5. 소취하간주의 효과

1) 양 쪽 당사자가 2회에 걸쳐 결석하고 결석한 때로부터 1월 이내에 기일지정신청을 하지 아니하거나 모두 3회 결석한 때에는 소를 취하한 것으로 본다(268 Ⅱ). 이를 실무상 '쌍불취하(雙不取下)'라 한다. 변론준비기일에 2회에 걸쳐 양 쪽 당사자가 결석하고, 1월 이내에 기일지정신청을 하지 아니하거나 모두 3회 결석한 경우에도 마찬가지이다(286).

i) 소의 취하 간주는 양 쪽 당사자가 2회 결석하고, 1월 이내에 기일지정신청을 하지 아니하면 법률상 당연히 발생하며, 당사자의 의사나 법원의 재량으로 좌우할 수 없다.[2] 따라서 법원이 변론을 종결하고 소송기록에 의하여 재판할 수 없다.[3] 다만 법원이 두 번째 불출석의 기일에 직권으로 새 기일을 지정한 때에는 당사자의 기일지정신청에 의한 기일지정이 있는 경우와 마찬가지로 본다.[4]

ii) 소의 취하 간주는 원고의 의사표시에 의한 소의 취하와 같은 효과가 있다(267 참조). 따라서 소송계속의 효과는 소급적으로 소멸하고 소송은 종료된다. 소의 취하 간주가 있었음에도 심리가 계속된 경우에는 해당 법원이 소송종료선언의 판결(판결주문은 '이 사건 소송은 2005. 5. 5.자 소취하간주로 종료되었다'와 같이 된다)을 하여야 하고, 본안판결을 한 경우에는 상급법원이 소송종료선언의 판결을 하여야 한다.[5]

iii) 소송중의 소(예컨대 반소)가 병합되어 있는 경우에는 본래의 소와 소송중의 소에 관하여 따로 따로 기일의 결석 여부를 판단하여야 한다.

2) 항소심에서 양 쪽 당사자가 2회 결석하고, 1월 이내에 기일지정신청을 하지 아니하거나 모두 3회 결석한 경우에는 항소가 취하된 것으로 본다(268 Ⅳ). 따라서 항소는 소급적으로 그 효력을 잃고 항소심절차는 종료되므로 제1심판결이 확정된다.

---

1) 大判 2002. 7. 26, 2001 다 60491.
2) 大判 1982. 10. 12, 81 다 94.
3) 反對: 李時, 430면.
4) 大判 1994. 2. 22, 93 다 56442.
5) 大判 1968. 11. 5, 68 다 1773.

다만 이때 항소심에서 청구의 교환적 변경을 하고 그 후에 2회 또는 3회 결석한 경우에는 그 효과를 어떻게 풀이하여야 하는가 하는 어려운 문제가 있다. 왜냐하면 판례에 따르면 항소심에서 청구의 교환적 변경이 있으면 제1심판결은 실효되므로 항소취하는 그 대상이 없어 효력이 없기 때문이다.[1)]

임의적 변론에 의하는 상고심절차에서는 기일결석의 불이익을 줄 수 없다.[2)]

제 3 절 證據調査

제 1 관 證據總說

Ⅰ. 證據의 必要

1) 재판은 법규를 대전제로 하고 구체적 사실을 소전제로 하는 삼단론법에 의하여 행하여진다. 법원은 그가 인식한 구체적 사실에 법규를 해석·적용함으로써 재판을 한다. 그러므로 재판을 하기 위해서는 적용할 법규의 해석·적용과 더불어, 법규의 적용대상인 사실관계의 확정이 필요하다. 그런데 실제의 소송에서는 법규의 해석·적용이 다투어지기보다는 사실관계의 존재 여부가 다투어지고, 이에 의하여 소송의 승패가 결정되는 일이 압도적으로 많다. 따라서 사실관계의 확정이 매우 중요하다.

2) 사실관계에 관하여 당사자 사이에 다툼이 없거나 그것이 법원에 현저한 경우에는 이를 그대로 판결의 기초로 할 수 있다. 그러나 그렇지 못한 경우에는 법원이 그 존재 여부를 확정하여야 하는데, 이 때에 사실확정이 객관성·합리성을 띠어야 재판이 공정할 수 있다. 그리고 객관성·합리성을 보장하기 위해서는 법관이 개인적으로 알고 있는 사실이나 자의적인 확신이 아니라 증거를 토대로 사실을 확정하여야 한다. 이처럼 증거는 주로 사실의 확정을 위하여 필요하지만, 예외적으

1) 大判 1995. 1. 24, 93 다 25875.
2) 同旨: 李時, 428, 951면; 反對: 方, 669면.

로 법규나 경험법칙을 찾기 위해서도 필요한 경우가 있다.

3) 증거의 수집·제출은 변론주의에서는 당사자의 책임이고, 직권탐지주의에서는 법원의 책임이다.

Ⅱ. 證據의 意義

증거(evidence; Beweis)라는 말은 일반적으로 법관이 판결의 기초를 확정하는 데 쓰는 재료를 가리키지만, 기술적으로는 다음 여러 가지 의미로 쓰인다. 경우에 따라서는 법관에게 다툼이 있는 사실의 존재 여부에 관한 확신을 얻도록 하는 노력, 즉 증명(입증)[1)]이라는 의미로도 쓰인다.

1. 證據方法(Beweismittel)

법관이 그 오관의 작용에 의하여 조사할 대상이 되는 유형물을 가리킨다. 증거방법에는 증인·감정인·당사자 본인 등의 인증(인적 증거)과 문서·검증물 등의 물증(물적 증거)이 있다. 이들 유형물이 증거방법으로서 이용될 수 있는 적성을 증거능력이라고 한다.

2. 證據資料(Beweisstoff)

법관이 증거방법을 조사하여 얻은 내용을 말한다. 증언, 감정결과, 당사자신문결과, 문서의 기재내용, 검증결과 등이 그것이다. 공공기관, 그 밖의 단체에 대한 조사촉탁의 결과(294)도 증거자료가 된다. 증거자료가 요증사실의 인정에 기여하는 정도를 증거력, 증명력 또는 증거가치라고 한다.

3. 證據原因(Beweisgrund)

법관의 심증형성의 원인이 된 자료나 상황을 말한다. 여기에는 법원이 채용한 증거자료 외에 변론 전체의 취지가 포함된다(202).

---

1) 2002년 민사소송법은 '입증'을 '증명'으로 바꾸었다. 136 Ⅰ 참조.

Ⅲ. 證據의 種類

1. 直接證據 · 間接證據

이것은 증명의 방법에 따른 구별이다. 직접증거(unmittelbarer od. direkter Beweis)는 주요사실의 존재 여부를 직접적으로 증명하기 위한 증거를 말하고, 간접증거(mittelbarer od. indirekter Beweis, Indizienbeweis)는 간접사실과 보조사실을 증명하기 위한 증거로서, 주요사실의 증명에 간접적으로 이바지하는 것을 말한다. 예컨대 대여금청구소송에서 차용증, 대여사실을 목격한 증인 등은 직접증거이고, 피고가 원고주장의 대여 일시 직후에 제3자에게 채무를 변제한 사실의 증거나 알리바이(alibi) 등은 간접증거이다.

2. 本證 · 反證

1) 이것은 증명의 목적에 따른 구별이다. 본증(Hauptbeweis)은 당사자가 자기에게 증명책임 있는 사실을 증명하기 위하여 제출하는 증거이고, 반증(Gegenbeweis)은 상대방에게 증명책임 있는 사실을 부정하기 위하여 제출하는 증거이다. 본증은 법관에게 요증사실의 존재에 관하여 확신을 심어줄 때에 성공하고, 반증은 그 사실의 존재에 관하여 의심을 불러일으키면 성공한다. 예컨대 대여금청구소송에서 원고는 대여금채권의 발생원인사실(소비대차계약의 요건사실의 존재)에 관하여 법관이 확신을 가질 정도로 증명을 하여야 하지만, 피고는 이 사실의 존재에 관하여 의문을 품게 하면 된다.

2) 반증은 반대사실의 증명(Beweis des Gegenteils)과 구별하여야 한다. 반대사실의 증명은 법률상의 추정을 번복하기 위하여 제출하는 증거이다. 법률상의 추정을 번복하려면 추정된 사실과 반대되는 사실에 관하여 법관에게 확신을 일으켜야 하므로, 반대사실의 증명은 반증이 아니라 본증이다.

3) 반증에는 직접반증(direkter Gegenbeweis)과 간접반증(indirekter Gegenbeweis)이 있다. 이 구별은 직접사실에 대한 반증인가 간접사실에 대한 반증인가의 구별이 아니다(그러한 구별은 없다). 직접반증이란 주요사실이든 간접사실이든 증명책임 있는 당사자

가 증명하려고 하는 사실에 대하여 직접적으로 반격을 가하는 증명활동이다. 예컨대 대여금청구소송에서 원고가 주장하는 대여 일시에 외국여행중에 있었다는 알리바이를 증명하는 것과 같다. 이에 반하여 간접반증이란 주요사실에 관하여 증명책임을 지는 당사자가 이를 추인함에 충분한 간접사실을 우선 증명한 경우(일단의 추정 또는 표현증명)에, 상대방이 위 간접사실과 별개이고 이와 양립할 수 있는 간접사실을 증명함으로써, 주요사실의 추인(일단의 추정 또는 표현증명)을 방해하는 증명활동이다. 증명책임 있는 당사자가 증명하려는 주요사실에 대하여 간접적으로 반격을 가하는 것이므로 이를 간접반증이라고 한다. 주요사실과의 관계에서는 반증이지만(주요사실을 眞僞不明의 상태에 빠뜨리면 족하다), 그 간접사실은 법관의 확신을 일으킬 정도로 완전히 증명하여야 한다는 의미에서 본증이다. 이처럼 간접반증은 본증임을 주의하여야 한다. 예컨대 운전부주의로 인한 손해배상청구소송에서, 피해자인 원고가 차도를 운행하던 가해차량이 갑자기 인도에 진입하여 원고의 상점기물을 파손한 사실을 증명한 경우에는, 특별한 사정이 없는 한 가해차량의 운전사에게 과실이 있다는 사실이 일단 추정된다. 이 때에 가해자 쪽인 피고가 뒤에서 8톤트럭이 가해차량을 들이받았다는 특별한 사실을 증명하면 운전사의 과실에 대한 일단의 추정은 깨어진다. 이 특별한 사실에 관한 증명을 간접반증이라고 한다.

3. 證明·疎明

이것은 증명활동의 목표에 따른 구별이다. 넓은 의미의 증명은 어떠한 사항을 증거에 의하여 명백히 하는 것을 가리키지만, 이것은 법관의 심증의 정도에 따라 증명(좁은 의미)과 소명으로 나누어진다.

1) 증명(Beweis im engeren Sinne)은 요증사실의 존재에 관하여 법관에게 확신을 심어준 상태 또는 그러한 확신을 얻게 하기 위하여 증거를 제출하는 당사자의 노력(증거제출행위)을 말한다. 확신(Überzeugung)이란 어느 사실의 존재에 관하여 합리적 의심을 가지지 않을 정도의 심증을 말한다. 그러나 소송에서 사실관계의 확정은 재판의 내용이 합리성을 가지도록 보장하면 되므로, 여기의 증명은 절대성을 불가결로 하는 자연과학상의 논리적 증명(logischer Beweis)이 아니라, 진실에 대한 고도의 개연성을 뜻하는 이른바 역사적 증명(historischer Beweis)으로 족하다.[1] 청구의 당부를 뒷받침하는 사실을 인정할 때에는 증명이 요구된다.

2) 소명(Glaubhaftmachung)은 법관이 어느 사실의 존재가 일단 확실할 것이라는 추측을 얻은 상태 또는 그러한 상태에 이르도록 증거를 제출하는 당사자의 노력을 말한다. 확신의 상태보다 심증의 정도가 낮으며, 증명의 경우보다 낮은 개연성으로 족하다. 소명은 원칙적으로 명문의 규정이 있는 경우에만 허용되는데, 그것들은 대체로 신속한 처리를 필요로 하는 경우(예컨대 가압류·가처분)이거나 절차적 문제·파생적 문제인 경우(44 II, 62 I, 128 II, 285 I ②, 316 등)이다. 소명은 증거조사를 간단·신속히 행하는 것을 목적으로 하므로, 즉시 조사할 수 있는 증거방법에 의하여야 한다(299 I). 예컨대 출석증인이나 소지문서에 의하여야 한다. 서증은 원본이 아닌 사본에 의할 수도 있다.[1] 또 보증금의 공탁이나 당사자의 선서로서 소명을 갈음하는 방법이 인정되고 있다(299 II). 이 경우에 거짓 진술을 한 것이 판명된 때에는 보증금의 몰취(沒取)(300) 또는 과태료의 제재(301)를 받는다.

4. 嚴格한 證明·自由로운 證明

이것은 증거조사의 절차에 따른 구별이다.

1) 엄격한 증명(Strengbeweis)은 법률에서 정한 증거방법에 의하여 법률이 정한 증거조사의 절차에 따라 행하는 증명이다. 즉, 민사소송법 제289조 이하에 규정된 다섯 가지 증거방법의 조사절차에 따른 증명을 말한다. 민사소송법이 정한 증거조사절차는 사실인정의 공정을 담보하기 위하여 여러 가지 배려를 하고 있다. 즉, 증거의 신빙성을 보상하기 위한 절차를 마련하고 있고(예컨대 각종의 선서의무, 교호신문, 문서의 진정성립에 관한 규정 등), 상대방에게 증거조사의 실시에 참여하는 기회를 보장하고 있으며(327 I, 少審 10 II 비교), 또 구술주의와 직접주의를 확보하고 있다(331).

소송물을 이루는 권리관계의 기초사실을 인정할 때에는 엄격한 증명에 의하여야 한다.

2) 자유로운 증명(Freibeweis)은 증거방법과 증거조사의 절차에 관하여 법률의 규정에 구속되지 아니하고 행하는 증명이다.[2] 엄격한 증명은 물론 자유로운 증명

---

1) 大判 1990. 6. 26, 89 다카 7730.

1) 大判 1967. 5. 2, 67 다 267.

2) 상세한 것은 李永伍, "民事裁判에 있어서의 自由로운 證明," 「民事證據法(上)」(법원행정처 간), 65면

도 증명이기 때문에, 법관의 심증은 확신의 정도에 이르러야 하고, 이 점에서 일단 확실할 것이라는 추측으로 만족하는 소명과 구별된다. 자유로운 증명은 최근에 형사소송으로부터 도입된 개념인데, 그 내용이나 타당범위에 관하여 아직 정설(定說)이 없는 실정이다.

자유로운 증명은 법률의 규정으로부터 해방된 증명이지만 어느 정도까지 해방되는가 그 내용이 문제이다. 자유로운 증명이라고 하여도 그것은 소송상의 증명이다. 따라서 법원이 소송외 탐지활동을 하거나 스스로 알고 있는 사실을 이용하는 것은 허용되지 아니한다. 그러므로 자유로운 증명은 증거신청의 방법, 증거조사의 실시절차, 증거방법의 규제, 당사자의 참여, 증거조사의 결과에 대한 의견진술로부터의 해방이며, 증거조사의 절차에서 당사자공개의 원칙, 직접주의, 구술주의 등의 후퇴를 의미한다.

자유로운 증명으로 충분한가 여부는 그 사항의 중요성이나 절차의 구조 등을 고려하여 판단하여야 한다. 대체로 판결절차의 직권조사사항(소송요건·상소요건 제외), 임의적 변론에 의하는 절차 및 결정절차의 요증사실, 상고심절차의 요증사실, 비송사건절차에서의 요증사실 등은 자유로운 증명에 의할 수 있다.[1] 직권조사사항 중 소송요건이나 상소요건도 자유로운 증명에 의할 수 있다는 견해가 있다. 이 견해는 소송요건이나 상소요건의 판단에 전제되는 사실은 소송절차 안에서 쉽게 파악할 수 있고 형식적인 사실이므로, 심리의 신속을 꾀하기 위하여 법관의 판단을 신뢰하여 사안에 따른 적절한 방법을 강구할 수 있도록, 자유로운 증명에 의하자고 한다.[2] 그러나 소송요건이나 상소요건은 실체상의 요건과 다름없이 중요하므로 엄격한 증명에 의하도록 하는 것이 타당하다.[3] 공공기관 등에 대한 조사촉탁(사실조회. 294)에 의한 증명은 자유로운 증명에 속한다고 하는 견해가 일반적이나,[4] 이러한 조사촉탁에 의한 회보(回報)는 그 형식이 서증에 속하고, 그 내용은 공무원 등이 자신의 경험이나 지식을 통보하여주는 것으로서 증언 또는 감정결과에 해당하므로, 당사자로부터 증거조사에 참여할 권리를 박탈하는 결과가 된다. 따라서 이 증거방법

참조.

1) Rosenberg, §112 II 3; Baur, Rdn. 164; Jauernig, §49 III; 中野＝松浦＝鈴木, 249면 등 참조.

2) 姜, 490면; 田, 463면; 新堂, 460면 이하; BGH NJW 1990, 1735(소송요건); BGH NJW 1997, 3319(상소요건).

3) 同旨: 胡, 527면; Rosenberg, §112 II 3; Blomeyer, §66 II 3; 反對: 李時, 481면.

4) Rosenberg, §112 II 3; Blomeyer, §66 II 3.

을 확대하는 것은 바람직스럽지 않다.[1)]

Ⅳ. 證據能力과 證據力

증거는 증거능력이 있고 또 증거력이 있어야 요증사실을 증명하는 자료가 될 수 있다.

1) 증거능력은 유형물이 증거방법으로서 증거조사의 대상이 될 수 있는 자격을 말한다. 형사소송에서는 증거능력을 엄격히 규제하고 있지만, 민사소송에서는 원칙적으로 증거능력을 제한하지 않고 있다. 그리하여 소제기 후에 다툼이 있는 사실(계쟁사실)을 증명하기 위하여 작성한 문서나 전문증언도 증거능력이 있다. 그러나 다음의 경우에는 예외가 인정된다. 즉, 당사자나 법정대리인은 증인능력이 없고(367, 372), 대리권의 증명은 서면에 의하여야 하고(58, 89), 변론의 방식에 관한 규정의 준수는 변론조서에 의하여만 증명할 수 있는(158) 따위이다. 그 밖에 위법하게 수집한 증거방법의 증거능력이 문제되는데, 이에 관하여는 후술한다.

2) 증거력(Beweiswert, Beweiskraft)은 일정한 증거자료가 요증사실의 인정에 이바지하는 정도를 말한다. 즉, 법관의 확신을 일으키는 데 영향을 주는 힘을 가리키며, 이를 증거가치 또는 증명력이라고도 한다. 증거력은 형식적 증거력과 실질적 증거력으로 나누어진다. 증거력의 평가는 법관의 자유심증에 의한다(202).

Ⅴ. 證據法의 새로운 展開

위에 말한 증거와 증거에 의한 사실인정에 관한 법규를 통틀어 증거법(law of evidence; Beweisrecht)이라고 한다. 여기에서는 증거방법의 수집, 그 증거능력, 증거조사의 방법, 증거력의 평가, 증명책임의 분배 등 여러 가지를 다루게 되며, 소송법과 밀접한 관련을 가지고 있다.

증거법은 소송제도가 생겨난 이래 항상 중요한 영역으로 생각되어 왔다. 그러

1) Schneider, *Beweis und Beweiswürdigung*(3. Aufl., 1978), S. 304 ff.; Peters, *Der sogenannte Freibeweis im Zivilprozess*(1962), S. 126, 131 f., 195 f.

나, 근년에 이르러 이른바 현대형 소송(환경소송, 의료과오소송, 제조물책임소송 등)이 많아지고, 여기에서 종래의 증거법이론으로 적절한 해결을 볼 수 없는 많은 문제점이 드러나게 되자, 전통적인 증거법이론에 대하여 그 보완·수정 내지 개혁을 꾀하는 많은 이론적 노력이 경주되었고, 이에 따라 증거법의 중요성은 어느 때보다도 높아지게 되었다. 이른바 현대형 소송에서는 피해자와 가해자 사이에 증거에 관하여 실질적 평등이 깨어져 있고, 증거가 가해자에게 편재(偏在)되어 있다. 이러한 상황에서 실체적 진실을 가려내기 위해서는 가능한 한 당사자 사이에 실질적 평등을 회복시켜 주어야 한다. 증거법의 새로운 이론은 모두 위 목표를 지향하여 전개되고 있다고 말할 수 있다.

증거법에서 새로운 노력은 여러 가지 국면에 걸쳐 이루어지고 있다. 첫째는 증거방법의 획득을 용이하게 하려는 것이다. 가장 효과적인 방법은 미국법상의 discovery제도이지만, 현행법은 이를 인정하지 않고 있다. 그리하여 문서제출명령의 강화, 증거보전제도의 확대, 모색적 증명 및 증명방해의 이론 등으로 이에 대처하려 하고 있다. 위법수집증거의 증거능력도 이와 관련된다. 둘째는 자유심증주의에 의한 진실발견을 용이하게 하려는 것이다. 이와 관련하여 증명의 정도, 즉 증명력의 수준을 완화하려는 시도로서, 공해소송·제조물책임소송 등에서 이른바 증명도에 관한 개연성설과 역학적 증명의 채택, 손해액의 증명도 경감 등이 문제로 되고 있으며, 경험칙에 의한 일단의 추정 내지 표현증명의 이론도 이 목적에 이바지하는 기능이 있다. 셋째는 증명책임을 완화하거나 그 분배의 기준을 합리화하려는 것이다. 증명책임의 전환, 증명책임을 완화하기 위한 여러 가지 시도, 예컨대 표현증명(일단의 추정)이나 간접반증의 이론 및 증명책임의 분배기준에 관한 새로운 학설은 모두 여기에 해당한다. 이들 여러 가지 이론의 개별적인 설명은 각각 해당 장소로 미룬다.

이른바 현대형 소송에 의하여 촉발된 현대 민사소송상의 여러 도전에 대처하기 위해서는 위에서 말한 증거법상의 여러 제도와 이론만으로는 충분하지 못하다. 대표당사자소송·단체소송 등 집단소송제도의 도입, 변론주의에서의 주요사실과 주장책임에 관한 논의, 석명의무의 강화, 증명책임을 지지 않는 사람에게 (사안)해명의무를 지우려고 하는 이론 등도 모두 같은 목적을 추구하기 위한 노력임을 유의하여야 한다.

제 2 관 證據에 관한 當事者權

I. 序 說 - 證明權의 槪念

1) 당사자는 소송의 주체인 지위에서 절차상 여러 가지 권리와 권능을 인정받고 있으며, 이를 통틀어 당사자권이라고 부른다는 점, 이것은 우리 헌법이 보장하고 있는 절차상의 기본권이라는 점, 당사자권은 소송의 절차에 관한 것과 내용에 관한 것으로 나누어지며, 후자 중에 가장 중요한 것은 변론권과 증명권(이를 합하여 대론권이라 부르는 수가 있다)이라는 점은 이미 앞에서 설명하였다(제2편 제3장 당사자 제1절 총설 참조). 국민의 재판청구권을 보장하기 위해서는 국민에게 효과적인 권리보호를 보장해 주어야 하며, 권리보호를 효과적으로 보장하기 위해서는 국민이 소송절차에서 그들의 청구를 뒷받침하는 사실관계를 공정하게 인정받을 수 있도록 배려하여야 한다. 그런데, 사실의 확정을 위해서는 이를 증명할 수 있는 권리가 보장되어야 한다. 이처럼 당사자가 그 주장하는 권리의 요건사실을 증명할 수 있는 권리를 증명권(Recht auf Beweis)이라고 한다.[1)]

2) 증명권은 좁은 의미로는 법원에 대하여 증거를 제출할 수 있는 증거제출권을 뜻하지만, 넓은 의미로는 증거보전신청권, 증거조사에의 참여권 등은 물론, 상대방에 대하여 증거수집에 협력할 것을 요구하는 권리까지 포함하여 증거에 관한 당사자권 일반[2)]을 포함한다. 증명권은 이를 법원에 대한 것과 상대방 당사자에 대한 것으로 나누어 볼 수 있다.

3) 증명권은 국민의 재판청구권(憲 27)의 한 내용이므로, 이를 제한하기 위해서는 법률의 규정을 요한다.

1) Habscheid, Das Recht auf Beweis, ZZP 96, 306, 308(1983).
2) 石川 明, "證據に關する當事者權: 證據へのアクセス," 講座民訴 5, 1면 이하 참조.

Ⅱ. 法院에 대한 關係

1. 證據提出權의 保障

(1) 증거방법과 증거능력의 무제한

증거제출권을 보장하려면 제출할 수 있는 증거방법이 제한되어서는 아니 된다. 우리 민사소송법은 자유심증주의를 채택하여 원칙적으로 모든 증거방법의 증거능력을 인정하고 있다. 다만 대리권의 증명, 변론의 방식의 증명 등에 관하여는 일정한 제한을 가하고 있을 뿐이다(서면, 변론조서). 또한 위법하게 수집한 증거방법의 증거능력을 제한할 것인가가 문제된다(뒤에 설명함).

이와 관련하여 민사소송법이 원칙적으로 엄격한 증명을 요구하고 있는 것이 증명권의 제한이 아닌가 문제된다.[1] 그러나 이것은 직접주의·공개주의의 원칙에 비추어 증명권의 부당한 제한이라고는 볼 수 없을 것이다.

(2) 證據申請의 채택 여부의 合理性

증거제출권을 보장하려면 법원이 당사자가 신청한 증거방법을 채택할 것인가 아닌가를 결정함에 있어서 합리성이 담보되어야 한다. 이것은 어느 증거가 요증사실을 증명하는 데 중요한가 아닌가에 관하여 당사자와 법원 사이에 견해가 다를 때 특히 문제된다. 법관은 석명을 통하여 신청한 증거가 왜 필요한가를 성실하게 들은 다음에 증거의 채택 여부를 결정하여야 할 것이다. 이와 관련하여 유일한 증거는 원칙적으로 이를 채택하여 조사하여야 한다(290 但). 요증사실의 증명에 불가결한 증거의 신청을 각하하거나 석명을 통하여 필요한 증거의 제출을 촉구하지 아니한 경우(136 Ⅰ)에는 법령위배로서 상고이유(423)가 된다고 본다.

2. 證據調査에의 參與權

1) 증거조사를 하는 경우에는 그 기일과 장소를 당사자에게 통지하여야 한다(167, 297 Ⅱ, 381). 이것은 당사자에게 참여의 기회를 주기 위한 것이다.[2] 다만 참여의 기회

---

1) Habscheid, *a.a.O.*, S. 323 f. 참조.

2) 도이칠란트에서는 당사자가 증거조사에 참여할 수 있음을 명으로 규정하고 있다(獨民訴 357 Ⅰ).

가 주어진 이상 당사자가 기일에 출석하지 아니하더라도 증거조사를 할 수 있다(295). 이처럼 당사자에게 증거조사 참여권을 부여하는 것은 쌍방심리주의 내지 당사자공개주의의 요청이며, 이에 의하여 증거조사의 결과를 알고, 그에 관한 자기의 의견을 주장할 수 있게 된다.

2) 증거조사 참여권과 관련하여 특히 중요한 것은 증인신문에서 반대신문권의 보장이다(327 I). 이에 관하여는 뒤에 설명한다(증인신문 부분 참조).

3. 證據力의 評價에 대한 不服權

증거력의 평가는 법원의 자유심증에 의한다(202). 그러나 그렇다고 하여 법관의 자의(恣意)를 허용하는 것은 아니고, 사회정의와 형평의 이념에 입각하여 논리와 경험의 법칙에 따라야 한다. 따라서 증거력의 평가가 논리와 경험의 법칙에 어긋난 경우에는 당사자는 채증법칙 또는 민사소송법 제202조의 위반을 이유로 하여 상고를 할 수 있다(423).

Ⅲ. 相對方에 대한 關係

1. 證據에 관한 當事者平等의 原則

1) 변론주의를 취하는 민사소송에서는 사실의 주장과 증거의 제출이 당사자의 권능에 맡겨져 있다. 그런데 이것은 당사자 양 쪽에게 충분히 주장과 증명을 할 기회가 부여되어 있는 것을 그 전제로 하고 있다. 이것을 증명권에 한정하여 말한다면, 증명권을 충분히 보장하고 실체적 진실을 추구하기 위해서는 당사자 사이에 대등한 증명가능성이 전제되어야 한다. 따라서 이 전제가 붕괴되는 경우, 예컨대 증명책임을 지는 당사자는 전혀 증명을 할 길이 없는 반면에, 상대방 당사자는 어려움 없이 증명을 할 수 있는 경우에는, 상대방 당사자에게 증명책임과는 별개로 증거제출에 협력을 시켜 진실을 밝힐 필요가 있다. 이처럼 증거수집 및 제출의 면에서 상대방에게 신의칙에 따른 협력의무를 지움으로써[1] 비로소 증명가능성의 불

1) 소송상의 협력의무를 부정하는 견해도 있다. 긍정: Peters, Stürner. 부정: Arens. 자세한 것은 吳容鎬, "民事訴訟에 있어서의 立證妨害,"「司法論集」 17, 205, 214면; Musielak, S. 136 등 참조.

균형이 시정되고, 변론주의의 밑바탕에 있는 당사자평등의 원칙이 유지될 수 있는 것이다.

2) 증거에 관한 당사자의 평등을 확보하기 위한 구체적 수단으로서는 문서제출의무, 증명방해, 모색적 증명 및 정보청구권의 이론이 있고, 이와 관련하여 위법수집증거의 증거능력이 문제된다. 문서제출의무에 관하여는 서증의 조사절차에서 설명하고, 여기에서는 나머지 사항만을 설명한다.

2. 證明妨害

(1) 意 義

증명방해(Beweisvereitelung)라 함은 일반적으로 증명책임을 지지 않는 당사자가 증명책임을 지는 당사자의 증명을 곤란하게 하는 것을 가리킨다.[1] 예컨대 의료과오소송의 피고인 의사가 환자의 진료카드를 변조하거나 폐기하는 것,[2] 공해소송에서 공해의 가해기업이 인과관계를 불명하게 하기 위하여 공장시설을 철거하여 그 자료가 남지 않도록 하는 것, 유언장의 폐기, 계약체결시점의 확정을 위한 전보(電報)의 폐기, 상대방이 신청한 증인의 출석방해, 감정인에 대한 감정방해[3] 따위이다. 증명방해는 소송상은 물론 소송 외에서도 발생할 수 있다.

(2) 機 能

증명방해이론은 한편으로는 상대방의 증거수집활동을 방해하지 못하도록 하는 예방적 기능을 가지고 당사자의 증거수집활동을 적정하게 규율하는 것을 목적으로 하지만, 다른 한편 일단 방해행위가 있는 경우에는 방해자에게 불리한 사실을 의제하는 제재적 기능을 가지고, 증거에 관한 양 당사자의 실질적 평등을 보장하는 목적을 가지고 있다. 따라서 증명방해이론은 어디까지나 소극적으로 증명방해를 예방하거나 교정하는 데 그치고, 미국법상의 디스커버리(discovery)와 같이 상대방으로부터 증거를 취득하거나 상대방에게 증거의 제출을 강제하는 등 적극적 기능은 없다.

---

1) 자세한 것은 春日偉知郞, 「民事證據法硏究」(1991), 191면 이하 참조.
2) 大判 1999. 4. 13, 98 다 41938.
3) 大判 1994. 10. 28, 94 다 17116.

(3) 效 果

1) 증명방해행위에 대하여는 일정한 제재가 가하여진다. 제재를 가하는 근거에 관하여는 다양한 견해가 주장되고 있으나,[1] 당사자는 소송에서도 신의칙의 지배를 받으며, 증명방해는 이러한 신의칙을 위반하는 것이므로, 그에 대한 제재로서 불이익을 가하는 것이라고 풀이할 수 있다.[2]

2) 다음 제재의 내용을 보면, 우리 민사소송법은 당사자가 문서제출명령에 응하지 아니한 때(349), 상대방의 사용을 방해할 목적으로 제출의무가 있는 문서를 훼손하거나 이를 사용할 수 없게 한 때(350), 대조용문서를 제출하지 아니한 때(360 I), 검증목적물을 제출하지 아니한 때(366 I), 당사자가 정당한 사유 없이 당사자신문에 응하지 아니한 때(369)에는 그 문서와 신문사항에 관한 증명자의 주장을 진실한 것으로 인정할 수 있다고 하여, 증명방해에 따른 불이익을 명문으로 규정하고 있다.

3) 문제는 이와 같은 명문의 규정이 없는 증명방해가 있었던 경우에 어떠한 효과가 발생하는가이다. 이에 관하여는 증거평가설(자유심증설)과 증명책임전환설이 대립하고 있다. **증명책임전환설**(Beweislasttheorie)에 의하면 증명방해행위가 있으면 증명책임이 방해자에게 전환된다고 한다(도이칠란트 판례의 주류적인 입장[3]). 이 설은 방해행위의 모습·정도를 전혀 고려하지 않는 점에서 너무 융통성이 없고, 경미한 방해행위에 대하여도 증명책임을 전환하므로 방해자에게 너무 가혹하다는 난점이 있다. 더우이 방해행위가 증명책임을 지는 당사자에 의하여 상대방의 반증을 방해하는 형태로 행하여진 경우(넓은 의미의 증명방해는 이것을 포함하는 개념이다)에는 증명책임을 전환할 수 없으므로 제재를 가할 수 없는 난점이 있다. 그리하여 통설은 **증거평가설**(Beweiswürdigungstheorie)을 취하고 있다. 이 설은 증명방해에 대한 제재로서 일률적으로 증명책임의 전환을 인정하지 않고, 방해의 형태·정도, 증거의 가치, 다른 증거의 유무 등을 고려하여 방해자에게 어느 정도로 불리한 판단을 할 것인가를 법관의 자유심증에 맡기고 있다. 다만 이 설은 자기에게 유리한 증거는

1) 자세한 것은 吳容鎬, 前揭論文, 211면 이하; 劉裁善, "證明妨害," 「民事證據法(上)」, 법원행정처 간, 453면 이하 참조.

2) 증거자료에 접근이 용이한 한 쪽 당사자가 단순히 증명활동에 협력하지 아니하는 것은 증명방해가 아니고 신의칙(1 II)에 반하는 것도 아니라는 판례: 大判 1996. 4. 23, 95 다 23835.

3) BGH NJW 1998, 81.

이를 방해하지 않을 것이라는 경험칙에 입각하고 있는데, 이러한 경험칙은 과실에 의한 증명방해의 경우에는 작용하지 아니하므로 제재를 가할 수 없는 것이 아닌가라는 비판이 가하여지고 있다. 생각건대 증명방해이론은 소송상 신의칙의 발현이므로, 방해행위의 형태, 비난가능성의 정도, 증거의 가치 등을 종합적으로 고려하여 방해자에게 불이익을 가하는 증거평가설이 타당하다.[1] 판례도 의사의 진료기록 변조행위는 증명방해행위이며, 법원은 자유로운 심증에 따라 의사에게 불리한 평가를 할 수 있다고 보았다.[2]

3. 摸索的 證明

(1) 意 義

모색적 증명(Ausforschungsbeweis)이라는 말은 여러 가지 의미로 사용되지만, 보통 증명책임을 지는 당사자가 사실관계를 자세하게 알 수 없는 경우에 증명사항(Beweisthema)을 정확히 명시하지 않고 증거신청을 하고, 그 증거조사를 통하여 새로운 또는 확실한 주장·증명의 자료를 얻어내려고 하는 것을 가리킨다. 증명자가 지금까지 알지 못하고 있는 사실을 증거조사를 통하여 새로이 획득하고 이를 자기 주장의 기초자료로 삼으려고 하는 점에 특색이 있다. 예컨대 항공기의 추락사고로 인한 손해배상청구소송에서 사고원인을 알 수 없는 유족이 "사고가 사고기의 정비불완전으로 인하여 발생하였다"고 추상적으로 주장하면서 위 사실을 증명하기 위하여 항공기 사고조사보고서의 문서제출명령을 신청한다든가,[3] 인지청구의 소에서 부성이 추정되는 피고가 모에 관하여 아무 근거도 없이 복수의 관계자가 있다고 주장하면서 모의 증인신문이나 혈액형의 감정을 신청하는 따위이다.[4]

모색적 증명은 증명방해보다 한 걸음 더 나아가서 적극적으로 상대방으로부터 증거자료를 획득하기 위한 방법이며, 근년에 도이칠란트에서 제창된 이론이다.

---

1) 同旨: 金/姜, 530면 이하; 李時, 562면; 宋/朴, 515면 이하; 胡, 567면; 田, 502면. 증명방해자에게 신의칙에 따라 어떤 형식으로라도 불이익을 부과하여야 한다는 견해로는 姜, 507면.

2) 大判 1995. 3. 10, 94 다 39567; 1999. 4. 13, 98 다 9915; 2010. 5. 27, 2007 다 25971; 2024. 5. 17, 2018 다 262103; 2024. 5. 17, 2018 다 302957.

3) 日東京高判 1979. 10. 18, 判時 942. 17.

4) 지급명령을 신청하면서 '대금을 지급했으나 물건의 인도를 받지 못했다'고 주장하다가, 지급명령에 터잡은 추심금 청구소송에서는 '물건을 납품하였으나 대금을 받지 못했다'고 주장을 변경하고, 상대방이 제기한 청구이의의 소에서는 '기망당하여 구매대금을 편취당하였다'고 주장하면서 상대방의 범죄경력 및 사건번호에 대한 사실조회를 신청한 사안에서, 이러한 증거신청은 모색적인 증거신청에 해당하여 부적법하다고 하였다(춘천지방법원 2015. 6. 3, 2014 가단 32802 판결).

(2) 適法性

모색적 증명의 적법성은 경우를 나누어 살펴보아야 한다. i) 변론주의하에서는 당사자가 증명사항(증명주제)을 명시하여 증거신청을 하여야 하므로(289Ⅰ), 통설은 모색적 증명을 부적법한 것으로 풀이한다. 생각건대, 공해·의료과오·제조물책임 등을 둘러싼 이른바 현대형 소송에서는 증거가 가해자에게 편재(偏在)하여 있고, 피해자는 사실문제를 명확히 알 수 있는 자료를 구할 수 없는 경우가 많다. 이러한 경우의 해결을 위하여 모색적 증명의 이용가능성이 긍정되어야 할 것이다.[1] 다만 이것이 남용되어 상대방의 정당한 이익이 침해되는 것은 경계되어야 할 것이다. ii) 이에 반하여 직권탐지주의하에서는 법원이 직권으로 사실과 증거를 탐지할 수 있으므로 모색적 증명도 적법한 것으로 인정된다.[2]

(3) 證據方法

모색적 증명을 위해서는 증인신문, 문서제출명령, 증거보전제도 등이 이용된다.

4. 情報請求權

실체법상의 청구권에 기하여 증거수집의 수단으로서 상대방에 대하여 정보를 요구할 수 있는 권리를 말한다. 이것 역시 상대방으로부터 적극적으로 증거를 획득하는 수단이다. 예컨대 주주의 회계장부열람권(商466)이나 환자의 진료기록열람권(의료법20Ⅰ) 등 정보를 청구할 수 있는 실체법상의 권리를 적극적으로 활용하여 만족적 가처분이나 증거보전에 의하여 증거를 수집하는 것이다. 당사자 사이의 관계를 자세하게 검토하여 이 제도의 이용을 허용할 수 있을 것이다.[3]

5. 違法蒐集證據

(1) 意 義

위법수집증거는 상대방에 대한 위법행위에 의하여 수집한 증거를 말한다. 예컨대 상대방의 동의 없는 무단녹음,[4] 몰래카메라, 불법유출된 개인정보, 산업스파이

---

1) 同旨: 李時, 499면; 姜, 519면; 東京高決 1978. 4. 5, 判タ 392. 84. 1979年度 主要判例解說 民訴(12) 事件 참조.

2) Rosenberg, §118 Ⅱ 2.

3) 小林, 前揭書, 125면 이하 참조.

를 이용한 상대방 사내수집자료(社內蒐集資料) 따위를 말한다. 증명방해가 상대방의 증거수집·제출활동을 방해함으로써 자기에게 불리한 진실을 은폐하려는 것임에 반하여, 위법한 증거의 수집은 사실을 명확히 하기 위하여 상대방의 권익을 침해하는 위법행위를 통하여 증거를 수집하려는 것이므로, 양자는 표리관계에 있다.

(2) 證據能力

위법수집증거에 대하여 증거능력을 인정할 것인가가 문제된다. 대법원은 상대방 몰래 비밀로 녹음한 녹음테이프의 증거능력을 인정함으로써,[1] 위법하게 수집한 증거방법에 대하여도 증거능력을 긍정하고 있다(**긍정설**). 이에 반하여 위법하게 증거방법을 수집하는 것은 소송상의 신의칙에 반하고 인격권의 침해를 가져온다는 이유로 이러한 증거방법의 증거능력을 전면적으로 부정하는 견해도 있다(**부정설**). 그러나 위법수집증거의 증거능력을 일률적으로 긍정하거나 부정하는 견해는 지나치게 획일적이어서 부당하다. 이 문제는 진실발견을 우선시킬 것인가, 위법행위의 유발방지에 치중할 것인가의 정책문제로 돌아간다. 민사소송에서 실체적 진실발견과 인격권의 보호는 어느 것도 무시할 수 없는 가치를 가지고 있으므로, 이 두 요구를 조화할 수 있도록 풀이하여야 할 것이다(**절충설**). 다만 이 경우에도 원칙적으로 증거능력을 긍정하면서 예외적으로 현저하게 반사회적인 수단을 써서 사람의 정신적·육체적 자유를 구속하는 등 인격권을 침탈하는 방법으로 수집한 때에 한하여 증거능력을 부정하는 견해,[2] 원칙적으로 증거능력을 부정하면서 예외적으로 정당방위, 그 밖의 위법성조각사유가 있는 때에 한하여 증거능력을 긍정하는 견해가 있으나, 후설이 타당하다고 생각한다.[3] 통신비밀보호법도 다른 사람들 사이의 대화를 녹음하거나 도청한 것의 증거능력을 부인하고 있다(同法 14). 판례는 교통사고의 피해자들이 보험회사를 상대로 손해배상청구소송을 제기하자 보험회사 직원이 그 피해자들의 후유장해 정도에 관한 증거자료를 수집할 목적으로 피해자들을 미

---

4) BGHZ 27, 284; BGH JZ 1988, 304.

1) 大判 1981. 4. 14, 80 다 2314; 1999. 5. 25, 99 다 1789.

2) 方, 459면; 宋/朴, 509면. 그 밖에 형사상 처벌을 받을 행위에 의하여 수집한 경우 및 증거조사 자체가 인격권을 침해하는 경우에 한하여 증거능력을 부인할 것이라는 견해로는 胡, 561~562면. 형사상 처벌을 받을 행위로 수집하면 증거능력을 부인하여야 한다는 견해로는 田, 498면.

3) 同旨: 李時, 476면. 姜, 506면; 자세한 것은 李敎林, "民事訴訟에 있어서 證據의 證據能力," 法院行政處 刊, 「民事證據法」(上), 58면 이하 참조. 민사소송법상의 증거조사절차를 위반하여 수집한 증거자료도 증거능력이 없다. 판례는 선서하지 아니한 감정인에 의한 신체감정결과의 증거능력을 부인하고 있다(大判 1982. 8. 24, 82 다카 317).

행하거나 차량으로 추적하여 몰래 사진을 촬영하여 법원에 제출하였는데, 이러한 행위는 그것이 공개된 장소에서 민사소송의 증거를 수집할 목적으로 이루어졌다고 하더라도 초상권 및 사생활의 비밀과 자유의 보호영역을 침해한 것으로 불법행위를 구성한다고 하였다.[1)]

제 3 관 證明의 對象

1. 序 說

재판은 법규를 대전제로 하고, 구체적 사실을 소전제로 하는 법적 삼단논법에 의하여 구체적인 법률효과의 발생 여부를 판단하여 선언하는 것이다. 따라서 법관이 재판을 할 때에는 그 적용할 법규의 존재 여부 및 내용과 법률요건을 구성하는 구체적 사실의 존재 여부를 확정하여야 한다. 만일 구체적 사실의 존재 여부에 대하여 당사자 사이에 다툼이 있으면, 그 사실은 증명의 대상이 된다. 법규는 법관이 잘 알고 있는 것으로 예정되어 있으므로(*jura novit curia*), 그것은 특별한 경우에만 증명의 대상이 된다. 그리고 때에 따라서는 사실의 확정에 쓰이는 경험법칙도 증명의 대상이 되는 수가 있다.

2. 要證事實

사실(Tatsache)이라 함은 인식할 수 있는 외계의 사실과 내심의 사실(고의·과실, 선의·악의)을 말한다. 보통 과거의 사실이 증명의 대상이 되지만, 현재의 사실은 물론 가정적 사실도 증명의 대상이 된다. 또 여기의 사실에는 적극적 사실과 소극적 사실이 모두 포함된다. 증명의 대상이 되는 사실, 즉 요증사실은 재판에 관련이 있고(entscheidungserheblich) 증명을 필요로 하는(beweisbedürftig) 사실이어야 한다.

1) 재판에 관련이 있다고 함은 그 사실이 법관의 재판에 영향을 미치는 것을 가리킨다. 따라서 재판에 관련이 없는 사실, 예컨대 원고의 청구가 그 주장 자체에 의하여 이유 없는 경우에 그 주장사실은 증명의 대상이 되지 아니한다. 이 경

1) 大判 2006. 10. 13, 2004 다 16280.

우에는 증거조사 없이 원고의 청구를 기각한다. 어느 사실이 재판에 관련을 가지는 모습에는 여러 가지가 있다. 즉, 그 사실이 적용할 법규의 구성요건에 직접적으로 해당하는 수도 있고(주요사실), 간접적으로 이를 추인케 하는 수도 있으며(간접사실), 또 증거능력이나 증거력이 관련되는 수도 있다(보조사실). 민사소송에서는 소송물인 권리의무의 존재 여부를 판단하므로, 소송물인 권리의무의 발생·변경·소멸을 정한 법규의 요건사실에 해당하는 주요사실이 주로 증명의 대상이 된다. 그러나 주요사실을 직접적으로 증명하는 것이 곤란한 경우에는 이를 추인케 하는 간접사실도 증명의 대상이 되며, 증거능력이나 증거력을 명확히 하기 위하여 필요한 범위 안에서는 보조사실도 증명의 대상이 된다.

2) 증명을 필요로 한다고 함은 그것이 증거에 의하여 뒷받침이 되어야 하는 것을 가리킨다. 민사소송법은 증명을 필요로 하지 않는 두 가지의 예외로서, 당사자 사이에 다툼이 없는 사실(재판상의 자백)과 현저한 사실을 규정하고 있다(288). 그러므로 당사자 사이에 다툼이 있는 사실로서, 현저한 사실에 해당하지 아니하는 모든 사실은 증명을 필요로 한다.

3) 요증사실이 증명되지 아니하였을 때에는 증명책임의 분배기준에 따라 어느 한 쪽 당사자에게 불이익이 귀속된다(뒤에 설명하는 증명책임에 관한 부분 참조).

3. 經驗法則

1) 경험법칙(Erfahrungssätze)이라 함은 일상경험으로부터 귀납적으로 얻어진 사물에 관한 지식이나 법칙을 말한다. 그 내용에는 일반적인 상식에 속하는 것,[1] 고도의 전문적·학문적인 지식·법칙에 속하는 것 및 고도의 개연성이 있는 것 등 여러 가지가 있다.[2] 경험법칙은 사실의 인정(간접사실에 의한 주요사실의 추인), 사실에 대한 가치판단(예컨대 폭리, 신의칙위반 등)과 증거력의 평가를 하는 데 이용된다.

---

1) 부동산의 소유자 명의만을 다른 사람에게 신탁하였다면 등기권리증과 같은 권리관계를 증명하는 서류는 명의신탁자가 소지하는 것이 상례이므로, 명의신탁자라고 주장하는 사람의 이러한 서류소지사실은 명의신탁에 대한 유력한 자료가 된다(大判 1985. 1. 29, 84 다카 1750, 1751; 大判 1990. 4. 24, 89 다카 14530; 大判 2012. 2. 23, 2011 다 71582, 71599).

2) 판례에 따르면 경험칙상 2019. 2. 21부터 육체노동의 **가동연한은 만** 65**세**이며[大(全)判 2019. 2. 21, 2018 다 248909], 2024. 4. 25.부터 도시 일용근로자의 월 **가동일수는** 20**일**을 초과하여 인정할 수 없다(大判 2024. 4. 25, 2020 다 271650; 2024. 5. 17, 2022 다 200430; 2024. 6. 13, 2020 다 277566).

2) 경험법칙이 요증사항인가에 관하여는 견해가 갈라지고 있다. 일부 학자는 경험법칙은 삼단논법의 대전제를 이루는 일반적 법칙이므로 증명의 대상이 아니라고 하고, 법원이 소송상이나 소송외에서 어떠한 방법이나 재료에 의하여 이를 인식하여도 상관이 없다고 한다. 다만 당사자가 적용을 바라는 경험법칙을 법원이 알지 못하는 경우에는 사실상 당사자가 이를 증명할 필요가 있을 뿐이며, 이때에도 자유로운 증명으로 족하다고 한다. 그러나 경험칙 가운데 보통인이 알 수 있는 일반상식에 속하는 것은 그 객관성이 보장되어 있으므로 증명의 필요가 없지만, 평균적인 법관이 알 수 없는 고도의 전문적 지식에 속하는 것은 재판의 공정에 대한 국민의 신뢰확보 및 감정인과 법관이 동일인이어서는 안 된다는 제41조 제3호의 취지에 비추어 증명이 필요하다고 본다(통설).[1] 다만 이 경우에 엄격한 증명을 요하는가 자유로운 증명으로 족한가가 다투어지지만 자유로운 증명으로 족하다고 생각한다.[2]

3) 경험법칙의 인정이나 적용에 잘못이 있는 경우에 상고이유가 되는가에 관하여는 견해가 갈라지고 있다. 즉, 경험법칙은 사실판단의 대전제로서 법규와 동일시할 것이므로, 그 위반은 법률문제로서 상고이유로 된다고 하는 견해[3]와 경험법칙은 법규가 아니라 사실판단에 쓰이는 자료에 불과하므로 그 취사선택은 사실심법관의 전권(專權)에 속하고, 또 상소심법관은 전문적 지식에 대한 문외한이므로 그가 사실심의 사실인정을 비판하는 것은 부당하다는 이유로, 경험칙위반은 단순한 사실문제로서 상고이유가 되지 못한다는 견해[4]가 그것이다. 생각건대 경험법칙을 이용하여 사실인정을 하는 경로는 보통인의 입장에서도 이해가 되어야 하며, 이것을 상고심법관이 심사하는 것은 충분히 가능하므로, 전설이 타당하며, 판례도 같다.[5] 다만 이 경우에는 단순한 사실오인에 불과한 것을 경험법칙위반으로 탈바꿈시켜 상고이유로 삼는 것을 경계하여야 한다.[6]

---

1) 李時, 483면; 金/姜, 506면.

2) 李時, 483면; 宋/朴, 524면; 전병서, 384면.

3) 李時, 483면; 李英, 275면.

4) 方, 461면; 金/姜, 506면; 宋/朴, 525면; 胡, 533면.

5) 大判 1971. 11. 15, 71 다 2070("처가 남편으로부터 그 재산의 처분권을 위임받았다면 이를 미성년자인 아들에게 소유권이전등기를 경료한 후 제3자에게 처분하는 것은 이례에 속하는 것으로서 그렇게 하여야 할 특단의 사정에 대한 심리를 다하지 아니하고 처분권 위임사실을 확정한 것은 증거 없이 경험칙에 위배하여 사실을 확정한 위법이 있다"라고 하였다).

6) 同旨: 李時, 483면.

4. 法 規

1) 법규(Rechtssätze)가 증명의 대상이 되는 일은 많지 않다. 왜냐하면 법원은 법적 추론의 대전제를 이루는 법규의 존재 및 해석을 알고 있는 것으로 전제되어 있기 때문이다. 그리하여 국내 성문법은 증명의 대상이 되지 아니한다. 그러나 법규라고 하여도 외국법, 지방의 조례, 관습법, 실효된 법률 등은 법원이 반드시 알고 있는 것은 아니므로, 이를 알지 못하는 때에는 증명의 대상이 된다. 이 경우에는 당사자의 증명을 기다리지 않고 법원이 직권증거조사를 할 수 있고,[1] 법원은 사적 지식을 이용하거나 법원 외에서 지식을 획득할 수 있으며, 소송 안에서도 자유로운 증명에 의하여 이를 인정할 수 있다.[2]

2) 법원이 증거조사를 하여도 외국법규를 알 수 없는 경우에 무엇을 기준으로 하여 어떠한 재판을 할 것인가가 문제된다. 이 점에 관하여는 여러 가지 견해가 대립하고 있다. 첫째는 이 경우에 원고의 청구를 기각한다는 견해이다(**청구기각설**). 주요사실의 존재 여부가 불명확한 경우에 법규부적용의 원칙에 의하여 재판하는 것과 같이 외국법이 불명확한 경우에도 외국법을 적용할 수 없으므로 외국법에 의한 청구를 기각하여야 한다고 풀이한다.[3] 그러나 외국법은 본질적으로 사실이 아니고 법규이므로 외국법이 불명확한 경우를 요건사실이 불명확한 경우처럼 보는 것은 무리이고, 이는 재판의 거부라는 비난을 면하기 어렵다. 둘째는 이 경우에 국내법을 적용하여 재판한다는 견해이다(**국내법적용설**). 우리나라의 다수설의 입장이다.[4] 이 견해는 '의심스러운 때에는 법정지법에 의한다'(*in dubio lex fori*)는 사상에 입각하고 있으며, 이것은 외국법이 국내법과 유사한 것으로 추정된다거나 국내법이 객관적인 조리이기 때문이라거나 재판거부를 피하기 위한 비상수단이라는 점을 근거로 하고 있다. 그러나 국내법적용설은 국내법의 우선적용을 주장하는 점에서 국제사법적 정의에 반한다. 셋째는 이 경우에는 외국법이 없는 경우와 마찬가지로 조리에 따라 재판하여야 한다는 견해이다(**조리설** 또는 **유사법적용설**). 여기에서 조리라 함은 그 외국법질서에서 타당하다고 인정되는 바로서 그 외국법질서 안

---

1) 大判 1990. 4. 10, 89 다카 20252.
2) 大判 1992. 7. 28, 91 다 41897.
3) 서울民地判 1971. 11. 1, 70 가 1391; 1974. 7. 3, 69 가 1435; 서울高判 1976. 6. 10, 73 나 1888.
4) 李時, 484면; 姜, 493면.

에서 판단하고, 그 외국법의 확장해석 · 유추해석에 의하여 해결하고, 그 외국법 질서 안에서 알 수 없거나 확장해석 · 유추해석을 할 수 없는 경우에는 그 외국법 질서와 같거나 유사한 법계에 속하는 나라의 법에 의하여 해결하여야 한다고 한다. 이 견해가 외국적 요소를 가진 사건의 해결에 가장 합리적인 기준을 제공한다고 생각한다.[1] 대법원은 한때 내국법 적용설을 취하기도 하였으나,[2] 이제는 조리설을 취하고 있다.[3] 일본의 통설이며,[4] 일본 판례의 대세이기도 하다.[5]

제 4 관 證明의 必要(不要證事實)

Ⅰ. 總 說

재판에 관련이 있는 사실은 원칙적으로 모두 증명을 필요로 한다. 그러나 이 원칙에 대하여는 몇 가지 예외가 있다. 첫째로, 현저한 사실은 증명을 요하지 않는다. 이것은 그 사실의 객관성에 기인하는 것이므로 변론주의가 지배하느냐 직권탐지주의가 지배하느냐를 묻지 아니한다. 둘째로, 변론주의가 지배하는 절차에서는 당사자가 주장하지 아니한 사실은 판결의 기초로 삼을 수 없으므로 증명을 할 필요가 없고, 또 당사자 사이에 다툼이 없는 사실은 그대로 판결의 기초로 삼아야 하므로 이에 관하여도 증명을 요하지 아니한다([288]). 결국 변론주의하에서는 증명의 필요성 여부를 당사자가 결정하는 셈이다. 그러나 직권탐지주의를 취하는 절차에서는 당사자 사이에 다툼이 없는 사실이라도 그대로 판결의 기초로 삼을 수 없으므로, 이 경우에는 법원이 그 사실에 관한 증명의 필요성을 결정한다.

그 밖에 법률상 추정되는 사실이 증명을 요하지 않는 사실에 해당하는가가 다투어진다. 많은 학자는 법률상 추정되는 사실은 적극적 증명을 요하지 않는다는

1) 同旨: 崔公雄, 「國際訴訟」(改訂版), 367면 이하, 373면; 姜渭斗, 「準據外國法不明의 경우」, 新聞 1792. 11면 참조.

2) 大判 1988. 2. 9, 87 다카 1427. 이집트법상 수표의 지급제시기간이 불분명하자 우리 수표법을 적용하였다. 동 평석으로서 姜渭斗, 前揭判例評釋, 新聞 1792. 11면.

3) 大判 2000. 6. 9, 98 다 35037; 2001. 12. 24, 2001 다 30469; 2003. 1. 10, 2000 다 70064. 외국법규의 존재는 확인되지만, 그 해석에 관한 자료가 제출되지 아니한 경우에도 일반적인 법해석기준인 조리에 의할 수밖에 없다고 한다(大判 1991. 2. 22, 90 다카 19470).

4) 江川英文, 「國際私法」, 46면; 久保岩太郎, 「國際私法槪論」, 58면; 溜池良夫, 「國際私法講義」, 241면.

5) 日東京地判 1962. 10. 25, 下民集 13. 10, 2146.

점에서 이를 불요증사실로 본다.[1] 그러나 법률상 추정의 경우에는 증명책임이 경감될 뿐이고, 상대방이 반대사실을 증명하는 것(Beweis des Gegenteils)이 허용되므로, 이를 불요증사실로 보는 것은 적절하지 않다.[2]

Ⅱ. 裁判上의 自白

1. 意　義

1) 재판상의 자백(Gerichtliches Geständnis)이란 당사자가 변론기일 또는 변론준비기일에서 자기에게 불리한 사실을 진정한 것으로 인정하는 진술을 말한다. 변론주의원칙상 법원은 당사자가 자백한 사실을 그대로 판결의 기초로 삼아야 한다. 당사자도 원칙적으로 이를 철회할 수 없다(288).

재판상의 자백은 상대방의 증명책임을 면제하고 자신의 방어권을 포기하는 의사표시 또는 상대방의 주장사실을 진실로 확정하려는 의사라고 보는 견해가 있다(**의사표시설**). 그러나 재판상의 자백은 소송행위의 일종이고, 상대방의 주장사실이 진실이라는 지식의 보고라고 보는 것이 타당하다(**사실보고설**, 통설). 자백의 효과는 당사자의 의욕과 관계없이 발생하기 때문이다.

2) 당사자가 변론 또는 변론준비기일에 상대방의 주장사실을 명백히 다투지 아니하는 때에는 그 사실을 자백한 것으로 보는데, 이를 자백간주라 한다(150). 자백간주는 법원은 구속하나 당사자는 구속하지 아니한다는 점에서 재판상 자백과는 구별된다. 소송물인 권리관계 자체에 대하여 불리한 진술을 하는 것은 재판상 자백이 아니라 청구의 포기·인낙(220)의 문제이다.

2. 要　件

(1) 대상－主要事實

1) 변론주의의 원칙상 자백의 대상으로 되는 것은 '사실'에 한한다. 이에 대하여 소송물의 전제가 되는 권리관계나 법률효과를 인정하는 진술은 권리자백이라

---

1) 李時, 485면; 金容, 304면; 金/姜, 508면; Rosenberg, §111 Ⅳ b); Blomeyer, §67 Ⅱ 2 b); Musielak/Stadler, Rdn. 27; Arens, Rdn. 266.

2) 同旨: 方, 463면.

하는데, 권리자백은 법원과 당사자를 구속하지 못한다.[1] 그러나 권리자백으로 보이는 경우에도 다음의 경우에는 재판상의 자백이 성립된다고 본다.

첫째, 단순하고 일반적으로 알려진 법개념(Rechtsbegriff)은 재판상 자백의 대상이 될 수 있다.[2] 예컨대, 매매 · 증여 · 소유권 따위이다. 이러한 법적 개념은 그 내용을 이루는 사실에 대한 압축적 진술(abgekürzte Tatsachenbehauptung) 내지 법률적으로 윤색된 사실(juristisch gefärbte Tatsachen)이라고 볼 수 있기 때문이다.[3] 그리하여 소유권침해를 이유로 하는 손해배상청구소송에서 피고가 손괴된 물건이 원고의 소유임을 인정하든가, 매매대금청구소송에서 피고가 원고에게 어느 물건을 매매하였다고 말하는 경우에는 자백이 성립한다. 판례도 소유권에 기한 이전등기 말소청구소송에서 피고가 원고가 주장한 소유권을 인정하는 진술을 하는 것은 소 전제가 되는 소유권의 내용을 이루는 사실에 대한 진술로 볼 수 있으므로, 이는 재판상의 자백이라 한다.[4][5]

둘째, 복잡한 법개념일지라도 그것이 선결적 법률관계일 때에는 재판상 자백의 대상이 될 수 있다고 본다(도이칠란트의 통설). 그 이유는 선결적 법률관계는 중간확인의 소의 대상이 되고(264), 이 경우에는 피고가 이에 관하여 청구의 인낙(220)을 할 수 있는데, 그렇다면 피고로서는 중간확인의 소를 거치지 않고도 선결적 법률관계를 인정할 수 있어야 균형이 맞기 때문이다. 예컨대 자동차사고로 인한 손해배상청구소송에서 피고가 '자기를 위하여 자동차를 운행하는 사람'(自賠法 3)임을 인정하는 것과 같다.[6] 그 밖에 선결적 법률관계에 관하여 권리자백의 성립을 인정하는 견해와 부

---

1) 大判 1992. 2. 14, 91 다 31494; 1996. 7. 30, 96 다 17738; 2008. 3. 27, 2007 다 87061 등.

2) 同旨: 李時, 486면; 胡, 535면; Rosenberg, §111 I 1; Blomeyer, §68 I 2; Zeiss, §55 II 등 도이칠란트의 통설.

3) Rosenberg, §114 I 1 a); Blomeyer, §68 I 2; Zeiss, §55 II 등 참조.

4) 大判 1989. 5. 9, 87 다카 749. 법률용어를 사용하여 표현한 당사자의 진술이 동시에 구체적인 사실관계의 표현으로서 사실상의 진술을 포함하는 것인 경우에는 그 범위 안에서 자백이 성립한다는 판례는 大判 1962. 4. 26, 4294 民上 1071; 1984. 5. 29, 84 다 122. '소유권'과 같은 단순한 법개념에 대한 자백도 사실관계에 대한 진술의 대용(代用)이 아니라 사실상의 진술에 대한 법적 추론에 불과한 경우에는 법원을 구속하지 못한다. 예컨대, 공사수급인이 건축재료와 노무 등을 제공하였을 때에는 준공된 건물의 소유권이 수급인에게 귀속된다고 하는 법리는 당사자 사이에 특별한 약정이 없을 때 적용되는 것인데, 당사자 사이에 특별한 약정이 있는 사건에서 건물의 소유권이 공사수급인인 피고들에게 있다는 원고의 주장에 대항하는 피고가 자기의 소유권을 인정하는 진술을 한 경우, 이는 권리자백으로서 법원을 구속하지 아니한다(大判 1979. 6. 12, 78 다 1992).

5) 그 밖에도 인신사고로 인한 손해배상청구사건에 있어 **노동능력상실 비율**은 자백의 대상이 된다(大判 2006. 4. 27, 2005 다 5485).

6) 同旨: 李時, 468면; 田, 480~481면; Zeiss, §55 II 2; Jauernig, §44; Stein/Jonas, §288 Rdn. 6. 선결적 법률관계는 사실의 복합체(Tatsachenkomplex)이므로 자백의 효력을 인정할 것이라는 견해로는 Rosenberg, §114 I 1; MünchKomm/Prütting, §288 Rdn. 17.

정하는 견해의 양 쪽을 절충하여, 선결적 법률관계에 관한 주장에는 법적 추론 내지 법적 판단에 관한 것과 그러한 법적 추론 내지 판단에 이르게 된 사실적 요소에 관한 것이 포함되어 있는데, 전자에 관하여는 법원의 법판단권을 배제할 수 없는 반면, 후자에 관하여는 자백의 성립을 배제할 이유가 없으므로, 이 양 요구를 조화하기 위하여 선결적 법률관계에 관한 자백은 당사자에 대한 구속력만을 인정하여 당사자에 의한 임의철회를 금지시키고, 법원에 대한 구속력은 이를 인정하지 않음으로써 자백에 반하는 사실이 변론에 나타나면, 법원은 자백에 반대되는 판단을 할 수 있다고 풀이하는 견해가 있다.[1] 위에서 본 바와 같이, 판례는 소유권에 기한 이전등기말소청구소송에서 피고가 원고가 주장한 소유권을 인정하는 진술을 한 경우에 이를 재판상의 자백으로 보고 있는데,[2] 이것은 판례의 입장이 선결적 법률관계에 대한 자백을 인정하는 태도인 것으로 풀이할 수도 있다.[3][4]

위의 예를 제외하고는 법률상의 진술은 자백의 대상이 되지 아니한다. 따라서 법규나 경험법칙의 존재 여부, 법규의 해석[5] 등은 자백의 대상이 되지 못한다. 또한 사실에 대한 법적 추론(Subsumtion) 내지 법률적 평가(juristiche Beurteilung)(예컨대 과실, 정당한 사유, 선량한 풍속 그 밖의 사회질서위반이라든가 의사표시의 해석 등)[6]와 증거의 평가 등은 자백의 대상이 되지 아니한다. 법률은 법원의 전권사항(專權事項)에 속하기 때문이다. 따라서 예컨대 당사자가 채권계약인 무명혼합계약을 물권계약인 담보권설정계약으로 인정하였더라도, 법원은 여기에 구속되지 아니하며,[7] 법률상 유언이 아닌 것을 유언이라고 시인하여도,[8] 월급 금액으로 정한 통상임금을 시간급 금액으로 산정하는 방법에 관하여 당사자가 진술하여도[9] 자백의 대상이 될 수 없다.

---

1) 方, 467~468면; 姜, 495면.
2) 大判 1989. 5. 9, 87 다카 749.
3) 李時, 486면.
4) 다만 판례는 소송물의 전제 문제가 되는 권리관계나 법률효과를 인정하는 진술(예를 들어 매도인이 계약을 위반하면 계약금의 배액을 위약과 동시에 배상하고, 매수인이 계약을 위반하면 지급한 계약금을 매도인이 취득하고 계약은 자동으로 해제된다는 약정의 존재)은 권리자백으로서 법원을 기속할 수 없으며 상대방의 동의 없이 자유로이 철회할 수 있다고 한다(大判 1982. 4. 27, 80 다 851; 2008. 3. 27, 2007 다 87061). 이러한 경우는 법률효과에 대한 권리자백으로서 위에서 설명한 선결적 법률관계에 관한 자백과는 구별하여야 할 것이다.
5) 大判 1996. 7. 30, 96 다 17738.
6) 大判 2016. 3. 24, 2013 다 81514.
7) 大判 1962. 4. 26, 4294 民上 1071.
8) 大判 2001. 9. 14, 2000 다 66430.
9) 大判 2014. 8. 28, 2013 다 74363.

2) 자백의 대상이 되는 사실은 '주요사실'에 한한다. 간접사실과 보조사실에 관하여는 자백의 효력이 생기지 아니한다(통설·판례).[1] 그것은 변론주의는 주요사실에 한하여 적용되기 때문이며, 만일 간접사실이나 보조사실에 대하여도 자백의 성립을 인정하면, 이것은 간접사실로부터 주요사실을 추인하거나 증거력을 평가할 때에 법관의 자유심증(202)을 제약하는 결과로 되어 부당하기 때문이다.

i) 최근에는 간접사실에 대한 자백을 긍정하는 견해가 나타나고 있다. 간접사실에 대한 자백을 인정하는 견해는 다시 법원에 대한 구속력은 부정하고 당사자에 대한 구속력만을 인정하는 견해와 법원에 대한 구속력과 당사자에 대한 구속력의 양 쪽을 모두 인정하는 견해로 나누어진다. 전설은 자백의 법원에 대한 구속력은 변론주의에 기초하고 있지만 당사자에 대한 구속력은 금반언과 자기책임의 원칙을 근거로 하기 때문에 양자는 별개라고 주장함에 대하여, 후설은 법원을 구속하지 않는 자백이 당사자를 구속한다고 하는 것은 모순이며 부적당하다고 비판한다. 후설이 오늘날 일본의 유력설이다.[2] 이들은 자백된 간접사실이 별개의 간접사실에 의하여 부정되지 않는 한 자백된 간접사실로부터 주요사실을 추론하는 것은 무리한 주문은 아니며, 이것은 법률상 추정규정이 있는 경우에 그 전제사실에 관하여 자백이 있으면 그 추정을 뒤엎을 별개의 사실이 없는 한 추정사실이 있는 것으로 인정하는 것과 마찬가지라고 한다.[3] 매우 경청할 만한 견해이지만, 자유심증주의(202)와의 관계에서 간접사실에 대한 자백은 인정할 수 없다고 생각한다.

ii) 보조사실 중 문서의 진정성립에 대한 자백은 특수한 취급을 받는다. 왜냐하면 문서의 진정성립이 부정되면 그 내용에 따른 실질적 증거력을 인정할 수 없게 되고, 처분문서의 경우에는 그 진정성립이 인정되면 특별한 사정이 없는 한 그 기재내용의 법률행위를 한 사실이 증명되는 효력이 있기 때문이다. 이처럼 문서의 진정성립의 문제는 주요사실과 유사한 기능을 가지고 있으므로, 통설·판례는 문서의 진정성립의 자백의 취소에 관해 주요사실에 관한 자백의 취소와 마찬가지로 취급한다.[4] 문서에 찍힌 인영 자체의 진정성립에 대한 자백의 취소도 같다.[5] 그러

1) 大判 2000. 1. 28, 99 다 35737; 日最判 1956. 5. 25, 民集 10. 5. 577.
2) 新堂, 467면; 上田, 349면; 高橋, 「重点講義民事訴訟法」(2000), 451면.
3) 新堂, 467~468면.
4) 大判 1967. 4. 4, 67 다 225; 1988. 12. 10, 88 다카 3083; 1991. 1. 11, 90 다 8244.
5) 大判 2001. 4. 24, 2001 다 5654.

나 문서의 진정성립에 관하여도 자백의 성립을 부정하거나,[1] 이에 관한 자백은 당사자는 구속하지만 법원은 구속하지 못한다고 풀이하는 견해도 있다.[2]

(2) 내용—상대방의 주장과 일치하는 불리한 진술

1) 자백은 자기에게 '불리한 사실'을 인정하는 진술이다.[3] 무엇을 기준으로 하여 불리한가 아닌가를 판단할 것인가에 관하여는 견해가 갈라지고 있다. 상대방에게 증명책임이 있는 사실을 인정하는 경우라고 풀이하는 설(**증명책임설**)[4]과 상대방의 주장사실이 판결의 기초로 채택되면 전부 또는 일부의 패소가능성이 있는 경우라고 풀이하는 설(**패소가능성설**)[5]이 대립하고 있다.[6] 후설에 의하면 자기가 증명책임을 지는 사실을 스스로 부인하는 진술(예컨대 선의취득을 주장하면서 과실을 자인하는 경우)도 자백이 되지만, 전설에 의하면 이러한 진술은 자백이 아니므로 자유로이 철회할 수 있다. 자기책임의 원칙에 비추어 후설이 타당하다고 생각한다.

2) 자백은 '상대방의 주장과 일치하는 진술'이다.

i) 양 진술의 시간적 선후는 묻지 아니한다. 상대방의 진술이 선행하고 뒤에 이를 인정하는 것이 보통이지만, 당사자가 스스로 먼저 자기에게 불리한 진술을 하고 뒤에 상대방이 이를 원용하는 경우도 있다. 후자를 선행자백 또는 자발적 자백(vorweggenommenes od. antizipiertes Geständnis)이라고 한다.[7] 당사자가 스스로 불리한 진술을 하였더라도 상대방이 원용하기 전에는 양 진술의 일치가 없으므로 아직 자백이 되지 아니하여 임의로 철회할 수 있고(모순된 사실을 진술한 때에는 철회한 것으로 볼 수 있다), 철회된 뒤에는 자인(自認)이 소송자료에서 제외되므로 상대방의 원용이 있을 수 없다.[8] 또한 당사자 일방의 진술에 잘못된 계산이나 기재, 표현상의 잘못이 있고 그 잘못이 분명한 경우에는 상대방이 이를 원용하여도 양 당사자의 주장의 일치가 없으므로 선

1) 竹下, 「裁判上の自白」, 民商 44. 3. 44.

2) 日最判 1977. 4. 15, 民集 31. 3. 371; 村上, 「證明責任の硏究」, 301면.

3) 大判 2022. 4. 14, 2021 다 280781(상대방의 주장에 단순히 침묵하거나 불분명한 진술을 하는 것만으로는 자백을 인정하기에 충분하지 않다).

4) 李時, 488면; 田, 472면.

5) 方, 468면; 李英, 276면; 金/姜, 509면; 宋/朴, 529면; 胡, 538면.

6) 패소가능성설을 발전시켜, 이익·불이익을 판단할 필요가 없이 자백의 성립을 인정하려는 견해도 있다. 松本博之, "裁判上の自白法理の再檢討," 民訴雜誌 20, 76면 이하 참조.

7) 大判 1974. 5. 28, 73 다 1288; 1988. 12. 13, 87 다카 3147; 2005. 11. 25, 2002 다 59528.

8) 大判 1980. 9. 30, 80 다 645; 1986. 7. 22, 85 다카 944; 1992. 8. 14, 92 다 14724; 2016. 6. 9, 2014 다 64752.

행자백이 성립할 수 없다.[1] 다만 원고가 스스로 자기에게 불리한 진술을 하는 경우에는 피고의 원용이 없더라도 주장 자체에 의하여 이유 없다는 이유로 법원이 청구를 기각하는 수가 있다. 이 경우에는 법원에 대한 구속력이 인정되는 셈이다.[2]

ii) 상대방의 주장과 일치하는 진술이기만 하면, 그 일치하는 범위는 문제되지 아니한다. 그리하여 일부만이 일치되어도 상관이 없다. 이를 일부자백(Teilgeständnis)이라고 한다. 일부자백에는 다음 두 가지가 있다. 하나는 상대방의 주장사실의 일부를 인정하지만 전체로서는 다투는 진술을 하는 경우, 예컨대 대여금청구소송에서 원고가 주장하는 돈을 받은 사실은 인정하지만, 돈을 빌린 것이 아니라 증여받았다고 진술하는 경우이고, 다른 하나는 상대방의 주장사실을 전부 인정하면서 그 법률효과를 부정하는 다른 사실을 부가하여 진술하는 경우, 예컨대 위 예에서 원고로부터 돈을 차용한 사실을 인정하면서 이를 변제하였다고 진술하는 경우이다. 전자를 이유부 부인, 적극부인 또는 간접부인(motiviertes Leugnen), 후자는 제한부 자백(qualifiziertes Geständnis)이라고 한다. 어느 경우이든 진술이 일치하는 범위 안에서는 재판상의 자백이 성립하지만, 진술이 일치하지 않는 부분에서는 이유부 부인의 경우에는 부인이 되고, 제한부 자백의 경우에는 항변이 된다.

(3) 형식 – 변론이나 변론준비기일에서 진술

1) 자백은 소송의 변론이나 변론준비기일에서 법원에 대한 소송행위로 하여야 한다. 또한 구술주의 원칙상 말로 하여야 하므로, 준비서면에 상대방의 주장사실을 인정하는 진술을 적어낸 경우에도 이것이 변론에서 진술되거나 진술간주되지 아니하는 한 자백은 성립하지 않는다.[3] 자백은 하나의 소송행위이므로 소송행위의 일반원칙에 따른다. 그리하여 자백자는 소송능력이 있어야 하고, 자백에는 조건을 붙이거나 심급을 한정하여 할 수 없다. 자백은 법원에 대한 일방적 진술이기 때문에 상대방이 결석한 경우에도 할 수 있다.

2) 자백은 변론이나 변론준비기일에서 하는 진술이므로 소송 밖에서 상대방이나 제3자에 대하여 불리한 진술을 하거나 다른 소송의 변론에서 자백을 하여도, 그것은 재판외의 자백(Außergerichtes Geständnis)으로서 간접사실로 됨에 그친다.

---

1) 大判 2018. 8. 1, 2018 다 229564.
2) Rosenberg, §114 Ⅰ 1 b).
3) 大判 2015. 2. 12, 2014 다 229870.

마찬가지 이유로 증거조사절차인 당사자신문에서 상대방의 주장사실을 인정하는 진술을 하였더라도 자백이 되지 아니한다(소송자료와 증거자료의 준별).[1)]

3. 效 力

(1) 총 설

1) 자백한 사실은 증명을 요하지 아니한다(불요증사실. 288 本). 법원은 이를 판결의 기초로 삼아야 하고, 당사자는 마음대로 철회할 수 없다. 그리하여 재판상의 자백은 법원과 당사자의 양자를 구속한다. 자백의 구속력은 상급심에도 미친다(409).

2) 자백의 구속력은 변론주의 원칙 때문이므로 직권탐지주의가 지배하는 절차(家訴 12. 17 참조)와 직권조사사항에서는 미치지 아니한다.[2)] 행정소송에서는 직권탐지주의를 규정한 행정소송법 제26조의 규정에 비추어 자백의 구속력을 배제하여야 옳다.[3)] 따라서 이 경우에는 자백을 하여도 그것은 상대방의 주장사실의 진정 여부를 판단하는 데 하나의 간접사실로 되는 것에 불과하다.[4)] 그러나 판례는 행정소송에도 원칙적으로 변론주의가 적용된다고 하면서,[5)] 직권조사사항이 아닌 한,[6)] 자백의 구속력을 인정한다.[7)] 회사관계소송에서는 직권탐지주의가 적용되지 아니하므로 자백의 구속력을 인정하여도 상관이 없을 것이다.[8)]

3) 현저한 사실에 반하는 사실이나 불능인 사실을 인정하는 경우에는 자백이 성립하지 아니한다. 따라서 법원과 당사자에 대한 구속력이 없다(통설 · 판례).[9)] 만일 변론주의만을 강조하여 이러한 사실을 재판의 기초로 한다면, 누구도 이해할 수 없는 사실이 판결의 기초로 되어 재판의 위신을 떨어뜨리고 재판에 관한 신용을 붕괴시키기 때문이다.

---

1) 大判 1978. 9. 12, 78 다 879; 李時, 489면; Blomeyer, §68 Ⅱ; MünchKomm/Prütting, §288 Rdn. 26; BGHZ 129, 108.

2) 大判 2002. 5. 14, 2000 다 42908(대표권); 1992. 7. 24, 91 다 45691(재심사유) 등.

3) 同旨: 李時, 491면; 金/姜, 513면. 反對: 宋/朴, 532면; 胡, 544면.

4) MünchKomm/Prütting, §288 Rdn. 13.

5) 행정소송법 제26조를 변론주의에 대한 일부 예외규정으로 본다. 大判 1994. 10. 11, 94 누 4820; 1997. 10. 28, 96 누 14425 등.

6) 大判 1990. 10. 10, 89 누 4673.

7) 大判 1992. 8. 14, 91 누 13229; 2000. 12. 22, 2000 후 1542. 판례의 입장에 찬성하는 견해: 胡, 544면.

8) 同旨: 宋/朴, 532면; 胡, 543면. 反對: 李時, 491면.

9) 大判 1959. 7. 30, 4291 民上 551; 1971. 1. 26, 70 다 2662; Jauernig, §44 Ⅲ 3; BGH NJW 79, 2089.

(2) 법원에 대한 구속력

법원은 자백한 사실을 판결의 기초로 삼아야 한다. 설령 법원이 증거조사의 결과나 변론 전체의 취지에 의하여 자백한 사실과 다른 심증을 얻었더라도 마찬가지이다.[1] 이처럼 자백은 주요사실에 대한 증명의 필요성을 당사자가 결정하는 것으로서 법원의 사실인정권 자체를 배제한다. 소송자료의 수집제출책임은 당사자에게 있다는 변론주의 원칙 때문이다.

(3) 당사자에 대한 구속력

1) 자백을 한 당사자도 자백의 내용과 모순되는 별개의 사실을 주장할 수 없다. 따라서 자백은 원칙적으로 철회할 수 없다(288 但). 이것은 금반언의 원칙, 상대방의 신뢰 내지 이익보호, 소송절차의 안정 등을 근거로 한다.

2) 다음의 경우에는 예외적으로 철회할 수 있다.

① **상대방의 동의가 있을 때** 상대방은 자백으로 얻은 이익을 포기할 수 있기 때문이다. 따라서 상대방 당사자도 자백의 대상이 된 주장사실을 스스로 철회할 수 있고, 이 때에도 자백의 효력은 소멸한다.[2] 아울러 상대방이 청구를 교환적으로 변경한 경우에도 자백의 효력은 소멸한다.[3] 예컨대 원인무효에 기한 소유권이전등기 말소청구소송에서 피고가 원고주장의 원인무효의 사실을 자백하였는데, 원고가 청구취지 및 청구원인을 변경하여 취득시효완성에 기한 소유권이전등기청구를 하였다면, 원인무효의 주장사실이 철회되었으므로, 자백의 효력은 소멸한다.[4]

② **자백이 진실에 어긋나고 착오로 말미암은 것임을 증명한 때(288 但)** 진실에 어긋난다는 것과 착오로 말미암은 것임을 모두 증명하여야 한다. 따라서 자백한 당사자가 처음부터 진실에 어긋난다는 것을 알고서 자백한 때는 착오로 말미암은 것이 아니므로 자백의 철회가 허용되지 않는다.[5] 따라서 진실에 어긋난다는 것을 증명하였다고 하여 착오로 말미암은 것으로 추정되지 아니한다.[6] 다만 진실에 어

1) 大判 1983. 9. 27, 82 다카 1828.
2) MünchKomm/Prütting, §288 Rdn. 32; Stein/Jonas, §288. Rdn. 19.
3) MünchKomm/Prütting, §288 Rdn. 33; Stein/Jonas, §288. Rdn. 20.
4) 大判 1997. 4. 22, 95 다 10204.
5) BGH 37, 54. 도이칠란트의 통설은 철회의 요건을 엄격히 하고 있는 것은 진실의무위반에 대한 제재라고 한다(MünchKomm/Prütting, §290 Rdn. 2; Jauernig, §44 Ⅲ. 2.).
6) 大判 1991. 12. 24, 91 다 21145, 21152; 1994. 9. 27, 94 다 22897; 2004. 6. 11, 2004 다 13533;

긋난다는 것은 간접사실에 의해서도 증명할 수 있고,[1] 착오로 말미암은 것이라는 것은 변론 전체의 취지만으로도 인정할 수 있다(판례).[2] 따라서 예컨대 진실에 어긋난다는 것이 증명된 경우에는 당사자의 그동안의 변론 경과 등 변론 전체의 취지에 의하여 착오로 말미암은 것임을 인정할 수 있다.[3] 이 때의 자백의 철회는 소송행위이므로 취소권의 제척기간에 관한 민법 제146조는 적용되지 않는다.[4] 자백의 철회는 명시적으로 할 수 있을 뿐만 아니라, 종전의 자백과 배치되는 사실의 주장·증명에 의하여 묵시적으로 할 수도 있다.[5]

③ **형사상 처벌을 받을 다른 사람의 행위로 말미암아 자백하였을 때** 자백에 재심사유(451 I ⑤)에 해당하는 흠이 있는 때에는 자백의 내용이 진실에 어긋나는가 여부를 묻지 않고 자백은 무효이므로, 자백의 형식이 남아있는 한 이를 철회할 수 있다. 이 경우에는 유죄의 확정판결을 받을 것은 요구되지 않는다고 본다(451 II 참조).[6]

④ **당사자의 경정권** 소송대리인의 자백은 당사자가 곧 경정하면 효력을 잃는다(94).

4. 自白看做

(1) 의 의

당사자가 변론 또는 변론준비기일에서 상대방의 주장사실을 명백하게 다투지 아니하고, 변론 전체의 취지에 의하여도 이를 다툰 것으로 인정되지 아니하는 경우에는 그 사실을 자백한 것으로 본다(150 I, 286). 왜냐하면 이 경우에는 보통 다툴 의사가 없다고 보아도 좋기 때문이다. 이처럼 법에 의하여 자백한 것으로 간주되는 경우를 자백간주(Geständnisfiktion)[7]라고 한다.

(2) 적용범위

자백간주는 변론주의가 적용되는 사항에 한하여 인정되고, 직권탐지주의에 의

2010. 2. 11, 2009 다 84288.

1) 大判 2000. 9. 8, 2000 다 23013.
2) 大判 1991. 8. 27, 91 다 15591.
3) 大判 1997. 11. 11, 97 다 30646; 2004. 6. 11, 2004 다 13533.
4) 大判 1965. 11. 30, 65 다 1515.
5) 大判 1996. 2. 23, 94 다 31976.
6) 日最判 1961. 10. 5, 民集 15. 9. 2271. 자세한 것은 兼子, 條解民訴, 955면 주 19.
7) 구 법에서는 의제자백이라고 불렀다.

하는 가사소송(家訴 12. 17)이나 행정소송(行訴 26)에서는 인정되지 아니한다. 다만 판례는 행정소송에서도 변론주의가 적용된다고 하면서 자백간주를 인정한다.[1] 직권조사사항인 소송요건(257 但)[2]이나 재심사유[3]도 자백간주의 대상이 아니다.

그리고 자백간주도 자백의 일종이므로 사실의 주장에 관하여만 인정되고, 법률상의 주장에 관한 자백간주[4]나 청구의 포기・인낙의 간주는 없다(다만 서면에 의한 청구의 포기・인낙은 예외: 148 Ⅱ). 변론준비기일에서도 자백간주가 인정된다(286).

(3) 성 립

상대방의 주장사실을 자백한 것으로 보는 경우는 다음과 같다.

(가) 출석하여 다투지 않을 때(150 Ⅰ) 당사자가 변론 또는 변론준비기일에 출석하였으나, 상대방의 주장사실을 명백히 다투지 아니한 경우에는 그 사실을 자백한 것으로 본다(150 Ⅰ. 286).

i) 다만 변론 전체의 취지에 의하여 그 사실을 다툰 것으로 인정되지 아니하여야 한다(150 Ⅰ 但). 그리하여 예컨대 피고가 원고가 주장한 청구원인사실을 부인하는 취지로 답변서를 제출하였을 때에는 설사 그 답변서가 진술되거나 진술간주된 바 없더라도 변론 전체의 취지에 의하여 원고의 청구를 다툰 것으로 보아야 하므로 자백간주가 성립되지 아니한다는 것이 판례의 입장이다.[5]

ii) 또한 당사자가 다투었는지 여부는 변론의 일체성에 의하여 사실심의 변론종결시를 기준으로 종합하여 관찰(변론 전체의 취지)하여 판단하여야 한다.[6] 따라서 제1심에서 자백간주로 패소한 피고가 항소심에서 원고청구기각의 판결을 구하였을 뿐 원고가 청구원인으로 주장한 사실에 대하여는 아무런 답변도 진술하지 아니하였다면, 변론 전체의 취지에 의하여 그 사실을 다툰 것으로 인정되지 않는 한 항소심에서도 여전히 자백한 것으로 간주된다. 그러므로 법원은 석명권을 행사하여 피고에게 원고가 청구원인으로 주장하는 사실에 대한 답변을 촉구하거나 답변의 취지가 무엇인지를 밝혀보아야 한다.[7]

---

1) 大判 2000. 12. 22, 2000 후 1542.
2) 大判 1999. 2. 24, 97 다 38930(소송대리권).
3) 大判 1992. 7. 24, 91 다 45691(직권탐지주의).
4) 大判 1973. 10. 10, 73 다 907.
5) 大判 1981. 7. 7, 80 다 1424; 日本東京地判 1975. 9. 12, 判時 805. 79.
6) 大判 1968. 3. 19, 67 다 2677; 2004. 9. 24, 2004 다 21305; 2022. 4. 14, 2021 다 280781.

그런데 이와 달리 우리나라와 일본의 통설은 제150조 제1항 단서의 '변론 전체의 취지'의 의미를 제202조의 '변론 전체의 취지'와는 달리 '증거원인'으로 풀이하지 아니하고 '변론의 일체성'의 의미로만 풀이한다. 이렇게 풀이하면, 다투었는지 여부는 변론종결시까지 변론에 현출된 자료만으로 판단하여야 하는 것이 된다. 따라서 만일 다투는 취지의 준비서면이 제출되었어도 변론에서 진술간주된 바 없다면 다툰 것으로 볼 수 없기 때문에, 자백간주의 효력을 인정하게 된다.[1] 그러나 동일한 용어를 조문의 위치에 따라 달리 풀이할 합리적인 근거나 필요성은 찾기 어렵다고 생각한다.[2]

(나) 한 쪽이 기일에 결석하였을 때(150 Ⅲ) 당사자가 변론 또는 변론준비기일에 출석하지 아니한 경우에는 상대방이 주장한 사실을 자백한 것으로 본다(150 本 Ⅲ). 다만 그 당사자가 공시송달에 의하지 아니한 적법한 송달을 받았어야 하고(150 但 Ⅲ), 답변서·준비서면으로도 다투지 않아야 한다. 출석하였으나 아예 변론하지 아니한 경우도 마찬가지이다(148 Ⅰ).

i) 공시송달에 의하지 아니한 기일통지를 받고도 출석하지 아니하여야 한다(150 但 Ⅲ). 공시송달에 의한 기일통지를 받은 경우에는 다툴 기회가 보장되었다고 할 수 없기 때문이다. 공시송달에 의하여 절차가 진행되는 경우에는 자백간주의 효과가 없으므로, 원고는 피고가 출석하지 아니하였더라도 주장사실을 증명하여야 한다. 공시송달에 의하지 않은 송달이더라도 기일통지가 부적법한 때(예컨대 당사자의 주소를 허위로 적거나 무권대리인의 주소를 적은 경우)에는 자백간주가 인정되지 아니한다.[3] 그리고 당사자가 책임질 수 없는 사유로 결석한 경우에는 쌍방심리주의의 정신에 비추어 자백간주가 인정되지 아니한다고 본다.[4]

ii) 상대방이 변론에서 주장하는 사실을 결석한 당사자가 답변서, 그 밖의 준비서면에 의하여 다투지 아니하였어야 한다. 왜냐하면 그와 같은 서면이 제출되어 있을 때에는 결석한 당사자가 위 서면에 따라 진술한 것으로 간주될 수 있어(148), 결국 다툰 것으로 될 수 있기 때문이다.[5] 지방법원 합의부 이상의 절차에서는 출

---

7) 大判 1989. 7. 25, 89 다카 4045; 1993. 9. 28, 93 다 6850.

1) 新堂, 注釋民訴(3), 300면; 日本東京地判 1979. 8. 23, 判タ 400. 179. 반대: 李時, 493면.

2) 자백간주에서 변론 전체의 취지(150 Ⅰ)는 변론의 일체성을 의미하지만, 다투었는지 여부는 변론 전체의 취지(202)만으로도 인정할 수 있다는 견해는 上田, 354~356면.

3) 大判 1995. 5. 9, 94 다 41010; 1999. 2. 26, 98 다 47290 등. 부적법한 송달이 있었음에도 자백간주로 원고승소판결이 선고된 경우의 불복방법에 관하여는 뒤에 설명하는 '판결편취' 부분 참조.

4) 同旨: 李時, 493면.

5) 다만 판례(大判 1981. 7. 7, 80 다 1424)는 진술간주되지 않아도 변론 전체의 취지에 의하여 다툰 것으로 볼 수 있다고 하고 있음은 위에서 말한 바와 같다.

석한 상대방은 준비서면에 미리 적지 아니한 사실은 주장할 수 없으므로(단독사건에서 미리 준비하지 아니하면 진술할 수 없는 사항도 같다)(276, 272), 이 경우에는 상대방이 준비서면으로 미리 예고한 사항에 대해서만 자백간주의 효과가 생긴다. 그러나 변론준비기일에서는 이러한 제한이 없다(276을 준용하지 않음, 286).

(다) **답변서를 제출하지 아니하였을 때** i) 피고가 공시송달에 의하지 아니한 송달에 의하여 소장 부본을 송달 받고 30일 안에 답변서를 제출하지 아니하거나, 청구원인이 되는 사실을 모두 자백하는 취지의 답변서를 제출하고 따로 항변하지 아니하는 때에는 직권조사사항이 아닌 한 변론을 열 필요 없이 원고의 청구원인사실을 자백한 것으로 간주하고, 원고승소판결을 선고할 수 있다(257). 과거에는 피고가 답변서를 제출하지 아니하더라도 일단 변론을 열고, 이 때 피고가 결석하면 자백간주로 변론을 종결하고 비로소 원고승소판결을 선고할 수 있었는데, 2002년 민사소송법은 다툴 의사가 없는 피고에게는 아예 변론기일도 지정해주지 않은 채 원고의 청구원인사실을 자백한 것으로 간주하여 원고승소판결을 선고할 수 있도록 하고 있다. 이것은 필수적 변론의 예외를 인정한 것으로서, 소송의 신속을 꾀하고 법원이 필요한 사건에 관하여만 변론을 집중하기 위한 조치이다.

ii) 피고가 원고의 청구원인사실을 전부 인정하는 답변서를 낸 경우에, 답변서에 적은 사실에 대하여 재판상의 자백이 성립하는가, 답변서를 내지 않은 경우와 같은 자백간주가 성립하는가가 문제된다. 생각건대 구술주의의 원칙상 진술하지 않은 사실은 재판의 기초가 될 수가 없고, 답변서의 내용이 변론기일에 진술간주된 것도 아니므로(148 I 참조), 자백간주로 보아야 할 것이다(이는 제257조 제1항을 준용하는 제257조제2항을 보아도 명백하다).

(4) 효 력

1) 자백간주가 성립되면 법원은 이에 구속된다. 이 점은 재판상의 자백의 경우와 같다. 따라서 법원이 증거판단을 하여 자백간주에 배치되는 사실을 인정하는 것은 위법이다.[1] 일단 자백간주의 효과가 발생한 다음에 공시송달로 사건이 진행되어도 이미 발생한 자백간주의 효력은 상실되지 않는다.[2]

1) 大判 1962. 9. 27, 62 다 342.
2) 大判 1988. 2. 23, 87 다카 961.

2) 그러나 자백간주는 재판상의 자백과 달리 당사자에 대한 구속력은 없다. 왜냐하면 당사자가 명백히 다투지 아니하였는지 여부는 변론의 일체성에 의하여 사실심의 변론을 종결할 때를 기준으로 판단하기 때문이다. 그러므로 당사자는 사실심의 변론을 종결할 때까지 상대방의 주장사실을 다투어 자백간주의 효력을 배제할 수 있다.[1] 파기환송된 뒤에 상대방의 주장을 다투는 경우에도 환송 전의 자백간주의 효력은 없어진다.[2] 다만 부인의 진술도 공격·방어방법의 하나이므로 실기한 공격방어방법으로 각하될 수도 있고(149Ⅰ), 변론준비기일을 마친 뒤에는 실권적 효력의 제재를 받을 수도 있으므로(285), 경우에 따라서는 부인을 하여도 자백한 것으로 간주될 수 있다.

3) 피고가 답변서를 제출하지 아니하거나(257Ⅰ) 청구원인이 되는 사실을 모두 인정하는 취지의 답변서를 제출하여(257Ⅱ) 변론 없이 원고승소판결(무변론판결)이 선고된 경우에는, 피고는 항소기간 안에 불복·항소하여 자백간주된 사실에 대하여 다툴 수 있다.

Ⅲ. 顯著한 事實

1. 意　義

1) 현저한 사실(judicial notice; offenkundige Tatsachen, notorische Tatsachen)이란 증거에 의하여 그 존재 여부를 인정할 필요가 없을 정도로 객관성이 보장되어 있는 사실을 말하며, 여기에는 공지의 사실과 법원에 현저한 사실이 있다. 현저한 사실은 증명을 요하지 않는다(288).

2) 현저한 사실에 관하여 더 나아가 주장조차도 필요없는가가 문제된다. 학설과 판례는 **주장필요설**과 **주장불요설**로 갈라지고 있다.[3] 변론주의와 관련하여 의문은 있지만, 진실에 합치하는 재판에 도달하는 것이 민사소송의 이상의 하나이므로, 현저한 사실은 당사자의 주장이 없더라도 법원이 직권으로 고려할 수 있다고 본

1) 大判 1968. 3. 19, 67 다 2677; 1987. 12. 8, 87 다 368.
2) 大判 1968. 9. 3, 68 다 1147.
3) 주장필요설: 李時, 495면; 宋/朴, 526면; 姜, 503면; 胡, 548면. 주장불요설: 方, 464면; 金/姜, 521면.

다.[1] 현저한 사실은 당사자도 알고 있는 것으로 전제되고 있다. 따라서 의외의 재판을 방지하기 위하여 주장을 요한다는 논거는 설득력이 약하다. 판례는 어떤 사실이 법원에 현저한 사실인 이상 그 사실은 변론에서의 당사자의 원용·현출 여부와 상관없이 그 소송법상의 성질이 변경될 리 없고 증명을 요하지 아니하는 효력에 어떠한 영향도 받지 않는다고 하여 주장불요설에 의한 것도 있지만,[2] 변론주의가 적용되는 소송절차에서 법원에 현저한 사실도 그것이 주요사실인 경우에는 당사자의 주장이 있어야만 비로소 판결의 기초로 할 수 있다고 하여 주장필요설에 따른 판례도 있다.[3]

2. 公知의 事實

1) 공지의 사실(allgemeinkundige Tatsachen)은 일반인에게 널리 알려져 있는 사실이다. 예컨대 역사적으로 유명한 사건(8·15해방), 천재지변 등의 대재해, 전쟁(6·25사변), 그 밖에 신문·방송 등에 의해 일반인에게 알려진 사건(신문에 공표된 주식시세)이 이에 해당한다. 공지의 사실을 불요증사실로 한 것은 불특정다수인이 진실이라고 믿고 있으므로, 필요가 있으면 언제든지 그 진실 여부를 조사할 수 있는 보장이 있기 때문이다. 공지의 사실은 법관도 알고 있는 것이어야 한다. 그러나 어떠한 경위로 일반인에게 널리 알려졌는가는 문제되지 아니한다.

2) 어느 정도로 알려졌을 때 공지라고 할 수 있는가는 그 존재가 확실히 보장되고, 사람들이 널리 믿어 이심하지 않을 정도에 이르렀는가를 기준으로 한다. 따라서 공지의 여부는 때와 장소에 따라 다르다. 공지라고 인정하기에 이른 경로는 보통 사람이 납득할 수 있어야 하므로 그렇지 아니한 경우에는 그 한도 안에서 상고심의 심사를 받아야 할 것이다.[4]

3) 공지의 사실에 대하여는 그것이 공지라는 점에 대한 반증 및 그 공지사실이 진실이 아니라는 점의 증명이 허용된다.

---

1) Rosenberg, §114 Ⅰ 3; MünchKomm/Prütting, §291 Rdn. 13.
2) 大判 1963. 11. 28, 63 다 493.
3) 大判 1965. 3. 2, 64 다 1761.
4) 同旨: 方, 464면; 李時, 496면; 金/姜, 519면; 大判 1966. 10. 4, 66 다 985.

3. 法院에 顯著한 事實

1) 법원에 현저한 사실(gerichtskundige Tatsachen)은 법관이 그 직무상의 활동을 통하여 명백히 알고 있는 사실이다. 직무상 현저한 사실이라고도 한다. 법관이 직무활동을 통하여 알고 있는 사실이어야 하므로 법관이 사적으로 알고 있는 사실(privates Wissen)은 이에 해당하지 아니한다. 예컨대 법관이 스스로 행한 다른 판결, 간이생명표,[1] 농촌일용임금, 건설노임, 소속법원에서 한 파산선고·성년후견개시의 심판 따위가 이에 해당한다. 법원에 현저한 사실을 불요증사실로 한 것은 언제든지 기록을 조사하면 그 사실의 진실 여부를 조사할 수 있기 때문이다.

문제로 되는 것은 법원에 현저한 사실이 되기 위해서는 법관이 그 직무상 경험으로 알고 있는 사실이면 충분한가, 아니면 더 나아가 그 사실의 존재에 관하여 명백한 기억을 하고 있어야 하는가이다. 이 점에 관하여 대법원 전원합의체판결[2]의 다수의견은 법관이 직무상 경험으로 알고 있는 사실이기만 하면 그 사실의 존재에 관하여 명확한 기억을 하고 있는 경우는 물론, 기록 등을 조사하여 곧바로 알 수 있는 경우도 법원에 현저한 사실이 된다고 보아, '직종별 임금실태조사보고서(임금구조기본통계보고서)에 기재된 월평균 직종별 통계소득'이 이에 해당한다고 본다. 이에 반하여 소수의견은 법관이 그에 관하여 명확한 기억을 하고 있는 사실만이 법원에 현저한 사실이 된다고 하여 반대입장이다. 법원에 현저한 사실을 불요증사실로 한 취지가 기록을 조사하면 그 진실 여부를 확인할 수 있는 데 있는 점에 비추어 다수의견이 옳다고 본다.[3]

나아가 판례는 피고와 제3자 사이에 있었던 민사소송의 확정판결의 존재를 넘어서 그 판결의 이유를 구성하는 사실관계들까지 법원에 현저한 사실로 볼 수는 없다고 하였다.[4]

2) 법원에 현저한 사실에 대하여는 그 진실성을 다툴 수 있다.

---

1) 大判 1984. 11. 27, 84 다카 1349; 1999. 12. 7, 99 다 41886. 경험칙에 속한다는 견해로는 李時, 497면; 胡, 552면. 판례는 가동연한(稼動年限)은 법원에 현저한 사실로 본 적도 있으나(大判 1970. 3. 10, 69 다 1887 등), 대체로 경험칙으로 본다(大判 2001. 3. 9, 2000 다 59920 등).

2) 大(全)判 1996. 7. 18, 94 다 20051.

3) 反對: 胡, 551면.

4) 大判 2019. 8. 9, 2019 다 222140; 2010. 1. 14, 2009 다 69531(수소법원이 속해있는 지방법원의 다른 판결이 선고된 사실 자체를 넘어 그 판결에 나타난 사실관계까지 법원에 현저한 사실로 볼 수는 없다고 하였다).

제 5 관 證據의 評價 · 自由心證主義

I. 總 說

1) 모든 증거는 법원에 의한 평가를 필요로 한다. 즉, 법관은 그 증거가 주장사실의 진부(眞否)에 관하여 확신을 일으킬 수 있는가의 여부를 심사하여, 사실의 진부를 확정한다. 그런데 법원에 의한 증거의 평가에 관하여는 자유심증주의와 법정증거주의가 대립하고 있다. **자유심증주의**(Grundsatz der freien Beweiswürdigung)는 법관이 심리에 나타난 모든 자료(증거조사의 결과와 변론 전체의 취지)에 기하여 자유로운 판단에 따라 사실주장의 진실 여부를 확정하는 원칙을 말한다. 법관이 심리를 통하여 사실의 존재 여부에 관하여 가지는 판단을 심증이라고 하고, 그 판단에 확신을 가지는 상태에 이르는 것을 심증형성이라고 한다. 자유심증주의는 사실의 존재 여부에 관한 법관의 심증형성에 관하여 아무런 법적 구속을 가하지 않고 이것을 법관의 자유로운 판단에 맡기고 있다. 이에 반하여 **법정증거주의**(Grundsatz der gesetzlichen Beweisregeln)는 사실의 확정을 법관의 자유심증에 맡기지 않고, 증거방법의 종류나 증거력의 평가를 법률로 규정하여 놓고, 법관은 이 증거법칙에 구속되어 기계적으로 사실인정을 하여야 하는 원칙을 가리킨다. 예컨대 서증은 인증에 우선한다든가, 증인의 자격을 일정한 요건을 갖춘 사람으로 한정한다든가, 계약의 성립은 서증에 의하여야 한다는 따위이다. 법정증거주의는 법관의 자의(恣意)에 의한 사실인정을 막을 수 있는 장점이 있으므로, 법관의 자질이 불충분하던 시대에는 그 나름내로의 존재의의가 있었다. 그리하여 원시적 법질서 아래에서는 대체로 법정증거주의가 채택되었다. 그러나 사회가 대규모화하고 복잡하여지면 단조로운 증거법칙만을 가지고는 사건의 진상을 파악할 수 없게 된다. 그리하여 프랑스혁명 후의 근내소송법은 법관의 양식을 전폭적으로 신뢰하고 그가 형식적인 증거법칙의 속박으로부터 벗어나 자유로운 판단에 따라 사실을 인정할 수 있도록 하는 자유심증주의를 채택하고 있다. 우리 민사소송법도 자유심증주의를 따르고 있다(202).[1]

---

1) 이는 법관이 형식적 · 법률적 증거규칙에 얽매일 필요가 없다는 것이지 자의적 판단을 허용하는 것은

2) 자유심증주의는 사실의 인정을 법관의 자유로운 판단에 맡기는 것이므로, 법률상의 추정, 자백, 증거계약 및 일단의 추정과의 관계가 문제된다. 법률상의 추정은 뒤에 보는 바와 같이 법규의 요건사실과 별개의 전제사실이 증명되면 반증이 없는 한 그 법규가 정하는 효과의 발생을 인정하는 것이요, 추정사실의 인정을 법관에게 강요하는 것은 아니므로 자유심증주의의 제한이 아니다. 또 법원은 당사자의 자백에 반하는 사실은 인정할 수 없으나, 이것은 변론주의에 의한 제약이고 자백한 사실은 증명을 요하지 않기 때문이요, 자백을 법정증거로 하여 법관의 인정을 강요하는 것이 아니므로, 이것 역시 자유심증주의의 제한은 아니다. 증거계약은 자유심증주의를 제약하지 않는 범위 안에서만 유효하며, 일단의 추정은 자유심증주의의 범위 안에서 극히 일반적인 경험칙을 적용한 결과이므로, 어느 것이나 자유심증주의의 제한은 아니다.

Ⅱ. 自由心證主義의 內容

법원은 변론 전체의 취지와 증거조사의 결과를 참작하여 자유심증으로 사회정의와 형평의 이념에 입각하여 논리와 경험의 법칙에 따라 사실주장이 진실한지 아닌지를 판단한다(202). 즉, 사실인정의 자료로 되는 것은 변론 전체의 취지와 증거조사의 결과의 두 가지이고, 이 두 가지를 참작하여 사실인정을 하는 방법은 법관의 자유심증에 맡겨져 있다.[1] 그러므로 자유심증주의는 다음과 같은 내용을 가진다.

1. 證據原因이 될 수 있는 資料

법관의 심증형성을 위하여 이용될 수 있는 자료(즉, 증거평가의 대상·기초)는 적법하게 소송에 현출된 일체의 자료와 상황이고, 여기에는 변론 전체의 취지와 증거조사의 결과의 두 가지가 있다. 그 이외의 자료, 예컨대 법관이 사적으로 알고 있는 사실은 이를 참작하여서는 아니된다.

아니다. 따라서 사실의 인정은 적법한 증거조사절차를 거친 증거능력 있는 증거에 의하여 정의와 형평의 이념에 입각하여 논리와 경험의 법칙에 따라 하여야 한다(大判 2024. 10. 25, 2023 다 280358).

1) 사실의 인정, 증거의 취사선택과 평가는 자유심증주의의 한계를 벗어나지 않는 한 사실심 법원의 전권사항이다(2019. 11. 14, 2016 다 227694).

(1) 증거조사의 결과

증거조사의 결과(Ergebnis der Beweisaufnahme)라 함은 적법한 증거조사에서 얻어진 일체의 증거자료를 말한다. 즉, 증언, 감정 · 검증 및 당사자신문의 결과와 서증의 내용 등 다섯 가지이다. 그런데 민사소송법 제202조가 말하는 '증거조사의 결과'에는 특별한 의미가 함축되어 있다. 그것은 법정증거주의를 배척하고 자유심증주의를 선언한 것이므로, 거기에는 증거방법이나 증거능력에 아무런 제한을 가하지 않는다는 의미가 포함되어 있고, 그러한 상황에서 조사된 모든 증거조사의 결과가 사실인정의 자료로 되는 것이다.

(가) 증거방법의 무제한 자유심증주의는 특정한 사실을 인정하기 위한 증거방법을 제한하지 않는 것이 원칙이다. 그리하여 예컨대 부동산매매의 사실은 반드시 서증에 의하여야 한다는 따위의 제한이 없다.[1] 다만 절차의 명확과 신속을 위하여 증거방법을 제한하는 예외적인 경우가 있을 뿐이다. 예컨대 대리권의 증명에 관하여는 서증만이 허용되고(58 I · 89 I), 변론의 방법에 관한 증명은 변론조서에 의하고(158), 소명에 관하여는 즉시 조사할 수 있는 증거에 의하여야 하는 것(299 I) 따위이다.

(나) 증거능력의 무제한 자유심증주의는 증거방법의 증거능력을 제한하지 않는 것이 원칙이다. 그리하여 예컨대 일정한 평판과 명성을 가진 사람만이 증인이 될 수 있다는 따위의 제한이 없고, 원칙적으로 모든 사람과 물건이 증거방법이 될 수 있다. 그리하여 소제기 뒤에 작성한 문서라도 증거능력이 있고[2] 전문증언도 증거능력이 있다.[3] 그리고 아동이라도 증인능력이 있다.[4] 다만 예외적으로 당사자와 법정대리인은 증인능력이 없고(당사자신문에 의함: 367, 372), 위법하게 수집한 증거방법의 증거능력은 원칙적으로 부정되어야 하며(증거에 관한 당사자권 참조), 적법한 증거제한계약의 주장 · 증명이 있을 때에는 합의에 반하는 증거의 신청은 증거능력이 없다고 보아야 한다.[5]

---

1) 大判 1966. 4. 19, 66 다 34.
2) 大判 1981. 9. 8, 80 다 2810.
3) 大判 1964. 4. 7, 63 다 637.
4) 日最判 1968. 2. 9, 判時 510. 38.
5) 同旨: 金/姜, 525면; 姜, 509면; 新堂, 347면. 反對: 李時, 554면; 宋/朴, 516면; 胡, 586면.

(2) 변론 전체의 취지

1) 변론 전체의 취지(gesamter Inhalt der Verhandlung)라 함은 변론에 현출된 일체의 소송자료 중에서 위에서 말한 증거조사의 결과를 제외한 것을 말한다. 예컨대 당사자 또는 대리인의 주장의 내용·태도(앞뒤가 모순되는 주장, 간단한 질문에 땀을 흘리거나 얼굴을 붉히면서 답변하는 것), 석명처분으로 행한 검증·감정 및 조사촉탁의 결과, 공격·방어방법의 제출시기, 변론의 청취에서 얻은 인상 등이 이에 포함된다. 그리고 증거조사에 협력하지 아니하는 태도, 예컨대 문서제출명령에 응하지 않는 것 등도 변론 전체의 취지로서 참작된다.

2) 변론 전체의 취지가 증거조사의 결과를 보충하는 데 그치는가, 아니면 독립하여 증거원인으로 되어 증거조사를 하지 않고 변론 전체의 취지만으로 다툼이 있는 사실을 인정할 수 있는가에 관하여는 다툼이 있다. 우리나라의 다수설[1)]은 변론 전체의 취지에 대하여 증거자료를 보충하는 효력만을 인정하고 있고, 변론 전체의 취지만에 의하여 다툼이 있는 사실을 인정하는 것을 부정하고 있다. 이에 반하여 도이칠란트와 일본의 통설은 변론 전체의 취지에 증거원인으로서의 독립성을 인정하여, 변론 전체의 취지만으로 다툼이 있는 사실을 인정할 수 있다고 한다. 생각건대 변론 전체의 취지는 이를 기록에 객관화하기 힘들고, 이것만에 의한 사실인정을 허용하는 경우에는 법원의 방자한 사실인정을 초래할 염려가 있으므로, 그것은 증거자료를 보충하는 효력을 가질 뿐이라고 본다. 판례는 원칙적으로 변론 전체의 취지에 대하여 증거원인으로서의 독립성을 부정한다.[2)] 다만 문서의 진정성립[3)]과 자백의 철회요건으로서의 착오[4)]에 한하여 변론 전체의 취지만으로 이를 인정할 수 있다고 한다.

2. 證據力의 自由評價

(1) 자유로운 증거평가

증거조사의 결과와 변론 전체의 취지의 두 가지 증거원인의 증거력을 어떻게

1) 同旨: 方, 454면; 李時, 555면; 金/姜, 528면; 田, 490면. 反對: 宋/朴, 511면; 姜, 510면; 胡, 555면.
2) 大判 1983. 9. 13, 83 다카 971; 1995. 2. 3, 94 누 1470.
3) 大判 1982. 3. 23, 80 다 1857; 1987. 7. 21, 87 므 16; 1993. 4. 13, 92 다 12070.
4) 大判 1991. 12. 24, 91 다 21145, 21152.

평가할 것인가는 법관이 자유로 결정한다. 따라서 직접증거와 간접증거, 서증과 인증 사이에 증거력의 우열이 법정되어 있지 않고, 법관이 사건마다 개별적으로 평가한다. 이것이 증거방법 및 증거능력의 무제한과 함께 자유심증주의의 핵심을 이루고 있다. 그러므로 예컨대 3인 이상의 증인의 증언이 일치한 경우에는 그 사실을 진정한 것으로 인정하여야 한다든가, 서증이 인증에 우선한다든가 하는 따위의 제한은 없다. 또 다른 증거가 있으면 민사재판에서 형사판결의 내용과 달리 사실인정을 하여도 상관이 없다.[1] 그러나 확정된 관련 민·형사판결의 사실인정은 특별한 사정이 없는 한 유력한 증거자료가 된다.[2] 증거력의 자유평가에 대하여도 예외라고 볼 수 있는 규정이 있다. 문서의 형식적 증거력에 대한 추정규정(356 I, 358), 증명방해의 경우에 방해자에게 불이익한 사실인정을 허용하는 규정(349, 350, 360 I, 361 II, 366, 369) 등이 그것이다.

(2) 판단의 기준 - 論理와 經驗의 法則

증거력의 평가를 법관의 자유로운 판단에 맡긴다고 하는 것이 법관의 자의(恣意)나 기분에 따른 임의적인 판단을 허용한다는 뜻은 결코 아니다.[3] 그것은 증거력의 평가를 **형식적인 증거법칙의 구속으로부터 해방**시킨다는 것을 뜻하는 것이며, 법관의 사실판단은 '사회정의와 형평의 이념에 입각하여 논리와 경험의 법칙에 따라' 행하여야 한다(202).[4] 이것은 법관의 심증형성이 건전한 상식에 의하여 객관적으로 시인될 수 있어야 함을 뜻한다.

이와 관련하여 심증형성의 과정을 판결이유에 명시하여야 하는가가 문제된다. 도이칠란트 민사소송법은 이를 요구하고 있다(獨民訴 286 I 2). 우리나라에서도 이를 요구하는 견해가 많으나,[5] 판례는 증거의 채택의 이유를 설시할 필요는 없다고 하여 반대의 입장을 취하고 있다.[6] 생각건대 경험칙상 통례에 속하는 경우에까지 일일이 증거의 채택의 이유를 설시하는 것은 불필요하므로, 경험칙상 이례적인 사실인

1) 大判 1997. 8. 29, 96 다 14470; 2005. 1. 13, 2004 다 19647.

2) 大判 2020. 7. 9, 2020 다 208195; 1988. 11. 8, 87 다카 2370; 1998. 2. 24, 97 다 49053; 2009. 9. 10, 2006 다 64627; 2012. 11. 29, 2012 다 44471. 외국의 민사판결도 그러하다(大判 2007. 8. 23, 2005 다 72386).

3) 大判 1982. 8. 24, 82 다카 317.

4) 판례도 사실인정이 사실심의 재량에 속한다고 하더라도 이러한 한도를 벗어나서는 안 된다고 한다: 大判 2022. 1. 13, 2021 다 269562; 2018. 4. 12, 2016 다 223357; 2017. 6. 15, 2017 다 216134, 216141; 2012. 4. 13, 2009 다 77198, 77204.

5) 方, 452면; 金/姜, 529면; 宋/朴, 512면.

6) 大判 1993. 11. 12, 93 다 18129; 1996. 4. 12, 95 다 45125.

정을 하는 경우,[1] 진정성립이 인정되는 처분문서의 기재내용을 믿지 아니하는 경우,[2] 확정판결에서 인정된 사실과 다른 사실을 인정하는 경우[3] 등에 한하여 심증형성의 과정을 구체적으로 밝히면 충분할 것이다.[4]

(3) 證據共通의 原則

1) 증거력의 자유평가는 증거를 그 제출자에게 유리하게도 불리하게도 평가할 수 있음을 뜻한다. 즉, 당사자 한 쪽이 제출한 증거의 조사결과는 그 제출자에게 유리한 사실의 인정에 쓸 수 있을 뿐만 아니라, 상대방이 원용하지 않더라도 상대방에게 유리한 사실의 인정에도 쓸 수 있다.[5] 이를 증거공통의 원칙이라 한다.

2) 증거공통의 원칙은 변론주의에 저촉되는 것은 아니다. 왜냐하면 변론주의는 법원과의 관계에서 증거제출책임이 당사자에게 있다는 것을 의미할 뿐이므로, 일단 제출한 증거를 어떻게 평가할 것인가는 법원의 직무에 속하며, 변론주의의 범위 밖에 있기 때문이다. 증거공통의 원칙이 적용되는 결과 일단 제출한 증거에 대한 증거조사가 개시되면 상대방에 유리한 자료가 나올 수 있기 때문에, 상대방의 동의가 없으면 증거신청을 철회할 수 없다. 증거공통의 원칙은 공동소송인 사이에도 적용되지만, 공동소송인 사이에 이해가 상반되는 경우에는 원용이 없는 한 공동소송인에게 불리하게 적용되어서는 아니된다.[6]

(4) 심증형성의 방법과 정도

(가) 심증형성의 방법 법관은 증거조사의 결과와 변론 전체의 취지를 참작하여 자유로운 판단에 따라 심증을 형성한다. 주요사실에 관한 직접증거가 있을 때에는 그에 의하지만, 직접증거가 없을 때에는 여러 가지 간접사실로부터 주요사실을 추인하는 방법에 의한다. 예컨대 갑이 2010. 5. 5. 을에게 5,000만 원을 대여한

---

1) 大判 1996. 10. 25, 96 다 29700(잔금지급과 상환으로 부동산의 소유권이전등기를 경료하여 주기로 매매계약이 체결되고 매수인 명의의 소유권이전등기가 경료되었다면, 매수인의 잔금지급의무는 이미 이행되었다고 봄이 경험칙상 상당하고, 이에 매매대금이 전부 지급되지 아니하였다고 판단하기 위해서는 특단의 사정에 대한 이유 설시가 필요하다고 한다).

2) 大(全)判 1970. 12. 24, 70 다 1630.

3) 大判 1995. 6. 29, 94 다 47292; 1998. 2. 24, 97 다 49053; 2010. 5. 13, 2009 다 38612; 2012. 11. 29, 2012 다 44471.

4) 同旨: 李時, 557면.

5) 大判 1978. 5. 2, 78 다 358; 1987. 11. 10, 87 누 620.

6) 同旨: 李時, 557면; 金/姜, 531면; 姜, 515면.

사실에 관하여 차용증서나 증인 등이 없을 때에는 갑이 2010. 5. 5. 은행에서 5,000만 원을 인출한 사실, 경제적으로 여력이 없던 을이 다음날 병에게 5,000만 원을 변제한 사실, 2010. 5. 5. 을이 갑을 만난 사실 등으로부터 갑이 을에게 5,000만 원을 빌려주었으리라는 추정이 가능하여진다. 이 과정에서 논리와 경험의 법칙이 작용한다.

(나) 심증형성의 정도

① **역사적 증명** 법관이 구체적 사실을 인정할 때에 어느 정도의 확신을 얻어야 하는가가 문제된다. 전술한 바와 같이 민사소송법상의 증명은 한 점의 의심도 허용되지 않는 자연과학상의 논리적 증명(logischer Bewies)이 아니라, 경험칙에 비추어 보통 사람이 일상생활에서 의심을 품지 않을 정도의 진실성의 확신을 뜻하는 역사적 증명(historischer Beweis)이다.

② **확신의 주체와 정도** 역사적 증명으로 족하다고 하는 경우에 다음으로 문제되는 것은 누구를 기준으로 하여 어느 정도의 확신을 심어주어야 하는가이다. 우선 확신의 주체에 관하여는 구체적인 사건을 담당하는 법관 개인의 확신에 의할 것인가, 보다 객관적으로 일반인의 확신에 의할 것인가가 문제이다. 전자를 **주관설**, 후자를 **객관설**이라고 한다. 다음 확신의 정도에 관하여는 이를 수학적으로 표시한다면 십중팔구 정도의 '고도의 개연성(蓋然性)'이어야 하는가, 아니면 50%를 넘는 정도의 '우월적 개연성(優越的 蓋然性)'으로 족한가 하는 문제이다.[1)]

이 문제에 관하여 일본최고재판소는 첫째로, 고도의 개연성을 증명하여야 하고, 둘째로 그것은 통상인이 의심을 품지 않을 정도의 진실성의 확신에 의하여야 한다고 판시하고 있다.[2)] 재판은 법관이 일반인의 입장에서 판단하는 것이므로 일반인인 제3자의 콘트롤을 전제로 하는 법관의 개인적 확신이 필요하다 할 것이다(**절충설**).[3)] 한편 미국에서는 사건의 종류별로 확신의 정도를 달리 설정하고 있다. 즉 형사소송에서 피고인의 유죄를 인정하기 위해서는 '합리적 의심이 없을 정도의 증명'(proof beyond a reasonable doubt)이 요구되고, 민사소송에서 보통의 사건은

---

1) 증명도에 관한 연구는 스칸디나비아 제국에서 가장 활발하고, 도이칠란트와 일본에서도 많이 논의되고 있다. Maassen, *Beweismaßproblem im Schadenersatzprozess*(1975); 太田勝助, 「裁判における證明論の基礎」(1988); 春日偉知郎, 「民事證據法研究」(1991) 등.

2) 日最判 1975. 10. 24, 民集 29. 9. 1417.

3) 일본에서는 이러한 입장을 간주관설(間主觀說)이라 부른다(日最判 1975. 10. 24, 民集 29. 9. 1417.百選(4版), 2010, 57事件 참조).

'증거의 우월'(proponderance of evidence)의 증명으로 족하지만, 예외적으로 사기, 부당위압, 구술계약의 특정이행 등 특정한 사건은 위 양자의 중간인 '명백하고 설득력있는 증명'(clear and convincing proof)을 요구하고 있다.[1] 일본의 일부 학자는 일본 최고재판소가 고도의 개연성을 요구하는 것을 비판하면서, 영미의 민사소송의 통상사건에서 '증거의 우월'로 만족하고 있는 점 및 이른바 현대형 소송에서는 인과관계의 증명이 매우 어려운 점에 비추어 고도의 개연성을 요구하는 것은 부당하다고 공격한다.[2] 우리나라의 학설[3]·판례[4]도 사실을 확정할 때 십중팔구는 확실하다는 '고도의 개연성'이 필요하다고 하고 있으나, '증거의 우월'로 족하지 않을까?

(다) 現代型 訴訟의 特則 공해소송, 의료과오소송, 제조물책임소송 등 이른바 현대형 소송에서는 증거가 가해자인 기업이나 의사 쪽에 편재하여 당사자의 증거법상의 지위가 구조적으로 불평등하게 되어 있다. 이러한 배경에서 당사자 사이에 증거법상의 지위의 실질적 평등을 꾀하기 위하여 인과관계나 손해액의 증명과 관련하여 증명도를 경감시키거나 심증형성의 방법을 용이하게 하려는 여러 가지 시도가 나오고 있다.

① 蓋然性說 손해배상청구소송에서 증명도 자체를 경감하여 상당한 개연성이 있는 증명으로 충분한 것으로 보는 것이다. 대법원은 손해배상액인 일실이익을 산정할 때 향후의 예상소득에 관한 증명에서 증명도는 합리성과 객관성을 잃지 않는 범위 안에서 상당한 개연성이 있는 소득의 증명으로서 족하다고 한다.[5] 또한 공해로 인한 불법행위에서 인과관계의 증명은 침해행위와 손해와의 사이에 인과관계가 존재하는 상당정도의 가능성이 있다는 증명을 하면 족하고 가해자는 이에 대한 반증을 한 경우에만 인과관계를 부정할 수 있다고 하였다.[6] 판례가 공해소송에서 증명책임을 완화시키려고 하는 노력은 간접반증이론으로 발전하였다[7](뒤에서 설명함).

② 疫學的 證明 일본에서 공해소송이나 약해소송의 인과관계의 증명과 관련하여 많은 학자들의 지지를 받고 있는 방법이다.[8] 역학이란 어느 집단 안에서 자주 발생하는

---

1) 1 Federal Evidence §§3:8, 3:17 (4th ed. 2015).

2) 中野, 131면.

3) 李時, 559면; 金/姜, 532면; 宋/朴, 517면.

4) 大判 1960. 3. 31, 4292 民上 247; 2009. 3. 26, 2008 다 72578, 72585; 2009. 12. 10, 2009 다 56603, 56610; 2012. 4. 13, 2011 다 1828.

5) 大判 1993. 3. 12, 92 다 36175; 2003. 7. 25, 2002 다 39616; 大判 2016. 9. 30, 2015 다 19117, 19124(이러한 법리는 파산채권자가 파산절차에서 장래 수령할 수 있는 금액을 산정하는 경우에도 적용된다고 한다).

6) 大判 1974. 12. 10, 72 다 1774; 2012. 1. 12, 2009 다 84608, 84615, 84622, 84639(어장에 발생한 피해가 수도권매립지관리공사가 배출한 침출처리수에 포함된 오염물질이 해양생물에 작용함으로써 발생하였다는 상당한 개연성이 인정되어 공사의 오염물질배출과 어장피해 사이의 인과관계를 인정).

7) 大判 1984. 6. 12, 81 다 558.

8) 新堂, 339~340면; 好美·竹下, "イタイ·イタイ病第1次訴訟第1審判決の法的檢討," 判時 646, 108,

유행병에 관하여 그 발생원인을 찾아내어 그것이 만연하는 것을 예방·제압하는 것을 꾀하는 학문이고, 여기에서는 유행병의 원인이 무엇인가를 집단적·통계적으로 추구하여 그 병의 원인이라고 가정되는 인자와 질병의 발생 사이에 인과관계의 개연성을 증명하는 방법이 사용된다. 역학적 증명은 집단적 질병과 그 발생원인의 인과관계를 판단할 때에, i) 그 인자(발병원인)가 발병하기 일정기간 전에 작용하는 것일 것, ii) 그 인자가 작용하는 정도가 커질수록 질병의 이환율(罹患率)이 높아질 것, iii) 그 인자가 제거되면 이환율이 낮아질 것, iv) 그 인자가 원인으로 작용하는 메커니즘을 생물학적으로 모순없이 설명할 수 있을 것 등의 4가지 조건(역학의 4원칙)을 충족하는 경우에 인과관계를 긍정할 수 있고, 또 원고 개인의 질병도 같은 원인에 의한 것임을 증명하면 인과관계에 관한 증명이 있다고 인정하는 것이다.[1] 이 경우에 피고는 원고의 질병이 다른 원인에 의한 것이라고 추인시킬 만한 사실을 증명하지 못하는 한 패소를 면하지 못한다. 이것은 경험칙을 이용한 사실상의 추정에 의하여 역사적 증명을 가능하게 하는 것이며, 불가능에 가까운 과학적 증명을 요구하면서 유리한 소송의 전개를 꾀하는 피고에 대하여 원고의 소송상의 지위를 회복시킴으로써, 양 당사자의 실질적 평등을 실현시키는 데 이바지한다.[2]

③ **確率的 心證에 의한 比率的 認定** 종래 민사소송에서 사실인정은 어느 사실이 존재하느냐 않느냐의 택일적 판단으로서 시종하고, 만일 요건사실의 존재 여부가 불분명한 경우에는 증명책임의 분배에 따라 사건을 처리하였다. 그러나 교통사고소송, 공해소송, 의료과오소송 등 인과관계가 복잡하고 이에 관하여 고도의 개연성이 있는 증명을 하는 것이 곤란한 사례에서 확신을 얻을 수 없는 경우에 기계적으로 증명책임분배의 법칙에 따라 원고패소의 판결을 하는 것은 피해자구제의 측면에서 바람직스럽지 않다. 그리하여 이 경우에 원고패소판결을 하지 않고 법관이 얻은 심증의 정도만큼 비율적으로 사실을 인정하자는 이론이다. 예컨대 사고와 후유증 사이의 인과관계에 관하여 십중팔구 확실하다는 확신이 서지는 않고 70% 정도의 심증을 얻은 경우에는 전체손해액의 70%만을 비율적으로 인정하는 것이다.[3] 이 방법에 대하여는 심증도의 하한이 어디까지인지 불명하고 자칫 심리를 다하지 않은 채 확률적 심증으로 처리할 염려가 있다는 점이 비판되고 있다.

④ **寄與度에 의한 比率的 認定** 손해의 발생에 복수의 원인이 경합하는 경우, 예컨대 피해자의 지병과 사고가 경합하는 경우에 전체적으로 인과관계와 손해액을 인정하

113면; 石川 明, "公海訴訟における因果關係の證明," 新實務民訴 6, 275, 290면 참조.

1) 吉田, "疫學的因果關係論と法的因果關係論,"「ジユリスト」, 440, 104면 이하 참조.

2) 근자에 우리 대법원은 특정 위험인자와 비특이성 질환 사이의 역학적 상관관계와 양자의 인과관계를 인정할 개연성을 구별하여, 전자가 인정된다고 당연히 후자가 증명되는 것은 아니라고 하면서, 그 위험인자에 노출된 집단과 노출되지 않은 다른 일반 집단을 대조하여 노출된 집단의 발병비율이 노출되지 않은 집단의 비율을 상당히 초과한다는 것을 증명하고, 그 집단에 속한 개인이 위험인자에 노출된 시기와 노출 정도, 발병시기, 그 위험인자에 노출되기 전의 건강상태, 생활습관, 질병 상태의 변화, 가족력 등을 추가로 증명하는 등으로 그 위험인자에 의하여 그 비특이성 질환이 유발되었을 개연성이 있다는 점을 증명하여야 한다고 한다[大判 2013. 7. 12, 2006 다 17539(베트남전 참전군인 고엽제 피해 손해배상청구사건); 2014. 4. 10, 2011 다 22092(담배소송사건)].

3) 倉田, 民事交通訴訟の課題, 160, 201면 이하; 東京地判 1970. 6. 29, 判時 615, 38면, 百選 Ⅱ, 270면.

고 나서, 피해자의 지병이 기여한 정도를 가해자에게 증명하도록 하여, 피해 총액으로부터 그 기여분만큼을 감액한 금액을 배상하도록 하는 것이다. 유해가스와 자연현상이 경합한 경우에도 이 이론이 적용된다. 이것은 인과관계의 비율적 확정이 아니라, 배상액의 비율적 인정이다. 대법원판례도 위 법리를 채택하고 있다.[1)]

(라) 상당한 손해액의 인정 2016년 민사소송법 일부 개정(2016. 3. 29. 법률 제14103호, 2016. 9. 30.부터 시행)으로 신설된 민사소송법 제202조의2에 따르면 손해발생 사실은 인정되지만 구체적인 손해액수를 증명하는 것이 사안의 성질상 매우 어려운 경우, 법원은 변론 전체의 취지와 증거조사의 결과에 의하여 인정되는 모든 사정을 종합하여 상당하다고 인정되는 금액을 손해배상 액수로 정할 수 있다.[2)] 손해의 성질상 그 증명이 아주 어려운 경우까지도 증명책임분배의 일반원칙에 따라 원고청구를 기각하는 것은 원고에게 부당하게 불이익을 주는 것이어서 불공평하기 때문에 민사소송법에 명문의 규정을 두게 된 것이다. 이는 단순한 증명도의 경감에 그치는 것이 아니라 손해액에 관해 일정 정도의 심증형성이 되지 않는 경우에도 법원의 자유로운 판단에 따라 상당한 손해액을 인정할 수 있도록 한 점에서 기존의 증명도 경감에 관한 논의와 차이가 있다.[3)] 민사소송법 제202조의2는 특별한 정함이 없는 한 채무불이행이나 불법행위로 인한 손해배상뿐만 아니라 특별법에 의한 손해배상에도 적용될 수 있는 일반적 성격의 규정이다.[4)]

우리나라에서는 이와 같은 규정이 민사소송법에 규정되기 전에 이미 특허법(128 VII), 디자인보호법(115 VI), 저작권법(126), 상표법(110 VI), 부정경쟁방지 및 영업비밀보호에 관한 법률(14의2 V), 독점규제 및 공정거래에 관한 법률(57) 등 주로 지식재산권과 공정거래 분야의 개별 법률에서 손해의 발생원인사실은 인정되나 손해액의 증명이 극히 곤란한 경우 법원이 변론 전체의 취지와 증거조사의 결과에 기하여 상당한 손해액을 정할 수 있다고 명문으로 규정하여 소위 재량적 손해배상제도를 인정하고 있었다.[5)] 또한 대법원도 이미 2004년 이래로 채무불이행[6)]은 물론 불법행위로 인

1) 大判 1991. 7. 23, 89 다카 1275.

2) 이때에는 당사자들 사이의 관계, 불법행위로 인한 손해가 발생하게 된 경위, 손해의 성격, 손해가 발생한 이후의 정황 등이 고려되어야 한다: 大判 2021. 6. 30, 2017 다 249219; 2021. 6. 30, 2017 다 249219.

3) 伊藤(2014), 353면 이하: 伊藤교수는 손해발생은 인정되지만 그 손해액의 증명이 곤란한 예로서 i) 개인이 거주하는 가옥의 소실로 가재도구를 잃어버린 경우 그 가재도구에 관한 손해액의 증명, ii) 유아의 사망사고와 관련하여 피해자의 일실이익의 증명의 경우를 들고 있다.

4) 大判 2020. 3. 26, 2018 다 301336.

5) 지식재산권 외의 분야에서 상당한 손해액의 산정을 인정한 경우로는, 콘텐츠산업 진흥법(38 II), 장애인차별금지 및 권리구제 등에 관한 법률(46 III), 표시·광고의 공정화에 관한 법률(11), 독점규제 및 공정

한 손해배상청구소송에서[1] 재산적 손해의 발생사실은 인정되나 구체적인 손해의 액수를 증명하는 것이 곤란한 경우에는 증거조사의 결과와 변론전체의 취지, 관련된 모든 간접사실들을 종합하여 상당인과관계에 있는 손해의 액수를 판단할 수 있다고 한다.[2][3] 도이칠란트 민사소송법(287 Ⅰ)과 일본 민사소송법(248)에도 같은 취지의 규정이 있다. 그리고 증권관련집단소송에서는 정확한 손해액의 산정이 곤란한 경우에는 제반사정을 참작하여 표본적·평균적·통계적 방법 등으로 이를 정할 수 있도록 하고 있다(證集 34 Ⅱ). 이것은 집단소송의 특성을 고려한 것이다.

Ⅲ. 自由心證主義의 例外

우리 민사소송법은 자유심증주의를 원칙으로 하면서 이에 관하여 몇 가지 예외

거래에 관한 법률(57) 등이 있다. 나아가 개인정보의 분실·도난·유출·위조·변조 또는 훼손된 경우의 손해배상청구와 관련하여, 정보통신망 이용촉진 및 정보보호 등에 관한 법률(32의2 Ⅱ), 신용정보의 이용 및 보호에 관한 법률(43의2 Ⅱ), 개인정보 보호법(39의3 Ⅱ)에 의하면 법원이 변론전체의 취지와 증거조사의 결과를 고려하여 300만 원 이하의 범위에서 상당한 손해를 인정할 수 있도록 하고 있다.

6) 大判 2004. 6. 24, 2002 다 6951, 6968(축구단 복귀 약정위반으로 인한 손해배상청구사건); 2009. 10. 15, 2009 다 37886(취업의사를 철회함으로써 인재소개업체가 입게 되는 소위 '비즈니스 피해'의 배상청구사건); 2010. 10. 14, 2010 다 40505(지하철역 스크린도어 전면설치로 인해 지하철승강장 안전펜스 광고대행계약상의 의무이행이 불가능하게 됨으로 인한 손해배상청구사건); 2016. 6. 10, 2013 다 13832(고가의 수입차량의 수리 지연에 따른 차량의 교환가치감소로 인한 손해배상청구사건).

1) 大判 2006. 9. 8, 2006 나 21880; 2007. 11. 29, 2006 다 3561; 2009. 9. 10, 2006 다 64627; 2015. 1. 29, 2013 다 64984; 2014. 4. 10, 2011 다 72011, 72028; 2014. 7. 10, 2013 다 65710; 2016. 11. 24, 2014 다 81511; 2023. 4. 27, 2021 다 262905(甲 주식회사가 공장을 이전하기 위하여 乙 주식회사가 지방자치단체와 공동으로 개발하는 기업도시 내 공장용지를 매수하고 건물을 신축하였다가 취득세 및 재산세 감면에 관한 분양안내서의 기재 내용과 달리 위 토지와 건물에 관하여 취득세와 재산세 등을 납부하게 되자, 분양안내서를 작성·배포한 乙 회사를 상대로 표시·광고의 공정화에 관한 법률에 따른 손해배상을 구한 경우).

2) 손해의 발생은 인정되지만 손해액의 증명이 불충분한 경우에 대응하기 위한 우리 대법원의 노력은 그 역사가 상당히 깊다. 이미 1961년부터 손해액에 관해 적극적으로 석명권을 행사하고 입증을 촉구하여야 함을 판시하였고(大判 1961. 12. 7, 4293 민상 853; 1965. 9. 28, 65 다 1577, 1578; 1997. 12. 26, 97 다 42892; 2012. 6. 14, 2012 다 20819 등), 위자료의 보완적 기능을 인정하여 위자료 액의 증액을 통해 손해전보의 불균형을 보완하고자 하였으며(大判 1984. 11. 13, 84 다카 722; 2004. 11. 12, 2002 다 53865), 위자료액수 산정에 사실심 법원의 자유재량(大判 1995. 9. 26, 94 다 31259) 또는 직권에 속하는 재량(大判 1988. 2. 23, 87 다카 57)을 인정하였으며, 가공적·추측적 사실을 기초로 일실이익을 산정할 수 있음을 인정(大判 2016. 6. 28, 2015 다 23024; 2014. 1. 23, 2011 다 18017; 1994. 9. 27, 94 다 26134)하였다. 보다 자세한 내용은, 김경우, "증명의 곤란과 상당한 손해배상액의 인정", 민사소송 제20권 제2호, 71면 이하 참조.

3) 최근 대법원은 피고의 불법행위로 정상적인 영업을 완전히 중단하게 되어 입은 손해의 배상을 청구한 사안(大判 2017. 9. 26, 2014 다 27425), 건물 리노베이션과 증축에 관한 설계 및 감리계약을 체결하였다가 해지한 후 건축사사무소와 건축사를 상대로 설계도면의 하자를 이유로 손해배상을 구한 사안(大判 2020. 3. 26, 2018 다 301336)에서, 민사소송법 제202조의2의 취지에 따라 "재산적 손해의 발생사실이 인정되나 구체적인 손해의 액수를 증명하는 것이 사안의 성질상 곤란한 경우, 법원은 증거조사의 결과와 변론 전체의 취지에 의하여 밝혀진 당사자들 사이의 관계, 채무불이행이나 불법행위와 그로 인한 재산적 손해가 발생하게 된 경위, 손해의 성격, 손해가 발생한 이후의 제반 정황 등의 관련된 모든 간접사실들을 종합하여 적당하다고 인정되는 금액을 손해의 액수로 정할 수 있다"라고 판시하였다.

를 인정하고 있다. 이들 예외에 관하여는 이미 해당 장소에서 설명하였으므로 여기에서는 간략하게 이를 정리하는 데 그친다.[1)]

1. 證據原因의 制限

(1) 證據方法의 制限

대리권의 증명은 서면에 의하여야 하고(58 Ⅰ·89 Ⅰ), 변론의 방식에 관한 증명은 변론조서만에 의하고(158), 소명은 즉시 조사할 수 있는 증거방법에 의하여야 한다(299 Ⅰ).

(2) 證據能力의 制限

당사자와 법정대리인은 증인능력이 없고(367, 372), 위법수집증거는 위법성조각사유가 없는 한 증거능력을 부정하여야 하며, 증거제한계약에 위반된 증거방법은 원칙적으로 증거능력을 부정하여야 할 것이다.

2. 證據力의 評價에 관한 制限

문서의 형식적 증거력에 관한 추정규정(356, 358), 증명방해의 경우의 불리한 사실인정(349, 350, 360 Ⅰ, 361 Ⅱ, 366, 369) 등이 그것이다. 그 밖에 일단(일응)의 추정을 자유심증주의의 예외로 풀이하는 견해가 있다.[2)]

3. 證據契約－當事者에 의한 制限

유효한 증거계약의 존재가 증명되면 법원은 이를 근거로 하여 재판을 하여야 한다. 따라서 유효한 증거계약은 법관의 자유심증을 제약하게 된다(자세한 것은 뒤에 설명함).

Ⅳ. 事實認定에 대한 不服

1) 적정한 자유심증주의의 범위 안에서는 어떠한 사실인정을 하여도 위법의 문제가 일어날 여지는 없고, 법률심인 상고심은 사실심의 사실인정[3)]을 그대로 받아

---

1) 자세한 것은 Zeiss, §60 Ⅲ 참조.

2) Zeiss, 60 Ⅲ 3.

3) 이때의 사실은 자유심증주의에 따라 적법하게 확정된 사실을 말한다(大判 2015. 5. 28, 2014 다 88215).

들여야 하므로(432), 원심의 사실인정이 부당하다고 하는 것만으로는 상고이유가 되지 아니한다(423, 424).

2) 그러나 자유심증의 형성 자체에 문제가 있는 경우에는 예외적으로 사실심의 사실인정이 위법하다고 하여 상고이유로 삼을 수 있다(423). 즉, 첫째는 심증형성의 기초인 자료가 잘못된 경우이다. 심증형성의 자료로 삼을 수 있는 증거원인은 적법하게 소송에 현출된 증거조사의 결과와 변론 전체의 취지뿐이며, 또 이들은 빠짐없이 참작하여야 한다. 따라서 위법한 증거조사의 결과나 변론 전체의 취지를 채용하는 경우(법관이 사적으로 아는 사실을 채용한 경우도 마찬가지이다) 또는 적법한 증거조사의 결과나 변론 전체의 취지를 간과한 경우에는 사실인정이 위법으로 된다(위법한 사실확정은 상고심을 기속하지아니한다. 432). 둘째는 증거력을 평가할 때 따라야 할 기준을 위반한 경우이다. 증거력의 평가는 법관의 자유로운 판단에 맡겨져 있으나, 그것은 법관의 자의(恣意)를 허용하는 것이 아니라 논리와 경험의 법칙에 따라야 한다. 따라서 심증형성의 과정이 논리법칙과 경험법칙에 위반된 경우[1]에는 이에 따른 사실인정은 위법하게 된다.

3) 다만 이 경우에 상고이유를 무엇으로 할 것인가가 문제된다. 일반적으로 경험법칙을 법령과 동일하게 보아서 경험법칙의 인정이나 적용의 잘못을 채증법칙(採證法則)의 위반, 즉 법령위반(424, 上告特例法 4 Ⅰ ⑤)으로 구성하는 것이 보통이다. 그러나 적정한 경험법칙에 따르는 것을 자유심증주의의 내재적 제약으로 풀이하여, 이에 위반하는 것은 곧 제202조 위반으로 구성하여 이를 상고이유로 삼아야 한다는 견해도 주장되고 있다.[2]

Ⅴ. 證據契約

1. 意　　義

증거계약(Beweisvertrag)이라 함은 판결의 기초로 되는 사실의 확정방법에 관한 당사자 사이의 합의를 뜻한다. 이것은 그 주된 효과가 소송법의 영역에서 발생하는 계약이므로 소송계약의 일종이다.

1) 大判 2015. 9. 10, 2015 두 41937(부부 사이에 일방의 예금이 타방의 예금계좌로 입금되면 증여로 인정); 1996. 10. 25, 96 다 29700(잔금을 지급받기 전에 경료된 부동산 소유권이전등기); 1994. 10. 25, 94 다 21566(알콜성 정신병 등의 병력이 있는 피해자의 노동능력을 정상인과 같이 인정) 등.

2) 中野=松浦=鈴木, 320면; 中野, 197면.

2. 形　　態

증거계약에는 일정한 사실을 인정하고 다투지 않기로 약정하는 자백계약(Geständnisvertrag)(예컨대 被告에게 過失이 있는 점을 다투지 않기로 하는 합의), 일정한 증거방법에 의해서만 증명을 하기로 약정하는 증거방법계약(증거제한계약, Beweismittelvertrag)(예컨대 일정한 사실의 증명은 書證에 한하기로 하는 합의), 사실의 확정을 제3자의 판정에 맡기기로 약정하는 중재감정계약(Schiedsgutachtervertrag)(예컨대 보험사고의 원인과 손해액을 제3자의 판정에 맡기기로 하는 합의), 증거조사결과의 증거력을 약정하는 증거력계약(예컨대 특정한 증인의 증언을 진실한 것으로 받아들이기로 하는 합의) 등이 있다.

3. 效　　力

1) 변론주의와 처분권주의가 지배하는 영역에서는 소송물을 이루는 권리관계에 관하여 당사자가 처분권을 가지고 있으며, 특정한 증거방법의 신청과 철회 및 자백을 하느냐 않느냐는 당사자의 자유에 속하므로, 자백계약과 증거방법계약은 원칙적으로 유효한 것으로 인정된다. 다만 간접사실에 관한 자백계약은 법관의 자유심증을 제약하는 결과가 되므로(법관이 간접사실의 존재에 관하여 의심이 있는데도 그것이 있는 것으로 보고 주요사실을 인정하여야 하므로) 무효라고 풀이하는 것이 보통이다. 민사소송법은 보충적으로 직권증거조사를 허용하고 있으므로(292), 증거방법계약은 효력이 없다고 하는 견해가 있으나,[1] 우리 민사소송법의 대원칙은 변론주의이므로 찬성하기 어렵다.[2] 처분할 수 있는 법률관계에 관하여 그 존재 여부의 확정을 제3자에게 맡기는 것은 사적 자치의 원칙상 가능하므로(仲 3 참조), 중재감정계약도 유효하다. 그러나 증거력계약은 법관의 자유심증을 제약하는 것이므로 효력이 없다.

2) 유효한 증거계약의 존재가 주장·증명되면 법원은 이에 근거하여 재판하여야 한다. 그러므로 유효한 증거계약은 법관의 자유심증을 직접·간접으로 제한하는 결과가 된다. 그리하여 자백계약이 있으면 자백이 있는 경우와 마찬가지로 취급하고, 중재감정계약이 있으면 그 중재가 있을 때까지 소송절차를 중지할 수 있

---

1) 李時, 569면; 宋/朴, 515면; 胡, 586면.

2) 同旨: 金/姜, 525면; 姜, 509면; 新堂, 347면. 도이칠란트와 일본에서도 증거방법계약의 효력을 인정하고 있다. Rosenberg, §115 Ⅰ 3; 新堂, 482면. 일본과 달리 도이칠란트에서는 법원에 의한 직권증거조사가 인정되고 있다(獨民訴, 142, 143, 144, 273 Ⅱ, 448).

고(特許 164 Ⅱ 등 참조), 중재판정이 있으면 그에 따라야 한다.

3) 증거계약은 증명책임계약(Beweislastvertrag)과 구별하여야 한다. 증거계약은 사실의 확정방법에 관한 것임에 반하여, 증명책임계약은 사실의 확정이 불가능하여 진위불명인 경우에 누구에게 불리하게 법률을 적용할 것인가의 문제이기 때문이다. 증명책임계약은 당사자가 처분할 수 있는 권리관계에 관한 것이고 강행법규에 반하지 않는 한 그 효력을 인정하여야 할 것이다.[1] 판례도 이를 인정한다.[2] 다만 상당한 이유 없이 고객에게 증명책임을 부담시키는 약관조항은 무효이다(約規 14).

제 6 관 證明責任(立證責任)

Ⅰ. 概 念

1. 意義 · 機能

판결을 하려면 판결의 기초인 사실을 확정하여야 한다. 그러나 당사자의 노력과 법원의 능력에는 한계가 있으므로 증거조사를 다 마쳐도 주요사실의 존재 여부에 관하여 법원이 심증을 형성할 수 없는 채로 심리가 종료되는 수가 있다. 이러한 상태를 진위불명(*non liquet*)이라고 한다. 그런데 법원은 진위불명이라고 하는 이유로 재판을 거절할 수 없다. 만일 재판을 거절한다면 당사자 사이의 분쟁은 해결되지 않고 소송제도의 목적을 달성할 수 없기 때문이다. 그리하여 진위불명의 경우에도 재판을 가능하게 하기 위해서는 그 사실이 존재하지 않는 것으로 인정된 경우와 마찬가지로 취급하여, 그 사실을 요건으로 하는 법률효과의 발생을 인정하지 않게 된다. 이처럼 진위불명의 경우에 법원에 대하여 재판의 내용을 지시하는 역할을 담당하는 것이 증명책임이다.[3] 이것을 당사자의 입장에서 보면, 증명책임(burden of proof; Beweislast)이란 주요사실의 존재 여부가 불명확한 경우에 이것을 요건으로 하는 실체법의 적용이 부정됨으로써 자기에게 유리한 법률효과를 취득할 수 없게

---

1) Rosenberg, §117 Ⅲ 2 b); 李時, 565면.

2) 大判 1997. 10. 28, 97 다 33089.

3) 증명책임의 의의와 기능에 대하여는 많은 학설이 주장되고 있다. 여기의 설명은 통설을 따른 것이다. 자세한 것은 竝木, "證明責任の意義と機能," 新爭點, 246면 이하 참조.

되는 당사자의 불이익 내지 패소의 위험을 가리킨다(結果責任說).[1] 예컨대 대여금청구소송에서 원고는 피고에게 돈을 대여하였다고 주장하고 피고는 이것을 부인하고 있는데, 어느 쪽의 주장이 진실인지 불명확한 경우에는 돈을 대여하였다는 사실은 없는 것으로 보므로, 돈을 대여함으로써 성립하는 소비대차의 법률효과(대여금반환청구권)가 발생하지 아니하여 원고청구기각의 판결을 받게 된다. 이 경우에는 소비대차의 구성요건을 이루는 사실의 존재에 관하여 원고에게 증명책임이 있다고 말한다. 요컨대 증명책임론은 증명이 없는 경우의 효과(Folge der Beweislosigkeit)에 관한 논의에 지나지 아니한다. 증명책임은 본증과 반증, 부인과 항변의 구별, 증명촉구(136 I)의 기준이 된다.[2] 증명책임을 '민사소송의 척추'(Rückgrat des Zivilprozesses)라고 말하는 일이 있으나, 이것은 과장된 표현이다. 이에 관하여는 다음의 여러 점을 유의하여야 한다.

i) 증명책임은 **반드시 당사자 한 쪽이 부담**한다. 어느 한 쪽이 그 존재에 관하여, 다른 한 쪽이 그 부존재에 관하여 각각 증명책임을 지는 것은 아니다. 왜냐하면 그렇게 하면 그 존부 불명의 경우에 모순되는 두 개의 결론이 생기기 때문이다. 그러나 별개의 청구에 관해서는 공통된 동일한 사실의 증명책임을 양 쪽이 나누어 지는 수가 있다. 예컨대 원고가 본소로서 매매대금청구를 하고, 피고는 반소로서 매매목적물의 인도청구를 하는 경우에는 매매계약의 성립사실은 원고와 피고(반소원고)에게 각각 증명책임이 있다. 따라서 매매계약의 성립사실의 존재 여부가 불명확하면 원고와 피고의 청구가 모두 기각된다.

ii) 증명책임은 진위불명이라는 상태를 요건으로 하여 실체법의 적용을 부정하는 것이고 그것은 **처음부터 추상적 · 객관적으로 정하여져 있는 것**이다. 따라서 개개의 소송의 구체적인 상황에 따라 영향을 받지 않으며, 소송심리의 과정중에 한 쪽 당사자로부터 다른 쪽 당사자로 이동하거나 전환하는 것은 아니다.

iii) 증명책임은 **주요사실**에 관해서만 문제된다. 왜냐하면 증명책임은 법률효과의 발생 · 소멸의 판단을 가능하게 하기 위한 것이므로 이를 직접 규정하는 법규의

---

1) 통설인 결과책임설과 달리 증명책임을 행위책임으로 이해하는 행위책임설이 있다. 극단적인 행위책임설을 주장하는 학자 중에는 증명책임 자체를 부정하는 이도 있다. 佐上, 「立證責任の意義と機能」, 井上=伊藤=佐上, 139면 이하; 石田, 「證據法の再構成」(1980), 225, 248면 이하 등 참조.

2) 재판상의 자백에 대하여 '증명책임설'을 따르게 되면, 증명책임은 재판상의 자백의 구별기준이 되기도 한다(재판상의 자백에 관한 설명 참조).

구성요건에 해당하는 사실에 관하여 정하여지기 때문이다. 따라서 실체법의 직접적인 규율대상이 아닌 간접사실에 관해서는 증명책임을 문제로 삼을 필요가 없다.

iv) 증명책임은 변론주의를 취하는 절차에서는 물론, **직권탐지주의**를 취하는 절차에서도 문제된다. 왜냐하면 주요사실의 진위불명은 변론주의에서도 직권탐지주의 아래에서도 발생할 가능성이 있기 때문이다.

2. 客觀的 證明責任과 主觀的 證明責任

1) 위에서 설명한 증명부재의 경우의 위험(Risiko der Beweislosigkeit)으로서의 증명책임을 객관적 증명책임 또는 실질적 증명책임(burden of persuasion; objektive od. materielle Beweislast)이라고 한다.[1] 단순히 증명책임이라고 하면 객관적 증명책임을 가리킨다. 그런데 때로는 증명책임이라는 말이 주관적 증명책임 또는 형식적 증명책임(subjektive od. formelle Beweislast)이라는 뜻으로 쓰이는 일이 있다. 이것은 증거제출책임(Beweisführungslast)을 가리키며, 추상적 증거제출책임이라고도 한다.[2] 즉, 객관적 증명책임을 부담하는 당사자가 불이익을 면하기 위하여 증거를 제출하여 증명활동을 하는 것을 가리킨다. 주관적 증명책임은 객관적 증명책임으로부터 도출되는 것이므로 객관적 증명책임과 마찬가지로 처음부터 추상적으로 정해져 있는 것이며, 소송의 경과에 따라 달라지는 것은 아니다.[3] 객관적 증명책임이 결과책임인데 반하여, 주관적 증명책임은 행위책임이다. 그리고 객관적 증명책임은 직권탐지주의 아래에서도 문제되지만, 주관적 증명책임은 변론주의 아래에서만 그 적용이 있다. 이처럼 증명책임을 객관적 증명책임과 주관적 증명책임으로 나누어 고찰하는 것은 소송의 전 과정에서 법원이 누구에게 증명촉구를 할 것인가(석명권. 136 I)를 정하는 등 당사자의 소송활동과 법원의 소송지휘의 기준이 되는 의미가 있다.[4]

2) 증명책임은 증명의 필요와 구별된다. 예를 들면 한 쪽 당사자가 증명책임을 지는 사실에 관하여 유력한 증거를 제출하여 법관이 확신을 갖게 되면 다른 쪽 당사자가 반대의 증거를 제출하여 법관의 확신이 흔들리게 할 필요가 있게 되는데 이를

1) 객관적 증명책임은 이를 확정책임(Feststellungslast)이라고도 한다.
2) 新堂, 487면.
3) 胡, 590면; MünchKomm/Prütting, §286 Rdn. 99. 反對: 李時, 566면; 姜, 518면; 宋/朴, 537면.
4) 金/姜, 479면; 新堂, 488면.

증명의 필요라고 한다. 다른 말로 구체적 증거제출책임(konkrete Beweisführungslast)이라고도 한다. 이는 영미법상의 증거제출책임(burden of producing evidence)에 해당하는 것으로서,[1] 어느 쪽 당사자에게 증명의 필요가 있는가는 소송의 진행과정에서 법관의 심증의 형성의 정도에 따라, 본증이냐 반증이냐에 따라 각각 달라진다.[2] 객관적 증명책임과 주관적 증명책임은 추상적·일반적으로 정해져 있는 법적 개념인데 대하여, 구체적 증거제출책임은 법관의 심증에 대응하는 사실적인 것에 지나지 아니한다.[3]

3. 證明責任規定의 性質

증명책임에 관한 규정이 실체법과 소송법 중 어느 법에 속하는가에 관하여 논의가 있다. 예컨대 외국적 요소를 가진 사건에 관한 소송에서 증명책임규정을 소송법으로 보는 경우에는 법정지법에 따르게 되고(절차는 법정지법에 따른다는 원칙), 실체법으로 보면 국제사법에 따라 결정되는 준거외국법에 따르게 된다. 증명책임규정은 어떠한 법률을 적용할 것인가를 정하는 것이기 때문에 실체법에 속하는 것으로 풀이하는 견해,[4] 다툼 있는 사실이 그 법률요건으로 되어 있는 법조와 동일한 법영역에 속한다는 견해[5] 등이 대립하고 있다. 이 논쟁은 이론적으로는 완전히 해결할 수 없는 문제이지만,[6] 실체법설에 따른다(도이칠란트의 통설). 이를 실체법에 속하는 것으로 보는 경우에는 외국적 요소가 있는 법률관계에 관한 소송에서는 증명책임규정은 준거외국법에 따르게 되고, 증명책임규정에 대한 위반이 있으면 소송절차에 관한 이의권의 대상이 되지 않고, 상고심에서 심사의 대상이 되며(소송법규위반의 경우에는 강행규정이 아닌 한 상고이유로 지적한 점만을 판단), 증명책임계약은 적법한 것으로 된다.[7]

---

1) McCormick, §336.

2) MünchKomm/Prütting, §286, Rdn. 101.

3) 胡, 591면; 오석락, 「입증책임론」(1999), 10면; Rosenberg, §117 Ⅰ 3 b); MünchKomm/Prütting, §286 Rdn. 101. 新堂, 注釋民訴(6), 39면. 주관적 증명책임과 증명의 필요를 동일한 개념으로 보는 견해로는 李時, 566면; 姜, 518면; 宋/朴, 538면.

4) 李時, 567면; 姜, 520면.

5) 金/姜, 480면; 宋/朴, 538면.

6) Zeiss, §61 Ⅲ; Blomeyer, §69 Ⅱ.

7) Blomeyer, §69 Ⅱ 1; Arens, Rdn. 278; Rosenberg, §117 Ⅲ 2.

Ⅱ. 證明責任의 分配

1. 序 說

각 주요사실에 관하여 어느 당사자가 증명책임을 지는가를 정하는 것을 증명책임의 분배라고 한다. 어느 당사자에게 증명책임을 지우는가에 따라 소송의 승패가 결정되므로, 증명책임의 분배는 매우 중요한 문제이다.

증명책임의 분배에 관하여 법률이 명문으로 정하고 있을 때에는 그에 따라야 하는 것이 당연하다. 예컨대 민법 제135조 제1항(무권대리인의 상대방에 대한 책임), 제437조(보증인의 최고·검색의 항변), 상법 제115조(운송주선인의 손해배상책임), 제135조 · 제148조(운송인의 손해배상책임), 어음법 제45조 제5항(인수거절 또는 지급거절의 통지의 증명), 자동차손해배상보장법 제3조 단서(자기를 위하여 자동차를 운행하는 사람의 손해배상책임) 등이 그것이다. 문제는 증명책임의 분배에 관하여 법률에 명문규정이 없는 경우이다. 이 경우 어떠한 기준에 따라 양 당사자 사이에 증명책임을 나눌 것인가가 문제된다. 증명책임의 분배기준에 관하여는 예로부터 여러 가지 학설이 주장되어 왔으나,[1] 이를 요증사실분류설과 구성요건분류설로 크게 나눌 수 있다. 오늘날 통설 · 판례의 지위를 차지하고 있는 것은 구성요건분류설 중 규범설이다.

(1) 要證事實分類說

요증사실분류설(Themenverteilung)은 증명할 사실 자체의 성질 내지 내용에 따라 증명책임의 분배를 정하려고 하는 이론으로서 19세기까지의 지배적 학설이었다. 그 대표적인 것으로 다음과 같은 것들이었다.

① **消極的 事實說**(Negativentheorie) 이 설에 의하면, 적극적 사실을 주장하는 사람은 이를 증명할 책임이 있지만, 소극적 사실을 주장하는 사람은 증명책임을 지지 아니한다고 한다. 그러나 이 설은 적극적 사실과 소극적 사실의 한계가 분명하지 못하다는 난점을 안고 있다. 왜냐하면 거의 모든 진술은 법적으로 중요한 내용의 변경 없이 소극적으로 구성할 수 있기 때문이다. 예컨대 성년자라고 진술하면 적극적 사실이고, 미성년자가 아니라고 진술하면 소극적 사실이 되는 난점이 있다.

② **外界事實說** 이 설은 외계의 사실(äußere Tatsachen)에 관하여는 증명책임이 있으나, 내심의 사실(innere Tatsachen)에 관하여는 증명을 요하지 아니한다고 한다. 이에

---

1) 자세한 것은 오석락, 전게서, 69면 이하; Musielak, S. 190 ff.; Prütting, *Gegenwartsprobleme der Beweislast*(1983); Musielak/Stadler, S. 119 ff. 등 참조.

의하면 법률행위에 있어서 표시가 있었던 것은 외계의 사실이므로 증명을 요하지만, 효과의사·능력은 내심의 사실이므로 증명이 불필요하다고 한다. 그러나 능력, 특히 미성년자인 것은 외부로부터 추인할 수 있으므로 능력을 내심의 사실로 보는 것은 무리이며, 이 설 역시 외계의 사실과 내심의 사실의 한계가 불명확하다는 결함을 가지고 있다.

(2) 構成要件分類說(法律要件分類說)

구성요건분류설 또는 법률요건분류설(Tatbestandsteilung)은 객관적인 법규의 구조 속에서 증명책임분배의 기준을 찾으려고 하는 이론이다. 여기에는 규범설 이외에도 여러 분파가 있다.

① **特別要件說** 이 설은 권리관계의 발생·소멸에 필요한 요건을 그에 특유한 요건과 그렇지 아니한 일반요건으로 구별하여, 원고는 권리의 특별요건에 관하여만 증명책임을 지고, 권리의 일반요건의 흠이나 권리를 예외적으로 발생시키지 아니하는 사정에 관하여는 피고가 증명책임을 진다고 한다. 그러나 특별요건과 일반요건의 구별이 문제이다.

② **因果關係說**(原因說, Kausaltheorie) 이 설은 권리발생의 원인(causa efficiens)이 되는 사실(권리근거사실)은 원고가 증명책임을 지고, 그 부존재가 권리에 대하여 조건(*conditio sine qua non*)이 되는 사실(권리장애·소멸 및 저지사실)은 피고가 증명책임을 진다고 한다. 이 설에 대하여도 원인과 조건의 개념한계와 구별이 불명확하다는 비판이 가하여지고 있다.

③ **全部事實說**(完全性說, Vollständigkeitstheorie) 이 설은 권리관계의 발생을 주장하는 사람은 그 권리관계의 발생에 필요한 법률요건을 구성하는 일체의 사실을 증명하여야 한다고 주장한다. 그리하여 권리근거사실과 권리장애사실 등의 구별을 부정한다. 이 설은 권리를 주장하는 당사자에게 너무 무거운 증명책임을 지우는 데 문제가 있다.

2. 規範說(Normentheorie)

1) 규범설은 구성요건분류설 중 대표적인 학설이므로 구성요건분류설 내지는 법률요건분류설이라고 부르기도 한다. 규범설은 법관이 법규를 적용할 수 있는 것은 그 요건사실의 존재가 확정된 경우에 한한다는 점을 출발점으로 한다. 따라서 요건사실의 부존재가 확정된 경우는 물론, 그 존재 여부가 불분명(*non liquet*)한 경우에도 법규는 적용되지 아니한다. 이처럼 진위불명의 경우의 법규부적용의 원칙으로부터 다음과 같은 증명책임분배의 원리가 나온다. 즉, 이 경우에 법규부적용에 의한 불이익은 그 법규가 적용되면 승소할 당사자에게 돌아가므로, '각 당사자는 자기에게 유리한 법규의 요건사실에 관한 증명책임을 부담한다'는 원칙이 나오

게 된다.

2) 여기에서 다음으로 문제되는 것은 어느 법규가 자기에 유리한가 아닌가의 기준을 어디에서 구하는가이다. 규범설은 실체법이 증명책임분배가 고려되어 입법되었다는 전제 아래 이것을 법규범 상호간의 관계에서 찾아낸다. 즉, 규범설에 의하면 법규범은 서로 보충하고 지지하고 반대하고 배척하는 등의 관계에 있고, 이 상호관계로부터 증명책임의 분배기준을 이끌어 낼 수 있다고 한다. 그리하여 권리발생의 기초를 이루는 규범인 권리근거규범(rechtsbegründende Normen)[1]에 대하여, 다른 규범인 반대규범(Gegennorm)이 대립한다. 이 반대규범에는 처음부터 법률효과의 발생을 방해하는 권리장애규범(rechtshindernde Normen), 일단 발생한 법률효과를 뒤에 이르러 소멸시키는 권리소멸규범(rechtsvernichtende Normen)[2] 및 아직 살아있는 법률효과의 관철·주장을 배제하거나 저지하는 권리저지규범(rechtshemmende Normen)[3] 등이 있다.

이러한 법규범 상호간의 관계를 바탕으로 하여 규범설은 권리를 주장하는 사람은 그에게 유리한 권리근거규범에 해당하는 요건사실(권리근거사실)을 증명하여야 하고,[4] 그 권리를 부인하는 상대방은 권리장애·권리소멸 및 권리저지규범에 해당하는 요건사실(권리장애사실, 권리소멸사실 및 권리저지사실)을 증명하여야 한다는 방식으로 증명책임을 분배한다.

i) 권리근거규범의 요건사실로는 예를 들면 불법행위에 의한 손해배상청구(民 750)를 하는 경우에는 불법행위의 요건사실인 고의·과실, 위법행위, 인과관계, 손해의 발생 등을 들 수 있고,[5] 소비대차계약에 기한 대여금반환청구(民 598)를 하는 경우에는 그 요건사실인 소비대차계약이 체결된 사실, 대금(금전)을 지급한 사실, 변제기에 이른 사실 등을 들 수 있다. 이에 대하여 ii) 권리장애규범의 요건사실로는 계약의 무효사유, 예컨대 선량한 풍속 그 밖의 사회질서의 위반, 통정허위표시 등이 있고, iii) 권리소멸규범의 요건사실로는 채무의 변제·면제, 계약의 취소·해제, 소멸시효의 완성사실 등이 있으며,[6] iv) 권리저지규범의 요

---

1) 기본규범(Grundnorm; Hauptnorm), 원칙규범(Regelnorm)이라고도 부른다.

2) 권리멸각규범이라고도 부른다.

3) 권리배제규범(rechtsausschließende Normen)이라고도 부른다.

4) 인가·허가가 있어야 하는 경우에 이 보충규범의 요건사실은 권리를 주장하는 원고가 증명하여야 한다. 張秀吉, "認許可를 요하는 法律行爲의 實體法的 考察," 「民事裁判의 諸問題」 8, 13면 이하; 李宙興, "土地去來許可에 있어 이른바 流動的 無效에 기한 法律行爲," 전게서, 32면 이하; 마찬가지로 등기부취득시효에서 무과실에 관한 증명책임은 시효취득을 주장하는 자에게 있다(大判 2017. 12. 13, 2016 다 248424).

5) 大判 2013. 3. 28, 2010 다 60950.

6) 大判 2013. 6. 13, 2011 다 54631; 2015. 4. 23, 2011 다 19102, 19119(계속적 계약을 해지하는 경우, 계약관계를 유지하기 어려운 정도에 이른 사정에 관해서는 계약관계의 소멸을 주장하는 자에게 증명책임이 있다).

건사실로는 기한의 유예, 유치권의 항변, 동시이행의 항변사실 등이 있다.

예를 들면 매매대금청구소송에서는 매매계약의 성립(民 563)이 권리근거규범의 요건사실이므로 원고가 이를 증명하여야 하고, 불공정한 법률행위로서 위 매매계약의 무효(民 104)는 권리장애규범의 요건사실에, 대금의 변제(民 460 이하),[1] 소멸시효(民 162), 사기 · 강박에 의한 취소[2]는 권리소멸규범의 요건사실에, 동시이행의 항변권(民 536)은 권리저지규범의 요건사실에 각 해당되므로 피고가 이를 증명하여야 한다.

권리장애 · 권리소멸 및 권리저지 등의 반대규범에 대하여는 다시 그 반대효력의 발생을 방해하거나 이를 소멸시키거나 또는 그 행사를 저지하는 장애 · 소멸 및 저지의 규범으로 대항할 수 있다. 예컨대 위의 예에서 피고가 권리소멸사실로서 법률행위의 내용의 중요부분의 착오를 이유로 한 매매계약의 취소(民 109)를 주장 · 증명하는 경우에는,[3] 원고가 이에 대한 장애사실로서 그 착오가 의사표시를 한 사람의 중대한 과실로 인한 것임을 주장하여 증명할 수 있고, 또 피고가 소멸시효의 완성을 증명하는 경우에는 원고는 이에 대한 장애사실로서 소멸시효의 중단(民 168)을 주장 · 증명할 수 있다.

3) 권리근거규범과 권리소멸규범 · 권리저지규범의 구별은 어렵지 않으나, 권리근거규범과 권리장애규범의 구별은 문제이다. 예컨대 선의가 시효취득의 요건(권리근거사실)인가, 악의가 시효취득의 장애원인(권리장애사실)인가를 생각하여 보라. 이 양자의 구별기준은 법규정의 원칙 · 예외 관계에서 구할 수 있다. 법규가 본문 · 단서의 형태로 되어 있는 경우에는 단서는 본문의 법률효과를 방해하는 요건이므로 권리장애규범에 해당하는 것이 원칙이다. 예컨대 민법 제755조 · 제756조의 경우에, 감독의무를 게을리 하지 아니한 사실은 이를 감독자 · 사용자가 증명하여야 한다. 다만 단서라고 하더라도 '다만 … 경우에 한한다'라고 규정되어 있는 경우에는 본문의 요건의 추가에 불과하므로 본문의 요건을 주장하는 사람에게 증명책임이 있다(예컨대 破 100 I ②. 391 ②, 民訴 462 但).[4]

---

1) 大判 1984. 6. 12, 83 다카 2014.

2) 大判 1977. 2. 8, 76 다 359.

3) 착오를 이유로 의사표시를 취소하는 자는 법률행위 내용의 착오사실과 그 착오가 의사표시에 결정적인 영향을 미쳤다는 점(즉 착오가 없었다면 의사표시를 하지 않았을 것이라는 점)을 증명하여야 한다(大判 2008. 1. 17, 2007 다 74188; 2015. 4. 23, 2013 다 9383).

4) 이처럼 법문의 표현형식을 이용하여 근본규범인가 반대규범인가를 구별하여 증명책임의 분배를 꾀하는 것을 문구조설(Satzbautheorie)이라 한다. 그러므로 규범설은 문구조설의 하나이다.

4) 소극적 확인소송에서는 보통의 경우와 반대로 증명책임이 분배된다. 예컨대 금전채무부존재확인소송에서는 채무자인 원고가 먼저 청구를 특정하여 채무발생원인사실을 부정하는 주장을 하면, 채권자인 피고는 권리관계의 요건사실에 관하여 주장·증명책임을 부담한다.[1] 또 소극적 사실, 예컨대 민법 제741조의 '법률상 원인없이'와 같은 경우에는 원인없는 사유는 무수하게 있을 수 있으므로 원고는 이를 일반적으로 진술하면 되고, 피고가 구체적인 법률상 원인을 제시하면 이에 대하여만 부정하면 되고, 모든 가능한 법률상 원인을 배제하여야 하는 것은 아니다.[2]

이에 판례는 유치권 부존재 확인소송에서 유치권의 요건사실인 유치권의 목적물과 견련관계 있는 채권의 존재에 대해서 피고가 주장·증명하여야 하며,[3] 근저당권말소청구소송에서 근저당권등기 당시 피담보채권을 성립시키는 법률행위가 없었다고 다투는 경우 원고가 근저당권자로부터 금전을 차용하였는지 여부에 대한 증명책임은 차용행위의 존재를 주장하는 피고에게 있다고 하였다.[4] 또한 판례는 확정된 지급명령에 관한 이의의 소에서 청구원인이 된 청구권에 관하여 지급명령 발령 전에 생긴 불성립이나 무효 등의 사유를 주장할 수 있으며(民執 58 Ⅲ. 44 Ⅱ), 이 경우 청구이의 사유에 관한 증명책임은 일반 민사소송에서의 증명책임 분배의 원칙에 따라야 한다고 하였다. 따라서 청구이의의 소에서 원고가 피고의 채권 불성립을 주장하면 피고에게 채권발생원인 사실에 대한 증명책임이 있으며, 원고가 그 권리발생의 장애 또는 소멸사실을 주장하고 증명할 책임이 있다고 하였다.[5]

5) 규범설은 진위불명의 경우에 법규부적용의 원칙으로 문제를 해결하고 있지만, 이에 대하여는 법률상 및 해석상의 예외가 인정되고 있다. 즉, 법률상의 예외로서는 법률상의 추정이 있고, 법관의 판례법에 의한 예외로서는 증명책임의 전환 및 일단(일응)의 추정이 있다. 이에 관하여는 뒤에 따로 설명한다.

---

1) 大判 1998. 3. 13, 97 다 45259; 2018. 7. 24, 2018 다 221553; 청구이의의 소에서도 마찬가지이다(2010. 6. 24, 2010 다 12852).

2) 자세한 것은 Musielak, S. 286 ff.; Musielak/Stadler, Rdn. 320 참조.

3) 大判 2016. 3. 10, 2013 다 99409.

4) 大判 2009. 12. 24, 2009 다 72070.

5) 大判 2010. 6. 24, 2010 다 12852(이 사건에서 원고는 자신의 통장에 입금된 돈이 피고의 원고에 대한 대여금이 아니라 무상지원금이므로 이 돈이 대여금임을 전제로 한 지급명령에 기한 강제집행은 불허되어야 한다고 주장하였다).

3. 證明責任分配基準에 관한 새로운 理論

통설인 규범설에 대하여는 도이칠란트와 일본의 학자들에 의하여 여러 가지 비판이 가하여지고 있다. 이들은 법규의 구조와 같은 형식적 기준에 따라 증명책임을 분배할 것이 아니라, 보다 실질적 원칙에 따라 이를 분배하여야 한다고 주장한다.[1)] 이들 새로운 이론에는 다음의 세 가지 흐름이 있다.

(1) 危險領域說(Gefahrenkreistheorie)

이 설은 도이칠란트의 '프뢸스'(Prölss)에 의하여 주장된 것으로서, 증명책임분배에 관하여 포괄적인 기준을 제시하려는 것은 아니고, 오직 계약상 및 불법행위법상의 손해배상청구사건에 한하여 규범설에 따른 증명책임분배의 일반원칙을 제한하여 가해자 쪽에 증명책임을 지우려고 하는 이론이다. 이 설에 의하면 손해배상청구사건에서 손해원인이 채무자나 가해자의 위험영역(Gefahrenbereich)에 있는 경우에는 피해자는 증명을 하기 어려운 상황에 있는 반면에, 가해자는 사실관계를 쉽게 해명할 수 있는 입장에 있기 때문에, 가해자가 채무불이행·불법행위의 객관적 요건(인과관계)이나 주관적 요건(고의·과실)의 부존재를 증명할 책임을 지며, 이것은 정의의 명령이고 책임규범의 손해예방목적에도 합치한다고 한다. 여기에서 위험영역이라 함은 법률상 또는 사실상의 수단에 의하여 지배할 수 있는 생활영역을 가리킨다.[2)] 이 설은 적극적 채권침해의 경우에 도이칠란트 판례에 의하여 발전되어온 이론을 일반화한 것이다. 이 설의 난점은 위험영역이라는 개념이 모호하다는 데에 있다. 그리고 증명이 어려운 경우에는 증명책임의 경감 또는 전환에 의하여 문제를 해결할 수 있으므로 이 이론이 불가결한 것도 아니다.

(2) 蓋然性說(Wahrscheinlichkeitstheorie)

이 설 역시 도이칠란트에서 주장되는 것으로서, 이것은 증명책임분배에 관한 고정적 법칙을 포기하고 개개의 사건마다 법관이 구체적 특수성과 개연성을 고려하여 재량에 따라 각 당사자에게 증명책임을 부담시켜야 한다고 한다. 이에 의하면 개연성이 낮은 사실관계를 증명하여야 하며, 개연성이 낮은 사실을 원용하는 당사자가 증명책임을 부담한다고 한다. '케겔'(Kegel) 등에 의하여 주장되는[3)] 이 설의 난점은 개연성이란 증명책임의 영역에서가 아니라 증거평가의 영역에서 의미를 가진다는 데 있다. 따라서 이 설은 증명책임과 증거평가를 혼동하고 있다는 비판을 받고 있다. 여기에서 주의할 것은 증명책임에 관한 개연

---

1) Musielak, "Gegenwartsprobleme der Beweislast," *ZZP* 100, 385(1986) 참조.

2) Prölss, *Beweiserleichterungen im Schadenersatzprozess*, S. 65 ff. (1968); Larenz, *Schuldrecht*, 10. Aufl., S. 275(1966).

3) Kegel, Festschrift für Kronstein, S. 321, 335 ff.(1967); Reinecke, *Die Beweislastverteilung im Bürgerlichen Recht und im Arbeitsrecht als rechtspolitischer Regelungsaufgabe*(1976), S. 42 ff.; Wahrendorf, *Die Prinzipien der Beweislast im Haftungsprozess*(1976). S. 59 ff.

성설은 공해소송에서 인과관계의 증명은 개연성으로 족하다고 하는 경우의 개연성설과 혼동하여서는 아니된다는 점이다.

(3) 證據距離說(利益衡量說)

이 설은 일본의 '이시다'(石田 穰)에 의하여 주장된 것으로서[1] 그 기원은 도이칠란트의 '라이폴트'(Leipold)에 있다고 생각된다.[2] 이 설에 의하면 증명책임의 분배기준이 법규의 입법취지로부터 명백하지 아니한 경우에는 증거와의 거리(가까운 사람이 증명책임을 진다), 증명의 난이(難易)(쉬운 사람이 증명책임을 진다), 개연성(개연성이 높은 경험칙의 경우에는 예외를 주장하는 사람이 증명책임을 진다) 및 신의칙과 실체법의 입법취지 등에 의하여 증명책임을 분배한다. 그러나 이 설에 대하여는 많은 경우에 원·피고가 증거로부터 같은 거리에 있다는 점, 존재가 부존재보다 반드시 증명이 쉬운 것이 아니라는 점 등 여러 가지 난점이 지적되고 있다.

(4) 批判과 私見

증명책임분배의 기준에 관한 새로운 이론들은 증명책임을 분배할 때 고려하여야 할 실질적 근거에 관하여 재고(再考)할 계기를 제공하였다는 점에서 그 공을 높이 평가하여야 할 것이다. 그러나 증명책임분배의 일반적 기준으로서는 역시 **규범설**이 타당하다고 생각한다. 그 이유는 첫째로 새로운 이론은 그 기준이 불명확하여 걷잡을 수 없는 혼란을 가져올 염려가 있고, 둘째로 약간의 예외는 있지만 지금까지의 입법자는 새 견해들이 주장하는 당사자 사이의 공평 등 실질적 요소를 고려하여 기본규범과 반대규범, 본문과 단서 등을 규정하였기 때문이다. 다만 종래의 규범설에 따른 해결이 부당한 경우, 예컨대 공해소송, 제조물책임소송, 의료과오소송 등 현대형 분쟁의 경우에는 새 견해들이 제창한 요소들을 참고하여 증명책임의 경감이나 전환 등을 통하여 타당한 해결을 꾀하여야 할 것이다. 근자에 우리 판례도 언론보도 등의 내용에 관한 정정보도청구사건,[3] 허위기사로 인한 명예훼손을 이유로 하는 기사삭제청구사건[4]에서 **증명의 난이(難易)** 등을 기준으로 증명책임을 전환시킨 예가 있다.

---

1) 石田 穰, "立證責任論の現狀と將來," 法協 90. 8(1973).

2) Leipold, *Beweislastregeln und gesetzliche Vermutungen*, S. 15 ff.(1966).

3) 大(全)判 2011. 9. 2, 2009 다 52649.

4) 大判 2013. 3. 28, 2010 다 60950(사실주장의 진실여부를 판단함에 있어서 "그것이 특정되지 아니한 기간과 공간에서의 구체화되지 아니한 사실인 경우에, 그 부존재를 증명하는 것은 사회통념상 불가능에 가까운 반면 그 사실이 존재한다고 주장·증명하는 것이 보다 용이한 것이어서 ...(중간 생략) 의혹을 받을 일을 한 사실이 없다고 주장하는 자에 대하여 의혹을 받을 사실이 존재한다고 적극적으로 주장하는 자는 그러한 사실의 존재를 수긍할 만한 소명자료를 제시할 부담을 지고 피해자는 제시된 자료의 신빙성을 탄핵하는 방법으로 허위성의 증명을 할 수 있다"라고 판시하였다).

Ⅲ. 證明責任의 轉換

1. 意　義

증명책임의 전환(Umkehr der Beweislast)이라 함은 특정한 경우에 증명책임분배의 일반원칙에 대한 예외를 인정하여, 반대사실에 관하여 상대방에게 증명책임을 지우는 것을 말한다. 보통 증명책임의 전환이라고 하면 반대사실에 관하여 상대방에게 증명책임을 지우는 것이 법률의 규정에 의하여 행하여지는 것만을 가리키지만, 최근에는 판례법에 의한 해석론에 의하여 행하여지는 경우가 늘어가고 있다. 증명책임이 전환되면, 진위불명의 경우에 원고에게 유리한 법규가 적용되지 않는 것(법규부적용의 원칙)이 아니라 그것이 적용되는 결과가 되므로, 일부 학자는 이 경우를 증명책임분배의 특별법칙(Sonderregel)으로 이해한다.[1)]

위에서 설명한 것은 이른바 객관적 증명책임의 전환이다. 때로는 구체적 증거제출책임, 즉 증명의 현실적 필요의 전환이라는 의미로 사용되는 수가 있다. 즉, 증명책임을 부담한 사람의 증명에 의하여 법관이 일단 하나의 심증을 형성한 때에 상대방이 아무런 조치를 취하지 않고 그대로 있으면 패소를 면할 수 없으므로 상대방은 반증을 제출할 필요가 생기는데, 이 경우에 증명책임이 상대방에게 전환되었다고 말하는 수가 있다. 그러나 엄격히 말하면 이것은 증명의 필요가 상대방에게 전환된 경우이므로, 증명책임의 전환의 경우와는 구별하여야 한다. 증명책임은 처음부터 추상적·법률적으로 결정되어 있으며, 소송의 심리과정중에 변동되는 성질의 것이 아니다.

2. 法律의 規定에 의한 證明責任의 轉換

불법행위로 인한 손해배상청구소송에서는 민법 제750조에 의하여 손해배상을 청구하는 원고가 피고의 과실에 대한 증명책임을 지는 것이 원칙이다. 그러나 특별한 경우, 예컨대 자동차인신사고에 의한 손해배상청구나 동물의 가해로 인한 손해배상청구에서는 피고가 무과실의 증명책임을 진다(自賠 3 但. 民 759). 그 밖에도 법률의 규정에 의하여 증명책임을 전환한 예는 많다(民 756~758. 135 Ⅰ). 특히 현대형 소송에서 피해자를 증명의 어려움으로부터 구제하기 위하여 관련특별법에서 증명책임을 전환하고

---

1) 이들은 법규부적용의 원칙을 기본법칙(Grundregel)으로 이해한다. Musielak, SS. 293, 303 ff.; Musielak/Stadler, Rdn. 226 ff. 등 참조.

있는 경우도 있다. 예컨대 개인정보 보호법에 따른 정보주체가 개인정보처리자를 상대로 손해배상을 청구하는 경우에는 개인정보처리자가 그에게 고의 또는 과실이 없음을 증명하여야 책임을 면할 수 있으며(개인정보 보호법 39 I),[1] 제조물책임법에서는 제조업자가 제조물의 결함에 대한 무과실을 증명하도록 하여 증명책임을 전환하고 있다(同法 3, 4). 나아가 환경정책기본법에서는 환경오염 또는 환경훼손의 원인자가 그로 인한 손해에 대하여 귀책사유가 없어도 손해배상책임을 지도록 하고 있으며(무과실책임·행위책임, 동법 44 I),[2] 토양환경보전법에서도 오염을 발생시킨 자에게 그 피해배상과 토지정화에 대한 무과실책임을 지우고 있다(동법 10조의3).[3]

3. 解釋에 의한 證明責任의 轉換

최근에는 증명책임분배의 일반원칙이 부당한 결과를 가져오는 일정한 경우에 해석론으로서 증명책임의 전환을 인정하려는 시도가 활발히 논의되고 있다. 도이칠란트의 판례는 일찍부터 제조물책임소송에서 제조업자의 과실[4]과 의료과오소송에서 의사의 과실과 손해 사이의 인과관계[5] 등에 관하여 증명책임의 전환을 인정하여 오고 있다.[6] 그러나 종래 우리 판례는 위와 같은 소송에서 증명책임의 전환에까지 이르지는 아니하고[7] 증명책임의 완화에 의하여 왔다(뒤설명에함). 그리고 도이칠

1) 이러한 규정에도 불구하고 개인정보처리자가 개인정보 보호법을 위반한 행위를 하였다는 사실은 여전히 정보주체가 주장·증명하여야 한다(大判 2024. 5. 17, 2018 다 262103; 2024. 5. 17, 2018 다 302957.

2) 大判 2001. 2. 9, 99 다 55434. 도이칠란트 환경책임법(Gesetz über die Umwelthaftung)은 무과실책임을 규정하고 있을 뿐만 아니라, 인과관계를 법률상 추정하여 증명책임을 사업자에게 전환시키고 있다(同法 6 I).

3) 그 밖에도 **특허법** 제130조에서는 타인의 특허권 또는 전용실시권을 침해한 자는 그 침해행위에 대하여 과실이 있는 것으로 추정하고 있으며, **하도급거래 공정화에 관한 법률** 제35조도 원사업자의 위법행위로 손해가 발생한 경우 원사업자가 고의 또는 과실이 없음을 증명하여야 손해배상책임을 면하도록 하고 있다. 나아가 **환경오염피해배상책임 및 구제에 관한 법률**에서는 대기오염물질배출시설, 폐수배출시설 등 일정한 시설(同法 3)을 설치·운영하는 사업자의 환경오염피해에 대한 무과실책임을 인정하고(同法 6 I), 시설이 환경오염피해 발생의 원인을 제공한 것으로 볼 만한 상당한 개연성이 있는 때에는 그 시설로 인하여 환경오염피해가 발생한 것으로 인과관계를 추정하고 있다(同法 9 I). 인과관계의 증명과 반증에 관한 종래의 판례의 입장을 입법화하였다고 할 수 있다(同法 9 Ⅱ, Ⅲ 참조).

4) BGHZ 51, 91(과실); BGH NJW 1996, 2507(주의의무위반). 이것은 도이칠란트 민법상의 불법행위책임(BGB 823 이하)을 묻는 경우이다. 도이칠란트 제조물책임법(Gesetz uber die Haftung für fehlerhafte Produkte)도 제조업자의 과실에 대한 증명책임을 전환하고 있다(同法 제1조). 도이칠란트 제조물책임법은 도이칠란트 민법상의 불법행위책임과의 청구권경합을 인정한다(同法 15 Ⅱ).

5) BGH NJW 1956, 1835; 1997, 798. 도이칠란트 판례는 의료과오소송 이외에도 타인의 신체와 건강을 보호할 책무가 있는 직업에 대하여는 직업상의무위반의 경우 인과관계의 증명책임을 전환한다(예컨대 수영강사가 강습생에 대한 주의를 게을리 하여 익사한 경우 인과관계의 증명책임을 전환: BGH NJW 1962, 969 ff.).

6) 그 밖에 자세한 것은 Musielak/Stadler, Rdn. 253 ff. 참조.

7) 大判 2006. 9. 28, 2004 다 61402.

란트 판례의 주류적인 입장은 증명방해의 경우에도 증명책임의 전환을 인정하나,[1] 증명방해의 효과는 법관의 자유심증에 맡겨야 한다는 것이 우리나라의 통설 · 판례의 입장임은 앞에서 설명한 바와 같다(증명방해에 관한 설명 참조).

Ⅳ. 證明責任의 緩和

증명이 곤란한 일정한 경우에는 증명책임분배의 일반원칙을 따르면서도 형평의 이념을 살리기 위하여 증명을 경감하거나 완화하는 수가 있다. 여기에도 법률의 규정에 의하는 법률상의 추정과 해석론에 의하는 일단의 추정(표현증명)이 있다.

1. 法律上의 推定

(1) 意 義

1) 추정(Vermutung)이라 함은 일반적으로 어느 사실로부터 다른 사실을 추인하는 것을 말한다. 추정에는 추정과정에 경험칙이 작용하는 사실상의 추정(tatsächliche Vermutung)과 법규가 작용하는 법률상의 추정(gesetzliche Vermutung)이 있다.[2]

2) 법률상의 추정은 추정규정(경험칙이 이미 법규화되어 있는 것)을 적용하여 행하는 추정으로서, 여기에는 다시 사실추정과 권리추정의 두 가지가 있다. 법률상의 사실추정(gesetzliche Tatsachenvermutung)은 '갑 사실(전제사실, Vermutungsbasis)이 있을 때에는 을 사실(추정사실, vermutete Tatsache)이 있는 것으로 추정한다'고 규정되어 있는 경우이고, 법률상의 권리추정(gesetzliche Rechtsvermutung)은 '갑 사실(전제사실)이 있을 때에는 을 권리(추정권리, vermuteter Rechtszustand)가 있는 것으로 추정한다'고 규정되어 있는 경우이다. 예컨대 '전후 양시에 점유한 사실이 있는 때에는 그 점유는 계속한 것으로 추정한다'는 민법 제198조는 전자의 예이고(그 밖에 民 30, 844, 商 23 Ⅳ, 어 20 Ⅱ, 破 305 Ⅱ, 329 Ⅱ 등), 점유의 사실에서 점유물상의 권리를 추정하는 민법 제200조는 후자의 예이다(그 밖에 民 215 Ⅰ, 239, 262 Ⅱ, 709, 830 Ⅱ). 사실추정이 많기 때문에, 법률상의 추정이라고 하면 보통 법률상의 사실추정을 가리킨다.

---

1) BGH NJW 1998, 81 등. 자세한 것은 Stein/Jonas, §444 Rdn. 7 f.; Rosenberg, §117 Ⅱ 6 a).

2) 진실 · 화해를 위한 과거사정리위원회의 조사보고서나 처분내용은 법률상 '사실의 추정'과 같은 효력을 가지거나 반증을 허용하지 않는 증명력을 가진다고 할 수 없다(大(全)判 2013. 5. 16, 2012 다 202819).

(2) 效 果

1) 법률상의 추정의 경우에는 법률효과를 구하는 당사자는 증명이 곤란한 추정사실(주요사실, 또는 추정권리의 발생원인사실)을 직접 증명할 수도 있지만, 보통은 이보다 증명이 용이한 전제사실(간접사실)을 증명하여 이를 갈음할 수 있다. 그러므로 이 경우에 증명책임이 있는 당사자는 증명주제의 선택이 가능하고, 만일 전제사실의 증명의 쪽을 택한다면 이것은 증명책임을 완화하는 것이 된다.

2) 이에 대하여 상대방으로서는 반증에 의하여 전제사실의 존재 여부를 불명확하게 하여 추정규정의 적용을 방해할 수도 있고, 전제사실이 존재하여도 추정사실(또는 추정권리)은 존재하지 않는다는 것을 증명하여 추정을 뒤집을 수도 있다. 이 경우에 추정사실의 부존재의 증명은 이른바 반대사실의 증명(Beweis des Gegenteils)으로서[1] 반증이 아니라 본증이어야 한다. 예컨대 민법 제30조의 동시사망의 추정(법률상의 사실추정)을 번복하기 위해서는 동일한 위난으로 사망하였다는 전제사실에 대하여 법원의 확신을 흔들리게 하는 반증을 제출하거나 또는 각자 다른 시각에 사망하였다는 점에 대하여 법원에 확신을 줄 수 있는 본증을 제출하여야 한다.[2] 이처럼 상대방이 추정사실의 부존재에 관하여 증명책임을 진다는 점에서 법률상의 추정의 경우에는 사실상의 추정의 경우와는 달리 증명책임이 전환된다. 법률상의 추정을 증명책임의 분배와 관련하여 설명하는 이유도 여기에 있다.[3]

3) 추정은 간주(의제, Fiktion)와 구별하여야 한다. 간주의 경우에는 간주된 사실의 부존재의 증명이 허용되지 아니한다.

(3) 登記의 推定力

부동산에 관한 소유권이전등기말소청구소송에서 등기가 원인무효인 사실에 대하여 누가 증명책임을 지는가? 증명책임은 처음부터 일의적(一義的)으로 정하여져 있는 것이고 소송의 진행에 따라 또는 누가 원고이고 피고인가 따라 달라지는 것이 아니므로, 원인무효에 기하여 소유권이전등기말소청구의 소를 제기한 경우에 증명책임 일반원칙에 따르면, 원고는 그 전제가 되는 자기의 소유권의 취득원인사

1) 도이칠란트 민사소송법 제292조는 반대사실의 증명임을 명문으로 규정하고 있다.
2) 大判 1998. 8. 21, 98 다 89714.
3) Jauernig, §50 Ⅳ; Musielak/Stadler, Rdn. 244; Blomeyer, §67 Ⅱ 2 b).

실에 대하여 증명책임을 지고 피고는 원고로부터 소유권을 취득한 원인사실에 대하여 증명책임을 지는 것이 원칙일 것이다(채무부존재확인의 소와 그 구조가 유사하다). 그러나 판례는 부동산 등기의 추정력에 대하여 명문의 추정규정이 없음에도 불구하고 이를 법률상의 추정으로 보면서 법률상의 권리추정과 법률상의 사실추정(등기원인의 추정), 나아가서는 등기절차의 적법까지도 추정하고 있다.[1] 그리고 이러한 추정력은 현 등기명의인과 그 이전 등기명의인 사이의 관계에서도 미친다고 한다.[2] 그리하여 판례는 부동산에 관한 소유권이전등기는 그 자체만으로써 권리의 추정력이 있으므로 이를 다투는 측에서 적극적으로 그 무효사유를 주장·증명하여야 한다고 하고,[3][4] 또한 등기의 원인무효를 주장하는 사람이 무효사유에 대한 증명책임을 진다고 한다.[5] 그리고 판례는 소유권이전등기에 제3자의 처분행위가 개입된 경우, 현 등기명의인이 그 제3자가 전 등기명의인의 대리인이라고 주장하더라도, 현 소유명의인의 등기가 적법히 이루어진 것으로 추정되므로, 그 등기가 원인무효임을 이유로 그 말소를 청구하는 전 소유명의인으로서는 그 반대사실, 즉 그 제3자에게 전 소유명의인을 대리할 권한이 없었다던가, 또는 제3자가 전 소유명의인의 등기서류를 위조하였다는 등의 무효사실에 대한 증명책임을 진다고 한다.[6]

(4) 類似推定

법문상으로 추정이라는 말이 위에서 설명한 법률상의 추정 이외의 뜻으로 쓰이는 수가

---

1) 大判 1979. 6. 26, 79 다 741; 1992. 10. 27, 92 다 30047(권리추정); 2002. 2. 5, 2001 다 72029(등기원인과 절차의 적법추정) 등. 자세한 것은 이홍훈, "등기의 추정력," 법원행정처 간, 「등기에 관한 제문제」(上)(1988), 201·220면; 백현기, "등기의 추정력," 법원행정처 간, 「민사증거법」(하)(1985), 91면 이하 참조. 일본판례는 사실상의 추정으로 본다(日最判 1971. 6. 29, 判時 635. 110.). 도이칠란트 민법 제891조 등과 같은 명문의 추정규정이 없음에도 강력한 법률상의 추정력을 인정하는 것에 의문이라는 견해: 李時, 574면.

2) 大判 1997. 12. 12, 97 다 40100; 2000. 3. 10, 99 다 65462; 2011. 11. 10, 2010 다 75648; 2013. 1. 10, 2010 다 75044, 75051. 反對: 日最判 1963. 10. 15, 民集 17. 11. 1479.

3) 大判 1979. 6. 26, 79 다 741.

4) 등기원인(점유취득시효)의 존부에 관한 분쟁에 대해 판결이 확정되고 이에 따라 소유권이전등기가 마쳐진 경우, 위 판결의 기판력을 받지 않는 타인이 위 등기원인의 부존재를 주장하여 등기의 추정력을 번복하기 위해서는 "일반적으로 등기의 추정력을 번복함에 있어서 요구되는 증명의 정도를 넘는 **명백한 증거나 자료를 제출**하여야 하고, 법원도 그러한 정도의 증명이 없는 한 확정판결에 기한 등기가 원인무효라고 단정하여서는 아니 된다."라고 판시하였다(大判 2023. 7. 13, 2023 다 223591, 223607).

5) 大判 2001. 8. 21, 2001 다 23195; 다만 소유권보존등기 또는 소유권이전등기의 말소를 구하려면 **먼저 원고에게 그 말소를 청구할 수 있는 권원이 있음을** 적극적으로 주장·입증하여야 하고, 만일 원고에게 그러한 권원이 인정되지 않으면 피고명의의 위 등기가 말소되어야 할 무효의 등기라고 하더라도 원고의 청구를 인용할 수 없다고 한다(大判 2019. 7. 10, 2015 다 249352; 2012. 2. 23, 2011 다 89545; 2008. 10. 9, 2008 다 35128); 나아가 소유권이전등기의 원인으로 주장된 계약서가 진정하지 않은 것으로 증명되면, 그 등기의 적법추정은 깨진다는 판례는 大判 1998. 9. 22, 98 다 29568.

6) 大判 1997. 4. 8, 97 다 416; 2009. 9. 24, 2009 다 37831.

있다.

① **暫定的 眞實** 전제사실이 없이 무조건으로 일정한 사실을 추정하는 것이다(이 때 추정되는 사실을 잠정적 진실이라 한다). 이것은 어느 규정의 요건사실의 부존재의 증명책임을 상대방에게 지우기 위한 입법기술로서 단서로 규정하는 것과 같다. 예컨대 민법 제197조 제1항(점유자는 소유의 의사로 선의·평온 및 공연하게 점유한 것으로 추정한다)의 추정은 민법 제245조(20년간 소유의 의사로 평온·공연하게 부동산을 점유하는 자는 등기함으로써 그 소유권을 취득한다)의 요건인 소유의 의사, 평온·공연의 증명책임을 상대방에게 전환하는 것이고,[1] 마치 민법 제245조를 '20년간 부동산을 점유하는 자는 등기함으로써 그 소유권을 취득한다. 그러나 소유의 의사로 평온·공연하게 점유하지 아니한 때에는 그러하지 아니하다'라고 규정하는 것과 마찬가지로 된다. 그 밖에 상법 제47조 제2항, 어음법 제29조 제1항도 잠정적 진실을 규정하고 있다. 법률상의 추정은 별개의 전제사실을 규정하는 것이므로, 잠정적 진실과 같이 但書의 형태로 바꾸어 쓸 수 없다.

② **意思推定** 이것은 법률행위를 해석하는 규정이다. 예컨대 "기한은 채무자의 이익을 위한 것으로 추정한다"는 민법 제153조 제1항과 같다(그 밖에 民 398 Ⅳ, 579, 585 등이 있다). 이것은 사실을 추정하는 것이 아니므로 엄격한 의미에서 추정이 아니다.

③ **法定證據法則** 실체법의 요건사실이나 법률효과와 관계없이 증거법상으로 일정한 사실을 추정하는 것이다. 예컨대 공문서의 진정을 추정하는 민사소송법 제356조와 같다(그 밖에 358).

2. 事實上의 推定과 一旦의 推定(表見證明)

(1) 意 義

1) 사실상의 추정은 법관이 경험법칙을 적용하여 행하는 추정(간접사실로부터 주요사실을 추인한다)이나(예컨대 夫가 妻에게 토지를 賣渡한 경우에 가장매매라고 추정하거나, 등기필증의 소지사실로 명의신탁을 추정하는 따위).[2] 사실상의 추정은 법관의 자유심증의 한 단면에 불과하고, 작용하는 경험법칙에 따라 증명의 정도(증명도)는 천차만별일 수 있다.[3] [4]

2) 일단의 추정(일응의 추정)[5]이라 함은 사실상의 추정 가운데 고도의 개연성(蓋

1) 大(全)判 1997. 8. 21, 95 다 28625; 2012. 5. 10, 2011 다 52017.

2) 大判 1978. 4. 25, 78 다 226; 1990. 1. 12, 89 다카 14363.

3) 추정(Vermutung)은 증명책임을 전환시키는 법률상의 추정에 한정시켜야 하므로 증명책임의 전환과 무관한 사실상의 추정이라는 개념은 회피하여야 한다는 비판: Musielak/Stadler, S. 139 Fußnote 35; Prütting, *a.a.O.*, 50 ff.

4) 진실·화해를 위한 과거사정리위원회의 조사보고서나 처분내용은 법률상 '사실의 추정'과 같은 효력을 가지거나 반증을 허용하지 않는 증명력을 가진다고 할 수 없다(大(全)判 2013. 5. 16, 2012 다 202819).

5) 일응의 추정이라고도 하나, 일응이라는 용어는 '일단,' '우선' 등을 뜻하는 일본어로서 국어사전에는 없다.

然性)이 있는 경험법칙(정형적 사상경과)을 이용하여 행하는 추정을 말한다. 사실상의 추정은 증명된 간접사실(전제사실)로부터 증명되지 아니한 주요사실(추정사실)을 경험칙에 기하여 추리·인정하는 것인데, 이 과정에서 이용되는 경험법칙에는 고도의 개연성을 가지는 것과 그렇지 아니한 것이 있다. 그 경험법칙이 고도의 개연성을 가지는 때에는 전제사실이 증명되면 추정사실의 심증도 일거에 확신에 이르게 된다. 왜냐하면 개연성이 높은 경험법칙을 적용한 경우에는 그 예외현상(특단의 사정)이 드물기 때문이다. 이러한 사실상의 추정이 바로 일단의 추정이다. 그리고 이 경우에 증명에 가까운 상태를 가리켜 표현증명(Anscheinbeweis, prima-facie Beweis, Beweis des ersten Anscheins)이라고 부른다. 일단의 추정은 일본의 판례법에서,[1] 표현증명은 도이칠란트의 판례법[2]에서 각각 발달한 이론으로서 양자는 매우 유사하며, 영미법의 *res ipsa loquitur*(the thing speaks for itself)의 법칙과 같은 기능을 가진다.

(2) 適用範圍

1) 일단의 추정 또는 표현증명은 주로 손해배상청구소송에서 인과관계와 과실을 인정할 경우에[3] 이른바 '정형적 사상경과'(typischer Geschehensablauf)에 해당할 때에만 적용된다. 정형적 사상경과란 어느 사실이 있으면 그것이 일정한 방향의 경과를 수반하는 것, 즉 정형적인 사물의 추이를 가리키며, 그 자체로서 일정한 원인행위의 고의나 과실, 또는 결과와의 인과관계를 나타내는 사태를 말한다.[4] 예컨대 차도를 운행하다가 갑자기 인도에 진입한 자동차에 상점 기물이 파손된 경우에는 특별한 사정이 없는 한 가해자인 운전사에게 운전과실이 있는 것으로 추정되고, 의사가 개복수술(開腹手術)을 한 후 수술용 메스를 복강(腹腔) 안에 남겨둔 경우에는 의사의 과실이 추정되며, 정박하고 있는 배와 운항중인 배가 충돌하면 운항중인 배의 과실이 추정된다. 또 건강한 사람이 수혈을 받고 에이즈에 감염된 경우에는 수혈이 원인인 것으로 추정되고, 지면(地面)을 팠더니 인근 토지 위의 건물이 붕괴된 경우에는 지면의 굴착이 붕괴의 원인인 것으로 추정되는 따위이다.[5]

2) 대법원판례도 과실과 인과관계를 인정할 때에 표현증명에 의하는 경우가 적

---

1) 中野=松浦=鈴木, 294면.
2) MünchKomm/Prütting, §286 Rdn. 48.
3) 小林, 前揭書, 59면; 中野=松浦=鈴木, 294면.
4) 인과관계와 과실 이외의 경우에도 표현증명은 가능하다. Rosenberg, §115 Ⅲ 2.
5) 자세한 것은 Musielak, SS. 89 ff., 99 ff. 참조.

지 않다. 운전자의 교통법규위반으로 교통사고가 발생한 경우에 운전자의 과실을 추정하고,[1] 여러 개의 건물 중 특정 건물의 지붕만이 바람에 날려 사람이 맞아 사고가 발생한 경우에 그 건물(공작물)의 흠(民 758)에 기인한 것으로 추정하는[2] 따위이다.

(3) 效 果

1) 일단의 추정 또는 표현증명으로 증명책임이 전환되는 것은 아니다(통설). 즉 표현증명으로 주요사실의 존재에 대한 진위불명의 상태가 제거되는 것이지 객관적으로 정하여진 증명책임이 바뀌는 것이 아니다. 따라서 표현증명을 깨뜨리기 위해서는 반대사실의 증명이 아닌 반증으로 충분하다.

2) 표현증명은 일반적인 증명의 경우에 비하여 증명도(Beweismaß)를 낮추는 것이 아니다. 왜냐하면 표현증명은 요증사실의 존재에 대한 법관의 확신을 매개할 수 있는 고도의 개연성 있는 경험법칙이 있는 경우에만 인정되는 것이기 때문이다.[3]

3) 일단의 추정이 자유심증주의에 반하는가가 문제된다. 자유심증주의는 법관의 자의(恣意)를 허용하는 것이 아니라 논리와 경험법칙에 따라야 하는 것인데, 일단의 추정은 고도의 개연성을 가진 경험법칙에 의하여 심증을 형성하는 것이므로, 그것은 자유심증의 범위 안의 문제이다.[4]

(4) 一旦의 推定의 번복

일단의 추정을 번복하는 데에는 두 가지 방법이 있다. 하나는 간접사실의 증명을 다투는 방법으로서, 이 경우에는 반증에 의하여 추정의 기초인 간접사실의 존재에 관하여 법관에게 의심을 불러일으키면 된다. 예컨대 자동차가 인도에 진입한 사건에서 자동차가 인도에 진입한 점을 다툰다. 다른 하나는 경험법칙의 적용과정을 다투는 방법으로서, 이미 증명된 간접사실을 그대로 두고, 그와 양립할 수 있는 별개의 간접사실을 증명함으로써 사실상의 추정을 방해하는 것이다. 예컨대 대형트럭이 자동차를 뒤에서 들이받아 인도로 밀려 들어갔다는 점을 증명한다. 후자

1) 大判 1981. 7. 28, 80 다 2569.

2) 大判 1974. 7. 26, 74 다 246.

3) Prütting, Gegenwartsprobleme der Beweislast(1983), S. 107, 110; Rosenberg, §115 Ⅲ 1; MünchKomm/Prütting, §286 Rdn. 52 f.; BGH NJW 1998, 79(81). 증명도의 경감이라는 반대견해: Stein/Jonas, 286 Rdn. 92 f.; Musielak/Stadler, SS. 82~96.

4) Rosenberg, §115 Ⅱ 3.

의 방법이 뒤에 설명하는 간접반증이다.

(5) 一旦의 推定違反과 上告理由

일단의 추정은 경험법칙을 적용하는 것이므로, 일단의 추정이 잘못된 경우에는 경험법칙의 위반에 의한 사실오인의 경우에 해당한다. 그리하여 이 경우에는 앞서 설명한 바와 같이 상고이유[423]가 된다.

(6) 間接反證

(가) 의 의 간접반증(indirekter Gegenbeweis)이란 주요사실에 관하여 증명책임을 지는 당사자가 이를 추인함에 충분한 간접사실을 증명한 경우, 즉 일단의 추정이 생긴 경우에, 상대방이 그 간접사실과 양립하는 별개의 간접사실을 증명함으로써 주요사실의 추인(사실상의 추정)을 방해하는 증명활동을 말한다. 일단의 추정을 번복하는 유력한 수단이다. 이것은 간접사실의 증명에 의하여 행하는 주요사실에 대한 반증이라고도 말할 수 있고, 이 경우에 반증하는 사람이 주요사실의 추인을 방해하기 위하여 증명하는 간접사실을 '특별한 사정'이라고 부르고 있다. 간접반증은 실무상 빈번히 이용되고 있다. 이 경우에 판결이유 중에서는 '…한 사실(간접사실)이 인정되므로, 특별한 사정이 없는 한, …의 사실(주요사실)을 인정함이 상당하다'고 설시된다.

(나) 구체적 예 인도로 진입한 자동차에 상점 기물이 파손된 사실을 증명하면 가해자인 운전사에게 과실이 있다는 사실이 추정되는데, 이 때에 운전사가 뒤에서 대형트럭이 들이받았다는 특별한 사정을 증명하면 운전사의 과실에 대한 추정은 깨어진다. 또 자의 부에 대한 인지청구의 소에서 원고의 모가 원고를 임신하였을 당시에 피고와 동거한 사실, 원·피고의 혈액형이 부자관계를 인정하는 데 배치되지 아니하는 사실, 용모, 그 밖의 신체적 조건이 아주 비슷한 사실 등의 간접사실을 증명하여 원고와 피고 사이에 부자관계의 존재를 추정시키는 경우에, 피고가 원고의 모는 위 기간중 다른 남자와도 성관계를 가진 특별한 사정을 증명하면 주요사실의 추정이 방해된다.

(다) 本 證 피고가 제시하는 간접반증은 주요사실에 대한 관계에서는 반증이지만, 피고가 증명할 간접사실은 법관에게 확신을 일으킬 정도로 완전하게 증명

하여야 하므로, 그것은 본증이다.

(라) **적용범위** 종래 간접반증이 이용되는 전형적인 경우는 불확정개념과 인과관계의 증명의 경우이다.

① **불확정개념** 불법행위에서 과실(民750), 표현대리에서 대리권이 있다고 믿을 만한 정당한 이유(民126) 등 불확정개념(불특정개념, 일반조항, 추상적 개념)이 요건으로 되어 있는 소송에서 피고의 증명으로 간접반증이 이용된다. 즉, 원고가 과실이나 정당한 이유를 추인케 하는 간접사실을 증명한 경우에 피고가 위 간접사실과 모순되지 아니하는 다른 간접사실을 증명하여 과실이나 정당한 이유를 다투는데, 이 피고의 증명이 바로 간접반증이다.

② **인과관계** 현대형 소송, 즉 공해소송·의료과오소송·제조물책임소송에서 불법행위에 기한 손해배상을 구하는 경우에 인과관계의 증명이 곤란한데, 이러한 소송에서 원고인 피해자의 인과관계의 증명곤란을 완화하는 방법으로 간접반증의 방법을 응용하고 있다. 예컨대 기업이 배출한 폐수로 인하여 질병이 생겼다고 주장하면서 불법행위에 기한 손해배상청구의 소를 제기하는 경우에, 피고 기업의 폐수배출행위로부터 원고의 발병(發病) 및 손해발생에 이른 인과를 나누어 보면, a) 피해발생의 원인물질, b) 오염경로, c) 기업의 원인물질의 생성·유출 등 적어도 세 가지로 구성되는데, 피해자가 그 중 a), b)를 증명하면, c)의 존재가 경험칙상 추인되어, 가해자 편에서 c)의 부존재를 증명(간접반증)하지 않는 한 인과관계가 증명된다고 한다.[1] 최근 판례는 제조업체에서 정상적인 조업 및 생산이 이루어졌다면 적어도 지출한 고정비용 이상의 매출액을 얻었을 것이라는 경험칙에 터 잡아, 제조업체가 생산된 제품이 판매되어 매출이익을 얻고 또한 생산에 지출된 고정비용을 매출원가의 일부로 회수할 수 있다고 추정함이 상당하다고 하였다. 다만

1) 이는 공해소송에서 인과관계를 증명하기 위한 방법으로 설명되는 간접반증의 전형적인 예이다(日本新潟地判 1971. 9. 29, 下民集 22. 9·10. 1, 百選 II 113 사건). 즉, 하천 유역에서 거주하는 사람이 상류에서 조업하는 화학플랜트공장의 소유회사를 상대로 공해로 인한 손해배상청구의 소를 제기하면서, 그 공장이 방류한 수은화합물이 들어 있는 폐수로 오염된 어류(魚類)를 오랫동안 먹었기 때문에 공해병(公害病)걸렸다고 주장하는 경우에, 폐수배출로부터 발병·손해발생에 이르는 인과의 연쇄(連鎖)를 몇 개로 나누어, 원고가 ① 피해질환의 특성 및 그 원인물질이 수은이라는 점, ② 원인물질이 원고에게 도달한 경로(오염경로)를 증명한 때에는, ③ 공장에서 원인물질을 배출한 사실(생성·배출에 이르기까지의 메커니즘)이 간접반증사실로 되고, 피고 회사의 문 앞까지 인과관계가 도달한 이상, ③의 사실의 부존재를 피고회사가 증명하지 못하는 한, 그 존재가 사실상 추인되어 인과관계가 증명된다는 것이다. 간접반증에 대한 그 밖의 자세한 설명은 오석락, 전게서, 151면, 275면 이하 참조.

이때 제품이 적자제품이거나, 불황 또는 제품의 결함으로 판매가능성이 없다는 등의 특별한 사정의 간접반증이 있으면 위 추정은 깨어진다고 한다.[1)]

(마) 間接反證理論에 대한 批判 간접반증이론은 규범설을 취하는 도이칠란트의 '로젠베르크'(Leo Rosenberg)가 제창한 것인데,[2)] 최근에는 이에 대하여 의문을 제기하는 견해가 증가하고 있다. 이들 비판적 견해는 규범설을 부정하는 입장에서 출발하는 것도 있고, 규범설을 전제로 하여 출발하는 것도 있다. 비판은 두 가지 점에 집중된다. 하나는 간접반증이론은 간접반증사실의 증명책임을 상대방에게 부담시키는 점에서 실질적으로 주요사실의 증명책임의 일부를 변경하는 것이라는 점이고, 다른 하나는 간접반증사실로 되는 사실은 간접사실이 아니라 주요사실이며, 간접반증의 전제인 주요사실과 간접사실의 구별에 문제가 있다는 점이다. 후자의 견해는 주요사실과 간접사실의 구별기준을 종래와 달리 풀이하여 법문상 '과실,' '정당한 이유' 등 일반조항 내지 추상적 개념이 사용된 경우에는 그 주요사실이 종래의 통설이 말하는 '과실,' '정당한 이유' 등의 불확정개념 자체가 아니라, 과실이나 정당한 이유를 추인케 하는 구체적 사실(예컨대 운전사가 음주운전을 하였다. 전방주시를 하지 않고 곁눈질을 하였다. 원인물질 · 오염경로 · 기업의 원인물질의 배출 등)이라고 한다. 즉, 종래의 통설이 주요사실을 추인하는 자료라고 보던 간접사실을 주요사실로 본다. 이렇게 본다면 간접반증사실은 항변사실로 되어 버리므로, 간접반증이론은 불필요하게 된다. 그러나 새 이론에 의하더라도 새로이 주요사실로 된 사실, 예컨대 오염경로를 그 아래의 간접사실로부터 추인하는 경우에는 간접사실로부터 주요사실을 추인하는 과정이 따르고, 이를 방해하기 위하여 간접반증이론이 필요하지 않을까?[3)]

(7) 현대형 소송에서 일단의 추정과 간접반증－판례의 입장

(가) 총 설 현대형 소송에서는 피해자의 힘만으로는 손해의 발생과 원인 사이의 인과관계의 증명이 극히 어려우므로 피해자에게 인과관계의 모든 과정을 증명하도록 요구하는 것은 사실상 피해자에 대한 구제를 거부하는 것이 된다. 그렇다고 곧바로 증명책임을 전환하는 것은 우리나라의 재판상 기대하기 힘들다. 따라서 인과관계의 과정의 일부를 피고의 간접반증의 대상으로 하여, 원고와 피고 사이에 증명의 부담을 분담시켜 공평을 기하는 것이 타당하다.

---

1) 大判 2023. 6. 15, 2018 다 41986(다만 "매출 감소를 초래하지 않을 정도의 상당한 기간 안에 추가 생산을 통하여 쟁의행위로 인한 부족 생산량의 전부 또는 일부가 만회되었다면 특별한 사정이 없는 한 그 범위에서는 조업중단으로 인한 매출 감소 및 그에 따른 고정비용 상당 손해의 발생을 인정하기 어렵다"라고 판시하였다); 2023. 6. 15, 2017 다 46274; 2023. 6. 15, 2017 다 6498.

2) Rosenberg, *Die Beweislast*(5. Aufl., 1965), S. 193 f.

3) 자세한 것은 오석락, 전게서, 146면 이하; 中野＝松浦＝鈴木, 314면. 위에서 든 예의 c)는 인과관계와 함께 가해행위이므로 인과관계와는 무관하다는 비판으로는 胡, 575면.

(나) 공해소송

1) 대법원은 공해소송에서 인과관계에 대한 피해자의 증명책임의 완화방법으로 처음에는 개연성설(蓋然性說)을 이용하였다. 개연성설은 일반적인 증명의 경우보다 증명도 자체를 낮추어, 법관이 확신을 갖지 않더라도 개연적 심증, 개연성의 우월로서 인과관계를 인정함으로써 피해자를 증명의 곤란으로부터 구제하려는 입장이다. 즉 피해자가 고도의 개연성이 아니라 상당한 정도의 개연성이 있는 증명을 하면, 가해자가 반증을 들어 인과관계의 부존재를 증명하지 못하는 한 책임을 면하지 못한다는 견해이다. 대법원은 화력발전소의 매연으로 과수의 수확량이 줄어서 피해를 입은 사람이 불법행위에 기한 손해배상청구를 한 사건에서, 피해자는 그 행위가 없었더라면 결과가 발생하지 아니하였으리라는 정도의 개연성, 즉 침해행위와 손해 사이에 인과관계가 존재하는 상당 정도의 가능성이 있다는 증명을 하면 충분하고, 가해자가 반증을 하여야만 인과관계를 부정할 수 있다고 하였다.[1)2)] 그러나 개연성설에 대하여는 법률상 근거없이 증명과 소명 사이의 중간적 심증으로 사실인정을 한다는 점, 원고의 증명의 정도가 개연성으로 족하다고 하면 피고의 반증도 이론상 개연성의 정도로 족한 것이 되므로 피해자의 구제가 실현되지 않는다는 점, 개연성설의 내용은 추상적이므로 인과관계의 인정에 소극적이기 쉬운 법원에 대하여 주의를 주는 이론에 불과하다는 점 등의 비판이 있다.[3)]

2) 개연성설은 주로 일본의 실체법학자들에 의하여 발전된 이론인데, 불완전하게 정립된 개연성설의 결함을 소송법적으로 보완하려는 이론으로 등장한 것이 간접반증이론이다. 간접반증이론은 개연성설이 증명도만을 이용하여 막연하게 피해자의 증명책임을 경감하려는 데 대하여 경험칙이 작용하는 영역을 명확히 하고 가해자에게 간접반증책임을 가하는 모습으로 증명책임의 완화에 관한 명확한 이론구성을 한 것으로서 신개연성설(新蓋然性說)이라고도 부른다.

3) 대법원은 종래의 개연성설을 간접반증이론으로 발전시켜 피해자와 가해자의 증명의 부담의 분담을 꾀하고 있다. 즉 폐수방출로 김 양식장(養殖場)이 피해를 입

---

1) 大判 1974. 12. 10, 72 다 1774.

2) 이는 환경오염피해 배상책임 및 구제에 관한 법률 제6조 이하, 특히 제9조(인과관계의 추정)와 그 취지가 같다고 할 것이다(大判 2023. 12. 28, 2019 다 300866 참조).

3) 자세한 것은 오석락, 전게서, 271면 이하; 新堂, 注釋民訴(6), 82면 이하 참조.

고 가해기업에 손해배상청구의 소를 제기한 사건에서 ① 가해기업이 어떠한 유해물질을 배출하고, ② 그것이 피해물건에 도달하여 손해가 발생하였다면, ③ 가해자 측에서 그것이 무해하다는 것을 증명하지 못하는 한 책임을 면할 수 없다고 보는 것이 사회형평의 관념에 적합하다고 하면서, 원고가 ① 피고 공장에서 김의 생육에 악영향을 줄 수 있는 폐수가 배출되었다는 사실, ② 그 폐수 중 일부가 해류를 통하여 어장에 도달되었다는 사실, ③ 그 후 김에 피해가 있었다는 사실을 증명하면, 피고의 폐수배출과 원고가 양식하는 김에 병해가 발생하여 입은 손해 사이에 인과관계가 증명되었다고 보아야 할 것이고, 이에 대하여 피고는 ① 폐수 중에는 김의 생육에 악영향을 줄 수 있는 원인물질이 들어 있지 않거나 또는 ② 원인물질이 들어 있더라도 그 혼합률이 안전농도 범위 안에 속한다는 사실을 증명하여 반증을 제시하여야만 불이익을 면할 수 있다고 한다.[1)] [2)]

(다) 醫療過誤訴訟

1) 대법원은 의료과오소송에서도 과실 및 인과관계에 관하여 일단의 추정과 간접반증이론에 의한 증명책임의 완화를 꾀하고 있다. 즉 과실에 관하여, "난관불임수술을 받은 사람이 다시 임신하였다면 시술상의 잘못 이외의 다른 원인으로 볼 만한 특별한 사정이 없다면 그 원인은 의사의 시술상의 잘못이라고 일단 사실상의 추정을 하고, 사고발생이 그 과실에 기인한 것이 아니라는 반대사실을 증명하여야 한다"고 하였고,[3)] 인과관계에 관하여, "콜레라 예방접종으로 인한 치사율이 0.004%에 불과하다고 하더라도 피해자 부검에 특이성인 뇌의 울혈부종 및 출혈반점이 있었다면, 달리 피해자에게 사인인 뇌출혈상을 일으킬 만한 특별한 사정을 인정할 자료가 없는 이상, 본건 예방접종과 피접종자의 사망과의 사이에 인과관계가 있다고 해석하는 것이 타당하다"고 하였다.[4)]

---

1) 大判 1984. 6. 12, 81 다 558. 판례의 입장은 간접반증이론이 아니라 개연성설이라는 견해는 胡, 576면; 이상규, 「환경(공해)판례의 연구」(1993), 81면; 임치룡, "환경소송에서의 인과관계와 증명책임," 「재판자료」, 제94집(2002), 104면. 위 판례와 같은 취지의 판례로는 1997. 6. 27, 95 다 2692(농어 양식장); 大判 2004. 11. 26, 2003 다 2123(재첩양식장); 大判 2019. 11. 28, 2016 다 233538, 233545(고속도로의 매연과 한국도로공사의 제설제 사용 등으로 인한 과수원의 과수 고사로 인한 손해배상청구사건): 이 판결에서 대법원은 "기술적·경제적으로 피해자보다는 가해자에 의한 원인조사가 훨씬 용이한 경우가 많을 뿐만 아니라 가해자는 손해발생의 원인을 은폐할 염려가 있기 때문에, 가해자가 어떤 유해한 원인물질을 배출하고 그것이 피해물건에 도달하여 손해가 발생하였다면 가해자 측에서 그것이 무해하다는 것을 증명하지 못하는 한 가해행위와 피해자의 손해발생 사이의 인과관계를 인정할 수 있다. 그러나 이 경우에 있어서도 적어도 가해자가 어떤 유해한 원인물질을 배출한 사실, 그 유해의 정도가 사회통념상 일반적으로 참아내야 할 정도를 넘는다는 사실, 그것이 피해물건에 도달한 사실, 그 후 피해자에게 손해가 발생한 사실에 관한 증명책임은 피해자가 여전히 부담한다."고 하였다.

2) **환경오염피해배상책임 및 구제에 관한 법률** 제9조 제1항은 대기오염물질배출시설, 폐수배출시설 등 일정한 시설(同法 3)이 환경오염피해 발생의 원인을 제공한 것으로 볼 만한 상당한 개연성이 있는 때에는 그 시설로 인하여 환경오염피해가 발생한 것으로 **인과관계를 추정**하고 있다.

3) 大判 1980. 5. 13, 79 다 1390.

2) 증명책임 완화의 취지는 1995년 대법원 판결에 의해 보다 체계적으로 정리되었는데, 이에 따르면 손바닥과 발바닥에 땀이 많이 나는 증상을 치료하기 위해 교감신경 절제수술을 받은 환자가 사망한 사건과 관련하여, 환자 쪽에서 **일반인의 상식에 바탕**을 둔 의료상의 과실 있는 행위를 증명하고, 그 결과와 사이에 의료행위 외에 다른 원인(예컨대 건강상의 결함)이 개재될 수 없다는 점을 증명한 경우에는, 의료행위를 한 쪽이 그 결과가 의료상의 과실로 말미암은 것이 아니라 전혀 다른 원인으로 말미암은 것이라는 증명을 하지 않는 이상, 의료상 과실과 결과 사이의 인과관계를 추정하여 증명책임을 완화하는 것이 손해의 공평·타당한 부담을 꾀하는 손해배상제도의 이상에 맞는다고 하였다.[1] 나아가 이러한 대법원의 입장을 그대로 따르면서도 '일반인의 상식에 바탕을 둔 의료상의 과실'에 대한 증명책임은 여전히 환자 측에 있으며, 의료과정에서 어떠한 주의의무 위반의 잘못을 인정할 수 없다면 그 환자 측의 청구는 배척되어야 한다는 판례들이 최근까지 이어지고 있다.[2]

3) 나아가 2000년에 대법원은 위에서 설명한 의료과오소송에서의 증명책임 완화의 기조를 그대로 유지하면서도 앞선 판례와는 다른 근거를 제시하는 판례들이 나타났다. 즉 대법원은 "환자가 수술 도중에 사망의 원인이 된 증상이 발생한 경우에는 그 증상 발생에 관하여 의료상의 주의의무 위반행위를 제외한 다른 원인이 있다고 보기 어려운 여러 간접사실들을 입증함으로써 그와 같은 증상이 의료상의 주의의무 위반행위에 기한 것이라고 추정하는 것도 가능하다."라고 판시하여 간접사실의 증명으로 의료상의 과실을 추정할 수 있도록 하였는데,[3] 이러한 판례와 같은 근거를 제시하는 판례들이 최근까지도 꾸준히 나타나고 있다.[4] 또한 대법원은 이러한 2000년 판결의 입장을 기초로 하면서도 "그 경우에도 의사의 과실로 인한 결과발생을 추정할 수 있을 정도의 개연성이 담보되지 않는 사정들을 가지고 막연하게 중한 결과에서 의사의 과실과 인과관계를 추정함으로써 결과적으로 의사에게 무과실의 입증책임을 지우는 것까지 허용되는 것은 아니다."라고 판시하여 증명책임의 완화의 한계를 밝히고 있다.[5]

4) 다만 의사의 주의의무위반 여부를 판단하는 기준과 관련하여 1998년 대법원은 위

---

4) 大判 1977. 8. 23, 77 다 686; 다만 민사분쟁에서의 인과관계는 사회적·법적 인과관계이므로 반드시 의학적·자연과학적으로 명백히 증명되어야 하는 것은 아니라고 한다(2010. 9. 30, 2010 다 12241, 12258).

1) 大判 1995. 2. 10, 93 나 52402, 같은 취지의 판례로는, 1999. 9. 3, 99 다 10479; 2012. 1. 27, 2009 다 82275, 82282; 2018. 11. 29, 2016 다 266606, 266613.

2) 大判 2003. 11. 27, 2001 다 20127; 2006. 3. 9, 2004 다 45912; 2007. 5. 31, 2005 다 41863; 2009. 6. 23, 2006 다 31436.

3) 大判 2000. 7. 7, 99 다 66328.

4) 大判 2007. 5. 31, 2005 다 5867; 2023. 10. 12, 2021 다 213316; 2023. 8. 31, 2022 다 303995.

5) 大判 2004. 10. 28, 2002 다 45185; 2006. 3. 9, 2004 다 45912; 2007. 5. 31, 2005 다 5867; 2010. 8. 19, 2007 다 41904; 2013. 6. 27, 2010 다 96010, 96027; 2019. 2. 14, 2017 다 203763; 2020. 11. 26, 2020 다 244511; 2022. 12. 29, 2022 다 264434; 2023. 10. 12, 2021 다 213316.

1995년 대법원 판결과 다른 기준을 제시하고 있다. 다시 말해 위 1995년 대법원 판결이 "일반인의 상식에 바탕을 둔 의료상의 과실 있는 행위"를 증명하도록 하고 있는 반면, 1998년 대법원 판결은 의사의 주의의무는 "의료행위를 할 당시 의료기관 등 **임상의학 분야에서 실천되고 있는 의료행위의 수준**을 기준으로 삼되, 그 의료수준은 통상의 의사에게 의료행위 당시 일반적으로 알려져 있고 또 시인되고 있는 이른바 의학상식을 뜻하므로 진료환경 및 조건, 의료행위의 특수성 등을 고려하여 규범적인 수준으로 파악되어야 한다"라고 판시한 것이다.[1] 이러한 위 1998년 판결의 취지 또한 최근까지 그대로 유지되고 있다.[2]

5) 2023년 판결에서 대법원은 의료과오소송에서 환자 측의 증명책임의 완화를 인정하면서도, 의료행위 당시 임상의학 분야에서 실천되고 있는 의료수준에서 통상의 의료인에게 요구되는 주의의무의 위반, 즉 진료상 과실로 평가되는 행위의 존재를 환자 측이 증명하고, 그 과실이 환자 측의 손해를 발생시킬 개연성이 있다는 점을 증명하면, 진료상 과실과 손해 사이의 인과관계를 추정할 수 있다고 하였다.[3] 다만 이 판결에서는 '손해 발생의 개연성'에 대해 "해당 과실과 손해 사이의 인과관계를 인정하는 것이 의학적 원리 등에 부합하지 않거나 해당 과실이 손해를 발생시킬 막연한 가능성이 있는 정도에 그치는 경우에는 증명되었다고 볼 수 없다"라고 판시하고 있는데, 이 판결에서 사용하고 있는 "개연성"이 종전 우리 판례가 사용하여 왔던 '고도의 개연성'[4] 또는 '상당 정도의 개연성'[5] 등과 어떤 관련성이 있는지 쉽게 파악하기 힘들다고 생각한다.[6]

(라) 製造物責任訴訟 제조물책임법(2000. 1. 12. 법률 제6109호. 2002. 7. 1. 시행)은 제조물의 결함으로 인한 손해배상청구에서 제조업자의 과실에 대한 증명책임을 전환시켜 피해자의 권리구제를 도모하고 있다(製責法 3, 4).[7] 또한 법정의 요건을 갖추면 제조물의 결함과 손해 사이의 인과관계를 추정하고 있다(製責法 3의2). 대법원은 제조물책임법이 시행되기 이전부터 제조물의 결함 및 인과관계에 관하여 일단의 추정과 간접반증으로 증명책임을 완화하였다. 그리하여 변압전류기의 점진적인 절연열화(劣化)를 최소화할 수 있는 방법이 있고, 그러한 방법으로 절연열화를 최소화하였다면 사용할 수 있는 최소한의 내구기간이 있는 경우에 그 내구기간이 경과하기도 전에 절연파괴가 발생하였다면, 그것은 절연열화를 최소화하는 방법을 취하지 않은 구조 내지 제조상의 결함이 있는 것으로 추정할 수 있다고 하였고,[8] 피고가 경영하는 사료공

---

1) 大判 1998. 7. 24, 98 다 12270.

2) 大判 2011. 11. 10, 2009 다 45146; 2018. 11. 29, 2016 다 266606, 266613; 2022. 12. 1, 2022 도 1499; 2022. 12. 29, 2022 다 264434; 2023. 10. 12, 2021 다 213316.

3) 大判 2023. 8. 31, 2022 다 219427.

4) 大判 1990. 6. 26, 89 다카 7730.

5) 大判 1974. 12. 10, 72 다 1774; 2023. 12. 28, 2019 다 300866.

6) 김경욱, "2023년 민사소송법 중요 판례 분석", 「안암법학」 제68호, 2024. 372면 이하 참조.

7) 제조물책임법 제3조 제1항은 "제조업자는 제조물의 결함으로 인하여 생명·신체 또는 재산에 손해를 입은 자에게 손해를 배상하여야 한다"고 규정하여 제조업자의 무과실책임을 인정하고 있다. 그러므로 피해자는 i) 결함의 존재, ii) 결함과 손해발생 사이의 인과관계에 대하여 증명책임이 있다.

장에서 배합사료를 매입하여 닭에게 급식하고 나서 3·4일 뒤부터 닭들이 심한 탈모현상과 난소위축, 복강내 침출물충만 등의 중독현상이 발생하여 드디어 닭을 버리게 된 경우에, 위 사료에 어떠한 불순물이 함유되어 있고 그것이 어떠한 화학적·영양학적 내지 생리적 작용을 하였는지 구체적으로 밝혀지지는 아니하였지만, 적어도 그 사료에 어떤 불순물이 함유된 것이 틀림없어 제조과정에 과실이 있었고 이로 인하여 원고가 사육하던 닭들이 위와 같은 현상을 초래한 것이라는 이른바 인과관계는 증명되었다고 하고 있다.[1] 또한 텔레비전이 정상적으로 수신하는 상태에서 발화·폭발한 경우에는, 소비자 쪽에서 그 사고가 제조업자의 배타적 지배하에 있는 영역에서 발생한 것임을 증명하고, 그러한 사고가 어떤 사람의 과실 없이는 통상 발생하지 않는다고 하는 사정을 증명하면, 제조업자 쪽에서 그 사고가 제품의 결함이 아닌 다른 원인으로 말미암아 발생한 것임을 증명하지 못하는 이상, 위와 같은 제품은 이를 유통에 둔 단계에서 이미 그 이용시의 제품의 성상이 사회통념상 당연히 구비하리라고 기대되는 합리적 안전성을 갖추지 못한 결함이 있었고, 이러한 결함으로 말미암아 사고가 발생하였다고 추정하여 손해배상책임을 지울 수 있도록 증명책임을 완화하여야 한다고 하였다.[2] 또 바이러스에 오염된 혈액제재를 통하여 감염되었다는 것을 이유로 제약회사를 상대로 손해배상을 구한 경우에, 환자인 피해자가 감염이 없는 상태에서 혈액제재 투여 후 감염되었고 혈액제재가 오염되었을 상당한 가능성이 있다는 점을 증명하면, 혈액제재의 결함과 피해자의 감염 사이의 인과관계를 추정하여 증명책임을 완화하는 것이 손해배상제도의 이상에 부합한다고 한다.[3]

Ⅴ. 證明責任과 主張責任

1. 意　　義

변론주의에서는 판결에 필요한 사실(주요사실)은 당사자가 변론에서 주장하지 않으면 법원이 이를 판결의 기초로 삼을 수 없다. 그 결과로 당사자는 자기에게 유리한 주요사실을 주장하지 않으면 마치 그 사실이 없는 것으로 취급되는 불이익을 입는다. 이러한 불이익을 주장책임(Behauptungslast)이라 한다.

주장책임은 시간적·논리적으로 증명책임에 선행하는 관계에 있다. 주요사실을 주장하였는데, 상대방이 이를 다투는 경우에 비로소 증명책임의 문제가 대두되기 때문이다. 주장책임은 주장이 없는 경우에 문제되므로, 주요사실이 어느 당사자에

8) 大判 1992. 11. 24, 92 다 18139.
1) 大判 1977. 1. 25, 77 다 2092.
2) 大判 2000. 2. 25, 98 다 15934; 2004. 3. 12, 2003 다 16771.
3) 大判 2011. 9. 29, 2008 다 16776.

의하여 주장되었는가는 문제되지 아니한다(주장공통의 원칙).

2. 種 類

위에서 설명한 주장이 없는 경우의 불이익으로서의 주장책임을 객관적 주장책임(objektive Behauptungslast)이라고 한다. 주장책임은 또한 누가 변론에서 주요사실을 주장할 책임이 있는가의 행위책임을 뜻하는 수도 있다. 이를 주관적 주장책임(subjektive Behautungslast)이라고 한다. 이 가운데 보다 중요한 것은 객관적 주장책임이고, 보통 주장책임라고 하면 이를 가리킨다.

3. 主張責任의 分配

어느 당사자가 어느 주요사실의 주장책임을 지는가를 정하는 것이 주장책임의 분배이다. 주장책임은 주요사실에 관하여 증명책임을 지는 사람이 부담하는 것이 원칙이므로, 주장책임의 분배는 증명책임의 분배와 일치한다. 따라서 원고는 권리근거사실을, 피고는 권리장애 · 소멸(멸각) · 저지의 사실을 주장하여야 한다.[1] 주장책임과 증명책임이 일치하지 않은 경우로서는 무권대리인의 책임(民 135), 채무불이행으로 인한 손해배상(民 397 Ⅱ · 商 135 등) 등이 있다.

4. 證明責任을 지지 않는 當事者의 主張責任

1) 위에서 설명한 바와 같이 종래에는 증명책임을 지는 사람이 주장책임도 지는 것으로 풀이하여 왔으나, 도이칠란트와 일본에서는 표현증명 · 증명방해 · 모색적 증명 등을 모두 포괄하여 보다 일반적인 형태로 당사자 사이의 실질적 평등을 회복하는 수단으로서 증명책임을 지지 않는 당사자에게 주장책임을 인정하는 견해가 유력하게 주장되고 있다. 이들은 객관적 진실을 발견하여 올바른 재판을 실현하기 위하여 당사자에게 (사안)해명의무(Aufklärungspflicht)라는 포괄적인 소송법상의 의무를 지우고, 그러한 (사안)해명의무의 발현으로서 증명책임을 지지 않는 당사자에게도 중대한 사실과 증거자료에 관한 제출책임을 인정한다.[2] 즉, 공해소송 · 의료과오소송 · 제조물책임소송에서는 피해자인 원고는 그 권리근거사실인 상대방의 과실 · 위법성 및 인과관계 등을 주장 · 증명하여야 하는데, 원고는 상대방 내부의 사정, 고도의 전문적인 과학기술상 · 의학상의 인과관계를 주장할 수 없는 것이 보통임에 반하여, 상대방은 자기의 지배영역 안에 있는 사실에 관하여 각종의 자료 · 전

---

1) 소극적 확인의 소의 경우에는 반대이다(大判 1998. 3. 13, 97 다 45259).

2) 해명의무를 소송상의 의무로 보는 데 대하여, 이를 실체법적 설명의무로 보는 견해도 있다.

문지식을 가지고 있으므로 간단하게 설명할 수 있다. 이처럼 현대형 소송에서는 증거가 구조적으로 편재(偏在)되어 있으므로, 이를 시정하여 당사자 사이의 실질적 평등을 회복하기 위하여, 본래 주장·증명책임을 지지 않는 상대방에게 그 사실의 구체적인 경과를 진술할 의무를 지우려고 한다.[1)]

2) 이른바 (사안)해명의무의 근거·요건·효과에 관하여는 다툼이 있으나, 일반적으로 i) 자기의 권리주장에 합리적인 근거가 있음을 명확하게 하는 근거점(Anhaltspunkt)을 제시하고, ii) 그가 객관적으로 사실을 해명할 수 없는 상황에 있으며, iii) 이에 관하여 그를 비난할 수 없는 반면, iv) 상대방은 용이하게 사실해명을 할 수 있는 지위에 있고, 그 기대가능성이 있다고 하는 요건하에, 증명책임을 지지 않는 당사자에게 (사안)해명의무를 인정한다. 그리고 의무의 위반행위의 효과에 관하여는 법관의 자유재량에 맡기는 설(**자유심증설**), 증명책임의 전환을 인정하는 설(**증명책임전환설**) 및 불이익한 사실을 의제하는 설(**사실의제설**) 등이 대립하고 있다.

3) 생각건대 이러한 견해는 현대형 분쟁의 해결에 매우 유익한 기여를 할 수 있으나, 민사소송법상 명문규정이 없음에도 불구하고 이러한 포괄적인 의무를 인정할 수 있는가 의문이다. 또 (사안)해명의무를 전면적으로 인정한다면 만일 상대방이 이에 응하면 진위불명이 생기지 아니하여 증명책임이 작용할 여지가 없게 되고, 만일 상대방이 이에 불응하면 주장사실이 추정되어 증명책임의 판단이 불필요하게 되며, 나아가 증명책임을 부담하는 당사자에게 증거제출책임이 없게 되는 결과로 되어, 증명책임에 관한 민사소송이론을 전면적으로 재구성하지 않으면 안 되는 난점이 있다.[2)] 다만 문서제출명령(344), 당사자신문(367 이하), 혈액형의 수검(受檢)의무(家訴 29)는 증명책임을 부담하지 않는 당사자에 대하여도 가능하므로, 이러한 민사소송법의 규정과 신의칙(1 II)에 기초하여 개별적으로 증명책임이 없는 사람의 해명의무를 긍정할 수 있을 것이다.[3)]

---

1) 자세한 것은 皮貞鉉, 「立證責任없는 當事者이 解明義務」, 1992년도 연세대 법학박사학위논문; Stürner, *Die Aufklärungspflicht der Parteien des Zivilprozesses*(1976); von Hippel, Wahrheitspflicht und Aufklärungspflicht, *ZZP* 82, 196; Arens, Zur Aufklärungspflicht der nicht beweisbelasteten Partei im Zivilprozess, *ZZP* 96, 1 ff.; 春日, "證據の蒐集および提出過程における當事者行爲の規律," 日本民訴雜誌 28, 60면; 井上＝伊藤＝佐上, 109면 이하; 佐上, "事實解明義務と摸索的證明," 演習民訴, 464면 이하 참조.

2) Rosenberg, §117 Ⅳ 3.

3) 同旨: 李時, 584면; Rosenberg, §117 Ⅳ 1. 다만 요증사실의 증거자료에 훨씬 용이하게 접근할 수 있는 당사자가 상대방의 증명활동에 협력하지 않는 것이 민소송법상의 신의성실의 원칙에 위배되는 것은 아니라는 판례는 大判 1996. 4. 23, 95 다 23835.

제 7 관 證據調査節次

제 1 항 總 說

Ⅰ. 槪 觀

증거조사절차는 변론주의에서는 원칙적으로 당사자의 증거신청(Beweisantritt)에 의하여 개시된다. 증거신청이 있으면 법원은 그것을 채택할 것인가 아닌가를 결정한다(증거신청의 채택 여부의 결정, Beweisanordnung, Beweisbeschluss). 증거신청을 채택하거나 직권증거조사가 필요한 경우에는 증거조사(Beweisaufnahme)를 실시한다. 증거조사의 실시방법은 증인신문 · 서증 · 감정 · 검증 및 당사자신문 등 다섯 가지의 증거방법에 관하여 구체적으로 정하여져 있다. 증거조사가 끝나면 마지막으로 법관은 증거조사의 결과에 관하여 증거평가(Beweiswürdigung)를 행한다.[1)]

Ⅱ. 證據調査의 開始

우리나라는 변론주의를 택하고 있기 때문에 증거조사는 당사자의 신청에 의하여 행하는 것이 원칙이고, 예외적으로 법원의 직권에 의한 증거조사가 허용되고 있다.

1. 當事者의 證據申請

증거신청은 법원에 대하여 특정한 증거방법의 조사를 신청하는 것으로서 공격 · 방어방법의 제출행위 가운데 하나이다.

(1) 申請의 方式

증거신청을 하는 때에는 증명할 사실(증명주제, Beweisthema)(289 Ⅰ), 특정한 증거방법(308, 333, 345, 364) 및 양자의 관계(증명취지)를 구체적으로 밝혀야 한다(民訴規 74). 따라서 증명

1) Thomas/Putzo, Vorb 2. vor 284.

주제를 명시하지 않거나 아무런 근거가 없는 사실을 주장하고 그 증명을 위하여 신청하는 이른바 모색적 증명(摸索的 證明)(Ausforschungsbeweis)은 변론주의에서는 원칙적으로 허용되지 아니한다(자세한 것은 앞의 모색적 증명에 관한 설명부분 참조). 신청서에는 인지를 붙일 필요가 없으며(民印 10), 비용을 요하는 경우에는 비용을 미리 내야 한다(116 I, 民訴規 77).

(2) 申請의 時期

1) 증거신청은 공격·방어방법인 증명의 방법이므로 변론을 종결할 때까지 이를 할 수 있는 것이 원칙이다. 다만 기일에 조사하려면 증인 등에게 출석을 요구하거나 문서의 송부촉탁 등을 미리 할 필요가 있으므로, 증거신청은 기일 전에도 할 수 있다(289 II).

2) 변론에 앞서 변론준비절차를 여는 경우에는 변론준비절차에서 증거신청을 하여야 한다. 이 때 변론기일에서는 제147조(재정기간에 의한 제출기간의 제한), 제149조(실기한 공격·방어방법의 각하), 제285조(변론준비기일을 종결한 효과)의 제약하에서만 증거신청을 할 수 있다. 원칙적으로 변론준비절차에서는 증거조사가 허용되지 아니하는 증인신문·당사자신문의 경우에도, 증인 등의 출석요구를 미리 할 필요가 있으므로 그 신청은 변론준비절차에서 하여야 한다.

(3) 申請의 撤回

증거신청은 증거조사가 실시되기 전에는 언제든지 철회할 수 있다. 일단 증거조사의 실시에 들어가면 상대방의 동의 없이 조사 도중에 철회할 수 없다. 왜냐하면 증거공통의 원칙에 의하여 증거조사에서 상대방에게 유리한 증거자료가 나타날 가능성이 있기 때문이다. 그리고 증거조사가 완료된 뒤에는 이에 의하여 형성된 법관의 심증을 말살할 수 없으므로 철회가 허용되지 아니한다. 적법하게 철회된 증거를 채택하는 것은 위법이다.[1]

2. 相對方의 陳述

법원은 증거신청이 있으면 상대방에게 이에 대하여 진술할 기회를 주어야 한다(274 I ⑤, II. 283). 이것은 쌍방심리주의의 요청이다. 이 때에 상대방은 시기에 늦은 신청이라든가, 증명사실과 무관하다든가, 증거가치가 없다든가 따위의 증거항변을 할 수

1) 大判 1974. 4. 23, 73 다 1806.

있다. 다만 증거항변은 증거조사 후에도 할 수 있다. 상대방에게 진술할 기회를 주기만 하면 되고, 상대방이 현실적으로 진술할 필요는 없다. 진술할 기회를 주었는데도 의견을 진술하지 아니한 경우에는 소송절차에 관한 이의권의 포기·상실이 인정되는 범위에서는 흠이 치유되어 증거조사는 적법하게 된다.

3. 法院의 採擇 여부의 決定

법원은 증거신청에 대하여 상대방에게 의견을 진술할 기회를 준 다음에 이를 채택하여 조사할 것인가의 여부를 정한다. 증거신청의 채택 여부는 원칙적으로 법원의 재량에 맡겨져 있지만, 유일한 증거에 관하여는 예외가 있다.

(1) 채택 여부의 기준

1) 부적법한 증거신청의 경우에는 이를 각하할 수 있다. 증거신청이 시기에 늦은 경우(147. 149. 285), 신청의 방식을 어긴 경우(예컨대 모색적 증명을 위한 증거신청) 등이 이에 해당한다.

2) 증거조사가 불필요한 경우에는 증거신청을 각하할 수 있다(290). 신청한 증거가 증명사항(증명주제)과 전혀 관계가 없는 경우, 법관이 증명사항에 관하여 이미 심증을 얻고 있는 경우 등이 이에 해당한다. 다만 법관이 심증을 얻고 있는 경우에도 상대방이 이를 다투기 위하여 신청한 증거는 이를 채택·조사하는 것이 공평하다. 증거조사를 해보았자 별로 증거력이 없을 것이라는 예단(豫斷)을 가지고 증거신청을 배척하여서는 안 된다. 왜냐하면 이것은 미리 증거평가를 하는 것으로서 부적법하기 때문이다.

3) 같은 사실에 관하여 적법한 증거신청이 여러 가지 있고 그것들이 모두 증명주제와 관련이 있는 경우에 법원은 그것들을 전부 채택·조사하여야 하는 것은 아니고, 그 중 유력한 것으로 인정되는 것만 골라서 조사할 수 있다.[1] 이 경우에 어느 것을 채택하느냐는 법원의 소송지휘에 맡겨져 있다. 다만 이 경우에도 당사자의 의견을 참작하는 것이 좋다.

(2) 채택 여부의 裁判

1) 증거신청이 있으면 법원은 이를 채택하여 조사할 것인가의 여부를 정한다.

---

1) 大判 1955. 1. 27, 4287 民上 224.

이 재판은 결정의 형식으로 하며, 이를 증거결정(Beweisanordnung, Beweisbeschluss)이라고 한다. i) 증거신청이 부적법하거나 또는 그 증거가 불필요하다고 인정되는 경우에는 이를 배척하는 각하결정을 하여야 한다(통설). ii) 이에 반하여 증거신청을 채택하는 경우에는 반드시 증거결정을 명시적으로 할 필요는 없고, 증거조사의 일시·장소를 고지하면 된다. 다만 채택한 증거에 관하여 수명법관 또는 수탁판사에 의하여 증거조사를 행하는 경우에는 법원의 증거결정이 필요하다.[1] iii) 또 증거신청에 대하여 채택 여부의 결정을 보류하는 경우가 있는데, 이 경우에 보류된 증거를 조사하지 않고 변론을 종결하면 묵시적으로 각하결정을 한 것으로 볼 수 있을 것이다.[2] 증거결정은 소송지휘의 재판이므로, 언제든지 취소·변경할 수 있으며(222), 이에 대하여 독립된 불복신청을 할 수 없다.

2) 증거결정이 있으면 당연히 변론이 중지되느냐에 관하여 다툼이 있으나, 증거조사와 변론을 어떤 순서로 진행할 것이냐는 법원의 소송지휘에 속하므로, 당연히 변론이 중지되는 것은 아니라고 생각한다.[3]

변론준비절차에서도 재판장등이 변론의 준비를 위하여 필요하다고 인정하면 증거결정을 할 수 있다(281 I).

(3) 唯一한 證據

당사자의 주장사실에 대한 유일한 증거는 이를 채택하여 조사하여야 하는 것이 원칙이다(290 但). 이 범위 안에서 법원의 증거결정의 재량권이 제한을 받는 셈이다.

(가) 의의 및 근거 유일한 증거라 함은 당사자가 신청한 증거가 요건사실에 관하여 유일한 것인 경우를 가리킨다. 민사소송법이 유일한 증거는 반드시 채택하여 조사하도록 규정한 이유는 만일 유일한 증거의 신청을 배척한다면 그것은 증명의 길을 막는 것이 되어 쌍방심리주의에 반하기 때문이다. 유일한 증거에 대한 예외는 일본판례에 의해 발전된 이론을 우리 민사소송법이 성문화한 것이다.

(나) 유일한 증거의 기준 i) 유일한 증거인가 아닌가는 각 쟁점단위로 판단한다. 따라서 여러 개의 쟁점이 있는 경우에 다른 쟁점에 관하여 아무리 많은 증거

---

1) 姜, 543면.
2) 大判 1965. 5. 31, 65 다 159.
3) 同旨: 金/姜, 539면.

조사를 하였더라도 나머지 하나의 쟁점에 관한 유일한 증거를 배척하여서는 안 된다. ii) 또 유일한가의 여부는 모든 심급을 통하여 판단하여야 한다(변론의 일체성). 따라서 어느 쟁점에 관하여 제1심에서 증거를 신청하여 조사하였으면 제2심에서 이에 관한 새로운 증거를 제2심으로서는 유일하게 신청하더라도 이를 조사하지 아니할 수 있다. iii) 또 유일한 증거는 주요사실에 대한 것이므로 간접사실이나 보조사실에 대한 증거는 여기에 포함되지 않는다. iv) 그리고 유일한 증거는 자기에게 증명책임이 있는 사항에 관한 증거이므로 본증에 한하고, 반증에 관하여는 유일한 증거의 법칙이 적용되지 않는다.[1] 구 법하에서 판례는 당사자본인신문은 보충적 증거방법이므로 유일한 증거가 아니라고 하였으나,[2] 새 법은 당사자신문의 보충성을 없앴으므로(367) 판례와 같은 해석의 여지가 없어졌다.[3]

주의할 것은 유일하냐 아니냐는 신청한 증거의 개수를 기준으로 하는 것이 아니라 당사자가 신청한 증거 중 이미 조사한 것이 있느냐의 여부에 따라 결정된다. 그리하여 여러 개의 증거를 신청하였는데 하나도 조사하지 않으면 유일한 증거를 배척한 것이 된다. 유일한 증거의 조사결과를 반드시 받아들여야 하는 것이 아님은 자유심증주의의 원칙에 비추어 명백하다.

(다) 유일한 증거의 예외 유일한 증거라도 다음과 같은 사유가 있는 때에는 조사하지 않을 수 있다. 즉 증거신청이 쟁점판단에 불필요한 경우,[4] 부적법하거나 시기에 늦은 경우, 신청자의 태만으로 인하여 증거조사를 합리적인 기간 안에 할 수 없는 경우(예컨대 비용을 미리 내지 않은 경우), 증거조사에 관하여 일정하지 아니한 기간의 장애가 있는 때(예컨대 증인의 출석요구서가 여러 번 송달불능된 경우, 증인의 질병), 최종변론기일에 당사자가 더 이상 증거방법이 없다고 진술한 경우,[5] 감정의 경우,[6] 직권증거조사가 인정되는 경우 등이다.

4. 職權證據調査

1) 통상의 민사소송절차에서는 직권증거조사는 보충적으로만 인정된다. 즉 법원은 당사자가 신청한 증거에 의하여 심증을 얻을 수 없거나, 그 밖에 필요하다고

1) 大判 1998. 6. 12, 97 다 38510. 反對: 李時, 502면.
2) 大判 2001. 11. 24, 99 두 3980.
3) 同旨: 李時, 502면.
4) 大判 1961. 12. 7, 4294 民上 135.
5) 大判 1968. 7. 24, 68 다 998.
6) 大判 1959. 5. 15, 4291 民上 477.

인정한 때에는 직권으로 증거조사를 할 수 있다(292).

보충적인 직권증거조사는 변론주의의 원칙상 심리의 최종단계에 이르러서도 심증이 형성되지 아니할 때에 비로소 허용되는 것이므로, 처음부터 적극적으로 증거를 탐지하여서는 아니된다. 그리고 심증형성이 안 되는 경우에도 반드시 직권증거조사를 하여야 할 의무가 있는 것은 아니고, 그것은 법원의 재량에 속한다. 그리하여 증명책임분배의 원칙에 따라 판단하는 것이 부당하고, 증명책임을 부담하는 당사자가 스스로 증명을 할 능력이 없는 경우에 직권증거조사를 행할 수 있다.[1] 판례는 손해배상청구소송에서 손해가 발생한 사실이 인정되는 경우에는 석명권을 행사하여 손해액에 대한 증명을 촉구하여야 하고, 경우에 따라서는 직권으로라도 손해액을 심리 · 판단하여야 한다고 한다.[2]

2) 위에서 말한 보충적인 직권증거조사 외에 민사소송법은 다음의 경우에 직권증거조사를 허용하고 있다. 즉, 공공기관 등에 대한 조사의 촉탁(294), 감정의 촉탁(341), 당사자신문(367) 등이 그것이다. 이것은 기일 전에도 가능하다.

3) 통상의 민사사건과는 달리 소액사건에서는 필요한 때에는 언제든지 직권증거조사를 할 수 있고(少審 10 I), 증권관련집단소송에서도 직권증거조사가 원칙이다(證集 30). 또 직권탐지주의를 취하는 절차에서는 직권증거조사가 원칙으로 되어 있다(家訴 12, 17, 行訴 26).[3]

Ⅲ. 證據調査의 實施

1. 費用의 豫納

법원이 증거신청을 받아들여 증거조사를 결정한 때에는 그 비용을 부담할 당사자에게 필요한 비용을 미리 내게 하여야 한다(民訴規 77 I). 상대방이 미리 낼 수도 있다.[4] 직권증거조사의 경우에는 이익을 받는 당사자에게 미리 내게 하되, 이익을 받을 당사자가 분명하지 아니한 때에는 원고에게 미리 내게 한다(民訴規 19 I③ 참조). 예납명령을 받고도 내지 아니하는 때에는 증거조사를 하지 아니할 수도 있고(116 II), 국고에서 대납

1) 同旨: 李時, 505면.
2) 大判 1987. 12. 22, 85 다카 2453; 2002. 5. 28, 2000 다 5817; 2011. 7. 14, 2010 다 103451.
3) 행정소송에서도 변론주의가 원칙이라는 견해로서는 金南辰, 行政法 Ⅰ(5版), 747면.
4) 日最判 1957. 6. 25, 民集 11. 6. 1143.

받아 지출(체당)하였다가 나중에 패소자로부터 환수(수봉; 收捧)할 수 있다(民訴規 20, 民費 12).

2. 證據調査實施의 機關·場所와 日時

1) 증거조사는 수소법원이 그 법정에서 실시하는 것이 원칙이다(297 Ⅰ 前, 직접주의·공개주의의 요청). 이 경우에는 증거조사기일이 동시에 변론기일이 되지만, 양자를 분리할 수 있는가에 관하여는 다툼이 있다. 수소법원은 현장검증이나 임상신문 등 특별한 필요가 있는 때에는 법원 밖에서 증거조사를 할 수 있다(297 Ⅰ 前). 이 경우에는 증거조사기일이 변론기일과 분리되어 있으므로 당사자는 새로운 주장 등 변론을 할 수 없고, 재판상의 자백도 성립하지 않으며, 공개할 필요도 없다.[1] 법원 밖에서의 증거조사는 수명법관이나 수탁판사에게 맡길 수 있다(297 Ⅰ 後). 다만 증인신문의 경우에는 i) 증인이 정당한 사유로 출석하지 못하는 때, ii) 출석하려면 지나치게 많은 비용 또는 시간이 드는 때, iii) 그 밖의 상당한 이유가 있는 경우로 당사자가 이의를 제기하지 아니하는 때, iv) 검증을 하면서 필요하다고 인정하는 때 등으로 제한된다(313, 365). 공개주의·직접주의의 요청 때문이다. 수소법원 밖에서 증거조사를 할 때에는 증거조사의 결정시부터 그 종료시까지 변론이 중지된다.

2) 증거조사는 변론준비절차를 거치지 않는 경우에는 변론이 개시된 뒤에 법원이 정한 기일(변론기일 또는 독립된 증거조사기일)에 하는 것이 원칙이다. 그러나 변론준비절차가 열리는 경우에는 변론준비절차를 주재하는 재판장등이 주장과 증거를 정리하기 위한 범위 안에서 증거조사를 할 수 있다(281 Ⅰ, 289 Ⅱ). 다만 여기에서의 증인신문과 당사자신문은 제313조에 해당하는 경우에만 가능하다(281 Ⅲ). 증인이나 감정인이 법원에 출석하기 어려운 사정이 있는 경우에는 비디오 등 중계장치에 의한 중계시설 또는 인터넷 화상장치를 이용하여 신문할 수 있다(327의 2 Ⅰ, 339의 3 Ⅰ)(후술하는 각종 증거방법의 조사부분 참조).

3) 외국에서 증거조사를 시행할 필요가 있는 때에는 외교부장관을 경유하여 그 외국에 주재하는 대한민국의 대사·공사나 영사 또는 그 나라의 관할공공기관에 촉탁한다(296 Ⅰ, 國民司共 5, 6). 외국에서 시행한 증거조사는 그 나라의 법률에 위배하여도 우리 민사소송법에 위배되지 아니한 때에는 그 효력이 있다(296 Ⅱ).

---

1) 大判 1971. 6. 30, 71 다 1027.

3. 當事者의 參與

1) 당사자는 증거조사에 참여하여 스스로 증거를 조사하고 또 증거에 관한 주장을 할 이익을 가진다. 이러한 당사자의 이익을 보호하기 위하여 법원은 증거조사의 기일과 장소를 당사자에게 통지하여야 한다(167, 297 II, 381). 이것은 당사자공개의 원칙에서 나온 것이고, 이른바 증명권(증거에 관한 당사자권)의 한 내용이다. 그러나 당사자에게 출석의 기회를 주면 되고, 당사자가 반드시 출석하여야 하는 것이 아니므로, 증거조사는 기일에 당사자가 출석하지 아니한 경우에도 할 수 있다(295).

2) 당사자가 출석하지 아니한 채로 증거조사가 완결된 때에는 그 당사자는 스스로 출석의 기회를 포기한 것이므로 그 증거에 대하여 다시 조사를 구할 수 없다.

3) 법원은 증거조사의 결과에 관하여 당사자에게 의견을 진술할 기회를 주어야 한다. 당사자는 이 기회에 증거의 증거능력·증명력(증거력) 등에 관한 증거항변을 할 수 있다. 이것은 당사자의 신청에 의하여 증거조사를 한 경우는 물론 법원이 직권으로 증거조사를 한 경우에도 같다(少審 10 I 後). 이것 역시 증명권의 한 내용이다. 따라서 당사자에게 위와 같은 절차권이 보장되지 아니한 경우에는 그 증거자료를 채택할 수 없다.[1)]

4. 證據調査와 直接主義·公開主義, 集中證據調査

1) 증거조사는 수소법원이 법정에서 시행하는 것이 원칙이다. 그러나 예외적으로 수명법관·수탁판사에 의한 증거조사, 외국에서의 증거조사, 변론준비절차에서의 증거조사 등이 허용되는데, 이 경우에 그 결과를 그대로 재판의 기초로 삼을 수 있는가에 관하여는 다툼이 있다.[2)] 직접주의·구술주의의 요청 때문에 이러한 증거조사의 결과는 당사자가 변론에서 진술하여야 한다는 견해가 있으나,[3)] 이 경우에는 법률에 의하여 직접주의의 예외가 인정된 것으로 보이므로, 법원이 증거조사의 결과를 변론에서 제시하고 당사자에게 의견진술의 기회를 주면 충분하다고 생각한다.[4)] 수소법원이 기일 전에 증거조사를 하거나 법정 밖에서 증거조사를 한

---

1) Zeiss, 59 Ⅲ 5.
2) 자세한 것은 中野=松浦=鈴木, 262면 참조.
3) 方, 490면; 宋/朴, 561면; 姜, 546면; 金容, 324면; 胡, 612면.

경우 및 증거보전절차에서 증거조사를 한 경우에도 공개주의의 요청 때문에 마찬가지로 처리하여야 할 것이다.

2) 2002년 민사소송법에 따르면, 증인신문과 당사자신문은 당사자의 주장과 증거를 정리한 뒤 집중적으로 하여야 한다(293). 새 법이 취하고 있는 적시제출주의와 집중심리주의가 실현되기 위해서는 증거조사도 집중되어야 하기 때문이다. 따라서 변론준비절차를 거치는 경우에는 여기에서 서증·감정·검증 등의 증거조사를 하고 증인의 채택 여부에 관한 결정을 하며, 변론기일(증거조사기일 포함)에는 주로 증인신문, 당사자신문을 위주로 증거조사를 실시하되, 가급적 관련 증인을 한꺼번에 불러서 집중적으로 실시한다(281 Ⅲ·287 Ⅲ). 또한 쟁점이 명확하여 변론준비절차를 거치지 아니하고 바로 변론에 들어가는 경우에도 증인신문과 당사자신문은 변론에서 집중적으로 실시한다. 2002년 민사소송법에서는 집중증거조사를 위한 증인 확보수단으로, 증인의 불출석에 대한 과태료를 500만 원으로 인상하고 감치제도를 도입하였다(311).

5. 證據調査에 대한 協力

당사자와 제3자(관계인)는 소송절차의 일부인 증거조사에 협력할 의무가 있다.

(1) 當事者의 協力

조사를 필요로 하는 물건을 가지고 있는 당사자는 일정한 요건(343, 366)하에 상대방으로 하여금 이를 이용할 수 있도록 하여야 한다. 또 당사자 본인은 상대방 당사자에 의한 당사자신문에 응하여야 한다. 만일 이러한 협력의무에 위반할 때에는 증명방해로서 일정한 불이익을 입는다(349, 350, 360, 361, 366, 369 등).

현행법상 상대방의 수중에 있는 문서나 물건을 증거로 이용할 수 있는 길은 매우 제한되어 있다. 미국법상의 증거개시제도(discovery)의 도입이 요망된다.

증거개시제도(證據開示制度)는 미국 연방민사소송규칙(FRCP)이 규정하고 있는 것으로서, 당사자가 법원을 통하여 소장과 답변서를 교환하는 절차(pleading)를 마친 뒤 심리절차 이전에, 당사자 사이에 증거를 획득하고 쟁점을 정리하기 위하여 진행되는 절차이다 (FRCP 26~37). 이 절차에서 당사자는 스스로 자신이 보유한 증거를 공개(disclosure)하고, 상대방 당사자나 제3자에게 증거의 제출을 요구할 수 있다. 그 방법으로는 당사자 또는 제

---

4) 同旨: 李時, 506면; 金/姜, 542면.

3자를 증인으로 신문하는 '증언조서'(depositions), 상대방이 소지하고 있는 문서 또는 물건 등을 제출할 것을 요구하는 '문서 등의 제출요구'(requests for production of documents and property), 당사자 등의 신체 또는 정신상태가 쟁점인 경우에 '신체 및 정신감정'(physical and mental examinations), 일정한 질문을 기재한 서면을 보내어 상대방이 선서한 후 답변하게 하는 '질문서'(interrogatories), 상대방에게 사실상의 주장 또는 문서의 진정성립에 대하여 자백 여부를 묻는 '자백요구'(requests for admissions) 등이 있다.[1)]

(2) 第3者의 協力

조사를 필요로 하는 증거방법을 가지거나 지배하고 있는 제3자는 공법상의 의무로서 그 증거방법의 조사에 협력할 의무가 있다. 이러한 의무로서는 증인의무(출석의무. 선서의무. 진술의무), 감정의무(출석의무. 선서의무. 감정의견보고의무), 문서제출주의, 검증수인의무, 특히 혈액형의 검증의무(家訴 29) 등이 있다. 다만 일정한 사유가 있으면 협력을 거절할 수 있다. 위 의무에 위반할 때에는 구인 · 과태료 또는 감치 등의 제재를 받는다(자세한 내용은 각 증거방법의 조사절차를 보라).

6. 證據調査의 不實施

증거를 채택하여 조사하기로 증거결정을 한 뒤에도 증거조사를 시행하지 않을 수 있는 경우가 있다. 첫째는 당사자에게 증거조사에 필요한 비용을 미리 내도록 명하였는데도 이를 내지 않는 경우이다(116). 둘째는 증거조사를 할 수 있을지, 언제 할 수 있을지 알 수 없는 경우이다(291). 예를 들면 증인이 행방불명되어 송달불능인 때, 검증목적물이 분실된 때, 증인에 대한 구인장(拘引狀)이 집행불능인 때 등 언제 증거조사를 할 수 있는지 예상할 수 없는 때이다.[2)]

7. 證據調査調書

증거조사의 경과 및 결과는 증거조사가 변론기일에 행하여진 경우에는 변론조서에(154 ②③), 독립된 증거조사기일에 행하여진 경우에는 증거조사기일의 조서에(160) 각각 기재하여야 한다.

---

1) 자세한 설명은 유병현, "미국민사소송법상 증거개시제도의 현황과 도입방안," 「민사소송」 I(1998), 477면 이하 참조. 나아가 최근 컴퓨터 기술의 발전으로 인한 전자증거의 폭증으로 인해 전자적으로 저장된 정보(electronic stored information, ESI)를 대상으로 하는 e-discovery에 대한 논의가 활발하게 이루어지고 있다(1 eDiscovery & Digital Evidence §6:1).

2) 大判 1962. 3. 15, 4294 民上 954; 1974. 4. 23, 73 다 1806.

제 2 항 각종 證據方法의 調査

민사소송법은 증인신문, 감정, 서증, 검증 및 당사자신문 등에 관하여 일찍부터 그 조사절차를 규정하고 있었다. 2002년 민사소송법은 이에 추가하여 도면, 사진, 녹음테이프, 비디오테이프, 컴퓨터용 자기디스크 등의 증거방법을 '그 밖의 증거'로 규정하고, 구체적인 증거조사절차는 대법원규칙으로 정하도록 하고 있다(374).

Ⅰ. 證人訊問

증인신문은 증인에 대하여 말로 질문하고 말로 응답을 받아 증거자료를 얻는 증거조사이다. 증인의 진술을 증언(Zeugenbeweis)이라고 하는데, 증언은 '가장 불확실한 증거'라고 일컬어진다. 왜냐하면 사람의 기억력과 기억을 묘사하는 능력에는 한계가 있기 때문이다.[1] 그리하여 외국에서는 증인의 신빙성을 고려하여 서증을 우선시키는 예가 있다(예컨대 영미법의 parol evidence rule).

1. 證人의 意義 및 證人能力

1) 증인(Zeuge)은 과거에 경험한 사실을 법원에 보고할 것을 명령받은 제3자이다. 증인은 자기가 경험한 사실을 보고하는 데 그치므로, 특별한 학식경험에 의한 자기의 판단이나 의사를 진술하는 감정인과 구별된다. 전문적인 학식경험이 있기 때문에 얻은 과거의 구체적 사실을 보고하는 사람을 특히 감정증인이라고 하는데, 이 사람도 경험을 보고하는 이상 증인이므로 증인과 마찬가지의 절차로 조사한다.

2) 당사자 및 그를 갈음하여 소송을 수행하는 법정대리인(법인의 대표자 포함) 이외의 사람은 모두 증인이 될 자격(증인능력, Zeugnisfähigkeit)을 가진다(367, 372, 64). 소송무능력자나 당사자의 친족도 증인이 될 수 있다. 소송대리인, 제3자의 소송담당의 경우의 이익귀속주체, 보조참가인, 법인이 당사자인 경우에는 법인의 대표자 아닌 이사 등도 증인이 될 수 있다.

---

1) Arens, Rdn. 296.

공동소송인도 자기의 소송관계와 무관한 사항에 관하여는 증인이 될 수 있다. 그러나 공동의 이해관계가 있는 사항에 대하여는 당사자신문에 의하여야 한다. 제1심에서 공동소송인이었다가 항소심에서 공동소송인이 아니게 된 사람은 제한 없이 증인능력이 있다.

3) 당사자나 법정대리인을 잘못하여 증인으로 신문한 경우에 그 증언의 효력이 문제된다. 판례는 위 증거조사는 위법하지만, 당사자가 지체 없이 방식위배를 이의하지 아니하면 흠이 치유되어 그 증언을 증거로 채택할 수 있다고 한다.[1)] 그러나 증인능력이 없는 사람의 진술은 증언이라고 할 수 없으므로 변론 전체의 취지로서만 증거자료가 된다고 풀이하여야 할 것이다.[2)]

2. 證人義務

우리나라의 재판권에 따르는 사람은 모두 증인으로서 신문에 응할 공법상의 의무(증인의무, Zeugenpflicht)를 진다(303). 우리나라의 재판권으로부터 면제권을 가지는 사람도 임의로 신문에 응하면 증인이 될 수 있다. 다만 공무원의 직무상의 비밀에 관하여 신문하는 경우에는 해당 기관의 동의를 필요로 한다(304, 305, 306, 307). 증인의무의 내용은 출석의무·선서의무 및 진술의무의 세 가지이다. 이 의무는 일반적인 공법상의 의무이다.

(1) 出席義務

(가) 출석의무의 내용 출석요구를 받은 증인은 지정된 일시·장소에 출석할 의무가 있다. 증인신청을 한 당사자는 증인이 기일에 출석할 수 있도록 노력하여야 한다(民訴規 82). 증인이 기일에 출석할 수 없을 때에는 바로 그 사유를 밝혀 신고히여야 한다(民訴規 83). 신고하지 아니하면 정당한 사유없이 출석하지 아니한 것으로 인정되어 제재를 받을 수 있다(民訴規 81 I ②).

(나) 수명법관 등에 의한 증인신문 법원은 증인이 정당한 사유(질병·교통두절 등)로 인하여 수소법원에 출석하지 못하는 때와 증인이 수소법원에 출석함에 과다한 비용 또는 시간을 요하는 때에는 수명법관 또는 수탁판사로 하여금 증인신문을 하게 할

1) 大判 1960. 12. 20, 4293 民上 163; 1977. 10. 11, 77 다 1316.
2) 日大判 1936. 10. 6, 民集 15. 1789 참조. 反對: 李時, 509면.

수 있다(313 ①, ②). 2002년 민사소송법은 그 밖에도 상당한 이유가 있을 때에는 수명법관이나 수탁판사에 의한 증거조사가 가능하게 하고 있다(313 ③). 이것은 현장검증을 하면서 그 장소에서 목격증인에 대한 신문을 할 수 있도록 하여 효율적·경제적으로 증인신문을 하기 위해서이다. 다만 직접주의를 보장하기 위해서 당사자의 이의가 있을 때는 할 수 없는 것으로 제한하고 있다.

(다) 출석하지 아니한 경우에 대한 제재 증인이 정당한 사유 없이 출석하지 아니한 때에는 소송비용의 부담과 과태료의 제재를 받고, 감치의 재판을 받게 되며 구인될 수 있다. 2002년 민사소송법은 심리의 집중을 꾀하기 위하여 변론준비절차에서 증거조사를 실시하고 변론기일은 증인신문과 당사자신문 위주의 집중증거조사기일로 운영할 것을 예정하고 있었던만큼, 효율적인 증인신문을 위해서 증인의 확보가 선행되어야 하므로 증인의 출석을 간접적으로 강제하기 위한 수단을 대폭 강화하였다. 그리하여 과태료의 상한선을 종래의 50만 원에서 500만 원으로 인상하고, 감치제도를 새로이 도입하였다. 구체적인 내용은 다음과 같다.

① **訴訟費用의 負擔과 過怠料** 증인이 정당한 사유없이 출석하지 아니한 때에는 법원은 결정으로 소송비용을 부담하도록 명하고 500만 원 이하의 과태료에 처한다(311 I).

② **監置裁判** 증인이 과태료의 재판을 받고도 정당한 사유 없이 다시 출석하지 아니하는 때에는 법원은 7일 이내의 감치결정을 할 수 있다(311 II). 특히 당사자와 이해관계가 없어서 객관적으로 증언할 것으로 예상되는 증인은 대체로 출석을 기피하는 것이 대부분이므로 이를 위한 대응수단으로 도입되었다.

감치재판절차는 법원의 감치재판개시결정으로 개시된다(民訴規 86 II 前). 다만 불출석한 증인의 인권보호를 위하여 민사소송규칙은 감치사유가 발생한 날로부터 20일이 지난 때에는 감치재판개시결정을 할 수 없도록 하였다(民訴規 86 II 後). 법원은 감치재판기일에 증인을 소환하여 정당한 사유가 있는지 여부를 심리하여야 한다(311 III). 증인에게 감치재판기일에 출석할 기회만 주면 되기 때문에, 설령 증인이 감치재판기일에 출석하지 아니한다고 하여도 감치의 재판을 진행할 수 있다(311 IX, 民訴規 86 VI, 법정등의질서유지를위한재판에관한규칙 6). 감치는 증언을 강제하는 수단에 불과하므로, 감치결정 전에 증인이 증언을 하거나 감치에 처하는 것이 상당하다고 인정되지 아니하는 때에는 불처벌결정을 하여야 한다(民訴規 86 III). 감치에 처하는 재판은 결정으로서, 증인의 출석 유무를 불문하고 법정에서 고지함으로써 즉시 효력을 가진다. 감치결정의 집행은 재판장의 명령에 따라 법원공무원 또는 경찰공무원이 증인을 경찰서유치장, 교도소 또는 구치소에 구인하여 유치함으로써 한다(311 Ⅳ). 증인이 유치된 때에는 당해 감치시설의 장은 즉시 그 사실을 법원에 통보하여야 하며, 통보를 받은 법원은 바로 증인신문기일을 열어야 한다(311 Ⅴ·Ⅵ). 증인이 감치의 집행중에 증언을 한 때에는 법원은 감치결정을 취소하고 그 증인을 석방하도록 명하여야 한다(311 Ⅶ). 불출석한 증인에 대한 소송비용부담의 결정이나 과태료부과결정 및 감치결정에 대해서는 즉시항고를 할 수 있으나, 집행정지의 효력은 없다(311 Ⅷ). 뒤에서 보는 바와 같이 증인이 출석하였으나 정당한 사유 없이 진술을 거부하면 소송비용의 부담과 과태료의 제재를 받게 되는 것에 불과하나(318), 아예 출석하지 않으면 위와 같은 감치결정까지 받게 될 수 있고, 이 때에는 진술을 하여야 비로소 감치결정이 취소된다(311 Ⅶ).

③ **拘 引** 법원은 정당한 사유 없이 출석하지 아니한 증인을 구인하도록 명할 수 있다(312 Ⅰ). 이 때에는 형사소송법의 구인에 관한 규정이 준용된다(刑訴規 87). 따라서 구인을 위한 구속영장의 집행은 검사의 지휘하에 사법경찰관이 하게 된다(刑訴 81). 구인은 감치와는 달리 과태료의 재판이 선행될 필요가 없다.

(라) 서면에 의한 증언

1) 법원은 증인과 증명할 사항 등을 고려하여 상당하다고 인정하는 때에는 증언할 사항을 적은 서면을 제출하게 하여 출석·증언을 갈음할 수 있다(310 Ⅰ). 이것은 의사의 진단서, 병원의 치료비영수증 등의 진정성립을 증명하기 위하여 증인을 법정에 출석시키는 등 불필요한 시간과 비용을 절약하기 위한 조치이다. 다만 상대방의 반대신문권을 보장하기 위하여, 법원은 상대방의 이의가 있거나 필요하다고 인정하는 때에는 서면을 제출한 증인을 출석·증언하게 할 수 있도록 하고 있다(310 Ⅱ).

2) 구 법하에서는 증인이 신문사항에 대한 답변을 기재한 공정증서 정본을 제출하는 '공정증서에 의한 증언제도'가 있었는데(舊民訴 281의 2), 상대방이 이의하지 않는 경우에만 이용할 수 있었고, 그 절차도 복잡하여 거의 활용되지 않았다. 따라서 2002년 민사소송법은 i) 상대방의 이의 유무에 관계없이 서면에 의한 증언을 할 수 있도록 하고, ii) 공증을 요하지 아니하며, iii) 법원이 보내는 신문사항에 답변을 적어 제출하는 방식뿐만 아니라, 증인이 신문의 요지를 보고 증언할 사항을 적어내는 방식을 이용할 수도 있도록 하였다(民訴規 84 ①).

3) 법원은 증인에게 증언할 사항을 적은 서면을 제출하게 하는 경우, 증인을

신청한 당사자의 상대방에 대하여 그 서면에서 회답을 바라는 사항을 적은 서면을 제출하게 할 수 있다. 즉 상대방이 이의하면 출석·증언하게 하여 반대신문권을 보장하고 있으나(310Ⅱ), 상대방이 서면증언에 동의하면서도 단순히 일정한 사항에 대한 확인 내지 진술을 필요로 하는 경우에는 그러한 사항을 미리 서면증언에 포함시키도록 함으로써, 이 경우에는 굳이 출석·증언을 할 필요가 없도록 하여, 서면에 의한 증언의 활성화를 꾀하고 있다. 법원은 서면을 제출할 증인에게 i) 증인에 대한 신문사항 또는 신문사항의 요지, ii) 법원이 출석요구를 하면 출석·증언하여야 한다는 취지, iii) 제출기한을 정한 때는 그 취지 등을 고지하여야 한다(民訴規 84Ⅰ). 증인은 증언할 사항을 적은 서면에 서명날인하여야 한다(民訴規 84Ⅲ). 증인이 직접 작성하였다는 점을 증명하고 증언의 신빙성을 간접적으로나마 보장하기 위함이다.

4) 서면에 의한 증언의 경우에는 선서를 하지 않으므로 그 내용이 허위라도 위증죄(刑 152)는 성립되지 않고, 서면의 내용은 서증으로서 효력을 가지는 것이 아니라 증언으로서의 효력을 가짐을 주의하여야 한다.

(2) 宣誓義務

1) 증인은 양심에 따라 사실 그대로 진술할 것을 선서할 의무가 있다(319, 321). 재판장은 선서에 앞서 증인에게 선서의 취지를 밝히고 위증의 벌에 대하여 경고하여야 한다(320). 선서는 선서서에 따라 하는데, 선서서에는 "양심에 따라 숨기거나 보태지 아니하고 사실 그대로 말하며, 만일 거짓말을 하면 위증의 벌을 받기로 맹세합니다"라고 적는다. 재판장은 증인이 선서서를 소리내어 읽고 기명날인 또는 서명하게 하며, 증인이 선서서를 읽지 못하거나 기명날인 또는 서명하지 못하면 참여한 법원사무관등이나 그 밖의 법원공무원이 이를 대신하게 한다(321).[1] 선서한 증인이 허위의 진술을 할 때에는 위증죄를 구성한다(刑 152).

2) 16세 미만인 사람과 선서의 취지를 이해하지 못하는 사람은 선서능력이 없다(322). 또한 일정한 증언거부권(314)이 있으면서도 증언을 거부하지 아니한 증인을 신문하는 경우에는 선서를 시키지 아니할 수 있다(323). 또한 증인은 자기 또는 자기와 밀접한 관계에 있는 사람(314의 각호에 규정된 사람)과 현저한 이해관계가 있는 사항에 대한

1) 2002년 민사소송법은 법원서기나 법정경위 등도 대신 선서서를 읽을 수 있도록 하기 위해서 법문에 '그 밖의 법원공무원'을 추가하였다.

신문에는 선서를 거부할 수 있다(324). 정당한 사유 없이 선서를 거부한 경우에는 소송비용의 부담과 과태료의 제재가 있다(326. 311). 선서거부권이 있음을 증인에게 고지하지 아니하여도 위법은 아니며,[1] 선서하지 아니한 증인의 증언도 증거자료로 쓸 수 있다.[2]

(3) 陳述義務

1) 증인은 신문에 대하여 증언할 의무가 있다. 재판장은 필요하다고 인정한 때에는 증인에게 문자를 손수 쓰게 하거나 그 밖의 필요한 행위를 하게 할 수 있다(330).

2) 다만 증언이 i) 증인이나 증인과 밀접한 관계를 가진 사람의 형사처벌을 초래할 염려가 있거나 치욕이 될 사항에 관한 경우(314), ii) 변호사·변리사·공증인·공인회계사·세무사·의료인·약사 그 밖에 법령에 따라 비밀을 지킬 의무가 있는 직책 또는 종교의 직책에 있거나 이러한 직책에 있던 사람의 직무상의 비밀에 속하는 사항에 관한 경우(315 I ①), iii) 기술 또는 직업의 비밀에 속하는 사항에 관한 경우(315 I ②)에는 증언거부권이 있다. 해당 제도를 보호·유지할 이익이 소송상 이익보다 크기 때문에 인정되는 것으로서, 비닉특권(秘匿特權; privilege)이라고도 한다. 증언거부권자는 그 거부의 이유를 소명하여야 한다(316). 수소법원은 증인거부가 옳은지를 당사자를 심문하여 재판하며, 이 재판에 대하여 당사자 또는 증인은 즉시항고를 할 수 있다(317). 증인이 정당한 이유 없이 증언을 거부할 때에는 소송비용의 부담과 과태료의 제재를 받는다(318. 311 I. VIII. IX).

3) 대통령·국회의장·대법원장·헌법재판소장 또는 그 직책에 있던 사람을 증인으로 하여 직무상 비밀에 관한 사항을 신문할 경우에 그의 동의가 필요하며(304), 국회의원은 국회의 동의(305 I), 국무총리[3]·국무위원은 국무회의의 동의가 각각 필요하다(305 I). 그 밖의 공무원 또는 공무원이었던 사람을 증인으로 하여 직무상 비밀에 관한 사항을 신문할 경우에는 그 소속관청 또는 감독관청의 동의가 필요한데(306), 이 경우에는 증언할 사항이 직무상 비밀에 해당하는 사유를 구체적으로 밝

1) 大判 1971. 11. 30, 71 다 1745.
2) 大判 1948. 2. 12, 4280 民上 241.
3) 국무총리의 증언에 대한 국무회의의 동의는 새 법이 신설한 것이다.

혀 법원에 미리 신고하여야 한다(民訴規 78 Ⅰ). 또한 법원은 필요하다고 인정하는 때에는 그 소속관청 또는 감독관청에 대하여 신문할 사항이 직무상 비밀에 해당하는지 여부에 관하여 조회할 수 있다(民訴規 78 Ⅱ). 직무상 비밀을 이유로 증언거부가 남용되는 것을 막기 위함이다.

4) 증언거부사유로서 최근에 문제되는 것은 제315조 제1항 제2호의 '기술 또는 직업의 비밀에 관한 사항'이다. 기술이 공개되면 기업이 큰 타격을 받으므로 기술에 관한 증언을 허용함에는 매우 신중하여야 한다. 직무상의 비밀에 속하는 것으로서는 제품의 원가, 익명노동조합의 성명, 희망퇴직신청을 철회한 사람의 성명 등 이외에 신문기자의 취재원이 문제된다. 신문방송기자는 취재원에 관하여 원칙적으로 증언거부권이 있다고 본다.[1)]

3. 證人訊問節次

(1) 증인진술서 및 증인신문사항의 제출

증인신문은 원칙적으로 당사자의 신청에 의하여 한다.

1) 법원은 증인신문의 신청을 채택한 때에는 효율적인 증인신문을 위하여 필요하다고 인정하는 경우에는 증인을 신청한 당사자에게 증인진술서의 제출을 명할 수 있다(民訴規 79 Ⅰ). 증인진술서에는 증언할 내용을 그 시간순서에 따라 적고, 증인이 서명날인하여야 한다(民訴規 79 Ⅱ). 서명날인을 하도록 한 것은 진술서의 진정성과 기재내용의 진실성을 간접적으로 확보하기 위함이다. 증인진술서제도는 증인신문을 신청한 당사자에 대하여 우호적인 증인을 효율적으로 신문하고, 상대방 당사자도 미리 증언내용을 알고 반대신문을 준비하고 그에 대응한 증인을 확보하여 미리 신청하는 등 집중증거조사를 할 수 있게 하기 위하여 새 민사소송규칙으로 도입된 제도이다.

2) 증인신문을 신청한 당사자는 증인진술서를 제출하는 경우로서 법원이 필요없다고 인정하는 때를 제외하고는 증인신문사항을 적은 서면을 제출하여야 한다(民訴規 80 Ⅰ). 법원이 쉽게 조서를 작성할 수 있도록 하고, 상대방 당사자도 미리 반대신문사항을 준비할 수 있도록 하기 위함이다. 제출된 증인신문사항이 적절하지 아니

---

1) 獨民訴 제383조 제5호는 증언거부권을 인정한다. 日札幌高決 1979. 8. 31, 上民集 30. 5~8, 403, 判時 937. 16, 百選 Ⅱ, 127면 참조. 자세한 것은 李在性, 註釋民訴(Ⅱ), 450면.

하면(民訴規 95 Ⅱ 참조), 법원은 증인신문사항의 수정을 명할 수 있다(民訴規 80 Ⅲ).[1]

(2) 증인의 출석요구 등

증인신문의 신청을 채택한 때에는 재정증인을 제외하고는 출석요구서에 의하여 증인이 기일에 출석할 것을 요구한다(309, 民訴規 81).[2]

(3) 증인신문의 방법

재판장은 증인이 출석하면 증인의 동일성을 확인하고(증인의 동일성 확인),[3] 선서(321)를 하게 한 다음에 신문에 들어간다(319 本). 다만 특별한 사유가 있는 때에는 신문 후에 선서를 시킬 수 있다(319 但).

(가) 口述訊問의 原則 i) 증인은 자기가 경험한 사실을 기억나는 대로 말로 함이 원칙이고, 재판장의 허가가 있을 때에 한하여 서류에 의하여 할 수 있다(331). 서류에 의한다 함은 미리 준비한 메모지나 서류의 숫자·문구 등을 보면서 진술하는 것이다. 증인이 듣거나 말하는데 장애가 있으면 문자로 질문하거나 진술하게 할 수 있으며(143), 그 경우에 재판장은 법원사무관등으로 하여금 질문 또는 회답을 적은 서면을 낭독하게 할 수 있다(民訴規 99). 낭독을 시키는 것은 증거조사에 참여한 사람들이 신문의 내용을 동시에 알 수 있게 하기 위하여서이다. ii) 당사자는 재판장의 허가를 받아 문서·도면·사진·모형·장치·그 밖의 물건을 이용하여 신문할 수 있고, 이러한 문서 등이 증거조사를 하지 아니한 것인 때에는 상대방의 이의가 있으면 신문에 앞서 상대방에게 열람할 수 있게 하여야 한다(民訴規 96 Ⅰ, Ⅱ). 재판장은 조서에 붙이기 위해서, 또는 그 밖에 필요한 경우에는 문서 등의 사본을 제출할 것을 명할 수 있다(民訴規 96 Ⅲ).

---

1) 실무상 증인신문사항제출방식이 주로 이용되는 경우는 ① 적대적 증인이나 중립적 증인, ② 증인이 글을 읽거나 쓸 수 없는 경우, ③ 사건이나 증인의 특성상 그 증언내용을 미리 밝히는 것이 상당하지 아니한 경우 등이다. 법원행정처 간, 「민사재판운영실무」(2002), 223 이하.

2) 출석요구서에는 ① 당사자의 표시, ② 신문사항의 요지, ③ 출석하지 아니하는 경우에는 사유를 밝혀 신고하여야 한다는 취지, ④ 신고를 하지 아니하는 경우에는 정당한 사유 없이 출석하지 아니한 것으로 인정되어 법률상 제재를 받을 수 있다는 취지 등을 적어야 한다. 출석요구서는 부득이한 사정이 있는 경우를 제외하고는 출석할 날보다 2일 전에 송달되어야 한다(309, 民訴規 81). 구 민사소송규칙에서는 출석할 일시보다 24시간 이전에 송달하도록 되어 있었는데(舊民訴規 62), 이를 앞당겼다. 2002년 민사소송법에서는 증인의무불이행에 대한 과태료를 인상하고 감치제도를 도입하는 등 증인의무를 강화한 점을 고려한 것이다. 법원행정처 간, 「민사소송규칙해설」(2002), 155면.

3) 재판장은 증인으로부터 주민등록증 등 신분증을 제시받거나 그 밖의 적당한 방법으로 증인임이 틀림없음을 확인하여야 한다(民訴規 88).

iii) 다만 법원은 ① 증인이 멀리 떨어진 곳 또는 교통이 불편한 곳에 살고 있거나 그 밖의 사정으로 법정에 직접 출석하기 어려운 경우 ② 증인이 나이, 심신상태, 당사자나 법정대리인과의 관계, 신문사항의 내용, 그 밖의 사정으로 법정에서 당사자 등과 대면하여 진술하면 심리적인 부담으로 정신의 평온을 현저하게 잃을 우려가 있는 경우, 상당하다고 인정하는 때에는 당사자의 의견을 들어 비디오 등 중계장치에 의한 중계시설을 통하거나 인터넷 화상장치를 이용하여 신문할 수 있다(327의2 I). 이는 증거조사절차의 편리성과 효율을 도모하고 증인 등을 배려하기 위해 2016년 민사소송법 개정(2016. 3. 29. 법률 제14103호, 2016. 9. 30.부터 시행)과 2021년 민사소송법 개정(2021. 8. 17. 법률 제18396호, 2021. 11. 18.부터 시행)을 통해 도입·보완된 증인신문방법인데, 이에 의한 증인신문은 증인이 법정에 출석하여 이루어진 증인신문으로 본다(327의2 II). 그 구체적인 절차와 방법에 관해서는 영상기일(287의2 I, II에 따른 변론준비기일, 심문기일 및 변론기일)의 실시에 관한 민사소송규칙 제73조의3을 준용한다(民訴規 95의2).

(나) 隔離訊問의 原則 같은 기일에 2인 이상의 증인을 신문할 때에는 증인을 따로따로 신문하여야 하고, 신문하지 아니하는 증인은 법정에서 나가도록 명하여야 한다(328 I. II). 이것은 뒤에 신문받는 증인이 영향을 받지 않게 하기 위한 것이다. 다만 필요하다고 인정할 때에는 뒤에 신문할 증인을 법정 안에 머무르게 하거나(328 II 但), 증인 서로의 대질(對質)을 명할 수 있다(329).

(다) 交互訊問의 原則 증인신문의 방식에 관하여 1961년 개정법은 영미의 교호신문제도를 채택하였다. 이것은 증인신문을 신청한 당사자가 먼저 주신문을 하고 상대방이 반대신문을 하며 재판장은 당사자의 신문이 끝난 뒤에 신문하는 것을 원칙으로 하는 제도이다. 그러나 당사자의 신문기술이 미숙하기 때문에 유도신문, 중복신문이 횡행하여 소송진행에 장애가 되고 진실발견이 어렵게 되는 등의 문제가 있었다. 따라서 새 법과 새 규칙은 교호신문제도를 원칙으로 하되 효율적인 신문을 하기 위하여 재판장의 권한을 강화한 직권신문제도를 가미하였다. 소액사건의 경우에는 본인소송이 많으므로 교호신문의 원칙이 배제된다(少審 10 II).

1) 신문의 순서는 원칙적으로 먼저 증인신문을 신청한 당사자가 신문을 하고 [이를 **주신문** 또는 직접신문(direct examination)이라 한다], 다음에 상대방 당사자가

신문한다[이를 **반대신문**(cross examination)이라 한다](327 Ⅰ). 반대신문이 끝나면 주신문을 한 당사자는 재주신문을 할 수 있다. 재주신문 이후의 신문은 재판장의 허가를 요한다(民訴規 89 Ⅱ).

2) 재판장은 신문 전체를 지휘할 수 있을 뿐만 아니라(327 Ⅴ), 보충신문과 개입신문을 할 수 있다. 즉, 재판장은 모순점을 바로 잡거나 사실을 명백히 하기 위하여 당사자에 의한 신문이 끝난 뒤에 증인을 신문할 수 있고(**보충신문**), 필요하다고 인정할 때에는 당사자에 의한 신문도중이라도 증인을 신문할 수 있다(**개입신문**)(327 Ⅱ. Ⅲ). 합의부원은 재판장에게 알리고 보충신문 또는 개입신문을 할 수 있다(327 Ⅵ). 전문심리위원은 재판장의 허가를 받아 증인에게 질문을 할 수 있다(164의 2 Ⅲ). 재판장은 필요하다고 인정할 때에는 증인에게 문자를 손수 쓰게 하거나 그 밖의 필요한 행위를 하게 할 수 있다(330).

3) 2002년 민사소송법에서는 재판장이 알맞다고 인정하는 때에는 당사자의 의견을 들어 신문의 순서를 바꿀 수 있다(327 Ⅳ). 이는 재판장이 증인신문을 탄력적으로 주도할 수 있도록 하여 진실발견이나 절차의 원활한 진행을 꾀하기 위해서이다.

4) 각 신문의 대상은 원칙적으로 제한되어 있다. i) 주신문은 증명할 사항과 이에 관련된 사항에 한한다. 새 민사소송규칙은 재판장이 주신문에 앞서 증인으로 하여금 그 사건과의 관계와 쟁점에 관하여 알고 있는 사실을 개략적으로 진술하게 할 수 있도록 함으로써(民訴規 89 但), 증인신문에 앞서 증인의 기억을 환기시키고 쟁점을 명확히 하여 효율적인 신문을 할 수 있도록 하고 있다. 이것은 특히 2002년 민사소송법이 재판장으로 하여금 증인신문순서를 바꿀 수 있도록 한 것과 결합하여 그 실효성을 가질 수 있다. 주신문을 할 당사자가 출석하지 않은 경우에는 재판장이 당사자 대신에 신문을 할 수 있다(民訴規 90). 증거조사기일의 공전을 막기 위한 조치이다. 주신문에서는 유도신문을 할 수 없다(예외는 民訴規 91 Ⅱ 但 참조). ii) 반대신문은 주신문에 나타난 사항과 이에 관련된 사항에 관하여 하며, 주신문에 나타나지 아니한 새로운 사항에 관하여 신문하고자 하는 때에는 재판장의 허가를 받아야 한다(民訴規 92 Ⅰ. Ⅳ). 반대신문에서는 필요한 때에는 유도신문도 할 수 있다(民訴規 92 Ⅱ).[1] 반대신문은 주신문의 진

1) 영미에서도 반대신문의 경우에는 유도신문이 허용된다. FRE §611.

실성을 탄핵하여 증언의 신빙성을 낮추기 위한 것이므로, 반대신문의 기회를 주지 아니한 경우에는 그 증언을 증거로 할 수 없다고 본다.[1] iii) 재주신문에서는 반대신문에 나타난 사항과 이에 관련된 사항을 신문한다(民訴規 93 I). iv) 법원의 보충신문과 개입신문에서는 당사자 양 쪽이 전혀 신문하지 아니한 새로운 사실을 신문하여서는 안 된다. 그러나 위 제한에 위반하여 신문한 경우라도 당사자가 이의하지 않는 한 증거자료로 삼을 수 있다. v) 주신문, 반대신문, 재주신문 등을 하면서 당사자가 증언의 증거력을 다투기 위하여 필요한 사항을 신문할 때(탄핵신문)는 증인의 경험, 기억 또는 표현상의 정확성 등 증언의 신빙성에 관련된 사항 및 증인의 이해관계·편견 또는 예단 등 증인의 신용성에 관련된 사항에 관하여 한다(民訴規 94). vi) 증인진술서를 미리 제출하여 이를 전제로 신문하는 경우에는 먼저 증인진술서를 서증으로 채택하고, 경위사실, 정황사실 및 주변사실은 증인진술서의 기재로 대체하며, 주신문은 핵심 쟁점사항에 한정하고, 반대신문을 위주로 하되, 증인을 탄핵하는 것을 주된 내용으로 한다.[2]

5) 증인신문은 개별적이고 구체적으로 하여야 한다. i) 증인을 모욕하거나 증인의 명예를 해치는 내용의 신문, ii) 주신문·반대신문·재주신문·탄핵신문사항의 제한에 위반하는 신문, iii) 의견의 진술을 구하는 신문, iv) 증인이 경험하지 아니한 사항에 관한 신문은 할 수 없으며, 재판장은 그러한 신문을 직권 또는 당사자의 신청으로 제한할 수 있다(民訴規 95).

6) 2002년 새 민사소송규칙은 증인신문절차에서 재판장의 권한이 강화된 것에 대응하여 당사자의 이의신청권을 보장하고 있다. 즉 증인신문에 대한 재판장의 조치 또는 명령에 대하여 당사자는 이의신청을 할 수 있는데, 이유를 구체적으로 밝혀 그 명령 또는 조치 직후 바로 하여야 하며, 법원은 바로 결정으로 재판하여야 한다(民訴規 97).

---

1) 同旨: 李時, 517면.
2) 법원행정처 간, 「민사재판운영실무」(2002), 214 이하.

Ⅱ. 鑑　　定

1. 意　　義

1) 감정(Sachverständigenbeweis)은 법관의 판단능력을 보충하기 위하여 특별한 학식경험을 가진 사람에게 그 전문적 지식이나 경험법칙 또는 이를 이용하여 내린 판단을 보고시키는 증거조사이다. 이 보고를 행하는 사람을 감정인(Sachverständige)이라 하고, 감정에서 얻은 증거자료를 감정결과 또는 감정의견(Gutachten)이라고 한다. 감정은 인증의 일종이므로, 감정결과를 기재한 감정서를 서증으로 취급하여서는 안 된다. 다만 소송 밖에서 당사자가 학식과 경험이 있는 제3자에게 의뢰하여 전문적 지식 또는 전문적 판단을 기재한 서면(감정서)을 작성 받아 이를 법원에 서증으로 제출하는 경우가 있는데,[1] 이를 사감정이라고 한다.

2) 감정인과 증인은 모두 당사자 이외의 제3자로서 법원에 일정한 사항을 보고하는 점에서 공통되고, 특히 전문적 학식경험에 의하여 얻은 구체적 사실을 보고하는 감정증인은 양자의 접점(接點)이다. 감정인과 증인의 구별기준에 관하여는 견해가 갈라지고 있으나,[2] 증인은 과거에 경험한 사실을 보고하는 사람으로서 대체성(代替性)이 없음에 반하여, 감정인은 전문적인 학식경험이나 이를 적용하여 내린 판단을 보고하는 사람으로서 대체성이 있다는 점에서 차이가 있다. 즉, 보고의 대상이 사실이냐, 의견 또는 판단이냐가 구별의 기준이 된다.[3] 그리고 감정인은 전문적 학식경험을 가지지 않으면 안 된다.

그리하여 i) 증인은 당사자가 지정하지만(308), 감정인은 법원이 지정한다(335). ii) 증인능력에는 특별한 제한이 없으나(303), 감정인에게는 결격사유가 규정되어 있으며(334 Ⅱ), iii) 증인은 자연인만이 될 수 있으나, 감정은 공공기관 · 학교 · 법인 등도 할 수 있고(341), iv) 증인은 누구나 될 수 있지만, 감정인은 학식경험을 가지지

---

1) 감정결과는 법원이 이를 합리적이라고 인정하거나(大判 1965. 10. 26, 65 다 1660; 2002. 12. 27, 2000 다 47361), 경험칙 · 논리칙에 위배되지 않는 한(大判 2017. 6. 8, 2016 다 249557; 2019. 3. 14, 2018 다 255648) 사실인정의 자료로 할 수 있다. 다만 사감정인의 공정성과 신뢰성에 의심이 있거나 그 의견이 법원의 합리적 의심을 제거할 정도가 되지 않는다면 그 감정의견을 쉽게 채용하여서는 안 된다고 한다(大判 2010. 5. 13, 2010 다 6222).

2) 자세한 것은 中野＝松浦＝鈴木, 304면.

3) 事實을 인식한 時點이 法院의 命令을 받기 前인가 後인가에 따라 구별하는 견해로서는 李時, 521면이 있다.

않으면 안 된다. v) 증인의 진술은 말로 하는 것이 원칙이지만, 감정인의 진술은 서면이나 말로 한다(331. 339). vi) 증인은 불출석의 경우에 대체성이 없기 때문에 감치 또는 구인할 수 있으나, 감정인은 대체성이 있기 때문에 감치 또는 구인할 수 없고 과태료의 제재만 과할 수 있을 뿐이며(311 · 312. 333), vii) 증인은 기피할 수 없으나, 감정인은 기피할 수 있다(336). viii) 그 밖에 감정은 여러 사람이 공동으로 할 수 있고(339 Ⅱ) 또 감정료를 지급받는다(民訴規 19).

3) 감정증인(sachverständiger Zeuge)은 전문적 지식경험에 의하여 얻은 과거의 구체적 사실을 보고하는 사람이다. 감정증인은 대체할 수 없다는 점에서 감정인과 구별되고, 그 알게 된 사실이 전문적 지식경험을 통하여서만 얻을 수 있었다는 점에서 증인과 구별된다. 감정증인의 신문은 증인신문절차에 의한다(340).

4) 감정의 대상은 경험법칙, 외국법규, 관습법과 사실의 확정(예컨대 신체상해의 경우의 노동능력의 상실정도, 필적(筆跡) 또는 인영(印影)의 동일성, 혈액형) 등이다. 감정은 법관의 지식을 보충하는 것이므로,[1] 감정에 의할 것인가 여부는 법원이 직권으로 정한다.

2. 鑑定義務와 鑑定人의 義務

감정에 필요한 학식경험이 있는 사람은 일정한 예외(334 Ⅱ)를 제외하고는 감정의무를 진다(334). 그 내용은 출석의무 · 선서의무 및 감정의견보고의무이다. 이 의무는 감정을 명령받은 때에 개별적으로 발생하는 소송법상의 의무이다. 이 의무에 위배할 때에는 과태료의 제재를 받지만(333), 감치나 구인은 할 수 없다(333 但). 감정인이 선량한 풍속 기타 사회질서에 반하거나 현저하게 위법하게 감정상의 잘못을 저지른 경우에는 손해배상책임을 진다고 해석되고 있다.[2]

감정인은 감정사항이 자신의 전문분야에 속하지 않거나 속한다고 하여도 다른 감정인과 함께 감정을 하여야 하는 경우에는 곧바로 법원에 감정인의 지정취소 또는 추가지정을 요구해야만 하며(335의 2 Ⅰ, 감정인의 자기역량 고지의무), 감정을 다른 사람에게 위임할 수 없다(335의 2 Ⅱ, 감정 위임금지의무). 이러한 의무는 감정인의 전문성 확보를 위해 2016년 민사소송법

1) 감정인의 신체감정 결과는 증거방법의 하나로서 법원이 어떤 사항을 판단할 때 특별한 지식과 경험이 필요한 경우에 **판단의 보조수단**으로 이용하는 데에 지나지 않는다(大判 2019. 5. 30, 2015 다 8902).

2) 春日偉知郎, "鑑定人の責任," 「民事證據法論集」, 279면 이하.

개정(2016. 3. 29. 법률 제14103호, 2016. 9. 30.부터 시행)을 통해 도입되었으며, 법원은 감정인에게 선서를 하게 하기에 앞서 이를 알려야 한다(民訴規 100의 2).

3. 鑑定節次

1) 감정은 원칙적으로 당사자의 신청에 의하여 한다. 감정을 신청하는 때에는 감정을 구하는 사항을 적은 서면을 함께 제출하여야 한다(民訴規 101 Ⅰ). 이 서면은 상대방에게 송달하는 것이 원칙이고, 상대방은 그 서면에 관하여 의견을 적은 서면을 제출할 수 있다. 법원이 감정사항을 정할 때에는 감정을 구하는 사항을 적은 서면을 토대로 하되, 그에 대하여 제출된 의견을 고려하여야 한다(民訴規 101 Ⅱ~Ⅳ). 감정인은 법원이 지정하여(335) 통지한다. 따라서 당사자가 감정인을 지정하여 신청할 필요가 없고, 당사자의 신청에 법원이 구속되지도 아니한다. 법원은 감정사항을 정하기 위하여 필요한 때에는 감정인으로부터 의견을 들을 수 있고, 감정에 필요하다고 인정하는 참고자료를 감정인에게 보낼 수 있다(民訴規 101 Ⅳ). 법원은 출석한 감정인에게 선서를 시키고 감정사항을 고지한다(333, 319, 338).[1] 선서하지 아니한 감정인에 의한 감정결과는 증거능력이 없다.[2] 감정인은 감정에 관하여 필요한 때에는 법원의 허가를 얻어 타인의 토지, 주거, 관리중인 가옥, 건조물, 항공기, 선박, 차량, 그 밖의 시설물 안에 들어갈 수 있고, 이 경우에 감정인이 저항을 받을 때에는 경찰공무원에게 원조를 요청할 수 있다(342). 이것은 감정의 실효성을 확보하기 위하여 1990년 개정법이 신설한 규정이다(刑 319 참조).

2) 감정인은 감정을 마치면 감정결과(감정의견)를 보고한다. 감정의견의 보고는 변론기일 또는 감정인신문기일에는 말로 하고, 기일 외에는 서면으로 한다. 감정의견을 보고하는 감정서는 보통 감정주문(결론)과 감정이유로 구성되는데, 통설은 감정주문만이 감정의견으로서 증거자료가 된다고 본다. 그러나 감정이유는 감정주문의 근거가 되는 부분이므로 감정이유를 포함한 감정서 전체가 증거자료가 된다고 본다.[3] 법원은 감정인의 감정진술에 관하여 당사자에게 서면 또는 말로써 의견을

1) 일본에서는 감정인의 부담을 경감시키고 유능한 감정인의 확보를 가능하게 하기 위하여 감정인의 선서는 법원에 출석하지 않고 선서서를 제출하는 방법(서면선서)에 의할 수 있도록 하였다(日民訴規 131 Ⅱ). 입법상 고려할 사항이다.

2) 大判 1982. 8. 24, 82 다카 317. 이때 감정결과를 적은 서면을 서증으로 제출할 수 있다는 판례: 大判 2005. 5. 25, 2005 다 77848.

3) 同旨: 中野=松浦=鈴木, 272면.

진술할 기회를 주어야 한다(339 Ⅲ).[1] 감정인은 여비 · 일당 · 숙박료 외에 감정료를 받으며, 이는 소송비용의 일부로 된다(民訴規 19).

3) 2016년 개정 민사소송법(2016. 3. 29. 법률 제14103호. 2016. 9. 30.부터 시행)은 집중적이고 효율적인 신문을 위해 감정인에 대한 신문을 원칙적으로 법원(재판장 또는 재판장에게 알린 합의부원)이 직권으로 하도록 하였다(339의 2 Ⅰ, Ⅱ). 당사자도 재판장에게 알리고 보충적으로 신문할 수 있으며, 다만 당사자의 신문이 중복되거나 쟁점과 관계가 없는 때, 그 밖에 필요한 사정이 있는 때에는 재판장은 그 신문을 제한할 수 있다(339의 2 Ⅲ). 나아가 법원은 감정인(감정증인 포함. 340 但)을 신문함에 있어 ① 감정인이 법정에 직접 출석하기 어려운 특별한 사정이 있는 경우 ② 감정인이 외국에 거주하는 경우에는, 상당하다고 인정하는 때에는 당사자의 의견을 들어 비디오 등 중계장치에 의한 중계시설이나 인터넷 화상장치를 이용하여 감정인을 신문할 수 있다(339의 3 Ⅰ). 이에 의한 감정인신문은 감정인이 법정에 출석하여 이루어진 신문과 마찬가지로 본다(339의 3 Ⅱ). 또한 감정에는 증인신문에 관한 민사소송규칙이 준용되므로(民訴規 104), 증인신문의 절차와 방법에 관해 준용되는 영상기일(287의2 Ⅰ, Ⅱ에 따른 변론준비기일, 심문기일 및 변론기일)의 실시에 관한 민사소송규칙 제73조의3이 감정에도 준용된다.

4) 법원은 필요하다고 인정하는 경우에는 공공기관 · 학교, 그 밖에 상당한 설비가 있는 단체 또는 외국의 공공기관에 감정을 촉탁할 수 있다(341 Ⅰ). 이 경우 해당 기관은 서면으로 감정의견을 보고한다. 이 때 법원은 공공기관 · 학교 등이 지정한 사람에게 감정서를 설명하게 할 수 있으며(341 Ⅱ),[2] 그 때에는 당사자를 참여하게 하여야 한다(民訴規 103). 당사자가 설명을 듣고 필요한 사항에 대하여는 질문을 할 수 있도록 하기 위해서이다. 공공기관 등은 감정결과의 공공성, 진실성 및 전문성이 담보될 수 있는 권위있는 기관이어야 하고, 또 그렇기 때문에 선서의무도 면제된다(341 Ⅰ 後).[3]

5) 2007년 개정 민사소송법은 전문심리위원제도를 새로이 도입하여, 첨단산업분야, 지적재산권, 국제금융 등 전문적인 지식이 요구되는 사건에서 법원 외부의

---

1) 이는 2016년 민사소송법 개정(2016. 3. 29, 법률 제14103호, 2016. 9. 30.부터 시행)을 통해 신설된 것이다.

2) 이 경우에는 비디오 등 중계장치 등에 의한 감정인신문에 관한 제338조의 3이 준용된다(341 Ⅲ). 이 규정은 2016년 민사소송법 개정(2016. 3. 29, 법률 제14103호, 2016. 9. 30.부터 시행)을 통해 추가되었다.

3) 大判 1982. 8. 24, 82 다카 317.

관련 분야 전문가를 전문심리위원으로 지정하고 소송절차에 참여시켜 서면 또는 말로 전문적인 지식에 기초한 설명 또는 의견을 진술하도록 하여 법관의 전문성을 보완하여 보다 충실한 재판이 이루어지도록 하고 있다(2007. 7. 13. 법률 제8499호, 2007. 8. 14.부터 시행). 전문심리위원의 설명과 의견진술은 감정인의 감정결과와 달리 증거자료가 될 수 없으므로 전문심리위원은 선서를 하지 않는다.[1] 고가의 감정료, 부실한 감정, 감정의 지연 등 감정제도가 안고 있는 많은 문제점들을 전문심리위원제도를 통해 일부 보완할 수 있겠지만 해당 분야 전문가의 충분한 협조를 받기가 쉽지 않은 현실적 문제가 있다.[2] 이에 대법원은 감정절차를 보다 원활하게 진행하기 위해 2024년 민사소송규칙 제38조의11을 신설하여(2024. 11. 29. 대법원규칙 제3167호, 2025. 1. 1.부터 시행) 「전문심리위원규칙」에 따라 위촉된 감정관리위원 중에서 전문심리위원을 지정하여 감정절차의 관리업무를 수행하게 할 수 있도록 하였다.

4. 감정결과의 채택 여부

1) 감정결과를 재판의 기초로 하기 위하여 당사자의 원용이 필요한가가 문제되지만, 수소법원에 감정결과가 보고되면 당사자의 원용이 없어도 재판의 기초로 할 수 있다고 생각한다.[3]

2) 감정결과의 평가, 재삼성의 여부, 상반되는 감정결과 중 어느 것을 받아들이느냐 하는 것은 모두 법원의 자유심증에 맡겨져 있다.[4] 여러 개의 상반되는 감정결과 중 어느 하나를 채택하는 경우에 다른 것을 배척하는 이유를 설시하지 아니하여도 위법이 아니다.[5] 다만 같은 감정인이 같은 감정사항에 대하여 서로 모순되거나 매우 불명료한 감정의견을 내놓고 있는 경우에는 감정인에 대하여 감정서의 보완을 명하거나 감정증인으로의 신문방법 등을 통하여 정확한 감정의견을 밝히도록 하는 등의 조치를 강구하여야 한다.[6] 2개 이상의 감정기관이 동일한 감정

1) 李時(17판), 522면.
2) 李時(17판), 522면.
3) 同旨: 李時, 525면; 大判 1976. 6. 22, 75 다 2227. 다른 취지: 大判 1971. 3. 9, 70 다 3006.
4) 大判 1982. 11. 23, 81 다 372; 1997. 12. 12, 97 다 36507; 1998. 7. 24, 98 다 12270; 다만 감정결과는 감정 방법 등이 경험칙에 반하거나 합리성이 없는 등의 현저한 잘못이 없는 한 존중하여야 한다(大判 2012. 11. 29, 2010 다 93790).
5) 大判 1987. 6. 9, 86 다카 2920; 1989. 6. 27, 88 다카 14076; 2005. 1. 14, 2001 다 81320. 다만 전문지식이 있는 감정인의 것을 채택하여야 한다(大判 1975. 3. 25, 75 다 238).
6) 大判 1994. 6. 10, 94 다 10955.

사항에 대하여 서로 모순되거나 불명료한 감정의견을 내놓고 있는 경우에도 같다.[1)]

Ⅲ. 書 證

1. 書證의 意義

1) 서증(Urkundenbeweis)은 문서를 열람하여 거기에 기재된 의미내용을 증거자료로 얻기 위한 증거조사이다. 여기에서 문서(Urkunde)라 함은 문자, 그 밖의 기호에 의하여 사상을 표현한 종이(紙片), 그 밖의 유형물을 가리킨다. 기호에는 전신부호, 암호, 속기문 등이 포함되고, 유형물에는 종이 외에 나무·돌·금속·가죽 등이 모두 포함된다. 예컨대 계약서, 차용증 따위이다. 사상(Gedanke)을 표현하여야 하므로, 사전·설계도·악보 등과 같이 사상을 표현하지 아니한 것은 문서가 아니다. 녹음테이프는 사상을 표현한 것이지만, 문자나 기호에 의한 것이 아니므로 문서가 아니다. 서증은 원칙적으로 문서를 법원에 제출하여 증거조사를 하는 것이다. 따라서 법원에 제출할 수 없는 유형물(예컨대 산속의 암벽)은 사상이 표현되어 있어도 검증의 대상이 될 수 있을지언정 서증의 대상이 될 수는 없다.[2)]

2) 서증은 문서의 기재내용을 증거자료로 하는 것이므로, 문서가 대상일지라도 그 외형(外形)·지질(紙質)·필적(筆跡)이나 그 존재 자체를 증거자료로 할 때에는 검증이 된다. 그러므로 위조문서라는 취지로 제출한 문서는 서증이 아니라 검증의 대상이 된다.[3)] 서증은 비교적 확실한 증거이다.

3) 2002년 민사소송법은 과거에 문서에 준하여 증거조사를 하던 도면·사진 등(준문서라고 하였다. 舊民訴 335) 이외에, 새로운 형태의 정보저장매체인 녹음테이프·비디오테이프·컴퓨터용 자기디스크, 그 밖에 정보를 담기 위하여 만들어진 물건으로서 문서가 아닌 것에 대한 증거조사에 관하여는 감정·서증·검증에 준하여 대법원규칙으로

---

1) 大判 2019. 10. 31, 2017 다 204490, 204506; 2023. 4. 27, 2022 다 303216("어떤 특정한 사항에 관하여 상반되는 여러 개의 감정 결과가 있는 경우 각 감정 결과의 감정 방법이 적법한지 여부를 심리·조사하지 않은 채 어느 하나의 감정 결과가 다른 감정 결과와 상이하다는 이유만으로 그 감정 결과를 배척할 수는 없다").

2) 도이칠란트에서는 문서의 이러한 특성을 '유통가능성'(Verkehrsfähigkeit)이라고 한다. MünchKomm/Schreiber, §415 Rdn. 6.

3) 大判 1992. 7. 10, 92 다 12919.

정하도록 하고 있다(374).

2. 文書의 種類

문서는 여러 가지 기준에 의하여 분류할 수 있다.

(1) 公文書·私文書

1) 공문서(öffentliche Urkunde)는 공무원이 권한 내의 사항에 관하여 직무상 작성한 문서(356 Ⅰ)이다. 공문서 중 공증권한을 가진 공무원(예컨대 공증인. 법원사무관등)이 정규의 방식에 따라 작성한 것을 특히 공정증서라고 한다. 공무원이 작성한 문서라도 그 권한 내의 사항에 관한 것이 아니거나 사인의 자격에서 작성한 것은 공문서가 아니다.[1] 공법인이 직무상 발급한 문서는 공문서에 준하여 취급하여야 할 것이다.[2]

2) 사문서(Privaturkunde)는 공문서 이외의 문서이다. 공무원이 직무상 사문서에 일정한 사항을 기입하면 그 기입부분만이 공문서이므로, 이 경우에는 사문서와 공문서가 병존하게 된다. 공사병존문서로서는 각종의 증명원, 내용증명에 의한 우편서, 확정일자 있는 사문서[3] 등이 있다. 따라서 공사병존문서의 경우에 공문서 부분의 진정성립이 인정된다고 하여 사문서 부분의 진정성립이 추정되지 아니함을 주의하여야 한다.[4]

3) 공문서와 사문서는 소송법상 그 성립의 진정에 관한 규정을 달리하고 있다(356. 358).

(2) 處分文書·報告文書

1) 처분문서(wirkende, bewirkende, konstitutierende, Dispositiv od. Tatbestand-surkunde)는 증명하고자 하는 법률적 행위(처분)가 그 서면에 의하여 행하여진 것이고, 보고문서(bezeugende, berichtende od. Zeugnisurkunde)는 그 서면에 의하지 않고 일어난 사건·상태·감상 등의 상황을 보고하는 것이다. 계약서[5]·유언서·해제통고서·어음·수표 등은 처분문서[6]이고, 영수증·가족관계증명서·등기부등본·

---

1) 大判 1951. 8. 21, 4283 民上 1; 1972. 7. 11, 72 다 872.
2) 大判 1972. 2. 22, 71 다 2269.
3) 大判 1976. 3. 9, 75 다 1843.
4) 大判 1974. 9. 24, 74 다 234.
5) 大判 2011. 2. 24, 2010 다 83755; 2015. 4. 23, 2011 다 38899.

일기 · 확인서 · 상업장부 · 세금계산서[1] · 조서 등은 보고문서이다. 그리하여 처분문서의 경우에는 거기에 포함된 법률행위가 문서의 구성부분이 되어 있음에 반하여, 보고문서의 경우에는 그 사건(법률적 행위)이 그 문서와 무관하게 이루어진다. 판결서는 그 판결의 존재사실 및 어떠한 내용의 판결이 있었다는 사실을 증명하기 위하여 이용할 때는 처분문서가 되고, 어떤 사실을 증명하기 위하여 판결서 중에서 한 사실판단을 증거자료로 쓰기 위하여 이용할 때에는 그 한도 내에서 보고문서가 된다.[2]

2) 처분문서는 그 형식적 증거력이 인정되면 원칙적으로 그 실질적 증거력도 당연히 인정되는 점에 특색이 있다.[3]

(3) 原本 · 正本 · 謄本 · 抄本

1) 원본(Urschrift)은 문서 그 자체를 말하고, 등본(Abschrift)은 원본의 기재내용을 전부 복사한 것이고, 초본(Auszug)은 원본 가운데에서 관계있는 부분만을 뽑아내어 복사한 것이다. 인증기관이 공증한 등본을 특히 인증등본(認證謄本, beglaubigte Abschrift)이라고 한다(예컨대, 登記簿謄本). 정본(Ausfertigung)은 원본을 갈음하여 원본과 같은 효력이 인정되는 등본이며, 이것은 원본을 보존하고 원본과 같은 효력이 있는 것을 외부에 교부하여야 할 경우에 쓰인다. 정본에는 정본이라는 표시가 있어야 한다. 판결 · 결정 · 명령 등의 정본이 그 예이다. 등본 · 초본 · 정본은 원본의 전부 또는 일부를 등사한 것이므로 모두 사본(寫本)이다.

2) 문서를 제출하거나 보낼 때에는 원칙적으로 원본, 정본 또는 인증이 있는 등본으로 하여야 한다(355 I).[4]

3. 文書의 證據能力

문서의 증거능력은 문서가 증거방법으로 이용될 수 있는 적격을 말한다. 자유

---

6) 채무면제의 의사표시가 기재된 검사작성의 피의자신문조서는 처분문서가 아니다(大判 1998. 10. 13, 98 다 17046).

1) 大判 2001. 12. 14, 2001 다 53714.

2) 大(全)判 1980. 9. 9, 79 다 1281.

3) 大判 2011. 10. 13, 2009 다 102452. 처분문서의 해석이 필요한 경우의 예로서 大判 2011. 2. 24, 2010 다 83755 참조.

4) 다만 소장이나 준비서면을 제출할 때에는 그곳에 인용한 문서의 사본을 붙여 내면 된다(249 Ⅱ, 275 Ⅰ).

심증주의하에서는 증거능력이 없는 문서는 없으므로, 모든 문서가 서증이 될 수 있다. 소제기 후에 증명자가 다툼의 대상이 되는 사실에 관하여 작성한 문서나,[1] 사본[2]도 증거능력이 있다.

4. 文書의 證據力

문서의 증거력(증거가치)이라 함은 그 문서가 요증사실의 증명에 기여하는 힘(효과)을 말한다. 문서가 증거력을 가지기 위해서는 우선 그것이 진정하게 성립된 것이어야 하고, 다음에 그 내용이 요증사실의 증명에 이바지하는 가치를 가져야 한다. 전자를 형식적 증거력, 후자를 실질적 증거력이라 한다.

(1) 形式的 證據力(formelle Beweiskraft)

(가) 意 義 문서가 작성명의인의 의사에 기하여 진정하게 작성되었다고 인정하는 것, 즉 **문서의 진정성립**을 형식적 증거력이라고 한다. 문서가 위조되지 않고, 그 작성명의인의 의사에 따라 작성되면 그것은 형식적 증거력을 가지며, 이 때에 비로소 사실인정의 자료로 될 수 있는 힘을 가진다. 왜냐하면 문서가 그 작성명의인의 의식의 표시라고 인정되지 아니하면 그 문서의 내용의 진실성을 믿을 수 없기 때문이다. 특히 처분문서의 진정성립이 인정되면 법원은 그 기재 내용을 부인할 만한 분명하고도 수긍할 수 있는 반증이 없으면 그 문서에 기재된 문언대로 의사표시의 존재와 내용을 인정하여야 한다.[3]

문서가 위조되었다는 사실을 증명하기 위하여 그 문서를 증거로 제출한 경우에는 문서에 기재된 사상이나 내용을 증거자료로 삼기 위한 것이 아니므로, 설령 상대방이 그 문서의 진정성립을 인정하여도 그 문서의 내용을 증거자료로 쓰지 못한다.[4]

(나) 成立의 認否 문서가 증거로 제출되면 법원은 상대방에 대하여 그 진정

1) 大判 1981. 9. 8, 80 다 2810; 1992. 4. 14, 91 다 24755.
2) 大判 1966. 9. 20, 66 다 636; 2002. 8. 23, 2000 다 66133.
3) 당사자 사이에 처분문서에 나타난 당사자의 의사해석이 문제되는 경우에는 문언의 내용, 법률행위가 이루어진 동기와 경위, 법률행위로써 달성하려는 목적, 당사자의 진정한 의사 등을 종합적으로 고찰하여 논리와 경험칙에 따라 합리적으로 해석하여야 한다: 大判 2024. 8. 1, 2024 다 227699; 2024. 10. 25, 2020 다 273007; 2024. 10. 8, 2024 다 241510; 2021. 4. 29, 2021 다 202309; 2021. 3. 11, 2020 다 253430; 2021. 6. 24, 2021 다 220666.
4) 大判 1992. 7. 10, 92 다 12919.

성립을 인정하느냐 여부를 물어보는데, 이에 대한 상대방의 답변을 '**성립의 인부**'라고 한다. 인부는 ① 성립인정, ② 침묵, ③ 부인, ④ 부지(알지 못한다)의 네 가지 형태로 한다. 인부는 변론에서 말로 하는 것이 보통이지만, 준비서면 또는 변론준비절차에서도 할 수 있다(274 Ⅱ·281 Ⅲ). 문서의 진정성립을 부인하는 때에는 그 이유를 구체적으로 밝혀야 한다(民訴規 116). 이것은 심리의 효율을 꾀하기 위한 것이다.

(다) **證明方法**　i) 문서의 진정성립에 관하여 상대방이 인정하거나 침묵을 하면 법원은 그 **자백에 구속**되어 그 형식적 증거력을 인정하여야 한다(다만 변론주의가 적용되는 절차에 한한다).[1] 당사자도 문서의 진정성립에 대한 자백에 구속되므로 자백을 철회하기 위해서는 주요사실에 대한 자백의 철회와 같은 요건을 갖추어야 한다.[2] 이에 반하여 문서의 진정성립에 관하여 다툼이 있으면 증명의 대상이 되며, 거증자(문서제출자)가 그 진정성립의 증명책임을 진다. 당사자 또는 그 대리인이 고의나 중대한 과실로 진실에 어긋나게 문서의 진정성립을 다툰 때에는 과태료의 제재를 받는다(363 Ⅰ). 법원은 과태료 재판을 하기 전에 당사자의 진술을 들어야 하며,[3] 법원의 과태료 결정에 대해 즉시항고가 허용된다(363 Ⅱ).

ii) 문서의 진정성립의 **증명방법**에는 제한이 없으나 신빙성이 있어야 한다. 증인신문,[4] 감정과 같은 인증에 의하여 할 수도 있지만, 특히 필적(筆跡) 또는 인영(印影)을 대조하여 증명할 수 있다(359). 이것은 검증의 일종이다.[5] 법원은 상대방 또는 제3자에게 대조에 필요한 필적이나 인영이 있는 문서, 그 밖의 물건의 제출을 명할 수 있고(360 Ⅰ), 또 대조하는 데 적당한 필적이 없는 때에는 상대방에게 문자를 손수 쓰도록 명할 수 있다(361 Ⅰ). 제3자가 대조용문서의 제출명령에 위반한 때에는 과태료의 제재를 받으며(360 Ⅱ), 과태료의 결정에 대하여는 즉시항고를 할 수 있다(360 Ⅲ). 그리고 상대방이 문자를 손수 쓰도록 한 명령에 불응한 때 또는 필치를 변경하여 쓴 때에는 문서의 진정 여부에 관한 확인신청자의 주장을 진실한 것으로

---

1) 大判 1967. 4. 4, 67 다 225. 그러나 日判例는 反對이다. 日最判 1977. 4. 15, 民集 31. 3. 371.

2) 大判 1996. 2. 23, 94 다 31976. 문서에 찍힌 인영 자체의 진정성립에 대한 자백도 같다(2001. 4. 24, 2001 다 5654).

3) 大決 2010. 1. 29, 2009 마 2050.

4) 증인의 증언에 의해 처분문서의 진정성립을 인정하는 경우 그 신빙성 여부는 증언 내용의 합리성, 증언태도, 다른 증거와의 합치여부, 증인의 사건에 대한 이해관계, 당사자와의 관계 등을 종합적으로 검토하여 판단해야 한다: 大判 2005. 12. 9, 2004 다 40306; 2015. 11. 26, 2014 다 45317; 2016. 10. 27, 2014 다 72210.

5) 필적 · 인영의 동일 여부는 감정이 아닌 육안에 의한 대조로도 충분하다(大判 1997. 12. 12, 95 다 38240).

인정할 수 있다(361Ⅱ). 대조에 제공한 서류는 그 원본·등본 또는 초본을 조서에 붙여야 한다(362).

iii) 또 문서의 진정성립은 증거자료에 의하지 않고 **변론 전체의 취지**(202)만에 의하여도 인정할 수 있다.[1] 따라서 예컨대 당사자가 '알지 못한다(不知)'고 다툰 문서에 관하여 거증자(문서제출자)가 특별히 그 성립의 진정을 증명하지 않는 경우에도 법원은 변론 전체의 취지만을 참작하여 자유심증으로 그 성립의 진정을 인정할 수도 있다.[2]

(라) 진정성립의 추정 문서의 진정성립의 인정 여부는 법관의 자유심증에 맡겨져 있으나, 이에 관하여는 몇 개의 추정규정이 있고, 이 범위 안에서는 법정증거주의가 지배한다.

① **公文書** 문서의 작성방식과 취지에 의하여 공무원이 직무상 작성한 것으로 인정한 때에는 이를 진정하게 성립한 공문서로 추정한다(356Ⅰ).[3] 따라서 이를 다투는 상대방이 반증을 제시하여야 한다. 법원은 의심이 있는 때에는 직권으로 해당 공공기관에 조회할 수 있다(356Ⅱ). 외국의 공공기관이 작성한 문서에 관하여도 같다(356Ⅲ).[4] 공증인이 작성한 공증문서도 공문서이므로 그 진정성립이 추정된다.[5]

② **私文書** 사문서에 관하여는 거증자가 그 진정성립을 증명하여야 하는

1) 大判 1983. 3. 23, 80 다 1857; 1987. 7. 21, 87 므 16.

2) 大判 1993. 4. 13, 92 다 12070. 그러나 상대방이 그 문서의 진정성립을 적극적으로 다투거나 그 서증이 진정성립에 석연치 않은 점이 있을 때, 그 서증의 진정성립 여부가 쟁점이 된 때, 또는 그 서증이 그 사건의 쟁점이 되는 주요사실을 인정하는 자료로 쓰여질 때에는 그 문서가 어떠한 이유로 증거능력이 있는 것인지 설시하여야 하고, 사문서의 경우 그것이 어떠한 증거에 의하여 진정성립이 인정된 것인지 명백히 알 수 없는 때에도 그 근거를 분명히 밝혀서 설시하여야 한다(大判 1993. 5. 11, 92 다 50973).

3) 大判 2002. 2. 22, 2001 다 78767; 진정성립이 추정되는 공문서는 그 기재 중에 일부 의문점이 있어도 그와 배치되는 사실이나 기재가 비정상적으로 이루어졌거나 내용의 신빙성을 의심할 만한 특별한 사정을 증명할 증거자료가 없다면 기재 내용대로 증명력을 가지며(大判 2015. 7. 9, 2013 두 3658), 위조 또는 변조 등의 특별한 사정이 있다고 볼 만한 반증이 있는 경우에는 이러한 추정은 깨어진다(大判 2018. 4. 12. 2017 다 292244).

4) 大判 2016. 12. 15, 2016 다 205373은 외국의 공문서로 제출된 문서가 진정한 공문서로 추정되기 위한 요건과 요건충족판단방법에 관해 판시하고 있다. 이에 의하면 "제출한 문서의 방식이 외관상 외국의 공공기관이 직무상 작성하는 방식에 합치되어야 하고, 문서의 취지로부터 외국의 공공기관이 직무상 작성한 것이라고 인정되어야 한다. 법원은 이러한 요건이 충족되는지를 심사할 때 공문서를 작성한 외국에 소재하는 대한민국 공관의 인증이나 확인을 거치는 것이 바람직하지만 이는 어디까지나 자유심증에 따라 판단할 문제이므로 다른 증거와 변론 전체의 취지를 종합하여 인정할 수도 있다."라고 하였다.

5) 大判 1994. 6. 28, 94 누 2046. 공증인이 당사자로 하여금 그의 면전에서 사서증서(私署證書)에 서명 또는 날인하게 하거나 사서증서의 서명 또는 날인을 본인으로 하여금 확인하게 한 후 그 사실을 기재함으로써 인증한 경우에도(공증인법 57), 그 사서증서는 진정성립이 추정된다(大判 1992. 7. 28, 91 다 35816; 大決 2009. 1. 16, 2008 스 119).

것이 원칙이지만(357), 사문서에 있는 본인 또는 대리인의 서명·날인 또는 무인(拇印)이 진정한 것인 때에는 그 문서 전체의 진정성립이 추정된다(358). 이것은 **2단계의 추정과정**을 거친다.[1] 먼저 작성명의인의 인영이 그 사람의 인장에 의한 것임이 인정되면 그 날인행위가 작성명의인의 의사에 의한 것이라고 사실상 추정되고, 일단 인영의 진정성립이 추정되면 제358조에 의하여 문서 전체의 진정성립이 추정된다.[2] 즉 문서 전체를 작성명의인이 그의 의사로 작성한 것으로 추정된다. 인영의 진정성립의 추정은 사실상의 추정이고, 이에 의한 문서 전체의 진정성립의 추정은 법정증거법칙이다(본인 또는 대리인의 서명 또는 날인, 무인이 있으면 문서전체가 진정하게 성립하였을 개연성이 높다는 경험칙을 법정화한 것이다).[3] 인영의 진정성립이 추정되는 경우에 이를 다투는 사람이 반증을 들어 법원으로 하여금 의심을 품게 할 수 있는 사정을 증명한다면 그 추정은 깨어진다.[4] 따라서 인장이 도용되어 위조된 것이라는 사실 또는 인영이 권한 없이 날인되었다는 사실은 이를 주장하는 쪽이 증명하여야 한다.[5] 서증이 인장도용에 의하여 위조되었다고 주장하는 경우에는 그 인영 자체를 인정하는 것이 됨을 주의하여야 한다(따라서 도용사실을 증명하지 못하는 한 그 진정성립이 추정된다).[6] 또한 인영의 진정성립에 대한 자백의 철회도 문서의 진정성립 자체에 대한 자백의 철회와 마찬가지로, 주요사실에 대한 자백의 철회와 같은 요건을 갖추어야 한다.[7]

판례는 위와 같은 추정은 문서의 내용이 먼저 기재되고 나서 날인된 경우로 한정하고 있다. 따라서 작성명의인의 날인만 먼저 되어 있고 그 내용이 백지로 된 문서를 교부받아 나중에 그 백지부분을 작성명의인이 아닌 사람이 보충한 경우에

1) 문서의 진정성립과 관련하여 "2段의 推定"이란 개념은 일본의 판례에서 유래한 것이다. 이러한 개념을 최초로 사용한 판례로는 昭和38年 히로시마고등법원 판결(広島高判 昭和38·3·27 高民集16巻1号 59頁)과 昭和39年 일본 최고재판소판결(最高裁 昭和39·5·12 民集 18巻4号 597頁)을 들 수 있다.

2) 大判 1989. 4. 25, 88 다카 6815; 1997. 6. 13, 96 재다 462; 2002. 2. 5, 2001 다 72029.

3) 이를 사실상의 추정을 명문화한 것이라는 견해는 姜, 572면; 법률상 추정으로 보는 견해는 胡, 619면.

4) 大判 2013. 8. 22, 2012 다 94728; 2003. 2. 11, 2002 다 59122; 다만 처분문서는 그 진정성립을 부정할 분명한 반증이 없으면 문서의 기재 내용에 따른 의사표시의 존재와 내용을 인정하여야 하므로, 업무 또는 친족관계로 인해 문서명의자의 위임을 받아 그 인장을 사용하기도 한 사실이 밝혀졌다면 작성명의인의 인영에 의하여 처분문서의 진정성립을 추정함에 있어서 특히 신중하여야 한다(大判 2014. 9. 26, 2014 다 29667).

5) 大判 1982. 8. 24, 81 다 684; 1997. 6. 13, 96 재다 462. 날인행위가 작성명의인 이외의 사람에 의하여 이루어진 것임이 밝혀진 경우에는 진정성립의 추정은 깨진다(大判 2003. 4. 8, 2002 다 69686; 2009. 9. 24, 2009 다 37831).

6) 大判 1976. 7. 27, 76 다 1394; 2002. 10. 13, 2000 다 38602(사문서의 작성명의자가 그 사문서의 진정성립 여부에 관하여 부지라고 답변하였어도 그 사문서상의 인영이 자신의 인장에 의한 것임을 인정하는 취지로 진술하고 그 작성명의자가 타인에게 위임하여 발급받은 자신의 인감증명서상의 인영과 그 사문서상의 인영을 육안으로 대조하여 보아도 동일한 것으로 보이는 경우라면, 그 작성명의자가 자신의 인장이 도용되었거나 위조되었음을 증명하지 아니하는 한 그 진정성립을 부정할 수 없다).

7) 大判 2001. 4. 24, 2001 다 5654.

는 문서의 진정성립이 추정되지 않으므로 이 경우 문서제출자는 그 기재내용이 작성명의인으로부터 위임받은 정당한 권원에 의한 것이라는 사실까지 증명할 책임이 있다.[1] 다만 인영의 진정성립이 인정되는 경우에는 다른 특별한 사정이 없는 한 그 문서는 전체가 완성된 상태에서 작성명의인에 의해 서명·날인 또는 무인이 이루어졌다고 추정된다(완성문서의 추정).[2] 이러한 완성문서의 추정과 관련하여 판례는 문서의 전부 또는 일부가 미완성된 상태에서 서명·날인만을 먼저 하였다는 것은 이례에 속하므로 완성문서로서 진정성립의 추정력을 뒤집으려면 그럴만한 합리적인 이유와 이를 뒷받침할 간접반증 등의 증거가 필요하다고 한다.[3]

(2) **實質的 證據力**(materielle Beweiskraft)

1) 문서의 내용이 요증사실의 증명에 이바지하는 효과를 실질적 증거력이라고 한다. 실질적 증거력은 형식적 증거력을 전제로 하지만, 형식적 증거력이 있다고 하여 실질적 증거력이 전적으로 인정되는 것은 아니다. 모든 문서의 실질적 증거력은 법관의 자유심증에 맡겨져 있다. 형식적 증거력과는 달리 실질적 증거력에 관하여는 재판상 자백이 성립되지 않는다.

2) 문서의 실질적 증거력은 처분문서와 보고문서에 따라 다르다.

i) **처분문서의 경우**에는 그 성립의 진정이 인정되면 특별한 사정이 없는 한, 즉 그 기재 내용을 부인할 만한 분명하고도 수긍할 수 있는 반증이 없는 한 그 기재내용의 법률행위를 한 사실을 인정하여야 한다.[4] 이러한 처분문서의 증거력은 반증을 불허하는 완전한 증거력은 아니고, 반증이 허용되는 강력한 사실상의 추정이다.[5] 따라서 처분문서의 기재내용을 배척하려면 이를 부정할 수 있는 분명하고

1) 大判 2000. 6. 9, 99 다 37009; 2003. 4. 11, 2001 다 11406; 2012. 12. 13, 2011 두 21218; 같은 취지에서, 채권자가 본인 겸 채무자의 대리인으로서 금전소비대차계약 공정증서의 작성을 촉탁하는데, 채무자가 그 촉탁에 관해 대리권을 수여하는 위임장을 교부하였고 그 위임장의 일부가 백지상태여서 수임인이 그 위임사항의 내용을 보충하여 기재한 경우라면, 그것이 정당한 보충권한에 의한 것임을 채권자(수임인)가 증명하여야 한다고 한다(大判 2013. 8. 22, 2011 다 100923).

2) 大判 2003. 4. 11, 2001 다 11406; 2011. 11. 10, 2011 다 62977; 2012. 12. 13, 2011 두 21218.

3) 大判 1994. 10. 14, 94 다 11590; 2011. 11. 10, 2011 다 62977.

4) 大判 2020. 12. 30, 2017 다 17603; 2018. 1. 24, 2015 다 69990; 2017. 2. 15, 2014 다 19776; 2015. 4. 23, 2011 다 38899; 1970. 12. 24, 70 다 1630; 1983. 3. 22, 80 다 1576; 2012. 11. 29, 2012 다 44471(계약 내용을 처분문서인 서면으로 작성한 경우에는 문언의 객관적인 의미가 명확하다면, 특별한 사정이 없는 한 문언대로의 의사표시의 존재와 내용을 인정하여야 한다). 다만 문서의 기재내용이 부동문자로 인쇄되어 있다면, 구체적인 사안에 따라 당사자의 의사를 고려하여 그것이 예문에 불과한 경우도 있다(大判 1997. 11. 28, 97 다 36231).

5) 同旨: 李時, 533면; 大(全)判 1970. 12. 24, 70 다 1630; 2010. 11. 11, 2010 다 56616. 예컨대 문서의 기재내용과 다른 명시적·묵시적 합의가 인정되면 다른 사실을 인정하는 것도 가능하다(大判 1996. 9.

수긍할 수 있는 합리적 이유를 설시하여야 한다.[1] 다만 처분문서에 기재된 법률적 행위의 장소 · 시간, 행위자의 능력, 의사의 흠 등에는 그 추정력이 미치지 아니하므로, 이들 문제는 법관의 자유심증에 의하여 확정하여야 한다.[2] 이때 특히 처분문서상의 당사자의 의사해석이 문제되는 경우에는 문언의 내용, 그 약정의 동기 · 경위 및 목적, 당사자의 진정한 의사 등을 종합적으로 고찰하여 논리와 경험칙에 따라 합리적으로 해석하여야 한다.[3]

ii) **보고문서의 경우**에는 작성자의 신분 · 직업 · 성격, 작성의 목적 · 시기, 기재의 방법 · 체제 등 여러 가지 사정을 고려하여 법관이 자유심증으로 그 증거력을 결정하는 것이지만,[4] 공문서에 대하여는 그 기재내용의 진실성을 추정하는 예가 많다.[5] 보고문서 중 변론조서에 관하여는 그 증거력이 법정되어 있다(변론의 방식에 관한 규정의 준수는 변론조서로만 증명 가능. 158).

5. 書證의 節次

(1) 總 說

서증은 원칙적으로 당사자의 신청에 의하며, 문서를 제출함으로써 시작된다. 서증의 신청방법에는 다음 네 가지가 있다. 즉, 첫째로 거증자(서증신청자)가 스스로 문서를 가지고 있으면 이를 직접 제출하고(343), 둘째로 상대방 또는 제3자가 가지고 있는 제출의무 있는 문서에 관하여는 그 소지자에 대한 문서제출명령을 신청하고(343, 345), 셋째로 소지자에게 제출의무가 없으나 그 협력을 받을 가능성이 있는 경우(예컨대 공공기관이 보관하고 있는 문서)에는 문서송부의 촉탁을 신청하고(352), 넷째로 문서송부촉탁조차 어려운 경우에는 그 문서가 소재하는 장소에서 서증의 신청을 할 수 있다(民訴規 112).

서증의 증거조사는 법관이 제출서류를 열독(閱讀)함으로써 행한다.

10, 95 누 7239; 2006. 4. 13, 2005 다 34643; 2013. 1. 16, 2011 다 102776).

1) 大判 1981. 6. 9, 80 다 442.

2) 大判 1988. 9. 27, 87 다카 422; 1989. 9. 12, 88 다카 12506; 1993. 8. 24, 92 다 47236.

3) 大判 2019. 10. 17, 2018 두 60588; 2018. 7. 20, 2015 다 207044; 2011. 10. 13, 2009 다 102452.

4) 다만 소송당사자가 소송 외에서 상대방의 주장 사실과 일치하는 자기에게 불리한 사실(예컨대 과거에 토지교환계약이 있었다는 사실 자체를 인정하거나 원고에게 양도하기로 한 토지 중 적어도 어떤 특정의 토지가 포함된 사실)을 확인하는 내용의 서면을 작성하여 상대방에게 교부한 경우, 특별한 사정이 없는 한 그 문서는 실질적 증명력이 있다고 한다(大判 1998. 3. 27, 97 다 56655).

5) 예컨대 국립과학수사연구소가 작성한 필적감정의뢰회보의 증거력(大判 1996. 7. 26, 95 다 19072), 공증인이 작성한 공증문서의 증거력(大判 1994. 6. 28, 94 누 2046), 지적공부에 복구 등록된 토지의 소재 · 지번 · 경계 등이 그대로 복구된 것으로 추정(大判 2010. 7. 8, 2010 다 21757) 등. 공문서의 기재 중 붉은 선으로 그어 말소된 부분이 있는 경우에도 말소된 기재 내용대로 증거력을 가진다(大判 2002. 2. 22, 2001 다 78768).

(2) 文書의 直接提出

1) 거증자가 문서를 소지하고 있는 경우에는 이를 직접 제출하는 방법으로 서증을 신청한다(343). 문서의 직접제출은 변론기일이나 변론준비기일에서 현실로 하여야 한다. 준비서면에 문서를 서증으로 붙여 제출하고 그 준비서면제출자가 결석하여 준비서면이 진술간주된 때(148)에도 서증을 신청한 것으로 간주되지 않는다.[1]

2) 문서는 원본, 정본 또는 인증 있는 등본으로 제출하여야 하는데(355), 문서의 제목, 작성자, 작성일자 등을 밝히고(다만 문서의 기재상 명백한 경우에는 예외), 상대방의 수에 1을 더한 수의 사본을 함께 제출하여야 한다(民訴規 105 I, II). 실무에서는 원본과 사본을 함께 제출하면 원본의 존재와 사본의 정확성을 확인한 다음에, 원본은 당사자에게 돌려주고 사본을 기록에 철한다.[2]

원본을 내지 않고 사본만에 의한 증거의 제출은 정확성의 보증이 없으므로 원칙적으로 부적법하다. 그럼에도 불구하고 실무상 사본만을 증거로 제출하는 경우가 있는데, 여기에는 사본을 원본 대신에 제출하는 경우와 사본 자체를 원본으로 제출하는 두 가지 경우가 있다.

i) 원본을 갈음하여 사본만을 제출한 경우에 상대방이 원본의 존재 및 원본의 성립의 진정에 관하여 다투고 사본을 원본의 대용(代用)으로 하는 데 대하여 이의를 제기하는 경우에는 원본을 제출받아 증거조사를 하여야 하고, 그냥 변론 전체의 취지만으로 원본의 존재와 진정성립을 인정할 수는 없다. 다만 상대방이 같은 내용의 원본의 존재와 진정성립을 다투지 않고 사본을 원본으로 대용하는 데 관하여 이의를 제기하지 않는 경우에는 소송절차에 관한 이의권(355 I 의 위반사유)의 포기 또는 상실(151)로 그 증거신청이 적법하게 된다.[3]

ii) 사본 자체를 원본으로 제출하는 경우에는 민사소송상 증거능력에는 제한이 없으므로 그 사본이 적법하게 독립된 서증의 대상으로 되는 것이나, 다른 증거에 의하여 사본과 같은 원본이 존재한다는 것과 원본의 진정성립이 인정되지 않는 한, 그와 같은 내용의 사본이 존재한다는 것 이상의 증거력은 없다.[4]

---

1) 大判 1970. 8. 18, 70 다 1240; 1991. 11. 8, 91 다 15775.
2) 大判 1996. 3. 8, 95 다 48667.
3) 大判 1996. 3. 8, 95 다 48667.
4) 大判 2002. 8. 23, 2000 다 66133; 2023. 6. 1, 2023 다 217534.

iii) 다만 원본의 제출이 불가능하거나 비실제적인 상황에서는 원본의 제출이 요구되지 아니한다. 예컨대 서증신청자가 문서 원본을 분실하였거나 선의로 훼손한 경우, 또는 문서제출명령에 응할 의무가 없는 제3자가 해당 원본을 소지하고 있는 경우, 원본이 방대한 양의 문서인 경우 등이다. 이 경우에는 서증신청자가 원본을 제출할 수 없는 정당한 사유를 구체적으로 주장·증명하여야 한다.[1]

3) 문서의 일부를 증거로 하는 때에도 문서의 전부를 증거로 제출하여야 하는 것이 원칙이다(民訴規 105 Ⅳ本). 다만 문서의 양이 방대하다든가 하여 전부를 제출하는 것이 곤란한 경우에는 그 사본은 재판장의 허가를 받아 증거로 원용할 부분의 초본만을 제출할 수 있다(民訴規 105 Ⅳ但). 서증을 위하여 제출한 문서의 사본은 원고가 제출한 것을 갑호증, 피고가 제출한 것을 을호증, 당사자참가인이 제출한 것을 병호증으로 구별하여 제출순으로 번호를 붙여 나간다(예컨대 갑 제1호증. 民訴規 107 Ⅱ). 같은 부호를 사용하는 당사자가 여럿일 때에는 '가,' '나,' '다' 등의 가지 부호를 붙일 수 있다(예컨대 피고가 여럿일 경우 피고1이 제출한 것은 을가 제1호증. 民訴規 107 Ⅲ).

4) 문서의 내용을 이해하기 어렵거나 문서의 수가 방대한 경우 또는 증명취지가 불명확한 때에는 재판장은 당사자에게 문서와 증명할 사실의 관계를 구체적으로 밝힌 설명서(증거설명서)를 제출할 것을 명할 수 있다(民訴規 106 Ⅰ). 이는 전자복사기술의 발전으로 문서의 수와 분량이 크게 늘어나고 있는 데 대응하여, 문서의 내용이나 증거가치를 쉽게 평가하거나 확인할 수 있도록 하기 위함이다.

5) 재판장이 당사자의 의견을 들어 서증을 신청할 기간을 정한 경우에는 그 기간 안에 문서의 사본을 제출하여야 한다(147. 民訴規 108). 서증의 신청은 변론준비기일 또는 변론기일에 문서를 직접 제출하는 방법에 의할 것이지만, 변론의 집중을 위하여 서증을 신청할 기간을 정한 경우에는 기일을 열지 않더라도 문서의 사본만 미리 제출되면 문서의 내용을 검토하여 증거결정이나 쟁점정리를 할 수 있으므로, 새 민사소송규칙은 사본을 제출할 것을 명시하고 있다. 서면에 의한 변론준비절차에서 서증을 신청하는 경우에도 사본을 미리 제출하고 변론준비기일이나 변론기일에 원본을 현실적으로 제시하면 된다.[2]

---

1) 大判 2002. 8. 23, 2000 다 66133. 과거에 존재한 적이 있는 문서를 전자복사한 사본은 원본의 존재 및 진정성립을 인정하여 서증으로 채용할 수 있다(大判 1992. 12. 22, 91 다 35540).

2) 법원행정처 간, 「민사재판운영실무」(2002), 97면.

6) 법원은 필요 없다고 인정하는 증거신청은 그것이 유일한 증거가 아닌 한 채택하지 아니할 수 있다(290).[1] 문서가 증거로 채택되지 아니하는 때에는 법원은 당사자의 의견을 들어 제출된 문서를 돌려주거나 폐기할 수 있다(355Ⅳ).

(3) 文書提出命令

(가) 總 說 상대방 또는 제3자가 가지고 있는 제출의무가 있는 문서에 대하여 서증을 신청하기 위해서는 문서제출명령을 신청하여야 한다(343後).

상대방이 가지고 있는 증거방법을 포괄적으로 제출할 것을 상대방에게 직접 요구할 수 있는 미국법상의 '증거개시제도'(discovery)와 같은 강력한 증거확보수단이 인정되지 않는 우리나라에서는 문서제출명령이 증거의 구조적 편재(構造的 偏在)를 시정하는 방법으로서 중요한 역할을 하고 있다. 따라서 2002년 민사소송법에서는 문서제출명령의 대상이 되는 문서제출의무를 증인의무와 같이 일반의무로 확대하고(344), 그에 따른 부작용을 막기 위하여, 제3자에 대한 필수적 심문제도(347Ⅲ), 문서의 비밀보호를 위한 '비밀심리제도(in camera proceedings)(347Ⅳ)' 및 문서의 일부제출제도(347Ⅱ)를 도입하였다. 또한 상대방이 가지고 있는 문서를 잘 알 수 없는 때에는 그 목록을 제출하도록 하는 '문서정보공개제도'도 새로 두어(346), 문서제출신청을 쉽게 할 수 있도록 하였다. 이러한 2002년 민사소송법의 태도는 당사자가 변론기일 이전에 충실하게 변론을 준비하도록 하여 집중심리를 꾀한다는 것과 맥락을 같이하는 것이다.

(나) 文書提出義務 2002년 개정전 민사소송법에서는 문서제출의무의 범위(舊民訴 316)를 ① 소송에서 인용한 문서(인용문서), ② 인도·열람을 청구할 수 있는 문서(인도열람청구문서), ③ 신청자의 이익을 위하여 작성된 문서(이익문서)와 신청자와 문서소지자 사이의 법률관계에 관하여 작성된 문서(법률관계문서)로 한정하였으므로, 문서제출명령제도가 공해소송이나 의료과오소송, 제조물책임소송과 같은 현대형 소송에서 '증거의 구조적 편재'를 시정하는 역할을 제대로 수행할 수는 없었다.

---

1) 새 민사소송규칙은 서증을 채택하지 않거나 채택결정을 취소할 수 있는 사유를 자세히 열거하고 있다(民訴規 109). 서증의 채택 여부의 결정을 효율적으로 할 수 있도록 하기 위함이다. 즉 i) 문서가 증명할 사실과 관련성이 없거나, ii) 이미 제출된 다른 증거와 같거나 비슷한 취지의 문서로서 별도의 증거가치가 없을 때, iii) 국어 아닌 문자 또는 부호로 되어 있는데 번역문을 붙이지 아니한 때, iv) 증거설명서의 제출명령에 따르지 않은 때, v) 문서작성자·작성일을 밝히도록 한 명령에 따르지 않은 때 등이다.

그리하여 문서제출명령제도는 소송당사자 사이의 절차적 불평등을 시정하는 것이 그 목적이라고 풀이하면서, 이러한 제도목적을 실현하기 위하여 문서제출의무를 일반적 의무로 보고, 필요한 모든 서류에 관하여 제출의무를 인정하는 견해가 유력하게 주장되었다.[1] 2002년 민사소송법은 이러한 경향과 증거개시제도(discovery) 등 외국의 입법례를 반영하여 원칙적으로 모든 문서에 대하여 제출의무를 인정하면서, 예외적으로 증언거절사유에 해당하거나 공무원이 직무상 보관하는 문서, 사생활의 비밀에 관련된 문서(자기이용문서) 등만을 제출의무로부터 면제하고 있다.

2002년 민사소송법은 구 법에서 문서제출의무로 규정하였던 위 ①, ②, ③의 문서 즉 인용문서, 인도열람청구문서 및 이익문서와 법률관계문서를 제출의무 있는 문서로 명시적으로 열거하고(이익문서와 법률관계 문서는 예외 있음)(344 I), 그 밖의 일반문서도 일정한 예외에 해당하지 않는 한 제출의무가 있다고 규정하고 있다(344 II).[2]

1) 명시적으로 열거된 문서

① **인용문서**(344 I ①) 당사자가 소송에서 인용한 문서를 스스로 가지고 있는 때에는 제출의무가 있다. 소송에서 자기를 위한 증거로 이용한 문서는 상대방에게도 이용시키는 것이 공평하기 때문이다. 여기의 인용문서에는 증거로 인용한 것 외에 변론에서 자기의 주장을 명백히 하기 위하여 그 존재와 내용을 표시한 것도 포함시켜야 할 것이다.[3]

② **인도열람청구문서**(344 I ②) 신청자가 문서를 가지고 있는 사람에게 그것을 넘겨달라고 하거나 보겠다고 요구할 수 있는 사법상의 권리를 가지고 있는 때(예컨대 변제자의 채권증서반환청구권, 民 475, 그 밖에도 民 484 I, 684, 商 277 I, 396 II, 448 II, 466)에는 제출의무가 있다. 여기에서의 인도·열람청구권은 법률의 규정에 기한 것이든 계약에 기한 것이든 묻지 아니한다.[4] 과거에는 사법상의 권리든 공법상의 권리든 묻지 아니한다는 것이 통설이었으나, 2002년 민사소송법은 공법상의 권리에 기한 것은 '공공기관의 정보공개에 관한 법률'에서 그 절차와 범위를 규정할 것임을 고려하여 사법상의 권리에 한정하였다.

---

1) 상세한 것은 姜玹中, 「文書提出命令」, 司法論集 16, 429면 이하; 일본의 추세에 관하여는 佐藤, 「文書提出命令」, 講座民訴 5, 271면 이하; 도이칠란트의 추세에 관하여는 Rosenberg, 121 IV 2 b) 등 각 참조.

2) 동영상 파일은 검증의 대상이고 문서제출명령의 대상이 될 수는 없다(大決 2010. 7. 14, 2009 마 2105).

3) 同旨: 李時, 538면; 姜, 579면.

4) 大決 1993. 6. 18, 93 마 434. 同旨: 李時, 538면.

③ 이익문서 · 법률관계문서(344 Ⅰ ③) i) 문서가 신청자의 이익을 위하여 작성되거나(이익문서. 예컨대 영수증, 유언서, 대리위임장 등의 수권서), 신청자와 문서를 가지고 있는 사람 사이의 법률관계에 관하여 작성된 것인 때(법률관계문서. 예컨대 계약서)에는 제출의무가 있다. 종래에는 공해소송, 환경소송 등 현대형 소송에서의 증거의 구조적 편재를 시정하기 위하여 이익문서와 법률관계문서의 개념을 확대해석하려고 시도하였다. 즉 이익문서의 개념에 관하여 과거의 통설은 '나중에 증거로 사용하거나 권리의무를 발생시키기 위하여 작성된 문서로서 거증자의 지위 · 권리 또는 권한을 표시하는 것'으로 풀이하였다. 그런데 다수의 학설은 여기서 한걸음 더 나아가 실체적 이익 외에 소송적 이익(쟁점의 해명)도 포함시키고, 따라서 직접 거증자를 위하여 작성된 문서뿐만 아니라 간접적으로 거증자의 이익을 위하여 작성된 문서도 포함시켰다.[1] 또한 법률관계문서의 경우에도 '거증자와 문서의 소지자 사이의 법률관계 자체를 기재한 문서'뿐만 아니라, 그 법률관계의 생성과정에서 작성된 문서(예컨대 행정처분취소소송에서 처분서 외에 신청서 및 그 밖의 문서, 계약의 초안, 왕복서신) 및 거증자와 소지자와의 법률관계에 관계있는 사항을 기재한 문서(예컨대 교과서 檢定의 위법으로 인한 손해배상청구사건에서 조사관의 의견서, 심의록 등)까지 그 범위에 포함시켰다. 그런데 2002년 민사소송법 제344조 제2항은 일반문서에 관하여도 제출의무를 인정하였으므로, 이익문서와 법률관계문서의 개념을 확대해석할 필요는 없을 것이다.[2] 과거에는 약해소송에서 제3자인 의사의 진료카드가 이익문서에 포함되는가가 다투어졌으나, 이제는 제344조 제2항에 의하여 제출의무 있는 일반 문서로 되었다. 또한 개정의료법(2000. 1. 12. 법률 제6157호)에서는 환자가 직접 의료인에게 진료기록의 열람 또는 그 사본의 교부를 요구할 수 있도록 하고 있다(동법 21 Ⅰ).

ii) 2002년 민사소송법은 이익문서와 법률관계문서라도 문서를 가지고 있는 사람에게 증언거부사유에 해당하는 사유가 있으면 제출을 거부할 수 있도록 규정하고 있다(344 Ⅰ ③ 但). 즉 a) 제304조 내지 306조의 공무원의 직무상 비밀에 관한 사항이 적혀 있는 문서로서 동의를 받지 아니한 문서, b) 문서의 소지자나 그 친족에게 형사소추 또는 치욕이 될 사항(314)이 적혀있는 문서, c) 변호사, 종교인 등의 직무상 비밀에 속하는 사항 또는 기술 · 직업의 비밀에 속하는 사항(315 Ⅰ)이 적혀있는 문서 등이다.[3] 인용문서와 인도열람청구문서에는 이러한 제한이 없다.

---

1) 春日偉知郎, "文書提出命令," 百選(第2版), 211면.

2) 2002년 민사소송법에서도 이익문서의 개념을 확대하여 보는 견해로는 李時, 516면; 胡, 625면; 田, 558면.

3) 판례는 직업의 비밀을 "그 사항이 공개되면 직업에 심각한 영향을 미치고 이후 직업의 수행이 어려운 경우"라고 하면서, 다만 비밀이 **보호가치 있는 비밀**인 경우에만 문서의 제출거부사유가 된다고 한다. 또한

2) 일반문서(344 Ⅱ)

민사소송법에 명시적으로 열거된 문서 이외의 일반문서도 a) '증언거부사유(314, 315)에 해당하는 사항이 적혀 있는 문서', 즉 문서의 소지자나 그 친족에게 형사소추 또는 치욕이 될 사항(314)이 적혀 있는 문서, 변호사, 종교인 등의 직무상 비밀에 속하는 사항 또는 기술 · 직업의 비밀에 속하는 사항(315 Ⅰ)이 적혀 있는 문서와,[1] b) '오로지 문서를 가진 사람이 이용하기 위한 문서'(일기장, 서신 등)를 제외하고는 모든 문서에 대하여 제출의무가 있다. 문서소지인이 개인적으로 이용하기 위한 문서(자기이용문서)를 제외한 것은 사생활의 비밀(privacy)을 보호하기 위한 것이다. 이는 과거에 법률관계문서의 개념을 확대해석하면서도 문서소지인이 내부적으로 사용할 목적으로 작성한 문서(내부문서. 예컨대 회사내부의 품의서)는 문서제출의무로부터 면제시켰던 것[2]을 반영한 것이다.[3] 또한 c) '공문서'는 공공기관의 정보공개에 관한 법률이 그 공개에 관하여 별도의 절차를 정하고 있으므로(정보공개의 대상에서 제외되는 문서는 同法 9 참조),[4] 문서제출명령의 대상에서 제외하였다(344 Ⅱ).[5] 그런데 이처럼 공문서를 소송절차와 무관한 별개의 절차를 통해서 이용하도록 하는 것은 2002년 민사소송법에서 모처럼 문서제출의무의 범위를 확대한 취지를 반감(半減)시키는 것이다. 그리고 공문서이기만 하면, 공무원이 보관하고 있는 문서뿐만 아니라 '공무원이었던 사람이 보관하는 문서'도 제출의무의 범위에서 제외하고 있기 때문에(344本 Ⅱ), 후자의 문서는 결국 어느 절차에 의해서도

정보가 보호가치 있는 비밀인지 여부는 정보의 내용과 성격, 정보공개로 인한 불이익의 내용과 정도, 민사사건의 내용과 성격, 대체할 수 있는 증거의 존부 등 제반 사정을 종합하여, 비밀의 공개로 인한 불이익과 공개로 달성되는 실체적 진실발견 · 재판의 공정을 비교형량하여 정해야 한다고 하였다(大決 2016. 7. 1, 2014 마 2239).

1) 판례는 전기통신사업자는 특별한 사정이 없는 한 문서제출명령의 대상이 된 통신사실확인자료의 제출을 거부할 수 없다고 본다. 大(全)決 2023. 7. 17, 2018 스 34.

2) 예컨대 日東京高決 1979. 3. 19, 下民集 32. 9－12. 1391, 百選 Ⅱ, 129면.

3) 자기이용문서에 해당하는지 여부는 문서의 표제나 명칭이 아니라, 문서의 작성 목적, 기재정보, 당해 유형 · 종류의 문서가 일반적으로 갖는 성향, 문서의 소지경위나 그 밖의 사정 등을 종합적으로 고려하여 객관적으로 판단하여야 한다. 따라서 판례는 "설령 주관적으로 내부 이용을 주된 목적으로 회사 내부에서 결재를 거쳐 작성된 문서일지라도, 신청자가 열람 등을 요구할 수 있는 사법상 권리를 가지는 문서와 동일한 정보 또는 직접적 기초 · 근거가 되는 정보가 문서의 기재 내용에 포함되어 있는 경우, 객관적으로 외부에서의 이용이 작성 목적에 전혀 포함되어 있지 않다고는 볼 수 없는 경우, 문서 자체를 외부에 개시하는 것은 예정되어 있지 않더라도 문서에 기재된 '정보'의 외부 개시가 예정되어 있거나 정보가 공익성을 가지는 경우 등에는 내부문서라는 이유로 자기이용문서라고 쉽게 단정할 것은 아니다"라고 한다(大決 2016. 7. 1, 2014 마 2239).

4) 특히 수사기록에 대한 공개제한사유로는 동법 9 Ⅰ ④ 참조. 그 제한사유에 해당하지 않는 수사기록 또는 소송에 관한 서류는 정보공개청구의 대상이 된다는 판례로는 大判 2004. 9. 23, 2003 두 1370; 2006. 5. 25, 2006 두 3049.

5) 금융감독원 직원이 작성하여 보관하고 있는 문서는 민사소송법 제344조 제2항에 따라 예외적으로 제출을 거부할 수 있는 문서에 해당한다는 판례로는, 大決 2024. 4. 25, 2023 마 8009.

이용할 수 없게 되는 문제가 있다. 다만, 공문서도 인용문서(344 Ⅰ ①)에 해당하면 제출의무가 면제되지 않는다. 설령 그 문서가 공공기관의 정보공개에 관한 법률에서 정하는 비공개대상 정보에 해당하더라도 특별한 사정이 없는 한 문서제출의무의 대상이라는 것이 판례의 입장이다.[1]

3) 상업장부의 특칙

당사자가 상인인 경우에는 법원은 상법 제32조에 의하여 상업장부(商業帳簿)의 제출을 명할 수 있다. 상법 제32조와 민사소송법 제344조 이하를 대비하여 보면, 상대방 당사자가 소지하는 상업장부에 관하여 문서제출명령을 신청하는 경우에 전자에 의하는 때에는 요건이 완화되어 있는 대신에(344의 제약이 없다), 그 효과의 경우에는 제출명령에 위반하더라도 민사소송법 제349조, 제350조는 적용되지 않고, 다만 법원이 이를 참작하여 자유심증으로 사실을 판단할 수 있다는 차이가 있다. 그러나 절차는 양자가 같다.

(다) 文書提出命令의 節次

1) 문서제출신청과 문서정보의 공개

① **신청방식**　　문서제출신청은 서면으로 하며(民訴規 110 Ⅰ), i) 문서의 표시, ii) 문서의 취지, iii) 문서를 가진 사람, iv) 증명할 사실, v) 문서를 제출하여야 하는 의무의 원인 등을 밝혀야 한다(345). 2002년 민사소송법에 따라 문서제출의무가 일반의무로 확대됨에 따라 문서제출신청에 대한 심리가 중요하게 되었으므로, 새 민사소송규칙은 제출신청을 서면으로 하도록 함과 아울러, 상대방이 제출신청에 대한 의견을 법원에 제출할 수 있도록 하고 있다(民訴規 110 Ⅱ). 증권관련집단소송의 경우에는 법원이 직권으로 문서의 제출을 명할 수도 있다(證集 32).

② **문서목록의 제출신청**　　당사자가 상대방이 소지하고 있는 문서를 구체적으로 알지 못하여 문서를 특정하여 문서제출명령을 신청할 수 없을 때는 먼저 법원에 상대방 당사자에 대하여 문서목록을 제출하도록 명할 것을 신청할 수 있다. 즉 당사자가 신청대상이 되는 문서의 취지나 그 문서로 증명할 사실을 개괄적으로 표시하여 신청하면, 법원은 상대방 당사자에게 신청내용과 관련하여 가지고 있는 문서 또는 신청내용과 관련하여 서증으로 제출할 문서에 관하여 그 표시와 취지를

1) 大決 2017. 12. 28, 2015 무 423.

적어낼 것을 명할 수 있다(346). 문서제출명령제도가 증거의 구조적 편재를 시정하기 위한 효율적인 수단으로 기능할 수 있도록 하기 위하여 2002년 민사소송법이 도입한 문서정보공개제도로서, 그 취지는 미국의 증거개시제도(discovery)에서의 증거공개제도(disclosure)와 유사하다.[1] 그러나 법원의 문서목록제출명령에 불응할 경우에 대한 제재수단이 없으므로 그 실효성은 의문이다.[2]

2) 문서제출명령의 심리 · 재판

① **재판의 형식** 문서제출신청이 있으면 법원은 소지자에게 제출의무가 있는지 없는지를 조사하여 신청에 정당한 이유가 있다고 인정한 때에는[3] 결정으로 그 제출을 명한다(347 I). 이를 문서제출명령이라 한다. 다만 문서제출명령의 신청은 서증의 신청 방식 중의 하나이므로 해당 문서가 서증으로서 필요하지 아니하다고 인정되거나 그 문서에 의해 증명하고자 하는 사항이 청구와 직접 관련이 없는 것이면 받아들이지 않을 수 있다.[4]

② **제3자에 대한 필수적 심문** 위 조사는 소지자가 당사자인 경우에는 변론에서 행한다(임의적 심문). 소지자가 제3자인 경우에는 제3자 또는 그가 지정하는 사람을 심문하여야 한다(347 III). 구 법에서는 제3자에 대한 심문을 임의적인 것으로 하였으나, 2002년 민사소송법에서는 제출의무가 일반의무로 확대됨에 따라 제3자에게 해당문서가 영업비밀 등 제출의무 면제사유에 해당하는지 여부를 진술할 기회를 보장하기 위하여 제3자 또는 그가 지정하는 사람(문서소지자가 법인인 경우에는 그가 지정하는 사람)을 반드시 심문하도록 하고 있다.

③ **비밀심리** 사생활의 비밀이나 영업비밀에 관한 사항이 적혀 있는 문서에 해당하는지 여부에 관하여 심리할 때 다른 당사자가 참여하면 문서가 공개되어 문서

---

1) 미국연방민사소송규칙(FRCP)은 증거개시제도(discovery)를 효율적으로 운영하기 위하여 1993년에 여러 가지 개선을 하였는데 그 중 하나가 증거공개제도(disclosure)이다. 이것은 증거개시절차의 시작 직후와 심리개시 30일 이전에 각각 당사자는 상대방의 요구가 없더라도 자기가 가지고 있는 증거를 스스로 공개(disclosure)하여야 하는 것을 말하며, 공개하지 아니한 증거는 심리절차에서 사용할 수 없다(FRCP 26). 자세한 설명은 유병현, "미국민사소송법상의 증거개시제도의 현황과 그 도입방안," 「민사소송」(Ⅰ), 484면 이하 참조.

2) 변론 전체의 취지로 불리한 판단을 받을 수 있다는 것으로는 李時, 541면.

3) 문서제출신청에 정당한 이유가 있는지 여부는 쟁점판단이나 사실증명에 대한 문서의 필요성, 다른 문서로부터 자료를 얻을 가능성, 문서제출로 얻게 될 소송상 이익과 피신청인이 받게 될 부담 · 재산적 피해 · 개인의 프라이버시 · 법인 내부의 자유로운 의사 형성 및 영업 비밀 · 기타 권리에 대한 침해와의 비교형량, 기타 소송에 나타난 사정들을 고려하여 판단해야 한다고 한다(大決 2016. 7. 1, 2014 마 2239).

4) 大決 2016. 7. 1, 2014 마 2239.

제출명령을 한 것과 다를 바 없게 되고 또한 문서소지자에게 회복할 수 없는 손해가 발생할 수 있다. 따라서 2002년 민사소송법은 법원이 문서제출의무가 있는지 여부를 판단하기 위하여 필요한 때에는 문서를 가지고 있는 사람에게 문서를 제시하도록 명(**문서제시명령**)하여 제시받은 다음, 다른 당사자의 참여를 배제한 채 비공개로 심리하는 절차(in camera proceedings[1])를 두고 있다(347 Ⅳ). 이 경우 법원은 문서를 다른 사람이 보도록 하여서는 아니되며(347 Ⅳ 後), 필요하다고 인정하는 때에는 제시받은 문서를 일시적으로 맡아둘 수도 있다(民訴規 111). 문서제출의무가 있는지 여부에 대하여 판단하기 위해서는 어느 정도 시간이 걸릴 수도 있기 때문이다. 문서제시명령에 따르지 아니한 경우에는 문서제출명령에 따르지 아니한 경우와 똑같은 제재를 받게 된다(349).

④ **문서의 일부제출** 문서제출명령을 할 때는 원칙적으로 문서의 전부를 제출하게 하여야 한다(民訴規 105 Ⅳ). 그러나 문서제출신청이 문서의 일부에 대하여만 이유 있다고 인정한 때에는 그 부분만의 제출을 명하여야 한다(347 Ⅱ). 문서의 일부에 영업상의 비밀과 같은 제출거부사유가 있는 경우에, 그 부분을 제외하고 나머지 부분만으로도 증거가치가 있다면 그 부분만이라도 제출하도록 하기 위함이다.

⑤ **결정에 대한 불복** 문서제출신청에 관한 결정에 대하여는 즉시항고를 할 수 있다(348). 문서제출명령이 있어도 그 문서가 법원에 제출되기 전까지 당사자는 상대방의 동의 없이 그 신청을 철회할 수 있다.[2]

3) 제출된 문서의 사본제출

문서제출명령에 따라 문서가 법원에 제출된 때에는 신청인은 그 중 서증으로 제출하고자 하는 문서를 개별적으로 지정하고 그 사본을 법원에 제출하여야 한다(돌려줄 필요 없는 문서는 제외. 民訴規 115).

(라) 文書提出命令에 불응한 경우의 效果 이것은 문서소지자가 당사자인가 제3자인가에 따라 다르다.

---

1) in camera는 in chamber 또는 in private를 뜻하는 것으로서 원래 in camera proceedings란 판사실에서 비공개로 심리하는 절차를 말한다. 미국의 discovery제도에서는 영업상의 비밀에 관하여는 당사자의 신청에 의하여 법원이 보호명령(protective order)을 내려서 공개를 금지하거나 법원이 정한 방법으로만 공개하도록 할 수 있게 하고 있다[FRCP 26(c)(7)].

2) 大判 1971. 3. 23, 70 다 3013.

1) 당사자가 문서제출명령(347 I·II)이나 문서제시명령(347 IV)에 따르지 아니한 때에는 법원은 문서에 관한 상대방의 주장을 진실한 것으로 인정할 수 있다(349). 당사자가 상대방의 사용을 방해할 목적으로 제출의무 있는 문서를 훼손하여 버리거나 이를 사용할 수 없게 한 때도 같다(350). 이것들은 증명방해의 한 예이다.[1)]

문서에 관한 상대방의 주장을 진실한 것으로 인정한다고 함이 무엇을 뜻하는가에 관하여, 우리나라의 통설[2)]과 판례[3)]는 그것은 문서의 성립과 내용에 관한 상대방의 주장을 진실한 것으로 인정한다는 것을 의미하고, 그 문서에 의하여 증명할 사실이 직접적으로 증명되었다고 본다는 뜻은 아니라고 본다. 즉, 문서제출명령의 신청을 한 당사자가 주장한 제345조에 규정한 문서의 취지와 증명할 사실을 기재한 문서가 존재한다는 사실(문서를 소지한 사실)을 인정할 수 있다는 뜻이고, 증명사항인 사실이 증명되었다고 인정할 것인가의 여부는 법원의 자유심증에 의한다고 한다(**자유심증설**).

위와 같은 통설·판례와는 달리 당사자가 문서제출명령에 응하지 아니한 경우에 증명방해의 이론에 따라 증명책임의 전환을 인정하는 견해도 있고(**증명책임전환설**, 도이칠란트 판례), 또 증명할 사실 자체가 증명된 것으로 풀이하여야 한다는 견해(**법정증거설**)도 주장되고 있다. 다만 증명할 사실 자체가 증명되었다고 인정하는 근거에 관하여는 그것이 경험칙에 맞는다고 하기도 하고, 그것이 실체적 진실발견에 필요하기 때문이라고도 한다.[4)] 또한 이 견해 가운데는 행정소송, 공해소송 등의 경우처럼 문서가 상대방의 지배영역 안에 있기 때문에 문서의 구체적 내용을 특정할 수 없고 다른 증거에 의한 증명이 현저히 곤란한 경우에 한하여 요증사실이 직접 증명되었다고 절충적으로 보려는 견해도 있다(**절충설**).[5)] 그리고 문서제출의무를 당사자의 증명의무로 파악하여 문서제출명령의 불이행을 설명의무의 불이행, 즉 일종의 주장책임불이행으로 풀이하여 당사자에게 불이익을 가하려고 하는

---

1) 그 밖에도 판례에 의하면 당사자 일방이 일부가 훼손된 문서를 제출하였고 상대방이 훼손된 부분에 잔존 부분의 기재와 상반된 내용이 기재되어 있다고 주장하는 경우, 문서제출자에게 상대방의 사용을 방해할 목적 없이 문서가 훼손되었다고 하더라도 상반되는 내용의 기재가 있을 가능성이 인정되어 문서 전체의 취지가 문서를 제출한 당사자의 주장에 부합한다는 확신을 할 수 없게 된다면 이로 인한 불이익은 훼손된 문서를 제출한 당사자에게 돌아가야 한다고 한다(大判 2015. 11. 17, 2014 다 81542).

2) 方, 513면; 金/姜, 569면; 金容, 450면; 胡, 627면.

3) 大判 1976. 10. 26, 76 다 64; 1988. 2. 23, 87 다카 2490; 1995. 3. 10, 94 다 39567(진료기록의 변조); 2007. 9. 21, 2006 다 9446.

4) 상세한 것은 姜, 586면 참조.

5) 李時, 543면; 宋/朴, 674면; 姜, 587면. 일본 민사소송법 제224조는 그러한 취지의 규정을 두고 있다.

견해(**주장책임불이행설**)도 있다. 최후의 견해는 일본의 신당사자주의론자들이 주장하는 것이다.

그러나 증명책임전환설은 구체적 사정을 도외시하고 일률적으로 증명책임을 전환하는 데 문제가 있고, 법정증거설은 민사소송법 제349조의 문언에 반한다.[1] 또한 주장책임불이행설은 문서의 부제출이라는 증거제출의 태만을 변론을 게을리 한 것과 같이 보는 것으로서, 이는 변론절차와 증거절차를 구별하는 우리 민사소송체계에 맞지 않는다고 생각한다.

2) 제3자가 문서제출명령에 응하지 아니한 때에는 500만 원 이하의 과태료의 제재를 받으며, 과태료의 결정에 대하여는 즉시항고를 할 수 있다(351). 제3자가 문서제출명령에 불응하는 경우에는 문서에 관한 당사자의 주장을 진실한 것으로 인정할 수 없다.

(4) 文書의 送付囑託

상대방 또는 제3자가 소지하고 있는 제출의무 없는 문서에 관하여 서증을 신청할 경우에는 문서를 가지고 있는 사람에게 문서를 보내도록 촉탁(문서의 송부촉탁)할 것을 신청하여 할 수 있다(352). 다만 당사자가 법령에 의하여 문서의 정본 또는 등본의 교부를 청구할 수 있는 경우에는 예외이다. 증권관련집단소송에서는 법원의 직권에 의한 송부촉탁도 가능하다(證集 22). 송부촉탁에 의하여 송부된 문서라도 모두 증거력이 있는 것은 아니고, 증거력의 유무는 보통의 문서와 같은 방법으로 판단하여야 한다. 그러므로 사문서가 포함되어 있을 때에는 그 진정성립이 인정되어야만 실질적 증거력의 판단에 들어갈 수 있다.[2] 문서송부촉탁은 제출의무 없는 문서에 대한 것이므로 당사자가 송부촉탁을 받은 문서 중의 일부만을 송부하여도 문서사용방해(350)에는 해당되지 아니하고,[3] 또 촉탁에 불응하여도 아무런 제재가 없다고 해석되고 있다. 그러나 문서제출의무의 경우와 마찬가지로 상대방 또는 제3자는 특별한 사정이 없는 한 송부촉탁에 응할 공법상의 의무를 부담한다고 보아야 할 것이다.[4] 따라서 문서를 가지고 있는 사람은 정당한 이유가 없는 한 문서를 송부

1) 문서제출명령에 따르지 아니하여 문서의 내용을 구체적으로 특정할 수 없는 경우의 문제점은 새 법의 문서정보공개제도(346)에 의하여 어느 정도 해결될 수 있을 것이라는 견해로는 胡, 628면.

2) 大判 1974. 12. 24, 72 다 1532.

3) 大判 1973. 10. 10, 72 다 2329.

4) 同旨: 李時, 543면; 小林, 107면.

하는 데 협력하여야 하며(352의2 Ⅰ), 문서의 송부촉탁을 받은 사람이 문서를 보관하고 있지 아니하거나 그 밖에 송부촉탁에 따를 수 없는 사정이 있는 때에는 그 사유를 법원에 통지하여야 한다(352의2 Ⅱ).

(5) 文書가 있는 장소에서의 書證申請

제3자가 가지고 있는 문서를 문서제출명령이나 문서송부촉탁의 방법으로 서증을 신청할 수 없거나 하기 어려운 사정이 있는 때에는 법원은 그 문서가 있는 장소에서 서증의 신청을 받아 조사할 수 있다(民訴規 112 Ⅰ). 이것은 문서의 원본을 송부하기 곤란한 경우(예컨대 수사 중의 기록)에 법원이 종래 문서소재지에 가서 기록검증의 방법으로 문서의 내용을 조사하던 관행을 바로잡아, 법원 밖에서 증거조사(297)의 방법으로 서증을 얻게 하기 위한 것이다. 증거조사는 문서가 있는 장소에서 문서를 읽음으로써 마쳐진다. 따라서 조사결과를 기록에 나타내고 상대방의 방어권을 보장하여줄 필요가 있으므로, 신청인은 문서의 사본을 법원에 제출하여야 한다(民訴規 112 Ⅱ).

Ⅳ. 檢 證

1. 意 義

검증(Augenscheinbeweis)이라 함은 법관이 그 오관(五官)[1]의 작용에 의하여 직접적으로 사물의 성상·현상을 검사하여 그 결과를 증거자료로 하는 증거조사이다. 검사의 대상이 되는 것을 검증물이라고 한다. 여기에서 주의할 것은 사람에 대하여 그 진술내용인 사람의 사상을 증거로 하는 경우에는 인증(증인·감정인)이지만, 그의 용모·체격 등을 검사하는 경우에는 검증이며, 문서에 대하여도 그 기재내용을 증거로 하는 경우에는 서증이지만, 그 지질(紙質)·필적(筆跡)·인영(印影) 등을 검사하는 경우에는 검증이라는 점이다.

2. 檢證受認義務

1) 검증물을 점유하는 당사자나 제3자는 정당한 이유가 없는 한 검증물을 제시하여 검증에 응할 의무가 있다(366 Ⅰ은 344를 준용하지 않는다). 이를 검증수인의무(Duldungspflicht)

1) 오각(五覺)을 일으키는 다섯 가지 감각 기관. 곧, 눈(시각)·귀(청각)·코(후각)·혀(미각)·피부(촉각).

라고 하며, 공법상의 일반적 의무의 하나이다. 검증수인의무의 범위에 관하여는 명문의 규정이 없으나, 증인의무와 마찬가지로 정당한 사유가 없는 한 위 의무를 부담한다고 본다.[1] 여기에서 정당한 사유란 검증에 의하여 자기나 근친자의 명예·비밀이 침해되거나 처벌을 받을 염려가 있는 경우 및 직무상의 비밀이나 기술 또는 직업상의 비밀에 관한 경우를 말한다(314, 315 참조).

2) 당사자가 검증에 응하지 아니할 때에는 검증물에 관한 증명자의 주장이 진실하다고 인정되는 불이익을 받고(366 I, 349, 350), 제3자가 검증에 불응할 때에는 과태료의 제재를 받는다(366 II 前). 위 과태료의 결정에 대하여는 즉시항고를 할 수 있다(366 II 後).

3. 檢證의 節次

검증도 원칙적으로 당사자의 신청에 의하여 한다. 검증을 신청할 때에는 검증의 목적(검증물)을 표시하여야 한다(364). 검증물을 제출하는 방법은 문서의 제출과 같다. 즉 직접제출, 검증물제출명령신청, 검증물송부촉탁을 한다(366 I, 343, 352). 사람의 신체·상해정도·용모 등을 검증하는 경우에는 그 출석을 명할 수 있다.

검증은 수소법원이 직접 시행하는 것이 원칙이지만, 필요한 경우에는 수명법관이나 수탁판사로 하여금 시행하게 할 수 있다. 이 경우에는 수소법원이 권한을 부여하지 않았더라도 감정을 명하거나 증인을 신문할 수 있다(365).

법원은 검증을 위하여 필요한 경우에는 남의 토지·주거·관리중인 가옥 등 시설물에 들어갈 수 있고, 저항을 받은 때에는 경찰공무원에게 원조를 요청할 수 있다(366 III). 원활한 검증을 위하여 2002년 민사소송법이 도입한 제도이다.

V. 當事者訊問

1. 意　　義

당사자신문(Parteivernehmung)은 당사자 본인을 증거방법으로 하여 그가 경험한 사실에 대하여 신문하고 그 응답을 증거자료로 하는 증거조사를 말한다. 당사자신문은 당사자 본인을 증거방법으로 하여 증거조사의 대상으로 삼는 것이기 때문에,

1) 同旨: 方, 515면; 李時, 546면; 金/姜, 570면.

당사자신문의 진술은 변론이 아니다. 따라서 당사자신문결과는 어디까지나 증거자료이고 소송자료가 아니다.[1] 그러므로 당사자가 소송무능력자라도 상관이 없고, 당사자신문에서 상대방의 주장사실과 일치되는 진술이 나왔더라도 자백으로 되지 아니한다(소송자료와 증거자료의 준별).[2] 또 법원이 소송관계를 명료하게 하기 위하여 당사자 본인의 출석을 명하여 진술을 듣는 것은 소송자료의 수집을 위한 것이므로 증거자료를 얻기 위한 당사자신문과 구별된다. 당사자의 법정대리인, 당사자가 법인, 그 밖의 단체인 경우에 그 대표자나 관리인도 당사자신문의 절차에 의하여 신문한다(372, 64).

2. 獨立된 證據方法

1) 당사자신문은 독립된 증거방법이므로 다른 증거방법이 있는지 여부에 상관없이 소송의 어느 단계에서든 할 수 있다(367). 구 법에서 당사자신문은 법원이 다른 증거조사에 의하여 심증을 얻지 못한 때에 한하여 이를 할 수 있었으며(舊民訴 339), 이를 당사자신문의 보충성(Subsidiarität)이라고 하였다. 그 이유는 당사자는 소송의 승패에 관하여 가장 큰 이해관계를 가지므로 다툼이 있는 사실관계를 자기에게 유리하게 설명할 가능성이 많다는 것 때문이었다. 판례는 더 나아가 당사자신문의 보충성을 '증거력으로서의 보충성'으로까지 확대해석하였다. 그리하여 당사자신문결과만을 가지고는 주요사실을 인정할 수 없고, 다른 증거와 결합하여야만 주요사실을 인정할 수 있다고 하였다.[3]

2) 그러나 사실관계를 가장 잘 아는 사람은 당사자 본인이므로, 경우에 따라서는 먼저 당사자 본인을 신문하는 것이 소송의 원활한 진행과 진실발견 및 쟁점정리를 위하여 도움이 될 수 있다. 이에 따라 2002년 민사소송법은 당사자신문의 보충성을 폐지하여 다른 증거방법에 대하여 증거조사를 하였는지 여부를 묻지 않고 언제든지 당사자 본인신문을 할 수 있도록 하였다(367).[4] 그리고 당사자의 진술의 신뢰성을 보장하기 위하여 신문 전에 당사자 본인이 반드시 선서하도록 하고(367 後), 허위진술에 대한 과태료의 상한을 50만 원에서 500만 원으로 인상하였다(370). 2002년 민사소송법이 당사자신문의 보충성을 폐지하였으므로, 과거 판례가 취하던 '증거원

---

1) 大判 1981. 8. 11, 81 다 262.
2) 大判 1978. 9. 12, 78 다 879.
3) 大判 1983. 6. 14, 83 다카 95; 1983. 12. 13, 83 누 492.
4) 개정입법이 부당하다는 견해로는 胡, 646면.

인으로서의 보충성'도 더 이상 유지될 수 없게 되었다. 따라서 당사자신문에 대한 증거력의 평가는 법관의 자유심증에 달려 있다(202). 당사자신문도 일단 적법하게 채택되면 완전한 가치가 있는 증거방법이므로, 그 결과만으로 계쟁사실을 인정할 수 있다고 생각한다(도이칠란트·일본의 통설·판례임).[1] 변론 전체의 취지만으로도 계쟁사실을 인정할 수 있다고 하는 견해가 유력한 점에 비추어 보면 더욱 그러하다.

3) 제3자의 이익을 보호하기 위하여 실체적 진실의 탐구가 요청되는 직권탐지주의에서는 원래부터 당사자신문의 보충성이 인정되지 아니하였다. 따라서 예컨대 가사소송에서는 다른 증거방법이 있더라도 언제든지 당사자신문을 할 수 있다(家訴 17). 또 소액사건에서도 소송의 촉진을 위하여 당사자신문의 보충성을 배제하여 왔다(少審 10 Ⅳ는 새 법에 따라 삭제됨).

3. 當事者訊問의 節次

1) 당사자신문은 직권으로 또는 신청에 따라 한다(367). 직권으로도 가능하다는 점이 다른 증거조사절차와는 다르다. 그 밖의 당사자신문의 절차는 대체로 증인신문절차에 준한다(373). 당사자는 자기 또는 상대방의 신문을 신청할 수 있다. 신문이 결정된 당사자는 출석·선서 및 진술의 의무를 진다. 법정대리인에 대한 신문은 당사자 본인도 할 수 있다(372 但).

2) 당사자가 정당한 사유 없이 출석하지 아니하거나 선서 또는 진술을 거부한 때에는 법원은 신문사항에 관한 상대방의 주장을 진실한 것으로 인정할 수 있다(369).[2] 이때 당사자가 출석할 수 없는 정당한 사유는 법정에 나올 수 없는 질병, 교통두절, 관혼상제, 친재지변 등을 말하며, 그 존재에 관해서는 불출석한 당사자가 주장·증명하여야 한다.[3] 또한 선서를 한 다음에 허위진술을 하면 형법상의 위증죄는 성립하지 않지만, 과태료의 제재를 받는다(370 Ⅰ).[4] 위 과태료의 결정에 대하여는 즉시항고를 할 수 있다(370 Ⅱ).

당사자나 법정대리인 또는 법인의 대표자에 대하여 당사자신문이 아닌 증인신

---

1) 同旨: Thomas/Putzo, Vorb. 2 d) Vor §445; Zöller, §445 i).
2) 大判 1990. 4. 13, 89 다카 1084. 요증사실이 진실로 인정된다는 뜻은 아니다.
3) 大判 2010. 11. 11, 2010 다 56616.
4) 상대방 당사자가 과태료의 재판을 신청할 권리는 없다(大決 1998. 4. 13, 98 마 413).

문의 방식으로 증거조사를 한 경우에 그 진술은 증거자료로 삼을 수 없다. 그러나 판례는 당사자가 지체 없이 이의하지 않으면 흠이 치유되어 그 증언을 증거자료로 할 수 있다고 본다.[1)]

VI. 새로운 種類의 證據에 대한 調査節次

1. 새로운 種類의 證據

과학기술의 발달에 따라 CD-Rom이나 DVD같은 문자정보나 음성자료·영상자료 등을 저장하는 새로운 매체들이 등장하였으나 구 법에는 그러한 매체에 저장된 내용에 대한 증거조사절차에 대한 규정이 없었다. 이에 대하여 2002년 민사소송법은 '그 밖의 증거'라는 명칭으로 한 절을 새로 두고서, 도면·사진·녹음테이프·비디오테이프·컴퓨터용 자기디스크, 그 밖에 정보를 담기 위하여 만들어진 물건으로서 문서가 아닌 증거의 조사에 관한 사항은 서증, 감정, 검증에 준하여 대법원규칙으로 정하도록 하고 있다(374). 구체적인 증거조사절차를 대법원규칙에 위임한 것은 새로운 기술의 발달에 따른 새로운 증거의 등장에 탄력적으로 대응하기 위함이다. 구 법에서는 도면, 사진 등을 '준문서'(舊法 335)로 규율하였으나 새로운 종류의 증거방법과 통일적으로 규율하기 위하여 함께 대법원규칙에 위임하고 있다.

2. 證據調査節次

(1) 총 설

1) 전자문서법에 따르면 정보처리시스템에 의하여 전자적 형태로 작성·변환되거나 송신·수신 또는 저장된 정보(2 ①)를 전자문서라고 하는데, 이에 대한 증거조사를 어떻게 할 것인가에 관하여 종래 많은 논란이 있었다. 이에 대하여는 전자문서 자체를 서증의 대상으로서의 문서로 보고 증거조사를 할 것이라는 **서증설**, 전자문서 자체는 가능문서이고, 이로부터 출력하여 기명날인한 문서를 생성문서로 보고 생성문서를 서증의 대상으로 할 것이라는 **신서증설**, 전자문서는 문서가 아니므로 검증의 방법으로 증거조사를 할 것이라는 **검증설** 등이 주장되었다.

---

1) 大判 1977. 10. 11, 77 다 1316. 이에 동조하는 견해: 李時, 548면.

도이칠란트에서는 전자문서는 서증의 대상인 문서로 볼 수 없으므로 검증의 방법으로 증거조사를 하여야 한다는 것이 통설이며, 이러한 통설을 반영하여 도이칠란트 개정민사소송법(2002. 1. 1. 시행)도 검증의 방법으로 조사하도록 규정하고 있다(獨民訴 371 I 2文).

2) 생각건대 전자문서에 대한 증거조사절차를 어떻게 규율할 것인가는 소송경제 등을 고려하고, 전자문서의 내용을 법원에 현출할 수 있는지 여부를 고려하여 소송정책적으로 판단할 문제이다. 컴퓨터의 보급 및 과학기술의 발달에 따라 정보의 저장 및 보존을 전통적인 종이가 아닌 전자문서 형태로 하는 것이 점차로 보편화되어 가고 있는 현실을 감안할 때, 전자문서에 대하여 일일이 검증의 방법으로 증거조사를 하도록 하는 것은 소송경제에 반하고 특히 기업의 경우 증거조사를 하는 동안 중앙컴퓨터 등을 사용할 수가 없게 되어 사회경제적 손실이 막심할 것이다. 그런데 저장된 문자정보는 종이문서로 출력할 수 있으므로 출력된 문서가 정확성이 담보될 수 있다면 출력문서를 서증의 대상으로 하고, 다만 출력문서와 전자문서 사이의 동일성에 관하여 다툼이 있으면 그 점에 관하여 검증의 방법을 이용하도록 하는 것이 소송정책상 바람직할 것이다. 이 경우 증거조사절차에 관한 한 전자문서 자체는 가능문서로 보고 출력문서를 생성문서로 보아 이것을 원본으로 하여 증거조사를 하면 될 것이다(신서증설). 전자문서 자체를 원본으로 하고 출력문서를 사본 또는 제2의 원본으로 하여 증거조사를 할 것이라는 견해(서증설)도 있으나, 출력문서를 사본으로 하여 증거조사를 한다면, 서증의 대상은 원본에 한하는 민사소송법 제355조 제1항에 반하고, 출력문서를 제2의 원본으로 본다면, 원본은 하나뿐이라는 논리에 반한다. 한편 전자거래기본법 제4조 제1항은 "전자문서는 전자적 형태로 되어 있다는 이유만으로 법적 효력이 부인되지 아니한다"라고 규정하고 있으나, 그러한 규정과 증거조사절차에서 전자문서를 서증의 대상이 되는 문서로 볼 수 있는가는 별개의 문제라고 할 수 있다.

3) 대법원규칙도 컴퓨터용 자기디스크 등에 저장된 정보가 문자정보와 같이 문서의 형태로 출력이 가능한 경우와 음성·동영상자료처럼 문서의 형태로 출력하기 어려운 경우를 구분하여 전자는 서증의 방법으로, 후자는 검증의 방법으로 증거조사를 하도록 하고 있다.

(2) 대법원규칙에 의한 증거조사

(가) 자기디스크 등에 기억된 문자정보에 대한 증거조사 대법원규칙에 의하면, 컴퓨터용 자기디스크·광디스크, 그 밖에 이와 비슷한 정보저장매체에 기억된 문자정보를 증거자료로 하는 경우에는 읽을 수 있도록 출력한 문서를 제출하여 증거조사를 신청할 수 있다(民訴規 120①). 정보저장매체에서 기계적으로 출력한 문서는 정확성을 담보할 수 있다고 보아서 출력문서를 서증의 대상으로 하고 있다. 이 때 출력문서의 진정성립 및 내용의 정확성을 보장하기 위하여, 증거조사를 신청한 당사자는 법원이 명하거나 상대방이 요구한 때에는 정보를 자기디스크 등에 입력한 사람과 입력한 일시, 출력한 사람과 출력한 일시를 밝히도록 하고 있다(民訴規 120②). 제출된 출력문서와 저장된 문자정보의 동일성 여부가 다투어지는 경우에는 검증의 방법으로 증거조사를 할 수 있다.[1]

(나) 음성·영상자료 등에 대한 증거조사 과거에도 판례는 녹음테이프와 녹화테이프는 검증의 방법으로 증거조사를 하도록 하였는데,[2] 대법원규칙은 이와 아울러, 컴퓨터용 자기디스크 등 음성이나 영상을 녹음 또는 녹화하여 재생할 수 있는 매체에 대한 증거조사는 그 매체를 재생하여 검증하는 방법으로 증거조사를 하도록 하고 있다. 이 때 증거조사를 신청하는 당사자는 음성이나 영상이 녹음된 사람, 녹음 등을 한 사람 및 녹음 등을 한 일시·장소 등을 밝혀야 하고(民訴規 121①), 법원이 명하거나 상대방이 요구한 때에는 녹음테이프 등의 녹취서, 그 밖에 그 내용을 설명하는 서면을 제출하여야 한다(民訴規 121③). 이것은 법원의 증거의 채택 여부에 대한 판단을 돕고 조서작성의 편의를 꾀하며, 상대방의 방어권을 보장하기 위함이다.

3. 證 據 力

종전에는 전자문서에 전자서명법에 따른 "공인전자서명"이 있는 경우, 전자문서의 진정성립을 추정하는 규정(구 전자서명법 3 Ⅰ. Ⅱ)[3]에 의해 그 전자문서가 서증의 대상이 되는 경우에는 출력문서의 형식적 진정성립이 추정되고, 검증의 대상이 되는 경우에는 검증물의 형식적 진정성립이 추정되는 것으로 해석하였다. 또한 공인전자서명

1) 법원행정처 간, 「민사소송규칙해설」(2002. 8), 228면.
2) 大判 1999. 5. 25, 99 다 1789 등.
3) 이는 2020. 6. 9. 전부개정(법률 제17354호)되어, 2020. 12. 10부터 시행된 전자서명법 이전의 법률을 의미한다.

외의 전자서명은 당사자 사이의 약정에 따른 서명, 서명날인 또는 기명날인으로서의 효력을 가지고 있었다(구 전자서명법 3 Ⅲ). 다만 독점적 지위를 가졌던 공인인증서가 전자서명 기술의 발전과 서비스 혁신을 저해하고, 다양하고 편리한 전자서명수단에 대한 국민의 선택권을 제한한다는 판단 하에 2020년 전자서명법에서 공인인증서, 공인인증서에 기초한 공인전자서명 개념 및 이와 관련된 규정들이 삭제되었다(2020. 6. 9. 전부 개정, 법률 제17354호, 2020. 12. 10.부터 시행).

현재 우리나라에서는 2020년 전부 개정된 전자서명법에 따라 과학기술정보통신부장관이 국제적으로 인정되는 기준을 고려하여, 전자서명 및 전자문서의 위조·변조방지대책, 전자서명인증서비스의 가입·이용 절차 및 가입자 확인방법 등 7가지 사항이 포함된 전자서명인증업무 운영기준을 고시하며(전자서명법 7 Ⅱ),[1] 전자서명인증사업자(전자서명인증업무를 하려는 자를 포함)[2]는 전자서명법 제10조에 따라 과학기술정보통신부장관이 선정하여 고시한 평가기관으로부터 운영기준의 준수 여부에 대한 평가를 받고, 동법 제9조에 따른 인정기관[3]으로부터 운영기준의 준수사실에 대해 인정을 받도록 하고 있다. 이와 같은 방식으로 적정기술 이용요건을 충족한 전자서명인증사업자가 제공한 전자서명(이를 '전자서명법 제2조 제2호에 따른 전자서명'이라 한다)은 그것이 전자적 형태라는 이유만으로 서명, 서명날인 또는 기명날인으로서의 효력이 부인되지 아니하며(전자서명법 3 Ⅰ), 법령의 규정 또는 당사자 간의 약정에 따라 서명, 서명날인 또는 기명날인의 방식으로 전자서명을 선택한 경우 그 전자서명은 서명, 서명날인 또는 기명날인으로서의 효력을 가지게 된다(전자서명법 3 Ⅱ). 따라서 종전 공인전자서명에 인정되었던 전자문서의 진정성립의 추정은 현행 전자서명법 제2조 제2호에 따른 전자서명에도 여전히 유효한 것으로 보아야 할 것이다. 또한 이러한 '전자서명법'의 개정 취지를 반영하여 '민사소송 등에서의 전자문서 이용 등에 관한 법률(민소전자문서법)' 제2조 제3호도 전자서명의 정의를 "공인전자서명"에서 "전자서명법 제2조 제2호에 따른 전자서명(서명자의 실지명의를 확인할 수 있는 것을 말한다)"으로 개정하였다(2020. 6. 9. 법률 제17354호, 2020. 12. 10부터 시행).[4]

---

1) 2022년 현재 전자서명인증업무 운영기준은 과학기술정보통신부고시 제2022－5호(2022. 2. 8.,일부개정, 2022. 4. 20.부터 시행)이다.

2) 전자서명인증사업자는 가입자 또는 이용자의 요청이 있는 경우 **전자문서가 해당 전자서명인증사업자에게 제시된 시점을 전자서명하여 확인할 수 있다**(전자서명법 19).

3) 과학기술정보통신부장관은 「정보통신망 이용촉진 및 정보보호 등에 관한 법률」 제52조에 따른 한국인터넷진흥원을 운영기준 준수사실의 인정에 관한 업무를 수행하는 기관(인정기관)으로 지정할 수 있다(전자서명법 9 Ⅰ).

4) 민사소송 등에서의 전자문서 이용 등에 관한 법률(민소전자문서법) 제2조 개정 참조(2020. 6. 9. 법률

전자문서의 진정성립이 추정되는 경우에는 처분문서의 경우에는 실질적 증거력을 추정할 수 있을 것이다. 전자서명이 없는 경우에 전자문서의 증거력은 법관이 자유로운 심증으로 판단한다(202).

그 밖에도 전자문서 및 전자거래 기본법(**전자문서법**)은 전자문서에 대한 안정성과 신뢰성을 확보하기 위해 두 가지 중요한 장치를 두고 있는데 이에 관해서도 간단히 살펴본다.

첫째, 전자문서·전자거래 전담기관과 공인전자문서중계자이다. 전자문서법에 따르면 전자문서는 전자적 형태로 되어 있다는 이유만으로 법적 효력이 부인되지 아니하며(전자문서법 4 I), 전자문서가, (i) 내용을 열람할 수 있으며, (ii) 작성·변환되거나 송신·수신 또는 저장된 때의 형태 또는 그와 같이 재현될 수 있는 형태로 보존되어 있는 경우에는 그 전자문서를 서면으로 본다(다만 다른 법령에 특별한 규정이 있거나 성질상 전자적 형태가 허용되지 아니하는 경우에는 서면으로 보지 아니한다). 나아가 전자문서법 제22조 제1항에 따른 전자문서·전자거래 전담기관[1]과 공인전자문서중계자[2]는 공인전자주소를 통하여 전자문서가 송신 또는 수신되거나 열람된 경우, (i) 전자문서의 송신 및 수신 일시, (ii) 전자문서의 송신자 및 수신자 등의 정보(유통정보)를 생성·보관하도록 하면서, 위 전담기관 또는 공인전자문서중계자가 유통증명서를 대통령령으로 정하는 방법과 절차에 따라 발급한 경우에 그 **유통증명서는 진정한 것으로 추정**되도록 하여(전자문서법 18의5 I, II, III) 전자문서 및 전자거래의 법률관계를 명확히 하고 전자문서 및 전자거래의 안정성과 신뢰성을 확보될 수 있도록 하였다.

둘째, 공인전자문서센터에서의 전자문서보관이다. 과학기술정보통신부장관은 전자문서보관 등의 안전성과 정확성을 확보하기 위하여 전자문서보관 등에 관하여 전문성이 있는 자를 공인전자문서센터로 지정하여 전자문서보관 등을 하게 할 수 있는데(전자문서법 31 I), 공인전자문서센터에 보관된 전자문서는 **보관 기간에는 그 내용이 변경되지 아니한 것으로 추정**된다(동법 31의7 I). 또한 공인전자문서센터가 해당 공인전자문서센터에 보관된 전자문서의 보관 사실, 작성자, 수신자 및 송신·수신 일시 등에 관한 사항에 대한 증명서를 대통령령으로 정하는 방법 및 절차에 따라 발급한

제17354호, 2020. 12. 10.)

1) 과학기술정보통신부장관은 전자문서 이용 및 전자거래의 촉진을 위한 전자문서법 제22조 제1항 각 호의 사업을 효율적·체계적으로 추진하기 위하여 전담기관을 지정할 수 있다(전자문서법 22 I).

2) 타인을 위하여 전자문서의 송신·수신 또는 중계(전자문서유통)를 하는 자로서 전자문서법 제31조의18에 따른 인증을 받은 자를 말한다(전자문서법 2 ⑩).

경우 그 **증명서에 적힌 사항은 진정한 것으로 추정**된다(전자문서법 37의1 Ⅰ, Ⅱ).[1)]

Ⅶ. 調査의 囑託

1) 조사의 촉탁은 공공기관·학교, 그 밖의 단체·개인 또는 외국의 공공기관에게 그 업무에 속하는 사항에 관하여 필요한 조사 또는 보관중인 문서의 등본의 송부를 촉탁하는 특별한 증거조사절차이다(294). 당사자의 신청 또는 직권으로 할 수 있다(294 Ⅰ, 140 ⑤). 이것은 특별한 인적·물적 설비를 갖추고 전문적 지식과 경험을 가지고 있는 공공기관·단체 또는 개인에 대하여 조사를 구하는 경우에 이용된다. 예컨대, 기상대에 어느 일시의 기후관계, 상공회의소에 어느 일시의 도매물가 등의 조사보고를 구하는 것과 같다. 실무상 사실조회라고 한다. 이것은 이른바 자유로운 증명에 속한다. 오늘날에는 개인도 전문적이고 특수한 분야에 관한 지식이나 정보를 가지고 있는 경우가 있으므로 2002년 민사소송법은 조사촉탁의 대상에 개인을 추가하였다. 또한 2002년 민사소송법은 촉탁 받은 사람이 회보하면서 그 근거서류나 참고서류의 등본을 함께 송부할 수 있도록 하기 위하여 '보관중인 문서의 등본'의 송부도 촉탁할 수 있도록 규정하였다.

2) 조사촉탁의 결과를 증거로 하기 위하여서는 당사자의 원용은 필요 없고, 법원이 이를 변론에 제시하여 당사자에게 의견진술의 기회를 주면 좋다고 생각한다.[2)] 조사촉탁의 결과를 서증으로 제출하게 하는 예도 있으나 그렇게 할 필요는 없다. 조사의 촉탁에 의한 문서의 등·사본의 송부촉탁은 필요한 사항에 대한 조사촉탁의 한 방법으로 이용되는 것이므로 서증의 한 방법으로서의 문서송부의 촉탁(352)과는 다르다.

---

1) 전자신뢰서비스제도에 관한 자세한 논의는, 「전자문서 글로벌 규범연계를 위한 EU eIDAS 연구(한국인터넷진흥원 용역보고서)」, 311면 이하(권혁심 집필부분) 참조.

2) 同旨: 李時, 551면; 1982. 8. 24, 81 누 270; 日最判 1970. 3. 26, 民集 24. 3. 165. 일본의 통설이다(兼子, 條解民訴, 967면).

제 3 항 證據保全節次

Ⅰ. 意 義

1) 증거보전(Beweissicherung)이라 함은 소송절차 안에서 본래의 증거조사의 시기까지 기다리다가는 그 증거방법의 사용이 불능하거나 곤란하게 될 사정이 있는 경우에 본래의 소송절차와는 별도로 미리 증거조사를 하고 그 결과를 보전하여 두는 부수절차를 말한다. 예컨대 증인의 사망·해외이주, 문서의 소실(燒失), 검증할 현상의 변경의 염려가 있을 때 행하여진다.

2) 증거보전에는 소제기 전에 시행하는 것과 소제기 후 증거조사기일 전에 시행하는 것의 두 가지가 있다.

Ⅱ. 機 能

1) 증거보전절차는 원래는 장래 조사할 증거를 미리 보전하는 기능만을 가졌다.

2) 그런데 근년에는 서증이나 검증의 절차에 의한 증거보전을 통하여 신청인이 상대방의 지배영역 안에 있는 사실과 증거를 미리 입수하기 위하여 이 제도가 이용되는 수가 있다. 이 경우에는 증거보전제도는 증거의 보전이라는 기능을 넘어 증거의 사전개시(事前開示)·획득을 꾀하는 기능을 하게 된다. 증거의 편재(偏在)를 시정하는 수단으로서 이를 허용하여야 할 것이다.[1] 이러한 필요에서 도이칠란트는 1991년에 시행된 개정법에서 증거보전절차를 독립적 증거절차(selbständiges Beweisverfahren)로 개편하여, 검증·증인신문 및 감정은 사실관계의 확정에 정당한 이익이 있으면 증거보전의 필요성을 따지지 않고 조사할 수 있도록 하였고(獨民訴 485 이하), 증권관련집단소송법에서 이를 받아들였다(證集 33).

3) 또 증거보전은 분쟁이 본질적으로 사실관계에 관한 것일 때에는 사실관계의

1) 同旨: 李時, 552면.

사전확정을 통하여 소송을 예방하는 기능을 영위한다.[1)]

Ⅲ. 要 件

1) 미리 증거조사를 하지 아니하면, 증거방법을 사용하기 불가능하거나 곤란한 사정이 있어야 한다(375). 증인의 사망임박, 문서의 멸실 따위이다. 그대로 방치하면 비용이 현저히 증가하는 경우도 포함된다.

2) 보전의 필요성은 소명하여야 한다(377 Ⅱ). 증명주제가 청구와 관련성이 있느냐 여부는 요건이 아니다. 왜냐하면 이것은 판결절차에서 따질 문제이기 때문이다.[2)]

3) 증권관련집단소송에서는 미리 증거조사를 하지 아니하면 그 증거를 사용하기 곤란한 사정이 있지 아니한 경우에도 필요하다고 인정하는 때에는 증거조사를 할 수 있다(證集 33). 이는 집단소송의 허가절차 등에서도 증거조사를 할 수 있도록 하기 위함이다.

Ⅳ. 節 次

(1) 開 始

증거보전은 소를 제기하기 전에는 당사자의 신청에 의하지만(375), 소를 제기한 뒤에는 당사자의 신청 외에 직권으로도 할 수 있다(379).

(2) 管 轄

관할법원은 소를 제기하기 전에는 증거방법의 소재지를 관할하는 지방법원이고, 소를 제기한 뒤에는 그 증거를 사용할 심급의 법원이다(376 Ⅰ). 다만 급박한 사정이 있는 때에는 소를 제기한 뒤라도 증거방법의 소재지를 관할하는 지방법원에 증거보전을 신청할 수 있다(376 Ⅱ).

---

1) 姜(제5판), 583면; Rosenberg, §119 Ⅰ.

2) Rosenberg, §119 Ⅱ 3.

(3) 申　請

증거보전의 신청은 서면으로 하며(民訴規 124 I), 상대방의 표시, 증명할 사실, 증거 및 증거보전의 사유를 명시하고, 위 사유를 소명하여야 한다(377). 상대방을 지정할 수 없는 경우에는 법원이 상대방이 될 사람을 위하여 특별대리인을 선임할 수 있다(378).

(4) 裁　判

증거보전의 신청에 대하여 법원은 결정으로 재판한다. 이를 기각하는 결정에 대하여는 항고할 수 있으나, 증거보전결정에 대하여는 불복신청을 할 수 없다(380).

(5) 證據調査의 實施

증거조사의 기일에는 원칙적으로 신청인과 상대방을 참여시켜야 한다(381). 증거조사의 절차는 본안의 변론기일에 증거조사를 하는 경우와 같다. 증인신문, 서증, 검증, 감정, 당사자신문 등이 모두 가능하다. 증거보전의 기록은 증거조사를 마친 후 2주 이내에 본안소송의 기록이 있는 법원에 보내야 한다(382, 民訴規 125).

Ⅴ. 效　　果

1) 증거보전절차에서 실시한 증거조사의 결과는 변론에 현출됨으로써 본안소송에서 실시한 증거자료와 동일한 효력이 있다. 다만 당사자가 참여하지 못한 경우에 대비하는 동시에 수소법원의 직접심리를 가능하게 하기 위하여 증거보전절차에서 신문한 증인에 대하여 당사자가 변론에서 다시 신문하고자 신청한 때에는 법원은 그 증인을 신문하여야 한다(384). 이것은 1990년 개정법에서 새로 둔 것이다.

2) 증거보전에 관한 비용은 소송비용의 일부로 한다(383).

3) 소를 제기한 뒤, 증거보전절차에서 문서제출명령에 응하지 아니하거나 검증목적물을 제출하지 아니하는 경우 등에는 당사자에 대하여는 그 문서에 관한 상대방의 주장을 진실한 것으로 인정할 수 있고(349, 366), 제3자에 대하여는 과태료의 제재를 할 수 있다(351 Ⅱ, 366). 문제는 소제기 전, 증거보전절차에서 문서제출명령에 불응하거나 검증물을 제출하지 않는 경우이다. 이 경우 제3자에 대하여는 과태료에 처하

면 되지만, 상대방에 대하여는 아직 소를 제기하기 전이므로 민사소송법 제349조, 제366조에 의한 불이익을 가할 수 없는 것이 아닌가 하는 의문이 있고, 따라서 소를 제기하기 전의 문서제출명령 등의 증거보전은 당사자의 협력이 없는 한 실효성이 없다는 견해가 있다. 그러나 이 경우에도 나중에 소가 제기된 뒤에 불이익을 가할 수 있다고 생각한다.

제 4 장 審理節次의 進行과 停止

제 1 절 總　　說

소송심리는 그 내용면과 절차면(형식면)에서 고찰할 수 있다. 그 내용면에서 보면 소송심리는 변론과 증거조사로 이루어지고, 장래의 재판을 위한 자료의 수집을 목적으로 한다. 그런데 소송심리는 소송절차의 일부이기 때문에 변론과 증거조사를 위한 여러 행위를 진행시키고 정리하는 등 그 절차면에서 배려할 문제를 내포하고 있다. 예컨대 심리를 행할 기일은 언제로 하고, 증거조사는 어느 장소에서 행할 것인가, 당사자에 대한 소송서류는 어떻게 송달하고 당사자에게 기일통지는 어떻게 할 것인가, 어떠한 사유가 있을 때 심리절차를 정지할 것인가 따위이다. 여기에서는 이들 소송심리의 진행절차에 관한 문제를 살펴보기로 한다.

소송절차의 진행에 관하여는 직권진행주의가 채택되고 있고, 법원에 광범위한 소송지휘권이 부여되고 있다는 점에 관하여는 이미 앞에서 설명하였다.

제 2 절 期　　日

Ⅰ. 意　　義

기일(Termin)은 법원 · 당사자 그 밖의 소송관계인이 모여서 일정한 소송행위를 하기 위하여 정하여진 시간을 말한다. 그 목적인 사항에 따라 여러 가지 명칭으로 불린다. 예컨대 변론기일(137, 150 Ⅲ, 258 Ⅱ 등), 증거조사기일(381), 판결선고기일(206 참조), 변론준비기일(282), 화해기일, 배당기일(民執 255), 매각기일, 매각결정기일(民執 104, 106, 120) 등이 그것이다.

특히 2020년에 시작된 COVID－19의 확산으로 인한 비대면 재판절차의 확대를 계기로 2021년 개정 민사소송법에 따르면 일정한 사정이 있는 경우 재판장등(재판장 · 수명법관 또는 수탁판사) 또는 법원은 당사자의 신청을 받거나 동의를 얻어 비디오 등 중계장치에 의한 중계시설을 통하거나 인터넷 화상장치를 이용하여 변론준비기일, 심문기일 또는 변론기일[1]을 열 수 있다(278의2 Ⅰ. Ⅱ)(2021. 8. 17. 법률 제18396호. 2021. 11. 18.부터 시행).

Ⅱ. 期日의 指定

1) 기일은 미리 연월일, 개시시각 및 장소를 명시하여 지정한다. 이를 명시하지 아니한 지정은 무효이다. 다만 소액사건의 경우에는 개정시간 중에 당사자 양쪽이 임의로 출석하여 변론할 수 있다(少審 5 Ⅰ). 기일은 필요한 경우가 아니면 공휴일로 정할 수 없다(166). 다만 소액사건에서는 필요한 경우 판사는 근무시간 외 또는 공휴일에도 개정할 수 있다(小審 7의 2). 이것은 야간이나 공휴일에도 소액법정을 개정할 수 있도록 하여 국민, 특히 직장근무자들의 편의를 도모하기 위한 것이다.

2) 현행법은 직권진행주의를 채택하고 있으므로, 기일의 지정은 법원이 직권으로 한다. 당사자는 기일지정의 신청을 하여 이를 촉구할 수 있다(165 Ⅰ). 법원의 절차에 관한 기일은 재판장이 지정하지만(165 Ⅰ 本), 수명법관이나 수탁판사의 절차에 관한 기일은 그 법관이나 판사가 지정한다(165 Ⅰ 但). 기일의 지정은 재판장·수명법관 또는 수탁판사가 명령의 형식으로 한다. 그러나 판례는 기일통지시가 당사자 양 쪽에 송달되었으면 기일의 지정이 있는 것으로 본다.[2]

3) 소송촉진과 당사자의 편의를 위하여 기일의 지정에는 다음과 같은 제약이 있다. 즉 i) 재판장은 가능한 한 각 사건의 변론개정시간을 구분하여 지정하여야 한다(民訴規 39. 時差指定). 변론준비절차를 거친 사건에서는 변론준비절차가 끝난 뒤에 당사자의 의견을 들어 바로 변론기일을 지정하여야 하고(258 Ⅱ. 民訴規 72), 변론준비절차를 거칠 필요가 없는 사건에서는 피고가 답변서를 제출한 뒤 바로 변론기일을 지정하여야 한다(258 Ⅱ). ii) 기일을 변경하거나 변론을 연기 또는 속행할 때에는 다음 기일을 바로 지정하여야 한다(民訴規 42. 追後指定의 禁止). 변론준비절차를 거친 사건에서 그 심리에 2일 이상이 소요되는 때는 종결에 이르기까지 가능한 한 매일 변론을 진행하여야 하며, 특별

1) 2021년 개정된 민사소송규칙은 비디오 등 중계장치에 의한 중계시설을 통하거나 인터넷 화상장치를 이용한 기일('**영상기일**')의 신청 및 동의, 영상기일의 실시, 개정의 장소 및 심리의 공개 등 영상기일에 관한 기본 규정을 신설하였다(民訴規 73조의2 내지 제73조의4)(2021. 10. 29. 대법원규칙 제3001호, 2021. 11. 18.부터 시행).

2) 大判 1960. 3. 24, 4290 民上 326.

한 사정이 있는 경우에도 될 수 있는 대로 최단기간 안의 날로 다음 변론기일을 지정하여야 한다(民訴規 72), iii) 변론재개결정을 한 경우에는 그 결정과 동시에 변론기일을 지정하여야 한다(民訴規 43).

4) 지정되지 아니한 기일에 행한 소송행위는 그 효력이 없다.

Ⅲ. 期日指定申請

당사자는 법원에 대하여 기일의 지정을 신청할 수 있다(165 I). 여기에는 세 가지가 있다.

1) 법원이 오랫동안 기일을 지정하지 아니하는 경우(예컨대 변론준비절차종결 후, 소송수계신청 후 등)에 당사자는 기일지정의 신청을 할 수 있다. 당사자의 기일지정신청은 법원의 직권발동을 촉구하는 것이지만, 이를 각하하는 것은 절차의 진행을 거부하는 것이므로, 각하의 재판은 법원의 결정에 의하여야 하며, 이에 대하여는 통상항고를 할 수 있다(439).[1)]

2) 소송종료 후에 그 종료의 효력을 다툴 때(예컨대 소취하의 효력. 民訴規 67 I)에도 기일지정신청을 할 수 있다. 이것은 소송이 종료되지 않고 아직 계속중이라는 이유로 본안판결을 바란다는 신청이므로, 반드시 변론을 열어 종국판결로 재판하여야 한다. 그리하여 소송이 종료되었다고 인정되면 소송종료선언을 하고, 소송이 종료되지 아니하였다고 인정되면 소송절차를 진행시켜야 한다.

3) 당사자 양 쪽이 도합 2회 결석한 때에, 소의 취하가 간주되는 것을 막기 위하여 1월 이내에 기일지정신청을 할 수 있다(268 Ⅱ).

Ⅳ. 期日의 通知

1) 기일이 지정되면, 당사자 그 밖의 소송관계인에게 기일통지서 또는 출석요구서[2)]를 송달하여 지정된 기일을 알리고, 출석을 요구한다. 기일의 통지방식은 법

1) 兼子, 條解民訴, 379면.

2) 구 법에서는 소환장(구법 154)이라고 하였으나, 2002년 민사소송법은 이를 기일통지서, 출석요구서로

원사무관등이 기일통지서 또는 출석요구서를 작성하여 이를 송달하는 것이 원칙이지만(167 I 本), 소송관계인이 일정한 기일에 출석하겠다고 적은 서면(출석승낙서)을 제출하거나(168), 법원사무관등이 그 법원 안에서 송달을 받을 사람에게 서류를 교부하고 영수증을 받은 때(177 II)에는 송달의 효력이 있다. 또 그 사건으로 출석한 사람에게는 직접 기일을 고지하면 되고, 따로 기일의 통지를 할 필요가 없다(167 I 但).

2002년 민사소송법은 대법원규칙으로 정하는 간이한 방법으로도 기일통지서나 출석요구서를 송달할 수 있도록 하였다(167 II 前). 이 경우에는 기일에 출석하지 아니한 당사자·증인·감정인 등에 대하여 법률상의 제재나 그 밖에 기일을 게을리 함에 따른 불이익을 줄 수 없다(167 II 後). 대법원규칙이 정하는 방법이란 전화, 팩시밀리, 보통우편 또는 전자우편, 그 밖에 상당하다고 인정하는 방법이다(民訴規 45). 핵가족화나 맞벌이부부의 증가 등에 대응하여, 다양한 통신수단을 기일통지에 적극 활용함으로써, 소송지연을 방지하기 위함이다. 전자소송을 이용하는 경우에는 기일통지서 등을 전자문서의 형태로 법원의 전산정보처리시스템에 등재하고 그 사실을 전자우편과 문자로 통지하는 방법으로 송달한다(민소전자문서법 11 I·III, 민소전자문서규칙 26 I).

2) 기일의 통지 없이 한 기일의 실시는 위법하다. 다만 그 당사자가 지체 없이 이의하지 아니하면 소송절차에 관한 이의권의 포기에 의하여 흠이 치유된다.[1] 기일의 통지가 없어서 출석할 수 없었기 때문에 그대로 패소판결을 받은 사람은 기일에 정당하게 대리되지 않은 사람(424 I ④, 451 I ③)에 준하여 상소 또는 재심으로 구제받을 수 있다.[2] 판결의 선고도 반드시 별도의 선고기일을 정하여 당사자에게 통지하고 그 지정된 기일에 하여야 한다(207).[3] 다만 판례는 적법한 기일의 통지를 받고도 당사자 한 쪽이 결석한 기일에 판결선고기일을 고지하였으면, 그 결석한 당사자에게 선고기일의 통지서를 별도로 송달할 필요가 없다고 한다.[4]

바꾸어(167), 출석할 권리는 있으나 의무가 없는 경우는 기일통지서(예컨대 변론기일 통지서, 258), 출석의무가 있는 경우는 출석요구서(예컨대 증인 출석요구서, 309)로 하였다.

1) 大判 1968. 7. 2, 68 다 37.

2) 李時, 440면; 姜, 375면.

3) 大判 1996. 5. 28, 96 누 2699. 선고기일을 통지하지 아니하여도 위법하지 않다는 견해도 있으나(李時, 440면), 당사자의 절차참여권과 관련하여 의문이다.

4) 大判 1966. 7. 5, 66 다 882; 2003. 4. 25, 2002 다 72514.

Ⅴ. 期日의 實施

1) 기일은 지정된 일시와 장소에서 재판장이 사건과 당사자의 이름을 부름으로써 시작된다(169). 본인의 이름을 부르면 충분하고, 대리인의 출석 여부까지 심리할 필요는 없다.[1)]

2) 기일은 법관과 법원사무관등이 참여하여 실시한다(152 I 153 ②). 다만 변론기일과 변론준비기일 외의 기일(예컨대 조정기일), 또는 변론기일이더라도 변론을 녹음하거나 속기하는 경우 등에는 법원사무관등을 참여시키지 아니할 수 있다(152 I 但, II). 법정경위가 참여하지 않아도 위법이 아니다.

3) 기일은 그 기일에 하기로 예정된 소송행위가 완료되면 종료된다. 이를 '기일의 종결'이라고 한다. 이에 대하여 기일시작 후에 예정된 사항에 들어가지 않고 다음 기일에 행하기로 하여 기일을 마치는 것을 '기일의 연기'라고 하고, 예정한 사항을 끝낼 수가 없어서 다음에 계속하기로 하는 것을 '기일의 속행'(Vertagung)이라고 한다.

Ⅵ. 期日의 變更

1. 變更·延期·續行

1) 기일의 변경(Verlegung)은 기일의 개시 전에 그 지정을 취소하고 새 기일을 지정하는 것을 가리킨다. 일단 기일을 지정하였다가 여러 가지 사정으로(예컨대 轉勤) 기일을 열 수 없는 경우에 행하여진다. 앞에 말한 바와 같이 기일의 연기 및 기일의 속행과 구별하여야 한다. 그러나 기일의 연기나 속행도 새로운 기일을 지정한다는 점에서는 기일의 변경과 공통점이 있다. 따라서 민사소송법 제165조 제1항의 '기일의 지정'에는 변경·연기·속행의 세 가지가 모두 포함되어 있다고 풀이되고 있다.

2) 기일의 변경·연기·속행을 하면서 다음 기일을 추후에 지정할 것을 고지

---

1) 大判 1970. 11. 24, 70 다 1894.

하는 수가 있는데, 이를 '기일의 추후지정'이라 한다. 기일의 추후지정은 자칫 소송 지연의 원인이 될 수 있으므로 원칙적으로 금지된다(民訴規 42 Ⅰ).

2. 變更의 要件

일단 지정된 기일을 법원이나 당사자의 사정에 따라 함부로 변경할 수 있다면, 소송관계인에게 불측의 손해를 입힐 뿐만 아니라, 소송지연을 가져올 염려가 있다. 그러므로 기일의 변경은 엄격한 요건하에서만 인정된다.

1) 첫 변론기일이나 첫 변론준비기일은 당사자의 합의가 있으면 그 변경이 당연히 허용된다(165 Ⅱ).[1] 이것은 첫 기일은 당사자의 사정을 듣고 지정된 것이 아니기 때문에 관대하게 변경을 허용하는 것이다. 당사자의 합의가 없는 한 첫 기일이라도 그 변경은 법원의 재량에 속한다.[2] 여기에서 말하는 첫 기일은 제1회의 기일을 뜻한다.

2) 변론기일의 속행기일이나 변론준비기일의 속행기일은 현저한 사유가 있는 때에 한하여 그 변경이 허용된다(165 Ⅱ의 반대해석). 여기에서 현저한 사유란 부득이한 사유보다는 넓은 개념으로서, 당사자 한 쪽에게 출석하여 변론할 수 없는 합리적인 사유가 있는 때, 예컨대 철도파업으로 교통이 두절된 때,[3] 또는 당사자에게 주장이나 증거제출의 준비를 하지 못할 정당할 사유가 있는 때 등이 이에 해당한다. 이것은 쌍방심리를 실질적으로 보장하기 위한 것이다.

3) 민사소송규칙은 속행기일의 경우에는 현저한 사유가 있는 경우를 제외하고 특별한 사정이 없으면 변경을 허가할 수 없다고 하고 있다(民訴規 41). 기일변경을 엄격히 제한하려는 법원의 의지를 나타낸 것이다. 또한 변론준비절차를 거친 사건의 경우에는 변론종결에 이르기까지 매일 변론을 진행하여야 하고 특별한 사정이 있는 경우에도 최단기간 안의 날로 다음 변론기일을 지정하여야 하는데, 이 때 지정된 변론기일은 사실과 증거에 관한 조사가 충분하지 아니하다는 이유로 변경할 수 없다(民訴規 72 Ⅰ, Ⅲ).

---

1) 정동윤, "쌍방합의로 제1회 변론준비기일의 변경신청을 한 경우 법원서 각하하고 쌍방불출석처리할 때의 재판효력," 新聞 3334. 13면.

2) 大判 1966. 10. 21, 66 다 1439.

3) 大判 1966. 3. 29, 66 다 171.

3. 變更의 節次

기일의 변경을 신청할 때에는 변경이 필요한 사유를 밝히고, 그 사유를 소명하는 자료를 제출하여야 한다(民訴規 40). 소명하는 자료(예컨대 진단서, 예비군훈련통지서 등)를 제출하지 아니하면 신청을 각하하고 변론을 종결할 수 있다. 변경을 허용할 것인지 아닌지는 법원의 직권사항이다. 따라서 그 허용 여부의 재판에 대해서는 불복신청을 할 수 없다.

4. 變更不許에 대한 救濟

기일의 변경이 허용되지 아니한 경우라도 당사자가 자기의 책임에 돌릴 수 없는 사유로 인하여 현실적으로 그 기일에 출석하지 못하고 실제로 공격·방어방법을 제출할 기회를 잃었기 때문에 그대로 패소한 때에는 기일에 정당하게 대리되지 않은 사람(424 I ④, 451 I ③)에 준하여 상소 또는 재심에 의한 구제를 인정하여야 할 것이다.[1] 또 예기하지 못한 돌발사고로 인하여 기일변경을 신청할 여유조차 없어서 그 신청이 없이 지정된 기일에 출석하지 못하여 패소판결을 받은 사람에 대하여도 마찬가지의 구제를 인정하여야 할 것이다.

Ⅶ. 當事者의 期日缺席

당사자가 기일에 결석한 경우의 효과는 변론기일과 증거조사기일의 경우 각각 다르다. 이에 관하여는 이미 설명하였다(심리의 내용 참조).

제 3 절 期　　間

Ⅰ. 意　　義

기간(Frist)은 일정한 시점으로부터 다른 시점까지의 시간의 경과를 말한다. 소

1) 同旨: 李英, 164면; 李時, 440면; 姜, 377면.

송상의 기간을 크게 나누면 당사자 그 밖의 소송관계인의 소송행위에 관한 것과 법원의 소송행위에 관한 것으로 나누어진다. 전자를 고유기간 또는 진정기간(eigentliche Frist)이라 하고, 후자를 직무기간 또는 부진정기간(uneigentliche Frist)이라 한다. 직무기간은 이를 넘기더라도 별다른 법률적 효과가 없다. 따라서 직무기간에 관한 규정은 훈시규정이다. 이를 부진정기간이라 부르는 것도 그 때문이다. 심리기간(199), 판결선고기간(207), 판결송달기간(210 Ⅰ) 등이 그 예이다. 이에 반하여 고유기간을 넘기면 당사자에게 불이익이 과하여지는 일이 많다. 그러므로 고유기간만이 소송법상 중요한 의미를 가지며, 여기에만 제170조 이하의 규정이 적용된다. 다만 기간의 계산에 관한 제170조는 직무기간에도 적용된다. 고유기간은 다음과 같이 여러 가지로 나누어진다.

Ⅱ. 種　類

1. 行爲期間 · 猶豫期間(中間期間)

이것은 기간이 정하여져 있는 목적에 따른 구별이다. 행위기간(Handlungsfrist)은 특정한 소송행위를 그 사이에 하여야 하는 기간으로서 소송처리의 신속과 명확을 꾀하기 위한 것이다. 당사자는 그 기간을 넘기면 해당 소송행위를 할 수 없다. 예컨대 당사자의 행위에 관한 보정기간(59, 97, 254), 담보제공기간(120 Ⅰ), 답변서제출기간(256), 공격 · 방어방법(주장 · 증거)의 제출기간(147), 상소기간(396, 425, 444), 재심기간(456) 등이 이에 해당한다. 유예기간(Wartefrist) 또는 중간기간(Zwischenfrist)은 일정한 기간의 유예를 두는 것으로서, 당사자 기타 소송관계인에게 어느 행위를 할 것인가 아닌가의 숙고와 준비를 위한 기회를 주기 위한 것이다. 공시송달의 효력발생기간(196), 압류일과 매각일 사이의 기간(民執 202) 등이 그 예이다.

2. 法定期間 · 裁定期間

이것은 기간이 정하여지는 근거에 따른 구별이다. 법정기간(gesetzliche Frist)은 법률에 의하여 정하여지는 기간이고, 재정기간(richterliche Frist)은 법원의 재판에 의하여 정하여지는 기간이다. 답변서제출기간(256), 제척 · 기피원인의 소명기간(44 Ⅱ), 항소 · 상고기간(396 Ⅰ, 425) 등은 전자의 예이고, 소송능력 등의 보정기간(59), 권리행사최고(催告)기간(125 Ⅲ), 공격·방어방법(주장·증거)의 제출기간(147) 등은 후자의 예이다.

3. 不變期間·通常期間

1) 이것은 법정기간 내부의 구별이다. 불변기간(Notfrist)은 법률이 특히 불변기간이라고 명시한 기간이고, 통상기간은 그 이외의 법정기간이다. 기간을 신축(伸縮)할 수 있는가 아닌가에 따른 구별이다. 즉 불변기간은 불복신청기간으로서, 법원이 기간 자체를 늘이거나 줄일 수 없다(172 Ⅰ). 다만 법원으로부터 멀리 떨어진 곳에 거주하는 사람들을 보호하기 위하여 부가기간을 정할 수 있고(172 Ⅱ), 당사자가 책임질 수 없는 사유로 기간을 준수하지 못한 경우에는 그 소송행위의 추후보완이 허용된다(예컨대 상소의 추후보완). 불변기간의 준수는 상소요건 또는 소송요건으로 직권조사사항에 속하며,[1] 국민의 재판을 받을 권리와 직결되므로 명확하게 규정하여야 한다.[2]

2) 불변기간에는 상소기간[항소(396 Ⅱ)·상고(425)·즉시항고(444 Ⅱ) 등], 재심기간(456 Ⅱ), 각종 이의신청기간[화해권고결정(226 Ⅱ)·조정을 갈음한 결정(民調 34 Ⅴ)·이행권고결정(少審 5의 4)·지급명령(470 Ⅱ) 등], 제소전화해의 소제기신청기간(388 Ⅳ), 제권판결에 대한 불복기간(491 Ⅱ) 등이 있다. 통상기간의 예로는 상고이유서제출기간(427)[3] 소취하 간주의 경우의 기일지정신청기간(268 Ⅱ)[4] 등을 들 수 있다.

4. 期間의 計算

기간의 계산은 민법에 따른다(170). 초일(初日)은 원칙적으로 산입하지 아니하고(民 157), 기간의 말일이 토요일 또는 공휴일에 해당할 때에는 기간은 그 익일(翌日)로 만료된다(民 161). 공휴일에는 임시공휴일도 포함된다.[5] 재정기간이 시작되는 때는 재판에서 이를 정한 경우에는 그에 의하고, 이를 정하지 아니한 경우에는 재판의 효력이 생긴 때이다(171).

---

1) 大判 1989. 10. 24, 87 다카 1322.
2) 憲裁決 1992. 7. 23, 90 헌바 2.
3) 大判 1970. 1. 27, 67 다 774(학설상 다툼이 있음).
4) 大決 1992. 4. 21, 92 마 175.
5) 大判 1964. 5. 26, 63 다 958.

Ⅲ. 期間의 進行

기간의 진행은 소송절차의 중단 또는 중지중에는 정지되고, 그 해소와 동시에 다시 전체기간이 진행된다(247 Ⅱ). 재정기간은 재판에서 그 시작하는 때를 정한 때에는 그 때로부터, 이를 정하지 아니한 때에는 재판의 효력이 생긴 때로부터 진행한다(171). 법정기간은 법정의 사유가 발생한 때로부터 진행한다.

Ⅳ. 期間의 伸縮

1) 불변기간을 제외한 법정기간(통상기간)은 법원이, 또 재정기간은 이를 정한 재판기관이 이를 늘이거나 줄일 수 있는 것이 원칙이다(172 Ⅰ 本).[1] 그러나 기간의 신축(伸縮)은 소송의 진행에 관한 소송지휘의 견지에서 인정되는 것이므로, 법원의 소송지휘에 속하지 않는 중대한 효과와 결부되어 있는 기간은 이를 신축할 수 없다. 명문의 규정이 있는 것으로는 불변기간(172 Ⅰ 但), 소송행위의 추후보완기간(173), 지급명령에 대한 이의신청기간(470 Ⅱ), 공시송달기간(196 Ⅲ. 다만, 伸張은 허용) 등이 있고, 명문의 규정은 없으나 허용되지 않는 것으로서는 지무기간이 있다.[2]

2) 불변기간에 대하여는 법원이 이를 늘이거나 줄일 수 없는 대신에 부가기간을 정할 수 있다(172 Ⅱ). 부가기간은 주소 또는 거소가 멀리 떨어진 사람을 위한 사전구제 제도이다. 부가기간을 정한 때에는 본래의 기간과 부가기간이 일체가 되어 전체기간이 불변기간이 된다. 불변기간이 경과한 뒤에는 부가기간을 정할 수 없다. 왜냐하면 이 경우에는 사후구제수단으로서 소송행위의 추후보완이 허용되기 때문이다(173).

3) 부가기간을 정하는 재판은 결정으로 하는 것이 원칙이지만, 상소기간 등 재판에 대한 불복신청기간에 대한 부가기간은 그 재판의 주문 중에서 정하는 것이 편리하므로, 이 경우에는 판결로 하는 것도 허용된다. 일본의 실무에서도 상소기간에 대한 부가기간은 그 판결주문에서 정하는 것이 통례이다.

---

1) 대법원은 광주사태가 발생하여 상고이유서의 제출이 늦어진 경우에 상고이유서가 대법원에 제출된 날까지 상고이유서제출기간이 伸長된다고 한다(大判 1980. 6. 12, 80 다 918).

2) 兼子, 條解民訴, 395면.

4) 기간을 신축(伸縮)하거나 부가기간을 정하는 조치는 법원의 직권에 속하는 재량사항이므로, 법원은 당사자 사이에 합의가 있더라도 이에 구속되지 아니하고, 또 당사자는 법원의 조치에 대하여 불복할 수 없다.

V. 訴訟行爲의 追後補完

1. 總　說

당사자나 소송관계인이 본래의 행위기간중에 소정의 소송행위를 하지 않고 그 기간을 넘기게 되면 그 행위를 할 기회를 잃게 되는 불이익을 입는다. 따라서 당사자가 그 책임을 질 수 없는 사유로 인하여 기간을 준수할 수 없었던 경우에는 어떠한 구제책을 마련하여 줄 필요가 있다. 그러나 통상기간을 지키지 아니한 경우에는 아직 소송계속은 남아 있으므로 당사자는 그 후의 절차에서 그 불이익을 구제받을 여지가 있다. 이에 반하여 불변기간을 게을리 한 경우에는 당연히 재판의 확정(예컨대 상소기간을 지키지 아니한 경우)이나 소권의 상실(예컨대 행정소송의 소제기 기간을 지키지 아니한 경우)과 같은 치명적인 종국적인 불이익을 입게 되고, 또 소송의 신속화를 위하여 불변기간을 단기간으로 한 점(2주: 396; 1주: 444)을 고려하여, 법은 당사자가 그 책임질 수 없는 사유로 말미암아 불변기간을 지킬 수 없었던 경우에 대비하여 소송행위의 추후보완(Wiedereinsetzung in den vorigen Stand)이라는 구제제도를 두고 있다(173).

2. 對　象

추후보완이 허용되는 기간은 불변기간에 한한다. 통상기간에 대하여는 추후보완을 허용할 필요가 없는 것이 원칙이므로 추후보완이 인정되지 아니한다. 그러나 상고이유서제출기간이나 재항고이유서제출기간은 이를 지키지 아니하면 상고기간이나 재항고기간을 지키지 아니한 것과 그 효과에 관하여 실질적인 차이가 없으므로 여기에 추후보완을 인정할 필요가 있다.[1] 그러나 판례의 주류는 반대이다.[2] 또

1) 同旨: 李英, 165면; 李時, 445면; 姜, 381면; 獨民訴 233 참조.

2) 大決 1981. 1. 28, 81 사 2. 긍정한 예: 大判 1962. 2. 8, 4293 民上 397. 우편집배원의 잘못으로 소송기록접수통지서를 상고이유서제출기간 안에 송달받지 못하여 상고기각판결을 받은 경우에는 상고인이 적법하게 소송에 관여할 수 있는 기회를 부여받지 못하였으므로, 이는 제451조 제1항 제3호의 대리권의 흠에 준하여 재심사유에 해당한다(大判 1998. 12. 11, 97 재다 445).

지급명령은 이의신청이 없으면 확정되므로(474), 2002년 민사소송법은 그 이의신청 기간이 불변기간임을 명문으로 규정하였다(470 II).

3. 要　　件

1) 소송행위의 추후보완이 허용되기 위하여서는 당사자가 불변기간을 준수하지 못한 것이 '당사자가 책임질 수 없는 사유'로 말미암았어야 한다. 당사자가 그 책임을 질 수 없는 사유라 함은 소송의 진행과 관련하여 일반인이 보통의 주의를 다하여도 피할 수 없었던 사유를 말한다.[1] 예기할 수 없는 천재·지변(대홍수·지진 등), 그 밖의 불가항력이 이에 해당하는 것은 물론이지만, 그 밖에 과실 없이 판결 등의 송달사실을 알지 못한 경우도 이에 해당한다. 예컨대 소송서류의 전달이 잘못된 경우,[2] 무권대리인이 소송을 수행하고 판결정본을 송달받은 경우[3] 등과 같다(후자의 경우는 재심사유로도 된다. 451 I ③).

2) 문제가 되는 것은 공시송달의 경우이다. 원래 공시송달은 송달장소를 알 수 없는 사람에 대하여 송달을 할 수 있도록 한 제도로서 법원의 게시판 또는 인터넷 게시판 등에 게시하는 방법에 의하고, 송달받을 사람이 송달서류의 내용을 현실적으로 알지 못하더라도 법률상 이를 알고 있는 것으로 간주하여 송달의 효력을 부여하는 것이다. 그러므로 공시송달의 경우에는 송달받을 사람이 공시송달의 사실을 아는 경우는 거의 없다. 이 때에 만일 공시송달의 사실을 알지 못한 것을 모두 당사자의 책임질 수 없는 사유에 해당하는 것으로 보아 추후보완을 허용한다면 공시송달제도는 무의미하게 되고 말 것이다. 그리하여 공시송달의 경우에는 '당사자가 책임을 질 수 없는 사유'로 말미암은 경우를 어느 정도 제한하여 고찰할 필요가 있다. 그러므로 공시송달의 경우에는 송달받을 사람이 공시송달의 사실을 알지 못하였다는 것만으로는 부족하고, 이를 알지 못한 점에 과실이 없을 때에만 추후보완이 허용된다고 하는 것이 판례·통설의 입장이다. 판례는 피고에게 소장부본 및 그 밖의 소송서류에서부터 판결정본에 이르기까지 공시송달로 송달되었다면, 피고가 고의로 행방을 감추었다는 등 특별한 사정[4]이 없는 한 피고는 과실 없이

---

1) 大判 2005. 9. 15, 2005 다 14465; 2007. 10. 26, 2007 다 37219.

2) 大判 1992. 6. 9, 92 다 11473(子의 판결정본을 수령한 母가 이를 子에게 전달하지 아니함).

3) 大判 1996. 5. 31, 94 다 55774.

4) **특별한 사정이란** 피고가 소송을 회피하거나 이를 곤란하게 할 목적으로 의도적으로 송달을 받지 아니하거나 피고가 소 제기 사실을 알고 주소신고까지 해 두고서도 그 주소로 송달되는 소송서류가 송달불능되도록 장기가 방치하는 등의 사정을 말한다(大判 2021. 8. 19, 2021 다 228745).

그 판결의 송달을 알지 못하여 불변기간을 준수하지 못한 것으로 본다.[1)]

제1심 법원이 소장부본과 변론기일통지서를 피고에게 공시송달한 후 피고의 휴대전화 번호로 전화하여 '소장부본을 피고의 주소지로 송달하겠다'고 고지하고 변론기일과 장소를 알려주었는데, 피고가 출석하지 않은 상태로 소송절차가 진행되어 원고가 승소하고 그 판결정본이 피고에게 공시송달된 경우,[2)] 피고가 전출신고를 하지 아니하여 주민등록상의 주소로의 송달이 불능으로 되어 공시송달이 된 경우,[3)] 피고가 공시송달 당시에 국내에 없어서 공시송달이 된 경우,[4)] 조정불성립후 피신청인이 조정법원에 주소변경신청을 하지 않은 상태에서 조정이 소송으로 이행되었고 그 후 발송송달이나 공시송달이 된 경우,[5)] 입원 중[6)] 또는 수감 중[7)]에 공시송달이 된 경우에도 과실이 없다고 한다. 그 밖에도 우편집배원·집행관 또는 법원의 부주의로 송달불능이 되어 공시송달이 된 경우[8)]도 과실이 없는 것으로 본다.

그러나 적법한 송달을 받고 소송이 진행되는 중에 주소변경을 법원에 신고하지 아니하여 공시송달을 하게 된 경우에는 처음부터 공시송달이 된 경우와는 달리 특별한 사정이 없는 한 과실이 인정된다.[9)] 또한 소송을 회피할 목적으로 등기부에 허위주소를 기재하여 공시송달이 된 경우,[10)] 당사자가 스스로 기재한 주소에 송달하였으나 송달불능이 되어 공시송

---

1) 大(全)判 1964. 7. 31, 63 다 750; 大判 1997. 8. 22, 96 다 30427; 2015. 6. 11, 2015 다 8964; 2011. 4. 28, 2010 다 98948(소장 부본부터 공시송달되어 피고가 소나 항소의 제기사실을 몰랐다면 민사소송법 제424조 제1항 제4호를 유추적용하여 절대적 상고이유로 본다. 그 밖에도 제1심과 제2심의 모든 서류가 공시송달의 방법으로 송달되고, 제1심이 원고의 청구를 일부 인용하고, 원고가 항소하여 항소심도 추가로 원고의 청구를 일부 인용하는 판결을 선고한 경우, 피고는 제1심 판결 중 피고 패소 부분에 대해 추후보완항소를, 항소심 판결 중 피고 패소 부분에 대해서는 상고나 추후보완 상고를 제기할 수 있다. 이때 항소심이 피고의 추후보완 항소 부분에 관해 심리하지 않고 있는 동안 피고의 상고가 받아들여져 항소심 판결 중 피고 패소 부분에 관해 파기환송판결이 선고된 경우에는, 환송 후 항소심에서는 피고의 추후보완 항소가 적법하면 그 추후보완 항소 부분과 파기환송된 부분을 함께 심리하여 하나의 판결을 선고하면 된다고 한다); 2012. 4. 13, 2011 다 102172(항소장 부분부터 공시송달의 방법으로 송달되었다면 피항소인으로서는 항소가 제기된 사실을 모르고 있었다고 할 것이어서 추완상고가 허용된다고 한다); 大決 2011. 10. 27, 2011 마 1154(법원이 변론을 종결하면서 사건을 조정절차에 회부하고 판결선고기일의 지정·고지없이 조정기일만을 고지하였는데 피고가 조정기일에 불출석하여 조정불성립되자 판결을 선고하고 두 차례 판결정본을 송달하려 하였으나 모두 폐문부재를 이유로 송달되지 아니하자 공시송달한 사건에서 적법한 상고의 추후보완을 인정하였다).

2) 大判 2021. 8. 19, 2021 다 228745.

3) 大判 1993. 9. 28, 93 므 324.

4) 大判 1984. 11. 13, 84 므 3.

5) 大判 2015. 8. 13, 2015 다 213322.

6) 大判 1991. 5. 28, 90 다 20480.

7) 大判 2022. 1. 13, 2019 다 220618; 大決 2017. 11. 7, 2017 모 2162("수감된 사람에게 할 송달을 교도소·구치소 또는 국가경찰관서의 장에게 하지 아니하고 **수감되기 전의 종전 주·거소에 하였다면** 부적법하여 무효이고, 법원이 피고인의 수감 사실을 모른 채 종전 주·거소에 송달하였다고 하여도 마찬가지로 송달의 효력은 발생하지 않는다").

8) 大決 1975. 1. 24, 74 마 498; 1976. 4. 27, 76 다 170; 2003. 6. 10, 2002 다 67628. 판결선고기일을 연기하면서 피고에게 이를 통지하지 아니하고, 그 판결정본은 한 여름 휴가철인 1999. 8. 3.부터 1999. 8. 5. 사이에 연속하여 송달을 시도한 후 송달불능되자 공시송달로 송달한 경우, 피고에게 과실이 없다고 본 판례는 大判 2001. 2. 23, 2000 다 19069.

9) 大判 1994. 3. 22, 92 다 42934; 1997. 9. 26, 97 다 23464; 2012. 10. 11, 2012 다 44730.

10) 大判 1978. 7. 11, 77 다 1991.

달을 한 경우[1] 등도 같다.

3) 소송대리인이나 그 보조자(事務員 등)에게 과실이 있는 경우에는 본인에게 과실이 없어도 추후보완은 허용되지 아니한다.[2]

4) 당사자나 소송대리인이 소송진행중 송달장소를 바꾸었으면서도 이를 법원에 신고하지 아니하여, 법원이 달리 송달할 장소를 알 수가 없는 경우에는 공시송달 대신 종전에 송달을 받던 장소에 등기우편으로 송달할 수도 있다(185, 民訴規 51). 이 경우에도 불변기간을 넘겼다면 본인에게 과실이 있으므로, 소송행위의 추후보완은 허용되지 않는다고 본다.

4. 節 次

1) 추후보완은 책임질 수 없는 사유가 없어진 날로부터 2주 이내에 하여야 된다(173 I). 다만 그 사유가 없어질 당시에 외국에 있는 당사자에 대하여는 위 기간을 30일로 한다(173 I 但). 이것은 과거에 판례가 해외거주자에 대하여 국제우편 도달기간을 위 추후보완기간에서 제외하여 결과적으로 그 기간만큼 추후보완기간을 연장하여 두던 것[3]을 고려하여, 외국에 있는 당사자에 대한 추후보완기간을 연장하기 위하여 둔 규정이다. 책임질 수 없는 사유가 종료된 때(추후보완항소 제기기간의 기산점)란 천재지변의 경우에는 그것이 없어진 때이다. 판결이 공시송달로 송달되었기 때문에 판결이 있은 사실을 알지 못하여 불변기간을 지키지 못한 경우에는 당사자나 대리인이 단순히 판결이 있었던 사실을 안 때가 아니라 그 판결이 **공시송달로 송달된 사실을 안 때**이다.[4]

판례에 의하면, 공시송달로 송달된 사실을 안 때란 통상의 경우에는 피고가 해당 사건기록을 열람하거나 새로이 판결정본을 영수한 때를 말한다.[5] 다만 피고가 그 판결이 있던 사실을 알았고 사회통념상 그 경위에 대하여 당연히 알아볼 특별한 사정이 있었다고 인정되는 경우에는, 그 경위에 대하여 알아보는 데 통상 소요기간이 경과한 때에 그 판결이 공시송달의 방법으로 송달된 사실을 알게 된 것으

1) 大決 1982. 8. 31, 82 마 587; 1990. 9. 10, 90 마 446.
2) 大判 1962. 1. 25, 62 누 2; 1978. 11. 1, 78 다 1461.
3) 大判 1974. 9. 24, 74 다 865; 1975. 11. 25, 75 다 1789.
4) 大判 1979. 1. 30, 78 다 1604; 1981. 9. 22, 81 다 334; 2019. 10. 31, 2019 다 14479.
5) 大判 2006. 2. 24, 2004 다 8005; 2013. 1. 10, 2010 다 75044, 75051; 2015. 6. 11, 2015 다 8964.

로 추인하여, 그 책임질 수 없는 사유가 소멸하였다고 본다.[1]

추후보완기간은 늘이거나 줄일 수 없다(173Ⅱ).

판례는 제1심의 소장과 판결을 송달받은 친지로부터 전화를 통해 판결의 선고와 송달 사실을 알게 된 때,[2] 당사자가 다른 소송절차에서 '판결이 공시송달로 송달된 해당 사건'의 제1심 판결문과 확정증명원 등이 첨부된 준비서면 등을 송달받은 때,[3] 원고의 통지에 의해 제1심 판결이 있었다는 사실을 알고 변호사에게 제1심 판결의 경위에 대해 설명하고 그 대처방안에 관해 상담하거나 추후보완항소제기에 필요한 해외거주증명서 등을 발급받은 때,[4] 또는 경매기록에 첨부된 제1심 판결 정본의 피고 주소란에 '현재 소재불명'이라는 문구와 함께 최후주소가 기재되어 있고, 이유란에 '공시송달에 의한 판결'이라고 기재되어 있는 경매기록을 열람한 때[5]를 추후보완항소 제기기간의 기산점으로 볼 수 있다고 하였다.

그러나 판례는 제3채무자인 은행으로부터 계좌의 압류사실, 채권압류·추심명령의 사건번호 및 채권자가 기재된 문자메시지를 받은 때,[6] 다른 소송에서 선임된 소송대리인이 그 재판절차에서 '판결이 공시송달로 송달된 해당 사건'의 제1심 판결문 등이 첨부된 준비서면 등을 송달받은 때,[7] 해외에 거주 중인 피고에 대한 소장부본, 판결정본 등이 공시송달의 방법으로 송달된 후 소송대리인이 아닌 피고의 동생이 피고를 대신하여 재판기록을 열람·등사한 때,[8] 제1심이 공시송달에 기해 진행된 뒤 그 판결정본이 공시송달의 방법으로 송달된 후 이를 집행권원으로 하여 유체동산 압류집행이 이루어진 때,[9] 피고에 대한 소장부분과 판결정본 등이 공시송달에 의해 송달된 후 피고가 거주하는 아파트에서 피고의 딸이 참여한 가운데 그 아파트에 있던 유체동산을 압류하였는데 그 유체동산 압류조서에 집행권원으로 제1심 판결의 사건번호가 기재되어 있는 경우 그 유체동산을 압류한 때[10]에는 항소기간을 준수할 수 없었던 사유가 소멸하였다고 볼 수 없다고 하였다. 또한 판례는 소장부본과 판결정본 등이 공시송달로 피고에게 송달된 후, 원고로부터 채권추심을 의뢰받은 신용정보회사 직원으로부터 "제1심 판결에 기한 채권추심을 한다. 법적 조치를 취하면 불이익이 있으니 법원에 가서 알아보라"라는 말을 피고가 들었다는 사정만으로 피고가 위 판결이 있었던 사실을 알았고 소송기록열람 등을 통해 제1심 소송의 경위에 대해 당연히 알아볼 만한 특별한 사정이 발생하였다고 보기 어렵다고 하였다.[11] [12]

---

1) 大判 1999. 2. 9, 98 다 43533; 2021. 3. 25, 2020 다 46601.
2) 大判 1993. 9. 28, 93 다 29860.
3) 大判 2022. 4. 14, 2021 다 305796.
4) 大判 2001. 1. 30, 2000 다 21222.
5) 大判 2009. 9. 24, 2009 다 40660.
6) 大判 2021. 3. 25, 2020 다 46601.
7) 大判 2022. 4. 14, 2021 다 305796.
8) 大判 2000. 9. 5, 2000 므 87.
9) 大判 2019. 9. 9, 2019 다 217179.
10) 大判 2011. 5. 26, 2011 다 19430.
11) 大判 2019. 12. 12, 2019 다 17836.
12) 추후보완항소 제기기간의 기산점에 관한 판례들은, 김경욱, "2021년 민사소송법 중요 판례 분석", 「안

2) 추후보완은 게을리 한 행위를 그 본래의 방식에 따라 한다. 따라서 예컨대 항소기간을 도과하였다면 항소장을 제출하면 되고, 반드시 추후보완 항소장이라고 명시하여야 하는 것은 아니지만[1](이를 明記하지 아니한 경우에는 추후보완사유를 주장하여야 한다), 추후보완임을 밝히는 것이 좋고 또 이를 밝히는 것이 보통이다.

3) 추후보완의 요건(추후보완사유)은 법원의 직권조사사항이다.[2] 추후보완이 이유 없으면 추후보완에 의한 소송행위를 부적법 각하하여야 하고, 추후보완이 이유 있으면 추후보완에 의한 소송행위의 당부에 관한 판단을 하여야 한다. 추후보완사유의 유무에 관하여 다툼이 있는 때에는 중간판결을 할 수도 있고, 종국판결의 이유에서 판단할 수도 있다. 추후보완사유에 대한 주장·증명책임은 추후보완을 하는 당사자가 부담한다.[3]

4) 추후보완행위를 하는 것만으로는 불변기간의 경과로 인한 판결의 형식적 확정은 해소되지 아니한다. 따라서 판결의 확정에 따른 강제집행이 당연히 저지되는 것은 아니므로, 이를 저지하려면 민사소송법 제500조에 의하여 강제집행정지의 결정을 받아야 한다.[4][5]

제 4 절 送　　達

Ⅰ. 意　　義

송달(Zustellung)이라 함은 당사자, 그 밖의 소송관계인에게 소송상의 서류의 내용을 알 수 있는 기회를 주기 위하여 법정의 방식에 따라 하는 통지행위이며,

---

암법학」 통권 제64호, 2022, 316면 이하에서 발췌한 것이다.

1) 大判 1980. 10. 14, 80 다 1795. 다른 취지: 大判 1981. 6. 23, 80 다 2315.

2) 大判 1990. 1. 27, 90 다 28559.

3) 大判 2021. 4. 15, 2019 다 244980, 244997; 2012. 10. 11, 2012 다 44730.

4) 同旨: 李時, 448면; 大判 1978. 9. 12, 76 다 2400. 反對: 大判 1962. 8. 2, 62 다 210.

5) 그 밖에도 공시송달의 방법으로 소송서류 등이 송달된 후 확정된 제1심판결에 기해 소유권이전등기가 마쳐졌는데, 이후 제기된 추후보완항소에서 제1심판결이 취소되고 등기권리자의 청구가 기각되었다면, 등기의무자로서는 위 추후보완항소 절차에서 등기권리자를 상대로 반소나 별소를 제기하여 소유권이전등기의 말소등기절차를 구할 수 있다(大判 2023. 4. 27, 2021 다 276225, 276232).

재판권의 한 작용으로 행하여진다. 이것은 당사자 등에게 절차적 기본권을 보장하는 기능을 수행한다.

1) 송달은 재판권의 한 작용이므로, 송달을 받는다는 것은 재판권에 따른다는 것을 뜻한다. 따라서 재판권의 면제를 받는 사람에 대한 송달은 그가 임의로 수령하지 않는 한 이를 할 수 없다.[1)]

2) 송달은 법정의 방식에 따라서 하여야 하는 점에서 방식 없이 당사자에게 알리는 통지(Mitteilung)(144 Ⅱ, 242, 297 Ⅱ, 426, 民執 11)와 구별된다. 또 송달은 특정인을 수취인으로 하는 점에서 불특정인을 상대로 하여 알리는 공고(480, 民執 106)와 다르다. 어떠한 경우에 송달이 필요한가는 법이 개별적으로 명시하고 있다.

3) 송달은 직권으로 하는 것이 원칙이다(174). 이를 직권송달주의라고 한다.[2)] 송달은 소송절차의 진행·종료의 시점이 되는 경우가 많으므로, 이를 신속하고 확실하게 하기 위한 것이다. 다만 이에 대한 예외로서 공시송달의 경우에는 당사자의 신청 또는 직권으로 이를 명할 수 있다(194).

4) 송달의 주된 목적은 송달을 받을 사람에게 소송상의 서류의 내용을 알리는 데 있지만, 송달에 관하여는 송달보고서가 작성되므로 위 서류가 송달되었다는 사실을 증명하는 공증작용도 하게 된다.

5) 송달에는 여러 가지 효과가 결부되어 있다. 소송상의 기간을 진행시키는 것(396, 468, 470), 법원의 요구를 관계자에게 알리는 것(167, 民執 237), 소송행위의 효력을 발생시키는 것(255, 469, 民執 227 Ⅲ), 단순히 소송상의 통지를 확실히 보장하는 것(72 Ⅱ, 266 Ⅳ, 273), 강제집행개시의 요건으로 되는 것(民執 39) 등이 있다. 따라서 송달에 흠이 있거나 그 방식에 위반된 경우에 이를 어떻게 처리할 것인가 하는 것은 그 송달에 결부된 효과와 관련하여 고찰하여야 한다. 제1심법원이 소장 부본에 대한 공시송달을 누락한 채 변론기일을 진행하여 판결을 선고하였고, 원심법원이 피고에게 소장 부본을 송달하지 않은 채 변론절차를 진행하여 항소를 기각한 것은 소송절차를 중대하게 위반한 것이다.[3)]

---

1) 大決 1975. 5. 23, 74 마 281.
2) 외국에는 당사자송달주의의 입법례가 있다.
3) 大判 2011. 4. 28, 2010 다 108388.

Ⅱ. 送達機關

1. 送達擔當機關

송달에 관한 사무는 원칙적으로 법원사무관등이 처리한다(175 Ⅰ). 송달사무에는 송달할 서류를 작성·수령하고, 이를 송달실시기관에 교부하거나 직접 송달받을 사람에게 교부하여 송달을 실시하고, 송달실시 후에 송달보고서를 받아서 기록에 편철하여 보관하는 사무 등이 포함된다. 수소법원의 법원사무관등은 송달하는 곳의 지방법원에 속하는 법원사무관 또는 집행관에게 송달사무를 촉탁할 수 있다(175 Ⅱ). 관할구역 밖의 집행관에게도 송달을 촉탁할 수 있도록 한 것은 2002년 민사소송법이 추가한 것인데(집행관은 소속 지방법원 또는 지원의 관할구역 안에서만 직무를 수행할 수 있다. 집행관규칙 4 Ⅰ), 이것은 관할구역 밖에서 집행관에 의한 송달을 하려고 하는 경우에 그곳의 법원사무관등을 거칠 필요 없이 바로 그곳의 집행관에게 송달을 촉탁할 수 있도록 하기 위함이다.

2. 送達實施機關

1) 송달실시기관은 원칙적으로 집행관과 우편집배원이며, 그 밖의 대법원규칙이 정하는 방법에 의하여 할 수 있다(176). 실무상으로는 우편집배원에 의한 송달이 보통이고, 집행관에 의한 송달은 특별한 경우에만 쓰이므로 이를 특별송달이라 통칭한다.

예외적으로 법원사무관과 법정경위가 송달실시기관이 되는 수가 있다. 즉 법원사무관등은 그 사건에 출석한 사람에 대한 직접 교부송달 이외에(177), 송달함송달(188 Ⅱ), 우편송달(184, 185, 187), 공시송달(194, 195), 전화 등을 이용한 송달(民訴規 46)을 실시한다. 집행관에 의한 송달이 어려울 때에는 법원경위에 의하여 송달을 할 수 있다(法組 64 Ⅲ).

2) 송달의 촉탁은 수소법원의 재판장이 한다. 즉 외국에서 할 송달(191), 전쟁에 나간 군관계인 또는 외국주재 군관계인에 대한 송달은 재판장이 외국에 주재하는 외교사절 또는 외국의 관할관청(일반적으로 법원)이나 소속사령관에 그 송달을 촉탁한다(192).[1)]

---

1) 외국에서 할 송달에 관하여 외국의 관할관청에 송달을 촉탁하기 위하여는 그 전제로서 조약이나 국제관행에 의한 국가간의 사법공조가 필요하다. 이에 관한 조약으로는 영사관계에 관한 비엔나협약, 헤이그송

3) 송달실시기관은 송달에 필요할 때에는 경찰공무원에게 원조를 요청할 수 있다(176 Ⅲ).

4) 송달을 실시한 기관은 송달보고서를 작성하여 법원에 제출하여야 한다(193, 民訴規 53). 송달보고서는 단순히 송달이 있었음을 증명하는 서류이므로, 그 작성을 게을리 하여도 송달의 효력에는 영향이 없다.[1] 또 송달보고서는 송달이 적법하게 행하여졌는가에 관한 유일한 증거방법은 아니므로, 다른 자료에 의하여도 이를 증명할 수 있다.[2] 2002년 민사소송법과 대법원규칙은 정보통신기술의 발달에 대비하여, 송달에 관한 사유는 법원에 서면으로 통지하는 것을 원칙으로 하면서도 법원이 상당하다고 인정하는 때에는 전자통신매체를 이용한 통지로 서면통지를 갈음할 수 있도록 하고 있다(193, 民訴規 53).

3. 送達書類

송달에 쓰이는 서류는 특별한 규정이 없으면 송달할 서류의 등본 또는 부본[3]이다(178 Ⅰ). 송달할 서류의 제출을 갈음하여 조서, 그 밖의 서면을 작성한 때에는 그 등본이나 초본을 교부한다(178 Ⅱ). 다만 기일통지서 또는 출석요구서의 송달은 원본을 사용하고(167), 재판의 송달은 정본을 사용한다(同 210 Ⅱ, 211 Ⅱ, 224).

Ⅲ. 送達받을 사람

1. 送達名義人과 그 法定代理人

송달받을 사람(Zustellungsadressat)은 원칙적으로 송달서류의 명의인이지만, 그가 소송무능력자인 때에는 그의 법정대리인이다(179). 송달서류의 명의인이 법인, 그 밖의 단체일 때에는 그 대표자 또는 관리인에게 송달을 한다(64).[4] 국가를 당사자로

달협약 등이 있다(뒤에 설명함).

1) 同旨: 李時, 451면. 反對: 方, 373면; 大決 2009. 8. 31, 2009 스 75.

2) 大判 1952. 10. 30, 4285 民上 106; 1964. 6. 9, 63 다 930.

3) 소장 · 항소장 · 상고장 등의 부본을 말한다.

4) 따라서 그 대표자의 주소 · 거소 · 영업소 또는 사무소에 송달한다. 이때 민사소송법 제183조 제1항의 '영업소 또는 사무소'는 송달받을 사람의 영업 또는 사무가 일정 기간 지속하여 행하여지는 중심적 장소를 말하는데, "한시적 기간에만 설치되거나 운영되는 곳이라고 하더라도 그곳에서 이루어지는 영업이나 사무의

하는 소송의 경우에 국가에 대한 송달은 수소법원에 대응하는 검찰청(지방법원지원의 경우에는 지방검찰청)의 장에게 한다. 다만 소송수행자 또는 소송대리인이 있는 경우에는 그에게 한다(국가를당사자로하는소송에관한법률 9). 부재자재산관리인이 선임되어 있는 경우에는 재산관리인에게 송달을 하여야 하고, 부재자 본인을 상대로 한 공시송달은 부적법하다.[1]

2. 訴訟代理人

송달서류의 명의인인 당사자가 소송위임을 하였을 때에는 소송대리인이 송달을 받는 것이 보통이지만, 본인에게 송달하여도 유효하다.[2] 여러 사람이 공동으로 대리권을 행사하는 경우에도 송달은 그 가운데 한 사람에게 하면 된다(180).[3] 다만 송달받을 대리인 한 사람을 지정하여 신고한 때에는 지정된 대리인에게 송달하여야 한다(民訴規 49).

3. 法令上 送達領收權이 있는 사람

교도소·구치소 또는 국가경찰관서의 유치장에 체포·구속 또는 유치된 사람에게 할 송달은 교도소·구치소·국가경찰관서의 장에게 한다(182).[4] 군관계자에 대한 송달은 군사용의 청사 또는 선박의 장에게 한다(181). 송달을 받은 교도소·청사 등의 장은 즉시 송달을 받을 명의인에게 그 송달된 서류를 교부하고, 본인이 소송수행에 지장을 받지 않도록 필요한 조치를 취하여야 한다(民訴規 50). 수감중인 사람에 대한 송달을 그의 종전 주소로 한 경우에는 그 송달은 무효이다.[5]

4. 신고한 送達領收人

당사자·법정대리인 또는 소송대리인은 주소등 외의 장소를 송달받을 장소로

내용, 기간 등에 비추어 볼 때 어느 정도 반복해서 송달이 이루어질 것이라고 객관적으로 기대할 수 있는 곳이라면 위 조항에서 규정한 영업소 또는 사무소에 해당한다"고 한다(大判 2014. 10. 30, 2014 다 43076).

1) 大判 1968. 12. 24, 68 다 2021.

2) 大決 1970. 6. 5, 70 마 325.

3) 여러 소송대리인이 각자 대리권을 행사할 때는 각각에게 송달을 하지만 송달의 효력은 그 중 1인에게 최초로 송달되었을 때 생긴다(大決 2011. 9. 29, 2011 마 1335).

4) 판례는 피구속자에게 전달되지 않아도 송달의 효력이 발생한다고 한다(大判 1972. 2. 18, 72 모 3).

5) 大(全)判 1982. 12. 28, 82 다카 349; 大決 2009. 10. 8, 2009 마 529; 2021. 8. 19, 2021 다 53; 다만 당사자가 소송 계속 중에 수감된 경우 법원이 판결정본을 민사소송법 제182조에 따라 교도소장등에게 송달하지 않고 당사자 주소 등에 공시송달 방법으로 송달하였다면, 공시송달의 요건을 갖추지 못한 하자가 있다고 하더라도 재판장의 명령에 따라 공시송달을 한 이상 송달의 효력은 있다(大判 2022. 1. 13, 2019 다 220618).

정하여 법원에 신고할 수 있고, 이 경우에는 송달영수인을 정하여 신고할 수 있다(184). 송달받을 사람의 편의를 꾀하기 위한 제도이다. 이와 달리 구법은 수소법원의 소재지에 주소·거소·영업소 또는 사무소가 없는 때에는 송달영수인을 정하여 신고하도록 강제하고(舊民訴 171 I), 만일 송달영수인을 선정하여 신고하지 아니하면, 송달장소에 등기우편으로 발송할 수 있도록 하였으나(舊民訴 171 II), 2002년 민사소송법은 교통 및 우편제도의 발달을 고려하여 이를 폐지하였다. 신고한 송달영수인은 소송서류의 송달을 영수할 대리권만을 가진 임의대리인이다.

Ⅳ. 送達實施의 方法

송달실시의 방법에는 교부송달, 우편송달, 송달함송달 및 공시송달이 있고, 교부송달은 다시 몇 개의 유형으로 나누어진다.[1] 또한 대법원규칙은 송달실시방법에 관한 특례를 마련하고 있다. 전자소송을 이용하는 경우에는 전자적 방법으로 송달한다.

1. 交付送達

이것은 송달을 받을 사람에게 송달할 서류의 등본 또는 부본을 교부하는 것이다. 송달받을 사람을 만나고 그가 송달을 거부하지 않는 경우에는 이 방법에 의한다. 송달실시의 원칙적인 방법이다(178 I). 구 법은 야간이나 공휴일에 집행관에 의한 송달을 하고자 할 때에는 법원의 허가가 필요하였으나, 2002년 민사소송법은 허가제도를 폐지하고 당사자의 신청이 있으면 할 수 있도록 하고 있다(190).

(1) 送達할 場所

1) 송달할 장소는 송달받을 사람의 주소·거소·영업소 또는 사무소이다(이하 '주소등'이라 한다). 다만 법정대리인에게 할 송달은 본인의 영업소 또는 사무소에서도 할 수 있다(183 I 但). 법인에 대한 송달은 법정대리인에 준하는 그 대표자에게 하여야 하므로, 그 대표자의 주소, 거소, 영업소 또는 사무소에서 하여야 하고(64), 여기에서 '영업소 또는 사무소'라 함은 그 시설에 붙여진 명칭 여하에 구애됨이 없

1) 한국자산관리공사 설립 등에 관한 법률 제45조의 2는 송달방법에 관하여 특칙을 두고 있다.

이 그 법인의 영업소 또는 사무소여야 한다.[1] 따라서 그 대표자가 겸임하고 있는 별도의 법인격을 가진 다른 법인의 영업소 또는 사무소는 그 대표자의 근무장소에 불과하다.[2]

2) 구 법에서는 본인의 영업소가 아닌 다른 사람의 영업소나 사무소에서 근무하고 있는 경우에 그 근무장소는 송달장소가 아니었다. 그러나 2002년 민사소송법은 송달받을 사람의 주소등을 알지 못하거나 그 장소에서 송달할 수 없을 때에는 송달받을 사람이 고용·위임 그 밖에 법률상 행위로 취업하고 있는 다른 사람의 주소등(이하 '근무장소'라 한다)에서 송달할 수 있도록 하여(183 Ⅱ), 근무장소를 보충적인 송달장소로 인정하고 있다. 이것은 대부분의 가족이 낮에 직장과 학교 등을 위하여 집을 비우는 현실을 고려한 것이다. 이 근무장소에는 법인의 대표자의 근무장소 뿐만 아니라 공무원의 근무장소도 포함되나, 현실의 근무장소로서 고용계약 등 법률상 행위로 취업하고 있는 지속적인 근무장소를 말하므로,[3] 지점에 근무하는 사람에게 본점으로 송달하면 부적법하다. 또한 판례는 소장, 지급명령신청서 등에 기재된 주소 등의 장소에 대한 송달을 시도하지 않은 채 바로 근무장소로 한 송달은 위법하다고 한다.[4]

3) 송달받을 사람의 주소 등 또는 근무장소가 국내에 없거나 알 수 없는 때에는 그를 만나는 장소에서 송달할 수 있고(183 Ⅲ), 주소 등 또는 근무장소가 있는 사람의 경우에도 송달받기를 거부하지 아니하면 그를 만나는 장소에서 송달할 수 있다(183 Ⅳ). 이를 출회(出會)송달(또는 조우송달)이라 한다. 그 사건에 관하여 출석한 사람에게는 법원사무관등이 영수증을 받고 직접 송달을 할 수 있다(177).

(2) 補充送達

보충송달이란 송달할 사람을 만나지 못하는 경우에 그와 일정한 관계에 있는 사람에게 대리송달하는 경우를 말한다. 대리인송달이라고도 한다. 2002년 민사소송법에서는 종전부터 인정하여온 주소등에서의 보충송달 외에 근무장소에서의 보충송달을 인정하고 있다.

---

1) 大判 2003. 4. 11, 2002 다 59337(법인의 산하단체의 사무소에 대한 송달은 부적법함).
2) 大判 1997. 12. 9, 97 다 31267; 2004. 11. 26, 2003 다 58959.
3) 大判 2015. 12. 10, 2012 다 16063.
4) 大決 2004. 7. 21, 2004 마 535.

(가) 주소등에서의 보충송달 주소등 송달할 장소에서 송달받을 사람을 만나지 못한 때에는 그 사무원·피용자(被用者) 또는 동거인으로서 사리를 분별할 지능이 있는 사람에게 서류를 교부할 수 있다(186 I).[1] 사무원 등에게 소송서류를 송달한 때에 송달의 효력이 발생하며, 그 서류가 송달받을 사람에게 교부되었는가의 여부는 송달의 효력과 무관하다.[2] 다만 판례는 소송서류를 송달받을 본인과 수령대행인 사이에 당해 소송에 관하여 이해대립 또는 상반된 이해관계가 있는 경우에는 사회통념상 본인에 대한 서류전달이 합리적으로 기대되기 어렵고 쌍방대리금지의 원칙에도 반하므로 이러한 수령대행인에게는 보충송달을 할 수 없다고 한다.[3]

1) 사리를 변식할 지능이란 송달의 취지를 이해하고 송달서류를 송달받을 사람에게 교부하는 것을 기대할 수 있는 정도의 능력을 말한다. 연령은 묻지 않는다. 초등학교 3학년에 재학중인 만 9세 7개월의 학생[4]과 만 15세 7개월의 가정부[5]는 그러한 지능을 가진다. 그러나 초등학교 2학년에 재학중인 만 8세 3개월의 학생은 그러하지 아니하다.[6]

2) 사무원·고용인이란 송달받을 사람의 영업·업무를 계속적 관계에서 보조하는 사람을 가리킨다. 일시적이라도 상관이 없다. 송달받을 사람과의 인적 결합 및 장소적 관련에 의하여 그에게 교부하면 송달받을 사람이 알 수 있는 기회를 가진다고 기대되면 좋다. 회사의 대표자가 송달받을 사람인 경우에는 그 회사의 사무원·고용인이면 되고, 법인 내부에서 어떠한 사무를 취급하는가는 묻지 않는다. 이와 관련하여 빌딩·아파트의 경비원·관리인·수위에게 입주자에게 송달할 서류를 교부한 경우에 송달의 효력이 있느냐가 문제된다. 그들이 오로지 경비업무나 관리업무만을 맡은 것이 아니라 평소에 우편물을 대신하여 수령하여 왔으면 여기의 고용인에 해당한다.[7]

3) 동거인이란 송달을 받을 사람과 사실상 동일한 세대에 속하여 생활을 같이하는 사람을 말하며 친족임을 요하지 않는다.[8] 따라서 같은 가옥에 거주하고 있더라도 세대를 달리하는 사람, 예컨대 임대인(소유권자)과 임차인,[9] 하숙인, 같은 아파트의 거주자 상호간은

1) 송달장소가 아닌 곳에서 한 보충송달은 부적법하다(大判 2001. 8. 31, 2001 마 3790).

2) 大判 1984. 6. 26, 84 누 405.

3) 大判 2016. 11. 10, 2014 다 54366.

4) 大判 1990. 3. 27, 89 누 6013.

5) 大決 1966. 10. 25, 66 마 162.

6) 大判 2005. 12. 5, 2005 마 1039; 동거하는 만 8세 9개월의 아들도 마찬가지이다(大判 2013. 1. 16, 2012 재다 370).

7) 大判 1992. 9. 1, 92 누 7443. 異趣旨: 大判 1984. 2. 14, 83 누 233.

8) 大判 2021. 4. 15, 2019 다 244980, 244997; 2013. 4. 25, 2012 다 98423; 2012. 10. 11, 2012 다 44730.

9) 大決 1983. 12. 30, 83 모 53; 다만 과세처분의 상대방인 납세의무자 등이 다른 사람에게 우편물 기

여기에 해당되지 아니한다. 그러나 이혼한 배우자라도 사정에 의하여 사실상 동일 세대에 소속되어 생활을 같이하고 있는 경우,[1] 방문객에게 송달되었다 하더라도 그 뒤 송달받을 사람의 사무원에게 전달된 경우에는 송달은 유효하다.[2]

(나) 근무장소에서의 보충송달 근무장소에서 송달하게 되는 경우(183 II), 송달받을 사람을 만나지 못한 때에는 사용자 또는 그 법정대리인이나 피용자 그 밖의 종업원으로서 사리를 분별할 지능이 있는 사람에게 서류를 교부하여 송달할 수 있다. 다만 이 경우에는 사용자 등이 수령을 거부하면 보충송달은 허용되지 아니한다(186 II).[3] 이 점에서 주소 등에서의 보충송달과는 구별된다.

(3) 遺置送達

송달받을 사람 또는 위에서 말한 사무원·피용자 또는 동거인 등을 만났으나 그들이 정당한 사유 없이 송달받기를 거부하는 경우에는 송달할 장소에 서류를 놓아둘 수 있다(186 III). 이를 유치송달이라고 한다. 근무지에서의 보충송달의 경우에는 허용되지 아니한다(186 II). 따라서 직장에서 소속과장이 거부함에도 불구하고 그에게 서류를 놓아둔 경우에는 송달의 효력이 없다. 또한 주소등 또는 근무지가 있는 사람의 경우에도 만나는 장소에서 송달할 수 있으나(출회송달), 그가 송달을 거부하는 경우에 유치송달을 할 수는 없다(183 IV). 그러나 송달받을 사람의 주소 등 또는 근무장소가 국내에 없거나 알 수 없어서 그를 만나는 장소에서 송달하는 경우(183 III)에는 유치송달도 가능하다.[4]

2. 郵便送達

1) 이것은 법원사무관등이 소송서류를 송달장소에 등기우편 등 대법원규칙이 정하는 방법으로 발송하면 그 발송시에 송달된 것으로 보는 송달방법이다(187). 종전에는 등기우편으로 한정하였으나, 2002년 민사소송법은 우편·통신제도의 발전상황을 고려하여 송달방법에 융통성을 부여할 수 있도록 하기 위하여 구체적인 송

타 서류의 수령권한을 명시적·묵시적으로 위임한 경우에는 그러한 위임을 받은 사람이 위임인의 종업원이나 동거인이 아닌 임차인인 경우에도 무방하다(大判 2011. 5. 13, 2010 다 108876).

1) 大判 2013. 4. 25, 2012 다 98423; 大決 2000. 10. 28, 2000 마 5732.

2) 大判 1979. 1. 30, 78 다 2269. 도이칠란트는 이들에게 送達受領權을 인정한다(獨民訴 181 II 참조).

3) 근무장소에서의 보충송달에 관한 규정은 송달받을 사람이 자신의 근무장소를 송달받을 장소로 신고한 경우에도 적용된다(大判 2005. 10. 28, 2005 다 25779).

4) 註釋民訴(II), 545면.

달방법을 대법원규칙으로 정하도록 하고 있다. 다만 대법원규칙은 여전히 등기우편을 이용하도록 하고 있다(民訴規 51). 우편송달의 경우에는 등기우편을 발송한 때에 송달이 된 것으로 간주하여 발신주의를 취하고 있으므로(189), 실제로 소송서류가 도달되었는지, 또 언제 도달되었는지를 불문하고, 따라서 송달을 받을 사람에게 매우 불이익한 송달방법이다.

2) 우편송달은 다음의 경우에만 예외적으로 허용된다. 즉 i) 당사자 · 법정 대리인 또는 소송대리인이 송달장소를 변경하였음에도 불구하고 바로 그 취지를 법원에 신고하지 아니하였고, 달리 송달할 장소를 알 수 없는 경우(185, 民訴規 51),[1] [2] ii) 송달을 받을 사람이나 그의 전 가족이 부재(장기여행 등)한 경우와 같이 보충송달 · 유치송달조차 할 수 없는 경우(186, 187)가 그것이다.[3] 그러나 우편송달의 방법은 실무상 별로 활용되지 않고 있다. 우편송달은 법원사무관등이 송달실시기관인 점에서 우편집배원이 하는 '우편에 의한 송달'과 구별하여야 한다. 후자의 경우에는 도달주의에 의한다. 화해권고결정 · 이행권고결정은 우편송달이 허용되지 아니한다(225 Ⅱ, 少審 5의 3).

3. 送達函送達

2002년 민사소송법은 법원에 송달할 서류를 넣을 함(송달함)을 설치하여 송달하는 제도를 새로이 마련하였다. 송달서류가 많은 변호사나 기업 등의 경우에는 송달서류마다 매번 별도의 봉투로 송달하는 것은 번잡하고 비용도 많이 들게 되므로, 법원이 송달함 이용신청을 받아 송달함을 설치한 뒤 여기에 송달할 서류를 투입하고, 송달받을 사람은 일정한 기간마다 송달서류를 수령하는 방식의 송달방법을 두게 되었다. 송달함을 이용한 송달은 법원사무관등이 하며, 송달받을 사람이 송달함에서 서류를 수령하여 가지 아니한 경우에는 송달함에 서류를 넣은 지 3일이 지나면 송달된 것으로 본다(188). 송달함을 이용하는 사람은 수수료를 미리 내야

1) 상대방에게 주소보정을 명하거나 직권으로 주민등록표 등을 조사할 필요는 없지만, 적어도 기록에 현출되어 있는 자료로는 송달할 장소를 알 수 없는 경우를 말한다(大判 2004. 10. 15, 2004 다 11988; 大決 2009. 10. 29, 2009 마 1029; 大判 2011. 5. 13, 2010 다 84956; 2018. 4. 12, 2017 다 53623).

2) 이 경우의 송달장소는 "종전에 송달받던 장소(185 Ⅱ)"이다. 판례는 당사자가 송달장소로 신고한 바 있다고 하더라도 그 송달장소에 송달된 바가 없다면 그곳을 민사소송법 제185조 제2항에서 정하는 '종전에 송달받던 장소'라고 볼 수 없다고 하였다(大判 2022. 3. 17, 2020 다 216462).

3) 이 경우(187)의 송달장소는 실제 송달받을 자의 **생활근거지**가 되는 주소 · 거소 · 영업소 또는 사무소 등 송달받을 자가 소송서류를 받아 볼 가능성이 있는 적법한 송달장소를 말한다(大判 2022. 3. 17, 2020 다 216462).

하고, 송달함에서 서류를 대신 수령할 사람을 서면으로 지정할 수 있다(民訴規 52).

4. 公示送達

(1) 意 義

공시송달(öffentliche Zustellung)이라 함은 법원사무관등이 송달할 서류를 보관하고, 그 사유를 법원게시판에 게시하거나, 그 밖에 대법원규칙이 정하는 방법에 따라서 하는 송달방법이다(195). 법원사무관등은 송달받을 사람이 출석하면 언제든지 송달서류를 교부한다. 이 송달방법은 송달장소가 불분명한 경우에도 소송절차의 진행을 가능하게 하기 위한 것이며, 실무상 많이 이용되고 있다.

공시송달은 송달의 의제(擬制)로서 절차적 기본권 또는 법적 심문청구권을 침해하여 위헌이라는 주장이 있으나, 자기의 주소를 떠나면서 송달받을 조치를 취하지 아니한 사람은 그로 인한 불이익을 감수하여야 하며, 송달받을 사람에게 과실이 없는 한 소송행위의 추후보완(173)이나 재심(451 I·III)으로 절차적 기본권의 침해를 구제받을 기회가 보장되므로, 이를 위헌이라고 보기는 힘들다.

(2) 要 件

공시송달은 송달받을 사람에게 현실적으로 소송서류를 교부하지 않고 송달의 효력을 발생시키는 제도이므로 엄격한 요건하에서만 허용된다. 즉 i) 당사자(보조참가인 포함)의 주소 등 또는 근무장소를 알 수 없는 경우,[1] ii) 외국거주자에 대하여 제191조에 의한 촉탁송달을 할 수 없거나(예컨대 당해 외국과의 사이에 사법공조조약이 없거나 국제관행이 없기 때문에 촉탁송달이 불능으로 될 사정이 있는 경우), 이에 의하여도 효력이 없을 것으로 인정되는 경우(예컨대 그 외국에 전쟁이 일어나 촉탁송달이 불가능한 사정이 있는 경우)에만 공시송달이 허용된다. 따라서 법인의 대표자가 사망하고 달리 법인을 대표할 사람도 정하여지지 아니한 때에는 그 법인에 대하여 공시송달도 할 수 없다.[2]

iii) 그 밖에도 인지를 납부하지 않거나 욕설 등을 청구취지로 적은 일부 원고들의 부당소송에 대응하기 위하여 2023년 개정된 민사소송법 194조는 새로운 공

---

1) 따라서 법원이 송달장소를 알고 있는데 단순히 폐문부재로 송달되지 않은 경우에는 공시송달을 할 수 없다(大決 2011. 10. 27, 2011 마 1154; 송달받을 사람이 주소나 거소를 떠나 그곳이 더 이상 송달장소로 인정하기 어렵게 되었다면 이는 '송달할 장소를 알 수 없는 경우'에 해당한다고 한다(大決 2024. 5. 9, 2024 마 5321).

2) 大判 1991. 10. 22, 91 다 9985(송달이 불가능한 경우이므로 공시송달로 판결을 송달하였더라도 판결은 확정되지 아니한다).

시송달 사유를 추가하였다. 즉 원고가 소권(항소권 포함)을 남용하여 '청구가 이유 없음이 명백한 소를 반복적으로 제기'한 것에 대하여 법원이 변론 없이 판결로 소를 각하(219 참조)하는 경우 재판장이 직권으로 피고에 대하여 공시송달을 명할 수 있도록 한 것이다(194 Ⅳ). 이는 그동안 인지는 물론 송달료를 전혀 예납하지 않아 송달료 예납 명령 조차 원고에게 송달할 수 없는 경우 소송비용을 국고에서 대납(民訴規 20)받아[1] 보정명령을 송달하던 실무에서의 일부 관행을 탈피하여, 반복적으로 제기되는 부당소송에 공시송달제도를 활용하여 송달을 간이하게 함으로써 국고손실을 방지하고 부당소송을 조기에 종결하기 위한 것이다.[2]

(3) 節次·方法

1) 공시송달은 직권으로 또는 당사자의 신청에 따라 **법원사무관등**이 행한다(194 Ⅰ). 종전에는 재판장이 직권 또는 당사자의 신청에 따라 공시송달을 명할 수 있었는데, 2014년 민사소송법 개정[3]으로 재판장이 실체적 본안판단에 보다 집중할 수 있도록 하기 위해 법원사무관등이 담당하게 된 것이다. 다만 재판장에게는 법원사무관등의 공시송달에 관한 감독 및 사후 교정역할을 수행하게 하여 재판장은 공시송달의 요건이 갖추어진 경우에 소송의 지연을 피하기 위해 필요하다고 인정하는 때에는 직권으로 공시송달을 명할 수 있으며(직권공시송달 명령: 194 Ⅲ), 또한 직권으로 또는 신청에 따라 법원사무관등의 공시송달처분을 취소할 수 있다(194 Ⅳ). 당사자가 공시송달의 신청을 하는 경우에는 그 사유를 소명하여야 한다(194 Ⅱ). 예컨대 송달장소를 알 수 없기 때문에 공시송달을 신청하는 경우에는 주민등록말소자등본 등을 제출한다. 신청인은 공시송달신청이 법원사무관등에 의해 불허된 경우에는 그 처분에 대해 **이의신청**(223)할 수 있으며, 재판장에 의해 법원사무관등의 공시송달처분이 취소된 경우에는 항고할 수 있다(439). 직권에 의한 공시송달명령은 소송지연을 방지할 필요가 있는 경우에 이용된다. 예컨대 소제기 후에 원고가 소재불명으로 된 경우, 피고에게 소장이 송달되어 소송이 진행중에 피고가 소재불명으로 된 경우 등과 같다. 물론 이 경우에는 우편송달도 가능하다(185).

1) 다만 판례는 항소장 송달비용 미납에 대한 재판장의 보정명령에 불응한 경우, 국고체당지급 절차 없이 항소장 각하명령을 하였더라도 이를 위법하다고 할 수 없다고 하였다(大決 1995. 10. 5, 94 마 2452).

2) 정승연, 「소권 남용 대응 방안에 관한 연구」, 사법정책연구원, 2022, 16-17면; 김영일, 민사소송법 일부개정법률안(의안번호 2117599) 심사보고서, 2023. 3., 16면.

3) 2014. 12. 30. 개정, 법률 제12780호, 2015. 7. 1.부터 시행.

2) 공시송달은 법원사무관등이 송달할 서류를 보관하고 그 사유를 법원게시판에 게시하거나, 그 밖에 대법원규칙이 정하는 방법에 따라서 하여야 한다(195).[1] 종래에는 법원게시판에 게시하는 방법을 이용하였는데, 2002년 민사소송법은 공시송달의 실효성을 꾀하기 위하여 공시의 구체적인 방법을 대법원규칙으로도 정할 수 있게 하였다. 이에 따라 민사소송규칙이 정하고 있는 공시방법은 i) 법원게시판 게시, ii) 관보·공보 또는 신문게재, iii) 전자통신매체를 이용한 공시 등이다(民訴規 54). 법원은 2004년 1월 15일부터 인터넷상의 대법원 홈페이지[2] 법원공고란을 이용하여 공시송달을 하고 있다.[3]

(4) 效 果

1) 최초의 공시송달은 실시한 날로부터 2주가 지나야 그 효력이 생긴다. 다만 같은 당사자에게 하는 그 뒤의 공시송달은 실시한 다음날부터 효력이 생긴다(196 Ⅰ). 그러나 외국거주자에 대한 최초의 공시송달은 실시한 날부터 2월이 지나야만 효력이 발생하도록 특칙을 두고 있다(196 Ⅱ). 이들 기간은 늘일 수는 있으나 줄일 수는 없다(196 Ⅲ).

2) 2014년 12월 민사소송법 개정 전까지는 공시송달의 요건에 흠이 있더라도 그것은 재판장의 명령에 의한 것이므로 송달의 효력에는 영향이 없다고 하는 것이 판례의 일관된 태도이었다.[4] 따라서 공시송달을 허가하는 명령에 대해서는 그 요건에 흠결이 있어도 불복할 수 없었으며,[5] 이 경우에는 소송행위의 추후보완(173) 또는 재심(451 Ⅰ ⑪)에 의하여만 구제를 받을 수 있었다.[6] 이러한 종래 판례의 태도가

---

1) 구 법에서는 법원은 필요가 있을 때에는 공시송달사유를 신문에 공고할 것을 명할 수 있으며, 외국에서 할 공시송달은 법원사무관등이 송달할 서류를 보관하고 있다는 사유를 외국에 주재하는 우리나라 대사·공사·영사 또는 그 국의 관할공무소에 등기우편으로 통지하도록 하였으나(舊民訴 180 Ⅱ, Ⅲ), 별 실효성이 없는 제도이었으므로 삭제하였다.

2) http://www.scourt.go.kr

3) 재판예규 제942호, 민사소송규칙 및 가사소송규칙에 규정한 공고방법에 관한 업무처리지침(재일 2002－3) 제2조. 이 재판예규는 2013. 1. 18.에 재판예규 제1422호(2013. 1. 21. 시행)를 통해 개정되었으나 공시송달절차에서의 공시방법에 관해서는 개정이 없었다.

4) 大(全)決 1984. 3. 15, 84 마 20.

5) 大判 1992. 10. 9, 92 다 12131.

6) 大判 1980. 7. 8, 79 다 1528; 1983. 6. 14, 82 다카 1912; 大決 2011. 10. 27, 2011 마 1154; 특히 大判 2013. 4. 11, 2012 다 111340은 전소의 소장부본과 판결정본 등이 공시송달의 방법에 의하여 송달되어 피고가 그 책임질 수 없는 사유로 전소에 응소할 수 없었던 경우에도, 시효중단 등의 사정으로 다시 제기된 동일한 소송물에 기한 후소에서 피고가 전소의 확정된 권리관계를 다투기 위해서는 먼저 전소의 승소확정판결에 대해 적법한 추완항소를 제기하여 그 기판력을 소멸시켜야 한다고 한다.

계속 유지될 수 있을 것인지가 문제가 된다. 2015. 7. 1.부터 법원사무관등이 원칙적으로 공시송달을 담당하게 됨에 따라 법관 아닌 사법기관의 처분에 법관의 재판과 동일한 효력을 부여할 수 없음을 이유로 법원사무관등에 의한 요건불비의 공시송달처분에 대해서는 그 소속법원에 이의신청(223)할 수 있다는 견해도 있으나,[1] 2014년 12월 개정 민사소송법은 재판장의 감독 하에 법원사무관등이 공시송달을 행하도록 하면서 재판장이 사후적으로 법원사무관등의 공시송달처분을 취소할 수 있도록 하고 있다는 점에서,[2] 법원사무관등에 의한 공시송달처분이 법관에 의해 취소되지 않는 한 그 공시송달은 요건에 흠결이 있다 하더라도 종전의 법관에 의한 공시송달과 동일한 효력을 부여하여도 상관없을 것이다.

3) 공시송달을 한 경우에 송달받은 사람이 현실로 송달사실을 알기를 기대할 수는 없다. 따라서 답변서제출의무, 또는 당사자의 결석으로 인한 자백간주의 효력이 인정되지 아니한다(256 I 但, 150 III). 화해권고결정(225 II)・이행권고결정(少審 5의 3)・지급명령(462 但)・환경분쟁조정법에 의한 재정(환경분쟁조정법 40 III, 42 II, 64)[3]도 공시송달에 의할 수 없다. 다만 지급명령과 관련해서는 2014년 **소촉법에 독촉절차에 관한 특례규정이 신설**되어 은행법에 따른 은행 등과 같은 금융기관[4]이 행사하는 대여금, 구상금 및 양수금 채권에 관해서는 공시송달에 의한 지급명령이 가능하게 되었다(訴促法 20의 2 I).

공시송달에 의한 판결(194~196)의 경우에는 제1심판결에 한해 청구를 특정함에 필

---

1) 李時, 461면.

2) 2014. 12. 30 민사소송법 일부개정법률(법률 제12882호, 2015. 7. 1.부터 시행)의 개정이유 참조.

3) 大判 2016. 4. 15, 2015 다 201510(재정문서의 정본 송달 후 60일 이내에 당사자가 재정의 대상인 환경피해를 원인으로 하는 소송을 제기하지 않는 등의 경우 재정문서가 재판상 화해와 동일한 효력이 있기 때문이다).

4) 이러한 금융기관에는, 예를 들어 은행법에 따른 은행, 중소기업은행법에 따른 중소기업은행, 보험업법에 따른 보험회사, 자산유동화에 관한 법률에 따른 유동화전문회사 등이 속하는데, 특히 위 유동화전문회사들이 소멸시효가 지난 채권을 저가로 매수하여 소멸시효가 지난 것을 알지 못하는 채무자들에게 원금 감면 등을 안내하면서 채무 일부를 상환받고 시효를 부활시켜 잔존채무에 대해 집행하거나 공시송달을 통해 지급명령을 확정 시켜 강제집행에 나서는 경우들이 발생하였다. 이에 2017년에 유동화전문회사를 공시송달에 의한 지급명령 제도를 이용할 수 있는 적용대상으로 남겨두면서도 그 회사를 설립하는 자산보유자의 범위를 공시송달에 의한 지급명령 제도를 적용받는 금융기관으로 한정하는 내용으로 소촉법 제20조의 2 제1항 제18호를 개정하였다(2017. 10. 31. 개정, 법률 제14971호, 2018. 2. 1.부터 시행). 2021년 소촉법의 개정을 통해 관련 금융기관으로 「주택도시기금법」에 따른 주택도시보증공사가 추가되었으며(訴促法 20의2 I ⑲)(2021. 7. 20. 법률 제18300호, 2022. 1. 21.부터 시행), 2023년 개정으로 「상호저축은행법」에 따른 상호저축은행(訴促法 20의2 I ⑥의2)(2023. 3. 28. 법률 제19280호, 2023. 9. 29.부터 시행)과 「중소기업진흥에 관한 법률」에 따른 중소벤처기업진흥공단(訴促法 20의2 I ⑳)(2023. 6. 13. 법률 제19433호, 2023. 9. 29.부터 시행)이 추가되었다. 2024년에는 「소상공인 보호 및 지원에 관한 법률」에 따른 소상공인시장진흥공단(訴促法 20의2 I ㉑)(2024. 1. 16. 법률 제20006호, 2024. 4. 17.부터 시행)이 추가되었다. 소촉법 제20조의2 제1항 제22호에서 말하는 "대법원규칙으로 정한 자"는 「소송촉진 등에 관한 특례규칙」 제17조의2 각 호의 자를 말한다.

요한 사항과 상계의 항변의 판단에 관한 사항만을 간략하게 표시할 수 있다(218 Ⅲ).[1)]

5. 民事訴訟規則上의 特例

민사소송규칙은 소송대리인이 변호사인 경우에 한하여 다음과 같은 특례를 정하고 있다(176 Ⅰ, 民訴規 46, 47).

(1) 電話 등을 이용한 送達

변호사인 소송대리인에 대한 송달은 법원사무관등이 전화·팩시밀리·전자우편 또는 휴대전화 문자전송을 이용하여 할 수 있다. 이 경우 법원사무관등은 송달보고서를 따로 작성할 필요 없이 송달받은 변호사로부터 송달을 확인하는 서면을 받아 소송기록에 붙이면 된다(民訴規 46).

(2) 辯護士 상호간의 送達

양 쪽 당사자가 변호사를 소송대리인으로 선임한 경우, 한 쪽 당사자의 소송대리인인 변호사는 상대방 소송대리인인 변호사에게 송달될 서류의 부본을 교부하거나 팩시밀리 또는 전자우편으로 보내고 그 사실을 법원에 증명하는 방법으로써 송달할 수 있다(民訴規 47).

6. 期日의 簡易送達

기일의 통지는 기일통지서, 출석요구서 등을 송달하여 하는 것이 원칙이지만, 2002년 민사소송법은 대법원규칙이 정하는 간이한 방법, 즉 전화·팩시밀리, 보통우편 또는 전자우편, 그 밖에 상당하다고 인정하는 방법으로도 할 수 있도록 하고 있다(167 Ⅱ 前, 民訴規 45). 다만 이 경우에는 기일에 출석하지 아니한 사람에 대하여 법률상의 제재, 그 밖에 기일을 게을리 함에 따른 불이익을 줄 수 없다(167 Ⅱ 後)(전술한 기일의 통지에 관한 설명 참조).

7. 전자적 송달

전자소송에 동의한 사람에 대한 송달은 송달할 전자문서를 법원의 전산정보처리시스템에 등재하고 그 사실을 송달받을 사람에게 전자우편과 휴대폰 문자메시지를 이용하여 전자적으로 통지하는 방법으로 한다(민소전자문서법 11 Ⅰ, Ⅲ, 민소전자문서규칙 26 Ⅰ). 송달받을 사람

1) 大判 2021. 2. 4, 2020 다 259506.

이 등재된 전자문서를 확인한 때에 송달된 것으로 보며, 설령 송달받을 사람이 그 전자문서를 확인하지 아니하여도 등재사실이 통지된 때부터 1주가 지나면 송달된 것으로 본다(민소전자문서법 11 Ⅳ). 전자소송의 신속성, 송달시기의 명확성을 위해 전자문서의 확인 여부와 관계없이 송달의 효력을 인정하는 것이다. 그 근거는 원칙적으로 송달받을 사람의 전자소송에 대한 동의이다(민소전자문서법 11 Ⅰ).

등재사실의 통지 수단 가운데 문자메시지는 당사자가 요청하면 보내지 않는다(민소전자문서규칙 26 Ⅰ 但). 사생활을 존중하기 위함이다. 다만, 당사자의 별다른 요청이 없으면 반드시 전자우편과 문자메시지 양자의 방법으로 전자문서의 등재사실을 통지하여야 하고, 그 등재된 전자문서가 등록사용자의 미확인으로 송달 간주되는 시기는 전자우편과 문자메시지 모두의 방법으로 등재사실이 통지된 날부터 1주가 지난 날이다.[1)]

당사자와 소송대리인 모두가 전자소송을 이용하는 경우에는 전자적 송달 또는 통지는 소송대리인에게 하여야 한다(민소전자문서법 11 Ⅱ). 송달시기를 명확히 하기 위함이다. 다만 당사자가 등록사용자가 아니거나 전자소송에 의한 진행에 동의한 바 없다면 소송대리인이 있어도 소송서류를 당사자 본인에게 송달하여도 위법한 것은 아니다. 다만 소송서류가 당사자와 소송대리인에게 모두 송달되었다면 먼저 도달한 것을 기준으로 송달의 효력을 따져야 한다.[2)]

Ⅴ. 外國에서 하는 送達

1) 외국에서 하여야 하는 송달은 재판장이 그 나라에 주재하는 우리나라의 대사·공사·영사 또는 그 나라의 관할 공공기관에 촉탁한다(191). 그러나 외국의 법원에 송달을 촉탁하기 위하여서는 그 나라와 사이에 사법공조에 관한 조약 또는 상호보증이 있어야 한다(國民司共 3). i) 해당 국가와 조약이 체결되어 있지 아니하거나 상호보증이 없으면, 수소법원의 재판장은 외교부 등 외교경로를 거쳐 해당 국가에 송달을 촉탁하여야 하고(國民司共 6),[3)] 해당 국가는 사법공조에 응할 법률상 의무가 없으

---

1) 大決 2013. 4. 26, 2013 마 4003.

2) 大判 2024. 7. 25, 2024 다 236211.

3) 실무상 이를 간접송달방식이라 한다. 구체적인 경로는 수소법원 → 수소법원의 재판장이 속하는 법원이 속하는 장 → 법원행정처장 → 외교부 → 피촉탁국 주재 한국대사관 → 피촉탁국 외무부 → 피촉탁국 관할 법원 → 송달받을 사람으로 된다.

므로 국제예양의 차원에서 협조를 기대할 수밖에 없다. 그런데 우리나라는 헤이그 송달협약(민사또는상사의재판상및재판외문서의해외송달에관한협약)에 가입하였으며(2000. 1. 13. 가입, 2000. 8. 1. 발효),[1] 이 협약에 따르면 체약국 사이에서는 사법공조를 요청하는 촉탁국의 법률상 권한 있는 당국이나 사법공무원이 외교경로를 통하지 않고 각 체약국이 지정하는 중앙당국(우리나라는 법원행정처)에 직접 사법공조요청서를 보낼 수 있다(헤이그송달협약 2, 3 I). 따라서 우리나라에서 헤이그송달협약에 가입한 국가에 송달하는 경우에는 수소법원의 재판장이 외교부를 거칠 필요 없이 해당 국가의 중앙당국에 직접 송달을 촉탁할 수 있다.[2] ii) 송달받을 사람이 우리나라 국민으로서 '영사관계에 관한 비엔나협약' 또는 '헤이그송달협약'에 가입한 외국에 거주하는 경우에는 외교상의 경로를 거쳐 그 외국에 주재하는 대한민국의 대사·공사·영사에게 송달을 촉탁할 수 있다(國民司共 4, 6, 헤이그송달협약 8).[3]

2) 외국에서 하여야 하는 송달의 경우에 송달을 촉탁할 수 없거나 촉탁하여도 효력이 없을 것으로 인정되는 경우에는 공시송달의 방법을 이용할 수 있다(194 I).[4]

Ⅵ. 送達의 흠

송달에 흠이 있는 경우에는 여러 가지 유형이 있으나,[5] 여기에서는 송달이 법정의 방식에 위반된 경우와 송달받을 사람이 아닌 사람에게 송달한 경우에 관하여 살펴보기로 한다.

1) 법정의 방식에 위배된 송달, 예컨대 송달장소가 아닌 곳에 한 유치송달은 무효이고, 송달이 없었던 것으로 된다. 그러나 송달에 의하여 중개되는 행위나 이와 결부된 효과가 송달받을 사람의 이익을 보호하는 취지인 경우에는 소송절차에 관한 이의권의 포기·상실에 의하여 그 무효를 주장할 수 없게 된다. 예컨대 변론기일통지서의 송달이 무효이더라도 당사자가 변론기일에 출정하여 변론을 행한 경

---

1) 2020년 3월 현재 총 76개국이 가입함.

2) 구체적인 경로는 다음과 같다. 수소법원→수소법원의 재판장이 속하는 법원의 장→법원행정처장→피촉탁국 중앙당국→송달받을 사람(또는 피촉탁국 관할법원→송달받을 사람).

3) 실무상 이를 영사송달 또는 직접송달방식이라 한다.

4) 북한이탈주민의 이혼소송에서 북한거주 배우자에 대한 송달은 공시송달로 할 수 있다(북한이탈주민의 보호 및 정착지원에 관한 법률 19의 2).

5) 齊藤, 注解民訴(3), 6면 이하 참조.

우에는 송달의 무효를 주장할 수 없다.

그러나 불변기간의 기산점(起算點)이 되는 송달(예컨대 상소기간의 기산점이 되는 판결의 송달)이 무효인 경우에는 이의권의 포기·상실이 허용되지 않는다.[1] 원고가 피고의 주소를 허위로 신고하여 판결정본이 피고의 허위주소로 송달된 경우, 즉 자백간주에 의한 판결편취의 경우에는 피고는 실제로 송달을 받은 바 없으므로 그 송달은 무효이다. 따라서 상소기간은 진행되지 않으며, 그 판결에 기한 등기 등은 미확정판결에 근거한 것이므로 당연무효이다. 이 경우 피고는 상소를 제기할 수도 있고, 별소로서 원인무효를 이유로 미확정판결에 기한 등기의 말소를 구할 수도 있다는 것이 판례이다(자세한 것은 판결편취에 관한 설명 참조).[2]

다만 송달받을 사람이 그 서류를 임의로 수령하면 그 때에 송달이 완성된다고 볼 수 있다. 예컨대 본인이 수감되어 있는 중에 친구가 수령하여 본인에게 인도한 경우와 같다.[3]

2) 송달받을 사람이 아닌 사람에게 잘못하여 송달을 한 경우, 예컨대 법정대리인에게 송달할 것을 미성년자인 본인에게 송달한 경우에도 송달은 무효이다. 그러나 본래 송달받을 사람이 추인을 하면 그에 대한 송달로서 유효하게 된다.

제 5 절 訴訟節次의 停止

I. 總 說

1. 意 義

1) 소송절차의 정지(Stillstand des Verfahrens)라 함은 소송계속중에 그 소송절차가 법률상 진행할 수 없는 상태로 되는 것을 가리키며, 기일의 추후지정, 기일의 불출석 등의 경우와 같이 법원이나 당사자가 소송의 진행을 하지 않기 때문에 소송절차가 사실상 정체된 상태와 구별하여야 한다.

---

1) 大判 2002. 11. 8, 2001 다 84497.
2) 大(全)判 1978. 5. 9, 75 다 634.
3) 日最判 1963. 4. 12, 民集 17. 3. 468.

소송절차의 정지는 주로 소송을 진행하는 경우에 소송에 관여할 수 없는 당사자가 입게 될 불이익을 제거하기 위하여 인정된 것이지만, 그것은 동시에 당사자 양 쪽에게 소송에 관여할 수 있는 기회를 충분히 확보하여 쌍방심리주의를 관철하려는 제도이기도 하다.

2) 소송절차의 정지는 쌍방심리주의의 발현이므로 양 당사자의 계속적인 소송관여를 필요로 하는 절차에 적용된다. 그리하여 판결절차 외에 독촉절차, 제소전화해절차, 가압류·가처분절차, 항고절차, 소송비용확정절차 등에도 소송절차의 정지가 인정된다. 그러나 대석적 변론을 요하지 않는 강제집행절차,[1] 증거보전절차 또는 담보권의 실행 등을 위한 경매절차[2]에는 그것이 인정되지 아니한다.

2. 種　　類

소송절차의 정지에는 중단과 중지의 두 가지가 있다.[3]

1) 소송절차의 중단(Unterbrechung)이라 함은 소송계속중에 당사자의 한 쪽에게 소송수행을 할 사람의 교대사유가 생긴 경우에 새로운 수행자가 소송에 관여할 수 있을 때까지 절차의 진행을 정지하는 것이다. 이것은 당사자에게 소송절차에 관여할 기회를 보장하기 위한 것이다. 중단은 법정의 사유가 있으면 당연히 발생하며, 새로운 소송수행자나 상대방의 수계신청 또는 법원의 속행명령에 의하여 해소된다.

2) 소송절차의 중지(Aussetzung)라 함은 법원이나 당사자에게 소송을 진행할 수 없는 장애가 생겼거나 또는 이를 진행시키는 것이 부적당한 사유가 발생한 경우에 절차의 진행을 정지하는 것이다. 소송수행을 할 사람의 교대사유가 생기지 않는 점에서 중단과 다르다. 중지는 법률상 당연히 생기는 수도 있고, 법원의 결정에 의하여 생기는 수도 있다.

위 두 가지 외에 제척 또는 기피의 신청이 있는 경우(48)와 관할지정신청이 있는 경우(民訴規 9)에 소송절차가 정지되지만, 긴급을 요하는 경우에는 예외가 인정되

1) 大判 1970. 11. 24, 70 다 1894.
2) 大決 1969. 11. 28, 69 마 845; 1972. 11. 7, 72 마 1266.
3) 도이칠란트 법상으로는 그 밖에 휴지(Ruhen)가 있으나, 1976년 간소화법에 의하여 당사자 사이의 합의에 의한 휴지는 더이상 인정되지 않고, 오직 법원의 명령에 의한 휴지만 인정된다.

고, 또 종국판결 후에는 생기지 않는 점에서 위 두 가지 경우의 정지와 다르다.

Ⅱ. 訴訟節次의 中斷

1. 中斷事由

중단은 법률이 정한 사유가 있으면 당연히 발생하고, 법원이나 당사자가 이를 알고 있는지 아닌지는 관계가 없다.

(1) 自然人의 死亡, 法人의 合併

소송계속 후에 자연인이 사망하거나(233), 법인이 합병에 의하여 소멸한 경우(234)에는 소송절차가 중단된다. 이 경우에는 당사자가 교체된다.

1) 소송계속 후에 당사자가 사망하였어야 하므로, 소제기 전에 이미 사망한 경우에는 당사자표시의 정정(의사설) 또는 당사자변경(표시설)이 가능할 뿐, 소송절차의 중단사유로 되지 않고 상속인에 의한 수계신청은 허용되지 않는다.[1] 당사자가 사망하여도 상대방이 그 승계인인 경우에는 대립당사자의 혼동에 의하여 소송이 종료하므로 중단은 생기지 않는다. 또 소송물을 이루는 권리가 일신전속적이어서 이를 승계할 사람이 없는 경우, 예컨대 이혼소송 중 당사자 한 쪽이 사망한 경우,[2] 이사의 지위에서 제기한 이사회결의무효확인소송 중 이사가 사망한 경우[3]도 같다.

통상공동소송에서는 사망한 당사자와 그 상대방과의 사이에서만 중단이 생기지만,[4] 필수적 공동소송에서는 전면적으로 중단이 생긴다(67 Ⅲ).

2) 소송계속 후에 법인이 합병에 의하여 소멸하였어야 하므로, 합병 이외의 해산사유로 소멸하는 경우에는 중단이 발생하지 않는다. 이 경우에는 법인은 청산의 목적 범위 안에서 존속하기 때문이다(清算法人, 民 81, 商 245). 다만 합병 이외의 사유라도 법인이 청산절차를 밟지 않고 소멸하는 경우에는 소송절차는 중단된다.[5]예컨대 법인이 분

1) 大判 1962. 8. 30, 62 다 275; 1987. 3. 24, 85 다카 1151.
2) 大判 1982. 10. 12, 81 므 53.
3) 大決 1981. 7. 16, 80 마 370.
4) 大判 1994. 11. 4, 93 다 31993.

할되는 경우가 이에 해당한다.[1] 행정구역의 폐치(廢置)·분합(分合)의 경우도 같다.[2]

(2) 當事者의 訴訟能力의 喪失, 法定代理人의 死亡, 法定代理權의 消滅

이 경우에도 소송절차가 중단된다(235). 이 경우에는 당사자 자체는 변경되지 않지만 소송수행자가 교대된다. 당사자가 소송능력을 상실한다 함은 성년후견 또는 한정후견 개시심판을 받은 경우를 가리키고, 법정대리인의 대리권 상실에는 가처분에 의하여 그 권한행사가 금지된 경우도 포함된다.[3] 법정대리권이나 법인의 대표권의 소멸은 상대방에 통지하여야 효력이 발생하므로(63. 64), 통지가 없는 동안에는 중단이 생기지 않는다.[4] 이에 반하여 소송대리인의 대리권이 소멸한 경우에는 본인이 직접 소송수행을 할 수 있으므로 중단사유로 되지 아니한다.

(3) 當事者가 當事者適格의 喪失로 訴訟에서 脫退하는 경우

이에 해당하는 것으로는 다음 여러 가지 경우가 있다. 당사자가 소송물을 양도한 경우에는 양도인인 당사자가 당연히 소송에서 탈퇴하는 것이 아니므로 중단사유로 되지 아니한다.

① 신탁재산에 관한 소송의 당사자인 수탁자의 임무 종료(236)

② 제3자의 소송담당의 경우에 소송담당자의 자격상실, 또는 선정당사자 모두의 자격상실(237) 　제3자의 소송담당의 경우란 일정한 자격에 의하여 남을 위하여 소송당사자가 된 경우를 가리킨다. 파산관재인(破 359), 집합건물의 관리단과 관리인으로부터 관리비징수 업무를 위탁받은 위탁관리업자[5] 등이 이에 해당한다. 다만 채권자대위소송의 채권자, 대표소송의 소수주주 등은 자기의 권리에 기하여 소송을 하는 경우이므로, 여기에 포함되지 아니한다. 선정당사자의 일부만이 자격을 상실

---

5) Thomas/Putzo, §239 Anm. 3.

1) 大判 1970. 4. 28, 67 다 1262; 2002. 11. 26, 2001 다 44352.

2) 同旨: 李時, 466면; 兼子, 條解民訴, 734면.

3) 大判 1980. 10. 14, 80 다 623.

4) 日最判 1968. 4. 16, 民集 22. 4. 929, 續百選 12사건.

5) 따라서 위탁관리업자가 구분소유자를 상대로 관리비청구소송을 수행하던 중 관리위탁계약이 종료되면 소송절차는 중단되고, 같은 자격을 가진 새로운 위탁관리업자가 소송절차를 수계하거나 새로운 위탁관리업자가 없으면 관리단이나 관리인이 직접 소송절차를 수계하여야 한다(237 I). 다만 소송대리인이 있는 경우에는 관리위탁계약이 종료하더라도 소송절차가 중단되지 않는다(238): 大判 2022. 5. 13, 2019 다 229516; 다만 유통산업발전법 제12조에 따른 대규모점포 등 관리자의 경우에는 관리자의 지위승계에 관한 아무런 규정이 없으므로, "종전 대규모점포 등 관리자가 제기한 미납 관리비의 지급을 구하는 소송이 계속되던 중 새로 대규모점포 등 관리자가 신고절차를 마쳤다는 사정만으로 소송절차가 중단되어 소송수계절차가 이루어져야 한다고 할 수 없다"라고 한다(大判 2022. 1. 27, 2020 다 39719).

한 경우에는 나머지 선정당사자가 모두를 위하여 소송행위를 할 수 있으므로(54), 중단사유로 되지 아니한다.

③ 파산재단에 관한 소송의 파산선고 및 파산절차의 해지(239, 240) 당사자가 파산선고를 받은 때에는 파산재단에 관한 소송절차는 중단된다(239前). 당사자의 파산재단에 관한 관리처분권이 상실되기 때문이다(破384). 파산재단에 관한 소송에는 파산재단에 속하는 재산에 관한 소송과 파산채권에 관한 소송이 있는데, 전자의 경우에는 파산관재인이 수계하고(破347), 후자의 경우에는 그 채권조사기일에 이의를 진술한 사람과의 사이에서 채권자가 소송을 수계한다(破464, 466). 파산재단에 관한 소송이 중단된 경우에 채무자회생 및 파산에 관한 법률에 의한 수계가 이루어지기 전에 파산절차가 해지되면 파산선고를 받은 사람이 당연히 소송절차를 수계한다(239後). 채무자회생 및 파산에 관한 법률에 의한 파산재단에 관한 소송의 수계가 있은 뒤 파산절차가 해지된 때에는 소송절차는 중단된다. 파산관재인의 임무가 종료되고, 파산선고를 받은 사람의 관리처분권이 부활하기 때문이다. 이 경우에는 파산선고를 받은 사람이 소송절차를 수계하여야 한다(240). 그 밖에 채권자가 제기한 채권자취소소송(破406)[1] 및 채권자대위소송[2]도 채무자가 파산한 경우에는 중단되며, 중단된 소송은 파산관재인이 원고로 수계한다(破347).

그 밖에도 채무자회생 및 파산에 관한 법률에 따라 회생절차개시결정이 있는 때에는 채무자의 재산에 관한 소송절차는 중단된다(破59). 채무자에 대하여 개인회생절차 개시결정이 내려진 사실을 알고도 채무자의 소송수계가 이루어지지 아니한 상태로 채권자취소 소송절차를 진행하여 선고한 판결은 소송절차를 수계할 채무자가 법률상 소송행위를 할 수 없는 상태에서 심리되어 선고된 것이므로 마치 대리인에 의하여 적법하게 대리되지 아니하였던 경우와 마찬가지의 위법이 있다.[3] 소송계속 중 일방 당사자에 대해 회생절차개시결정이 있었지만 법원이 그대로 소송

1) 채무자 회생법 제406조 제1항, 제2항, 제347조 제1항에 의하면, 파산채권자가 제기한 채권자취소소송이 파산선고 당시 법원에 계속되어 있는 때에는 그 소송절차가 중단되고, 파산관재인 또는 상대방이 이를 수계할 수 있다(大判 2022. 5. 26, 2022 다 209987).

2) 大判 2013. 3. 28, 2012 다 100746(채권자대위소송도 그 목적이 채무자의 책임재산 보전에 있고 채무자에 대하여 파산이 선고되면 그 소송 결과는 파산재단의 증감에 직결된다는 점에서 채권자취소소송과 같은 구조를 가지고 있으므로 파산채권자가 제기한 채권자대위소송계속 중 채무자가 파산선고를 받으면 민사소송법 제239조, 채무자회생 및 파산에 관한 법률 제406조, 제347조 제1항을 유추 적용하여 그 소송절차는 중단되고 파산관재인이 이를 수계할 수 있다고 한다).

3) 大判 2013. 6. 13, 2012 다 33976; 소송계속 중 일방 당사자에 대하여 파산선고가 있었던 경우에도 마찬가지이다(大判 2018. 4. 24, 2017 다 287587).

절차를 진행하여 판결을 선고한 경우도 마찬가지이다.[1]

2. 中斷의 例外

1) 위에서 설명한 중단사유 중 파산의 경우를 제외하고는 중단사유가 발생하더라도 그 중단사유가 생긴 당사자 쪽에 **소송대리인이 있는 때**에는 소송절차가 중단되지 아니한다(238).[2] 그 이유는 이 경우에는 소송수행상의 단절이 없기 때문이다(이러한 사유로는 소송대리권이 소멸되지 아니한다. 95. 96). 그러나 소송대리인이 있기 때문에 소송절차가 중단되지 않는 것은 무제한적인 것은 아니고, 심급대리의 원칙상 그 심급의 판결이 당사자(소송대리인)에게 송달되면 소송절차는 중단된다.[3] 따라서 항소는 소송수계절차를 밟은 후에 제기해야 한다. 판례는 다만 제1심 소송대리인이 상소제기에 관한 특별수권을 받아 상소를 제기한 경우에는 상소제기 시부터 소송절차가 중단되므로 항소심에서 소송수계절차를 밟아야 한다고 본다.[4] 소송대리인이 있기 때문에 소송절차가 중단되지 않는 경우에도 당사자는 사망하여 부존재하므로 상속인은 소송절차를 수계할 수 있다.[5] 그러나 상속인이 수계절차를 밟지 아니하여도 소송대리인은 당연히 새 당사자의 소송대리인이 된다.[6]

2) 이 경우에 당사자의 표시는 상속인이 밝혀진 경우에는 상속인, 상속인을 모르는 경우에는 사망자를 그대로 표시한다.[7] 판례는 당사자가 사망하였어도 소송대리인이 있으면 판결서에 기재된 당사자의 표시와 관계없이 판결의 효력은 잘못 표시된 당사자에게는 미치지 아니하고 정당한 상속인에게 미친다고 한다.[8] 또한 소송대리인에게 상소제기의 특별한 권한을 수여하였던 경우에는 소송대리인이 상소

---

1) 大判 2016. 12. 27, 2016 다 35123.

2) 康鳳洙, "訴訟代理人이 있는 경우 當事者의 死亡과 受繼," 「民事裁判의 諸問題」, 8(1994), 682면 이하 참조.

3) 大判 1983. 10. 25, 83 다카 850; 1996. 2. 9, 94 다 61649; 2016. 9. 8, 2015 다 39357.

4) 大判 2016. 4. 29, 2014 다 210449(상속인으로부터 항소심소송을 위임받은 소송대리인이 소송수계절차를 취하지 않고 사망한 당사자 명의로 항소한 경우, 상속인이 항소심에서 수계신청을 하고 소송대리인의 소송행위를 추인하면 하자는 치유된다고 한다).

5) 大判 1972. 10. 31, 72 다 1271.

6) 大決 1992. 11. 5, 91 마 342. 자세한 것은 유병현, "소송계속중 사망한 자를 당사자로 표시한 판결의 승계인에 대한 기판력과 집행방법," 하촌정동윤선생화갑기념, 「이십일세기 민사소송법의 전망」(1999), 333면 이하 참조.

7) 大決 1992. 11. 5, 91 마 342.

8) 大決 1992. 11. 5, 91 마 342; 大判 2011. 4. 28, 2010 다 103048; 그 밖에도 당사자가 사망하였으나 소송대리인이 있으면, 판결에 망인의 공동상속인 중 소송수계절차를 밟은 일부만이 당사자로 표시되어 있어도 그 판결의 효력은 나머지 공동상속인에게도 미친다고 한다(大判 2010. 12. 23, 2007 다 22859).

를 제기하지 아니하면 불복기간이 진행하여 판결이 확정된다고 본다.[1)]

판례는 제1심 소송계속 중 당사자가 사망하였는데 소송대리인에게 상소제기의 특별한 권한이 있는 경우에, 위 사망자의 공동상속인 중 일부만이 수계절차를 밟아 그 일부 상속인만을 소송수계인으로 표시한 제1심 판결이 선고되고 이에 대해 위 사망자의 소송대리인이 위 일부 상속인만을 항소인으로 표시하여 항소를 제기하였다면, 위 제1심 판결에서 누락된 상속인에 대해서도 항소제기의 효력이 있고 그에 대해서는 항소제기와 동시에 소송절차가 중단되어 있으므로 그는 항소심에서 적법하게 소송수계 신청을 할 수 있다고 본다. 당사자가 소송대리인을 통해서, 또는 상대방이 항소를 제기한 경우에는 판결에서의 당사자 표시를 신뢰한 소송대리인 또는 상대방의 합리적 의사에 비추어 누락된 상속인에 대해서도 항소 제기의 효력이 있다는 것이다.[2)]

그런데 위와 같은 경우에, 판결에 표시된 일부 상속인만이 스스로 항소를 제기한 경우에는 판례는 누락된 상속인에 대해서는 항소제기의 효력이 없다고 본다.[3)] 항소를 제기하는 일부 상속인에게 누락된 상속인을 위한 소송대리권이 없기 때문이다.[4)] 또한 이 경우에는 사망자의 소송대리인에게 수여된 상소제기의 특별한 권한 때문에 누락된 상속인에 대해서는 항소기간이 도과하여 판결이 확정되므로 누락된 상속인의 수계신청은 부적법하게 되는 것이다.[5)]

상소제기의 특별한 권한을 수여받은 소송대리인이 판결정본 송달 후에도 여전히 소송대리권을 가짐으로 인해 위 두 판례에서 나타나는 '누락된 당사자의 지위 불안'의 문제에 대해, i) 특별수권이 있는 소송대리인의 대리권은 판결정본 송달로 소멸하고 이때 소송절차는 중단되며 소송대리인은 상소장 제출의 권한만을 갖는 것으로 보아야 한다는 견해,[6)] ii) 정당한 상속인들의 방어권보호를 위해 판결에 상속인으로 표시된 자에게만 수계절차의 효력이 미치는 것으로 보아야 한다는 견해[7)] 등이 제시되고 있다. 생각건대, 당사자가 사망하면 소송대리인이 상속인들의 존재 여부를 구체적으로 알지 못하여도 그 상속인(당사자) 모두의 소송대리인이 되며(238), 소송대리인의 소송행위 또는 상대방의 소송행위는 상속인 모두에게 효력이 있고, 판결의 당사자표시에 관계없이 진정한 상속인 모두에게 판결의 효력이 미친다. 그런데 판결이 송달된 뒤에도 소송은 여전히 원심법원에 계속되어 있고(243 Ⅱ 참조) 상소제기의 특별수권이 있는 소송대리인의 대리권도 소멸하지 않고 그대로 존속하므로, 소송대리인 또는 상대방이 판결에 표시된 일부 상속인 또는 판결에 당사자로 표시된 사망자 명의로 상소를 제기하면 진정한 상속인 전원을 위해 상소가 제기된 것으로 보아야 한다.[8)]

---

1) 大決 1992. 11. 5, 91 마 342; 大判 2010. 12. 23, 2007 다 22859.
2) 大判 2010. 12. 23, 2007 다 22859; 大決 2023. 8. 18, 2022 그 779.
3) 大決 1992. 11. 5, 91 마 342.
4) 大判 2010. 12. 23, 2007 다 22859.
5) 大決 1992. 11. 5, 91 마 342.
6) 오상현, "상소제기의 특별수권과 소송대리권의 소멸시기," 「법조」 제692권, 2014. 5, 239면 이하.
7) 한충수, 809면

이와 달리, 일부 상속인들이 사망자의 소송대리인을 제쳐놓고 직접 상소를 제기한 경우에는 상소제기의 효력은 현실로 상소장에 표시된 당사자에 한정된다(표시주의, 공동소송인 독립의 원칙 66). 다만 후자의 경우에는 누락된 상속인들에 대해서 판결이 확정되는 문제점이 있다(사망자가 소송대리인에게 상소제기의 특별한 권한수여를 하지 않았다면 원심에 소송절차가 중단되어 있을 텐데 상소제기의 권한 수여를 하는 바람에 판결이 확정되어 더 이상 다툴 수 없게 되는 것이다). 이 경우 누락된 상속인들과 소송대리인에게 과실이 없다면 상소의 추후보완(173)을 허용하여 절차권을 보장함이 타당하다고 본다.[1]

그 밖에 당사자가 사망한 경우에 당사자의 혼동이 있거나 소송물을 승계할 사람이 없는 때에도 중단이 생기지 아니함은 앞에서 이미 설명하였다.

3. 中斷의 解消

소송절차의 중단은 당사자 쪽의 수계신청 또는 법원의 속행명령에 의하여 해소된다(다만 제239조 후단의 경우에는 신청이 없이 당연히 수계의 효과가 생긴다). 중단이 해소되면 소송절차의 진행이 재개된다.

(1) 受繼申請

수계신청(Aufnahme)이라 함은 당사자 쪽에서 중단된 절차의 속행을 구하는 신청이다.

1) 수계신청을 할 수 있는 사람은 중단사유가 있는 당사자 쪽의 새 소송수행자와 그 상대방이다(233~240, 241).

i) 새 수행자는 각 중단사유마다 법정되어 있다. 즉 당사자의 사망의 경우에는 상속인, 상속재산관리인,[2] 그 밖에 법률에 의하여 계속하여 소송을 속행할 사람(유언집행자, 수유자 등)이다(233). 공동상속의 경우에 반드시 상속인 모두가 함께 하여야 하는 것은 아니고 개별적으로 수계하여도 상관이 없다.[3] 다만 가사소송사건(가류, 나류)에서 원고가 사망한 경우에는 다른 소제기권자가 그 때부터 6월 이내에 소송절차를 승계할 수 있다(家訴 16).

---

8) 유병현, "대표권 소멸과 소송절차 중단시점, 그리고 상소제기 특별수권의 범위," 「민사소송」 제26권 제1호, 2022, 155면 이하.

1) 같은 취지: 李時, 468면; 정영환, 867면 이하; 김홍엽, 604면; 전원열, 308면.

2) 법원은 상속인의 존재 여부가 분명하지 아니한 경우에는 상속재산관리인의 선임(民 1053 Ⅰ)을 기다려 그로 하여금 소송을 수계하도록 하여야 한다(大判 2002. 10. 25, 2000 다 21802).

3) 大判 1963. 3. 21, 62 다 805.

법인의 합병의 경우에는 합병에 의하여 설립된 법인 또는 합병한 뒤의 존속법인이고(234),[1] 소송능력의 상실, 법정대리권소멸의 경우에는 소송능력을 회복한 당사자 또는 법정대리인이 된 사람이고(235), 수탁자의 임무종료의 경우에는 새 수탁자이며(236), 당사자적격을 상실한 경우에는 같은 자격이 있는 사람, 선정한 사람 모두, 또는 새로 선정된 사람이고(237), 당사자가 파산선고 또는 회생절차의 개시결정을 받은 경우에는 파산관재인(破 347) 또는 채권자(破 464, 466)이며(239), 파산절차의 해지의 경우에는 파산선고를 받은 사람이다(240).

ii) 상대방은 새 수행자가 정하여지고 소송수행에 장애(233 Ⅱ 참조)가 없으면, 그에 대하여 수계신청을 할 수 있다.

2) 수계신청을 하여야 할 법원은 중단 당시에 소송이 계속된 법원이다.[2] 이와 관련하여 종국판결이 선고된 뒤에 중단사유가 발생한 경우에 어느 심급의 법원에 수계신청을 할 것인가가 문제된다. 소송계속은 판결의 확정으로 종료되므로, 중단 당시에 소송이 계속된 법원은 원심법원이고, 또 우리나라에서는 상소장을 원심법원에 제출하므로(397), 원심법원에 수계신청을 하여야 할 것이다(통설). 대법원은 상급법원에도 수계신청을 할 수 있다고 한다.[3]

3) 수계의 절차를 보면, 수계신청은 새 수행자가 서면 또는 구술로 한다(161). 이 경우에는 새 수행자 및 수계의 의사를 명시하고, 새 수행자의 자격을 조사하는 데 필요한 자료를 붙여야 하는 것이 원칙이지만, 묵시의 수계도 인정되는 수가 있다.[4] 수계신청인가의 여부는 서면의 표제에 구애됨이 없이 실질적으로 판단한다. 그리하여 기일지정신청 또는 당사자 표시정정신청을 하였더라도 그 실질에 따라 이를 수계신청으로 볼 수 있다.[5]

수계의 신청이 있으면 법원은 이를 상대방에게 통지하여야 한다(242). 상대방에

1) 다만 법률에 법인의 지위를 승계하거나 법인의 권리의무가 새로 설립된 법인에 포괄적으로 승계된다는 명문의 규정이 없는(예컨대 대규모점포 등 관리자의 지위승계) 이상 새로 설립된 법인이 소송절차를 수계할 근거는 없다고 보아야 한다. 이와 같은 법리는 당사자가 법인격 없는 단체인 경우에도 마찬가지이다(大判 2022. 1. 27, 2020 다 39719).

2) 대법원은 당사자가 상고이유서 제출기간 만료 후에 사망한 경우에는 수계를 허용하지 않는다(大判 2016. 4. 29, 2014 다 210449).

3) 大判 1963. 5. 30, 63 다 123; 大(全)判 1995. 5. 23, 94 다 28444; 大判 2003. 11. 14, 2003 다 34038.

4) 大判 1955. 7. 7, 4288 民上 53.

5) 大判 1980. 10. 14, 80 다 623.

대한 관계에서는 이 통지시에 중단이 해소된다(247Ⅱ).

4) 수계신청에 대한 재판은 법원이 직권으로 조사하여 한다. 수계신청이 이유 없으면 결정으로 기각한다(243Ⅰ). 이에 대하여는 항고로 불복할 수 있다(439Ⅰ). 기각이 되면 중단은 해소되지 아니한다. 이에 반하여 수계신청이 이유 있으면, 종국판결 전일 때에는 기일을 지정하여 변론을 속행하면 되고 특별한 재판을 요하지 아니한다.[1] 참칭수계인을 간과하고 본안판결을 선고한 경우에는 진정한 상속인에 대한 관계에서는 소송절차의 중단상태에 있지만, 참칭상속인에 대하여는 기판력이 미친다.[2] 종국판결선고 후에 중단이 된 때에는 원법원이 수계결정을 하여(243Ⅱ) 이를 송달하여야 한다. 이 결정에 대하여는 독립하여 상소할 수 없다. 이 결정이 송달된 때로부터 상소기간이 진행한다.

(2) 續行命令

당사자 양 쪽이 모두 수계신청을 하지 아니하는 경우에는 법원이 직권으로 소송절차를 계속하여 진행하도록 명하는 결정을 할 수 있다(244). 속행명령을 할 수 있는 법원은 중단 당시에 소송이 계속된 법원이다. 속행명령이 당사자에게 송달되면 중단은 해소된다.[3] 속행명령은 명시적으로 하여야 하며, 단지 변론기일을 지정하여 양 당사자에게 통지한다고 하여 속행명령이 있는 것으로 볼 수는 없다.[4] 속행명령은 중간적 재판이므로 독립하여 불복할 수 없다.

Ⅲ. 訴訟節次의 中止

소송절차의 중지는 다음과 같은 사유로 발생하고 해소된다.

1. 當然中止

천재지변, 그 밖의 사고로 법원이 직무를 수행할 수 없을 경우에는 중지는 당연히 발생하고, 직무집행불능의 상태가 소멸되면 중지도 당연히 해소된다(245).

---

1) 大判 1984. 6. 12, 83 다카 1409.
2) 大判 1981. 3. 10, 80 다 1895.
3) 李時, 472면. 속행명령에 의하여 중단이 해소된다는 견해로는 方, 524면.
4) 同旨: 李時, 472면. 反對: 日大判 1938. 5. 4, 評論 27, 民訴 196.

2. 裁定中止

법원은 직무를 행할 수 있으나 당사자에게 일정하지 아니한 기간 동안 소송행위를 할 수 없는 장애사유가 생긴 경우에는 법원은 결정으로 소송절차를 중지하도록 명할 수 있다(246 I). 여기에서 '장애사유'라 함은 당사자가 갑자기 정신병에 걸린 경우, 천재지변 등으로 교통이 두절되고 당분간 회복의 전망도 보이지 아니하는 경우 등을 들 수 있다. 중지의 결정은 신청 또는 직권에 의하여 하며, 법원의 취소결정에 의하여 중지가 해소된다(246 II).

3. 다른 法令에 의한 中止

다른 절차와의 관계에서 소송의 속행이 부적당하기 때문에 다른 법령에 의하여 절차가 중지되는 경우이다. 여기에는 절차가 당연히 중지되는 경우와 법원의 결정으로 중지할 수 있는 경우가 있다. 전자의 예로서는 소송사건이 조정에 회부된 경우(民調規 4), 가사소송사건이 조정에 회부된 경우(家訴 49, 民調規 4), 소액사건이 조정에 회부된 경우(少審規 9), 위헌여부의 제청을 한 경우(憲裁 42 I) 등이 있고, 후자의 예로서는 채무자의 재산에 관하여 회생절차개시의 신청이 있는 경우(破 44 I ③), 특허심판이 선결관계에 있는 경우(特 164, 實用 35, 意匠 56, 商標 51) 등이 있다. 그 밖에 다른 민사사건이나 형사사건이 선결관계에 있는 때에도 중지를 명할 수 있다고 본다(통설).[1)]

Ⅳ. 訴訟節次停止의 效果

소송절차의 정지중에는 판결의 선고를 제외한 소송절차상의 소송행위는 할 수 없고,[2)] 기간의 진행이 정지된다(247 II).

1. 訴訟節次上의 行爲

소송절차의 정지중에는 당사자는 물론 법원도 그 사건에 관하여 소송절차상의 행위를 할 수 없다. 그러나 소송절차 밖에서 소송대리인의 해임, 소송구조의 신청

1) 도이칠란트는 이에 관하여 명문의 규정을 두고 있다(獨民訴 148).
2) 大判 1989. 9. 26, 87 므 13.

등을 하는 것은 상관이 없다. 또 수계나 속행명령 등 정지를 해소시키는 행위를 할 수 있는 것은 말할 나위도 없다.

1) 정지중의 당사자의 행위는 상대방에 대한 관계에서 무효이다. 그러나 상대방이 이의권을 포기·상실하면 유효하게 된다.[1] 또 정지제도는 당사자의 보호를 위한 것이므로 불이익을 입은 정지사유가 발생한 당사자의 추인에 의하여 정지중의 소송행위는 유효하게 된다.[2] 그리고 정지중의 소송행위에 기하여 정지의 해소 후에 종국판결이 확정되면 위 행위의 무효를 주장할 수 없게 된다.[3]

2) 정지중의 법원의 소송행위, 즉 재판·증거조사 기타의 행위는 당사자 양 쪽에 대한 관계에서 무효인 것이 원칙이다. 그러나 당사자의 이의권의 포기·상실로 인하여 유효로 될 수 있다. 또 변론을 종결하기 전에 정지가 되었음에도 불구하고 이를 간과하고 판결을 선고하면 그 판결은 위법하다.[4] 그런데 이 판결이 당연무효인지 여부에 관하여는 다툼이 있다. 그리하여 소송수계와 소송승계를 구별하지 않고 소송수계가 없는 한 당사자도 그대로 사망자인 것이므로 사망자 이름의 판결은 무효라는 견해가 있다.[5] 판례도 한때 같은 입장에서 이를 무효로 보고 상소와 재심의 대상이 되지 않는다고 하여오다가 태도를 바꾸었다. 즉 판례는 당사자가 소송계속 이전에 사망한 경우와 소송계속 이후에 사망한 경우를 구별하여, 전자의 경우 당사자의 사망을 간과하고 판결하였다면 양 당사자대립구조가 존재하지 아니하므로 그 판결은 당연무효이나, 후자의 경우에는 전자의 경우와는 달리 당사자의 사망과 동시에 상속인이 당사자의 지위를 당연히 승계하므로 양 당사자의 대립구조가 존재하고, 따라서 이 경우 법원이 소송절차의 중단을 간과하고 사망자의 이름으로 판결을 선고하였다면, 그 판결은 상속인의 절차참여권을 침해한 위법·유효한 판결이므로, 상속인은 대리권의 흠에 준하여 상소(424 I ④) 또는 재심(451 I ③)으로 불복할 수 있을 뿐이라고 한다.[6] 도이칠란트·일본의 학설·판례도 무효가 아니라고 풀이하면서, 당사자는 대리권에 흠이 있는 경우에 준하여 상소 또는 재심에 의

1) 大判 1955. 7. 7, 4288 民上 53.

2) 大判 1963. 12. 12, 63 다 703; BGH 4, 314(320).

3) Rosenberg, §125 Ⅳ 2.

4) 趙寬行, "當事者의 死亡으로 訴訟節次가 中斷된 것을 看過하고 한 判決의 效力," 「人權과 正義」, 1993. 11, 430면 이하; 「民事裁判의 諸問題」, 8, 696면 이하 참조.

5) 胡, 388면.

6) 大(全)判 1995. 5. 23, 94 다 28444; 2013. 6. 13, 2012 다 33976.

하여 불복을 신청할 수 있을 뿐이라고 한다.[1] 판례의 입장이 타당하다고 생각한다.[2] 소송수계와 당연승계를 구별하지 아니하는 견해는 소송대리인이 있는 경우 절차가 중단되지 아니하는 제238조에 반하며, 무권대리의 경우에도 기판력을 인정하는 민사소송법의 태도(451 I ③ 참조)와도 균형이 맞지 아니한다. 소송계속중 당사자에게 회생절차개시결정이 있었으나 법원이 이를 간과하고 관리인의 소송수계 없이 그대로 소송절차를 진행하여 판결을 선고한 경우에도 소송절차를 수계할 관리인이 법률상 소송행위를 할 수 없는 상태에서 심리되어 선고된 것이므로, 여기에는 마치 대리인에 의하여 적법하게 대리되지 아니하였던 경우와 마찬가지의 잘못이 있다.[3]

판결의 선고는 소송절차의 중단중에도 할 수 있다(247 I). 이것은 변론을 종결한 뒤에 중단이 생긴 때에는 당사자가 관여할 소송행위가 없기 때문에 판결을 선고하는 편이 낫기 때문이다. 그러나 판결의 송달은 중단이 해소된 뒤에 하여야 한다.

2. 期間의 進行

소송절차의 정지중에는 기간의 진행이 정지된다. 그러므로 새로운 기간은 진행을 시작하지 않고, 이미 진행중이던 기간은 진행을 멈춘다. 그리고 정지가 해소되면, 남은 기간이 아니라 다시 전체 기간이 새로이 진행된다(247 II).

---

1) Rosenberg, §123 Ⅳ 3; 兼子, 條解民訴, 756면; 日最判 1983. 5. 27, 判時 1082. 51.
2) 同旨: 姜, 416면.
3) 大判 2016. 12. 27, 2016 다 35123.

제 4 편

訴訟의 終了

소송절차는 심리가 완결되어 법원이 사건에 관하여 종국판결을 선고하고 그 판결이 확정됨으로써 종료되는 것이 보통이지만, 당사자처분권주의에 의하여 당사자의 의사에 따라 종료되는 수도 있다.

본편에서는 이들 여러 가지의 소송종료사유에 관하여 살펴보기로 한다.

제1장 總　　說

Ⅰ. 訴訟終了의 事由

소의 제기에 의하여 개시된 제1심의 소송절차는 소의 목적이 달성되거나 소의 목적을 달성하는 것이 불가능하게 된 때에 종료된다. 그리하여, 첫째로 소송은 종국판결의 확정에 의하여 종료된다. 이것이 가장 보통의 종료사유이다. 둘째로 민사소송은 처분권주의를 기본원칙으로 하고 있으므로, 소송은 당사자의 의사에 의하여서도 종료된다. 소의 취하, 청구의 포기・인낙 및 재판상의 화해가 그것이다. 셋째로 민사소송은 이당사자대립주의(二當事者對立主義)를 취하고 있으므로 소송중에 양 당사자의 대립구조가 소멸되면 소송도 따라서 종료된다. 그러한 경우로서는 원・피고의 지위가 혼동된 경우(소송중에 당사자 한 쪽이 사망하고 상대방이 그 유일한 상속인으로서 소송물인 권리의무를 상속하거나, 대립당사자인 양 법인이 합병한 경우)와 당사자의 한 쪽이 없게 되는 경우(소송중에 당사자가 사망하거나 당사자적격을 상실하였으나 소송물인 권리관계가 일신전속적이므로 이를 승계할 사람이 없는 경우, 예컨대 이혼소송중 부 또는 처가 사망한 경우)를 들 수 있다.

Ⅱ. 訴訟終了宣言

1. 意　　義

소송종료선언이라 함은 소송이 확정적으로 종료되었음을 종국판결로써 선언하는 제도이다. 확인판결의 일종이다. 이것은 종래 판례법에 의하여 발전되어 온 제도인데, 민사소송규칙에서 이를 명문으로 규정하게 되었다(民訴規 67). 소송종료선언제도는 도이칠란트의 본안종료선언제도(Die Erledigung der Hauptsache, 獨民訴 91 a)와 구별하여야 한다.[1)]

---

1) 소제기 후에 발생한 사정으로 인하여 청구가 이유 없거나 소가 부적법하게 된 경우(예컨대 소송의 목적인 채권의 변제, 인도청구의 목적물의 소멸, 권리보호의 이익의 소멸 등)에 법원이 원고청구기각 또는 소각하 판결을 하거나 원고로 하여금 소취하를 하게 하면서 모든 소송비용을 원고에게 부담시키는 것은 불공평하므로, 이 경우에는 본안을 종료시키면서 소송비용에 관하여 별도로 부담재판을 하는 경우이다.

2. 訴訟終了宣言을 할 경우

소송종료선언은 i) 소송종료의 효과를 다투어 기일지정신청을 한 경우, ii) 소송의 종료를 간과하고 소송심리가 진행된 경우 및 iii) 당사자 한 쪽이 사망하였으나 소송물의 승계가 허용되지 않는 경우 등에 이를 한다.

(1) 訴訟終了效果의 다툼

확정판결 이외의 사유로 소송이 종료된 것으로 처리된 뒤에 그 소송종료의 효과를 다투는 경우에는 당사자는 기일지정의 신청을 할 수 있다. 이 경우에 법원은 변론기일을 열어 신청사유에 관하여 심리하여야 한다. 신청이 이유 있다고 인정되는 경우에는 소송이 종료된 것으로 처리될 당시의 소송정도에 따라 필요한 절차를 계속하여 진행하고 중간판결 또는 종국판결의 이유에서 그 판단을 표시한다. 신청이 이유 없다고 인정되는 경우에는 종국판결로 소송의 종료를 선언하여야 한다(民訴規 67, 68).

소송종료의 효과를 다투면서 기일지정신청을 하는 경우로서는 i) 소 또는 상소취하(소 또는 상소취하 간주를 포함한다)에 의하여 소송이 종료된 것으로 처리된 뒤에 소 또는 상소취하의 무효·부존재를 주장하여 기일지정신청을 하는 경우와, ii) 청구의 포기·인낙, 소송상화해에 의하여 소송이 종료된 경우에 그 무효를 주장하여 기일지정신청을 하는 경우가 있다.

i) 판례에 따르면 소취하 등의 효력을 다투는 것은 무효·부존재의 사유가 있는 경우에 한하고 단순히 취소할 수 있는 경우에는 허용되지 아니한다. 즉 소송행위에는 민법 제109조, 제110조의 규정이 적용될 여지가 없으므로 소취하 등의 소송행위가 착오, 또는 다른 사람의 사기나 강박에 의하여 행하여진 경우에도 이를 이유로 그 소송행위를 부인할 수 없다고 한다. 따라서 사기나 강박에 의한 소취하의 무효를 주장하며 기일지정신청을 구하는 경우에, 그 행위가 형사책임이 수반되는 다른 사람의 강요와 폭행에 의하여 이루어진 것이라는 사실이 증명되지 않는 한(451 I ⑤ 유추), 법원은 소송종료선언을 하여야 한다.[1)]

---

1) 大判 2001. 10. 26, 2001 다 37514. 이 경우 형사유죄확정판결이 있어야 하며(451 I ⑤, II 유추), 해당 소송행위가 이에 부합되는 의사 없이 외형적으로만 존재하여야 한다는 것으로는 大判 1984. 5. 29, 82 다카 963. 그러나 사기에 의한 소취하의 의사표시의 취소를 인정한 것으로는 大判 2004. 4. 27, 2003 다 31619.

ii) 판례에 의하면 청구포기·인낙, 소송상화해의 흠은 확정판결의 당연무효사유와 같은 사유가 있을 때에만 기일지정신청으로 다툴 수 있고 그 밖에는 재심사유가 있을 때에 한하여 준재심의 소로 다툴 수 있다. 따라서 판례에 따르면 당연무효를 주장하며 기일지정신청을 하는 경우에는 법원으로서는 그 무효사유의 존재 여부를 가리기 위하여 기일을 지정하여 심리를 한 다음 무효사유가 존재한다고 인정되지 아니한 때에는 판결로써 소송종료선언을 하여야 하고,[1] 그 밖의 사유를 주장하며 기일지정신청을 한 때에는 그 신청을 각하하여야 한다.[2]

(2) 訴訟終了의 看過

확정판결, 청구의 포기·인낙, 소송상화해 및 취하에 의하여 소송이 종료되었음에도 불구하고 이를 간과하고 소송심리를 진행하여 온 사실이 추후에 밝혀지는 수가 있는데, 이 경우에는 법원은 종국판결로써 소송종료선언을 하여야 한다. 판례에 나타난 사례를 보면, i) 판결의 확정을 간과한 경우,[3] ii) 청구인낙을 간과한 경우,[4] iii) 소취하(취하간주)를 간과한 경우,[5] iv) 화해권고결정에 대한 이의신청기간이 도과했음에도 계속 심리·판단한 경우[6] 및 v) 소송탈퇴로 인한 소송종료를 간과한 경우[7] 등이 있다.

(3) 二當事者對立構造의 消滅

당사자 한 쪽이 사망하였으나, 소송물인 권리관계가 일신전속적이어서 이를 승계할 사람이 없는 경우, 예컨대 이혼소송중 당사자의 한 쪽이 사망한 경우, 이사가 그 지위에 기하여 주주총회결의 취소의 소를 제기하였다가 사망한 경우[8]에는 **소송은 바로 종료**되지만[9] 소송종료 여부에 대해 다툼이 있어 기일지정을 신청한

1) 大判 2000. 3. 10, 99 다 67703(재판상 화해 자체가 이루어진 바가 없는데도 작성된 화해조서는 무효); 2001. 3. 9, 2000 다 58668(조정 자체가 성립된 바 없는데도 작성된 조정조서는 무효).
2) 大判 1977. 1. 11, 76 다 333.
3) 大判 1982. 6. 22, 82 누 89; 1991. 9. 10, 90 누 5153; 1991. 5. 24, 90 다 18036.
4) 大決 1962. 6. 14, 62 마 6.
5) 大判 1968. 11. 5, 68 다 1773.
6) 大判 2010. 10. 28, 2010 다 53754.
7) 大判 2011. 4. 28, 2010 다 103048.
8) 大判 2019. 2. 14, 2015 다 255258.
9) 법원사무관등은 기록표지 다음 장의 '기일지정'란에 "○○○○년 ○○월 ○○일 원고의 사망으로 인하여 종료"라고 기재하고 재판장의 인인(認印)을 받고 민사종국코드에 "기타"로 입력하는 것이 실무이다(법원실무제요, 민사소송(Ⅲ), 2017, 1567면).

경우에는 법원은 판결로써 소송종료선언을 하여야 한다.[1]

3. 主文 · 效力

1) 소송종료선언을 할 경우에는 주문에서 소송종료일자와 소송종료사유를 밝히는 것이 실무예이다(예컨대 '이 사건 소송은 2005. 5. 5.자 소취하로 종료되었다').

2) 소송종료선언의 판결은 소송의 종료를 확인하는 소송판결이며, 종국판결이다.[2] 이에 대하여는 상소가 허용된다. 소송종료선언의 판결에서는 소송비용에 관한 재판을 하여야 한다. 기일지정신청의 경우에는 신청 후의 소송비용에 관하여, 소송종료간과의 경우에는 종료시 후의 소송비용에 관하여 재판하여야 한다.

---

1) 大判 1985. 9. 10, 85 므 27; 1992. 5. 26, 90 므 1135. 이혼소송과 재산분할청구소송이 병합된 경우, 당사자가 사망하면 이혼소송뿐만 아니라 이혼을 전제로 하는 재산분할청구소송도 종료된다(大判 2003. 10. 10, 2003 므 1289). 단체의 의사결정기관의 지위에서 그 단체를 상대로 그 의사결정기관의 결의의 효력을 다투는 소를 제기하였다가 사망한 경우, 그 소송은 종료된다(大判 2004. 4. 27, 2003 다 64381).

2) 예를 들어 파산관재인 乙이 甲을 상대로 제기한 부인의 소의 제1심판결이 공시송달의 방법으로 송달되어 확정된 후 甲이 추후보완항소를 제기하고, 항소심 법원이 추후보완항소를 각하하지 않은 채 제1심판결 선고 후의 사정(위 파산사건에 대한 파산종결결정)으로 판결로써 소송종료선언을 하여 그 판결이 확정되었다면, 이로써 위 제1심판결의 형식적 확정력은 소멸하게 된다(大判 2024. 12. 12, 2024 다 273869).

제 2 장 當事者의 意思에 의한 終了

제 1 절 訴의 取下

Ⅰ. 總 說

1. 意義 · 性質

1) 소의 취하(Zurücknahme der Klage)라 함은 원고가 소에 의한 심판요구를 철회하는 법원에 대한 의사표시를 말한다. 이에 의하여 소송계속의 효과가 소급적으로 소멸하고 소송이 종료된다(267 I).[1]

2) 소의 취하는 법원에 대한 원고의 일방적 의사표시로 행하여지는 단독적 소송행위이다. 피고의 동의를 필요로 하는 경우에도 그것은 소취하의 요건의 하나일 뿐, 그에 의하여 당사자간의 계약으로 되는 것은 아니다. 또 소의 취하는 법원의 행위를 개재시키지 않고 직접 소송계속의 소멸을 가져오므로 여효적 소송행위에 속한다.

2. 區別槪念

소의 취하는 그 내용과 효과에서 다음의 여러 개념과 구별하여야 한다.

1) 소의 취하는 청구의 포기와 다르다. 양자는 원고의 일방적 행위에 의하여 소송을 종료시킨다는 점에서 공통점이 있으나, 후자는 원고가 스스로 청구의 이유 없음을 인정하고 여기에 확정판결과 같은 효력이 인정되기 때문에(220), 그것은 분쟁의 실체적인 해결기준을 확립하지만, 전자는 분쟁을 실체적으로 해결함이 없이 단순히 소송만을 종료시킬 뿐이다. 말하자면 소의 취하는 확정된 소각하판결에 해당하고, 청구의 포기는 확정된 청구기각판결에 해당한다. 청구의 포기는 피고의 전면 승소의 형태로 분쟁을 해결하는 것이므로

1) 2006年度 제1심 民事本案事件 가운데 소의 취하로 종료된 사건의 수는 전체 사건의 8.9%이었다(법원행정처 간, 「司法年鑑」, 2007, 604면).

피고에게 아무런 불이익이 없으므로 원고가 임의로 할 수 있으나, 소의 취하는 분쟁이 해결되지 않는 것이므로 피고의 그때까지의 방어활동을 무위(無爲)로 돌릴 염려가 있고, 따라서 피고가 소에 대하여 일단 방어태세를 취한 뒤에는 피고의 동의 없이는 소취하의 효력이 발생하지 않는다(266 Ⅱ).

2) 소의 취하는 상소의 취하와 다르다. 양자는 법원에 대한 심판요구의 철회라는 점에서 공통되지만, 상소의 취하는 상소의 신청만을 철회하여 상소심에서의 소송계속만을 소급적으로 소멸시키기 때문에 하급심판결은 그대로 확정됨에 반하여, 소의 취하는 하급심을 포함한 전체의 소송계속을 소급적으로 소멸시키므로 하급심판결도 당연히 실효된다.

3) 소의 취하는 소송절차의 정지와 구별하여야 한다. 양자는 그 뒤에 소송절차가 뒤따르지 않는 점에서 공통되나, 전자는 소송계속만을 확정적으로 소멸시키므로 소송절차가 영구히 종료됨에 반하여, 후자는 소송계속중 소송절차를 법률상 진행시킬 수 없는 경우로서 그 사유가 소멸되면 뒤에 다시 소송절차가 진행된다.

4) 소의 취하는 소로 주장한 실체법상의 권리의 포기와 구별하여야 한다. 후자의 경우에는 소를 취하할 수도 있으나, 소를 취하하지 아니하면 실체법상의 권리가 소멸되어 청구가 이유 없으므로 청구기각의 판결을 하여야 한다. 소의 취하는 실체법상의 권리의 소멸과 무관하게 할 수 있다.[1)]

Ⅱ. 訴取下의 要件

1. 訴取下의 自由

소를 취하할 것인가 아닌가는 원고의 자유에 속한다.[2)] 직권탐지주의가 채택되어 청구의 포기가 허용되지 아니하는 사건에서도 소의 취하는 가능하다. 왜냐하면 소의 제기가 원고의 자유에 속하는 이상 원고가 법원의 심판을 바라지 않는 경우에는 그 의사를 존중하는 것이 타당하기 때문이다. 원고 1인의 의사만으로 소제기를 할 수 없는 고유필수적 공동소송의 경우에는 그 취하도 원고 1인만으로는 할 수 없다(67 Ⅰ). 상법상 주주의 대표소송의 경우에는 회사와 다른 주주의 이해가 관련

---

1) 청구를 교환적으로 변경한 경우에 소취하된 구 청구의 소송물을 이루는 실체법상의 권리가 포기 또는 상실되었다고 볼 수 없다는 판례로는 大判 1994. 12. 23, 94 다 15486.

2) 다만 명백히 이유 없는 청구나 보정불능한 소는 석명권을 통해 소의 취하를 종용할 것이라는 견해로는 李時, 595면. 소의 취하를 종용 또는 강요하였다고 하여 상고이유가 되는 것은 아니라는 판례는 大判 1971. 5. 24, 71 다 361. 이에 대한 반대의 견해로는 胡, 877면.

되어 있으므로 법원의 허가를 얻어야만 소의 취하를 할 수 있다(商 403 Ⅵ). 증권관련집단소송의 경우에도 법원의 허가를 필요로 한다(證集 35 Ⅰ).

2. 時　　期

소의 취하는 소장수리 후 판결의 확정에 이르기까지 하여야 한다(266 Ⅰ). 소송요건에 흠이 있어서 소가 부적법한 경우에도 이를 취하할 수 있다. 종국판결이 선고된 후 상소되기 전의 기간은 물론, 상소심에서도 소를 취하할 수 있다. 다만 상소심에서 소를 취하하는 경우에는 재소금지의 제재가 따른다(267 Ⅱ).

3. 被告의 同意

1) 피고가 본안에 관하여 소송에 응한 경우, 즉 본안에 관한 준비서면을 제출하거나 변론준비기일에서 진술하거나 변론을 한 뒤에는 피고의 동의를 얻지 아니하면 소취하의 효력이 없다(266 Ⅱ). 고유필수적 공동소송에서는 공동피고 모두의 동의를 얻어야 한다(67 Ⅰ). 이것은 피고가 본안에 관하여 적극적으로 다툴 자세를 보였기 때문에 권리관계의 확정(특히 청구기각의)에 관한 피고의 정당한 이익을 보호하기 위한 것이다. 여기에서 본안이라 함은 청구의 당부(當否)에 관한 사항을 말한다. 따라서 피고가 소송요건의 흠을 주장하여 소각하의 신청을 한 경우 또는 소송이송신청을 한 경우에는 피고의 동의가 필요 없다. 피고가 제1차로 소각하판결을 구하고 예비적으로 청구기각의 판결을 구하는 경우에 관하여는 다툼이 있으나, 이 경우에는 주된 방어에 착안하여 피고의 동의를 요하지 않는다고 본다.[1)]

2) 피고의 동의는 소송행위이므로 조건을 붙여서는 아니되고 피고에게 소송능력이 있어야 한다. 소송대리인이 동의를 할 때에는 특별한 권한수여가 필요 없다.[2)]

3) 피고의 동의가 있으면 소의 취하는 확정적으로 효과가 발생하고, 피고가 동의를 거절하면 소취하의 효력이 발생하지 아니한다. 피고가 일단 동의를 거절하였다가 뒤에 이르러 태도를 바꾸어 소취하에 동의한다고 하여도 취하의 효력은 발생하지 아니한다. 왜냐하면 이 경우에는 동의할 대상이 없어졌기 때문이다.[3)]

1) 大判 1968. 4. 23, 68 다 217.
2) 同旨: 李時, 596면 註 1; 宋/朴, 478면; 大判 1984. 3. 13, 82 므 40. 反對: 胡, 874면 주5.
3) 大判 1969. 5. 27, 69 다 130.

4) 본소가 취하된 후에 반소를 취하하는 경우에는 상대방인 원고의 동의를 요하지 아니한다(271). 원고가 반소의 제기를 유발한 본소를 스스로 취하하고 그로 인하여 유발된 반소의 유지를 상대방에게 강요하는 것은 공평하지 않기 때문이다.

4. 訴訟行爲로서 有效할 것

1) 소의 취하는 원고의 소송행위이므로 원고에게 소송능력이 있어야 하고, 대리인에 의한 경우에는 특별한 권한을 받아야 한다(56 Ⅱ·90 Ⅱ). 무능력자 또는 무권대리인이 소를 제기한 경우에는 추인이 있을 때까지 스스로 소를 취하할 수 있다. 유사필수적 공동소송의 경우에는 단독으로 취하할 수 있으나, 고유필수적 공동소송의 경우에는 모두가 공동으로 취하하지 않으면 안 된다.[1] 법인의 대표자의 대표권이나 소송대리인의 대리권이 소멸한 경우에는 그 소멸사실을 상대방에게 통지하지 아니하면 대표권 또는 대리권소멸의 효과가 생기지 아니하나(63, 64, 97),[2] 2002년 민사소송법은 법원이 그 소멸사실을 안 뒤에는 소의 취하 등 소송물을 처분하는 행위를 할 수 없도록 하고 있으므로(56 Ⅱ·63 Ⅰ 但), 이 경우에는 대표권 또는 대리권이 소멸된 사람이 행한 소취하는 무효이다.

2) 소의 취하는 소송행위이므로 조건을 붙일 수 없다. 또 소취하의 효력이 생긴 뒤에는 원칙적으로 이를 철회할 수 없다.

3) 소취하의 의사표시에 흠이 있는 경우의 효력에 관하여는 다툼이 있다. 통설·판례는 소취하가 순수한 소송행위로서 절차의 안정성과 명확성이 요구된다는 이유로 그 무효·취소를 주장할 수 없다고 풀이하고,[3] 다만 소취하 또는 이에 대한 상대방의 동의가 형사상 처벌을 받을 행위로 인한 경우에 한하여 예외적으로 민사소송법 제451조 제1항 제5호를 유추하여 무효·취소를 주장할 수 있다고 한다.[4] 다만 통설은 이 경우에도 제456조에서 정한 제척기간 안에 주장하여야 하나,

---

1) 공동피고 중 일부에 대한 소취하도 불가능하다(大判 1996. 12. 10, 96 다 23238).

2) 大(全)判 1998. 2. 19, 95 다 52710.

3) 大判 1980. 8. 26, 80 다 76; 1983. 4. 12, 80 다 3251; 1997. 10. 24, 95 다 11740.

4) 大判 1985. 9. 24, 82 다카 312; 2001. 10. 26, 2001 다 37514; 2012. 6. 14, 2010 다 86112(주식회사의 실질적인 대표이사가 회사에 불이익하다는 것을 알면서도 전부 패소한 1심판결에 대해 항소를 취하한 사건에서, 이러한 항소취하가 무효가 되기 위해서는 그 대표이사에 대한 유죄확정판결 외에 당해 소송행위의 효과를 당사자에게 귀속시키는 것이 절차적 정의에 반하여 도저히 수긍할 수 없을 정도의 대리권의 실질적인 흠의 발생을 요구하고 있다).

유죄의 확정판결 등 제451조 제2항의 요건은 필요로 하지 아니한다고 한다.[1] 그러나 판례 가운데에는 형사상 처벌받을 타인의 행위로서 유죄의 확정판결이 있어야 될 뿐만 아니라 그 소송행위가 이에 부합되는 의사 없이 행위의 외형만이 존재하는 경우에 한하여 그 효력을 부인할 수 있다고 엄격하게 풀이한 경우도 있다.[2]

그러나 소의 취하는 소송절차를 종료시키는 행위이고, 이를 기초로 하여 그 뒤에 다른 절차가 진행하는 일이 없으므로, 그 무효·취소를 인정하여도 절차의 안정을 해할 염려가 없는 점, 종국판결 후에 소를 취하하면 재소금지의 효과가 발생하여 원고에게 매우 불리한 점 등을 고려하면, 이 경우에는 일반적으로 무효·취소의 주장을 허용하는 것이 타당할 것이다.[3] 그리고 위 무효·취소의 주장은 기일지정신청에 의하여야 할 것이다.

대법원도 소송행위가 소송당사자의 기망행위에 의하여 야기된 경우에는 기망행위를 한 당사자의 소송절차의 안정을 보호할 필요는 없는 것이며 그 소송절차 중에서 소취하행위의 효력을 판단받는 한 법원에 대한 관계에서도 그 소송절차의 안정을 해할 우려가 없다고 하면서, 피고 쪽 당사자나 대리인이 재소가 금지된 항소심에 이르러 소송진행과정을 모르고 있던 원고 중의 일부를 기망하여 소를 취하하게 한 경우에는 형사상 처벌받을 사기행위로서 그 원고는 소취하의 의사표시를 취소할 수 있다고 하였다.[4]

Ⅲ. 訴取下의 方式과 範圍

1. 方　式

1) 소의 취하는 소송이 계속된 법원에 취하서를 제출하여 하는 것이 원칙이지만(266 Ⅲ 本), 위 취하서를 기일에 말로 진술할 필요는 없다. 다만 변론 또는 변론준비기일에서는 말로 소를 취하할 수 있다(266 Ⅲ 但). 취하의 진술은 조서에 기재된다(154 ①·283 Ⅱ). 적법한 소취하서가 제출되면 그 서면이 상대방에게 도달되기 전·후를 묻지 않고

---

1) 李時, 597면; 유죄의 확정판결까지 필요하다는 입장으로는 田, 581면.

2) 大判 1984. 5. 29, 82 다카 963; 2001. 1. 30, 2000 다 42939, 42946. 그러나 일본판례는 통설과 같다. 日最判 1971. 6. 25, 民集 25. 4. 640, 百選 Ⅰ, 166면.

3) 同旨: 胡, 876면; 新堂, 239면; Arens, *Willensmängel bei Parteihandlungen im Zivilprozess*(1968), S. 119 ff.

4) 大判 2004. 4. 27, 2003 다 31619.

임의로 철회할 수 없다.[1)]

2) 소장송달 뒤에 소의 취하가 있는 경우에는 취하서를 피고에게 송달한다(266 Ⅳ). 기일에 말로 취하한 경우에 피고가 출석하지 아니한 때에는 취하의 진술을 기재한 조서의 등본을 피고에게 송달하여야 한다(266 Ⅴ). 이것은 피고에게 취하가 있었음을 알려 그 동의 여부를 촉구함과 동시에 불필요한 준비를 하지 않도록 하기 위한 것이다. 피고의 동의를 요하지 않는 경우에는 취하서를 제출하거나 말로 진술을 한 때에 취하의 효력이 발생한다.[2)]

3) 소취하에 대한 피고의 동의도 법원에 대하여 서면 또는 말로 할 수 있다. 동의의 의사표시가 있으면 취하의 효력이 발생하고, 부동의의 의사표시가 있으면 취하는 효력이 없는 것으로 확정된다. 동의를 할 때까지는 취하의 효력발생이 정지되므로 피고가 명확한 태도를 보이지 아니하면 소송이 지연될 염려가 있다. 그리하여 피고가 취하서나 취하를 기재한 조서를 송달받은 경우에는 그 날부터, 피고가 출석한 기일에 취하가 있은 때에는 그 날부터 각각 2주 이내에 피고가 이의하지 아니하면 소의 취하에 동의한 것으로 본다(266 Ⅵ).

2. 範　　圍

1) 소의 취하는 소송물의 전부나 일부에 대하여 할 수 있다. 소로 심판을 구한 여러 개의 청구(청구의 병합) 가운데 하나를 취하하거나, 가분청구 중 일부분을 취하하는 것은 소의 일부취하이다. 소의 일부취하는 일부청구가 허용되는 경우에 한하여 허용된다. 통상공동소송 또는 유사필수적 공동소송의 경우에 공동원고 중의 1인의 소취하나, 공동피고 중의 1인에 대한 소취하도 일부취하에 해당한다.

2) 소의 일부취하는 공격·방어방법의 일부철회와 구별하여야 한다. 전자는 심판요구 자체를 일부 철회하는 것임에 반하여, 후자는 심판요구는 그대로 두고 이를 이유 있게 하기 위한 소송자료를 일부 철회하는 것이기 때문이다. 소유권확인청구에서 소유권취득원인으로 매매와 취득시효의 두 가지를 주장하다가 어느 하나를 철회하는 것은 후자의 한 예이며, 이 경우에는 피고의 동의가 필요하지 않다.

---

1) 大判 1997. 6. 27, 97 다 6124.
2) 大判 1970. 6. 30, 70 후 7; 1980. 8. 26, 80 다 76.

다만 소의 일부취하인가 공격·방어방법의 일부철회인가는 소송물이론에 따라 그 결론이 달라짐을 주의하여야 한다. 예컨대 청구권경합의 경우에 한 쪽의 청구권의 주장을 철회하는 경우에는 구실체법설에 의하면 소의 일부취하이지만, 소송법설·신실체법설에 의하면 공격·방어방법의 일부철회에 불과하다.

3) 청구의 감축(예컨대 대여금 5,000만 원의 청구를 1,000만 원으로 줄이는 경우)이 소의 일부취하인가 청구의 일부포기인가 또는 청구의 변경인가가 문제된다. 소의 취하로 보면 피고의 동의가 필요하지만, 청구의 포기나 청구의 변경으로 보면 그것이 필요 없고, 소의 취하나 청구의 변경으로 보면 서면에 의하여야 하는 것이 원칙이지만, 청구의 포기로 보면 서면에 의할 필요가 없다는 차이가 있다. 원고의 의사에 따라 판별할 것이지만, 그것이 불명확한 경우에는 원고에게 불이익이 적은 소의 일부취하로 풀이하여야 할 것이다.[1)]

Ⅳ. 訴取下의 效果

소를 취하하면 처음부터 소송계속이 없었던 것으로 보며, 특히 종국판결이 선고된 뒤에 소를 취하하는 경우에는 다시 동일한 소를 제기할 수 없게 되는 불이익이 따른다.

1. 訴訟係屬의 遡及的 消滅

1) 소를 취하하면 그 취하된 부분에 대하여는 처음부터 소송이 계속되지 아니한 것으로 본다(267 I). 따라서 그 부분에 관하여는 더 이상 소송절차를 진행시키거나 판결을 할 수 없으며, 그 때까지 행한 당사자·법원·제3자의 모든 소송행위는 그 효력을 잃는다. 즉 당사자의 공격·방어방법의 제출, 소송고지, 소송이송신청, 법관기피신청, 변론관할의 효과, 보조참가인과 제3자의 소송행위, 법원의 증거조사와 재판이 모두 효력을 잃는다. 실효된 재판에 기한 강제집행은 집행문부여에 대한 이의신청에 의하여 저지할 수 있다(民執 34).

1) 同旨: 李時, 593면; 姜, 630면; 大判 1983. 8. 23, 83 다카 450; 日最判 1952. 12. 25, 民集 6. 12. 1255. 청구의 일부포기로 보는 견해로는 方, 531면; 宋/朴, 566면이 있고, 청구의 변경으로 보는 견해로는 菊井, "訴の變更," 講座民訴 1; Rosenberg, §130 Ⅰ 3 a); Blomeyer, §63 Ⅱ 3; Thomas/Putzo, §264 Ⅰ 등이 있다.

다만 사실과 사실의 기록(조서 등)이 소멸하는 것은 아니므로 조서와 재판을 다른 소송에서 서증으로 이용하는 것은 상관이 없다. 또 다른 청구에 관하여 생긴 관련재판적(25, 79, 262, 264, 269)도 그 소제기 당시에 소송계속이 있었던 이상 그 뒤에 본소가 취하되어도 소멸되지 아니한다(33). 또 마찬가지로 취하에 앞서 제기한 반소, 중간확인의 소, 독립당사자참가도 취하에 의하여 영향을 받지 아니한다.[1)]

2) 소의 제기와 결부된 실체법상의 효과도 소급하여 소멸하는가는 경우에 따라 다르다. 시효중단의 효과가 소멸됨에 관하여는 명문의 규정이 있고(民 170), 소제기기간(출소기간)의 준수(456, 民 204 Ⅲ, 205 Ⅱ, 847, 商 328, 376 Ⅰ, 529 Ⅱ 등)의 효과도 소멸된다고 풀이된다.

또 공격·방어방법의 하나로서 소장에 기재되거나 또는 변론에서 행하여진 이행의 청구, 해제, 해지, 취소, 상계 등 사법행위의 효과도 소취하에 의하여 소멸하는가에 관하여는 다툼이 있다. 소취하가 소송외의 화해의 일환으로 행하여지는 경우에는 그 화해에서 사법행위의 효력에 관하여 정하는 일이 많지만, 그것이 분명하지 아니한 경우에는 화해계약 전체의 취지로부터 합리적으로 해석하여 결정하여야 할 것이다.[2)] 그러나 화해가 없이 소취하가 이루어지는 경우에 관하여는 형성권의 소송상의 행사에 관하여 설명한 바와 같이 사법행위설, 소송행위설, 양성설, 신병존설 등 여러가지 견해가 대립하고 있다. 당사자의 의사를 존중하여 사법행위의 효력의 존속 여부를 판단하는 것이 타당하다고 생각한다(신병존설의 입장. 자세한 것은 당사자의 소송행위 중 형성권의 소송상 행사 부분 참조).

3) 소송비용의 부담 및 액수는 신청에 의하여 결정으로 재판한다(114). 소송비용의 부담의 점에서 원고는 원칙적으로 패소자[3)]로 취급된다(98, 99).[4)] 사실심(2심)의 변론을 종결할 때까지 소를 취하하면 그 심급의 소장·항소장·반소장·청구변경신청서·당사자참가신청서 및 재심소장에 붙인 인지액의 2분의 1에 해당하는 금액의 환급을 청구할 수 있다(民印 14).[5)] 서비스의 제공에 상응하는 수수료만을 징수하기 위

1) 大判 1970. 9. 22, 69 다 446; 1991. 1. 25, 90 다 4723.

2) 新堂, 241면.

3) 소가 취하되면 그 소는 원칙적으로 원고에게 무익한 것, 즉 권리의 신장 또는 방어에 필요한 행위가 아니었던 것이 되어 피고가 채무를 이행하였기 때문에 소를 취하한 것이라는 등의 특별한 사정이 없는 한 패소한 당사자에 준하여 소를 취하한 **원고가 소송비용의 부담자**가 되는 것이 원칙이다: 大決 2020. 7. 17, 2020 카확 522.

4) 종전에는 소의 취하나 청구의 포기·인낙, 화해에 의하여 종결된 경우에 소송비용에 산입하는 변호사보수는 통상의 경우의 2분의 1로 하였으나[(구)변호사보수의소송비용산입에관한규칙 5], 변호사에 의한 자율적 분쟁해결을 촉진하기 위하여 이제는 그 경우의 변호사 보수를 통상의 경우와 같게 하였다(2003. 6. 9. 개정규칙 5 참조).

함이다. 다만 하나의 청구 중 일부를 감축한 경우는 인지액 환급사유에 해당하지 않는다는 것이 판례의 태도이다.[1]

2. 再訴의 禁止

(1) 序 說

1) 소의 취하는 소송계속을 소급적으로 소멸시키므로 다시 같은 소를 제기하더라도 상관이 없는 것이 원칙이다. 그러나 본안에 대한 종국판결이 있은 뒤에 소를 취하하는 경우에는 같은 소를 제기할 수 없다(267 II). 이를 재소의 금지라 한다. 다만 재소를 금지하는 현행법의 입장이 입법론으로서 타당한가에 관하여는 의문을 제기하는 견해가 있다.[2]

2) 재소를 금지하는 취지에 관하여 통설·판례[3]는 법원이 종국판결을 선고한 뒤에 이를 실효시킴으로써 법원의 노력을 헛되이 하는 것에 대한 제재, 즉 소취하권의 남용에 대한 제재로 본다(**소취하남용제재설**). 이에 대하여 처분권주의를 기초로 하여 당사자가 판결에 의하지 않고 소취하에 의하여 쟁송을 처리하는 것은 소송경제에 맞고 이를 제재할 근거도 없으며, 재소금지의 취지는 원고가 소를 취하하면서 후소를 제기하는 경우의 소권의 남용을 방지하는 데 있다고 보는 견해가 있다(**재소남용방지설**).[4] 생각건대 재소의 금지는 취하권의 남용방지와 재소의 남용방지의 두 가지 취지를 아울러 가지고 있다고 보는 것이 옳을 것이다(**이원설**).[5]

(2) 要 件

재소가 금지되는 것은 첫째 재소가 전소와 같은 경우에 한하고, 둘째 본안의

---

5) 인지액의 2분의 1에 해당하는 금액이 10만 원 미만인 때에는 인지액에서 10만 원을 공제하고 남은 금액의 환급을 청구할 수 있으므로(民印 14 I), 결국 인지액이 10만 원 이하인 경우에는 환급되지 아니한다.

1) 大決 2012. 4. 13, 2012 마 249.

2) 도이칠란트 법은 본안판결 후에 소를 취하하여도 재소를 금지하지 않으며(獨民訴 269 IV), 오스트리아 법은 제1심의 제1회 기일개시 후에는 청구의 포기만을 인정하므로(墺民訴 237) 재소의 여지는 없다. 판결확정시까지는 소취하의 자유를 인정하면서 본안의 종국판결 후의 소취하에 재소금지의 제재를 가하는 것은 모순이므로 본안판결선고 후에는 소취하를 금지하는 것이 옳다는 견해가 있다(李英, 261면; 新堂, 242면). 재소금지규정을 없애고 구체적으로 재소권의 남용이 있는 경우에는 부적법각하할 것이라는 견해로는 胡, 880면.

3) 大判 1998. 3. 13, 95 다 48599; 2009. 6. 25, 2009 다 22037.

4) 胡, 880면.

5) 日最判 1977. 7. 1, 民集 31. 4. 693, 百選 I, 170면.

종국판결이 있은 뒤 소를 취하하였어야 한다.[1)]

'같은 소'가 되려면 당사자 및 소송물이 같을 뿐 아니라, 이에 덧붙여 소의 이익도 같아야 한다는 것이 통설·판례이다.[2)] 그 이유는 정당한 이유 없이 소를 취하한 경우에는 재소를 금지하여야 하지만, 다른 한편 재판을 받을 권리를 부당하게 박탈하여서는 아니되기 때문이다. 이때 '같은 소'는 반드시 기판력의 범위나 중복제소금지에서의 그것과 동일한 것은 아니며, 당사자와 소송물이 같더라도 재소금지규정의 취지(법원노력의 무용화와 소송제도를 남용의 방지를 위한 제재)에 반하지 않고 소제기를 필요로 하는 정당한 사정이 있다면 다시 소를 제기할 수 있는 것이다.[3)]

(가) 당사자와 소송물의 동일

1) 당사자의 면에서, 원고의 **포괄승계인**(일반승계인)은 원고와 동일시된다.[4)] 원고의 **특정승계인**도 원고와 동일시할 것인가에 관하여는 견해가 갈라진다. 이를 원고와 동일시하는 견해가 통설·판례이지만,[5)] 특정승계인이 원고와 공모(共謀)하는 등 특별한 사정이 없는 한 이를 동일시하지 않고 재소를 허용하는 견해,[6)] 권리의 내용이 당사자의 의사에 의하여 자유로 정하여지는 성질의 것인 경우에 한하여 원고와 동일시하는 견해[7)]로 나누어진다. 재소금지가 가지는 제재적 기능을 관철하려면 이를 동일시하여야 할 것이다. 다만 특정승계인이 소취하에 대한 책임이 없고 다시 소를 제기할 새로운 필요성도 있어서 전소와는 소의 이익을 달리 하는 경우에는 후소가 허용된다.[8)]

선정당사자가 소를 취하하면 선정자도 재소금지의 효과를 받고, 채권자대위의 소를 제기한 채권자가 소를 취하하면 채무자도 대위의 소가 제기된 것을 안 이상

1) 소송상 상계항변은 그 수동채권의 존재가 확정되는 것을 전제로 하여 행하여지는 일종의 예비적 항변으로서 상대방의 동의 없이 이를 철회할 수 있고, 따라서 제1심에서 상계 항변을 제출하여 제1심 판결로 본안에 관한 판단을 받았다가 항소심에서 상계 항변을 철회하였더라도 이는 소송상 방어방법의 철회에 불과하여 민사소송법 제267조 제2항의 재소금지 원칙이 적용되지 않으므로, 그 자동채권과 동일한 채권에 기한 소송을 별도로 제기할 수 있다(大判 2022. 2. 17, 2021 다 275741).

2) 大判 1989. 10. 10, 88 다카 18023.

3) 大判 2021. 5. 7, 2018 다 259213; 2009. 6. 25, 2009 다 22037.

4) 反對: 金/姜, 582면.

5) 方, 536면; 李英, 262면; 宋/朴, 482면; 金容, 417면; 姜, 636면; 大判 1981. 7. 14, 81 다 64.

6) 李時, 600면; 胡, 881면; 三ケ月, 434면.

7) 兼子, 297면.

8) 大判 1998. 3. 13, 95 다 48599(공유자들이 점포인도청구의 소를 제기하여 제1심에서 승소판결을 받은 후 항소심에서 공유자 중 1인이 그의 지분을 공동원고인 다른 공유자에게 양도하고 소를 취하하자, 지분을 양수받은 공유자가 그 지분에 기한 청구를 추가하는 청구취지의 변경을 한 경우, 추가된 부분은 재소금지의 제재를 받지 아니하는 것으로 봄).

재소금지의 효과를 받는다는 것이 통설 · 판례의 입장이다.[1] 이에 대하여는 채권자대위소송은 제3자의 소송담당이 아니므로 재소금지의 효력이 채무자에게 미치지 아니하고, 선정당사자가 소를 취하한 경우에는 선정자가 소를 제기하는 것이 특별히 재소권을 남용하는 사정이 있는 경우에만 재소를 허용하지 아니할 것이라는 견해가 있다.[2]

2) 소송물의 면에서, **같은 소송물**을 주장하는 소는 재소금지에 걸린다. 소송물이 같은가 아닌가는 소송물이론에 따라 달라진다. 예컨대 같은 행위를 불법행위라고 주장하여 손해배상을 청구하는 소와 채무불이행으로서 청구하는 소는 구실체법설에 의하면 소송물이 다르나, 그 밖의 이론에 의하면 소송물이 같다.

전소의 소송물을 **선결문제**(전제)로 하는 권리를 소송물로 하는 재소, 예컨대 면직처분무효확인의 소를 제기하였다가 항소심에서 소를 취하한 후 다시 면직처분의 무효를 전제로 하는 손해배상청구를 하는 경우, 또는 전소가 원본채권을 소송물로 하고 재소가 이자채권을 소송물로 하는 경우 등에 관하여 판례 · 통설은 이 경우 소송물이 다르더라도 같은 소로 본다.[3] 이것은 비록 소송물은 다르지만 원고는 전소의 목적이었던 권리 또는 법률관계의 존재 여부에 대하여 다시 판단을 구할 수 없으므로 후소도 허용하지 아니하는 것이 제도의 취지에 부합하기 때문이다. 이에 대하여는 반대의 견해가 있다.[4] 즉 기판력의 경우에는 전소의 소송물을 선결문제로 하는 후소에 기판력이 미치나 후소 자체는 허용되는 것인데(기판력의 작용에 관한 설명 참조), 재소금지의 경우에는 아예 후소 자체가 허용되지 아니하는 것이므로 재소금지가 기판력보다 더 가혹하게 되는 문제가 있다는 것이다. 그러나 재소금지는 기판력과는 제도의 목적을 달리하며, 전소의 소송물을 선결문제로 하는 후소라고 할지라도 기판력과는 달리 새로운 소의 이익이 인정되면 허용되는 것이므로, 재소금지를 기판력보다 범위를 더 넓혀 인정하는 것이라고 보기는 어렵다.

후소의 소송물이 전소의 소송물 속에 포함될 때에는 물론 재소금지에 해당한다.[5]

(나) 소의 이익의 동일　　소의 이익의 면에서, 소취하 후에 새로운 소의 이익

1) 李時, 600면; 姜, 636면; 大判 1981. 1. 27, 79 다 1618; 1996. 9. 20, 93 다 20177.
2) 胡, 883면.
3) 大判 1989. 10. 10, 88 다카 18023; 方, 537면; 李英, 262면; 金/姜, 583면; 姜, 636면.
4) 李時, 601면; 胡, 885면; 田, 586면.
5) 大判 1958. 3. 6, 4290 民上 784.

이 생긴 때에는 같은 소라고 말할 수 없다. 그러므로 확인의 소를 취하한 후 별개의 새로운 확인의 이익이 생긴 경우, 피고가 소유권침해를 중지하여 소를 취하하였는데 다시 침해하는 경우,[1] 피고가 변제를 확약하여 취하하였는데 피고가 그 후 지급을 하지 아니하여 다시 이행의 소를 제기하는 경우,[2] 피고가 소취하의 전제조건인 약정사항을 지키지 아니하여 약정이 해제·실효되는 사정변경이 발생한 경우,[3] 소취하 후 토지거래허가를 받고 나서 다시 소유권이전등기를 구하는 경우[4] 등은 같은 소가 아니다.

판례는 甲의 乙에 대한 정산금 채권에 대해 채권압류 및 추심명령을 받은 甲의 채권자 丙이 乙을 상대로 추심금 청구의 소를 제기하였다가 항소심에서 소를 취하한 후, 甲의 다른 채권자 丁이 위 정산금 채권에 대해 다시 **추심금 청구의 소**를 제기한 사안에서, 선행 추심소송에서 소취하의 남용(예컨대 패소판결을 회피할 목적으로 소 취하)이 없었고 후행 추심소송에서 재소의 남용이 없다는 것을 전제로,[5] 丁은 선행 추심소송과 별도로 자신의 채권집행을 위해 소를 제기한 것이므로 새로운 권리보호이익이 발생하여 후행 추심소송은 재소금지규정에 반하지 않는다고 하였다.[6] 또한 구분소유자 중 일부가 정당한 권원 없이 집합건물의 공용부분이나 대지를 점유·사용하고 있는 다른 구분소유자를 상대로 부당이득반환청구의 소를 제기하였다가 항소심에서 소를 취하한 후, 관리단이 다시 부당이득반환청구의 소를 제기한 경우에도 마찬가지로 판단하였다.[7]

(다) 본안에 대한 종국판결 본안에 대한 종국판결이 있은 뒤에 소를 취하한 경우에만 재소금지의 효과가 발생한다.

---

1) 大判 1981. 7. 14, 81 다 64, 65.
2) 大判 1956. 12. 5, 4290 民上 503.
3) 大判 1993. 8. 24, 93 다 22074.
4) 大判 1997. 12. 23, 97 다 45341.
5) 같은 취지에서, 甲이 乙을 상대로 대여금청구의 소를 제기하여 공시송달에 의한 승소판결을 받았고, 그 후 甲으로부터 대여금채권을 양수한 丙이 乙을 상대로 양수금청구의 소를 제기하여 공시송달에 의한 승소판결을 받았는데, 乙이 위 판결들에 대하여 각 추완항소를 제기하였고, 이에 양수금청구소송의 항소심 법원이 '丙은 양수금청구의 소를 취하하고 乙은 소 취하에 동의한다'는 내용의 화해권고결정을 하였고, 그 화해권고결정이 확정되기 전에 丙이 위 대여금청구소송의 항소심에서 승계참가신청을 한 사안에서, 대법원은 丙의 소취하(화해권고결정의 확정으로 발생)는 소송계속의 중복상태를 해소하고 먼저 소가 제기된 대여금청구소송을 승계하는 방법으로 소송관계를 간명하게 정리한 것일 뿐이고, 위 소취하의 소송상 합의를 한 동기와 경위에 비추어 보면, 또한 승계참가신청을 통해 대여금청구소송을 승계할 정당한 사정이 있는 등 양수금청구소송과 **권리보호이익이 동일하지 않아**, 丙의 승계참가신청은 재소금지원칙에 위반된다고 할 수 없다고 하였다(大判 2021. 7. 29, 2018 다 230229).
6) 大判 2021. 5. 7, 2018 다 259213.
7) 大判 2022. 6. 30, 2021 다 239301.

1) 본안에 대한 종국판결이어야 하므로, 소송판결(소각하판결, 소송종료선언의 판결)[1]이 있은 뒤에 소를 취하하여도 재소금지의 제재는 없다. 본안판결의 내용(승소, 패소)은 묻지 아니한다. 또 본안에 대한 종국판결은 유효한 것이어야 하므로, 사망자를 상대로 한 판결과 같이 무효인 판결이 있은 뒤에 소를 취하하여도 다시 소를 제기할 수 있다.[2]

2) 종국판결이 있은 뒤에 소를 취하하여야 하므로, 종국판결선고 전에 소를 취하한 경우에는 법원이 이를 간과하고 종국판결을 선고하였다고 하더라도 뒤에 다시 소를 제기할 수 있다.[3] 항소심이 제1심판결을 취소하고 소취하에 의한 소송종료선언을 한 경우에는 종국판결 후의 취하가 아니므로 다시 소를 제기할 수 있다.[4] 항소심에서 청구의 교환적 변경을 한 때에는 구 청구에 관하여는 본안의 종국판결 후의 소취하로 되므로, 다시 구 청구와 동일한 소를 제기할 수 없다.[5][6] 나아가 판례는 중복소송인 후소가 본안에 대한 종국판결 후 소취하된 경우에는 전소는 부적법해진다고 본다.[7]

(3) 效 果

1) 재소의 금지는 국가적 제재로서 원고로부터 소권을 박탈하려는 것이므로, 재소금지에 해당하는가 여부는 법원의 직권조사사항에 속하고,[8] 피고의 태도 여하에 불구하고 재소금지에 해당하면 재소를 부적법각하하여야 한다.

2) 재소금지의 효과는 소송법상의 효과에 불과하고, 실체법상의 권리관계에 변동을 생기게 하는 것은 아니다.[9][10] 따라서 재소가 금지된 채권의 원고라도 임의변

---

1) 大判 1968. 1. 23, 67 다 2494; 1968. 11. 5, 68 다 1773.

2) 大判 1968. 1. 23, 67 다 2494.

3) 大判 1967. 11. 6, 67 다 1187.

4) 大判 1968. 11. 5, 68 다 1773.

5) 大判 1969. 5. 27, 68 다 1798. 항소심에서 임의적 환송이 가능하다고 풀이하는 경우에는 제1심의 본안판결이 항소심에서 취소·환송되어 아직 제1심에서 본안판결이 있기 전에 소를 취하하는 때에는 재소금지의 효력이 없다. 日最判 1963. 10. 1, 民集 17. 9. 1128.

6) 다만 채권자취소소송의 항소심 계속 중 채무자에 대한 회생개시결정이 내려져 그 관리인이 소송을 수계하여 청구취지를 부인청구로 교환적으로 변경하였는데, 그 후 상고심에서 회생절차가 폐지되어 종전 원고인 채권자가 소송절차를 수계하고 청구취지를 변경할 필요가 있어 사건을 원심법원으로 환송한 경우, "환송 후 항소심에서 종전 채권자가 청구취지를 다시 채권자취소청구로 교환적으로 변경하는 것은 채무자회생법 제113조 제2항, 제59조 제4항에 따른 당연한 조치로서 **민사소송법 제267조 제2항에 위반된다고 볼 수 없다**"라고 하였다(大判 2022. 10. 27, 2022 다 241998).

7) 大判 1967. 7. 18, 67 다 1042; 1967. 10. 31, 67 다 1848.

8) 大判 1967. 10. 31, 67 다 1848.

제의 수령, 담보권의 실행, 상계 등을 하는 것은 상관이 없다(자연채무의 상태로 남는다). 또 재소금지는 원고에 대하여만 적용되므로 피고에게는 그 권리의 부존재확인의 소를 제기하는 이익이 인정된다.

3) 청구의 포기가 허용되지 아니하는 소송, 예컨대 인지청구 등 가사소송과 단체소송에서는 재소금지의 효과가 발생하지 아니한다고 풀이하는 것이 통설이다. 왜냐하면 재소금지를 인정하면, 포기할 수 없는 청구에 관하여 포기를 인정하는 것과 같은 결과로 되기 때문이다.

Ⅴ. 訴取下의 看做

소의 취하가 있는 것으로 간주되는 경우가 세 가지 있다.

1) 당사자 양 쪽이 변론기일 또는 변론준비기일에 출석하지 아니하여(출석하더라도 변론하지 아니한 경우 포함. 이하 같다) 정한 새 기일이나 그 뒤의 기일에 당사자 양 쪽이 다시 출석하지 아니하는 경우에 1월 이내에 기일지정의 신청을 하지 아니하는 때와, 위 기일지정신청에 의하여 정한 기일 또는 그 뒤의 기일에 당사자 양 쪽이 출석하지 아니하는 경우에는 소가 취하된 것으로 본다(268, 286).

2) 피고의 경정(更正)의 경우에는 종전의 피고에 대한 소는 취하된 것으로 본다(261 Ⅳ).

3) 법원이 화재·사변(事變), 그 밖의 재난을 당하여 소송기록이 멸실된 경우에는 원고가 6월 이내에 소장을 제출하지 아니하면 소의 취하가 있는 것으로 본다

9) 大判 1989. 7. 11, 87 다카 2406.

10) 甲이 명의신탁을 이유로 乙을 상대로 소유권이전등기말소청구의 소를 제기하여 제1심과 항소심 모두 승소하였으나 상고심 계속 중 소를 취하하였는데, 그 후 다시 乙을 상대로 소유권이전등기의 말소를 구하는 소를 제기하였다가 부동산 가액 상당 손해배상을 구하는 것으로 청구를 변경한 사안에서, 대법원은 "甲이 부동산 소유권을 여전히 보유하고 있는 이상 乙 앞으로 마친 소유권이전등기로 인하여 어떠한 손해를 입게 되는 것은 아니며, 재소금지의 효과는 동일한 당사자 사이에 같은 소송물에 관하여 다시 소를 제기하지 못하게 하는 것일 뿐 실체상의 권리는 소멸하지 않으므로, 甲이 종전 소송을 취하함에 따라 원인무효인 乙 명의 소유권이전등기의 말소를 소송을 통해 강제할 수 없을 뿐 부동산 소유권은 계속 甲에게 남아 있고, 을이 부동산을 제3자에게 처분할 경우에 비로소 갑이 소유권을 상실하게 되는데도, 이와 달리 乙이 원인무효인 소유권이전등기의 말소를 거부하고 있을 뿐인데도 甲의 소유권이 침해되어 부동산 가액 상당 손해가 발생했다고 보아 그 금액의 배상을 명한 원심판단에 법리오해의 잘못이 있다"라고 판시하였다(大判 2023. 1. 12, 2022 다 266874).

(법원재난에기인한민형사사건임시조치법 2, 3).

Ⅵ. 訴取下契約

1) 소의 취하는 원고의 법원에 대한 단독적 소송행위인데, 경우에 따라서는 소송 외에서 당사자 사이에 소를 취하하기로 하는 뜻의 합의가 이루어지는 수가 있다. 이를 소취하계약(Klagerücknahmeversprechen)이라 한다. 소취하계약은 독립적으로 체결되는 수도 있지만, 재판 외의 화해계약과 함께 이루어지는 수가 많다.

2) 소취하계약의 효력에 관하여는 다툼이 있다. 일찍이는 이러한 계약은 소송법상으로는 물론 사법상으로도 무효라는 견해(**무효설**)가 있었으나, 오늘날에는 이러한 합의는 직접 소송법상의 효력은 발생하지 않지만, 사법상의 계약으로서 유효하고,[1] 원고가 이에 위반하여 소송을 유지하는 때에는 피고가 이를 주장·증명하면 그 소송은 권리보호의 이익을 잃거나 신의칙에 위반되기 때문에 소를 부적법각하하여야 한다는 견해(**항변권 발생설**)가 통설[2]·판례[3]이다. 사법계약설 중에는 피고가 원고에게 소취하의 의사표시의 이행을 청구하는 소를 제기할 수 있다는 견해도 있으나,[4] 이것은 너무 우원(迂遠)한 방법이므로 허용되지 않는다고 하는 것이 판례이다.[5] 이에 대하여 최근에는 소취하계약을 하나의 소송계약으로 보고, 이것이 소송상 주장·증명되면 소송계속의 소급적 소멸이라는 소송법상의 효과가 직접 발생하고, 법원은 '소취하(의 합의)에 의하여 소송이 종료되었다'는 소송종료선언을 하여야 한다는 견해(**소송계약설**)가 유력하게 주장되고 있다.[6]

생각건대 통설인 사법계약설은 소취하합의에 의하여 사법상으로 소취하의무가

---

1) 따라서 소취하 합의의 의사표시도 민법 제109조에 따라 법률행위의 내용의 중요 부분에 착오가 있는 때에는 취소할 수 있다는 것이 판례이다(大判 2020. 10. 15, 2020 다 227523, 227530).

2) 方, 530면; 李英, 346면; 李時, 594~595면.

3) 大判 1965. 4. 13, 65 다 15; 1982. 3. 9, 81 다 1312. 소송에서 별개의 소의 소취하를 내용으로 하는 화해조서가 작성되었다면, 계속중인 별개의 소는 권리보호의 이익이 없게 된다는 것으로는 大判 2005. 6. 10, 2005 다 14861.

4) Thomas/Putzo, §269 I.

5) 大判 1966. 5. 31, 66 다 564.

6) 소송종료선언을 하여야 한다는 견해(金/姜, 539면; 中野=松浦=鈴木, 352면; 吉村=竹下=谷口, 225면)가 주류이지만, 소송의 유지가 부적법하게 되는 소송법적 효과가 발생한다고 하여 소각하판결을 하여야 한다는 견해(Schiedermair, *Vereinbarungen im Zivilprozess*, 1935, S. 118 ff.; 中野=松浦=鈴木, 358면 註 9 참조)도 있다.

발생한다고 하면서도 이를 강제하는 본래의 수단은 인정하지 않고, 소의 이익이나 신의칙을 내세워 소송법상으로 소가 부적법하게 된다고 설명하고 있다. 이러한 설명은 사법의 측면에서 출발하여 소송법상의 부적법을 이끌어내는 것으로서 이론적으로 철저하지 못하고 기교적인 흠이 있다. 소송계약 일반에 관하여 설명한 바와 같이 소취하계약이 증명되면 직접 소송계속의 소급적 소멸이라는 소송법상의 처분효과와 원고에게 소취하를 할 의무를 지우는 소송법상의 의무부과효과 등 두 가지의 효과가 발생하고, 법원은 소취하의 합의에 의한 소송종료선언을 하는 것이 타당하다고 생각한다(**발전적 소송계약설**).

3) 소취하계약에 재소금지의 효력이 있는가가 문제된다. 종국판결 후에 소취하계약에 의하여 소를 취하한 경우에는 민사소송법 제267조 제2항에 의하여 재소금지의 효력이 있다고 본다.[1] 종국판결 전에 소취하계약에 의하여 소를 취하한 경우에는 계약에 재소금지의 취지(부제소 합의)가 포함되어 있는가 아닌가에 따라 판단하여야 하겠지만, 보통은 부제소의 합의가 포함되어 있다고 보아야 할 것이다.[2] 다만 소취하계약의 효력을 다투기 위한 재소, 전소 종료 후 채무불이행으로 인한 해제 등 새로운 사정에 따라 하는 재소 등은 허용된다.

Ⅶ. 訴取下의 有·無 및 效力에 관한 다툼

1) 소취하의 유·무 및 효력은 소송계속의 유·무에 관한 문제이므로 법원이 직권으로 조사하여야 한다. 소취하에 관하여 당사자 사이에 다툼이 있을 때에는 별소로서 소취하의 무효확인청구를 할 수 없고, 그 절차 안에서 소취하의 무효나 부존재의 효력을 다투어 기일지정신청을 할 수 있다(民訴規 67 I). 기일지정신청이 있으면 법원은 변론을 열어 신청사유에 관하여 심리하고, 그 결과 신청이 이유 없다고 인정하면 판결로 소송종료선언을 하고, 신청이 이유 있다고 인정하면 취하 당시의 소송 정도에 따라 필요한 절차를 속행하고 본안판결(중간판결 또는 종국판결)에 그 판단을 표시하여야 한다(民訴規 67 I~III).

1) 反對: 李時, 594면.
2) 同旨: 姜, 637면; 兼子, 條解民訴, 875면; 新堂, 238면; 大判 1983. 3. 22, 82 누 354(소의 이익이 없다고 한다).

2) 종국판결 선고 후 상소기록 송부 전의 취하의 효력에 관하여 다툼이 있는 경우에 어느 법원이 이에 관하여 심판할 것인가가 문제되는 바, 이에 관하여 민사소송규칙은 당사자 모두가 상소한 경우에는 상급법원이, 그 밖의 경우에는 원심법원이 이를 심리하도록 규정하고 있다(民訴規 67 IV~V).

제 2 절 請求의 抛棄·認諾

Ⅰ. 意 義

청구의 포기(Klageverzicht)는 원고가 스스로 자기의 소송상의 청구가 이유 없음을 인정하는 법원에 대한 일방적 의사표시이고, 청구의 인낙(Klageanerkenntnis)은 피고가 자기에 대한 원고의 소송상의 청구가 이유 있음을 인정하는 법원에 대한 일방적 의사표시이다. 어느 것이나 변론 또는 변론준비기일에 법원에 대하여 하는 소송상의 진술이고, 이를 조서(변론조서 또는 변론준비기일조서)에 기재하면 확정판결과 같은 효력이 발생하며, 이에 의하여 소송은 종료된다.[1)]

1) 청구의 포기·인낙은 소송상의 청구 자체에 관한 불리한 진술이라는 점에서 소송상의 청구를 이유 있게 하는 개개의 사실과 선결적 권리관계(예컨대 토지인도청구에서 토지소유권)를 대상으로 하는 불리한 진술인 자백 또는 권리자백과 구별된다. 그리하여 전자의 경우에는 청구의 당부에 관한 심판이 필요 없게 됨에 반하여, 후자는 자백한 사실이나 권리관계를 기초로 하여 계속하여 청구의 당부에 관하여 심판을 하여야 한다. 또 청구의 포기는 원고만이, 청구의 인낙은 피고만이 할 수 있으나, 자백 또는 권리자백은 원·피고 양 쪽이 모두 할 수 있다.

2) 청구의 포기·인낙은 판결에 의하지 아니하고 소송을 종료시킨다는 점에서 소송상화해 및 소의 취하와 공통점이 있다. 그러나 i) 청구의 포기·인낙은 당사자 한 쪽의 편면적 의사(片面的 意思)를 분쟁해결의 기준으로 함에 반하여, 소송상화

---

1) 도이칠란트에서는 별도로 포기판결이나 인낙판결을 하여야 소송이 종료된다.

해는 당사자 양 쪽의 양면적 합의(兩面的 合意)를 분쟁해결의 기준으로 하는 점에서 차이가 있고, ii) 또 청구의 포기 · 인낙은 당사자의 의사를 분쟁해결의 기준으로 하여 소송을 종료시킴에 반하여, 소의 취하는 일체의 소송행위를 소급적으로 소멸시키고 절차상 분쟁해결의 기준을 전혀 남기지 않은 채 소송을 종료시키는 점에서 차이가 있다(청구의 포기와 소의 취하의 차이에 관하여는 앞에서 설명하였다).

3) 청구의 포기 · 인낙은 그 소송의 변론이나 변론준비기일에 법원에 대하여 하는 진술이므로, 소송 밖에서 상대방 또는 제3자에 대하여 같은 내용의 진술을 하여도 그것은 실체법상의 권리의 포기 또는 채무의 승인이 되는 데 불과하다.

4) 청구의 포기 · 인낙의 의사내용은 청구의 당부에 관한 상대방의 주장을 무조건으로 인정하는 것이어야 하므로, 청구의 포기 · 인낙에는 조건을 붙일 수 없다. 그리하여 청구를 인정하지만 반대채권으로 상계한다든가 반대급여와 상환으로 인정한다든가 따위의 진술은 인낙이 아니다. 또 소는 부적법하지만 청구는 인정한다고 하는 진술도 마찬가지이다.[1] 그러나 청구가 수량적(數量的)으로 가분(可分)인 경우에 그 일부분에 관한 포기 · 인낙(일부포기 · 일부인낙)은 이론상 가능하다고 풀이되고 있다. 그리고 소의 객관적 병합(청구의 병합)의 경우와 통상공동소송, 예비적 · 선택적 공동소송의 경우에 그 일부에 관하여 청구의 포기 · 인낙을 할 수 있다(66, 70 I).[2] 다만 필수적 공동소송의 경우에는 공동소송인 모두가 일치하여 포기 · 인낙을 하지 아니하면 그 효력이 없다(67 I).

Ⅱ. 法的 性質

1) 청구의 포기 · 인낙의 법적 성질에 관하여는 예로부터 많은 논의가 있었다. i) 한때

1) 이처럼 상환이행, 기한미도래, 소송요건의 흠 등을 유보하며 청구를 인정하는 것을 제한부인낙(eingeschränktes Anerkenntnis) 또는 유보부인낙(Anerkenntnis unter Vorbehalt)이라고 한다. 제한부인낙은 인낙이 아니므로 법원은 판결을 할 필요가 있지만, 피고가 인정한 법률효과는 이를 본안심리 없이 판결의 기초로 삼아야 한다. 그리고 원고가 제한부인낙에 맞추어 청구를 변경하면(예컨대 무조건이행청구를 상환이행청구로 고치면), 그 시점에서 인낙이 성립하는 것으로 풀이할 수 있을 것이다. 同旨: 李時, 606면; Rosenberg, §133 Ⅳ 2.

2) 다만 청구의 예비적 병합의 경우에 주위적 청구를 제쳐 놓고 예비적 청구만을 인낙할 수는 없다(大判 1995. 7. 25, 94 다 62017). 주위적 청구기각, 예비적 청구인용의 판결에 대하여 피고만이 항소한 경우에, 피고가 항소심변론에서 주위적 청구를 인낙할 수도 있다(大判 1992. 6. 9, 92 다 12032).

는 청구의 포기·인낙은 실체법상의 권리의 포기 또는 채무의 승인 등 사법상의 법률행위라고 보는 견해(**사법행위설**)가 있었다. 그러나 사법행위설은 청구의 포기·인낙에 의하여 직접 소송종료라는 소송법상의 효과가 발생하는 것을 설명할 수 없고(소의 취하를 동반하기 때문이라고 설명하나 지나친 의제(擬制)이다), 또 소극적 확인의 소나 다른 사람 사이의 권리관계확인의 소에서도 청구의 포기·인낙이 가능한 것을 설명할 수 없다(왜냐하면 이 경우에는 포기·인낙의 대상인 실체법상의 권리가 없기 때문이다). ii) 다음에 청구의 포기·인낙은 하나의 행위이지만 소송의 종료라는 소송법상의 효과를 목적으로 하는 점에서 소송행위임과 동시에, 원·피고의 의사에 의하여 소송물인 권리관계를 실체상 처분한 것과 같은 결과를 발생시키는 점에서 사법행위와 같은 작용을 하므로 소송행위와 사법행위의 두 가지 성질을 겸유(兼有)하고, 양 행위의 효력은 서로 의존하고 있다는 견해(**양성설**)가 있다.[1] 그러나 양성설도 사법행위설에 대한 것과 같은 비판을 면할 수 없다. iii) 그리하여 오늘날에는 청구의 포기·인낙은 소송상의 청구를 인정 또는 부정하는 순수한 소송행위라고 풀이하는 **소송행위설**이 국내외의 통설로 되어 있다. 다만 소송행위설은 다시 청구의 포기·인낙을 소송상의 의사표시(소송물을 처분하거나 확정하려는 내용의)로 보는 견해[2]와 청구의 당부에 관한 단순한 관념의 표시로 보는 견해[3]로 나누어지고 있다. 청구의 포기·인낙을 하는 사람이 그 법률효과를 의욕할 필요는 없으므로, 이를 관념의 표시로 보는 통설이 타당하다.[4]

2) 청구의 포기·인낙의 법적 성질에 관한 논의는 청구의 포기·인낙에 의사의 흠이 있는 경우에 그 무효·취소의 주장을 할 수 있는가와 관련되어 있다. **사법행위설**과 **양성설**은 이를 긍정함에 반하여, **소송행위설**에서는 전통적으로 형사상 처벌받을 다른 사람의 행위로 인한 경우, 즉 재심사유(451 I ⑤)에 해당하는 경우에만 그 취소를 인정하려고 한다(준재심의 소. 461). 그러나 소송행위라고 하여도 청구의 포기·인낙은 소송절차를 종료시키는 것이고, 그 뒤에 다른 소송행위가 연속되지 아니하므로, 그 취소를 인정하여도 무방하다는 견해가 유력하게 주장되고 있고,[5] 또 그것은 분쟁이익을 실체상 처분한 것과 동일한 결과로 된다는 이유로 민법상의 화해의 경우에 준하여 무효·취소를 인정하는 견해도 있다.[6] 그런데 우리나라는 민사소송법 제461조에서 1961년의 개정에 의하여 청구의 포기·인낙조서의 효력을 준재심의 절차에 의하여만 다툴 수 있도록 규정하였다. 이것은 민사소송법이 철저한 소송행위설을 따른 것인데, 그러한 입법이 타당한 것인지는 의문이다.

---

1) Thomas, ZZP 89, 80 ff.
2) Arens, Rdn. 233; Rosenberg, §133 Ⅳ 7.
3) 大判 1957. 3. 14, 4289 民上 439.
4) Blomeyer, §62 Ⅳ 1.
5) Arens, Rdn. 235.
6) 吉村＝竹下＝谷口, 234면; 新堂, 246면; 上田, 374~375면.

Ⅲ. 要　　件

1. 當事者에 관한 要件

1) 당사자가 청구의 포기·인낙을 하기 위해서는 당사자능력·소송능력이 있어야 하고, 또 법정대리인·소송대리인이 이를 하려면 특별한 권한을 따로 받아야 한다(56 Ⅱ·90 Ⅱ).

2) 필수적 공동소송의 경우에는 공동소송인 모두가 일치하여 포기·인낙을 하여야 하고(67 Ⅰ), 독립당사자참가의 경우에는 본소의 원·피고가 포기·인낙을 하여도 참가인이 다투면 그 효력이 없다(79 Ⅱ·67 Ⅰ). 그리고 보조참가인은 포기·인낙을 할 수 없다.

3) 청구의 포기·인낙은 형사상 처벌받을 제3자의 행위로 말미암아 행하여져서는 아니된다(451 Ⅰ⑤). 이 경우에는 준재심의 사유가 된다(461). 상대방과 통모(通謀)하여 행하는 부정한 포기·인낙은 무효이다.[1)]

2. 訴訟物에 관한 要件

1) 청구의 포기·인낙의 대상인 소송물은 당사자가 자유로이 처분할 수 있는 성질의 것이어야 한다. 청구의 포기·인낙은 처분권주의의 발현(發現)이기 때문이다. 문제가 되는 것은 가사소송(가류 및 나류사건)·행정소송·선거소송 등 직권탐지주의가 지배하는 소송 및 회사관계소송에서 포기·인낙이 인정되는가이다. 가사소송법 제12조는 청구의 인낙을 인정하지 않고 있을 뿐이지만,[2)] 청구의 포기도 원칙적으로 허용되지 않는다고 본다.[3)] 선거소송에서는 청구의 포기·인낙이 모두 인정되지 않으며(公職選擧 227), 행정소송(行訴 26)의 경우도 마찬가지로 풀이하여야 할 것이다.[4)] 회사관계소송에서 원고승소의 판결은 제3자에게도 효력이 미치므로(商 184, 376, 380, 429, 529 등), 청구의 인

---

1) 李時, 609면; Thomas/Putzo, §307 Amn. 2.

2) 다만 이혼청구·파양청구에서는 협의이혼·파양이 인정됨에 비추어 가사소송법 제12조에 불구하고 인낙이 가능하다는 견해가 있다. 李時, 610면.

3) 同旨: 方, 545면; 李時, 610면. 反對: 金/姜, 613면; 宋/朴, 487면. 다만 이혼청구의 포기는 가능하다고 할 것이다.

4) 同旨: 李尙圭, 改稿 新行政爭訟法(1994), 512면; 金南辰, 行政法 Ⅰ(第4版, 1992), 760면. 청구의 포기가 가능하다는 견해로는 法院實務提要(行政, 少年, 非訟), 197면.

낙이나 화해는 허용되지 않지만,[1] 원고패소의 판결과 같은 청구의 포기는 가능하다고 본다.[2] 소수주주에 의한 주식회사해산청구(商 520)는 관계자에게 미치는 영향이 크므로 청구의 인낙이 허용되지 않는다고 생각한다.[3] 주주의 대표소송의 경우에는 회사와 다른 주주의 이해가 관련되어 있으므로 법원의 허가를 얻어야만 청구의 포기 · 인낙을 할 수 있다(商 403 Ⅵ). 증권관련집단소송의 경우에는 청구의 포기는 법원의 허가를 필요로 하나, 청구의 인낙은 제한이 없다(證集 35 Ⅰ). 단체소송의 경우에는 원고의 청구를 기각하는 판결에 대세효가 있으므로(消基 75, 個情 56), 청구의 기각에 해당하는 청구의 포기는 허용되지 않는다고 본다.

2) 소송물인 권리의무 자체가 현행법상 인정되는 것이어야 하고, 또 선량한 풍속 기타 사회질서에 위반되는 것이 아니어야 한다. 예컨대 법률이 인정하지 않는 물권(영소작권 등)의 확인청구나 첩계약(妾契約)의 이행청구에 대하여는 인낙할 수 없다.

문제는 권리관계 자체는 허용되지만 그것이 불법의 원인이나 강행법규위반의 원인에 의하여 생긴 경우, 예컨대 도박에 의하여 발생한 금전 등의 지급청구 등에 관하여 인낙이 가능한가이다(포기는 가능하다). 판례는 이를 긍정하지만,[4] 강행법규위반인 권리의 행사와 실현에 관하여 국가가 협력하여서는 아니되므로 이를 부정하여야 할 것이다.[5] 그러나 원고의 주장 자체에 의하여 이유 없는 청구라도 그것이 불법의 원인이나 강행법규위반의 원인에 기한 것이 아닌 경우에는 인낙의 대상이 된다고 본다.[6] 왜냐하면 청구의 인낙은 청구의 이유에 대한 법원의 법률판단을 원칙적으로 배제하려고 하는 것이기 때문이다.

3) 청구에 관하여 소송요건이 구비되어야 하느냐에 관하여는 다툼이 있다. 청구의 포기 · 인낙은 청구기각 · 청구인용의 본안의 확정판결과 같은 효력을 가지므로, 소송요건이 구비될 것을 요구하는 통설이 타당하다.[7] 그러나 일부 학설은 청구의 포기 · 인낙은 본안판결과는 성질 · 효력이 다르다는 이유로, 일부 소송요건에

1) 大判 2004. 9. 24, 2004 다 28047.
2) 同旨: 李時, 610면; 金/姜, 614면; 宋/朴, 487면.
3) 日本大阪地判 1960. 1. 22, 下民集 11. 1. 85.
4) 大判 1969. 3. 25, 68 다 2024.
5) 同旨: Blomeyer, §62 Ⅲ; Jauernig, §497 Ⅲ; Zeiss, §56 Ⅰ 3; 新堂, 247면; 中野=松浦=鈴木, 361면; 吉村=竹下=谷口, 235면. 反對: 李時, 611면; Rosenberg, §133 Ⅳ 3 c).
6) 同旨: 新堂, 247면; 李時, 585면은 제한 없이 인낙을 긍정한다.
7) 일본판례도 같다. 日最判 1953. 10. 15, 民集 7. 10. 1083; 1955. 9. 30, 民集 9. 10. 1491 참조.

관하여는 그것에 흠이 있어도 포기·인낙을 할 수 있다고 풀이한다.[1)]

Ⅳ. 節次·方式

1) 청구의 포기·인낙은 변론기일 또는 변론준비기일에 출석하여 말로 하여야 한다. 포기·인낙은 법원에 대한 진술이므로 상대방이 출석하지 아니하여도 이를 할 수 있다. 진술은 현실적으로 행하는 것이 필요하다. 피고가 출석하지 아니하고 답변서도 제출하지 아니하는 등의 태도로부터 인낙을 하였다고 볼 수 없다. 그러나 포기·인낙이라는 용어를 사용하여야만 하는 것은 아니다.

2) 당사자가 기일에 출석하지 않더라도 답변서 기타 준비서면에 청구의 포기·인낙의 의사표시를 기재하여 공증사무소의 인증(認證)을 받아 제출한 경우에, 법원이 출석한 당사자에게 변론을 명하면, 그 서면의 취지가 진술간주되어 청구의 포기·인낙이 성립된다(148 Ⅱ). 이러한 서면에 의한 청구의 포기·인낙제도는 2002년 민사소송법이 도입한 것으로서, 당사자가 기일에 출석하여 진술하여야 하는 불편을 덜기 위함이다. 과거의 판례는 인낙의 취지를 기재한 준비서면이 진술간주되어도 인낙의 효과는 생기지 아니한다는 태도이었다.[2)] 그러나 이러한 해석은 피고의 의사에 반하는 문제가 있었으므로(다수설), 2002년 민사소송법은 공증(公證)의 방법으로 당사자의 의사가 명확히 확인되면, 청구의 포기·인낙이 성립되도록 하고 있다.

3) 청구의 포기·인낙은 종국판결이 확정되기 전에는 언제든지 할 수 있다. 이것은 당사자에게 분쟁의 자주적 해결의 기회를 가능한 한 널리 인정하기 위한 것이다. 따라서 종국판결선고 후 상소제기 전 또는 판결확정 전에는 원심법원에 포기·인낙을 위한 기일지정신청을 할 수 있으며, 상소 후에는 상소심법원에서 포기·인낙을 할 수 있다.

청구의 포기는 피고의 청구기각신청을 원고가 전면적으로 받아들이는 것이므로 그러한 신청이 없는 동안에는 이를 할 수 없다. 피고는 청구기각을 신청할 때까지

---

1) 포기·인낙의 전제요건인 소송요건이 무엇이냐에 관하여는 견해가 갈라지고 있으나, 관할위반, 이중소송, 소의 이익 등에는 흠이 있어도 무방하다고 한다. 方, 545면; 李英, 211면; 姜, 643면.

2) 大判 1982. 3. 23, 81 다 1336.

인낙을 할 수 있고, 인낙을 하면 포기의 여지는 없다. 따라서 청구의 포기와 인낙이 경합하면 후자의 성립을 인정하여야 한다.[1)]

4) 포기 또는 인낙에 해당하는 진술이 있는 때에는 법원은 그 요건의 구비를 조사하고 당사자의 의사를 확인하여야 한다. 조사의 결과 포기·인낙이 무효일 때에는 그 진술을 무시하고 심리를 계속하고, 당사자 사이에 다툼이 있으면 중간판결(201)로 그 취지를 선고하는 것이 좋다. 유효라고 인정할 때에는 법관은 법원사무관등에게 그 진술을 변론조서 또는 변론준비기일조서에 적도록 명하여야 한다(154, 155, 160, 283). 이 경우 기일의 조서에는 청구의 포기·인낙이 있다는 취지만을 적고 별도로 청구의 포기·인낙조서를 작성하여야 하는 것이 원칙이지만(民訴規 31), 변론조서 또는 변론준비기일의 조서에 포기·인낙의 취지를 적어도 무효는 아니다.[2)] 포기·인낙의 진술은 상대방의 동의가 있으면 법관이 법원사무관등에게 조서의 작성을 명하기 전까지 철회할 수 있다.[3)]

법원사무관등은 청구의 포기·인낙조서의 정본을 청구의 포기·인낙이 있은 날로부터 1주 안에 당사자에게 송달하여야 한다(民訴規 56).

V. 效 果

포기·인낙을 기재한 조서가 성립되면 확정판결과 같은 효력이 발생한다(220). 즉, 소송은 종료되고, 청구의 포기에는 청구기각의, 청구의 인낙에는 청구인용의 확정판결과 같은 효력이 있게 된다.

1. 訴訟의 終了

포기·인낙을 기재한 조서가 성립되면 소송은 그 범위 안에서 당연히 종료된다. 소송비용의 부담 및 액수에 관하여는 따로 결정으로 재판한다(114 Ⅱ, 98). 포기 또는 인낙을 한 당사자는 패소자로서 소송비용을 부담한다.[4)] 상급심에서 포기·인낙이

1) 兼子, 302면; 新堂, 249면.

2) 大判 1969. 10. 7, 69 다 1207.

3) 兼子, 303면; Rosenberg, §133 Ⅳ 6. 反對: 新堂, 249면은 상대방의 동의 없이 철회할 수 있다고 본다.

4) 이 때에 소송비용에 산입되는 변호사보수는 과거에는 통상의 경우의 2분의 1로 하였으나[(구)변호사보수의소송비용산입에관한규칙 6], 이것이 오히려 신속한 분쟁해결을 저해할 수도 있으므로, 개정규칙은 통상의 경

있을 때에는 상소의 대상으로 된 하급심판결은 그 범위 안에서 당연히 실효된다.[1]

포기 · 인낙이 있었음에도 불구하고 이를 간과하여 심리가 진행된 때에는 직권으로 또는 당사자의 이의신청에 따라 판결로써 소송종료선언을 하여야 하고, 잘못하여 본안판결이 선고된 때에는 당사자는 상소를 제기하여 원심판결의 취소와 소송종료선언을 구할 수 있다.[2]

2. 執行力 · 形成力 · 旣判力

1) 청구의 포기 · 인낙을 변론조서 · 변론준비기일조서에 적은 때에는 그 조서는 확정판결과 같은 효력을 가진다(220).[3] 즉, 인낙조서는 청구인용, 포기조서는 청구기각의 확정판결과 같은 효력을 가진다.[4] 따라서 이행청구에 관한 인낙조서에는 집행력이 발생하고, 형성청구에 관한 인낙조서에는 형성력이 발생한다. 이 점에 관하여는 다툼이 없다.

2) 포기 · 인낙조서에 기판력이 발생하는가에 관하여 우리나라에서는 민사소송법 제461조를 근거로 하여 이를 긍정하는 데 의견이 일치하고 있다.[5] 그러나 청구의 포기 · 인낙은 소송상화해와 마찬가지로 당사자의 의사에 의한 자주적 분쟁해결의 방법이고, 여기에 확정판결과 같은 효력을 인정하는 근거는 당사자의 의사를 존중하는 데 있으므로, 그 의사에 흠이 없는 것이 출발점으로 되어 있다. 따라서 당사자의 의사표시에 흠이 있는 때에는 포기 · 인낙의 효력을 다툴 수 있어야 한다. 더욱이 포기 · 인낙에 이르게 된 과정은 법원이 알 수 없는 경우가 많으므로 이를 무조건 판결과 같이 보는 것은 부당하다. 그러므로 다른 사람의 형사상 처벌받을 행위

우와 같게 하였다(2003. 6. 9. 개정규칙 5). 인지액은 원고에게 2분의 1을 환급한다(民印 14 Ⅰ).

1) 상소심에서 일부에 관하여 포기 · 인낙이 있었으나, 나머지 부분에 관하여 원심판결을 변경할 이유가 없는 경우에, 상소기각의 판결을 하여도 이론상 잘못은 없으나, 이 경우에 급여의 내용이 정확하게 나타나지 않는다는 이유로 상소를 인용하여 원심판결을 변경하는 것이 타당하다는 견해가 있다. 齊藤, 注解民訴(2), 419면 참조.

2) 大決 1962. 6. 14, 62 마 6. 일본판례는 원심에서 본안판결을 하여도 소송계속이 생기지 아니하므로, 이것은 상소의 대상이 될 수 없고, 따라서 상소를 각하하여야 한다고 한다(日大判 1943. 11. 30, 民集 22. 1210).

3) 2002년 민사소송법은 변론준비기일에도 청구의 포기 · 인낙이 가능함을 명확히 하기 위하여, 구 법의 '조서'를 '변론조서 · 변론준비기일조서'로 세분하여 규정하였다(220).

4) 판례는 청구의 인낙은 피고가 원고의 주장을 승인하는 소위 관념의 표시에 불과한 소송상 행위로서 이를 조서에 기재한 때에는 확정판결과 동일한 효력이 발생되어 그로써 소송을 종료시키는 효력이 있을 뿐이고, 실체법상 채권 · 채무의 발생 또는 소멸의 원인이 되는 법률행위라 볼 수 없다고 한다(大判 2022. 3. 31, 2020 다 271919).

5) 일본의 학설에 관하여는 兼子, 條解民訴, 711면 이하 참조. 일본에서는 기판력을 인정하는 견해가 다수설이지만 이를 부정하는 견해도 유력하다.

로 말미암아 포기·인낙을 한 경우, 즉 재심사유(451 Ⅰ ⑤)가 있는 때에 한하여 포기·인낙의 무효를 주장할 수 있도록 규정한 민사소송법 제461조 중 '제220조의 조서' 부분은 입법론상 다시 검토되어야 한다.

3. 흠을 다투는 方法

포기·인낙이 조서에 기재되면 포기·인낙조서에 기판력이 인정된다고 풀이하는 경우에는 그 요건의 흠이나 의사의 흠 등을 이유로 하는 무효·취소 등은 원칙적으로 인정되지 않고, 재심사유가 있는 때에 한하여 준재심의 소에 의하여 그 효력을 다툴 수 있을 뿐이다(461). 따라서 기일지정의 신청에 의하여 전소의 속행을 구할 수도 없고, 포기·인낙에 대한 무효확인의 소를 제기할 수도 없다(다툼 없음). 또 포기·인낙의 기초에 화해계약이 있고 그것이 해제된 경우에도 포기·인낙의 무효를 주장할 수는 없고, 그 기초되는 사실에 따라 실체법적인 해결을 꾀할 수 있을 뿐이다.[1]

제 3 절 裁判上和解

제 1 관 總 說

재판상화해라 함은 다툼이 있는 당사자가 법관 앞에서 서로 양보하여 다툼을 해결하는 것을 가리킨다. 여기에는 소송계속을 전제로 하는 소송상화해와 그것을 전제로 하지 아니하는 제소전화해의 두 가지가 있다.[2] 또한 소송계속 중 법원의 화해권고결정에 당사자가 이의를 신청하지 아니하면 화해가 성립된 것으로 보는 화해권고결정제도가 있다. 이는 화해에 의한 분쟁해결을 촉진시키기 위하여 2002년 민사소송법이 도입한 제도이다. 그 밖에 민사소송 외에서 재판상의 화해의 효력이 인정되는 경우가 있다.

---

1) 李時, 613면; 大判 1957. 3. 14, 4289 民上 439. 일본학자는 포기·인낙의 무효를 주장하여 기일지정 신청을 할 수 있다고 본다. 上田, 378면; 新堂, 252면.

2) 제소전화해의 제도를 그대로 존치할 것인가 또 현재와 같이 이 제도를 방만하게 운영할 것인가에 관하여는 논란이 있다.

제 2 관 訴訟上和解

I. 意 義

소송상화해(Prozessvergleich)라 함은 소송계속중에 양 당사자가 소송물에 관한 주장을 서로 양보하여 소송을 종료시키기로 기일에서 하는 합의를 말한다. 형식적으로는 법원이 그 합의를 확인하고 합의의 내용을 조서에 기재함으로써 완성된다. 소송상화해는 판결에 의한 일도양단(一刀兩斷)적인 강제적 해결이 아니라 서로 양보하여 하는 자주적 해결이므로, 강자의 요구를 강요하는 수단이 되고 국민의 권리의식을 저해하는 등 사법제도의 건전한 발전을 해할 염려가 없지 않지만, 양 당사자 사이의 감정대립을 해소시키고 신속·경제적이며 이행확보가 용이하다는 등 많은 장점이 있다. 따라서 판결을 갈음하는 분쟁해결방식으로서 화해제도를 적극 활용하도록 사법을 운영하여야 할 것이다.[1]

1) 계속중인 소송의 기일에서 하여야 하므로, 기일 외에서 행하여지는 재판 외의 화해(민법상의 화해)는 소송상화해가 아니다. 민법상의 화해는 소취하 또는 소송상 화해의 동기로 될 수 있을 뿐이다. 또 소송상화해는 소송계속중에 행하여지는 것이므로, 소송계속 전에 행하여지는 제소전화해와도 구별된다.

보통 소송상화해라고 하면 협의의 소송계속(판결절차개시) 후에 그 기일에서 하는 경우를 가리키지만, 널리 결정절차 등이 개시된 뒤 그 기일에서 하는 경우까지 포함하여 쓰이는 수도 있다. 따라서 증거보전절차, 소송비용액확정절차, 보전소송절차,[2] 강제집행절차 및 강제집행관계소송절차의 심리기일에서, 그 절차의 신청사항에 관하여, 또는 동시에 본안소송의 소송물에 관하여 소송상화해를 할 수 있다.

2) 양 당사자가 소송물에 관한 주장을 서로 양보하여야 하므로, 양보가 일방적이어서 한 쪽이 다른 쪽의 주장을 전면적으로 인정하는 경우는 청구의 포기·인낙으로 될 뿐 소송상화해가 아니다(통설). 서로 양보가 있기만 하면 그 정도와 형태는

---

1) 2006年度 제1심 민사본안사건 가운데 화해의 건수는 전체 사건의 1.7%이었으나, 2014年度에는 3.1% 이었다(법원행정처, 「司法年鑑」, 2007, 604면; 2015년, 698면).

2) 大決 1958. 4. 3, 4290 民再抗 121은 반대이다.

묻지 아니하므로 상호 양보의 요구는 그리 엄격하지는 않다. 그리하여 i) 청구의 전부를 포기하거나 인정하면서 소송비용의 부담에 관하여만 양보를 받아서 화해하는 것도 가능하다. 그러나 단순하게 소송의 종료만을 합의하는 것은 소의 취하와 이에 대한 동의로 볼 것이므로 화해가 아니다(통설).[1] ii) 소송물인 권리관계 이외의 권리관계를 끌어들여 화해할 수도 있다.[2] 이 경우에 소송물인 권리관계 자체에 관하여는 아무런 양보가 없고, 그 이외의 권리관계에 관하여만 양보가 있는 때에도 이를 소송상화해로 볼 수 있는가가 문제된다. 예컨대 피고가 원고의 소유권확인청구에 관하여 이를 그대로 받아들이면서, 원·피고 사이의 대여금채권을 끌어들여 이에 관하여 일부 양보하여 일괄하여 해결하기로 합의하는 것과 같다. 이에 관하여는 견해가 갈라지고 있으나, 원칙적으로 청구에 관하여 서로 양보하는 것이 필요하다고 본다. 화해의 내용이 소송물 이외의 권리관계를 포함하고 있을 때에는 소송물이 아닌 권리관계에 관하여는 제소전화해가 행하여진 것으로 볼 수 있을 것이다.[3] iii) 상호 양보를 재판상의 화해의 불가결의 요소로 보는 종래의 통설에 대하여, 최근 도이칠란트·일본에서는 일방적 양보만으로도 소송을 종료시키는 소송상화해가 가능하다는 견해가 유력하게 주장되고 있다(호양불요설).[4]

3) 소송상화해는 당사자 사이에서 이루어지는 것이 보통이지만, 당사자 이외의 보조참가인이나 제3자를 가입시켜도 상관이 없다. 이 경우에 제3자와의 관계에서는 제소전화해가 있는 것으로 볼 수 있다.

Ⅱ. 法的 性質

1. 學說과 判例

소송상화해의 법적 성질에 관하여는 다음 네 가지의 학설이 대립하고 있다. 화해의 법적 성질에 관한 논의는 당사자능력, 대리권, 부관(附款), 그 밖에 의사표시의 흠에 관한 민

---

1) 그러나 화해 후의 분쟁해결의 방법을 명시하는 합의만은 소송상화해에 해당한다는 견해가 있다. 金, 634면.

2) 大判 1981. 12. 22, 78 다 2278; 2008. 2. 1, 2005 다 42880. 이 경우 권리관계가 화해조항에 특정되거나 부가적으로 기재되어야 한다(大判 2017. 4. 26, 2017 다 200771: 조정을 갈음하는 결정에 관하여).

3) 소송물이 아닌 권리관계가 조서에 기재되어야 효력이 있다. 조정조서에 관한 大判 2007. 4. 26, 2006 다 78732 참조.

4) Blomeyer, §65 Ⅲ 2; Grunsky, S. 97; 中野=松浦=鈴木, 369면.

법의 규정이 여기에 적용되는가에 관하여 차이를 가져온다.

(가) 私法行爲說 소송상화해는 소송의 기일에 체결되는 사법상의 화해라고 한다. 이를 조서에 기재하는 것은 화해를 공증하기 위한 것에 지나지 않으며, 이에 의하여 소송이 종료하는 것은 소송이 목적을 달성하여 소멸하였기 때문이라고 한다.[1)]

(나) 訴訟行爲說 소송상화해는 소송의 기일에 양 당사자가 소송물에 관하여 실체상의 처분을 함으로써 소송을 종료시키려고 하는 뜻의 소송상의 진술이고, 사법상의 화해와는 전혀 별개의 것이라고 한다. 이에 의하면 소송상화해는 소송행위로서 소송법에 의하여 지배되고 민법상의 화해에 관한 규정은 적용되지 아니한다. 다만 이 설은 다시 상호 양보를 필요로 하는 것과 필요로 하지 않는 것, 화해를 소송상의 계약으로 풀이하는 것과 합동행위로 풀이하는 것,[2)] 화해에 기판력을 인정하는 것과 인정하지 아니하는 것으로 나누어진다.

(다) 兩行爲併存說 소송상화해에는 소송의 종료를 목적으로 하는 소송상의 계약과 사법상의 화해계약이 병존하고 있고, 그 효력은 소송법과 실체법에 따라 각각 별개로 판단되는 것이 원칙이라고 한다.[3)] 그리하여 한 쪽이 무효이더라도 다른 쪽이 유효한 경우가 있다. 최근에는 한 쪽이 다른 쪽의 유효를 조건으로 하고 있다고 풀이하여 한 쪽의 무효는 다른 쪽의 무효를 가져온다고 하는 견해(**신병존설**)도 있다. 그러나 신병존설은 다음의 양성설과 거의 차이가 없다.

(라) 兩性說(兩行爲競合說) 소송상화해는 사법상의 화해인 성질과 소송행위인 성질을 동시에 가지는 하나의 행위라고 한다. 즉 당사자 사이에서는 민법상의 화해계약이고 법원에 대한 관계에서는 소송행위이며, 여기에는 실체법과 소송법이 경합적으로 적용되기 때문에, 실체법·소송법 중 어느 요건에 흠이 있어도 소송상화해가 전체로서 무효로 된다고 한다. 그러므로 소송종료의 효과가 없어도 사법상의 화해로서 유효하다든가, 사법상의 화해로서 무효이지만 소송종료의 효과가 생긴다든가 하는 일은 없다.

2. 批判과 私見

생각건대, **사법행위설**은 사법상의 화해에 소송종료의 효과가 뒤따르는 것을 충분히 설명할 수 없고, 조서의 기재가 단순한 공증에 그치지 않고 화해 자체의 성립요건 또는 효력발생요건인 점 및 직접 소송종료를 가져오는 행위야말로 소송법상의 효과를 발생시키는 행위로서 가장 전형적인 소송행위라는 점을 간과하고 있다. **소송행위설**은 소송상화해에 조

1) Walsmann, *AcP* 102, 170, 180.
2) 方, 549면; 金/姜, 596면; 宋/朴, 491면.
3) Baumgärtel, *Wesen und Begriff der Prozesshandlung einer Partei im Zivilprozess*(1957), S. 192 ff.; Pohle, *AcP* 1954, 555. 다만 Baumgärtel은 뒤에 견해를 바꾸었다(*ZZP* 87, 133).

건 · 기한 등의 부관을 붙일 수 없고,[1] 의사표시의 흠 등에 관한 민법의 규정이 적용되지 않는 불합리가 있으며,[2] 강행법규위반, 반사회질서, 불공정한 행위에 기한 경우에도 화해의 효력을 다툴 수 없고[3] 더욱이 기판력을 긍정하는 것은 당사자의 자주적 해결방법을 판결과 같게 보는 점에서 이론적으로 문제가 있다.[4] **병존설**은 1개의 소송상화해를 두 개의 계약으로 나누어 그 요건과 효과를 별개로 판단하는 결과, 어느 한 쪽이 무효이어도 다른 쪽은 유효한 사태가 발생하는 바, 이것은 소송의 종료와 실체상의 처분을 불가분적으로 결합하고 있는 화해당사자의 의사에 맞지 않는다(실체법상의 분쟁을 그대로 둔 채 소송만을 종료시키는 이른바 무인화해(abstrakter Vergleich)는 현실적으로 존재하기 힘들다). 따라서 소송상화해는 법원에 대한 관계에서는 소송을 종료시키는 뜻의 소송상의 계약이고, 상대방에 대한 관계에서는 민법상의 화해계약인 성질을 가지는 하나의 행위라고 보는 **양성설**이 부관, 의사표시의 흠을 비롯한 민 · 상법의 규정을 준용할 수 있고, 소송의 종료와 실체상의 처분을 불가분적으로 결합함으로써 당사자의 의사에 맞는 해결을 꾀할 수 있어서 가장 타당하다고 생각한다.[5]

우리나라의 통설[6]과 판례[7]는 소송상화해를 소송상의 합동행위라고 보아 소송행위설을 취하고 있으나, 이 설은 도이칠란트에서는 그 추종자가 거의 없는 견해이다.[8] 또한 대법원 판례는 소송행위설을 취하면서도 실효조건부 화해의 유효성을 인정하고, 창설적 효력[9]을 인정하는 등 소송행위설로서 설명할 수 없는 결과를 인정하여 동요하는 모습을 보이고 있다(화해의 기판력 참조). 이에 반하여 도이칠란트와 일본의 통설은 양성설이다.[10] 우리나라의 통설은 민사소송법 제220조와 제461조를 근거로 하여, 우리나라는 입법적으로 소송행위설을 채택한 것이라고 주장하고 있으나, 이것은 성급한 단정이 아닐까? 왜냐하면 일본민사소송법 제267조도 우리 민사소송법 제220조와 똑같이 규정하고 있으나, 일본에서는 소송행위설이 도리어 소수설에 불과하며, 민사소송법 제461조는 소송상화해에 형식적 확정력을 부여하는 규정이고,[11] 화해를 소송행위라고 단정한 것으로 보기는 어렵기 때문이다. 어떠한 행위에 관하여 무효 · 취소를 함부로 허용하지 아니하는 것은 법률관계의 안정을 꾀하기 위한 것이며, 소송행위 이외에도 그러한 예는 많이 있다(행정처분, 주주총회결의의 취소, 주식인수의 무효 · 취소, 회사설립 · 회사합병의 무효 등).

---

1) 方, 550면.

2) 大判 1979. 5. 15, 78 다 1094.

3) 大判 1991. 4. 12, 90 다 9872.

4) 소송행위설을 취한다고 하여 논리필연적으로 기판력을 긍정하여야 하는 것은 아니므로 소송행위설 중에도 기판력부정설이 있다.

5) 同旨: 李時, 617면; 胡, 822면.

6) 方, 549면; 金/姜, 596면; 宋/朴, 491면; 金容, 426면; 韓, 259면.

7) 大決 1962. 5. 31, 4293 民再抗 6.

8) 소송행위설을 주장하는 학자로는 Baumbach/Lauterbach, Anh. nach §307 Bem. 2) A, 6) A가 있다.

9) 大判 2006. 6. 29, 2005 다 32814.

10) Rosenberg, §131 Ⅲ 1 c); 中野＝松浦＝鈴木, 375면.

11) 예컨대 형식적 확정력만 있고 기판력은 없는 지급명령도 재심의 대상이 된다(大判 2004. 6. 24, 2002 도 4151 등).

Ⅲ. 要 件

소송상화해의 요건은 대체로 청구의 포기 · 인낙의 경우에 준한다.

1. 當事者에 관한 要件

당사자는 소송능력이 있어야 하고, 대리인이 이를 하려면 특별한 권한을 받아야 한다(56 Ⅱ, 90 Ⅱ). 필수적 공동소송의 경우에는 공동소송인 모두가 일치하여 화해를 하여야 하고(67 Ⅰ), 화해는 상대방 또는 제3자의 형사상 처벌받을 행위에 의하여 이루어져서는 아니된다(451 Ⅰ ⑤).

2. 訴訟物에 관한 要件

1) 화해의 대상인 권리관계는 당사자가 자유로이 처분할 수 있는 성질의 것이어야 한다.[1] 가사소송(가류 및 나류 사건) · 행정소송 · 선거소송 등 직권탐지주의의 지배를 받는 절차에서는 화해를 할 수 없다(家訴 12. 行訴 26). 다만 가사소송의 나류 사건 가운데 이혼 및 파양에서는 협의상의 이혼과 파양이 인정되므로 예외적으로 화해가 허용된다고 생각한다.[2] 회사관계소송은 직권탐지주의에 의하는 것은 아니지만, 승소판결에는 대세적 효력이 인정되므로 화해가 허용되지 아니한다고 풀이한다(통설 · 판례).[3] 다만 주주의 대표소송과 증권관련집단소송의 경우에는 법원의 허가를 얻으면 화해가 가능하다(商 403 Ⅵ. 證集 35).

2) 화해의 내용을 이루는 권리의무가 현행법상 인정되는 것이고, 선량한 풍속 기타 사회질서에 반하는 것이 아니어야 한다. 그러나 판례는 화해의 내용이 강행법규에 위반되거나 반사회적인 경우에도 그 화해가 무효는 아니라는 입장을 고수하고 있다.[4] 이것은 세계에 유례가 없는 해석이며, 문제이다.

---

1) 경락허가결정을 취소한다는 화해를 하여도 이에 의하여 경락허가결정이 취소될 수는 없다(大決 1980. 1. 17, 79 마 44). 또한 성질상 당사자가 임의로 처분할 수 없는 사항을 대상으로 한 재판상 화해나 조정, 예컨대 "재심대상판결 및 제1심판결을 각 취소한다"는 조정조항은 법원의 형성재판의 대상으로 당연무효이므로 허용될 수 없다(大判 2012. 9. 13, 2010 다 97846).

2) 同旨: 李時, 619면.

3) 大判 2004. 9. 24, 2004 다 28047.

4) 大判 1991. 4. 12, 90 다 9872; 2002. 12. 6, 2002 다 44014; 재판상 화해조서와 같이 확정판결과 동일한 효력이 있는 조정조서의 경우에도 마찬가지이다(大判 2014. 3. 27, 2009 다 104960, 104977).

3) 청구에 관하여 소송요건이 구비되어야 하는가에 관하여는 제소전화해가 인정되는 점에 비추어 이를 구비하지 않아도 무방하다. 이 점은 청구의 포기·인낙과 다르다. 다만 당사자의 실재와 청구적격 등의 필수적인 소송요건은 이를 갖추어야 한다.

4) 소송상 화해에 조건·기한을 붙이거나 해제권유보부로 화해를 할 수 있는가가 문제된다. i) 소송상화해에서 약정한 의무의 이행에 조건을 붙이는 것(예컨대 피고가 일정한 시기까지 약정금을 지급하지 아니하면 피고는 원고에게 건물을 인도한다는 등)은 일반적으로 허용된다. 그러나 소송상화해 자체의 성립이나 효력발생에 조건을 붙일 수 있는가에 관하여는 다툼이 있다. 사법행위설·병존설 및 양성설은 사적 자치의 원칙에 따라 이를 긍정함에 반하여,[1] 소송행위설은 절차의 명확성·안정성을 근거로 하여 이를 불허한다.[2] 그러나 대법원은 소송행위설을 취하면서도 실효조건부 화해의 효력을 인정하고 있다.[3]

생각건대 소송상화해는 소송행위라고 보더라도 소송절차를 종료시키는 것이므로 거기에 조건을 붙여도 절차의 안정을 해할 염려가 없다. 또 양성설을 취하는 한 사법행위에 조건을 붙일 수 있는 것은 당연하다. 따라서 조건부 화해는 허용된다고 본다.[4]

ii) 마찬가지의 이유로 소송상화해에 기한을 붙이는 것이나 해제권유보부로 화해하는 것도 허용된다(양성설).[5]

Ⅳ. 節次·方式

1) 소송상화해는 원칙적으로 양 당사자가 그 소송의 기일(변론기일, 변론준비기일, 화해기일, 증거조사기일)에 출석하여 말로 하여야 한다. 그러나 당사자가 기일에 직접 출석하여 말로 진술하지 않더라도 화해의 의사표시를 적은 서면을 진술간주시킴으로써 화해를 성립시킬 수

1) Rosenberg, §131 Ⅲ h i).
2) 方, 554면.
3) 예컨대 소송 외의 제3자가 이의를 제기하면 화해가 실효되도록 하는 것. 이 경우에는 화해가 없었던 것으로 되므로 화해성립 전의 법률관계를 다시 주장할 수 있다(大判 1988. 8. 9, 88 다카 2332; 1996. 11. 15, 94 다 35343).
4) 同旨: 李時, 619면; 胡, 898면.
5) 李時, 620~621면; Rosenberg, §131 Ⅲ h i); Thomas/Putzo, §794 Anm. 17. 19.

도 있다. 이것은 화해의 의사표시를 적은 답변서·준비서면 등에 공증사무소의 인증을 받아 제출하고 결석한 경우에, 상대방 당사자가 변론기일에 출석하여 화해의 의사표시를 받아들임으로써 화해가 성립하는 경우이다(148Ⅲ). 이러한 '서면에 의한 화해제도'는 화해에 의한 분쟁해결을 촉진시키기 위하여 2002년 민사소송법이 도입한 것이다.

2) 화해는 소송계속중 언제라도 할 수 있다. 상고심에서도 화해를 할 수 있다. 법원은 소송의 정도 여하에 불구하고 화해를 권고하거나 수명법관 또는 수탁판사로 하여금 권고하게 할 수 있다(145Ⅰ). 이를 위하여 화해를 위한 기일(화해기일)을 정할 수 있을 뿐만 아니라, 필요하다고 인정할 때에는 소송대리인이 선임되어 있더라도 당사자 본인 또는 그 법정대리인의 출석을 명할 수 있다(145Ⅱ). 이처럼 화해의 권고를 널리 인정하고 있는 것은 민사분쟁의 자주적이고 원만한 해결을 꾀하는 한편, 법원의 부담을 경감하기 위한 것이다.

3) 화해의 진술이 있을 때에는 법원 또는 법관은 그 요건을 심사하고(직권조사사항), 유효하다고 인정하면 법원사무관등에게 그 내용을 조서에 기재하도록 명한다(154). 변론기일·변론준비기일의 조서에는 화해가 있다는 취지만을 적고, 별도의 용지로 화해조항과 청구취지·청구원인 등을 적은 화해조서를 작성하여야 한다(民訴規31).

법원사무관등은 화해조서의 정본을 화해가 있은 날로부터 1주 안에 당사자에게 송달하여야 한다(民訴規56).

Ⅴ. 效　果

1. 總　說

화해의 진술을 조서에 기재한 때에는 그 조서(화해조서)는 확정판결과 같은 효력을 가진다(220). 조서에 기재하는 것은 화해의 성립요건이 아니라, 그 효력발생요건이다. 일단 유효한 화해의 진술이 있으면 조서가 작성되기 전에라도 화해는 이미 성립된 것이므로, 당사자 한 쪽이 이를 임의로 철회할 수 없다. 다만 양 당사자가 일치하여 철회의 진술을 하는 것은 가능하다.

'확정판결과 같은 효력을 가진다'는 것이 무엇을 뜻하는가에 관하여는 다툼이 있다. 화해조서의 작성에 의하여 소송이 종료하고, 집행력·형성력이 발생하는 점에 관하여는 다툼이 없으나,[1] 더 나아가 화해조서에 기판력이 인정되는가에 관하여는 견해의 대립이 있다.

2. 訴訟의 終了

1) 화해에 의하여 소송은 그 범위 안에서 당연히 종료된다. 상급심에서 화해가 된 때에는 그 범위 안에서 하급심의 미확정판결은 당연히 실효된다.[2]

2) 소송비용은 화해의 내용에서 특히 정하지 아니한 때에는 각자가 지출한 비용을 부담한다(106). 소송비용에 산입할 변호사의 보수는 통상의 경우와 마찬가지로 전액이다(변호사보수의소송비용산입에관한규칙 5).[3]

3) 화해로 소송이 종료된 경우 소송중 공격·방어방법으로서 행사된 사법상의 형성권을 행사한 효력은 당사자의 의사에 따라 판단할 것이며, 상계를 제외하고는 원칙적으로 소멸되지 않는 것으로 본다.

3. 執行力·形成力

1) 화해조서가 일정한 이행의무를 내용으로 할 때에는 집행력이 인정되어 집행권원으로 된다(民執 56 ⑤). 화해조서의 집행력이 미치는 인적 범위와 집행력의 배제방법은 집행력 있는 판결에 준한다. 또 화해조서에는 넓은 의미의 집행력도 인정된다(예컨대 소유권이전등기절차를 명하는 화해조서에 기하여 채권자 단독으로 등기절차를 신청할 수 있다).

2) 화해조서가 일정한 법률관계의 발생·소멸을 내용으로 할 때에는 형성력이 인정된다.[4] 나아가 판례는 재판상 화해에 **창설적 효력**을 인정하여[5] 화해가 성립하

1) 실체법상 형성의 소의 대부분의 경우에는 소송상화해가 허용되지 않으므로, 화해의 효력으로서 형성력이 발생하는 경우는 극히 드물다(공유물분할소송에서의 화해 등). 그리하여 대부분의 학자는 화해의 효력으로서 형성력을 들고 있지 않다.

2) 이 경우에 상소심은 잔여부분에 관하여 하급심판결을 변경할 필요가 없는 때에도 원심판결을 변경하는 편이 좋을 것이다. 齋藤, 注解民訴(3), 419면.

3) 과거에는 통상의 경우의 2분의 1만을 산입한 결과, 이것이 소송대리인이 화해를 꺼리는 한 요인으로도 작용하였으므로, 전액 산입하는 것으로 대법원규칙을 개정하였다(2003. 6. 9, 규칙 제1829호). 인지액은 원고에게 2분의 1을 환급한다(民印 14 I).

4) 同旨: 胡, 831면.

면 종전의 법률관계에 기한 권리 · 의무관계는 소멸하고 그 재판상 화해에 따른 새로운 법률관계가 유효하게 형성된다고 한다.[1] 다만 공유물분할의 소송절차나 조정절차에서 공유자 사이에 공유물분할조정이 성립한 경우, 그것만으로는 각 공유자에게 즉시 새로운 법률관계가 창설되는 것은 아니며, 협의한 바에 따라 토지의 분필절차와 등기를 마쳐야만 소유권을 취득한다고 한다(판례의 다수의견).[2) 3)]

4. 旣 判 力

1) 화해조서에 기판력을 인정할 것인가에 관하여는 다툼이 있다. 과거에는 기판력을 부정하는 견해(**기판력부정설**), 전면적으로 기판력을 긍정하는 견해(**기판력긍정설**) 및 제한적으로 기판력을 긍정하는 견해(**제한적 기판력설**) 등이 있었으나, 1961년 민사소송법개정에 의하여 화해의 흠에 대한 구제수단으로서 준재심의 소(461)를 규정한 이후로는 기판력긍정설과 제한적 기판력설만이 대립하여 왔는데, 근년에는 기판력부정설도 주장되고 있다.

2) **기판력긍정설**은 화해의 내용에 관하여도 기판력이 발생한다고 보고, 화해의 성립과정에 흠(의사의 흠, 강행법규위반 등)이 있더라도 그것이 재심사유에 해당되는 경우에만 재심에 준하는 소에 의하여 그 무효 · 취소를 주장할 수 있고, 그 이외의 실체법상의 무효 · 취소원인의 주장은 허용되지 않는다고 본다. 이 견해는 민사소송법 제220조와 제461조를 문언 그대로 제한 없이 적용한다. 우리나라의 과거의 통설이었으나, 현재는 소수설이다.[4)]

---

5) 판례에 의하면 조정조서에도 조정의 내용에 따라 권리의 취득과 소멸이라는 창설적 효력이 인정되므로 조정이 성립하면 종전의 권리 · 의무관계는 소멸하고 조정의 내용에 따른 새로운 권리 · 의무관계가 성립한다. 다만 조정조서에 인정되는 확정판결과 동일한 효력은 소송물인 법률관계에만 미치고 그 전제가 되는 법률관계에까지 미치지는 않기 때문에 부동산 소유권이전등기에 관한 조정조서의 기판력은 소송물이었던 '이전등기청구권의 존부'에만 미치고 부동산의 '소유권' 자체에까지 미치지는 않는다(大判 2017. 12. 22, 2015 다 205086).

1) 大判 2008. 2. 1, 2005 다 42880; 다만 이러한 창설적 효력은 당사자가 서로 양보하여 확정하기로 합의한 사항에 한해 미치며, 당사자가 다툰 사실이 없거나 화해의 전제로서 서로 양해하기로 한 사항에는 그 효력이 생기지 않는다(大判 2022. 1. 27, 2019 다 299058; 2019. 4. 25, 2017 다 21176; 2017. 4. 13, 2016 다 274966; 2001. 4. 27, 99 다 17319).

2) 大(全)判 2013. 11. 21, 2011 두 1917(공유물분할의 소송 계속 중 공유물분할의 협의가 성립할 가능성이 있으면 수소법원의 조정회부로 조정이 성립하게 되고, 이러한 조정은 소송물에 대한 법원의 판단을 갈음하는 것이 아니라 당사자 사이의 협의에 의한 공유물분할이 있는 것과 같다고 보았다).

3) 형성소송의 판결과 같은 내용으로 재판상 화해를 하더라도 판결을 받은 것과 같은 효력은 생기지 않는다는 것이 판례의 태도이다(大決 2022. 6. 7, 2022 그 534). 보다 자세한 내용은 本書 제4편 제2장 제3절 제3관 '화해권고결정'의 설명 부분 참조.

4) 方, 551면; 李英, 206면; 金/姜, 603면; 宋/朴, 494면; 胡, 906면; 한충수, 572면.

이에 대하여 **제한적 기판력설**은 화해의 내용에 실체법상의 무효·취소원인이 없는 경우에만 기판력을 인정한다. 이 설은 실체법상의 흠으로 인하여 사법상의 화해가 무효·취소되면 이와 결합된 소송행위도 무효로 되므로, 화해의 내용에 기판력이 발생하지 아니하는 것이라고 설명한다. 이 견해는 민사소송법 제220조와 제461조를 제한적으로 적용한다. 오늘날의 다수설이다.[1)]

3) 생각건대, 화해는 당사자의 자치적 분쟁해결이요, 판결은 법원에 의한 공권적 분쟁해결로서, 양자는 전혀 이질적인 것이므로, 기판력의 경우에도 구별하여 취급하여야 할 것이다. 또 화해의 경우에 법원의 심사는 형식적인 것에 그치는 일이 많고, 제소전화해의 경우에는 법원은 공증의 역할을 할 뿐이다. 또 흠의 존재에 관하여 당사자가 충분히 공격·방어방법을 제출하여 다투지 아니하였으므로 실체법상의 흠의 주장을 극도로 제한하는 것은 당사자에게 가혹할 뿐만 아니라, 헌법 제27조에 규정된 재판청구권을 침해할 염려가 있다. 더욱이 화해조서에는 판결주문에 대응하는 부분이 불명하므로 판결이유에 해당하는 부분에까지 기판력을 인정하는 결과로 된다.[2)] 또 민사소송법 제461조에서 준용하는 제451조의 재심사유는 판결에서 생길 수 있는 흠을 상정한 것이므로 화해의 흠을 구제하기에 부적합하다(2호, 3호, 5호만이 해당된다). 따라서 소송상화해에 전면적 또는 부분적으로 기판력을 인정하는 견해는 이론적·실제적으로 부당하다고 아니할 수 없다.

그렇다면 이론적으로 **기판력부정설**이 타당하지 않을까? 우리나라의 학설은 소송상화해가 소송행위라는 점과 민사소송법 제220조, 제461조를 근거로 하여 여기에 전면적 또는 제한적으로 기판력을 인정하고 있다. 그러나 소송행위설의 부당성은 이미 앞에서 말하였고, 또 소송행위설이 반드시 기판력긍정설로 연결되어야 할 논리적 필연성도 없다. 기판력긍정설은 소송행위설을 전제로 하고 있으나, 그 역은 진리가 아니기 때문이다.[3)][4)] 또 민사소송법 제220조도 기판력을 긍정할 근거가 될

1) 李時, 623면; 李在性, 註釋民訴(下), 350면; 姜玹中, "裁判上和解,"「司法論集」 13, 34면; 陣成奎, "提訴前和解의 實態와 問題点,"「不動産去來의 問題点」, 345면.

2) 다만 판례는 화해조서의 경우에도 소송물인 권리관계의 존재 여부에 관한 판단에만 기판력이 미친다고 한다(大判 1997. 1. 24, 95 다 32273).

3) 예컨대 일본의 三ケ月은 소송행위설을 취하면서도 기판력부정설을 취하고 있다(三ケ月, 441, 443면 참조). 도이칠란트에서 소송행위설을 취하는 학자 중에 기판력을 긍정하는 이는 없다. Baumbach/Lauterbach, Anh, nach §307 Bem. 2; Baumgärtel, *a.a.O.*, S. 192 ff., 198 등 참조.

4) 사법행위설은 기판력부정설로 연결되고 양행위병존설이나 양성설은 제한적 기판력설과 연결되기 쉽다. 그러나 성질론 자체로부터 기판력의 유무를 이끌어내는 것은 잘못이다. 新堂, 258면; 上田, 383면.

수 없다. 왜냐하면 확정판결과 같은 효력을 가진다는 말이 꼭 기판력까지 인정한다는 뜻은 아니기 때문이다. 일본민사소송법 제267조는 우리 민사소송법 제220조와 똑같은 내용을 규정하고 있으나, 일본에서는 기판력부정설이 오히려 다수설로 되어 있는 사실이 이를 잘 설명하여 준다. 문제는 민사소송법 제461조이다. 이 조문은 화해에 기판력을 인정하려는 목적으로 개정되었다. 그러나 그럼에도 불구하고 화해에 기판력을 인정하여서는 아니된다고 생각한다. 재심 또는 준재심의 소는 직접적으로 형식적 확정력을 배제하기 위한 제도이므로,[1] 민사소송법 제461조가 반드시 기판력을 인정하는 규정이라고 단정할 수 없고, 만일 그러한 뜻이라면 이는 헌법 제27조에 위반되어 무효이기 때문이다.[2] 이처럼 소송상화해에 기판력을 인정하는 견해가 내세우는 이론적 근거가 설득력이 없는 이상, 우리는 기판력부정설을 채택하지 않을 수 없다.[3] 오늘날 도이칠란트에서는 화해에 기판력을 인정하는 견해를 발견할 수 없고,[4] 일본에서는 소송행위설을 취하는 학자 중의 일부가 기판력을 인정하고 있을 뿐이다.[5]

4) 대법원판례는 1961년 민사소송법개정 이전에는 양성설을 채택하고 있었으나,[6] 위 개정 이후인 1962. 2. 15. 전원합의체판결[7]에서 **소송행위설 · 기판력긍정설**로 선회한 뒤로 지금까지 위 입장을 고수하고 있다. 그리하여 화해의 내용이 강행법규에 반하는 경우에도 준재심의 절차에 의하여 구제받는 것은 별론으로 하고 화해는 무효가 아니라고 하고,[8] 소송상화해는 사기 · 착오를 이유로 하여 취소할 수 없다고 한다.[9]

그러면서도 상법의 강행법규에 반하여 이루어진 자기주식의 취득을 내용으로 하는 화해조서[10]와 주권발행 전의 주식양도에 관한 화해조서[11]의 기판력을 부인한

1) Jauernig, §61 II; Arens, Rdn. 46 등 참조.

2) 정동윤, "제소전화해의 효력," 변협, 1983. 6, 22면에서는 제한적 기판력설을 취하였으나 개설한다. 同旨: 岩松三郎, 「民事裁判の研究」, 289면; 吉村=竹下=谷口, 243면. 反對: 憲裁決 1996. 3. 28, 93 헌바 27.

3) 화해의 성질에 대하여는 양성설을 취하고 입법론상 제461조의 '조서' 부분은 삭제되어야 한다고 하면서도, 현행법의 해석론으로는 무조건 기판력을 인정할 수밖에 없다는 견해도 있다(胡, 906면).

4) Rosenberg, §131 II 2 c); Schlosser, Rdn, 333 등 참조.

5) 일본의 學說에 관하여는 中野=松浦=鈴木, 379면 이하 참조.

6) 大判 1955. 9. 15, 4288 民上 229.

7) 大(全)判 1962. 2. 15, 4294 民上 914.

8) 大判 1982. 12. 28, 81 다카 1247; 1987. 10. 13, 86 다카 2275; 1992. 10. 27, 92 다 19033; 2002. 12. 6, 2002 다 44014.

9) 大判 1979. 5. 15, 78 다 1094.

10) 大決 1964. 11. 12, 64 마 719.

것이 있고, 실효조건부 화해의 유효성을 인정하여, 실효조건이 성취된 때에는 화해의 효력은 당연히 소멸한다고 하며,[1] 제소전화해에 의하여 당사자 사이의 법률관계가 창설된다고 하여,[2] 여기에 창설적 효력(民 732)을 인정하고 있다. 자기주식의 취득에 관한 사례는 무제한적인 기판력긍정설의 예외이며, 실효조건부 화해와 창설적 효력에 관한 사례는 기판력긍정설의 전제인 소송행위설과 조화되지 않는다. 이것은 대법원이 필경 소송행위설·기판력긍정설의 한계 또는 부당성을 스스로 인정한 결과라고 평가된다.

VI. 和解의 效力에 관한 다툼

1. 調書 記載의 잘못

화해조서에 잘못된 계산이나 기재, 그 밖에 이와 비슷한 잘못이 있음이 분명한 때에는 판결에 준하여 직권으로 또는 당사자의 신청에 따라 경정결정을 할 수 있다(211).[3]

2. 和解에 無效·取消 原因이 있는 경우

1) 소송상화해에 무효·취소원인이 있는 경우의 처리방법에 관하여는 견해가 여러 갈래로 갈라져 있다. 이 문제는 소송상화해의 성질 및 효력에 관한 견해와 밀접하게 관련되어 있다. 어떠한 사유가 화해의 무효원인 또는 취소원인이 되느냐 하는 점 자체도 화해의 성질 및 여기에 기판력을 인정할 것인가와 관련이 있다. 확정판결의 무효에 해당하는 사유가 있을 때, 예컨대 사망자를 상대로 한 화해,[4] 화해조서에 기재된 사항이 특정되지 아니한 경우[5] 등에 화해가 무효임에 관하여는 다툼이 없다.

2) 그 밖에 화해의 무효사유를 인정할 것인가에 관하여는 다툼이 있다. 판례와

11) 大判 1970. 3. 10, 69 다 1812. 反對: 1972. 6. 27, 71 다 1957.
1) 大判 1965. 3. 2, 64 다 1514; 1988. 8. 9, 88 다카 2332; 1996. 11. 15, 94 다 35343.
2) 大判 1980. 7. 8, 80 다 899; 1981. 8. 25, 80 다 2645; 1988. 1. 19, 85 다카 1792.
3) 大決 1960. 8. 12, 4293 民再抗 200.
4) 大判 1955. 7. 28, 4288 民上 144.
5) 大判 1965. 2. 3, 64 다 1387.

같은 기판력긍정설에 의하면, 화해에 실체법적·소송법적 흠이 있더라도 그것이 민사소송법 제451조 소정의 재심사유에 해당하는 때에만 준재심의 소(461)의 방법에 의하여 다툴 수 있을 뿐, 그 밖의 사유에 의하여서는 무효·취소를 주장할 수 없다고 한다.[1] 그리하여 화해의 내용이 강행법규에 위반되어도 무효가 아니라고 한다.[2] 이에 반하여 제한적 기판력설에 의하면, 화해의 내용에 실체법상 무효·취소원인이 있으면 화해의 무효·취소를 주장할 수 있고, 그 무효·취소의 주장방법은 기일지정신청이나 화해무효확인청구에 의할 수 있다고 풀이한다.[3] 이 견해에 의하면 민사소송법 제461조 소정의 준재심의 소는 화해에 실체법상의 무효·취소원인이 없는 경우의 구제방법이 됨에 불과하다. 끝으로 기판력부정설에 의하면, 화해의 실체법적 요건과 소송법적 요건에 흠이 있으면 무효원인이 되고,[4] 화해의 의사표시에 흠(사기·강박·착오)이 있으면 취소원인이 된다. 그리고 화해에 무효·취소원인이 있을 때에는 당사자는 기일지정신청(**기일지정신청설**)이나 화해무효확인청구의 소 또는 청구이의의 소(**신소제기설**) 가운데 어느 것을 선택하여도 좋다(**경합설**).[5]

3. 和解의 解除

1) 화해의 해제라 함은 소송상화해의 내용을 이루는 실체관계에 관한 합의의 해제를 가리킨다. 즉, 유보해제권(留保解除權)에 기한 해제, 채무불이행에 의한 해제, 합의해제, 사정변경에 기한 해제 등이 그것이다. 기판력긍정설에서는 해제를 인정하지 아니하나,[6] 기판력부정설이나 제한적 기판력설에서는 이를 인정한다.

2) 유보해제권에 기한 해제의 경우에는 화해 전의 권리관계가 부활하므로 기일지정신청에 의하여야 하고, 채무불이행·사정변경에 의한 해제나 합의해제의 경우에는 화해 전의 권리관계가 부활하지 않고 화해상의 권리관계를 청산하여야 하므

---

1) 大(全)判 1962. 2. 15, 4294 民上 914; 1987. 10. 13, 86 다카 2275; 1992. 10. 27, 92 다 19033.

2) 大判 2002. 12. 6, 2002 다 44014; 1987. 10. 13, 86 다카 2275; 1972. 6. 27, 71 다 1957. 다른 취지의 것으로는 大決 1964. 11. 12, 64 마 719.

3) 李時, 597면.

4) 화해의 실체법적 요건으로는 화해의 내용이 당사자의 처분권에 속할 것, 화해가 사회질서와 강행법규에 위반되지 아니할 것, 서로 양보가 있을 것 등이 있고, 소송법적 요건으로는 소송능력·대리권의 존재, 당사자의 실재, 청구적격의 구비, 관여금지법관의 관여가 없을 것 등이 있다.

5) 변경 전의 대법원판례는 경합설을 취하고 있었다(大判 1955. 9. 15, 4288 民上 229).

6) 大(全)判 1962. 2. 15, 4294 民上 914(화해상의 채무불이행). 大判 2012. 4. 12, 2011 다 109357(재판상 화해를 조서에 기재하면 기판력이 발생하고 준재심의 소에 의해서만 그 효력을 다툴 수 있으며, 화해조항상의 의무를 이행하지 않음을 이유로 화해의 해제를 주장할 수 없으며, 이는 조정조서에 대해서도 마찬가지이다).

로, 새로운 소의 제기에 의하여야 한다.[1]

3) 소송상화해가 해제조건부로 성립된 때에는 해제조건의 성취에 의하여 화해는 효력을 잃게 된다.[2] 앞에서 살펴본 바와 같이 대법원은 화해의 성질을 소송행위로 보면서도 실효조건부 화해의 효력을 긍정하고 있다.[3]

제 3 관 和解勸告決定

Ⅰ. 意 義

화해권고결정이란 법원 또는 수명법관, 수탁판사(이하 '법원'등이라 함)가 소송계속중 직권으로 화해의 내용을 정하여 당사자에 대하여 결정으로 화해를 권고하고, 당사자가 2주 이내에 이의신청을 하지 아니하면 재판상화해가 성립된 것으로 보는 제도를 말한다(225 이하). 구 법에서는 법원이 화해에 적극 개입하기 위하여서는 소송계속중인 사건에 대하여 민사조정법에 따른 조정회부결정을 한 다음(民調 6), 조정기일을 열어서 당사자에게 조정을 권고한 뒤, 조정이 성립하지 아니하면 조정을 갈음하는 결정을 하고, 그 후 2주 이내에 이의신청을 하지 아니하면 조정이 확정되는 것(재판상화해와 동일한 효력)으로 절차를 운영하여야 하였다(民調 30, 34).[4] 2002년 민사소송법에서는 이러한 절차 이외에도, 절차를 더욱 간이화하여 소송절차 안에서 조정을 갈음하는 결정과 동일한 효력이 있는 화해권고결정을 할 수 있도록 함으로써, 화해에 의한 분쟁해결의 촉진을 꾀하고 있다. 이것은 화해에 관하여 당사자 사이에 미세한 부분에서만 의견의 불일치가 있거나 당사자가 막연하게 화해보다 유리한 재판을 받을

---

1) 화해의 해제를 '통상형 화해의 해제'와 '경개형 화해의 해제'로 나누어 전자의 경우에는 기일지정신청, 후자의 경우에는 새로운 소의 제기에 의하여야 한다는 견해도 있다. 中野＝松浦＝鈴木, 389면.

2) 화해의 성질을 소송행위로 보는 경우에는 여기에 소송외적 조건을 붙이는 것은 절차의 안정을 해하므로 허용되지 아니하나(方, 533면), 사법행위설이나 양성설에서는 그것이 가능하다.

3) 大判 1965. 3. 2, 64 다 1514; 1988. 8. 9, 88 다카 2332; 1996. 11. 15, 94 다 35343.

4) 여기에는 창설적 효력이 발생하므로 당사자 사이의 종전 권리의무관계는 소멸하고 결정된 내용에 따른 새로운 권리의무관계가 성립한다. 나아가 판례는 "확정된 조정을 갈음하는 결정에 인정되는 확정판결과 동일한 효력은 소송물인 권리관계의 존부에 관한 판단에만 미치므로, 소송절차 진행 중에 조정을 갈음하는 결정이 확정된 경우에 소송물 외의 권리관계에도 효력이 미치려면 특별한 사정이 없는 한 그 권리관계가 결정사항에 특정되거나 결정 중 청구의 표시 다음에 부가적으로 기재됨으로써 그 결정의 기재 내용에 의하여 소송물인 권리관계가 되었다고 인정할 수 있어야 한다"라고 하였다(大判 2017. 4. 26, 2017 다 200771; 2015. 2. 26, 2014 다 78225; 2007. 4. 26, 2006 다 78732).

기대로 화해에 불응하는 경우에 효과적으로 이용될 수 있다. 다만 재판상화해에 기판력이라는 강력한 효력을 인정하는 우리 판례의 태도에 비추어 볼 때, 화해권고결정제도가 남용되지 아니하도록 그 운영에 신중을 기하여야 할 것이다.[1)]

Ⅱ. 決定에 의한 和解勸告

1) 소송계속중 법원등은 직권으로 당사자의 이익, 그 밖의 모든 사정을 참작하여 사건의 공평한 해결을 위한 화해권고결정을 할 수 있다. 화해의 내용은 처분권주의의 원칙상 청구취지의 범위 안에서만 가능하다(225).

2) 화해권고결정은 소송계속중이면 변론절차뿐만 아니라 변론준비절차에서도 할 수 있다(225, 286).[2)] 직권으로 하는 것이므로, 당사자의 화해권고결정신청은 직권발동을 촉구하는 의미밖에 없다. 법원은 소송의 정도와 관계없이 당사자들에게 자발적으로 화해를 하도록 권고할 수 있는데(145), 이러한 화해권고가 화해권고결정을 하기 위한 요건은 아니다.

3) 화해권고결정은 결정서를 작성하는 방식으로 할 수 있을 뿐만 아니라, 기일에 말로 하고 그 내용을 조서에 적는 방식으로 할 수도 있다. 화해권고결정서에는 청구의 취지와 원인을 적어야 한다(民訴規 57 I). 조서에 화해권고결정을 적는 방식에 의하는 경우에는 그 기일의 조서에는 화해권고결정이 있다는 취지만을 적고, 청구취지와 원인을 적은 화해권고결정조서를 따로 작성하여야 한다(民訴規 57 II, 31).

4) 법원사무관등은 결정내용을 적은 조서 또는 결정서의 정본을 당사자에게 송달하여야 한다(225 II). 이 때 송달받은 날로부터 2주 안에 이의신청을 하지 아니하면 화해권고결정이 재판상화해와 같은 효력을 가지게 된다는 취지도 함께 고지하여야 한다(民訴規 58). 우편송달(185 II, 187), 공시송달(194)의 방법으로는 송달할 수 없다(225 II 但). 당사

1) 화해권고결정제도의 운영상의 남용을 경계하여야 한다는 견해로는 胡, 913면; 李時, 625면 등.

2) 다만 **보전처분 절차에서 이루어진 화해권고결정**은 당사자가 자유로이 처분할 수 있는 권리를 대상으로 할 수 있을 뿐 보전처분 신청과 보전처분에 대한 법원의 권한을 대상으로 삼을 수 없으므로 그 결정을 가압류·가처분에 대한 법원의 재판이라고 할 수 없고, 확정판결과 같은 효력을 가지므로(220, 231, 民執 23 I), 가압류·가처분에 대한 재판과 달리 화해권고결정 정본에 집행문을 받아야 집행할 수 있고(民執 57, 28), 민사집행법 제292조 제2항, 제301조가 정하는 집행기간의 제한을 받지 않는다(大決 2022. 9. 29, 2022 마 5873).

자의 이의신청권을 보장하기 위함이다. 따라서 화해권고결정을 우편송달, 공시송달 이외의 방법으로는 송달할 수 없는 경우에는 법원은 직권 또는 당사자의 신청에 따라 화해권고결정을 취소하고 종전의 절차를 속행하여야 한다(民訴規 59).

Ⅲ. 異議申請

1) 당사자는 화해권고결정에 대하여 그 조서 또는 결정서의 정본을 송달받은 날부터 2주 이내에 결정을 한 법원에 이의신청을 할 수 있다(226 Ⅰ·227 Ⅰ). 정본을 송달받기 전에도 이의신청을 할 수 있다(226). 이의신청은 이의신청서를 제출하여 하며, 법원은 상대방에게 이의신청서의 부본을 송달하여야 한다(227). 이때 이의신청서는 전체적으로 보아 어떤 화해권고결정에 대한 이의인지가 나타나면 충분하고 그 서면의 표제는 중요하지 않다.[1] 이의신청기간은 불변기간이다(226 Ⅱ). 따라서 이의신청의 추후보완이 가능하다(173). 법원 등은 이의신청이 법령상의 방식에 어긋나거나 신청권이 소멸된 뒤의 것임이 명백한 경우에는 그 흠을 보정할 수 없으면 결정으로 이를 각하하여야 하며, 수명법관 또는 수탁판사가 각하하지 아니한 때에는 수소법원이 결정으로 각하한다(230 Ⅰ). 이에 대하여는 즉시항고를 할 수 있다(230 Ⅱ). 이의신청이 적법한 때에는 소송은 화해권고결정 이전의 상태로 돌아가며, 이 경우 그 이전에 행한 소송행위는 그대로 효력을 가진다(232 Ⅰ).

2) 이의신청은 상대방의 동의를 얻어 취하할 수 있다. 다만 그 심급에서 판결이 선고된 때에는 화해권고결정은 효력을 잃기 때문에(232 Ⅱ), 판결이 선고되기 이전까지만 취하할 수 있다(228 Ⅰ). 서면으로 취하하여야 하나, 변론 또는 변론준비기일에서는 말로 할 수 있다(이의신청취하의 방식에 관하여는 소취하의 방식에 관한 규정이 준용된다. 228 Ⅱ, 266 Ⅲ~Ⅵ). 이의신청 전까지는 서면으로 이의신청권을 포기할 수도 있다(229).

Ⅳ. 效　　力

당사자가 화해권고결정의 내용이 적힌 조서 또는 화해권고결정서의 정본을 송

---

1) 大判 2011. 4. 14, 2010 다 5694.

달받고 2주 이내에 이의신청을 하지 아니하면 화해권고결정은 재판상화해와 같은 효력을 가진다(231①).[1] 이의신청에 대한 각하결정이 확정되거나, 당사자가 이의신청을 취하하거나 이의신청권을 포기한 때에도 마찬가지이다(231②·③). 재판상화해와 같은 효력을 가지므로 확정판결과 동일한 효력이 있다(220). 따라서 기판력(판례의 입장을 따를 때), 집행력(民執56⑤), 형성력이 인정된다. 또한 판례에 따르면 창설적 효력이 인정되어 종전의 권리·의무관계는 소멸하고 그 재판상 화해에 따른 새로운 법률관계가 형성되는데,[2] 다만 이러한 창설적 효력에도 불구하고 소유권등기의 말소를 구하는 소송이나 진정명의의 회복을 원인으로 한 소유권이전등기절차의 이행을 구하는 소송 중에 그 소송물에 대한 화해권고결정이 확정되어도 그 청구권의 법적 성질이 채권적 청구권으로 바뀌는 것은 아니라고 한다.[3] 나아가 판례는 형성소송의 판결과 같은 내용으로 화해권고결정이 확정되더라도(예컨대, 청구이의의 소에서 '집행권원에 기한 강제집행을 불허한다'는 화해권고결정이 확정된 경우) 이에는 판결을 받은 것과 같은 효력이 생기지 않으므로 이러한 화해권고결정 정본은 민사집행법 제49조 제1호에서 정한 '강제집행을 허가하지 아니하는 취지를 적은 집행력 있는 재판의 정본'에 해당하지 않는다고 한다.[4]

제 4 관 提訴前和解

Ⅰ. 意 義

제소전화해라 함은 소제기 전에 소송을 예방하기 위하여 화해를 원하는 당사자의 신청에 의하여 지방법원 단독판사 또는 시·군법원 판사 앞에서 행하는 화해를 말한다(385Ⅰ). 소송계속 전에 소송을 예방하기 위하여 행하여진다는 점에서, 소송계속 후에 소송을 종료시키기 위하여 행하여지는 소송상화해와 다르지만, 그 이외의 점에서는 차이가 없다. 즉, 법

1) 大判 2012. 5. 10, 2010 다 2558; 일부 원고는 적법한 이의신청을 하고, 일부 원고와 피고는 이의신청을 하지 않았음에도 법원이 이를 간과하고 모든 원고에 대해 심리·판단을 하였다면, 상급심은 이의를 제기하지 않은 원고들에 대한 부분은 소송이 종료되었으므로 소송종료선언을 하여야 한다(大判 2010. 10. 28, 2010 다 53754).

2) 大判 2008. 2. 1, 2005 다 42880; 2014. 4. 10, 2012 다 29557.

3) 大判 2012. 5. 10, 2010 다 2558(즉 상대방은 여전히 물권적 방해배제의무를 진다).

4) 이는 형성판결의 효력을 당사자 사이의 합의로 창설할 수 없기 때문이다(大決 2022. 6. 7, 2022 그 534; 大判 2023. 11. 9, 2023 다 256577).

적 성질 · 방식 및 효과는 모두 소송상화해와 같다. 다만 제소전화해의 경우에는 소송계속이 없기 때문에 다음 두 가지 점에서 차이가 생길 뿐이다. 즉, 화해에 흠이 있는 경우에 그 흠을 다투는 방법으로서 기일지정의 신청을 할 수는 없고(왜냐하면 기일을 다시 열 본래의 소송계속이 없기 때문이다), 또 당사자로부터 화해의 신청이 있어야 한다(소송상화해의 경우에는 이미 소송이 계속중이므로 당사자가 화해의 진술을 하기만 하면 된다).

Ⅱ. 問 題 點

1) 제소전화해도 당사자 사이에 권리관계에 관한 다툼이 있을 때에 이를 서로 양보하여 해결하는 것이다. 그리하여 민사소송법 제385조도 '민사상 다툼'이 있을 것을 요구하고 있다. 그러나 실무의 현상을 보면 이미 당사자 사이에 성립된 해결내용이나 계약내용을 조서에 기재하여 재판상화해를 성립시키는 것이 보통이다. 이 경우에 법원은 화해의 알선을 통하여 분쟁을 해결하는 것이 아니라, 민사행정적인 공증행위를 하는 데 불과하다. 나아가 공정증서로서 집행권원을 만들 수 없었던 특정물인도청구, 등기청구 등에 관하여 간편하게 집행권원을 얻는 방법으로서 애용되어 왔다. 그러나 2013년 공증인법 개정에 의하여 특정물인도청구에 관하여 집행증서의 작성이 허용되었으므로(公證 56의 3),[1] 앞으로 특정물인도청구에 관한 제소전화해의 이용은 줄어들 것으로 전망된다. 또한 제소전화해는 금전소비대차의 채권자가 경제적 강자의 지위를 이용하여 부당하게 유리한 집행권원을 얻기 위한 수단으로 악용되고 있다. 이러한 실정에 비추어 제소전화해제도에 관하여는 입법론 · 해석론적으로 신중한 재검토가 요망된다.

2) 제소전화해를 폐지하는 대신에, 도이칠란트가 1990년 사법간소화개정법(司法簡素化改正法, Rechtspflegevereinfachungsgesetz)에 의하여 창설한 변호사화해(Anwaltsvergleich)의 도입을 검토하여야 할 것이다.[2]

Ⅲ. 要 件

소송상화해와 마찬가지로 대상인 권리관계는 당사자가 자유로이 처분할 수 있는 성질

---

1) 정동윤, 「집행증서의 대상의 확대 - 공증인법의 개정을 중심으로」, 법조 689호(2014. 2), 18면 이하 참조.

2) 변호사화해란 소송을 회피하고 신속하게 집행권원을 획득할 수 있게 하기 위하여 고안된 제도로서, 양 당사자가 모두 변호사를 소송대리인으로 선임한 경우에, 양 당사자와 양 쪽 변호사가 화해계약서에 서명을 하고, 채무자가 즉각적 강제집행을 수락하는 의사표시를 한 때에는 그 화해계약서에 대하여 집행이 가능하다고 선언하는 것이다(獨民訴 796a Ⅰ). 이 경우에는 계약서를 관할법원에 보관하여야만 집행이 가능하다. 그러나 당사자가 합의하는 경우에는 관할법원 대신에 관할법원의 관할 내에 있는 공증인에게 보관시킬 수 있다(獨民訴 796c Ⅰ). 이 제도는 소제기 전에도 소송계속 후에도 이용할 수 있다. Rosenberg, §131 Ⅶ 참조.

의 것이어야 한다. 다만 그 권리관계에 관하여 '다툼'이 있어야 한다(385 Ⅰ). '민사상 다툼'이 현실의 분쟁이 있을 것을 뜻하는가(**현실분쟁설**),[1] 아니면 장래의 분쟁가능성이 있으면 족한가(**장래분쟁설**)[2]에 관하여 논란이 있으나, '다툼'의 의의는 넓게 해석하는 것이 좋을 것이다. 상호 양보가 필요한가도 문제되는데, 제소전화해의 소송예방적 기능에 비추어 상호 양보는 불필요하다고 본다.[3]

Ⅳ. 申 請

1) 화해를 원하는 당사자는 상대방의 보통재판적이 있는 곳의 지방법원에 화해를 신청할 수 있다(385 Ⅰ). 청구의 종류나 금액의 다과(多寡)에 불구하고 지방법원단독판사의 직무관할에 속한다(法組 7 Ⅳ). 시 · 군법원 판사도 이를 관할한다(法組 34 Ⅰ②).

2) 신청은 서면 또는 말로(161), 청구의 취지 · 원인과 다투는 사정을 명시하여 하여야 한다(385 Ⅰ).

화해를 위하여 대리인의 선임권을 상대방에게 위임하는 것은 금지되며(385 Ⅱ), 법원은 필요한 경우 대리권의 유무를 조사하기 위하여 당사자 본인 또는 법정대리인의 출석을 명할 수 있다(385 Ⅲ). 이것은 종래 제소전화해에서 대리인선임권을 상대방에 위임하는 부조리를 배제하기 위하여 1990년 개정법이 도입한 것이다. 신청서에는 소장의 5분의 1에 해당하는 인지를 붙여야 한다(民印 7 Ⅰ). 화해의 신청에는 그 성질에 반하지 않는 한 소에 관한 규정을 준용한다(385 Ⅳ). 신청서의 제출시에 다툼의 대상인 권리관계에 관하여 시효중단의 효력이 발생한다(388 Ⅱ, 民 168). 다만 화해가 성립하지 아니한 때에는 1월 안에 소를 제기하지 아니하면 시효중단의 효력이 없다(民 173).

Ⅴ. 節次 · 方式

1) 화해의 신청이 요건 · 방식에 흠이 있는 때에는 결정으로 이를 각하한다. 이에 대하여 신청인은 항고할 수 있다(439).

2) 화해의 신청이 적법한 때에는 법원은 화해기일을 정하여 신청인 및 상대방에게 통

---

1) 李時, 627면.
2) 宋/朴, 498면.
3) 日大判 1930. 6. 8, 民集 19. 975.

지한다. 화해기일은 변론기일이 아니므로 공개할 필요가 없다. 화해가 성립되지 아니한 때에는 법원사무관등은 그 사유를 조서에 적어야 한다(387 Ⅰ). 기일에 신청인 또는 상대방이 출석하지 아니한 때에는 법원은 화해가 성립되지 아니한 것으로 볼 수 있다(387 Ⅱ). 법원사무관등은 화해불성립조서등본을 당사자에게 송달하여야 한다(387 Ⅲ). 화해불성립조서등본의 송달 후 2주 이내에(388 Ⅲ) 적법한 소제기신청이 있을 때에는 화해신청을 한 때에 소가 제기된 것으로 보고, 법원사무관등은 바로 소송기록을 관할법원에 보내야 한다(388 Ⅱ). 화해가 성립되지 아니한 경우에는 화해비용은 신청인의 부담으로 하지만, 소제기신청이 있는 때에는 소송비용의 일부로 한다(389).

3) 화해가 성립된 때에는 법원사무관등은 화해조서를 작성한다. 위 조서에는 당사자, 법정대리인, 청구의 취지와 원인, 화해조항, 날짜와 법원을 표시하고, 판사와 법원사무관등이 기명날인 또는 서명하여야 한다(386). 화해가 성립된 때에는 화해비용은 특별한 합의가 없으면 당사자들이 각자 부담한다(389).

Ⅵ. 效 果

1) 제소전화해조서는 소송상화해조서와 같이 확정판결과 같은 효력을 가진다(220). 그러므로 집행력·형성력을 가진다. 기판력에 관하여는 소송상화해의 경우와 마찬가지로 다툼이 있다. 판례는 제소전화해에 관하여도 무제한적으로 기판력을 인정하고 있으나, 이는 의문이다. 또 판례는 제소전화해에 관하여 창설적 효력을 인정하는데,[1] 그 효력범위는 당사자가 서로 양보를 하여 확정하기로 합의한 사항에 한하며, 당사자가 다툰 사실이 없거나 화해의 전제로서 서로 양해한 사항에는 그러한 효력이 생기지 아니한다고 하였다.[2]

2) 제소전화해에 흠이 있는 경우의 처리방법도 소송상화해와 대체로 같다. 다만 앞에서 말한 바와 같이, 제소전화해의 경우에는 부활할 소송이 없으므로 화해의 효력에 대하여 기일지정신청의 방법으로 다툴 수는 없다. 또한 준재심으로 취소하는 경우에도 법원은 화해조서만 취소하여야 하며, 화해의 내용이 되는 실체법률관계의 부합 여부를 따질 수는 없다(460의 적용불가).[3]

---

1) 大判 1992. 5. 26, 91 다 28528.

2) 大判 2017. 4. 7, 2016 다 251727; 2013. 2. 28, 2012 다 98225; 2011. 7. 28, 2009 다 90856; 2001. 4. 27, 99 다 17319.

3) 大判 1998. 10. 9, 96 다 44051.

제 5 관 裁判上和解와 같은 效力이 있는 경우

Ⅰ. 調　　停

법률에 의하여 조정에 재판상화해와 같은 효력이 인정되는 경우가 있다. 법원에서 이루어지는 가사조정·민사조정의 조서(家訴 59, 民調 29), 조정을 갈음하는 결정(民調 34 Ⅳ, 30, 32)에는 모두 재판상화해와 같은 효력이 인정된다. 법원 밖의 각종 분쟁조정위원회에서 이루어지는 조정에는 재판상화해와 같은 효력이 인정되는 경우와 당사자 사이의 합의와 같은 효력(민법상의 화해와 같은 효력)이 인정되는 경우가 있다. 전자의 경우로는 소비자분쟁조정위원회(消基 67 Ⅳ), 의료분쟁조정위원회(의료사고피해구제 및 의료분쟁조정 등에 관한 법률 33, 39, 민조 29), 산업재산권분쟁조정위원회(발명진흥법 46 Ⅱ), 한국저작권위원회(저작권법 117 Ⅱ), 국가계약분쟁조정위원회(국가를 당사자로 하는 계약에 관한 법률 31 Ⅱ), 언론중재위원회(언론중재 및 피해구제 등에 관한 법률 23), 금융분쟁조정위원회(금융위원회의 설치 등에 관한 법률 55), 개인정보분쟁조정위원회(개인정보보호법 47 Ⅴ), 건설분쟁조정위원회(건설산업기본법 78 Ⅳ), 하자심사조정위원회(주택법 46조의 4 Ⅷ), 환경분쟁조정위원회(환경분쟁조정법 33 Ⅱ), 전자거래분쟁조정위원회(전자문서 및 전자거래기본법 35 Ⅲ) 등이 있고, 후자의 경우로는 건축분쟁전문위원회(건축법 96 Ⅳ), 집합건물분쟁조정위원회(집합건물의 소유 및 권리에 관한 법률 52조의 8 Ⅱ), 약관분쟁조정협의회(약관규제에 관한 법률 28 Ⅰ), 구상금분쟁조정위원회(보험업법 125)가 있다.

생각건대, 조정은 중립적 위치에 있는 제3자가 분쟁당사자들의 동의를 얻어 분쟁당사자 또는 대리인이 쉽게 협상을 하여 분쟁을 해결하도록 도와주는 분쟁해결 방법이다. 조정의 경우에는 분쟁해결에 대한 결정권이 당사자에게 있다. 따라서 분쟁의 종국적 해결 여부에 대한 당사자의 의사에 흠이 있다면 다시 다툴 수 있도록 하는 것이 타당하다. 따라서 조정에 재판상화해와 같은 효력을 인정하여[1] 결국 기판력을 인정하는 것(재판상화해의 효력에 대한 판례의 입장에 따를 때)은 국민의 재판청구권을 정면으로 침해하는

1) 대법원은 "재판상의 화해를 조서에 기재한 때에는 그 조서는 확정판결과 동일한 효력이 있고 당사자간에 기판력이 생기는 것이므로 확정판결의 당연무효 사유와 같은 사유가 없는 한 준재심의 소에 의하여만 효력을 다툴 수 있고, 화해조항에서 정한 의무를 이행하지 아니하였음을 이유로 재판상 화해의 해제를 주장하는 것과 같은 화해조서의 취지에 반하는 주장을 할 수 없으며, 이러한 이치는 재판상 화해와 동일한 효력이 있는 조정조서에 대하여도 마찬가지라 할 것이다"(大判 2012. 4. 12, 2011 다 109357)라고 하였으며, 또한 조정은 "당사자 사이에 기판력이 생기는 것이므로, 거기에 확정판결의 당연무효 등의 사유가 없는 한 설령 그 내용이 강행법규에 위반된다 할지라도 그것은 단지 조정에 하자가 있음에 지나지 아니하여 준재심절차에 의하여 구제받는 것은 별문제로 하고 조정조서를 무효라고 주장할 수 없다"(大判 2014. 3. 27, 2009 다 104960, 104977)라고 판시하였다.

것이므로 입법론상 시정을 요한다. 헌법재판소는 국가배상법에 의한 배상심의회의 배상결정에 동의하면 재판상화해와 같은 효력이 있다는 국가배상법 제16조에 대하여 위헌결정(憲 27, 101, 40, 66 Ⅳ 위반)을 한 바 있다.[1)]

이러한 관점에서 각종 분쟁조정위원회의 경우에는 조정에 당사자 사이의 합의와 동일한 효력을 인정하는 것이 바람직하다(예컨대 인터넷주소분쟁조정위원회: 인터넷주소자원에 관한 법률 20 Ⅳ).

Ⅱ. 刑事訴訟節次에서의 民事和解

형사소송절차에서 형사사건과 관련된 민사상 피해에 관하여 당사자(피고인과 피해자) 사이에 화해가 성립된 경우에 이를 공판 조서에 기재하면 그 조서는 확정판결과 같은 효력이 있다(訴促法 36 Ⅰ, Ⅴ: 民訴 220을 준용하나, 461을 준용하지 아니하므로 기판력은 인정되지 아니한다). 화해의 내용이 금전배상인 경우에 피고인이 자금능력이 없어서 제3자가 그 지급을 보증하거나 연대하여 의무를 부담하기로 한 경우에는 그 취지를 공판조서에 적을 수 있다(訴促法 36 Ⅱ).

이것은 형사소송절차에서 민사상의 분쟁을 간이하게 해결할 수 있도록 하기 위한 것으로서, 소송촉진에 관한 특례법상의 종래의 배상명령제도(제7편 제5장 참조) 이외에 새롭게 도입된 것이다(訴促法 2005. 12. 14. 법률 제7728호 개정).

---

1) 憲裁決 1995. 5. 25, 91 헌가 7.

제 3 장 終局判決에 의한 終了

민사소송법이 예정하고 있는 통상의 소송종료의 형태는 종국판결에 의한 것이다. 그런데 종국판결은 판결의 일종이고, 판결은 법원이 하는 재판의 일종이므로, 먼저 재판 일반에 관하여 살펴보기로 한다.

제 1 절 裁 判

Ⅰ. 意 義

재판(Entscheidung)은 통속적으로 소송사건을 해결하기 위하여 법원이 행하는 종국판결을 가리키지만, 소송법상으로는 이보다 넓게 일정한 법률효과를 명하는 재판기관의 판단 또는 의사표시를 뜻한다. 소송사건 그 자체를 종국적으로 해결하기 위한 판단(종국판결)이 가장 중요한 것이지만, 그 밖에 소송절차상의 부수적·파생적 문제의 해결을 위한 것(제척·기피, 이송, 소송비용액의 확정결정), 소송지휘상의 조치(기일의 지정, 변론의 분리·병합, 석명준비명령) 및 집행법원의 집행처분(예컨대 채권압류명령, 추심명령, 전부명령 등)도 재판의 형식으로 행한다. 재판은 법원의 소송행위 중의 하나이다.

1) 재판의 주체는 재판기관인 법원 또는 법관(재판장·수명법관 또는 수탁판사)이다. 따라서 법관 이외의 사법기관인 법원사무관등이나 사법보좌관, 집행관의 행위는 그것이 일정한 법률판단을 하는 경우에도 재판이 아니며 이를 처분이라 하여 재판과 구별한다(223, 法組 54 Ⅲ 예컨대 법원사무관에 의한 집행문의 부여, 民執 28 Ⅱ: 집행관에 의한 압류금지물의 인정, 民執 195). 또한 중재인의 판정(仲 29 이하)도 재판이 아니다.

2) 재판의 내용은 관념적인 판단과 의사를 표시하는 행위로서 사고활동의 결과이다. 그러므로 변론의 청취와 증거조사 등의 사실행위는 법원 또는 법관의 행위이지만 재판이 아니다.

Ⅱ. 種　類

1. 判決 · 決定 · 命令

이것은 재판의 주체와 성립절차 등 형식적 차이에 의한 구별이다. 이 가운데 판결이 가장 중요하므로, 법률은 판결을 중심으로 규정하고, 이를 성질에 어긋나지 않는 한 결정과 명령에 준용하고 있다(224 Ⅰ 本). 다만 결정 · 명령의 재판서에 하는 법관의 서명은 기명으로 갈음할 수 있고, 이유를 적는 것을 생략할 수 있는 특칙이 인정되고 있다(224 Ⅰ 但).

1) 판결(Urteil)은 법원이 원칙적으로 변론(필수적 변론)을 거쳐 하는 재판으로서(134 Ⅰ. 예외적으로 변론을 요하지 않는 경우가 있다. 124, 219, 413, 429, 430, 少審 9 Ⅰ 등), 법률이 정한 형식을 갖춘 재판서(판결서)를 작성하고 이에 기하여 선고를 하여야 한다. 판결의 대상은 당사자의 신청, 특히 소 · 항소 · 상고 등 중요한 사항이고, 판결은 법원을 기속(羈束)하며, 이에 대한 불복방법은 항소 · 상고이다.

결정(Beschluss)은 법원이 변론을 거치지 않고도(임의적 변론) 할 수 있는 재판으로서(134 Ⅰ 但), 반드시 재판서를 작성할 필요는 없고, 상당한 방법으로 고지하면 된다. 그 대상은 경미한 사항이나 신속한 판단이 요구되는 것이지만(독촉절차나 강제집행절차상의 문제, 소송지휘 · 소송절차상의 문제나 이에 부수하는 문제는 대개 결정으로 재판한다), 가사비송사건에 대한 제1심 종국재판은 결정인 심판에 의한다(家訴 39). 결정은 원칙적으로 법원을 기속하지 않으며, 이에 대한 불복방법은 항고 · 재항고 또는 이의신청이다.

명령(Verfügung)은 재판장 · 수명법관 또는 수탁판사가 하는 재판(예컨대 소장의 각하, 기일의 지정, 165 Ⅰ, 254 Ⅱ)으로서, 그 절차 · 고지방법 · 대상 · 효력은 대체로 결정의 경우와 같다. 명령에 대한 불복방법은 항고 · 재항고 · 이의신청이다. 여기에서 주의할 것은 민사소송법상 명령이라고 부르는 것 중에는 성질상 결정에 속하는 것이 적지 않다는 점이다. 예컨대, 문서제출명령 · 지급명령 · 압류명령 · 추심명령 · 전부명령 따위는 모두 결정에 속한다.

2) 판결 · 결정 · 명령의 차이는 다음과 같다.

i) 주체의 면에서, 판결과 결정은 법원이 하는 재판이고, 명령은 재판장·수명법관 또는 수탁판사 등 법관이 하는 재판이다. ii) 성립절차의 면에서, 판결은 원칙적으로 필수적 변론에 의하여야 하지만(예외: 124, 219, 413, 429, 430. 少審 9 I), 결정과 명령은 임의적 변론에 의한다. 따라서 변론 없이 할 수 있는 재판(民執 3 II; 287 I, 312)이라고 하면 결정 또는 명령을 가리킨다. iii) 재판서의 작성의 면에서, 판결서에는 법관의 서명날인이 요구됨에 반하여(208 I), 결정·명령서에는 기명날인으로 갈음할 수 있으며(224 I 但), 또 판결서에는 원칙적으로 이유를 기재하여야 함(208 I ④)에 반하여(예외: 上告特例法 5 I, 少審 11의 2 III), 결정·명령서에는 이유의 기재를 생략할 수 있다(224 I 但). iv) 고지방법의 면에서, 판결은 판결서를 작성하고 원칙적으로 이에 기하여 선고하여 함(예외: 上告特例法 5 II)에 반하여, 결정과 명령은 재판서를 작성하지 않고 조서의 기재로 대용할 수 있으며(154 ⑤), 상당한 방법으로 고지하면 충분하다(221 I). v) 성립시기의 면에서 판결은 선고 시에 성립하지만, 결정·명령은 그 원본이 법원사무관등에게 교부되었을 때 성립한다.[1] vi) 불복방법의 면에서, 판결에 대하여는 항소·상고로 불복함에 반하여, 결정·명령의 경우에는 항고·재항고 또는 이의신청(예컨대 지급명령에 대한 이의신청, 470; 집행에 관한 이의신청, 民執 16 등)에 의하여 불복한다. vii) 대상의 면에서, 판결은 중요한 사항, 특히 소송에 관한 종국적 또는 중간적 판단을 내릴 때에 쓰임에 반하여, 결정과 명령은 소송지휘 내지 소송절차상의 부수적·파생적인 사항 및 강제집행에 관한 사항과 비송사건을 해결하기 위하여 이용된다. viii) 효력의 면에서, 판결은 확정되어야 본래적인 효력이 발생하고, 법원을 기속함에 반하여, 결정과 명령은 고지에 의하여 즉시 효력이 발생하고(다만 즉시항고가 인정되는 결정·명령에 관하여 즉시항고가 제기되면 그 효력이 정지된다. 447), 법원을 원칙적으로 기속하지 아니한다(88 III, 141, 222, 446).[2]

2. 命令的(履行的) 裁判·確認的 裁判·形成的 裁判

이것은 재판의 내용 및 효력에 의한 구별이다.

1) 명령적 재판은 소송당사자 또는 제3자에게 일정한 작위 또는 부작위를 명하는 내용의 재판이다. 이행판결, 문서제출명령(140, 347), 증인의 출석명령(309, 311, 312), 지급명령(469), 압류명령(民執 227 I) 등이 이에 해당한다.

2) 확인적 재판은 현재의 권리 또는 법률관계의 존재 여부의 확정을 내용으로 하는 재판이다. 확인판결, 소송비용액확정결정(110), 제척의 결정(46) 등이 그 예이다.

---

1) 大(全)決 2014. 10. 8, 2014 마 667.

2) 판례는 결정·명령과 같이 대심적 구조가 아닌 경우에는 소송비용부담자를 정할 필요가 없다고 한다(大判 1985. 7. 9, 84 카 55).

3) 형성적 재판은 법률관계의 발생·변경·소멸을 내용으로 하는 재판이다. 형성판결, 상급심의 취소판결, 관할지정의 결정(28), 이송의 결정(34, 35, 36), 기피의 결정(46), 전부명령(轉付命令)(民執 229 Ⅲ) 등이 이에 해당한다.

이 분류는 판결의 종류(이행판결, 확인판결, 형성판결)로서는 중요하지만, 재판 일반의 종류로서는 그리 큰 의미가 없다. 명령적 재판은 집행이 가능하고 확인적 재판은 집행이 불가능하며, 형성적 재판은 집행이 불필요하다.

3. 終局的 裁判·中間的 裁判

이것은 재판의 목적에 따른 분류이다.

1) 종국적 재판은 소송절차의 완결을 목적으로 하는 재판이다. 종국판결, 소송비용액확정결정(110), 소장각하명령(254 Ⅱ) 등이 이에 해당한다.

2) 중간적 재판은 소송절차의 과정에서 생기는 문제의 해결을 목적으로 하는 재판이다. 종국적 재판의 준비를 위하여 심리 중에 문제로 된 사항을 해결하는 것이다. 중간판결, 수계결정(243), 공격·방어방법의 각하결정(149), 청구변경 허용 여부의 결정(263), 경매절차 속행명령[1] 등이 그 예이다. 중간적 재판에 대하여는 원칙적으로 독립하여 불복신청을 할 수 없고, 종국적 재판에 대한 불복의 기회에 상급심의 판단을 받게 된다(392).

3) 가사비송사건의 제1심 종국재판은 심판으로써 하는데(家訴 39 Ⅰ), 심판은 결정의 일종이다(家訴 39 Ⅰ 但, 39 Ⅳ).

제 2 절 判決의 種類

제 1 관 總 說

판결은 여러 가지 기준에 따라 분류할 수 있다. 우선 어느 심급의 심리를 완결시키느냐의 여부에 따라 종국판결과 중간판결로 나눌 수 있다. 종국판결은 다시 심리를 완결시키는 범위에 따라 전부판결과 일부판결로 나눌 수 있고, 또 판단의 내용에 따라 본안판결과 소

1) 大決 1974. 2. 27, 74 마 8.

송판결로 나눌 수 있다. 본안판결에는 청구인용판결과 청구기각판결이 있고, 청구인용판결에는 소의 유형에 대응하여 이행판결·확인판결·형성판결이 있다. 청구기각판결은 모두 확인판결이다.

그 밖에 청구의 원인에 관한 원인판결, 재판의 누락의 경우에 행하는 추가판결 및 외국판결에 대한 집행판결(民執 26, 27)도 판결의 종류의 하나이다.

제2관 終局判決·中間判決

Ⅰ. 終局判決

1. 意 義

1) 종국판결(Endurteil)은 소 또는 상소에 의하여 계속된 사건의 전부 또는 일부를 그 심급으로서 완결시키는 판결을 말한다(198). 청구를 인용하거나 기각하는 판결, 소를 부적법각하하는 판결은 물론, 소송종료를 선언하는 판결도 이에 속한다. 종국판결은 그 심급의 소송을 완결시키는 것이므로, 이에 의하여 소송이 종료되지 않고 그 후 다른 심급에서 소송이 계속하여 심리되어도 상관이 없다. 그러므로 상소의 대상이 된 하급심의 판결, 상급심의 환송판결이나[1] 이송판결 등은 모두 종국판결이다.

2) 종국판결은 사건을 완결시키는 범위에 따라 전부판결과 일부판결로 나누어지고, 법원이 사건의 일부에 관한 판단을 빠뜨린 경우에 나머지 부분에 대하여 하는 추가판결이 있다.

2. 全部判決

1) 전부판결(Vollurteil)은 같은 소송절차로 심판되는 사건의 전부를 동시에 완결시키는 종국판결이다.

하나의 소송절차에서 한 개의 청구가 심리된 때에 그 청구에 대하여 한 판결이 전부판결임에는 의문이 없다. 그러나 하나의 소송절차에서 여러 개의 청구가 병합심리된 때(청구의 병합, 반소, 변론의 병합 등에 의하여)에 그 여러 개의 청구에 대하여 동시에 한 개의 판결을

1) 大(全)判 1981. 9. 8, 80 다 3271; 1995. 2. 14, 93 재다 27.

한 때(한 개의 판결원본이 작성된 때)에 그것이 전부판결로서 한 개인가 여러 개인가가 문제된다. 통설·판례는 이를 한 개의 전부판결로 본다.[1] 민사소송법 제200조 제2항이 변론을 병합한 여러 개의 소송 또는 본소와 반소의 어느 일부만을 완결하는 판결을 일부판결로 보고 있으므로, 반대로 동시에 전부를 완결하는 경우는 한 개의 전부판결로 보아야 하기 때문이다. 또 청구의 병합, 반소, 변론의 병합 등의 경우에는 각 청구에 관하여 심리·증거조사가 공통으로 행하여지고 소송기록도 하나라는 점에서 이를 한 개의 판결로 보는 것이 옳다.[2]

2) 판결을 한 개로 보느냐 여러 개로 보느냐는 판결의 확정시기 및 상소의 효력에 중대한 영향을 미친다. 즉, 한 개의 판결로 보면, 청구 중의 일부에 대하여 상소를 제기한 경우에 나머지 청구에도 효력이 미치고, 판결 전체의 확정이 차단된다. 그러므로 원고 일부승소, 일부패소의 전부판결 중 원고패소부분에 대한 상소의 효력은 승소부분에도 미친다. 이에 반하여 청구의 수만큼의 판결이 있는 것으로 보면, 한 개의 청구에 대하여 상소를 제기하여도 나머지 청구와는 관계가 없고, 상소된 부분만이 상소심으로 이심(移審)되고 나머지 청구에 대한 판결은 확정된다.

3. 一部判決

(1) 意 義

일부판결(Teilurteil)은 같은 소송절차에서 심판되는 사건의 일부를 다른 부분으로부터 분리하여 먼저 완결시키는 종국판결이다(200 I). 일부판결제도는 한편으로는 복잡한 소송의 심리를 간략화 하는 동시에 당사자에게 일부분이나마 조속한 확정판결을 얻게 하여 주는 장점이 있으나, 다른 한편으로는 일부판결은 독립하여 상소의 대상이 되기 때문에 사건의 일부는 상소심에, 나머지는 원심에 계속하는 결과로 되어 도리어 불편하고 비경제적인 면도 없지 않다. 그리하여 일부판결을 할 수 있는 경우에도 이를 할 것인가 아니할 것인가는 법원의 재량에 맡겨져 있고(200 I 참조), 실무에서는 별로 활용되지 않고 있다.

---

1) 大判 1966. 6. 28, 66 다 711; 1981. 4. 14, 80 다 1881; 方 561면; 李時, 638면; 金/姜, 624면.

2) 소의 주관적 병합의 경우에 외관상 한 개의 판결을 한 때에 그것이 한 개인가, 여러 개인가가 문제된다. 통상공동소송이건, 필수적 공동소송이건 관념적으로는 주체의 수에 응하여 여러 개의 전부판결이 있는 것이라 볼 수 있으나(吉村＝竹下＝谷口, 256면), 필수적 공동소송의 경우에는 상소와 판결의 확정과 관련하여 절차상 한 개의 판결로 취급되고 있으므로(67, 69), 한 개의 전부판결과 같게 다루어져야 한다(方, 561면; 金/姜, 625면).

(2) 一部判決을 할 수 있는 경우

1) 일부판결은 그것과 나머지 부분의 판결(잔부판결)이 서로 관계가 없고 두 개의 판결이 별개의 운명을 가져도 상관이 없는 것(소송물의 가분성)을 전제로 하고 있다. 그리하여 일부판결을 할 수 있는 경우는 i) 하나의 청구 중의 일부(200 I)(예컨대 토지인도청구 중의 특정 부분의 인도, 금전·대체물의 이행청구 중 법률상 특정할 수 있는 일부의 지급)[1] ii) 여러 개의 청구가 병합되어 있는 때 그 중의 일부청구(200 II 前), iii) 본소와 반소 중의 일부(200 II 後) 등이다.

2) 일부판결을 한 뒤에 잔부판결을 하는 것이 법률상 허용되지 않는 경우, 일부판결과 잔부판결 사이에 내용상 모순이 생길 염려가 있는 경우에는 일부판결을 할 수 없다. 그리하여 i) 예비적 또는 선택적 병합청구에서는 일부판결을 할 수 없다. ii) 단순병합의 경우에도 여러 개의 청구의 기본으로 되는 법률관계가 공통되거나[2] 한 쪽이 다른 쪽의 선결관계에 있는 때에는 일부판결이 적절하지 아니하다. 예컨대 소유권에 기한 인도청구와 소유권침해에 기한 손해배상청구와 같다. 또 iii) 본소와 반소가 동일한 권리관계를 소송물로 하고 있는 때(같은 채권에 관한 부존재확인청구와 이행청구), 본소와 반소가 같은 목적의 형성청구인 때(같은 혼인의해소(解消)를 구하는 본소청구와 반소청구)에는 그 한 쪽만을 인용하는 일부판결을 할 수 없다. iv) 청구에 관하여 일부판결이 가능한 경우에도 당사자가 필수적 공동소송, 예비적·선택적 공동소송,[3] 또는 독립당사자참가[4]의 관계에 있을 때에는 일부판결을 할 수 없다. 또한 v) 법률이 병합을 요구하고 있는 경우(商 240, 188, 380)에도 일부판결은 허용되지 아니한다.

(3) 一部判決의 節次

일부판결을 하려면 그 부분에 관한 심리가 완료되어야 하므로 당사자에게 그 뜻을 알려야 한다. 그리고 일부판결에 대하여 상소가 된 때에는 기록을 상급심에 보내기 위하여 정본을 작성하여야 한다.

(4) 一部判決의 效果

일부판결도 소송의 그 부분에 관하여는 종국판결이므로 독립하여 상소의 대상이 된다.

일부판결을 할 수 없는데도 일부판결을 한 경우에는 위법하고 또 잔부판결을 할 수 없으므로, 위 일부판결은 흠 있는 전부판결로 취급하여 상소·재심에 의하여 다툴 수 있다(424 I ⑥, 451 I ⑨. 재판의 누락이 아니라 판단의 누락이다).[5]

---

1) 단순한 수량적 일부에 관하여는 일부판결을 할 수 없다는 설(金/姜, 262면)과 다툼이 끝나서 확정된 부분에 관하여는 일부판결을 할 수 있다는 설(新堂, 386면)이 대립하고 있다.

2) 공통된 사실이 주요 쟁점인 경우에 일부판결이 불가능한가, 부적합한가에 관하여는 다툼이 있다.

3) 大判 2011. 2. 24, 2009 다 43355.

4) 大判 1981. 12. 8, 80 다 577.

5) 大(全)判 2000. 11. 16, 98 다 22253(예비적 병합과 관련하여).

(5) 殘部判決

1) 일부판결을 한 후 나머지 부분에 대하여 심리를 행하고 내리는 판결을 잔부판결 또는 결말판결(Schlussurteil)이라고 한다. 잔부판결은 최초의 분쟁 전체를 기준으로 하면 일부판결이지만, 일부판결 후의 잔부청구에서 보면 전부판결이다.

2) 소송비용의 재판은 사건을 완결하는 잔부판결에서 하는 것이 원칙이다(104).

3) 잔부판결은 일부판결의 주문판단을 토대로 하여야 한다는 견해가 있으나,[1] 일부판결은 원칙적으로 잔부에 대한 판단에 의하여 영향을 받지 않는 경우, 일부판결과 잔부판결 사이에 모순이 생길 염려가 없는 경우에만 허용될 수 있으므로 의문이다.

4. 裁判의 누락과 追加判決

(1) 意 義

추가판결(Ergänzungsurteil)은 법원이 사건의 전부를 완결할 의사로 재판을 하였으나, 사건의 일부에 관한 재판을 누락한 경우(이를 재판의 누락이라고 한다)[2]에, 뒤에 그 누락된 부분에 대하여 하는 판결을 말한다(212). 즉 법원이 전부판결을 할 생각으로 재판하였으나 실은 일부판결을 한 경우에는, 그 나머지 청구는 아직 법원에 계속되고 있으므로, 그 부분에 관한 추가판결이 필요한 것이다.

(2) 裁判의 누락이 있는 경우

1) 재판이 누락은 종국판결의 주문에서 판단하여야 할 청구에 대한 판단을 빠뜨린 경우이므로,[3] 판결이유 중에서 판단하는 청구의 당부를 뒷받침하는 공격·방어방법에 대한 판단을 빠뜨린 데 불과한 경우, 즉 판단의 누락과 구별하여야 한다. 판단누락의 경우에는 상소나 재심의 사유가 되는 데 불과하다(451 I 但, ⑨).

2) 재판의 누락은 청구의 일부에 대한 판단을 잊은 때(예컨대 토지인도청구에서 일부를 빠뜨린 때, 소의 일부취하를 전부취하로 오인한 때), 청구가 병합된 경우에 일부청구에 관한 판단을 빠뜨린 때(예컨대 원본채권과 이자채권의 지급을 구한 訴송에서 이자채권에 관한 판단을 빠뜨린 때, 주채무자와 보증인을 상대로 소를 제기한 경우에 보증인에 대한 청구에 관한 판단을 빠뜨린 때), 본소와 반소에서 반소에 관한 판단을 빠뜨린 때,[4] 청구의 확장부

---

1) 李時, 639면.
2) 구 법에서는 재판의 탈루(脫漏)라고 하였다(舊民訴 198).
3) 大判 2005. 5. 27, 2004 다 43824.
4) 大判 1962. 2. 15, 4294 民上 1074.

분을 판단하지 아니한 때[1] 등에 발생한다.[2]

3) 판례는 판결주문에 아무런 표시가 없는 경우에는 판결이유에서 판단이 되어 있어도 재판의 누락으로 보고 있으나,[3] 이 경우에는 판결에 오류가 있는 것으로 보아 판결의 경정을 허용하여야 할 것이다.[4] 이와 반대로 판결주문에는 표시가 있으나 판결이유에 아무런 판단이 없는 경우는 재판의 누락이 아니라고 하는 것이 판례인바,[5] 이는 타당하다.

(3) 소송상의 취급

재판의 누락이 있는 부분은 계속하여 그 법원에 계속되어 있으므로(212 I), 법원은 직권으로 또는 당사자의 신청에 따라 추가판결을 하여야 한다. 이 경우에 당사자가 상소를 제기하여 시정을 구할 수는 없다.[6]

추가판결은 전의 판결과는 별개의 독립된 판결이므로 상소기간도 별개로 진행된다. 소송비용은 이전의 판결에서 판단된 부분 이후의 절차비용에 관하여 재판하여야 한다.

(4) 일부판결이 허용되지 않는 경우의 누락

일부판결이 허용되지 않는 경우에 재판을 누락하였을 때에는 잔부판결과 같은 성질을 가지는 추가판결을 할 수 없으므로, 이러한 판결은 판단누락이 있는 것으로 보아 상소 또는 재심으로 취소를 구하여야 한다.[7] 이 때 판단하지 아니한 청구에 대하여 기판력이 생기지 않으므로 다시 소를 제기할 수도 있는가가 문제된다. 판례는 일부판결의 위법을 상소로 다툴 수 있음에도 불구하고 다투지 아니하고 다시 소를 제기하는 것은 소의 이익(권리보호요건)의 흠으로 부적법하다고 하였다.[8] 당사자에게 간편하게 이용할 수 있는 상소심절차가 있음에도 불구하고 별소의 제기를 허용할 수는 없다고 생각한다. 상소로 다투지 아니한 경우에는 재심의 소도 허용되지

---

1) 大判 1989. 11. 28, 89 다카 11777.

2) 그 밖에도 이혼판결을 선고하면서 미성년자인 자녀에 대한 친권자 및 양육자를 정하지 않은 것은 재판의 누락이라 하였다(大判 2015. 6. 23, 2013 므 2397).

3) 大判 1981. 4. 14, 80 다 1881; 1981. 12. 22, 80 후 25; 2007. 11. 16, 2005 두 15700; 2017. 12. 5, 2017 다 237339.

4) 同旨: 李時, 639면 주 2; 金/姜, 627면.

5) 大判 2003. 5. 30, 2003 다 13604.

6) 大判 1996. 2. 9, 94 다 50274; 2004. 8. 30, 2004 다 24083.

7) 大判 1981. 12. 8, 80 다 577(독립당사자참가); 1998. 7. 24, 96 다 99(선택적 병합); 大(全)判 2000. 11. 16, 98 다 22253(예비적 병합).

8) 大判 2002. 9. 4, 98 다 17145.

아니한다(재심의 소의 보충성, 451 I 但). 당사자가 상소하여 일부판결의 위법을 지적하였는데도 법원이 이에 대하여 판단하지 아니하였다면 재심으로 다툴 수 있다(451 I ⑨).

(5) 소송비용의 재판의 누락

추가판결이 가능한 것은 판결주문에서 판단할 사항 가운데에서도 청구에 대한 판단을 빠뜨린 경우이므로, 소송비용의 재판을 누락한 경우에 관하여는 법률이 별개로 규율하고 있다. 그리하여 이 경우에는 결정으로 재판을 보충하는 것이 인정되고 있다(212 II). 다만 종국판결에 대하여 적법한 항소가 있는 때에는 그 결정은 효력을 잃고, 항소심이 소송의 총비용에 대하여 재판을 한다(212 III).

II. 中間判決

1. 意 義

1) 중간판결(Zwischenurteil)은 소송의 진행중에 당사자 사이에 쟁점으로 된 사항에 관하여 종국판결에 앞서서 미리 해결하는 판결이다. 이것은 심리를 정리하고 종국판결을 준비하는 기능을 가진다. 따라서 종국판결을 할 수 있을 정도로 심리가 완료되기 전의 단계에서 쟁점에 관하여 중간판결을 할 실익이 있지만, 이 경우에도 중간판결을 하느냐 않느냐는 법원의 재량에 맡겨져 있고, 종국판결의 이유 중에서 판단하여도 상관이 없으며, 실제로도 그렇게 하는 것이 보통이다.

2) 중간판결은 중간확인의 소에 대한 중간확인판결과 구별하여야 한다. 후자는 종국판결의 하나이다. 또 중간판결은 일부판결과 구별하여야 한다. 일부판결은 소송물(청구)의 일부에 대한 판단임에 반하여, 중간판결은 소송물이 아닌 쟁점의 일부에 대한 판단이다. 중간판결은 소송자료의 일부만을 종료시킬 뿐이며, 확인판결의 성질을 가진다.

3) 상소심에서 원심판결을 취소(파기)하여 원심법원으로 환송하는 환송판결이 중간판결에 해당하는가가 다투어지는데, 환송판결도 그 심급의 소송절차를 완결시키는 것이므로 이를 종국판결로 보아야 옳다. 판례는 한때 사건 전체의 입장에서 보면 환송판결에 의하여 사건이 종결되는 것이 아니라는 이유로 이를 중간판결로

보았으나,[1] 이제는 종국판결설을 취하고 있다.[2]

2. 중간판결사항

중간판결을 할 수 있는 사항은 다음 네 가지이다(201).

(1) 독립된 공격 · 방어방법

1) 독립된 공격 · 방어방법은 다른 것과 분리하여 그 하나만으로 본안의 신청을 유지 또는 배척하기에 충분한 것을 말한다. 그 한 개만으로 하나의 권리관계의 발생 · 변경 · 소멸을 가져오는 것이다. 예컨대 소유권확인소송에서 원고가 소유권의 취득원인으로 매매 · 취득시효를 주장하든가, 대여금청구소송에서 피고가 채무의 소멸사유로서 변제 · 상계 · 소멸시효를 주장하는 경우에, 매매 · 취득시효나 변제 · 상계 · 소멸시효의 주장은 그 중 어느 하나만 인정되면 원고의 청구가 인용되거나 배척되므로 독립된 공격 · 방어방법이다. 그러나 손해배상청구소송에서 과실의 유무에 관한 다툼은 독립된 공격 · 방어방법이 아니다(왜냐하면 그 밖에 인과관계 등의 사실이 인정되어야만 손해배상청구권이 발생하기 때문이다).

2) 다만 독립된 공격 · 방어방법을 판단하면 곧바로 청구의 인용 또는 기각을 할 수 있게 되는 경우에는 중간판결을 할 것이 아니라 곧바로 종국판결을 하여야 한다(198). 예컨대 변제를 인정할 경우에는 곧 청구기각의 종국판결을 하여야 하고, 변제를 부정하는 경우에는 시효의 항변과 분리하여 중간판결을 할 수 있다.

(2) 중간의 다툼

1) 중간의 다툼이라 함은 본안의 판단에 앞서서 판단하여야 할 소송절차상의 문제에 관한 다툼 중에서 변론에 의하여 판단하여야 하는 것을 가리킨다. 소송절차상의 문제에 관한 다툼이라도 변론에 의하지 않고 결정으로 재판할 수 있는 것(73, 82, 243, 263, 347)은 중간판결에 의할 수 없다. 소송요건의 존재 여부, 소취하에 의한 소송종료의 유무 등에 관한 다툼이 이에 해당한다.

2) 이 경우에도 그 판단의 결과가 소송을 완결하는 때에는 종국판결을 하여야

---

1) 大判 1970. 12. 29, 70 다 2475 등.

2) 따라서 항소심의 취소환송판결에 대하여 독립하여 상소를 제기할 수 있다[大(全)判 1981. 9. 8, 80 다 3271]. 그런데 판례는 대법원의 파기환송판결은 종국판결이지만 중간판결적 성질을 가진 종국판결이므로 재심의 대상이 아니라고 한다[大(全)判 1995. 2. 14, 93 재다 27].

한다. 즉, 소송요건이 갖추어지지 아니한 때에는 소각하의 종국판결을 하고, 소취하가 유효할 때에는 소송종료선언의 종국판결을 하여야 하며, 그 반대의 경우에만 중간판결을 할 수 있다.

(3) 請求의 原因과 額數에 다툼이 있는 경우에 그 原因

1) 청구의 원인과 액수의 양 쪽에 관하여 다툼이 있는 경우에 우선 청구의 원인을 긍정하는 때에는 중간판결을 할 수 있다. 이를 원인판결(Grundurteil)이라 한다. 여기에서 말하는 청구의 원인은 소장의 필수적 기재사항으로서의 그것(249 Ⅰ)이 아니라, 액수의 점을 제외한 실체상의 청구권의 존재 여부를 둘러싼 일체의 사정을 말한다. 예컨대 불법행위로 인한 손해배상청구소송에서 위법행위의 존재, 가해자의 고의·과실, 피해자의 손해의 발생, 가해행위와 손해발생 사이의 인과관계의 존재 등이 여기에 해당한다. 변제·시효·상계 등의 사실도 원인판결에서 판단될 수 있으나, 뒤의 액수에 관한 다툼에서 판단할 금액이 남아 있는 경우에 한한다.[1] 청구의 원인과 액수의 어느 한 쪽에 관하여만 다툼이 있는 경우 또는 같은 사실에 의하여 청구의 원인과 액수가 동시에 결정되는 경우에는 원인판결을 할 수 없다.[2]

2) 원인판결은 청구의 원인이 없는 것이 판명되면 손해의 액수에 관한 심리가 무위(無爲)로 돌아가는 것을 방지하기 위하여 인정되고 있으나, 우리나라에서는 별로 활용되고 있지 않다.

(4) 재심사유 등

재심절차에서 재심의 소의 적법 여부, 재심사유 유무를 본안에 관한 심리와 분리하여 진행할 수 있다(454 Ⅰ). 재심사유가 있으면 그 취지의 중간판결을 하고 본안에 관한 심리·재판을 한다(454 Ⅱ).

3. 效力·上訴

1) 중간판결을 일단 선고하면, 판결을 한 법원도 이에 구속되어 스스로 취소·변경을 할 수 없고(기속력), 그 주문에 표시된 판단을 전제로 하여 종국판결을 하여

---

1) Rosenberg, §59 Ⅳ 2; 新堂, 390면.
2) Rosenberg, §59 Ⅳ 2.

야 한다(이유 중의 판단에는 구속되지 아니한다). 따라서 설령 중간판결의 판단이 그릇된 것이라 하더라도 이에 저촉되는 판단을 할 수 없고, 종국판결과 함께 상소심의 판단을 받는다.[1] 그 결과 당사자도 중간판결의 최종 변론 전에 제출할 수 있었던 공격·방어방법은 그 뒤의 변론에서 제출할 수 없게 된다. 그리하여 변제·면제·소멸시효 등 청구의 원인에 관한 항변은 제출할 수 없게 된다. 그러나 과실상계는 법원이 직권으로 할 수 있으므로, 책임을 감액하는 것은 무방하며,[2] 상계의 항변에 관하여는 다툼이 있으나, 원인판결 후에도 주장할 수 있다고 본다.[3] 또한 중간판결 후에 새로이 발생한 사실에 기하여 중간판결의 판단의 변경을 구하는 것은 상관이 없다(다만 적시제출주의(149)의 제한이 있다). 이처럼 중간판결은 기속력(羈束力)을 가질 뿐이고, 기판력이나 집행력은 없다.[4]

중간판결의 기속력은 그 심급에 한정되므로, 상급심에서는 시기에 늦은 것으로 되지 않는 한 청구의 원인에 관한 공격·방어방법을 자유로이 제출할 수 있다.[5]

2) 중간판결에 대하여는 독립하여 상소를 제기할 수 없고, 이를 기초로 한 종국판결을 기다려 이에 대한 상소를 하여, 종국판결과 함께 상소심의 판단을 받는다(392). 아울러 독립하여 재심의 소를 제기할 수도 없으며(451), 중간판결에 재심사유가 있는 경우에는 종국판결에 대하여 재심의 소를 제기하여 이를 다투어야 한다(452). 또한 종국판결이 아니므로 소송비용에 관한 재판은 원칙적으로 할 수 없다(104).

제 3 관 本案判決·訴訟判決

I. 訴訟判決

소송판결(Prozessurteil)은 소 또는 상소가 부적법하다고 하여 이를 각하하는 종국판결을 말한다. 소송판결은 소송요건 또는 상소요건에 관한 판단을 내용으로 한다. 소취하의 효력이 다투어지는 경우에 이를 유효하다고 판단하여 소송종료를 선언하는 판결도 청구의 당부에 관한 판단이 아니므로 소송판결에 속한다.

---

1) 大判 2011. 9. 29, 2010 다 65818.
2) 同旨: 金/姜, 623면.
3) 同旨: 金/姜, 623면.
4) 일부 학자는 중간판결에 쟁점효를 인정한다. 新堂, 390면.
5) 다만 상급심이 종국판결만을 취소하여 원심에 환송한 경우에는 이전에 한 중간판결은 유효하고 환송받은 법원을 구속한다. 日大判 1913. 3. 26, 民錄 19. 141. 反對: 金/姜, 624면.

Ⅱ. 本案判決

본안판결(Sachurteil)은 소에 의한 청구의 당부에 관한 종국판결이다. 여기에는 청구를 정당하다고 인정하는 청구인용판결과 반대로 청구를 부당하다고 배척하는 청구기각판결이 있다. 청구인용판결에는 소의 유형에 따라 이행판결·확인판결 및 형성판결의 세 가지가 있고, 청구기각판결은 소의 유형이 무엇이든 모두 이행청구권의 부존재, 권리 또는 법률관계의 존재 여부, 형성소권의 부존재를 확정하는 확인판결에 속한다.

Ⅲ. 兩者의 比較

소송판결과 본안판결은 그 성립과정이나 불복수단에서는 아무런 차이가 없다. 다만 기판력에서는 차이가 있다. 즉, 소송판결은 소송요건의 부존재를 확정함에 반하여, 본안판결은 청구권, 권리 또는 법률관계, 형성소권 등의 존재 여부 자체를 확정한다. 따라서 소송판결의 경우에는 흠 있는 소송요건을 보정하면 다시 소를 제기할 수 있다.[1)]

제 4 관 無辯論判決

1. 의의·절차

1) 무변론판결은 피고가 답변서를 제출하지 아니하는 경우에 원고의 청구원인 사실을 모두 자백한 것으로 보고 변론 없이 하는 판결을 말한다(257). 민사소송상 판결을 선고하기 위해서는 반드시 변론을 열어야 하나(134 Ⅰ), 다툴 의사가 없는 피고에게 변론기일을 열어서 출석의 기회를 부여하고 그 기일이 공전된 뒤에 비로소 판결을 하는 것은 번잡하므로 소송의 신속을 꾀하기 위해서 만든 제도이다. 피고가 소장을 송달 받은 때로부터 30일 이내에 답변서를 제출하지 아니하면 원고의 청구원인사실을 모두 자백한 것으로 간주하고 판결한다. 즉 마치 변론기일에 준비서면도 내지 않고 결석한 것처럼 취급하는 것이다.

2) 답변서제출의무는 피고의 다툴 의사를 확인하기 위한 것이므로, 설령 피고가 답변서를 제출하였다 하더라도 청구원인이 되는 사실을 모두 자백하는 취지의

---

1) Arens, Rdn. 325; Rosenberg, §133 Ⅰ 2; 大判 2003. 4. 8, 2002 다 70181.

답변서를 낸 경우에는 답변서를 제출하지 아니한 경우와 동일하게 취급한다(257Ⅱ).

3) 법원은 피고에게 소장 부본을 송달할 때 변론 없이 판결을 선고할 기일을 미리 통지할 수 있다. 무변론판결의 판결이유에는 청구를 특정함에 필요한 사항과 상계의 항변에 관한 사항만 간략하게 표시할 수 있다(208 ①Ⅲ). 무변론판결의 기판력의 표준시는 판결의 선고시가 된다(民執 44Ⅱ).

2. 무변론판결이 허용되지 아니하는 경우

1) 무변론판결은 피고가 답변서를 제출하지 아니하면 마치 적법한 변론기일에 출석하지 아니하여 자백간주가 있은 것처럼 보는 것이므로, 자백간주가 허용되지 아니하는 경우에는 무변론판결을 할 수 없다. 즉 피고가 공시송달에 의하여 소장 부본을 송달받았을 때에는 답변서제출의무가 없으므로(256Ⅰ但), 무변론판결도 할 수 없다(150Ⅲ但 참조). 또한 직권조사사항이 있을 때에는 무변론판결을 할 수 없다(257Ⅰ但).

2) 소장을 받은 때부터 30일이 지난 뒤라도 판결이 선고될 때까지 원고의 청구를 다투는 취지의 답변서를 제출하는 경우에는 무변론판결을 할 수 없다. 재판의 적정을 기하고 무익한 항소를 방지하기 위함이다(257Ⅰ但). 따라서 제1심 법원이 피고의 답변서 제출을 간과하고 무변론 판결을 선고하였다면, 이러한 제1심판결 절차는 법률에 어긋나는 것이므로 항소법원은 제1심 판결을 취소하여야 한다(417). 이때 항소심 법원은 반드시 사건을 제1심 법원으로 환송하여야 하는 것은 아니므로[1] 사건을 환송하지 않고 직접 다시 판결할 수 있다.[2]

3. 불　　복

무변론판결은 피고가 다툴 의사가 없다는 것만을 확인하고 자백간주를 기초로 하여 하는 판결이다. 따라서 무변론판결을 받은 피고는 항소를 제기하여 원고의 청구원인사실을 다툴 수 있다. 원고의 청구원인사실을 전부 인정하는 취지의 답변서를 제출한 경우에 항소심에서 다시 이를 다툴 수 있는지 여부가 문제되는데, 변론이 열리지 아니한 이상 답변서의 내용이 판결의 기초가 되었다고 볼 수는 없는

---

1) 大判 2013. 8. 23, 2013 다 28971.

2) 大判 2020. 12. 10, 2020 다 255085.

것이므로(재판상의 자백이 성립하지 아니한다) 답변서를 제출하지 아니한 경우와 마찬가지로 다시 다툴 수 있다고 볼 것이다.

제 3 절 判決의 成立

판결이 성립하는 절차는 법원이 첫째로 판결의 내용을 확정하고, 이어서 그 내용을 표시하는 판결서(판결원본)를 작성하며, 마지막으로 이 판결서에 기하여 선고를 하는 단계로 나누어진다. 선고가 있음으로써 판결은 확정적으로 성립되고, 그 뒤에 당사자에게 판결의 정본을 송달한다.

Ⅰ. 判決內容의 確定

1. 확정의 과정

법원은 사건에 대한 심리가 판결을 할 수 있을 정도로 성숙하면 변론을 종결하고 판결내용의 확정에 들어간다. 그 과정은 당사자의 주장과 증명을 토대로 하여 법률요건에 해당하는 사실을 확정하고 여기에 실체법규를 적용하여 그 법률효과를 확정하는 삼단논법에 의한다.

2. 확정을 하는 법관

판결의 내용은 판결의 기본이 되는 변론에 관여한 법관이 확정한다(직접주의)(204 Ⅰ). 따라서 변론종결 전에 법관이 바뀐 경우에는 변론을 갱신(종전의 변론결과를 진술)하여야 하고(204 Ⅱ), 변론을 종결한 후 판결내용을 확정하기 전에 법관이 바뀐 경우에는 변론을 다시 연 다음에(142) 변론을 갱신하고 판결을 하여야 한다. 그러나 판결내용을 확정한 뒤에는 이에 관여한 법관이 사망·퇴임·전근 등에 의하여 판결원본에 서명날인을 할 수 없어도 합의체의 다른 법관이 그 이유를 적고 서명날인하면 되므로(208 Ⅳ), 판결의 성립에 영향이 없다.

3. 확정의 절차

단독제의 경우에는 한 사람의 법관이 판결의 내용을 확정하게 되지만, 합의제의 경우에는 합의체를 구성하는 법관들이 합의를 하여 이를 확정한다. 합의는 재판장이 주재하며, 공개하지 않는다(法組 65). 합의는 판결의 결론을 이끌어 내는 데 필요한 사실인정 및 법률의 해석적용에 관하여 한다. 합의에서 법관의 의견이 일치하지 아니할 때에는 헌법 및 법률에 다른 규정이 없으면 과반수로써 결정한다(法組 66 Ⅰ). 합의에 관한 의견이 3설 이상 나누어져 각각 과반수에 달하지 못하는 때에는 액수에 관하여는 과반수에 달하기까지 가장 많은 액수의 의견의 수에 순차 소액의 의견의 수를 더하여 그 중 가장 적은 액수의 의견에 의한다(法組 66 Ⅱ①). 다만 대법원의 전원합의체의 관장사항에 관하여 2설이 나뉘어 각 설이 과반수에 이르지 못하는 때에는 원심재판을 변경할 수 없다(法組 66 Ⅲ).

Ⅱ. 判決書(判決原本)의 作成

1. 작성의 필요성과 중요성

판결의 내용이 확정되면 이를 서면으로 작성한다. 이 서면을 판결서 또는 판결원본이라고 한다. 판결은 판결원본에 의하여 선고하여야 하므로(206), 판결원본은 판결의 선고 전에 작성되어야 한다.

판결서는 소송당사자에게 법원의 사실인정과 법률적용에 대한 판단을 알려주고, 상소심과의 관계에서 심사의 대상을 제공하고, 확정된 뒤에 판결의 효력(기판력·집행력)이 미치는 범위를 명확히 하고, 일반 국민에 대하여 재판의 공정과 신뢰성을 심어줄 수 있으며, 법관 자신에 대하여는 판단의 객관성을 확인하면서, 모든 면에서 재검토할 수 있는 기회를 제공하여 주므로, 매우 중요한 의미를 가진다.

2. 判決書의 記載事項

판결서에는 법률상 적어야 하는 사항(필수적 기재사항)과 사무처리의 편의상 적는 사항(임의적 기재사항)이 기재된다. 임의적 기재사항으로는 사건번호와 사건명(예컨대 2005 가합 5050 손해배상), 표제

(예컨대 판결), 소송대리인, 판결을 선고한 날짜 등이 있고, 필수적 기재사항으로는 다음의 여러 가지가 있다(208 참조).

(1) 當事者와 法定代理人

판결서에는 당사자와 법정대리인을 표시하여야 한다. 성명(법인은 명칭) 외에 주소(법인은 주된 사무소)를 적는 것이 보통이고, 그 심급에서의 당사자의 지위(원고, 항소인 따위)를 성명 앞에 표시한다. 소재를 알 수 없어서 공시송달을 한 경우에는 '현재 소재불명'이라고 적고, 그 아래에 최후의 주소를 적으며, 등기관계사건에서는 등기부상의 주소도 아울러 적는 것이 실무례(實務例)이다. 소송대리인은 필수적 기재사항은 아니지만, 송달의 편의상 적는 것이 보통이다.

(2) 主 文

1) 판결내용의 결론을 표시한 것으로, 종국판결에서는 소 또는 상소에 대한 응답을 표시한다. 예컨대 소송판결을 할 때에는 '이 사건 소를 각하한다'라고 적고, 원고패소의 본안판결을 할 때에는 '원고의 청구를 기각한다'라고 적으며, 원고의 청구를 인용하는 경우에는 그 내용(청구의 취지에 대응한 판단)을 표시한다.[1)]

2) 주문은 간결하고 명확하게 기재하여야 하며 그 내용이 주문만에 의하여 특정될 수 있어야 한다.[2)] 주문의 내용이 불명확하여 특정될 수 없을 때에는 판결이 무효로 된다.[3)]

3) 주문에는 그 밖에 소송비용의 재판(104. 105)과 가집행의 선고(213) 또는 그 면제의 선고 등이 기재된다.

(3) 請求의 趣旨 및 上訴의 趣旨

제1심판결에서는 청구의 취지를, 상소심판결에서는 상소의 취지를 기재하여야 한다. 이것은 법원의 심판의 범위를 명확히 하기 위한 것이다.[4)]

---

1) 청구의 취지에 관한 설명 참조.

2) 大判 2018. 2. 28, 2017 다 270916; 1983. 3. 8, 82 누 294; 1983. 5. 24, 82 누 456; 1989. 7. 11, 88 다카 18597; 2012. 12. 13, 2011 다 89910, 89927(청구를 인용하고 배척하는 범위를 명확하게 특정하여야 한다).

3) 大判 1972. 2. 22, 71 다 2596.

4) 의용민사소송법은 '사실과 쟁점'을 기재하도록 요구하였다(同法 139 Ⅰ).

(4) 理 由

1) 결론인 주문을 이끌어 낸 판단의 과정을 밝히는 부분이다. 이유에서는 주문이 정당함을 인정할 수 있는 한도에서 당사자의 주장, 그 밖의 공격·방어방법에 관한 판단을 표시하여야 한다(208Ⅱ).[1]

2) 먼저 사실을 확정하고 여기에 법률을 적용하여 주문을 이끌어 낸 경로를 밝힌다. 사실을 확정할 때에는 다툼이 없는 사실이나 현저한 사실은 그대로 판결의 기초로 삼고(288), 다툼이 있는 사실은 증거자료와 변론 전체의 취지에 의하여 인정하여야 한다. 법률을 적용할 때에는 해석상 다툼이 있는 경우를 제외하고는 적용한 결과만을 표시하면 된다.

3) 이유를 명시하지 않거나 이유에 모순이 있는 때에는 상고이유가 된다(424Ⅰ⑥).

판결서의 작성에는 많은 시간과 노력이 소요된다. 그리하여 판결서의 기재방법을 간이화 하고 정형화하여 법관의 부담을 경감하고 소송촉진을 꾀하는 것이 각국의 소송법에서 중요한 과제로 되어 있다. 이러한 요청에 따라 새 법에서는 판결서 기재의 간이화를 꾀하였다. 즉 구 법에서는 이유를 적을 때 당사자의 주장과 공격·방어방법의 '전부'에 대하여 판단하여야 한다고 규정하였으나(舊民訴193Ⅱ), 2002년 민사소송법은 '전부' 부분을 삭제하여 판결의 결과에 영향이 없는 주장에 대한 판단을 생략할 수 있도록 하였다(208Ⅱ).[2] 이것은 모든 심급의 판결에 적용된다(408. 425). 또한 새 법은 제1심판결의 경우에 한하여, 답변서의 미제출로 인한 무변론판결(257), 자백간주에 의한 판결(150Ⅲ), 공시송달에 의한 판결(194~196)의 경우에는 청구를 특정함에 필요한 사항과 상계의 항변의 판단에 관한 사항만을 간략하게 표시할 수 있도록 하고 있다(208Ⅲ).[3] 상계의 항변에 대한 판단은 반드시 적도록 하고 있는 이유는 여기에 기판력이 인정되기 때문이다(216Ⅱ).

그 밖에도 종래부터 소액사건의 판결서에는 이유를 적지 아니할 수 있도록 하였고(少審11의2Ⅲ), ii) 항소심판결에 이유를 적을 때에는 제1심판결을 인용할 수 있도록

---

1) 판결에 이유를 기재하도록 하는 취지에 관하여는 大判 2005. 1. 28, 2004 다 38624 참조.

2) 따라서 판결서의 이유에 당사자의 모든 주장이나 공격방어방법에 관한 판단이 표시될 필요는 없다(大判 2017. 12. 5, 2017 다 9657).

3) 민사소송법 제208조 제3항에 따라 항소심에서는 이와 같이 간략하게 표시할 수 없다(大判 2021. 2. 4, 2020 다 259506).

하였으며(420), iii) 심리불속행과 상고이유서 미제출로 인한 상고기각판결에는 이유를 적지 아니할 수 있도록 하였다(上告特例法 5 I). 또한 iv) 결정과 명령에도 이유의 기재를 생략할 수 있으며(224 I 但), v) 형사배상명령의 경우에는 특히 필요하다고 인정되는 경우가 아니면 이유를 적지 아니하도록 하였다(訴促法 31 II 後).

(5) 辯論을 終結한 날짜

이것은 기판력의 표준시가 되므로 적도록 하였다. 변론 없이 판결하는 경우에는 판결을 선고하는 날짜를 적어야 한다.

(6) 法 院

판결을 한 법관이 소속되어 있는 관서(官署)로서의 법원을 가리킨다. 판결서의 첫머리에 표시한다.

(7) 法官의 署名捺印

판결서에는 판결을 한 법관이 서명날인하여야 한다(208 I). 판결은 변론에 관여한 법관이 하므로, 판결을 한 법관이란 변론에 관여한 법관을 가리킨다. 그의 서명날인이 없으면 판결원본이 아니므로, 서명날인이 없는 판결서에 기한 선고는 판결선고로서의 효력이 없다.[1]

합의에 관여한 법관이 판결원본에 서명날인하는 데 지장이 있는 때에는 다른 법관이 그 사유를 적고 서명날인하여야 한다(208 IV). 최종변론에 관여하지 아니한 법관이 판결원본에 서명날인한 경우에는 상소의 이유가 된다(직전주의).[2] 판결서를 작성한 곳에는 날인을 하고, 각 장 사이에 간인(間印)을 하는 것이 관행이나, 이를 하지 아니하였다고 위법한 것은 아니다.[3]

Ⅲ. 判決의 宣告

1. 總 說

1) 판결의 선고(Erlass, Verkündung)는 판결내용으로서 확정된 바를 선언하는

1) 大判 1956. 11. 24, 4289 民上 236.
2) 大判 1972. 10. 31, 72 다 1570.
3) 大判 1962. 11. 1, 62 다 567; 1966. 7. 5, 66 다 844.

사실행위이다. 판결은 원칙적으로 선고를 요하며, 선고에 의하여 판결은 대외적으로 성립하며 효력이 생긴다(205). 일단 선고를 하면, 선고법원도 이것을 변경할 수 없고(기속력), 가집행선고부판결의 경우에는 집행력이 발생한다. 그 밖의 판결의 효력은 확정되어야 발생한다.

2) 심리불속행으로 인한 상고기각판결과 상고이유서 미제출로 인한 상고기각판결의 경우에는 예외적으로 판결의 선고를 요하지 아니하며, 상고인에게 송달됨으로써 그 효력이 생긴다(上告特例法 5 II).

2. 宣告期日·宣告期間

1) 선고기일은 변론이 종결된 날부터 2주 이내이어야 한다(207 前 I). 다만 복잡한 사건이나 그 밖의 특별한 사정이 있는 때에는 변론이 종결된 날부터 4주 이내에 할 수 있으며(207 後 I), 소액사건의 경우에는 변론종결 후 즉시 할 수도 있다(少審 11의 2 I). 선고기일은 재판장이 지정하고, 당사자에게 이를 고지하거나(출석한 경우) 통지하여야(불출석한 경우) 한다. 다만 판례는 적법한 기일의 통지를 받고도 당사자 한 쪽이 결석한 기일에 판결의 선고기일을 고지하였다면, 그 결석한 당사자에게 선고기일의 통지서를 별도로 송달할 필요가 없다고 본다.[1)]

2) 선고기간은 제1심판결의 경우에는 소가 제기된 날부터 5월 이내, 항소심판결과 상고심판결의 경우에는 기록을 받은 날부터 5월 이내이어야 한다(199). 심리불속행으로 인한 상고기각의 판결은 기록을 받은 날부터 4월 이내에만 할 수 있다(上告特例法 6 II).

3) 선고기일·선고기간에 관한 위 규정은 모두 훈시규정이므로 이에 위반하더라도 판결의 효력에는 영향이 없다.[2)]

3. 宣告節次

1) 판결의 선고는 선고기일에 공개된 법정에서(憲 109, 法組 57) 한다. 변론 없이 판결하는 경우에도 반드시 별도의 선고기일을 열어야 한다(207, 257. 단, 소액사건은 예외: 少審 11의 2 I).[3)] 또한 재판장

---

1) 大判 2003. 4. 25, 2002 다 72514.
2) 大判 2008. 2. 1, 2007 다 9009.
3) 大判 1996. 5. 28, 96 누 2699.

이 판결원본에 따라 주문을 읽어야 한다. 필요한 때에는 이유를 간략히 설명할 수 있다(206). 과거에는 '이유의 요지를 설명하여야 한다'고 규정되어 있었으나 실무상 위 설명의무가 이행되지 아니하였고 또 그 필요도 없으므로, 1990년 개정법은 이유의 설명을 법원의 임의에 맡겼다. 다만 소액사건에서는 주문이 정당함을 인정할 수 있는 범위 안에서 그 이유의 요지를 말로 설명하여야 한다(少審 11의2 II). 이는 소액사건에 관한 판결서에는 이유를 기재하지 아니할 수 있기 때문에(少審 11의2 III) 적어도 말로는 이유를 설명하도록 의무화한 것이다.

2) 판결의 선고는 당사자의 한 쪽 또는 양 쪽이 출석하지 아니하여도 할 수 있다(207 II). 판결의 선고에는 당사자의 적극적 행위가 필요 없기 때문이다.

3) 판결의 선고는 이미 내용이 확정된 판결을 대외적으로 선고하는 것이므로, 판결원본에 서명날인하지 아니한 법관이 하여도 상관이 없다. 선고에만 관여하는 것은 '판결에 관여한 것'(41⑤, 424 I ②, 436 III, 451 I ②)으로 되지 아니한다.

Ⅳ. 判決의 送達

판결을 선고한 뒤에 재판장은 즉시 판결원본을 법원사무관등에게 교부하여야 한다(209).[1] 법원사무관등은 판결원본을 받은 날부터 2주 이내에 판결정본을 작성하여 이를 당사자에게 송달하여야 한다(210).[2] 이 때 당사자에게 상소기간과 상소장을 제출할 법원을 아울러 고지하여 주어야 한다(民訴規 55의2). 판결송달기간에 관한 규정은 훈시규정이다. 상소기간은 당사자가 판결서를 송달받은 날부터 진행한다(396, 425).

---

1) 구 법에서는 법원사무관등이 판결서에 판결선고일자와 영수일자를 부기하도록 하였으나, 새 법은 이를 폐지하였다. 왜냐하면 판결선고사실은 판결선고조서만으로 증명되는 것이므로(158), 부기제도는 법률상 특별한 의미가 없고 실무상으로도 형식적으로 운영되었기 때문이다.

2) 결정·명령의 경우에는 그것이 집행권원이 되는 등 성질상 정본의 송달이 필요하거나 특별한 규정이 있는 경우를 제외하고는 그 등본을 송달하는 방법(178 I)에 의할 수 있다(大決 2003. 10. 14, 2003 마 1144).

제 4 절 判決의 效力

제 1 관 總 說

1) 판결에는 여러 가지 효력이 뒤따른다. 판결은 소송사건에 관하여 해결기준을 부여하는 공권력에 의한 판단이므로, 그것이 일단 외부에 표시된 다음에 특별한 사정이 없는 한 이를 함부로 취소하거나 내용을 변경하거나 또는 그 존재를 무시하는 일이 있어서는 아니된다. 이러한 기대를 제도적으로 보장하기 위하여 민사소송법은 판결에 대하여 기판력을 비롯한 여러 가지 법적 효력을 인정하고 있는데, 판결에는 이러한 법적 효력 외에 증명적 효력을 비롯한 사실적 효력이 인정되고 있다.

2) 판결에 대하여 인정되는 법적 효력은 여러 가지 기준에 의하여 나눌 수 있다. i) 효력의 발생시기를 보면, 판결의 선고 즉시 발생하는 것도 있으나(기속력, 일부 판결의 집행력), 판결이 확정되어 비로소 발생하는 것이 대부분이다. ii) 효력이 작용하는 소송주체를 기준으로 하여 살펴보면, 법원에 대한 관계에서 작용하는 것(기속력), 당사자에 대한 관계에서 작용하는 것(형식적 확정력) 및 법원과 당사자의 양자에 대하여 작용하는 것(기판력 등)이 있다. iii) 효력의 목적 · 기능을 기준으로 하면, 판결 자체의 취소가능성을 합리적인 범위 안에서 제한하기 위하여 인정되는 효력(판결의 기속력과 형식적 확정력), 판결의 판단내용을 사건해결의 기준으로 통용시키기 위하여 인정되는 효력(여기에는 같은 소송절차 안에서 작용하는 기속력과 다른 소송절차에서 작용하는 기판력, 집행력, 형성력 등이 있다) 및 판결이 확정되면 그에 부수하여 발생하는 효력(소송법상으로 보조참가인에게 발생하는 참가적 효력(77)을 비롯하여 실체법상의 법률요건적 효력, 반사적 효력 등) 등이 있다. 기판력, 집행력 및 형성력이야말로 우리가 판결에 의하여 달성하려고 하는 본래의 목적이고, 그리하여 이를 판결의 본래적 효력이라고 하며, 참가적 효력 내지 반사적 효력을 판결의 부수적 효력이라고 한다. 그러나 본래적 효력과 부수적 효력의 한계가 그리 명확한 것은 아니다.[1)]

3) 판결에는 이들 법적 효력 이외에 여러 가지 사실적 효력이 인정되고 있다. 그런데 이들 사실적 효력을 판결의 효력의 하나로 볼 수 있는가, 이를 어떻게 이론구성할 것인가에 관하여는 아직도 학설상 다투어지고 있다.

판결의 효력을 도표로 나타내면 다음과 같다.

---

1) 예긴대 침기적 효력, 반사효, 쟁점효 등에 관하여는 그것이 기판력과 어떻게 구별되느냐가 문제된다.

- 법적 효력
  - 확정전: 기속력(가집행선고시 집행력)
  - 확정시: 형식적 확정력
  - 확정후:
    - ① 본래적 효력: 기판력, 집행력, 형성력
    - ② 부수적 효력: 참가적 효력, 법률요건적 효력, 반사적 효력
- 사실적 효력: 파급적 효력, 증명적 효력, 재판절차적 효력

제 2 관 羈束力(拘束力)

Ⅰ. 意　　義

1) 판결이 일단 선고되어 성립하면, 판결을 선고한 법원도 자신의 판결에 구속되어, 그 판결을 스스로 변경하거나 철회할 수 없다. 이것은 판결이 잘못되었다고 생각되는 경우에도 같다. 이를 판결의 기속력(innerprozessuale Bindungswirkung) 또는 자박성(自縛性)이라고 한다.[1] 이 효력은 판결의 확정을 기다리지 않고 선고와 동시에 발생한다(205). 판결에 기속력을 인정하는 이유는 일단 판결이 외부에 표시된 다음에는 이를 함부로 변경할 수 없도록 하는 것이 법적 안정을 꾀할 수 있고 재판의 신용을 높일 수 있기 때문이다.

2) 이처럼 기속력은 원래 판결법원 자신에 대한 구속력(자기구속력, 불가철회성)을 가리키지만, 때로는 같은 소송절차 안에서 다른 법원에 대한 구속력을 뜻하는 일도 있다.[2] i) 상고심은 법률심이므로 사실심이 적법하게 확정한 사실에 기속되고(432), ii) 상고심이 파기이유로 한 사실상과 법률상의 판단은 환송이나 이송을 받은 하급심을 기속하고(436 Ⅱ., 法組 8), iii) 이송결정은 이송받은 법원을 기속한다(38). 그리고 iv) 같은 소송절차는 아니지만 헌법재판소가 한 법률의 위헌결정은 법원을 기속한다(憲裁 47 Ⅰ).[3]

---

1) 도이칠란트에서는 여기에서 설명한 기속력을 소극적 기속력(negative Bindungswirkung)이라고 하고, 중간판결의 기속력을 적극적 기속력(positive Bindungswirkung)이라고 한다. Jauernig, §61 Ⅰ; Arens, Rdn. 346; Rosenberg, §61 Ⅰ 1.

2) 일본에서는 판결법원 자신에 대한 구속을 판결의 자박성(自縛性) 또는 자기구속력이라 하고, 다른 법원에 대한 구속력을 기속력이라 부르는 것이 보통이다.

3) 위헌결정의 효력이 미치는 사건의 범위에 관하여는 大判 1996. 3. 12, 95 다 40755 참조.

Ⅱ. 羈束力의 排除(判決의 適正 회복조치)

판결의 기속력은 판결이라는 공권적 판단의 법적 안정성을 확보하고 판결에 대한 국민의 신뢰를 유지하기 위하여 인정되는데, 이를 예외 없이 관철하면 도리어 판결에 대한 신용을 손상시키고 당사자와 상급심의 부담을 불필요하게 증대시킬 염려가 있다. 예컨대 판결에 잘못된 계산이나 기재 그 밖에 분명한 표현상의 잘못이 있는 경우, 또는 법원이 법령위반을 스스로 발견한 경우에는 당사자의 불복신청에 의하여 상소심에서 판결을 취소하기보다는 판결법원 자신에 의한 오류의 정정이나 변경을 허용하는 것이 바람직하다. 전자가 판결경정의 제도이고, 후자가 변경판결의 제도이다. 우리나라는 그 가운데 판결경정제도만을 인정하고 있으나, 미국과 일본은 변경판결의 제도(252의 변경의 소에 대한 판결과는 다르다)도 인정하고 있다.[1]

Ⅲ. 判決의 更正

1. 意　　義

1) 판결의 경정(Berichtigung des Urteils)이라 함은 판결의 내용을 실질적으로 변경함이 없이 판결서의 표현상의 잘못을 판결법원이 스스로 정정·보충하는 것을 말한다(211). 이것은 강제집행이나 가족관계등록부의 정정 또는 등기의 기재 등 광의의 집행에 지장이 없도록 하는 데 그 취지가 있다.[2] 판결서의 표현상의 잘못을 정정하기 위하여 구태여 상소를 기다릴 필요는 없으므로, 판결을 한 법원 자신이 간편하게 결정으로 경정하는 것을 인정하였다. 이 결정을 경정결정이라고 한다.

2) 판결경정의 제도는 청구의 포기·인낙조서 및 화해조서(220)와 결정·명령에도 준용된다(224).[3]

---

1) 일본에서는 판결법원이 판결에 법령위반이 있고, 그 법령위반이 판결의 결론에 영향을 미친 것을 발견한 때에는 일정한 요건하에 판결의 변경을 인정하고 있는데(日民訴 256), 이는 미국법상의 new trial 제도를 본딴 것이다. 상세는 James, Hazard & Leubsdorf, §7. 24 ff. 참조.

2) 大決 1996. 1. 9, 95 그 13; 2012. 2. 10, 2011 마 2177; 2020. 3. 16, 2020 그 507(대법원은, 경정결정을 할 때에는 소송의 모든 과정에 나타난 자료는 물론 경정대상인 판결 이후에 제출된 자료도 다른 당사자에게 아무런 불이익이 없는 경우나 이를 다툴 수 있는 기회가 있었던 경우에는 소송경제상 이를 참작하여 그 잘못이 명백한지 여부를 판단할 수 있다고 하면서, 토지에 관한 소유권이전등기청구소송 중 사실심 변론종결 전에 토지가 분할되었는데 그것이 변론에 드러나지 않은 채 원고의 청구가 인용된 경우에 판결에 표시된 토지에 관한 표시를 분할된 토지에 관한 표시로 경정해 달라는 신청은 특별한 사정이 없는 한 받아들여야 한다고 하였다).

3) 판결경정 제도의 취지와 법리는 이행권고결정에 오류가 있는 경우에도 마찬가지로 적용된다(大決 2022. 12. 1, 2022 그 18).

2. 要 件

판결에 잘못된 계산이나 기재, 그 밖에 이와 비슷한 표현상의 잘못이 있고 또 그것이 분명한 경우이어야 한다(211 I).

1) 표현상의 잘못이어야 하므로 판단내용의 잘못이나 판단의 누락은 판결경정의 사유가 되지 못한다.[1] 재판의 누락의 경우에는 추가재판을 하여야 하고, 경정에 의하여서는 안 된다.[2] 표현상의 잘못에 해당하는 것으로는 예컨대 건물의 평수(坪數)를 잘못 표시한 것,[3] 판결주문 중에 등기의 원인 날짜를 잘못 적은 것,[4] 주문에는 별지목록을 표시하고 판결서 말미에 별지목록을 붙이지 아니한 것[5] 등이 있다.[6] 또한 **판결확정 후의 당사자표시정정**도 판결의 경정에 의한다.[7] 그러나 판결의 내용을 실질적으로 변경시키는 경우에는 경정이 허용되지 아니한다. 따라서 예컨대 당사자가 청구취지에서 착오로 토지의 일부를 누락한 경우 이에 기하여 선고된 판결에 누락부분을 추가하는 경정은 허용되지 아니한다.[8] 반대로 판결의 내용에 영향을 미치지 아니하는 사항도 경정의 대상이 아니다. 따라서 예컨대 이전등기를 명하는 판결에 피고의 등기부상 주소를 적지 아니한 경우는 경정의 사유에 해당하지 아니한다.[9]

2) 위 잘못은 분명한 것이어야 하지만, 그것이 법원의 과실로 인한 것인가, 당사자의 청구나 진술에 기인하는 것인가는 묻지 아니한다.[10] 여기에서 분명한 잘못인가의 여부를 무엇을 도대로 하여 판단할 것인가에 관하여는 다툼이 있으나, 판결서의 기재로부터 분명한 경우에 한하지 않고, 소송기록을 참조하여 판결의 전체 취지로부터 분명하게 알 수 있으면 경정이 가능하다고 생각한다.[11]

---

1) 大判 1969. 12. 30, 67 주 4.
2) 大決 1984. 4. 25, 84 마 148.
3) 大判 1964. 11. 24, 64 다 815.
4) 大判 1970. 3. 31, 70 나 104.
5) 大決 1964. 4. 13, 63 마 40.
6) 그 밖에도 권원 없는 점유로 인한 손해액을 산정하면서 그 기간이 7월 25일인 것을 7월 26일로 잘못 계산하여 손해액의 계산에 차이가 생긴 경우도 판결의 경정에 의한다(大判 2001. 12. 11, 2001 다 59866).
7) 大決 2001. 12. 4, 2001 그 112(소송상화해조서의 경정).
8) 大決 1996. 3. 12, 95 마 528.
9) 大決 1986. 4. 30. 86 그 51.
10) 大決 1983. 3. 24, 83 그 8.
11) 大決 1962. 1. 25, 4294 民再抗 674.

3. 節 次

1) 경정은 당사자의 신청에 따라 또는 직권으로 언제든지 할 수 있다(211 Ⅰ). 경정은 상소제기 후나 판결확정 후에도 할 수 있다. 원칙적으로 해당 판결을 선고한 법원이 경정해야 하지만, 상급심 계속중에는 상급심에서도 경정할 수 있다고 생각한다.[1] 왜냐하면 상급심법원도 판결의 심사권한을 가지기 때문이다. 판례는 상급심법원도 경정할 수 있다고 하면서,[2] 다만 하급심에서 확정된 부분에 관하여는 그 기록이 상급심에 가 있더라도 상급심에서 경정할 수 없다고 한다.[3]

2) 경정은 결정으로 한다.[4] 결정에 의하므로 변론을 거치느냐 않느냐는 법원의 재량에 맡겨져 있다. 경정결정은 판결의 원본과 정본에 덧붙여 적어야 하지만, 이미 판결정본을 당사자에게 송달하여 버린 때 등 정본에 부기(附記)할 수 없는 때에는 경정결정의 정본을 송달하면 된다(211 Ⅱ).

3) 경정결정에 대하여는 즉시항고를 할 수 있다. 다만 판결에 대하여 적법한 항소가 있는 때에는 경정결정에 대한 독립된 즉시항고는 허용되지 아니한다(211 Ⅲ). 왜냐하면 이 경우에는 판결과 함께 항소심의 판단을 받게 되기 때문이다.

4) 경정신청을 부적법하다고 각하한 결정과 이유 없다고 기각한 결정에 대하여 항고할 수 있는가에 관하여는 다툼이 있다. 먼저, 경정신청각하결정에 대하여는 항고할 수 있다(439).[5] 그러나 경정신청기각결정에 대하여는 불복신청을 할 수 없다고 하는 것이 판례[6]·통설의 입장이다. 그 이유는 판결법원 자신이 잘못이 없다고 하였는데 다른 법원이 이를 강제하는 것은 조리에 반하고 또 여기에 불복을 하면 그것은 판결의 판단내용 자체에 대한 불복이 되며, 민사소송법 제211조 제3항 본문의 반대해석상 허용되지 않기 때문이다. 따라서 경정신청기각결정에 대하여는 특별항고(449)만이 허용되며,[7] 만일 경정신청기각결정에 대하여 당사자가 보통(통상)항

---

1) 同旨: 李時, 652면; 金/姜, 636면; 姜, 688면. 反對: 方, 573면; 李英, 183면.
2) 大決 1984. 9. 17, 84 마 522.
3) 大決 1970. 8. 31, 70 카 25; 1992. 1. 29, 91 마 748; 大判 1987. 9. 2, 87 다카 55.
4) 그러나 판결로 경정하였다고 위법한 것은 아니다(大判 1967. 10. 31, 67 다 982).
5) 新堂, 397면.
6) 大決 1961. 10. 6, 4294 民抗 572; 1983. 4. 19, 83 그 6.
7) 大決 1983. 4. 19, 83 그 6. 특별항고를 할 수 있는 구체적인 경우에 관하여는 大決 2004. 6. 25,

고를 한 경우에는 이를 특별항고로 보아 대법원으로 기록송부를 하여야 한다.[1)]

4. 效 力

경정결정은 판결과 일체가 되어, 판결선고시에 소급하여 그 효력이 발생한다. 그리하여 처음부터 경정된 내용대로의 판결이 선고된 것과 같이 된다. 그러나 판결에 대한 상소기간은 경정이 있다고 하여 영향을 받지 않고, 판결서가 송달된 날로부터 진행한다.[2)] 다만 경정의 결과, 상소의 이유가 발생한 경우에는 상소의 추후보완(173)이 가능하다.[3)]

5. 決定·命令의 更正

결정과 명령은 주로 소송절차의 파생적·부수적 사항에 관한 재판이므로, 여기에 판결과 같이 엄격한 기속력을 인정할 필요는 없다. 그리하여 결정·명령에 대하여 항고가 제기되면 원심법원 자신이 재도의 고안(再度의 考案)에 의하여 이를 경정할 수 있고(446), 특히 소송지휘에 관한 결정·명령은 언제든지 스스로 취소할 수 있다(222). 이처럼 결정·명령에는 원칙적으로 기속력이 인정되지 않으므로 경정절차를 이용할 수 없다. 그러나 즉시항고의 대상이 되는 결정(47. 110 등), 특별한 불복수단이 규정되어 있는 결정(예컨대 가압류결정. 民執 283), 명문으로 기속력을 규정한 결정(38) 등은 예외적으로 기속력을 가지므로,[4)] 이 경우에는 경정이 허용된다(224).

제 3 관 形式的 確定力

Ⅰ. 意 義

1) 판결은 경우에 따라 처음부터 또는 뒤에 이르러 당사자에 의하여 상소를 통하여 취소를 구할 수 없게 된다. 이렇듯 당사자에 의한 취소불가능성(Unanfechtbarkeit) 또는 공격불가능성(Unangreifbarkeit)을 판결의 효력으로 보아 형식적 확정력(formelle Rechtskraft)

2003 그 136 참조.

1) 大決 1971. 7. 21, 71 마 382.

2) 日大判 1934. 11. 20, 新聞 3786. 12.

3) 方, 574면; 李時, 653면; 金/姜, 637면.

4) 판례는 즉시항고의 경우에도 재도의 고안이 가능하다고 하나(大決 1966. 10. 20, 66 마 674), 의문이다.

이라고 부른다. 앞에 말한 기속력이 법원에 의한 철회불가능성인 것과 구별된다.

2) 판결은 법원에 의하여 변경 · 철회할 수 없게 된 때에도 당사자가 상소를 하면 상소법원의 심사를 받고 그 결과 그 소송 안에서 취소할 수 있는 가능성이 있다. 이러한 가능성이 남아 있는 한 판결은 부동(浮動)적이고 절차는 종결되지 아니한다. 그러므로 법적 평화와 법적 안정을 위하여서는 모든 분쟁이 언젠가는 종결되어야 하는데, 이를 위한 제도가 바로 형식적 확정력이다. 당사자가 상소를 통하여 판결을 취소할 가능성이 없게 된 때에는 소송은 확정적으로 종료되며, 이러한 상태를 판결이 형식적으로 확정되었다고 말하는 것이다.

3) 판결의 판단내용에 따라 그 소송의 밖에서도 인정되는 효력, 즉 기판력 · 집행력 · 형성력 등은 판결이 형식적으로 확정되어야 비로소 발생하는 것이 원칙이다(가집행선고가 있는 경우에는 확정되기 전에도 집행력이 발생한다).[1]

Ⅱ. 判決의 確定時期

판결은 보통의 불복신청방법, 즉 상소가 인정되지 아니할 때에 확정된다. 그리하여,

i) 상소가 허용되는 판결에 대하여 상소함이 없이 상소기간이 경과하면 그 기간만료시에 판결이 확정된다. 일단 상소를 하였다가 상소기간경과 후에 상소를 취하한 때, 상소각하의 판결 또는 상소장각하명령을 받은 때에는 소급하여 상소가 없었던 것으로 되므로, 상소기간만료시에 확정된다.[2] 또한 상소기간만료 전이라도 당사자가 상소권을 포기하면(394, 425), 그 포기한 때에 판결이 확정된다.[3] 만일 상소기간 안에 상소가 제기되면, 판결의 확정은 차단되고, 상소기각의 판결이 확정되어야 원판결도 비로소 확정된다(498).

ii) 상소를 할 수 없는 판결(상고심판결, 제권판결 490 Ⅰ)은 선고와 동시에 확정된다. 불항소의 합의가 있을 때에도 같다. 다만 비약상고(飛躍上告)의 합의(390 Ⅰ 但)가 있는 때에는 상고기간만료시에 확정된다.

---

1) 따라서 형식적 확정력은 판결의 효력이 아니라 그 전제라고 하는 학자도 있다(Zöller, §322 Ⅰ 6).

2) 상소취하의 경우에는 그 취하시에 확정된다는 견해도 있다.

3) 상대방이 전부 승소하여 상소의 이익이 없는 경우에는 상소권을 가진 패소자만 항소포기를 하면 원심은 확정된다(大決 2006. 5. 2, 2005 마 933).

Ⅲ. 判決의 確定範圍

1) 한 개의 판결은 전부에 관하여 확정되는 것이 원칙이므로, 병합청구의 전부에 관하여 동시에 판결을 한 때에는 판결 전부가 동시에 확정된다. 그리하여, 예컨대 병합청구 중 일부에 관하여만 상소한 경우에도 상소불가분의 원칙에 의하여 나머지 청구에 관한 판결도 확정되지 아니한다.[1)]

2) 불복하지 아니한 나머지 부분의 확정시기에 관하여는 견해의 대립이 있다. 판례는 항소심에서 불복하지 아니한 부분은 항소심판결의 선고로 확정되고,[2)] 상고심에서 불복하지 아니한 부분은 상고심판결의 선고로 확정된다고 본다.[3)] 학설 중에는 상소인이 상소취지를 확장할 수 없고 상대방이 부대상소를 할 수 없게 된 때에 확정된다고 보아, 항소심에서는 변론종결시(403)에 확정되고, 상고심에서는 상고이유서제출기간의 만료시에 확정된다는 견해가 있다.[4)] 그러나 항소심에서는 변론이 종결되었다가도 다시 재개될 수 있는 것이므로 법적 안정성을 고려할 때 항소심판결선고시가 타당하고,[5)] 상고심에서는 상고심법원은 법령해석적용의 통일의 요청상 직권조사사항에 관하여는 당사자가 주장하지 아니하여도 판단하여야 하므로 상고심판결선고시설이 타당하다고 생각한다(이에 관하여는 청구의 병합에 관한 설명도 참조).[6)]

3) 마찬가지로 하나의 청구의 일부를 기각하는 판결에 대하여 일방 당사자만이 항소한 경우 그 판결의 심판대상이었던 청구 전부가 불가분적으로 항소심에 이심되지만, 항소심의 심판범위는 이심된 부분 중 항소인이 불복한 한도로 제한되며, 항소심의 심판대상이 되지 아니한 부분은 그 항소심판결의 선고와 동시에 확정되어 소송이 종료된다.[7)]

---

1) 大判 1966. 9. 28, 66 다 711.

2) 大判 1994. 12. 23, 94 다 44644; 2001. 4. 27, 99 다 30312.

3) 大判 1985. 6. 12, 84 누 17; 2001. 12. 24, 2001 다 62213.

4) 李時, 653면.

5) 同旨: 李在性, 判例評釋集 Ⅷ, 208면; 大判 2001. 4. 27, 99 다 30312.

6) 大判 2001. 12. 24, 2001 다 62213. 상고심법원의 법령해석적용의 통일기능을 고려할 때, 항소심에서 불복하지 아니한 부분이든 상고심에서 불복하지 아니한 부분이든 모두 상고심판결선고로 확정된다는 견해로는 韓渭洙, "請求가 單純併合된 訴訟에 있어 一部請求部分에 대하여만 抗訴 및 上告가 된 경우 抗訴審에서 不服하지 아니한 請求部分의 確定時期," 松泉李時潤博士華甲記念, 「民事裁判의 諸問題(下)」, 268면.

7) 大判 2020. 3. 26, 2018 다 221867.

4) 필수적 공동소송인 모두에 관하여 동시에 판결을 한 때에도 판결 전부가 동시에 확정되므로, 그 중 한 사람이 상소하면 모두에 대한 판결의 확정이 차단된다.[1] 그러나 통상공동소송에서는 상소한 공동소송인과 그 상대방 사이에서만 확정 차단의 효력이 발생한다.

Ⅳ. 判決의 確定證明

1) 확정판결에 기하여 강제집행을 하거나 등기신청 등을 하기 위하여서는 판결이 확정되었다는 증명이 필요하다. 그리하여 당사자는 법원사무관등에게 판결확정증명서(Rechtskraftzeugnis)의 교부를 청구할 수 있다(499).

2) 확정증명서는 제1심법원의 법원사무관등이 기록에 따라 내어 주는 것이 원칙이다. 다만 소송기록이 상급심에 있는 때에는 상급법원의 법원사무관등이 그 확정부분에 대하여만 이를 내어 준다(499Ⅱ).

Ⅴ. 形式的 確定力의 排除

형식적 확정력은 같은 소송절차 안에서의 판결의 취소가능성을 봉쇄하는 것이므로, 다음의 경우에는 예외적으로 이를 배제하고 구 소송을 부활시킬 수 있다.

1. 上訴의 追後補完

당사자가 책임질 수 없는 사유로 말미암아 상소기간을 넘긴 경우에는 그 사유가 없어진 날부터 2주 이내에 상소를 추후보완할 수 있다(173Ⅰ本). 다만 그 사유가 없어질 당시 외국에 있던 당사자에 대하여는 위 기간이 30일로 연장된다(173Ⅰ但). 위 2주 또는 30일의 기간은 늘이거나 줄일 수 없고(173Ⅱ), 불변기간이 아니므로 부가기간을 정할 수 없다(173Ⅱ).

---

1) 新堂, 399~400면.

2. 再 審

재심사유(451)가 있을 때에는 당사자는 재심의 소를 제기할 수 있다. 재심의 소가 이유 있으면 전의 확정판결은 취소되고 소송이 부활한다.

3. 除權判決에 대한 不服의 訴

제권판결에 대하여는 상소를 하지 못하므로(490 I), 선고와 동시에 확정되지만, 일정한 사유가 있을 때에는 이에 대하여 불복의 소를 제기할 수 있다(490 II).

제 4 관 旣 判 力

제 1 항 總 說

Ⅰ. 意義와 目的

1) 기판력이라 함은 확정된 판결의 내용이 가지는 규준성(Maßgeblichkeit)을 가리킨다. 이것을 실질(체)적 확정력(materielle Rechtskraft) 또는 확정적 효력(Festellungswirkung)이라고도 한다.

그런데 이 판결내용의 규준성(규준으로서의 구속력)이 후소에 대하여 어떠한 형태로 작용하는 것으로 이해하는가에 따라 기판력의 정의도 달라지게 마련이다. 이른바 반복금지설에서는 기판력이란 소송물에 관한 판단을 새로운 소송절차에서 더 이상 문제로 삼을 수 없는 효력으로 이해하고 있고,[1] 모순금지설의 입장에서는 전소에서 소송물에 관하여 내린 판단을 후소에서도 존중하여, 후소의 법원은 이와 모순되는 판단을 할 수 없고, 당사자도 이에 반하는 주장을 하여서는 안 되는 효력으로 이해한다.[2] 만일 양 학설을 고려하여 포괄적으로 정의한다면, 기판력이란 판결내용의 규준성으로서, 전소(前訴)에서 판단한 소송물을 다시 소송의 대상으로 삼을 수 없고, 적어도 후소절차에서는 전소판결을 기초로 삼아야 하는 구속력이라

1) Schellhammer, Rdn. 838.
2) 李時, 655면; 金/姜, 667면은 반복금지설을 따르면서도 모순금지설에 따른 듯한 정의를 하고 있다.

고 말할 수 있을 것이다.[1)]

2) 판결의 기속력과 형식적 확정력은 같은 소송절차 안에서 선고법원과 상소법원에 의하여 판결의 외적 존재를 더 이상 취소·제거할 수 없도록 보장한다. 그러나 이것만으로는 당사자 사이의 분쟁을 종국적으로 결말짓는 데 부족하다. 만일 같은 분쟁을 직접·간접의 대상으로 하는 제2의 소송을 제기하고, 여기에서 전소와 다른 판단을 내릴 수 있다고 하면, 전소에서의 승리는 무의미하고, 분쟁은 영원히 끝나지 않을 뿐만 아니라 판결의 모순이 생길 염려도 있기 때문이다. 이것은 정의감과 법적 안정성에 반하므로 일단 판결이 나면 그 외적 존재와 함께 그 내용도 확보하여 줄 필요가 있고, 이 목적에 이바지하는 것이 기판력인 것이다.

3) 기판력에 관하여는 문제되는 점이 한두 가지가 아니다. 그 본질은 무엇이고, 어떠한 형태로 작용하며, 그것이 미치는 범위는 어디까지인가가 문제된다. 이는 제2차 세계대전 이후 민사소송법학계에서 가장 논의가 많았던 테마 중의 하나이다. 그리하여 기판력은 민사소송법학이 있은 이래로 가장 중요한 문제 중의 하나이고,[2)] 민사소송법의 중심점(축점, 軸點; Angelpunkt des Zivilprozessrechts)이라고까지 일컬어지고 있다.[3)]

Ⅱ. 旣判力論의 展開

1. 總　　說

기판력은 어떠한 성질을 가지며, 그것이 인정되는 근거는 무엇인가? 이에 관한 논의를 기판력론(Rechtskrafttheorien)이라고 한다. 이것은 소권론, 민사소송제도의 목적론, 실체법과 소송법의 관계 등과 밀접하게 관련되어 있다. 소권론이 민사소송법학의 출발점이라면, 기판력론은 그 종착역이라고 말할 수 있다.[4)] 종래의 기판력론은 기판력의 본질론, 즉 판결은 실체권에 어떠한 영향을 미치는가(특히 부당판결을 중심으로), 기판력이 당사자 사이에만 생기는 이유는 무엇인가, 그것이 직권조사사항인 까닭은 어디에 있는가 등의 논의에

---

1) Grunsky, S. 485.

2) Bruns, Rdn. 222; Schwab, Gegenwartsprobleme der deutschen Zivilprozessrechtswissenschaft, *JuS* 1976, 73.

3) Baumbach/Lauterbach, Einf. vor §322, Bem 2 B.

4) 小山等, 舊演習民訴(上), 519면.

집중되어 있었다. 이것은 말하자면 법철학적인 논의이고, 국가적 측면으로부터의 고찰이었다. 따라서 종래의 기판력 본질론은 기판력이 미치는 시적·객관적 및 주관적 범위의 확정 등 실제적인 문제를 해결하는 데 별로 도움이 되지 못하였다. 이처럼 기판력 본질론이 별 실효성이 없다[1]는 반성에서부터, 근년에는 기판력제도의 목적은 무엇이고 그것이 정당화되는 근거는 어디에 있는가 하는 기판력의 실질적 근거론으로 학자들의 관심이 옮겨갔다(특히 일본을 중심으로). 이것은 기판력은 어떠한 근거에 의하여 작용하며, 어떠한 범위에까지 미치는 것으로 볼 것인가 등 실제적·구체적 문제에 초점을 맞추고 있으며, 말하자면 당사자의 측면으로부터 기판력의 정당성의 근거를 탐구하려고 하는 것이다.

2. 旣判力의 本質

기판력의 본질에 관하여는 역사적으로 다음과 같은 학설이 주장되어 왔다.

(1) 實體法說

1) 실체법설(materiellrechtliche Theorie)은 기판력이 가지는 규준성의 근거를 실체권에 의하여 설명한다. 이 설은 확정판결을 당사자 사이의 화해계약과 같이 실체법상의 법률요건으로 보아, 정당한 판결에 의하여 당사자 사이의 법률상태는 확인 또는 강화되고, 부당한 판결에 의하여 당사자 사이의 법률상태는 그 판결내용에 따라 창설된다고 한다. 그러므로 존재하지 않는 권리를 존재한다고 부당하게 확정하면, 없던 권리가 성립되고, 반대로 존재하는 권리를 부존재한다고 부당하게 확정하면, 있던 권리가 소멸된다고 한다. 그리고 후소의 법관이 전소의 판결내용에 구속되는 것은 법관이 재판을 할 때 실체법상의 권리관계에 구속되는 당연한 결과라고 한다. 이 견해는 소권을 사권의 유출물 또는 변형물로 보는 사법적 소권설에 대응하는 설이고,[2] 실체법과 소송법을 밀접하게 결합시키고 있다.

2) 그러나 이 설에는 어려운 점이 많다. 우선, 이 설은 실체법상의 권리의 존재 여부에 관하여 아무런 판단을 하지 않는 소송판결의 기판력을 설명할 수 없다. 다음, 절대권(絕對權)에 관한 판결의 효력이 당사자 사이에만 미치는 것을 설명할 수도 없다. 예컨대 오판(誤判)으로 소유권을 확인하면 그 판결의 기판력은 당사자에게만 미치는데, 이렇게 양 당사자 사이에서만 효력이 있는 소유권은 있을 수 없기 때문이다. 셋째로, 이 설은 부당한 판결은 새로운 법률상태를 창설하는 형성적 효력이 있다고 보는데, 민사소송은 원칙적으로 법률관계의 형성을 목적으로 하지 않고 또 당사자도 그렇게 생각하지 않고 있는 현실에 반한다.[3] 넷째로, 실체법상의 권리의 발생·소멸은 입법자가 할 일이지 법관의 임무가 아니

1) Stein/Jonas, §322 Ⅲ 3; 兼子, 條解民訴, §199－3(2) 등 참조.

2) Kohler, Pagenstecher, Pohle, 그리고 Baumbach/Lauterbach/Albers/Hartmann 등이 이 견해를 취하고 있다.

3) 예컨대 불법점유자를 상대로 하는 물건인도판결이 확정된 경우 판결의 상대방에게 물건인도의 실체적

므로, 이 설은 권력분립의 원칙에도 위반된다. 끝으로, 이 설은 오판을 출발점으로 하고 있는데, 오판은 어디까지나 예외적 현상임을 주의하여야 한다.

(2) 矛盾禁止說(舊訴訟法說)

1) 이 설은 실체법설의 난점을 극복하기 위하여 등장한 견해로서 기판력을 실체법과 무관하게 소송법 고유의 문제로 설명한다. 이 설에 의하면 기판력은 실체법상의 권리와는 아무런 관계가 없고, 다만 국가적 재판의 통일이라는 요구에 기한 소송법상의 효력으로서, 후소 법원에 대하여 전소의 확정판결과 모순되는 판단을 금지시키는 내용적 구속력이라고 본다. 그리하여 이를 모순금지설(Bindungstheorie)이라고 한다.[1] 이 설에 의하면 확정판결은 실체법상의 권리에 아무런 영향을 미치지 아니하고, 주어진 법률상태를 확정할 뿐이다. 그러므로 확정판결에 의하여 부인된 권리라도 그 판결이 오판인 경우에는 여전히 권리로서 존재하지만, 법원은 전소판결의 내용에 구속되어 이와 모순되는 판단을 할 수 없게 되고, 따라서 당사자도 반사적으로 전소 판결과 상이한 내용의 판결을 구할 수 없게 되고, 다만 같은 내용의 판결을 구할 수 있을 뿐이다. 우리나라와 일본에서 이 견해를 취하는 입장에 의하면, 승소판결을 얻은 원고가 같은 소를 제기하는 경우에는 소의 이익이 없으므로 소각하의 판결을 하여야 하나, 패소판결을 받은 원고가 같은 소를 제기하는 경우에는 전소의 판단내용과 모순되는 판단을 하여서는 아니되므로 청구기각의 판결을 하여야 한다고 한다.[2] **판례의 입장**이기도 하다.[3][4] 판례는 일부 승소확정판결이 있음에도 같은 소를 제기한 경우, 승소한 부분은 소의 이익(권리보호의 요건)을 갖추지 못한 것이어서 이를 부적법 각하하여야 하고, 패소한 부분은 이를 기각하여야

의무가 생기는 것은 아니다(大判 2019. 10. 17, 2014 다 46778).

1) Stein, Hellwig 등에 의하여 주장된 견해이다.

2) 方, 601면; 李英, 191면; 宋/朴, 525면, 金祥源 · 閔一榮, 註釋民訴(Ⅲ), 204면; 中野, 375면; 伊藤, 466면.

3) 大判 1976. 12. 14, 76 다 1488; 1989. 6. 27, 87 다카 2478; 2017. 11. 24, 2017 다 23066; 大決 1983. 12. 28, 83 사 14.

4) 다만 판례는 확정판결이 재심의 소에 의해 취소되거나 청구이의의 소에 의해 집행력이 배제되지 않는 채 강제집행절차가 적법하게 진행되어 종료되었다면 강제집행에 따른 효력을 부정할 수 없으므로, 확정판결에 기한 인도집행이 종료되었다면 그 시점에 원고와 피고 사이의 임대차계약관계도 종료한다고 하고 있다(大判 2024. 1. 4, 2022 다 291313). 다만 이 판례가 기판력의 본질에 관해 소송법설을 취하고 있는 기존 우리 판례들과 상충되는 것은 아닌지 의문이다. 특히 위 판례가 인용하고 있는 '대법원 2007. 6. 28, 선고 2006 다 64009 판결'의 사안은 채권자가 확정판결에 기한 적법한 절차에 따라 근저당부 채권에 관한 압류 및 전부명령을 받은 경우이기 때문에, 확정판결에 기한 강제집행의 종료와 함께 위 근저당권부 채권이 전부명령의 효력에 따라 채권자에게 유효하게 이전되는 경우이다. 이러한 사건에 대한 판례를 부동산인도집행의 완료 후 그 집행채무자가 다시 해당 부동산을 무단점유하여 다시 그 건물의 인도를 구하는 사건에 바로 원용하는 것은 적절해 보이지 않는다.

한다고 한다.[1] 도이칠란트의 모순금지설은 처음에는 후소 법원이 전소 판결의 내용에 구속되어 같은 판결을 하여야 하는 것으로 주장되었으나, 최근에는 전소와 같은 내용의 후소 판결을 구하는 것은 전소에서의 승패를 불문하고 소의 이익이 없는 것이므로 후소는 부적법 각하되어야 한다고 주장되고 있다.[2] 우리나라에서도 같은 입장을 취하는 견해가 있다.[3]

이 견해는 공법적 소권설 중 권리보호청구권설과 관련을 가지는 설이고, 실체법을 완전히 분리시킨 소송법 먼로(Monroe)주의이다.

2) 그러나 이 견해에도 문제점이 있다. 우선 기판력이 가지는 구속력의 내용이 너무 공허하다. 이 설은 재차의 소송을 허용하면서 후소의 판단이 전소의 판결의 내용에 저촉되어서는 아니 된다고 하는데, 재차의 소송이 가능하다면 오히려 전소와 다른 내용의 재판을 기대하는 것이 자연스럽고, 이 설이 내세우는 재판의 통일이라는 목표는 후소를 금지하는 근거는 될지언정 이를 허용하는 근거는 되지 못하기 때문이다. 또 이 설은 같은 소송물에 대하여 후소를 제기한 경우에 전소 원고가 승소하였을 때에는 소의 이익이 없고, 패소하였을 때에는 소의 이익이 있다고 하는데 이것도 기이하다. 이 설의 기본 입장을 관철하려면 원고 승소의 경우에도 다시 같은 내용의 승소판결을 하여야 하기 때문이다.

(3) 權利實在說

1) 이 설은 실체법설과 구소송법설(모순금지설)을 지양하기 위하여 주장된 견해이다. 이 설에 의하면 소송 전의 권리는 하나의 가상(假像)에 불과하고 이것이 소송을 매개로 하여 단계적으로 형성되다가 최종적으로 확정판결에 의하여 구체적인 권리로서 실재화되며, 실재화된 권리가 법원과 당사자를 규율하는 기준이 되고, 이것이 바로 기판력이라고 한다.[4]

그리고 추상적 법규가 판결을 통하여 당사자 사이의 구체적 법규로 실현되는 것이고, 이 구체적인 법규가 법원과 당사자를 구속하는 것이요, 그것이 기판력이라고 설명하는 구체적 법규설도 이와 같은 범주에 속한다.

실체법설과 구소송법설은 재판을 매개로 하지 않고도 실체권이 존재한다는 권리 기존의 개념을 전제로 하고 있음에 반하여, 권리실재설은 소송 외의 권리는 가상에 불과하다고 하여 권리 기존의 개념을 부정한다. 그리고 실체법설이 오직 실체법적 측면에서, 그리고

1) 大判 1979. 9. 11, 79 다 1275.
2) Lüke, Rdn. 353.
3) 胡, 811면 이하.
4) 兼子 一, Bülow 등에 의하여 주장된 견해이다.

구소송법설이 오직 소송법적 측면에서 기판력을 설명하였음에 반하여, 권리실재설은 실체법과 소송법의 양면에 걸쳐 기판력을 이해하므로 로마법의 '악치오'(*actio*)이론 이후에 분리되었던 실체법과 소송법의 재통일을 이룩한 것이라고 할 수 있다.

2) 그러나 이 설에도 문제가 있다. 우선 이 설에 의하면 부당판결이라는 것이 있을 수 없으므로 판결을 편취한 경우에도 손해배상 등을 인정할 수 없는 난점이 있다. 그리고 이 설은 확정판결에 의하여 구체적으로 규범화된 실체법상의 권리의 존중을 기판력으로 이해하므로, 그 한도에서는 실체법설과 같은 이론이고, 따라서 실체법설에 대한 비판이 그대로 여기에도 타당하다(소송판결의 기판력, 절대권에 관한 판결의 기판력의 상대성 등).

(4) 反復禁止說(新訴訟法說)

1) 이 설도 기판력을 실체법과 무관하게 소송법의 영역에서만 설명하려고 하는 점에서는 모순금지설(구소송법설)과 같다.

그러나 이 설은 기판력의 본질을 분쟁해결의 1회성 내지 일사부재리(*ne bis in idem*)의 요청에서 구한다. 즉, 사적 분쟁의 공권적 해결인 재판은 1회로 종결하는 것이 법적 평화에 이바지한다는 기본적 인식하에서 기판력이란 후소 법원에 대하여 다시 변론이나 재판을 하는 것을 금지하는 구속력으로 파악한다. 그리하여 이를 반복금지설(Ne-bis-in-idem-Lehre)이라고 한다.[1] 후소 법원에 대한 구속력의 내용은 모순금지설과 다르다. 이 설에 의하면 반복된 변론과 재판을 금지하는 것이 기판력이므로, 전소의 판결 결과가 승소이든 패소이든 관계없이 후소는 부적법 각하를 면할 수 없고, 따라서 기판력은 그 자체로서 소극적 소송요건이 된다.[2] 이 견해는 소권론과 관련해서는 분쟁해결청구권설과 연결되어 있다.

2) 이 설에 대하여는 민사사건은 시간의 경과에 따라 달라져서 같은 사건이 있을 수 없으므로 일사부재리가 문제되지 않는다는 점, 재판은 실체법을 적용하여 하는데 이 설은 판결과 실체관계를 절단하고 있는 점, 기판력 있는 판결이 있음에도 불구하고 예외적으로 재소가 인정되는 경우(예컨대 시효중단을 위한 경우)가 있는 것을 설명하기 어렵다는 점 등의 비판이 가하여지고 있다.

---

1) Bötticher에 의하여 주장되어 Bruns, Jauernig, Nikisch, Bernhardt 등 많은 학자와 도이칠란트 연방대법원(BGH 36, 365)의 지지를 받고 있는 견해이다.

2) 李時, 657면; 姜, 702면.

(5) 私 見

기판력의 본질과 근거에 관한 이상의 여러 학설은 어느 것도 완전한 설명이 되지 못한다. 그러나 그 가운데에서 반복금지설이 가장 타당하다고 생각한다. 실체법설·권리실재설에는 앞에서 말한 바와 같이 결정적인 이론적 난점이 있다. 또 소송법설 중 모순금지설은 앞에서 본 바와 같이 이론상의 문제점이 있으며 전소 판결의 승패에 따라 후소 법원의 처리방법이 달라진다고 하는 경우, 이론의 일관성이 없다. 물론 반복금지설에 대하여도 비판이 없는 것은 아니지만 민사사건에서 동일성은 일정한 시점(사실심의 변론을 종결할 때)을 경계로 하여 이해하면 될 것이고, 다시 소가 허용되는 경우는 최종적 해결을 꾀할 판결이 없거나 새로운 해결을 필요로 하는 경우이므로 일사부재리의 이념에 반하지 않는다고 본다.

우리나라에서는 소송법설 중 모순금지설을 취하느냐 반복금지설을 취하느냐에 따라서 후소 법원이 취할 결론이 달라지게 된다.[1] 도이칠란트에서는 어느 견해에 의하든 후소 법원은 부적법각하할 것이라고 보기 때문에, 위와 같은 학설의 대립은 기존의 기판력제도를 이론상 어느 것이 잘 설명하고 있는가의 의미만 있을 뿐이다.[2]

3. 旣判力의 實質的 根據

기판력의 실질적 근거에 관한 문제는 일본의 '신도'(新堂)교수가 이를 최초로 거론한 이래 많은 논의가 이루어지고 있다. 이들 논의는 크게 다음의 세 부류로 나눌 수 있다.[3]

(1) 法的 安定說(制度的 效力說)

이 설은 판결에 의하여 확정된 권리관계를 더 이상 다툴 수 없게 함으로써 법적 안정을 꾀하기 위하여 기판력이 인정된다고 본다. 따라서 기판력은 소송제도에 불가결한 제도적 효력으로 표현된다. 그 결과로 소송물의 범위 안에서는 전소 판결의 기준시 이전의 사유는 원칙적으로 후소에서 주장이 차단되고, 전소에서 주장되지 못한 데 대하여 선의·무과실이어도 후소에서 그 주장을 할 수 없다. 법적 안정을 강조하기 때문에 기판력의 범위를 엄격하게 제한하게 되어, 기판력은 판결주문에서 소송물에 관하여 한 판단에만 생기고 이유 중의 판단에는 생기지 않는 것으로 보고, 또 당사자 사이에서만 그 효력이 미치고 제3자에게 미치는 것을 극히 억제한다. 이 설은 종래의 전통적 이론이 취하여 온 견해이다.

1) 각하든 기각이든 배척되는 것이므로 논쟁의 실익이 크지 않다는 설명은 李時, 657면.

2) Münchkomm/Gottwald, §322 Rdn. 12.

3) 상세는 上田, 412~415면; 畑郁夫, "旣判力の本質と作用," 新爭點, 276~277면; 高橋, "旣判力について(一)," 「民事訴訟法講義ノート」, 122~124면.

(2) 節次保障說(提出責任說)

이 설은 전소의 절차과정 또는 소송 전의 교섭과정에서 구체적인 절차적 보장을 충족받았다는 점에서 기판력의 근거를 찾는다. 그러므로 기판력은 법원이 판결을 내렸기 때문에 생기는 판단의 효력이 아니라, 전소에서 구체적인 절차적 보장을 받았음에도 불구하고 각 공격·방어방법을 제출하여 다투지 아니하였기 때문에 생기는 것이요, 자기책임인 제출책임의 효력이라고 본다. 따라서 전소에서 제출하지 못한 일체의 사실과 증거가 후소에서 차단되는 것이 아니라, 전소에서 제출할 수 있었다고 인정되는 사항만이 후소에서 차단된다. 그리하여 이 설에서는 법적 안정 요구에 기한 제도적 효력으로서의 기판력은 부정되고, 판결의 효력이 미치는 범위는 전소의 구체적인 소송절차의 경과를 개별적·구체적으로 되돌아보고 판단하게 된다. 그리고 이 때의 판단기준은 신의칙과 당사자 사이의 공평에 기한 행위규범이라고 한다.[1)]

(3) 二元說

이 설은 기판력을 판단의 효력이라고 보지만, 기판력의 근거를 법적 안정의 요구와, 절차보장의 요구의 충족에 의한 당사자의 자기책임의 두 가지에서 찾는다. 그리하여 전소에서 절차보장이 충족되지 아니한 경우에는 일정한 주체나 판단사항에 관하여 기판력을 인정하지 않는다.

이원설은 다시 자기책임을 발생시키는 절차보장의 요구와 법적 안정의 요구의 상호관계를 둘러싸고 두 가지로 갈라진다. 그 하나는 양자의 관계를 명확히 하지 않고 경우에 따라서 법적 안정 또는 자기책임의 어느 한 쪽을 철저히 강조하며, 후소에서 차단되는 효력의 범위를 정할 때에는 후소에서 주장을 차단하는 것이 패소자에게 예상 외의 불이익이 되는가 아닌가의 기준에 의한다.[2)] 다른 하나는 법적 안정요구와 절차보장의 요구는 서로 우열이 없는 긴장관계에 있는 것으로 보고, 양자의 조화점을 찾아내되, 후소에서 주장을 차단하는 기준은 패소자가 그 사항에 관하여 전소 판결의 기준시에 주장·증명을 다하여야 할 실체법상 지위에 있었는가(제출책임)에 두어야 한다고 주장한다.[3)]

(4) 私　見

실질적 근거론은 주로 일본학자들에 의하여 논의되는 것인데, 종래의 기판력 본질론이 법철학적·추상적 논의에 그쳤다는 점에서 그 실질적 근거를 탐구하려는 노력은 평가하여야 할 것이다. 그러나 이른바 절차보장설은 기판력제도의 존재 의의를 완전히 말살시키는 것으로서 도저히 받아들일 수 없고, 이원설 역시 기판력의 적용의 유무를 전소의 구체적인

1) 井上正三, "旣判力の客觀的範圍," 講座民訴 6; 水谷," 後訴における審理拒否," 民訴雜誌 26; 井上治典, "手續保障の第3の派," 月刊法教 29.

2) 新堂, 406, 428면 이하.

3) 李時, 658면; 上田徹一郎, 「判決效の範圍」(1985).

경과를 되돌아보고 일일이 따져보아야 알 수 있다는 점에서 판결제도의 존재 의의를 위협하는 것이 아닌가 생각한다. 미국과 같이 절차보장을 따져 판결이유 중의 쟁점에 관하여도 구속력을 인정하는 법제에서라면 몰라도, 일반적인 절차에 따라 판결이 선고되면 주문에 한하여 판결의 기판력을 인정하고 있는 우리나라에서는 구체적인 절차적 보장을 따지지 않는 종래의 법적 안정설이 타당하지 않을까? 또한 법은 무권대리인이 소송을 수행하여 당사자의 절차참여권이 침해된 채로 판결이 선고되어 확정된 경우에, 그 판결을 당연무효로 보지 아니하고, 위법·유효한 판결로서 재심으로 다툴 수 있도록 하고 있다(451 Ⅰ ③). 이것은 우리 법의 입법태도가 법적 안정설의 입장이라는 것을 보여주는 것이다. 일본에서도 새로운 학설은 실무가들에게는 그리 환영을 받지 못하고 있다.

Ⅲ. 旣判力의 作用

1. 作用의 場面

기판력은 전소의 확정판결에서 판단된 권리·법률관계가 후소에서 다시 문제로 된 때에, 후소에 대하여 비로소 작용한다. 그러나 후소가 제기되지 않고, 당사자 사이에 사법상으로 작용하는 면도 없지 않다.

기판력이 후소와의 관계에서 작용하는 장면은 다음의 세 가지이다.

(1) 같은 訴訟物

전소의 소송물이 후소에서도 소송물로 되어 있는 경우이다. 예컨대 소유권에 기한 가옥인도청구소송에서 패소·확정된 원고가 다시 같은 피고를 상대로 하여 소유권에 기하여 같은 가옥의 인도청구의 소를 제기한 경우가 이에 해당한다. 따라서 전후 양소의 소송물이 다른 경우에는 전소판결의 기판력은 후소에 미치지 아니한다. 예컨대 전소가 상속회복청구에 따른 소유권이전등기청구이고 후소가 중복등기를 원인으로 한 소유권이전등기말소청구인 경우와 같다.[1)]

(2) 先決關係

전소와 후소의 소송물이 같지는 않지만, 전소의 소송물이 후소의 선결문제로 되어 있는 경우이다. 예컨대 소유권확인청구소송에서 패소·확정된 원고가 같은 피고를 상대로 하여 소유권에 기하여 피고 명의의 소유권이전등기의 말소등기청구

1) 大判 2011. 7. 14, 2010 다 107064.

의 소 또는 가옥인도청구의 소를 제기한 경우, 임차권확인의 확정판결 뒤에 후소로 임료청구를 하는 경우, 원금채권의 존재를 인정하는 확정판결 뒤에 이자청구를 하는 경우, 원금채권의 부존재가 확정된 뒤에 변론을 종결한 뒤의 이자청구를 하는 경우[1] 등이 이에 해당한다.

(3) 矛盾된 反對關係

i) 후소 청구가 전소 판결과 모순된 반대관계(kontradiktorische Gegenteil)에 서는 경우이다. 전소의 패소 피고가 전소 원고에 대하여 이전의 청구와 정반대의 주장을 청구내용으로 하는 경우가 이에 해당한다.[2] 예컨대 전소에서 원고가 피고를 상대로 하여 특정 토지에 관하여 소유권확인청구를 하여 승소판결이 확정된 뒤에 이번에는 피고가 원고를 상대로 하여 같은 토지에 관하여 피고 소유임의 확인청구를 하는 경우, 전소의 이행판결에 의하여 금전을 지급한 피고가 원고를 상대로 하여 위 지급금이 부당이득이라고 주장하면서 그 반환청구를 하는 경우,[3] 매매를 원인으로하는 소유권이전등기청구소송에서 패소하여 소유권이전등기를 하여준 피고가 그 매매가 무효임을 이유로 위 등기의 말소를 구하는 경우,[4] 제소전화해에 의하여 소유권이전등기가 마쳐진 뒤에 원인무효를 이유로 그 말소등기절차의 이행을 구하거나[5] 진정명의회복을 위한 소유권이전등기를 구하는 경우(제소전화해에 기판력을 인정하는 입장) 등[6]이 해당한다. 그러나 매매계약의 무효 또는 해제를 원인으로 한 매매대금반환청구에 대한 인낙조서의 기판력은 같은 매매계약을 원인으로 하는 같은 원고의 소유권이전등기청구에 미치지 아니한다.[7] ii) 전소의 패소 원고가 후소의 소극적 당사자(피고)로서 항변하는 경우에도 전소의 기판력에 저촉되는 주장을 할 수 없다.[8]

---

1) 大判 1976. 12. 14, 76 다 1488.

2) 이에 관하여 자세한 설명은 유병현, "기판력과 진정명의회복을 위한 소유권이전등기청구소송," 「고려법학」, 제39호(2002), 311면 이하 참조.

3) 大判 2001. 11. 13, 99 다 32905.

4) 大判 1995. 3. 24, 93 다 52488.

5) 大判 2002. 12. 6, 2002 다 44014.

6) 大判 2002. 12. 6, 2002 다 44014.

7) 大判 2005. 12. 23, 2004 다 55698.

8) 大判 1987. 6. 9, 86 다카 2756(건물에 대한 전세금 반환청구의 소를 제기하여 패소확정판결을 받은 사람이 자신을 상대로 제기된 가옥인도청구소송에서 위 전세금의 반환청구권을 내세워 동시이행의 항변을 하는 것은 전소 기판력에 저촉된다); 大判 2001. 1. 16, 2000 다 41349(채권자가 채무자를 대위하여 제3채무자를 상대로 취득시효 완성을 원인으로 한 소유권이전등기소송을 제기하였다가 피보전채권의 부존재를 이유로 소각하 판결을 선고받고 확정된 후, 제3채무자가 채권자를 상대로 제기한 토지인도소송에서 채권자가 다시 위 피보전채권이 있음을 항변사유로서 주장하는 것은 기판력에 저촉된다).

선결관계와 모순된 반대관계의 경우에는 전소의 소송물과 후소의 소송물이 같지 아니함에도 불구하고 전소 판결의 기판력이 후소 청구에 작용한다. 여기에서 전소 판결의 기판력을 전소의 소송물 자체에 관한 판단뿐만 아니라 그 이유 중의 판단, 특히 선결적 법률관계에 관한 판단에도 확장하려는 시도가 나타난다. 이에 관하여는 후술한다(기판력의 객관적 범위 참조).

(4) 實體私法上의 作用

기판력에 의하여 확정된 당사자 사이의 법률관계는 그것이 객관적으로 당사자 사이에 존재하던 실체사법상의 법률관계와 다르다고 하더라도, 당사자는 사실상 이를 규준으로 하여 다시 거래하는 수가 있다. 이것은 판결이 결과적으로 사법상의 작용을 하는 것으로 볼 수 있다. 또 당사자 사이의 사법상의 합의에 의하여 이 권리관계를 변경할 수 있는 것도 이러한 사법상의 작용을 전제로 하고 있다.

2. 作用의 方法(1)－積極的 作用과 消極的 作用

(1) 기판력이 미치는 후소에서 i) 당사자는 기판력 있는 판단내용에 반하는 신청·주장을 하는 것이 허용되지 않고, ii) 후소 법원도 그 판단에 모순되는 판단을 하는 것이 허용되지 아니하며, 기판력이 생긴 전소 판결의 판단을 전제로 하여 후소를 심판하여야 한다. 그리하여 기판력의 작용은 i) 기판력 있는 판단을 다투는 당사자의 신청·주장·항변을 받아들여 심리하여서는 아니 된다고 하는 소극적 작용과 ii) 기판력 있는 판단을 전제로 하여 후소의 심판을 하여야 한다(즉, 전소와 같은 판단을 하여야 한다)는 적극적 작용으로 나누어진다.

(2) 문제는 이 두 가지 작용 중 어느 것이 더 궁극적인 것이냐이다. 이에 관하여는 전자를 강조하는 **소극적 작용설**(**일사부재리설**, Ne-bis-in-idem-Lehre)[1]과 후자를 강조하는 **적극적 작용설**(**구속력설**, Bindungstheorie)[2]이 대립하고 있다.[3] 모순금지설(또는 실체법설, 권리실재설)은 기판력의 적극적 작용을 강조하는 견해이고, 반복금지설은 소극적 작용을 강조하는 입장이다. 생각건대 기판력의 소극적 작용(소각하 내지주장·항변의 차단)은 그 적극적 작용(구속력)을 전제로 하고 있고 기판력의 적극적 작용은 소극적 작용에 의하여 비로소 절차상 구체화된다. 그리하여 양자는 서로 배척하는 관계에 있는 것이 아니라 서로 보완하는 관계에 있다(**상호보완설**).[4]

---

1) BGHZ 35, 338, 340; Bötticher, Kritische Beiträge zun Lehre von der materiellen Rechtskraft (1930) S. 22 ff.; 鈴木, "旣判力論に對する考察," 中田還歷(下), 45면 이하 등.

2) Arens Rdn. 353; Grunsky, S. 494 f.; 兼子, 348면 등.

3) 상세한 것은 上田, 406~407면 참조.

4) 李時, 662면; Rosenberg, §151 II 3; 新堂, 423면; 中野=松浦=鈴木, 448면; 吉村=谷口=竹下, 283~285면.

(3) 이제 기판력이 작용하는 세 장면에서 그것이 어떠한 방법으로 작용하는가를 구체적으로 살펴보기로 한다(반복금지설의 입장에서).

1) 같은 소송물의 경우에는 i) **전소의 패소자가 다시 소를 제기**한 때에는 먼저 전소의 기준시 이전의 사유의 주장을 배척하고, 다음 기판력이 미치지 않는 사유(기준시 이후의 새로운 사유)의 주장이 있는가를 조사하여 그것이 없으면 소극적 소송요건의 흠으로 소각하의 판결을 하고(반복금지설의 입장. 모순금지설에서는 청구기각의 판결), 새로운 사유의 주장이 있으면 그 당부를 심판하여 본안판결을 한다. ii) 만일 **전소의 승소자가 다시 소를 제기**한 때에는 후소는 소극적 소송요건의 흠으로 소각하를 한다(모순금지설에서는 訴의 利益이 없다고 하여 소각하판결을 한다.).

다만 앞(이행의 소의 이익 부분 설명 참조)에서 살펴본 바와 같이, 다시 승소판결을 얻어야 할 특별한 필요가 있는 경우, 예를 들어 ① 판결의 정본·원본이 모두 소멸한 경우,[1] ② 전소판결에 의해 확정된 채권의 소멸시효완성이 임박하여 시효중단의 필요가 있는 경우,[2][3] ③ 판결의 내용이 특정되지 아니하여 집행을 할 수 없는 경우[4]에는 예외적으로 후소의 권리보호의 필요를 인정하는 것이 판례의 태도이다. 다만 이와 같이 시효중단 등 특별한 사정에 의해 재소가 허용되는 경우에도 후소의 판결이 전소의 승소확정판결의 내용에 저촉되어서는 아니 되므로 후소 법원은 그 확정된 권리를 주장할 수 있는 모든 요건이 구비되어 있는지에 관하여 **다시 심리할 수 없다**. 따라서 판례에 따르면, ① 전소인 약속어음금청구소송에서 원고의 약속어음채권이 확정되었다면 그 확정된 채권의 소멸시효의 중단을 위하여 제기된 후소에서는 원고의 약속어음의 소지 여부를 다시 심리할 수 없으며,[5] ② 전소인 구상금청구소송에서 보증보험계약서의 진정성립이 인정되어 원고의 구상금채권이 확정된 이상 그 확정된 채권의 소멸시효의 중단을 위하여 제기된 후소에서는 보증보험계

1) 大判 1981. 3. 24, 80 다 1888, 1889.

2) 大判 1987. 11. 10, 87 다카 1761; 2006. 4. 14, 2005 다 74764; 大(全)判 2018. 7. 19, 2018 다 22008.

3) 나아가 판례는 전소 판결 확정 후 **10년이 경과**한 후에 제기된 시효중단을 위한 후소에 대해 이를 곧바로 소의 이익이 없다고 하여 각하할 것이 아니라, 피고의 항변에 따라 원고의 채권이 소멸시효의 완성으로 소멸하였는지 본안판단을 하여야 한다고 한다: 大判 2019. 1. 17, 2018 다 24349.

4) 大判 1972. 2. 22, 71 다 2596; 1998. 5. 15, 97 다 57658(전 소송에서 승소한 원고가 받은 우사(牛舍)의 철거와 그 부지 인도판결은 현황과 달리 작성된 감정서에 따른 것으로서 비록 원고의 청구대로 인용된 것이지만 그 판결에 기해서는 강제집행이 불가능하며, 새로이 우사의 면적과 위치를 특정하여 제기한 후소에는 전소의 기판력이 미치지 아니한다).

5) 大判 1998. 6. 12, 98 다 1645.

약서의 진정성립 여부 등을 다시 심리할 수 없다.[1] 또한 ③ 전소인 양수금청구소송에서 양수금채권이 확정되었다면, 그 후 그 채권을 전전 양도받은 자가 전소의 피고를 상대로 소멸시효의 중단을 위하여 제기한 후소에서는 전소의 채권양도인이 전소 피고에게 채권의 양도사실을 통지하였는지 등 채권양도 대항요건의 구비 여부에 관하여 다시 심리할 수 없다.[2]

그 밖에도 승소한 원고 측이 제기하는 시효중단을 위한 재소와 관련하여 2018년 대법원 전원합의체가 이행소송 외에 재판상의 청구가 있다는 점에 대해서만 확인을 구하는 "새로운 방식의 확인소송"을 허용하였다(이행의 소의 이익 부분 설명 참조).[3] 나아가 이 판결에 대한 후속조치로 '새로운 방식의 확인소송'의 소송목적의 값 산정 규정을 신설한 「민사소송 등 인지규칙」이 2019. 1. 29. 시행되었다(2019. 1. 29. 개정, 대법원규칙 제2827호).[4] 동 규칙 제18조의3은 **「시효중단을 위한 재판상 청구 확인소송」**이라는 표제 하에, "판결로 확정된 채권의 소멸시효 중단을 위한 재판상의 청구가 있다는 점에 대하여만 확인을 구하는 소송을 제기한 경우 그 소가는 그 대상인 전소 판결에서 인정된 권리의 가액(이행소송으로 제기할 경우에 해당하는 소가)의 10분의 1로 한다. 다만, 그 권리의 가액이 3억 원을 초과하는 경우에는 이를 3억 원으로 본다."라고 규정하여, 결과적으로 새로이 신설된 '시효중단을 위한 재판상 청구 확인소송'의 소가의 상한액은 소액사건심판법상의 소액인 3천만 원이 되었다. 따라서 인지액은 최고 14만 원(3,000만 원×45/10,000+5,000원)(民印 2 I)이 된다. 생각건대 '시효중단을 위한 재판상 청구 확인소송'의 절차 자체의 타당성은 별론으로 하고, 이러한 새로운 방식의 확인소송에서는 피고의 항변을 기대할 수 없으며, 그 절차가 간이하고 인지액이 저렴하다는 점에서 시효중단을 위해 후소를 제기하는 원고의 입장에서 기존의 이행의 소를 제기하는 경우는 줄어들 것으로 생각된다. 다만 전소 이후 발생한 지연손해금을 기존 청구액에 원금으로 추가하여 그것에 다시 지연손해금을 청구하는 시효중단을 위한 재소가 가능하다는 점(제2편 제5장 제4절 Ⅳ. 지연손해금에 관한 설명 부분 참조)에서 기존 이행의 소의 형태를 취할 필요성도 여전히 크다고 할 것이다.

법원행정처가 각급법원에 제시한 '시효중단을 위한 재판상 청구 확인소송'의 청구취지의 기재례는 다음과 같다. 예시 ① 「원고와 피고 사이의 ○○법원 ○○○○.○○.○○. 선고 ○○○○가합○○○○ 사건의 판결에 기한 채권의 소멸시효 중단을 위하여 이 사건 소의 제기가 있었음을 확인한다.」 예시 ② 「원고와 피고 사이의 ○○법원 ○○○○.○○.○○ 선고 ○○○○가합○○○○ 사건의 판결로 확정된 채권의 소멸시효 중단을 위한 재판상의 청구가 있음을 확인한다.」

---

1) 大判 2010. 10. 28, 2010 다 61557.
2) 大判 2018. 4. 24, 2017 다 293858.
3) 大(全)判 2018. 10. 18, 2015 다 232316.
4) 다만 2018년 10월 18일 이후 제1심에 최초로 접수되는 사건부터 적용한다(民印規 부칙).

2) 선결관계의 경우에는 전소 판결의 내용을 전제로 하여 전소 기준시 이후의 새로운 사유와 후소 청구의 고유한 사항을 심리하여 본안판결을 한다(모순금지설에 의하여도 같다). 예컨대, 가옥소유권확인청구소송에서 패소·확정된 원고가 같은 피고를 상대로 하여 소유권에 기하여 가옥인도청구의 소를 제기한 경우에는 후소 법원은 원고에게 소유권이 없다는 전소 판결의 결과를 전제로 하고, 전소 기준시 이후에 새로이 인도청구권을 취득하였다는 사유가 없는 한 후소 청구를 이유 없다고 기각하여야 한다.

3) 모순된 반대관계에서는 전소에서 확정된 소송물과 후소의 소송물이 서로 모순관계로서 동일성(kontradiktorische Identität)이 있다. 따라서 같은 소송물의 경우에 기판력이 미치는 경우와 마찬가지로 취급되므로, 후소는 부적법각하된다(반복금지설의 입장).[1] 기판력의 본질에 대하여 모순금지설을 취하는 판례의 입장에 따르면 이 경우는 전소에서 패소한 피고가 후소의 원고로서 소를 제기하는 것이므로 청구기각판결을 받게 된다.

3. 作用의 方法(2)－旣判力의 兩面性

기판력 있는 판단은 기판력이 미치는 당사자 사이에서 승소자에게 유리하게도 불리하게도 작용할 수 있다. 예컨대 가옥의 소유권확인청구에서 승소한 사람은 그 뒤 상대방으로부터 가옥철거를 청구당한 경우에 그 가옥이 자기의 소유가 아니라고 주장할 수 없고, 또 금전채권의 전부를 청구하여 전부 승소한 사람은 뒤에 채권액이 그 이상이었다고 주장할 수 없다. 이러한 기판력의 성질을 기판력의 양면성(쌍면성)이라고 한다.

4. 旣判力의 訴訟法的 意義

(1) 직권조사사항

기판력은 법적 평화와 법적 안정이라는 공법상의 필요에서 인정되는 규준성이므로 직권조사사항이다.[2] 실체법설은 이 현상을 설명할 수 없다.[3]

---

1) 姜, 706면; Jauernig, §63 Ⅱ. 다만 원고가 금전채무의 이행을 명하는 확정판결에 기하여 강제집행을 하였는데, 피고가 이것에 대하여 부당이득반환청구를 하는 경우에는 후소에서 주장하는 부당이득반환청구는 전소 판결과 내용상 양립할 수 없는 경우이므로, 전소 판결이 선결관계로 작용하게 된다(부진정선결관계, unechter Präjudizialität). 따라서 후소는 적법하나 이유 없는 것으로 된다(MünchKomm/Gottwald, §322 Rdn. 41).

2) 大判 1997. 1. 24, 96 다 32706. 기판력의 근거가 되는 구체적인 사실의 수집·제출책임은 당사자에게 있다(大判 1981. 6. 23, 81 다 124).

3) Rosenberg, §151 Ⅱ 3 a).

(2) 소극적 소송요건

소송물이 같은 경우에는 기판력 있는 판결이 없어야 한다는 것이 소송요건이다(반복금지설의 입장. 판례는 반대임). 전소 판결의 기판력과 모순되는 판결은 무효는 아니고, 상소 또는 재심에 의하여 취소할 수 있다(451 I ⑩). 이 경우에 뒤에 확정된 판결이 취소될 때까지는 전소 판결과 후소 판결은 어긋나는 상태에서 그대로 기판력을 가진다.[1)]

(3) 기판력에 관한 합의

당사자는 기판력을 무시하는 합의를 하여도 무효이고,[2)] 이를 면할 수 없다. 그러나 기판력에 의하여 확정된 권리관계를 변경하는 합의가 허용됨은 전술한 바와 같다.

Ⅳ. 旣判力 있는 判決

1. 確定된 終局判決

확정된 종국판결은 원칙적으로 기판력을 가진다. 그러나 중간판결(201)은 종국판결을 준비하기 위한 것이므로 그 소송절차 안에서만 효력(기속력)을 가질 뿐 기판력은 없다. 또 종국판결이라도 확정되지 아니한 것은 기판력이 없다.

1) 본안판결은 청구인용판결이든 청구기각판결이든 묻지 않고, 또 이행판결·확인판결·형성판결 모두에 기판력이 발생한다. 형성판결에는 기판력을 인정하지 않는 견해가 있으나, 형성판결도 형성권(형성요건)의 존재를 확정하는 것이고, 그 후 판결에 의한 권리변동의 정당성을 다툴 수 없게 하는 것이 타당하므로 기판력을 긍정하여야 한다.[3)]

2) 소송판결은 그 소송요건(상소요건)의 흠으로 소(상소)가 부적법하다는 판단에 한하여 기판력이 발생한다. 따라서 당사자가 그러한 소송요건의 흠을 보완하여 다시 소를 제기하면 기판력의 제한을 받지 아니한다.[4)] 전소 청구의 내용인 실체법상의 권리관계의 판단에는 기판력이 생기지 않는다.

---

1) 大判 1997. 1. 24, 96 다 32706.

2) 大判 1959. 5. 4, 4291 民再抗 259; 재심대상판결 및 제1심 판결을 취소시키는 조정조항은 당사자가 자유롭게 처분할 수 있는 권리에 관한 것이 아니므로 당연무효이다(大判 2012. 9. 13, 2010 다 97846).

3) 大判 1980. 7. 22, 80 다 839. 다만 환송판결은 제외된다. 大(全)判 1995. 2. 14, 93 재다 27(환송판결은 '실질적으로 확정된 종국판결'이 아니므로 기판력이 발생하지 않는다).

4) 大判 2003. 4. 8, 2002 다 70181; 2023. 2. 2, 2020 다 270633.

3) 가압류 · 가처분 결정은 피보전권리를 종국적으로 확정하는 것을 목적으로 하는 것이 아니므로 피보전권리의 존재 여부에 관한 기판력은 없으나,[1] 나중에 같은 사실과 요건 하에 제기되는 신청에 관하여 다시 심리하거나 달리 판단할 수 없다는 의미에서 제한적으로 기판력이 인정된다.

4) 유효한 종국판결이 확정되어야 하므로, 무효인 종국판결에는 기판력이 없다.

2. 外國法院의 確定裁判

1) 외국법원의 확정판결 또는 이와 동일한 효력이 인정되는 재판(이하 "확정재판 등"이라 한다)은 우리나라에서 승인될 수 있는 것이면 기판력이 있다(217).[2] 종전 민사소송법 제217조는 외국법원의 판결만을 승인의 대상으로 하고 있었으나, i) '결정 등 그 밖의 재판'도 승인의 대상으로 하는 것이 외국법원의 부당한 재판에 적절히 대응할 수 있으며, ii) 우리 대법원 또한 민사집행법 제26조와 관련된 사안이기는 하지만 외국판결의 범위를 그 재판의 명칭 · 형식 등의 형식적 판결에 한정하고 있지 않다는 점에서,[3] 2014년 개정 민사소송법[4]은 승인의 대상을 외국법원의 확정재판 등으로 그 범위를 확대하였다.[5]

2) 외국법원의 확정재판 등은 다음의 4가지 요건을 갖추면 당연히 그 효력을 승인받는다.[6] **첫째**, 법령 또는 조약에 따른 재판관할의 원칙상 그 외국법원의 국제재판관할권이 인정되고, **둘째**, 패소한 피고가 소장 또는 이에 준하는 서면 및 기일통지서나 명령을 적법한 방식에 따라 방어에 필요한 시간적 여유를 두고 송달받았거나(공시송달이나 이와 비슷한 송달에 의한 경우를 제외한다),[7] 또는 송달받지 아니하였더라도 소송에 응하였고,[8] **셋째**, 그 확정재판 등의 내용 및 소송절차에 비추어 이를 승인하는 것이 대한민국의 선량한 풍속이나 그 밖의 사회질서에 어긋나지 아

---

1) 大判 1977. 12. 27, 77 다 1698.

2) 따라서 외국법원의 확정판결이 승인될 수 있는 경우에 국내에서 같은 소를 제기하는 경우는 부적법하다(大判 1987. 4. 14, 86 므 57).

3) 大判 2010. 4. 29, 2009 다 68910.

4) 2014. 5. 20. 일부 개정, 법률 제12587호, 2014. 5. 20.부터 시행.

5) 강남일, 민사소송법 법률 일부개정법률안 검토보고(법제사법위원회), 2014. 2., 4~6면 및 동일 법률안의 심사보고서, 11면(국내기업의 보호의 취지상 '확정재판 등'에는 비송재판이나 대심구조에 의하지 않은 외국법원의 재판은 제외된다고 한다).

6) 다만 외국판결을 우리나라에서 집행하려면 따로 집행판결을 받아야 한다(民執 26, 27). 집행판결청구의 소도 소의 일종이므로 당사자능력 등 소송요건을 갖추어야 한다(大判 2015. 2. 26, 2013 다 87055).

7) 민사소송법 제186조 제1항과 제2항에서 규정하는 보충송달도 교부송달과 마찬가지로 외국법원의 확정재판 등을 국내에서 승인 · 집행하기 위한 요건을 규정한 민사소송법 제217조 제1항 제2호의 '적법한 송달'에 해당한다는 것이 대법원전원합의체 판결의 다수의견이다: 大(全)判 2021. 12. 23, 2017 다 257746.

8) 이 두 번째 요건은 소송에서 방어기회를 얻지 못하고 패소한 피고의 보호를 위한 것이기 때문에, 법정지인 재판국에서 규정한 송달에 관한 방식과 절차에 위배가 있어도 패소한 피고가 해당국가의 소송절차에서 실제 자신의 이익방어의 기회를 가졌다면 이 요건을 충족한다고 볼 수 있다(大判 2016. 1. 28, 2015 다 207747).

니하며,[1] **넷째,** 상호보증이 있거나 대한민국과 그 외국법원이 속하는 국가에 있어 확정재판 등의 승인요건이 현저히 균형을 상실하지 아니하고 중요한 점에서 실질적 차이가 없을 것 등이다. 특히 위 **세 번째 요건**과 관련하여 2014년 개정 민사소송법은 징벌적 손해배상과 같이 손해전보의 범위를 초과하는 손해배상과 소송비용이 과다한 경우를 승인하지 않도록 하기 위해 새로이 규정을 신설하여,[2] 법원은 손해배상에 관한 확정재판 등이 대한민국의 법률 또는 대한민국이 체결한 국제조약의 기본질서에 현저히 반하는 결과를 초래하는 경우에는 해당 확정재판 등의 전부 또는 일부를 승인할 수 없도록 하였다(217의2 Ⅰ). 나아가 이러한 요건을 심리할 때에는 외국법원이 인정한 손해배상의 범위에 변호사 보수는 물론 소송과 관련된 비용과 경비가 포함되는지와 그 범위를 고려하도록 하고 있다(217의2 Ⅱ). 다만 우리나라에서도 이미 하도급거래 공정화에 관한 법률(35 Ⅱ ①),[3] 기간제 및 단시간근로자 보호 등에 관한 법률(13 Ⅱ),[4] 대리점거래의 공정화에 관한 법률(34 Ⅱ),[5] 제조물 책임법(3 Ⅱ),[6] 독점규제 및 공정거래에 관한 법률(109 Ⅱ)[7] 등에서 손해액의 <u>3배까지 징벌적 배상을</u>,[8] 하도급거래 공정화에 관한 법률(35 Ⅱ ②),[9] 특허법(128 Ⅷ),[10] 디자인보호법(115 Ⅶ),[11] 부정경쟁방지 및 영업비밀보호에 관한 법률(14의2 Ⅵ),[12] 산업기술의 유출방지 및 보호에 관한 법률(22의2 Ⅱ),[13] 상표법(110 Ⅶ)[14] 개인

---

1) 이에 관한 판단은 "승인 여부를 판단하는 시점에서 외국판결의 승인이 대한민국의 국내법 질서가 보호하려는 기본적인 도덕적 신념과 사회질서에 미치는 영향을 외국판결이 다룬 사안과 대한민국과의 관련성의 정도에 비추어 판단하여야 하고, 이때 그 외국판결의 주문뿐 아니라 이유 및 외국판결을 승인할 경우 발생할 결과까지 종합하여 검토하여야 한다"고 한다(大判 2012. 5. 24, 2009 다 22549; 2015. 10. 15, 2015 다 1284).

2) 따라서 외국법원의 확정재판 등이 당사자의 손해를 전보하는 손해배상을 명하는 경우에는 이 규정을 근거로 승인을 제한할 수 없다고 한다(大判 2015. 10. 15, 2015 다 1284; 2016. 1. 28, 2015 다 207747).

3) 법률 제10475호, 2011. 3. 29. 개정을 통해 신설, 2011. 6. 30.부터 시행.

4) 법률 제12469호, 2014. 3. 18. 개정을 통해 신설, 2014. 9. 19.부터 시행.

5) 법률 제13614호, 2015. 12. 22. 제정을 통해 신설, 2016. 12. 23.부터 시행.

6) 법률 제14764호, 2017. 4. 18. 개정을 통해 신설, 2018. 4. 19.부터 시행.

7) 법률 제15784호, 2018. 9. 18. 개정을 통해 신설되어 2019. 9. 19.부터 시행(당시 제56조 제3항)되었으나, 독점규제 및 공정거래에 관한 법률이 2020. 12. 29. 전부 개정되어(법률 제17799호, 2021. 12. 30.부터 시행) 제109조 제2항으로 바뀌었다.

8) 3배까지 징벌적 배상을 명할 수 있도록 하고 있는 그 외의 법률로는, 가맹사업거래의 공정화에 관한 법률 제37조의2 제2항, 공익신고자 보호법 제29조의2 제1항, 대규모유통업에서의 거래 공정화에 관한 법률 제35조의2 제2항, 대·중소기업 상생협력 촉진에 관한 법률 제40조의2 제2항 제1호(제2호는 손해의 5배 이내 배상을 규정하고 있음), 축산계열화사업에 관한 법률 제34조의2 제2항, 환경보건법 제19조 제2항 등이 있다.

9) 2024년에 「하도급거래 공정화에 관한 법률」의 개정을 통해 동법 제4조, 제8조 제1항, 제10조, 제11조 제1항·제2항 및 제19조를 위반한 경우에는 손해의 3배 이내, 제12조의3 제4항을 위반한 경우에는 손해의 5배 이내에서 배상책임을 지도록 하였다(35 Ⅱ ②)(2024. 2. 27. 법률 제20366호, 2024. 8. 28.부터 시행).

10) 2019. 1. 8. 법률 제16208호를 통해 3배를 넘지 아니하는 범위로 2019. 7. 9.부터 시행되었으나, 2024년 법률 개정을 통해 5배로 강화되었다(2024. 2. 20. 법률 제20322호, 2024. 8. 21.부터 시행).

11) 2020. 10. 20. 법률 제17526호를 통해 3배를 넘지 아니하는 범위로 2020. 10. 20.부터 시행되었으나, 2025년 법률 개정을 통해 5배로 강화되었다(2025. 1. 21. 법률 제20692호, 2025. 7. 22부터 시행).

12) 2019. 1. 8. 법률 제16204호를 통해 3배를 넘지 아니하는 범위로 2019. 7. 9.부터 시행되었으나, 2024년 법률 개정을 통해 5배로 강화되었다(2024. 2. 20. 법률 제20321호, 2024. 8. 21.부터 시행).

13) 2019. 8. 20. 법률 제16476호를 통해 3배를 넘지 아니하는 범위로 2020. 2. 21.부터 시행되었으나,

정보보호법(39 Ⅲ),[1] 신용정보의 이용 및 보호에 관한 법률(43 Ⅱ),[2] 자동차관리법(74의2 Ⅱ),[3] 중대재해처벌 등에 관한 법률(15 Ⅰ)[4] 등에서는 손해액의 5배까지 징벌적 배상을 명할 수 있도록 하고 있으므로, 손해전보의 범위를 초과하는 손해배상을 명하는 외국재판이 손해배상의 원인으로 삼은 행위가 적어도 우리나라에서 손해전보의 범위를 초과하는 손해배상을 허용하는 개별 법률의 규율 영역에 속하는 경우에는 그 외국재판을 승인하는 것이 손해배상 관련 법률의 기본질서에 현저히 위배된다고 보기 어렵게 되었다.[5] 위 **네 번째 요건**과 관련하여 종전에는 상호보증이 있다는 것의 의미를 외국에서 법령상 우리나라 법원의 확정판결의 효력을 우리나라와 같은 요건 또는 그보다 관대한 요건 하에서 인정하는 것으로 파악했었다.[6] 그러나 근자에 우리 대법원 판례는 이를 완화하는 경향을 보여 "우리나라와 외국 사이에 동종 판결의 승인요건이 현저히 균형을 상실하지 아니하고 외국에서 정한 요건이 우리나라에서 정한 그것보다 전체로서 과중하지 아니하며 중요한 점에서 실질적으로 거의 차이가 없는 정도라면" 상호보증의 요건이 충족되는 것으로 보았는데,[7] 2014년 개정 민사소송법은 이러한 판례의 태도를 그대로 수용한 것이다(217 Ⅰ ④). 또한 이러한 판례들에 따르면 그 외국과 조약이 체결되어 있지 않더라도 그 외국의 법령, 판례 및 관례 등에 의하여 승인요건을 비교하여 인정되면 되고, 그 외국에서 우리나라의 같은 종류의 판결을 승인할 것이라고 기대할 수 있는 상태이면 족하다고 한다.

나아가 개정 민사소송법에 따르면 법원은 외국재판의 승인요건이 충족되었는지 여부에 관해 직권으로 조사하여야 한다(217 Ⅱ). 대법원예규 '외국법원의 이혼판결에 의한 가족관계등록사무처리지침'(가족관계등록예규 제173호, 2007. 12. 10.)은 외국법원에서 이혼판결을 받은 경우에는 위의 모든 요건을 갖추었으면 우리나라의 이혼판결과 같이 가족관계의 등록 등에 관한 법률에 따라 이혼

2025년 법률 개정을 통해 5배로 강화되었다(2025. 1. 21. 법률 제20694호, 2025. 7. 22.부터 시행).

14) 2020. 10. 20. 법률 제17531호를 통해 3배를 넘지 아니하는 범위로 2020. 10. 20.부터 시행되었으나, 2025년 법률 개정을 통해 5배로 강화되었다(2025. 1. 21. 법률 제20697호, 2025. 7. 22부터 시행).

1) 2015. 7. 24. 법률 제13423호(2016. 7. 25.부터 시행)를 통해 3배의 징벌적 배상 규정을 신설하였으나, 2023. 3. 14. 법률 제19234호(2023. 9. 15.부터 시행)에 의해 5배로 확대되었다.

2) 2015. 3. 11. 개정, 법률 제13216호(2015. 9. 12.부터 시행)를 통해 3배를 넘지 아니하는 범위로 하였다가, 2020. 2. 4. 법률 제16957호(2021. 8. 4.부터 시행)로 다시 개정하여 5배를 넘지 아니하는 범위로 확장하였다.

3) 법률 제16950호, 2020. 2. 4. 개정을 통해 신설, 2021. 2. 5.부터 시행.

4) 법률 제17907호, 2021. 1. 26. 제정을 통해 신설, 2022. 1. 27.부터 시행.

5) 大判 2022. 3. 11, 2018 다 231550(대법원은 외국재판에 적용된 외국 법률이 실제 손해액의 일정 배수를 자동적으로 최종 손해배상액으로 정하는 내용이라고 하더라도 그것만으로 그 외국재판의 승인을 거부할 수는 없고, 우리나라의 관련 법률에서 정한 손해배상액의 상한 등을 고려하여 외국재판의 승인 여부를 결정할 수 있다고 하면서, **공정거래법의 규율 영역**에 속하는 피고의 행위에 대해 실제 손해액의 3배에 해당하는 손해배상을 명한 '하와이주 판결'을 승인하는 것이 우리나라 손해배상제도의 원칙이나 이념, 체계 등에 비추어 도저히 허용할 수 없는 정도라고 볼 수 없다고 하였다).

6) 大判 1971. 10. 22, 71 다 1393; 1987. 4. 28, 85 다카 1767.

7) 大判 2004. 10. 28, 2002 다 74213; 大判 2009. 6. 25, 2009 다 22952(우리나라와 캐나다 온타리오(Ontario)주 사이에 서로 상대국 판결의 효력을 인정하는 상호보증이 있다고 본 사례); 大判 2013. 2. 15, 2012 므 66, 73(우리나라와 미국 오레곤주 사이의 상호보증을 인정); 大判 2016. 1. 28, 2015 다 207747(우리나라와 미국 켄터키주 사이의 상호보증을 인정); 大判 2017. 5. 30, 2012 다 23832(우리나라와 미국 캘리포니아주 사이의 상호보증을 인정).

신고를 할 수 있다고 규정하고 있다.

3. 確定判決과 同一한 效力이 있는 것

청구의 포기 · 인낙조서(220), 중재판정(仲 35) 등은 확정판결과 동일하게 기판력을 가진다.[1] 화해조서(220) 및 이와 동일한 효력이 있는 화해권고결정(231), 각종의 조정조서(民調 28, 29, 家訴 59)[2]와 조정을 갈음한 결정(民調 30, 34 Ⅳ, 家訴 59) 등에 대하여 대법원은 기판력을 인정하나, 이를 부정하여야 할 것이다(재판상의 화해에 관한 설명 참조).

4. 決定 · 命令

판결 이외에 결정 · 명령도 사건의 실체에 관하여 종국판단을 내리는 경우에는 기판력이 발생한다(461). 예컨대 소송비용액확정결정(110, 114),[3] 간접강제의 수단으로서의 배상금지급결정(民執 261), 확정된 화해권고결정(231),[4] 과태료결정(311, 363, 370) 등이 그 예이다. 이에 반하여 소송지휘에 관한 결정 · 명령(222), 지급명령(民執 58 Ⅲ)[5] 및 이행권고결정(少審 5의 8 Ⅲ)[6]은 기판력이 없다. 비송사건에 관한 결정도 기판력이 없다(非訟 19 Ⅰ 반대설 있음).

Ⅴ. 旣判力의 排除

기판력은 법적 평화와 법적 안정성을 꾀하기 위한 것이므로 이를 존중하여야 한다. 그러나 소송절차의 중대한 침해가 있거나, 그 밖에 구체적 타당성에 반하는 묵과할 수 없는 사유가 있는 경우에는 이에 대한 예외를 인정하지 아니할 수 없다.

1) 기판력은 형식적 확정력을 전제로 하므로, 형식적 확정력을 배제하기 위한

---

1) 채무자회생 및 파산에 관한 법률상의 각종 채권자표(회생채권자표 · 회생담보권자표, 破 168 · 255 · 292; 파산채권자표, 破 460; 개인회생채권자표, 破 603 Ⅲ)의 효력은 기판력이 아닌 절차 내부에서의 불가쟁의 효력에 지나지 아니한다(大判 2003. 9. 26, 2002 다 62715; 2005. 6. 10, 2005 다 15482; 2017. 6. 19, 2017 다 204131).

2) 大(全)判 2013. 11. 21, 2011 두 1917의 다수의견은, 공유물분할의 소송절차 또는 조정절차에서 공유자 사이에 공유토지에 관한 현물분할의 협의가 성립하고 그것이 조서에 기재되어 소성이 성립되었다 하더라도, 재판에 의한 공유물분할의 경우와 같이 그 즉시 공유관계가 소멸하고 각 공유자에게 그 협의에 따른 새로운 법률관계가 창설되는 것은 아니고, 공유자들이 협의한 바에 따라 토지의 분필절차를 마친 후 각 단독소유로 하기로 한 부분에 관하여 다른 공유자의 공유지분을 이전받아 등기를 마침으로써 비로소 그 부분에 대한 대세적 권리로서의 소유권을 취득하게 된다고 하였다.

3) 大決 2002. 9. 23, 2000 마 5257; 2011. 9. 8, 2009 마 1689.

4) 大判 2012. 5. 10, 2010 다 2558.

5) 大判 2009. 7. 9, 2006 다 73966.

6) 大判 2009. 5. 14, 2006 다 34190.

제도인 상소의 추후보완이나 재심은 기판력을 배제하는 수단이 된다.[1] 그 밖에 장래의 정기금의 지급을 이행을 명하는 확정판결 뒤에 사정변경이 있을 때에 그 변경된 상태에 맞추어 그 판결내용의 변경을 요구하는 변경의 소(Abänderungsklage)도 여기에 해당한다([252]).

2) 이러한 소송법상의 수단 외에 실체법적으로 기판력을 배제하는 것이 가능한가가 격렬하게 다투어지고 있다. 이것은 당사자가 악의 또는 불법한 수단에 의하여 판결을 부당취득한 경우에 문제된다. 학설상으로는 다툼이 있으나, 판례는 이 경우에 확정판결을 재심에 의하여 취소하지 않은 상태에서도 손해배상청구를 인정하여 실체법적으로 기판력을 배제하는 길을 인정하고 있다(자세한 것은 판결의 흠에 관한 설명 참조).[2] 도이칠란트 연방대법원도 같다.[3]

제 2 항 既判力의 範圍

기판력의 범위는 세 가지 관점에서 획정된다. 그것은 어느 시점의 판단으로서 규준력을 가지는가(시적 범위), 판결 중 어느 사항의 판단에 규준력이 부여되는가(객관적 범위) 및 누구와 누구 사이에서 규준력이 발생하는가(주관적 범위) 등의 세 가지이다.[4]

Ⅰ. 時的 範圍

1. 意　　義

기판력의 시적 범위의 문제는 기판력이 어느 시점에서 확정된 권리관계에 관하여 발생하는가를 명백히 하는 것이다. 사법상의 권리관계는 시간의 경과에 따라 변동될 가능성이 있으므로, 확정판결에 의하여 권리의 존재 여부를 확정하는 경우

1) 시효중단을 위해 확정된 승소판결과 동일한 소송물에 기한 신소가 제기된 경우, 피고가 후소에서 전소의 확정된 권리관계를 다투기 위해서는 먼저 전소의 승소 확정판결에 대해 적법한 추완항소를 제기하여 기판력을 소멸시켜야 한다(大判 2013. 4. 11, 2012 다 111340).

2) 大判 1977. 1. 11, 76 다 81; 1978. 5. 9, 75 다 634; 2001. 11. 13, 99 다 32899.

3) BGHZ 13, 72; BGH NJW 1983, 2317.

4) 다만 시적 범위와 객관적 범위는 밀접하게 관련되어 있으므로, 양자를 구별하지 않고, 종래의 시적 범위를 객관적 범위에 포함시켜 설명하는 학자들도 있다. 上田, 415~416면 참조.

에도 어느 시점을 기준으로 하여 권리의 존재 여부를 결정할 것인가를 명백히 할 필요가 있는 것이다.

2. 旣判力의 標準時

판결은 변론을 종결할 때까지 소송에 현출된 자료를 기초로 하여 행하고, 또 당사자도 변론을 종결할 때까지는 소송자료를 제출할 수 있으므로, 그 시점을 기준으로 하여 권리관계의 존재 여부가 결정되었다고 보는 것이 합리적이다. 그리고 청구이의의 소의 사유를 변론이 종결된 뒤에 생긴 것에 한정하는 민사집행법 제44조 제2항도 위 해석을 뒷받침하여 준다. 이 시점을 기판력의 표준시라고 한다. 이처럼 기판력은 표준시, 즉 '사실심 변론을 종결한 때'의 권리관계의 존재 여부에 대한 판단에 관하여 발생한다. 변론 없이 판결한 경우(257)에는 '판결을 선고한 때'가 표준시로 된다.[1] 그러므로 판결은 표준시 이전에 그 권리가 있었는가 아닌가, 또 표준시 이후에도 존재하는가 아닌가까지 확정하는 것은 아니다(다만, 이것은 어디까지나 일반론에 그친다).

3. 標準時의 適用

(1) 失權的 效力

(가) 이 의

1) 기판력은 표준시의 권리관계 존재 여부에 대한 판단에 관하여 발생하므로, 이에 반하는 판단이나 주장은 금지된다. 그리하여 당사자는 표준시의 권리관계의 존재 여부 판단을 나투기 위하여 표준시 이전에 존재하였던 사실에 기한 공격·방어방법을 제출할 수 없다. 전소에서 이를 제출하지 못한 것이 과실에 의한 것인가 아닌가를 불문하며,[2] 그 당시 당사자가 알 수 있었거나 또는 알고서 이를 주장하지 않았던 사항에 한하지 않는다.[3] 당사자가 이 금지에 반하여 이를 제출하여도 법원은 그에 관하여 심리하지 않고 배척하여야 한다. 이러한 기판력의 작용을 **실권적 효력**(失權的 效力)·차단적 효력(遮斷的 效力) 또는 배제적 효력(排除的 效力)

---

1) 화해권고결정에 대해 적법한 이의신청이 있으면 소송은 화해권고결정 이전의 상태로 돌아간다는 점에서(232 Ⅰ), 화해권고결정은 그 확정시를 기준으로 기판력이 발생한다(大判 2012. 5. 10, 2010 다 2558).

2) 大判 1961. 12. 14, 4293 民上 837; 1980. 5. 13, 80 다 473; 2014. 3. 27, 2011 다 79968; 2014. 3. 27, 2011 다 49981.

3) 大判 2022. 7. 28, 2020 다 231928("부당이득반환청구에서 법률상의 원인 없는 사유를 계약의 불성립, 취소, 무효, 해제 등으로 주장하는 것은 공격방법에 지나지 않으므로, 그 중 어느 사유를 주장하여 패소한 경우에 다른 사유를 주장하여 청구하는 것은 기판력에 저촉되어 허용할 수 없다").

(Präklusionswirkung)이라고 한다. 예컨대 전소에서 피고의 과실을 증명하지 못하여 손해배상청구소송에서 패소한 원고가 사고를 목격한 증인을 발견하였더라도 후소에서 그를 증인으로 신청하여 피고의 과실을 증명하는 것은 허용되지 아니한다. 마찬가지로 뒤에 다른 증서를 발견하여도 전소 판단을 뒤집을 수 없다(獨民訴 508 I b는 반대). 이행판결을 받은 피고가 후소에서 채무의 불성립을 주장하거나, 표준시 전에 있었던 변제·소멸시효의 완성, 상속포기[1] 등에 의한 채무의 소멸을 주장하는 것은 불가능하다.[2]

다만 변론종결 전에 채무자가 한정승인을 한 사실,[3] 개인채무자가 파산절차에서 면책결정이 확정된 사실[4]에 대해서는 그 후 채무자가 이러한 사실을 내세워 청구이의의 소를 제기할 수 있다는 것이 판례의 태도이다.[5] 나아가 대법원은 전소 변론종결 후에 발생한 변제·상계·면제 등의 채권소멸사유는 전소 판결의 기판력에도 불구하고 시효중단 등을 위해 (전소에서 승소한 원고에 의해) 제기된 후소에서 심리대상이 될 수 있으며,[6] 이러한 점은 전소 판결 확정 후 **10년이 경과한 후** 후소가 제기된 경우에도 마찬가지라고 한다. 그러므로 채무자인 피고는 후소에서 위와 같은 채권소멸사유를 들어 항변할 수 있고 심리 결과 그 주장이 인정되면 법원은 원고의 청구를 기각하여야 한다.[7]

2) 실권적 효력은 기판력이 작용하는 범위 안에서 문제된다. 즉, 전소와 후소의 소송물이 같은 경우, 전소의 소송물이 후소에 대하여 선결관계인 경우, 후소의

1) 大判 2009. 5. 28, 2008 다 79876.

2) 大判 1981. 9. 8, 80 다 2442(표준시 전에 허가없었음의 주장을 차단). 大判 2014. 3. 27, 2011 다 79968; 2014. 3. 27, 2011 다 49981(표준시 전에 이미 토지거래허가구역에서 해제되었음에도 이를 주장하지 아니한 경우 그 주장의 차단). 소멸시효의 완성으로 권리가 소멸하지 않고 이를 원용함으로써 비로소 소멸한다는 상대적 소멸설(金曾漢, 新稿 民法總則, 351면 이하)에 의하면, 표준시 이전에 소멸시효가 완성하였으나 그 이후에 원용을 한 경우에는 후소에서 이를 주장할 수 있다고 해석할 여지가 있다.

3) 한정승인의 사실은 '채무의 존재'가 아닌 '책임의 범위'에 관한 것이므로 실권되지 아니한다. 박두환, 신강제집행법(1993), 61면; 大判 2006. 10. 13, 2006 다 23138("채권자가 피상속인의 금전채무를 상속한 상속인을 상대로 그 상속채무의 이행을 구하여 제기한 소송에서 채무자가 한정승인 사실을 주장하지 않으면 책임의 범위는 현실적인 심판대상으로 등장하지 아니하여 주문에서는 물론 이유에서도 판단되지 않으므로 그에 관하여 기판력이 미치지 않는다.").

4) 大判 2022. 7. 28, 2017 다 286492.

5) 그 밖에도 확정판결에 기한 집행이 권리남용이 되어 허용되지 않는 경우에는 집행채무자는 청구이의의 소에 의하여 그 집행의 배제를 구할 수 있다는 것이 판례이다: 大判 2009. 5. 28, 2008 다 79876; 2001. 11. 13, 99 다 32899; 1984. 7. 24, 84 다카 572.

6) 大判 2019. 8. 29, 2019 다 215272; 이때 법률이나 판례의 변경은 전소 변론종결 후에 발생한 새로운 사유에 해당하지 않는다(大判 2019. 8. 29, 2019 다 215272).

7) 大判 2019. 1. 17, 2018 다 24349; 이에 관한 자세한 논의는, 김경욱, "2019년 민사소송법 중요 판례 분석", 「안암법학」 통권 제60호, 2020, 395면 이하 참조.

소송물이 전소의 소송물에 대하여 모순된 반대관계인 경우에 효력을 갖는다. 따라서 부동산에 대한 소유권확인소송에서 소유권에 대한 증명을 다하지 못하여 패소·확정판결을 받은 사람이, 다시 같은 부동산에 대하여 소유권에 기한 이전등기말소청구의 소를 제기하면서 전소의 변론종결 이전에 제출할 수 있었던 증거를 신청하는 것은 허용되지 아니한다.

그러나 소유권확인 및 소유권이전등기말소청구소송에서 패소·확정판결을 받은 피고가 이 소송의 변론종결 전에 **점유취득시효**가 완성되었음을 이유로 또는 그 부동산을 **매수**하였음을 이유로 소유권이전등기청구의 소를 제기하는 것은 기판력에 어긋나지 아니한다.[1] 점유취득시효의 완성 또는 매수를 이유로 하는 소유권이전등기청구는 전소의 소유권확인청구나 소유권이전등기말소청구와는 같은 소송물, 선결관계, 모순된 반대관계의 어디에도 해당하지 아니하기 때문이다.[2] 이와 달리, 부동산에 관한 소유권확인 및 소유권이전등기말소청구소송에서 패소·확정판결을 받은 피고가 전소의 원고를 상대로 같은 부동산에 대하여 전소 변론종결 전에 등기부취득시효가 완성되었음을 주장하면서 소유권이전등기청구의 소를 제기하는 것은 전소 판결의 기판력에 어긋난다. 이것은 후소의 원고가 전소의 변론종결 전에 소유권을 취득하였음을 전제로 하는 청구이므로, 전소 확정판결의 소유권의 존재 여부에 관한 판단이 후소의 소유권이전등기청구권의 존재 여부에 관하여 선결문제로 되기 때문이다.[3]

3) 공격·방어방법을 제출하지 못한 데 대하여 당사자에게 과실이 있었는지 여부는 문제되지 아니한다.

그런데 일본에서는 실권효의 근거를 표준시의 권리관계의 존재 여부에 관한 판단의 규준성 내지 구속력에서 구하는 종래의 통설(**판단효력설**)을 비판하고, 실권효는 전소에서 일체의 소송자료를 제출할 수 있는 기회가 보장되었는데도 이를 제출하지 못한 당사자의 자기책임에서 도출된다고 하는 견해(**제출책임효력설**)가 주장되고 있다.[4] 이 견해는 이른바 신당사자주의의 입장에서 주장되고 있다. 이에 의하면, 전소 판결의 표준시 이전에 존재하였던 공격·방어방법을 당사자가 과실 없이 주장하지 못한 경우에는 후소에서 이를 주장

---

1) 大判 1995. 6. 13, 93 다 43491(매매); 1995. 12. 8, 94 다 35039(점유취득시효); 1995. 12. 8, 94 다 39628(점유취득시효).

2) 만일 전소의 피고가 시효완성 또는 매수의 사실을 전소에서 주장하였으며 승소판결을 받았을 수도 있겠지만, 피고가 이를 주장할 실체법상의 의무가 있는 것은 아니다. 왜냐하면 피고가 반드시 기존의 등기에 의존하여 자신의 권리를 주장하여야 하는 것은 아니며, 등기의 유용은 피고의 이익을 위하여 인정되는 것에 지나지 않기 때문이다. 자세한 것은 김희태, "소유권보존등기말소 및 소유권확인판결의 기판력과 그 변론종결전의 사유를 원인으로 하는 소유권이전등기청구," 송천 이시윤박사 화갑기념, 「민사재판의 제문제(하)」(1995), 233면 이하 참조.

3) 大判 1999. 12. 10, 99 다 25785.

4) 吉村德重, "判決の遮斷效と爭點效の交錯," 新實務民訴 2, 355면; 上田徹一郎, "遮斷效と提出責任," 民商 78 臨時增刊, 「法と權利」(3), 236면; 井上＝伊藤＝佐上, 217면 이하 등 참조.

할 수 있게 되어, 기판력의 실권적 효력을 거의 무력화시키는 결과를 가져온다. 따라서 이 견해는 법적 안정을 추구하는 기판력의 목적에 충실하지 못하여 받아들이기 어렵다.

4) 또 실권적 효력이 미치는 범위에 관하여 소송물의 개별화 기준으로서 일지설을 취하는 학자들은 당사자가 제출한 소송자료만이 판결의 기초로 되므로 변론을 종결할 때에 당사자가 제출한 소송자료의 한도에서 주장한 법률효과의 존재 여부에 대한 판단만이 기판력의 대상이 된다고 한다. 따라서 표준시 이전에 존재하는 사실로서 당사자가 제출하지 않은 사실 전부가 실권적 효력의 제재를 받는 것은 아니며, 제출하지 않은 사실을 토대로 하여 같은 청구취지의 소를 제기할 수 있다고 한다.[1] 그러나 이러한 풀이는 민사집행법 제44조 제2항에 반할 뿐만 아니라 일지설의 출발점과도 모순되므로 부당하다. 전소의 사실관계와 무관하고 모순되지 않는 사실관계는 기판력에 의하여 차단되지 않지만,[2] 이 문제는 기판력의 객관적 범위의 문제이고, 시적 범위의 문제는 아니다.[3]

(나) 표준시 전에 발생한 형성권의 행사 표준시 전에 발생한 취소권·해제권·건물매수청구권·상계권 등의 형성권을 표준시까지 행사하지 않고 있다가 표준시 후에 행사하여 확정판결의 내용을 다툴 수 있는가에 관하여는 논의가 있다.

1) 취소권·해제권 등 일반의 형성권에 관하여는 기판력의 차단적 효력(실권적 효력)이 미친다고 풀이하는 것이 통설·판례의 입장이다.[4] 그것은 법률행위의 무효사유도 기판력에 의하여 차단되는데,[5] 그보다 효력이 약한 취소·해제의 사유가 차단되지 않는다고 하면 균형이 맞지 않기 때문이다. 상계권에 관하여는 견해가 갈라지고 있다. 판례는 표준시 전에 상계적상(相計適狀)에 있었더라도 피고가 표준시 후에 상계의 의사표시를 하여 채무의 소멸을 주장할 수 있고(청구이의의 소를 제기할 수 있다. 民執 44), 이것은 피고가 상계적상에 있음을 알았거나 몰랐거나 마찬가지라고 한다.[6] 이에 반

1) 李時, 670면.

2) 李時, 670면; Rosenberg, §155 Ⅱ 1.

3) 李時, 670면은 전소에서 제출하지 아니한 사실 중에서 청구원인을 구성하는 사실관계는 기판력에 어긋나지 아니한다고 하는 것이 판례의 입장이라고 소개하고 있으나, 그 인용판결(大判 1981. 12. 22, 80 다 1548)이 그러한 취지인지 의문이다. 또 大判 1982. 12. 14, 82 다카 148, 149는 양 소가 청구원인을 달리하는 경우에는 전소 판결의 기판력이 후소에 미치지 않는다고 하는데, 이것은 양자의 소송물이 다른 경우이므로 당연한 것이고, 양 소의 소송물이 같은 경우에 청구원인사실이 기판력에 어긋나지 않는다는 취지는 아니다.

4) 大判 1979. 8. 14, 79 다 1103(취소권); 1981. 7. 7, 80 다 2751(해제권).

5) 大判 1982. 12. 14, 82 다카 148(말소등기청구권의 발생원인은 당해 등기원인의 무효에 국한되므로 전소의 변론종결 전까지 주장할 수 있었던 **무권대리행위, 불공정한 불법행위, 통모허위 표시에 의한 매매무효** 등은 공격방어방법에 불과하여 후소에서 주장하여 전소 확정판결의 내용을 다툴 수 없다); 같은 취지에서 大判 2016. 8. 30, 2016 다 222149.

6) 大判 1966. 6. 28, 66 다 780.

하여 일부 학설은 피고가 표준시 전에 상계적상에 있음을 알지 못한 경우에 한하여 실권시키지 않는 것이 절차의 집중, 신의칙에 비추어 타당하다고 주장한다.[1] 아울러 지상권자·임차인의 건물매수청구권(民 283, 643)도 알고 행사하지 아니한 때에는 실권된다고 한다.[2] 생각건대, 상계의 항변은 소구채권(수동채권) 자체의 흠에 의한 것이 아니라, 이와 별개 독립의 반대채권(자동채권)을 함께 소멸시키는 출혈적(出血的) 방어방법이므로 표준시 후의 행사를 일체 불허하는 것은 피고에게 너무 가혹하고, 또 피고가 상계적상에 있었음을 안 경우에는 실권시켜야 한다는 주장은 상계권의 행사를 강제하는 결과로 되어 실체법이 상계권의 행사를 상계권자의 자유에 맡기고 있는 취지에 반한다. 그러므로 판례의 입장을 지지한다.[3] 또한 건물매수청구권도 소송물 자체에 부착된 흠에 근거한 것이 아니고 또 건물 자체의 효용을 되도록 유지하려고 하는 정책적 근거에서 인정한 것이므로 표준시 후의 행사를 허용하여야 한다(판례·다수설).[4]

2) 이에 대하여 형성권은 아예 실권되지 않는다는 견해가 있다. 이에 따르면 만일 형성권이 행사와 관계없이 기판력으로 차단된다고 한다면 행사기간을 소송법이 단축하는 결과가 되어 타당하지 않다고 한다. 이 견해는 다시 i) 형성권은 그 종류를 불문하고 기판력에 의하여 차단되지 아니한다는 견해,[5] ii) 원칙적으로 형성권은 실권되지 않으나, 형성권 가운데 흠 있는 의사표시의 취소의 경우에 취소권자가 취소할 법률행위를 시인하였다고 볼 수 있고 상대방도 이를 신뢰하였다고 볼 외관이 있는 경우, 그리고 통상의 이행지체로 인한 해제의 경우, 상계권·건물매수청구권의 경우에는 실권효를 인정하는 견해[6]로 나누어진다. 그러나 이와 같은 해석은 법적 안정성을 추구하는 기판력제도의 목적에 반하고 또 취소보다 더 중대한 사유인 무효의 사유조차 실권되는 것과 균형이 맞지 않는 것이므로 받아들이기 어렵다.

3) 그 밖에 상계권을 포함하여 모든 형성권이 실권된다는 견해도 있다(절충설).[7] 그러나 이는 상계권의 특성을 무시한 견해로서 받아들이기 어렵다.

---

1) 李英, 193면; 李時, 673면; 강현중, 404면.

2) 李時, 673~675면.

3) 同旨: 方, 611면; 金/姜, 677면. 도이칠란트 연방대법원 판례는 상계권도 기판력에 의하여 차단된다고 본다. BGH 42, 37.

4) 大判 1995. 12. 26, 95 다 42195; 姜, 734면; 日札幌高判 1965. 9. 27, 高民集 18. 6. 441; 岩野澈 等, 「注解强制執行法(1)」, 435면.

5) 胡, 842면.

6) 姜, 691면.

7) BGH 42, 37.

(2) 標準時 후에 발생한 事由

1) 기판력에 의하여 표준시에 확정된 권리관계는 그 뒤에 변동될 수 있다. 따라서 표준시 후에 발생한 사유는 실권효의 제재를 받지 않는다. 그러므로 당사자는 표준시 후에 발생한 사유를 주장하여 확정된 법률효과를 다툴 수 있다.

예컨대 농지증명을 구비하지 못하였다는 이유로 패소·확정된 뒤에 새로이 농지증명을 추후보완하여 같은 청구를 하는 것,[1] 기한이 되지 아니하였다는 이유로 패소 확정된 뒤에 기한을 넘기기를 기다려 다시 이행청구를 하는 것, 조건의 미성취로 패소 확정된 뒤에 조건성취 후 다시 소를 제기하는 것,[2] 피담보채무의 변제로 양도담보권이 소멸되었음을 원인으로 한 소유권이전등기의 회복청구에서 패소·확정된 후 장래 잔존 피담보채무의 변제를 조건으로 소유권이전등기의 회복을 구하는 것,[3] 대금감액을 주장하여 감액된 대금만 지급하고 이전등기청구를 하였다가 감액약정이 확정되지 않는다는 이유로 패소·확정된 뒤에 감액주장하였던 대금을 변제공탁하고 소유권이전등기를 구하는 것,[4] 소각하판결을 받은 뒤에 각하이유로 된 소송요건을 갖추어 후소를 제기하는 것,[5] 소유권을 주장하여 패소확정된 후 상속재산분할협의에 의해 소유권을 취득한 후 다시 소유권확인의 후소를 제기하는 것,[6] 제소전화해에 의하여 등기가 마쳐졌다는 이유로 말소등기청구의 패소판결을 받은 뒤 준재심의 소에 의하여 제소전화해를 취소시킨 후 다시 말소등기청구를 하는 것[7] 등은 실권적 효력에 어긋나지 아니한다.

2) 다만 여기에서 표준시 후에 발생한 사유라 함은 표준시 후에 발생한 사실자료만을 가리킨다. 따라서 표준시 후에 법률의 개정,[8] 법률에 관한 헌법재판소의 위헌결정,[9] 판례의 변경[10] 또는 판결의 기초가 되었던 행정처분의 변경[11]이 있더라

---

1) 大判 1963. 9. 12, 63 다 359.

2) 大判 2002. 5. 10, 2000 다 50909.

3) 大判 2014. 1. 23, 2013 다 64793.

4) 大判 1980. 2. 26, 80 다 561.

5) 大判 2003. 4. 8, 2002 다 70181.

6) 大判 2011. 6. 30, 2011 다 24340.

7) 大判 1988. 9. 27, 88 다카 3116.

8) 전소 승소확정판결 후 시효중단 등의 사유로 후소 제기가 된 경우, 승소판결이 확정된 후 소촉법에서 정한 지연손해금 이율이 달라졌다고 하더라도 확정된 선행판결과 달리 변경된 소촉법상의 이율을 적용하여 선행판결과 다른 금액을 원고의 채권액으로 인정할 수 없다: 大判 2019. 8. 29, 2019 다 215272.

9) 大判 1995. 1. 24, 94 다 28017.

10) 大判 1969. 1. 14, 68 다 2134, 集 17. 1. 民 6.

11) 불하처분이 취소되었음을 원인으로 하여 소유권이전등기의 말소를 명하는 민사판결이 확정된 이후에 위 불하처분의 취소를 취소하는 행정판결이 확정된 경우에 국가에 대하여 불하처분을 원인으로 하는 소유권이전등기절차의 이행을 청구하는 것은 전소의 민사확정판결의 기판력에 어긋난다. 이 경우에는 불하처분 취소처분의 취소를 원인으로 하여 재심(451 Ⅰ ⑧)을 구할 수 있을 뿐이다(大(全)判 1981. 11. 10, 80 다 870, 集 29. 3. 民 166).

도 이를 사유로 하여 판결의 효력을 뒤집을 수 없다. 또한 사실에 대한 다른 법률 평가도 새로운 사유가 아니므로,[1] 변론을 종결한 뒤 이와 어긋나는 후소 판결이 확정되어도 전소 판결의 기판력은 영향을 받지 아니한다. 예컨대 소유권에 기한 이전등기말소청구의 소를 제기하여 패소·확정판결을 받은 사람이 다시 같은 부동산에 대하여 소유권확인청구의 소를 제기하여 승소·확정판결을 받았더라도,[2] 그 후 소유권에 기한 이전등기말소청구의 소(또는 진정한 등기명의회복을 위한 소유권이전등기청구의 소. 이에 관하여는 기판력의 객관적 범위에 관한 설명 참조)를 제기하면 소유권이전등기말소청구에 대한 전소판결의 기판력에 어긋난다.

3) 청구이의의 소는 표준시 이후에 발생한 사유를 들어 확정판결의 집행력의 배제를 구하는 것인데(民執 44), 이것도 표준시 이후의 권리관계의 변동을 고려한 제도이다.

4) 표준시에 전혀 예상할 수 없었던 손해가 발생한 경우에 이것을 표준시 후에 발생한 사유로 볼 수 있는가가 문제된다. 예컨대 전소 판결의 표준시에 예측할 수 없었던 후유증으로 인한 손해의 경우가 그러하다. 판례는 이 경우 표준시 후에 새로이 발생한 사유로 인한 손해이며 새로운 소송물을 구성하는 것으로 보아 추가배상을 인정하고 있다.[3]

(3) 標準時 前 및 後의 權利關係

1) 기판력은 표준시의 권리관계의 존재 여부에만 생긴다. 그러므로 표준시에 권리가 존재하지 아니한다고 판단하였더라도 표준시 전에 권리가 존재하지 아니하였다는 것이 확정되지 않으며(예컨대 변론종결 1월 전에 변제하였다면 변제시까지는 대여금채권이 존재하였다), 반대로 표준시에 권리가 존재한다고 판단하였더라도 법률적으로는 표준시 이전에 권리관계가 존재하였다는 것이 확정되지 아니한다. 요컨대, 기판력은 표준시 전의 권리관계의 존재 여부에 미치지 아니하고(따라서 이를 주장할 수 있다), 표준시의 권리관계에 관한 판단을 다투는 표준시 전의 사유의 주장만이 차단되는 것이다. 그리하여 예컨대 원금채권이 부존재한다고 패소·확정된 뒤에 변론종결 전에 원금채권이 존재하였음을 전제로 변론종결 전까지 생긴 이자채권을 청구하는 것은 기판력에 어긋나지 아니한다.[4]

---

1) 李時, 672면; Bauer/Grunsky, S. 234; 大判 1991. 3. 27, 91 다 650.
2) 이 경우에는 후소판결이 전소판결의 기판력에 사실상 어긋나는 것이지 법률상 어긋나는 것은 아니다.
3) 大判 1980. 11. 25, 80 다 1671; 2007. 4. 13, 2006 다 78640.

2) 또한 기판력에 의하여 표준시 이후의 권리관계의 존재 여부가 확정되는 것은 아니다. 그리하여 표준시에 권리가 존재한다는 판단이 있더라도 표준시 이후에 그 권리가 계속 존재한다고 할 수 없고(예컨대 표준시 이후에 변제한 경우를 생각해 보라), 표준시에 권리가 부존재하더라도 그 후에 권리가 존재할 수 있다(예컨대 이행기가 표준시 후에 도래한 경우를 생각하라). 다만 표준시 후의 권리가 표준시의 권리를 전제로 하는 경우에는 기판력이 미친다(예컨대 전소에서 원금채권의 부존재를 이유로 패소·확정된 뒤에 표준시 후의 이자채권을 구하는 것은 원금채권의 존재를 전제로 하므로 전소판결의 기판력에 어긋난다).[1)]

4. 變更의 訴

(1) 의 의

1) 정기금의 지급을 명하는 판결이 확정된 뒤에 그 액수산정의 기초가 되는 사실이 현저하게 바뀌어 당사자 사이의 형평을 크게 침해하는 경우에 장차 지급할 **정기금의 액수**를 바꾸어 달라며 제기하는 소를 말한다(252). 법원이 변론 종결시 이후 계속하여 발생하는 급여의 이행을 명하는 판결을 할 때에는 확정된 사실관계가 아닌 장래에 발생할 것으로 예측되는 사실관계를 기초로 하는 것이다. 따라서 현실로 발생한 사실이 예측과 다를 때에는 그 판결을 변경하여 이를 조정하여 주는 것이 당사자 사이의 형평에 맞다.[2)] 이를 위해 마련된 것이 변경의 소이다. 예컨대 토지를 인도할 때까지 토지의 임대료에 상당하는 부당이득금을 매월 일정액(정기금)으로 지급하라는 장래의 이행을 명하는 승소확정판결을 받았는데, 변론을 종결한 뒤에 토지가격 및 주위토지의 임대료 등이 현저하게 상승하는 등 액수산정의 기초가 되는 사실의 변동으로 그 판결에서 인용된 금액이 현저히 상당하지 않게 되었다면, 그 금액 자체의 변경을 구하는 소를 제기할 수 있다.

2) 변경의 소가 도입되기 이전에는 대법원은 전원합의체판결로 위와 같은 경우에(전소판결이 확정된 후 토지가격은 6배~10배, 임료는 8배 이상, 지방세법상의 과세시가표준액은 3배가량 앙등하였고, 종합토지세가 전소판결에서 인용된 임료액의 1/4에 육박) 전소 청구를 명시적 일부청구로 간주하고, 후소 청구를 잔부청구로 보아 추가청구를 허용하였다.[3)] 그러나 당사

---

4) 大判 1976. 12. 14, 76 다 1488: 다만 판례는 '변론종결 당시까지의 부분에 대한 청구는 확정판결의 기판력의 효과를 받지 않는 것'으로 파악하여 **변론종결 당일의 이자**는 전소 기판력의 저촉을 받지 않는다고 하고 있다.

1) 大判 1976. 12. 14, 76 다 1488.

2) MünchKomm/Gottwald, §323 Rdn. 1.

3) 大(全)判 1993. 12. 21, 92 다 46226.

자가 전소에서 청구한 것은 일부청구가 아니라 전부청구이며, 설사 일부청구로 본다고 하더라도 경제적 사정 등 액수산정의 기초가 되는 사실이 어떻게 변하느냐에 따라 일부청구 여부가 결정되는 문제점이 있었다(예컨대 위의 예와 반대로 주위토지의 임대료 등이 현저하게 하락하는 모습으로 경제적 사정이 변동된 경우를 생각해 보라). 이에 반하여 액수산정의 기초가 되는 사실의 변동 자체를 전소의 변론을 종결할 당시 주장할 수 없었던 새로운 사유로 보고 기판력의 시적 범위이론에 의하여 전소판결의 기판력은 추가청구에는 미치지 않으므로 추가청구를 할 수 있다고 보는 견해도 있었다(위 대법원판결의 소수의견). 그러나 장래의 이행을 명하는 판결로 변론종결 이후까지 급여의무의 이행을 명하면, 기판력은 **주문에 포함된 기간까지**의 청구권의 존재 여부에 대하여 미치는 것이 원칙이므로,[1] 경제적 사정의 변동 등 액수산정의 기초가 되는 사실의 변경을 새로운 사실자료로 볼 수 없는 문제점이 있었다. 그러므로 2002년 민사소송법은 도이칠란트 민사소송법(323)을 본받아 변경의 소(Abänderungsklage)를 규정함으로써, 이 문제를 입법적으로 해결하였다.

(2) 법적 성질과 소송물

1) 정기금의 지급을 명한 확정판결을 장래를 향하여 바꾸어 달라는 소이므로, 소송상 형성의 소이다. 또한 변경대상이 되는 판결에 따라 이행의 소나 확인의 소의 성질도 아울러 가진다.

2) 원고의 소송물은 정기금의 이행을 명한 판결의 변경과 변경된 내용에 따른 이행판결 또는 확인판결을 구하는 것이다. 정기금판결은 장래의 이행을 명하는 판결로서 장래에 발생할 급여 전체에 대하여 하나의 소송물로 판결한 것이다. 따라서 기판력은 법관이 장래에 발생할 것으로 예측한 사실관계에 미치는 것이므로, 설령 실제 발생한 사실이 법관의 예측과 달라도 이를 주장하는 것은 기판력에 어긋난다. 변경의 소는 이러한 경우에 당사자 사이의 형평을 꾀하기 위하여 기판력에도 불구하고 새로운 사실의 주장을 가능하게 하는 것이다. 이 견해는 변경의 소의 소송물을 전소의 소송물과 같다고 보는 견해로서, 도이칠란트의 통설의 입장이다.[2] 이에 대하여 변경의 소는 새로운 청구취지와 사실관계를 주장하는 것이므로

1) 大判 2019. 8. 29, 2019 다 215272; 1999. 3. 9, 97 다 58194; 변경의 소가 도입된 후에도 이러한 원칙을 전제로 하면서, 사실심 변론종결 후에 당사자 사이의 형평을 크게 해할 특별한 사정이 생긴 때에는 전소에서 명시적인 일부청구가 있었던 것과 동일하게 취급하여 전소판결의 기판력이 후소의 차액청구 부분에 미치지 않는다고 한 판례는, 大判 2011. 10. 13, 2009 다 102452.

2) Stein/Jonas, §323 Rdn. 1, 2.

전소와 소송물도 다르고 전소 기판력의 표준시 이후의 사정에 의한 것이므로 전소 판결의 기판력과는 무관한 것이라는 견해도 있다.[1]

3) 변경의 소는 청구이의의 소(民執 44)와 구별된다. 전자는 전소 확정판결의 권리근거규범의 요건사실이 예측과는 달리 전개되었다는 것을 이유로 한다는 점에서, 전소 판결에서 확정된 소송물을 전제로 권리소멸규범의 요건사실(변제, 소멸시효의 완성 등)이나 권리저지규범의 요건사실(기한의 유예 등)을 주장하는 후자와 확연히 구별된다. 따라서 양자는 어느 것을 선택하여 제기할 수 있는 관계가 아니며, 후자는 전자와 달리 전소의 피고만이 제기할 수 있다.

(3) 소송요건

(가) 관할법원 변경의 소는 사정변경에 대한 심리의 편의를 위하여 전소의 제1심판결법원을 전속관할로 하고 있다(252 Ⅱ).

(나) 당사자 확정된 정기금판결의 당사자(252 Ⅰ 後段) 또는 기판력을 받는 승계인(218)만이 당사자가 될 수 있다. 왜냐하면 변경의 소는 정기금판결의 확정 후에 발생한 현저한 사정변경을 이유로 확정된 정기금판결의 기판력을 예외적으로 배재하는 것을 목적으로 하기 때문이다. 이에 판례는 토지의 소유자가 토지 무단 점유자를 상대로 차임 상당의 부당이득반환청구의 소를 제기하여 정기금의 이행을 명하는 판결이 확정된 경우, 그 소송의 소송물은 채권적 청구권인 부당이득반환청구권이기 때문에 위 소송의 변론종결 후에 토지의 소유권을 취득한 사람은 기판력이 미치는 변론종결 뒤의 승계인에 해당하지 않기 때문에, 토지의 신 소유자가 위 정기금판결에 대하여 변경의 소를 제기하는 것은 부적법하다고 하였다.[2]

(다) 변경대상이 되는 판결

1) 정기금의 지급을 명하는 판결이 변경판결의 대상이 된다. 치료비・일실이익 등의 손해배상판결뿐만 아니라, 부당이득금・임금・이자지급판결 등도 그 대상이 된다.[3] 정기금판결이므로 일시금배상판결은 그 대상이 아니다.

---

1) 胡, 864면; MünchKomm/Gottwald, §323 Rdn. 5, 7.

2) 大判 2016. 6. 28, 2014 다 31721(토지의 신 소유자는 토지의 무단 점유자를 상대로 다시 부당이득반환청구의 소를 제기하여야 한다).

3) 李時, 677면.

2) 정기금판결은 확정되어야 한다. 제252조는 정기금의 지급을 명한 확정판결만을 그 대상으로 하고 있으나, 확정판결과 같은 효력이 인정되는 것이면 모두 그 대상이 될 수 있다고 본다. 따라서 청구인낙조서 · 재판상 화해조서(220), 중재판정(仲 35)도 그 대상이 될 수 있다.

부양료나 양육비에 관한 심판은 가사소송법에 의하여 가사비송사건(家訴 2 I 2. 나. ③⑧)으로 규율되므로 기판력이 인정되지 않을 뿐만 아니라, 민법 제837조, 제978조에 의하여 사정변경으로 인한 변경이 가능하다.[1] 따라서 민사소송법상 변경의 소의 대상이 아니다.[2]

(라) **사정변경의 주장** 당사자가 정기금판결을 구하는 전소의 변론을 종결한 뒤에 액수산정의 기초가 되는 '사실'이 현저하게 바뀌었음을 주장하여야 한다. 실제로 변경되었는지 아닌지는 본안요건에 해당한다. 따라서 종전 확정판결의 결론이 위법 · 부당하다는 것은 변경의 소의 이유가 될 수 없으며,[3] 전소의 변론종결 이후의 청구권 자체의 소멸사유는 청구이의의 소의 대상이 될 뿐이다(民執 44).

(4) 본안요건

액수산정의 기초가 되었던 사정이 '현저히' 바뀜으로써 당사자 사이의 형평을 침해할 특별한 사정이 생겼어야 한다(252 I 前段). 정기금판결의 변론을 종결한 뒤에 생긴 사정변경으로서, 임금 · 임대료 · 공과금부담 등의 폭등 또는 폭락 등 물가변동이 대표적인 예이다. 우리 판례는 점유토지의 공시지가가 2.2배 상승하고, ㎡당 연임료가 약 2.9배 상승한 것만으로는 부족하다고 하였다.[4] 도이칠란트 판례는 10%의 변화가 있으면 된다고 한다.[5] 사정변경에 관한 증명책임은 주장하는 사람에게 있다.

---

1) 이혼한 당사자가 子의 양육에 관한 사항을 재판상 화해에 의하여 정하였더라도 법원은 준재심에 의하지 않고도 당사자의 청구에 의하여 언제든지 이를 취소 · 변경할 수 있다(大決 1992. 12. 30, 92 스 17). 그리고 자녀의 양육에 관한 결정(民 837 Ⅱ)의 변경은 사정변경이 없어도 가능하다(大決 2006. 4. 17, 2005 스 18).

2) 부양료에 관한 민법 제978조는 변경의 소를 규정한 도이칠란트 민사소송법 제323조를 본떠 만든 것이다(鈴木忠一, 「非訟 · 家事事件の研究」(1971), 191면 이하 참조).

3) 大判 2016. 3. 10, 2015 다 243996.

4) 大判 2009. 12. 24, 2009 다 64215.

5) KG FamRZ 1983, 293; OLG Hamburg FamRZ 1983, 211.

(5) 재 판

당사자 사이의 형평을 침해할 현저한 사정변경이 있으면 정기금의 확정판결을 변경하여 정기금의 액수를 증액 또는 감액하는 판결을 한다. 변경판결에서 변경의 대상이 되는 액수는 변경의 소 제기시 이후의 것에 한한다(501 참조).[1] 변경판결에 의하여 종전의 정기금판결이 소멸되는 것은 아니다. 따라서 변경의 소를 제기하기 이전에 발생한 채권의 집행은 종전의 정기금판결을 집행권원으로 하여 행할 수 있다. 변경의 소를 제기하여도 정기금판결의 집행이 정지되는 것은 아니므로, 강제집행의 정지를 신청하여야 한다(501).

Ⅱ. 客觀的 範圍

기판력의 객관적 범위의 문제는 판결서에 표시된 판단 가운데 어느 사항에 관한 판단에 기판력이 생기는가를 말한다. 물적 범위라고도 한다.

1. 判決主文에 포함된 판단

(1) 本案判決의 경우

(가) 訴訟物에 관한 판단

기판력은 판결주문에 포함된 판단에 한하여 발생하는 것이 원칙이다(216 Ⅰ). 그런데 판결의 결론 부분인 주문에는 소송물에 관한 판단이 표시되므로, 결국 **소송물에 관한 판단**에 한하여 기판력이 발생하는 것이다. 그리하여 '소송물=기판력의 범위'라는 등식이 성립한다.[2]

1) 이처럼 주문 중의 소송물에 관한 판단에 한하여 기판력이 생기는 근거는 i) 당사자가 판결에 의한 해결을 구한 것은 소송물인 권리관계이므로 그에 관한 판단으로서 주문에 기재된 것에 한하여 기판력을 인정하면 충분하고, ii) 당사자는 소

1) 변경청구의 대상을 현저한 사정변경이 있었던 시점부터 인정하는 것이 간명하고 제도의 취지에도 부합한다는 견해로는, 한충수, 618면.

2) 도이칠란트 민사소송법은 아예 "소 또는 반소로 신청한 청구에 대한 판단에 기판력이 있다"고 규정하고 있다(獨民訴 322 Ⅰ); 大判 2015. 1. 29, 2013 다 100750.

송물인 권리관계에 관하여 공격·방어를 다하는 것이 기대되므로, 이 점에 기판력을 인정하는 것은 절차권보장·예상외 재판방지에 적합하고, iii) 기판력을 주문에 포함된 판단에 한정함으로써, 당사자는 전제문제에 관하여는 소송물의 판단에 필요한 한도 안에서 다투면 되고, 법원은 당사자의 신청순서나 실체법상의 논리적 순서에 구애됨이 없이 용이한 공격·방어방법부터 심리하여 결론에 이를 수 있으므로, 심리의 간소화·탄력화에 이바지한다는 점 등에 있다.

2) 다만 주문에 포함된 판단은 간결하게 표현되므로 기판력이 생기는 사항을 파악하기 위하여는 판결이유를 참작하지 않으면 안 된다. 예컨대 청구기각판결은 "원고의 청구를 기각한다," 금전이행판결은 "피고는 원고에게 금10,000,000원을 지급하라"라고 주문에 표시되는데, 이 경우에 어떠한 청구를 하였다가 기각되었는가, 금 10,000,000원이 어떠한 원인에 기한 채권인가는 판결이유를 참작하여야 알 수 있는 것이다. 그러나 이 경우에도 판결이유는 주문에서 판단된 소송물을 특정하기 위하여 참작되는 것일 뿐 이유에 포함된 판단 자체에 기판력이 생기는 것은 아니다. 그런데 위에서 말한 일반원칙을 적용하여 구체적으로 후소에서 어떠한 권리주장(그 주장은 청구 자체의 모습으로 나타나는 수도 있고, 선결문제로 나타나는 수도 있다)까지가 기판력에 의하여 배척되는가를 판별하는 것은 매우 어려운 문제이다.

(나) 訴訟物의 범위와 旣判力의 범위

1) 통일적인 소송물개념을 취하는 통설은 '**소송물=기판력의 객관적 범위**'의 원칙을 인정한다. 이에 의하여 전소와 후소의 소송물이 같아서 기판력이 작용하는 경우에 구체적으로 후소에서 어떠한 사항이 기판력에 의하여 배척되는가는 그것이 전소의 소송물의 범위에 포함되는가 아닌가에 의하여 결정되게 된다. 그러므로 이 문제는 결국 **소송물논쟁**으로 되돌아가고 만다.[1)]

i) 소송물의 개별화 기준에 관하여는 구실체법설, 소송법설(일지설·이지설), 신실체법설 등이 대립하고 있고, 각 학설에 따라 소송물의 동일성과 범위의 결정이 달라짐은 이미 앞에서 살펴보았으므로 여기에서는 재론을 피한다(소송물이론에 관한 설명 참조). 다만 일지설에 의하면 기판력의 범위가 너무 넓어 당사자에게 매우 가혹하고, 구실체법설에 의하면 그 범위가 너무 좁아 실질적으로 같은 분쟁을 몇 번이고 허용하는 결과로 된다. 그리하여 양 설(兩說)을 조정하려는 시도도 있다. 그 하나는 일지설에 서면서 소송물과 별개로 기판력의 대상을

1) 胡文赫, 「確認判決의 旣判力의 範圍」, 判例月報 88. 7. 32.

한정하려는 견해이다.[1] 이에 의하면 기판력은 구체적 실체권에 한정된다고 하거나[2] 제출된 사실관계에 한하여 기판력의 차단적 효력이 미친다고 한다.[3] 다른 하나는 구실체법설에 서면서 소송물 자체를 포괄적인 한 개의 실체권으로 재구성하여 기판력의 범위를 재조정하려는 견해로서 불법행위와 채무불이행으로 인한 손해배상청구를 법조경합으로 보는 것이 이에 해당한다. 이를 하나의 청구권으로 보는 신실체법설도 같은 방향에 서 있는 견해이다. 그러나 이지설에 의하면 문제를 무리 없이 해결할 수 있다고 함은 앞에서 설명하였다.

ii) 구실체법설을 따르는 대법원판례는 소송물의 개념을 좁게 풀이하고, 따라서 기판력의 객관적 범위도 좁게 본다. 그리하여 전소인 매매를 원인으로 한 소유권이전등기청구사건의 판결의 기판력은 취득시효의 완성을 원인으로 한 소유권이전등기청구의 후소에는 미치지 않으며,[4] 부당이득반환청구권과 불법행위로 인한 손해배상청구권 중 어느 하나에 관해 소를 제기하여 승소확정판결을 받았어도 아직 채권의 만족을 얻지 못한 경우에는 나머지 청구권에 관한 이행의 소를 제기할 수 있다.[5] 나아가 물건 점유자를 상대로 하여 물건의 인도를 명하는 판결이 확정되더라도 그 인도판결의 기판력은 이들 물건에 대한 불법점유를 원인으로 한 손해배상청구 소송에 미치지 않는다.[6] 또한 개개의 재심사유는 독립된 것으로서 어느 한 가지 사유를 들어 재심의 소를 제기하였다가 패소판결이 확정되었다고 하더라도 다른 재심사유가 있는 경우에는 그 사유로 다시 재심의 소를 제기할 수 있다고 한다.[7] 그런데 말소등기청구사건의 소송물은 그 등기의 말소등기청구권이고, 그 동일성 식별의 표준이 되는 청구원인은 당해 '등기원인의 무효'에 국한되므로, 전소에서 한 사기에 의한 매매의 취소주장과 후소에서 한 매매의 부존재 또는 불완성의 주장은 다같이 등기원인의 무효를 뒷받침하는 공격·방어방법에 불과하므로 전소 판결의 기판력은 후소청구에 미친다고 한다.[8] 이것은 이전등기말소등기청구권의 실체법상의 근거를 소유권에 기한 방해배제청구권(民214)으로 보기 때문이며, 결론에서는 이지설 또는 일지설과 동일하다.

---

1) 소송물개념의 상대성을 주장하는 학자는 기판력의 객관적 범위를 소송물의 범위보다 좁게 획정한다.

2) 小室直人, "訴訟對象と旣判力對象,"「法學雜誌」, 9, 3-4(1963).

3) 李時, 680면; Schwab, *Der Streitgegenstand im Zivilprozess*(1954), S. 167.

4) 大判 1968. 3. 19, 68 다 123.

5) 大判 2013. 9. 13, 2013 다 45457(우연히 손해배상청구의 소를 먼저 제기하여 과실상계 또는 공평의 원칙에 기한 책임제한 등의 법리에 따라 그 승소액이 제한되었어도 그 제한된 금액에 대한 부당이득반환청구가 가능하다).

6) 大判 2019. 10. 17, 2014 다 46778("의무 이행을 명하는 판결의 효력이 실체적 법률관계에 영향을 미치는 것은 아니므로, 점유자가 그 인도판결의 효력으로 판결 상대방에게 물건을 인도해야 할 실체적 의무가 생긴다거나 정당한 점유권원이 소멸하여 그때부터 그 물건에 대한 점유가 위법하게 되는 것은 아니다.").

7) 大判 1970. 1. 27, 69 다 1888.

8) 大判 1981. 12. 22, 80 다 1548; 2011. 6. 30, 2011 다 24340; 다만 동일한 부동산에 등기명의인을 달리하여 중복된 소유권보존등기가 마쳐졌는데, 원고가 후행 보존등기로부터 등기를 이전 받은 자는 진정한 상속인이 아니라고 하면서 이전등기의 말소를 구하는 소를 제기하였다가 그 소가 상속회복청구의 소에 해당하고 제척기간이 경과하였다는 이유로 패소확정되었는데, 후행 보존등기가 중복등기에 해당하여 무효이므로 말소등기를 구하는 원고의 후소는 전소의 기판력에 저촉되지 않는다고 본 판례는, 大判 2011. 7. 14, 2010 다 107064.

2) 기판력은 전소와 후소의 소송물이 다르더라도 전소의 소송물에 관한 판단이 후소의 소송물에 관한 판단에 **선결문제**인 경우 및 양자가 **모순된 반대관계**에 있는 경우에도 작용한다(앞에서 설명한 기판력의 작용 부분 참조).

판례는 한때 부동산에 관한 소유권이전등기말소청구소송에서 패소·확정판결을 받은 원고가 다시 진정한 등기명의 회복을 위한 소유권이전등기청구의 소를 제기하는 경우에는 양 소의 소송물이 다르므로 전소 판결의 기판력이 후소에 미치지 않는다고 하였다.[1] 또한 나아가 소유권이전등기말소청구소송에서 패소·확정판결을 받고 그 판결에 따라 등기를 말소당한 피고가 이번에는 원고로서 진정명의회복을 위한 소유권이전등기청구의 후소를 제기하는 것까지 허용하였다.[2] 그러나 이러한 판례의 입장은 부동산의 소유명의를 다투는 소송에서는 사실상 두 번의 소송을 허용하는 결과가 되었으므로, 기판력의 이념인 법적 안정성을 중대하게 침해하는 문제가 있었다. 따라서 판례는 그 후 입장을 바꾸어 위 각 경우 전소와 후소의 소송물은 '실질적으로 동일한 소송물'이므로 전소 판결의 기판력은 후소에 미친다고 하였다.[3] 그러나 이 경우에 전소와 후소는 청구취지가 다르므로 종래의 소송물이론에 의하면 그 소송물은 다른 것으로 평가된다.[4] 그러나 양소는 모두 진정한 소유자에 의한 등기명의의 회복을 목적으로 하고, 소유물방해배제청구권을 기초로 하고 있다는 점에서 기본적인 사실관계가 같으므로, 사실관계 일지설의 관점에서는 양소는 청구취지의 차이에도 불구하고 소송물이 동일한 것으로 평가할 수 있을 것이다.[5][6] 판례는 제소전화해로 이전등기가 마쳐진 부동산에 대하여 이전등기말소청구와 진정명의회복을 위한 소유권이전등기청구가 선택적으로 병합하여 제기된 사건에서, 전자는 제소전화해의 기판력에 반하고(모순된 반대관계), 후자는 전자와 실질적으로 동일한 소송물이므로 역시 제소전화해의 기판력에 어긋난다고

---

1) 大(全)判 1990. 11. 27, 89 다카 12398.

2) 大判 1990. 12. 21, 88 다카 26482.

3) 大(全)判 2001. 9. 20, 99 다 37894(…말소등기에 갈음하여 허용되는 진정명의회복을 원인으로 한 소유권이전등기청구권과 무효등기의 말소청구권은 어느 것이나 진정한 소유자의 등기명의를 회복하기 위한 것으로서 실질적으로 그 목적이 동일하고, 두 청구권 모두 소유권에 기한 방해배제청구권으로서 그 법적 근거와 성질이 동일하므로, 비록 전자는 이전등기, 후자는 말소등기의 형식을 취하고 있다고 하더라도 그 소송물은 실질상 동일한 것으로 보아야 하고…).

4) 一部同旨: 胡, 826면. 판례는 매매를 원인으로 하는 1필의 토지의 특정 부분에 대한 소유권이전등기청구의 소에 대한 청구기각판결의 기판력은, 청구취지만을 달리하여 제기한 동일한 원인에 기한 그 1필의 토지 중 일정 지분에 대한 소유권이전등기청구의 후소에 미치지 아니한다고 한다(大(全)判 1995. 4. 25, 94 다 17956).

5) 양소의 소송물은 실질적으로 동일하고 모순된 반대관계에 해당한다는 공저자의 견해에 대하여는 유병현, "기판력과 진정명의회복을 위한 소유권이전등기청구소송,"「고려법학」, 제39호(2002), 287면 이하 참조. 소송물이 다르므로 기판력은 미치지 않으나 말소판결의 증명효로 후소가 기각될 것이라는 견해는 胡, 827면.

6) 다만 피담보채권의 소멸을 원인으로 근저당권 설정등기 말소청구를 하는 경우, 이를 **소유권에 기하여** 원인무효를 이유로 근저당권 설정등기 말소를 청구하는 경우와 **근저당권 설정계약상의 권리에 기하여** 원상회복으로 근저당권 설정등기의 말소를 구하는 경우는, 그 청구원인이 다르다는 점에서 소송물이 다르며 **서로 기판력이 미치지 않는다**는 것이 판례의 태도이다: 大判 1993. 9. 14, 92 다 1353; 1988. 9. 13, 86 다카 1332; 大(全)判 1994. 1. 25, 93 다 16338.

하였다.[1] 여하튼 판례의 입장에 따르면, 부동산의 진정한 소유명의를 회복하기 위한 방법으로 이전등기말소청구소송과 진정명의회복을 위한 소유권이전등기청구소송이 모두 허용되나,[2] 양자 중 어느 한 쪽만 이용하여야 한다.[3]

3) 일부청구에 관한 전소 판결의 기판력이 후소인 잔부청구에 미치는가에 관하여는 앞에서 이미 상세히 설명하였다(일부청구의 소송물에 관한 설명 참조). 대법원은 명시적 일부청구의 경우에는 소송물은 그 일부뿐이므로 잔부에는 기판력이 미치지 아니하나, 묵시적 일부청구의 경우에는 소송물이 전부이므로 기판력은 그 전부에 미친다고 한다.[4] 다만 전소에서 예측하지 못한 후유증으로 인한 손해에 관하여는 이를 전소와 별개의 소송물로 보고 새 청구를 허용하고 있다.[5] 또한 전소에서 치료비의 일부에 대해 향후 신체감정 결과에 따라 확정하여 청구할 것임을 밝힌 경우에는 명시적 일부청구에 해당하여 전소의 확정판결의 기판력이 향후 치료비 청구에 미치지 않는다고 한다.[6]

(2) 訴訟判決의 경우

1) 소송판결의 기판력은 주문에서 판단한 소송요건의 존재 여부(예컨대 재판권의 부존재, 중재계약의 존재 등)에 관하여 발생한다(216 I). 다만 소제기행위의 유효요건인 소송능력이나 대리권의 부존재의 판단은 소제기행위의 무효를 확정하는 데 지나지 아니하므로, 뒤에 소송능력 또는 대리권을 갖추어 다시 소를 제기하는 경우에는 전소의 기판력이 작용할 여지가 없다.[7]

2) 소송판결의 주문은 "이 사건 소를 각하한다"라고 간결하게 표현되므로, 기

---

1) 大判 2002. 12. 6, 2002 다 44014.

2) 大(全)判 1990. 11. 27, 89 다카 12398.

3) 大(全)判 2001. 9. 20, 99 다 37894. 소유권이전등기말소청구소송에서 패소·확정판결을 받은 원고가 다시 같은 부동산에 대하여 소유권확인의 소를 제기하여 승소·확정판결을 받고나서, 이번에는 진정명의회복을 위한 소유권이전등기청구의 소를 제기하는 경우에도 이 후소는 여전히 앞(전소)의 패소·확정판결의 기판력을 받는다. 왜냐하면 소유권확인판결은 전소의 변론이 종결된 뒤에 새로이 생긴 '사실'이 아니며(기판력의 시적 범위에 관한 설명 참조), 소유권확인판결로 전소 확정판결의 기판력이 소멸하는 것도 아니기 때문이다.

4) 大判 1982. 11. 23, 82 다카 845; 1989. 6. 21, 89 다카 2498; 2016. 6. 10, 2016 다 203025; 2016. 7. 27, 2013 다 96165(일부청구는 반드시 전체 손해액을 특정하여 그 중 일부에 대한 청구임을 밝힐 필요는 없고, 일부와 잔부를 구별하여 그 심리의 범위를 특정할 수 있는 정도로 표시하여 전체 손해의 일부로서 우선 청구하고 있음을 밝히는 것으로 족하다).

5) 大判 1980. 11. 25, 80 다 1671.

6) 大判 2016. 7. 27, 2013 다 96165.

7) 姜, 709면; 兼子, 337면; 大判 2003. 4. 8, 2002 다 70181.

판력이 미치는 사항, 즉 어느 소송요건에 흠이 있는가를 파악하기 위하여서는 판결이유를 참작하여야 한다.

2. 判決理由에 포함된 판단

(1) 원칙－旣判力의 不發生

판결이유에 포함된 판단에는 기판력이 생기지 않는 것이 원칙이다. 그 이유는 무엇인가? 결론인 주문의 판단을 이끌어 내는 데 필요한 전제문제인 공격·방어방법에 관하여는 이를 다툴 것인가 아닌가가 당사자의 자유에 속하고, 그것은 심판의 최종목표가 아니라 그 수단으로 주장되는 데 불과하며, 또 법원으로서도 당사자에게 유리한 것부터 차례로 심리하여야 하는 제약을 받지 않고, 결론을 이끌어 내기 쉬운 것을 자유로이 선택할 수 있다. 이러한 상황하에서 이유 중의 판단에 기판력을 인정한다면 이는 당사자가 의도한 바를 넘게 되고 당사자에게 예상하지 못한 공격을 가하게 되어 부당하다. 그리하여 이유 중의 판단에 대하여는 구속력을 배제하고 있는 것이다.

판결이유에서는 사실인정을 하고, 선결적 법률관계와 항변에 대하여 판단하며, 법률판단을 하는데, 이들에 대하여는 모두 기판력이 생기지 않는 것이 원칙이다.

(가) 事實認定 판결이유에서 판단한 사실인정에 대하여는 기판력이 생기지 아니한다. 이것은 단순한 사실의 인정을 목적으로 하는 소제기가 허용되지 않는 것에 대응한다. 그리하여 대리권의 유무에 관한 사실인정[1] 또는 손해배상청구소송에서 사기·강박 또는 과실이 있다는 사실인정에는 기판력이 생기지 않는다.

(나) 先決的 權利 또는 法律關係

1) 법원이 소송물에 관한 판단을 하면서 그 전제로서 선결적 권리 또는 법률관계에 대하여 한 판단에는 기판력이 생기지 아니한다. 그리하여 예컨대 이자청구를 인용하면서 판결이유에서 원금채권의 존재에 관하여 판단하였더라도 여기에는 기판력이 생기지 아니하므로, 원금채권을 청구하는 후소에서는 원금채권의 존재를 다툴 수 있고, 소유권에 기한 인도청구소송에서 소유권의 존재 여부에 관하여 판단을 하였더라도 기판력은 소송물인 인도청구권의 존재 여부에 관하여만 발생하고

---

1) 大判 1970. 9. 29, 70 다 1759.

소유권의 존재 여부에는 생기지 아니하며,[1] 소유권에 기한 이전등기청구 또는 말소등기청구소송에서의 확정판결의 기판력은 각 청구의 소송물이었던 각 등기청구권의 존재 여부에만 생기는 것이고, 그 부동산소유권의 귀속 자체에까지 생기는 것은 아니다.[2] 그러므로 소유권에 기한 이전등기말소청구에서 패소·확정된 원고가 소유권에 기한 소유물반환청구의 후소(예컨대 토지인도청구의 소) 또는 소유권확인청구의 후소를 제기하는 것[3]은 상관이 없다. 또 매매를 원인으로 한 소유권이전등기청구에 관한 인낙조서의 기판력은 그 등기청구권의 존재 여부에만 생기고, 등기청구권의 원인이 되는 매매계약의 존재 여부나 소유권의 귀속에는 생기지 아니한다.[4] 그러므로 전소에서 이전등기청구를 인낙한 피고가 이전등기를 마친 사람(전소원고)을 상대로 하여 그 매매계약이 부존재함을 내세워 소유권확인청구의 후소를 제기할 수 있다.

2) 이렇듯 선결적 법률관계에 관한 판단에는 기판력이 발생하지 아니하므로, 이에 관하여 기판력 있는 해결을 꾀하려면 중간확인의 소(264)를 제기하여야 한다. 그런데 최근에 도이칠란트·일본에서는 판결이유에 포함된 선결적 법률관계에 관한 판단에도 구속력을 인정하려는 시도가 나타나고 있다(뒤에 설명함).

(다) **抗 辯** 판결이유에서 피고의 항변에 대하여 한 판단은 설사 그것이 판결의 기초가 되었다고 하더라도 기판력이 생기지 않는 것이 원칙이다. 그리하여 예컨대 물건인도청구에 대하여 피고로부터 유치권이나 동시이행의 항변이 주장되고 법원이 이를 받아들여 상환이행의 판결을 선고하더라도 유치권의 피담보채권이나 동시이행을 주장한 반대채권에 관하여는 기판력이 발생하지 아니한다.[5] 또 소유권에 기한 토지인도청구가 피고의 임차권의 존재로 인하여 기각된 경우에도 임차권의 존재에 관한 판단에는 기판력이 생기지 아니한다. 이에 대한 예외를 이루는 것이 상계의 항변이다(뒤에 따로 설명한다).

(라) **法律判斷** 판결이유 속에 표시된 법률판단에는 기판력이 생기지 아니한다. 여기의 법률판단에는 추상적인 법규의 해석뿐만 아니라, 구체적 사실에 대한

---

1) 大判 1962. 2. 8, 4294 民上 205.

2) 大判 1972. 10. 10, 72 다 1430; 1981. 10. 13, 80 다 1335; 2003. 3. 28, 2000 다 24856; 2014. 10. 30, 2013 다 53939; 2009. 3. 12, 2008 다 36022(부당이득반환청구의 경우).

3) 확인의 소의 이익도 있다(大判 2002. 9. 24, 2002 다 11847).

4) 大判 1982. 3. 9, 81 다 464.

5) 大判 1975. 5. 27, 74 다 2074.

법률적용도 포함된다. 그리하여 예컨대 판결이유에서 농지매매가 무효라든가,[1] 매매계약이 무효라고[2] 한 판단에는 기판력이 생기지 아니하고, 이전등기말소청구에서 공유지분권의 취득에 관한 판단을 하였더라도 거기에 기판력이 생기지 아니한다.[3] 다만 상급법원이 환송판결을 하는 경우에 판결이유 중의 법률판단이 하급법원을 기속하지만(436 Ⅱ, 法組 8), 이것은 기판력의 문제는 아니다.

(2) 예외－相計의 抗辯에 관한 판단

1) 판결이유에 포함된 판단에 대하여는 기판력이 생기지 않는다는 원칙에 대하여 현행법이 인정하고 있는 유일한 예외는 상계의 항변이다. 피고가 상계의 항변을 제출하고 판결이유에서 그 효과에 관하여 판단한 때에는 상계하자고 **대항한 액수**의 한도 안에서 기판력이 발생한다(216 Ⅱ). 그 이유는 상계는 소구채권과 관계없는 반대채권을 가지고 양 채권을 같은 액수로 소멸시키는 효과를 항변으로 주장하는 것이므로, 이에 대하여 기판력을 인정하지 아니하면 소구채권(Klageforderung)(수동채권)의 존재 여부에 관한 분쟁이 반대채권(Gegenforderung)(자동채권)의 존재 여부에 관한 분쟁으로 모습을 바꾸어 반복되고, 그 결과 소구채권에 관한 판결이 의미를 잃게 될 염려가 있기 때문이다.[4] 다만 기판력이 생기는 상계는 민법 제492조 이하에 규정된 단독행위로서의 상계를 말하며, 당사자 사이의 채권을 상계하여 정산하기로 하는 내용의 합의가 있었다는 취지의 항변은 이에 속하지 않는다.[5]

2) 상계의 항변이 배척된 경우이든 인용된 경우이든 이를 가리지 않고 기판력이 발생한다. 먼저 반대채권의 부존재를 이유로 하여 상계의 항변을 배척한 경우에는 반대채권의 부존재에 대하여 기판력이 발생한다.[6] 그렇지 아니하면 패소한

1) 大判 1968. 9. 30, 68 다 1411.
2) 大判 1978. 10. 10, 78 다 1534.
3) 大判 1970. 9. 29, 70 다 1759.
4) 大判 2022. 2. 17, 2021 다 275741; 2005. 7. 22, 2004 다 17207(상계주장의 대상이 된 수동채권이 동시이행항변으로 행사된 채권일 경우에는 그 상계주장에 대한 판단에 기판력 불발생).
5) 大判 2014. 4. 10, 2013 다 54390.
6) 이때 기판력은 법원이 반대채권의 존재를 인정하였더라면 '수동채권의 상계적상일까지의 원리금과 대등액에서 소멸하는 것으로 판단할 수 있었던 반대채권의 원리금 액수'의 범위에서 발생한다는 것이 판례의 태도이다. 그리고 이러한 법리는 반대채권의 액수가 소구채권의 액수보다 더 큰 경우에도 마찬가지로 적용된다고 한다. 나아가 피고가 상계항변으로 2개 이상의 반대채권을 주장하였는데 법원이 그 중 어느 하나의 존재를 인정하여 수동채권의 일부와 상계를 인정하고, 나머지 반대채권들은 존재하지 않는 것으로 판단하여 그 부분 상계항변은 배척한 경우에, '반대채권들이 부존재한다는 판단에 대하여 기판력이 발생하는 전체 범위'는 위와 같이 상계를 마친 후의 수동채권의 (원금)잔액을 초과할 수 없다고 한다(大判 2018. 8. 30, 2016 다 46338, 46345).

피고가 뒤에 다시 반대채권을 주장하여 같은 금액을 반환받을 수 있기 때문이다.

다음 상계의 항변을 인용하여 원고의 청구를 반대채권의 범위 안에서 기각한 경우에는 어느 사항에 관하여 기판력이 발생하는가에 관하여 학설의 대립이 있다. 제1설은 원고의 소구채권과 피고의 반대채권이 **모두 존재**하고 그것이 상계에 의하여 **소멸**하였다고 하는 판단에 기판력이 발생한다고 하고, 제2설은 현재 반대채권이 존재하지 않는다는 판단에 기판력이 발생한다고 본다. 제2설은 피고가 다시 반대채권을 주장하여 분쟁을 되풀이하는 것을 막으려는 취지라고 설명하지만, 제1설에서도 그러한 청구를 허용하지 아니한다.[1] "청구가 성립되는지 아닌지의 판단"이라는 법문에 충실하고 또 실제로 소구채권과 반대채권의 존재 여부가 다같이 심리되는 점에 비추어 제1설이 타당하다고 생각한다.

3) 상계의 대상이 된 수동채권이 소송물로 심판되는 **소구채권**이거나 그와 실질적으로 동일한 경우, 예컨대 원고가 상계를 주장하면서 청구이의의 소를 제기하는 경우이어야 한다.[2] 이는 상계항변이 반소의 성격을 가지며 상계의 결과 소멸된 자동채권의 부존재에 기판력이 발생하므로 그와 대등액으로 소멸하는 수동채권은 소구채권일 것이 암묵적으로 전제되기 때문이라고 한다.[3] 따라서 상대방의 동시이행항변을 배척하기 위해 제출한 상계 주장에 대한 판단에는 기판력이 발생하지 않는다.[4] 나아가 대법원은 피고의 소송상 상계항변에 대하여 원고가 다시 소송상 **상계의 재항변**을 한 경우, i) 법원이 원고의 상계재항변과 무관한 사유로 피고의 상계항변을 배척하든, 이유있다고 판단하든 모두 위 상계재항변에 관해 판단할 필요가 없게 된다는 점, ii) 원고는 소의 추가적 변경이나 별소의 제기를 통해 자신의 다른 채권을 행사할 수 있다는 점에서, 원고의 소송상 상계의 재항변은 다른 특별한 사정이 없는 한 허용되지 않는다고 하였다.[5]

4) 상계의 항변은 청구의 존재 여부를 심판하면서 반대채권의 존재 여부를 **실질적으로 판단**할 필요가 있었던 경우(반대채권이 自白된 경우를 포함한다)에 한하여 기판력이 발생한다. 상

---

1) 제1설을 취하는 新堂 敎授도 피고의 부당이득반환청구와 손해배상청구를 부정하고 있다. 新堂, 416면.

2) 大判 2018. 8. 30, 2016 다 46338, 46345; 2005. 7. 22, 2004 다 17207.

3) 김상환, 대법원판례해설 57호, 2005. 7., 486면.

4) 大判 2005. 7. 22, 2004 다 17207.

5) 大判 2014. 6. 12, 2013 다 95964; 2015. 3. 20, 2012 다 107662(원고가 두 개의 채권을 청구하고, 피고가 그 중 하나의 채권을 수동채권으로 하여 소송상 상계항변을 하고, 원고가 청구채권 중 다른 하나의 채권을 자동채권으로 소송상 상계의 재항변을 하는 경우도 허용되지 않는다).

계의 항변이 시기에 늦게 제출되어 각하된 경우(149), 성질상 상계가 허용되지 않거나(民 496, 492 I 但), 부적상(民 492 I 本)으로서 배척된 경우는 제외된다. 또 반대채권의 판단에 들어가지도 않고 소구채권의 존재가 부정된 경우도 같다. 이들 경우에는 반대채권의 존재 여부 자체에 관하여 판단을 하지 아니하였으므로 이에 관한 분쟁이 해결되었다고 말할 수 없기 때문이다.

그리고 상계의 항변에 관한 판단은 "상계하자고 대항한 액수"에 관하여 기판력이 생긴다. 예를 들면 소구채권이 100만 원인 경우에 150만 원의 반대채권 중 같은 액수로 상계하는 때에는 반대채권에 관한 판단의 기판력은 100만 원에 한정된다. 그러므로 나머지 50만 원은 별소로 소구할 수 있다. 또한 상계적상 시점 이전에 수동채권의 변제기가 이미 도래하여 지체가 발생한 경우에는 상계적상 시점까지의 수동채권의 지연손해금을 계산한 다음 자동채권으로 그 지연손해금을 먼저 소각하고 잔액을 가지고 원본을 소각하여야 한다.[1] 이때 여러 개의 자동채권이 있다면 법원은 그 중 어느 자동채권에 대하여 어느 범위에서 상계의 기판력이 미치는지, 상계충당이 지정충당인지 법정충당인지, 또 지정충당이라면 어느 자동채권이 우선 충당되는지 특정하여야 하며,[2] 나아가 상계적상의 시점 및 수동채권의 지연손해금 기산일과 이율 등도 구체적으로 특정하여 상계의 기판력의 범위를 판결이유 자체로 분명히 알 수 있도록 해야 한다.[3]

5) 상계의 항변에 관한 심리에는 일정한 **순서**가 있다. 먼저 소구채권에 대하여 증거조사를 하여 그 존재가 확정된 뒤에 상계항변에 관하여 판단(상계항변은 수동채권의 존재가 확정되는 것을 전제로 하여 행하여지는 일종의 **예비적 항변**이다)[4]하여야 하고, 소구채권의 존재를 가정하고 상계의 항변에 의하여 바로 청구를 기각하는 것은 허용되지 아니한다. 이를 증거조사설(證據調査說)(Beweiserhebungstheorie)이라 한다. 왜냐하면 이 경우에 만일 소구채권이 존재하지 아니하였다면 피고만 반대채권을 상실하는 결과가 되기 때문이다.[5]

또 상계의 항변은 다른 방어방법이 모두 이유가 없을 때에 **최후의 방어방법**으로서 심리하여야 한다. 예컨대 피고가 상계의 항변과 아울러 변제의 항변을 제출

---

1) 大判 2005. 7. 8, 2005 다 8125.

2) 大判 2011. 8. 25, 2011 다 24814; 2014. 12. 11, 2011 다 77290.

3) 大判 2013. 11. 14, 2013 다 46023.

4) 大判 2018. 8. 30, 2016 다 46338, 46345.

5) 과거에는 곧바로 청구를 기각할 수 있다는 견해가 있었다. 이를 청구기각설(Klageabweisungs-theorie)이라 한다. 자세한 것은 Jauernig, §45 II; Arens, Rdn. 228 등 참조.

한 때에는 법원은 먼저 변제의 항변을 심리하고, 이것이 이유 없다고 인정되는 때에 비로소 상계의 항변에 관하여 심리한다. 그러므로 피고는 상계의 항변에 의하여 승소하더라도 변제의 항변을 인정하여 달라고 상소할 수 있다.[1)]

(3) 해석론에 의한 구속력 인정 논의

(가) 총 설 종래의 통설·판례는 기판력의 객관적 범위를 주문에 표시된 청구의 당부에 관한 판단에 한정하고, 그 전제가 되는 이유에 포함된 판단에는 상계의 항변을 제외하고는 구속력을 인정하지 않고 있다. 이것은 민사소송법 제216조에 충실한 해석이다. 그런데 최근에는 영미법상의 부수적 금반언(附隨的 禁反言)(collateral estoppel) 또는 쟁점배제효(爭點排除效)(issue preclusion)의 이론[2)]에 힘입어, 판결이유에 포함된 판단에도 일정한 요건 아래 구속력을 인정하려는 학설이 도이칠란트·일본 등에서 유력하게 주장되고 있고, 이것이 오늘날 기판력에 관한 논의의 중심과제로 되어 있다.

(나) 일본에서의 논의 일본의 학설은 민사소송법 제216조 제1항(日民訴 114 I)의 명문규정에도 불구하고 판결이유에 포함된 판단에도 구속력을 인정하려고 하는 방향으로 흐르고 있다. 다만 이러한 흐름에는 크게 세 부류가 있다. 판결의 제도적 효과의 하나로서 쟁점효를 인정하려는 견해, 종래의 기판력의 확장으로서 해결하려는 견해 및 일반조항인 신의칙에 의하여 해결하려고 하는 견해 등이 그것이다.

① **爭點效理論** i) 이것은 영미법상의 쟁점배제효의 법리에서 시사를 받고 민사소송법 제77조(日民訴 46)의 참가적 효력을 참고로 하면서 '신도'(新堂幸司)교수가 제창한 이론이다. 그에 의하면, 쟁점효란 '전소에서 당사자가 주요한 쟁점으로서 다투고, 또 법원도 이

---

1) 吉村=竹下=谷口, 292면; 中野=松浦=鈴木, 457면.

2) 영미법상으로는 판결이 확정되면 기판력(res judicata. 최근에는 claim preclusion, 청구배제효라 부른다)과 부수적 금반언(collateral estoppel. 최근에는 issue preclusion, 쟁점배제효라 부른다)의 效力이 발생한다. 양자는 여러 가지 점에서 유사한 점도 있지만, 명백히 구별하여야 한다. 청구배제효는 로마法에 기원을 가진 제도로서 법원이 판결에서 공권적 판단을 내렸다는 점에 역점을 두고 있음에 반하여, 쟁점배제효는 게르만법에 기원을 둔 제도로서 처음에는 당사자가 소송의 심리과정에서 공개적으로 주장·선언을 하였다는 점을 강조하였다가, 이제는 그 점은 퇴색하고 법원의 선언을 존중하는 것으로 선회하였다. 그리하여 오늘날에는 청구배제효와 쟁점배제효는 하나의 원칙의 두 가지 발현으로 통합되었지만, 양자 사이에는 다음 세 가지의 차이점이 있다. 첫째로, 청구배제효는 청구(소송물, claim)의 차원에서 작용함에 반하여, 쟁점배제효는 청구를 떠받드는 쟁점(공격·방어방법, issue)의 차원에서 작용한다. 둘째로, 청구배제효는 당사자가 전소에서 청구에 관하여 다투었는가 아닌가에 관계없이 발생함에 반하여, 쟁점배제효는 전소에서 당사자가 그 쟁점에 관하여 실제로 다투었을 때에만 발생한다. 셋째로, 청구배제효는 후소의 청구가 전소의 청구와 같은 경우에 한하여 후소를 배제함에 반하여, 쟁점배제효는 후소 청구가 전소 청구와 같은가 아닌가를 불문하고 같은 쟁점이 문제되면 후소에서 그 쟁점의 재론을 배제한다. 상세한 것은 Friedenthal, Kane & Miller, p. 651 ff.; James, Hazard & Leubsdorf, §11. 8 ff.; §11. 17 ff.; Siegel, pp. 671 ff. 등 참조.

것을 심리하여 내린 그 쟁점에 관한 판단에 생기는 통용력으로서, 같은 쟁점을 주요한 선결문제로 하는 다른 후소 청구의 심리에서, 그 판단에 반하는 주장·증명을 허용하지 않고, 이것과 모순되는 판단을 금지하는 효력'이다.[1] 예컨대 소유권에 기한 이전등기말소청구소송에서 소유권의 귀속이 중요한 쟁점으로 다투어진 결과 원고의 소유로 판명되어 말소판결이 확정되었으면, 뒤에 피고가 원고를 상대로 피고 소유임의 확인청구를 제기한 경우에 후소 법원은 전소의 판결이유에서 원고의 소유라고 한 판단에 구속된다. 또 갑이 소유권에 기하여 토지인도청구의 소를 제기하였던바 을의 임차권의 항변이 인정되어 갑이 패소한 뒤에, 갑이 을을 상대로 하여 임료지급청구의 소를 제기한 경우에는 전소 판결의 임차권의 존재에 관한 판단에 쟁점효가 발생하므로 을은 자기에게 임차권이 없다고 다툴 수 없고, 법원도 그 점에 관하여 심리하지 아니하고 갑의 청구를 인용할 수 있다고 한다.

ii) 쟁점효를 인정하는 경우에는 쟁점효와 종래의 기판력과의 차이와 관계가 문제된다. 쟁점효이론에 의하면 기판력과의 차이점은 다음 세 가지이다.[2] 즉 a) 기판력은 판결주문의 판단에 대하여 생기지만, 쟁점효는 판결이유 중의 판단에 생긴다. b) 기판력은 소송에서 당사자가 어떠한 형태로 싸웠든 항상 생기는 제도적 효력이고, 자백간주에 의한 판결에도 발생하지만, 쟁점효는 당사자가 진지하게 다투고 법원도 이를 심리하여 판단을 내린 경우에만 발생하는 효력이다. 결국 쟁점효는 일정한 조건이 구비된 경우에만 발생한다. c) 기판력은 직권조사사항이지만, 쟁점효는 당사자의 원용에 의하여 고려될 뿐이다. 그리고 기판력과 쟁점효는 서로 보완·조화하는 관계에 있다고 한다. 즉 판결이유에 포함된 판단에 기판력이 미치지 않도록 한 것은 당사자의 쟁점처분의 자유와 법원의 심리의 기동성을 보장하기 위한 것인데, 판결이유 중의 판단에 쟁점효를 인정하는 것은 당사자의 쟁점처분의 자유나 법원의 심리의 기동성을 해하지 않으며, 이들을 긍정한 바탕 위에서 현실적으로 다투어지고 법원이 판단을 내린 경우에만 쟁점효가 인정된다는 것이다. 말하자면 민사소송법 제216조는 그 소송의 소송물과의 관계에서 어느 쟁점을 다투지 아니할 자유를 보장하는 것이요, 쟁점효는 당사자가 다투지 아니할 자유를 포기하고 현실로 다툰 경우에만 생기는 효력이므로 서로 모순되지 않는다고 한다.[3]

iii) 일본에서 쟁점효를 인정하는 견해는 다시 그 성질을 둘러싸고 크게 두 부류로 나누어진다. 첫째는 **제도적 효력설**로서, 쟁점효는 신의칙이 정착한 일종의 제도적 효력이며, 확정판결이 가지는 부수적 효력의 일종으로 본다.[4] 이 설은 쟁점효의 적용을 받는 사람의 절차권을 보장하기 위하여 적용요건을 명확하게 하고자 한다. 그리하여 쟁점효의 요건으로서는 a) 전후 양소의 청구의 당부에 관한 판단에서 '주요한 쟁점'일 것, b) 당사자가 전소에서 그 쟁점에 관하여 주장·증명을 다하였을 것(따라서 자백, 자백간주 또는 증거계

1) 新堂, 601면 이하.
2) 高橋, 講義ノート, 91면.
3) 高橋, 前掲書, 143면.
4) 新堂, 431면 이하; 高橋, 前掲書, 143면.

약 등의 경우에는 쟁점효가 발생하지 않는다), c) 법원이 그 쟁점에 관하여 실질적으로 판단을 하였을 것, d) 전소와 후소의 계쟁이익이 거의 같을 것 등이 요구된다. 제도적 효력설에 대하여는 요건의 정식화가 다른 불명확을 초래하고 전소의 과정에서 장래 쟁점효가 생길 쟁점인가 아닌가를 구별하여 심리하게 되어 법원의 심리의 기동성을 해한다는 비판이 가하여지고 있다. 둘째는 **신의칙적용설**로서, 쟁점효는 기판력과 같은 제도적 효력은 아니며, 신의칙이 개별적으로 적용되는 결과에 지나지 않는 것으로 보되, 일반조항으로서의 신의칙이 가지는 불명확성·위험성을 회피하기 위하여 그 적용의 유형화를 꾀하는 견해이다.[1] 이 점에서 단순히 일반조항으로서의 신의칙만을 문제로 삼고 쟁점효 자체를 부정하는 견해와 구별된다. '다케시타'(竹下)교수는 전소의 승소자와 패소자를 구별하여 a) 승소당사자가 그 이익을 유지하면서 후소에서 이와 상용(相容)하지 않는 이익을 추구하거나 또는 이에 필연적으로 수반하는 불이익을 모면하려고 전언을 번복하는 것을 허용하지 않는 '모순거동금지의 원칙'과 b) 전소에서 권리행사를 게을리 한 패소당사자가 후소에서 같은 문제를 다시 들고 나와 응하는 것이 상대방의 정당한 신뢰를 깨뜨리는 경우의 '권리실효의 원칙'으로 구별하여, 후자의 경우에만 쟁점효가 작용한다고 본다. 전자의 원칙은 쟁점으로 되지 아니한 때(자백 등)에도 적용되고, 이유 중의 판단에 대하여 불복·상소할 기회가 없었던 때에도 적용되며, 전후 양소의 계쟁이익의 균형도 요구되지 않는 점에서 쟁점효의 범위 밖으로 본다.

② **旣判力擴張理論** 이것은 판결이유에 포함된 판단의 구속력을 본질적으로 기판력의 일종으로 보고, 당사자의 절차권보장과 관련하여 그 요건의 정밀화를 꾀하는 이론이며,[2] 도이칠란트의 '쵸이너'(Zeuner) 및 '헨켈'(Henckel) 등과 궤를 같이한다. 이에 의하면 전소와 후소의 소송물이 다른 경우에도 후소의 권리주장이 전소에서 확정된 법률효과가 노리는 질서내용을 형해화하거나 파괴하려고 하는 것일 때에는 법적 안정을 꾀하기 위하여 전소 판결의 이유에 포함된 판단에도 기판력이 있으며, 위와 같은 후소의 권리주장은 허용되지 않는다고 한다. 예컨대 소유물반환청구권을 인용한 판결의 확정 후 패소 피고가 같은 물건에 대한 소유권확인의 소를 제기한 때에는 전소판결의 이유에서 원고의 소유권을 인정한 판단은 후소에 기판력을 미친다고 한다.

③ **信義則說** 제도적 효력으로서 정착된 신의칙이 아니라 일반조항으로서의 신의칙을 적용하여, 전소의 판결이유에서 판단한 바를 후소에서 다투어서는 아니되는가를 개별적으로 검토하면 충분하다고 하는 견해이다. 일본최고재판소는 이 입장을 취하고 있다.[3]

(다) 도이칠란트에서의 논의 모두 기판력확장으로 해결한다.

① **意味關聯論** 이것은 '쵸이너'(Zeuner) 교수에 의하여 주장된 이론으로서[4] 일

1) 竹下守夫, 「判決理由中の判斷と信義則」, 山木戸還暦, 下, 72면 이하.
2) 上村明廣, "旣判力の範圍に關する一問題," 岡山大學創立10週年記念論集, 181.
3) 日最判 1976. 9. 30, 民集 30. 8. 799.

부 학자의 지지를 받고 있다. 이에 의하면 전소 판결이 후소에서 확정하려는 법률효과와 의미관련(Sinnzusammenhang)을 가지면, 전소의 판결이유에 포함된 판단이 후소에 대하여 기판력을 미친다고 한다. 그리하여 예컨대 쌍무계약에서 계약의 이행(매매대금의 지급)을 구하는 소송이 계약의 무효로 기각된 경우에는 반대급여(매매목적물의 인도)를 구하는 후소에 대하여도 계약무효에 관한 전소 판단의 기판력이 미치므로 후소 청구를 기각하여야 한다. 반대로 전소에서 매매계약이 유효한 것으로 판단되어 대금청구가 인용되었으면 후소에서도 이를 전제로 인도청구가 인용되어야 한다고 한다. 이 경우 후소는 전소의 내용적 계속이기 때문이라고 한다.

② **經濟的 價値 同一論** 이것은 '헨켈'(Henckel) 교수에 의하여 주장된 이론으로서,[1] 판결이유에 포함된 판단에 기판력을 인정하려는 점에서 '쵸이너'의 견해와 비슷하다. 다만 전소 판결의 이유에 포함된 판단이 후소 청구에 대하여 기판력을 미치는 요건은 전소 청구와 후소 청구의 경제적 가치(wirtschaftlicher Wert)가 같다는 것이다.

이 경제적 가치의 동일성을 판단하기 위해서는 그가 소송물의 식별기준으로 제시한 처분대상(Verfügungsobjekt)으로서의 동일성이 고려된다. 그에 의하면 전소에서 이자청구를 하였다가 소비대차계약이 무효라는 이유로 패소하였더라도 소비대차계약이 무효라는 판결이유는 원금청구를 하는 후소에 기판력을 미치지 않음에 반하여, 전소에서 원금청구를 하여 소비대차계약이 성립하지 아니하였다는 이유로 패소하였다면 이자청구를 하는 후소에 대하여 기판력이 미친다고 한다. 그 이유는 전자의 경우에는 양 소의 경제적 가치가 다름에 반하여, 후자의 경우에는 원금청구에 이자의 가치가 포함되어 있어 양 소의 경제적 가치가 같기 때문이라고 한다(이자는 채무자가 원금을 받은 대가이므로). 또 갑이 을을 상대로 특정 물건에 대한 소유권확인청구를 하여 갑의 소유임이 확정되면, 같은 물건에 대한 을의 갑에 대한 소유권확인청구는 전소 판결의 기판력에 저촉된다. 이 경우에는 양 소에서 같은 처분대상, 즉 같은 경제적 가치가 문제되기 때문이라고 한다. 또 소유권에 기한 인도청구의 전소에서 소유권이 없다는 이유로 청구가 배척되면 그것은 소유권확인을 구하는 후소에 기판력을 미침에 반하여, 반대로 전소에서 소유권이 있다는 이유로 청구가 인용되어도 그것은 소유권확인을 구하는 후소에 기판력을 미치지 아니한다. 왜냐하면 전자의 경우에는 인도청구가 배척되면 그 목적물을 처분할 수 없어 마치 소유권이 없는 것과 같으므로 양 소는 경제적 가치가 같지만, 후자의 경우에는 소송물인 인도청구권은 소유권·점유권·임차권·질권 등 여러 가지로부터 나올 수 있으므로 그것이 인용되어도 소유권이 있다는 것이 확정되지 아니하고(소유권은 인도청구권의 선결문제에 불과하다), 이것은 양자의 경제적 가치가 다르기 때문이라고 한다.

---

4) Zeuner, *Die objektiven Grenzen der Rechtskraft im Rahmen rechtlicher Sinnzusammenhänge*, 1959.

1) Henckel, *Prozessrecht und materielles Recht*(1970), SS. 109, 175 ff., 183 ff.

(라) 批判과 私見 판결이유 중의 판단에도 구속력을 인정하려는 견해 가운데 일본의 쟁점효이론은 많은 학자들의 지지를 받고 있으나, 일본최고재판소는 이 이론을 반복하여 배척하고 있고,[1] 대법원판결도 같다.[2] 도이칠란트의 새로운 이론도 실무에서는 배척되고 있다. 생각건대 판결이유 중의 판단에도 기판력 또는 쟁점효를 인정하려고 하는 새로운 이론은 분쟁을 모순 없이 해결할 수 있는 이점(利點)이 있다. 그러나 이들 이론은 민사소송법 제216조의 문언과 특히 중간확인의 소(264)를 둔 취지에 반한다. 뿐만 아니라 쟁점효는 그 본질·요건 등이 아직 불명확하고 의미관련론이나 경제적 가치 동일론의 경우에도 어느 경우에 의미관련이 있고 경제적 가치가 같은지 불분명하다. 그리고 전소 판결을 증거로 제출하면 대개의 경우에는 전소와 같은 판단을 이끌어낼 수 있다(**판결의 증명효**).[3] 이렇게 본다면 이들 새 이론을 해석론으로서 받아들이기는 어렵지 않은가 한다. 다만 이들 이론이 제기한 문제점 즉 분쟁의 모순 없는 해결을 도모하기 위하여서는 신의칙, 특히 '선행행위와 모순되는 거동의 금지원칙' 또는 '권리실효의 원칙' 등을 적극적으로 활용할 필요가 있다고 하겠다.[4] 판례는 소유권이전등기말소청구소송에서 패소·확정판결을 받은 사람이 다시 그 선결문제인 소유권에 대하여 확인의 소를 제기하여도 신의칙에 반하는 것이 아니라고 하면서도, 신의칙에 기하여 소송의 반복을 금지하기 위하여는 적어도 그 사항이 전소에서 주요한 쟁점으로 되어 양 당사자가 공격·방어를 다하였고 상대방에게 그 사항에 대한 다툼은 이미 결말이 났다고 하는 정당한 신뢰가 생길 것이 요구된다고 하여, 신의칙의 적용에 관하여 여운을 남기고 있다.[5] 일본최고재판소는 신의칙에 의하여 개별적으로 소송물 이외의 판단에 대하여 기판력과 유사한 구속력을 인정한 예가 있다.[6]

---

1) 日最判 1969. 6. 24, 判時 569. 48; 1973. 10. 4, 判時 724. 33; 1981. 7. 3, 判時 1014. 69.

2) 大判 1979. 2. 13, 78 다 58.

3) 大判 1990. 12. 11, 90 다카 7545; 1995. 6. 29, 94 다 47292; 2000. 9. 8, 99 다 58471; 2018. 8. 30, 2016 다 46338, 46345(이미 확정된 관련 민사사건에서 인정된 사실은 **유력한 증거**가 된다. 다만 소송물은 다르지만 분쟁의 기초된 사실이 같은 후행의 민사소송에서 제출된 다른 증거 내용에 따르면 위 확정된 판결의 사실인정을 그대로 채용할 수 없는 경우에는 **합리적인 이유를 설시**하여 이를 배척할 수 있다).

4) 同旨: 李時, 686면; Jauernig, §63 Ⅲ 2; Arens, Rdn. 365.

5) 大判 2002. 9. 24, 2002 다 11847.

6) 日最判 1974. 4. 26, 民集 28. 3. 503, 百選 Ⅱ, 316면 참조.

Ⅲ. 主觀的 範圍(人的 範圍)

기판력의 주관적 범위의 문제는 기판력이 누구와 누구 사이에서 작용하는가를 명확히 하는 것이다.

1. 相對性의 原則(당사자 사이의 원칙)

1) 기판력은 대립하는 당사자 사이에서만 미치는 것이 원칙이다(218 I). 이를 기판력의 상대성이라고 한다. 민사소송의 판결은 당사자 사이의 사적 이익에 관한 분쟁을 상대적으로 해결하기 위한 것이므로, 그 효과도 양 당사자를 구속하면 충분하고, 또 처분권주의 · 변론주의에 의하여 지배되는 민사소송절차에서는 스스로 소송을 수행한 당사자만이 그 결과인 판결의 기판력을 받는 것이 타당하고, 소송에 관여할 기회가 없었던 제3자에게 그 결과를 강요하는 것은 그에게 보장된 재판을 받을 권리를 침해하게 되어 부당하기 때문이다. 따라서 소송 외의 제3자에게는 물론, 소송에 관여하는 대리인, 보조참가인(참가적 효력이 미칠 뿐)이나 공동소송인에게도 기판력이 미치지 않는 것이 원칙이다. 또한 단체가 당사자로서 받은 판결의 기판력도 그 대표자나 구성원에게 미치지 않는다.[1)]

2) 다만 법은 예외적으로 당사자 사이의 분쟁해결의 실효성을 높이기 위하여 당사자와 밀접한 관련이 있는 제3자에게 기판력을 미치게 하고 있다(이 경우에 관하여는 일반적 범주를 정하고 있나. 218 I. Ⅲ). 또 널리 모든 관계인 사이의 획일적 처리를 위하여 예외적으로 일반의 제3자에게도 기판력이 미치는 경우를 규정하고 있다(이 경우에 관하여 개별적으로 정하고 있다). 다만 이들 예외규정을 적용하여 구체적으로 기판력이 미치는 제3자의 범위를 결정할 때에는 기판력의 확장을 정당화하는 근거가 무엇인가를 검토하여야 하고, 이를 위하여 당사자와 제3자 사이의 실체법상의 관계 및 제3자의 절차권보장의 유 · 무 등을 고려하여야 한다. 또한 일정한 범위의 제3자에 대하여는 기판력이 아닌 반사적 효력 또는 참가적 효력이 미치게 하고 있다.

---

1) 大判 1978. 11. 1, 78 다 1206.

2. 旣判力의 擴張(1) — 당사자와 동일시할 수 있는 제3자

(1) 변론을 종결한 뒤의 승계인(218 I)

(가) 취 지 변론을 종결한 뒤(변론 없이 한 판결의 경우에는 판결을 선고한 뒤)에 당사자로부터 분쟁주체인 지위를 승계한 제3자는 당사자와 상대방 당사자 사이에서 내려진 판결의 기판력을 받는다(218 I). 이것은 승계인이 당사자의 법적 지위를 승계하였다는 실체적 관계를 기초로 하면서 상대방 당사자와 승계인 사이의 균형을 꾀하고자 하는 것이다. 그렇지 않으면 패소한 당사자는 그 소송물인 권리관계 또는 이에 관한 법적 지위를 제3자에게 처분함으로써 당사자 사이의 소송결과를 무의미하게 만들 수 있고, 승소한 당사자는 기판력에 의하여 취득한 이익을 처분할 수 없게 되기 때문이다.

(나) 승계인의 범위(1) — 소송물인 권리관계의 승계인과 분쟁주체지위의 승계인 (依存關係說 · 紛爭主體地位承繼說)

1) 변론을 종결한 뒤의 승계인의 범위를 둘러싸고 종래 의존관계설 및 적격승계설의 대립이 있었다. 일찍이는 소송물인 권리의무 자체를 승계한 사람을 뜻하는 것으로 풀이하는 견해(**의존관계설**)가 유력하였다. 그러나 이 견해에 의하면, 예컨대 갑이 을을 상대로 하여 소유권에 기한 건물철거 · 토지인도청구의 소를 제기하여 승소한 경우에 을로부터 위 건물을 임차한 병은 승계인이 아니므로, 갑은 을에 대한 승소판결의 기판력(건물의 철거의무)을 병에게 주장할 수 없다. 따라서 갑은 병을 상대로 다시 건물퇴거 · 토지인도청구의 소를 제기하여야 되는데, 이것은 분쟁해결의 실효성에 반한다. 그리하여 여기에서 말하는 승계인이라 함은 소송물인 권리의무 자체의 승계인 외에 소송물에 관하여 당사자적격을 전래적(傳來的)으로 취득한 사람도 포함된다고 하는 견해(**적격승계설**)가 주장되어 이것이 현재 통설로 되어 있다.[1] 그러나 당사자적격은 특정한 소송물에 관한 소송수행권자의 결정기준으로서, 소송물과 밀접하게 관련되어 있으므로, 소송물이 다른 경우(소송당사자가 달라지면 소송물이 달라진다고 하는 견해에 의하면 언제나)에 소송당사자의 지위를 승계한 사람을 '당사자적격의 승계인'이라고 표현하는 것은 정확하지 않다. 따라서 여기에서 말하는 승계인은 '분쟁주체인 지위의 승계인'을

1) 李時, 693면; 金/姜, 621면; 宋/朴, 555면.

가리킨다고 풀이하여야 할 것이다(**분쟁주체지위승계설**).[1]

2) 변론을 종결한 뒤의 승계인에는 두 가지가 있다. 하나는 변론을 종결한 뒤에 **소송물인 권리의무 자체를 승계**한 사람이다. 승계의 모습이 포괄승계(상속·합병 등)[2]이든 특정승계이든[3] 또 특정승계의 경우에 이전적 승계이든 설정적 승계이든 가리지 않으며, 승계의 원인이 법률행위에 의한 임의처분(매매, 양도, 임대차 등)이든 국가의 강제처분(경매·전부명령 등)이든 묻지 아니한다.[4] 승계의 전주가 원고이든(이행판결의 채권의 양수인) 피고이든(이행판결의 채무의 면책적 인수인) 상관이 없다. 다만 승계의 시기는 변론을 종결한 뒤이어야 한다.[5] 매매 등 원인행위가 변론종결 이전이라도 변론을 종결한 뒤에 등기를 하였으면 여기의 승계인에 해당한다.[6] 다만 가등기에 기한 본등기의 경우에는 본등기가 이루어진 시점을 기준으로 한다.[7]

다른 하나는 소송물인 권리의무 자체를 승계한 사람은 아니지만, 표준시 후에 **계쟁물에 관한 분쟁주체인 지위를 승계**한 사람이다. 예컨대 소유권에 기한 반환청구(가옥인도청구·토지인도청구)에서 피고로부터 목적물건(가옥·토지)의 점유를 취득한 사람, 임대차종료에 기한 가옥인도청구의 피고로부터 가옥을 양수한 사람, 건물철거소송의 피고로부터 지상건물을 양수한 사람,[8] 소유권이전등기말소청구의 피고로부터 부동산을 양수하여 등기한 사람 등이 이에 해당한다.[9] [10]

1) 同旨: 新堂, 418면; 兼子, 條解民訴, 654~655면.

2) 소송계속중에는 피상속인의 사망으로 상속인이 법률상 당연히 당사자의 지위를 승계한다. 따라서 포괄승계의 경우에 '변론을 종결한 뒤의 승계인'(218 I)은 엄밀히 말하면 '판결이 확정된 뒤의 승계인'이다. 소송계속 후 판결확정 이전의 승계인은 '승계인'으로서가 아니라 '당사자'(218 I)로서 기판력을 받기 때문이다. 자세한 설명은 유병현, "소송계속 중 사망한 자를 당사자로 표시한 판결의 승계인에 대한 기판력과 집행방법," 하촌정동윤박사화갑기념, 「21세기 민사소송법의 전망」(1999), 317면 이하 참조.

3) 大判 2016. 1. 28, 2015 다 207747(체육시설에 관한 영업양도와 관련하여 체육시설법 제27조 제1항에 따른 양수인은 민사소송법 제218조 제1항의 승계인에 해당한다).

4) 채권양수인이 민사소송법 제218조 제1항에 따라 확정판결의 효력이 미치는 '변론을 종결한 뒤의 승계인'에 해당하는지의 판단은 채권양도의 합의가 이루어진 때가 아니라 **대항요건이 갖추어진 때**를 기준으로 한다(大判 2020. 9. 3, 2020 다 210747).

5) 大判 1979. 2. 13, 78 다 2290.

6) 大判 2005. 11. 10, 2005 다 34667.

7) 大判 1992. 10. 27, 92 다 10883(대지 소유자가 그 지상건물의 철거를 구하여 승소확정판결을 받은 경우, 그 지상건물에 관하여 위 확정판결의 변론종결 전에 경료된 소유권이전청구권가등기에 기하여 위 확정판결의 변론종결 뒤에 소유권이전등기를 경료한 자는 민사소송법 제204조 제1항(현행 제218조 제1항)의 변론을 종결한 뒤의 승계인이라 할 것이어서 위 확정판결의 기판력이 미친다고 하였다. 건물철거소송에서 확정판결이 미치는 철거의무자의 범위는 건물의 소유권 기타 사실상의 처분권의 취득시점을 기준으로 판단하여야 한다는 것이 그 이유이다); 다만 가등기에 기한 본등기의 경우 가등기가 이루어진 시점을 기준으로 판단해야 한다는 판례로는, 大判 1970. 7. 28, 69 다 2227.

8) 大判 1991. 3. 27, 91 다 650.

9) 大判 1979. 2. 13, 78 다 2290 등.

10) 대금분할을 명한 **공유물분할 확정판결**의 원고인 공유자 중 1인이 신청하여 진행된 공유물분할을 위

다만 대법원은, A가 B를 상대로 건물에 관한 소유권이전등기의 말소를 구하는 소를 제기하여 승소확정판결을 받았는데, 이 사건의 변론종결 후에 B로부터 위 건물의 소유권을 이전 받은 C가 A를 상대로 위 건물의 인도 및 차임 상당 부당이득의 반환을 구하는 소를 제기한 사안에서, 전소 판결의 기판력이 건물의 소유권의 존부에 미치지 않고, 전소 소송물에 대한 판단이 후소 청구와 선결관계 또는 모순관계에 있지도 않다는 점에서 전소의 기판력이 후소에 미치지 않아 법원은 후소 청구의 당부를 심리하여 판단해야만 한다고 하였다.[1] 이 판례를 계쟁물 등의 승계인에 대해 기판력을 배제하는 하나의 예로 이해하는 견해가 있으나, 이는 A가 전소판결에 기하여 승계집행문을 부여받아 C에 대해 집행을 하지 않고 있는 상황에서 C가 전소판결의 기판력이 미치는 등기말소청구와 전혀 관련 없는 건물인도 및 차임 청구를 하여 나타난 문제이므로, 이를 기판력이 미치는 승계인의 범위에서 '계쟁물 승계인'을 배제하는 의미로 볼 것은 아니다(전소에서 패소한 B가 후소에서 A를 상대로 위 건물의 인도 및 차임 상당 부당이득의 반환을 구하는 소를 제기해도 전소의 기판력에 저촉되지 않는 점에 비추어 보면 더욱 그러하다).

(다) 승계인의 범위(2) — 물권적 청구권과 채권적 청구권(舊實體法說·訴訟法說)

1) 분쟁주체지위승계인의 범위에 관하여는 소송물이론에 따라 견해가 갈라진다. 즉, **구실체법설**은 소송물인 청구권의 성질을 승계인의 범위의 문제에 반영하여, 피고에 대한 원고의 청구권이 물권적인가 채권적인가를 따져서, 물권적 청구권인 경우에는 대세적 효력이 있으므로 피고로부터 목적물의 점유나 등기를 취득하여 분쟁주체의 지위를 승계한 사람을 승계인의 범위에 포함시키지만, 채권적 청구권인 경우에는 승계인의 범위에 포함시키지 아니한다. 그리하여 판례는 소유권에 기하여 이전등기말소등기를 명하는 판결이 확정되었을 경우에는 피고로부터 변론을 종

한 경매절차에서 매수인이 매각대금을 완납하였는데, 대금분할을 명한 공유물분할판결의 변론이 종결된 뒤 위 공유자의 공유지분에 관하여 소유권이전청구권의 순위보전을 위한 가등기가 마쳐진 경우, 대금분할을 명한 공유물분할 확정판결의 효력은 민사소송법 제218조 제1항이 정한 변론종결 후의 승계인에 해당하는 가등기권자에게 미치므로, 특별한 사정이 없는 한 위 가등기상의 권리는 매수인이 매각대금을 완납함으로써 소멸한다(大判 2021. 3. 11, 2020 다 253836).

또한 주택임대차보호법 제3조 제4항에 따라 **임차주택의 양수인**은 임대인의 지위를 승계한 것으로 보므로 임대차보증금 반환채무도 부동산의 소유권과 결합하여 일체로서 임대인의 지위를 승계한 양수인에게 이전되고 양도인의 보증금반환채무는 소멸하는 것으로 해석되므로, 변론종결 후 임대부동산을 양수한 자는 민사소송법 제218조 제1항의 변론종결 후의 승계인에 해당한다. 다만 임대인을 상대로 보증금반환의 승소확정판결을 받은 임차인이 이후 주택 양수인을 상대로 이를 반환받고자 할 때, 승계가 명확하지 않거나 임대인 지위의 승계를 증명할 수 없는 때에는 임차인이 양수인을 상대로 승계집행문 부여의 소를 제기하여 승계집행문을 부여받음이 원칙이나, 이미 임차인이 양수인을 상대로 임대차보증금의 반환을 구하는 소를 제기하여 심리가 진행됨으로써 사실상 승계집행문 부여의 소가 제기되었을 때와 큰 차이가 없다면 후소에 소의 이익이 없다고 섣불리 단정하여서는 안 된다(大判 2022. 3. 17, 2021 다 210720)라고 하여, 전소판결의 기판력에도 불구하고 당사자에게 가혹하다거나 신속한 분경해결과 소송경제를 이유로 위 주택 임차인의 별소제기를 인정하였는데, 이러한 법원의 태도에는 우리 기판력 제도에 비추어 의문이 제기된다.

1) 大判 2014. 10. 30, 2013 다 53939.

결한 뒤에 소유권이전등기를 마친 사람이나 저당권설정등기를 마친 사람을 승계인으로 봄에 반하여,[1] 매매계약에 기한 소유권이전등기청구소송에서 이전등기를 명하는 판결이 확정된 뒤에 피고로부터 소유권이전등기를 마친 제3자는 승계인이 아니라고 본다.[2] 이에 반하여 실체법과 무관하게 소송물개념을 구성하는 **소송법설**에서는 물건의 인도청구권이 물권적인가 채권적인가를 구별하지 않고 목적물의 점유나 등기를 취득한 제3자를 모두 승계인으로 본다. 예컨대 갑이 을을 상대로 임대차의 종료를 원인으로 하는 채권적 청구권에 기하여 인도청구를 하는 경우에는 건물의 인도를 구하는 하나의 법적 지위의 주장이 소송물이고, 임대차계약의 종료를 원인으로 하는 채권적 청구권인가 소유권에 기한 물권적 청구권인가는 단순한 공격방법의 차이에 지나지 아니하므로, 어느 경우이든 을로부터 임차한 병은 승계인에 해당한다고 본다.[3]

다만 원고의 피고에 대한 반환청구권이 순수한 채권적 청구권인 경우에도 제3자에게 기판력의 확장을 인정하는 것은 제3자에 대하여 가혹할 수가 있으므로, 소송법설의 입장에 서면서도 물건인도의 채권적 청구권을 두 경우로 나누어, 채권적 청구권의 배후에 물권이 숨어 있는 경우(예컨대 소유권자인 임대인이 임대차종료를 원인으로 인도청구를 하는 경우)와 그렇지 아니한 경우(예컨대 물건의 매수인이 매도인에게 인도청구를 하는 경우)를 구별하여, 전자인 반환청구권(Herausgabeanspruch)의 경우에만 점유승계인에게 기판력이 미치게 하고, 후자인 교부청구권(Verschaffungsanspruch)의 경우에는 기판력의 확장을 부정하는 견해가 있다.[4] 그러나 소송법설을 주장하는 대부분의 학자는 반환청구권인가 교부청구권인가를 구별하지 않고 점유승계인을 모두 변론을 종결한 뒤의 승계인으로 본다.[5]

2) 분쟁주체인 지위의 승계와 관련하여 전소의 기판력이 후소에 미치는지 여부에 관해 다양한 판례가 제시되고 있다.

i) 피고로부터 승계가 이루어진 경우

승소한 피고로부터 승계가 이루어진 경우로서, 대법원은 예를 들어 (i) 대지소유권에 기

1) 大判 1979. 2. 13, 78 다 2290; 1980. 5. 13, 79 다 1702.
2) 大判 2003. 5. 13, 2002 다 64148; 1980. 11. 25, 80 다 2217(매매계약); 1997. 5. 28, 96 다 41649(취득시효); 전소의 소송물이 채권적 청구권인 경우에는 전소 변론종결 후에 소유권등기를 이전받은 사람은 '변론종결 뒤의 승계인'에 해당하지 않는 것으로 보는 법리는 화해권고결정이 확정된 후 그 목적물에 관해 소유권등기를 이전받은 사람에 관해서도 마찬가지로 적용된다(大判 2012. 5. 10, 2010 다 2558).
3) 李時, 695~696면; 金/姜, 690면; 新堂, 418면.
4) 三ケ月, 雙書, 222면 이하.
5) 李時, 695~696면; 金/姜, 692면.

한 건물철거 및 대지인도청구소송에서 원고패소판결이 확정되었는데, 이 확정판결의 변론종결 뒤에 피고로부터 그 건물을 매수한 사람,[1] (ii) 부동산에 대한 근저당권설정등기말소청구소송에서 원고패소판결이 확정된 후 그 근저당권 실행에 의한 경매절차에서 해당 부동산을 경락취득한 사람 또는 이를 전득한 사람[2]은 전소확정판결의 효력이 미치는 변론종결 뒤의 승계인이라 한다.

또한 **패소한 피고로부터 승계**가 이루어진 경우로서, 대법원은 예를 들어 (i) 재판상 화해에 의해 소유권이전등기를 말소할 물권적 의무를 부담하는 자로부터 그 화해성립 후에 해당 부동산에 관한 가등기를 경료받은 사람[3] 또는 위와 동일한 재판상 화해성립 후 부동산에 관한 근저당설정을 받은 사람,[4] (ii) 근저당권설정등기의 말소등기절차이행청구의 소에서 원고승소판결이 확정되었고, 그 근저당권의 실행으로 인해 위 판결의 변론종결 뒤에 소유권을 취득한 사람,[5] (iii) 대지 소유권에 기한 건물 철거청구소송에서 원고가 승소확정판결을 받았는데, 동 건물에 관하여 위 확정판결의 변론종결 전에 경료된 소유권이전청구권가등기에 기하여 위 확정판결의 변론종결 후에 소유권이전등기를 경료한 사람[6]은 모두 민사소송법 제218조 제1항의 변론을 종결한 뒤의 승계인으로서 이들에게 전소의 기판력이 미친다고 한다. 따라서 판례는 피고로부터 승계가 이루어진 경우 전소에서의 피고의 승패와 무관하게 변론을 종결한 뒤의 승계인에게 기판력이 미치는 것으로 파악하고 있다.

ii) 원고로부터 승계가 이루어진 경우

승소한 원고로부터 승계가 이루어진 경우로서, 대법원은 소유권이전등기말소소송(전소)의 원고승소 확정판결에 기하여 피고 명의의 소유권이전등기가 말소된 후 순차 제3자 명의로 소유권이전등기와 근저당권설정등기가 마쳐졌는데, 위 말소된 등기의 명의자(피고)가 현재의 등기명의인을 상대로 진정한 등기명의의 회복을 위한 소유권이전등기청구와 근저당권자를 상대로 그 근저당권설정등기의 말소등기청구(후소)를 하는 경우, 현재의 등기명의인 및 근저당권자는 모두 위 확정된 전 소송의 사실심 변론종결 후의 승계인으로서 위 전소 확정판결의 기판력은 후소에 모두 미친다고 한다.[7]

또한 **패소한 원고로부터 승계**가 이루어진 경우로서, 대법원은 예컨대 (i) 토지소유권에 기한 토지인도소송에서 원고청구기각판결이 확정되었는데, 그 소송의 사실심 변론종결 후에 원고(토지소유자)로부터 토지를 매수하고 소유권이전등기를 마친 제3자가 위 전소의 피

1) 大判 1991. 3. 27, 91 다 650, 667(반소): 이 사건은 원고가 건물철거 및 대지인도청구소송에서 패소확정된 후, 다시 동일한 피고를 상대로 제기한 대지에 관한 소유권확인청구소송에서 승소확정되었고, 위 건물철거 및 대지인도청구소송에서의 원고패소판결이 선고된 지 10여년이 지난 뒤 피고로부터 해당 토지를 매수한 매수인을 상대로 다시 소유권에 기하여 위 건물의 철거와 그 대지의 인도를 구한 경우이다).

2) 大判 1994. 12. 27, 93 다 34183.

3) 大判 1980. 5. 13, 79 다 1702.

4) 大判 1976. 6. 8, 72 다 1842; 1977. 3. 22, 76 다 2778.

5) 大判 1974. 12. 10, 74 다 1046.

6) 大判 1992. 10. 27, 92 다 10883.

7) 大判 2003. 3. 28, 2000 다 24856.

고를 상대로 다시 토지인도의 소를 제기한 경우,[1] (ii) 소유권에 기한 건물인도소송에서 원고패소판결이 확정되었는데, 그 소송의 사실심 변론종결 후 패소자인 원고(건물 소유자)로부터 건물을 매수하고 소유권이전등기를 마친 제3자가가 전소의 피고를 상대로 다시 건물인도청구를 한 경우,[2] (iii) 토지소유권에 기한 가등기말소청구소송에서 원고패소판결이 확정되었고 그 후 토지 소유자로부터 근저당권을 취득한 제3자가 그 근저당권에 기하여 같은 가등기에 대한 말소청구를 한 경우[3] 등에서, 모두 전소의 기판력은 후소에 미치지 아니한다고 한다. 왜냐하면 ① 위 사안들에서 전소확정판결의 기판력은 소송물인 각 토지인도청구권·건물인도청구권·가등기말소청구권의 존부 그 자체에만 미치고 토지나 건물 소유권의 존부에는 미치지 않기 때문에 전소의 사실심 변론종결 후에 원고(토지나 건물의 소유자)로부터 토지나 건물의 소유권을 승계한 제3자의 소유권의 존부에 관하여는 전소 기판력이 미치지 아니하며, ② 이 경우 제3자가 가지게 되는 물권적 청구권인 토지인도청구권·건물인도청구권·가등기말소청구권은 적법하게 승계한 토지·건물의 소유권이나 근저당권의 일반적 효력으로서 발생된 것이고 패소한 전소의 소송물을 승계함으로써 가지게 된 것이 아니므로, 이들 제3자는 확정판결의 기판력이 미치는 '변론을 종결한 뒤의 승계인'에 해당하지 않기 때문이라고 한다.[4]

(라) 승계인의 범위(3)－승계인에게 고유의 항변이 있는 경우(形式說·實質說)

앞에서 말한 여러 기준에 의하여 승계인으로 평가할 수 있더라도 그 제3자에게 실체법상 고유의 항변(방어방법)이 성립하는 경우에는 전소에서 그 항변에 관하여 다툴 기회가 없었기 때문에 제3자의 절차권보장과 관련하여 그 제3자를 승계인으로 볼 것인가 아닌가가 문제된다. 예컨대,

① 갑의 소유권에 기한 인도청구에서 패소한 을로부터 목적동산을 선의취득한 병, ② 매수인 갑의 소유권이전등기청구소송에서 패소한 매도인 을로부터 이중양도를 받아 먼저 이전등기를 마친 병 등이 그러하다. 다수설은 제3자가 표준시 후에 당사자로부터 점유나 등기를 취득한 점에 착안하여 형식적으로 이들 제3자를 승계인으로 본다(**형식설**). 다만 제3자는 그 독자의 항변을 표준시 후의 사유로서 후소에서 주장할 수 있다고 한다.[5] 이에 반하여 표준시 후에 점유나 등기를 취득한 제3자에게 고유의 방어방법이 있는 경우에는 전주의 불리한 법적 지위(인도의무·등기의무 등)를 승계하지 아니하므로 여기에서 말하는 승계인에 해당하지 않는다고 보는 견해가 있다(**실질설**). 판례는 실질설을 따르고 있다.[6]

1) 大判 1984. 9. 25, 84 다카 148.
2) 大判 1999. 10. 22, 98 다 6855.
3) 大判 2020. 5. 14, 2019 다 261381.
4) 이러한 판결들이 기판력의 주관적 범위를 그 객관적 범위와 연계시켜 판단한 것에 대해 비판하는 견해로는, 李時, 662면 각주 6).
5) 李時, 696면; 姜, 755면.
6) 大判 1980. 11. 25, 80 다 2217.

어느 설에 의하든 기판력의 확장과 관련하여 제3자의 고유한 이익은 보호되지만, 설명 방법이 다르다. 즉 **형식설**에 의하면, 위 예의 병은 승계인에 해당되어 기판력의 확장을 받기 때문에, 전주의 상대방인 갑과의 사이의 후소에서, 전소 당사자인 갑·을 사이의 전소 판결의 내용(을의 갑에 대한 의무)을 다툴 수 없고, 이를 전제로 하여 승계인 병의 실체법상 지위를 심판받는다고 한다. 그러므로 위 예 ①에서 병은 을이 동산을 갑에게 반환할 의무가 있음을 다툴 수는 없으나, 병 자신이 선의취득을 하였음을 주장하여 자기에 대한 갑의 인도청구를 배척할 수 있으며, 예 ②에서 병은 을이 갑에 대하여 이전등기의무가 있음을 다툴 수는 없으나, 병 자신이 먼저 소유권취득의 효력발생요건(등기)을 구비하였음을 주장하여, 갑의 자기에 대한 소유권이전등기청구를 배척할 수 있다고 설명한다. 이에 반하여 실질설에 의하면, 병의 실체법상의 지위를 먼저 심리하여 병이 갑과의 관계에서 의무를 부담하지 않으면 아예 승계인에 해당하지 않는다고 하여 기판력이 확장되지 않는다고 한다. 결국 실질설은 병을 실체적으로 보호할 것인가 아닌가를 승계인에 해당하는가 아닌가를 결정할 때에 판단하는 셈이다. 추정승계인에 관한 민사소송법 제218조 제2항과 이론의 간명화의 관점에서 형식설이 타당하다고 본다.

(마) 승계의 추정

1) 변론을 종결하기 전의 승계인에게는 기판력이 미치지 아니한다. 그러나 당사자가 변론을 종결할 때(변론 없이 한 판결의 경우에는 판결을 선고할 때)까지 승계사실을 진술하지 아니한 때에는 변론을 종결한 뒤(변론 없이 한 판결의 경우에는 판결을 선고한 뒤)에 승계한 것으로 추정하여 기판력을 확장한다(218 II). 이를 추정승계인이라 한다. 판례에 따르면, 변론종결 이전에 이미 제1차 승계가 있었고 그 변론종결 이후에 제2차 승계가 있었다면, 이러한 제2차 승계인은 변론의 종결한 뒤의 승계인이라 할 수 없어 그에게는 승계집행문이 부여될 수 없다고 하였다.[1]

2) 그런데 여기에서 승계를 진술할 사람이 누구인가에 관하여 다툼이 있다. 피승계인이 진술하지 않았기 때문에 승계인에게 추정의 불이익을 입히는 것은 부당하다는 이유로 이를 승계인으로 풀이하는 견해(**승계인설**)가 다수설이지만,[2] 승계인 쪽에서 효과적으로 진술할 방법이 의문이고 또 법문이 "당사자가"라고 하고 있으므로 피승계인을 가리킨다고 풀이하여야 할 것이다(**피승계인설**).[3]

---

1) 大決 1967. 2. 23, 67 마 55.
2) 方, 614면; 李英, 197면; 金/姜, 695면; 宋/朴, 466면.
3) 同旨: 李時, 696면; 大判 1977. 7. 26, 77 다 92.

3) 이 규정 때문에 승소한 원고는 승계시기는 제외하고 승계사실만을 증명하여 승계인에 대하여 승계집행문(民執 31·32)을 구할 수 있다. 이에 대하여 승계인은 변론을 종결하기 전에 승계가 있었다는 사실을 증명하여 기판력을 면할 수 있다.[1)]

(2) 청구의 목적물을 소지한 사람(218 I)

(가) 취 지 청구가 특정물의 현실의 인도를 구하는 것일 때(특정물인 도청구)에 그 특정물의 소지에 관하여 자기 고유의 이익을 갖지 않고 오로지 당사자 또는 그 승계인을 위하여 소지하고 있는 사람(예컨대 수치인·관리인·보관인)은 당사자가 받은 판결의 기판력을 받는다. 이들의 점유는 오로지 당사자를 위한 것이므로, 인도청구에 관한 한 당사자와 같이 보아 여기에 기판력을 인정하여도 소지한 사람의 고유한 이익을 해할 염려가 없기 때문이다.

(나) 청구의 목적물 여기의 청구는 물권적 청구권에 기한 것인가, 채권적 청구권에 기한 것인가를 묻지 않는다. 또 채권적 청구권의 경우에 배후에 물권이 있는 반환청구권인가, 물권을 갖지 않은 교부청구권인가를 따지지 않는다. 또 목적물은 특정물이기만 하면 동산인가 부동산인가를 가리지 않는다.

(다) 소지한 사람 여기의 소지한 사람은 오로지 당사자 또는 그 승계인을 위하여 소지하고 있는 사람을 가리킨다. 자기의 고유한 이익을 위하여 목적물을 소지하는 사람, 예컨대 목적물의 임차인·질권자 등은 이에 해당하지 아니한다. 또 법정대리인, 법인의 대표자의 소지는 당사자를 위하여 목적물을 소지하고 있는 것처럼 보이지만, 법률상으로는 본인 또는 법인 자체의 소지이므로 여기의 소지한 사람에 포함되지 아니한다. 당사자의 피용자나 가옥인도청구소송에서 당사자의 동거가족 등 소지기관에 의한 소지도 주인 자신이나 당사자 자신의 점유이고, 여기의 소지한 사람에 해당하지 아니한다.

여기의 소지한 사람에는 표준시 전부터 소지하고 있는 사람도 포함된다(통설). 왜냐하면 이들은 당사자 자신과 같이 취급하여도 좋기 때문이다.[2)]

---

1) 大判 2005. 11. 10, 2005 다 34667.

2) 그리하여 1990년 개정법은 "당사자가 변론종결 때까지 청구목적물소지의 변동을 진술하지 아니한 때에는 변론종결 후에 목적물소지의 변동이 있는 것으로 추정한다"는 규정을 삭제하였다(1990년 이전 舊民訴 204 II 참조).

(라) 확대해석 강제집행의 면탈을 막기 위하여 여기에서 말하는 청구의 목적물을 소지한 사람의 개념을 확대해석할 필요가 있다. 그리하여 i) 인도청구의 강제집행을 면탈할 목적으로 패소 피고로부터 가장양도(假裝讓渡)를 받은 사람, 소유권이전등기청구소송의 피고로부터 소송 중에 가장매매에 의하여 이전등기를 넘겨받은 사람 등은 보호받을 고유한 이익이 없으므로 본조를 유추하여 목적물을 소지한 사람으로 볼 수 있다.[1] ii) 또 회사의 법인격이 전혀 형해(形骸)에 불과하여 법인격이 무시되는 경우(형해사례)에는 무시된 특정한 법률관계와 관련하여서는 회사와 사원이 동일한 실체법상의 지위에 있으므로 한 쪽이 받은 판결의 효력이 배후자에게 미치는 것으로 풀이하는 견해가 많다(다만 그 이론구성은 소지자설·승계인설 등 다양하다).[2] 이에 반하여 법인격이 남용되어 법인격이 무시되는 경우(남용사례)에 관하여는 견해가 갈라지지만, 남용자가 받은 판결의 기판력은 회사에 미치지 않는다고 풀이하는 견해가 많다.[3]

(3) 소송담당의 경우의 이익귀속주체(218Ⅲ)

1) 제3자가 소송담당자로서 소송을 수행하여 받은 판결의 효력은 당사자로서 표면에 나타나지 않는 본인(실질적 이익의 귀속주체)에게 미친다. 이것은 담당자를 위한 법정소송담당의 경우에 담당자인 제3자가 이익귀속주체(권리주체)를 갈음하여 소송수행권을 가지는 경우, 직무상의 당사자인 경우 및 임의적 소송담당의 경우에는 예외 없이 적용된다. 예컨대 회생절차의 채무자의 재산에 관한 소송에서 관리인이 받은 판결은 채무자에게(破78), 파산재단에 관한 소송에서 파산관재인이 받은 판결은 파산선고를 받은 사람에게(破359), 선정당사자가 받은 판결은 선정자에게(53), 유증의 목적인 재산에 관하여 유언집행자(民1101)가 받은 판결은 상속인에게, 해난구조료의 지급에 관한 소송에서 선장이 받은 판결은 지급채무자에게(商859) 각각 그 효력이 미친다. 이 경우에 기판력의 확장을 정당화하는 근거는 법률 또는 권한수여에 의하여 소송담당자에게 관리처분권이 부여되었고, 이익귀속주체를 갈음하여 이익귀속주체가 스스로 소송수행을 하는 경우와 똑같이 공격·방어방법을 제출할 지위가 보장되었기 때문이다. 따라서 이익의 귀속주체는 소송을 담당한 사람이 담당할 권능·자격이 없음

---

1) 日大阪高判 1971. 4. 8, 判時 633. 73.
2) 상세한 것은 上田徹一郎, 「判決效の範圍」(1985), 6장 참조.
3) 中野貞一郎, 「民事執行法」(上), 117면.

을 주장하여 판결의 효력이 미치는 것을 방지할 수 있다.[1)]

2) 이에 반하여 담당자를 위한 법정소송담당 중 담당자인 제3자가 권리주체인 사람과 병행하여 소송수행권을 가지는 경우에는 권리주체인 사람의 절차권이 보장된 때에 한하여 기판력의 확장을 인정하여야 한다.

따라서 i) 채권자대위소송에서 **채권자**가 받은 판결의 기판력이 **채무자**에게 미치는가의 문제에 관하여는 무제한적으로 채무자에게 기판력이 미친다는 견해(**적극설**)와 채권자대위소송은 대위권이라는 실체법상의 권리를 소송상 행사하는 것이지 소송담당이 아님을 근거로 채무자에게는 어느 경우에도 기판력이 미치지 않는다는 견해(**소극설**)[2)]도 있으나, 채무자가 고지 등에 의하여 채권자대위소송이 계속된 사실을 알게 되어 절차권이 보장된 경우에 한하여 채무자에게 판결의 효력이 미친다고 풀이하는 견해(**절충설**)가 타당하다.[3)] 대법원도 1975. 5. 13.의 전원합의체판결[4)]을 계기로 하여 절충설을 취하고 있다. 이때 채무자에게 기판력이 미친다는 것은 채권자대위소송의 소송물인 피대위채권의 존부에 관한 것이며 피보전채권의 존부에 관한 것이 아니다. 따라서 채권자가 채권자대위소송에서 피보전채권이 인정되지 않아 소각하판결을 받아 확정되었다 하여도 그 기판력은 채권자가 채무자를 상대로 제기한 피보전채권의 이행을 구하는 소에 미치지 않게 된다.[5)] 다만 채권자가 채무자를 상대로 소유권이전등기청구의 소를 제기하여 패소·확정된 후 채권자대위소송을 제기하였는데, 전소의 청구원인이 후소의 피보전권리의 권원과 동일하다면, 채권자는 전소 판결의 기판력에 의해 자신의 채무자에 대한 채권을 보전할 필요성이 없게 되어 후소인 채권자대위소송은 부적법한 것으로 각하되어야 한다.[6)] 나아가 채권자가 채권자대위권의 피보전채권에 기한 이행청구의 소를 제기하여 승소·확정된 경우 제3채무자는 그 청구권의 존재를 다툴 수 없다는 것이 판례의 태도이다. 그 청구권이 증명되었기 때문이라고 한다.[7)]

ii) **채무자**가 제3채무자를 상대로 받은 판결의 기판력이 후소인 **채권자**가 제기하는 채권자대위소송에 미치는가에 관해서는, ① 기판력의 상대성의 원칙에 비추어 채권자와 채무자간의 실체적 의존관계에 의한 반사효라고 보아야 한다는 견해,[8)] ② 채권자대위권의 법률요건 불비로 대위소송의 청구를 기각해야 한다는 견해,[9)] ③ 채무자가 제기한 전소에서 채무자가 승소한 경우에는 후소에 기판력이 미치는 것으로 하든 당사자적격의 흠결을 이유로 하든 후소를 각하하는데 차이가 없다는 견해[10)] 등이 대립하고 있다. ④ 판례는 채

1) 新堂, 422면; 吉村＝竹下＝谷口, 299면.
2) 胡, 852면
3) 同旨: 李時, 699면; Rosenberg, §46 V 2, 3 b).
4) 大(全)判 1975. 5. 13, 74 다 1664.
5) 大判 2014. 1. 23, 2011 다 108095.
6) 大判 2002. 5. 10, 2000 다 55171.
7) 大判 1998. 3. 27, 96 다 10522; 2007. 5. 10, 2006 다 82700, 82717; 2014. 7. 10, 2013 다 74769.
8) 李時, 667면.
9) 胡, 855면.
10) 김홍엽, 915면: 이 견해는 채무자가 제기한 전소의 판결이 채무자의 패소확정판결인 경우에는 채권

무자가 이미 권리를 재판상 행사하였기 때문에 채권자에게 당사자적격이 없어 소각하해야 한다고 한다.[1] 채권자대위권은 채무자가 제3채무자에 대해 그 권리를 행사하지 않고 있는 경우에 한하여 행사할 수 있다는 점에서 후소는 실체법상의 요건 흠결로 당사자적격이 없어 소각하해야 한다는 판례의 태도를 따른다. 한편, 판례는 제3채무자가 채무자를 상대로 제기하여 받은 판결의 기판력은 후소인 채권자가 제기하는 채권자대위소송에 미친다고 본다. 이 경우는 당사자만 다를 뿐 실질적으로 동일한 내용의 소송이라는 점에서 전소의 기판력이 후소에 미친다고 본다.[2] 나아가 대법원은 비법인사단인 채무자 명의로 제3채무자를 상대로 총유재산에 관한 소가 제기되었으나 사원총회의 결의가 없었다는 이유로 각하판결이 내려지고 확정된 경우에는 채무자가 스스로 제3채무자에 대한 권리를 행사한 것으로 볼 수 없다고 하였다.[3]

iii) **채권자**(甲)의 채권자대위소송의 기판력은 **다른 채권자**(丁)가 제기한 채권자대위소송에 미치는가와 관련해서도 견해가 나누어지는데, ① 채무자가 甲의 채권자대위소송이 계속된 사실을 알았을 때 그 판결의 기판력이 채무자에게 미치며 그 결과 그와 실체적 의존관계에 있는 丁은 반사효를 받게 된다는 견해,[4] ② 채권자대위소송의 판결의 효력이 그 소송과 아무런 관계가 없는 다른 채권자에게 미친다고 보는 것은 아무런 법적 근거없이 제3자의 소송가능성을 박탈하는 것이 되어 부당하다는 견해[5] 등이 대립하고 있다. ③ 판례는 어떠한 사유로든 채무자가 채권자대위소송이 제기된 사실을 알게 되어 판결의 효력이 채무자에게 미치는 경우에는, 다른 채권자가 동일한 소송물에 대하여 채권자대위권에 기한 후소를 제기하면 전소의 기판력을 받게 된다고 하고, 채무자가 전소인 채권자대위소송이 제기된 사실을 알지 못하였을 경우에는 전소의 기판력이 다른 채권자가 제기한 후소인 채권자대위소송에 미치지 않는다고 하였다.[6] 다른 채권자를 전소와 아무런 관계가 없는 것으로 파악하여 그에게 기판력이 미치지 않는다고 보는 것은 채권자 수만큼의 채권자대위소송이 제기될 수 있어 판결의 모순저촉의 우려가 있어 부당하다. 채무자가 채권자대위권에 기한 전소가 제기된 사실을 알게 되어 그 판결의 기판력을 받게 된다면, 법적 평화와 법적 안정성의 측면에서 채무자의 동일한 청구권을 소송물로 하는 다른 채권자의 채권자대위소송에도 기판력이 미친다고 보아야 할 것이므로 판례의 태도에 따른다.

3) 앞에서 설명한 소송담당의 경우와 달리 채권자가 자신의 고유의 권리를 행사하는 채권자취소소송과 추심금소송에 관해서도 간단히 살펴보고자 한다.

자가 제기한 후소에 대해 당사자적격이 없다는 이유로 소각하판결해야 한다는 판례의 입장을 전제로 한 것이다.

1) 大判 1992. 11. 10, 92 다 30016; 1993. 3. 26, 92 다 32876; 2009. 3. 12, 2008 다 65839.

2) 大判 1979. 3. 13, 76 다 688; 1981. 7. 7, 80 다 2751; 1992. 5. 22, 92 다 3892.

3) 大判 2018. 10. 25, 2018 다 210539(비법인사단이 사원총회의 결의 없이 제기한 소는 소제기에 관한 특별수권을 결하여 부적법하고, 그 경우 소제기에 관한 비법인사단의 의사결정이 있었다고 할 수 없다).

4) 李時, 667면.

5) 胡, 854면.

6) 大判 1994. 8. 12, 93 다 52808; 2008. 7. 24, 2008 다 25510.

i) **채권자취소소송**에서 나온 판결의 기판력은 그 취소권을 행사한 채권자와 그 상대방인 수익자 또는 전득자와의 상대적인 관계에서만 미칠 뿐 그 소송에 참가하지 않은 채무자 또는 채무자와 수익자 사이의 법률관계에는 미치지 아니한다.[1] 이러한 소송에서의 채권자는 자신의 고유의 권리를 행사한다는 점에서 채권자대위소송에서의 채권자와는 달리 한 채권자가 받은 판결의 효력은 다른 채권자에게 미치지 않는 것이 원칙이다. 대법원도 여러 명의 채권자가 동시에 사행행위취소 및 원상회복청구의 소를 제기해도 중복제소가 아니며, 어느 한 채권자가 승소판결을 받아 그 판결이 확정되어도 그 후에 제기된 다른 채권자의 동일한 청구는 권리보호의 이익이 없는 것이 아니며, 다만 재산이나 가액이 회복을 마친 경우에는 그와 중첩되는 범위 내에서 다른 채권자의 청구가 권리보호의 이익이 없게 된다고 하였다.[2] 이때 각 사해행위취소 판결에서 산정한 공동담보가액의 액수가 서로 다른 경우, 수익자가 반환해야하는 가액은 특별한 사정이 없는 한 그 중 가장 다액에 해당하는 금액이라 한다.[3] 또한 채무자의 수익자에 대한 채권양도가 사해행위로 취소되고 그에 따른 원상회복으로 제3채무자에게 채권양도 취소가 통지된다고 하여도, 채권자와 수익자 사이에서만 그 채권이 채무자의 책임재산으로 취급될 뿐 채무자가 그 채권을 취득하는 것은 아니기 때문에 채권자는 채무자를 대위하여 제3채무자에게 그 채권에 관한 지급을 청구할 수 없다고 하였다.[4] 나아가 수익자가 채권자에게 재산이나 가액을 반환하여 그 채권자가 다른 채권자보다 사실상 우선변제를 받는 결과가 되었더라도 특별한 사정이 없는 한 재산이나 가액의 반환을 마친 수익자가 다른 채권자의 사해행위취소 및 원상회복청구에 대해 권리보호의 이익이 없다고 주장하는 것은 신의성실의 원칙에 위배되지 않는다고 하였다.[5]

ii) 동일한 채권에 대해 압류·추심명령을 받은 다수의 채권자 중 어느 한 채권자가 제기한 **추심금소송**에서 확정된 판결의 기판력은 그 소송의 <u>변론종결일 이전에</u> 압류·추심명령을 받은 다른 추심채권자에게는 미치지 아니한다. 왜냐하면 (i) 확정판결의 기판력은 원칙적으로 당사자, 변론종결 뒤의 승계인 또는 그를 위하여 청구의 목적물을 소지한 사람과 다른 사람을 위하여 원고나 피고가 된 사람이 확정판결을 받은 경우의 그 다른 사람에게 미치는데(218 Ⅰ. Ⅲ), 각각 별개로 제기된 추심금소송의 소송물은 채무자의 제3채무자에 대한 피압류채권의 존부로서 서로 같지만 소송당사자가 서로 다르며, (ii) 민사집행법 제249조 제3항에 따른 참가명령을 받은 채권자가 소송에 참가하지 않더라도 그 소에 대한 재판의 효력을 받도록 한 것(民執 249 Ⅳ)은 참가명령을 받지 않은 채권자에게는 추심금소송의 확정판결

1) 大判 1988. 2. 23, 87 다카 1989; 2014. 6. 12, 2012 다 47548; 2015. 11. 17, 2012 다 2743.

2) 大判 2012. 4. 12, 2011 다 110579; 2008. 4. 24, 2007 다 84352; 2005. 5. 27, 2004 다 67806; 2003. 7. 11, 2003 다 19558.

3) 따라서 수익자가 어느 채권자에게 자신이 배상할 가액의 일부 또는 전부를 반환한 때에는 다른 채권자에 대하여 각 사해행위취소 판결에서 가장 다액으로 산정된 공동담보가액에서 자신이 반환한 가액을 공제한 금액을 초과하는 범위에서 청구이의의 방법으로 집행권원의 집행력의 배제를 구할 수 있다(大判 2022. 8. 11, 2018 다 202774).

4) 大判 2015. 11. 17, 2012 다 2743.

5) 大判 2014. 8. 20, 2014 다 28114.

이 미치지 않음을 전제로 하고 있는 점, (iii) 제3채무자는 위의 참가명령신청이나 패소부분의 변제·집행공탁을 통해 다른 채권자의 계속적 소송행위로 부터 벗어날 수 있기 때문에 추심소송의 기판력이 다른 채권자들에게 미치지 않는다고 해도 제3채무자에게 부당하지 않기 때문이다.[1] [2]

(4) 소송탈퇴자

제3자가 독립당사자참가(79), 참가승계(81) 또는 인수승계(82)에 의하여 당사자로서 소송에 가입하였기 때문에 종전의 당사자 한 쪽이 그 소송에서 탈퇴한 경우에, 그 뒤 제3자와 상대방 당사자 사이에서 내린 판결은 탈퇴자에 대하여도 기판력, 그 밖의 효력이 미친다(80 但·82 III).[3]

3. 旣判力의 擴張(2)－일반 제3자

(1) 爭訟의 획일적 처리가 필요한 경우

보통의 소송은 대립하는 당사자 사이의 분쟁을 개별적·상대적으로 해결하면 충분하므로 그 판결의 기판력도 양 당사자 사이에서만 미치게 하면 충분하다. 이 상대성의 원칙은 같은 권리관계에 관하여 다른 주체 사이에서 분쟁이 발생하면 모순되는 판결이 나올 수 있음을 뜻한다. 그러나 이러한 해결이 우리의 생활관계에 혼란을 가져오고, 나아가 공익에 반하는 경우가 있다. 그리하여 법률관계를 획일적으로 처리할 필요가 있는 소송에서는 당사자 사이를 넘어 널리 제3자에게 판결의 효력을 미치게 하고 있다.

(2) 확장의 범위

(가) 일정한 범위의 이해관계인에 대한 확장　도산절차 중의 소송에 대한 판결이 여기에 해당한다. 즉, 회생채권 및 회생담보권의 확정에 관한 소송에 대한 판결의 기판력은 회생채권자·회생담보권자·주주·지분권자 모두에게 미치고(破 I 176), 파산채권의 확정에 관한 소송에 대한 판결의 기판력은 파산채권자 모두에게 미치며(破 I 468), 개인회생채권의 확정에 관한 소송에 대한 판결의 기판력은 개인회생채권

---

1) 大判 2020. 10. 29, 2016 다 35390.

2) 여러 명의 추심채권자 사이에는 반사효가 미친다(本書 제6편 제2장 제2절 Ⅳ. 3. 2) ii) 참조).

3) 기판력의 실질적 근거에 관하여 절차보장설 또는 이원설을 취하는 학자는 ① 변론을 종결한 뒤의 승계인과 ② 청구의 목적물을 소지한 사람, 소송담당의 경우의 이익귀속주체 및 소송탈퇴자가 절차권 보장에서 차이가 있다고 보고, ②만을 실질적 당사자로 평가한다. 上田, 427면 참조.

자 모두에게 미친다(破 607 I).[1] 또 강제집행절차에서 추심소송(推尋訴訟)에 대한 판결은 참가명령을 받은 모든 채권자에게 그 효력이 미친다(民執 249 IV). 그리고 증권관련집단소송의 판결은 제외신고를 하지 아니한 구성원 모두에게 미친다(證集 37). 또 소비자·개인정보 단체소송에서 원고의 청구를 기각하는 판결이 확정된 경우 다른 단체는 원칙적으로 동일한 소를 제기할 수 없다(消基 75, 個情 56).

(나) 일반 제3자에 대한 확장　판결의 효력이 널리 일반 제3자에게 미치는 경우에는 그 판결은 대세적 효력이 있다고 말한다.

1) 신분관계는 모든 사람에 대한 관계에서 획일적으로 처리되어야 하므로, 가사소송사건(다류 제외)의 경우에는 청구를 인용한 확정판결은 널리 제3자에게도 효력이 있다(家訴 21 I). 여기의 효력에 기판력이 포함됨은 물론이다. 이에 반하여 청구를 배척한 확정판결이 있는 때에는 제3자가 사실심의 변론을 종결하기 전에 참가할 수 없었음에 대하여 정당한 사유가 없으면 다시 소를 제기할 수 없다(家訴 21 II).[2]

2) 회사관계소송의 판결의 효력은 청구인용의 경우에는 제3자에 대하여도 미치지만, 소각하·청구기각 등 패소의 경우에는 당사자 사이에만 미친다(商 190, 328, 376, 380, 381, 430, 446). 여기에서 말하는 제3자에게 미치는 판결의 효력에는 기판력이 포함된다고 본다.[3]

3) 그 밖에 행정소송인 항고소송의 판결의 경우에도 청구인용의 판결은 제3자에게 효력이 있으나(行訴 29 I, 38 I), 패소판결은 당사자 사이에서만 효력이 있다. 다만 행정

---

1) 다만 회생절차와 관련하여 채무자회생 및 파산에 관한 법률 제168조에는 "확정된 회생채권 및 회생담보권을 회생채권자표 및 회생담보권자표에 기재한 때에는 그 기재는 회생채권자·회생담보권자·주주·지분권자 전원에 대하여 확정판결과 동일한 효력이 있다."고 규정되어 있는데, 여기서 "확정판결과 동일한 효력"의 의미는 기판력이 아니라 회생절차 내부에서의 **불가쟁의 효력**, 즉 회생채권자표와 회생담보권자표에 기재된 금액은 회생절차에서의 권리행사의 기준이 되고 관계인집회에서의 의결권 행사의 기준에 불과하며, 따라서 소멸된 채권이 회생채권자표 등에 기재되어 있는 경우에는 회생법원의 경정결정이나 무효확인의 확정판결을 받아 바로 잡을 수 있다고 한다(大判 2003. 5. 30, 2003 다 18685; 2016. 3. 24, 2014 다 229757). 이러한 해석은 동법 제255조 제1항의 경우에도 마찬가지라는 것이 판례의 태도이다(大判 2005. 6. 10, 2005 다 15482). 나아가 파산절차와 관련해서는 동법 제460조에서, 개인회생절차와 관련해서는 동법 제603조 제3항에서 동일한 취지로 규정하고 있으며, 모두 기판력이 아닌 절차 내부에 있어서의 불가쟁의 효력을 의미한다고 한다[大判 2006. 7. 6, 2004 다 17436(파산); 2013. 9. 12, 2013 다 29035(개인회생); 2017. 6. 19, 2017 다 204131(개인회생)]: 전대규, 390면, 553~554면, 1125면.

2) 청구배척의 확정판결이 가지는 재소금지의 효력의 성질이 문제된다. 이것을 제한적 기판력의 확장으로 보는 견해가 있으나(李時, 701면), 기판력은 정당한 사유의 유무에 불구하고 발생하는 성질의 효력이므로 의문이다. 이 규정이 신설된 연혁과 규정 문언에 비추어, 제3자의 절차권을 고려하여 정당한 사유가 없는 경우에는 그의 소제기권을 제한하는 특별한 효력으로 보아야 할 것이다.

3) 이 효력은 기판력이 아니고 형성력을 가리킨다고 하는 견해로는 李時, 701면; 胡, 861면 참조. 그러나 확인판결의 성질을 가지는 경우를 설명할 수 없다.

소송법 제29조 제1항에서 말하는 효력은 형성력을 가리키는 것이고, 기판력은 당사자 사이에서만 미친다고 풀이하는 견해가 유력하며,[1] 판례도 같다.[2]

(3) 제3자의 절차권 보장

판결의 효력이 일반 제3자 또는 일정한 이해관계인에게 확장되는 경우에는 그들의 절차권이 보장되도록 배려하여야 한다. 그러한 수단으로서 i) 가장 충실하게 소송을 수행할 수 있는 사람을 정당한 당사자로 법정하고(예컨대, 民 818, 846, 863, 商 236, 328, 376 등), ii) 이 경우에 당사자가 자기 이익뿐만 아니라 제3자의 이익도 대표하므로 처분권주의·변론주의를 제약하고(회사관계소송에서 청구의 인낙, 화해 등의 제약: 주주의 대표소송에서 소취하, 청구의 포기·인낙, 소송상 화해의 제약, 商 403 Ⅵ: 증권관련집단소송에서 소의 취하, 청구의 포기, 소송상화해의 제약, 證集 35), 나아가 직권조사·직권탐지주의를 취하고 있으며(家訴 12, 17, 行訴 26, 證集 30), iii) 판결의 효력을 받는 제3자에게 소송에 참가할 수 있는 기회를 부여하고(회사소송의 공고: 증권관련집단 소송의 공고)(商 187, 404 Ⅱ, 240, 行訴 16, 證集 10 등), iv) 일정한 경우에는 판결이 확정된 뒤에 제3자에게 사해재심의 소를 인정하고(商 406, 行訴 31), v) 제3자에게 유리한 판결에 한하여 그 효력을 확장시키고 있다(商 190).[3]

제5관 執行力

Ⅰ. 意　　義

1) 집행력(Vollstreckungswirkung, Vollstreckbarkeit)에는 광·협(廣·狹) 두 가지의 뜻이 있다. 좁은 의미로는 판결 등으로 명한 이행의무를 강제집행절차에 의하여 실현할 수 있는 효력을 말한다. 보통 집행력이라고 하면 이 의미의 집행력을 가리킨다. 이러한 집행력은 이행판결에 한하여 인정된다. 이 집행력이 인정된 증서를 집행권원(民執 24, 56)이라 한다. 따라서 집행력이란 집행권원으로 될 수 있는 효력이라고 말할 수 있다.

넓은 의미로는 강제집행 이외의 방법에 의하여 판결의 내용에 적합한 상태를 실현할 수 있는 효력까지도 포함된다. 넓은 의미의 집행력은 확인판결과 형성판결에도 인정된다. 예컨대 형성판결인 인지판결·이혼판결 또는 신분관계의 확정판결

1) 兼子, 條解民訴, 674~675면 참조.
2) 大判 1960. 8. 31, 4291 行上 118.
3) 상세한 것은 吉村, "判決效の擴張と手續權保障," 山木戸還曆, 下, 참조.

에 의하여 가족관계등록부의 기재 또는 정정을 하고(家登 58, 68, 72, 78), 소유권확인판결에 기하여 보존등기의 신청을 하는 것(不登 23 Ⅳ) 등이 그것이다.[1)]

2) 집행력은 광·협(廣·狹) 어느 의미의 것이든 판결이 확정되어야 발생하는 것이 원칙이지만, 예외적으로는 그 확정 전이라도 가집행의 선고(213)가 있으면 집행력이 발생한다(民執 56 ②).

Ⅱ. 執行力을 갖는 裁判

좁은 의미의 집행력을 가지는 판결은 확정되거나 가집행선고가 있는 이행판결뿐이다. 확인판결과 형성판결은 소송비용의 재판부분에 한하여 집행력이 발생한다. 다만 이행판결이라도 이행의무의 성질에 비추어 강제집행에 적합하지 아니한 것은 집행력이 없다.[2)] 판결 이외에 확정판결과 같은 효력이 있는 각종의 조서(청구의 인낙조서, 화해조서, 조정조서 등; 民執 56 ⑤), 확정된 지급명령(474, 民執 56 ③), 항고로만 불복할 수 있는 결정·명령(民執 56 ①) 등의 재판에도 집행력이 있다. 형사판결에 부대하여 행하는 배상명령(訴促法 34)에도 집행력이 있다. 그 밖에 재판은 아니지만 공증인이 작성하는 집행증서(民執 56 ④, 公證 56의 3)도 집행력을 가진다.

Ⅲ. 執行力의 範圍

집행력의 시적 범위·객관적 범위 및 주관적 범위는 원칙적으로 기판력에 준한다.[3)] 다만 주관적 범위의 경우에는 예외적으로 기판력과 집행력 사이에 괴리가 생길 수 있다.

1) 집행력은 당사자 이외에 제3자의 소송담당의 경우의 이익귀속주체와 목적물

---

1) 피고에게 등기절차를 명하는 이행판결의 확정에 의하여 등기신청에 필요한 피고의 의사의 진술이 간주되는 것은 좁은 의미의 집행력이지만, 이러한 확정판결에 의하여 원고가 단독으로 등기절차를 취하여 그 내용대로 등기가 마쳐지는 관계는 넓은 의미의 집행력에 속한다(新堂, 438면).

2) *Baur/Stürner, Zwangsvollstreckungs- und Vergleichsrecht*(11. Aufl., 1983), Rdn. 161(S. 83).

3) 지부·분회·지회 등 법인의 하부조직을 상대로 일정한 의무의 이행에 대한 승소확정판결을 받은 경우 그 판결의 집행력이 소송의 당사자도 아닌 법인에까지 미친다고 볼 수 없으므로 그 판결을 집행권원으로 하여 법인의 재산에 대해 강제집행을 할 수는 없다고 하였다(大判 2018. 9. 13, 2018 다 231031).

을 소지한 사람에 대하여 확장되고, 이들에 대하여 집행문을 부여받아 강제집행할 수 있음에 관하여는 다툼이 없다.

2) 그런데 집행력이 변론을 종결한 뒤의 승계인에게 또는 그를 위하여 확장되는가에 관하여는 논의가 있다. 이처럼 기판력이 당연히 확장되는 변론을 종결한 뒤의 승계인에게 집행력도 확장되는가를 따지는 이유는 기판력의 확장과 집행력의 확장은 제3자에게 미치는 영향이 판이하기 때문이다. 즉 승계인에 대한 기판력의 확장은 판결에서 확정된 당사자 사이의 권리의무관계를 제3자인 승계인도 승인하여야 한다는 것을 의미하는 데 불과함에 반하여, 집행력의 확장은 소송에 관여하지 아니한 승계인에게 직접 집행력이 발생하므로, 채권자는 승계를 증명하는 서류를 제출하여 승계집행문을 부여받아 승계인의 재산에 대하여 바로 강제집행을 할 수 있게 되기 때문이다. 그리하여 변론을 종결한 뒤의 승계인에게 고유의 방어방법이 없을 때에는 승계인의 보호가 문제되지 않으므로 집행력이 확장된다. 그러나 그에게 고유한 방어방법이 있을 때, 예컨대 갑이 을을 상대로 하여 소유권에 기하여 특정 동산의 인도청구를 하여 승소판결이 확정된 뒤, 을로부터 목적동산을 선의취득한 병에 대하여도 집행력이 미치는가는 문제이다. 왜냐하면 이 경우에는 제3자인 승계인의 고유한 이익을 보호하여 주어야 하기 때문이다. 이 문제에 관하여는 기판력의 확장에 관한 형식설과 실질설 사이에 대립이 있다. 형식설은 판결을 취득한 사람, 즉 집행을 하려는 쪽을 두둔하고, 실질설은 집행을 당하게 되는 제3자인 승계인의 보호에 기울어진다.

실질설에 의하면 위의 예에서 병과 같이 제3자의 고유의 항변(선의취득)이 성립되는 경우에는 그 제3자는 아예 기판력의 확장을 받는 승계인에 해당하지 아니하고, 그에게는 기판력도 집행력도 확장되지 아니한다. 그러므로 실질설에서는 기판력 또는 집행력이 제3자에게 확장되는가의 여부를 판단할 때에 제3자의 고유의 항변에 관한 판단이 불가피하므로, 집행문부여절차에서도 고유의 항변을 고려하여 그것이 성립할 가능성이 있는 경우에는 점유의 승계가 있는 것만으로는 승계집행문을 부여하지 않고, 집행을 하려고 하는 사람으로 하여금 **집행문부여의 소**를 제기하게 하여 그곳에서 이를 가려 문제를 해결하려고 한다. 이에 반하여 **형식설**에 의하면 변론을 종결한 뒤에 점유나 등기를 취득하는 등 소송물인 권리관계에 관하여 이해관계를 가지게 되면 그것만으로 제3자를 승계인으로 보며, 그에게 기판력이 확장된다고 보며, 다만 그 제3자가 고유의 항변을 가지는 경우에는 그에게 집행을 허용할 수 없으므로 그에게 집행력은 확장되지 않는다고 한다. 그리하여 형식설에 서면 기판력의 확장과 집행력의 확장이 구별되는 경우가 발생한다. 형식설에서는 점유나 등기의 이전 등에 착안하여 기판력의 확장을 인정하기 때문에, 집행문부여절차에서도 제3자의 고유의 항변의 존재 여부는 일단 도외시하고 점유이전만 있으면 승계집행문을 부여하고, 고유의 항변은 변론을 종결한 뒤의 사유로서 제3자 쪽에서 **집행문부여에 대한 이의의 소**로써 다투어야 한다.

생각건대 기판력의 확장과 집행력의 확장이 가지는 차이점에 비추어 볼 때 집행력의 확장은 기판력의 확장보다 신중하여야 한다고 본다. 그리하여 제3자인 승계인에 대한 집행력의 확장은 그에게 고유한 방어방법이 있을 때에는 증명서에 의하여(民執31Ⅰ) '승계가 있는 것 및 승계인에게 고유의 방어방법이 성립하지 아니한 것'이 인정되는 때에 한하여 비로소 인정되고, 그때에 승계집행문을 부여할 수 있다고 풀이하여야 할 것이다. 이것은 기판력의 확장에 관하여는 형식설, 집행력의 확장에 관하여는 실질설을 취하는 것이다.[1)]

제6관 形成力

Ⅰ. 意 義

1) 형성력(Gestaltungswirkung)이라 함은 형성판결의 확정에 의하여 판결내용대로 새로운 법률관계의 발생 또는 종래의 법률관계의 변경·소멸을 생기게 하는 효력을 말한다. 형성력에 의한 법률관계의 변동의 효과는 널리 제3자와의 관계에서도 인정되어야 하므로, 형성력은 대세적 효력을 가지는 것이 원칙이다(소송법상의 형성의 소는 예외). 형성력은 이혼판결이나 주주총회결의취소판결과 같이 형성의 소를 인용한 형성판결에만 인정되는 효과이다.

2) 판결이 형성력을 가지기 위해서는 형성의 대상이 될 법률관계(예컨대 이혼소송의 경우에는 혼인관계)가 있어야 하고, 또 그 소송이 당사자적격을 가지는 사람(예컨대 이혼소송의 경우에는 부부) 사이에서 수행되었어야 한다.

1) 同旨: 新堂, 439면. 상세한 것은 吉村=竹下=谷口, 308면; 中野=松浦=鈴木, 474면 이하 참조.

Ⅱ. 形成力의 本質

형성력의 본질, 즉 어떠한 근거에 의하여 형성력이 인정되는가에 관하여는 논의가 있다. 형성력은 권리관계의 변동을 일으키는 효력을 가진 국가의 처분행위 내지 의사표시에 기한 효과이고, 기판력 · 집행력과 아울러 독자적인 판결의 효력이라고 풀이하는 견해(**의사표시설 · 국가적 처분행위설**)가 과거의 통설이었다. 이에 대하여 판결의 본질은 행정처분과는 다른 판단작용이고, 형성판결도 하나의 판결이며, 형성권 내지 형성요건의 존재가 기판력에 의하여 확정됨으로써 다툴 수 없게 됨에 따라 형성의 효과도 다툴 수 없게 되는 것이 형성력이라고 하는 견해(**기판력설**)가 주장되었다.[1] 이 견해에 의하면 형성력도 기판력과 마찬가지로 당사자 사이에서만 미치는 것이 원칙이고, 일반 제3자에 대한 확장은 예외적으로 되는 데 난점이 있고, 이는 확인소송원형관(確認訴訟原型觀)을 배경으로 하여 형성소송의 독자적 기능을 부정하는 점에 문제가 있다. 그리하여 최근의 학설은 확정된 형성판결의 존재가 법률요건을 이루고 있고, 형성판결의 확정에 의하여 후소 법원을 비롯하여 누구라도 여기에 구속되는 효과인 형성력이 발생한다고 풀이한다(**법률요건적 효력설**). 이 설은 형성력을 실체법적으로 설명하는 데 특징이 있다. 국가적 처분행위설은 형성판결이 하나의 판단작용임을 간과하고 있고, 기판력설은 형성판결의 대세적 효력을 설명하는 데 어려운 점이 있으므로, 법률요건적 효력설이 타당하다.[2] 형성력의 본질에 관한 논의는 형성력확장의 범위와 관련이 있다. 기판력설에 의하면 기판력이 미치는 범위까지 형성력이 미치고, 국가적 처분행위설이나 법률요건적 효력설에 의하면 기판력과는 무관하게 대세적 효력을 인정할 수 있다.[3]

Ⅲ. 形成力의 範圍

1. 時的 範圍

형성력은 형성판결이 확정되었을 때 발생한다. 다만 넓은 의미의 집행력을 발생시키기 위하여 판결이 확정되기 전에 가집행선고를 붙여 형성력을 발생시키는 수가 있다(民執 47 Ⅱ). 형성력이 과거에 소급하느냐 않느냐는 경우에 따라 다르다. 변동의 효과를 철저하게 실현시킬 필요가 있는 경우에는 그 효력을 소급시키고 있고

1) 兼子, 351면.

2) Blomeyer, §86 Ⅲ, §94 Ⅰ.

3) 일본의 '스즈키'(鈴木)교수는 형성력은 실체법상 · 소송법상의 권리변동이고, 권리변동을 일반 제3자가 승인하여야 하는 근거는 형성력이 아니라 국가법이 가지는 구속력의 특수한 표현인 일반적 승인의무라고 주장한다. 鈴木, "形成判決の效力,"「諸學論叢」, 67. 6.

(民 860), 변동 자체를 확실하고 획일적으로 발생시키면 충분하고, 그때까지의 법률관계를 그대로 인정하여 이해관계인의 지위를 안정시키려고 하는 경우에는 장래를 향하여 형성력이 발생하도록 하고 있다(民 824).

2. 客觀的 範圍

형성소송의 소송물에 관하여 발생한다.

3. 主觀的 範圍

1) 가사소송과 회사소송에서는 청구를 인용하는 형성판결의 형성력에 대세적 효력을 인정하는 규정을 두고 있다. 즉, 가사소송법 제21조에서는 같은 법 제2조 제1항 가류 및 나류 가사소송사건의 청구를 인용한 확정판결은 제3자에게도 그 효력이 있고, 위 청구를 배척한 판결이 확정된 때에는 다른 소제기권자는 사실심의 변론을 종결하기 전에 참가할 수 없었음에 대하여 정당한 사유가 있지 아니하는 한 다시 소를 제기할 수 없다고 규정하고 있다. 이것은 인용판결의 형성력을 일반 제3자에게 확장함과 아울러, 각하 또는 기각판결의 경우에 다른 소제기권자의 소권을 박탈함으로써 혼인·이혼·입양·파양 등의 효력을 다툴 수 없게 하는 한편, 정당한 사유로 참가할 수 없었던 제3자에게는 통모판결(通謀判決)의 효력을 제거할 수 있는 기회를 부여한 것이다. 한편 상법 제190조는 설립무효 또는 설립취소를 명하는 판결은 제3자에 대하여도 그 효력이 있다고 규정하고 있으며, 이 규정은 합병무효(商 240)를 비롯하여 많은 경우에 준용되고 있다(商 370, 380, 446, 552 등). 이들 회사소송에서는 가사소송과는 달리 청구기각의 경우에 제3자의 소권을 박탈하지 않고, 청구인용의 경우에 형성력의 대세적 효력만을 인정하고 있다.

2) 그런데 이들 법률의 규정은 형성력이 본래 대세적 효력이 있는 것을 단순히 선언한 것인가, 아니면 형성력도 기판력과 같이 본래 상대적 효력밖에 없는데 특히 예외를 인정한 것인가에 관하여 견해가 갈라진다. 이 견해의 대립은 형성판결에 관하여 대세적 효력을 명문으로 규정하고 있지 아니한 경우에도 대세적 효력을 인정할 것인가에 관하여 차이를 가져온다. 예컨대 합명회사나 합자회사의 사원 또는 주주에 의한 해산청구(商 241, 269, 520), 주주에 의한 이사의 해임청구(商 385)의 경우가 문제되는데, 기판력설에 의하면 기판력을 받지 않는 제3자는 형성의 효과를 다툴 수 있

으나, 국가적 처분행위설은 국가행위의 고도의 유효성에 의하여, 법률요건적 효력설은 실체법상의 효과를 모든 사람이 존중하여야 한다는 이유로 각각 대세적 효력을 인정하는 경향이 있다. 형성력의 본질을 법률요건적 효력으로 보는 한, 형성력의 대세적 효력을 인정하여야 할 것이다.[1)]

제 7 관 附隨的 效力

Ⅰ. 總 說

판결이 확정되면 그 판단내용에 따라 기판력 · 집행력 및 형성력(이를 판결의 본래적 효력이라고 한다)이 인정되는 외에 특별한 규정 또는 해석론에 의하여 인정되는 효력이 있다. 여기에는 다음과 같은 것들이 있다.

첫째, 소송법상 인정되는 제도적 효력으로서, 보조참가소송이나 소송고지의 경우에 인정되는 참가적 효력(77. 86)과 넓은 의미(廣義)의 집행력[2)] 등이 있고, 둘째, 민법 기타의 실체사법이 확정판결의 존재를 요건사실로 하여 일정한 법률효과의 발생을 인정하는 법률요건적 효력이 있으며, 셋째, 소송법이나 실체법에 특별한 규정이 없지만 이론상 인정되는 효력으로서 반사적 효력, 쟁점효, 사실적 효력 등이 있다.

이 가운데 참가적 효력, 넓은 의미의 집행력 및 쟁점효에 관하여는 따로 설명할 기회가 있었거나 설명할 예정이므로, 여기서는 그 나머지에 관하여 살펴본다.

Ⅱ. 法律要件的 效力

1) 법률요건적 효력(Tatbestandswirkung)이라 함은 민법 기타의 법률이 확정판결의 존재를 법률요건으로 하여 일정한 실체법상의 법률효과를 발생시키는 효력을 가리킨다.[3)] 예컨대 확정판결을 요건사실로 한 시효의 재 진행 및 단기시효의 보통시효화(民 178. 165), 보증채무의 존재를 확정하는 판결의 선고를 요건사실로 한 구상권의 현실화(民 442 I ①), 공탁 유무의 확정판결을 요건사실로 한 공탁물 회수청구권의 소멸

---

1) 법률요건적 효력설을 취하면서도 일정한 범위에서 대세적 효력을 제한하는 견해도 있다. 자세한 것은 Blomeyer, 94 Ⅱ 참조.

2) 넓은 의미의 집행력을 법률요건적 효력으로 보는 견해도 있다. 新堂, 440면.

3) 자세한 것은 上田, “判決の法律要件的效力,” 爭點, 286면 참조.

(民 I 489) 등이 그것이고, 앞에서 설명한 형성력도 구성요건적 효력의 하나이다. 민사소송법 제215조에서 가집행의 선고가 있는 본안판결을 변경하는 판결의 존재를 요건사실로 하여 가집행지급물건의 반환청구권 및 손해배상청구권의 발생을 인정하고 있는 것도 그 예이다. 법률요건적 효력은 명문의 규정이 있는 경우에만 인정되고 또 실체법상의 효력이다. 그것은 기판력 등 판결의 본래적 효력과는 달리 변론주의의 지배를 받는다.[1)]

2) 판결의 존재를 요건으로 하여 일정한 법률효과의 발생을 인정하는 당사자 사이의 합의가 유효한가가 문제되는바, 이를 긍정하여야 할 것이다.[2)]

Ⅲ. 反射的 效力

1) 반사적 효력(Reflexwirkung) 또는 반사효라 함은 제3자가 직접 판결의 기판력을 받는 것은 아니지만, 당사자 사이에 기판력의 구속이 있기 때문에, 당사자와 실체법상 특수한 의존관계에 있는 제3자에게 반사적으로 이익 또는 불이익한 영향을 미치는 효력이라고 설명된다. 제3자 효력(Drittwirkung)이라고도 하며,[3)] 판결의 부수적 효력의 하나라고 한다.

2) 반사적 효력이 인정되기 위한 요건은 제3자가 당사자와 실체법상 의존관계에 있어야 하며, 구체적으로 당사자가 소송에서 다투어지는 권리관계에 관하여 판결의 기준시에 판결의 내용과 같은 계약 또는 처분행위를 하였을 때에 제3자가 그에 따르는 지위에 있어야 한다고 한다.

제3자에게 반사적 효력이 인정되는 예로서는 i) 채권자와 주채무자 사이의 주채무청구소송에서 주채무가 존재하지 않는다는 이유로 주채무자가 승소한 판결은 보증인에게 유리하게 반사효를 미치고(民 430), 또 ii) 합명회사가 받은 판결의 효력은 상법 제212조, 제213조에 의하여 사원에게 유리 또는 불리하게 반사효를 미치며, iii) 당사자 사이에서 부동산소유권의 유·무가 확정된 경우에 한 쪽 당사자의 일반채권자는 그 부동산소유권의 귀속에 관한 판단을 다툴 수 없으므로 그 판결의 반사적 효력을 받으며, iv) 임차인과 임대인 사이에서 임차권의 존재를 확정하는 판결은 전차인에게 유리하게 반사효를 가지고, v) 연대채무자 가운데 한 사람이 채권자에 대하여 상계의 항변을 하여 승소판결을 얻은 때에는 다른 연대채무자에게 유리하게 반사효가 미치며(民 418), vi) 공유자 가운데 한 사람이 제3자에

1) 上田, 爭點, 287면.
2) Rosenberg, §149 Ⅲ.
3) Rosenberg, §156 Ⅲ; Zeiss, 72 Ⅴ. 反對: Blomeyer, §91 Ⅱ.

대하여 공유물의 반환 또는 방해배제청구를 하여 승소판결을 얻은 때에는 다른 공유자는 이를 보존행위라고 하여 자기에게 유리하게 원용할 수 있다고 한다.[1] 그러나 변론을 종결하기 전에 저당권을 설정하고 그 등기를 마친 채권자(저당권자)는 저당권설정자가 변론을 종결할 때에 그 부동산을 처분하여도 저당권의 효력에 영향이 없으므로 저당권설정자와 의존관계에 있지 아니하고, 따라서 저당권설정자가 목적물소유권을 양도하는 판결을 받더라도 그 반사적 효력은 위 저당권자에게 미치지 아니한다. 또 주채무청구소송에서 주채무가 존재한다는 주채무자패소의 판결이 확정되더라도 그 반사적 효력이 보증인에게 미치지 아니한다.

3) 반사적 효력은 다음의 여러 점에서 기판력과 다르다고 한다. 즉 i) 기판력은 소송법상의 효력이나 반사적 효력은 실체법상의 효력이요, 실체권 자체에 영향을 준다. ii)기판력은 직권조사사항이나 반사적 효력은 당사자의 원용을 필요로 한다. iii) 기판력을 받는 사람은 공동소송적 보조참가를 할 수 있으나, 반사적 효력을 받는 사람은 보통의 보조참가밖에 할 수 없다. iv) 당사자 사이의 소송이 사해소송인 경우에 반사적 효력을 받은 사람은 재심을 거치지 않고 그 무효를 주장할 수 있다. v) 기판력확장은 보통 집행력확장을 수반하지만, 반사적 효력은 집행력과 무관하다. vi) 반사적 효력은 의존관계의 모습에 따라 편면적으로 유리한 경우에만 미치는 수가 있다. vii) 기판력은 판결주문에 발생하지만, 반사적 효력은 이유 중의 판단에도 미친다.

4) 반사적 효력을 인정할 것인가에 관하여는 다툼이 있고,[2] 그것은 기판력의 본질론과 관련이 있다. 기판력의 본질에 관하여 실체법설 내지 권리실재설을 취하는 학자들은 판결에 의하여 권리관계가 변동하거나 또는 실재화하여 실체권이 발생하므로 그 의존관계에 있는 제3자는 이를 그대로 승인하여야 하고 따라서 판결의 효력이 그에게 미치게 된다고 한다. 그러므로 이른바 반사적 효력이란 기판력의 확장에 불과하다고 하여 반사적 효력이라는 개념을 부정한다. 이에 반하여 소송법설에서는 기판력을 순수하게 소송법상의 효력으로 파악하고 여기에 실체법상의 효과를 인정하지 아니한다. 그러므로 판결의 효력이 당사자와 실체법상 의존관계에 있는 제3자에게 미치는 현상, 즉 실체법상의 효과를 발생시키는 것을 설명하기 어려웠다. 여기에서 소송법설은 판결의 존재를 전제로 하여 실체법상의 법률효과를 발생시키는 법률요건적 효력의 하나로 반사적 효력을 인정하기에 이른 것이다. 이에 의하면 반사적 효력은 판결의 존재를 요건으로 하는 법률요건적 효력의 하나로서 인정된다.[3] 그러나 반사적 효력을 법률요건적 효력과 동일시하는 데에도 문제가 없지 아니하다. 우선,

---

1) 大判 1991. 12. 27, 91 다 23486 참고(후술하는 '유사필수적 공동소송' 설명 부분 참조).

2) 高田裕成, "判決の反射的效力," 爭點, 300면; 兼子, 條解民訴, 693~701면; 鈴木, "判決の反射的效力," 演習民訴, 601면 이하.

3) 도이칠란트에서는 Reflexwirkung이라는 말을 Tatbestandswirkung 또는 Nebenwirkung이라는 말과 같이 쓴다. Jauernig, §61 Ⅳ; Arens, Rdn. 344; Blmeyer, §86 Ⅲ 1. 비판적인 견해로 Bruns, Rdn. 217 b. 참조.

다른 법률요건적 효력과 달리 반사적 효력에 관하여는 명문의 규정이 없고, 다음, 명문의 규정이 있는 법률요건적 효력은 판결에서 판단된 권리관계와 다른 사법상의 법률효과를 발생시키는데, 반사적 효력의 경우에는 판결의 판단내용 그 자체의 구속력에 지나지 않기 때문이다. 그리하여 소송법설의 진영에 서면서도 반사적 효력을 기판력의 확장으로 보는 견해도 나오고 있다.[1] 이에 의하면 변론을 종결한 뒤의 승계인에 대한 기판력확장의 규정(218 I)은 승계인의 법적 지위가 판결에서 확정된 전주의 지위에 의존하고 있다는 점을 근거로 하고 있으므로, 이 규정을 모든 의존관계에 있는 제3자에게 유추적용하여 기판력의 확장을 인정할 수 있다고 한다. 이 견해에 의하면 소송의 승패에 불구하고 의존관계에 있는 제3자에게 판결의 효력이 미치게 된다. 그러나 실체법상 의존관계에 있다는 이유만으로 제3자에게 기판력을 미치게 하는 것은 기판력의 상대성의 원칙에 반한다고 하겠다.[2]

5) 종래의 다수설은 반사적 효력을 인정하여 왔다.[3] 그러나 아직 반사적 효력의 본질, 기판력과의 차이와 관계 등이 충분히 규명되어 있지 아니하다. 따라서 이에 관하여는 앞으로 더 검토하여 보아야 한다.[4] 일본최고재판소는 아직까지 반사적 효력을 부정하고 있다.[5] 우리 대법원이 반사효를 인정한다고 하는 견해가 있으나,[6] 그 논거로 들고 있는 판결(제3채무자가 채무자를 상대로 승소·확정판결을 받은 뒤에 채권자가 채권자대위의 소를 제기하는 경우)[7]은 채권자대위제도(채권자는 채무자의 지위에 선다)의 성질상 당연한 결론이며 기판력의 확장으로 보아야 하므로,[8] 반사효를 긍정한 판례라고 단정하기 어렵다.

Ⅳ. 事實的 效力

사실적 효력이라 함은 판결이 앞서 말한 법률적 효력 외에 실제상 수행하는 기능을 가리킨다. 이 사실적 효력은 그 작용의 방법 내지 장면에 따라 증명적 효력, 파급적 효력 및 재판절차적 효력으로 대별할 수 있으며, 이른바 현대형 소송과 관련하여 논의되고 있다.[9]

---

1) 二ケ月, 35면; Rosenberg, §156 Ⅱ.

2) 자세한 것은 姜玹中, “判決의 派生的效力,” 「司法行政」, 1986. 12, 59면 이하; 後藤, “反射的效力,” 爭點, 284면; 中野＝松浦＝鈴木, 490면 이하; 新堂, 440면 이하; 吉村德重, “判決の反射的效力,” 學說展望ジュリト300號 記念特輯(1964), 264면 이하; 白川話雄, “いわゆる判決の反射的效力について,” 法學演習講座 10, 「民事訴訟法」, 455면 이하 참조.

3) 李時, 705면; 金/姜, 658면.

4) 同旨: 宋/朴, 470면.

5) 日最判 1956. 7. 20, 民集 10. 8. 965; 1976. 10. 21, 民集 30. 9. 903; 1978. 3. 23, 判時 886. 35, 百選 Ⅱ, 337면.

6) 李時, 705면.

7) 大判 1979. 3. 13, 76 다 688; 1992. 5. 22, 92 다 3892 등 다수.

8) 법률요건적 효력이라는 견해로는 胡, 860면.

9) 자세한 것은 姜玹中, 前揭論文; 奈良, “判決をめくろ最近の理論と實務,” 「新實務民訴」 2, 219면 이하 등 참조.

1) 증명적 효력(증명효)은 판결의 내용이 제2의 소송에서 마치 하나의 증거인 것처럼 쓰여서 법관으로 하여금 동일한 판단을 하도록 이끄는 실제상의 효과이고, 주로 제2의 소송에서 작용한다.[1]

2) 파급적 효력 내지 간접적 효력은 판결이 소송 외의 제3자의 지위나 행동 등에 사실상 영향을 주어 파급적 확대효과를 미치는 작용을 말한다. 예컨대 어느 사람이 공해·환경·제조물책임 등의 소를 제기하여 승소판결이 나면, 원고와 같은 피해를 입고 있는 다수의 제3자에게 파급확대효과가 미치고 혹은 행정당국의 정책을 변경시키는 효과가 있다.

3) 재판절차적 효력은 예컨대 증거보전결정에 기한 증거조사의 절차가 상대방에게 상당한 충격을 주어 재판 외의 화해의 성립을 재촉하는 작용을 한다든가, 임금채권압류명령이 채무자의 직장에서 그의 지위를 악화시키는 작용을 하는 등 재판에 의한 절차 자체가 상대방에게 미치는 사실상의 효과 또는 기능을 말한다.

제 8 관　判決의 흠

Ⅰ. 總　　說

판결의 절차나 내용에 흠이 있는 경우에 이를 흠 있는 판결이라고 한다.[2] 그런데 이러한 판결의 흠이 판결의 효력에 어떠한 영향을 미치는가는 흠의 정도에 따라 다르다. 종래의 학설은 판결의 흠을 다음의 세 가지로 구별하여 왔다.

첫째는 상소·재심 등 법률상의 시정수단에 의하여 취소되지 않는 한 완전히 유효한 경우이다. 대부분의 흠은 여기에 속한다. 판결에 잘못된 계산이나 기재, 그 밖에 이와 비슷한 잘못이 있음이 분명한 경우(경정결정의 대상인 경우, 211) 또는 청구의 일부에 관한 판단을 빠뜨린 경우(추가판결의 경우, 212 Ⅰ)도 이에 속한다.

둘째는 판결로서 성립하기 위한 기본적인 요건을 갖추지 못하여 법률상 판결로서의 존재 의의를 인정하기 어려운 경우이다. 판결의 부존재 또는 비판결의 경우로서, 그 외형적인 판결에는 아무런 효력이 인정되지 아니한다.

셋째는 법률상 판결로서의 존재 의의는 일단 인정되지만, 판결로서의 본래적

1) 大判 1990. 12. 11, 90 다카 7545; 1995. 6. 29, 94 다 47292; 2000. 9. 8, 99 다 58471.
2) 자세한 것은 Jauernig, *Das fehlerhafte Zivilurteil*(1958) 참조.

효력을 전부 또는 일부 발휘할 수 없는 경우이다. 판결의 무효 또는 무효인 판결의 경우이다.

Ⅱ. 判決의 不存在(非判決)

1) 판결의 부존재 또는 비판결(Nichturteil)은 판결의 요건을 구비하지 못하여 대외적으로 법원에 의한 판결이 선고되었다고 볼 수 없는 경우를 말한다. 사이비판결(Scheinurteil)이라고 한다. 예컨대 i) 법관 아닌 사람의 판결(사법연수생의 판결, 법원사무관이 선고한 판결 등), ii) 아직 선고되지 아니한 판결,[1] iii) 법관이 단골술집에서 내린 판결 등이 이에 해당한다.

2) 비판결은 판결로서의 효력을 전혀 갖지 못한다. 판결의 내용상의 효력인 기판력·집행력·형성력은 물론, 기속력과 형식적 확정력도 없다. 그러므로 당사자는 그 심급에서 기일지정신청을 하여 절차의 속행을 구할 수 있다.[2] 비판결은 상소의 대상으로 되지도 아니하나, 판결정본이 송달되어 판결이 있는 것과 같은 외관이 생겨서 집행의 위험이 있는 경우에는 상소에 의한 취소를 허용하여야 할 것이다.[3] 당사자가 상소한 뒤에 원심에서 새로이 한 판결은 무효이다.[4]

Ⅲ. 判決의 無效

1) 무효인 판결(nichtiges Urteil, wirkungsloses Urteil)은 판결로서의 외관은 갖추었지만, 중대한 흠이 있기 때문에 판결의 내용상의 효력인 기판력·집행력·형성력 등이 생기지 않는 경우를 말한다. 판결의 무효는 절차상의 흠에 기하여 생길 수도 있고, 내용상의 흠에 기하여 생길 수도 있다. 전자의 예로는 i) 소가 취하되었음에도 선고된 판결, ii) 사망한 사람에 대한 판결,[5] iii) 재판권이 없는 사람에 대한

1) 大判 1956. 8. 9, 4289 民上 285; 1962. 1. 18, 4294 民上 152.
2) Rosenberg, §62 Ⅲ 2.
3) 大判 1956. 6. 30, 4286 行上 8; Jauernig, §60 Ⅱ; Rosenberg, §56 Ⅲ 2. 비판결은 확정되지 아니하므로 재심의 대상으로 되지 않는다.
4) Jauernig, *Das fehlerhafte Zivilurteil*(1958), S. 90 ff.
5) 大判 1982. 4. 13, 81 다 1350; 2002. 8. 23, 2001 다 69122; 2017. 5. 17, 2016 다 274188.

판결 등이 있고, 후자의 예로는 i) 판결 당시에 존재하지 않는 법률관계의 형성을 선고하는 판결(부부의 한 쪽이 사망하였음에도 한 이혼판결),[1] ii) 현행법이 인정하지 않는 법률효과(예컨대 영소작권, 사실에 대한 확인판결)를 명하는 판결, iii) 판결의 내용이 불확정·불명확하든가 모순되어 그 의의를 확정할 수 없는 경우,[2] 판결에서 선언한 사항이 선량한 풍속 기타 사회질서에 반하는 경우 등이 있다. 사실상 불가능한 급여를 명하는 판결, 예컨대 존재하지 않는 물건의 인도를 명하는 판결은 전면적으로 무효인 것이 아니라 그 판결에 기한 집행만이 불가능하므로, 집행력은 발생하지 않으나 기판력은 발생한다고 하는 견해가 유력하다. 또 판결의 부당취득의 경우에도 그 판결이 무효인가가 문제되는데, 이 문제는 뒤에 따로 설명한다.

2) 무효인 판결은 소송절차상 유효한 판결로서 존재하므로 비판결과는 달리, 그 심급을 완결시키고 그 법원을 구속하는 기속력도 발생한다. 그러나 판결의 내용에 따른 본래적 효력인 기판력·집행력·형성력 등을 발생하지 않는 점에 특색이 있다. 무효인 판결도 판결의 외형을 가지고 있으므로 유효한 것으로 이용될 염려가 있고, 따라서 이에 대하여 상소·재심으로 취소할 이익이 있다.[3] 상소가 있으면 상소심은 원판결을 취소하고, 소를 각하하거나 청구를 기각하여야 한다. 그러나 판례는 무효인 판결에 대한 상소나 재심을 부적법한 것으로 본다.[4] 무효인 판결은 그것이 형식적으로 확정된 뒤에도 원고는 같은 소송물에 관하여 소를 제기할 수 있고, 피고는 구 소송의 소송물의 부존재확인의 소를 제기할 수 있다. 또 구 소송의 소송물을 선결관계로 하는 소송에서 그 소송물에 대한 판결의 무효를 주장할 수도 있다. 무효인 판결 자체에 대한 무효확인소송을 허용할 필요는 없을 것이다.[5]

Ⅳ. 그 밖의 흠 있는 判決

판결에 흠이 있더라도 그것이 판결의 부존재나 판결의 무효에 해당하지 않는

1) 大判 1982. 10. 12, 81 므 53.
2) 大判 1970. 4. 28, 70 다 322; 大決 1980. 7. 8, 80 마 162.
3) 상소만 가능하다는 견해: 李時, 708면.
4) 소제기 전에 사망한 사람에 대한 판결은 무효이므로 상소나 재심의 대상이 되지 않는다는 것으로서 大判 2002. 8. 23, 2001 다 69122(상고); 1994. 12. 9, 94 다 16564(재심). 다만 사망한 사람을 채무자로 한 처분금지가처분결정의 효력은 무효이나, 그 채무자의 상속인은 무효인 가처분에 대하여 이의신청으로 취소를 구할 수 있다고 본다(大判 2002. 4. 26, 2000 다 30578).
5) 日最判 1965. 2. 26, 民集 19. 1. 166.

이상, 상소 · 재심 등 법률상의 시정수단에 의하여 취소되지 않는 한, 판결은 일단 완전히 유효한 것으로 취급된다. 이것이 민사소송법의 원칙이다. 이것은 판결에 의한 질서의 형성을 간단히 무시하는 것을 가급적 방지하고, 그 무효 · 취소의 주장은 상소 · 재심 등 법이 마련하고 있는 제도에 의하게 하여, 법적 안정성을 꾀하려고 하는 정책적 배려에서 나온 것이다. 따라서 예컨대 공개의 원칙에 위반한 판결도 상소 · 재심에 의하여 취소되지 않는 한 유효하고 그 내용상의 효력이 발생한다.

Ⅴ. 判決의 不當取得(騙取)

(1) 意　義

당사자가 악의 또는 불법한 수단으로 상대방과 법원을 속여 확정판결을 취득하는 수가 있는데, 이러한 현상을 판결의 부당취득 또는 편취(Urteilserschleichung)라고 한다. 예컨대 ① 피고의 주소를 알고 있음에도 불구하고 주소가 불분명하다고 속여 공시송달을 신청하여 피고 모르게 승소판결을 얻는 경우, ② 피고의 주소를 허위로 기재하고 그 주소에서 원고 자신이 피고처럼 가장하여 소장부본을 송달받고 자백간주의 형식으로 법원을 속여 승소판결을 받는 경우, ③ 재판 외의 화해와 동시에 소취하의 합의를 하고서도 소취하를 하지 않고 피고의 출석기회를 박탈한 상태에서 승소판결을 얻는 경우, ④ 원고가 증거를 위조하여 유리한 판결을 얻는 경우 등이 그 전형적인 예이다.

(2) 訴訟法上의 救濟手段

1) 이 경우에 부당취득한 판결의 효력을 배제하기 위한 소송법상의 구제수단이 문제이다. 이 판결을 곧바로 무효로 보는 견해(**무효설**)도 있으나,[1] 이것은 민사소송법 제451조 제1항에 비추어 받아들이기 어렵다. 그러므로 판결을 편취(騙取)한 경우에도 판결 자체는 유효한 것으로 보고 이에 대한 구제수단을 검토하여야 할 것이다. 이 경우의 구제수단으로서는 상소의 추후보완 및 재심과 항소를 생각할 수 있다. 상소의 추후보완 및 재심에 의하여야 한다는 견해(**재심설**)는 판결이 확정된 것을 전제로 하고 있고, 항소에 의하여야 한다는 견해(**항소설**)는 판결이 아직

1) 新堂, 401면.

확정되지 아니하였음을 전제로 한다.

2) 생각건대 위 예 ③의 경우는 민사소송법 제451조 제1항 제3호 대리권의 흠이 있는 때에 준하여 재심에 의하여야 하고, 예 ④의 경우는 제451조 제1항 제5호 내지 제7호에 기하여 재심을 제기하여야 할 것이다. 공시송달에 의한 판결편취(예 ①)의 경우에는 판결이 확정되었으므로 제451조 제1항 제11호에 의한 재심 또는 상소의 추후보완(173)에 의하여 구제받을 수 있다. 자백간주에 의한 판결편취(예 ②)의 경우에도 기록상으로는 판결이 확정된 듯한 외관을 갖추고 있으므로 제451조 제1항 제11호에 의한 재심이 가능하다고 본다.[1] 다만 이 경우에는 실질적으로 피고에 대하여 판결정본의 송달이 없어서 판결이 확정되지 아니하였으므로 재심 외에 항소에 의하여도 좋다고 생각한다(**재심 · 항소병용설**). 그런데 대법원은 공시송달에 의한 판결편취의 경우(예 ①)에는 판결정본의 송달이 유효하여 판결이 확정된 것으로 보고, 상소의 추후보완(173) 또는 재심(451 I ⑪)에 의하여야 한다고 풀이하고 있으나,[2] 자백간주에 의한 판결편취의 경우(예 ②)에는 피고에 대한 판결정본의 송달이 무효이어서 아직 그 판결이 확정되지 아니한 상태에 있는 것으로 보아 항소에 의하여야 하고, 재심에 의할 수는 없다고 한다.[3] 그러나 이 경우에 반드시 항소에 의하여야 한다는 대법원의 해석은 제451조 제1항 제11호의 명문에 반하므로 재고(再考)를 요한다.

3) 판례는 원고가 피고의 참칭대표자를 대표자로 표시하여 소를 제기함으로써 그에게 소송서류가 송달되게 하여 자백간주에 의한 승소판결을 받은 경우에는, 소송서류를 송달받은 사람이 참칭대표자로 표시된 것으로서 송달 자체는 적법하여 판결은 유효하게 확정되고, 다만 대리권의 흠으로 인한 재심사유(451 I ③)가 있다고 본다.[4]

4) 부당취득한 판결에 기하여 강제집행을 하는 경우에는 그 집행은 권리남용이므로, 청구이의의 소(民執 44)에 의하여 그 집행력을 배제할 수 있다.[5]

---

1) 同旨: 李時, 709면.

2) 大判 1980. 7. 8, 79 다 1528; 1985. 10. 8, 85 므 40; 공시송달에 의하여 판결이 선고되고 판결정본이 송달되어 확정된 이후에 재심의 방법을 택한 경우, 추완상소기간이 도과하였더라도 재심기간 내에 재심의 소를 제기할 수 있다(大判 2011. 12. 22, 2011 다 73540).

3) 大(全)判 1978. 5. 9, 75 다 634; 1994. 12. 22, 94 다 45449.

4) 大判 1994. 1. 11, 92 다 47632; 1999. 2. 26, 98 다 47290.

5) 大判 1984. 7. 24, 84 다카 572; 2001. 11. 13, 99 다 32899; 2006. 7. 6, 2004 다 17436; 2014. 2. 21, 2013 다 75717; 2014. 5. 29, 2013 다 82043(확정판결의 내용이 실체적 권리관계에 배치되는 경우에

(3) 實體法上의 救濟手段

부당취득한 판결에 의한 강제집행 등으로 인하여 손해가 발생한 경우에 재심을 거치지 않고도 위 판결의 무효를 주장하여 실체법상으로 손해배상·부당이득반환 등의 청구를 할 수 있는지 다투어진다. 도이칠란트와 일본의 통설은 손해배상·부당이득반환 등은 확정판결의 기판력에 저촉되므로 재심의 소를 제기하여 판결을 취소하지 않는 한 손해배상 등 실체법상의 구제수단에 의할 수 없다고 한다(재심필요설).[1] 손해배상청구와 관련하여 우리 판례는 원칙적으로 재심필요설을 따르면서도[2] 예외적으로 일정한 경우에는 기판력에도 불구하고 재심에 의한 판결의 취소 없이 곧바로 손해배상청구가 가능한 것으로 본다[3](다만 **부당이득반환청구**는 기판력에 정면으로 반하므로 이러한 예외를 부정한다[4]).[5] 이론상으로는 재심필요설이 수미일관하지만, 부당판결에 의한 집행의 결과를 그대로 시인하는 것은 '부정의에 대하여 정의의 도장을 찍어주는 것'(dem, was nicht recht sei, den Stempel des Rechts zu geben)이 되어 부당하다. 재심사유가 없거나 재심제기기간을 넘겨서 재심에 의한 구제가 불가능한 경우가 허다할 뿐만 아니라, 명백히 잘못된 것을 바로잡기 위하여 두 번의 소송을 강요하는 것은 불합리하다. 이 경우에 실체적 정의를 위하여 기판력제도를 후퇴시키고 손해배상청구를 허용하는 것이야말로 '부당한 판결에 대한 정의의 승리'(ein Triumph der Gerechtigkeit über ungerechte Urteile)가 아닐 수 없다.

문제는 어떠한 경우에 손해배상을 긍정할 것인가이다. 당사자의 절차적 기본권

는 확정된 권리의 내용, 판결의 성립경위, 당사자에 대한 영향 등 제반 사정을 고려하여 확정판결에 기한 집행이 현저히 부당하고 상대방이 집행을 수인하는 것이 명백히 정의에 반하고 사회생활상 용인할 수 없는 경우에 권리남용이 되며, 확정판결의 내용이 실체적 권리관계에 배치된다는 점은 그 집행이 권리남용이라고 주장하며 그 집행의 불허를 구하는 원고가 주장·증명하여야 한다); 2018. 3. 27, 2015 다 70822.

1) Rosenberg, §162; Jauernig, §64 Ⅱ; Arens, Rdn. 370; Zeiss, §76.

2) 大判 1995. 12. 5, 95 다 21808; 2001. 11. 13, 99 다 32899.

3) 大判 1977. 1. 11, 76 다 81; 1978. 5. 9, 75 다 634; 1984. 7. 24, 84 다카 572 등; 도이칠란트와 일본의 판례도 마찬가지이다: BGHZ 50, 115; 日最判 1969. 7. 8, 民集 23. 8. 1407, 續百選, 184, 爭點, 332면.

4) 大判 2001. 11. 13, 99 다 32905(허위주장 등 부정한 방법으로 취득한 확정판결에 기한 강제집행이 권리남용에 해당한다고 해도 위 확정판결이 취소되지 아니하는 한 위 집행으로 취득한 채권이 법률상 원인 없는 이득이 되지는 않는다); 2000. 5. 16, 2000 다 11850(확정판결에 기한 이행으로 금전을 교부받은 후 관련 소송에서 그 확정판결에 반하는 내용의 판결이 확정된 경우에도 위 교부받은 금전은 법률상 원인 없는 이익이 되지 않는다); 1995. 6. 29, 94 다 41430(채권자가 대여금 중 일부를 변제받고도 이를 속이고 대여금 전액에 대해 승소 확정판결을 받아 전액에 대해 강제집행을 한 경우, 채무자의 일부 변제액 부분에 대한 부당이득반환청구(후소)에서 그 변제의 주장은 전소 판결의 기판력에 저촉되어 위 강제집행에 의해 받은 금원을 법률상 원인 없는 이득이라 할 수 없다).

5) 판례에 의하면 자백간주에 의한 판결편취의 경우에는 아직 판결이 확정되지 아니하였으므로 기판력은 아예 문제되지 아니한다. 따라서 그 판결에 의하여 소유권이전등기가 된 경우에는 그 판결을 취소하지 않고도 직접 그 이전등기의 말소를 구할 수 있다(大(全)判 1978. 5. 9, 75 다 634; 1995. 5. 9, 94 다 41010).

이 근본적으로 침해되었거나 재심사유가 존재하는 등 확정판결의 효력을 인정하는 것이 명백히 정의에 반하는 경우에 한하여야 할 것이다.[1)]

제 5 절 終局判決에 부수하는 裁判

終局判決의 主文에서는 소송물에 관한 판단 이외에 미리 집행력을 부여하기 위하여 가집행선고를 하는 수가 많고, 또 소송비용의 부담에 관하여도 판단을 한다.

Ⅰ. 假執行의 宣告

1. 意 義

가집행의 선고(vorläufige Vollstreckbarkeit)라 함은 확정되지 아니한 종국판결에 대하여 마치 그것이 확정된 경우와 같이 집행력을 부여하는 형성적 재판이다. 판결은 확정되어야만 비로소 집행력이 발생하는 것이 원칙이지만, 패소자가 집행의 지연을 노려 함부로 상소하는 경우도 있으므로, 이에 대비하여 승소자에게 조속한 권리의 실현을 확보하여 주기 위하여 인정된 제도이다. 또 이 제도는 피고로 하여금 가집행의 선고에 의하여 즉시 집행당하는 것을 면하기 위하여 제1심에서 모든 소송자료를 제출하도록 심리의 집중을 유도하는 효과도 있다. 현재 가집행의 선고는 널리 이용되고 있다.

2. 要 件

(1) 財産權의 請求에 관한 判決일 것

가집행의 선고는 재산권의 청구에 관한 판결에만 붙일 수 있는 것이 원칙이다(213 I). 재산권의 청구는 집행한 뒤에 상소심에서 청구가 기각되어도 원상회복이 비

---

1) 同旨: 大判 1995. 12. 5, 95 다 21808; 2001. 11. 13, 99 다 32899 등; 姜, 698면. 反對: 方, 599면; 金/姜, 640면; 李時, 709면. 자세한 것은 鄭東潤, “旣判力의 排除를 위한 實體法上의 救濟手段에 관하여,” 「法曹」, 1989. 12, 3면 이하 참조, Prosser, *Torts*(3rd ed. 1964), p. 876 ff. 그 밖에 大判 2005. 12. 23, 2004 다 8814(중재판정)도 참조.

교적 용이하고 또 금전배상으로 처리할 수 있는 것이 보통이기 때문이다.[1) 2)]

(2) 判決이 執行에 適合할 것

1) 가집행의 선고는 **종국판결에 한하여** 붙일 수 있고 중간판결(201)에는 붙일 수 없다. 다만 종국판결이라도 ① 소각하판결이나 청구기각판결, ② 가집행의 선고를 변경하는 판결이나 가집행의 선고 있는 본안판결을 변경하는 판결(215)은 성질상 가집행선고를 붙일 수 없다(①은 가집행의 대상이 없고, ②는 선고 즉시 효력이 발생하기 때문에 가집행의 여지가 없다).

2) 이행판결에 가집행의 선고를 붙일 수 있음에는 다툼이 없다. 확인판결과 형성판결에도 가집행의 선고가 가능한가가 다투어지는데, 일부 학설은 명문의 규정이 있는 경우에만 그것이 가능하다고 보고 있으며,[3)] 판례도 같다.[4)] 그러나 넓은 의미(廣義)의 집행력을 부여하기 위해서는 확인판결과 형성판결에도 가집행의 선고를 할 수 있다고 풀이하여야 한다.[5)] 형성판결에 가집행의 선고를 할 수 있다고 명문의 규정을 둔 것으로서 강제집행정지·취소결정의 인가 또는 변경판결(民執 47 Ⅱ·48 Ⅲ)이 있다. 확인판결의 일종인 상소기각의 판결에도 가집행의 선고를 붙일 수 있다고 풀이한다.[6)]

3) 판결이 확정되어야만 효력(집행력 또는 형성력)이 발생하는 경우에는 가집행의 선고를 붙일 수 없다. **의사표시를 명하는 판결**은 확정되어야만 의사표시가 있는 것으로 보므로(民執 263), 이행판결이지만 가집행의 선고를 할 수 없다(통설).[7)] 또한 실체법상의 법률관계를 변동시키는 형성판결(예컨대 공유물분할판결)도 확정을 기다려야 하므로 가집행의 선고를 붙일 수 없다.[8)]

---

1) 따라서 이혼청구 등 비재산권의 청구에 대해서는 가집행선고를 할 수 없다: 李時, 690면. 민법 제839조의 2에 따라 재산분할로 금전의 지급을 명하는 경우에는 판결 또는 심판이 확정되기 전에는 그 이행기가 도래하지 아니할 뿐만 아니라 금전채권의 발생조차 확정되지 않으므로 그 금전의 지급을 명한 부분은 가집행선고의 대상이 될 수 없다(大判 2014. 9. 4, 2012 므 1656).

2) 가사비송사건 가운데 유아의 인도에 관한 심판으로서 즉시항고의 대상이 되는 심판에는 가집행의 선고를 명하여야 한다(家訴 42).

3) 方, 378면; 宋/朴, 408면.

4) 大判 1966. 1. 25, 65 다 2374.

5) 同旨: 李英, 184면; 李時, 724면.

6) 同旨: 新堂, 445면; 吉村=竹下=谷口, 309면.

7) 反對: 金/姜, 651면.

8) 법원이 이혼과 동시에 재산분할을 명하는 판결을 하는 경우에도 이혼판결은 확정되지 아니한 상태이므로, 그 시점에서 가집행을 허용할 수 없다(大判 1998. 11. 13, 98 므 1193).

(3) 假執行의 宣告를 붙이지 아니할 상당한 이유가 없을 것

재산권의 청구에 관한 판결에는 상당한 이유가 없는 한 당사자의 신청 유무를 불문하고 가집행할 수 있음을 선고하여야 한다(213 Ⅰ). '상당한 이유'란 가집행의 선고를 하는 경우에는 패소한 피고에게 회복할 수 없는 손해를 줄 염려가 있을 때를 뜻한다.

3. 節　次

1) 가집행의 선고는 재산권의 청구에 관한 판결의 경우에는 법원이 직권으로 한다(213 Ⅰ). 당사자의 신청은 법원의 직권발동을 촉구하는 의미를 가질 뿐이며, 이에 대하여 허가 여부의 판단을 하지 아니하여도 추가판결을 구할 수 없다. 그러나 상소심에서 원심판결에 대한 불복이 없는 부분에 가집행의 선고의 결정을 하는 경우에는 오로지 당사자의 신청에 의하여 한다(406, 435).

2) 가집행의 선고는 보통 종국판결의 주문에 기재하지만(213 Ⅲ), 결정으로 하는 경우도 있다(406, 435).

3) 가집행의 선고는 담보를 제공하거나 제공하지 아니할 것을 조건으로 할 수 있다. 다만 어음금 또는 수표금 청구에 관한 판결에는 담보를 제공하게 하지 않아야 한다(213 Ⅰ 但). 담보를 제공시키느냐의 여부는 법원의 재량에 속하지만, 상소심에서 판결이 변경될 가능성이 있을 때에는 담보의 제공을 명한다. 이 담보는 가집행에 의하여 피고가 입을 손해의 배상을 위한 것이며, 이 담보물에 관하여 피고는 질권자와 동일한 권리가 있다(214, 123). 담보의 액수는 법원의 재량으로 정한다. 다만 과다한 담보를 요구하는 것은 사실상 가집행을 불가능하게 만드는 결과가 되므로 삼가야 할 것이다.[1)]

4) 법원은 직권으로 또는 당사자의 신청에 따라 채권 전액을 담보로 제공하고 가집행을 면제받을 수 있다는 것을 선고할 수 있다(213 Ⅱ). 이를 **가집행면제선고**라고 한다. 이 경우의 담보는 채권 전액과 같은 금액이어야 하므로, 가집행의 지연으로 인하여 원고가 입는 손해뿐만 아니라 기본채권 자체도 담보한다고 본다.[2)]

---

1) 과거의 소송촉진 등에 관한 특례법 제6조는 이를 명문으로 금지하고 있었다.
2) 同旨: 李時, 725면.

5) 가집행의 선고는 인용채권의 전액에 대하여뿐만 아니라, 그 일부에 대하여도 붙일 수 있다.

6) 가집행의 선고에 관한 재판에 대하여는 독립하여 상소를 하지 못하며 본안의 재판과 함께 불복하여야 한다(391·425). 이것은 2002년 민사소송법이 명문으로 규정한 것이다. 구 법하에서도 판례는 가집행의 선고의 재판에 대하여는 독립하여 불복할 수 없고, 본안과 함께 상소된 가집행의 선고의 재판에 잘못이 있더라도 본안사건에 대한 상소가 이유 없는 경우에는 가집행의 선고의 재판을 고칠 수 없다고 하였다.[1)]

4. 效 力

1) 가집행의 선고가 붙은 종국판결은 즉시 집행력이 발생한다. 그러므로 가집행의 선고 있는 판결에 기한 강제집행은 확정판결에 기한 강제집행과 마찬가지로 권리의 종국적 만족에까지 이르는 본집행이다(가압류·가처분과 같이 집행보전에 그치는 것이 아니다). 다만 가집행은 장래 판결이 취소되는 것을 해제조건으로 하여 허용되는 것이므로,[2)] 상급심에서 청구의 당부를 심판할 때에는 가집행의 결과를 도외시하여야 한다.[3)] 예컨대 가집행에 의하여 변제를 받은 경우[4)]나 인도받은 소를 도살한 경우[5)] 등에도 이러한 사실을 참작하여서는 아니 된다. 채무자가 지급한 가지급금의 액수가 채권자에게 지급해야 하는 원본과 지연손해금 합계액에 미치지 못하는 경우에는 민법상의 변제충당의 순서에 따라 지연손해금, 원본의 순서로 변제에 충당한다.[6)]

2) 가집행의 선고 있는 판결에 대하여 피고가 상소를 제기하더라도 그 집행력이 당연히 소멸하지는 아니한다. 따라서 이에 기한 강제집행을 정지하려면 별도로 당사자의 신청에 의하여 강제집행정지의 결정을 받아야 한다(501·502).[7)]

---

1) 大判 1994. 4. 12, 93 다 56053.

2) 大判 1963. 7. 11, 63 다 252.

3) 大判 1993. 10. 8, 93 다 26175 등.

4) 大判 1972. 12. 26, 72 다 1375; 1995. 6. 30, 95 다 15827; 2020. 1. 30, 2018 다 204787.

5) 日最判 1983. 12. 20, 民集 17. 23. 2502, 百選 144.

6) 大判 2024. 10. 31, 2024 다 257812(이는 가집행의 근거가 된 판결의 소송물이 복수의 금전청구가 병합된 것인 경우에도 마찬가지이다).

7) 가집행선고부 판결에 대한 강제집행정지를 위하여 공탁한 담보는 정지대상인 기본채권 자체를 담보하는 것이 아니라 '강제집행정지로 인하여 채권자에게 생길 손해를 담보하기 위한 것'이므로 채권자는 그 손해배상청구권에 한하여서만 질권자와 동일한 권리를 가진다. 이때 집행의 정지가 효력을 갖는 기간 내에

5. 失 效

(1) 假執行宣告의 失效

1) 가집행의 선고는 상소의 결과 본안판결의 확정 전에 가집행의 선고만이 바뀌거나[1] 또는 기본인 본안판결이 바뀌었을 때에는 그 바뀌는 한도에서 그 효력을 잃는다(215 Ⅰ). 그러나 담보를 조건으로 하는 가집행을 무담보의 가집행으로 바꾸는 것과 같이 채권자에 유리하게 바뀌는 경우에는 가집행의 선고가 실효되지 않는다.[2] 가집행의 선고에 관한 재판은 판결로 한 경우에도 즉시 집행력이 발생한다.

2) 가집행의 선고가 실효되면 장래에 향하여 더 이상 이에 기한 집행은 할 수 없고, 가집행의 선고만을 변경하거나 본안판결을 변경하는 판결의 정본을 제출하면 집행기관은 이후의 집행을 정지하고 이미 행한 집행처분을 취소하여야 한다(民執 49 ①, 50). 이 실효는 기왕에 소급하지 아니하므로, 이미 완결된 집행처분은 무효로 되지 아니한다.[3] 따라서 가집행에 의하여 매각허가결정을 받은 매수인의 소유권취득의 효과는 영향을 받지 아니한다.[4] 제3자가 인도집행한 목적물에 관하여 취득한 임차권도 같다.[5] 가집행의 선고 있는 제1심 본안판결이 항소심에서 취소되면 가집행의 선고는 일단 실효되지만, 위 항소심판결이 상고심에서 파기되면 그 효력은 복구된다.[6]

(2) 原狀回復 및 損害賠償義務

1) 법원은 가집행의 선고 있는 종국판결을 변경하는 본안판결에서 피고의 신청이 있으면, 가집행의 선고에 따라 피고가 원고에게 지급한 물건을 돌려줄 것과 가집행으로 말미암은 손해 또는 그 면제를 받기 위하여 입은 손해를 배상할 것을 원고에게 명하여야 한다(215 Ⅱ). 이것을 **가집행의 선고의 실효로 인한 원상회복 및 손해**

발생한 지연손해금은 강제집행정지를 위한 담보공탁의 피담보채권이 될 수 있다(大決 2025. 2. 13, 2024 마 7294).

1) 다만 판례는 본안에 대한 상소가 이유 없다고 판단되는 경우 가집행의 선고의 재판만을 변경하는 것을 불허한다(大判 1994. 4. 12, 93 다 56053).

2) 제1심의 가집행선고부 승소판결에 대한 항소심에서 조정 또는 화해가 성립한 경우, 제1심판결 및 가집행선고의 효력은 조정 또는 화해에서 제1심판결보다 인용 범위가 줄어든 부분에 한하여 실효된다(大決 2011. 11. 10, 2011 마 1482).

3) 大決 1961. 2. 4, 4293 民再抗 409.

4) 大判 1965. 8. 31, 65 다 1311.

5) 大判 1981. 5. 26, 80 다 2591.

6) 大決 1964. 3. 31, 63 마 78.

배상책임이라고 한다.

2) 본안판결의 변경은 실체상의 이유에 기하든 소송상의 이유에 의하든 묻지 않는다. 가집행의 선고만이 취소된 때에는 그 후 본안판결이 변경된 때에 비로소 원상회복 · 손해배상의무가 발생한다(215Ⅲ). 소취하에 의하여 판결이 실효된 경우는 여기에 해당하지 않는다. 그러나 결정을 집행권원으로 하여 집행한 후에 항고심에서 취소된 경우, 집행문부여가 이의에 의하여 취소된 경우 등에도 본조를 유추할 수 있다.

3) 원상회복의무는 일종의 부당이득반환의무의 성격을 가진다.[1] 원상회복의무의 내용은 가집행의 선고에 기하여 집행채무자가 지급한 물건(지급물건)의 반환이다. 원물의 반환이 불가능한 경우에는 가액의 반환이 되며, 금전을 반환하는 경우에는 수령 후의 이자가 포함된다.[2] 여기의 지급한 물건은 가집행의 결과 피고가 원고에게 이행한 물건만을 가리키고, 제3자에게 경매로 매각된 물건은 지급한 물건이 아니다.[3] 피고가 상소를 제기하여 다투면서 가집행의 선고 있는 판결에서 명한 채무를 변제한 때에는 그것이 전혀 임의변제라고 인정할 특별한 사정이 없는 한 '가집행의 선고에 따라 지급한 물건'에 해당하여 이를 반환하여야 한다.[4]

4) 손해배상의무는 광의의 불법행위책임에 속하지만 무과실책임이다.[5] 피고가 과실로 인하여 임의변제를 하지 않거나 집행정지신청을 아니하여 손해가 증가한 경우에는 과실상계가 허용된다.[6] 배상할 손해의 범위는 가집행과 상당인과관계에 있는 모든 손해이다.[7]

(3) 被告의 請求方法

1) 가집행선고의 실효로 인한 지급물건 반환신청은 상소심에서 본안판결의 변

1) 원상회복의무는 가집행이 없었던 원래의 상태로 회복시키려는 공평의 관념에서 민사소송법이 인정한 법정채무라고 한다(大判 2015. 2. 26, 2012 다 79866; 2014. 4. 10, 2013 다 52073, 52080; 2012. 4. 13, 2011 다 104130).

2) 가지급물건의 반환을 명하는 판결이 지연손해금에는 소송촉진에 관한 특례법상의 이율이 적용된다(大判 2005. 1. 14, 2001 다 81320). 다만 위 특례법 제3조 제2항 소정의 '채무자가 그 이행의무의 존재 여부나 범위에 관하여 항쟁하는 것이 타당하다고 인정되는 경우'에 해당하여 특례법을 적용하지 않은 판례로는, 2014. 4. 10, 2013 다 52073, 52080.

3) 大判 1965. 8. 31, 65 다 1311; 1966. 5. 31, 66 다 377.

4) 大判 1982. 1. 19, 80 다 2626; 1971. 6. 22, 71 다 929; 1995. 6. 30, 95 다 15827.

5) 大判 1979. 9. 25, 79 다 1476; 1984. 12. 26, 84 다카 1695.

6) 大判 1984. 12. 26, 84 다카 1695.

7) 大判 1979. 9. 25, 79 다 1476; 1984. 12. 26, 84 다카 1695.

경을 구하면서 이에 부수하여 하는 것이 보통이지만(215 Ⅲ), 위 원상회복과 손해배상을 별소로서 청구하여도 상관이 없다.[1)]

2) 가지급물건 반환신청은 제1심판결의 실효를 조건으로 하므로 일종의 **예비적 반소**에 해당하며,[2)][3)] 따라서 소송에 준하여 변론하여야 한다.[4)] 다만 이 때의 반환신청은 상소심에서 하는 것이라도 원고의 동의(412)를 요하지 아니하므로 특수한 반소이다.

3) 상고심에서도 할 수 있지만, 그 신청이유로서 주장하는 사실관계에 관하여 당사자 사이에 다툼이 없기 때문에 사실심리를 요하지 않는 경우에 한하여 허용된다.[5)] 그 밖의 경우에는 환송 후 원심에서 환송 전 항소심판결에 기한 가지급물건의 반환신청을 할 수 있다.

Ⅱ. 訴訟費用의 裁判

법원은 종국판결의 주문에서 직권으로 소송비용에 대한 재판을 하여야 한다(104, 105). 자세한 것은 뒤의 소송비용에 관한 설명을 참조하라.

---

1) 大判 1976. 3. 23, 75 다 2209.
2) 大判 2005. 1. 13, 2004 다 19647; 2011. 8. 25, 2011 다 25145; 2013. 9. 13, 2011 다 56033.
3) 따라서 제1심에서의 가집행선고부 승소판결에 기해 판결원리금을 지급받았다가 항소심에서 당초의 소가 교환적으로 변경되어 취하된 것으로 되는 경우에는, 항소심 절차에서 곧바로 가지급물의 반환 등을 구할 수 있으며, 이를 반드시 별소의 형식으로 청구할 필요는 없다는 것이 판례의 태도이다(大判 2023. 4. 13, 2022 다 293272).
4) 大判 1973. 8. 31, 72 다 2185; 2000. 2. 25, 98 다 36474.
5) 大判 1980. 11. 11, 80 다 2055; 1999. 11. 26, 99 다 36617; 2000. 2. 25, 98 다 36474.

제 5 편

裁判에 대한 不服申請

재판은 사람이 하는 것이므로 잘못되는 수가 있다. 그리하여 법은 잘못된 재판을 바로잡는 수단을 마련하고 있다. 여기에는 보통의 불복방법인 상소와 비상의 불복방법인 재심이 있다. 본편에서는 이러한 불복절차를 검토하여 보기로 한다.

제 1 장 總　　說

Ⅰ. 裁判에 대한 不服申請의 制度

재판은 신이 아니요 인간인 법관에 의하여 행하여지므로 오판이 있을 수 있다. 오판은 민사소송법이 추구하는 적정의 이념에 반한다. 그러므로 위와 같은 오판을 방지하기 위한 대책으로서, 당사자가 재판에 대하여 불복을 신청하는 길을 마련하여 두지 않으면 안 된다. 이러한 불복신청의 제도로서는 상소와 재심의 두 가지가 있다.

1) 우선 재판의 결과에 불만이 있는 당사자는 상급법원에 불복을 신청할 수 있다. 이 불복을 몇 번까지 인정하는 것이 좋은가가 문제되는데, 이를 결정할 때는 당사자의 비용과 법원의 노력 및 진실발견의 효율성 등이 고려되어야 한다. 그리하여 우리나라에서는 법원 사이에 심급제도를 설정하고, 법원을 3개의 심급으로 나누어, 제1심법원의 재판에 대하여는 보다 상급의 법원에 두 번까지 불복신청을 할 수 있도록 하였다. 이처럼 재판에 대하여 상급법원에 불복신청을 하는 제도를 상소제도(appeal; Rechtsmittel)라고 한다. 그리고 당사자가 상소에 의하여 더 이상 불복할 수 없게 되는 경우에 재판이 확정되었다고 말한다.

2) 재판이 일단 확정되면 법적 안정성을 위하여 더 이상 재판의 취소는 인정되지 않게 된다. 그러나 재판의 기초로 된 자료나 소송절차에 묵과할 수 없는 중대한 결함이 있는 것이 사후에 판명된 경우에도 재판이 확정되었다는 이유로 절대로 취소할 수 없게 하는 것은 구체적 정의에 반하고 또 사법의 위신을 떨어뜨리는 결과가 된다. 여기서 일단 확정된 재판이라도 다시 심리를 하여야 할 일정한 사유가 있는 경우에는 예외적으로 그 재판을 한 법원에 내하여 확정된 재판을 취소하고 사건에 관하여 다시 심리를 하여 달라고 요구할 수 있도록 하였다. 이처럼 재판을 한 법원에 대하여 재심리를 요구하는 제도가 재심제도(Wiederaufnahme des Verfahrens)이다.

3) 상소제도와 재심제도는 다같이 재판에 대한 불복신청의 제도이지만, 전자는 확정 전의 재판에 관하여 상급법원에 대하여 하는 보통의 불복신청의 방법으로서 재판의 확정을 저지함에 반하여, 후자는 이미 확정된 재판에 관하여 그 재판을 한 법원에 대하여 하는 비상(非常)의 불복신청의 방법이라는 점에 차이가 있다.

재판에 대한 불복방법에는 위에서 말한 상소와 재심의 두 가지 대표적 제도 이외에도 특별항고, 이의신청 및 제권판결에 대한 불복의 소 등이 있다. 특별항고는 불복을 할 수 없는 결정 또는 명령에 대하여 헌법 또는 법률의 위반을 이유로 하여 대법원에 대하여 하는 불복방법이고(449), 이의신청은 상급법원이 아니라 재판을 한 원법원 등 같은 심급의 법원에 대하여 하는 불복신청의 방법이다. 예컨대 지급명령에 대한 이의신청(469 Ⅱ), 가압류·가처분에 대한 이의신청(民執 283, 301) 등이 그것이다. 제권판결에 대한 불복의 소는 심급을 전제로 하지 않는 제권판결에 대한 불복신청방법인 점에서 다른 불복신청방법과 구별된다.

Ⅱ. 上訴의 意義와 目的

1) 상소라 함은 재판이 확정되기 전에 당사자가 상급법원에 대하여 그 취소·변경을 구하는 불복신청의 방법이다. i) 미확정의 재판에 대한 불복신청인 점에서, 확정된 재판에 대한 불복신청인 재심(451 이하), 준재심(461) 또는 특별항고(449)와 구별되고, ii) 상급법원에 대한 불복신청인 점에서 같은 심급의 법원에 대한 불복신청인 각종의 이의신청(138, 441, 469 Ⅱ, 民執 283, 301 등)과 다르다. iii) 심급을 전제로 하지 않는 제권판결에 대한 불복의 소(490 이하), 중재판정취소의 소(仲 36)도 상소가 아니다.[1)]

2) 상소는 재판의 적정을 확보하여 분쟁을 올바르게 해결함으로써 당사자의 권리를 구제하는 목적과 법령의 해석·적용의 통일을 꾀하는 목적을 가지고 있다. 우리나라는 두 차례의 상소를 허용하는 삼심제도를 채택하였고, 제1회의 상소(항소)는 제1심법원의 판결에 대하여 사실인정과 법률적용의 양면에서 심리를 행하고, 제2회의 상소(상고)는 제2심법원의 사실인정을 기초로 하여 오직 법률적용의 면에서만 심리를 행하는 것으로 되어 있다. 그리하여 항소심을 사실심, 상고심을 법률심이라고 한다. 상고심을 법률심으로 한 것은 이 단계에서 법령해석의 통일이라는 목적을 특히 고려하기 위한 것이다.[2)]

---

1) 위헌제청신청기각결정에 대한 헌법소원(憲裁 68 Ⅱ)은 재판의 전제가 되는 법률의 위헌성에 관한 비상권리구제수단으로서 상소와 다르다.

2) 小室直人, "民事上訴改革論序說(取消型と修正型)," 民訴雜誌 35. 1.(1989).

Ⅲ. 上訴의 種類

1. 現行法上의 上訴 — 抗訴 · 上告 · 抗告

현행법상 인정되는 상소의 종류로서는 항소 · 상고 및 항고의 세 가지가 있다. 앞의 두 가지는 종국판결에 대한 상소로서, 항소는 제1심판결에 대한 불복신청이고, 상고는 제2심판결에 대한 불복신청이나, 예외적으로 제1심판결에 대하여 직접 제3심의 법원에 불복신청을 할 수 있는 경우가 있다(비약상고, 390 Ⅰ 但, 422 Ⅱ). 항고는 결정 및 명령에 대하여 하는 상소이고, 항고법원의 재판에 대하여 다시 하는 항고를 특히 재항고라 한다. 항고에는 항소에 관한 규정을, 재항고에는 상고에 관한 규정을 각각 준용한다(443). 항고는 법이 특히 허용한 경우에 한하여 인정된다.

2. 不服申請方法의 選擇

재판에 대한 불복신청방법에는 상소 이외의 것도 있고, 상소의 종류도 원재판의 종류에 따라 각각 다르므로, 원재판에 대하여 불복신청을 하는 사람은 적합한 불복신청방법을 선택하여야 한다. 그리하여 그 방법을 잘못 선택하면 부적법하게 되지만, 법원은 그 신청서의 표제(表題)에 얽매이지 말고 신청취지를 잘 살펴서 가능한 한 적법한 것으로 취급하여야 한다.[1]

3. 形式에 어긋나는 裁判에 대한 上訴

전술한 바와 같이 재판은 그 형식에 따라 판결 · 결정 및 명령의 세 가지로 나눈다. 그런데 재판의 형식을 잘못하여 판결로 할 재판을 결정으로 하거나, 반대로 결정으로 할 것을 판결로 재판하는 수가 있다. 이처럼 형식에 어긋나는 재판을 위식의 재판(inkorrekte Entscheidungen)이라 한다. 형식에 어긋나는 재판도 무효는 아닌데, 이 재판에 대하여 어떠한 불복신청방법을 선택할 것인가가 문제된다. 이에 관하여는 i) 법원이 현실로 한 재판의 형식에 따라 상소의 종류를 선택하여야 한다는 견해(**주관설**), ii) 법원이 본래 하여야 할 재판의 형식에 따라 상소의 종류를 선택하여야 한다는 견해(**객관설**) 및 iii) 법원이 현실로 한 재판의 형식 또는 본래

---

1) 大決 1975. 11. 14, 75 마 313; 大判 1980. 10. 14, 80 다 1795.

하여야 할 재판의 형식 중 어느 것을 기준으로 하여 상소의 종류를 선택하여도 좋다는 견해(**절충설**)가 대립하고 있다. 생각건대, 주관설에 따르면 본래 상소가 가능할 터인데 법원이 잘못된 형식의 재판을 함으로써 상소의 길이 막히는 수가 있어 부당하고, 객관설은 당사자에게 원심 법원의 법관보다 재판의 종류에 관하여 더 정확한 지식을 요구하는 것이 되어 부당하다. 그러므로 당사자의 최대 이익을 보장할 수 있는 절충설이 타당하다(Prinzip der Meistbegünstigung).[1] 민사소송법 제440조도 이 견해를 따른 것이다(결정·명령에 대하여는 항고가 허용되는 경우에만 불복할 수 있으므로, 본래 판결로 재판할 것을 결정·명령으로 재판함으로써 불복신청의 길을 막게 되는 것을 시정하기 위한 규정이다).

다만 불복할 수 없는 재판을 불복할 수 있는 재판의 형식으로 판단한 경우에는 본래대로 불복이 허용되지 않는다.[2]

Ⅳ. 上訴의 要件

1. 總 說

1) 소의 경우와 마찬가지로 상소의 경우에도 적법요건(Zulässigkeit)과 이유요건(Begründetheit)을 구별하여야 한다. 그리하여 상소의 경우에도 적법요건이 구비되어 있는 경우에 한하여 그 이유 유무에 관하여 심리하게 된다.

이러한 상소의 적법요건을 상소의 요건이라고 한다. 상소의 요건에 흠이 있으면 상소를 각하하고, 상소의 이유가 없으면 상소를 기각한다. 이렇듯 상소요건은 소의 소송요건에 해당한다.

2) 상소요건의 존재 여부는 법원이 직권으로 조사한다. 상소요건을 구비하여야 할 시기는 상소제기행위 자체에 대한 요건(상소기간 따위)은 상소제기 당시를 기준으로 하여야 하지만, 그 밖의 사항은 심리를 종결할 때를 기준으로 한다.[3] 그리하여 상소를 제기한 뒤에 불복의 이익이 없게 되면 상소는 부적법하여진다.[4]

---

1) Jauernig, §72 Ⅸ; Arens/Lüke, Rdn. 392; BGHZ 98, 364 f.
2) 大(全)決 1993. 12. 6, 93 마 524; Zeiss, §81 Ⅳ.
3) 李時, 883면; 金/姜, 875면; 新堂, 544~545면.
4) 大判 1983. 10. 25, 83 다 515는 상소제기 당시를 기준으로 상소의 이익을 따져야 한다고 한다.

2. 각종의 上訴要件

상소의 요건에는 적극적 요건으로서 상소의 대상적격(Statthaftigkeit), 상소제기방식(Form)의 적식, 상소기간(Frist)의 준수 및 상소의 이익(Beschwer)이 있고, 소극적 요건으로서 상소의 포기 및 불상소의 합의 등이 있다.

(1) 原裁判이 불복신청할 수 있는 성질의 재판일 것

원재판이 상소적격이 있는 재판이어야 한다.

1) 종국적 재판만이 상소의 대상이 되며, 중간적 재판은 독립하여 그 대상이 되지 못한다. 항소심의 환송판결·이송판결은 종국판결로서 상고의 대상이 된다.[1)]

2) 선고 전의 재판은 상소의 대상이 되지 않는다(판례).[2)]

3) 비판결은 상소의 대상이 되지 않는 것이 원칙이다. 무효인 판결은 상소의 대상은 되지만(판례는 반대),[3)] 상소를 하지 않아도 무효이다. 자백간주에 의하여 편취한 판결은 상소의 대상이 된다(판례).[4)]

4) 재판에 대하여 상소 이외의 다른 불복신청방법이 정하여져 있는 경우에는 그 방법에 의하여야 하므로 상소가 허용되지 아니한다. 따라서 판결의 경정사유(판결의 경정, 211),[5)] 재판의 누락(추가판결, 212),[6)] 잘못된 조서의 기재(조서에 대한 이의, 164)[7)] 등에 대하여는 상소할 수 없다.

(2) 上訴提起의 방식이 適法·有效할 것

상소의 제기는 서면(상소장)에 의하여야 하고, 상소장은 원심법원에 제출하여야 한다(397 I, 425, 445). 이를 원심법원 제출주의라고 한다. 이 경우에 잘못하여 상소장을 상소

1) 大(全)判 1981. 9. 8, 80 다 3271.

2) 大決 1983. 3. 29, 83 스 5, 1998. 3. 9, 98 마 12. 反對: 新堂, 545면(상소가 각하되기 전에 선고가 있으면 적법하게 된다고 한다).

3) 판례는 당사자의 사망을 간과한 판결은 당연무효이므로 상소의 대상이 되지 않는다고 본다(大判 1994. 1. 11, 93 누 9606). 다만 사망한 사람을 채무자로 한 처분금지가처분결정은 무효이나, 상속인은 이의신청으로 취소를 구할 수 있다고 한다(大判 2002. 4. 26, 2000 다 30578).

4) 大(全)判 1978. 5. 9, 75 다 634(판결정본의 송달이 무효이므로 판결은 확정되지 않는다).

5) 大判 1964. 11. 24, 64 다 815.

6) 大判 1969. 6. 10, 68 다 1859.

7) 大判 1981. 9. 8, 81 다 86.

법원에 제출한 때는 상소장을 원심법원으로 송부하여 구제하여야 할 것이다.[1] 상소장에는 일정한 법정사항(당사자와 법정대리인, 원재판의 표시 및 원재판에 대한 상소의 취지)을 기재하여야 한다(397 Ⅱ, 425, 443).

(3) 上訴期間을 준수하였을 것

1) 상소기간이 경과하기 전에 상소를 하여야 한다. 상소기간은 법률로 규정되어 있다. 항소·상고의 경우에는 판결서가 송달된 날부터 2주(396, 425)이고,[2] 즉시항고의 경우에는 재판이 고지된 날부터 1주(444)이지만, 보통항고의 경우에는 재판의 취소를 구할 이익이 있는 기간이다. 다만 판결선고 후에는 그 송달 전이라도 상소를 제기할 수 있다(396 Ⅰ 但, 425).

2) 상소기간을 넘긴 때에도 그것이 당사자의 책임질 수 없는 사유로 인한 것이면 상소를 추후보완할 수 있다(173).

3) 판결서(판결정본)의 송달이 무효인 경우에는 상소기간이 진행되지 않는다.[3]

4) 상소기간의 준수 여부는 상소장을 원심법원에 접수한 때를 기준으로 하여 판단한다.[4] 따라서 상소장을 잘못하여 상소법원에 제출하고, 상소법원에서 원심법원으로 송부된 경우에는 상소장이 원심법원에 송부된 때를 기준으로 한다는 것이 판례의 입장이다.[5] 그러나 이러한 해석은 당사자의 보호를 외면한 것으로 부당하다(40 Ⅰ 참조).

(4) 上訴의 利益이 있을 것

상소인이 원재판에 대하여 불복의 이익을 가질 것, 즉 상소인이 원재판에 의하여 불이익을 입고 있어야 한다. 상소의 이익은 민사소송법에 규정이 없는 상소요건이다. 이것은 무익한 상소를 억제하기 위한 것이며, 권리보호의 이익의 특수한 형태이다. 상소인이 어떠한 경우에 상소의 이익을 가지느냐에 관하여는 학설상 다

---

1) 大判 1981. 10. 13, 81 누 230.

2) 당사자에게 **수인의 소송대리인이 있으면** 그 중 1인에게 최초로 판결정본이 송달된 때가 항소기간의 기산점이 된다(大決 2011. 9. 29, 2011 마 1335).

3) 大判 1986. 11. 25, 86 므 81; 1997. 5. 30, 97 다 10345.

4) 大判 1987. 12. 30, 87 다 1028.

5) 大決 1985. 5. 24, 85 마 178; 1992. 4. 15, 92 마 146. 다만 판례는 같은 청사 안에 지방법원과 고등법원이 함께 있는 경우에 착오로 지방법원에 상고장을 접수한 경우에는 지방법원에 접수한 날을 기준으로 상소기간준수 여부를 따질 것이라고 한다(大決 1996. 10. 25, 96 마 1590).

틈이 있다.

(가) **學說의 對立**　첫째는 **실질적 불복설**(materielle Beschwer)로서 당사자가 상급심에서 원재판보다 실체법상 유리한 판결을 구할 가능성이 있으면 상소의 이익이 있는 것으로 본다. 이 설에 의하면 제1심에서 전부 승소의 판결을 받은 사람이라도 보다 유리한 판결을 구하기 위하여 항소할 수 있게 된다.

둘째는 **형식적 불복설**(formelle Beschwer)로서 원심에서 당사자가 한 신청과 그 신청에 대한 법원의 재판을 비교하여 질적·양적으로 후자가 전자에 미치지 못하는 경우에 상소의 이익을 인정한다. 원재판의 효과가 신청한 재판보다 불리할 때 상소할 수 있다. 이 설에 의하면 제1심에서 전부 승소한 사람은 항소를 할 수 없게 된다.

셋째는 **절충설**로서, 원고에 대하여는 형식적 불복설에 따르고, 피고에 대하여는 실질적 불복설에 따라 상소의 이익을 판단하자는 견해이다. 도이칠란트의 통설·판례이다.[1] 피고로서는 소각하 또는 청구기각의 신청을 하지 아니하여도 되고, 법원이 그 내용에 구속되지 않으므로, 신청과 원재판과의 불일치를 인정하기 어렵다는 점을 근거로 한다.

넷째는 **신실질적 불복설**로서, 원재판의 유리·불리를 원재판의 기판력뿐만 아니라 집행력, 부수적 효력 등 모든 효력에 의하여 판단할 것이라고 주장하는 견해이다. 이 견해에 의하면, 제1심판결이 확정됨으로써 기판력, 그 밖의 효력에 의하여 무엇인가 치명적인 불이익(별소의 금지 등)을 입을 경우, 제1심판결을 취소하지 않으면 그 판결의 효력이 불리하게 작용하여 오는 경우에 상소의 이익을 인정한다.[2]

우리나라의 통설·판례[3]는 형식적 불복설을 따르고 있다. 실질적 불복설은 그 기준이 불명확하다는 난점(難點)이 있고, 절충설은 당사자평등주의에 반한다. 또 신실질적 불복설은 예외를 인정하는 형식적 불복설과 사실상 결론이 같아진다. 생각건대, 형식적 불복설은 피고가 아무런 본안의 신청을 하지 아니한 경우에 문제가 있지만, 일반적으로는 주문과 청구취지를 대비하여 명확하게 상소의 이익의 유

1) BGH JZ 1953, 276; 1955, 425.

2) Brox, Die Beschwer als Rechtsmittelsvoraussetzung, *ZZP* 81, 379; 上野泰男, "上訴の利益," 新實務民訴 3, 323면; 新堂 編, 「特別講義 民事訴訟法」, 285면 이하(1988) 등 참조. 그러나 이 견해는 종래 형식적 불복설이 예외적으로 상소의 이익을 인정하던 경우를 통일적으로 설명하는 것에 지나지 아니한다.

3) 大判 1982. 10. 12, 82 다 498; 1999. 12. 21, 98 다 29797; 2002. 6. 14, 99 다 61378.

무를 판단할 수 있는 장점이 있으므로 이 견해가 타당하다. 그러나 별소가 금지되는 경우에는 예외적으로 실질적 불복설에 의한 보완을 필요로 한다(民執 44 II).

(나) 구체적인 예 형식적 불복설에 의하면 다음과 같은 결론이 된다.

i) 원고의 청구를 전부 인용한 판결에 대해서는 피고는 상소할 수 있으나, 원고는 상소할 수 없는 것이 원칙이다.[1] 원고의 청구를 전부 기각한 판결에 대하여는 원고는 상소할 수 있으나 피고는 상소할 수 없다. 전부 승소한 원고가 청구의 변경 또는 청구취지의 확장을 위하여 상소하거나,[2] 전부 승소한 피고가 반소를 제기하기 위하여 상소하는 것은 원칙적으로 불가하다.

ii) 다만 별소청구가 금지되는 경우에는 예외적으로 전부 승소한 원고라도 청구의 변경 또는 청구취지의 확장을 위하여 상소할 수 있다. 예컨대, 청구에 관한 이의의 소(民執 44 III)의 규정에 의하여 별소가 금지된 경우에 다른 이의사유를 추가하기 위하여 항소하는 경우, 또는 묵시적 일부청구로서 잔부청구가 금지되는 경우에 청구취지의 확장을 위하여 항소하는 경우(예컨대 신체상해로 인한 손해배상청구소송에서 전부 승소한 원고가 변론종결 전의 손해액을 추가하기 위한 상소 등)[3] 등이 그러하다.

iii) 청구를 일부 인용하고 일부 기각한 판결에 대하여는 원고·피고 모두 상소할 수 있다. 예비적 병합청구소송에서 주청구를 기각하고 예비적 청구를 인용한 판결은 원고에게는 주청구가 기각된 것이고, 피고에게는 예비적 청구가 인용된 것이므로 원고·피고 모두 상소할 수 있다. 선택적 병합청구소송에서 하나의 청구를 인용한 판결에 대하여 원고는 상소할 수 없으나, 피고는 상소할 수 있다.

iv) 소를 각하한 판결은 원고에게도 불리하고 피고에게도 불리하므로(청구기각을 구한 경우에는 본안판결을 받지 못하였으므로) 원고·피고 모두 상소할 수 있다.[4]

v) 청구를 모두 인용하였으면 판결이유에 포함된 판단이 당사자의 주장과 다르더라도 상소의 이익은 없다(판결이유 중의 판단에는 기판력이 생기지 않기 때문이다: 216 I).[5] 그러므로 예컨대, 피고에게 채권의 양도담보로 소유권이전등기를 하였는데, 그 피담보채무를 완제하였음을 이유로 하여 소유권이전등기청구를 하였다가 양도담보는 인정되나 변제되지 아니한 채무가 있음을 이유로 원고청구가 기각된 판결에 대하여, 피고가 자기 명의의 소유권이전등기는 양도담보의 목적으로 경료된 것이 아니라 매매에 의하여 경료되었다는 이유로 상소하는 것은 상소의 이익이 없다.[6] 다만 판결이유에 포함된 판단이라도 상계의 항변에 대한 판단은 기판력이 있으므로

---

1) 大判 1997. 12. 26, 97 다 22676; 2014. 3. 13, 2009 다 105215; 2014. 11. 13, 2012 다 52526.
2) 大判 1983. 10. 25, 83 다 515.
3) 大判 1994. 6. 28, 94 다 3063; 1997. 10. 24, 96 다 12276; 2010. 11. 11, 2010 두 14534.
4) 大判 1985. 4. 23, 84 후 19.
5) 大判 1994. 11. 22, 94 다 5458; 2004. 7. 9, 2003 므 2251; 2014. 4. 10, 2013 다 54390.
6) 日最判 1956. 4. 3, 民集 10. 4. 297.

(216Ⅱ), 상계항변을 받아들인 결과 원고의 청구를 기각한 판결에 대하여는 상소할 수 있다.[1]

vi) 제1심판결에 대하여 불복하지 아니한 당사자는 항소심판결이 제1심판결보다 불리하지 않는 한 상고의 이익이 없다.[2] 예컨대 제1심에서 원고의 피고에 대한 청구가 일부 인용되자 패소 부분에 대하여 원고만 항소를 제기하고, 피고는 항소나 부대항소를 제기하지 않고 있다가 원고의 항소가 기각되자 피고가 상고한 경우, 그 상고는 상소의 이익이 없어 부적법하다.[3]

(5) 上訴權의 抛棄가 없을 것

1) 당사자는 단독으로 상소권을 포기할 수 있다(394, 425). 다만 판결의 효력이 제3자에게 미치는 경우에는 포기할 수 없다. 제3자에게 당사자참가(83)의 기회를 보장하여야 하기 때문이다. 고유필수적 공동소송이나 예비적·선택적 공동소송의 경우에는 공동소송인 모두가 공동으로만 포기할 수 있다. 포기는 상소를 제기하기 전에는 원심법원에, 상소를 제기한 뒤에는 상소법원에 서면으로 하여야 한다(395Ⅰ).[4] 상소권포기서의 부본은 상대방에게 송달하여야 한다(395Ⅱ). 상소를 제기한 뒤의 상소권의 포기는 상소취하의 효력도 있다(395Ⅲ).

2) 상소권을 포기한 당사자는 상소권을 상실하므로 적법하게 상소를 제기할 수 없다. 상소권을 포기한 사람이 상소를 제기하면 법원은 직권으로 상소를 각하하여야 한다.[5]

3) 상소권의 포기는 판결을 선고한 뒤에는 상소제기 전후를 묻지 않고 가능하지만, 판결을 선고하기 전에도 그것이 가능한가가 다투어진다. 과거에는 판결을 선고하기 전에도 가능하다는 견해가 유력하였으나, 상소권은 판결의 선고에 의하여 구체적으로 발생하는 것이고, 상소의 이익의 존재 여부나 범위도 판결을 선고한 뒤에 명백하여지므로, 판결을 선고한 뒤라야 상소권을 포기할 수 있다(통설).

4) 당사자는 소송외에서 상소권을 포기하기로 하는 계약을 체결할 수 있다. 상

---

1) 大判 2002. 9. 6, 2002 다 34666; 2018. 8. 30, 2016 다 46338, 46345.

2) 大判 1988. 11. 22, 87 다카 414.

3) 大判 2004. 7. 9, 2003 므 2251; 2006. 1. 27, 2005 다 16591; 2009. 10. 29, 2007 다 22514.

4) 상소제기 후 원심법원에 상소권포기서를 제출한 때에는 그것이 기록과 함께 상소법원에 도달한 때에 포기의 효력이 발생한다(大判 1984. 12. 11, 84 다카 659).

5) 大決 1969. 3. 8, 68 마 1622.

소권포기계약(Rechtsmittelverzichtvertrag)은 소송계약의 하나이다. 이것은 판결을 선고하기 전과 판결을 선고한 뒤 상소기간이 경과하기 전에 가능하다.[1] 상소권포기계약은 원칙적으로 적법·유효한 것으로 인정되지만,[2] 그것이 편취한 부당판결의 효력을 유지시키기 위한 것이면 부적법하다고 생각한다.[3] 상소권포기계약에 반하여 상소를 제기하거나 상소를 취하하지 아니하면 피상소인의 항변에 의하여 상소를 부적법각하한다(직권조사사항이 아니다).[4]

(6) 不上訴의 合意가 없을 것

1) 당사자는 판결을 선고하기 전에 미리 상소를 하지 아니하기로 하는 취지의 합의를 할 수 있다. 이처럼 특정한 사건에 관하여 상소를 하지 않기로 하는 소송법상의 합의를 불상소의 합의라고 한다. 이것은 특정한 사건의 심급을 제1심에 한정하기로 하는 합의이다. 이것은 상고할 권리를 유보하고 항소만을 하지 아니하기로 합의하는 불항소의 합의 또는 비약상고의 합의(390Ⅰ)와 구별하여야 한다. 불상소의 합의는 상소권의 포기와 관념적으로 구별하여야 한다. 상소권의 포기는 상소권 자체를 포기하는 것임에 반하여, 불상소의 합의는 상소권 자체를 발생시키지 아니한다.

2) 불상소의 합의의 효력에 관하여 공권인 상소권을 제약하는 합의이므로 무효라는 견해도 없지 아니하나, 당사자가 임의로 처분할 수 있는 권리관계에 관한 사건에서는 중재계약이 인정되는 점 및 재판상의 화해에 의하여 소송을 종료시킬 수 있는 점에 비추어 위 합의의 효력을 인정하여야 할 것이다.[5] 민사소송법 제390조 제1항 단서도 이를 전제로 한 규정이라고 풀이할 수 있다.

3) 불상소의 합의의 요건은 관할합의(29)나 중재계약(仲8)에 준한다(390Ⅱ). 따라서 i) 서면으로 하여야 하고,[6] ii) 일정한 법률관계에 기인한 소송에 관한 것이어야 하

1) 판결선고 전의 상소권포기계약은 뒤에 말하는 불상소의 합의와 실질적으로 차이가 없다. 상소기간경과 후의 포기계약은 상소취하계약과 실질적으로 차이가 없다.

2) 李時, 887면; Rosenberg, §136 Ⅱ 5 b).

3) BGH 28, 45.

4) 李時, 887면; Rosenberg, §136 Ⅱ 5 b). 상소취하의 합의로 인한 소송종료선언을 하는 방법도 검토되어야 할 것이다.

5) 方, 634면; 李時, 887면; 金/姜, 881면.

6) 大判 2002. 10. 11, 2000 다 17803(서면의 문언으로 상소하지 아니한다는 취지가 명백히 표현되어야 한다).

며, iii) 그 법률관계는 당사자가 임의로 처분할 수 있는 것(변론주의의 지배를 받는 것)에 한한다. iv) 한 쪽만이 항소하지 아니하기로 한 합의는 공평에 반하여 무효이다.[1] v) 소송능력이 필요하고 또 소송대리인에 의하여 하려면 특별한 권한의 수여(특별수권)가 필요하다(90③ Ⅱ). vi) 다만 합의의 시기는 소제기의 전후를 불문한다.

4) 적법하게 불상소의 합의가 이루어지면, 당사자 양 쪽에 대하여 상소권 발생의 가능성이 없어지므로, 제1심판결은 선고와 동시에 확정된다. 판결선고 후에 합의가 이루어지면 그것은 실질적으로 이미 발생한 항소권과 부대항소권의 포기로서 합의의 성립과 동시에 판결은 확정된다.

불상소의 합의를 무시하고 항소를 제기하면 이를 부적법각하하여야 한다.[2] 불상소의 합의는 상소의 적법요건에 관한 것으로서 직권조사사항이라는 것이 판례이나,[3] 의문이다.[4]

Ⅴ. 上訴의 效力

상소가 제기되면 재판에 관한 확정차단의 효력과 사건에 관한 이심의 효력이 발생한다. 이들 효력은 원칙적으로 모든 청구에 관하여 발생하므로 상소불가분의 원칙이 적용된다.

1. 確定遮斷의 效力

상소가 제기되면 상소의 대상인 원심재판은 확정되지 아니한다(498). 이를 확정차단의 효력(Suspensiveffekt)이라고 한다. 따라서 집행력 등 재판의 확정을 전제로 하는 판결의 효력은 발생하지 않는다. 다만 가집행선고가 있을 때에는 집행력이 발생한다. 확정차단의 효력은 판결에 대한 항소·상고와, 결정·명령에 대한 즉시항고에 관하여 발생하고(498·447), 결정·명령에 대한 통상항고에 관하여는 예외적으로 확정차단의 효력이 인정되지 아니하므로, 이 경우에는 고지 즉시 집행력이 발생하

1) 大判 1987. 6. 23, 86 다카 2728; 日大判 1934. 2. 26, 民集 13. 271.
2) 方, 635면; 李英, 313면; 金/姜, 882면.
3) 大判 1980. 1. 29, 79 다 2066.
4) 同旨: 胡, 705면.

고, 따라서 별도의 집행정지의 조치를 필요로 한다(448).

2. 移審의 效力

1) 상소가 제기되면 그 소송사건은 원심법원을 떠나 상소심법원으로 옮겨 계속하게 된다. 이를 이심의 효력(Devolutiveffekt)이라고 한다. 그리하여 사건의 소송기록은 항소장이 각하되지 아니한 때에는 항소장이 제출된 날부터 2주 이내에 상소법원으로 보낸다(400 Ⅰ). 다만 판결서가 송달되기 전에 항소를 제기한 때에는 판결서가 송달된 날부터 2주 이내에 소송기록을 보낸다(民訴規 127 Ⅰ).

2) 이심의 효력이 발생하는 부분은 하급심에서 재판한 부분에 한한다. 만일 하급심에서 재판을 일부 누락한 때에는 그 빠진 부분은 하급심에 그대로 계속된다(212 Ⅰ). 따라서 원고가 제1심에서 소송대리인 없이 사망하였고, 상속인 중 일부만이 소송을 수계하여 항소한 경우에는 다른 상속인에 대한 관계에서 그 소송은 중단된 채로 제1심 법원에 계속되어 있다.[1]

3. 本案審理의 可能性

상소법원은 그들의 권한 내에서 하급심 법원의 재판을 재심사하고 원칙적으로 본안에 관하여 재판을 할 수 있다.

4. 上訴不可分의 原則

1) 위에 말한 상소의 효력은 상소인이 신청한 불복의 범위에 관계없이 **원재판의 전부**에 관하여 불가분적으로 발생한다. 이를 상소불가분의 원칙이라고 한다. 이는 추후 상소심에서 상소인은 불복신청의 범위 확장이 가능하고, 피상소인은 부대상소가 가능하도록 하기 위해 인정된다.[2] 그리하여 재판의 일부에 대하여 상소가 된 경우에는 재판의 전부에 대하여 확정차단의 효력과 이심의 효력이 발생한다. 그 결과 i) 청구의 병합의 경우에 여러 개의 청구 중 일부에 관하여 원고가 패소하고 그 패소한 청구에 대하여 항소를 한 경우에도 여러 개의 청구에 대하여 판단을 한 판결 전부에 관하여 확정차단의 효력이 발생하고, 여러 개의 청구에 대한

1) 大判 1994. 11. 4, 93 다 31993.
2) 李時, 892면.

사건 전부에 관하여 이심의 효력이 발생한다.[1] 따라서 상소를 제기한 원고가 불복을 신청하지 아니한 부분에 대하여 집행을 할 필요가 있을 때에는 상소법원에 가집행선고를 신청하여야 한다(406, 435). ii) 예비적 병합에서 주위적 청구가 인용된 경우, 선택적 병합에서 어느 하나의 청구가 인용된 경우, 본소청구의 인용을 조건으로 하는 예비적 반소에서 본소가 기각된 경우에는, 그 나머지 청구[2] 또는 반소에 관해서는[3] 판단할 필요가 없어 판단하지 아니한 하나의 전부판결이 선고된 경우이기 때문에, 그 판결에 대해 상소가 제기되면 판단하지 않은 부분에 대해서도 상소불가분의 원칙이 적용되어 이심의 효력이 발생한다. iii) 다만 **상소불가분의 원칙이 적용되지 아니하는 예외**의 경우가 있다. 예컨대 ① 청구의 단순병합의 경우에도 일부청구에 관하여 불상소합의 또는 당사자 양 쪽에 의한 상소권 및 부대상소권의 포기가 있을 때에는 그 일부가 독립하여 확정되며, ② 원고의 주위적 · 예비적 청구를 모두 기각한 항소심판결에 대하여 예비적 청구에 대해서만 상고한 경우에, 상고이유가 있으면 상고심은 예비적 청구에 관한 부분만 파기 · 환송할 수 있어 주위적 청구에 관한 부분은 파기 · 확정판결의 선고와 동시에 확정된다.[4]

필수적 공동소송, 예비적 · 선택적 공동소송, 독립당사자참가 등의 경우에는 당사자 1인이 상소하면 모든 당사자에게 그 효력이 미친다. 이것은 분쟁의 모순 없는 해결, 즉 합일확정의 필요성 때문이다. 그러나 통상공동소송의 경우에는 공동소송인독립의 원칙(66)에 의하여 상소하지 아니한 공동소송인에 관한 판결은 확정된다.[5]

2) 원심재판의 전부에 대하여 확정차단 및 이심의 효력이 발생하지만, 그 전부가 상소심의 변론 및 심판의 대상이 되는 것은 아니다. 불복신청의 범위 안에서만 당사자는 변론을 하고(407), 법원은 원심판결의 판단을 변경할 수 있을 뿐이다(415).

---

1) 大判 1966. 6. 28, 66 다 711; 1992. 11. 27, 92 다 14892. 본소와 반소가 병합심리되어 판결된 경우에 본소에 대하여 상소가 있는 경우에도 반소까지 확정이 차단되고 상소심으로 이심된다(大判 1988. 11. 22, 87 다카 414).

2) 大(全)判 2000. 11. 16, 98 다 22253(예비적 병합의 경우); 大判 1998. 7. 24, 96 다 99(선택적 병합의 경우).

3) 大判 2006. 6. 29, 2006 다 19061.

4) 日最判 1979. 3. 16, 民集 33. 2. 270; 이와 유사한 우리 판례로는, 大判 2001. 12. 24, 2001 다 62213; 2007. 1. 11, 2005 다 67971.

5) 方, 638면; 李時, 893면; 金/姜, 876면; 판례는 甲의 토지 지상에 국가가 설치한 송전선로가 지나가고 있고 한국수자원공사가 그 시설을 유지 · 관리하고 있는데, 甲이 주위적으로 한국수자원공사에 대해, 예비적으로 국가에 대해 위 토지 상공의 점유로 인한 부당이득반환청구의 소를 제기하여, 제1심이 공사에 대한 청구는 기각하고 국가에 대한 청구는 인용하자 甲이 공사에 대하여 항소를 제기하고 공사와 국가는 항소하지 않은 사안에서, 피고들은 예비적 공동소송관계에 있지 않기 때문에(부진정연대채무관계) 공사에 대한 청구만이 항소심의 심판대상이 되고, 국가에 대한 제1심판결은 항소기간 만료일이 지남으로써 분리 확정된다고 하였다(大判 2012. 9. 27, 2011 다 76747).

따라서 확정차단 및 이심의 범위와 심판의 범위는 일치하지 않을 수 있다. 즉, 예컨대 A · B청구를 하여 모두 기각된 후 A청구에 대하여만 불복 · 상소하면 A · B청구 모두 확정이 차단되고 상소심으로 이심되지만(상소불가분의 원칙), 상소심의 심판의 대상은 불복한 A청구부분에 한정된다(불이익변경금지의 원칙: 이익변경금지-뒤에 설명함).[1)]

3) 하나의 전부판결에 대해 일부만 상소해도 원심재판의 전부에 관하여 상소의 효력이 발생하므로, 상소인은 상소심의 변론을 종결할 때(상고심은 상고이유서 제출기간이 만료할 때)까지 상소신청의 범위(상소취지)를 확장할 수 있고, 피상소인은 부대상소(403, 425)의 신청을 할 수 있다. 상소인은 상소의 효력을 일부분만 제한할 수 없고 또 상소의 일부취하도 인정되지 않는다.[2)] 또한 법원은 당사자가 불복하지 아니한 부분이더라도 직권조사사항인 소송요건에 흠이 있으면 그 부분의 원심재판을 취소하고 소를 각하할 수 있다(불이익변경금지원칙의 예외-뒤에 설명함).[3)]

Ⅵ. 上訴의 制限

1) 판결의 효력은 원칙적으로 판결이 확정되어야만 발생하는 것이 원칙이다. 그리하여 패소한 당사자는 충분한 심리를 거쳐 판결이 내려진 경우에도 상소를 함으로써 판결의 확정을 막으려고 생각하는 수가 많다. 물론 승소한 원고를 위하여 가집행선고의 제도가 있으나, 그것이 모든 청구에 관하여 인정되는 것은 아니므로, 상소의 남용에 따른 폐해를 시정하여야할 필요성이 크다. 그리하여 남상소(濫上訴)의 규제야말로 각국의 민사소송법이 당면하고 있는 중요한 과제 중의 하나로 되어 있다.

2) 우리나라에서는 소액사건에 관하여 상고를 제한하고 있고(少審 3), 보통의 민사사건에 관하여는 1980년대에 소송촉진 등에 관한 특례법에 의하여 권리로서의 상

---

1) 大判 2002. 4. 23, 2000 다 9048; 2002. 4. 27, 99 다 30312; 이는 피고가 수개의 청구를 인용한 판결 중 일부에 대해서만 상소를 제기한 경우에도 같다. 즉 상소하지 않은 나머지 부분도 확정차단 · 이심되지만, 상소하지 않은 부분은 상소심의 심판대상이 되지 않고 상소심의 판결선고와 동시에 확정되어 소송이 종료된다(大判 2011. 7. 28, 2009 다 35842). 大判 2009. 10. 29, 2007 다 22514, 22521; 2017. 12. 28, 2014 다 229023도 같은 취지이다.

2) 兼子, 條解民訴, 1164면.

3) 大判 1995. 7. 25, 95 다 14817.

고를 대폭 제한하고 이른바 허가상고제를 채택하고 있었으나(舊訴促法 11, 12), 1990년 민사소송법 개정시에 위 특례법에 의한 상고의 제한을 철폐하였다. 그러나 금전채권의 지연손해금을 대폭 인상하고(訴促法 3), 매각허가결정(경락허가결정)에 대하여 항고하는 사람에게 공탁의무를 지움으로써(舊民訴 642 Ⅳ, 民執 130 Ⅲ), 간접적으로 상소를 억제하여 왔다. 그러다가 1994년 사법제도 개혁 작업의 일환으로 사실오인(事實誤認)을 다투는 이른바 채증법칙(採證法則) 위반을 상고이유로 하는 상고를 제한하려다가 목적을 달하지 못하고, 그 대신 심리불속행제도를 도입하여 판결이유의 기재를 생략함으로써 대법원의 업무경감을 꾀하고 있다(상고심절차에 관한특례법 Ⅱ).

3) 세계의 대부분의 국가는 상고의 대상을 제한하는 이른바 원추형(圓錐型)의 상고제도를 택하고 있다. 우리나라와 같이 별다른 제한 없이 상고를 허용하는 이른바 원통형(圓筒形)의 상고제도는 과거의 일본을 제외하고는 그 유례를 찾아보기 힘들다.[1] 어떠한 범위 안에서 어떠한 방법으로 상고를 제한하여야 하는가에 관하여는 앞으로 신중한 검토와 연구가 요망된다. 물론 상고를 제한하는 경우에는 먼저 상급심의 심리의 충실화를 꾀하여야 하고, 국민의 재판청구권이 침해되지 않도록 유의하여야 할 것이다.

상고의 제한에 관한 입법례를 보면, 소송물의 가액·사건의 성질 등에 의하여 제한하는 방법과 허가제에 의하는 방법 등이 있다. 미국 연방대법원은 중요한 문제(substantial problem)를 내포하고 있는 사건에 한하여 선별적으로 상고를 허가한다. 즉 당사자가 소송기록 이송명령을 신청하면 그 사건이 중요한 법률문제를 내포하고 있는가를 심사하여 상고적합성이 있다고 판단되면 비로소 소송기록 이송명령(writ of certiorari)을 발한다. 미국은 연방제를 취하고 있기 때문에 주법원사건의 경우에는 이미 3심을 거친 뒤에 연방대법원에 불복하게 되고 또 사실인정은 배심에 의하는 경우가 많으므로, 연방대법원은 아주 중요한 법률문제가 있는 사건만을 선별하여 심리한다.[2]

도이칠란트에서는 항소와 상고를 모두 제한한다. 항소는 항소가액이 600유로를 넘는 경우에 한하여 가능하고, 그렇지 아니한 경우에는 제1심법원이 사건에 '원칙적인 중요성'(Grundsätzliche Bedeutung)이 있거나 법의 형성(die Fortbildung des Rechts) 또는 판례의 통일(die Sicherung einer einheitlichen Rechtssprechung)을 위하여 필요하다고 인정하여 허가한 경우에 한하여 가능하다(獨民訴 511).[3] 항소가액이 600유로를 넘는 경우에도, 항소

1) 자세한 것은 崔甲龍, 「上告制度의 目的論」, 1989년도 고려대 법학석사 학위논문 참조.

2) 상세한 것은 Wright, *Law of Federal Courts*(4th ed. 1983), §§106, 107, 108 참조.

3) 도이칠란트에서는 구법원(Amtsgericht) 사건 중 소송물의 가액이 600유로 이하인 사건은 간이절차(Bagatellverfahren)에 의하는데(獨民訴 495a), 이 경우 소송목적의 값이 600유로 이하이므로 원칙적으로

심법원이 항소가 인용될 가능성이 없거나 사건에 원칙적인 중요성이나 법의 형성 또는 판례의 통일을 위하여 필요한 사항이 없다고 판단하면 항소를 부적법각하할 수 있다(獨民訴 522 II). 상고의 경우에는 가액의 제한 없이 항소법원이 원칙적인 중요성이 있거나 법의 형성 또는 판례의 통일을 위하여 필요하다고 인정하여 허가한 경우에 한하여 허용된다(獨民訴 542 I). 보전처분사건은 2심제로 하여 상고를 불허한다(獨民訴 542 II).

일본은 간이재판소가 제1심인 사건은 고등재판소를 상고심으로 하고, 이 경우 상고이유는 헌법위반(日民訴 312 I), 절대적 상고이유(日民訴 312 II), 판결에 영향을 미친 것이 명백한 법령위반(日民訴 312 III)으로 한정한다. 최고재판소가 상고심인 경우에는 헌법위반과 절대적 상고이유만 상고이유가 되고 법령위반은 상고이유로 되지 아니한다. 다만 당사자가 최고재판소에 판례위반 등 법령해석에 관한 중요한 사항을 이유로 상고수리신청을 하고 상고심이 상고수리결정을 한 경우에는 상고의 효과가 생기도록 하고 있다(日民訴 318).

우리나라는 고등법원에 상고부(고등법원 부장판사 3인으로 구성)를 설치하는 방안을 시도한 바 있다(2005. 12. 28. 정부제출, 민사소송법 일부개정법률안, 법원조직법 일부개정법률안, 각급법원의 설치와 관할구역에 관한 법률 일부개정법률안, 민사소송등 인지법 일부개정법률안, 상고심절차에 관한 특례법 폐지법률안: 국회폐회로 폐기됨). 이것은 각 고등법원에 상고부를 설치하여 여기서 일정 소가 이하(5억 원 미만)의 상고사건(대부분의 상고사건)을 처리하도록 하고, 일정 소가 이상(5억 원 이상)의 상고사건 또는 법령의 해석에 관한 중요한 사항을 포함하고 있는 상고사건 등은 대법원에 상고할 수 있도록 하는 것이었으나 결국 무산되었다. 2014년에는 대법원 사법정책자문위원회에서 대법원과 별도의 상고법원설치를 건의하면서 상고심구조에 관한 개편논의가 다시 시작된 후 의원입법 형식으로 상고법원관련 법률안(2014. 12. 19. 홍일표의원 등 168인 발의: 의안번호 1913139)이 국회에 제출되기도 하였으나 제19대 국회의 폐회로 폐기되었다. 당시의 상고법원설치안에 따르면 대법원은 법령해석의 통일이나 공적이익과 관련이 있는 사건을 담당해 최고정책법원으로서의 역할을 하도록 하고, 일반상고사건에 대한 개별적인 권리구제는 상고법원을 신설하여 담당하도록 하도록 하는 것이었다. 특히 상고법원의 판결이 헌법에 위반되거나, 재판에 전제가 된 명령·규칙·처분의 헌법 또는 법률위반여부에 대한 판단이 부당한 때, 대법원 판례와 저촉되는 경우 등에는 대법원에 특별상고가 가능하도록 하였는데, 4심제의 우려, 국민의 재판청구권 중 최고법원의 재판을 받을 권리에 대한 침해우려, 상고허가제 도입과 대법관증원 등의 주장과 맞물려 견해가 첨예하게 대립되다가 끝내 받아들여지지 않았다.

항소는 허용되지 아니하나, 법원이 원칙적인 중요성이 있다고 인정하거나 판례의 통일·발전을 위하여 필요하다고 판단한 경우에는 가능하다.

Ⅶ. 上訴審의 訴訟物

상소심의 소송물은 제1심의 소송물과 동일하다고 풀이하는 것이 통설이다. 이에 의하면 상소심의 소송물은 제1심의 소송물 하나뿐이다(**1개소송물설, 제1심소송물 동일설**). 그런데 이에 관하여는 상소심의 소송물은 제1심의 소송물과 원심판결 취소요구라는 두 개의 소송물로 구성된다는 견해가 주장되고 있다(**2개소송물설, 원판결취소요구부가설**).[1] 그러나 원심판결 취소요구에 관하여 일부판결을 하지 못하는 점에 비추어 2개소송물설은 이를 따르기 곤란하다.[2]

---

1) Gilles, Rechtsmittel, 1972, S. 24 ff., 226 ff.

2) 상세한 것은 三谷忠之, 「民事再審の法理」, 59면 이하(1988); 齋藤和夫, "再審訴訟の訴訟物," 爭點, 189면 참조.

제 2 장 抗 訴

Ⅰ. 抗訴의 概念

1) 항소(Berufung)라 함은 지방법원 단독판사 또는 지방법원 합의부가 한 제1심의 종국판결에 대하여 사실인정의 부당이나 법령위반을 이유로 하여 제2심법원에 하는 상소를 말한다(390).

불복신청의 이유는 사실문제이거나 법률문제이거나 상관이 없다. 이 점에서 법령위반을 문제로 삼을 수 있는 상고와 다르다. 상고심을 법률심이라고 부름에 대하여, 항소심을 사실심이라 부르는 이유는 여기에 있다.

2) 항소의 대상은 지방법원 단독판사 또는 지방법원 합의부의 제1심판결에 한한다. 지방법원 단독판사의 제1심판결에 대한 항소심법원은 지방법원 본원합의부(강릉지원 합의부 포함)이고(法組 32 Ⅱ),[1] 지방법원 합의부의 제1심판결에 대한 항소심 법원은 고등법원이다(法組 28 Ⅰ). 고등법원의 제1심판결[2]에 대하여는 상고를 할 수밖에 없다(422 Ⅰ).

또 항소는 종국판결에 대하여만 인정되고, 중간판결에 대하여는 독립하여 항소할 수 없으며, 다만 종국판결에 대한 항소의 기회에 항소심의 판단을 받게 된다(392). 그리고 소송비용의 재판이나 가집행선고는 종국판결에 부수하는 재판이므로, 이에 대하여 독립하여 항소할 수 없다(391).

항소는 독립하여 항소심절차를 개시시키는 소송행위이다. 이 점에서 이미 개시된 항소심절차에서 항소인이 불복의 범위를 확장하는 것이나 피항소인이 부대항소를 하는 것과 다르다.

3) 항소를 제기한 당사자를 항소인(Berufungskläger), 그 상대방을 피항소인(Berufungsbeklagter)이라고 한다.

---

1) 단독판사의 사물관할에 속하는 사건의 **항소심관할**에 관한 내용은, 本書 제2편 제2장 제1절 Ⅲ 참조.
2) 예컨대 공정거래위원회의 처분에 대한 불복의 소의 관할법원은 서울고등법원이다(공정거래법 100).

Ⅱ. 抗訴의 提起

1. 抗訴提起의 方式

(1) 抗訴狀의 提出

1) 항소의 제기는 항소기간(판결을 송달받은 날부터 2주 이내) 안에 항소장을 원심인 제1심법원에 제출함으로써 한다(396 Ⅰ, 397). 우편제출도 가능하다. 판결이 선고된 뒤라면 판결서가 송달되기 이전에도 항소를 제기할 수 있다(396 Ⅰ 但).

2) 소의 제기에서 말하였듯이 구술·전화에 의한 항소제기는 불가능하지만,[1] 전보·팩시밀리에 의한 항소제기는 유효하다고 본다. 2011년 5월 2일부터는 법원의 전산정보처리시스템을 이용하여 전자문서로도 항소장을 제출할 수 있다.

3) 항소장을 원심법원 이외의 법원에 제출하였을 때에는 항소가 무효라고 보는 견해가 있으나,[2] 이를 원심법원으로 이송하여 구제하여야 할 것이다.[3] 판례는 이 경우에 항소장이 원심법원에 송부된 때를 기준으로 하여 항소기간의 준수여부를 판단하여야 한다고 하지만,[4] 다른 법원에 항소장을 제출한 때를 기준으로 하여야 옳다(34, 40 참조).

(2) 抗訴狀의 記載事項

1) 항소장에는 당사자와 법정대리인, 제1심판결의 표시와 그 판결에 대한 항소의 취지를 기재하여야 하지만(397 Ⅱ),[5] 그 밖에 불복의 이유를 기재하여도 상관이 없다. 항소장에는 소장에 첩용하는 인지액의 1.5배액의 인지를 붙여야 하고(民印 3), 피항소인의 수만큼의 부본을 제출하여야 한다.

2) 항소이유서 제출강제제도가 시행된 2025. 3. 이전 우리나라에서는 항소심은

1) 李時, 901면.
2) 李英, 314면; 朴禹東, 註釋民訴 Ⅳ, 181면.
3) 同旨: 李時, 862면.
4) 大決 1985. 5. 24, 85 마 178.
5) 항소취지에 대한 보정명령에 불응하였다고 해도 항소장 전체의 취지로 보아 제1심판결의 변경을 구한다는 내용임을 알 수 있다면 항소장각하명령을 해서는 안된다(大決 2012. 3. 30, 2011 마 2508).

상고심과 달리 항소이유서제도를 채택하고 있지 않았지만 당시 민사소송규칙 제126조의2는 항소의 취지를 분명하게 하기 위해 항소장 또는 항소심에서 처음 제출하는 준비서면에 ① 제1심 판결 중 사실을 잘못 인정한 부분 또는 법리를 잘못 적용한 부분, ② 항소심에서 새롭게 주장할 사항, ③ 항소심에서 새롭게 신청할 증거와 그 증명취지, ④ 새로운 주장과 증거를 제1심에서 제출하지 못한 이유를 적도록 하고 있었다(2025. 1. 23. 개정 전 民訴規 126의2 Ⅰ). 또한 재판장등은 피항소인에게 상당한 기간을 정하여 이러한 항소인의 주장에 대한 반박내용을 기재한 준비서면을 제출하게 할 수 있었다(2025. 1. 23. 개정 전 民訴規 126의2 Ⅱ). 이는 항소심에서의 심리의 집중을 꾀하기 위함이었는데, 2024년 민사소송법 개정을 통해 후술하는 항소이유서 제출강제주의가 도입됨으로 인해(2024. 1. 16. 법률 제20003호, 2025. 3. 1.부터 시행) 위 민사소송규칙 제126의2는 전부 개정되어 현재는 항소이유서 기재사항을 규정하고 있다. 그 내용에 관해서는 후술한다.

2. 裁判長 등의 抗訴狀審査權

1) 항소장의 심사는 원심 재판장과 항소심 재판장에 의하여 두 번에 걸쳐 행하여진다. 원심 재판장에 의한 항소장 심사권은 '소송촉진 등에 관한 특례법'에 의하여 새로이 인정된 것을 1990년 개정법이 수용한 것으로서, 상소심의 재판부담을 줄이고, 부적법한 항소를 조속히 정리하려는 취지의 입법이다.

2) 항소장이 원심법원에 제출되면 원심 재판장은 i) 항소장에 필수적 기재사항(397 Ⅱ)이 기재되고 ii) 소정의 인지를 붙였는가를 심사하여, 그 흠이 있을 때에는 상당한 기간을 정하여 항소인에게 보정명령을 내린다(399 Ⅰ 前). 이때 원심 재판장은 법원사무관등으로 하여금 이러한 보정명령을 하게 할 수 있다(399 Ⅰ 後).[1] 항소인이 위 기간 내에 흠을 보정하지 아니할 때에는 원심재판장은 명령으로 항소장을 각하하여야 한다(399 Ⅱ).[2] 또한 소송대리인이 상소 제기에 관한 특별 권한을 따로 받은 경우

---

1) 종전에는 항소장이 원심법원에 제출되면 원심 재판장에 의해서 항소장심사 및 그 보정명령이 이루어졌으나 2014년 12월 30일 민사소송법 개정(법률 제12882호, 2015. 7. 1.부터 시행)으로 재판장의 관여 하에 법원사무관등이 담당할 수 있게 되었는데, 이를 민사소송법 제399조 표제에서 「원심재판장등의 항소장 심사권」으로 나타내고 있다. 자세한 내용은 本書 제2편 제1장 제3절 Ⅱ. 2.(재판장등의 소장심사) 참조.

2) 항소장각하명령에 관한 민사소송법 제399조 제2항은 항소심 재판부담의 경감, 소송지연과 남상소의 방지, 신속한 권리의무의 실현을 위한 것으로 입법목적의 정당성과 수단의 적합성이 인정된다고 한다(憲裁決 2012. 7. 26, 2009 헌바 297); 또한 대법원은 각하명령이 법원사무관등에게 교부되어 성립한 후에는 그 명령정본이 당사자에게 고지되기 전에 부족한 인지를 보정하였다고 하여 각하명령이 위법하게 되거나 재도의 고안에 의해 그 명령을 취소할 수 있는 것은 아니라고 한다(大決 2013. 7. 31, 2013 마 670).

에는 상소장에 인지를 붙이지 않은 흠을 보정할 수 있으며, 원심 재판장도 소송대리인에게 인지의 보정을 명할 수 있다.[1] 뿐만 아니라 원심재판장은 iii) 항소장이 항소기간을 경과하였는지 여부도 심사할 수 있고, 항소기간을 경과한 때에는 역시 항소장 각하명령을 하여야 한다(399 Ⅱ).[2] 항소장 각하명령에 대하여는 즉시항고를 할 수 있다(399 Ⅲ). 즉시항고를 다룰 법원은 제2심 법원이고 대법원이 아니다.

다만 인지 미보정을 이유로 한 항소장 각하명령에 대해 원고가 즉시항고(399 Ⅲ)를 제기하면서 인지 보정이 완료되었음을 소명하여 제1심 법원이 항소장각하명령을 취소(446)한 경우에는, 그로 인하여 불이익을 받는 상대방 당사자는 명문의 규정이 없음에도 그 경정재판에 대해 다시 즉시항고로 불복할 수 있다는 것이 판례의 태도이다(224 Ⅰ, 211 Ⅲ 준용).[3]

3) 항소장이 항소심법원으로 송부되어 오면, 항소심 재판장은 항소장을 심사하여, 거기에 i) 필수적 기재사항이 기재되어 있지 않거나, 소정의 인지를 붙이지 아니하였음에도 불구하고 원심재판장이 보정명령을 하지 아니한 때 또는 ii) 주소불명으로 항소장의 부본을 송달할 수 없는 때에는 상당한 기간을 정하여 보정명령을 내린다. 항소심 재판장이 법원사무관등으로 하여금 이러한 보정명령을 하게 할 수 있음은 원심재판장의 경우와 같다(402 Ⅰ).[4][5]

나아가 항소심 재판장은, i) 항소인이 위 보정명령에 응하지 않거나, ii) 원심재판장이 항소장 각하사유(제399조 제2항 소정의 사유로서, ①항소장의 필수적 기재사항을 기재하지 않거나 소정의 인지를 붙이지 아니하여 보정명령을 받았으나 보정하지 않은 경우, ②항소기간을 넘긴 것이 분명한 경우)가 있었음에도 항소장을 각하하지 않은 경우에는 항소장 각하명령을 한다(402 Ⅱ).[6] 위 각

---

1) 大判 2020. 6. 25, 2019 다 292026, 292033, 292040.

2) 항소권포기 등으로 제1심판결이 확정된 뒤에 항소장이 제출된 경우에도 같다(大決 2006. 5. 2, 2005 마 933).

3) 大決 2023. 7. 14, 2023 그 585, 586 결정(민사소송법 제224조 제1항에서는 성질에 어긋나지 아니하는 한, 결정과 명령에는 판결에 관한 규정을 준용하도록 하고 있고, 민사소송법 제211조 제3항은 판결의 경정 결정에 대해 즉시항고를 할 수 있도록 규정하고 있기 때문이다).

4) 항소장이나 판결문 등에 기재된 피항소인의 주소 외에 다른 주소가 소송기록에 있다면 그 다른 주소로도 송달을 시도해 본 다음 주소보정을 명해야 한다는 것이 판례이다(大決 2014. 4. 16, 2014 마 4026).

5) 특히 주소보정명령의 보정기간 내에 보정이 이루어지지 않아 항소장 각하명령을 할 수 있음에도 항소심 재판장이 다시 보정기간을 정하여 보정명령을 하였다면 뒤의 보정기간이 경과하기 전에는 앞선 보정기간 내에 주소 미보정을 이유로 항소장 각하명령을 할 수 없다(大決 2024. 11. 14, 2024 마 7117).

6) 2021년 대법원 전원합의체 결정의 **다수의견**은 항소심에서 항소인이 피항소인의 주소를 보정하지 아니한 때에는 항소장 각하명령을 하여야 한다는 법리를 그대로 유지하여야 한다고 하였다[大(全)決 2021. 4. 22, 2017 마 6438]. 이 결정의 **소수의견**은 소송절차의 연속성을 고려할 때 항소장 부본의 송달불능은 소송계속 중 소송서류가 송달불능된 것에 불과하고, 항소인이 항소장 부본의 송달불능을 초래한 것이 아닌데 그 송달불능으로 인한 불이익을 오로지 항소인에게만 돌리는 것은 부당하다는 등의 이유로 항소장각하명령은 허용될 수 없다고 하였다.

하명령에 대하여는 즉시항고를 할 수 있다(402 Ⅲ).

4) 항소심 재판장의 항소장각하명령은 항소장 송달 전까지만 가능하다.[1] 따라서 항소장이 피항소인에게 송달되어 항소심 법원과 당사자 사이의 소송관계가 성립하면 항소심 재판장은 더 이상 단독으로 항소장 각하명령을 할 수 없다. 마찬가지로 독립당사자참가소송의 제1심 본안판결에 대해 일방이 항소하고 피항소인 중 1명에게 항소장이 적법하게 송달되면(즉 항소심 법원과 당사자들 사이의 소송관계가 일부라도 성립한 것으로 볼 수 있다면) 항소심 재판장은 더 이상 단독으로 항소장 각하명령을 할 수 없게 된다.[2]

5) 원심재판장이 항소장을 심사한 결과 항소장이 적법하면 원심의 법원사무관등은 항소장이 제출된 날부터 2주 이내에 항소기록에 항소장을 붙여 항소법원으로 보내야 한다(400 Ⅰ). 이러한 송부기간은 판결정본의 송달 전에 항소를 제기한 때에는 판결정본이 송달된 날부터 2주 이내이며(民訴規 127 Ⅰ), 원심재판장등이 보정명령을 내린 때에는 그 흠이 보정된 날부터 1주 이내(400 Ⅱ)이다(이를 보다 구체적으로 나누어보면, 원심재판장등이 판결정본의 송달 전에 제출된 항소장에 대하여 보정명령을 내리고, 판결정본의 송달 전에 그 흠이 보정된 때에는 판결정본이 송달된 날부터 2주, 판결정본의 송달 이후에 그 흠이 보정된 때에는 보정된 날부터 1주이다: 民訴規 127 Ⅱ).

항소기록을 송부받은 항소법원의 법원사무관등은 바로 그 사유를 당사자에게 통지하여야 하는데(400 Ⅲ),[3] 이는 그 사유를 적은 서면을 당사자에게 송달하는 방법으로 한다(民訴規 127 Ⅲ). 또한 위 항소법원의 법원사무관등은 소장의 경우와 마찬가지로 항소장 부본을 피항소인에게 송달하여야 한다(401).

3. 항소이유서의 제출

1) 항소이유서 제출강제주의의 도입

2024년 민사소송법 개정을 통해 형사소송절차(刑訴 361의3, 361의4)[4]와 마찬가지로 민사소송절차에서도 **항소이유서 제출강제주의**가 도입되어 2025. 3. 1.부터 시행되었다(2024. 1. 16. 법률 제20003호, 2025. 3. 1.부터 시행). 이에 항소인이 항소장에 항소이유를 적지 아니한 때에는 항소이유서를

---

1) 大決 1973. 10. 26, 73 마 641; 1981. 11. 26, 81 마 275.

2) 大決 2020. 1. 30, 2019 마 5599, 5600.

3) 민사소송법 제400조 제3항은 항소이유서 제출강제주의를 도입하면서 2024. 1. 16. 민사소송법 일부개정(법률 제20003호)을 통해 신설되었으며 2025. 3. 1.부터 시행되었다.

4) 형사소송절차에서는 소송기록 접수통지를 받은 날로부터 20일 이내에 항소이유서를 항소법원에 제출하여야 하며(刑訴 361의3 Ⅰ), 이를 기간 내에 제출하지 아니한 때에는 결정으로 항소를 기각(刑訴 361의4 Ⅰ) 하도록 하고 있다. 그 밖에 이유서를 제출하도록 하고 있는 절차로는, 상고이유서(427), 민사집행법상의 즉시항고(民執 15 Ⅲ) 등이 있다.

제출하여야 하며(402의2 Ⅰ), 항소심의 심리의 대상은 원칙적으로 항소인이 적법하게 제출한 **항소이유에 한정**된다(자세한 내용은 아래 '심판의 절차'의 설명부분 참조).[1] 항소이유서 제출강제주의의 도입은 우리 민사 항소심 절차에서 사후심적 요소를 강화시키는 시도라 할 수 있으나, 이것이 곧바로 항소심 절차에서의 속심주의의 포기를 의미하는 것은 아니다. 이러한 항소이유서 제출강제제도는 민사는 물론 가사·행정사건의 항소심 절차의 신속성·효율성을 제고하는 것을 목적으로 한다.[2]

2) 제출기간

항소장에 항소이유를 적지 아니한 항소인은 **항소기록 접수의 통지를 받은 날부터 40일 이내**에 항소이유서를 항소법원에 제출하여야 하며(402의2 Ⅰ), 이 기간은 항소인의 신청에 따라 항소법원이 결정으로 1회에 한하여 1개월 연장할 수 있다(402의2 Ⅱ). 규정의 취지상 기간의 연장은 항소이유서 제출기간 내에 항소인의 신청이 있어야 할 것이다. 항소이유서 제출기간은 법정기간이지만 불변기간으로 정해져 있지 않으므로 통상기간이다.

당사자가 책임질 수 없는 사유로 '상소이유서 제출기간'을 지키지 못한 경우 추후보완(173)이 허용되는지와 관련하여, 판례는 '상고이유서'의 제출기간은 불변기간이 아니므로 추완신청의 대상이 될 수 없다고 하고,[3] 우체국 집배원의 배달 착오로 소송기록접수통지서를 송달받지 못하여 '상고이유서' 제출기간 내에 상고이유서를 제출하지 못하여 상고가 기각된 경우 대리권이 없는 경우에 준하여 재심사유가 된다고[4] 하고 있다. 이러한 점에 비추어 보면 당사자가 책임질 수 없는 사유로 '항소이유서' 제출기간을 지키지 못한 경우에는 추후보완이 허용되지 않는다고 할 것이다. 다만 항소이유서 제출기간은 법원이 그 기간 자체를 늘일 수 있다(172 Ⅰ).[5]

---

1) 大判 1993. 5. 14, 93 다 3943.

2) 박광선, "민사소송제도 개선에 관한 법원의 몇 가지 현안", 「민사소송」 제29권 제1호, 2025, 343, 346면.

3) 大決 1981. 1. 28, 81 사 2.

4) 大判 1998. 12. 11, 97 재다 445.

5) 大判 1980. 6. 24, 80 다 918(광주시내의 소요사태로 인하여 상고이유서 송달이 늦어진 경우에는 동 상고이유서 제출기간을 동 상고이유서가 당원에 제출된 날까지 신장함이 상당하다); 또한 大決 2024. 6. 27, 2024 마 5813에 따르면 항고장 제출기간(民執 15 Ⅱ)과 달리 항고이유서 제출기간(民執 15 Ⅲ)은 불변기간이 아니므로 추후보완을 허용하는 민사소송법 제173조는 항고이유서 제출기간에 적용되지 않는다고 한다. 또한 "당사자가 책임질 수 없는 사유로 말미암아 불변기간을 지킬 수 없었던 경우 소송행위의 추후보완을 할 수 있는 것과의 균형상 항고인이 책임질 수 없는 사유로 말미암아 항고이유서 제출기간을 지킬 수 없었던 경우 법원은 제출기간이 지난 후에라도 민사소송법 제172조 제1항에 의하여 항고이유서 제출기간을 늘릴 수 있다"라고 하였다.

항소이유서 제출기간은 항소인이 항소기록 접수의 통지를 받은 날로부터 기산한다는 점에서, 보조참가사건에서 피참가인이 항소를 제기한 경우에는 원심 보조참가인은 피참가인의 항소이유서 제출기간 내에만 항소이유서를 제출할 수 있다.[1)]

3) 항소이유

우리 민사소송법은 상고이유를 규정한 특별규정(423, 424)을 두고 있는 것과 달리, 항소이유서 제출강제주의를 도입하면서 항소이유서의 제출이 강제된다는 점만을 규정하고 '항소이유'에 관한 특별규정을 따로 신설하지는 않았다. 다만 우리 민사소송법은 2024년 개정 이전부터 제1심 판결을 취소하는 경우로서 항소법원이 제1심 판결을 정당하지 아니하다고 인정한 때(416), 제1심 판결의 절차가 법률에 어긋날 때(417) 또는 관할위반이 있는 때(419)를 규정하고 있으므로 항소이유서는 이를 기준으로 작성되어야 할 것이다.[2)]

따라서 대법원은 민사소송규칙 제126조의2를 개정하여 항소이유를 **서면으로 구체적으로 특정하여** 제출할 것을 요구하고 있다. 이에 따르면 항소인은, i) 제1심 판결이 전속관할에 관한 규정에 어긋나거나 제1심 판결의 절차가 법률에 어긋난 때, ii) 제1심 판결 중 사실을 잘못 인정하거나 법리를 잘못 적용한 부분이 있는 때, iii) 제1심 판결의 이유를 밝히지 아니하거나 이유에 모순이 있는 때, iv) 그 밖에 제1심 판결을 정당하지 아니하다고 인정하여 취소하거나 변경해야 할 사유가 있는 때 중 어느 사유를 항소이유로 삼는지 항소이유서에 적어야 한다(民訴規 126의2 Ⅰ). 또한 항소이유를 적을 때에는 제1심 판결 중 다투는 부분을 구체적으로 특정하여야 한다(民訴規 126의2 Ⅱ 本). 다만「소액사건심판법」제11조의2 제3항 본문에 따라 제1심 판결에 이유를 적지 않은 때에는 항소이유서에 제1심 판결 중 다투는 부분을 구체적으로 특정하지 않아도 무방하다(民訴規 126의2 Ⅱ 但).

이와 같이 소액사건에서의 예외를 제외하고, 어떤 사유를 항소이유로 삼는 것인지, 제1심 판결 중 어느 부분을 다투는 것인지를 구체적으로 특정하지 않은 항소이유의 제출은 부적법하며,[3)] 법원은 항소각하결정을 내리기 전에 당사자에게 그

---

1) 大判 1962. 3. 15, 4294 행상 145; 李時(17판), 943면; 로앤비, 온주 민사소송법, 2025, 제402조의2, 측면번호 25(김형진 집필부분).

2) 로앤비, 온주 민사소송법, 2025, 제402조의2, 측면번호 5−9 참조(김형진 집필부분).

3) 따라서 항소장에 제1심판결이 부당하여 그 취소를 구한다는 주장이 기재되어 있다고 하더라도 이를 항소이유의 기재로는 볼 수 없다.

보정을 명하여야 할 것이다.[1)]

4) 항소이유서의 제출과 미제출에 대한 조치

항소인이 적법한 항소이유서를 제출하면 항소법원은 피항소인에게 그 부본을 송달하여야 하며(民訴規 126의2 Ⅲ), 재판장등은 피항소인에게 상당한 기간을 정하여 항소이유서에 기재된 항소인의 주장에 대한 반박내용을 적은 답변서를 제출하게 할 수 있다(民訴規 126의3). 또한 항소인이 항소이유서를 제출하였지만, 정당한 사유 없이 항소이유서 제출기간(제출기간이 연장된 경우에는 그 연장된 기간)을 넘겨 항소이유서에 기재되지 않은 새로운 주장을 제출한 때에는 항소법원은 실기한 공격·방어방법의 제출을 이유로 결정으로 그 주장을 각하할 수 있다(民訴規 126의2 Ⅳ).

항소인이 항소이유서 제출기간(제출기간이 연장된 경우에는 그 연장된 기간) 내에 **적법한 항소이유서를 제출하지 아니한 때에는,** 직권으로 조사하여야 할 사유가 있거나 항소장에 항소이유가 기재되어 있는 경우가 아니라면, 항소법원은 **결정으로 항소를 각하**하여야 한다(402의3 Ⅰ). 이러한 '항소이유서 미제출에 따른 항소각하결정'에 대하여는 **즉시항고**할 수 있다(402의3 Ⅱ).

항소이유서를 제출함으로써 항소심 심리가 개시되고 제출하지 아니하면 항소각하결정이 내려지는 절차형성적 효과를 가지는 항소이유서는 변론에서의 진술을 전제로 하는 준비서면과는 그 성격과 제출의 효과가 다른 것이지만 항소심에서 처음 제출하는 준비서면에 항소이유를 기재하였다면 그 표제만으로 이를 항소이유서가 아니라고 할 수 없을 것이다.[2)]

5) 2024년 민사소송법 개정으로 도입된 항소이유서 제출강제주의는 위 개정 법률 시행 이후 최초로 항소장 또는 항고장이 제출된 사건부터 적용된다(2024. 1. 16. 법률 제20003호, 부칙 2). 이와 관련하여 민사소송 등 인지법 제14조 제1항 제6호의2도 신설되어 '항소이유서 미제출에 따른 항소각하결정'이 내려진 경우에는 항소인은 항소장에 붙인 **인지액의 2분의 1에 해당하는 금액**(인지액의 2분의 1에 해당하는 금액이 10만 원 미만이면 인지액에서 10만 원을 빼고 남은 금액)**의 환급**을 청구할 수 있다(2024. 1. 16. 법률 제20003호, 부칙 3).

---

1) 로앤비, 온주 민사소송법, 2025, 제402조의2, 측면번호 11, 17(김형진 집필부분).
2) 로앤비, 온주 민사소송법, 2025, 제402조의2, 측면번호 4(김형진 집필부분).

Ⅲ. 抗訴의 取下

1. 意　義

항소의 취하는 항소인이 항소의 신청을 철회하는 일방적 의사표시(소송행위)이다. 청구에 관한 심판청구 자체를 철회하는 소의 취하(266) 및 항소할 권리를 소멸시키는 항소권의 포기(394)와는 다르다. 항소취하는 항소법원에 대한 의사표시이므로 소송외에서 당사자 사이에 항소취하의 합의를 하여도 그것은 항소의 취하가 아니다.

2. 要　件

1) 항소인은 항소심의 종국판결이 있기 전에 항소를 취하할 수 있다(393 Ⅰ).[1] 항소심의 종국판결이 선고된 뒤에는 소의 취하는 가능하지만, 항소의 취하는 불가능하다. 왜냐하면 항소인이 부대항소 때문에 항소심에서 제1심보다 불리한 판결을 선고받았을 때에 항소를 취하하여 제1심판결을 유지하는 것을 막을 필요가 있기 때문이다. 종국판결을 선고하기 전이면 변론을 종결한 뒤에도 항소를 취하할 수 있다.

2) 항소의 취하는 항소인의 단독소송행위이므로 피항소인이 항소기각의 신청 또는 부대항소를 하였더라도 그의 동의를 요하지 아니한다(393는 266 Ⅱ을 준용하지 아니한다).[2]

3) 항소취하는 소취하와 달리 항소사건 전부에 대하여 하여야 한다(393 Ⅱ는 266 Ⅰ을 준용하지 아니함). 항소불가분의 원칙에 의하여 항소의 일부취하는 무효이다. 판례는 병합된 수개의 청구 전부에 대해 항소한 후 일부 청구에 대해 불복신청을 철회하는 것은 불복의 범위를 감축하여 심판의 대상을 변경하는 효과만 있을 뿐이고 항소 자체의 효력에는 아무런 영향이 없다고 한다. 따라서 불복신청을 철회한 부분이 확정되는 것은 아니며 그 부분에 대하여 다시 항소를 제기할 수도 있다고 한다.[3]

---

1) 항소심판결이 파기환송된 뒤에도 새로운 종국판결이 있기까지 항소를 취하할 수 있다.

2) 도이칠란트 민사소송법에서는 2001년 민사소송법의 개정(2001. 12. 14., BGBl. Ⅰ S. 3721: 2002. 1. 1. 시행)을 통하여 비로소 우리 법에서처럼 피항소인의 동의가 필요 없는 것으로 하였다(獨民訴 516 Ⅰ).

3) 大判 2017. 1. 12, 2016 다 241249(원고가 주주확인청구, 주권인도청구, 명의개서청구를 병합제기한 사건이다).

4) 판례는 항소심에서 청구의 교환적 변경이 있은 경우에는 제1심판결은 실효되므로 항소취하는 그 대상이 없어 효력이 없다고 본다.[1)]

5) 항소의 취하는 항소인만이 할 수 있다. 통상공동소송의 경우에는 공동소송인의 1인이 또는 1인에 대하여 항소를 취하할 수 있으나,[2)] 필수적 공동소송의 경우에는 공동소송인 모두가 항소를 취하하거나 모두에 대하여 항소를 취하하여야 한다. 보조참가인이 항소를 제기한 경우에 보조참가인은 피참가인의 동의가 있을 때에 한하여 항소를 취하할 수 있지만,[3)] 피참가인은 종국판결이 있을 때까지 보조참가인이 제기한 항소를 취하 또는 포기할 수 있다.[4)] 독립당사자참가소송에서 패소한 양 당사자가 모두 항소하였다가 그 중 1인이 항소를 취하하면 효력이 없으나,[5)] 패소당사자 중 1인만이 항소하였다가 취하한 경우에는 항소가 소급하여 소멸한다.[6)]

6) 항소의 취하는 항소인의 자유에 속하고, 그것은 직권탐지주의 하에서도 마찬가지이다. 항소취하는 소송행위이므로 소송행위 일반의 유효요건(능력·대리권)을 갖추어야 한다.

3. 方 式

항소취하의 방식은 소의 취하에 준한다(393 II).

4. 效 果

1) 항소의 취하에 의하여 항소는 소급적으로 그 효력을 잃고, 항소심절차도 종료한다(393 II·267 I). 항소의 취하는 소의 취하와는 달리 제1심판결에 영향을 미치지 않고, 도리어 제1심판결을 그대로 확정시킨다. 또 항소를 취하한 뒤에도 아직 항소기간이 경과하기 전이면, 상대방은 물론 항소인도 다시 항소를 제기할 수 있다.[7)]

---

1) 大判 1995. 1. 24, 93 다 25875. 反對: 胡, 737면; 따라서 항소심의 심판대상은 새로운 청구로 바뀐다. 이러한 경우 항소심은 (항소취하합의의 위반이 있어도) 제1심판결이 있음을 전제로 한 항소각하판결을 할 수 없으며, 사실상 제1심으로서 새로운 청구의 당부를 판단하여야 한다(大判 2018. 5. 30, 2017 다 21411).

2) 大判 1971. 10. 22, 71 다 1965.

3) 同旨: 李時, 906~907면; 兼子, 條解民訴, 1159면. 反對: 宋/朴, 709면; 朴禹東, 註釋民訴 Ⅳ, 164면.

4) 大判 1984. 12. 11, 84 다카 659.

5) 同旨: 李時, 907면.

6) 同旨: 李時, 907면; 宋/朴, 745면.

이 점이 항소권을 포기한 뒤에 다시 항소를 제기하면 항소가 부적법하여지는 것과 다르다.

2) 항소취하의 효력은 항소취하서를 항소법원에 제출한 때에 발생하고, 그것이 상대방에 송달된 때에 발생하는 것은 아니다.[1] 항소취하서를 작성하여 다른 사람에게 교부한 일이 있으면 그 다른 사람이 약속을 어기고 이를 법원에 제출하였더라도 항소취하의 효력이 있다.[2] 또 항소취하에는 조건을 붙일 수 없으며, 착오·사기·강박 등 의사의 흠을 이유로 그 무효·취소를 주장할 수 없다고 하는 것이 판례의 태도이다.[3] 다만 형사상 처벌받을 다른 사람의 행위로 말미암아 항소가 취하된 때에는 그 취소가 허용된다(451 Ⅰ ⑤ 참조).

5. 抗訴取下의 간주

1) 양 쪽 당사자가 2회에 걸쳐 항소심변론기일에 출석하지 아니한 때에 1월 이내에 기일지정의 신청을 하지 않거나 위 기일지정신청에 의하여 정한 새 기일 또는 그 후의 기일에 출석하지 아니한 때에는 항소의 취하가 있는 것으로 본다(268 Ⅳ).[4] 당사자가 출석하였으나 변론하지 아니한 경우에도 같다(268 Ⅳ Ⅲ.). 법원이 항소가 취하된 것으로 간주하여 사건을 종결처리하자 피고가 자신에게 변론기일통지서가 적법하게 송달되지 아니한 채 변론기일이 진행되었다고 하면서 상고한 경우, 항소취하 간주는 규정상의 요건의 성취로 법률상 당연히 발생하는 효과이고 법원의 종국판결이 아니라는 점에서 항소취하 간주의 효력을 다투기 위해서는 항소심 법원에 기일지정신청(民訴規 67, 68)을 할 것이지 상고를 제기할 수는 없다는 것이 판례이다.[5]

2) 항소심이 계속되는 동안에 소송기록이 법원의 재난으로 인하여 멸실되었을 경우에 상소인이 6월 이내에 항소장 및 사건계속의 소명방법을 제출하지 아니하였을 때에는 항소취하가 있는 것으로 본다(법원재난에기인한민형사사건임시조치법 2, 3).[6]

---

7) 大判 2016. 1. 14, 2015 므 3455(항소취하는 제1심 종국판결이 유효하게 존재하므로 항소기간 경과 후에 항소취하를 하면 항소기간 만료 시로 소급하여 제1심 판결이 확정되고, 항소기간 경과 전에 항소취하를 하면 판결은 확정되지 않고 항소기간이 경과하기 전이라면 항소인은 다시 항소제기가 가능하다).

1) 大判 1980. 8. 26, 80 다 76.

2) 大判 1971. 1. 26, 69 다 2048.

3) 大判 1967. 10. 31, 67 다 204; 1980. 8. 26, 80 다 76.

4) 환송판결의 전후에 걸쳐 2회 불출석한 경우는 이에 해당하지 않는다(大判 1963. 6. 20, 63 다 166).

5) 大判 2019. 8. 30, 2018 다 259541.

6. 抗訴取下의 合意

당사자가 소송 외에서 항소를 취하하기로 합의하는 것은 소송계약의 일종이다. 그 효력에 관하여 사법계약설에서는 피항소인이 항소취하계약을 주장·증명하면 항소법원은 항소의 이익에 흠이 있다는 것을 이유로 항소각하의 판결을 하여야 한다고 보지만,[1] 소송계약설에서는 소송종료선언(또는 항소각하의 판결)을 하여야 한다고 풀이한다(소송계약에 관한 설명 참조).

Ⅳ. 附帶抗訴

1. 意　　義

1) 부대항소(Anschlussberufung)라 함은 피항소인이 상대방의 항소에 의하여 개시된 항소심절차를 이용하여 자기에게 유리하게 항소심판의 범위를 확장시키는 신청을 말한다. 양 쪽 당사자가 모두 항소권을 가질 때에는 각자 독립하여 항소를 제기할 수 있다(이 경우에 두 개의 항소의 효력은 중복되므로 하나의 항소심절차를 개시시킨다). 그런데 피항소인이 자기는 독립하여 항소를 하지 않고, 상대방이 항소를 한 기회에 편승하여, 자기도 불복신청을 하는 것이 부대항소이다.

2) 부대항소를 인정하는 취지에는 두 가지가 있다. 하나는 공평의 관념으로서 항소인은 항소심절차 중에 언제든지 불복의 범위를 변경할 수 있으므로 이에 대응하여 피항소인에게도 불복신청을 허용하는 것이 양 당사자를 공평하게 대우하는 것이라는 점이다. 피항소인이 자기의 항소권을 포기하거나 상실한 뒤에도 부대항소를 할 수 있다는 점(403)에 특히 실익이 있다. 다른 하나는 소송경제의 고려로서, 양 쪽 당사자의 불복을 동시에 해결하는 수단을 제공하여 준다.

3) 부대항소의 성질에 관하여는 다툼이 있다. 이를 항소의 일종으로 보아 항소의 이익이 없으면 부적법하다고 하는 견해(**항소설**)도 있으나,[2] 이것은 피항소인이

---

6) 大判 1971. 5. 31, 71 다 752.

1) 大判 2018. 5. 30, 2017 다 21411.

2) Rosenberg는 항소설을 취하면서도 항소의 이익은 불필요하다고 한다(§139 Ⅰ 3).

제1심판결을 자기에게 유리하게 변경하여 달라고 요구하는 공격적 신청으로서 항소와 다른 것이라고 풀이한다(**비항소설**). 이에 의하면 부대항소의 경우에는 항소의 이익은 필요하지 않고, 따라서 제1심에서 전부 승소한 피항소인도 청구의 확장이나(원고의 경우) 반소의 제기(피고일 경우)를 할 수 있다. 비항소설이 통설 · 판례이다.[1]

2. 要　件

1) 상대방과의 사이에 항소가 적법하게 계속되고 있어야 한다. 상대방의 항소가 존속하고 있는 한 자기의 항소권이 항소기간의 경과에 의하여 소멸되거나 항소권을 포기한 경우에도 부대항소를 할 수 있다(403). 다만 부대항소권까지도 포기한 경우는 예외이다.

2) 항소심의 변론이 종결될 때까지 하여야 한다(403). 항소심의 변론이 종결되기 전이기만 하면 일단 취하한 다음에 다시 부대항소를 제기하여도 상관없다.[2]

3) 주된 항소의 피항소인(또는 보조참가인)이 항소인을 상대로 제기하여야 한다. 그러므로 양 쪽 당사자가 항소를 한 경우에는 그 한 쪽은 상대방에게 부대항소를 할 수 없다. 통상공동소송에서는 공동소송인독립의 원칙(66)에 의하여 항소의 효력은 항소를 제기하거나 제기당한 공동소송인과 상대방 사이에서만 발생하므로, 부대항소도 항소인 또는 피항소인인 공동소송인과 상대방 사이에서만 가능하다.[3]

4) 피항소인의 소송대리인은 특별한 권한수여(특별수권) 없이 부대항소를 제기할 수 있고, 항소인의 소송대리인도 특별한 권한수여 없이 부대항소에 대한 소송행위를 할 수 있다.

5) 부대항소의 경우에도 항소의 이익이 필요한가가 다투어지지만, 이를 부정하여야 할 것임은 전술하였다.

---

1) 大判 1980. 7. 22, 80 다 982; 1999. 11. 26, 99 므 1596; 方, 614면; 李時, 909면; 金/姜, 889면; 姜, 976면.

2) 日最判 1963. 12. 27, 民集 17. 12. 1838.

3) 大判 1994. 12. 23, 94 다 40734; 2015. 4. 23, 2014 다 89287(통상공동소송에서 공동당사자 일부만이 항소를 제기하였다면, 피항소인은 항소인 이외의 다른 공동소송인을 상대방으로 또는 상대방으로 추가하여 부대항소를 제기할 수 없다).

3. 方 式

1) 부대항소의 제기는 항소제기의 방식에 의한다(405). 따라서 부대항소장을 제출하여야 하지만, 변론기일에 말로 부대항소를 신청한 경우에도 상대방이 소송절차에 관한 이의권을 포기하면 적법한 부대항소의 제기로 볼 수 있다. 또 피고만이 항소한 경우에 원고가 부대항소장이라는 이름의 서면을 제출하지 않고 **청구취지확장신청서**를 제출한 때에는 피고에게 불리하게 되는 한도에서 부대항소를 한 취지로 보아야 한다는 것이 판례의 일관된 태도이다.[1][2]

2) 부대항소도 취하할 수 있으나, 상대방의 동의를 얻을 필요는 없다.

4. 效 力

1) 부대항소는 불이익변경금지의 원칙(415)을 깨뜨리는 효력이 있다. 즉 항소심의 심판의 범위는 불복신청의 범위에 한정되기 때문에(400 I·415), 항소인만이 불복을 신청하고 있으면 항소인에 대하여 제1심판결보다 더 불이익한 변경은 할 수 없다(불이익변경 금지의 원칙). 그런데 부대항소를 하게 되면 항소심판의 범위가 그만큼 확장되어 피항소인의 불복의 당부도 심판할 수 있게 되어, 항소인에게 제1심판결보다 불리한 변경을 할 수 있다.

2) 부대항소는 상대방의 항소에 편승한 것이므로, 주된 항소의 취하 또는 각하에 의하여 그 효력을 잃는다(부대항소의 종속성: 404 本).[3] 그러나 항소기간 이내에 제기한 부대항소는 독립된 항소로 보므로(404 但), 상대방의 항소의 취하 또는 각하에 의하여 영향을 받지 아니한다. 이러한 부대항소를 독립부대항소(selbständige Anschlussberufung)라고 한다.[4] 다만 독립부대항소도 항소가 각하 또는 취하된 뒤에는 항소의 이익을

---

1) 大判 1980. 7. 22, 80 다 982; 1995. 6. 30, 94 다 58261.

2) 피항소인이 항소기간이 지난 뒤에 제1심판결보다 자신에게 유리한 판결을 구하는 적극적·공격적 신청의 의미가 객관적으로 명백히 기재된 서면을 제출하고, 이에 대하여 항소인에게 공격방어의 기회 등 절차적 권리가 보장된 경우, 그 서면에 '부대항소장'이나 '부대항소취지'라는 표현이 사용되지 않았더라도 부대항소로 볼 수 있으며, 이는 피항소인이 항소기간이 지난 뒤에 실질적으로 제1심판결 중 자신이 패소한 부분에 대하여 불복하는 취지의 내용이 담긴 항소장을 제출한 경우에도 마찬가지라고 한다(大判 2022. 10. 14, 2022 다 252387).

3) 파기환송 후 항소를 취하하여도 부대항소는 소멸한다(大判 1995. 3. 10, 94 다 51543).

4) 도이칠란트의 개정민사소송법(2002. 1. 1. 시행)은 부대항소는 상대방이 항소이유서를 제출한 뒤 1월 이내에 한하여 제기하도록 제한하고, 독립부대항소제도를 삭제하였다(獨民訴 524).

갖추어야 한다.

V. 抗訴審의 審理

1. 抗訴審의 構造·續審主義

1) 민사소송법상 항소심은 제1심에서 수집한 자료를 기초로 하고(409, 407Ⅱ, 410), 그 위에 항소심에서 새로이 수집한 자료를 더하여(408, 146), 항소심의 변론을 종결할 때를 기준으로 하여, 원심판결의 당부를 판단한다. 이러한 심리방식을 **속심주의**(續審主義)라고 한다. 이에 대하여 항소심이 제1심과 전혀 무관계하게 새로이 심리를 하여 판단을 내리는 것을 **복심주의**(覆審主義)라고 한다. 이 경우에는 항소심은 제2의 제1심이다. 그리고 항소심에서 새로운 자료의 수집을 허용하지 않고 제1심에서 제출된 자료만을 기초로 하여 제1심판결의 내용의 당부를 음미하는 것을 **사후심주의**(事後審主義)라고 한다. 미국은 민사소송절차에서 법률심이자 사후심주의를 취하고 있으며, 미국 연방민사소송규칙은 '사실인정은 구술 또는 기타 증거에 근거한 것이어도 명백한 오류가 있는 경우가 아니라면(unless clearly erroneous) 번복되어서는 안되며, 항소심 법원은 증인을 직접 신문한 원심법원의 판단을 존중하여야 한다는 점을 명확히 하고 있다[Fed. R. Civ. P. 52(a)(6)]. 사후심주의 하에서는 항소심법원은 제1심판결이 정당하다고 인정하면 항소를 기각하고, 부당하다고 인정하면 제1심판결을 취소하고 사건을 제1심법원에 환송한다. 복심주의를 취하면 당사자가 제1심에서 소송자료를 충분하게 제출하지 아니하여 소송심리의 중점이 항소심으로 넘어가서 소송지연을 초래하는 결점이 있으므로 채택할 것이 못된다. 사후심주의는 제1심에 소송자료를 집중할 수 있는 장점이 있다. 현재 우리나라의 제1심법원의 인적·물적 구조에 비추어 원칙적으로 속심주의를 취하면서 사후심적 요소를 강화해 나가는 것이 좋을 것이다.

2) 우리 민사소송법은 속심주의를 취하고 있으므로 항소심은 제1심에서 종결한 변론을 재개하여 속행한다. 따라서 제1심에서 한 소송행위는 당연히 그 효력이 있고(409), 당사자는 제1심에서 제출하지 아니한 공격·방어방법을 제출할 수 있다(408). 이를 항소심의 변론의 갱신권(ius novorum)이라고 한다. 그런데 항소심에서

갱신권을 무제한적으로 인정하면 당사자가 제1심을 경시하여 심리의 중점을 항소심으로 이행시키게 되어 소송의 지연을 초래할 염려가 있다. 그러므로 이 갱신권을 합리적으로 제한할 필요가 있다.[1] 도이칠란트 민사소송법은 항소심의 구조로서 원칙적으로 속심주의를 취하면서도 항소이유서제도를 채택하여 사후심에 가깝게 운영하고 있다.[2]

2025년부터 우리나라에서도 **항소이유서 제출강제주의**가 시행(2024. 1. 16. 법률 제20003호, 2025. 3. 1.부터 시행)되고 있으나 이를 사후심제도의 도입이라고 볼 수는 없다. 다만 우리나라에서도 항소법원은 항소이유서에 기재된 쟁점을 중심으로 변론이 집중되도록 하여 변론이 가능하면 속행되지 않도록 하여야 하고 당사자는 이에 협력하여야 한다(民訴規 127의3). 오스트리아 민사소송법은 사후심주의를 취하고 있다(오스트리아 民訴 482).

2. 審理의 對象

항소심의 심리의 대상은 첫째 항소의 적법 여부이고, 둘째 불복의 당부이다.

(1) 適法性의 審理

항소법원은 먼저 항소의 적법 여부를 직권으로 조사한다. 조사의 결과 항소요건의 흠이 보정할 수 없는 것인 경우에는 변론 없이 항소를 각하한다(413). 항소기간 경과 후의 항소, 불항소합의에 반하여 제기된 항소,[3] 항소권을 포기한 당사자의 항소, 항소의 이익이 없는 항소,[4] 판결선고 전에 제기한 항소,[5] 소제기 전에 사망한 사람을 상대로 한 판결에 대한 항소[6] 등이 이에 해당한다. 무권대리인에 의한 항소는 나중에 추인의 여지가 있으므로 흠을 보정할 수 없는 경우에 해당하지 않는다.[7]

---

1) 유병현, "민사항소심에서 변론의 갱신권의 제한," 「법조」, 1999. 11, 116면 이하 참조.

2) 도이칠란트 민사소송법에서는 사후심제도에서 이용되는 항소이유서제도를 채택하여, 원칙적으로 항소이유서 제출기간 내에 항소이유서를 통해서 새로운 공격·방어방법을 제출하도록 하고 있다(獨民訴 520). 도이칠란트 개정민사소송법(2002. 1. 1. 시행)에서는 더 나아가, 새로운 공격·방어방법의 제출은 당사자가 1심에서 그 제출을 게을리 하지 아니한 경우에만 할 수 있도록 하고 있으며(獨民訴 531 Ⅱ), 항소심법원은 원칙적으로 원심의 사실확정에 구속되고, 다만 원심법원이 행한 재판에 중요한 사실의 확성에 관하여 그 정확성과 완전성에 구체적인 의문이 있을 때에만, 새로이 판단할 수 있도록 하고 있다(獨民訴 529 Ⅰ).

3) 大判 1980. 1. 29, 79 다 2066.

4) 大判 1983. 10. 25, 83 다 515.

5) 大判 1957. 5. 2, 4289 民上 647.

6) 大判 1971. 2. 9, 69 다 1741. 다만 소제기 뒤에 사망한 사람에 대한 판결에 대하여는 상소가 허용된다. 大(全)判 1995. 5. 23, 94 다 28444. 그러나 소제기 전에 사망한 경우에도 상소를 허용하여야 한다. 同旨: 新堂, 401면.

7) 大決 1966. 12. 30, 66 마 1129.

또한 항소이유서 제출강제주의의 도입으로(2024. 1. 16. 법률 제20003호, 2025. 3. 1.부터 시행) 항소인이 항소장에 항소이유를 적지 아니한 경우에는 항소이유서 제출기간 내에(항소기록 접수통지를 받은 날부터 40 이내, 1개월 연장 가능) 적법한 항소이유서가 제출되지 아니한 때에는 항소법원은 결정으로 항소를 각하하여야 한다(402의3 Ⅰ).

(2) 理由具備性의 審理

1) 항소법원은 항소가 적법하면 다음 단계로 불복의 당부, 즉 항소의 이유 유・무(본안)에 관하여 심리한다. 항소심절차에는 일반적으로 제1심절차에 관한 규정이 준용되므로(408), 항소로 주장한 불복의 당부는 원칙적으로 바로 변론을 열어서 심리한다. 이는 2008. 12. 26. 민사소송법 개정을 통해 변론이 변론준비절차 중심주의에서 변론기일 중심주의로 변경된 것에 기인한다. 다만 사건을 변론준비에 부칠 필요가 있는 경우 항소법원은 항소장이나 항소이유서에 적힌 항소이유(民訴規126의2)를 기초로 쟁점을 정리한 후 변론에 들어갈 수 있다(258 Ⅰ但).

2) 항소심의 변론에서는 먼저 항소인이 제1심판결에 대한 불복의 범위, 즉 제1심판결의 변경을 구하는 한도를 진술하여야 하고, 이에 대하여 피항소인은 항소의 각하 또는 기각의 신청을 하며, 나아가 부대항소에 의하여 스스로 불복을 신청할 수도 있다. 이 항소와 부대항소에 의한 불복의 당부가 항소심의 심판의 목표이며, 변론도 이 범위 안에서 실시된다(407 Ⅰ). 이처럼 항소심은 제1심과 같이 소에 의한 청구의 당부에 관하여 직접 심판하는 것이 아니라, 제1심판결에 대한 불복의 당부를 심판하며, 불복의 범위는 항소인과 피항소인에 의하여 특정되는 것이다(처분권주의). 여기의 불복은 제1심의 종국판결에 대한 것이며, 종국판결에 이르기까지의 전제문제나 절차문제에 관한 재판(중간판결, 청구변경불허결정 등)은 종국판결에 대한 불복을 판단할 때 함께 판단을 받을 뿐이다(392).

3) 항소심에서는 나아가서 청구의 변경이나 반소(412) 또는 중간확인의 소의 제기 및 소의 일부취하가 가능하므로, 이에 의하여 심판의 대상이 확장되거나 축소될 수 있다.

4) 항소법원은 당사자에 의하여 불복의 대상이 되지 아니한 것은 심리하지 아니한다. 그러므로 항소불가분의 원칙에 의하여 제1심판결에서 심판한 모든 청구가

항소심으로 이심하지만, 그 가운데에서 항소심의 심판의 대상이 되는 것은 불복이 있는 부분에 한정됨을 주의하여야 한다.[1] 이때 항소심으로 이심되었지만 심판의 대상이 되지 않은 부분은 항소심 판결선고와 동시에 확정된다.[2]

5) 제1심판결로 심판하지 아니한 청구부분은 항소로 인하여 이심되지 아니하므로 항소심의 심판대상이 되지 않는다. 그것은 추가판결의 대상이 될 뿐이다. 다만 예비적 병합에서 주된 청구를 인용한 경우 및 선택적 병합에서 하나의 청구를 인용한 경우에는 나머지 청구도 이심된다.

3. 審理의 節次

(1) 第1審辯論結果의 陳述－辯論의 更新

제1심의 소송자료·증거자료는 항소심판결의 자료가 되므로 이를 항소심의 변론에 상정할 필요가 있다. 그리하여 불복신청에 대한 심판을 하는데 필요한 한도에서 제1심의 변론결과를 진술하게 한다(407 II). 이를 변론의 갱신이라고 한다. 다만 2025. 3.부터 항소이유서 제출강제주의가 시행되고 있으므로 변론의 갱신은 항소인이 항소이유서에서 제시한 항소이유의 범위 내에서 이루어지는 것으로 족할 것이다. 또한 변론의 갱신은 출석한 당사자의 한쪽이 하여도 충분하나 그 일부만을 분리하여 진술할 수 없다.[3] 변론결과의 진술에는 증거조사결과도 포함된다.[4] 민사소송규칙은 제1심 변론결과의 진술은 당사자가 사실상 또는 법률상 주장, 정리된 쟁점 및 증거조사 결과의 요지 등을 진술하거나, 법원이 당사자에게 해당사항을 확인하는 방식으로 할 수 있다고 한다(民訴規 127의 2).

(2) 第1審訴訟行爲의 效力持續

제1심의 소송자료·증거자료가 항소심판결의 기초로 되는 이상 제1심의 소송행위는 항소심에서도 그 효력이 지속된다(409). 즉 제1심에서 한 신청, 소송절차에 관한 이의권의 포기, 자백 등 변론, 증거소사, 그 밖의 소송행위의 효력은 그대로

---

1) 大判 1966. 6. 28, 66 다 711; 1974. 2. 12, 73 다 820, 821; 2002. 4. 27, 99 다 30312; 2009. 10. 29, 2007 다 22514, 22521.

2) 大判 2011. 7. 28, 2009 다 35842.

3) 大判 1954. 5. 27, 4286 民上 235.

4) 大判 1956. 2. 23, 4288 民上 518.

유지된다. 따라서 당사자가 항소심에서 항소이유로 특별히 지적하거나 그 후의 심리에서 다시 지적하지 않는다 하더라도 법원은 제1심에서의 주장을 받아들일 수 있으며, 이것은 직접주의나 변론주의원칙에 반하지 않고 예상하지 못한 타격을 가하는 것도 아니다.[1] 다만 자백간주는 각 심급별로 독자적으로 발생하는 문제이므로, 제1심에서 자백간주로 되었더라도 항소심의 변론을 종결할 때까지 다툰 것으로 인정되면 자백으로서의 구속력이 없다.[2] 제1심에서 변론준비절차를 거친 경우에는 그 효과가 항소심에서도 지속된다(410). 제1심의 절차상의 사항이 적법한가의 여부도 항소심의 판단을 받으므로, 위법한 절차나 행위는 이를 심리의 기초에서 제외하고 절차를 진행하여야 한다.[3]

(3) 심리의 범위(새로운 攻擊·防禦方法의 제출－更新權)

항소법원은 적법하게 제출된 항소이유서에 의해 불복신청한 항소이유의 범위 내에서만 조사·판단할 수 있으며,[4] 항소이유서 제출기간이 경과한 후에 제출된 항소이유는 그것이 기간 안에 제출된 항소이유를 보충하거나 직권조사사항이 아닌 새로운 주장을 포함하고 있을 때에는 그 새로운 주장이 실기한 공격방어방법인 경우에는 적법한 항소이유로 삼을 수 없다(民訴規 126의2 Ⅳ).[5] 이러한 범위 내에서 당사자는 항소심의 변론을 종결할 때까지 종전의 주장을 보충·정정할 수 있을 뿐만 아니라 새로운 공격·방어방법도 제출할 수 있다(408, 146). 가집행에 의하여 변제한 사실은 방어방법으로 되지 않는다. 항소심에서 제출할 수 있는 공격·방어방법은 제1심의 변론을 종결할 때 이후에 발생한 것에 한하지 않는다. 다만 그 제출이 시기에 늦은 것이면 각하된다(408, 149). 이 경우에 시기에 늦었는가 여부는 제1심과 제2심의 변론경과를 함께 고려하여 판단하여야 한다.[6] 제1심에서 변론준비기일을 거친 경우에는 실권효가 있기 때문에 제285조의 제약하에서만 새로운 공격·방어방법을 제출할 수 있다(410). 그리고 항소심 재판장은 당사자의 의견을 들어 일정한 공격방어방법의 제출기간을 제한할 수 있다(147).

---

1) 大判 1996. 4. 9, 95 다 14571.
2) 大判 1968. 3. 19, 67 다 2677.
3) 李時, 916면; 新堂, 556면.
4) 大判 1998. 3. 27, 97 다 55126.
5) 大判 1993. 5. 14, 93 다 3943; 1998. 3. 27, 97 다 55126.
6) 대법원은 4차에 걸친 제1심 변론기일과 항소심 1차 변론기일에서 주장하지 않다가 마지막 변론기일인 항소심 제2차 변론기일에서 주장을 하는 것은 실기한 공격방어방법으로 각하하는 것이 옳다고 하였다(大判 2014. 5. 29, 2011 두 25876).

또한 **항소이유서 제출강제주의가** 도입(2024. 1. 16. 법률 제20003호, 2025. 3. 1.부터 시행)되면서 민사소송규칙은 항소심에서 증거신청을 제한하는 규정을 신설하였다(2025. 1. 23. 대법원규칙 제3191호, 2025. 3. 1.부터 시행). 이에 따르면 항소인은 부득이한 사정이 없으면 항소이유서를 제출하면서 일괄하여 증거를 신청하여야 하며(民訴規 127의4 Ⅰ). 항소심에서 증거신청을 할 때에는 해당 증거가, i) 제1심에서 조사되지 아니한 데에 대하여 고의나 중대한 과실이 없고 그 신청으로 인하여 소송을 현저하게 지연시키지 아니하는 증거, ii) 제1심에서 증거조사가 이루어졌으나 특별한 사정이 있어 항소심에서 다시 증거조사를 하는 것이 부득이하다고 인정되는 증거, 또는 iii) 그 밖에 항소의 당부에 관한 판단을 위하여 반드시 필요하다고 인정되는 증거 중 어느 항목에 해당하는지와 그에 관한 구체적인 사유를 명시하여야 한다(民訴規 127의4 Ⅱ).

(4) 새로운 本案의 申請

항소심에서도 청구의 변경,[1] 중간확인의 소, 반소, 당사자참가 등이 허용된다. 반소의 제기는 상대방의 심급의 이익을 해할 우려가 없거나 상대방의 동의가 있는 경우에 한하며(412 Ⅰ),[2] 법률상의 임의적 당사자변경은 허용되지 않는다(260 Ⅰ, 68 Ⅰ). 항소심에서도 소의 일부취하가 가능하다.

(5) 假執行의 宣告

제1심판결 중 불복신청을 하지 아니한 부분에 관하여 당사자는 가집행의 선고를 신청할 수 있다. 항소법원은 이에 대하여 결정으로 재판한다(406 Ⅰ). 가집행선고결정에 대하여는 불복신청을 하지 못하지만, 신청을 기각한 결정에 대하여는 즉시항고를 할 수 있다(406 Ⅱ).

(6) 당사자가 출석하지 아니한 경우

항소심에서도 변론기일에 당사자 한 쪽이 출석하지 아니한 때에는 민사소송법 제148조에 의한 진술간주가 있게 된다(408, 148). 그리고 변론기일에 당사자 양 쪽이 2회 불출석하고 1월 이내에 기일지정신청을 하지 아니하거나, 위 기일지정신청에

1) 大判 1984. 2. 14, 83 다카 514.

2) 도이칠란트 민사소송법에서는 항소심에서 청구의 변경, 반소, 상계의 항변은 상대방의 동의가 있거나 법원이 적절하다고 인정한 경우에만 가능하며, 별도로 새로운 사실자료의 제출이 필요 없는 경우에 한한다(獨民訴 533).

의하여 정한 기일 또는 그 후의 기일에 출석하지 아니하면(도합 3회 불출석), 항소를 취하한 것으로 본다(268 Ⅳ).

Ⅵ. 抗訴審의 終局判決

항소심에서도 중간판결 기타 중간적 재판을 하는 경우가 있지만, 항소 또는 부대항소에 의한 불복신청에 대하여는 종국판결로 응답하지 않으면 안 된다.[1] 이 종국판결에는 항소가 부적법한 경우에 하는 각하판결, 항소의 당부를 판단하는 항소기각 및 항소인용의 판결의 세 가지가 있다.

1. 抗訴却下

1) 항소요건에 흠이 있어서 항소가 부적법한 경우에는 판결로 항소를 각하한다. 이것은 소송판결의 하나이다. 부적법한 항소로서 흠을 보정할 수 없을 때에는 변론 없이 판결로 항소를 각하할 수 있다(413).

2) 2025년 항소이유서 제출강제주의의 도입으로 항소인이 항소이유서 제출기간(제출기간이 연장된 경우에는 그 연장된 기간) 내에 적법한 항소이유서를 제출하지 아니하는 경우에는 항소법원은 **결정으로 항소를 각하**하여야 한다(402의3 Ⅰ: 직권으로 조사하여야 할 사유가 있거나 항소장에 항소이유가 기재되어 있는 경우는 예외). 또한 항소인이 변론능력을 결하여 법원이 변호사선임명령을 하였음에도 불구하고 불응할 때에는 법원은 결정으로 항소를 각하할 수 있다(144 Ⅳ).

2. 抗訴棄却

1) 항소 또는 부대항소에 의한 불복신청이 이유 없어서 제1심판결을 유지하는 경우에는 항소기각의 판결을 한다. 제1심판결이 정당하다고 인정되는 때 이외에, 제1심판결의 이유는 부당하지만 다른 이유로 그 판결이 정당하다고 인정되는 때에도 항소를 기각한다(414). 요컨대, 항소심의 변론을 종결할 때를 기준으로 하여 결론이 제1심판결의 주문과 일치하면 항소를 기각한다. 이것은 판결이유 중의 판단

1) 항소장각하명령은 항소에 대한 심리에 들어가기 전의 재판이므로, 항소의 제기부분에서 설명한 것을 반복하지 않는다.

에는 기판력이 생기지 않기 때문이다.

2) 다만 예비적 상계의 항변에 의하여 승소한 피고가 스스로 항소한 항소심에서 상계 이외의 이유(예를 들어 변제)로 승소하는 것으로 판단할 때에는 제1심판결을 취소하고 다시 청구기각의 선언을 하여야 한다(통설). 상계의 항변에 관한 판단에는 기판력이 발생하기 때문이다(216 II).[1)]

3) 항소기각판결이 확정되면 원심판결도 확정되며, 제1심판결이 이행판결이면 집행력이 발생하여 집행권원이 된다. 이 경우에 기판력의 표준시는 항소심이 변론을 종결한 때이다.

3. 抗訴認容

(1) 原判決의 取消

항소 또는 부대항소가 이유 있는 경우, 즉 제1심판결을 부당하다고 인정한 때(416)와 제1심판결의 절차가 법률에 위반된 때(417)에는 항소법원은 제1심판결을 취소하고 소에 대한 응답을 하는 판결을 한다. 제1심판결을 취소한 다음에 항소법원이 소에 대한 응답을 하는 형태에는 자판·환송 및 이송의 세 가지가 있다.

(가) 自　判　　항소심이 스스로 제1심을 갈음하여 소에 대하여 재판을 하는 경우이다. 항소심은 사실심이므로 자판을 하는 것이 원칙이다. 취소와 자판을 합하여 제1심판결을 변경하는 수가 있다.

(나) 還　送　　i) 제1심판결이 소각하의 판결이면, 제1심에서 본안의 심리를 행하지 아니하였으므로 이를 위하여 사건을 원심법원으로 환송하여야 한다(필수적 환송)(418 本). 다만 제1심에서 본안판결을 할 수 있을 정도로 심리가 된 경우 또는 당사자의 동의가 있는 경우에는 항소법원은 스스로 본안판결을 할 수 있다(418 但). 이 예외는 불필요한 환송을 생략함으로써 소송의 지연과 비용의 증가를 방지하기 위하여 1990년 개정법이 새로 둔 규정이다. 환송판결은 종국판결이므로 이에 대하여 상고할 수 있다.[2)]

---

1) 大判 2018. 8. 30, 2016 다 46338, 46345.
2) 大(全)判 1981. 9. 8, 80 다 3271.

ii) 항소심이 재량에 의하여 사건을 원심법원에 환송할 수 있는가(임의적 환송)가 문제되는바, 소송촉진 등의 관점에서 이를 인정할 필요가 없다고 생각한다.[1)]

iii) 환송을 받은 제1심법원이 다시 심판을 할 때에는 항소법원이 취소의 이유로 한 법률상·사실상의 판단에 기속된다(法組 8).

(다) 移 送　제1심판결을 전속관할위반의 이유로 취소하는 경우에는 원심법원으로 환송하지 않고, 직접 관할권 있는 제1심법원으로 이송한다(419). 이에 반하여 임의관할위반은 제1심판결에 대한 취소사유가 되지 아니한다(411).

(2) 原判決變更의 限度－不利益變更禁止의 原則

항소를 받아들여 제1심판결을 변경할 때에는 불복신청의 한도를 넘을 수 없다(415). 이를 불이익변경금지(Verbot der reformatio in peius, Verschlechterungsverbot)의 원칙이라고 한다. 그리하여 항소법원은 제1심판결의 전부를 취소하지만, 自判 또는 還送을 할 때에는 항소 또는 부대항소에 의한 불복신청의 범위를 넘을 수 없고, 그 범위를 넘어서 제1심판결을 이익 또는 불이익으로 변경할 수 없다.

(가) 原 則

1) 항소인이 불복을 신청하지 아니한 패소부분은 설사 부당하다고 인정될지라도 항소인에게 유리하게 변경할 수 없다(이익변경의 금지). 그리하여 예컨대 본소와 반소에 관하여 모두 패소한 피고가 반소의 판결에 대하여만 항소한 때에는 설사 본소의 판결이 부당하더라도 여기에는 손을 댈 수 없고, 재산상 손해배상청구에 대하여만 항소하고 위자료청구에 대하여는 불복하지 아니한 경우에 제1심판결보다 더 많은 위자료의 지급을 명할 수 없다(손해3분설에 의할 경우).[2)] 또한 금전채무의 이행을 명한 판결에 대하여 피고만이 항소한 경우에, 원본채권과 지연손해금채권을 합산하여 전체 금액에서는 원심보다 불리하게 변경하지 않더라도, 원고가 불복하지 아니한 원금을 더 많이 인용하여서는 아니된다.[3)]

---

1) 大判 1971. 10. 11, 71 다 1805; 2013. 8. 23, 2013 다 28971. 同旨: 朴禹東, 註釋民訴(Ⅳ), 258면; 李時, 922면; 宋/朴, 741면; 姜, 988면. 鄭東潤, "民事抗訴審에서의 任意的 還送의 可否,"「司法行政」, 1971. 8 참조.

2) 大判 1980. 7. 8, 80 다 1192; 1989. 6. 27, 89 다카 5406. 다른 취지의 판결로서 大判 1994. 6. 28, 94 다 3063 참조.

3) 大判 2009. 6. 11, 2009 다 12399.

2) 상대방으로부터 항소나 부대항소가 없는 한 항소인에게 더 불리하게 원심판결을 변경할 수 없다(불이익변경의 금지). 그러므로 항소인은 상대방의 불복신청이 없는 한 최악의 경우에도 불복신청이 배척되어 원심판결이 유지되는 데 그치고, 그 이상의 위험을 부담하지 않는다. 그리하여

i) 청구를 일부 인용한 판결에 대하여 피고만이 항소한 경우에는 항소법원이 피고에게 제1심 패소부분 이상의 지급의무가 있다고 판단하더라도 그것을 넘어 지급을 명할 수 없고,[1] 반대로 원고만이 항소한 경우에 항소법원이 청구의 전부가 이유 없는 것으로 판단하더라도 원심판결 중 원고 승소부분을 취소하여 청구 전부를 기각할 수 없다.[2]

예컨대 원고가 1,000만 원을 청구하여 제1심에서 700만 원을 인용하는 판결이 선고된 경우에, a) 원고만이 패소부분 300만 원 중 100만 원에 불복하여 항소한 때에 1,000만 원 전액 지급이 정당하다고 인정하더라도 항소법원은 100만 원 이상의 취소가 불가능하고(이익금지), 반대로 500만 원 지급이 정당하다고 인정하더라도 항소를 기각하여야 한다(불이익금지). b) 피고만이 패소부분 700만 원 중 200만 원에 불복하여 항소한 때에는 300만 원 지급이 정당하다고 인정하더라도 200만 원 이상의 취소가 불가능하고(이익금지), 반대로 1,000만 원 전액 지급이 정당하다고 인정하더라도 항소를 기각하여야 한다(불이익금지).

ii) 소각하의 제1심판결에 대하여 원고만이 항소한 경우에 소가 적법하고 청구가 이유 없다고 판단되는 때에 항소법원이 어떠한 판결을 할 것인가에 관하여는 견해가 크게 갈라지고 있다. 우리나라와 일본에서는 이 경우에 항소법원이 제1심판결을 취소하고 청구기각의 판결을 하는 것은 원고에게 더 불리하므로 불가능하다고 하는 점을 전제로 하여, 혹은 항소기각의 판결을 하여야 한다고 하고(**항소기각설**), 혹은 제1심으로 환송하여야 한다고 한다(**제1심환송설**). 판례는 전설을 따르고 있으나,[3] 유력설은 이 경우에 항소기각을 하면 잘못된 소각하판결을 확정시키게 되고, 뒤에 소송요건을 구비하여 재소하는 것을 막을 수 없다는 이유로 제1심환송설을 취하고 있다.[4] 이에 반하여 도이칠란트에서는 항소법원이 제1심판결을 취소하고 청구기각의 판결을 하여야 한다고 풀이한다(**청구기각설**).[5] 청구기각설이

---

1) 大判 1967. 2. 28, 66 다 2633.

2) 大判 1983. 12. 27, 83 다카 1503.

3) 상고심에서는 '상고기각'을 하여야 한다고 한다: 大判 1992. 11. 10, 92 누 374; 1995. 7. 11, 95 다 9945; 1996. 10. 11, 96 다 3852; 2001. 9. 7, 99 다 50392; 2001. 12. 11, 99 다 56697; 2019. 1. 17, 2018 다 24349.

4) 朴禹東, 註釋民訴(Ⅳ), 243면.

옳다고 생각한다.[1)]

생각건대 원고가 제1심의 소각하판결이 부당하다고 항소한 때에, 항소법원이 소송요건의 구비를 인정하고 또 제418조 단서에 해당하는 경우에는 직권으로 본안판결을 하여야 한다. 이 때에 청구인용판결은 할 수 있으나 청구기각판결은 할 수 없다고 하는 것은 균형이 맞지 않는다. 또 항소기각을 하면 소각하판결이 유지되어 실제에 맞지 않는 결론이 되고, 분쟁의 실질적 해결을 꾀할 수 없다. 뿐만 아니라 항소기각판결은 그 판결이유에서 소송요건이 존재하지만 부득이 항소기각을 하여 소송판결인 원심판결을 유지한다고 설시하기 때문에, 소송요건의 존재를 확인하는 중간판결적 종국판결이 되어버린다. 이상의 이유로 항소기각설은 문제가 있고, 또 언제나 제1심으로 환송하는 것은 소송경제에 반한다. 따라서 불이익변경금지의 원칙은 원심판결이 상소인에게 인정한 '실체상의 법적 지위'를 빼앗지 못하도록 하는 원칙으로 이해하여, 제1심판결이 소송판결인 경우에는 이 원칙이 적용되지 않는다고 보아야 할 것이다.[2)]

iii) 불이익하게 변경된 것인지 여부는 기판력이 미치는 범위를 기준으로 한다. 따라서 이유를 변경하는 것은 판결의 주문에 영향이 없는 한 당사자에게 불리하게 변경하여도 상관이 없다(예컨대 채무부존재를 이유로 하여 원고의 청구를 기각한 판결에 대하여 원고가 항소를 제기한 경우에 변제를 이유로 항소기각판결을 하는 것). 다만 상계의 항변을 인정하여 청구를 기각한 판결에 대하여 원고가 항소한 경우에 상계 이외의 이유로(예컨대 채권의 부존재를 이유로) 항소를 기각하는 것은 불이익변경이 된다. 상계에 제공된 반대채권이 소멸하는 이익(216 Ⅱ)을 잃게 되기 때문이다. 그리고 동시이행판결의 경우에는 원고가 그 반대급부를 제공하여야만 강제집행을 할 수 있는 것이므로, 비록 피고의 반대급부이행청구에 관하여 기판력이 생기지 않더라도 반대급부의 내용을 원고에게 불리하게 변경할 수 없다.[3)]

(나) 例　外

1) 불이익변경금지의 원칙은 불복신청인에게 불복의 범위를 한정하는 기능을 주는 것으로서 처분권주의에 바탕을 두고 있다. 따라서 법원이 직권으로 조사할 사항에 관하여는 이 원칙이 적용되지 않는다. 그러므로 예컨대 소송요건의 흠이 인정되는 경우에는 일부 패소의 원고에 의하여 항소가 된 때라도 제1심판결의 전

---

5) Bötticher, Reformation in peius und Prozessurteil, *ZZP* 65, 4644; Rosenberg, §140 Ⅱ 등 참조.

1) 서울高判 2011. 3. 23, 2010 나 63173.

2) 同旨: 姜, 990면; 兼子, 條解民訴, 1195~1196면.

3) 大判 2005. 8. 19, 2004 다 8197; 따라서 동시이행 주장을 한 당사자만 항소하였음에도 항소심이 제1심판결에서 인정된 금전채권에 기한 동시이행 주장을 공제 또는 상계 주장으로 바꾸어 인정하면서 그 금전채권의 내용을 항소인에게 불리하게 변경하는 것은 특별한 사정이 없는 한 불이익변경금지 원칙에 반한다는 것이 판례의 입장이다(大判 2022. 8. 25, 2022 다 211928).

부를 취소하여 소각하나 이송 등의 조치를 취할 수 있다.[1]

2) 소송비용의 재판과 가집행선고의 변경도 당사자의 신청 유무에 관계없이 할 수 있다(104, 105, 213).

3) 성질상 비송사건에 속하는 형식적 형성소송(예컨대 경계확정소송, 공유물분할소송)에는 이 원칙이 적용되지 아니한다.[2]

4) 독립당사자참가소송과 예비적·선택적 공동소송의 경우에도 합일확정의 필요를 위하여 상소하지 아니한 당사자에게 유리하게 원심판결이 변경되는 수가 있다.

5) 항소심에서 상계의 항변이 받아들여진 경우에도 불이익변경금지의 원칙이 적용되지 아니한다(415 但). 이 때에는 항소인의 불복의 범위를 넘어서 항소인에게 불이익한 판결을 할 수 있다.

---

1) 大判 1995. 7. 25, 95 다 14817(A·B토지에 대한 소유권확인의 소에서 A토지 청구인용, B토지 청구기각의 제1심판결에 대하여 원고만 항소한 항소심에서, A·B 두 청구 모두 확인의 이익이 없다고 소각하).

2) 경계확정소송에 대하여 이 원칙이 적용된다는 반대설로서는 小室, "境界確定訴訟の再檢討," 中村 古稀, 「民事訴訟の法理」(1965), 115면 이하; 竹下, 判批, 法協 82. 4. 123.; 松浦, "不利益變更禁止の原則," 「セミナ法學全集 民事訴訟法」(1974), 239면 등 참조.

제3장 上　　告

제1절 總　　說

Ⅰ. 上告의 意義

상고(Revision)라 함은 원칙적으로 항소심의 종국판결에 대하여 대법원에 하는 상소로서, 원심판결에서 적법하게 확정한 사실을 전제로 하여(432) 법률적인 측면에서 원심판결의 당부에 관한 판단을 구하는 것이다.

1) 상고는 원칙적으로 항소심의 종국판결에 대한 상소이다. 즉, 고등법원이나 지방법원합의부(항소부)가 제2심으로서 선고한 종국판결이 상고의 대상이 된다(422 Ⅰ). 항소심의 환송 및 이송판결도 종국판결로서 상고의 대상이 된다.[1]

2) 상고는 예외적으로 특허법원이 제1심으로서 한 종국판결 및 당사자 사이에 불항소의 합의(비약상고의 합의)가 있는 경우에는 제1심의 종국판결(422 Ⅱ)에 대하여도 할 수 있다.

3) 우리나라에서는 모든 사건의 상고법원이 대법원으로 일원화되어 있다.[2] 이러한 집중형 상고제는 대법원의 업무부담을 가중시킬 염려가 있다.

Ⅱ. 法 律 審

1) 상고심은 법률심으로서의 성격을 가지고 있다. 즉, 첫째로 상고심은 원심판

---

1) 大(全)判 1981. 9. 8, 80 다 3271.

2) 행정부 산하의 준사법기관의 심판 중의 하나인 중앙해양안전심판원의 재결에 대한 소송은 종전에는 대법원의 관할에 전속한다고 하였으나, 2014년 법률 개정을 통해 중앙심판원의 소재지를 관할하는 **고등법원**에 전속하는 것으로 변경되었다[해양사고의 조사 및 심판에 관한 법률 제74조(2014. 5. 21. 개정, 법률 제12660호, 2014. 5. 21.부터 시행].

결에 법령위반이 있는가 아닌가만을 심사한다. 그러므로 상고를 하려면 원심판결에 불복이 있는 것만으로는 부족하고 법령위반(423)을 상고이유로 주장하여야만 한다. 둘째로 상고심은 원심판결에 법령위반이 있는가의 여부를 심사할 때 사건의 사실관계를 스스로 확정하지 않고, 원심판결에서 확정한 사실을 전제로 하여 원심판결의 절차의 경과와 판단의 경과를 사후적으로 심사할 뿐이다. 그리하여 원심판결에서 적법하게 확정한 사실은 상고법원을 기속한다(432).[1] 따라서 당사자도 상고심에서 새로운 사실을 주장하거나 증거를 신청하여 원심의 사실인정을 변경시킬 수 없다.[2] 그리하여 상고심이 항소심판결을 취소하고 항소 또는 소에 관하여 자판하는 경우에도 거기에 필요한 자료는 원심에서 수집한 것에서 구하여야 하고, 스스로 새로운 자료를 수집할 수 없다.

2) 상고심에서도 예외적으로 직권조사사항을 판단할 때에는 새로운 사실을 고려할 수 있고,[3] 필요한 증거조사를 할 수 있다(434). 따라서 당사자도 이에 관하여 새로운 주장·증명을 할 수 있다.[4] 또 다툼이 없거나 공지의 사실은 변론을 종결한 뒤에 발생한 것이라도 상고심이 이를 고려할 수 있다.[5] 그러나 변론의 방식의 준수에 관하여는 변론조서의 기재에 의하여야만 한다(158).

3) 상고심에서 새로운 신청을 하는 것, 예컨대 청구의 변경, 청구의 확장을 하거나 반소를 제기하는 것(262, 269)은 원칙적으로 허용되지 않는다. 이것은 새로이 사실을 조사하여야 하기 때문이다. 따라서 사실심리가 필요 없는 경우, 예컨대 사실심에서 확정한 사실에 기초하여 신청의 변경이 가능한 경우에는 예외적으로 청구의 변경도 가능하다.[6] 그리하여 사실심리가 필요 없는 경우에는 상고심에서도 가집행선고의 실효로 인한 가지급물건의 반환신청(215 II)이 허용된다.[7]

---

1) 증거채택여부와 사실인정은 **사실심의 전권사항**인 것이다. 판례는 지체상금이 당사자의 지위, 계약의 목적과 내용, 당시의 거래관행 등의 사정에 비추어 부당히 과다하다고 인정되는 경우에는 법원이 이를 감액할 수 있고, 감액사유에 대한 사실인정이나 비율을 정하는 것은 형평의 원칙에 비추어 현저히 불합리하다고 인정되지 않는 한 사실심 법원의 전권사항이라 하였으며(大判 2018. 10. 12, 2015 다 256794), 동일한 사항에 관해 상이한 여러 개의 감정 결과가 있을 때 감정방법 등이 논리와 경험칙에 반하거나 합리성이 없다는 등의 잘못이 없는 한, 그 중 어느 감정 결과를 채택할 것인지는 원칙적으로 사실심 법원의 전권에 속한다고 하였다(大判 2018. 10. 12, 2016 다 243115).

2) 大判 1979. 9. 11, 79 다 150.

3) 大判 1983. 4. 26, 83 사 2(상고심은 직권조사사항이 아닌 한 사실인정의 직책이 없다).

4) 大判 1989. 10. 10, 89 누 1308.

5) Rosenberg, §145 II 3 h).

6) Rosenberg, §145 II 1.

4) 이처럼 상고심은 법률심으로 구성되어 있으나, 실제로는 원심의 사실인정이 못마땅할 경우에는 채증법칙위반이나 심리미진 등을 이유로 원심판결을 파기하는 예가 적지 않다. 사실심의 강화를 전제로 하여 상고심을 법률심으로 순화하여 나아가야 할 것이다.

Ⅲ. 上告制度의 目的

상고제도의 목적이 법령해석의 통일에 있느냐, 부당한 재판으로 불이익을 입은 당사자의 권리구제에 있느냐에 관하여는 다툼이 있다.[1] 입법례는 법령해석의 통일만을 목적으로 하는 것(예컨대 프랑스)과 양자를 모두 목적으로 하는 것(예컨대 2001년 민소법 개정 전의 도이칠란트)으로 나누어진다. 우리나라의 상고심은 구 도이칠란트 형(型)에 속하는 것이지만, 위 두 가지 목적 가운데 어느 것을 더욱 중시할 것인가가 문제된다. 우리나라는 상고법원을 대법원으로 일원화하고 있고, 상고이유를 법령위반으로 제한하고 있는 점(423) 등에 비추어 법령해석의 통일이 상고심의 주된 목적이라고 풀이되고 있다.[2] 그러나 법령의 해석·적용의 통일은 어디까지나 당사자에 의한 상고의 제기에 의하여만 이루어질 수 있고, 당사자의 의사와 비용에 의하여 상고심절차가 개시될 수 있으므로 당사자의 구체적 구제를 소홀히 하여서는 아니 된다. 일본에서는 당사자의 권리구제를 제1의 목적으로 내세우는 견해가 유력하다.[3] 도이칠란트는 2001년 민사소송법 개정법률을 통하여 허가상고의 목적을 근본문제의 해명, 법 발전 및 통일적 판결의 확보라고 명시하고 있는데, 그 중에서도 판결의 통일 확보가 가장 주된 목적이라고 한다.[4] 참고할 만한 변화라고 본다.

---

7) 大判 1980. 11. 10, 80 다 2655.

1) 자세한 것은 崔甲龍, 「上告制度의 目的論」, 1989년도 고려대 법학석사 학위논문 참조.

2) 方, 653면; 李時, 931면.

3) 新堂, 562면; 中野=松浦=鈴木, 578면.

4) Jauernig/Hess, Zivilprozessrecht, 30. Aufl., 2011, §12 Ⅰ Rdn. 1, 2.

제2절 上告理由

Ⅰ. 序 說

1) 上告를 하면서 불복의 이유로 삼을 수 있는 사유를 상고이유(Revisionsgründe)라고 한다. 상고이유를 주장하지 아니하면 상고는 부적법하게 된다.

2) 상고심은 법률심이므로 상고이유는 법령위반의 주장이 아니면 안 되지만, 어느 나라도 법령위반을 포함하는 모든 사건에 대하여 상고를 허용하고 있지는 않다. 민사소송법은 법령위반을 일반적 상고이유로 규정하여 널리 상고를 허용하고 있었는데, 1981년 3월 1일부터 시행되었던 '소송촉진 등에 관한 특례법'(이하 소촉법이라 약칭한다)은 상고의 문을 극히 제한하고, 특히 상고허가신청을 기각하는 경우에 이유를 설시하지 아니함으로써, 국민의 원성이 매우 높았다. 그리하여 1990년 9월 1일 소촉법의 상고제한에 관한 부분은 삭제되어 본래의 모습으로 돌아갔다. 그러다가 1994년 7월 27일 '상고심절차에 관한 특례법'(이하 상고특례법이라 약칭한다)이 제정되어 1994년 9월 1일부터 시행되었는데, 이 법은 이른바 '심리불속행제도'를 통하여 상고법원에 의한 당사자의 권리구제를 대폭 제한할 수 있는 길을 열어놓았다. 상고제한제도가 소촉법의 폐지 후 4년만에 모습을 바꾸어 부활한 셈이다.

Ⅱ. 民事訴訟法上의 上告理由

1. 總 說

민사소송법상의 상고이유는 일반적 상고이유(423)와 절대적 상고이유(424)로 나누어 규정되어 있다. 상고특례법은 이와 별도로 심리를 속행하기 위하여 상고이유에 포함되어야 하는 사유를 규정하고 있다(同法 4).

2. 一般的 上告理由

원심판결에 영향을 미친 법령위반이 있는 경우(423)이며, 단순한 사실인정의 과오는 상고이유로 되지 않는다.

1) 법령위반의 '**법령**'은 제423조에서 예시하고 있는 헌법 · 법률 · 명령 · 규칙은 물론 지방자치단체의 조례, 조약, 관습법, 외국법 등 법원이 준수 · 적용하여야 할 모든 법규를 가리킨다.

경험법칙의 위반(채증법칙의 위반)이 상고이유로 되는가에 관하여는, 경험법칙은 사실판단의 대전제로서 법규와 동일시하여야 하므로 그 위반은 모두 법령위반으로서 상고이유로 된다고 하는 견해가 다수설 · 판례이다.[1] 경험법칙을 이용하여 사실인정을 하는 경로는 일반인의 입장에서도 이해가 되어야 하며, 이것을 상고심법관이 심사하는 것은 충분히 가능하므로, 상고이유로 봄이 타당하다. 다만 이 경우에 단순한 사실오인에 불과한 것을 경험법칙위반으로 탈바꿈시켜 상고이유로 삼는 것을 경계하여야 한다.[2] 보통거래약관 · 정관은 법령에 해당되지 않는 것으로 본다.[3]

2) 법령위반의 '**위반**'은 여러 가지 의미를 가진다.

i) 법령위반은 그 원인에 따라 법령해석의 과오와 법령적용의 과오로 나누어진다. **법령해석의 과오**는 법령의 효력의 시간적 · 장소적 한계를 오해하거나 법규의 내용 · 취지를 오해하여 이를 사건에 부당하게 적용하거나 적용하지 않은 경우이고, **법령적용의 과오**는 구체적 사실이 법규의 구성요건에 해당하는가 아닌가의 평가를 그르치는 것이다. 법령적용의 과오는 법령위반으로서 상고이유가 되므로, 단순한 사실문제로서 상고이유로 되지 않는 사실인정의 과오와 구별하여야 한다. 그런데 사실문제(Tatfrage)와 법률문제(Rechtsfrage)의 구별과 한계가 문제이다. 구체적 사실의 존재 여부는 사실문제이지만, 그것이 법규의 추상적 개념(선량한 풍속위반, 중대한 과실, 상당한 기간, 정당한 사유 등)에 해당하는가 않는가의 법률평가는 법률문제이다. 또 법률행위에 관하여 의사표시의 방법 · 내용 등의 확정은 사실문제이지만, 이에 기하여 어떠한 법률효과를 인정하는 것이 타당한가를 해석하는 것은 법률문제이다. 그리고 증거력의 평

1) 李時, 933면; 大判 1971. 11. 15, 71 다 2070 등. 反對: 方, 461면; 金/姜, 906면; 宋/朴, 752면.
2) 同旨: 李時, 483면.
3) 同旨: 宋/朴, 752면. 反對: 李時, 933면; BGH NJW 1970, 321.

가는 사실문제이지만, 그것이 논리와 경험의 법칙에 위반하는가의 여부는 법률문제이다. 법원이나 행정관청의 자유재량에 속하는 사항은 법률문제가 아니다. 예컨대 과실상계의 항변에 기하여 손해배상액을 인정하는 것은 형평의 원칙에 비추어 현저히 불합리하지 않는 한 상고심이 심사할 수 없다.[1)]

ii) 법령위반은 그 장소(형태)에 따라 절차상의 과오와 판단상의 과오로 나누어진다. a) **절차상의 과오**는 원심의 절차에 소송법규의 위반이 있는 경우를 가리킨다. 예컨대 당사자가 주장하지 않은 사실의 채택, 자백의 효력의 오인 등 변론주의·처분권주의를 위반한 때, 석명의무를 위반하거나 증거조사절차가 위법한 때, 송달이 위법한 때 등이다. 다만 훈시규정의 위반은 상고이유가 되지 못하고, 임의규정의 위반은 소송절차에 관한 이의권의 포기·상실이 있으면 상고이유로 삼을 수 없다. 민사소송법 제424조에 규정된 절대적 상고이유는 절차상의 과오가 중대한 경우이다. 과거에는 '심리미진'을 단독으로 또는 이유불비·이유모순, 채증법칙위반, 석명의무위반 등과 선택적·중첩적으로 상고이유로 주장하는 일이 많았고, 판례도 심리미진이 상고이유가 된다고 보았으나,[2)] 이것을 독립된 상고이유로 할 필요가 있는가에 관하여 많은 학설은 소극적이다. b) **판단상의 과오**는 원심판결의 청구의 당부에 관한 법률판단이 부당한 경우를 말한다. 예컨대 현행법이 인정하지 않는 청구를 받아들이는 등 실체법의 위반이 대부분이지만, 소송요건의 흠 등 소송상의 사항을 판단하는 경우에는 소송법도 실체법적으로 취급된다. 추정규정·증명책임분배의 법칙은 실체규정이므로 이에 위반하면 판단상의 과오가 된다. c) 절차상의 과오는 판결 자체만으로는 발견하기 어려우므로 직권조사사항을 제외하고는 당사자가 상고이유로 주장한 경우에 한하여 조사하지만(431, 434), 판단상의 과오는 법원의 당연한 직책인 법규의 적용판단에 관한 것이므로 당사자의 주장이 없이도 법원이 직권으로 조사하여야 한다(434).

iii) 원심판결 후에 법령의 변경이 있고 새 법이 소급적용되는 경우에는 새 법의 위반도 법령위반으로서 상고이유가 된다. 요컨대 법령위반은 상고심에서 판결할 때를 기준으로 하여 판단한다. 새 법이 소급적용되지 않는 경우에는 구 법의 위반만이 문제된다.

1) 大判 2008. 9. 11, 2006 다 50338; 2010. 3. 11, 2007 다 76733; 2013. 7. 25, 2013 다 21666.
2) 大判 1989. 6. 27, 87 다카 2542; 2004. 4. 28, 2004 다 4386 등 다수.

3) 법령위반은 그것이 '**판결에 영향을 미쳐야**' 상고이유가 된다.

i) 따라서 단순히 법령위반이 있는 것만으로는 상고이유가 되지 못하고, 법령위반과 판결주문과의 사이에 인과관계(Kausalität)가 있어야 한다. 이것은 법령위반의 원인성(Ursächlichkeit)을 뜻한다.

ii) 어떠한 경우에 법령위반의 원인성이 인정되는가에 관하여 다툼이 있다. 즉 원심에 법령위반이 없었더라면 원심판결의 결론이 달라질 가능성으로 족한가(**가능성설**),[1] 아니면 여기에서 한 걸음 더 나아가 법령위반이 없었더라면 아마도 다른 판결이 나왔을 것이라는 개연성이 요구되는가(**개연성설**)[2]의 문제이다. 일본 민사소송법은 '판결에 영향을 미치는 것이 명백한 법령위반'(同法 312 Ⅲ)이라고 규정하고 있으므로, 개연성설이 지배적이다. 실체법위반의 경우와 절차법위반의 경우에는 상황이 서로 다르지만,[3] 우리나라에서는 가능성으로 족하다고 본다.

3. 絕對的 上告理由

이것은 중대한 절차상의 과오가 있는 경우로서, 이 경우에는 원심판결에 영향을 미쳤는가 아닌가에 관계없이 상고이유로 된다. 그것은 이 경우에는 인과관계의 유무의 판단이 매우 어렵기 때문이다. 민사소송법 제424조에 그 사유가 열거되어 있다.

(1) 判決法院 構成의 違法(1호)

이것은 법률에 의하여 판결법원을 구성하지 아니한 때이다. 예컨대 기본이 되는 변론에 관여하지 아니한 법관이 판결에 관여한 경우(204 참조 Ⅰ), 임명자격이 없는 사람으로 구성된 법원이 판결한 경우 등이 이에 해당한다.

(2) 判決에 관여할 수 없는 法官의 관여(2호)

이것은 법률상 그 재판에 관여하지 못할 법관이 재판에 관여한 때이다. 예컨대 제척의 이유가 있는 법관(41), 기피의 재판이 있는 법관(43), 또는 파기환송된 원심

---

1) 李時, 933면.

2) 姜, 998면.

3) Rosenberg, §143 Ⅵ 1, 2; Thomas/Putzo, §549 Anm. 12. 절차법위반의 경우에는 인과관계의 요구가 완화된다.

판결에 관여한 법관(436 Ⅲ)이 재판에 관여한 때를 가리킨다.

(3) 專屬管轄의 違背(3호)

전속관할의 정함이 있는 사건을 관할권 없는 법원이 판결한 때이다. 임의관할의 위배는 상고이유가 되지 못한다(425, 411).

(4) 代理權의 흠(4호)

이것은 대리인에게 대리권이 없는 때 및 대리인에게 대리권은 있으나 특별한 권한을 받지 아니한 때(56 Ⅱ·90 Ⅱ)를 가리킨다. 당사자권을 보장하기 위한 규정이므로, 법정대리인에 의하여만 소송행위를 할 경우에 그에 의하여 대리되지 아니한 때, 즉 소송무능력자의 소송행위에 기하여 판결이 선고된 때도 이에 포함된다. 성명도용자(성명모용자)에 의한 소송수행의 경우도 마찬가지이다.[1] 당사자가 책임질 수 없는 사유로 변론기일에 출석하지 못하여 공격방어방법을 제출할 수 없었던 경우,[2] 당사자의 사망으로 인한 소송절차의 중단을 간과하고 판결이 선고되어 상속인의 절차권이 침해된 경우,[3] 회생절차개시결정이 있었음에도 관리인의 소송수계 없이 소송절차가 진행되어 판결이 선고된 경우[4] 등에도 이 규정을 유추적용할 수 있다. 다만 대리권에 흠이 있는 경우라도 추인이 있으면 상고이유가 되지 아니한다(424 Ⅱ).

(5) 公開規定의 違背(5호)

판결의 기본이 되는 변론을 정당한 이유 없이 공개하지 아니한 경우이다(憲 109, 法組 57). 수명법관이 수소법원 밖에서 증거조사를 하는 경우에는 공개하지 않더라도 상고이유가 되지 않는다.[5]

---

1) 大判 1964. 11. 17, 64 다 328.

2) 大判 1997. 5. 30, 95 다 21365(제1심에서 자백간주로 승소판결을 받은 원고에게 그가 책임질 수 없는 사유로 항소장 부본부터 공시송달의 방법으로 송달되어 절차상 부여된 권리가 침해된 경우); 2014. 3. 27, 2013 다 39551(회사의 적법한 대표자가 아닌 자에게 소송서류가 송달되어 공격방어방법의 제출기회를 박탈당한 경우); 2011. 4. 28, 2010 다 98948; 2012. 4. 13, 2011 다 102172(소장 부본부터 공시송달의 방법으로 송달되어 항소심의 소송계속을 몰랐던 경우).

3) 大(全)判 1995. 5. 23, 94 다 28444.

4) 大判 2011. 10. 27, 2011 다 56057.

5) 大判 1971. 6. 30, 71 다 1027.

(6) 理由不備·理由矛盾(6號)

판결의 이유를 밝히지 아니하거나 이유에 모순이 있는 때이다. 전자를 이유불비(이유불명시), 후자를 이유모순이라고 한다.

1) 이유불비라 함은 이유를 전혀 기재하지 아니한 경우는 물론 이유의 일부를 빠뜨린 경우를 가리킨다. 나아가 판결에 영향을 미치는 중요한 사항에 관하여 판단을 빠뜨린 경우, 즉 판단의 누락(451 I ⑨)도 여기에 포함된다.[1] 구체적으로는 i) 사실인정과 관련하여 어떠한 증거에 의하여 사실을 인정하였는지 설시하지 않은 경우, ii) 법령적용과 관련하여 수긍할 만한 이유를 설시하지 않거나 인정사실로부터 판결이 인정한 법률효과가 도출되지 않는 경우, iii) 주문의 취지가 명확하지 않은 경우, 주문과 이유의 내용이 일치하지 않는 경우 등이 이에 해당한다. 대법원은 판결이유에 주문에 이르게 된 경위가 명확히 표시되어 있는 이상 관계법률이 위헌이라는 당사자의 주장을 판단하지 아니하였다는 사정만으로 이유불비라 할 수 없다고 한다.[2]

2) 이유모순이라 함은 이유는 기재하였지만 이유 자체에 모순이 있기 때문에 판결주문의 결론에 이르는 논리의 전개과정이 명확하지 아니한 경우를 말한다. 예컨대 이유가 두 개인데 서로 모순되는 경우, 요건사실을 인정하면서 법률효과를 인정하지 않는 경우, 같은 서증에 기하여 서로 다른 두 개의 사실을 인정한 경우, 제1심판결의 이유를 인용하면서 제1심보다 많은 과실상계를 하는 경우,[3] 판결이유에서 피고들의 부진정연대채무관계를 인정하면서 판결주문에서는 손해금의 '각'지급을 명하는 경우[4] 등이 이에 해당한다.

---

1) 李時, 939면; 姜, 1000면; 大判 2004. 5. 28, 2001 다 81245; 다만 판례는 판결이유의 전반적인 취지에서 주장의 인용 또는 배척을 알 수 있는 정도이면 충분하고, 설령 실제 판단하지 않았어도 그 주장이 배척될 것이 분명한 경우에는 판단누락이라 할 수 없다고 하였다(大判 2019. 1. 31, 2016 다 215127; 2018. 7. 20, 2016 다 34281; 2018. 6. 15, 2017 다 248803, 248810; 2016. 1. 14, 2015 다 231894; 2015. 1. 15, 2014 다 216072; 2015. 5. 14, 2013 다 69989, 69996; 2012. 4. 26, 2011 다 87174; 2012. 10. 25, 2011 다 61370; 2010. 4. 29, 2009 다 88631).

2) 大判 1995. 3. 3, 92 다 55770. 그러나 판결에 이유를 전혀 기재하지 아니한 것과 같은 정도인 경우에는 당사자의 주장이 없더라도 직권으로 조사하여 판단하여야 하는 절대적 상고이유이다(大判 2005. 1. 28, 2004 다 38624).

3) 大判 1980. 7. 8, 80 다 997.

4) 大判 1984. 6. 26, 84 다카 88, 89.

4. 再審事由

재심사유는 상소에 의하여 주장할 수 있으므로(451 但 I), 법령위반으로서 상고이유가 된다(통설·판례). 재심사유는 확정판결의 취소사유이므로, 확정되기 전의 판결의 취소사유로 되는 것은 당연하다. 다만 재심사유와 절대적 상고이유는 중복되는 것들이 있다. 상고이유로서 민사소송법 제451조 제1항 제4호 내지 7호의 사유를 주장할 때에는 동조 제2항의 요건을 갖추어야 된다.[1]

5. 上告特例法上의 審理續行事由와의 관계

1) 관념상으로는 민사소송법상의 상고이유와 상고특례법상의 심리속행사유는 서로 전혀 별개이다. 전자는 상고심의 문을 열기 위하여 주장하는 사유이고, 후자는 일단 상고심의 문 안에 들어간 다음에 실질적인 심리를 받기 위하여 필요한 사유이기 때문이다. 상고특례법하에서는 과거의 허가상고제에서와는 달리 민사소송법상의 상고이유 자체를 제한하지 않고 있으므로 상고이유가 있는 한 모든 당사자에게 상고는 허용되고 있다.

2) 그러나 일단 대법원의 문을 통과하더라도 이른바 심리속행사유(上告特例法 4)가 없으면 그 사건은 대법원의 실질적인 심리를 받지 못하고 판결이유의 설명도 없이 상고기각판결을 받는다. 따라서 심리불속행으로 인한 상고기각판결을 받는 사건, 즉 심리불속행사유에 해당하는 사건에 관한 한 과거의 상고허가제하에서 상고허가신청기각결정에 의하여 대법원의 문안에 들어오기 전에 심리의 대상에서 제외하는 것과 사실상 다름이 없다. 따라서 상고특례법하에서는 대법원의 실질적 심사를 받기 위한 심리속행사유야말로 진정한 상고이유에 해당한다고 말할 수 있을 것이다.[2]

---

1) 日最判 1960. 12. 15, 判時 246. 34.

2) 과거의 상고허가제하에서는 상고허가신청기각결정을 받는 당사자는 2분의 1의 인지만 부담하였는데, 심리불속행으로 인한 상고기각판결을 받은 당사자는 인지를 전액 부담하여 부담이 배가되었다. 그렇다면 아예 처음부터 심리불속행사유를 상고이유로 규정하는 것이 더 간명하고 국민의 부담을 덜어주지 아니하였을까.

Ⅲ. 少額事件審判法上의 上告理由

소액사건에 대한 재판에 대하여는 상고이유를 제한하는 특례가 규정되어 있다. 즉 소액사건에 대한 항소심판결에 대하여는 i) 법률·명령·규칙 또는 처분의 헌법위반 여부와 명령·규칙 또는 처분의 법률위반 여부에 대한 판단이 부당한 때와 ii) 대법원의 판례에 상반되는 판단을 한 때에 한하여 상고를 할 수 있다(少審 3).

제 3 절 上告審의 開始

상고절차는 상고의 제기에 의하여 개시된다.

1. 上告狀의 提出

상고(423, 424)의 제기는 상고기간 안에 상고장을 원심법원에 제출함으로써 한다(425, 397). 상고기간의 준수여부는 원심법원에 상고장을 접수한 때를 기준으로 한다.[1] 상고장의 기재사항은 항소장에 준하며, 붙일 인지의 금액은 소장에 붙일 금액의 2배이며(民印 3), 송달료를 미리 내야 한다.

2. 裁判長 등[2]의 上告狀 審査權

상고장이 제출되면 항소장의 경우와 같이 원심 재판장과 상고심 재판장에 의한 심사를 거치게 된다.

1) 원심 재판장은 상고장에 필수적 기재사항(425, 397 Ⅱ)의 기재 유무, 소정의 인지를 붙였는가의 여부 등을 조사하여 흠이 있으면 보정명령을 발하고(425, 399 Ⅰ 前), 소정의 기간 안에 보정하지 않은 경우에는 명령으로 상고장을 각하한다(425, 399 Ⅱ). 이때 원심 재판장이 법원사무관등으로 하여금 위 보정명령을 하게 할 수 있음은 소장 및 항소

---

1) 大判 1981. 10. 13, 81 누 230.

2) '재판장등'은 재판장과 법원사무관등을 나타낸다. 그 구체적인 내용에 관해서는 소장심사(本書 제2편, 제1장 제3절 Ⅱ. 2.)와 항소장심사(本書 제5편 제2장 Ⅱ. 2.)에 관한 설명부분 참조.

장보정명령의 경우와 마찬가지이다(425, 399 Ⅰ後). 원심 재판장은 상고기간을 넘긴 경우에도 상고장 각하명령을 한다(425, 399 Ⅱ). 원심 재판장의 상고장 각하명령에 대하여는 즉시항고를 할 수 있다(425, 399 Ⅲ).

2) 원심 재판장이 위의 흠을 간과하였을 때에는 상고장을 송부받은 상고심재판장은 위 원심재판장이 취할 수 있었던 것과 같은 조치(보정명령 및 상고장각하명령)를 취할 수 있다(425, 402).

3. 訴訟記錄의 送付·接受通知와 附隨的 裁判

1) 원심 재판장의 상고장심사 결과 상고장이 적법하면 원심법원사무관등은 상고기록을 상고법원에 송부하여야 한다(425, 400). 상고기록의 송부기간은 법률에 규정되어 있다(425, 400 民訴規 135, 127). 상고기록을 받은 상고심의 법원사무관등은 지체 없이 당사자에게 '소송기록접수의 통지'를 하고(426), 상고장 부본을 피상고인에게 송달하여야 한다(425, 401).

2) 상고기록을 송부하기까지는 소송기록이 원심법원에 보관되어 있으므로, 부수적인 재판, 예컨대 상고사건을 본안으로 하는 집행정지의 재판, 소송구조의 재판, 상고사건을 본안으로 하는 가압류·가처분명령에 대한 사정변경으로 인한 취소의 재판 등은 원심법원이 하고, 상고의 취하, 상고권의 포기, 소의 취하 등도 원심법원에 대하여 한다(소취하의 효력에 관한 다툼에 관하여는 民訴規 67 Ⅳ에 규정이 있다).

4. 上告理由書의 提出

(1) 상고이유서

상고인이 상고장에 상고이유를 기재하지 아니한 때에는 상고이유서를 제출하여야 한다(427). 상고이유서 강제주의는 상고사건을 신속하게 처리하기 위한 것이다.

(2) 제출기간

상고이유서는 소송기록 접수통지를 받은 날부터 20일 이내에 제출하여야 한다(427).[1] 상고인이 제출기간 이내에 상고이유서를 제출하지 아니한 때에는 상고법원

1) 외국에 비하여 기간이 너무 짧다. 李時, 942~943면.

은 변론 없이 판결로 상고를 기각하여야 한다(429本). 이 판결에는 이유를 기재하지 아니할 수 있다(上告特例法 5 I). 판례는 상고이유서의 제출기간은 불변기간이 아니므로, 당사자가 책임질 수 없는 사유로 그 기간을 준수하지 못하여도 추후보완이 허용되지 아니하나,[1] 대리권이 없는 경우에 준하여 재심사유가 된다고 한다.[2] 위 기간은 늘일 수 있다.[3]

(3) 판단대상

상고법원은 제출기간 안에 제출된 상고이유서에 기재된 상고이유에 한하여 판단하며, 기간이 경과한 뒤에 제출된 상고이유는 기간 안에 제출된 상고이유를 보충하는 것 이외에는 판단의 대상이 되지 못한다.[4] 다만 기간이 경과한 뒤에 새로운 상고이유가 생긴 경우(예컨대 재심사유)와 직권조사사항에 관하여는 기간이 경과한 뒤에 제출된 것도 판단하여야 한다(429但).[5]

(4) 기재방법

상고이유를 적을 때에는 구체적으로 법령위반의 사유, 법령의 조항 또는 내용, 절차위반의 사실을 표시하여야 하며, 절대적 상고이유의 경우에는 해당 조항 및 이에 해당하는 사실을 명시하여야 하고 또 판례위반의 경우에는 그 판례를 구체적으로 명시하여야 한다(民訴規129~131).[6] 2016년 8월에 개정된 민사소송규칙에 의하면 상고이유서와 답변서는 30쪽 이내의 분량으로 제출하여야 한다(民訴規133의 2). 구체적으로 법령위반을 명시하지 않거나[7] 단순히 사실오인 · 이유불비 · 채증법칙위반이 있다고만 적시한 경우,[8] 억울한 사정만을 호소한 경우,[9] 다른 서면의 기재내용을 원용한 경우[10]는 부적법하며, 이 경우에는 상고이유서를 제출하지 아니한 것으로 취급된

---

1) 大決 1981. 1. 28, 81 사 2 등. 反對: 大判 1962. 2. 8, 4293 民上 397.

2) 大判 1998. 12. 11, 97 재다 445(우편집배원의 잘못으로 소송기록접수통지서를 받지 못하여 상고이유서를 제출하지 못하고 상고기각판결을 받은 경우).

3) 大判 1980. 6. 12, 80 다 918(광주시내의 소요사태로 인하여 상고이유서 송달이 늦어진 경우에는 동 상고이유서 제출기간을 동 상고이유서가 당원에 제출된 날까지 신장함이 상당하다).

4) 大判 1962. 5. 24, 4293 民再抗 5; 1998. 3. 27, 97 다 55126; 1993. 5. 14, 93 다 3943.

5) 大判 1998. 3. 27, 97 다 55126; 1998. 6. 26, 97 다 42823.

6) 大判 1998. 3. 27, 97 다 55126; 2024. 1. 25, 2023 다 283913.

7) 大判 2017. 5. 31, 2017 다 216981; 2023. 12. 28, 2023 다 268686.

8) 大判 1974. 5. 28, 74 사 4; 1983. 11. 22, 82 누 297; 1991. 5. 28, 91 다 9831.

9) 大判 1981. 5. 26, 81 다 494.

10) 大判 1988. 4. 12, 87 다카 844; 1991. 10. 11, 91 다 22278; 2008. 2. 28, 2007 다 52287; 2012. 11. 15, 2010 두 8676.

다.[1] 원심에서 주장하지 아니한 새로운 사실은 직권조사사항이 아닌 한 상고이유가 될 수 없다.[2]

5. 附帶上告

1) 부대상고(Anschlussrevision)는 피상고인이 상고에 부대하여 원심판결을 자기에게 유리하게 변경하여 달라고 요구하는 신청을 말한다. 다만 법률심인 상고심에서는 원칙적으로 청구의 변경이나 반소의 제기가 허용되지 않으므로, 제2심에서 전부 승소한 당사자는 부대상고를 할 수 없다.[3]

2) 부대상고는 상고심의 판결이 있을 때까지 할 수 있다고 풀이할 수도 있으나(425, 403),[4] 판례는 부대상고장과 그 상고이유서도 상고이유서의 제출기간(항소심의변론을 종결한 때에 대응하는 기간) 안에 제출하여야 한다고 한다.[5]

제 4 절　上告審의 審理

Ⅰ. 審理의 過程

1. 上告理由書 · 答辯書의 送達

상고법원은 상고이유서를 수리하면 지체 없이 그 부본이나 등본을 상대방에게 송달하여야 한다. 상대방은 그 송달을 받은 날부터 10일 안에 답변서를 제출할 수 있다. 상고법원은 답변서의 부본이나 등본을 상고인에게 송달하여야 한다(428). 상고를 기각하는 경우를 제외하고 피상고인의 답변서제출기간의 경과를 기다리지 않고 곧바로 상고를 받아들여 원심판결을 파기하는 것은 부당하다.[6]

1) 大判 2024. 5. 17, 2018 다 262103.
2) 大判 1998. 3. 27, 97 다 55126; 2002. 7. 12, 2002 다 19524.
3) 李時, 944면; 兼子, 條解民訴, 1215면.
4) 方, 665면.
5) 大判 2002. 12. 10, 2002 다 52657; 1995. 11. 14, 94 다 34449; 1998. 7. 24, 97 누 20335. 상소이유서제출기간 안에 부대상고장을 제출하였어도 부대상고이유의 기재가 없고 부대상고이유서는 상고이유서 제출기간 경과 뒤에 제출하였다면, 부대상고는 기각되어야 한다(大判 1997. 10. 10, 95 다 46265).
6) 李時, 949면.

2. 審理의 對象·範圍

(1) 總 說

1) 상고법원의 심리는 세 개의 대상에 관하여 3단계로 행하여진다. 제1단계는 상고의 적법성에 대한 심리이고, 제2단계는 상고사건의 심리속행사유 적격성에 대한 심리이며, 제3단계는 상고의 이유구비성에 대한 심리이다.

2) 상고특례법을 제안한 대법원 당국자에 의하면 상고는 그 형식과 내용에 따라 다음 세 가지 유형으로 나누어진다. 즉 i) 형식적인 상고의 절차를 제대로 갖추지 못한 '부적법한 상고,' ii) 비록 형식적인 상고의 절차를 갖추고 있으나, 법률상 정하여진 상고이유가 포함되어 있지 아니한 상고, 즉 상고로서의 외형은 갖추고 있으나 그 실질은 빠져있는 '외형상의 상고' 및 iii) 형식적인 상고의 절차를 갖추고 있고 또한 법률상 정하여진 상고 이유에 관한 주장도 갖추고 있는 '실질 있는 상고'가 그것이다.

제1유형의 부적법한 상고는 상고각하의 형식판단에 의하여 처리하고(제1단계), 제3유형의 실질 있는 상고는 상고기각 또는 상고인용의 실체판단에 의하여 처리할 수 있으나(제3단계), 제2유형의 외형상의 상고에 대하여는 과거에 이를 별도로 처리할 수 있는 절차가 마련되어 있지 아니하였으므로 제3유형의 실질 있는 상고와 같은 절차에 의하여 처리하여 왔다. 그런데 이로 말미암아 대법원의 부담이 가중되고 그 기능이 상당부분 마비되는 혼란을 가져왔으므로, 이번에 제2유형인 외형상의 상고를 효과적으로 처리하는 절차로서 심리불속행절차를 창안하였다고 한다(제2단계).[1)]

(2) 제1단계 - 適法性의 審理

상고법원은 우선 상고의 적법성, 즉 상고요건의 구비 여부를 조사한다. 상고요건에 흠이 있어서 상고가 부적법한 경우에는 판결로 상고를 각하한다.

(3) 제2단계 - 審理續行適格性의 審理

상고가 적법하면 상고법원은 제2단계로 심리불속행사유에 해당하는가 여부를 조사한다. 즉 소송기록의 송부를 받은 날부터 4월 이내에, 대법원은 상고인의 상고이유에 관한 주장이 상고특례법 제4조에 열거하고 있는 원심판결에 영향을 미치는 법령위반을 실질적으로 포함하고 있고, 그 주장 자체로 보아 이유가 있는가,

---

1) 金龍德, "濫上告濾過를 위한 審理不續行制度,"「考試界」, 1994. 10, 128, 147~149면; 權 誠, "濫上告濾過를 위한 審理不開始制度,"「法曹」, 1994. 4, 35~38면 등 참조.

아니면 단순한 사실오인을 외형적으로만 법령위반으로 포장하고 있는가를 심사하여, 같은 조(條) 소정의 사유를 포함하지 아니한다고 인정되는 때에는 심리를 속행하지 아니하고 판결로 상고를 기각한다(上告特例法 4 Ⅰ. Ⅲ). 이것은 무익한 상고를 방지하려는 공익적 요청에 기한 제도이므로, 심리불속행사유의 존재 여부는 직권으로 조사하여야 한다고 본다. 심리불속행절차에 관하여는 아래에서 자세히 설명한다.

(4) 제3단계－理由具備性의 審理

원심법원으로부터 상고기록을 송부받은 날부터 4월 이내에 사건에 관하여 심리불속행으로 인한 상고기각판결을 하지 아니한 경우에는 상고법원은 제3단계로 상고이유에 의하여 불복신청의 한도에서 원심판결의 당부를 조사한다(上告特例法 6 Ⅱ. 431). 이 경우에도 불이익변경금지의 원칙이 적용된다(425, 415). 다만 직권조사사항에 대하여는 위 원칙이 적용되지 아니한다(434).[1] 판단상의 과오의 경우도 마찬가지이다.

논리적·관념적으로는 제2단계와 제3단계의 심리가 구별되지만, 실제적으로는 위 두 단계의 심리가 동시에 진행되는 것이 보통이다.

3. 審理資料

1) 상고심은 법률심이므로 새로이 소송자료를 수집하여 사실인정을 할 수 없다. 직권조사사항을 제외하고는 상고법원은 원심판결이 적법하게 확정한 사실에 기속된다(432). 그러므로 사실인정은 사실심법관의 전권사항이다. 다만 사실인정과정에서 현저하게 경험칙을 위반한 경우는 채증법칙의 위반으로서 상고이유로 될 수 있다(423). 그러나 당사자가 상고를 유보하고 불항소합의(비약상고)를 한 경우에는 제1심판결의 사실확정이 법률에 위배되더라도 상고법원은 그 판결을 파기하지 못한다(433).

2) 상고심에서는 새로운 소송자료의 수집과 사실인정을 할 수 없는 관계로 새로운 청구도 할 수 없다. 그리하여 청구의 변경이나 중간확인의 소 또는 반소의 제기도 허용되지 않는다. 그러나 사실심리를 요하지 않는 경우에 한하여 가집행선고의 실효로 인한 원상회복신청(215)은 가능하다.[2]

---

1) 大判 1980. 11. 11, 80 다 284.
2) 大判 1980. 11. 11, 80 다 2055.

4. 審理의 方法

1) 상고심은 법률심이므로 상고법원은 상고장·상고이유서·답변서, 그 밖의 소송기록에 기하여 변론을 열지 않고 서면심리만으로 판결할 수 있다(430). 상고기각의 경우이든 상고인용의 경우이든 가리지 않고 임의적 변론에 의한다. 변론을 여는 경우에는 항소심의 소송절차에 관한 규정(425)과 제1심의 소송절차에 관한 규정(408)이 여기에 준용된다. 상고심에서 임의적 변론에 의하여 판결할 수 있도록 한 것은 상고심의 사무경감을 꾀한 것이다.

2) 상고심에서 변론을 여는 경우 당사자 한 쪽이 출석하지 아니한 때에 민사소송법 제148조가 적용되는가가 문제되는데, 임의적 변론에서는 제출서면의 내용도 소송자료가 되므로 그 적용이 없는 것으로 본다.[1] 당사자 양 쪽이 2회에 걸쳐 결석하고 1월 안에 기일지정신청을 하지 아니한 경우 및 위 기일지정신청에 의하여 정한 기일 또는 그 후의 기일에 결석한 경우에 상소취하로 볼 것인가(268 Ⅳ)에 관하여는 견해가 갈라지고 있으나, 변론을 열더라도 임의적 변론이므로 양 쪽의 결석으로 인한 불이익을 가하여서는 안 될 것이다. 부정설에 찬성한다.[2]

3) 2002년 민사소송법에서는 상고심은 소송관계를 분명하게 하기 위하여 필요한 경우에는 특정한 사항에 관하여 변론을 열어 '**참고인의 진술**'을 들을 수 있도록 하고 있다(430 Ⅱ). 법리상 치열한 공방이 있거나 이해관계가 첨예하고 국가 전체에 영향을 미치는 중요한 사건의 경우(예컨대 여자를 종중의 종원으로 볼 수 있는가의 문제 등), 해당분야의 전문가를 참고인으로 불러서 그 의견을 청취하여 심증형성에 도움을 받고자 석명처분의 일종으로 도입한 것이다(새로운 증거조사를 하는 것이 아니다). 참고인의 진술을 들을 때에는 당사자를 참여하게 하여(民訴規 134), 그가 의견을 듣고 질문을 할 수 있도록 함으로써 절차권을 보장하여야 한다. 다만 당사자에게 출석의 기회만 부여하면 되므로, 출석하지 않더라도 참고인의 진술을 들을 수 있다. 나아가 국가기관과 지방자치단체는 공익과 관련된 사항에 관해 대법원에 재판에 관한 의견서를 제출할 수 있고, 대법원은 이들에게 의견서를 제출하게 할 수 있다(民訴規 134의2 Ⅰ). 또한 대법원은 소송관계를 분명하게 하기 위하여

---

1) 同旨: 李時, 950면.

2) 同旨: 李英, 329면; 李時, 950면, 金/姜, 925면. 反對: 方, 669면.

공공단체 등 그 밖의 참고인에게 의견서를 제출하게 할 수 있다(民訴規 134의2 Ⅱ). 이를 **참고인의견서제출제도**라고 한다. 이는 사회적으로 영향력이 큰 사건에 관해 국가나 지방자체단체 또는 공공단체 등이 변론이 열지지 않는 사건에서도, 참가인의 지정 없이도 참고인으로서 재판에 관해 그 입장을 제출할 수 있는 방안을 마련한 것이다.[1]

Ⅱ. 審理不續行制度

1. 總 說

심리불속행제도는 1994년 사법제도개혁 입법의 하나인 '상고심절차에 관한 특례법'에 의하여 신설된 것으로서, 법률제정이유에 의하면, 이른바 외형상의 상고를 걸러내는 것, 즉 무익한 상고 등 남상고(濫上告)를 여과하는 것을 목적으로 한다. 그리하여 모든 당사자에게 상고를 허용하되, 상고심의 초기단계에서 상고이유의 구체적인 판단에 앞서 그 상고가 법률상 규정된 상고이유를 포함한 정당한 상고인가, 아니면 법률상의 상고이유를 실질적으로 포함하고 있지 아니한 무익한 상고인가를 판단하는 절차로서 심리불속행절차를 창안하였다고 한다. 그리고 이 제도는 상고심에 관한 외국의 입법례에서 유사한 제도를 찾아보기 어려운 독창적인 제도라고 한다.[2]

2. 審理不續行事由

(1) 通常訴訟節次

심리불속행의 원칙적 기준은 민사소송법상의 법령위반(423)에 실질적으로 해당하는가의 여부이지만, 당사자에게 예측가능성과 법적 안정성을 도모하기 위하여 이를 구체적으로 명시한 것이 상고특례법 제4조 제1항에 열거된 심리불속행사유이다.[3] 심리불속행사유는 상고이유에 관한 주장이 다음 각호의 사유(심리속행사유)를 포함하지 아니한다고 인정되는 때이다.

---

1) 김홍엽, 1236면.

2) 金龍德, 전게논문, 149면.

3) 상게논문, 144면. 상고특례법 4 Ⅰ은 위헌이 아니라는 것이 헌법재판소의 입장이다[憲裁(全)決 1998. 2. 27, 96 헌마 92; 2002. 6. 27, 2002 헌마 18].

(가) 원심판결이 헌법에 위반하거나 헌법을 부당하게 해석한 때(1호)

1) '헌법에 위반한 때'란 원심판결의 소송절차가 헌법의 규정에 위반한 때를 뜻하며, 예컨대 재판공개의 원칙(憲109)에 위반하거거나 쌍방심리주의(憲11)에 위반한 경우를 가리킨다.

2) '헌법을 부당하게 해석한 때'란 판결이유에서 한 헌법의 해석이 부당한 경우 또는 위헌인 법률을 그대로 적용한 경우를 가리킨다.

(나) 원심판결이 명령·규칙 또는 처분의 법률위반 여부에 대하여 부당하게 판단한 때(2호) 이것은 명령·규칙 또는 처분이 법률에 위반됨에도 위반되지 않는다고 판단하거나, 반대로 법률에 위반되지 아니함에도 불구하고 위반된다고 판단한 경우를 뜻한다. 여기에서 처분이라 함은 행정처분을 가리키고, 법원의 판결은 이에 포함되지 않는다.

(다) 원심판결이 법률·명령·규칙 또는 처분에 대하여 대법원판례와 상반되게 해석한 때(3호)[1)] 이것은 법률·명령·규칙 또는 처분에 대한 해석이 현재 살아있는 대법원판례에 위반하는 때를 가리킨다. 판례위반을 주장할 때에는 그 판례를 구체적으로 명시하여야 한다(民訴規131). 판례와 상반되는 판단을 하여도 그것이 방론(傍論, 부수적 의견)에 불과할 때에는 심리속행사유로 삼을 수 없다(上告特例法4Ⅲ②).

(라) 법률·명령·규칙 또는 처분에 대한 해석에 관하여 대법원판례가 없거나 대법원판례를 변경할 필요가 있는 때(4호)

1) 이것은 법률·명령·규칙 또는 처분의 해석이 최초로 문제되어 그에 관한 대법원판례를 만들 필요가 있는 경우 및 기왕의 대법원판례를 변경할 필요가 있는 때를 가리킨다.

2) 헌법의 해석에 대한 대법원판례가 없는 때도 심리속행사유로 된다고 본다. 헌법의 해석에 관한 대법원판례를 변경할 필요가 있는 때에는 헌법을 부당하게 해석한 때(上告特例法4Ⅰ①)에 해당하여 심리속행사유가 된다.

---

1) 판례위반을 심리불속행의 예외사유로 한 것은 위헌이 아니다[憲裁(全)決 2002. 6. 27, 2002 헌마 18].

(마) 제1호 내지 제4호 외에 중대한 법령위반에 관한 사항이 있는 때(5호)

1) 이것은 제1호 내지 제4호에서 구체적으로 열거한 유형 이외의 중대한 법령위반을 가리킨다.

2) '중대한 법령위반'은 '중대한 법령'의 위반이 아니라 법령의 '중대한 위반'을 뜻하는 것으로 본다. 왜냐하면 법령을 중대한 법령과 중대하지 아니한 법령으로 구분하는 것은 자의적이기 때문이다. 법령의 '중대한 위반'이 무엇을 뜻하는가에 관하여는 다툼이 있고, 일부 학자는 법령의 위반이 경미할 때에는 심리속행사유로 되지 않는다고 풀이한다. 이들에 의하면, 단순한 심리미진, 현저하지 아니한 채증법칙·경험법칙의 위반, 중요하지 아니한 증거에 대한 판단누락 등은 심리불속행사유가 된다.[1] 그러나 법령의 위반이 있고 그것이 판결의 결과에 영향을 미쳤을 때, 환언하면 법령의 위반으로 말미암아 승패가 바뀌었을 때에는 법령의 중대한 위반이 있다고 풀이하여야 할 것이다.[2] 이렇게 풀이하는 경우에는 제4조에서 말하는 법령의 위반은 모두 중대한 위반이 되므로(同法 4 Ⅲ ② 참조), '중대한'이라는 수식어는 무의미하다.[3]

3) '중대한 법령위반'에 사실인정과정에서 경험칙을 위반한 채증법칙위반이 포함되는가가 문제이지만, 과거의 일반적 상고이유인 법령위반(423)에 채증법칙위반이 포함되었던 점, 상고특례법 제4조 제1항 제5호가 '위 각호 이외의 법령의 해석에 관한 중요한 사항이 있는 때'로부터 현재와 같이 바뀐 경위[4] 등에 비추어 채증법칙위반이 포함된다고 본다.[5]

(바) 민사소송법 제424조 제1항 제1호 내지 제5호의 사유가 있는 때(6호)

1) 이것은 종래의 절대적 상고이유 6개 중 마지막의 이유불비·이유모순을 제외한 나머지 사유이다. 이것은 중대한 절차상의 과오가 있는 경우이다.

---

1) 金龍德, 전게논문, 156면 註 50; 李時, 945면.
2) 헌법재판소는 원심판결이 파기될 가능성이 있으면 중대한 법령위반이 있는 것으로 볼 수 있으므로 법문의 '중대한'이란 표현은 명확성의 원칙에 반하지 않는다고 한다[憲裁(全)決 2002. 6. 27, 2002 헌마 18].
3) 反對: 金/姜, 914면; 鄭圭相, "上告審節次에 관한 特例法上의 重大한 法令違反에 관한 小考," 李時潤華甲紀念 「民事裁判의 諸問題」, 下(1995), 319면; 沈重璿, "上告審理不續行制度," 전게서, 313면.
4) 大法院, 司法制度改革白書(下), 「上告審節次에 관한 特例法案」, 425~429면; 權誠, "濫上告濾過를 위한 審理不開始制度," 「法曹」, 1994. 4, 5면 이하 등 참조.
5) 제169회 國會 法司委會議錄, 제4호, 61, 63~65면.

2) 상고특례법 제4조 제1항 제6호는 민사소송법 제424조에 규정된 절대적 상고이유 중 이유불비 · 이유모순(424 Ⅰ ⑥)을 심리속행사유에서 제외하였다. 이것은 동법이 처음에 사실인정을 다투는 일체의 상고를 막기 위하여 제4조 제1항 제5호를 '법령의 해석에 관한 중요한 사항이 있는 때'로 하였을 때 이와 보조를 맞추기 위한 것이었다. 그런데 그 후 제4조 제1항 제5호가 '중대한 법령위반에 관한 사항이 있는 때'로 바뀌고, 사실인정에 관한 채증법칙위배가 심리속행사유로 되었으므로, 위 제5호에 의하여 이유불비 · 이유모순도 법령위반으로서 심리속행사유가 된다고 본다.[1)]

(2) 保全節次의 特則

1) 가압류 · 가처분에 관한 재판에 대해서는 심리속행사유가 제한되어, 위에 설명한 상고특례법 제4조 제1항 제1호 내지 제3호, 즉 i) 원심판결이 헌법에 위반하거나 헌법을 부당하게 해석한 때, ii) 원심판결이 명령 · 규칙 또는 처분의 법률위반 여부에 대하여 부당하게 판단한 때, iii) 원심판결이 법률 · 명령 또는 처분에 대한 해석에 관하여 대법원판례와 상반되게 해석한 때 등 세 가지 경우에만 심리속행사유로 된다(上告特例法 4 Ⅱ).

2) 가압류 · 가처분에 관한 판결에 대한 심리속행사유의 제한은 대체로 소액사건에 대한 판결의 경우에 상고이유의 제한과 같다. 이것은 사건의 경중(輕重)에 따른 상고의 제한으로서 합리성을 가지며, 따라서 위헌은 아니라고 생각한다.[2)]

(3) 論理整然性과 판결에 대한 영향

상고이유에 관한 주장이 위에 말한 각 사유를 포함하는 경우에도 다음 두 가지에 해당할 때에는 심리불속행사유로서 상고기각판결을 하게 된다.

(가) 논리정연성이 없는 경우 상고이유에 관한 주장이 그 주장 자체로 보아 이유가 없는 때에는 논리성을 결여하므로, 심리불속행으로 인한 상고기각판결을 한다(上告特例法 4 Ⅲ ①). 이것은 소장에서 청구원인으로 주장한 바에 의하여 청구 자체가 이

---

1) 자세한 것은 鄭東潤, "上告審節次에 관한 特例法小考," 「法曹」, 1995. 1, 14면 참조; 姜, 1004면(이유불비 · 이유모순의 정도가 심하여 원심판결의 승패를 달리할 경우에는 중대한 법령위반에 해당한다).

2) 憲裁(全)決 1992. 6. 26, 90 헌바 25 참조.

유 없는 경우에 청구기각판결을 하는 것과 같다.

(나) 판결의 결과에 영향을 미치지 아니하는 때

1) 상고이유에 관한 주장이 그대로 시인된다고 하더라도 그것이 원심판결과 관계가 없거나 원심판결에 영향을 미치지 아니하는 때에는 심리불속행으로 인한 상고기각판결을 한다(上告特例法 4 Ⅲ ②). 즉 상고이유로 주장한 법령위반이 판결에 영향을 미치는 때에만 심리속행사유가 된다. 이것은 법령위반과 판결주문 사이에 인과관계가 있어야 하는 점, 즉 법령위반의 원인성(Ursächlichkeit)을 뜻한다.

2) 상고특례법은 종래의 절대적 상고이유에 해당하는 사유(同法 4 Ⅰ ⑥)에 관하여도 인과관계를 요구하고 있다(同法 4 Ⅲ ②). 그러나 절대적 상고이유는 절차법의 위반이 중대한 경우로서, 이 경우에는 인과관계를 요구하는 것이 부적당하거나 불가능하기 때문에 어느 나라에서든 인과관계를 요구하고 있지 않고 있으며(日民訴 424, 312 Ⅱ등 참조), 도이칠란트 민사소송법은 절대적 상고이유의 경우에는 "항상 법령위반에 기인하는 것으로 본다"(獨民訴 547)고 규정하고 있다. 상고특례법의 해석에서도 제4조 제1항 제6호의 경우에는 제4조 제3항 제2호가 적용되지 않는다고 제한적으로 풀이하여야 할 것이다.[1)]

(4) 再抗告 및 特別抗告에 대한 準用

위에서 말한 심리불속행사유에 관한 규정은 재항고 및 특별항고사건에 준용된다(上告特例法 7).

3. 適用範圍

(1) 物的 範圍

상고특례법은 일반 민사소송뿐만 아니라, 가사소송·행정소송 및 특허법 제9장의 규정과 이를 준용하는 규정에 의한 특허소송에도 적용된다(同法 2, 4 Ⅰ ①~⑥ 참조). 그러나 소액사건에는 적용되지 않는다고 본다. 다만 직권조사에 의하는 절차에 대하여도 동법을 적용하는 것은 법이론상 문제가 있다.

1) 同旨: 姜, 1004면(직권조사사항임을 이유로 한다).

(2) 裁判部

심리불속행으로 인한 상고기각판결은 대법관 3인 이상으로 구성된 재판부, 즉 소부에서 재판하는 경우에만 할 수 있으며, 전원합의체에서 재판하는 경우에는 불가능하다(同法 6 I).

(3) 時的 範圍

심리불속행으로 인한 상고기각판결은 원심법원으로부터 상고기록을 송부 받은 날부터 4월 이내에 판결원본을 법원사무관등에게 교부하는 경우에만 가능하다(同法 6 II).

제5절 上告審의 終局判決

상고심의 종국판결은 소송기록을 송부 받은 날부터 5월 이내에 하여야 한다(199). 부대상고가 없는 한 상고인에게 원심판결 이상으로 불이익한 판결을 할 수 없다(425. 415). 상고심판결은 선고와 동시에 확정된다.

상고심의 종국판결에는 다음 세 가지가 있다.

1. 上告却下

상고요건에 흠이 있어서 상고가 부적법한 경우에는 상고법원은 판결로 상고를 각하한다(425. 414). 예컨대 상고의 이익이 없는 경우와 같다. 상고의 방식에 위배하였을 때 또는 상고기간을 경과하였을 때에는 원심 재판장이나 상고심 재판장이 명령으로 상고장을 각하한다(425. 399. 402).

2. 上告棄却

1) 상고기각의 판결은 다음 세 가지 경우에 한다. 즉 ① 상고가 이유 없다고 인정할 때(425. 414), ② 소정기간 이내에 상고이유서를 제출하지 아니할 때(429) 및 ③ 심리불속행의 경우(上告特例法 5 I) 등이다. 상고이유에서 지적한 대로 원심판결의 이유가

부당하더라도 다른 이유에 의하여 결과적으로 원심판결이 정당하다고 인정할 때에도 상고를 기각하여야 한다(425, 414 Ⅱ). ②, ③의 경우에는 판결문의 작성과 판결의 송달에 관한 특칙이 적용된다(뒤에 설명한다).

2) 심리불속행으로 인한 상고기각은 상고특례법이 신설한 제도이다. 이것은 당사자의 상고이유에 관한 주장이 같은 법 제4조 제1항 각호에 규정한 상고이유를 포함하지 아니한다고 인정되는 때에는 '더 나아가 심리를 하지 아니하고' 판결로 상고를 기각하는 것이다.

i) 이 제도는 처음에는 사실인정을 다투는 채증법칙위배 · 이유불비 · 이유모순 등을 상고심의 심리대상에서 제외하고 대법원을 순수한 법률심으로 순화하기 위하여, 상고이유를 법령위반으로 포장하고 있으나 실질적으로 사실인정을 다투는 경우에는 사실인정이 제대로 되었는가 여부를 '더 나아가 심리를 하지 아니하고' 상고를 기각하기 위한 구상에서 심리불개시제도로 출발하였던 것인데, 뒤에 이르러 사실인정을 다투는 채증법칙위배가 상고이유에 포함되었음(上告特例法 4 Ⅰ ⑤)에도 불구하고 종전의 구조를 유지하다가 보니 심리불속행이라는 기형적 제도로 되어 버렸다.

ii) 채증법칙위배를 상고이유로 한 경우에는 대법원은 소송기록을 전부 검토하기 전에는 채증법칙을 위반하였는가 아닌가를 판단할 수 없고, 따라서 심리를 다 마친 다음에야 판결을 할 수 있다고 생각된다. 그렇다면 이 경우에 '더 나아가 심리를 할' 것이 남아 있는지 의문이다.

iii) 심리불속행으로 인한 상고기각판결의 성질에 관하여, 그것은 상고요건의 구비를 확인한 후에 상고장에 기재된 상고이유가 특례법상의 상고이유를 실질적으로 포함하고 있는가를 판단의 대상으로 하는 것이므로, 상고각하의 형식판단과 상고기각의 중간적 성질을 가진다고 보는 견해,[1] 상고본안심리 거부라는 점에서 내용상으로는 소송판결이지만, 형식상으로는 기각이므로 본안판결이라고 보는 견해,[2] 상고본안심리의 속행요건을 갖추지 못한 것으로서 요건의 흠을 이유로 한 것이므로 소송판결에 해당한다고 보는 견해,[3] 등이 있다. 그러나 처음의 구상대로 심리불개시의 구조를 취하였다면 모르되, 현재와 같이 소송기록을 모두 검토한 뒤

1) 權誠, 전게논문, 1994. 4, 25면; 金龍德, 전게논문, 156면; 金/姜, 927면 등 참조.
2) 李時, 952면; 김홍엽, 1236면.
3) 정영환, 1395면.

에 실질적인 상고이유를 포함하고 있지 않다고 하는 이유, 즉 상고이유가 없다는 이유로 상고기각판결을 하는 이상, 그것은 상고가 이유 없을 때에 하는 전형적인 상고기각판결의 일종에 지나지 않는다고 생각한다.[1)]

3. 上告認容

상고법원은 상고가 이유 있다고 인정할 때에는 원심판결을 파기하지 않으면 안 된다.[2)] 원심판결을 파기한 때에는 사건을 원심법원에 환송하거나 동등한 다른 법원에 이송하여야 하며, 특별한 요건을 갖출 때에 한하여 자판을 한다(436, 437).

(1) 破棄事由

파기사유는 상고가 이유 있는 때 및 직권조사사항에 관하여 조사한 결과 원심판결이 부당한 때 등이다. 상고가 이유 있는 때란 상고이유로서 주장한 사유가 법령의 해석 및 소송기록에 비추어 긍정되는 경우를 가리킨다.

(2) 原審判決의 破棄

상고법원이 원심판결을 파기한 경우에 사건에 관하여 사실심리를 할 필요가 있는 경우에는 사건을 원심법원에 환송하거나 같은 심급의 다른 법원에 이송한다(436). 대법원의 환송판결은 종국판결이다.[3)] 이송판결은 민사소송법 제436조 제3항의 제약으로 인하여 원심법원에서 재판하는 것이 부적당한 경우에 행한다. 이에 반하여 원심판결에서 확정한 사실만으로 원심판결을 갈음하는 재판을 할 수 있는 경우 및 사건이 통상법원의 권한에 속하지 아니한다는 이유로 판결을 파기하였으나 사건을 환송 또는 이송할 법원이 없는 경우에는 상고법원이 자판을 한다(437).

(3) 還送 또는 移送

환송 또는 이송판결이 선고되면 사건은 환송 또는 이송 받은 법원에 당연히 계속된다.

---

1) 자세한 것은 鄭東潤, 전게논문, 1995. 1, 18~9면 참조.

2) 항소심의 경우에는 제1심판결을 '취소'한다고 하고(416), 상고심의 경우에는 원심판결을 '파기'한다고 하나(436), 그 효력은 같다.

3) 大(全)判 1995. 2. 14, 93 재다 27.

(가) 審理節次

1) 사건을 환송받거나 이송받은 법원은 원심판결이 파기된 한도에서 그 심급의 소송절차에 따라 사건에 관하여 새로 변론을 열어 재판하여야 한다(436本 Ⅱ). 이 변론은 환송 전의 종전의 변론의 재개속행이다.[1] 그러나 환송 후의 항소심은 새로 법원(재판부)을 구성하여야 하므로(436 Ⅲ), 당사자는 변론의 갱신절차(204 Ⅱ)를 밟아야 한다. 환송 또는 이송 전의 소송절차는 파기의 이유에서 위법하다고 인정되지 아니하는 한 유효하며,[2] 환송 또는 이송받은 사건의 변론조서는 환송전 법원 또는 이송한 법원에서 한 변론의 차수에 이어서 표시한다.[3] 판례는 환송 전 항소심의 소송대리인의 대리권은 환송에 의하여 당연히 부활된다고 하나,[4] 이 때의 변론의 재개속행은 통상적인 경우의 변론의 재개속행과는 다르며, 또 신뢰관계의 소멸을 고려할 때에 의문이다.[5]

2) 변론을 갱신한 뒤의 속행절차에서는 당사자는 그 심급에서 허용되는 일체의 소송행위를 할 수 있다. 그리하여 청구취지나 항소취지의 변경, 반소의 제기, 부대항소, 항소의 취하와 새로운 공격·방어방법의 제출이 가능하다. 그 결과 상고인에게 환송 전의 판결보다 불리한 결과가 생길 수도 있다.[6]

3) 환송 후 항소심에서 심판의 대상은 대법원으로부터 파기환송된 부분뿐이다.[7] 대법원에서 상고기각된 부분, 파기자판한 부분 및 환송 전에 불복하지 아니한 부분은 대법원판결이 선고됨과 동시에 확정되므로, 환송을 받은 법원이 다시 심판할 수 없다.[8]

4) 파기된 원심판결에 관여한 판사는 환송 후의 재판에 관여하지 못한다(436 Ⅲ).

---

1) 大判 1969. 12. 23, 67 다 1664.
2) 同旨: 金/姜, 929면.
3) 법원행정처, 「2019 상소기록 검토 매뉴얼」 증보개정판, 2019, 74면.
4) 大判 1966. 12. 27, 66 나 2129; 1984. 6. 14, 84 다카 744; 2016. 7. 7, 2014 다 1447.
5) 同旨: 李時, 953면.
6) 大判 1982. 9. 28, 81 다카 934; 2014. 6. 12, 2014 다 11376.
7) 大判 1970. 2. 24, 69 누 59.
8) 大判 1969. 12. 30, 69 다 295; 1982. 6. 22, 82 누 89; 1991. 5. 24, 90 다 18036; 2013. 2. 28, 2011 다 31706; 2014. 6. 12, 2014 다 11376(원고의 본소청구 및 피고의 반소청구가 각 일부 인용된 환송 전 원심판결에 대해 피고만이 상고하고, 상고심에서 본소 및 반소에 관한 각 피고 패소 부분을 파기환송한 경우, 환송 전 원심판결 중 본소에 관한 원고 패소 부분과 반소에 관한 피고 승소 부분은 상고심의 판결선고와 함께 확정되었으므로 이에 대해 환송 후 항소심에서는 심리할 수 없다).

선입견이 없는 다른 판사로 하여금 재판하게 하려는 취지이다. 제척과 달리 재판에만 관여할 수 없으므로, 수명법관이나 수탁판사로서 화해나 증거조사에 관여하는 것은 상관이 없다. 여기의 원심판결은 파기의 대상이 된 원심판결을 가리키고, 그 이전에 파기된 원심판결을 포함하지 않는다.[1]

(나) 還送 또는 移送判決의 羈束力

① **意 義** 환송 또는 이송을 받은 법원이 다시 심판하는 경우에는 상고법원이 파기이유로 한 사실상과 법률상의 판단에 기속을 받는다(436 Ⅱ 但. 法組 8). 이를 환송(이송)판결의 기속력이라고 한다. 이것은 환송심에서 동일한 견해를 고집하면 상고법원과 사이에 사건이 끝없이 왕복하게 되어 결말이 나지 않게 되는 것을 방지하기 위한 것이다.

② **範 圍** 기속력은 판결이유에 포함된 판단에도 발생하지만, 그것은 그 사건에 한하여 작용하고 다른 사건에는 미치지 아니한다. 그러므로 다른 사건에서는 이와 달리 판단하여도 상관이 없다. 그 사건에 관한 한 환송을 받은 법원과 그 하급심은 물론, 다시 상고를 받은 상고법원도 파기이유로 된 판단에 기속된다(자기기속, Selbstbindung).[2] 다만 대법원의 법령해석적용의 통일의 기능을 고려할 때 재상고심의 전원합의체는 기속되지 아니한다고 보아야 한다.[3] 판례는 한때 재상고심의 전원합의체까지 기속된다고 보았다가,[4] 그 입장을 변경하였다.[5] 환송판결에 나타난 상고법원의 법률상의 판단이 그 뒤 상고법원의 판례에 의하여 변경된 경우에도 기속력을 가지는가에 관하여는 다툼이 있으나, 이 경우에는 기속력을 잃는다고 풀이하여야 할 것이다. 도이칠란트의 각종 최고법원의 공동전원합의체도 같은 견해이다.[6]

③ **性 質** 기속력의 성질에 관하여 이를 기판력으로 보는 견해, 중간판결의 효력으로 보는 견해 및 특수한 절차상의 효력으로 보는 견해 등이 대립하고 있다. 생각건대, **기판력설**은 기속력이 판결이유 중의 판단에도 생기는 점 및 그 효

---

1) 大判 1973. 11. 27, 73 다 763.

2) 大(全)判 1981. 2. 24, 80 다 2029. 鄭東潤 · 庾炳賢, "部의 判例變更과 還送判決의 拘束力,"「人權과 正義」, 1991. 6, 142면 참조.

3) 자세한 설명은 庾炳賢, "還送判決과 再審의 對象,"「人權과 正義」, 1995. 12, 95면 이하 참조.

4) 大判 1995. 5. 23, 94 재누 18.

5) 大(全)判 2001. 3. 15, 98 두 15597.

6) Gms, BGH 60, 392, 397 f. 同旨: 朴禹東, 註釋民訴(Ⅳ), 383면.

력이 후소에 미치지 않고 당해 사건의 절차 안에 그친다는 점을 설명할 수 없고, **중간판결설**은 환송판결이 그 심급을 종료시키는 종국판결인 점 및 환송 후의 원심급의 절차가 상소심절차의 속행이라기보다 원심급의 종전의 절차의 속행이라는 점에 비추어 따르기 어렵다. 그렇다면 환송판결의 기속력은 심급제도를 효율적으로 운영하기 위하여 인정되는 절차 안의 특수한 효력이라고 풀이하여야 할 것이다(**특수효력설**).[1] 판례도 같은 입장이다.[2]

④ **內　容**　i) '사실상의 판단'이란 상고법원이 직권조사사항에 관한 사실(예컨대 소송능력을 판정하기 위하여 인정한 연령),[3] 절차위배에 관한 사실[4](절차위배는 직권조사사항이다) 및 재심사유가 되는 사실에 관하여 한 판단을 가리키고, 본안에 관한 사실은 포함되지 아니한다.[5] 따라서 환송받은 법원은 본안에 관하여는 새로운 자료에 기하여 새로운 사실을 인정할 수 있고, 이 경우에는 환송 전과 같은 결론을 내어도 상관이 없다.[6]

ii) '법률상의 판단'이란 법령의 해석·적용상의 견해를 뜻하는데, 여기에는 사실에 대한 법적 평가도 포함된다. 예컨대 특정한 증인의 증언을 채택한 것이 잘못이라고 한 판단,[7] 계약서에 표시된 의사표시의 내용에 대하여 한 법률상의 판단,[8] 농지였다는 원고의 자백의 인정이 잘못이라고 한 판단[9] 등이 이에 해당한다.

기속력이 미치는 구체적 범위에는 상고법원이 원심법원이 한 판단이 잘못되었다고 명시적으로 파기이유로 삼은 판단[10] 외에, 직접 파기이유로 삼지는 않았으나 파기이유로 한 부분과 논리적·필연적 관계가 있어서 상고법원이 파기이유의 전제로서 당연히 판단하였다고 볼 수 있는 법률상의 판단[11]도 포함된다. 법률상 판단의

---

1) 同旨: 尹一泳, "還送判決의 拘束力," 司法論集 1, 305면; 李時, 955면; 金/姜, 930면.

2) 大(全)判 1995. 2. 14, 93 재다 27.

3) 大判 1981. 3. 24, 81 누 28; 2011. 12. 22, 2009 다 75949.

4) 大判 1964. 6. 30, 63 다 1193.

5) 大判 1988. 11. 22, 88 누 6; 1991. 4. 23, 90 다 13697.

6) 大判 1982. 12. 14, 80 다 1072; 1985. 3. 12, 84 후 61; 1996. 1. 26, 95 다 12828; 2012. 1. 12, 2010 다 87757.

7) 大判 1962. 10. 25, 62 다 544.

8) 大判 1964. 8. 31, 63 다 681.

9) 大判 1964. 11. 17, 64 다 948.

10) Rosenberg, §136 Ⅲ 3 a).

11) 大判 1991. 10. 25, 90 누 7890; 2012. 3. 29, 2011 다 106136[甲종중이 명의신탁해지에 따른 이전등기청구권을 피보전채권으로 하여 명의수탁자 乙을 대위하여 乙로부터 그 부동산을 증여받은 丙(丙은 구 특조법에 따라 소유권이전등기를 마침)을 상대로 이전등기의 말소를 청구한 사건에서, 환송판결이 위 증여에 구 특조법이 적용될 수 있음을 이유로 환송전 원심판결(등기말소청구가 가능하다고 판단)을 파기환송하였는데, 환송 후 원심이 甲이 乙에게 부동산을 명의신탁하였음을 인정할 증거가 없다고 판단하여 甲의 소를 각하하였다. 이에 대법원은 채권자대위소송에서 피보전채권의 존재는 소송요건으로서 직권조사사항이므

기속력은 파기이유로 설시한 바에 따라 원심판결의 판단이 정당치 못하다는 점에 대하여 소극적으로 발생하는 것이므로, 환송을 받은 법원은 파기이유로 삼은 잘못된 견해만 피하면, 다른 가능한 견해에 의하여 환송 전의 판결과 같은 결론을 내려도 기속력에 반하지 않는다.[1] 상고이유가 여러 개인 경우에 이 배척된 상고이유의 판단에도 기속력이 미치는가가 다투어진다. 통설·판례는 파기이유로 삼은 것 이외의 것에 관한 판단은 방론(傍論)에 불과하다고 하여 기속력을 부정한다.[2] 파기이유로 삼은 사항을 제외한 다른 사항에 대한 판단으로서 판결하기에 충분하다고 인정되는 때에는 환송을 받은 법원은 파기이유로 삼은 사항에 관한 판단을 생략할 수 있다.[3] 새로운 주장·증명으로 전제된 사실관계에 변동이 생기거나 법령의 변경이 있으면 법률상의 판단은 그 기속력을 잃는다.[4]

iii) 제1차 환송판결과 제2차 환송판결이 서로 저촉되는 경우, 제2차 환송판결에 의하여 환송받은 원심은 제2차 환송판결의 법률상의 판단에 기속된다.[5]

(4) 自 判

1) 대법원의 자판은 앞에서 말한 바와 같이 원심판결에서 확정한 사실만으로 원심판결을 갈음하는 재판을 할 수 있는 경우 및 사건을 환송 또는 이송할 법원이 없는 경우(437)에 한다. 이 경우에는 본래 원심법원이 하여야 할 재판을 소송경제를 위하여 상고법원이 대신 행하는 것이다.

2) 자판을 하는 경우에는 상고법원은 항소심의 입장에서 재판을 한다. 따라서 그 재판은 항소에 대한 응답의 형태로 한다.

따라서 예를 들어 소를 각하하는 경우에는 「원심판결을 파기한다. 제1심판결을 취소하고 이 사건 소를 각하한다」, 항소기각하는 경우에는 「원심판결을 파기한다. 원고의 항소를

로, 환송판결이 구 특조법에 의하여 경료된 등기의 추정력이 번복되는 경우인지 여부에 대해서만 판단하였다고 하더라도, 그 판단은 甲이 乙에 대하여 명의신탁해지에 따른 이전등기청구권을 가지고 이를 피보전채권으로 하여 乙을 대위할 수 있어 **소송요건을 구비하였다는 판단을 당연한 논리적 전제**로 하고 있다고 할 것이므로, 환송판결의 기속력은 甲의 청구가 소송요건을 구비한 적법한 것이라는 판단에도 미친다고 하였다.]; Rosenberg, §136 Ⅲ 3 c).

1) 大判 1990. 5. 8, 88 다카 5560.

2) 李時, 956면; 大判 1997. 7. 22, 96 다 37862. 反對: 李在性, 「還送判決의 性格과 嘶束力」, 辯協, 1981. 10, 13면.

3) 大判 1970. 5. 26, 69 다 239.

4) 大判 1984. 5. 11, 83 다카 1565; 1991. 4. 23, 90 다 13697; Rosenberg, §137 Ⅲ 3 c).

5) 大判 1981. 9. 8, 80 다 2904; 1995. 8. 22, 94 다 43078.

기각한다」, 청구기각하는 경우에는 「원심판결을 파기한다. 제1심판결을 취소하고, 원고의 청구를 기각한다」 또는 「원심판결의 ....부분 중 ○○원 및 이에 대하여 ....까지 연 ○%의 비율에 의한 금원을 초과하여 지급을 명한 피고 패소 부분을 파기하고 그에 해당하는 원고의 항소를 기각한다. 소송총비용은 이를 3분하여 그 1은 원고가, 나머지는 피고가 각 부담한다」 등의 방법으로 표시한다.

4. 上告審判決의 特例

(1) 特例의 對象

상고특례법은 상고심판결 중 심리불속행사유로 인한 상고기각판결과 상고이유서 부제출(不提出)로 인한 상고기각판결 등에 대하여 특례를 인정하고 있다.

(2) 判決書作成의 特例

심리불속행사유로 인한 상고기각판결(上告特例法 4)과 상고이유서 부제출로 인한 상고기각판결(429)에는 이유를 기재하지 아니할 수 있다(上告特例法 5 I).[1] 이 판결은 법원사무관등에게 교부하고, 법원사무관등은 즉시 영수한 날을 적고 날인한 후 당사자에게 송달하여야 한다(上告特例法 5 III). 이것은 판결서의 기재사항으로서 이유를 요구하고 있는 민사소송법 제208조에 대한 특칙이며, 대법원의 업무부담을 경감하려고 하는 취지이다. 그러나 판결사항의 중요성과 국민의 알 권리(憲 1, 4, 10, 31, 34)에 비추어 위헌의 소지가 있다.[2]

(3) 判決宣告의 特例

심리불속행 및 상고이유서 부제출로 인한 상고기각판결은 선고를 요하지 아니하며, 상고인에게 송달됨으로써 그 효력이 생긴다(上告特例法 5 II). 이것은 "판결은 선고로 효력이 생긴다"고 규정한 민사소송법 제205조에 대한 특칙이며, 대법원의 업무경감을 꾀하고 있으나, 이로 말미암아 얼마나 업무가 절약될는지는 의문이다. 판결의 효력발생시기는 상고인에게 판결이 송달된 때이고, 피상고인에게 송달되는 것은 효력발생과 무관하다. 그러나 판결선고의 생략은 재판공개의 원칙(憲 109)에 비추어 위

1) 실무에는 다음과 같다. 주문: '상고를 기각한다.' 이유: '상고인의 상고이유는 상고심절차에 관한 특례법 제4조 소정의 심리불속행사유에 해당하므로 위 법 제5조에 의하여 관여법관의 일치된 의견으로 주문과 같이 판결한다.'

2) 대법원은 심리불속행사유에 해당한다고 보아 상고를 기각한 판결에는 판단누락이 있을 수 없다고 한다(大判 1996. 2. 13, 95 재누 176).

헌의 소지가 있다.

(4) 特例의 制限

심리불속행으로 인한 상고기각판결과 상고이유서 부제출로 인한 상고기각판결에 관한 특례는 다음 두 가지 제한하에서만 인정된다. 즉 i) 대법원이 대법관 3인 이상으로 구성된 재판부에서 재판하는 경우 및 ii) 원심법원으로부터 상고기록을 송부 받은 날부터 4월 이내에 판결의 원본이 법원사무관등에 교부된 경우에 한한다(上告特例法 6 I. II).

제4장 抗　　告

Ⅰ. 抗告의 意義와 目的

1) 항고(Beschwerde)는 판결 이외의 재판인 결정·명령에 대하여 하는 독립된 상소이다. 항고는 상소로서 상급법원에 대하여 원심재판의 당부의 심사를 구하는 것이지만, 그 절차는 간편하게 진행되는 결정절차이며, 항고가 제기되면 원심법원도 스스로 재판을 변경할 수 있는 기회를 가지게 되는 점에서 항소·상고와 다르다. 또한 항고는 상소의 일종으로서 상급법원에 대한 불복신청인 점에서 특별한 결정·명령에 대하여 같은 심급에 하는 불복신청인 이의신청(138, 441, 470, 民執 283, 301 등)과 다르다. 항고는 모든 결정·명령에 대하여 두루 허용되는 것이 아니고, 법률이 특히 인정한 경우에만 허용된다.

2) 항고를 인정하게 된 이유는 두 가지이다. i) 민사소송법은 종국판결에 대하여는 항소·상고로 불복신청을 할 수 있게 하고, 종국판결의 전제 또는 순비를 하는 중간적 재판에 대하여는 독립된 불복신청을 할 수 없고 종국판결에 대한 항소·상고의 기회에 함께 판단을 받도록 하고 있다(392). 그런데 사건의 실체와는 관련성이 적고 절차의 진행에 부수하거나 이로부터 파생하는 자질구레한 절차적 사항까지도 모두 종국판결에 대한 상소시에 종국판결과 함께 상소법원의 판단을 받도록 한다면, 상소법원의 절차가 번잡하여지고 그 때문에 본래의 사건의 해결을 지연시킬 염려가 있다. 그리하여 위와 같이 사건의 실체와 관련이 적고 절차의 안정을 위하여 신속하게 해결할 필요가 있는 사항(예컨대 이송재판, 기피신청 각하의 재판)에 대하여는 종국판결과 별도로 상소를 하게 하고, 간편한 절차로 신속하게 처리하여 줄 필요가 있다. ii) 그 밖에 판결에 이르지 않고 결정·명령으로 사건이 종료되는 경우(예컨대 소장각하명령), 종국판결 후에 재판을 하는 경우(예컨대 소송비용액확정결정), 당사자가 아닌 제3자에 대하여 재판을 하는 경우(예컨대 증인·감정인에 대한 과태료결정) 등에는 종국판결에 대한 상소와 함께 다툴 수가 없으므로, 별도의 불복신청의 길을 마련하여 줄 필요가 있는 것이다.

Ⅱ. 抗告의 種類

抗告는 여러 가지 기준에 의하여 분류할 수 있다.

1. 通常抗告 · 卽時抗告

이것은 항고제기기간의 유무에 따른 구분이다. 통상항고 또는 보통항고(einfache Beschwerde)는 항고제기의 기간이 정하여져 있지 아니한 항고로서, 원재판을 취소할 실익(항고의 이익)이 있는 한 언제든지 제기할 수 있는 것이다. 즉시항고(sofortige Beschwerde)는 재판이 고지된 날부터 1주의 불변기간 안에 제기하여야 하는 항고로서(444), 법이 특히 이를 허용하는 취지를 명확하게 규정하고 있는 경우에만 인정되는 것이다. 즉시항고는 원재판의 집행을 정지하는 효력이 있다(447). 도이칠란트는 2001년 민사소송법 개정 시에 통상항고제도를 폐지하였다.

2. 最初의 抗告 · 再抗告

이것은 심급에 의한 구분이다. 최초의 항고(erste Beschwerde)는 제1심에서 내려진 결정 · 명령에 대하여 행하는 항고이고,[1] 재항고(weitere Beschwerde)는 최초의 항고에 관하여 항고심에서 내린 결정과 고등법원 또는 항소법원의 결정 · 명령에 대하여 하는 항고이다(442). 최초의 항고에는 항소에 관한 규정이, 재항고에는 상고에 관한 규정이 각각 준용된다(443).

3. 特別抗告

특별항고라 함은 불복을 신청할 수 없는 결정이나 명령에 대하여 재판에 영향을 미친 헌법위반이 있거나, 재판의 전제가 된 명령 · 규칙 · 처분의 헌법 또는 법률위반 여부에 대한 판단이 부당하다는 것을 이유로 하여 대법원에 하는 항고를 말한다(449).

특별항고에 대하여 그렇지 아니한 항고를 일반항고라 한다. 결정이나 명령에

1) 특별항고에 관한 집행법원 재판장의 항고장각하명령에 대한 불복방법인 즉시항고(450, 425, 399 Ⅱ, Ⅲ)는 재항고 또는 특별항고가 아니라 '최초의 항고'이다[大(全)決 1995. 1. 20, 94 마 1961; 大決 2015. 4. 7, 2014 그 351].

대하여 특별항고라는 신중한 구제수단을 둘 필요가 있는가에 관하여는 입법론상 의문이 제기되고 있다.

4. 附隨的 決定에 대한 抗告, 獨立的 決定에 대한 抗告

전자는 민사소송절차에서 부수적으로 행하는 결정에 대한 항고이고, 후자는 각각의 법률에 정한 특칙(예컨대 非訟 20 이하, 破 13, 53, 316, 598, 民執 15, 家訴 43) 외에 민사소송법의 규정이 준용된다(예컨대 非訟 23, 破 33, 家訴 34). 전자와 후자는 본래 그 성질이 판이하므로, 민사소송법을 준용할 때는 이 점을 충분히 고려하여야 한다.

Ⅲ. 抗告할 수 있는 裁判

항고는 모든 결정과 명령에 대하여 허용되는 것은 아니고, 성질상 상소할 수 있고, 법률이 인정한 경우에 한하여 허용된다.

1. 抗告가 허용되는 決定·命令

(1) 소송절차에 관한 신청을 기각한 결정·명령(439)

법문은 기각이라고 하였으나, 각하한 경우도 포함된다고 풀이한다.

i) 소송절차에 관한 신청이라 함은 본안의 신청과 구별되는 것으로서, 사건심리의 내용에 직접 관계가 없는 절차의 개시·진행 등에 관한 신청을 말한다. 예컨대, 관할의 지정신청(28, 家訴 3), 소송인수신청(82), 담보취소신청(125), 기일지정신청(165 Ⅰ 本), 공시송달 처분의 취소(194 Ⅳ), 수계신청(243), 증거보전신청(375) 등이 이에 해당한다. ii) 당사자에게 신청권이 있어야 하므로, 그 신청이 법원의 직권발동을 촉구하는 데 그치는 경우에는 신청을 기각한 재판에 대하여 항고할 수 없다. 예컨대 변론재개신청의 기각결정[1] 등이 그러하다. iii) 또한 필수적 변론을 거치지 아니하고 신청에 대하여 한 재판만이 항고의 대상이 된다(日民訴 328 참조). 그 이유는 필수적 변론을 거쳐서 하여야 할 재판은 종국판결의 전제로서 사건의 심리와 밀접한 관련이 있기 때문에 종국판결과 일체로 불복을 신청하도록 하는 것이 적당하기 때문이다

1) 大判 1966. 3. 22, 65 다 2091. 판례는 관할위반을 이유로 한 이송신청의 기각결정에 대하여도 불복할 수 없다고 본다[大(全)決 1993. 12. 6, 93 마 524].

(392 참조). 그리하여 청구의 변경의 불허가결정(263), 증거신청을 각하하는 결정(290),[1] 실기한 공격방어방법의 각하결정(149)[2] 등은 필수적 변론을 거쳐서 한 것이므로 항고할 수 없다. iv) 소송절차에 관한 신청을 기각한 경우에만 항고가 가능하므로 이를 인용한 결정·명령에 대하여는 항고할 수 없다. 왜냐하면 신청이 인용된 이상 신청인이 불복할 이유가 없기 때문이다. v) 신청의 기각(각하)결정에 대하여 상대방은 항고할 수 없는 것이 원칙이다. 왜냐하면 자기의 신청이 기각(각하)된 것은 아니기 때문이다.

(2) 형식에 어긋나는 決定·命令(440)

판결로 재판하여야 할 사항에 대하여 결정 또는 명령으로 재판한 때에는 항고할 수 있다. 그렇지 않으면 판결로 할 것을 결정 또는 명령으로 재판함으로써 당사자의 상소권을 박탈할 수 있는 결과로 되기 때문이다(자세한 것은 상소의 종류에 관한 설명 참조).

(3) 强制執行法上의 決定·命令(民執 15)

강제집행절차의 결정·명령에 대하여는 특별한 규정이 있는 경우에 한하여 즉시항고를 할 수 있다. 예컨대 집행이의에 관한 결정, 강제집행의 취소결정(民執 17 I), 재산명시신청의 기각결정(民執 62 VIII), 재산명시명령의 취소결정(民執 63 V), 채무불이행자명부등재결정(民執 71 III), 유체동산압류의 취소결정(民執 196 IV), 채권압류명령(民執 227 IV), 추심명령과 전부명령(民執 229 VI) 따위가 그것이다. 다만 부동산경매절차의 매각허가결정에 대하여 항고를 할 때는 보증금을 공탁하여야 한다(民執 130 III). 이것은 항고를 억제하려는 취지이다.[3]

(4) 法律이 개별적으로 抗告를 인정하는 決定·命令

법률이 개별적으로 항고를 인정하는 경우는 대부분 즉시항고이다(39, 47 II, 107 III, 125 IV, 133, 211 III, 311, 311, 348, 351, 360, 363, 366, 370).

---

1) 大判 1965. 5. 31, 65 다 159.

2) 大判 1951. 4. 8, 4283 民上 18.

3) 금융기관의 연체대출금에 관한 특별조치법도 마찬가지의 규정을 두고 있었으나(同法 5의 2), 헌법재판소의 위헌결정에 의하여 실효되었다(憲裁決 1989. 5. 24, 89 헌가 37).

2. 抗告가 허용되지 않는 決定·命令

(1) 不服申請을 할 수 없는 裁判

법률의 규정 또는 성질상 불복신청을 할 수 없는 결정·명령에 대하여는 항고할 수 없다(예컨대 28 Ⅱ, 47 Ⅰ, 337 Ⅲ, 465 Ⅱ, 500 Ⅲ).

(2) 抗告 이외의 不服申請方法이 인정된 裁判

이 경우에는 그 특별한 불복신청방법에 의하여야 한다. 예컨대 지급명령에 대한 이의신청(470), 가압류결정·가처분결정[1]에 대한 이의신청(民執 283, 301) 따위이다.

(3) 大法院의 決定·命令

대법원은 최종심이므로 그 재판에 대하여는 항고할 수 없다.[2]

(4) 受命法官·受託判事의 裁判

수명법관 또는 수탁판사는 수소법원으로부터 권한을 받아 수소법원을 갈음하여 특정한 직무를 수행하기 때문에, 그들의 재판에 대하여는 먼저 수소법원에 이의를 신청하고, 그 이의신청에 대한 결정을 거쳐서 비로소 항고할 수 있게 하였다. 다만 그 재판이 수소법원 스스로 하였을 경우에 항고할 수 있는 성질의 재판이어야만 한다. 이 항고를 준항고라고 한다(441).

(5) 中間的 裁判

중간적 재판에 대하여는 독립하여 불복할 수 없으므로 중간적 재판의 성질을 가지는 결정·명령에 대하여는 항고할 수 없다. 예컨대, 위헌제청신청의 기각결정,[3] 경매절차의 속행명령,[4] 소송인수결정,[5] 가처분을 위한 공탁명령[6] 따위가 그러하다.

---

1) 大決 1970. 1. 27, 69 마 1001.
2) 大決 1966. 12. 21, 66 사 7.
3) 大決 1981. 7. 3, 80 마 505(구 헌법하의 사건이다); 2015. 1. 6, 2014 그 247.
4) 大決 1974. 2. 27, 74 마 8.
5) 大決 1981. 10. 29, 81 마 357.
6) 大決 1965. 3. 24, 65 마 99.

Ⅳ. 抗告節次

1. 當 事 者

항고는 엄격한 당사자 대립의 구조를 가지지 않는 편면적 불복절차이다. 그러나 재판사항이 대립하는 이해관계인을 전제로 하는 경우에는 항고인에 대한 상대방이 존재하며, 절차상으로도 당사자가 된다. 판결절차에서 파생하는 사항의 경우에는 원고 · 피고가 항고인 · 상대방으로 되는 경우가 많다. 그러나 처음부터 반대의 이해관계인이 없는 경우도 있고(예컨대 증인 · 감정인에 대한 과태료의 결정에 대한 항고, 소장각하명령에 대한 항고에서도 피고가 상대방이 되는 것은 아니다), 또 상대방이 명백하지 아니한 경우에는 법원이 반대의 이해관계인을 지정하여 이를 심문할 수도 있다(民執 131 I). 그리하여 보통의 경우에는 항고장에 피항고인을 표시하거나 항고장을 상대방에 송달하여야 하는 것은 아니다.[1)]

2. 抗告의 提起

항고의 제기에 관하여는 항소의 제기에 관한 규정이 준용된다(443 I).

(1) 提起의 方式

원재판에 의하여 불이익을 받는 당사자 또는 제3자는 항고를 제기할 수 있다. 항고의 제기는 원심법원에 항고장을 제출함으로써 한다(445). 항고장에는 당사자 및 법정대리인, 원재판의 표시, 그 재판에 대한 항고의 취지를 적어야 한다(443, 397). 항고장에는 소정의 인지를 붙여야 한다(民印 11). 특히 부동산경매절차에서 매각허가결정에 대하여 항고를 할 때는 항고장에 보증공탁증명서를 첨부하여야 한다(民執 130 Ⅳ). 민사집행법은 집행절차상의 즉시항고에 항고이유서제도를 채용하고 있다. 그리하여 항고장에 항고이유를 적지 아니한 때에는 항고장을 제출한 날로부터 10일 이내에 항고이유를 적은 항고이유서를 원심법원에 제출하여야 하도록 하고 있다(民執 15 Ⅲ).

항고심절차에는 항소심절차가 준용되므로(443 I), 원심재판장의 항고장심사권이 인정된다고 본다.[2)]

---

1) 大決 1966. 8. 12, 65 마 473; 1997. 11. 27, 97 스 4.

2) 同旨: 李時, 962면.

(2) 抗告期間

즉시항고는 재판이 고지된 날부터 1주 이내의 불변기간 안에 제기하여야 하고 (444), 통상항고에 관하여는 기간의 정함이 없고 불복의 이익이 있는 한 언제든지 제기할 수 있다. 결정·명령과 같은 재판은 원본이 법원사무관등에게 교부되었을 때 성립하기 때문에,[1] 이미 성립한 결정·명령에 대하여는 그것이 고지되어 효력을 발생하기 전에도 불복하여 항고할 수 있다.[2]

(3) 抗告·附帶抗告의 取下·抛棄

이에 관하여는 항소에 준한다.

(4) 抗告權의 失效

통상항고권을 오래도록 행사하지 않는 경우에는 실효되는 수가 있다.[3]

3. 抗告提起의 效力

(1) 再度의 考案

1) 항고가 제기되면 원재판의 기속력이 배제되어, 원심법원은 스스로 항고의 적부(適否) 및 당부(當否)를 심사할 수 있으며, 만일 항고에 정당한 이유가 있다고 인정하면 스스로 그 재판을 경정할 수 있다(446). 이를 재도의 고안이라고 한다. 이것은 상소심의 절차를 생략하고 간이·신속하게 사건을 처리하여 당사자의 이익을 보호하기 위한 것이다.

2) 법문에는 경정이라고 되어 있으나, 단순히 잘못된 계산·기재의 경정(211)뿐만 아니라 재판의 취소·변경도 할 수 있다. 법령위반뿐만 아니라 사실인정의 부당도 바로 잡을 수 있고, 재판누락의 경우에도 경정할 수 있다.[4] 그러나 주문을 변경하지 않고 이유만을 경정하는 것은 허용되지 않는다(통설).

---

1) 大決 2013. 7. 31, 2013 마 670.

2) 결정을 고지하기 전에 한 항고는 부적법하다고 하였던 종전 판례(大決 1983. 3. 29, 83 스 5)는 2014년 대법원 전원합의체 결정, 大(全)決 2014. 10. 8, 2014 마 667에 의해 변경되었다.

3) Zeiss, §84 II 2 g).

4) 大決 1959. 3. 12, 4291 民再抗 53.

3) 원심법원은 재도의 고안을 위하여 필요하다면 변론을 열거나 당사자를 심문하고 새로운 사실과 증거를 조사할 수도 있다.[1] 다만 인지부족으로 소장각하명령을 한 경우에 뒤에 인지를 보정하여 항고하여도 재도의 고안에 의하여 소장각하명령을 경정할 수 없다.[2]

4) 재도의 고안에 의한 경정은 항고가 적법한 경우에만 가능하다(다수설 · 판례).[3]

5) 경정결정을 하면 원결정은 그때부터 확정적으로 실효되고 그 한도에서 항고의 목적이 달성되므로 항고절차는 종료된다. 다만 경정절차에 대하여는 별도의 항고가 허용된다.[4]

6) 재도의 고안은 보통항고(통상항고)에 대하여만 허용된다고 본다. 왜냐하면 즉시항고는 기속력이 인정되는 결정 · 명령에 대한 것이기 때문이다. 그러나 판례는 즉시항고에 대하여도 이를 허용한다.[5]

(2) 移審의 效力

원심법원이 항고를 부적법 또는 이유 없다고 인정하는 때에는 항고기록을 항고법원에 송부하여야 한다(446, 443 Ⅰ, 400). 이에 의하여 사건은 항고법원으로 이심된다.[6]

(3) 執行停止의 效力

결정 · 명령은 즉시 집행력을 발생시키는 것이 원칙이지만(民執 56 ①), 이에 대하여 즉시항고가 제기되면 일단 발생한 집행력이 정지된다(447). 통상항고의 경우에는 당연히 집행정지의 효력이 있는 것이 아니므로, 항고법원 또는 원심법원이나 법관은

---

1) 李時, 963면; 金/姜, 937면.

2) 大(全)決 1968. 7. 29, 68 사 49; 마찬가지로, 항소장 각하명령의 원본이 법원사무관등에게 교부되어 성립한 이상 그 명령이 고지되기 전에 인지보정을 하더라도 재도의 고안에 의해 취소할 수 없다는 것으로는, 大決 1969. 12. 8, 69 마 703.

3) 大決 1967. 3. 22, 67 마 141. 항고가 부적법하여도 가능하다는 견해로는 菊井(下), 481면.

4) 별도의 항고에서 항고법원이 경정결정을 취소하면 경정결정이 없는 상태로 환원되어 당초의 항고가 존속된다(大決 1967. 3. 22, 67 마 141).

5) 大決 1967. 3. 22, 67 마 141. 도이칠란트 구 민사소송법은 즉시항고에는 재도의 고안이 허용되지 아니함을 명문으로 규정하고 있었으나(舊獨民訴 577 Ⅲ), 도이칠란트 개정민사소송법(2002. 1. 1. 시행)은 소송의 신속을 꾀하기 위하여 통상항고와 즉시항고를 모두 즉시항고로 통합하여 규정하면서, 즉시항고의 경우에도 재도의 고안이 가능하게 하였다(獨民訴 572 Ⅰ).

6) 구 법에서는 원심법원이 항고를 이유 없다고 인정하면 그에 관한 의견서를 붙여서 송부하도록 하였으나(舊民訴 416 Ⅱ), 종래에 이 제도가 실무상 형식적으로 운영되어왔던 점을 고려하여, 새 법에서는 폐지하였다(446).

항고에 대한 결정이 있을 때까지 원심재판의 집행을 정지하거나, 그 밖의 필요한 처분을 명할 수 있다(448). 이 집행정지 등의 처분은 직권 또는 당사자의 신청에 의하여야 한다. 이 재판에 대하여는 불복신청을 할 수 없다고 보아야 할 것이다(500 Ⅲ 유추).

4. 抗告審의 審判

1) 항고심의 절차는 성질에 반하지 않는 한 항소심에 관한 규정을 준용한다(443). 따라서 항고심의 심판범위는 항고인이 불복을 신청한 한도에 제한되고(443 I, 407), 항고인은 항고심 재판이 있기까지 언제나 불복신청의 범위를 변경할 수 있다. 항고심에서도 제3자의 소송참가가 인정되고,[1] 부대항고도 허용된다.

2) 항고심의 절차는 결정절차이므로 변론을 여느냐 여부는 법원이 임의로 정한다(134 I 但). 변론을 열지 않는 경우라도 항고인·이해관계인, 그 밖의 참고인을 심문할 수 있다(134 II).[2] 이해관계인 등의 심문은 항고법원의 재량에 속하는 것이 원칙이지만(134),[3] 절차권보장을 위하여 상대방의 심문이 요구되는 경우가 있을 수 있다.[4]

3) 항고심도 사실심이므로, 항고인, 그 밖의 이해관계인은 새로운 사실이나 증거를 제출할 수 있다. 항고법원의 조사범위는 항고이유에 의하여 제한되는 것이 아니다.[5]

4) 항고심의 종국재판은 결정이고, 그 내용은 항소심의 종국판결에 준한다. 그리하여 항고각하·항고기각 및 항고인용의 세 가지가 있고, 항고인용의 경우에는 원재판을 취소하고 환송 또는 자판한다. 항고법원이 제1심결정을 취소하고 환송하는 경우에는 민사소송법 제436조 제3항이 준용되지 아니한다.[6] 집행법원의 재판에 대하여 즉시항고를 하면서 항고이유서를 제출하지 아니하거나 항고이유를 대법원 규칙이 정하는 바에 따라 적지 아니한 때에는 그 즉시항고를 각하한다(民執 15 V).

---

1) 同旨: 李時, 965면; 大決 1962. 6. 21, 4294 民再抗 472. 反對: 大決 1973. 11. 15, 73 마 849.

2) 大決 2012. 5. 31, 2012 마 300.

3) 따라서 특별한 사정이 없는 한 항고법원이 변론을 열거나 이해관계인을 심문하지 않은 채 **서면심리만으로 결정**에 이르렀다고 하여 이를 위법하다고 할 수 없다: 大決 2020. 6. 11, 2020 마 5263.

4) 獨憲裁決定 BVerfGE NJW 1974, 133; 1982, 1691.

5) 大決 1982. 10. 12, 82 마 523.

6) 大決 1975. 3. 12, 74 마 413.

V. 再 抗 告

1. 意 義

재항고는 항고법원의 결정·명령과 고등법원 또는 항소법원의 결정·명령에 대하여 법률심인 대법원에 하는 항고이다.[1] 재판에 영향을 미친 헌법·법률·명령 또는 규칙의 위반을 이유로 드는 때에만 할 수 있다(442).[2] 상고특례법은 재항고사유를 더욱 제한하여, i) 헌법에 위반하거나 헌법을 부당하게 해석한 때, ii) 명령·규칙·처분의 법률위반 여부에 대하여 부당하게 판단한 때, iii) 법률·명령·규칙 또는 처분에 대하여 대법원판례와 상반되게 해석한 때에 한하여 원심결정이나 명령에 영향을 미쳤을 때 허용하고 있다(上告特例法 7. 4 II).

2. 再抗告할 수 있는 裁判

1) 재항고를 할 수 있는 재판은 항고법원의 결정·명령과 고등법원 또는 항소법원의 결정·명령이다(442). 종국적 결정·명령에 한한다.[3] 여기에서 항고법원의 결정이란 지방법원 합의부나 고등법원이 항고심으로서 한 결정을 뜻한다. 지방법원 합의부(항소부) 또는 고등법원이 제1심으로 한 결정·명령(예컨대 지방법원 합의부의 법관기피신청의 각하결정)에 대하여도 대법원에 재항고를 한다.[4]

2) 어느 재판이 재항고의 대상적격을 가지느냐는 항고법원의 결정의 내용에 의하여 결정된다. 항고를 부적법각하한 재판은 재항고적격이 있다(439). 항고기각의 결정은 항고가 허용되는 원재판(최초의 재판)을 유지하는 것이므로, 이에 대하여 재항고가 가능하지만, 재항고권은 결정을 받은 항고인만이 가진다.[5] 항고를 인용

---

1) 재항고심은 사후심으로서, 항고심의 사실인정에 법령 위반이 있었는지 판단함에는 항고심 결정단계까지 제출된 소송자료를 기초로 하여야 하며, 재항고인이 재항고를 제기하면서 제출한 증거자료 등은 재항고의 당부판단에 참작할 수 없다(大決 2010. 4. 30, 2010 마 66).

2) 도이칠란트는 2001년 개정민사소송법(2002. 1. 1. 시행)으로 재항고(Weitere Beschwerde)제도를 권리항고(Rechtsbeschwerde)제도로 바꾸고, 사건에 '원칙적인 중요성'(grundsätzliche Bedeutung)이 있거나 '법의 형성'이나 '판례의 통일'을 위하여 필요한 경우에 한하여 권리항고를 허가하도록 하고 있다(獨民訴 574).

3) 大決 1981. 7. 3, 80 마 505.

4) 大決 2004. 4. 28, 2004 스 19. 과거에는 지방법원 본원합의부(항소부)가 제1심으로 한 결정·명령에 대하여는 고등법원에 항고할 것인가, 대법원에 재항고할 것인가에 관하여 다툼이 있었다. 전설: 朴禹東, 註釋民訴(下), 578면. 후설: 李時潤, 民事訴訟法(全訂版, 1984), 778면.

5) 大決 1985. 4. 2, 85 마 123.

한 결정에 대하여는 그 내용이 항고에 적합한 경우에 한하여 재항고할 수 있다. 예컨대 기피신청기각결정에 대한 항고심이 기피를 이유 있다는 결정을 할 때에는 이에 대하여 불복신청을 할 수 없으므로(47 Ⅰ), 재항고도 허용되지 아니한다.

3) 재항고가 즉시항고인가 통상항고인가도 항고법원의 결정의 내용에 의하여 결정된다. 최초의 항고가 즉시항고인데 항고법원이 항고를 기각한 때에는 이에 대한 재항고도 즉시항고이다.[1] 그러나 항고법원이 원심재판을 변경한 때에는 그 내용이 즉시항고에 의할 것이면 즉시항고, 통상항고에 의할 것이면 통상항고이다. 예컨대 담보취소결정에 대한 항고는 즉시항고인데(125 Ⅳ), 항고법원이 이를 취소하고 담보취소신청을 기각한 경우에 그 결정에 대하여 하는 재항고는 통상항고이며(439), 반대로 담보취소신청을 기각한 결정에 대한 항고는 통상항고인데, 항고법원이 이를 받아들여 담보취소결정을 하면 이에 대한 재항고는 즉시항고이다(125 Ⅳ).

3. 再抗告의 節次

1) 재항고와 이에 관한 소송절차에는 민사소송법의 상고에 관한 규정(443 Ⅱ)이 준용된다. 따라서 재항고를 제기할 때에는 재항고장을 원심법원에 제출하여야 한다(그 밖의 절차는 상고심절차에 관한 설명을 참조).

2) 심리불속행으로 인한 재항고기각결정 및 재항고이유서 부제출로 인한 재항고기각결정에는 이유를 기재하지 아니할 수 있다(上告特例法 7, 5 Ⅰ). 다만 상고특례법 제6조의 제한이 있다.[2]

Ⅵ. 特別抗告

1. 意 義

특별항고란 불복을 신청할 수 없는 결정이나 명령에 대하여 대법원에 하는 항고이다(449). 이것은 형식적으로 확정된 결정・명령에 대한 불복신청이므로 본래의

1) 大決 2004. 5. 17, 2004 마 246.

2) 민사소송법 제224조 제1항 단서가 있으므로, 결정이유 기재의 생략에 관한 上告特例法의 준용규정은 불필요하다고 생각한다.

상소는 아니다. 헌법에서 명령·규칙 또는 처분이 헌법이나 법률에 위반되는 여부가 재판의 전제가 되는 경우에 대법원이 이를 최종적으로 심사할 권한을 가진다고 하고 있기 때문에(憲 107 Ⅱ), 불복을 신청할 수 없는 결정이나 명령에 대하여도 예외적으로 대법원에 불복할 수 있도록 하고 있다. 그러나 결정이나 명령에 대하여 특별항고라는 신중한 구제수단을 둘 필요가 있는지는 의문이다.

2. 對　象

불복을 신청할 수 없는 결정·명령이다. 명문의 규정에 의하여 불복이 금지되는 결정·명령(예컨대 500 Ⅲ後)[1] 뿐만 아니라, 해석상 불복이 금지되는 결정·명령도 포함된다.[2] 그러나 대법원의 결정·명령에 대하여 다시 대법원에 특별항고는 할 수 없다.[3] 경락허가결정이나 그에 대한 즉시항고를 각하한 결정,[4] 관할위반에 의한 이송신청각하 또는 기각결정,[5] 가처분결정,[6] 강제집행취소결정,[7] 대법원재판장의 재항고장각하명령[8] 등은 특별항고의 대상이 될 수 없다.

3. 特別抗告理由

재판에 영향을 미친 헌법위반이 있거나 재판의 전제가 된 명령·규칙·처분의 헌법 또는 법률위반 여부에 대한 판단이 부당한 것을 이유로 하는 때이다(449 Ⅰ). 구법에서는 재판에 영향을 미친 헌법위반뿐만 아니라 '법률위반'도 특별항고의 이유가 되었으나, 신법은 특별항고의 남용을 막기 위하여 후자를 삭제하였다. 한편 상고특례법 제7조는 민사소송의 특별항고 사건에 동법 제4조 제2항·제3항을 준용하도록 하고 있어 결과적으로는 동법 제4조 제1항의 심리속행사유 중 제1호부터 제3호까지만을 준용하게 된다. 따라서 이들 규정에 의하면 원심결정이나 명령이 i) 헌법에 위반되거나, 헌법을 부당하게 해석한 때, ii) 명령·규칙 또는 처분의 법률위반 여부에 대하여 부당하게 판단한 때 및 iii) 법률·명령·규칙 또는 처분에 대

---

1) 大決 1981. 8. 21, 81 마 292; 1987. 12. 30, 86 마 347; 2015. 1. 30, 2014 그 553.
2) 大決 1985. 5. 31, 85 그 44; 1986. 11. 7, 86 마 895.
3) 大決 1984. 2. 7, 84 그 6; 1994. 8. 11, 94 그 25.
4) 大決 1983. 11. 25, 83 그 37.
5) 大決 1985. 4. 30, 84 그 24; 大(全)決 1993. 12. 6, 93 마 524.
6) 大決 1992. 8. 29, 92 그 19.
7) 大決 1994. 5. 9, 94 그 4.
8) 大決 1994. 8. 11, 94 그 25.

하여 대법원판례와 상반되게 해석한 때에 한하여 그것이 원심결정이나 명령에 영향을 미쳤을 때에만 특별항고를 할 수 있다(上告特例法 7, 4 Ⅱ, Ⅲ). 살피건대 민사소송법 제449조 제1항은 특별항고에 준용되는 상고특례법 제4조 제1항 제1호부터 제3호의 이유들을 대부분 수용하고 있으면서도 제3호의 대법원판례위반을 특별항고이유에서 제외하고 있음을 알 수 있다. 이에 상고특례법보다 후법인 2002년 민사소송법이 판례위반을 특별항고이유에서 배제시켰으므로 상고특례법을 더 이상 준용할 여지가 없게 되었다는 견해도 있으나,[1] 상고특례법상의 규정은 상고특례법 자체의 개정 또는 뒤에 제정되는 다른 법률의 부칙 등을 통하여 그 효력을 배제하지 않는 한 그 효력이 없어지지 않는다. 따라서 상고특례법상의 규정이 뒤에 그와 다른 내용의 민사소송법이 제정되었다는 이유만으로 효력을 잃었다고 풀이하는 것은 해석론의 범위를 벗어나는 것이 아닌가 염려된다. 그러므로 상고심특례법 제4조 제1항 제1호부터 제3호까지의 상고이유는 민사소송법 제449조 제1항에도 불구하고 특별항고이유로 그대로 유효하다고 볼 것이다.

민사소송법 제449조 제1항에서 결정이나 명령에 대해 재판에 영향을 미친 헌법위반이 있다고 하는 것은 결정이나 명령절차에서 헌법 제27조 등에 규정하고 있는 적법한 절차에 따라 공정한 재판을 받을 권리가 침해된 경우를 포함한다.[2] 법원의 결정이나 명령이 법률에 위반되거나 대법원 판례에 반한다고 주장하는 것은 민사소송법이나 상고특례법상 모두 특별항고이유가 되지 못한다.[3]

4. 抗告期間

결정 또는 명령이 고지된 날부터 1주의 불변기간이다(449 Ⅰ·Ⅲ).

5. 抗告提起의 效果

특별항고는 집행정지의 효력이 없으므로, 원심법원 또는 대법원은 집행정지, 그 밖의 필요한 처분을 할 수 있다(450, 448).

---

1) 李時, 968면; 김홍엽, 1274면; 한충수, 1207면.

2) 大決 2020. 3. 16, 2020 그 507; 2013. 6. 10, 2013 그 52; 2011. 10. 28, 2011 그 184; 2004. 6. 25, 2003 그 136.

3) 大決 2014. 5. 26, 2014 그 502; 2008. 10. 23, 2007 그 40.

6. 特別抗告節次

특별항고에는 그 성질에 반하지 않는 한 상고에 관한 규정을 준용하지만(450), 상고특례법 제7조, 제5조, 제6조의 특례가 있다. 특별항고의 경우에는 재도의 고안이 허용되지 아니한다.[1)]

7. 特別抗告를 一般抗告로 提起한 경우

특별항고의 대상밖에 되지 않는 재판을 일반항고의 대상이 되는 것으로 오해하여 일반항고를 제기하는 경우가 적지 않다. 이러한 경우에는 일반항고를 특별항고로 선해(善解)하여 대법원으로 기록송부를 하여야 한다.[2)]

---

1) 大決 2001. 2. 28, 2001 그 4.
2) 大決 1982. 5. 11, 82 마 41; 1999. 7. 26, 99 마 2081; 2011. 2. 21, 2010 마 1689.

제 5 장 再　　審

Ⅰ. 再審의 槪念

1) 재심(Wiederaufnahme des Verfahrens)이라 함은 확정된 종국판결에 중대한 흠이 있는 경우에 판결을 한 법원에 대하여 그 판결의 취소와 사건의 재심판을 구하는 비상의 불복신청방법을 말한다. 민사소송법은 법적 안정성을 위하여 판결이 확정되면 거기에 기판력을 인정하고, 당사자는 사건에 관하여 더 이상 재론할 수 없도록 하였다(판결의 편취의 경우에 손해배상청구를 인정하는 것은 그 예외이다). 그러나 확정된 판결의 소송절차에 중대한 흠이 있거나 그 판결의 기초인 자료에 비상한 결함이 있는 경우에도 이를 전혀 도외시한다면 이는 재판의 적정이라는 이념에 반하고 구체적 정의에 반한다. 여기에서 법적 안정성과 구체적 정의라는 상반된 목적을 달성하기 위한 타협으로 인정된 것이 재심제도이다. 다만 이 제도는 확정판결을 곧바로 무효로 하는 것이 아니라 i) 일정한 재심사유가 있는 때에 한하여, ii) 일정한 기간(재심기간) 이내에, iii) 소의 방식에 의하여서만 확정판결의 취소를 주장할 수 있도록 하는 것이다.

2) 재심의 소는 확정판결의 취소와 종결된 소송사건의 재심판을 구하는 소이다. 확정판결의 취소를 구하는 점에서 소송법상의 형성의 소의 일종이며, 종결된 소송절차의 재개와 속행을 구하는 점에서 부수소송(附隨訴訟)의 성질을 가진다.

3) 재심의 소는 확정된 종국판결에 대한 불복신청방법이라는 점에서 확정 전의 종국판결에 대한 불복신청방법인 상소와 다르다. 또한 재심의 소는 판결 전의 절차나 자료의 흠을 이유로 하는 점에서 판결 후의 상소제기의 장애를 사유로 하는 상소의 추후보완(173)과도 다르다. 또 재심은 집행의 저지·배제에 이바지하지만(500, 民執 49), 확정판결의 소급적 취소를 구하는 점에서, 확정판결을 취소하지 않고 판결 후의 사유에 의하여 집행력의 배제를 구하는 청구이의의 소(民執 44)와도 다르다.

Ⅱ. 再審訴訟의 訴訟物과 審理對象

1. 訴 訟 物

(1) 二元論

재심의 소는 원판결의 취소와 본안에 관한 새로운 변론 및 재판이라는 두 가지 목적을 가지고 있다. 그리하여 재심의 소의 소송물은 원판결의 취소요구라는 소송물과 전 소송의 소송물의 두 가지로 구성된다고 보는 소송물이원론(Zweistreitgegenstandslehre)이 종래의 통설이었다.[1] 그리고 이러한 소송물이원론을 전제로 하여 다시 원판결의 취소요구를 둘러싸고 이를 통틀어 하나의 소송물로 볼 것이냐, 재심사유마다 별개의 소송물로 볼 것이냐에 관하여 상이한 소송물이론이 전개되어 왔다. **구실체법설**에 의하면 각 재심사유마다 소송물이 별개이고,[2] **이지설**(이원설)에 의하는 경우에도 각 재심사유마다 각기 다른 사실관계에 터잡고 있으므로 소송물이 다른 것으로 본다. 이에 반하여 **일지설**(일원설)에 의하면, 재심의 소의 소송물은 확정판결의 취소를 구하는 법적 지위의 주장으로서, 1개의 확정판결에 관하여는 하나의 소송물이 성립할 뿐이며, 각 재심사유는 공격방법에 불과한 것으로 된다.[3] 다만 원판결의 취소요구라는 소송물을 통틀어 하나로 보고 각 재심사유는 공격방법에 불과하다고 풀이하는 경우에는 당사자가 전혀 주장하지 아니한 재심사유도 기판력에 의하여 그 주장이 차단되어 매우 부당하므로, 이 견해에서도 당사자가 알지 못하여 주장하지 못한 새로운 재심사유에 기하여 새로이 재심의 소를 제기하는 것은 무방하다고 한다.[4] 그러나 이러한 해석은 모든 재심사유를 통틀어 소송물이 하나라고 주장하는 출발점과 모순되는 것이다. **신실체법설**은 이 경우에 하나의 소송물로 보는 입장과 재심사유마다 소송물이 별개라고 보는 입장으로 나누어져 있다.

---

1) 대법원은 재심의 소를 "확정된 판결의 취소와 본안사건에 관하여 확정된 판결에 갈음한 판결을 구하는 복합적 목적을 가진 것으로서 이론상으로는 재심의 허부와 재심이 허용됨을 전제로 한 본안심판의 두 단계로 구성되는 것"으로 파악하고 있지만(大判 1994. 12. 27, 92 다 22473) 이로부터 우리 판례가 소송물이원론을 취하고 있다는 결론이 바로 도출될 수는 없다 할 것이다.

2) 大判 1970. 1. 27, 69 다 1888.

3) 李時, 973면; 金/姜, 945면.

4) 李時, 973면; 金/姜, 947면.

(2) 一元論

그런데 최근에는 종래의 소송물이원론을 비판하고, 재심의 소의 소송물은 구소송의 소송물뿐이라고 하는 견해 및 이와 반대로 원판결의 취소요구만이 소송물이라고 하는 소송물일원론(Einstreitgegenstandslehre)이 유력하게 주장되고 있다. 도이칠란트의 '베에레'(Behre)는 재심의 소를 상소에 유사한 구제방법으로 보아(즉 이를 소송법상의 형성의 소로 보지 아니한다), 상소의 경우와 마찬가지로 구 소송의 소송물(본안의 소송물)만이 재심소송의 소송물이라는 탁견을 내어놓았고(**본안소송일원론**),[1] 그의 견해는 그 후 도이칠란트의 대가(大家)[2]와 일본의 유력학자[3]의 지지를 받고 있다. 이들은 재심사유의 존재 여부에 관하여 당사자 사이에 다툼이 있을 때에는 중간판결(454 II)을 할 수 있을 뿐 일부판결을 하지 않는데, 이는 소송물이원론으로써는 설명할 수 없고,[4] 또 소송능력 또는 당사자능력의 흠을 간과하였음을 이유로 하여(451 I ③) 재심의 소를 제기하는 경우에는 재심원고가 소송능력 또는 당사자능력을 갖출 것이 요구되지 않는데, 이것은 재심청구를 독립된 소송물로 상정하는 경우에는 설명하기 어렵다는 점[5]을 그 논거로 한다. 이에 반하여 일본의 '우에다'(上田徹一郎)교수는 재심소송을 심리할 때 확정판결의 취소청구에 중점이 있는 점을 중시하여 재심소송의 소송물은 오히려 원판결의 취소요구이고, 재심사유가 존재하는 경우에는 취소청구인용에 의하여 판결의 확정이 배제되고 구 소송이 부활하는 것을 전제로 하여 취소청구와 종래의 본안청구가 같은 소송에서 병합하여 심리·판결되는 것으로 풀이한다(**취소소송일원론**).[6]

(3) 批判 및 私見

확실히 재심소송의 심리의 경우에 원판결의 취소청구에 중점이 있고 또 재심의 소의 대부분이 이 단계에서 배척되고 있는 것이 현실이므로, 원판결의 취소요구를 독립된 소송물로 보는 종래의 이원론 내지 취소소송일원론도 상당한 설득력이 있다. 그러나 재심사유의 존재 여부에 관하여 다툼이 있을 때 일부판결을 하지 않는 점, 소송능력에 흠이 있는 경우에 재심이 가능한 점 등은 소송물이원론 내지 취소

---

1) Behre, *Der Streitgegenstand des Wiederaufnahmeverfahrens*, 1968.
2) Rosenberg, §159 II 3; Stein/Jonas(Grunsky), vor §578 Rdn. 20.
3) 小山, "再審の訴の訴訟物について," 小室=小山還暦記念(下); 齋藤, "再審訴訟の訴訟物," 爭點, 188면.
4) Rosenberg, §159 II 3.
5) 齋藤, "再審訴訟の訴訟物," 爭點, 189면.
6) 上田, 538면.

소송일원론에 의해서는 이론적으로 설명할 수 없다. 따라서 본안소송일원론을 따른다.[1)]

2. 審理對象

재심소송절차에서는 세 단계로 심리가 행하여진다. 제1단계에서는 재심의 소의 적법성(소의 요건)을 조사한다. 재심의 소가 적법하다고 인정되면 제2단계로 재심의 소의 이유구비성(재심사유의 존재)에 관하여 심리한다. 재심사유가 존재한다고 인정되면 제3단계로 본안(구 소송의 소송물)에 관하여 심리한다. 재심의 소를 심리할 때에는 제1단계와 제2단계에 역점이 주어져 있고, 제3단계인 본안소송의 심리에 들어가지 않고 재심각하 또는 기각을 하는 수가 압도적으로 많다. 그렇다고 하여 확정판결의 취소요구를 독립된 소송물로 보아야 할 논리적 필연성이 있는 것은 아니다.

Ⅲ. 再審의 訴의 要件(適法要件)

재심의 소가 적법하기 위한 요건은 다음과 같다. 재심의 소의 요건에 흠이 있고 이를 보정하지 않거나 보정할 수 없을 때에는 재심의 소를 부적법각하하여야 한다.

1. 對象適格

재심의 소의 대상은 확정된 종국판결이다.

1) 종국판결이 아닌 중간판결, 그 밖의 중간적 재판에 대하여는 독립하여 재심의 소를 제기할 수 없으나, 만일 이들에 재심사유가 있고 그 재판이 종국판결의 기본이 된 때에는 종국판결에 대하여 재심의 소를 제기할 수 있다. 그 중간적 재판

1) 이원론을 지지하는 견해 가운데에는 재심사유의 존재 여부에 관한 판단은 소송물인 취소청구의 요건이므로 중간판결을 하는 것은 당연하고 또 소송무능력자가 재심을 청구하는 것도 당연하므로, 이들을 논거로 하는 일원론은 부당하다고 주장하는 견해가 있다(胡, 1124면). 그러나 재심사유는 취소청구를 독립된 소송물로 보지 않는 경우에도 그 적법요건으로 볼 수 있는 것이고(상소의 경우 원판결의 취소요구를 독립된 소송물로 보지 아니하여도 상소의 적법요건은 존재한다), 소송무능력자가 다른 소송행위는 하지 못하는데, 유독 재심의 소를 제기할 수 있는 것이 왜 당연한 것인지 이해하기 어렵다. 그리고 재심사유가 존재하지 않을 때 하는 재심청구의 기각판결은 구 소송의 판결이 잘 되었다는 판결이며, 취소청구를 독립된 소송물로 보아야만 가능한 것은 아니다.

이 종국판결과 함께 상급심의 판단을 받지 아니하는 것(예컨대 불복신청이 허용되지 않는 것 및 독립하여 불복신청이 허용되는 재판, 392 참조)이라도 상관이 없다(452). 종국판결이기만 하면 전부판결이건 일부판결이건 또는 본안판결이건 소송판결이건 이를 불문한다. 확정된 재심판결도 마찬가지이다.[1] 판례는 대법원의 파기·환송판결은 종국판결이지만, 중간판결적 성질을 가지고 있으므로 재심의 대상이 되지 못한다고 한다.[2] 그러나 파기·환송판결을 재심의 대상으로 할 수 없으면 당사자에게는 파기·환송판결상의 재심사유를 다툴 기회가 보장되지 아니한다. 따라서 파기·환송판결도 재심의 대상으로 봄이 타당하다.[3]

2) 확정되지 아니한 판결은 재심의 대상이 될 수 없다. 확정되기 전에 제기한 재심의 소가 각하되지 않고 있는 동안에 판결이 확정되었더라도 그 재심의 소가 적법하게 되지는 않는다.[4] 적법한 송달이 없는 판결은 확정된 것이 아니므로 재심의 대상이 되지 아니하며,[5] 소송계속 전에 사망한 사람을 상대로 한 판결은 무효이지만, 유효한 것으로 이용될 염려가 있으므로 재심의 대상이 된다고 본다(판례는 반대[6]).

3) 판결은 아니지만 즉시항고로 불복을 신청할 수 있는 결정이나 명령이 확정된 경우에도 재심의 소를 제기할 수 있다. 또 확정판결과 동일한 효력이 인정되는 청구의 포기·인낙조서, 화해조서(220)에 대하여도 재심의 소를 제기할 수 있다(461). 이들을 준재심이라고 한다. 그러나 확정된 지급명령(474, 민집 58 Ⅲ)[7]과 이행권고결정(少審 5의7)[8]은 기판력이 없으므로(民執 58 Ⅲ), 재심의 대상이 될 수 없다.

4) 같은 사건의 하급심의 종국판결과 이에 대한 상소를 각하 또는 기각한 상급심의 종국판결이 다같이 확정되었을 때에는 원칙적으로 별개로 재심의 대상이 된

---

1) 大判 2015. 12. 23, 2013 다 17124; 2016. 1. 28, 2013 다 51933; 2016. 1. 14, 2013 다 40070("원래의 확정판결을 취소한 **재심판결에 대한 재심의 소**에서 원래의 확정판결에 대하여 재심사유를 인정한 종전 재심법원의 판단에 재심사유가 있어 종전 재심청구에 관하여 다시 심리한 결과 원래의 확정판결에 재심사유가 인정되지 아니할 경우에는 재심판결을 취소하고 종전 재심청구를 기각하여야 하며, 그 경우 재심사유가 없는 원래의 확정판결 사건의 본안에 관하여 다시 심리와 재판을 할 수는 없다"라고 판시하였나).

2) 大(全)判 1995. 2. 14, 93 재다 27.

3) 자세한 설명은 유병현, "파기환송판결과 재심의 대상," 「인권과 정의」, 1995. 12, 80면 이하.

4) 大判 1980. 7. 8, 80 다 1132; 2016. 12. 27, 2016 다 35123.

5) 大(全)判 1978. 5. 9, 75 다 634.

6) 大判 1982. 12. 28, 81 사 8.

7) 판례도 지급명령에 명문으로 기판력을 부정한 1990년 개정법 이전부터 확정된 지급명령에 대하여 재심을 부정하였다(大判 1967. 7. 18, 67 다 826; 1969. 12. 9, 69 다 1637).

8) 大判 2009. 5. 14, 2006 다 34190.

다. 다만 항소심에서 사건에 대하여 본안판결을 한 경우에는 제1심판결에 대하여는 재심의 소를 제기하지 못한다(451 Ⅲ). 항소심에서는 사건에 대하여 전면적으로 다시 심리하여 본안판결을 하는 것이므로, 항소를 기각하여 제1심판결을 유지한 경우에는 항소심판결에 대하여 재심의 소를 제기할 수 있도록 하면 충분하고, 항소를 인용하여 제1심판결을 취소한 경우에는 제1심판결은 소멸되어 재심의 대상으로 될 수 없기 때문이다.

2. 再審期間

1) 재심의 소는 당사자가 판결이 확정된 뒤 재심사유를 안 날부터 30일의 불변기간 이내에 제기하여야 한다(456 I. Ⅱ).

i) 여기에서 재심사유를 안 날이 언제인가가 문제된다. 민사소송법 제451조 제1항 제1호와 제9호의 경우에는 판결정본이 송달된 때[1]이고(대리인이 있는 경우에는 대리인이 판결정본을 송달받은 때이다),[2] 제4호 내지 제7호의 가벌적 행위를 재심사유로 하는 경우에는 같은 조 제2항의 유죄판결이 확정된 때[3] 또는 증거부족 이외의 이유로 유죄의 확정판결을 할 수 없음을 알았을 때[4](구체적으로는 불기소처분 또는 면소판결이 있음을 안 때)이다.

판례는 준재심과 관련된 사인이기는 하지만, 법인 등의 대표자가 권한 없이 청구의 포기·인낙, 화해를 한 경우에는 그 대표자가 준재심사유를 안 날로부터 준재심의 소 제기기간이 진행한다고 본다. 그러나 대표자가 권한을 남용하여 위와 같은 행위를 하였고 상대방이 대표자의 진의를 알았거나 알 수 있었을 경우에는 법인 등의 이익을 보전할 권한을 가진 다른 임원 등이 준재심사유를 안 때에 준재심 제기 기간이 진행된다고 하였다.[5]

ii) 여러 개의 재심사유를 주장한 때에는 재심기간은 각 재심사유마다 별개로 이를 안 때부터 진행한다.[6]

2) 당사자가 재심사유의 존재를 알지 못하였더라도 판결이 확정된 뒤 5년이 지난 때에는 재심의 소를 제기하지 못한다(456 Ⅲ).[7] 다만 재심사유가 판결이 확정된

1) 大判 1961. 8. 24, 4290 行再 3; 1982. 12. 28, 82 사 20.
2) 大判 1983. 5. 10, 81 사 23.
3) 大判 1963. 10. 31, 63 다 612.
4) 大判 1965. 6. 22, 65 다 680; 1975. 12. 23, 74 다 1398.
5) 大判 2016. 10. 13, 2014 다 12348.
6) 大判 1982. 12. 28, 82 무 2.
7) 대법원은 민사소송법 제456조 제3·4항의 제척기간은 재심사유가 발생한 날(예컨대 피의자의 사망, 공소시효의 완성, 또는 사면 등이 있은 날)부터 진행된다고 한다(大判 1990. 2. 13, 89 재다카 119).

뒤에 생긴 때에는 위 5년의 기간은 그 사유가 발생한 날부터 계산한다(456Ⅳ). 위 5년의 기간은 제척기간이다.[1] 고유기간이 아니므로 늘이거나 줄일 수 없고(172Ⅰ), 불변기간이 아니므로 추후보완이 인정되지 않는다(173).[2]

3) 다만 대리권의 흠 또는 기판력에 어긋나는 경우를 재심사유로 하는 때에는 재심기간의 제한을 받지 아니한다(457). 대리권의 흠을 제외한 것은 절차권을 보장하기 위한 것이고, 기판력에 어긋나는 경우를 제외한 것은 재판의 통일을 꾀하기 위한 것이다. 대리권의 흠에는 소송능력의 흠과 법인의 대표권의 흠이 포함된다. 그러나 특별한 권한수여(특별수권)의 흠은 포함되지 않는다고 보는 것이 판례의 일관된 입장이다.[3] 그러므로 특별한 권한수여의 흠은 재심사유는 되지만(451Ⅰ③), 재심기간의 제한(456)을 받는다.

3. 再審當事者

1) 재심원고는 확정판결의 효력을 받고 또 그 취소를 구할 이익(불복의 이익, Beschwer)이 있는 사람이어야 한다. 그러므로 원칙적으로 확정판결의 당사자로서 전부 또는 일부 패소를 한 사람이다. 그러나 확정판결의 당사자라도 현재 소송물에 관한 적격을 잃었으면 재심원고가 될 수 없다.

i) 당사자는 아니더라도 변론을 종결한 뒤의 일반(포괄) 또는 특정승계인(218Ⅰ)은 재심의 소를 제기할 수 있고, 제3자가 소송을 담당하는 경우의 피담당자(이익귀속주체)(218Ⅲ)도 소송물에 관하여 소송을 할 권능을 가지면(예컨대 대표소송의 회사) 재심의 소를 제기할 수 있다.[4] 판결의 효력이 제3자에게 미치는 경우에는 판결의 취소에 관하여 고유한 이익을 가지는 제3자에게도 당사자적격이 인정된다. 이 경우에는 독립당사자참가(79)의 방식에 의하여 본소의 당사자를 공동피고로 하여야 한다.[5] 제3자를 사해(詐害)하는 판결에 대하여는 제3자가 이를 이유로 재심의 소를 제기할 수 있는 경우

1) 大判 1988. 12. 13, 87 다카 2341.

2) 大判 1992. 5. 26, 92 다 4079.

3) 大判 1980. 12. 9, 80 다 584; 1994. 6. 24, 94 다 4967.

4) 大判 1987. 12. 8, 87 재다 24; 다만 판례는 채권자대위와 관련하여 채무자와 제3채무자 사이의 소송에서 소송수행과 관련한 개개의 소송상 행위는 소송당사자인 채무자의 의사에 맡기는 것이 타당하므로 채권자대위가 허용될 수 없다는 것을 전제로, 상소의 제기와 마찬가지로 종전 재심대상판결에 대하여 불복하여 종전 소송절차의 재개, 속행 및 재심판을 구하는 재심의 소 제기는 채권자대위권의 목적이 될 수 없다고 한다(大判 2012. 12. 27, 2012 다 75239).

5) 方, 691면; 李時, 975면; 金/姜, 954면.

가 있다(商 406, 行訴 31).

ii) 필수적 공동소송의 확정판결의 경우에는 공동소송인 가운데 한 사람이 재심의 소를 제기하면 모두가 재심원고의 지위에 선다. 보조참가인은 피참가인을 위하여 재심의 소를 제기할 수 있다.

iii) 성명도용소송의 확정판결에 대하여 피도용자는 재심의 소를 제기할 수 있다.[1)]

2) 재심피고는 원칙적으로 확정판결에서 승소한 당사자이다. 그의 변론종결 뒤의 승계인도 재심피고가 된다. 가사소송에서 상대방으로 될 사람이 사망한 뒤에는 검사를 피고로 하는 경우가 있다(家訴 24 Ⅲ, 27 Ⅳ, 31, 33).

4. 再審事由의 主張

재심원고는 불복이유로서 법정의 재심사유를 주장하여야 한다.[2)]

Ⅳ. 再審事由

1. 再審事由의 意義

재심사유(Wiederaufnahmegründe)는 재심의 소가 허용되기 위한 사유이다. 재심의 소는 불복의 이유(458 ③)로서 민사소송법 제451조에 열거된 재심사유를 주장하는 경우에 한하여 허용된다. 따라서 재심원고가 법정의 재심사유를 주장하는 것은 소의 적법요건을 이루며, 그 사유의 주장이 없으면 재심의 소는 부적법각하된다.[3)] 따라서 사실오인 내지 법리오해의 위법이 있음을 이유로 제기한 재심의 소는 부적법하다.[4)] 주장된 재심사유가 인정되면 재심의 소는 이유 있게 되며 사건에 대한 재심판이 시작된다.[5)]

---

1) 大判 1964. 11. 17, 64 다 328.
2) 大判 1982. 9. 14, 82 사 14; 1984. 3. 27, 83 사 22; 1987. 12. 8, 87 재다 24.
3) 大判 1982. 9. 14, 82 사 14; 1984. 3. 27, 83 사 22; 1987. 12. 8, 87 재다 24.
4) 大判 1987. 12. 8, 87 재다 24.
5) 일본에서는 재심사유가 인정되면 재심개시결정을 한다(日民訴 346 Ⅰ).

2. 再審事由와 上訴理由

1) 재심사유에 해당하는 사실이 있더라도 판결이 확정되기 전에 당사자가 상소에 의하여 이를 주장하였다가 기각된 경우 및 이를 알고도 상소에 의하여 주장하지 아니한 경우에는 재심의 소를 제기할 수 없다(451 Ⅰ 但). 그리하여 재심의 소는 전 소송에서 재심사유를 상소로써 주장할 수 없었던 경우에 한하여 허용된다(보충성).[1] 상소로써 주장하였으나 상소심이 그 주장에 관하여 판단하지 아니한 경우도 마찬가지이다.[2] 재심사유(451)와 상고이유(424)는 반드시 일치하지는 않지만, 재심사유가 있으면 확정판결도 재심의 소에 의하여 취소되므로 판결확정 전에도 재심사유는 모두 상고이유가 된다고 풀이하여야 한다. 재심의 소의 보충성은 이러한 해석을 전제로 한 것이다.

2) 소액사건의 경우에는 재심사유는 상고이유가 될 수 없으므로(少審 3), 재심의 소의 보충성은 없다.

3. 民事訴訟法上의 각개의 再審事由

1) 재심사유로서는 민사소송법 제451조 제1항에 11개의 사유가 열거되어 있는데, 이는 소송절차에 중대한 흠이 있거나 그 판단의 기초자료에 중요한 결함이 있는 경우이다.[3] 제1호 내지 제3호와 제11호는 절차상의 흠으로서, 이 경우에는 판결내용에 영향을 미쳤는가의 여부를 불문하나, 제4호 내지 제10호는 판결내용의 정당성에 결함이 있는 경우로서 판결주문에 영향을 미칠 가능성이 있어야 한다.[4] 따라서 증인의 위증이 사실인정의 자료가 되지 아니한 경우에는 위증의 판결이 확정되어도 재심사유가 되지 아니한다.[5] 여기에서 증인의 위증이 사실인정의 자료가 되었다 함은 위증이 직접증거로 된 경우만을 가리키는 것이 아니고, 비교증거로 사용되어 간접적으로 영향을 준 경우도 포함한다.[6]

---

1) 2011. 12. 22, 2011 다 73540; 451 Ⅱ의 사유가 있는 경우에는 그것도 함께 주장할 수 있었던 경우이어야 한다(大判 2006. 10. 12, 2005 다 72508).

2) 大判 2002. 9. 4, 98 다 17145; 日東京高判 1952. 12. 13, 下民集 3. 12. 1763.

3) 도이칠란트 민사소송법은 절차상의 흠의 경우에는 무효의 소(Nichtigkeitsklage), 판결기초의 결함의 경우에는 원상회복의 소(Restitutionsklage)를 인정하고 있다.

4) 大判 1983. 12. 27, 82 다 146.

5) 大判 1984. 6. 12, 84 사 13; 1998. 2. 27, 97 다 38152.

6) 大判 1989. 11. 28, 89 다카 13803; 1997. 12. 26, 97 다 42922.

민사소송법이 규정하고 있는 11개의 재심사유는 너무 엄격한 것으로 여겨진다.[1] 예컨대 도이칠란트 민사소송법은 당사자가 자기에게 유리한 문서를 발견한 때에도 재심을 허용하고 있다(獨民訴 580, 7 b). 재심사유의 확대 내지 융통성 있는 해석이 요망된다.

2) 제4호 내지 제7호는 범죄 또는 이에 준하는 가벌적 행위가 있었던 경우인데, 이 경우에는 가벌적 행위가 있는 것만으로는 부족하고 유죄의 판결이나 과태료의 재판이 확정되거나 또는 증거부족 이외의 이유로 유죄의 확정판결이나 과태료의 확정재판을 할 수 없을 때에 한하여 재심의 소를 제기할 수 있다(451 II). 이를 증거확실의 원칙(Prinzip der Beweissicherheit)이라 한다.[2]

i) 여기에서 가벌적 행위만이 재심사유이고 유죄의 확정판결 등은 재심의 소의 적법요건에 지나지 않는가(**적법요건설**), 가벌적 행위와 유죄의 확정판결 등이 합체가 되어 재심사유로 되는가(**합체설**)에 관하여 다툼이 있다.[3] 유죄의 확정판결 등이 없는 경우에 적법요건설에 의하면 재심의 소를 각하하여야 하고, 합체설에 의하면 재심사유가 없는 것으로서 재심청구를 기각하여야 한다. 전설이 타당하다고 생각한다. 판례도 전설의 입장이다.[4] 유죄의 확정판결은 변론을 종결할 때까지 있으면 된다.[5]

ii) 증거부족 이외의 이유로 유죄의 확정판결 등을 할 수 없을 때란 범인의 사망·심신장애,[6] 기소유예처분,[7] 공소시효의 완성,[8] 사면 등의 사유를 가리키며, 소재불명으로 수사불능인 경우,[9] 혐의없음의 불기소처분[10]의 경우는 포함되지 아니한다. 증거부족 이외의 사유만 없었으면 유죄의 확정판결을 받을 수 있었던 점,

---

1) 예시적이 아니고 열거적이다(大判 1990. 3. 13, 89 누 6464).

2) Zeiss, §75 Ⅲ 3 참조.

3) 자세한 것은 三谷忠之, 「民事訴訟の法理」(1988), 100면 이하 참조. 그 밖에 가벌적 행위만이 재심사유로 되고, 유죄의 확정판결 등은 재심의 소의 이유구비요건으로 된다는 견해(이유구비요건설)가 있다. 小室直人, 「上訴制度の研究」(1961), 324면. 이 견해에 의하면 유죄의 확정판결 등이 없으면 재심청구는 이유 없으므로 기각된다.

4) 大判 1983. 12. 27, 82 다 146; 1989. 10. 24, 88 다카 29658. 그러나 후설로 풀이할 수 있는 것도 보인다(大判 1971. 3. 9, 71 다 113; 1975. 12. 23, 74 다 1398).

5) 大判 1983. 12. 27, 82 다 146; RG 8, 395.

6) 大判 1964. 5. 12, 63 다 859(傍論).

7) 大判 1960. 12. 27, 4292 行上 43.

8) 大判 1975. 12. 23, 74 다 1398; 1985. 11. 26, 85 다 418; 2006. 10. 12, 2005 다 72508.

9) 大判 1959. 7. 23, 4291 民上 444.

10) 大判 1975. 5. 27, 74 다 1144; 1989. 10. 24, 88 다카 29658; 1999. 5. 25, 99 두 2475.

즉 가벌적 행위의 존재는 재심법원이 독자적으로 증명에 의하여 인정하여야 하나, 그 증명책임은 재심원고에게 있다.[1)]

iii) 제4호 내지 제7호의 재심사유인 가벌적 행위가 상고이유로 주장되고 사건이 상고심에 계속중에 제2항의 요건을 갖춘 경우에, 상고법원이 스스로 재심사유의 존재 여부에 관하여 심리할 수 있는가, 아니면 가벌적 행위의 존재와 인과관계에 관하여 엄격히 판단하지 말고 원심으로 사건을 환송하여야 하는가가 문제된다. 제4호 내지 제7호의 재심사유는 직권조사사항에 속하므로, 상고심이 스스로 사실심리를 할 수 있다고 본다.[2)]

3) 민사소송법에 열거되어 있는 재심사유는 구체적으로 다음과 같다(451Ⅰ).

(가) 판결법원 구성의 위법(1호)　기본이 되는 변론에 관여하지 아니한 법관이 판결에 관여한 경우(204Ⅰ 참조), 대법원에서 종전의 판례를 변경[3)]하면서 전원합의체가 아닌 부에서 한 경우(法組7Ⅰ③ 참조)[4)] 등이 이에 해당한다.

(나) 재판에 관여할 수 없는 법관의 관여(2호)　법률상 당연히 직무집행에서 제척되는 법관(41), 기피신청이 이유있다는 판결이 확정된 법관(43), 상고심에서 파기환송된 원심판결에 관여한 법관(436Ⅲ) 등이 판결에 관여한 경우가 이에 해당한다. 그러나 재심의 대상이 된 원재판에 관여한 법관이 그 재심사건의 재판에 관여하는 것은 본 조(本條)의 재심사유에 해당하지 아니한다.[5)]

(다) 대리권의 흠(3호)　다만 추인이 있을 때에는 재심사유가 되지 아니한다(3호但). 소송위임장을 위조한 경우,[6)] 특별대리인을 선임하여야 할 경우(62)에 그 선임 없이 소송수행을 한 경우,[7)] 성명도용소송의 피도용자의 경우,[8)] 대표이사가 수수총회의 특별결의사항에 관하여 그 결의 없이 제소전화해를 한 경우,[9)] 일방 당사자에게 회

1) 大判 1982. 9. 14, 82 다 16; 1990. 8. 14, 89 나가 6812 등.
2) 同旨: 兼子, 條解民訴, 1270면.
3) 판례변경의 의미에 대하여는 大判 2009. 7. 23, 2009 재다 516.
4) 大判 1982. 9. 28, 81 사 9; 大(全)判 2000. 5. 18, 95 재다 199.
5) 大判 1971. 5. 11, 71 사 27.
6) 大判 1977. 1. 11, 76 다 333.
7) 大判 1965. 9. 7, 65 사 19.
8) 大判 1964. 11. 17, 64 다 328.
9) 大判 1980. 12. 9, 80 다 584.

생절차개시결정이 있었는데 관리인의 소송수계가 없는 상태에서 법원이 소송절차를 진행하여 판결을 선고한 경우[1] 등이 이에 해당한다. 무권대리인이 본인을 위하여 실질적인 소송행위를 하였을 경우뿐만 아니라, 무권대리인이 아무런 소송행위를 하지 않았더라도 그 대리권의 흠으로 인하여 본인이나 그의 소송대리인이 실질적인 소송행위를 할 수 없었던 경우는 이에 해당한다.[2] 당사자의 절차권이 침해된 경우에는 본 규정을 유추하여 당사자의 권리구제를 꾀할 수 있다. 판례도 소송계속중에 당사자가 사망한 것을 간과하고 사망자를 당사자로 하여 판결함으로써 상속인의 절차권이 침해된 경우,[3] 우편집배원의 잘못으로 소송기록접수통지서를 받지 못하여 상고이유서 제출기간을 지키지 못한 경우[4] 등을 대리권의 흠에 준하여 재심사유로 하고 있다.

상대방은 대리권의 흠을 주장함으로써 이익을 받을 수 있는 경우에 한하여 이를 재심사유로 주장할 수 있고,[5] 소송서류가 무권대리인에게 송달된 채 판결이 확정되었다고 하더라도 그로 말미암아 본인이나 소송대리인이 공격·방어방법을 제출할 기회가 박탈당하지 아니하였으면 그 사유를 재심사유로 주장할 수 없다.[6] 대리권의 흠은 동시에 소송행위의 추후보완사유(173)가 될 수 있다.[7]

(라) 법관의 직무상 범죄(4호) 예컨대 법관이 그 담당사건에 관하여 수뢰죄 등 형법 각칙 제7장의 범죄나 공문서위조죄 등을 범한 경우이다. 다만 민사소송법 제451조 제2항의 요건을 갖추어야 한다.

(마) 형사상 처벌받을 행위로 말미암은 자백 또는 공격·방어방법의 제출방해(5호) 이것은 범죄행위로 인하여 변론권과 증명권을 침해당한 당사자를 구제하기 위한 것이다. i) 여기에서 형사상 처벌받을 행위는 형법뿐만 아니라 특별형법을 포함한 형사법상의 범죄행위를 뜻한다. 그러나 단순한 경범죄처벌법 위반행위나 질서벌에 해당하는 행위는 제외된다.[8] 범죄행위는 반드시 당사자에 대한 것에 한하

1) 大判 2012. 3. 29, 2011 두 28776.
2) 大判 1994. 1. 11, 92 다 47632; 1999. 2. 26, 98 다 47290(원고가 피고의 참칭대표자에게 소송서류가 송달되게 하여 자백간주에 의한 승소판결을 받은 경우).
3) 大(全)判 1995. 5. 23, 94 다 28444.
4) 大判 1998. 12. 11, 97 재다 445.
5) 大判 1983. 2. 8, 80 사 50.
6) 大判 1992. 12. 22, 92 재다 259.
7) 大判 1996. 5. 31, 94 다 55774(원고가 피고의 소송대리인을 허위로 선임하여 승소판결을 받은 경우).
8) 李時, 983면; 朴禹東, 註釋民訴(Ⅳ), 477면.

지 않고 근친자에 대한 것이어도 좋다. 또 방해행위 자체에 대하여 형사상 처벌을 받은 경우는 물론 공정증서원본부실기재죄(公正證書原本不實記載罪)·횡령죄(横領罪) 등으로 처벌받은 경우도 여기에 해당한다.[1] ii) 다른 사람의 범죄행위로 말미암은 자백이나 공격·방어방법의 제출방해와 판결 사이에 인과관계가 있어야 한다. 형사상 처벌을 받을 다른 사람의 행위로 말미암아 상소 취하를 하여 원심판결이 확정된 경우에도 자백에 준하여 재심사유가 된다.[2] 다만 형사상 처벌받을 다른 사람의 행위가 자백 등의 직접적인 원인이 된 경우에 한하고, 간접적인 원인밖에 되지 않았을 때에는 재심사유가 되지 못한다.[3] 원고가 법원을 기망하여 공시송달에 의하여 판결을 편취한 경우(451 I ⑪. 前段)는 여기에도 해당할 수 있다.[4] 자백간주에 의하여 판결을 편취한 때(제3자에게 소송서류를 송달받게 하여 본인을 출석할 수 없게 한 경우. 451 I ⑪. 후단)도 이에 해당한다고 볼 수 있으나, 판례는 재심의 대상이 아니라고 한다.[5] iii) 형사상 처벌받을 다른 사람의 행위로 말미암아 그 절차에서 공격·방어방법의 제출을 직접 방해받아야 하고, 그 소송절차와 관계없이 다른 사람의 범죄행위로 말미암아 어떤 사실이 조작된 경우는 포함되지 아니한다.[6] iv) 공격·방어방법에는 증거도 포함되므로, 증거서류의 절취, 손괴, 반환거부,[7] 증인의 감금 등에 의한 출석방해 등도 여기에 해당한다.

(바) 판결의 증거가 된 문서의 위조·변조(6호)　'판결의 증거가 된 문서'란 그것이 판결의 사실인정의 기초로서 채용되고 또 그것이 판결의 결론을 이끌어내는 데 중요한 것이었음을 가리킨다. 따라서 사실인정의 자료로 채택되지 아니한 경우는 이에 해당하지 않는다.[8] 문서인 이상 공문서이든 사문서이든 가리지 아니한다. 위조·변조 외에 허위공문서작성도 포함하지만,[9] 형사상 범죄를 구성하지 아니하는 사문서의 무형위조는 포함되지 아니한다.[10] 마찬가지로 당사자의 거짓 주장이 변론조서에 기재된 경우도 여기에 해당하지 아니한다.[11] 판결의 증거가 된 물건이 위조

1) 大判 1969. 4. 29, 69 사 36; 1985. 1. 29, 84 다카 1430.
2) 大判 2012. 6. 14, 2010 다 86112.
3) 大判 1979. 5. 15, 78 다 1094; 1982. 10. 12, 82 다카 664.
4) 大判 1999. 5. 28, 96 다 41649.
5) 大(全)判 1978. 5. 9, 75 다 634(451 I ⑪의 재심사유도 아니다).
6) 大判 1982. 10. 12, 82 다카 664.
7) 大判 1985. 1. 29, 84 다카 1430.
8) 大判 1963. 10. 31, 63 다 458; 1968. 5. 21, 68 다 245.
9) 大判 1982. 9. 28, 81 다 557.
10) 大判 1974. 6. 25, 73 다 2008; 1995. 3. 10, 94 다 30829.
11) 大判 1965. 1. 26, 64 다 1337.

나 변조된 경우도 여기에 해당하는데(451 後段 I ⑥), 그 물건에는 공인 · 사인뿐 아니라 경계표도 포함된다.

(사) 증인 등의 거짓 진술(7호) 증인 · 감정인 · 통역인 또는 선서한 당사자나 법정대리인이 거짓 진술을 하고, 그것이 판결의 증거가 된 때이다. '판결의 증거가 된 때'란 그 거짓 진술이 판결 주문에 영향을 미치는 사실인정의 직 · 간접적 자료로 제공되어 그 거짓 진술이 없었다면 판결의 주문이 달라졌을 개연성이 있는 경우를 말한다.[1] 따라서 i) 거짓 진술이 판결이유에서 가정적 또는 부가적으로 인용된 경우[2]나 주요사실의 인정에 영향이 없는 경우[3]에는 재심사유가 되지 아니한다. 또 ii) 거짓 진술은 재심의 대상이 된 소송사건을 심리하는 법정에서 직접 한 것이어야 하고, 다른 사건에서 거짓 진술한 증인신문조서가 재심대상이 된 판결에 증거로 채택된 경우는 포함되지 아니한다는 것이 판례의 입장이나,[4] 그 정당성은 의문이다. 또 iii) 거짓 진술이 증거로 채택되었더라도 판결서에 기재되지 아니하였으면 사실상 판결주문에 영향을 주었더라도 재심사유가 되지 아니한다.[5] 다만 iv) 거짓 진술이 반드시 직접증거로 채택된 때에 한하지 않고 대비증거로 사용되어 간접적으로 판결주문에 영향을 준 경우도 포함된다.[6]

(아) 판결의 기초가 된 재판 · 행정처분의 변경(8호) i) 판결의 기초가 되었다 함은 재심대상판결이 그 재판이나 행정처분에 법률적으로 구속된 경우 또는 그 재판이나 행정처분의 인정사실을 채용하여 같은 사실을 인정한 경우를 뜻한다.[7] 재판의 내용이 재심대상판결에서 사실인정의 자료가 되었고, 그 재판의 변경이 위 판결의 사실인정에 영향을 미칠 가능성이 있는 경우도 포함된다.[8] ii) 재판에는 민 · 형사판결, 가사판결 · 심판, 가압류 · 가처분결정, 비송재판 등이 모두 포함된다. iii) 변경된 때란 재판 또는 행정처분이 판결이 확정된 뒤에 소급하여 또 확정적으로

---

1) 大判 2016. 1. 14, 2013 다 53212.
2) 大判 1983. 12. 27, 82 다 146.
3) 大判 1983. 3. 22, 81 다 1319.
4) 大(全)判 1980. 11. 11, 80 다 642; 大判 1998. 3. 24, 97 다 32833.
5) 大判 1981. 11. 24, 81 다카 327; 1995. 8. 25, 94 다 27373.
6) 大判 1989. 11. 28, 89 다카 13803; 1995. 4. 14, 94 므 604.
7) 大判 1965. 1. 28, 64 다 1377. 조정을 갈음하는 결정도 본호의 재심의 대상이 될 수 있다는 것으로 大判 2005. 6. 24, 2003 다 55936.
8) 大判 1996. 5. 31, 94 다 20570; 2016. 1. 28, 2013 다 51933; 2016. 1. 14, 2013 다 40070; 2019. 10. 17, 2018 다 300470. 다만 변경 전 재판내용 등을 제외한 나머지 증거들에 의하여도 판결 주문에 아무런 영향도 없다면 그 재판의 변경은 재심사유가 될 수 없다(大判 2024. 10. 8, 2022 다 217056).

바뀐 때를 가리킨다.[1] 행정처분의 변경은 재판기관에 의한 것이든 행정관청에 의한 것이든 이를 불문한다. 예컨대 불하처분(拂下處分)을 받고 소유권취득을 근거로 대지인도청구의 소를 제기하여 승소의 확정판결을 받았는데 그 뒤에 불하처분이 취소된 경우,[2] 먼저 등록된 상표와 유사하다는 이유로 무효심판을 받은 뒤에 먼저 등록된 상표의 무효심판이 확정된 경우,[3] 사실인정의 증거자료로 채택된 유죄의 형사판결이 상소심에서 무죄로 확정된 경우[4] 등이 이에 해당한다. 그러나 iv) 행정처분이 당연무효인 경우,[5] 법령이나 판례의 변경,[6] 법규에 대한 위헌판단 등은 여기의 재심사유에 해당하지 아니한다.

(자) 판단의 누락(9호)　　판단의 누락이라 함은 당사자가 주장한 공격 · 방어방법에 관한 판단, 또는 당사자가 법원에 대하여 직권조사사항의 조사를 촉구한 경우에 그 판단을 법원이 판결이유에 명기하지 아니하였고, 또 그것이 판결주문에 영향이 있는 경우를 가리킨다.[7] 따라서 공격 · 방어방법에 대한 판단내용에 잘못이 있다거나 그 판단에 이르는 이유가 상세히 설시되어 있지 않다는 사유는 판단의 누락에 해당하지 아니한다.[8] 또한 판결에 당사자의 주장에 대한 구체적 · 직접적 판단이 없더라도 판결이유의 전반적인 취지에서 주장의 인용 또는 배척을 알 수 있는 정도이면 충분하고, 설령 실제 판단하지 않았어도 그 주장이 배척될 것이 분명한 경우에는 판단누락이라 할 수 없다.[9] 마찬가지로 그 판단이 법리에 위배되었다는 사유(법리오해)도 판단의 누락에 해당하지 아니한다.[10] 또 재판의 누락은 추가재판(212)의 대상이 될 뿐 재심사유가 되지 않는다. 판례에 따르면, 상고특례법 소정의 심리불속행사유에 해당한다고 보아 상고를 기각한 판결에는 판단누락이 있을 수

1) 大判 1981. 1. 27, 80 다 1210; 1987. 12. 8, 87 다카 2088; 2001. 12. 14, 2000 다 12679.

2) 大判 1966. 2. 28, 65 다 2452.

3) 大判 1968. 4. 16, 67 후 4.

4) 大判 1980. 1. 15, 79 누 35; 1983. 4. 26, 83 사 2.

5) 大判 1977. 9. 28, 77 다 1116.

6) 大判 1980. 5. 12, 80 사 2; 1983. 6. 14, 83 사 6; 1987. 12. 8, 87 다카 2088.

7) 大決 1982. 12. 29, 82 사 19; 大判 1984. 2. 28, 83 사 5. 직권조사사항이라도 당사자가 조사를 촉구하지 아니한 경우에는 판단누락에 해당하지 아니한다(大決 2004. 9. 13, 2004 마 660).

8) 大判 1983. 4. 12, 82 사 9.

9) 大判 2024. 6. 27, 2023 다 275530; 2022. 11. 30, 2021 다 287171; 2019. 1. 31, 2016 다 215127; 2015. 1. 15, 2014 다 216072; 2015. 5. 14, 2013 다 69989, 69996; 2012. 4. 26, 2011 다 87174; 2012. 10. 25, 2011 다 61370; 2016. 1. 14, 2015 다 231894; 2017. 4. 7, 2016 다 55462; 2017. 6. 15, 2013 다 8960; 2018. 6. 15, 2017 다 248803, 248810; 2018. 7. 20, 2016 다 34281; 2018. 10. 25, 2016 다 42800, 42817, 42824, 42831.

10) 大判 1969. 12. 9, 69 다 1637.

없다.[1] 그러나 적법한 기간 안에 상고이유서가 제출되었음에도 그 제출이 없다는 이유로 상고를 기각한 것은 판단의 누락에 해당한다.[2] 심리불속행 상고기각 판결에 대하여 판단누락, 대법원판례 위반 또는 대법원전원합의체에서 판단하지 않은 점 등의 사유를 들어 재심청구를 할 수 없다.[3]

(차) 확정판결에 어긋나는 경우(10호) 이것은 확정판결의 기판력의 충돌을 해결하기 위한 규정이다. i) 재심청구된 판결의 기판력이 전에 선고된 확정판결의 기판력과 어긋나는 때이어야 하므로, 재심대상판결이 그보다 늦게 선고된 확정판결과 어긋나는 때에는 재심사유에 해당하지 않는다[4](이 경우에는 뒤의 판결에 대하여 재심을 청구하여야 한다). ii) 같은 당사자 사이에 소송물을 같이 하는 사건에 관하여 두 개의 확정판결의 기판력이 어긋나야 하므로,[5] 당사자가 다르거나 소송물이 다른 경우(모순된 반대관계의 경우 제외)는 여기에 해당되지 아니한다. 대법원판례에 어긋난다는 것은 여기의 재심사유가 되지 못한다.[6] iii) 판결이 판결과 같은 효력을 가지는 청구의 포기·인낙조서, 화해조서(220), 조정조서(民調 28. 29), 외국판결(217), 중재판정(仲 35)과 서로 어긋날 때에도 재심사유가 된다.

(카) 공시송달 또는 자백간주에 의한 판결편취(11호) 이 규정은 우리 민사소송법에 특유한 것으로서, 상대방의 주소를 허위로 하여 판결을 편취하는 이른바 사위판결(詐僞判決)에 대한 구제규정이다. 전단은 상대방의 주소를 알면서 거짓 주소를 기재하여 소제기함으로써 소장등을 송달불능되게 한 다음에 소재불명을 이유로 법원을 속여 공시송달의 명령을 받고 상대방이 불출석한 가운데 일방적으로 소송을 진행하여 승소판결을 받은 경우, 즉 공시송달에 의한 판결편취의 경우이고, 후단은 상대방의 주소를 알면서 자기와 관련이 있는 거짓 주소를 상대방의 주소인 것처럼 적어서 소제기를 하고, 소장등이 그리로 송달되면 상대방 아닌 다른 사람으로 하여금 이를 송달받게 하여, 마치 상대방이 정당한 기일통지를 받고도 출석하지 않

---

1) 大判 1996. 2. 13, 95 재누 176. 과거에 소송촉진 등에 관한 특례법상의 상고허가여부의 재판은 판결사항이 아니었으므로 상고허가신청을 기각하는 결정에 이유를 붙이지 아니하여도 판단의 누락이 아닌 것으로 처리되었다(大決 1983. 2. 23, 82 사 22; 1983. 8. 19, 83 사 12).

2) 大判 1998. 3. 13, 98 재다 53(상고이유서가 제출되지 아니하였다는 이유로 민사소송법 제429조, 상고특례법 제5조에 따라 상고를 기각한 사례); 마찬가지로 8세 9개월 어린이에게 한 상고기록접수통지서의 보충송달이 부적법함에도 이를 적법하다고 보아 원고의 상고이유서가 제출되지 않았다는 이유로 상고를 기각한 사안에서 판단누락의 잘못이 있다고 하였다(大判 2013. 1. 16, 2012 재다 370).

3) 大判 2009. 2. 12, 2008 재다 502; 2011. 2. 10, 2010 재다 284.

4) 大判 1981. 7. 28, 80 다 2668.

5) 大判 1976. 10. 12, 76 사 12; 1983. 2. 22, 80 무 4.

6) 大決 1983. 12. 28, 83 사 14.

은 것처럼 법원을 속여 자백간주에 의하여 승소판결을 받은 경우, 즉 자백간주에 의한 판결편취의 경우이다. 이들 경우에는 제5호 후단의 재심사유에도 해당하지만, 그 때에는 유죄의 확정판결 등을 요건으로 하므로, 그러한 요건 없이 쉽사리 재심청구를 할 수 있도록 하기 위하여 본 호를 신설한 것이다.

그런데 대법원은 공시송달에 의한 판결편취의 경우에는 판결정본의 송달을 유효한 것으로 보아 본 호에 의한 재심 또는 상소의 추후보완을 허용함에 반하여,[1] 자백간주에 의한 판결편취의 경우에는 판결정본의 송달이 무효이므로 아직 판결이 확정되지 아니하였다는 이유로 항소를 하여 다툴 것이지 본 호에 의하여 재심청구를 할 수 없다고 한다.[2] 자백간주에 의한 판결편취의 경우에 재심을 허용하지 않는 대법원판례는 법의 명문규정에 반하는 해석이라는 비판을 면하기 어렵다. 이 경우에도 기록상으로는 판결이 확정된 듯한 외관을 갖추었으므로 항소 외에 재심을 허용하여도 무방하다고 본다.

4. 特別法上의 再審事由

(가) 商法上의 詐害再審 　주주의 대표소송에서 원고주주와 피고인 이사 등이 공모하여 소송의 목적인 회사의 권리를 사해할 목적으로써 판결을 하게 한 때에는 회사 또는 주주는 확정된 종국판결에 대하여 재심의 소를 제기할 수 있다(商406).

(나) 憲法裁判所法上의 憲法訴願認容再審 　법률의 위헌여부심판의 제청신청이 기각되어 헌법재판소에 헌법소원(憲裁68 II)을 청구하여 헌법소원이 인용된 경우에, 그 헌법소원과 관련된 소송사건이 이미 확정된 때에는 당사자는 재심을 청구할 수 있다(憲裁75 VII).[3]

(다) 行政訴訟法上의 제3자 再審 　처분 등을 취소하는 판결에 의하여 권리 또는 이익의 침해를 받은 제3자는 자기에게 책임 없는 사유로 소송에 참가하지 못함으로써 판결의 결과에 영향을 미칠 공격·방어방법을 제출하지 못한 때에는 이를

---

1) 大判 1980. 7. 8, 79 다 1528; 1985. 8. 20, 85 므 21.

2) 大(全)判 1978. 5. 9, 75 다 634.

3) 다만 대법원은 한정위헌결정은 법률조항에 관한 특정한 내용의 해석·적용만을 위헌으로 선언한다는 점에서 법원에 대한 기속력이 없기 때문에 이를 이유로 재심청구를 할 수 없다고 한다(大判 2006. 3. 9, 2003 재다 262; 2013. 3. 28, 2012 재두 299). 이에 관한 헌법학계의 비판적 태도에 관해서는, 김하열, 「헌법소송법」(2014), 346면.

이유로 확정된 종국판결에 대하여 재심의 청구를 할 수 있다(行訴 31).

V. 再審訴訟節次

1. 管轄法院

1) 재심의 소는 재심을 제기할 판결을 한 법원의 전속관할에 속한다(453 I). 소송목적의 값이나 심급을 묻지 아니한다.

2) 서증의 위조 · 변조, 증인 등의 거짓 진술 등 사실인정에 관한 것(451 I ⑥. ⑦)을 재심사유로 하는 경우에는 비록 상고심법원이 채증법칙위배가 없다고 하여 상고를 기각하였더라도 사실심인 항소심법원의 판결에 대하여 재심의 소를 제기하여야 한다.[1] 왜냐하면 상고심법원이 직접 사실인정을 한 것이 아니기 때문이다.

3) 항소심에서 사건에 대하여 항소기각의 본안판결을 한 때에는 제1심판결에 대하여 재심의 소를 제기하지 못하므로(451 III), 제1심법원은 관할권이 없다. 이 때에는 항소심판결을 한 법원에 관할권이 있는데, 당사자가 잘못하여 제1심법원에 재심의 소를 제기하였으면 제1심법원은 이를 부적법각하할 것이 아니라 관할법원인 항소심법원에 이송하여야 한다.[2] 이 경우에 제1심법원이 항소심법원으로 이송하지 않고 스스로 심리한 뒤 재심기각판결을 하였고 이에 대하여 재심원고가 항소한 때에는, 항소심법원은 관할위반을 이유로 제1심판결을 취소하고, 마치 제1심법원으로부터 이송받은 경우와 같이 재심사건을 심리 · 판단하여야 한다.[3] 또 항소심에서 채택한 증거가 위조된 것이라고 주장하면서 상고기각판결을 대상으로 하여 재심의 소를 제기한 경우에는 재심관할법원인 항소심법원으로 이송하여야 한다.[4]

4) 같은 사건에 관하여 심급을 달리하는 법원이 내린 확정판결에 대하여 재심의 소를 병합하여 제기하는 경우에는 상급법원이 관할한다(453 II 本). 다만 항소심판결과 상고심판결에 각각 독립된 재심사유가 있는 때에는 그러하지 아니하다(453 II 但).

---

1) 大判 1967. 11. 21, 67 사 45; 1983. 4. 26, 83 사 2.
2) 大(全)判 1984. 2. 28, 83 다카 1981; 大決 1995. 6. 19, 94 마 2513.
3) 大判 1989. 10. 24, 88 다카 33442.
4) 大判 1984. 4. 16, 84 사 4.

예컨대 제1심의 패소판결에 대하여 항소심이 항소각하판결을 하였고, 각 판결마다 재심사유가 있으면 재심원고는 각 재심사유를 주장하여 각 법원에 재심의 소를 제기할 수 있다(453 Ⅰ). 그러나 이 경우에 재심원고가 재심사유를 모아서 재심의 소를 병합하여 제기하는 경우에는 재판의 모순을 회피하고, 당사자의 편의를 꾀하기 위하여, 상급법원이 모두에 관하여 관할권을 갖는다(453 本 Ⅱ). 물론 당사자에게 재심의 소를 병합하여 제기할 것을 강요할 수는 없다. 위 예에서 항소심판결에 대하여 상고하였으나 대법원이 상고기각판결(상고를 인용하여 원심판결을 취소하는 경우에는 원심판결이 실효하여 재심대상이 되지 못한다)을 하고, 각 판결에 대하여 재심사유가 있더라도, 이 경우에는 대법원이 모든 재심의 소를 병합하여 심판할 수 없다(453 但 Ⅱ). 왜냐하면 대법원은 사실문제에 관하여 심리하지 않는 것이 원칙이기 때문이다.

2. 再審의 訴의 提起

(1) 소제기의 방식

1) 재심의 소의 제기는 일반적인 소제기의 방식에 의한다(455). 그러므로 원칙적으로 소장의 제출에 의하되(248), 소액사건의 경우에는 말로 할 수도 있다(少審 4).

2) 재심소장에는 당사자와 법정대리인, 재심을 할 판결의 표시와 그 판결에 대하여 재심을 구하는 취지 및 재심의 이유(재심사유)를 기재하여야 한다(458). 그 밖에 준비서면에 적을 수 있는 사항(274)을 임의로 적을 수 있다. 재심소장에서 주장한 재심사유는 뒤에 바꿀 수 있다(459 Ⅱ). 불복의 범위(원판결의 변경의 한도)와 본안사건에 관한 신청을 기재하는 것은 요구되지 않는다. 재심소장에 붙일 인지는 제기하는 심급에 따라 소장·항소장 또는 상고장의 인지와 같으며(民印 8 Ⅰ), 소송물가액은 구 소송의 소제기시의 가액에 의한다. 재심소장에는 재심대상이 되는 판결의 사본을 붙여야 한다(民訴規 139). 재심소장에 대하여는 재판장에게 심사권이 부여되어 있다(254).

3) 재심소장에서 여러 개의 재심사유를 주장하면 재심청구의 병합이 되고 소송도중에 재심사유를 변경하면 청구의 변경이 된다는 것이 판례의 입장이다(재심소송의 소송물에 관한 설명 참조).[1]

1) 일지설에 의하면 재심사유가 여러 개이어도 소송물은 하나이고, 재심사유의 변경은 공격·방어방법의 변경에 지나지 아니한다. 李時, 974면; 金/姜, 958면.

4) 소송법상 권리에 대하여도 대위가 허용되나, 소송행위는 당사자인 채무자의 의사에 맡기는 것이 타당하므로, 재심의 소 제기는 채권자대위권의 목적이 될 수 없다.[1]

(2) 소제기의 효과

1) 재심소장의 제출에 의하여 그 재심사유에 대한 기간준수의 효력이 생긴다(265). 소송중에 새로운 재심사유를 추가(변경)한 때에는 그 때를 기준으로 기간준수의 효력이 생긴다.[2]

2) 재심의 소의 제기는 당연히 확정판결의 효력을 소멸시키거나 집행력을 저지시키지 않는다. 다만 법원은 신청에 의하여 담보를 제공하게 하거나 또는 제공하지 않게 하고 강제집행의 일시정지를 명할 수 있고, 담보를 제공하게 하고 강제집행의 실시를 명하거나 실시한 강제처분의 취소를 명할 수 있다(500 Ⅰ). 담보 없이 하는 강제집행의 정지는 그 집행에 의하여 보상할 수 없는 손해가 생기는 것을 소명한 때에만 한다(500 Ⅱ). 이러한 재판은 변론 없이 할 수 있고, 이 재판에 대하여는 불복할 수 없다(500 Ⅲ).

3. 再審의 訴의 審判

(1) 심리절차

1) 재심의 소의 심판에는 그 성질에 어긋나지 아니하는 범위 안에서 각 심급의 소송절차에 관한 규정이 준용된다(455, 民訴規 138). 따라서 재심의 소의 취하, 소송요건의 흠으로 말미암은 각하, 관할위반으로 말미암은 이송이 가능하고, 재심사유의 변경도 널리 인정된다(459 Ⅱ). 또 재심피고는 자기 쪽의 재심사유에 기한 반소도 제기할 수 있고, 부대재심(附帶再審)에 의하여 원판결을 자기에게 유리하게 취소·변경할 것을 청구할 수도 있다고 생각한다.[3] 재심의 소에 제3자는 독립당사자참가를 할 수 있다.

---

1) 大判 2012. 12. 27, 2012 다 75239.

2) 일지설에 의하면 재심소장 제출시에 기간준수의 효력이 생긴다(金/姜, 871면). 그러나 일지설을 취하면서도 달리 풀이하는 견해도 있다(李時, 989면).

3) 方, 695면 참조.

2) 재심청구에 통상의 민사소송의 청구를 병합할 수 있는가가 문제된다. 판례는 이것을 부적법한 것으로 풀이하고 있다.[1] 그러나 소송경제 및 제215조(가집행선고의 실효로 말미암은 원상회복과 손해배상)를 유추하여 재심원고가 승소할 경우를 대비한 원상회복 또는 손해배상 청구를 병합할 수 있다고 본다.[2] 다만 재심청구를 통상의 청구로 변경하는 것은 양자의 차이에 비추어 허용되지 않는다고 풀이한다.[3]

(2) 심리의 순서와 중간판결

재심에는 확정판결의 취소와 본안사건에 대하여 이를 갈음한 판결을 구하는 복합적인 목적이 있다. 따라서 재심의 심리절차는 이론적으로는 다음과 같은 세 단계로 이루어진다. 즉, 첫째는 재심의 소가 적법한가이다. 둘째는 재심의 소가 이유 있는가이다. 첫째와 둘째는 원판결의 취소에 관한 것이다. 셋째는 본안(구소송의 소송물)에 관하여 다시 심리하는 것이다. 그러나 실제로는 이 세 문제가 명백하게 구별되지 않고 한꺼번에 심리되는 수가 많다. 그러나 소송지휘권에 기하여 재심의 소의 적법 여부와 재심사유의 존재 여부에 변론을 제한하여, 이를 먼저 심리하는 것이 좋을 것이다. 그리하여 2002년 민사소송법은 법원으로 하여금 재심의 소가 적법한지 여부와 재심사유가 있는지 여부에 관한 심리 및 재판을 본안에 관한 심리 및 재판과 분리하여 먼저 실시할 수 있도록 하고, 재심사유가 있다고 인정한 때에는 그 취지의 중간판결을 한 뒤 본안에 관하여 심리·재판하도록 하고 있다(454). 비록 훈시규정이긴 하나, 소송경제를 꾀하려는 입법자의 의지의 표현이라고 할 수 있다.

(3) 재심의 소의 적법 여부

법원은 제1단계로 재심의 소가 적법한가 아닌가를 심리한다. 재심의 소는 재심의 소의 요건과 일반적인 소송요건을 모두 갖추어야 적법하다. 이들 요건은 직권으로 조사하여야 한다. 심리의 결과 위 요건에 흠이 있는 경우에 이를 보정하지 않거나 보정할 수 없을 때에는 판결로 재심의 소를 각하하여야 한다(219, 455, 413).

1) 大判 1971. 3. 31, 71 다 8; 1997. 5. 28, 96 다 41649.

2) 同旨: 李時, 990면. 다만, 판례는 추후보완항소를 제기하면서 원상회복을 구하는 반소를 제기하는 것은 가능하다고 본다. 大判 2023. 4. 27, 2021 다 276225, 276232.

3) 大判 1959. 9. 24, 4291 民上 318. 反對: 李時, 990면.

(4) 재심사유의 존재 여부

재심의 소가 적법하다고 인정되면 제2단계로 재심사유가 존재하는가 않는가를 심리한다. 재심사유의 존재에 관하여는 재심원고가 증명책임을 지지만,[1] 확정판결의 취소는 단순히 당사자를 구제한다는 사익의 문제를 넘어서 소송제도에 대한 신뢰를 확보한다는 공익에 관련이 있으므로, 주장된 재심사유의 존재 여부를 조사할 때에는 직권탐지주의가 적용된다.[2] 따라서 청구의 포기·인낙 또는 자백[3]의 구속력은 인정되지 아니한다. 그러나 소의 취하는 인정된다. 그러므로 상고심에서도 재심사유의 존재 여부에 관하여는 사실심리를 할 수 있다. 심리의 결과 재심사유가 없는 것으로 인정되면 재심의 소는 이유 없으므로 종국판결로 재심청구를 기각하여야 한다.[4] 재심사유가 있다고 인정되면 중간판결을 한 뒤에 본안에 관하여 심리·재판한다(454 Ⅱ). 그러나 종국판결의 이유에서 판단하여도 무방하다. 일본은 재심사유가 있는 경우에는 재심개시의 결정을 하고, 재심사유가 없는 경우에는 재심기각의 결정을 한다(日民訴 346 Ⅰ, 345 Ⅱ).

(5) 본안의 심리

재심사유가 있다고 인정되면 제3단계로 본안에 관한 심리에 들어간다.[5] 여기에서 본안이란 원판결에 의하여 완결된 소 또는 상소를 가리킨다.[6] 본안에 관한 변론은 전 소송의 변론의 재개·속행이므로 변론을 갱신하여야 하며(455, 204), 변론주의에 의하여야 한다. 변론은 당사자의 재심 및 부대재심에 의하여 불복이 신청된 범위 안에서 행한다(459 Ⅰ). 종전의 소송절차는 재심사유로 된 흠을 제외하고는 모두 효력을 가진다. 재심법원이 사실심이면 당사자는 새로운 공격·방어방법을 제출할 수 있다.[7] 전소의 변론종결 뒤에 발생한 사유도 제출할 수 있으며, 이를 제출하지

1) 大判 1996. 12. 23, 95 다 22463(준재심).
2) 方, 695면; 李時, 991면; 金/姜, 960면; 宋/朴, 803면.
3) 大判 1992. 7. 24, 91 다 45691.
4) 大判 1990. 12. 7, 90 다카 21886.
5) 大判 1990. 12. 7, 90 다카 21886.
6) 확정된 재심판결에 대하여 재심의 소를 제기할 수 있으며, 이때 재심판결에 재심사유가 인정되어 본안에 관하여 심리한다는 것은 종전 재심청구에 관한 변론을 재개하여 속행하는 것을 말한다. 종전 재심청구에 관하여 다시 심리한 결과 원래의 확정판결에 재심사유가 인정되지 않으면 재심판결을 취소하고 종전 재심청구를 기각하여야 하고, 이러한 경우 재심사유가 없는 원래의 확정판결 사건의 본안에 관해 다시 심리·재판할 수 없다(大判 2015. 12. 23. 선고 2013 다 17124; 2016. 1. 28, 2013 다 51933; 2016. 1. 14, 2013 다 40070).
7) 大判 1965. 1. 19, 64 다 1260.

않고 패소하면 그 뒤에는 기판력에 의하여 주장할 수 없게 된다. 가벌적 행위에 대한 유죄의 확정판결이 있는 경우에도, 재심법원이 본안청구에 관하여 심리할 때에 그 형사판결의 내용에 반드시 구속되는 것은 아니다.[1]

(6) 종국판결

재심법원은 본안에 관하여 심리한 결과에 따라 종국판결을 선고한다.

1) 원판결이 부당하다고 인정되면 불복신청의 한도 안에서 이를 취소하고 이에 대신하는 판결을 한다. 이 판결은 원판결을 소급적으로 소멸시키는 형성판결이다. 상소와 마찬가지로 불이익변경금지의 원칙이 적용되므로, 부대재심이 제기되지 않는 한 재심원고에 대하여 원판결보다 불이익한 판결을 할 수 없다.[2]

2) 원판결이 정당하다고 인정되면 재심사유가 있더라도 이를 취소하지 아니하고 재심청구를 기각하여야 한다(460).[3] 원판결이 정당하다고 인정되는 경우로는 i) 원판결의 표준시 이전의 사유로 보아 정당한 경우(재심사유를 고려하더라도 나머지 증거에 의하여 같은 결론에 이르는 경우) 및 ii) 원판결의 표준시를 기준으로 하면 부당하지만 표준시 이후에 발생한 새로운 사유 때문에 원판결의 결론을 유지하여야 할 경우 등의 두 가지가 있다. 두 번째 경우에는 기판력의 표준시가 재심의 소의 변론을 종결할 때까지 이동한다.[4] 두 번째 경우에는 원판결을 취소하고 다시 같은 내용의 판결을 하여야 한다는 주장이 있으나,[5] 이는 명문의 규정에 반하는 해석이다.

3) 재심의 소에 대한 종국판결에 대하여는 다시 그 심급에 맞추어 상소가 인정된다. 따라서 상고심판결에 대한 재심의 소에서 내려진 판결에 대하여는 상소의 길이 없다.

---

1) 大判 1975. 2. 25, 73 다 933; 1983. 12. 27, 82 다 146.
2) 大判 2003. 7. 22, 2001 다 76298.
3) 1990년 개정 전에는 '재심의 소'를 기각하여야 하는 것으로 되어 있었으나, 용어가 부적당하므로, '재심의 청구'를 기각하여야 한다고 개정하였다.
4) 同旨: 李時, 992면; 金/姜, 961면; 新堂, 591면; 大判 1993. 2. 12, 92 다 25151; 2003. 5. 13, 2002 다 64148.
5) 方, 696면; Rosenberg, §161 Ⅳ 3; Arens, Rdn. 437.

Ⅵ. 準 再 審

1. 意　　義

확정판결과 같은 효력을 가지는 조서(220) 및 즉시항고로 불복을 신청할 수 있는 결정이나 명령이 확정되고 거기에 재심사유가 있을 때에 재심의 소에 준하여 제기하는 재심을 준재심이라고 한다(461). 원래 준재심의 대상은 즉시항고로 불복을 신청할 수 있는 결정·명령뿐이었으나, 1961년 9월 1일 민사소송개정시에 대법원의 요청으로 국가재건최고회의라는 비상입법기관에서 제220조의 조서를 슬쩍 추가하였는데, 이것은 세계에 유례가 없는 입법이고, 소송상 화해의 성질에 관하여 이미 망각되다시피 한 소송행위설을 맹종한 것으로서 시급히 개정하여야 할 부분이다.[1]

2. 節　　次

(1) 準再審의 訴

청구의 포기·인낙조서 및 화해조서(220)에 대한 준재심절차는 확정판결에 대한 재심절차에 따른다.[2] 따라서 이 경우에는 준재심의 소를 제기하여야 한다. 화해조서와 동일한 효력을 가지는 조정조서도 준재심에 의한다.[3] 조서에 재심사유가 있으면 그 조서를 취소하고 청구의 포기·인낙, 소송상의 화해 등에 의하여 종료되었다가 부활된 소송에 대하여 심판한다. 제소전화해의 경우에는 부활할 소송이 없고 화해불성립으로 귀착되므로 조서를 취소하기만 하면 된다.[4] 확정판결에 대한 재심의 경우에는 결과가 정당한 경우에는 재심청구를 기각한다(460). 그러나 조서에 대한 준재심의 경우에는 결과가 정당하더라도 재심사유가 있으면 반드시 조서를 취소하고, 종료되었다가 부활한 소송에 대하여 심판하여야 한다.[5] 그 밖의 경우에

---

1) 법무부의 1990년 민사소송법개정안에서는 제431조의 '제206조의 조서' 부분이 삭제되었으나, 대법원의 반대로 국회의 심의과정에서 부활되었다.

2) 판례는 법인 등의 대표자가 권한을 남용하여 법인 등의 이익에 배치되는 청구의 포기·인낙 또는 화해를 한 경우, 그 대표자의 준재심의 소제기를 기대할 수 없으므로 법인 등의 이익을 정당하게 보전할 권한을 가진 다른 임원 등이 준재심의 사유를 안 때에 준재심 제기 기간이 진행된다고 하였다(大判 2016. 10. 13, 2014 다 12348).

3) 大判 1968. 10. 22, 68 므 32.

4) 大判 1996. 3. 22, 95 다 14275.

5) 大判 1998. 10. 9, 96 다 44051.

는 모두 재심의 경우와 같다.

준재심의 소장에는 제기하는 심급에 따라 소장·항소장 또는 상고장의 인지에 해당하는 인지를 붙여야 한다(民印 8 II 本). 다만 제소전화해조서에 대한 준재심의 소장에는 소장에 붙일 인지의 5분의 1을 붙이면 된다(民印 8 II 但).

(2) 準再審申請

즉시항고로 불복을 신청할 수 있는 결정·명령에 대한 준재심은 소가 아니라 신청의 방식에 의하여야 한다. 결정·명령은 신청에 대한 응답이기 때문이다. 그리고 심리한 결과도 판결로서가 아니라 결정으로 재판하게 된다. 즉시항고로 불복을 신청할 수 있는 결정·명령 가운데 준재심의 대상이 될 수 있는 것은 종국적 재판인 소장각하명령(254 III), 소송비용액확정결정(110 I), 매각허가결정(民執 129) 따위이다. 그 밖에도 민사소송법 제461조가 즉시항고로 불복할 수 있는 결정이나 명령을 준재심의 대상으로 들고 있는 것은 대표적인 사례를 든 것에 불과하므로, 종국적 재판의 성질을 가진 결정이나 명령 또는 종국적 재판과 관계없이 독립하여 확정되는 결정이나 명령에 해당하는 경우라면 준재심을 신청할 수 있다.[1)]

---

1) 大決 2004. 9. 13, 2004 마 660(담보권실행을 위한 경매개시결정은 매각허가결정에 대한 즉시항고로 다툴 수 있는 것이므로 준재심의 대상이 아니다).

제 6 편

複合的 訴訟形態

지금까지는 한 사람의 원고와 한 사람의 피고 사이에서 하나의 청구(소송물)를 둘러싸고 소송이 진행되는 경우를 중심으로 하여 고찰하였다. 그런데 현실의 소송에는 하나의 소송절차에 여러 개의 청구가 심판의 객체로 되어 있는 경우와, 하나의 소송절차에 원·피고의 한 쪽 또는 양 쪽이 하나 이상이거나 원·피고 이외에 제3자가 당사자로 참가하는 경우가 있다. 전자는 다수의 청구를 가지는 소송으로서 복수청구소송이라고 하고, 후자는 다수의 당사자를 가지는 소송으로서 다수당사자소송이라고 한다. 본편에서는 이들에 관하여 살펴보기로 한다.

제 1 장 複數請求訴訟

제 1 절 總　說

Ⅰ. 制度의 目的

일찍이는 하나의 소송은 하나의 문제를 둘러싸고 전개되어야 하고 여러 개의 심판대상을 포섭할 수 없다고 하였으나, 근대의 민사소송법은 하나의 소송절차를 이용하여 복수의 청구(소송물)를 함께 심리하는 것을 널리 인정하는 경향이 있다. 하나의 소송절차에서 여러 개의 청구를 함께 심판하는 것은 당사자에게는 소송수행상의 부담과 번잡을 경감시켜 주고, 법원에게는 심리의 중복과 재판의 모순을 회피시켜 주는 이점이 있다. 이처럼 복수의 청구의 병합심리는 분쟁의 통일적이고 능률적인 해결에 이바지하므로, 입법례에 따라서는 이를 강제하는 수도 있다.[1)]

그러나 청구의 병합심리를 무제한으로 인정하면 도리어 심리가 복잡하여지고 소송을 혼란시키거나 지연시킬 염려가 없지 않다. 그리하여 법은 각 유형마다 일정한 병합요건을 정하여 합리적인 조정을 꾀하는 한편, 법원에게 변론의 제한·분리를 할 수 있는 소송지휘권을 부여하여 여기에 대처하고 있다.

Ⅱ. 發生原因·時期 및 形態

(1) 복수청구소송은 당사자 또는 법원의 병합행위에 의하여 발생한다. 전자의 예로서는 청구의 병합, 청구의 (추가적)변경, 반소, 중간확인의 소 등이 있고, 후자의 예로는 변론의 병합을 들 수 있다.

(2) 복수청구소송은 소송의 최초로부터 발생하는 경우도 있고 소송중에 발생하

1) 일본 인사소송법 제9조 및 미국의 강제반소[FRCP 13 (a)] 참조.

는 경우도 있다. 전자, 즉 원시적 복수청구소송은 원고가 처음부터 1개의 소로 여러 개의 청구를 함으로써 발생한다. 이것을 소의 객관적 병합 또는 청구의 병합이라고 한다. 후자, 즉 후발적 복수청구소송은 원고에 의한 청구의 변경, 피고에 의한 반소의 제기 및 원·피고에 의한 중간확인의 소의 제기에 의하여 발생하는 외에 법원에 의한 변론의 병합에 의하여 발생한다.[1)]

변론의 병합에 관하여는 이미 설명하였으므로(변론의 과정 참조), 여기에서는 청구의 병합, 청구의 변경, 반소 및 중간확인의 소의 순서로 고찰한다.

Ⅲ. 要　　件

복수청구소송의 경우에는 여러 개의 청구가 같은 절차에서 병합심리되므로 일정한 절차상의 제약이 있다.

1) 먼저, 모든 복수청구소송에 공통적으로 요구되는 일반요건으로서는 i) 병합된 복수의 청구가 같은 종류의 소송절차에서 심리될 수 있어야 한다. 그것은 소송절차가 달라지면 이를 지배하는 심리의 원칙이 달라지기 때문이다. 따라서 예컨대 직권탐지주의에 의하여 지배되는 행정소송법·가사소송법에 의하여 심리될 사항을 변론주의에 의하여 지배되는 통상의 민사소송에 병합하는 것은 허용되지 않는 것이 원칙이다. 다만 이 원칙에 대하여는 법률상 일정한 예외가 인정되고 있다(행정소송과 관련청구소송의 병합, 行訴 10 Ⅱ; 가류 및 나류 가사소송에 수반하는 손해배상청구와 원상회복 등 청구, 家訴 2 Ⅰ 다류사건). ii) 병합되는 청구가 어느 것도 다른 법원의 전속관할에 속하지 않아야 한다. 이것은 전속관할의 취지에서 요구되는 제약이다.

2) 다음, 원시적 복수청구소송을 제외한 모든 후발적 복수청구소송에 공통적으로 요구되는 요건으로서 i) 먼저 제기된 소가 사실심에 계속되고 변론종결 전이어야 한다. 뒤에 병합된 청구에 관하여 변론을 열어야 하는데 법률심이나 변론을 종결한 뒤에는 변론을 여는 것이 곤란하기 때문이다. ii) 병합되는 청구 상호간에 관련성이 있어야 한다. 아무 관계가 없는 청구를 병합하여 심리하면 심리가 도리어 복잡하여져서 심리의 부담을 덜려고 하는 본래의 목적에 배치되기 때문이다. 그리하여 청구의 변경에서는 변경 전후의 청구 사이에 청구의 기초의 변경이 없어야

---

1) 공동소송이 수반되는 경우는 제외하였다.

하고, 반소에서는 본소의 청구 또는 방어방법과의 관련성이 요구되고 있으며, 중간확인의 소에서는 본래의 청구와 선결적 관계에 있는 권리관계의 확정을 구하여야 하고, 변론의 병합의 경우에는 각 청구 상호간에 법률상의 관련성이 요구되는 것이다.

3) 위에서 말한 공통적인 요건 외에 복수청구소송의 형태에 따라 개별적으로 요청되는 요건이 있을 수 있다.

제 2 절 請求의 併合(訴의 客觀的 併合)

Ⅰ. 意 義

1) 청구의 병합이라 함은 하나의 소송절차에서 여러 개의 청구를 하여 심판되는 현상을 가리킨다[253]. 소의 객관적 병합(objektive Klagenhäufung)이라고도 한다. 하나의 소송절차에 원고 또는 피고가 다수인 소의 주관적 병합(공동소송)에 대응하는 말이다. 이를 인정하는 이유는 소송경제를 꾀하고 모순을 방지하기 위한 것이다.

넓은 의미의 청구의 병합에는 원고가 당초부터 하나의 소로 여러 개의 청구에 관하여 심판을 구한 경우와 이미 계속 중인 소송에 다른 청구가 병합되는 경우가 있다. 전자(원시적 복수청구소송)를 특히 고유의 소의 객관적 병합이라고 한다. 좁은 의미로 청구의 병합이라고 하면 고유의 소의 객관적 병합만을 가리킨다.

2) 소의 객관적 병합은 하나의 소송절차에 청구(소송물)가 복수인 경우이므로 청구를 뒷받침하는 공격·방어방법의 복수와 구별하여야 한다. 예컨대 소유권확인청구를 하면서 소유권취득원인으로서 매매와 취득시효완성을 주장하는 경우는 공격방법의 복수이다. 그런데 청구가 하나인가 여러 개인가는 소송물이론에 의하여 좌우된다. 예컨대 같은 사실에 기한 손해배상청구를 불법행위와 채무불이행을 원인으로 하는 경우에 구실체법설에 의하면 청구가 복수이나, 소송법설이나 신실체법설에 의하면 청구는 하나이고 공격방법이 둘일 뿐이다.

Ⅱ. 要 件

모든 복수청구소송에 공통적으로 요구되는 두 개의 요건만 갖추면 된다. 즉, 여러 개의 청구가 같은 종류의 소송절차에 의하여 심판될 수 있어야 하고(253), 각 청구에 관하여 수소법원에 관할권이 있어야 한다. 그리고 원시적 복수청구소송의 경우에는 복수의 청구 사이에 아무런 관련성이 요구되지 않는다.

1) 같은 종류의 소송절차에 의하여 심판될 수 있어야 한다(253). 따라서 i) 통상의 민사사건에 가사소송사건[1] 또는 행정소송사건을 병합하는 것은 원칙적으로 허용되지 아니한다. 다만 가사소송법은 신분관계에 관한 가류 및 나류 가사소송사건 외에 이와 관련되는 손해배상 및 원상회복 등 청구사건을 다류 가사소송사건으로 규정하여(家訴 2 Ⅰ) 양자의 병합을 허용하고 있고(家訴 14), 행정소송법은 행정소송사건과 이에 관련되는 원상회복·손해배상 기타 관련소송을 병합하는 것을 예외적으로 허용한다(行訴 10. 이를 관련청구소송의 병합이라고 한다). 또 통상의 민사사건과 비송사건[2] 및 조정사건, 통상의 민사사건과 가압류·가처분사건 사이의 병합[3]도 허용되지 아니한다. 다만 대법원은 부작위채무에 관한 집행권원 성립을 위한 판결절차에 장차 채무자가 채무를 불이행할 경우에 대비한 간접강제신청을 병합하는 것을 인정하였다.[4]

ii) 재심의 소에 통상의 민사상의 청구를 병합할 수 있는가에 관하여 판례는 이를 부정하지만,[5] 상소심판결에 대한 재심의 소가 아닌 한 이를 허용하여야 할 것이다.[6]

iii) 제권판결에 대한 불복의 소(490 Ⅱ), 중재판정취소의 소(仲 36)도 특수한 소가 아니므로 이에 대하여 다른 민사상 청구를 병합할 수 있다고 본다.[7]

---

1) 大判 2006. 1. 13, 2004 므 1378(부부간의 명의신탁해지를 원인으로 한 소유권이전등기청구(민사사건)와 이혼(가사소송사건) 및 재산분할청구(가사비송사건)는 병합불가).

2) 가사소송사건과 가사비송사건의 원인이 동일한 사실관계에 기초하거나 1개의 청구의 당부가 다른 청구의 당부의 전제가 되는 때에는 1개의 가사소송으로 제기할 수 있다(家訴 14 Ⅰ).

3) 大判 2003. 8. 22, 2001 다 23225.

4) 다만 부작위채무를 명하는 집행권원이 성립하더라도 채무자가 이를 단기간 내에 위반할 개연성이 있고, 또한 판결절차에서 간접강제로 명할 적정한 배상액을 산정할 수 있어야 한다: 大判 2014. 5. 29, 2011 다 31225; 2013. 11. 28, 2013 다 50367; 大(全)判 2021. 7. 22, 2020 다 248124.

5) 大判 1971. 3. 31, 71 다 8; 1997. 5. 28, 96 다 41649.

6) 同旨: 方, 328면; 李時, 733면; 金/姜, 734면.

7) 同旨: 李時, 733면; 金/姜, 734면; 大判 1989. 6. 13, 88 다카 7962.

2) 각 청구에 관하여 수소법원에 관할권이 있어야 한다. 다만 여러 개의 청구중에 다른 법원의 전속관할에 속하는 것만 없으면 수소법원이 병합된 청구중 하나의 청구에 대하여 관할권을 가지고 있을 때에는 관련재판적(25 Ⅰ)에 의하여 나머지 청구에 대하여도 관할권을 가지게 된다.

3) 복수의 청구 사이에 관련성이 있을 것은 요구되지 않는다. 따라서 예컨대 대여금청구와 가옥인도청구를 병합하여도 상관이 없다. 그러나 실제로는 어떤 관련이 있는 청구가 병합되는 일이 많고, 여러 개의 가사소송사건을 병합할 때, 가사소송사건에 가사비송사건을 병합할 때(家訴 14) 및 행정소송에 민사청구를 병합할 때(行訴 10)에는 관련청구일 것이 요구되며, 병합의 형태 중 예비적·선택적 병합의 경우에는 병합된 청구 사이에 관련성이 있을 것이 해석상 요구되고 있다.[1] 따라서 논리적으로 전혀 관련성이 없는 여러 개의 청구를 예비적 또는 선택적 청구로 병합하여 청구하는 경우에 법원은 소송지휘권을 행사해서 단순병합청구로 보정하게 하여야 한다.[2]

Ⅲ. 形 態

청구의 병합의 모습으로서 단순병합·선택적 병합 및 예비적 병합의 세 가지를 인정하는 것이 보통이지만, 일지설에서는 선택적 병합의 형태를 인정하지 않는다.[3] 따라서 일지설의 입장에서는 청구권경합·형성권경합의 경우이든 그 밖의 경우이든 선택적 병합은 부적법한 것으로 된다.[4]

병합의 형태가 선택적 병합인지 예비적 병합인지는 당사자의 의사가 아닌 **병합청구의 성질**에 따라 판단하여야 하며, 항소심에서의 심판 범위의 결정과 관련해서

---

1) 선택적 병합의 경우에는 관련성이 적은 청구 사이에서도 이를 허용하려는 견해가 있다. 中野=松補=鈴木, 「新民事訴訟法講義」(第2版, 2004), 486~487면.

2) 大判 2008. 12. 11, 2005 다 51495.

3) 姜玹中, "請求의 豫備的併合과 選擇的併合의 實務上 몇 가지 문제점에 관한 考察," 溫山 方順元先生古稀記念, 「民事法의 諸問題」(1984), 347면 이하. 일지설을 취하는 '슈바프'(Schwab) 교수는 선택적 병합의 예로서 선택채권의 경우를 들었으나, 선택채권의 경우에는 피고에게 선택권이 있는 것이요 법원에 선택권이 있는 것이 아니고 또 청구는 단일하므로 그것은 선택적 병합이 아니다. Rosenberg(14. Aufl.), §10 Ⅲ 2 a); Blomeyer, §42 Ⅲ 1; 中野=松浦=鈴木, 497면.

4) Rosenberg, §99 Ⅲ 3 b); Blomeyer, §42 Ⅲ 1; 三ケ月, 131면; 新堂, 453면 등.

도 마찬가지이다.[1)]

1. 單純併合

1) 단순병합(kumulative Klagenhäufung)이라 함은 원고가 서로 양립하는 복수의 청구를 병렬적으로 병합하여 그 전부에 관하여 판결을 구하는 경우를 말한다. 각 청구 사이에 아무런 관계가 없어도 좋다. 예컨대 임대인이 가옥인도청구, 밀린 임료청구, 가옥훼손에 대한 손해배상청구를 함께 하는 경우, 신체상해로 인한 손해배상청구사건에서 적극적 손해 · 소극적 손해 · 정신적 손해를 함께 청구하는 경우(판례처럼 손해삼분설을 따를 때), 원금청구와 이자청구를 함께 하는 경우 등이 이에 해당한다. 법원은 병합된 각 청구에 대하여 모두 판결하여야 한다.

2) 목적물의 인도청구와 함께 장래 강제집행이 불능한 경우의 전보배상으로서 그 목적물가액상당(변론종결 당시를 기준)의 금전의 지급을 구하는 대상청구(代償請求)를 병합하는 경우도 현재의 이행의 소와 장래의 이행의 소의 단순병합이다(대상청구의 경우에는 미리 청구할 필요가 인정된다).[2)] 이 경우에 인도청구와 대상청구는 양립할 수 있고, 법원은 양 청구에 대하여 모두 판결하여야 하며, 양 청구를 모두 허용하는 판결을 하여도 상관이 없다.[3)] 이러한 판결에 기초하여 본래적 급여에 대한 강제집행에 착수하여 그것이 **집행불능이 되어 대상적 급여청구권이 발생**하면, 채권자는 본래적 급여에 대한 수령을 거절할 수 있다.[4)]

3) 단순병합이 인정되는 범위는 소송물의 개수를 어떻게 정하느냐에 따라 달라

---

1) 大判 2022. 5. 12, 2020 다 278873(부당이득반환청구와 손해배상청구를 예비적으로 병합); 大判 2014. 5. 29, 2013 다 96868[1억 원의 대여금 지급청구 소송계속 중 대여금청구를 주위적 청구로, 불법행위(사기)를 원인으로 한 손해배상청구를 예비적 청구로 추가한 경우], 2018. 2. 28, 2013 다 26425(손해배상에 관한 청구를 교환적으로 변경하면서 채무불이행을 원인으로 한 청구를 주위적으로, 불법행위를 원인으로 한 청구를 예비적으로 병합).

2) 大判 2024. 7. 25, 2021 다 239905; 1975. 7. 22, 75 다 450; 2006. 3. 10, 2005 다 55411; 2011. 1. 27, 2010 다 77781.

3) 만일 원고가 변론종결시에 목적물의 인도가 이행불능인 경우에 한하여 대상청구를 한다는 취지라면, 원고로서는 어느 하나만 인용되면 좋으므로 예비적 병합이 되지만(大判 1962. 6. 14, 62 다 172), 본래의 급부청구에 그것이 집행불능이 되는 경우에 대비한 대상청구를 병합한 경우에는 본래의 급부청구가 인용된다는 이유만으로 예비적 청구에 대한 판단을 생략할 수 없으며, 본래의 급부청구가 인용되었다고 하여 예비적 청구에 대한 기각판결에 대해 항소를 제기할 이익이 없는 것은 아니다(大判 2011. 8. 18, 2011 다 30666, 30673)

4) 大判 2024. 7. 25, 2021 다 239905(본래적 급부와 대상적 급부의 이행을 명한 판결의 확정 전에 그 가집행선고부 판결에 기한 본래적 급부에 대한 강제집행이 집행불능에 이른 경우에도 이후 위 판결 또는 가집행선고가 취소 · 변경되지 않는 한 **그 집행불능의 시점에 대상적 급부청구권이 발생**한다).

지므로 소송물이론과 관련이 있다. 예컨대 신체상해로 인한 손해배상청구의 소송물을 여러 개로 나누면 단순병합이 되고, 소송물이 하나라고 보면 단순병합이 아니게 된다.

2. 選擇的 併合

1) 선택적 병합(alternative Klagenhäufung)이라 함은 원고가 양립하는 복수의 청구를 택일적(擇一的)으로 병합하여 그 가운데 그 어느 하나라도 인용하는 판결을 구하는 경우를 말한다. 여러 개의 청구 중 하나의 청구가 인용되는 것을 **해제조건**으로 하여 다른 청구에 대하여 심판을 구하는 형태이므로, 법원은 그 가운데 하나의 청구를 인용하면 나머지 청구에 관하여 심판하지 않아도 되지만, 원고를 패소시키기 위해서는 모든 청구를 기각하지 않으면 안 된다. 양립할 수 없는 여러 개의 청구를 선택적으로 병합하는 것은 처분권주의에 배치되고 신청이 불특정하게 되므로 허용되지 아니한다.[1]

2) 선택적 병합은 원고가 경합하여 인정되는 여러 개의 청구권 또는 형성권(형성원인)에 기하여 같은 취지의 이행 또는 형성의 판결을 구하는 경우에 인정되는 형태이다. 예컨대 같은 물건의 인도를 소유권과 점유권에 기하여 청구하는 경우, 계약불이행과 불법행위로 인한 손해배상청구권에 기하여 손해배상청구를 하는 경우, 적법한 권원없이 물건을 점유함을 이유로 부당이득반환청구와 손해배상청구를 하는 경우,[2] 또는 같은 혼인관계의 해소를 목적으로 하는 이혼소송을 부정한 행위(民 840 I)와 악의의 유기(民 840 II)를 이유로 하여 청구하는 경우가 이에 해당한다(구실체법설에 의할 경우). 이처럼 선택적 병합은 종래의 청구권경합과 형성권경합의 경우를 처리하기 위하여 생긴 법적 기술이다.

선택적 병합의 형태를 인정할 것인가 아닌가는 소송물이론에 따라 다르다. 청구권경합과 형성권경합을 인정하지 않고, 이 경우에 포괄적인 하나의 법적 지위 또는 포괄적인 하나의 청구권 내지 형성권만을 인정하는 일시설의 입장에서는 선택적 병합이라는 형태를 인정하지 아니한다.[3] 왜냐하면 이들에 의하면 이 경우에는 청구는 하나이고 공격방법이 복수

1) 大判 1982. 7. 13, 81 다카 1120; 1998. 7. 24, 96 다 99; 2014. 4. 24, 2012 두 6773(토지수용과 관련하여 잔여지 수용청구와 잔여지의 가격감소로 인한 손실보상청구는 서로 양립할 수 없어 선택적 병합이 불가능하다).

2) 大判 2006. 4. 27, 2006 다 7587.

3) 新堂, 453면; 三ケ月, 131~132면. 일지설에서도 선택채권의 경우에는 선택적 병합을 인정하나

일 뿐이기 때문이다. 그러나 위 경우에 언제나 여러 개의 청구를 인정하는 구실체법설 또는 사실관계가 다를 때에만 여러 개의 청구를 인정하는 이지설에서는 선택적 병합을 인정할 필요가 있다. 따라서 같은 부동산에 관하여 소유권이전등기를 구하면서 소유권취득원인으로서 제1차적으로 매매, 제2차적으로 취득시효를 주장하는 경우에도 구실체법설과 이지설에 의하면 선택적 병합이 되지만, 일지설에 의하면 공격방법의 복수가 된다.

3) 선택적 병합을 인정하는 경우에도 법조경합관계에 있는 여러 개의 법규에 기한 청구 또는 선택채무에 기한 청구는 1개의 청구이므로 선택적 병합이 되지 아니한다.

3. 豫備的 併合

1) 예비적 병합(eventuelle Klagenhäufung)이라 함은 양립할 수 없는 여러 개의 청구를 순차적으로 병합하여, 제1차 청구(주위적 청구)가 이유 있을 때에는 제2차 청구(예비적 청구) 이하에 대하여 심판을 구하지 않고, 만일 제1차 청구가 이유 없을 때에는 제2차 청구에 대하여 심판을 구하는 식으로 순차로 심판을 구하는 경우를 말한다. 다시 말하면 여러 개의 청구에 순위를 붙여 제1차 청구가 인용되는 것을 **해제조건**으로 하여 제2차 청구에 관하여 심판을 구하는 형태의 병합이다. 예컨대 제1차 청구로서 매매대금의 지급을 구하고 제2차 청구로서 매매계약이 무효인 경우에 대비하여 인도한 매매목적물의 반환을 구하는 경우, 제1차 청구로서 행정처분의 무효확인을 구하고 제2차 청구로서 그것이 무효가 아닌 경우에 대비하여 행정처분의 취소를 구하는 경우[1) 등이 이에 해당한다.

예비적 병합은 원고가 제1차 청구에 관하여 법률적으로 확신이 서지 않거나 증명이 곤란한 경우에 그 청구가 기각된 뒤에 다시 소를 제기하여야 하는 번잡을 덜어주며, 분쟁의 1회적 해결에 이바지한다. 원래 심판의 청구(신청)에는 조건을 붙이지 못하는 것이 원칙이지만, 예비적 병합의 경우에는 제1차 청구를 심리하는 과정에서 조건의 성취 여부(제1차 청구의 이유 유무)가 판명되므로 이것은 이른바 소송내적 조건을 붙인 경우로서 절차의 안정을 해하지 않기 때문에 적법한 것으로 인정된다.

2) 예비적 병합이 허용되기 위한 요건으로서,

(Rosenberg, §99 Ⅲ 3 a), 전술한 바와 같이 이는 부당하다. 신실체법설도 어음채권과 원인채권을 하나의 소송절차에 병합할 때에는 선택적 병합을 인정하여야 할 것이다.

1) 大判 1970. 12. 22, 70 누 123. 일지설은 이 경우에 소송물이 하나라고 본다. 李時, 272면.

i) 주위적 청구와 예비적 청구는 서로 양립되지 않는 배척관계(모순관계)에 있어야 한다. 여러 개의 청구가 배척관계에 있기 때문에 거기에 순위를 붙이는 것이 필요한 것이다. 그러므로 예비적 청구가 주위적 청구의 수량만을 감축한 경우,[1] 예비적 청구가 주위적 청구에 흡수되는 경우(예컨대 단순이행청구와 상환이행청구)[2] 등은 예비적 병합이 아니다.

다만 판례는 논리적으로 양립할 수 있는 여러 개의 청구라도 당사자가 심판의 순위를 붙여 청구를 할 **합리적 필요성**이 있는 경우에는 주위적 청구가 배척될 경우를 대비하여 예비적 청구에 대한 심판을 구할 수 있다고 하며, 이를 **부진정 예비적 병합**이라 한다.[3] 또한 주위적 청구가 전부 인용되지 않을 경우에는 주위적 청구에서 인용되지 아니한 액수의 범위 안에서 예비적 청구에 대해서도 판단하여 주기를 바라는 취지로 불가분적으로 결합시켜 청구할 수도 있다.[4]

그런데 도이칠란트에서는 양립이 가능한 청구에 순위를 붙여 병합하되 제1차 청구가 인용될 것을 조건으로 제2차 청구에 관하여 심판을 구하는 것을 인정하고, 이를 부진정 예비적 병합(uneigentliche od. unechte eventuelle Klagenhäufung)이라고 부른다.[5] 이것은 제1차 청구가 인용되는 것을 조건으로 하여 제2차 청구에 관하여 심판을 구하는 점에서 판례가 인정하는 부진정 예비적 병합과 크게 다르다. 도이칠란트에서 인정하는 부진정 예비적 병합의 예로서는 제1차 청구로서 계약의 무효확인을 구하고 제2차 청구로서 계약이 무효이면 계약의 이행으로서 인도한 물건의 반환을 구하는 경우, 또는 제1차 청구로서 계약의 유효확인을 구하고 제2차 청구로서 계약이 유효하면 계약의 이행을 구하는 경우 등이

---

1) 大判 1972. 2. 29, 71 다 1313; 2017. 2. 21, 2016 다 225353; 2017. 10. 31, 2015 다 65042.

2) 大判 1999. 4. 23, 98 나 61463(주위적으로 무조건의 소유권이전등기를 구하고 예비적으로 금전의 지급과 상환으로 이전등기를 구하는 경우).

3) 大判 2021. 5. 7, 2020 다 292411(주위적으로 **재산상 손해배상**을 청구하면서 그 손해가 인정되지 않을 경우에 예비적으로 **같은 액수의 정신적 손해배상**을 청구하는 것과 같이 수 개의 청구 사이에 논리적 관계가 밀접하고, 심판의 순위를 붙여 청구할 합리적 필요성이 있다고 인정되는 경우에는 부진정 예비적 병합 청구의 소가 허용된다. 나아가 주위적 청구를 배척하면서 예비적 청구에 대하여 판단하지 않은 판결을 한 경우에는 그 판결에 대한 상소가 제기되면 판단이 누락된 예비적 청구 부분도 상소심으로 이심된다); 大判 2002. 2. 8, 2001 다 17633(보존행위에 기한 공유물 전체에 대한 소유권이전등기청구와 지분권에 기한 지분에 관한 소유권이전등기청구를 심판순위를 붙여 청구하는 경우, 양 청구는 그 청구의 **크기에 차이**가 있어 원고로서는 순위를 붙여서 청구할 합리적 필요성이 있으므로 법원은 제1순위 청구가 이유 없을 경우 제2순위 청구에 관하여 그 당부를 판단하여야 한다); 大判 2002. 9. 4, 98 다 17145(선택적 관계로서 양립할 수 있는 전부금청구와 채무인수금 청구를 예비적 병합의 형태로 병합청구하면서, 주위적으로는 1억2천만 원 및 그의 지연손해금인 전부금(총 2억3천만 원)의 지급을 구하고, 예비적으로 1억4천5백만 원 및 그의 지연손해금인 채무인수금의 지급을 청구한 경우); 大判 2007. 6. 29, 2005 다 48888.

4) 大判 2002. 9. 4, 98 다 17145; 2002. 10. 25, 2002 다 23598(당사자의 의사해석의 문제이므로 석명권 행사); 1996. 2. 9, 94 다 50274(주위적 청구의 일부를 특정하여 그 부분이 인용될 것을 해제조건으로 하여 그 부분에 대하여만 예비적 청구를 하는 것도 소송절차의 안정을 해하거나 예비적 청구의 성질에 반하지 않는 한 허용된다고 본다).

5) Blomeyer, §42 Ⅲ 2 b); Rosenberg, §65 Ⅳ 3 a), §96 Ⅲ. 2 등 참조.

있다. 이와 같은 부진정 예비적 병합은 제1차 청구가 이유 없으면 제2차 청구에 관하여는 심판을 하지 않아도 된다는 장점은 있으나, 단순병합의 형태로도 같은 목적을 달성할 수 있으므로, 이러한 병합형태를 인정할 필요는 없을 것이며,[1] 실제로 그 예도 극히 드물다.[2]

ii) 병합되는 각 청구 사이에 일정한 관련성(Sachzusammenhang)이 있어야 한다. 그리하여 예비적 청구는 주위적 청구와 법률적 또는 경제적으로 동일한 목적을 추구하여야 한다.[3] 그러므로 제1차 청구로서 매매대금의 지급을 구하고 제2차 청구로서 임대물의 반환을 구하거나, 주위적 청구로 가옥인도를 구하고 예비적 청구로 대여금의 반환을 구하는 것은 허용되지 아니한다. 그런데 도이칠란트의 판례는 이 요건을 매우 관대하게 풀이하여 여러 개의 청구가 경제적으로 동일한 종류의 목적을 가지는 경우에도 예비적 병합을 인정하고 있다.[4]

3) 예비적 병합이 인정되는 범위도 소송물이론에 따라 달라진다. 같은 목적의 청구를 양립하지 않는 여러 개의 청구권이나 형성원인(형성권)에 기하여 하는 경우, 예컨대 제1차적으로 대여금의 지급을 구하고, 제2차적으로 소비대차가 무효이면 부당이득으로서 이미 인도한 금전의 반환을 구하는 경우에는 구실체법설에 의하면 각 소송물이 다르므로 예비적 병합이 되지만,[5] 일지설·이지설에 의하면 소송물이 같으므로 공격방법이 복수일 뿐이다.[6]

Ⅳ. 併合訴訟의 審判

1. 併合要件의 調査

(1) 병합소송을 심리할 때에는 법원은 먼저 병합에 특유한 소송요건인 병합요건이 구비되었는가를 직권으로 조사하여야 한다. 병합요건에 흠이 있을 때에는 병합이 허용되지 아니할 뿐이므로 변론을 분리하여 별소로 취급하여야 하고, 다만 병합된 청구에 관하여 전속관할의 정함이 있는 때에는 관할법원으로 이송하여야

1) 同旨: 新堂, 642면.
2) 도이칠란트의 예로서는 BAG DB 1988, 1660; OLG Schleswig NJW 1966, 1929 f. 참조.
3) Jauernig, §88 Ⅲ.
4) 피고에게, 7,000RM의 지급을 구하면서 제1차적으로 소외 갑으로부터 취득한 청구권을, 제2차적으로 소외 을로부터 취득한 청구권을 주장하여 예비적 병합을 한 것을 적법한 것으로 인정하였다. RG 144, 71.
5) 方, 327면.
6) 李時, 736면.

한다(34). 행정소송에 민사상 관련청구를 병합시킬 경우에는 그 행정소송이 적법할 것을 요건으로 하므로, 만일 행정소송이 부적법할 때에는 관할법원으로 관련청구를 이송하여야 한다(行訴 참조 10).[1] 분리도 이송도 할 수 없을 경우에는 그 청구에 관한 소만을 각하한다.

(2) 병합요건이 구비되어 있으면 다음에 각 청구에 관하여 일반적인 소송요건이 구비되었는가를 조사하고, 만일 그 흠이 있으면 그 청구에 관한 소만을 각하 또는 이송한다. 소송요건이 구비되어 있으면 병합된 여러 개의 청구에 관하여 본안의 심리를 행한다.

(3) 병합소송의 소송목적의 값의 산정에 관하여는 앞에서 설명하였다. 단순병합의 경우에는 합산하는 것이 원칙이지만, 선택적 병합·예비적 병합의 경우에는 중복청구의 흡수의 원칙에 따른다(자세한 것은 事物管轄 참조).

2. 本案의 審理－審理의 共通

(1) 본안의 심리, 즉 변론과 증거조사는 같은 기일에 모든 청구에 관하여 공통으로 행한다. 이 기일에 현출된 소송자료와 증거자료는 모든 청구에 관한 판단의 자료가 된다.

(2) 어느 하나의 청구에 변론을 제한하는 것은 모든 형태의 병합에서 가능하지만, 변론을 분리하는 것은 각 청구 사이에 관련성이 없는 단순병합에서만 가능하다(통설).[2] 다만 단순병합이라도 각 청구의 쟁점이 공통되는 경우에는 변론의 분리를 하지 않는 것이 좋다. 변론을 제한한 경우에는 그 심리결과는 모든 청구의 자료로 되지만, 변론을 분리한 경우에는 각각 별개의 절차로 심리되므로 각 절차의 자료는 그 절차에서만 판단의 자료로 된다.

3. 終局判決

(1) 單純併合의 경우

1) 병합된 모든 청구가 판결을 할 수 있을 정도로 성숙되면 모든 청구에 관하

1) 그러나 대법원은 이를 부적법각하한다(大判 2001. 11. 27, 2000 두 697).
2) 선택적 병합에서도 변론의 분리가 가능하다는 견해가 있다. 姜(제5판), 361면.

여 1개의 전부판결을 한다(198).

2) 여러 개의 청구 중 일부만이 재판을 할 정도로 성숙하면 그 부분에 대하여 일부판결을 할 수 있다(200). 그러나 단순병합의 경우에도 여러 개의 청구 사이에 선결관계가 있거나 기본적인 법률관계가 공통될 때(예컨대 소유권확인청구와 소유권에 기한 인도청구, 소유권에 기한 인도청구와 소유권침해에 기한 손해배상 청구)에는 일부판결을 하는 것은 적당하지 않다.[1]

3) 전부판결을 할 의사로 판결을 하였으나 일부에 관한 판결을 누락한 경우(재판의 누락)에는 직권으로 또는 당사자의 신청에 따라 원심법원이 추가판결을 하여야 하며(212), 상소로 시정을 구할 수는 없다.[2]

(2) 選擇的 併合의 경우

1) 법원은 병합된 청구 중 하나의 청구를 인용하는 한 나머지 청구에 관하여 판단을 할 필요가 없지만, 원고를 패소시키려면 병합된 모든 청구를 심리하여 이유 없음을 확정하여야 한다. 하나의 청구를 인용하는 판결과 모든 청구를 기각하는 판결은 모두 전부판결이다.

2) 선택적 병합의 경우에는 각 청구가 동일한 목적을 향하여 병합되어 있으므로 성질상 일부판결은 할 수 없다고 본다(통설 · 판례).[3] 그러나 선택적 병합에 의하여야 할 여러 개의 청구를 그러한 병합에 의하지 아니하고 별소로 제기하여도 상관이 없다는 이유로(구실체법설에서 같은 사고에 기인하여 불법행위로 인한 손해배상과 채무불이행으로 인한 손해배상청구를 하는 경우를 상정하라) 일부판결이 가능하다는 견해도 있다.[4]

다만 선택적 청구 중 하나에 대해 일부만 인용하고 다른 선택적 청구에 대해서는 아무런 판단을 하지 아니하는 것은 위법하다.[5]

3) 선택적 병합의 경우에 원고패소판결을 하면서 병합된 청구 중 일부에 대하여 판단을 빠뜨린 때에 그 처리가 문제된다. 이에 관하여는 재판의 누락(212)으로

---

1) 이 경우에 일부판결을 할 수 없다는 견해도 있다. 新堂, 454면.

2) 논리적으로 전혀 관계가 없어 단순병합에 불과한 수개의 청구를 예비적 병합으로 청구한 경우에 그 중 하나의 청구에 대하여만 판결하였다면 재판의 누락이다(大判 2008. 12. 11, 2005 다 51495).

3) 大判 1998. 7. 24, 96 다 99(이때의 "일부판결"이란 선택적 청구 중 하나만을 판단하여 기각하고 나머지 청구에 대하여는 아무런 판단을 하지 아니하는 경우를 의미한다).

4) 姜(제5판), 361면.

5) 大(全)判 2016. 5. 19, 2009 다 66549.

보아 추가판결에 의할 것이라는 견해(**추가판결설**)[1]와 판단누락(424 I ⑥, 451 I ⑨)에 준하여 상소로써 구제할 것이라는 견해(**상소설**)[2]가 대립하고 있다. 이것은 선택적 병합의 경우에 일부판결이 가능한가 하는 문제와 관련이 있다. 선택적 병합의 경우에는 일부판결이 불가하므로, 병합된 청구 중 일부에 대한 판단이 누락된 경우에도 그것은 하나의 전부판결이 위법한 것으로 보아 상소에 의하여 구제하여야 할 것이다. 판례도 이러한 입장이다.[3] 이 경우에 항소심에서는 사건을 제1심으로 환송할 것이 아니라, 원심판결을 취소하고 새로이 자판하여야 한다(**취소자판설**).

(3) 豫備的 併合의 경우

1) 법원은 먼저 제1차 청구에 관하여 판결한다. 제1차 청구를 인용하면 예비적 청구에 관하여 판단을 할 필요가 없지만, 이것은 전부판결로서 항소가 제기되면 병합된 청구 전체가 그 심급을 이탈한다. 그리고 제1차 청구를 부적법 각하하거나 기각하면 제2차 청구 이하에 관하여 순차적으로 심판하여야 하는데,[4] 제1차 청구의 일부가 기각된다고 하여 그 부분에 대한 제2차 청구에 관하여 나아가 판단할 필요는 없다(원고가 제1차 청구의 일부를 특정하여 그 부분이 인용될 것을 해제조건으로 하여 그 부분에 대하여만 제2차 청구를 한 경우는 예외).[5]

---

1) 姜(제5판), 361면.

2) 李時, 741면.

3) 大判 1998. 7. 24, 96 다 99(제1심법원이 원고의 선택적 청구 중 1993. 8. 25.자 증여해제를 원인으로 한 소유권이전등기청구에 대하여만 판단·배척하고, 1986. 2. 26.자 양도합의를 원인으로 한 소유권이전등기청구에 대하여는 아무런 판단을 하지 아니한 조치는 위법한 것이고, 원고가 위법한 제1심판결에 대하여 항소한 이상 원고의 이 사건 선택적 청구 전부가 항소심인 원심으로 이심되었다고 할 것이므로…,(생략). 원고는 그 항소취지로 위 증여해제를 원인으로 한 소유권이전등기청구만을 구하였고 변론종결에 이르기까지 위 양도합의를 원인으로 한 소유권이전등기청구에 관하여 제1심판결의 변경을 구하는 아무런 준비서면의 제출이나 구두진술도 하지 않았음을 알 수 있는바, 사정이 이와 같다면 제1심판결에 대한 원고의 불복범위는 위 증여해제를 원인으로 한 소유권이전등기청구에 관한 부분에 한정되어 있다고 봄이 상당하고, 따라서 위 양도합의를 원인으로 한 소유권이전등기청구에 관한 부분은 원심에서의 심판의 범위에 포함되지 않는다고 할 것이다). 재판의 누락이지만 위법한 판결이므로 상소로 구제하여야 한다는 견해로는 胡, 939면.

4) 청구의 예비적 병합에서 주된 청구를 배척하고 예비적 청구를 인용한 때에는 반드시 판결의 주문에 주된 청구를 기각한다는 뜻과 예비적 청구를 인용한다는 뜻을 다 같이 표시하여야 한다(大判 1974. 5. 28, 73 다 1942).

5) 大判 2000. 4. 7, 99 다 53742(주위적으로 이 사건 물품판매대금을 횡령한 소외인이 그 판매대금을 피고를 위하여 보관하던 중 횡령하였다면 **물품공급계약에 따른 물품대금의 지급**을 구하고, 예비적으로 위 물품대금을 원고를 위하여 보관하던 중 횡령하였다면 피고의 피용자들의 감독소홀 등 **불법행위를 원인으로 한 손해배상을 청구**한 사건에서, 대법원은 원고의 주위적 청구를 인정하면서 피고의 일부 소멸시효항변을 받아들여 그 부분에 대한 원고의 주위적 청구의 일부를 기각하는 경우, 원고가 주위적 청구의 일부를 특정하여 그 부분이 인용될 것을 해제조건으로 하여 그 부분에 대하여만 예비적 청구를 하였다는 등의 특별한 사정이 없는 한, 원고의 주위적 청구의 일부가 기각된다고 하여 그 부분에 대한 예비적 청구에 관하여 나아가 판단할 필요가 없다고 하였다).

2) 제1차 청구를 배척하는 판결만을 하고, 제2차 청구 이하에 관하여는 판단하지 않거나,[1] 제1차 청구를 제쳐놓고 제2차 청구를 먼저 판단하는 따위의 일부판결은 허용되지 아니한다(예비적 청구만을 청구 인낙할 수도 없다).[2] 만일 그러한 판결을 하였다면 하나의 전부판결이 위법한 것으로서 상소의 대상이 된다.[3] 판례는 한때 이를 재판누락으로 보고 원심법원에 추가판결을 구하여야 한다고 하였다가[4] 그 입장을 변경하였다.[5] 이 경우에 상소심에서의 처리방법이 문제된다. 이에 관하여는, 첫째 판단되지 아니한 청구는 여전히 제1심에 계속중이고, 판단된 청구만이 항소심에 이심된 것으로 보고, 항소심에서는 제1심으로 하여금 사건 전체에 관하여 다시 심판할 수 있도록 사건을 제1심에 환송하자는 견해(**임의적 환송설**)와, 둘째로 제1심에서 일부청구에 관하여 판단을 빠뜨렸더라도 그것은 하나의 전부판결이므로 모든 청구가 항소심으로 이심된 것으로 보고, 항소심에서 제1심판결을 취소한 뒤에 새로이 모든 청구에 대하여 자판하여야 한다는 견해(**취소자판설**)가 대립하고 있다. 제1심판결을 하나의 전부판결로 보는 것이 옳고 또 각 청구가 관련성이 있어서 제1심에서 심리를 받은 셈이므로 취소자판설이 타당하다고 생각한다.[6] 판례 또한 같다.[7]

나아가 판례는 항소심이 주위적 청구를 배척하면서 예비적 청구부분에 관해 전혀 판단하지 않아 당사자가 상고하여 항소심의 판단이 누락되었다는 위법사유를 지적하였음에도 상고심에서도 법률관계상의 그 쟁점에 관한 판단을 빠뜨린 채 상고심판결이 확정되었다면 당사자는 그 상고심판결에 대한 **재심**을 구할 수 있다고 한다.[8]

3) 그 밖에도 판례에 따르면, 원고의 청구가 제1심에서 기각된 후 원고가 항소를 제기하면서 예비적 청구를 추가한 경우에, 항소심이 종래의 주위적 청구에 대한 항소가 이유 없다고 판단하면서 추가된 예비적 청구의 일부를 인용하고자 한다면 항소심은 예비적 청구에 대해 **제1심으로 판단**하여야 한다. 즉 항소심은 원고의

1) 도이칠란트의 판례는 주위적 청구만을 기각하는 일부판결을 긍정한다. BGH 56, 79; BGH WM 1986, 237 등 참조.
2) 大判 1995. 7. 25, 94 다 62017.
3) 同旨: 李時, 741면; 日最判 1963. 3. 8, 民 17. 2. 304. 反對: 新堂, 455면. 재판의 누락이지만 위법한 판결이어서 상소의 대상이 된다는 견해로는 胡, 941면.
4) 大判 2000. 1. 21, 99 다 50422.
5) 大(全)判 2000. 11. 16, 98 다 22253.
6) 同旨: 李時, 741면; 姜, 799면.
7) 大(全)判 2000. 11. 16, 98 다 22253; 大判 2023. 12. 7, 2023 다 273206.
8) 大判 2002. 9. 4, 98 다 17145.

항소를 기각하고 추가된 예비적 청구에 대해 인용금액의 지급을 명해야 하는 것이지, 인용하는 금액에 해당하는 제1심판결 중 원고 패소 부분을 취소하고 그 인용금액의 지급을 명해서는 안된다는 것이다.[1)]

(4) 上訴審의 判斷

1) 단순병합의 경우

단순병합의 경우에 일부판결에 대하여 상소한 때에는 그 부분이 나머지 부분과 분리하여 상소심으로 이심하지만, 전부판결의 경우에는 전부의 청구에 대하여 상소한 경우는 물론 일부의 청구에 대하여만 상소한 경우에도 상소불가분의 원칙에 따라 모든 청구에 관한 소송이 확정이 차단되고 상소심으로 이심한다. 다만 불이익변경금지의 원칙상 상소하지 아니한 부분은 상소심의 심판의 대상이 되지 아니한다(415).[2)] 그러나 직권조사사항의 경우에는 불이익변경금지의 원칙이 적용되지 아니하므로, 예컨대 제1심에서 A토지와 B토지에 대하여 소유권확인청구를 하여 A토지 부분에 대하여만 청구인용판결을 받고 청구기각된 B토지 부분에 대해 원고가 불복항소한 경우, 항소심법원은 청구 전부에 대하여 소의 이익이 없다고 판단하면 원심판결을 전부 취소하고 원고의 소 전체를 부적법각하하여야 한다(상소의 이익 및 불이익변경금지원칙에 관한 설명 참조).[3)]

2) 선택적·예비적 병합에 대한 전부판결

선택적 병합의 경우에 원고승소의 판결은 전부판결로서 이에 대하여 항소가 있으면 판단을 받지 아니한 청구를 포함하여 모든 청구가 항소심으로 이심하고 심판의 대상이 되므로[4)] 항소심은 원심과 다른 청구를 인용하여 항소를 기각할 수 있다. 다만 판례는 제1심판결을 취소하고 새로이 청구를 인용하는 판결을 하여야 한다고 한다.[5)] 예비적 병합의 경우에 주위적 청구를 인용한 판결 역시 전부판결로서 이에

---

1) 大判 2017. 3. 30, 2016 다 253297.

2) 大判 2015. 12. 10, 2015 나 207679, 207686, 207693; 2008. 12. 11, 2005 다 51471; 1992. 11. 27, 92 다 14892. 다만 판례는 인신사고로 인한 손해배상청구 소송과 같이 소송물이 다른 재산적 손해와 위자료 등에 관한 청구가 하나의 판결로 선고되는 경우, 당사자 한쪽이 그 소송물의 범위를 특정하지 아니한 채 일정 금액 부분에 대하여만 항소하였다면, 그 불복하는 부분을 특정할 수 있는 등의 특별한 사정이 없는 한 불복범위에 해당하는 재산적 손해와 위자료에 관한 청구가 모두 항소심에 이심되어 항소심의 심판의 대상이 된다고 한다(大判 1996. 7. 18, 94 다 20051).

3) 大判 1995. 7. 25, 95 다 14817.

4) 大判 2010. 5. 27, 2009 다 12580; 2006. 4. 27, 2006 다 7587, 7594.

5) 大判 1992. 9. 14, 92 다 7023; 2006. 4. 27, 2006 다 7587, 7594.

대하여 항소가 있으면 판단을 받지 아니한 예비적 청구도 이심하므로, 항소심은 원심과 달리 예비적 청구를 인용할 수 있다.[1] 이 경우에는 원심에서 판단을 받지 아니한 청구도 실질적으로는 제1심을 거친 것으로 인정되어 심급제에 반하지 아니한다. 왜냐하면 선택적 병합이나 예비적 병합의 경우에는 각 청구가 밀접하게 관련되어 있어서, 제1심에서 인용된 청구나 주위적 청구를 위한 심리의 중요부분은 판단을 받지 않은 다른 청구나 예비적 청구와 공통되기 때문이다. 더욱이 항소심에서도 청구의 변경(262, 408)이 가능한 점을 고려하면 심급제를 문제 삼는 견해가 타당하지 아니함을 쉽게 알 수 있다.

3) 선택적·예비적 병합과 불이익변경금지의 원칙

예비적 병합의 경우에 주위적 청구를 기각하고 예비적 청구를 인용한 원판결에 대하여 피고가 그 패소부분에 대하여 항소한 때에는 불복하지 아니한 주위적 청구의 기각부분도 이심하지만, 원고가 항소나 부대항소를 하지 아니하는 한 불이익변경금지의 원칙(415) 때문에 항소심의 조사판단의 대상이 되지는 아니한다(통설·판례).[2][3] 따라서 항소심에서 주위적 청구가 이유 있다고 판단되어도 예비적 청구만을 기각하여야 한다.[4] 다만 피고는 주위적 청구를 인낙하여 소송을 종료시킬 수 있다.[5] 선택적 병합의 경우에 원고청구가 전부 기각되었는데 기각된 일부의 청구에 대해서만 원고만이 불복·항소하였다면, 항소하지 아니한 부분은 항소심으로 이심은 되나 심판의 대상은 되지 아니한다. 따라서 항소심법원은 불복하지 아니한

---

1) 大(全)判 2000. 11. 16, 98 다 22253: 나아가 이 판례는 예비적 병합의 경우에 주위적 청구(불법 말소된 근저당권설정등기의 회복등기청구와 매매계약에 따른 토지거래허가신청청구) 중 근저당권설정등기의 회복등기청구 중 **일부를 인용**하면서 예비적 청구를 모두 기각한 제1심 판결에 대해 피고가 항소하였고, 항소심이 피고의 항소를 받아들여 제1심판결을 취소하고 그에 해당하는 원고의 주위적 청구를 기각하는 경우에는, 항소심은 기각하는 주위적 청구 부분과 관련된 예비적 청구를 심판의 대상으로 삼아야 한다고 한다. 또한 판례에 따르면 선택적 병합의 경우에 항소심이 **하나의 청구의 일부만 인용**하고 나머지 청구는 기각하여 피고만 상고하였고, 그 중 피고의 상고가 이유 있어 항소심 판결을 파기하는 경우, 상고심은 항소심 판결 중 피고 패소 부분과 나머지 청구 중 피고 패소 부분에 대응하는 부분을 함께 파기하여야 한다(大判 2024. 6. 27, 2020 다 259100). 그리고 이러한 법리는 성질상 선택적 관계에 있는 청구를 당사자가 심판의 순위를 붙여 청구한다는 취지에서 예비적으로 병합한 경우에도 마찬가지로 적용된다(大判 2024. 12. 12, 2021 다 300173; 2024. 8. 1, 2023 다 318154; 2014. 12. 24, 2012 다 35675; 2022. 3. 31, 2017 다 247145).

2) 大判 1967. 9. 5, 67 다 1323; 2002. 12. 26, 2002 므 852; 1995. 2. 10, 94 다 31624.

3) 이와 같이 예비적 청구만이 심판의 대상이 됨에도 불구하고 항소심이 주위적 청구에 대해 1심과 마찬가지로 청구기각의 판결하였고 이와 같은 무의미한 판결에 기초하여 원고가 상고한다고 하여도 주위적 청구부분이 상소심의 심판대상이 되는 것은 아니며, 이러한 상고는 불복의 이익이 없어 부적법하다는 것이 판례이다(大判 1995. 1. 24, 94 다 29065).

4) 이러한 경우 항소심 판결의 주문은 「1. 제1심 판결 중 예비적 청구에 관한 부분을 취소한다. 2. 원고의 예비적 청구를 기각한다. 3. 소송비용은 제1심, 제2심 모두 원고의 부담으로 한다」로 되어야 할 것이다.

5) 大判 1992. 6. 9, 92 다 12032.

부분이 이유 있다고 판단되어도 원심판결을 취소할 수 없다.[1] 또한 선택적으로 병합된 청구를 모두 기각한 항소심판결에 대하여 원고가 상고하였고 상고법원이 그 중 어느 하나의 청구에 관한 상고가 이유 있다고 인정하는 때에는 원심판결을 전부 파기해야 한다.[2]

실질적으로 선택적 병합관계에 있는 두 청구를 원고가 주위적·예비적으로 순위를 붙여 청구하였는데, 제1심 법원이 주위적 청구를 기각하고 예비적 청구를 인용하는 판결을 선고하고 피고만이 항소를 제기한 경우, 항소심은 두 청구 모두를 심판의 대상으로 하여 판단하여야 한다는 것이 판례의 태도이다. 왜냐하면 병합의 형태가 선택적인지 예비적인지는 당사자의 의사가 아닌 병합청구의 성질을 기준으로 판단하여야 하고(성질설), 항소심 심판 범위도 그에 따라 결정되어야 하기 때문이다.[3] 단순병합의 경우에는 일부의 청구에 대한 재판을 누락한 경우에, 상소를 하여도 누락된 부분은 원심에 남아 있다.[4]

4) 병합청구와 불복하지 않은 부분의 확정시기

단순병합의 경우에 여러 개의 청구 중 항소심에서 불복하지 아니한 부분은 항소심판결의 선고로, 상고심에서 불복하지 아니한 부분은 상고심판결의 선고로 확정된다(**판결선고시설**). 판례도 같다.[5] 예컨대 여러 개의 청구(소유권이전등기말소청구와 이에 대한 지연손해금의 지급청구)를 모두 기각한 제1심판결에 대하여 원고가 하나의 청구에 대하여만 항소하고 항소가 기각되자 다시 상고한 경우, 항소되지 아니한 부분은 항소심으로 이심은 되나 항소심의 심판의 대상이 되지 아니하므로 항소심판결의 선고로 확정된다. 따라서 상

1) 大判 1998. 7. 24, 96 다 99 참조(다만 이 사건은 법원이 원고의 선택적 청구 중 하나만을 기각하고 나머지 청구는 판단하지 아니하였는데, 기각된 청구 부분에 대해서만 원고만이 불복·항소한 경우로서 항소하지 않은 부분이 항소심으로 이심되지만 심판의 대상이 되지 아니하는 것은 위 예와 같다).

2) 大判 2022. 3. 31, 2017 다 247145(그리고 이러한 법리는 성질상 선택적 관계에 있는 청구를 당사자가 심판의 순위를 붙여 청구한다는 취지에서 예비적으로 병합한 경우에도 마찬가지로 적용된다: 이 사건은 부당이득반환과 공동불법행위에 따른 손해배상청구를 병합 제기한 경우임); 2023. 4. 27, 2021 다 262905; 2024. 7. 25, 2022 다 233874; 2025. 5. 15, 2023 다 306014; 2020. 1. 30, 2017 다 227516; 2018. 6. 15, 2016 다 229478; 2017. 10. 26, 2015 다 42599; 大(全)判 2012. 1. 19, 2010 다 95390; 大判 2007. 3. 29, 2006 다 79995; 大(全)判 1993. 12. 21, 92 다 46226.

3) 大判 2014. 5. 29, 2013 다 96868(이 사건에서 원고는 '원고가 피고에게 1억 원을 대여하였다'는 것을 이유로 대여금 청구를 하였다가, 제1심 변론 과정에서 위 청구를 주위적 청구로 변경하고, 예비적으로 '원고가 피고에게 기망당하여 1억 원을 지급하였다'고 하면서 불법행위(사기)를 원인으로 한 손해배상청구를 추가하였다).

4) 그 밖에 상소심절차의 문제에 관한 자세한 것은 유병현, "청구의 병합과 상소심절차,"「고시연구」, 2000. 11, 102면 이하 참조.

5) 大判 1994. 12. 23, 94 다 44644; 2001. 4. 27, 99 다 30312(항소심판결선고시); 2001. 12. 24, 2001 다 62213(상고심판결선고시). 그러나 상고로 불복하지 아니한 부분은 부대상고기간(상고이유서 제출기간)의 경과로 확정된다는 판례(방론)도 있다(大決 2006. 4. 14, 2006 카기 62).

고심에서 파기 · 환송된 후 원심에서 심판할 수 있는 범위는 환송 전 항소한 부분에 한정된다.[1] 또한 원고의 주위적 청구와 예비적 청구를 모두 기각한 항소심판결에 대하여 예비적 청구에 대하여만 상고한 경우에, 상고이유가 있으면 상고심은 예비적 청구 부분만 파기 · 환송하여야 하고, 주위적 청구 부분은 파기 · 환송판결의 선고와 동시에 확정되며, 환송 후 원심의 심판의 범위는 예비적 청구에 한정된다.[2] 이에 대하여는 상소취지의 확장이나 부대상소가 가능한 시점인 항소심의 변론종결시 또는 상고이유서 제출기간의 도과시로 확정된다는 견해(**변론종결시설**)도 있다.[3] 그러나 항소심에서는 종결된 변론이 다시 재개될 수도 있으므로 기판력의 이념인 법적 안정성을 고려하고, 또한 항소심에서는 직권조사사항에 대하여는 당사자의 불복과 관계없이 판단하여야 하므로, 항소심판결선고시에 확정된다고 보아야 한다. 그리고 상고심에서도 당사자가 불복하지 아니한 부분이라도 직권조사사항에 대하여는 판단하여야 하는 것이므로 상고심판결선고시에 확정된다고 보아야 한다.

5) 1심판결에 불복하지 않은 당사자의 상고의 이익

병합청구의 제1심판결에 대하여 불복하지 아니한 당사자는 항소심판결이 제1심판결보다 불리하지 않는 한 상고의 이익이 없다. 따라서 제1심에서 원고의 본소청구와 피고의 반소청구가 모두 기각되고 피고만 반소에 대해 항소하였는데 항소심에서 피고의 항소가 기각되자 원고가 그제야 상고를 제기하였다면 이러한 상고는 상고의 이익이 없어 부적법하게 된다.[4]

6) 앞에서 말한 바와 같이 단순병합에서 법원이 잘못하여 일부의 청구에 대하여 판결을 하지 아니한 경우에는 판결한 부분의 확정 여부에 관계없이 당사자는 원심법원에 추가판결을 구할 수 있다. 예비적 병합이나 선택적 병합의 경우에는 일부의 청구에 대하여 판결하지 아니한 경우에도 판단누락에 준하여 상소로 하나의 판결 전체의 흠을 시정하여야 하므로, 당사자가 상소로 다투지 아니하여 그 판결이 확정되었다면, 그 후 판단이 누락된 청구부분을 별소로 제기하는 것은 더 간편한 분쟁해결절차인 상소절차 이용권을 스스로 포기한 것이 되어, 그 소는 소의

---

1) 大判 1994. 12. 23, 94 다 44644.

2) 大判 2001. 12. 24, 2001 다 62213; 2007. 1. 11, 2005 다 67971.

3) 李時, 653면.

4) 大判 1988. 11. 22, 87 다카 414; 같은 취지에서, 大判 1992. 12. 8, 92 다 24431; 2004. 7. 9, 2003 므 2251(제1심에서 일부인용판결을 받은 원고만이 항소를 제기하고 항소심에서 원고의 항소가 기각되자 비로소 피고가 상고하였다면 이러한 상고는 상고의 이익이 없어 부적법하다).

이익(권리보호요건)을 갖추지 못한 부적법한 소가 된다.[1] 이에 대하여 별소가 가능하다는 반대의 견해가 있다.[2] 그러나 만일 이 경우에 별소를 허용하게 되면, 원심법원에 추가판결을 구할 수 있다는 입장과 다를 바 없게 되고, 판결의 모순·저촉을 피할 수 없다.

제 3 절 請求의 變更

I. 概 念

(1) 意 義

청구의 변경이라 함은 소송이 계속된 뒤에 원고가 같은 피고에 대한 본래의 청구(소송물)를 변경하는 것을 말한다. 도이칠란트의 용어례에 따라 흔히 소의 변경(Klageänderung)이라 한다. 소의 내용에는 청구 외에 법원과 당사자 등 소송의 주체가 포함되지만, 소송의 주체의 변경은 여기에서 말하는 소의 변경(262)에 해당하지 아니한다.

(2) 種 類

청구의 변경에는 두 가지 형태가 있다. 그 하나는 종래의 청구를 그대로 두고 여기에 별개의 청구를 추가하는 형태이고, 이를 추가적 변경이라고 한다. 추가적 변경의 경우에는 청구의 병합이 생기고 따라서 단순·선택적·예비적 병합의 구별이 생기며, 예비적 병합으로 되는 경우에는 어느 청구를 주위적 청구로 하는가를 명백히 하여야 한다. 예컨대 토지소유권확인청구소송중에 토지인도청구를 추가하는 경우가 이에 해당한다. 추가적 변경에 의하여 소송목적의 값이 단독판사의 사물관할을 초과하는 때에는 사건을 합의부로 이송하여야 한다.

다른 하나는 구 청구 대신에 새 청구에 관하여 심판을 구하는 형태이며, 이를 교환적 변경이라고 한다. 교환적 변경은 새 청구의 추가적 병합과 구 청구의 취하

---

1) 大判 2002. 9. 4, 98 다 17145.
2) 胡, 942면.

의 결합형태이다(통설 · 판례).[1] 예컨대 유체물인도청구를 그 시가(時價) 상당의 손해배상청구로 바꾸는 경우이다. 구 청구의 취하에 피고의 동의가 필요한가는 다투어지고 있다(뒤에 설명하는 새 청구에 관한 심판 참조).

(3) 청구의 변경이 교환적인지 추가적인지 불명한 경우에는 당사자의 의사를 해석하여 결정하여야 하며, 법원은 이에 관하여 석명으로 밝혀 볼 의무가 있다.[2]

Ⅱ. 請求의 變更이 되는 경우

청구의 변경은 소송물의 변경이므로 소송물의 특정에 관한 소송물이론에 따라 청구의 변경의 개념과 범위가 달라지는 것은 당연하다. 그런데 민사소송법 제262조가 "청구의 취지 또는 원인을 바꿀 수 있다"라고 표현하고 있어서 청구의 변경의 범위가 더욱 문제된다. 여기에서는 청구의 변경으로 되는가 아닌가가 문제되는 경우를 살펴본다.

1. 訴訟物理論과의 關係

청구의 변경의 개념과 범위는 소송물이론에 따라 달라진다. 예컨대 교통사고로 카메라를 손괴당한 피해자가 카메라 대금 상당의 손해배상청구를 하면서 그 원인을 불법행위에서 채무불이행으로 바꾸는 경우에 실체법설에 의하면 소송물이 달라지므로 청구의 변경에 해당하지만, 소송법설과 신실체법설에 의하면 소송물이 하나로서 변경되지 아니하므로 청구의 변경으로 되지 아니한다. 불법경작(不法耕作)의 피해액의 지급을 구하면서 불법행위로 인한 손해배상청구에서 부당이득반환청구로 바꾸는 경우도 같다.[3] 또 일정한 금액의 지급을 구하면서 어음채권으로부터 원인채권에 기한 청구로 바꾸는 경우에는 구실체법설, 이지설 및 신실체법설에 의하면 청구의 변경으로 되나,[4] 일지설에 의하면 청구의 변경이 아니다. 이혼판결을 구하면서 그 원인을 부정한 행위로부터 혼인을 계속하기 어려운 중대한 사유로 바꾸는 경우에는 구실체법설에 의하면 청구의 변경이 되지만, 기타의 소송물이론에 의하면 단순한 공격방법의 변경에 불과하다. 그리고 불법행위로 인한 손해배상청구에서 일

---

1) 大判 1987. 11. 10, 87 다카 1405; 2009. 2. 26, 2007 다 83908; 2010. 6. 24, 2010 다 17284; 2017. 2. 21, 2016 다 45595. 反對: 胡, 944면(청구의 변경은 다른 제도에 의존할 것 없이 청구의 변경에 관한 규정(262) 자체에 의하여 풀이하면 된다는 입장).

2) 大判 1994. 10. 14, 94 다 10153; 2003. 1. 10, 2002 다 41435.

3) 大判 1965. 4. 6, 65 다 139.

4) 大判 1965. 11. 30, 65 다 2028.

실수익청구의 일부를 위자료청구로 바꾼 경우에도 손해3분설에 의하면 청구의 변경이 되지만,[1] 손해 1개설에 의하면 청구의 변경이 아니다.

2. 請求趣旨의 變更

(1) 청구취지의 변경은 원칙적으로 청구의 변경이 된다.

(가) 소송물이론 청구취지만으로 또는 청구취지와 청구원인사실의 양자에 의하여 소송물이 특정된다고 보는 소송법설에서는 당연한 결론이고, 신실체법설에서도 실체법상 진실로 보호받을 만한 가치가 있는 법적 지위로서의 청구권 또는 형성권이라는 소송물은 대체로 청구취지에서 특정되므로 마찬가지이다. 구실체법설에 의하면 청구취지와 청구원인에 나타난 실체법상의 권리의 주장에 의하여 소송물이 특정되므로, 청구취지의 변경은 대체로 청구의 변경이 된다.[2]

(나) 소의 종류의 변경 심판의 형식(소의 종류)을 변경하는 것은 청구취지의 변경을 가져오므로 청구의 변경이 되는 것으로 풀이하여 왔다. 예컨대 같은 건물에 대하여 인도청구를 하다가 소유권확인청구로 바꾸는 경우,[3] 채무부존재확인에서 부당이득반환청구로 바꾸는 경우[4] 등이 그러하다. 그러나 사실관계 일지설에 의하면 이 경우는 청구가 동일하므로 청구의 변경이 되지 아니한다.

(다) 소송의 목적물의 변경 소송에서 구하는 물건 또는 행위를 바꾸거나 물건 대신 금전이나 행위를 구하는 경우에도 청구의 변경이 된다. 예컨대 갑 물건의 인도를 구하다가 을 물건의 인도를 구하는 경우, 물건의 인도를 구하다가 금전의 지급을 구하는 경우, 대지인도청구(垈地引渡請求)에 같은 토지 위의 가건물철거청구(假建物撤去請求)를 추가한 경우[5] 등이 그러하다.

(2) 청구취지의 변경과 관련하여 청구의 변경이 있느냐의 여부가 문제되는 경우가 두 가지 있다.

(가) 審判의 범위의 變更 소송물의 동일성에는 변동이 없이 청구취지에 기재

---

1) 大判 1959. 7. 2, 4291 民上 781.
2) 大判 1988. 2. 23, 87 다카 1108(청구원인의 변경 없이 청구취지만 변경하여도 청구의 변경이 된다).
3) 大判 1966. 1. 25, 65 다 2277.
4) 大判 1962. 10. 11, 62 다 304.
5) 大判 1962. 2. 28, 4294 民上 656; 1962. 4. 18, 4294 民上 1145.

한 수량만을 확장 또는 감축하는 심판범위만의 변경이 청구의 변경에 해당하는가가 문제된다.

① **청구의 확장:** 손해배상청구의 금액을 1,000만 원에서 5,000만 원으로 증액하든가, 가옥인도청구의 대상을 가옥의 일부에서 전부로 변경하는 것과 같은 청구의 확장은 피고의 방어에 영향이 있으므로 이를 청구의 변경으로 보는 것이 통설·판례[1]이다.

② **청구의 감축:** 손해배상청구의 금액을 5,000만 원에서 1,000만 원으로 감액하든가, 단순이행청구에서 상환이행청구로 바꾸는 것과 같은 청구의 감축은 피고의 방어를 고려할 필요가 없으므로 청구의 변경에 해당하지 않는다고 풀이하는 것이 통설·판례이다. 다만 감축된 한도에서 소의 일부취하로 볼 것인가 청구의 일부포기로 볼 것인가가 문제되는데, 원칙적으로 원고의 의사에 따르되, 그 의사가 분명하지 아니한 때에는 원고에게 유리하게 소의 일부취하로 보아야 할 것이다.[2] [3] 따라서 피고가 본안에 관하여 소송에 응한 뒤에는 피고의 동의를 요한다(266 Ⅱ).[4]

(나) 請求趣旨의 補充·訂正 청구취지를 명확히 하기 위하여 이를 보충·정정하는 것은 청구의 변경이 아니다(獨民訴 264 ① 참조). 예컨대 철거를 구하는 건물의 표시에 다소 변경을 가하여 건물의 구조·평수 등을 변경하는 경우(판례는 반대[5]), 건물의 철거대상에 담장을 추가하는 것 따위는 청구의 변경이 아니다.[6]

---

1) 大判 1963. 12. 12, 63 다 689. 도이칠란트 민사소송법은 이것이 청구의 변경이 아니라고 규정하고 있다(獨民訴 264 ②).

2) 大判 1983. 8. 23, 83 다카 450; 2004. 7. 9, 2003 다 46758.

3) 참고로, 채권자 甲이 채무자 乙, 수익자 丙, 전득자 丁, 전득자 戊을 상대로 사해행위취소의 소를 제기하면서, 청구취지로 '乙과 丙, 丙과 丁 사이의 각 매매계약, 丁과 戊 사이의 신탁계약을 취소하고, 이에 따라 이루어진 1, 2, 3차 소유권이전등기의 말소등기절차를 이행하라.'고 청구하였고, 그 후 주소보정명령 불이행으로 丙에 대한 소장각하명령이 내려져 확정되었는데, 제1심에서 丁과 戊에 대한 사해행위취소 청구부분이 각하되자, 甲이 항소한 후 항소심에서 '乙과 丙 사이의 매매계약을 취소하고, 丁과 戊는 각각 2, 3차 소유권이전등기의 말소등기절차를 이행하라.'고 항소취지를 변경한 사안에서, 대법원은 소장 기재 청구취지에 丁과 戊에 대한 관계에서 채무자인 乙과 丙 사이의 매매계약 취소를 구하는 청구가 포함되어 있다고 보아야 하고, 丙에 대한 소장이 각하되었다고 이를 달리 볼 수 없으며, 위 항소취지 변경은 종전 청구취지 범위에서 乙과 丙 사이의 매매계약 취소를 구하는 부분을 유지하고 나머지 계약들의 취소를 구하는 부분을 취하한 것으로 볼 수 있고, 항소심에서 청구취지를 변경한 때에 비로소 丁과 戊를 상대로 乙과 丙 사이의 매매계약 취소를 구하는 소를 제기하였다고 볼 수는 없다고 하였다(大判 2021. 2. 4, 2019 다 277133).

4) 大判 2004. 7. 9, 2003 다 46758.

5) 大判 1963. 5. 9, 62 다 931.

6) 同旨: 李時, 744면. 대법원은 건물 일부의 철거청구를 건물 추녀부분의 철거청구로 바꾼 것도 청구의 변경이라고 한다(大判 1969. 5. 27, 69 다 347).

3. 請求原因의 變更

청구원인의 변경이 청구의 변경을 가져오는가는 소송물이론에 따라 그 범위가 달라진다.

(가) **金錢支給, 그 밖의 代替物引渡請求 등** 금전지급 또는 대체물인도청구의 경우에 청구원인에 기재된 사실이 전혀 별개의 사실로 바뀌어 지금까지 심판요구된 것과 전혀 다른 것이 요구되게 되면 청구의 변경이 있다. **구실체법설**과 **이지설**에서는 청구원인사실이 소송물특정을 위한 요소이므로 이 사실을 바꾸면 청구의 변경이 된다. **일지설**은 이 경우에 청구원인사실이 소송물의 요소는 아니나 그 특정을 위하여 참작되어야 한다고 하여 같은 결론에 이른다. **신실체법설**도 금전지급청구권이나 대체물의 인도청구권의 발생원인사실이 다를 때에는 소송물이 다른 것으로 보아 역시 같은 결과가 된다. 그리하여 어느 설에 의하든 금 100만 원의 지급을 구하면서 처음에는 2020년 5월 5일자 매매대금이라고 주장하다가 뒤에는 2021년 5월 5일자의 대여금이라고 주장하면 청구의 변경이 된다.

(나) **請求權競合 등** 하나의 사실관계 또는 생활관계로부터 동일한 목적을 가진 여러 개의 청구권이나 형성권이 발생한 경우, 즉 종래의 청구권경합이나 형성권경합의 경우에 청구원인에서 실체법상의 권리의 주장만을 바꾸는 때에 관하여 구실체법설에서는 청구의 변경을 인정하나, 소송법설과 신실체법설에서는 공격방법의 변경에 불과하다. 예컨대 손해배상청구를 하면서 그 원인을 불법행위에서 채무불이행으로 바꾸는 경우,[1] 이혼판결을 구하면서 그 사유를 부정한 행위에서 악의의 유기로 바꾸는 경우[2] 등이 이에 해당한다. 또 여러 개의 사실관계로부터 같은 목적을 가진 여러 개의 권리가 인정되는 경우에 그 사실관계를 바꾸는 것도 일지설에 의하면 청구의 변경이 아니나, 그 밖의 소송물이론에 의하면 청구의 변경이 된다. 예컨대 같은 금액을 어음채권에 기하여 청구하다가 원인채권에 기한 청구로 바꾸는 경우[3]가 그러하다.

---

1) 大判 1965. 4. 6, 65 다 139.
2) 大判 1963. 1. 31, 62 다 812.
3) 大判 1965. 11. 30, 65 다 2028.

4. 攻擊方法의 變更

어느 소송물이론에 의하든 소송물을 뒷받침하는 공격방법만을 변경하는 경우는 청구의 변경이 아니다. 예컨대 소유권확인소송에서 소유권취득원인을 매매에서 취득시효로 바꾸는 경우,[1] 소유권이전등기말소청구소송에서 무효의 원인을 변경하는 경우, 같은 실체법상의 권리에 기하여 청구하면서 법조경합관계에 있는 다른 법규로 바꾸는 경우, 사해행위취소 및 원상회복청구를 하면서 그 보전하고자 하는 채권을 추가하거나 교환하는 경우[2] 등이 그러하다(소유권이전등기청구소송에서등기원인을 변경하는 경우에 관하여는 견해의 대립이 있다).

Ⅲ. 要　　件

청구의 변경에 의하여 전후(교환적 변경의 경우) 또는 동시(추가적 변경의 경우)에 두 개의 청구가 하나의 소송절차에서 병합심리되므로, 청구의 변경의 요건으로서는 우선 모든 복수청구소송에 공통적으로 요구되는 일반적 요건으로서 i) 신·구 청구가 같은 종류의 소송절차에 의하여 심리될 수 있어야 하고,[3] ii) 새 청구가 구 청구와 다른 법원의 전속관할에 속하여서는 아니된다. 다음, 청구의 변경은 후발적 복수청구소송이므로 이에 요구되는 요건으로서, iii) 구 청구가 사실심에 계속중이고 변론종결 전이어야 하며(262 I), iv) 신·구 청구 사이에 관련성이 있어야 한다. 다만 민사소송법은 신·구 청구 사이의 관련성을 청구의 기초가 바뀌지 아니하여야 한다고 표현하고 있다(262 I 本). 끝으로 청구의 변경은 구 청구에 관한 심리를 새 청구의 심리를 위하여 이용하는 것이므로 그에 특유한 요건으로서 v) 절차의 혼란이나 지연을 피하기 위한 배려가 필요하다. 그리하여 법은 소송절차를 현저히 지연시키지 않을 것을 요구하고 있다(262 I 但). 아래에서는 위 다섯 가지 요건 가운데에서 문제되는 것만 판례와 관련하여 설명한다.

---

1) 이지설을 취하는 학자 중에는 이를 청구의 변경으로 보는 이가 있다.

2) 大判 2012. 7. 5, 2010 다 80503; 2003. 5. 27, 2001 다 13532.

3) 판례는 재심의 소와 통상의 소 사이에 변경이 불가능하다고 하나(大判 1959. 9. 24, 4291 民上 318), 반대설이 있다(李時, 746면).

1. 청구의 기초가 바뀌지 아니할 것(청구의 기초의 동일성)

1) 청구의 기초는 신·구 청구 사이의 관련성을 뜻하는데, 그것이 구체적으로 무엇을 가리키는가에 관하여는 학설이 대립하고 있다. 양 청구의 실체적 성질에 착안하는 견해로서는, 청구를 특정한 권리의 주장으로 구성하기 위한 지반인 전법률적(前法律的)인 이익분쟁관계라는 설(**이익설**)[1]과 사건의 동일 인식을 표시하는 기본적인 사실이라는 설(**기본적 사실설**)[2]이 있고, 재판자료의 계속적 이용가능성을 강조하는 견해로서는, 새 청구와 구 청구의 사실자료 사이에 심리의 계속적 시행을 정당화할 정도의 공통성이 있는 경우라는 설(**사실자료공통설**)[3]이 있다. 생각건대 청구의 기초의 동일성이라는 요건은 청구의 변경을 피고의 방어권과의 관계에서 합리적으로 제약하기 위한 것이므로, 이러한 관점에서 그 내용을 파악하여야 할 것이다. 그렇다면 신·구 청구의 소송자료와 증거자료가 공통되고 주요한 쟁점이 같으며, 양 청구가 사회적으로 동일하거나 연속적인 분쟁에 관한 것이라고 보이는 경우에는 청구의 기초에 동일성이 있다고 하겠다.[4] 이 견해는 양 청구의 실체적 성질과 재판자료의 계속적 이용가능성의 양자를 두루 고려한 것이다(**병용설**). 판례는 "동일한 생활사실 또는 경제적 이익에 관한 분쟁에서 그 해결방법만을 달리하는 경우"[5]에 청구의 기초에 변경이 없다고 한다. 그러나 어느 설에 의하든 구체적인 적용의 결과에는 별 차이가 없다.

2) 이제 청구의 기초가 바뀌지 않는 경우를 유형화하면 다음과 같다.

i) 청구의 동일성은 변함이 없이 그 심판의 범위만을 확장하는 경우: 청구의 확장, 예컨대 토지인도의 청구에 그 토지상의 가건물철거를 추가하는 경우,[6] ii) 신·구 청구 중의 하나가 다른 편의 변형물이나 부수물인 경우: 목적물인도 또는 이전등기를 구하다가 그 이행불능을 원인으로 하는 전보배상청구를 하는 경우,[7] 원본청구에 이자청구를 추가하는 경우, iii) 같은 급여나 같은 법률관계의 형성을 목적으로 하지만 법률적 구성을 달리하는

1) 金/姜, 743면; 李英, 244면.
2) 方, 333면; 宋/朴, 614면.
3) 李時, 747면; 三ケ月, 138면.
4) 同旨: 新堂, 458면; 上田, 455면.
5) 大判 1987. 10. 13, 87 다카 1093; 1988. 8. 23, 87 다카 546; 1998. 4. 24, 97 다 44416; 2017. 3. 9, 2016 다 257046 등.
6) 大判 1969. 12. 13, 69 다 1867.
7) 大判 1957. 8. 8, 4290 民上 306; 1969. 7. 22, 69 다 413.

경우: 예컨대 같은 물건의 인도를 소유권에 기하여 청구하다가 점유권에 기한 청구로 바꾸는 경우,[1] 이혼판결을 부정한 행위를 원인으로 하여 구하다가 악의의 유기 등 다른 사유로 바꾸는 경우. 다만 구실체법설 이외의 소송물이론에 의하면 이 경우는 청구의 변경이 아님은 앞에서 설명한 바와 같다. iv) 같은 사실 내지 분쟁에 관하여 해결방법만을 달리하는 경우: 예컨대 소유권이전등기청구에서 소유권취득원인의 변경,[2] 채무부존재확인청구와 이를 전제로 한 부당이득반환청구,[3] 어음금청구와 어음의 취득에 기초를 둔 사용자책임으로서의 손해배상청구,[4] 같은 매매계약관계에 기하여 소유권이전등기청구를 하다가 계약해제로 인한 계약금반환청구로 바꾸는 경우,[5] 어음청구를 원인채권청구로 바꾸는 경우,[6] 같은 건물에 관하여 건물인도청구를 건물소유권확인청구로 변경한 경우,[7] 이전등기청구를 직접 매수를 원인으로 하여 구하다가 채권자대위권에 기하여 구하는 경우[8] 등.

이에 반하여 건축공사보수금채권의 부존재확인청구를 건물소유권확인청구로 변경한 경우,[9] 점유권에 기한 철조망철거청구를 농지개혁법에 의한 경작권확인청구로 변경한 경우,[10] 행정처분의 취소를 구하는 소송에서 취소대상인 행정처분을 변경하는 경우,[11] 약속어음금청구를 전화가입권 명의변경청구로 변경하는 경우[12] 등에는 청구의 기초가 바뀐 것으로 인정된다.

3) 청구의 기초의 동일성이라는 요건은 피고의 방어목표가 예상 밖으로 변경됨으로써 입게 될 피고의 불이익을 배제하기 위한 것이므로, 이 요건은 오로지 피고의 이익을 보호하기 위한 요건이다(**사익적 요건설**). 따라서 피고가 청구의 변경에 동의하거나 또는 이의 없이 소송에 응하는 때(피고가 이의하지 않는 경우에는 이의권이 상실된다. 151)에는 이 요건을 고려할 필요가 없으며, 따라서 청구의 기초에 동일성이 인정되지 아니하여도 청구의 변경을 허용할 수 있다.[13] 마찬가지로 피고의 방어방법의 기초사실에 입각하여 청구를 변경하는 경우에는 청구의 기초의 동일성은 요구되지 않는다.[14] 이 요건을 공

1) 大判 1960. 8. 18, 4292 民上 898.
2) 大判 1959. 12. 10, 4291 民上 614. 다만 구실체법설 이외의 이론에 의하면 청구의 변경이 아니다.
3) 大判 1962. 10. 11, 62 다 304.
4) 大判 1966. 10. 21, 64 다 1102.
5) 大判 1972. 6. 27, 72 다 546.
6) 大判 1966. 3. 22, 65 다 2635.
7) 大判 1966. 1. 25, 65 다 2277.
8) 大判 1971. 10. 11, 71 다 1805.
9) 大判 1957. 9. 26, 4290 民上 230.
10) 大判 1960. 2. 4, 4291 民上 596.
11) 大判 1963. 2. 21, 62 누 231.
12) 大判 1964. 9. 22, 64 다 480.
13) 同旨: 大判 1982. 1. 26, 81 다 546; 1992. 12. 22, 92 다 33831; 2011. 2. 24, 2009 다 33655; 李時, 748면; 金/姜, 744면.
14) 日最判 1964. 7. 10, 民集 8. 6. 1093, 百選 I, 152면 이하(원고의 가옥인도청구에 대하여 피고가 가옥의 소유권을 주장하였기 때문에, 원고가 가옥철거·토지인도청구를 예비적으로 추가한 것).

익적 강행규정으로 풀이하여, 피고가 동의하거나 소송에 응하여도 요건의 흠이 보정되지 아니한다는 견해(**공익적 요건설**)[1]는 제도의 취지에 비추어 받아들이기 어렵다.

2. 訴訟節次를 현저하게 지연시키지 않을 것

종전의 소송자료를 대부분 이용할 수 있어야 한다.[2] 청구의 기초에 변경이 없거나 청구의 변경에 대한 피고의 동의가 있더라도 새 청구의 심리를 위하여 종전의 자료를 그대로 이용할 수 없기 때문에 새로이 사실자료와 증거자료를 조사하여야 하는 때에는 소송절차의 완결이 지연되므로 청구의 변경에 의하기보다는 별소를 제기하는 편이 바람직스럽다.[3] 이 요건은 청구의 기초의 동일성과는 달리 공익적 요건에 해당하므로, 법원이 직권으로 조사하여야 한다. 다만 청구이의의 소와 같이 별소를 금하는 경우(民執 44 II)에는 절차를 지연시키는 때에도 예외적으로 청구의 변경을 허용하는 것이 타당할 것이다.[4] 2회에 걸쳐 상고심으로부터 환송된 후 항소심변론종결 당시에 청구를 변경하려는 것은 소송절차를 현저하게 지연시키는 경우에 해당되어 허용되지 아니한다.[5]

3. 事實審에 계속되고 辯論終結 전일 것

1) 소장이 송달되기 전에는 피고에게 아무런 이해관계가 없고 절차를 지연시킬 염려도 없으므로 원고는 자유롭게 소장의 기재를 고쳐 청구를 변경할 수 있다(이것은 262의 청구의 변경은 아니다). 변론종결 뒤(변론 없이 판결한 경우에는 판결선고 뒤)에는 원칙적으로 청구의 변경이 허용되지 아니한다.

2) 법률심인 상고심에서는 청구의 변경이 불가하지만,[6] 항소심에서는 상대방의 동의 없이 청구를 변경할 수 있다(408, 262).[7] 교환적 변경의 경우도 마찬가지이다.[8] 이

1) 方, 334면.
2) 大判 1998. 4. 24, 97 다 44416.
3) 大判 2015. 4. 23, 2014 다 89287, 89294; 2017. 5. 30, 2017 다 211146(새로운 청구의 심리를 위해 종전 소송자료의 대부분을 이용할 수 없고 별도의 증거조사를 위해 소송절차가 현저히 지연되는 경우, 법원은 청구의 변경을 허용하지 않을 수 있다).
4) 同旨: 李時, 749면.
5) 大判 1964. 12. 29, 64 다 1025.
6) 大判 1997. 12. 12, 97 누 12235.
7) 大判 1969. 12. 26, 69 다 406; 1970. 2. 24, 69 다 2172; 1984. 2. 14, 83 다카 514.
8) 方, 336면.

점 반소의 경우와 다르다(412 참조).

3) 제1심에서 전부 승소한 원고가 청구의 변경만을 목적으로 하여 항소하는 것은 원칙적으로 항소의 이익이 없지만, 그 소송에서 청구금액을 확장하지 아니하면 잔액청구를 할 수 없는 경우(예컨대 묵시적 일부청구에서 전부 승소한 경우)에는 예외적으로 항소가 허용된다.[1)]

4) 항소심에서 청구의 교환적 변경을 하는 경우에는 제1심의 종국판결에서 인용된 구 청구를 취하하는 것이므로, 재차 청구의 변경을 하여 구 청구를 되살리려 하면, 종국판결 뒤에 취하한 소를 다시 제기하는 것이 되어 재소금지의 원칙(267 Ⅱ)에 저촉됨을 유의하여야 한다.[2)] 나아가 제1심에서 적법하게 제기된 반소는 종전청구와 실질적인 쟁점이 동일하여 청구의 기초에 변경이 없으면 항소심에서 새로운 청구로 교환적 변경이 가능하다.[3)]

Ⅳ. 節 次

1) 청구의 변경은 원고의 신청에 의하여야 한다. 이것은 처분권주의의 발현이다. 그러므로 법원의 직권에 의한 청구의 변경은 허용되지 아니한다. 다만 최근에는 관련분쟁의 1회적 해결이라는 관점에서 청구의 변경을 시사하는 적극적 석명을 강조하는 견해가 유력하다.[4)] 대법원은 토지임대인(원고)이 임차인(피고)을 상대로 제기한 임대차계약(건물의 소유를 목적으로 하는 토지임대차)만료로 인한 건물철거 및 토지인도청구소송에서 임차인이 지상물매수청구권(民 643)을 행사한 경우에, 법원은 원고에게 건물대금과 상환으로 건물인도를 구할 의사가 있는지를 석명하고, 원고가 그 석명에 응하여 청구취지를 변경하면 지상물인도판결을 함으로써 분쟁의 일회적 해결을 꾀하여야 한다고 하였다.[5)] 이것은 소송경제 및 그 소송절차에서 관련 분쟁의 해결을 꾀하는 원·피고의 의사를 고려한 조치이다.

2) 청구의 변경은 서면(청구변경신청서)에 의하여야 한다(262 Ⅱ).[6)] 청구의 변경은 소

---

1) 李時, 749면; 大判 1997. 10. 24, 96 다 12276.
2) 大判 1969. 5. 27, 68 다 1798. 反對: 胡, 953면.
3) 大判 2012. 3. 29, 2010 다 28338, 28345.
4) 李時, 751면; 新堂, 458면.
5) 大(全)判 1995. 7. 11, 94 다 34265.

송중의 소의 하나인데, 소의 제기는 서면(소장)에 의하는 것이 원칙이기 때문이다(248). 다만 말에 의한 소의 제기가 허용되는 소액사건의 경우에는 청구의 변경도 말로 할 수 있다고 풀이한다(少審 4 참조). 청구취지의 변경에 관하여 서면을 필요로 함에 관하여는 다툼이 없으나(262 II 참조), 청구원인의 변경에도 서면을 필요로 하는가에 관하여는 다툼이 있다. 다수설은 이를 긍정함에 반하여,[1] 판례와 소수설은 이를 부정한다.[2] 생각건대 청구원인사실의 변경에 의하여 청구의 변경을 초래하는 경우에는 서면을 필요로 한다고 풀이하는 것이 법의 취지에 맞으며, 따라서 단순히 공격방법의 변경만을 가져오는 청구원인의 변경은 서면에 의하지 않고도 할 수 있다고 본다.[3]

다만 청구의 변경을 서면에 의하여 할 것을 요구하는 취지는 주로 피고의 방어의 범위를 명확히 하려는 데 있으므로, 말로 청구를 변경한 경우에도 피고가 지체 없이 이의하지 아니하면 소송절차에 관한 이의권을 상실하여 그 흠은 치유된다.[4]

청구변경신청서에는 변경 뒤의 청구와 변경 전의 청구의 차액에 해당하는 인지를 심급에 따라 더 붙여야 한다(民印 5).

3) 변경의 서면은 새 청구의 소장(訴狀)에 해당하므로 지체 없이 상대방에게 송달하여야 한다(262 III). 이 서면이 피고에게 송달된 때에 새 청구에 관하여 소송계속이 발생한다. 다만 시효중단이나 법률상의 기간준수의 효력은 청구변경이 서면을 제출한 때에 발생한다(265).

4) 청구의 변경의 경우에는 피고에게 방어의 기회를 주어야 한다. 따라서 예컨대 약속어음금청구에서 대여금청구로 원고가 청구원인을 변경하였음에도 피고에게 방어의 기회를 주지 않은 채 심리를 종결하여 피고 패소판결을 한 것은 절차권 침해로서 위법하다.[5]

---

6) 다만 판례는 제1심 준비서면, 항소취지와 항소이유에서 동일한 취지의 주장을 한 경우 청구취지의 확장이 있는 것으로 보았다(大判 2011. 1. 13, 2009 다 105062).

1) 方, 336면; 李英, 245면; 宋/朴, 617면.

2) 大判 1961. 10. 9, 4293 民上 531; 李時, 751면; 金/姜, 746면.

3) 同旨: 新堂, 461면.

4) 大判 1982. 7. 13, 82 다카 262; 1988. 12. 27, 87 다카 2851.

5) 大判 1989. 6. 13, 88 다카 19231.

Ⅴ. 請求의 變更에 대한 措置

청구의 변경을 신청하면 법원은 이것이 청구변경에 해당하는가, 해당한다면 이를 허가할 것인가를 직권으로 조사하여, 합당한 조치를 내린다.

1. 請求의 變更이 없는 경우

청구의 변경이 없다고 인정하는 경우에는 그대로 심리를 속행한다. 만일 당사자 사이에 다툼이 있으면 중간판결이나 종국판결의 이유에서 판단하면 된다.

2. 請求의 變更을 不許하는 경우

1) 청구의 변경은 있지만 그것이 부적법하다고 하여 이를 불허하는 경우, 예컨대 청구의 기초에 동일성이 없거나 소송절차를 현저히 지연시키는 경우에는 법원은 직권으로 또는 상대방의 신청에 따라 청구의 변경을 허가하지 않는 취지의 결정(불허가결정)을 하여야 한다(263). 그런 다음에 종래의 청구에 대하여 심판을 속행한다. 청구변경 불허결정은 변론을 거쳐 하지만 소송지휘적인 재판이며 중간적 결정이므로 이에 대하여 독립하여 항고할 수 없고, 종국판결에 대한 상소로써만 다툴 수 있다.

2) 항소심이 제1심의 청구변경 불허결정을 부당하다고 인정할 때에는 원결정을 취소하고 스스로 새 청구에 대하여 심판할 수 있다. 굳이 제1심으로 임의적 환송을 할 필요나 근거는 없다.[1)]

3. 請求의 變更을 許可하는 경우

1) 청구의 변경이 적법하다고 인정할 때에는 법원은 따로 청구의 변경을 허가한다는 결정을 할 필요는 없으나, 피고가 청구변경의 적법성을 다툴 때에는 청구변경을 허가하는 취지의 결정을 하거나 종국판결의 이유 속에서 판단한다. 청구변경허가결정도 중간적 재판이므로 이에 대하여는 독립하여 불복할 수 없을 뿐만 아니라 종국판결에 대한 상소로써도 불복을 할 수 없다고 풀이한다. 왜냐하면 이미

---

1) 同旨: 李時, 753면. 反對: 方, 338면; 金/姜, 747면.

새 청구에 대하여 심리를 하고 본안판결까지 하였는데도 이를 취소하여 별소에 의하도록 하는 것은 소송경제에 반하고 또 그 결과 새 청구에 기한 시효중단의 효력까지 상실하게 하는 것은 부당하기 때문이다.[1)]

2) 청구의 변경이 적법하다고 인정될 때에는 법원은 새 청구에 대하여 심판하여야 한다.

4. 請求의 變更을 간과한 경우

청구의 변경이 적법함에도 불구하고 이를 간과하고 구 청구에 대하여만 심판하는 예가 있다. 이 경우에는 새 청구에 대한 판단을 빠뜨렸으므로 위법이다. 이 경우의 처리방법은 청구의 변경이 교환적인가 추가적인가에 따라 다르다.

i) 교환적 변경의 경우에 구 청구에 관하여만 판단하였을 때에는 취하에 의하여 심판의 대상이 아닌 구 청구에 대하여 판단한 것이므로 상급심에서는 원판결을 취소(파기)하고 구 청구에 대한 소송종료선언을 하면 된다. 원심으로 환송할 대상은 없고, 원심이 새 청구에 대하여 추가판결을 하여야 한다.[2)]

ii) 추가적 변경의 경우에는 상급심에서는 구 청구에 관한 판단의 당부만 심사하면 되고, 새 청구에 대한 판단이 없다고 원판결을 취소할 수는 없다. 왜냐하면 새 청구는 아직 원심에 계속 중이고 상급심으로 이심되지 아니하였으며, 원심이 추가판결을 하여야 하기 때문이다.[3)]

iii) 다만 청구의 추가적 변경에 의하여 새 청구를 선택적으로 병합한 경우에 청구변경불허결정을 함이 없이 새 청구에 대하여 아무런 판단을 하지 아니하고 원고의 청구를 모두 기각한 때에는 위법한 판결로서 취소사유가 된다.[4)]

Ⅵ. 새 請求에 관한 審判

(1) 새 청구에 관하여 심판할 때에는 구 청구에 관하여 이미 수집된 재판자료

1) 同旨: 李時, 753면; 金/姜, 747면. 反對: 方, 338면.
2) 大判 2003. 1. 24, 2002 다 56987.
3) 同旨: 李時, 753면.
4) 大判 1989. 9. 12, 88 다카 16270.

는 모두 새 청구에 관한 자료가 된다.

(2) 추가적 변경의 경우에는 청구의 병합이 되므로 그 절차에 따라 구 청구와 새 청구 양자에 관하여 심판할 것이요, 교환적 변경의 경우에는 구 청구의 취하가 수반되므로 피고의 동의를 얻어야 하는가가 문제된다. 판례는 변경 전후의 청구의 기초에 변경이 없다는 이유로 피고의 동의가 필요 없다고 한다.[1] 이에 반하여 다수설은 피고가 본안에 관하여 소송에 응한 때에는 피고의 동의를 얻어야 하고 (266 Ⅱ 참조), 피고의 동의를 얻지 못하면 구 청구는 취하되지 아니하므로, 새 청구가 구 청구와 함께 심판의 대상이 되는 추가적 변경으로 된다고 풀이한다.[2] 청구의 기초의 동일성을 요구함으로써 피고의 보호는 보장되고, 관련된 분쟁을 일거에 해결할 필요성이 있으므로, 판례의 입장에 찬성한다.[3]

(3) 항소심에 이르러 청구의 변경이 있을 때에는 그 변경이 있었다는 것을 판결주문에 명백히 하여야 한다.[4]

(가) 청구를 감축한 경우 청구를 인용한 제1심판결에 대한 항소심에서 청구를 일부 감축한 경우(소를 일부 취하한 경우도 같다)에는 그 부분의 제1심 판결이 당연히 실효되므로, 나머지 부분이 정당하다고 인정하는 경우에는 항소법원은 항소기각을 하는 것으로 족하다.[5] 그러나 집행의 범위를 명확히 하기 위하여 항소기각의 표시와 함께, 감축된 한도에서 청구를 인용하는 뜻으로 변경판결을 하는 것이 바람직스럽다.[6]

(나) 청구를 확장한 경우 제1심에서 가옥인도청구가 기각되었는데 항소심에서 가옥소유권확인청구를 추가한 경우에 새 청구까지 기각할 때에는 구 청구에 대

---

1) 大判 1962. 1. 31, 4294 民上 310; 1970. 2. 24, 69 다 2172; 方, 336면.

2) 李時, 746면; 金/姜, 748면. 日最判 1956. 12. 20, 民集 10. 12. 1573.

3) 청구의 변경은 청구의 변경 특유의 고유한 제도이며 제262조에서 피고의 동의를 요구하는 것도 아니므로 피고의 동의는 필요없다는 견해로 胡, 870면.

4) 大判 1979. 12. 11, 79 다 828; 자세한 것은 李時, 928~929면 참조.

5) 大判 1992. 4. 14, 91 다 45653(항소심에서 청구취지의 감축(일부취하)이 있는 경우 그 감축된 부분은 처음부터 소송계속이 없어지게 되어 그 부분에 관한 제1심 판결은 실효되고 항소심의 심판대상에서 제외된다 할 것이어서 항소심은 그 나머지 부분에 대한 제1심 판결을 정당하다고 보는 때에는 주문에서 "항소기각"으로만 하여도 되는 것이나 집행의 범위를 명확히 하기 위하여 "항소기각"의 표시와 함께 "원심판결을 다음과 같이 변경한다"라고 하고 이어서 나머지 부분에 대하여 이행을 명할 수 있을 것이고 이 경우 제1심 판결은 그 실질적 내용이 변경의 선언에 의하여 비로소 그렇게 변경되는 것이 아니라 그와 같이 이미 변경되어 있는 바이므로 그 표현을 "변경한다"라고 하지 않고 "변경되었다"라고 표시하여도 위법이라 할 수 없다).

6) 大判 1989. 9. 12, 88 다카 16270.

한 항소를 기각하고 새 청구를 기각한다는 취지를 주문에 기재하여야 한다.[1] 반대로 제1심에서 가옥인도청구가 인용되었는데 항소심에서 손해배상청구를 추가한 경우에 새 청구까지 인용할 때에는 구 청구에 대한 항소를 기각하고 새 청구를 인용하여야 한다. 만일 제1심 판결이 부당하다고 인정할 때에는 원판결을 취소하고, 구 청구와 새 청구에 대한 판단결과를 주문에 표시한다.

교환적 변경의 경우에는 새 청구에 대하여만 판단하면 된다(청구의 변경은 신청구의 추가·구 청구의 취하의 결합).[2]

제4절 反 訴

Ⅰ. 意 義

1) 반소(counterclaim; Widerklage)라 함은 소송계속 중에 피고가 그 소송절차를 이용하여 원고에 대하여 제기하는 소(269)를 말한다. 피고가 제기하는 소송 중의 소이며, 이에 의하여 청구의 추가적 병합이 생겨나게 된다.

2) 반소를 인정하는 이유는 원고에게 청구의 병합과 청구의 변경이 인정되는 것에 대응하여 피고에게도 원고에 대한 청구의 심판을 위하여 본소의 절차를 이용할 수 있도록 하는 것이 공평하고, 서로 관련된 청구이면 이를 같은 소송절차에서 심판하는 것이 소송경제에 맞고 재판의 불통일을 피할 수 있기 때문이다.

1. 獨立의 訴

1) 반소는 일종의 소로서 자기의 신청에 대하여 판결을 구하는 것이므로 단순히 본소를 배척시키기 위한 방어방법과 다르다. 예컨대 상계·동시이행의 항변은 단순한 방어방법에 불과하고 반소가 아니다. 피고가 상계로 대항하고 남은 잔액 또는 자기의 쌍무계약상의 채권에 관하여 적극적으로 지급을 구하는 경우에 비로소 반소가 된다.

---

1) 大判 2004. 8. 30, 2004 다 24083; 2024. 9. 13, 2024 다 234239(항소심은 항소심에서 추가된 청구에 대해서 실질상 **제1심으로서 재판**하여야 한다).

2) 大判 2009. 2. 26, 2007 다 83908.

2) 반소에는 본소의 청구기각신청 이상의 적극적 내용이 담겨 있어야 한다. 예컨대 손해배상채무의 부존재확인을 구하는 본소에 대하여 그 채무의 이행을 구하는 반소를 제기하는 경우를 들 수 있다.[1] 단순히 본소의 청구기각을 구하는 정도의 내용에 그칠 때에는 반소청구의 이익이 없다.[2] 따라서 이행의 본소에 대하여 채무부존재확인의 반소, 같은 권리에 관한 적극적 확인의 본소청구에 대하여 그 부존재확인을 구하는 소극적 확인의 반소(그러나 적극적 확인의 본소에 대하여 적극적 확인의 반소는 적법)는 소의 이익이 없어 허용되지 아니한다. 또 단순한 형성권은 일방적 의사표시만으로 효력이 발생하므로 이를 반소로 제기하는 것은 소의 이익이 없다.[3]

3) 반소는 방어방법이 아니므로 주문에서 응답하여야 하고 또 판결서의 청구취지에 기재하여야 한다. 또한 변론준비기일의 종결로 인한 실권적 효력(285)의 대상이 아니며, 시기에 늦다고 하여 각하할 수 없다(149 참조). 그러나 신속한 재판을 꾀하기 위하여 반소는 소송절차를 현저하게 지연시키지 아니하는 경우에 한하여 이를 제기할 수 있다(269 I).

2. 被告의 訴

1) 반소는 본소의 당사자인 피고가 원고를 상대로 하여 제기하는 소이다. 여기의 피고에는 독립당사자참가의 경우에는 참가인과의 관계에서 상대방의 지위에 서는 종전의 원·피고가 모두 포함된다. 피고가 원고에 대하여 하는 독립된 청구이면 그 명칭 여하에 불구하고 실질상 반소이다. 그리하여 피고가 제기하는 중간확인의 소, 가집행선고실효의 경우의 지급물건의 반환청구(215 II)[4]는 성질상 반소에 속한다.

2) 보조참가인은 당사자가 아니므로 보조참가인에 의한 또는 보조참가인에 대한 반소는 허용되지 아니한다.

---

1) 大判 1999. 6. 8, 99 다 17401(이 경우 뒤에 반소를 제기하였다고 하여 본소가 부적법하게 되는 것은 아니라고 함). 大判 2010. 7. 15, 2010 다 2428, 2435(이 판결에서 대법원은 기존 견해를 유지하면서, 본소가 취하되면 피고는 원고의 동의없이 반소를 취하할 수 있기 때문에(271) 원고가 당초 추구한 기판력을 취득할 수 없는 사태가 발생할 수 있다는 점을 이유로 들고 있다); 反對: 李時, 725면.

2) 大判 1964. 12. 22, 64 다 903.

3) 大判 1969. 4. 29, 68 다 1884(民 628의 차임감액청구의 반소).

4) 大判 2005. 1. 13, 2004 다 19647.

3) 이처럼 우리 민사소송법은 피고의 원고에 대한 반소만을 인정하고 있는데, 최근에는 그 범위를 넓혀 공동소송인 사이의 횡소(橫訴)와 제3자반소를 허용할 것인가가 문제로 되고 있다. i) 공동소송인에 대한 횡소(cross claims against a coparty)는 공동소송인 중의 일부가 다른 공동소송인을 상대로 그 소송절차를 이용하여 소를 제기하는 것으로서, 미국 연방민사소송규칙(Federal Rules of Civil Procedure)에 의하여 인정되고 있는데(FRCP 13 (g)),[1] 우리 민사소송법상으로는 공동소송인 사이에 원·피고의 관계가 없으므로 인정되지 아니한다. 이 제도는 예컨대 부동산의 진정한 소유자가 등기명의자인 여러 사람의 피고를 상대로 소유권이전등기말소청구를 한 경우에 피고 중의 1인이 패소할 때에 대비하여 자기에게 매도한 다른 공동피고에 대하여 손해배상청구의 소를 제기하는 경우에 이용될 수 있다. ii) 제3자반소(Drittwiderklage)는 피고 이외의 제3자가 원고에 대하여 또는 피고가 원고 이외의 제3자에 대하여 제기하는 반소를 말한다. 예컨대 매매대금청구의 소를 제기 받은 피고가 매도인인 원고 외에 소개인인 제3자까지 함께 상대방으로 하여 사기를 원인으로 한 손해배상청구의 반소를 제기하는 것이다. 미국 연방민사소송규칙은 이를 허용하고 있고(FRCP 13 (h)),[2] 도이칠란트 연방대법원은 본소와 법률상 관련이 있고 당사자추가[3]의 요건을 갖춘 '공동소송적 제3자반소'를 인정하고 있다.[4] 우리나라에서도 제3자반소를 허용할 수 있다는 견해가 많으나,[5] 반소는 원고가 본소에 의하여 피고를 공격한 기회에 공격을 받은 피고로 하여금 그로 인한 불이익을 덜 수 있는 기회를 보장하려는 것이므로, 널리 제3자반소를 인정하는 것은 적당하지 않으며,[6] 별소를 이용하는 것이 좋다고 생각한다. 다만 민사소송법 제68조의 요건을 갖추면 필수적 공동소송인인 원고와 제3자를 상대방으로 하는 반소가 가능하다.[7] 최근 대법원도 이러한 견해를 받아들였다.[8]

3. 反訴의 自由

피고가 반소에 의할 것인가, 별소에 의할 것인가는 원칙적으로 자유이다. 다만 별소에 의하는 것보다 반소에 의하는 것이 바람직스러운 경우(예컨대 본소청구에 대하여 상계의 항변을 하고, 자동채권을 반소로 청구하는 경우)에는 반소를 제기하도록 석명권을 적절히 행사하여야 한다. 최근에는 반소로

---

1) 자세한 것은 James, Hazard & Leubsdorf, p. 491 f.; Friedenthal, Kane & Miller, p. 357 ff. 참조.

2) 자세한 것은 James, Hazard & Leusdorf, p. 490 참조.

3) Rosenberg/Schwab/Gottwald, §97 Ⅳ 1; 도이칠란트 연방대법원은 당사자의 추가를 소의 변경(§ 263 ZPO, Klageanderung)의 일종으로 취급하기 때문에, 소의 변경을 규정한 § 263 ZPO에 따르면 제3자 반소는 제3자반소피고의 동의 또는 법원이 사건 해결에 유용하다고(sachdienlich) 판단하는 경우에만 허용된다(BGHZ 131, 76, 79).

4) BGH 40, 185; BGH 69, 37.

5) 方, 342면; 金/姜, 756면.

6) 同旨: Rosenberg, §98 Ⅱ 4; Arens, Rdn. 239 참조.

7) 同旨: 李時, 759면.

8) 大判 2015. 5. 29, 2014 다 235042, 235059, 235066.

제기할 수 있는 것을 별소로 제기하면 이중소송의 금지에 저촉되는 것으로 처리하여야 한다는 주장이 있으나,[1] 이것은 해석론으로서는 무리이다. 미국 연방민사소송규칙은 상대방 당사자의 청구가 본소청구와 동일한 거래 혹은 사실관계에서 기인하는 등 일정한 요건을 갖춘 경우에는 강제반소(compulsory counterclaim)를 인정하고 있는데(FRCP 13 (a)), 이는 입법론상 고려할 만하다.

Ⅱ. 種　　類

1. 單純反訴

단순병합과 마찬가지로 본소청구의 운명에 관계없이 반소청구에 관하여 심판을 구하는 경우이다. 예컨대 원고가 소유권에 기하여 가옥인도청구의 본소를 제기함에 대하여 피고가 위 가옥에 관한 원고명의의 소유권 이전등기가 원인무효라는 이유로 원고명의의 소유권이전등기의 말소청구의 반소를 제기하는 경우가 이에 해당한다. 반소의 전형적 형태이다.

2. 豫備的 反訴

예비적 반소(Eventualwiderklage, Hilfswiderklage)라 함은 예비적 병합과 유사하게 본소청구가 인용되거나 또는 기각되는 것을 조건으로 하여 반소청구에 관한 심판을 구하는 경우이다. 이것은 소송내적 조건으로서 소송절차의 안정을 해하지 아니하므로 허용된다. 본소청구의 인용을 조건으로 하는 예비적 반소의 예로서는 원고가 매매를 원인으로 한 소유권이전등기청구의 본소를 제기한 데 대하여 피고가 본소가 인용될 때에는 잔금의 지급을 구하는 반소를 제기한 경우가 있고, 반대로 본소청구의 기각을 조건으로 하는 예비적 반소의 예로서는 위의 본소에 대하여 피고가 매매계약이 무효이어서 본소가 기각될 때에는 이미 인도한 목적물의 반환을 구하는 반소를 제기한 경우, 원고가 이혼청구를 한 데 대하여 원고의 청구가 기각될 때에는 피고가 배우자로서 부양료의 지급을 구하는 반대청구를 한 경우 등을 들 수 있다(家訴 14, 12, 家訴規 92). 전자의 예비적 반소의 경우에는 본소가 각하 또는 취하되면 반

---

1) 新堂, 464면.

소는 소멸하며, 본소청구가 기각되면 반소청구에 관하여는 판단을 할 필요가 없다.[1)]

3. 再 反 訴

재반소(counterclaim against counterclaim; Wider－widerklage)는 반소에 대한 반소이다. 재반소를 인정할 것인가에 관하여는 소송절차를 복잡하게 한다는 이유로 이를 허용할 수 없다고 하는 견해도 없지 않았으나, 오늘날에는 관련 있는 분쟁을 한꺼번에 해결함으로써 소송경제를 꾀할 수 있다는 이유로 대체로 재반소를 허용하고 있다. 예컨대 원고가 매매대금지급의 본소청구를 함에 대하여, 피고는 보증금채권으로 상계의 항변을 하고 상계가 부적법하여 배척되는 때에 대비하여 반대채권(보증금)의 지급을 구하는 반소청구를 제기하였는바, 이에 대하여 다시 원고는 건물인도를 구하는 재반소를 제기하는 것과 같다. 또 원고는 소를 취하한 후에 그 취하한 본소청구를 재반소의 방식으로 부활시킬 수 있다(다만 재소금지에 위반되지 않아야 한다).[2)]

Ⅲ. 要 件

반소의 제기에 의하여 청구의 병합이 생기므로, 반소의 요건으로서는 우선 모든 복수청구소송에 공통적으로 요구되는 바에 따라 i) 반소청구가 본소청구와 같은 종류의 소송절차에 의하여 심리될 수 있어야 하고, ii) 반소가 다른 법원의 전속관할에 속하지 않아야 한다(269 I 但). 다음, 반소는 후발적 복수청구소송이므로 여기에 요구되는 바에 따라 iii) 본소가 사실심에 계속 중이고 변론종결 전이어야 하며(269 I), iv) 본소와 반소 사이에 관련성이 있어야 한다. 민사소송법은 본소청구와 반소청구와의 사이의 관련성을 "본소의 청구 또는 방어방법과 서로 관련이 있는 경우"라고 표현하고 있다(269 I 但). 끝으로 반소에 특유한 요건으로서 v) 소송절차를 현저하게 지연시키지 않아야 한다(269 I). 이것은 1990년 개정법이 새로이 추가한 요건이다. 다음에 이들 요건 중 문제되는 것을 살펴보기로 한다.

---

1) 大判 2006. 6. 29, 2006 다 19061(판례는 본소와 본소청구의 인용을 조건으로 하는 예비적 반소가 모두 각하되었는데 원고만 항소한 경우, 항소심이 본소를 인용한다면 예비적 반소도 심판의 대상이 된다고 한다. 왜냐하면 제1심에서 원고의 청구가 배척되어 예비적 반소는 제1심의 심판의 대상이 될 수 없음에도 각하되었고, 피고가 효력이 없는 이러한 판결에 항소하지 않았다고 해서 예비적 반소가 항소심 심판대상에서 배제될 수는 없기 때문이라 한다).

2) BGH *ZZP* 68, 192.

1. 本訴의 請求 또는 防禦方法과의 관련성(269 I 但)

본소와의 관련성(견련관계)을 요구한 이유는 본소와 반소의 심리를 공통으로 실시하는 데 편리하고 재판의 저촉을 피할 수 있기 때문이다. 이 요건은 청구의 변경의 경우에 청구의 기초의 동일성이 요구되는 것에 대응한 가중요건이다. 반소의 관련성은 두 가지 모습으로 인정된다.

(1) 本訴의 請求와의 관련성

반소청구가 본소의 청구와 관련되는 경우에는 반소를 제기할 수 있다. 반소청구가 본소의 청구와 관련된다는 것은 i) 반소청구가 본소와 소송물이 같은 경우(다만 본소의 기각 이상의 적극적 요구가 있어야 한다), 예컨대 채무부존재확인청구에 대하여 채무금지급의 반소를 제기하는 경우 및 ii) 반소청구가 본소의 소송물인 권리의 내용 또는 그 발생원인과 법률상 또는 사실상 공통점을 가지는 경우를 말한다. 예컨대 같은 물건에 대한 소유권확인청구와 임차권확인의 반소청구, 같은 교통사고로부터 발생한 손해배상을 구하는 본소청구와 반소청구, 같은 혼인관계의 해소(이혼)를 구하는 본소청구와 반소청구, 같은 매매를 원인으로 한 소유권이전등기 또는 목적물인도청구의 본소에 대한 잔금지급의 반소청구 등이 이에 해당한다. iii) 점유보유(民 205)의 본소청구에 대하여 본권인 소유권에 기한 건물철거 · 토지인도의 반소청구가 적법한가에 관하여는 민법 제208조 제2항과 관련하여 다툼이 있으나, 이 규정은 점유의 소에서 피고가 본권을 방어방법으로 사용할 수 없다는 것이지 본권에 기한 반소를 제한하는 취지가 아니고, 본권에 기한 반소는 본소청구와 관련을 가지는 것이므로 이를 적법한 것으로 인정하여야 할 것이다.[1]

(2) 本訴의 防禦方法과의 관련성

1) 반소청구가 본소의 방어방법과 관련되는 경우에는 반소를 제기할 수 있다. 반소청구가 본소의 방어방법과 관련된다고 하는 것은 반소청구가 본소청구에 대한 항변사유와 그 내용 또는 발생원인에서 법률상 또는 사실상 공통점이 있는 것을 말한다. 예컨대 대여금청구의 본소에 대하여 상계항변을 하면서 상계초과채권의 지급을 청구하는 반소를 제기하는 경우, 소유권에 기한 인도청구의 본소에 대하여

1) 日最判 1965. 3. 4, 民集 19. 2. 197.

유치권항변을 하면서 그 피담보채권의 지급을 구하는 반소를 제기하는 경우, 가등기에 기한 본등기청구의 본소에 대하여 가등기채무의 변제항변을 하면서 가등기말소를 구하는 반소를 제기하는 경우[1] 등이 이에 해당한다.

2) 본소의 방어방법과 관련된 반소는 그 방어방법이 반소제기 당시에 실제로 제출되어 있고, 실체법적·소송법적으로 가능하고 적법한 것이어야 한다. 그러므로 상계금지채권과 같이 실체법상 항변이 제한되어 있거나, 시기에 늦은 상계항변으로서 각하된 항변에 기한 반소는 부적법하다.

(3) 私益的 要件

이 관련성의 요건은 청구의 변경의 경우에 청구의 기초의 동일성의 요건과 마찬가지로 상대방인 원고를 보호하기 위한 사익적 요건이다. 따라서 상대방인 원고가 동의하거나 또는 이의 없이 소송에 응하면 관련성이 없어도 반소는 적법하고 원고는 소송절차에 관한 이의권을 상실한다(151).[2]

2. 本訴의 訴訟節次를 현저하게 지연시키지 않을 것

1) 반소의 심리를 위하여 새로이 사실자료와 증거자료를 조사하여야 하기 때문에 본소의 소송절차의 완결이 현저하게 지연되는 경우에는 반소에 의하기보다는 별소를 제기하는 것이 신속한 재판을 꾀하는 길이다. 그러므로 1990년 개정법은 소송절차를 현저하게 지연시키지 아니하는 경우에 한하여 반소를 제기할 수 있도록 요건을 강화하였다. 과거에는 이러한 제한이 없었기 때문에 소송절차를 현저하게 지연시키는 경우에도 반소를 받아들여 심리하지 않으면 안 되는 불합리가 있었다('반소로의 도피,' Flucht in die Widerklage).[3]

2) 이 요건은 공익적 요건에 해당하므로 법원이 직권으로 조사하여야 한다. 조사의 결과 반소가 소송절차를 현저하게 지연시킬 염려가 있다고 인정되는 경우에

---

1) 大判 1974. 5. 28, 73 다 2031; 2021. 2. 4, 2019 다 202795, 202801(점유회수의 본소에 대하여 본권자가 소유권에 기한 인도를 구하는 반소를 제기하여 본소청구와 예비적 반소청구가 모두 인용되어 확정되면, 점유자가 본소 확정판결에 의하여 집행문을 부여받아 강제집행으로 물건의 점유를 회복할 수 있다. 본권자의 소유권에 기한 반소청구는 본소의 의무 실현을 정지조건으로 하므로, 본권자는 위 본소 집행 후 집행문을 부여받아 비로소 반소 확정판결에 따른 강제집행으로 물건의 점유를 회복할 수 있다).

2) 大判 1968. 11. 26, 68 다 1886.

3) Prütting/Weth, *ZZP* 98. 131.

는 반소를 각하할 것이 아니라 반소를 분리하여 별소로 심리하여야 할 것이다.[1]

3. 本訴가 事實審에 계속되고 辯論終結 전일 것

1) 본소의 계속은 반소제기의 요건이고 그 존속요건은 아니므로, 반소제기 후에 본소가 각하 또는 취하되어도 반소에 영향이 없다.[2] 그러나 본소가 취하되면 피고는 원고가 소송에 응한 뒤에도 그의 동의 없이 반소를 자유로 취하할 수 있다(271). 왜냐하면 반소의 제기를 유발한 본소는 취하하였는데 그로 인하여 유발된 반소를 유지하도록 강요할 수 없기 때문이다. 따라서 원고의 의사와 관계없이 본소가 부적법각하된 경우에는 원고의 동의를 얻어야 반소를 취하할 수 있다.[3]

2) 반소는 사실심의 변론이 종결할 때까지 제기할 수 있다. 항소심에서 반소를 제기함에는 원칙적으로 상대방이 동의하거나 소송에 응할 것을 필요로 한다(412). 상대방이 이의 없이 반소의 본안에 관하여 항변을 한 때에는 반소제기에 동의한 것으로 본다(412 Ⅱ). 항소심에서 피고가 반소장을 진술한 데 대하여 원고가 반소청구 기각의 답변을 한 것만으로는 이의 없이 반소의 본안에 관하여 변론한 때에 해당하지 않는다.[4] 다만 심급의 이익을 해할 우려가 없는 경우에는 상대방의 동의 없이도 반소를 제기할 수 있다(412 Ⅰ). 이것은 종래부터 판례·학설에 의하여 인정되어 온 것을 새 법이 명문의 규정으로 정한 것이다. '심급의 이익을 해할 우려가 없는 경우'란 반소청구의 기초를 이루는 실질적인 쟁점이 제1심에서 본소의 청구원인 또는 방어방법과 관련하여 충분히 심리되어 상대방에게 제1심에서의 심급의 이익을 잃게 할 염려가 없는 경우를 말한다.[5] 즉 i) 중간확인의 반소, ii) 본소와 청구원인을 같이하는 반소,[6] iii) 제1심에서 이미 제출한 항변 또는 방어방법과 관련된 반소,[7] iv) 항소심에서 반소의 변경으로 예비적 반소를 추가하는 경우[8] 등에는 원고에게 심급상의 불이익을 입히지 아니하므로 원고의 동의를 요하지 아니한다.[9]

---

1) 판례는 항소심에서 원고의 동의를 얻지 못한 반소에 관하여 반소를 부적법각하하여야 한다고 한다(大判 1965. 12. 7, 65 다 2034).

2) 大判 1970. 9. 22, 69 다 446.

3) 大判 1984. 7. 10, 84 다카 298.

4) 大判 1991. 3. 27, 91 다 1783.

5) 大判 2005. 11. 24, 2005 다 20064; 2013. 1. 10, 2010 다 75044, 75051; 2015. 5. 28, 2014 다 24327, 24334, 24341, 24358, 24365, 24372; 2024. 12. 12, 2022 다 200317, 200324.

6) 大判 1996. 3. 26, 95 다 45545.

7) 大判 1996. 3. 26, 95 다 45545.

8) 大判 1969. 3. 25, 68 다 1094.

같은 취지에서 종전청구와 변경된 청구가 실질적인 쟁점이 같고 청구의 기초에 변경이 없다면 항소심에서 반소의 교환적 변경도 허용된다.[1] 상고심에서는 반소를 제기할 수 없는 것이 원칙이나, 가집행선고의 실효로 인한 지급물건의 반환청구는 사실심리를 요하지 않는 경우에 한하여 상고심에서도 예외적으로 허용된다.[2]

3) 항소심에서 비로소 반소가 제기된 경우에는 항소가 부적법각하되면 항소를 전제로 하여 제1심을 생략한 반소도 소멸한다. 따라서 추후보완항소하면서 반소를 제기한 경우에 항소가 각하되면 반소도 소멸한다.[3] 또한 지방법원 합의부가 지방법원 단독판사의 판결에 대한 항소사건을 심판하는 도중에 지방법원 합의부의 관할에 속하는 반소가 제기된 경우 이미 정해진 항소심관할에는 영향이 없고 심급관할은 전속관할이기 때문에 손해나 지연을 피하기 위해 이송할 수 없다.[4]

4) 변론을 종결한 뒤에 한 반소는 부적법하므로, 이를 위하여 변론을 재개할 필요는 없다. 그러나 변론을 재개하면 그 흠은 치유된다. 변론을 재개하지 않고 본안에 관하여 판결이 선고되면, 반소는 별소로 분리하여 처리하여야 할 것이다.

4. 反訴가 다른 法院의 專屬管轄에 속하지 아니할 것

반소는 그 법정관할을 묻지 않고 본소가 계속되어 있는 법원에 제기할 수 있으나, 다만 그것이 다른 법원의 전속관할에 속할 때에는 예외이다(269 I). 전속관할에는 전속적 합의관할은 포함되지 않는다(통설).

본소가 단독사건인 경우에 피고가 반소로 합의사건에 속하는 청구를 한 때에는 직권으로 또는 당사자의 신청에 따라 결정으로 본소와 반소를 합의부로 이송하여야 한다(269 II). 이 경우에도 이송 전에 변론관할이 생길 수 있나. 따라서 새 법은 법원은 반소피고인 원고가 반소 본안에 관하여 변론한 경우에는 이송하지 아니함을 명문으로 규정하였다(269 II 但).

9) 方, 343면; 李時, 764면; 金/姜, 756면.

1) 大判 2012. 3. 29, 2010 다 28338, 28345.

2) 大判 2000. 2. 25, 98 다 36474.

3) 大判 2003. 6. 13, 2003 다 16962.

4) 大決 2011. 7. 14, 2011 그 65; 大判 1992. 5. 12, 92 다 2066(항소심에서 지방법원 합의부의 관할에 속하는 소송이 새로이 추가되거나 변경된 경우에도 마찬가지이다).

Ⅳ. 節次와 審判

1. 反訴의 提起

반소제기의 방식은 본소에 준한다(270). 따라서 원칙적으로 반소장을 제출하여야 하지만, 소액사건의 경우에는 말로 반소를 제기할 수도 있다(少審 4). 반소장에는 반소라는 표시가 있어야 하며, 그 필수적 기재사항은 소장(249)에 준한다. 반소장에는 본소의 경우와 같이 계산한 인지를 붙여야 하지만, 반소의 청구의 목적이 본소와 같을 때에는 본소의 소송목적의 값에 대한 인지액을 공제한 액의 인지를 붙여야 한다(民印 4 Ⅱ).

2. 反訴要件 등 適法性의 調査

1) 반소가 제기되면 먼저 반소의 요건을 조사하여 요건에 흠이 있을 때에는 반소를 별개 독립의 소로 취급하여야 할 것이다(**분리심판설**).[1] 판례는 반소를 부적법 각하하여야 한다고 하나(**각하설**),[2] 이는 당사자의 의사와 소송경제에 반하고, 소의 객관적 병합의 경우에 병합요건에 흠이 있는 때와 달리 취급하는 것이 되어 균형을 잃은 해석이다.

2) 반소의 요건이 구비되면 다음에 반소의 일반적 소송요건을 조사하고, 그 흠이 있는 경우에는 보정이 없는 한 판결로 반소를 각하하여야 한다.

3. 反訴의 理由具備性의 審判

1) 반소가 적법하면 반소는 본소와 병합하여 심판을 받는다. 이것은 심리의 중복과 재판의 불통일을 피하기 위한 것이다. 따라서 원칙적으로 변론의 분리나 일부판결은 허용되지 않고 1개의 전부판결을 하여야 한다. 하나의 전부판결을 하는 경우에도 본소와 반소에 관하여 판결주문을 별도로 내야 한다. 다만 소송비용의 부담에 관하여는 일괄하여 판단한다.

---

1) 同旨: 李英, 130면; 李時, 766면; 金/姜, 760면; 姜, 835면.
2) 大判 1965. 12. 7, 65 다 2034.

2) 다만 관련성은 없지만 원고가 동의하거나 소송에 응한 반소의 경우와 같이 특별한 사정이 있는 경우에는 예외적으로 변론의 분리(141)나 일부판결(200 II)을 할 수 있다.[1)]

4. 항 소 심

본소청구가 인용될 것을 조건으로 예비적 반소를 제기하였는데 본소청구가 기각되었다가 항소심에서 인용된 경우에, 항소심법원은 예비적 반소청구도 심판의 대상으로 삼아 판단하여야 한다.[2)]

제 5 절 中間確認의 訴

Ⅰ. 意 義

1) 중간확인의 소(Zwischenfeststellungsklage)라 함은 소송이 계속되는 동안에 본래의 청구의 판단에 대하여 전제문제를 이루는 선결적 법률관계의 존재 여부에 관하여 계속되는 소송절차에 병합하여 제기하는 확인의 소를 말한다(264).

중간확인의 소의 목적은 선결적 법률관계에 관하여 기판력 있는 판단을 얻고자 하는 데 있다. 본래 기판력은 소송물의 존재 여부에 관한 주문 중의 판단에만 생기고, 판결이유에서 판단되는 선결적 법률관계의 존재 여부에 관하여는 발생하지 아니한다(216 I). 예컨대 소유권이전등기말소청구소송의 소송물은 말소등기를 구할 수 있는 청구권 내지 지위이므로 위 판결의 기판력은 말소등기청구권 내지 지위의 존재 여부에 관하여만 발생한다. 만일 위 소송에서 말소등기청구권의 근거로 내세우는 원고의 소유권을 피고가 다투고, 이에 관하여 판결이유에서 판단하더라도, 소유권의 존재 여부에 관하여는 기판력이 생기지 아니한다. 그러므로 선결적 법률관계

1) 同旨: 李時, 766면; 金/姜, 760면; 姜, 835면.

2) 大判 2006. 6. 29, 2006 다 19061 참조(이 판례는 본소와 본소청구의 인용을 조건으로 하는 예비적 반소가 모두 각하되었는데 원고만 항소한 사건에서, 항소심이 본소를 인용한다면 예비적 반소도 심판의 대상이 된다고 하였다. 왜냐하면 제1심에서 원고의 청구가 배척되어 예비적 반소는 제1심의 심판의 대상이 될 수 없음에도 각하되었고, 피고가 효력이 없는 이러한 판결에 항소하지 않았다고 해서 예비적 반소가 항소심 심판대상에서 배제될 수는 없기 때문이라 한다).

(위 예에서 소유권의 존재 여부)에 관하여 기판력 있는 판단을 받으려면 이를 직접 소송물로 하는 새로운 소를 제기하여야 한다. 이 경우에 당사자로서는 별소를 제기할 수도 있지만 이미 계속되어 있는 소송절차를 이용할 수 있다면 소송경제에도 이바지하고 재판의 통일도 꾀할 수 있어 좋다. 이것이 바로 중간확인의 소인 것이다. 이 제도가 있기 때문에 판결이유 중의 판단에 구속력을 인정하려고 하는 쟁점효의 이론은 그 필요성이 적다.

2) 중간확인의 소는 원고와 피고 중 누구도 이를 제기할 수 있다. 이것은 민사소송법 제264조 제1항의 문언 및 무기평등의 원칙에 비추어 당연하다. 원고가 제기하는 경우에는 청구의 추가적 변경에 해당하고, 피고가 제기하는 경우에는 일종의 반소의 성질을 가진다. 그러나 어느 것이든 본래의 소송에 부수하는 것이므로 법은 이에 관하여 별도의 규정을 두고 있는 것이다. 청구의 기초의 동일성, 반소의 관련성 등의 요구는 당연히 충족되어 있으므로, 항소심에서 피고가 제기할 때에도 상대방의 동의는 불필요하다. 중간확인의 소를 제기하면 종래의 청구와 합쳐 청구의 병합상태가 발생한다.

3) 선결적 법률관계에 관하여 원고가 중간확인의 소를 제기할 것인가, 아니면 별소에 의할 것인가는 원고의 자유에 속한다. 그런데 이에 관하여는 중복소송금지의 법리를 확대하여 중간확인의 소가 가능함에도 불구하고 별소에 의하는 것은 중복소송의 금지에 저촉되므로 허용될 수 없다는 견해[1]와 용이하게 중간확인의 소를 제기할 수도 있는데도 별소에 의하는 것은 소권의 남용으로서 허용되지 않는다는 견해[2]도 있다. 어느 견해도 해석론으로서는 무리가 아닌가 한다.

Ⅱ. 要　件

중간확인의 소의 제기에 의하여 청구의 병합이 발생하므로, 중간확인의 소의 요건으로서는 우선 모든 복수청구소송에 공통적으로 요구되는 바에 따라 i) 중간확인청구가 본래의 청구와 같은 종류의 소송절차에 의하여 심리될 수 있어야 하

1) 新堂, 467면; 吉村=竹下=谷口, 327면.
2) 李時潤, 「民事訴訟法」(신정3판, 2000), 396면.

고, ii) 중간확인의 청구가 다른 법원의 전속관할에 속하지 아니하여야 한다. 다음, 중간확인의 소는 후발적 복수청구소송이므로 여기에 공통적으로 요구되는 바에 따라 iii) 당사자 사이에 소송이 계속되고 사실심의 변론종결 전이어야 하며, iv) 본래의 청구와 중간확인청구와의 사이에 관련성이 있어야 한다. 다만 본래의 청구와 중간확인청구와의 관련성은 재판의 전제가 된 법률관계, 즉 선결적 법률관계로 나타나고 있다(264 I 참조). 끝으로 중간확인의 소에 특유한 요건으로서, 이것은 확인의 소의 일종이므로, 그 대상이 법률관계이어야 하고, 그 권리관계에 관하여 다툼이 있어야 확인의 이익이 인정된다. 법이 "쟁점이 된 법률관계"라고 표현한 것은 이를 가리킨다.

1. 先決的 關係에 있는 法律關係일 것

1) 본래의 청구의 판단에 대하여 선결적 관계에 있는 법률관계를 소송물로 삼아야 한다. 예컨대 가옥인도청구소송의 소유권, 이자청구소송의 원본채권 등이 이에 해당한다. 본래의 청구를 판단하는 데 선결적 법률관계이면 되기 때문에 피고가 항변으로서 주장한 법률관계라도 무방하다. 예컨대 가옥인도청구에 대하여 피고가 임차권항변을 하면서 임차권에 관한 중간확인의 소를 제기하는 것과 같다.[1)]

2) 선결문제는 이론상의 선결적 관계이면 족한가, 현실적으로 성립된 선결적 관계(본래의 소송의 결론을 좌우하는 관계)이어야 하는가가 문제되나, 본래의 청구에 대한 선결적 관계는 중간확인의 소에 대한 판결시까지 현실적으로 존재하여야 한다고 생각한다.[2)] 따라서 본래의 소가 각하·취하되거나, 확인하려고 하는 법률관계와 관계없이 본래의 청구가 기각될 때에는 중간확인의 소를 부적법각하하여야 한다. 다만 그것이 보통의 확인의 소로서의 요건을 구비하고 있으면 독립된 소로 심리할 수 있다.[3)]

3) 선결적 관계는 권리관계이어야 한다. 따라서 선결적인 사실관계나 증서의 진정 여부는 중간확인의 소의 대상이 되지 않는다. 또 현재의 권리관계이어야 하

1) 경기도지사를 상대로 하여 폐천부지교환처분의 취소를 구하는 본래의 청구에 대하여 중앙토지수용위원회가 한 위 폐천부지의 보상금재결처분은 선결관계에 있는 것이 아니므로 위 재결처분의 무효확인을 구하는 중간확인의 소는 부적법하다(大判 1984. 6. 26, 83 누 554).

2) 同旨: 方, 339면; 李時, 755면; 金/姜, 752면; 姜, 785면.

3) 일단 본안판결이 있은 뒤에 본래의 소가 취하된 경우 또는 각하된 경우에는 중간확인의 소는 부적법하게 되지 않는다. 항소심에서 비로소 중간확인의 소가 제기된 경우에 항소각하 또는 항소취하시에는 독립의 소로서 독자성이 인정되어도 당연히 종료한다(兼子=松浦, 862면).

므로 과거의 권리관계는 중간확인의 대상이 될 수 없다.[1)]

2. 그 法律關係에 관하여 다툼이 있을 것

본래의 소송의 진행중에 당사자 사이에 다툼이 있는 법률관계이어야 한다. 중간확인의 소의 제기 당시 다툼이 있으면 충분하다.[2)] 선결적 법률관계에 관하여 다툼만 있으면 중간확인의 소의 이익은 긍정되고, 별도의 확인의 이익을 요하지 아니한다.

3. 中間確認의 請求가 다른 法院의 專屬管轄에 속하지 않을 것

1) 본래의 소의 관할법원은 중간확인의 소에 관하여 당연히 관할권을 가진다(264 本 Ⅰ). 본래의 소가 지방법원 합의부의 관할에 속하면 중간확인의 청구가 단독판사의 관할에 속할지라도 합의부가 관할권을 가진다. 본래의 소가 지방법원 단독판사에 계속 중에 중간확인의 소를 제기하였을 때에 양자의 소송목적의 값을 합산하여 합의부의 관할에 속할 때는 본래의 소와 함께 합의부로 이송하여야 한다.

2) 중간확인의 소가 다른 법원의 전속관할에 속할 때에는 그것이 독립된 소의 요건을 갖추었으면 이를 분리하여 전속관할이 있는 법원으로 이송하여야 한다(264 但 Ⅰ).

4. 본래의 訴가 事實審에 계속되고 辯論終結 전일 것

상고심에서는 중간확인의 소를 제기할 수 없다. 항소심에서는 중간확인의 소를 제기할 수 있으나, 피고가 제기하는 경우에도 상대방의 동의를 요하지 아니한다. 이는 항소심에서 반소를 제기하는 경우에 원칙적으로 상대방의 동의를 얻도록 한 것(412)과 다르다. 중간확인의 소의 대상인 법률관계에 관하여는 이미 제1심에서의 판단을 받은 것이므로 심급의 이익을 해할 염려가 없고, 또 원고가 항소심에서 자유로이 중간확인의 소를 제기할 수 있는 것[3)](원고는 항소심에서도 상대방의 동의없이 청구의 변경을 할 수 있다)과 균형을 맞추기 위한 것이다(항소심에서의 반소제기도 심급의 이익을 해할 염려가 없으면 동의 불요, 412 Ⅰ).

---

1) 大判 1966. 2. 15, 65 다 244.
2) Rosenberg, §98 Ⅲ 3 d).
3) 大判 1973. 9. 12, 72 다 1436.

Ⅲ. 節次와 審判

1. 中間確認의 訴의 提起

중간확인의 소는 소송중의 소이므로, 이를 제기할 경우에는 소장에 준하는 서면을 제출하는 것이 원칙이다(264 Ⅱ). 여기에는 중간확인의 소임을 나타내어야 한다. 이 서면은 지체 없이 상대방에게 송달하여야 한다(264 Ⅲ). 다만 소액사건인 경우에는 말로도 중간확인의 소를 제기할 수 있다(少審 4). 위 서면의 송달에 의하여 소송계속이 생기며, 그 제출시에 시효중단이나 법률상 기간준수의 효력이 발생한다(265). 피고의 소송대리인이 중간확인의 소를 제기함에는 반소의 제기에 준하여 특별한 권한수여(90 Ⅱ ①)를 요하나, 원고의 소송대리인은 이를 요하지 않는다(청구의 추가적 변경, 즉 청구의 변경이기 때문이다).[1)]

2. 審　　判

1) 중간확인의 소에 대한 조치나 심판은 청구의 추가적 변경이 있거나 반소가 제기된 경우에 준한다. 먼저 병합요건을 심리하여, 그 요건에 흠이 있으면 독립된 소로 취급할 수 있는가를 검토하고, 독립된 소로 취급될 수 없으면 이를 부적법각하하여야 한다.

2) 병합요건을 구비하고 있으면 본래의 청구와 병합하여 심리한다. 이 때의 병합형태는 단순병합이나, 그러나 1개의 전부판결에 의하여 동시에 재판하여야 한다고 생각한다. 중간확인의 소에 관하여 먼저 일부판결을 한다면 본소에 관한 잔부판결과 각각 별도로 확정이 되어 판단의 통일을 꾀할 수 없기 때문이다. 이론상 변론의 분리나 일부판결을 하는 것이 불가능하지는 않지만 부적당하다고 생각한다.

1) 피고의 소송대리인이 중간확인의 소를 제기할 때에도 원고소송대리인과의 균형상 특별한 권한수여를 요하지 않는다는 견해가 있다. 胡, 969면.

제 2 장 多數當事者訴訟

제 1 절 總　說

Ⅰ. 現代社會와 多數當事者紛爭

현대사회에서 발생하는 사인들 사이의 분쟁은 많은 사람에게 직접·간접으로 영향을 미치고 있고, 어느 분쟁에 관하여 원·피고 양 당사자만이 이해관계를 가지는 것은 오히려 예외적 현상에 속한다. 예컨대 갑·을 사이에 어느 토지의 소유권에 관하여 분쟁이 있을 때에는 을로부터 위 토지를 임차하고 있는 병은 위 분쟁의 결과에 대하여 이해관계를 가진다. 이러한 현상은 공해소송·제조물책임소송 등 현대형분쟁의 경우에는 더욱 뚜렷하다. 예컨대 공해로 피해를 입은 농민이 많이 있는 경우에 특정한 피해농민과 가해기업과의 사이의 소송의 결과는 모든 피해농민에게 영향을 미친다.

이처럼 사회에 존재하는 다수당사자분쟁을 합리적으로 해결할 수 있는 소송절차의 형태를 마련하는 것은 민사소송법에 부여된 중요한 임무 중의 하나이다. 한편으로는 분쟁의 1회적 해결을 꾀하면서 다른 한편으로는 소송의 심리가 복잡하여지고 지연되는 것을 피하여야 한다. 이 두 가지 이념을 조화시켜 합리적인 해결을 도모하기 위해서는 여러 가지 요소가 균형 있게 고려되어야 한다. 그러한 요소로서는 당사자가 가지는 이익의 내용, 당사자 상호간의 관계 및 당사자의 의사 등이 고려된다. 우선, 당사자가 가지는 이익의 내용이 서로 밀접하게 관련되어 있으면 모두에게 소송에 관여할 기회를 보장해 주어야 한다. 다음, 당사자 상호간에 이해관계가 공통되는가 상반되는가에 따라 소송에 참여하는 형태를 달리하여야 한다. 끝으로, 당사자의 의사를 고려하여, 분쟁에 이해관계를 가지는 당사자가 자발적으로 소송에 가입하려고 하는 경우와 이미 소송당사자로 되어 있는 사람이 제3자를 강제로 소송에 끌어들이려 하는 경우에 대비하여야 한다. 이러한 여러 요소를 고려하여 각국은 다수당사자분쟁을 해결하기 위한 제도를 다양하게 발전시켜 왔다.

Ⅱ. 우리 民事訴訟法上의 制度

우리 민사소송법은 분쟁에 이해관계를 가지는 다수인 사이에 분쟁을 합리적으로 해결하기 위하여 몇 가지 메커니즘을 규정하고 있다. 즉, 다수인 사이에 이해관계가 매우 강하여 이들을 서로 분리하여 개별적으로 처리하는 것이 곤란한 경우에는 고유필수적 공동소송의 형태를 마련하여 다수당사자소송을 강제하고 있고, 그 이해관계가 그렇게 강하지 아니한 경우에는 통상공동소송과 소송참가의 형태를 두어 당사자의 자발적 의사에 기하여 다수당사자소송을 성립시키도록 하고 있다. 또 이해관계가 공통된 때를 위해서는 공동소송이나 보조참가의 수단을 마련하여 주고, 이해관계가 상반된 때를 위해서는 독립당사자참가의 절차를 마련하여 놓았다. 그리고 스스로 분쟁에 개입하려고 하는 사람을 위해서는 각종의 참가제도를 마련하고 있고, 반대로 개입을 꺼리는 사람을 강제로 분쟁에 끌어들이기 위해서는 인수승계와 추가적 공동소송의 방법을 규정하고 있다.

우리 민사소송법이 규정하고 있는 다수당사자소송의 여러 제도는 그 시기를 기준으로 다수당사자가 때를 같이하는 경우와 때를 달리하는 경우로 나누어 볼 수 있다. 여러 사람이 때를 같이하여 당사자의 지위에 서는 경우(동시적 다수당사자소송)는 그 성립시기에 따라 소의 제기시부터 그러한 경우와 소의 제기 후 소송계속 중에 그렇게 된 경우가 있다. 전자(원시적 동시적 다수)는 예컨대 원고가 여러 사람의 피고를 상대로 하여 소를 제기하는 경우와 같은 것으로서, 이것이 공동소송이다. 후자(후발적 동시적 다수)는 원고 갑이 피고 을을 상대로 하여 소를 제기하여 소송이 계속 중에 제3자 병이 참가하는 경우와 같은 것으로서, 이것을 참가라고 한다. 참가는 다시 제3자가 스스로 소송에 가입하는 형태(보조참가, 공동소송적 보조참가, 독립당사자참가, 공동소송참가 등)와 기존의 당사자에 의하여 소송에 끌어들여지는 형태(인수 및 인입)로 나누어진다. 동시적 다수당사자소송은 다시 그 형태에 따라 2인 이상의 당사자가 같은 쪽에 서서 소송을 수행하는 경우와 3인 이상이 서로 대립하여 소송을 수행하는 경우로 나눌 수 있다. 전자의 형태는 다시 2인 이상이 동격으로 소송을 하는 것(공동소송, 공동소송참가)과 주종의 관계에서 관여하는 것(보조참가, 공동소송적 보조참가)으로 나뉘고, 후자의 형태는 삼면소송(독립당사자참가)의 경우이다.

여러 사람이 때를 달리하여 당사자의 지위에 서는 경우(이시적 다수당사자소송)는 당사자의 변경이 있는 경우이다. 당사자의 변경은 소송계속 중에 분쟁주체인 지위의 이전을 원인으로 하여 이루어지는 경우와 분쟁주체인 지위의 이전과 관련이 없이 이루어지는 경우가 있다. 전자는 이른바 소송의 승계로서, 예컨대 피고 을이 사망하여 그 상속인 병이 피고로 되는 경우가 이에 해당하고, 후자는 이른바 임의적 당사자변경으로서, 예컨대 갑이 피고적격자를 을로 오인하여 을을 피고로 하여 소를 제기하였다가 뒤에 피고를 정당한 적격자인 병으로 변경하는 경우가 이에 해당한다.

본서에서는 원시적 동시적 다수, 후발적 동시적 다수, 이시적 다수의 순서로 각 유형을 살펴보기로 한다.

Ⅲ. 多數當事者訴訟의 將來

다수당사자소송에 관하여도 청구의 단순병합, 선택적 병합 및 예비적 병합에 대응하는 형태를 상정할 수 있다. 종래에 민사소송법은 그 중 단순병합에 해당하는 형태(공동소송)만을 규정하고 있을 뿐이었으나(66, 67), 새 법은 예비적 공동소송·선택적 공동소송을 아울러 규정하고 있다(70). 또한 공해소송·제조물책임소송 등 이른바 현대형 소송의 경우에는 분쟁당사자의 수가 많은 반면, 개개의 당사자의 분쟁이익은 경미하고 다른 당사자의 이익과 판연히 구별되지 않기 때문에 현행법상의 다수당사자소송의 메커니즘으로 해결하는 데 적합하지 않다. 즉 분쟁당사자의 수가 극히 많으므로 이를 공동소송의 형태로 운영하는 것이 곤란하고, 또 개개의 당사자의 피해액이 경미하여 개개인으로서는 독립하여 소송당사자가 되기를 꺼려하기 때문에, 선정당사자제도만으로는 이에 대처하기에 미흡하다. 따라서 다수당사자소송의 형태를 다양화할 필요가 있다.

제 2 절 共同訴訟

Ⅰ. 總 說

1. 意 義

1) 공동소송(Streitgenossenschaft)이라 함은 하나의 소송절차에 여러 사람의 원고 또는 피고가 관여하고 있는 소송형태를 가리킨다. 즉 소송당사자의 한 쪽 또는 양 쪽이 여러 사람에 의하여 구성되고 있는 경우를 가리킨다. 원고 쪽이 여럿인 경우를 적극적 공동소송(aktive Streitgenossenschaft), 피고 쪽이 여럿인 경우를 소극적 공동소송(passive Streitgenossenschaft)이라고 한다. 이 경우에 원고 쪽 또는 피고 쪽에 서는 여러 사람을 공동소송인(공동원고, 공동피고)이라 부른다. 그리고 1개의 소로 여러 개의 청구를 하는 경우를 소의 객관적 병합이라고 부르는 것에 대응하여, 1개의 소송절차에 당사자가 여럿인 공동소송을 소의 주관적 병합(subjektive Klagenhäufung)이라고 부르기도 한다.

2) 공동소송인가 아닌가는 당사자의 수를 기준으로 하여 결정한다. 따라서 다수인이 사단을 구성하고 사단에 당사자능력이 인정되는 경우, 한 사람의 당사자를 여러 사람이 대리하는 경우, 여러 사람이 한 사람을 당사자로 선정한 경우에는 법률상으로 당사자는 한 사람이므로 공동소송이 아니다.

2. 根 據

각 공동소송인과 상대방 사이의 청구가 서로 관련되어 있는 경우에는 이들을 같은 절차에서 병합하여 심판함으로써 공통된 쟁점에 관하여 심리의 중복을 피할 수 있고 어느 정도 통일적인 해결을 기대할 수 있다. 이것은 당사자에 대하여 노력과 비용을 절약시켜 줄 뿐 아니라, 법원에 대하여도 중복심리에 따른 수고를 덜어준다. 이러한 이점 때문에 현행법은 공동소송을 상당히 널리 인정하고 있다.

3. 種 類

1) 공동소송은 공동소송인 사이에 합일확정(통일적 재판)을 필요로 하는가 아닌가에 따라 통상공동소송과 필수적 공동소송으로 나뉜다. 이것은 공동소송인 사이에 결합이 우연적인가 또는 필연적인가에 따른 구별이다. 그리고 필수적 공동소송은 다시 합일확정의 필요가 실체법적 근거에서 발생하는가 소송법적 근거에서 발생하는가에 따라 고유필수적 공동소송과 유사필수적 공동소송으로 나누어진다.

2) 이들 각 유형의 공동소송은 각각에 인정되는 소송법적 효과가 다르다. 공동소송에 인정되는 법적 효과로서는 ① **심리의 병합**, ② **재판자료의 통일**(주장 · 증거의 공통), ③ **소송진행의 통일**(변론의 분리, 일부판결 등의 배제), ④ **공동소송의 강제** 등이 있는데, 대체로 **통상공동소송**에는 ①의 효과만이, **유사필수적 공동소송**에는 ① 내지 ③의 효과가, **고유필수적 공동소송**에는 ① 내지 ④의 모든 효과가 인정된다고 말할 수 있다.

3) 2002년 민사소송법은 공동소송의 특수한 형태로서 예비적 · 선택적 공동소송제도를 도입하였다[70]. 이것은 각 공동소송인의 또는 공동소송인에 대한 청구가 법률상 양립할 수 없는 경우에 각 공동소송인 사이에 순위를 붙여서 또는 선택적으로 청구하는 형태의 공동소송이다.

Ⅱ. 共同訴訟의 要件

1. 主觀的 要件

공동소송은 하나의 소송절차에 여러 사람의 당사자가 참여하는 것이므로, 공동소송인 사이에 변론과 재판을 공동으로 행하는 것이 합목적적인 경우에만 허용된다. 왜냐하면 아무런 관련성이 없는 다수인 사이의 청구를 하나의 소송절차에 결합하는 것은 합목적적이 아니고, 법원과 상대방을 곤란하게 하기 때문이다. 민사소송법 제65조는 통상공동소송을 포함한 모든 공동소송이 허용되기 위한 요건(주관적 병합요건)을 예시하고 있다. 그러나 이들 요건은 주로 피고의 이익을 위한 것이므로 직권조사사항이 아니고 피고의 이의를 기다려 조사하면 좋으나, 피고가 이의 없이 소송에 응하면 소송절차에 관한 이의권이 상실된다. 피고의 이의에 의하여 주관적 병합요건의 흠이 판명된 경우에도 공동소송을 부적법 각하할 것이 아니라 소송을 당사자별로 나누어 별개의 소로 처리한다.

① 소송의 목적되는 권리나 의무가 여러 사람에게 공통된 경우(권리의무공통) 이것은 청구권 자체가 관련되어 있는 경우이다. 예컨대 총유자 · 합유자 · 공유자들의 소송,[1] 연대채권자 · 연대채무자들의 소송,[2] 불가분채권자 · 불가분채무자들의 소송 등이 이에 해당한다.

② 소송의 목적되는 권리나 의무가 사실상 또는 법률상 같은 원인으로 말미암아 생긴 경우(원인공통) 이것은 청구권 자체는 독립적이지만 그 발생원인이 공통된 경우이다. 예컨대 같은 사고에 기한 복수의 피해자의 손해배상청구, 주채무자와 보증인을 공동피고로 하는 지급청구, 매수인과 전득자를 상대로 한 이전등기말소청구 등이 이에 해당한다.

③ 소송의 목적되는 권리나 의무가 같은 종류의 것이고, 사실상 또는 법률상 같은 종류의 원인으로 말미암은 경우(권리의무동종) 이것은 청구권 상호간에 아무 관련이 없으나 청구권의 성격 및 발생원인이 유사한 경우이다. 복수의 매수인에 대한 매매대금청구, 가옥을 여러 채 소유한 사람이 각각의 가옥의 임차인에 대하

1) 大判 1966. 4. 16, 66 다 415; 1968. 9. 17, 68 다 1142; 2003. 12. 12, 2003 다 44615.
2) 日大判 1886. 4. 2, 民錄 2. 4. 5.

여 하는 인도청구, 여러 통의 어음의 각 소지인이 각 발행인에 대하여 하는 어음금청구, 임대인이 여러 채의 가옥의 각 임차인에 대하여 각 차임을 청구하는 경우가 이에 해당한다.

2. 客觀的 要件

공동소송은 고유필수적 공동소송을 제외하고는 각 공동소송인과 상대방 사이에 각각 별개의 청구가 존재하고, 따라서 청구의 병합이 수반되므로, 청구의 병합요건(같은 종류의 절차에서 처리할 수 있는 청구일 것, 공통의 관할권이 있을 것)이 필요하다. 병합청구의 재판적(관련재판적)은 위 주관적 요건의 세 경우 중 ①, ②에 한하여 인정된다(25Ⅱ).

Ⅲ. 通常共同訴訟

1. 意 義

통상공동소송(einfache Streitgenossenschaft)이라 함은 공동소송인 사이에 합일확정을 필요로 하지 않는 공동소송을 말한다. 여기에서 합일확정이란 분쟁의 승패가 공동소송인 모두에 대하여 일률적으로 결정되는 것(통일적 재판)을 가리킨다. 통상공동소송의 경우에는 공동소송인 사이에 여러 개의 청구에 대한 심리와 증거조사가 공동으로 행하여진다는 것 이상으로 아무런 결합이 없다.[1] 통상공동소송은 당사자의 자발적 의사에 의하여 성립된다.[2]

2. 審判－共同訴訟人獨立의 原則

(1) 意 義

통상공동소송의 경우에는 심리는 병합(併合)하여 행하여지지만, 어느 공동소송인의 행위의 효과는 다른 공동소송인에게 미치지 않고 또 통일적인 소송진행도 보장되지 아니한다. 따라서 각 공동소송인은 다른 공동소송인에게 번거로움을 끼치지 않고 독자적으로 소송을 수행할 권능이 인정된다(66). 이를 공동소송인독립의

1) Arens, Rdn. 445.

2) 예를 들면 집합건물의 소유 및 관리에 관한 법률 제48조 제4항에서 정한 매도청구권은 매도청구권자 각자에게 귀속되고 각 매도청구권자들은 이를 단독으로 행사하거나 여러 명 또는 전원이 함께 행사할 수도 있다고 보아야 한다(大判 2023. 7. 27, 2020 다 263857).

원칙이라고 한다. 요컨대 통상공동소송에서는 소송자료의 통일도 소송진행의 통일도 이루어지지 않고, 오직 심리의 병합만이 이루어질 뿐이다.

(2) 內 容

1) 소송요건의 존재 여부는 각 공동소송인별로 심사하여야 하고, 일부 공동소송인에 대하여만 흠이 있으면 그 공동소송인에 한하여 소의 각하 또는 소송의 이송을 하여야 한다. 심리도 같은 기일에 일률적으로 개시할 필요가 없다.

2) 공동소송인 가운데 한 사람의 소송행위 또는 이에 대한 상대방의 소송행위는 다른 공동소송인에게 영향을 미치지 않는다. 따라서 각 공동소송인은 다른 공동소송인과 무관하게 청구의 포기·인낙, 화해, 자백, 상소, 소와 상소의 취하 등의 소송행위를 할 수 있다. 또 각 공동소송인은 개별적으로 공격·방어방법을 제출할 수 있고 주장을 달리할 수 있다.[1] 증거조사를 할 때에도 공동소송인 사이에 증거공통의 원칙이 적용될 여지가 없다.

3) 공동소송인 가운데 한 사람에 관한 사항은 다른 공동소송인에게 영향을 미치지 아니한다. 따라서 한 사람에 관하여 생긴 중단·중지의 효과는 다른 사람에게 미치지 않고, 기일결석의 효과도 게을리 한 공동소송인에게만 미친다. 그리고 판결의 확정기간, 상소기간, 상소에 의한 확정차단 및 이심의 효력 등도 개별적으로 정하여진다. 이처럼 소송자료가 각 공동소송인에게 공통되지 않기 때문에 소송의 결과도 각 공동소송인에 따라 달라질 수 있다.

4) 각 공동소송인은 자기의 소송관계의 당사자일 뿐이므로, 다른 공동소송인의 대리인 또는 보조참가인이 될 수 있다. 또 자기의 주장사실에는 관계가 없고 다른 공동소송인의 이해에 관계있는 사실에 대하여는 증인능력이 있다.

5) 다만 통상공동소송의 경우에도 심리는 병합하여 진행하므로, 변론·증거조사 및 판결은 같은 기일에 행하며, 모든 공동소송인에 대하여 1개의 전부판결을 하는 것이 원칙이다.

그러나 법원은 어느 공동소송인의 소송에 관하여만 변론을 분리할 수 있고, 또

1) 大判 1982. 11. 23, 81 다 39.

일부의 공동소송인에 관하여 일부판결을 할 수 있다. 또 공동소송인 사이에 재판의 통일이 요구되지 않으며, 어느 공동소송인은 승소하고 다른 공동소송인은 패소하여도 상관이 없다.[1] 공동소송인 사이의 소송비용부담에 관하여는 특칙이 있다(원칙적으로 균등하게 부담, 102).[2]

(3) 共同訴訟人獨立의 原則의 修正 움직임

(가) 總 說 통상공동소송의 경우에는 공동소송인독립의 원칙 때문에 재판의 통일은 법률상 보장되지 아니한다. 그리하여 최근에는 통상공동소송의 경우에 공동소송인독립의 원칙에 대한 예외를 인정하려는 움직임이 일어나고 있다. 이들에 의하면 공동소송인독립의 원칙은 각자가 다른 사람의 제약을 받지 않고 적극적으로 소송수행을 할 수 있다고 하는 데 그치고, 그 권능을 행사하지 아니한 경우의 소송상 취급은 이 원칙과 무관하다고 한다. 그리하여 이들은 공동소송인 사이에 증거공통·주장공통의 원칙을 도입하려고 한다.

(나) 證據共通 이들은 한 사람의 공동소송인이 제출한 증거로부터 얻은 증거자료는 다른 공동소송인이 그 제출에 반대하고 변론을 분리하지 않은 이상, 관련되는 계쟁사실에 관하여는 그 원용이 없어도 공통된 증거자료가 될 수 있다고 하고, 이를 증거공통의 원칙이라고 한다.[3] 다만 공동소송인 사이에 이해가 상반되는 경우에는 방어권의 보장을 위하여 그의 명시적인 원용이 없는 한 증거공통의 원칙을 적용하여서는 안 되고, 또 공동소송인 가운데 한 사람이 자백한 경우에는 예외로서, 자백한 공동소송인에 대한 관계에서는 증거에 의한 심증에 불구하고 자백한대로 사실을 확정하여야 하며, 다른 공동소송인에 대하여 변론 전체의 취지로 참작될 수 있을 뿐이라고 한다.[4] 그러나 위와 같은 결과가 인정되는 것은 자유심증주의의 원칙상 역사적으로 하나밖에 없는 사실에 관하여는 그 인정판단(심증)도

---

1) 大判 1991. 4. 12, 90 다 9872.

2) 여러 사람의 공동소송인이 공동으로 변호사를 선임하여 소송을 수행하게 한 경우에 특별한 사정(예컨대 그 공동소송이 실질적으로는 독립소송이나 다름없을 정도로 공동소송인 사이에 관련성이 희박하면서도 형식상으로만 공동소송으로 되어 있다는 등)이 없는 한, 그 공동소송인들이 지급하였거나 지급할 변호사보수를 소송비용에 산입할 때에는, 각 공동소송인별로 소송물가액을 정하여 변호사보수의소송비용산입에관한규칙 제3조에 의한 변호사보수를 각 개인별로 산정한 다음 이를 합산할 것이 아니라, 동일한 변호사를 선임한 공동소송인들의 각 소송물가액을 모두 합산한 총액을 기준으로 위 규칙 제3조에 따른 비율을 적용하여 변호사보수를 산정하는 것이 옳다[大(全)決 2000. 11. 30, 2000 마 5563].

3) 李時, 773면; 新堂, 480면; 日最判 1970. 1. 23, 判時 589. 50.

4) 한 사람의 자백은 다른 공동소송인에 대하여 변론 전체의 취지가 될 뿐이다(大判 1976. 8. 24, 75 다 2152).

하나밖에 있을 수 없다는 데에 근거하고 있는 것이 아닐까?[1)]

(다) 主張共通 일부 학자는 여기에서 한 걸음 더 나아가 한 사람의 공동소송인이 어떤 주장을 하면, 다른 공동소송인에게도 영향을 주어, 그를 위하여도 주장된 것으로 보려고 하고 있다. 예컨대 채권자가 주된 채무자와 보증인을 상대로 하여 대여금청구의 소를 제기한 경우에 주채무자는 변제 등의 항변을 하고 있지만 보증인이 그러한 항변을 원용조차 하지 않는 때에, 법원이 주채무자에 대하여는 주채무의 소멸을 이유로 원고청구기각, 보증인에 대하여는 주채무의 존재를 전제로 원고청구인용의 판결을 하는 것은 역사적 사실은 하나밖에 없다는 논리의 거역으로서 부당하다고 하면서, 그 해결을 위하여 통상공동소송의 경우에도 주장공통의 원칙을 긍정하려고 한다. 그리하여 i) 한 사람의 공동소송인이 어떤 주장을 하면 다른 공동소송인이 이와 저촉되는 행위를 적극적으로 하지 않는 경우에는 그 주장이 다른 공동소송인에게 이익이 되는 때에 한하여 그에게도 효력이 미치는 것으로 보려는 견해[2)]와, ii) 공동소송인 사이에 보조참가의 이익이 인정되는 때에는 한 사람이 한 소송행위는 다른 사람의 보조참가인으로 한 것으로도 취급하려는 견해[3)] 등이 주장되고 있다. 이러한 주장은 수긍되는 바가 없지는 않다. 그러나 이와 같이 풀이하면, 상대방 당사자의 대응기회를 박탈할 위험이 있다. 또한 변론주의를 소송의 기본구조로 하고 있는 현행법의 해석으로서는 무리한 견해라고 생각한다.[4)] 공동소송인 사이에 모순되는 재판이 나올 수 있는 문제점은 법원이 석명권을 적절히 행사함으로써 해결할 수 있을 것이다. 대법원판례도 이를 부정한다.[5)]

Ⅳ. 必須的 共同訴訟

1. 意　義

1) 필수적 공동소송(notwendige Streitgenossenschaft)은 소송목적이 공동소송인 모두에게 합일적으로 확정될 경우의 공동소송이다(67 I). 즉 공동소송인 모두에게 일

1) 同旨: Rosenberg, §49 Ⅳ 3 a).
2) 李時, 773면; 姜, 844면; 新堂, 480면.
3) 兼子, 339면.
4) 同旨: 胡, 987면; 日最判 1968. 9. 12, 民集 22. 9. 1896, 百選, 344면.
5) 大判 1991. 4. 12, 90 다 9872(여러 사람 앞으로 순차로 마쳐진 이전등기의 말소청구사건); 1994. 5. 10, 93 다 47196.

률적으로 분쟁이 해결되어야 하기 때문에 소송의 승패가 공동소송인과 상대방 사이에 통일적으로 결정되어야 할 경우를 말한다. 이처럼 통일적 재판(einheitliche Entscheidung)이 요구되기 때문에 이를 합일확정소송이라고 부른다.

2) 필수적 공동소송은 다시 두 가지로 나누어진다. 본래의 의미의 필수적 공동소송은 공동소송이 강제되는 경우, 즉 공동소송이 반드시 필요한 경우이다. 다시 말하면, 항상 공동으로 소를 제기하거나(원고) 또는 공동으로 소제기되는 것(피고)이 필요한 경우인데, 이러한 경우는 실체법상의 이유로부터 발생한다. 예컨대 여러 사람에게 하나의 권리가 귀속되거나 여러 사람이 공동으로만 이를 처분할 수 있는 경우가 그러하다. 그리하여 이를 고유필수적 공동소송 또는 실체법적 근거에 의한 필수적 공동소송(notwendige Streitgenossenschaft aus materiellrechtlichen Gründen od. materiellrechtlich notwendige Streitgenossenschaft)이라고 부른다. 그런데 민사소송법은 그 밖에 공동소송이 강제되지 않는 유사필수적 공동소송이라는 개념을 인정하고 있다. 여기에서는 각자가 단독으로 소를 제기하거나 제기당할 수 있지만, 여러 사람이 공동으로 소를 제기하거나 제기당한 경우에는 소송자료의 통일, 소송진행의 통일 등의 효과가 인정되고 또 합일확정이 법률상 요청된다. 이러한 경우는 한 사람만이 소를 제기하거나 또는 제기당하더라도 그가 받은 판결의 효력이 모든 관계자에게 확장되는 경우에 발생하므로, 이를 소송법적 근거에 의한 필수적 공동소송(notwendige Streitgenossenschaft aus prozessrechtlichen Gründen od. prozessrechtlich notwendige streitgenossenschaft)이라고도 부른다. 유사필수적 공동소송은 공동소송이 필수적인 것은 아니므로, 본래의 의미의 필수적 공동소송은 아니나, 고유필수적 공동소송에 인정되는 소송법적 효과가 모두 인정되므로, 그에 준하여 이를 유사필수적 공동소송이라고 부르는 것이고, 그리하여 도이칠란트에서는 고유필수적 공동소송을 단순히 필수적 공동소송, 유사필수적 공동소송을 특별공동소송(besondere Streitgenossenschaft)이라고 부르는 일이 많다.[1)]

2. 固有必須的 共同訴訟

1) 고유필수적 공동소송은 모두가 공동으로 하여야만 당사자적격을 가지고 또 합일확정이 필요한 공동소송이다. 공동소송이 법률상 강제되는 경우이다.

---

1) Jauernig, §82 I 참조.

2) 어떠한 분쟁을 고유필수적 공동소송으로 취급할 것인가에 관하여는 법률에 뚜렷한 기준이 설정되어 있지 아니하므로 학설·판례의 발전에 맡겨져 있다. 그 기준에 관하여 종래에는 소송물인 권리의 실체법상의 성격만을 존중하는 견해(**관리처분권설**)가 지배적이었으나, 근래에는 분쟁의 통일적 해결의 필요라는 소송법상의 요소를 중시하는 견해(**소송정책설**) 및 양자를 고루 고려하여야 한다는 견해(**절충설**)[1)]가 제시되고 있다. 관리처분권설을 따르는 종래의 통설·판례는 고유필수적 공동소송의 범위를 가능한 한 축소시키고 개별적 해결에 맡기려 하고 있음에 반하여, 소송정책설을 취하는 학자는 분쟁의 통일적 해결을 중시하여 고유필수적 공동소송의 범위를 확대하려고 한다. 생각건대 고유필수적 공동소송은 본래 실체법상의 이유에서 인정된 것이므로 소송물인 권리의 성질을 기본으로 하면서, 분쟁해결의 실효성, 관계자 사이의 이해조절 등 소송법적 관점도 아울러 고려하여 판정하여야 할 것이다.[2)]

3) 이러한 관점에서 보면 고유필수적 공동소송에 해당하는 경우로서는 다른 사람 사이의 권리관계에 관한 소송 및 소송물인 권리를 공동으로만 처분할 수 있는 분쟁의 두 가지를 들 수 있다.

(가) 다른 사람들 사이의 권리관계의 변동을 목적으로 하는 형성의 소(이와 동일시할 확인의 소)　　제3자가 이러한 소를 제기하는 경우에는 원칙적으로 그 권리관계의 주체인 사람 모두를 공동피고로 하여야 한다. 판결의 효력이 구구하게 되면 분쟁해결의 실효성이 확보되지 않고 또 형성판결에 의한 권리변동을 받는 사람 모두의 절차권을 보장할 필요가 있기 때문이다. 그리하여 i) 공유물분할청구소송은 분할을 구하는 공유자가 다른 공유자 모두를 공동피고로 하여야 하고,[3)] ii) 제3자가 제기하는 혼인무효·취소의 소는 부부를 공동피고로 하여야 하고(家訴 24 Ⅱ),[4)] 제3자가 제기하는 친자관계부존재확인의 소는 생존하는 부모 및 자를 공동피고로 하여야 하며(家訴 24 Ⅱ 28.),[5)] 자가 제기하는 민법 제845조에 의한 아버지를 정하는 소는 어머니, 어머니의 배우자 및 전 배우자를 모두 상대방으로 하여야 한다(家訴 27 Ⅱ). iii) 또

1) 金/姜, 768면; 新堂, 471면.
2) 자세한 것은 揖善夫, "固有必要的共同訴訟,"「民事訴訟法ゼミーメル」, 325면 이하.
3) 大判 2003. 12. 12, 2003 다 44615; 2012. 6. 14, 2010 다 105310; 2014. 1. 29, 2013 다 78556.
4) 大判 1965. 10. 26, 65 므 46.
5) 大決 1983. 9. 15, 83 즈 2.

청산인해임의 소는 회사와 청산인을 공동피고로 하여야 하고,[1] 이사해임의 소는 회사와 이사를 공동피고로 하여야 한다.[2]

(나) 여러 사람이 공동으로만 관리처분하여야 할 재산에 관한 소송 이 경우에는 그 여러 사람이 공동소송인이 되어 소송을 수행하여야 한다. 예컨대 수탁자가 여럿인 신탁재산에 관한 소송(信 45), 관리인이 여럿인 회생절차상 채무자의 재산에 관한 소송(破 I 75), 파산관재인이 여럿인 파산재단에 관한 소송(破 I 360),[3] 같은 선정자들에 의하여 공동으로 선정된 선정당사자가 여럿인 경우의 소송(53.54), 여러 유증집행자에 대한 유증의무 이행청구[4] 등이 이에 해당한다.

(다) 共同所有의 財産을 둘러싼 訴訟

① 공동소유관계를 둘러싼 소송이 고유필수적 공동소송에 해당하는가에 관하여는 오랫동안 다투어져 왔다. 실체법상의 관리처분권이 귀속되는 모습만을 기준으로 하면, 민법상의 총유와 합유의 경우에는 공동소유자가 공동으로만 관리처분권을 행사할 수 있으므로 모두 고유필수적 공동소송이 되고, 공유의 경우에는 공유자가 그 지분에 관하여 개별적으로 관리처분권을 행사할 수 있으므로 통상공동소송이 되는 것처럼 생각된다. 그러나 공동의 관리처분권의 경우에도 절차적 이유로 고유필수적 공동소송으로 운영할 수 없는 경우가 있고, 반대로 개별적 관리처분권의 경우에도 일부의 사람의 소송수행이 다른 사람의 이익에 중대한 영향을 미칠 때에는 이를 고유필수적 공동소송으로 취급할 필요가 있으므로, 이 문제는 그렇게 간단하지 않다.

② 그리하여 판례는 실체법상의 관리처분권의 성격과 절차적 합리성의 양자를 고려하여 고유필수적 공동소송의 성립을 인정하고 있다. 지금까지의 판례를 정리하여 보면, i) 비법인 사단의 **총유재산**에 관한 소송은 모두 고유필수적 공동소송으로 본다.[5] ii) **합유재산**(공동광업권, 공동의장권 등)에 관한 소송도 원칙적으로 고유필수적 공동소송이다.[6] 따라서 조합재산에 속하는 채권에 관한 소송은 조합원들이 공동으로 제기하여야 하는 고유필수적 공동소송에 해당한다.[7] 다만 합유물에 대한

---

1) 大決 1976. 2. 11, 75 마 533.
2) 大判 2010. 9. 30, 2010 다 35985; 日最判 1998. 3. 27, 民集 52. 2. 661.
3) 大判 2008. 4. 24, 2006 다 14363.
4) 大判 2011. 6. 24, 2009 다 8345.
5) 大判 1995. 9. 29, 95 다 21303; 大(全)判 2005. 9. 15, 2004 다 44971.
6) 大判 1983. 10. 25, 83 다카 850; 1991. 6. 25, 90 누 5184; 2012. 11. 29, 2012 다 44471.

보존행위는 각자가 할 수 있고,[1] 각 조합원의 개인적 책임에 기하여 조합채무의 이행을 구하는 소송은 조합원 각자를 피고로 하여도 된다.[2] 합유재산에 대한 명도청구는 현실적으로 점유하고 있는 합유자만을 피고로 하여도 된다.[3] iii) 이에 반하여 판례에 따르면 **공유재산**에 관한 소송은 원칙적으로 고유필수적 공동소송이 아니다.[4] 그러나 다음의 경우는 고유필수적 공동소송이라고 한다. 즉 공유물분할청구의 소[5] 및 공유자 쪽이 또는 공유자 쪽을 상대로 제기하는 토지경계확정소송,[6] 공유자 쪽이 제기하는 **능동소송** 중 소유권이전등기청구,[7] 이주자 택지에 관한 공급계약을 체결할 수 있는 청약권을 공동상속(준공유)한 상속인들이 청약의 의사표시를 하고 그에 대한 승낙의 의사표시를 구하는 소송,[8] 공유물 전체에 관한 소유권확인청구,[9] 수인의 유증집행자에 대한 유증의무의 이행청구[10] 등이다. 판례는 제3자가 공유자 쪽을 상대로 제기하는 **수동소송**은 모두 고유필수적 공동소송이 아니라고 한다.[11] [12]

---

7) 大判 2012. 11. 29, 2012 다 44471.

1) 大判 1972. 5. 23, 72 누 9. 합유물에 관하여 마쳐진 원인무효의 소유권이전등기의 말소를 구하는 소송은 합유자 각자가 할 수 있다(大判 1997. 9. 9, 96 다 19896); 2013. 11. 28, 2011 다 80449.

2) 大判 1991. 11. 22, 91 다 30705.

3) 大判 1969. 12. 23, 69 다 1053.

4) 공유자 1인은 보존행위로서 공유물 전체에 대한 등기말소를 구할 수 있을 뿐만 아니라, 각 공유자에게 해당 지분별로 진정명의회복을 위한 소유권이전등기를 이행할 것을 단독으로 청구할 수 있다(大判 2005. 6. 24, 2003 다 55936); 아파트 하자보수를 갈음하는 손해배상청구권은 구분소유자들에게 전유부분의 지분비율에 따라 분할귀속되므로 개별적으로 행사할 수 있다(大判 2012. 9. 13, 2009 다 23160); 특히 대법원은 복수의 가등기채권자의 매매예약완결권행사와 관련하여, 채권자가 각자의 지분별로 별개의 독립적인 매매예약완결권을 가지는 경우, 채권자 1인이 단독으로 그의 지분에 관한 청산절차를 이행하고 본등기절차의 이행을 구할 수 있다고 한다(大(全)判 2012. 2. 16, 2010 다 82530). 주의할 것은 종전에는, '과반수에 미달하는 지분을 가진 공유자가 공유물을 점유하고 있는 다른 공유자에 대하여 공유물의 보존행위로서 공유물 전부의 인도를 청구하는 경우[大(全)判 1994. 3. 22, 93 다 9392]'도 이와 관련된 예로 들 수 있었는데, 2020년 대법원은 '공유물의 소수지분권자가 다른 공유자와 협의 없이 공유물을 독점적으로 점유하고 있는 **다른 소수지분권자에 대해 공유물의 인도를 청구할 수 없다**고 판시하여[大(全)判 2020. 5. 21, 2018 다 287522]', 위 大判 1994. 3. 22, 93 다 9392가 변경되어 더 이상 유효한 예가 될 수 없게 되었다는 점이다.

5) 大判 2003. 12. 12, 2003 다 44615; 2017. 9. 21, 2017 다 233931; 大判 2022. 6. 30, 2020 다 210686, 210693(분할을 청구하는 공유자가 원고가 되어 다른 공유자 전부를 공동피고로 삼아야 한다. 따라서 소송계속 중 변론종결일 전에 공유자의 지분이 이전된 경우에는 **변론종결 시까지 승계참가**(81)**나 소송인수**(82) **등의 방식**으로 일부 지분권을 이전받은 자가 소송당사자가 되어야 한다. 그렇지 못할 경우에는 소송 전부가 부적법하게 된다).

6) 大判 2001. 6. 26, 2000 다 24207.

7) 大判 1961. 5. 4, 4292 民上 853.

8) 大判 2003. 12. 26, 2003 다 11738.

9) 大判 1994. 11. 11, 94 다 35008(傍論). 다만 이와 반대되는 判決로서는 大判 1965. 2. 24, 64 다 1401.

10) 大判 2011. 6. 24, 2009 다 8345.

11) 예를 들면, 공유토지의 일부에 대해 취득시효완성을 원인으로 하는 소유권이전등기를 청구하는 경우(大判 1994. 12. 27, 93 다 32880, 32897: 공유자들의 소유권이 지분의 형식으로 공존하고 그 처분권이 공동에 속하는 것이 아니기 때문); 공동건축주의 명의변경을 위해 부동의하는 건축주별로 동의의 의사표시를 갈음하는 판결을 구하는 경우(大判 2015. 9. 10, 2012 다 23863); **순차경료된 등기 또는 공유등기의**

③ 판례가 공유재산에 관하여 필수적 공동소송의 성립을 거의 부정하는 데 대하여는 비판이 있다. 이들은 민법의 규정에 충실하게 공유물 자체의 처분·변경(民 264)에 해당하는 소송, 즉 공유자에 대한 공유건물의 철거, 소유권이전등기청구는 필수적 공동소송으로 보아야 한다고 주장한다.[1)]

3. 類似必須的 共同訴訟

1) 유사필수적 공동소송은 모두가 공동으로 소송을 하는 것이 강제되지는 않고, 일부의 사람만이 소를 제기하는 것이 허용되지만(고유필수적 공동소송과의 차이점. 통상공동소송과의 공통점), 합일확정이 필요한 공동소송이다(고유필수적 공동소송과의 공통점. 통상공동소송과의 차이점).

2) 유사필수적 공동소송은 판결의 효력이 당사자 이외의 제3자에게 확장되는 경우에 발생한다. 그런데 여기에서 말하는 판결의 효력이 판결의 본래적 효력(기판력·집행력·형성력)만을 뜻하는가, 아니면 부수적 효력인 반사적 효력도 포함하는가에 관하여는 다툼이 있다. 다수설은 후자의 경우도 포함한다고 풀이하며,[2)] 판례도 같은 입장인 것으로 평가되고 있다(이에 관하여는 다툼이 있다).[3)]

i) 판결의 본래적 효력이 제3자에게 확장되어 유사필수적 공동소송이 성립하는 경우로서는 여러 사람이 제기하는 회사합병무효의 소(商 236), 주주총회결의의 무효 및 부존재확인의 소(商 380)[4)] 등 회사관계소송, 여러 사람이 제기하는 혼인무효 또는 취소의 소(家訴 21) 등 가사소송, 여러 사람의 파산채권자들이 제기하는 파산채권조사

말소를 구하는 경우(大判 1991. 4. 12, 90 다 9872); **공유물의 반환 또는 철거청구**(大判 1969. 7. 22, 69 다 609); 타인소유토지 위에 설치된 공작물철거청구(大判 1993. 2. 23, 92 다 49218) 등을 들 수 있다. 특히 大判 1966. 3. 15, 65 다 2455는 불법공동점유자들에 대한 점유물인도청구와 관련하여 "상반된 판결이 나는 때에는 사실상 인도청구의 목적을 달성할 수 없을 때가 있을 수 있으나 그와 같은 **사실상 필요**가 있다는 것만으로 그것을 필요적 공동소송이라고는 할 수 없는 것"이라고 판시하고 있음을 주의할 필요가 있다.

12) 유사한 취지에서 대법원은 **구분소유자 전체를 상대로** 각 전유부분과 공용부분의 **철거를 청구**하는 것은 필수적 공동소송이 아니라고 하였다(大判 2021. 7. 8, 2017 다 204247).

1) 方, 200면 이하; 李時, 780~781면 참소.

2) 方, 202면; 李時, 781면; 金/姜, 769면; 宋/朴, 638면. 反對: 胡, 995면.

3) 大判 1991. 12. 27, 91 다 23486; 통상공동소송이라는 견해는 胡, 996면.

4) 2021년 대법원 전원합의체 판결의 다수의견은 **편면적 대세효가 있는 회사관계소송**의 공동소송형태를 민사소송법 제67조가 적용되는 **필수적 공동소송에 해당**하는 것으로 판단하여 종전 재판실무의 태도를 유지하였다: 大(全)判 2021. 7. 22, 2020 다 284977[주주총회결의의 부존재 또는 무효확인의 소를 여러 사람이 공동으로 제기한 경우 "당사자 1인이 받은 승소판결의 효력이 다른 공동소송인에게 미치므로(商 380, 190) 공동소송인 사이에 소송법상 합일확정의 필요성이 인정되고, 상법상 회사관계소송에 관한 전속관할이나 병합심리 규정(商 186, 188)도 당사자 간 합일확정을 전제로 하는 점 및 당사자의 의사와 소송경제 등을 함께 고려하면, 이는 민사소송법 제67조가 적용되는 필수적 공동소송에 해당한다"].

확정재판에 대한 이의의 소(破 171, 463, 464)[1] 등을 들 수 있다.

ii) 판결의 반사적 효력이 제3자에게 미치기 때문에 유사필수적 공동소송이 성립하는 경우로 설명되는 예로서는 여러 사람의 주주에 의한 대표소송(商 403), 여러 사람의 채권자에 의한 채권자대위권에 기한 소유권이전등기말소청구소송,[2] 여러 사람의 압류채권자에 의한 추심소송(民執 249) 등이 있다.[3]

iii) 그 밖에 최근의 학설 중에는 고유필수적 공동소송이 성립되지 아니하는 공동소유관계소송에 관하여 통상공동소송으로 취급할 것이 아니라 유사필수적 공동소송으로 취급하고자 주장하여, 유사필수적 공동소송의 성립범위를 확대하려는 시도가 나타나고 있다.[4] 그러나 이 경우에는 판결의 효력이 확장되는 것이 아니므로, 위 주장은 제도의 연혁에 맞지 아니한다.

4. 必須的 共同訴訟의 審判

고유필수적이든 유사필수적이든 필수적 공동소송을 심판할 때에는 통상공동소송의 공동소송인독립의 원칙과는 다른 특칙이 인정된다. 그리하여 단순한 심리의 병합에 그치지 않고, 더 나아가 '소송자료의 통일'(주장 · 증거공통)과 '소송진행의 통일'(변론의 분리, 일부판결의 배제)이라는 소송법적 효과가 인정되고 있다. 다만 유사필수적 공동소송의 경우에는 개별적으로 소를 제기하거나 제기당할 수 있으므로, 한 사람의 또는 한 사람에 대한 소의 취하가 가능하다.

(1) 訴訟要件의 調査

1) 필수적 공동소송의 경우에도 소송관계는 복수인데[5] 재판의 통일을 위하여

---

1) 大(全)判 2021. 7. 22, 2020 다 284977[이 판결의 판결이유 4. 다. 3) 가) 참조].

2) 大判 1991. 12. 27, 91 다 23486; 다만 大判 2014. 10. 27, 2013 다 25217은 "채무자 소유의 부동산을 시효취득한 채권자의 공동상속인이 채무자에 대한 소유권이전등기청구권을 피보전채권으로 하여 제3채무자를 상대로 채무자의 제3채무자에 대한 소유권이전등기의 말소등기청구권을 대위 행사하는 경우, 공동상속인은 자신의 지분 범위 내에서만 채무자의 제3채무자에 대한 소유권이전등기의 말소등기청구권을 대위 행사할 수 있고, **지분을 초과하는 부분**에 관하여는 **채무자를 대위할 보전의 필요성이 없다**"고 판시하여 위 大判 1991. 12. 27, 91 다 23486과 모순되는 듯한 태도를 보이고 있다); 齋藤, 注解民訴(2), 179면; 兼子, 條解民訴, 169면.

3) 여러 사람의 이사를 공동피고로 하여 제기하는 이사회결의무효확인의 소도 유사필수적 공동소송이다(大判 1963. 12. 12, 63 다 449). 또한 이사회결의 무효확인의 소에서 원고 쪽은 필수적 공동소송이 아니다(大判 2001. 7. 13, 2001 다 13013).

4) 新堂, 476면 이하.

5) Rosenberg, §49, §1.

병합되어 있는 것이므로, 소송요건은 각 공동소송인별로 조사하여야 한다. 그리하여 공동소송인 가운데 한 사람에 관하여 소송요건의 흠이 있으면, 고유필수적 공동소송의 경우에는 모두의 소를 각하하여야 하고, 유사필수적 공동소송의 경우에는 그 당사자의 부분만을 일부 각하하면 된다.

2) 고유필수적 공동소송의 경우에는 공동소송이 강제되므로, 공동소송인으로 될 사람 가운데 한 사람이라도 탈락하면 그 소송은 당사자적격이 없으므로 부적법 각하된다(공동소송인 가운데 한 사람에 대하여 소송요건의 흠이 있는 경우도 마찬가지이다).[1] 공동소송의 요건은 변론을 종결할 때까지 갖추면 된다. 그러므로 ① 누락된 사람에 대하여 제1심 변론을 종결할 때까지 별소를 제기하고 법원이 변론을 병합하는 방법 또는 ② 제1심의 변론을 종결할 때까지 누락된 공동소송인을 추가하는 방법(고유필수적 공동소송인의 추가, 68)으로 그 흠을 보정할 수도 있고, ③ 항소심의 변론을 종결할 때까지 누락된 사람이 공동소송참가(83)를 함으로써 당사자적격을 갖출 수도 있다.[2] ②의 경우에는 원·피고 모두에 대하여 추가가 가능하나, 원고를 추가하는 경우에는 추가되는 원고의 동의가 필요하고(68 I), ③의 경우에는 원·피고 제한이 없고 항소심에서도 가능하나, 피고가 누락된 경우에는 현실적으로 피고의 협력을 기대하기 어려운 문제가 있다.

(2) 訴訟資料의 統一

공동소송인 가운데 한 사람의 소송행위는 모두의 이익을 위하여서만 효력을 가지고(67 I), 공동소송인 가운데 한 사람에 대한 상대방의 소송행위는 공동소송인 모두에게 효력이 미친다(67 II). 이를 나누어 설명하면 다음과 같다.

1) 공동소송인 가운데 한 사람이 한 유리한 소송행위는 모두를 위하여 효력이 있지만, 불리한 행위는 모두가 함께 하지 아니하면 그 효력이 없다(67 I). 따라서 한 사람이라도 상대방의 주장을 다투면 모두가 다툰 것으로 되지만, 한 사람이 한 자백, 청구의 포기·인낙, 화해[3] 등은 효력이 생기지 아니한다(다만 변론 전체의 취지로서 심증형성의 하나의 원인이 될 수 있다).

---

1) 大判 1966. 10. 4, 66 다 1079; 2012. 6. 14, 2010 다 105310(공유물분할청구소송에서의 공유자); 2014. 1. 29, 2013 다 78556(공유물분할청구소송 중 공유자 1인의 공유지분이 제3자에게 이전된 경우 그 제3자는 승계참가나 소송인수 등의 방식으로 소송의 당사자가 되어야 한다).

2) 판례도 항소심에서의 공동소송참가를 인정하고 있다: 大判 2014. 1. 29, 2013 다 78556.

3) 유사필수적 공동소송에서는 공동소송인 가운데 한 사람의 화해가 가능하다는 견해가 있으나(方, 203면), 이는 합일확정을 방해하므로 불가능하다고 할 것이다.

소의 취하는 유사필수적 공동소송에서는 가능하지만,[1] 고유필수적 공동소송에서는 모두가 공동으로 하여야만 한다.

2) 공동소송인 가운데 한 사람이라도 원고의 청구를 다투는 취지의 답변서를 제출하였으면 변론 없이 하는 판결(무변론판결)(257)을 받지 아니한다. 또한 공동소송인 가운데 한 사람이 기일에 출석하여 변론을 하거나 또는 기간을 준수하였으면 이는 이익이 되는 행위이므로 다른 공동소송인이 결석하거나 기간을 지키지 아니하였어도 게을리 한 효과가 발생하지 아니한다. 그러나 출석자의 소송행위 가운데 결석자에게 불리한 행위(예컨대 청구의 포기·인낙, 화해, 자백)는 결석한 공동소송인에게 효력이 없다(67 I 참조).[2] 또 공동소송인 가운데 한 사람이라도 본안에 관하여 소송에 응하면, 원고는 피고 모두의 동의를 얻지 않으면 소를 취하할 수 없다.

3) 상대방의 소송행위는 한 사람에 대하여 하여도 모두에게 효력이 미친다(67 II). 이것은 상대방의 편의를 꾀하기 위한 취지이다. 그리하여 공동소송인 가운데 한 사람이라도 기일에 출석하였으면, 상대방은 준비서면에 기재하지 아니한 사항도 주장할 수 있다. 또 피고가 공동원고 가운데 한 사람에 대하여 그 청구를 인낙하거나 자백을 하면 공동원고 모두를 위하여 인낙 또는 자백의 효력이 생긴다.

(3) 訴訟進行의 統一

1) 변론 및 증거조사는 공통된 기일에 행한다. 변론의 분리나 본안에 관한 일부판결은 해석상 인정되지 아니한다. 착오로 일부판결을 하여도 추가판결을 할 수 없고 상소로써 시정하여야 한다.[3]

2) 공동소송인 가운데 한 사람에 대하여 소송절차를 중단 또는 중지하여야 할 이유가 있는 때에는 그 중단 또는 중지는 모두에게 효력이 미친다(67 III).[4]

3) 상소기간은 각 공동소송인에게 판결정본이 송달된 때부터 개별적으로 진행하지만, 모두에 대하여 상소기간이 경과될 때까지는 판결이 확정되지 아니한다.[5]

---

1) 大判 2013. 3. 28, 2011 두 13729.
2) 同旨: 李時, 783면 주2. 反對: 方, 203~204면.
3) 大判 2010. 4. 29, 2008 다 50691; 2011. 6. 24, 2011 다 1323.
4) 大判 1983. 10. 25, 83 다카 850. 상황에 따라 절차를 정지하지 않아도 좋다는 주장이 있다. 新堂, 478면.
5) 大判 2017. 9. 21, 2017 다 233931.

한 사람이 상소를 제기하면 모두에 대하여 판결의 확정이 차단되고 소송의 전부가 이심한다.[1] 이 경우 상소를 제기하지 아니한 다른 공동소송인의 법정대리인(후견인)은 상소심의 소송행위에 관하여 후견감독인으로부터 특별한 권한을 받을 필요가 없다(69. 56 I).

공동소송인 가운데 한 사람이 상소를 제기한 경우에 상소를 제기하지 아니한 다른 공동소송인의 지위에 관하여는 i) 상소인으로 보는 견해(**상소인설**), ii) 실제로 상소를 제기한 사람에게 묵시적으로 소송수행권을 수여한 사람(선정자)으로 보고, 상소를 제기한 사람은 그의 선정당사자로 보는 견해(**선정자설**)[2] 및 iii) 단순한 상소심당사자로 보는 견해(**상소심당사자설**) 등이 있다. 상소하지 않는 사람을 상소인으로 보는 것은 무리이고, 선정당사자관계로 보는 것은 의제가 지나치므로, 상소심당사자설이 타당하다(통설 · 판례).[3] 따라서 상소심의 심판범위는 실제로 상소를 한 상소인만이 정할 수 있으며, 그만이 인지를 붙여야 하고, 패소한 때에는 그만이 소송비용을 부담한다고 풀이한다.

5. 理論上의 合一確定訴訟의 문제

우리나라의 일부 학설은 과거의 일본 학설의 영향을 받아 이른바 이론상의 합일확정소송 또는 준합일확정소송이라는 개념을 인정하고 있다.[4] 이들에 의하면 이론상의 합일확정소송은 법률상으로는 합일확정이 보장되지 않지만, 논리상 또는 이론상 합일확정이 요청되는 경우를 가리킨다고 하고, 그러한 예로서는 공동소송인의 또는 이들에 대한 청구가 중요한 쟁점이 공통된 경우(같은 사고에 의한 여러 사람의 피해자의 손해배상청구, 구분소유자들이 제기하는 아파트하자에 대한 손해배상청구, 주채무와 보증채무의 청구, 같은 어음의 여러 사람의 배서인에 대한 상환청구), 또는 여러 사람의 피고에 대한 청구가 목적 · 수단의 관계에 있기 때문에 모두에 대하여 승소하지 아니하면 종국적인 목적을 달성할 수 없는 경우(원인무효를 이유로, 여러 사람이 순차로 마친 소유권이전등기의 말소를 구하는 경우)를 들고 있다. 그리고 이들은 이 경우에 주장공통 · 증거공통의 효력을 인정하려고 하고 있다. 그러나 이른바 이론상의 합일확정소송의 경우에는 법률상 합일확정이 보장되지 아니하므로, 이는 어디까지나 통상공동소송에 불과한 것이고, 여기에 특수한 소송법적 효과를 인정할 근거도 없으므로, 이러한 개념을 인정할 필요는 없을 것이다. 판례도 이러한 경우를 통상공동소송으로 보고, 민사소송상 변론주의 소송구조에 비추어 주장공통의 원칙이 적용되지 않는다고

---

1) 大判 2003. 12. 12, 2003 다 44615; 2003. 12. 12, 2003 다 44615, 44622; 2010. 4. 29, 2008 다 50691; 2011. 6. 24, 2011 다 1323.

2) 井上治典, 多數當事者訴訟の法理, 206면.

3) 李時, 785면; Rosenberg, §49 Ⅳ 3 c); 大判 1995. 1. 12, 94 다 33002(필수적 공동소송의 상고하지 않은 피고를 단순히 '피고'라고만 표시하고 주문 중 상고비용을 상고한 피고에게만 부담시킴).

4) 方, 197면; 金/姜, 771면.

한다.[1] 일부 학자는 이러한 개념을 인정하는 대신 통상공동소송의 경우 공동소송인독립의 원칙을 수정하려고 하고 있음은 전술하였다.[2]

Ⅴ. 豫備的·選擇的 共同訴訟

1. 意 義

1) 예비적·선택적 공동소송이란 공동소송인들 사이에 실체법상 양립할 수 없는 각 청구에 관하여 주위적·예비적 또는 택일적(擇一的)으로, 하나의 소송절차에서 동시에 심판을 구하는 경우를 말한다(70Ⅰ). 필수적 공동소송에 관한 특별규정이 준용된다(70Ⅰ). 예비적 공동소송은 공동소송인들 사이에 순위를 정하여 주위적 공동소송인에 관한 청구가 기각될 때 예비적 공동소송인에 관한 청구를 인용하여 달라는 형태의 공동소송이며, 선택적 공동소송은 공동소송인들 사이에 순위를 붙이지 않고 하나의 공동소송인에 관한 청구를 선택하여 인용하여 줄 것을 구하는 형태의 공동소송이다. 일거에 분쟁을 해결하고자 하는 당사자의 편의를 도모하고, 분쟁의 모순 없는 해결을 꾀하기 위하여 새 법이 새로 마련한 제도이다.

2) 예비적·선택적 공동소송은 여러 당사자에 관한 청구를 하면서 어느 한 당사자에 관한 청구가 기각될 경우에 대비하여 이용된다. i) 원고 쪽의 예비적 공동소송(능동형)의 예로는 제1차적으로 채권의 양수인이 채무자에 대하여 지급을 구하고, 제2차적으로 채권양도가 무효로 되는 경우에 대비하여 양도인이 그 지급을 구하는 경우, 제1차적으로 입주자대표회의, 제2차적으로 구분소유자들이 아파트 건설회사를 상대로 하여 하자담보추급권에 기하여 손해배상청구를 하는 경우[3] 등을 들 수 있고, ii) 피고 쪽의 예비적 공동소송(수동형)의 예로는 매수인의 대리인과 계약한 매도인이 제1차적으로 매수인에 대하여 매매대금의 지급을 구하고, 제2차적으로 무권대리로 되는 경우에 대비하여 대리인에 대하여 매매대금의 지급 또는 손해배상을 구하는 경우(民 135Ⅰ), 공작물의 흠으로 인한 손해배상청구를 제1차적으로 점유자에 대하여, 제2차적으로 소유자에 대하여 소구하는 경우(民 758) 등을 들 수 있

1) 大判 1991. 4. 12, 90 다 9872; 1994. 5. 10, 93 다 47196.
2) 李時, 774면.
3) 大判 2013. 9. 13, 2009 다 23160.

다. 위의 각 경우에 각 공동소송인에 관한 청구에 순위를 붙이지 않고 택일적으로 심판을 구하면 선택적 공동소송이 된다. 선택적 공동소송의 경우에는 예비적 공동소송의 경우와 달리 법원은 어느 공동소송인에 관한 청구를 먼저 판단하여야 하는 구속을 받지 아니한다.

3) 예비적·선택적 공동소송에서는 소의 객관적 예비적 병합이나 선택적 병합과는 달리, 한 사람의 공동소송인에 관한 청구가 인용되면 다른 공동소송인에 관한 청구는 반드시 기각되어야 한다(70 II). 필수적 공동소송에서는 공동소송인들이 모두 승소하거나 패소하는 등 분쟁의 승패가 똑같이 결정되지만, 예비적·선택적 공동소송에서는 공동소송인 중 한 사람이 승소하면 다른 사람은 반드시 패소하여야 하므로, 분쟁의 승패가 원칙적으로 반대로 결정된다(다만, 모두 패소할 수도 있다). 예비적·선택적 공동소송은 공동소송인 사이에 승패가 달라지는 것이 보통인 점에서 독립당사자참가(79)와 유사하지만, 공통의 이해관계를 가진 쟁점에 관하여는 서로 협력관계에 있을 수 있고, 3면소송이 아니라는 점(공동소송인 상호간에는 아무런 청구가 없다)에서 독립당사자참가와 다르다.[1)]

2. 沿　革

1) 예비적·선택적 공동소송은 과거에 학설상 주장되어 온 '소의 주관적·예비적 병합'에서 유래하였다. 이것은 1차 원고의 또는 1차 피고에 대한 청구가 인용될 것을 해제조건으로 하여 2차 원고의 또는 2차 피고에 대한 심판을 구하는 형태의 공동소송이다. 각 공동소송인에 대한 소송계속은 동시에 생기지만, 2차 당사자에 관한 소송계속은 1차 당사자에 관한 청구인용판결을 해제조건으로 하였다. 즉 주위적 원고의 또는 주위적 피고에 대한 청구가 인용되면 예비적 원고의 또는 예비적 피고에 대한 소송계속은 소멸하여 각각에 대한 판결은 할 수 없게 되는 것이었다. 이에 관하여 영국은 명문의 규정으로 이를 인정하고 있으나(Order 15, Rule 4, Subrule 2), 우리나라에서는 아무런 규정이 없으므로 그 허용성을 둘러싸고 논란이 있었으며, 판례는 부정설을 따르고 있었다.[2)] 그러나 학설은 갈라져서 긍정설은 이 소송형태가 심판의 모순·저촉을 피하고, 분쟁을 신속하고 통일적으로 해결함으로써 소송경제에 합치하며, 소의 객관적·예비적 병합이 허용되는 것과 균

1) 胡, 1010면.

2) 大判 1972. 11. 28, 72 다 829; 1997. 8. 26, 96 다 31079.

형을 맞추기 위하여도 이를 허용하여야 한다고 주장하였다.[1] 이에 반하여 부정설은 그 필요성은 인정하나 이를 허용하면 예비적 피고의 지위가 불안정한 점 및 재판의 통일도 보장되지 않는 점을 논거로 하여 이를 허용할 수 없다고 반박하였다. 이를 상론(詳論)하면, i) 예비적 피고는 주위적 피고와 동시에 소송계속이 발생하고 심리에 참가하는 것이 강제됨에도 불구하고 주위적 청구가 인용된 경우에는 예비적 피고는 자기의 동의 없이 또 청구기각판결을 받음이 없이 소송계속이 소멸하므로 불리하다는 점, ii) 이 병합형태는 통상공동소송에 해당되어 공동소송인독립의 원칙(66)이 적용되는 결과 주위적 피고에 대한 청구가 인용되어 주위적 피고가 항소한 경우에는 상소의 효력이 예비적 피고에는 미치지 아니하므로 항소법원이 주위적 피고에 대한 청구를 기각하면 원고는 다시 예비적 피고를 상대로 하여 새로운 소를 제기하여야 하는데, 여기에서도 원고가 패소할 수 있으므로 재판의 모순이 발생할 수 있다는 점 등을 이유로 들었다. 도이칠란트 판례는 이를 부정하고 있으며,[2] 일본 최고재판소도 이를 부정하였으나,[3] 1996년 일본 개정민사소송법에서는 이른바 '동시심판신청이 있는 공동소송(동시심판신청공동소송)'이라 하여, 변론과 재판을 분리하지 아니하고 동시에 하도록 하는 제도를 도입하였다(日民訴 41). 이것은 어느 정도 소송진행의 통일을 꾀하면서 공동소송인독립의 원칙은 유지하는 형태로서, 피고 쪽의 공동소송의 경우에 한하여 허용된다.

2) 2002년 민사소송법은 분쟁의 모순 없는 해결과 당사자의 이익보호를 위하여 예비적 공동소송뿐만 아니라 선택적 공동소송까지 도입하였다.[4] 다만 부정설에서 지적한 문제점들은 입법적으로 극복하려고 하였다. 그리하여 필수적 공동소송에 대한 특별규정(67~69)을 준용하여(70 I), 소송진행의 통일과 분쟁의 모순 없는 해결을 꾀하였다. 또한 모든 공동소송인들에 대하여 판결하도록 함으로써(70 II), 1차 피고에 대한 청구가 인용되면 2차 피고에 대한 소송계속은 소멸되는데 그에 대한 판결을 하지 아니하여 2차 피고의 소송에 응한 행위가 허사로 되고 그의 지위가 불안정

1) 소의 주관적·예비적 병합을 인정하는 견해는 위 문제의 해결을 위한 처방을 둘러싸고 다시 설이 나뉘었다. 즉 이를 삼면소송 또는 준필수적 공동소송으로 보고 민사소송법 제67조의 규정을 준용하려는 설, 참가적 효력(77)의 유추·확장 또는 쟁점효이론의 적용에 의하여 해결하려는 설, 청구기각판결에 의하여 조정하려는 설 및 다원설이 있었다. 영국에서는 법원의 허가를 받아야 하고, 법률상 또는 사실상 공통된 문제가 있고, 동일한 거래관계로부터 발생한 경우에만 허용된다(Langen & Henderson, p. 139).

2) LG Berlin, Urt. v. 14. 11. 1957, NJW 1958, 834.

3) 日最判 1968. 3. 8, 民集 22. 3. 551.

4) 예비적·선택적 공동소송은 투망식 소송을 조장하는 위험한 제도라는 비판은 胡, 1003면.

하여지는 문제점을 해결하고자 하였다.[1)] 다만 예비적·선택적 공동소송은 본질적으로는 통상공동소송이므로, 당사자의 소송물에 대한 처분의 자유를 보장하기 위해서 소의 취하, 청구의 포기·인낙 등은 각 공동소송인이 단독으로 할 수 있도록 하였다(70 但 I).

3. 要　　件

예비적·선택적 공동소송이 되기 위해서는 공동소송의 주관적 요건(65)과 객관적 요건(253, 25 II) 이외에, 예비적·선택적 공동소송에 특유한 다음의 요건을 갖추어야 한다.

(1) 法律上 양립할 수 없는 請求

원고 쪽이 공동소송인 경우에는 원고들의 피고에 대한 각 청구가 서로 법률상 양립할 수 없어야 하고, 피고 쪽이 공동소송인 경우에는 원고의 피고들에 대한 각 청구가 서로 법률상 양립할 수 없어야 한다.

1) 법률상 양립할 수 없다는 것은 공동소송인 가운데 어느 한 쪽의 또는 어느 한 쪽에 대한 청구원인사실이 다른 한 쪽의 또는 다른 한 쪽에 대한 청구에서는 항변사실로 되는 경우로서, 주장 자체로 청구가 법률상 서로 양립할 수 없는 경우를 말한다.[2)] 즉 어느 한 청구가 인용되면 다른 한 청구는 기각될 관계이어야 한다. 따라서 제1차적으로 부동산소유권이전등기 의무자인 乙을 대위하여 乙로부터 등기를 넘겨받은 현재의 등기명의자 丙을 상대로 통정허위표시 또는 반사회질서를 이유로 소유권이전등기의 말소를 구하고, 제2차적으로 위 주장이 배척되는 경우 乙을 상대로 이선등기의 이행불능으로 인한 선보배상을 구하는 것은 가능하다.[3)]

---

1) 법원행정처, 「민사소송법개정내용해설」(2002), 25면.

2) 秋山幹男 等, 「コンメンタール民事訴訟法」, Ⅰ, 397면.

3) 大判 2008. 3. 27, 2005 다 49430. 나아가 대법원은 **사실관계의 여하에 따라** 일방 당사자만이 권리자 또는 의무자가 되는 경우까지도 민사소송법 제70조 상의 "법률상 양립할 수 없는 경우"로 인정하여, 예를 들면 주위적 청구는 채권자불확지의 변제공탁사유 없이 보험금이 공탁되었기 때문에 그 공탁이 무효임을 전제로 피고 乙(보험회사)을 상대로 보험금의 지급을 구하고, 예비적 청구는 위 공탁의 유효를 전제로 피고 丙에 대해 공탁금 출급청구에 관한 승낙의 의사표시와 대한민국에 대한 통지를 구하는 경우(大判 2011. 2. 24, 2009 다 43355), 甲이 ○○카드주식회사(丙)에 차량할부금을 납입하고 丙이 乙자동차판매회사에 차량대금을 지급하는 관계에서, 주위적으로는 甲이 乙을 상대로 위 차량대금의 지급이 있었다면 차량미인도로 인한 채무불이행책임 또는 사용자책임을 묻고, 예비적으로는 甲이 丙을 상대로 위 차량대금의 지급이 없었다면 할부금 지급의무가 없음의 확인과 납입대금의 반환을 청구를 하는 경우(大判 2008. 7. 10, 2006 다 57872)에도 주관적 예비적 공동소송을 인정하였다. 이러한 판례의 태도는 법률문제와 사실문제를 혼동한

다만 양립할 수 있는 경우, 다시 말하면 모든 공동소송인에 관한 청구가 인용될 수 있는 경우는 통상공동소송으로 될 뿐이다.[1)]

2) 실체법상 서로 양립할 수 없는 경우뿐만 아니라 소송법상으로 서로 양립할 수 없는 경우도 포함한다. 따라서 단체의 대표자 지위 부존재확인소송에서 단체의 대표자와 단체를 공동피고로 하는 경우에 누가 피고적격을 가지는지의 법률적 평가에 따라 어느 한 쪽에 대한 청구는 부적법하고 다른 쪽의 청구만이 적법하게 될 수 있으므로 이는 각 청구가 서로 법률상 양립할 수 없는 관계에 해당한다.[2)]

3) 법률상 양립할 수 없는 경우이므로 사실상 양립할 수 없는 경우는 여기에 해당하지 아니한다. 예컨대 자기의 계약상대방이 누구인지 알 수 없거나 자기에게 불법행위를 가한 사람이 누구인지 알 수 없어서 임의로 여러 사람을 예비적으로 또는 선택적으로 공동피고로 하는 것은 허용되지 아니한다.[3)]

4) 공동소송인의 또는 공동소송인에 대한 청구의 일부와 양립 불가능하여도 된다. 따라서 주위적 피고에 대한 주위적·예비적 청구 가운데 주위적 청구 부분이 인용되지 아니할 경우에 그와 법률상 양립할 수 없는 관계에 있는 예비적 피고에 대한 청구를 인용하여 달라는 취지로 결합하여 소를 제기할 수 있다.[4)] 이때 주위적 피고에 대한 예비적 청구와 예비적 피고에 대한 청구가 서로 법률상 양립할 수 있는 관계에 있으면 양 청구는 통상공동소송으로 된다.[5)]

것이라는 비판으로는, 胡, 1006면.

1) 부진정연대채무자들에 대한 소는 양립가능한 경우이다. 大判 2009. 3. 26, 2006 다 47677; 2012. 9. 27, 2011 다 76747(어떤 물건에 대하여 직접점유자와 간접점유자가 있는 경우 그 점유·사용으로 인한 부당이득반환의무는 부진정연대채무의 관계에 있으므로, 이들을 공동피고로 하여 이행의 소가 제기된 경우에는 공동피고에 대한 각 청구는 법률상 양립할 수 없는 것이 아니므로 본래의 의미의 예비적·선택적 공동소송이라 할 수 없다).

2) 大決 2007. 6. 26, 2007 마 515(이 대법원결정에서 법률상 양립할 수 없다는 의미에 대하여 다음과 같이 설명하고 있다. "'법률상 양립할 수 없다'는 것은, 동일한 사실관계에 대한 법률적인 평가를 달리하여 두 청구 중 어느 한 쪽에 대한 법률효과가 인정되면 다른 쪽에 대한 법률효과가 부정됨으로써 두 청구가 모두 인용될 수는 없는 관계에 있는 경우나, 당사자들 사이의 사실관계 여하에 의하여 또는 청구원인을 구성하는 택일적 사실인정에 의하여 어느 일방의 법률효과를 긍정하거나 부정하고 이로써 다른 일방의 법률효과를 부정하거나 긍정하는 반대의 결과가 되는 경우로서, 두 청구들 사이에서 한 쪽 청구에 대한 판단 이유가 다른 쪽 청구에 대한 판단 이유에 영향을 주어 각 청구에 대한 판단 과정이 필연적으로 상호 결합되어 있는 관계를 의미하며, 실체법적으로 서로 양립할 수 없는 경우뿐 아니라 소송법상으로 서로 양립할 수 없는 경우를 포함하는 것으로 봄이 상당하다.")

3) 同旨: 李時, 790면. 姜, 870면은 사실상 양립할 수 없는 경우를 선택적 공동소송의 예로 보고 있다.

4) 大判 2014. 3. 27, 2009 다 104960, 104977.

5) 大判 2009. 3. 26, 2006 다 47677; 2015. 6. 11, 2014 다 232913(구급차에 응급구조사가 탑승하지 않아 응급처치없이 환자가 사망한 사건에서, 주위적으로 A의료원을 상대로 A의료원이 구급차운용자라 주장하

(2) 共同訴訟人 사이의 豫備的 또는 選擇的인 關係

처분권주의에 의하여 당사자는 공동원고들의, 또는 공동피고들에 대한 각 청구가 서로 주위적 · 예비적 관계인지 또는 선택적 관계인지를 정할 수 있으며, 또 이를 밝혀야만 한다. 주위적 · 예비적이든 선택적이든 어느 한 당사자에 관한 청구가 인용되면 다른 한 당사자에 관한 청구는 기각되는 것이지만, 예비적 공동소송의 경우에는 원고는 주위적 원고의 청구 또는 주위적 피고에 대한 청구가 인용되어야 전부 승소하는 것이나, 선택적 공동소송의 경우에는 어느 한 청구가 인용되기만 하면 전부 승소하는 것으로 된다.

과거에 학설에 의하여 인정되었던 주관적 · 예비적 병합에서는 주위적 당사자에 관한 청구가 인용되면 예비적 당사자에 관한 소송계속은 소멸하므로 예비적 당사자에 관한 판결은 할 수 없었다(해제조건부 소송계속). 그러나 2002년 민사소송법에서는 모든 공동소송인들에 관한 청구에 대하여 판결하도록 하고 있으므로(70 Ⅱ), 소송계속은 서로 의존관계에 있지 아니하다(해제조건부 인용판결).

(3) 共同訴訟人의 追加에 의한 豫備的 · 選擇的 共同訴訟

원고는 처음부터 예비적 · 선택적 공동소송으로 소를 제기할 수도 있지만(원시형), 제1심의 변론을 종결할 때까지 공동소송인을 추가하여 할 수도 있다(후발형, 추가형)(70 Ⅰ·68). 원고 쪽 공동소송인을 추가할 때에는 추가되는 공동소송인의 동의를 얻어야 하다(70 Ⅰ 但·68). 추가되는 원고의 처분권을 존중하여야 하기 때문이다. 그러나 피고 쪽 공동소송인을 추가할 때에는 추가되는 피고의 동의를 얻을 필요가 없다. 각각 별소로 제기된 소송에 대하여 제1심의 변론을 종결할 때까지 변론의 병합을 신청하여 공동소송으로 만들 수도 있다.[1] 공동소송인을 추가한 경우에 시효의 중단 및 법률상 기간준수의 효과는 처음에 소가 제기된 때부터 소급하여 생긴다(68; 265). 나아가 단순한 예비적 공동소송의 형태에 추가적인 청구가 병합된 소송형태가 나타나고 있는데, i) 예비적 공동소송에서 주위적 · 예비적 피고를 공동피고로 하여

면서 응급의료법 제48조 위반의 불법행위에 기한 손해배상청구를, 예비적으로 A의료원이 구급차운용자가 아니어도 응급구조사 탑승여부 확인의무를 위반했으므로 응급의료법 제11조 제2항 위반의 불법행위에 기한 손해배상청구를 하면서, 나아가 A의료원이 구급차운용자가 아니어서 A의료원에 대한 주위적 청구가 받아들여지지 않는다면 B구급센터가 구급차운용자이므로 B구급센터를 예비적 피고로 하여 응급의료법 제48조 위반의 불법행위에 기한 손해배상청구를 병합한 사건이다).

1) 姜, 868면(항소심에서도 당사자의 동의가 있으면 공동소송인의 추가가 허용된다고 한다).

위자료 청구를 병합하거나,[1] ii) 아파트입주자대표회의와 구분소유자들이 건설사를 상대로 주관적·예비적 병합의 형태로 손해배상청구를 하면서 이와 별도로 입주자대표회의가 건설공제조합을 상대로 하자보수보증계약에 기한 보증금지급청구[2]를 하는 것이 그 예이다. 다양한 이해관계를 하나의 소송절차에서 정리·해결할 수 있다는 점에서 예비적·선택적 공동소송의 도입취지에 상응하는 긍정적 결과라고 할 것이다.

4. 審　　判

(1) 總　說

분쟁을 모순 없이 통일적으로 해결하기 위하여 필수적 공동소송에 관한 규정이 준용된다(70 I 本, 67~69). 따라서 소송자료의 통일이 보장되므로 주장·증거공통의 원칙이 인정되며, 소송진행의 통일이 보장되므로 변론의 분리나 일부판결은 허용되지 아니한다. 다만 필수적 공동소송과는 달리, 공동소송인은 각자 독립하여 자기에 관한 소송물을 처분하는 행위는 할 수 있다(70 但 I).

(2) 訴訟資料의 統一

공동소송인 가운데 한 사람의 소송행위는 다른 사람의 이익을 위해서만 효력을 갖는다(67 I). 따라서 자백과 같은 불리한 행위는 모두 함께 하지 아니하면 효력이 없다. 다만 예비적·선택적 공동소송의 특성상 공통의 이해관계를 갖는 쟁점에 관하여만 그러하다. 예컨대 공작물의 설치의 흠으로 인하여 점유자와 소유자에게 각각 손해배상을 구한 경우에, 공작물의 설치에 흠이 있다는 사실을 소유자가 다투면 점유자도 이를 다툰 것으로 된다.[3] 다만 예컨대 본인에게 계약의 이행을 구하고 무권대리인에게 손해배상을 구하는 경우에서 대리권 존재 여부와 같이, 공동소송인 사이에 법률상 양립할 수 없는 사실에 관하여는 공동소송인 가운데 한 사람의 자백은 다른 공동소송인에게는 오히려 유리한 행위로 된다. 따라서 이에 관한 자백의 성립은 각 공동소송인별로 판단하여야 한다.[4] 공동소송인 가운데 한 사람

---

1) 大判 2008. 7. 10, 2006 다 57872.

2) 大判 2012. 9. 13, 2009 다 23160.

3) 李時, 793면.

4) 예비적·선택적 공동소송에서는 소송자료의 통일은 인정되지 아니한다는 견해로는 胡, 987면. 예비적·선택적 공동소송 독자의 입장에서 자백의 효력을 판단하여야 한다는 견해로는 姜, 873면.

이 기일에 출석하면 결석한 공동소송인도 공통의 이해관계를 가지는 사실에 관한 한 기일결석의 불이익을 입지 아니한다.[1] 공동소송인 가운데 한 사람만 청구원인 사실을 다투는 취지의 답변서를 제출한 경우에도 다른 공동소송인은 변론 없이 하는 판결(257)을 받지 아니한다(다만 이 경우에는 제256조·제257조의 입법취지상 공통의 이해관계를 가지는 쟁점에 관하여 다투었는지 여부를 묻지 않는다고 본다).[2] 상대방의 공동소송인에 대한 행위는 유리·불리를 묻지 아니하고 그 효력이 있다(67 II).

(3) 訴訟進行의 統一

1) 공동소송인들 사이에 분쟁의 결론은 모순이 없어야 하므로 소송은 하나의 절차에서 진행되어야 한다. 따라서 공동소송인 가운데 한 사람에 대하여 소송절차의 중단·중지 사유가 발생하면 공동소송인 모두에 대하여 소송절차가 정지된다(67 III). 상소기간도 공동소송인 모두에게 만료되어야 판결이 확정되며, 공동소송인 가운데 한 사람이 상소를 제기하면 모두에 대하여 확정이 차단되고 소송계속이 상소심으로 이전하여 다른 공동소송인에 관한 청구부분도 상소심의 심판대상이 된다.[3] 상소를 제기하지 아니한 공동소송인의 상소심에서의 지위는 필수적 공동소송에서와 마찬가지로 상소인도 피상소인도 아닌 단순한 상소심당사자이다. 또한 합일확정의 필요성 때문에 불이익변경금지의 원칙도 적용되지 아니한다. 따라서 예비적 공동소송에서 1차 피고에 대한 청구가 기각되고 2차 피고에 대한 청구가 인용된 경우에, 2차 피고가 항소를 하면,[4] 항소심에서는 1차 피고에 대한 청구를 인용할 수도 있다.

2) 예비적·선택적 공동소송은 본질적으로 통상공동소송에 지나지 아니하므로 각 당사자의 소송물에 관한 처분의 자유는 보장되어야 한다. 그리하여 각 공동소송인이 단독으로 소의 취하, 청구의 포기·인낙, 소송상 화해에 의하여 자기에 관한 소송절차만을 종료시킬 수 있다(70 I 但). 이러한 행위는 다른 공동소송인에게는 불리한 행위이므로, 본래의 필수적 공동소송에서는 허용되지 아니하는 것이다(67 I). 재

---

1) 전면적으로 기일결석의 불이익을 입지 않는다는 견해로는 李時, 793면. 전면적으로 기일결석의 불이익을 입는다는 견해로는 胡, 987면.

2) 同旨: 李時, 793면.

3) 大判 2024. 7. 11, 2020 다 258824; 2008. 3. 27, 2006 두 17765; 2014. 3. 27, 2009 다 104960, 104977; 2015. 3. 20, 2014 다 75202; 2018. 2. 13, 2015 다 242429; 이때 상소심은 주위적·예비적 공동소송과 상대방 사이의 결론의 합일확정의 필요성을 고려하여 심판의 범위를 판단하여야 한다(大判 2011. 2. 24, 2009 다 43355).

4) 이 경우에 원고와 2차 피고가 모두 항소하면, 원고로 하여금 주위적 피고에 대한 자기의 항소는 이유 있고 예비적 피고의 불복은 이유 없다는 모순되는 주장을 강요하게 된다는 비판은 宋/朴, 650면.

판상 화해와 같은 효력을 갖는 조정을 갈음하는 결정(民調 34, Ⅳ. 30) 및 화해권고결정(231)의 경우에도 일부의 공동소송인이 이의하지 아니하면 그 부분만 확정될 수 있다. 다만 이러한 소송물의 처분의 자유는, 공동소송인들 사이의 권리의무관계가 서로 관련되어 있고 분리확정을 허용하는 것이 형평에 반하며 소송진행의 통일에 반하는 경우에는 제한된다는 것이 판례의 입장이다.[1)]

3) 어느 한 공동소송인에 관한 절차가 종료되면, 상대방과 나머지 공동소송인 사이의 절차만 남게 된다. 이 때 청구의 인낙의 경우에는 원고의 처분권을 고려할 때 예비적 원고의 청구 또는 예비적 피고에 대한 청구를 인낙할 수 있는가의 문제가 있다.

i) 주위적 원고의 청구에 대해 피고가 인낙하거나 원고의 청구에 대해 주위적 피고가 인낙하는 경우는 예비적 공동소송의 제도적 취지에 비추어 위 예비적 원고의 청구나 원고의 예비적 피고에 대한 청구를 더 이상 심리할 필요 없이 청구기각판결을 하여야 할 것이다.

ii) 예비적 피고가 인낙한 경우에는, ① 예비적 공동소송에서 예비적 청구는 주위적 청구의 인용을 해제조건으로 그 인용을 구하는 것이라는 점에서 주위적 청구에 대해 아무런 판단이 없는 상태에서는 예비적 피고가 청구인낙을 할 수 없다는 견해,[2)] ② 제70조 제1항 단서에도 불구하고 소송 진행의 통일을 목적으로 하는 제70조 제1항 본문의 입법취지에 반하는 경우에는 예비적 피고의 청구인낙을 불허하여야 한다는 견해,[3)] ③ 실정법인 제70조 제1항 단서를 무시한 채 제한적으로 해석할 수 없으므로 예비적 피고의 인낙을 허용해야 한다는 견해[4)] 등이 제시되고 있다. 생각건대 제70조 제1항 단서가 존재함에도 예비적 피고의 인낙을 불허하는 것은 명문에 반하여 받아들일 수 없으며, 주위적 피고에 대해 우선적으로 판단을 받고자 하는 원고의 의사 또한 무시할 수 없다는 점에서, 예비적 피고의 청구인낙을 허용하되, 예비적 피고의 인낙이 있어도 주위적 피고에 대한 심리를 계속하여 주위적 피고에 대한 청구의 이유 유무의 판단에 따라 원고의 청구를 인용 또는 기각하여야 할 것이다.[5)] 이러한 점은 예비적 원고의 청구에 피고가 인낙한 경우에도 마찬가지이다.

---

1) 大判 2022. 4. 14, 2020 다 224975(원고 甲은 乙이 사업시행자임을 전제로 乙을 주위적 피고로 하여 부당이득금 반환을 구하고, 사업시행자가 丙인 경우를 대비하여 丙을 예비적 피고로 하여 부당이득금 반환 청구를 하였는데, 법원이 甲의 丙에 대한 청구를 인용하면서 甲이 乙에 대한 청구를 포기하도록 하는 내용의 화해권고결정을 하고, 이에 대해 丙만이 적법한 이의를 한 경우이다); 그 밖에도 2015. 3. 20, 2014 다 75202(화해권고결정); 大判 2008. 7. 10, 2006 다 57872(조정을 갈음하는 결정) 참조.

2) 胡, 1012면(청구인낙은 청구인용판결과 같은 결과를 낳기 때문이라고 한다. 따라서 예비적 피고가 인낙하여 그것이 조서에 기재되더라도 인낙의 효과를 인정해서는 안된다고 한다).

3) 姜, 872면: 이 견해는 예비적·선택적 공동소송에서 분리확정의 허용이 형평에 반하거나 소송진행의 통일에 반하는 경우 조정을 갈음하는 결정·화해권고결정을 제한해야 한다는 앞에서 살펴본 대법원 판례의 입장과 같은 취지에서 예비적 피고의 인낙을 제한해야 한다는 견해이다; 宋/朴, 651면.

4) 李時, 759면; 정영환, 903면; 한충수, 730면.

(4) 判 決

1) 공동소송인에 대한 판결은 하나의 전부판결로 하여야 하며, 모두에 대하여 판결하여야 한다(70 II). 따라서 예비적 공동소송에서는 1차 피고에 대한 청구가 이유 있으면 1차 피고에 대하여 청구인용, 2차 피고에 대하여 청구기각판결을 하여야 하고, 1차 피고에 대한 청구가 이유 없을 때는 1차 피고에 대하여 청구기각, 2차 피고에 대하여 청구인용 또는 기각판결을 하여야 한다. 선택적 공동소송에서는 이유가 있는 공동소송인에 관한 청구를 인용하고 나머지는 기각한다. 모두 이유가 없으면, 모두 기각하면 된다. 모두 인용되는 경우는 있을 수 없다.

2) 주위적 피고에 대한 청구를 인용하고도 예비적 피고에 대한 청구를 판단하지 아니한 경우처럼 공동소송인 중의 일부에 대한 판결을 누락한 경우에는 하나의 전부판결이 위법한 것이므로 상소로 시정하여야 한다.[1)]

VI. 追加的 共同訴訟

(1) 總 說

추가적 공동소송(소의 주관적·추가적 병합)이라 함은 소송이 계속되는 동안에 제3자가 스스로 당사자로서 소송에 가입하거나 종래의 원고 또는 피고가 제3자에 대한 소를 추가적으로 병합하여 제기함으로써 공동소송의 형태로 되는 경우를 가리킨다. 당사자의 의사에 기하여 후발적으로 공동소송이 성립되는 경우이다. 공동소송의 일종이기 때문에 공동소송의 요건(65)을 갖추어야 하는 것은 당연하다.

(2) 形 態

여기에는 제3자가 이니셔티브를 취하는 경우와 종래의 당사자가 이니셔티브를 취하는 경우가 있다.

1) 전자에는 다시 제3자가 원고 쪽의 공동소송인으로 되는 경우와 피고 쪽의 공동소송인으로 되는 경우가 있다. 공동소송참가(83), 참가승계(81), 원고와 공동의 권리를 가지는 제

---

5) 同旨: 김홍엽, 1069면(주위적 피고에 대한 청구인용판결에 따른 **이중집행**의 경우에는 **청구이의의 소로 구제**가 된다고 한다); 전원열, 650면. 다만 위 ③의 견해가 본서의 견해와 상반되는 것인지는 명확하지 않다.

1) 大判 2008. 3. 27, 2005 다 49430.

3자가 피고에 대한 소송을 병합제기하는 경우(예컨대 손해배상청구소송중에 다른 피해자가 배상청구를 하여 병합심판을 요구하는 경우) 등은 원고 쪽에 가입하는 형태이고, 피고와 공동의 의무를 지는 제3자가 원고에 대한 소극적 확인을 구하는 소송을 추가적으로 병합제기하는 경우(예컨대 교통사고의 피해자가 보험회사에 대하여 직접 손해배상청구를 하고 있는 소송에, 가해자인 피보험자가 공동소송인으로서 피해자에 대하여 일정액 이상의 손해배상의무가 없다는 확인청구를 하는 경우)[1)]는 피고 쪽에 가입하는 형태이다.

2) 후자에는 원고가 제3자에 대한 청구를 추가병합하는 경우와 피고가 제3자에 대한 청구를 추가병합하는 경우가 있다. 원고에 의한 추가병합의 예로서는 필수적 공동소송인의 추가(68), 예비적·선택적 공동소송인의 추가(70 Ⅰ·68), 피해자가 택시기사를 상대로 하여 손해배상을 청구하고 있는 소송 중에 택시회사에 대한 손해배상청구를 병합하는 경우, 연대채무의 이행청구소송중에 다른 연대채무자에 대한 청구를 추가하는 경우 등이 있다. 피고에 의한 추가병합에는 제3자를 원고 쪽에 끌어들이는 경우와 피고의 제3자에 대한 구상 내지 손해배상청구를 추가하는 경우가 있다. 피고가 제3자를 원고 쪽에 끌어들이는 예로서는 피고가 신청한 인수승계(82), 추심의 소에서 제3채무자에 의한 다른 채권자에 대한 참가명령신청(民執 249 Ⅲ)이 있고, 피고가 제3자를 피고로 하는 소송을 병합제기하는 예로서는 원고로부터 매매목적물에 관하여 추탈청구(追奪請求)를 받은 매수인(피고)이 매도인에 대한 담보책임을 추궁하는 청구를 병합하는 경우가 있다.

(3) 適法性

제68조, 제70조에서 필수적 공동소송의 공동소송인 중 일부가 누락된 때와 예비적·선택적 공동소송의 경우에는 제1심의 변론이 종결할 때까지 공동소송인의 추가를 허용하고 있는 것은, 추가적 공동소송을 제한적으로 허용한 것이다. 가사소송법에서는 항소심의 변론을 종결할 때까지 필수적 공동소송인의 추가를 허용하고 있다(家訴 15 Ⅰ).

명문의 규정이 없는 경우에도 추가적 공동소송이 허용되는가에 관하여 판례는 이를 부적법한 것으로 보아 불허하고 있다.[2)] 생각건대 제3자가 스스로 신청하여 오는 경우 및 제3자에 대하여 심급의 이익을 침해하지 않는 경우(당사자에 의한 신청으로서 제1심에서 하는 경우)에는 추가적 공동소송을 허용하는 것이 소송경제에 합치할 것이다. 학설은 긍정설이 다수설이다. 그리고 가입자의 재판을 받을 권리가 실질적으로 보장된 것으로 볼 수 있는 경우에는 상소심에서도 가입을 허용할 수 있다는 주장이 있다.[3)]

---

1) 日最判 1967. 9. 27, 民集 21. 7. 1925.
2) 大判 1980. 7. 8, 80 다 885.
3) 金/姜, 779면; 新堂, 487면.

Ⅶ. 選定當事者

1. 意　義

1) 선정당사자라 함은 공동의 이해관계에 관하여 공동으로 소송을 하려고 하는 여러 사람 중에서 선출되어 모두를 위하여 대신 당사자로 되는 사람을 가리킨다(53 Ⅰ). 선정당사자를 선출한 총원(總員)을 선정자라고 한다.

공동의 이해관계를 가지는 분쟁당사자가 다수 있으면 원래는 그 다수자 모두가 소송당사자가 되어 공동소송의 형태로 소송을 운영하는 것이 원칙이다. 그러나 이렇게 되면 소송중에 다수자 중의 어느 누구에게 사망 등 중단사유가 발생하여 심리의 진행이 원활하지 못하게 되는 수도 있고, 필수적 공동소송의 경우에는 아예 모든 소송의 진행이 방해를 받게 되며, 또 그러한 사유가 없는 경우에도 송달·변론 등이 복잡하게 된다. 이 경우에 다수자가 같은 소송대리인을 선임하는 방법도 있지만(이 경우에도 다수자 각자에 대하여 소송요건을 조사하는 번거로움이 있다), 공동의 이해관계를 가지는 다수자 중에서 능력 있는 사람 일부를 대표자로 뽑아 그에게 소송을 맡기면 간편하고도 효과적으로 소송을 수행할 수 있는 것이다. 이처럼 본래 공동소송으로 운영하여야 할 다수당사자 소송을 간편하게 처리할 수 있는 제도로서 고안된 것이 선정당사자제도이다.

2) 선정당사자는 자기를 선출한 총원(선정자)의 대리인이 아니라, 자신의 이름으로 총원을 위하여 소송수행을 하므로, 선정당사자제도는 소송신탁(訴訟信託)으로서 이른바 임의적 소송담당의 하나이다. 이 제도를 이용하느냐 않느냐는 당사자의 자유이며, 법원이 이를 강제할 수 없다(다만 민사조정에서는 판사가 대표당사자의 선임을 명할 수 있다. 民調 18 Ⅲ).

선정당사자제도는 비송사건에는 유추적용되지 않는다.[1)]

2. 選定의 要件

(1) 共同訴訟人으로 될 사람이 多數 있을 것

다수자는 이론상 두 사람 이상이면 되지만, 실제는 상당수일 때 이용되는 것이 보통이다. 다수자는 원고 쪽이든 피고 쪽이든 상관이 없다. 당사자능력이 인정되지

---

1) 大決 1990. 12. 7, 90 마 674.

않는 민법상의 조합의 경우에는 조합원이 선정당사자를 선출할 수 있다. 다수자가 법인 또는 법인 아닌 사단을 구성하기 때문에 법인(51) 또는 법인 아닌 사단 자체(52)를 당사자로 할 때에는 선정당사자를 선출할 여지가 없다. 그러나 법인 아닌 사단의 사원 전체가 당사자가 되어 소송을 수행할 때에는 고유필수적 공동소송이므로,[1] 선정당사자를 선정할 수 있다.

(2) 共同의 利害關係가 있을 것

어떠한 경우에 공동의 이해관계가 있느냐에 관하여는 학설상 다툼이 있으나, 다수자 상호간에 공동소송인이 될 관계가 있고, 또 주요한 공격·방어방법을 공통으로 하여, 사회관념상 상대방에 대하여 하나의 집단으로 대립하고 있다고 인정되는 경우를 가리키는 것으로 본다(통설·판례[2]). 이 견해에 의하면 민사소송법 제65조 전문의 경우에는 선정당사자를 선정할 수 있으나, 같은 조 후문의 경우에는 선정당사자의 선정이 허용되지 아니한다. 왜냐하면 같은 조 후문의 경우에는 공격·방어방법이 공통될 것을 기대할 수 없어서, 소송의 단순화를 꾀하려는 선정당사자 제도의 목적을 달성할 수 없기 때문이다. 그리하여 예컨대 공동소유자, 불가분채권자, 연대채무자, 같은 사고에 의한 다수피해자, 토지소유자로부터 철거청구를 당한 가옥소유자와 그 가옥의 임차인, 약관의 효력을 다투는 같은 종류의 보험금청구권자 등은 공동의 이해관계를 가진다.

판례는 나아가 제65조 후문의 경우, 즉 다수자의 권리·의무가 같은 종류이며 그 발생원인이 같은 종류인 관계에 있는 것만으로는 공동의 이해관계가 있는 경우라고 할 수 없으나, 그 경우에도 구체적으로 주요한 공격·방어방법을 공통으로 하는 경우에는 선정당사자제도를 이용할 수 있는 것으로 본다. 그리하여 여러 사람의 근저당권자를 상대로 한 근저당권설정등기말소청구의 경우에는 선정당사자를 선정할 수 없으나,[3] 여러 사람의 임차인들이 같은 사람을 임대차계약상의 임대인이라고 주장하면서 그를 피고로 하여 각 보증금의 반환청구를 하는 경우에는, 그 쟁점이 피고가 임대차계약상의 임대인으로서 계약당사자인지 여부이므로 주요한 공격·방어방법을 공통으로 하는 경우로서, 선정당사자를 이용할 수 있는 것으로

1) 大(全)判 2005. 9. 15, 2004 다 44971.
2) 大判 2007. 7. 12, 2005 다 10470.
3) 大判 1997. 7. 25, 97 다 362.

보았다.[1)]

(3) 共同의 利害關係가 있는 多數者 중에서 選定할 것

그들 이외의 제3자를 선정할 수 있게 하면 변호사대리의 원칙(87Ⅰ)을 잠탈(潛脫)할 염려가 있기 때문이다.[2)]

3. 選定의 方法

(1) 選定行爲

1) 선정은 자기의 권리이익에 관한 소송수행권을 수여하는 행위로서, 대리권의 수여에 유사한 단독소송행위이다(통설).[3)]

2) 선정행위는 소송행위이기 때문에 선정을 함에는 소송능력이 필요하다. 선정에는 조건을 붙여서는 안 된다. 심급을 한정하여 선정하는 것이 허용되는가에 관하여는 다툼이 있으나, 이를 부정하여야 할 이유는 없으므로 긍정설에 따른다(통설·판례).[4)] 다만 특별한 약정이 없으면 선정의 효력은 소송이 종료될 때까지 계속된다.[5)]

(2) 選定方法

1) 선정은 각자가 개별적으로 하여야 하며, 다수결로 결정할 수 없다. 각자의 개인적 이익을 각자의 의사에 따라 처리할 문제이기 때문이다. 따라서 공동으로 같은 사람을 선정할 필요는 없고, 다른 사람이 선출하는 선정당사자가 마음에 들지 아니할 때에는 스스로 소송을 수행하거나 다른 사람을 선정할 수도 있다. 선정자 쪽의 상대방이 선정자 중의 특정인을 선정당사자로 선정할 수 없음은 물론이다.

2) 선정의 시기는 소송계속의 전후를 묻지 않는다. 소송이 계속된 뒤에 선정할

---

1) 大判 1999. 8. 24, 99 다 15474.

2) 大判 1955. 1. 27, 4287 民上 104.

3) 통설이다. 反對: 方, 177면(합동행위로 풀이한다).

4) 同旨: 大決 1995. 10. 5, 94 마 2452(심급을 한정하여 선정하는 것도 허용되나, "제1심 소송절차에 관하여," "제1심 소송절차를 수행하게 한다"라는 문언이 기재되어 있는 경우는 선정당사자를 선정하는 사건을 특정한 것으로 보아야 하므로 선정의 효력은 소송종료에 이르기까지 계속됨); 大判 2003. 11. 14, 2003 다 34038. 反對: 李時, 800면.

5) 大判 2003. 11. 14, 2003 다 34038.

때(피고 쪽의 선정은 항상 그러하다)에는 선정자는 자동적으로 소송에서 탈퇴하고(53 Ⅱ), 선정당사자가 그 지위를 승계하게 된다. 일본에서는 소송이 계속되는 동안에 소송당사자 아닌 사람이 그 소송의 원고 또는 피고를 자기를 위한 선정당사자로 선정하는 것을 인정하고 있다(日民訴 30 Ⅲ). 소액다수(少額多數)의 피해자가 있는 경우의 집단적 분쟁에 대처하기 위한 것이다.

3) 선정의 방식에 관하여는 특별한 규정이 없지만, 선정당사자는 그 자격을 서면으로 증명하여야 하므로(58 後 Ⅰ), 선정서를 작성하는 것이 보통이고, 이를 소송기록에 첨부하여야 한다(58 Ⅱ). 또한 선정당사자도 공동의 이해관계를 가지는 사람으로서 선정행위를 하였다면 선정자로 표기하는 것이 위법은 아니다.[1)]

4. 選定의 效果

(1) 選定當事者의 地位

1) 선정당사자는 선정자의 대리인이 아니고 선정자 총원 및 자기의 소송에 관하여 소송수행권을 가지는 소송당사자이다. 따라서 그는 소송대리인과 같은 제한(90 Ⅱ)을 받지 않고 일체의 소송행위를 할 수 있다. 그리하여 소송상의 화해, 청구의 포기·인낙, 소의 취하, 상소 등의 권한을 가지고, 소송수행에 필요한 모든 사법상의 행위도 할 수 있다.[2)] 선정당사자의 권한을 제한하여도 무효이다.[3)] 다만 선정당사자가 소의 취하, 청구의 포기·인낙, 화해 등 소송을 종료시키는 행위를 함에는 선정자의 동의를 얻도록 하는 것이 입법론상 요망된다(민사조정법은 조정신청의 취하, 조정조항안의 수락 등 중요한 사항은 대표당사자의 권한 밖으로 하고 있다. 民調 18 Ⅳ).

2) 동일한 다수자로부터 여러 사람이 선정당사자로 선정된 때에는 그 여러 사람은 소송수행권을 합유하므로 그 소송은 고유필수적 공동소송이 된다. 그러나 별개의 선정집단으로부터 각각 선정된 선정당사자가 여러 사람인 경우 및 선정당사

---

1) 大判 2011. 9. 8, 2011 다 17090.

2) 甲등이 乙등에 대해 소를 제기하면서 丙을 선정당사자로 선정하였는데, 丙이 선정당사자의 지위에서 甲등을 위하여 500만 원을 지급받고 소를 취하하면서, 乙등을 상대로 재소하지 않기로 합의하였다면, 이는 선정당사자가 할 수 있는 소송수행에 필요한 사법상의 행위에 해당하고, 이러한 행위를 함에 있어서 甲등의 개별적 동의가 필요한 것은 아니라고 하였다(大判 2012. 3. 15, 2011 다 105966); 大判 2003. 5. 30, 2001 다 10748. 가처분신청절차에서 이루어진 선정행위의 효력은 그에 기한 제소명령신청사건에는 미치나, 가처분결정취소신청사건에는 미치지 않는다(大判 2001. 4. 10, 99 다 49170).

3) 日最判 1968. 8. 27, 判時 534. 48.

자와 선정을 거부하고 스스로 당사자가 된 사람이 병존하는 경우에는 본래의 소송의 성질에 따라 이들 사이의 소송이 통상공동소송 또는 필수적 공동소송의 성질을 가진다.[1)]

(2) 選定者의 地位

1) 소송이 법원에 계속된 뒤에 선정당사자가 선정되면 선정자는 당연히 소송에서 탈퇴한다(53 Ⅱ). 선정당사자를 선정한 경우에 선정자가 그 소송에 관한 소송수행권을 상실하는가에 관하여는 다툼이 있으나, 이를 상실하지 아니한다고 본다(판례는 반대[2)]).[3)] 다만 선정당사자가 소송수행을 잘못하는 경우에는 언제든지 선정을 취소할 수 있으므로(53 Ⅰ), 선정자가 소송수행권을 상실한다고 보는 견해와 실제적인 차이는 없다. 선정자가 선정당사자의 소송 중에 같은 청구에 대하여 소를 제기하거나 제기당하면 중복된 소제기(259)에 해당된다고 본다.[4)]

2) 선정당사자가 받은 판결(화해조서, 인낙조서, 포기조서 포함)은 선정자에 대하여도 그 효력이 있다(218 Ⅲ). 이행판결의 경우에는 선정자를 위하여 또는 선정자에 대하여 강제집행을 할 수 있다. 다만 이 경우에 선정자와의 관계에서는 승계집행문이 필요하다(民執 25).[5)] 선정당사자가 받은 판결에는 선정자목록을 판결문 뒤에 별지로 표시한다.

(3) 選定當事者의 資格喪失

1) 선정당사자는 사망 또는 선정의 취소(변경 포함)에 의하여 자격을 상실한다. 선정자는 언제든지 선정당사자의 선정을 취소할 수 있다(53 Ⅰ). 취소와 동시에 다른 사람을 선정하면 선정당사자의 변경이 된다. 선정당사자 자격의 취소 또는 변경은 선정당사자나 선정자로부터 상대방에 통지하지 아니하면 그 효력이 없다(63 Ⅱ). 그러나 선정자의 사망·능력의 상실, 공동의 이해관계의 소멸 따위는 선정당사자의 자

---

1) 同旨: 李時, 802면; 金/姜, 792면; 宋/朴, 174면. 反對: 李英, 77면.

2) 大決 2013. 1. 18, 2010 그 133.

3) 同旨: 方, 180면; 李英, 78면; 李時, 802면. 反對: 李在性, 註釋民訴(Ⅰ), 264~265면; 金/姜, 793면; 宋/朴, 176면.

4) 同旨: 李時, 802면; 金/姜, 793면.

5) 다만 판례는 소송비용액 확정결정에서 실질적으로 선정자들의 공동부담으로 하면서 그 표시만 선정당사자(선정당사자인 선정자를 의미)에게 부담을 명하였음이 명백한 경우 등의 사정이 없다면, 비용상환권리자는 다른 선정자를 상대로 집행문 부여를 신청할 수 없고 선정당사자도 다른 선정자의 비용 분담을 이유로 확정된 소송비용액에 관한 집행문의 부여를 다툴 수 없다고 하였다(大決 2013. 1. 18, 2010 그 133).

격에 영향이 없다(95 유추).[1]

2) 선정당사자 본인에 대한 소가 취하되거나 판결이 확정되어 공동의 이해관계가 소멸한 경우에도 선정당사자는 그 자격을 잃는다.[2]

3) 여러 사람의 선정당사자 중 일부가 죽거나 그 자격을 잃어도 소송절차는 중단되지 않고 다른 선정당사자가 소송을 속행한다(수송수계절차가 필요 없다)[3](54). 그러나 선정당사자 모두가 그 자격을 잃은 때에는 모든 선정자 또는 새로운 선정당사자가 소송을 수계할 때까지 소송절차는 중단된다(237 II). 다만 소송대리인이 있는 경우에는 중단되지 아니한다(238).

4) 법원이 소송관계를 명료하게 하기 위하여 선정당사자에게 진술을 금하고 변호사의 선임을 명하는 경우에는 선정자들에게 그 취지를 통지하여야 한다(144 III 유추).[4]

(4) 選定當事者 資格의 흠의 效果

1) 선정당사자의 자격은 소송요건의 하나인 당사자적격에 관한 문제이므로, 법원이 이를 직권으로 조사하여야 한다. 선정행위에 흠이 있거나 서면에 의한 자격증명이 없는 때에는 보정을 명할 수 있다. 보정이 없으면 판결로써 소를 각하하여야 한다.

2) 선정당사자의 자격이 없는 사람의 소송행위라도 뒤에 선정자가 그를 선정당사자로 선정하여 이를 추인하면 유효하게 된다(61. 60). 선정당사자의 자격증명이 없는 사람이 뒤에 자격을 증명하는 때에도 같다.

3) 선정행위의 흠 등으로 인한 선정당사자의 자격의 흠을 간과하고 본안판결을 하였을 때에는 상소에 의하여 이를 취소할 수 있지만, 판결이 확정된 뒤에는 재심사유로 되지는 못한다.[5] 그러나 이 판결은 무효이며, 선정자에게 그 효력이 미치지 아니한다.

---

1) 大判 1975. 6. 10, 74 다 1113.

2) 大判 2006. 9. 28, 2006 다 28775.

3) 大判 2008. 4. 24, 2006 다 14363.

4) 大決 2000. 10. 18, 2000 마 2999(선정당사자와 선정자들의 내부관계는 소송대리관계와 유사한 측면이 있고, 변호사선임문제는 선정자들의 의견을 고려할 수밖에 없는 현실을 감안할 때 선정자들에게 통지할 필요가 있다고 함).

5) 同旨: 方, 181면; 李時, 804면; 金/姜, 794면; 강현중, 491면; 宋/朴, 177면. 反對: 李英, 79면.

4) 당사자의 선정행위가 있었으나 공동의 이해관계가 없는 사람을 선정당사자로 선정하여 그 선정당사자에 대한 판결이 확정되었다면 재심사유로 되지 아니한다. 왜냐하면 선정자에게 소송에 관여할 기회가 박탈된 것(451 Ⅰ ③)이 아니기 때문이다.[1)]

5. 選定當事者制度의 補完

앞에서 설명한 바와 같이 공해소송·약해소송·제조물책임소송 등 현대형 소송의 경우에는 분쟁당사자의 수가 많은 반면 개개인의 피해액은 근소한 경우가 많다. 이러한 다수의 소액피해자의 권리구제를 위해서는 현재의 선정당사자제도만으로는 불충분하다. 왜냐하면 선정당사자제도 아래에서는 각 피해자가 선정자로서 직접 소송비용을 내고 각자의 청구를 하여야 하기 때문이다. 여기에서 현대형 분쟁의 해결에 알맞은 새로운 소송형태가 절실히 요청된다. 이러한 요청에 부응하는 것으로서는 미국의 대표당사자소송제도와 도이칠란트의 단체소송제도를 들 수 있다. 우리나라는 전자의 영향을 받아 증권관련집단소송제도(증권관련 집단소송법, 2004. 1. 20. 법률 제7074호, 2005. 1. 1 시행)를, 후자의 영향을 받아 소비자단체소송과 개인정보 단체소송 등 제도(소비자기본법 70~76; 개인정보보호법 51~57 등)를 각각 마련하였다.

(1) 各國의 集團訴訟

(가) 代表當事者訴訟

1) 대표당사자소송(class action)이라 함은 다수의 소비자나 투자자들이 원인이나 쟁점을 공통으로 하는 소액의 손해배상청구권을 가지고 있는 경우에, 그 피해자 집단(class)에서 대표자가 나와서 그 집단에 속하는 총원의 청구금액을 일괄하여 소구하거나 탈법행위의 유지(금지) 등을 청구하는 소송형태이다. 미국 연방민사소송규칙(Federal Rules of Civil Procedure) 제23조와 28 U.S.C. §1332(d) 등에서 규율하고 있으며, 주에 따라서는 대표당사자소송을 규율하는 별도의 주법[2)]을 제정하고 있다.

대표당사자소송에 대하여는 '역사상 사회적으로 가장 유용한 구제수단의 하나'라는 긍정적인 평가[3)]와 함께 '합법적인 공갈수단'이라는 부정적인 평가[4)]가 행하여지고 있다.

---

1) 大判 2007. 7. 12, 2005 다 10470.

2) 대표적인 예로 캘리포니아 주(California Code of Civil Procedure Section 378-384)나 뉴욕 주(New York Civil Practice Law & Rules Article 9), 펜실베니아 주(Pennsylvania Rules of Civil Procedure Rules 1701-1716) 등을 들 수 있다.

3) Pomerantz, New Developments in Class Actions: Has Their Death Knell Been Sounded?, 25 *Bus. Law.* 1259(1970).

4) Handler, The Shift from Substantive to Procedural Innovations in Anti-Trust Suits, 17 *Colum.*

이 소송형태는 선정당사자에 의한 소송과 유사한 면이 있으나, 선정당사자는 개별적인 권한수여가 있어야 비로소 다른 사람의 권리이익에 관하여 소송을 할 수 있음에 반하여, 대표당사자는 전체의 이익을 적절히 대표할 수 있다고 인정되는 한 집단의 구성원에 의한 제외신청(opt－out)이 없으면 당연히 권한수여가 있는 것으로 보는 데에 근본적인 차이점이 있다. 여기에는 다시 대표당사자가 상대방으로부터 일괄하여 보상금을 받아서 구성원에게 분배하는 방식과 공통의 쟁점(원인에 관한 유책성)에 관하여 모든 구성원에게 효력이 미치는 판결을 얻어내는 데 그치고, 구성원 각자가 이를 바탕으로 하여 배상금액을 증명하여 각자 배상청구를 하는 방식이 있다.

2) 대표당사자소송의 요건으로서는 다음 일곱 가지가 요구된다. 첫째와 둘째의 요건은 판례와 학설에 의해 요구되고 있는 것이고,[1] 셋째부터 여섯째까지의 네 가지는 미국 연방민사소송규칙 제23조 (a)에 규정되어 있는 것이며, 일곱째의 요건은 위 규칙 제23조 (b)에 규정되어 있다.

첫째의 요건은 다수인들이 하나의 집단(class)을 이루어야 한다는 것이다. 이 집단은 일정한 표지(標識)에 의하여 확정될 수 있어야 한다. 둘째의 요건은 대표당사자가 위 집단에 소속한 구성원이어야 한다는 것이다. 이것은 당사자적격에 관한 요구이다.

위 규칙 제23조 (a)에 규정되어 있는 네 가지 요건은 구성원의 다수성(numerosity), 쟁점의 공통성(commonality), 대표당사자의 청구의 전형성(typicality), 대표의 충분성·적절성(adequacy of representation) 등이고, 위 요건이 충족되는 때에는 법원은 제23조 (b)에 의하여 그 재량에 의하여 다음 세 가지 경우에 한하여 대표당사자소송을 허가할 수 있다. 즉 개별소송이 상대방에게 양립할 수 없는 행동기준을 설정할 염려가 있거나, 당사자로 되지 아니한 구성원의 이익을 해할 염려가 있을 경우(침해방지대표당사자소송, anti－prejudice class action),[2] 구성원 모두에게 영향을 미치는 상대방의 행위에 관하여 유지명령 또는 확인적 재판을 구할 경우(유지적 또는 확인적 대표당사자소송, class action for injunctive or declaratory relief), 손해배상을 구하는 경우(손해배상대표당사자소송, damage class action) 중의 어느 하나에 해당하여야 한다. 그리고 손해배상을 구하는 경우에는 구성원의 청구에 모든 구성원에게 공통된 사실적 또는 법률적 문제가 있고, 대표당사자소송이 분쟁의 해결을 위하여 다른 방법(소송)보다 우수하여야 한다(superiority).[3]

3) 대표당사자소송에서는 변호사의 역할이 매우 중요하지만, 절차법적 문제로서 중요한 것은 소송의 당사자로 되지 아니한 구성원의 절차적 권리를 어떻게 보장하느냐이다. 집

L. Rev. 1, 9(1971).

1) 7A Fed. Prac. & Proc. Civ. §1759 (3d ed. 2015).

2) Friedenthal, Kane & Miller, Civil Procedure 768 (4th ed. 2005).

3) 자세한 설명은 鄭東潤, "多數當事者訴訟의 構造와 問題點," 「多數當事者訴訟研究」, 法務部, 法務資料, 제90집(1987), 5, 21면 이하; 法務部, 「美國集團訴訟의 發展」, 法務資料, 제91집(1991); James, Hazard & Leubsdorf, §10. 20 ff. 참조.

단에 속하는 모든 구성원이 대표당사자가 받은 판결의 효력에 구속되므로 이들의 이익을 충분히 보호하기 위한 절차상의 조치가 강구되어야 한다. 그리하여 미국에서는 법원이 대표당사자(실제는 그 대리인인 변호사)가 모두의 이익을 대표할 수 있는지 그 대표자격을 엄격히 심사하고, 나아가 모두에게 소송고지(신문광고 등 다양한 수단을 활용할 수 있다)를 함으로써 소송에 관여하거나 집단으로부터의 제외를 신청할 기회를 주며, 또 소의 취하, 화해 등은 법원의 허가를 받도록 하는 등 배려를 하고 있다. 그러나 대표당사자와 집단의 구성원 사이의 이해의 충돌, 분쟁의 지나친 동질적 처리, 지나친 절차권보장의 요구에 의한 대표당사자소송의 이용곤란성 등이 또한 문제점으로 지적되고 있다.

이 제도를 도입할 때에는 구성원의 절차권의 확보, 법원의 재량권의 범위, 변호사보수제도의 정비, 이 소송이 적합한 분쟁유형의 획정 등 여러 가지 문제를 검토하여야 할 것이다.

(나) 團體訴訟

1) 단체소송(Verbandsklage)이라 함은 도이칠란트에서 특정한 단체가 당사자가 되어 그 단체가 대표하는 다수의 소비자나 구성원을 위하여 침해행위의 유지(留止; 금지), 그 밖에 작위·부작위를 청구하는 소송이다. 단체소송은 일정한 법인격을 가지는 단체에 당사자적격을 부여하는 것이므로, 형식상으로는 단일한 법인이 당사자로 되어 있지만, 그 단체는 다수인으로 구성되기 때문에, 실질적으로는 다수당사자소송으로서의 성격을 가진다. 단체소송을 할 수 있는 단체는 원칙적으로 공익을 위한 단체로서 그 목적을 적절하게 수행할 수 있는 능력을 갖춘 것이어야 한다.

2) 단체소송을 할 수 있는 단체에는 두 가지가 있다. 하나는 개별적인 법률에 의하여 단체소송을 할 수 있는 당사자적격이 인정된 것이다. 예컨대 도이칠란트 부정경쟁방지법에서 영업상의 이익촉진단체(Verband zur Förderung gewerblicher Interessen)에게 부정경쟁자에 대한 유지청구(留止請求)의 단체소송을 할 수 있는 당사자적격을 부여한 것(同法 13)이나, 부작위소송법(Unterlassungsklagengesetz)에서 소비자단체(Verbraucherverbände)나 상공회의소에게 무효인 보통거래약관의 사용중지 또는 그 철회를 구하는 단체소송을 할 수 있는 당사자적격을 부여한 것(同法 3, 3a) 등은 그러한 예이다.[1] 이러한 단체 외의 단체가 당사자적격을 가지기 위해서는 엄격한 요건을 충족하여야 한다. 다만 이러한 경우가 제3자의 소송담당의 하나인가에 관하여는 다툼이 있으나, 통설은 단체가 그 자신에게 부여된 실체법상의 청구권을 스스로 행사하는 것이므로, 제3자의 소송담당이 아니라고 한다.[2]

다른 하나는 법률의 규정에 의하지 않고 단체의 구성원이 그 소속단체에게 자기의 소

---

1) Gilles, Prozessrechtliche Probleme von verbraucherpolitischer Bedeutung bei den neuen Verbraucherverbandsklagen im deutschen Zivilrecht, *ZZP* 98, 1(1985); Jörig Fritzsche, *Unterlassungsanspruch und Unterlassungsklage*(2000); 안법영, 「독일의 부작위소송법」, 한국소비자보호원(2005) 참조.

2) Rosenberg, §47 3.

송수행권을 임의로 부여함으로써 그 단체가 단체의 이름으로 소송수행권을 가지는 경우이다. 이 경우는 이른바 임의적 소송담당의 하나이다. 이것은 구성원의 권한 부여에 의한 소송수행이 단체 자신의 법률적 이익과 합치되는 경우에만 인정된다. 도이칠란트 연방대법원은 양조업조합(釀造業組合)이 고물상을 상대로 하여 조합원을 위하여 조합원 소유의 맥주병의 소유권을 주장하는 것을 허용하였고,[1] 변호사협회가 법률상담남용금지법에 위반되는 사례가 있는 경우에 소속변호사를 위하여 협회의 이름으로 유지청구권을 행사할 수 있다고 하였다.[2]

3) 단체소송에서 단체가 받은 판결의 효력은 단체가 승소한 경우에는 단체 이외의 사람에게도 확장된다. 그리하여 유지청구소송의 판결의 효력은 소비자에게 유리하게만 확장된다. 예컨대 보통거래약관의 조항이 판결에 의하여 그 사용이 유지(留止)되었는데도 실제로 사용되고 있으면, 상대방 계약자인 소비자는 유지판결의 효력을 수용하여 그 약관을 무효로 할 수 있다(獨不作爲訴訟法 11). 이처럼 소비자에 의한 적극적인 수용행위를 통하여 소비자는 단체의 유지청구를 실효성 있는 것으로 만든다.[3]

(다) 도이칠란트 자본투자자－표본절차법상의 표본절차

1) 표본절차(Musterverfahren)는 도이칠란트에서 전통적인 2당사자소송 및 개별소송의 구조를 유지하면서 집단분쟁의 효율적 해결을 위해 동일한 유형의 피해를 입은 자본투자자들의 유사한 소송사건들 중 표본이 되는 사건에 관해 고등법원에서 사실 및 법률문제에 관해 먼저 재판하여 그 결과를 원소송절차(Ausgangsverfahren)의 모든 원고에게 미치도록 하여 통일적인 분쟁해결을 꾀하는 절차이다. 이는 2005년부터 독일에서 시행되고 있는 자본투자자－표본절차법(KapMuG)[4]에 의한 절차로서, 처음에는 5년간만 유효한 한시법으로 2005. 11. 1.부터 시행되었으나,[5] 2010년에 2년간, 2012년에 8년간, 2020년에 2023. 12. 31.까지, 2023년에 2024. 8. 31.까지 그 효력을 연장하여 오다가, 2024. 7. 19. 전면 개정을 통해 종전까지 법률의 효력상실일을 정하고 있었던 제28조를 폐기하면서 이 법률을 상시법으로 만들었다.[6] 이 법률은 도이체텔레콤의 허위의 사업설명서를 믿고 증자에 참여한 많은 사람들이 그 뒤 주식가치의 급락으로 손해를 입고 프랑크푸르트 지방법원에 약 17,000명이 넘는 투자자들이 약 2,500건의 손해배상청구의 소를 제기한 것을 계기로 만들어지게 된 것이다.[7]

---

1) BGH ZZP 69, 30.

2) BGH 15, 315; BGH NJW 1956, 591; BGH 48, 12.

3) 法務部, 「獨逸團體訴訟에 관한 硏究」, 法務資料, 제94집(1991) 참조.

4) Gesetz über Musterverfahren in kapitalmarktrechtlichen Streitigkeiten(Kapitalanleger－Musterverfahrensgesetz).

5) Wigand, Zur Reform des Kapitalanleger－Musterverfahrensgesetzes, AG 2012, S. 845; Schneider/Heppner, KapMuG Reload－das neue Kapitalanleger－Musterverfahrensgesetz, BB 2012, S. 2703.

6) Kapitalanleger－Musterverfahrensgesetz vom 16. Juli 2024 (BGBl. 2024 I Nr. 240 vom 19. 07. 2024).

2) 표본절차는 우선 허위의 오인을 초래하는 자본시장정보 등의 사용으로 인해 손해를 입은 피해자들이 개별적인 손해배상청구의 소(원소송절차)를 제기하여야 하며, 그 뒤에 원소송절차의 원고 또는 피고가 제1심에서 청구의 이유구비성에 관한 확인 또는 법률문제의 해명(Feststellungsziele: **확인목표**)을 위해 표본절차를 신청할 수 있다(§2 Abs. 1 KapMuG). 이러한 표본절차신청에 대해 수소법원은 불복할 수 없는 결정으로(durch unanfechtbaren Beschluss) 그 적법성에 대해 재판한다(§3 Abs. 1 KapMuG). 수소법원은 적법한 표본절차신청을 신청이 접수된 날로부터 3개월 이내에 '표본절차등록부[Musterverfahrensregister (§5)]'에 공고한다(§4 Abs. 1 KapMuG). 공고에는 피고 및 그 법정대리인, 표본절차신청과 관련된 유가증권 발행자·재산투자상품 제공자 등의 명칭, 수소법원의 명칭과 수소법원의 사건번호, 표본절차신청의 확인목표, 사실관계에 관한 간단한 설명, 원고의 청구금액 및 수소법원에 표본절차신청이 접수된 날짜 등을 공고해야 한다(§4 Abs. 2 KapMuG). 표본절차등록부는 연방관보의 "자본투자자－표본절차법에 따른 등록부"란에서 운영되며, 누구든지 이를 무상으로 열람할 수 있다(§5 Abs. 1, 2 KapMuG). 표본절차신청의 공고가 있으면 해당 원소송절차는 주장된 확인목표와 관련하여 소송상의 판단이 이루어질 것으로 예상되는 범위에서 중단된다(§6 KapMuG).

3) 표본절차신청의 최초 공고 후 6개월 이내에 최소 9건의 '동일한 사실관계에 기초하는 동일한 방향의' 표본절차신청이 추가로 공고되면, 첫 번째로 공고된 표본절차신청이 제기된 수소법원이 심급상 상위에 있는 고등법원에 표본절차신청의 확인목표에 관한 재판을 위탁하는 제시결정(Vorlagebeschluss)을 한다(§7 Abs. 1, 2 KapMuG). 제시결정이 내려지면 그와 동일한 방향의 추가적인 표본절차신청은 허용되지 않는다(§8 KapMuG). 고등법원은 제시결정에 포함된 확인목표에 대해 표본절차에서 심리·판단하는 것이 합리적이라고 판단되는 경우, 불복할 수 없는 결정으로 표본절차를 개시한다(**개시결정**)(§9 Abs. 1 KapMuG). 이때 고등법원은 표본절차신청의 공고와 함께 중단된 원소송절차(§6 KapMuG)의 원고들 중에서 자유재량에 따라 표본원고(Musterkläger)를 지정한다(§9 Abs. 3 KapMuG). 소송의 판단이 표본절차의 확인목표와 관련되는 것이 예상되는 경우, 수소법원은 위 §6 KapMuG에 따라 중단된 원소송절차를 직권으로 중지시킨다. 수소법원이 중지를 거부하는 경우에는, 그러한 사정을 고등법원에 통지하고 절차를 속행하면 된다(§10 Abs. 1 KapMuG). 원고의 신청이 있는 경우, 수소법원은 아직 중단되지 않은 원소송절차도 중지시킬 수 있는데, 다만 이는 해당 절차가 이미 소송계속 중이거나 표본절차의 확정에 이르기까지 소송이 계속될 수 있으며, 그 소송의 판단이 표본절차의 확인목표와 관련되는 것이 예상되는 경우에 한한다(§10 Abs. 2 KapMuG).

---

7) Krenzer, Die Grundzüge des deutschen Kapitalanleger－Musterverfahrensgesetzes(KapMuG) & der Fall Deutsche Telekom, 2009, S. 11.

4) 표본절차의 참여자는 표본원고(9 Abs. 3 KapMuG에 따라 고등법원이 지정한 자), 표본피고들(중지된 원소송절차의 피고들) 및 피소환자(Beigeladene)가 된다(§11 Abs. 1, 2, 3, KapMuG). 피소환자는 중지된 원소송절차의 원고들 중 표본원고로 지정되지 않은 자를 말한다(§11 Abs. 4 KapMuG).[1] 고등법원은 구술변론을 거쳐 결정으로 표본재판을 선고하며(§19 Abs. 1 KapMuG), 표본재판에 대해 권리항고(Rechtsbeschwerde)(§23 KapMuG)가 가능하다. 확정된 표본재판은 중지된 모든 원소송절차에서 수소법원을 기속하며, 표본절차의 모든 참여자(표본원고, 표본피고, 피소환자)에게 그들이 표본절차에서 확정된 모든 사실을 스스로 명시적으로 주장하였는지 여부와 무관하게 유리 또는 불리하게 작용한다(§22 Abs. 1 KapMuG). 따라서 표본절차의 참여자가 확정된 표본재판을 제출하면서 원소송절차가 재개되고 원소송절차에서는 표본재판에 기초하여 소송상의 판결 또는 화해가 이루어지게 되는 것이다. 개정된 자본투자자－표본절차법은 종전 실효규정(§28 KapMug)을 폐기하고, 이 법률 시행 후 5년 뒤에 법률에 관한 평가가 이루어져야 한다는 규정을 신설하였다(§31 KapMug).

(라) 도이칠란트 소비자권리행사법상의 표본확인소송

1) 표본확인소송(Musterfeststellungsklage)은 독일에서 2015년 폭스바겐 배기가스 조작으로 인해 대규모의 소비자 피해가 발생한 것을 계기로, 기존의 단체소송이나 표본절차를 통해서는 대규모의 피해를 야기한 기업으로부터 소비자들이 신속히 손해배상을 받기 힘들다는 인식하에 단체소송과 표본절차를 결합하여 2018. 11. 1.부터 독일에서 새로이 시행된 집단적 분쟁해결을 위한 절차이다. 표본확인소송은 적격 소비자단체가 소비자와 사업자 사이에 청구권 또는 권리관계의 존부를 인정하기 위한 사실상·법률상의 요건이 갖추어졌는지 여부에 관한 확인(Feststellungsziele: **확인목표**)을 구하기 위해 고등법원에 제기할 수 있다(§1, 3, 41 Abs. 1 VDuG). 표본확인소송절차가 처음 도입되었던 2018년 당시에는 도이칠란트 민사소송법 제606조 이하에서 이 절차를 규율하고 있었으나,[2] 2020년에 유럽연합이 「소비자의 집단 이익의 보호를 위한 단체소송에 관한 2020년 11월 25일자 유럽의회 및 이사회 지침 (EU) 2020/1828」을 채택함으로 인해,[3] 도이칠란트는 이 EU 지침을 국내로 이행

---

1) 표본절차의 피소환자는 그 진술과 행위가 표본원고의 그것과 모순되지 않은 한 공격방어방법을 주장하고 모든 소송행위를 유효하게 할 수 있는 권한을 가진다(§11 Abs. 4 KapMuG).

2) 2018년 제도 도입 당시의 도이칠란트 민사소송법에 따르면, 표본확인소송을 제기할 수 있는 공인된 단체가 확인목표와 관련되는 최소 10건의 소비자 관련 분쟁을 모아 표본확인소송의 소장을 제출하고, 이것이 소의 등록부(Klageregister)에 공고되고, 공고 후 2달 내에 최소 50명의 소비자가 자신의 청구권 또는 권리관계를 소의 등록부에 등록하기 위해 유효하게 신고한다면 표본확인소송은 적법하게 되었다(§606 Abs. 3 ZPO). 표본확인소송에 대한 법원의 공고(§607 Abs. 2. ZPO)와 다른 소비자들의 청구권 또는 권리관계의 등록하기 위한 신고 절차를 거쳐(§608 Abs. 1 ZPO) 고등법원에서 확인목표에 관해 확인하는 재판을 하였다. 법원의 허가가 있으면 재판상 화해를 할 수 있었으며(§611 Abs. 1, 2 ZPO), 선고된 표본확인판결, 상소의 제기 및 기판력의 발생은 소의 등록부에 공고하도록 하였다(§612 ZPO). 표본확인판결에 대해 상고가 가능하였고(§614 S. 1 ZPO), 확정된 표본확인판결은 신고한 소비자와 피고 간의 동일한 원인에 기한 후행 개별 소송에서 구속력을 가지도록 하였다(§613. Abs. 1 ZPO).

하면서 단체소송 관련 절차(구제소송, 표본확인소송)를 포괄적으로 규율하기 위해 2023년 「소비자 권리의 집단적 행사를 위한 법률(소비자권리행사법), Gesetz zur gebündelten Durchsetzung von Verbraucherrechten(VDuG)」을 새로이 제정하고, 표본확인소송에 관한 민사소송법상의 규정들을 이 새 법률로 이관하였다.

2) 도이칠란트 소비자권리행사법(VDuG)에 따르면, 다수 소비자의 사업자에 대한 청구권 및 법률관계에 관한 민사분쟁에서 '소를 제기할 권한이 있는 단체(적격 소비자단체)'는 사업자에 대하여 단체소송으로서, i) **구제소송(Abhilfeklagen)** 또는 ii) **표본확인소송(Musterfeststellungsklagen)**을 스스로 선택하여 제기할 수 있으며(§1 Abs. 1, §14, §41 Abs 2 VDuG), 특히 동일한 사실관계를 원인으로 자본투자자-표본절차법(KapMug)에 따른 표본절차(Musterverfahren)가 개시되었다고 하더라도 단체소송을 제기할 수 있다(§1 Abs. 1, 3 VDuG). 단체소송은 적격 소비자단체[1]가 기업 등 사업자(Unternehmer)를 상대로 소비자의 성명을 명시할 필요 없이 소비자의 이익을 위하여 제기한다. 따라서 소비자들은 소송의 당사자가 될 수 없다.[2] 단체소송에 관해서는 그 단체소송이 제기된 사업자의 보통재판적이 있는 곳을 관할구역으로 하는 고등법원이 전속적으로 사물 및 토지관할을 가진다(§3 Abs. 1 VDuG). 적격 소비자단체는 단체소송을 제기하면서, i) 최소 50명의 소비자의 청구권이 구제소송과 관련이 될 수 있고 또는 ii) 최소 50명의 소비자의 청구권 또는 권리관계가 표본확인소송의 확인목표에 좌우될 수 있다는 점을 적절히 설명해야만 해당 단체소송이 적법하게 될 수 있다(§4 Abs. 1 VDuG). 단체소송이 계속 중인 때에는 동일한 사업자에 대하여 동일한 사실관계 및 동일한 청구권 또는 동일한 확인목표와 관련되는 추가적인 단체소송은 제기될 수 없으며, 이러한 배제효(Sperrwirkung)는 단체소송이 본안에 관한 판단 없이 종결되는 경우 소멸한다(§8 VDuG). 개별 소비자가 단체소송이 단체소송등록부에 공고되기 전에 사업자를 상대로 '단체소송의 청구권, 권리관계 또는 확인목표 및 사실관계와 관련된 소'를 제기하고 또한 자신의 청구권 또는 권리관계를 단체소송등록부에 신고하는 경우, 법원은 단체소송에 대한 확정판결이 내려지거나, 그 밖의 방법에 의해 단체소송이 종료하거나, 단체소송등록부에 대한 신고가 유효하게 철회될 때까지 그 소송절차를 중지한다(§11 Abs. 1 VDuG). 단체소송에 대한 확정판결은, 신고한 소비자와 사업자 사이의 법적 분쟁에 대한 재판을 담당하는 법원의 재판이 단체소송의 사실관계 및 구제소송에서 주장한 청구권 또는 표본확인소송에서 주장한 확인목표와 관련되는 한에 있어서, 해당 법원을 기속한다(§11 Abs. 3 VDuG). 표본확인판결에 대해서는 상고를 할 수 있으며

3) Directive (EU) 2020/1828 of the European Parliament and of the Council of 25 November 2020 on representative actions for the protection of the collective interests of consumers and repealing Directive 2009/22/EC.

1) 부작위소송법(Unterlassungsklagengesetz) 제4조에 따른 목록에 등록되어 있거나, 기업으로부터 그 재정의 5%를 초과하여 지원을 받고 있지 않은 소비자단체 및 유럽연합의 다른 회원국에 소재하면서 2020년 11월 25일자 유럽의회 및 이사회 지침 (EU) 2020/1828 제5조 제1항 제4문에 따라 유럽연합 집행위원회가 관리하는 목록에 등재된 적격 기관을 말한다(§2 Abs. 1 VDuG).

2) Köhler/Feddersen, UWG, 43. Aufl., 2025, VDuG §1, Rdnr. 5.

이러한 상고에는 허가를 요하지 않는다(§42 VDuG). 표본확인판결의 경우에는 피해 소비자가 실제 구제를 받기 위해서는 표본확인소송에서의 판결의 확정 후 해당 소비자가 별도로 이행소송을 제기해야 한다.

3) 그동안 도이칠란트에서의 단체소송은 부작위소송(Unterlassungsklage)과 구 민사소송법 제606조 이하에서 규정하고 있었던 표본확인소송만이 존재하고 있었는데, 2023년 소비자권리행사법(VDuG)이 제정되면서 구제소송(Abhilfeklage)이 가능하게 되었다. 적격 단체가 제기하는 구제소송을 통해 사업자는 해당 소비자에게 손해배상, 대금의 환급, 수리, 대체이행, 가격인하, 계약해지 등과 같이 금전지급의무는 물론 금전지급 이외의 이행의무도 부담하게 되었다.[1] 이러한 점을 독일의 입법자는 §14 VDuG에서 '해당 소비자에 대해 급여를 명하는 판결'이라고 표현하고 있다. 이에 따라 구제소송의 형태로 이루어지는 단체소송은 금전지급청구를 대상으로 할 수 있으며, 이는 특정 피해 소비자에 대한 급여는 물론 피해자 집단 전체에 대한 총액의 지급청구도 가능하다(§1, §14 S. 2, §18 Abs. 2 VDuG). 법원이 집단 전체에 대한 총액의 지급 또는 금전지급 이외의 다른 급여를 구하는 구제소송이 이유있다고 판단하는 경우, 구제원인판결(Abhilfegrundurteil)을 선고하며(§16 Abs. 1 VDuG), 그 구제원인판결의 이행을 위한 법원의 화해 시도(§17 Abs. 1 VDuG)에도 불구하고 화해가 성립되지 않고 구제원인판결이 확정된 경우에는, 법원은 구제절차를 속행하고 구제종국판결로 재판한다(§18 Abs. 1 VDuG). 원고인 소비자단체가 소비자들의 성명을 특정하지 않고 추상적인 기준에 따라 소비자를 표시한 경우에는, §18 Abs. 2 VDuG에 따라 구제종국판결에서 선고된 '집단 전체에 대한 총액'은 해당 소비자들이 자신의 권리를 증명한 후 분배받아야 한다. 이를 규율하고 있는 것이 실행절차(Umsetzungsverfahren)이며, §22 VDuG 이하에서 규정하고 있다. 다만 소비자단체가 해당 소비자들의 성명을 특정하고 개별 청구금액이나 기타 급여를 특정하여 구제소송을 진행하여 판결을 받았다면 단체 스스로 강제집행이 가능하다는 점에서(견해 대립 있음)이러한 실행절차는 필요하지 않다.[2]

4) 도이칠란트는 동일한 사실관계로부터 유사한 피해를 입은 소비자들을 위해 적격 소비자단체가 집단적으로 권리를 행사할 수 있도록 함으로써, 도이칠란트의 개별 소비자는 스스로 개별소송을 제기하는 경우보다 소송수행상의 여러 가지 이점(증거의 제출, 증명 등)을 누릴 수 있으며, 특히 동일한 사실관계로부터 다수의 피해자가 발생한 사건에서 분쟁의 통일적 해결이 기대된다. 소비자권리행사법(VDuG)도 위에서 살펴본 '자본투자자－표본절차법(KapMuG)'과 마찬가지로 법률 시행 5년 후에 법률에 관한 평가가 이루어져야 한다는 규정을 두고 있다(§50 VDuG).

---

1) Köhler/Feddersen, UWG, 43. Aufl., 2025, VDuG §1, Rdnr. 4.
2) Köhler/Feddersen, UWG, 43. Aufl., 2025, VDuG §22, Rdnr. 2.

(2) 證券關聯集團訴訟

(가) 의 의 증권관련집단소송이란 증권의 거래과정에서 피해를 입은 다수의 집단적 피해자 가운데 한 사람 또는 여러 사람이 대표당사자가 되어 소송을 수행하는 손해배상청구소송을 말한다(證集 2 ①).[1] 대표당사자는 전체 피해자들로부터 명시적으로 권한 부여를 받지 않아도 법원의 허가를 얻어 전체를 위하여 당사자가 되어 소송을 수행하며, 그 판결의 효과는 제외신고(opt−out)를 한 피해자(구성원)를 제외하고는 피해자 모두(총원)에게 미친다. 선정당사자에 의한 소송에서는 선정자에게만 그 판결의 효력이 미치는 것(218 Ⅲ)과 구별된다. 직접적인 소송당사자가 아닌 사람에게도 판결의 효력이 미친다는 점에서 기판력은 당사자에 한한다는 민사소송법상의 원칙(218)에 중대한 예외를 이루는 것이다.

증권관련집단소송은 증권시장에서 발생하는 기업의 분식회계, 부실감사, 허위공시, 주가조작, 내부자거래와 같은 각종 불법행위로 인하여 다수의 소액투자자들이 피해를 입은 경우, 그 집단적 피해를 보다 효율적으로 구제하고, 그 결과 기업의 경영투명성을 높이기 위하여 도입된 것이다(證集 1). 미국 연방민사소송규칙상의 대표당사자소송(class actions)제도를 증권거래로 인한 일정한 피해에 한정하여 도입하였다. 미국의 대표당사자소송제도의 적용범위는 앞에서 본 바와 같이 증권분야에 한정되는 것이 아니며, 증권분야에서도 그 적용범위에 제한이 있는 것은 아니다. 다만 증권분야에서는 집단소송의 남용이 문제되어 여러 가지 보완 입법이 있었다(Private Securities Litigation Reform Act of 1995; Securities Litigation Uniform Standard Act of 1998; Class Action Fairness Act of 2005). 그러므로 우리나라는 증권관련집단소송을 도입하면서 그 남용에 대한 방지책도 아울러 반영하였다(예컨대 대표당사자 또는 소송대리인의 자격제한, 證集 12 Ⅰ, 11 Ⅲ). 또한 증권관련집단소송이 예외적으로 도입되는 점을 감안하여 그 적용대상을 제한하고 있다(證集 3). 아울러 갑작스런 시행으로 인한 중소기업의 부담을 덜어주기 위하여, 자산이 2조원 미만인 주권상장법인, 코스닥상장법인의 경우에는 미공개정보를 이용한 내부자거래행위 및 시세조작행위로 인한 손해배상청구(資市 175, 177, 179)를 제외하고는 2007년 1월 1일 이후 행한 행위로 인한 손해배상청구분부터 적용되는 것으로 하였었다(證集附則 3). 그리고 가장 문제로 되었던 과거의 분식회계에 관하여는 2006년 12월 31일까지 법적용을 유예하면서 기업에게 이를 시정할 수 있는 기회를 부여하였었다(證集附則 4~5). 다만 앞에서 언급한 바와 같이 증권관련집단소송은 제도 도입 당시 제도의 남용을 크게 우려하여 다양한 남용방지규정을 두었는데, 이로 인해 법 시행 후 11년이 지났지만 단지 9건의 소송이 제기되었고 그 중 소송허가결정이 난 것은 4건에 불과할 정도로[2] 제도가 제 기능을 하지 못하고

---

1) 자세한 설명은 정동윤 · 함영주, 「증권관련집단소송제도의 도입과 기업의 대응방안」, 한국상장회사협의회(2004); 유병현, "증권관련집단소송법제정안에 대한 검토," 「상사법연구」, 제20권, 제4호(2002. 2.), 113면 이하 참조.

2) 제도 도입 12년이 지난 2017년에야 처음으로 증권관련집단소송에서 승소하는 사례가 나왔다고 한다(서울중앙지방법원 2012 가합 17061). 이는 소위 '한국투자증권 부자아빠 ELS 사건'으로서, 주가연계증권을

있다는 비판에 직면해 있다.[1)]

(나) 적용대상 손해배상청구의 대상이 되는 것은 ① 유가증권신고서, 사업설명서의 허위 · 부실기재(資市 125), ② 사업보고서 등의 허위 · 부실기재(資市 162), ③ 내부자거래 및 시세조작행위(資市 175, 177, 179), ④ 감사인의 분식회계 · 부실감사(資市 170) 등으로 인한 손해배상청구이다. 공개매수신고서 · 공개설명서의 허위 · 부실기재로 인한 손해배상청구(資市 142)의 경우는 피해자를 용이하게 확정할 수 있으므로 선정당사자제도를 이용할 수 있다고 보아 대상에서 제외하였고, 수시공시사항의 허위 · 부실기재로 인한 손해배상청구의 경우는 인과관계의 추정이 어려우므로 제외하였다.

(다) 소송절차

(a) 허가절차

① 허가요건 증권관련집단소송으로 허가되기 위해서는 첫째, 구성원이 50인 이상이어야 하고, 청구의 원인이 된 행위 당시를 기준으로 피고회사 발행 증권 총수의 1만분의 1 이상을 보유하여야 한다. 증권의 공모기준 등이 50인이라는 점(資市 7, 9)을 감안하고, 또한 소송의 남용을 억제하기 위하여 1만분의 1이라는 요건을 두었다. 둘째, 구성원의 각 청구가 법률상 사실상 중요한 쟁점을 공통으로 하여야 한다. 이것은 미국의 대표당사자소송에서의 공통성(commonality) 요건에 해당한다. 셋째, 집단소송이 총원의 권리실현이나 이익보호에 적합하고 효율적인 수단이어야 한다. 즉 공동소송이나 선정당사자를 이용하는 것이 수월한 경우에는 집단소송을 이용할 수 없음을 뜻한다(superiority). 넷째, 허가신청서 등의 기재에 흠이 없어야 한다(證集 12). 증권관련집단소송에 의한 손해배상청구는 그 소송목적의 값이 크므로 민사소송등인지법에 따라 인지액을 산정하면 소송이 불가능할 수가 있다. 따라서 그 인지액은 민사소송등인지법에 따른 인지액의 2분의 1로 하되 5,000만 원을 초과할 수 없도록 하고 있다(證集 7 Ⅱ).

② 허가신청서와 소장의 제출 집단소송을 제기하고자 하는 사람은 소송대리인을 통하여(변호사강제주의, 證集 5) 소장(소장의 필수적 기재사항 외에 총원의 범위 기재)과 소송허가신청서(총원의 범위 및 소를 제기하는 사람과 소송대리인의 경력, 허가신청의 취지와 원인 등 기재)와 소를 제기하는 사람과 소송대리인이 최근 3년간 각각 대표당사자, 소송대리인으로 관여한 내역 등 일정한 사항을 진술한 문서를 첨부하여 법원에 제출한다(證集 7~9). 집단소송은 고도의 법률지식과 소송기술이 필요하므로 변호사강제주의를 취한다. 집단소송의 공익적 성격을 고

샀다가 피해를 입은 투자자들이 도이체방크를 상대로 집단소송을 제기한 것이다. 이 사건에 관한 자세한 설명으로는, 김홍기, "우리나라 증권관련집단소송의 현황과 개선과제", 경제법연구 제11권 2호, 2012, 72면 이하; 조선일보 2017. 7. 8.(제30012호) A10면 참조.

1) 증권관련 집단소송법 일부개정법률안(채이배 의원 대표발의), 2016. 8. 26. 의안번호 1840; 나아가 2017년 7월에는 증권관련집단소송의 적용범위를 「자본시장과 금융투자업에 관한 법률」에서 규정하는 금융투자상품으로 확대하여 파생상품으로 인한 피해에 대해서도 집단소송이 가능하도록 하는 법안이 국회에 제출되었다(증권관련 집단소송법 일부개정법률안(함진규 의원 대표발의), 2017. 7. 21. 의안번호 8139.

려하고 남소를 방지하기 위하여, 대표당사자에게 변호사자격이 있는 경우에도 소송대리인을 선임하도록 하고 있다.

③ **대표당사자의 선정** 처음에 소를 제기하면 허가신청서를 제출한 사람이 자동으로 대표당사자가 되는 것이 아니라, 법원에 의하여 별도로 선정된 사람이 대표당사자가 된다. 즉 법원이 소제기의 사실 및 대표당사자가 되기를 원하는 사람은 신청할 것을 전국을 보급지역으로 하는 일간신문[1]에 게재하는 등 대법원규칙이 정하는 방법으로 공고하고(그 밖에도 법원은 소장과 허가신청의 접수사실을 금융위원회가 지정하는, 지정거래소에 통보하고, 동 거래소는 그 사실을 공시하여야 한다(證集 7 Ⅳ)), 법원은 그에 따라 대표당사자가 되고자 신청한 사람과 소제기한 사람 가운데서 총원의 이익을 대표하기에 가장 적합하다고 생각하는 사람을 대표당사자로 선정하게 된다(證集 10).

④ **대표당사자 및 소송대리인의 자격** 대표당사자는 총원의 이익을 공정하고 적절히 대표할 수 있는 구성원(총원을 구성하는 피해자)으로서 경제적 이익이 가장 큰 사람 등이어야 한다. 소송대리인은 총원의 이익을 공정하고 적절하게 대리할 수 있는 사람이어야 한다(證集 5 Ⅱ). 대표당사자와 원고 쪽 대리인은 최근 3년간 3건 이상의 증권관련집단소송의 대표당사자 또는 소송대리인으로 관여하였던 사람이어서는 아니 된다(證集 11). 경제적 이익이 가장 큰 사람을 우선적으로 고려하도록 한 것은 소송수행능력이 상대적으로 우수한 기관투자가 등이 대표당사자가 되도록 유도하기 함이다(미국증권거래법 21D(a)(3)(B)(iii), 미국증권법 27(a)(3)(B)(iii) 참조). 최근 3년간 3건 이상 증권관련 집단소송의 대표당사자 또는 소송대리인이었던 사람은 대표당사자 또는 소송대리인이 되지 못하도록 한 것은 상습적으로 대표소송을 제기하는 것을 막기 위한 것이다. 미국법상으로는 3년간 5건 이상인 데 대하여(미국증권거래법 21D(a)(3)(B)(vi), 미국증권법 27(a)(3)(B)(vi)), 더욱 그 요건을 강화하였으며, 미국과 달리 소송대리인에게도 제한을 두고 있다.

⑤ **허가결정** 법원은 결정으로 증권관련집단소송을 허가한다(證集 15). 허가결정을 할 때에는 공고비용이나 감정비용 등 소송비용을 미리 낼 것을 명하여야 한다(證集 16). 불허가결정에 대하여 당사자는 즉시항고할 수 있다(證集 17). 법원은 허가결정이 확정된 후 지체 없이 총원의 범위, 청구취지·원인, 제외신고의 기간과 방법, 제외신고를 한 사람은 개별적으로 소를 제기할 수 있다는 사실, 제외신고를 하지 아니한 구성원에 대하여는 판결 등의 효력이 미치고 법원의 허가를 얻어 공동대표당사자로 참가할 수 있다는 사실 등을 기재하여 구성원 모두에게 개별통지 등 대법원규칙이 정하는 적당한 방법으로 고지하고 일간신문에 게재하여야 한다(證集 18). 또한 법원은 허가결정을 지정거래소에 즉시 통보하여야 하고, 동 거래소는 그 내용을 공시하여야 한다(證集 19).

---

1) 공고의 범위에 관한 입법과정은 유병현, 전게논문, 131면 참조.

(b) 소송절차의 특칙

① **總員의 변경 및 除外申告** 법원은 필요하다고 인정하는 때에는 직권 또는 당사자의 신청으로 총원의 범위를 변경할 수 있다(證集 27 Ⅰ). 구성원은 제외신고기간 안에 서면으로 법원에 제외신고를 할 수 있다(證集 28 Ⅰ). 제외신고는 그 판결의 기판력을 받지 아니하겠다는 의사표시이므로 중요한 의미가 있다. 개별적으로 소를 제기한 사람은 제외신고를 한 것으로 본다. 법원은 제외사실을 대표당사자 및 피고에게 통지하여야 한다(證集 28 Ⅳ).

② **대표당사자의 변경** 대표당사자가 복수인 경우에는 필수적 공동소송에 관한 특별규정이 준용된다(證集 20, 民訴 67). 다만 대표당사자 가운데 한 사람에게 소송절차의 중단·중지사유가 발생하여도 소송절차는 정지되지 아니한다(67 Ⅲ의 不準用). 법원은 대표당사자가 총원의 이익을 적절히 대표하지 못하는 경우에는 직권 또는 다른 대표당사자의 신청으로 그 대표당사자에 대한 소송수행의 허가를 취소할 수 있다(證集 22). 그러나 구성원 등은 취소신청을 할 수 없다. 소송지연을 막기 위함이다. 대표당사자가 변경된 경우, 법원은 상당한 방법으로 이를 고지할 수 있다(證集 26). 대표당사자 전부의 소송수행허가가 취소되면 소송절차는 중단되고(證集 24 Ⅰ), 대표당사자가 되고자 하는 총원의 구성원은 법원의 허가를 얻어 중단된 소송절차를 수계하여야 하며(證集 24 Ⅱ), 소송절차중단 후 1년 안에 수계신청이 없으면 그 증권관련집단소송은 소가 취하된 것으로 본다(證集 24 Ⅲ).

③ **소송대리인의 교체** 집단소송을 허가할 때 소송대리인에 대하여도 법원의 허가를 얻어야 하는 것이므로(證集 10), 소송대리인을 교체할 때에도 법원의 허가가 필요하다. 즉 대표당사자는 중대한 사유가 있는 때에는 법원의 허가를 얻어 소송대리인을 해임·추가선임·교체할 수 있다(證集 26 Ⅱ). 원고 쪽 소송대리인은 정당한 사유가 있으면 법원의 허가를 받아 사임할 수 있다(證集 26 Ⅰ). 소송대리인이 전부 사망·사임하거나 해임된 때에는 소송절차가 중단되고(證集 26 Ⅲ), 중단 후 1년 이내에 대표당사자가 소송대리인을 선임하여 소송수계신청을 하지 아니하면 소가 취하된 것으로 간주한다(證集 26 Ⅳ. Ⅴ). 변호사강제주의를 취하는 결과이다.

④ **증거조사절차의 특칙** 법원은 필요하다고 인정하는 때에는 직권으로 증거조사를 할 수 있다(證集 30). 증거보전절차는 미리 증거를 보전하지 아니하면 증거를 사용하기 곤란한 사정이 있지 아니한 경우에도 할 수 있다(證集 33). 도이칠란트의 독립증거조사절차(Das selbständige Beweisverfahren)를 도입한 것이다. 법원은 직권으로도 문서제출명령을 할 수 있으며(證集 32), 대표당사자뿐만 아니라 구성원에 대한 증거조사도 당사자신문에 의한다(證集 31).

⑤ **손해배상액산정의 특칙** 손해배상액을 증권거래법이나 그 밖의 법률의 규정에 따라서도 정확하게 산정할 수 없는 경우에는 제반사정을 참작하여 표본적·평균적·통계

적 기타 합리적인 방법으로 이를 정할 수 있다(證集 34). 증권거래법은 허위공시에 대하여는 손해배상 산정기준을 정하고 있으나(資市 125), 내부자거래, 시세조작, 분식회계 등의 경우에는 말이 없다. 그러므로 사실조회, 감정 등으로 손해배상액의 산정이 불가능한 경우에는 법원의 심리의 부담을 덜어주기 위하여 인과관계를 떠나서 손해배상액을 산정할 수 있는 몇 가지 방법을 예시하고 있는 것이다.

⑥ **당사자의 의사에 의한 소송절차종료** 담합소송의 방지를 위하여, 소의 취하나 청구의 포기, 화해를 할 경우에는 법원의 허가를 얻도록 하고 있다(證集 35 Ⅰ). 주주의 대표소송의 경우(商 403 Ⅵ)와 달리 청구의 인낙은 제외되었다. 법원은 허가결정을 하고자 할 때에는 기간을 정하여 구성원에게 의견진술의 기회를 주어야 한다(證集 35 Ⅱ). 민사소송법상의 당사자 양쪽의 결석에 의한 소취하간주 규정(268)은 적용되지 아니한다. 대표당사자가 소송수행을 게을리 하는 경우에는 소송수행허가를 취소하고 대표당사자를 변경하여야 할 것이기 때문이다.

⑦ **기판력의 주관적 범위** 확정판결은 제외신고를 아니한 구성원에 대하여 효력이 있다(證集 37). 따라서 판결서에서 주문에 총원의 범위 및 제외신고를 한 구성원을 기재하여(證集 36), 주문 자체에 의하여 기판력을 받는 인적 범위를 특정하여야 한다. 또한 법원은 구성원에게 판결의 주문과 이유의 요지를 고지하여야 한다(證集 36 Ⅲ). 금전지급의 판결을 선고할 때에는 손해배상액이 고액(高額)일 경우의 피고의 입장을 배려하여, 제반사정을 참작하여 지급유예기간을 허락할 수 있고, 분할지급, 그 밖에 상당한 방법에 의한 지급을 명할 수 있다(證集 36 Ⅲ).

⑧ **상소제기의 특칙** 대표당사자가 상소를 하지 아니하는 경우에는 상소기간만료일로부터 30일 이내에 구성원이 법원의 허가를 얻어 상소를 목적으로 하는 대표당사자가 될 수 있다(證集 38 Ⅱ). 대표당사자가 상소를 취하하거나 상소권을 포기하기 위해서는 법원의 허가를 받아야 한다(證集 39 Ⅰ). 상법상 주주의 대표소송과는 달리 사해재심의 소(商 406)는 두지 않고 있다. 집단구성원이 재심당사자가 되도록 하는 것은 재심소송의 기본구조와 맞지 않고 확정판결의 효력을 약화시킬 뿐 아니라 우리의 소송관행상 사해재심이 남용될 염려가 있기 때문이다.

(라) 분배절차 집행권원을 취득한 대표당사자가 강제집행을 한다. 집행권원상 채권자는 대표당사자이기 때문이다. 따라서 구성원이 개별적으로 승계집행문을 부여받아 강제집행을 할 수는 없다. 대표당사자는 집행결과 취득한 금전 등을 보관하고 제1심 수소법원(전속관할. 證集 39)에 보고하면(證集 40 Ⅲ), 법원이 분배관리인을 선임한다(證集 41). 분배관리인은 분배계획안을 법원에 제출하여 인가를 받는다(證集 42, 46). 법원은 집행권원 및 분배계획의 요지 등을 고지한다(證集 47). 구성원은 권리신고기간 안에 권리신고를 한다(49 Ⅰ). 분배관리인은 신고된 권리를 확

인하고 통지하여야 한다(證集 III, IV 49). 권리신고를 한 사람 또는 피고는 권리확인에 대하여 이의가 있으면 확인결과를 통지받은 때부터 2주 이내에 법원에 권리확인을 구하는 신청을 하여 결정에 의한 재판을 받을 수 있다(證集 50). 분배관리인은 분배금수령기간 경과 후 남은 금액이 있으면 공탁을 하고 분배보고서를 법원에 제출한다(證集 51, 52). 분배금을 수령하지 못한 구성원은 수령기간이 지난 후 6개월까지만 공탁금의 출금을 청구할 수 있다(證集 53). 수령기간 안에 분배금을 수령하지 아니한 구성원의 권리는 수령기간경과와 함께 소멸한다. 분배관리인은 분배절차가 종료하면 법원에 분배종료보고서를 제출한다(證集 54). 법원은 남은 금액이 있으면 이를 피고에게 지급한다(證集 55). 손해배상액의 산정기준 자체가 불명하므로 분배 후 남은 금액을 피고에게 반환하는 방법을 취하고 있는 것이다. 미국에서는 형평법의 원리에 따라 불특정다수인에게 이익이 되도록 하는 유동적 회복(fluid recovery) 내지 근접적 회복(cy pres)의 방법이 이용되기도 한다. 이것은 남은 금액을 그 소송의 목적에 맞게 분배할 수 없을 때 다음으로 가능한 최상의 방법(next best use)으로 쓰는 것을 말한다.[1] 손해배상의 이념이 영미와는 다른 우리 법에서는 피고귀속의 방법이 타당하다고 본다.

(마) 소송비용 소송비용 및 변호사의 보수는 분배계획안에 기재하여 법원의 인가를 받아야 한다(證集 42, 44 I). 변호사의 보수를 법원이 감독하도록 하는 것은 증권관련집단소송이 변호사를 위한 제도라는 불신을 제거하고자 하는 취지이다. 미국에서는 원칙적으로 소송비용을 각자가 부담하는 원칙을 취하면서도(미국 민사소송의 일반원칙), 변호사비용은 법원이 합리적인 범위 안에서 정하도록 하고 있다(미국증권거래법 21D(a)(6), 미국증권법 27(a)(6)).

(3) 團體訴訟

단체소송이란 일정한 요건을 갖춘 소비자단체, 경제단체 또는 비영리 민간단체(이하 소비자단체 등이라 한다)가 사업자 또는 개인정보처리자를 상대로 하여 소비자 또는 개인의 권익을 침해하는 행위에 대한 금지·중지를 구하는 소를 말한다(消基 70; 個情保 51).

2007년 소비자기본법에 의하여 처음으로 소비자단체소송(2006. 9. 27. 전부개정, 법률 제7988호, 2007. 3. 28.부터 시행)이 도입되었고, 이어 2011년 개인정보보호법에 의하여 개인정보단체소송(2011. 3. 29. 제정, 법률 제10465호, 2011. 9. 30.부터 시행)도 허용되어, 오늘날 우리나라에서는 두 가지 단체소송이 인정되고 있다.

단체소송은 일종의 공익소송이다. 따라서 소비자단체 등은 피해자의 소제기 요청이 없더라도 사업자를 상대로 하여 스스로 소비자단체소송을 제기할 수 있고(消基 70 ① ②), 개인정보

1) 이에는 두 가지가 있는데, 첫째로는 집단소송에 의한 손해배상액을 시장을 통하여 분배하는 방법이 있다. 즉 예컨대 피고가 제품을 高價로 판매한 경우에 가격을 낮추는 대금으로 쓰는 방법이 있다. 둘째로는 국고에 귀속시켜 집단구성원들을 위한 연구기금으로 쓰거나 공익을 위하여 사용하는 방법이다. 이에 대한 비판은 "Developments in the Law: Class Actions," 89 *Harv. L. Rev.* 1318, 1516~23, 1532~36(1976), 구체적인 예는 Six Mexican Workers v. Arizona Citrus Growers, 904 F. 2d 1301(손해배상액의 잔여금을 Inter-American Fund에 귀속시킴).

처리자가 집단분쟁조정을 거부하거나 집단분쟁조정의 결과를 수락하지 아니한 경우에도 소비자단체 등은 피해자의 요청이 없더라도 스스로 개인정보처리자를 상대로 하여 개인정보단체소송을 제기할 수 있다(個情保 51). 다만 비영리 민간단체가 소비자단체소송을 제기함에는 법률상 또는 사실상 동일한 침해를 입은 50인 이상의 소비자로부터 단체소송의 제기를 요청받아야 한다(消基 70 ③).

소비자단체소송은 물품 등의 사용으로 인하여 소비자의 생명·신체 또는 재산에 피해가 발생하거나 발생할 우려가 있는 등 다수 소비자의 권익보호 및 피해예방을 위한 공익상의 필요가 있을 경우에 허가결정을 받을 수 있고(消基 74 I), 개인정보단체소송은 개인정보처리자가 개인정보에 관한 분쟁의 조정을 거부하였거나 조정결과를 수락하지 아니하였을 경우에 허가결정을 받을 수 있다(個情保 55). 단체소송의 실체법상 구제수단은 부작위 청구, 즉 침해행위에 대한 금지 또는 중지 청구에 한한다(消基 70; 個情保 51). 증권관련집단소송과는 달리 손해배상청구는 할 수 없다.

단체소송은 피고의 주된 사무소 또는 영업소의 전속관할이며(消基 71; 個情保 52), 원고는 반드시 변호사에 의하여 대리되어야 한다(변호사대리의 원칙. 消基 72; 個情保 53). 단체소송을 제기하는 단체는 소장과 함께 소송허가신청서를 법원에 제출하여야 하고(消基 73 I; 個情保 54), 법원은 결정으로 그 허가 여부의 재판을 하며(消基 74 I; 個情保 55 I), 이 결정에 대하여 즉시항고를 할 수 있다(消基 74 II; 個情保 55 II).

원고의 청구를 기각하는 판결이 확정된 경우 그 기판력을 확장하여 동일한 사안에 관하여 다른 단체는 단체소송을 제기할 수 없다. 다만, 단체소송이 공익소송이라는 특성을 고려하여 ① 판결이 확정된 후 그 사안과 관련하여 국가 또는 지방자치단체가 설립한 기관에 의하여 새로운 연구결과나 증거가 나타난 경우, ② 기각판결이 원고의 고의로 인한 것임이 밝혀진 경우 등에는 기판력의 예외로서 실권효가 인정되지 아니한다(消基 75; 個情保 56). 따라서 다른 단체는 다시 동일한 소를 제기할 수 있다.

제 3 절 第3者의 訴訟參加

제 1 관 總 說

제3자가 자기의 법률상의 지위를 보호하기 위하여, 계속되어 있는 다른 사람 사이의 소송에 가입하는 것을 널리 소송참가라고 한다. 여기에는 제3자가 당사자의 지위를 가지고 참가하는 독립당사자참가 및 공동소송참가와 당사자를 보조하기 위하여 당사자에 종(從)된 지위로 참가하는 보조참가가 있다. 실제 소송에서는 보조참가가 가장 많이 이용되고 있고, 독립당사자참가는 대법원이 그 요건을 엄격하게 풀이하는 까닭에 별로 많이 이용되지 아니하였다. 위에서 말한 참가는 제3자가 자발적으로 소송에 가입하는 것이지만, 다른 사람의 의사에 의하여 소송에 가입할 것을 강제당하는 경우도 있다. 제3자의 소송인입(訴訟引入)이 여기에 해당한다.

여기에서는 보조참가, 독립당사자참가 및 공동소송참가와 소송에 참가할 이해관계가 있는 제3자에게 소송계속의 사실을 통지하는 소송고지를 설명하고, 제3자의 소송인입은 뒤에 따로 설명한다.

제 2 관 補助參加

Ⅰ. 意 義

1) 보조참가(Nebenintervention)라 함은 소송이 계속되는 가운데 소송의 결과에 이해관계가 있는 제3자가 한 쪽 당사자를 돕기 위하여 그 소송에 참가하는 것을 말한다[71]. 이 제3자를 보조참가인, 보조받는 당사자를 피참가인 또는 주된 당사자라고 한다. 채권자가 보증채무자를 상대로 보증금청구의 소를 제기한 경우에 보증채무자가 패소하면 주채무자에게 구상청구를 할 것이므로, 주채무자가 보증채무자의 승소를 위하여 보조참가를 하는 것이 전형적인 예이다.

2) 보조참가제도는 계속중인 소송의 결과에 이해관계가 있는 제3자에게 자기의 이익을 보호할 기회를 마련하여 주는 한편 합리적인 분쟁해결을 꾀하기 위하여 인정하고 있으나, 소송수행면에서 피참가인에게 완전히 종속된 지위를 가지는데 불과하므로, 보조참가인의 이익을 보호하는 수단으로서 불완전한 면이 없지 않다.

3) 보조참가인은 자기의 또는 자기에 대한 청구에 관하여 자기의 이름으로 심판을 구하는 사람이 아니고 오로지 피참가인에 부수하여 피참가인의 소송을 수행하는 사람이므로 진정한 의미의 소송당사자가 아니다. 그러나 자기의 이익을 옹호하기 위하여 자기의 이름과 계산으로 소송을 수행하는 사람이므로, 당사자의 이름으로 당사자를 위하여 소송을 수행하는 대리인과도 다르다. 따라서 보조참가인은

자기를 위한 대리인을 선임할 수 있다. 이러한 점에 비추어 보조참가인을 종(從)된 당사자 또는 준당사자라고도 한다.

Ⅱ. 參加要件

소송참가 중의 하나이므로 다른 사람 사이에 소송이 계속중일 것을 전제로 하고 있고, 소송의 결과에 이해관계가 있는 제3자이어야 한다.

1. 다른 사람 사이에 訴訟이 계속중일 것

1) 소송이 계속되는 경우가 아니면 보조참가를 할 여지가 없다. 그러나 계속중이기만 하면 어느 심급에 계속중이든 상관이 없다. 상고심에서도 가능하다. 또 판결이 확정된 뒤라도 참가신청과 함께 재심의 소를 제기하여 소송을 재개시킬 수도 있다(72Ⅲ). 그러므로 소송계속은 잠재적인 것이어도 좋다.

여기의 소송계속은 특정한 법원에 판결절차가 현존하는 것이지만, 판결절차 이외에 독촉절차에서도 이의신청에 의하여 판결절차로 이행시킬 수 있으므로, 제3자는 이의신청과 함께 참가신청을 할 수 있다. 대립당사자의 구조가 아닌 결정절차에서도 보조참가가 가능한가가 다투어지고 있으나,[1] 결정이 보조참가인의 권리관계에 영향을 주는 경우에는 보조참가가 가능하다고 본다.[2]

2) 다른 사람 사이의 소송에 개입하는 것이므로, 당사자가 자기의 소송의 상대방에 보조참가를 할 수 없음은 당연하다. 그러나 통상공동소송의 경우에는 공동소송인 가운데 한 사람이 다른 공동소송인 또는 상대방에 보조참가를 하는 것은 상관이 없다(필수적 공동소송의 경우에는 不要 또는 不可).

문제는 공동소송인 사이에 사실상 또는 이론상 합일확정의 필요가 있는 때(예컨대 주채무자와 보증인이 공동피고로 된 때)에 참가신청이 없어도 당연히 보조참가관계를 인정할 것인가이다. 이를 긍정하는 견해(**당연보조참가설**)도 있으나,[3] 명시적 참가신청이 없는데도 보조참가관계를 인정하는 것은 무리라고 생각한다.[4]

---

1) 大決 1973. 11. 15, 73 마 849; 金/姜, 804면은 불가하다고 한다.
2) 同旨: 李時, 821면; 胡, 1043면; Rosenberg, §50 Ⅱ 1 a).
3) 兼子, 399면; 新堂, 494면.
4) 同旨: 李時, 821면 주1; 金/姜, 804면.

3) 한 사람이 동시에 양 쪽 당사자의 보조참가인이 될 수는 없다. 따라서 제3자가 일단 한 쪽 당사자에게 보조참가를 하였다가 다른 쪽 당사자에게 보조참가를 하려면 제1의 보조참가를 취하하여야 한다.

2. 參加理由－訴訟의 결과에 利害關係가 있을 것(71)

보조참가에 관하여 가장 논란이 많은 것이 이 요건의 내용이다. 이것은 당사자 한 쪽이 패소하면 제3자(참가인)의 실체법상의 지위에 불리한 영향이 미치는 것을 가리킨다.

(1) 主文에 포함된 判斷

1) 판결의 주문에 포함된 판단에 관하여 이해관계를 가져야 한다. 법문이 "소송결과에"라고 한 것은 이 취지이다. 종래 이 이해관계가 판결주문의 소송물인 권리관계의 존재 여부 판단에 관한 것에 한하는가, 이유에 포함된 판단에 관한 것도 포함하느냐에 관하여 다툼이 있었으나, 통설·판례는 참가인의 법률상의 지위가 본소송의 판결주문에서 판단되는 소송물인 권리관계의 존재 여부에 의하여 직접 영향을 받는 관계에 있어야 한다고 본다.[1] 왜냐하면 판결이유에 포함된 판단에는 당사자 자신도 구속되지 않기 때문에(216 1), 주문에 포함된 판단과 관련된 것을 요구하는 것이 공평하기 때문이다.

2) 주문에 포함된 판단에 의하여 직접 영향을 받는 관계에 있는 때란, 판결의 효력이 직접 미치지는 않지만 자기의 법률상의 지위가 소송의 결과에 의하여 좌우되는 경우,[2] 즉 참가인의 법률상의 지위가 본소송의 소송물인 권리관계의 존재 여부에 논리적으로 의존하는 관계에 있는 경우이다.[3] 예컨대 채권자·보증인 사이의 판결의 기판력은 주채무자에게 미치지 않지만, 주채무의 존재는 보증채무의 전제

---

1) 大判 1964. 9. 22, 63 두 12; 1982. 2. 23, 81 누 42; 1999. 7. 9, 99 다 12796.

2) 판례는 소송의 결과에 대하여 이해관계를 가지는 경우를 "… 적어도 그 판결을 전제로 하여 보조참가를 하려는 자의 법률상의 지위가 결정되는 관계에 있는 경우"라고 한다[大(全)判 2017. 6. 22, 2014 다 225809].

3) 회생채권자가 제기한 채권자취소소송이 계속되어 있던 중 채무자에 대한 회생절차가 개시되어 관리인이 소송을 수계하고 부인의 소로 변경한 경우, 소송결과가 채무자 재산의 증감에 직접적인 영향을 미치는 등 회생채권자의 법률상 지위에 영향을 미친다고 볼 수 있으므로 위 회생채권자는 특별한 사정이 없는 한 소송결과에 이해관계를 갖고 있어 관리인 측에 보조참가를 할 수 있다(大決 2021. 12. 10, 2021 마 6702).

이기 때문에 주채무자는 보증인에 보조참가를 할 수 있다.

판결의 효력이 직접 미치는 경우도 주문에 포함된 판단에 직접 영향을 받는 경우이므로 제3자는 보조참가를 할 수 있지만 그 성질은 공동소송적 보조참가로서 새 법이 따로 규정하고 있다(78).

3) 그런데 최근에는 분쟁해결의 합리성을 내세워 판결이유에 포함된 법률상 또는 사실상의 판단(특히 중요한 쟁점에 관한 판단)에 의하여 영향을 받는 경우에도 보조참가를 허용하여야 한다는 견해가 유력하게 주장되고 있다.[1] 이것은 소송물의 전제문제에 관한 이해관계에까지 보조참가를 확대하려는 시도이다. 그러나 이러한 경우까지 보조참가의 범위를 확대하는 것은 그 한계가 불명하고, 판결이유에 포함된 판단에 구속력을 인정하지 않는 현행법 체계에 어긋난다고 본다.

종래의 통설에 의하면, 채권자・주채무자 사이의 소송에는 보증인이, 토지임대인・임차인 사이의 토지인도청구사건에는 그 지상건물의 임차인이 보조참가를 할 수 있으나, 약해에 기인한 손해배상청구소송에 같은 이유로 소를 제기당하고 있는 별개의 소의 피고, 같은 사고에 기인한 손해배상청구소송에 공동피해자는 보조참가를 할 수 없다.[2] 그러나 최근의 유력설에 의하면 후자의 경우에도 보조참가가 가능하다.

(2) 敗訴의 結果

당사자의 한 쪽의 패소의 결과에 이해관계를 가져야 한다. 피참가인의 패소가 참가인에 아무런 불이익을 주지 않고, 그의 승소가 참가인에게 이익을 가져온다는 것만으로는 여기의 이해관계가 없다.[3] 왜냐하면 보조참가는 다른 사람들 사이의 소송을 기회로 하여 이익을 얻게 하려는 것은 아니기 때문이다.[4]

(3) 法律上의 利害關係

여기에서 말하는 이해관계는 법률상의 이해관계이어야 한다.

---

1) 新堂, 495면; 姜, 894면; 吉野, 269면 이하.

2) 판례는 공동불법행위자 甲・乙 중 乙만이 패소하였는데, 乙이 나중에 甲에게 구상권을 행사할 수 있기 위하여 상대방 원고를 위하여 보조참가하여 상소하는 것을 허용한다(大判 1999. 7. 9, 99 다 12796).

3) Rosenberg, §50 Ⅱ 2; 伊東 乾, "補助參加の利益," 演習民訴, 700면.

4) 다만 판례가 피참가인의 **승소에 이해관계**를 가지는 자의 보조참가신청을 허용한 예로는, 大判 1999. 7. 9, 99 다 12796; 2007. 4. 26, 2005 다 19156; 大決 2014. 5. 29, 2014 마 4009 참조.

1) 따라서 단순한 감정적 이유나 사실상 또는 경제상의 이해관계만으로는 부족하다. 당사자 한 쪽의 친우 또는 친척이라는 이유,[1] 혹은 당사자인 주식회사의 주주 또는 유한회사의 사원이므로 회사가 패소하면 회사의 재산이 감소하여 배당이 줄어들 것이라는 이유,[2] 이웃 사립대학이 등록금환불청구소송에서 패소하면 같은 사립대학으로서 간접적으로 영향을 받아 등록금제도 운영에 차질이 생긴다는 이유[3] 등으로 보조참가를 할 수 없다. 재산의 인도청구소송에 피고의 일반 채권자가 책임재산의 감소를 이유로 보조참가하는 것도 같은 이유로 허용되지 않는다.

2) 법률상의 이해관계이기만 하면 재산법상의 이해관계에 한하지 않고, 신분법상 또는 공법상의 이해관계도 상관이 없다. 그리하여 행정소송에서도 피고 행정청을 위하여 제3자는 보조참가를 할 수 있다(行訴 16 Ⅰ: 다만 이 경우에는 민사소송법 제67조가 준용되므로(行訴 16 Ⅳ) 공동소송적 보조참가에 해당한다).[4]

3. 소송절차를 현저하게 지연시키지 아니할 것

과거에 실무상 참가이유가 없는 데에도 사실상 소송대리를 할 목적으로 보조참가를 하여 변호사대리의 원칙을 잠탈하거나, 참가이유가 인정되더라도 소송지연책으로 다수인이 보조참가신청을 하는 등 보조참가제도가 남용되는 경우가 있었다. 따라서 2002년 민사소송법은 이를 방지하기 위하여, 후술하는 바와 같이 당사자의 이의가 없더라도 직권으로 참가이유를 조사할 수 있도록 함과 아울러, 소송절차를 현저하게 지연시키지 아니하는 경우에만 참가할 수 있도록 하였다(71 但).

4. 다른 救濟手段과의 競合

참가인이 그 지위를 옹호하기 위하여 다른 소송상의 수단(예컨대 79)을 가지고 있더라도 보조참가를 할 수 있다. 판례는 부적법한 독립당사자참가신청이 보조참가신청으로 전환될 수 있다고 한다.[5]

---

1) 大決 1958. 11. 20, 4290 民抗 161.
2) 大判 1961. 12. 21, 4294 民上 222.
3) 大判 1997. 12. 26, 96 다 51714.
4) 행정소송에서 피고 행정청에 보조참가를 한 경우 보조참가인에게도 기판력이 미친다(大判 1969. 1. 21, 64 누 39).
5) 大判 1960. 5. 26, 4292 民上 524.

5. 訴訟行爲의 有效要件

참가신청은 소송행위로서의 유효요건을 구비하여야 한다. 따라서 당사자능력 · 소송능력이 있어야 하고,[1] 대리인에 의한 경우에는 대리권이 있어야 한다. 소송행위의 유효요건은 직권조사사항이다.

Ⅲ. 參加節次

1. 參加申請

1) 참가신청은 서면 또는 말로(161) 참가의 취지와 이유를 명시하여 피참가소송이 계속되어 있는 법원에 한다(72 Ⅰ). 참가의 취지에는 어느 당사자를 위하여 보조참가를 하는가를 표시하고, 참가의 이유에는 소송의 결과에 어떠한 이해관계를 가지고 있는가를 밝혀야 한다.

2) 참가신청은 참가인으로서 할 수 있는 소송행위(예컨대 상소의 제기, 지급명령에 대한 이의신청, 상소의 추후보완)와 동시에 할 수 있다(72 Ⅲ). 서면신청의 경우에는 그 서면을, 구술신청의 경우에는 조서의 등본을 당사자 양 쪽에세 송날하여야 한다(72 Ⅱ). 참가인은 주된 당사자(피참가인)의 동의 없이 언제든지 신청을 취하할 수 있으며, 신청을 취하하더라도 참가에 의한 참가적 효력을 면하지 못한다. 참가인이 한 소송행위는 피참가인이 원용하면 취하에 관계없이 그 효력을 갖는다(75 Ⅱ 유추).[2] 다만 판례는 원용하지 않아도 효력이 있다고 본다.[3]

2. 參加許可 여부의 裁判

1) 신청의 방식이나 참가이유의 유무에 관하여는 당사자가 이의를 신청한 때뿐만 아니라 법원도 직권으로 조사할 수 있다(73 Ⅰ·Ⅱ). 당사자의 이의신청권은 이의 없

1) 행정청은 민사소송법상 당사자능력과 소송능력이 없으므로 행정소송법 제17조 제1항에 의한 소송참가만 할 수 있다. 이 경우에는 관계되는 다른 행정청을 소송에 참가시킴으로써 소송자료 및 증거자료가 풍부하게 되어 그 결과 사건의 적정한 심리와 재판을 하기 위하여 필요한 경우에 한하여 참가의 필요성이 인정된다(大判 2002. 9. 24, 99 두 1519).

2) 同旨: 方, 208면; 宋/朴, 660면. 反對: 李時, 824면(원용이 필요없다고 한다).

3) 大判 1971. 3. 31, 71 다 309, 310.

이 변론하거나 변론준비기일에서 진술하면 소멸한다(74).[1] 구 법에서는 당사자가 이의신청을 한 때에 한하여 참가이유를 조사할 수 있도록 하였으나, 당사자가 소송기술이 부족하여 이의신청을 하지 아니하는 경우가 많았고, 또 적절한 시기에 이의신청을 하지 아니하면 이의신청권이 상실되므로, 참가인이 악용하여 소송대리의 목적으로 보조참가를 하는 경우 이를 제한하기 어려운 문제가 있었다. 그리하여 2002년 민사소송법은 직권으로도 참가이유를 조사할 수 있도록 하였다(73 Ⅱ).

당사자가 이의신청을 하거나 법원이 명한 때에는 참가인은 참가의 이유를 소명하여야 한다(73 Ⅱ Ⅰ). 법원은 당사자의 소명에 따라 참가의 허가 여부를 결정하여야 한다(73 Ⅱ Ⅰ). 이 결정에 대하여 참가인 또는 당사자는 즉시항고를 할 수 있다(73 Ⅲ).[2]

2) 참가에 대한 이의가 있더라도 본소송의 절차는 정지하지 않는다. 참가불허가의 결정이 있더라도 그것이 확정될 때까지는 참가인은 그로서 할 수 있는 소송행위를 할 수 있으나(75 Ⅰ), 불허가결정이 확정되면 그 효력을 잃는다. 이 경우에도 참가인의 소송행위를 당사자가 원용한 때에는 그 효력을 가진다(75 Ⅱ).

Ⅳ. 補助參加人의 地位

1. 總 說

보조참가인은 자기의 이익을 지키기 위하여 다른 사람의 소송을 돕는다는 이중의 성격을 가진다. 그리하여 보조참가인의 지위에는 독립적 성격과 종속적 성격의 모순되는 두 측면이 있다. 독립성을 강조하면 보조참가인은 제3의 소송당사자에 가까운 지위를 인정받게 되고, 종속성을 강조하면 당사자의 보조자로서의 역할이 전면에 나타난다. 그 독립성과 종속성의 한계선을 어디에 구할 것인가에 관하여 논의가 많으나, 보조참가제도의 활성화를 위하여 보조참가인은 원칙적으로 독립적 지위를 가지고, 다만 피참가인과 상대방의 이익을 위하여 그 독립성이 제한받는다고 풀이하고 싶다.

---

1) 즉시 이의를 신청한 이상 뒤에 변론하더라도 이의신청권을 잃지 아니한다(大決 1964. 9. 22, 63 두 12).

2) 대법원은 종국판결의 이유에서 참가허가 여부에 대하여 심판하여도 위법이 아니라고 한다(大決 1962. 1. 11, 4294 民上 558; 大判 2007. 11. 16, 2005 두 15700).

2. 獨立的 性格

보조참가인은 피참가인을 승소시킴으로써 자기의 이익을 옹호하기 위하여 피참가인으로부터 유래하지 않는 독자적 권능을 가지고 소송에 관여하는 존재이다. 따라서 i) 기일통지, 소송서류의 송달도 당사자와 별도로 하여야 하고, 참가인에 대하여 기일통지를 하지 아니하였으면 기일을 적법하게 열 수 없다.[1] 피참가인이 기일에 결석하여도 참가인이 출석하면 결석의 효과는 발생하지 않는다. ii) 참가인이 지출한 소송비용은 상대방과의 사이에 따로 부담에 관한 재판을 받는다(103). iii) 또 참가인은 언제든지 피참가인의 동의 없이 참가신청을 취하할 수 있다. iv) 그리고 참가인은 원칙적으로 공격·방어방법의 제출, 이의의 신청, 상소의 제기, 그 밖의 피참가인을 승소시키기 위한 일체의 소송행위를 할 수 있다(76 I). v) 뿐만 아니라 자신의 사유를 이유로 한 기피신청권도 있다.

3. 從屬的 性格

보조참가인은 자기의 또는 자기에 대한 청구에 관하여 심판을 요구한 사람은 아니고, 본소송의 판결도 보조참가인을 명의인으로 하여 내려지지 아니한다. 그러한 의미에서 진정한 당사자는 아니다. 따라서 i) 보조참가인은 제3자로서 증인 또는 감정인이 될 능력이 있다. ii) 또 참가인에 관하여 사망·소송능력상실 등 소송절차의 중단사유가 발생하여도 본소송은 정지하지 않고, 다만 그 사이에 생긴 사유는 참가적 효력(77)의 제외사유로서 평가될 수 있을 뿐이다. iii) 그리고 참가인의 상소는 피참가인의 상소기간 안에 한하여 할 수 있고,[2] 상고이유서의 제출도 같다. iv) 또 다음의 행위는 이를 할 수 없다.

4. 參加人이 할 수 없는 行爲

참가인은 원칙적으로 일체의 소송행위를 할 수 있으나, 다음과 같은 행위는 피참가인의 이익을 보호하기 위하여 이를 할 수 없고, 이를 하여도 효력이 없다.

---

1) 大判 1964. 10. 30, 64 누 34.
2) 大判 2007. 9. 6, 2007 다 41966.

(1) 被參加人이 할 수 없는 行爲(76 I 但)

참가 당시의 소송의 진행정도로 보아 피참가인이 이미 할 수 없게 된 소송행위는 참가인도 할 수 없다. 예컨대 시기에 늦은 공격·방어방법의 제출, 자백의 철회, 소송절차에 관한 이의권을 포기·상실한 행위에 대한 이의 등이다. 참가인의 상소기간이 피참가인의 상소기간 이내에 한정되는 것도 이 때문이다.[1)]

(2) 被參加人의 訴訟行爲에 어긋나는 行爲(76 II)

1) 참가인의 소송행위가 피참가인의 소송행위에 어긋나는 경우에는 참가인의 소송행위는 그 어긋나는 범위 안에서 효력을 잃는다. 예컨대 피참가인이 자백한 뒤에 참가인이 부인하거나,[2)] 피참가인이 상소권을 포기하거나 상소를 취하한 뒤에 참가인이 상소할 수 없다. 여기에서 어긋나는 경우라 함은 양자의 행위가 분명하고도 적극적으로 어긋나는 것을 의미한다.[3)] 따라서 참가인의 행위가 선행한 뒤에 피참가인이 지체 없이 이것을 취소하거나 이에 반하는 행위를 하지 아니하면 참가인의 행위는 실효되지 아니한다.[4)]

2) 양 행위의 선후는 묻지 아니한다. 따라서 참가인이 제기한 항소를 피참가인이 취하할 수 있다.[5)]

(3) 訴訟 그 자체를 處分·變更하는 行爲

보조참가인은 타인간의 소송을 전제로 하여 그것에 부수하여 피참가인을 승소시키기 위하여 소송행위를 하는 존재이므로, 소송 그 자체를 발생·변경·소멸시키는 행위는 할 수 없다. 따라서 소의 취하, 청구의 변경, 반소 또는 중간확인의 소의 제기 등을 할 수 없다.

---

1) 상고이유서제출기간에 관하여 大判 1962. 3. 15, 4294 行上 145.

2) 大判 1981. 6. 23, 80 다 1761; 2001. 1. 19, 2000 다 59333.

3) 大判 2007. 11. 29, 2007 다 53310(소극적으로만 피참가인의 행위와 불일치하는 경우는 이에 해당하지 않는다고 한다. 따라서 피참가인이 상대방의 주장을 명백히 다투지 않아 자백한 것으로 보게 될 경우에도 참가인이 그 사실을 다투는 것은 가능하다).

4) 보조참가인의 증거신청행위가 피참가인의 행위와 저촉되지 아니하면, 법원이 그 증거에 기하여 피참가인에게 불이익한 사실인정을 할 수도 있다(大判 1994. 4. 29, 94 다 3629).

5) 大判 1984. 12. 11, 84 다카 659; 2010. 10. 14, 2010 다 38168.

(4) 被參加人에게 不利한 行爲

보조참가인은 성질상 피참가인에게 불리한 행위를 할 수 없다. 따라서 청구의 포기·인낙, 화해, 상소의 취하, 상소권의 포기 등의 행위는 할 수 없다. 자백이 여기에서 말하는 불리한 행위에 포함되는가에 관하여는 다툼이 있으나, 대등한 관계에 있는 필수적 공동소송인조차 할 수 없는 이상(67 I), 주종의 관계에 있는 보조참가인은 더더욱 할 수 없다고 생각한다(통설). 다만 피참가인이 보조참가인에 의하여 자백된 사실을 다투지 않으면 자백은 유효하게 된다.

(5) 私法上의 權利行使

보조참가인은 소송수행상 필요하다고 하더라도 피참가인이 가지는 사법상의 권리(형성권)를 행사할 수 없다. 따라서 참가인은 피참가인의 취소권·해제권·상계권 등을 직접 소송에서 행사할 수 없다(통설). 다만 사법상 그러한 권능이 보조참가인에게 인정되어 있는 경우에는 예외이다(民 404, 418, 434).

Ⅴ. 補助參加人에 대한 判決의 效力

보조참가가 있는 소송에서 내려진 판결의 본래적 효력인 기판력과 집행력 등은 당사자 사이에만 미치고(218 I), 보조참가인에게는 미치지 않는다. 그런데 민사소송법 제77조는 보조참가소송에서 내려진 재판은 일정한 경우를 제이하고는 보조참가인에게도 그 효력이 미친다고 규정하고 있다. 여기에서 제77조에 규정된 재판의 효력의 성질과 범위가 문제된다.

1. 效力의 性質

일찍이 당사자 사이에서 생긴 재판의 효력(기판력)이 보조참가인에게도 확장되는 것이라고 보는 견해(**기판력설**)가 유력하였으나, 그 뒤 보조참가인에 대한 판결의 효력은 참가인이 피참가인과 협동하여 소송을 수행한 이상 패소의 경우에는 그 책임을 공평하게 분담하여야 한다는 금반언의 사상에 근거한 효력이고, 참가인이 뒤에 피참가인에 대한 관계에서 판결의 내용이 부당하다고 주장할 수 없는 구속력으로서, 기판력과 다른 보조참가소송에 특수한 효력, 즉 참가적 효력(Interventionswirkung)

으로 풀이하는 견해(**참가적 효력설**)가 통설·판례[1])로 되어 오늘에 이르고 있다. 그런데 이에 관하여는 보조참가인에 대한 판결의 효력을 참가인과 피참가인 사이 및 참가인과 상대방 사이로 구분하여, 전자에서 발생하는 효력은 참가적 효력이고 후자에서 발생하는 효력은 기판력 내지 쟁점효라고 설명하는 견해(**신기판력설**)가 유력하게 주장되고 있다.[2])

생각건대 제77조의 효력은 참가인과 피참가인이 공동으로 소송을 수행한 이상 패소의 책임을 분담하여야 한다는 공평의 관념과 금반언의 사상을 기초로 하고 있고, 이것이 법원의 공권적 판단을 다툴 수 없게 하여 법적 안정성을 추구하려는 기판력과 그 근거를 달리하는 점이다. 또 이것을 기판력으로 본다면 단순한 소송고지만으로 제3자에게 기판력이 미치는 결과로 되어(84.86) 제3자의 절차적 기본권을 침해하게 된다. 또 기판력은 당사자의 승패나 주관적 책임과 관계없이 발생하는데, 제77조의 효력은 그렇지가 않다. 이러한 점에 비추어 기판력설은 의문이다. 다음 신기판력설은 제77조의 효력이 참가인과 피참가인의 상대방 사이에서도 발생한다고 하고, 또 피참가인이 승소한 경우에도 발생한다고 보는 점에서 민사소송법 제77조, 제218조의 명문에 반한다. 따라서 통설인 참가적 효력설이 타당하다고 생각한다.

2. 效力의 範圍

(1) 主觀的 範圍

참가적 효력은 참가인과 피참가인 사이에서만 생기고, 참가인과 상대방 사이에서는 생기지 아니한다[3])(기판력설과 신기판력설은 참가인과 상대방 사이에서도 발생한다고 한다). 그리하여 예컨대 채권자·보증인 사이의 보증채무청구소송에 주채무자가 보증인 쪽에 보조참가를 하여 주채무의 부존재를 주장하였으나 패소한 경우에, 주채무자는 뒤에 보증인이 구상청구를 하여 올 때에는 주채무의 존재를 다툴 수 없지만, 채권자가 주채무를 청구하여 올 때에는 보조참가소송의 판결이 부당하다고 하여 주채무의 존재를 다툴 수 있다(신기판력설은 후자의 경우에 쟁점효를 인정한다).

참가인과 피참가인 사이에서는 참가인에게는 물론, 피참가인에게도 불이익하게 구속력이 발생한다. 예컨대 갑이 을을 상대로 하여 소유권에 기한 건물인도청구를

1) 大判 1979. 6. 12, 79 다 487; 1988. 12. 13, 86 다카 2289.
2) 姜, 900면; 新堂, 499면 이하.
3) 大判 1974. 6. 4, 73 다 1030; 1979. 6. 12, 79 다 487.

하였는데, 병이 위 건물은 자기 소유인 것을 을에게 임대하였다고 주장하면서 을에게 보조참가하였으나 병의 소유권이 인정되지 않아 을이 패소한 경우에, 뒤에 을이 병에게 건물의 흠으로 인한 손해배상청구를 할 때 병이 위 건물은 병의 소유가 아니라고 주장하면 을은 이를 다툴 수 없다.

(2) 客觀的 範圍

참가적 효력은 판결주문 중의 소송물에 관한 판단에 한하지 않고 판결이유 중의 사실인정, 선결적 법률관계에 관한 판단에도 미친다. 이 점은 제77조의 효력에 관하여 어느 견해를 취하든 마찬가지이고, 실제상으로도 이유 중의 판단에 구속력을 인정하지 않으면 아무런 의미가 없는 경우가 많다.

1) 일반적으로 승패를 결정하는 분기점이 되는 중요한 쟁점으로서 참가인도 중대한 이해관계를 가진 사항에 관하여 효력이 미치겠지만, 구체적으로는 소송의 경과·상황 등을 고려하여 개별적으로 판단하여야 한다.[1] 일본 최고재판소는 건물소유권자 갑이 임차인 을을 상대로 제기한 인도청구소송에 진정한 소유자라고 주장하는 병이 임차인 을에 보조참가를 하였으나, 갑의 소유권이 인정되어 을이 패소한 경우에, 참가인 병이 후소에서 소유권을 주장하여 피참가인 을에 대하여 임료지급을 청구한 사례에서, 갑의 소유권을 인정한 전소 판결의 이유 중의 판단에 참가적 효력이 발생하여, 참가인 병은 후소에서 자기에게 소유권이 있다고 주장할 수 없다고 한다.[2] 다만 이 경우에 구속력의 레벨이 어디까지인가는 문제이다. 즉 위 예에서 소유권의 취득원인에 관한 판단에 구속력이 생기는가, 환언하면 주요쟁점에 한하는가, 부수적 쟁점(파생쟁점)에도 생기는가가 문제이다.[3] 대법원은 전소확정판결의 결론의 기초가 된 사실상 및 법률상의 판단으로서 보조참가인이 피참가인과 공동이익으로 주장하거나 다툴 수 있는 사항에 한하여 참가적 효력이 생기고,[4] 전소확정판결의 결론에 영향을 미칠 수 없는 부수적 또는 보충적인 판단 등에는 그 효력이 생기지 아니한다고 한다.[5]

1) 大判 1986. 2. 25, 85 다카 2091.
2) 日最判 1970. 10. 22, 民集 24. 11. 1583, 百選 Ⅱ, 366면.
3) 吉村, "訴訟告知と補助參加による判決の效力," 演習民訴, 705면 참조.
4) 大判 2020. 1. 30, 2019 다 268252.
5) 大判 1997. 9. 5, 95 다 42133.

2) 당사자조차 효력을 받지 아니하는 이유 중의 판단에 보조참가인이 구속되는 것이므로, 그 전제로서 보조참가인이 변론을 다하는 것이 기대되고 또 현실로 소송진행상의 제약이 없었던 것이 필요하다(77의 제외 예에 해당하지 않아야 한다). i) 판결이유 중에서 판단하지 아니한 사항에 대하여는 참가적 효력이 생길 여지가 없다.[1] ii) 참가인과 피참가인이 공동 협력하여 다투었어야 하므로, 참가인과 피참가인 사이에 이해가 공통된 사항에 관한 판단에만 구속력이 생기고,[2] 참가인과 피참가인의 이해가 대립하는 사항에 관한 판단에는 구속력이 생기지 않는다.[3]

3. 旣判力과의 差異

i) 기판력이 인정되는 근거는 법원이 공권적 판단을 내린 사항에 관하여는 분쟁의 반복을 금지한다는 법적 안정의 사상에 있는데, 제77조의 효력은 참가인과 피참가인이 공동으로 소송을 수행한 이상 패소의 책임을 분담하여야 한다는 공평의 관념과 금반언의 사상에 기초하고 있다. ii) 기판력은 피참가인의 승패에 불구하고 발생하는데, 제77조의 효력은 피참가인이 패소한 경우에만 문제가 된다. iii) 기판력은 당사자 사이에서만 효력이 발생하는데, 제77조의 효력은 참가인과 피참가인 사이에서 발생한다. iv) 기판력은 당사자 사이의 주관적 책임과 관계없이 효력이 생김에 반하여, 제77조의 효력은 패소가 피참가인의 단독 책임으로 인한 것인 때에는 배제된다. v) 기판력은 판결주문 중의 판단에만 생기는데, 제77조의 효력은 판결이유 중의 판단에도 생긴다. vi) 또 기판력의 존재는 직권조사사항임에 반하여, 제77조의 효력은 당사자의 원용을 기다려 고려하면 충분하다.

4. 效力의 發生要件과 排除事由

(1) 發生要件

1) 참가적 효력은 피참가인이 패소한 경우에만 발생한다. 이것은 이 제도의 취지에 비추어 분명하다. 피참가인이 승소한 경우에도 참가인과 피참가인 사이에서 이른바 쟁점효이론에 의하여 판결이유 중의 판단을 다툴 수 없다고 하는 견해가 있으나,[4] 이것은 참가적 효력의 문제는 아니다.

2) 참가적 효력은 참가인에게 피참가인을 위하여 소송을 수행할 기회가 주어졌

1) 大判 1991. 6. 25, 88 다카 6358.
2) 大判 1986. 2. 25, 85 다카 2091; 2015. 5. 28, 2012 다 78184.
3) 大判 1991. 6. 25, 88 다카 6358; 1997. 9. 5, 95 다 42133.
4) 新堂, 503면.

을 경우에만 발생한다. 참가인이 실제로 소송수행을 하였을 것은 요구되지 아니한다. 그리하여 소송고지를 받고도 보조참가를 하지 아니하거나 보조참가는 하였으나 아무런 주장·증명을 하지 아니하여 자백간주로 패소한 경우에도 참가적 효력은 발생한다. 그러나 참가인이 변론을 다하는 것이 법률상 기대될 수 없거나 현실로 소송수행상의 제약이 있는 경우에는 참가적 효력을 발생시킬 기초가 결여되어 있으므로 참가적 효력은 배제된다. 나아가 판례는 전소가 화해권고결정[1] 또는 조정을 갈음하는 결정[2]에 의해 종료된 경우에는 확정판결에서와 같은 법원의 사실상·법률상의 판단이 이루어지지 않았다는 점에서 참가적 효력이 인정되지 않는다고 한다.

(2) 排除事由

참가적 효력의 배제사유는 다음과 같다(77). 즉 i) 참가 당시의 소송의 진행 정도로 보아 참가인이 필요한 소송행위를 할 수 없었을 경우(예컨대 실기한 공격방어방법 149, 실권적 효력 285)(77 ①, 76 Ⅰ), ii) 피참가인의 행위에 어긋나서 참가인의 소송행위가 효력을 잃은 경우(예컨대 자백과 부인)(77 ①, 76 Ⅱ), iii) 피참가인이 참가인의 소송행위를 방해한 경우(77 ②), iv) 참가인이 할 수 없는 소송행위를 피참가인이 고의나 과실로 하지 아니한 경우(77 ③), v) 참가인에게 소송절차중단사유가 있을 경우 등이다. 물론 이러한 사유가 없었더라면 전 소송의 판단 결과가 달라졌을 때에 한한다.[3]

5. 參加的 效力의 擴張·類推理論

법정대리인이 무능력자를 위하여 소송을 수행한 경우나 제3자의 소송담당의 경우에도 법정대리인이나 소송담당자에게 그 본인과의 사이에서 참가적 효력을 인정하여야 하고, 나아가 당사자 사이에도 일정한 경우에 참가적 효력을 유추하여 금반언적 효력을 인정하여야 한다는 견해가 있으나,[4] 이러한 주장은 참가신청이 없이 당연히 보조참가관계를 인정하는 것이 되어 부당하다고 생각한다. 위의 경우에는 신의칙에 의하여 문제를 해결할 수 있을 것이나.[5]

---

1) 大判 2015. 5. 28, 2012 다 78184.
2) 大判 2019. 6. 13, 2016 다 221085.
3) Rosenberg, §50 V 4 b).
4) 方, 216면 註 14; 兼子, 406면; 新堂, 505면.
5) 同旨: 李時, 831면.

Ⅵ. 共同訴訟的 補助參加

1. 意 義

1) 공동소송적 보조참가(streitgenössische Nebenintervention)라 함은 본소의 판결의 효력(기판력)이 제3자에게 미치는 경우에 그 제3자가 보조참가를 하는 경우를 가리킨다. 이것은 본래 판결의 효력을 받는 참가인의 이익을 보호하기 위하여 통상의 보조참가와는 달리 필수적 공동소송인에 준한 소송수행의 권능을 부여하기 위하여 학설·판례에 의하여 인정되어온 된 제도인데, 2002년 민사소송법에서는 이를 명문으로 규정하고 있다(78).[1] 제3자가 민사소송법 제83조에 의한 공동소송참가를 할 수 있는 경우에는 이러한 보조참가의 형태를 인정할 필요가 없지만, 제3자가 독립하여 원고 또는 피고가 될 자격(당사자 적격)을 가지지 아니하여 보조참가밖에 할 수 없는 경우(예컨대 파산재단에 관한 소송에서 파산선고를 받은 채무자)에는 공동소송적 보조참가를 인정하여 특별한 취급을 하는 것이 타당하다. 이 제도에 의하여 참가인은 자기의 이익을 해치는 본소송의 진행을 견제할 수 있는 것이다.

2) 통상의 보조참가인가 공동소송적 보조참가인가, 또는 공동소송참가인가는 법원이 법령의 해석에 의하여 결정하여야 하고,[2] 당사자의 신청에 의하여 정하여서는 안 된다.

2. 共同訴訟的 補助參加가 성립되는 경우

본소의 판결의 효력이 제3자(참가인)에게도 미치는 경우이다. 공동소송의 허용한계인 제65조의 범위 안에서만 참가가 가능하다.

1) 제3자의 소송담당의 경우에는 소송담당자가 받은 판결의 효력은 이익의 귀속주체에게 미치므로(218 Ⅲ), 이 이익의 귀속주체가 보조참가하면 공동소송적 보조참가가 된다. 예컨대 관리인의 회생절차상 채무자의 재산에 관한 소송(破 78)의 채무자, 파산관재인의 파산재단에 관한 소송(破 359)의 파산선고를 받은 채무자, 유언집행자의

---

1) 도이칠란트 민사소송법도 이를 규정하고 있다(獨民訴 60).

2) 大判 1962. 5. 17, 4294 行上 172; 2002. 3. 15, 2000 다 9086 참조.

소송(民1101)의 상속인, 선정당사자에 의한 소송(53)의 선정자, 추심명령을 받은 집행채권자의 추심의 소(民執 227, 229)의 채무자, 채권자대위소송(民404)의 채무자,[1] 채권질(債權質)의 질권자가 소송(民353)을 하는 경우의 채권자 등이 보조참가하는 경우가 이에 해당한다.[2] 이에 반하여 주주가 회사를 위하여 이사의 책임을 추궁하는 대표소송(商403)에 회사가 참가하는 것(商404)은 공동소송참가이다(판례).[3]

2) 형성소송의 형성판결은 일반 제3자에게도 효력이 미친다. 예컨대 가사소송(家訴21 II), 회사관계소송(商190, 376 II, 380, 381 II, 430), 행정소송(行訴29)[4] 등이 그러하다. 이러한 경우에 당사자적격이 없는 제3자가 보조참가하면 공동소송적 보조참가가 된다(다만 행정소송의 경우에는 행정 소송법 제16조의 특칙이 있다).[5] 형성소송의 경우에는 소제기기간(출소기간)에 제한을 두는 경우가 많은데(商376, 行訴20), 판결의 효력을 받는 제3자가 소제기기간을 넘긴 때에는 공동소송적 보조참가를 할 수밖에 없게 된다.

3) 판결의 효력이 미치더라도 청구의 목적물의 소지자(218)와 같이 독자적인 이익이 없는 사람은 보조참가를 할 수 없다.

3. 共同訴訟的 補助參加人의 地位

공동소송적 보조참가인은 당사자로서의 적격을 가지지 아니하는 점에서 형식적으로는 보조참가인이지만, 본소송의 판결의 효력을 받는다는 점에서 실질적으로는 필수적 공동소송인에 가까운 지위를 가지고 있다. 따라서 필수적 공동소송인에 대한 특별규정이 준용된다(78). 이처럼 공동소송적 보조참가인은 특수한 지위에 있기 때문에, 여기에는 보조참가인의 독립성에 대한 제한, 즉 종속성 가운데 많은 부분

---

1) 反對: 胡, 1052면(대위소송은 소송담당이 아니므로 통상의 보조참가를 할 수 있다는 입장); 다만 김홍엽, 1107면은 채무자가 대위소송의 계속사실을 알게 되면 대위의 대상인 권리에 관한 소송의 당사자적격을 상실하게 되어 공동소송적 보조참가를 해야 한다는 입장이다.

2) 추심위임배서에 의한 피배서인의 소송에 배서인이 참가하는 것도 여기에 포함시키는 견해가 있으나(方, 217면), 배서인은 어음上의 권리를 잃지 아니하여 공동소송참가를 할 수 있으므로, 여기에 해당하지 않는다고 풀이된다.

3) 大判 2002. 3. 15, 2000 다 9086. 상법학계의 통설이기도 하다. 정동윤, 「회사법」(제7판, 2003), 469면. 反對: 李時, 832면.

4) 大判 1969. 1. 21, 64 누 39.

5) 大判 2012. 11. 29, 2011 두 30069; 2013. 3. 28, 2011 두 13729(행정소송에서 보조참가는 판결의 효력이 참가인에게 미치는 등 행정소송의 성질상 공동소송적 보조참가이다); 2013. 10. 31, 2012 후 1033(심결취소소송은 행정소송인 점에서 민사소송법상의 보조참가 규정이 준용된다); 2010. 10. 14, 2010 다 38168(복싱연맹회장 인준취소통지를 구하는 소는 형성의 소로 볼 수 없어 보조참가인들의 참가는 통상의 보조참가에 불과하다).

이 배제되게 된다. 그리하여 i) 피참가인은 참가인에게 불리한 행위를 단독으로 할 수 없고, 참가인은 유리한 소송행위이면 피참가인의 행위에 어긋나는 소송행위를 할 수 있다(67 Ⅰ에 의하여 76 Ⅱ 적용 배제). 따라서 피참가인이 단독으로 상소권을 포기하거나 상소를 취하하더라도 그 효력이 없고, 재심의 경우에도 마찬가지이다.[1] 자백, 청구의 포기·인낙, 화해도 피참가인 혼자서는 할 수 없다. 소의 취하는 할 수 있다.[2] 소의 제기 및 소송계속의 유지 여부는 당사자의 고유 권한이고,[3] 소의 취하가 참가인을 불리하게 하는 것도 아니기 때문이다.[4] ii) 참가인의 상소기간은 피참가인과 독립하여 계산한다.[5] iii) 참가인에게 소송절차의 중단 또는 중지의 사유가 발생한 때에는 소송절차가 정지된다(67 Ⅲ). 위 세 가지 점에서 통상의 보조참가인과 다르다(과거의 통설이기도 하다). 이상의 점을 제외하고는 통상의 보조참가인과 동일한 지위를 갖는다. 따라서 보조참가인은 청구의 변경, 반소제기 등은 할 수 없으며, 참가 이전에 이미 피참가인이 한 자백을 철회하거나 시기에 늦은 공격·방어방법을 제출할 수도 없다.[6] 공동소송적 보조참가는 본소송의 소송계속에 의존하는 것이므로, 본소가 부적법각하되면 공동소송적 보조참가도 소멸한다.[7] 증거조사를 할 때 증인신문을 할 것인가, 당사자신문을 할 것인가가 문제되는데, 도이칠란트의 통설은 당사자신문을 하여야 한다고 풀이한다.[8]

공동소송적 보조참가인은 상고를 제기하지 않은 채 피참가인이 상고를 제기한

---

1) 大判 1967. 4. 25, 66 누 96; 1970. 7. 28, 70 누 35; 통상의 보조참가인이 재심의 소를 제기한 경우 피참가인이 통상의 보조참가인에 대한 관계에서 재심의 소를 취하할 권능이 있다고 하더라도, 공동소송적 보조참가인이 있다면 그에게 불리한 영향을 미칠 수 없기 때문에, 피참가인의 재심의 소 취하로 재심의 소 제기가 무효로 되거나 부적법하게 되지는 않는다고 한다(大判 2015. 10. 29, 2014 다 13044).

2) 대법원은 소의 취하는 "재판의 효력과는 직접적인 관련이 없는 소송행위로서 공동소송적 보조참가인에게 불이익이 된다고 할 것도 아니다. 따라서 피참가인이 공동소송적 보조참가인의 동의 없이 소를 취하하였다 하더라도 이는 유효하다. 그리고 이러한 법리는 행정소송법 제16조에 의한 제3자 참가가 아니라 민사소송법의 준용에 의하여 보조참가를 한 경우에도 마찬가지로 적용된다."고 판시하였다(大判 2013. 3. 28, 2011 두 13729); 李時, 799면.

3) BGH NJW 1965, 760.

4) 大判 2013. 3. 28, 2011 두 13729(나아가 판례는 **공동소송적 보조참가는 성질상 유사필수적 공동소송에 준한다** 할 것이고, 원고 중 일부가 소를 취하하는 경우에 다른 공동소송인의 동의를 받을 필요가 없다고 한다).

5) 공동소송적 보조참가를 한 참가인이 적법하게 상고를 제기하고 그 상고이유서 제출기간 내에 상고이유서를 제출하였다면, 상고를 제기하지 않은 피참가인인 피고의 상고이유서 제출기간이 도과하였다고 하더라도 그 상고이유서의 제출은 적법하다(大判 2012. 11. 29, 2011 두 30069).

6) 공동소송적 보조참가인은 필수적 공동소송인에 준하는 지위를 가지지만 원래 보조참가인의 성질을 가지므로 통상의 보조참가인과 마찬가지로 참가할 때의 소송의 진행정도에 따라 피참가인이 할 수 없는 행위를 할 수 없다(大判 2015. 10. 29, 2014 다 13044).

7) 大判 2002. 3. 15, 2000 다 9086 참조.

8) Thomas/Putzo, §69, Rn.1.

부분에 대한 상고이유서를 제출할 수 있다. 다만 이는 피참가인의 상고이유서 제출기간 내에만 가능하다. 마찬가지 이유에서 상고하지 않은 참가인이 피참가인의 상고이유서에서 주장되지 않은 내용을 피참가인의 상고이유서 제출기간이 지난 후 서면으로 주장하더라도 이는 적법한 기간 내에 제출된 상고이유의 주장이라고 할 수 없다.[1)]

제 3 관 訴訟告知

Ⅰ. 意 義

1) 소송고지(Streitverkündung)라 함은 소송이 계속된 때에 당사자가 그 소송에 참가할 수 있는 제3자에게 소송계속의 사실을 법정의 방식에 따라 통지하는 것을 말한다(84). 소송참가를 할 수 있는 제3자에는 독립당사자참가, 공동소송참가 및 보조참가를 할 수 있는 사람이 모두 포함되고 고지의 대상이 되지만, 소송고지는 이에 의하여 피고지자에게 참가적 효력을 미치게 하는 데에 주된 이익이 있으므로, 실제로는 주로 보조참가를 할 수 있는 제3자에 대하여 행하여진다. 예컨대 채권자로부터 채무금지급청구의 소를 제기당한 보증인이 주채무자에게 소송고지를 하여 두면 패소시에 피고지자에게 참가적 효력이 발생하므로, 뒤에 주채무자를 상대로 구상권을 행사하는 경우에 주채무자에 의한 채무부존재의 항변을 봉쇄할 수 있어서 유리하다.

2) 소송고지는 소송계속의 사실을 단순히 통지하는 보고행위이며, 제3자에게 소송참가를 최고하거나 요구하는 의사의 통지가 아니다. 또 소송고지는 상대방 당사자에 대한 권리의 주장이나 방어가 아니다.

1) 大判 2020. 10. 15, 2019 두 40611(공동소송적 보조참가인과 피참가인이 불복하는 부분을 달리하여 각각 상고하는 경우, '피참가인만이 불복한 부분'에 대하여 참가인은 '상고하지 않은 참가인'이 되고, 따라서 '피참가인만이 불복한 부분'에 대하여, 피참가인이 상고이유서에서 주장하지 않은 새로운 내용을 참가인이 피참가인의 상고이유서 제출 기간이 지난 후에 주장한다면 이는 적법한 기간 내에 제출된 상고이유의 주장이라고 할 수 없다).

Ⅱ. 要 件

1. 訴訟이 계속중일 것

판결절차·독촉절차·재심절차 등의 소송절차가 국내법원에 계속중이어야 한다. 상고심에 계속중이라도 상관이 없다. 소송고지에 이어 변론을 열 필요는 없기 때문이다. 제소전화해절차, 가압류·가처분절차, 강제집행절차는 이에 해당하지 아니한다. 결정절차·중재절차에서도 이론상은 소송고지가 가능하다고 생각한다.[1]

2. 告 知 者

1) 고지를 할 수 있는 사람은 계속된 소송의 당사자인 원·피고, 보조참가인 및 이들로부터 고지를 받은 제3자이다. 고지를 받은 사람은 스스로 참가를 하지 않고도 다시 고지를 할 수 있다(84 Ⅱ). 예컨대 어음금지급청구소송의 피고는 자기의 전자(前者)에 고지를 할 수 있고, 고지를 받은 전자는 다시 자기의 전자에게 고지를 할 수 있다. 이것은 어음시효의 진행을 중단시키기 위하여 필요하다(어 80, 手 64 참조).

2) 소송고지는 원칙적으로 자유에 속하지만, 예외적으로 고지의 의무가 인정되는 경우가 있다. 예컨대 대표소송을 제기한 주주(商 404 Ⅱ), 추심의 소를 제기한 채권자(民執 238)[2] 등이 그것이다. 채권자대위소송에서의 통지의무(民 405)도 이에 속한다. 소송고지는 일반적으로 고지자의 이익을 위한 것이므로, 이를 하지 않아도 고지에 따른 이익을 얻지 못하는 데 그치지만, 위와 같이 소송고지가 의무로 되어 있는 경우에는 피고지자의 이익을 위한 것이므로, 고지가 되지 아니한 판결의 효력은 피고지자의 절차권의 보장을 위하여 그에게 미치지 아니한다고 풀이하여야 할 것이다.[3]

3. 被告知者

1) 고지를 받을 수 있는 사람은 소송참가를 할 수 있는 제3자이다. 독립당사자

1) Rosenberg, §51 Ⅱ 1. 反對: 李時, 835면은 중재절차에서의 소송고지를 부인한다. 판례는 결정절차에서 보조참가를 불허하므로(大決 1973. 11. 15, 73 마 849), 소송고지도 인정하지 않는다.

2) 소송고지는 추심의 소의 제기요건이 아니다(大判 1976. 9. 28, 76 다 1145).

3) 大(全)判 1975. 5. 13, 74 다 1664. 同旨: 李時, 836면; 新堂, 199면; 谷口, 「株主の代表訴訟」, 實務民訴 5, 95면. 증권관련집단소송에서는 구성원의 절차권을 보장하기 위하여서 법원의 고지의무를 인정한 경우가 있다(소송허가결정의 고지, 證集 18; 대표당사자변경의 고지, 證集 25 등).

참가 · 공동소송참가를 할 수 있는 제3자도 포함하지만, 보통은 보조참가를 할 수 있는 제3자이다. 왜냐하면 이 경우에 고지자는 고지에 의하여 제3자에게 참가적 효력이 미치도록 할 수 있기 때문이다. 같은 사람이 당사자 양 쪽으로부터 소송고지를 받는 수가 있는데(예컨대 대리행위에 기한 청구에서 대리권의 유 · 무가 다투어지는 경우에 대리인은 소송의 당사자인 본인 및 상대방의 양 쪽으로부터 소송고지를 받는다), 이 경우에는 패소한 당사자와의 사이에서 참가적 효력이 발생한다.

2) 상대방 당사자에게 고지할 수 없으나, 상대방의 보조참가인에게는 고지할 수 있다. 자기의 공동소송인이나 보조참가인에게는 참가적 효력이 미치도록 하기 위한 소송고지는 할 필요가 없으나, 실체법상의 효과(예컨대 時效中斷)가 미치도록 하기 위해서는 소송고지를 할 실익이 있을 것이다.

Ⅲ. 方 式

소송고지를 하려면 소송이 계속된 법원에 소송고지서라는 서면을 제출하여야 하며, 법원은 이 서면을 피고지자와 상대방에게 송달하여야 한다.

(1) 訴訟告知書

소송고지서에는 고지이유와 소송의 진행정도를 적어야 한다(85 I). 고지이유에는 청구의 취지와 원인을 적어 진행중인 소송의 내용을 명시하고 피고지자가 이 소송에 참가할 이익을 가지는 사유를 적어야 한다. 소송의 진행정도에는, 예컨대 소장의 송달을 받았을 뿐인가, 변론준비절차중인가, 변론이 어느 정도 진행되었는가를 명시한다.

(2) 訴訟告知書의 送達

소송고지서를 제출받은 수소법원은 이를 피고지자와 상대방에게 송달하여야 한다(85 II). 소송고지서를 상대방에게도 송달하도록 한 것은 피고지자가 참가신청을 한 경우에 이의를 진술할 것인가 아닌가를 준비시키기 위한 것이므로 이를 하지 아니하여도 고지의 효력에는 영향이 없다. 고지서가 방식에 맞지 아니하면 수소법원은 보정을 명하고, 보정명령에 불응할 때에는 결정으로 각하할 수 있다고 본다. 이 결정에 대하여는 항고를 할 수 있다(439). 고지방식의 흠은 피고지자가 소송에 참가한 뒤 또는 뒤에 고지인과의 소송에서 지체 없이 이의를 진술하지 않으면 이의권의 상실로 인하여 치유된다(151).

(3) 告知費用

고지서에는 인지를 붙일 필요는 없으나, 그 송달료를 미리 내야 한다. 고지에 필요한 비용은 참가를 하지 않는 한 소송비용에 산입되지 않고 고지인이 부담한다. 참가를 하면 참가소송비용으로서 제103조에 의한다.

Ⅳ. 效 果

1. 訴訟法的 效果

(1) 被告知者의 地位

소송고지는 피고지자에게 참가할 기회를 줄 뿐, 참가의 여부는 피고지자의 자유에 속한다.[1] 또 소송고지를 받은 것만으로는 당연히 참가의 이익이 충족되는 것은 아니고, 상대방이 이의를 진술하면 참가신청인은 참가의 이익을 소명하여야 한다. 소송고지의 신청이 있더라도 본소송의 진행에는 아무런 영향이 없다.[2] 피고지자가 참가를 하지 아니한 이상 그는 당사자나 보조참가인이 아니므로, 그에게 기일통지를 하거나 판결문에 피고지자의 성명을 표시할 필요는 없다.[3]

(2) 參加的 效力

1) 고지자가 패소한 때에는 피고지자가 보조참가의 이해관계를 가지는 한, 참가를 하지 않거나 뒤늦게 참가한 경우에도 고지를 받고 참가할 수 있었을 때(소송고지서가 피고지자에게 송달되었을 때)[4]에 참가한 것으로 보아, 그에게 참가적 효력이 미친다(86).[5] 이것이 소송고지의 가장 중요한 효과이다.

2) 피고지자에게 참가적 효력이 미치는 객관적 범위는 그가 참가를 하였더라면

1) 大判 1962. 4. 18, 4294 民上 1195.
2) 大判 1970. 6. 30, 70 다 881.
3) 大判 1962. 4. 18, 4294 民上 1195.
4) 大判 1975. 4. 22, 74 다 1519.
5) 大判 1986. 2. 25, 85 다카 2091.

고지자와 공동전선을 구축하여 소송수행을 하였을 것이라고 기대되는 사항, 즉 공동이익으로 주장하거나 다툴 수 있었던 사항에 한한다.[1] 따라서 피고지자와 고지자 사이에 이해가 대립되는 쟁점에 관하여는 피고지자가 참가를 아니한 경우에도 참가적 효력이 미치지 아니한다.[2] 대법원판례도 이 결론을 시인하고 있다.[3] 또한 판결이유에서 판단되지 아니한 사항이나 방론(傍論)에 관하여도 참가적 효력이 생기지 아니함은 말할 나위가 없다.[4]

3) 피고지자가 고지자의 상대방 당사자 쪽에 보조참가를 한 경우에도 고지자와 사이에 후소에서 참가적 효력이 생기는가가 문제된다. 일본 하급심판결 중에는 이를 긍정한 것이 있으나,[5] 공동으로 소송을 수행한 일이 없으므로 부정하여야 할 것이다.[6]

(3) 家事訴訟과 告知

가류 및 나류 가사소송사건에서 피고가 다른 소제기권자에게 소송고지를 하여두면, 재소를 막는 데 기여할 수 있다(家訴 21 Ⅱ 참조).

2. 實體法的 效果

어음의 배서인이 후자로부터 상환청구를 당한 경우에 그 전자에 대하여 소송고지를 하면 재상환청구권에 대한 시효의 진행을 중단하는 효력이 있다(어 80. 手 64). 이러한 특별한 규정이 없는 경우에도 소송고지에 재판상 최고(民 174)로서의 시효중단의 효과를 인정할 수 있는가가 문제되는데, 판례[7]와 통설은 이를 긍정한다.

---

1) 大判 1986. 2. 25, 85 다카 2091; 2020. 1. 30, 2019 다 268252.

2) 徐明洙, "訴訟告知로 인한 參加的效力의 범위," 「司法行政」, 1992. 1, 52면 이하; 吉村, "訴訟告知補助參加による判決の效力," 演習民訴, 704면 이하 참조.

3) 大判 1991. 6. 25, 88 다카 6358.

4) 大判 1991. 6. 25, 88 다카 6358.

5) 日仙台高判 1980. 1. 28, 高民集 33. 1. 1.

6) 同旨: 上田, 489면.

7) 大判 1970. 9. 17, 70 다 593(방론). 소송이 종료될 때까지 최고의 효력은 지속되므로 民 174의 6월의 기간은 그 소송의 종료시부터 기산한다(大判 2009. 7. 9, 2009 다 14340). 다만 소송고지에 의한 최고의 경우에는, 송달사무의 우연한 지체로 인한 예상치 못한 불이익을 배제하기 위해, 당사자가 소송고지서를 법원에 제출한 때에 시효중단의 효력이 발생한다(大判 2015. 5. 14, 2014 다 16494).

제 4 관 共同訴訟參加

Ⅰ. 意 義

1) 공동소송참가라 함은 소송이 계속되는 가운데 판결의 효력을 받는 제3자가 원고 또는 피고의 공동소송인으로 가입을 하고, 그 결과 필수적 공동소송으로 되는 경우를 말한다(83). 소송목적이 당사자 한 쪽과 제3자에게 합일적으로 확정되어야 할 경우(필수적 공동소송의 경우)에 인정된다.

2) 다른 사람 사이의 소송의 판결의 효력을 받는 제3자로서는 별소를 제기하거나 공동소송적 보조참가를 하는 것보다 직접 그 소송의 당사자로 참가하여 소송수행을 하는 것이 자기의 이익을 옹호하는 데 적합하고 소송경제에도 맞는다. 또 고유필수적 공동소송에서 당사자의 일부가 빠졌을 때에는 공동소송인으로 참가함으로써 소의 부적법각하를 면할 수 있다. 이러한 필요에서 공동소송참가가 인정되고 있다.

Ⅱ. 參加要件

소송참가의 하나이므로 다른 사람 사이에 소송이 계속되어 있는 것을 전제로 하고 있고, 참가의 결과 필수적 공동소송으로 되므로 합일확정이 요구되고, 당사자로서 참가하므로 당사자적격을 가져야 한다.

1. 訴訟係屬

소의 종류와 소송절차의 종류를 불문한다. 항소심에서도 참가할 수 있다.[1] 상고심에서도 참가가 가능한가에 관하여 판례는 공동소송참가가 새로운 소제기의 실질을 갖는다는 이유로 이를 부정하고 있으나,[2] 참가하지 않더라도 기판력이 미치

1) 大判 1962. 6. 7, 62 다 144.
2) 大判 1961. 5. 4, 4292 民上 853.

므로 상고심에서도 참가를 허용하여야 할 것이다(통설).

2. 合一確定

1) 이것은 제3자와 당사자가 함께 소를 제기하거나 제기당하였을 때에는 필수적 공동소송으로 될 경우를 가리킨다.[1] 판례는 원고가 피대위채권의 일부에 대해 제기한 채권자대위소송의 계속 중에 다른 채권자가 동일한 채무자를 대위하여 채권자대위권을 행사하면서 공동소송참가를 한 경우, 참가인의 청구금액이 원고의 청구금액을 초과하지 아니하는 한 **그 중복된 범위에서는** 양 청구의 소송물이 동일하므로 합일확정의 필요성이 인정되어 그 참가신청은 적법하다고 하였다.[2)3)]

2) 본소송의 판결의 효력을 받을 제3자가 참가하여 유사필수적 공동소송이 되는 경우에 공동소송참가가 가능한 점은 다툼이 없으나, 참가의 결과 고유필수적 공동소송이 되는 경우에도 이것이 가능한가에 관하여는 다툼이 있다. 고유필수적 공동소송에서 공동소송인 가운데 일부가 누락된 경우에도 그 사람의 공동소송참가를 인정하여 그 공동소송이 적법하게 되면 소송경제에 도움이 되고, 또 필수적 공동소송인의 추가(⁶⁸)는 제1심에서만 허용되므로 상소심에서도 참가할 수 있도록 이를 긍정하여야 할 것이다.[4)]

3. 當事者適格

1) 이 참가는 별소의 제기를 갈음하는 것이기 때문에 당사자적격을 구비하여야 한다. 당사자적격이 없는 경우에는 판결의 효력을 받는 때에도 공동소송적 보조참가밖에 할 수 없다. 예컨대 파산선고를 받은 사람은 파산관재인이 하는 소송에 공

1) 판례는 학교법인의 이사회결의무효확인의 소는 소송의 목적이 당사자 한 쪽과 제3자에게 합일적으로 확정될 경우가 아니므로 원고 쪽에 공동소송참가를 할 수 없다고 한다(大判 2001. 7. 13, 2001 다 13013).

2) 이때 양 청구의 소송물이 동일한지는 피대위채권이 동일한지에 따라 결정되고, 이는 채권자들이 각기 자신을 이행 상대방으로 하여 금전의 지급을 청구하였더라도 상관없다고 하였다(大判 2015. 7. 23, 2013 다 30301, 30325).

3) 특히 이 사안은 원고의 (피대위채권에 대한) 일부청구금액과 공동소송참가인의 일부청구금액의 합이 피대위채권보다 적어 참가인이 잔부에 대해 별소를 제기할 수 있었음에도 불구하고 원고의 피고에 대한 청구와 중복되는 범위 내에서 그 일부만을 청구하면서 공동소송참가한 경우로서, 참가인의 청구 전체가 원고의 청구와 중복되어 합일확정의 필요를 인정한 사안이다. 이에 관한 자세한 논의는, 김경욱, "채권자대위소송에서의 공동소송참가", 「고려법학」 제90호, 2018, 127면 이하 참조.

4) 同旨: 方, 240면; 李時, 859면; 金/姜, 726면. 反對: 李英, 115~116면; 판례도 공유물분할청구소송의 항소심에서 공유자 1인의 공유지분이 제3자에게 이전된 경우, 그 제3자는 승계참가나 소송인수 등의 방식으로 소송의 당사자가 되어야 한다고 하여 고유필수적 공동소송인의 상소심에서의 참가를 긍정하고 있다(大判 2014. 1. 29, 2013 다 78556).

동소송인으로 참가할 수 없고, 주주총회결의취소의 소의 소제기기간이 경과한 뒤에 다른 주주가 그 취소의 소에 공동소송참가를 할 수 없다.

2) 제3자가 피고 쪽에 참가하는 경우에는 반드시 원고에 대한 청구를 하여야 하는 것은 아니고, 단지 청구기각 또는 소각하를 구하면 충분하다.[1]

3) 채권자대위권을 행사하는 경우의 채무자, 선정당사자를 선정한 선정자 등은 당사자적격을 잃지는 않지만(판례는 당사자적격을 상실한다는 입장이다),[2] 이들이 공동소송참가를 하는 것은 중복된 소제기에 해당되어 허용되지 아니한다.[3] 그러나 주주의 대표소송(商 403)에 회사[4]가, 채권자대위소송에서 채무자의 다른 채권자가 공동소송참가하는 것[5]은 중복제소가 아니라는 것이 판례이다.

Ⅲ. 參加節次 및 審理

1) 참가신청의 방식은 보조참가의 신청에 준한다(83 Ⅱ). 다만 참가신청은 소의 제기 또는 청구기각의 판결을 구하는 신청이므로 소액사건의 경우를 제외하고는 반드시 서면에 의하여야 한다. 참가의 취지로서는 어느 소송의 어느 당사자 쪽에 참가하는가를 표시하고, 참가의 이유로서는 합일확정될 경우에 해당하는 사유를 기재한다. 신청서에는 소장 또는 상소장에 준하여 인지를 붙여야 한다(民印 6 Ⅰ).

2) 참가의 신청은 일종의 소의 제기이므로, 이에 대하여 당사자는 이의를 신청할 수 없다. 법원은 직권으로 참가의 요건을 조사하고, 그 요건에 흠이 있는 때에는 종국판결로써 각하하여야 한다. 다만 그것이 공동소송적 보조참가 또는 보조참가의 요건을 갖추었으면 소송행위의 전환의 법리에 의하여 그러한 참가로 인정하여도 무방할 것이다.

---

1) 원고에 대하여 청구를 부정하는 소를 제기한 것으로 풀이하는 견해도 있으나(方, 241면), 지나친 의제가 아닌가 한다.

2) 大決 2013. 1. 18, 2010 그 133.

3) 다만 채무자가 채권자의 대위권을 다투면서 독립당사자참가를 하는 경우에는 중복소송이 되지 않는다. 日最判 1973. 4. 24, 民集 27. 3. 599, 百選 Ⅱ, 374면.

4) 大判 2002. 3. 15, 2000 다 9086.

5) 위 '합일확정' 부분에서 이미 살펴본 것이다(大判 2015. 7. 23, 2013 다 30301, 30325).

3) 참가가 적법하다고 인정되면 참가인은 피참가인과 공동소송인이 되고, 이것은 필수적 공동소송이므로 민사소송법 제67조가 적용된다.

제 5 관 獨立當事者參加

Ⅰ. 槪 念

1. 意 義

독립당사자참가라 함은 소송계속 중에 제3자가 원고와 피고 양 쪽 또는 한 쪽을 상대방으로 하여, 원·피고 사이의 청구와 관련된 자기의 청구에 관하여 동시에, 또 모순 없이 심판을 구하기 위하여, 그 소송절차에 당사자로서 참가하는 것을 말한다(79). 권리주장참가와 사해방지참가가 있다. 세 당사자 사이의 분쟁의 모순 없는 해결(합일확정의 요청)을 위하여 필수적 공동소송인에 대한 특별규정(67)이 준용된다.

독립당사자참가는 본소송의 원고와 피고의 어느 쪽에도 가담하지 않고 대립적·독립적인 지위를 가지는 점에서 본소송의 원고 또는 피고의 어느 한 쪽의 공동소송인으로 되어 그와 연합하여 소송을 하는 공동소송참가와 다르고, 또 스스로 당사자의 지위에 서서 참가하는 점에서 당사자 한 쪽을 보조하기 위하여 당사자의 지위를 얻지 못하고 종(從)된 지위에서 참가하는 데 불과한 보조참가와 구별된다.

2. 沿 革

독립당사자참가제도는 우리나라, 일본 및 이탈리아 등에만 있는 특별한 소송유형이며,[1] 원고·피고·참가인의 분쟁을 일거에 모순 없이 해결함으로써 재판의 통일과 소송경제를 도모하려는 목적을 가지고 있다. 그런데 우리 민사소송법 제79조의 독립당사자참가는 전혀 상이한 연혁을 가진 두 제도를 묶어놓은 일본 민사소송법 제47조를 받아들인 것이므로, 이를 해석할 때에는 두 제도 사이에 놓여있는 차이를 고려하지 않으면 안 된다.

제79조 제1항 전단에 규정된 소송의 목적의 전부 또는 일부가 자기의 권리라

---

1) 각국의 立法例에 관하여는 宋/朴, 672면 이하 참조.

고 주장하는 이른바 권리주장참가는 도이칠란트의 주참가소송(Hauptintervention)에서 유래한 것이다. 이에 반하여 제79조 제1항 후단에 규정된 소송결과에 따라 권리가 침해된다고 주장하는 이른바 사해방지참가는 프랑스의 사해재심제도에 연원을 두고 있다. 일본의 구 민사소송법은 프랑스법을 본따서 사해재심(詐害再審)에 관한 규정을 두고 있었는데(同法 483), 1926년(日大正 15) 민사소송법을 개정할 때에 위 사해재심의 취지를 소송이 종료되지 아니한 단계에까지 이끌어 올리는 동시에, 실체법에 규정된 사해행위취소권과 허위표시 무효의 취지를 소송과정에 반영시키기 위하여 사해방지참가제도를 창설하였다.[1)]

3. 構　造

독립당사자참가의 구조를 어떻게 파악할 것인가에 관하여는 옛날부터 다툼이 있어 왔고, 과거에는 이를 2당사자대립구조의 테두리 안에서 설명하려는 견해가 많았으며,[2)] 오늘날에도 기본적으로 이 입장을 바탕으로 하여 이를 원고와 피고, 참가인과 원고 및 참가인과 피고 사이의 3개의 이당사자소송관계가 하나의 소송절차에 병합되어 있다고 풀이하는 **3개소송병합설**이 유력하게 주장되고 있다.[3)] 그러나 현재에는 독립당사자참가는 원고·피고·참가인의 3당사자가 각각 독립하여 대립하면서 3자간의 3면적 분쟁을 일거에 모순 없이 해결하기 위한 1개의 3면적 소송관계라고 풀이하는 **3면소송설**이 통설로 되어 있다. 판례는 한때 3개소송병합설을 취한 일이 있었으나,[4)] 오늘날에는 3면소송설로 굳어졌다.[5)]

생각건대 3개소송병합설은 설명이 간단한 이점은 있으나, 참가인이 원·피고 사이의 소송수행을 견제할 수 있는 이유를 설명하기 힘들고, 민사소송법 제67조가 준용되는 근거를 설명할 수도 없다.[6)] 통설인 3면소송설이 독립당사자참가의 구조를 가장 잘 반영하고 있다고 본다. 다만 이 설에 대하여는 본소나 참가신청을 따로따로 취하·각하할 수 있는 것과 상소기간이 개별적으로 진행하는 것을 설명하기 어렵다는 비판이 가하여지고 있다. 그러나 독립당사자참가소송이 1개의 3면적

1) 姜, 868면; 新堂, 511~512면 참조.
2) 자세한 것은 金/姜, 822면; 宋/朴, 674면 이하; 姜, 910면 참조.
3) 李時, 840~841면; 胡, 1062면; 吳容鎬, "獨立當事者訴訟의 審判에 관하여,"「司法論集」, 9. 11.
4) 大判 1958. 11. 20, 4290 民上 308.
5) 大判 1980. 7. 22, 80 다 362; 1991. 12. 24, 91 다 21145.
6) 3개소송병합설에 대한 그 밖의 비판은 姜, 910면 이하 참조.

소송관계라고 할지라도 그것은 원고의 본소와 참가인의 참가신청에 의하여 발생하였으므로, 적어도 본래의 모습으로 나누어질 수 있는 가능성을 내포하고 있는 것은 아닐까? 말하자면 가분적인 1개의 청구와 같이 생각할 수 있을 것이다. 가분적인 청구의 경우에는 일부취하가 가능하고, 원고 일부승소의 경우에 상소기간은 원·피고에 대하여 각각 따로 진행한다. 따라서 독립당사자참가에서 일부취하가 가능하고 상소기간이 개별적으로 진행하는 것은 독립당사자참가가 1개의 소송관계임을 부정할 근거로 될 수 없다고 본다.

Ⅱ. 參加要件

1. 總 說

독립당사자참가는 소송중의 소이므로 다른 사람 사이에 소송이 계속중이고 원칙적으로 변론종결 전일 것을 전제로 하고 있다. 또 독립당사자참가신청을 하면 원고의 본소청구와 병합심리되므로 당연히 본소청구와 같은 종류의 소송절차에서 심판이 될 수 있어야 한다. 그리고 독립당사자참가의 신청은 원고·피고·참가인 사이의 관련 있는 분쟁을 일기에 해결하려고 하는 것이므로 참가인은 본소청구와 일정한 관련성이 있는 사유를 참가이유로 주장하여야 한다. 그것은 소송의 목적의 전부 또는 일부가 자기의 권리라고 주장하거나 소송결과에 따라 권리가 침해된다고 주장하는 것이다. 끝으로 독립당사자참가는 3면소송의 구조를 취하고 있으므로, 참가취지로서 원칙적으로 원·피고 양 쪽에 대하여 각기 자기의 청구를 하여야 한다.

2. 參加理由

참가이유로서는 두 가지가 규정되어 있다.

(1) 權利主張參加

1) '소송목적의 전부나 일부가 자기의 권리라고 주장'하는 제3자는 당사자참가를 할 수 있다(79Ⅰ 前段). 예컨대 원고가 자기의 소유라고 주장하는 목적물에 관하여 참가인이 소유권을 주장하는 경우,[1] 원고가 이행을 구하고 있는 청구권이 참가인

1) 大判 1998. 7. 10, 98 다 5708.

에게 속한다고 주장하면서 자기에 대한 이행을 구하는 경우[1] 등이 이에 해당한다.

2) 참가인의 청구와 이를 이유 있게 하는 권리주장은 본소 원고의 청구 및 이를 이유 있게 하는 권리주장과 논리적으로 양립하지 않는 관계에 있어야 한다. 다만 양립하지 않는 관계는 참가인의 주장 자체에 의하여 인정되면 충분하다.[2] 또한 참가인이 수 개의 청구를 병합하여 참가하는 경우에는 각 청구 별로 참가의 요건을 갖추어야 하고, 편면적 독립당사자참가가 허용된다고 하여도 참가인이 참가요건을 갖추지 못한 청구를 추가할 수는 없다.[3]

판례는 원고가 피고를 상대로 자주점유를 전제로 시효완성을 원인으로 소유권이전등기청구를 한 데 대하여, 참가인이 피고를 상대로 자주점유를 전제로 시효완성에 기한 소유권이전등기청구를 하고, 원고를 상대로 관리위탁계약의 해제를 원인으로 토지인도를 구한 경우,[4] 원고가 취득시효완성을 원인으로 토지소유권이전등기청구의 소를 제기한 데 대하여, 참가인이 원·피고에 대하여 소유권확인을 구함과 아울러 원고에 대하여 토지인도를 구한 경우,[5] 원고가 피고에 대하여 토지에 대한 소유권확인을 구한 데 대하여, 참가인이 원·피고에 대하여 소유권확인을 구하고 피고에 대하여 소유권이전등기말소청구를 한 경우,[6] 원고가 건물의 증축부분에 대하여 소유권에 기하여 인도청구를 한 데 대하여, 참가인이 원·피고를 상대로 소유권확인 및 피고를 상대로 인도를 구한 경우[7] 등은 참가가 적법하다고 본다.[8]

다만 원고가 자신이 가지고 있던 주택개발 사업권을 피고에게 양도하면서 지급받기로 한 20억 원의 지급을 구하는 본안 소송 계속 중, 위 원고의 20억 원의 채권을 양도받았다고 주장하는 제3자가 피고에 대해서는 위 20억 원의 지급을 구하고, 원고에게는 피고의 제3자에 대한 위 20억 원의 채무를 연대보증하였다는 이유로 연대보증채무의 이행을 구하면서 독립참가한 경우, 제3자의 원고에 대한 청구와 원고의 본안 소송이 양립 가능하다는 점에서 그 부분 권리주장참가의 요건이 흠결되어 부적법하다고 하였으며,[9] 참가인이 전속계

---

1) 大判 1988. 3. 8, 86 다 148.

2) 大判 1980. 7. 22, 80 다 362.

3) 大判 2022. 10. 14, 2022 다 241608, 241615.

4) 大判 1996. 6. 28, 94 다 50595.

5) 大判 1997. 9. 12, 95 다 25886.

6) 大判 1998. 7. 10, 98 다 5708.

7) 大判 1992. 12. 8, 92 다 26772.

8) 그 밖에도 허용한 사례로서 大判 1991. 12. 24, 91 다 21145(원고가 소외 甲회사의 피고에 대한 중도금반환채권을 전부(轉付)받은 사람으로서 그 전부금청구를 하는 데 대하여 참가인이 중도금반환청구권자가 소외 乙회사이고 그 양수인이라 하여 원고에 대하여는 참가인의 권리확인을 구하고 피고에 대하여는 그 양수금의 지급을 구한 경우); 大判 1995. 6. 16, 95 다 5905(명의신탁해지에 기한 소유권이전등기청구소송이 계속 중에 원고에 대하여는 명의신탁해지에 기한 소유권이전등기청구권의 확인, 피고에 대하여는 소유권이전등기를 구한 경우).

9) 大判 2022. 10. 14, 2022 다 241608, 241615.

약상의 소속사 지위를 원고로부터 인수하였다고 주장하면서 원고에게 원·피고 사이에 전속계약이 존재하지 않는다는 확인을 구하는 것은 확인의 이익이 없어 그 독립당사자참가신청이 부적법하다고 하였다.[1) 2)]

특히 부동산의 이중양도의 경우에 제2매수인이 매도인을 피고로 하여 소유권이전등기청구의 소를 제기하여 계속 중에, 예컨대 제1매수인이 원고에 대하여 소유권이전등기청구권의 확인청구, 피고에 대하여 소유권이전등기청구를 하면서 당사자참가를 하는 경우, 또는 매매계약에 기한 소유권이전등기청구소송의 계속 중에, 피고를 상대로 취득시효완성에 기한 소유권이전등기청구를 하면서 참가하는 경우가 적법한지가 문제된다. 구 법상의 판례는 이 경우에 먼저 참가인의 피고에 대한 청구는 본소 원고의 청구와 양립가능하다는 이유로,[3)] 그리고 참가인은 원·피고 모두에게 자기의 청구를 하면서 참가하여야 한다(쌍면참가)는 구 법을 전제로 하여, 참가인은 아직 자기 앞으로 등기를 마치지 못하였으므로 원고에게는 소유권을 주장할 수 없다는 이유로(예컨대 원고에게는 소유권 확인청구를 한 경우),[4)] 혹은 참가인이 피고에 대하여는 승소할 수 있으나 원고에 대하여는 승소할 수 없다는 이유로(부동산을 점유하고 있는 원고에게 소유권에 기한 인도청구를 한 경우),[5)] 그 참가가 부적법하다고 한다(원고에게 소유권이전등기청구권확인청구를 한 경우에는 소의 이익의 흠으로 부적법각하될 것이다). 이에 반하여 다수설은 본소 원고의 청구와 참가인의 청구의 양립불가성은 참가인의 주장 자체에 의하여 인정되면 충분하고, 따라서 본안심리의 결과 본소 원고의 청구와 참가인의 청구가 양립된다고 하여도 그것 때문에 독립당사자참가가 부적법하게 되는 것은 아니라고 하여, 부동산 이중양도의 경우에 권리주장참가가 허용된다고 풀이한다.[6)] 일본의 통설도 같다.[7)] 그러나 권리주장참가는 소송의 목적, 즉 소송물의 전부 또는 일부

---

1) 大判 2012. 6. 28, 2010 다 54535, 54542.

2) 그 밖에도 大判 2017. 4. 26, 2014 다 221777, 221784는 "갑 소유의 부동산과 채무자인 을 소유의 부동산을 공동저당의 목적으로 하여 병 은행 앞으로 선순위근저당권이 설정된 후 갑 소유의 부동산에 관하여 정 앞으로 후순위근저당권이 설정되었는데, 갑 소유의 부동산에 관하여 먼저 경매절차가 진행되어 병 은행이 채권 전액을 회수하였고, 이에 정이 갑 소유의 부동산에 대한 후순위저당권자로서 물상보증인에게 이전된 근지당권으로부터 우선하여 변제를 받을 수 있다고 주장하며 병 은행 등을 상대로 근저당권설정등기의 이전을 구하자, 갑이 을에 대해 취득한 구상금 채권이 상계로 소멸하였다고 주장하며 을이 병 은행을 상대로 근저당권설정등기의 말소를 구하는 독립당사자 참가신청을 한 사안에서, 을의 말소등기청구는 등기의 이전을 구하는 정의 청구와 동일한 권리관계에 관하여 **주장 자체로 양립되지 않는 관계에 있지 않으므로** 민사소송법 제79조 제1항 전단에 따른 권리주장참가의 요건을 갖추지 못하였다"고 하였다.

3) 大判 1982. 12. 14, 80 다 1872; 2005. 10. 17, 2005 마 814.

4) 大判 1966. 7. 19, 66 다 896.

5) 大判 1980. 7. 22, 80 다 362.

6) 李英, 111면; 李時, 843면; 金/姜, 823면; 宋/朴, 680면.

7) 新堂, 514면; 齋藤, 472면; 兼子, 414면.

가 자기에게 속함을 주장하는 경우에만 허용되는 것인데, 부동산 이중양도의 경우에 참가인의 청구와 본소 원고의 청구는 전혀 별개이고, 본소 원고의 청구가 자기에게 속한다고 주장하는 것은 아니므로, 이 경우에 권리주장참가는 허용되지 않는다고 보는 구 판례의 입장이 여전히 타당하다고 생각한다.[1] 또한 뒤에 설명하는 바와 같이 새 법은 편면참가(한 쪽 참가)를 허용하고 있으나, 본소 피고에 대하여만 청구하면서 참가하는 경우에도, 이 청구가 본소 원고가 주장하는 청구(소송물)가 자기에게 속한다고 주장하는 것(79前 I)은 아니므로, 결론이 달라질 수는 없다.

판례는 원고가 매매계약에 기하여 건물에 관한 소유권이전등기청구의 소를 제기한 데 대하여, 참가인이 그 매매계약상의 매수당사자는 원고가 아니라 참가인이라고 주장하며 원고에 대하여는 매수인으로서 권리의무가 참가인에게 있다는 확인을 구하고 피고에 대하여는 원고가 주장하는 일자의 매매계약에 기한 소유권이전등기청구의 소를 제기한 경우에는, 부동산 이중매매와는 달리 하나의 매매계약상의 당사자가 누구인가의 문제이므로, 본소 원고의 청구와 참가인의 청구가 양립할 수 없는 관계로서 하나의 판결로서 분쟁이 모순 없이 해결될 수 있는 경우이므로, 독립당사자참가가 적법하다고 본다.[2]

(2) 詐害防止參加

1) '소송의 결과에 따라 권리가 침해된다고 주장'하는 제3자는 당사자참가를 할 수 있다(79後 I). 그러나 구체적으로 어떠한 경우에 권리가 침해된다고 볼 것인가에 관하여는 견해가 여러 가지로 대립하고 있다.

(가) 判決效力說 기판력과 반사적 효력을 포함하여 넓은 의미의 판결의 효력에 의하여 제3자의 권리가 침해될 경우에 한한다고 보는 견해이다.[3] 이 견해에 의하면 일반채권자는 채무자의 재산으로부터 만족을 받고, 채무자와 제3자 사이에 재산의 귀속을 둘러싼 소송에서 확정판결이 나면 이를 승인하여야 하므로(反射的 效力이 미친다)

---

1) 同旨: 姜, 914면 註 3; 胡, 1067면. 상세한 것은 정동윤, "不動産의 二重讓渡와 獨立當事者參加," 辯協, 1988. 12, 33면 이하 참조. 다만 이 때 사해방지참가의 요건을 갖추면 사해방지참가가 성립할 수는 있다. 예컨대 원·피고 사이의 매매계약이 무효이고 참가인만이 진정한 이전등기청구권자라고 주장하며 참가하는 경우와 같다(大判 1982. 12. 14, 80 다 1872 참조). 李時, 809면은 이를 권리주장참가가 가능한 경우로 본다. 그러나 권리주장참가로 볼 경우, 법원은 심리 결과 매매계약이 무효가 아니면 본소 원고의 청구와 참가인의 피고에 대한 청구를 모두 인용할 수밖에 없어, 분쟁의 모순 없는 해결이라는 독립당사자참가제도의 목적을 달성할 수 없다.

2) 大判 1988. 3. 8, 86 다 148.

3) 方, 221면.

당사자참가를 할 수 있으나, 토지소유권이전등기말소청구소송에 대한 판결의 효력은 피고로부터 전소의 변론을 종결하기 전에 저당권설정등기를 받은 저당권자에게는 미치지 아니하므로, 저당권자의 참가는 인정되지 아니한다.

(나) 利害關係說　제3자의 권리 또는 법률상의 지위가 본소(本訴)의 소송물인 권리관계의 존재 여부를 논리적 전제로 하고 있어서, 본소송의 판결에 의하여 사실상 권리침해를 받는 경우에도 참가를 인정하는 견해이다.

(다) 詐害意思說 · 詐害遂行說　본조의 연혁에 충실하게 본소의 당사자가 그 소송을 통하여 참가인을 해할 의사를 가지고 있다고 객관적으로 인정되는 경우가 이에 해당한다고 풀이하는 견해(사해의사설)이다. 이 설에 의하면 본소의 당사자 사이에 사해의사가 인정되는 한 저당권자도 소유권이전등기말소청구의 본소송에 당사자참가를 할 수 있다. 그런데 어떠한 경우에 본소의 당사자가 참가인을 해할 의사를 가지고 있는가를 판정하기는 매우 어려우므로, 기본적으로 이 입장을 취하면서 사해의 주관적 의사에 대한 탐구를 버리고 객관적으로 사해적 소송수행을 하는 것이 분명한 경우, 즉 충분한 소송활동의 전개를 기대할 수 없는 경우에 사해방지참가를 허용할 것이라는 견해(사해수행설)도 있다.[1]

(라) 沮止必要性說　사해소송이라고 하여 누구라도 참가할 수 있는 것은 아니고 이것을 정당화할 만한 이해관계가 있어야 한다고 하여, 사해의사설과 이해관계설을 기초로 하면서, 제3자가 당사자의 처분적 소송행위를 저지할 수 있는 지위에 있는가(저지의 가능성) 및 참가할 필요가 있는가(저지의 필요성)의 두 요소에 의하여 결정한다는 견해이다.[2]

2) 생각건대 판결효력설에 의하면, 판결의 효력이 미치는 제3자만이 참가할 수 있으므로, 참가할 수 있는 제3자의 범위가 매우 좁다는 난점이 있다. 반면에 이해관계설은 참가를 허용하는 범위는 넓지만, 보조참가와의 관계가 분명하지 못한 흠이 있다. 저지필요성설의 기준 역시 분명하지 못한 흠이 있다. 따라서 사해의사설 내지 사해수행설이 입법의 연혁에도 맞고 이론적 · 실제적으로 합당한 이론이라고 생각한다. 이 설이 다수설이며,[3] 판례의 입장이다. 판례는 원고와 피고가 그 소송

1) 姜, 914면; 新堂, 513면.
2) 井上治典, "獨立當事者參加," 新實務民訴 3, 49면.
3) 李英, 111면; 李時, 845면; 金/姜, 824면.

을 통하여 제3자를 해할 의사를 가지고 있다고 객관적으로 인정되고 그 소송의 결과 제3자의 권리 또는 법률상의 지위가 침해될 염려가 있다고 인정되는 경우라고 한다.[1)]

3) 권리주장참가는 어느 하나의 권리를 두고 원고와 참가인이 서로 자기의 권리라고 주장하는 경우이므로 원고의 청구와 참가인의 청구가 양립 불가능하여야 한다. 그러나 사해방지참가의 경우에는 사해소송의 결과로 제3자의 권리나 법률상 지위가 침해될 염려가 있는 경우에 그 제3자가 그 사해소송의 결과로 선고·확정될 사해판결을 방지하기 위하여 그 사해소송에 참가할 수 있도록 한 것이므로, 참가인의 청구가 본소청구와 양립할 수 있어도 상관이 없다.[2)] 그러나 양 청구는 상용(相容)할 수 없는 것이어야 한다. 나아가 참가인이 참가신청에서 본소가 사해소송이라는 등의 특별한 주장을 하지 않으면 그 참가는 권리주장참가로 보아야 하며, 권리주장참가를 각하한 확정판결에 기판력이 발생하였다 하더라도 사해방지참가는 할 수 있다.[3)]

3. 參加趣旨

(1) 雙面參加

참가인은 참가취지로서 원칙적으로 원·피고 양 쪽에 대하여 각기 자기의 청구를 하여야 한다. 참가신청은 원·피고 양 쪽에 대하여 소를 제기하는 것과 같기 때문이다. i) 권리주장참가의 경우에는 원고에 대하여 원고의 청구와 양립할 수 없는 자기의 권리의 적극적 확인을 구하고, 피고에 대하여 원고에 대한 것과 동일한 확인을 구하거나 그 권리내용에 따른 이행청구(채무의 지급, 목적물의 인도)를 한다. 앞에서 설명한

---

1) 大判 2022. 10. 14, 2022 다 241608, 241615; 2017. 4. 26, 2014 다 221777; 2001. 8. 24, 2000 다 12785(근저당권설정등기의 불법말소를 이유로 회복등기를 구하는 소를 제기한 경우, 원·피고 사이의 본안소송의 결과가 후순위 근저당권자를 상대로 하는 승낙을 구하는 소에 사실상 영향을 미치는 것이므로 후순위 근저당권자의 권리의 실현 또는 법률상의 지위가 침해될 염려가 있다고 보아서, 후순위 근저당권자는 원·피고들을 상대로 근저당권부존재확인청구를 하면서 참가할 수 있다고 본다); 2003. 6. 13, 2002 다 694, 700; 2011. 5. 13, 2010 다 106245; 大決 2005. 10. 17, 2005 마 814. 나아가 대법원은 원고의 피고에 대한 청구의 원인행위가 사해행위라고 주장하면서 원고에 대해 사해행위취소를 청구하면서 독립당사자참가를 한 경우, 사해행위취소의 효과는 채권자와 수익자 또는 전득자 사이에만 미친다는 점에서, 독립당사자참가인의 청구가 그대로 받아들여진다고 해도 원고와 피고 사이의 법률관계에는 아무런 영향이 없기 때문에 위 참가신청은 사해방지참가의 목적을 달성할 수 없게 되어 부적법하다고 하였다(大判 2014. 6. 12, 2012 다 47548).

2) 大判 1990. 4. 27, 88 다카 25274; 1996. 3. 8, 95 다 22795, 22801.

3) 大判 1992. 5. 26, 91 다 4669, 4676.

바와 같이 원고와 참가인의 주장에 의하여 양 청구가 양립할 수 없는 것이면 충분하다. ii) 사해방지참가의 경우에는 원·피고 양 쪽에 대하여 원고의 청구와 상용되지 않는 청구를 한다. 예컨대 원고가 소유권이전등기말소청구를 하는 소송에 저당권자가 당사자참가를 하는 경우에는, 참가인은 원고에 대하여는 소유권부존재확인청구, 피고에 대하여는 저당권의 확인청구를 한다.

(2) 片面參加

1) 새 법은 당사자 한 쪽에 대하여만 청구를 하면서 참가하는 편면참가를 허용하고 있다(79).

과거의 판례는 권리주장참가이든 사해방지참가이든 편면참가는 허용되지 않으며, 또 쌍면참가를 하였더라도 참가인과 당사자 한 쪽 사이에는 다툼이 없고 참가인과 당사자의 다른 쪽 사이에만 다툼이 있는 때에는 참가를 인정하지 않는다는 입장을 취하고 있었다. 즉 참가인이 피고에 대하여만 청구를 하고 원고에 대하여는 청구의 기각을 구하는 것만으로는 부족하고,[1] 종전 당사자 중 한 쪽이 다투지 아니하여 그에 대한 청구가 소의 이익이 없는 경우는 부적법하며(예컨대 한 쪽이 참가인의 소유권 확인청구를 다투지 않는 경우),[2] 나아가서 참가인의 주장 자체에 의하여 종전 당사자 중 한 쪽에 대한 청구가 승소(성립)할 수 없는 경우[3]에도 부적법하다고 하였다. 그러나 판례가 원·피고 양 쪽에게 각기 청구를 하여야 한다는 요건을 이처럼 엄격하고 협소하게 해석하여 독립당사자참가제도의 이용을 극도로 억압하는 것은 문제이었으며, 학설은 편면참가를 허용하여야 한다는 것이 다수설이었다. 또한 일본에서는 권리주장참가의 경우에 당사자 한 쪽이 참가인의 주장을 다투지 아니하면 참가인의 청구가 소의 이익이 없는 것처럼 보이지만, 참가인이 주장하는 권리와 다투지 않는 당사자의 다른 쪽이 주장하는 권리는 본래 양립할 수 없는 관계에 있으므로, 이를 준독립당사자참가로 보아 그 적법성을 인정하고 여기에 독립당사자참가에 관한 민사소송법 제79조를 적용하자는 견해[4]와 참가인이 원고에 대하여 단순히 청구의 기각을 구한 경우에는 이를 원고의 권리 또는 청구권의 부존재확인을 구한 취지로 선해(善解)하여 그 적법성을 인정할 수 있다는 견해[5] 등이 주장되었다. 그리고 사해방지참가의 경우에는 법률상 이해를 공통으로 하는 당사자가 사해적 소송수행을 하는 것으로 인정되는 한 그 사람이 표면상 참가인의 주장을 다투고 있지 않는 것처럼 보여도 실제상 그 당사자와 참가인 사이에 주장의 대립이 있다고 볼 수 있으므로, 참가인의 그 당사자에 대한 청구에는 확인의 이익이 인정된다고 풀이하였다. 그 후 일본의

1) 大判 1968. 4. 2, 64 다 1970.
2) 大判 1980. 12. 9, 80 다 1775.
3) 大判 1980. 7. 22, 80 다 362; 1993. 4. 27, 93 다 5727.
4) 新堂, 510면.
5) 中野=松浦=鈴木, 553면.

1996년 개정민사소송법은 편면참가를 허용하기에 이르렀다. 2002년 민사소송법도 이러한 취지를 반영하여, 당사자 한 쪽에 대하여서만 청구를 하며 참가하는 편면참가를 허용하였다.

2) 편면참가의 경우에도 양 당사자 및 참가인이 서로 견제하여 각각의 청구에 관하여 모순 없는 판결을 구한다고 하는 독립당사자참가제도의 취지는 쌍면참가의 경우와 다를 바 없으므로, 쌍면참가와 같은 절차에 의하여 심리하게 된다. 또한 쌍면참가가 가능한 경우에는 반드시 쌍면참가를 하여야 하며, 그 경우까지 편면참가를 허용할 것은 아니다(분쟁의 모순 없는 해결).

4. 參加時期

1) 다른 사람 사이에 소송이 계속중이어야 한다. 소송이 사실심에 계속중일 때 참가할 수 있음에는 다툼이 없다.[1] 사실심의 변론을 종결한 뒤 판결을 선고하기 전에 참가신청을 한 경우에는 변론을 재개하지 않는 한 참가신청은 부적법하다. 변론을 재개하지 않은 채 판결이 선고된 경우에는 독립된 소로 취급하는 것이 옳다.

상고심에서도 참가를 할 수 있는가에 관하여 판례[2]와 일부 학설[3]은 독립당사자참가는 새로운 소의 제기라는 성질을 가지는데 상고심은 법률심이라는 이유로 이를 부정한다. 그러나 상고심에서도 원판결이 파기되어 사실심으로 환송 또는 이송되면 사실심리를 받게 되므로 상고심에서의 참가신청도 허용하여야 하고, 다만 상고가 각하 또는 기각될 때에는 참가신청을 부적법각하하거나 제1심으로 이송하여야 할 것이다.[4]

2) 여기의 소송은 판결절차 또는 이에 준한 절차를 가리킨다.[5] 회사관계소송에 당사자참가가 허용될 수 있는가에 관하여는 다툼이 있다.[6] 독촉절차에서 채무자가 이의신청을 하면 판결절차로 이행하므로, 이의신청 후에는 참가가 가능하다. 이의신청 전에 참가신청을 하면 아직 대립되는 판결절차가 없으므로 부적법하지만, 그 뒤 채무자가 이의신청을 하면 참가신청이 적법하게 된다고 풀이하여야 할 것이

---

1) 大判 1969. 12. 30, 69 다 1986.
2) 大判 1977. 7. 12, 76 다 2251; 1994. 2. 22, 93 다 43682.
3) 方, 220면; 宋/朴, 679면.
4) 同旨: 李英, 110면; 李時, 842면; 金/姜, 825면.
5) 구 법하에서 판례는 행정소송에서 피고는 행정청에 한하여야 하므로(行訴 13), 원·피고 양 쪽에 대한 청구를 하여야 하는 독립당사자참가는 허용되지 아니한다고 하였다(大判 1970. 8. 31, 70 누 70).
6) 否定: 金/姜, 825면; 宋/朴, 679면.

다.[1] 강제집행절차, 제소전화해절차, 공시최고절차, 중재절차 따위에서는 참가가 허용되지 아니한다.

5. 請求의 併合要件

참가신청은 본소 원고의 청구에 참가인의 청구를 병합하는 실질을 가지므로, 참가인의 청구는 본소 원고의 청구와 같은 종류의 절차에서 심판될 수 있는 것이어야 하고, 참가인의 청구가 본소 청구와 다른 법원의 전속관할에 속하지 않아야 한다.

6. 그 밖의 要件

1) 참가할 수 있는 사람은 소송의 당사자가 아닌 제3자이다. 보조참가인은 당사자참가를 할 수 있으며, 이 경우에는 보조참가는 종료한다.[2] 통상공동소송의 공동소송인도 다른 공동소송인과 상대방 사이의 소송에 참가할 수 있다.

2) 참가신청은 새로운 소를 제기하는 것이므로 일반소송요건도 갖추어야 한다.

Ⅲ. 參加節次

1. 參加申請

1) 독립당사자참가신청의 방식은 보조참가신청에 준한다(79 Ⅱ·72). 다만, 보조참가와는 달리 그 신청은 실질적으로 당사자 양 쪽에 대한 소제기에 해당하므로 소액사건의 경우(少審 4)를 제외하고는 반드시 서면에 의하여야 한다(248). 참가신청서에는 소장에 준하는 인지를 붙여야 한다(民印 6 Ⅰ).

2) 독립당사자참가신청은 실질적인 소의 제기이므로 본소의 당사자는 이의를 제기할 수 없다.[3]

3) 참가신청은 실질적인 소의 제기이므로 신청서의 제출에 의하여 참가인의 청구에 관하여 시효중단 등의 효력이 발생한다(265). 참가신청에 의하여 종전의 당사

1) 同旨: 李時, 805면.
2) 大判 1993. 4. 27, 93 다 5727.
3) 同旨: 李時, 848면; 宋/朴, 687면. 反對: 方, 225면; 金/姜, 827면.

자는 참가인과의 사이에서 피고의 지위에 서게 되며, 따라서 참가인을 상대로 하여 반소를 제기할 수 있다.[1)]

2. 重疊的 參加

독립당사자참가가 복수인 경우를 중첩적 독립당사자참가라고 한다. 예컨대, 원고와 피고 사이의 소송에 제3자가 독립당사자참가를 한 뒤에, 제2의 제3자가 원고와 피고 사이의 소송에 다시 독립당사자참가를 하는 것을 가리키는데, 판례는 이를 허용하고 있다. 중첩적 참가의 경우에 참가인 상호간에도 소송관계가 성립하느냐가 문제된다. 판례는 참가인 상호간에는 아무런 소송관계가 성립되지 않고 제1의 참가인과 원·피고 사이의 3면관계 및 제2의 참가인과 원·피고 사이의 3면관계 등 복수의 3면관계가 성립할 뿐이라고 한다.[2)] 그러나 이렇게 풀이하면 제1의 참가인과 원·피고 사이의 판결 및 제2의 참가인과 원·피고 사이의 판결이 모순되는 경우가 생길 수 있다. 그러므로 이 경우에는 원·피고, 제1의 참가인 및 제2의 참가인 등의 사이에 4면소송이 성립된다고 풀이하는 것이 옳고, 그렇게 함으로써 하나의 권리관계를 둘러싼 다자간분쟁을 모순 없이 해결할 수 있다.[3)]

Ⅳ. 參加訴訟의 審判

1. 參加要件 및 訴訟要件의 調査

1) 참가신청이 있는 경우에는 먼저 직권으로 참가요건을 조사하여야 한다. 참가요건에 흠이 있으면 참가신청은 부적법하게 된다. 이 경우 참가신청인은 참가신청을 취하하고 본소 당사자 한 쪽에 대한 보조참가로 전환시킬 수 있다.[4)] 참가신청이 참가요건에 흠이 있으나 독립의 소로서의 요건을 갖춘 경우에는 이를 각하할 것이 아니라, 본소에 병합시켜 통상공동소송의 형식으로 심리하여야 하고,[5)] 만일 병합심리가 허용되지 아니할 때에는 별개 독립의 소로써 분리하여 심리하여야 할

---

1) 大判 1969. 5. 13, 68 다 656.
2) 大判 1958. 11. 20, 4290 民上 308; 1963. 10. 22, 62 다 29.
3) 同旨: 李時, 849면; 金/姜, 826면; 宋/朴, 680면.
4) 大判 1960. 5. 26, 4292 民上 524. 그러나 독립당사자참가 신청을 하면서 예비적 보조참가 신청을 하는 것은 허용되지 않는다(大判 1994. 12. 27, 92 다 22473).
5) 同旨: 李時, 850면; 日最(大)判 1967. 9. 27, 民集 21. 7. 1925.

것이다.[1] 그러나 대법원은 소각하설로 일관하고 있다.[2]

2) 참가신청이 참가요건을 갖춘 경우에는, 다음으로 참가인의 청구가 소송요건을 갖추었는가를 직권으로 조사한다. 소송요건의 흠이 있을 때에는 판결로 이를 각하하여야 한다.

2. 本案의 審判

(1) 基本原則

독립당사자참가소송은 원고·피고·참가인 3자 사이의 3면적인 분쟁을 일거에 모순 없이 해결하려는 소송형태이므로, 본안의 심리와 판결은 통일적으로 행하여져야 한다. 민사소송법은 이 목적을 위하여 제67조를 준용하고 있다(79 II).[3] 그러나 제67조가 필수적 공동소송의 경우에는 공동소송인 사이의 협동관계·연합관계를 반영시키기 위한 수단임에 반하여, 독립당사자참가소송의 경우에는 3자 사이의 배척관계·견제관계를 반영시키기 위한 기술로 응용되고 있으므로, 이 점을 고려하여야 한다.

(2) 訴訟資料의 統一

두 당사자 사이의 소송행위는 나머지 한 사람에게 불이익이 되는 한, 당사자 사이에서도 효력이 없다(67 I 準用). 예컨대 피고가 원고의 청구를 인낙하거나 자백하여도 참가인이 다투는 한 효력이 없다.[4] 또한 원·피고 사이에서만 재판상화해를 할 수도 없다.[5] 이에 반하여 한 사람의 유리한 소송행위는 나머지 한 사람에 대하여도 효력이 있다. 예컨대 참가인이 주장하는 주요사실을 원고가 다투면, 다투지 아니한 피고도 다툰 것으로 된다.[6] 그리고 한 사람이 다른 한 사람에 대하여 소송행위를 하면 나머지 한 사람에 대하여도 한 것으로 된다(67 II 準用). 예컨대 원고는 참가인이 출석하였으면 피고가 결석하였더라도 준비서면으로 미리 예고하지 아니한 사실도 주장할 수 있다.

---

1) 同旨: 金/姜, 828면.
2) 大判 1981. 12. 22, 80 다 2762.
3) 大判 2007. 12. 14, 2007 다 37776, 37783.
4) 大判 1968. 12. 24, 64 다 1574(인낙); 2009. 1. 30, 2007 다 9030, 9047(자백).
5) 大判 2005. 5. 26, 2004 다 25901.
6) 大判 1955. 2. 17, 4287 民上 145.

(3) 訴訟進行의 統一

기일은 공통으로 시행하여야 한다. 따라서 한 사람에 대하여 중단·중지의 원인이 생긴 때에는 모든 소송이 정지된다. 한 사람이 기일지정신청을 하면 모든 소송에 관하여 기일을 지정하여야 한다. 소송관계의 일부에 관한 변론의 분리는 허용되지 아니한다.[1] 다만 상소기간과 같이 소송행위를 위한 기간은 각각 개별적으로 진행한다(통설).

(4) 全部判決

1) 세 당사자 사이에 일거에 모순 없는 해결을 하여야 하므로, 본소의 청구와 참가인의 청구에 관하여 세 당사자를 판결 명의인으로 하는 1개의 전부판결을 하여야 하고, 일부판결은 허용되지 아니한다.[2] 법원이 잘못하여 일부판결을 한 경우에는 추가판결을 할 여지는 없고,[3] 위법한 판결로서 상소에 의한 취소의 대상이 될 뿐이다. 판결은 모든 청구에 관하여 논리적으로 모순되지 않는 내용이어야 한다.

2) 소송비용의 부담에 관하여는 한 사람이 승소한 경우에 그 소송비용은 다른 2인이 분담하고(102), 2인 중에서는 적극적 당사자가 부담한다.

(5) 上訴의 效力

1) 판결의 전부에 관한 확정차단 및 이심

종국판결의 두 패소자 중 한 사람만이 상소한 경우에 그 상소의 효력이 패소한 다른 당사자에게도 미치는가가 문제이다. 독립당사자참가소송은 합일확정이 요청되므로, 참가각하의 판결은 별론으로 하고,[4] 본안판결의 경우에는 한 사람이 상소하면 다른 패소자에게도 상소의 효력이 미쳐, 판결의 전부에 관하여 확정이 차단되고, 사건은 상소심으로 이심한다고 본다(**이심설**). 참가인이 패소한 경우에 그가 불복·상소하지 아니하면 참가인에 대한 판결부분은 분리하여 확정된다는 견해(**분리확정설**)도 있으나,[5] 이는 독립당사자참가소송의 특질을 외면한 것으로서 부당하

1) 大判 1995. 12. 8, 95 다 44191.
2) 大判 2024. 7. 11, 2021 다 216872, 216889.
3) 大判 1981. 12. 8, 80 다 577; 1991. 3. 22, 90 다 19329; 1995. 12. 8, 95 다 44191.
4) 大判 1992. 5. 26, 91 다 4669(참가신청각하판결에 대하여 참가인이 불복하지 않고 원고만 항소한 경우에는 참가신청각하부분은 별도로 확정된다).
5) 李英, 民訴法演習講座, 56, 62면; 李在性, 新聞 1135號; 金柱祥, 司法論集 5. 351.

다. 판례[1]와 다수설도 이심설을 취하고 있다.

2) 상소하지 않은 패소 당사자의 지위

이심설을 취하는 경우에 다음으로 문제되는 점은 상소하지 아니한 다른 패소자가 상소심에서 어떤 지위를 가지는가이다. 이것은 상소하지 아니한 당사자에 대한 판결부분이 상소심의 심판대상으로 되어 상소심이 이를 그에게 유리하게 변경할 수 있는가 하는 문제와 관련되어 있다. 이에 관하여는 **상소인설**(67 I 準用), **피상소인설**(67 II 準用),[2] 상소인이 동시에 피상소인이기도 한 이중지위를 가진다는 **양지위겸유설**,[3] 상소인도 피상소인도 아닌 단순한 상소심당사자에 불과하다는 **상소심당사자설**[4] 등이 대립하고 있다. 생각건대 상소의 의사가 없는 사람을 상소인으로 보는 것은 부자연스럽고, 패소자이므로 그를 상대로 상소를 제기할 이익이 없어 상소의 상대방으로 삼지도 않은 사람이 피상소인이 된다는 것 역시 이상하다. 상소인 겸 피상소인이 된다는 견해는 실제로 하나의 상소밖에 없는 상황에서 받아들이기 어려운 주장이다. 따라서 상소를 제기하지도 제기당하지도 않았지만 합일확정이 요청되는 3면소송의 특수성 때문에 상소인도 피상소인도 아닌 단순한 상소심당사자로 된다고 보는 견해가 타당하다고 생각한다. 판례는 상소심당사자설을 따르는 듯한 표현을 하면서 피상소인설을 배척하고 있다.[5]

3) 불이익변경금지의 원칙의 적용배제

상소하지 아니한 다른 패소자를 단순한 상소심당사자로 보는 경우에 그가 구체적으로 어떠한 권리의무를 가지는가가 문제이다. 그가 i) 상소취하권을 가지지 않고, ii) 상소장에 인지를 붙일 의무가 없고 상소비용을 부담하지 않으며,[6] iii) 상소심판결시에 당사자를 표시할 때 상소인이나 피상소인으로 표시되지 않는 점은 분명하다(참가인'으로 표시됨). iv) 문제는 합일확정의 필요성 때문에 원심판결을 상소하지 아니한 패소자에 대하여 유리하게 변경할 수 있는가이다(상소한 사람에게 유리하게, 상소하지 아니한 사람에게 불리하게 할 수 있는 것은 당연하다). 이것은 항소심의 심판의 대상이 무엇인가, 심판의 범위가 어디까지 미지는가의 분

---

1) 大判 1981. 12. 8, 80 다 577; 1991. 3. 22, 90 다 19329; 1995. 12. 8, 95 다 44191.
2) 方, 233면; 李英, 114면; 金祥源, 論點中心民訴法, 165면; 李在性, 理論과 實際 ①, 62면.
3) 金/姜, 831면.
4) 李時, 853면; 宋/朴, 692면; 李石善, 司法行政, 1976. 4.
5) 大判 1981. 12. 8, 80 다 577.
6) 大判 1993. 4. 23, 92 누 17297.

제이다. 통설과 판례는 합일확정의 필요성을 강조하는 나머지 독립당사자참가의 상소에는 불이익변경금지의 원칙(415)의 적용이 배제된다고 보고, 실제 상소를 제기한 당사자의 상소취지에 나타난 불복의 범위에 한정하여[1] 합일확정을 위하여 필요한 한도에서 상소를 하지 아니한 패소자에게 유리하게 원심판결을 변경할 수 있다고 풀이하고 있다.[2] 따라서 판결 결론의 합일확정을 위하여 항소(또는 부대항소)를 제기한 적이 없는 당사자의 청구에 대한 제1심판결을 취소하거나 변경할 필요가 없는 경우에는, 항소(또는 부대항소)를 제기한 적이 없는 당사자의 청구가 항소심의 심판대상이 되었더라도 그 청구에 대한 당부를 반드시 판결 주문에서 선고할 필요는 없다는 것이 판례의 태도이다.[3][4] 다만 판례는 원고의 본소청구를 인용하고 참가인의 참가신청을 각하한 제1심판결에 대해 참가인만이 항소하였다면, 항소심에서 법원이 참가인의 항소를 기각하는 경우에는 피고가 항소하지 않은 원고의 본소인용부분은 기각할 수 없다고 한다. 독립당사자참가소송에서 원고승소판결에 대해 참가인만이 상소해도 상소심이 본소인용부분을 원고에게 불리하게 변경할 수 있기 위해서는 참가인의 참가신청이 적법하고 합일확정의 요청상 필요한 경우이어야 하기 때문이다.[5]

그런데 이에 관하여는 합일확정의 요청을 판결이 모순·저촉하지 않는 한도에 그치게 하고, 불복을 신청하지 아니한 패소자의 의사와 책임을 중시하여, 독립당사자참가소송에서도 상소하지 아니한 사람에게 유리하게 판결할 수 없다는 원칙을 가능한 한 존중하려고 하는 견해가 유력하게 주장되고 있다.[6] 이 견해에 의하면 원고패소·참가인승소의 판결에 대

1) 大判 1974. 2. 12, 73 다 820, 821; 2007. 10. 26, 2006 다 86573, 86580; 2014. 11. 13, 2009 다 71312, 71329, 71336, 71343.

2) 李時, 854면; 姜, 926면; 金/姜, 832면; 宋/朴, 692면; 김홍엽, 1138면; 大判 2022. 7. 28, 2020 다 231928; 2007. 10. 26, 2006 다 86573, 86580.

3) 이와 같이 항소를 제기하지 않은 당사자의 청구에 관하여 항소심에서 판결 주문이 선고되지 않고 독립당사자참가소송이 그대로 확정된다면, 취소되거나 변경되지 않은 제1심판결의 주문에 대하여 기판력이 발생한다고 한다(大判 2022. 7. 28, 2020 다 231928).

4) 이 판례의 사안은 다음과 같다. 甲이 乙을 상대로 토지매매계약의 무효를 이유로 이미 지급한 계약금 1억 원에 대한 부당이득반환청구의 소를 제기하자, 丙이 위 매매계약의 단독매수인임을 주장하면서 乙을 상대로 위 1억 원에 대한 부당이득반환을 구하면서 독립당사자참가를 하였는데, 제1심 법원이 甲과 丙은 공동매수인이며, 매매계약의 유효하다고 판단하여 甲과 丙의 청구를 모두 기각하였다. 이에 甲만 항소한 항소심에서, 甲은 제1심 판결의 내용을 반영하여 청구취지를 5,000만 원으로 감축하였다. 항소심 법원은 위 매매계약이 무효라고 판단하여 甲의 청구를 전부 인용하면서도 丙의 청구에 대해서는 항소심의 심판범위가 아니라는 이유로 아무런 판단도 하지 않았으며, 이는 그대로 확정되었다(전소). 그 후 丙은 위 토지매매계약의 공동매수인 지위에서 乙을 상대로 5,000만 원의 부당이득반환청구의 소(후소)를 제기하였는데, 대법원은 전소에서 매매계약의 무효를 원인으로 한 丙의 乙에 대한 1억 원의 부당이득반환청구가 기각되어 그대로 확정되었기 때문에 丙의 후소 청구는 전소 기판력에 저촉된다고 판시하였다.

5) 大判 2007. 12. 14, 2007 다 37776, 37783.

6) 자세한 것은 田中, "獨立當事者參加訴訟における一當事者の 上訴," 新爭點, 148면; 上野, "獨立參加訴訟における一當事者のみの上訴," 演習民訴, 730면; 兼子, 條解民訴, 204면 이하; 霜雁, "敗訴者の一人によ

하여 원고만이 항소한 경우와 원고승소·참가인패소의 판결에 대하여 참가인만이 항소한 경우에 한하여 상소하지 아니한 패소자(피고)에게 유리하게 원판결이 변경될 수 있다고 한다.

V. 二當事者訴訟으로의 還元

독립당사자참가소송은 다음과 같은 사유가 있으면 2당사자대립구조를 가지는 보통의 단일소송 또는 공동소송으로 환원된다.

1. 本訴의 取下 또는 却下

참가 후에도 원고는 본소를 취하할 수 있다. 그러나 참가인은 본소의 유지에 이익이 있으므로 본소를 취하함에는 피고의 동의 외에 참가인의 동의를 받아야 한다.[1] 본소가 취하된 경우에도 참가신청이 독립된 소로서의 요건을 갖추었으면 참가인의 원고 및 피고에 대한 공동소송으로 남는다고 본다(**공동소송잔존설**, 통설).[2] 참가신청은 본소의 계속을 전제로 한다는 이유로 이 경우에 참가신청도 따라서 소멸하여 결국 모든 소송이 종료한다는 견해(**전소송종료설**)[3]는 신청인의 의사에 반하고, 소송경제에 어긋나며, 다른 소송중의 소(반소·중간확인의 소)의 경우와 균형을 잃은 해석으로서 부당하다. 본소가 부적법각하된 경우도 마찬가지이다. 판례도 공동소송잔존설을 취하고 있다.[4]

편면참가의 경우에는 본소가 취하되면 참가인과 원고 또는 참가인과 피고 사이의 소송만 남게 된다.

2. 參加申請의 取下 또는 却下

참가인은 소의 취하에 준하여 참가신청을 취하할 수 있다. 따라서 본소의 원고나 피고가 본안에 관하여 소송에 응한 경우에는 양 쪽의 동의를 얻어야 한다(266 Ⅱ).[5] 편면참가의 경우에는 참가의 상대방 당사자의 동의만 있으면 된다. 참가신청이 취

る上訴," 百選 Ⅱ, 378면 등 참조.

1) 大決 1972. 11. 30, 72 마 787.

2) 方, 229면; 李時, 854면; 金/姜, 832면; 宋/朴, 693면.

3) 李英, 114면; 大判 1981. 7. 28, 81 다카 65.

4) 大判 1991. 1. 25, 90 다 4723.

5) 大判 1981. 12. 8, 80 다 577.

하된 뒤에는 원·피고 사이의 본소송만이 남는다. 참가신청이 각하된 경우에도 같다. 참가신청을 부적법각하한 판결에 대하여 참가인이 상소한 경우에는 분쟁의 합일확정을 위하여 원·피고간의 본소에 관한 판결을 하지 말고, 참가신청의 적법여부가 확정될 때까지 기다리는 것이 타당하다고 생각하나, 판례는 반대이다.[1)]

3. 原告 또는 被告의 脫退

1) 제3자가 당사자참가를 한 경우에 원고 또는 피고가 당사자로서 소송을 계속할 필요가 없게 된 때에는 상대방의 승낙을 얻어 그 소송에서 탈퇴할 수 있다(80).[2)] 예컨대 피고가 청구된 채무 자체는 인정하지만, 진정한 채권자가 원고가 아니라 제3자인 것으로 생각되어 원고의 청구를 다투고 있었는데 그 제3자가 참가한 경우의 피고, 원고가 소송계속 중에 소송물인 채권을 양도하였는데 그 양수인이 참가한 경우의 원고 등은 소송에서 탈퇴할 수 있다. 탈퇴에 의하여 참가인의 상대방에 대한 소송관계만 남고 종래의 청구(본소)와 참가인의 자기에 대한 청구는 소멸된다(다툼 있음).[3)]

2) 소송탈퇴는 주로 권리주장참가의 경우에 발생하지만(79 I 참조), 사해방지참가의 경우에도 있을 수 있다.[4)]

3) 소송탈퇴를 함에는 상대방의 승낙을 얻어야 한다고 규정되어 있다(80). 그러나 판결의 효력은 탈퇴자에게도 미치므로, 그가 탈퇴한 경우와 탈퇴하지 않고 소송을 수행한 경우와의 사이에 아무런 차이가 없으므로, 그가 탈퇴한다고 하여 상대방에게 특히 불이익을 주는 일은 없다.[5)] 따라서 탈퇴에 관하여 상대방의 승낙을 얻을 필요는 없다고 풀이하는 것이 다수의 견해[6)]이다(판례는 반대).[7)] 그리고 이 경우에

---

1) 大判 1976. 12. 28, 76 다 797.

2) 독립당사자참가 소송에서 탈퇴는 원고와 피고만이 할 수 있고 참가인은 참가신청을 취하할 수 있을 뿐이므로 참가인이 소송탈퇴서를 제출한 것은 그 참가신청을 취하한 취지라고 보아야 한다(大判 2010. 9. 30, 2009 다 71121).

3) 참가승계의 경우이기는 하지만, 대법원은 소송탈퇴로 종전 당사자 사이의 소송관계가 적법하게 종료되었다고 한다(大判 2011. 4. 28, 2010 다 103048).

4) 同旨: 李時, 856면; 金/姜, 834면; 姜, 885면. 反對; 宋/朴, 695면; 胡, 1082면.

5) 다만 참가인의 피고에 대한 청구가 기각된 경우에는, 만일 원고가 탈퇴하지 아니하였더라면 원고의 피고에 대한 청구가 인용되었을 것임에도 불구하고, 원고가 탈퇴하였으므로 그러한 판결을 받지 못하였고, 따라서 원고가 뒤에 피고에 대하여 별소를 제기할 가능성이 있다. 이 경우에 피고로서는 한 번만 재판하면 될 것을 두 번 재판하게 되는 셈이고, 따라서 원고의 탈퇴는 마치 소취하와 같으므로, 이 때에는 피고의 승낙이 필요하다고 하겠다.

탈퇴에 의하여 참가인의 이익이 침해되는 일도 없으므로 참가인의 승낙도 불필요하다.

탈퇴나 이에 대한 상대방의 승낙은 서면에 의하여야 하지만, 기일에는 말로 할 수 있다.

4) 판결의 효력은 탈퇴한 당사자에게도 미친다(80但). 이것은 탈퇴한 당사자가 자기의 또는 자기에 대한 청구에 관하여 소송수행권을 참가인과 잔존당사자에게 부여한 결과라고 생각한다(**소송담당설**). 이에 관하여는 학설의 대립이 있다.

① **條件附抛棄・認諾說** 종래의 통설은 여기의 탈퇴란 자기의 소송상의 지위를 참가인과 상대방 사이의 소송수행의 결과에 일임하고, 이를 조건으로 참가인 및 상대방의 자기에 대한 청구에 관하여 포기 또는 인낙을 하는 행위로 본다.[1] 그리고 탈퇴의 효과로서 본소송의 당사자 사이 및 참가인과 탈퇴자 사이의 소송은 종료하고, 참가인의 잔존당사자에 대한 청구만 남는다고 한다. 예컨대 갑이 을을 상대로 하여 소유권에 기한 보석인도청구의 소를 제기하였는데 병이 참가하여 갑에 대하여는 소유권확인, 을에 대하여는 소유권에 기하여 보석인도를 청구하였던 바, 을은 누구든 승소하는 사람에게 인도하겠다는 생각으로 탈퇴를 하였다고 하자. 조건부포기・인낙설에 의하면 위 예에서 갑의 을에 대한 청구와 병의 을에 대한 청구는 소멸하고, 병의 갑에 대한 소유권확인청구만 남는다. 위 예에서 만일 참가인 병이 원고 갑에게 승소한 경우에는 탈퇴 피고 을에 대하여는 병의 을에 대한 청구를 인낙한 효력이 생긴다는 것이다. 그러나 이 경우에 원고 갑의 피고 을에 대한 청구를 기각하는 효력은 없으므로, 그 부분의 공백이 생긴다.

② **法定效果說** 이처럼 통설인 조건부포기・인낙설에 의하면 탈퇴자 을에게 유리한 갑・을간의 청구기각의 결과를 인정할 수 없는 공백부분이 생기는 난점이 있다. 그리하여 여기의 탈퇴란 청구의 포기・인낙과는 다른 행위이며, 단지 소송의 당사자가 아니게 되는 것으로 보아야 한다는 견해가 주장되었다.[2] 이 견해에 의하면 탈퇴에 의하여 본소송의 당사자 사이 및 참가인과 탈퇴자 사이의 소송은 종료하지만, 탈퇴 후에 내려진 판결이 탈퇴자에게도 효력을 미치는 것은 청구의 포기 또는 인낙을 하여서가 아니라, 제79조에 규정된 독립당사자참가소송의 판결로서의 효력을 유지시키기 위한 것이며, 3당사자 사이의 판결의 합일확정의 요청 때문에 잔존소송의 판결의 합리적 귀결로서 탈퇴자에 대하여도 그 효력이 미친다고 한다. 법정효과설에 의하면 위 예에서 참가인 병이 원고 갑에게 승소한 경우에는 문제가 없으나, 반대로 참가인 병이 원고 갑에게 패소한 경우에는 병의 탈퇴 피

6) 李時, 857면; 金/姜, 835면; 新堂, 523면. 反對; 宋/朴, 695면; 胡, 1083면; 姜, 928면.
7) 大(全)判 2019. 10. 23, 2012 다 46170 참조.
1) 金/姜, 835면; 姜, 928면.
2) 小山, "民訴71條の參加訴訟における判決の內容と效力に關する試論," 中田還曆, 上, 99면 이하.

고 을에 대한 청구에 관하여 기각의 효과는 생기지만, 갑의 을에 대한 청구에 관하여 인용의 효과는 생기지 아니하므로, 그 부분의 공백이 생긴다.

③ **併用說**(融合說) 위에서 살펴본 것처럼 조건부포기·인낙설과 법정효과설에 의하면 역방향이지만 각각 효과가 미치지 않는 공백이 생긴다. 그리하여 '신도'(新堂) 교수는 위 공백을 메우기 위하여 통설인 조건부포기·인낙설과 법정효과설을 종합하여 탈퇴자에 대한 판결의 효력은 조건부포기·인낙이라는 처분행위의 효과와 판결의 논리적 귀결의 범위로서 법적 효과 부여의 양면으로 이루어진다고 설명한다.[1)]

④ **請求存續說** '이노우에'(井上) 교수는 '신도' 교수의 처리 결과에는 찬성하지만, 종래의 모든 학설이 탈퇴한 피고에 대한 청구가 심판대상에서 제외된다고 보는 점을 비판한다. 그에 의하면 다 같은 탈퇴라도 원고의 탈퇴는 피고에 대한 소의 취하에 유사한 처분행위이지만 피고의 탈퇴는 당사자권 내지 방어권의 포기 또는 잔존당사자에 대한 소송신탁이며, 탈퇴자에 대한 청구는 존속한다. 따라서 탈퇴 후에 내려진 판결의 효력이 탈퇴 피고에게 미치는 것은 피고에 대한 청구에 관하여 심리·판결이 행하여진 효과에 지나지 않는다고 한다.[2)]

⑤ **實質的 當事者說** 탈퇴자는 형식적 당사자는 아니지만, 제3자에게 판결의 효력이 미치는 실질적 당사자의 하나이므로, 판결의 효력이 탈퇴자에게 미친다고 한다.[3)]

⑥ **訴訟擔當說** 탈퇴에 의하여 본소송의 당사자 사이 및 참가인과 탈퇴자 사이의 소송은 종료하고, 종래의 3면소송은 참가인과 잔존당사자 사이의 2면소송으로 변화하지만, 탈퇴자는 자기의 청구 또는 자기에 대한 청구에 관하여는 참가인과 잔존당사자 사이의 소송의 판결에 맡기는 것이요, 이것은 탈퇴자가 참가인과 잔존당사자에게 소송수행권을 부여하는 것, 즉 임의적 소송담당이 있는 것으로 보는 것이다. 따라서 소송담당자인 잔존당사자와 참가인 사이의 판결의 효력이 탈퇴자에게 미치는 것은 당연하다고 한다.[4)] 소송담당설이 가장 간명하게 탈퇴자에 대한 판결의 효력을 설명한다고 생각한다.[5)]

5) 여기에서 말하는 판결의 효력의 내용에 관하여는 i) 참가적 효력을 뜻한다는 설, ii) 기판력을 의미한다는 설 및 iii) 기판력과 집행력을 뜻한다는 설이 대립되어 왔다. 그러나 탈퇴자와 잔존자 사이에 상호 협력관계가 없으므로 참가적 효력설은 부당하고, 기판력만 인정하면 잔존자가 탈퇴자에 대하여 다시 이행판결을

---

1) 新堂, 521, 523면.
2) 井上治典, "獨立當事者參加," 新實務民訴 3, 72면 이하.
3) 山木戸, "訴訟承繼と訴訟參加," 民訴講座 Ⅰ.
4) 櫻井, "訴訟脫退者に對する判決の效力," 新爭點, 154면; "獨立參加と脫退," 演習民訴, 714면 이하 등 참조.
5) 同旨: 李時, 819면.

얻어야만 강제집행을 할 수 있게 되어 탈퇴를 인정한 실익이 없으므로 기판력설도 문제가 있다. 탈퇴를 인정한 실익을 확보하고 또 민사집행법 제25조의 문언에 충실하게 여기의 판결의 효력에는 기판력과 집행력이 모두 포함된다고 본다(통설).

6) 탈퇴자에게 집행력도 미친다고 풀이하는 경우에는 무엇을 집행권원으로 볼 것인가가 문제이다. 민사소송법은 이 점에 관하여 분명하게 규정하고 있지 않지만, 참가인과 잔존당사자 사이의 판결에서 탈퇴자에 대한 이행의무를 선언하여야 하고 (이를 빠뜨리면 追加判決을 신청할 수 있다), 이것이 집행권원이 된다고 본다(통설).

제 4 절 當事者의 變更

제 1 관 總 說

1) 당사자의 변경(Parteiänderung)이라 함은 소송계속중에 종래의 당사자 대신에 새로운 당사자가 소송에 가입하거나, 종래의 당사자 외에 새로운 당사자가 소송에 가입하는 현상을 가리킨다. 전자를 당사자의 교체(Parteiwechsel), 후자를 당사자의 추가(Parteibeitritt)라고 하며, 이것이 당사자변경의 두 형태이다.

2) 당사자의 변경은 두 가지 경우에 발생한다. 하나는 소송중에 분쟁의 주체인 지위가 당사자로부터 제3자로 이전함에 따라 새로이 주체로 된 제3자가 당사자가 되어 종래의 소송을 속행하는 경우이며, 다른 하나는 분쟁의 주체인 지위의 변경과는 상관이 없이 새로운 제3자가 소송에 가입하는 경우이다. 전자를 소송의 승계, 후자를 임의적 당사자변경이라고 한다. 전자의 경우에는 새 당사자가 구 당사자의 지위를 승계함에 반하여, 후자의 경우에는 새 당사자가 구 당사자의 지위를 승계하지 않는다. 어느 경우이든 때를 달리하여 여러 사람이 당사자의 지위에 서게 되는 점에서 앞에 설명한 공동소송 및 제3자의 소송참가의 경우와 구별된다 (다만 임의적 당사자변경에서 당사자를 추가하는 경우는 예외이다).

제 2 관 訴訟의 承繼

Ⅰ. 總　　說

1. 意　　義

1) 소송의 승계라 함은 소송이 계속되는 중에 소송물인 권리 또는 법률관계에 변동이 생긴 결과 분쟁주체인 지위가 종래의 당사자로부터 제3자로 이전되는 경우에 그 제3자가 새 당사자가 되어 종전 당사자의 소송상의 지위를 이어 받는 것을 말한다.

2) 소송계속중에 실체관계의 변동이 생긴 경우에 새로이 분쟁의 주체로 된 사람과의 사이에 계속중인 소송과는 별개로 독립된 소송을 벌이게 한다면 이것은 소송경제에 반할 뿐더러, 지금까지의 소송수행의 노력을 무시하는 것이 되어 상대방과 제3자에 대하여도 불공평하다. 그리하여 지금까지의 소송상태를 존중하면서 새 당사자와의 사이에서 분쟁해결을 꾀하려고 하는 것이 소송승계의 제도이다. 이것은 피고가 본안에 관하여 소송에 응한 뒤에는 그의 동의 없이 소취하를 할 수 없고, 변론을 종결한 뒤의 승계인에게는 판결의 효력을 미치게 하는 것과 똑같이, 소송절차에서 형성된 당사자의 기득권적 지위를 보호하기 위한 배려에서 나온 것이다.

2. 種　　類

소송승계에는 분쟁의 주체에 변동이 있는 때에 새로이 분쟁의 주체로 된 사람이 법률상 당연히(*ipso iure*) 소송당사자로 되는 경우와 그 사람의 소송참가의 신청 또는 그 상대방의 그에 대한 소송인수의 신청 등 당사자의 행위에 의하여 소송당사자로 되는 경우가 있다. 전자가 당연승계이고 후자가 계쟁물의 양도에 의한 승계이다. 후자는 다시 누가 승계를 신청하는가에 따라 참가승계와 인수승계로 나누어진다(후술).

3. 效 果

소송의 승계가 있으면 새 당사자는 구 당사자가 수행한 소송의 결과를 그대로 승계하고 이를 전제로 하여 승계인과 상대방 사이에 심판이 진행된다. 그리하여 i) 종전의 소제기에 의한 시효중단, 기간준수의 효력이 그대로 유지되며, ii) 종전의 변론·증거조사·중간판결 등은 모두 새 당사자와의 소송에서도 효력을 가진다. iii) 그리고 구 당사자가 소송상 할 수 없었던 행위(예컨대 자백의 철회, 시기에 늦은 공격·방어방법의 제출)는 새 당사자도 할 수 없다. iv) 다만 소송비용의 부담은 당연승계의 경우에는 승계되지만, 계쟁물의 양도에 의한 승계의 경우에는 특별한 사정이 없는 한 승계되지 아니한다.

Ⅱ. 當然承繼

당연승계는 실체적인 승계원인이 그대로 소송에 반영되어 법률상 당연히 당사자의 교체가 일어나는 경우이다. 이 경우에는 소송당사자가 실제로 소송수행을 할 수 있을 때까지 소송절차를 중단할 필요가 있으므로 당연승계의 사유는 대체로 소송절차의 중단 및 수계의 사유로 규정되어 있다. 그러나 소송절차의 중단·수계는 현실의 소송수행자가 교체되는 경우를 고려한 것이므로, 소송의 승계와는 별개의 관념이다. 따라서 당사자의 교체가 없더라도 소송수행자가 바뀌는 경우(예컨대 소송능력의 상실, 법정대리권의 소멸)는 중단사유로 되고, 반대로 당사자의 교체가 있더라도 현실의 소송수행자가 바뀌지 않는 경우(예컨대 소송대리인이 있는 경우)는 중단사유로 되지 아니한다.

1. 當然承繼의 原因

(가) 당사자의 사망(233)　이 경우에는 상속인·수증자(受贈者)·유언집행자·상속재산관리인 등이 승계인이 된다. 상속인이 상속을 포기하거나, 소송물인 권리의무가 일신전속적이어서 승계될 수 없는 경우에는 소송절차가 종료된다.[1] 가류 또는 나류 가사소송사건에서는 민법의 규정에 의한 소제기권자(家訴 16 Ⅰ)가 승계인이 된다.[2]

1) 大決 1981. 7. 16, 80 마 370.

2) 趙寬行, "當事者의 死亡으로 訴訟節次가 中斷된 것을 看過하고 한 判決의 效力," 午堂朴禹東先生華甲記念, 「民事裁判의 諸問題」, 8, 696면 이하 참조.

(나) 법인 기타의 단체의 합병으로 인한 소멸(234)　　신설합병의 경우에는 합병에 의하여 설립된 법인 기타 단체, 흡수합병의 경우에는 존속하는 법인 기타 단체가 승계인이 된다.

(다) 당사자인 수탁자의 임무종료(236)　　이 경우에는 새로운 수탁자 또는 신탁재산의 귀속자가 승계인이 된다.

(라) 소송담당자(예컨대 破産管財人)**의 자격상실**(237 I)　　이 경우에는 새로이 자격을 취득한 사람 또는 당사자적격을 회복한 본래의 이익귀속주체가 승계인이 된다.

(마) 선정당사자 모두의 자격상실(237 II)

(바) 파산선고 또는 파산절차의 해지(239, 240)

2. 訴訟上의 取扱

1) 소송절차의 중단을 수반하는 경우에는 승계인 또는 상대방에 의한 수계신청이나 법원의 속행명령에 의하여 소송절차가 속행된다(241, 244). 승계의 유무 및 누가 승계인인가는 법원이 직권으로 조사한다. 승계인의 적격이 없는 사람이 수계신청을 하면 법원은 결정으로 그 신청을 각하한다.[1] 그 적격이 인정될 때에는 명시적인 결정 없이 승계인에 의한 소송의 수행을 허용하여야 하지만, 그 뒤에 승계적격이 없음이 판명되는 경우에는 수계결정을 취소하고 신청을 각하하여야 한다.[2] 소송물이 일신전속적이어서 당사자의 사망으로 소송절차가 이미 종료된 경우(이혼소송)와 같이, 수계신청이 이유가 없는 경우에는 결정으로 기각하여야 한다(243 I). 당사자의 사망을 간과하고 사망자의 이름으로 판결한 경우에, 그 판결은 상속인의 절차권을 침해한 위법·유효한 판결로서 대리권의 흠에 준하여(424 I ④, 451 I ③) 상소 또는 재심으로 취소할 수 있다.[3] 이에 대하여는 당연승계의 개념 자체를 부정하면서 소송수계절차를 밟아야 승계도 비로소 있게 된다고 보고, 사망자 이름의 판결은 무효라는 견해도 있다.[4] 그러나 소송승계는 소송수계 여부에 불구하고 당사자의 사망으로 바

1) 大判 1981. 3. 10, 80 다 1895. 기각하여야 한다는 견해로는 李時, 869면; 胡, 1104면.

2) 大判 1981. 3. 10, 80 다 1895. 판결로 소를 각하하여야 한다는 견해로는 李時, 869면. 기각결정을 하여야 한다는 견해로는 胡, 1019면.

3) 大(全)判 1995. 5. 23, 94 다 28444.

4) 胡, 1108면.

로 개시되는 것이므로, 소제기 전에 당사자가 사망한 경우(당연무효)[1]와는 달리, 2당사자대립구조가 상속인과 상대방 당사자 사이에 존속하므로, 무효인 판결이라고 할 수는 없다. 법이 사망한 당사자에게 소송대리인이 있는 경우에 소송절차가 중단되지 않는 것으로 하고 있는 것(238)은 사망으로 말미암아 당연히 소송승계가 이루어지는 것을 전제로 한 것이라고 볼 수 있다. 사망자의 이름으로 선고된 판결은 위법·유효한 판결이므로 기판력을 가지며, 당사자의 사망과 동시에 당사자의 지위를 당연승계한 상속인에게 그 효력을 미친다(218 I 의 당사자).[2] 이 판결로 상속인에게 집행하려면 승계집행문을 부여받아야 한다(民執 25, 31).[3]

2) 소송절차의 중단을 수반하지 않는 경우에는 절차의 진행에는 아무런 영향이 없다. 소송대리인이 있기 때문에 중단되지 않는 경우(238)에는 그 대리인이 구 당사자의 이름으로 소송을 수행하지만, 실질적으로는 승계인이 당사자이고 그의 대리인으로서 소송을 수행한 것이므로,[4] 판결이 형식상 구 당사자의 이름으로 내려진 경우에도 실질상 승계인에 대하여 내려진 것으로 풀이하여야 한다. 다만, 이 판결에 의하여 승계인을 위하여 또는 그에 대하여 강제집행을 하려면 승계집행문을 부여받아야 한다(民執 25, 31). 그러나 판결이 있기 전에 승계의 사실 및 누가 승계인인가가 판명된 경우에는 따로 수계절차를 밟을 필요 없이[5] 판결에 승계인(망 ○○○ 상속인 ○○○)을 당사자로 표시하여야 하고, 또 판결에 구 당사자를 표시한 경우에는 판결의 경정(211)을 할 수 있다.[6] 그리고 새 당사자를 잘못 표시하였더라도 그 표시가 사망자의 상속인, 소송승계인, 소송수계인 등 사망자의 상속인임을 나타내는 문구로 되어 있으면 그 잘못 표시된 당사자가 아니라 정당한 상속인에 대하여 판결의 효력이 미친다는 것이 판례이다.[7] 소송계속 중 사망한 갑에게서 소송탈퇴에 관한 특별수권을 받은 소송대리인은 승계참가인 을이 승계참가신청을 하자 소송탈퇴를 신청하였고 상대방 측 소송대리인이 위 탈퇴에 동의하였다면 갑과 상대방 사

---

1) 大判 1994. 1. 11, 93 누 9606; 2017. 5. 17, 2016 다 274188.

2) 이에 관하여 자세한 설명은 유병현, "소송계속중 사망한 자를 당사자로 표시한 판결의 승계인에 대한 기판력과 집행방법," 하촌정동윤선생화갑기념, 「21세기 민사소송법의 전망」(1999), 317면 이하 참조.

3) 大決 1998. 5. 30, 98 그 7.

4) 大判 2011. 4. 28, 2010 다 103048.

5) 다만, 판례는 당사자가 소송수계를 할 수도 있다고 본다(大判 1972. 10. 31, 72 다 1271, 1272 등).

6) 大判 2002. 9. 24, 2000 다 49374(법인이 합병으로 소멸하였으나 소송대리인이 있는 경우).

7) 大決 1992. 11. 5, 91 마 342. 反對: 康鳳洙, "訴訟代理人이 있는 경우 當事者의 死亡과 受繼," 午堂朴禹東先生華甲記念, 「民事裁判의 諸問題」, 8, 682면 이하; 胡, 1103면.

이의 소송관계, 즉 갑의 상속인들과 상대방 사이의 소송관계는 소송탈퇴로 적법하게 종료된다.[1)]

Ⅲ. 係爭物의 讓渡에 의한 承繼(特定承繼)

1. 總 說

1) 계쟁물이 양도되어 분쟁의 주체가 변동되는 경우에 새로운 주체의 신청이나 그에 대한 상대방의 요청에 의하여 이루어지는 소송승계를 계쟁물의 양도에 의한 승계[2)]라고 한다. 이 경우에는 그것 자체만으로는 소송에 아무런 변경을 초래하지 않고, 새로이 분쟁의 주체로 된 사람이 스스로 소송참가의 신청을 하든가 또는 그에 대하여 상대방 당사자가 소송인수의 신청을 하여야 비로소 상대방과 승계인 사이에 소송의 승계가 이루어진다.

2) 소송이 계속되어 있는 동안에 계쟁물이 양도되었을 경우에 이것을 소송에 어떻게 반영시킬 것인가에 관하여는 입법례가 대립되고 있다. 로마법에서는 계쟁물의 양도를 금지하고(양도금지주의), 이에 위반하는 경우에는 실체법상 무효로 하였을 뿐만 아니라 체형(體刑)까지 가하였다. 그리하여 계쟁물의 양도는 소송외·소송상으로 아무런 영향을 미치지 못하였다. 그러나 계쟁물양도금지의 원칙은 거래의 요청에 반하므로 근대에 이르러서는 계쟁물의 양도를 허용하기에 이르렀다(**양도허용주의**). 다만 이 경우에도 계쟁물의 양도는 소송에 아무런 영향을 미치지 않도록 하여 종전의 당사자가 승계인을 위하여 계속하여 소송수행권을 가지게 하고, 그가 받은 판결의 효력을 승계인에게 미치게 하는 입법례(**당사자항정주의**, 도이칠란트)(獨民訴 265)와 계쟁물의 양도가 소송에도 영향을 미치고, 승계인이 새로운 당사자로서 소송에 가입하여 전주의 소송상의 지위를 승계하게 하는 입법례(소송승계주의)의 대립이 있다. 전자는 실질적으로 이해관계를 가지지 아니하는 양도인에게 소송수행을 맡기는 것으로서 양수인의 보호에 미흡하므로, 우리 민사소송법은 소송승계주의를 채택하였다. 그러나 소송승계주의는 승계인의 보호만을 염두에 두었을 뿐 상대방의 입장을 고려

1) 大判 2011. 4. 28, 2010 다 103048.

2) 우리나라에서는 민사소송법 제81조와 제82조의 법문에 충실하게 「소송물의 양도에 의한 승계」라고 표현하는 것이 보통이다. 그러나 여기에서 말하는 소송승계에는 소송물인 권리관계 그 자체가 양도된 경우뿐만 아니라 그 권리관계가 귀속되는 물건이 양도된 경우도 포함하므로, 본서에서는 **「계쟁물의 양도에 의한 승계」라고 표현하기로 한다**. 일본에서는 강학상 계쟁물의 양도가 있었던 경우로 설명하는 것이 보통이고(中野貞一郞/松浦馨/鈴木正裕, 新民事訴訟法講義, 第2版補訂2版, 2008, 586면 참조), 소송물의 양도라고 표현하면 오해의 염려가 있다고 지적하는 견해도 있다(新堂幸司, 新民事訴訟法, 第5版, 2011, 854면). 도이칠란트 학자도 계쟁물의 양도라고 설명하고 있다(Rosenberg/Schwab/Gottwald, Zivilprozessrecht, 17. Aufl., 2010, §100; Jauernig, Zivilprozessrecht, 29. Aufl., 2007, §85 참조. 또한 §265 ZPO).

하지 아니하였다는 결점을 지니고 있다. 즉 이 주의 하에서는 상대방은 항상 반대당사자(피승계인) 쪽에 실체법상의 권리의 변동이 있는가를 주의 깊게 관찰하여 그때그때 승계절차를 밟아야 하고, 만일 그러한 변동이 있었는데도 이를 알지 못하여 승계절차를 밟지 못하였을 때에는 종전의 당사자를 상대로 하여 소송수행을 한 결과로 받은 판결은 당사자적격을 상실한 사람에 대한 것이므로 쓸모없는 것이 되고, 상대방은 승계인을 상대로 하여 다시 소를 제기하여야 한다(건물인도소송에 이러한 예가 많다). 그리하여 입법론으로서는 소송승계의 원칙을 채택하면서도 소송승계가 행하여질 때까지는 종전의 당사자가 승계인을 위하여 소송수행권을 갖도록 하자고 하여, 양 주의의 병용을 주장하는 견해가 많다.[1)]

3) 소송승계주의를 취하는 현행법 하에서 위에서 말한 결함을 시정하기 위한 대책으로서는 다음과 같은 제도가 마련되어 있다. i) 원고 쪽은 가처분제도를 이용함으로써 피고를 항정(恒定)시킬 수 있다(民執 300). 예컨대 부동산소유권이전등기청구나 소유권이전등기말소청구에서는 처분금지가처분에 의하여, 또 건물인도청구에서는 점유이전금지가처분에 의하여 피고적격을 항정시킬 수 있다. 그러나 이 방법은 피고 쪽에는 인정되지 아니한다. ii) 현행 민사소송법은 당사자가 변론을 종결할 때까지 승계를 진술하지 아니한 때에는 변론을 종결한 뒤에 승계가 있는 것으로 추정하는 규정을 두고 있다(218 II)(추정승계인). 이것은 승계사실을 은폐하여 기판력을 면하려는 사악한 당사자를 응징하려는 것으로서, 당사자항정주의적 요소를 가미한 것이다.

2. 參加承繼 · 引受承繼의 意義

계쟁물의 양도에 의한 승계(특정승계)는 누가 승계를 신청하는가에 따라 참가승계와 인수승계로 나누어진다. 권리 또는 의무의 승계인이 독립당사자참가신청의 형식으로 스스로 소송에 참가하는 것을 참가승계(81)라 하고, 권리 또는 의무의 승계인에 대하여 당사자가 소송을 인수하도록 요청하여 비자발적으로 참가시키는 것을 인수승계(82)라고 한다.[2)]

3. 參加承繼 · 引受承繼의 原因

참가승계와 인수승계는 소송이 계속되어 있는 동안에 당사자 한 쪽과 제3자와

1) 李時, 871면; 新堂, 533면.

2) 1990년 개정 이전의 구 민사소송법은 참가승계는 권리의 양수인이 자발적으로 승계하는 것만을 규정하고 있었고(同法 74), 인수승계는 채무의 양수인에 대하여 상대방이 승계를 요구할 수 있다고 규정하고 있었을 뿐이었지만(同法 75), 학설 · 판례는 이를 확대해석하여 채무의 양수인도 스스로 참가할 수 있고, 권리의 양수인에 대하여도 상대방이 승계를 요청할 수 있는 것으로 풀이하여 왔다(大判 1983. 9. 27, 83 다카 1027). 그런데 1990년 개정민사소송법은 법문에 '권리 또는 의무'라고 표현하여 양자를 모두 포함시킴으로써 이를 분명히 하였다[舊民訴 74, 75(새 법 81, 82)].

의 사이에 계쟁물에 관하여 특정승계가 있을 때에 인정된다.

(1) 特定承繼

1) 특정승계의 모습은 묻지 아니한다. 그것이 임의처분(매매, 양도 채권 등)이든 법률의 규정(代位) 또는 집행처분(매각결정, 부명령 전 등)에 의한 이전이든 상관이 없다. 분쟁의 기초를 이루는 실체관계를 양도하는 이전적 승계 외에 파생적인 권리관계를 설정하는 설정적 승계(예컨대 소유권이전등기말소청구의 訴가 제기된 부동산에 관하여 제3자가 피고로부터 저당권설정등기를 받은 경우, 가옥철거소송에서 그 가옥을 임차한 경우)도 포함된다.[1)]

2) 계쟁물의 특정승계에는 승계의 전후를 통하여 청구는 같은데 당사자만 교체되는 경우(단순형 소송승계)와, 당사자의 교체뿐만 아니라 청구도 달라지는 경우(청구변경형 소송승계)가 있다. 청구가 전후에 공통된 단순형 소송승계는 소송물인 권리관계 자체의 이전적 승계의 경우[2)] 외에, 소송물인 권리의무의 목적물건을 특정승계한 경우로서, 예컨대 소유권확인청구소송의 목적물건의 소유권을 제3자가 양수한 경우와 철거를 구하는 건물의 소유권을 제3자가 양수한 경우 등에서 볼 수 있다. 단순형 소송승계의 경우에는 승계의 전후를 통하여 심판의 대상이 동일하므로 절차권의 보장이 충족되어 있어서 참가승계든 인수승계든 큰 문제는 없다.

이에 반하여 청구가 달라지는 청구변경형 소송승계의 경우는 예컨대 건물철거·토지인도청구소송이 계속되어 있는 동안에 피고가 목적건물을 임대하여 점유를 이전한 경우에 임차인에 대하여 새로이 건물퇴거청구에 관한 인수승계의 신청을 하거나, 이전등기말소청구소송이 계속되는 동안에 피고로부터 이전등기를 넘겨받은 사람에 대하여 새로이 이전등기말소청구에 관하여 인수승계의 신청을 하는 경우 등이다. 이처럼 승계 전의 구 청구와 승계 후의 새 청구가 다른 경우에는 구 청구에 관한 승계인의 절차권보장이 문제된다. 참가승계의 경우에는 자발적으로 승계하였으므로 큰 문제는 없고, 승계한 권리와 청구의 기초가 바뀌지 아니하는 한도에서 청구취지 또는 원인을 바꿀 수 있다.[3)] 그러나 자기의 의사에 반하여 소송에 인입된 인수승계의 경우에는 새 청구와 구 청구가 주요한 쟁점을 공통으로

---

1) 同旨: 李時, 871~872면; 日最判 1966. 3. 22, 民集 20. 3. 484.

2) 채권양수인이 민사소송법 제218조 제1항에 따라 확정판결의 효력이 미치는 '변론을 종결한 뒤의 승계인'에 해당하는지의 판단은 채권양도의 합의가 이루어진 때가 아니라 **대항요건이 갖추어진 때**를 기준으로 한다(大判 2020. 9. 3, 2020 다 210747).

3) 大判 2012. 7. 5, 2012 다 25449.

하고 승계인과의 분쟁이 사회통념상 구 당사자 사이의 분쟁으로부터 파생 내지 발전하였다고 보이는 경우에 한하여 승계를 인정하여야 한다고 생각한다[1](판례는 반대).[2]

(2) 承繼人의 범위

1) 참가승계·인수승계의 승계인과 변론을 종결한 뒤의 승계인(218 Ⅰ)은 통일적으로 이해하여야 한다는 것이 종래의 통설이다. 소송승계제도와 변론을 종결한 뒤의 승계인에 대한 확정판결의 기판력의 확장제도는 모두 분쟁주체인 지위가 소송 외에서 변동된 경우에, 당사자인 전주(양도인)가 행한 소송수행의 결과를 승계인(양수인)에게 인계시켜 소송에 의한 분쟁해결의 실효성을 확보하고 당사자 사이의 형평을 도모하려는 제도이며, 다만 전자가 소송의 계속중, 특히 변론을 종결하기 전에 분쟁주체인 지위가 변동된 것임에 반하여, 후자는 변론을 종결한 뒤에 그 변동이 생겼다는 차이가 있을 뿐이다. 그리하여 전자가 '생성중의 기판력'을 승계인에게 미치게 하는 것이라면, 후자는 '완성된 기판력'을 승계인에게 미치게 하는 것이라 할 수 있다.[3] 이러한 전제에 서서 종래의 통설과 판례는 양자를 통일적으로 처리하려고 한다. 그리하여 판례는 제81조에서 규정하고 있는 소송의 목적물인 권리관계의 승계라 함은 소송물인 권리관계의 양도뿐만 아니라 당사자적격 이전의 원인이 되는 실체법상의 권리이전을 널리 포함하는 것이라고 하면서, 신주발행무효의 소의 계속 중 그 원고적격의 근거가 되는 주식이 양도된 경우에 양수인은 그 소송에 승계참가할 수 있다고 하였다.[4] 그런데 이처럼 당사자적격의 이전이라고 하는 것(**적격승계설**)은 부정확하다. 예컨대 소유권이전등기말소청구의 소가 계속되는 동안에 새 등기명의자가 생긴 경우, 새로운 말소등기청구의 피고적격자는 새 명의자이며, 새로운 소송물이 추가되는 것이므로, 기존의 말소등기청구의 당사자적격이 이전되었다고 보기는 어렵다. 따라서 분쟁주체인 지위의 이전이라고 보아야 한다(**분쟁주체지위승계설**).[5]

또한 구실체법설을 따르는 판례는 점유승계인이나 등기승계인의 경우, 제81조와 제82조에 의한 분쟁주체인 지위의 승계에서도 제218조의 변론을 종결한 뒤의

1) 同旨: 新堂, 535면.

2) 大決 1971. 7. 6, 71 다 726(건물철거청구소송이 계속되는 중에 건물의 소유권이전등기를 마친 사람에게 그 소유권이전등기말소를 구하기 위한 추가적 인수신청 불허).

3) 新堂, 533면.

4) 大判 2003. 2. 26, 2000 다 42786.

5) 同旨: 姜(제5판), 259면.

승계인에서와 같이 청구권의 성질이 채권적인가 물권적인가를 따진다. 즉 매매계약 등 채권적 청구권을 바탕으로 하여 매수인이 매도인을 상대로 하여 목적물인도청구나 소유권이전등기청구를 한 경우에 피고인 매도인으로부터 목적물에 관하여 이전등기를 받거나 점유승계를 받는 제3자는 여기의 승계인에 해당하지 않지만,[1] 물권적 청구권을 바탕으로 한 이행소송의 계속 중에 계쟁물을 양수한 사람, 예컨대 소유권에 기한 이전등기말소청구소송이 계속되는 동안에 피고로부터 그 부동산을 매수하여 이전등기를 마치거나 저당권설정등기를 마친 사람은 여기의 승계인에 포함된다고 한다.[2] 그러나 소송물인 권리관계의 실체법적 성질을 따질 필요가 없이 점유승계인이나 등기승계인은 모두 여기의 승계인으로 보고, 승계인이 가지고 있는 실체법상 고유의 항변(선의취득 등)은 승계한 뒤의 소송에서 주장하도록 하는 것이 타당하다.[3]

2) 또한 변론종결 전후의 승계인을 반드시 통일적으로 이해하여야 하는지는 의문이고, 소송승계(특히 인수승계)인의 범위를 변론을 종결한 뒤의 승계인의 범위보다 넓게 풀이하는 것이 타당하다고 본다.[4] 왜냐하면 소송승계는 앞으로 심리를 속행하는 과정에서 문제되는 것이요, 기판력·집행력의 확장은 이미 심리를 마친 뒤에 문제되는 것이며, 이 차이로 인하여 승계인의 범위에서도 차이가 발생하기 때문이다. 그리하여 소송승계의 경우에는 승계 전의 소송물과 승계 후의 소송물이 달라져서 당사자적격의 승계가 없더라도 승계인의 새 청구와 구 청구의 쟁점이 공통되고 승계인과의 분쟁이 구 당사자 사이의 분쟁으로부터 파생 내지 발전된 것으로 인정되어, 종전의 소송자료를 이용하여 이들 분쟁을 일거에 해결할 합리적 필요가 있다고 인정되는 경우에는 소송승계를 할 수 있다고 본다.[5] 이에 반하여 변론을 종결한 뒤의 승계인의 경우에는 재판을 받을 권리의 보장이라는 측면에서 절차에 관여하지 아니한 사람의 보호를 꾀하여야 하므로 승계인의 범위를 엄격히 해석하여야 할 것이다. 요컨대 소송승계의 승계인의 범위가 변론을 종결한 뒤의 승계인의 범위보다 넓다고 보는 것이 타당하다.

---

1) 大決 1970. 2. 11, 69 마 1286; 1983. 3. 22, 80 마 283.

2) 기판력에 관하여 大決 1963. 9. 27, 63 마 14.

3) 同旨: 李時, 872면.

4) 同旨: 姜, 947면; 新堂, 533면 이하; 中野=松浦=鈴木, 569면 이하.

5) 同旨: 日最判 1966. 3. 22, 民集 20. 3. 484(일본판례는 구소송물이론을 취하는 입장이면서도, 위와 같은 취지에서, 토지임대인이 토지임차인을 상대로 하여 건물철거·토지인도청구를 하여 계속되는 동안에 피고가 그 건물에 제3자를 입주시켰다면 원고가 주장하는 권리가 물권적 청구권이든 채권적 청구권이든 묻지 않고 그 입주자에 대하여 퇴거청구를 위한 인수승계를 신청할 수 있다고 하였다).

4. 參加承繼 · 引受承繼의 節次

참가승계는 승계인의 자발적인 참가신청에 의하여, 인수승계는 당사자의 승계인에 대한 인수신청에 의하여 행하여진다. 그러므로 인수승계는 제3자를 강제로 소송에 끌어들이는 방법 가운데 하나이다.

(1) 參加申請 · 引受申請

1) 참가승계의 경우에는 승계인은 독립당사자참가(79)의 형식으로 참가신청을 하여 당사자가 될 수 있다(81). 본래의 권리주장참가에서 참가인은 본소 원고의 청구와 논리적으로 양립하지 않는 권리를 주장하여야 하지만, 참가승계의 경우에는 원고의 청구와 양립하지 않는 경우는 물론 양립 가능한 권리를 주장할 수 있다는 점에서 차이가 있다. 전주(피승계인)와의 사이에 다툼이 없는 때에는 전주에 대하여 아무런 청구를 하지 않고 상대방에 대한 청구만 하여 편면참가를 하여도 무방하다.[1] 이것은 2002년 민사소송법이 독립당사자참가에 관하여 편면참가를 허용하기 이전부터 학설 · 판례[2]에 의하여 인정되어 왔다. 그리고 이 때에는 전주인 원고의 대리인이 참가인의 소송행위를 대리하여도 쌍방대리금지의 원칙에 어긋나지 아니한다.[3] 그러나 권리의무관계의 승계의 효력에 관하여 전주와 승계인 사이에 다툼이 있을 때에는 전주에 대하여도 일정한 청구를 할 수 있으므로(쌍면참가),[4] 삼면소송의 형태로 된다.

2) 인수승계의 경우에는 당사자가 승계인에 대하여 소송인수의 신청을 할 수 있다(82). 신청은 서면 또는 말로 할 수 있다(161).

인수신청에 덧붙여 인수신청인이 승계인에 대하여 따로 청구를 하여야 하는가에 관하여는 다툼이 있다. 예컨대 건물철거 · 토지인도청구소송 중에 건물을 양수한 제3자에 대하여 인수신청을 하는 경우(권리 · 의무의 승계에 의한 교환적 인수)에는 구 청구와 같으므로 따로 청구취지를 내세울 필요가 없지만, 그 건물을 임차한 제3자에 대하여 인수신

1) 同旨: 方, 262면; 李時, 873~874면.
2) 大判 1975. 11. 25, 75 다 1257.
3) 大判 1969. 12. 9, 69 다 1578.
4) 승계인의 참가신청에 대하여 피신청인이 신청인의 승계주장사실을 다투는 경우에는 독립당사자참가신청서와 동일한 액수의 인지를 붙여야 한다(民印 6 Ⅱ).

청을 하는 경우(파생적 권리관계의 설정에 의한 추가적 인수)에는 따로 퇴거청구를 추가하여야 할 것이다. 피고가 소송물인 채권을 양수한 제3자에 대하여 인수신청을 하는 경우에는 채무부존재확인청구의 신청이 포함되어 있다고 풀이할 수 있을 것이다. 요컨대 보통의 경우에는 인수신청에 인수인에 대한 청구가 포함되어 있는 것으로 볼 수 있다.[1] 다만 우리 **판례는** 제3자로 하여금 소송을 인수하게 하기 위해서는 제3자가 소송의 목적이 된 채무를 승계한 때 또는 제3자에 대해 인수한 소송의 목적이 된 채무이행을 구하는 경우이어야 한다고 하면서, 부동산소유권이전등기청구소송의 계속 중 부동산에 대한 소유권이전등기를 마친 제3자에게 그 소유권이전등기말소를 구하기 위한 추가적 인수신청,[2] 건물철거소송의 계속 중 건물의 소유권이전등기를 마친 사람에게 그 소유권이전등기말소를 구하기 위한 추가적 인수신청[3]을 허용하지 않고 있다.

(2) 參加申請·引受申請에 대한 裁判

1) 참가신청은 당사자 양 쪽 또는 상대방에 대한 소의 제기에 해당하고, 참가의 요건(소송계속, 소송목적인 권리 또는 의무의 전부나 일부의 승계)은 소송요건에 해당하므로 법원은 그 구비여부를 직권으로 조사하여야 한다. 참가요건에 흠이 있는 경우에는 변론을 거쳐 **판결로 참가승계신청을 각하**하여야 한다.[4] 또한 이러한 각하판결은 본래의 당사자 사이의 소송에 대한 판결과 반드시 함께 하여야 하는 것은 아니며,[5] 판례는 사실심 변론종결 후에 변론의 재개신청과 함께 참가승계신청이 있었던 경우, 사실심이 본래의 소송에 대하여 변론재개를 하지 않으면서 참가신청에 대하여는 이를 분리하여 각하판결하는 것은 위법이 아니라고 하였다.[6]

나아가 참가승계인이 참가신청의 이유로 주장하는 사실관계 자체로부터 승계적격이 없음이 명백하게 드러나는 경우가 아닌 한,[7] 승계인에 해당하는지는 여부는

1) 同旨: 李時, 875~876면; 新堂, 535면.
2) 大決 1983. 3. 22, 80 마 283.
3) 大決 1971. 7. 6, 71 다 726.
4) 大決 2007. 8. 23, 2006 마 1171.
5) 大判 2012. 4. 26, 2011 다 85789.
6) 大判 2005. 3. 11, 2004 다 26997.
7) 우리 판례는 원고 승계참가인이 소송목적인 부당이득금반환채권을 양도받았다고 주장하며 참가승계신청을 하였는데 항소심에서 그 채권의 양수가 소송수행을 대신하게 하기 위한 것임이 밝혀지자 그러한 채권양수는 신탁법 제6조 위반으로 무효가 되어 참가신청은 **부적법**하게 된다고(大判 2012. 4. 26, 2011 다 85789) 한 반면, 원고 승계참가인들이 건물의 소유권이전등기를 넘겨받아 참가승계신청을 하였는데, 항소심이 그 소유권이전등기가 소송행위를 대신 하게 하는 것을 주목적으로 하여 이루어진 소송신탁에 해당한다

참가승계인의 청구의 당부와 관련하여 판단하여야 할 사항이므로, 그 **심리 결과 승계사실이 인정되지 않는다면** 법원은 참가승계인의 승계신청을 각하할 것이 아니라 **기각**하는 판결을 하여야 한다.[1)]

2) 인수신청에 대하여 법원은 신청인과 제3자를 심문하고, 결정으로 그 허가 여부를 재판한다(82 Ⅱ). 신청각하결정에 대하여는 항고할 수 있으나(439), 신청을 허가하는 인수결정은 중간적 재판이므로 이에 대하여는 독립하여 불복신청을 할 수 없다.[2)] 인수결정이 있은 뒤에 본안심리결과 승계사실이 인정되지 아니하면 인수결정을 취소하고 신청을 각하하여야 한다. 판례는 청구기각의 본안판결을 하여야 한다고 하나,[3)] 의문이다.

(3) 參加申請·引受申請을 할 수 있는 時期

1) 참가신청은 상고심에서도 할 수 있다. 원판결이 파기되어 사실심에 환송될 가능성이 있고, 또 전주의 상고를 지지하거나 상대방의 상고의 기각을 구할 필요가 있기 때문이다. 그러나 판례는 상고심에서 참가하는 것을 허용하지 아니한다.[4)]

2) 이에 반하여 인수신청은 변론을 종결한 뒤(상고심 포함)에는 허용되지 아니한다. 인수의 경우에는 환송된 뒤의 심급에서 신청하면 충분하기 때문이다.

5. 參加承繼·引受承繼의 效果

(1) 前主의 地位의 承繼

1) 참가승계·인수승계가 적법한 경우에는 승계인이 전주의 소송상의 지위를 승계하며, 전주와 상대방 사이의 소송상태에 구속된다.

고 판단하는 경우에는, 참가신청의 이유로 주장하는 사실관계 자체에서 승계적격의 흠이 명백하지는 않다고 보아 승계사실이 인정되지 않으면 법원은 **청구기각판결**을 하여야 한다고 하였다(大判 2014. 10. 27, 2013 다 67105, 67112); 姜, 949면.

1) 大判 2014. 10. 27, 2013 다 67105, 67112.

2) 大決 1981. 10. 29, 81 마 357; 1990. 9. 26, 90 그 30.

3) 大判 2005. 10. 27, 2003 다 66691(소송인수신청의 이유로서 주장하는 사실관계 자체에서 그 승계적격의 흠결이 명백하지 않는 한 그 신청을 인용하는 결정을 하는 것이고, 승계인에 해당하는지 여부는 피인수신청인에 대한 청구의 당부와 관련하여 판단할 사항으로 심리한 결과 승계사실이 인정되지 않으면 청구기각의 본안판결을 하면 되는 것이지 인수참가신청 자체가 부적법하게 되는 것은 아니라고 한다).

4) 大判 2015. 6. 11, 2012 다 10386; 1998. 12. 22, 97 후 2934; 2002. 2. 10, 2002 다 48399. 사실심 변론종결 후에 변론재개신청·참가승계신청이 있은 경우, 변론재개를 불허할 때에는 참가승계신청은 각하할 수 있다는 것으로는 大判 2005. 3. 11, 2004 다 26997.

2) 참가승계 · 인수승계의 경우에는 당초의 소가 제기된 때에 소급하여 소제기의 실체법상의 효력, 즉 시효의 중단 또는 법률상의 기간준수의 효력이 있다(81Ⅲ, 82).[1]

(2) 前主의 脫退

참가승계 또는 인수승계가 있는 경우에는 승계를 다투지 아니하는 전주는 상대방의 승낙을 얻어 소송에서 탈퇴할 수 있다(82Ⅲ). 탈퇴에 의해 종전 당사자 사이의 소송관계는 종료된다.[2] 이 경우에 탈퇴자에게는 승계인과 상대방 사이의 판결의 효력이 미친다(82Ⅲ·80但). 여기에서 말하는 판결의 효력에는 기판력과 집행력이 포함된다(자세한 것은 독립당사자참가에서의 탈퇴에 관한 설명을 참조하라). 다만 이러한 소송탈퇴는 판례에 따르면 참가승계 · 인수승계가 적법한 경우에만 허용된다. 따라서 참가승계 신청이 부적법(소송수행을 위한 채권의 양도가 무효임을 이유로)함에도 법원이 이를 간과하고 소송탈퇴가 적법함을 전제로 승계인과 상대방 사이의 소송에 대해서만 판결하였는데 상소심에서 승계신청이 부적법하다고 판단하는 경우에는, 종전 당사자 사이의 소송은 여전히 탈퇴 당시의 심급에 계속되어 있으므로 상소심 법원은 탈퇴자의 청구에 관하여 심리 · 판단할 수 없다고 한다.[3] 나아가 판례는 소송목적인 권리를 양도한 원고가 소송에서 탈퇴한 후 법원이 인수승계인의 청구를 기각하거나 소를 각하(소송수행을 위한 채권의 양도가 무효임을 이유로)하는 판결이 확정된 경우에는, 그 확정된 날부터 6개월 내에 탈퇴한 원고가 탈퇴 전과 같은 재판상 청구를 한다면 탈퇴 전에 원고가 제기한 재판상 청구로 인하여 발생한 시효중단의 효력이 그대로 유지된다[4]고 판시하여, 위 판례와 서로 모순되는 듯한 태도를 취하고 있다.

(3) 前主가 脫退하지 않는 경우의 소송관계

1) 전주가 소송에서 탈퇴하지 않는 경우로는, (i) 전주가 승계의 효력을 다투는 경우, (ii) 전주가 승계의 효력을 다투지 않지만 상대방이 탈퇴를 승낙하지 않는 경우, (iii) 소송목적인 권리 또는 의무의 일부가 승계된 경우, (iv) 추가적 인수승계가 있는 경우(판례는 허용하지 않고 있음) 등을 생각해 볼 수 있다.

---

1) 다만 이러한 시효중단 등의 효력이 소가 처음 제기된 때로 소급 적용되는 것은 권리승계를 주장하는 청구에 한정된다(大判 2012. 7. 5, 2012 다 25449).

2) 大判 2011. 4. 28, 2010 다 103048.

3) 大判 2012. 4. 26, 2011 다 85789(참가승계의 경우).

4) 大判 2017. 7. 18, 2016 다 35789(인수승계의 경우).

2) 위 (i)과 같이 전주가 **승계의 효력을 다투는 경우에는** 원고·피고·승계참가인 사이에 삼면소송관계가 성립되어 민사소송법 제67조가 준용되므로 이들 사이의 소송관계는 합일확정이 요구되는 필수적 공동소송관계가 된다.

3) 위 (ii)와 관련된 참가승계는 전주가 승계의 효력을 다투지 않으면서도 소송탈퇴나 소취하 등을 하지 않거나 상대방이 그 탈퇴를 승낙하지 않아 소송에 그대로 남아 있는 경우이다. 2002년 민사소송법 전부 개정 전 우리나라에서는 쌍면참가만이 허용되었던 독립당사자참가제도를 제외하고는 필수적 공동소송에 관한 특별규정을 준용할 소송형태나 근거가 없었기 때문에, 위 (ii)와 같은 경우 승계참가인이 원고에게 소송상 청구를 할 수 없어 삼면소송관계가 성립할 여지가 없어 필수적 공동소송에 관한 규정이 적용될 수 없었다. 이에 당시 판례는 권리승계인이 권리주장참가의 형식으로 승계참가를 하더라도 전주가 **승계사실을 다투지 않으면** 편면적 승계참가를 허용하였고, 종전 당사자의 소송대리인이 참가인의 소송대리를 하여도 쌍방대리가 아니라고 하였던 것[1]은 앞에서 살펴본 바와 같다. 이러한 판례의 태도는 편면참가(79 I)와 예비적·선택적 공동소송(70 I)을 명문으로 인정한 2002년 민사소송법 개정 이후에도 그대로 유지되어, 2004년 대법원은 손해배상채권의 양수인이 참가승계의 신청을 하자 양도인이 피고에게 채권양도의 통지를 하고 탈퇴하고자 하였으나 피고의 동의를 얻지 못하여 탈퇴하지 못한 경우 원고의 청구와 참가인의 청구는 **통상공동소송**의 형태라고 하였다.[2] 종전 우리나라의 통설적 견해도 그러하였다.[3]

다만 2019년에 이르러 대법원 전원합의체는 2002년 민사소송법 개정을 통해 새로이 인정된 편면적 독립당사자참가와 예비적·선택적 공동소송을 법률상 양립할 수 없는 청구를 하는 공동소송인 사이에 필수적 공동소송에 관한 특칙을 적용할 수 있는 법적 근거로 이해하면서, **권리승계형 승계참가**[4]에서 원고가 승계참가

1) 大判 1969. 12. 9, 69 다 1578.

2) 大判 2004. 7. 9, 2002 다 16729; 이러한 판례의 태도는 2014년까지 이어졌다(大判 2009. 12. 24, 2009 다 65850; 2014. 10. 30, 2011 다 113455, 113462).

3) 李時, 「신민사소송법」 제13판, 2019, 841면; 胡, 「민사소송법」 제13판, 2016, 1099면; 김홍엽, 「민사소송법」 제8판, 2019, 1142면; 정영환, 1054면; 박재완, 「민사소송법강의」, 2017, 597면; 반대 강현중, 900면.

4) 소송계속 중 제3자가 소송목적인 권리의 전부나 일부를 승계하였다고 주장하며 민사소송법 제79조의 규정에 따라 소송에 참가하는 경우를 말한다. 이 전원합의체 판결의 사안은 甲의 乙에 대한 정산금지급청구소송 계속 중 그 정산금 채권 중 일부에 관해 丙이 채권압류 및 전부명령을 받은 뒤 乙에 대해 전부금의 지급을 구하면서 승계참가한 경우이다.

인의 승계 여부에 대해 다투지 않으면서도 소송탈퇴·소 취하 등을 하지 않거나 피고의 부동의로 소송에 남아 있다면 "승계로 인해 중첩된 원고와 승계참가인의 청구 사이에는 **필수적 공동소송**에 관한 민사소송법 제67조가 적용(준용이 더 정확한 표현이다)된다." 라고 판시하여 기존 판례의 입장을 변경하였다.[1] 이러한 대법원의 판단은 원고와 승계참가인의 법률상 양립할 수 없는 청구에 대한 모순 없는 판단을 위해 편면참가 및 예비적·선택적 공동소송을 명문으로 인정하고 또한 이들을 필수적 공동소송관계로 규정하고 있는 현행 민사소송법 하에서는 그 정당성을 인정할 수밖에 없을 것이다.[2]

4) 위 (iii)과 관련된 참가승계의 경우에는 ① 전주가 승계의 효력을 다투지 않으면서 참가인에게 양도한 부분만큼 자신의 청구를 감축하거나 소의 일부취하를 한다면 전주와 참가인은 통상공동소송관계로 파악할 수 있을 것이며, ② 만약 전주가 이러한 청구취지감축이나 소의 일부취하를 하지 않고 그대로 소송에 남아 있다면, 위 (ii)의 경우와 관련하여 설명한 바와 같이 참가인의 청구와 그에 해당하는 전주의 청구 사이에는 필수적 공동소송에 관한 민사소송법 제67조가 준용될 것이다.

5) 위 (iv)와 관련된 인수승계의 경우에는 전주가 탈퇴하지 않으면 종래의 소송에 인수인과의 사이의 소송이 추가적으로 병합되는 공동소송으로 되고, 제79조가 준용되지 않기 때문에 합일확정은 요구되지 않는다.

Ⅳ. 第3者의 訴訟引入

1) 널리 제3자의 소송인입이라고 하면 제3자를 그의 자발적 의사에 의하지 아니하고 계속되고 있는 소송의 공동소송인으로 이끌어들이는 경우를 말한다. 현행법 하에서도 명문의

---

1) 大(全)判 2019. 10. 23, 2012 다 46170: 이 판결의 보충의견(민유숙)에 따르면 권리승계형 승계참가에서 승계참가인과 원고의 양립불가능한 청구가 모두 유지되고 있다면 이는 승계참가인이 피고에 대해서 본소와 양립불가능한 청구를 하며 편면참가한 독립당사자참가인과 유사하며, 승계를 다투지 않고 있는 원고의 의사를 승계참가인의 청구가 받아들여지지 않을 경우를 대비하여 자신의 청구를 유지하고 있는 것으로 본다면 승계참가인은 주위적 원고, 피참가인인 원고는 예비적 원고의 관계와 유사하다고 한다. 따라서 승계참가신청 후 원고가 승계에 대해 다투지 않으면서 소송탈퇴 등을 하지 않아 승계참가인과 원고의 양립불가능한 청구가 모두 유지되고 있다면, 법원은 소송관계를 분명하게 하기 위하여 원고와 승계참가인으로 하여금 그들의 청구가 어떤 관계에 있는지 분명히 하도록 **석명**(136)하는 것이 바람직하다고 한다; 2022. 6. 16, 2018 다 301350.

2) 姜, 943면.

규정 또는 법해석을 통하여 제3자를 소송에 끌어들이는 방법이 인정되고 있다.

i) 먼저 원고가 제3자를 피고 쪽에 끌어들이는 경우로서는 위에 설명한 인수승계(82)가 대표적이지만, 피고 쪽인 고유필수적 공동소송인의 추가(68)도 그 한 경우이다. 그 밖에 2002년 민사소송법은 예비적·선택적 공동소송인의 추가를 허용하고 있다(70 68 I.).

ii) 다음 피고가 제3자를 원고 쪽에 끌어들이는 경우로서는 피고 쪽이 신청하는 인수승계(82) 외에 추심의 소를 제기받은 제3채무자가 다른 압류채권자에 대하여 추심소송에 공동원고로 참가할 것을 요구하는 경우(民執 249)가 있다.

iii) 또 행정소송법 제16조는 당사자 또는 제3자의 신청이나 법원의 직권으로 소송의 결과에 따라 권리 또는 이익의 침해를 받을 제3자를 소송에 참가시킬 수 있도록 규정하고 있다.

2) 좁은 의미로 제3자의 소송인입이라고 하면, 인수되는 제3자가 종래의 당사자의 어느 한 쪽과 공동소송인으로 되지 않는 경우를 가리킨다. 우리나라에서는 이러한 제3자 인입방법이 인정되지 않고 있으나, 미국에서는 이러한 인입형태가 상당히 널리 인정되고 있다. 미국의 impleader(제3당사자소송 또는 제3자인입소송)는 피고가 원고의 청구의 전부 또는 일부에 관하여 책임이 있는 제3자를 끌어들이는 방법이다. 미국 연방민사소송규칙(FRCP) 제14조에 규정되어 있다. 예컨대 원고로부터 손해배상청구를 받은 피고가 제3자인 자기의 책임보험의 보험회사를 끌어들이면, 피고는 본소송의 피고인 동시에 제3당사자소송의 원고(제3당사자 원고)가 되고, 제3자는 제3당사자소송의 피고(제3당사자 피고)가 되어, 원고·피고(제3당사자 원고)·제3자(제3당사자 피고) 사이의 하나의 소송절차에서 원·피고 사이의 청구와 피고·제3자 사이의 청구가 동시에 해결을 보게 된다.

넓은 의미의 제3자의 소송인입의 형태로서 미국은 interpleader(채권자확인소송),[1] 도이칠란트는 Prätendentenstreit(참칭권리자참가), Urheberbenennung(지명참가) 등의 형태를 인정하고 있다.[2]

3) 다수당사자소송을 처리하기 위한 현행 민사소송법의 규정은 현대의 변화된 분쟁유형을 효과적으로 처리하기에는 미흡한 점이 적지 않다. 소액다수피해자의 분쟁을 처리하기 위한 제도(집단소송)와 제3자의 인입을 위한 제도의 개선과 보완을 위한 노력을 게을리 하지 말아야 할 것이다.

1) James, Hazard, & Leubsdorf, §10. 19 참조.
2) Jauernig, §85; Blomeyer, §111 등 참조.

제 3 관 任意的 當事者變更

Ⅰ. 意 義

1) 임의적 당사자변경(gewillkürte Parteiänderung)이라 함은 소송이 계속되는 동안에 당사자의 임의의 의사에 의하여 당사자가 교체 또는 추가되는 것을 말한다. 좁은 의미로 임의적 당사자변경이라고 하면 이 가운데 임의적 당사자교체만을 가리키는 말로 쓰인다.

2) 임의적 당사자변경은 당사자적격자를 잘못 정하였거나 그 일부를 빠뜨린 경우에 이를 정당한 당사자로 바꾸거나 빠진 사람을 새로이 추가시키기 위하여 행하여진다. 예컨대 회사를 피고로 하여야 함에도 불구하고 대표이사 개인을 피고로 한 경우에 피고를 개인으로부터 회사로 바꾸는 것(피고를 잘못 정한 경우), 본인을 원고로 하여야 함에도 불구하고 법정대리인을 원고로 한 경우에 원고를 법정대리인으로부터 본인으로 바꾸는 것(원고를 잘못 정한 경우) 또는 필수적 공동소송에서 공동피고의 일부를 빠뜨린 경우에 그 빠뜨린 사람을 공동피고로 추가하는 것(당사자의 일부를 빠뜨린 경우) 등이 이에 해당한다.

3) 임의적 당사자변경은 임의로 당사자의 동일성을 바꾸는 것이므로, 당사자의 동일성을 해하지 않으면서 소장등에 기재된 당사자의 표시만을 바꾸는 당사자표시의 정정과 구별하여야 한다. 그러나 실제로는 양자의 한계가 그리 뚜렷한 것은 아니다. 그리하여 당사자를 확정할 때 당사자표시의 정정을 비교적 넓게 인정하면 임의적 당사자변경을 인정할 필요는 실제상 감소한다. 또한 임의적 당사자변경은 당사자가 변경되는 것이므로, 같은 당사자 사이에서 청구를 변경하는 청구의 변경(262)과도 다르다. 또한 임의적 당사자변경은 분쟁의 주체인 지위의 승계가 없이 당사자가 변경되는 점에서 앞에서 설명한 소송의 승계와 구별된다.

4) 임의적 당사자변경은 1990년 개정민사소송법이 피고의 경정(260), 필수적 공동소송인의 추가(68)를 새로 도입하여 명문으로 인정되었다. 과거에는 임의적 당사자변경이 학설에 의해서만 인정되었으므로, 이를 법률에 의하여 당사자가 변경되거

나, 또는 법률이 당사자변경을 허용하는 법정당사자변경(gesetzliche Parteiänderung)(소송승계, 독립당사자참가, 공동소송참가 등)에 대응하는 개념으로 보았다. 그러나 오늘날에는 민사소송법이 명문으로 임의적 당사자변경을 허용하고 있으므로, 이러한 개념구별은 피고의 경정과 필수적 공동소송인의 추가에 관한 한 무의미하게 되었다. 1990년 개정법 이전부터 행정소송법과 가사소송법에서는 임의적 당사자변경을 허용하고 있다(行訴 14, 家訴 15).

Ⅱ. 立法沿革과 判例의 態度

1) 1990년 개정민사소송법 이전에, 대법원은 일체의 임의적 당사자변경을 허용하지 아니하였다. 그리하여 원고를 부재자 재산관리인으로부터 부재자 본인으로 바꾸는 경우,[1] 원고를 자로부터 부로 바꾸는 경우,[2] 본래의 원고 외에 다른 사람을 원고로 추가하는 경우,[3] 피고를 학교로부터 그 학교대표자로 바꾸는 경우[4]를 모두 부적법한 것으로 보았다. 다만 일정한 범위 안에서 실제로는 당사자의 변경에 해당하는 것을 당사자표시의 정정이라고 편법으로 허용하였다. 그리하여 원고나 피고를 사망자로부터 그 상속인으로 바꾸는 경우,[5] 피고를 합명회사대표사원으로부터 합명회사로 바꾸는 경우,[6] 피고를 당사자능력이 없는 학교로부터 당사자능력자인 학교설립주체(자연인 또는 학교법인)로 바꾸는 경우[7]를 당사자표시의 정정으로 허용하고 있다. 그리고 피고를 추가하는 임의적 당사자변경이 있는 경우에 상대방이 이의하지 않고 법원이 이를 받아들여 본안판결을 한 이상 그 판결은 유효하다고 한다.[8]

2) 임의적 당사자변경은 본래 도이칠란트의 통실·판례[9]에 의하여 발전한 제도이나 도이칠란트에서는 원고·피고, 심급을 가리지 아니하고 사실심의 변론을 종결할 때까지 임의적 당사자변경이 허용된다.[10] 우리나라와 일본의 학설[11]도 모두

1) 大判 1957. 2. 23, 4289 民上 639.
2) 大判 1970. 3. 10, 69 다 2161.
3) 大判 1980. 7. 8, 80 다 885.
4) 大判 1957. 5. 25, 4289 民上 612.
5) 大判 1969. 12. 9, 69 다 1230.
6) 大判 1967. 10. 4, 67 다 1780.
7) 大判 1978. 8. 22, 78 다 1205.
8) 大判 1965. 7. 20, 65 다 651.
9) BGH 62, 131; BGH 16, 317 ff.; BGH 40, 185.

이를 인정하여 왔다. 당사자적격자를 잘못 정하였거나 그 일부를 빠뜨린 경우에 임의적 당사자변경을 허용하지 않는다면, 종전의 소를 취하하고 새로이 소를 제기하거나(당사자적격자를 잘못 정한 경우), 별소를 제기하여 종전의 소와 병합심리를 구하거나(당사자적격자의 일부를 빠뜨린 경우) 하여야 하고, 그렇지 않으면 종전의 소는 당사자적격의 흠으로 각하되거나 청구가 이유 없다고 하여 기각되는 수밖에 없다. 이것은 당사자와 법원에 대하여 소송경제에 반하고 또 법률지식의 부족이나 사실관계의 불명으로 인한 불이익을 그대로 당사자에게 부담시키는 것이 되어 매우 부당하다. 대법원이 당사자표시정정이라는 편법으로 일부 해결하고 있는 것은 정도가 아닐 뿐만 아니라 스스로 한계가 있고 또 그 한계 자체도 분명하지 아니하므로, 대법원의 입장은 비판을 받아왔다. 그리하여 1990년 개정민사소송법에서 피고의 경정(260)과 고유필수적 공동소송인의 추가(68)를 명문으로 인정함으로써, 소송경제를 꾀하는 동시에 법을 알지 못하여 국민이 손해를 입지 않도록 배려하였다. 이와 같이 임의적 당사자변경을 명문으로 허용한 것은 지당한 입법이라고 생각한다.

3) 판례는 1990년 개정민사소송법 이후에도 민사소송법이 규정하고 있는 피고의 경정과 고유필수적 공동소송인의 추가 이외에는 임의적 당사자변경을 허용하지 아니한다. 그리하여 원고를 변경하는 것[1]이나 항소심에서 당사자를 변경하는 것[2]은 일체 불허한다. 또한 당사자능력이 없는 사람을 당사자능력이 있는 사람으로 바꾸는 것은 원고[3]·피고[4] 또는 심급[5]에 관계없이 표시정정에 의할 수 있다는 태도이다.[6] 또한 피고의 경정도 소제기시 소장의 청구취지·청구원인사실에 입각하여 볼 때 피고를 잘못 지정한 것이 분명한 경우에 한하고, 변론을 하여 본 결과

10) 이에 관한 자세한 설명은 유병현, "임의적 당사자변경의 한계," 「민사소송」, Ⅱ(1999), 231면 이하 참조.

11) 中野=松浦=鈴木, 559면; 新堂, 524면 등 참조.

1) 大判 1994. 5. 24, 92 다 50232(원고 송재천 외 32명을 여만리 부락으로 바꾸는 것을 불허); 1996. 3. 22, 94 다 61243(원고 오만근을 원고 해주오씨통사랑공파종회로 바꾸는 것을 불허).

2) 大判 1991. 8. 27, 91 다 19654(항소심에서 피고 삼척시교육장을 삼척시로 바꾸는 것을 불허); 2003. 3. 11, 2002 두 8459(항소심에서 원고 개인을 시민단체로 변경하는 것을 불허).

3) 大判 1999. 11. 26, 98 다 19950(원고를 전국운수노동조합 전북지부 정읍미화분회에서 전라북도항운노동조합으로 표시정정).

4) 大判 2011. 3. 10, 2010 다 99040.

5) 大判 1996. 10. 11, 96 다 3852(항소심에서 피고 순천향교수습위원회를 순천향교로 표시정정).

6) 판례는 나아가 상표권등록심판취소청구소송에서 피고를 회사정리절차에 들어간 乙 회사로 한 데 대하여, 원고가 피고에 대한 정리절차개시사실을 알았다면 피고를 정리회사의 관리인인 丙으로 하였을 것이라고 하면서 丙으로의 표시정정을 허용한다(大判 1995. 1. 12, 93 후 1414). 이것은 1990년 개정법 이전에 사망자를 상속인으로 표시정정하는 것을 허용한 판례(大判 1969. 12. 9, 69 다 1230 등)와 같은 취지이다.

비로소 피고를 잘못 지정하였음이 밝혀진 경우에는 피고를 바꿀 수 없다고 하여,[1] 현행 제도의 이용 폭도 극도로 제한하고 있다.

Ⅲ. 法的 性質

임의적 당사자변경의 법적 성질에 관하여는 다음 세 가지 설이 있다.[2]

1. 訴變更說

이 설은 임의적 당사자변경을 소의 변경의 일종이라고 보고, 그 요건·효과도 소의 변경에 관한 규정(262)에 의하여 규율할 것이라고 한다. 당사자도 소의 요소이므로 당사자의 변경은 소의 변경이라는 논리를 바탕으로 하고 있다. 과거에 도이칠란트 제국법원의 판례가 따랐고, 현재 도이칠란트 연방대법원이 제1심·제2심에서의 원고의 변경, 제1심에서의 피고의 변경의 경우에 따르고 있는 견해이다.[3] 이 설의 장점은 새 당사자와의 관계에서 종래의 소송수행의 결과를 이용할 수 있는 것을 잘 설명할 수 있는 점이고, 이것은 실무상 큰 매력의 하나이다. 그러나 이른바 소의 변경은 당사자의 동일성을 유지하면서 소송물이 변경되는 것으로서 당사자의 변경과 전혀 다르다. 그리하여 민사소송법 제262조는 이를 '청구의 변경'이라고 부르고 있다.[4] 더욱이 이 설에 의하면 이론상 항소심에서도 법 제262조의 요건을 갖추면 당사자의 변경이 가능한 것으로 되고, 따라서 제3자는 그의 동의 없이 항소심에서 새로이 피고로 될 수 있는데, 이것은 그의 방어권이나 심급의 이익을 전혀 무시하는 것이 되어 부당하다. 그리하여 도이칠란트 판례도 항소심에서는 새 피고의 동의를 얻어야만 당사자변경이 가능하다고 함으로써,[5] 항소심의 피고변경에 관한 한 소변경설을 포기하고 있다. 도이칠란트에서는 판례를 제외하고는 소변경설을 취하는 견해를 찾아보기 어렵다.

2. 新訴提起·舊訴取下說

이 설은 임의적 당사자변경은 새 원고에 의한 또는 새 피고에 대한 새로운 소의 제기와 구 원고에 의한 또는 구 피고에 대한 구 소의 취하가 복합적으로 행하여지는 것으로 풀이한다. 따라서 그 요건·효과는 소제기 및 소취하의 규정에 의하여 별개로 판단되며,

---

1) 大決 1997. 10. 17, 97 마 1632.

2) 이에 관하여 자세한 설명은 유병현, 전게논문, 224면 이하 참조.

3) RGZ 157, 377; BGH 65, 268 f.

4) 다만, 도이칠란트 민사소송법은 소의 변경(Klageänderung)이라고 하고 있다(獨民訴 263).

5) BGH 62, 131=NJW 1974, 750. 다만 피고의 반대가 권리남용인 경우에는 그러하지 아니하다. BGHZ 21, 185; BGH Fam RZ 1986, 254.

신·구 양소는 별개이므로 종래의 소송수행의 결과는 새로운 소에서 전혀 이용할 수 없다고 한다. 설령 새 당사자가 종래의 소송수행결과를 넘겨받는 데 동의하여도 소송수행결과에 구속되지 아니한다. 왜냐하면 기판력의 주관적 범위는 당사자가 임의로 확장시킬 수 있는 것이 아니기 때문이라고 한다. 도이칠란트의 '키쉬'(Kisch)가 소변경설을 비판하면서 제창한 견해이다.[1] 이 설은 하나의 행위를 두 개의 행위의 복합으로 보는 데 이론적 난점이 있고, 종래의 소송수행의 결과를 전혀 이용할 수 없는 점과 제2심에서는 당사자의 변경이 불가능하다는 점(새로운 소의 제기이므로)에 실제적 난점이 있다. 현재 도이칠란트에서는 이 설을 따르는 학자는 전혀 없으나, 우리나라에서는 통설로 되어 있다.[2]

3. 特殊行爲說

이 설은 임의적 당사자변경이란 당사자의 변경을 목적으로 하는 특수한 행위라고 보는 견해이다. 그것은 소의 변경도 아니요, 새로운 소의 제기와 구 소의 취하의 복합도 아닌 별개의 소송제도이고, 그 요건·효과도 별개로 정해야 한다고 한다. 즉 임의적 당사자변경제도를 소송상 하나의 고유한 제도로 본다. 도이칠란트 민사소송법에는 임의적 당사자변경제도에 관한 명문의 규정이 없으므로, 임의적 당사자변경은 법의 흠을 보충하기 위하여 관습법에 의하여 생성된 소송상 고유한 제도라고 본다. 그리고 구체적인 규율은 소송상 유사한 다른 제도에 관한 규정, 즉 참가·인수승계제도, 소취하제도, 청구의 변경제도 등에 관한 규정의 취지에 반하지 않아야 한다고 한다. 이 설에 의하면 원고의 변경에는 관계인 모두의 동의가 필요하고, 피고의 변경에는 제1심에서는 새 피고의 동의가 필요 없으나, 제2심에서는 그의 동의가 필요하다. 또한 제1심·제2심 모두 구 피고의 동의가 필요하다고 한다. 새 당사자는 구 당사자의 소송수행결과에 구속되지만, 자백 등 처분행위는 새 당사자가 철회할 수 있고, 증거조사의 보완을 요구할 수 있으나 그 취소를 구할 수 없다. 기간준수는 새 당사자를 기준으로 하며, 구 소의 개시(開始)에 의하여 정하지 아니한다고 한다.[3] 이 설은 '드 보오르'(de Boor)가 주장한 이래,[4] 현재 도이칠란트의 통설이다.[5] 임의적 당사자변경을 하나의 소송관계로 파악하는 점에서 이론적으로 우수하고, 또 종전의 소송수행의 결과를 이용할 수 있고, 새 피고의 이익을 옹호할 수 있는 점에서 실제적으로도 매우 타당한 견해이다. 다만 도이칠란트에서 임의적 당사자변경은 도이칠란트 민사소송법의 어느 규정에도 기초하고 있지 않다는 데서 해석론의 범위를 넘지 않았는가 하는 비판을 받는다.

---

1) Kisch, *Parteiänderung im Zivilprozess*, 1912.
2) 方, 246면; 李時, 862면; 金/姜, 842면; 金祥源, 判例民訴, 214면.
3) 요령있는 설명은 Arens, Rdn. 109 참조.
4) de Boor, *Zur Lehre vom Parteiwechsel und vom Parteibegriff*(1941).
5) Rosenberg, §42 Ⅲ 2 c); Jauernig, §86 Ⅱ; Arens/Lüke, Rdn. 109; Stein/Jonas, §264 Rdn. 100.

4. 私　見

임의적 당사자변경은 상반되는 두 원칙, 즉 소송경제에서 요구되는 절차의 계속성과 이에 배치되는 당사자의 이익을 조화시키는 접점을 발견하여야 한다.[1] 소변경설은 임의적 당사자변경의 실질에 맞지 않고, 새로 피고가 되는 사람의 이익을 도외시하는 점에 문제가 있다. 신소제기·구소취하설은 신·구 당사자 사이를 단절시키고 새 당사자의 절차보장을 철저하게 관철시킨다는 점에서 우수하다고 할 수 있으나, 기존의 다른 제도에 의존하여 설명을 하다보니 하나의 행위를 두 개의 행위로 설명함으로써 기교적인 설명이 되어버렸다. 또한 당사자변경을 구하는 당사자가 종전의 소송수행의 결과를 전혀 이용할 수 없다면 소송경제라는 당사자변경의 취지는 몰각될 수밖에 없다. 특히 항소심에서의 당사자변경은 불가능하다는 문제점이 있다. 특수행위설은 임의적 당사자변경을 하나의 소송현상으로 보면서 종래의 소송수행의 결과를 이용할 수 있게 하는 반면 관계인의 이익을 보호할 수 있는 점에서 이론적·실제적으로 가장 우수하다고 할 수 있다. 또한 우리 민사소송법은 도이칠란트 민사소송법과는 달리 명문의 규정이 있으므로 구태여 다른 제도를 빌려 설명할 필요가 없다.[2] 따라서 임의적 당사자변경은 소송상 고유의 제도라는 점을 인정하면서, 다른 유사한 제도, 즉 청구의 변경, 소의 취하, 반소 등과 조화될 수 있는 규율책을 찾는 것이 타당하다. 일반적으로 공동소송인의 추가(68)와 피고의 경정(260) 제도는 신소제기·구소취하설을 입법화한 것이라고 설명하는 것이 다수의 견해이다.[3] 왜냐하면 피고의 경정시 종전의 피고가 소송에 응한 때에는 그의 동의가 필요하고(260 I 但), 피고의 경정을 허가한 때에는 종전의 소는 취하된 것으로 보며(261 IV), 제1심의 변론을 종결할 때까지만 피고의 경정과 공동소송인의 추가를 할 수 있기 때문이다(260 I 本). 그러나 입법의 실마리를 어디서 찾았든지, 일단 제도로서 새로 설치된 이상 고유한 성질을 규명하는 것이 타당하다고 본다.

1) Blomeyer, §114 Ⅲ 3.
2) 同旨: 胡, 1087면.
3) 예컨대 李時, 865~866면 등.

Ⅳ. 被告의 更正

1. 序　　說

1) 法은 임의적 당사자변경의 한 형태로서 피고의 경정 제도를 마련하고 있다(260). 즉, 원고가 피고를 잘못 지정한 것이 분명한 때에는 피고를 경정하겠다고 신청할 수 있다(260 Ⅰ).

2) 민사소송법상의 피고의 경정에 관한 규정은 임의적 당사자변경에 관한 제한규정(制限規定)이 아니라 예시규정(例示規定)이라고 볼 수 있다. 즉 판례와 달리, 해석상 임의적 당사자변경은 피고의 경정에 한하지 아니하고 원고의 경정, 또는 항소심에서의 당사자경정도 가능한 것으로 풀이할 수 있다. 임의적 당사자변경제도의 취지가 소송경제 및 법률의 무지로 인한 피해로부터 당사자를 구제하여야 한다는 것이라는 점 등을 고려한 때, 피고의 경정에 관한 규정을 하나의 지침으로 하여 그 밖의 경우에도 당사자변경을 인정할 수 있다고 생각한다. 도이칠란트에서는 법에 임의적 당사자변경에 관한 규정이 전혀 없음에도 불구하고 판례와 학설에 의하여 원고·피고, 1심·2심을 불문하고 당사자변경이 인정되고 있음은 이미 말한 바와 같다.

2. 要　　件

1) 원고가 피고를 잘못 지정한 것이 분명하여야 한다.

i) 이것은 원고가 법률을 잘 알지 못하여 피고가 잘못된 것이 분명하거나 법인격 유무에 관하여 착오를 일으킨 것이 분명한 때 등을 말한다.[1] 예컨대 회사를 피고로 하여야 함에도 불구하고 대표이사 개인을 피고로 한 경우, 상속인을 피고로 하여야 함에도 불구하고 사망자를 피고로 한 경우, 단체 자체 또는 학교법인 등을 피고로 하여야 함에도 불구하고 단체의 내부기관 또는 학교 등과 같이 당사자능력이 없는 사람을 피고로 한 경우와 같다.

ii) 또한 소제기시에 청구취지나 청구원인 자체에 의하여 피고를 잘못 지정

---

1) 大決 1997. 10. 17, 97 마 1632.

한 것이 분명한 경우에 한하지 아니하고, 변론에서 피고 쪽 답변이나 증거에 따라 비로소 피고를 잘못 지정한 것을 안 경우를 포함한다. 이에 대하여는 반대의 견해도 있으나,[1] 판례[2]처럼 전자의 경우에 한하여 피고의 경정을 허용하는 것은 '소송경제'라는 제도의 취지를 몰각시키고, 피고의 경정의 이용의 폭을 지나치게 제약하는 것이다.[3] 특히 2002년 민사소송법은 예비적·선택적 공동소송제도를 도입하고 여기에 '필수적 공동소송인의 추가'를 준용하고 있는 점(70.68)에 비추어 볼 때에도 임의적 당사자변경을 허용 못할 바 아니다. 또한 법이 피고가 본안에 관하여 변론을 한 때에는 피고의 동의를 얻도록 하고 있는 것(260 Ⅰ 但)도 이러한 해석을 뒷받침한다.

iii) 단순히 피고의 표시를 잘못한 경우(예컨대 홍길동을 홍기동으로 잘못 표시한 경우)에는 그 표시의 정정에 의하면 되고, 피고의 경정의 대상으로 되지 않는다.[4]

2) 피고의 경정은 새로 피고로 될 사람에 대한 새로운 소제기의 면이 있으므로 제1심의 변론을 종결할 때까지 하여야 한다(260 Ⅰ 本). 새 피고의 심급의 이익을 보호하기 위함이다. 다만 가사소송과 행정소송[5]에서는 항소심에서도 피고의 경정이 가능하다(家訴 15 Ⅰ, 行訴 14 Ⅰ).

3) 피고의 경정은 종전의 피고에 대한 구 소의 취하의 면이 있으므로, 이미 피고가 본안에 관하여 소송에 응한 때에는 피고의 동의를 얻어야 한다(260 Ⅰ 但). 소송상태의 유지에 관한 구 피고의 이익을 보호하기 위함이다. 피고가 경정신청서의 송달을 받은 날부터 2주 안에 이의를 제기하지 아니한 때에는 동의가 있는 것으로 본다(260 Ⅳ: 소의 취하에 관한 266 Ⅵ 참조). 새 당사자의 동의는 필요하지 않다. 소를 제기할 때 피고의 동의를 필요로 하지 아니하는 것과 같은 이치이다.

4) 피고의 경정은 종래의 소송수행의 결과를 이용하기 위한 것이므로 교체 전후를 통하여 소송물이 동일하여야 한다.[6]

---

1) 胡, 1089면.
2) 大決 1997. 10. 17, 97 마 1632.
3) 同旨: 李時, 864면.
4) 大決 2001. 12. 4, 2001 그 112.
5) 大決 2006. 2. 23, 2005 부 4.
6) 李時, 865면; 金/姜, 846면.

3. 節　　次

1) 피고의 경정은 원고가 서면으로 신청하여야 한다(260 Ⅱ). 이것은 피고의 경정이 새로운 소의 제기와 구 소의 취하의 실질을 가지는 것으로 규정되어 있기 때문이다(248, 266 Ⅲ 참조). 경정신청서는 종전의 피고에게 송달하여야 하지만, 아직 피고에게 소장 부본을 송달하지 아니한 때에는 소송계속이 발생하지 아니하였으므로 신청서를 송달할 필요가 없다(260 Ⅲ).

2) 새 피고와 구 피고에 대한 소송의 목적이 경제적으로 동일하므로 구 피고에 대한 소장의 인지를 유용할 수 있으며, 별도로 인지를 붙일 필요는 없다고 본다.[1)]

3) 법원은 원고의 경정신청에 대하여 결정으로 허가 여부의 재판을 한다(260 Ⅰ). 경정신청에 대한 결정은 허가 여부를 불문하고 종전의 피고에게 송달하여야 한다(261 Ⅰ 本). 다만 그에게 소장 부본을 송달하지 아니한 때에는 그러하지 아니하다(261 Ⅰ 但). 이에 반하여 새로운 피고에게는 경정을 허가한 때에 한하여 결정의 정본을 송달하고, 아울러 소장 부본도 송달한다(261 Ⅱ).

4) 경정허가결정에 대하여는 구 피고의 동의가 없었다는 사유로만 즉시항고를 할 수 있다(261 Ⅲ). 이것은 경정허가결정의 효력을 조속히 확정시키기 위한 것이다. 불복할 수 있는 당사자는 종전의 피고이다.

4. 效　　果

1) 신청을 허가한 결정이 있는 때에는 종전의 피고에 대한 소는 취하된 것으로 본다(261 Ⅳ). 새로운 피고는 종전의 피고의 지위를 승계하지 않는 것이 원칙이므로, 법원은 새 당사자에 대하여 변론을 열어야 한다. 그러나 종래의 소송수행의 결과를 전혀 무용지물로 도외시하는 것은 당사자변경을 바라는 당사자의 의사에 반하고 소송경제에도 어긋난다. 그러므로 새로운 피고의 이익을 침해하지 않는 범위 안에서 종래의 소송수행의 결과를 이용할 수 있도록 하여야 할 것이다.[2)]

---

1) 同旨: 李時, 865면.
2) 同旨: 金/姜, 847면; 福永有利, "任意的當事者變更," 實務民訴 1, 100면.

2) 구체적으로 i) 경정에 의한 시효중단 및 기간준수의 효력은 경정신청서를 제출한 때에 생긴다(265). 이 점에서 처음 소를 제기한 때부터 그 효력이 생기는 참가 · 인수승계의 경우와 다르다(81·82 Ⅲ). 입법론적으로는 처음 소가 제기된 때를 기준으로 하는 것이 당사자의 보호를 위하여 바람직스럽다(68 Ⅲ).[1] 가사소송과 행정소송에서는 처음 소가 제기된 때를 기준으로 한다(家訴 15 Ⅱ· 行訴 14 Ⅳ). ii) 종전의 소송수행의 결과는 원칙적으로 새 피고에게는 그 효력이 없다. 이 점에서도 전주와 승계인 사이의 소송상태에 구속되는 참가 · 인수승계와 다르다. 다만 새 피고는 구 피고에 의한 소송수행의 결과를 추인하여 자기의 소송자료로 할 수 있고, 이러한 원용에 대하여 상대방 당사자는 이의할 수 없다고 본다. 더 나아가 새 피고가 경정에 동의한 경우[2] 및 구 피고에 의한 소송수행이 새 피고에 의한 소송수행과 실질적으로 동일하다고 평가되는 경우에는 새 피고의 원용이 없더라도 구 피고의 소송수행의 결과는 그대로 유지되고 새 피고는 이를 다툴 수 없다고 풀이하는 것이 공평할 것이다. 예컨대, 법정대리인을 본인으로 교체한 경우, 당사자능력이 없는 단체의 내부기관을 단체 자체로 변경한 경우 등과 같이 새 피고의 절차권이 사실상 보장되었다고 할 수 있을 때가 그러하다.[3]

5. 해석론에 의한 임의적 당사자변경[4]

(1) 원고의 경정

법은 원고의 경정(교체)이 허용되는가에 관하여는 침묵하고 있으나, 원고 쪽의 당사자변경의 한 형태인 원고의 추가가 허용되고 있고(68), 또 원고의 상대방인 피고의 경정이 허용되고 있는 것과의 균형상 새 원고 및 피고의 동의가 있으면 원고의 경정도 허용하여야 할 것이다.[5] 새 원고의 동의를 요하는 것은 원고의 소송절차에 관한 처분권을 보장하기 위함이고, 피고의 동의를 요하는 것은 피고의 경정의 경우(260 Ⅰ 但)와 같다.[6] 피고가 원고의 경정신청을 하는 것은 허용되지 아니한다(처분권주의).[7]

---

1) 同旨: 李時, 865면; 新堂, 526면. 反對: 方, 247면; 金/姜, 847면.

2) 大判 2008. 6. 12, 2008 다 11276에서는 원고 대표이사를 회사로 표시정정한 것을 피고가 명시적으로 동의하고 변론이 진행되었다면 그 부적법을 다툴 수 없다고 판시하여 결론에 있어서는 같은 취지로 판시하였다.

3) Thomas/Putzo, §50 Vorbem. Ⅳ 3 bb). 一部同旨: 李時, 865~866면.

4) 자세한 설명은 유병현, 전게논문, 235면 이하 참조.

5) 一部同旨: 李時, 863면; 姜, 936면; 胡, 1089면.

(2) 항소심에서의 당사자변경

1) 당사자변경은 소송경제를 꾀하고 법률의 무지로부터 당사자를 구제하기 위하여 인정된 제도이므로, 당사자의 절차권 등 소송상 권리만 보장된다면, 항소심에서도 허용되어야 한다.[1] 임의적 당사자변경제도의 취지 중의 하나가 소송경제임을 고려할 때, 항소심에서야 비로소 당사자가 잘못 지정되었음이 밝혀진 경우 당사자변경의 필요성이 더욱 절실할 것이다. 특히 당사자변경의 성질에 대하여 신소제기·구소취하설을 취하면 모르되, 특수행위설을 취할 경우에는 제도의 성질상 항소심에서도 당사자변경을 할 수 있다고 보아야 할 것이다. 그리하여 먼저, 원고의 변경의 경우에는 제1심에서와 다를 바 없다. 다만 이 때에는 피고의 동의라는 요건은 심급의 이익을 보장하는 의미도 있다. 다음, 피고의 변경의 경우에는 제1심에서와는 달리, 구 피고의 동의(260 I 但 참조) 이외에도 새 피고의 동의가 필요하다.[2] 새 피고의 심급의 이익을 보호하여야 하기 때문이다(항소심에서 반소를 제기하는 경우에 관한 412 참조). 다만 새 피고가 동의를 하지 않더라도 구 피고와 실질적으로 동일한 분쟁주체이어서 절차권이 보장되었다고 할 수 있는 경우에는 새 피고의 반대에도 불구하고 피고의 변경이 가능할 것이다(412 I 유추).[3] 사망자를 상속인으로 변경하는 것은 제1심에 한한다. 이를 항소심에서도 허용하면, 사실상 항소심을 제1심으로 하여 소제기하는 것을 허용하는 결과로 되기 때문이다. 당사자표시정정에 의하는 판례도 제1심의 변론을 종결할 때까지만 허용하고 있다.[4] 사망자와 상속인은 실질적으로 동일한 분쟁주체이므로 구 피고인 사망자의 동의는 필요 없으며, 동의를 받을 방법도 없다.

---

6) 회사의 대표이사 개인명의로 소를 제기한 후 회사를 당사자로 추가하고 개인명의의 소를 취하한 경우, 당사자변경에 해당하는 당사자추가신청은 부적법하나, 새 원고인 회사와 피고 사이에 제1심 제1차 변론기일부터 변론이 진행되어 본안판결이 선고되었다면, 소송경제나 신의칙상 당사자추가신청의 부적법을 문제삼을 수 없다는 판례는 大判 1998. 1. 23, 96 다 41496.

7) 姜, 936면.

1) 同旨: 李時, 864면. 反對: 胡, 1085면.

2) BGHZ 62, 131.

3) 도이칠란트 판례도 같다(BGHZ 21, 285; BGH Fam RZ 1986, 254). 대법원은 항소심에서 당사자능력이 없는 순천향교수습위원회를 당사자능력자인 순천향교로 바꾸는 것을 표시정정으로 허용하고 있으나(大判 1996. 10. 11, 96 다 3852), 피고의 경정에 의함이 타당하다. 따라서 원칙적으로 새 피고의 동의가 필요하나, 새 피고가 사실상 절차에 관여하여 왔다면, 새 피고의 반대에도 불구하고 피고의 경정이 가능할 것이다.

4) 제1심에서 소제기 전 사망자를 상속인으로 표시정정하면서 빠뜨린 상속인을 항소심에서 표시정정으로 추가할 수 없다는 판례로 大判 1974. 7. 16, 73 다 1190. 판례에 따르면, 소제기 전 사망자를 상대로 한 판결은 무효이며 무효인 판결은 상소·재심적격이 없으므로(大判 1994. 1. 11, 93 누 9606 등), 항소심에서 사망자를 상속인으로 고치는 것은 불가능하다.

2) 판례와 같이, 당사자능력이 없는 사람을 당사자능력자로 변경하거나 사망자를 상속인으로 변경하는 경우처럼 당사자변경에 의하여야 할 대부분의 경우를 당사자표시정정으로 해결하면, 법원에게는 간편할지 모르나, 새 피고의 절차권 또는 심급의 이익을 제대로 보장하기 어렵다. 즉 논리적으로 당사자표시정정은 원·피고를 가리지 않고 할 수 있고, 상고심 등 심급의 제약을 받지 아니하고 가능하며,[1] 심지어는 판결이 확정된 뒤에도 판결의 경정(211)에 의하여 할 수 있고,[2] 당사자의 신청이 없어도 법원이 직권으로 할 수 있다. 또한 새 피고의 동의도 필요 없다. 따라서 1990년 개정민사소송법에서 임의적 당사자변경이 명문으로 도입된 이상, 위와 같은 경우도 모두 당사자변경으로 해결함이 타당하다고 본다.

V. 固有必須的 共同訴訟人의 追加

1. 의 의

고유필수적 공동소송인 가운데 일부가 누락된 경우에 그 누락된 사람을 추가하는 제도이다(68). 고유필수적 공동소송의 경우에는 공동소송이 강제되므로, 공동소송인 모두가 공동으로 원고가 되거나 피고가 되지 않으면 당사자적격이 없다. 따라서 공동소송인 중의 일부가 빠진 경우에는 그 소는 부적법각하를 면할 수 없다. 이 경우에 누락된 공동소송인이 또는 그에 대하여 별소를 제기하고, 이것과 전에 제기한 소를 병합하는 방법이 있으나, 이것은 인지의 이중부담, 소제기기간의 도과(徒過) 등 불편한 점이 많다. 또한 공동소송참가의 방법이 있으나(83), 피고가 누락된 경우에는 이용하기 어렵다.[3] 이에 1990년 개정민사소송법에서 소송경제를 도모하고 법을 알지 못하여 국민이 입는 손해를 방지하기 위하여, 필수적 공동소송인의 추가를 허용하는 규정을 두기에 이르렀다(68). 2002년 민사소송법에서는 예비적·선택적 공동소송의 경우에도 예비적 또는 선택적 공동소송인을 추가할 수 있도록 하고 있다(70 I 本. 68). 가사소송에서도 필수적 공동소송인의 추가가 허용된다(家訴 15 I).

1) 항소심에서 당사자표시정정으로 허용한 예로는 大判 1996. 10. 11, 96 다 3852(순천향교수습위원회를 순천향교로).

2) 大決 2001. 12. 4, 2001 그 112.

3) 다만 공동소송참가(83)는 항소심에서도 가능하다.

2. 要 件

i) 고유필수적 공동소송인 중의 일부가 누락된 경우이어야 한다. 유사필수적 공동소송이나 통상공동소송의 경우에는 그 필요가 없기 때문이다.[1] 다만 해석론으로서 일반적으로 그 밖의 주관적·추가적 병합을 허용할 수 있는가는 별개의 문제이다(추가적 공동소송에 관한 설명 참조). ii) 제1심의 변론을 종결할 때까지만 가능하다(68 本 Ⅰ). 이것은 심급의 이익을 보호하기 위한 것이다. 가사소송에서는 항소심의 변론을 종결할 때까지 할 수 있다(家訴 15 Ⅰ). iii) 원고의 신청에 의하여야 한다. 법원의 직권에 의한 추가는 처분권주의에 반하여 허용되지 않는다. iv) 추가는 원고 또는 피고의 어느 쪽이든 가능하지만, 다만 원고를 추가하는 경우에는 추가될 사람의 동의가 있어야 한다(68 但 Ⅰ). 이것 역시 소송의 개시에 관한 당사자의 처분권을 존중하기 위한 것이다. 이에 반하여 피고는 자기의 의사와 무관하게 소제기당하는 사람이므로 그의 동의는 불필요하다. v) 추가되는 쪽은 공동소송이 되므로, 공동소송의 요건을 갖추어야 한다.

3. 節 次

i) 공동소송인을 추가하면 추가될 당사자와의 사이에 소가 제기된 것으로 보기 때문에, 추가신청은 서면으로 하여야 한다(248 참조). 신청서에는 추가될 당사자, 추가신청이유를 기재하여야 한다(民訴規 14). ii) 원고의 추가신청이 있으면 법원은 결정으로 원고 또는 피고의 추가를 허가한다(68 Ⅰ). 허가결정이 있는 때에는 그 허가결정의 정본을 당사자 모두에게 송달하고, 추가될 당사자에게는 그 밖에 소장부본도 송달하여야 한다(68 Ⅱ). 이것은 추가될 당사자에게 자기가 어떠한 내용의 소송의 당사자가 되는가를 알려주기 위한 것이다. iii) 위 허가결정에 대하여는 추가될 원고의 동의가 없었음을 사유로 하는 경우에 한하여 이해관계인은 즉시항고를 할 수 있으나, 위 즉시항고는 집행정지의 효력이 없다(68 Ⅳ. Ⅴ). 허가결정에 대한 불복사유를 제한한 것은 일단 허가결정이 나면 이를 존중함으로써 절차의 신속을 꾀하기 위한 것이다. 추가신청을 기각한 결정에 대하여는 즉시항고를 할 수 있다(68 Ⅵ). 이것은 피고의 경정과는 다르다(260, 261 Ⅲ).

---

1) 大判 1993. 9. 28, 93 다 32095; 1998. 1. 23, 96 다 41496; 李時, 866면. 反對: 姜, 845면(유사필수적 공동소송도 포함).

4. 效 果

i) 법원의 허가결정에 의한 공동소송인의 추가가 있는 때에는 처음 소가 제기된 때에 추가된 당사자와의 사이에 소가 제기된 것으로 본다(68 Ⅲ). 가사소송의 경우에도 같다(家訴 15 Ⅱ). 따라서 시효중단·기간준수의 효과도 처음 소를 제기한 때를 기준으로 한다. 이것은 피고의 경정과는 다르다(265 참조). ii) 필수적 공동소송이므로, 종전의 공동소송인이 행한 소송행위로서 새 당사자에게 유리한 것은 새 당사자에게도 그 효력이 있다(67 Ⅰ).

제 7 편

略式訴訟 및 特殊救濟節次

제 1 장 總　　說

약식소송(略式訴訟; summarische Prozesse)이라 함은 신속한 사건의 처리를 위하여 통상의 소송절차에 비하여 절차를 간략화 한 특별소송을 말한다. 간이소송이라고도 한다. 역사적으로 다양한 간이소송절차가 마련되어 있었으나,[1] 우리나라에서는 민사소송법상 독촉절차, 민사집행법상 가압류·가처분절차가 인정되고 있고, 소액사건심판법에 의하여 소액사건심판절차가 마련되어 있다. 다른 나라와 같은 어음·수표소송절차가 따로 마련되어 있지는 않다.

통상소송의 경우에는 재판과 집행이 행하여지기 전에 신중한 심리가 선행되어야 하고, 특히 당사자 양 쪽은 일체의 공격·방어방법을 제출할 수 있으며(쌍방심리주의), 상대방이 다투는 사실은 그 주장자가 이를 증명하여야 한다(증명에 의한 재판의 원칙). 이에 반하여 약식소송의 경우에는 실질적인 심리를 거치지 않고 재판을 한다든가(독촉절차), 증명을 갈음하여 소명으로 족하게 하든가(가압류·가처분절차), 또는 심리·판결의 절차·형식이 대폭 완화되어 있다(소액사건심판절차).

이처럼 약식소송의 경우에는 약식심리에 의하여 신속하게 재판하고 집행할 수 있는 구조를 이루고 있고, 이 재판 또는 집행에 불복이 있는 상대방은 재판 또는 집행 후에 통상소송절차에 의하여 정식으로 심리를 받거나 상소에 의하여 구제를 받을 수 있다.

본서에서는 그 가운데 소액사건심판절차와 독촉절차에 관하여만 설명하고, 가압류·가처분절차에 관한 설명은 민사집행법으로 미룬다.

민사소송법은 위 약식소송 외에 공시최고절차에 관하여 규정하고 있다. 공시최고절차의 성질은 비송사건에 속하지만, 제권판결이라는 판결을 목적으로 하는 점에서 특수한 권리구제의 절차라고 할 수 있다. 중재법은 중재절차에 관하여 규정하고 있는데, 중재판정은 확정판결과 동일한 효력이 있고(仲35), 일정한 사유가 있을 때에 한하여 중재판정취소의 소가 가능하며(仲36), 중재판정에 의한 강제집행에는 법원의 집행판결이 필요한 점에서(仲37), 중재절차도 특수한 권리구제의 절차의 하나이다.[2] 그러나 본서에서는 공시최고절차에 관하여만 설명하기로 한다. 그 밖에 형사공판절차에 부대하여 민사상 손해배상을 구하는 배상명령절차도 설명한다.

---

1) 자세한 것은 Blomeyer, §115 참조.

2) 도이칠란트에서는 민사소송법에서 중재절차를 함께 규정하고 있다(獨民訴 제1025조 이하).

제 2 장 少額事件審判節次

Ⅰ. 總　說

1) 우리나라는 소액사건을 간이·신속하게 처리하기 위하여 1973년에 소액사건심판법(1973. 2. 24. 法律 제2547호)을 제정하고, 소송촉진 등에 관한 특례법(1981. 1. 29. 法律 제3361호. 이하 소촉법이라 한다)에서 약간의 보완규정을 두고 있었다. 그러다가 1990년에 소액사건심판법을 개정하여(1990. 1. 13. 法律 제4205호), 소촉법의 규정을 흡수하고 아울러 공휴일·야간의 개정에 관한 규정을 신설하였다. 또한 민사조정법의 제정으로 인하여 필요 없게 된 조항을 삭제하였다. 2001년에는 이행권고결정제도를 도입하였다. 그리하여 법원은 변론 없이 이행권고결정을 발할 수 있고, 그 결정에 피고가 이의를 제기하지 아니한 때에는 집행력을 인정하고 있다.

2) 소액사건이라 함은 소송목적의 값 3,000만 원 이하의 금전 기타 대체물이나 유가증권의 일정수량의 지급을 목적으로 하는 민사사건을 말한다(少審 2 Ⅰ, 少審規 1의 2). 따라서 부동산 등 특정물에 관한 청구는 소송목적의 값이 3,000만 원 이하이더라도 소액사건에 해당되지 아니한다. 소액사건심판법의 적용을 받기 위하여 다액의 채권을 분할하여 일부청구를 하는 것은 허용되지 않으며, 이에 위반한 소는 판결로 각하한다(少審 5의 2). 소액사건은 소제기시를 기준으로 정하여진다. 따라서 여러 개의 소액사건을 법원이 병합함으로써 그 소송목적의 값의 합산액이 소액사건의 범위를 넘더라도 소액사건임에 변함이 없다.[1] 소액사건은 지방법원, 동 지원 및 시·군법원의 단독판사의 사물관할에 속하는데(法組 7 Ⅳ, 33, 34),[2] 재량에 의하여 합의부로 이송할 수 있다(34 Ⅱ).[3] 이송된 후에는 통상소송절차에 의하여 처리하여야 한다.[4]

3) 주의할 것은 소액사건심판법과 이에 관련된 법률은 상고제한에 관한 규정(少審 3)을 제외하고는 제1심절차에만 적용된다는 점이다(少審 2). 따라서 소액사건이라도 항소심에서는 통상의 소송절차에 따라 심리하여야 한다.

1) 大判 1992. 7. 24, 91 다 43176.
2) 시·군법원이 있는 경우에는 시·군법원의 관할에 속한다(法組 33, 34).
3) 大決 1974. 8. 1, 74 마 71.
4) 同旨: 李時, 999면.

Ⅱ. 訴訟의 開始에 관한 特例

1. 訴訟代理에 관한 特例

소액사건에서는 변호사가 아니라도 당사자의 배우자·직계혈족 또는 형제자매는 법원의 허가 없이 소송대리인이 될 수 있다. 이러한 소송대리인은 당사자와의 신분관계 및 권한수여관계를 서면으로 증명하여야 한다(少審 8). 이것은 민사소송법 제87조 내지 제89조에 대한 특례이다.

2. 口述 및 任意出席에 의한 소제기

소액사건에서는 소장에 의한 소제기 외에, 말로 소를 제기할 수도 있고, 당사자 양 쪽이 법원에 출석하고 변론하여 소를 제기할 수 있다(少審 4, 5). 말로 소를 제기한 때에는 법원사무관등이 제소조서(提訴調書)를 작성한다. 이것은 민사소송법 제248조에 대한 특례이다.[1]

Ⅲ. 履行勸告決定에 관한 特例

1. 總　　說

종래에 소액사건의 경우, 당사자 사이에 다툼이 없어서 변론기일에 피고가 결석하고 자백간주가 되어 원고승소판결로 종료되는 경우가 많았다. 따라서 소액사건심판법에 이를 반영하여, 법원은 재량에 의하여 변론 없이 피고에게 이행권고결정을 보내고 이에 대하여 이의신청이 없으면 바로 집행력을 부여하여 강제집행을 할 수 있도록 하였다(少審 5의3 이하). 피고가 이의신청을 하면 바로 변론을 열어 심리를 진행한다. 이행권고결정제도를 도입하는 데에는 지급명령제도와 화해권고결정제도가 참고가 되었다. 이행권고결정은 변론 없이 발하여지는 것이므로 기판력은 인정되지 아니한다(少審 5의8 Ⅲ). 이행권고결정절차는 실질적인 쟁송성이 희박한 비송적·형식적 절차 사무라는 점에서 2016년 법원조직법의 개정[2]으로 사법보좌관의 업무로 되었다.

2. 履行勸告決定

법원은 소가 제기된 경우에 결정으로 소장 부본이나 제소조서 등본을 첨부하여 피고에

---

1) 과거에는 소액사건에 한하여 사무소 등 소재지의 특별재판적이 인정되었으나(舊訴促法 17), 1990년 개정민사소송법은 이를 일반 민사사건까지 확대하였으므로(7), 이제는 소액사건에 관한 특례가 아니다.

2) 2016. 3. 29. 개정, 법률 제14104호, 2016. 7. 1.부터 시행.

게 청구취지대로 이행할 것을 권고할 수 있다. 다만 청구취지나 청구원인이 불분명한 경우, 지급명령에 대한 이의 또는 조정이의사건, 그 밖에 이행권고를 하기에 적절하지 아니한 경우에는 이행권고결정을 할 수 없다(少審 5의3 Ⅰ). 이행권고결정에는 당사자, 법정대리인, 청구의 취지와 원인, 이행조항을 기재하고, 피고가 이의신청을 할 수 있음과 이행권고결정의 효력의 취지를 덧붙여 적어야 한다(少審 5의3 Ⅱ). 이행권고결정의 송달은 우편송달(187) 또는 공시송달(194~96)에 의할 수 없다. 피고의 이의신청권을 보장하여야 하기 때문이다. 따라서 법원은 통상의 송달방법에 의한 송달이 불가능할 때에는 지체 없이 변론기일을 지정하여(少審 5의3 Ⅳ) 심리를 하여야 한다. 또한 판결경정 제도의 취지와 그 법리는 이행권고결정의 오류에도 마찬가지로 적용될 수 있다.[1]

3. 異議申請

1) 피고는 이행권고결정서를 송달받은 날로부터 2주 이내에 서면으로 이의신청을 할 수 있다. 이의신청서에 구체적인 이의사유까지 기재할 필요는 없다. 피고는 이행권고결정을 받고 비로소 소제기 사실을 알게 된다. 따라서 2주의 짧은 기간 안에 원고의 청구에 관하여 구체적으로 다투도록 하는 것은 가혹하므로, 법은 화해권고결정과는 달리(227) 이의신청서에 구체적인 답변취지까지 기재하지 아니하여도 피고가 이의신청을 하였을 때에는 원고의 청구를 다툰 것으로 보도록 하고 있다(少審 5의4 Ⅴ).

2) 법원은 이의신청기간이 경과하는 등, 이의신청이 적법하지 아니하고 그 흠을 보정할 수 없는 경우에는 결정으로 이를 각하하여야 하고(少審 5의5 Ⅰ), 당사자는 즉시항고를 할 수 있다(少審 5의5 Ⅱ). 이의신청기간은 불변기간이므로, 기간을 넘겼더라도 추후보완이 가능하다(少審 5의6). '부득이한 사유'로 불변기간을 지킬 수 없었던 경우에는 추후보완을 할 수 있도록 함으로써 민사소송법상의 보완사유(173)보다 완화되어 있다. 이것은 변론 없이 발한 이행권고결정임에도 이의신청기간이 지나면 항소까지 불가능한 점을 고려한 것이다. 피고는 추후보완신청을 하면서 강제집행정지신청을 할 수 있다(少審 5의6 Ⅴ, 500).

3) 피고는 제1심판결이 선고되기 전까지 이의신청을 취하할 수 있다(少審 5의4 Ⅳ). 원고의 동의는 필요 없다.

4. 效　　力

피고가 이행권고결정서 등본을 송달받은 때부터 2주 이내에 이의신청을 하지 아니하거나 이행권고결정에 대한 각하결정이 확정된 때, 이의신청이 취하된 때에는 이행권고결정은

1) 大決 2022. 12. 1, 2022 그 18.

확정판결과 같은 효력을 가진다(少審 5의 7 Ⅰ). 이행권고결정이 확정판결과 같은 효력을 가지게 되면, 법원사무관등은 결정서 정본을 원고에게 송달한다(少審 5의 7 Ⅱ). 기판력은 없고 집행력만 인정되므로,[1] 청구이의의 소제기시 이의사유(民執 44)는 제한이 없다(少審 5의 8). 따라서 이행권고결정이 확정되기 이전에 발생한 사유도 청구이의의 사유가 될 수 있고,[2] 강제집행이 완료된 뒤에는 부당이득반환청구를 할 수 있다.

이의신청이 취하되거나 각하되지 아니하면, 이행권고결정은 화해권고결정처럼 제1심판결의 선고로 그 효력을 잃는다(少審 5의 7 Ⅲ, 232 Ⅱ).

5. 강제집행의 특례

이행권고결정으로 강제집행을 할 때에는 별도의 집행문을 부여받을 필요 없이 결정서 정본에 의한다(少審 5의 8 Ⅰ). 간이·신속한 집행을 위함이다. 다만 조건이 붙은 채권인 경우나 승계집행문이 필요한 경우에는 재판장의 명에 의한 집행문을 부여받아야 한다(少審 5의 8 Ⅰ 但).

Ⅳ. 訴訟의 審理에 관한 特例

1. 1回審理의 原則

1) 판사는 이행권고결정을 거치지 않는 경우 또는 이행권고결정에 대하여 이의신청이 있는 경우에는 바로 변론기일을 지정하여야 하고, 되도록 한 차례의 변론기일로 심리를 종결하도록 하여야 한다(少審 7). 이것은 일종의 집중심리주의라고 할 수 있다. 이 목적을 달성하기 위하여 i) 판사는 변론기일 전이라도 당사자로 하여금 증거신청을 하게 하는 등 필요한 조치를 취할 수 있다(少審 7 Ⅲ). ii) 또 소장 부본이나 제소조서 등본은 지체 없이 피고에게 송달하여야 한다. 피고에게 이행권고결정서 등본이 송달된 때에는 소장 부본이 송달된 것으로 보기 때문에(少審 6), 별도의 송달이 필요 없다. 최초의 기일통지서에 기재할 사항은 소액사건심판규칙에 상세히 규정되어 있다(少審規 5).

2) 소액사건이더라도 피고에게 답변서제출의무를 고지하고 변론준비절차를 거쳐 비로소 변론기일을 지정하여 변론을 열 수도 있다(少審 7 Ⅰ 참조). 이 경우에는 답변서제출의무 불이행으로 인한 무변론판결도 가능하다(257).

---

1) 大判 2009. 5. 14, 2006 다 34190.
2) 大判 2009. 5. 14, 2006 다 34190.

2. 公休日 · 夜間의 開廷

판사는 필요한 경우 근무시간 외의 시간 또는 공휴일에도 개정할 수 있다(少審 7의 2). 이것은 야간이나 공휴일에도 소액법정을 개정할 수 있도록 하여, 국민 특히 직장근무자들의 편의를 도모하기 위한 취지에서 1990년에 신설한 규정이다. 민사소송법 제166조에 대한 특례이다.

3. 辯論에 관한 特則

i) 법원은 소장 · 준비서면 기타 소송기록에 의하여 청구가 이유 없음이 분명한 때에는 변론 없이 청구를 기각할 수 있고(서면심리에 의한 청구기각. 少審 9 I), ii) 판사가 바뀐 경우에도 변론의 갱신 없이 판결할 수 있다(변론갱신의 생략. 少審 9 II). 전자는 구술심리주의(134 I)의 예외이고, 후자는 직접심리주의(204)의 예외이다. iii) 또 판사의 허가가 있는 때에는 당사자의 이의가 없는 한 조서에 적을 사항을 생략할 수 있다. 다만 변론의 방식에 관한 규정의 준수와 화해 · 인낙 · 포기 · 취하 및 자백에 대하여는 반드시 기재하여야 한다(조서의 기재생략. 少審 11). 이것은 민사소송법 제155조와 같다.

4. 證據調査에 관한 特則

i) 소액사건에서는 판사는 필요하다고 인정할 때에는 직권으로 증거를 조사할 수 있다(직권증거조사. 少審 10 I 前). 이것은 민사소송법 제292조의 보충적 직권증거조사에 대한 특칙이다. 다만 증거조사의 결과에 대하여는 당사자의 의견을 들어야 한다(少審 10 I 後). ii) 또 증인신문방식의 경우에도 판사가 증인을 신문하고, 당사자는 판사에게 알리고 신문할 수 있게 하여(판사직접신문제. 少審 10 II), 민사소송법 제327조의 교호신문제를 배제하였다. iii) 또 판사는 상당하다고 인정한 때에는 증인 또는 감정인의 신문을 갈음하여 서면을 제출하게 할 수 있다(증인 · 감정인에 대한 서면신문제. 少審 10 III). 이것은 증인 · 감정인에 대한 구술신문제(331, 339) 및 상대방의 이의가 없는 경우의 서면에 의한 증언(310)에 대한 예외이다.

V. 訴訟의 終了에 관한 特例

1. 判決에 관한 特則

i) 소액사건을 종국판결에 의하여 종료할 때에는 판결의 선고는 변론종결 뒤 즉시 할 수 있다(少審 11의 2 I). 이것은 민사소송법 제207조의 판결선고기간을 단축한 것이다. ii) 판결을

선고할 때에는 주문(主文)을 읽어 주고 그 주문의 정당성이 인정될 수 있는 범위 안에서 그 이유의 요지를 말로 설명하여야 한다(少審 11의2 Ⅱ). 이것은 판결서에 의하지 않고, 말로 이유를 설명할 수 있게 한 것으로서, 판결서 이유기재의 생략을 고려한 것이며, 민사소송법 제206조에 대한 특례이다. iii) 판결서에는 이유를 기재하지 아니할 수 있다(少審 11의2 Ⅲ). 이것은 민사소송법 제208조에 대한 특례이다. 다만 2023년 개정된 소촉법(2023. 3. 28., 법률 제19281호, 2023. 3. 28.부터 시행)에 따르면, 법원은 (i) 판결이유에 의하여 기판력의 객관적 범위가 달라지는 경우, (ii) 청구의 일부를 기각하는 사건에서 계산의 근거를 명확하게 제시할 필요가 있는 경우, 또는 (iii) 소송의 쟁점이 복잡하고 상대방의 주장, 그 밖의 공격방어방법에 대한 다툼이 상당한 사건 등 당사자에 대한 설명이 필요한 경우에는 청구를 특정함에 필요한 사항 및 주문의 정당함을 뒷받침하는 공격방어방법에 관한 판단 요지를 판결서의 이유에 기재하도록 노력하여야 한다(少審 11의2 Ⅲ 但).

2. 上告 및 再抗告制限

1) 소액사건에 관하여는 상고 및 재항고가 크게 제한된다. 즉, 소액사건에 대한 지방법원 본원합의부의 제2심판결이나 결정·명령에 대하여는 다음 두 가지 사유가 있는 때에 한하여 대법원에 상고 또는 재항고를 할 수 있다. 첫째는 법률·명령·규칙 또는 처분의 헌법위반 여부와 명령·규칙 또는 처분의 법률위반 여부에 대한 판단이 부당한 경우이고, 둘째는 대법원의 판례에 상반되는 판단을 한 경우이다(少審 3). 따라서 상고심절차에 관한 특례법상의 일반법령위반(上告特例法 4 Ⅰ ⑤, ⑥)은 상고이유로 되지 않는다.[1] 소액사건에 대하여 3심제를 관철하는 것은 소송목적의 값과 소송에 소요되는 비용·노력 등에 비추어 합리적이 아니므로, 위 상고 및 재항고의 제한이 위헌이라고 보기는 어렵다.[2]

2) 소액사건에 대한 상고이유인 '판례에 상반되는 판단을 한 때'의 판례는 구체적인 당해 사건에 적용될 법령 조항의 전부 또는 일부에 관한 정의적 해석[3]을 한 대법원 판례의 판단을 뜻하고, 대법원의 모든 판결·결정 등을 가리키는 것이 아니다. 따라서 예컨대 처분문서에 관한 대법원판례위반 등의 주장은 단순한 법령위반으로서 상고이유가 되지 못한다.[4] 다만 법령의 해석에 관하여 하급심에서 엇갈리는 판단을 하고 있고 이에 대한 대법원

---

1) 과거에는 구 소촉법상의 권리상고·허가상고이유도 소심사건의 상고이유로 되지 아니하였다(大判 1981. 8. 11, 81 다카 279).

2) 憲裁決 1992. 6. 26, 90 헌바 25; 大判 1975. 6. 10, 74 다 1333. 과거에는 소액사건은 판결에 의하지 않고 조정에 의하여 해결할 수 있어서, 그것이 소액사건에 관한 특례로 되어 있었으나(舊少審 12~14), 이제는 민사조정법이 제정되어 모든 민사분쟁이 조정의 대상이 될 수 있으므로(民調 2), 이것 역시 더 이상 소액사건의 특례가 아니다.

3) 따라서 단순한 법리오해, 채증법칙 위반 또는 심리미진과 같은 법령위반 사유는 이에 해당하지 않는다고 한다(大判 2016. 4. 15, 2015 다 251645; 2010. 12. 9, 2010 다 62413; 2004. 5. 13, 2004 다 6979, 6986; 2004. 8. 20, 2003 다 1878).

4) 大判 1994. 9. 13, 94 다 15097; 1996. 12. 6, 96 다 26671.

판례도 없는 경우에는 상고이유가 된다.[1)]

3) 소액사건의 상고이유서에는 위 두 가지 상고이유에 해당하는 사유만을 구체적으로 명시하여야 하며,[2)] 그 밖의 사유를 기재한 때에는 기재하지 아니한 것으로 본다(少審規 3). 따라서 그 밖의 사유를 기재한 때에는 상고이유를 기재하지 않은 것으로 되어 상고기각을 면하지 못한다(429).

1) 大判 2004. 8. 20, 2003 다 1878; 2008. 12. 11, 2006 다 50420; 2014. 10. 27, 2012 다 70388; 2017. 3. 16, 2015 다 3570; 2019. 8. 14, 2017 다 217151; 2019. 5. 16, 2017 다 226629; 2019. 12. 13, 2018 다 287010; 2021. 4. 29, 2016 다 224879; 2022. 7. 28, 2021 다 293831; 2025. 3. 13, 2023 다 250746; 2025. 5. 15, 2022 다 235009; 2025. 5. 29, 2023 다 240466; 2024. 1. 4, 2022 다 285097; 2024. 3. 12, 2023 다 290485; 2024. 6. 27, 2023 다 307024(판례는 이와 같은 특별한 사정이 있는 경우에는 상고이유로 규정되어 있는 '대법원의 판례에 상반되는 판단을 한 때'라는 요건을 갖추지 않았더라도 법령해석의 통일을 위해 실체법 해석 적용의 하자를 직권으로 판단할 수 있다는 의미이다).

2) 大判 1997. 12. 6, 96 다 26671.

제 3 장 督促節次

Ⅰ. 總　說

1) 독촉절차(督促節次; Mahnverfahren)라 함은 금전, 그 밖의 대체물이나 유가증권의 일정한 수량의 지급을 목적으로 하는 청구에 대하여 채권자에게 간이·신속하게 집행권원을 얻도록 하는 약식소송절차를 말한다. 채무자가 채무의 존재를 다투지 아니할 것으로 예상되는 경우에 적은 비용으로 신속하게 집행권원을 얻게 하는 절차이므로 이행소송의 대용절차라고 말할 수 있다. 독촉절차에서는 적극적 당사자를 채권자, 소극적 당사자를 채무자라고 한다. 사전에 채무자를 심문하지는 않지만, 지급명령에 대하여 채무자가 이의를 하면 통상의 소송절차로 이행하므로, 이것은 그 선행절차이며, 여기에도 특별한 규정이 없으면 민사소송법 총칙편의 규정이 적용된다. 독촉절차를 택하느냐 바로 이행의 소를 제기하느냐는 채권자의 자유이다. 다만 소액사건에 관하여 이행권고결정제도를 둠으로써 이 점에 관한 한 사실상 지급명령제도와 다를 바 없게 되었다.

2) 과거의 독촉절차는 지급명령에 대한 가집행선고제도를 두었고, 채무자에게 지급명령 및 가집행선고부지급명령에 대하여 각각 이의신청을 할 수 있게 하여 두 번의 이의신청의 기회를 주는 복잡한 구조로 되어 있었다. 뿐만 아니라 가집행선고 후의 이의가 있는 경우에 그 소송물이 무엇인가에 관하여도 논의가 분분하였다. 이러한 현상은 간편하게 집행권원을 얻으려고 하는 지급명령의 본래의 취지에 어긋난다. 그리하여 1990년 개정민사소송법은 지급명령에 대한 가집행선고제도를 없애고, 한 번의 이의신청의 기회를 주고, 이의가 없으면 지급명령이 확정되어 즉시 강제집행을 할 수 있도록 하고, 대신 여기에 기판력을 인정하지 않는 것으로 하였다(474, 民執 58Ⅲ). 또한 2002년 민사소송법은 이의신청기간을 불변기간으로 하여(470Ⅱ), 피신청인의 절차권보장에 만전을 꾀하였다.

3) 최근에는 컴퓨터의 보급·발전에 맞추어 지급명령 등을 전산정보처리시스템에 의하여 처리하는 제도를 도입하였다(민사소송 등에서의 전자문서 이용 등에 관한 법률).

Ⅱ. 支給命令의 申請

1. 管轄法院

독촉절차는 청구목적의 값에 불구하고 시·군법원판사(法組 34 Ⅰ②) 또는 사법보좌관(法組 54 Ⅰ①)의 업무에 속한다. 토지관할에 관하여는 구 법에서는 채무자의 보통재판적소재지, 근무지(7), 사무소·영업소소재지(12)만을 전속관할로 정하였으나, 2002년 민사소송법은 여기에 추가하여 거소지·의무이행지(8), 어음·수표지급지(9), 불법행위지(18)도 전속관할로 하였다(463). 독촉절차를 활발하게 이용하게 하기 위함이다.

2. 要　　件

(1) 請求에 관한 要件

지급명령은 금전, 그 밖의 대체물이나 유가증권의 일정한 수량의 지급을 목적으로 하는 청구에 한한다(462 本). 이러한 청구는 집행이 용이하고 잘못 집행된 경우에도 원상회복이 가능하기 때문이다. 사인에 대한 금전청구권 외에 국가에 대한 징발보상청구권[1]이나 공법인에 대한 급여청구권[2]도 지급명령의 대상이 된다. 반대급부와 상환으로 지급을 구하는 청구라도 상관없으나, 즉시 집행할 수 없는 조건부 또는 기한부청구에 대하여는 허용되지 않는다. 이때 반대급부는 지급명령신청의 대상이 아니어서 민사소송법 제462조에서 정한 '금전 등 대체물이나 유가증권의 일정한 수량의 지급을 목적으로 하는 청구'라는 제한을 받지 아니한다.[3]

(2) 送達에 관한 要件

지급명령은 국내에서 공시송달에 의하지 아니하고 송달을 할 수 있는 경우에 한한다(462). 만일 지급명령을 외국에 송달하거나 국내에서라도 공시송달에 의하여 송달하여야 한다면 오랜 시일이 소요되어 신속하게 집행권원을 만들려는 본래의 목적에 반하기 때문이다. 그런데 지급명령을 송달할 수 없다고 하여 지급명령신청을 부적법각하하면, 당사자는 다시 처음부터 소를 제기하여야 하므로 소송경제에 반한다. 그리하여 2002년 민사소송법은 법원이 채무자의 주소를 보정하라는 명령을 한 경우에, 채무자는 소제기신청을 할 수 있도록 하고, 이 경우 지급명령을 신청한 때에 소가 제기된 것으로 보고 있다(466 Ⅰ·472 Ⅰ). 또한 법

1) 大判 1970. 3. 10, 69 다 1886.
2) 大判 1967. 11. 14, 67 다 2271.
3) 大決 2022. 6. 21, 2021 그 753(또한 반대급부를 이행하여야 하는 자도 '지급명령의 신청인'에 한정되는 것은 아니다).

원도 지급명령을 공시송달에 의하지 아니하고 송달할 수 없거나 외국으로 송달하여야 할 때에는 직권에 의한 결정으로 사건을 소송절차에 부칠 수 있고, 이 때에도 지급명령을 신청한 때에 소제기가 된 것으로 보고 있다(466 Ⅱ·472 Ⅰ).[1]

다만 독촉절차에 공시송달이 인정되지 않음으로 인해 대출계약서 등 증거방법을 잘 갖추고 있는 「은행법」에 따른 은행과 같은 금융기관이 그 권리를 확정함에 있어서 채무자의 소재가 파악되지 않는 경우에는 일반 민사소송절차를 거쳐야만 해서 비효율적이라는 지적이 있었다. 이에 2014년에 소촉법(訴促法) 제20조의 2에 **독촉절차에 관한 특례를 신설**하여[2] 은행법에 따른 은행 등과 같은 금융기관[3]이 그 업무 또는 사업으로 취득하여 행사하는 대여금, 구상금, 보증금 및 그 양수금 채권에 대하여 지급명령을 신청하는 경우에는 i) 국내에서도 공시송달의 방법으로 송달할 수 있게 하고(민사소송법 제462조 적용의 배제), ii) 지급명령을 공시송달하는 경우에도 법원이 직권으로 사건을 소송절차에 부치지 않을 수 있도록(민사소송법 제466조 제2항 중 공시송달에 관한 규정의 배제) 하였다(訴促法 20의 2 Ⅰ). 이때 채권자는 청구원인을 소명하여야 하는데(訴促法 20의 2 Ⅱ), 이러한 소명이 없으면 결정으로 그 신청을 각하하여야 하며, 그 결정에 대하여는 불복할 수 없다(訴促法 20의 2 Ⅲ. Ⅳ). 또한 지급명령이 공시송달되어 채무자가 이의신청의 기간을 지킬 수 없었던 경우에는 민사소송법 제173조 제1항에서 정한 소송행위의 추후보완사유가 있는 것으로 본다(訴促法 20의 2 Ⅴ).

3. 申請의 節次·效果

1) 지급명령의 신청에는 그 성질에 반하지 않는 한 소에 관한 규정이 준용된다(464). 따라서 신청은 원칙적으로 서면에 의하여, 신청서에는 당사자, 법정대리인, 청구의 취지 및 원인을 기재하여야 하며(249), 그 밖에 준비서면에 기재할 사항을 표시할 수 있다. 다만 신청서등본은 상대방에게 송달할 필요가 없다. 붙여야 할 인지액은 소장에 붙일 인지액의 10

---

1) 大判 2025. 5. 15, 2024 다 317783.

2) 2014. 10. 15. 일부 개정, 법률 제12780호, 2014. 12. 1.부터 시행.

3) 이러한 금융기관에는, 예를 들어 은행법에 따른 은행, 중소기업은행법에 따른 중소기업은행, 한국산업은행법에 따른 한국산업은행, 보험업법에 따른 보험회사, 기술보증기금법에 따른 기술보증기금, 신용보증기금법에 따른 신용보증기금, 예금자보호법에 따른 예금보험공사 및 정리금융회사, 자산유동화에 관한 법률에 따른 유동화전문회사 등(訴促法 20조의 2 Ⅰ ①~㉒)이 속한다. 다만 특히 유동화전문회사들이 소멸시효가 지난 채권을 저가로 매수하여 시효소멸사실을 알지 못하는 채무자들에게 원금 감면 등을 안내하면서 채무 일부를 상환하도록 하면서 채무를 부활시켜 잔존채무에 대해 집행하거나 공시송달을 통해 지급명령을 확정시켜 강제집행에 나서는 경우가 발생하여 문제되었다. 이에 2017년에 소촉법 제20조의 2를 개정하여 유동화전문회사를 설립하는 자산보유자의 범위를 공시송달에 의한 지급명령 제도를 적용받는 금융기관으로 한정하였다(2017. 10. 31. 개정, 법률 제14971호, 2018. 2. 1.부터 시행). 2021년 소촉법의 개정으로 관련 금융기관으로 「주택도시기금법」에 따른 주택도시보증공사가 추가되었으며(訴促法 20의2 Ⅰ ⑲)(2021. 7. 20. 법률 제18300호, 2022. 1. 21.부터 시행), 2023년 개정으로 「상호저축은행법」에 따른 상호저축은행(訴促法 20의2 Ⅰ ⑥의2)(2023. 3. 28. 법률 제19280호, 2023. 9. 29.부터 시행)과 「중소기업진흥에 관한 법률」에 따른 중소벤처기업진흥공단(訴促法 20의2 Ⅰ ⑳)(2023. 6. 13. 법률 제19433호, 2023. 9. 29.부터 시행)이 추가되었다. 2024년에는 「소상공인 보호 및 지원에 관한 법률」에 따른 소상공인시장진흥공단(訴促法 20의2 Ⅰ ㉑)(2024. 1. 16. 법률 제20006호, 2024. 4. 17.부터 시행)이 추가되었다. 소촉법 제20조의2 제1항 제22호에서 말하는 "대법원규칙으로 정한 자"는 「소송촉진 등에 관한 특례규칙」 제17조의2 각 호의 자를 말한다.

분의 1로 족하다(民印7Ⅱ). 소의 병합(253, 65)의 요건에 준하여 여러 개의 청구 또는 여러 사람의 채무자에 대한 청구를 병합하여 신청할 수 있다.[1)]

2) 지급명령의 신청에 의하여 관할의 항정(33), 중복신청의 금지(259) 외에 시효중단의 효력이 발생한다(民172).[2)] 다만 지급명령의 신청의 각하 또는 취하의 경우에는 시효중단의 효력이 없다.[3)]

Ⅲ. 申請에 대한 裁判

지급명령의 신청에 대하여는 채무자를 심문하지 않고(467) 결정으로 재판한다.

1. 申請却下

1) 신청이 관할위반인 경우, 그 요건에 흠이 있는 경우, 신청의 취지에 의하여 청구의 이유 없음이 명백한 때에는 신청을 각하한다(465前Ⅰ). 병합된 여러 개의 청구 중 일부에 관하여 그러한 사유가 있을 때에는 그 일부만을 각하한다(465後Ⅰ). 신청을 각하하는 결정에 대하여 채권자는 불복을 신청하지 못한다(465Ⅱ). 이것은 채권자는 다시 지급명령을 신청할 수도 있고, 소를 제기할 수도 있기 때문이다.

2) 청구가 이유 없음이 명백하여 각하한 때에도 확정판결과는 달리 기판력이 발생하지 아니한다(民執58Ⅲ).

2. 支給命令

1) 신청이 적법하고, 신청의 취지에 의하여 청구가 이유 있다고 인정되면 더 나아가 청구의 내용에 관하여 증거조사·채무자심문 등을 할 필요 없이 지급명령(Mahnbescheid)을 발하여야 한다(소명자료 불요).[4)] 지급명령은 양 당사자에게 송달하여야 한다(469Ⅰ).

---

1) 大決 1986. 11. 27, 86 그 141.

2) 민법 제172조는 1990년 개정민사소송법 이전의 지급명령제도를 전제로 한 것이므로 개정이 필요하다.

3) 판례는 민법 제170조의 재판상 청구에 지급명령 신청이 포함된다고 하면서, 지급명령신청이 각하된 경우에도 6월 내에 다시 소를 제기하면 민법 제170조 제2항에 의하여 시효는 당초 지급명령 신청이 있었던 때에 중단된 것으로 본다(大判 2011. 11. 10, 2011 다 54686).

4) 민사소송법은 도이칠란트 민사소송법 제692조 제1항 제2호와 같이 청구의 이유 유무를 심리할 필요가 없음을 명문으로 규정하지는 아니하였으나, 제465조 제1항이 신청의 취지에 의하여 청구가 이유 없음이 명백한 때에는 신청을 각하하라고 하였으므로, 그 반대해석으로서 신청의 취지에 의하여 청구가 이유있으면 되고, 이를 증거에 의하여 증명 또는 소명시킬 필요는 없다고 본다. 同旨: 李時, 969면.

2) 지급명령에는 당사자, 법정대리인, 청구의 취지와 원인을 적고, 채무자가 지급명령을 송달받은 날로부터 2주 이내에 이의신청(Widerspruch)을 할 수 있다는 것을 덧붙여 적어야 한다(468).

3) 지급명령은 이처럼 채권자의 신청에 의하여 채무자에 대하여 채무의 이행을 명하는 재판으로서, 명칭은 명령이지만 그 성질은 결정이다. 지급명령은 그 송달에 의하여 효력이 발생하며, 채무자가 이의신청을 하면 그 이의의 한도에서 효력이 소멸한다(469, 470 I). 지급명령이 발령되어도 그것이 채무자에게 송달되기 전에 한 채무자의 이의신청은 부적법하며, 이러한 하자는 그 후 지급명령이 채무자에게 적법하게 송달되면 치유된다.[1)]

Ⅳ. 異議申請과 訴訟으로의 移行

1. 總　　說

채무자의 심문 없이 일방적으로 발하여지는 지급명령에 대하여 채무자는 이의신청의 방법으로 불복을 신청할 수 있다. 채무자의 이의신청은 이의의 범위 안에서 지급명령 자체를 실효시키고(470), 지급명령을 신청한 때에 소를 제기한 것으로 보아(472 II), 통상의 소송절차로 이행시킨다. 그러므로 이 경우의 소송물은 청구의 당부이다. 지급명령에 의한 시효중단은 소송으로 이행한 때가 아닌 지급명령을 신청한 때에 발생한다.[2)] 채권자가 법원의 주소보정명령을 받고 소제기신청을 한 경우(466 I), 법원이 공시송달의 방법으로 송달할 수 없거나 외국으로 송달할 경우이어서 직권으로 사건을 소송절차에 부치는 결정을 한 경우(466 II)에도 이의신청을 한 경우와 마찬가지의 효력이 있다(472 I).

2. 異議申請 및 그 取下

1) 채무자의 이의신청은 서면 또는 말로 지급명령을 발한 법원에 한다(161 I). 지급명령의 일부에 대한 이의신청도 허용된다.

2) 이의신청의 기간은 지급명령 송달일로부터 2주 이내이다(468). 2002년 민사소송법은 이의신청기간을 불변기간이라고 명문으로 규정하였는데(470 II), 이 기간 내에 소송절차중단 사유가 생긴 때에는 이의신청기간은 정지된다.[3)] 이의신청을 한 범위 안에서 지급명령은 효

---

1) 大決 2024. 6. 7, 2024 마 5496.
2) 大判 2015. 2. 12, 2014 다 228440.
3) 大判 2012. 11. 15, 2012 다 70012(이의신청 기간 내의 회생절차개시결정).

력을 잃는다(470 I).

3) 지급명령에 대한 이의신청을 취하할 수 있는가. 이의신청이 부적법한 경우에는 그 각하결정이 있기 전에 이를 취하할 수 있을 것이다(471 I 참조). 이에 반하여 이의신청이 적법한 경우에도 이의신청의 취하가 가능한가에 관하여는 다툼이 있었다. 즉 이의신청이 적법하면 지급명령이 실효되어 독촉절차가 소멸되고 소송절차로 이행하므로(470, 472 II) 이의신청의 취하에 의하여 지급명령을 부활시킬 수 없다는 이유로, 이의신청의 취하는 불가능한다는 견해(부정설)[1]와 이의신청각하결정 또는 이의신청에 기하여 소송으로 이행하는 조치(기일지정 또는 기록송부)를 할 때까지 이의신청을 취하할 수 있다는 견해(소송이행조치시설)[2]가 대립하고 있었으나, 대법원은 예규로써 이의신청 후 제1심 판결선고시까지 이의신청의 취하가 가능하다고 규정하고(제1심판결선고시설),[3] 이를 시행중이다. 그 논거는 이를 허용하는 것이 채무자의 의사에 맞고 채권자에게도 이익이 된다는 데 있다. 화해권고결정은 그 심급의 판결이 선고된 때 효력을 잃고(232), 소액사건심판법상 이행권고결정은 제1심판결의 선고로 효력을 잃는다고 명문으로 규정하고 있다(少審 5의 7 III).

3. 異議申請의 조사 및 訴訟 또는 調停으로 이행된 경우의 처리

1) 법원은 이의신청이 기간경과 등의 이유로 부적법한 것으로 인정한 때에는 결정으로 이를 각하하여야 한다(471 I). 여기의 법원은 지방법원 또는 시·군법원의 단독판사를 가리킨다. 이의신청을 각하하는 결정에 대하여는 즉시항고를 할 수 있다(471 II).

2) 이의신청이 적법한 경우, 당사자의 소제기신청이 있는 경우, 법원이 직권으로 소송절차에 부치는 결정을 한 경우에는 청구목적의 값에 관하여 지급명령신청시에 소를 제기한 것으로 본다(472). 이처럼 소송으로 이행된 경우, 구 법하에서는 사건을 관할법원으로 보낸 뒤에 비로소 인지의 보정을 명하고 이에 불응하면 지급명령신청을 각하하였으나, 2002년 민사소송법은 소송경제를 위하여 지급명령발령법원이 먼저 인지보정을 명하고 인지가 보정되어야만 사건을 관할법원으로 보내도록 하고 있다. 즉 지급명령을 발령한 법원은 채권자에게 상당한 기간을 정하여, 인지(소를 제기하는 경우 소장에 붙여야 할 인지액에서 지급명령신청 또는 소제기신청시에 붙인 인지액을 뺀 액수의 인지)를 보정하도록 명하여야 한다(지급명령신청시에 소장에 붙일 인지액의 10분의 1에 해당하는 인지액을 붙였으므로 나머지 10분의 9를 붙이도록 하면 될 것이다). 인지를 보정하면, 법원사무관등은 바로 소송기록을 관할법원으로 보내고(473 III), 보정하지 아니하면, 법원은 지급명령신청서를 결정으로 각하한다(473 II 前).[4] 각하결정에 대하여는 즉시항고할 수 있다(473 II 後). 독촉절차의 비

1) 大判 1977. 7. 12, 76 다 2146; 鄭東潤, 民事訴訟法(三訂增補版), 845면; 姜, 1084면.

2) 李時, 1012면; 宋/朴, 822면.

3) 대법원송무예규 제393호, 지급명령에 대한 이의신청에 의하여 사건이 소송으로 이행한 후 이의신청이 취하된 경우의 업무처리요령(송민 94-2) 참조.

용은 소송비용의 일부로 된다(473 Ⅳ).

3) 한편 채무자가 법원의 지급명령에 대하여 적법한 이의신청을 하여(469 Ⅱ) 지급명령발령법원이 상당한 기간을 정하여 인지의 보정을 명한 경우에도, 채권자는 인지를 보정하는 대신 해당 기간 이내에 조정으로의 이행을 신청할 수 있다(民調 5의 2 Ⅰ). 이는 당사자에게 소송이 아닌 조정을 통하여 분쟁을 해결할 수 있는 절차선택권을 보장하기 위해 2012년 민사조정법의 개정[1]을 통해 신설한 것인데, 제도의 취지상 채권자에게만 한정하여 이를 인정할 필요가 있었는지 의문이다. 법원은 당사자의 조정으로의 이행신청이 부적법하다고 인정하는 경우에는 이행신청을 각하하여야 하며 이 결정에 대해서는 즉시항고를 할 수 있다(民調 5의 2 Ⅱ). 채권자가 적법한 이행신청을 한 경우에는 지급명령을 신청한 때에 이의신청된 청구목적의 값에 관하여 조정이 신청된 것으로 본다(民調 5의 2 Ⅲ). 조정이 신청된 것으로 보는 경우 지급명령을 발령한 법원은 채권자에게 상당한 기간을 정하여 수수료(조정을 신청하는 경우 민사조정법 제5조 제4항에 따라 내야 할 수수료에서 지급명령 신청 시에 붙인 인지액을 뺀 액수에 해당하는 수수료)를 보정하도록 명하여야 한다(民調 5의 3 Ⅰ). 수수료를 보정하면 법원사무관등은 바로 조정사건에 관한 기록을 관할법원으로 보내고(民調 5의 3 Ⅲ), 보정하지 아니하면 법원은 지급명령신청서를 결정으로 각하한다(民調 5의 3 Ⅱ 前). 각하결정에 대하여는 즉시항고할 수 있다(民調 5의 3 Ⅱ 後). 독촉절차의 비용은 조정절차의 비용의 일부로 한다(民調 5의 3 Ⅳ).

4) 소송으로 이행된 뒤에 이의신청이 부적법함이 판명되었을 때에 이를 어떻게 취급할 것인가가 문제된다. 단독판사가 이의신청이 적법하다고 인정한 것이 사후의 법원을 구속하는가와 관련하여, 이를 긍정하는 견해(종국판결에 의한 이의신청각하는 불가능)와 부정하는 견해(종국판결로 이의신청을 각하하여야 한다)가 대립하고 있다. 전설(구속설)이 타당하지 않을까?[2]

4. 訴訟으로 이행된 경우의 訴訟節次

주소를 알 수 없어서 채권자가 소제기신청을 하거나 법원이 직권으로 소송절차에 부치는 결정을 한 경우뿐만 아니라, 채권자가 지급명령에 이의신청을 한 경우에도 그 심판절차는 제1심 소송절차에 의한다. 채권자가 제출한 지급명령신청서와 채무자가 제출한 이의신청서에 기재한 사항은 소송이행 후에 당연히 소송자료가 되는 것은 아니고, 변론기일에 이를 주장하지 아니하면 그 효력이 없다.[3] 그리고 판결주문은 지급명령이 존재를 무시하고 보통의 이행소송의 경우와 마찬가지로 표현된다.

---

4) 지급명령신청서가 각하된 경우에도 특별한 사정(예를 들어 소송절차관여를 위한 준비행위를 하지 않았거나 지급한 변호사보수를 회수한 경우 등)이 없는 한, 변호사보수는 소송수행에 필요한 한도 내에서 지출한 비용에 포함될 수 있다(大決 2024. 5. 30, 2024 마 5324).

1) 2012. 1. 17. 일부 개정, 법률 제11157호, 2012. 4. 18.부터 시행.

2) 同旨: 李時, 1011~1012면.

3) 大判 1970. 12. 22, 70 다 2297.

Ⅴ. 支給命令의 確定

지급명령에 대하여 이의신청이 없거나 이의신청을 취하하거나 그 각하결정이 확정된 때에는 지급명령은 확정판결과 같은 효력이 있다(474). 따라서 지급명령에 의해 확정된 채권은 단기의 소멸시효에 해당하는 것이라도 그 소멸시효기간은 10년으로 연장된다(474, 民 165 Ⅱ).[1] 확정된 지급명령은 집행력이 발생하여 집행권원이 된다(民執 58). 새 민사집행법은 지급명령에 의한 강제집행의 경우, 원칙적으로 별도의 집행문을 부여받을 필요 없이 지급명령 정본에 의하여 할 수 있도록 하고 있다(民執 58 Ⅰ 本). 이행권고결정의 경우와 같은 조치이다(少審 5의 8). 지급명령은 채무자를 심문하지 않고 채권자의 신청에 기하여 일방적으로 발하여지는 것이므로 여기에 기판력은 인정되지 아니한다(民執 58 Ⅲ 참조).[2] 구 법에서는 지급명령에 기판력을 인정하지 아니하고 집행력만을 부여하기 위하여 '지급명령이 확정된다'고 규정하였는데, 그 경우 지급명령에 소멸시효중단과 같은 판결에 인정되는 법률요건적 효력을 인정할 수 없는 문제가 있었으므로, 2002년 민사소송법에서는 1990년 개정민사소송법 이전(同法 445)과 같이 '확정판결과 같은 효력'을 인정하는 것으로 고쳤다. 이렇게 규정하여도 청구에 관한 이의의 주장시 그 사유가 지급명령확정 전후에 발생하였는지 여부를 묻지 아니하므로(民執 58 Ⅲ),[3] 여전히 기판력은 인정되지 아니한다.[4]

Ⅵ. 電子文書에 의한 支給命令

독촉절차에서도 전자문서를 이용한 전자소송이 가능하다. 우리나라에서는 이미 2006년에 '독촉절차에서의 전자문서 이용 등에 관한 법률(2006. 10. 27. 법률 제8057호, 2006. 10. 27.부터 시행)[5]이 제정되어, 지급명령의 신청인이 대법원 전자독촉시스템홈페이지(http://ecf.scourt.go.kr)에 등록 후 전자문서를 이용하여 지급명령을 신청하고, 법원도 전자문서로 지급명령을 발하며, 신청인에 대한 송달 역시 전자문서로 하는 시스템이 구축되었다. 다만 '독촉절차에서의 전자문서 이용 등에 관한 법률'은 2014년 12월 1일부터 폐지되었으며, 현재는 독촉절차에도 '민사소송 등에

---

1) 大判 2009. 9. 24, 2009 다 39530.

2) 大判 2002. 2. 22, 2001 다 73480; 2009. 7. 9, 2006 다 73966.

3) 다만 미확정 상태에 있는 지급명령은 유효한 집행권원이 될 수 없으므로 이에 대해 집행력의 배제를 구하는 청구이의의 소를 제기할 수는 없다(大判 2012. 11. 15, 2012 다 70012).

4) 大判 2009. 7. 9, 2006 다 73966.

5) 처음 이 법안을 입안할 당시에 대법원은 민·형사소송 전체에 전자문서를 이용할 수 있도록 하는 법안을 검토하고자 하였으나, 법무부의 법률검토위원회에서 논의한 결과, 우선 독촉절차에 한하여 이용하여 보기로 하였다.

서의 전자문서 이용 등에 관한 법률'[1])이 적용된다.

---

1) 2010. 3. 24. 제정, 법률 제10183호, 2010. 3. 24.부터 시행; 2014. 5. 20.에 '독촉절차에서의 전자문서 이용 등에 관한 법률'의 폐지를 이유로 일부 개정되었다(법률 제12586호, 2014. 12. 1.부터 시행).

제 4 장 公示催告節次

Ⅰ. 公示催告의 意義

1) 공시최고(公示催告; Aufgebot)라 함은 법원이 불특정 또는 불분명한 이해관계인에게 그 신고를 하지 아니하면 권리를 잃게 되는 효력이 발생할 것이라는 경고와 함께 권리 또는 청구를 신고할 것을 재판에 의하여 최고하는 것을 말한다. 공시최고절차는 위 공시최고를 발하고, 위 최고로 경고하였던 권리의 상실을 제권판결에 의하여 실현시키는 것을 목적으로 하는 절차이다. 공시최고절차는 권리자에게 권리행사의 길을 열어주기 위하여 법원이 사법상의 법률관계의 형성에 협력하는 것이고, 대립당사자 사이의 법률관계를 확정 또는 실현하는 것이 아니므로, 그 본질은 비송사건이다. 그러나 이것이 민사소송법에 규정되어 있으므로 형식상으로는 민사소송사건이며, 따라서 민사소송법의 총칙규정·판결절차·상소의 규정이 적용되고 비송사건절차법이 적용되지는 아니한다.

2) 공시최고는 법률이 특히 정한 경우에만 허용된다(475). 현행법상으로는 다음 세 가지 경우에 인정된다. 즉, 실종선고를 위한 공시최고(民 27, 家訴 2 Ⅰ ② 가. 3), 家訴規 53), 등기·등록의 말소를 위한 공시최고(不登 56, 광업등록령 64, 어업등록령 68, 특허권 등의 등록령 45, 선박등기법 5), 증권 또는 증서의 무효선고를 위한 공시최고(民 521, 商 65, 商 360 등) 등이 그것이다. 공시최고절차의 필요성, 그 실질적 요건 및 효과는 실체법에 규정이 되어 있고, 민사소송법은 단지 제권판결의 선고에 관한 형식적 요건과 제권판결의 효력에 관하여 규정하고 있을 뿐이다. 다만 증권 등의 무효선고를 위한 공시최고에 관하여는 상세한 규정을 두고 있다(492 이하).[1)]

Ⅱ. 公示催告의 節次

1. 管轄法院

공시최고는 법률에 다른 규정이 있는 경우를 제외하고는 권리자의 보통재판적이 있는 곳의 지방법원이 관할한다. 다만 등기 또는 등록의 말소를 위한 공시최고는 그 등기 또는 등록을 한 공공기관이 있는 곳의 지방법원에 신청할 수 있다(476 Ⅰ). 그 사물관할은 단독판사

1) 상세한 것은 鄭東潤, "證券의 除權判決", 「高大法學論集」 20, 301면 참조.

에게 있다(法組 7Ⅳ). 실종선고를 위한 공시최고는 부재자의 주소지의 가정법원의 관할에 속하고(家訴 44①), 증권의 무효선고를 위한 공시최고는 증서에 표시된 이행지의 지방법원이 관할하되,[1] 그 이행지의 표시가 없는 때에는 발행인의 보통재판적이 있는 지방법원이 관할하고, 그 법원이 없는 때에는 발행인의 발행 당시에 보통재판적이 있던 곳의 지방법원이 관할한다(476 Ⅱ). 위 관할은 모두 전속관할이다(476 Ⅲ).

2. 申請 및 裁判

1) 공시최고는 신청에 의하여 하는데, 신청은 서면으로 하여야 한다. 공시최고의 신청에는 그 신청의 원인과 제권판결을 구하는 취지를 명시하여야 한다(477 Ⅰ, Ⅱ). 신청권자는 각개의 실체법에 규정되어 있다.

2) 공시최고의 신청에 대하여는 결정으로 재판한다(478 Ⅰ). 법원은 직권으로 신청의 형식적 요건, 예컨대 관할, 신청권이 있는지 등을 조사하여, 형식적 요건에 흠이 있는 때에는 보정을 명하고, 이에 불응할 때에는 신청서를 각하한다. 신청이 이유 없다고 인정하면 공시최고를 허가하지 아니하는 결정을 하며, 이에 대하여는 즉시항고를 할 수 있다(478 Ⅰ). 신청이 이유 있다고 인정하면 공시최고를 허용하는 결정을 한다(478 Ⅰ). 위 허가 여부의 재판을 함에는 신청인을 심문할 수 있다(478 Ⅱ). 법원은 여러 개의 공시최고를 병합하여 심리할 수 있다(477 Ⅲ).

3. 公示催告의 實施

공시최고의 신청을 허가한 때에는 법원은 공시최고를 하여야 한다. 공시최고는 신청인의 표시, 권리 또는 청구의 신고를 공시최고기일까지 하여야 한다는 催告, 신고를 하지 아니하면 권리를 잃게 될 사항, 공시최고기일 등을 기재하여야 한다(479). 공시최고의 공고는 대법원규칙이 정하는 바에 따라 한다(480). 구 법에서는 소액의 증권·증서에 관한 것이 아닌 한 반드시 법원게시판에 게시하고 신문에 2회 이상 게재하여 공고하도록 하였다(舊民訴 451). 그러나 이러한 형식적인 공시는 실효성이 없는 것이므로, 다양한 정보매체를 이용하여 실효성이 있는 공고를 하도록 하기 위하여, 2002년 민사소송법에서는 구체적인 공고방법은 대법원규칙에 위임하고 있다. 민사소송규칙에 따르면, 법원게시판에 게시하는 방법 이외에도 관보·공보 또는 신문에 게재, 전자통신매체를 이용한 공고 중 어느 하나의 방법으로 공고할 수 있으며, 필요하다고 인정하는 때에는 적당한 방법으로 공고사항의 요지를 공시할 수 있다(民訴規 142). 공시최고의 기간은 공고종료일부터 3월 후로 정하여야 한다(481). 이 3월

1) 어음·수표의 경우에는 지급지, 화물상환증의 경우에는 도착지, 창고증권의 경우에는 보관장소가 이행지에 해당한다.

의 기간은 최단기간이므로 이보다 장기로 하는 것은 상관이 없으나, 3월의 기간을 지키지 아니한 때에는 제권판결에 대한 불복의 사유가 된다(490 Ⅱ ③).

4. 權利 또는 請求의 申告

1) 공시최고에 응하여 신청인이 주장한 권리를 다투는 사람은 그 취지 및 자기의 권리 또는 청구를 신고하여야 한다. 위 신고는 공시최고기일까지 하여야 하지만, 공시최고기일 후라도 제권판결에 앞서 하기만 하면 권리를 잃지 아니한다(482). 신청이유로 주장한 권리 또는 청구를 다투는 신고가 있는 때에는 법원은 그 권리에 관한 재판의 확정시까지 공시최고절차를 중지하거나 신고한 권리를 유보하고 제권판결을 하여야 한다(485).

2) 은행에 지급제시를 하거나, 어음·수표금청구소송을 제기한 것은 권리 또는 청구의 신고에 해당하지 아니한다.[1)]

5. 申請의 取下

공시최고의 신청은 공시최고의 실시의 전후를 묻지 않고 언제나 취하할 수 있다. 신청인이 공시최고기일에 출석하지 아니하여 새 기일을 지정하였으나 새 기일에도 출석하지 아니한 때에는 공시최고의 신청을 취하한 것으로 본다(484).

Ⅲ. 除權判決

1. 意 義

제권판결(除權判決; Ausschlussurteil)은 공시최고절차에서 공시최고신청인의 신청에 의하여 공시최고의 대상인 사항에 관하여 실권선고를 하는 법원의 판결이다. 형성판결이다. 공시최고절차는 이 제권판결을 얻는 것을 궁극의 목적으로 한다.

2. 除權判決의 節次

1) 제권판결절차는 공시최고기일까지 권리 또는 청구의 신고가 없는 경우에 당연히 개시되는 것이 아니고, 공시최고의 신청인이 공시최고기일에 출석하여 그 신청의 원인과 제권판결을 구하는 취지를 진술하여야 개시한다(486). 따라서 신청인이 공시최고기일에 출석하지 아니하면 2월 이내의 새 기일을 지정하고 그 새 기일에도 출석하지 아니하면 신청을

---

1) 大判 1983. 11. 8, 83 다 508, 83 다카 1705.

취하한 것으로 보고 공시최고절차를 마무리짓는다(483. 484).

2) 공시최고기일에 신청인이 출석하여 제권판결을 구하는 취지의 진술(제권판결의 신청)을 하면 법원은 공시최고의 적법 여부와 제권판결의 신청의 이유 유무를 심사하는데, 이 때에는 직권으로 사실을 탐지할 수 있다(487). 심사 결과, 제권판결의 신청이 이유 없다고 인정한 때에는 결정으로 신청을 각하하여야 한다(487 Ⅰ). 권리 또는 청구를 다투는 신고가 있는 때에는 법원은 그 권리에 대한 재판이 확정될 때까지 공시최고절차를 중지하거나, 신고한 권리를 유보하고 제권판결을 선고한다(485). 제권판결의 신청을 각하한 결정이나 제권판결에 덧붙인 제한 또는 유보에 대하여는 즉시항고를 할 수 있다(488). 제권판결의 신청이 이유 있다고 인정한 때에는 제권판결을 선고하여야 한다(487 Ⅰ).

3) 법원은 제권판결의 요지를 대법원규칙이 정하는 바에 따라 공고할 수 있다(489). 구법에서는 신문에 반드시 공고하도록 하였다. 그러나 제권판결은 선고와 동시에 확정되고 제권판결에 대한 불복의 소에 의해서만 다툴 수 있으므로 공고의 효과가 그리 크지 않다. 2002년 민사소송법은 이를 고려하여 공고 여부를 임의적인 것으로 하여 법원의 재량에 맡기고 있다. 또한 실효성 있는 공고를 위하여 공고방법도 대법원규칙이 정하는 다양한 방법으로 할 수 있도록 하고 있다. 민사소송규칙은 공시최고의 공고에 관한 규칙을 준용하고 있다(民訴規 143, 142).

3. 除權判決의 效力

제권판결에 대하여는 상소가 허용되지 아니한다(490 Ⅰ). 따라서 선고와 동시에 확정되고, 판결로 권리를 유보하는 사람 이외에 권리자가 없음을 확정하며, 이해관계인이 가질 수 있는 권리를 소멸·변경시키는 효력을 가진다. 그 밖에 증권의 무효선고를 위한 제권판결에는 특수한 효력이 인정된다(후술).

4. 除權判決에 대한 不服의 訴

1) 제권판결에 대하여는 상소는 허용되지 않지만, 그 절차나 내용에 중대한 흠이 있을 때에는 제권판결의 취소를 구하기 위하여 불복의 소(Anfechtungsklage)를 제기할 수 있다(490). 이 소는 제권판결의 효력의 소멸을 구하는 형성의 소이다. 이 불복의 소에는 다른 민사상 청구를 병합할 수 있다.[1]

2) 불복의 소를 제기할 수 있는 사유는 ① 법률상 공시최고절차를 허가하지 아니할 경

---

1) 大判 1989. 6. 13, 88 다카 7962.

우인 때, ② 공시최고의 공고를 하지 아니하였거나 법령이 정한 방법으로 공고를 하지 아니한 때, ③ 공시최고의 기간을 지키지 아니한 때, ④ 판결한 판사가 법률에 따라 직무집행에서 제척된 때, ⑤ 전속관할에 관한 규정에 위반한 때, ⑥ 권리 또는 청구의 신고가 있음에도 불구하고 법률에 어긋나는 판결을 한 때, ⑦ 거짓 또는 부정한 방법으로 제권판결을 받은 때, ⑧ 민사소송법 제451조 제1항 제4호 내지 제8호의 재심사유가 있는 때(490 Ⅱ) 등이다. 1990년 개정법은 불복의 소의 이유로 ⑤와 ⑦을 추가하였다.

3) 불복의 소는 공시최고를 한 지방법원의 전속관할에 속한다(490 Ⅱ. 476). 불복의 소를 제기할 수 있는 사람은 신고의 최고를 받은 이해관계인이며, 권리보호의 이익이 있어야 한다. 피고는 공시최고신청인이다. 불복의 소에서 판단을 받는 것은 제490조에 열거된 불복사유가 있는지 여부이고, 원고가 실질적 권리자인가의 여부가 아니다.

4) 불복의 소는 원고가 제권판결이 있다는 것을 안 날로부터 1월의 불변기간 안에 제기하여야 한다. 다만 제490조 제2항 제4호, 제7호 및 제8호의 사유를 들어 제기하는 때에는 원고가 이러한 사유가 있음을 안 날로부터 계산한다. 그러나 제권판결이 선고된 날부터 3년이 지나면 제기하지 못한다(491).

Ⅳ. 證券의 無效宣告를 위한 公示催告의 特則

1. 序 說

증권의 무효선고를 위한 공시최고절차에 관하여는 민사소송법 제492조 이하의 특칙규정이 적용된다.

공시최고의 대상이 되는 유가증권은 도난·분실되거나 없어진 증권 그 밖에 상법에서 무효로 할 수 있다고 규정한 증서(492 Ⅰ)와 법률상 공시최고를 할 수 있는 그 밖의 증서(492 Ⅱ)이다. 구체적으로는 지시증권, 무기명증권 등이고, 기명증권은 이에 해당하지 아니한다(民 521, 商 65, 360).[1]

공시최고를 신청할 수 있는 사람은 무기명증권 또는 지시증권에 관하여는 최종소지인, 그 밖의 증서에 관하여는 그 증서에 의하여 권리를 주장할 수 있는 사람이다(493). 입질된 주권을 상실한 경우에는 질권자와 주주 양 쪽이 공시최고의 신청권을 가진다고 본다.

공시최고를 신청할 수 있는 사유는 위 증권을 도난·분실·멸실하거나 이와 동일시할 수 있는 경우에 한한다. 수표를 횡령·사취당하였다는 사유는 공시최고의 사유가 되지 못

1) 大判 1961. 11. 23, 4293 民上 478. 상세한 것은 鄭東潤, "證券의 除權判決,"「高大法學論集」 20, 301면 참조.

한다.[1]

2. 特　　則

1) 공시최고를 신청할 때 신청인은 증서의 등본을 제출하거나 또는 서증의 존재 및 그 중요취지를 충분히 알리기에 필요한 사항을 제시하여야 하고, 증서가 도난·분실되거나 없어진 사실과 기타 공시최고절차를 신청할 수 있는 이유가 되는 사실 등을 소명하여야 한다(494). 대체로 경찰서에 대한 분실신고, 신문지상의 분실공고, 지급은행의 미지급확인증명, 주권발행증명 등을 제출한다. 이것은 공시최고의 신청(477)에 관한 특칙이다.

2) 공시최고에는 공시최고기일까지 권리 또는 청구의 신고를 할 것과 증서를 제출하도록 최고하고, 이를 게을리 하면 권리를 잃게 되어 증서의 무효가 선고된다는 것을 경고하여야 한다(495). 이것은 공시최고의 기재사항(479)을 보완한 것이다.

3) 증권의 무효선고를 위한 공시최고절차에서의 제권판결은 두 가지 효력을 가진다. 첫째는 제권판결에 의하여 증권 또는 증서가 무효로 된다(496). 이를 제권판결의 소극적 효력이라고 한다. 둘째는 제권판결이 있는 때에는 신청인은 증권 또는 증서에 따라 의무를 지는 사람에게 증권·증서에 따른 권리를 주장할 수 있다(497). 즉, 제권판결을 받으면 마치 증권을 소지한 것과 같은 지위를 회복한다. 이를 제권판결의 적극적 효력이라고 한다.

3. 除權判決取得者와 善意取得者의 關係

증권의 무효선고를 위한 공시최고기간중에도 증권은 유통되므로 그것이 제3자에 의하여 선의취득될 수가 있다. 그런데 이 선의취득자가 공시최고의 사실을 모르기 때문에 권리의 신고를 하지 못한 채 공시최고기간이 지나고 제권판결이 선고되는 수가 있다. 이 경우에 제권판결취득자와 선의취득자 사이에서 누구를 우선시킬 것인가가 문제된다.

이에 관하여는 제권판결취득자우선설, 선의취득자우선설[2] 및 제권판결선고 이전에 적법하게 권리를 행사한 선의취득자(어음·수표금청구소송을 제기한 사람, 주식의 명의개서를 마친 사람 등)에 한하여 제권판결취득자에 우선한다고 하는 제한적 선의취득자우선설[3] 등이 대립하고 있다.

현재의 공시최고는 공고로서는 매우 미흡하고 또 제권판결이 실체법상의 권리의 소멸사유도 아니므로, 선의취득자우선설이 타당하다고 생각한다.[4] 대법원도 같은 입장이다.[5]

---

1) 大判 1974. 4. 9, 73 다 1630; 1989. 7. 11, 87 다카 2445; 2016. 10. 27, 2016 다 235091.

2) 崔基元, 「어음·手票法」(1987), 49면(다만 어음·手票에 한한다); 玄梯度, "株券의 公示催告," 法院行政處 刊, 「會社法上의 諸問題」(上), 375면 참조.

3) 朴禹東, "除權判決取得者와 善意取得者와의 關係," 「法曹」 1976. 8, 76면; 宋/朴, 583면.

4) 鄭東潤, 「어음·手票法」(第5版, 2004), 209~210면 참조.

5) 大判 1965. 7. 27, 65 다 1002; 1965. 11. 30, 65 다 1926.

제 5 장 賠償命令

Ⅰ. 賠償命令의 意義

배상명령이라 함은 형사공판절차에서 일정한 범죄(상해·폭행치사상, 과실치사상, 절도·강도, 사기·공갈, 횡령·배임, 손괴 등)에 관하여 유죄판결을 선고할 경우에 직권으로 또는 피해자나 그 상속인의 신청에 따라 그 범죄행위로 인하여 발생한 직접적인 물적 피해, 치료비손해 및 위자료의 배상을 명하는 법원의 재판을 말한다(訴促法 25 이하). 형사공판절차가 계속되어 있는 기회에 그 범죄로 인하여 발생한 손해까지 병합심리함으로써 분쟁의 1회적 해결, 민·형사재판간의 모순의 방지 및 피해자의 구제를 꾀하고 있는 제도이다. 형사소송의 부대소송(Adhäsionsprozess)이다. 배상명령의 신청은 소의 제기와 같은 효력이 있다(訴促法 26 Ⅷ 참조). 피고인과 피해자 사이에 손해배상액에 관하여 합의가 없는 경우는 물론, 그에 관하여 이미 합의한 경우에도 배상명령을 발할 수 있다(訴促法 25 Ⅰ, Ⅱ).

Ⅱ. 賠償命令의 要件

1) 제1심 또는 제2심의 형사공판절차에서 위에 말한 일정한 범죄에 관하여 유죄판결을 선고할 경우이어야 한다. 무죄·면소·공소기각의 판결을 할 경우는 제외된다(訴促法 33 Ⅱ).

2) 피해사건의 범죄행위로 인하여 발생한 직접적인 물적 손해, 치료비손해 및 위자료를 그 대상으로 한다(訴促法 25 Ⅰ). 따라서 간접적 손해(일실이익 등)는 제외된다. 과거에는 위자료는 제외하였으나 충실한 피해배상을 위하여 새로이 도입하였다(2005. 12. 14. 법률 제7728호).

3) 다음과 같은 소극적 요건에 해당하지 아니하여야 한다. 즉 피해자의 성명·주소가 분명하지 아니한 때, 피해금액이 특정되지 아니한 때, 피고인의 배상책임의 유무와 그 범위가 명백하지 아니한 때, 배상명령으로 인하여 공판절차가 현저하게 지연될 우려가 있거나 형사소송절차에서 배상명령을 함이 상당하지 아니하다고 인정한 때 중 어느 하나에 해당되지 아니하여야 한다.

4) 피해자가 피고사건의 범죄행위로 인하여 발생한 피해에 관하여 다른 절차에 의한

손해배상청구를 하여 법원에 계속중이 아니어야 한다(訴促法 26 Ⅶ). 이중소송을 방지하려는 취지이다.

Ⅲ. 賠償命令의 申請

1) 피해자나 그 상속인은 형사사건의 제1심 또는 제2심공판의 변론을 종결할 때까지 사건이 계속된 법원에 배상신청을 할 수 있다. 이 경우 인지를 붙일 필요가 없다(訴促法 26 Ⅰ).

2) 배상신청은 신청서에 의함이 원칙이지만 피해자가 증인으로 법정에 출석한 때에는 말로도 할 수 있다(訴促法 26 Ⅱ, Ⅴ). 신청서에는 일정한 사항을 기재하고 신청인 또는 대리인이 서명·날인하여야 하며, 피고인의 수에 상응한 부본을 제출하고 증거서류를 첨부할 수 있다(訴促法 26 Ⅲ, Ⅳ).

3) 배상신청은 민사소송의 소제기와 같은 효력이 있으므로(訴促法 26 Ⅷ), 서면에 의한 배상신청이 있는 때에는 지체 없이 그 신청서 부본을 피고인에게 송달하여야 한다(訴促法 28).

4) 신청인은 배상명령이 확정되기까지에는 언제든지 배상신청을 취하할 수 있다(訴促法 26 Ⅵ).

Ⅳ. 賠償命令의 審理

1) 배상신청에 관하여 피해자는 법원의 허가를 얻어 그 배우자·직계혈족·형제자매에게 소송행위를 대리하게 할 수 있고, 피고인의 변호인은 배상신청에 관하여 피고인의 대리인으로서 소송행위틀 할 수 있디(訴促法 27).

2) 배상신청에 관하여는 공판기일에 피고사건과 동시에 심리할 수 있다. 따라서 배상신청이 있는 때에는 신청인에게 공판기일을 통지하여야 한다. 다만 통지를 받고 불출석한 때에는 신청인의 진술 없이 재판할 수 있나(訴促法 29).

3) 신청인 및 대리인은 공판절차를 현저히 지연시키지 않는 범위 안에서 재판장의 허가를 받아 소송기록을 열람하고, 공판기일에 피고인 또는 증인을 신문할 수 있으며, 필요한 증거를 제출할 수 있다(訴促法 30).

Ⅴ. 賠償申請에 대한 裁判

(1) 賠償申請의 却下

배상신청이 부적법한 때 또는 그 신청이 이유 없거나 배상명령을 함이 상당하지 아니한 때에는 결정으로 이를 각하한다. 다만 유죄판결의 선고와 동시에 각하할 때에는 이를 유죄판결의 주문에 표시할 수 있다. 신청을 각하한 재판에 대하여는 신청인은 불복하지 못하며, 다시 동일한 배상신청을 할 수 있다(訴促法 32).

(2) 賠償命令의 宣告

배상명령은 유죄판결의 선고와 동시에 하여야 하고, 일정액의 금전지급을 명함으로써 한다. 배상명령에는 가집행선고를 붙일 수 있다. 그러나 특히 필요한 경우가 아니면 이유를 기재하지 아니한다(訴促法 31).

(3) 賠償命令의 節次費用

특히 그 부담할 사람을 정한 경우를 제외하고는 국고의 부담으로 한다(訴促法 35).

(4) 賠償命令에 대한 不服

배상신청을 전부 또는 일부 인용한 재판에 대하여 신청인은 불복을 신청하지 못한다(訴促法 32 Ⅲ). 피고인이 유죄판결에 대하여 상소를 제기하면 배상명령도 함께 상소심에 이심한다. 피고인은 유죄판결에 대하여 상소를 제기함이 없이 상소제기기간 안에 배상명령에 대하여만 즉시항고를 할 수 있다(訴促法 33 Ⅴ). 상소심에서 원심의 유죄판결을 파기하고 피고사건에 대하여 무죄·면소 또는 공소기각의 재판을 할 때에는 원심의 배상명령을 취소하여야 하지만, 취소하지 아니하더라도 취소한 것으로 본다. 다만 합의된 금액에 관하여 배상명령을 한 때는 예외이다(訴促法 33 Ⅱ, Ⅲ).

Ⅵ. 賠償命令의 效力

1) 확정된 배상명령 또는 가집행의 선고가 있는 배상명령이 기재된 유죄판결서의 정본은 집행력 있는 민사판결 정본과 같은 효력이 있다. 그리고 배상명령이 확정된 때에는 그 인용금액의 범위 안에서 피해자는 다른 절차에 의한 손해배상을 청구할 수 없다(訴促法 34 Ⅰ, Ⅱ).

2) 배상명령에 대한 청구이의의 소는 형사사건을 심리한 지방법원을 제1심판결법원으로 한다. 다만, 청구이의의 사유에 관하여는 변론종결 전의 사유도 주장할 수 있다(訴促法 34 Ⅲ, Ⅳ). 이것은 배상명령에 기판력이 인정되지 않기 때문이다.

Ⅶ. 刑事訴訟節次에서의 民事和解

제4편 제2장 제3절 재판상화해에 관한 설명 참조.

제 8 편

訴訟費用과 訴訟救助

제 1 장 訴訟費用

Ⅰ. 序　　說

1) 당사자가 소송을 수행하려면 여러 가지 비용을 지출하여야 한다. 이처럼 소송수행을 위하여 당사자가 실제로 지출하는 비용을 널리 소송비용(Prozesskosten)이라고 한다(광의의 소송비용). 그러나 법은 그 가운데 일정한 범위의 비용만을 당사자에게 부담시키고 있다(협의의 소송비용). 광의의 소송비용과 협의의 소송비용이 뚜렷하게 다른 부분은 변호사비용이다. 법은 당사자가 지출한 변호사비용 중 일부만을 소송비용으로 인정하고 있다. 소송비용은 크게 재판비용과 당사자비용으로 구성된다. 재판비용(Gerichtskosten)은 당사자가 법원의 활동에 대하여 국가에 납부하는 비용을 말하고, 당사자비용은 소송의 준비 및 수행을 위하여 국가 이외의 사람에게 지출하는 비용이다. 당사자비용은 이를 법원외비용(außergerichtliche Kosten)이라고도 한다.

2) 소송비용을 법적으로 규율하여 합리적인 소송비용제도를 마련하는 것은 매우 중요한 과업이다. 되도록 비용이 적게 드는 양질의 사법적 서비스를 제공하는 것은 현대의 문화복지국가의 중요한 임무의 하나이며, 소송경제를 추구하는 것도 그 하나의 표현이다. 그러나 소송비용은 국가가 민사소송제도를 설치·운영하는 데 소요되는 비용의 일부를 조달하는 것이므로 이러한 국가적 요청이 고려되어야 한다. 그러므로 소송비용을 어떻게 책정하는가는 법률정책적으로 중요한 의미가 있다. 이것을 너무 높게 책정하면 국민에게 권리보호의 길을 막는 결과가 되고, 이를 너무 싸게 하면 소송사건의 증대로 법원의 부담이 가중되기 쉽다. 그리고 이와 관련하여 소송비용을 사전에 지출할 능력이 없는 국민을 위하여 소송구조제도를 확립하는 것이 중요하다.

Ⅱ. 訴訟費用의 範圍

당사자가 소송수행을 위하여 지출한 모든 비용이 법률상의 소송비용이 되는 것이 아니고, 민사소송법·민사소송비용법·민사소송등인지법·변호사보수의 소송비용산입에 관한 규칙·민사소송규칙 등에 의한 제한을 받는다.

1. 裁判費用

당사자가 법원(국고)에 납부하는 비용으로서, 여기에는 수수료와 체당금이 있다. 수수료(Gebühren)는 당사자가 소와 같이 법원에 신청을 할 때에 납입하는 비용으로서 소송목적의 값 등을 기준으로 그 액수가 결정되어 있고, 수입인지 상당액을 현금으로 납부하는 것이 원칙이다(民印 1 但. 民印規 27). 필요한 수수료를 납입하지 아니하면 그 신청을 부적법각하할 수 있다. 체당금(Auslagen)은 국고가 채무자로서 특정 소송을 위하여 지출한 비용이며, 종국적으로는 당사자로부터 상환을 받을 수 있는 것이다. 증인·감정인·통역인 등에 대한 일당·여비·숙박료, 감정인에 대한 감정료, 우편송달을 위한 송달료, 검증을 위한 법관·법원사무관등의 일당·여비·숙박료 등으로서 법원이 당사자에게 미리 낼 것을 명하고 있다. 체당금을 미리 내지 아니하면 비용을 요하는 행위를 하지 아니할 수 있다.

다만 듣거나 말하는 데 장애가 있는 사람을 위한 속기, 녹음, 녹음에 준하여 이루어지는 녹화 및 통역에 드는 비용은 사전에 예납할 필요가 없다(民訴規 19 I ②③. Ⅲ. 33 I)(2020. 6. 26. 개정, 대법원규칙 제2905호, 2020. 6. 26.부터 시행).

2. 當事者費用

당사자가 소송수행을 위하여 국고 이외의 사람에게 지출하는 비용이다. 서류작성비, 당사자가 기일에 출석하기 위한 일당·여비, 변호사보수[1] 등이 이에 속한다.

Ⅲ. 訴訟費用의 負擔者

1) 소송비용은 패소한 당사자의 부담으로 하는 것이 원칙이다(98). 일부패소의 경우에는 법원의 재량으로 담당자와 부담액의 범위를 정한다(101).[2] 공동소송의 경우에는 균등하게 부담시키는 것이 원칙이다(102).[3] 패소자부담의 원칙을 관철하는 것이 공평하지 아니한

---

1) 대법원규칙, 즉 '변호사보수의 소송비용산입에 관한 규칙'으로 정한 금액의 범위 안에서만 소송비용으로 인정한다(109). 당사자가 소송과 관련하여 변호사에게 지급하였거나 지급할 보수(소송당사자가 약정에 따라 부가가치세를 포함하여 변호사보수를 지출하였다면 그 금액 전부)는 총액이 민사소송법 제109조 제1항 및 '변호사보수의 소송비용 산입에 관한 규칙'에서 정한 기준에 의하여 산정된 금액 범위 내에 있는 이상 명목 여하에 불구하고 모두 소송비용에 포함된다(大決 2022. 1. 27, 2021 마 6871).

2) 원고청구 일부인용판결에 대해 쌍방이 각 패소 부분에 대해 상소한 사건에서 각 당사자의 불복범위에 현저한 차이가 있어 쌍방 상소를 기각하고 상소비용을 각자 부담으로 하게 되면 불합리한 결과(예를 들어 더 적은 범위에 대해 불복한 당사자가 승소한 범위가 훨씬 큰 경우에도 상소비용을 각자가 부담하도록 한다면 불복범위가 더 적은 상소인의 입장에서는 쌍방 상소하여 모두의 상소가 기각되었다는 우연한 사정에 의해 그가 상소하지 않았을 때보다 소송비용의 부담에 있어 더 불리한 결과가 발생할 수 있다)가 발생하는 경우, 법원은 소송비용을 단지 각자 부담으로 할 것이 아니라, 각 당사자의 불복으로 인한 부분의 상소비용을 불복한 당사자가 각각 부담하도록 하거나, 쌍방의 상소비용을 합하여 이를 불복범위의 비율로 적절히 안분시키는 형태로 주문을 내야 한다고 한다: 大判 2019. 4. 3, 2018 다 271657.

3) 大判 2017. 11. 21, 2016 마 1854(통상공동소송에서 공동소송인이 같은 비율로 함께 패소하였지만 공

경우에는 승소자에게 일부를 부담시킬 수 있다(99, 100). 승소자의 권리의 신장이나 방어에 필요하지 아니한 행위로 말미암은 소송비용(99前) 및 상대방의 권리의 신장이나 방어에 필요한 행위로 말미암은 소송비용(99後)과 승소당사자의 소송지연으로 말미암은 비용(100) 등이 그러하다. 일정한 경우에는 제3자에게 비용을 갚도록 명하는 수가 있다(107, 108).[1] [2]

2) 소송비용의 부담을 명받은 당사자는 자기가 지출한 비용을 부담할 뿐만 아니라 상대방이 지출한 비용[3]도 법정의 범위 안에서 변상할 의무가 있고, 상대방은 부담자에 대하여 변상청구권을 가진다. 다만 민사소송에서 서로 대립하는 상대방이 없거나 형식상 상대방이 있지만 상대방에게 공격·방어의 기회가 보장된 대심적 구조가 아닌 경우 소송비용의 부담자 등을 정할 필요가 없다.[4]

3) 듣거나 말하는 데 장애가 있는 사람을 위한 속기, 녹음, 녹음에 준하여 이루어지는 녹화 및 통역에 드는 비용은 국고에서 지급하고 소송비용에는 산입하지 아니한다(民訴規 19의 2)(2020. 6. 26. 개정, 대법원규칙 제2905호, 2020. 6. 26.부터 시행).

Ⅳ. 訴訟費用의 裁判

소송비용의 재판은 두 단계로 이루어진다. 제1단계는 누가 소송비용을 부담할 것인가를 정하는 것이고, 제2단계는 소송비용의 부담자가 구체적으로 부담할 금액(자기가 지출한 액수를 빼고 상대방에게 변상할 금액)을 확정하는 것이다.

동소송인 사이에 소송목적의 값, 소송물의 내용이나 성격, 항쟁의 정도 등에서 현저한 차이가 있어 공동으로 소송비용을 부담하는 것이 형평에 반하는 경우에는 민사소송법 제102조 제1항 단서를 적극적으로 적용하여 공동소송인별로 소송관계를 구분하여 소송비용의 부담을 정하거나 공동소송인별로 수액이나 부담비율을 정하는 등의 방식으로 소송비용부담재판을 하는 것이 더 바람직하다.)

1) 소송대리권이 소멸하여 대리할 권한이 없는 법무법인이 상고를 제기하였는데 법원이 상고를 각하하면서 상고를 제기한 법무법인이 소송비용을 부담하도록 한 사례로는, 大判 2013. 9. 12, 2011 두 33044.

2) 당사자가 법원에 조정을 신청한 사건이 소송으로 이행되지 않은 채 조정신청의 취하 등으로 종료되는 경우, 민사소송법에서 정하는 소송비용부담 및 확정절차에 관한 조항을 민사조정절차에 유추적용할 수 있으며, 그 조정절차비용에 변호사보수도 산입될 수 있다. 그리고 그와 같은 방식으로 산정한 변호사보수가 현저히 부당하다고 인정되는 때에는 법원은 '변호사보수의 소송비용 산입에 관한 규칙' 제6조에 따라 이를 상당한 정도까지 감액할 수 있다(大決 2022. 10. 14, 2020 마 7330).

3) 피참가인이 전부 승소한 경우에는 패소한 당사자가 보조참가로 인한 소송비용까지 부담한다. 다만 피참가인이 일부 승소하였음에도, 주문에 '보조참가로 인한 부분'이 특정되지 않은 채 피참가인과 상대방 당사자 사이의 소송비용 부담 비율만 기재되어 있다면, 이는 보조참가로 인한 소송비용의 재판이 누락된 것이므로 당해 소송비용의 재판을 누락한 법원이 직권 또는 당사자의 신청에 따라 이에 대한 재판을 추가로 하여야 한다(212 Ⅱ)(大決 2022. 4. 5, 2020 마 7530).

4) 大決 2019. 11. 29, 2019 카확 564(甲이 항소심에서 패소하고 상고장을 제출하였으나 상고장각하명령으로 사건이 종결되었는데, 甲의 상고장 부본이 상대방 당사자인 乙에게 송달되지 아니하였으나 乙은 본안사건 기록이 대법원에 송부된 후 상고심 소송대리인 선임비용을 지출하였고, 그 후 乙이 甲을 상대로 소송비용부담 및 확정을 신청한 경우이다).

1. 訴訟費用負擔者의 確定

1) 법원이 직권으로 원칙적으로 종국판결의 주문에서 재판한다(104). 법원은 각 심급의 소송비용에 대하여만 재판하는 것이 원칙이지만, 상급법원이 본안의 재판을 변경하는 경우 또는 사건의 환송이나 이송을 받은 법원이 그 사건을 완결하는 재판을 하는 경우에는 소송의 총비용에 대하여 재판하여야 한다(105).

2) 소송비용에 관한 재판을 누락한 때에는 법원은 직권 또는 당사자의 신청에 의하여 결정으로 그 소송비용에 대한 재판을 한다(212 Ⅱ). 이 결정은 본안판결에 대하여 적법한 항소가 있는 때에는 그 효력을 잃고, 항소법원은 소송의 총비용에 대하여 재판한다(212 Ⅲ).

3) 판결 중의 소송비용의 재판에 대하여는 독립하여 상소할 수 없다(391, 425). 따라서 본안재판과 함께 불복하여야 하며, 본안의 상소가 이유 없을 때에는 소송비용에 관한 불복신청도 부적법하게 된다는 것이 판례이나,[1] 반대설이 있다.[2]

2. 訴訟費用額의 確定

1) 판결 중의 소송비용부담의 재판에서는 그 부담자와 부담비율만을 정하고 구체적인 부담액까지 정하지 않는 것이 관례이므로, 그 액수를 정할 필요가 있다. 이를 위하여 소송비용액확정절차(Kostenfestsetzungsverfahren)가 마련되어 있다(110~112).[3] 이것은 소송비용부담의 재판이 확정되거나 집행력(소송비용부담에 관하여 가집행선고가 붙은 경우)을 갖게 된 뒤에 제1심 受訴法院이 당사자의 신청에 따라 결정으로 한다.[4] 이를 소송비용액확정결정(Kostenfestsetzungsbeschluss)이라고 한다.[5][6] 이는 상대방이 부담할 수액을 확정해 주는 절차이지 스스로 부담할 수액을 확정하거

---

1) 大判 1981. 7. 7, 80 다 2185.

2) 李在性, 註釋民訴(上), 451면; 兼子, 359면.

3) 소송비용부담의 재판만으로는 소송비용상환청구채권의 집행권원이 될 수 없다(大判 2006. 10. 12, 2004 재다 818).

4) 소송비용의 부담을 정하는 재판이 이루어졌다고 하더라도 채무자가 채무자회생법 제564조에 의하여 면책을 받은 경우에는 특별한 사정이 없는 한 소송비용액확정을 구할 권리보호의 이익이 없다: 大決 2023. 12. 21, 2023 마 6918.

5) 이 절차는 권리의무의 존부를 확정하는 것이 아니므로 비송적 성격을 가지며, 따라서 개개의 비용항목이나 금액에 관하여는 처분권주의가 적용되지 않고, 법원은 당사자가 신청한 **총금액을 한도**로 부당한 비용항목을 삭제·감액하고 정당한 비용항목을 추가하거나 당사자가 주장한 항목의 금액을 증액할 수 있기 때문에, 이미 확정된 소송비용액확정사건의 기판력은 그 성격상 개별비용항목과 액수에만 미치는 것이 아니라 신청인의 소송총비용에 미친다고 한다(大決 2011. 9. 8, 2009 마 1689).

6) 소송비용부담의 재판이 확정됨으로써 소송비용상환의무의 존재가 확정되지만, 당사자의 신청에 따라 별도로 민사소송법 제110조에서 정한 소송비용액확정결정으로 구체적인 소송비용 액수가 정해지기 전까지는 그 의무의 이행기가 도래한다고 볼 수 없고 이행기의 정함이 없는 상태로 유지된다. 이와 같이 발생한 소송비용상환청구권은 소송비용부담의 재판에 해당하는 판결 확정 시 발생하여 그때부터 소멸시효가 진행하지만, 민법 제165조 제3항에 따라 민법 제165조 제1항에서 정한 10년의 소멸시효는 적용되지 않는다(大

나 자기가 지출한 소송비용의 수액을 확인해 주는 절차는 아니다.[1] 공동소송인 중에서 일부만 소송비용액 확정신청을 한 경우에는 공동소송인 전원이 신청한 것을 전제로 소송비용액을 계산하여 신청인이 상환 받을 금액을 확정결정하며, 공동소송인 중 일부만을 상대로 신청한 경우에도 마찬가지이다.[2] 당사자의 사망 등으로 비용부담의무자의 승계가 있는 경우에는 먼저 소송비용의 재판에 승계집행문을 부여받아야 한다.[3] 2002년 민사소송법은 구 법(舊民訴 100)과는 달리 소송비용부담의 재판이 확정되지 않았더라도 집행력만 가지면 소송비용액 확정신청을 할 수 있도록 하였다. 이것은 통상항고로 불복할 수 있는 결정·명령이나 가처분 등의 경우 신속하게 소송비용액확정신청을 할 수 있도록 하기 위한 것이다.

일정 비율로 소송비용을 분담하도록 하는 재판이 된 경우, 소송비용액확정 신청인에게 피신청인이 상환해야 할 변호사 보수는 신청인이 변호사에게 보수계약에 따라 지급하거나 지급할 금액과 '변호사보수의 소송비용 산입에 관한 규칙'에 따라 산정한 금액 중 작은 금액을 소송비용으로 결정한 다음, 그것에 소송비용 부담재판의 분담비율을 적용하여 계산한다.[4]

2) 2005년 법원조직법의 개정[5]으로 소송비용액확정절차에서의 법원의 사무는 법관을 대신하여 **사법보좌관**이 맡게 되었다. 소송비용액의 계산은 법원사무관등이 하며(115),[6] 소송비용액확정결정에 대하여는 즉시항고를 할 수 있다(110 Ⅲ). 다만 이러한 즉시항고를 위해서는 '단독판사 또는 합의부가 처리하는 경우 즉시항고의 대상이 되는 사법보좌관의 처분'에 대해 먼저 이의신청을 해야만 한다(사법보좌관규칙 4 Ⅰ). 사법보좌관이 이러한 이의신청을 받은 때에는 이의신청사건을 지체 없이 소속법원의 '단독판사 또는 합의부'[7]로 송부하여야 하며(사법보좌관규칙 4 Ⅴ), 단독판사 또는 합의부는 이의신청이 이유 없다고 인정되는 때(이의 신청이 이유 있다고 인

判 2021. 7. 29, 2019 마 6152). 또한 판례는 "피신청인이 신청인의 비용에 대해서만 분담액을 정한 제1심 결정에 대하여 즉시항고를 하면서 자신의 비용계산서와 그 비용액을 소명하는 데 필요한 서면을 제출한 경우에 원칙적으로는 이를 함께 고려하여 소송비용 분담액을 다시 산정하여 확정하는 것이 타당하다"라고 하고 있다(大決 2023. 9. 27, 2022 마 6885).

1) 大決 1991. 4. 22, 91 마 152(따라서 소송상 화해의 화해조항에서 소송비용은 각자의 부담으로 하기로 했다면 소송비용확정의 문제가 생길 수 없어 당사자는 스스로 부담하여야 할 소송비용액의 확정을 구할 수 없다).

2) 大決 2017. 1. 20, 2016 마 1648; 2008. 6. 26, 2008 마 534; 나아가 본안판결에서 패소한 공동피고별로 소송비용의 각 부담을 명한 경우에는 신청인이 상환 받을 소송비용액을 신청인이 공동피고들에 대하여 각각 구한 본소의 소송목적의 값의 비율에 따라 안분한 금액을 각 공동피고들이 상환하도록 해야 한다(大決 2010. 2. 16, 2009 마 2224).

3) 大決 2009. 8. 6, 2009 마 897.

4) 大決 2022. 5. 31, 2022 마 5141; '변호사보수의 소송비용 산입에 관한 규칙'에 따라 산정한 변호사 보수 전부를 소송비용에 산입하는 것이 현저히 부당하다고 인정되는 경우에는 법원은 상당한 정도까지 감액 산정할 수 있는데(위 보수규칙 6 Ⅰ), 이때 '현저히 부당하다고 인정되는 경우'란 소송목적의 값, 보수액의 규모, 소송의 경과와 기간, 소송종결사유, 사건의 성질과 난이도, 변호사가 들인 노력의 정도 등 여러 가지 사정에 비추어 위 보수규칙(3, 5)에 따른 산정액 전부의 상환을 명하는 것이 공정·형평의 이념에 반하는 결과를 가져오는 경우를 말한다(大決 2022. 5. 12, 2017 마 6274).

5) 2005. 3. 24. 일부개정, 법률 제7402호, 2005. 7. 1.부터 시행.

6) 구 법에서는 소송비용액의 계산을 법원사무관에게 맡길 것인지가 법원의 재량으로 되어 있었으나(舊民訴 115), 2002년 민사소송법은 실무의 현실을 반영하여 법원사무관등에게 맡기고 있다.

7) 소속법원의 단독판사 또는 합의부는 제1심 수소법원을 의미한다: 李時, 719면.

정되는 때에는 사법보좌관의 처분을 경정한다)에는 사법보좌관의 처분을 인가하고 이의신청사건을 항고법원에 송부하여야 한다(이 경우 이의신청은 해당법률에 의한 항고 또는 즉시항고로 본다. 사법보좌관규칙 4 Ⅵ ⑤).[1] 소송비용액확정결정이 확정되면 **기판력**이 인정된다.[2] 또한 확정된 소송비용액확정결정은 집행권원이 되며(民執 56 ①), 여기에 집행문을 부여받아 강제집행할 수 있다. 화해의 경우와 소송이 재판에 의하지 않고 완결된 경우(청구의 포기 · 인낙, 소의 취하, 상소의 취하 등)에 관하여는 특칙이 있다(113, 114).[3]

3) 위 절차에 의하지 않고 소송비용의 지급을 구하는 이행의 소는 소의 이익이 없다.[4] 소송비용액확정결정은 단순히 부담할 소송비용의 액수를 확정하는 것을 목적으로 하므로, 이 절차에서 변제 · 상계 · 화해 등 채무소멸의 항변을 하는 것은 허용되지 않는다.[5]

Ⅴ. 訴訟費用의 擔保

1) 원고가 대한민국에 주소 · 사무소와 영업소를 두지 아니한 때 또는 소장 · 준비서면 그 밖의 소송기록에 의하여 청구가 이유 없음이 명백한 때 등과 같이 소송비용에 대한 담보제공이 필요하다고 판단되는 경우에 법원은 피고의 신청에 따라[6] 원고에게 소송비용에 대한 담보를 제공하도록 명하여야 한다(117 Ⅰ). 또한 이러한 요건이 갖추어진 경우라면 법원은 직권으로도 소송비용에 대한 담보제공을 명할 수 있다(117 Ⅱ).[7] 이것은 패소하여 소송비용을 부담하게 되는 경우에 그 소송비용상환의무의 이행을 확보하기 위한 것이다. 담보를 제공할 사유가 있음을 알고 피고가 본안에 관하여 변론하거나 준비절차에서 진술한 때에는 담보제공을 신청하지 못한다(118).[8] 따라서 상소심에서 소송비용 담보제공신청을 하기 위해

1) 민사합의사건과 관련된 소송비용액 확정신청에 대한 사법보좌관의 처분을, 본안사건의 수소법원인 지방법원 합의부가 아닌 단독판사가 인가하였다면 전속관할 위반이다(大決 2008. 6. 23, 2007 마 634).

2) 大決 2002. 9. 23, 2000 마 5257(이미 기판력 있는 본안판결에서 소송비용 상환의무의 실체관계 판단이 확정된 후에 그에 근거하여 법원이 소송비용확정결정을 하였다면, 이는 "본안판결의 소송비용 부담의 실체관계 판단을 계량적으로 구체화한 종국적 판단을 내용으로 하는 것"이므로 마찬가지로 기판력이 있다고 하였다).

3) 소 취하로 소송이 종료된 경우 소를 취하한 원고가 소송비용의 부담자가 되는 것이 원칙이며(大決 2020. 7. 17, 2020 카확 522), 소의 일부가 취하 또는 감축된 경우에도 민사소송법 제114조가 적용된다(大決 2017. 2. 7, 2016 마 937).

4) 大判 2000. 5. 12, 99 다 68577(피해자가 법원의 감정명령에 따라 신체감정을 받으면서 지출한 감정비용은 이를 직접 지출하였다 하더라도 소송비용에 해당하므로 소송비용확정의 절차를 거쳐 상환받을 수 있고 이를 별도로 소구할 이익이 없다); 1987. 3. 10, 86 다카 803.

5) 大決 1965. 2. 9, 64 마 819. 소송비용확정신청의 피신청인이 부담하여야 할 소송비용액이 없는 경우에는 송달료 등 소송비용액 확정절차에서의 비용은 신청인이 부담한다(大判 2005. 5. 20, 2004 마 1038).

6) 원고에게는 소송비용의 담보제공 신청권이 없으며, 이는 본안소송의 항소심에서 승소한 원고가 피고의 상고제기로 피상고인이 된 경우에도 마찬가지이다(大決 2017. 9. 14, 2017 카담 507).

7) 이 규정은 2010. 7. 23.에 개정된 것이다(법률 제10373호, 2010. 10. 24.부터 시행); 원고가 기한 내에 반박 준비서면을 제출하지 아니하였다는 사정만으로는 소송기록에 의하여 청구가 이유없음이 명백한 때에 준하는 사유가 생겼다고 보기 어렵다고 한 판례는, 大決 2013. 5. 31, 2013 마 488.

서는 담보제공의 원인이 이미 하급심에서 존재하고 있었으나 신청인의 과실없이 담보제공 신청을 할 수 없었거나 상소심에서 새로이 그 원인이 발생한 경우에 한한다.[1]

2) 담보제공을 신청한 피고는 원고가 담보를 제공할 때까지 소송에 응하지 아니할 수 있다(119). 원고가 담보를 제공할 기간 안에 이를 제공하지 아니하는 때에는 법원은 변론 없이 판결로 소를 각하할 수 있다. 다만 판결 전에 담보를 제공한 때에는 그러하지 아니하다(124).

3) 담보의 제공을 명하는 결정에서는 담보액과 담보제공의 기간을 정하여야 한다. 담보액은 피고가 각 심급에서 지출할 비용의 총액을 표준으로 하여 정한다(120). 담보제공의 신청에 관한 결정에 대하여는 즉시항고를 할 수 있다(121). 담보의 제공은 금전 또는 법원이 인정하는 유가증권을 공탁하거나 대법원규칙이 정하는 바에 따라 지급보증위탁계약을 체결한 문서를 제출하는 방법에 의한다. 다만 당사자들 사이에 특별한 약정이 있으면 그에 의한다(122).

피고는 소송비용에 관하여 위 담보물에 대하여 **질권자**와 동일한 효력이 있다(123). 판례는 원고의 공탁공무원에 대한 공탁물회수청구권에 대하여 피고가 질권을 가진다고 풀이하여, 피고는 채권압류 및 전부명령의 절차를 거쳐 공탁물을 수령하여야 한다고 한다.[2] 법원은 담보제공자의 신청에 따라 결정으로 담보물을 바꾸도록 명할 수 있고, 당사자가 계약에 의하여 담보물을 다른 담보로 바꾸겠다고 신청한 때에는 그에 따라야 한다(126).

4) 원고가 담보를 되돌려 받으려면 담보취소의 결정을 받아야 한다. 담보취소결정은 담보제공결정을 한 법원 또는 그 기록을 보관하고 있는 법원의 관할에 속한다(民訴規 23).[3] 담보취소는 담보사유의 소멸, 담보권리자인 피고의 동의, 권리행사최고기간을 넘긴 경우[4] 등에 원고의 신청에 따라 한다(125). 특히 권리행사의 최고는 '소송이 완결된 뒤' 담보제공자가 신청하면 법원은 담보권리자에게 일정한 기간 내에 그 권리를 행사(피담보채권에 대한 소제기, 지급명령, 제소전화해 신청 등과 같이 최소한 재판상 피담보채권을 확정시키는 절차를 취하는 것을 의미한다)하도록 최고하고 담보권리자가 그 권리를 행사를 하지 않으면 담

---

8) 따라서 적법한 담보제공신청을 하지 않고 피고가 본안 변론하거나 변론준비기일에서 진술한 경우 담보제공신청권을 상실하게 된다. 반면 피고가 적법한 담보제공신청을 한 후에 응소를 거부하지 않고 본안에 관하여 변론 등을 하였더라도 이미 이루어진 담보제공신청의 효력이 상실되거나 그 신청이 부적법하게 되는 것은 아니라고 한다(大決 2018. 6. 1, 2018 마 5162).

1) 大決 2017. 4. 21, 2017 마 63.

2) 大決 1969. 11. 26, 69 마 1062.

3) 대법원은 수소법원인 지방법원 합의부가 담보제공결정을 하였는데 지방법원 단독판사가 담보취소결정을 한 것을 전속관할 위반으로 보았다(大決 2011. 6. 30, 2010 마 1001).

4) 나아가 판례는 최고를 받은 담보권리자가 권리행사를 한 경우에도 그 권리 주장의 범위가 담보공탁금액의 일부에 한정되어 있을 때에는 초과 부분에 대해서는 담보취소에 대한 동의가 있다고 보아야 하므로 법원은 그 초과 부분에 대한 일부 담보를 취소하여야 한다고 하였다(大決 2017. 1. 13, 2016 마 1180); 민일영 · 김능환, 주석 민소(Ⅱ), 2012, 221면.

보취소에 대해 동의한 것으로 보는데(125 Ⅲ), 여기서 '소송이 완결된 뒤'는 소송비용에 대해 담보가 제공된 소송절차가 완결되어 소송비용의 부담에 관한 재판이 있은 뒤를 의미한다.

5) 위에서 설명한 담보제공의 방법 및 취소절차는 다른 법률에 의한 소제기에 관한 담보제공(商 176, 237, 377, 380, 381 등)에 준용되고(127), 나아가 가집행의 담보(214), 강제집행의 정지 · 취소 등을 위한 담보(502 Ⅲ), 가압류 · 가처분을 위한 담보(民執 291, 301)[1] 등에 준용된다.

---

1) 大(全)決 2010. 5. 20, 2009마1073는 "보전처분에 관한 본안소송이 이미 제기되어 계속 중인 경우에는, 비록 보전처분이 그에 대한 이의신청 등을 통하여 취소 확정되고 그 집행이 해제되었다고 하더라도 그것만으로 민사소송법 제125조에서 말하는 '소송이 완결된 뒤'라고 볼 수 없고, 계속 중인 본안사건까지 확정되어야만 소송의 완결로 인정할 수 있다."고 판시하여, 채권가압류 결정에 대한 이의의 소가 완결된 것을 소송이 완결된 것으로 본 종전 대법원 결정(大決 1970. 2. 21, 69 마 970, 971)을 변경하였다.

제 2 장 訴訟救助

Ⅰ. 總　　說

현행법상의 소송구조는 소송비용을 지출할 자금능력이 부족한 사람을 위하여 소송비용의 납입을 미루어 주는 제도이다. 그러므로 일종의 소송비용구조제도(Prozesskostenhilfe)이다.

현실적으로 소를 제기하고 이를 수행하기 위해서는 많은 소송비용이 필요하고 이것을 일단 자기가 지출한 다음에, 승소 후에 패소자로부터 변상을 받게 된다. 따라서 현재 소송비용을 지출할 능력이 없는 사람은 자기의 권리를 방어하거나 보호하기 위하여 소를 제기할 수 없거나 소송에 응할 수 없는 경우가 많다. 이렇게 되면 소송제도는 부유층의 특권으로 전락하고 경제적 약자의 재판을 받을 권리는 보장받지 못하는 결과로 된다. 그리하여 민사소송법은 경제적 약자를 위한 최소한의 구제수단으로서 소송구조제도를 두고 있다. 그러나 구조의 요건이 까다롭고 구조의 대상인 비용이 극히 제한되어 있어서 매우 불완전한 제도로 남아 있었다. 이러한 사정을 고려하여 1990년 개정법은 구조의 요건을 대폭 완화하고(118 Ⅰ), 구조의 객관적 범위를 확대하여 변호사의 보수를 포함시키고(129 Ⅰ ②),[1] 나아가 변호사나 집행관이 보수를 받지 못하는 때에는 국고에서 상당한 금액을 지급하도록 하였다(129 Ⅱ). 또한 2002년 민사소송법은 직권으로도 소송구조를 할 수 있도록 하고(128), 소송비용의 일부에 대한 소송구조도 허용하며(129 但), 소송구조의 범위에 '대법원규칙이 정하는 그 밖의 비용의 유예나 면제'를 포함시키는 등(129 Ⅰ ④), 소송구조제도를 크게 개선하였다.

장차 법률구조사업(legal aid)이 활발히 전개되어야 할 것이며, 법무부 산하에 대한법률구조공단을 설립한 것(法律救助法 8)은 이러한 면에서 큰 발전으로 평가할 수 있을 것이다.

Ⅱ. 救助의 要件

소송구조는 소송비용을 지출할 자금능력이 부족한 사람이 패소할 것이 분명한 경우가 아닐 때에 행한다(128).

1) 이때의 변호사 보수는 소송구조를 받을 측의 변호사 보수이지 소송구조를 받을 사람의 상대방을 위한 변호사 보수가 아니다(大判 2017. 4. 7, 2016 다 251994).

1) 여기에서 말하는 소송비용은 소송구조의 대상으로 되는 재판비용(129)과 민사소송비용법 소정의 비용 등 엄격한 의미의 소송비용(형식적 소송비용)에 한하지 않고, 널리 그 소송의 준비·소제기·수행을 위하여 당연히 지출하여야 하는 조사연구비·변호사비용 등을 포함한 필요경비 일체를 포함한다고 본다.[1] 비송사건은 소송구조의 대상이 되지 아니한다.[2]

2) 자금능력이 부족한 사람이라 함은 위에서 말한 소송비용을 전부 지출하면 자기와 가족이 통상의 경제생활을 영위하는 데 지장을 받는 경우를 가리킨다. 따라서 일반적인 생활수준에 미달하는 극빈자에 한하지 않는다. 다만 소송구조 신청인이 (i) 국민기초생활보장법에 따른 수급자, (ii) 한부모가족지원법에 따른 지원대상자, (iii) 기초연금법에 따른 기초연금수급자, (iv) 장애인연금법에 따른 수급자, (v) 북한이탈주민의 보호 및 정착지원에 관한 법률에 따른 보호대상자 중 어느 하나에 해당하는 경우에는 '자금능력이 부족'한 것으로 보고 다른 요건에 대한 심사만으로 소송구조여부를 결정할 수 있다(소송구조제도의 운영에 관한 예규 3의 2). 또 구조를 받을 수 있는 사람은 자연인에 한하지 않고 법인이라도 상관없으며, 원고·피고 어느 쪽이라도 좋다. 그러나 실제는 자연인인 원고가 압도적으로 많다. 자금능력의 부족 여부는 신청인 본인의 자금능력을 기준으로 하는 것이 원칙이지만, 신청인이 미성년의 자인 때에는 친권자의 자금능력을 참작하여야 한다. 신청인과 상대방의 자금능력이 엄청나게 차이가 난다는 사실만으로는 신청인이 자금능력부족으로 되는 것은 아니지만, 양자의 격차가 심한 공해소송에서 피해자의 구조신청이 있는 경우에는 이러한 사정을 참작하여 구조요건으로서의 자금능력을 평가하여야 할 것이다.

3) 패소할 것이 분명한 경우가 아니어야 한다. 1990년 개정 전에는 승소의 가망이 없는 것이 아닐 것을 요구하였으나, 이 요건은 너무 엄격하므로, 개정법은 패소할 것이 분명하지 아니하면 소송구조가 가능한 것으로 하였다. 따라서 패소의 가망이 있는 경우는 물론, 패소의 가능성이 있더라도 그것이 분명하지 아니한 한 구조를 받을 수 있게 되었다.

4) 원고가 소권을 남용하여 청구가 이유 없음이 명백한 소를 반복적으로 제기하면서 동시에 소송구조신청을 함으로써 소송구조제도를 악용하는 것에 대응하기 위해, 2023년 민사소송법 개정(2023. 4. 18. 법률 제19354호, 2023. 10. 19.부터 시행)을 통해 소송구조 제외대상이 추가되었다. 이에 따라 패소할 것이 분명한 사건에 대해서는 소송구조신청에 필요한 소송비용과 그 불복신청(133)에 필요한 소송비용에 대하여 소송구조를 하지 않을 수 있게 되었다(128 II).

---

1) 同旨: 李時, 292면; 金/姜, 714면.
2) 大決 2009. 9. 10, 2009 스 89.

Ⅲ. 救助의 節次

1) 소송구조에 대한 재판은 직권 또는 당사자의 신청에 따라 소송기록을 보관하고 있는 법원이 결정으로 한다(128 Ⅰ·Ⅲ, 133). 2002년 민사소송법은 소송구조의 활성화를 위하여 구 법과는 달리 직권으로도 소송구조를 할 수 있게 하였다. 구 법에서는 원심재판장이 상소인에게 인지보정명령을 한 경우에 기록을 상소심법원으로 보내 상소심법원이 소송구조결정을 하여야 하였는데(舊民訴 118 Ⅰ 本),[1] 이것이 소송지연책으로 남용될 여지가 있었다. 그리하여 2002년 민사소송법에서는 소송기록이 있는 곳의 법원이 소송구조재판을 하도록 하여, 원심법원이 소송구조 여부를 결정하도록 함으로써, 소송구조의 신속을 꾀하고 소송구조를 악용하는 것을 방지하였다(128 Ⅲ). 또한 2002년 민사소송법에서는 소송구조제도를 적극적으로 운영하기 위하여, 소송구조요건의 구체적인 내용과 소송구조절차에 관한 상세한 사항을 대법원규칙으로 정하도록 하고 있다(128 Ⅳ). 이에 대법원은 '민사소송규칙' 제24조 이하 및 '소송구조제도의 운영에 관한 예규'에서 보다 구체적인 사항을 정하고 있다. 이에 따르면 법원은 실무처리 중 소송구조제도의 이용이 적합하다고 판단되는 경우 재판부가 당사자에게 소송구조를 신청하게 하거나 직권으로 소송구조를 하여 당사자의 재판받을 권리가 실질적으로 보장되도록 노력할 의무를 부과하고(소송구조제도의 운영에 관한 예규 2 Ⅱ), 소송구조 안내문, 구조신청서 및 재산관계진술서를 그 기재례와 함께 각급법원의 민원접수창구에 비치하도록 하였다(동 예규 2 Ⅰ). 나아가 소송구조신청은 신청인 및 그 동거가족의 자금능력을 적은 서면을 첨부하여 서면으로 하여야 하며(民訴規 24), 소송구조결정을 한 사건에 관해 증거조사비용, 서류송달비용 등의 지출사유가 생긴 때에는 법원사무관등은 서면이나 재판사무시스템을 이용한 전자적인 방법으로 경비출납공무원에게 그 소송비용의 대납지급을 요청하여야 한다(民訴規 25 Ⅰ).

2) 구조의 사유(요건 사실)는 신청인이 소명하여야 한다(128 Ⅱ). 구조신청을 각하한 결정에 대하여 신청인은 즉시항고를 할 수 있으나, 상대방은 소송비용담보면제의 구조결정(129 Ⅰ ③)에 대하여서만 불복할 수 있다(133). 구 법에서는 구조결정에 대하여 상대방이 즉시항고를 할 수 있는가에 관하여 다툼이 있었는데, 통설은 상대방이 소송비용의 담보제공신청을 할 수 있는 경우에만 불복이 가능하고, 그 이외의 경우에는 즉시항고를 할 수 없다고 보았고, 2002년 민사소송법은 이를 반영하였다.

3) 구조결정이 있은 후에도 소송구조를 받을 사람이 소송비용을 납입할 자금능력이 있다는 것이 판명되거나, 자금능력이 회복된 때에는 소송기록을 보관하고 있는 법원[2]은 직권

1) 大決 1994. 6. 20, 94 마 812.

2) 상소법원이 구조결정을 한 소송이 상소법원에 아직 계속 중이면 그 상소법원, 소송이 확정되어 소송

으로 또는 이해관계인의 신청에 따라 언제든지 구조를 취소하고, 납입을 미루었던 소송비용을 지급하도록 명할 수 있다(131). 다만 이러한 재판은 구조결정을 한 대상사건의 절차가 판결의 확정 등의 사유로 종료된 뒤 5년이 지난 때에는 할 수 없다(民訴規 27 I).

Ⅳ. 救助의 效果

1. 客觀的 範圍

1) 구조결정이 있으면 i) 재판비용, 즉 국고에 납입할 인지대와 체당금의 납입이 유예되고, ii) 변호사 및 집행관의 보수와 체당금의 지급이 유예되며, iii) 원고가 소송비용의 담보제공명령을 받은 경우(117)에는 그 담보가 면제된다(129).[1] iv) 2002년 민사소송법은 소송구조의 범위를 확대하기 위하여, '대법원규칙이 정하는 그 밖의 비용의 유예나 면제'도 소송구조의 범위에 포함시켰다(129 I ④). 1990년 개정 전에는 법원에서 선임을 명한 변호사(144)의 보수만이 포함되었으나, 1990년 개정법에서는 당사자가 선임하는 변호사의 보수도 포함되며, 이 경우에 변호사가 보수를 받지 못하면 국고에서 상당한 금액을 지급하도록 하였다(129 II, 民訴規 26). 따라서 이 범위 안에서는 사실상 국선변호사가 인정된 것이나 다름이 없게 되었다. 이때 변호사 또는 집행관의 보수는 보수를 받을 사람의 신청에 따라 구조결정을 한 법원이 그 심급의 소송절차가 완결된 때 또는 강제집행절차가 종료된 때에 지급한다(民訴規 26 I).

2) 법원은 상당한 이유가 있으면 소송비용의 일부에 대하여도 소송구조를 할 수 있다(129 但). 새 법에서 종래의 학설·판례[2]의 입장을 반영한 것이다.

3) 구조결정을 받으면 소장에 인지를 붙이지 않아도 수리되고, 송달과 증거조사에 필요한 비용을 미리 내지 않아도 된다. 지급유예되는 송달료, 증거조사비용 등은 국가가 체당하여 지급한다(民訴規 25).

2. 主觀的 範圍

구조결정은 이를 받는 사람에 한하여 효력이 있다(130 I). 일신전속적이기 때문에 승계인에게 미치지 아니한다(130 II).

기록이 1심법원에 반환된 경우에는 제1심법원을 의미한다(大決 2017. 3. 28, 2016 마 1844).

1) 大判 2017. 4. 7, 2016 다 251994.

2) 大決 2001. 6. 9, 2001 마 1044.

3. 구조 받을 사람이 訴訟費用의 負擔裁判을 받은 경우

구조결정은 비용의 지급을 유예할 뿐 비용이 면제되는 것은 아니므로, 구조를 받은 사람이 뒤에 종국판결로 소송비용부담의 재판을 받았을 경우에는 위 유예된 비용을 납입하지 않으면 안 된다.

다만 구조를 받은 사람이 패소하여 소송비용을 부담하게 되어도 구조취소결정이 없는 한 그로부터 추심할 수 없다.[1)] 따라서 구조를 받은 사람이 자금능력이 없어서 추심이 불능하게 되면, 그 비용은 국고부담으로 돌아간다. 이에 반하여 상대방이 소송비용부담의 재판을 받은 경우에는 국가가 상대방으로부터 추심할 수 있다(132).

---

1) 민일영 · 김능환, 주석 민소(Ⅱ), 2012, 286면.

판례색인

[憲法裁判所決定]

[大法院判決]

［大法院決定］

[下級審判例]

사항색인

ㄱ

ㅁ

ㅂ

ㅇ

ㅈ

ㅊ

鄭 東 潤

서울대학교 법과대학 졸업
법학박사(서울대학교)
고등고시 행정 · 사법 양과합격
서울 민사 · 형사지방법원판사
광주지법부장판사(장흥지원장)
변호사
사법시험 · 행정고시 · 변리사시험 등 각종 시험위원
법무부 법무자문위원회 민사소송법개정특별위원회, 상법개정특별위원회, 민사특별법제정특별분과위원회 위원
법무부 민사소송 등에서의 전자문서 이용 등에 관한 법률 제정위원회 위원장
경제기획원 및 공정거래위원회 약관심사자문위원회 위원, 위원장
한국상장회사협의회 주식업무자문위원회, 감사자문위원회 위원 및 위원장
한국상사법학회, 한국민사소송법학회, 한국민사집행법학회 회장
KBS이사
서울특별시 도시계획위원회 및 인사위원회 위원
고려대학교 법과대학장, 법무대학원장
서울사이버대학교 석좌교수
(주)부영 법률고문
현, 고려대학교 법과대학 명예교수
대한민국학술원 회원

〔저 서〕

주석상법 Ⅰ ~ Ⅷ(공저)
주석 어음 · 수표법 Ⅰ, Ⅱ, Ⅲ(공저)
신체계해설 민사소송(전)(공저)
폐쇄회사의 법리
어음 · 수표법(제5판)
회사법(제7판)
상법총칙 · 상행위법(개정판)
상법(상)(하)

庾 炳 賢

고려대학교 법과대학 법학과 졸업
고려대학교 대학원 법학석사
고려대학교 대학원 법학박사
미국 U.C. Davis School of Law 객원연구원(한국학술진흥재단 지원 Post Doc.)
경북대학교 법과대학 전임강사, 조교수
대법원 송무제도개선위원회 위원
법무부 재판절차에서의 전자문서 이용 등에 관한 법률 제정실무위원회 위원장
미국 University of Washington Law School 객원교수
대법원 전자소송자문위원회 위원
법무부 민사소송 등에서의 전자문서 이용 등에 관한 법률 제정위원회 위원
변호사시험, 사법시험, 행정고시, 변리사시험, 독학사시험 등 시험위원
대법원 사실심충실화 개선위원회 위원
의료분쟁조정중재원 조정위원
서울중앙지방법원 조정위원
안암법학회장, 한국조정학회장
고려대학교 기획예산처장, 대외협력처장, 기금기획본부장
현, 고려대학교 법학전문대학원 교수

〔주요 논문〕

기판력의 객관적 범위와 모순된 반대관계
전자소송절차
회해권고결정의 기판력이 미치는 승계인의 범위와 가처분의 효력
ADR의 발전과 법원외 조정의 효력

金 慶 旭

고려대학교 법과대학 법학과 졸업
고려대학교 대학원 법학석사
독일 Mannheim대학교 법학박사
영남대학교 법과대학 전임강사, 조교수, 부교수
법무부 민사집행법개정위원회 실무위원
미국 University of Indiana School of Law 방문교수
법무부 법무자문위원회 채무자회생 및 파산에 관한 법률 개정 특별분과위원회 위원
미국 University of Washington School of Law 방문교수
법무부 법무자문위원회 민사소송법 개정 특별분과위원회 위원
변호사시험, 사법시험, 행정고시, 변리사시험, 독학사시험 등 시험위원
서울중앙지방법원 조정위원
대한상사중재원 중재인
현, 고려대학교 법학전문대학원 교수

〔주요 논문〕

기업회생절차에서 자동중지제도의 도입에 관한 소고
독일 표본절차에 있어서 절차의 신속 및 간이화를 위한 방안
2015년 민사소송법 개정안의 주요 내용과 쟁점

民事訴訟法 [제11판]

2005년 4월 20일 초판 발행
2007년 3월 20일 제2판 발행
2009년 3월 16일 제3판 발행
2010년 3월 10일 제3판 보정판 발행
2014년 6월 15일 제4판 발행
2016년 5월 30일 제5판 발행
2017년 9월 15일 제6판 발행
2019년 3월 5일 제7판 발행
2020년 9월 15일 제8판 발행
2022년 9월 15일 제9판 발행
2023년 9월 15일 제10판 발행
2025년 9월 15일 제11판 발행

저 자 鄭東潤 · 庾炳賢 · 金慶旭
발행인 裵 孝 善
발행처 도서출판 法 文 社
주 소 10881 경기도 파주시 회동길 37-29(문발동)
등 록 1957년 12월 12일 제 2-76호 (윤)
전화 031-955-6500~6, 팩스 031-955-6500
e-mail(영업) : bms @ bobmunsa. co. kr
(편집) : edit66 @ bobmunsa. co. kr
홈페이지 http : //www. bobmunsa. co. kr
조 판 법 문 사 전 산 실

정가 55,000 원 ISBN 978-89-18-91617-0